国家级企业管理创新成果

（第二十三届）

中国企业联合会管理现代化工作委员会　编

企业管理出版社

图书在版编目(CIP)数据

国家级企业管理创新成果．第二十三届 / 中国企业联合会管理现代化工作委员会编．—北京 ：企业管理出版社，2017.3

ISBN 978－7－5164－1480－4

Ⅰ．①国… Ⅱ．①中… Ⅲ．①企业管理－经验－中国Ⅳ．①F279.23

中国版本图书馆 CIP 数据核字(2017)第 040799 号

书　　名:国家级企业管理创新成果(第二十三届)
作　　者:中国企业联合会管理现代化工作委员会 编
责任编辑:徐金凤　田　天　程静涵
书　　号:ISBN 978－7－5164－1480－4
出版发行:企业管理出版社
地　　址:北京市海淀区紫竹院南路 17 号　　邮编:100048
网　　址:http://www.emph.cn
电　　话:总编室(010)68701719　发行部(010)68701816　编辑部(010)68701638
电子信箱:qyglcbs@emph.cn
印　　刷:北京宝昌彩色印刷有限公司
经　　销:新华书店
规　　格:210 毫米×285 毫米　　大 16 开本　　94 印张　　2980 千字
版　　次:2017 年 3 月第 1 版　　2017 年 3 月第 1 次印刷
定　　价:300.00 元（上、下册）

国家级企业管理创新成果（第二十三届）

顾　问： 王忠禹

主　编： 邵　宁　朱宏任

副主编： 李明星　于　吉　于　武

专家组成员：（按姓氏笔画排序）

于海波　王　毅　王利平　王其文　王继承
王雪莉　刘丽文　刘冀生　朱　敏　佟仁城
吴少平　吴贵生　宋毓钟　张文彬　张秋生
张峻峰　杜莹芬　杨子真　陆　燕　陈向东
陈丽华　周绍朋　郑明身　赵剑波　徐　炜
徐东华　崔永梅　崔新健　黄津孚　程多生
蔡曙涛　蔺　雷　魏秀丽

践行五大发展理念 推动企业提质增效

——在 2016 年全国企业管理创新大会上的讲话

中国企业联合会
中国企业家协会 会长 王忠禹

党的十八届五中全会通过的《中共中央关于制定国民经济和社会发展第十三个五年规划的建议》提出，必须牢固树立创新、协调、绿色、开放、共享的发展理念。十二届全国人大四次会议通过了“十三五”规划，并对全面贯彻落实“五大发展理念”作出部署。我们这次会议的主要任务就是学习贯彻“五大发展理念”，主动适应、把握和引领经济发展新常态，推动企业以提高发展质量和效益为中心，以推进结构性改革为重点，着力加强创新驱动、结构调整、低碳循环发展、开放合作和提质增效，为促进经济社会持续健康发展、全面建成小康社会做出积极贡献。

下面，就企业如何贯彻落实五大发展理念谈几点意见，供参考：

一、企业要创新发展

创新是引领企业发展的第一动力。改革开放以来，我国创新能力快速提升，发明专利受理量连续 5 年世界居首，其中企业获得发明专利授权占国内发明专利授权量的 60%以上。高速铁路、核电、第四代移动通信、特高压输变电等一系列重大技术取得突破，带动产品和装备走向世界。但也要看到，我们科技储备还有待加强，高端人才仍然十分匮乏，关键核心技术受制于人的局面尚未根本解决，许多产业仍处于全球价值链的中低端，制约创新发展的思想观念和深层次体制机制的障碍迫切需要革除。广大企业要牢固树立创新发展理念，大力实施创新驱动战略，进一步推动转型升级。一是大力推进企业技术创新，着力攻克一批关键核心技术，在高端制造领域占得先机。紧紧抓住新一代信息技术带来的技术机会，推动互联网、云计算、大数据、物联网等与现代制造业结合。广泛采用国内外先进的新技术、新设备、新工艺、新材料，加快企业技术改造。二是健全促进企业创新体制机制，进一步健全完善有利于企业转变经营模式、商业模式、转变经济发展方式的体制和机制。充分利用好政府鼓励自主创新的各项政策和各种社会资源，搭建企业创新平台，建设企业创新战略联盟。积极推进企业主导的产学研协同创新，坚持“引进来”和“走出去”相结合，把企业创新融入到全社会创新及全球创新网络，形成推进企业创新发展的合力。要结合自身实际，探索创新成果参与分配的有效形式，实施期权股权和分红权激励，充分调动创新人员的积极性。三是不断推动企业管理创新，运用互联网思维，研究分析企业的市场、产品及企业价值链，推进商业模式创新。要与国际一流企业对标，狠抓管理重点环节，突破管理薄弱环节。要强化精益管理，加强基础管理，推动企业管理工作加快走向规范化、集约化，持续推进降本增效，切实采取措施开源节流，向管理要效率、要效益。

二、企业要协调发展

协调是企业持续健康发展的前提。改革开放以来，我国综合实力不断增强，经济总规模大幅提升，制造业增加值跃居世界第一，高技术产业和战略性新兴产业比重持续上升，有力地支撑了我国经济实力和人民生活水平的大幅提高。但我们要清醒地看到，企业发展中的不协调问题仍然很突出，主要体现在发展方式粗放、部分行业产能过剩严重、一些企业效益下滑、重大安全事故频发等。广大企业要按照中央“去产能、去库存、去杠杆、降成本、补短板”的要求，大力推进供给侧结构性改革，培育壮大战略性新兴产业，推动传统产业向中高端迈进，加快发展现代服务业，持续优化产业组织结构和空间布局，工作中坚持走优质高效的产业发展道路。一是着眼于抢占国际竞争制高点，实施智能制造工程，着力发展智能装备和智能产品，推动生产方式向柔性、智能、精益转变，延伸企业服务链条和服务环节，全面提升企业研发、生产、管理和服务的智能化水平。二是发展战略性新兴产业，通过统筹科技研发、产业化、标准制定和应用示范等措施，在新一代信息技术产业、高端装备制造业、新材料产业、新能源产业和生物产业实现新的突破。三是在不断优化升级传统产业的同时，进一步推动服务业特别是生产性服务业的大发展。把改造提升传统产业与发展新兴产业更好结合起来，推广应用新技术、新工艺、新装备、新材料，更好满足消费者的高品质需求，提高生产技术水平和效益，加快发展电子商务、现代物流等新兴市场业态，大力发展大数据、云计算等高端产业，积极发展售后服务，提高服务质量，完善服务标准。

三、企业要绿色发展

绿色是企业永续发展的必要条件。党的十八大以来，党中央把环境保护摆到更加重要的位置，治理进程明显加快，生态文明建设取得新成就。但我国资源约束趋紧，环境污染严重，生态系统退化，发展与人口资源环境之间的矛盾日益突出，已成为经济社会发展的重大瓶颈制约。企业作为自然环境的利用者和受益者，要积极响应党中央、国务院的号召，顺应时代潮流，进一步增强责任感和自觉性，切实转变发展理念，采取更加有力的措施，把资源消耗、环境损害、生态效益纳入企业发展评价体系，加快形成资源节约、环境友好的生产方式，努力在转变发展方式上取得突破性进展。一是大力发展和运用能够大幅减少能源消耗和直接温室气体排放的新低碳技术，建设以低排放为特征的企业生产体系，推进资源高效循环利用，充分利用余热、余压、废气、废水、废液、废渣，发展循环经济。二是以精益管理为主线，进一步做好节能减排、清洁生产工作，加快推进能源管理体系建设，完善能耗内部控制管理模型，提高能源管控水平，推动低碳循环发展。三是加强能源、资源集约管理，积极利用先进适用的节能降耗技术、工艺和装备实施技术改造，淘汰落后工艺和设备，提高资源、能源利用效率，减少浪费，主动推进产品结构调整升级，逐步淘汰高能耗、低附加值产品，开发低耗能、高附加值的产品。

四、企业要开放发展

开放是企业走出去的必由之路。改革开放以来，从建立经济特区，到推动对外贸易、利用外资，再到加入世贸组织，我国发展的历程是对外开放不断扩大和深化的历程。但从总体上看，我国对外开放水平还不够高，用好国际国内两个市场、两种资源的能力还不够强，应对国际贸易摩擦、争取国际经济话语权的能力还比较弱，运用国际贸易规则的本领也不够强。在我国已进入与世界深度互动的新阶段，企业融入国际经济体系的步伐将进一步加快。广大企业要充分利用国际经济结构深刻调整和世界经济温和复苏的历史性机遇，加快推进国际化经营，增强在全球范围内配置和重组资源的能力，做到走得出、站得住、有实效。一是进一步发挥竞争优势，合理选择投资方式，在全球范围内统筹布局生产和营销力量，特别是在“一带一路”中主动作为，进一步完善国际优先发展战略，努力形成与世界各国深度融合的互利合作格局，为经济全球化以及各个国家互利共赢发展新格局的形成发挥重要作用。二是在巩固和提高传统优势产品竞争力的同时，大力发展服务贸易，壮大装备制造等新的出口主导产业，有序推进钢铁、有色、建材、铁路、电力、化工、轻纺、汽车、通信、工程机械、航空航天、船舶和海洋工程等重点行业国际产能和装备制造合作，带动我国装备、技术和服务输出。三是积极参与全球经济治理和公共产品供给，进一步掌握国际通行的游戏规则和所在国的法律法规及政治、经济、社会、文化背景，警惕和防范“走出去”的各种风险。

五、企业要共享发展

共享是企业构建和谐劳动关系的要求。改革开放以来，我国职工生活水平、收入水平、社会保障水平持续提高，但也存在收入差距较大、劳动关系矛盾增多、部分职工就业和生活比较困难等问题。企业作为社会财富创造者和劳动力使用者，要坚持发展为了职工、发展依靠职工、发展成果与职工共享，进一步加强和谐劳动关系建设。一是坚持以人为本的理念，努力营造尊重劳动、尊重知识、尊重人才、尊重创造的浓厚氛围，让劳动者体面劳动，有尊严地生活。二是不断加强和完善民主管理制度，健全科学的工资增长机制、支付保障机制，让企业发展惠及广大职工。三是不断提高劳动者的技术素质和就业能力，加强培训投入，加强校企合作，大力开展就业技能培训、岗位技能提升培训和创业培训，激发职工群众推动企业持续健康发展的潜能。

同志们，2016 年是贯彻落实党的十八届五中全会提出的牢固树立创新、协调、绿色、开放、共享发展理念的重要一年，也是“十三五”开局之年，希望广大企业切实践行“五大发展理念”，抓住新常态下蕴藏的新机遇，开拓创新，敢于担当，勇于作为，为实现企业提质增效升级和国民经济健康持续发展，为夺取全面建成小康社会决胜阶段的伟大胜利做出积极的贡献！

依靠创新驱动实现企业发展提质增效

——在2016年全国企业管理创新大会上的讲话

全国企业管理现代化创新成果审定委员会主任
全国人大财政经济委员会副主任委员
邵 宁

2016年是我国"十三五"规划的开局之年。在不久前召开的十二届全国人大四次会议上，正式公布并审议通过了《中华人民共和国国民经济和社会发展第十三个五年规划纲要》。这是指导今后五年我国经济社会发展重要的指导文件。

"十三五"规划纲要的内容非常丰富，共有20篇，近10万字。如果我们把这些内容仔细概括一下，能够得到这样几个主题词：保持经济中高速增长，创新驱动发展，供给侧结构改革。这些重要的概念将构成我国"十三五"时期经济社会发展的主基调，而这些概念几乎全部与企业有关。因此，在"十三五"期间，我国企业将承担重大的发展责任。全国企业管理现代化创新成果的审定工作应该反映出这一发展阶段上我国企业的努力和创造。

借此机会，我谈两点意见，供大家参考。

一、"十三五"期间我国经济社会发展的主基调

1. 保持经济中高速增长

改革开放以来，我国经济发展实现了连续30年的高速增长，使我国人均GDP水平进入了上中等收入国家的行列，成为世界经济发展史上的一大奇迹。但从"十二五"时期开始，我国经济增长速度逐年下滑，从2011年的9.5%下降到6.9%。这期间虽然政府全力增加投资、扩大内需，但经济增长速度下降的趋势并没有得到扭转，本轮经济下行仍未见底。

在这样的背景下，"十三五"期间我国把保持经济中高速增长作为一个核心目标，预期年均GDP的增长速度要高于6.5%。如果这一目标能够实现，到"十三五"末，在不考虑汇率变动的前提下，我国人均GDP水平可以接近11000美元，与世界银行划定的高收入国家人均GDP水平的下限值就很接近了，这个前景是我们所希望的。如果这一目标实现不了，经济增长速度继续下行，我国就有可能进入所谓的"中等收入陷阱"，就业、金融、财政等一系列社会风险都有可能被引发。这个前景是我们所不希望的。

中国经济在近几年之所以出现了下行的趋势，是我国经济发展阶段转换造成的。人均收入水平的提高必然导致各类要素成本的上升，使得我国传统优势产业的国际竞争力下降，市场份额减少，一些低附加值的初级产业甚至需要转移到要素成本更低的国家。在这样的背景下，要扭转经济下行的趋势，就必须培育出一代全新的、附加值更高的、有足够市场规模的新产业，以接续未来若干年我国经济发展的责任。企业是经济发展的主体。当前，我们特别需要一批中国企业能够挺身而出，开发新技术、开拓新市场、发展新产业，承担起新产业培育发展的责任，把国民经济增长带动起来。

2. 创新驱动发展

现阶段我国新一代产业培育主要是两个方向：

一是发展高端服务业。从2013年开始，我国服务业的增长速度已超过第二产业，成为国民经济发展带头的产业。这一趋势还将继续。其原因在于，在我国居民消费上升到住房、汽车这个层次之后，集中的、大规模的实物性消费热点已很难形成，居民新增消费将越来越多地转向高端的生活服务业。与此同时，为经济发展服务的生产服务业市场我国也已形成，如企业管理咨询、会计师和律师服务、信息化的综合服务等。这两者构成了我国高端服务业的巨大市场。在这个方向上我们面临的问题是自主的高端服务业发展不足，相当一部分国内需求开始转向境外，或者国内市场被国外企业控制。

二是发展新一代高端制造业。我国以往制造业大国的地位主要是由低端制造业支撑的，基础是庞大的生产能力和低成本赋予的定价权。随着我国经济发展阶段的转换，我国低端制造业的国际竞争力逐渐丧失，而且出现了严重的产能过剩问题需要解决。实现制造业的升级、向高端化转型，是保证中国未来经济持续发展最重要的关键所在。在这个方向上，我们面临的最大挑战是自主创新能力不足。在我国经济高速增长时期，产业结构、产品结构的调整升级主要依靠引进技术，从80年代的家电产业到现在的汽车产业都是如此。从外部可以引进成熟的产品和技术，使我们的企业不必承担自主研发的时间和风险，新产业的发展相对容易，这是促成我国经济高速增长的重要原因之一。但经过30年的高速增长之后，国内外产业差距大大缩小，中国企业从外部购买技术的难度越来越大。可以预见的是，下一步中国制造业高端化所需要的技术只能越来越多地依靠自主创新。

“十三五”期间，中国经济要实现中高速增长，需要培育出一代全新的产业。而无论是高端服务业还是高端制造业，都需要以自主创新为基础。由此我们可以理解，为什么“十三五”规划把创新放在如此重要、如此关键的位置。企业是自主创新的主体，“创新驱动发展”的任务仍然需要由企业来破题。

3. 供给侧结构性改革

我国这一轮经济下行的过程伴随着大面积的企业困难。以往我们对问题的理解是有效需求不足，因而政府运用宏观调控手段对社会需求进行了大量的调节，包括扩大投资、刺激消费、扩大出口等，这些措施在一定程度上抑制了经济下行的势头，但企业的困难并没有实质性缓解。其根本原因在于，我们目前面临的问题更多地是产业结构方面。具体地讲，随着人均收入水平的提高，我国的经济发展进入了一个新的阶段，而目前的产业结构仍带有原有经济常态的特征。在这样的情况下，调节需求来适应一个扭曲的供给结构是非常困难的。

2015年11月，习近平总书记第一次提出了“供给侧改革”的概念。“十三五”规划把抓好供给侧改革作为“十三五”时期的发展主线，要求从供给侧和需求侧两端发力推动结构性改革，具有非常重要的指导意义。“十三五”时期推进供给侧改革包括两个方面的任务。

一是推进结构调整，使现有产业结构能够适应变化了的市场需求和经济发展新常态的要求。具体内容包括去产能、去库存、去杠杆、降成本、补短板。这些具体任务对宏观层面的政策调整提出了要求，也有大量问题需要在企业层面解决。如果我们每一家企业都能通过调整产品结构、并购重组、加强管理、优化资产负债结构等工作，使自身的产品更加适应市场的需要，自身的成本更具有市场竞争力，供给侧结构改革的任务就能落到实处。

二是通过改革完善经济体制。这一时期最主要的任务应是通过改革为各类企业的发展创造良好的环境和条件，调动企业的积极性，激发企业的内在活力。目前我国国有企业和民营企业在状态上都存在一定问题，都需要通过有针对性的改革进行调整。前一段社会上对国有企业改革的争论很大，虽然中央22号文件坚持了市场化的改革方向，肯定了集中监管体制，并作为改革的重要目标之一，但事实上，多部门共管的格局已经形成。多部门共管国有企业本身不是问题，前提是参与共管的部门必须对改革的方向和重大的改革措施认识一致，否则企业会非常为难。在这种情况下，或是重建集中监管体制，或是加大高层协调的力度使各部门在改革的方向上形成合力。在“十三五”时期，企业的状态如何，很大程度将决定供给侧结构性改革的效果。

二、以创新引领企业发展提质增效

面对“十三五”时期我国经济社会发展的新变化、新挑战和新要求，广大企业要坚定信心，迎难而上，敢于创新，善于创新，以创新应对挑战，以创新寻求机会，扎实推进创新驱动发展战略，努力实现企业发展提质增效。

1. 抓住新一轮国资国企改革机遇，激发企业发展活力

党的十八届三中全会对全面深化国资国企改革做出了总体部署，提出了一系列新思路、新任务和新举措。去年，党中央、国务院及相关部门陆续出台了“1＋N”的国资国企改革顶层设计文件。今年2月，国务院国资委正式向社会公布了近期决定开展的“十项改革试点”，标志着新一轮国资国企改革进入到了具体实施阶段。国有企业要深刻认识到这一轮改革的紧迫性和重要意义，围绕市场化和企业治理能力现代化两条主线，结合企业实际找准改革突破口和着力点，抓住政策机遇，主动探索试点，力争在制约企业发展的关键环节实现新的突破，创造新的制度红利。

国机集团2009年3月由国务院国资委批准董事会试点工作以来，坚持现代企业制度改革方向，清晰划分董事会与经理层的职责和权限，明确董事会在公司重大决策中的核心地位，实现决策权与执行权的有效分离和科学制衡。同时，在建立现代企业制度过程中充分发挥党组织政治核心作用，实行“双向进入、交叉任职”的领导体制，积极探索公司治理与党组织发挥政治核心作用有机结合的途径、方法、程序和机制，初步形成了董事会、党委、经理层权责明确、协调运转的中国现代企业制度。

宝钢金属公司2013年以来，为有效应对行业寒冬，主动引入阿米巴经营模式，推进内部经营机制创新，先后在下属业务板块、生产线和营销部门建立数十个阿米巴小组，划小核算单元，建立内部定价、核算和激励制度，并结合标准成本分析，围绕价值树建立层层剥笋式的分析差异、查找原因、持续改进的PDCA循环机制，有效激发了企业活力和员工创新热情，劳动生产率、经营效益得到明显提升。

铁塔公司自2014年7月成立以来，积极探索以共享竞合为核心的国企改革发展新模式，有效整合中国电信、中国联通和中国移动的存量铁塔资产，全面承接新建铁塔及相关附属设施，深化共建共享，减少重复建设，优化行业竞争。一是改造利用存量站址资源，能共享的不新建。目前，新建铁塔的共建共享水平，已由过去不到20％提升到70％以上。二是新建铁塔、存量铁塔及部分电信设备，铁塔公司统一维护。初步估算，每年可节省维护成本超过30亿元。三是主动拓展与社会资源共享共用。比如在海南西环高铁通信覆盖项目中，全线基站共享高铁电源系统，节省引电投资近5000万元。

2. 扎实推进结构调整，提高企业发展质量

结构性矛盾是当前我国经济发展中的突出矛盾。去年底召开的中央经济工作会议提出了当前结构性改革的五大任务，就是“三去一降一补”。要完成这五大任务，主体在企业，关键也在企业，需要广大企业做出艰苦努力和痛苦调整。企业一方面要坚定信念，增强信心，团结广大员工齐心协力，共度难关；另一方面要主动与政府部门、金融机构等沟通，积极争取政策支持，周密部署，稳妥推进。

一是推进战略性重组整合，优化产业结构。中电熊猫作为南京地区数家大型电子企业整合而成的国有企业集团，2007年以来，为提升整体效率，走出经营困境，开展了以全面结构调整为核心的重组整合。聚焦新型显示、电子装备和现代服务业三大产业，通过回购、增持、扩股等方式优化上市公司股权；通过合并、拆分、清理等方式将业务类别相同的企业或上下游企业重组整合；通过主辅业分离、停业注销、出售股权、分流改制等多种方式，累计清理规模小、业务杂、与主业关联度差、长期亏损或无发展前景的100多家法人实体，优化形成了“一个集团、三大主业板块、二十个专业公司”的企业构架，企业数量由重组前的220家减至114家，管理层级从5—6级压缩为3—4级，产业结构得到全面优化，营业收入、利润实现“八连增”，2014年营业收入是2007年重组前的4倍，利润是重组前的5.5

倍。中电熊猫的实践证明，推进内部重组是企业调整自身结构性改革适应市场需求的重要工作，也是供给侧结构性改革的重要内容。

二是有效处置亏损、低效资产，优化资产结构。中冶集团由于前几年盲目兼并重组和战略决策失误，再加上全球经济减速、钢铁行业深度调整，近年来陷入巨额亏损。2011－2013 年连续三年被国务院国资委列为债务风险特别监管企业，2012 年亏损额高达 73.6 亿元。新的领导班子上任以来，直面企业困境，重新制定了“聚焦主业”的发展战略，果断剥离非主业资产和亏损无效资产。在国务院国资委的支持下，分别于 2012 年年底将中冶恒通移交港中旅、2013 年年初将中冶纸业整体并入诚通集团、2013 年年底葫芦岛有色集团进入破产重整程序，搬走了压在企业身上的“三座大山”，止住了主要“出血点”。同时，按照业务专业化重组整合子公司业务，实现专业化经营。经过三年的艰苦调整，实现了扭亏增盈，重焕生机。2013 年实现利润 44.4 亿元，比 2012 年扭亏增盈 118 亿元。2014 年营业收入和利润又继续攀升，同比增长 6.5％和 35.7％。因此，广大企业要意识到，果断退出低效领域，其意义不亚于发展。当然，要甩掉包袱还要靠各方面的支持。

三是增加高端产品供给，优化产品结构。当前我国已进入消费结构加快升级的阶段，中高端产品和服务需求快速增长，这为我国企业摆脱低端同质化竞争、优化升级产品结构提供了难得的市场机会。南京钢铁作为中等产能规模的企业，面对钢铁行业产能严重过剩、恶性竞争、全行业亏损的严峻形势，从 2011 年开始，瞄准高技术、高附加值的特钢产品，开展以用户需求为导向的产品升级管理。建立起始于用户需求挖掘、终于用户需求满足，涵盖用研产销一体化的新产品创新管理体系，明显加快了新产品研发上市速度。新产品市场推广率由 2011 年的 82.1％提升到 2014 年的 96.4％，新产品效益贡献率由 58％上升至 80％以上。先后有 7 个系列 16 个钢种填补了国内空白，另有 3 个系列 6 个钢种实现了进口替代。2011 年至 2014 年，品种钢销量只占总销量的 86％，效益却达到总产品效益的 97.4％。在当前的形势下，南钢的做法特别值得肯定。要避开产能过剩导致的过度竞争，唯一的办法就是创新。

3. 探索“互联网＋”的新型经营模式，塑造企业发展新优势

当前，新一代信息通信技术正在以前所未有的广度和深度推进经济社会的深刻变革。去年，国务院先后出台了《中国制造 2025》《互联网＋行动》《促进大数据发展行动纲要》等重要文件，目的就是要引导广大企业抓住这一轮新技术革命的战略机遇，培育国际竞争新优势。“十三五”规划更是明确指出要“推动‘中国制造＋互联网’取得实质性突破”。

青岛红领作为一家民营服装企业，从 2003 年开始主动放弃传统经营模式，瞄准用户个性化需求，利用新一代信息技术对生产线、信息化系统、运营平台等进行全面改造，探索定制化生产模式，用工业化的成本和效率大规模生产定制产品，同时打造“C2M 定制直销电商平台”，用户在互联网平台上全程参与服装设计、下单和订单跟踪，取消库存和中间代理环节，将“标准号批量生产＋批发、零售”的传统模式转型为“个性化产品大规模定制＋C2M”的全新互联网经营模式，设计成本下降了 90％，生产周期缩短了 40％，生产成本下降了 30％，原材料库存下降了 80％，在同质化竞争惨烈的服装行业中开辟了一片蓝海，实现了逆势增长。2014 年利润同比增长 150％以上，为我国传统加工制造企业如何“＋互联网”探索出了一条成功道路。

广东物资集团作为从事大宗商品贸易流通的传统国有企业，近年来适应互联网化的发展趋势，通过构建大宗物资交易电商平台，加快推进贸易流通业务的互联网化改造，实现物流、信息流、资金流的贯通与共享，并以此为基础拓展基于互联网平台的大宗物资供应链集成服务业务，探索线上线下有机结合的新型经营发展模式，取得了明显成效，值得我国传统商贸流通企业借鉴。现代信息技术的发展为各种基于互联网的商业模式创新提供了可能。谁先行一步登上这个制高点，谁就能在市场竞争中赢得战略主动。

4. 坚持自主创新与产业发展相融合，推动企业发展迈向高端

实施创新驱动发展战略，最根本的是要增强自主创新能力，要从大规模引进国外技术转向主要依靠自主创新，尤其是要通过原始创新掌握核心、关键技术。

蚌埠玻璃院作为20世纪50年代初建立的全国性行业研究院所，在2000年转制改企和2004年主业分拆的双重挑战下，瞄准国内高端玻璃市场，坚持自主创新与产业发展双轮驱动、创新链与产业链有效融合。一是围绕产业化完善创新链。在创新链的上游开展基础研究开发，为产业发展提供新技术、新产品；在创新链的中游开展应用技术研究，进行工艺设计、中试以及产业化所需的生产线装备、系统的设计开发，为产业化做准备；在创新链的下游开展产业化技术研究，并以项目公司、产业园等市场化运作方式将新产品规模化推向市场，培育形成新产业。二是在创新链的各环节寻求产业化机会，拓展产业链。比如石英砂提纯工艺技术的成功开发，不仅为下游产业提供了新材料、新工艺，而且将开发的工艺技术作为新业务进行产业化推广，形成上游的原材料产业链。三是通过多个创新链的循环，不断完善产业链布局。比如通过石英砂原料供应、光电显示玻璃基板生产、ITO导电膜玻璃生产、触控屏生产等多次创新循环，蚌埠玻璃院建成了从上游原料供应、中游基板开发到下游触控屏生产的光电显示上游产品的完整产业链。经过15年的艰苦探索，不但在高端玻璃、新能源玻璃等领域掌握了核心关键技术，先后两次获得国家科技进步二等奖，累计获得有效专利达700多件；而且自主建成了涵盖超薄浮法玻璃、TFT－LCD液晶玻璃基板、ITO导电膜玻璃等多个类别的10多条整体装备水平达到国际一流的生产线，既满足了国内对高端玻璃、新型玻璃的市场需求，实现了进口替代，逼迫国外企业降价；还先后向韩国等国家出口生产线30多条，累计创汇30多亿美元，探索形成了“以科技促产业、以产业养科技”的良性发展模式，使蚌埠玻璃院成功由一个传统行业科研院所转型成为由核心技术能力支撑的高科技企业集团。

5. 持续开展以降本增效为目标的管理创新，提高企业发展水平

当前，宏观经济下行压力很大，企业普遍面临市场萎缩和成本持续上升的双重压力，生产经营面临很大困难。企业一方面要认真梳理经营管理活动中存在的薄弱环节和潜在风险点，尤其要注意资金、债务、应收账款、金融、投资等方面的风险，及时消除可能造成的重大隐患；另一方面还是要眼睛向内，加强管理，通过内部挖潜和成本控制来提高效益，度过寒冬。

精益管理无疑是当前困难形势下最有效的管理方式之一，其核心是消除一切无效劳动和浪费，目标是尽善尽美。通过在企业的各个层次下放责任，授予持续改进的权利，充分调动全体职工的积极性和聪明才智，把缺陷和浪费及时地消灭在每一个岗位，从而不断降低成本、提高质量、增强生产灵活性，以确保企业在市场竞争中的优势。近年来，许多企业将精益管理与信息化有效结合，利用信息化手段为精益管理提供高效的工具和手段，拓展精益管理的广度和深度，探索形成精益管理与信息化有效融合的新型管理机制，取得了很好成效。

北方重工业公司以精益管理理念为指导，以信息化为支撑，以全员参与为基础，以准时化满足客户需求为出发点，以经营绩效指标改善为目标，以经营管理能力提升为主线，以切实查找并快速解决影响企业发展的根源性问题为切入点，以全价值链各业务环节为主体，通过信息化系统集成贯通运营管理全过程，并以此为支撑，围绕全价值链各环节组织开展管理诊断和精益改进项目500余项，将精益管理理念固化到信息系统中，融入企业经营管理的方方面面，形成“精益工作日常化、日常工作精益化”的氛围，全面提升了企业生产效率和效益。精益管理是我们许多企业推行已久的传统管理办法。而信息化手段的加入，使传统的管理办法焕发出新的活力，这也是“互联网＋”的一项具体成果。

2016年是“十三五”规划的开局之年，也是结构性改革的攻坚之年。广大企业要进一步增强大局

意识、主体意识和责任意识，全面贯彻落实创新、协调、绿色、开放、共享五大发展理念，着力实施创新驱动发展战略，坚持变中求新、新中求进、进中突破，凝心聚力，砥砺前行，为保持经济持续健康发展和全面建成小康社会做出新的贡献。

主动适应新常态 切实贯彻“五大发展理念”①

——在 2016 年全国企业管理创新大会上的讲话

国务院国有资产监督管理委员会党委委员、秘书长
全国企业管理现代化创新成果审定委员会主任　阎晓峰

一年一度的全国企业管理创新大会已经成为全国企业管理界的盛会，越来越多的企业家和企业管理者在这个平台上碰撞管理理念，交流最新经验，分享最佳实践，创新管理方法，这对于我国企业特别是国有企业及时跟进企业管理发展前沿，持续提升现代化管理水平，增强核心竞争力和国际竞争力，十分有利。2015 年是“十二五”收官之年，五年来在党中央国务院的坚强领导下，社会各界的大力支持和帮助下，国有企业发展质量进一步提高，转型升级的步伐有所加快，创新能力持续提升，国际化经营的步伐稳步推进，涌现出一批具有核心竞争力的骨干企业。

2016 年是“十三五”开局之年，面对经济新常态，我国企业特别是国有企业也将面对更加复杂多变的外部环境和诸多新的挑战，对企业改革发展和管理都将产生重大的影响。因此，国有企业特别是中央企业必须面对新形势，适应新情况，取得新突破。只有这样，才能真正落实发展新理念、走出转型升级的新路子。接下来我谈两点意见，谨供参考。

一、正确认识企业新常态，主动适应新常态

当前我国经济发展显著特征就是进入新常态，这一点已经形成了共识。同时，国有企业也步入了具有自身特点的发展新常态，主要体现在以下几个方面：

一是发展方式方面。会由过去多以规模成长型为主的高位发展，转为结构调整型的中低位发展。

二是结构性方面。由过去主要依靠国家基本建设快速发展，对原材料初级产品需求旺盛，且国有企业拥有相对优势，从而可以获得可观利润方面会转向第二产业从中低端向中高端发展，服务业比例持续提升，从而对低端初级原材料产品及制品需求下降，我们的利润空间也将被压缩。

三是生产方式方面。国有企业特别是中央企业大量传统的重化工企业的生产过程、工艺技术、销售模式、服务方式将受到冲击，实体企业生产方式向工业化、信息化、网络化、智能化、个性化、金融化等多化融合方向发展，而不只是通常一般意义的工业化和信息化两化融合。

四是公司治理方面。国有企业公司治理结构会从一般性的国有独资、控股、参股等方式转向可探索的多种方式，比如包括国有全资，但不一定独股，在结构上可能会包括国务院国资委、财政、国有金融、地方国资委等出资的多股东的国有全资公司形式。此外，还有混合所有制、合伙制、公司治理型的风投，建立生态圈式的利益共同体的模式等更多、更加灵活的方式。上周和国际上一个大的公司风险管理公司的 CEO 会面，他也介绍全球上市知名的大企业，特别是欧美企业，董事会结构也在发生变化，内部董事一般只有 1 位，其他全部是外部董事，而且女士、女性在董事会结构中的数量也在不断地增加，在美国一般在 20%到 30%，在欧洲现在相对高一些，超过了 30%，而且通过最佳实践证明，女性在董事会比例高的企业，在企业的成长性和企业风险防控方面都是比较好的。

① 编者根据讲话内容拟定。

五是研发方面。一些科技研发、技术进步可能从过去通常的小组式，由过去少数人参与研发，变为无边界、以互联网思维方式解决方案众筹式的、多数人参与的研发方式转变。

六是竞争和挑战方面。国有企业的竞争压力和挑战可能会随着我国一、二、三产业比例的调整，民营企业的发展，走出去步伐的加快，“一带一路”项目的实施以及国际政治、经济、贸易等众多组织的条款规则的限制或者是一些国家投资贸易保护主义势力可能会逐渐增强等，所面临的国际竞争越来越强，越来越泛在化、全球化。风险压力也越来越大。

七是发展方式方面。国有企业依靠市场化、商业化运作的要求越来越高。

八是人才队伍建设方面。可能会从过去主要以吸纳聚集为主，向市场化、职业化、双向流动变化为主。因此，国有企业必须认识到形势的严峻性和紧迫性，新常态可能不是一个短期的几年就会过去快速过渡形态，如果说前30多年是一个常态化，可能后面还要经历很长时间的新常态。因此国有企业管理创新，提质增效将成为必然和决定性的需求，成为适应国企新常态的重要措施和手段。

二、贯彻“五大发展理念”，激发创新动力

十八届五中全会首次提出“五大发展理念”，这五大发展理念决定了我们未来的发展路径，引领经济发展新常态重要的规划，也是对我国新常态下经济发展规律深刻的分析。

从1到N是更快的模式，从0到1才是真正的创新。总书记倡导“五大发展理念”，提出“五个着力”，首要的就是着力发展创新驱动战略，要把创新放在第一位，因为创新是引领发展第一动力，发展动力决定发展速度、发展效益和可持续性。动力问题解决不好，实现经济持续健康发展两个翻番是难以做到的。抓住了创新就抓住了牵动经济与社会全局的牛鼻子，对于当前国有企业来说，我个人体会创新的动力至少来自两个方面：

一是企业自身的成长新动力。总书记强调供给侧改革，重点是解决和发展社会生产力。推动供给侧改革，必须牢固树立创新发展理念，推动新技术、新产业、新业态蓬勃发展，为经济持续健康发展提供源源不断的内生动力。体制机制的改革，企业管理的创新，是企业的成长性动力，技术进步也是企业成长新动力的重要组成部分。随着工业发展，从蒸汽机为代表的机械化，到电力技术为代表的电气化，到电子技术为代表的自动化，再到无线通信和互联网为代表的信息化以及当今大数据、云计算、物联网的智能化，甚至下一代智慧化蓬勃发展，一大批取代传统产业的企业崛起，如果我们有的国有企业继续抱着过去落后的管理方式、传统的技术工艺、装备制造、营销模式而没有积极主动作为，加速实现工业化、信息化、智能化，甚至金融化等多化融合，没有积极主动作为管理创新、利用互联网等多样的手段和工具来提升实业、提升质量、提升效率、提升研发能力、提升企业的管控水平，实现众多传统实业＋互联网和N＋互联网，这样的国有企业将很难变革，很难提质增效，很难有竞争力，很难在市场里有高的份额，很难有产品的高附加值，也就很难有好的经济效益和可持续发展。

另一个动力，就是企业家和企业员工的跃升动力。如果企业干部职工不作为、慢作为、不善为，那么国有企业的管理创新、改革发展的目标任务又如何实现呢？因为目标任务归根结底还是要靠企业去做，靠企业广大干部职工去做、去完成，因此破解和引领新常态，进一步激发、激活国有企业以及企业家和员工的内生动力，使其更加积极作为、主动作为、大胆作为、科学作为，就自然成为一个迫切需要强化解决的问题。因为企业在残酷的市场竞争中如逆水行舟，不进则退，慢进也退。所以，不积极、不主动作为的企业也必将成就了别人。如同现实中传统实体店不努力，促成天猫、京东大批的电商，传统邮政不努力，促成顺丰、圆通等一大批快递公司。出租车公司不努力，促成了非业内企业且自己没有一辆专用出租车，但却是全球最大出租车公司的优步。酒店不努力，其结果也同样是成就了一个非业内的企业，但是利用闲置资源且在全球不属于自己一张床位的最大的酒店Airbnb这样的公司。如果我们一些企业再不创新，没有动力，不主动作为的话，恐怕有一天也会成就自己的竞争对手。在贯彻落实五大发展理念过程中，国有企业要将创新发展理念放在重中之重的位置，管理创新、技术创新、商业模式创新并举，体制机制与机制并重，不断激发创新的动力，激活创新的源泉，在创新中求生存之道，在创新中谋发展之路。

（根据录音整理，未经本人审定）

加强管理创新 实现提质增效①

——在2016年全国企业管理创新大会上的讲话

工业和信息化部产业政策司司长 许科敏

本届大会“以践行五大发展理念，推动企业提质增效”为主题，具有很强的针对性和现实意义，当前世界经济仍处于深度调整期，各国经济增长低于预期，外部需求依然疲软，我国经济发展进入新常态，经济增速换挡，结构调整镇痛和功能转换困难相互叠加，有效需求乏力和有效供给不足并存，经济下行压力加大，企业发展面临更为严峻的挑战和压力。

“十三五”规划纲要提出，要牢固树立和贯彻落实“创新、协调、绿色、开放、共享”五大发展理念，以提高发展质量和效益为中心，以供给侧结构性改革为主线，扩大有效供给，满足有效需求，这不仅对企业管理和管理创新工作提出了新的要求，也为今后的工作指明了方向。

面对经济发展新阶段、新任务、新机遇和新挑战，我们要深入学习贯彻“五大发展理念”，努力以发展理念的转变引领发展方式的转变，以发展方式的转变，推动发展质量和效益的提升，积极推动供给侧结构性改革，实现经济的提质增效升级，在这方面今年我部将重点抓好以下几项工作：

一、推动制造业创新发展

实施国家制造业创新中心建设工程，年内争取建成2至3家国家制造业创新中心，实施工业强基工程，组织示范项目，集中解决30到50项标志性的产品和技术，实施高端装备创新工程，推动航空发动机、燃气发动机、新能源汽车创新突破。

二、深入推进智能制造

实施智能制造工程，支撑高档数控机床与工业机器人、智能传感与控制、智能检测与装备、智能物流与仓储五大关键装备的创新应用。继续实施智能制造示范行动，确定60个新的试点示范项目。

三、扶持中小企业发展

做好国家中小企业发展基金运营工作，开展互联网＋小微企业创业创新培育行动，建设一批智慧型小微企业创新创业基地，开展制造业单项冠军企业培育提升行动，培育一批小巨人企业。

四、推动企业创新管理提质增效

深入推动减轻企业负担，全面实施社会目录清单管理，开展企业管理提升专项行动，制定出台引导企业创新管理提质增效的指导意见，推动非公有制企业建立现代企业制度试点。

五、加快传统产业优化升级

制定实施机械、建材等重点行业分业施策专项行动方案，实现产品升级，转型转产扭亏增盈，积极推动钢铁行业化解过剩产能，处置“僵尸”企业，为企业创新发展腾出资源，留出空间。

六、进一步深化改革创新

持续推进简政放权、放管结合，优化服务。提高行政效能，确定权力清单、责任清单等，简化、优化公共服务流程，实施更加精准的产业政策，加强行业自律，努力营造良好的发展环境。

---

① 编者根据讲话内容拟定。

企业是国民经济的微观主体，贯彻落实五大发展理念，实现提质增效，归根到底要靠企业，借此机会，我就企业管理创新提质增效提几点建议，供大家参考：

一、加强内部挖潜，实现降本增效

近年来，我国企业融资物流、人工等成本高，税费负担较重，企业负担持续上升，企业必须更加重视内部的管理，向管理要效益。

一是加强内部成本的管控，推动全面预算管理战略、成本管理、目标成本管理等，实施全方位的成本管理。

二是强化资源、能源集约管理。树立集约利用资源、能源创造效益的理念，推进资源、能源高效循环利用。

三是重视资源优化配置与管理，加强企业内部资源的整合，提高集团的管控能力，积极稳妥推进兼并重组，加强供应链的管理。

四是加强质量品牌建设，提高产品的附加值，创造品牌的价值。

二、创新生产经营模式，拓宽效益提升新空间

在当前的形势下，企业在节流的同时，也要重视开源，不断创造新的发展空间。

一是推进信息技术深度融合创新，推动互联网等信息通信技术的深度融合和创新应用，加快发展智能制造，积极发展电子商务等互联网营销渠道，利用云计算、大数据等技术深度挖掘客户的需求，

二是积极发展服务型制造，有针对性发展研发、设计等上游技术服务，生产、租赁、产能出租等中游生产服务，网络精准营销等下游市场的服务，第三方物流融资租赁等延伸性的服务，以及总集成、总承包等整合服务。

三是加快推动创业创新，坚持以人为本搭建创业创新开放式平台。形成集众力、汇众力，人人尽力的发展局面。

三、提升战略应变和风险管控能力，为提质增效提供有效的保障

保持正确的战略方向，确保企业生产经营不出现大的风险波动，是实现企业持续发展、提高效益的根本保障。

一是注重战略管理，及时跟踪内外部环境的变化，特别是互联网条件下，跨界融合加速，买方力量崛起，创新速度加快，共享协作经济兴起，传统的企业竞争优势被削弱等众多的变化，提高战略的柔性和适应性，加快推动战略性转型。

二是加强全面的风险管理，预防和控制企业战略、财务、市场运营、法律等各方面风险，严格安全生产管理，健全重大投资决策的责任制度，加强诚信管理，积极履行社会责任，防范企业形象危机，建立风险预警机制。

贯彻落实“五大发展理念”，实现提质增效，需要社会各界的共同努力，我们将与广大企业、中介机构等各方面继续加强交流合作，坚持创新引领，努力为企业创造良好的发展环境，为提升我国经济发展的质量和效益做出新的更大贡献。

（根据录音整理，未经本人审定）

关于发布和推广第二十三届全国企业管理现代化创新成果的通知

各省、自治区、直辖市、计划单列市国资委、工业和信息化主管部门、中小企业主管部门、企业联合会，全国性行业协会，各有关企业和成果创造单位：

为贯彻党的十八大和十八届三中、四中、五中、六中全会精神，根据《关于组织申报第二十三届全国企业管理现代化创新成果的通知》（国管审〔2016〕3号），由中国企业联合会、国务院国资委企业改革局、工业和信息化部产业政策司和中小企业局共同主办，全国企业管理现代化创新成果审定委员会（简称全国审委会）负责组织，开展了第二十三届全国企业管理现代化创新成果的申报、推荐与审定工作。截至2016年9月底，共收到并受理企业申报成果445项。经组织高等院校、科研机构、企业团体有关专家初审、预审，在媒体进行公示，并由全国审委会终审，有243项成果被审定为“国家级企业管理现代化创新成果”，其中一等30项、二等213项，现予公布（名单详见附件）。

第二十三届全国企业管理现代化创新成果涉及企业管理的各个主要领域，充分反映了我国各类企业适应经济新常态，在创新发展中所取得的成就，体现了当前企业管理的最新趋势，为政府有关部门制定相关政策提供了参考，为其他企业提供了可学习和借鉴的成功经验，为大专院校和科研机构进行企业管理科学研究与教学提供了现实案例。

现就本届成果宣传推广工作，提出以下意见：

一、拟于2017年3月25日在北京召开“全国企业管理创新大会”。会议将就企业管理创新热点问题进行研讨，组织成果交流，表彰成果创造单位和创造人。会议具体安排另行通知。

二、希望有关单位按照国务院国有资产监督管理委员会《关于进一步组织做好全国企业管理现代化创新成果有关工作的通知》（国资改革函〔2003〕62号）、国家发展和改革委员会《关于组织中小企业参加全国企业管理现代化创新成果推荐申报工作的通知》要求，参照《国家科学技术奖励条例》（国务院2003年第396号令）和《国家科学技术奖励条例实施细则》（科学技术部1999年第1号令），结合各地区、各部门及企业制订的奖励办法，对成果创造人员给予适当奖励。落实有关中小企业扶持政策和具体项目时，对获得国家级企业管理现代化创新成果的单位予以优先安排，以促进中小企业不断提升管理创新能力。

三、各地区、有关行业协会要按照《关于引导企业创新管理提质增效的指导意见》（工信部联产业〔2016〕245号）的要求，围绕当前企业改革与企业管理面临的重点难点问题，加强统筹协同和组织领导，积极开展专题性或区域性的成果交流和宣传推广，充分发挥成果的示范作用。广大企业特别是成果创造企业，要结合成果审定和推广活动，加强相互交流和学习借鉴，进一步激发企业活力和创造力。

附件：第二十三届国家级企业管理现代化创新成果名单

全国企业管理现代化创新成果审定委员会

2016年12月29日

附件

第二十三届国家级企业管理现代化创新成果名单

等级	成果名称	申报单位	主要创造人	参与创造人
一等	大型运输机全三维数字化网络协同研发管理	中航工业第一飞机设计研究院	李守泽 王 琰	刘看旺、王华友、董海锋、张永辉、韩自强、刘雅星、刘俊堂、孙 敏、郑党党、董 亮
一等	特大型电网企业追求卓越的“163”管理体系构建与实施	国家电网公司	刘振亚	李向荣、杜宝增、张 宁、伍 萱、朱 峰、丁世龙、王宏志、冯来法、陈国平
一等	基于用户全流程最佳体验的互联工厂生态圈建设	海尔集团公司	梁海山 陈录城	张维杰、孙 明、刘玉平、汪洪涛、赵建华、郑子辉、甘 翔、刘伦明、王 勇、王 强
一等	新能源汽车制造企业基于组织创新力的生态化、数字化战略实施	北京新能源汽车股份有限公司	徐和谊 郑 刚	张 勇、原诚寅、王可峰、张青平、马仿列、梁国旗、夏立新、文 霞、陈 靖
一等	大型发电企业集团以战略为引领的全面创新管理	中国大唐集团公司	陈进行	邹嘉华、胡绳木、王 森、金耀华、栗宝卿、刘传东、刘峰彪、李云峰、杨新林、陈 武
一等	地方国有资本运营公司服务政府战略与市场化运作有机结合的转型发展	重庆渝富资产经营管理集团有限公司	李剑铭 何志明	崔树荃、朱 旌、邓 勇、乔昌志、杨雨松
一等	大型石化集团基于两化深度融合的新型能力建设	中国石油化工集团公司	李德芳 齐学忠	李剑峰、张朝俊、刘利君、陈锡坤、姜晓阳、宫向阳、贺宗江、王立东、沈青祁、王景涛
一等	特大型奥运场馆的市场化运营管理	国家体育场有限责任公司	李爱庆	李士林、徐和谊、陈代华、武晓南、吴竞军、肖蔚然、程 磊、蒋 超、陈绍枢、相 军

等级	成果名称	申报单位	主要创造人	参与创造人
一等	“一带一路”区域跨多国大型天然气管道运营管理	中石油中亚天然气管道有限公司	孟繁春 孟向东	张少峰、金庆国、张　鹏、钟　凡、李　琳、冯　丹、史云涛、李　平、赵　罡、宗　红
一等	高科技企业煤化与石化产业融合联盟式服务管理	北京三聚环保新材料股份有限公司	刘　雷 林　科	张淑荣、王庆明、任相坤、曹华峰、蒲延芳、袁　毅、王宁生、付兴国、孙艳红、赵正昌
一等	邮政企业支撑电商寄递业务发展的陆运网全面升级管理	中国邮政集团公司	康　宁	杜　福、张延军、薛志刚、吴志洲、任丽杰、秦昌凤、张琴生、边景春、何学军、詹　蕾
一等	自主品牌汽车企业实现双向协同的供应商战略伙伴关系管理	重庆长安汽车股份有限公司	朱华荣 陈　方	李新强、华騳骉、朱祥文、郝志梅、陈　攀、潘申平、李　强、袁丽萍、姚金荣、周茂强
一等	飞机制造企业提升航空结构件生产效能的专业化制造管理	成都飞机工业（集团）有限责任公司	隋少春 韩　雄	代　军、夏雪梅、曹文军、刘文博、崔雅文、陈学林、周航天、刘　适、朱中奇、叶　丽
一等	特大型油田基于“三线四区”效益评价的决策与运营管理	中国石油化工股份有限公司胜利油田分公司	孙焕泉 宋振国	解宝贵、张志友、王德宇、刘忠田、薄　亮、鞠　伟、胡宝明、段叶青
一等	轨道装备制造企业基于精益制造的智能化物流管理	中车南京浦镇车辆有限公司	李定南 李　立	施青松、杨　威、陶春松、陈长健、陈家产、郭　凯、李　峰、张振文、卢艳华、冯文套
一等	国防工业科研院所打造创新链的技术秘密全生命期管理	中国航空工业集团公司北京航空材料研究院	戴圣龙 李兴无	傅　洋、申　捷、张庆玲、张爱斌、熊艳才、张志国、于　青、李小刚、国大鹏、宋炳豪
一等	支撑完全自主知识产权核电项目走出去的研发管理体系构建	中国核电工程有限公司	刘　巍 邢　继	温新利、荆春宁、袁　坤、刘世光、李大波、刘立平、陈学营、苏　罡、才宝利
一等	高铁轨道工程设计建造一体化的协同管理	中铁第四勘察设计院集团有限公司	黄正华 孙　立	王森荣、胡晓兵、许国平、李秋义、江先冬、邓振林、郑　洪、刘莉虹、孙智勇、刘　博

等级	成果名称	申报单位	主要创造人	参与创造人
一等	省级农村信用社以产品研发为核心的惠农金融服务管理	吉林省农村信用社联合社	唐忠民	李世杰、熊继洲、王艾君、张洪东、王长义、王亚清、王广平、孟　军、崔军扬
一等	轨道交通装备制造企业推进战略实施的全面绩效管理	中车株洲电力机车有限公司	周清和 傅成骏	马克湘、罗崇甫、陈志新、董元彪、尹星亮、刘　翔、方　旭、张帮忠、李静静、熊卫宁
一等	工程装备制造企业再制造业务发展战略与实施	徐州徐工基础工程机械有限公司	李亚林 蒋明忠	孔庆华、张世伟、张　锐、张丽娜、李怀刚、何经纬、张　杰、贺向前、刘　伟、黎　川
一等	军工集团以领导人员、治理结构和管理制度为核心的企业治理能力建设	中国兵器工业集团公司	曹光祥 刘　旭	彭心国、梁　冰、高　希、张晓华、陈　波、秦　垚、徐余庆、纪　超、鞠小波、马　骁
一等	纺织企业适应国际标准的产品生态安全管理	山东南山纺织服饰有限公司	曹贻儒 李世朋	赵　亮、刘刚中、潘　峰、孙友谊、邢富生、张国生、栾文辉、姚锡波、朱明广、王政委
一等	以扶贫开发为抓手的水电站企地和谐共建管理	华能澜沧江水电股份有限公司小湾水电厂	鲁俊兵 张　俊	张洪涛、邱小弟、李子光、李　然、陈维东、阮跃红、彭建新、熊孝中、伍学雷、赵斌斌
一等	检验认证企业技术、资本双驱动的资源整合型发展	中国建材检验认证集团股份有限公司	姚　燕	马振珠、张继军、石新勇、汤跃庆、刘元新、陈　璐、黄丽华、邱　晓、吴辉廷、夏　娟
一等	地方建筑工程企业实现渐进式升级的差异化跨国经营	中鼎国际建设集团有限责任公司	胡立俭	金江涛、黄美丽、康小平、李妮雅、吴秉诚
一等	深度介入特高压工程建设全过程的生产准备管理	国网天津市电力公司	钱朝阳 闫卫国	么　军、孙龙彪、王　刚、曹士永、钱　滨、单大鹏、周文涛、王永宁、赵晓鹏、孙　成
一等	地方国有投资集团实现协同发展的综合金融管理	无锡市国联发展（集团）有限公司	高　敏	华伟荣、杨静月、丁武斌、周　波、陈　琦、姚志勇、汤兴良、张　锋、王震华

等级	成果名称	申报单位	主要创造人	参与创造人
一等	电力集团公司集中精准采购管理	中国华能集团公司	孙智勇 陈书平	李春生、张又新、王绪繁、李应宽、陶　俭、高宏伟、肖志刚、刘灵轩、刘　宇、杜　乾
一等	供电企业面向市场的一体化柔性运营管理	国网江苏省电力公司南京供电公司	李　斌 高昇宇	王　勇、倪　炜、肖　晶、汪　超、栾　宁、王　璞、吴　罡、李　勇、马琎劼、金淋芳
二等	民营企业集团基于“两化融合”的标准化管理体系建设	杭州娃哈哈集团有限公司	宗庆后 江金彪	叶　秀、徐　俭、阮晶晶、田　路、卫坤东
二等	煤矿企业基于生产、成本、销售体系化的合力经营管理	陕煤集团神木柠条塔矿业有限公司	张科利 吴群英	王建文、路根奎、贾小虎、闫敬旺、周兴利、樊　甲、曹　豪、张少龙
二等	铁路局以国际园区为载体的物流转型发展	呼和浩特铁路局	柴随周 王利铭	李希顺、陈　波、杨　永、任巨龙、石三黑、赵俊杰、吴立宏、吉小龙、庞　明、崔　宇
二等	电网企业基于责任、标准、对标和考评“四大体系”的班组建设	国网山东省电力公司	杜　军	刘玉树、宋士锋、张　平、赵树生、郎淑杰、王均欣、姜志强、杨　军、闫　斌
二等	通信集团适应移动互联网的创新型企业建设	中国电信集团公司	杨　杰 杨小伟	浦德松、王国权、梁宝俊、李安民、张颉华、秦　健、王　磊、白云东、陈　力、饶　东
二等	家电制造企业基于大数据服务平台的产品生命周期管理	珠海格力电器股份有限公司	董明珠 谭建明	李绍斌、牟桂贤、申伟刚、谭泽汉、余　祥、黄丽萍、甘俊源、林勤鑫、李石江、梁智将
二等	供电企业面向金寨老区光伏扶贫的全程式服务管理	国网安徽省电力公司六安供电公司	潘　东 徐　斌	徐木桂、曹　俐、曾　光、刘春阳、杨爱岭、陈　青、段　丽、马　骏
二等	制造企业基于“互联网+”的智能化质量管理	杭州朝阳橡胶有限公司	蒋志强	高丽萍、郑　励、廖发根、卢　青、钱　熠、张春波

等级	成果名称	申报单位	主　要 创造人	参与创造人
二等	核燃料元件产品制造全过程质量可靠性管理	中核建中核燃料元件有限公司	丁建波 彭海青	任宇洪、张　兵、吴　平、何　君、李　羽、华月强、叶畹义、王　刚
二等	制造企业增强活力与合力的经营机制再造	新兴铸管股份有限公司	李成章	程爱民、何齐书、左亚涛、钱守保、施　力、宋珏遐、郭　融
二等	基于BIM技术的水运工程单项目投标与施工管理	中交第一航务工程局有限公司	刘爱新	潘　伟、李春元、卢晓晗、陈朝阳、刘振山、赫　文、代　浩、郝有新、亓　进、陈冠宇
二等	钢铁企业以提质增效为目标的全方位结构调整	马钢（集团）控股有限公司	高海建 丁　毅	钱海帆、蒋育翔、严　华、陆克从、唐琪明、任天宝、高海潮、张文洋、袁中平、解珍健
二等	基于“整村推进”的农网升级改造项目精细化管理	国网青海省电力公司西宁供电公司	赵大光 冯学红	宋高宏、王宏波、潘兹勇、唐颖杰、祁连清、陈　昀、李永斌、周　炜、薛宏波、靳继勇
二等	军工企业以质量、成本、进度综合管理为牵引的项目经理人才队伍建设	中国电子科技集团公司第三十八研究所	吴剑旗 胡国良	姜　恒、王　茜、周　英、王竞宇、胡友红、王新鸣、刘　兵、王　博、孔　元、唐晓璐
二等	国有农业企业以健康、安全和可持续为目标的产业链构建与发展	重庆市农业投资集团有限公司	何　勇 王千六	马晓玲、邓　韬
二等	基于应对欧盟REACH法规的化学品国际贸易安全管理体系构建与实施	中国石油天然气股份有限公司	沈殿成 胡　杰	李振宇、杨延翔、李文乐、刘　杰、司丙军、曲静波、陈　超、王正元、陈　曦、王　震
二等	适应多基地核电厂运营要求的技术服务能力优化升级管理	苏州热工研究院有限公司	王　安	周毅文、朱成虎、琚存有、刘金宏、金心明、郭娟彦、舒　悦、万　田、张丽英、汪小龙
二等	富油气区带开发中后期整体再评价的创新体系构建与实施	中国石油天然气股份有限公司勘探与生产分公司	王元基 尚尔杰	田　军、郑兴范、邢厚松、熊　铁、孙德君、张世焕、吕传炳、孙　岩、李东平、李正文

等级	成果名称	申报单位	主要创造人	参与创造人
二等	钢铁企业适应新常态的全面管理变革	河钢股份有限公司承德分公司	魏洪如 耿立唐	郭晋宏、赵建东、国富兴、石小艳、丁艳丰、朴述银、张胜军、董东涛、孙 伟、杨宝龙
二等	基于快速响应客户个性化需求的研发体系构建	湖南中车时代电动汽车股份有限公司	申宇翔 刘 杨	唐明忠、杨学元、邓建军、陈龙富、周鲔伟、刘庚林、高 飞、张晶蔚、宋庆红、孔祥慧
二等	供电企业基于“三本台账”的用户需求精准管理	国网四川省电力公司德阳供电公司	甘 涛 胡朝华	唐 勇、伍润泽、黄 丹、肖丹雄、汪春虎、戴海宁、刘 峰、张子啸、范雪芹、张羽歆
二等	钢铁企业基于项目责任制的降本增效管理	江苏沙钢集团有限公司	沈 彬 龚 盛	施一新、蒋建平、孙海兵、高林全、魏红超、华德明
二等	航天军工企业基于协同机制的工艺优化管理	中国航天科工集团第六研究院三五九厂	赵 勇 侯仲军	郑兰兰、谢德有、赵立科、高红新、王淑芬、苏冬梅、徐玉荣、王良柱、朱 伟、郭瑞廷
二等	基于智能化平台的“多表合一”水电气公用服务体系建设	国网福建省电力有限公司厦门供电公司	丛 阳 许志永	童 刚、林炳东、杨志永、沈毅达、王来辉、刘 强、叶 强、沈晓秋、戴世峰、董 琳
二等	军工集团基于价值工程理念的民用产业管理提升	中国航天科工集团公司	马天晖 李曙春	程庆文、张丽宏、方 韬、王 飞、徐二阳、马驰原、侯云亮、徐坤耀、范炳健、丁 洁
二等	基于自主创新的高速铁路智能化精调管理	上海铁路局	郭竹学	张 杰、宋国亮、徐伟昌、许玉德、谭社会、毛晓君、罗 庄、王 胜、沈坚锋、陆志华
二等	航空制造企业提升效率和质量的生产现场自主管控体系构建	西安飞机工业（集团）有限责任公司	何胜强 于 萍	陈 胜、袁春衡、李振兴、王海宇、贾 敏、邓志均、李本巨、张秋芬、张文兵、邓 琛
二等	军工企业风险管理成熟度评价体系的构建与实施	中国航天科工集团第二研究院	符志民 王文松	丁继义、黄云海、唐 哲、陈旭萍、冯 琦、宋晓莹、张文来、刘 鑫

等级	成果名称	申报单位	主要创造人	参与创造人
二等	建筑施工企业以提升施工能力为目标的蓝领队伍建设	中铁五局集团第四工程有限责任公司	钟勇奇 张习亭	彭小平、秦世祥、龚小标、张顺强、谭海军、熊锦阳
二等	铁路货车制造企业价值链战略联盟的构建与实施	中车齐齐哈尔交通装备有限公司	谷春阳 王晓峰	常文玉、刘明伟、张春辉、李广斌、周丽丽、华世举
二等	风光储输“四位一体”集成电站智能化生产管理	国网冀北电力有限公司	田　博 盛大凯	马　力、张宣江、黄　波、高　峰、郑宇清、梁立新、岳巍澎、王　铮、李惠涛、段宝升
二等	海外水电项目跨境融资租赁管理	云南澜沧江国际能源有限公司	何　敏	邓炳超、黄光明、李云汉、阎　锋、高立武、吴丹琦、贺文森、王维姣、普文荣、高　洋
二等	军工科研院所转型背景下的战略岗位分红权激励管理	中国电子科技集团公司第二十九研究所	毛嘉艺 向志军	臧维明、王步冉、王关林、余承龙、曹　阳、汪向阳、邹小虎、李　超、杨　英、张魏林
二等	服务于地方经济转型升级的省级电网投资决策管理	国网河南省电力公司	侯清国 周　凯	魏胜民、王正刚、王　磊、王　璟、白宏坤、张法荣、张竞超、王江波、杨　萌、刘永民
二等	基于成熟度评价的航天器跨领域产品集成管理	中国航天科技集团公司	刘庆华 邱家稳	李　罡、张也弛、李　昊、刘　欣、杨晓宁、王大勇、邱　亮、徐立宏
二等	原油开采企业基于单井效益评价的全生命周期降本增效管理	中国石油天然气股份有限公司辽河油田分公司	张　波 刘　斌	许林祥、许　艳、王文道、黄文强、雒桓晟、李川华、刘晶洁、于　晗、陈　镝、安　欣
二等	石油特色企业年金制度的创建与实施	石油人才交流中心	刘志华 陆　凌	徐新福、王　跃、任一村、施杰炎、腾　云、何少锋、史为军、李红娜、陈　昱、张金卉
二等	航空制造企业基于全生命周期的项目价值管理	江西洪都航空工业集团有限责任公司	陈逢春 胡焰辉	祝美霞、饶国辉、邱洪涛、王　新、吴刚茂、魏红涛、陆怀华、李亚炜、喻怀仁、兰　洁

等级	成果名称	申报单位	主要创造人	参与创造人
二等	大型石油集团国际业务综合一体化运营与管理	中国石油天然气集团公司	李越强 陆如泉	赵　林、郜　峰、杨　鹏、周敬成、常毓文、杨　涛、王瑞军、苏　敏、姚　睿、胡菁菁
二等	钢铁企业基于规模定制的服务化管理	南京钢铁股份有限公司	黄一新 祝瑞荣	姚永宽、费　焜、楚觉非、孙茂杰、王　芳、周　林、陶立春、杜　轶、李小亮、马征宇
二等	通信企业实现职能管理向经营服务转型的管理变革	中国联合网络通信有限公司辽宁省分公司	买彦州	慈家昆、赵　铭、付海威、王朝伟、贾新民、王冬梅、赵成波、潘　进
二等	电子信息企业社区式智慧型数字电视产业园的建设与管理	北京牡丹电子集团有限责任公司	王家彬 安　鹏	马宝龙、邹大新、刘　芸、靳家贵、王　娟、白　旭、王　静、徐　倩、赵德智、张　燕
二等	汽车制造企业柔性排班系统构建	东风汽车有限公司	周先鹏 王金宁	阳玉龙、殷洋武、杨耀辉、黄开勇、陈杰玺、马雪冬、魏雄武、陈　幸、钟亮彬、孟　丹
二等	通信企业基于运营大数据的业财融合型管理会计体系建设	中国移动通信集团广东有限公司	禄　杰 许　琦	黄邓秋、潘宇丽、谢　志、肖竞舸、殷起宏、胡　懿、高　磊
二等	上市银行风险防控与中长期激励有效结合的员工持股计划管理	重庆银行股份有限公司	甘为民 黄　宁	林　敏、李　聪、毛　溧、汪天宇、张　蕴
二等	基于核心芯片自主可控的微系统研发管理	中国航天科工集团第二研究院二十五所	董胜波 刘志哲	杨　刚、刘晓东、赵晨旭、马承光、曹玉雄、廉　杰、尚政国、程志宇、侯颖辉、黎　亮
二等	制药企业以精准高效为目标的精益六西格玛管理	上药东英（江苏）药业有限公司	张耀华 张　秋	汪晓铭、王　坚、王国良、平士观、李鑫华、蒋　鹏、陈　丽、甄国艳、姜允菊、彭小丹
二等	以大数据安全特区为主的安全管控体系构建	中国联合网络通信集团有限公司	范济安 刘险峰	王竑弢、杨永平、李莞菁、刘江林、曲　冬、王志山、贾晓菁、赵紫峰、靳淑娴、孟　磊

等级	成果名称	申报单位	主　要 创造人	参与创造人
二等	供电企业服务于边疆生态建设的“电能替代”管理	国网吉林省电力有限公司延边供电公司	郭云峰 于　波	李青春、姚　强、宋京哲、宋春娟、陈永国、韩相武、孙伟崎、王　林、金成日、初晓光
二等	国有煤炭企业以“优轻新精”为核心的内涵式发展战略及实施	淄博矿业集团有限责任公司	孙中辉 侯宇刚	季海波、李景慧、刁兴建、王利民、朱敏峰、桂美胜、李　琦、陈亚洲
二等	邮政企业面向农村的供应链服务平台建设与运营	中国邮政集团公司山东省分公司	马志民	徐光文、杨　煜、雷世波、纪　青、贾德峰、张世栋、袁　波、王延飞、李京帅、隋瑞升
二等	钢铁企业智慧生态物流系统的构建与实施	鞍山钢铁集团公司	姚　林 王义栋	李忠武、徐世帅、王延明、杜　民、王奇夫、王　锋、胡守良、刘长胜、侯海云、王丽薇
二等	电力企业基于大数据应用的“量价费损”在线监测管理	国网湖北省电力公司	尹正民 王晓希	夏怀民、周想凌、万　磊、林　光、詹智民、朱银军、马先俊、邱　丹、王　瑾、肖坚强
二等	设计引领的一体化智能船厂建设管理	南通中远川崎船舶工程有限公司	韩成敏	陈　弓、路跃新、徐文宇、许维明、莫中华、仇　挺、冯　涛
二等	基于成本最优理念的境外油气投资业务低成本战略实施	中国石油天然气股份有限公司海外勘探开发分公司	卢耀忠 李树峰	沈海东、高　伟、张红斌、曹　敏、李海鹏、宋晓威、钱　铮、白福高
二等	国有施工企业基于工作清单和责任矩阵的项目精细化管理	中铁上海工程局集团有限公司	孔　逋	张贺华、张庆远、黄　新、陈正山、刘雪平、王春晖、李　猛、杨　昊
二等	装备制造集团以系统解决方案为载体的国际化管理	上海电气电站集团	曹　敏	郑晓虹、陈文倩、卫旭东、陈　力、金升龙、申善毅、郝　琳
二等	采油企业以依法治企为目标的合规管理	中国石油天然气股份有限公司华北油田分公司第四采油厂	于俊吉 赵　丽	张　宁、郑一坤、兰亚男、宋庆维、王　景、陈　超、张　鹏、麻素美、毕长清、方　群

等级	成果名称	申报单位	主要创造人	参与创造人
二等	提升企业风险防控水平的立体式合规管理	中国航空综合技术研究所	梁丽涛 陈晓东	石秀峰、陶海霞、兰小玮、陈玉梅、郝福乐、鄂天洁、魏　莱、禹宁祯、闫　敏
二等	数据通信企业基于阿米巴模式的经营创新与管理提升	锐捷网络股份有限公司	刘弘瑜 陈秋萍	曾清华、付　盛、张洪丹、赵　然
二等	基于岗位胜任力的人岗动态匹配管理	国网山东省电力公司济南供电公司	钱庆林 陈水军	薛　涛、崔晓青、王　璐、李恩亮
二等	特大城市多热源供热联网运行体系的构建与管理	天津能源投资集团有限公司	李庚生 赖振国	王　勇、裴连军、邓瑞华、朱咏梅、李春庆、冯　舸、付金栋、黄　鸾、刘焕志、李甲年
二等	电子信息制造企业推动转型升级的资本运作	南京熊猫电子股份有限公司	徐国飞 夏德传	宋云峰、沈见龙、涂昌柏、杜贤铁、姜　红、袁　征、刘先芳、吴　斌、陶根宝
二等	国有企业构建利益共同体的员工持股管理	贵州天义电梯成套设备有限公司	余　霄 朱　洁	胡　明、张卫华、樊传池、高红林、李洪杰
二等	以燃烧优化为核心的燃料全过程管理	华能国际电力股份有限公司日照电厂	林兆灵 杨　铭	孙树华、张　涛、李玉平、冯玉民、张克伟、李新波、史宝东、苗维博、刘　玮、李玉军
二等	大型油气田勘探开发总承包项目“四个一体化”建设管理	中国石油集团川庆钻探工程有限公司；中国石油天然气股份有限公司塔里木油田分公司	王安平 刘建勋	骆发前、王治平、宋周成、陆灯云、熊方明、侯亚东、韩剑发、唐晓明、欧阳诚、彭景云
二等	移动终端企业基于大数据的实时动态运营管理	中国移动通信集团终端有限公司浙江分公司	虞　杲 林　涛	石思奇、张存伟、宋广卫、李灿斌、宋翠娥、程　俊、吴宇妍、刘魁武
二等	基于内外网协同的军工集团统一财务信息管控体系构建	中航飞机股份有限公司	贺　沂 王灿明	张慧峰、纪建强、张　宏、杨庆红、校春丽、王　瑾、王瑞秋、高　鑫、李西明

等级	成果名称	申报单位	主　要 创造人	参与创造人
二等	电网企业重大活动供电保障体系建设	国网北京市电力公司怀柔供电公司	刘润生 郑广君	蔡小京、孙　白、刘　健、李自强、李清涛、茹立鹏、赵新历、汪　洋、胡　刚、范　帅
二等	基于数字化协同的IPT研制模式管理构建实施	北京宇航系统工程研究所	王小军 陈海东	张立洲、罗　军、聂蓉梅、皮　赞、刘　敏、李　莉、周　培、王　哲
二等	军工科研事业单位基于“三网融合”的共享型业财融合体系建设	中国船舶工业系统工程研究院	徐兴周	张　凯、李首雁、金　沂、赵莉娜、倪忠德、肖水江、曹新朝、聂　新、杜远胜、淮　斌
二等	省级电网基于大数据分析的调度控制一体化管理	国网重庆市电力公司	路书军 吕跃春	李洪兵、刘欣宇、陈宏胜、李文涛、周　宁、欧　睿、胡润滋、徐　健、毛新儒、周宇晴
二等	以提升精益管理水平为目标的烟草商业企业“标杆环”管理	山东济南烟草有限公司	宋洪润	高　萍、高中昌、范　聪、赵丛丛、王　昊、孙　艺、肖春峰、刘进磊、周国芳
二等	实现航天前沿技术跨越发展的创新管理	中国空间技术研究院	李　明 刘　群	徐立宏、帅　平、黄献龙、姜　军、李　虎、杨　哲、李向阳、张玉兔
二等	移动通信企业基于大数据“变现”的智能化业务支撑管理	中国移动通信集团福建有限公司	刘　坚 张　莉	首建国、魏建荣、尹壮志、彭家华、谢志崇、刘　杰、林超艺、李井生、黄庆荣、郑志欢
二等	基于ISO31000标准的嵌入式风险管理	中国石油化工股份有限公司中原油田分公司	孔凡群 杜广义	唐立永、邹本国、王万平、张赞武、翟源泉、黎仕强、刘爱国、王燕丽、彭贺林、张争光
二等	国有企业基于卓越绩效模式的标杆管理再创新	铜陵有色金属集团控股有限公司	杨　军	张忠义、周龙兴、王思会、孙志炜、王永勤
二等	基于“智能数据分析”平台的汽车动力总成研发项目管理	宁波吉利罗佑发动机零部件有限公司	王瑞平 陈　杰	杨万里、张振生、林辉友、王　江、吴钱福、王鹏加、杨　斌、张艳丽、洪海杉、周　瑶

等级	成果名称	申报单位	主要创造人	参与创造人
二等	高速公路建设工程PPP项目的前期运作	北京市首都公路发展集团有限公司	徐术通	赵　威、巩　衡、曹　剑、杨　毅、牛金贵、周华铮
二等	制冷企业以提升市场响应速度为目标的信息系统集成管理	大连冷冻机股份有限公司	纪志坚 刘　凯	荣　艳、张永明、张彬彬、王湘晖、侯昌海、张　军、陈光年、隋宝庆、张广辉、丁　毅
二等	商业银行基于“互联网+”的移动金融支付系统建设与管理	贵阳银行股份有限公司	陈宗权 杨　鑫	翟　众、何　欣、谭　欣、陈　贤、李　杰、陈尚辉、伍　文、蔡　沙、袁　锐
二等	施工企业战略导向下以“一体两翼”为核心的管理变革	中铁六局集团有限公司	马江黔	肖于太、杨振江、王东旭、王新华、王德志、李林杰、付晋德、井国彬、裴　涛
二等	基于网络地理信息系统的养殖户个性化供电服务管理	国网浙江象山县供电公司	王伟福 周宏辉	夏泉海、王春娟、夏东晓、黄鸣俊、毛志超、吴胜连、黄文江、史焕弘、韩　翊、钱忠敏
二等	以振兴民族药为己任的维药产业化管理	新疆银朵兰维药股份有限公司	李　俊	黄　磊、齐保才、陈　菊、郭晓红、张　军、杨晨光、牟秀梅、冷英莉、张晓娟、于　朋
二等	以效率提升为核心的“七标一体”综合管理体系建设	国投钦州发电有限公司	朱逢民 孙　超	毛茂祥、李洪庆、杜兴源、何耀鸿、佟伏生、姜永学、杨廷志、邓育宽、魏　军、莫　宇
二等	实现“五精三超越”的特高压大跨越施工管理	安徽送变电工程公司	姬书军 潘业斌	黄成云、张必余、李　凯、刘　刚、桂和怀、韩清江、朱冠旻、单长孝、金德磊、闫　彬
二等	邮政企业基于三个紧密结合的农村电商综合服务体系建设	中国邮政集团公司浙江省分公司	陈　清	瞿雷达、严　明、吴　斌、邢林杰、刘支宇、赵胜平、徐育麟、卢筱芳
二等	国有企业提升服务水平的退休职工集中管理	北京易亨电子集团有限责任公司	曹　莉 马　锐	韩燕强、陈兵慧、边丽冰、唐雅芬、李雅君、刘少华

等级	成果名称	申报单位	主要创造人	参与创造人
二等	以实验室为平台的企业创新体系的构建与实施	上海卫星工程研究所	张　伟 陈建新	周徐斌、王金华、彭仁军、路同山、党建成、曹建光、姚　骏、沈春尧、方宝东、舒　适
二等	基于集成供应链下的航空零部件制造工厂转型	中国航空工业集团公司金城南京机电液压工程研究中心	焦裕松 聂进方	何丽华、刘高群、润长生、席　兵、刘保库、王　伟、何明发、张文强、魏建顺、饶宇光
二等	石油上游企业以发展战略为导向的科技管理变革	中国石油天然气股份有限公司华北油田分公司	张以明 杨　勇	王洪光、罗金洋、陈兴德、周宝银、李新霞、田　炜、吴国栋、刘明生、翟金生、田　杰
二等	以设计、生产与管理一体化集成为核心的智能船厂建设	浙江欧华造船股份有限公司	乔伟海	郭　明、沈志华、马晓平、毕成钢、王传兴、朱芝君、吴仲芳、方智勇、于晓龙、章敏杰
二等	基于快速响应的农村供用电故障抢修服务管理	国网四川省电力公司遂宁供电公司	何永祥 苏旭燕	向建兵、姚晓峰、曾俊杰、李　江、李忠林、王晓明、胡翠薇、余　东、赵　琼、刘治名
二等	通信运营商基于全生命周期的网络资源精准管控与开发	中国联合网络通信有限公司北京市分公司	霍海峰 王传宝	杨力凡、赵静宜、邢志超、范利群、杜宇玲、李　毅、张　扬、李　洋、齐海乐
二等	以市场为导向的铁路客运业务经营管理	北京铁路局	李冰久 李世忠	刘　昕、陈立军、潘　贺、李昊光、宋　洁、王雅莉、周中锐、冯彦钧、范露端、许建英
二等	新材料企业适应跨国经营要求的全球资金集中管理	株洲时代新材料科技股份有限公司	任云龙 王争献	陈　钰、凌　奕、何明昱、杨　文、姚松灵、徐忆帆、王　敏、李　莲、王朝晖、Christoph Krampe
二等	"华龙一号"土建工程总承包模式下业主管控体系建设	福建福清核电有限公司	徐利根 陈国才	薛俊峰、张　宇、肖　波、张国伟、杨　铭、林　红、邹　玮、曹晓芸、李　庭、敖泽闽
二等	电力海外投资企业造就复合型人才的员工培训管理	中国电建集团海外投资有限公司	盛玉明 卢吉波	丁新举、陈　萍、邱　清、杨　玲、孙艺玮

等级	成果名称	申报单位	主　要 创造人	参与创造人
二等	煤炭企业基于精益生产的物资消耗成本动态管理	河南大有能源股份有限公司新安煤矿	李书文 郭　栋	刘建中、任树明、邢志丹、席战伟、郭　晓、杨伟锋、张正义、杨永春、刘　昱、刘娇伟
二等	以军民融合为核心的舰船总装建造质量管理	沪东中华造船（集团）有限公司	陈建良 金燕子	胡建耀、赵文裕、胡江平、李　华、杨苍满、乌晓红、周秀丽、凌伟兴、陈　欢、陈　光
二等	国有控股集团依法治企的制度体系建设	天津天保控股有限公司	薛晓芳	何　莹、杨　萃
二等	建筑施工现场农民工安全生产培训管理	中建三局集团有限公司	易文权 熊　涛	李　勇、陈绍业、彭　斌、胡国强、王洪永、陈金勇、方发齐、余金虎、王诠诠
二等	填补国内空白的高端药用辅料自主创新管理	悦康药业集团安徽天然制药有限公司	于素芹 张敬彬	王　献、李玉生、韩文杰、杨振翔、武　鹏、刘树峰、王　贺、张广永
二等	超特高压企业以提升效率效益为目标的一体化多层次标杆管理	国网山东省电力公司检修公司	李猷民 郁洪涛	李尚振、李　鹏、刘　鬲、崔　好、徐　健、田智勇
二等	特高含水期油田精细注采管理新模式的创建与应用	大庆油田有限责任公司第四采油厂	孙　翠 王　玮	党洪艳、曹　阳、何熠昕、焦树景、闫　磊、朱有林、周云龙、杜冰鑫、孙洪珊、李春红
二等	大型炼化企业管理会计体系的构建与实施	中国石油四川石化有限责任公司	闫志民 齐宏宇	张鹏翔、卢琪云、李小刚、周吟秋、杨保龙、王光龙、上官同富、李　建、李　罂、李　伟
二等	汽车集团以提升零部件子公司运营水平为目标的共享型管理改善体系建设	江铃汽车集团公司	黄平辉 万建荣	艾国福、袁水根、苏　宇、姚益民、刘志农
二等	以实现整车自主开发为目标的供应商同步开发能力培养	东风汽车有限公司东风日产乘用车公司	徐建明	夏少荣、聂春飞、周皆龙、陈文进、舒先林、徐鸿铭、刘　淡、侯　建

等级	成果名称	申报单位	主要创造人	参与创造人
二等	商用车企业面向研发全流程的知识服务管理	东风商用车有限公司	蒋　鸣 蒋学锋	邓耀文、黄强辉、孟　磊、雷春菊、李　堰、王　敏、陈　刚、王同忍、罗晓明、肖永安
二等	电力公司以防范和化解内部控制风险为导向的全面审计管理	国网内蒙古东部电力有限公司	赵洪伟 田桂申	刘恒林、林延平、刘　佳、宋　猛、田　博、李　琰、孙敬涛、张　涛
二等	化工企业全要素本质安全管理	襄阳泽东化工集团有限公司	宋开荣	尹芙蓉、李立新、孙　莹、王　翔、周厚鹏、张红胜、王　芳、梁立建、沈茂村、刘卫东
二等	国际工程公司基于共赢共享理念的协同发展	中国路桥工程有限责任公司	文　岗 杨永胜	卢　山、岳建昕、张　健、刘英祥、孙立强、张晓元、邹泽西、夏　洁、李　菲
二等	通信企业基于“互联网＋采购”的内部商城管理	联通系统集成有限公司	张俊南 孙世臻	王启明、黄　蔓、魏　源、谢继刚、张　军、刘　宏、尹立乾、罗织绮、潘　磊
二等	构建高精尖制造企业综合协同创新的运营管理体系	西安航空动力控制有限责任公司	刘　浩 宋文钢	齐国宁、屈佩明、杨义平、田宇明、钟继祥、罗　红、马伟华、杨　瑛、韩增伟、史振刚
二等	有色冶炼企业激发技术、技能人才创新潜力的“双首席师”制度的建立和实施	江西铜业股份有限公司贵溪冶炼厂	陈羽年 陈平华	吴　军、汪飞虎、吴伟栋、赵向民、乐连辉、欧阳汝亮、郑林元、吴新明、邓志军、黄会丽
二等	内地资源型企业以沿海项目为支撑的国际化经营	金川集团股份有限公司	杨志强 王永前	包国忠、姚维信、万爱东、孙建国、衣淑立、张永武、田东晗、王宏林、巴连海、胡东明
二等	互联网＋小微企业信贷技术管理	齐商银行股份有限公司	邹　倩	姚　彬、扈　健、段闻捷
二等	系统集成企业以信息技术服务标准为核心的运维能力建设	新疆信息产业有限责任公司	龚　政 袁金丽	旷瑞明、席小刚、顾同江、梁军士、巩　锐、邱　蓓、邱龙骄、王晓春、安金鹏、陈　梅

等级	成果名称	申报单位	主要创造人	参与创造人
二等	中外合资公司以"10H"企业文化建设为引领的卓越绩效管理	南京国电南自自动化有限公司	杨　刚	刘　颖、董海燕、徐　雷、陈亚强、詹智仪、陈锦艳、蒋衍君、乔学军、周子敏、许志刚
二等	航空院所以"分类评价协同改进"为核心的供应商管理	中国航空工业集团公司西安航空计算技术研究所	张亚棣 杨　阵	单　鹏、孙险峰、麻林夕、高　鹏、宋　琦、王俞心、翟平安、郭　晶
二等	民营企业母子管控绩效考核体系建设	浙江荣盛控股集团有限公司	李水荣 俞传坤	郭成越、俞凤娣、寿柏春、李居兴、谢　淳、刘亿平、朱太球、陈国刚、倪雪刚、李伟慧
二等	基于数据挖掘的质量管理决策支持系统的构建与实施	中国航天科工集团第九总体设计部	段祥军 曹　晨	周元标、杨　欣、吴　明、马　威、黄　伟、黄　巍、李文强、刘世龙、许亚南、李启帆
二等	依托传统军工企业基地的文化创意产业园区建设和管理	北京大华无线电仪器厂	叶　枫	李德友、孙福清、东英华、韩　进、马　进、刘川川、吴冰清、杨雪梅
二等	粮食仓储物流企业基于两化融合的运营管理变革	深圳市粮食集团有限公司	祝俊明 黄　明	曹学林、柯小萍、陈伟宁、肖建文、戴　斌、谢庆登、刘占占、黄文浩
二等	发电企业以超前预控为导向的安全生产管理	华能湖南岳阳发电有限责任公司	龚　克 尹开颜	李海滨、胡跃平、李淑辉
二等	软件企业以提质增效为目标的运营管理	中国软件与技术服务股份有限公司	周进军 谢　欣	汪　洋、周美茹、张晓曦、张　磊、赵宇飞、张少林、李桂龙、范世红、刘　爽、胡爱萍
二等	航空装备MRO企业数字化修理平台建设	中国人民解放军第五七二〇工厂	袁先明	阚　艳、周　星、张　明、费　衡、贾会民、朱云暖、杨凌霞、韩文娟、赵　倩、王宜忱
二等	轨道交通企业金鹰质量管理模式的创建	株洲中车时代电气股份有限公司	刘可安 刘大喜	彭森森、周异明、杨胜兰、许　多、陈　娟、李庆军、龙敏浩、杨晓芳、许　波、谭　冰

等级	成果名称	申报单位	主　要 创造人	参与创造人
二等	基于自主知识产权的互联网+产供销全流程协同管理	安徽合力股份有限公司	杨安国	张孟青、都云飞、陈先友、周　峻、李永凯、张纪九、王宏宇、王海英、沈　辉、洪　涛
二等	高海拔复杂地质矿山数字化开采管理	西藏华泰龙矿业开发有限公司	关士良 杨　桦	郭建伟、刘子龙、范　冲、汪凤伟、翟　雷、何广大、杨　晗、王显财、焦海军、李　琼
二等	通信企业面向移动通信转售业务的一体化运营体系	中国联合网络通信集团有限公司	李连祥	高　峰、王颖楠、张东良、刘　洋、陈　毓、杨志涛、王海滨、张浥晨、王宪涛、李　旗
二等	以提质增效为目标的电网关键业务贯通与优化管理	国网辽宁省电力有限公司大连供电公司	王如伟 唐如海	孔剑虹、宋文峰、司　艳、李春平、杨万清、张葆刚、李君秋、王跃东、王长青、李若斌
二等	制药企业诚信文化管理体系的构建	湖南新汇制药股份有限公司	何述金 何承东	刘亦萍、周　准、杨志镍
二等	化肥生产企业基于“N标一体化”的班组管理	国投新疆罗布泊钾盐有限责任公司	李守江 尹新斌	高志勇、姚莫白、王忠东、何勇锋、陈代金、马　林、晏河新、何文江、陈万沧、沈　华
二等	总承包模式下的地铁机电工程施工协同管理	南昌轨道交通集团有限公司；中铁建设投资集团有限公司	王朝华	刘为民、朱静谦、徐森林、王　勇、左　莹、舒雪松、舒伟明、周　俊、杨　涛、洪　超
二等	航空制造企业融入国际产业链的研产能力提升	庆安集团有限公司	高阿明 冯夏艳	田　超、罗　鹭、权　莉、李　蕾、顾豪龙、骆卫东、高　斌、杨利峰、李务永、汤善文
二等	基于“军工票”的产业链金融服务体系建设	兵工财务有限责任公司	史艳晓 张绛义	柳　伟、吕哲龙、刘　畅、胡　敏、吕　栋、林　慧、王淑章、秦　强、王宏力、邓琳玲
二等	多方参与决策的区域电网规划建设管理	广东电网有限责任公司东莞供电局	宋新明 黄伟杰	梁　俭、马静勇、蔡志文、梁耀林、胡长明、丁　奕

等级	成果名称	申报单位	主　要 创造人	参与创造人
二等	供电企业基于中心城市不停电的替换式作业管理	国网宁夏电力公司银川供电公司	赵　亮 房　喜	张小牧、杨　畅、宋永强、薛　东、梅　华、杨熠鑫、金英杰、张　灏
二等	县级供电企业支撑世界级大会的多方协同长效供电服务管理	国网浙江省电力公司嘉兴供电公司	阙　波 王　炜	韩志军、王坚敏、张祖光、高小飞、冯　华、俞成彪、吴志敏、潘　杰、金国忠、吴志慧
二等	水电企业以关键业务流程再造和集成为核心的管理信息系统建设	贵州乌江水电开发有限责任公司东风发电厂	黄定奎 胡　宏	吴成滨、罗　勇、韦　波、杨子佳、周欣宇、陈绍勇、吴　凯、周怀念、戴元香、叶秋红
二等	战术武器市场化转型管理	中国运载火箭技术研究院	王洪波 戴育雷	李　洪、张　东、戴新进、吕　薇、刘　刚、杨　博、荆　泉、要　炜
二等	基于胜任素质模型的物流企业管理系统的构建与实施	冀中能源国际物流集团有限公司	李建忠 张宏斌	李德库、张岳华、杜长飞、孟志强、高建朝、姚广达、江　涛、赵文静、李　静、张金佩
二等	供电企业基于云平台的电缆建设与运检管理	国网江苏省电力公司苏州供电公司	韩　冰 张志昌	王纯林、文　锐、马晓东、孙武斌、姚雷明、张　俊、王　辉、王作枨、邹　莲、苏梦婷
二等	以提高经济效益为目标的服务合同项目管理	中国石油天然气集团公司中东公司	蔡　勇	魏广庆、刘　琼、王恒亮、韩凤君、韩　涛、韩　冰
二等	大规模、多元化电动汽车智能充换电网络建设与运营管理	国网安徽省电力公司	王文红 李惊涛	徐木桂、刘志祥、戴　忠、陈　伟、曹　俐、陈　全、高维信、李文芳、许竹发、陶远鹏
二等	建筑工程企业劳务队伍“五化”管理	中铁十二局集团有限公司	张凤华 常胜周	宋志宏、谭雷平、潘祥华、邵宝泉、廖文清、刘江涛、张福安、李怀珍、何英南、黎　辉
二等	居家大件一体化物流服务平台建设	青岛日日顺物流有限公司	周云杰 冯贞远	王正刚、于贞超、任贤存、袁　舰、蔡国良、赵建华、郑子辉、姚丙路

等级	成果名称	申报单位	主要创造人	参与创造人
二等	有色金属企业价值引领生产经营目标管理	白银有色集团股份有限公司	廖　明	张锦林、雷思维、吴贵毅、杨成渊、付庆义、朱银鸿、张得秀、赵三生、刘存骥、赵玉宗
二等	基于微信平台的成品油“互联网+”营销管理	中国石油天然气股份有限公司四川销售分公司	汤雪梅 张超男	付　斌、田玉军、蒋胡民、陈　清、吴明文、何　凌、康　泽、王　琦、宛　磊、吴进来
二等	煤炭企业“3450”安全管控体系建设	淮北矿业股份有限公司童亭煤矿	陈文新 韩昌伟	侯荣巧、张学功、谢法桐、胡珍玲、任　强
二等	服务地方经济社会发展的区域配电网规划与实施管理	国网河北省电力公司石家庄供电分公司	朱薪志 刘国平	王　勇、何银菊、王　聪、赵　杰、仇伟杰、董　磊、李　梁、王　涛、齐鸿彬、董江涛
二等	供电企业推动清洁能源发展的“两个替代”实施管理	国网新疆电力公司乌鲁木齐供电公司	刘劲松 叶　军	黄　震、向红伟、夏新茂、张　远、刘鹏涛、周　宜、程雪峰、顾　军、何　峰、孙　婷
二等	城市索道交通企业基于旅游资源优化的转型发展	重庆市客运索道有限公司	刘　勇 孔德兰	苏　渝、雷　伟、陶　强、陶　敏、谢　强、罗群华、张　建
二等	智能化燃气电厂的建设与运营管理	北京京能高安屯燃气热电有限责任公司	郭明星 关天罡	刘海峡、王永亮、梅东升、陈大宇、齐桐悦、姚传宝、陈晓萌、杨　鑫
二等	以组织变革为目标的多维创新体系建设	飞亚达（集团）股份有限公司	陈　卓 郭　璞	胡　椿、胡钰珊、宫敏燕、黄小燕、项明明
二等	基于营配调融合的供电服务集约管理	国网江西省电力公司	于金镒 杨又华	王志伟、叶爱民、余仁山、陈　霖、伍小生、毛　鹏、胡韶林、易文韬、李　霞、朱志杰
二等	大数据环境下电信行业审计全生命周期管理	中国移动通信集团北京有限公司	张　珂	周　毅、王文明、夏　军、屈　虹、戎　伟、顾怀恩、胡清源

等级	成果名称	申报单位	主要创造人	参与创造人
二等	汽车零部件制造企业基于精益生产理念的新产品研发管理	湖北三环锻造有限公司	张运军	常继成、陈天赋、梁文奎、武建祥、黄明伟、晏　阳、许明坤、汪　峰
二等	复杂航空产品精益研发管理看板建设	中国航空工业集团公司成都飞机设计研究所	季晓光 许　泽	傅　刚、李　沛、许媛媛、周四磊、何　峰、陈裕兰、李嘉骏、何俊林、周　永、古志强
二等	“以提高核电接受度为目标”的公众沟通管理	中国核能电力股份有限公司	吴秀江 左　跃	陈　华、高　飞、叶小丹、汪志宇、罗路红、方路生、韩智文、赵武超
二等	石油钻探企业以创收增效为核心的商业模式管理	中国石油集团渤海钻探工程有限公司	秦文贵	周宝华、范先祥、李连锁、刘荣军、马　强、秦　超、宋春起、李新强、喇全战、姜庆超
二等	建筑企业集团基于电子商务的采购管理体系改革	中国中铁股份有限公司	杨良	朱定法、黄怀朋、彭立军、高　峰、占小锁、易　钢、谢美珍、段永理、任　毅、李　根
二等	烟草商业企业基于信息化的精益供应链管理	安徽省烟草公司合肥市公司	张丙利 胡　毅	杨二宝、刘　玲、孙宗亚、吴志虎、周　艳、杨　毅、鲁小伟、夏　铁、金　晶
二等	化工企业提升综合效能的多套装置联动管理	重庆建峰工业集团有限公司	何　平	王爱民、吴　崎、蔡树杰
二等	铝土矿山综掘技术与工艺的开发管理	国家电投集团贵州遵义产业发展有限公司务川铝矿分公司	邵国君 刘立新	尹贵荣、赵　焰、朱绍纯、刘元兵、吴定洪、吴延平、向五星、韩大鹏、罗　磊、游明忠
二等	促进企业改革发展的薪酬分配体系建设	天生桥一级水电开发有限责任公司水力发电厂	肖克平 夏　清	周金相、杨为民、高尚政、宋淑宽、彭力上、鲁银中、邓必刚、李　刚、杨继蓉
二等	电力企业适应供应链要求的储备体系构建和实施	国网冀北电力有限公司物资分公司	张国英 运晓飞	张少军、李红武、陈绍鑫、许永超、薛　宏、陆　英、孔　星、刘　勇

等级	成果名称	申报单位	主 要 创造人	参与创造人
二等	全面节能管理的构建与实施	中国海洋石油总公司	宋立崧 张俊峰	杨　勇、李　波、刘英凡、张亚西、刘艳武、张海滨、卢　迪
二等	采气企业提升职工技能的“星级员工”管理	中国石油天然气股份有限公司长庆油田分公司第一采气厂	张振文 张书成	郭　伟、张剑平、杨宝峰、耿金昌、李引贤、郭妮妮、张鉴滔、郑木雄、张晓春、胡　娜
二等	基于全国首家“云上三甲医院”的新型业务体系管理	中国联合网络通信有限公司广东省分公司	岳　强 张迎峰	闻　屏、陈海锋、高　伟、李世英、潘润铿、邓建科、姚均议、郑宇浩、黄　灏
二等	国有企业强化内部监督的公开民主评价管理	兖矿集团有限公司	李希勇	李　伟、岳宝德、顾士胜、唐仕泉、薛忠勇、朱鹏东、尚玉峰、曹　炜、胡　晓、孔　军
二等	供电企业基于客户信用评价的欠费风险管理	广东电网有限责任公司中山供电局	欧安杰 邓智明	孙红岩、杨　蓉、黄超嫦、周建伟、刘智强、李国春、王志喜、张春梅
二等	火电企业以提质增效为目标的电煤全流程数字化管理	大唐江苏发电有限公司	张勋奎	李　凯、柳增耀、李　杰、张剑峰、陈洪峰、乔　林、康铁山、席广辉、冯艳秋、薛　波
二等	基于价值创造的员工岗位绩效评估与动态管理	吉林电力股份有限公司白城发电公司	林　军 郑　林	朱景权、徐振军、赵晓慧、赵大朋、李学富、窦春刚、张　民、孙　婧、慕瑛琪
二等	全国首条地方控股高铁的投融资管理	山东铁路建设投资有限公司	孙　亮	徐军峰、李　立、赵春雷、刘志国、路征远、于立意、董　敏、左　龙、秦振海、张　静
二等	基于实时业务整合的企业运营管理	北新集团建材股份有限公司	郝晓冬	郭建军、杜　军、马　烈、张海平、张兰英、刘彦章、王玉峰、吴铁成、李　艳
二等	军工企业深度整合管理	重庆建设工业（集团）有限责任公司	车连夫 叶文华	刘榜劳、马　珏、雷千红、汪红川、潘锡睿、廖豫川、陈代奎、李　岩、王自勇、余　晖

等级	成果名称	申报单位	主　要 创造人	参与创造人
二等	供电企业基于标准化规范化的电动汽车服务管理	国网湖南省电力公司长沙供电分公司	张孝军 车红卫	陈润颖、周　宁、秦筱瑶、刘浩梁、吴东朔、李　勇
二等	基于“FAST+”敏捷体系的IT能力提升	中国移动通信集团浙江有限公司	郑　杰 陶　晨	陈晓希、钟志平、王晓征、方　炜、李海传、谢贤娟、廖希密、罗　琼
二等	以“互联网+文化”为核心的民语言互联网应用产品开发与服务	中国电信股份有限公司新疆分公司	邵新华 耿家江	吉松坡、李复君、谢　磊、金宝鼎、玛尔哈巴·苏里坦、买尔旦·买合木提、阿力也·阿不都热合曼、鲜西努尔·亚生、毛吾兰·依明江、茹仙古丽·库尔班
二等	民营企业基于绿色发展理念的大数据存储与云服务管理	哈尔滨国裕数据技术服务有限公司	檀丽艳 齐跃亭	刘晓慧、高晓超、周　瑞、许子孟、赵文竹
二等	以技术创新为核心的“三个百万”发电机组建设项目管理	安徽淮南平圩发电有限责任公司	章义发 龚　和	方晓东、余伟龙、许仁发、熊　杰、孙承春、王长峰
二等	确保特高压输电线路安全稳定运行的智能化运维管理	国网重庆市电力公司检修分公司	赵晓勇 高家志	冉军德、王大彪、陈　杭、陈　俊、陈荣勇、程　臣、周双勇、徐　强、胡　飞、何易桓
二等	建筑施工企业基于信息技术的安全质量隐患排查管理	中铁四局集团有限公司	王传霖 李凤超	刘　勃、张　超、苏兆群、徐万春、杨家林、梁　超、张大勇、王洪江、舒　进、胡科敏
二等	炼化企业标准化管理体系的构建与实施	中国石油天然气股份有限公司兰州石化分公司	李家民	肖春景、张　旌、陈永生、瞿宾业、田　锋、张建军、陈爱忠、张盛彬、田宪忠、陈　勃
二等	化工企业以提高生产效率为目标的横大班管理	中煤陕西榆林能源化工有限公司	姜殿臣	周永涛、王小川、王春生、程　升、马春雷、王晓辉、金永文、宋学强、周　明、赵银菊

等级	成果名称	申报单位	主要创造人	参与创造人
二等	基于互联网的营维流程再造	中国电信股份有限公司浙江分公司	卢耀辉 章晓钫	陈效忠、何　宏、曾　宇、王　丹、杨　庆、王小东、傅智毅、倪　力、杨旭平
二等	基于业务财务一体化的成本管控体系建设	河南五建建设集团有限公司	陈保国 李华军	郝艳举、郭文胜、吴春生、付　颋、冯香兰、岳帮勋、赵锐锋、赵文涛、蔡　妍、台瑞栋
二等	通信企业用户感知与风险管理并重的客户信用管理	中国电信股份有限公司	朱正武 胡静余	黄智勇、张国新、万　鹏、张文苑、赵涤尘、邓煜熙、柯晓燕、徐　静、荣　蓉、何　俊
二等	军工企业基于人才增值的“青年助理”岗位的建立和管理	中国航天科工集团第二研究院第二总体设计部	盛　利 王朝阳	耿　超、萧　倩、齐先国、包云霞、王　玫、彭　靖、周江涛、王国龙、李冠礁、程　毅
二等	地方银行培育竞争优势的服务能力建设	延边农村商业银行股份有限公司	孙庆良	李小明、崔慧艳、金　哲、齐　波、马春梅、王志国、韩立东、肖博兴、顾建军、姜春华
二等	军工基础元器件企业“三度一测”销售管理	中国电子科技集团公司第四十三研究所	吴向东 杜先进	吴　玉、李　健、范　昶、杨　扬、李圣斌、程　琨、黄　革、叶臻臻、韩　艳、梅　冰
二等	以提升竞争力为导向的航天信息技术人才发展体系建设	中国航天科工集团第三研究院第三〇四研究所	李艳志 刘光明	于　会、王　健、郑德利、陈晓威、沈　云、谭　婕、姚均荣、闫　深
二等	“互联网＋销售”的智慧加油站建设与运营	中国石油天然气股份有限公司河北销售分公司	杜丽学	周德军、阮晓刚、官建武、高志国、张喜君、马阿丽、连会强、王文艳、李　寒、江书程
二等	供电企业基于“三池”的重点任务全过程管理	国网山西省电力公司太原供电公司	贾俊国 郭振东	郭学英、张鹏宇、韩　炜、王　佳、郝　祎
二等	经营性高速公路企业基于客户满意度的服务供给能力建设	山西中交翼侯高速公路有限公司	姜中石 刘学文	王兴国、石建刚、卫克艳、申红军、薛瑞华、王庆晖、王　震、杨　伟、白富强、栗海江

等级	成果名称	申报单位	主要创造人	参与创造人
二等	建筑工程企业基于标准化的安全生产管理	郑州市第一建筑工程集团有限公司	段利民 李　刚	江学成、雷　霆、徐克强、孙建宇、金华坤、尚亚伟、王前林、江友彬、孙　哲、盛东东
二等	促进并购后整合的会计核算集中管理	南方水泥有限公司	陈学安 赵旭飞	裴鸿雁、王　俊、叶　静、林　剑、马　彬、吕和义、史小鹏、余　杨
二等	国有企业附属医院转制后的特色发展	四平市烧伤整形医院	程秀平	王国才、李笑丰、卫长荣、刘艳辉
二等	煤矿企业内部市场化运营管理	淮北矿业股份有限公司许疃煤矿	聂　政	翟建廷、李运民、李金伟
二等	民族葡萄酒企业打造“中国味道”品牌的营销管理	通化通天酒业有限公司	王光远	张学鑫
二等	煤炭企业“五位一体”材料储备经济化管理	安徽省皖北煤电集团有限责任公司	颛孙祖田 万家思	龚乃勤、陈稼轩、胡兴权、张凤节
二等	钢铁企业支撑多品种小批量生产的信息系统架构再造	唐山钢铁集团有限责任公司	王兰玉 田　欣	赵振锐、王亚光、刘景钧、倪振兴、何海明、孙　双、孙雪娇、冷宝剑、张　冲、范春迎
二等	钢铁铸造企业分类人员工资管控体系的构建与实施	黄石新兴管业有限公司	李成章	程爱民、郜文平、张祖国、杨　岑、董永静、苗英振
二等	成品油销售企业个性化服务营销管理	中国石油天然气股份有限公司安徽销售分公司	肖宏伟 李向宇	王文伟、金水洨、章　戈、宋山苍、王　伟、张天文、李晓云、付亚永
二等	以构建加油站服务生态圈为目标的非油品营销管理	中国石化销售有限公司北京石油分公司	陈立国 翁亮然	赵　亮、何红奎、高银舟、解光风、孙　豹、李林仙、冯　竹、樊俊杰、肖　肖、袁　博

等级	成果名称	申报单位	主　要 创造人	参与创造人
二等	以提质增效为目标的技术进步管理	沧州大化集团有限责任公司	谢华生	刘　增、赵红星、赵　林
二等	百年国企以转型升级为目标的战略调整	中车石家庄车辆有限公司	赵维宗 王合法	贾海林、耿祥建、张建武、孙瑞林、陈伟京、王宏斌、唐绍明、郭宝健、温学春
二等	军工通信企业推动产品结构调整的技术创新管理	武汉中原电子集团有限公司	徐　刚 严　忠	曾庆友、黄华东、梅青文、彭大展、胡　斌、黄　祥、陆晓敏、刘森科、雷　霞
二等	民营食品企业阿米巴经营模式的构建	长春中之杰食品有限公司	王福胜	王克军、张英杰、郭　娜、孙宏宇、丁会霖、王　婧、魏玉玲
二等	价值链嵌入全过程的“三关两全”质量经营管理	广东坚美铝型材厂（集团）有限公司	刘建辉	曹湛斌、周玉焕、于志龙、阮涛涛、刘辉丽、徐龙辉、何俊明、张凤玲
二等	电网企业以“三项清单”为核心的办电服务管理	国网黑龙江省电力有限公司哈尔滨供电公司	朱玉库 汪卫东	杨晓宁、王泓泉、邹　毅、王国良、王　砚、曲　亮、熊家岩、陈劲松、张婉琳、刘冰岩

目　　录

战略转型与商业模式创新

管理提升与降本增效

自主创新与协同管理

财务管理与风险控制

两化融合与智能制造

生产运营管理与项目管理

人力资源开发与激励机制创新

国际化经营与营销管理

服务管理与社会责任

战略转型与商业模式创新

新能源汽车制造企业基于组织创新力的生态化、数字化战略实施

北京新能源汽车股份有限公司

北京新能源汽车股份有限公司（以下简称北汽新能源）成立于2009年11月，是北京汽车集团有限公司控股的子公司，现已初步形成立足我国、辐射全球的产业布局，业务范围覆盖新能源汽车及核心零部件的研发、生产、销售和服务，是国内首家混合所有制新能源汽车企业。北汽新能源自2011年开始销售纯电动汽车以来，截至目前，累计市场保有量已超过5万辆，居全国第一。2015年，北汽新能源全年销售整车20129辆，同比增长265%，营业收入471210万元，同比增长453%。市场占有率24.2%，居全国第一、全球第四。经过七年的快速发展，北汽新能源现已形成全球最全新能源汽车产品系列，拥有北京牌、ARCFOX两大品牌，EV、EX、EU、ES、EH、EK、Arcfox－1、Arcfox－7八大系列产品，续航里程涵盖160—400公里，使用用途全面覆盖家用、租赁、分时租赁、出租、公务、物流等细分市场。

一、新能源汽车制造企业基于组织创新力的生态化、数字化战略实施背景

（一）整合全球创新资源，构建新能源汽车制造产业链的需要

北汽新能源正处于产业迅猛成长阶段，同时面临市场的快速发展、供应及配套资源匮乏离散、技术日新月异的现实环境。对全球创新资源的整合和利用是北汽新能源迅速搭建产业运作能力、建立核心竞争力、快速占有市场的关键。一方面，北汽新能源需要充分吸收、利用外部资源，在高质量、完善供应（如核心部件、制造产能）、合理配套（如充电桩）、客户满意的前提下，保持销量稳健增长。另一方面，供应及配套资源匮乏离散而技术日新月异，使得北汽新能源不得不联合开展核心零部件供应及配套设施的开发、建设。新能源汽车产业在兴起过程中，不可避免地遇到了行业独有的动力系统变革（如电池电机研发）、解决“里程焦虑”、全电动化、充电服务、电池快换、电池梯次利用等课题。这些课题的解决及相关核心竞争能力的建设，无法仅仅依赖北汽新能源内部能力培养，必须定位全球资源，视自身需求将其“为我所用”。

（二）实现数字化高端制造，顺应制造业发展趋势的要求

新一代信息技术与制造业深度融合，正在引发影响深远的产业变革。作为中国制造2025的重点领域与国家战略新兴产业代表的新能源汽车行业，因其产品具备互网联化、智能化、电动化的天然优势，肩负着我国制造型企业向高端化转型的重任。高端制造需要新的生产方式、产业形态和商业模式。随着车联网、物联网的兴起，“数字化”正在被主流汽车厂商纷纷纳入发展战略范围。面向全价值链开展数字化实践已成为其打造核心竞争力的重要保障和必然选择。

（三）打造组织创新力，驱动企业转型升级的需要

北汽新能源源于国有企业，为了加快对市场的反应速度，面对激烈的市场竞争，必须加强市场化程度，建立和健全现代企业制度、激发组织和员工活力、关注学习与发展、采用科学的变革管理方法来快速推进可持续发展。

二、新能源汽车制造企业基于组织创新力的生态化、数字化战略实施内涵和主要做法

北汽新能源以基于组织创新力的生态化、数字化战略为引领，以中国制造2025行动纲领和工业4.0理论为指导，通过建立生态开放的全球价值链、实践数字化提升客户价值、激发组织创新力，快速搭建产业运作能力，形成竞争能力，在企业高速发展持续保持市场领先地位的同时推动了产业发展。主

要做法如下：

（一）制定企业基于组织创新力的生态化、数字化战略，明确指导思想与目标

2014 年 6 月，国务院办公厅、北京市人民政府分别发布了《关于加快新能源汽车推广应用的指导意见》和《北京市电动汽车推广应用行动计划》，正式把新能源汽车的推广作为重点工作项目提上日程。在此之前，各车企对新能源汽车的业务基本停留在预研、试制、储备与示范运营阶段。北汽新能源虽在研发与示范运营工作中具有一定的先发优势，但面对政策刚刚放开的市场，并没有现成的发展模式可以借鉴。在北汽新能源领导班子、各部门主要负责人对行业全价值链企业进行一轮考察与梳理后，经过研究讨论，达成如下共识：相比成熟的传统车市场，有意购买新能源汽车的人们更加看重的是服务。在 2014 年 7 月召开的公司战略研讨会上，北汽新能源首次提出“生态化”战略，并结合车辆远程监控数据的分析实践、公司信息化的推进、所有制转型、人力资源改革、创新方法的引入完善成为“基于组织创新力的生态化、数字化”战略，即：以通过平台运营手段，基于对组织、员工的能力与活力的培养和释放，融合内外部资源，提升数字化和全流程信息化程度，以互联网思维实现用户与资源的快速对接与产业的高速布局，以迅速取得市场领先地位。

（二）全面深化改革，激发组织创新力和执行力

1. 推动股权多元化，科学设计法人治理结构

继 2014 年 3 月北汽新能源完成股份制改革，并吸引北汽集团、北京工业发展投资管理有限公司、北京国有资本经营管理中心和北京电子控股有限公司对北汽新能源进行增资之后，北汽新能源持续探索国企改革。截至 2016 年 3 月，北汽新能源从供应、市场运营、研发、资本领域引入共计 22 家投资者，增发 12 亿股股份、募集资金 30.72 亿元。此次增资是北汽新能源践行国企改革的重要举措，使北汽新能源从国有股份制公司，转变成为我国汽车行业中的首家混合所有制整车公司。通过体制改革，北汽新能源股权结构逐步多元化，法人治理结构日益健全，北汽新能源的自主经营权大大提升，为加速产业布局升级转型，提高整体盈利能力，制造商的服务化转型奠定基础。

2. 完善用人机制，调动员工创新积极性

一是建成市场化用人机制。北汽新能源通过市场化用人机制的建设，引入市场化的竞争模式，顺利推进企业经营模式的变革。通过人才选聘机制，对外面向市场选聘各层级优秀的职业经理人，对内开展干部公开竞聘。2015 年，通过市场选聘外资、合资企业引进副部长级及以上优秀干部人才 56 人，同时内部通过干部公开选拔，产生科级干部 36 名；通过对标国际优秀企业，设计实施以岗位价值和市场对标为基础的市场化薪酬、职级体系，实现薪酬与业绩挂钩，迈出市场化薪酬分配机制步伐；通过市场化考核及激励机制，破除“干好干坏”一个样的现象，实现干部的能上能下，全年通过业绩能力考核实现干部提拔任用 33 人次，调整或退出 16 人次。

二是完善激励制度。北汽新能源自 2014 年引入平衡记分卡，通过财务、客户满意、内部运营、学习与发展四个维度对各部门进行指标分解，每个维度下设一到多个子指标，并分配一定权重，每个部门各项指标的总权重占 100%。关联至四个维度的部门指标分解至个人，通过个人绩效考核推动落地。各部门、员工的绩效评估按季度执行，对于员工，其绩效评估结果依照正态分布强制分级，员工绩效激励依据分级结果结合部门绩效进行核算分发。此外，北汽新能源对于研发项目还设置专项激励。研发项目根据项目复杂程度被分为四至九个里程碑，由项目管理、研究院、采购、质量管理、财务、营销等多个职能部门配合完成。

根据《关于深化国有企业改革的指导意见》《国有控股混合所有制企业开展员工持股试点的意见》等文件精神，北汽新能源在完成企业混合所有制改革的基础上，已成为北京市国企改革的试点单位，率先推进实施员工持股计划。本次员工持股计划，北汽新能源将以总股本的 1% 为份额，综合结合员工的

岗位价值、人才稀缺程度及个人贡献，向不超过90名的科研人员、经营管理人员和业务骨干进行定向增发认购，实现员工利益与公司长远发展更紧密地结合，进一步释放体制机制改革红利。

3. 搭建管理革新体系，全面推进企业创新

北汽新能源于2014年下半年正式开展流程制度管理，根据拟定的流程、制度清单，对于240个左右急用流程和制度，依照自身实践、参考北汽集团要求进行编制和备案。2015年5月，导入“T－PK”业务流程改善项目，由日产中产连专家进行指导，对选题、目标设定、整体计划、现状调查、要因解析、对策方案、改善效果评估、管理固化八个改善步骤进行剖析，共完成24项改善课题，为北汽新能源公司先后培养40多位了解业务流程改善能力的员工。

2015年9月，北汽新能源正式将“组织与流程管理科”更名为“管理革新科”。随后，除日常流程、制度建设以外，管理革新以项目群方式进行推进，分为自顶向下（承接战略，从公司层面综合考虑）、自底向上（针对单一职能或流程）两个方向组建项目，辅以全员变革。目前，自顶向下的项目包括组织发展流程优化与组织诊断、自底向上的项目包括个性化制造、产销协同优化、产品创造（即研发）业务革新、高效会议（速赢）等项目，全员变革则借助创新方法导入实现。

项目群由北汽新能源总经理发起，接受总经理办公会的指导，设置项目群、项目两极PMO管控机制。各项目PMO向项目群PMO汇报，项目群定期向公司总经理办公会汇报。管理革新项目通过管理革新科分派的项目PMO完成立项、管理推进直至推行完成。根据项目范围、内容、复杂程度不同，项目经理、项目指导委员会由PMO团队提名，并经公司领导确定。

全员变革类项目通过创新方法导入实现。分为两条主线并行推进，一是创新方法培训，二是小型改进举措的定位、根因分析、方案设计、方案沟通培训、推行固化。全员变革由管理革新科专人驱动，由人力资源部牵头完成培训，业务部门指定“创新大使”接受创新培训、完成部门转训、推动革新课题拟定和跟进直至实施完成。管理革新科人员建立台账对创新课题进行跟踪，及时跟进状态、协调解决异常条目。

4. 加强员工培训，提升全员创新能力

一是基于行动学习的领导力培养。北汽新能源从2016年起，展开对各级管理干部进行封闭式培养，引入行动学习。行动学习是业界先进的培训技术，通过将业务领域不相关的管理干部组合成为学习小组，共同研究公司经营管理问题的方式，比如：公司组织架构类问题，如何提升公司质量能力，如何探索未来业务的商业模式，如何提升公司财务融资能力等，通过连续4天的封闭式问题分析，最终呈现出解决方案，现场答辩，接受评委的评审和点评。研究文档经过整理，报送北汽新能源管理层，为公司未来业务发展提供支撑，最佳实践已然成为公司创新性研究经营管理等重大问题的“孵化器”。

二是线上线下的E－learning平台。北汽新能源自2016年年初，正式上线员工电子化学习平台，深度解决因为工学矛盾导致的员工成长问题，平台按照岗位序列，为不同类型的员工推送本岗位最具价值的电子化课程，同时，平台上不断上线大量来自中欧商学院、腾讯、网易、多贝等多家教育网站的视频资源，海量的学习资源；打通三大平台，PC端、手机端、微信端，满足任何人、在任何时间、任何地点的学习要求。培训方式全部采用无纸化办公，所有报名签到，反馈评价，均扫码一键解决，强大的系统后台即时的输出数据，分析学员学习行为，大数据化的培训管理，让北汽新能源对员工的能力发展尽在掌握中。

三是积分体系的生态创建。北汽新能源自平台上线以来，采用积分管理制度，不同类型的员工需要完成对应等级的学习积分要求，学习是积分作为员工成长的重要评价依据，包括员工的绩效，员工的职业晋级，员工的薪酬调整都将与学习积分深度挂钩。同时，未来公司还设计活跃度积分，积分达到一定程度可以兑换培训礼品。

5. 强化经营管理，打造企业执行力

北汽新能源每年底依照平衡计分卡将下一年战略规划层层分解，明确重点项目及经营目标。

重点项目的推进时间计划、责任部门、责任人员、落实要求在年底制定完成，并在次年按季度进行监控和考评。年度重点经营项目包括但不限于产品规划与研发、生产、营销、核心管理能力、人才发展等领域。

经营目标层层分解为各部门的季度、月度目标。经营管理部定期监控各部门经营目标的达成情况，并组织月度、季度公司级生产经营分析会。北汽新能源领导层在生产经营分析会中回顾目标达成情况，针对目标差距制定调整或纠偏措施。经营管理部对跟进事项进行跟踪监控，并通过组织绩效完成对各部门的闭环激励。

在严格执行战略规划同时，北汽新能源随时吸收内外部经验，积极实践前沿管理与技术思想和理论。每月召开总经理办公会，由各部门提报议题，汇报创新课题思路及研究结果、重大项目进展和问题，经过集体决策，会议得出议题决策和跟进事项，并由办公室督办、调度跟进事项的落实。

（三）整合全球优质产业链，构建适宜新能源汽车产业发展的生态圈

北汽新能源始终坚持全球化发展思路，逐渐融合全球优质产业链资源，构建适宜新能源汽车产业发展的生态圈，主要涵盖创新链、产业链、市场链、服务链和资本链五个圈层。

1. 打造创新链

通过“走出去、引进来”的发展模式，充分融合全球优质的新能源汽车产学研资源，打造支撑企业技术进步和产品开发的创新发展平台，构建四层次的全球化立体研发体系。

在国内资源融合方面，与清华大学、吉林大学、北京联合大学、北京航空航天大学、北京智华、新乡电池研究院、北汽新技术研究院等国内知名高校院所联合开展新能源汽车智能驾驶、自动驾驶技术研究，与北京理工、中科院物理所、普莱德、国联电池等高校及企业联合开展磷酸铁锂动力电池产业化应用及下一代动力电池储备研究，与大洋电机、中车集团联合开展驱动电机及其关键部件产业化应用研究。

在国际资源融合方面，与意大利 TAZZARI 公司联合开发城市小型精品纯电动轿车，与德国 META 公司联合开发增程式电动汽车的增程系统，与德国西门子公司联合开展高端驱动电机产业化应用，与德国德累斯顿大学联合开展整车轻量化技术研究，与韩国 SK 公司联合开展三元锂电池产业化应用研究，与西班牙 Campos Racing 公司联合开展高性能轻量化高端电动汽车研发。同时成立硅谷、底特律、亚琛、德累斯顿、巴塞罗那等海外研发中心作为共性难题技术攻关与国际领先的项目、人才、科研资源整合平台。

2. 完善产业链

北汽新能源通过资本投资及战略伙伴的发展模式，全方位整合国际优质的核心部件供应商资源，构建完整的新能源汽车产业链。

在动力电池领域，通过北汽集团公司资本投资模式形成北京普莱德及北汽 SK 两家参股公司，同时与哈尔滨光宇、合肥国轩、华霆动力、孚能、三星等国内外企业建立长期战略伙伴关系，确保国际一流水准的电池资源供应。

在驱动电机领域，通过与中山大洋、德国西门子组建合资公司，同时与大郡电机、上海电驱动、大连电机、巨一自动化、英飞凌等国内领先企业建立战略伙伴关系，确保驱动电机资源供应需求。

在其他关键部件领域，与深圳欣锐特、杭州富特、威迈斯、意耐特、八达电气等国内领先企业建立驱动控制系统（PDU/PEU）长期战略合作关系，与八达电气、巴斯巴、领先科技、四川永贵、南京康尼等国内领先企业建立高压、充电线束系统长期战略合作关系，与博格华纳、株齿、青山、长春中博等领先企业建立变速器系统长期战略合作关系，保证行业内优质资源快速、高效、全面、可靠的供应。

3. 整合市场链

北汽新能源通过跨业态融合发展模式，形成新能源汽车推广运营三大发展联盟，分别为出租与分时租赁联盟、物流联盟和电商联盟。

在出租与分时租赁领域，与北京大兴、密云、顺义等七个郊县形成纯电动出租车示范运行联盟，自2012年开始累积投放近3000辆纯电动出租车，累计运营里程超过3亿公里，运送客人超过3000万人次，并将出租车推广模式复制到厦门、九江等城市。通过自主建设及资本投资模式，成立恒誉、北汽庞大、北京出行三家分时租赁公司，涵盖私人、团体及公务出行用车领域；同时联合首汽租车、Ucar、宝驾、一度用车、上海电巴等国内分时租赁企业组建分时租赁联盟，通过实时、无缝的电动车互联共享，解决闲置和空载问题，减缓拥堵压力，提高交通效率。

在物流领域，携手庞大集团、一度用车、第一电动网、上海北斗新能源公司、北京市快递协会等共同发起，打造电动物流车分时租赁平台，为物流需求方提供经济、便捷、安全、环保的服务，使纯电动商用车强势加入城市物流市场的竞争，让城市物流不再成为市民眼中的污染黑洞。

在电商营销领域，联合苏宁易购、京东商城、天猫商城、第一电动网、汽车之家、电车汇、易车网等国内知名汽车电商平台，组建电商联盟，支持产品销售业务开展。

4. 优化服务链

北汽新能源通过联合建设、资本投资及战略协同等模式，打造全方位的智·慧管家服务品牌，为消费者提供实时全面的服务保障。

在售后服务领域，以营销网络为中心，以1小时辐射半径为原则，联合各地经销商单位在全国注销区域建设售后服务网点近100家，同时在北京等用户集中区提供24小时免费救援服务。

在充电服务领域，通过与青岛特来电公司合资建立北京特来电充电服务子公司、通过与万邦集团联合发起众筹建设公用充电桩、通过与上海电巴及国轩高科联合组建充换电服务公司、通过自主建设私人充电桩、通过移动充电服务及充电宝配备等方式建设全国首家提供五位一体充电方案，构建充电生态圈，解决用户里程焦虑及充电担忧。

在电池回收及二手车服务领域，通过参股赣州豪鹏科技有限公司实现电池梯次利用业务布局，解决动力电池回收的环保要求和车辆残值问题；通过联合国内知名二手车公司开展旧车换购及回收业务，解决用户里程升级及换购忧虑。

5. 提升资本链

通过混合所有制改革及银行授信等模式，打通直接融资及间接融资渠道。2016年4月完成A轮融资约32亿元，企业注册资本金从20亿元提升到32亿元；通过良好的信用积累2016年获得北京银行、工商银行、中国银行等十几家国内大型银行的授信支持。

（四）搭建数字化平台，端到端支撑企业全价值链

北汽新能源公司从2011年开始进行车辆远程监控，2014年起，逐步规划、执行、完善信息平台建设，在信息化业务支持系统之外，开发客户互动、车辆运营、智能网联相关系统，以数据驱动支持全价值链前瞻性分析和决策。

1. 引入众创模式，深化客户互动

基于互联网技术，引入第三方（洛可可）众创平台，积极尝试众创模式。

一是场景众创，深入挖掘客户需求。场景众创即通过收集、评价从用户处征集的使用场景挖掘客户在典型使用场景下的车型外观和设备需求。整体活动阶段包括任务发布、场景征集、客户点赞、场景评审、场景发布和需求主题定义的阶段。在场景众创中，客户通过回答“和谁”“去哪里”“做什么”的问题参与使用场景挖掘。

二是任务众创，客户参与设计。任务众创中，通过合作众创平台发布定向的任务（如表情包、外挂设备等）吸引外部专业设计师、用户参与设计和研发；同时，用户可以通过点赞方式表达偏好、意见；经过线下团队评审的设计稿件由专业团队结合研发团队建议予以实施。众创的参与者、入围者将获得额度不等的奖励或酬劳，同时具有非物质奖励，如和专业设计师面对面沟通、进入北汽新能源实习或工作等。

三是IP众创，借助跨界资源进行联合设计。在IP众创中，联合具有跨界知识产权的资源，如跨界设计公司、电视电影IP等，对车辆进行跨界设计。

众创模式具备以下三个特征：一是深度了解用户需求，贴合需求引导开发。将车辆的使用场景、部分创新任务通过众创平台发布，吸引年轻用户群体参与，并紧贴年轻用户群体发掘需求、挖掘创意。二是为个性化制造提供可能和方案定制。在众创模式下，新车型C11将结合前装（在生产线上完成）、后装（在生产下线后再组装）模式生产，使客户可获得贴合自身需求、独一无二的个性化产品。三是开放互连，建立与年轻客户互动的能力，吸引粉丝、营造社区。众创平台借助任务管理流程同时吸引普通消费者、行业专家、设计室、创意团队等多个群体，在开放的环境下，这些群体充分发挥各方优势，提高资源使用效率，降低沟通成本；各方也都可以在众创平台中，扩大自身的资源范围，获取各自的参与价值，达到生态共赢。

2. 引入汽车电商，支持随时随地互动

为应对市场竞争压力和用户行为趋势，北汽新能源借助互联网思维，一方面大力拓展传统经销商渠道，另一方面充分引入电子商务渠道。从2014年7月起，北汽新能源汽车开始覆盖私人消费者市场，并与京东、第一电动网、天猫、苏宁、电车汇等电商平台合作。到2014年年末，线上客户引流占全年销量的40%以上。2016年下半年，北汽新能源的自有电商投入应用，随着后期C2M（客户订制）的引入和其他服务的集成，将进一步支持客户超越经销网络的地理限制，与北汽新能源随时随地互动。

3. 超级智能网联，打造智能、互联驾驶体验

2015年下半年，北汽新能源发布超级智能网联品牌i－Link，旨在从驾驶、安全、座舱三个维度提升车内驾驶体验和实现远程控制，主要涉及车端的智能/辅助驾驶，以及借助互联平台手段实现的车辆远程监控系统、车联网运营系统、车辆远程控制系统和远程程序刷写系统。

4. 探索大数据分析，深入客户洞察

通过车辆远程监控平台、车联网运营服务平台、其他传统信息系统的数据积累，客户的基础信息、交易信息、驾驶行为等信息被大量沉淀为北汽新能源数据资产，其中，驾驶行为信息尤其具备海量特性。这些数据资产支持北汽新能源进行诸多业务分析以支持决策，如利用位置分析支持服务及宣传网络布局；利用客户驾驶行为分析、驾驶轨迹分析深入探查客户需求，输入给研发团队；利用故障统计分析反馈给质量部提升产品质量等。北汽新能源进行更深层次的了解客户，贴近客户需求开展研发和提供服务。

（五）整合社会化生产资源，快速培育产能支撑规模化发展

1. 采取1＋2＋I＋P多生产基地策略

在生态化战略思想下，北汽新能源在制造资源方面创新布局，并推进1＋2＋I＋P策略。其中，1代表北京采育生产基地；2为莱西、常州生产基地；I是北汽集团生产资源；P代表外部合作伙伴。整体策略即：以北京采育生产基地为核心，莱西、常州生产基地同步生产，并充分调度集团资源、外部合作伙伴的生产能力，开创跨企业间的产销协同、产能分配模式，多基地制造管理模式，实现集团内部不同法人实体之间的生产资源共享，以“自身轻资产、生产线改造小投入、快速投产、灵活管理模式、准确的产能需求解决”，快速满足市场需求，支撑规模化发展。

2. 形成多基地产能布局

基于北京采育生产基地，北汽新能源积极发展自身产能。经过多轮考察研究，在综合考虑市场容量、供应、运输、人力成本、产业基础（如是否能够提供熟练技工）、政府支持等因素后，北汽新能源先后决定分别落户莱西姜山镇开发区和常州武进国家高新区，扩充核心产能，覆盖华东、华南地区。其中，莱西生产基地定位于家用及小型商务车，于2014年年底开始动工，2015年9月投产，单班年产能5万辆（双班10万辆）；常州高端产业基地定位与中高端车型，于2015年10月动工，2016年9月建成投产，初期单班年产能5万辆。同时，积极布局合作基地。经与北汽集团下属北京汽车股份有限公司、北汽（广州）汽车有限公司等协商，北汽新能源部分生产任务已由北分、株洲、广州、黄骅等基地分担执行。其他基地的合作洽谈也正在进行。当前，北汽新能源已实现三个自有生产基地（采育、常州、莱西）与外部资源共用。其中，外部的合作基地执行新能源汽车与传统燃油车车共线生产，主要生产新能源车型为EV200、EX200、ES210、EK307等，年生产能力达到15万辆以上。

3. 实现多基地协同

生态化布局的同时，北汽新能源业以数字化为手段、虚拟组织为依托，实现多基地协同。在数字化方面，各生产基地生产计划、进度、质量等信息通过MES系统（制造执行系统）集成共享。同时，北汽新能源与合作生产基地成立共平台委员会，对接厂内物流、制造等职能，通过该委员会协同各方，在计划、进度可视的基础上，进行管理控制。多基地协同的内容包括：采用年度滚动计划管理模式来平衡总产能瓶颈；采用N+2的月度计划，收集、汇总市场需求，平衡长周期原材料备料、其他零部件资源；经过与合作生产基地协同计划的方式分配产量需求；采用四周度锁定计划的方式平衡零部件资源，锁定生产计划。在多生产基地的管理实践当中，北汽新能源围绕安全、质量、成本、生产性、人才育成形成对各个生产基地的月度生产运营管理评价机制，并建立生产经营月度联席会进行定期沟通、总结、问题调度。

三、新能源汽车制造企业基于组织创新力的生态化、数字化战略实施效果

（一）持续保持行业领先地位，推动快速发展

北汽新能源自2014年开始推进实施“基于组织创新力的生态化、数字化战略”以来，取得了较好的阶段性发展成果，2014年销量较2013年增长238%，2015年销量增长265%，取得并保持国内纯电动汽车市场产销第一名。2016年上半年，实现产销15100辆，继续领跑国内纯电动汽车市场。

在技术、产品、客户满意等方面，北汽新能源均名列前茅。如：技术方面，北汽新能源C30平台车型产品于2015年获得“中国汽车工业科技进步一等奖”、是获此殊荣的唯一新能源汽车；产品质量方面，北汽新能源以客户满意度全行业第一名的成绩，获得中国质量协会2015年全国质量诚信标杆示范企业称号；在商业模式创新方面，北汽新能源积极践行分享经济下的分时租赁车、网约车、共享车等运营模式，其中，租赁用车辆累计达到6800、注册会员约13.5万人，带动建设充电桩超过4万个，于2016年9月荣获“分享经济创新价值奖”；基于组织创新力的数字化、生态化战略实施，也让北汽新能源公司获得了2015年北京影响力“产业生态大奖”。

（二）整合了保障企业未来持续领先发展的核心生态圈资源

北汽新能源通过构建完整的新能源汽车产业生态圈，覆盖了创新链、产业链、市场链、服务链、资本链五个领域，实现了从概念设计、研发创新、生产制造、营销推广到租赁服务等全价值链的联盟化布局，建立了良好的产业协作发展战略伙伴关系，形成了国内无以复加的资源优势，极大提升了北汽新能源的可持续核心竞争力。例如：通过整合全球核心零部件研发平台，北汽新能源已研发出“比能量密度”远远高于比亚迪E6、宝马i3、日产聆风等竞品车型的电池产品（EV200）；通过硅谷、亚琛两大海外研发中心，北汽新能源在控制系统、车联网系统等方面成功实现了快速迭代，保持领先地位；通过

“产、学、研、用”协同创新平台，成功开发了纯电动汽车智能无人驾驶系统，并在2014年获得全国智能车未来挑战赛新能源汽车组第一名。

（三）提升了自主创新能力和产品数字化、智能化升级

2010年至2016年7月，北汽新能源公司累计制定企业标准366项，累计申请专利892件，其中2015年专利数量环比增长113%。这些技术为北汽新能源公司打造领先产品提供了充足的保障，也使得北汽新能源公司产品的整车安全、智能中控、续航里程以及使用成本上达到了业内最高水准。核心技术能力的提升，使北汽新能源汽车以更为智能的方式融入客户生活。

北汽新能源推出的i－Link超级智能网联是基于车联网打造而来，扩大到互联网、电网以及充电网络，打破了传统车联网的模式和思维，实现自动化驾驶，进一步促进了人、车、桩、云的交互。人车互联，包括影音娱乐、整车电子化控制、远程控制等内容；人、车、充电桩之间的互联，如快速寻找充电桩；车与车互联如网联社交；人、车、云的交互，包括分时租赁、驾驶行为分析、故障诊断及预警、远程维修等。产品的数字化、智能化升级进一步提升车辆使用环节的便捷性，为主流用户迈向智能生活提供了实践基础和无限可能。

（成果创造人：徐和谊、郑　刚、张　勇、原诚寅、王可峰、张青平、马仿列、梁国旗、夏立新、文　霞、陈　靖）

地方国有资本运营公司服务政府战略与市场化运作有机结合的转型发展

重庆渝富资产经营管理集团有限公司

重庆渝富资产经营管理集团有限公司（以下简称渝富集团）成立于2004年，是经重庆市人民政府批准组建的全国首家地方国有独资综合性资产经营管理公司，主要从事股权管理、产业投资、基金运营、资产收处、土地经营等业务。截至2015年，渝富集团注册资本达100亿元，合并报表总资产达1981亿元，净资产达838亿元，员工总数402人（含全资子公司）；拥有全资子公司和参控股企业共55户，其中第一大股东企业19户，参股企业27户，全资子公司9户，共持有8户上市公司股权。

一、地方国有资本运营公司服务政府战略与市场化运作有机结合的转型发展背景

（一）贯彻落实十八届三中全会精神、探索国有资本运营公司发展方式的需要

十八届三中全会确立了“以管资本为主”的国有资产管理体制。但改组组建国有资本运营公司尚处于探索阶段，面临着如何组建、组建哪些领域国有资本运营公司、如何履行资本运营功能等操作性问题。作为已经具有金融控股公司特征的地方国有企业，渝富集团如果能在以往资产管理、资本运作成功经验基础上，探索出国有资本运营公司有效的运营模式，并形成一些可复制、可推广的经验，将对地方深化国资国企改革具有示范带动作用。

（二）服务地方经济社会发展、深化地方国资国企改革的需要

“中新（重庆）战略性互联互通示范项目”落地，十大战略性新兴产业以及开放型经济布局发展，持续增强重庆对国内外资本的吸引力和集聚力，迫切需要国有资本运营公司发挥国有资本优化布局的产业引导作用。2014年，重庆市委、市政府出台《关于进一步深化国资国企改革的意见》，中共重庆市委四届六次全会提出“加快渝富集团改组为资本运营公司，争取2015年年底完成转型”的部署，为渝富集团加快国有资本运营公司转型发展提出了明确要求，提供了政策机遇。

（三）抓住试点契机实施新一轮改革创新、实现渝富集团持续健康发展的需要

渝富集团在前十年发展中，逐步探索出债务重组、土地重组、资产重组“三个重组+战略投资”职能，在为促进改善地方金融生态和城市生态，推动国有企业改革发展，培育战略性新兴产业做出一定贡献的同时，渝富集团自身也发展壮大，已经具有国有资本运营公司的雏形。但随着改革发展内外环境和承担责任使命的新变化，渝富集团迫切需要通过新一轮改革创新实现新的突破，解决市场化程度不够高、在一定程度上仍依赖政府配置资源、盈利模式单一、现代企业制度不完善、市场化程度、专业化程度不够高等突出问题，亟待抓住新一轮国资改革试点的机遇，以改革促转型，以创新谋发展，实现自身的持续健康发展。

二、地方国有资本运营公司服务政府战略与市场化运作有机结合的转型发展内涵和主要做法

渝富集团结合重庆地方状况和企业实际，按照国有资本运营公司的新定位，确立“两转三化”转型发展思路，通过治理结构、组织架构、管控体系、人事薪酬等内部体制机制的改革优化，持续推进企业市场化、公司化改造；通过股权运作、价值管理和有序进退，探索国有资本流动增值的运作模式，加快建成以“股权投资、资本运作，金融控股、产融结合”为主要特征的股权类国有资本运营公司，有效放大国有资本功能，提高国有资本配置和运行效率，切实增强国有经济活力、控制力、影响力和抗风险能力。主要做法如下：

(一) 按照新的功能定位，制定转型发展的总体框架

渝富集团立足国有资本运营公司的新定位，明确转型发展的原则、目标和思路。

1. 明确功能定位

重庆市在《改组设立重庆渝富资本运营集团有限公司方案》中将渝富集团资本运营定位为"三个平台"：渝富集团承担服务战略功能与市场运作功能，是国资国企改革推动平台、国有资本优化布局操作平台和"股权投资、资本运作"的市场化运作专业平台，着力建设成为遵循规律、追求价值的市场主体，成为积极作为、敢于担当的责任企业，成为开放型、市场化、专业化、国际化资本运营集团。

2. 制定转型发展原则

渝富集团改组建设国有资本运营公司坚持"四个更加注重"原则：一是更加注重遵循资本运营"重在资金周转循环、追求资本运动增值"的内涵逻辑；二是更加注重把握资本运营"促进国有资本进退流转、优化国有资产布局、服务国资监管体制改革"本质特征；三是更加注重发挥渝富资本运营公司"国资国企改革推动平台、国有资本优化布局操作平台"职能作用；四是更加注重发挥渝富资本运营公司"股权投资、资本运作，金融控股、产融结合"的市场化运作专业平台功能。

3. 确定转型发展目标

渝富集团打造国有资本运营公司要实现以下发展目标：一是优化资本布局。按照三个"集中"的要求，投向聚焦于地方金融领域、战略性新兴产业领域以及其他有投资价值领域。二是改善资本结构。运用多层次资本市场、基金等，多渠道、多方式优化扩充资本来源，优化资本结构。三是强化资本运作。争做积极股东，多手段行使积极股东职能促资本循环累加。四是推动资本流动。利用基金、上市公司多种载体，灵活运用资产证券化、引战退出等资本退出方式，以增持减持维持退持手段实现资本高效运动并在过程中增创价值。五是促进资本增值。按照三个"一批"的要求，通过资本运作重组整合一批、创新发展一批、加快培育一批企业或项目。六是维护资本安全。强化资本安全主动管理，严格落实投资评审、"三重一大"决策机制，强化资本安全内外监督和资本流失责任追究。

4. 确立转型发展思路

渝富集团通过开展市场化转型发展大讨论确立"两转三化"发展思路：

"两转"：依据资本运营的要求，创新科学落实责任的运营模式，加快由"股权投资＋实体经营"的混合模式向"股权投资、资本运作"的纯粹资本运营模式转型；创新科学完成任务的运营方式，加快由"土地＋金融＋实业＋资产"的跨界投资运营向"金融控股为主要特征"的专业型资本运营转型。

"三化"：一是实施公司化发展战略，建立现代企业制度、构建企业法人治理结构，建立符合市场法则的组织架构、运行机制、薪酬激励机制和企业文化。二是实施市场化发展战略，正确处理讲政治坚决完成任务与讲规律创造盈利之间的关系，实行遵循市场法则经营管理、遵循市场规律拓展业务、遵循价值规律运行业务，实现资本运动增值。三是实施国际化发展战略，对标学习国际领先资本运营公司，待条件成熟积极"走出去"参与国际市场竞争，构建海内业务与海外业务双核驱动发展格局。

(二) 推进公司化改造，建立符合资本运营公司要求的治理结构、组织架构和管控体系

通过明确上下权责边界，理顺改革利益相关者间的关系，完善规范化公司法人治理，建立市场化导向的集团组织架构，为渝富集团国有资本运营公司转型发展奠定基础。

1. 积极争取政府支持，明确国资委、资本运营公司、所出资企业之间的权责边界

重庆市国资委依法对渝富集团履行出资人职责，并依据《公司法》《企业国有资产法》《企业国有资产监督管理暂行条例》等法律法规和有关规定，将依法应由企业自主经营决策的事项归位于企业，将部分出资人权利授权渝富集团行使。一是在企业投资决策方面。明确由渝富集团董事会立足公司实际，拟定五年发展规划，并根据重庆市国资委确定的渝富集团功能定位、主要投资领域，决定公司三年滚动发

展规划和年度投资计划。二是在资产处置方面。明确由渝富集团董事会决定公司及子企业的重大资产处置事项；决定通过产权交易市场转让国有产权，对子企业增资事项；决定参股企业与非国有控股上市公司重组事项；在法律法规和国资监管制度规定的比例或数量范围内，决定增（减）持上市公司股份事项；在不涉及控股权变动的情况下，决定上市公司股份协议受让事项。

2. 界定集团与所出资企业关系，分类管理投资所属企业

渝富集团将所出资企业合法权利尽量归位，将集团可以下放的权利尽量下放。一是实施分类管理。将集团出资企业分控制经营型、股权管理型两大类，制定分类施策的权责边界。按管理权限和股权比例，分类履行董监高的提名或任免职责，设立投资、融资、担保等事项的权限。二是坚持财务管控原则。按照建设股权管理型国有资本运营公司基本要求，按“管资本”的方向对净资产收益率（当期ROE、复合年化ROE）、融资担保发债等重大财务事项进行管控。重点关注国有资本保值增值状况，不参与所出资企业具体经营活动。

3. 建立科学规范、协调运转的公司治理结构

一是充分发挥党组织政治核心作用。把加强党的领导和完善公司治理统一起来，将党建工作总体要求纳入企业章程，明确党组织在公司法人治理结构中的法定地位。

二是建立适应市场化要求的现代公司法人治理结构。第一，建立有效制衡、协调运转的治理架构。建立健全以董事会为决策机构、经营层为执行机构、监事会为监督机构的“三会一层”运转体制，明确决策、执行、监督等三方面的职责权限。第二，提高决策监督执行的效率和质量。2014年换届后，渝富集团第二届董事会有董事成员5人，其中外部董事2人；董事会下设战略与投资委员会、财务与预算管理委员会、薪酬与绩效委员会、风险与审计委员会等4个专门委员会，为董事会提供决策咨询支撑。第二届监事会有监事成员4人，其中外部监事2人。渝富集团经营层高管7名，其中总经理1名，副总经理5名，财务总监1名。

三是实施业务型事业部制改造。以业务发展为中心，实施事业部制内部市场化改造，通过做强前台、做实中台、做精后台，优化形成科学合理、精简高效、体系完备的扁平化组织架构。2014年，将原有偏行政化管理的“344”组织架构，改造为由5个前台事业部、4个中台支撑、3个后台保障的以业务发展为核心的“543”组织架构。2015年，渝富集团组织架构进一步调整为“644”组织架构。为适应集团新的发展形势，目前已实施业务板块整合重组，将金融事业部、产业事业部整合重组为投资运营事业部（投资公司），土地经营事业部、城市建设发展事业部整合重组为土地资本事业部（土地资本公司），前台公司形成“3个业务板块＋资金运营部”格局，集团形成“444”的组织架构。

（三）探索组建两大基金平台，开展资本股权投资

1. 组建运营战略性新兴产业股权投资基金

渝富集团运用京东方项目资本运营收益分红205亿元撬动组建800亿元重庆战略性新兴产业股权投资基金，实现资本的四级放大：一级放大撬动产业基金，运用市场化收益205亿元，牵引吸收政府产业引导基金50亿元；二级放大撬动金融资本，引导募集银行、信托、保险等金融资金545亿元，形成800亿元战略产业基金；三级放大撬动社会资本，按1∶2撬动战略性新兴产业龙头企业社会资本，可共同形成2400亿元资本金；四级放大撬动信贷资金，项目落地实施，按1∶1.5杠杆撬动配套信贷资金，可形成6000亿元投资规模。

战略性新兴产业基金主要投向电子核心部件、物联网、机器人及智能装备、新材料、高端交通装备、新能源汽车及智能汽车、MDI及化工新材料、页岩气、生物医药、环保等重庆十大重点发展的战略性新兴产业。组建以来，战略性新兴产业基金已投资乐视网、乐视云计算、医药股份、京东方后续扩能、重庆超硅、同方碳产业、敦煌网、惠科液晶、马达西奇航空发动机、AOS芯片等11个项目，已投

资153亿元，带动项目总投资超过900亿元。

2. 组建运营中新互联互通股权投资基金

渝富集团与新加坡相关金融机构、国内相关金融机构共同出资设立、引入社会资本共同参与、按市场化方式运作的中新互联互通基金，其中基石基金出资200亿元，募集社会资金约800亿元，设立金融服务、航空旅游、交通物流、信息通信4个板块专项基金，共同培育发展金融—航空—物流—信息生态圈。

中新基金按照市场化、专业化、国际化的原则进行运作。一是遵循国际商业规则和行业规律，发起设立、投资管理、到期退出等按市场化原则运作；二是委托专业团队管理，投资于商业化有效益的项目，实现中长期合理的投资回报；三是以互联互通为重点，促进重庆内陆开放高地建设，以国际视野推动中新合作项目商业可持续、模式可复制。

（四）充分发挥资本运营功能，开展国有资本进退流转

1. 开展"用手投票"发挥积极股东作用，在股权投资中推动价值创造

按照"履行股东职责、发挥股东作用、行使股东权利、维护股东权益"的股权管理思路，渝富集团强化"积极股东"股权管理，运用"用手投票"价值管理机制推动价值提升。一是建立专兼职董监高队伍，参与并推动改善所出资企业公司治理。截至2015年年底，渝富集团已向40户控参股企业派驻董事、监事和高管。二是对全资、控股和参股企业实行分类管控。对全资子公司合理放权、充分授权，有效发挥平台作用；对控股经营企业，切实履行股东权力、承担股东责任，逐步增强主导性和协同性；对参股经营企业，积极发挥股东作用、维护股东权益。三是实施股权价值台账管理，建立议案联动审议机制，通过行使建议权或否决权优化决策，促进股权价值提升。

2. 开展"用脚投票"强化"进退流转"功能，在资本运动中优化国有资本布局

遵循经济周期、产业周期、企业周期，以市场化和专业化方式，积极开展战略性和财务性投资，强化"进退流转"股权运作，运用"用脚投票"有序进退机制推动资本运动增值。一是加强行业、企业研报，定期分析研判所出资企业财务运行状况、股权价值变化趋势。二是战略性投资依据战略需要和培育阶段实施战略投资、战略退出。对符合政府战略、渝富发展战略且未来前景较好的股权投资企业，派驻董监高，提升市场竞争力和经营管理水平，协助完成股改上市，实现股权价值最大化；对不符合发展导向的股权投资企业，帮助引入新的战略投资者，完成引导和培育任务，实现战略退出。三是财务性投资以获取直接经济效益为目的，不直接参与所投资企业管理，在财务和资本运作方面提供建议，并按照"增持上升期企业股权、维持成熟期企业股权、减持衰退期企业股权"实施投资组合动态管理，在进退流转中优化资本布局、实现资本价值。改革转型以来，渝富集团先后推动京东方、西南证券、金科股份、交通银行等股权通过资本市场实施流转，通过公开市场挂牌出让股权方式支持果园港发展。

（五）充分利用资本市场开展多层次资本运作，实现国有资本优化调整和保值增值

1. 运用资本市场工具开展资本运作

一是着力打造上市公司集群，在运营好8户控参股上市公司股权的同时，推进渝富集团及所出资企业加速上市，加快形成上市公司运作平台集群。二是更加注重运用资本市场工具实施增量投资，2014年3月联合其他市属国企筹集资金并通过资管计划引入市场资金，通过上市公司定向增发投向京东方，撬动京东方投资320亿元在重庆建设8.5代线液晶面板项目，2015年通过公开市场择机退出，首期实现运营收益71.92亿元。三是运用多层次资本市场开展IPO、定向增发、二级市场减持，推动资本价值形态转换，实现国有资本循环流动增值，2015年实现资本出让收入211.12亿元、投资收益125.97亿元。四是强化"资本运作"功能。通过资本运作、资产证券化、收购兼并等，聚合外部优质互补资源，强化企业原有的核心竞争力、构造企业新的核心竞争力。开展试点以来，先后为重庆汽车金融、重庆金

交所等所出资企业引入战略投资者实施战略重组，推动渝富置业、工博公司、渝富地产、新区公司等所出资企业实施分立组合。

2. 运用逆周期运营工具开展资本运作

渝富集团创新运用 AMC 金融业务资质，批量收购处置地方金融不良资产、市场化经营流动性较弱股权、专业化管理归集性资产的重要平台。以 AMC 协同为切入点，充分发挥地方资产管理公司金融“稳定器”的作用，通过收购处置、协议回购、资产重组、资产证券化、资产经营管理等方式，整合各类经济资源，实现资管收入、服务收入、溢价处置不良资产收入、正常资产经营收入，有效改善金融生态、处置不良资产回收和增创价值。2015 年渝富集团服务银行、担保、小贷、信托等 22 家金融机构，已成交金融不良资产批量收购处置业务 3 宗、标的资产价值 7.55 亿元。其中，采取受托收购的方式，受让某银行不良资产包，实现项目收益稳定、风险可控，处置收益率达到 110%；采取结构化交易模式，分两个批次收购某担保公司两个不良债券资产包，通过债权收益权转让方式融资，利用保底委托清收降低交易风险，实现较好收益；采取委托清收、保底回购、信用贷款，受让某银行私人银行部投资的 10 万吨醇基混合燃料生产线扩建项目 1.85 亿元单一信托计划。

（六）强化资本运营风险管控，确保国有资本安全

1. 构建“全员参与、全面覆盖、全程监管”风控体系

一是建立以科学明晰的组织体系为基础、系统完善的制度体系为依据、具体的风险管理基本流程为核心的全面风险管理体系。实行分事行权、分岗设权、分级授权，强化内部流程控制，健全完善公司治理类、管理支持类、业务运营类、资金财务类、党风廉政类 5 类共 75 项制度，逐步形成以制度为基础并符合国际规范的渝富内部控制体系。二是以“统一领导、分级管理”的原则，建立渝富集团全面风险管理“三道防线”的组织体系，明确和分配相关职责定位，即：各有关职能部门和子公司把控的第一道防线，风险管理和计划财务职能部门把控的第二道防线，内部审计部门和董事会下设的风险与审计委员会与纪检监察把控的第三道防线。三是建立市场化项目评审机制，夯实风险管控防线，完善风险预警处置机制，切实防止国有资产流失。

2. 探索“三有三不”为原则的管控模式

一是有投资不控股。更加注重提高资本的流动性，科学把控在出资企业中的股权比重。坚持不做大股东，坚持不直接参与被投资企业具体经营活动，为资本流动和保值增值创造条件，更有效发挥国有资本的活力、控制力、影响力、抗风险能力。二是有股权不并表。资本运营聚焦股权运作，加快置换低效无效实物资产、债权资产为有效股权资本，加快归集优良股权资本，资本运营收益专注增量股权投资运营。作为股权类资本运营公司，更加注重资本运动增值，以财务性持股为主，遵循会计准则，不盲目追求并表做大企业，只追求做好企业。三是有资产不负债。加快从重资产公司向轻资产公司转型，实施清资核产，加快实现“总资产等于总资本”目标。逐步实现“不举债”，通过自有资本滚动循环实施股权投资运营，通过发挥引导作用、运用所管理基金实施股权投资运营。

（七）稳步推进人事薪酬改革，建设市场化、专业化的人才队伍

1. 积极推进专业化团队建设

渝富集团结合渝富“高收益、高投资、高风险”行业特点，开展“市场化、知识化、专业化”团队建设。为适应资本运作需要，创建存量员工“岗位双选”、专业人才“市场海选”、中层干部“内外竞选”的团队建设模式。同时，拓宽人才培养平台，通过建立博士后工作站、组建外部专家库、开办渝富讲堂、试行阿米巴项目制等一系列创新举措，储备形成能上能下的职业化干部团队、能进能出的专业化员工团队。2015 年，89%员工具有本科以上学历，研究生及以上学历占比达 49%，高级职称占比达到 36%，40 岁以下员工比重高达 66%，团队成熟稳健、充满朝气。

2. 推进市场化用人制度改革

一是按照公司治理结构，建立“委任制＋聘任制”的管理模式，建立健全各类管理人员公开招聘、竞争上岗等制度。二是对各类员工实行不同的市场化招聘模式，采用常态化的人才引进策略，在内部推行双选和竞聘模式，对外通过中介、人才联络站、人才储备库等实现优储优选。三是根据业务属性采用不同的用工模式，逐步区分为劳动合同制、劳务派遣制和劳务分包制三类员工，并根据从业资质、工作业绩和考核结果，进行员工用工模式转换。四是试行项目团队组阁制。按照人尽其才、德才兼备、竞争择优的原则组建项目团队，试行项目负责人跨部门、跨领域、跨层级自主组阁、自主调度、自主考核、自主激励的项目组运行方式，激发各类员工学、比、赶、超的活力。

3. 开展薪酬分配差异化改革

一是建立健全与劳动力市场基本适应、与企业经济效益和劳动生产率挂钩的工资决定和正常增长机制。根据试点范围特征，进行行业分类对标，根据业务条线设计不同专业梯队的薪酬分配模式。二是实行不同周期的薪酬兑现机制，合理确定各周期基本薪酬、绩效薪酬和长期激励收入，完善既有当期激励又有长期约束、既讲效率又讲公平、既符合企业一般规律又体现国有企业特点的分配机制。三是推进基于经营业绩目标的绩效考核，强化市场导向经营、业绩导向薪酬，将薪酬与团队业绩挂钩，建立经营管理分类绩效考核机制和差异化薪酬体系，科学评价不同岗位员工的贡献，合理拉开收入分配差距，切实做到收入能增能减和奖惩分明，充分调动员工积极性。

三、地方国有资本运营公司服务政府战略与市场化运作有机结合的转型发展效果

（一）初步探索出一条地方国有资本运营公司改革转型的路径，得到政府监管部门和社会各界肯定

渝富集团初步构建了现代公司法人治理结构，集团决策、执行、监督专业化程度得到提高；内部组织机构优化及人事制度改革，达到了整合资源，激活组织活力的目的。渝富集团对国有资本运营模式进行了探索，初步实现从“三个重组”职能向“股权投资、进退流转、资本运作”功能转变，初步形成资本市场、基金、逆周期等市场化资本运营平台及工具，逐步形成国有资本运营可复制、可推广的探索经验。

渝富集团的改革探索受到政府、业界、学界的广泛关注。中央深改组、国务院国资委、国务院发展研究中心等先后赴渝，专题调研渝富改革实践或听取渝富改革工作汇报；国务院国资委组织专家组对《渝富集团改组组建国有资本运营公司方案》进行了专题论证；国务院国企改革督查组对渝富集团的改革探索给予积极评价；渝富集团作为地方国有资本运营公司代表先后两次参加全国国有企业改革座谈会。

实施试点以来，渝富集团接待兄弟省市国资系统、国有资本投资运营企业来访调研多达100余次，光明日报、新华网、人民网、重庆日报、华龙网等中央和地方主流媒体对渝富集团改革试点进行了报道。2016年7月27日，中央媒体记者团来渝专题采访重庆国资国企改革推进情况，渝富集团成为主会场并做了专题交流。重庆国资国企改革、渝富集团资本运营探索成为新华网、《国资报告》杂志等联合推出的“国企改革十二样本”之一。

（二）国有资本运营效率得到提升，企业获得较好经济效益

渝富集团自2013年9月至2015年12月，实现投资233亿元（占公司成立以来累计投资额的53％）、实现融资341亿元（占公司成立以来累计融资额的22％）、实现还本付息519亿元（占公司成立以来累计还本付息总额的46％）、实现净利润54亿元（占公司成立以来累计利润额的53％）。其中，2014年渝富集团本部实现利润16.71亿元，在2013年较2012年同比增长152％的基础上增长30.24％；2015年实现利润37.89亿元，在2014年基础上同比增长127％。

在2014年首次实现经营性现金流为正的情况下，2015年实现两个现金流净额均为正，其中经营性

现金流净额1.39亿元、投资性现金流净额64.8亿元。2015年12月与2013年8月比较，本部资产总额为925.7亿元，增长10.2%；净资产为437.8亿元，增长61.2%；净资产收益率为8.27%，提高5.78个百分点；资产负债率为52.7%，下降15个百分点。2015年，渝富集团利润增幅在全国国企中位居前列，在重庆市属国有重点企业中利润总额及利润总额增幅均排名第一、上缴国有资本经营收益排名第二、净资产收益率及上缴税费均排名第三。

（三）有效服务地方经济发展和国资国企改革，取得了较好社会效益

一是有效支撑了区域金融中心建设。渝富集团依托重庆建设长江上游金融中心战略机遇和集团打造以金融控股为主要特征的国有资本运营公司转型机遇，通过市场化手段丰富区域寿险、信托、金融租赁公司、互联网金融等非银行金融机构牌照，有针对性地参与相应金融机构的发起设立、增资扩股、战略重组。2015年，渝富集团参控股金融类企业共26户，涵盖了银行、证券、保险等持牌类金融机构，以及租赁、担保、专业交易所等类金融业态、金融信息服务业态等，助推了区域金融中心建设。

二是积极助推了重庆国资国企改革。渝富集团先后组织推进了对重庆市属工业、科技、外贸、工商、风险投资等行业国有企业的战略投资，通过股权投资方式为重庆钢铁集团、四联集团等企业提供资金，促进提升了重庆国企资本实力，推动了重庆市属国有企业的改革发展。同时，发挥AMC业务资质作用及渝富资产管理经验，通过剥离土地资产、房地产整合重组等，转让退出非主业、盈利能力弱的资产，清理处置低效无效资产和长期闲置资产。

三是不断优化了重庆产业结构和产业布局。渝富集团积极发挥国有资本优化布局引导作用，依靠战略性新兴产业基金和中新互联互通基金杠杆作用吸引了更多企业和项目来渝发展，投资11个项目撬动投资900余亿元，加快助推重庆十大战略性新兴产业发展，在供给侧结构性改革中发挥了引领带动作用。加大结构调整和资源整合力度，加快促进了国有资本结构调整、创新发展、布局优化。截至2015年年底，渝富集团投资的产业类企业共计18户，涉足电子信息、高端装备、科技、文化、机电、仪器仪表、经贸等众多领域。

四是积极承担国有企业社会责任。渝富集团在服务政府战略的同时，注重履行企业公民的社会责任。通过创新新型城镇化建设投融资模式，积极参与重庆丰都、南川、大渡口等区县公共基础设施和公益设施建设，助力重庆五大功能区建设。投资组建德润土壤修复公司，常态化推进生态环境修复，助推生态文明建设。提供数千万扶贫资金，实施精准扶贫重庆巫溪县、对口帮扶重庆奉节县等系列扶贫项目、对口支援建设西藏自治区昌都市儿童中心等系列公益项目。

（成果创造人：李剑铭、何志明、崔树荃、朱　旋、邓　勇、乔昌志、杨雨松）

特大型奥运场馆的市场化运营管理

国家体育场有限责任公司

国家体育场有限责任公司（以下简称国家体育场公司）成立于 2003 年 12 月，是由北京市属国企、中央企业以及民营企业共同投资成立的混合所有制企业，拥有国家体育场（鸟巢）全部所有权、运营权和收益权，承担国家体育场的投融资、建设和运营工作。作为 2008 年北京奥运会的主场馆，国家体育场占地 20.4 公顷，建筑面积 25.8 万平方米，可容纳观众 9.1 万人，属于特大型体育场，不仅是举办顶级体育赛事和文化演出的专业场所，还是北京的新地标和著名旅游景点，成为代表国家形象的标志性建筑。

一、特大型奥运场馆的市场化运营管理背景

（一）破解奥运场馆赛后利用难题的必然选择

从世界范围看，奥运场馆主要用于承接重大体育赛事，功能相对单一，可供承接的各类活动和赛事有限，场馆赛后运营维护成本高，导致奥运场馆赛后经营状况不佳，大量场馆闲置乃至废弃，成为奥运举办城市甚至举办国的负担和包袱。1976 年蒙特利尔奥运会出现了 10 亿美元的巨额亏空，使得该市的纳税人用 20 年才还清债务，人称“蒙特利尔陷阱”；2000 年悉尼奥运会后，部分奥运场馆被迫拆除，悉尼奥林匹克公园赛后一度严重亏损，至今也没有真正解决赛后利用问题；2004 年雅典奥运会后，每年 1 亿多欧元的奥运场馆维护费成为政府的沉重负担。市场化运营是破解鸟巢奥运赛后运营难题、避免增加政府财政负担的必然选择。

（二）实现奥运场馆持续经营的现实要求

根据 2014 年公布的第六次全国体育场地普查结果，在全国 169 万个公共体育场馆中，90%以上的都是采取事业单位管理模式。而且场馆普遍存在运营效能不佳、服务能力不强、利用水平不高、持续发展动力不足等问题。2014 年 10 月，国务院印发《关于加快发展体育产业促进体育消费的若干意见》，将全民健身上升为国家战略。在诸多利好政策推动下，在国内经济结构转型、新型城镇化、消费升级的大背景下，中国体育文化产业发展将迎来重大机遇期，对大型体育场馆发展提出更高的要求。在国内体育产业和职业赛事体系尚不成熟的背景下，鸟巢市场化经营面临着诸多挑战和困难，没有驻场球队的鸟巢很难从大型持续性比赛中获得稳定收益。作为企业化运作的体育场馆，鸟巢在缺少政府政策和资金支持的情况下，不仅每年要计提巨额的固定资产折旧，还要承担大量的设施维修和改造费用。如何采用市场化方式改善场馆经营状况决定着鸟巢能否实现可持续发展。

（三）兼顾鸟巢社会效益与经济效益的客观需要

作为代表国家形象的标志性建筑，鸟巢已超越了纯粹的体育或建筑概念，被赋予更加神圣而深邃的社会意义。鸟巢的特殊地位决定着其赛后利用必将受到全世界人民的关注，社会效益与经济效益同等重要。这要求鸟巢一方面需要管理好、利用好场馆资源，努力实现较好的经济效益；另一方面需要承担更多的公益活动，发挥更大的社会效益，树立鸟巢良好的品牌形象。

二、特大型奥运场馆的市场化运营管理内涵和主要做法

国家体育场公司按照“政府主导、社会参与、企业运作”的运营管理体制要求，坚持“国际大型综合体育文化中心”的战略定位，建立市场化运营机制，创新场馆经营模式，培育自主品牌项目，延伸运营产业链，实现场馆管理输出，并全力支持公益活动，形成以大型活动、旅游服务、商业开发为主体的

多元化业务构架，实现经济效益和社会效益同比提升，增强企业可持续发展能力。主要做法如下：

（一）采用PPP模式、合理设计公司治理架构，夯实市场化运营基础

1. 采用PPP模式完成场馆建设，减轻政府投资负担和运营风险

国家体育场项目PPP模式（Public－Private－Partnership，公私合营模式）是北京市政府在奥运场馆等大型公建项目建设运营中市场化探索的创新。2002年，北京市政府指定北京国资公司为国家体育场的政府出资人代表。2003年，通过法人合作方国际化招标，最终选定中信集团为牵头方的中信联合体作为法人合作方中标单位。北京国资公司与中信联合体各方共同出资合作成立国家体育场有限责任公司（股权比例为北京国资公司58％、中信联合体42％），作为国家体育场项目的法人，承担国家体育场的投融资和建设工作。根据特许权协议，中信联合体拥有鸟巢赛后30年的特许经营权。

2. 由建设公司转变为运营公司，促进股权结构进一步多元化

奥运会后，初期由中信联合体负责鸟巢运营工作。2009年8月20日，为了突出鸟巢的社会性、公益性，提升其硬件和服务水平，北京市政府与中信联合体签署《关于进一步加强国家体育场运营维护管理合作协议》，调整中信联合体独立运营30年的管理体制，成立国家体育场运营维护协调小组，形成在北京市委、市政府主导下，由国家体育场公司负责运营，全市各相关部门、属地政府全力配合，充分调动和发挥各方积极性的运营管理新体制。国家体育场运营维护协调小组由北京市市长担任组长，副组长由北京市副市长担任，成员单位包括北京市相关委办局及属地政府。2014年6月，在北京市政府及有关部门的支持下，北京国资公司、北京文投集团、北汽集团、首旅集团、北京华江公司共同出资对国家体育场公司进行增资，用于偿还历史贷款。国家体育场公司股东单位增至8家，包括1家央企、5家市属国企、2家民营企业。

3. 按照现代企业制度要求，建立规范高效的治理机制

作为自收自支、自主运营、自负盈亏的法人实体，国家体育场公司按照现代企业制度的要求，依据《公司法》和《公司章程》规定，建立与业务性质和规模相适应的法人治理结构，明确股东大会、董事会、监事会、经理层的职责和权限，制定《股东会议事规则》《董事会议事规则》《监事会议事规则》《总经理办公会议事规则》《企业总法律顾问制度实施方案》等制度，形成定位清晰、权责对等、运转协调、制衡有效的法人治理结构和治理机制。

赛后运营初期，国家体育场运营维护协调小组在指导公司经营规划、协调解决问题等方面发挥着重要作用。股东大会对场馆经营重大问题行使审议权、表决权、批准权，对董事会和监事会人选及其薪酬行使决定权。董事会由11名董事组成，对股东会负责，决定公司经营计划和投资计划，对公司高管人选及其薪酬行使决定权。董事长由北京国资公司提名并由董事会半数以上董事选举产生。监事会由5名监事组成，对股东大会负责，监督董事会和经营班子，形成依法监督的机制。党委会在参与重大问题决策、管干部管人才、党风廉政建设和反腐败等方面发挥政治核心作用。公司高管由董事会聘任，年薪与企业经营成果挂钩，形成有效的激励约束机制。

（二）找准企业战略定位，明确发展思路和目标

1. 调研国外大型场馆先进经验

国家体育场公司在接手鸟巢运营后，加强与国际知名体育场的交流学习，开展深入调查研究，总结出其成功经验。

一是积极引进职业体育赛事，奥运会主体育场赛后通常会引入驻场球队，并围绕职业体育运营开展的综合利用，借此形成持续的经济效益和聚众效应。洛杉矶奥运会纪念体育场、巴塞罗那莫祖锡奥林匹克体育场、伦敦奥林匹克体育场奥运会后都成为职业球队的主场。

二是注重开展多业态综合运营。法国世界杯的主赛场法兰西体育场赛后并没有驻场俱乐部，每年除

举办国家队足球赛和橄榄球赛外，还举办引进或自创大型赛事和演出活动，并通过产业链上下游延伸扩大收益和降低成本。

三是大力开发场馆无形资产，在欧美发达国家，冠名权、广告赞助、豪华包厢和特许经营权等无形资产的开发利用成为场馆的重要经营收入，70%的大型体育场馆都出售冠名权。2009 年悉尼奥运会主体育场将冠名权以每年 1000 万澳元出售给澳大利亚电信公司，为场馆带来稳定收益。

2. 准确识别公司资源禀赋

国家体育场市场化运营的优势主要体现在：一是品牌优势，鸟巢作为北京奥运遗产的标志性建筑物，是老百姓心目中的国家形象，鸟巢的知名度和美誉度是赛后开发的巨大无形资产。二是软硬件优势，鸟巢拥有一流的场馆设施及良好的运营服务双重优势，具备举办国际顶级赛事演出的功能和优越条件。三是资源优势，国家体育场公司拥有较强实力和丰富资源的股东单位作为坚强后盾，并得到北京市相关部门的大力支持。

但是，在运营中也存在一些劣势：一是特殊地位限制市场开发，考虑到鸟巢的特殊地位，无法进行整体商业冠名，不适合引入地方俱乐部，不能开展与鸟巢形象不匹配的商业项目。二是体量大制约活动引入，鸟巢属于特大型场馆，安保、场租等成本较高，对活动举办提出更高要求。三是运营维护成本高，鸟巢每年场馆日常维护支出约 5000 万元，且随着场馆使用年限的增加，维护费用将面临增长压力，同时还需承担每年约 7000 万元的固定资产折旧，企业盈利难度较大。

因此，国家体育场公司需要加强无形资产开发、多元化经营、股东单位资源共享等发挥场馆优势，同时引入持续性体育赛事、挖掘附场及南广场资源、进行服务外包等化解劣势。

3. 明确战略定位和发展思路

结合国际经验和资源禀赋，国家体育场公司研究提出：公司使命是“以建筑奇迹承载奥运梦想，以文体产业创建世界品牌”，公司愿景是“成为中国最好、世界知名的国际大型综合体育文化中心”，公司经营理念是“安全、服务、品牌、效益”。

发展思路：依托鸟巢品牌和资源优势，以举办冬奥会为契机，深入挖掘场馆潜力，汇聚各方资源，繁荣内容生产，做精做强大型活动、旅游服务、商业开发等传统主业，加强无形资产开发、管理输出、金融创投等衍生业务发展，充分发挥奥运场馆的公益属性，促进从场馆运营向品牌运营转变。

发展目标：到 2020 年，场馆运营服务水平得到全面提升，业务发展空间不断扩大，公司集团化管控体系运转高效，经济效益和社会效益实现同步增长，继续保持国内大型体育场馆领先地位，为实现“百年鸟巢”目标奠定基础，引领中国体育场馆发展。

（三）以场馆体育功能为起点，拓展多元业务

1. 凭借优质的软硬件服务，培育国际赛事与演出平台

一是吸引持续性品牌赛事落户。作为国家级综合体育场，鸟巢在赛后运营中一直都高度重视发挥其体育功能。2015 年 8 月，成功举办世界三大体育赛事之一的国际田联世界田径锦标赛，再一次向世界展现鸟巢承办大赛的能力。积极引入多项高水平的体育品牌赛事，形成田径、足球、滑雪、马术等多元化赛事体系。引进国际田联世界田径挑战赛、北京国际马术大师赛、“沸雪”世界单板滑雪赛、国际雪联自由式滑雪空中技巧世界杯等国际品牌赛事长期落户，吸引意大利超级杯、南美洲超级德比杯、ROC 世界车王争霸赛、CX 中国极限赛总决赛等有重要影响力的大型赛事在鸟巢举办。此外，国家体育场一直积极争取引入中国国家足球队相关比赛。

二是引入顶级文化演出活动。积极引入与鸟巢品牌相符、受人民群众喜爱、有重大社会影响力的大型文艺演出活动，成功举办五月天、王力宏、汪峰、孙楠以及滚石三十年、中国好声音总决赛等大型演唱会，其中多场旗舰版演出以制作精良的舞台创意创造内地演唱会的舞台面积、观众数量等多项之最。

利用鸟巢室外热身场和南广场等场地资源，引入《驯龙高手》《极限震撼》《星际梦秀》等国外高水平表演秀。

三是承接高端商务会展活动。整合鸟巢南广场、附场、文化中心等活动场地资源，合理规划场地功能分区，构建以会议、展览、餐饮、休闲、娱乐、购物于一体的国际化商务交流空间，为企业提供高标准、全方位的会展服务。

2. 深入挖掘场馆文化内涵，开发奥林匹克特色旅游

一是申报并成功获批国家5A级旅游景区。以提升游客体验为导向，采取完善场馆标识系统、引进多媒体导览系统、开通游客咨询服务窗口、增设礼仪引导员、免费讲解等多项举措提升场馆服务标准。2013年3月，鸟巢被批准成为国家5A级旅游景区。

二是策划推出系列游览项目。在鸟巢内部，布置鸟巢建设历程回顾、奥运精彩瞬间、赛后大型活动等图片展，奥运会开闭幕式道具、田径世锦赛运动员手模等实物展，让游客更深入地了解鸟巢的历史。策划推出新的游览项目，努力推动旅游模式由传统的观光游向奥运文化游、深度游、体验游的转变。

三是全面升级旅游线路产品。为丰富鸟巢旅游内容，策划推出一层奥林匹克文化长廊项目，以奥运火炬展示为主题，按时间回顾历届奥运会举办盛况及举办城市的特色，展现奥运会发展历程和精彩瞬间；开发二层奥林匹克体验项目，提高游客的互动体验感和参与积极性；对五层“顶美鸟巢—空中走廊”进行升级改造，实现鸟巢顶部空中走廊南北贯通，游客可以俯瞰奥林匹克公园的全貌。

3. 充分利用场馆优质资源，全面进行商业综合开发

一是推进鸟巢商标授权。以鸟巢标识和吉祥物为载体，拓展各类衍生品和特许产品的开发，建立“北京礼物”＋“鸟巢”的双标志特许商品模式，设计生产出20多个大类700余个品种的特许产品和吉祥物衍生品，推出鸟巢动漫新形象“NESTAR”。积极开展商标特许经营工作，与茅台等优秀企业合作开发出鸟巢品牌的酒、茶、保温杯等产品。

二是加强广告赞助招商。系统梳理场馆内部广告资源，将赞助开发与自主品牌项目培育相结合，先后与工商银行、标致汽车、王老吉、北汽、探路者、银联等多家企业开展商务合作。全面启动鸟巢包厢销售工作，利用举办大型活动的有利契机组织开展包厢推介会，实现包厢冠名销售十余间。为规范招商工作，专门制定《商务资源代理工作客户保护管理办法》《客户服务管理办法》《广告位使用管理办法》等制度，更好地实现对招商人员的保护和对客户的服务。

三是合理开发商业面积。通过筛选引入华江、汉堡王、麦当劳等品牌企业入驻，满足广大游客购物、就餐等需求。充分挖掘场馆场地资源，南侧引入北京奥运博物馆和国际旅游汇项目。2015年，在鸟巢建筑内北侧开发鸟巢文化中心，总建筑面积约1.5万平方米，供会议会展、公关活动、沙龙论坛、工作坊和路演交流等活动使用。开业以来，鸟巢文化中心举办上百场来自各个领域的创业路演、体育沙龙、文化展览、论坛峰会，众多知名投资人及创业项目、创业平台在此汇聚，新增场馆文化体育与金融创投平台属性，增强场馆复合经营能力。

（四）向文化创意产业延伸，设立相应公司专业化经营

1. 积极推进服务外包，专注于内容生产

秉承“专业人做专业事”的理念，国家体育场公司积极推进服务外包，专注于内容产业建设。一方面，将保洁、安保、物业管理、设备维修、草坪维护等日常管理业务外包，建立对服务供应商的激励考核机制。另一方面，在广告赞助招商、旅游电子票销售、Wi－Fi建设运营等经营工作方面，借助外部力量，通过市场化方式委托给代理商或合作商，充分利用专业机构的资源优势，提高场馆经营效益。

2. 自办与引进相结合，创新活动举办模式

在赛事引入过程中，国家体育场创新合作模式，通过联合主办、协办等方式参与体育赛事组织工

作，提高对项目的掌控力，促进项目长期落户鸟巢，例如与中国马术协会联合主办北京国际马术大师赛、与专业体育公司合作创办鸟巢半程马拉松赛、以协办单位身份参与国际雪联自由式空中技巧世界杯赛举办。

同时，为充分利用场馆资源，丰富场馆运营内容，依托自身设施空间、管理经验、专业人才等优势，国家体育场公司自主策划组织实施兼具原创性、影响力、美誉度于一身的自主品牌项目，提高场馆的利用率，推动从场地出租到内容生产转变，其中最具代表性的自主品牌项目为“鸟巢欢乐冰雪季”和《鸟巢·吸引》驻场秀。

一是策划推出“鸟巢欢乐冰雪季”。自 2009 开始，策划推出鸟巢第一个品牌性群众文化体育活动——鸟巢欢乐冰雪季，让冬季的鸟巢变身为集戏雪、滑雪、滑冰、娱乐于一体，可看、可玩、可体验的冬季冰雪主题公园，成为广大群众冬季户外健身、休闲娱乐的好去处。在管理模式上，鸟巢欢乐冰雪季采用项目负责制，由国家体育场公司相关部门组建项目组，有效推动内部资源整合和社会资源引入，实现项目的不断创新发展。在商业模式上，引入知名企业对项目进行冠名和赞助，与多家有实力的企业厂商和专业团队进行合作运营，实现项目增收节支。至今，鸟巢欢乐冰雪季成功举办七届，接待游客 140 多万人次，项目实现自主盈利，成为北京市冬季具有代表性的体育文化品牌，有力推动冰雪运动的普及和发展。

二是打造《鸟巢·吸引》驻场秀。自 2009 年起，集结国内外优秀的文化创意工作者多次研讨，先后论证北京奥运会开幕式文艺汇演精华版、复兴之路等驻场演出项目的可行性。2012 年，在北京国资公司的大力支持下，按照“出新、出奇、出彩”“精准、精美、精彩”的创作原则，推出全球首个奥运场馆驻场演出项目《鸟巢·吸引》视听盛宴。2012—2014 年，项目在鸟巢成功演出 3 个季；2015 年、2016 年，移师国家游泳中心水立方并再获成功。在过去的 5 个演出季共演出 125 场，吸引观众 65 万人次，实现项目盈利，取得良好的市场回报和品牌美誉度。下一步，《鸟巢·吸引》项目计划进行全国巡演，实现鸟巢品牌的“走出去”。

3. 成立相关运作主体，促进产业协同发展

国家体育场公司加强产业布局，围绕场馆核心业务相继成立四家子公司，以提高场馆运营能力。

一是成立文化经营公司。2012 年 2 月国家体育场公司与北奥集团发起成立北京鸟巢风采文化有限责任公司，负责《鸟巢·吸引》项目的策划和运营。经过几年的发展，风采公司培养一批具有创意、执行、营销能力的人才队伍，形成可提供文化演出、展览、嘉年华等项目舞美、平面设计及制作服务的常态化文化经营公司。

二是成立文化中心运营公司。2013 年 3 月国家体育场公司与北京国资公司发起成立北京鸟巢文化创意交流有限责任公司，负责鸟巢文化中心的建设和运营，可提供活动场地、餐饮、金融创投等服务。

三是托管票务销售公司。2015 年 3 月国家体育场公司正式托管北京文化体育科技有限公司，对“水鸟票务”品牌进行升级，不仅通过管理优化提升鸟巢、水立方的旅游收入，还可以提供赛事和演出活动票务总代理和分销服务，延伸场馆经营产业链。

四是成立商业管理公司。2015 年 7 月由国家体育场公司投资设立北京鸟巢商业管理有限责任公司，依托鸟巢现有商业面积，从事店面运营、餐饮服务、纪念衍生品开发等业务，进一步改善鸟巢场馆商业面积利用率、商业经营模式及商业品质。

（五）发挥奥运场馆公益属性，持续提升品牌价值

按照北京市委、市政府要求，鸟巢与政府部门、专业机构、电视媒体和公益组织合作搭建公益平台，充分发挥奥运场馆的社会效益。

1. 举办青少年体育活动

与相关专业机构合作，共同创办“鸟巢杯”青少年足球邀请赛、青少年棒球联盟比赛、青少年智力运动会、少儿趣味田径运动会等自主品牌公益活动，并采用试点培训与赛事相结合的运作模式推动青少年体育发展。与北京市田径运动协会合作推出为期5年的“青少年鸟巢田径大课堂”公益活动，利用主场空档期分批次组织十万北京市中小学学生免费进鸟巢，通过专业教师指导、专家培训、运动员示范、亲子运动会、小型赛事等，培养青少年田径运动乐趣，普及田径专业运动知识。

2. 开展全民健身活动

为了让更多市民进入鸟巢科学健身，国家体育场与专业公司合作开展鸟巢跑步实验室项目，在鸟巢附场田径场地组织跑步健身、训练、教学、活动及配套服务等形式常态化地开展公益性全民健身活动。2015年，与专业公司合作创办鸟巢半程马拉松赛，共有8000名来自全国各地的跑者参加首届比赛，并最终在鸟巢内完成最后百米的冲刺。同时，利用场地空闲期承接部分中小学校和企业职工运动会，利用“鸟巢国际风尚季”活动向市民和游客免费开放室外热身场。

3. 举办社会公益活动

与政府部门、电视媒体、公益组织等机构合作，开展公益群体体育活动、慈善运动会、义卖会等各类公益活动，其中包括由外交部主办的“爱无国界—国际义卖活动”、国家卫计委主办的“世界无烟日宣传活动”等具有重大影响力的活动。充分利用场馆资源，在鸟巢西侧网幕、场内大屏幕上免费播放公益广告。积极支持残疾人体育运动，与中国残疾人运动管理中心建立合作关系，共同致力于盲人足球队的建设。此外，还多次组织公益群体观看鸟巢演出活动。

（六）建立运营管理标准，实现场馆管理输出

国家体育场公司与众多国际体育组织、单项运动协会、世界著名场馆、知名体育及演出运营机构建立密切的合作关系，积极推行精细化、标准化、规范化管理，健全场馆运行管理制度、服务标准和流程系统，努力构建全面体育场馆管理模式。

1. 品牌管理体系化

一是建立品牌管理组织，将品牌管理职能归在企划部，负责品牌的规划、实施以及维护工作。二是进行品牌规划，内容涵盖品牌定位、品牌价值、品牌载体及子品牌、品牌识别系统、品牌推广和监测、品牌管理平台等方面。三是强化品牌实施，从新闻宣传、广告投放、形象设计、社会责任、文明规范服务等多维度进行品牌传播和推广。四是定期开展品牌评价，通过舆情监测、顾客满意度调查等方式对品牌管理效果进行评估，适时对品牌战略进行完善。

2. 活动管理程序化

根据大型活动举办经验，总结制定《国家体育场活动规调管理手册》，对全年档期安排、档期及场地使用工作规范、场馆资源使用及配套服务、项目协调管理等进行规范。把活动管理流程共分为五个阶段：一是活动洽谈阶段，主要包括审核主办方及项目资料、确定档期、谈判、内部立项、合同评审、合同签订等；二是活动筹备前期，包括合同付款、内部信息共享、公安报批、管委会备案等；三是活动筹备后期，包括证件备案、进场协调、方案审核、进场搭建、新闻宣传等；四是活动举办期，包括召开公安协调会、现场运行保障、影像资料留存等；五是活动撤场期，包括现场安全管理、设施受损检查、场地交付返还、活动总结、资料归档等。

3. 设施管理专业化

国家体育场设施维护采用“工程师负责、依托专业服务商”的模式，初步形成设施部总负责、物业中心总调度、十个物业合同商服务于不同专业和区域、特殊专业设备专项委托厂家维护的格局。制定《国家体育场重要设施百年规划》《国家体育场设施管理手册》《国家体育场节能管理办法》《国家体育场

保洁服务质量标准》《国家体育场草坪维护使用手册》等一系列设施管理制度，明确每个工作岗位职责和行为规范，提升设施的可靠性和节能性，实现设施维护精细化、常态化，确保场馆正常运行。针对场馆大型活动较多的情况，制定《国家体育场大型活动临时设施搭建管理办法》，对临时设施搭建、安全管理、用电管理、成品保护等方面进行明确规定。

4. 安全管理规范化

围绕“平安鸟巢”的目标，完善安全管理制度，构筑“预防为主”的安全防范体系，积极开展各种形式的安全知识教育培训，提升员工和商户的安全意识。对场内工作人员进行政审抽查，加强各类进场人员、车辆的管理。按照“前期介入、主动服务”的宗旨，制定《国家体育场大型活动卷宗》，对各项活动进行详细登记，保障各项大型活动的安全有序进行。组建消防应急分队，建立“安全隐患实例室”，提高消防培训和演练的实效性，施行“三级检查制度”，确保场馆消防安全“零事故”。

三、特大型奥运场馆的市场化运营管理效果

（一）形成了市场化运营机制，场馆资源得以充分利用

市场化运营极大地提高了鸟巢场馆利用率。自 2008 年 10 月北京奥运会后开放运营至 2016 年 8 月底，鸟巢共接待中外游客超过 2750 万人次，举办各类赛演活动 280 余场次，其中万人以上的大型活动 110 余场次，展览展示以及路演发布活动 300 余场次。2016 年度鸟巢在主场、附场以及南广场等主要活动场地安排各类活动 70 余场次，其中主场利用率（含搭建筹备期和撤场恢复期）达到 80%以上。部分赛事演出活动预订到 2020 年。

（二）取得了显著的经济效益，为场馆的持续经营奠定基础

目前，鸟巢旅游门票收入占比从 2009 年的 95%下降至 2015 年的 30%，大型活动、商业开发等非门票收入占总收入比重由 5%上升至 70%，收入结构日趋合理，旅游服务、大型活动、商业开发在经营总收入中所占比重已形成 3：4：3 的产业格局，年均经营收入约 2 亿元，完全覆盖固定资产折旧、运营维护费、销售和管理费用等运营成本，已实现自主盈利，保证了场馆可持续发展。

（三）创造了良好的社会效益，品牌形象得到进一步提升

自奥运会赛后正式开放以来，以鸟巢为代表的奥运场馆核心区——北京奥林匹克公园共接待免费入园游客超过 3.6 亿人次，年均游客量达到 5000 万人以上，已经成为国际交往联络的平台和展示中国形象的重要窗口。国家体育场圆满完成 2014 年 APEC 欢迎晚宴、2015 年北京田径世锦赛、冬奥会迎评等重要活动服务保障工作，坚持对公益活动免收场租，大力推动田径、冰雪、马术、棒球等体育项目发展，得到社会各界的广泛好评。同时，在场馆日常设施维护方面，分系统、分阶段进行设施设备维护及维修，保证场馆的常洁常新和设施正常运转，特别是为举办田径世锦赛进行场馆全面改造升级。鸟巢良好的运营维护工作得到党和国家各级领导的高度肯定，也为做好 2022 年北京冬奥会的场馆改造和服务保障工作奠定基础。

（成果创造人：李爱庆、李士林、徐和谊、陈代华、武晓南、吴竞军、肖蔚然、程　磊、蒋　超、陈绍枢、相　军）

邮政企业支撑电商寄递业务发展的陆运网全面升级管理

中国邮政集团公司

中国邮政集团公司（以下简称中国邮政）是大型国有独资企业，依法经营邮政专营业务，在全国各省（自治区、直辖市）、各地市、县设置邮政分公司。截至2015年年末，全国邮政营业局所5.4万个，便民服务站33万个，委办代投点2.6万个，从业人员80.96万人。中国邮政已经发展成为经营邮政基础性业务、金融业务、速递物流业务和电子商务业务的大型现代服务业集团。2015年完成总收入4376.3亿元，实现利润总额399.4亿元，国有资本保值增值率达122%。在2016年《财富》“世界500强排行榜”中位居第105位，位居世界邮政第二位，在2016中国企业500强中排名第21位。

一、邮政企业支撑电商寄递业务发展的陆运网全面升级管理背景

（一）适应我国快递业新趋势，抢抓发展新机遇的需要

近年来，我国电子商务发展迅猛，快递业呈现井喷式增长。2014年，全社会电子商务交易额达16.39万亿元，同比增长59.4%；快递业务量140亿件，超过美国成为世界第一，连续4年保持了超过50%的增长速度。特别是2015年10月国务院颁布的《关于促进快递业发展的若干意见》，提出了“到2020年基本实现乡乡有网点、村村通快递，快递年业务量达到500亿件，年业务收入达到8000亿元”的宏伟目标。可以预见，未来在政策和制度红利大规模释放下，我国快递行业还将持续保持高速发展态势，这将为中国邮政创造广阔的发展空间。中国邮政网运工作要与时俱进、顺势而动，以市场和客户为导向，延伸服务内涵，优化网络布局，创新运营组织，在加快推进传统网络转型升级的同时，尽快确立新的网络竞争优势。

（二）应对激烈市场竞争，重塑企业竞争优势的需要

据2012年统计，全国各类快递企业达7500多家，民营快递公司在国内快递市场已占据主导地位，中国邮政在快递市场的占有率逐年下滑。尤其是中型快递企业向专业化转型，小型快递企业向个性化转型已经开始显现。顺丰已初步构建集自营电商、O2O运营、快递服务、冷链服务等于一体的综合服务平台；菜鸟网通过中小型快递企业在广东推出“1小时达”快递服务，启动全国2600区县物流配送体系。这些都表明，快递行业竞争格局将发生深刻变化，使得中国邮政进军电商寄递市场的道路更加曲折，倒逼邮政网络必须加快转型，重塑邮政核心竞争力，实现寄递产品服务全面升级，在日趋激烈的电商寄递市场竞争中赢得发展机会。

（三）实施企业发展战略，提升陆运网络运营管理水平的需要

在新形势新业态下，中国邮政的运营网络还面临许多深层次的矛盾，服务品质与竞争对手相比仍有较大差距：一是网络能力建设滞后于业务发展。邮政网仍是以满足普遍服务为主的传统网络，网络层次多、布局重点不突出、资源配置机制不合理、营分运投衔接不紧密等问题已严重影响邮政的核心竞争能力。二是邮政组网模式“刚性强、柔性弱”，邮政快递包裹仍以邮件运递为主，服务形式单一，网络资源优势未得到充分发挥，网络服务附加值低。三是网络运营管理模式不适应市场新形势，存在运行效率与效益水平低，运行成本高，运行质量稳定性差等问题，难以适应新形势下寄递市场竞争。因此，对于中国邮政来说，唯有以改革创新促转型升级，以转型升级促业务发展，才能打造出有效服务电商寄递市场的现代实物网，让邮政网旧貌换新颜。

二、邮政企业支撑电商寄递业务发展的陆运网全面升级管理内涵和主要做法

中国邮政瞄准电商市场，以建设“国内领先、世界一流”的邮政陆运网为目标，以加快时限为核心，按照“新架构、新标准、新工艺、新流程、新系统、新制度”的理念，对陆运网开展系统性转型升级和创新变革，通过优化调整网络节点布局，更加贴近电商市场；稳步推进邮政网与快递网的资源整合和业务协同，形成网络运营合力；加大邮件处理中心的自动化技术改造升级，建立散件化、流水化的作业生产方式，生产处理能力倍增；构建全网集中统一的指挥调度体系和运营质量管理体系，大幅提升邮政陆运网运行处理能力和运行效率，有力支撑中国邮政快递包裹业务的爆发式增长。主要做法如下：

（一）瞄准电商市场，科学制定陆运网全面升级管理的工作思路

中国邮政对标国内外快递企业先进水平，在系统调研分析自身陆运网运营状况的基础上，以有效支撑电商寄递业务发展为主线，确立陆运网全面升级改造的工作思路。

1. 明确“一个总体目标”

通过对邮政陆运网系统性的转型升级和创新变革，在保证普遍服务水平的基础上，强力支撑电商寄递业务快速发展，实现能力提升、运行提效、邮件提速，服务质量全面提升，客户体验明显改善，争做寄递市场主导者，发挥国家队的引领作用，尽快建成“国内领先、世界一流”的邮政陆运网。

2. 坚持“五项基本原则”

一是坚持转型升级，打破惯性思维，开拓创新，依靠转型激发陆运网内生新动力，强化技术、装备等“硬实力”和流程、标准、管理等“软实力”同步提升，延伸网络服务链条，提升服务附加值，实现陆运网的服务、质量、能力、管理和效益联动提升。二是坚持改革创新，清除传统陆运网体制弊端和结构性矛盾，转变网运工作传统定位、扭转网运管理传统观念，激发网络运营新活力。三是坚持提升客户体验，依靠陆运网的全面升级培育核心竞争力，赢得市场、获取客户，与时俱进向客户提供个性化、差异化和综合化服务，将陆运网改革成果转化为给客户更多、更好、更快、更便捷的服务体验。四是坚持协同发展，实现营、分、运、投四大环节协同发展，邮政与速递两网资源深度融合。五是坚持信息化引领，以信息化引领自动化生产、可视化监控、智能化运营、动态化调度，有效提高陆运网运营便捷性、科学性和实效性，让信息技术成为提升陆运网竞争力的强大引擎。

3. 抓住“一个核心”

把“加快时限、提升质量”作为工作的出发点和落脚点，将全面升级管理的重心聚焦于加快邮件传递时限上，以市场需求为标尺，突出强调客户体验，提高网路传输质量，加快传输速度，打造时限主导型网路，有力提升邮政在寄递类市场的核心竞争力。

4. 着力“四个能力提升”

一是全面提升网络自动化、规模化生产能力，树立行业能力标杆。以技术替代人工，推进半自动化、自动化改造，以先进设备和流程推动网络综合生产能力跨越式提升，全网逐步实现散件化、流水化、邮件不落地生产模式。二是全面提升陆运网时限和服务质量，追赶行业服务标杆。以重点城市、重点区域时限提速为抓手，以完善的时限管控体系为依托，为不同层级客户提供差异化的限时送达服务，逐步推出定日递、定时递服务。三是全面提升陆运网运营效率和效益，争创行业管理标杆。加强全网资源的统筹调配、生产运行集中管控和精细化管理，对网络运行效率、效益进行多维度、系统性评价和考核，着力提高各环节效率、效益 KPI 指标达标率，大力强化运营成本管控，实现陆运网资源利用和整体效益最佳匹配。四是全面提升陆运网技术应用水平，打造行业技术标杆。结合云计算、移动互联网、物联网等先进技术应用，打造行业领先的，具有标准化、协同化、精细化、实时化、智能化等特点的智慧型网络。

（二）调整网络节点布局，提升全网全程运行时限

1. 优化干线网络布局，更加贴近电商寄递市场

中国邮政按照贴近市场、时限优先、以快带慢、分层作业的原则，以一二级中心局作为省际中心，以地市作为本地中心，调整干线节点布局。将原有78个一二级中心局调整为75个，在电子商务主要产出地，增设南通、无锡、东莞等21个二级邮区中心局，同时将24个原二级中心局调整为三级中心局，取消大同、海拉尔、吉林等24个二级邮区中心局，使得全国干线网络节点布局进一步贴近电商市场，覆盖全国电子商务主要产出地前50名地市、全国重要产业集群和商品原产地。

2. 实施干线运输改革，提高运输频次和效率

一是为确保邮件长途运输时限的稳定，全网共调整开行110条火车邮路，有效降低网路运行成本。二是以邮件量达到12吨车的70%，作为直达干线邮路组开标准，新开640条省际干线汽车邮路，新增347辆大吨位汽车，提高邮件运输频次和效率。三是梳理核定668条一级干线汽车邮路的到开时刻、运行里程和时长，强化进出口处理及投递作业紧密衔接，将2916条二级干线邮路纳入集团统一管理，明确省内二级干线邮路组开、撤销审批流程，进一步提高邮路综合运行效益。

3. 全面推广甩挂运输模式，提升干线运输能力

中国邮政集中为各省配备甩挂牵引车头284辆、半挂车厢463辆，并充分利用社会资源，采用自办和委办相结合的形式，组织开通328条干线甩挂汽车邮路（含委办），实现邮件不落地和快速交换，提高整体运输效率和效能。同时，招标入围17家实力强、信誉好的社会运输企业，纳入集团公司干线运输外包企业名录，并建立社会运力管理信息平台，对委办邮路、外包企业、签约合同、生产派车统一管理，加大对社会运力的管控力度，保证运输质量。

4. 组织实施重点城市和省内网提速工程，提升网运速度

一是在全国选定52个重点城市（一二级中心局）开展运输提速工程，对52个城市之间逐条线路制定全程时限最低要求，并将出口省作为第一责任主体，并以此为基础制定和实施本省出口各条线路提速方案。二是强化以集散辐射为主的省内网运输方式变革。对于出口分拣相对集中的地区，进口包件原则上由一二级中心局和地市局两层分拨，散件外走。地市接卸二级干线发来的外走包件后，按照包件分拣与转运合一，车等邮件的流水化作业模式，随卸随分、随分随装，快速转运至所辖各县及城区投递局。减少一二级中心局的分拣格口数量和分拣难度，确保邮件在各环节的快进快出，综合提升全网的总体运行效率和运行速度。

5. 建设陆运网统一指挥调度体系，提升网络运营效率

一是调整中国邮政网运业务管理职能，实现从职能管理向运营管理的转变。按照陆运网统一调度、垂直管控的要求，将原有四个处室重新调整成立网路规划、运输管理、作业管理、设备管理、流程信息、结算考核等六个管理处室，分工更加细化、专业，强化中国邮政生产管理研究指导能力。二是建立指挥调度中心。2015年，在网运部挂靠成立指挥调度中心，赋予网运部对包裹快递业务的全程时限管理职责、与结算挂钩的质量考核职能，以及对中心局领导的人事任免建议权。各省邮政分公司成立省指挥度中心，实行集团公司指挥调度中心和省指挥调度中心的二级调度管理。在全网建立统一指挥、动态调度、快速响应的指挥调度体系。

（三）协同共享，稳步推进“两网”资源整合

中国邮政瞄准快速发展的电商包裹快递市场，以现有管理体制、资产划分保持不变的前提下，遵循“统一产品、统一指挥调度、统一规划建设、统一信息系统”的原则，开展邮政网络与速递物流网络（简称“两网”）的资源整合工作，以发挥中国邮政整体优势，做大做强中国邮政包裹快递业务。

1. 制定包裹快递业务改革方案

根据各地实际情况，中国邮政确定北京、天津、河北、辽宁、吉林、黑龙江、内蒙古、山西、河南、江西、湖南、陕西、甘肃、宁夏、青海、新疆、西藏、重庆、贵州、云南、广西、海南22个省、自治区、直辖市，由邮政公司承担快递包裹的处理、运输和投递；上海、江苏、浙江、山东、安徽、湖北、福建、广东、四川9个省市，按照“谁收寄，谁处理，谁运输，谁投递”的原则，由邮政公司和速递物流公司分别承担快递包裹的处理、运输和投递。

2. 积极推进省内两网资源共享

云南省公司全面实施两网资源共享，省内陆运网全部交由昆明中心局承担，已形成州市两进两出，重点州市达到三进三出，网运资源已远超竞争对手。山西邮政与速递确立“合体”发展定位，加强网路资源的融合。中心局在代处理速递邮件的基础上，又承担物流集散中心、速递航空转运站及速递省内干线邮路。整合后，减少速递生产人员54人，竞争性业务明显提速。山东省统一设计邮路运行方案，以相互带运邮件实现加密运输频次，时限提速效果明显，全年节约成本300万元。南京市试点邮政代处理速递部分路线的快递包裹，推进两网协同，更好地服务快递包裹客户。

3. 部署建设区域集散网

在长三角、环渤海、珠三角等电子商务发展重点区域，以集散中心建设为契机，整合邮政和速递双方邮路资源，加快两网资源整合，联手构建区域集散网，实现区域互寄快递包裹次日递，促进重点区域包裹快递业务发展。

4. 统一陆运网路运输管理

陆运网由中国邮政负责运行管理和指挥调度，以支撑快递包裹为主。中国邮政统一制定快递包裹的全程运营标准，负责组织快递包裹的处理、运输和投递。经邮政和速递物流公司协调研究，速递物流组开的208条一级干线汽车邮路、201条省内二级干线邮路、441条邮区内邮路，划归陆运网实行统一管理（长三角、环渤海、泛珠三角区域陆运快速网除外）。各省邮速双方建立常态化的沟通反馈机制，确保深化两网资源整合工作。

5. 统一快递包裹运营标准和结算机制

在产品整合后，按照以快带慢的原则，中国邮政统一制定电商小包的全流程时限标准、运营标准、作业制度和各环节生产规范等，邮政和速递物流按照同一标准进行网路组织和生产运营，确保时限稳定。同时，建立各类邮件全额计收、全环节跨网结算机制，建立对省邮政公司和省速递物流公司的质量经济考核机制，制定分拣、运输、投递时限质量指标，由中国邮政对承担电商小包运营的邮政、速递物流公司统一进行考核。

（四）加大技术改造力度，提升全网处理能力和效率

1. 大力开展处理中心自动化工艺设备改造

中国邮政按照统一标准确定处理中心建设模板，统一规划、集中会审、批量审批。启动广州、南京、济南、武汉、郑州等19个邮件处理中心的流水化工艺设备改造。自主设计和建成国内最先进的双层全自动包裹分拣机，确保19个局均在当年年底前投产运行。2016年，中国邮政又安排启动北京、廊坊、广州、深圳、昆明、贵阳6个中心局配置双层分拣机，以及蚌埠、衡阳、东莞3个中心局配置单层分拣机建设项目。

此外，还安排唐山、侯马等31个二级中心局处理能力建设，共投入4242万元配备简易胶带处理设备。各省也同步启动省内地市处理场地工艺改造，有27个省为412个地市、县局配置装卸传输和信息化设备，投资总额达3.3亿元。

2. 再造生产作业流程，建立散件化、流水化作业模式

中国邮政研究设计散件化、流水化网运生产新方式，彻底打破邮件多次扫描、总包多次封拆、盘驳装卸、层层滚存的传统做法，成为邮政生产的一次革命性变革。一是按邮件网上收寄信息为依据进行自动化分拣。收寄环节确保网上信息的及时、准确和完整性，机器自动分拣的邮件，入格后不再进行人工复核和检查，直接进行装车作业。二是逐步取消传统邮袋封发模式。除机要邮件和国际邮件外，其他邮件在网运环节均取消传统邮袋封发，信刷报邮件实行包裹化封装。三是充分发挥包裹分拣机的自动化处理作用。适合上机处理的包裹状和包裹化邮件全部上机处理，以分拣机 OBR 扫描替代人工供件扫描和封发扫描，以分拣机作为邮件传输、扫描、分剔、分拣、分堆的工具；异形包状邮件通过扫描贴签和皮带传输，实行按码分拣，减低人员技能要求。四是非直连格口邮件实行单元化移动和装发。场内托盘和拖车实行条码化，非直连格口邮件与托盘或拖车进行关联，以托盘或拖车为单元进行场内邮件的移动和装发。五是取消邮件发运次序，实行车等邮件。分拣机与装卸口直连，邮件随到随卸、随分随装，减少邮件场内落地堆码和等待。六是合并网运信息系统中的包件分拣和汽车转运车间。取消处理中心内环节间邮件的信息交换，减少生产人员接收和发送信息的操作。七是推进生产流程的标准化和生产操作的规范化。以处理流程标准化为基础，为邮件接卸、装发和处理等主要生产岗位编制生产操作标准化手册，大力提高全网生产操作质量。

3. 升级改造网运信息系统，提高网运信息化应用和信息共享水平

中国邮政充分发挥信息化建设对陆运网转型升级的强大支撑和引领作用，一是按照流水化作业模式，升级改造网运信息系统。调整信息系统功能，适应流水化作业模式。二是强化全网信息共享共用。构建邮件信息全网共用系统服务，充分发挥信息对生产的引导作用，进一步提升散件化、流水化流程工艺的自动化处理能力。调整网运生产数据下发调用机制，在网运全国中心，开展邮件收寄信息实时调用、邮件名址信息自动匹配功能建设，实现邮件信息随用随取、共享共用，支撑全网散件化、流水化生产作业。同时，推行分拣资料库前端应用，在营收环节实现自动打印分拣码，便于后续环节生产处理，提高全网生产效率。三是推进生产现场管理和车辆可视化管控。开发邮件处理中心现场管理系统，实现车辆装卸动态调度、人员组织、垛口分配、视频监控、信息发布等功能，以生产可视化实施管理创新。升级车辆卫星定位系统，加装车辆视频监控，邮路运输实行可视化调度管理，实时采集路况信息和车辆信息，在线规划车辆行驶路线，实现到达车辆精准预告、车辆实时可视化管控、全程运行情况监控。四是实施全程全网动态指挥调度。增强网运大数据云计算应用能力，统计分析邮件流量流向数据，强化生产全流程的预告、预警功能，为实施 7×24 小时动态指挥调度提供技术支持。通过手机应用软件开展调度管理、生产分析、邮件检查等日常管理工作，实现网运管理、监控的移动化和实时化，提高管理响应速度和时效性，提升网运信息化管控水平。

（五）完善标准，全面提升网络运营质量

1. 制定快递包裹运营新标准，实现陆运网统一运营

中国邮政首次制定快递包裹全环节运营标准，对全国各级中心局、地市局、县局的收寄、处理、运输、投递生产作业提出明确的运营标准。一是在收寄环节，明确收寄网点营业终了和城市大宗揽收邮件分别应在指定时间送达本地邮件处理中心。二是在内部处理环节，邮件处理中心采取进出口综合作业模式，分别设置若干内部处理标准频次，每频次作业时间不超过指定时间。原则上，重点城市不少于规定进出口作业频次数量。三是在运输环节，明确应该组开直达邮路的业务量标准，按照够量直达的原则组开邮路。原则上市到县的邮路每天不少于两个运输频次。四是在投递环节，明确各类城市的投递频次和时间要求，首次要求在部分住宅区推行夜班投递。

2. 建立快递包裹全程时限管控体系

一是建立快递包裹全程时限标准库。全面梳理干线网、省内网邮路和运行计划，以快递包裹运营标准和各级邮路发运计划为基础，系统通过自动串联各环节当频次结束之后最早开车的计划正班车次，形成全程计划轨迹，通过系统自动生成全国县市局之间的计划时限，逐步建立全国县及县以上地区之间的全程时限标准库。二是建立健全时限管控评价体系。建立时限短板分析模型、时限稳定性评价模型，及时发现问题环节和影响时限的关键因素，提高时限管控的针对性。三是建立问题邮件闭环式管理体系。以每个邮件为单元，以各生产环节为主体，根据邮件实时轨迹，对可能逾限邮件进行预告预警，通过动态调度，实时干预纠偏。做到时限有标准、运行有监控，考核有依据，实现时限管理由事后分析向事中监控、事前预警的转变。

3. 建立统一的网络运营质量评价考核体系

一是根据各省邮政、速递生产实际，从邮件时限、作业质量、服务质量、效率效益四个方面，制定统一的网络运营质量评价考核指标体系，包括：省内（同城）互寄邮件次日递率、省际（进出口）邮件时限达标率、干线邮路运行准点（准班）率、收寄信息完整率等 10 项考核指标；省内计划编制完整率、违反调度指令和未及时入局扫率等 3 个单项考核项目；以及邮件计划执行率、（交趟车、趟车运行、内部处理）及时率、客户满意度、服务申诉率、菜鸟平台指标综合排名等 27 个评价指标。二是每月召开陆运网质量分析全国电话会议，抓重点、找不足、学先进、比标杆，实现全网运行质量水平共同提高。三是全面落实质量结算考核。按照“奖优罚劣”原则，推行 13 项指标的结算考核，按月扣减未达标省的结算收入，扣减的结算收入全额奖励达标省，并补偿给后续受影响较大省，营造“坚决不让雷锋吃亏、坚决不保护落后”的良好氛围。

4. 开展对标管理

一是开展内部对标管理。打破以往“重生产，轻效益”的传统管理模式，深化网运效益分析，通过设置“邮车日均行驶里程”“人均劳产率”等指标的标杆值，阶段性开展“立标、对标、达标、创标”工作，引导各局间横向对比，提升全网资源配置和管理水平。二是试行外部对标管理，逐步建立同业对标指标体系，设立“客户投诉率”“客户满意度”“重点线路运行时效”等评价指标项，对标国家邮政局、菜鸟平台等外部渠道公布的行业标杆，引导各省向业界最好水平看齐，推动企业服务水平整体提升。三是开展网运达标争先劳动竞赛。以“省际进口邮件时限达标率”“一级干线邮车准班、准点率”和“干线邮车日均行驶里程”等重点质量指标为基础，通过“中期达标、年底争先”的竞赛形式，推动网运生产管理水平再上新台阶。2015 年全网共评选出南京、长沙、武汉、济南、石家庄、成都、沈阳等 7 个先进单位，31 个先进集体和 100 名先进个人。

5. 加强网运队伍建设

一是加大网运员工培训与人才储备。各省公司、省会及重点邮区中心局加大网运人才的培养和引进，连续三年引进全国重点院校优秀毕业生 13 人。积极与石邮院合作，开展网运专项技能培训和网运定制生培养，共有 87 名邮校应届大学生经过各省邮政双向交流，毕业后全部落实在各省地市网运生产管理一线。二是加强对网运基层员工的关心和关怀力度。畅通员工诉求渠道，维护员工合法权益。特别关注员工的生产生活实际困难，规范“网运职工之家”建设，提升网运员工幸福感。三是集中举办业务培训。2015 年组织开展业务技术培训班共 4 期，培训业务技术骨干 520 人次。组织各省网运指挥调度管理人员到中国邮政交流轮训、中国邮政网运部人员到基层锻炼共计 35 人（次），为网运转型升级、流水化改革做好业务、技术人员培养。2016 年中国邮政紧密安排、急事急办，仅上半年连续举办网运分拣业务、网运信息系统流水化生产与管理应用、陆运网质量与结算管理、网运指挥调度管理培训等 5 期培训班，培训中高级网运业务管理、系统应用人员 560 人以上，全面做好陆运网升级管理人力资源保障。

三、邮政企业支撑电商寄递业务发展的陆运网全面升级管理效果

（一）陆运网全面升级改造取得明显成效，全网快递包裹处理能力大幅提高

中国邮政圆满完成了干线运输方式改革，稳步推进了邮政网络与速递网络的资源整合，初步完成了全国中心局处理中心自动化、流水化工艺设备改造，探索形成了散件化、流水化生产作业方式，构建了集中统一的指挥调度体系和全网全程快递包裹运营管理体系，改变了中国邮政延续六十多年的传统运行作业模式，网络运行和处理能力大幅提高，摸索出了一条资本节约型的网运发展道路。陆运网升级管理后，中国邮政拥有汽车邮路2万余条，省际干线日均行驶里程600公里，省内干线达到400公里以上，车辆装载率提高了28.47%，投递网络通达59万个行政村。配备双层包裹自动分拣机的中心局包件每小时处理效率达到2万件每小时以上，日处理能力超过40万件，全国包件日分拣处理能力从200万件提高到1200万件以上，生产效率大大提高。广州局单日峰值处理量更是高达47.4万件，南京、杭州、济南、郑州连续多日单日处理量超30万件，处理能力是改革前的5倍以上。2016年春节旺季期间，全国20套包分机最高日处理量达402万件，占邮政快递包裹业务量80%以上。

（二）快递包裹时限不断降低，全网全程服务水平不断提高

随着陆运网改革升级的不断深化，邮政快递包裹运行管理效益逐步显现，全网快递包裹运行呈现快进快出、成本下降、时限缩短的良好发展态势。电商快递包裹全程时限不断缩短，2015年，在快递包裹业务量比上年增长50%的情况下，全程时限平均76小时，较改革前缩短32小时。截至2016年8月，全程时限平均达到65小时，较改革前缩短一半。52个城市之间T+3日递率达到90%，78%的线路时限标准已达到或超越菜鸟标准。全国电子面单使用率64%，较上年同期提高32个百分点。重点城市电子面单使用率达70%。全国有78个城市开展了主动客服，为1853家客户提供异常邮件监控、月度质量分析报告等主动服务；客服中心协查工单48小时回复率、协查工单一次解决率、服务工单48小时结案率等指标不断提高，网路运行质量和服务水平明显提升。

（三）电商寄递业务实现大幅增长，有效支撑了发展战略的实施

2016年8月，邮政包裹快递业务量达到9.3亿件，比上月增长57.9%，增幅创2016年新高；电商快递包裹累计业务量3.6亿件，比增97%；收入27.8亿元，比增92%，收入增幅高于行业48个百分点。包裹快递业务发展创今年最好水平。截至2016年8月底，中国邮政包裹快递业务累计实现收入295.2亿元，同比增长25%；累计实现业务量17.5亿件，增幅34.6%；全国有17个省收入翻番增长，重庆、陕西、黑龙江增幅超200%，海南、贵州、内蒙古、广西、青海收入增幅超300%，江西、湖南、贵州、安徽、陕西、云南、青海、甘肃、江苏、河南、宁夏、黑龙江等12省市场占有率较上半年提升一倍。全国电商快递包裹交寄客户4.4万家，较2015年年底增加1.4万家。陆运网全面启动升级管理，有效支撑了中国邮政的战略发展。

（成果创造人：康　宁、杜　福、张延军、薛志刚、吴志洲、
任丽杰、秦昌凤、张琴生、边景春、何学军、詹　蕾）

工程装备制造企业再制造业务发展战略与实施

徐州徐工基础工程机械有限公司

徐州徐工基础工程机械有限公司（以下简称徐工基础）成立于2010年3月，是徐工集团专业化发展桩工机械、非开挖机械、煤矿机械的全资子公司，2015年营业收入超过21亿元。目前拥有旋挖钻机、水平定向钻机、掘进机以及连续墙抓斗、锚杆钻机、深井钻机等多门类高新技术产品，其中多项产品获国家、省机械工业科技进步奖，为江苏省高新技术企业。旋挖钻机、水平定向钻机市场占有率均位居国内第一。产品先后出口至南美、中亚、非洲等20余个国家和地区。

一、工程装备制造企业再制造业务发展战略与实施背景

（一）应对工程机械存量过剩、抓住后市场需求快速发展的需要

截至2013年年底，我国工程机械主要产品保有量超过600万台，而我国工程机械在平均使用6000小时后进入第一个大修期，之后设备维修频率加快，600多万台的市场保有量为工程机械再制造产业提供了充足的再制造资源。在工程量锐减的情况下，用户没有足够的资金进行新设备的投资，更多的倾向于购买或租赁二手工程机械进行工程施工，二手设备的需求量开始大幅增加。工程机械后市场呈现出良好的发展势头，2009—2014年二手工程机械交易额由600亿上升到1500多亿，年平均增长率超过20%。

（二）适应制造业绿色发展趋势的需要

伴随着国内工程机械销量、保有量的大幅增长，寻找一种可持续的生产和消费模式，对于推进工程机械行业节能降耗减排、实现绿色发展来说至关重要。2010年5月，国家发展和改革委员会等11部门联合发文宣布，我国将以汽车发动机、变速箱、发电机等零部件再制造为重点，把汽车零部件再制造试点范围扩大到传动轴、机油泵、水泵等部件；同时，推动工程机械、机床等再制造，大型废旧轮胎翻新。国外企业实践和政府的相关政策为徐工基础工程机械发展再制造业务指明了方向，提供了政策支持。

（三）适应制造业服务化发展趋势的需要

随着信息技术的发展和企业对“顾客满意”重要性认识的加深，世界上越来越多的制造业企业不再仅仅关注实物产品的生产，而更加重视产品的整个生命周期。《中国制造2025》给出了我国制造强国建设高端化、智能化、绿色化、服务化的总体导向。从世界经济发展趋势来看，越来越多的生产企业从提供产品到提供产品和服务再向提供服务解决方案转变，服务化已成为制造业发展的重要方向。徐工基础作为基础工程机械行业领军企业，必须变革发展，实现从产品型经营向服务型经营转变，向客户提供延展性服务和专业化服务，构建基于全生命周期的市场经营体系。

二、工程装备制造企业再制造业务发展战略与实施内涵和主要做法

徐工基础形成清晰的再制造发展规划，建立与之相配套的组织保障体系；构建从二手车市场回收到再制造产品售后服务全产业链的管理流程，以及相适应的各个阶段的管理规定；开发基于设备间接特征参量检测的故障诊断技术、反求技术、表面修复等关键再制造技术；利用信息化的技术跟踪办法，提升整机技术升级能力；建立一支包括再制造技能、资产管理、售后服务在内的人才队伍，并盘活社会存量资源，促进工程机械行业绿色发展和循环可持续发展。主要做法如下：

（一）明确再制造业务发展思路、战略规划和组织保障

1. 明确再制造业务发展思路

徐工基础立足于企业内外部环境，充分分析自身资源，明确再制造业务发展思路：

一是构建再制造业务产业链，建成规模化经营板块。徐工基础再制造不能仅仅局限于机器设备本身的再制造能力提升，更重要的是构建起从设备回收、定制化再制造再到营销服务的完整产业链，建设成企业规模化的经营板块，成为重要的战略发展方向。

二是整合内外部资源。积极借鉴行业内成熟企业运作模式，依托徐工研究院平台，利用供应商技术资源，发展再制造核心技术；深度整合利用代理商、经销商、企业营销网点、集团海外营销网点等，发展适合徐工基础的营销网络，有效聚集再制造产品资源和要素。

2. 制定再制造业务发展规划

徐工基础通过分析市场环境、竞争对手情况，并结合自身现状，制定“三步走”的五年再制造发展规划：

第一步（2013—2015），起步阶段。尝试建立再制造业务流程，攻关基本再制造技术，探索再制造生产模式，打通再制造产品营销渠道，建立再制造产品服务备件体系，初步实现再制造产品小批量生产。

第二步（2015—2017），规模化发展阶段。从以债权机的快速盘活为目标向规模化、精益化生产为目标转变，深化再制造营销、技术、质量、生产四大管理体系构建，建立以多样化营销渠道、营销模式为基础的营销管理体系，以核心零部件再制造技术和整机再制造技术为支撑的技术管理体系，以全面故障诊断技术、系统化检测试验手段为保障的全过程质量控制体系，以定制化需求分阶段实施的生产组织模式为基础的生产运营体系。

第三步（2017—2018），深耕阶段。实现面向再制造全过程的产品设计。在产品设计过程中综合考虑设备规划、设计、生产、运输、运行使用、维护保养、直到回收再处置等产品生命周期中各环节的需求。产品最初设计时，集成故障诊断模块，全面兼顾零部件再制造及修复工艺，实现产品性能升级的兼容性设计，为产品再制造提供系统化、模块化的解决方案，使产品从目前的端到端即生产—使用—报废的直线式生命特征演变成具有明显的螺旋式升阶特点的生命曲线。

3. 成立再制造业务组织保障体系

在充分研究、分析国家政策以及工程机械竞争环境的基础上，徐工基础成立以总经理为组长的再制造业务推进工作组，负责组织领导公司再制造业务发展工作。徐工基础各相关职能部门负责人为成员，负责具体工作的协调，对再制造业务发展过程中出现的各类问题及时予以专项研究、快速解决，全力提供支持，并开始筹备成立专门的再制造部门，建立相应的管理体系。

2013 年 9 月成立再制造中心，集桩工产品再制造生产及销售一体的综合性部门，拥有专职员工 90 余人，其中高技能人才达 30 余名，结构、液压、电气专业人才 50 人。

（二）制定完善的再制造业务流程和管理制度

1. 设计完善再制造业务流程

徐工基础设计再制造业务的主要流程，共有 8 个，包括：从市场回收旧设备，对设备状况进行评审，根据评审结果进行价值评估，作为产品再制造后报价的参考；产品进入再制造车间后，先根据统一的标准进行再制造，恢复基本使用性能，后续根据客户的个性化需求，进行相应等级的再制造；经过调试、检验合格后入库，再制造产品通过销售、租赁等形式发往市场，徐工基础提供完善的售后服务，并通过再制造产品，加大备件的市场销售。

2. 建立再制造业务过程管理规定

产品实现过程管理规定，涵盖整机状况评审、基础再制造、定制化再制造以及检验入库四大业务流程，旧设备回厂后先按照《整机性能评审规范》及《再制造产品故障诊断技术规范》进行整机性能评审及故障诊断，然后按照《再制造生产管理制度》《再制造产品拆解与装配技术规范》《液压油清洁度控制规范》等组织生产，生产过程中相关责任人按照《再制造过程质量稽查及考核管理规定》对生产过程进行质量稽查并对发现问题进行考核，产成品按照《再制造产品调试作业规范》进行调试及校验，并按照《再制造产品验收准则》进行检验。

3. 建立再制造产品经济性管理与评价规定

首先，在确定设备回收价格时，按照《资产评估准则》的相关要求，同时结合企业实际，制定《再制造产品价格评估管理办法》，采用成本法为计价基础，并将以市场法及收益法作为合理补充的评估办法。其次，在生产过程中需要严格控制再制造产品的成本，平衡生产效率、产品质量、生产成本之间的冲突，编制《再制造产品成本控制管理规定》来解决一般性冲突问题，并通过各部门评审的办法解决重大冲突问题。再次，为准确的评估再制造业务盈利能力，编制《再制造产品会计核算办法》，将再制造中心作为虚拟会计主体，严格按照财务会计信息质量要求进行各项经济业务核算，编制并分析半年度及年度财务报表，并为企业制定战略、进行财务预测和决策提供数据支撑。最后，编制《再制造产品价格管理规定》，在设备回收价值的基础上增加各类相关成本费用及合理利润，然后根据不同区域的销售政策、客户的信用评级、客户的付款条件，充分考虑货币的时间价值及风险价值，制定合理的销售价格其计算公式。

4. 利用管理信息系统实现再制造业务信息化管理

在建立业务流程及管理规范时，充分利用徐工基础 CRM＋PDM＋SRM＋ERP 信息化管理平台，将再制造业务中产品回收、存货采购、生产制造、财务核算、营销、管理等各环节进行信息化管理，使信息化贯穿于整个业务过程之中，提升再制造的效率与服务。通过 CRM 系统收集车辆销售信息、售后维修保养信息；通过 PDM 系统记录产品技术升级信息；通过 SRM 系统管理，下达需更换零部件的采购订单并跟踪到货进度；通过 ERP 系统进行成本核算，并将各个系统数据进行串联，提高效率，防止信息孤岛。

（三）以部件修复及整机升级为重点，提升再制造技术能力

1. 开发基于设备间接特征参量检测的故障诊断技术

旋挖钻机等大型施工设备包含零部件种类多数量大，对所有零部件的直接特征参量进行检测不够经济。徐工基础先以故障间接特征参量（如设备各部件运行过程中振动、噪声、温度、油液污染程度等）检测办法来精确定位故障点，在发现故障症状或间接特征参量异常时再对相应部件进行直接特征参量的检测。目前旋挖钻机间接特征参量检测方法分历史数据跟踪和厂内故障诊断两种。设备出厂时，装备有 GPS 和数十个传感器，利用传感器对机器施工时的参数，如液压系统压力、流量，电气系统电信号，旋转机构的转速、转矩等，进行采集记录并通过 GPS 将数据远程传输到公司服务器进行存档。在再制造环节，通过提取这些历史数据并进行分析，为故障诊断环节提供数据支撑；在设备收回后，利用的振动传感器、声学传感器、振动及声学频谱分析仪、温度传感器、超声波探伤仪、油液铁谱分析仪等，对设备各核心零部件的振动、噪声、温度、金属表面及内部缺陷、油液清洁度等故障间接特征参量进行系统全面的检测和分析，目前徐工基础对于每台再制造旋挖钻机都要进行上百个特征参量的检测，实现故障部件的精确定位。

2. 通过技术反求的方式获取核心零部件技术标准

对于故障诊断阶段出现异常的间接特征参量零需要进一步对相应部件进行直接特征参量的检测。但

由于旋挖钻机大部分核心零部件均为外购产品，对大部分关键技术信息缺乏了解，部分直接特征参量无参照标准。徐工基础通过技术反求办法，进行故障零部件直接特征参量的对比分析，建立各零部件的直接回用、修复、报废等处理办法的技术标准。目前采用的技术反求方法有两种：一是与核心零部件供应商进行战略合作，供应商派驻专业技术人员进驻徐工基础，进行再制造技术指导并成为唯一备件供应方，徐工基础学习技术进行核心零部件再制造，但只能从供应商处购买所需备件，进行互利双赢的战略合作，目前获得旋挖钻机装备的大部分减速机的技术参数；二是运用逆向工程，对新件尺寸、材料强度等进行逆向研究，收集相应数据并建立一系列的技术标准，与待修复零部件的间接特征参量的测量数据进行比对，确定零部件修复方案，目前已经具备大部分型号的马达、泵、阀的技术参数。

3. 攻关掌握表面修复等关键再制造技术

在零部件修复方面，徐工基础于2015年年初联合徐工研究院进行表面工程技术、先进焊接技术等关键再制造技术的攻关，利用徐工研究院实验设备及研究人员等技术资源，徐工基础再制造技术组提供零部件的材料及技术要求，进行合作攻关，逐渐掌握电刷镀、等离子镀、火焰喷涂、电弧喷涂等表面工程技术和冷焊和堆焊等先进焊接技术，实现对核心零部件的表面及局部修复。

目前已将合作的成果应用于车架、钻桅、三角架、连接轴、驱动套等大型结构件及精加工结构件，实现其整体和局部变形矫正、表面及内部裂纹检测与修复、精加工面的表面喷涂修复和局部堆焊修复等，已形成规模化再制造能力。

4. 通过信息与技术跟踪升级整机技术能力

徐工基础利用信息化的技术跟踪办法，对产品进行历史故障信息、产品设计改进信息、技术升级的应用效果、产品新技术的发展路径等进行跟踪，提升整机技术升级能力。

一是历史故障信息跟踪。利用客户关系管理系统CRM中故障信息收集系统对原产品的故障信息进行跟踪，并利用GPS远程数据记录系统对整机运行数据进行跟踪，对整机历史故障点、历史维护保养的及时程度、液压电气发动机系统的历史运行数据异常等历史信息进行整理、分析。

二是产品技术发展跟踪。利用PLM/PDM统，对技术中心关于产品质量、产品性能等方面的技术改进项目进行跟踪，按照产品型号、改进时间、改进类别、改进重要程度等对其进行分类整理、分析，并利用模块化技术将其内化为符合再制造产品需求的不同模块，将涉及产品使用安全性及质量可靠性的改进信息整理为必改进模块，将整机工作参数提升、产品功能多样化改进等信息整理为面向客户需求的可选改进模块。

（四）通过分级定制的方式实现再制造规模化生产

1. 制定分级定制标准

为实现分级定制的生产模式，首先将客户需求进行分类，然后形成不同的再制造生产指导及验收标准。徐工基础将客户历史需求进行统计分析，按照外观、整机性能、功能扩展三个维度制订进行梳理整合，形成多种再制造标准，并以此建立相应的验收准则。

基础再制造包含D类和Z类两种标准，其中Z类标准针对有基本维修能力经销商或者客户提供，以提升产品性价比降低客户购买费用为目标，是简化要求基础再制造；D类标准是典型的基础再制造，包括排除故障及安全隐患和质量隐患，恢复整机工作参数及性能指标。定制再制造包含A类、B类、C类三类标准，在D类标准基础上分别增加整机功能扩展、整机工作参数提升、整机外观改造等个性化需求。

2. 按照分级定制标准进行车间布局并生产组织

一是车间布局方面。再制造中心设立基础再制造和定制化再制造两个独立的再制造车间以及中转库位和成品库位两个独立仓库，其中基础再制造车间包含接车工位、各部件再制造工位、整机装配工位、调试工位等，定制化再制造车间分别对应A类和B类两种标准设置相应工位，C类标准采取外包的形式进行。

二是生产组织方面。在基础制造阶段，根据客户需求数据统计结果，按照4∶1的比例进行D类和Z类的生产计划安排，并交由再制造车间进行基础再制造，按照D类标准进行再制造时，先由接车工位进行整机清洗、故障初步检测、整机拆解工作，并将各部件送往相应的部件再制造工位，经再制造后的部件送往整机装配工位，待装配完成后进行整机调试，调试合格的设备暂存在中转库位。在接到销售需求后，进入定制化再制造阶段，客户需求满足A、B两类标准时，设备由中转库位进入定制化再制造车间，由相关工位按照客户需求进行A、B两类定制化再制造，若客户需求是C类标准，则将相关要求传递至涂装公司进行外观改造，若客户需求同时满足多种再制造标准则按照A、B、C的顺序依次进行再制造。

（五）基于六西格玛和全面试验检验手段的质量控制体系

1. 运用六西格玛管理工具提升再制造产品质量

徐工基础专门成立旋挖钻机再制造质量控制项目组，运用六西格玛的DMAIC流程改善工具对再制造产品进行基于质量改进的流程再制造，建立以CRM系统和GPS远程数据记录系统为主的科学严谨的测量系统，运用统计技术方法从人、机、料、法、环等五个维度找出影响再制造产品质量的原因，然后针对各影响因素制定多种对策方案，在实验运行的过程中评价并选择最优对策，最后将其固化为各类质量控制标准。以整机油液（液压油、齿轮油、柴油）清洁度控制为例，首先在M阶段进行多项即时改善，如将元件清洗手段由高压水枪冲洗改为超声波清洗等，然后在A和I阶段经多种控制方案制定与对比，最终将原流程改进为油液清洁度集中控制，即增加油品控制工位，最后在C阶段将其固化为《整机油品控制管理规定》。

2. 开展再制造产品全面性能试验

徐工基础加强各分系统以及整机试验工艺研究，目前已拥有减速机运转试验台、液压油缸性能试验台、液压系统性能试验台、旋挖钻机综合性能试验台等多种试验设备，对再制造旋挖钻机进行全面性能试验。通过减速机运转试验台对行星减速机运转噪音、振动、温度等进行检验，通过油缸性能试验台对油缸最大耐压、启动压力、泄露等参数进行检测，通过液压系统性能试验台模拟整机最大工作压力和做大流量对泵、阀、马达等重要元件的泄漏量、噪音、振动、转矩、转速等进行检验，所有传动系统元件经检测合格满足要求后才允许进行装配。最后通过旋挖钻机综合性能试验台对主机各项参数进行复核，并通过高强度的实验暴露潜在故障。

3. 加强再制造过程质量控制

针对再制造产品的特殊性，制定相应的质量控制办法。一是开展上下道工序自查、互查、自纠的转序方式，工序完工后报验合格转入下道工序，对影响产品质量的薄弱环节和关键岗位、关键人员重点进行教育和检查，现场分析，查找原因，制订解决方案和整改措施。二是各生产制造单元根据查找的产品质量问题制作关键质控点粘贴在各工位进行目视化管理。三是对成品库库存产品开展质量专项检查，对外部早期故障，及时组织专题质量分析，制定改进措施，预防此类问题重复发生。四是编制再制造产品专用的追溯记录大本，将每一道工序的维修内容及更换零部件记录下来，方便追溯，从而加强过程质量控制。

（六）开拓发展多种营销服务方式促进再制造产品销售

1. 利用现有渠道加大再制造产品营销力度

利用现有经销商平台，通过经销商分类管理，从中重点发展和培养专业二手车代理商。在核心的经销商选择环节，坚持“选择比培养更重要”的原则，充分识别经销商的经营能力，开发和培育高水平经销商，通过合适的渠道模式，布局适宜的产品，为市场销售奠定基础。目前已发展五家专业再制造产品经销商，覆盖东北、华北、华中、华东、华南等重点区域，其中福建某经销商一次购买30台再制造旋挖钻机。

2. 搭建电子商务平台

徐工基础建立再制造销售网络平台——徐工基础二手车网站以及手机微网站。网站整合各区域供需信息，加强内外互动，提高效率，节省费用，改善厂商的盈利模式和盈利能力。网站运行至今，通过各办事处、经销商的推广应用，积累大量客户及潜在客户的预购信息。网站上线产品90余台，点击率达3800多次，成交产品21台。

3. 以工程促销售

与施工单位建立合作关系，进一步发挥双方整体资源优势，以工程促进业务的发展。双方优势互补、资源共享，做长产业链，实现双方合作的新突破。徐工基础加强维护与机头等重要客户的关系，制定互惠互利的销售政策，促进再制造产品的销售。针对一些初涉桩工行业的客户，帮助他们寻找工程，并提供旋挖钻机工法支持，让客户尽快赚取利润，从而赢得销售先机，获得很好的市场影响力。

4. 积极建立海外销售渠道

利用徐工集团进出口公司及边贸公司，推动再制造产品出口形成规模。2014年8月16日，首台再制造旋挖钻机XRS670出口马达加斯加，拉开再制造产品销往海外序幕。至2015年6月底出口再制造桩工产品4台，其中旋挖钻机2台（缅甸1台、马达加斯加1台），续墙2台（乌兹别克斯坦），实现出口收入近700万元。

5. 积极发展租赁业务

一是自主开展租赁业务。成立租赁业务部专职开展设备租赁，配置业务管理人员10人。其中现场管理人员4名，分区域专门负责在外租赁资源的管理监督、设备保养、租金催收等有关工作。

二是与经销商合作开展租赁业务。借助经销商资源，在武汉、南宁、长沙、广州等区域建立4个租赁基地，实现二手车的就近再制造并租赁盘活，降低运输成本。对于经销商开展自主租赁业务的，给予政策和再制造技术方面的扶持，促进经销商由主机市场营销向后市场经营转型。

三是借助徐工集团内各平台型企业推进租赁业务。整合系统客户资源，利用集团平台，加大同国字头系统客户的沟通，抓住"一带一路"带动下激增的国字头系统客户的设备需求，通过成套租赁、工程合作等方式，加大系统客户的规模贡献度。另外通过徐工广联租赁、徐工进出口公司等内部渠道，加快开展再制造产品租赁业务。

6. 开展再制造产品专业化服务

徐工基础在原有20余个服务站100余名服务人员的基础上选聘有经验的高技能人才组建再制造专业化服务队伍，主动走访再制造设备施工情况，尤其是大型施工工地，先后到大连万达广场、武汉恒隆广场、厦门万象城等大型施工工地市场走访，解决市场上出现的疑难杂症，对三包内出现的问题制定改进措施，尽量减少类似问题，对三包外设备大问题，如方轴改制、整车电气等，派专人到现场维修，实现再制造产品国内100%服务覆盖率、2小时响应、24小时解决、100%电话回访，以快速响应服务、解决施工问题、现场培训机手等成套服务方案实现再制造产品超值服务。

除此之外，聘请经销商、供应商、用户中专业能力较强、施工经验丰富的工法实战专家以及行业专家，定期举办再制造产品服务交流会，开创工法微博、共享工法案例等，为用户解决各种疑难杂症。

（七）以"三结合"的形式培养再制造三类人才

1. 明确再制造所需人才类别

一是再制造技能类人才。搭建核心零部件攻关团队，逐步具备减速机、液压泵、阀、马达等核心零部件的再制造能力，促进再制造技术能力提升。二是资产管理类人才。培养懂机械设备基础、有形资产评估、财务管理、经济学等知识的综合型人才，支撑资产评估、经营管理等再制造业务。三是再制造产品售后服务类人才。培养一支不少于 20 人的机电液融通型服务专家队伍，以支撑对市场的快速响应，并实现主动服务。

2. 完善再制造人才培养的资源保障

一是深入构建后市场培训师资体系。需根据人才类别、层级的共性和特性要求，固化专业培训师资队伍，建立并持续优化内训师及后备内训师人才库。后备内训师的培养要与相关培训课程、教材、课件的开发及教学实践辅导相结合，人力资源处或各专业推进组定期安排后备内训师参与课程开发和教学辅导锻炼。二是持续完善专业课程开发。人力资源处和专业推进组在确定各类别各层级人才培训需求的基础上，持续推进课件标准化和“三全”（全员、全方位、全过程）课程体系建设，完善并固化培训课程。三是统筹利用资源，完善硬件设施。利用三包退件等结构件构建实物培训教室，便于员工在培养期进行实际操作，强化对结构件的维修实训，同时建立实物教室管理机制，广泛应用于员工及客户的实物训练。

3. 以“三结合”的方式开展培训

一是内部培养与外部培养相结合。内部培养主要依靠集团及公司内训师队伍，通过技能比武、技能认证、“四位一体 1＋X”、技术支持工程师、钻级服务新星、轮岗轮训、市场锻炼等载体开展。外部培养主要与高等院校、客户、经销商、供应商、社会培养机构等建立联合培养协议，通过委托培养、学徒制培养、交流学习等形式引进外部专业的、系统的理论和知识。

二是理论与实战相结合。构建“基础课程＋实操训练＋市场实习”的培养机制。基础理论课程由公司技术中心的研发内训师、外聘高校老师以及外部专业培训机构完成，主要培养学员扎实的理论功底；实操训练一般借助徐工基础的生产现场进行，学员观看，并在有人指导的情况下参与装配、调试工作；市场实习主要针对服务型人才，在培训的最后一阶段分配到各个市场区域，由成熟服务工程师带领，一起解决实际服务问题。比如学徒制的服务型机手培养就是典型的这种办法培养。他们基础课程在学校完成，实操训练在徐工基础车间和调试场进行，最后一阶段前往市场进行实习。

三是素养与技能相结合。在专业理论知识和技能提升的同时，徐工基础积极将企业文化、员工职业素养融入培训内容，通过团队拓展、今日我主持活动、企业文化知识竞答、案例教学、微信课堂等形式，让企业文化理念、行为规范、工作作风入脑入心。

三、工程装备制造企业再制造业务发展战略与实施效果

（一）形成了再制造发展的技术能力和管理体系

技术能力方面，开发了基于设备间接特征参量检测的故障诊断技术，具备了精确定位故障点的能力；通过技术反求的方式进行故障零部件直接特征参量的对比分析，建立各零部件的直接回用、修复、报废等处理办法的技术标准；通过与徐工研究院合作，攻关掌握了表面修复等关键再制造技术；利用信息化的技术跟踪办法，对产品进行历史故障信息、产品设计改进信息、技术升级的应用效果、产品新技术的发展路径等进行跟踪，提升整机技术升级能力。

在管理制度方面，形成了清晰的再制造发展规划，以及与之相配套的组织保障体系；构建了从二手车市场回收到再制造产品售后服务全产业链的管理流程，以及相适应的各个阶段的管理规定。尤其是通过不断摸索，总结了一套科学、适用的再制造产品经济性管理与评价规定，以及分级定制的方式实现再制造规模化生产组织形式。

人才培养方面，识别出促进再制造业务发展的技能、资产管理、售后服务三类关键人才，构建了 16 人的再制造业务内训师资体系，开发了 22 门再制造相关业务课程，建立了零部件实物教室。以“三

结合”的方式开展培训，共培养了再制造技能人才 60 人，资产管理类人才 16 人，机电液融通型服务人员 32 人。

（二）开拓了再制造业务，为企业创造了良好的经济效益

徐工基础再制造经营规模实现快速扩大。2013 年年底成立再制造中心，2014 年实现销售再制造产品 40 台，形成销售收入 8736.85 万元，2015 年实现销售再制造产品 95 台，形成销售收入 22264.3 万元，2016 年上半年实现销售再制造产品 70 台，形成销售收入 15596 万元。再制造业务收入占企业主营业务收入比重由 2014 年的 3.8%，提高到 2016 年上半年的 15.6%。另外，开展再制造产业，盘活不良资产，也是徐工基础应对当前国内工程机械行业经济下滑的新办法。为降低公司和经销商的经营风险，打通解决应收账款压力的新途径，徐工基础将用户无法继续经营的设备拖回公司进行再制造，重新实现销售，不良资产快速实现变现，减少了企业应收账款的资金占用，累计因再制造盘活存量资产而降低应收账款约 4.5 亿元。

（三）降低了企业和社会资源消耗，为发展绿色经济探索了一条可行之路

2014 年至 2016 年上半年，共再制造旋挖钻机 286 台，再制造产值 6.3 亿元，再制造的成本约为原型新品的 11%，通过极低的成本，对大量社会存量产品进行了盘活，延长产品寿命，减少了新设备的投入。再制造产品大部分以租赁的形式进行盘活，提高了社会闲置设备的利用率，旋挖钻机设备开工率由 2014 年下半年的 40%，上升到 2016 年上半年的 70%。再制造实现了工程机械行业循环式发展，节约资源、降低能耗、减少污染、保护环境，对于企业提升核心竞争力、实现绿色低碳发展有着重要作用，对于整个工程机械健康可持续发展也具有重要意义，再制造业务高度契合了国家发展循环经济的战略，得到集团公司和政府的高度重视和认可，在徐工集团获得了首届“绿色创想”一类标杆项目奖励。

（成果创造人：李亚林、蒋明忠、孔庆华、张世伟、张　锐、张丽娜、
李怀刚、何经纬、张　杰、贺向前、刘　伟、黎　川）

检验认证企业技术、资本双驱动的资源整合型发展

中国建材检验认证集团股份有限公司

中国建材检验认证集团股份有限公司（以下简称 CTC）的前身是中国建材院测试技术研究所，成立于 1984 年，隶属于中国建筑材料科学研究总院（以下简称建材总院），是国内建材检验认证领域中最具规模并且拥有独立法人资格的第三方检验认证机构，于 2016 年 11 月 9 日在上海主板发行上市，是我国第一家集检验与认证一体化的上市公司。2015 年实现主营业务收入近 6 亿元，年利润总额超过 1 亿元，资产总额 7.27 亿元。

一、检验认证企业技术、资本双驱动的资源整合型发展背景

（一）落实建材总院发展战略、适应企业化转制和市场化转型的需要

1999 年，建材总院由事业单位整体转制为科技型企业，开始实施企业化转制和市场化转型。然而在当时，建材总院的检验认证业务却面临诸多问题：一是下属各个检验认证单元绝大部分是非独立法人，按照传统科研院所的模式进行经营和管理，发展受到体制制约；二是在市场化发展到一定规模后，建材总院内部各检测检验单位开始出现内部相互竞争的状况，做检验的院所想做认证业务，做认证业务的院所又想扩大认证的业务范围；三是由于检验检测资源分散，各自为政，使得建材总院在新资质审批、市场竞争力、行业影响力等方面没有显现整体力量。为此，2005 年，建材总院决定成立具有独立法人资格的“中国建筑材料检测认证中心（CTC）”，放弃数十年“国家拨款”的生存模式，开始踏上企业化转制、市场化转型的新道路。

（二）积极应对跨国检验认证机构大举进入中国市场、提升企业国际竞争力的需要

我国检验认证机构诞生于计划经济时期，大多由各级政府和行业管理部门设立，以承担政府检测任务为主，这与发达国家市场需求自发催生第三方检验认证机构、主要依靠市场化和行业自律的发展模式完全不同，在技术水平、管理经验和经营方式等方面与国外知名机构相差甚远。自 2001 年中国加入世贸组织以来，占据国际检验认证市场 80%—90%份额的全球性著名检验认证机构大举进军中国市场，对国内检验认证行业形成了巨大冲击。同时，我国检测机构数量庞大但行业整体有序程度低，呈现出多、小、散、区域化壁垒严重、行业自律性不强的现象。一是数量多，规模小。3.1 万家实验室中超过平均业务规模的仅占总数的 5%。二是分布分散，竞争重复。服务方式以单项服务为主，涵盖质监、农业、卫生和出入境检疫等多个系统，在经营机制、资本、品牌、服务、管理等方面与国际水平差距较大。三是资质壁垒带来的区域化行业属性明显，难以像生产性企业一样实施简单扩张。四是管理体系复杂，市场竞争缺乏自律。为此，CTC 要生存和发展，必须与国际接轨，走跨国公司专业化、规模化的发展道路，通过技术创新提升专业化能力，通过资本运作整合国内检验认证资源资质，实现规模化发展，才能提升企业整体实力和竞争力，才能在激烈市场竞争中生存和发展。

（三）积极抓住政策机遇和市场机会做大做强企业的需要

2002 年以来，全球化趋势和国际贸易额的快速增长和宏观经济持续增长为检验认证行业提供了日益广阔的发展空间，市场规模逐步扩大；人们对产品质量、安全、环保、节能等性能要求的提升成为检测认证行业不断发展的社会环境基础和持续发展的动力，检验认证行业成为中国发展前景最好、增长速度最快的服务行业之一。从未来全球发展趋势看，随着资源环境压力日益增大，低碳、节能环保、新能源等将成为经济发展的主题。检验认证服务从传统的化学与物理测试、质量管理体系认证正在向环境、

能耗、有毒有害物质、低碳测试与认证等方向发展。这些都为 CTC 做大做强检验认证业务提供了难得的政策机遇和市场机会。

二、检验认证企业技术、资本双驱动的资源整合型发展内涵和主要做法

CTC 以打造具有国际影响力的知名检验认证机构的为战略目标，借鉴跨国同行企业发展模式，以技术和资本双驱动，通过技术创新提升专业化能力，以市场化的收购兼并为手段，重组整合国内优质检验认证资质资源，开展全方位国际合作和国际市场拓展，并不断推进企业内部体制机制变革和创新，从而实现跨越式发展，从一个国企内部科研院所，迅速发展成为国内第一家上市的专业从事检验认证服务业务的高科技企业集团。主要做法如下：

（一）谋划发展定位和发展目标，明确发展思路

1. 谋划发展定位

CTC 将“传递信任、服务发展”作为企业发展首要责任，立足建材和建设工程检测，拓展检测、认证等相关领域，以“需求”为导向，以应用促共享，以服务促创新，努力构建为用户提供全套服务、检验认证一体化的科技服务业发展新模式，使 CTC 成为建材总院“六大平台”战略的重要组成，成为首都科技条件平台和国家建材技术创新平台的重要技术支撑机构，成为以应用技术研究为基础的引领行业技术进步的综合性创新基地，努力发展成为创新绩效型、资源节约型、环境友好型、社会责任型的国际知名专业检验认证集团。

2. 确立发展目标

根据发展定位，CTC 跟随国家五年发展规划，采取分阶段、分重点、有步骤、有计划地予以实施，分别制定“十一五”“十二五”的阶段目标。

“十一五”战略目标是：以“公正为本、服务建设”为核心服务理念，立足建材、建筑领域，搭建建筑工程和建材产品检测、产品和管理体系认证、检测仪器设备制造及相关延伸服务四大核心业务平台，积极推动国内同类实验室间的重组与联合，并以多种形式成立分支机构，最终形成以北京为本部、面向全国的检验认证网络，建立检验认证集团；努力培养一支具有国际水准的检验认证队伍，打造一个在国内极具影响力的检验认证机构。

“十二五”战略目标是：着眼于战略布局，构建合理的分支机构网络和业务组成；整合行业资源，引领技术进步；致力质量、安全、环保、节能等检测认证领域，拓展检测认证业务；创新服务理念，提高服务质量；探索资本经营，拓展国内外市场，实现集团化发展。

3. 明确发展思路

CTC 借鉴国外同行企业和国内其他行业民营企业做大做强的经验，确立“通过技术研发做强能力，通过资本并购做大规模”的双轮驱动发展思路。一手抓能力，一手抓规模，以资源整合为核心手段，实现发展战略目标。“抓能力”即通过构建科技创新平台、研发修订检验认证标准、国际科技合作等方式，把增强科技创新能力作为战略基点、抢占行业制高点，让 CTC 做强。“抓规模”即通过资本并购、联合重组、国际互认的方式整合国内外优质检验认证资质资源，实现企业规模的快速扩大和业务的持续拓展，让 CTC 做大。

（二）大力推进科技创新和成果转化，提升专业化服务能力

1. 加大科研投入建设科技创新服务平台

“十一五”以来，CTC 共投入科技研发经费共计约 7300 万元，加强科研条件建设和科技创新服务平台建设。2014 年成为北京科委“建筑与材料检验认证技术北京市国际科技合作基地”，2009 年成功申请成为中关村开放实验室和首都科技条件平台，2011 年成为工信部“工业（建筑材料类）产品质量控制和技术评价实验室”，2013 年成为北京市绿色建筑技术依托单位。此外，2008 年以来，CTC 下属的

厦门公司、秦皇岛公司先后组建“厦门市建筑工程性能检测与诊治重点实验室”、工业和信息化部“工业（玻璃）产品质量控制和技术评价实验室”、河北省商务厅“玻璃产品检验检测公共服务平台”、河北省中小企业局“河北省中小企业产业集群技术服务中心”和“河北省中小企业公共技术服务平台”。CTC 总部和下属的厦门公司、陕西公司、西安公司、上海公司先后被认定为高新技术企业。截至 2015 年，CTC 已经获得 6 项国家级检测检验中心和 15 个行业级检测检验中心资质。

2. 组织开展科研项目攻关

CTC 在低碳产品评价、建筑材料全寿命周期环境影响、安全生产技术服务、清洁生产、太阳能光电光热、建筑材料环境适应性等新领域组织开展多项技术攻关，先后获得国家 863 计划课题 1 项、国家科技支撑课题 4 项、国家国际科技合作专项 3 项、国家自然基金面上项目 1 项、质检公益行业科研专项 2 项，其他省部级科研项目 10 余项；参与承担国家重大科学仪器研发专项 2 项，尤其是作为主要承担单位开展的“极端特殊环境下材料及构件试验评价科学装置研制与应用”项目成功获得我国第一批国家重大科学仪器专项的支持，获得国家科技经费 1237.1 万元。

此外，CTC 还大量投入自有资金，针对公司发展急需的关键技术和具有发展前景的方向，批准设立 CTC 科研基金项目。尤其是“十一五”初期，CTC 主持制定我国第一项光伏玻璃产品标准《太阳电池用玻璃》（JC/T 2001—2009）及多项重要标准的研制，并筹建“国家建筑材料工业太阳能光伏（电）产品质量监督检验中心（BIPVC）”，并成为 CQC、CGC、TüV 等国内外认证机构的签约实验室。目前，CTC 将检验服务延伸到整个光伏产业链，并依托 CTC 在琼海、吐鲁番等合作自然暴晒场开展户外光伏材料、组件及系统的自然老化试验研究，已逐步发展成为一个集光伏材料、组件及系统检测、评价、技术研发及培训等于一体的综合性光伏检测服务平台。

3. 瞄准行业前沿研制新标准

自 2011 年至今，CTC 主持制订并已发布的国际标准 4 项，主持制订并已发布的国家、行业和地方标准 233 项；主持在研国际标准 5 项，主持在研的国家和行业标准 206 项。承担标准样品研复制项目 62 项，现有标准样品 55 项。CTC（含子公司）获得发明专利 37 项，实用新型专利 128 项，外观设计专利 3 项。

4. 加大科技成果向现实生产力转化

CTC 通过构建行业创新体系与服务平台的方式，积极推动科技成果转化为生产力。一是在绿色建材评价领域，通过开展绿色建材技术及分析评价方法的研究、绿色建材产品标准、评价技术和认定体系研究及绿色建筑选材关键技术研究等国家科技支撑计划课题，完成国内首部《绿色建筑选用产品技术指南》，开发绿色建材评价与绿色建筑选材证明商标新业务。2012 年至今已完成 100 余家企业的绿色建筑选用产品证明商标的评价工作，并为天津生态城的建设持续提供技术服务，获得直接经济效益超过 300 万元。二是在温室气体排放评价服务领域，通过承担国家发改委和国家认监委组织的“应对气候变化专项课题——我国低碳认证制度建立研究”、《水泥行业产品碳排放评级规则——通用硅酸盐水泥》《低碳产品评价技术规范 通用硅酸盐水泥》国家标准，2013 年获得认监委“ISO14064 温室气体审定与核查”和“低碳产品认证”备案资质，成功入选“北京市碳排放权交易核查机构”和广东省“碳排放核查第三方机构”。三是在安全生产技术服务领域，通过开展建材行业安全生产标准与评定关键技术研究，开发“安全生产标准化评审管理信息系统”。四是在建筑幕墙安全检测领域，通过承担北京市科委重点项目，开发既有玻璃幕墙在线检测技术和检测仪器，在北京、厦门、西安、广州等国内多个城市得到推广应用。五是在水泥、玻璃、陶瓷、防水材料等行业开发成套检测仪器设备，仅 2013 年 CTC 自主研发的卫生陶瓷仪器设备销售（含技术服务）收入超过 900 万元。此外，在建筑能耗检测监测、新型建材、建筑工程检测等领域的科技创新成果都得到成功应用和转化。

（三）以资本为纽带大力整合内外部资质资源，实现规模化发展

1. 重组整合内部资质资源，提升企业整体实力

2005 年 12 月，对总院范围内包括中国建材院国家建材测试中心、国家水泥质量监督检测中心、国家安全玻璃及石英玻璃质检中心等 16 家国家级和行业级的质检中心资源进行联合重组，由挂靠在建材总院下的非独立法人转变为企业独立法人，成立中国建筑材料检验认证中心，将过去各自为战的“小股部队”整合成为业务环节有序、优势互补、产业链完整、具有系统集成能力的“集团军”，实现从单个质检中心到综合性检验认证机构的成功整合。2011 年，建材总院、咸阳陶瓷设计研究院、西安墙体材料研究设计院和秦皇岛玻璃工业设计研究院分别将下属的检测检验资源注入到 CTC，集成水泥、玻璃、建筑卫生陶瓷、防水材料、铝塑复合材料及耐火材料等极具竞争力的国家级质检机构。在实现内部资源整合的同时，也为下一步布局全国性经营网络奠定基础。

2. 兼并收购外部资质资源，布局全国经营网络

CTC 采取外延式增长的方式，以资本为纽带，通过兼并收购的方式整合同行企业。CTC 选择兼并收购和联合重组对象必须是有一定规模、行业话语权和资本积累的异地分支机构。选择这样的机构作为收购对象，一方面可以实现从竞争对手向合作方和利益共同体的转变，提高行业集中度；另一方面可以快速拓展 CTC 的经营范围和市场区域，有效支撑 CTC 规模化发展的战略目标。

从 2011 年开始，按照全国布局的战略规划，CTC 开始谋划建立华东、华北、华南、西北四大区域基地。CTC 以北京总部为核心，收购昌平地区最大的工程检测机构——北京厦荣公司，并建立华北基地。2011 年 7 月和 2012 年 11 月，CTC 分别收购上海众材 51%、49%股权，使其成为 CTC 的全资子公司，并以其为基础，建立华东基地。2012 年 11 月，CTC 对浙江公司增资至股权比例为 51%。2012 年 12 月，CTC 收购江苏公司（苏州同力工程质量检测技术有限公司）51%股权。通过上述收购，华东基地的实力得到进一步壮大。在西北地区，依托建材集团内部整合的西安和咸阳公司，建立西北基地。在华南地区，2012 年 12 月 CTC 收购广东中科华大 70%股权，并以其为基础，建立华南基地。2015 年 6 月，CTC 与贵州省建筑材料科学研究设计院有限责任公司合作增资控股其旗下的贵州省建筑材料科学研究设计院检测有限公司，认购贵州公司 51%股权，使其成为 CTC 的控股子公司，开启西南市场的布局。

3. 构建统一的企业文化体系，以强化公信力为核心塑造 CTC 品牌

为推进收购兼并后的融合和协同，CTC 以确保并提升行业公信力和权威性为核心，在 2011 年提出构建统一的企业文化体系：一是“让人类生活更好”的企业使命；二是“公正为本、服务社会”的服务理念；三是“传递信任、服务发展”的责任理念；四是“共享、共赢、共荣——我们共同的 CTC”的文化理念；五是“向心力、凝聚力、亲和力、待人宽厚、处事宽容、环境宽松”的行为准则；六是“有思路、有能力、有责任心、有奉献精神”的人才标准。企业文化建设为与其他检验检测认证机构携手合作奠定良好的文化基础，为联合重组之后的资源整合营造和谐共赢的发展氛围，形成包容发展的软实力。

4. 以技术驱动为核心整合业务，推进优势互补和协同发展

CTC 根据各分子公司不同状况，采用不同的方式进行资质互补与业务扩充。一是对附加值较低、受限较大的检测业务采用“直接买”方式。二是对高附加值、受属地化管理限制大的地方认证机构，CTC 在资本并购的基础上，帮助它申请认证资质、实现业务扩张。三是对那些具有特定资质但其他方面技术能力较弱的机构，CTC 采用“补短板”的方式，即在收购分支机构获取某个单项资质的基础上，再把总部的其他资质复制过去，填补原来业务单一的不足，使其成为一个综合性的资质机构。此外，CTC 总部还输出自身的经验和科研能力，让当地机构参与相关标准的制定，带动其科研能力的提升。

5. 不断开发高端市场，拓展服务新模式

一是承接重点工程项目。先后参与奥运场馆、三峡水利枢纽工程、京沪高铁、国家大剧院、北京市政、首都国际机场、奥组委办公大楼、航空航天工程、北京地铁、南水北调、APEC 会场、G20 会场等多项国家重点工程的建材和建设工程检测。

二是完成政府委托项目。受国家质检总局、国家工商总局、各省市工商局、质监局、住建委等政府部门委托，承担生产、流通领域和建筑工地用建筑材料的质量监督抽查任务，抽查产品涉及水泥、安全玻璃、装饰装修材料等几十类产品。此外，作为中国消费者协会建材类商品指定检测实验室，协助消协进行建材类产品检验和比较实验，为消费者提供产品质量咨询和检验数据等服务。

三是开发服务新模式，为客户提供一体化服务。创造“三峡服务模式”（全程驻厂监造）、“上海迪士尼服务模式”（作为第二方参与检测）等多种检验检测市场服务模式。同时，在检验认证服务的同时，CTC 还可提供人员培训、实验室咨询、标准宣贯等多种延伸服务，降低客户多重选择的沟通成本、管理成本，与重要的下游客户形成长期稳定的战略合作关系。

（四）主动融入国际市场，提升企业国际竞争力

1. 瞄准国际标准，通过互认方式拓展海外业务

早在 1989 年，CTC 旗下的国家安全玻璃与石英玻璃质检中心便申请并通过美国官方机构 AAMVA（美国机动车管理协会）的认可，开展以美国国家标准为依据的汽车安全玻璃认证检测工作。1996 年，CTC 与欧洲汽车玻璃法规的起草单位 MPA 实验室建立合作联系，为国内汽车玻璃企业出口欧洲产品的认证检验搭建桥梁。2002 年，CTC 建立国际认证业务，积极开拓国外认证业务，发展客户 130 余家，涉及多个大型玻璃集团企业，如 Pilkington、Saint Gobain、PPG、AGC、NSG 等。2006 年 7 月，成为德国莱茵 TUV 的指定实验室，承担出口德国淋浴房玻璃 GS 认证的检验。2006 年 12 月，CTC 成为 TNO 在中国的指定实验室，承担建筑用钢化、夹层、浮法、压花产品出口欧洲的 CE 认证检验。2007 年 11 月，CTC 通过 IGCC 审查专家的现场审核，获准承担中空玻璃产品出口北美的认证检验及年度监督检验。

此外，CTC 还根据世界建材发展趋势，积极拓展新的国际业务。2014 年 11 月，CTC 获得联合国清洁发展机制（CDM）项目指定经营实体（DOE）资质，成为建材行业首家、国内第七家联合国清洁发展机制的第三方审定与核查机构。2016 年 8 月，CTC 旗下的国家建筑材料工业太阳能光伏（电）产品质量监督检验中心成为 IECEE CB 体系的正式成员，意味着 CTC 成功迈入国际实验室的行列。

2. 自主立项研制国际标准，提升国际影响力

2011 年 5 月，CTC 发布我国建材行业首个国际标准——《精细陶瓷（高性能陶瓷，高技术陶瓷）——陶瓷材料界面粘接强度试验方法》（ISO 13124：2011），“十字交叉法”“缺口环法”“相对法”等多项专利技术被写入国际标准。2012 年 5 月，在意大利召开的 IEC/TC82/WG2（国际电工委员会/光伏系统标准化技术委员会/光伏系统组件工作组）会议上提出的 2 项国际标准提案——《太阳电池用透明导电膜玻璃总雾度及雾度光谱分布测试方法》和《太阳电池用透明导电膜玻璃透射（反射）光谱测试方法》获得全票表决通过，由中国提出的第一个光伏玻璃 IEC 国际标准成功立项。2015 年，国际标准《ISO 17449：2015 汽车电热玻璃试验方法》成为我国玻璃和汽车行业的首个国际标准，证明我国汽车玻璃测试技术在国际上的领先水平。

3. 开展全方位国际合作和国际交流

CTC 始终坚持“项目—标准—渠道—人才”的一体化发展模式，积极推动各项国际科技合作工作，立足于将 CTC 打造成为一个具有全球影响力的建筑工程与材料测试评价领域的技术研究和创新中心。“十二五”以来，CTC 先后与国外多家科研机构、国际组织、实验室和企业建立良好的合作关系，与新

加坡国立大学、英国伯明翰大学、美国PPG公司等国外多个大学、研究机构和企业签署5项国际科技合作协议，在材料测试与评价等领域共同开展联合项目研发合作，培养多名具有国际科技合作能力的科技人才。同时，CTC每年派出科技人员参加国际会或赴国外实验室、研究机构和国际企业进行访问交流或邀请国外相关机构、专家学者来公司进行交流访问、开展讲座和技术研讨等。2014年3月，CTC被北京市科学技术委员会认定为“建筑与材料检验认证技术北京市国际科技合作基地”。

（五）持续推进企业制度创新，构建市场化的经营体制机制

1. 循序渐进推进企业改制

CTC成立以来，持续推进企业改革改制。第一次是在2009年12月，中国建材总院引入战略投资者浙江创投，共同出资设立“中国建筑材料检验认证中心有限公司”。中国建筑材料检验认证中心由一个全面所有制企业转制成为有限责任公司。第二次是在2011年9月，中国建筑材料检验认证中心有限公司引入建材总院所属的咸阳院、秦皇岛院、西安院，共同出资组建“中国建材检验认证股份有限公司”。第三次是在2011年，中国建材集团内的秦皇岛玻璃工业研究设计院、西安墙体材料研究设计院、咸阳陶瓷研究设计院、苏州防水研究所等通过资本注入方式成为股东；同时，CTC对上海和北京两个外部分支机构进行战略性收购。2011年12月，上述企业共同发起设立“中国建材检验认证股份有限公司”，CTC由有限责任公司成功改制为股份有限公司。第四次是在2012年2月，CTC 8家成员单位（包括CTC总部、厦门公司、上海公司、北京厦荣、秦皇岛公司、苏州公司、西安公司、咸阳公司）共同组建“中国建材检验认证集团 ”，建立起企业集团架构，实行集团化经营。第五次是2013年5月，中国证监会正式受理CTC提交的上市申请材料。2014年5月，中国证监会预披露《CTC首次公开发行股票招股说明书（申报稿）》，CTC上市工作取得实质性成果。经过五次企业改制，CTC从一个国有事业单位，一步步转变为公开上市的现代高科技服务企业集团，为建设国际一流检验认证集团奠定体制基础。

2. 不断完善法人治理结构和组织机构

伴随企业改革改制，CTC不断优化治理结构、管理体制和运行机制，制定并适时调整符合企业发展战略的组织架构，确保企业良性运行。在法人治理结构方面，根据《公司法》设立股东大会、董事会、监事会和经理层，并明确相应的职责权限、任职条件、议事规则和工作程序，确保决策、执行和监督相互分离，形成制衡。

CTC不断完善内部组织机构和职能职责，适应企业管控需要。CTC加大集团公司总部专业部门组织机构的重组。分别在2015年3月和2016年4月，调整检验认证部门构成，将原近20个专业部门重新整合为九大院部，分别为第一检验认证院、第二检验认证院、第三检验认证院、耐火产品检验认证院、玻璃与光伏产品检验认证院、水泥检验认证院、中央研究院、安全与环保科学研究院和绿色产品认证院，同时整合人力、财务、安全等职能管理部门，构建起小总部的组织架构，实现资产、业务和人力资源的优化配置，进而提高管控效率。

3. 建立战略—财务管控模式，提升集约化管理水平

依托母公司作为全集团的管理载体，承载整个集团的战略管理、资产管理与投资、业绩管理、财务管理、人力资源规划、协调及共享服务六大职责和功能。为解决CTC“高货币资金、高贷款”的双高问题，CTC制定以账户管理架构为基础、资金集中为手段、银企互联为渠道，以提升资金效率和收益为目标的全方位金融管理方案。CTC的资金集中方案采取“零余额上收”以及“收支两条线”，而资金池实行存款利率较银行同期存款利率上浮、贷款利率根据发展需要、项目可行性研究等较同期银行贷款利率适度浮动的利率管理机制，真正实现集团和成员单位的“双赢”。在具体推行时，总部领导班子内部对资金集中管理形成共识，对成员单位进行宣贯，同时采用培训＋分步实施的方式。通过资金集中管理的“倒逼”作用，

推动 CTC 制度完善和审批流程的清晰，同时提高成员单位预算管理能力，有效地减少集团整体贷款规模，使资产负债率趋于合理，解决“双高问题”，为降低总财务成本提供有力的后盾。

4. 采取多样化的激励方式激发青年员工成才

CTC 用多样化的激励机制，鼓励科技人才，尤其是青年科技人才投身研发和创新工作。一是提供丰富多样的岗位锻炼机会。每年 CTC 都向国内外标准化组织、学会、协会等社团组织推荐专家或委员数十人，目前已有 3 人担任 ISO、IEC 的专家委员，50 余人在国内标准化组织担任秘书长、主任委员、委员等职务，一批行业领军人物和专家活跃在国内外建材检验认证领域的科研标准舞台上。二是鼓励青年科技员工积极承担和参与国家科技项目的立项申报和攻关等工作，组织参加公司内外部技术培训和学术会议，涌现出一批勇于承担科技创新的青年骨干。三是针对中青年科技人才，提供住房分配等生活方面的倾斜政策。例如，优秀科技人才的分配住房单独评定，不与管理层和其他人员放在一起，住房面积也不受行政级别限制，有突出贡献的科研人员分配的住房面积与集团公司领导相同。

三、检验认证企业技术、资本双驱动的资源整合型发展效果

（一）企业实现了跨越式发展，取得了显著经济效益

经过 10 多年的改革发展，CTC 从单一的建材行业实验室检测迅速发展成为包括检验、认证、安全生产技术服务、检验仪器设备研发销售及标准物质（含标准样品）研发销售、延伸服务五大业务领域，能够为客户提供“一站式”专业化创新解决方案和本地化服务的综合性机构，截至 2015 年底，CTC 在全国各地设立 23 家分子公司，从业人员 1666 余人；拥有 6 个国家级产品质检机构和 15 个行业检测中心；可检参数 1 万多项，年出具检测认证报告 55 万份；拥有华北、华东、华南、西北四大运营基地；拥有境内客户近 20000 家、境外客户 200 余家；初步形成了境内业务协同、境外业务联动的战略布局。从 2005 年设立企业至今，十年间实现了营业收入复合增长率 31.75%，利润总额复合增长率为 31.07%，资产总额复合增长率为 39.65%，人均产值从 2006 年的 14.1 万元增长到 2015 年的 36.8 万元，大幅提升了生产率，实现了市场化经营的跨越式发展；2016 年 11 月 9 日，CTC（简称“国检集团”）在上海证券交易所成功挂牌上市。

（二）企业综合实力大幅增强，成为国内建材行业最具竞争优势的检验认证服务企业

经过十年的发展，CTC 已经成为国内建筑材料及建设工程领域内规模最大的综合性第三方检验认证服务机构之一。先后获得北京市科技进步三等奖 1 项，行业科技奖 7 项，其中一等奖 1 项、二等奖 3 项、三等奖 1 项、优秀奖 2 项，中国建材集团科技进步奖 5 项（其中一等奖 2 项）、技术革新奖 3 项。CTC 凭借强大的技术实力，在建材、建工检验认证服务领域所树立的公信力和权威性得到了市场认可。先后参与奥运场馆、三峡水利枢纽工程、京沪高铁、首都国际机场、北京地铁、南水北调、G20 和 APEC 场馆等国家重点工程的建筑材料和建设工程质量检测，与多家知名建筑材料生产企业建立了长期、稳定的业务关系，多年来一直承担政府部门下达的产品质量抽检任务。

（三）探索出一条科研院所市场化转型和科技服务企业做大做强的有效道路

CTC 通过自身不断实践，实现了从全民所有制企业到国有控股上市公司的体制转变，从单纯依靠国家拨款和集团支持到通过市场化经营发展壮大的转变，为我国检验认证服务业的发展探索出了一种发展模式，对于我国科研院所如何实现企业化转制和市场化转型，对于生产性服务企业如何做大做强积累了实践经验。

（成果创造人：姚　燕、马振珠、张继军、石新勇、汤跃庆、刘元新、陈　璐、黄丽华、邱　晓、吴辉廷、夏　娟）

地方国有投资集团实现协同发展的综合金融管理

无锡市国联发展（集团）有限公司

无锡市国联发展（集团）有限公司（以下简称国联集团）成立于1999年，是无锡市属国有企业集团，注册资本80亿元。国联集团拥有全资控股企业近百家，职工总数7800多人，主要业务集中在金融和实业两大板块。国联集团金融主业拥有证券（HK01456）、期货、信托、资产管理、人寿保险、担保、财务公司、产权交易、投资母基金等金融机构，构建了全国地级市中为数不多拥有金融全牌照的地方金融控股平台架构，管理金融资产规模4500多亿元；实业领域，拥有环保能源、纺织、物资、房地产、旅游等实业企业，其中华光股份（SH600475）正进行资产重组，实现集团环保能源板块整体上市。2015年，国联集团实现营业收入115.48亿元，实现利润总额26.95亿元，上缴税收17.4亿元。截至2015年年末，国联集团总资产844亿元，净资产258亿元。

一、地方国有投资集团实现协同发展的综合金融管理背景

（一）深化国企改革、探索国有资本运营公司发展的需要

国联集团成立之初，担负着探索无锡国企改革道路和服务地方经济社会发展的任务，先后完成了无锡市属七家大型国有纺织企业、小天鹅集团和物资公司等的调整工作，推动了无锡国有资产在竞争性领域的结构调整和国有企业的扭亏解困。同时，国联集团加快金融主业发展，拓展环保能源产业，保障下属热电企业安全稳定运行，服务无锡城市建设、产业转型和百姓民生。新时期，无锡明确了建设“经济强、百姓富、环境美、社会文明程度高的新无锡”的目标，作为无锡市资产质量最优、经济效益最高、综合实力最强的国企集团，在发展中需要认真贯彻落实无锡市委、市政府工作要求，围绕国有资本运营公司定位，积极推进改革实践，实现协同发展，不断提升集团整体发展规模、质量和效益，在无锡经济社会发展中发挥好国有企业的引领、示范和支撑作用。

（二）更好满足客户金融需求、提升综合竞争力的需要

随着经济发展水平的不断提高，各市场主体的金融服务需求日益提高：不再满足于单一的产品和服务，而要求一站式、综合化的产品和服务；不再满足于标准化的产品和服务，而要求个性化、定制式的产品和服务；不再满足于一般性的金融服务需求，更强调客户体验，对服务的便捷和高效有了更高的要求。国联集团各家金融企业发展虽然取得了一定成效，但作为地方性金融机构，在企业规模、客户资源、人才队伍、产品研发、市场营销等方面，都与全国性金融机构和行业龙头有较大差距。国联集团需要通过加强综合金融管理，在现有监管要求下，开展综合经营，实现协同发展，提供更加安全、快捷、便利的综合金融服务，满足各种类型客户多样化金融需求，有效增强金融企业单体市场竞争力，进而不断提升国联金融的综合竞争实力。

（三）适应金融综合经营发展趋势、抢抓发展机遇的需要

随着金融改革创新的不断深入，各金融门类之间的联系日益增强，政策允许金融企业交叉持牌，金融“牌照”的作用逐步弱化，形成了金融混业经营的发展态势。国联集团虽然已搭建起功能相对完善的金融平台，金融企业间也有一些业务协作，但缺乏统一规划以及完善的制度和机制，大多还是单兵突击、各自为战，协同发展意识还不够，存在业务交叉竞争等情况。因此，国联集团需要适应金融综合经营发展趋势，结合多家金融企业集聚于同一平台的实际和特点，在满足“分业经营、分业监管”要求前提下，构建体系，完善制度，强化综合金融管理，推动金融综合经营，解决综合经营中面临的金融企业

间协调管理难和风险传递等问题，有效防范风险，推动各类金融业务的持续健康发展，提高国联金融综合经营效率和效益。

二、地方国有投资集团实现协同发展的综合金融管理内涵和主要做法

国联集团从客户实际需求出发，以战略规划为引领，以股权管理、业务整合、风险管理为核心，以企业文化、人才队伍、信息系统建设为支撑，集聚金融子企业发展优势，梳理再造管理流程，系统推动金融企业之间的优势互补、协同发展，推动形成“功能完善、运转规范、效益提升、风险可控”的综合金融管理体系，有效提升国联集团发展水平和综合竞争实力，为服务地方经济社会发展做出较大贡献。主要做法如下：

（一）明确综合金融理念，发挥战略规划引领作用

1. 确立集团战略规划

国联集团致力于将国联集团打造成为“主业突出、资产优良、管理有效、机制灵活”，在国内市场具有较强竞争力、并开始走向国际市场，具有明显现代企业特征、千亿级资产规模的大型综合性投资控股集团。为完成这一目标，国联集团规划明确提出“十三五”期间，加快发展综合金融，有效提升国联金融企业竞争力，并从强化综合金融管理、构建综合金融体系、优化金融业务架构、完善综合金融机制和加强金融风险管控等五个方面做出部署。

2. 制定“十三五”综合金融专项规划

在总体战略规划的基础上，国联集团进一步明确发展综合金融的根本目的是发挥综合金融服务平台优势，加强协同发展，利用各金融企业业务特色，不断增强国联集团综合金融的“协同性、联合性、共享性”，更好地服务实体经济发展，形成新的综合竞争能力。同时，明确发展综合金融的指导思想、发展原则和发展目标。指导思想上，积极贯彻落实中央和地方有关国有企业改革的指导精神，从产品和业务、渠道和市场、组织和管理等多个维度对国联金融资源进行整合，使国联集团整体达到资源共享、业务协同、优势互补的效果，并推动各金融子企业在各自的行业中不断提升竞争实力。发展原则上，坚持从实际出发、以客户为中心、循序渐进。发展目标上，综合金融理念成为国联金融企业经营发展的自觉意识，国联集团内部建立有效的、与综合金融相匹配的管理体系、绩效体系和信息管理系统，综合金融产生良好的经济效益和品牌形象；在外部市场，建立以客户多元需求为导向的综合金融服务体系，通过组团服务模式和协同效应的发挥，为客户提供一揽子综合金融服务，综合金融品牌在同业市场具有一定的影响力。

3. 明确金融子企业规划发展目标

各金融子企业规划目标的明确和实现是国联集团综合金融发展的基础和保障。同时，综合金融的战略布局和框架设计也为金融子企业战略目标的设定、发展道路的选择提供指引和依据。基于此，国联集团各金融子企业结合自身实际以及在集团综合金融框架中的功能定位，明确各自的“十三五”发展目标。比如：国联证券作为国联综合金融的主力军，在证券行业充分竞争的背景下，必须快速实现跨越式发展，因此提出“进一步增强资本运作能力，建立 A＋H 双融资平台”的发展目标；国联信托作为国联综合金融的先行者，鉴于信托横跨三个市场（资本市场、货币市场、产业市场）的制度优势，必须有效提高主动管理能力，才能占得发展先机，故提出“管理资产规模达到 1200 亿元”的远景目标；国联人寿是国联综合金融的生力军，根据寿险公司资本消耗大、盈利周期长的发展特点，提出“完善资本补充计划、实施‘保险＋资管’的集团化发展路径，成为有一定品牌影响力的保险公司，并争取上市”的发展目标。江苏资产是国联综合金融不可或缺的组成部分，也是国联综合金融区别于其他金融平台的重要环节，基于其经营的相对政策性和业务的相对市场化这些特征，因此提出“强化风险管理意识，树立区域品牌，实现年不良资产收购处置规模达 200 亿元”的发展目标。

（二）梳理金融股权结构，优化综合金融管理机制

1. 强化集团对综合金融的统筹与管控

为强化集团对综合金融的领导、组织和协调，提升综合金融经营管理的专业化程度，国联集团专门设立金融投资管理部。金融投资管理部主要从事集团范围内的金融股权投资管理，行使综合金融管理职能，负责牵头执行和落实国联集团发展综合金融的相关决议和要求，根据国联集团综合金融战略的方向和要求，通过不断加强自身能力建设，为国联集团综合金融发展规划、人才培养、信息平台开发、绩效体系建设等提供支持和协调服务。

2. 优化股权结构，理顺管理关系

国联集团将金融子企业分为证券、信托银行、保险保障、股权投资及其他金融服务五大模块。同时，根据对金融子企业的控制程度（持股比例），以及各子企业在综合金融框架下各自的功能定位，集团将国联证券、国联信托、国联人寿、国联产投、江苏资产等企业确定为重点管控企业。国联集团层面更多地通过管控不同模块内的重点企业或龙头企业来实现不同模块之间的金融协同。

通过股权分类，国联集团进一步明晰各金融子企业的特色业务和优势领域，强化金融子企业间业务的互补性，减少子企业之间不必要的业务竞争，扩展子企业业务协同的空间。例如，证券模块主要涵盖证券公司、期货公司、基金管理公司，其中证券公司为该子体系中的龙头企业，并由证券公司主导模块内企业的协同和整合。

3. 完善公司治理，强化董监高管理

国联集团比较系统地制定和实行董事、监事的委派和考核制度，依据现代公司治理要求对金融子公司实现有效监督和管控。在监管允许的范围内，国联集团积极推行金融子企业之间董事、监事和高级管理人员的交叉任职和轮岗交流，以此增进子企业对集团综合金融战略的理解，加快综合金融发展战略的实施，也切实提高上述人员的综合金融管理能力。

（三）强化业务资源整合，推动综合金融业务协同

1. 细分客户需求，整合客户资源

在监管允许的前提下，国联集团开发设计综合金融账户体系。首先，经过一定的脱敏处理和技术处理，将分散在各金融子企业的客户账户信息逐步进行集中和集成，并且根据客户自然属性（个人客户、机构客户）、风险偏好（风险厌恶、风险中性、风险喜好）、生命周期、利润贡献度等多个不同的维度对现有客户进行细分，对其现实和潜在的金融需求进行了深入剖析，从而有针对性地进行客户深度开发、综合服务。其次，通过综合金融账户体系管理工具——“国联通”，强化客户服务，提升客户体验，提高客户黏度。国联通作为一个“超级账户”实现以下功能：一是一个账户、一套密码、查询管理国联金融子企业众多不同账户。二是在线查询金融资产。国联通将客户绑定账户的股票、基金、资管产品、保单、信托计划等各类信息进行汇总，为客户呈现出清晰的资产合计及清单，支撑合理的投资规划。三是在线预约理财产品。国联通为注册客户提供在线预约、消息提醒、咨询等功能，支持客户在线预约各金融子企业的产品和服务。最终，围绕客户“账户管理、财富管理、信用管理和生活管理”四大诉求，依托“国联通”这一工具和媒介，实现客户在金融子企业之间的共享，并在此基础上，为客户提供更为全面、更为多元的产品和服务。

2. 整合产品与服务，完善金融业务链条

国联集团致力于发展综合金融，积极为客户提供一站式、全覆盖、多样化的金融产品和服务。一是全面梳理旗下包括证券、信托、保险等金融机构各自的产品和服务，整合金融牌照业务和金融配套业务，梳理国联金融的七大综合解决方案，并通过《产品服务指南》的形式，为国联综合金融的客户提供一整套全面化、立体化、具象化的综合金融产品。二是加强综合金融产品和服务的研发。在满足金融子

企业监管规定的前提下，国联集团推动各企业在资金来源、资产配置、资产重组和处置整个金融业务链中加强交流共享、对业务和产品进行打包或组合。三是通过国联综合金融信息系统，快速实现金融企业之间信息沟通、项目承揽承做。

3. 整合渠道资源，构建综合金融市场

经过多年的积累和发展，国联金融企业根据自身行业特点和各自业务拓展的重点，分别建立各自的业务和营销渠道。其中，国联证券在全国建立 60 多家分支机构，并且在北京、上海、深圳等中心城市设立专门的投资银行办事机构。国联期货在全国十多个省的重点城市设立 20 多家营业部；江苏资产、国联人寿近年来也在逐步实现江苏省内机构布局全覆盖。国联集团积极开展渠道整合，着力打造国联综合金融运营中心，构建综合金融市场。运营中心内，各金融子企的分支机构按照运营集中管理和业务分散决策的原则，为客户提供优质、便捷、高效的“一站式”综合金融服务，实现“场所集中、功能整合”及金融资源的互联共享、业务产品的互补创新。

（四）实行全面风险管理，确保规范有效运行

1. 建立风险管理组织架构

国联集团从强化集团管控出发，重点围绕风险管理，探索建立“两级风控、职责明确、有效衔接、运转高效”的风险管理组织架构。该架构为有效识别、管控、化解国联集团整体风险，特别是综合金融经营风险提供重要的组织保障。

国联集团董事局下设风险管控委员会，全面负责国联集团风险管理，对风险管理政策、新业务模式、风险项目处置等事项进行审议，形成决议供集团董事局决策参考。国联集团金融投资管理部作为集团风险管理工作归口管理部门负责具体执行。针对综合金融风险管理，国联集团风控委组织开展综合金融发展的专题研究，按照“规范性、有效性”原则，制定综合金融风险管理政策，指导国联集团综合金融发展；同时，对于金融业务协同、交叉产品开发等综合金融风险事项，组织相关专业委员开展讨论分析，明确具体风险点，落实风险防控措施，确保综合金融业务有序、有效开展。

对于金融子企业风险管理，国联集团在确保符合行业监管部门和上市公司管理规定要求的前提下，均在其董事会下设风险管理委员会。在委员构成上，国联集团根据企业业务性质和风险管理主要内容进行组对，交叉委派专业委员，进一步增强各金融子企业风险管理委员会的专业性和独立性，提高运作成效。同时，国联集团在金融子企业推行首席风险官制度，并实施集团和所在企业的双线管理，明确具体职责要求，落实风控责任，确保国联集团综合金融风险管理政策与金融子企业发展实际有机结合、有效衔接，切实提高各金融子企业风险管理水平，为国联集团强化综合金融风险管理夯实基础。

2. 加强风险管理制度建设

国联集团在探索综合金融管理的过程中，特别注重制度建设。通过综合金融管理制度，特别是风险管理制度的制定、修订完善、检查通报，提高综合金融管理的规范性、有效性，确保集团综合金融发展风险可控。

围绕综合金融发展需要，制定《国联集团综合金融管理制度》，包括项目协同与交叉销售激励管理、运营中心管理、综合金融业务培训管理、综合金融信息系统运维管理等具体制度，明确集团综合金融管理的具体要求，为国联集团综合金融发展提供制度保障，从本质上推动综合金融风险的有效管理。同时，根据综合金融风险管理要求，在全面梳理综合金融发展风险点的基础上，专门制定《国联集团金融风险控制管理制度》，对金融风险控制管理的组织体系与职责分工、首席风险官、风险管理联席会议、风险事项的报备与审核、失信企业信用管理、金融风险控制管理的监督与考核等方面内容进行具体规定，明确具体风控要求。

3. 强化全面风险管理

国联集团在综合金融风险管理上，充分运用集团资源，通过财务、法务、审计三条主线，实施全面风险管理，确保综合金融发展上的各类风险全面可控。

国联集团对金融子企业的财务、法务部门负责人实行委派制度，并通过集团和子企业的双重领导，推动金融子企业财务、法务部门负责人认真履职，切实将集团综合金融风险管理政策和具体风险事项要求落实到位。同时，发挥集团条线管理作用，国联集团财务会计部按月召开委派财务经理工作例会，法律事务部按月编写《法务动态》，及时掌握了解综合金融发展以及金融子企业经营管理可能存在的风险苗头和风险隐患，提前研究化解。

国联集团积极发挥审计监察作用，通过内部审计和聘请外部专业审计机构相结合的方式，对集团综合金融发展进行审计监察，推动综合金融风险有效管控和处置。同时，对于出险项目，国联集团建立季度风险项目处置工作例会，并结合每月定期召开的集团风控会，进行专门讨论分析，发挥集团各方力量，共同处置风险项目，及时化解金融风险。

4. 确保金融企业合规运行

国联集团特别注重与“一行三会”监管机构的沟通和相关监管规定的执行，坚决“守住底线、不碰红线”，确保金融企业规范经营、合规运作，综合金融发展风险可控。一方面，国联集团要求各金融企业对于金融监管部门的各项规定，宣传到位、培训到位、执行到位、检查到位、整改到位，并及时向监管部门报送合规报告、首席风险官工作报告、内部控制和审计报告等相关材料；另一方面，国联集团也结合自身发展新情况、新问题，及时向监管部门沟通汇报，争取支持，并对监管部门提出的建议要求，从集团层面全面落实整改，从而对外展示国联集团诚信、稳健、规范的经营理念。

（五）加强企业文化建设，打造国联金融品牌

1. 强化“诚信、稳健、规范”的企业文化

国联集团各金融子企业围绕“诚信、稳健、规范”的企业文化，始终遵循股东、客户、企业、员工等利益相关方共同成长、共同发展的价值观，不盲目、片面追求业务规模和企业效益，不承受与自身能力不匹配的风险，从而获得投资者、客户以及交易对手的信任和认可，树立良好的品牌形象，赢得较好的社会声誉。

2. 推进综合金融品牌管理

国联集团重点打造“国联金融”品牌，并积极探索推进品牌管理，不断扩大品牌影响力。2015 年起，国联集团对企业品牌建设进行梳理和整合，完成“企业形象识别系统”的设计和实施。集团金融板块，重点打造“国联金融”品牌。在国联集团金融子企业中，品牌宣传、营销活动统一加冠“国联金融”，所有机构网点逐步统一店招和内装风格以及员工着装和服务标准。2016 年 4 月，国联集团整合各金融子企业采编力量，创办《国联金融》杂志，集中展示国联集团“诚信、稳健、规范”的企业文化，并展现国联金融企业和员工风采。同时，国联集团将品牌建设与履行社会责任有机结合，通过举办“绿色徒步”等大型公益社会活动，贴近客户、回馈客户，进一步扩大国联金融品牌影响力。

（六）注重人才引进培训，提升综合金融人才素质

一是规范人才引进，提升队伍整体素质。按照国联集团招聘制度要求，金融企业人员招聘根据年度计划，由国联集团统一组织笔试和面试，其中面试人员中必须有集团或其他单位人员参与，综合笔试、面试成绩后确定正式录用名单，从而坚持标准要求，把好人才“入口关”。

二是强化综合金融业务培训，培养复合型人才。围绕综合金融发展需求，国联集团组建由各金融企业资深业务和管理人员组成的综合金融讲师团，制订培训计划，定期对各金融企业相关员工进行业务、法规等方面的培训，有针对性地提高广大干部员工的综合金融业务能力和管理水平。

三是打造综合金融服务营销团队。国联集团在金融子企业营销部门探索设立综合金融岗，通过统一服务标准，提升服务水平，为客户提供一站式金融服务。

四是积极创新探索，建立激励约束长效机制。国联集团不仅推行“职务＋专业技术”的双通道人才晋升模式，还通过在金融企业试点员工持股计划、项目跟投、模拟合伙人制度等方式，推动企业和员工收益共享、风险共担，更好地激发企业发展内生动力。

（七）加强信息系统建设，实现综合金融信息化管理

1. 投融资项目共享子系统

该子系统旨在通过对金融子企业投融资项目的全生命周期管理，深度挖掘客户需求，提升国联金融产业链价值。系统主要包括客户管理、需求管理和项目管理三部分功能。通过客户管理采集有投融资需求的个人客户和机构客户信息；通过需求管理采集投融资需求信息并共享，支撑各金融子企业资产类项目机会的挖掘和合作；通过项目管理实现投融资项目过程信息、业务对象信息的采集与共享，提升投融资项目运营水平。

2. 营销服务一体化子系统

该子系统旨在通过对金融子企业产品实施全生命周期管理，整合国联集团内所有金融产品资源，促进金融产品交叉销售，并真正实现客户资源深度开发利用的目的。系统通过对金融产品的报备、发布、退出、归档的全过程管理，为交叉销售子企业金融产品提供基础支持；通过销售计划、配额预约、配额发布、门户订单处理、销售填报、销售统计等功能实现各金融子企业交叉销售的产品销售额度分配协调、产品预约配额发布、产品认购和销售查询分析等，支持各金融子企业交叉营销的开展。

3. 金融业务管理子系统

该子系统旨在根据国联集团战略方针对业务发展和经营进行统一规划和结构布局，对各金融子企业的经营活动进行监测、指导、监督和协调，保障国联集团各项金融业务的健康发展，并确保集团战略目标的贯彻执行。在系统中可以根据管理和需求变化灵活适应，支持不同的组织机构模型，支持多种对外的接口并可以灵活调整，支持自定义报表，反映历史数据的变化，支持多种图形化显示。

4. 综合金融门户子系统

综合金融门户是互联网客户访问国联金融的统一入口。通过在门户上注册和绑定“国联通”账户，客户可以在线查看其在国联金融（证券、信托、人寿、期货等）的资产配置信息，可以在门户上预约各金融子企业发布的金融产品；通过在门户上发布国联金融的产品动态、新闻公告以及行业资讯等内容，推动国联金融品牌的建设与推广。

5. 金融数据中心

金融数据中心是国联金融业务系统与数据资源的基础，包括数据采集、整合、分析和共享。各个业务系统的数据统一由数据中心存储管理，并根据业务相关性进行整合分析，实现不同业务之间线上数据的共享。通过数据交互，为独立的业务系统（投融资共享系统、营销服务一体化系统、金融业务管理系统、综合金融门户系统）建立可以信息共享的桥梁，使最终面向客户的产品能够追溯到对应的需求发起客户，实现数据链闭环。通过 ESB 总线与金融子企业进行数据对接，采集金融子企业的风险、运营等数据。

三、地方国有投资集团实现协同发展的综合金融管理效果

（一）国联金融综合竞争力不断增强

通过实施综合金融管理，国联金融板块经济效益持续提升。2014 年，国联金融板块完成营业收入 22.86 亿元、实现利润 13.71 亿元，较上年度分别增长了 27.92％和 52.91％。2015 年，国联金融板块完成营业收入 50.07 亿元、实现利润 25.22 亿元，较上年度分别增长了 119.01％和 83.98％。2016 年

前三季度，国联金融板块完成营业收入 40.46 亿元、实现利润 11.7 亿元。国联金融企业的竞争力也得到不断增强，其中，国联证券成为连续三年获得 A 类监管评级的券商，综合排名跻身行业中上游；国联信托成为全国社保理事会的合作伙伴，获得了私募投资基金管理人资格，加快业务转型发展；国联人寿 2015 年开业当年即实现保费收入 13.67 亿元，实现良好起步；联合担保获得江苏省行业监管最高等级（AA+）评价；无锡产权交易所 2015 年交易金额 62.1 亿元，位居江苏省内同行首位。

（二）服务地方经济社会发展能力有效提升

国联集团先后发起设立 16 支、认缴总规模 168 亿元的股权投资基金，并与银行、保险等金融机构合作设立规模为 100 亿元的产业发展母基金，重点围绕无锡市重点发展的战略性新兴产业等领域，加大投资力度，推动了无锡产业调整和转型升级。国联集团与无锡新区合作推进无锡物联网创新园建设运行，成为“国家级科技孵化器”，助力无锡物联网产业发展。国联证券积极推动无锡企业进入多层次资本市场，累计帮助 29 家无锡企业挂牌新三板。国联信托累计为无锡经济建设募集资金 140 多亿元。江苏资产成立 3 年多来累计化解金融不良资产达 550 多亿元，业务覆盖了江苏省内 13 个地级市，为优化省内金融生态环境做出了贡献。同时，国联集团还出资支持无锡机场、太湖新城、地铁等城市基础设施建设以及太湖饭店、灵山、文旅集团等高端服务业发展，提升了无锡城市形象和影响力。

（三）初步探索了综合金融发展的新路子

通过实施综合金融管理，国联集团金融板块业务架构不断优化，综合金融绩效管理和考核机制不断完善，业务流程和决策机制更加合理，产品交叉营销和业务交叉协同不断深入，截至 2016 年 9 月底，累计实现交叉销售规模总计 3.547 亿元，通过国联金融门户、综合运营中心和统一形象识别系统建设，国联金融的影响力不断提升，金融综合经营体系初步建立。在实施综合金融管理过程中，国联集团严格按照现代企业制度和监管政策法规要求，不断完善各金融企业公司治理架构，健全内部管理制度，明确股东会、董事会、监事会、经营层等职责权限，推动子企业的自主经营发展。在此基础上，国联集团主要通过参与各子企业公司治理，来推动集团整体发展战略和管理要求的实施，统筹金融企业间的协同发展，深化产融结合，支持集团实业发展，提高集团整体发展成效，形成了“集团有效管控、子企业协同发展”的架构与机制，探索出了一条地方国有资本运营平台发展综合金融的独特路子。

（成果创造人：高　敏、华伟荣、杨静月、丁武斌、周　波、
陈　琦、姚志勇、汤兴良、张　锋、王震华）

通信集团适应移动互联网的创新型企业建设

中国电信集团公司

中国电信集团公司（以下简称中国电信）成立于2002年，是国家出资设立的中央企业，作为特大型通信信息企业，在全国各省（市、县）和29个国家（地区）设有分支机构，主要经营固定电话、移动通信、互联网接入及应用、卫星通信、ICT（信息通信技术）应用等综合信息服务。截至2015年年底，中国电信资产总额超过700亿元，人员总数64万人。2015年总收入3878亿元，其中，通信主营业务收入超过3000亿元，税前利润245.1亿元；固定电话用户约1.4亿户，有线宽带用户1.32亿户，移动用户2亿户，其中4G用户占比44.3%。

一、通信集团适应移动互联网的创新型企业建设背景

（一）应对移动互联网冲击与行业增长拐点的需要

近年来，随着互联网、移动互联网快速兴起与各种新技术新业务飞速发展，网络电话（如Skype）、即时通信（如QQ）、协同通信（如微信）等低成本、便捷使用的产品不断涌现，用户越来越习惯于使用移动互联网方式进行沟通交流，对以电话为主体的传统电信业务形成了强烈的替代效应，导致行业语音、短信等传统业务的业务量与收入增长都呈现快速下滑趋势，并逐步由正转负。国际电信联盟（ITU）数据显示，2010年以后，国际主流电信运营商普遍陷入收入全面下滑困境，面临收入与用户增长放缓、成本压力增大、盈利能力下降等问题。

与此同时，国内的通信市场也出现新的发展态势。一方面，国内的移动用户总数已经超过13亿，用户增长触顶，新增移动用户由2011年的1.3亿户快速下滑至2015年的1964万户，中国移动通信市场的“人口红利”时代终结。另一方面，“OTT”（Over The Top）业务的迅猛发展，占用了运营商大量的移动网络资源，而数据流量业务的迅猛增长却未给企业带来相应的收入，两者之间的差距日益增大，长久如此将给运营商的收入与利润增长带来巨大压力。在此背景下，通过创新驱动发展、通过创业激发活力来开拓新的增长空间，成为电信企业的必然选择。

（二）改变传统管理方式，应对高强度竞争的需要

当前，在国内通信市场竞争中，三大运营商基础业务同质化严重，导致价格战不断，使移动互联网时代本来就面临严峻挑战的电信运营商更是雪上加霜。作为一家主要收入和资产均在传统电信业务领域、承担60万用工重荷的特大型国有企业，如何生存下去，成为中国电信面临的严峻课题。在移动互联网时代，竞争环境瞬息万变，用户需求多样化、快速更新，对企业反应速度与决策效率提出更高要求。而组织管理层级复杂、员工年龄偏大且活力不足、资源配置效率低下等一直是中国通信运营商存在的严重问题，传统的“多层级管理”组织架构已经很难跟得上多维度、高强度的竞争需要。为此，通过完善企业创新的组织体系和运行机制，充分调动广大一线员工创新创业积极性，推动内部职工创业，激发人才创造活力，进而带来生产方式和组织管理模式的变革成为创新发展的关键。

（三）整合生产要素，缩小与互联网公司创新差距的需要

我国经济正面临结构调整和转型升级的重大历史机遇，同时也为各大运营商、互联网公司带来数以万亿元计的巨大市场空间。以开放平台带动一系列的创新创业孵化活动，成为互联网公司开拓新市场的主流动作，如腾讯、阿里巴巴、百度等互联网公司，在平台开放等方面已经积累了相当丰富的经验，并且在聚集创业投资资本、行业人才、多方位创业服务等诸多新的生产要素上大力投入。

与此相比，国有通信企业从起点来看相对落后，对创新创业各方面的政策支持和平台环境打造均有待完善和提高。

在此背景下，中国电信需要通过创新、创业等一系列措施的实施，打造具有运营商产业背景的生态型孵化基地，助力中小创业者成长与发展，为企业实现创新引领式发展创造良好的产业环境和条件。基于上述原因，中国电信从 2011 年起推进创新型企业建设。

二、通信集团适应移动互联网的创新型企业建设内涵和主要做法

中国电信持续开展体制机制创新、产品和业务创新、生产运营关系创新、能力平台创新等一系列举措，激发企业的创新动力和组织活力，构建快速反应、灵活运作的市场化体系，打造差异化的业务和产品，形成新的业务增长点，加强在行业中的引领地位和产业聚合作用。主要做法如下：

（一）依据企业战略，明确创新型企业建设的思路

首先，在开展战略转型顶层设计时，明确将创新型企业建设作为支撑战略转型顺利实施的重要手段。在 2011 年年初，中国电信提出未来的战略定位为“新三者”，即成为智能管道的主导者、综合平台的提供者和内容应用的参与者，并提出去电信化、差异化和市场化的“一去两化”推进原则和方法。其中，“差异化”是指不断创新产品和服务，满足客户日益多样化的需求，增强企业核心竞争优势；“市场化”的重点是推进企业内部市场化，转换内部经营机制，提高员工积极性，增强企业内生动力。“差异化”和“市场化”是中国电信所要打造的创新型企业的战略体现，从转型战略制定伊始，创新、创业就在整个企业改革体系中占据主导与引领地位，并促发业务、网络、体制、机制等多个运营要素的重构。

其次，明确创新型企业建设的具体路径。主要包括：一是推进管理制度变革。通过进一步深化企业改革，加快构建适合创新创业的组织架构和运行机制，提供政策保障，打造基层创业平台，充分调动一线员工积极性，激发基层内在活力和创新动力。推动业务结构优化，加大产品创新和开放合作力度，大力促进新兴业务体系发展，提升新兴业务占比。二是促进运营要素升级，优化企业资源市场化配置模式，使资源与效率、效益相匹配；持续加大信息基础设施投入，为创业者提供高速便捷安全的网络服务；设立创新孵化基地，为大众创业提供机会和平台；努力搭建综合能力开放平台，为创新创业提供关键能力支撑。

（二）深化企业改革，释放组织活力

1. 深化国有企业改革，打破体制机制束缚

开展与民营资本的混合所有制，引入外部优质资源和能力。为了加快新兴业务的发展，注入移动互联网基因，中国电信改变传统上纯粹依靠自我积累的单一发展模式，推进混合所有制改革。通过引入外部战略投资者、财务投资者，推进员工持股等，借力资本运作方式引入稀缺能力与资源，打造具有竞争力的新兴业务运营格局。2013 年，视讯业务（天翼视讯）完成首次私募，实现股权多元化，公司估价 19 亿元，私募总金额 3.8 亿元。游戏业务（炫彩互动网络科技有限公司）引入顺网科技和中国文化产业投资基金作为战略投资者，分别持股 22%和 8%。同年，中国电信和网易公司合资成立浙江翼信科技有限公司，网易占股 27%，公司运营首创“控股不控权”的方式，通过公司化运营，将网易的互联网运营管理方式植入到公司日常经营管理中，建立自主经营、自负盈亏的市场化运营模式。双方整合旗下的优质资源，在资本、人力、产品开发、市场推广等方面进行深入合作，推出移动社交通信“易信”业务，实现运营商、互联网公司、用户的共赢。

探索员工持股，激发员工创新创业积极性。中国电信在炫彩互动和天翼阅读两个公司中开展混合所有制改造和员工持股，规范法人治理结构，成立股东会、董事会、监事会。实施员工持股后，员工的主人翁意识显著增强，一方面员工积极为中国电信发展建言献策，另一方面通过员工持股实现合伙企业、职工董事、职工监事积极参与公司治理，提升公司管理水平。

2. 变革管理方式，构建扁平化市场运作体系

一是新旧业务相对隔离运营，为创新业务提供政策支持。针对移动互联网等新兴业务实施相对隔离的体制机制，遵照互联网规律，打破体制机制束缚，促进新兴业务快速成长。相对隔离的运营体系并不是与企业割裂，而是在条件允许的前提下，通过管理隔离和运营隔离给予创新板块充分的自主经营权。管理隔离是指在集团层面成立创新业务事业部，由创新业务事业部归口管理 15 家创新业务单元，承担收入、利润和投资指标，实现扁平化管理，使得创新业务单元的事务性工作更为简化，各项决策更为迅速，更加符合互联网重“快”的规律。而运营隔离则是指各业务单元按市场化原则与中国电信的主业实行市场化结算，独立运作，分类管理。将选人用人权、资源配置权、产品研发权等直接授权给创新业务单元，促使创新业务单元更加快速决策、有更大的经营自主权，根据市场的瞬息变化及时调整决策。

二是实施新兴业务公司化改制，创造多样化的成长路径。2009 年以来，先后建立上海视讯产品基地、南京游戏产品基地、杭州阅读产品基地、厦门动漫产品基地等 8 个面向公众的移动互联网产品基地，以及 16 个面向政府和企业的行业应用产品基地，培育翼支付、易信、天翼视讯、爱游戏、天翼云、天翼高清、翼校通、号码百事通等诸多业界知名的新兴业务。基地发展到能够自主经营、自负盈亏时，推进公司化形成市场化的运营模式。截至 2015 年年初，创新板块的 15 家业务单元已全部实现公司化，产业互联网板块的兰州教育、杭州政务 2 个行业基地也已实现公司化改制。

三是集约推广创新孵化业务。针对基层员工的创业创新成果，实行大众创新、集团集约推广的策略。中国电信积极鼓励基层员工建立自由创业团队、创新工作室等多种形式的创新创业单元，以客户需求为导向，快速响应用户需求，兼顾区域发展特色，积极探索可操作、能落地的创新产品，在有条件的地区先行先试推广创新产品，总结形成可复制、可推广的创业创新经验。每年多次提供互联网产品立项征集、“i 创”黑马大赛、创新孵化以及自我推荐等多种推广渠道，对于通过立项、比赛成绩优异的创新产品，纳入到集团集约推广产品中，通过集团直管创新业务单元、集团级产品集约运营中心、集团专业子公司等集约运营单位，将基层员工的创新产品面向全国各省、地市分公司进行规模推广。对于非常出色的基层创新团队，成立集团运营中心或者公司化，从而加强业务推广，如在福建创业团队、江苏劳模创新工作室基础上成立中国电信“天翼极速”运营中心、广州云康信息科技有限公司等。

（三）建立适应创新型企业建设的组织管理体系

1. 从集团层面统筹推进，完善创新组织架构

在中国电信集团公司层面成立创新业务事业部，由创新业务事业部归口管理 15 家创新业务单元，承担业务收入、利润发展和投资指标。同时，成立“互联网产品委员会”，面向新兴业务领域每年提供 6000 万元的产品创新资金，保障资金支持到位。集团层面优化部门设置，肩负总体牵头、组织、协同的作用，带动产品基地、孵化中心、双创平台等创新创业组织，有序推进实施创新型企业的打造。

2. 构建“四位一体”的创新组织体系

构建以创孵中心、产品基地、研发机构和基层创业平台为主体的“四位一体”创新体系，以体制机制创新为保障、产品与业务创新为支撑，形成内外部协同的创新体系，逐步打造业务生态与孵化资本双轮驱动的发展态势。

2012 年，中国电信建立天翼创投公司，并先后在上海、广州、北京成立创新孵化基地，为内外部创业团队提供资金、场地、服务等全方位支持。创投公司与孵化基地面向企业内外部开展创新项目的筛选与孵化，将内外部团队开发的产品原型集中进行技术和商业培育，加速推动产品从原型走向市场。到 2015 年，形成由一个创投平台、三大孵化基地、多家实体孵化器构成的企业创孵格局。其中，上海、广州、北京三大基地主要面向内外部孵化；上海张江、杨浦和南京、成都、杭州等地的实体孵化器主要面向社会项目团队孵化。

产品基地作为企业创新产品开发、运营并推进产品与市场对接的主体，从2011年起逐步建立。目前已建立包括面向公众的视讯、游戏等8大互联网产品基地，面向政企客户的医疗、教育等16个行业应用基地，以及面向中小微创业企业的南京软件园、深圳高新产业园等7个智慧双创示范基地。各基地对标领先互联网公司的运作方式，着力推进产品的研发运营一体化，同时开放企业服务能力，促进企业内外产品生态体系协同创新、共同发展。

研发机构是创新体系的基础。中国电信的基础研发力量以北京、上海和广州三大研究院为核心，主要承担企业基础技术研究、产品研发和运营支撑等职责。近年来，中国电信通过加大对研发机构的科技投入，着重在4G、光网宽带、云计算、大数据、物联网等重点领域进行技术攻关及储备，以三大研究院为主导完成多项国际标准，并通过技术白皮书、企业标准等形式支撑企业新技术试验和现有网络运营。

基层创业平台是企业创新产品规模拓展的承担主体。2011年起，中国电信参照小微组织的运作模式，在基层单元引入民营机制，推行“划小承包”，打造员工内部创业平台，激发企业末梢活力。同时积极推行各级组织管理变革，调动承包人的积极性、主动性和创造性。

（四）依托研发机构，储备基础技术

完善研发体系，关注技术研究、产品开发、运营支撑三大研发领域。在中国电信科学技术委员会统筹下，持续优化由北京、上海、广州三个研究院和一个技术创新中心为核心的研发体系。关注前瞻性技术研究、产品开发、运营支撑三大研发价值板块，采用不同考核方式，加强应用研究和现场试验。

持续加大科技创新投入，加强技术研发力量。“十二五”期间，累计投入490亿元，五年增长31.7%，科技创新投入占收入比超过3%。在4G、光网宽带、云计算、大数据、物联网等重点领域进行技术攻关及储备，近五年主导完成国际标准130项、行业标准137项，保持行业领先地位。

注重实验室建设，实施研发资源异地共享。对实验室实行国家、集团、研究院分级管理，集中力量打造“移动互联网系统与应用安全”国家工程实验室，重点整合“网络与终端”和“云计算”两个集团级实验室，在2011年成立云中心、2014年成立IT研发中心。构建开放、集约的知识共享平台，实现立足研发、辐射全集团的科研管理、科技评奖、研发成果等跨单位、跨地域的共享资源池，线上线下相结合建立研发和运营互动交流的渠道，实现研发资源共享。

以产品线为主题优化研究院组织架构，实施市场化绩效管理。营造竞合的工作氛围，组建虚拟团队开展技术攻关。加强科研项目全流程管理，对项目成果进行市场化价值评估，通过市场检验成果，优化研发项目后评估，通过市场化手段衡量绩效，激发研发人员创新活力。

加强人才队伍建设，形成高学历、高素质、有企业实践经验的专业人才队伍。中国电信从事技术工作的各类科技人员达到3万多人，拥有一批教授级高工、享受政府特殊津贴的专家和有突出贡献的中青年专家。

加强知识产权管理，提升企业知识产权创造、应用、管理和保护的能力和水平。中国电信专利申请与授权量的增长均高于行业，2015年底累计有效发明专利授权达到1119件，超额完成累计拥有的有效发明专利5年翻一番的目标。

（五）依托产品基地，大力推进产品和业务创新

1. 构建面向公众互联网领域的四大业务群体系

在互联网内容应用领域，建立四大创新业务群体系，分别是以游戏、阅读为代表的数字娱乐群，以翼支付为代表的金融商务群，以号百信息为代表的本地生活服务群，以及以流量经营、账号经营为代表的能力型业务群。每类业务群内部实现功能关联，彼此带动发展。业务群间以用户为关联，以账号、流量、数据为打通手段实现协同发展。

在面向公众的互联网领域，从用户需求最大的数字娱乐类应用入手，借助自身终端与流量的优势，积极开发运营包括视频、游戏、阅读、动漫等在内的数字娱乐类应用。随着互联网金融的蓬勃发展，推出第三方支付产品——翼支付，并打通通信账户和翼支付账户，使通信账户里的余额亦可进行消费和理财，实现通信账户的互联网化运营。借助遍布全国的实体门店，以及原有通信增值业务体系长期发展积累的信息、团队等资源，在全国各地开展具有本地特色和差异化的O2O服务（本地生活服务）。在传统资源与能力的互联网化转化方面，推出流量宝、统一账户等多款产品和能力输出。

2. 推进云计算、大数据、物联网等行业产品与能力布局

2011年，成立云计算分公司，负责建设高标准的云计算基础设施和服务平台，推进企业云计算能力与业务的集约化、专业化运营。按照“绿色、高效、创新”理念，率先在内蒙古和贵州集中建设国内规模最大的云计算基地，加上已有的北京、上海、广州和成都等四大云资源池，为向客户提供一流的云计算资源平台化服务建立基础设施保障。

从2012年起，中国电信选择行业发展潜力较大、业务需求与自身运营能力相对匹配的行业作为行业信息化业务领域的突破口，创建包括兰州教育行业应用基地、杭州政务行业应用基地、上海医疗行业应用基地、南京交通行业应用基地等16个面向政府和企业的行业应用产品基地，在政务、教育、医卫等8个重点行业初步完成互联网+能力布局，构建包括基础互联网、云计算、大数据、移动互联网、物联网、人工智能等在内的综合智能信息基础服务能力。

（六）依托基层创业平台，促进全员双创

1. 建立阿米巴式一线自主经营体

全面划小经营单元，让经营服务触角更深入更精确。践行阿米巴经营理念，将市、县公司进一步划小为农村支局、城市支局、营业厅、政企团队、装维班组等基本经营单元，并根据客户需求、市场空间、服务半径、经营能力等进行优化调整，实现企业基层组织的动态设置，高效适应移动互联网时代的市场变化。

为改变基层“重收入发展、轻效益核算”的粗放做法，将收入、成本、利润的责任主体细化到各类划小经营单元，并根据投入产出效益进行业绩评价与利益分配，把每一个单元变成独立核算的自主经营体。目前，已将促销宣传费、人工成本、房租水电费、佣金及渠道费等近20项可控成本责任落实到划小单元，有效增强基层员工的成本观念和效益意识，打造健康有活力的“企业细胞体”。

2. 员工承包创业做“小CEO”，激发员工主动性

竞争性选拔承包人，让能者脱颖而出。在承包人选拔过程中，坚持公开、公平、公正的原则，打破员工岗级、资历、身份等限制，授予承包人“小CEO”称号，给予创业资源支持，多劳多得、市场化激励。对于业绩突出的一线承包人，纳入企业后备干部管理或优先选拔任用，同时，淘汰业绩不达标的承包人，实现岗位能上能下。

全面实施团队双选，激发员工主动性和积极性。落实承包人的选人与用人权，让有才干的承包人自主组阁和招募团队成员，通过承包人与员工的双向选择和内部人员流动，把没有激情、不愿干事的员工筛选出来，进行转岗培训和二次竞聘上岗。

3. 集约支撑，集中优势为一线提供炮火

建立综合服务支撑中心，集中企业的营业、维护、财务、投资、采购等共享服务职能，为一线提供销售支持、订单处理、佣金结算、物料配送等一揽子集中服务与支撑。

建立自下而上的逆向派单与考评制度，真正赋予一线指挥权。基层员工在经营中面临的急事、难事、麻烦事，可通过热线电话、手机客户端等方式向后台支撑和上级部门派单，并通过按单评价、服务排名、积分奖励等方式进行满意度评价，评价结果与被评价部门及责任人的考核紧密挂钩，实现“一线

围绕客户转、部门围绕一线转”。

建立互联网化的企业管理平台，打造改革“助推器”。建立全国集约的信息化平台和大数据中心，打破信息孤岛，实现量收、成本、资源、考核等经营数据的统一化、标准化和自动化，为中国电信压缩管理层级、打造扁平化管理体系提供有力支撑。中国电信自主开发划小承包助手、爱销售、爱运维、易问等互联网化应用工具，为一线提供跨越组织层级、穿透专业流程的运营支撑，提高中国电信整体运营效率。

4. 采取“停薪保岗”等配套政策，解决员工创业的后顾之忧

对于一线承包再就业的员工，采取“停薪保岗”等配套政策，鼓励员工再就业。按照当地法规要求，在员工承包经营期间企业与员工需中止或协商一致解除劳务合同，为解决员工后顾之忧，企业与员工签订不承包时员工恢复与企业劳动关系的协议，承包员工对应的用工计划在承包期间冻结使用，承包员工企业年金个人账户及现有资金予以保留。对于各项社会保险、公积金，承包员工可继续委托原企业代为缴纳，并保持原有政策的连续性，所需资金由企业与承包经营单元定期结算。针对员工职业发展，制定员工岗位积分管理办法，将承包员工在承包经营单元中的工作业绩转化为岗位积分，承包员工回归企业后，根据工作需要，双向选择相应岗位，具体岗级根据其原有岗级和在承包期间所获岗位积分确定。

（七）打造开放式的双创服务平台，确保内外部创新创业顺利开展

1. 搭建能力开放平台，为双创提供多样化的技术支撑

打造“互联网＋”能力开放平台，构建开放新模式。中国电信将话音、宽带、短信、视频、定位、对讲、安全、支付等核心资源能力化，通过开放平台进行整合，为创业者搭建基础资源环境，降低技术门槛。软件服务提供商、行业应用集成商等软件开发创业者直接通过能力开放平台调用各种能力，经过进一步的重组和加工形成新的产品或业务。

打造新平台，实现从产品试验、运营到产业化成长全周期的能力开放。提供试验网络平台、应用开发支持能力平台、云服务平台、安全保障能力平台、客户研究支撑平台、网络营销推广平台等六大开放平台，为创新创业单位提供技术、开发、营销、推广等支持服务，建立创新创业产品从试验、运营到产品化的发展平台。

2. 建设孵化器，扶持早期创业

中国电信天翼创投公司整合内外部资金、网络、技术、人才、创意等资源在全国各地建设孵化器，提供联合办公、服务融合、产业对接、资源开放、技术支持服务，全面满足创业者对办公场所、专业服务、产业资源、市场营销和成长扶持等多方面资源的需求。中国电信与当地政府第三方运营机构合作，为创业者提供场地免租、免装修开办费、提供创业补贴等支持，降低创业者入驻门槛。中国电信张江创业基地、杨浦长阳谷、杭州梦想小镇、苏州金鸡湖创业长廊、成都天府五街融创广场、南京紫东国际创意园等孵化基地全面对外开放。

3. 组织四大关键服务联盟，提供创新创业全方位服务支撑

中国电信构建创投联盟、人才服务联盟、媒体联盟和企业培训联盟四大关键服务联盟，严格遴选第三方创业服务机构的众包服务平台，为创新创业者提供优质的第三方外包服务。

与优质创投机构合作建立投资联盟，为创业者提供资金支持。例如，打造 Angel Eyes 活动品牌，举办“创翼天地”创业大赛，为创业者与投资机构搭建平台，实现创业融资。

与招聘门户、机构合作建立人才服务联盟，帮助创业企业招募优秀人才。例如，与智联招聘、拉勾网前橙会、南极圈等合作，将线上服务和线下活动相结合，为创业企业提供人才资源。

创建媒体联盟，整合创业邦、36 氪、动点科技、投资界等主流创投类媒体资源，为创业企业的市

场推广、品牌推广提供有力支持。

整合创业导师资源，成立培训联盟，为创业者提供系统性的、以案例实战分享为基础的创业培训课程“创翼公开课”，开设日常创业分享课程，指导创业者梳理创业路径。

（八）培育创客文化，激发人才持续创新活力

在企业文中注入创业理念，提倡所有员工向动态合伙人转变，积极创造各种机会加强创业团队与外部专业人士的交流与学习，形成一系列特色活动。

组织 Mini 训练营特色活动。打破传统的组织推荐模式，采用公开招募方式，发现最具有创业意愿的学员，聚合和培养互联网创新人才。每年根据需求不定期开营，面向创业者提供互联网前沿视野、创业孵化政策解读、商业计划书编写、外部产品经理经验分享、项目路演演练等培训和实战辅导。

组织“i 创”黑马大赛活动。举办创新创业为主题的“i 创”黑马大赛，汇聚集团内外的优秀人才和创业项目，为他们提供展示平台，实现创客和资本（外部投资人）的对接，助力创业者实现融资。

搭建创业活动平台。中国天翼创投公司汇聚行业知名专家、建立百人导师队伍，搭建创业活动平台。每年组织专业化培训 30 多场，定期组织品牌路演和大咖沙龙活动，每年承办全国创新创业大赛上海赛区专场，为创业者提供活动平台。天翼创投与创业邦、亚马逊、清科、英飞尼迪、复旦科技园建立战略合作关系，引入微软 Bizspark 创业计划和亚马逊云资源，扩大创业活动平台影响力。

三、通信集团适应移动互联网的创新型企业建设效果

（一）中国电信在行业下滑的背景下逆势上扬，企业竞争力持续提升

近年来，全球通信业整体下滑趋势明显，而中国电信持续保持增长，主营业务收入增长率领先全球及国内电信业平均水平，企业竞争力全面提升。

“十二五”期间，中国电信主营业务收入年均增长 6.6%，远高于全球电信业 0.8%的增长水平，高于国内电信业 4.6%的增幅，中国电信合并净利润年均增长率达到 15.6%，用户总数从 3.4 亿户增长到 5.2 亿户，收入市场份额提升 2.28 个百分点，较好地完成了抗灾抢险、普遍服务、提速降费等重大战略任务。

2015 年，全球电信运营商总体收入增长率为－5.5%，中国电信业收入增长率为 2.4%，而中国电信主营业务增长率仍保持 0.5%的正向增长，逆势上扬。其中新兴业务发展迅猛，年收入增长率达 50%，新兴业务收入占比从 2010 年的 13.5%提升到 2015 年的 35%。

翼支付、易信、云等重点互联网应用快速发展，带来规模效应。2015 年，翼支付活跃用户已超过 4000 万户，支付交易额超过人民币 7700 亿元，同比 2014 年翻一番。易信产品差异化能力进一步增强，实现支付、红包、生活服务等应用的嵌入，2015 年底注册用户突破 2 亿户。ICT 服务收入达到人民币 288 亿元，同比增长 21%，其中 IDC 和云产品收入增幅近 30%。中国电信持续推进八大重点行业规模推广，其中兰州教育公司 2015 年经营收入翻一番，经营业务范围覆盖至全国 24 个省份，总用户规模突破 1300 万用户。

中国电信固定用户、移动用户客户满意度连续三年持续保持行业第一，宽带安装预约上门、即销即装、先装后付、障碍超时赔付等引领行业服务新标准。

（二）搭建全方位、生态化创新创业服务体系，效益显著

以研发机构为依托，提升企业科技创新能力。积极承担国家重点科技创新项目，围绕“新一代宽带无线移动通信网”“核高基”和“物联网”等国家重大专项，累计承担国家科研项目 124 项，其中牵头 46 项。中国电信科技创新成果突出，获得中国发明专利优秀奖 2 项，实现零的突破；国家技术发明二等奖 1 项；国家科技进步二等奖 6 项；国家优质工程金质奖 1 项；获得中国通信学会科技奖等省部级奖共 113 奖，其中一等奖 21 项。标准制定工作行业领先，近五年主导完成国际标准 130 项、行业标准

137 项。

以划小承包推动基层员工再就业，激发企业生产活力。目前已有 16 万多名员工参与承包经营，1 万多名管理部门人员下沉到一线创业。2015 年年底，建立 5 万多个划小承包单元，5 万名员工成为创业小 CEO，1 万多名员工解除劳务合同。承包人收入超过地市公司的中层干部甚至地市公司领导，基层员工收入翻番，实现了员工与企业共享改革红利。

形成立体化孵化格局，支持内外部创新创业。上海、南方、北京三大创新孵化基地，共征集了八批次 1700 个多个创新创业项目，其中 175 个项目成功入孵，20 个项目实现公司化运作，5 家创业公司引入了外部资本，均取得了理想的股权资金增值倍数，个别公司甚至取得了 60 多倍的股权溢价，有效实现了国有资产的保值增值。2015 年各创业公司收入总计达 1.23 亿元，同比增长 301%。在上海张江、上海杨浦、江苏南京、四川成都、浙江杭州建立 5 个实体孵化器，2015 年启动的中国电信张江众创空间，其工位入驻率已达 70%。

截至 2015 年年底，中国电信 15 家创新单元全部实现公司化，其中 4 家公司实现混合所有制改革，2 家公司实现员工持股。

搭建多种能力开放平台，为创新创业者提供全方位支持服务。中国电信各类能力开放平台、支撑服务平台已经服务逾万社会创业者，语音、认证、支付、流量、数据、定位等主要能力的日均能力调用次数达数亿次。天翼开放平台对外开放天翼账号、电信特色、数字内容和综合信息服务等 4 大类近 300 个能力开放接口，吸引入驻开放平台的个人及企业开发者达 15836 家，合作应用数量达 8391 个，能力开放接口调用量累计超过 45 亿次。

Mini 训练营、创业辅导平台汇聚内外部导师数百名，组织培训、实战演练活动近百场，累计参与创新创业的人数逾 5000 人次。

（三）创新型企业建设得到外部高度评价

2016 年，中国电信入选国家首批 7 家企业双创示范基地，位居企业示范基地第一名，是电信业唯一入选企业。中国电信连续入选《财富》杂志全球 500 强，2015 年排名第 160 名，较 2010 年上升 44 名。在国资委央企经营业绩考核中，中国电信 2012 年至 2015 年连续 4 年取得考核 A 级的好成绩。自 2009 年中国电信被评为国家创新型企业以来，又分别在国资委 2010—2012 年、2013—2015 年任期业绩考核中均获得“科技创新企业奖”。

（成果创造人：杨　杰、杨小伟、浦德松、王国权、梁宝俊、李安民、
张颉华、秦　健、王　磊、白云东、陈　力、饶　东）

制造企业增强活力与合力的经营机制再造

新兴铸管股份有限公司

新兴铸管股份有限公司（以下简称新兴铸管）是国资委监管央企新兴际华集团有限公司的核心企业，前身为始建于1971年的三线军钢厂，1997年募集设立股份有限公司，股票于同年6月在深交所上市发行。近20年来，新兴铸管坚持以市场为导向，以管理创新为支撑，倾力打造离心球墨铸铁管、机械制造用钢、钢格板、特种钢管等特色产品，持续推进并购重组与转型升级，逐步发展成为一个跨区域、跨行业的大型制造企业集团。

一、制造企业增强活力与合力的经营机制再造背景

（一）适应经济新常态下行业发展和市场竞争的需要

一是国企改革提速，推动钢铁产业转型升级。党的十八届三中全会明确了推动国有企业完善现代企业制度的目标。2013年国务院《关于化解产能严重过剩矛盾的指导意见》确立了化解产能严重过剩矛盾是当前和今后一个时期推进产业结构调整的工作重点。2016年国务院再次发布的《关于钢铁行业化解过剩产能实现脱困发展的意见》确立了用5年时间再压减粗钢产能1亿—1.5亿吨的目标。具有核心竞争力的企业将会迎来新的发展契机，这对新兴铸管来讲既是挑战也是机遇。

二是城市化与地下管廊建设，有利于企业国内市场的拓展。2014年国务院印发《关于加强城市地下管线建设管理的指导意见》指出推动PPP项目，并用5年时间完成城市地下老旧管网改造，用10年左右时间，建成较为完善的城市地下管线体系。可以预见未来包括水利工程，城市管廊等在内的城市基础建设需求将持续增长，为本已占据行业龙头地位的新兴铸管提供了更广阔的市场空间。

三是国际产能合作与“一带一路”战略，促使企业加快国际化进程。自2014年以来，国家不断推动产能合作与“一带一路”战略。一方面，2015年国务院印发了《关于推进国际产能和装备制造合作的指导意见》确定了钢铁行业为我国推动国际产能合作的重点行业。另一方面，“一带一路”沿线国家基础建设需求巨大，这对我国钢材需求起到一定的拉动作用。只有具有活力、合力与核心竞争力的企业才能在国际化进程中抢占先机，取得市场竞争优势地位。

（二）原有经营机制制约企业增强活力与合力

新兴铸管自1997年上市以来逐步进入快速发展期，从单一工厂型生产企业发展成为企业数量多、区域布局广、产品、产权和商业模式多样化的大型制造企业集团。随着企业进入快速发展期，原有经营机制愈来愈制约新兴铸管发展活力与合力，已不能适应公司集团化发展的需要。主要体现在以下四个方面：一是顶层设计不适应，集权与分权不明确；二是一套人马两块牌子，管理穿透力和稳定性不强；三是职能与业务管理内容不清晰，管理重点不突出；四是调控机制不灵活，管理职责缺位多。原有经营机制存在的弊端与缺陷，追根溯源是经济新常态与集团化发展新形势下，企业经营机制的创新与再造能力不高，尚未精准把握企业发展活力与合力的平衡点。

二、制造企业增强活力与合力的经营机制再造内涵和主要做法

2014年开始，新兴铸管以“集权有度、分权有序”为原则，以市场为导向，以增强企业活力与合力为目标，以增强管理稳定性与穿透力为核心，加快企业经营机制再造。在组织架构重建方面，构建以“5＋2”为生产经营主体，8个职能管理部门为中枢，7大管理中心为脉络的组织架构；在调控方式转换方面，建立自上而下的大循环和小循环，划分小核算单元，强化多维快速联动，并且将目标管理理论与

企业实践相结合，创造性地建立“裸对标”与“双超越”评价体系；在完善绩效考核方面，以人力资源优化为基础，建立分类别分层级的考核激励模式，激发各级人员的工作动力与活力；在塑造企业文化方面，着力打造“有激情、在状态、敢担当、善作为”的新兴铸管团队精神，有效增强企业的凝聚力与合力。主要做法如下：

（一）调整组织架构和管理层级，明确集权与分权界限

1. 构建以“5＋2”为生产经营主体的管理架构

新兴铸管所属31家企业，涉足行业多、地域布局广、生产规模与管理水平各异，股份公司集中统一管理既不能充分发挥所属企业优势管理资源，又增加了管理成本。因此，2014年开始新兴铸管将所属的31家企业重组为“5＋2”的管理架构，即5个工业区和2个专业化公司。

5个工业区是把原来武安生产基地各实业部、河北新兴铸管有限公司、黄石新兴管业有限公司和川建管道有限公司划分为武安工业区；把芜湖新兴铸管有限责任公司、桃江新兴管件公司划分为芜湖工业区；把邯郸新兴特种管材公司和新兴特管公司划分为邯郸工业区；把新疆铸管有限公司、新疆金特有限公司划分为新疆工业区；把沙特新兴和印尼镍铁划分为海外工业区；2个专业化公司是按专业化分工原则，设立销售总公司与资源投资公司。

在功能定位方面，“5＋2”定位为双重任务的组织单元，是生产经营中心和区域内的企业管理中心，是新兴铸管生产与管理的中流砥柱，是完成生产经营任务的根本保证；在管理机制方面，新兴铸管从直接管理31家企业变成管理7个单元，新兴铸管只给5个工业区和2个专业公司下达总体经营目标与工作任务，由牵头企业进行指标分解和月度完成情况汇报，新兴铸管不定期抽查托管单位运行质量，并对牵头单位领导班子进行评价考核；在人员组成方面，5个工业区和2个专业公司不设专门的领导班子及管理机构，由武安基地、芜湖新兴、新疆控股、邯郸特管、印尼镍铁、资源投资、国际发展7家单位兼管；在“5+2”管理职能方面，“5＋2”内部各企业日常独立运行、独立核算，牵头企业重在发挥规模与管理优势，对区域内企业拥有下达指标、检查督促、评价考核、人事调整建议的权力，同时肩负生产协作、管理指导、技术支持、资金支援等职责。

2. 完成“集权有度、分权有序”的顶层设计

新兴铸管通过总结前期集权与分权管理经验，在2014年年初形成“集权有度、分权有序”的顶层设计思路，制定新兴铸管《分权手册》。通过科学处理集权和分权的关系，理清股份公司与所属企业的管理界限。在《分权手册》中，明确股份公司对所属企业管理着重抓以下六个方面的工作：一是战略与投资管理；二是财务监督管理；三是管理评价与绩效考核；四是人力资源开发运用；五是管理培训与管理提升督导；六是构建公司整体的优质工作平台其他方面的经营管理工作权限全部下放给各工业区和所属企业。优化顶层设计并制定《分权手册》后，新兴铸管管理方向和重心更明确，可集中精力抓战略规划和改革创新，而所属企业管理权限和责任也更明晰，可潜心聚力抓生产经营管理。

3. 设立8个精干高效职能管理部门，提升纵向管理穿透力

依据“集权有度、分权有序”的顶层设计，建立总部机关。设立安全生产部、人力资源部、资产财务部等8个精干高效的职能部门。总部机关人数控制在50人以内，每半年进行一次工作评价并实行末位淘汰，保持每年10%左右的新陈代谢比例，通过竞争性和流动性来提升职能部门管理人员的整体素质与技能，激发管理人员的工作激情与创新活力。

4. 设立7大管理中心，增强横向管理稳定性

新兴铸管所属企业横向业务板块有所交集，但缺乏综合统筹与整合。为增强企业的合力与横向管理的稳定性，新兴铸管坚持循序渐进，成熟一个组建一个的原则，逐步设立具有横向管理职能的管理中心（亦称虚拟总公司）。2015年设立优钢管理中心、资金管理中心、贸易管理中心、采购促进中心、铸管

管理中心、管件总公司6大管理中心，2016年又设立虚拟格板总公司，逐步形成立体交叉的矩阵式管理架构管理中心，一般不额外增设机构和管理职位，人员以兼职为主，个别领导人员需要在两个或几个管理中心任职履责，大大节约管理成本。管理中心与股份总部职能管理部门的工作虽有交叉，但权责分明、各有侧重、协同配合、优势互补。职能部门对管理中心从智力、人力、物力、财力等方面进行帮助、指导与管理评价。管理中心立足于采购、研发、生产、销售现场，对“5+2”进行专业化统筹管理。管理中心的建立，既持续保持各工业区、企业、单元的自身活力，又适当增强同类产品、同类管理业务的统一管控合力。

5. 形成独具特色的混合型组织架构

“5+2”是新兴铸管的生产经营主体与区域内企业管理中心，是公司生产经营中需要始终保持活力的中坚力量；8个职能部门是新兴铸管的管理中枢，规范地植入在“5+2”运行体系中，发挥着垂直管控职能与合力；7大管理中心如同混合型组织架构的脉络。通过专业化协调与运转，优化资源配置，发挥规模效应，促进所属企业各产品与业务单元之间的横向联结、协调、控制、优化。由此，形成了新兴铸管纵向高效、横向稳定的矩阵式混合型组织管理架构，既激发个体活力，又增强组织合力。

（二）完善管控运行机制，提高企业的自我适应能力

1. 以小循环推动大循环，实现组织自动运行

在新兴铸管混合型组织架构中，至关重要的是自上而下建立起两个循环，即职能部门与“5+2”单元之间的大循环、综合事务部与其他7个职能部门及管理中心之间的小循环，之所以被称为循环，是由于运行机制具有定期性和自主性的特点。

大循环由8个职能部门根据自己的职责范围负责启动。各职能部门自主对“5+2”单位各项管理职能的完成情况进行检查、督导、评价和考核，但尽可能减少对“5+2”的临时、额外干扰，让“5+2”放手运行，形成自动循环、持续提升、自动修正的良好状态。

小循环由综合事务部负责启动。由综合事务部对职能部门和管理中心的启动和运行情况进行监督和评价，对管理中心、职能部门履职出现不到位的情况，综合事务部会自动启动问责和纠偏程序，提出改进意见，并进行管理评价及考核。

在两个循环中，每一个部门既是管理者，又是被管理者。各职能部门对“5+2”经营主体进行定期检查、评价和考核，同时各管理中心和其他职能部门还要接受综合事务部的检查、评价和考核；而综合事务部也要定期接受新兴铸管总经理的检查、评价与考核。通过小循环推动大循环，大循环中套着小循环，实现垂直与横向管理的自动有效运行，实现增强组织活力与合力的有机统一。

2. 设立两个中心，推进各层级PDCA管理提升

凡能核算收入和利润的公司、实业部、工段、班组、生产线、单台装备（设备）等均划分为利润中心。利润中心的任务主要是开源，一方面按照生产线和经营业务单元将经营指标核算到班组或岗位，另一方面按照业务单元将指标分解到能够独立核算的品种、机组或项目；成本费用中心即不能核算利润的其他单元，主要任务是将成本和费用进行归集、分配，承担控制、考核任务。将指标分解到不能再分的程度，落实在化小的核算单元或模拟法人中，再落实在每个员工身上。

两个中心模拟法人运行，相对自主经营、自负盈亏，形成压力层层传递，指标层层分解、责任层层落实、活力层层激发、绩效层层考核的新机制。通过对内挖潜降耗、降低成本、精简机构、调整职能，对外开拓市场，达到适应市场、满足市场需求、增加效益的目的。通过指标、责任、跟踪、评价和考核构成PDCA循环和螺旋式上升通道；通过指标分解和责任落实，做到“事事有人管、人人管事情”；通过跟踪、评价和考核，督促各层级完成指标、履行职责，并不断更新下一阶段目标，使组织自循环提升能力得到持续加强。

3. “研产供销运用”快速联动，提高组织适应市场变化能力

为了促使混合型组织架构中的每个单元组织都能够机动灵活适应市场变化，开展以销售为龙头，以市场为导向的多维快速联动，包括“研产供销运用”大联动、小联动及工序联动等，以促进各相关组织围绕市场变化定期和不定期沟通交流、共同研讨决策。

“研产供销运用”大联动：六个环节全面联动，由销售部门组织每周召开一次，重点落实五项工作。

供需联动：包括销售部门与生产部门的产销联动、采购部门与生产部门的供产联动、采购部门与运输部门的供运联动等。

工序联动：为确保各自工序利润的最大化，上道与下道工序之间随时进行沟通协调，协同行动。

多元联动：新兴铸管内部两个以上相关企业、相关部门通过定期召开通报、沟通、协商、决策会议进行联动。

内部联动：“5＋2”组织内部有关单位、人员参加的联动会议，由牵头部门负责人视情况变化随时或定期组织召开。例如生产工段、辅助工段、机关部室就设备管理、质量监督、成本测算的联动会。

区域联动：管理中心建立起跨区域的产品、采购、物流、财务、销售沟通协调会议，由各管理中心负责人组织召开，一般每两周召开一次，特殊情况下随时召开。

高层联动：包括新兴铸管领导班子成员之间及所属企业领导班子成员之间横向联动，以提高班子成员分管工作之间的支持和配合力度；也包括新兴铸管领导与所属企业对口领导之间的纵向联动，以保持专项工作认识及行动上的一致性。

4. 推行“裸对标”“双超越”，激发自我超越的激情

基于“标杆管理”理论，新兴铸管从2014年开始创造性地推行“裸对标”与“双超越”评价体系，不断激发企业活力和自我超越能力。

一是通过实施“裸对标”提高内部对标评价公平性，激发“5＋2”单位之间“比、学、赶、帮、超”的活力。由于新兴铸管所属企业地域、装备、工艺、产品差异大，不能用一个标准去度量。围绕建立科学合理的内部对标评价机制的目标，将“标杆管理理论”与企业实践相结合，2014年新兴铸管创造性地建立“裸对标”评价方式和方法。“裸对标”是以某一工业区为基准，考虑其他单位与其在装备、工艺、区域、定员等客观条件差异，核算一个标准差，实际完成的成本在考虑标准差之后再进行相互之间的比较评价的创新型对标体系。这样的评价和排名结果能够被各企业普遍接受，既消除新兴铸管与所属企业管理上的矛盾，也体现了公平、公正的原则，激发内部单位“比、学、赶、超、帮”的活力，提高整体生产经营水平。

二是通过创建“双超越”强化与行业标杆对标挖潜，将外部差距转化为内部管理提升动力。在简化、固化、常态化内部“裸对标”的基础上，2015年建立双超越对标评价方式。通过与先进民企对标生产成本，与老牌名企对标产品售价，明确与行业先进水平的差距，将外部对标差距转化为内部挖潜超越的动力。

（三）分类实施五种绩效考核模式，激发企业各层级人员的动力和活力

1. 对主体生产实业部采用承包工资制

承包工资制主要适用于用人较多、有产品或中间产品的主体生产实业部。收入主要是“按当月主要生产经营指标完成情况核算部门总收入，增人不增工资、减人不减工资”。对辅助和服务部门采用公司化运行。要适用于动力部、修建部、自动化部、运输部以及后勤服务等以服务为主的部门。收入主要依据营业收入、成本（或费用）、利润（或费用节支）、服务质量评价等主要指标核算，新兴铸管规定30％左右的工资基数，70％要依靠本单位降本增效或自营创收来提取，有效提高其依托主体，参与市场竞争的能力。

2. 对销售、采购等经营部门采用独立利益单元运行

对于采购、销售、研发、工程管理、工程预算、招标办等直接关系到新兴铸管经营业绩的部门，采

用独立利益单元运行，激发活力与竞争力。激励核心是抓住管理指标，设立科学考核依据，加大奖罚力度，增收从创造的超额利润中提取，与公司收益共享、风险共担。

3. 对职能部门采用风险工资制

对安全、环保、质量、设备、调度等承担基础管理工作并具有一定风险指标的职能部室，采用风险工资制。以上部门收入依据风险指标完成情况考核，将企业管理风险，以量化指标分解到以上部门，促使其自身管理目标与新兴铸管管理目标高度一致，增强管理合力。

4. 对“5＋2”管理层薪酬分配进行细化、量化

针对“5＋2”管理层，打破领导薪酬模糊，定性考核多、量化考核少的旧模式，构建年薪由基本年薪、分管工作年薪、职龄年薪、年度指标考核四个部分构成的新模式。与此同时，将“5＋2”企业领导50％的月薪集中再分配，即根据当月各项指标完成情况进行收入二次分配，月度考核年度不予调整。有效降低所属企业管理者职务寻租的风险，有效保障所属企业管理者目标与新兴铸管发展目标保持一致，有效激发所属管理层的生产经营动力与活力。

（四）开展员工优胜劣汰和动态调整，不断提升企业活力

1. 对中层管理人员实行职业化管理，落实末位淘汰

中层管理人员按市场化原则试行职业化管理制度，结合岗位职责签订岗位聘用合同，按照合同进行业绩评价与考核。评价考核每年进行两次，评价绩效等级结果分为优秀15％，称职45％，基本称职30％，不称职10％。其报酬收入和职级依据评价考核结果进行调整，体现奖优罚劣、薪随岗变。对年度考核结果为“不称职”的中层管理人员，按照50％的比例解聘，淘汰人数不得低于刚性要求人数，有效提高中层管理人员竞争活力。

2. 对基层管理人员开展星级评价，推行岗随薪变

基层管理人员评价考核每年进行两次，针对在考核期内德、勤、能、绩、廉五个方面的表现，重点考核工作业绩和岗位职责履行情况。一是业绩考核指标由实业部制定，每月按照考核指标完成情况得出每人的考评分数；二是履职情况根据各自的岗位职责，围绕考评期内的预算指标完成情况及重点工作，以工作总结的形式提交；三是以实业部为单位进行述职考评后进行民主测评。

星级评定主要是以工作业绩为主，结合履职及民主测评情况进行综合评定。三项内容赋予不同权重，由考评小组根据综合评分确定星级，一星级为20％，二星级为60％，三星级为20％。对年度内考核结果为“一星级”的管理人员，按照一定比例解聘。根据考评结果，执行相应的薪酬待遇，区别设置工资系数。同时，由考评和受评双方共同制订可行的绩效改进计划和个人发展计划。

3. 对关键岗位推行公开竞聘上岗

在公开选拔、竞争上岗中挖掘人才，以实现人尽其才，才尽其用。随着组织结构的调整，针对经营管理、科技研发、财务营销等关键岗位实行公开竞聘上岗，通过一系列审核、笔试、面试等内部招聘环节完成优中择优；对不能胜任工作调整的人员，实行待岗期制，待岗期间实行最低工资制。

4. 对富余人员进行转岗分流

新兴铸管开辟富余人员、辅助人员分流渠道，鼓励各单位自主自发减员，新项目增员。一是通过各种减员因素消化，将富余的专业技术人员和具备综合素质的管理人员分流到新建项目或充实到工艺技术创新组中，统筹人力资源，优化人才配置；二是逐渐回收外包项目，降低人工成本，将富余生产人员分流到一线岗位，充实一线力量；三是加强转岗人员技能培训，通过师带徒等培训方式缩短转岗人员的适应时间，提高人员生产效率。

5. 发扬“四种企业精神”，提高企业凝聚力

新兴铸管所属31家企业地域布局分散，且经济规模、经营状况差异较大，31家企业各有文化特色

与底蕴。新兴铸管既保持所属企业特色文化以激发活力，又自上而下打造统一的企业文化以形成合力和凝聚力。在兼容并蓄各单位企业文化的基础上，通过不断的总结提炼，逐步形成新时期新兴铸管鲜明特色的四种企业精神：倡导“公正清廉、坦诚直率、包容团结、协作奋进”的工作氛围；塑造“廉洁自律、正心明理、忠于职守、干事必成”的行为风范；打造“有激情、在状态、敢担当、善作为”的团队精神；在各工业区、企业之间形成“争先恐后、比学赶帮、百舸争流、千帆竞发”的竞争合作态势。通过四种企业精神和统一企业文化的引领，逐步形成“比拼执行力、比拼加速度”的企业团队文化，使执行力和落实速度成为新兴铸管每个员工都在自觉追求的高尚行为和目标。

三、制造企业增强活力与合力的经营机制再造效果

（一）合力增强，提升了核心竞争力

一是有效激发了“5＋2”单位和所属企业的经营活力，提质增效成绩斐然。所属企业拥有较大的自主权，可全力以赴地抓好生产经营，灵活应对市场变化。通过两年多的努力所属企业均具备了与优秀民营企业比成本、与国内一流名牌企业比售价的水平。所属企业制造成本、加工费大幅度下降，拓展了利润空间。2016 年上半年各主要工序成本（加工费）行业排名进入同行业前三名。在 2015 年我国钢铁上市公司的销售净利率平均水平为 0.63％的情况下，净利率超过 1％，并且近三年盈利水平均在 10 亿元以上，处于行业领先水平。

二是产品结构优化，铸管产品产量、出口量实现高速增长。建材和优特钢产品结构得到持续优化，开发新钢种 40 多个；铸管产品开工率在同行业普遍维持在 50％左右开工率的情况下，连续三年保持 90％以上的高水平，铸管产量和出口量分别以 15％和 30％的增速实现双高速增长。

（二）减员增效，实现了组织结构优化

一是管理层级得到明显优化。武安、芜湖等大工业区实行了四级与三级并行的管理架构，铸管新疆实行了以三级为主的管理架构，邯郸工业区及黄石新兴等专业化公司实行了二级与三级并行的管理架构；桃江新兴、川建管道等企业实行了二级为主的管理架构。二是通过建立与新的组织架构相适应的经济责任制、绩效考核办法和新陈代谢机制，使考核更加聚焦，评价更具针对性和导向性。三是用工数量明显减少。2016 年 6 月与 2014 年 12 月相比，各层级管理人员职数减少 48.5％，管理人员工资占总额的比例由原来的 21.8％降低到 18.4％。

（三）紧抓战略机遇，加快了国际化发展进程

新兴铸管增强活力与合力管理机制的再造，使得新兴铸管的国际化视野更加开阔，海外布局速度加快。近三年来，新兴铸管紧紧抓住国家“一带一路”这一战略机遇，进一步加快了国际市场开拓和国际产能合作。

（成果创造人：李成章、程爱民、何齐书、左亚涛、钱守保、施　力、宋珏遐、郭　融）

国有农业企业以健康、安全和可持续为目标的产业链构建与发展

重庆市农业投资集团有限公司

重庆市农业投资集团有限公司（以下简称重庆农投集团）是2000年9月由原重庆市农垦局整体转制成立的国有集团，注册资本7.27亿元，经营现代农业、商业地产、产业金融和都市服务四个业务板块，实行集团总部——专业公司——项目公司三级管控，重庆农投集团有控股二级企业13户、参股二级企业9户，三级企业50户，管理正处级事业单位2户，控股企业现有员工近7000人。目前，重庆农投集团拥有4个国家级农业产业化重点龙头企业，16个市级农业产业化重点龙头企业，1个中国驰名商标，4个重庆著名商标。现代农业板块包括乳业、肉业、冷链物流业、生态渔业、种业5个农业产业链，向广大市民提供奶、肉、蛋、鱼、果蔬5大类安全农产品，为广大农户提供饲料、种猪、仔猪、种鸡、农作物及特种经济作物种子5大类农业生产资料。截至2015年年底，资产达到115亿元，年经营收入达到55.8亿元，年利润达到4.1亿元。

一、国有农业企业以健康、安全和可持续为目标的产业链构建与发展背景

（一）抓住破旧立新机遇，推动企业持续发展的需要

由农垦局整体转制成立的重庆农投集团，通过剥离非经营性资产，分离企业办社会职能，逐步建立了国有资产授权经营体系和规范的法人治理结构，开始了重庆农垦现代企业经营发展的道路，改变了农场经济效益持续亏损、资产负债率超过80%，员工工资靠贷款支付、产业萎缩的困难局面。到2006年年末，子公司数量大幅减少，资产负债率有所下降，但由于缺乏一定数量的产业支撑、与农业上中下产业链的联系机制，农产品流通通道以及金融融资平台，重庆农投集团的发展再次步入增长困境，必须找到适应国有农业企业发展的战略目标和实现路径。

（二）探索农垦企业在市场经济体制下发展道路的需要

农业是人类永恒的产业，但农业也是弱质产业、微利行业，既受政策、资源、市场的弹性约束，又面对供求、产需的刚性制约。因此，农业企业面临比其他行业企业更高的经营风险、更长的回报周期、更大的管理难度。重庆农投集团是全市国有重点企业中唯一从事农业产业链经营的企业集团，在转制初期，受农业产业特征制约，尽管经过改革改制已经摆脱生存危机，但资产仅有19.6亿元，年经营收入仅有6.3亿元，年利润刚过3000万元，亏损面超过40%，主业仅有乳业，产品仅有“天友”，五大瓶颈严重制约企业发展：一是产业资源匮乏，二是发展模式落后，三是发展资金不足，四是技术实力不强，五是管理能力较弱。仅仅依靠传统增长方式，很难快速重塑产业格局，只有依靠创新的发展道路，才能在最短时间，用最小成本创造主业发展的新机。

（三）满足人民群众对营养、健康、安全农产品的需要

营养、健康、安全农产品，安全是首位。安全农产品的最低标准为不能含有威胁或损害人体健康的有毒有害物质和因素。目前，我国符合食品质量安全的农产品类型分别为绿色食品、无公害农产品和有机食品，被称为“三品”，但由于常规使用技术（如化肥）以及高新技术（如转基因）的应用，安全农产品还存在着诸多问题。除了质量安全外，农产品的营养结构合理，能够满足人们对现代健康生活的需要，已成为中国小康家庭生活质量提高的一个主要诉求，也是实现经济发展方式转变的重要标志和内容。食品加工工业中滥用添加剂，一些延长保存期的加工工艺以及部分不法分子将有毒物质伪装成营养食品的行为，都会成为形成农产品营养健康问题的重要因素。因此如何找到一种方式，能够保证产品的

质量安全，并持续为消费者提供营养健康安全的农产品成为国有农业企业义不容辞的责任和义务。

二、国有农业企业以健康、安全和可持续为目标的产业链构建与发展内涵和主要做法

重庆农投集团以提供营养、健康、安全的农产品为使命，以市场需求为指引，以价值创造和价值增值为目标，选择和构建农业产业链，通过打通农业产业链上的各个环节，将每个产品生产全过程中的产业层次、产业关联度、资源深加工度和满足需求度充分表达出来，将价值增值后的差异化的产品呈现给广大消费者，并通过产业链的不断打造、整合和重构，以及技术、商业模式和管理创新为驱动，实现农业产业的快速可持续发展。主要做法如下：

（一）树立农业产业链思维，构建产业链体系

重庆农投集团树立农业产业链思维，打通农业产业生产的各个环节，将自然资源通过若干产业层次不断向下游产业转移直至形成产品到达消费者，即从前端生产资料投入、中端的社会化服务，到后端的收获、加工、流通、贸易、营销，让每个产品生产全过程的产业层次充分地表达出来，以实现一、二、三产业的融合发展；让每个产品生产全过程的关联度充分地表达出来，以实现产业的内部控制体系建设；让每个产品生产全过程的资源深加工度充分地表达出来，以实现整个产业的价值和增值；让每个产品生产全过程的满足需求度充分地表达出来，以实现消费者对企业产品及品牌的充分认知。

（二）五大产业链高效整合，开创农业发展新方式

1. 纵向一体化战略，打造优质乳业产业链

作为重庆农投集团乳业板块的核心企业天友乳业凭借其品牌影响力和市场辐射力，整合已故美籍华人科学家杨向中教授的胚胎牛繁育核心技术，重组北京美加农科技公司，建设万头美国胚胎牛移植示范中心，进入全国优质奶牛繁育技术最前沿。发起重庆市 7 万头安全奶牛业发展行动计划，整合重庆奶牛养殖规模超过 2 万头，整合以色列阿菲金公司全球领先的牧场管理技术，建成中以合作的宁夏天宁万头示范牧场和陕西三万头牧场，成为奶牛养殖技术的全国标杆企业，产业链控制奶牛总量已超过 6 万头，确保产业主要原料的有效供给。通过并购四川西塔乳业、宁夏黄河乳业，陕西新建 30 万吨现代化乳品加工厂，天友加工能力将达到年产 80 万吨规模，为整个产业链提供坚实的利润保障。截至 2015 年年底，年经营收入达到 21.5 亿元，年利润超过 1.3 亿元，整体发展水平位居全国液态奶经营企业第 5 强。

在已经拥有高端种源、安全奶源、优质加工和较大市场的全产业链运营优势后，2015 年 1 月，在农业部的大力支持下，重庆农投集团以第一发起人身份，联合宁夏农垦集团、陕西农垦集团，发起设立“中垦乳业股份有限公司”，立足整合全国农垦系统未上市的中小乳业企业，力争 3—5 年，打造成为具有全国市场影响力、年经营收入超过 100 亿元的大型乳业上市企业。

2. 争取政府优质资源，打造生猪全产业链

2007 年，重庆市政府决定将原属重庆轻纺集团的 3 户生猪养殖企业无偿划转给重庆农投集团，以此为市场机遇，重庆农投集团快速建成 1 个年繁育种猪、仔猪超过 1 万头的美国 PIC 种猪养殖场以及 3 个年出栏总规模超过 10 万头的生态商品猪示范养殖场，成为重庆最大生猪养殖企业。2012 年，重庆市政府再次决定将原属重庆市农委的华牧公司无偿划转给重庆农投集团，以此为基础，重庆农投集团形成年屠宰量超过 120 万头的生猪屠宰规模，占有重庆主城 40%生鲜猪肉供应量。通过政府支持，无偿划转获得种源、养殖、屠宰等生猪产业链关键环节的同时，重庆农投集团于 2008 年整合重庆畜科院 CRP 生猪品种，掌握新《畜牧法》实施以来全国第一个通过国审品种的生猪繁育核心基因技术，合资成立泰通药业，服务生猪养殖，发起设立渝垦生猪养殖合作社，可控商品猪年出栏量 50 万头，入股今普食品公司、正大饲料，投资修建 1 个 10 万吨合川饲料厂，2010 年重组德佳食品公司，成为全国第二大猪肉罐头食品加工企业。实施“华牧肉”品牌终端渠道建设，打造重庆主城安全、放心猪肉食品供应第一平台。截至 2015 年年底，重庆农投集团生猪全产业链年经营收入达到 41.7 亿元，年利润超过 1 亿元，建

成种猪繁育、商品猪养殖、兽药、饲料、生猪屠宰、食品加工及销售于一体的生猪全产业链体系。

3. 利用核心技术、标准和品牌，拓展三峡渔业产业链

三峡水库蓄水后，为减轻库区水质富营养化，合理利用水域资源，重庆市政府决定大力发展资源增殖为主的生态渔业。重庆农投集团凭借敏锐的市场洞察力和强有力的技术支撑，2010 年争取到重庆市与中国三峡集团共同建设长江三峡生态渔业的唯一先行先试平台，先后形成 4 项专利技术，建成三峡生态鱼养殖 4 项地方标准，获得国家“重大星火计划项目”支持，取得“三峡有机鱼”国家认证，成为国家三峡生态养殖综合标准化示范区，形成可复制的长江三峡生态鱼养殖模式。

凭借掌握的核心技术、生态养殖标准以及“三峡鱼”的品牌号召力，重庆农投集团开展快速的产业链拓展与延伸之路。4 年时间，在重庆忠县、涪陵、万州、云阳等长江三峡库区，合川嘉陵江草街电站水库整合水域牧场近 20 万亩，在四川、湖南、贵州、广东、甘肃、陇南等省市整合江湖水域资源超过 20 万亩，有效解决 2003 年长寿湖交由长寿区管理后无水域资源的尴尬局面，实现重庆农投集团水产业从衰落到崛起的重大转折，年产优质生态鱼近 200 万公斤，产品远销北京、上海、广州等特大城市。

4. 剥离特困企业优质资源，重构冷链物流产业链

2007 年，重庆农投集团接管重庆市属特困企业重庆肉联厂，通过对产业链上劣势环节和优势环节的认真梳理，重庆农投集团毅然剥离其 3 万吨冻库优质资产，引进武汉万吨冷储物流公司，获得 7000 万元资金、10 人专业管理团队，共同打造具有巨大市场前景的冷链物流产业，完成对冷链物流产业链的修缮，一举扭转原重庆肉联厂上千职工手捧冻库“金饭碗”、人均收入不足 500 元的特困局面。

2010 年建成冻库规模 10 万吨，实现市场交易额 150 亿元，年利润超过 5000 万元，占据重庆 90% 以上市场份额，辐射四川、贵州、陕西等周边省市市场；2013 年，再次携手武汉万吨，启动建设冻库规模 35 万吨、市场交易额 500 亿元的重庆白市驿冷链物流产业园；2014 年，整合江苏扬州 5 万吨冻库资源，以扬州为战略支点，打造辐射长江下游的 20 万吨规模冷链物流产业园。重庆农投集团物流企业也被重庆市委市府指定为重庆市现代物流重点企业、重庆市农业产业化龙头企业、菜篮子工程基地和市重点食品应急保供单位。

5. 并购重组优势企业，整合种业产业链

2011 年，重庆农投集团抢抓国家种业新政的巨大历史机遇，先后借势重组重庆农科院所属金穗种业公司、甘肃酒泉经禾种业公司，搭建起集团种业产业的初步架构。2014 年，随着国际种业企业对国内市场不断冲击，国内部分种业大企业面临经营乏力、资金链断裂的困难局面，重庆农投集团再次果断决策，出资 2 亿元，并购湖南科裕隆种业公司 51% 控股股权，以小搏大，成功整合包括 1 名国际粮农组织育种专家、2 名中国杂交水稻审定委员会专家在内的高水平种业专家团队；包括国审、省审在内的 38 个拥有完全自主知识产权的水稻、玉米种子品种；包括全国 15 个省市、近 600 个销售网点的营销体系。3 年时间从无到有，建成全国杂交水稻种业企业第 2 强、全国种子骨干企业前 50 强第 40 位，整合种业产业链比预期时间至少缩短近 8 年。

（三）科技创新发展，为产业链提供强劲驱动力

重庆农投集团以科技创新为第一驱动力，着力打造国家级市级创新平台，从产业链前端的基础研究、创新技术平台打造，到中端的商业应用研究、新产品开发，再到后端的工艺开发、规模生产等产业链上各个环节部署科技创新，通过科技成果转化，促进了企业产品的更新换代，产业链的核心竞争力大幅度提高，实现科技创新年产值超过 10 亿元，贡献率近 30% 的优良成绩。

1. 搭建国家级市级创新平台

建成市种畜场、市水研所、乳品工程技术中心、优质水稻工程技术中心 4 个市级科研创新平台；集产品开发、技术改造、新材料、新技术应用与研究、质量检测与控制等职能于一体的国家级乳业科创中

心大楼已破土动工；建成重庆农投集团总部、天友乳业、重庆正大3个省级博士后科研工作站。

2. 应用世界高端技术和领先工艺

一是应用美国向中科技公司牛胚胎移植技术，建设宁夏、陕西2个万头胚胎受体牛养殖园区，大力培养高产、高质、低价的纯美系高产胚胎牛，形成快速发展奶源的高端种源支撑能力。

二是应用美国阿菲金牧场综合管理技术，实现生鲜乳蛋白含量超过3.3%，高于国家标准近18%；每毫升菌落总数低于5万个，仅为国家标准200万个的2.5%；奶牛年单产量超过10吨，高于全国平均单产60%，成为国内奶牛养殖的技术标杆。

三是投资培育国家农业部首推的获得自主知识产权的“CRP”配套系种猪，承担重庆地方猪种改良和现代养殖示范任务，建成年均出栏60万头规模的生猪养殖体系。

四是成功突破水生生物链培育和复合电栅栏两个核心技术，有效破解长江三峡库区“不投饲料、不投肥料、不投鱼药”的生态养殖难题和大江断面拦鱼与通航的矛盾难题，形成长江三峡库区“以水养鱼、以鱼护水”的生态产业发展格局，已建成超过20万亩水域牧场，年产优质生态鱼近200万公斤。

3. 开发满足市场需求的新产品

天友乳业自主研制开发的淳源有机系列、希腊神话酸奶、乳酸菌、低乳糖发酵乳、果粒酸奶等一系列新品已经成为企业的利润型拳头产品；农投种业自主研发的种子品种超过30个，水稻和玉米制种基地超过3万亩，冈优916、渝优865、金穗98等新品种受到市场广泛好评；渔业板块开发的三峡生态有机鱼、江泓自生鱼、大鳍鳠等淡水鱼产品成为重庆市场品牌鱼的明星产品，远销北京、上海、广州等特大城市。

（四）信息技术的综合应用，打造现代化产业链

乳业产业链打造“物联网＋智慧牧场”模式。开发牧场专用的阿牧网云管理决策支持平台，借助互联网思维，依托物联网的牧场自动化管理系统，通过无线传感设备与计算机大数据系统链接，对奶牛场牛群、产奶、饲料等数据采集分析，以线上决策支持和线下现场指导的方式，准确记录每一头牛每一天的生长产奶数据，实时对数据进行分析和处理，自动生成每头牛的“每日健康报告”，制定科学系统的奶牛饲养需求和解决方案，形成“智慧牧场”新模式，助推奶牛“养殖和管理”技术上成功转型升级，确保奶源质量安全，实现奶牛平均单产10吨以上的优良成绩，每年新增利润1600多万元。

种业产业链打造“互联网＋智慧种业”模式。以物联网技术为手段，建设基地物联网监测配套性设施，以数据化，可视化的信息平台为纽带，开发综合数据集成管理云系统及服务平台（包括种子质量追溯系统），引进智能育种科研设备，建立种质资源库，打通种业产业链各环节关键穴位间的经络，实现“科研、生产智能可控，产品质量全程可溯，在线服务及时，决策管理科学，打造智慧种业”。项目的实施提高科研效率50%以上，可降低测试环节成本40%以上，每亩可降低成本100元以上。

（五）引进创新人才，培育产业链人才队伍

成功引进1名国际粮农组织育种专家，2名中国杂交水稻审定委员会专家，15名副教授以上职称的农业技术专家，10名美国、以色列奶牛养殖专家，并与中国农科院、中国农业大学、西南大学、重庆农科院农业技术专家团队达成战略合作协议。

建设牧场复合型管理团队的“黄埔军校”——天宁现代牧场管理学院，引进国际牧场场长专业培训课程，聘请以色列、美国和新西兰教学团队，面向中国奶业企业，定向开展“场长＋信息＋营养、兽医、繁育、犊牛、奶厅”的1＋1＋5牧场管理团队培训，培养掌握人工智能和大数据分析手段、物联网和移动互联网技术，拥有国际养牛理论和实践经验的实战型、复合型、技术型牧场场长。

（六）建立质量追溯体系，确保产业链的质量安全

重庆农投集团以为消费者提供营养、健康、安全的农产品为使命，以农产品安全责任为灵魂，持续

强化产品安全责任观和全员产品安全意识培训，着力打造全面持续、全产业链、全过程的农产品安全文化体系。采取多种方式营造农产品安全文化氛围，利用公司内部网站、内部刊物及时发布农产品安全信息，交流农产品安全管理经验；制作农产品安全宣传展板、组织开展农产品安全知识竞赛活动等，大力推行并树立“食品安全是企业生命”的产品安全管理理念，不断强化农产品安全责任意识和工作执行意识。2008年重庆农投集团正式实施确保农产品安全的全过程管理体系建设。质量追溯体系建设经过近8年实施，确保农产品质量安全，为产业链持续健康发展奠定了坚实基础，所生产的产品也获得了社会广泛赞誉。

（七）强化资金融通，为产业链提供强力支撑

资金链是产业链健康发展不可或缺的新鲜血液，9年来，重庆农投集团自身累计筹集资金超过150亿元，为产业链上各环节筹资近10亿元。

1. 搭建产融平台，打破农业产业链资金瓶颈

投资建成万隆融资租赁公司、兴农投小额贷款公司，参股重庆农村商业银行、巴南浦发村镇银行，直接服务集团产业链上的龙头企业、个体农户、微企农户，累计放贷资金超过10亿元；积极开展联保联贷、银行授信、发行中票、短融债券，成为中国银行间交易商协会会员，信用等级被评定为AA＋，重庆农投集团自身累计获得贷款、授信近100亿元；创新银行放贷模式，从重庆农投集团所属龙头企业切入，以全产业链方式介入客户金融需求，为不同环节、不同类型的产业链上客户提供差异化综合金融服务，累计筹资超过10亿元；通过7万头安全奶牛业发展行动计划、奶联社、农民专业合作社、生猪代养、农民新村建设等多种方式，累计整合各级政府产业扶持资金、农村扶贫资金、农业企业补贴资金、农民财产资本化资金近20亿元；以重大项目为载体，累计争取国家、重庆市及区县有关部门无偿财政资金近10亿元。

2. 设立产业引导基金，利用资本市场支持产业链发展

重庆农投集团与重庆市财政共同出资设立产业引导基金，通过市场化运作，重点扶持现代农业产业链上的企业创新发展。将重点支持奶业建立“基金＋银行＋担保＋企业”四位一体的奶业产业发展新模式；支持华牧生猪产业链优化，建立生猪养殖专业合作社、猪肉食品销售共同体两个合作组织，构建“华牧”品牌，以轻资产模式整合产业链上、下游资源。重庆农投集团利用资本市场支持企业创新发展，按照“集团引导、企业主导、市场运作、资金奖补”的原则，连续5年每年500万元用于支持企业开展上市工作。

3. 大力发展科技创新基金，实施“靶向”精准扶持

重庆农投集团自2012年起，每年拿出500万元设立集团科技创新基金。4年来，集团科技创新项目批复资金1690万元，支持创新项目53个，带动企业创新项目投资7951万元，产生可计量的直接经济效益1.42亿元，节省固定资产投资2000余万元，年节约人工、包装、资源等成本743万元。科创项目共取得49项科技创新成果。其中，建立市级科创平台1项，科研课题研究类项目11项，申报发明专利、实用专利7项，提升集团科技创新能力，激发企业科技创新潜力；新产品研发类项目10项，丰富了产品品类，提升了产品竞争力；引进新技术、新设备类项目13项，提升了生产效率；营销模式变革类项目5项，提升了企业的经营绩效；信息化建设和升级项目9项，为重庆农投集团农业产业链提供了信息化技术支撑，推进了经营管理的精细化、数据化。

（八）引进年度业务计划管理工具，提高产业链协同效应

为充分发挥产业链的协同效应，重庆农投集团引进“年度业务计划书”为代表的一系列管理工具，年度业务计划书有如下五个功能：一是以终为始，建立经营指标、管控重点为核心内容的目标导向约束体系，实现集团战略目标分解到每一个工作日、落实到每一个员工，提升企业的执行能力。二是梳理价

值链，全面审视行业地位、竞争态势、关键控制点，增强企业的竞争能力。三是引导企业围绕经济指标的达成，深度分析实现目标的“最佳解决方案”，提升企业的经营能力。四是通过业务计划书将经营活动落实到人（部门），将市场压力有效传递给所有员工，形成每一个员工都与市场零距离、每一个员工都与集团战略紧密相连、每一个员工都由市场来考核业绩的管理运营机制。五是建立年度业务计划执行情况月度、季度分析检讨制度，通过 PDCA（计划、执行、检查、行动）循环，找出差距，分析成因，纠正偏差，提出改进措施，形成闭环优化体系。

三、国有农业企业以健康、安全和可持续为目标的产业链构建与发展效果

（一）五大农业产业链布局基本完成，实现了跨越式发展

经过 9 年的农业产业链构建与发展，重庆农投集团实现了跨越式增长，主要经济指标连续 8 年增幅超过 20%，截至 2015 年年底，资产达到 132 亿元（其中控股 115 亿），是 2006 年的 6.7 倍；年经营收入达到 116 亿元（其中控股 55.8 亿），是 2006 年的 18.4 倍；年利润达到 5 亿元（其中控股 4.1 亿），是 2006 年的 16.6 倍，已发展成为重庆最大的国有农业产业链经营集团。

重庆农投集团已完成从重生产轻市场向五大农业全产业链，从立足农村发展向保障城市食品供给，从初级农产品生产型企业向农业现代化企业同步发展转变，形成了乳业、肉业、生态渔业、冷链物流、种业 5 大农业产业链。其中，乳业产业从重庆主城的鲜奶供应企业发展成为中国奶业 D20 企业联盟成员企业（中国奶业 20 强）、中国农垦乳业联盟成员企业，整体发展水平位居全国液态奶经营企业第 5 强；肉业产业从无到有迅速发展成为重庆经营环节最齐、发展规模最大的肉业全产业链；生态渔业被市政府确定为长江三峡生态渔业建设第一实施平台；冷链物流年市场交易额超过 200 亿元，成为西南最大、全国第 7 的冷链物流经营企业；种业产业从 2011 年收购市农科院金穗种业起步，通过不断收购兼并重组，已成为全国种子骨干企业前 40 强，正在建设全国种业“育繁推”一体化企业前 20 强。

（二）产品质量得到有效控制，树立了企业良好品牌形象

通过多年的产业链构建与发展，重庆农投集团将农产品的质量风险有效地控制在产业链内部，通过从“养殖场到餐桌”的全程质量可追溯体系建设，实现了农产品的“生产有记录、安全有监管、产品有标识、质量有检测”，提高了绿色食品、有机食品认证率，产品检测合格率均达到 100%，树立了重庆农投集团的知名度和公信力，安全农产品的品牌形象和价值得到消费者的广泛认可。

（三）为全国农垦企业改革发展探索出了一条有效道路

努力打造重庆奶、肉、鱼、蛋及冷冻食品的保供平台，已成为重庆农投艰巨而光荣的使命，努力打造现代化农业产业链，为重庆广大市民提供营养、健康、安全的农产品，已成为重庆农投新的战略目标。重庆农投的改革之路得到了农业部农垦局的高度肯定，2015 年和 2016 年，重庆农投集团以第一发起人身份相继发起成立了中垦乳业和中垦融资租赁公司，在新时期农业现代化建设的战役中，扛起了全国农垦系统改革的第一面旗帜，成为农业部推动全国农垦“三联”、打造农垦国际大粮商的重要组成部分，被农业部领导称为现代农业排头兵中的排头兵。

（成果创造人：何　勇、王千六、马晓玲、邓　韬）

通信企业实现职能管理向经营服务转型的管理变革

中国联合网络通信有限公司辽宁省分公司

中国联合网络通信集团有限公司辽宁省分公司（以下简称辽宁联通）于 2009 年 1 月在原辽宁网通和原辽宁联通的基础上合并组建而成，是辽宁地区实力雄厚、品牌强劲的全业务电信运营商。目前，辽宁联通设 14 个市级分公司、44 个县级分公司、基层单元 966 个，共有职工 2 万余人；拥有固定资产原值 745 亿元，净值 230 亿元；拥有 4G 移动基站 2 万余个，移动网络基站总数达 6 万余个，3G/4G 覆盖率达到 97%以上；用户总数超过 3000 万户，其中移动电话客户 1500 余万户，宽带客户超 500 万户，固定电话客户超 1000 万户。2015 年实现销售收入 134 亿元，实现利润 12 亿元。

一、通信企业实现职能管理向经营服务转型的管理变革背景

（一）深化内部改革和为发展提供动力的需要

随着社会的发展，通信行业进入了产业快速更迭、产品结构不断调整、用户趋于饱和的新阶段，移动互联网时代的到来，产生了新的业务模式和商业模式。根据党的十八届三中全会关于深化国有企业改革的有关部署，按照《中国联通关于全面深化改革的指导意见》，在中国联通大力推行激发基层责任单元活力的改革氛围中，辽宁联通必须以瘦身健体、提质增效为重点，坚定不移推进改革，全力以赴稳增长，力求取得实质性进展。

（二）变革管理体制和提高管理效率的需要

经过广泛深入调研，辽宁联通总结出制约企业快速发展的深层次体制性问题：公司集中管控度强、服务支撑弱，市场前端责任重、权力小，公司授权不充分；审批流程复杂，层级多，周期长，且过程不可控；辽宁联通整体对市场支撑不足，响应速度慢，导致市场机会丢失。对标组织架构扁平化的互联网公司，辽宁联通内部复杂、冗长的决策流程以及比较保守的运营机制，已经不适应移动互联网时代的发展要求。因此，辽宁联通需要及时转型，变革管理体制，优化内部机制，缩短流程环节，构建更加扁平高效的运营管理体系，从而提高企业管理效率。

（三）完善激励机制和提高员工积极性的需要

辽宁联通发展处于重要战略机遇期，原有的激励机制不适应新时代形势下的业务发展，也不能充分反映员工的能力贡献和工作业绩，不符合员工的心理期望。传统管理部门激励模式单一，固定薪酬占比较大，员工间薪酬差距较小；运营支撑单位绩效与发展业务关联性弱，对个人薪酬绩效影响不大；业务发展快速，但一线员工薪酬增长缓慢。这些不相适应的激励机制严重影响了员工积极性，进而给企业发展带来较大压力。为解决这些问题，辽宁联通着力完善激励机制，制定适应市场、适应移动互联网化的激励模式，充分调动员工积极性，为企业带来更大效益。

2015 年年初起，辽宁联通实施职能管理向经营服务转型的管理变革，实现各单位的责权利统一，释放运营活力、提升整体经营业绩。

二、通信企业实现职能管理向经营服务转型的管理变革内涵和主要做法

辽宁联通自主创新、积极探索，形成经营服务型管理，公司各部门均以“市场客户”和“一线员工”为中心，业务管理部门变职能管理为经营，如由指标下达、管理考核转变为推送市场分析、主动匹配资源，并与基层业务完成情况紧密关联；传统管理部门变职能管理为服务，如由通报公司业务发展情况转变为指导员工个人业绩提升等。辽宁联通明确指导思想，成立推进组织，通过营销管理变革、运营

方式变革、资源配置变革、简政放权优化流程和服务清单承诺五大改革措施，并匹配合理的激励机制及信息化手段支撑，实现职能管理向经营服务转型的管理变革，提升员工积极性，提高企业管理效率，推进业务发展提质增效，实现企业经营业绩稳步增长。主要做法如下：

（一）明确管理变革指导思想，成立推进组织

为适应移动互联网化发展需求，实现“基础业务有效发展、新型业务重点突破、体制机制更加完善”的战略目标，有效解决职能管理部门相互沟通不畅、适应性差、对新情况反应速度慢，以及对市场服务支撑弱、激励机制单一等问题，辽宁联通实施经营服务转型，以支撑市场为导向，打破传统管理的部门壁垒，理清职责界面，推进前后台一体化，实现“后台围绕前台转、前台围绕客户转”，为客户感知提供“端到端”的机制保障，并通过调整激励机制和完善信息化支撑来保障转型，提高经营服务水平，持续提升企业核心竞争力。

为保证管理变革的顺利开展，辽宁联通成立公司总经理为组长的改革领导小组，公司其他领导及主要部门负责人为小组成员，改革小组下设办公室，主要部门专职管理人员承接日常工作。改革领导小组负责把握改革方向、审议重大改革决策。改革办公室负责各项改革的具体组织推进，负责企业问题调研分析、前期的计划制订、中期的推进落实转型和后期的转型效果评价，定期向改革领导小组汇报工作进展情况，实时跟踪企业改革进展情况，保障企业实现管理转型变革。辽宁联通大力推进组织体系改革，纵向由区域管理向专业化管理转变，横向由需求申请制向订单契约制转变，逐步建立高效、专业、扁平的经营服务体系。

（二）推进营销管理变革，激发员工活力

辽宁联通推行“高目标牵引、高资源配置、高薪酬激励”体系，使得收益分享，实现目标、资源、薪酬同向联动，激发经营服务活力。纵向打掉区、县管理层级，强化专业管理，直接穿透至基层一线，2015 年年末辽宁联通内部运营平均流转效率同比提升 26.5%。根据实际经营情况，依照专业化、扁平化、标准化原则组建基层责任单元，并保持单元规模统一、划分标准统一、运营模式统一。

1. 强化基层责任单元

各市分公司结合实际情况，以保持收入和用户规模大致均衡的原则组建营销单元，运维的末梢装维单元与营销单元对应设置，且作业范围不交叉，保障营销维护协同作业效果。各市分公司共建立营销单元 741 个、新型业务单元 20 个、运维单元 205 个。省本部 6 个营销单位内部建立 38 个营销团队，以基层单元形式实施竞标 PK。基层单元自主认领任务，竞标摘牌，负责单元内各项业务的开展，目标任务完成情况与单元整体薪酬绩效挂钩。由原有营业厅等客的被动受理，转变为一线人员深入市场、上门服务的主动销售，快速响应客户需求。一线员工按照量化积分制方式激励，按业务种类计件积分，上不封顶，积分结果直接反映员工绩效薪酬，有效调动员工活力。

2. 坚持优胜劣汰机制

打破岗级、资历、身份等限制，以“不唯职级、不唯学历、不唯年龄、不唯专业、不唯身份”的原则，公开竞争选拔单元负责人。2015 年，全省 126 名非合同制员工通过竞标 PK 成功担任营销单元负责人，实现优秀劳务工的脱颖而出。实行单元负责人退出机制，对能力较弱、公信力差的负责人实施退出调整。跟踪业绩完成情况，对连续两个月未完成目标 90%的进行警告，并进行督导和业绩提升帮扶，对连续三个月未完成目标 90%的亮红牌，对连续六个月未完成目标 90%的实施退出。2015 年，全省共退出基层单元负责人 57 人，占比 6%。

3. 推进横向专业协同

以正向激励方式，引导、促动各专业的协同与合作，让合作各方均获得业务发展红利，实现各专业

线在更广、更深领域的有效合作，消除专业间的利益界限，形成跨专业运营合力。第一，强化市场营销各专业间的协同，做好家庭客户、商企客户、营业厅间的工作协调，收入、发展量以计件积分形式同时计入双方业绩。第二，强化市场营销与运行维护间的协同，营业员、客户经理和装维人员协调一致，发展业务和装维工作同时奖励，量化考核。

员工活力得到有效调动，员工薪酬与价值创造同步增长。2016 年上半年辽宁联通 4G 网络用户净增 125.1 万户，规模达到 305.9 万户，辽宁联通增量份额占辽宁通信行业增量份额的 71.8%，同期营销人员平均个人薪酬增幅达到 36%。

（三）推进运营方式变革，提高响应效率

辽宁联通从省公司到市分公司全面实施运营方式变革。基础业务领域（固话、宽带、移动电话、数字电路等）实现省市专业化纵向穿透，横向协同；新型业务领域（产业互联网、行业应用、云计算/IDC 等）实现营销支撑一体化运营。

1. 推进纵向专业化穿透

从省公司专业部门至市公司专业部门直至基层单元，实现垂直至一线的穿透管理与服务。家庭客户、商企客户、校园客户等专业线指导本专业基层单元开展生产经营，从指标任务分解下达转变为基层单元自主竞标认领目标，为一线单元员工提供精确有效的市场行业动态分析，辅助开展面向市场、面向客户的生产经营。各专业部门的职责定位由原来的目标分解、管理考核，转变为规则制定、资源提供与服务支撑，部门绩效薪酬直接挂钩一线单元的业绩完成情况，达到专业线纵向联动，实现条线清晰、高效准确、聚焦重点的高质量运营。

2. 推进营销支撑一体化

为推进业务实现跨越式发展，辽宁联通实施电子商务、云数据等业务一体化、专业化运营改革。实现全省电子商务“产品、销售、交付、服务”集中运营，省公司承接运营互联网平台的营销策划、产品管理、资源管理、订单处理、物流配送、客户投诉处理、售后服务等职责和相应指标，市公司负责本地推广及业务支撑。云数据业务统筹全省 IDC 与云计算业务发展，通过资源集约、规模经营、统一管理、集中运营提升 IDC 与云计算业务竞争力，超额实现业务发展目标。2015 年电子商务专业活动响应速度及重要活动上线效率提升一倍以上，成效明显。

3. 实施市场化竞单机制

优化运营支撑体制，建立全客户群的一点响应、集约支撑体系。根据客户需求由基层单元发起工单，企业内部实现市场化的定向选单、竞争性抢单和轮候制派单运转方式。定向选单，由营销一线依据支撑人员技能，进行选择性指定工单，被选定人员根据目前工作量向指派者回馈支撑时限等信息，如满足需求，则定向工单建立；竞争性抢单，由支撑人员以竞标形式争抢一线工单，承诺时限最短、支撑方案最优者获得此工单；轮候制派单，定向选单和竞争性抢单未成功，可采取轮候制排队派单。网络支撑服务实施竞单机制后，修机预约及时率、履约率同比分别提升 12%和 5%。

4. 强化行业应用支撑

系统集成及行业应用支撑，搭建客户经理、技术经理、项目经理形成的铁三角营销模式，开展对 ICT 商机挖掘和项目拓展、支撑、实施、管理等工作。省市联动，明确责任分工、生产流程，实施项目全过程的流程化管控，重点提升项目获取能力、解决方案能力、集成实施能力、项目管理能力、平台运营能力等核心集成能力，强化对基层单元的行业应用销售支撑和协调效率。2015 年，支撑团队共完成 228 个行业应用项目，均配备客户经理、支撑经理和项目经理，签约 8.5 亿元项目，当年项目转化率达 50%以上。

（四）推进资源配置变革，提升使用效能

1. 成本资源动态配置

坚持“上定规则、不动资源；下动资源，不动现金”的基本原则，建立开放的资源动态配置模式，全省统一资源配置规则、差异化透明配置。各单位按任务完成情况动态、直接关联资源，滚动配置，上不封顶，由被动申请资源变为主动获取资源，配置额度内各项成本打包使用。建立节支奖励机制，本着降本增效原则，完成目标后结余成本按比例给予薪酬奖励，提升资源使用效益。通过按月预警、按季清算，成本资源有效支撑一线，进一步推动经营服务转型。截至 2016 年 6 月，各市分公司已将广告宣传费的 57.7%、业务招待费的 55.1%、办公费的 24.4%、车辆使用费的 31.5%下沉至基层责任单元。

2. 投资资源穿透配置

将投资建议及决策权下放，投资需求由基层单元发起，市场线决策，建立投资问责机制，明确“谁决策谁负责”的使用规则，对承诺达到的收入目标负责。截至 2016 年 6 月，宽带投资资源下沉至市公司 2.6 亿元，完成基层一线宽带接入立项投资 4772 万元；大客户营销团队决策大客户行业应用投资项目 84 项，占全部大客户项目的 72%。

3. 人力资源向营销倾斜

一是团队自由组合权下放至专业线单元，人力资源管理实施服务转型。各专业线单元拥有自主人员管理权，人力资源提供人员招聘、团队双选、人员退出、岗位封存及调整、用工规范指导等支撑服务。二是管理人员向基层单元、市场一线下沉。将基层单元经历作为职级晋升条件，各单位设定管理人员最低下沉比例，管理人员限编、缩编。629 名原省、市、县公司的管理人员担任基层单元负责人，占负责人总数的 51%，实现优秀人才的有效下沉。

4. 优化人力资源结构

一是适应发展需要，本着“人尽其才”原则，在光纤网络改造后引导维护人员向新型业务、客户销售、后勤辅助岗位进行迁移。全省共计调整 1521 人，其中 98 人充实到新型业务岗位，711 人充实到市场前端岗位，138 人优化到后勤物业岗位。二是畅通人才流入，实施多元化人才引入机制，不断充实人员、强化团队，人力资源结构得到优化。营销人员、IT 人员占比增加，优秀人员向市场一线前移，2015 年为新型业务单位补充高素质人才 128 人，为建立辽宁联通差异化支撑体制提供复合型人才 22 名。

5. 强化培训与业绩指导

组织省、市公司骨干管理人员参加“鹰王重生”执行力提升培训，提高员工企业归属感、职业认同感、工作使命感和成就感；组织各专业人员内部学习交流，定期为市场一线员工培训学习营销经验、谈判技巧和项目控局能力；组织单元负责人主动为下属员工提供业绩指导，对业务发展效果和员工行为轨迹进行大数据分析，找出员工营销行为差异，对员工进行定向准确的业绩帮扶。

6. 物资资源透明化配置

积极推进互联网平台应用，改变物资资源配置模式，充分应用内部商城，透明各类资源消耗，各单位自主选购，实现“去现金化、去行政化、去库存化”。内部商城拥有 12 类，50 万余种产品，基本满足员工工作需求，2015 年全省物资资源在内部商城线上采购超过 95%，对商城未能提供的急需商品，赋予基层单元 5%的线下采购权。线上采购（内部商城）实现“无现金流”和“零审批”，线下采购实现“基层单元—财务部”直通式报账。物资管理部门不断完善物资配送网络，进一步实现集中、高效、灵活配送。

（五）推进简政放权，优化流程管理

1. 实施简政放权

通过自下而上确权力、自上而下晒权力、分批实施放权力、规范操作用权力四个步骤，实现权力管放结合，优化服务支撑。全省共梳理3000余项意见建议，形成七个方面112项权力下放事项，并分批次实施放权。同时，加强过程管控，规范所放事权的使用，各专业部门指导和约束权力使用，跟踪、评估权力下放情况，对“用权”单位进行帮扶指导，建立用权单位的事后问责制度，确保权力行使“底线”；对于未放权部分，进一步精简审批流程。

2. 深化流程管控

建立省、市两级流程管控机制，深化基于工单驱动的全流程管控，提升内部客户感知；各专业部门推进流程诊断，挖掘流程短板，开展流程专题分析，横向外部与行业、内部本地网间及县公司间进行对标，纵向以不同时间周期进行动态迭优分析诊断。全省梳理流程环节节点，按紧迫程度、与一线关联程度率先优化6大专业领域内的19项关键流程，缩短环节时限，变串行流程为并行流程，并纳入流程监控体系，目前已将宽带装移机工单、服务投诉工单、员工内部流转工单纳入流程管控范围，其中服务投诉工单流程平均时限缩短2小时。

3. 推进流程优化与再造

基于流程管控及诊断分析，推动专业系统打掉流程冗余环节，动态压缩时限阀值，推进管理和生产流程再造，为客户感知提供“端到端”的机制保障，提高辽宁联通整体运营效率。针对新型业务领域，建立综合虚拟“办事大厅”，再造集中支撑保障流程，实现新型业务的一点响应和集约支撑。截至2016年6月，宽带订单转化率为97.42%，提升5.26个百分点。

（六）推进服务清单承诺，倒逼管理转型

1. 实施服务承诺清单制管理

聚焦一线需求热点、难点，梳理服务承诺，压缩服务支撑节点，公开承诺服务事项、服务标准、服务时限、承诺单位和承诺对象等。各专业部门纵向对基层一线、横向对协同部门实施服务承诺；充分征求被服务对象的意见，经被服务对象审定后，分批分阶段迭代公布服务承诺清单，并进行IT系统固化。全省开展多轮次的服务承诺事项梳理优化，确定省公司服务承诺事项140项/149条，市公司服务承诺必选事项130项/166条，各市公司还结合实际形成194条个性化服务承诺事项。

2. 标准化服务承诺星级评价

标准化服务承诺通过承诺完成情况与标准对标，按照处理时限、服务质量、支撑效果、满意程度等维度，进行系统化星级评价，实现对服务单位的逆向考核，形成服务承诺闭环管理。基层一线对市公司各专业部门服务承诺事项进行评价，市公司各专业部门对省公司相关专业部门服务承诺事项进行评价。

3. 非标准化服务承诺随单考核

非标准化承诺或未达标承诺，启动内部工单，在系统中全流程监控，实现实时沟通协作，并对完成情况及时随单评价。每张工单从响应、效率、态度、结果四个方面进行星级量化考评，实现评价对事不对单位；评分部门和被评分部门“双盲”，为评分者提供客观的评分环境。赋予一线话语权，通过对服务承诺和工单的逆向评价，倒逼支撑服务水平提升。

（七）完善“三高”激励机制，确保变革实效

1. 专业营销单位实行竞标激励机制

单位、团队薪酬总额与任务目标完成情况联动配置，个人目标与团队目标一致，团队业绩完成得越好，团队薪酬总额越高，个人薪酬越高。团队负责人实行根据业绩情况，月兑现、年清算的动态年薪制，贡献越大薪酬越高。团队员工实行以业绩为导向的动态薪酬积分制，以辽宁联通效益和重点业务发展为目标，按专业线制定积分规则，统一积分单价，员工积分直接反应业绩完成情况，个人薪酬与团队业绩、个人劳动付出强关联，多劳多得，按劳取酬。

2. 运营支撑团队实行项目支撑激励机制

支撑团队根据工作任务核配相应资源。项目经理对团队成员拥有绩效考核权和人员调配权。支撑团队酬金＝项目收入×提成系数×支撑效果/（支撑单价×服务时间×支撑效果）。运营支撑团队员工绩效薪酬由支撑项目达产绩效（约70%）和支撑过程行为绩效（约30%）构成。支撑项目达产绩效与所支撑项目收入直接挂钩，按积分计算薪酬；支撑过程行为绩效包括支撑对口单位相关预算完成率、支撑单位对项目支撑的时效评价。实现前后台的实时联动，协同合作，保障服务支撑体系扁平高效，能够快速支撑、响应基层一线员工的需求，进而快速响应一线市场。2015年全省支撑团队员工绩效差异倍数达到2倍，平均绩效同比增长24%。

3. 综合服务部门实行量化考核激励机制

通过量化指标与重点工作相结合，将辽宁联通发展战略分解为重点任务，并确定任务里程碑，从布置、落实、督促和考评四个环节进行周期性评价，实现对综合服务部门及所有党委管理领导人员的考核，实现"考核层层落实、责任层层传递"，提升战略执行力、组织协同及管控有效性，确保战略目标的最终实现。各综合服务部门内员工绩效差异倍数在1.2倍和2.2倍之间，公司内员工绩效差异倍数在1.7和3.9倍之间，强制拉开分配差距，充分调动全省服务支撑人员的积极性。

（八）构建信息化平台，支撑管理变革

2015年实施营销、服务、维护与内部协作等多专业信息化平台建设，有效支撑经营服务转型，并多轮次开展原有专业系统的优化和扩容，持续提升现有系统支撑能力。

1. 支持营销服务全流程贯通

通过整合多个系统和平台数据，快速推进信息化系统建设，全面支撑经营服务的有效穿透和实时管控。纵向支持省、市、基层单元，横向覆盖市场、管理、财务、人力等专业线，提供多维度数据钻取、业绩排名、信息推送、监控预警等服务支撑模块。以IT手段固化全省统一的运营模式，并辅助营销支撑、专业协同和绩效考核，有效支撑职能管理向经营服务转型。

2. 加强大数据内外部行为分析

全省统一实施大数据集中挖掘分析，实现智能分析、自动匹配、智慧推荐。专业部门主动为一线单元提供精准的用户行为分析，协助一线进行市场营销，通过市场客户消费行为分析，为基层单元推送分析数据，高效支持精确营销、销售活动。辽宁联通内部通过对员工行为轨迹和电话外呼量的大数据分析，找出员工营销行为差异，为行为绩效考核及业绩帮扶提供准确依据。

3. 支持部门横向流程穿越

打造流程管控信息化平台，打掉部门壁垒，穿越流程环节，从外部客户和内部员工感知出发，集中实施流程监控。目前在系统内固化3大类56项业务流程、4大类12项服务流程和5大类28项员工内部流转流程，对流程、环节和关键指标进行实时监控，并动态发布流程管理监控报告，逐步提升流程运行质量。

三、通信企业实现职能管理向经营服务转型的管理变革效果

（一）完善激励机制，提高员工活力

各单位员工积极性大幅提升，团队积极性及协作合力充分体现。专业化营销团队薪酬激励同经营任务挂钩，坚持收入、利润双轮驱动，充分鼓励有水平、有方法的员工争当单元负责人；营销团队员工采用积分绩效机制，充分支持有能力、有资源的员工积极发展业务；运营支撑员工绩效与支撑效果、支撑项目收入直接挂钩，充分调动支撑人员积极性；综合服务人员打破绩效平均分配，接受一线逆向评价，强制拉开差距，实现对工作强度、效果的客观反映。2016年年初，通过竞标PK模式参与单元竞聘的员工人数同比增长45%以上，所认领的任务目标中96%为最高档级目标，员工个人目标与公司发展目

标相一致，个人发展和公司业绩均呈现积极向上趋势。

（二）变革体制机制，提升管理水平

各专业纵向扁平高效，横向协同合作，快速支撑一线员工，一线员工快速响应客户需求，真正做到“一切为了客户、一切为了一线、一切为了市场”。各团队运营管理效果明显改善，支撑团队抢单踊跃，营销团队效率提升。通过构建流程管理体系，加速流程运转，提高决策效率，标准化服务承诺事项时限标准与未承诺前相比平均缩短39%，整体运营水平得到全面提升，进而提升客户感知。

（三）深化企业改革，促进公司发展

辽宁联通2015年全省主营业务收入预算完成排名中国联通第3位；收入同比增幅领先行业0.4个百分点；市场份额达到35.18%，提升幅度排名中国联通第1位；效益水平持续改善，利润同比增加11.5%，EVA明显改善。

（成果创造人：买彦州、慈家昆、赵　铭、付海威、
王朝伟、贾新民、王冬梅、赵成波、潘　进）

国有煤炭企业以“优轻新精”为核心的内涵式发展战略及实施

淄博矿业集团有限责任公司

淄博矿业集团有限责任公司（以下简称淄矿集团）的前身淄博矿务局于1953年建局，2002年改制为国有独资公司，现隶属山东能源有限公司，是一个以煤为主、多业并举的大型现代企业集团。拥有全资子公司10个、控股公司8个，实际控制和管理的参股公司2个、文教卫生单位2个，产业涉及煤炭、医疗器械及健康、水泥建材、新材料、煤化工、现代物流、矿井装备、建筑安装、房地产等多个领域，主要生产经营单位分布在鲁、陕、蒙三省区的淄博、济南、济宁、咸阳、鄂尔多斯5市。

一、国有煤炭企业以“优轻新精”为核心的内涵式发展战略及实施背景

（一）应对煤炭行业供需严重失衡、市场极度低迷的需要

21世纪初期，国内煤炭开发生产与消费利用逐步进入高速扩张阶段，产生了“黄金十年”的辉煌。但在市场的刺激下，资本一窝蜂、不理性涌入煤炭产业，导致煤炭采选业投资过于迅猛，煤炭产能释放速度大大超越了消费增长速度，供需失衡问题自“十二五”初期开始凸显。各类生产要素价格不断上涨，资源获取成本、人工成本、土地使用成本、环境保护成本、税费政策成本等急剧膨胀，煤炭产业全面进入高成本发展期。自2012年开始，煤炭供给陷入严重过剩，煤炭价格极速拐入持续大幅下行阶段，煤炭企业也由原来的高投入、高产出、高盈利局面转入经营异常艰难、效益下滑甚至亏损的境地。淄矿集团作为传统的煤炭企业，在“九五”时期便经受过市场起伏波折的重重考验，面对行业与市场的非理性扩张，敏锐察觉了鼎盛中潜伏的危机。淄矿集团认识到，随着煤炭产能的过剩，过去单纯依赖外延式扩张的发展模式将难以为继，只有通过转变管理和发展模式，才能够在供需失衡、市场逆转时赢得竞争和生存的先机。于是自2011年开始，淄矿集团便着手围绕企业全流程价值链进行探讨再造，以内为主，内外兼修，全面释放企业内力和活力，走内涵式发展的道路。

（二）转变企业发展方式、促进转型升级的需要

我国经济已经发展到一定阶段，逐步进入经济结构的深度调整期，依靠能源大量消耗的发展方式正被逐步淘汰；风电、光伏、核能等新能源发展迅猛，对煤炭产业造成了巨大冲击。煤炭消费减量化的趋势已不可逆转。对于煤炭企业来说，这既是一个风险交织的发展困难期，但更是一个难能可贵的转型突破机遇期。对于淄矿集团来讲，省内资源逐步枯竭，发展难以为继；省外项目处于基本建设阶段，短期内无法“反哺”省内；非煤板块的经济规模相对较小，尚不能承担起对煤炭损失的补位作用。在这种情况下，唯有从产业结构、运营模式、管理方式上进行优化创新，构建新的内涵式发展模式，才能为企业更好地推进外延扩张、转型突破、实现永续发展提供强大支撑。

（三）变革传统管理模式、提升企业竞争力的需要

淄矿集团虽然在“十一五”初期便完成了关闭破产、主辅分离和移交企业办社会等政策性改革，实现了衰老矿井、辅业单位及大批职工向社会的分流，相对其他煤炭企业已经具备了轻装上阵的比较优势。但近年来，随着项目建设、产业并购的持续发力，淄矿集团经营规模不断扩大，管理层级越来越多，内部的决策运营效率逐步降低等问题日益明显。在煤炭市场出现逆转、大批煤企陷入亏损的背景下，如果不能迅速破解产业结构不合理、机构庞大臃肿、体制机制僵化、生产效率低下等问题，不仅通过上一轮改革积聚的优势难以保证，更将丧失应对激烈市场竞争的能力。因此，淄矿集团从破除内部积弊、增强内部活力的角度入手，着力打破大而全、小而全的传统管理体制和发展方式，构建和实施适应

现代企业运营、符合应对危机需要的内涵式发展模式。

二、国有煤炭企业以“优轻新精”为核心的内涵式发展战略及实施内涵和主要做法

淄矿集团积极适应我国经济发展的新常态和行业、企业发展的新环境、新趋势，大力实施以“优、轻、新、精”为核心的内涵式发展战略，突出“优结构”，调整发展战略的重点和方向，促进产业转型升级；致力“轻资产”，转变资本运营方式，降低投资成本，提高资本收益；持续“重创新”，充分挖掘机制、技术、管理等方面的潜能，推动企业发展“引擎”向创新驱动转换；狠抓“精用工”，千方百计减少“人”的投入、增加“人”的产出，提高人力资源配置效率。主要做法如下：

（一）明确企业内涵式发展的基本思路

淄矿集团积极适应我国经济发展的新常态和行业、企业发展的新环境、新趋势，着眼提升内在活力、激发内生动力，大力实施以“均量高、效益好”为目标，以“优、轻、新、精”为核心的内涵式发展战略。一是把“优结构”作为发展的基础所在，通过重新定位发展导向，对产业进行转型再造，优化基础产业，做强支柱产业，培育新型产业，突破“一煤独大”格局，为提高市场竞争力和可持续发展能力打造有比较优势的产业支撑；二是把“轻资产”作为发展的重要支撑，改变“重资产”的传统发展模式，通过借资、借财、借力，实现企业资源与社会资源互补互通、优化组合、高效配置，减少企业的资本固化和沉淀；三是把“重创新”作为发展的动力源泉，通过强化技术、管理、机制等系统性创变，促进要素价值创造能力再生、汇聚和提升，使淄矿集团发展由“要素推动”向“创新驱动”转变，实现经济增长动力升级；四是把“精用工”作为发展的基本追求，统筹把握“用人”与“养人”的关系，通过缩短管理链条、优化组织结构、提升人员素质、提高工作效率，使人力资源潜力得到最大限度的挖掘，降低人工成本这一制约效益提升的最大投入。

（二）优化调整产业结构和业务布局，打造产业发展升级版

淄矿集团立足宏观经济变化和企业发展实际，面向市场需求，着眼未来发展，不断调整优化企业经济结构，着力构建“331”产业布局和“121”产业体系，即构建山东济北、陕西彬长、内蒙古鄂尔多斯三个千万吨级矿区，济北矿区、埠村煤矿、东华水泥公司三个循环经济园区和一个总部经济圈的“331”产业布局；构建煤炭为基础，医疗器械及健康、水泥建材及新材料产业为支柱，现代服务业为配套的“121”产业体系。

1. 调整产业结构，优化产业发展体系

随着煤炭市场形势的变化，淄矿集团认识到，“靠煤吃饭”的路子已经越走越窄，必须改变“重煤炭、轻非煤”的惯性思维和传统做法，从根本上对产业结构进行调整。对此，淄矿集团在坚持巩固煤炭产业地位的同时，把目光更多地集中于培植非煤优势产业上，充分利用煤炭产业盈利投资发展非煤产业，以煤炭扶持非煤、以非煤反哺煤炭，不断提高非煤产业经济贡献率。先后控股新华医疗器械公司、济南泰星精细化工公司、淄博瀚森水泥公司等企业，主导建设省内第一个煤炭电子商务平台，初步形成煤与非煤比翼齐飞的产业格局。2015 年，非煤实体企业实现销售收入 105 亿元，利润 4.2 亿元，相比“十一五”末增长 1.9 倍和 1.3 倍；现代物流产业实现了由规模扩张型向规模效益型的转变，销售收入和利润分别达到 101 亿元、4180 万元，分别是“十一五”末的 1.4 倍、2.6 倍。特别是控股上市公司新华医疗后，“十二五”期间累计投入 9.1 亿元支持其做大做强，其 2015 年收入和利润分别达到“十一五”末的 4.4 倍和 5.2 倍，上市公司市值最高时达到 185 亿元，成为淄矿集团重要的经济支撑。

2. 调整产区结构，优化产业区域布局

淄矿集团煤炭产业“十一五”期间曾分布在鲁、陕、贵、滇、蒙五个省区，生产管理战线较长、资源赋存条件多样、安全危害因素复杂，影响了发展的速度和效益。对此，淄矿集团积极推进产区结构调整，秉持“有所为有所不为”的原则，把符合国家战略作为先决条件，把“优质、高效、低害”作为基

本条件，在综合分析战略布局、开发条件、安全状况、获取成本等多种因素的基础上，按照“有进有退、进退都是发展”的理念，科学有序地进行产区规划和调整，防止“资源饥渴症”导致的盲目行为。着眼国家“十二五”规划建设的14个大型煤炭基地，把山东、陕西、内蒙古确定为集团煤炭开发生产和深加工的基地。其中，在山东济宁收购新河煤矿，与“十一五”时期建成的许厂、岱庄、葛亭、唐口四矿一起形成千万吨以上产能；在陕西彬长开发高家堡煤矿，与原有的亭南煤矿一起形成千万吨产能；在内蒙古鄂尔多斯建设巴彦高勒煤矿，与2012年投产的杨家村煤矿一起形成千万吨以上产能。同时，根据地方政策和市场变化，逐步退出生产条件复杂、资源转化较慢、产能规模较小、盈利能力偏弱的云贵地区。2011年，在煤炭市场达到高点时，主动退出资源少、井型小并属于煤与瓦斯突出矿井的贵州糯东煤矿，获取转让收益3.3亿元；2012年，抢抓煤炭市场“由盛转弱”前的有利时机，果断转让产能小、风险大、管理成本高的云南吉克煤矿，获得转让收益3.5亿元。

3. 调整产能结构，优化产业发展节奏

针对产业形势发展和地区政策变化，淄矿集团突出效益效率中心，提出“三快两缓”递进式结构优化思路，对煤炭产能进行科学有序地调整。“三快”即：快退、快进、快改。“快退”就是继退出云贵地区资源开发之后，把视线转向省内，对资源濒临枯竭、无市场竞争力的济南埠村煤矿，变被动淘汰为主动退出，通过实施“转产、转移、转方式”战略，使其做到退而有序、退而有道、退而有为；“快进”就是加快建设煤质好、有市场、价格高、效益好的巴彦高勒和高家堡矿井，争取在最短时间内进入并占领市场，发挥产能和效益支撑作用；“快改”就是加快亭南、新河、唐口三个矿井的技术改造，实现主力矿井提产扩能，为巩固煤炭产业提供保障。“两缓”即缓建、缓采，主要是暂缓短期内难以产生效益的内蒙古油房壕矿井建设，放缓成本高、煤质差的采区或煤层的开采步伐。通过“三快两缓”，最大限度地优化煤炭产能结构，确保煤炭产业结构更合理、优势更突出。

4. 调整产品结构，优化产业发展支撑

在激烈的市场竞争中，产品的品种和质量已成为决胜要素。对此，淄矿集团把目光由“数量”转向“质量”、由“产量”转向“销量”，紧贴市场需求，坚持效益导向，实施“精品”战略，不断加大产品结构调整力度，充分挖掘产品的每一点潜在价值。投资20多亿元先后改造和新建10个重介洗煤厂，目前淄矿集团所属生产矿井均具备了煤炭全入洗的能力，改变以往主要销售原煤的局面，为延伸产品价值链奠定基础。尤其是针对杨家村煤矿产品内水含量高导致发热量低的先天不足，从美国引进世界一流水平的煤炭干燥提质系统，为提高产品质量、增加经济效益创造了有利条件。2015年，淄矿集团精煤产量突破2771万吨，实现洗煤增效3亿多元。同时，以服务客户需求、实现互利共赢为目的，成立煤炭产品研究中心，研究确立高炉喷吹煤、冶炼精煤等10多种煤炭产品，实现从单一重视产品质量向研究市场、研究产品、研究产品结构的转变，从单纯提供产品向提供能源解决方案的转变和从既有产品推销向以定单组织生产的转变，进一步提升企业的市场竞争力和盈利水平。

（三）积极探索资本运营新方式，开展“轻资产”经营

1. 以建管外包方式建设配套项目

为从根本上降低矿井建设投资，最大限度地创造经济增加值，淄矿集团以效益分成为“蛋糕”，积极运用“BOT”“BT”等项目运作新模式，吸引社会资本承担选煤厂、铁路专用线等配套工程建设，做到能外包的项目不自建、能引进的设备不投入，把淄矿集团的资源集中到主要业务板块上，既提高了建设速度，又避免了分散精力，更减少了自有资金投入。其中，在内蒙古杨家村煤矿引进专业化公司对产品干燥和脱水提质系统进行整体建管外包，减少股东投资4亿多元。

2. 以托管租赁方式发展水泥建材产业

随着国家对水泥产业调控政策的愈来愈紧，淄矿集团新上水泥项目受到极大限制；同时，由于水泥

粉磨站较少、产能不足，淄矿集团水泥熟料的内部消耗率一直处于较低水平，导致大量初级产品投放市场，严重影响盈利能力。为打破水泥建材产业增量发展、效益发展的瓶颈，淄矿集团采取输出品牌、管理和技术的方式，对产品市场覆盖区域已建成的水泥企业实施托管经营、产能整合和产品调配。截至2015年，淄矿集团水泥产业先后托管5家水泥粉磨站和1家矿粉厂，形成“两线七站一厂”布局，实现产业链有效延伸和产销网点合理分布，整体控制水泥熟料产能300万吨/年、水泥产能650万吨/年、矿粉产能60万吨/年，在满足水泥熟料内部消耗的需要的基础上，减少土地、设备和厂房投资8亿多元。这一做法也被评为山东省管企业十大商业模式之一。

3. 以管理换市场、市场换装备方式发展医疗健康产业

为将医疗健康产业打造成为有规模、有效益、有影响力的重要产业板块，淄矿集团以新华医疗器械公司为主体，运用资本运营手段，通过合作设立医院管理公司的方式，以较小的资金投入先后控股济南平邑、淄博昌国等10多家专科医院，既搭建了盈利平台，更为医疗器械销售应用拓宽了空间，实现了“以管理换市场”的目标。同时，淄矿集团还在所属中心医院实施“市场换装备”策略，对投放医院使用的医用耗材和医疗服务，采取“带设备、带技术、带服务”措施，要求医用耗材提供商无偿为医院供应诊疗设备和提供技术服务。按照这一模式，淄矿集团医院近三年来先后“零投资”引进大型诊疗设备30台套，减少设备购置费用1000多万元。

（四）开展全方位创新，推动企业发展由创新驱动

1. 创新内部市场化运营机制

淄矿集团把创新实施内部市场化运营机制作为激发内因、爆发内力的重要手段，以全面预算管理、全面对标管理、全员业绩考核、全面质量管理、全面风险管理等“五全管理”为基础，将市场关系延伸到各个岗位和个人、扩展到生产经营的最末端，在各单位普遍建立包含矿（公司）、区队（厂）、班组（车间）、岗位四大市场主体和三级交易关系，产品．物资、电力、加工维修、租赁、服务、技术、资金、人力资源、安全质量十大单元要素以及10万余种价格的内部市场化管理体系，形成横到边、纵到底、全覆盖的内部市场化运营机制。把信息化作为提升市场化管理的有效载体，研发具备价格管理、数据采集、收入结算、信息查询等11项功能的内部市场化管理信息系统，实现信息的实时获取、价格的及时调整和预算的动态监控，为市场化收入的“班清班结”“日清日结”“月清月结”提供保障。把内外市场结合作为市场化机制创新的重要环节，构建起生产加工销售三位一体的内外部市场“压力传导机制”和“利益链接机制”，把以往互相割裂的产品生产、成本核算、加工销售等环节紧密串联在一起，通过最朴素的利益链条，把外部市场的降价压力转化为内部的降本压力，及时传递至每道工序、每个岗位、每名职工，从源头上促进堵漏挖潜、降本增效。在要素价格普遍上涨的情况下，淄矿集团2015年商品煤综合成本与“十一五”末相比降低241元，对冲降价的比例达到86%。

2. 大力推动“三级”技术创新

淄矿集团提出“创新兴企、技术强企”的任务目标，从三个层级推动实施技术创新工作。第一层级，在实用技术创新上，依托各所属单位组建的研究室、课题组以及高技能人才工作室，重点围绕优化生产工艺、推广先进技术、应用新型材料、促进安全生产、挖掘生产潜力、提高装备效率等具体问题进行研究和创新，解决生产现场面临的提效、降本、保安全等实际实用问题。第二层级，在关键技术创新上，依托于集团公司技术中心和各研究所，重点围绕煤炭高效生产技术、煤炭转化和清洁利用技术、重大安全灾害防治技术、非煤新产品研究开发、先进装备应用等重大和全局问题进行研究攻关。其中，在内蒙古巴彦高勒煤矿设计装备了国内首套千万吨大采高自动化综采工作面，成为国家“863”创新项目；在陕西亭南煤矿创新应用的煤矿井下随钻测控千米定向钻进技术，有效解决了高瓦斯矿井低瓦斯开采难题，被授予国家科学技术进步奖。第三层级，在核心技术创新上，依托内部高科技人才以及高等院校、

科研院所，重点围绕煤矿智能化与工业化融合、新型风力发电技术装备等项目进行科研攻关，探索革命性、颠覆性的技术创新路径，目前已经取得了初步的技术成果。

3. 营造全员参与的创新格局

淄矿集团把激发全员创新原动力作为重点，从制度、体系、平台、人才等不同方面进行科学设计，形成创新有益、创新有路、创新有人的良好格局。在创新制度上，专门制定《全员创新创效激励管理办法》，建立创新创效与绩效联动机制。对于创新项目，从其实际创效中抽取6%对创新项目完成人进行奖励；同时，建立轻立项、重实绩的成果评价机制，将创新创效与各单位经营业绩挂钩，凡列入创新奖励的创效，全部在各单位利润考核时“剔除”，堵塞创新创效激励管理的漏洞。在创新体系上，构建起主要领导亲自抓、总工程师具体抓、专业人才靠上抓、全体员工共同抓的“四级创新工作体系”。单位“一把手”抓“第一生产力”，做到重要课题亲自落实、重大难题亲自参与、重点项目亲自协调；单位总工程师作为创新第一责任人，具体抓创新课题立项，带头搞难题攻关，协调解决创新工作中的具体问题；各级技术管理部门和专业人员作为创新的主导力量，立足本职岗位主动认领创新课题，引领带动广大职工进行创新增效；广大职工人人当“创客”、个个做“工匠”。在创新平台上，集团层面先后成立山东省充填开采工程技术研究中心、新型风电技术研究所、煤矿“两化融合”研究所等一批创新机构，所属单位先后建立44个研究所、95个创新工作室、58个劳模工作室，搭建起较为完备的全员创新平台。在创新人才上，建立管理、技术、技能“三通道”并行互通的人才成长机制，开展“争当百万创新个人”活动，为各方面人才创新拓宽了途径，使“全员创新、万众创效”的活力得到了有效迸发。

（五）积极推动“精用工”，提升人力资源效率

淄矿集团以“均量”为导向，提出“精用工”的理念，围绕队伍精干、组织精练、素质精良三大核心，持续优化用工机制，深化机构改革、缩短管理链条、提高工作效率、精简用工队伍，力求以最少的人员投入创造最佳的经济效益。

1. 综合施策压减用工规模

淄矿集团自2013年开始确立“人员零增长”方针，并大力实施装备换人、技术换人、管理换人、机制换人等“四个换人”举措，最大限度地控制用工规模。在新矿井建设上，淄矿集团提出“人均万吨”的效率标准，全面推行采掘机械化、装备自动化、管理信息化、运营市场化、辅助专业化、后勤社会化“六化”管理，创造“轻型大矿”建设新模式。其中，年产500万吨的内蒙古杨家村矿井，在册人员仅468人，2015年人均产量达到9100吨，人工成本只占到完全成本的14%，处于同类型矿井先进水平；年产1000万吨的巴彦高勒矿井，应用国内领先的自动化开采装备，全部定编定员仅为833人。

2. 深化改革精练组织机构

淄矿集团一方面全面推行“大部室、小机关”改革，集团总部机关经过机构改革，业务部门减少17个，人员减少200人，总部机关人员降至200人以下；基层单位通过机构重组和工区合并，累计精简机构94个、整合区队45个，转岗分流管理人员1200余人。另一方面，压减后勤辅助机构，将一些法律法规没有明确要求的生产辅助和后勤服务岗位，全部交由外部人力资源承担，把队伍与组织建设的全部重心放到了经营管理和生产一线上。目前，淄矿集团所属矿井的后勤服务机构已全部取消，减少用工1400余人，年节约费用达5600多万元；在淄矿集团煤炭产业人员构成中，采煤和掘进人员占到了50%以上，远高于行业平均的水平。

3. 持续不断实施“素质提升工程”

为实现减人不减“战斗力”的目标，淄矿集团把职工队伍建设和结构优化牢牢抓在手上，自2007年开始，围绕打造经营管理、专业技术、技能工人“三支队伍”，提升思想政治、职业道德、科学文化、职业技能和健康身心“五大素质”，连续10年不间断地实施“职工素质提升工程”，着力培育与企业现

代化大生产相适应的职工队伍。先后制定两个“五年规划”，开展“职业道德整塑”“先进知识武装”“业务技能培优”“群众性经济技术创新”“新型班组推进”“职工安全健康和心理疏导”等一系列素质提升计划，组织实施10次覆盖全集团的“职业技能大赛”。

三、国有煤炭企业以“优轻新精”为核心的内涵式发展战略及实施效果

（一）企业成功走出了一条“优轻新精”的内涵式发展道路

通过5年努力，淄矿集团初步实现从规模扩张的外延式发展转变为注重提质增效的内涵式发展。“结构优、轻资产、重创新、精用工”的特点和优势正在不断凸显。2015年，在煤炭行业普遍陷入亏损的情况下，淄矿集团净资产收益率达到5.03%，总资产报酬率达到4.37%，资本保值增值率达到105.13%，均居山东能源所属矿业集团首位；实现经济增加值0.2亿元，是山东煤炭企业中唯一EVA为正值的企业。“十二五”期间，淄矿集团累计完成市级以上科技项目600余项，获得专利授权675项，有3项成果荣获国家级技术和管理创新奖励。仅2015年一年，淄矿集团就完成内部创新课题1000余项，实现创新增效8亿多元；尤其是一大批先进适用技术和高新装备得到广泛有效应用，使煤炭生产效率显著提高，淄矿集团矿井单产水平与“十二五”初期相比提高了153%。在产量增长、收入增加的同时，实现了用工总量和人工成本“双下降”，其中在册用工由“十二五”之初的2.3万人降至2015年的1.8万人，薪酬总支出同比减少11590万元；全员劳动生产率达到25.43万元/人·年，在煤炭行业中处于前列。

（二）企业有效抵御了煤炭行业寒冬，保持了持续健康发展

2015年，淄矿集团完成商品煤产量2716万吨，实现营业收入269亿元，资产总额达到427亿元，分别比“十一五”末增长89%、51%和87%；在煤价大幅下降、煤炭企业亏损面增大的情况下，实现利润14.2亿元，同比增长27.3%，盈利能力位居行业前列。各项均量指标一直保持在煤炭行业前列，成为淄矿集团在市场下行的逆境中赢得竞争和实现发展的重要比较优势。2015年，淄矿集团人均产量、人均收入、人均效益、人均资产5项指标分别达到874吨、86.5万元、4.6万元、141.3万元，均保持山东能源集团权属企业首位。

（三）企业持续健康发展的后劲得到显著增强

目前，淄矿集团省内与省外齐飞的“331”产业布局和煤与非煤并举的“121”产业体系初步构建形成。山东济宁、陕西彬长、内蒙古鄂尔多斯的三个千万吨级矿区已基本建立，2014年淄矿集团省外煤炭产量首次超过省内1000万吨的规模，2015年省外商品煤产量达到1670万吨，实现了由“百万吨级”向“千万吨级”的跨越。非煤产业发展步入健康轨道，对效益的支撑作用进一步增强。2015年，淄矿集团非煤经济的收入和利润分别占到集团收入和利润总额的77%和29%，比“十二五”初期分别增长26个百分点和20个百分点，成为淄矿集团重要的经济支柱。

（成果创造人：孙中辉、侯宇刚、季海波、李景慧、刁兴建、
王利民、朱敏峰、桂美胜、李　琦、陈亚洲）

数据通信企业基于阿米巴模式的经营创新与管理提升

锐捷网络股份有限公司

锐捷网络股份有限公司（以下简称锐捷网络）成立于2000年，是福建星网锐捷通讯股份有限公司的子公司，致力于打造中国数据通信解决方案领导品牌。目前，锐捷网络拥有40个分支机构，营销及服务网络覆盖亚洲、欧洲、北美洲和南美洲。现有员工3000余名，其中2000余名研发人员分布在福州、北京、上海、成都和天津五大研发中心，拥有8条产品线（交换、路由、无线、出口网关、安全、应用系统、IT管理、云产品）、260余款产品和2500多家合作伙伴。截至2015年，锐捷网络已拥有600余项专利，是唯一入选国家首批“创新型企业”的数据通信公司。

一、数据通信企业基于阿米巴模式的经营创新与管理提升背景

（一）外部环境变化带来巨大挑战

从整个行业发展来看，近年来，全球信息通信技术进入新一轮技术周期，层出不穷的新技术、新业务推动人类社会发展进步的同时，对行业的盈利模式、管理模式等产生了越来越多的冲击，加剧了市场风险及不确定性，进而导致行业内各企业面临的市场竞争压力越来越大。此外，用工成本不断攀升，使得企业的压力倍增。然而，尽管企业支付的用工成本越来越高，但是伴随着经济生活的富足，员工对个性化尊重和精神追求的需求越来越高，这在一定程度上加大了企业的管理难度。综上，外部环境的种种变化，使得传统的金字塔型的指令式组织模式，僵化的自上而下的管理模式已不再适用，需要锐捷网络在变化中求谋定，在经营中创收益。

（二）内部经营管理面临的问题

随着锐捷网络的规模迅速扩张，与之相适应的管理能力却未能快速发展起来，导致出现公司整体内部未能有效形成合力，人均效率低下、人员培养等一系列经营管理问题。在全面剖析发展问题，寻求应对策略的过程中，锐捷网络对稻盛和夫先生提出的“经营公司不是只靠一部分的领导，而是要以全体员工共同参与经营的想法为基础，尽可能把公司分割成各个细小的组织，并通俗易懂地公布各个部门的业绩，让全体员工以主人翁精神去参与经营”的阿米巴经营的管理方式感到共鸣，决定在锐捷网络内部探索阿米巴经营模式。

二、数据通信企业基于阿米巴模式的经营创新与管理提升内涵和主要做法

锐捷网络全面分析企业面临的机遇和挑战，于2013年年初引进阿米巴经营模式，坚守“扎根行业，成为中国最具价值的行业解决方案领导品牌”的公司愿景，确立阿米巴经营在公司的战略地位，合理科学划分阿米巴组织，建立健全阿米巴核算规则，构建全面支撑阿米巴经营的经营管理功能，明确实施分层经营会议与沟通机制，充分运用信息化手段，推进阿米巴经营有效落地。主要做法如下：

（一）坚持战略引领，确立阿米巴经营在公司的战略地位

1. 将阿米巴经营确定为公司级项目，正式成立项目组

2013年，锐捷网络将阿米巴经营确定为公司级战略项目。为推行阿米巴经营模式，锐捷网络副总裁正式在公司内发起阿米巴项目，委托经营管理部部门经理担任项目经理，成立项目组，并在公司级会议上进行立项。

2. 全面查找问题，明确推行阿米巴经营的两大目的

在项目之初，项目组全面梳理公司的管理现状，定位需重点解决的问题：一是公司业务规模快速扩

张，部门对用人的需求也随之增多，而人员急剧扩张的同时，管理能力却未能得到相应的提升，进而导致人均产出效率低。二是各级管理者费用支出管理意识薄弱，甚至出现有的管理者认为一旦年初预算获得批准，那么在日常工作中将无须再对费用进行管理与控制的情况。这在很大程度上造成公司各项费用高企，进而增加企业经营风险，削弱企业竞争力。

为解决发展问题，锐捷网络对以上制约公司快速、稳健发展的障碍与问题，进行了全面、深入地分析，并明确推行阿米巴经营项目的两大目的。一是实现全员参与的经营方式，培育有经营者意识的人才；二是确立与市场直接挂钩的部门核算制度。

（二）科学划分阿米巴组织，委托阿米巴负责人

1. 把握划分阿米巴组织的原则

一是具有一定完整性的组织单位。各个阿米巴之间需要进行独立核算，所以，每个阿米巴作为一个经营单位须要具有一定的完整性。二是有助于实现锐捷网络整体目标的组织单位。三是核算部门和非核算部门的明确化。阿米巴经营把组织明确划分为产生利润的核算部门和为核算部门提供服务并努力维持公司健全发展的非核算部门。在划分组织时，为了提高公司的效益，应尽量将有条件进行核算的部门优先设置为核算部门。四是划分可反映经营战略的组织体制。

2. 科学划分阿米巴组织

2013 年，作为导入阿米巴经营的第一年，还处于探索阶段，为控制风险，锐捷网络先选择以直接创造销售收入的市场团队作为切入点，将市场团队定位为直接创造利润的利润中心，并确定其为市场阿米巴组织。锐捷网络于 2014 年将阿米巴化的组织范围扩大至产品团队，将产品团队确定为产品阿米巴组织。2015 年，进一步扩大阿米巴组织的广度和深度。锐捷网络最终将组织划分成三种阿米巴组织。

一是市场团队阿米巴。锐捷网络将市场组织定位为市场阿米巴组织，将市场线按制定解决方案的组织与销售功能的组织进行细分。自 2013 年以来，锐捷网络不断精进阿米巴经营模式，到目前为止，已将最小的阿米巴组织单元从最初的整个市场阿米巴组织，转变为按照行业和地域划分的三级阿米巴组织。

二是产品线阿米巴。把产品线按开发阶段类组织和产品投入市场后的运营阶段类组织进行划分，对产品线进行阿米巴组织化，将产品团队从费用中心转变成对产品经营成功最终负责的利润中心。

三是服务阿米巴。把技术服务部定位为阿米巴组织、核算部门，不仅可以增加公司内部创造盈利部门的数量，助力实现销售额最大化的目标，而且还可以更加客观、准确地反映市场阿米巴、产品阿米巴的费用来源，有助于他们识别费用问题，减少费用支出。

3. 委任阿米巴负责人

在划分阿米巴组织的同时，就需要委任阿米巴组织的领导人，即阿米巴巴长。是否符合企业要求，认可公司的价值观，愿意承担经营责任，这是锐捷网络在选择阿米巴巴长时的准则。经过多方面的考量，锐捷网络在公布成立阿米巴组织时，先后分别选拔出 9 名市场团队的阿米巴巴长、8 名产品线的一级阿米巴巴长、1 名技术服务部的阿米巴巴长。这些阿米巴巴长虽然负责的业务不同，但在他们身上都有很明显的共同特点：经验丰富、具有挑战精神。

（三）确定核算逻辑，建立健全阿米巴核算规则

1. 明确阿米巴经营操作规则的基本思想

一是核算表能如实反映经营成果。各部门在职责范围内开展经营活动，其成果（如收入、费用、人员情况等）必须作为该部门的实绩来进行准确统计。

二是公平公正、简洁明了。阿米巴经营的最终目标之一是促使全体员工共同参与公司经营。为了实

现这一目标，唤起全体员工参与经营的意识，首先必须保证能够清晰、准确地呈现各部门的经营状况。为此，操作规则需公平公正、简洁明了，避免出现只有具备专业知识的人员才能理解的情况发生。

三是实物与票据一一对应。在构建各个部门根据部门核算表开展经营的体制时，为避免经营判断与决策的失误，实绩数字必须具有高度的可信性。为此，经营实绩必须跟随实物的转移和变化进行及时统计，且在统计过程中，票据须与实物一一对应。同时，在实绩统计的过程中，管理部门在人为检查的基础上再次进行双重检查确认，以防止核算部门的作弊行为和管理部门的疏漏。

2. 建立科学的阿米巴收入分配模式和内部分段结算机制

为能够让公司尽快实现独立结算，实现全员参与经营的目标，锐捷网络从导入阿米巴经营的第一天起就开始着手设计相应的规则，并不断优化。在这种机制下，各部门相互协作，目标一致，在“互利共赢”的氛围下，不断地增加自己部门和公司的收入与利润。

一是选取客观、真实反应收入的数据作为统计依据。锐捷网络在划分阿米巴组织、委任阿米巴负责人的同时，便开始设计各部门在职责范围内开展经营活动的收入、费用的规则，以作为各阿米巴组织的实绩进行准确的统计与呈现的方式和方法的基础。在 2013 年，为简化导入，锐捷网络仍然沿用历史做法，采用将订单销售额计为收入的方式进行统计。2014 年锐捷网络优化统计规则时，采用将开票收入替代订单销售额来计为收入，并构建更加完善的收入核算规则，使各部门的业绩贡献更加真实化、明确化，同时，增强“公司一盘棋、上下一股劲”的协同意识。

二是建立分段核算的收入统计方法。构建只需将各部门的核算表合并，就能计算出全公司的经营状况的核算逻辑。在 2015 年，锐捷网络深刻认识到过去两年所建立的阿米巴核算方法所存在收入的重复计算、产品成本的不同口径下重复计算、“其他收入”“营业外收入”和“投资收入”等财务收入与支出未在核算表里体现三大不足之处。为了解决与改善上述问题，锐捷网络调整收入分配模式，将核算规则调整为分段结算。这样，使得各阿米巴组织相应的费用分摊占比大幅降低，使得锐捷网络的经营报表中的各个数据更加真实、客观。

3. 绘制核算表

锐捷网络建立阿米巴收入分配模式和内部分段结算机制之后，各阿米巴组织将核算表作为经营分析的参考资料，开展自己部门的经营活动，从而逐步实现“全员参与经营”。

锐捷网络的核算表的基本结构如下：

部门收入－费用合计＝结算收益

结算收益－人工费用合计＋其他收益－管理费用征收＝部门净利润

其中，“结算收益”即该部门的成员在工作中创造的附加值，也就是反映其在市场上来衡量该部门的工作价值的标准。

（四）构建全面支撑阿米巴经营的经营管理功能

通过三年多的实践，锐捷网络明确经营管理、物流管理、信息管理和实绩管理四大支撑经营管理功能的角色。

1. 经营管理

锐捷网络由经营管理部主要承担经营管理的职能，具有推进阿米巴运用的功能，包括制订、修改运用阿米巴经营模式时所需的各种运行规则，并将这些内容在相关人员中进行普及等。具体工作内容有：一是每月根据“阿米巴经营运用操作手册”，准确且迅速地完成实绩核算表；并汇总全公司的预定核算表，及时提供至高层管理及相关负责人。二是作为全公司经营会议的后勤部门，负责进行参会通知、制作会议流程、议题及会议资料的汇总等。为确保“经营会议”能够成为全体员工讨论公司经营的场所，负责会议的准备及推进工作。三是发生组织变更时，负责修改“阿米巴经营运用操作手册”中对应的相关内容，并在公司内组织培训、做好普及工作。

2. 物流管理

为保证公司的材料采购、产品制造、订单货物齐套、物流发运等处于正常的流通及保管状态，锐捷网络组建具有物流管理功能的部门。该部门具有代表性的工作是，确保包括第三方采购在内的采购物资的出入库管理，确保公司订单按时齐套发货，以确保公司资产处于健全的状态。

3. 信息管理

在推行阿米巴经营的过程中，锐捷网络的信息化工作由信息资源部负责。其具有代表性的工作是，开发、设计与维护阿米巴核算系统，并将该系统与公司已有的信息化系统进行对接，提升企业信息化水平与运营效率。

4. 实绩管理

锐捷网络的阿米巴经营实绩管理工作主要由财务部负责，该部门具有迅速地将正确的实绩核算表反馈给相关人员、及时汇总全公司的预算核算表并向经营高层汇报的功能，并不断提高实绩核算表的准确性及及时性。

（五）有效运行阿米巴经营，明确实施分层经营会议与沟通机制

1. 通过确立 PDCA 循环以提高各个部门“收入最大、经费最小、效率最高”运营体制

在 2015 年以前，锐捷网络对核算表管理的基本原则是：只有一级部门的阿米巴巴长才能看到核算表，对核算表的运用停留在为阿米巴巴长而制定的“确认实绩的工具”（特别是经费的确认）的水平上。锐捷网络于 2015 年对推行阿米巴经营提出新的要求，要求各个阿米巴组织通过使用核算表来确定月度 PDCA 循环，推动“过程管理”，以期能够充分活用核算表以提高部门业绩。采取新的管理体制，对制定 Plan 与 Check 的管理如下：一是预定（计划 Plan）。锐捷网络在月初制定“月度预定”，然后在月末对实绩与预定的差异进行分析管理。通过这样的管理活动，可以用具体的数字对月初的目标进行明确化的同时，为了达成数字目标而必备的行动计划能力也得到提高；通过具体业务，来达成“培养有经营者意识的领导”的目标。二是检查（Check）。锐捷网络还在公司内要求，各个阿米巴组织对于自身部门在月初制定的预定核算表和实绩核算表的差异进行分析，在检查月初的预定活动内容与实绩活动内容有何差异的同时，将改善方案制定在下月的预定当中。通过这样的活动循环来提高 PDCA 的质量，以促进、提高各部门实际行动力和目标达成力的水平。

2. 定期召开阿米巴经营会议——经营高层的经营指导会

2015 年 6 月以前，锐捷网络的阿米巴经营主要是从核算表的角度来进行分析，阿米巴例会的特点是由经营管理部门的专职人员进行分析与汇报，各部门的阿米巴巴长仅担任“听取报告结果”的角色。从效果来看，很多阿米巴巴长并未能真正参与到经营中，甚至出现过阿米巴巴长与经营管理部专职人员存在分歧的情况发生。

考虑到要真正践行阿米巴经营，一定是要在各部门的阿米巴巴长对核算表的各项数值的意义完全理解的基础上，由部门阿米巴巴长亲自对核算表的数字进行汇报说明。然后，再在此基础上，高层经营者和阿米巴巴长进行一对一的提问和指导，并从经营者的角度来讨论各部门核算的提高方案。对于高层经营者来说，经营会议是对汇报者的经营进行指导的场所；对汇报者而言，经营会议是对目标数值达成的承诺说明和为了达成年度计划而执行各个行动方案的结果说明、同时也是学习提高自身经营能力的场所。锐捷网络在经营会议中非常重视预定数值的根据和达成预定数字目标的具体行动方案。

3. 实施分层会议与沟通机制

为深化阿米巴经营，锐捷网络在公司内部实行按阶层召开分部门的定期部门阿米巴会议，以此体系来落实“全员参与”的经营。

（六）充分运用信息化手段，推进阿米巴经营有效落地

1. 建立阿米巴核算系统

阿米巴模式的关键是及时、真实、客观地反映经营数据，其中会涉及大量数据统计、核算工作。为了提升数据的及时性、准确性，就须借助信息化的手段。为此，锐捷网络开发出阿米巴专用系统，并于2016年顺利上线，实现了每月3日出阿米巴核算报表的突破。该阿米巴核算系统可以实现制作阿米巴经营中所使用的年度计划、预定、实绩核算表，通过对照各种核算表，输出核算表的功能，可以将有关核算表的数据通过网络进行一元化管理，借此实现效率化的运用。

2. 实现跟原有主干系统进行对接

与此同时，锐捷网络的阿米巴核算系统还实现与锐捷网络原有的主干系统（如：ERP系统、ECP系统、费用核销系统、活动系统、HR系统等）进行对接，以作为阿米巴经营的核心系统，对全公司的经营信息进行统合管理，大大提升了报表数据的时效性和准确性。

（七）内外部培训相结合，扩大培训覆盖面

在阿米巴项目成立之初便组织了数名高层管理者参加阿米巴经营相关的外部培训，让其了解与掌握阿米巴经营理念与内涵。同时，随着阿米巴经营的深入，锐捷网络不断加大阿米巴经营培训力度，不仅组织外部培训，还在公司内部组织多次阿米巴经营内部培训，为阿米巴巴长及核心员工提供阿米巴经营理念层面和报表解读层面的培训，以加强对阿米巴经营的理解与运用、提升阿米巴经营的水平。

三、数据通信企业基于阿米巴模式的经营创新与管理提升效果

（一）成功跻身为数据通信行业第一梯队

通过3年多的不懈努力，锐捷网络实现了跨越式增长，成功跻身数据通信行业第一梯队。在2013至2015年3年间，锐捷网络销售收入增长82.7%，年复合增长率达22.26%；人均净利增长55.0%，年复合增长率达15.73%。从市场份额来看，锐捷网络的主要产品（无线）的市场份额从2013年第二季度位于名不见经传的“其他”之中，到2015年第二季度跃居行业第一。

（二）有效满足了数据通信行业跨越式发展的需要

一是实现全体员工共同参与经营。从2016年5月内部阿米巴经营的问卷调查来看，全员的参与意识的平均得分为6.147分（满分7分）。二是提升协同效率。2016年5月的问卷调研结果显示，员工间协作水平的平均得分为5.956分（满分7分）。该结果在一定程度上表明，通过构建阿米巴收入分配和分段结算规则，部门之间的配合大幅提升，大大提升内部的协同效率。三是实现“可视化经营”，培养基层领导。通过构建“用数字来把握各部门经营实际情况”的体制，锐捷网络实现了透过核算表的“可视化经营”管理模式，明确各阿米巴组织在经营管理上存在的问题，确定解决问题的负责人，逐渐培养起一批具有挑战精神的基层领导。

（三）成为具有行业竞争力和社会影响力的公众公司

锐捷网络的经营创新与管理提升，持续快速发展，赢得了社会各界和广大民众的高度赞誉，引起了国内外媒体的深度关注。先后获得“2015中国企业社会责任500强”“服务满意度金奖”“最佳责任品牌奖”“最佳雇主奖”等荣誉称号。

（成果创造人：刘弘瑜、陈秋萍、曾清华、付　盛、张洪丹、赵　然）

施工企业战略导向下以“一体两翼”为核心的管理变革

中铁六局集团有限公司

中铁六局集团有限公司（以下简称中铁六局）是由原北京铁路局所属北京、太原工程处和呼和铁路局所属呼和浩特工程处以及原铁道部所属丰台桥梁厂等4家企业，于2004年1月6日合并重组成立的国有大型建筑施工企业，隶属中国中铁股份有限公司，总部位于北京，注册资本金17亿元，下设北京、太原、呼和公司等17个子分公司。现有员工13158人，各类专业技术人员6262人。拥有铁路工程施工总承包特级等78个资质和许可，产品覆盖铁路、公路、市政、地铁、高铁、房建、桥梁、隧道、水利水电等施工领域。

一、施工企业战略导向下以“一体两翼”为核心的管理变革背景

（一）中铁六局整体发展的需要

进入2012年以来，随着铁路市场的波动，中铁六局组织结构不够协同、产品结构不够合理和所属公司发展不够平衡等“集而不团”的问题集聚暴露了出来，路外市场拓展乏力、经营管理风险凸显、经济指标快速下滑、部分单位陷入了困境，企业发展速度从高速降到了普速甚至低速，发展态势从欣欣向荣变成了步履维艰，中铁六局进入了一个整体性发展的瓶颈期。为了突破发展困局，促进企业持续健康发展，必须进行基于战略层面的组织体系优化整合。

（二）提升项目管理水平的需要

项目管理粗放的问题始终困扰和制约着中铁六局的发展。管理制度较为混乱，没有形成全局性的集中统一，导致各单位自成体系，没有配套的责任矩阵、管理流程、作业指导书，没有及时进行修改完善优化，制度的实用性、规范性不足；管理方式较为粗放，没有对资金、物资、队伍等核心要素集中管控，生产进度和安全质量保障乏力，成本卡控不力、经营创收乏力导致项目风险骤增甚至出现亏损；管理手段较为落后，没有构建有效的信息化管理手段，合同、成本、资金等系统运行不畅甚至出现种种漏洞。因此，必须优化项目管理方式，强化管控能力，才能实现项目管理的有序高效。

（三）适应提质增效战略的需要

党的十八大提出，要把推动发展的立足点转到提高质量和效益上来，深化国有企业改革，完善各类国有资产管理体制。2013年，国资委要求国有企业要以提高发展质量和效益为中心，面对快速变化发展市场环境，深化结构改革，调整业务布局，强化创新驱动，提升管理水平，增强国有经济活力、控制力、影响力，为促进国民经济持续健康发展、全面建成小康社会做出积极贡献。中国中铁结合企业实际，把提质增效作为一项十分紧迫的战略任务，从体制机制上实现创新与变革。

基于上述需要，中铁六局自2013年启动为期三年的以“一体两翼”为核心的管理变革。

二、施工企业战略导向下以“一体两翼”为核心的管理变革内涵和主要做法

中铁六局从战略优化上着眼，调整战略规划，突出体制机制完善，引领管理变革方向；从组织变革上着手，在集团公司、指挥部、项目部三个层面分别构建以“一体两翼”为核心特征的新型组织体系，优化管理体制；从项目管理上着力，完善项目管理制度、要素和考核体系，优化运行机制，强化过程管控。整体上实现了发展主导权由子分公司向母公司的根本性转变，实现了管理重心从重生产轻经营到生产、经营并重的根本性转变，实现了管理主体由项目部管项目到法人管项目的根本性转变。主要做法如下：

（一）调整全局发展战略，引领管理变革方向

1. 制定三年发展规划

面对新的形势，在《“十二五”规划》的基础上，制定《2013—2015 三年发展规划》，着重从组织结构调整、管理体系升级上进行了重新规划。发展规划以“全局性深化改革、集团式协同发展、阶段性分步推进”为总体思路，以“整体性、平衡性、系统性”为基本原则，以“奋斗三年，步入中国中铁新建局先进行列”为总目标。构建“以母公司为主体、综合性子公司和专业化分公司为两翼”的“一体两翼”协同发展体系，构建“以集团本部为主体、生产性和经营性指挥部为两翼”的“一体两翼”生产经营体系，构建“以项目部为主体、专业化公司和作业队专为两翼”的“一体两翼”项目组织体系。建立健全与之配套的管理制度体系、要素集中管控体系和绩效考核体系。整体上使组织架构更趋于合理，产品结构更加优化、管理体系更加高效。

2. 构建战略保障体系

在发展规划的框架下，以年度规划与专项改革方案进行分解细化，构建层层分解、步步督导的落地与实施体系。通过年度职代会行政工作报告，对每年的战略分解任务进行部署，前后三年结合不同的战略重点，分别确定“稳中求进、稳健转型”“加快发展、加快转型、推进改革”“稳中有为、稳健增长、增效争先”的总基调，分阶段保证战略的实施；出台《组织结构调整实施方案》《机构定位与职能管理办法》《工程指挥部管理办法》《区域经营管理办法》《项目精细化管理实施方案》等多项专项改革方案和具体办法，具体地推进系列管理变革。同时配套制定战略督导考核、年度重点工作督办、专项方案实施考核、节点考核约谈等四大机制，在督导上突出过程检查、问题帮扶，在考核上突出节点和对标考核，实现促进和倒逼。

（二）优化集团组织架构，促进企业协同发展

1. 强化母公司功能

中铁六局基于集团整体发展，从定位上进行调整，明确集团作为母公司在整个集团组织体系中的主体地位和主导作用，强化母公司这一“主体”对综合性子公司和专业化分公司这“两翼”的统筹规划和引领发展的功能。调整综合性子公司和专业化分公司定位，合理限定子分公司在发展方向上的自主权限，促进“两翼”在一个“主体”的引领下健康协同发展。从权力结构上实现发展主导权由子分公司向母公司的根本性转变，从发展依托上实现母公司依托子分公司贡献向母公司主导下各子分公司协同发展的根本性转变，从发展态势上实现由分散型向母子分“一体两翼”整体化、协同化的根本性转变。

2. 壮大专业化分公司

针对专业化之翼弱小甚至缺失的情况，中铁六局在全集团范围内通过资源整合进行新建和重组，壮大专业化之翼。

一是组建房建专业化分公司。以从太原公司拆分出来的涉及房建、钢结构业务的建安分公司、钢结构分公司为基础，组建成立专门从事房建业务的中铁六局建安分公司。在经过一年多的整合发展后，2015 年年初再次整合从北京、呼和公司剥离出来的全部房建业务，至此实现对全局房建业务及专业人才的全部整合。经过三年发展，年营业收入达到组建时的五倍，掌握系列重大专项技术。

二是组建路桥专业化分公司。从太原公司剥离的路桥、高铁两个分公司和昆明枢纽、昆玉铁路、贵阳枢纽、宝麟四个项目部整体组建成立从事路桥业务的中铁六局路桥分公司。2014—2015 年，通过再次吸收太原公司线桥、既有线两家分公司，吸收桥隧公司昆枢、昆玉项目部，实现资源二次整合。目前公路、市政项目占据全集团 80%以上的份额，成为全集团公路市政骨干企业。

三是整合隧道地铁专业化力量。通过剥离桥隧分公司的非核心项目部，之后与盾构分公司实现优势合并，组建专门从事长大难隧道和地铁施工的中铁六局交通分公司。解决两家专业公司单打独斗情况下

市场体量均无法快速扩大、无法实现专业领先等问题，成为中铁六局隧道地铁领域的核心力量。

3. 整合综合性子公司

综合性子公司存在着体量差异大，大而不强，跨行业无序多元化，辅业拖累主业现象严重；部分公司经营困难，影响中铁六局的整体发展。针对这些问题，推进对困难单位解困振兴、拆大、调中、扩小等系列举措，优化综合性之翼。

一是拆分体量大的太原公司。针对体量最大、业务最广、经营最困难、财务负担最重的太原公司，对其进行两次大规模拆分重组。2013 年 9 月，对太原公司启动解困振兴工程，将 5000 余人的太原公司“一分为三”，整建制剥离其涉及房建、钢结构、公路的四个分公司和四个项目部，太原公司体量和业务实现初步瘦身。2014 年 11 月，鉴于太原公司体量依然庞大、历史负担仍然很重的实际，又对其进一步实施体量瘦身和减轻非生产费用负担的深化解困振兴改革，将其涉及地方铁路、既有线、幼教、旅服、餐饮的分公司和机构进行剥离。通过两次改革，大幅压缩体量规模和业务领域，规模趋于合理，与其他子公司趋于平衡，总人数由原来的 4026 人，压缩至 2292 人，达到合理的管理边界。

二是调整北京、呼和公司部分业务。针对体量相对较大、房建等业务不精、旅服业拖累主业的北京和呼和公司，2014 年、2015 年分两次整建制剥离其旅服业和涉及房建业务的一个分公司和五个项目部，适度缩减规模，压缩业务领域。北京公司人数由原来的 1974 人减少到 1794 人，呼和公司人员由原来的 2738 人减少到 2331 人，形成合理的管理规模跨度和产品结构。

三是扩充体量较小的天津、石家庄、广州公司。针对天津、石家庄公司相对较小的体量，将桥隧分公司辽西北、张唐项目部划归天津公司，将桥隧分公司准朔项目部划归石家庄公司，扩大两家综合性公司的体量，进入千人公司行列。同时，针对广州公司成立时间较短的情况，通过整合北京公司广东片区项目部、社会化招聘、扩招大学生等举措快速壮大规模，实现了扎根广州、辐射华南的目标。

（三）完善本部指挥职能，强化生产经营管理

1. 强化集团本部职能

在职能上进行调整，明确集团本部重在市场经营、下属公司重在生产组织的职能。通过修订工程指挥部和区域经营管理办法，细化具体的职责分工，将生产体系的统筹管控权和经营体系的实际主导权收归集团本部，通过代表集团的派出性机构——工程指挥部、区域经营指挥部对工程项目和区域化经营进行实际管控，工程指挥部统筹管理所辖的工程项目生产经营管理，区域经营指挥部统一负责市场辖区内的市场经营工作。整体上构建出以集团本部为“主体”、以“工程指挥部和区域经营指挥部”为“两翼”的“一体两翼”生产经营体系。

2. 组建区域经营指挥部

依据经营开发定位的调整，统一重组整合，将全国市场划分成京津冀、东北、华北、华南、华东、西南、西北等 7 个区域并组建对应的区域经营指挥部，形成以集团公司主责区域经营、子分公司辅助区域开发为“两层”，以区域指挥部主抓市场、子分公司主抓现场为“双线”的“两层双线”营销体系，构建全局经营之翼。

一是组建区域经营指挥部。按照“地域相邻、相对集中、统一管理”的原则，在各经营片区设立区域经营指挥部，主体负责片区内经营开发工作，其规格定位高于子分公司，主要负责区域市场建设、重点项目运作、经营统筹协调等工作。在区域内形成“指挥部—省（市）办事处—辅责子分公司联系点”的组织模式，实现对区域经营的高效统筹管理，防止区域重叠和机构交叉等竞争内耗。

二是划并集团所属省（市）办事处。将原有归属集团公司直接管理的省（市）办事处设为区域经营指挥部的下属机构，划归对应的区域经营指挥部统一管理，实现区域经营指挥部经营职能的细化与延伸，负责所辖区域的深化经营和项目跟踪工作。按照“重点突出、基本覆盖”的要求，在原有 14 个经

营性办事处的基础上新增到25个省（市）办事处，实现对重点省份市场的基本覆盖。

三是收编子分公司所属经营性办事处。将原来子分公司设置在相关区域和省（市）的经营办事处进行收编，并转换成对应集团公司区域经营子分公司设立的联系点，是子分公司在辅责经营区域的经营点，在业务上接受区域指挥部和省（市）办事处领导，是区域经营的基础保障单位和经营人才的培养储备中心，根据经营区域划分和重点项目跟踪情况完成23个处属联系点建设。

3. 优化工程项目指挥部

一是强化合同主体职能。指挥部是集团公司派出机构，也是作为合同主体的集团公司针对合同的委托机构，将施工生产组织策划、物资机械、成本收入、财务资金等职能有效收归指挥部，符合业主对合同主体的要求。将施工组织和成本管控等职能划归作为施工主体的下属单位，有效界定各自的责权，强化内部管理和协作效率。

二是重新进行分类。废止原有三种类型的指挥部，将集团公司直属工程项目管理机构调整为指挥部、项目部、处代局项目部三种类型，实现集团公司对以自身资质中标的不同特点、不同类型、不同大小项目的区别化管理。以集团公司资质中标，工程规模较大且有两个及以上子分公司参建的工程项目，设立指挥部。需要由集团公司直接组织实施的工程项目，设立直属项目部。各子分公司以集团公司资质中标的工程项目，以集团公司名义成立项目部，并委托子分公司进行“处代局”管理。

（四）创新项目组织模式，提高项目管控质量

1. 聚焦项目部经营管理职能

引入专业化分工和市场化理念，将物资、机械、混凝土等生产要素管理、施工作业管理两大职能从项目部中分离出来，分别成立负责现场施工的作业队和负责要素管理的专业化公司，构建以项目部为“主体”，以专业化公司和作业队为“两翼”的“一体两翼”项目组织体系。项目部分别以《内部服务合同》《责任成本承包合同》的方式将要素管理和现场施工作业的繁重任务进行合理转移，缩小项目部管理边界，减少在这些方面的人力资源投入，能够更好地让项目部集中资源进行整个项目的生产组织策划、安全质量进度的整体性控制、成本收入和二次经营策划实施，在确保完成合同约定的同时实现效益最大化。

2. 组建负责要素管理的专业化公司

将各类要素管理职能从项目部分离出来后，在综合性子公司层面各自分别组建覆盖物资、混凝土、机械设备、测量等业务的专业化公司，专业化公司依据与项目部签订的《内部服务合同》向每个项目部派驻各自的物资供管站、混凝土搅拌站、机械设备租赁站、测量队等分支组织，代表专业化公司为项目部提供约定的生产要素专业服务和管理，将原来项目部内部职能管理变革成为现在相对独立主体之间的契约化服务与合作关系，既为项目部提供更为专业的服务，也对全公司范围内的生产要素进行整体性的集中，做专要素服务之翼。太原公司蒙华项目部在组建之初，物资、混凝土、机械、测绘等专业化公司就派驻其供管站、搅拌站、钢筋加工场、测量队以内部服务的方式进驻项目现场，提供同步的专业要素服务与支撑。

3. 组建负责现场施工的作业队

针对项目部施工生产的类别和整体需求，组建涉及综合施工和各类专业施工的作业队，按照标准配备队长、技术负责人、技术员、安全员、质量员、材料员、机械管理员、试验员、核算员、领工员、工班长，定位为一级固定组织，专门负责项目现场施工生产作业任务。作业队以与项目部签订的《责任成本承包合同》具体负责管理区段的施工生产、安全质量、责任成本等工作，项目部依据合同约定对其进行“月考核、季兑现”，实现在整体框架下的合同式管理，充分解放项目部日常施工管理负担和资源，做强现场施工生产之翼。太原公司蒙华项目部整个施工生产任务就以责任成本承包的方式分配给公司派驻的3个综合作业队和2个专业作业队，有效管控现场进度、成本和安全质量。

（五）突出制度实践检验，优化制度改进体系

1. 重建项目管理制度体系

2014 年年初启动项目管理制度体系的系统性梳理和重建，先后制定完善 15 个体系 105 项支撑制度和 102 项配套业务流程，形成统一的《工程项目管理手册——管理制度分册》和《业务流程分册》，明确 39 项核心业务的责任矩阵。编制 12 大类 330 项作业指导书和对应的 482 项施工作业要点，全面缕清施工作业流程和标准，有效促进过程控制标准化。

2. 推进制度检验与改进

针对原有制度运行、实践以及改进没有统一的规范遵循，随意性较强等程序性问题，导入自然科学实验套路和程序，于 2015 年 8 月开展以问题为导向的“项目管理实验室活动”。一方面通过对现有项目管理制度体系以年度为周期，按照实践运行、发现问题、研究论证、提出意见、修改发布的步骤和对应的程序要求，有序、科学地改进具体制度办法；另一方面以项目管理十大领域 50 个方面突出问题作为课题进行深入研究，解决重大问题，协同优化对应制度。通过一年的实践检验，经过单项制度改进完善、研究成果协同完善、复制推广促进体系完善三个通道的共同运行，对集团公司、指挥部、子分公司、项目部四个层级 273 个项目管理制度进行完善优化，解决项目管理中一系列突出问题，达到好用、管用的效果。经过系列规范后，不仅促进制度对业务的全覆盖，制度体系的完善升级也一改混乱无序的状态，形成程序规范、论证充分、改进科学的循环优化状态。

（六）推行要素集中管控，实现项目集约管理

1. 集中管控十二大要素

结合“一体两翼”的组织体系的需求，中铁六局着手从根本的管理结构和权限上进行调整变革，将项目管理中涉及的资金、物资、机械设备、劳务、商业保险、策划、方案、合同、索赔、债务、税务、人员十二大要素进行集中管控，重新界定“法人”和“项目”在这些要素管理上的不同定位和职责，推进由项目部管项目到法人管项目的转变，整体上强化管控能力，促进集约效应和规模效益的发挥。

2. 强化重点要素集中管控

策划集中组织，在项目起始阶段，坚持由集团和子分公司分管领导率队赴现场进行实地办公，根据施工整体安排，在项目驻地、征地拆迁、生产布局、施工方案、进度计划等方面统筹论证，“一站式”办结项目部的各类前期事项，确保项目高起点、快节奏打开施工局面；方案集中评审，坚持“方案指导全程、全程优化方案”的原则，全面推行施组方案三级分解、集中评审，按项目等级分类将项目方案评审权由项目部集中到子分公司和集团层面，整体上强化方案的经济比选、评审、执行及优化过程，保证方案的安全性、先进性和经济合理性；物资集中管理，组建专业化物贸公司，统筹负责项目部物资采购供应和管理，全面推进区域集采、网络竞采，提高集采额和降采率，实现专业效果和规模效应；劳务资源集中，通过集团本部集中控制劳务队伍准入最终审批权限、200 万元以上分包任务集中招议标选择劳务队伍、严格按照整体发展需求控制劳务队伍准入、严格规定单个项目选用队伍的数量上限、严格规定单支队伍在全集团不同子分公司和项目的任务上限的“两集中三严格”实现对全集团劳务资源的集中管控、资源优选和统筹使用。四大核心要素的高度集中管控，直接锁定项目管理与经营的核心和关键，防范项目混乱甚至亏损的风险。

（七）健全绩效考核体系，推进经营责任承包

1. 推进七级承包责任制

为更好地对应“一体两翼”组织体系，充分激发其整体统一、相对独立、协同运行的功能，中铁六局重新梳理构建七个层级、层层递进的生产经营承包责任制。第一级是集团本部对局指（处代局指）实行项目经营目标责任制，实施年度绩效考核和期末责任考核；第二级是局指（处代局指）对项目部实行

管理目标责任制，实施月度、季度、年度评比考核；第三级是子分公司以项目部为主体的项目责任承包制，明确经营目标和管理要求，开展年度和期末绩效考核；第四级是项目部对作业队实行责任成本承包制；第五级是专业化分公司对下属的站、厂、室、队根据其性质实行不同的经济责任承包制；第六级是作业队对工班实行工费加料费节超奖惩承包制；第七级是班组对作业人员实行内部计件工时制。整个体系层层分解经营任务，层层签订责任书、层层进行考核，形成有机管控的整体。

2. 突出经济指标绩效考核

自上而下调整原有全面评分考核的评价导向，更多倾向依托经济指标和效益结果进行绩效考评，整体上形成以经济指标为核心的量化考核指标体系。尤其是对项目部的考核，废除全面指标评分考核模式，确立“核心经济指标＋关键否决指标”的考核模式，年度考核中目标利润、资金上缴、资金集中、清欠、营业收入等五项指标权重大于80％，并设置目标利润、资金上缴、安全质量等否决指标。项目全周期考核更以最终的利润为唯一衡量指标，与兑现直接挂钩。从上到下推进的“责任目标—绩效考核—奖罚兑现”，优化绩效考核体系，发挥考核的激励约束功能。

三、施工企业战略导向下以“一体两翼”为核心的管理变革效果

（一）促进了集团稳健发展

一是优化了组织结构和市场布局。经过系列分子公司的重组整合，形成了综合性子公司体量合理、区域拓展有效，专业化分公司专业突出、精深发展的子分公司协同发展的合理稳定结构。形成了覆盖全国的市场经营管理体系和管控有力的生产组织体系，全局生产组织和市场经营得到了有效双控，大幅促进了综合施工能力、专项施工能力、经营创效能力。二是优化了铁路和非铁业务比例。铁路与房建、市政、公路、城轨等非铁业务比例基本达到1∶1，铁路与非铁业务在新签合同额、营业收入、净利润等方面比例趋于合理，非铁业务贡献率不断增强，促成了铁路与非铁双驱动力的形成。三是优化了人力资源数量和结构。通过系列重组整合，实现了全局性人力资源的合理流动和配置，优化了人员结构，提升了职业素质。四是提升了经济效益。2015年全局新签合同额为332.06亿元，营业额236.06亿元，利润总额4.06亿元，与2012年对比，分别增长了52.35％、29.47％、19.1％。五是实现了下属困难单位解困振兴。太原公司、呼和公司等单位困难的局面得到了有效扭转，经济指标、员工收入、市场拓展、施工能力等都得到普遍提升，呈现出止跌回升、加力发展的态势。

（二）提升了项目管理水平

一是优化了项目管理体制机制。通过对项目部的组织变革，清晰界定了各自的管理定位和职能，实现项目管理分类协同负责的状态。通过系列机制优化，理顺了管理与经济关系，规范了过程控制，整体提升了管理效率和效益。二是突破了众多高精尖施工技术。通过准朔铁路黄河特大桥、太原北中环跨铁路转体桥、太古供热、太兴隧道等一批重点工程，突破了大跨度钢管拱悬臂拼装、大掺量钢纤维混凝土顶升、不等跨变截面曲线双幅同步转体、全国最大直径土压盾构施工等众多国内顶尖施工技术难题，带动了施工能力的整体性升级。三是提升了安全质量进度保障能力。通过策划、施组等方面的整体性优化、标准规范的严格执行、过程强力的卡控体系，整体上确保了所有项目进度可控、质量达标、本质安全，高效兑现合同承诺和约定。

（成果创造人：马江黔、肖于太、杨振江、王东旭、王新华、
王德志、李林杰、付晋德、井国彬、裴　涛）

以振兴民族药为己任的维药产业化管理

新疆银朵兰维药股份有限公司

新疆银朵兰维药股份有限公司（以下简称银朵兰股份公司）是以研制新疆维吾尔药产品为中心，涵盖药品科研、种植、生产、营销等领域的国家级高新技术企业与新疆医药行业首家新三板挂牌企业。银朵兰股份公司以振兴新疆民族药为己任，坚持走高新技术产业化发展道路，投资3亿元打造国内领先的现代化维药生产基地，在新疆率先通过国家新版GMP认证，形成维药主导、特色药辅助、普药补充的产品结构，产品涉及皮肤病、白内障、呼吸系统、高血压、糖尿病、泌尿系统等多个治疗领域，生产规模和技术先进性在疆内同行处于领先地位。

一、以振兴民族药为己任的维药产业化管理背景

（一）响应国家中医药产业政策的需要

2007年，国家科技部、卫生部、药监总局等十六个部门联合发布《中医药创新发展规划纲要(2006—2020年)》，重申中医药在我国的战略地位。2009年，国务院发布了《关于扶持和促进中医药事业发展的若干意见》，指出充分认识扶持和促进中医药事业发展的重要性和紧迫性。新疆民族医药作为我国中医药的重要组成部分，长期以来受资金和人才、科研力量薄弱等因素制约，导致生产规模较小，难以有效形成规模效益和市场品牌，维吾尔医药若想在全国乃至世界市场打响，新疆维药制药企业必须积极响应国家中医药产业发展政策，紧紧抓住发展机遇，加快推动维吾尔药现代产业化建设。

（二）推动新疆民族医药事业发展的需要

维吾尔药作为新疆民族医药的瑰宝，有着悠久的历史和神奇的疗效魅力，但由于各种原因，一直处于“藏在深闺无人识”的状态，到20世纪70年代末期新疆维药才逐渐步入市场，此时的新疆维药研发能力、企业规模、市场份额和产业发展等方面远远滞后于藏、蒙、苗等其他地区民族药发展。近年来，新疆维吾尔自治区各级政府大力扶持和促进民族医药发展，疆内民族药生产企业已逐步崭露头角，虽然部分优势品种形成了一定品牌效应，但普遍存在产业技术水平低下、科技创新能力不足、发展规模和速度相对较缓的状况，始终未能将本地的资源优势转化为市场产业化核心竞争优势，严重制约了新疆维药产业化的发展。

（三）实现企业可持续发展的必由之路

银朵兰股份公司有着47年制药历史，具有丰富的制药经验。2001年确定将研发、生产维吾尔药作为主攻方向，与疆内科研院所合作开展维吾尔药新产品的研发与产品优化工作，先后研发维药系列产品17个，获得国药准字批准文号11个，优先发展了复方一枝蒿颗粒、祖卡木颗粒等一批年产值过千万的优势维药品种。同时建成国内高标准维药生产基地及中药自动化提取生产线，各生产车间达到新版GMP标准并符合国际欧盟标准，并拥有大批经验丰富的专业技术人员和先进的、自动化程度高的生产设备，振兴新疆民族药业发展的思路、战略目标逐步明晰，已具备实施维药产业规模化生产的基本条件。

基于上述原因，银朵兰股份公司从2010年开始推行以振兴民族药为己任的维药产业化管理。

二、以振兴民族药为己任的维药产业化管理内涵和主要做法

银朵兰股份公司以振兴新疆民族药产业化发展为战略目标，实施股份制改造，明确维药产业化发展战略，通过生产源头、制药过程、研发创新与市场营销关键环节把控，不断升级优化“公司＋基地＋农

户+车间+科研院所+市场”的产业化经营模式，形成以维药种植、生产、销售、研发为一体、上下游联动的完整产业链，实现多方共赢，在促进企业健康快速发展的同时，推动新疆民族医药事业的发展。主要做法如下：

（一）实施股份制改造，明确维药产业化管理战略

1. 实施股份制改造

银朵兰股份公司前身是成立于1969年的国企乌鲁木齐制药厂，2001年改制为新疆华康药业有限公司。2010年，实行股份制改造，更名为新疆银朵兰维药股份有限公司。股份制改造后，银朵兰股份公司抓住国家产业政策机遇，在新三板挂牌步入资本市场，并以此为契机，进一步完善企业资本结构与管理机制，建立健全科学的管理制度。

2. 细化优化治理结构

一是不断完善企业法人治理结构。运行现代企业制度，逐步实现产业化管理的科学化、制度化和规范化。维药产业化管理采取全过程顶层设计的方式开展，在公司章程的基础上，执行以董事会、监事会及管理层为主体结构的决策与经营管理体系，以决策层卓越的领导力为核心确保科学决策。二是建立健全、完善与及时更新的内部控制管理制度、流程。在实施产业化管理过程中，进一步梳理和完善公司管理流程、规范公司管理制度及相应规章体系。

3. 明确产业化发展战略

围绕维药产业化管理，制定《2010—2015战略发展规划》，明确产业化经营战略，不断优化升级“公司+基地+农户+车间+科研院所+市场”产业链。一是在国家对中医药、民族药重点发展的产业政策的支持下，以现代化、规模化的银朵兰股份公司为平台，逐步培育规模化中草药种植基地，扶持农户种植中草药，增强与种植农户的利益连接，在促进农户增收的基础上保障规模化生产原料质量。二是打造全国一流的GMP（药品生产质量管理规范）生产车间，引进前处理、提取、制粒、压片、颗粒剂、针剂、包装等国内先进的工艺设备生产线，落实优良制造标准，为产业化发展提供药品质量保障。三是依托新疆地区中药和维药资源优势，与中国中医科学院中医药研究所、北京中医药大学、新疆维吾尔药研究所等科研院所、大专院校展开合作，积极研发能体现中医药尤其是维药的特点和优势、拥有自主知识产权的现代维药新药，促进科研成果转化。四是保持并持续提升以复方一枝蒿颗粒、尿通卡克乃其片等为代表的系列维药产品市场地位，同时建立起多维度、多层次的销售渠道，构建覆盖全国、完善的市场营销网络，大力开拓国内外市场，将资本运营与生产经营并举，打造全国维药知名品牌。

（二）把控生产源头，建设药材种植基地

1. 进行一枝蒿野生变家种试种研究

银朵兰股份公司全国独家产品复方一枝蒿颗粒主要原料为一枝蒿，系新疆特有的药用植物资源，野生一枝蒿面临日趋枯竭的严峻形势。为保障生产原材料的供应，银朵兰股份公司选择在与野生一枝蒿生态环境相近的地区建立种植基地，进行一枝蒿由野生变家种驯化试验并获得成功。

2. 严格执行GAP管理规范

种植基地严格执行GAP（中药材生产质量管理规范），强化种植过程管理和研究，掌握一枝蒿等药材生长习性及生长规律，在选种育种、育苗移栽、施肥灌溉、田间管理、病虫害防治方面积累丰富经验，并随着生产需求的增加不断扩大种植基地面积，丰富种植品种。目前种植基地达1500亩，产量由2004年的1400公斤上升到2015年的126吨，实现稳产高产，36个批次326吨药材经检验均符合国家标准，为复方一枝蒿颗粒等药品生产提供优质充足的原料，有效缓解药材供求矛盾，且对保护野生资源与生态环境产生良好社会效益。

3. 实行“公司十农户”经营模式

与昌吉、尼勒克、阜康、板房沟等地多家农户合作，引导农户调整农业产业结构，大力发展中药材产业，实行中药材标准化种植。同时，对农户实行订单种植，签订保护价收购合同，统一向农民供应优质种子和种植科技培训、全程技术指导，为当地农民带来低门槛、劳动密集型就业，解决农户中药材种植技术匮乏、管理难、出售难等一系列问题，使农民在“零”市场风险下获得效益。

（三）把控制药过程，确保 GMP 优良制造标准落地

1. 按照 GMP 标准建设生产基地

银朵兰股份公司在乌鲁木齐市高新北区购置土地 80 亩，按照新版 GMP 标准打造维药生产基地，为实现维药产业化提供一流的硬件基础。2011 年完成整体施工，I 期建设固体制剂和液体制剂生产区，包括片剂、胶囊剂、颗粒剂和溶液剂。Ⅱ期新建中药提取、颗粒剂和小容量注射剂生产车间，车间生产线生产环境分为一般生产区和洁净区，其中洁净区分为 D 级、C 级、B 级及局部 A 级。生产车间总面积达 15000 平方米，年设计生产能力为片剂 9 亿片、胶囊剂 8000 万粒、颗粒剂 1 亿袋、溶液剂（外用）100 万支，小针剂 1500 万支。各生产车间建设均达到新版 GMP 标准，符合国际欧盟标准，成为新疆首家通过国家新版 GMP 认证的企业。

2. 提升设备和工艺管理水平

一是通过引进先进生产设备升级生产工艺。银朵兰股份公司先后引进中药自动化提取生产线、喷雾制粒机、自动包装生产线等疆内领先水平设备。同时建成新疆首家通过新版 GMP 认证的注射剂生产线，确保产品无菌符合规定。

二是严格落实设备 GMP 规范管理。重点通过落实生产环境、生产设备的 GMP 规范管理，确保车间生产过程、人员与设备的安全生产。生产设备坚持使用和维护相结合的原则，做到“三好”（管好、用好、维护好）、“四会”（会使用、会保养、会检查、会排除一般故障）。生产现场保持清洁，操作岗位做到“一平”（生产区周围平整）、“二净”（玻璃门窗净、地面净）、“三见”（轴见光，沟见底，设备见本色）、“四无”（无油污、无积水、无杂物、无垃圾）。通过近几年高标准的设备与工艺管理，中药颗粒剂产能增加 1 倍，生产工效提高 100%。中药提取与传统工艺和设备相比在时间缩短 30%，在节能蒸汽 35%，提高收率 10%—20%，生产设备和工艺技术达到同行业领先水平。

3. 推行精细化的计划管理

银朵兰股份公司以“长计划、短安排、勤调整”的原则，建立“效益、成本、质量”为核心的生产计划管控体系，通过精细化的计划管理，加强生产基础管理，落实年度目标，稳步实现维药产业化安全生产。

一是增强生产计划的科学性。围绕全面预算，科学合理布局企业生产，细化劳动力的组织分配和物质资源调配，实现劳动力配置和生产资源的最佳组合，做到生产计划和物料储存、产能相匹配、营销需求时效相匹配。生产系统以营销计划为基础，编制年度生产计划和入库计划，并分解到月、日；在三个车间生产计划中按照产品生产周期进行人员调配。通过计划编制保证生产结构、生产质量和人员配置，实现规模化生产。以生产计划为基础，采购仓储制订年度物料采购计划，原辅料、中草药、包装材料及维药产品的出入库计划；设备动力部制订日常维护、停机保养和整机维护的生产设备保障计划；质量检验部制订中间产品、成品检验计划。

二是完善生产系统数据库建设。将生产人员、设备工时、人工工时、人工成本、日额定生产量、成品率损耗率、盒单耗、生产周期等各环节预算信息进行收集和整理，建立生产系统数据库，为生产计划制订和实施提供保证。

三是实施动态化监控与分析。强化计划管理分析与落实，展开对各项指标的任务分解工作，编制计

划曲线图和工作任务分解图表，形成计划任务定期分析制度，做到任务明确、组织合理、目标可行、进度可控、要素完整。保证计划调整的灵活性与及时性，根据计划实际执行情况和环境的变化，对以后各期计划内容及时进行适当的修改或调整。

4. 实现高水准的质量管理

一是建立GMP长效管理机制。银朵兰股份公司设立认证办公室，自2002—2016年先后通过9次GMP认证，按照GMP要求，构建药品生产全链条的质量控制与长效管理机制，通过内部的GMP自查，有效的发挥质量管理体系的效能。

二是构建质量保证与管理体系。以“关注细节的积累、重视过程的链接”为质量方针，立足于质量取胜的基点，树立“质量第一”经营理念，构建工艺和产品质量监测系统、纠正预防措施（CAPA）系统、变更管理系统、工艺和产品质量管理为主的质量保证体系。同时，用持续改进和风险控制促进产业化发展，创建“以风险控制为手段、持续改进为措施”的质量管理体系。

三是生产全过程实施质量监督。质量管理部门坚持预防为主的原则，加强生产现场的监督管理，对所有进厂物料进行质量控制，实行车间主任/技术员、质量监督员QA、工段班组长三级管理机制，层层抓检查落实，确保生产药品的质量可控、安全，近五年公司产品质量抽检合格率100%。

四是建立质量保证体系文件系统。目前共编制1728份管理文件和操作规程，400种记录表格，为企业质量保证体系的正常运行提供基础。

五是建立生产各阶段管理目标要求。结合产品特点，对应每个产品制造和流转的各个阶段，建立不同管理目标和要求。药品生产按批生产指令称量、投料和生产，并建立严格的双人复核制度。生产操作开始前，对生产区域、设备、容器的清洁状态进行检查，符合要求才能生产；生产中，严格按照该品种的工艺规程及岗位标准操作规程进行生产；每批生产结束后，及时清场，由QA人员核发清场合格证，操作人员按该产品工艺流程及时填写批生产记录。生产过程中所使用的设备、容器均有明显的生产及清洁状态标识，标明工序、产品名称、批次、是否清洁等。

六是强化事前预防和风险管控。事先设计和选择合适的风险管理办法，在产品质量保证体系改进时，控制对产品质量的影响。质量保证体系确保合适的工艺，合理的资源，确保各个项目和所购买物料的质量职责。通过绩效考核指标的支持，确保该体系运用到企业质量体系管理和监测的有效性。

（四）“内健全、外整合、重实效”，完善产品研发管理

银朵兰股份公司坚持以市场为导向，以科研院所为依托的研发创新模式，通过“内健全、外整合、重实效”的三平行管理模式，以区域资源为基础，突出现代维药产品特色，形成以市场为核心的研产销一体化运作模式，建立自己的科技核心竞争力，使银朵兰股份公司真正成为技术开发与创新的主体。

1. 建立健全内部研发创新制度

一是建立维药创新有章可循的管理制度。2003年在新疆制药企业内首家建立独立的维药研究开发部门，制定《维药新产品开发管理制度》《维药研究开发流程》《维药课题管理制度》等研发相关制度19项。

二是以项目形式组织新产品的开发管理。从研发立项到项目结题，成立课题组。课题成员除具有一定项目管理水平的人员以外，还包括研发、质量、生产车间等相关专业技术人员，每组成员在课题执行期间累计负责工作不得少于项目总时间的15%。课题组负责人严格课题管理，细化职责分工，定期监督检查和评估论证，避免创新成果生产难以转化和产生潜在的质量风险。

2. 整合资源加速创新

一是建立以企业为主体的研发合作平台。银朵兰股份公司立足与新疆科研院所的合作，先组织内部论证，从产品未来市场预期、质量控制的难易程度、原材料供应、成本控制、生产工艺是否可行、国家

政策法规要求等进行内部论证，进行内部评估，针对维药部颁标准 87 个品种累计进行十余次近万字的分析，最终遴选出 17 个产品进行研究开发，获得 9 个国药准字文号，成为新疆 16 年以来研究开发维药品种数量最多、获批品种最多的维药制药企业。

二是建立横向联合的研发技术支撑团队。银朵兰股份公司注重产学研合作的多元化，整合涵盖维药药材种植、制剂工艺、标准研究、药效、安评、临床研究等各研究层面的科研力量和专家团队，建立与新疆本地的科研院所，如新疆医科大、新疆药物研究所、新疆维吾尔医药研究所等的合作，近三年又扩大合作范围，与中国中医科学院中药研究所、中国中医科学院广安门医院、西苑医院，华西医院等疆外 10 余所科研单位开展项目合作，聘请一批专家参与项目遴选和立项论证。通过整合各领域专家资源，有效降低研究开发的风险。

3. 注重创新实效的有效激励

银朵兰股份公司在为科研创新提供充足资金保证的基础上，注重对研发团队、课题带头人等进行有效激励。每年按照年度销售产值预算的 3%—5% 比例计提专项资金，用于研究开发的试验费用、仪器设备、试制原材料、标准品、奖励等方面，制定《产业创新课题奖励办法》，对研发创新工作业绩突出的团队与研发带头人进行奖金激励。同时银朵兰股份公司董事长个人出资 100 万元，设立董事长奖励基金，用于专项奖励做出突出贡献的研发人员，鼓励优秀人员快速成才。

4. 科学识别研发方向

银朵兰股份公司充分信任自身专业技术人员的实践能力，鼓励研发人员建言献策，集思广益，基于企业发展实际科学识别研发方向。2009—2011 年，银朵兰股份公司研发人员结合市场需求，开发研制寒喘祖帕颗粒（无蔗糖）国药准字文号，成为 2013 年新疆录入国家基药仅有的 2 个维药产品之一。

5. 推进创新性班组建设

一是创建“职工创新工作室”。银朵兰股份公司创建以优秀员工命名的“高兰草职工创新工作室”，以创新工作室为平台，调动全员创新积极性，围绕技术改造、技术革新、降低成本等主题组织开展技术攻关、科学研究、技能培训、管理创新、学习交流、成果转化等活动。

二是实施技术革新和五小攻关活动。以班组为单位从提高工作效率、降低生产、管理成本、降低质量风险等方面挖潜，结合实际工作开展创新课题攻关，2008 年至今完成技术创新和五小攻关课题 25 项，其中生产车间 10 项，设备动力部 7 项，研发部 6 项，质量管理部 2 项。

（五）以品牌建设为核心，推进“精细化市场运作、品牌化市场建设”

1. 优化产品结构

银朵兰股份公司调整内部产品结构，淘汰缺乏竞争力的化学药品制造落后产能，确立以维药产品为主导，培育适应市场的大品种，同时实施兼并重组，整合维药资源形成企业独家产品优势。2011 年，银朵兰股份公司成功并购新疆西域药业公司，着重整合复方一枝蒿颗粒和雪莲注射液优势产品，为进一步优化产品结构、开拓疆外市场提供有力支持。目前银朵兰股份公司拥有国药准字产品 97 个，其中维药产品 11 个，全国独家产品 2 个（复方一枝蒿颗粒、尿通卡克乃其片），国家中药保护品种 2 个（祖卡木颗粒、雪莲注射液）。国家医保品种、新疆名牌产品 1 个（百癣夏塔热片），药品治疗领域涉及皮肤科、眼科、呼吸科、泌尿科以及高血压、糖尿病等多种疾病。

2. 调整市场营销战略

一是以“精细化市场运作、品牌化市场建设”为营销思路，确立“大市场、大品种、大客户”的营销战略，组建营销分公司，不断完善营销管理制度与体系建设，细化营销分公司各部门专业分工、目标计划与业务标准，并设立外区域销售办事处，进行区外市场政策试点。其中以山东、河南、河北、天津、吉林、辽宁、重庆、四川、上海为重点市场。目前投放市场的维药产品，在内地市场颇受患者认可，销售收入年平均增长率达 38%，销售产值在疆内制药同行中位居前列。

二是细分市场定位，采用多元化营销策略。对于重点市场、重点客户由总经理亲自抓，大客户统一归口管理，对于企业自身独家品种及年产值 500 万元以上的品种制定具体的销售措施。针对南疆、东疆及北疆部分富有潜力的疆内市场，发挥办事处市场开拓职能；针对市场基础较为薄弱的疆外市场，采取“疆内市场辐射疆外市场、OTC 带动医院市场”的营销策略进行市场培育，自建专业学术推广队伍与 OTC 专职销售队伍，加大市场学术推广力度，在区外市场推广传播维吾尔医学文化，拓展银朵兰维药品牌知名度，开拓新兴市场。同时在品牌宣传广告方面持续投入，通过广告拉动、专业推广、OTC 控销、促销活动评估、微信公众营销等措施，实现销售指标的达成。

3. 强化营销团队建设

一是实行“两个结合”，即内部培养和外部招聘相结合、管理培训和专业培训相结合，对销售团队提出工作纪律、职业道德、行业素质、内部协调等方面的标准要求，重点强化区域经理和医药代表管理，不断培养、选拔优秀人才拓展市场，打造朝气蓬勃、开拓进取、团结一心的“亲兄弟”销售团队。二是制定薪资激励机制，实行“勤劳致富、多劳多得、不劳不得、末位淘汰”机制，细化绩效考核，实行财务单独核算。三是建设良好的机关工作环境，发挥药业公司党政办公室后勤保障力，精确传递决策层指令，保证内部信息沟通和管理效率。

（六）培育“银朵兰”特色文化，打造产业化人才队伍

1. 结合产业化发展提炼特色文化

一是提炼形成“一丝不苟、艰苦奋斗、努力拼搏、追求卓越”的企业精神和“严谨、科学、标准、规范”的工作作风。二是以“三老四严”（说老实话、做老实人、办老实事；严格要求、严密组织、严肃态度、严明纪律）的做人准则和工作标准来不断提升工作质量、产品和服务意识。三是针对团队培养凝练出“团结、高效、守纪、攻关”的“兰草作风”，靠“四实”（真实、诚实、踏实、老实）解决问题，着力增强“三力”（学习力、实践力、创造力）。

2. 打造优秀的产业化人才团队

一是建立专家智库。银朵兰股份公司和中国中医科学院中医药研究所、北京中医药大学、新疆中药、民族药研究所、新疆维吾尔药研究所等合作，聘请专家作为顾问，发挥行业专家对技术创新、产业发展、药品研发、团队建设等全方位的指导作用。

二是开展“三百人才”队伍建设（即努力打造出一百个工程师、一百个经济师、一百个管理骨干）。通过将培训工作、班组建设等和文化建设工作相融合，每年针对员工的职业道德、战略管理、专业能力的提升统一进行培训和加强，专项投入采用业界专家授课、委派学习、参观交流等多种形式，对中高层、专业技术人员、关键技术岗位员工进行培训和培养，并建立三级培训档案。

三是大力开展主题劳动竞赛活动。组织开展“师傅带徒弟”“岗位大练兵”等为主题的劳动竞赛活动，培养更多学习型、知识型、技能型、创新型、专家型职工，并将专业技术人员关键岗位的合理配置建设纳入企业的整体规划当中，目前企业负责和参与创新工作的专业技术人员占银朵兰股份公司总人数的 20%，高于新疆医药行业 15%的平均水平，为产业化管理提供强有力的人才保障。

三、以振兴民族药为己任的维药产业化管理效果

（一）经济效益大幅增长，带动新疆民族药业发展

银朵兰股份公司通过实施维药产业化管理以来，基础管理工作更为规范、标准化管理进一步加强，培养出一支业务精通、素质过硬的产业化人才队伍；生产经营、技术开发和全面质量管理的水平明显提升，资产运营质量显著提高，综合管理水平上了一个新的台阶，市场竞争能力显著增强，经济效益稳步增长，2015 年生产产值较 2010 年增长 286%，人均产值增长 125%。银朵兰股份公司独家产品复方一

枝蒿颗粒，自 2004 年投入生产至 2015 年，产量增长 4115%。通过调整产品结构，维药年产值占比由 2010 年的 68%，增长到 2015 年 98%，比 2010 年提高 45%，在新疆制药行业起到明显的引领带动作用。

（二）技术创新成果丰硕，持续发展动力不断增强

银朵兰股份公司先后承担国家和自治区各类高新技术产业化、技术改造、科研开发基础研究等项目 69 项，累计投入资金 2.58 亿元，获得资金支持 2600 万元。拥有注册商标 22 个，专利 21 项，著名商标 2 个，中药保护品种 1 个，新疆名牌产品 1 个，自治区、市级科技进步奖 5 项，2 个全国独家产品复方一枝蒿颗粒和尿通卡克乃其片，其中复方一枝蒿颗粒被国家列为防非典战略储备用药品种、自治区防禽流感储备用药品种；尿通卡克乃其片拥有发明专利 1 项，百癣夏塔热片为新疆名牌产品，祖卡木颗粒为国家中药保护品种；祖卡木颗粒、寒喘祖帕颗粒列入国家基本药物目录。目前投放市场的各类普药和维药产品，市场份额增长迅速，自主创新产品销售收入已经占到产品销售总额的 95%。

（成果创造人：李　俊、黄　磊、齐保才、陈　菊、郭晓红、
张　军、杨晨光、牟秀梅、冷英莉、张晓娟、于　朋）

基于集成供应链下的航空零部件制造工厂转型

中国航空工业集团公司金城南京机电液压工程研究中心

中国航空工业集团公司金城南京机电液压工程研究中心（以下简称南京机电）是机电系统液压、燃油、环控和二动力系统的主制造商，是民机液压、燃油和空气管系统的系统级供应商。拥有空中加油装备、恒速传动装置、应急动力装置、空气涡轮起动机、燃气涡轮起动机、高压除水环境控制系统、三轮涡轮冷却器、高性能电液伺服阀、燃油泵、飞机地面操纵系统等核心技术和产品，先后为我国 60 多个机型 37 大机电系统提供产品和配套附件。获得国家级技术进步特等奖 4 项；国家级科技进步奖 20 项；省部级科技奖 300 多项。南京机电现有从业人员约 3000 名，其中专业技术人员占 50%，总资产约 30 亿元，2015 年营业收入 21.7 亿元。

一、基于集成供应链下的航空零部件制造工厂转型背景

（一）适应航空制造业转型升级的需要

为了适应改革开放的持续深入，更好地服务于国家的国防需要、经济建设和社会发展，我国军工体制已经开始了重大调整，建设模式由任务型向任务能力结合型转变，体制机制由计划指令为主转向更多地采用市场手段，充分发挥市场配置资源和竞争机制的作用。以《关于建立和完善军民结合寓军于民武器装备科研生产体系的若干意见》的发布实施为标志，军工行业正式对民企开放。具体到航空机电产品制造企业，在国家武器装备许可目录中，只有部分研制许可，生产已经全部放开，不需要许可。与此同时，军方采办体系也在改革，借鉴外军采办经验，我军也开始采取加强集中管理，增加透明度以及提高竞争程度等一系列改革，2016 年 1 月起，采购管理归军委装备发展部。为追求更低的装备成本，未来采取市场竞价方式，机电产品将降价约 1/3 左右。

军工体制的调整及采办体系的变革，降低了航空机电产品制造企业的门槛，给南京机电这样的航空制造企业带来了前所未有的严峻挑战。要降低成本、提高效率、赢得竞争，就必须通盘考虑价值链的全过程，通过降低整个供应链的成本和提高整个供应链的效率来应对竞争。而作为供应链中间环节的制造环节，特别是作为内部供应链核心的零部件制造工厂的转型是适应航空制造企业转型升级赢得市场竞争的最关键一步。

（二）适应技术进步和外部竞争的需要

航空制造业作为高端装备制造业，从二代机到三代机、四代机，其技术的先进性和产品的复杂性不断增加，技术的变化对产品制造提出了更高的要求。它要求要求开放配套充分利用社会资源，与竞争对手合作。零部件的生产制造要基于整个供应链全盘考虑，要向更精益更高效的方向转变。同时受全球金融危机的影响，西方发达国家纷纷将视角转向“再工业化”，从国家战略层面促进制造业转型，而且致力于高端、高附加值的制造领域，争取在新一轮先进制造业竞争中取得优势地位。南京机电与同为航空产品制造商的波音、联合技术公司（UTC）、霍尼韦尔等国际一流企业在同一个平台上，既是合作伙伴，又是竞争对手，本身就与他们存在较大的差距，未来竞争形势必将更加激烈。要赢得竞争，就必须学习研究国外先进标杆企业，朝着高质量、高柔性和低成本方向，建立自己的集成供应链，对内提升南京机电的核心制造能力，实施集成供应链下的零部件制造的精益转型。

（三）适应不断变化的客户需求的需要

“十二五”以来，南京机电承担的军品型号任务量以每年 10%—15%的速度持续增长，产品品种成

倍增加，产品技术结构越来越复杂；在型号任务订货数量增加的同时，交付周期缩短，质量要求提高，成本要求降低，以及客户需求的多样化给生产组织带来极大的挑战。过去传统的制造模式包括生产管理、工艺布局、资源配置和质量管控等与现阶段客户需求的多样化不相适应，亟须转变原有的制造模式，探索出一条满足客户需求不断变化的航空制造转型之路。

经过多年的产品研发和生产制造的经验积累，南京机电基本掌握多品种小批量产品生产制造规律，“十二五”期间不断增加的技改基建等硬件投入为科研生产任务的完成提供了硬件保障，先后投入ERP、MES和TCM等系统形成一定的信息化基础，持续培养精益六西格玛绿带、黑带、精益工程师、精益单元设计师，形成精益人才梯队，为生产制造全面转型奠定人才基础。

基于以上背景，针对生产制造面临更高效率、更高质量、更快的响应速度和更强的创新能力的要求，南京机电开展航空零部件制造工厂的转型实践，最终通过制造转型来提升企业的核心竞争能力。

二、基于集成供应链下的航空零部件制造工厂转型内涵和主要做法

为适应航空制造企业转型发展的要求，适应技术进步和外部竞争的需要，提高满足客户需求的应对能力，南京机电聚焦自身发展战略，通过对标国外企业先进制造模式，构建基于集成供应链下的航空零部件工厂转型实践的五星模型，通过制定分层战略，引领航空零部件制造工厂生产模式转型；通过引入ABC分类法，全面规划精益生产单元，构建“多单元＋四中心”工厂运作模式，驱动零部件制造工厂业务运行；通过样板单元建设实践，发展柔性单元，搭建基于单元的运行与管理流程和建立单元成熟度评价标准，规范单元日常运行，推动单元持续改善；通过系统的创新组织发展解决零部件制造工厂转型中人的问题。按照顶层设计、试点探索、区域应用、全面推广的途径进行应用实践，制造能力显著提升，保障了航空型号任务的圆满完成、实现航空零部件制造工厂的转型发展。主要做法如下：

（一）战略引领，确立工厂生产模式转型战略

1. 顶层设计，明确南京机电升级发展实施战略

南京机电秉承“航空报国、强军富民”的理念，提出“引领航空机电新发展、成为国际化卓越强者”的愿景目标，并确立通过市场领先、技术领先系统集成、管理方式的领先，实现愿景目标。在管理方式上，对标国际先进标杆企业，从研发、组织和制造三个方面实现领先：一是在研发方面，对标华为，以系统工程的理念为依据，从技术流程、研发组织、业务决策评审、绩效管理、产品战略及规划五个方面建设研发管理体系A－IPD，实现协同研发和数据共享。二是在组织架构方面，对标霍尼韦尔，实现集成供应链支撑的分部制转型。三是在制造方面，对标先进企业，系统规划，开展生产制造转型升级，实施基于集成供应链下的零部件制造工厂转型。

2. 系统规划，确立制造工厂生产模式转型战略

南京机电根据自身发展战略，围绕着制造工厂核心制造能力的提升开展专项的群策群力研讨，经过顶层设计，系统策划，逐步确立制造工厂生产模式转型战略，即“内部构建精益生产体系＋外部规范供应链管理”。内部立足于组建多个精益单元实施零部件的精益制造，开展航空零部件制造工厂生产模式转型实践，支撑工厂层面战略落地；外部依托市场，通过规范供应链管理，优选战略供应商，构建外部供应链。

（二）科学策划，搭建“多单元＋四中心”工厂运行模式

1. 基于ABC分类，全面规划建立精益生产单元

一是识别ABC分类原则，对所有零件进行梳理分类。通过引入ABC分类法，南京机电识别出关键核心零件，为精益生产单元建设、提升核心制造能力、构建内部精益生产体系奠定基础；同时通过对零件进行梳理，减小整体零件管理幅度，释放生产力，优化库存管理；针对非关键核心零件，培养战略供应商。南京机电从生产周期、加工难度、占用成本、产出率、是否是关键重要件、补充频率等维度确立ABC分类的基本原则。

A 类零件：核心技术零件（如薄壁壳体、精密偶件等）；关键、重要件；生产周期长（超过 3 个月的零件）；加工难度高（南京机电优势专业技术、外扩生产会导致技术流失或质量难以保证的零件）；占用成本高（如外扩加工报废易导致材料、毛坯损失较大的零件）；产出率低（产出率低于 60%）；满足以上一条或一条以上即为 A 类零件。

C 类零件：生产周期短（小于 1 个月）；加工难度低（能够通过一般精度常用加工设备完成，精度要求一般，工序数量小于 20 道（参考），能够较易找到社会协作的零件）；占用成本低（常用铝合金、钢、铜合金等材料的棒材、管材、钣材，简单锻铸毛坯件）；产出率高（产出率大于 95%）；非 A 类零件满足以上全部条件即为 C 类零件。

B 类零件：生产周期较长（1—3 个月）；加工难度中；占用成本中；产出率中（产出率 60%—95%）；非 A 类、C 类零件参考以上条件即为 B 类零件。

南京机电先后对 18 个机种 344 个定型产品共 13648 项零组件进行 ABC 分类，分类的结果是 A 类零件占比 10%，B 类零件占比 21%，C 类零件占比 69%。

二是针对 ABC 零件分类结果，制定零件生产实施策略。针对零件 ABC 分类结果，南京机电确定 A 类关键核心零件原则上由内部组建多个精益生产单元组织生产，无条件的暂时外协；B 类零件尽可能进入精益生产单元生产，根据生产能力适当安排外协；C 类零件由制造管理部等部门组织外协、外包、外购的零件策略，同时按专业化分工组织战略供应商承包生产并将精益管理理念植入战略供应商，辅导其建立精益生产单元。

三是确定单元整体规划技术依据。在 ABC 分类的基础上，引入成组技术，根据南京机电各专业零件的结构特征、工艺方法、材料特性制定零件参考分组表。在零件参考分组表的基础上，以南京机电独创的 7 位 4 级的“基于设计（加工）特征的零件分类（编码）规则”为依据，将南京机电所有 AB 类零件产品划分为五大类（壳体类、盘类、轴杆类、套筒类、传动类）＋其他类（组件类、盘片类等）。

四是全面规划精益单元。在将 AB 类零件划分为五大类及其他类的基础上，综合考虑五大类零件任务量（加工工时）占比，每大类零件分别设计不同单元，经过统筹考虑，系统设计，制定南京机电精益单元建设总体规划。

2. 全面转型，搭建“多单元＋四中心”工厂生产运行模式

随着多个精益单元的逐步建立，南京机电迫切需要建立一套基于多个精益单元的新的工厂生产运行模式，因此，在深入推进 AOS0300 生产制造模块的同时，引入智能制造的一些先进理念，搭建“多单元＋四中心（计划管控中心、生产配送中心、生产保障中心和快速反应中心）”工厂生产运行模式。围绕若干单元，建立四个中心：计划管控中心是生产体系的大脑，基于能力的计划排产，各层级计划自动生成、推送，根据计划的变更计划再建；物流中心是信息流与物流的交汇区，完成物流的全流程管理、库位信息实时采集，安全库存管理，基于计划自动生成配送清单，以及对供应商单价和最小订购量、价格、供货周期等进行管理；设备保障中心基于当前和历史的设备维护管理，如预防维护、改善维修、维修预防、生产维护等；异常处理中心支撑生产问题快速解决，异常问题的实时推送、进度跟踪，问题数据分析，通过数据积累，风险信息自动预警提示。

通过 AOS 流程梳理，建立工厂业务运行流程体系，明确业务规则，搭建工厂业务流程架构，并从工厂 5 大业务模块，梳理 37 条一级流程，121 条二级流程。

（三）持续改善，打造持续高效运行的制造单元

在全面规划精益单元的基础上，南京机电制定试点先行，分步实施的精益单元建设路径，通过样板单元的建设，总结归纳精益单元建设的方法论，逐步推广到其他单元的建设中，同时构建基于精益单元的运行与管理体系，主要包括单元的运行与管理流程及单元的成熟度评价标准。

1. 试点先行，建立样板精益单元

基于对零件的分类分组工作和针对各类产品生产产量的分析，依据柔性精益生产的理念，南京机电通过选取关键核心零件，设计样板精益生产单元，提高自主生产的典型零件的生产效率和质量一致性。南京机电在2013年建立起叶轮精益生产单元，截至目前南京机电所有加工车间的叶轮零件都已安排到叶轮专业生产线里加工，叶轮类零件工艺也已完成工艺标准化工作。叶轮单元主要从柔性精益生产模式、单元产能、员工技能、单元产品质量、单元的6S和TPM管理等方面进行精益的探索与实践。经过几年来的运行，单元已取得明显的效果，生产能力不断提升，月产出零件数逐年攀升，2013年月均产出148件，2014年叶轮单元已到达方案设计要求指标（月产出201件），到2015年月均产出已达到223件，并且仍有改善空间；产品生产周期缩短了80%，在制品库存降低了60%，人员减少了15%，按时交付率提升90%。

南京机电在建立叶轮柔性精益单元试点的实践中，逐步形成一整套具有南京机电特色的精益单元建设方法论，其特点如下：一是通过在单元设计中大量采用子单元模式增加灵活性以应对加工需求的多样化；二是通过全面引入精益管理执行机制，包括可视化看板、分层例会、问题快速反应机制、流程手册和管理者标准作业等，为支撑匹配全流程作业提供保障；三是实行标准化作业、标准化质控、标准化配送、标准化6S和标准化TPM，提高单元运行的效率和稳定性；四是通过改变考核方式，将基于个人的计件、计时考核方式转变为基于团队整体产出的考核模式，提高整体产出的效率。叶轮精益生产单元的成功为南京机电全面推行精益生产模式打下了基础。其成功经验已逐步复制到其他精益生产单元的建立中，进行全面推广。

2. 规范运行，建立单元的运行与管理流程

通过引入AOS流程梳理理念，首先对单元的运行场景进行详细的描述，在场景图的基础上，梳理建立基于单元的运行与管理流程，包括单元生产排产、人员技能培养、物料配送等15条流程。同时，编制全部15条流程的程序文件。目前，在已建立的各个单元都取得较好的应用效果。

3. 持续改善，建立基于单元的成熟度评价标准

为了评价精益单元达到什么样的成熟度，为单元持续改善提供依据，南京机电借鉴国内外先进企业成熟度评估的管理经验，制定基于单元成熟度评估的一整套评价标准。从4个方面15项评价内容分5个阶段（准备、标准、实施、管理、自主改善五个阶段）逐项进行评价打分。每项内容标准分为5分，每个阶段满分为75分，分数超过60分就可以进入到下阶段。运用单元成熟度评估标准对叶轮单元进行评估。从结果看出，叶轮精益单元每个阶段的低得分项正是单元需要改善的环节。因此通过对精益单元进行成熟度评估，不仅能及时掌握单元当前的状态，还能为单元的持续改善提供依据。

（四）对标先进，创新工厂组织发展方式

1. 对标先进，创新工厂组织架构

为保证零件制造工厂的有效运行，南京机电对原有的组织架构进行创新转型，按照“四中心”的生产管控需要设置计划物料、生产运营、设备安全、质量、工程经理；按照相关部门职能落地到工厂的需要设置人力、财务和IT经理，按照运营体系建立的需要设置AOS经理，共九个业务经理。每个业务经理都有两条汇报线，一条是原职能部门的上级，一条是业务线的上级。这样，可以保证南京机电所做的每一个决定，都是既符合部门利益，又符合公司整体利益。相比职能部门，业务部门的负责人拥有最大的话语权，符合公司业务为先的策略。

2. 创新领导方式，提升管理者的领导力

一是建立工厂领导力模型。工厂领导在工厂转型过程中发挥着关键作用。结合工厂管理者的角色定位和职责要求，南京机电定义工厂领导的领导力模型，包括领导基本能力、关键行为实践和技术能力三

个层次，共 16 条要素。领导基本能力，包括战略领导、人才管理、业务本来、影响协助和观察能力是作为各层级领导的普遍应具备的能力；作为工厂一线的管理者，需具备教练式指导、沟通、团队合作、员工参与、领导标准作业、变革管理等关键行为实践的能力；精益生产方面的技术能力，包括精益、工程经验、材料管理、快速问题解决、可视化管理，也是工厂管理者应该具备的能力。

二是建立领导力提升课程体系。基于领导力模型，南京机电设计领导力评估调查问卷，对工厂领导团队，包括厂长、业务经理、单元长进行领导力评估，并制定领导力发展计划。将领导力提升课程体系列为每位工厂领导必须学习的课程。通过课程的学习和领导力发展计划，将传统习惯于接受指令性生产任务的工厂领导培养成能够胜任转型后新制造模式下的工厂领导。

三是建立领导标准作业。构建持续改进的精益文化的关键是塑造领导的行为。为了规范领导行为，南京机电定义制造工厂各级领导标准化工作。将领导标准化工作界定为支持一线员工的系统的、分层级的方法。它是以精益单元线的快速运转为最高优先级，各层级领导都围绕一线展开支持工作。

（五）指标牵引，提升工厂整体运营效率

1. 建立工厂分层分级指标体系，拉动工厂整体运营

为了拉动整体绩效指标的提升，实现卓越运营，最终满足客户的期望，南京机电梳理建立工厂绩效指标体系，分工厂层、部门层和单元三个层级。新的指标体系有以下几个特点：一是强调工厂在安全、质量、交付、成本和人员（SQCDP）方面的综合表现，指标要求的更细、量化和动态，并全部要在工厂、部门、精益单元现场的可视化管理板上体现。二是工厂、部门、精益单元的三级指标体系，其指标之间相互分解和承接，确保客户和工厂关注能全面落实在各个实体的日常管理中。三是制造转型的指标达成是分阶段部署和实施的，一二阶段，组织准备和基线分析阶段的要求是要全面清晰的摸清工厂基线和指标现状，到五阶段即追求卓越阶段，工厂要实现安全（安全事件造成的工时影响和虚警事件）降低 10%、质量（外部逃逸率和不合格品成本）降低 25%、交付（按时交付率）达到 98%、制造成本降低 7.5%和库存（订单交付周期）提高 15%。

2. 实施"二维"绩效管理方式，提升工厂整体运营效率

绩效指标是最终结果，影响结果的是员工的行为。南京机电识别出符合企业文化特征的 12 类行为，包括：增长和关注客户、领导力影响、注重结果、人才成长、鼓励变化、培养团队精神和融合多样化、全球化思维、基于智慧的冒险、自我意识与善于学习、有效的沟通、全面的思考、技术卓越和功能出色。并进一步细化生产现场一线员工的行为特征。建立绩效评估体系，不但对取得的业绩进行评估，而且对取得业绩的方式也进行评估。

建立以航空报国理念为核心的行为激励。南京机电总结提炼制造工厂员工层面的六种行为导向，以行为激励看板的形式张贴在各个精益单元现场，通过六种行为导向的现场宣贯，鼓励并促使员工通过自己的行为案例来定义行为导向。同时为了对员工的行为进行激励、引导，南京机电建立员工行为激励办法及激励行为案例。为了强化行为激励的效果，南京机电对各种行为事件进行分类分级，开展月度评审，并结合年度 MRR 评审，将年度行为激励的表现和劳务外聘员工转正、职称技能晋升、年终奖分配等挂钩，极大地调动各类员工的积极性。

建立"二维"绩效评估体系。南京机电建立基于 5 大绩效指标和 6 类行为的工厂"二维"绩效评估体系，不但对取得的业绩进行评估，而且对取得业绩的方式也进行评估，即绩效＝行为＋结果（两个维度），并根据绩效区别与工资和业绩挂钩，鼓励和奖励表现突出、对工厂做出贡献的员工。

三、基于集成供应链下的航空零部件制造工厂转型效果

（一）建立适应航空制造企业转型发展的模式，具有较强推广价值

南京机电基于集成供应链下的航空零部件制造工厂的生产制造模式与组织管理模式转型进行了探索

与实践，建立了适应航空制造企业转型发展的模式，有力地支持了航空制造业企业产业化转型。诸如精益单元建设、“多单元＋四中心”工厂运行模式、精益单元成熟度评估等内容对类似多品种、小批量零件特点的航空制造企业转型具有较强的借鉴意义，尤其是基于标准化、模块化的架构体系，可以在同类型企业内外部供应链的零部件制造工厂中普遍推广。

（二）经济效益显著，生产制造能力显著提升

2012—2015年，在设备、人员等生产资源投入基本不变的情况下，南京机电批产产值平均增长率超过20.4%，2015年批产产值达到15.9亿元。制造模式及组织管理的转型减少了人员、设备等的浪费，大大提高了生产效率，以叶轮单元为例，采用精益单元的模式，零件的平均生产周期缩短了80%，在制品库存降低了60%，人员减少了15%，按时交付率提升80%；同时带来了生产制造能力的显著提升。2013—2015年间，成品入库种类及入库件数以年均10%的增速逐年增多，客户评价逐年提高。

（三）塑造了良好的企业形象，提高了企业核心竞争力

生产制造模式的转型及精益单元组织方式的推行，形成了南京机电的核心制造能力，在很大程度上解决了生产瓶颈的问题，不仅在生产的产值、交付的品种和数量上，在产品的质量方面也极大地获得了客户的认可，客户评价逐年提高；经过生产制造模式和组织管理的转型，大大地促进南京机电综合实力的提高。结合AOS的推进，为企业塑造了良好的品牌形象，提高了企业的核心竞争力，为南京机电战略目标的实现打下了坚实的基础。

（成果创造人：焦裕松、聂进方、何丽华、刘高群、润长生、席　兵、刘保库、王　伟、何明发、张文强、魏建顺、饶宇光）

以市场为导向的铁路客运业务经营管理

北京铁路局

北京铁路局是以铁路运输为主的大型国有企业，是全国500强企业之一。所辖铁路线路分布在北京、天津、河北“两市一省”及山东、河南、山西的部分地区，与沈阳、济南、郑州、太原、呼和浩特5个铁路局相接。截至2015年，区域内共有正线171条，其中高速铁路6条，分别是京广高铁、京沪高铁、津秦高铁、京津城际、石太客专、津霸客专；繁忙干线6条，分别是京广、京沪、京哈、京九、津山、石太线；干线6条，分别是石德、丰沙、京包、京通、京承、京原线。全局营业里程8184.5公里。全局办理客运业务车站140个，拥有动车组177列、客车2735辆，共开行旅客列车667对，其中动车组列车371对。

一、以市场为导向的铁路客运业务经营管理背景

2014年以来，随着国家宏观经济政策的调整，特别是北京铁路局所管辖的京津冀地区落实国家大气污染防治行动计划，加快推进“煤改气”“煤改电”工程建设，煤炭等大宗货物运输需求下降，运输结构呈现明显的“货减客增”的态势。北京铁路局紧跟市场变化，主动适应新形势，抢抓客运发展机遇，大力创新客运经营管理。

（一）“以客补货”，加重了客运经营责任

随着传统的大宗货物运输需求下滑，铁路运输从“以货为主”转向“以客为主”。据《2014年铁道统计公报》，全国铁路货物总发送量完成38.13亿吨，比上年减少1.54亿吨、下降3.9%。与货运断崖式下降形成鲜明对比的是，旅客运输呈现快速增长态势。2014年，全国铁路旅客发送量完成23.57亿人，比上年增加2.51亿人、增长11.9%。北京铁路局的运输经营也保持了同样的态势。2011年，全局货运收入占运输总收入的48.9%以上，到2014年年末，下降到了40.2%，但旅客运输各项指标连创新高，“以客补货”已经成为一种新常态，客运经营质量直接关系到铁路局整体经营结果，事关全局。

（二）服务区域经济发展，确保旅客运输的需要

随着国家京津冀协同发展战略的实施，铁路运输作为京津冀交通一体化的重要组成部分，旅客运输必须与政府规划同步发展，强化铁路与城市交通的高效衔接，提高京津冀区域客运组织效率，已经成为铁路运输的一项政治任务，必须做好做实。北京铁路局所属的京津冀地区作为全国铁路运输中心，截至2014年，区域内高速铁路营业里程达到1430.9公里，辐射全国，四通八达。特别是2015年年底，区域内津保铁路将建成通车，与京广、京沪、津秦、京津城际等高速铁路相连接，与京广、京九、京沪线等普速铁路相贯通，进一步完善了区域铁路路网结构，覆盖京津冀的半小时、1小时交通圈初步形成，对推动沿线工业化、城镇化进程和旅游资源开发具有重要意义。

（三）把握市场机遇，发挥客运资源潜力的需要

2014年中国服务业增加值30.7万亿元人民币，高出GDP（国内生产总值）增速0.7个百分点，占GDP比重达到48.2%，比上年提高1.3个百分点。2014年，我国全年旅游总收入约3.25万亿元，同比增长15.4%；国内旅游36.11亿人次，同比增长10.67%，我国旅游业已经进入“大众旅游”时代。随着全国服务业的快速发展和持续升温，铁路作为运输服务产业，客运市场迎来巨大发展空间，客运经营管理必须充分发挥京津冀首都区位经济吸引优势，以及旅游资源丰富的优势，“引流上车”，同时发挥客运主营业务带动作用，同步推动广告、餐饮、商业、旅游等业态发展，扩大客运盈利空间。

基于如上原因，北京铁路局从 2014 年年底起，组织实施以市场为导向的铁路客运业务经营管理，开展“以客补货”，拓展客运盈利渠道，提高经营质量。

二、以市场为导向的铁路客运业务经营管理内涵和主要做法

北京铁路局以市场为导向，以“外延创效增收入、内涵挖潜降成本”为指导思想，以让旅客“安全出行、便捷出行、温馨出行”为立足点，以“优化客运产品结构、优化人员配置、优化售票营销组织、拓展客运外延业务、满足旅客个性化需求”为着力点，把客运由原来的客运专业部门一家抓，转变为全局全体人员、全系统各单位按责任分工共同抓，在人员、资金方面向客运倾斜；开展与客运相关业务的多业态经营，转变单一靠车票创收的经营格局，拓宽创收渠道；创新服务手段、满足旅客个性化需求，全员树立“服务就是最好的营销”理念，提升温馨服务水平，增加旅客“回头率”。通过提升客运业务经营管理水平，实现客运经营经济效益最大化、社会效益最优化。主要做法如下：

（一）优化客运产品结构，提高旅客运输能力

针对高速铁路快速发展成网的新形势及旅客出行需求多样化的新变化，北京铁路局对既有客运产品进行分析，以服务京津冀交通一体化为重点，全面优化客运产品结构，提高旅客运输能力。

1. 发挥路网中心优势，拓展京津冀与区域外联系通道

实施京津冀一体化之后，北京铁路局充分发挥路网中心优势，统一使用北京、天津、石家庄三地的客运资源，统筹考虑三地的运输需求和运输能力，优化调整京津冀开行至全国主要城市的列车，构建以京津冀三地为原点的全国铁路客运通道，增开至东北、华东、华中、华南、西南等热点方向长途列车，进一步拓展京津冀与全国的铁路交通联系。

2. 推动京津冀交通一体化，构建区域内多层次客车通道

随着京津城际、石太客专、京沪高铁、京广高铁、津秦高铁、津保铁路的陆续开通运营，以北京、天津、石家庄为中心，辐射区域内地级市的高铁（客专）网络已经成型。随着高速铁路客运能力的分流，普速铁路客运运能得到一定释放。针对路网的新变化，北京铁路局在京津冀区域统筹使用高铁和普速客运能力，构建多层次多节点的区域内铁路客运通道，主要包括：以北京、天津、石家庄为中心，增加高速动车组开行密度，构建以高铁为依托的城际高速通道；积极响应廊坊、张家口、唐山、邯郸、衡水、沧州等地方政府的需求，增加地级市向中心城市列车的开行对数，构建地级市为支点的市域快速通道；对有客流潜力的县级车站、旅游景点县开通市郊列车，加强县城与地级市的联系，构建重点县城为节点的市郊快运通道。比如，天津蓟县作为距离北京较近的天津市辖县，有较好的旅游资源，汽车进京、进津需求旺盛，有潜在铁路运力需求。为此，铁路局对津蓟线进行提速改造，线路允许速度由 80 公里/小时提高到 100 公里/小时，分别开行天津（北）、北京东至蓟县市郊列车，旅客发送量由日均 458 人增加到日均 3150 人。

3. 加强临客组织，实现“引流上车”

北京铁路局辖区作为首都经济吸引区，人员流动特征显著，特别是在春运、暑运、小长假、黄金周等特殊时段，客流高度集中。为有效抓住大客流增运增收的良好时机，北京铁路局总结多年春运、暑运成功经验，确定“提前预想、统筹兼顾、重点配置”的临客运力安排原则。以高铁为龙头，以区域内为重点，实施三套组织方案，保证大客流时期旅客“走得了、走得好”。具体包括：动态调整图定客车开行数量，如实行高铁线路分号运行图，在日常时段及特殊时段开行不同数量的列车；增开临时列车，如利用闲置运行线开行重点方向列车，利用外局终到列车套跑区域内列车，适时启用应急列车加开临客，利用回送空车底开行客车；增加既有列车运输能力，如在图定列车加挂车厢等，提高运力。对上述方案以“定方向、定线路、定车次、定车辆”加以模板化，根据客流组合运用，实现安全、及时、有序应对大客流。

（二）优化人员配置，确保新车、新站顺利开行

北京铁路局为充分体现全员、全系统支持客运工作，对各单位各工种工作量、人员配备情况进行调查摸底，筛选出工作量不饱和、冗余的人员，打破工种界限、打破单位界限，在完善管理制度、搞好人员培训的前提下，由铁路局统一协调、统筹安排，根据全局新开客车、新开客站情况，集中纳入客运岗位使用，实现“新开车、新开站不加新人”，确保开车、开站人力需求，为客运发展提供人力保障。

1. 非乘务单位担当高铁列车

传统的客车乘务工作由客运段担当。为消化冗余人员，解决新开行客车客运段人员不足的问题，北京铁路局自 2014 年 3 月起，在全路首推高铁列车由非客运段单位即非乘务单位担当。为保证这一新举措顺利实施，铁路局及时总结有效做法，制定一系列高铁非乘务单位担当保障措施，各单位完善管理机构，指定一名领导负责客运乘务工作，成立客运乘务室，并建立相应的管理制度，所有乘务人员全部培训合格后上岗，并由客运段指派指导车长，协助非乘务单位开展工作。由于组织措施到位，非乘务单位担当的高铁动车组共处理应急事件 230 多起，没有发生不良影响。截至 2015 年年底，全局共 25 个非乘务单位担当高铁乘务，共计担当高铁列车 26 组、41.5 对。

2. 创新乘务组织方式

为减少旅客列车用工，北京铁路局通过“公开招标、委外经营”方式，在区域内运行的短途高铁餐车及部分普通客车实行客运乘务外包，既节约客车用工，又增加委外经营收入。同时调整部分客车乘务担当单位，将部分区域内短途列车交由车务段担当，客运段调整出的人员担当新增区域外长途列车，保证新开行列车乘务服务质量良好。

3. 挖潜车站用工潜力

按照地方政府经济发展需求，2015 年，北京铁路局先后恢复北京东、天津北、宝坻、蓟县、正定等站客运业务。对新开办客运业务的车站，不招录新职工，利用现有人员或调配冗余人员，采取“人员转岗、兼职并岗、一岗多能”等方式优化车站劳动组织，在不增加一名新职工的情况下，满足新开车站用工需求。

（三）优化售票营销组织，提高车票收益

北京铁路局充分运用互联网、手机售票等信息化、个性化销售渠道，加强售票管理，优化车票销售策略，科学售票，提高客车客座率和车票收益率。

1. 高铁列车票额智能预分

票额就是每趟客车分配给不同车站的车票数量。车站不同数量也不同，常规做法是始发站大于沿途各站，但具体应该是多少数量，以往都是根据经验得来，不够准确，调整也不够及时，经常造成票额浪费。随着计算机网络购票的全面实施，每个车站不同时段上下车人数有了精确的统计分析。以此为基础，制作出站间客流密度表，参照列车定员，利用计算机系统进行两轮票额预分，首先满足始发终到长途旅客车票需求，然后在客流不超定员情况下，本着“以下车人数、定上车人数”的原则，满足短途旅客需求。在票额预分方案确定后，形成票额智能预分模板，主要包括春运、暑运、黄金周、小长假、周末、日常等六大模板，在不同时期对各次列车票额自动调整，实现客车运能高效利用。

2. 普速列车售票差异化

普速客车运量大，但是车票相对动车组便宜很多，收入也相对低很多。因此，普速客车以增大旅客发送量为主，兼顾客票收入。北京铁路局把普速客车按运能、收入、市场热度等进行分类，对客座率高的列车，控制车票发售区段，先保证长途旅客需求，再考虑短途旅客需求；对客座率低的列车，以提高上座率为主，不控制车票发售区段，提高普速列车车票收益。

3. 车票服务便捷化

为改善旅客购票体验，减少旅客排队时间，重点对车站窗口购票进行优化，提高车票购买速度。在车站、高校等重点区域增加自助购票、取票设备，到2015年年底，全局自助售取票机总计达到862台，较2014年增加94台。灵活调整窗口售票业务，根据各车站情况，尤其是在大站，灵活设置窗口功能，增加集售票、改签、退票业务功能为一体的窗口，遇有突发客流，及时调整窗口业务，缩短旅客等待时间。

（四）拓展客运外延业务，实现多业态发展

北京铁路局在抓好旅客运输主营业务的同时，积极发挥客运外延辐射效应，通过实施列车冠名，开行旅游专列，拓展商业市场等，形成新的业绩增长点。

1. 开展旅客列车冠名

采用地方政府冠名和商业冠名两种方式。地方政府冠名即结合京津冀地方政府的需求，以带动京津冀旅游发展为切入点，开行地方政府冠名列车，如先后开行"蓟县号、盘山号、衡水湖号、大好河山张家口号、正定号、西柏坡号、邯郸号、沧州号、廊坊号、唐山号、秦皇岛号、邢台号"等冠名列车，对京津冀旅游资源进行系列宣传。商业冠名即对有冠名需求的企业进行列车冠名。先后有"山东卫士、中超集团、北京银行、华为、福田"等数十家企业冠名。冠名列车根据列车不同车型、开行路线收取不同的冠名费，增加经营收入。

2. 开行旅游专列

结合国家旅游政策及京津冀区域群众旅游需求特点，组织开行不同方向的旅游专列。2015年，先后开行到区域外的北京至新疆和田"京和号"旅游专列等，开行区域内到涞源、北戴河、承德等地的旅游专列，共计73列。

3. 优化站车商业及广告开发

在车站、列车商业开发方面，以开办专卖店、专卖柜等形式，为名优商品提供销售和展示平台。具体实施办法是：大型车站在保证旅客服务空间充足、现有商业面积不增加的前提下，优化调整商业项目，增加全聚德、狗不理、金凤扒鸡等地方传统名品，打造商旅服务品牌；高铁中间站以深度商业开发、拓展服务功能为重点，增加餐饮店、自助售货机、汽车租车、茶座等新的商业网点；普通中间站以完善餐饮服务功能为重点，增加便利店、餐饮店等商业服务。在列车上实行商品专卖机制，推广品牌商品。在广告资源开发方面，2015年，在原有站、车广告媒体的基础上，以高铁车站为重点，开展车站LED、刷屏机、引导灯箱、玻璃贴、实物展位等媒体开发，增加广告收入。

（五）满足旅客个性化需求，提高客户满意度

1. 开展车站贵宾服务

北京铁路局围绕旅客出行全过程，引入第三方服务公司，采用"租赁＋合作经营"的方式，在车站建立贵宾服务区，提供取票、休息、行李搬运、专用通道安检乘车及旅行相关产品预订等服务。2015年，先后在北京站、北京西站、天津站、天津西站、石家庄站开展贵宾服务，受到旅客高度好评。

2. 空铁联运，实现旅客一票式服务

推广北京南站"天津机场城市候机楼"空铁联运模式，加强与民航合作，深入推进铁路与航空在票务、旅行服务方面的衔接，为到天津、正定等机场的乘客提供票务接续。到2015年年底，正定机场联程票务合作日均超过60张。通过空铁联运实现旅客联运顺畅链接，让旅客体验一票式服务。

3. 增加站内便捷换乘

便捷换乘是指持有中转换乘或联程车票的旅客不用出站，由工作人员通过站台楼梯、扶梯直接引导到中转换乘候车区，减少旅客出站再进站的安检查危、验证验票麻烦，极大方便旅客出行。2014年以

来，已经在天津、天津西、石家庄等站实行便捷换乘。

4. 电话预约，服务老幼病残孕

需要借助辅助工具行走的“老幼病残孕”重点旅客，可以直接拨打12306服务电话和车站爱心服务电话，预约提供优先进站、便利出站，以及轮椅、担架等“一条龙”服务。同时，还为其他重点旅客提供爱心通道和爱心候车专座等服务。旅客在车站、旅客列车上遗失物品，可以通过12306网站、微信号、客服电话寻求遗失物品查找服务。

5. 提供汽车运输服务

自2014年10月国庆节开始，在黄金周小长假期间先后组织由北京出发，前往浙江、江西、广东、四川、海南等地的自驾游汽车运输服务，充分满足民众绿色出行、安全出行的愿望，同时也消除爱车一族假日长途自驾舟车劳顿、道路拥堵及交通安全等方面的顾虑，提供“长途变短途”的全新体验，让自驾游体会“汽车坐火车、就是不堵车”的新奇之旅。

6. 开通WIFI，丰富旅客出行体验

在北京、北京南、天津西站（京沪高铁各站）、石家庄站（京广高铁各站）等开通WIFI互联网服务，在各次旅游专列及北京铁路局自担当乘务的普速列车分批次安装移动WIFI，不断丰富旅客出行体验。

（六）完善配套支持，确保客运业务良好运转

1. 加强组织领导

北京铁路局成立客运经营创新管理领导小组，局长亲自任组长，主管副局长为副组长，运输、客运、机务、车辆、人事、劳资、财务、计统处等有关部门主要负责人为组员，在局客运处设立创新办公室。建立日碰头会、周例会、月推进会等工作制度，将具体措施明确到责任部门、明确到人头、明确完成时限，有序推进项目开展。

2. 完善管理制度

根据客运业务经营情况，适时制定完善一系列管理办法，先后出台铁路客运服务质量规范，高速铁路旅客运输管理办法，“三个出行”常态化实施方案，客运服务质量监督检查办法，高速铁路车站客运人员、动车组列车作业流程及标准，京广、京沪高铁旅客专项服务标准，旅客列车冠名管理办法，车站广告管理细则，动车组出库质量考核办法，命名和推广“徐妍售票法”的通知等32个文件，完善客运经营管理长效机制。

3. 严格绩效考核

制定客运经营管理考核办法，将客运经营指标分解到相关业务处和基层站段，每月对完成质量进行分析，并与工资收入直接挂钩，彻底打破“不管经营好坏收入不能降”的怪圈，提高全员的责任意识和经营意识。

三、以市场为导向的铁路客运业务经营管理效果

（一）客运业务稳步发展

2015年，全局旅客列车平均上座率达到97.1%，客座率达到78.6%，运能利用率保持了高水平。2015年，重点时段单日旅客发送量连创新高，其中，2月4日（春运节前）完成88.41万人；5月1日完成128.31万人；10月1日完成123.12万人，均创历史同期最高纪录。2015年，北京铁路局完成旅客发送量27070.2万人，占全路旅客发送量的10.8%，同比增长4.5%。

2015年，北京铁路局旅客运输实现安全零责任事故、路风零不良反应、服务零责任投诉。北京、北京南、石家庄站等6个车站被中国铁路总公司评为文明车站，Z9/10、G113/G18、T253/254次等72对列车被中国铁路总公司评为红旗列车。

（二）创造了显著的经济效益

2015 年，北京铁路局客运完成客票收入 392.62 亿元，占全路客票收入的 13.5%，同比增长 5.4%。2014—2015 年，全局实现列车冠名收入 15842 万元。2015 年，旅游专列实现收入 5087 万元，同比增长 15%；实现毛利 1200 万元，同比增长 23%；开发车站商业项目 62 个，增加收入 1325 万元；实现新增广告收入近亿元。车站贵宾服务项目收入超过 200 万元。2015 年，客运系统共节约用工 902 人，年节约人力成本 7306 万元。

（三）服务区域经济，社会效果显著

客车产品结构的不断优化，放大了中心城市与外部的联系空间。2015 年，天津新增开行到区域外客车 17 对，石家庄新增开行到区域外客车 14 对。全局开行到区域外的长途客车达到 479 对，比 2014 年 434 对增加 45 对，其中动车组列车增加 39 对，占增加总数的 86.7%，有效缓解了部分方向运能紧张矛盾。2015 年，京津冀区域共计增开列车 62.5 对。京津冀区域快速交通网得到完善，京津冀地区高铁客流比例达到 56.8%，保持了持续上升态势，区域人员流动更加便捷。

（成果创造人：李冰久、李世忠、刘　昕、陈立军、潘　贺、李昊光、宋　洁、王雅莉、周中锐、冯彦钧、范露端、许建英）

通信企业基于“互联网+采购”的内部商城管理

联通系统集成有限公司

联通系统集成有限公司（以下简称系统集成公司）是中国联合网络通信集团有限公司（以下简称中国联通）全资子公司，注册资金5.5亿元，在全国31个省设有分公司，员工总数逾2000人，是具有独立法人资格的国有大型高新科技企业。系统集成公司在信息安全服务、信息系统集成及服务、涉密信息系统集成资质、通信信息网络系统集成方面具备国家顶级资质，拥有软件著作权379项，软件产品18项。截至2015年年底，系统集成公司主营业收入达26亿元，利润总额达1.6亿元。

一、通信企业基于“互联网+采购”的内部商城管理背景

（一）有效管理大型企业成本费用类物资的需要

联通成本费用类物资涉及的点多面广。覆盖面上，成本费用物资的使用贯穿集团总部、省、市、县、网格等各个管理层级，全面覆盖全国一万多个成本中心和40万名员工；采购业务活动随需求随时发生，物资种类规格过百万种，业务用途涉及办公、耗材、营业、运维、劳保、营销维系、宣传、工会等各个归口。消耗额度上，作为大型国企，中国联通一年仅办公和耗材类的支出，就有大约20亿元；如果加上运维、营业、营销等企业费用类物资，总金额在百亿元以上。如此大的业务和使用覆盖，资源的配置供给效率和成本支出会直接影响到企业的经营效益和运营效率。为解决上述问题，加强对成本费用类物资的有效管理和支撑服务，联通物资管理部门制订规范、高效、透明、一体化的物资管理思路，需要以信息化平台为抓手将管理思路落地。

（二）解决成本费用类物资采购问题，提高服务管理水平的需要

联通企业在采购业务活动中一直以来存在着一些突出问题：一是采购效率低、效果差，供需矛盾突出。二是资源获取成本较高，商品质量监管不足。三是采购过程不透明，存在徇私舞弊风险。四是预算管理滞后，成本控制效率低。五是业务和财务共享性、协同性不足。如何既能够实现分散物资管理的集中化，又能在效率、成本、风控等方面周全照顾，是联通企业物资管理亟待破解的难题。

（三）电子商务发展为企业物资管理提供新手段

互联网和电子商务产业蓬勃发展，为企业通过电商化采购推进物资供给体制改革提供了良好契机。第一，电子商务模式的发展成熟促进企业供应链协作整合。第二，物流产业进步助力采购效率和效果的提升。第三，互联网技术有力改善用户体验和供需互动。

基于以上原因，系统集成公司从2012年开始在中国联通推行基于“互联网+采购”的内部商城管理。

二、通信企业基于“互联网+采购”的内部商城管理内涵和主要做法

系统集成公司积极探索“互联网+采购”，将创新的企业物资采购供给模式固化为内部商城平台产品，以交易驱动、扁平化运营、精细化管理、网络化协同等措施，创新企业资源配置和运营方式，形成“融合、共享、开放”的采购服务全新体系。“内部商城”借助互联网理念，变革采购关系、采购决策、采购作业、组织形式和运营管理等，将需求、采购和财务三者有效连接，实现供需融合、数据共享、业务规范、管理扁平。主要做法如下：

（一）做好顶层设计，确立总体思路

通过分析联通物资采购管理现状，结合产业互联网的发展成熟情况，联通集团决定通过创新物资采

购管理模式、建设“内部商城”的形式来解决成本费用类物资的采购问题。“内部商城”先从办公用品等高度市场化、社会化、标准化的成本费用类物资起步，再逐渐向商旅服务、IT终端、工程物资、运维物资等其他物资种类扩展。

1. 理清内部职责，设计开放共赢的采购合作模式

借助互联网“融合、共享、开放”的特点，建立开放共赢的对外合作模式。建立扁平、高效的资源配置和获取方式，通过“总部集中选择供应商、各级成本中心按需采购”的方式化解供需矛盾，缩短配送距离，实现去行政化。通过“协议+订单”的供应商管理模式，打通供应链上下游合作，促进供应商持续运营。同时，优质持续的服务又为供应商带来更大的企业市场份额和长期合作前景。

2. 借鉴淘宝方式，打造企业内部电子商务平台

将淘宝购物方式引入企业内部，接入京东、苏宁等大型电商，同时聚集本地供应商资源，开放平台运营，构建“内部商城”式电子商务平台，把过去分散式采购业务全部集中到平台上进行，解决采购分散、线下操作的问题。商城上商品上架展示、订单采购过程、采购结果均阳光透明，在企业内部公示，接受监督。评价过程也由定性评价转化为对每个订单的量化评价，采购人、使用人可对商品、服务进行评价，并作为对供应商考核和采购行为分析的参考。

3. 推进内部协同共享，形成业务与财务、管理与使用的衔接与闭环

将内部同物资采购密切相关的预算管理、财务管理、审计管理等业务融入新的“内部商城”平台业务活动中，构建全闭环的物资供给业务流程，形成业务与财务、管理与使用的全程衔接与贯通。财务部事前下达预算，需求部门按需在预算范围内采购订单，供应商进行发货配送，需求部门确认收货后系统自动记账，月底集团统一将本月订单同供应商结算。线上全闭环的业务流程彻底解决过去线下操作难以解决的事前控制、实时管控等难题。

4. 固化管理模式，形成可推广的创新电信服务产品

将基于互联网思维、促进内外部资源协同和效率提升的创新采购管理模式进行产品化，打造形成B2B2C的“内部商城”电信服务产品，提高运营商创新服务能力，协助央企兄弟企业和集团制企业客户的采购管理升级。

（二）建立管控有力、职责明确的工作组织体系，为“内部商城”运行创造必要体制环境

为配合物资供给体系改革的进行，保障内部商城全国顺利推广，建立符合内部商城平台运营的工作组织体系。工作组织体系使企业内部管理、运营、技术高度协同，供应链上下游紧密协作，提高响应支撑服务效率，快速适应内外部环境和需求变化。

1. 明确需求、采购、财务归口职责，实现供应管理扁平化

一是采购管理，各级物资采购部负责采购寻源，规范本层级供应商及商品的管理，按照采购流程进行供应商资质审核并签署协议；从管理向服务转变，设置产品经理监督制度，协调供需关系，保证产品质量与服务延续性，提升客户满意度。二是业务管理，业务部门根据业务需要自主选择物资、明确物资使用方向，订单经预算校验及审批后直达供应商，自主跟踪订单信息及后续订单接收评价。三是财务管理，财务部门负责事前释放公司预算、配置财务核算信息，并在月底以供应商为维度进行结算和付款。

职责权限的变化，带来供应管理的扁平化。物资采购部上收供应商和采购范围选择权，杜绝成本单元线下自行选择供应商；同时，简政放权将物资选择权归还需求主体。需求部门自主选择物资，经自动预算校验和扁平化审核后，将订单推送给供应商，供应商接收订单直接配送到需求一线，实现供应商和需求方的点对点直达。

2. 建立“三级架构、分级管理”的采购运营组织，满足业务快速响应

建立责权统一的分级管理和服务机制，在现有集团、省份、地市三级采购组织的基础上，集团物资

采购部建立商城运营中心，各省市建立各级商城运营中心，负责本级供应商寻源与评价管理，本级电商商店的业务管理、持续运营和内部服务支撑，以及本级商店采购行为分析和决策数据支撑。“三级架构运营、分级管理”的组织结构明确各级公司对各级供应商、商店和生成订单的管理服务职能及运营权限。

3. 设置各级“店掌柜”，实现全流程支撑服务

各级商店均设置有“店掌柜”，负责对供应商、商品管理、业务咨询、集中结算等业务的支撑服务。“店掌柜”相对最终需求消费部门是资源服务提供者，相对供应商又是消费者代表，承担双重角色。对内服务方面，“店掌柜”负责解答业务咨询、制定日常运营策略、监控日常交易行为、处理用户投诉、统一发起本商店的集中结算并报账、将升级的业务运营需求提交技术开发等，是资源服务的提供者。对外协作方面，“店掌柜”负责管理审核供应商和供应物资的合规性、与供应商一点对账、反馈协调供需双方争议等，是消费者代表。

4. 建立商城技术支撑中心

在系统集成公司建立商城事业部，在集成山东分公司设立开发及运维团队，响应内部商城业务需求，负责物资供给运营体系方案的落地与实施；负责支撑迭代新业务的方案设计与研发；配合集团商城运营中心共同制订并实现业务运营策略；与供应商进行技术平台对接；解决需求部门技术性问题；系统日常支撑及运维等。

（三）构建“企业淘宝式”采购的内部电子商务平台

1. 合理设计内部商城平台

2013 年 1 月，中国联通在全国推广“内部商城”平台，3 年来，通过迭代式开发和与内部信息系统的逐步融合，实现成本费用物资到工程建设物资、商旅服务等应用的扩展。目前，该平台已经成为中国联通内部生产经营的资源配置平台、业务活动记录平台、供给信息共享平台和集中结算发起平台，创造了一种具有互联网基因和内生动力的商业模式。内部商城的主要功能框架和覆盖范围如下：

一是物资采购。“内部商城”借助电商企业丰富的商品和完备的物流体系，满足企业各级单位的社会化商品零星采购需求，提高采购效率。随着本地供应商的接入，“内部商城”不断丰富商品种类，相继实现工程物资、运维类物资及服务、市场营销物资、信息化终端等零购固定资产的采购。

二是商旅服务应用。前端与商旅服务电商对接，后端与财务报账系统打通，员工商旅住宿出行自助预订机票和酒店，实现全集团统一标准、统一预定的“阳光差旅”服务。通过差旅申请、审批、预定、报账等全流程线上管控，强化事前审批，确保所有差旅行为的公开透明。通过与商旅服务电商一点结算，员工凭商城订单可走遍全国，无须担心订单超标、差旅现金垫付、报销回款缓慢等问题。

三是实物库存管理。建立以二维码为手段的仓储信息化管理系统，实现物资管理全成本周期自动化，库存物资可视化展示，方便领用与盘点。提供库存大数据分析，实时分析库存需求，计算安全库存，提供采购最优模型，优化企业库存管理。

四是物资利旧。对于淘汰或替换下的利旧物资，一方面本身长期占用库存，增加库存成本；另一方面，由于各部门、地区实际情况差异，利旧物资仍然具备继续使用价值。建立全国利旧物资商店，实现利旧物资申领及转资，盘活各省内库存物资。通过科学的资源配置，盘活各省内库存物资，实现物资再利用，提高物资周转效率，降本增效。

五是福利商城。福利商城是实现联通员工弹性福利的电商化 B2C 系统，福利商城将员工全面激励体系的各类激励积分转化为员工福利商城的个人积分。通过电商化采购，将员工福利的选择权下放，允许员工个性化灵活的选购福利商品。

2. 提供“企业淘宝”式购物体验

借鉴“淘宝”购物模式，设计友好页面、共享资源信息，直观化业务申请和采购过程，物流实时追踪，实现“企业淘宝购物”。首先，基层人员只需要像网购一样在平台上浏览、选择商品，填写必要的业务采购原因和用途信息即可快速下单，既解决“所得非所需”的供需矛盾，又解决前后台信息不对称的问题。继而，将需求申请单与采购订单融合，领导直接审批购物车即可全面把握需求和采购内容，保证信息的全面性和准确性，同时简化采购审批层级和审批流程，提高了业务审批效率，实现“去行政化”。最后，审批后的订单直接自动推送给供应商，实现需求部门与供应商之间的“零距离”直通，大大简化传统采购模式的采购过程，提高采购效率。

3. 实现企业与供应商间内外部协同，提高供需响应速度

打破内部系统与外部供应链的信息壁垒，贯通内外部协作流程。商品信息、订单信息、物流信息、账单信息、结算信息全部实现平台共享。内外协同、供需直达的内部电商管理和协作模式，提升审批效率和采购效率。订单到货时长缩短至1—3个工作日，缩短70%；订单平均采购环节耗时缩短至2小时；订单平均采购时间缩短至2天以内；采购周期平均缩短至3.7天，缩短87%。

4. 需求部门按需采购，减少库存积压

物资采购部按产品类别首先进行集中招标，与供应商签订框架协议，供应商在“内部商城”上架商品。因为采购资源的提前规划和采购配送效率的提升，需求部门可以根据生产经营情况按需随时在平台上进行采购，而不需要储备库存，造成额外库存成本。随需随采，有效解决传统超前计划采购导致的库存物资积压问题，提高每一次采购效果，实现去库存化。

（四）预算事前管控、核算事前锁定，实现采购与财务高效协同

1. 预算事前导入，实现交易预算自动管控

将预算制定和导入作为采购行为发生的前置环节。财务部门提前将各类别业务预算分解给各基层成本单元。各基层成本单元采购物资时，根据商品价格和业务用途自动扣减相应类目下的预算，不需要进行实际现金支出，实现“去现金化”。

若预算不足，属于刚性预算管控范畴的，则拒绝购买；属于弹性预算管控范畴的，则给予提示，由需求方确定是否购买。即时化和自动化的预算管控和使用，有效降低业务部门与预算管理部门之间的博弈成本，确保预算管理的有效性和科学性。

2. 自动实时记账，采购业务发生与会计凭证生成同步

“内部商城”耦合会计核算规则与采购行为，全集团设置统一采购商品用途，并将之与财务核算科目进行映射。在采购行为发生时，根据业务属性自动对应商品用途，实现业务信息自动转换为会计信息，自动记账，减轻财务工作负担，提升会计核算的效率和准确性，消除账实不符、现金报账等财务风险。“内部商城”平台杜绝人工记账，实现100%业务自动记账，财务账务信息出错率为零。

3. 统一结算，集中支付，提高资金利用率

改变原有每份合同单独结算的付款方式，提供单独记账、集中结算的全新财务结算模式。系统“日清月结”：每日平台自动与电商、周边系统对账，确保订单收发、结算信息的准确性，按月根据和供应商签署的框架协议以及商城内交易信息自动进行订单汇总，生成结算单。结算单集中支付，无须每笔订单单独付款给供应商；同时提供总部一点结算、省级公司一点结算、地市公司自行结算等多种结算方式，提高资金利用效率。

通过统一结算支付，费用类采购实现100%交易去现金化。与采购分散报账不同，新模式下100%订单集中支付，总部集中支付实现零的突破。以中国联通为例，2015年，总部集中支付855次，平均年增长率达到42%；集团一点结算支付总金额为96.86亿元，平均年增长率达到147%。扁平化集中支

付有效提高了总部资金支配权、提升了资金使用效率、杜绝现金支付风险。

（五）构建新型供应商管理机制，解决寻源、管控难题

1. 引入“协议＋订单”的供应商管理模式

采购方式多样化，根据物资类别特点，采取不同寻源管理模式。由原来单纯“中标＋合同”的采购模式转变为引入“协议＋订单”的供应商管理模式。物资采购部按照采购流程引入供应商，对资质审核通过的供应商集中签署协议，并确定产品范围和上限价格。需求单位按需采购，物资采购部所签框架协议和实际发生订单与供应商进行结算。以办公用品为主的成本费用类物资一般采用集团统谈统签框架协议，集中统付的方式；以主设备为主的通信专用物资采用集中招标方式；以 PC 终端、服务器等社会通用物资采用认证、战略合作等多种形式引入。

2. 主动预测，寻源过程前移

原有采购模式下，物资采购部完全处于被动响应状态，根据业务部门提出的需求再进行寻源采购操作，如此一来时间响应周期就会拉长。新模式下，物资采购部结合企业生产经营发展的预期规律和历史交易数据分析，主动预测资源需求范围，提前发起寻源操作。寻源过程前移，实现需求单位采购需求提出后的快速下单响应；同时，引入更广泛的协作供应商入围，提供给需求单位更丰富的资源选择空间，并将供应商的真正份额话语权交给需求一线。

3. 建立供应商持续竞争机制

将原有定额定量的物资采购转变为供应商提供商品资源的运营采购模式，以平台公开竞争实现优胜劣汰。通过平台，供应商展示其产品特点、价格和服务承诺，平台记录其历史服务和产品质量的客观评价。供应商根据市场环境的变化，通过提升商品质量与服务、降低价格、提供阶梯报价、提高配送效率等方法来提升客户评价和销售份额，避免被末位淘汰。对企业来说，通过广大基层单元的实际市场行为来决定供应商份额，避免上层物资选择决策的盲目性，利用市场法则实现与优质供应商的合作共赢、供应链的稳定有效。

4. 完善供应商后评价机制

建立完善的供应后评价机制，通过价格、产品和服务三个要素综合评价供应商。以用户对产品质量评价情况和销量、退货率等数据综合评价供应商产品；以用户低服务评价情况和供货及时性、退换货响应效率、本地物资配送服务范围等数据评价供应商服务；以同类商品价格横向对比评价供应商产品价格。

综合多方面要素加权评价供应商综合能力，对排名靠后的供应商进行淘汰或阶段性限制供货，对于考核不通过的供应商强制退出。

（六）应用大数据分析，为企业运营决策提供依据

“内部商城”融合物资、供应商、消费单元、订单、账务、库存、结算等全方位信息，可以聚合、挖掘和抽析系统内数据，通过应用大数据分析技术、建立多维度交易分析模型为日常采购运营服务和生产经营决策提供支撑。

1. 监控交易信息

审计过程全景可视。多维的数据支撑，审计人员可通过平台进行财务和业务审计，及时发现风险和违规操作。多维度、多方式展现集团、各省、地市采购整体情况，并全程监控业务环节。例如订单公示按照采购额、采购量排序，详细展示订单采购下单人、供应商、采购商品等订单信息，供管理与审计部门进行监督审计；各分类交易情况统计可以监控各省采购资金的使用情况和使用去向。

2. 建立多维度业务分析模型

通过建立多维度业务分析模型，分析供应商、库存、财务等采购健康状态和总体运行情况，为业务

和采购管理提供灵活、高效的数据支撑服务，方便业务和管理决策。通过互联网采购行为分析模型，预测和判定需求单位采购喜好。通过订单交易分析模型，掌握交易趋势和集中度。通过对分散交易数据的汇总分析，得出集团在高校春季开学和秋季开学期间对营销类物资的需求较大，且主要集中在毛巾、雨伞、折叠桌、手机配件等物资上，集团采购部可以调度义乌采购中心集中寻源此类物资供应商，获得集采价格的同时，满足大宗采购的峰值需求。

三、通信企业基于“互联网＋采购”的内部商城管理效果

（一）“内部商城”采购规模已超百亿

联通内部商城平台覆盖全国 31 省、343 地市，包括所有省市及基层单元。截至 2016 年 7 月，联通内部商城上架商品数量 110 万种，供应商 20822 家，商品年均增长速度达到 20％，涵盖了办公用品、营业物资、市场物资、工程物资、运维物资等，品类达到 2351 种；累计交易金额 178 亿元；订单数量 104 万单。

（二）创造了显著经济效果

成本节约，电商合作店及厂商直供，节约成本 10％—20％。人力节约，产品式集中式采购节约 30 万人工时。新体系有效执行“以产品式集采为常态、以项目招标为例外”的原则，相比分散项目招标，产品式集采人力资源节省、工作效率提高 20—30 倍。库存节约，物资按需采购库存降低 32％。物资供给新体系变单次批量采购为常态化物资供给，从原有大宗订单变为碎片化订单，实现“去库存化”。2015 年，中国联通库存量降至 39.46 亿元，较 2012 年降低 32％；存货周转天数减至 7.21 天。负税节约，100％增值税抵扣，全部转化企业利润。商品上架分别列支“净价”“税额”，结算时进行进项税额转出，增加企业进项税抵扣。2015 年，联通内部商城交易额为 113.32 亿元，按照过去 30％小商品无法取得增值税发票计算，共计获得增值税抵扣 5779.32 万元，全部转化为企业利润。

（三）阳光下的采购得到了广泛认可

中国联通物资供给“互联网＋采购”的阳光采购新模式引起社会的广泛关注，相关做法在《通信产业报》《人民邮电报》等报刊上进行了刊载。目前，中国联通内部商城平台已应用于多家大型企业，其中中国铁塔股份有限公司、中国人保保险公司、新奥集团股份有限公司等多家企业已上线运营；中国平安保险（集团）股份有限公司、中国电力建设集团有限公司、大庆石油发展集团等多家大型企业完成合同签署，正在系统建设过程中，更多企业正在商务洽谈中。

（成果创造人：张俊南、孙世臻、王启明、黄　蔓、魏　源、
谢继刚、张　军、刘　宏、尹立乾、罗织绮、潘　磊）

依托传统军工企业基地的文化创意产业园区建设和管理

北京大华无线电仪器厂

北京大华无线电仪器厂（原国营第768厂，以下简称大华厂），始建于1958年，是我国最早建成的微波测量仪器专业大型军工骨干企业。大华厂为全民所有制企业，隶属于北京市国资委，注册资金3346万元，主要从事国防、科研及重点工程配套仪器的研制和生产。经过50多年的发展，大华厂的产品已经覆盖稳定电源、微波测量仪器、教学仪器、新能源等四大门类。2015年年底，大华厂总资产为3565.8万元（不含土地价值），营业收入22001万元，利润总额3324万元。2009年，大华厂顺应首都产业结构和功能布局调整的趋势，主动将主产业外迁，在原厂区基地创建“中关村768创意产业园”（以下简称768园区）。

一、依托传统军工企业基地的文化创意产业园区建设和管理背景

（一）适应首都产业结构和功能定位调整的需要

“十一五”时期，北京提出重点构建“两大发展带、四大城市功能区域、六大重点产业功能区”的区域经济发展总体框架，以及转变经济增长方式、优化产业结构、实现区域经济增长模式从外延式向内涵式增长转换的发展要求。大华厂位于规划的“城市功能拓展区”，该区域的调整发展方向是强化科技、文化中心功能和生态功能，弱化制造业生产功能；同时，推动在该区域加快建设专业园区、产业基地、创业园以及孵化器，形成设施完善、环境优良、充满活力的产业园区体系，进一步优化三次产业结构，第三产业比重力争达到85%以上。2009年年底，大华厂将自身主产业外迁，并将传统军工企业基地打造成文化创意产业园区，顺应首都产业结构调整和功能定位调整的需要。

（二）适应企业摆脱生存困境谋求持续发展的需要

50多年来，大华厂为我国工业体系建立和国防事业发展做出了突出的贡献。大华品牌在行业内具有相当的知名度并一直随着我国军事科技发展进行不断的探索和创新。但是20世纪末期以来，由于社会体制变革、历史包袱沉重等原因，大华厂出现经营困难，科技研发投入不足，特别是2008年金融危机更使得原定上马的大型合作项目被迫取消，工业基地几近荒弃。为摆脱困境，大华厂决定调整思路，利用现有资源走持有型物业发展道路，在原有工业基地上创建文化创意产业园，盘活存量资源，摆脱企业生存困境，谋求持续发展。

（三）盘活和释放企业存量资源潜在价值的需要

大华厂地处中关村国家自主创新示范区核心区，位于高校和科研院所密集的学院路北端，占地6.87万平方米，交通便利，是北京市高知、高智人群最为密集的地区之一。厂区基地内部容积率低、绿化率高、生态环境基础好。厂房坐落有序、布局规整、内部空间开阔，加上积淀和传承了50多年的军工企业文化，尤其符合文化创意类企业的格调和创意办公的偏好和需求。同时，2009年我国出台了一系列刺激文化创意产业发展的政策。大华厂充分调研和分析了基地的区位、人才、科研等外部资源，内部生态环境和厂房条件，以及政府的产业政策和经济发展趋势，决定将厂区基地建成文化创意产业园区，通过充分整合和利用内外部资源，盘活企业存量，释放存量资源潜在价值，支持企业走出发展困境，助力科技产业发展。

2009年年底，大华厂成立大华实业公司，开始释放大华厂积淀的国家队创新潜力，在传统的军工企业基地上建设文化创意产业园区。

二、依托传统军工企业基地的文化创意产业园区建设和管理内涵和主要做法

大华厂积极研究首都城市功能定位和产业结构调整的趋势和要求，分析企业内外部资源环境和配置、创新企业发展战略和园区发展路径；科学规划、创意改造、节约改造资金与时间，快速实现基地资源再利用；采取多种措施吸引优秀企业入驻，引导和鼓励入园企业共建共享768园区的“产业生态”与“自然生态”；不断完善与丰富基础服务和增值服务体系，保障和促进“双生态”园区建设，提升园区产业集群效应；持续推进品牌建设，不断提升768园区的知名度和影响力。主要做法如下：

（一）科学分析调研，确定768园区建设思路

1. 确定768老工业基地的发展方向

本着做好老工业基地，促进企业长远发展的目标，大华厂进行大量的政策研究和市场调研。

一是从外部环境考虑。受到金融危机影响，我国出口增速明显回落，带动GDP的增长也在回落。许多产业的增速都在下滑。但在这种情况下，文化创意产业的发展速度却是惊人。2009年上半年GDP增长是7.1%，但文化创意产业的增长却是17%。文化创意产业作为21世纪新兴产业，在产业特点和结构方面都大大优于传统行业。

二是从行业发展政策考虑。《关于促进工业设计发展的若干指导意见》中，明确提出设计产业已经成为中国经济转型期的主动选择之一；《北京市促进设计产业发展的指导意见》中，明确指出支持各类设计创新活动，提升北京市自主创新能力。

三是从企业环境优势考虑。大华厂传统军工企业基地位于中关村核心区，周边大学林立、高知聚集，设计、科研、创新创造氛围浓厚，清华、北大、农大和北林、北航等高校在建筑设计、景观设计等方面在全国享有很高声誉。厂区基地环境优美，高大的苏式红砖厂房，为LOFT创业注入旺盛的生机与希望，符合文化创意企业的偏好。

通过多方调研和深入分析，历经“商贸城”“精品办公区”等几次项目调整，大华厂最终瞄准在国际金融危机环境下仍逆势上扬的文化创意产业，大华厂决定将现有传统军工企业基地打造成文化创意产业园区，以传统军工企业的番号“768”为名，将园区定名为“768创意产业园”。

2. 确定园区的业态定位

大华厂采取“只招不租”的方式，用两个多月的时间积累起上百家“意向租户”。通过对“意向租户”的分析，发现一大部分意向入驻园区的企业都是发端于周边高校的建筑设计、景观设计等设计创意类企业。大华厂将768园区的业态定位为：建筑设计、景观设计、互联网应用设计、数字多媒体设计等相关文化创意产业。

3. 明晰园区建设目标及发展路径

通过深入研究政府政策、产业发展趋势、园区内外部资源及意向入驻企业发展的状况，大华厂将768园区的建设目标确定为：建设全国知名的、文化科技融合的、“双生态”文化创意产业园区。其中“双生态”指园区的“产业生态”和“自然生态”。将768园区的发展路径确定为：“先进入高端产业，再逐步达到产业高端”，输出768园区品牌，将768园区的建设、管理与服务经验提炼、升华并向外输出，推动园区品牌效应的不断扩大与增值，实现传统军工企业的转型和可持续发展。其中，“进入高端产业”是指寻找未来经济增长最快、最具有代表性和符合北京市乃至国家产业战略发展方向的产业，作为园区特色产业集聚的定位。然后以园区特色、品牌和服务，引入这一产业的龙头企业入驻，从而达到该产业的高端企业集聚。

（二）建立园区管理的组织机构和管理团队，明确管理体制和理顺各方关系

1. 建立园区管理的组织机构和团队

大华厂通过机构改革和重组，将原来的商贸公司、物业公司、房产科等与老工业基地运营和管理服

务相关的部门进行整合，并抽调高学历、复合型的年轻骨干组建成“大华实业公司”，专门负责768园区的管理、服务与运营工作。通过加强团队学习和建设，大华厂致力于建设“学习型、创新型、团队型、敢于拼搏、勇于挑战”的园区管理团队，并逐步克服传统工业企业员工老龄化的问题，实现人才的梯队化和管理团队的年轻化。2016年，大华厂通过ISO9001：2015质量管理体系、ISO14001：2015环境管理体系及OHSAS18001：2007职业健康安全体系认证，为园区管理和运营工作提供专业和权威基础和依据，基本形成较为科学合理的园区管理体系。

2. 明确管理体制，理顺各方关系

大华厂坚持把传统军工企业基地做“持有型”物业经营。在运营过程中，采用“模拟法人制”进行内部独立核算、考评和管控。同时，为了便于与政府、入园企业等外部资源对接，大华厂成立全资子公司“北京大华文化科技发展中心”（以下简称文科中心）及“768创意产业园管理委员会”（以下简称768管委会）。其中，文科中心与实业公司为同一个管理团队，便于大华厂实现对内管控和对外服务；768管委会由大华厂相关主管领导、实业公司核心骨干及园区部分重点企业负责人共同组建，以利于在园区的品牌建设、政策资金申报、园区活动组织及策划、媒体联络、政府对接等方面重点开展相关工作。

（三）整体保留原貌，鼓励入园企业自主创意改造内部空间，充分利用基地资源建设园区

大华厂传统军工企业的工业基地与其他的办公空间不同，具有自身的特殊性。首先，布局规整，厂房高挑、空间开阔、以单层建筑为主；其次，公共空间及绿化面积大；再次，厂房、电力等基础设施设备建设使用年代较长，比较陈旧。基于上述几个方面的因素，给传统军工企业基地的改造与再利用提出了许多难题。大华厂与施工单位及承租企业积极沟通，分区、分步地解决上述难题，实现传统军工企业基地的改造与再利用。

1. 明确规划，做好老旧厂房修缮

大华厂首先明确768园区整体建设规划：保留原貌，不搞大拆大建；统一要求，保持厂房和公共空间外观的整体性和统一性。大华厂深知，传统军工企业的内部建筑、空间、自然生态环境优势以及深厚的军工企业文化积淀，是768园区建设和发展的核心竞争力，一定要保护好这些优势资源。因此，大华厂并未对传统军工企业基地进行大拆大建，而是对其原有格局、厂房及大片绿地全部保留。同时，为满足文化创意企业办公使用，对老旧厂房进行抗震加固、外立面清洗、屋顶大修、重做防水等修缮工程；对外部公共区域进行翻新道路、安装监控、示划停车位及健步走步道等工程；对配套设施如电力、消防、网络等进行改造或新增；对原有绿地进行整治，并重新规划和移栽植物。

2. 划分区域，结合招租工作安排有序推进基地改造工程

大华厂的传统军工企业基地改造与升级工程是与768园区的市场招租工作同时进行，并紧密结合的。这就需要做好区域和工程项目的划分，并做好各项工程进度的把控。首先，工程安排与市场招租进度紧密结合，在企业入住前，提前完成相关厂房和公共区域的修缮改造工程；其次，用项目管理的思想有序推进各项工程。对于园区改造整体项目及每个工程分项，均画出“甘特图”以直观地体现出每项工程的关键节点和进程，并对工程进度进行管控和评估。同时，对于项目资金的使用做好分布和计划，以确保有限且紧张的资金能够用到关键之处。

3. 创意改造，鼓励入园企业自主进行内部空间的设计和改造

由于入园企业均为文化创意产业领域的设计创意类企业，这些企业对办公空间的要求比较高，又具有高超的设计创意能力。因此，大华厂鼓励入园企业自主进行办公区域的创意设计和改造。大华厂按照已经制定的园区整体改造规划和《园区企业装修和施工管理规定》，向园区企业明确园区整体风格和施工管理要求，尤其是外部区域的要求。这样，既满足设计师们对独特空间的需求，又保证园区外观上的完整和统一。同时，园区企业自行改造，为大华厂既节省了改造时间，又节约了改造经费，也提前获得

房租等收益的时间，达到企业、租户多赢的效果。

（四）维护和升级绿化环境，建设共建共享的园区“自然生态”

大华厂传统军工基地历经50年的积淀，生态环境良好。基地2万多平方米绿地全部保留，外包专业的保洁、绿化团队进行管理和维护。并设置专门的资金用于采购新树苗、病虫害防治、植物修剪栽培、土壤改良等工作。同时，大华厂开拓思路，与入园企业一起共同进行绿地的改良、景观再造和升级等工作。这既提升了绿地的科学性、功能性和观赏性，又成为入园企业展示设计理念、优秀案例和进行项目实践的平台。

大华厂注意到，“自然生态”园区建设不是简单的“绿化工程”。在入园企业专家的指导下，768园区保留了原有的树种、小灌木和杂草，还引进了节水抗旱性新植物。同时，大华厂积极调动入园企业的景观设计、植物研究与设计、绿色节能设计、雨水花园设计等优秀资源，将园区的公共空间（包含绿地、老工业厂房等外部空间）进行自然生态方面的改造和升级。截至2015年年底，园区与入园企业建成立体绿化区1处，“雨水花园”7处，微生态景观10余处。来自一流设计企业的专业投入，以不同的景观形式实现了768园区的植物多样化和生物多样性，为在园区工作的设计师们提供一个展示、交流、放松、创作、提升的生态空间。同时，优秀企业的设计、实施等专业能力及优秀案例，提升了园区公共空间的生态性、低碳化、节能性和景观观赏性。园区与入园企业共同维护、升级绿化环境，共享园区的“自然生态”。

（五）引导、集聚形成产业集群，园区呈现“产业生态”

大华厂自创建768园区之初，就一直坚持文化创意产业园区的业态定位，采取多种措施，吸引优秀企业入驻，积极推动相关产业在园区集聚，建设共同促进、共同发展、跨界融合的“产业生态”园区。

1. 严把市场招租，入园企业的必须符合园区定位

大华厂严把市场招租这一关键环节，要求园区入园企业的经营业态必须符合园区定位，并在确定签约之前，对其相关资质进行材料审核和实地考察。同时设立相应的观察期，对于有发展潜力的中小企业积极帮扶、大力支持；对于业态偏离、前景堪忧的企业，通过租期设计、合同条款约定等措施，进行淘汰更新，以为其他等待入驻园区的目标企业释放空间。目前，园区业态高度集中，入园企业的90%以上是建筑设计、景观设计、互联网应用设计、数字多媒体设计等设计创意类企业。

2. 充分让利，吸引优秀设计创意类企业入驻

在768园区创建初期，大华厂为了吸引具有影响力和示范性的龙头企业入驻，并保证其他所有入驻的中小企业的业态和品质上的一致性，在一定阶段给予入园企业相当的优惠。在房租、物业等费用的设计上，提供优惠或减免，以降低企业设计和装修成本，既为企业减轻资金负担，又为企业创造性的设计与改造厂房提供条件。同时，在停车位十分稀缺的情况下，为入园企业提供免费或超低年费的停车位。2010年年底，中国风景园林景观规划研究中心、清华大学建筑设计研究院生态所、正红创景园林景观工程有限公司、启迪德润能源科技有限公司等一批优秀的龙头企业入驻。与之相关的建筑设计、景观设计企业纷纷入驻，768园区基本实现了“大企业带动、中小企业繁荣发展”的局面。2012年，互联网行业发展迅猛，园区基于互联网科技的创新、创业公司比例开始上升，并产生知乎、春雨医生、奇鱼微办公、BDP等一批互联网企业翘楚，摩拜单车、葡萄互动、橙奇科技等一批新兴互联网创业公司在园区落地、壮大。

3. 引导园区产业集群，促进园区“产业生态”构建

目前，768园区的入园企业中，90%以上是建筑设计、景观设计、互联网应用设计、数字多媒体设计等创意设计类的企业。建设园区的“产业生态”具有相当的基础和优势。通过园区微信、网站等虚拟平台，图书馆、攀岩馆、咖啡馆、室外活动场等现实平台，文化节、推介会等交流平台，第三方服务机

构等专业辅助性平台，以及文科中心、管委会的牵线搭桥，促进入园企业间交流、共享、合作、发展，形成“产业生态网”，推动同一产业链条的上下游企业相互合作；同一专业领域的企业相互切磋；不同行业的企业跨界融合，互相提供专属性、创新性和差异化的服务。

通过园区的引导、鼓励、支持，促进入园企业之间的互通、互补、互助，推动企业间的有效融合，768 园区集聚园区内外产业资源的集聚效应更加显著，达成更多的交流与合作机会。768 园区已形成几大产业集群：以清华建筑设计院生态所、达实德润、中国风景园林等企业为龙头的建筑景观设计集群，掌握着全球领先的建筑节能、节水园林、海绵城市、环境治理等核心技术和设计研发团队。以春雨手机医生、易随诊、橙奇科技为代表的移动互联网医疗产业集群。以知乎、葡萄互动、红点科技为代表的互联网社交平台的开发与内容应用集群。以海智网聚为代表的大数据和移动微办公集群。以及以上造影视、鱼果动画为代表的数字内容和多媒体设计集群。

（六）丰富完善服务体系，保障“双生态”园区建设与运营。

1. 做好基础服务

大华厂在自有服务团队的基础上，通过招租引进、协议合作、外包等方式，为入驻 768 园区的企业提供基础物业服务、保安保洁服务、绿植租摆服务、办公服务、商务配套服务、文化生活服务等基础服务。

2. 丰富和完善增值服务

大华厂为入园企业提供的增值服务主要有：政策支持服务、投融资服务、交流与培训服务、信息与宣传服务、中介代理服务等。大华厂已经引进多家服务机构，并与之签订战略合作协议，为入园企业提供更丰富、更专业、更高效的增值服务。一是通过自有团队，组织专业队伍，为入园企业提供水电暖等能源供应、办公场所微改造、工程维修等小型工程。二是通过自有团队，组织专业队伍，为入园企业提供信息与宣传服务。例如：通过多媒体、服务网、园区报、会员邮件群发等及时传达政策信息和各类综合信息，通过园区网络为企业进行产品及形象的宣传与推广，通过园区为企业对接参加政府和社会大型展会及活动等服务。三是通过外包方式，引入专业的公司，为入园企业提供公共区域安全管理、停车管理，公共区域保洁、绿化，以及应急抢险等服务。四是通过协议合作的方式，引入专业企业和服务公司，为入园企业提供个性化、创新型服务。例如网络、电话等通信设施的连通、移装、维修服务，餐饮、汽车维保、医疗卫生服务、酒店、会议等办公配套服务，税收、人才招聘、各级政府产业政策及项目、资金的解读、咨询与申报的服务，贷款、融资、创业、三四板及创业板挂牌等投融资服务，行业沙龙、高管论坛、管理培训、推介展示会等交流与培训服务，以及工商注册、高新等资质认定、法律、人事、专利等的中介代理服务。五是通过设计引进的方式，引进专门的文化活动及交流平台，为入园企业提供咖啡馆、攀岩馆、图书馆、室外交流平台等交流、活动、碰撞、切磋的空间。

（七）持续推进品牌建设，不断提升 768 园区的知名度和影响力

1. 重视品牌保护

建园之初，大华厂对相关域名（768 创意产业园 . com，768 创意产业园 . cn，中关村 768 创意产业园 . com，中关村 768 创意产业园 . cn，zgc768. com，zgc768. cn）开展保护工作；并对“768 设计创意产业园”“大华 768”“柒陆捌”进行商标注册，通过国家工商行政管理总局的注册审核，获得商标注册证。

2. 注重媒体推广

一方面，重视新媒体的应用。园区企信通、企业 QQ 群、园区网站（http：//www. 768dcp. cn）、微信平台等相继投入使用。新媒体的应用，既为园区提供一个宣传、展示、推广的窗口，又为园区开拓新的服务平台。另一方面，与北京日报、新京报、北京电视台、中关村杂志、海淀报等主流传统媒体长期保持着密切联系。电视节目的报道和网站纸媒的大力推广使 768 园区的知名度和影响力不断攀升。其中，北京日报头版刊登的《768 高校圈里的创意园》一文，极大地提升 768 园区在北京市乃至全国的知

名度和影响力；香港卫视《768“双生态”文化创意产业园专题片》的播出，为768园区拓展国际知名度和影响力起到重要的推动作用。

3. 策划品牌活动

一方面，在园区内举办丰富多彩的活动。例如每年历时3—4个月的“园区文化节”。通过“园区篮球赛”“768创意摄影大赛”、专业学术论坛、企业辅导讲座等活动，为入园企业搭建一个相互认识、增加了解、促进合作的平台，既提升团队凝聚力，又活跃园区文化氛围。另一方面，与入园企业共同参加外部的大型活动。例如第五至八届“中国北京国际文化创意产业博览会”。其中，在第七届北京文博会上，768园区通过独立展示空间，展现园区老厂房风貌、768发展演变史、768园区的自然环境与人文风采、产业发展生态等内容，大大提升了768创意产业园知名度。

三、依托传统军工企业基地的文化创意产业园区建设和管理效果

（一）建成“双生态园区”，释放了老工业基地存量资源的巨大潜力

大华厂于2009年年底组建团队，建设园区。2011年9月，768园区入驻率达到100%。2012年5月，园区内外部空间全部改造完毕。经过7年的努力，768园区各方面的建设工作不断推进和深入，已经初步建成了“产业生态”与“自然生态”和谐发展的“双生态园区”建设发展模式。2015年年底，768园区有入园企业150多家，90%以上为符合园区业态定位的文化创意类企业，形成了产业集聚，768园区品牌知名度逐年提升。2015年，园区员工人数接近4000人，园区企业总产值统计值达30亿元。大华厂老工业基地平均每公顷的产值比创建768园区之前提升了近50倍。

（二）大华厂经营产业园区取得较好收入，支持企业摆脱困境

首先，大华厂经营产业园区取得较好收入。2015年年底，大华厂经营768园区实现经营收入9162万元，比2014年增长19.47%，同比2010年增长174.48%；实现利润总额5786万元，比2014年增长27.14%，同比2010年增长454.75%。从2010年至2015年，大华厂经营768园区累计实现营业收入38680万元，利润21211万元。

其次，大华厂经营产业园区支持企业摆脱了生存困境。园区每年带来的稳定的现金流为大华厂解决了每年400多名在职职工和3000多名离休、退休职工的稳定经费。同时也使大华厂有能力着手解决诸多历史遗留问题。2012年，经营768园区的收入达到6000万元，支持大华厂摆脱了生存困境。

（三）园区建设起到了示范带动作用，获得政府认可

首先，大华厂建设经营产业园区成为传统工业企业基地建设文化创意产业园区的示范。768园区已经成为政策调研、传统企业转型、老旧工厂厂区及厂房盘活再利用、产业集聚与“产业生态”建设、“自然生态”建设、企业内外部资源有效对接和整合利用的示范基地。同时，也是政策制定部门的调研基地，本地政府展示文化创意产业发展的窗口，地方政府和企业交流与考察的目的地，创意设计资源的集聚、交流与展示的平台。

其次，768园区的建设与发展推动了周边及地方区域发展。目前，园区已经提供近4000个工作岗位，带动周边地产、服务、制造、娱乐、文化等产业近20亿元。未来，随着园区品质和入园企业品质的不断提升，768园区创造的经济效益和社会效益将更加显著。

最后，768园区的建设和发展获得了政府认可与支持。768园区是中关村科学城第二批重点项目单位、是北京市人民政府和首都绿化委员会授牌的“绿化美化花园式单位”。园区发展七年来，获得了北京市和北京市海淀区等多个部门1000多万元的资金支持。

（成果创造人：叶　枫、李德友、孙福清、东英华、
韩　进、马　进、刘川川、吴冰清、杨雪梅）

通信企业面向移动通信转售业务的一体化运营体系

中国联合网络通信集团有限公司

中国联合网络通信集团有限公司（以下简称中国联通）于2009年1月6日在原中国网通和原中国联通的基础上合并组建而成，在国内31个省（自治区、直辖市）和境外多个国家和地区设有分支机构，是中国唯一一家在纽约、中国香港、上海三地同时上市的电信运营企业，连续多年入选“世界500强企业”，在2015年《财富》世界500强中排名第227位。主要经营固定通信业务，移动通信业务，国内、国际通信设施服务业务，卫星国际专线业务、数据通信业务、网络接入业务和各类电信增值业务，与通信信息业务相关的系统集成业务等。

一、通信企业面向移动通信转售业务的一体化运营体系背景

（一）贯彻落实国家战略，推动移动通信转售业务发展的需要

国务院在2010年下发了《国务院关于鼓励和引导民间投资建设健康发展的若干意见》（以下简称《意见》），鼓励和引导民间资本进入法律法规未明确禁止准入的行业和领域，包括交通运输、水利工程、电力、石油天然气、电信等以国有资本和国有企业为主的行业。为落实《意见》精神，工业和信息化部2012年出台了《关于鼓励和引导民间资本进一步进入电信业的实施意见》，2013年发布了《关于开展移动通信转售业务试点工作的通告》，确定开展移动通信转售业务试点工作。中国联通积极贯彻落实国家战略，将移动通信转售业务纳入公司战略，秉持“积极、合作、开放、共赢”的态度，专门组建了移动转售业务运营团队，承担移动通信转售业务运营工作，积极推进移动通信转售业务的发展。

（二）主动适应行业发展趋势，抓住机遇促企业自身发展的需要

移动通信转售业务在国外已经开展多年。据统计，全球共有1200多家虚拟运营商，主要集中在欧洲和北美等发达地区。在这些地区，移动转售的市场规模占整体市场份额可达到7%—10%，在其他欠发达区域市场的规模较小，也有3%左右的占比。我国的移动转售业务起步晚，但是预计在开放之后会有一段较快发展的阶段。同时，移动转售业务也是传统运营商通过和互联网高科技企业的移动转售合作，激发双方合作创新的契机。中国联通对移动通信转售业务深入客观分析，充分认识到移动转售业务带来了机遇和挑战，确定了“抓住机遇，促转售业务发展、与转售企业合作共赢”的总体目标，以期实现自有业务和转售业务的共同发展。

（三）适应转售业务特点，发挥企业运营优势，实现领先发展的需要

自工信部2013年决定开展移动通信转售业务试点工作以来，民营资本反应踊跃，共有42家民营企业获得了移动通信转售业务牌照，其中不乏阿里巴巴、苏宁云商、苏州蜗牛、优酷视频、小米科技等具有强大互联网及高新技术背景的民营企业。和三大运营商相比，参与试点的移动转售民企具备鲜明的互联网特色，且拥有鲜明的互联网企业运营模式。而三大运营商面对运营更加敏捷，需求更加多变的转售合作伙伴，如何将面向互联网企业的运营与现有的总部一省一市（县）三级管理体系结合，是摆在基础运营商面前的全新课题。基础运营商必须考虑如何搭建快速支撑转售企业的业务运营体系，降低转售企业和基础运营商的对接成本，提升转售企业的运营效率，充分发挥转售企业在市场、营销、业务产品方面的优势资源，实现与转售企业的合作共赢目标。

二、通信企业面向移动通信转售业务的一体化运营体系内涵和主要做法

中国联通借鉴互联网简约、便捷、专注客户体验的理念及扁平化、专业化的运营模式，结合公司现

有的三级管理体系，参考现代管理体系模式，构建移动转售“三个一点”的集中一体化运营模式；兼顾运营效率和客户体验，分离运营服务和运营生产，打造了新型的互联网化的专业运营团队；以“流程驱动分工，作业确定责任”的思路，设计一套高效、标准的移动转售业务流程和作业规范，为标准化、高质量运营奠定了基础；以提升服务为重点，建立扁平、快捷、互动的全方位转售业务服务保障体系，极大提升了企业感知，为转售企业发展扫清障碍；创新与转售企业的合作模式，助力转售企业发展，在行业内取得了良好的经营效果和口碑；打造风控体系，规避转售业务对主体业务的影响，促进持续健康运营。主要做法如下：

（一）借鉴互联网简约、便捷、专注客户体验的理念，构建移动转售集中一体化运营模式

中国联通确定在集团层面进行移动转售业务“集中一体化运营”的总体思路，围绕“一点接入、一点结算、一点服务”三个一点的运营模式，实现了与转售企业的团队对接、客服对接、财务对接、系统对接。

1. 将转售业务运营对接到集团层面，实现“一点接入”

中国联通确定采用“一点接入”方式，由联通总部与转售企业总部进行一点对接，双方确认开通业务类型及地域范围以后，统一组织试点省（市）进行业务接入，统一接入流程，减少接入环节，缩短业务开通时限，提高响应效率，以便转售业务快速拓展。

2. 实现对转售企业的“一点结算”，提高财务处理效率

打破电信行业以省份为主体的传统结算模式，实现面向移动转售业务的“一点结算”，即以集团业务运营中心为主体，对外一点对接所有转售企业结算业务相关工作，对内一点辐射集团、省份、地市三级单元，对转售企业全面实现一点出账、一点账单审核发布、一点对账、一点调账、一点开具发票、一点核销、一点催缴、一点摊分、一点返销，将多层级、分散化的结算生产运营工作集中化整合，本着效率提升原则，不断加强结算集中化水平，在提高集团内部结算受理响应速度同时，大大缩短结算处理流程周期，提高结算运营工作效率。

3. 以工单为驱动，实现“一点响应，全网服务”

中国联通综合考虑合作企业的业务能力和联通公司既有机制，以“一点接入，全网服务”的模式给予创新式的契合，以服务工单驱动，调动全网资源，通过企业级工单的系统对接、自动流转、自动反馈，向企业提供工单一点受理、保障信息一点发布、重大事件一点协调的日常运作支撑；同时，向企业提供升级投诉一点受理、疑难问题一点支援、工单质量一点监控、业务创新一点协助保障服务，帮助企业快速进入角色，协助分析疑难问题，提升工单对接质量。

（二）建立高效协同的组织体系，打造新型的专业运营团队

1. 建立高效协同的组织体系

为了兼顾运营效率和客户体验，实现高效高质集中一体化运营，中国联通打造运营服务和运营生产分离组织体系，抽调在客户接触、结算、网络、资源管理方面有专业经验的人员，配备到不同的专业岗位。运营服务岗人员专注与企业对接服务，全面受理企业需求，提升客户体验。运营生产岗人员负责一点结算、资源集中调配、服务工单受理等集中专业化生产工作，生产管理岗负责协调内部资源，为生产和服务支撑，提升运营质量和效率。

2. 建立专职客户经理制度

中国联通秉承平等互利共赢的原则，在基础运营商中创新性地建立转售企业专职客户经理制度，为转售企业进入电信行业提供专业化“引路人”的服务，对转售企业处于不同时期的转售业务提供多层次、多维度的业务支撑。

一是提供业务运营能力对接。专职客户经理提供转售企业由业务准入、试运营到全面运营的各阶段

的业务对接准备工作服务。通过客户运营能力对接，不仅协助转售企业找到运营中存在的业务层面的缺陷，也对转售企业的IT支撑系统和业务流程进行了有效的加固。

二是提供日常运营的交互对接。在转售企业进入运营后，客户经理继续引领转售企业按照约定的业务流程和业务内容，标准、规范地开展运营工作，同时承担起联通与转售企业在运营过程中的信息沟通、关系维护，保证了顺畅的沟通机制和渠道。通过客户经理的对接工作，协助转售企业建立专业化的用户服务体系，同时利用联通既有的服务保障体系流程为转售企业提供了满意的业务服务保障。

三是扩展运营支撑。在做好能力对接和日常运营对接的基础上，专职客户经理制度更分别为转售企业和联通提供了业务拓展服务和经营分析支撑。

（三）全方位透视梳理运营流程，顶层设计标准高效流程体系

中国联通以“流程驱动分工，作业确定责任”为流程设计思路，创新采用“场景－流程－作业”逐层分解的设计方法，制定应用于企业内部以及面向转售企业的《中国联通移动通信转售业务运营流程》，多层级、多领域透视移动转售业务运营工作，推动运营规范化、高效化。

1. 从转售业务全生命周期及专业域两个维度透视全部业务场景

为确定移动转售业务流程范围，中国联通借鉴GTM（Go to Market）产品上线全生命周期管理分析方法，横向从转售企业准入、转售业务运营准备、转售业务运行、转售企业退出四个阶段，纵向从业务域、客服域、网络域、IT域四个维度，透视分析企业内部运营工作，梳理出涵盖转售业务全生命周期的业务场景，形成流程设计的基础。

2. 逐层细化运营流程，制定作业标准

一是确定流程设计思路及目标及原则。中国联通在流程设计之初确定：以流程驱动分工，规定运营的工作范围和衔接关系；以作业确定责任，明确工作的要求和责任关系；以提升感知、提升效率、控制风险为运营流程设计和驱动分工的核心目标。同时明确以下流程设计原则：跨职能和扁平化，职责完整性原则，在工作过程中尽量减少交接的次数，在工作过程中建立绩效考核机制；流程的量化和逐层分解，明确职责和岗位角色。

二是逐层细化运营流程，制定作业标准。中国联通以业务场景为基础，从转售企业生命周期管理出发，根据移动转售业务运营工作内容及特点，定义由转售业务模式分析与设计、转售企业准入、转售业务运营准备、转售业务运行、转售企业退出组成的移动业务转售一级流程。通过对一级流程的纵向分级，逐层分解，形成一套跨系统、跨部门、跨层级的统一运营流程，规定运营的工作范围和衔接关系，通过定义组成流程各环节的工作内容、时限，明确工作要求和责任关系。

基于以上原则及方法，中国联通设计包含资源管理、计费结算、服务保障等在内的共56个流程，近500个作业点，发布面向转售企业的运营规范。

（四）以服务至上面向转售企业，建立扁平快捷的服务保障体制

中国联通在业务一点运营的基础上，建立包含：“在线运营服务机制”“服务保障支撑机制”“新号段启用机制”在内的全方位转售业务服务保障体系，服务满意率各项指标98%以上。

1. 互联网化的在线运营机制

中国联通参照手机App、微信公众账号、专业网站的模式打造出在线运营的“沃运营”工作流平台，改变传统以OA公文为主的工作模式，以工单方式为主开展运营工作，平台具有承载运营工作流程，解决运营问题、获取运营知识和信息的主要功能。通过高效的在线实时运营协作平台来协同全国范围的移动转售业务运营工作。

沃运营平台（OOP）利用方便快捷的电脑和移动终端保持实时在线参与工作，实现业务运营的连续不间断。通过面向转售企业运营人员、联通各级运营人员以及多部门联合作业人员，实现跨越不同公

司和层级的扁平化运营作业管理。实现运营管理的全视角展示、多维运营作业分析，保障问题得到解决，确保运营管理的全面深入。实现全过程跟踪运营任务流转轨迹，实时提醒、督办任务的进展情况，提升运营作业的及时准确。

2. 建立服务保障支撑机制，促"一点服务"更有效、规范

在运营中，建立对问题的追问及相互印证的关联工单机制、开/销户指令失效的问题判断和规范化流程机制、不良信息的双方合作分工及投诉处理机制、协助各企业建立知识库优化和补充机制，确保服务保障各领域日常运转的正向趋势；建立工单的发送方和受理方的互评价机制、企业及省份工单质量和时效监控及提升机制，实现客户服务及业务保障的主观体验客观化、数字化，使不见面的双方在制度的指导下顺畅、高效、和谐地开展工作，确保工单运转的可评价性及可自优化性。

3. 建立号段启用测试机制，确保转售号码的使用体验

移动转售号段的获得和投放，有着与基础运营商本网号段不同的特征：分散获得、社会认可程度低、号段体量小（千万）、配置工作量等同于亿号段、四位长号段的技术障碍。

在每个号段的投放前，出于对企业负责、对业务负责的考虑，中国联通首创号段启用测试机制，在不影响投放计划的前提下，组织对新增号段进行拨打测试和主要问题推动解决，最大限度地暴露号段数据制作问题，确保新号段的功能完备。验证团队由运营中心、属地公司及转售企业多方参与，充分发挥各方的优势和特点展开。每一轮验证，充分考虑各方团队的优势与特长，本地与漫游相结合、基础业务与虚拟业务相结合、网内与网间相结合，用一个月时间完成数万次的呼叫和短信发送，发现并解决上百起网间互通及数据配置、平台数据配置的潜在问题，用最小代价和最短时间覆盖主流业务场景，清扫号码投放前的问题，避免投放后的用户投诉。全业务场景设计：验证设置十一个业务场景，有基础的语音、短信、数据功能验证，也有1××、955××、12×××等特服号码的互通验证和区隔业务、第三方应用业务、新 IMSI 段的适配性等的验证，充分考虑了互联网时代的用户使用需求和特征，既是号段投放前的功能验证，也是对转售企业充分理解网络特征、充分与自有业务适配的教科书式普及。

中国联通用一个月左右的时间，完成了新增号段经过近一年时间才能达到的网间互通、社会认知和广泛的第三方平台的适配，在缓解号码紧缺导致的企业资源压力的同时，极大缩短了企业投放后的普及与磨合时间，确保联通在本业务上的绝对领先优势。

（五）以开放心态促运营合作，打造移动转售产业链共赢

1. 建立服务评价体系，促运营服务不断提升

中国联通在移动转售业务运营中转变姿态，借鉴互联网评价模式，开创性地建立转售企业对基础运营商的评价体系，向转售企业敞开对自身支撑服务的评价大门。

移动转售业务运营服务评价体系包括转售企业对联通运营工作整体评价、客户经理评价、网络服务保障评价、资源结算评价四大类共20项内容，涵盖转售企业关注的联通侧运营服务意识和质量、运营问题推动解决效率、运营流程清晰通畅等重点。各项评价导向为结果评价，转售企业可以根据运营交互中的主客观感受在0—5分范围内逐一打分，而综合评价结果经过汇总评估后作为阶段性营运工作改善的重要依据。

2. 建立虚拟联合工作组，聚焦重点工作、项目制快速推进

中国联通聚焦用户总量占比超过八成的苏州蜗牛、分享通信、远特通信、爱施德、天音移动、迪信通、海航通信、红豆电信8家转售企业，组织转售企业内部的市场营销、业务运营、客户服务、计费账务、信息化支撑等骨干员工组成双方虚拟联合工作组，明确工作职责，建立长效工作机制，聚焦重点问题的解决。

工作小组采取定期现场沟通的方式，直接减少重复问题，缩短问题处理时限，提升双方的运营效

率。虚拟联合组成立后聚焦话单延迟、指令积压、垃圾短信管控、171号段启用后互联互通处理等四项重点工作，由中国联通按照项目制，通过充分调研明确需求，明确内部责任主体并制定任务分解表，取得阶段性成果，获得转售企业的好评。

3. 为转售企业组织业务培训，助力转售企业提升服务能力

为助力转售企业发展，中国联通利用自身资源和优势，组织有意向的企业（共19家参与）集中进行客服体系搭建、网络基础知识及问题判定等方面的培训，为转售企业运营人员系统地进行知识的梳理与普及，帮助转售企业的客服团队在转售政策、行业特征、业务构成、投诉问题判断、工单的编写和生成等各方面均有提高，为每家企业迅速进入角色，完成对用户的服务和咨询，辅助市场部门迅速拓展业务起到巨大作用。

（六）打造风险评估监控体系，实施移动转售业务精细化运营

1. 转售企业运营准备阶段，对企业进行业务验证及评估

为了客观真实的衡量转售企业的运营能力，中国联通根据不同时期转售企业的运营特点，先后组织业务运营验证、业务运营评估，通过模拟企业试运营中的关键场景、比对基础运营关键数据、模拟实操运营中用户和企业的交互场景等方式，对进入试运营前的转售企业运营能力进行验证，通过评估试运营期间转售企业服务、结算、合规等各项综合指标等对转售企业试运营期间的实际运营水平进行量化评估。

通过业务运营验证和业务运营评估掌握了转售企业的运营能力，对于验证和评估反馈出的运营问题，及时提示转售企业的运营风险，引导转售企业完善业务流程和系统能力，从而保证双方的业务运营稳定。

2. 转售企业运营阶段，创新性建立转售企业信用评价体系

中国联通以转售企业日常结算流程中的关键节点指标和转售企业的发展情况为依据，建立信用等级评价模型并制订《转售企业信用评级规范》，以客观评价分值代替主观评估，实现对转售企业多维度的、公平、公正、有效的信用等级评价。信用等级评价模型核心评价指标包括：结算款付款及时率、账单确认及时率、转售企业发展系数、加分项。根据上述量化指标，形成转售企业信用评级评价公式，计算当月转售企业信用评级得分。根据转售企业每月实际数值，按月进行评价，年度进行算术平均汇总。评价体系共将转售企业信用评级分为一星级至五星级共5个等级，其中五星级为最高等级。根据转售企业近六个月的信用评级结果，动态调整转售企业应交纳保证金的额度标准，以及所交纳现金与保函比例，防范运营风险。

3. 运营后评价阶段——常态化风险评估

一是建立转售企业财务性风险评价模型，选取企业欠费时间、欠费金额和欠费金额占应收账款的比为核心评价指标，计算评分阶梯，对转售企业的财务性风险进行月度风险评价。对于财务风险中等的企业按应对机制进行内部关注或进行沟通提示，财务风险大的企业按应对机制进行部门间信息共享、对企业采取合同规定的强制化抑制手段。

二是建立转售企业发展健康性风险评价模型，选取出账用户占比、出账用户户均流量、出账用户户均计费时长为核心评价指标，对转售企业的发展健康性风险进行月度风险评价。对于发展健康性风险高的企业，从资源分配和柔性政策的配置上，采取更为谨慎的态度。

三是建立省分公司竞争性风险评价模型，选取年累计转售收入占当地移动业务收入比、转售用户异地使用率、同时持有联通号码的用户占比为核心评价指标，对各省分公司的转售业务运营进行竞争性风险评价。对于竞争性风险分值高的省，对省分公司进行风险提示，要求其关注省分公司所辖地市中转售企业的渠道、产品政策和营销活动等，做好转售业务发展与本省业务发展的协调工作，避免出现转售业

务对公司移动业务的替代。

三、通信企业面向移动通信转售业务的一体化运营体系效果

（一）为通信行业的深化改革提供成功蓝本

中国联通借鉴互联网思维，抓住国家战略实施的机遇，依托自身的业务资源优势，运用互联网思维，对移动通信转售业务进行集中一体化运营，构建了简约、便捷、专注的集中一体化运营模式，打造扁平、快捷、互动的全方位转售业务服务保障体系，走出一条差异化、可持续的通信业务发展之路。截至 2016 年 8 月底，在获得工信部移动通信转售（虚拟运营）业务试点批文的 42 家企业中，25 家基于中国联通的移动网络开展通信业务的转售企业全部正式放号，发展转售业务用户 2700 万户，占全国移动电话市场份额的 1.7%，接近 2013 年底全球虚拟运营商 1.8%的占有率，累计结算收入超过 20 亿元。

（二）企业运营效益效率显著提升

从 2014 年年底开始，联通一体化运营体系的优势开始体现，联通转售业务用户规模开始大幅上升。截至 2016 年 5 月达 2495.77 万元，8 月达到 2737.62 万元，市场用户占比 90%。中国联通移动转售业务结算收入也在持续增长，2016 年 5 月，转售业务当月收入已达 1.54 亿元，累计收入达 16.15 亿元，8 月底累计收入达到 20.7 亿元，在剔除网间结算成本的情况下，转售业务收入毛利率达 96%。集中一体化运营模式大大降低了运营成本，提升了运营效率，自 2014 年 4 月以来，联通集团投入转售运营团队 10 人，面向 25 家转售企业，完成超过 35000 多笔服务工单的受理，分配资源 4800 多万元，出账准确率 99.9%，通过精细化风险管控控制了转售业务运营风险，完成催缴 1300 余万元。

（三）打造了联通在转售行业中的优异品牌形象

经过近 2 年的转售业务试点，中国联通已经在转售市场成功树立其服务至上、客户第一的转售业务品牌形象，获得了合作企业的高度认可和社会各界的高度评价。2016 年，中国联通获得了“移动转售业务全球发展峰会—虚拟运营商特别贡献奖”。

（成果创造人：李连祥、高　峰、王颖楠、张东良、刘　洋、
陈　毓、杨志涛、王海滨、张浥晨、王宪涛、李　旗）

战术武器市场化转型管理

中国运载火箭技术研究院

中国运载火箭技术研究院（以下简称一院）于2010年3月16日挂牌成立战术武器事业部（以下简称事业部）。事业部是一院战术武器业务领域经营责任主体，代表一院开展战术武器业务经营管理活动。负责战术武器业务发展规划、市场开发、型号总体设计与协调、型号科研生产组织、批生产组织、销售并提供相关的技术和产品服务。事业部模拟利润中心运行，现有从业人员总数362人，在岗员工总数338人。

一、战术武器市场化转型管理背景

（一）适应企行业变化的需要

党和国家正在全面推进国资国企、国防军队、科技创新、事业单位等领域的深化改革。总装备部、国防科工局不断推动军工行业从单一军品结构向军民品复合结构的战略性转变，大力推动军民深度融合发展。通过健全国防工业体系，完善国防科技协同创新体制，改革国防科研生产管理和武器装备采购体制机制，引导优势民营企业进入军品科研生产和维修领域，民营企业和民营资本、国际资本进入航天科技领域的门槛都将被大大降低。

在国际市场上，美国雷神、洛克希德·马丁、欧洲导弹集团（MBDA）等公司仍将占据市场的领军地位，技术成熟并处于前列。俄罗斯、印度、以色列等国家的生产商也在加大产品研发与市场拓展力度。在国内市场，北方工业、航天科工、空空导弹研究院等已具有多年导弹研制经验和市场开发成就，加之与客户关系发展时间更长，其竞争优势不容小觑。

（二）解决战术武器研制生产现状问题的需要

战术武器和军贸业务是一院和中国航天科技集团公司（以下简称集团公司）军品业务中的重要组成部分。战术武器和军贸业务面对激烈的市场竞争，与战略武器和运载火箭等其他军品业务具有显著的不同特点，然而，一院目前对于战术武器和军贸业务的经营管理仍然依托于传统计划经济体制下形成的对战略武器和运载火箭的经营管理体系，行政化依赖程度高，市场化管理不足。

由于传统体制机制的束缚，一院战术武器和军贸业务现有研制流程和管理制度不适应型号研制发展需求，缺乏以市场为主导的运营机制，缺乏以经济利益为纽带的产品任务分配和高效运行机制，缺乏对战术武器型号研制单位和队伍人员有效的激励机制，单位局部利益壁垒严重，造成一院战术武器和军贸型号研制进度缓慢、研制周期过长、成本居高不下、快速反应能力差、性价比较低、综合竞争力不强等一系列问题，亟须加快推进战术武器领域的市场化转型。

（三）实现企业发展的需要

一院下发《加快推进一院市场化转型的若干意见》，提出市场化转型的总任务是：进一步解放思想，转变观念，突破利益固化的藩篱，下大力气破解体制机制障碍，通过“体制重建、机制重造、能力重构、文化重塑”，最大限度地释放发展活力，实现科学发展。深入探索军品领域市场化经营，提升核心竞争力，构建开放式创新体系，强化领域谋划能力，建立差异化需求响应机制，增强市场开发能力。战术武器和军贸领域，要敏锐把握用户需求，突破决策瓶颈，着力强化系统联动和快速响应能力。创新科研生产组织方式和管理机制，提升完成任务能力，努力探索技术经济一体化的实现方式，实施战术和军贸型号全要素项目管理，建立完善闭合的技术经济责任制，提升项目实施绩效。

二、战术武器市场化转型管理内涵和主要做法

一院聚焦长久以来制约生产力发展的深层次问题，积极探索型号研制规律与市场规律有效结合的途径，构建适应市场竞争的项目运营模式，采取差异化管控的领域化管理，实施全过程全要素项目管理，统筹策划各军兵种领域的全面发展；建立战术武器产品体系、技术体系和综合保障体系，制定产品、技术发展战略，推动产品化工程，建立产品货架，推动技术创新，规划技术发展路线图，加强技术转化应用，规范综合保障管理，实现战术武器平台化、组合化、系列化发展；构建科学扁平高效的综合管理模式，制定组织、人才发展战略，开发战术武器综合管理平台，实现战术武器市场化转型管理。主要做法如下：

（一）明确战术武器市场化转型管理整体思路

市场化转型是一院科学发展的必由之路，任务艰巨而复杂。战术领域是一院经济发展依托，是一院市场化转型的先锋和重点，其市场化转型成功与否关乎院的未来发展。在深入分析战术领域科研生产现状及市场竞争环境的基础上，本项目提出一院战术领域市场化转型的整体思路：积极探索型号研制规律与市场规律有效结合的途径，构建适应市场竞争的项目运营模式、建立战术武器产品体系、技术体系和综合保障体系，构建科学扁平高效的综合管理模式，永创技术制高点，永保领域话语权，永当任务主力军，实现组织和员工的共同成长，提高战术领域市场竞争力，推动一院经济发展。

（二）构建适应市场竞争的项目运营模式

1. 实施领域化管理

一院采取成立领域办公室模式。按不同军兵种领域，成立领域办公室。将原分散于不同部门负责的计划、经费、合同、质量、市场开发、指挥调度等职责，调整至领域办公室统一负责，由领域办公室系统策划领域全面发展，统筹本领域型号全生命周期全要素管理。型号办保留现有组织机构设置，隶属于该军兵种领域办，型号办公室编制、人员管理由领域办公室根据任务需要确定并动态调整。

在业务经营管理方面，领域办公室具有战术武器业务从发展规划、市场开发、型号与项目立项、合同签订、合同履约（型号与项目组织实施）的完整经营管理链条，并闭环于领域办公室内部。事业部职能管理部门负责顶层规章制度和标准规范的制定，计划经费等方案的审查，型号项目执行情况的监督、考核等职责。在综合行政管理方面，领域办公室视同于事业部下属部门，接受事业部相关职能部门的指导与考核，开展包括党、工、团、财务、人力资源、保卫、保密等综合行政管理。

2. 实施项目管理

针对一院战术武器的特点，事业部实施战术和军贸型号全过程、全要素项目管理，突破传统研制模式，整合资源，集中优势，缩短流程，提高效率，提升效益。建立以市场为导向的目标定价机制，实现项目管理的责权利统一，在确保型号技战指标满足用户需求的前提下，强化成本意识，做好成本控制，建立完善闭合的技术经济责任制。总体单位在向各单位宣传、引导全面竞争的市场环境同时，在型号初期提出产品目标价格，各分系统单位、配套生产单位及外协单位逐级分解，按照目标成本开展各项设计、生产工作。

积极试点并推动实施项目制奖惩，完善与经济效益和价值创造紧密关联的收入分配机制。突出战略贡献度和经营价值的衡量，逐步推行以某项目为试点的项目制管理模式，依据项目考核指标完成情况，实施奖惩，实现项目奖惩与经济指标挂钩，最大限度地匹配价值创造与薪酬水平，充分调动项目队伍的积极性。

为加强军贸项目组织实施管理能力和可调动资源的能力，确保顺利履约，一院实施全要素控制的项目管理，在院型号管理既定职责的基础上，将影响项目实施的各相关要素纳入项目管理。包括与用户沟通、项目实施计划制定、成本费用、研制的技术管理和组织管理、财务资金（外汇）管理、资料积累、

承研承制单位等管理要素。

3. 实施合同制管理

事业部下发《战术武器事业部合同管理办法》，正式取消原实施的里程碑付款计划，将付款时机与额度与承制方产品进度、质量等要素紧密挂钩，并全部纳入合同管理。事业部成立合同评审小组，合同全部实行会议评审或会签评审，规范事业部业务范围所需的甲方合同模板，推行质量保证金制度和违约金制度。严格按照合同管理办法开展工作，采用经济手段确保产品质量和进度，确保合同履约能力。2015 年事业部签订科研生产类甲方合同近 300 份，合同额共计百亿元。

4. 实施 IPD 模式

面对某型号“一份投入，两家竞争”“一个方案，两家生产”的全面竞争形势，事业部采取 IPD 模式，组建立项论证团队，集智攻关、协同设计，在三个月的时间内完成各系统及单机联合设计，确保了技术策划全面，产品设计一次到位。在用户组织的方案择优中，获得单机和系统级竞争择优的全面胜利，获得国家正式立项批复，为“十三五”乃至“十四五”期间院战术武器领域发展提供重要经济支撑。

（三）建立战术武器产品体系与技术体系

1. 制定产品和技术发展战略

采取技术领先、成本优化和服务优质战略。高度重视技术创新，提升技术领先优势，加强产品集成优化能力，提升产品的通用性，提高战术武器在国内市场的竞争能力，扩大市场份额，争取国际军贸市场和用户，出口军贸产品，成为国际常规武器供货商。培育军民融合产业，强化市场认知度，重点扶植 1－2 项产业前景较好的项目，实现军民互动双赢共进。

坚持“自主创新、重点跨越、支撑发展、引领未来”的指导方针，着力增强自主创新能力，提高原始创新、集成创新、引进消化吸收再创新能力，重点提升武器系统总体集成创新能力。发挥市场对技术研发的导向作用，加大自主创新投入力度，开展满足 10－20 年市场需求的产品和系统级发展方向研究，开展满足未来 5－10 年的专业技术研究，重点围绕体系作战领域、临空高超领域、精确打击领域、综合保障领域、实战化应用领域、多平台发射领域等方向开展研究，提升产品技术和管理技术，掌握核心技术和关键技术，加大知识产权运用和保护，增强科技成果转化应用，提高技术竞争能力，保持技术领先优势。

2. 优化供应链体系，实施竞争性采购

充分发挥市场在资源配置中的决定性作用，用市场化手段选择配套单位和产品合格供方，组织对首次承担型号产品的集团外供方进行指导和把关，选择社会优质供应商，纳入战术型号产品合格供方名录，通过绩效评价，形成优胜劣汰的竞争机制，动态调整和维护事业部供方名录。打破内部利益壁垒，建立军品配套体系，实施多单位竞争和准入退出机制，在供应链上下游配套与合作中，实施合同制管理，用经济手段严格考核奖惩。事业部下发《战术武器型号（项目）竞争性采购管理办法》，全面开展弹上、地面产品的竞争性采购工作，引入具有一定资质的民营企业，选择最适合型号发展、产品性能最优、产品价格最低的企业合作。

3. 推动产品化工程

产品化工作是以提升企业市场竞争力为核心的创新性工作，从技术线和管理线同时发力，快速推动产品化发展。一是技术线，以“技术牵引进步、创新牵引发展”为主线思路，注重目标和需求导向，紧贴型号并面向预研，走关键项目突破、全局系列规划路线，加大对其他专业和领域优势共性技术的借鉴，融合创新产品研发模式，通过统一接口和固化规范，将“精雕细刻”“因用户而异”的“定制品”改造为可以重复制造的“产品”，实现战术武器平台化、组合化、系列化发展。二是管理线，深入贯彻

"单型号研制无法实现全局技术推进"的思想，逐步改变管理模式，进行管理创新，建立一套管理和督导机制，加大基础技术研究的力度，明确型号要求通用产品的应用率，真正实现研究成果可落实，技术推进可持续，型号牵引可横向，通用技术可推广，建立"基础技术研究－预研试验－型号应用"的发展模式，避免型号独大和型号单线牵引的局面出现。

4. 研究战术武器产品体系与技术体系关系

产品体系建设以构建七层货架的上四层为主。一是系统级。顶层规划战术型号型谱，提炼平台基线；构建地面发射支持系统平台，从市场化的角度规划产品发展。二是分系统及部段。规划遥测系统、控制系统、动力系统、结构系统、弹头平台，按照"部段集成"思路，开展产品线建设，形成导弹部段货架产品并建立产品保证组织。三是子系统及单机。梳理、提炼关键、通用单机产品形成关键通用单机产品表。

通过研究产品体系与技术体系的关系，更加注重于目标和需求导向，紧贴型号并面向预研，融合创新产品研发模式，通过统一接口和固化规范，将"精雕细刻""因用户而异"的"定制品"改造为可以重复制造的"产品"，实现战术武器平台化、组合化、系列化发展；采用"部段集成"模式，形成通用化的部段产品，经等效测试后即可出厂。

5. 推进技术创新

一是搭建产学研合作平台，加强前沿技术研究。2014 年事业部与南京航空航天大学航空宇航学院共建联合技术创新中心，2015 年事业部与国防科技大学航天科学与工程学院共建"战术导弹发展战略与技术研究中心"，搭建产学研合作平台，加速推进双方在相关专业领域的合作与交流，积极开展核心技术攻关，显著提高双方自主创新能力、专业研究能力以及学术影响力。

二是建立专业发展基金，推动专业课题研究。针对事业部专业技术发展需求，事业部建立专业发展基金，支持内部专业发展课题研究。制定《战术武器事业部专业发展基金课题管理办法（试行）》，规范专业课题管理。事业部审查确定对 12 项研究性课题和 31 项基础性项目开展研究。

三是建立战术武器知识库，编撰著作总结经验。依托一院信息化管理平台，建立并更新完善战术武器知识库，对战术武器相关知识进行有效积累和传承，将个人资源转化为组织资源，提升战术武器创新能力。战术武器知识库包括专业技术知识、规章制度、业务流程、标准规范、科技成果、技术模板、客户信息、领导讲话等。依托科技委组织开展《战术弹道导弹贮存延寿工程基础》《战术导弹结构动力学》《助推滑翔式导弹总体设计》《高超声速飞行器防热型电缆整流罩设计》四本著作的编撰出版工作。

（四）建立战术武器综合保障体系

1. 成立综合保障中心

针对一院战术武器批产任务增多，大批量交付使用的特点，事业部成立综合保障中心，建立专业化综合保障队伍，组织实施战术武器型号六性设计、售后服务和用户飞行演练任务保障工作，及时满足用户保障需求，不断提高顾客满意度。从管理和技术 2 个方向，从组织、管理、技术、产品、标准规范和军民融合等 6 个方面开展深入研究，建立具有战术武器特色的综合保障体系。提出一院战术武器军民一体化装备保障体系的发展策略。

综合保障中心采取管理人员与技术人员融合的矩阵式组织管理模式，横向上管理人员属于管理组，技术人员属于技术组，纵向上根据主管任务，管理人员和技术人员组成项目组，确定项目管理负责人和技术负责人，项目组在接到任务或掌握市场动态需求后快速反应。

2. 制定售后管理要求

结合售后服务各项工作，事业部制定《战术武器装备售后服务管理要求》《战术武器型号在役装备故障产品返厂维修管理要求》《战术导弹武器系统批量整修改制管理要求》《战术武器事业部顾客满意度调查管理办法》等售后工作顶层及专项制度、流程要求，梳理综合保障工作流程。根据《战术武器型号在役装备故障产品返厂维修管理要求》，综合保障中心详细清理2008年以来未归建装备，分批组织返回部队，满足了用户要求，提高了用户满意度。

3. 加大售后横向市场开发

结合用户需求，全面开展装备提升性能改制、IETM等信息化保障产品研制等工作，不断培育院军品新的经济增长点，提升盈利能力。近两年完成几十个项目市场开发，签订合同额数亿元。同时，进一步探索军地融合的综合保障模式，充分发挥工业部门技术优势和军方资源优势，探索适应武器装备保障特点的保障模式与合作机制，实现军地双赢。

4. 建立综合保障技术体系

事业部建立以“六性为基础、延寿为指导、整修为手段、保障产品为支撑”为原则的全寿命周期综合保障技术体系，结合战术武器发展需求，制定可靠性、安全性、测试性、环境适应性、维修性、保障性六性总体设计、信息化保障产品研发、交付型号技术保障共3个方向的技术发展路线。制定六性工作流程，开展六性和产品性能的紧耦合设计，促进六性设计要求落地，有效解决通用质量特性设计与型号研制“两张皮”的问题。开展信息化保障技术研究，建立以信息管理、交互式电子手册、远程支援、模拟训练为代表的信息化保障资源产品体系，研究成果及时转化至型号应用。建立整修延寿技术体系，开展固体战术导弹贮存延寿等关键技术研究，有效指导某型号产品延寿整修工作及在研型号贮存可靠性设计。

5. 建立战术武器系统六性工作平台

作为一院战术武器型号研制的总体单位，事业部肩负一院战术武器型号六性综合设计分析与管理以及促进战术武器型号六性专业技术发展的重任。为在短时间内提升战术领域六性专业能力，更好地服务于型号六性工作，事业部建设战术武器六性协同工作平台。六性协同工作平台采用框架和工具集的建设方案，提供六性工程管理及设计工具的集成应用环境，支持六性与性能数据共享和流程协同，实现六性与性能协同优化设计。战术武器六性协同工作平台主要由服务器、计算机终端以及配套软件组成。

（五）构建科学扁平高效的综合管理模式

1. 提出组织和人才发展战略

一是组织发展战略。事业部是按照企业所经营的业务，包括按行业、产品、地区、顾客和市场等来划分而设立的二级经营单位，是受公司总部控制的利润中心和生产经营中心。事业部具有三个基本要素：独立的市场、独立的利益、独立的自主权。事业部是一院军品领域组织架构的发展方向，是一院推动领域经营的主要途径，是一院市场化改革的必然趋势。按照国家及军工企业全面深化改革的要求，以生产经营活动为主，深化市场化改革，实施股份制改造和产业结构调整，实行市场化运作和管理。积极发展混合所有制，推进产业技术联盟建设，以收购、控股等方式掌控战术未来关键技术和产品。

二是人才发展战略。围绕满足事业部主业发展，从人才规划、配置、开发、培养、激励等主要方面制定人才战略规划。坚持“以型号任务为核心，以成就员工为目标”两条主线，培养和造就一支规模适当、结构优化、布局合理、素质优良的人才队伍，为事业部未来发展和市场化转型提供有力的人才保障和智力支持。发布《人才发展红皮书》，强化多岗位交流锻炼，建立战术武器特色的“两总带新人”培养机制。

2. 建立“预研、研制、批产”分离的组织结构

在战术型号数量多、研制重点各异的背景下，事业部从装备全寿命角度，针对战术武器大批量交付使用的特点，按照市场化产品研发模式将预研、研制、批产和售后工作分段实施，建立“预研、研制、批产”分离的组织结构，成立系统研究室、型号总体室和综合保障中心，各阶段业务由专业机构负责，

改变由一支队伍负责全寿命周期工作的传统模式。

随着我国军事改革的持续深入，装备研制程序和技术成熟度评价更加规范，立项型号均需遵循“技术基础一专用技术一背景项目一型号研制”环节。立项之前，必须先经历预研阶段，成熟度要达到6级左右，才能进行型研立项；相对于以前，预研与型研之间是强关联，预研成为市场的前端，是市场开发的必由之路。将预研与研制分离，成立专门预研部门系统研究室，有助于战术技术的发展。

将批产与研制分离，一方面可固定综合保障人员，提升人员专业化、职业化程度，有效推进综合保障工作顶层策划和连续开展，进而提升综合保障工作质量及效率。另一方面定型后的批产及售后工作由保障中心专业队伍统一负责，可以释放研制队伍压力，保持研制队伍规模和精力以开展新型号研发工作。

同时加强三大专业化队伍间/型号间/处室间/专业间多层次的信息交流与人员流动，促进专业发展、市场信息互通与人员培养。进一步明确研制与批产保障队伍之间的转接机制，对转接时机、转接方式、人员流转比例等进行统筹策划。

3. 开发战术武器综合管理平台

针对高效管理的需求，结合自身工作实际，事业部开发了适应自身管理模式的综合管理平台，提供基于业务的全过程流程管理，建立业务数据中心，提供全要素的业务分析，提供决策支持信息。

管控中心通过对各业务数据进行多角度分析，将各系统孤立的数据之间的关系进行整合，多方面展示各项业务的运行状况，为顶层管理层决策提供及时、直观的数据支持。管控中心功能，包含业务仪表盘、报表分析两类功能，从型号、处室、班组、个人等多维度，以详细列表和动态图表形式直观形象地展示各项业务运行情况，使管理层尽快掌握各项业务状况（研发、财务、物资、人力资源等等），及时准确地做出决策。

文档协同是针对协同文档编写获取需求而提，提供对文档的全方位管理，设计基于文档的知识数据模型，建设知识文档元库，提出可检索、可创造、可循环的编写方式，充分挖掘文档知识的潜力。

三、战术武器市场化转型管理效果

（一）经济指标超额完成，提升领域发展能力

加快推进战术领域市场化转型的措施和实践，助力事业部超额22.87%完成“十二五”经济指标，在市场开发工作上取得国内国外市场双丰收的佳绩，巩固了存量，突破了增量，共实现多项国内战术型号立项和军贸型号出口立项，战术业务领域不断扩展，为一院及集团公司的经济发展提供了重要支撑。

有效牵引完成了一院战术武器及军贸领域型号规划和技术、核心能力规划，围绕战术武器型号、核心技术、能力建设，系统开展集团、院、事业部三级规划编制工作，共完成战术领域相关规划47项，领域谋划发展能力不断提升。通过与用户、上级部门的对接，多项论证成果进入院、集团及各军兵种的规划指南。为推动战术武器装备发展、带动战术武器技术创新、系统布局“十三五”、保持战术与常规导弹武器领域优势地位提供了有力支撑。

（二）推动产品化建设，提高产品竞争力

开展战术武器产品体系建设工作，有效降低了产品的设计和开发成本，缩短了产品的生产周期，提高了产品的测试性，大幅提升产品的综合效能，提高产品竞争力。事业部创新性提出了以通用模块为基本组成单元的弹上电气系统——“通用设备舱”，实现了弹上电气系统的无电缆化设计，相比于某型号弹上电气系统实现了重量减轻50%，成本减少1/3的首期目标。在通用设备舱的研制基础上，事业部牵头开展了某型号演示验证飞行试验研究，促进产品化的应用成果转化。开展战术武器型谱梳理、统一环境条件研究、战术结构/软件/地面设备产品化等工作，通过各项产品化工作的开展，牵引和带动各分系统优化产品设计、完善货架产品；以模块化为设计牵引，实现产品的系列化发展和组合化应用；形成

配套标准规范体系，将成果应用于型号，形成完整的技术链、产业链和价值链。

（三）推进预研与技术创新，支撑型号发展

依托产学研平台，解决了工程应用需求和专业技术发展之间的有效对接难题，积极开展技术攻关和合作交流，显著提高自主创新能力、专业研究能力以及学术影响力。在预研及技术创新工作上取得重大进展，承担的课题逐年增加，共完成军兵种预研课题5项，集团级课题2项，院级课题16项。申请专利186件，授权50件，实现专利转化总额达610万元，创新指数榜排名上升至全院第5名，年度战略绩效考核上升至全院第2名。

（成果创造人：王洪波、戴育雷、李　洪、张　东、戴新进、吕　薇、刘　刚、杨　博、荆　泉、要　炜）

城市索道交通企业基于旅游资源优化的转型发展

重庆市客运索道有限公司

重庆市客运索道有限公司（以下简称索道公司）于1989年7月成立，现隶属重庆市公共交通控股（集团）有限公司，属国有全资子公司。索道公司下辖长江索道分公司、凯旋路电梯分公司、两路口扶梯公司以及控股的缙云山索道有限公司，注册资本2876万元，占地总面积9802.5平方米，房屋总面积17884.05平方米。2015年客运量近1000余万人次，客运收入3600余万元，在岗职工总数195余人，其中管理人员42名，各类高、中、初级专业技术人员33名。

一、城市索道交通企业基于旅游资源优化的转型发展背景

（一）企业加快走出困境的需要

随着重庆城市交通结构完善、畅通工程实施，风靡一时的过江索道作为“点对点”衔接，因其缺乏灵活性，客运功能逐渐弱化，两条索道都由日均载客12000人次降至4000人次左右，重庆两江索道在辉煌岁月后迎来了平淡时光。进入21世纪以来，市政基础设施建设大发展，交通形式多样化。长江大桥复桥线等大桥先后建成，致使客运索道的交通运输功能逐渐弱化，加之连接两江四岸的公交线路更加密集而广阔，更使得索道价格竞争优势不复存在。作为嘉陵江索道重要客源地的江北城开始整体拆迁，5.3万江北城居民被分散安置到别处，种种客观变化对过江交通索道的生存发展造成严重打击，索道公司也从2004年开始陷入连续亏损状态，2008年负债总额达到2308.65万元，亏损215万元，人均工资远远低于集团其他子公司平均水平，员工普遍表现出紧迫感和危机感。

（二）推动重庆旅游业快速发展机遇的需要

重庆是中国历史文化名城，千百年来，长江、嘉陵江在这里孕育了独特的山水自然风貌、浓郁的民族风情、丰富的历史遗迹、厚重的人文底蕴，形成了具有较高价值的旅游资源。重庆的过江索道是与重庆山水人文特色相辉映，与山城夜景相得益彰的一张城市名片，作为全国首创的唯一的城市立体公共客运交通形式，过江索道更是演绎了重庆另一道独有的城市交通文化历程，其旅游潜质优势明显，旅游文化内涵丰富。推动区域旅游纵深发展，能逐步展现并成为重庆一道独特的都市旅游景点，进一步加速推进重庆山水都市游的独特魅力，同时也为企业创造新的经济增长点，推动企业从单一的索道交通业务向索道交通与索道旅游相结合的方向转型。

（三）实现企业转型发展的需要

重庆两江索道具有得天独厚的观两江美景和赏两江夜景的独特视觉冲击力的平台优势。跨江索道横跨渝中半岛与南山之间，依山傍水而建，区域地位凸显，是动态眺望绚丽的都市夜景和浓厚的渝都文化最佳之处，四面环绕重庆解放碑、湖广会馆、洪崖洞、南山一棵树等重庆都市文明景区（点）。同时，跨江索道作为重庆老一辈市民出行主要交通工具，对其有着极深的感情，迫切希望跨江索道通过转型，永恒的穿梭到山城楼宇之间。因此，索道公司领导班子以前瞻性战略眼光将“转变发展方式，运营体系再造，推动战略转型”的旅游景区规划方案提上工作日程，优化利用索道资源，深挖基础性公益设施潜能，科学利用和拓展交通资源，实现转型发展。

二、城市索道交通企业基于旅游资源优化的转型发展内涵和主要做法

索道公司面对城市交通环境的变化，索道纯过江交通客流量锐减，企业出现连年亏损的困难局面，在政府指导和政策扶持下，充分利用索道旅游优质资源，以全员树立转型发展理念为先导，全面制定和

落实索道交通资源优化利用方案；提前谋划员工跨界培训，切实提升素质，适应转型发展；打造具有重庆特色的索道交通文化，并使之与城市旅游文化相融合；坚持以市场为导向，加大利用索道交通资源开发旅游项目的营销力度，成功走出一条转型发展之路。主要做法如下：

(一) 树立全员转型发展理念，制定转型发展规划

1. 统一思想，谋划转型

索道公司领导班子认识到，城市交通网络日趋完善，社会经济的发展以及城市规模的扩张促使出行间距增大、出行方式出现多样化、协同联运的紧密化，导致客运主体需要的日益多样，两江索道作为“点对点”的交通运输属性逐渐弱化，两江索道不能再一味讲究正面竞争，而需要错位精神，更重要的是重塑核心竞争力，通过两江索道的旅游转型，扭转年年亏损不利局面，实现跨界转型的腾飞之路。同时重庆两江索道走旅游之路是交通变迁和市场发展到一定时期的必然结果，索道重新定位，走索道旅游观光之路，这既是还索道旅游特性的本来面目，也是发展两江索道的必然出路，更是一条众望所归的道路。

2. 广泛宣贯，全员参与

索道公司通过加强宣传教育培训，让每位员工都认知转型发展理念所赋予的使命责任，形成由精英型领导团队、高效性管理团队、纪律性执行团队组成的充满战斗力的转型发展队伍。索道公司上下以班子领导与时俱进、高效合理、灵活运用的政策引导，通过扁平化职业分工体系，各展所长，各司其职，各负其责，确保以“合力效应”来达到个体力量不能达到的管理效果和经营效益，让全员都成为转型发展理念的实践者、传播者和弘扬者。

3. 面向社会，舆论引导

两江索道作为全国独一无二的跨江索道，也是山城市民美好记忆，以其安全、快捷、方便、环保、全天候运行方式为山城市民提供了极大的方便，在缓解“出行难”中演绎着独有的城市交通文化经典，索道公司以其内涵的旅游潜质为宣传价值点，通过报纸、网络平台等途径，将转型发展理念传播出去，形成“索·引天下，道·尽山城美”的主基调，达到“万里长江第一索，重庆旅游第一站”的都市旅游动态影响力。

(二) 依托索道资源，打造重庆特色的索道文化

1. 挖掘价值，走上跨界创新之路

索道公司通过不断的观摩学习和研讨分析，剖析重庆立体交通文化内涵，挖掘两江索道“历史、文化、交通、旅游、科技、社会”六大价值，将“城市交通资源”转化为“都市旅游资源”，走出了一条“跨界”创新之路。

一是历史价值。两江索道是中国第一条自行设计研制的双承载双牵引大型索道，中国唯一的文物索道。二是交通价值——跨越长江的全天候“空中巴士”，最大日载客量可达 3 万人次，安全运行 29 年来无一例责任事故发生，实现了缓解城市交通运力和构架城市便捷交通（“点对点”客运功能）的双重功效。三是科技价值。20 世纪 80 年代国产运营索道中拥有四个第一：水平跨度第一、高差斜长第一、轿厢载量第一、运行速度第一（最高时速 8 米/秒）。四是社会价值。作为绿色环保、安全高效的交通工具不仅可以为市民提供出行需求而且还有避震疏散功能，针对火灾、毒气泄漏、恐怖袭击等城市突发事件易造成公路车辆人流拥挤、堵塞的情景，可实现“点对点”之间的快速撤离和疏散，减少人员伤亡。五是文化价值。20 世纪 80 年代，在重庆经济不发达的情况下，根据重庆地形特点创造性地修建了空中索道以缓解市民“出行难”问题，演绎着独有的城市交通文化经典，见证了改革开放后重庆城市交通变迁的历程，具有不可复制的历史文化价值，沉淀为重庆最具动感气质的城市符号和现代影视剧在重庆拍摄的必选地之一。六是旅游价值。长江索道景区浓缩重庆“江城、山城、不夜城”的精华，是外地游客“解读山城外形”和“体验重庆特色”的“空中观光车”，具有不可替代的旅游资源价值。

2. 文旅融合，打造独特人文景观

索道公司运用“文旅融合”和创意营销策划，把重庆市最年轻的文物保护单位将其包装成为“重庆最具动感气质的城市符号”，给游客一个来此游玩“恰如其分的相对理由”。重庆是一座3D版城市，观察城市上空的长江索道，可以有不同的视角。不同的视角有不同的视域，在城市发展视域，它见证了改革开放后城市变迁的历程，具有不可复制的历史文化价值；在城市景观视域，它是观赏重庆城“江山一体”美景的最佳载体，具有不可替代的旅游资源价值。正是这种独特的视角成了外地人解读山城外形和体验重庆特色的最佳方式。

3. 践行责任，助推城市文化发展

索道交通作为“重庆最具有动感气质的城市符号”，在发展过程中，坚持文物事业与旅游事业相辅相成、相互促进，积极探索如何以新视角阐释长江索道新功能，以责为本，以专履责，传播公益正能量，以协作创新，打造具有彰显城市文化，弘扬城市精神的“重庆旅游第一站”，助推城市文化发展。

4. 科学发展，加速旅游转型步伐

两江索道走旅游发展的道路，索道公司坚持以科学发展观为指导，以山水都市景观为基础，按照“政府引导、企业主体、市场运作”的思路和要求，在拓展山水都市旅游、发展山水都市旅游经济的进程中，持续开发跨江索道旅游资源，依托渝中半岛风貌改造，灯饰提升工程等都市意蕴建设，实施交通属性向观光旅游的转型之路，将跨江索道打造成重庆现代都市观光旅游的重要组成部分。

2006年，索道公司领导团队把握市场脉搏，将“转变发展方式，运营体系再造，推动战略转型”的旅游景区规划方案提上工作日程，以两江索道旅游转型为切入点，进一步优化跨江索道资源，健全相应配套设施，提高服务质量，丰富文化内涵，实现旅游票价、旅游资源综合利用的目标。

5. 争取政策，奠定旅游转型基础

2007年，索道公司《关于两江索道走城市交通客运与旅游观光相结合之路的改造方案》正式出炉，并上报上级主管单位。将两江索道打造成为交通旅游观光景点和空中最佳观景平台，成为与两江游船交相呼应的“观光飞艇”，并通过与索道两端附近景区实现无缝衔接，形成重庆都市游的拳头产品。2007年12月，重庆市旅游局在《关于打造重庆“两江游”旅游品牌的实施方案》中，做出了实施“八秀”工程（灯光秀、焰火秀、大桥秀、索道秀、音乐秀、船舶秀、表演秀、美食秀），提升“两江游”景观档次的工作部署，明确提出打造“索道秀”项目，融入“两江游”旅游产品，增强“两江游”的层次性和可观赏性。2008年1月7日，两江索道经重庆市交委同意可拓展旅游服务功能和服务领域，同年2月28日，经重庆市旅游局正式批复增加旅游服务功能。

在市相关部门和公交集团大力支持下，重庆市政府同意两江索道从2009年4月1日起实行市场调节价，为客运索道公司旅游转型迈出了关键的第一步。同年12月15日，嘉陵江索道、长江索道被列为重庆市市级文物保护单位。重庆索道的转型发展引起市委、市政府的高度关注和支持，在转型过程中分管市领导，渝中区、南岸区、市区旅游局以及上级主管部门公交集团的领导多次莅临领导为索道转型提供支持帮助。

（三）加速推进景区硬件设施建设，提升景区服务水平

1. 保护文物，打造景区硬件设施

2011年2月28日，为给新建的千厮门大桥让路，安全运营29年、载客超过1亿人次的嘉陵江索道被迫拆除，成为国内媒体的纪念专题和重庆人的集体感伤。带着嘉陵江索道停运的失落悲情和收入减少的困境，重庆长江索道旅游转型规划同年正式启动。

长江索道是20世纪80年代我国自行研制的第一条双承转双牵引的大型索道，为了满足索道的旅游观光功能，索道公司针对索道驱动轮系统、绳索系统、电气设备系统等投入560多万元，开展为期三年

的设备更新大修项目。2011 年进行为期两个月的驱动轮系统改造；2012 年在高温期全员连续作业 50 余天，全面顺利完成绳索系统大修任务；2013 年完成以“高压配电系统”“电气拖动控制系统”和“液压站系统”为重点的设备技术更新改造。同年 3 月，索道公司借助“重庆美丽山水城市”的东风，在重庆市旅游局、渝中区旅游局的指导帮衬下，索道文化墙、影视文化墙、游客接待中心、游客休憩区、景区停车场、景区标识标牌等扩容改建项目结合文物保护的要求陆续开启建设，并于 10 月份全面竣工验收，竣工后的重庆长江索道景区横跨长江南北两岸，由“北岸索道文化展区、南岸影视文化展区、长江空中观光区”三部分组成，恰似一幅雄阔壮丽的巴山渝水立体画卷。2013 年 11 月 5 日，重庆长江索道正式通过景区评定小组验收，12 月 10 日正式荣膺国家 AAA 级旅游景区。2013 年 12 月 23 日，嘉陵江索道正式拆除，索道轿厢、牵引绳、驾驶室、控制台、机轮等设施，被安置在三峡博物馆和长江索道景区保存陈列。

通过连续三年的改造，实现索道电气设备由模拟向数字系统转型的目标，达到了运行更平稳、安全更可靠、乘坐更舒适、维护更简便的目的，实现了随时在空中停留观景和慢速运行的功能，为旅游转型奠定了基础。

2. 完善设施，提升旅游服务水平

在狠抓硬件更新改造时，索道公司软件打造也同步进行。一是按照国家旅游局景区评定的相关规定在质量管理体系中新增《长江索道景区管理制度》，加强景区管理，合理开发利用和保护旅游资源，建立良好旅游市场秩序，充分发挥旅游业在社会主义物质文明和精神文明建设中的作用；二是拟定《专业技术人员技能考核培训内容和考试办法》，对景区应急管理制度、景区应急管理操作规范和景区应急管理应急预案进行修订和完善，从员工安全教育、技能培训、安全大检查工作入手，加强监督管理，强化制度落实，明确安全责任，提高员工安全意识和业务水平，有效促进景区应急管理工作的顺利进行。

（四）组织员工跨界培训，为向旅游转型提供人才支撑

索道公司通过“走出去、请进来”的方式，营造“尊重知识、尊重人才、尊重创造”的氛围和环境，充分调动员工积极性，围绕企业转型实施人才强企战略，有计划、有步骤引进人才，促进企业人才队伍建设。并通过观摩学习、研讨分析，剖析重庆立体交通文化内涵，分析竞争对手及自身优劣汰，论证所欲进入各种市场的契合度、竞争力、发展前景等，连续开展三年的旅游转型“跨界学习”，三年来培训 639 人次、技工专业技术培训 86 人次。

1. 跨界学习，激发创新活力

伴随着两江索道向旅游转型，员工的服务意识和倡导的亲情化、个性化服务还有明显差距，创新索道服务模式，建立以市场为导向，以游客为中心，秉承以人为本的服务理念是适应行业竞争和市场发展的需要。索道公司综合分析，积极对比行业模范景区，以细节化服务为出发点，组织广大员工前往重庆周边的古剑山景区、合川钓鱼城等 5A 级景区参观学习，整体提升索道员工队伍素质。

2. 优化结构，顺应市场需要

一是为更好的营销重庆旅游资源，推广重庆旅游景区，彰显重庆人文特色，提升游客体验度，打造“重庆旅游第一站”品牌，索道公司引进专业人才 10 名，招聘组建景区讲解员队伍，经专业培训考核后充实到旅游营销、推广队伍中；二是规范《长江索道景区服务准则》，推行“三先级标准”（先注视、先微笑、先问候）、“四个一服务”（一脸微笑，一句问候，一份关切，一声再见）等服务礼仪规范标准，倡导亲情化、个性化服务；三是特聘重庆澜柯企业管理咨询有限公司就长江索道、两路口扶梯、凯旋路电梯和机关管理部门按照星级服务标准和索道 5S 管理要求进行企业服务标准化建设管理咨询，以帮助企业在服务管理提升、服务升级的过程中更好适应、满足市场和顾客的需求，整体提高全员服务意识、服务水平。

（五）以市场为导向，加大索道资源营销力度

1. 集思广益，强化营销策划

索道公司以记载着重庆城历史和重庆人生活、解读山城外形、体验山城特色的长江索道为平台，强力推进旅游供给侧结构性改革，坚持都市旅游战略定位，大力培育“万里长江第一索，重庆旅游第一站”的旅游品牌，通过热点影视栏目，实现城市文化传播和城市旅游营销的双赢功效，取得良好的社会效益。

索道公司先后策划开展2014年元旦节“邀你免费体验长江索道”“微博达人索道行”“索道助残日”“鹊桥大派对，索道来相会”“感恩节大回馈”“文明旅游，携手相伴，5·20重庆空中婚礼”“世界地球日”公益推广、“守望阳光、让爱启航”智障儿童关爱活动、“保护母亲河，索道志愿者在行动”以及“粽情重义·端午节”等公益活动。

同时，索道文化作为重庆都市旅游文化重要组成部分，以业相融，积极探索影视娱乐营销之路，助力重庆都市旅游品牌创意营销。2015年5月20日，为由重庆市文明办主办、渝中区文明办和渝中区旅游局协办、长江索道景区出资承办“文明旅游，携手相伴，首届重庆空中婚礼”，许多主流网站媒体对活动予以转载报告，并得到国家相关部委的高度好评；2015年7月，上海东方卫视明星真人秀节目《极限挑战》在长江索道拍摄，当年一部《疯狂的石头》风靡大江南北，主要演员在长江索道展开一场新的“疯狂的石头”之旅；2015年10月，央视一台明星真人秀节目《了不起的挑战》到长江索道景区拍摄，在索道景区演绎了一场“挑战恐高之旅”。

2. 线上线下，建立营销渠道

索道公司积极跟随市旅游局、渝中区旅游局、南岸区旅游局北上南下，东进西出，在多个省会城市开展市场营销推广活动。先后参加北京、上海、云南、广州、贵阳、遵义、恩施、宁波、广州、天津等地宣传推介会以及厦门海峡旅博会、桂林东盟旅博会、厦门海峡旅博会、台北两岸观光博览会等，通过外出参与各种形式的旅游推荐会，推动、提升长江索道景区在各客源地市场的知晓度、知名度和影响力。同时，索道公司在主流新闻网站（网易、搜狐、腾讯等）、知名旅游网站（中国旅游、携程、驴妈妈、蚂蜂窝等）、自媒体平台（微博、微信等），实施“概念化”和“差异化”营销宣传，将潜在游客“网”在其中。通过目标管理，拜访代理商、经销商和合作伙伴，继续大力拓展线下客源市场。

3. 深挖细究，提升市场价值

面对日益激烈的市场竞争，索道公司凭借灵活高效的管理机制以及严格的质量管理体系，不断对两江索道深挖细究，积极探索出“重庆都市空中游”和“重庆夜景空中游”两个特色旅游项目，使两江索道由原重庆都市旅游景点成为核心景点，旅游品牌度有了质的飞跃。

索道公司通过体系再造与文旅融合，逐步完善索道资源优化管理体系。一是在当前经济下行压力不断增大的严峻形势下，采取“调结构、促转型”措施，兼顾“重庆游”和“重庆一日游”两个市场，构建电视、报纸、多媒体等传统渠道和互联网＋、微博公众号、微信等新媒体渠道相结合的全媒体营销体系，实现“都市＋景区”营销双赢功效。二是坚持以科学发展观为指导，按照建立优化发展环境的工作要求，以建立合理的投入、产出、保护和管理的机制，搭建组织体系架构，设立规划发展部、市场营销中心，进一步提升旅游服务的档次和水平，挖掘丰富索道旅游文化内涵，大力开展两江索道旅游特点突出立体交通、立体观景文化特色和较强的社会参与性，通过把完善制度和解决问题的工作具体化、目标化、责任化，使企业转型发展理念更加清晰、要求更加具体、责任更加明确、措施更加到位、监督更加完善，为两江索道的旅游转型发展打下良好的基础。

三、城市索道交通企业基于旅游资源优化的转型发展效果

（一）企业走出困境，实现良性发展

2014年11月，索道公司在晋升重庆景区“百万游客俱乐部”成员，在年度交通客量下降60％的局

面下迎来旅游客量38%增幅的成绩，实现了《长江索道景区三年总体营销规划方案》基础年和攻坚年的开门红。2014年接待游客117.86万人次，比同期增长45.02%，实现营收972.58万元，比同期增长200.2%；2015年接待游客214.10万人次，比同期增长81.4%，实现营收1743.56万元，比同期增长79.01%；2016年1—6月接待游客人次138万人次，比同期增长70.99%，实现收入1199.4万元，比同期增长82.4%，彻底扭转了从2004年至2013年，连续10年经营亏损的局面，2014、2015年累计实现利润709.26万元，得到了重庆市政府和国资委的认可。

（二）索道旅游资源得到较好开发

索道公司通过全方位、多形式、多层次的共赢合作模式，开拓架构长江索道景区团队游、自驾游客源渠道体系。长江索道从以往的重庆都市旅游“边缘景点”一跃成为“必游景点”。2014年11月30日14：28分，长江索道景区迎来了第100万位游客。目前签约标团旅行社超过80家，一日游旅行社11家。提升长江索道景区在各客源地市场的知晓度、知名度和影响力大大提高。

（三）企业成功实现转型发展

作为重庆最独特的风景，以及全世界独一无二的景观，索道公司的成功转型，使两江索道以新舞姿在山城上空继续轻舞飞扬，并成为重庆富有动感气质的城市符号和靓丽名片，成为《周渔的火车》《日照重庆》《新妈妈再爱我一次》《北京纽约》《心中只有你》等数十部影片在重庆拍摄必选地。2015年东方卫视、中央电视台火爆真人秀节目《挑战极限》《了不起的挑战》来渝取景，在长江索道、两路口扶梯取景，带动了长江索道两岸周边经济发展，实现广大游客“进的来、行的畅、容得下、留得住、玩得好、能消费”的良性产业链。索道公司被渝中区旅游协会授予“2014年度十佳旅游企业”，被南岸区政府授予最佳景区人气奖。

（成果创造人：刘　勇、孔德兰、苏　渝、雷　伟、
陶　强、陶　敏、谢　强、罗群华、张　建）

以组织变革为目标的多维创新体系建设

飞亚达（集团）股份有限公司

飞亚达（集团）股份有限公司（以下简称飞亚达）创立于1987年，系中航工业集团下属中航国际的主要投资企业之一，是中国钟表行业的旗舰企业，主要从事世界名表零售和自有品牌钟表的研发、设计、制造和销售业务。飞亚达目前已形成飞亚达表、高端品牌、时尚品牌、唯路时、北京表等为主体的"三色堇"产品品牌构架，初步完成了在研发、设计、关键零部件生产制造、手表分销、零售、服务等重要价值环节的全产业链布局，拥有先进的研发生产技术和制造工艺平台，注重学习型组织的持续建设，并已连续十年蝉联"年度最佳雇主"称号。

一、以组织变革为目标的多维创新体系建设背景

（一）企业生存发展，提高市场竞争力的需要

在传统的市场格局中，中国钟表行业面临的竞争对手都是国际垄断企业，这些企业掌握着核心技术、核心专长和核心零部件，长期占领名表的中高端市场，无论是价位还是技术含量在世界上都是领先的，中国企业与这些国际名表企业的差距是历史的差距、技术的差距，是整个系统的差距。而在互联网新浪潮下，手表行业不仅面临传统品牌和渠道的挤压，还要经受可穿戴技术、智能手表等新进入者的冲击和威胁。这种背景下，中国手表企业要生存，就只能不断变革创新，在创新中赢得主动权，探索出适合自身发展的道路。

（二）企业核心价值观有效落地的需要

"创新"是飞亚达的核心价值观之一，是为实现"塑造国际化企业，成为全球化企业"愿景的有力支撑，在现实的创新工作推进中，却面临着诸多困难与挑战：譬如员工内心渴盼变化和创新，但实际参与度却较低；员工有了创意却找不到支持平台；创新项目的效益效果无法评估和激励，员工热情不可持续等等，只有通过系统才能保证创新的结果。因此，"创新"的价值观必须要有机制保证，有专业化管理才能有效落地。哈佛商学院教授克莱顿·克里斯坦森将创新分为延续性创新和颠覆性创新。延续性创新是基于现状的持续改善，更好地满足现有顾客的需求，为顾客提供更有价值的商品和服务。颠覆性创新是颠覆市场结构，不断升级到产业链的顶端创新，基于公司未来的前瞻性发展，为公司发展提供弯道超车的机会。在飞亚达的发展中，应该充分关注多样化多层次的创新，并给予不同创新路径和环境，让每位员工、每个项目都能找到相应的运行途径和资源支持。

（三）"创新管理"本身对创新驱动的需要

飞亚达自2005年推进管理创新工作，至今已有十余年，形成了管理创新、最佳实践、合理化建议等相对完善的分类和管理办法。随着创新的持续深入，原有的管理办法分类标准相对粗放，项目类型选择似是而非，项目大小不一，目标和着力点不同。有的项目需要半年、一年集中资源去达成；有的项目一个微小的改善就带来大的收益；有的需要协同各方资源跨部门跨流程实现，有的自己工作岗位就能完成，不能用同一种标准去管理。随着新技术新领域的快速发展，出现越来越多对未知领域探索的创新，这类创新用现有的管理体系去管理，用短期财务收益衡量有效性，显然是不合理的。因此，创新管理本身也需要不断创新突破。

二、以组织变革为目标的多维创新体系建设内涵和主要做法

飞亚达创新体系是以"顾客"为创新原点，以"业务范畴和对战略的影响度"为横轴和纵轴，构建

成1个创新原点，2个创新方向和4种创新类型的多维创新体系。飞亚达多维创新体系从战略层面为公司价值观提供了落地支持，从运营层面为创新行为提供了平台和路径，创新体系不仅为创新者提供了创新空间，也为创新者提供了参与和成长的沃土，提升了组织的创新能力，营造了创新氛围。主要做法如下：

（一）基于创新体系，衍生新的创新模式

基于创新体系的内容，飞亚达根据工作特点延伸出多种创新模式，每种创新模式对应不同的创新形式和创新项目，每种创新类型对应不同的目标、方向和路径，每位员工、每个项目都能找到相应的运行途径和资源支持，以更好地达成每种创新模式的目标。

1. 激发员工的原始创意

创新原点是基于“顾客需求”的创新发现。员工在工作中产生的任何想法，不做任何加工，不设任何限制，以原始的状态呈现出来。创新原点的创意可大可小，可以是思考成熟的方案，也可以是只提出问题没有解决方案的提案。

手表作为非生活必需品，品牌调性、风格属性等隐性需求直接关乎购买行为，因此企业必须深入理解顾客。一线员工是接触顾客最多的地方，大量的创新也出自于此。飞亚达明确要求各级领导和管理者要小心爱护员工的原始想法，多鼓励多激励，在行动上让越来越多的人参与创新，敢于创新。为让一线员工的创意能穿透组织的障碍浮现出来，飞亚达基于信息技术在内部办公平台开通创新专栏，开发移动智能终端，为分布在全国一线的80%的员工，提供用手机随时随地上传想法和创意的平台。

飞亚达基于微信开发的移动智能终端“智酷部落”平台，汇聚员工原始创意，实现企业组织扁平化，知识平台化，使员工的想法和建议第一时间真实地呈现出来，打破组织层级和障碍，实现所有人对所有人的沟通和分享。“智酷部落”移动平台分为三个栏目，“分享”实现员工工作分享，交互信息；“爱问”实现知识的交互，所有人可以相互提问和回答。“百科”类似知识仓库，储存沉淀下来的精华知识。三个栏目互为关联，实现知识的传递和流动。平台内的组织架构和即时通讯实现所有人在平台上相互交流沟通，能建立社交社群，发起话题。每一位员工通过在平台内的知识分享赚取知识积分，知识积分与相应的激励和晋升加薪挂钩，激发知识交互的活跃度。“智酷部落”于2015年12月份内测，2016年1月份正式上线，目前在线用户4706人，解决了分散在全国一线员工的沟通问题。分享、爱问和百科栏目分别发布33205条、488条和296条信息，打通了一线与后方的连接。

2. 推动员工自主发起微创新

微创新是工作中产生的各类小创新，小技巧、小实践，必须是基于实践经过验证的，带来正向成果和增量变化的效果的。微创新包括最佳实践、提案、合理化建议等工作中的有成效有改善的小实践，小发明。微创新是全员的创新，需要组织有目的地引导和培养。

飞亚达采用主题大赛的方式，融合游戏和娱乐，生动有趣，吸引员工的兴趣，推动微创新，培养员工的创新热情和创新习惯。微创新大赛的主题选取与运营紧密相关，都来源于重点业务方向。每一次活动主题都由专业委员会的制定，飞亚达有14个专业委员会，涉及战略、人力、财务、市场等多个战略运营方向，专业委员会是公司的横向“神经脉络”，代表不同专业的领域，委员会由跨部门的专业及相关人员构成，组织协调某专业领域与业务方向的研究规划、实施、评价和反馈，隶属总经理办公会领导并向其汇报。如：4月份举办的“随手拍，晒表情”是基于顾客研究开展的；8月举办的“最牛持家人”的主题活动，是为了支持“增收节支”的经营主题。

微创新大赛奖励本着“重在参与”的原则，凡参加都有奖励，奖励提倡物质与精神并重，一线员工收到来自直线主管领导和高层领导的赞扬和肯定，激励了一线人员的士气，提升了员工对组织的归属感。2015年飞亚达开展了5次微创新主题活动，不断制造热点话题，参与方式简单有趣，线上线下双重评委，互动参与，精神与物质双重奖励，共收到全国一线员工 468 个创新作品，作品的点击率 37000 多次，评论 10000 多条。

随着微创新活动的持续深入，创新逐渐成为日常的工作习惯。经过近一年的持续深入，飞亚达内部各板块相继成立创新小组，制定创新管理办法，建立创新机制。飞亚达通过信息平台助推微创新推广实践。在内部办公信息平台上，共享每一条微创新成果，员工可以对每个项目点赞、评论，进而内化到自己的工作中。高层会逐条阅读并评论，鼓舞一线创作者的热情，形成良性互动。

3. “专题项目”是战略落地的重要抓手

专题项目是对现有业务领域的创新，主要包括管理创新项目、精益六西格玛项目、跨部门小组项目等持续改善类项目。这类项目来自于年度战略地图、公司级平衡计分卡和重点经营工作，创新结果对战略度影响较高。专题项目涉及跨岗位、跨业务跨流程的组织协同，需要集中资源重点突破，项目结果与经营业绩挂钩，直接影响业绩的达成，追求项目财务收益和达成率。专题项目承载公司战略实施，是战略落地的重要抓手。2015 年，飞亚达共确立 41 个专题项目，每个项目都对应公司的 1 号文和 BSC 指标。其中 31 个立项集中在内部流程的改善，占总项目的 76%；6 个项目直接关注到财务层面，3 个项目针对顾客层面。

年初依据年度重点工作主题和关键议题，组织相关骨干人员设立专项，组织资源分解实施，对大的综合目标进行有效分解，要求在“单产提升”“时光表销售”“供应链管理”等重点专题上开展项目，立项评审通过后正式立项，在内部办公信息平台上提交，正式纳入项目管理。为确保项目进度和效果，飞亚达建立月度工作沟通会机制，各板块总经理亲自跟进各项目进度，对推进中的问题随时协调，随时指导，保证沟通机制畅通，项目进展顺利。涉及跨板块、跨部门的，设立高层负责制，明确责任人，项目团队重点参与。每季度召开公司级的沟通会，总结本季度项目推进情况，制定下一季度工作计划，会上形成纪要及督办跟进。内部定期的沟通机制，能确保项目对应的重点经营工作顺利推进。

飞亚达参加中航国际举办的精益工程师、精益六西格玛黑绿带课程培训，内部组织开展立项、结题、报告撰写等工具方法培训，提升团队能力。在工作中引入系统的工具方法，为项目推进提供专业支持。飞亚达在信息平台上开发专题项目管理流程，按照项目立项—推进—结题—推广的关键节点，设置流程。项目每完成一个节点就提交报告，报告模板参照精益六西格玛的思路设计，问题清楚，逻辑严密，用数据说话，对每个节点都有明确的要求。每个流程提交后，流转到管理创新负责人审批，再抄送给相关部门的领导及板块总经理，以便各方及时了解项目进展。

4. “金点子”孵化新业务

金点子大赛是选拔优秀人才、甄选创意方案、新业务探索储备资源的最有力的活动。2015 年 6 月飞亚达首次举办“智能手表”主题创业创意大赛，收到 21 份来自集团各业务板块的创业项目，经过选手的路演和专业评委评审，5 个项目胜出。本次项目点燃内部员工创业激情，关注了“智能可穿戴”行业研究，明确行业发展现状、趋势及风险。

2015 年 11 月份飞亚达组建“智能表专项小组”，小组成员来自于上次大赛中的优秀选手，从不同的业务模块抽调出来，用全新的工作模式孕育孵化全新的产品，在新业务的探索中，从“金点子”的创意进入“创业提案”的正式创业期。这意味着飞亚达正式进军智能表行列，也意味着新业务的拓展。

5. “创业提案”商业模式创新布局未来

商业模式创新是企业基于未来发展的提前布局和及时应对。2015 年，飞亚达亨吉利、销售公司板块在中航国际的统一推动下开展商业模式创新，积极尝试电商新渠道及 O2O 试点，大力培育技术服务等新利润增长点，亨吉利搭建以维修为切入点的 O2O 线上平台，盈利快速增长，亨吉利从“名表连锁零售商”向“名表连锁综合服务商”转变，为顾客提供尊贵、便捷、可信赖的专业服务；飞亚达打造研发、设计、生产、销售、服务纵向一体化的表业品牌，为更多的群体提供高价值的手表。

2016 年，中航国际统一推进飞亚达等投资企业以 BSM 模型为思考框架和流程牵引，组织战略研讨，审视战略定位，升级商业模式，落实公司重大战略举措，落实“十三五”战略目标的行动路径和关键工作。中航国际 BSM 模型将公司战略、商业模式和管理融为一体，以三个空间、六个步骤构建战略运营管理框架，是商业模式创新的系统创新工具方法。

亨吉利商业模式创新是从“名表连锁零售商”向“名表连锁综合服务商”转变，为顾客提供尊贵、便捷、可信赖的专业服务，包括名表销售、保养、维修、咨询、鉴定、二手表交易等服务。飞亚达表商业模式创新是打造研发、设计、生产、销售、服务纵向一体化的表业品牌塑造平台；利用完善的供应链体系、卓越的品牌塑造能力，服务自由品牌族群；打通顾客信息检索、交易、服务渠道，结合移动互联网，为年轻时尚群体提供高价值手表。

（二）运用多维创新体系的工作原理

创新是动态的、连续的、变化的，因此创新体系也不能是静态的、孤立的和固定的。创新体系中的 1 个原点、2 个方向和 4 种类型，彼此间是动态转化的，是立足现在与未来全面驱动的，是在内部开放和外部合作中实现目标的。

一是创新类型彼此间动态转化。创新原点根据内容筛选后可以转化成 4 种类型：微创新、专题创新、金点子和创业提案。创新原点和 4 种创新成果之间既可以独立存在并予于实现，亦可随实践推进或环境影响相互转化。成果与成果之间亦会随着推进或环境影响相互之间转化。4 种成果都将纳入知识管理体系，完成知识沉淀一共享一应用一更新的转化，最终转化成组织的智慧，提升组织的核心能力。

二是在开放和合作中实现创新目标。创新原点不附设任何附加条件，只要是员工的创新想法，都可以在创新平台上展示，每位员工都有机会参与并贡献点子。创新点子、构想和方案等创新原点的想法通过转化后，变成专题项目、微创新、金点子、创业提案等 4 种创新成果，每一种成果的目标实现既可以通过内部跨部门合作实现，也可以与外部专家机构合作和兼并收购等方式去实现。围绕经营工作的需要，在开放合作中实现目标。

三是在现在与未来中全面驱动。多维创新体系既立足当下，又关注未来；既植根于日常工作实践改善，立足当期业绩提升，又能前瞻性推进商业模式创新，关注未来发展。每种创新成果对应不同的管理办法，每种成果项目都能找到对应的资源支持，每位员工都能清晰公司创新的目标、方向和路径。

（三）形成多维创新体系的支持系统

1. 成立专业委员会推进创新

为强化创新推进力度，飞亚达完善创新工作的组织架构，“创新工作委员会”统筹公司运营管理创新，下设商业模式创新工作小组和管理创新工作小组，另外成立“知识管理工作小组”管理知识的沉淀和流转。

创新工作实行“一把手”负责制，各板块负责人高度重视积极支持，关注成效，督促实施；同时各板块设立创新工作分管领导及创新专员，具体负责创新工作日常推进，协调和落实创新工作开展。商业模式创新工作小组以研究探索、借鉴引进、创造实践商业模式为主，重点推进金点子和创业提案的创生和应用。管理创新工作小组持续推进现有业务的绩效提升，重点负责创新原点、微创新、专题项目等创新管理。所有的创新项目都纳入知识管理平台。

2. 设立“创新基金”支持创新

为配合创新体系的运行，飞亚达设立创新基金，基金使用对象为全体员工，目的在于支持员工创新想法快速实验、促进创新成果转化，首期启动基金 500 万元。创新基金为全体员工的创新实践提供支持，以促进创新成果的应用成效和快速转化。根据项目成果绩效和创新价值，创新委员会及下属小组将组织评议并给予相应的资金支持，重点鼓励对业绩提升、管理改善和具有应用前景的项目。

3. 制定创新激励机制鼓励创新

飞亚达明确规定鼓励一切创新行为，奖励“有创新行为的人”和“支持鼓励创新行为的人”。对于微创新及管理专题项目，飞亚达将结合知识管理，根据知识贡献度设立个人知识积分，逐步列入人力资源考核，把知识积分与个人晋级、加薪结合起来。

4. 知识管理信息平台助力创新成果应用

创新成果经过沉淀，在组织内流转，共享学习，方能成为组织的智慧。知识管理作为创新体系的仓库，承载知识的上传、阅读、评论、推广等多重功能。知识管理工作小组，分别负责 PC 端及移动端的运营，PC 端知识中心是在办公信息平台上开设知识管理的栏目，承载文档的上传、存储、评论等相对重的功能。“智酷部落”移动平台承载知识的分享、交流、问答等以交互为主的社群功能，PC 端与移动端彼此功能互补，共同推动知识价值的分享和应用。飞亚达发布《知识成果奖励办法》，对组织内部产生的所有知识成果进行评定和奖励，加强对知识成果的保护，规范知识管理的工作，鼓励学习与创新的积极性，促进知识成果的推广应用，不断提升核心能力。

三、以组织变革为目标的多维创新体系建设效果

（一）新业务的商业模式创新带来新机会

飞亚达商业模式创新维修业务大放异彩。亨吉利打造国内领先的连锁名表全面服务商，搭建以维修为切入点的线上 O2O 平台，为顾客提供尊贵、便利、可信赖的服务开发完成线上 O2O 商城并进行测试验收；另外，亨吉利商业模式创新维修技术服务预计年收入 7500 万元，利润 3150 万元。飞亚达智能手表业务携手阿里巴巴集团的智能操作系统正在紧张地开发中，2016 年在瑞士巴塞尔国际钟表展上展出，下半年与阿里巴巴联袂举行新闻发布会。

（二）员工创新积极性显著提高

2015 年 2 月飞亚达正式发布《飞亚达创新管理体系》文件，初步构建了创新体系。创新工作在体系的指导下，极大地消除了员工对创新的距离感，员工能按照不同创新类型的路径，获取不同的资源开展创新工作。每位员工、每个项目都能找到相应的运行途径和资源支持，使创新工作取得了极大的效果。飞亚达自下而上和自上而下多样的创新活动，吸引了员工的创新热情。2015 年度开展 5 季微创新主题活动，收到作品 468 个，奖励分享优秀作品 160 个，作品在线点击量达到 37000 多次，居整个办公平台在线系统点击量之首。活动收获 10000 多条评论，飞亚达高层领导对一线员工参赛成果点评和点赞给基层员工莫大的精神激励。全年 30%的一线员工参与了创新活动，创新的价值观深植于企业文化中，创新的习惯形成于员工的日常工作中。

（三）经济效益和社会效益明显

在现有业务创新方向，专题项目、微创新项目收益可观，管理盈利指标超额完成。2015 年公司管理盈利年度挑战 A 指标为 2200 万元，截至 12 月，实现 3480 万元增量盈利，超额完成年度指标 174%，年度管理创新专题项目直接创造效益的 1090 万元；另外其他项目在缩短线上订单处理时间、提高库存周转率、提高产品毛利率等指标上均按计划达成目标，极大地改善了公司的运营效率。2015 年 6—10 月为中航国际输送 65 个微创新项目，数量位列中航国际企业第三名。4 个项目分获中航国际“钻石奖”“金奖”“银奖”，其中《微信营销放大招》项目获中航微创新总决赛二等奖，飞亚达公司获“中航国际首届微创新大赛优秀组织奖”。

（成果创造人：陈　卓、郭　璞、胡　椿、
胡钰珊、官敏燕、黄小燕、项明明）

石油钻探企业以创收增效为核心的商业模式管理

中国石油集团渤海钻探工程有限公司

中国石油集团渤海钻探工程有限公司（以下简称渤海钻探）是中国石油天然气集团公司（以下简称中石油）直属石油工程技术服务企业，主营业务包括石油钻井工程、井下作业工程、定向井技术服务、泥浆技术服务、测井技术服务、油气合作开发、石油钻采工程技术研究等19项业务，施工队伍遍及华北、大港、新疆、青海等十多个国内油气田和印尼、委内瑞拉、伊拉克等八个国际市场。渤海钻探下设所属单位24个，用工总量2.62万人，资产总额312亿元。

一、石油钻探企业以创收增效为核心的商业模式管理背景

（一）提升企业效益的需要

在市场化程度较高的非关联交易市场，甲方的施工价格普遍较低，特别是钻井施工价格更低。由渤海钻探自有队伍承揽钻井工程项目很难赢利，甚至会亏损，但如果放弃钻井业务，则与之关联的测井、录井、固井、定向井、泥浆等赢利业务也可能随之失去。关联交易市场与外部市场之间、不同的外部市场之间，技术要求、成本价格、装备配置、人员素质等竞争要素均存在较大的不同。为此，渤海钻探只有采取低端项目分包民营队伍、高端业务自有队伍施工的模式，针对不同的竞争对手，制定差异化的市场策略，全面实施总包一体化服务，才能优化资源部署，提高工作效率，提质提速提效，实现低价项目赢利，在高端市场竞争中处于主导和优势地位。

（二）开辟新的经济增长点的需要

天然气合作开发业务是渤海钻探的一项全新业务，也是创收增效特别是完成利润指标的重要支撑。但是也面临储量不足、产量不高、人才缺乏、风险增大等诸多问题，需要予以解决。为此，渤海钻探必须充分发挥钻完井产业链完整的优势，利用政策优惠，优化生产组织，才能少打井、多出气，不断降低运营成本，实现经济效益最大化。

（三）开发新市场的需要

随着市场经济的发展，测试行业队伍格局由渤海钻探一家独占到全面开花，渤海钻探测试业务原有的综合优势受到了一定的削弱。为此，渤海钻探必须通过创新构建工程合作体系，将设备、仪器、技术、人才等资源进行有机地整合利用，不断扩展服务领域，完善技术产业链，才能拓展市场占有份额，实现创收增效。随着海外市场空间的快速扩张，渤海钻探海外物资供应保障能力不断增强，形成了较为完整的海外物资供应保障体系，拓展国际贸易市场的条件和时机日趋成熟。渤海钻探必须充分挖掘海外物资保障体系的效能，延伸服务领域，拓展服务对象，才能实现国际贸易业务收入持续增长。

二、石油钻探企业以创收增效为核心的商业模式管理内涵和主要做法

渤海钻探总揽行业发展全局，准确分析和把握市场动态，正确处理当前与长远、规模与效益、竞争与合作的关系，综合考虑各种市场需求状况和经济效益，统筹谋划市场布局，以创收增效为核心，不断优化资源结构、市场结构、业务结构，实施总包分包、一体化服务、天然气合作开发、工程合作、国际贸易商业模式管理，加快发展速度，提升发展质量，实现创收增效。主要做法如下：

（一）实施总包分包模式

1. 分包低端钻井业务

一是严格市场准入核查。严格实行“基层单位初审、石油工程总承包分公司复审、渤海钻探公司终

审”的三步流程，把好人员、资质证件、设备、安全、业绩“五个关口”，确保准入队伍质量。由石油工程总承包分公司工程技术、安全管理、生产经营等专业人员组成资质核查组，分专业对所辖分包队伍的现场设备、人员持证、安全防护设施、公司证件等进行审验整改；审验合格的资质材料由相关科室进一步审核验证，对查出的问题进行整改，通过层层审验和整改，确保分包队伍资质符合渤海钻探市场准入要求。

二是抓好关键环节培训。强化井控技术管理人员培训，工程技术人员重点培训二次井控技术及井控应急技术，安全监督重点培训井控管理制度和井控实施细则的规定与要求，民营钻井队干部重点培训井控基本技术、基本操作、基本管理要求、井控实施细则等内容，操作人员重点培训关井操作、井控装备的基本操作、维护、保养等内容；加强防喷演练培训指导，民营钻井队严格按各种工况定期进行防喷演习，确保发现井控险情不慌张，努力提高班组的实战能力和快速反应速度。

三是加强安全生产管控。按照“直线责任”和“属地管理”要求，通过签订责任状和协议书、实施承诺和履职公示等方式，建立起横向到合作各方、纵向到各级各岗的安全井控责任网络。编写安全井控培训课件，推行“项目部送培训上井队”“分公司现场巡回培训”和“公司集中组织培训”相结合的方式，深入开展井控必知必会、四懂四会和安全井控知识等专业培训。推行油井钻井队 3∶1、气井钻井队 1∶1 的安全监督人员配备办法，从渤海钻探内、外部招聘安全监督人员，经培训考核后充实到民营钻井队，增强监管力量。成立井控应急抢险中心和井控抢险小分队，制定井控应急预案，为水平井钻机强制配备环形封井器和其他井控应急设备，组织开展井控联合应急演练，提升民营钻井队应急响应技能和水平。

四是建立考核淘汰机制。渤海钻探制定民营钻井队分级管理细则，每年分两次对民营钻井队进行初次审核、过程审核和年终审核，从人员、设备等方面划分出 A、B、C 三个级别，依次承担不同风险级别的井型，降低井控风险，并实行末位淘汰，提高民营钻井队的基础管理水平，实现民营钻井队管理由“重数量”向“重质量”的转变。

五是按比例收取管理费。根据与建设方签订的井筒工程总承包协议约定，分年度、分情况、分井别对民营钻井队收取一定比例的管理费：油井水平井常规部分收取 4％管理费，附加和超大部分工作量收取 1.5％管理费；气井直丛井常规部分收取 4.5％管理费，附加和超大工作量部分收取 1.5％管理费，水平井按不低于结算金额的 4.5％收取管理费。

2. 实施技术服务业务自主施工

一是加强技术服务队伍协调。成立区域项目部，由副处级领导任项目经理，代表渤海钻探统一对区域市场内的分包民营钻井队和自有技术服务队伍进行管理和协调，充分发挥渤海钻探在区域市场技术服务“全产业链”优势，集中力量处理甲乙方、企地、工农等外部关系，协调技术服务单位强化对钻井生产的支撑配合，积极推动区域市场生产组织“一体化”，生产时效不断提高。

二是严格技术服务施工考核。建立总分包业务工程技术管理机制，制定分包业务技术服务单位工程技术服务考核和处罚办法，针对因技术服务施工造成钻井时效降低，或者造成工程技术服务质量问题而产生的经济损失等情况，明确管理职责、时效损失和事故复杂责任划分原则、责任追究与处罚等内容，强化对内部技术服务队伍的约束和管控，形成权责明晰、奖罚分明的考核处罚体系，提技术服务队伍的保障能力。

三是采取资金直接结算方式。渤海钻探内部技术服务单位的工程款结算，由石油工程总承包分公司收回工程款后，直接向内部技术服务单位结算，加快结算进度，减少财务费用，降低工程款无法收回等经营风险。

3. 提供一体化物资供应

为提高物资供应保障能力，渤海钻探专门成立国际钻采物资供应分公司，在确保海外市场物资供应的同时，对国内外部市场柴油、钻头、泥浆材料等钻完井重点物资实施集中采购，为分包队伍提供物资保障。

（二）实施总包一体化服务模式

1. 实施框架总包一体化服务模式

主要在华北和大港关联交易市场实施。按照历史沿革，甲乙双方通过签订关联交易协议，采用钻完井一体化服务承揽全部工作量，实现关联交易市场工作量100%总承包。大力推行“钻井井位到位、工程设计到位、井场道路到位、注水井泄压到位、工农关系协调到位，钻机不等井位、施工不等设计、搬迁不等运输、运输不等道路，衔接零时差、服务零失误”的542工作法，高效快速均衡组织生产，实现无缝对接，突显对勘探开发的保障作用，提高设备利用率。

2. 实施区块总包一体化服务模式

渤海钻探在非关联交易市场的部分重点区块实施，如冀东油田2号和3号人工端岛、新堡古2平台、塔里木油田塔北哈拉哈塘、塔中、轮南等区块，采取议标方式获取区块总包一体化服务工作量，获取了高端市场实物工作量，提高了合作双方的工作效率。

3. 实施钻完井项目总包一体化服务模式

钻完井项目总包一体化项目服务模式是指对区块项目重点井、丛式井组或平台等高难度井工程质量、施工周期和成本费用实行风险总承包，并实施一体化服务，完成交钥匙工程。实施钻完井项目总包一体化服务模式，有利于发挥渤海钻探特色技术优势和“井型专打”模式，缩短了钻井周期，主要在四川长宁H8平台页岩气项目、长庆苏南道达尔钻井一体化工程、长庆油田水平井和天然气井一体化业务、中石油煤层气等项目实施，尤其在长庆油田，渤海钻探总包一体化服务范围基本覆盖了各采油采气厂和超低渗项目部，服务区块达到33个，累计完成钻井进尺1000余万米，占长庆油田钻井总进尺的14%，渤海钻探成了“西部大庆”建设主力军。

4. 实施单井项目油气分成总包一体化服务模式

单井项目油气分成总包一体化服务模式，主要在塔里木、青海、玉门等市场的高难度井探索实施。渤海钻探通过参与甲方口井招标，获取单井总包一体化工作量，为油田公司提供从地质研究、方案设计到钻完井施工的一揽子服务。油田公司以总包井所在区块的平均产量为基准，实际产量高于平均产量，给予奖励；低于平均产量，按一定比例扣罚。渤海钻探在玉门油田青1－16井，与玉门油田约定投产后平均产量15吨，评价期6个月，若评价期内实际产量达到双方约定要求，甲方结算工程费用100%；若改造后评价期内实际产量低于双方约定要求，则按照产量减少百分比，相应减少10%工程总费用的百分比，减少底线为工程总费用的10%；若评价期内实际产量高于双方约定要求，则按照产量增加百分比，相应增加10%工程总费用的百分比，增加上限为工程总费用的12%。从玉门油田青1－16井的完成情况看，油气显示良好，实现了合作双方互利共赢。

（三）实施天然气合作开发模式

1. 共享油田公司资源

苏里格气田是我国陆上最大整装气田，在中石油“引入市场竞争机制，加快苏里格气田开发步伐”的重要决策下，渤海钻探利用自身资源、技术、队伍优势，通过竞标获得苏20、苏25一期合作开发区块，2008年再次竞标获得苏76二期合作开发区块。为实现气田高效开发，按照长庆油田公司资源共享的管理模式，渤海钻探与长庆油田公司共用外输管道、天然气处理厂、区块间主干道路等设备设施，以及气田开发相关技术，节约了大量的基础设施建设费用和技术研发投入。

2. 实行投资分担政策

按照长庆油田年度计划确定的合作区块天然气产量指标，由渤海钻探油气合作开发分公司根据每年需要弥补的产能建设和钻井数测算年度投资计划，经长庆油田公司批复后，再由渤海钻探上报中石油下达。投资资金由中石油和渤海钻探按50%比例分担，中石油投资部分每年按一定比例上交投资回报费用。

3. 加强生产成本管控

苏里格气田属于罕见的低渗、低压、低丰度气田，开发难度属于世界级难题，对地质研究能力要求极高。渤海钻探在全公司范围内抽调地质骨干，同时从大港油田公司、中海油湛江油田引进2名地质专家，从国内知名大学招入1名地质专业的博士，组建地质分院，全力攻克苏里格气田开发难题，实现高效增储。

渤海钻探充分发挥自有队伍的管理优势，大力实施钻井、测井、录井、固井、定向井、泥浆以及井下、地面工程等工序的“无缝化”管理和“区块专打、井型专打”集团化模式，从地质方案、工程设计、工序管理、工具材料、竣工验收等方面做好全过程无间断衔接，持续提升油气开发全产业链兵团化作战能力，不断缩短生产施工周期。

渤海钻探坚持技术创新理念，以提高天然气产量为中心，以科学稳产、提高采收率为重心，采取“一类一法、一井一策”等管理措施，逐井分析对比，定期研究分析，优化工作制度，气田采收效率不断提升，采气周期不断延长。持续开展排水采气工艺技术研究，形成以打捞节流器间开排液为主，泡排、柱塞气举、氮气气举为辅的排水采气工艺，使低产低效井增产增效。结合储层评价研究，采取堵水、上返补孔、二次压裂等方式，实现老井提产稳产。

加强设计方案优化，实现高效降耗。优化水平井靶前距，减少造斜段进尺，口井节约8万元。优化液体配方，胍胶比例由0.5%降至0.45%，每1000方液体节约瓜胶0.5吨。水平井采用“设计富余量现场预留、现用现配”方案，节约化工料用量，单井节约化工用料30万元。

加强物资采购管理，实现高效节支。严格执行中石油一、二级物资集中采购结果，进一步对二级物资采购价格进行谈判，使压裂用化工料价格在中标价格的基础上下浮5%，油套管、压裂砂、胍胶价格均比招标价有所下浮。扩大招标范围，对甲醇、通用化工料、小管件、套管头、无缝管防腐等物资进行招标，采购价格下浮20%左右。此外，实行基建工程“一事一招标”，定额预算基础上下浮比例高者中标，切实降低了基建工程价格。

（四）实施工程合作模式

1. 实施设备合作

渤海钻探通过对现有设备及队伍配备情况进行评估，开创适合自身发展的设备合作模式。在设备合作模式中，渤海钻探提供工程车、吊车、井口装置等基本施工设备及操作人员，负责施工生产的协调组织、设备操作与工艺实施，向建设方进行资料汇报与成果提交；合作方以专用仪器、工具或软件为载体提供合作技术，并委派专业人员，实施仪器操作、资料录取与解释。双方约定按创收产值的50%进行分成。设备合作模式应用广泛，发展迅速，品种繁多，主要以生产测井领域应用为主，其施工模式主要有三大类、20余项施工作业项目市场。通过设备合作模式，高效快捷地引进、配套新仪器新技术，快速拓展了施工项目，提高设备与人力资源利用率，持续增强创收增效能力。

2. 实施产品合作

渤海钻探引进行业先进的、代表独特技术的、具有高附加值的新型工具与专利产品，创建实施产品合作模式。在产品合作模式中，渤海钻探提供施工队伍，负责工作量协调、施工组织；合作方负责提供专利产品，并进行操作指导与技术支持、培训。双方对使用该型产品创造的施工服务效益通过协议进行分成共享。渤海钻探通过产品合作模式开展的施工类型主要有分层注水完井管柱技术、智能测试阀分层找油控水技术、井下可解式挤出桥塞作业、同轴传讯射孔等。渤海钻探通过引进专业厂家独有的新一代智能阀及其附属工具，取得智能测试阀分层找油控水技术在华北油田市场的施工服务代理权，与产品供应商达成长期合作施工协议，在二连油田成功合作 7 井次，地质效果良好。

3. 实施技术合作

渤海钻探大力开展对外技术输出合作，形成技术合作模式。渤海钻探提供仪器、技术或软件及特定的技术人员，并派专业人员实施仪器操作、资料录取与解释；合作方提供基本施工设备及操作人员，负责施工生产的协调组织、设备操作与工艺实施，向建设方进行资料汇报与成果提交。渤海钻探提供的对外技术输出合作类型主要有分注井偏心测调一体化技术输出、钢丝投捞、开关滑套、缆绳打捞、试井资料解释评价技术输出等。通过技术合作模式，渤海钻探为合作方提供技术输出合作服务，分担其工作量压力，解决其现场疑难问题，获得了丰厚的技术服务效益。

4. 实施工艺合作

渤海钻探通过实施工艺合作模式，实现互助共赢，共同创造与分享超额利润。在工艺合作模式中，渤海钻探和合作方提供各自工艺流程范围内的全部生产要素，组成完整的工程技术施工项目，双方各自具有相应的知识产权和专利技术，具有不可替代性和不可分割性。渤海钻探实施工艺合作的施工类型主要是盐穴储气腔带压声呐测腔技术、非自喷水平井连续动态测井技术。非自喷水平井连续动态测井技术，是渤海钻探与华北油田采研院合作研发并转化投产的一项取得行业重大突破的新型工程施工项目。盐穴储气腔带压声呐测腔技术，是一项工艺复杂、精度要求极高、风险很大的国际尖端测量检测技术，只有德国 SOCON 等极少数公司具备独立开展该项技术服务的能力。2013 年 11 月，渤海钻探利用气密封缆绳防喷作业的技术优势与德国 SOCON 公司的声呐测腔技术开展工艺合作，成功实施了西气东输金坛储气库西 1、西 2 两口盐穴储气腔的带压声呐测腔项目。

5. 实施人力合作

渤海钻探采取外派试油监督、测试与解释专家指导以及整编制的专业队伍等形式，形成独特的人力资源合作模式。在人力合作模式中，渤海钻探提供技术专家、整编制施工人员、现场监督，输出技术、智力、管理等软实力或高端劳务活动；合作方提供其余全部生产要素。渤海钻探实施人力合作模式的主要类型有西气东输盐穴储气库声呐测腔技术服务、渤海油田试油监督服务、试井资料解释专家输出、高温高压测试及注水井偏心测调技术专家指导等。西气东输盐穴储气库声呐测腔技术服务，由合作方提供施工设备、仪器与车间等生产设施，渤海钻探提供施工技术人员，为合作方提供岩穴气库声呐测腔检测技术服务，获得专项技术服务费用。

（五）实施国际贸易模式

1. 开展直接投标

渤海钻探在伊拉克市场，借助工程服务平台与甲方建立联系，及时了解甲方需求，通过购买标书直接参与甲方物资采购招标。充分发挥渤海钻探供应商资源丰富、熟悉伊拉克免税清关流程的优势，寻找质高价优的产品参与投标，为甲方提供门到门产品服务，先后中标伊拉克哈法亚氯化钙项目、伊拉克鲁克公司转换法兰项目、伊拉克中海油丝扣油项目。

2. 开展合作开发

通过参加石油展等方式，加强企业宣传工作，提高企业品牌知名度，增强合作开发实力。一是发挥渤海钻探的产品采购组织优势，借助合作方的市场营销优势，共同开发国际贸易市场，由渤海钻探将采购的物资装备销售给合作方，再由合作方转售给客户。2012—2015 年，双方合作先后中标伊朗国家石油公司、伊拉克中海油米桑项目的物资装备采购招标项目。二是发挥渤海钻探的市场营销优势，借助合作方的产品生产优势，共同开发国际贸易市场，由合作方将其生产的物资装备销售给渤海钻探，再由渤海钻探转售给客户。

3. 开展委托采购

为拓展国际贸易市场，渤海钻探在迪拜成立由国际钻采物资供应分公司负责管理的伊特恩公司，初步建立供应商网络，产品资源逐渐丰富。针对一些在中国经营的外资企业需要购买中东地区的产品，但在当地没有注册公司或办事机构，需要委托贸易公司运作的市场商机，伊特恩公司借助渤海钻探品牌的影响力，发挥国有企业及公司资金、信誉等方面的优势，经过多次交流，达成委托采购协议，先后为古巴、尼日尔等国在中国的外资企业提供物资商品。

4. 开展代储代销

渤海钻探充分利用海外市场平台，以钻采工具和配件为重点产品，加强与国内有实力供应商合作，将供应商的产品代储国外进行销售，采取即领即结的结算方式，有效降低现场库存费用。此外，在服务渤海钻探自有队伍的基础上，其他公司如有需求，供应商指定用户直接到渤海钻探的海外库房领用材料，进行直接销售，增加了营业收入。

三、石油钻探企业以创收增效为核心的商业模式管理效果

（一）优化了市场创收结构

通过大力实施总包分包、总包一体化服务模式，渤海钻探实现了从内部市场向外部市场的转变、从单一项目向总包工程的转变、从低端市场向高端市场的转变，促进了企业有质量有效益可持续发展。外部市场与关联交易市场的收入比例由重组时的 3∶7 变成 2015 年的 7∶3。总包收入由重组时的 67 亿元，增长到 2015 年的 145 亿元，八年增长了 116.42%，总包收入占总收入的比例由重组时的 48%提高到 2015 年的 75%。技术服务与钻井业务收入比例由重组时的 2.5∶7.5 变成 2015 年的 4.3∶5.7。

（二）打造了金牛业务

通过大力实施天然气合作开发模式，渤海钻探解决了储量不足、产量不高、人才缺乏、风险增大等诸多问题，建立了精细高效的天然气合作开发生产运行体系，天然气合作开发能力稳步提升，成了渤海钻探创收增效的金牛业务，打造了新的经济增长点，为企业实现有质量有效益可持续发展提供了有力保障。2015 年渤海钻探共生产天然气 156028 万方，比 2008 年增长了 57475 万方；完成营业收入 12.62 亿元，比 2008 年增长了 5.8 亿元；实现利润 4.06 亿元，比 2008 年增长了 3.18 亿元，占渤海钻探 2015 年利润总和的 47%。

（三）实现企业的快速发展

通过工程合作模式，在资源创效、技术创效、智力创效等方面拓宽了范围，显著增强了创收增效能力，快速有效地形成了新的经济增长点，促进了企业生产经营的跨越式增长，实现了规模创收与高端增效。通过实施国际贸易模式，改变了长期以来单纯依靠石油工程服务的经营模式，采用多种方式拓宽了物资装备销售途径，延伸了国际贸易范围，实现了创收增效。2010 年，企业营业收入超过 140 亿元，实现了市场优化战略的第一步目标。2015 年，在量价齐跌的情况下，完成营业收入 192.86 亿元，超额完成中石油下达的利润指标。经过 8 年发展，渤海钻探经济总量和发展质量跃居板块前列，业绩考核连年被评为中石油 A 类，企业价值和社会影响力明显增强，在天津市百强企业排名跃居第 29 位。

（成果创造人：秦文贵、周宝华、范先祥、李连锁、刘荣军、马　强、秦　超、宋春起、李新强、喇全战、姜庆超）

国有企业附属医院转制后的特色发展

四平市烧伤整形医院

四平市烧伤整形医院（以下简称烧伤整形医院）始建于1949年，前身是四平市薄板厂职工医院。2005年7月，医院与薄板厂分离，签订了剥离协议，进行机制体制的改革，转型为股份制非营利性医院。烧伤整形医院走治疗烧烫伤专科发展之路，用先进的医疗技术和优质服务占领市场，将医疗服务范围和规模进行了拓展，新增设了内科、皮肤外科、急诊外科、创伤外科、难愈性创面科、中医科、美容整形科等多个科室，形成了大专科小综合的医院模式。目前，烧伤整形医院已从改制初期的20多名员工，发展到200多名员工，业务年收入从30万元到3000万元。

一、国有企业附属医院转制后的特色发展背景

（一）改制为医院持续发展奠定了体制机制基础

2005年烧伤整形医院与国有企业主辅剥离，原四平市薄板厂企业职工医疗全部纳入社会医疗保险，职工可以自主选择医院就医。职工医院设备陈旧、技术落后、人员僵化，面临着生存危机。为了延续多年来薄板厂职工医院“治疗烧烫伤”的优势，不让更多的职工流向社会，院领导与全体职工经过讨论达成一致意见，以买断工龄与厂子置换医院房屋及医疗设备，实行全员参股的形式，成立新的股份制非营利性医院，成立医院董事会，聘请会计师事务所进行资产评估。在此基础上还就股权设置、医院的运作模式、人员关系等改制内容同股东代表协商取得了一致，历时三个多月时间，完成了人员关系转移和资产置换工作。经四平市卫生局批准，正式更名为四平市烧伤整形医院。在改制进程中，按照入股自愿、股权平等、利益共享、风险共担的原则，其全部股东为医院医护人员，实行股东不分红，医院利润用于员工工资和投入医院发展。改制后，从国有企业转变为自负盈亏的非营利性企业，被动服务变为自主经营。

（二）充分利用医院专科优势，更好地满足人民群众专科治疗需求的需要

随着人们生活水平的不断提高，广大人民群众对医疗服务的要求也越来越高。在医疗资源紧张的情况下，看病难问题日益突出。众多大型、综合、公立性医院人满为患，很多专病科室和专科医生成了稀缺资源。烧伤整形医院有60多年的历史，在治疗烧烫伤方面研究出了自己一套独特的方法和药剂，为无数的企业烧烫伤职工和社会烧烫伤患者提供了良好的医疗服务，让无数的轻度烧烫伤者恢复了健康和自信，让许多中度、重度烧烫伤患者避免了更大的伤害。

（三）提升管理水平，建设一流专科医院的需要

经过全体职工（股东）的不懈努力和艰苦奋斗，烧伤整形医院在竞争日趋激烈的医疗市场上站稳了脚跟，随之而来的是患者对医院软硬件设施的要求也越来越高。由于烧伤整形医院是企业附属医院转制而来，医院的管理和经营水平面对不断发展的形势都显稚嫩，房舍、医疗设备老旧落后，给医院的后续发展带来了困扰。要建立一流的专科医院，就必须有一流的硬件和一流的管理，这样才能打造一支一流的队伍，建立一流的专科医院，应对日趋激烈的市场竞争，医院才能有长远的发展。市场竞争倒逼着医院不断做出紧跟市场步伐的变革。

二、国有企业附属医院转制后的特色发展内涵和主要做法

面对日趋激烈的医疗竞争市场，医院通过成本领先化、服务差异化、优势集中化战略，确定了“大专科、小综合”特色发展之路。通过对职工进行风险意识、效率意识、忧患意识的培养，为患者提供了

高质、低价、热情、舒适的医疗服务。主要做法如下：

（一）确立特色专科的发展目标和创新变革思路

从国有企业职工医院到股份制非营利性医院，改制伊始，烧伤整形医院新一届院领导科学分析医院的现状和症结，制定了医院未来发展方向和切入点为走专科之路，创建自己的品牌和特色。经多方考察论证，制订未来医院五年和十年发展计划，以铸就烧伤品牌、创建百年医院为发展目标，决定开拓出一条全新的改革发展之路。

（二）建立健全适应股份制非公医院发展的管理机制

1. 建立医院法人治理结构

烧伤整形医院在转制以后，通过产权制度改革，实现所有权与经营权的分离，建立法人治理机构，实行董事会领导下的院长负责制，将经营权完全交由医院院长，院长对医院的人、财、物拥有自主权，对医院负全责。各主管院领导分片包干管理各个行政和临床医疗科室，各科室主任、护士长负责对所属人员实行全方位管理，形成网络化管理体制，思路清晰、分工明确、奖罚分明的现代企业管理模式，这为医院内部机制完善和工作效率提高提供了良好的平台。

2. 完善条令条例，强化规章制度管理

一是编印《医院科室和员工工作职责》，制定《医院规章制度》《医院奖惩条例》和《医院医德医风管理条例》等多项制度。与各科室主任签订《医德医风责任书》《医疗质量、医疗安全目标管理责任书》《消防安全目标管理责任书》和《岗位纪律100不准》等规章制度，由职能科室按照要求定期抽查落实情况，对不按规章制度办事的人和科室严格进行上挂一级的处罚，即护士违反规定受处罚的同时，所在科室的护士长也要受到相应的处罚。这种制度有效制约了每一名医护人员的行为，强化了管理者的管理意识。二是坚持每周一下午召开院委扩大会议制度，研究总结全院的工作情况制定下周工作计划；坚持每周三下午召开中层以上干部会议制度，汇报一周的工作和部署下周的工作；坚持每季度一次各委员会会议制度，及时修正工作中出现的问题。

3. 实行全员合同制，实现人员竞争上岗

烧伤整形医院建立公平、公正、竞争、择优和面向大市场的用人机制，实行全员合同制管理，用严格的制度约束职工；用完备的制度保障职工的合法权益，确保人员能进能出，职务能上能下、收入能高能低，形成激励与制约并行的竞争态势。医院根据业务量的大小按需设置岗位，实行岗位精细化管理，对闲散人员予以劝退，撤除原来因人而设的5个岗位，建立起一整套岗位聘用和管理制度，保证各个岗位都能做到高效能、满负荷地工作，有效降低了成本。

（三）打造特色专科品牌，提升医院知名度和影响力

1. 创新烧伤科治疗技术

原四平市薄板厂，工人被铁水烧烫伤的情况时有发生，职工医院医护人员在长期的工作实践中，积累了一些治疗烧烫伤的经验，在社会上有一定的知名度。烧伤整形医院改制后，把治疗烧烫伤作为医院的发展方向，以特色谋发展。为确保烧烫伤专科在市场竞争中的优势地位，医院不断总结经验，进行动物实验、撰写论文、科研成果共享；分期分批外出进修学习和参加全国各种学术会议；与大医院专科密切协作；请国内著名专家来院教学、查房和实施重大手术，面对面传授技术。经过长期的医疗实践和不断的学习探索，一大批医疗技术骨干脱颖而出，能娴熟地实施各种大面积的手术和治疗。将最先进的医疗技术不断地应用于临床实践，对每位患者都有医院量身定制的治疗套餐；磨削术、VSD、皮肤软组织扩张器还轻微烧烫伤患者“本来面目”；异种皮移植、自体微粒皮移植（喷皮技术），轴型皮瓣及游离皮瓣等先进技术以及游离肌瓣修复足跟部严重缺损，大面积瘢痕一次性切除自体皮移植等技术使一些重度患者得以功能重建；特大范围褥疮修复，肢体动脉闭塞的成功治疗为患者及家属抹去阴霾。

2. 购置硬件设备设施

转制后不久，烧伤整形医院多方筹措5000多万元资金建成占地面积5100平方米、建筑面积13600平方米的新医疗办公大楼，结束了医院在阴暗潮湿的地下室工作的历史。新医疗办公大楼宽敞明亮，设有楼宇安全监测系统、微机网络集成系统等现代化管理设施，设立普通病房、高级病房、ICU病房等。医院舒适优雅的环境，满足了不同层次患者的需求。为加强医院的竞争实力，形成医疗“软硬件”配套体系，医院先后购进16排CT机、CRX光机、日立多普勒彩色超声机、大型高频辐射烧伤治疗仪、金陵麻醉机、德国产电动取皮机、德国产医用臭氧治疗系统等专业医疗设备，为保障和满足医院快速发展需要奠定了基础。

3. 自主开发烧伤特色药品

烧伤整形医院科研小组在院长带领下，结合工作实践，不断探索，自主研发出治疗烧烫伤的独特药品——薄板烧烫伤膏。该药品获得了国家专利，取得了吉林省食品药品监督局制剂批号，并与吉林大学药学院联合共同研发，申报国家烧烫伤新药特药，获吉林省科技进步一等奖。薄板烧烫伤膏的研发和应用，形成药品产销一条龙，减少了医院对同类药品的采购量，降低了医院药品成本和患者的费用，增加了医院的创收渠道，提高了烧伤整形医院在四平地区的知名度，成为医院的品牌产品。

4. 拓展烧烫伤治疗延伸服务

在“大专科、小综合”的办院宗旨下，烧伤整形医院于近年开设内科、中医科、皮肤外科、风湿骨病科、康复科等科室，解决周边群众看病难、就医远的问题，为烧伤科患者提供心脑内科的会诊和患者医疗康复治疗。烧伤整形医院选派优秀的烧伤科医师去外地大医院学习，归来后成立美容整形科。美容术、微创美容术让求美之人拥有了靓丽容颜；瘢痕疙瘩、下肢皮肤溃疡、糖尿病足等疑难杂症在短时间内得到治愈。新技术得到了应用、新领域得到了拓展，烧烫伤治疗延伸服务使烧伤整形医院的整体竞争实力得到了大幅提升。

（四）树立良好的医德医风，真诚为患者服务

1. 改变作风，诚心为患

烧伤整形医院教育员工改变工作推诿、效率低下的工作作风。医院常年坚持护士礼仪、静脉输液、护理技术操作、规章制度等常规培训；开展床旁洗头、洗脚、剪指甲等基础护理服务；经常组织人员外出参观学习；开展护理品管圈活动；把患者当成自己的亲人，让患者对医院产生信任和适度的依赖感；在亲情化服务中要求医护换位思考，明晰自己的职责，探索亲情化服务的方式；关爱患者，主动解决患者的生活需要和困难。为患者所想，通过心理上的疏导和有效的沟通，让患者感觉到亲情的温暖，在心里产生对医院的信赖。

2. 规范收费，诚信为患

为保护患者的切身利益，烧伤整形医院严格规范执业行为，达到合理检查、合理收费、合理治疗，有效提高医疗服务质量。加强药品医疗器械管理，实现药品集中采购，落实合理用药，严格收费管理，实施阳光收费，保证每日将收费清单交给患者，患者可随时对收费情况进行查询，杜绝乱收费、不合理收费和药品加价的行为发生。增强服务意识，狠抓医疗质量，在一切医疗过程中都要“以病人为中心”。

3. 社会监督，自查自省

聘请60多位社会各界人士作为医院行风监督员，每年召开1—2次行风监督员座谈会，把监督员请进医院进行面对面的交流，对他们提出的问题进行分析研判、及时整改，对合理化建议及时采纳。自查自省、社会监督二者有机结合，使医院的医德医风建设得到了不断加强，舒缓了医患关系，减少了医疗纠纷。

4. 积极开展公益医疗服务

烧伤整形医院每年都拿出大笔资金用于社会公益活动，为保持公益性服务的常态化，成立志愿者小分队、医疗服务小分队、为民服务演出队等。多年来一直坚持开展“六走进”：一是情系民众走进社区。开展健康讲座、宣传科普知识、请老年居民来院免费健康体检，共体检 5 万余人次。二是农闲时节走进农村。深入到周边乡镇、村屯，医疗服务小分队为农民兄弟免费体检、送医送药；护士演出队不拘于环境和条件演出精彩的文艺节目；志愿者小分队每年中秋节或新春佳节都自发地组织起来，带着月饼、米、面、油、水果等节日用品，去农村回访慰问贫困患者。三是儿童节、教师节走进学校。到市区小学、市聋哑学校为教师免费体检、为学生进行视力检测、为贫困学生送去学习用品。四是关爱孤寡老人，走进敬老院。多次到山门敬老院、绿熙园敬老院、胜利社区敬老院等，为老人健康体检、送医送药、演出文艺节目。老年节为孤寡老人送去生日蛋糕；入冬时节购置棉被送到老人床头。五是建军节走进军营。每年建军节前，组织医护人员，赶赴驻军预备役坦克团慰问部队官兵、与官兵举办军民联欢会，连续多年为部队官兵及军官家属免费体检。六是重大节假日、卫生宣传日走进市区。组织开展真情回馈、便民义诊服务和宣传活动，每年发放科普知识宣传单十余万份，发放医院生产的小盒特效“薄板烧烫伤膏”两万余盒。烧伤整形医院还积极开展捐款献爱心活动，全院人员为被大火烧伤的贫困患者捐款近两万余元，为两个贫困户帮扶“对子”捐款 3000 多元，医院为贫困患者累计减免医疗费 30 余万元。

（五）吸引培养人才，为医院特色发展提供人才支撑

1. 充分发挥现有员工才能

烧伤整形医院实行全院人员竞聘上岗，充分利用有限的人力资源，做到量才使用，发挥每一个人的特长。对政治上要求进步的注重培养，对有能力、群众基础好的进行大胆提拔，注重职工的发言权与参政权，发挥职工在参与医院民主管理中的作用；尊重个性特点，让才华最大限度的得到施展，有计划地选送人才到大型、现代化医院进修、学习深造，掌握前沿科技；以鼓励劳动和创新为目的，把工作责任、学习机会、晋升、成就感等激励因素融入员工的工作之中，充分发挥经济杠杆的激励作用，实现有效激励。医院在工作实践中，注重因人而异，因势利导，重视人才的自我价值体现，使中青年技术人才脱颖而出，走上重要岗位。

2. 多措并举选拔培养人才

烧伤整形医院重视职工的继续再教育，举办各种学习班，坚持全院每周三下午医护人员学习制度、科室业务学习制度、外出学习归来人员向全院汇报学习成果制度、老专家专题讲座制度、科研成果分享制度，提高专业水平和业务素质。医院还不惜重金聘请老专家来院工作，充分发挥他们的“传、帮、带”作用，带动青年技术人员早日成才。烧伤整形医院还与本省大中专院校、市人才管理中心、各网络信息公司协作，搭建人才招聘平台，疏通人才供需渠道，形成医院人才网络化供求机制，选拔优秀人才来院工作，将最合适的人才放在最合适的岗位上，保证医院各个岗位工作的顺利开展。

3. 筑巢引凤吸引人才

烧伤整形医院与大医院协作建立医疗及教学科研协作网，聘请中国工程院院士、国内著名烧伤外科专家为医院客座教授，定期来院讲学、查房、手术、出诊；特聘 8 名在四平地区有着较高知名度的内外科老专家来院工作，招聘 9 有着丰富管理经验的地方离退休人员来院从事行政、医疗管理工作，既提高了医院的知名度，也提升医院的管理能力、业务技术和诊治水平、增加了患者的收容量。目前各专业均形成了自己独特的技术特色，在医疗市场上有着强大的竞争力，构成“院有名科、科有名医、医有名术”的长效发展机制。使本地区患者，不用出远门就能享受到国内一流院士专家的诊疗。

（六）加强医院文化建设，为医院发展注入精神动力

1. 引导广大医务工作者树立主人翁意识

烧伤整形医院通过增强员工对医院的归属感、责任感，来激发广大医务工作者更好地服务患者。开展“医院为我搭平台，我为医院添光彩”“构建和谐医患关系，共创医院美好未来”等主题活动，树立“医院是我家，我是医院人，医院靠我发展，我靠医院生存”的理念，把企业的兴衰荣辱与个人的进退成败挂钩，与个人切身利益密切相关，形成一个命运共同体，呈现出人人关心医院建设，时时关注医院发展的一致共识。

2. 加强员工品德修养

烧伤整形医院注重医务人员的专业知识、技术水平、思想情操、风度仪表、言谈举止的培养和锻炼。请专家为全院医护人员做“沟通的钥匙、情感的桥梁”“绽放自我、精彩人生”等主题讲座；开展文明礼仪培训和“讲文明、树新风、做文明有礼员工”活动；开设道德讲堂，开展道德经典诵读活动，学习道德经典书目、篇目，组织道德经典道德箴言诵读或交流、比赛等活动，不断加强医务人员的处世心态、思想品德、精神风貌的修养。鼓励医护人员努力学习，加强自身修养，不断更新专业知识，掌握医院各种诊疗技术的常规与特点，以便更好地为病人服务。

3. 开展丰富多彩的文化活动

烧伤整形医院各科室常年坚持开展“一日一人一读”活动，努力创建“书香型”医院。既锻炼每个人的思维和表达能力，也使大家在书中找到乐趣和哲理；“三八”妇女节体育比赛；“五一”国际劳动节、“五四”青年节开展读书演讲及征文大赛；“5·12”护士节组织表彰优秀护士和开展护理技能大赛；“七一”参观战役纪念馆、组织观看党史教育片；“十一”国庆节组织全院人员文体项目比赛及摄影大赛；春节举办新春联欢会等；参加市妇联三八妇女节联欢会演出；多次参加由医院承办、铁东区老龄委和市老龄委主办的重阳节文艺联欢会；每年组织一次旅游活动；连续多年举办全市“烧伤整形杯”钓鱼大赛。各种丰富多彩的文化活动，既体现了医院的凝聚力、感召力、亲和力，也展示了员工的团结力和战斗力。

4. 注重人文关怀

烧伤整形医院职工及直系亲属生病住院，医院班子成员亲自看望、慰问；遇有职工家中有婚丧嫁娶，医院领导主动送上祝福或帮助解决困难；工会将全院人员生日进行登记，员工过生日时都会收到生日蛋糕，收到大家的祝福；节日期间各岗位值班人员都会收到院领导班子送来的鲜花、水果。通过人文关怀，极大地调动了职工的工作积极性，为医院的发展建设注入了新的活力。

三、国有企业附属医院转制后的特色发展效果

（一）特色专科得到迅速发展，形成了区域性的医疗品牌

烧伤整形医院的烧伤整形科、美容整形科、难愈性创面科等基本代表了本地区的先进技术水平。心脑内科、中医科、皮肤外科等在四平市地区有着较高的声望，患者量也在逐年增加。烧伤整形医院治疗烧烫伤和烧伤整形技术、创面修复、美容整形技术得到了国内知名烧伤界专家的充分肯定。烧烫伤治疗技术达到了国家先进水平，能实施高难度的大张异体皮自身微粒皮移植手术等疑难技术，从改制初期只能治疗烧伤救治面积10%的患者，发展到现在可以收治烧伤面积达95%的患者，微粒移植等技术填补了省内同领域的技术空白。改制十余年来，医院共收治烧烫伤面积达90%以上重度患者近千名，都得了较好的治疗。

（二）成功脱困，实现了医院平稳持续发展

烧伤整形医院在改制转型的十几年时间内，从一个资金短缺、设备陈旧、人员老化、管理落后，只有30多人的厂办小医院，发展成为拥有员工200多人，以治疗烧烫伤为主的多学科、多科室，名扬东

北三省乃至全国业内的大专科小综合现代化二级医院。员工增长了 10 倍，经济效益和社会效益稳步提升，医院门诊量、住院人数每年都以 10%的速度增长。医院在确保烧烫伤整形专科品牌科室建设的同时，新增了内科、创伤外科、中医科等多个科室，聘用的本地区知名老专家们以其高超的技术和知名度满足了科室的收容。现在，医院无论是经营能力和管理水平都处在历史的最佳时期，为未来的持续发展奠定了坚实的基础。

（三）市场历练，得到了社会各界的高度肯定

经过十年的管理经营，烧伤整形医院经受住了市场的考验，保住了品牌、站稳了市场，得到了社会各界的高度认可和肯定，烧伤整形科被四平市定为重点专科。烧伤整形医院多次主办和承办了国家、军队、东北三省、四平市的各类学术会议，一批专家在国家、省、市烧伤外科学术会担任了重要职务；承担和保障了四平地区重大突发事件伤员的救治及重大医疗卫生突发事件防治任务。在历次突发事件中，凸显了较强的救治能力，圆满地完成了政府和人民群众关心、关注的重大事件救治任务，先后被吉林省人事厅、吉林省妇联命名为“巾帼文明岗”称号，被吉林省命名为“优质服务人民满意好医院”，被评为全国改革创新企业医院。

（成果创造人：程秀平、王国才、李笑丰、卫长荣、刘艳辉）

煤矿企业内部市场化运营管理

淮北矿业股份有限公司许疃煤矿

淮北矿业股份有限公司许疃煤矿（以下简称许疃煤矿）位于安徽省蒙城县许疃镇境内，矿井田面积61平方公里，地质储量3.7亿吨，煤质为低灰、特低硫、特低磷，煤种为国家稀有的肥煤。许疃煤矿是国家“九五”重点建设项目，截至2016年是淮北矿区生产能力最大、机械化程度最高的生产矿井。2016年上半年完成商品煤161万吨，吨煤成本190元，实现利润1.2亿元，全年预计盈利2.5亿元。许疃煤矿是淮北矿业集团公司实施新井新机制的示范矿井，连续四年荣获全国煤炭行业安全高效矿井称号，并被评为全国文明煤矿。

一、煤矿企业内部市场化运营管理背景

（一）煤矿企业传统管理模式变革的趋势

经济全球一体化的发展使企业的竞争方式和可持续发展方式发生了剧烈的变化。在国际分工的深入、科技飞速发展、国际竞争加剧的情况下，资本、技术等要素跨国自由流动数量增加、速度加快、范围扩大，致使世界各国、各地区在经济上的联系愈来愈紧密，相互依存性愈来愈强、竞争程度越来越激烈。能源作为经济和社会发展的基础产业，地位变得越来越重要，能源的开发和应用，成为各国发展经济战略的核心内容。煤炭是我国重要的基础性能源和重要工业原料，在国民经济发展具有核心战略地位。煤炭工业开始走大集团发展步伐，煤炭产量持续稳步增长，技术装备水平逐步现代化，安全保障系数快速增加。煤炭企业要在激烈的市场中求生存和发展，必须克服传统的管理模式和弊端。

（二）煤矿企业在新的市场环境下加强管理的需要

煤矿企业传统管理模式缺乏活力，主要以科层制为主，官僚主义严重，缺乏创新意识、改革意识、竞争意识和责任意识，组织机构臃肿、人员过多、人浮于事，职工安于现状，面对外部市场变化，适应能力差、反应滞后、部门之间互相推诿和扯皮，大多数煤炭企业采用经验式管理、粗放型管理、行政命令式管理比较多见。资源配置效率低，企业领导人在思想上重产量、轻质量；重速度、轻效益，形成了高投入、高消耗、高成本、低产出、低质量、低效益的经济增长方式。许疃煤矿想要在新的市场环境下加强管理，亟须内部市场化运营管理。

（三）提升企业可持续发展能力的需要

煤炭企业在发展过程中，还存在着发展速度慢、规模小，科技含量低、安全事故多、井下工作条件恶劣，资源浪费严重、环境破坏程度大、资源枯竭等突出问题，为了适应外部日趋竞争激烈的市场和内部不合理的现状，许多煤炭企业开始推行企业内部市场化改革。面对人员相对较少，井下地质条件复杂，经营管理比较薄等具体情况，按照先易后难、循序渐进、重点突破、试点摸索、全面铺开的工作思路，许疃煤矿本着公平、合理、稳健的原则，逐步建立内部市场化的运作体系和运作机制，以达到利用市场自主调节，人人参与管理，处处避免浪费的目标。

二、煤炭企业内部市场化运营管理内涵和主要做法

许疃煤矿紧紧围绕“提升管理、提高效益”两大主题，持续推进管理精细化、内部市场化、生产经营集约化，积极推行全面预算管理，将经营目标细化分解到科区、班组、个人，层层传递压力，实现全员、全过程管理，不断完善经营管理体系，经营管理水平显著提高。主要做法如下：

（一）调整煤矿企业内部市场化组织机构

根据现代企业理论和内部市场化的运作要求，按照集权和分权要求，许疃煤矿对矿组织机构进行调整和整合，对管理层次重新划分为决策层、职能管理与政策制定层、实施层，界定各层次的职责和范围。其中决策层由矿长、党委书记、党委副书记、分管副矿长、工会主席、总工程师组成。职能管理与政策制定层由政工部、经营管理部、生产技术部、安全信息中心、党委行政办公室组成。各部室及中心有决策层直接领导，副职及以下职工由各部室及中心正职领导。实施层由各基层单位组成，党政正职直接归决策层领导与管理，副职及各单位队长由党政正职领导与管理。

（二）构建煤矿企业内部市场价格体系

根据价值链理论和成本交易理论，全矿所有单位、部门的生产岗位、服务岗位、管理岗位的生产对象、服务对象、管理对象能够进入价格交易的，一律纳入价格体系进行有偿结算。

1. 构成内部市场价格体系

生产成本包括材料费、人工费、电费、租赁费、修理费、自制加工费、管理费。在实施内部市场化运作中，对每项工作进行合理定价只需要考虑生产成本和管理费用。许疃煤矿建立三级价格体系，一级价格体系是矿与科区单位之间的结算价格；二级价格体系是科区与内部队、班组之间的结算价格；三级市场价格由班组对班组内岗位和个人的价格结算。通过工资单价测算，材料消耗定额单价测算，电费测算，机电设备维修及配件加工单价测算，各类设备、支护用品、大型材料租赁单价测算等各类价格的测算，将这些汇总合成产品、工序和劳务项目的价格，形成一整套内部价格体系。其中单一价格包括人工费、材料费、设备租赁费、修理费、电力价格等；综合价格包括采煤掘进吨煤（米）收购综合价格、服务项目综合价格、单项工程价格、固定岗位综合费用承包价格等。综合价格由直接价格和链式服务价格组成，其基本要素包括人工工资、材料费、设备租赁费、修理费、电费价格等。

2. 确定价格测算的组织与程序

为确保市场价格测量保质保量，许疃煤矿成立内部市场价格管理组，成员由综合定额员、劳资人员、计划人员、相关技术人员等组成。以综合定额员为主，其他人员为辅，组织价格测算。价格管理小组负责全矿的结算价格管理工作，负责价格测算，制定《内部市场价格目录》，并对价格进行调整及修正。解决价格体系运行中出现的经济纠纷，并监督检查各单位结算价格的执行情况。及时收集和掌握市场价格信息，深入基层单位调查研究，纠正偏差，完善内部价格体系。在价格测算组下设立若干专业测算小组，分别对相应的价格进行测算，各小组组长对单价的测算结果负责。

3. 明确价格测算的内容及方法

基础价格主要包括劳务价格、材料价格、电力价格、设备租赁价格等。

一是材料价格。新材料价格按淮北矿业集团公司规定的计划价格执行；回收复用材料价格按照全新材料的25%计价，制定井下旧材料价格目录；材料回收价格根据回收材料的价值和投入的工作量确定价格，并制定材料回收价格表；内部加工的材料，材料管理部门可以根据具体情况确定材料价格。原则上加工材料价格等于材料的加工成本。

二是设备租赁价格。许疃煤矿依据设备的原值（或净值）和设备的服务年限，确定设备的每日租赁单价，制定租赁价格目录。对于不构成资产的大型低值易耗材料，采用设备相同的租赁管理，制定材料租赁价格目录。

三是电力价格。电费价格依据许疃煤矿年度电费预算、全年总用电量及总用电费用来确定。采用外部市场电价，一年之内不变。遇有淮北矿业集团公司、供电公司电价调整时，调整后的电价与原外部计划电价的差额由许疃煤矿统一承担，不对内部市场主体结算。

四是其他成本要素价格。其他成本要素如水费、供暖、供汽等价格按照价格制定的原则，由相关部门制定。

五是综合价格。综合价格是包括两个或两个以上要素的价格。内部市场化要求市场主体之间进行产品与服务的有偿结算。结算需要产品与服务的综合价格，比如：采煤单位吨煤单价、掘进进尺单价、煤矿车运输单价、吨煤皮带运输价、吨煤提升价等。

（三）构建煤矿企业内部考核结算体系

1. 确立市场结算主体

根据竞争理论和内部市场化的要求，确立三级内部市场化结算体系：一级结算指矿与科区等单位之间的，科区等单位之间的结算，即一级市场主体与二级市场主体之间、二级市场主体之间进行的结算；二级结算指科区单位与所属班队之间，所属班队之间的结算，即二级市场主体与三级市场主体之间、三级市场主体内部之间进行的结算；三级结算指各单位所属队与所属班组之间的结算，即三级市场主体与班组、班组与个人之间进行的结算。

2. 成立内部结算中心

许疃煤矿在内部设立隶属于本企业的模拟性银行，集中办理并管理内部货币资金业务。内部资金统一计划、统一调度，把形成经济效益的业务量、成本、利润和部门、岗位的各种责任目标融合成相互联系、相互协调、相互制约的、统一的核算体系，实现节约使用资金、加速资金周转、减少费用支出、提高经济效益的目的。许疃煤矿内部各单位间相互提供的产品、物资、劳务以及生产经营责任履行情况等，按内部价格，通过内部结算中心进行统一结算。

3. 明确内部市场考核结算内容

一是内部市场结算。原则上采用统计核算，也可采用会计核算方法。

二是产品的结算。产量的结算按各单位当月实际完成原煤产量、质量情况，由结算中心定额小组分别与综采一区、综采二区、综采三区结算原煤产量收入。进尺的结算按照掘进区单位实际完成的进尺和质量标准化水平，由结算中心定额小组分别与掘进一区、掘进二区、基建区结算进尺收入。单项工程的结算按各单位当月实际完成单项工程量、工程质量情况，由结算中心定额小组分别与修护区、综采预备区等结算单项工程收入。

三是服务结算。原煤运输服务结算，采掘单位按照当月原煤产量和保运区原煤运输单价，与保运区结算原煤运输费用。综采二区按照当月原煤产量和运输区 81 采区拉煤单价，与运输区结算原煤拉运费用。矿车运输服务结算，生产单位按照当月使用矿车（含材料车、专用平板车、矸石车等）数量和运输区的矿车运输单价，与运输区结算矿车运输费用。矿灯、自救器服务结算，生产单位按照当月使用的矿灯、自救器（以下井人数为准）和机电科矿灯、自救器服务单价，与机电科结算矿灯、自救器服务费用。放炮服务结算，生产单位按照当月使用雷管、炸药数量和通风区放炮服务单价，与通风区结算放炮服务费用。测气服务结算，生产单位按照当月测气次数及质量和通风测气服务单价，与通风区结算测气服务费用。设备中小修理服务结算，生产单位按照从机修厂领用的设备台数、处理设备事故情况和机修厂的设备修理服务单价，与机修厂结算修理服务费用。物质回收服务结算，采煤单位按照当月回收升井的物资数量和物质回收队服务单价，与物资回收队结算物资回收服务费用。辅助单位之间劳务服务结算，辅助单位之间发生劳务输出输入时，有劳务输入单位与劳务输出单位按照内部协商价格结算劳务费用。

（四）构建内部市场调控、仲裁体系

许疃煤矿内部市场的调控和仲裁由两部分构成，一是矿级调控、仲裁机构；二是基层单位内部调控仲裁机构。矿级调控、仲裁机构是许疃煤矿市场化管理调控、仲裁委员会，下设处理日常工作的办公室。

1. 明确矿级调控、仲裁结构的组织和职责

调控仲裁委员会由矿长、党委书记任组长；采煤矿长、掘进矿长、安全矿长、经营矿长、党委副书记、总工程师任副组长；副总经济师、采煤副总工程师、掘进副工程师、机电副总工程师、通风副总工程师、安全副总工程师、地质副总工程、经管部长、政工部长等任成员。

调控、仲裁委员负责确定矿内部市场化运作的指导思想、基本思路及运行方案；负责审定矿生产经济指标分解方案；负责审查各科区单位的运行结果；负责宏观调控内部市场的运行情况；负责对产品和服务价格及内部核算体系进行动态调控；负责调节各月份各单位结算的不平衡，确保各单位工资收入的基本稳定，制定工资调节政策，设立矿长工资调节基金，用以维持职工收入的基本稳定和市场化建设奖励；负责最终仲裁市场化运作中出现的各种纠纷等重大事宜。

2. 明确基层单位内部调控仲裁机构的组织和职责

煤矿调控、仲裁委员会下设办公室，由经营矿长任主任；副总经济师任副主任；考核科长、工资科长、财务科长、物管科长、计划科长、机电科长等任成员。市场化办公室负责市场化管理的日常工作，职责包括：研究制定市场化的基本思路、运行方案等；组织分解下达矿的生产经营指标；审核科区单位市场化的各项制度建设、业务流程、运行规则、考核及结算办法、价格体系等；负责组织召开市场化运行协调会议，按照市场化运行方案和相关规定，平衡、协调出现的相关问题，确保稳步运行；积极开展政策研究活动，及时研究分析内部市场运行状况，修改和完善运行方案；及时准确地向调控仲裁委员会反馈相关信息。

各基层单位内部的市场化运作工作有本单位组织调控、仲裁，各单位应成立内部调控、仲裁机构，建立健全调控、仲裁体系。基层科区调控、仲裁小组按矿的生产经营指标，组织向班组指标的分解工作；制定本单位内部市场化的管理办法，运行规则、质量标准、考核及结算办法、价格体系等；协调本单位内部出现的相关问题，仲裁本单位出现的纠纷等；做好对班组的业务指导和服务工作；开展本单位内部市场化的调查，研究分析市场化运行状况、修改和完善运行规则；对市场化运行存在的问题和建议，及时向矿市场化办公室反映。

班组内部调控仲裁小组职能按照单位内部分解的生产经营指标、组织本班组职工完成各项生产经营指标；按照本单位制定的市场化方案、班组内部价格体系和内部市场运行规则，完成本班组成员的日清日结工作，协调、处理本班组员工间出现的相关问题，仲裁本班组内部出现的各种纠纷，确保本班组市场化的稳定运行；做好对班组内部成员的业务指导、支持与服务工作；积极开展班组市场化管理的研究分析活动，及时向单位反馈相关信息、提供可行性建议。

（五）创建内部市场对标管理

1. 创建培训市场化

实施培训市场化运作管控模式，将培训工作作为“产品”来经营，建立二级市场，丰富工资内涵，从过去以“经费培训，向效益培训”方面转化，激发培训活力。

第一，建立一级市场。矿对基层单位市场化工资总额7%作为培训工资进行切块考核。考核内容包括基层培训市场化开展及落实情况、全员安全培训、师带徒培训、参加淮北矿业各类抽考、技术比武竞赛等。根据考核成绩按比例兑现科区培训市场化工资。

第二，以科区为单位建立二级市场。以激发职工学习的积极性、主动性，切实提高职工安全素质为目的，按照简单、有效、可操作的原则，以一线职工、班队长为主要对象，将职工每日一题、每周一案、每月一考、全员培训、师带徒、风险预控提问、考试抽考等日常培训项目核定单价，形成科区培训价格体系。将过去“以罚代管”的形式转变为“以奖代管”。如：职工完成学习笔记每月考核兑现30—60元，参加培训且考试成绩合格每月兑现50元—100元，提高了职工学习的积极性和主动性。

第三，实施培训收购回购制度。对业务职能部门采用培训收购的形式进行考核。矿职教办根据培训评估体系，对培训效果进行考核，对培训班进行收购，支付授课费、出卷费、监考费、阅卷费等费用。对协办部门不能完成培训工作或培训效果达不到要求的，对培训进行对等回购，回购费用从单位当月市场化工资总额扣除。以成绩收购的形式进行考核。参加淮北矿业考试，获得团体前三名，按照500元/人进行成绩收购，获得团体第四、第五名对个人成绩高于整体平均成绩，按照200元/人进行收购，低于平均成绩，职工按照100元/人进行回购。

第四，干部培训授课市场化考核。将管技干部的培训授课情况纳入干部市场化考核范围由政工部统一进行考核，要求管技人员在年度内必须达到授课学时要求，未完成授课任务，个人需对所缺学时按照授课费用标准进行回购，同时对未完成授课任务的干部一律低聘、解聘。建立管技干部学习预警机制，每季度公布干部学时完成情况，达不到参加培训学时要求的，取消评优评先、职称评聘资格。并将科区管技人员学时完成情况，纳入到支部创星考核范围。

2. 实施吨煤材料对标管理

通过与标杆单位对比，找到差距，分析存在问题原因，建立对标措施。

一是建章立制，规范材料管理流程。简化、优化管理流程，规范运作，建立集中统一的专业化管理体制，把效率和效益作为生产经营的主题，管理和服务向生产现场延伸，为矿井材料管理提供政策依据。通过政策的引导，规范材料管理流程，全面夯实管理基础。

二是合理优化计划、规范物资管理。强化物资计划的审核审批，确保物资计划的准确率达95%以上，计划的领用率达到100%，临时计划控制在5%以下。实行管理关口前移，紧盯现场管理，对各施工现场物资实行编号、建档管理，监督并考核按期回收入库，防止物资的丢失浪费，使材料管理由“松、粗、浅”向“紧、严、深”转化，从事前控制、过程控制、事后分析整改全方位进行管理。

三是严格兑现考核奖罚。成立材料现场使用督查小组，每周不定期地深入井下地面各库房，对现场物料存放、使用、完整情况进行督导检查，凡发现材料乱丢乱弃、铺张浪费的，对责任单位通报处罚。建立考核兑现机制，对材料实施分类管控。把材料分为专项管控材料和科区自控管理。专项管控材料实施计划控制，季度考核；科区自控材料实施月度金额控制，月度考核。将各单位材料管控情况与单位市场化工资挂钩，考核标准更加严厉、更加细致、更加可控。

四是加强现场地面修旧利废、自制加工、井下物流管理。开展修旧利废、大力鼓励自制加工。增加改制、加工材料的种类，坚持“能用旧的不领新的、能修复的绝不废弃、能自修的，决不外委修理”的原则，采取有效措施，扩大自修范围，对自制加工物资大张旗鼓奖励，鼓励职工积极参与，形成全矿参与自制加工的浓厚氛围。实行井下物流管理。建立井下物流站，对井下物资登记造册，并就近对新开工工程实现井下物流打运，降低劳动成本，提高效率效益。

五是技术先行，优化布局稳产。结合实际，从技术设计、综采施工工艺入手，以“大走向、大采长、大功率、大断面”的思路为指导，依托“安全经济技术一体化论证”作载体，紧扣科学合理配采工作中心，对全矿工作面再次进行全面梳理，优化巷道施工设计和采场布局，科学制定不同煤种、采量的开采比例和节点，做足产量、煤质、效益文章。掘进系统结合生产接替实际，坚持高指标倒逼办法，积极推广锚网支护技术，努力提高单产单进水平，单产单进率咬住全集团第一方阵，为工作面无缝对接做好准备。采煤系统强化综采设备管理，改进三机配套，切实提高设备利用率、开机率，为实现矿井稳产高效高产奠定坚实基础。

六是推进“市场化”，实行材料市场考核。进一步完善深化市场化建设，建成以采煤各区队为代表的物资回收市场、以矿机厂为代表的自制加工市场、以综掘一区为代表的维修市场、以运输区装卸队为代表劳务市场，形成许疃特色的内部市场。

三、煤矿企业内部市场化运营管理效果

（一）组织机构、业务流程的优化整合

通过市场化运营管理的实施，加快了对现有内部各单位之间内在关系进行梳理，进行流程再造，将传统的行政管理体制改变为市场链管理体制，依靠市场机制的作用，使企业内部各级经营管理者、操作者的责权利实现相对统一。实现组织结构的专业化管理，体现专业化管理特征，为建立各专业市场做准备。

（二）增强内部管理，实现降本增效

内部市场化运作将各个市场主体之间的经济往来用价格结算连接起来，通过价格结算决定收入高低。实现了分配机制创新，多劳多得，大大提高工作效率，服务质量明显提高。内部市场化对移动设备及大型材料按专业性质划分归口管理，对其进行内部租赁，提高了移动设备及大型材料的使用效率，加强了检修，使设备故障率明显下降，大型材料回收率显著提升，有效地杜绝了浪费现象，提高了设备周转率。许疃煤矿 2014 年商品煤单位成本比 2013 年同期减少了 44.25 元/吨，2015 年比 2014 年同期减少了 77.45 元/吨。2014 年许疃煤矿年人均工资比 2013 年同期增加 0.67 万元，增幅为 11.24％。

（三）提高企业可持续发展能力

通过内部市场化管理，把成本与每个人的收入挂钩，促使广大干部职工齐心协力关注成本、控制成本、深挖成本潜力，从根本上解决了经营管理粗放的问题；形成了企业的竞争市场、风险市场，最大限度地激活各个生产要素。面对外部市场的变化，企业可以把外部市场的变化和压力，层层传递到企业内部各个经济主体，促使其调整自身状况，快速适应外部市场的变化，形成有效的市场竞争力。

（成果创造人：聂　政、翟建廷、李运民、李金伟）

煤炭企业“五位一体”材料储备经济化管理

安徽省皖北煤电集团有限责任公司

安徽省皖北煤电集团有限责任公司（以下简称皖北煤电）是安徽省属国有重点煤炭企业，前身是皖北矿务局，始建于 1984 年 5 月。总部位于安徽省宿州市，企业地跨七省区十五个地市，主营煤炭开采及洗选加工、煤化工、煤炭物流等，现拥有 1 家上市公司、25 家子公司、16 家参股公司、24 家分公司。皖北煤电下辖 14 对矿井，其中生产矿井 12 对，产能规模 3300 万吨，煤炭物流 2600 万吨；非煤产业拥有 1 个煤化工企业、2 个非金属材料企业、4 座综合利用电厂和 3 座煤矸石砖厂等。2015 年年末资产总额 529 亿元，营业收入总额 268 亿元，员工总数近 4 万人。

一、煤炭企业“五位一体”材料储备经济化管理背景

（一）实施“跨区域、调结构”战略的需要

随着宏观经济进入新常态，煤炭行业进入“需求增速放缓期、产能过剩和库存消化期、环境制约强化期、结构调整攻坚期”四期并存阶段。皖北煤电地处华东地区、紧邻“长三角”，面临“西煤东运”“北煤南运”及进口煤的三重冲击，传统的区位优势丧失，企业先天后备资源匮乏，受井下自然灾害重、开采直接成本高的瓶颈制约。近年来，皖北煤电依托自身的技术、管理、人才的优势，迈出了“挺进大西北、转战晋陕蒙”的战略步伐。为确保跨区域发展，需要一套先进有效的经营管理方式特别是成本管控方式方法。生产材料在煤矿生产成本中占有较大比重，材料成本的高低和控制水平直接影响着皖北煤电战略的顺利实施。

（二）应对煤炭市场竞争、提升核心能力的需要

受煤炭需求减少、供给不断增加的影响，煤炭市场竞争陷入十分惨烈的价格战之中，价格战表面上拼的是价格，实际上比的是企业的成本水平、经营效率和承受能力，谁的成本低、效率高、能力强，谁就能在激烈的市场竞争中占有比较优势、拥有生存空间，成本已成为煤炭企业的生命线。从煤炭企业成本构成和成本习性看，材料、人工、电力等可控成本要素是深挖成本潜力、增强竞争优势的重点。从生产过程和现场看，煤炭企业的粗放管理、效率低下、浪费严重，大都直接表现在材料成本管控不力上。

（三）应对经济危机、确保资金安全的需要

材料储备资金是企业流动资金的重要组成部分，在煤矿，储备资金一般占流动资金的 60％左右。储备资金具有两重性：积极的一面是保证企业生产不间断进行；消极的一面是储备起来的材料暂时脱离生产，不能及时投入生产、转化为价值创造。同时为保存它的使用价值，还要付出一定的人力、财力，增加了保管费用，而保管费用随着储备数量的增大而增长。企业在满足生产需要的前提下，应提高库存材料的周转率，尽量减少储备资金的占用，使材料储备资金占用保持在科学合理的水平上。特别是在当前煤炭行业不景气，企业资金异常紧张的形势下，减少材料储备资金占用，加快资金周转显得尤为重要和紧迫。

基于对内外部环境的综合分析和对传统材料储备管理的深刻反思，皖北煤电自 2013 年年底开始，全面推行了“五位一体”材料储备经济化管理，走出了一条材料储备管理创新之路。

二、煤炭企业“五位一体”材料储备经济化管理内涵和主要做法

皖北煤电的“五位一体”材料储备经济化方式，以零材料库存、零资金占用、零过程浪费为目标追求，改革优化管理体制和流程，压缩管理层级和人员，推行材料储备扁平化管理；借鉴大型商业超市经

验，创新实施材料储备井口超市化管理；组织开发煤矿材料储备经济化控制技术，促进资源优化配置和高效利用；全面推行煤矿材料消耗内部模拟市场化运作机制，调动各层级各层面降低材料储备的积极性；以ERP为指导、以流程为线、以专业控制为环节，构建互联互通、集成共享的经营信息化管控平台，形成环环相扣、高效运行的材料储备经济化管理格局。主要做法如下：

（一）优化管理体制流程，推行材料储备扁平化管理

针对原有的供应部门——矿井物管科——生产区队“二级库”的三级材料储备管理模式中存在的管理链条长、管理环节多、材料积压多、资金占用大等弊端，皖北煤电在全面深入调研论证的基础上，对材料储备管理体制和流程进行重新设计和流程优化。

1. 全面推行二级材料储备管理

皖北煤电下定决心排除各种阻力，取消基层区队“二级库”这一管理层级和管理职能，推行供应部门和矿井物管科的两级材料“大储备”管理，仅此一项，共精简各矿生产区队的仓储管理人员200多人，精简下来的人员大多数充实到采掘队伍中。

2. 全面取消各矿基层区队的“二级库”

皖北煤电坚持谋定而后动，在摸清各矿基层区队“二级库”现状的基础上，针对可能出现的影响安全生产等问题，成立专业领导小组，制定相关应对预案，确保各矿的“二级库”清得动、清得快、清得彻底、衔接得上，并在此基础上，组织进行各矿及矿际之间的清仓利库和闲置材料调拨。通过清理各矿的“二级库”，皖北煤电共盘活材料储备1800多万元。

3. 实行“三集中”材料供应流程

皖北煤电优化材料供应流程，整合物流贸易业务，实行集中采购、集中供应、集中仓储，有效发挥规模采购、经济仓储、渠道资源等优势。为提高流程效率，皖北煤电取消供应部门驻各矿供应站这一环节，供优化相关人员20多人，全部充实到物流贸易单位。

（二）创新存储领用方式方法，实行材料全面超市化管理

1. 设立井口超市

全部取消煤矿生产区队“二级库”，把经常使用、便于携带、体积较小的材料集中存放在井口附近，24小时有人值班，生产区队随时领取、随时下井，模拟商品超市管理。煤矿井口超市日常存放的材料200种左右。

2. 设立加工件超市

一是统一集中管理。把煤矿生产区队经常使用的非标准加工件，统一设计、统一制图、统一加工、统一保管、集中发放，实现非标准件的标准化加工、超市化管理。二是制作加工件图纸，编制定额。运用CAD工业制图工具将原本杂乱无章的1900余种各型加工件定规格、定型号、定尺寸，汇总提炼为700余种标准化加工件，统一制作成标准化加工件图册，作为加工件制作、使用的指导性资料。将加工件定额分为材料、工资、和电力费用三类成本项目。三是调整优化加工件流程。皖北煤电所属矿井全面收缴了各基层单位自储自备的加工件制作工具、设备及生产成品，加工工具、设备如焊枪等由物资保障部统一收回使用，已有加工物资交由加工件超市代储或代保管。四是实行超市化管理。加工件超市化运行共分为四类仓库区域。按照加工件原材料及来源性质不同分别为新料加工区、旧料加工区、外委加工区及旧件区，进行超市化管理。

3. 设立工具超市

将生产区队的通用工具、岗位工种个人工具利用信息技术集中管理，随用随取，用后归还，损毁赔偿，超时收费。科区、个人不再独立拥有，可减少投入，提高工具使用效率。

4. 大型材料定置管理

把各种大型材料的存储、使用情况，进行定置化、责任化管理，由矿业务科室与基层职能区队进行“双控”，在井下地面设置集中管理地方，定期进行收、发、存的盘点、对账，以利于统一调度，减少积压、闲置，提高使用效率。

（三）组织开发利用材料储备经济化控制技术

皖北煤电以任楼煤矿为试点，通过课题研究的方式，采用现状调查、理论分析、模拟运行的途径，了解掌握材料储备的资料、数据、规律，建立一套适应煤矿生产实际的材料储备经济化控制技术，对降低储备资金发挥了显著作用。

1. 课题研究

第一步是现状调查。调查项目包括：市场供求关系、供货途径、供货方式、供货周期、供货费用调查；储备材料品类与生产进度之间的数量关系、库管成本以及数据信息处理方式调查等。选定100种左右有代表性的材料，包括常用、非常用的，涵盖配件、钢材、支护用品、木料、工具等重要品类，统计出这些材料近三年的收、发、存数量，并统计物资周转率和周转天数。同时对供货方式进行调查分析。

第二步是理论分析。根据统计的周转率、周转天数，结合当时的实际掘进进尺和原煤产量，坚持具体情况、具体分析的原则，及时与相关材料保管员沟通，分析诊断各种问题，分别计算库存周转率、平均库存量、周转天数，建立经济理论模型，制定经济储备定额，指导计划、采购、供应管理。

第三步是模拟运行。通过试运行，及时调整不合理的储备，最终制定出合理的储备量。将研究目标逐步扩大至60％－70％的物资品种，提取相关数据，分析计算，制定出建议储备量，再投入试运行阶段，认真跟踪数据，及时调整不合理的储备，确定扩大品种的合理储备量。通过半年左右的试验运行，经过多次修改完善，同时增补材料品种，除防灾救灾材料外，煤矿90％以上的材料都有了经济储备定额，材料储备经济化研究达到预期效果。

2. ABC分类控制法

将库存材料按重要程度细分为特别重要的库存（A类材料），一般重要的库存（B类材料）和不重要的库存（C类材料）三个等级，针对不同类型级别的材料进行分别管理和控制。在库存管理中区别对待各类物品：把占用库存储备资金较多、对生产重要性较大的A类材料，比如主副井使用的钢丝绳，作为材料管理的重点，应在不发生缺货条件下尽可能减少库存，实行小批量订货，每月盘点；把占用库存储备资金较少，对生产重要性不大的C类材料，比如季节性储备的塘柴、笆片等材料，采取代存方式，用后付款法，实现理论上的零储备，年终盘点。把A、C之间的列为B类采取一般管理，如锚杆、锚固剂等材料，按需用的数量进货，当月消耗不留库存。ABC分类控制法的应用，压缩了库存总量，解放了被占压的资金，使库存结构合理化节约了管理力量。

3. 采用“先进先出”储存方法

按照材料入库的时间顺序、先入库的材料先出库的原则进行操作，保证每个被储材料的储存期不致过长。这一成效在保质期较短的储备材料上体现更为明显，比如：水泥、锚固剂、油漆、油脂等。

4. 实行“五五化”堆码

高成行、大成方、短成堆、带腿成串、小成包、长成垛。便于盘点、发放，提高工作效率，保证材料的品质不受损失、包装不受损坏、装卸搬运方便、安全，节省劳动力和保管费用。

5. 利用场地优势，开展代储业务

供应商将材料成品以书面形式委托企业仓库代为保管，企业用多少料就付多少钱，月度结算，料完款清。材料在用之前，企业没有实际的库存，所有权属于供应商，是降低材料储备占用的有效方法。

6. 强化制度管理

健全计划、采购、存储、领用、监督、考核、兑现等全流程每一环节的工作制度和操作标准，明确奖罚标准，责任到岗，执行到位。一是严格计划管理。各生产区队遵照生产计划精确编制月度材料计划，每月按规定时间上报，对于增补计划，限每月 15 号上报，减少追补计划，杜绝临时计划，提高计划集中度。矿供应部门在汇总计划时统筹考虑，充分利用清仓利库、修旧利废等渠道，防止宽备窄用、宁多勿少的现象。最终计划由矿经管部核实确认。二是规范采购管理。在数量上，各品种执行经济储备定额减去现有库存及修旧利废等渠道可能筹集的数量，防止积压或缺货；在品种上，按计划执行，杜绝盲目采购，买而不用；在过程上，集中采购，减少通用材料进货批次，降低成本；对超期未到货材料跟踪落实，提高计划兑现率。三是建立利库责任制，大力开展清仓利库工作。立足自用、调度、调剂、对外处理四个环节。严格控制进货，坚持无计划不定货、不采购和先利库后采购的原则。给仓库和财务监督权，超计划采购或拉关系无计划采购，造成新的积压，仓库有权不验收不入库，财务有权不付款，并追究当事人的责任。对积压、毁损、报废材料及时进行处理，强化任务指标分解和责任考核。

7. 坚持定额、定量和限额相结合的供应方法

矿供应部门与有关业务科室相配合，根据上级下达的物资指标结合本单位原煤成本费用落实到基层、车间、班组及单台设备上去，严格按核定指标供应，具体为：对坑木、炸药、电力缆、风钻、矿灯等材料，需要采取以定额为标准的供应方式；对钢材、有色金属、水泥等进行定量供应；对油脂、三角带、轴承、配件等按单台设备核定额按设备台数供应；对大型材料，如钢轨、钢丝绳等，由分管生产领导分工把关，每月按实际生产任务，结合材料成本，切实核定；对贵重仪表、工具等专用材料，由主管技术部门批签；对一般工具和小型零星三类材料，进行资金限额管理，由需定供，保证供应计划的精确度。

（四）推行煤矿材料消耗内部模拟市场化运作机制

1. 构建材料消耗内部市场化运作框架，制定运行规则

皖北煤电各矿统一构建内部三级市场管理框架。各矿根据一级市场主体生产或工作实际，划小核算单位，以班队（或班组）为二级市场核算主体。各二级市场主体根据本班队实际，以员工个人为三级市场核算主体。现以一级市场为例进行说明。

划定主体范围。一是生产经营型主体。以提供生产产品、工程施工、生产服务获得收入的单位。二是生产辅助型主体。直接为生产经营型主体提供服务或后续工作的单位。三是后勤服务型主体。以提供后勤服务获得收入的单位。

明确权利与责任。一是煤矿层面，负责提供生产、安全、技术、质量、设备、人员等各种有偿服务；协调生产、经营过程中出现的各种问题；协调各类内部市场关系，保证内部市场规范有序运行等。具有对所属单位实施监督管理；制定实施内部市场运行规则；加强内部市场监管，实施市场体系的“宏观调控”及内部市场终极仲裁等权利。二是一级市场主体层面，负责按作业规程组织安全文明生产；按相关规定和条款实施专业职能职责管理；保证内部分配合理。具有优化本单位组织结构，合理配置劳动力资源；要求相关单位提供服务；提出不可预见性增耗增资，并按有关规定结算奖酬等权利。

确定运行方法。以一级市场主体为内部独立核算实体，生产经营型主体确定为目标成本考核；生产辅助型主体确定为对生产一线的服务量化、定单价，考核各类消耗，计算工资性收入；后勤服务型主体实行有偿服务，采取计时工资、计件工资等形式。为此，相应建立内部商品生产市场、运输市场、劳动力市场、材料消耗及电力市场等。

2. 健全完善材料消耗价格、结算、考核三大体系

在价格体系上，按照不突破上级计划指标、行业定额标准、先进性、实际性及稳定性的原则，分别

制定单一价格和综合价格。在结算体系上，各矿建立完善矿对科区的一级考核结算体系，各业务部门及经营体负责收集统计、考核、验收资料，填制各类账表，做好基础核算。按照“经营收入－经营支出＝经营效益（毛工资收入）”，及时结算确定内部损益，定期公开披露信息。其中，劳动报酬必须及时公开地核算到员工个人。在考核体系上，分别制定各级各层面考核制度、标准、细则等，对各单位、部门、个人的主要工作业绩和存在的不足，进行量化考核测评，并与薪酬、奖罚、晋升等直接挂钩。

3. 严格奖罚兑现

成立督查组织，加强日常监控，按规定考核，发现问题，立即追究到人，处罚到位。如：生产区队的计划准确率达不到90%以上，分别罚区队长和材料员300元、100元；因为采购原因造成积压的，罚矿供应部门负责人和具体经办人积压材料价值的各1%和0.5%；生产区队“二级库”回潮的，罚区队长500元。所有督查通报和奖罚决定，均在矿内网公布，以示警醒。

（五）加强材料储备经济化的信息管控平台建设

1. 明确建设原则

按照“统筹规划、合理布局、协调发展、分步实施、资源共享”的原则，进行信息化建设与管理，大力推广计算机网络信息技术，实现材料管理信息的准确采集和实时传递、目标的科学制定、任务的合理分解、质量的有效保证、职能的量化考核、数据的深层次挖掘和利用，为皖北煤电材料储备经济化运行提供平台支持。

2. 统一日常基础性业务

皖北煤电所属各矿采用“五统一”业务处理模式，即统一验收单据、统一结算单据、统一统计分析单据、统一信息系统、统一分布式数据库。皖北煤电信息中心设立顶级管理员，各矿设立部门级管理员，并确保管理员能够自行维护，有效降低中心服务器的数据处理量及网络流量。

3. 实行井口超市化信息化管理

利用网络技术、条码技术，开发应用系统，上述各类超市和大仓库，对材料的储存、发放全部实行超市化管理，实现了生产区队材料计划网上申请——矿供应部网上汇总初审——矿经管部网上审批——井口超市刷卡领取——系统即时结算和即时显示。当月卡内费用计划用完，将无法领出材料。全程无纸化，取消传统料单，方便、快捷，既减少库存、减少人员，又能即时显示各区队及全矿的用料情况，实现过程控制。

4. 实行设备及大型材料网络定置化管理

皖北煤电借助信息化管控平台，在煤矿全面推行设备及大型材料网络定置化管理，通过信息系统能即时显示设备及大型材料的使用、回收、库存等动态情况，利于井下设备及大型材料的调配，便于设备租赁费的准确结算，提高设备及大型材料的使用效率，减少不必要生产投入。

5. 推行加工件超市标准化信息化管理

一是开发加工件信息管理功能。皖北煤电在材料储备经济化管控平台上专门开辟一个加工件模块，编写网络信息系统程序，定义条形码。包括入库单位设置、加工件定价、仓库建立、月度预算、入出库管理、出库物资查询及库存盘点、物资回收、修复、领用、发放明细、汇总情况及报表生成等。同时，专门编订了加工件管理13位条形识别码，包含新旧料、存储地点、类别型号等分类定义，为加工件超市化管理打好运行基础。二是加工件网络系统仓库。设置同样分为以上四种类型，各库均有具有唯一性的单独编码设置，包含收入系数、指出系数以及是否为旧件仓库等内容，以此结算加工单位收入及使用单位支出。三是业务网络化运行。在费用预算上，月初由矿经管部依据当月生产作业计划及现场实际生产需要，下达各单位加工件计划金额，各使用单位依次刷卡领料。在加工件生产管理上，由矿物资部门根据生产作业计划，依照规范图纸提前加工，并分为新件加工和旧件加工两种，验收合格后进行条形码扫描，进入各存储区域上架管理。在网络结算上，管理平台自动生成《加工考核月报》《工资收入月报》《材料分类考核月报》等统计表格，矿经管部门以此作为加工单位和使用单位的收入支出考核依据，进入内部市场结算系统统一结算。

6. 推行修旧利废信息化

修旧利废工作是煤矿企业深挖内潜、降本增效的有效途径。皖北煤电在信息管理平台上增设了修旧利废信息化管理模块。包括定额、回收、发放明细表、修旧利废汇总表。

7. 强化培训

随着管理手段的升级和业务要求的提高，对从业人员提出了更高要求。皖北煤电及时组织进行业务技能与管理知识培训，设立微信和QQ学习超市，开展每日一题可视化教学，经常组织岗位技能比武；制定激励措施，鼓励自主学习，调动员工提升自我、精准操作的积极性。

三、煤炭企业“五位一体”材料储备经济化管理效果

（一）促进了煤矿各级管理人员思想观念的深刻转变和管理水平的提高。

2013年年底开始，皖北煤电将该做法成果推广到所属各矿，促进了广大员工尤其是各级管理人员材料管理意识的根本转变，由追求“手里有”变为“用时有”，由“用一备二”变为“用一要一”。节约意识明显增强，堆积如山、乱丢乱放的现象彻底消除，各类材料在规定地点码放整齐，挂牌明示，井下地面整洁有序。

（二）有效降低了吨煤成本，节省了大量资金

2013年，任楼煤矿全矿吨煤材料成本同比下降7.81元，较年初计划下降3.65元。2014、2015年，各矿吨煤材料成本均实现明显下降，皖北煤电吨煤成本同比分别下降22.21元/吨、101.49元/吨。皖北煤电2015年材料招标采购总额只占上年的79%，全公司材料储备资金占流动资金的比例由2013年的58%减为2015年的31%，为企业减亏脱困节省了大量资金。

（三）树立了企业的良好形象，推进了集团公司战略实施

皖北煤电的材料储备经济化方式在煤炭行业内受到一定程度的关注，安徽、河南、山东、山西等省的一些煤炭企业先后前来参观学习。皖北煤电凭借自身的经营管理、技术、人才等优势，进一步加快了“跨区域、调结构”发展步伐，目前，在省外拥有三对生产矿井、产能300万吨，两对在建矿井、产能1000万吨，成功托管4对矿井、产能1000万吨。

（成果创造人：颛孙祖田、万家思、龚乃勤、陈稼轩、胡兴权、张凤节）

百年国企以转型升级为目标的战略调整

中车石家庄车辆有限公司

中车石家庄车辆有限公司（以下简称石车公司），是中国中车的一级子公司，始建于1905年，现已成为集铁路货车检修、铁路特种车辆、轨道装备空调、城轨装备、新能源汽车、新型节能粮机、铁路配件等制造于一体的现代大型企业。拥有石家庄国祥运输设备有限公司、石家庄中车轨道交通装备有限公司、河北中车环保科技有限公司、石家庄中车粮食机械有限公司等6家实际控制子公司。现有员工4000余人，资产总额超过33亿元，营业收入20多亿元。

一、百年国企以转型升级为目标的战略调整背景

（一）克服内在发展要素制约，企业自身发展的需要

多年来，石车公司内部发展要素严重制约着百年国企的发展。一是长期从事货车修理业务，员工对接受新理念、新方法、新事物产生一定的惰性；二是生产场地狭窄，发展空间受限，只能维持现有的货车修理与部分制造业务，难以承担新项目、新业务的拓展；三是货车修理业务占本体总业务量的95%以上，造成了产品结构单一、附加值低、抗风险能力弱等产品劣势；四是工艺装备落后，劳动强度大，作业环境差，安全隐患大，场地狭窄造成工艺布局拥堵，不断进行工艺调整，费时费力且加重成本负担，属于典型的低端传统装备制造企业。必须进行战略调整，才能实现转型升级。

（二）产能过剩的铁路货车修理行业市场变化的需要

“十二五”期间，铁道部由政府主管部门变为经营主体，必然按照企业盈利模式来进行运输结构的调整，铁路货车修理规则的改变对企业发展形成严峻的挑战。一方面，面对公路、航空、水运等的激烈竞争，铁路货运运力不足，货车检修与制造市场的产品投放量必然减少；另一方面，货车市场竞争激烈，生产能力严重过剩。货车修理行业有13家企业，行业修理能力8万辆以上，而全年货车修理市场投放量在3万辆左右，行业生产能力严重过剩，竞争更加激烈，利润空间被进一步压缩。行业变化、区域发展这种外在环境制约迫使石车公司必须进行搬迁再造、战略调整。

（三）京津冀协同发展的区域经济发展的需要

近年来，京津冀区域经济发展作为国家战略加快步伐，石家庄市推行工业企业“退城进郊”政策，同时实施铁路入地工程。石车公司地处城区中心地带，铁路入地影响到货车进出厂专用线，整体搬迁在所难免。石家庄市还确立了“工业立市、工业强市”的战略目标，力争以五大基地的发展带动和促进全市工业经济的发展，出台了《关于加快主城区工业企业搬迁改造和产业升级的实施意见》和《关于加快五大基地建设的意见》等政策措施，着力培育一批在国内外具有较强竞争力的大企业，迫使百年国企加快战略调整、转型升级的步伐。

基于上述背景，石车公司于2014年借助搬迁再造的历史机遇，探索开展百年国企以转型升级为目标的战略调整。

二、百年国企以转型升级为目标的战略调整内涵和主要做法

石车公司在国家转变经济增长方式，大力推进传统装备制造业转型升级的新形势下，针对产品结构单一、附加值低和发展滞后、转型发展等突出问题，导入战略协同发展理念和战略管理方法，构建业务发展的新型运营机制和管理模式，设计转型升级发展目标框架体系，围绕两条主线，全面实施“调整+转型”发展策略，解决制约公司长远发展的瓶颈问题。向中高端装备制造、绿色产业发展，形成新的经

济增长点和后发优势，从而奠定企业再创新百年发展的基业。主要做法如下：

（一）进行战略分析，确立企业总体业务结构和目标

1. 深入分析企业面临的经营环境和优劣势，确立企业发展方向

石车公司运用SWOT分析工具和方法，明确企业发展策略，在适度保持货车修理规模、积极拓展轨道装备空调国际市场的基础上，充分利用集团品牌、技术资源及区域市场优势，大力发展中高端装备制造、绿色环保等新产业，实现企业转型升级和可持续发展。

2. 通过既有业务发展和新产业选择标准分析，确立业务发展结构

货车修理业务作为石车公司的主要项目，货修数量占据首位，具有完备的生产制造体系，积累了大量的修理技术经验，同时担负着3000多员工的收入来源。但若单纯依靠货车修理业务不能实现企业转型升级，必须发展新产业，才能支撑和实现企业可持续发展和转型升级的目标。

轨道装备空调业务作为石车公司发展的重点项目，国内市场占有率稳步提升，基本实现了铁路机车市场占有率、铁路客车、城轨市场占有率、高速动车市场占有率等都高于30%以上，年营业收入在10亿元以上。但若完全依靠空调业务也不能实现企业转型升级，必须发展新产业，才能支撑和实现企业可持续发展和转型升级的目标。

石车公司选择发展新产业问题上，确立四个标准。一是选择新产业，要符合国家产业发展政策导向；二是选择新产业，要高起点、高附加值、高水平；三是选择新产业，要立足于以铁路装备制造为基础，延伸发展相关新产业；四是选择新产业，要充分借助集团品牌、技术、人才资源及本企业区域市场优势，借助外力要与本企业优势相结合。

3. 确立业务结构调整总体原则和转型升级发展目标

从发展理念上，破除多年来被修理习气所困扰的旧有观念的束缚，由粗放式向精益化、效率型转变，实现由单一的、低附加值、低端的传统装备制造业向相关多元化、高中端装备制造业、绿色产业转型。从业务结构上，实现由低端传统装备制造业向高中端装备制造业转型发展。到“十三五”末期，实现货车、轨道装备空调、城轨装备、新型节能粮机、新能源汽车等业务结构发展比例为1∶2∶1∶1∶1。从运营机制上，实现由主体单一的国有独资公司向合资、合作等多元化的运行机制转型，按不同的业务板块建立多个实际控制子公司。

（二）传统业务通过“搬迁＋精益”实现转型升级

1. 货车业务实施搬迁再造和精益生产管理模式，为战略调整和新产业拓展提供硬件资源优势

第一，确立搬迁再造的原则和资金来源。整体搬迁作为河北省、石家庄市“十二五”时期的重点项目，从企业战略调整的高度确立搬迁再造的原则和立足点，与行业、集团战略布局相结合，与当地经济建设相结合，与企业自身的产品结构调整、转型升级相结合，将被动搬迁转化为战略调整、转型升级的踏板和桥梁。通过盘活土地存量资产，利用土地处置收益，获得新厂区建设资金，在实现货车板块升级换代的同时，预留发展空间，为新产业项目的开发成长获得各种资源支持。

第二，规划设计搬迁后产业园区总体布局及各业务板块的发展设想。货车板块整体搬迁入驻产业园区，轨道装备空调、工程机械、货车配件等业务在原厂址生产建设。在产业园区内培育开发城轨装备、新型节能粮机、新能源汽车等新产业。

第三，全面推进精益生产管理模式，进一步促进货车业务转型升级。为全面实施精益生产管理体系，新厂区工艺流程设计布局，按照精益生产理念和方法进行设计。整体搬迁后，下发《新厂区实施工位制节拍化生产推进方案》，按照工位制节拍化、一个流生产方式组织生产。

第四，借助技术工艺装备促进货车板块升级换代。在搬迁再造过程中量力而行，注重改变过去装备落后的现状，采购行业内比较先进的尖端工艺装备，新增设备540余台，占装备总量的30%，进一步

增强装备保工艺、工艺保质量的能力。

2. 轨道装备空调业务通过扩能改造、推行精益生产，为实现转型升级奠定基础

石车公司在对轨道装备空调市场环境和自身发展实际分析的基础上，在发展思路上进行战略性调整。一是争取政府资金支持，通过扩能改造提高产能；二是推行精益生产管理模式，提高效率和效益；三是发展重点在巩固国内市场的基础上向国际市场转型。

为适应快速增长的市场需求，“十二五”中期，经与省市协商沟通，争取到1.5亿元项目投资支持，在现有厂区内拓展2万平方米生产作业面积，对轨道装备空调业务进行全面产能扩充和工艺流程升级改造，增加重点设备，提高设备现代化水平。2014年，扩能改造完成后，较改造前实现产能翻番。2015年，组装过程实现精益化管理，精益生产覆盖率达到100%，整个生产过程实现精益化、模块化。

（三）新产业突破资源短板的制约，促进转型升级目标的实现

1. 借助集团品牌、技术优势和获取市场的能力，促成城轨装备项目落地和转型发展

石车公司将发展城轨装备业务放在首位。借助货车板块获取的土地资源，规划城轨装备用地及基础设施建设，2014年4月，完成设计招标、工程造价公司招标、监理招标等6项招标工作。2014年7月，城轨装备基地开工建设。从货车板块抽调人员从事城轨项目工作，并将选调人员分批到四方股份公司进行城轨装备制造技术培训。2015年年底，完成城轨基地厂房建设和制造装备的安装调试。2016年3月石家庄地铁3号线产品下线。至此，城轨项目实现了落地发展的目标。

2. 借助集团品牌、资金优势及生产制造能力，促成新型节能粮机项目落地和转型发展

发展新型节能粮机，对外依托集团品牌和资金资源，对内主要是依托工程机械完整的生产制造体系和能力。近年来，由于开发的工程机械项目受到经济下滑的影响，发展一度受阻，为充分利用工程机械制造体系，决定开发新型节能粮机项目。2014年5月，向原中国南车上报《关于对新型节能粮机产品产业化项目立项的请示》，经批复后，与原南车投资公司和吉林大学科学仪器有限公司三方签署协议共同出资，成立石家庄粮机公司，实现产业化运作。

3. 借助集团品牌、内部资源和获取市场的能力，促成新能源汽车项目落地和转型发展

“十二五”初期，利用国家扶持政策和京津冀协同发展的战略机遇，与地方政府商谈发展新能源汽车项目，利用兄弟企业—株洲时代的技术和品牌优势，研究建立北方新能源汽车制造基地，从长远发展的角度出发解决企业的发展问题。2014年年初，上报原中国南车《关于组建河北南车电动汽车有限公司的请示》，申请与株洲时代合作发展新能源汽车。经反复协商沟通，原中国南车、株洲所、石车公司三方达成协议，合作在石家庄发展新能源汽车业务。中车成立以来，中车决策层非常支持发展新能源汽车业务，在百家央企走进河北活动中，中车与河北省签署协议，明确发展新能源汽车。石车公司紧紧抓住这个有利时机，与集团、株洲时代等进行沟通协调，得到了集团和合作方的认可，上报的发展方案获得批复。至此，新能源汽车项目实现了落地发展。

（四）加强各业务板块战略协同发展和市场开发，最大限度地化解资源短板

1. 加强组织架构和资源配置等方面的战略协同发展

首先，在组织机构设置上，专门成立新产业管理部，具体负责城轨装备、新能源汽车、新型节能粮机等新产业项目的开发与管理。2015年年初，石车公司制定下发新型节能粮机、新能源汽车、工程机械等业务的经营管理暂行规定，规定相应的业务板块拥有产品生产销售权、物资采购权、内部分配权、人使用工权等，以相对灵活的经营策略，促进几个业务单元和业务板块的快速发展。

其次，加强市场机制下的资源配置的战略协同。在规划各产业板块和调整过程中，坚持既有产业和新产业一并总体规划布局，从政策支持、建设资金获取、市场开拓、人才配置等协同考虑。货车板块依托搬迁再造项目，通过土地置换，获取建设资金12亿元，实现从新厂区建设到搬迁、投产的自己供给；

轨道装备空调业务从地方政府获取 1.5 亿元的扩能资金，实现制造能力的快速提升和向国际市场转型；城轨装备、新型节能粮机获得了集团和四方股份建设投资支持，建成生产制造基地并实现量产；新能源汽车得到了株洲时代、地方政府的建设资金支持。以市场化配置各业务板块的人力资源，在不增加人员总量情况下，优化用工结构，达到各业务板块协同发展的目的。

2. 加强货车、轨道装备空调既有业务的市场开发

石车公司针对铁路货运改革对运输装备的迫切需求，运用“互联网＋”思维，研究铁路集装化快运商业运作新模式，完成装备模型设计制作，获得客户高度认可。货车海外业务从单一的配件出口发展到组件和整车出口，海外业务操作从自营出口发展到项目总承包出口，出口地区从非洲发展到北美、北亚。通过蒙古国铁路养护设备及车辆总包项目，利比亚、沙特等国家铁路工程车项目，中国香港铁路工程平车项目及出口南非配件等项目的执行，积累了丰富的项目运作经验，为进一步开拓国际市场奠定了坚实基础。

加强轨道装备空调业务市场开发。紧跟国家高铁外交的有利时机，制定市场开发规划，在稳步提高国内市场份额的基础上，积极布局国外市场，实现两个市场的“双提升”。借助南北车整合的发展机遇，开拓原先属于北车的部分市场，实现国内市场营业额的进一步提升。以成熟的技术、专业知名度、规模化经营和高质量的产品特性挺进国际市场，提高国际市场占有率和市场份额，增强海外市场的竞争力和影响力。

3. 加强城轨装备、新型节能粮机、新能源汽车等新产业的市场开发

加强城轨装备的市场开发，以河北省内地市城轨市场为侧重点。与四方股份公司积极合作，成功取得石家庄地铁 3 号线 20 列、共 120 辆产品订单，扎实推进城轨基地建设，完成全部工艺装备安装调试，实现“当年开工、当年建成”目标。大力推介以有轨电车为主导的绿色公共交通综合解决方案，探索融资租赁、项目总包等新模式，建立良好的政企合作关系。

加快推进粮机项目实施，优化产品工艺、积极开拓市场，2015 年年内签订订单 1200 万元。制订有效的营销策略，并根据实际情况不断调整；利用宣传册、网站、推介会、展销会等渠道加强产品宣传，让市场认可中车粮机产品；不断加强与各地经销商、客户的沟通，并加强与政府、大型集团等的战略合作，推销公司产品，建立并拓宽销售渠道；实时关注粮机市场动态，充分掌握竞争对手的营销模式、生产模式以及技术优势等各方面的信息。

（五）构建促进业务发展的管理模式与机制，确保战略调整的顺利实施和转型升级目标的实现

1. 货车造修推行精益生产模式和方法

以精益流程建设为基础，实施工位制节拍化、“一个流”生产方式，建设精益化货车造修管理体系。从工艺、技术、生产、采购、仓储等全方面推行精益理念和方式方法。同时与信息技术相结合，构建生产流、成本流、物资流和精益流等相互协同的信息网和战略成本管控体系，实现货车板块业务的升级换代。在货车修理与制造协同发展的基础上，建立从主要配件生产制造到货车修理、制造、售后服务整个产业链经营管理体系。同时在商业模式建立上，由原先的单纯修理、制造模式向“修理＋服务”“制造＋服务”转变，从设计到制造、使用、修理、售后服务等进行全程服务，为客户创造价值的同时提高自身的核心能力。

2. 轨道装备空调业务建立内外协同管理模式，采取合资合作方式，实施战略管控

石车公司自 2013 年起推行精益生产管理模式，进一步理顺工艺流程，消除不增值环节，打造精益制造生产线。在战略谋划、经营方针的制定等重大问题上，进行战略评审与管控。对于外部优惠政策、市场拓展等，与其他业务板块一并考虑，给予支持和争取。同时加强商业模式的重构，由单一的制造模式向“制造＋服务”模式转变，特别在拓展海外市场时，更加注重服务功能的作用，设立 23 个服务网

点和办事处，全程跟踪服务。产品研发实现由空调机组研发向空调系统集成研发的转型，建立起适应市场的研发机制和管理模式，搭建国际化公司的技术合作平台，确立在业内专家型企业的地位，引领中国列车空调系统的发展方向。

3. 新产业板块以合资合作的方式来运作，按照产业板块不同的特征确立不同的运作模式，进行资源统筹配置

城轨装备板块采取与四方股份合资合作的方式，成立石家庄中车轨道交通装备有限公司；新能源汽车板块采取合资合作的方式，推动与株洲时代电动汽车公司和石家庄双环汽车公司合资合作，成立由株洲时代电动汽车公司控股，石车公司和双环汽车公司参股的合资公司。现已按照合作协议进行试生产，在厂房、基础设施、设备等方面进行投入，满足生产任务的需求；新型节能粮机采取合资合作的方式，与集团投资公司和吉大科仪合作，成立石家庄中车粮食机械股份有限公司，现已按照前期签订的合作协议进行生产运作阶段，已实现量产和收入目标，项目运作伊始就建立起“制造、修理＋服务”的商业模式。

4. 构建投资和规划实施评价体系

在“十二五”发展规划的实施过程中，制定投资规划管理办法，规定按照发展规划总体布局和产业发展需要，对各产业板块战略性投资进行评审和后评价。以产业园建设为重点，以土地置换资金的方式进行投资，打造现代化的货车造修平台；同时兼顾城轨、新能源汽车、新型节能粮机的发展，按照投入产出和均衡、协同发展的原则，对各个板块进行投资后评价，提出评价报告，确保投资项目落地发展。

（六）强化激励机制建设和员工培训，为战略转型提供动力和人力资源保障

1. 推行新的绩效管理办法，发挥绩效的正向激励作用

为充分调动员工的积极性、主动性和创造性，促进产业发展，制定《全员绩效管理办法》，构建岗位 KPI 绩效指标和量化考核标准，增强绩效考评的针对性和实效性，优化绩效管理工作流程，促进员工持续改进绩效，形成规范化、系统化、一体化的绩效管理工作流程、沟通机制和考评办法，形成完善的绩效激励体系，逐步构建公司卓越绩效文化。

2. 推行项目奖励机制，发挥人才资源的最大效能

针对管理、技术人才依托科技项目、技术改造、管理变革等实践，发挥人才在技术和管理创新中专业引领作用，修改完善《技术研发项目奖励办法》《企业管理现代化创新成果管理办法》，完善技术研发项目评审流程，对 16 个新研发及引进新产品项目的评审、奖励工作，进一步调动技术研发和工艺技术人员的积极性、创造性，促进技术研发成果向经济效益转化。

3. 发挥企业文化软激励作用，形成促进产业发展的良好氛围

石车公司以搬迁为契机，系统规划和实施新厂区形象方案，出台《企业色彩管理办法》《企业环境目视化管理办法》，并将其贯彻到新厂区建设全过程，建筑物、标示牌、宣传环境的建设和设置，使整个新厂区外观呈现出系统化、标准化特征。开展“新平台、新形象、新作为”主题系列活动，激励和引导员工投入到战略调整和转型升级发展的轨道上来，促进员工投入到建设新厂区和新产业发展上来。围绕企业发展目标，建立起符合企业发展战略、具有本公司特色的企业文化体系，形成促进产业发展的良好的内外部氛围。

4. 加强员工培训，满足既有业务和新产业发展的需要

石车公司分批次组织管理人员、技术人员和一线操作骨干 1000 余人的工艺流程培训；组织工艺技术人员对搬迁工艺的研讨；组织生产管理人员进行精益生产、看板管理培训；组织编写技能操作类岗位《作业指导书》，为促进员工实现修造标准化作业奠定了基础。为城轨、新能源汽车等新产业培养人才，针对城轨车辆和新能源客车项目，制订新招聘入职和转岗人员培训计划和方案，组织安排 105 人次分别

到株洲时代电动汽车、青岛四方股份随岗培训。

三、百年国企以转型升级为目标的战略调整效果

（一）促进了企业经济效益稳步增长

石车公司实施战略调整以来，虽然受经济下滑和整体搬迁的影响，但还是取得了长足的发展。2015年实现营业收入21.76亿元，按照调整后的“十二五”营业收入目标，接近完成目标值。营业收入比“十一五”末增长了36％，比“十二五”初增长了3.40％。实现了“当年搬迁、当年运营、当年量产、当年盈利”，成为2015年中国中车货车企业中唯一盈利的企业。

（二）产业结构调整顺利实施，新老产业全面协调发展

实施战略调整以来，石车公司培育落地和发展了城轨装备、新型节能粮机、新能源汽车三个新产业板块。到“十二五”末，新型节能粮机、新能源汽车合计实现了营业收入3000余万元；城轨装备获得了200辆市场订单，首列车已于2016年3月下线。至此，石车公司已构建起“2＋3”产业发展新格局，也预示着产业结构调整趋于完成，为“十三五”快速发展搭建了平台。石车公司加快了货车和轨道装备空调既有产业板块快速发展，成为“十二五”发展的支柱产业和经济收入的主要来源。2015年，在整体搬迁的情况下，完成货车修理8071辆、货车制造11辆，配件实现营业收入7428万元，从而形成了从货车配件、货车制造和修理全产业链条运作体系；轨道装备空调板块国内外市场占有率稳步提升，实现产量13419台，实现营业收入15.41亿元，“十二五”期间平均增长速度17.13％。基本实现了货车、轨道装备空调板块的升级换代，制造品质、效率和产品规模大幅度提升。

（三）企业的社会影响力和知名度进一步提升，为企业长远发展创造了良好条件

实施战略调整以来，石车公司经济实力进一步增强，员工收入连续五年稳步增长；外部发展空间进一步拓宽，企业影响力进一步增强，产业园区名誉度、知名度得到有效传播，谱写了发展史上最辉煌的篇章，得到了河北省、石家庄市、中国中车领导的高度评价。

（成果创造人：赵维宗、王合法、贾海林、耿祥建、张建武、孙瑞林、陈伟京、王宏斌、唐绍明、郭宝健、温学春）

管理提升与降本增效

特大型电网企业追求卓越的“163”管理体系构建与实施

国家电网公司

国家电网公司（以下简称国网公司）是关系国民经济命脉和国家能源安全的特大型国有重点骨干企业，以建设运营电网为核心业务，承担着保障安全、经济、清洁、可持续电力供应的基本使命。国网公司成立于2002年，经营区域覆盖26个省（市、区），覆盖国土面积的88%，供电服务人口超过11亿。拥有省级公司27家、直属单位37家。连续12年获评中央企业业绩考核A级，名列中国服务业企业500强榜首，在2016年《财富》世界500强中排名跃居第2位，“国家电网”品牌荣获中国500最具价值品牌第1名。十多年来，国网公司坚定战略方向、保持战略定力、强化战略执行，一张蓝图绘到底，坚持不懈、持之以恒、攻坚克难、系统思考、顶层设计，确立科学发展总战略，以“两个一流”① 为方向，以“三集五大”② 体系为核心，以“三个建设”③ 为保障，全面推进“两个转变”④，加快建设“一强三优”⑤ 现代公司。国网公司积极抢占企业管理制高点，全面加强集团管控，深度整合核心资源，持续优化业务布局，主动参与国际竞争，综合运用先进管理理念和方法工具，促进管理质量和效率效益提升，形成了“163”卓越管理体系。

一、特大型电网企业追求卓越的“163”管理体系构建与实施背景

（一）肩负使命，履行央企“三大责任”的需要

国网公司肩负着重大的政治责任、经济责任和社会责任。全面履行“三大责任”，是国网公司应尽职责。履行政治责任主要体现在贯彻中央决策、服务国家大局、落实国家战略、保障能源安全，为全面建成小康社会、实现“中国梦”做出积极贡献。履行经济责任主要体现在建立现代企业制度，“瘦身健体”，提质增效，持续提升运营效率效益，全力将公司做强做优做大。履行社会责任主要体现在保障电力可靠供应，提供优质服务，进一步提升电力普遍服务、保障民生的能力水平。全面履行“三大责任”，必须将国家战略融入国网公司战略，坚持安全发展、清洁发展、协调发展、智能发展，通过构建和实施卓越管理体系，向深化改革要效益，向结构调整要效益，向管理改善要效益，在提质增效中取得新的成就。

（二）变革创新，解决制约公司发展瓶颈的需要

国网公司成立初期，可谓“新公司、老家底”，传统的管理体制机制、深层次瓶颈问题严重制约企业发展。一是小而全的电网发展方式不适应现代化大电网发展要求。长期受多种因素影响，中国电网大范围优化配置能源资源能力不足。传统电网管理体制各自为战的业务管理运作模式，制约电网大规模投资建设和安全高效运行。二是分散粗放的经营管理模式不适应公司核心发展能力的提升要求。受历史和地域环境等客观因素影响，中国各级电网企业产权层次多、权属多，管理链条长，集团优势、规模优势难以发挥，企业效率效益普遍不高。三是以生产为重心的业务流程不适应日益提高的服务要求。电网企

① 两个一流：世界一流电网、国际一流企业。
② 三集五大：人力资源集约化、财力资源集约化、物力资源集约化，大规划、大建设、大运行、大检修、大营销。
③ 三个建设：党的建设、队伍建设、企业文化建设。
④ 两个转变：转变电网发展方式、转变公司发展方式。
⑤ 一强三优：电网坚强、资产优良、服务优质、业绩优秀的现代公司。

业的工作重心长期聚焦于生产业务，存在条块分割、各管一块现象，经营管理体制已不适应“市场与客户导向”的总体趋势。四是多层级、长链条管理体制不适应日趋严格的监管要求。作为由部委转制而来的中央企业，国网公司治理结构、治理能力与现代企业和国际先进水平存有较大差距，必须破除体制机制障碍，提高企业治理水平和国际竞争力。

（三）与时俱进，做强做优做大中央企业的需要

国有企业是国民经济的骨干力量，是壮大国家综合实力、保障人民共同利益的重要力量，必须理直气壮做强做优做大。坚定不移深化国有企业改革，探索符合中央企业特征的管理模式，是党和国家赋予中央企业的历史使命和重要责任，也是培育世界一流企业的必然选择。

国网公司有责任也有能力落实中央决策部署，坚持创新发展、科学发展、绿色发展、可持续发展，在推动新动能培育和传统动能改造提升方面走在前列，更好地适应经济发展新常态、深化改革新形势、能源转型新格局，在保障国家能源安全和电力供应，服务经济社会发展，提升国家竞争力方面发挥更大作用。

二、特大型电网企业追求卓越的“163”管理体系构建与实施内涵和主要做法

国网公司的卓越管理体现为宏伟远大的目标、更高更严的标准、坚毅执着的信念，始终保持创新的激情、创造的活力、创业的追求，自我加压、迎难而上、锲而不舍；始终坚持一流标准，精益求精、善做善成，不断超越过去、超越自我，永不懈怠、永不停顿地向更高标准看齐、向更高目标迈进，建设“百年老店”，实现基业长青。国网公司对管理体制机制实施全方位变革，确立“一强三优”现代公司发展战略，实行公司运作集团化、核心资源集约化、电网业务精益化、运营管控标准化、管理平台信息化、公司发展国际化，建设电网调控中心、运营监测（控）中心、客户服务中心，构建具有国家电网特色的“163”卓越管理体系。主要做法如下：

（一）基于管理发展历程，科学构建“163”卓越管理体系

自成立以来，国网公司大力弘扬“努力超越、追求卓越”企业精神，科学制定发展总战略，确立卓越管理方向和路径，推动卓越管理体系构建与实施。在十余年发展实践中，逐步形成以“163”为核心的卓越管理体系，积累创建世界一流电网和国际一流企业的经验，探索出一条中国特色的电网企业管理创新之路。

1. “1”是指一个战略

国网公司将占领战略制高点，以战略管理办法为遵循、以发展战略纲要为引领、运用创新理念和全球思维制订战略、谋划发展。制定以“两个一流”战略愿景，全面建成“一强三优”现代公司为战略目标，“两个转变”为战略途径的战略体系，坚持一张蓝图绘到底，确保战略目标科学合理、战略管控一贯到底，战略定力一以贯之，以战略制胜提升企业核心竞争力。

2. “6”是指六大支柱

国网公司以“集团化、集约化、精益化、标准化、信息化、国际化”为重点，形成卓越管理体系六大支柱。

一是公司运作集团化。实行统一管控，坚持全局一盘棋，追求集团综合价值最大化，改变过去各自为战、分散经营模式。

二是核心资源集约化。对集团各种资源统一调配、集中运作，充分发挥资源的规模效应和协同效应，深入挖掘资源潜力，实现资源价值最大化利用。

三是电网业务精益化。应用现代先进企业管理工具，以服务和效益为导向，严控企业成本，提高投入产出水平，形成最优化的业务流程和模式。

四是运营管控标准化。在全局范围内形成统一的技术标准和管理制度，努力形成高度标准化的管控

模式。

五是管理平台信息化。以信息技术为手段，构建一体化网络平台，高效整合和运用企业内外部资源，实现企业核心要素和关键业务处理全过程信息化。

六是公司发展国际化。依托特高压、智能电网核心技术和公司管理优势，以"三电一资"① 为重点，统筹海外业务发展，形成全球业务格局。

3."3"是指三个中心

电网运行、企业运营和客户服务是电网企业经营管理的三项核心内容，建设"三个中心"是构建一体化监控、评价、反馈闭环的重要载体。

电网调控中心对电网实时监控，提升电网驾驭能力和应急处置效率。运营监测（控）中心对主营业务、核心资源、关键流程进行全面监测分析，掌握运营情况，消除管理短板，促进专业管理提升、业务横向协同、资源优化配置，支撑整体运营效率与效益提升。客户服务中心通过构建集中受理、分集实施、全程督办供电服务综合决策平台，解决基层营销服务"各自为战"、营销服务监控不到位问题。

（二）以集团化运作为抓手，健全治理结构与管控模式

国网公司采用战略控制型管控模式，总部承担战略管理者角色，子公司实行有限分权经营管理。

1. 按照现代企业制度，建立现代企业法人治理结构

完善治理结构，设立董事会、强化董事会功能，优化董事会结构并规范运作。接受国务院派驻公司监事会监督管理。按照"三全五依"② 总体要求，着力建设以法治思维引领、落实法治企业行为指引，以法治方式运作的现代公司。

2. 优化总部职能，集团总部管控能力有效提升

围绕总部战略决策中心、资源配置中心、管理调控中心、电网调控中心定位，不断优化总部组织架构、业务流程、管理机制，着力打造世界一流企业集团总部，不断提高总部领导力、调控力和带动力。

3. 压缩管理层级，规范优化组织机构

在法人结构上，通过总（分）部一体化运作，将原有国家电网公司、区域电网公司、省公司三级法人层级，压缩为国网公司、省公司两级。在管理层级上，将原有总部、省、地（市）、县公司四级压缩为总部、省、地（市）公司三级。

4. 把握"四个坚持"，形成"四统一"管控模式

坚持公司上下一体发展，电网、产业、金融协同发展，东、西部单位平衡发展，国内、外统筹发展，逐步形成"四统一"管控模式，即统一集约的核心资源管控模式、统一高效的核心业务组织模式、统一共享的保障体系、统一透明的评价改进体系。

（三）以集约化发展和精益化管理为核心，实现"三集五大"

扭住"集约化发展和精益化管理"关键，全面建成"三集五大"，构筑卓越管理体系重要环节。从核心资源和核心业务入手，全方位带动管理要素协同配合、管理流程精益高效，实现管理外沿的拓展与系统性、集成性的创新。

1. 核心资源集约化

通过对三大核心要素实行集约化管理，发挥规模经济效应，走内涵式发展道路。

一是人力资源集约化。建立"全员、全额、全口径"人力资源集约化管理体系。通过定编、定岗、定员，实现对企业用工科学管理和总量的有效控制。通过考核、考试、考勤，提高干部职工素质，激发

① 三电一资：电网、电源、电工装备、资源。

② 三全五依：全员守法、全面覆盖、全程管控，依法治理、依法决策、依法运营、依法监督、依法维权。

干事创业热情，盘活各类人力资源。建立健全“四级四类”人才体系，构建岗位、职级、人才等职业发展通道。

二是财力资源集约化。推进统一会计政策、会计科目、信息标准、成本标准、业务流程、组织体系，实行会计集中核算、资金集中管理、资本集中运作、预算集约调控、风险在线监控，加强电价管理、基建财务、财税筹划，建设集中、统一、精益、高效的财力资源集约化管理体系。

三是物力资源集约化。依托集团化采购平台和物资调配平台，形成“一级平台管控、两级集中采购、三级物资供应”运作模式，集中采购全面覆盖，深化供应保障、质量管控、风险防范机制建设，打造国内领先、国际一流的供应链管理体系。

2. 电网业务精益化

电网规划、建设、运行、检修、营销作为电网企业核心业务，在电力产业链中具有关键作用，以“五大”管理体系的建设，促进电网业务精益化发展。

一是“大规划”体系。强化规划统筹、计划管控、技术支撑，形成完整的规划功能和完备的规划能力，规划企业全领域业务，实施“规划一个本”“计划一条线”“管理一个口”“信息一平台”。

二是“大建设”体系。健全基建制度标准，推广应用“通用设计、通用设备、通用造价、标准工艺”，形成科学分工、分层管理、纵向贯通、横向协同的工作模式。

三是“大运行”体系。变革电网运行组织形式，充分发挥调控中心电网生产运行指挥中枢作用，发挥大电网资源优化配置优势，提升电网实时运行控制能力和故障处置效率。

四是“大检修”体系。以机构扁平化、资源集约化、运维一体化、检修专业化、管理精益化为建设方向，建立完善统一制度标准、业务流程、信息平台、绩效考评、资源调配的运转机制。

五是“大营销”体系。建设“客户和市场导向型、业务集约化、管理专业化、机构扁平化、管控实时化、服务协同化”的大营销模式，建立 24 小时面向客户的统一服务平台，持续提升供电服务能力、市场拓展能力和业务管控能力，提高营销经营业绩和服务客户水平。

（四）以标准化管控与信息化平台建设为重点，夯实企业经营管理基础

构建“全职责、全业务、全流程”覆盖的制度标准，统一策划、建设、发布和实施。推进信息化企业建设，打造一体化信息化平台，加强标准化建设与信息化融合，促进经营管理水平提升。

1. 运营管控标准化

一是推行统一标准体系。推进全方位技术标准化工作，形成包含国际标准、国家标准、行业标准、公司标准有机融合的技术标准体系。

二是推行通用管理制度。将管理标准和工作标准融入管理制度，探索一元订立、统一管理的制度标准运作机制。构建垂直一体的制度标准架构、普遍通用的制度标准内容，形成以通用制度为主、非通用制度和补充制度为辅的新型制度标准。

三是“五位一体”协同机制建设。以“流程全业务覆盖、全环节贯通、信息化和制度固化”为主线，引入 APQC（美国生产力与质量中心）流程分类框架，推动“职责、流程、制度、标准、考核”等管理要素系统匹配和整体集成。

2. 管理平台信息化

构筑新一代 SG－ERP 提升工程。制定“统一组织、典型设计、试点先行、分部推广”的实施策略，强化关键环节管控，搭建财务等八大业务应用模块，健全完善安全防护等六个保障体系，建设全球规模最大、功能覆盖最广、服务客户最多的单一企业一体化集团企业级信息系统。

建用并重、服务发展。将信息化工作全面渗透到各个管理领域和各个业务环节，建设公共信息平台，支撑业务管理向“扁平、集中、统一”转变，推动业务应用向一体化、集约化、精益化转变。

深化应用、提升水平。拓展业务应用的深度和广度，强化系统数据质量，常态化提升信息系统性能和业务应用水平。坚持以应用规范化管理为主线，加快全业务、全单位和全员信息系统覆盖，确保可用、能用、会用、实用。

安全防护、保障运行。首次提出“双网双机、分区分域、等级防护、多层防御”为主的总体防护策略，建设内外网分开信息网，加强信息纵深防御工作，建设安全接入平台、外网安全监测系统、安全治理体系；建成应急指挥信息系统，提升应对电网突发事件和配合政府相关部门开展应急救援的综合能力。

（五）以国际化经营为途径，增强国际竞争能力

认真贯彻落实党中央、国务院“走出去”决策部署，致力创建“两个一流”，走出一条战略引领、立足优势、依托主业、稳健经营的国际化创新发展道路。

1. 精准拓展全球业务布局

拓展国际市场，参与国际竞争，依托核心技术和管理优势，统筹海外业务布局，聚焦“三电一资”，整合各国商业机遇，注重项目长期盈利能力及业务协同性，努力向价值链、产业链高端延伸，共同推动海外项目实施和稳健运营。

2. 建设国际业务发展平台

以国际投资运营平台、电力工程承包平台、电工装备出口平台、国际融资平台等四个平台建设推动国际业务发展。

一是国际投资运营平台。探索海外投资并购经验，建立从项目筛选、尽职调查、估值、协议谈判，到签约、交割的全方位全过程国际业务管理体系。

二是电力工程承包平台。整合工程设计、项目管理与装备制造等资源，打造海外工程承包业务平台，创新业务模式，提升工程建设和商务能力。

三是电工装备出口平台。整合出口渠道和境外营销服务体系，构建覆盖全球市场、集中统一的境外营销及售后服务网络，打造具有核心技术优势的国际知名电气化成套设备和整体解决方案的战略性产业集群。

四是国际融资平台。成立海外投资有限公司，发挥企业整体实力和信用优势，统一境外融资与内部融通，降低融资成本，控制汇率风险，提供全面安全的资金保障，提高国际资本市场影响力。

3. 优化国际化业务管控模式

严格管控境外资产。实施差异化管控，构建国际业务团队，促进境外资产稳健高效运营。适应当地监管要求，实现重点环节管控。

大力推行本土化运营。采用本地化用工方式，提高在东道国亲和力。积极与当地政府、机构沟通合作，营造良好的营商环境。主动承担行社会责任，树立良好的品牌形象。

4. 健全风险管控体系

完善国际投资并购流程。建立决策体系、价值创造体系、支持保障体系、监督评价体系，实现国际投资并购全过程管理体系。

建立境外投资风险管理体系。构建境外资产运营监测中心，建成覆盖境外投资业务的风险管控流程。

（六）以“三个中心”为依托，充分发挥集团调控监督作用

依托电网调控中心、运营监测（控）中心、客户服务中心“三个中心”建设，实时监测管控关键资源、核心业务、客户服务质量。

1. 建成电网调控中心

将变电设备运行集中监控业务纳入电网调度统一管理，将配网抢修指挥业务纳入地、县调统一实施，充分发挥调控中心生产运行指挥中枢作用，提升驾驭电网能力和应急处置效率。强化国（分）调一体化、地（县）一体化运作，构建国（分）、省、地（县）三级调控管理体系，开展在线安全分析、综合智能告警、日前量化校核及日内滚动计划，推进调度业务在线化、智能化、精益化转型。

2. 建成运营监测（控）中心

构建总部、省、地（市）公司三级运营监测中心，全面监测主营业务、核心资源、关键流程，及时发现和协调解决各类问题，形成持续改进闭环管理机制，推动业务管控方式从“定期汇总报表”向“掌握明细业务情况”转变，业务流程管理由“专业纵向条线管理”向“专业化纵向贯通与横向协同统筹融合”转变。

3. 建成客户服务中心

构建集中受理、分级实施、全程督办的营销服务网络，为客户提供24小时不间断服务。在南京、天津设立国网客户服务南、北中心，承担27个省的95598电话服务，实现集中受理、统一查询、流转、监控。优化整合服务资源，打造“两全三化”供电服务平台，全面、客观、准确评价公司服务状况，提高供电服务和社会责任履行能力。

（七）以保障机制为支撑，促进卓越管理体系改进提升

建立保障机制，以组织体系和企业文化建设为卓越管理保驾护航。依托卓越管理方法工具，发挥其“加速器”功能，形成卓越管理闭环，使追求卓越成为企业发展和员工成长过程中共同的思想遵循、行为准则，推进管理由优秀迈向卓越。

1. 组织体系建设

国网公司党组高度重视，强化引领带动。公司党组亲自指导、直接参与，树立全球能源视野、秉承现代企业理念、注重卓越导向思维、坚持战略引领发展、强化依法从严治企、履行社会责任担当，脚踏实地、真抓实干，团结带领广大职工攻坚克难，推动卓越管理取得实效。

发挥政治优势，厚植卓越管理。贯彻《关于在深化国有企业改革中坚持党的领导加强党的建设的若干意见》等文件精神，通过党组会、总经理办公会研究重要议题，科学、民主、依法决策。结合开展党的群众路线教育实践活动、“三严三实”专题教育、“两学一做”学习教育，提升全员思想境界与“四个意识”，将党组政治优势和组织优势转化为国网公司卓越管理优势。

强化组织领导，明确归口管理职责。形成卓越管理体系强有力的领导、组织与管理流程，统筹推进卓越管理体系构建实施。明确归口管理职责，企业管理协会负责卓越管理理论研究与实践管控，统筹组织、协调卓越管理体系推进。总部各部门负责卓越管理全局性重大决策和管控。

发挥基层作用，卓越管理落地生根。省公司落实总部决策部署，围绕卓越管理体系构建任务目标，加强业务管控，地（市）、县公司协同化运作，打造具有坚实管理基础与专业深度的管理末端。直属单位根据功能定位，为卓越管理提供支撑和保障。

2. 企业文化建设

以卓越为灵魂，培育完善的企业文化理念。培育符合社会主义核心价值观、管理内涵丰富、时代特征鲜明的企业文化理论体系。推进企业文化全面融入中心工作、企业管理、制度标准、员工行为，促进企业文化建设与企业管理的相融共进。

以落地为根本，形成卓有成效的企业文化氛围。全周期闭环管理企业文化建设，实施企业文化传播工程、落地工程、评价工程，不断创新丰富企业文化，使之成为公司卓越管理体系提升完善的沃土。

3. 管理方法工具

二十四节气管理表。以一个年度、每个月份、各专业、各层级为划分依据，清晰勾勒全年工作计划，形成全年工作的“二十四节气表”，明确各阶段工作重点和主要内容。据此，决策层掌控工作大局，管理层安排工作计划，执行层自觉履职尽责。

绩效考核制度。落实企业负责人经营业绩考核有关办法，实施分类管理和差异化考核。完善全员绩效管理体系，优化管理机关目标任务制和一线员工工作积分制考核模式，构建各类岗位任职能力素质评价模型，严格落实绩效考核结果应用。

资产全寿命周期管理。明确业务范围及协同关系，形成覆盖寿命周期各阶段、各环节的业务体系。制定资产管理技术标准，建立统一完备的实物资产管理策略体系。全面开展资产管理绩效监测。构建实物流、价值流、信息流“三流合一”的资产管理业务流程。

对标管理。开展国际、国内、内部对标，采用多维、专业、专题对标等方式，对各级单位经营和管理情况进行内、外部对比评价，改进管理水平和经营业绩。

卓越绩效评价。引入欧洲质量奖卓越绩效模型和美国波多里奇卓越绩效评价准则，建立国网公司卓越绩效考核评价体系，开展自我评价，发现工作短板，明晰改进机会，消除管理空白项、补足管理短板，发挥管理优势，促进卓越运营。

三、特大型电网企业追求卓越的“163”管理体系构建与实施效果

（一）实现了电网、公司全面发展，“两个转变”取得新突破

电网发展世界领先。改变了就地平衡的电力发展方式和区域分割的电网发展模式，国家电网网架结构、配置能力、科技装备、整体功能全面跨越提升。特高压工程输送容量和电压等级不断突破，累计投运“四交四直”工程，在建“四交七直”工程，大范围优化配置资源能力大幅提升，架起青藏、川藏两条电力“天路”，建成投运世界输送距离最长、容量最大、电压等级最高，技术水平最先进的特高压交直流工程。

电力供应安全可靠。建成大电网安全综合防御体系，电网安全稳定运行。供电能力和质量显著提高，城市、农村供电可靠率达到99.969％、99.879％。圆满完成汶川地震等重特大自然灾害抢险救灾和恢复重建任务，完成奥运会等重大活动的供电保障任务。

科技创新能力显著增强。形成了系统完善的科技创新体系，建成世界领先的特高压和大电网综合实验研究体系，拥有国家级实验室18个。“十二五”期间，累计荣获国家科学技术奖19项、中国专利奖46项；累计拥有专利50165项，连续五年位居央企首位；主导编制22项国际标准，形成国家、行业标准839项。国网公司整体技术水平从跟随到超越，实现了“中国创造”和“中国引领”。

改变了松散粗放的管理方式和封闭低效的经营模式，建成管理规范、治理科学、业绩优秀的现代企业集团。“十二五”期间，经营业绩保持中央企业前列，资产、收入、利润分别迈上3万亿、2万亿和800亿元台阶。全员劳动生产率提高25万元/人·年。连续12年四个任期获评国资委经营业绩考核A级单位，2016年，国网公司位列《财富》世界500强排名第二位，中国企业500强第一位。

（二）实现了全方位国际化发展，“两个一流”迈上新台阶

推动了全球能源互联网发展，实现资源配置国际化。电网发展向“特高压电网＋智能电网＋清洁能源”转变，发起成立全球能源互联网发展合作组织，成功召开全球能源互联网大会。全球能源互联网抢占了全球能源发展的战略制高点，引领了世界电网发展方向，为人类应对资源紧张、环境污染、气候变化三大挑战提供了必由之路，对人类可持续发展产生了重大而深远的影响。

带动了中国技术、标准和理念“走出去”，实现业务布局国际化。特高压、智能电网等先进技术走向海外；国产电工装备在海外项目中得到广泛应用；一系列中国电力行业的技术标准被输出到世界，成

为新的国际标准；在 IEC 立项国际标准 15 项；在 IEEE 立项国际标准 6 项。国网公司荣获电气与电子工程师学会标准协会（IEEE−SA）标准管理局“企业卓越贡献奖”。

拓宽了海外项目投资渠道，实现运营管理国际化。投资运营 6 个国家和地区的骨干能源网，境外资产达到 380 亿美元、利润 11 亿美元。成功中标巴西美丽山特高压送出特许经营权和埃塞俄比亚、印度等国电网工程总承包项目，设备出口、海外工程承包合同金额累计达到 18 亿美元和 212 亿美元。连续 4 年获得国际三大评级机构国家主权级信用评级。

增强了中国能源资源安全保障能力，实现品牌形象国际化。国网公司与周边国家已建成 10 条互联互通输电线路，为落实中国外交和能源战略发挥了重要作用。跨国电网项目有利于营造和平稳定的国际安全环境，有利于实现进口能源种类的多样化，有利于分散能源供应风险，促进了中国能源结构调整与转型升级，为低碳发展提供了新动力。

（三）全面彰显了管理品牌价值，“内质外形”建设实现新提升

绿色和谐供电水平持续提升。国家电网满足了 GDP 年均增长 7.8%的用电需求，新增并网发电装机容量 4.2 亿千瓦。风电、光伏发电装机容量分别比 2010 年增长 3.1 倍和 48 倍，国家电网成为世界风电并网规模最大、光伏发电增长最快的电网。五年消纳可再生能源 37568 亿千瓦时，减少煤炭消耗 11.9 亿吨，减排二氧化碳 29.7 亿吨，有力地促进了生态文明建设。2006 年以来累计投资 381 亿元，解决了 192 万户、750 万无电人口通电问题，实现“户户通电”目标。

责任央企形象成功树立并不断深化。国网公司先后获得“中华慈善奖”“中国最具社会责任感企业”“中国企业社会责任特别金奖”等多项荣誉，是获得国内外社会责任奖项最多的企业，内质外形建设成果丰硕。

（成果创造人：刘振亚、李向荣、杜宝增、张　宁、伍　萱、朱　峰、丁世龙、王宏志、冯来法、陈国平）

大型发电企业集团以战略为引领的全面创新管理

中国大唐集团公司

中国大唐集团公司（以下简称中国大唐）成立于2002年，是中央直接管理的特大型综合能源企业。截至2015年年底，资产总额7300多亿元，在役发电装机容量1.27亿千瓦。

一、大型发电企业集团以战略为引领的全面创新管理背景

（一）破解经营发展难题，推动企业科学健康发展的需要

中国大唐成立后的快速扩张积累了较多矛盾和问题：经营理念落后，发展方向出现偏差。偏离企业经营发展应追求价值创造的本质，过于追求速度和规模，忽视经营效益和价值创造。投资布局失控，企业发展结构失衡。在追求速度、规模思想指导下，投资管理粗放，盲目投资，造成电源、区域、产业、股权结构失衡。工程建设粗放，企业技术装备水平差。工程项目的技术装备选择不注重长远发展需求，不能聚焦“效益”，低效小容量机组比例高，高效大容量机组比例低，工程建设各阶段管控粗放，致使装备技术性能和主要技术经济指标低于行业先进水平。生产运行不精益，资产运营效率低。部分生产设备建成投产后，不能达到设计值标准；设备生产运行过程管控弱，能耗指标和环保指标落后。科技资源分散脱节，科技创新能力弱。系统科技资源散、小、杂，科技资源的协同效应不能有效发挥。科技管理职能交叉重叠，条款分割、部门壁垒严重。科技创新链条不能有效贯通。核心要素管理松散，集团管控能力不强。缺乏对成员单位、核心业务和关键资源的有效管控，规模协同效应得不到有效发挥。集团不能对各电厂的生产运行做到集约管控，对于发电企业最大的成本项燃料缺乏集约采购与管理，财务资源不能实施集约化管理和集团化运作。

（二）适应经济形势变化，实现企业可持续发展的需要

近年来，我国能源电力行业的发展环境发生广泛而深刻的变化。要求企业深化结构布局调整，加快转变发展方式，实现有质量、有效益的发展。首先，随着我国经济进入增速换挡期，电力需求增速大幅下滑，规模扩张的基础发生根本改变，企业必须调整长期以来“跑马圈地”粗放模式。其次，电力改革和国资国企改革持续深化，要求企业加快全面改革创新，提升核心竞争力，强化企业内部监督，提升规范化运营水平。再次，资源环境约束日益趋紧，环境污染防治、大气雾霾治理，要求企业加快绿色、低碳转型。为了适应新形势新要求，中国大唐必须围绕提升发展的质量效益、市场竞争能力、绿色发展能力、集团管控能力、规范运作水平，加快实施全面创新。

（三）实现创新驱动发展，打造企业核心竞争力的需要

我国提出并实施创新驱动发展战略，第三次能源革命和技术变革孕育发展。国家明确要求，以绿色低碳为方向，大力推动能源技术、产业、商业模式等创新。中国大唐作为特大型能源企业，创新能力不强。贯彻国家创新驱动发展战略，顺应能源产业变革和科技革命的全球大势，必须以科技创新为核心推动全面创新，提升创新驱动发展能力。

中国大唐实施以战略为引领的全面创新管理，是破解企业经营发展困境的现实选择，是积极适应我国经济发展变化、加快推动转型升级的必然要求，也是落实国家创新驱动发展战略的主动作为。

二、大型发电企业集团以战略为引领的全面创新管理内涵和主要做法

中国大唐确立“价值思维、效益导向”核心价值理念，围绕提升发展质量效益主题，聚焦制约经营发展的关键问题，以战略变革为引领、以企业核心价值链条（投资、建设、运营）为主线，系统推进投

资管控、项目建设、生产运行、科技研发、集团管控等方面的创新，加快业务科学布局、统筹发展结构优化、加强技术装备改造升级、推进生产运行全面优化、充分发挥科技在引领发展和支撑管理中的作用、提升集团管控能力，有效破解积累的问题矛盾，推动企业从规模速度型向质量效益型转变、从外延式增长向内涵式增长转变、从粗放松散管理向精益集约管理转变，加快实现国际一流能源集团的战略目标。主要做法如下：

（一）优化调整战略，引领企业系统创新

针对偏离企业“创造价值、贡献效益”的速度规模导向型发展战略带来发展困境的历史状况，中国大唐在总结发展经验教训、研判内外部形势条件的基础上，及时优化调整发展战略，制定实施新的发展战略，如图 1 所示。

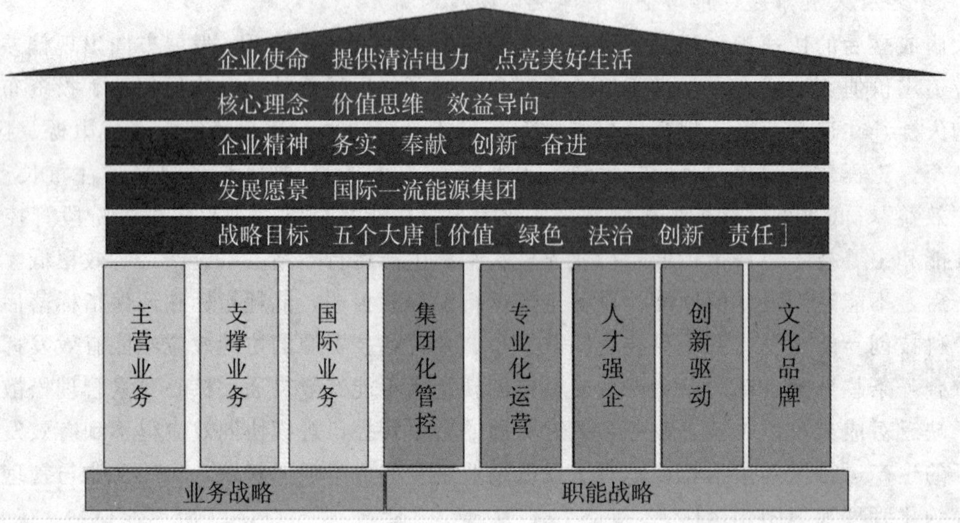

图 1 中国大唐的“一五八”发展战略体系

1. 实施战略变革

为推动企业从规模速度型向质量效益型转变，实现转型升级发展，优化调整发展战略，确立“价值思维、效益导向”的核心理念，改变原来求大求全、片面追求规模速度的理念，回归企业创造价值的根本任务。确立“价值大唐、绿色大唐、法治大唐、创新大唐、责任大唐”的“五个大唐”战略目标，改变原有战略片面追求装机规模、资产总量等目标的做法，引导科学、协调、可持续发展。确立业务归核化的发展策略，将企业的核心要素和优势资源配置到电力主业上，通过提升发展的质量效益，增强企业的核心竞争力，改变原来盲目多元化做法。确立绿色清洁的转型升级路径，转变“大干快上”、主要依靠技术装备水平不突出的常规煤电机组的增长方式，大力发展高技术集成的新能源可再生能源发电，以及清洁高效节能环保大容量的煤电机组。

2. 以战略引领全面创新

在战略的统一框架下统筹部署、协同推进各方面的创新任务：创新投资管控方式，针对“大干快上”造成布局不科学、结构失衡的问题，通过加强全面计划、全面预算、全面风险、全面责任管理及它们之间的相互衔接，实现投资活动的闭环管理和刚性控制。创新项目建设模式，针对工程项目的技术装备选择不优，导致后续运行管理基础差的问题，实施工程项目“优化建设”。创新生产运行管理模式，针对存量发电厂生产运行的主要技术经济指标不能达到设计值标准、能耗环保指标达不到要求等突出问题，开展生产设备的“优化运行”。提升科技创新能力，围绕科技创新资源分散、各环节不协同、创新能力及服务经营发展能力不强的问题，建立“管—研—产—用”协同创新体系。创新集团管控手段，聚焦关键业务及核心资源运营管理分散、效率不高、失控风险大等问题，运用互联网+技术建立生产、燃料、资金三个调度中心。

（二）强化投资管控，优化发展布局与项目选择

针对原来“大干快上”时期出现的投资方向偏差，项目投资效率偏低、风险较高，投资管理粗放、“花钱失控”，出现损失难以追责等问题，中国大唐在“一五八”战略的统领下，强化投资管控，从计划、预算、风险、责任等关键环节等方面全面加强管理，并推动四个环节的有效衔接匹配。基于投资管控创新，推动有序投资、合理进退，实现发展布局结构的调整和优化。

1. 从严强化投资的计划管理

投资方向对接“一五八”战略方向，将项目划分为四类：优先发展支撑结构调整、转型升级且效益预期有保证的东部沿海经济发达地区的项目，大力发展回报水平高、盈利能力强的新能源项目，限制发展效益与规模不匹配的低效煤电项目，坚决压缩有规模无效益以及与主业无关的落后项目。实施全面计划管理，从源头上把好投资质量关，确保计划安排项目的高效和科学性，有效保证项目执行刚性，杜绝项目无序开发、随意调整。

2. 刚性执行科学精益的投资预算

根据“优化建设”新成效，按照“基于企业平均、适度体现领先”原则，修订编制火电、水电、风电、太阳能发电工程定额，构建科学合理的预算编制基础。加强预算与投资计划的衔接，建立电量—投资—成本—效益联动模型，建立明确的资源配置标准和机制。基于现代信息技术，实施各经营单位预算、投资资金结算的在线控制，解决项目前期和建设过程中预算管理松散、花钱随意问题。

3. 强化投资风险管理

将风险管理职能并入计划管理部门，强化计划、风险管理衔接。健全项目投资事前、事中、事后全链条风险管控机制：实施项目公司设立章程审查制、项目投资风险评估制和项目后评价制，形成从项目前期决策、开工审查到项目后评价的闭环管理。

4. 强化投资责任管理

建立投资项目目标承诺制及成功度考核制，项目公司主要负责人与集团事先签署承诺书，约定项目主要技术经济指标、投资收益率等，建成投产后，对照承诺书实施考核兑现。基于项目后评价建立投资责任追溯机制。

（三）实施“优化建设”，提升企业技术装备水平

针对原来项目建设的技术装备水平选择不注重长远（高效大容量机组比例低）、管理方式粗放造成项目技术装备水平不高、低成本竞争优势不明显、质量效益不优等问题，从前期可研、工程设计、设备选型、施工到投产对项目建设全过程进行优化，降低造价、提高效率，打造“工期短、造价低、质量优、效益好”的精品工程，实现项目全生命周期效益最大化。

确立优化建设的技术路线和标准。以“行业先进、适度领先”原则确立火电、水电、风电和光伏等各类发电的技术路线与设备选型方向，制定“一库一方案一清单”。“一库”指技术库，包括需要加快应用的新技术、新工艺、新装备、新工法；“一方案”指《典型技术推荐方案》，其中明确主要工艺系统布置、主要设备选型、主厂房布置及结构等；“一清单”指负面清单，因领先优势不明显而限制使用的技术装备清单。

健全技术路线的应用机制。建立指标倒逼机制，动态跟踪行业先进水平，按照“跳起来摘桃子”的原则由总部统一确定各项目主参数、能耗、排放、绩效等主要技术经济指标，倒逼项目单位应用先进适用技术实施优化建设的力度。建立集中技术审查机制，在大唐科研院组建工程中心，作为技术支撑平台统一承担项目可研、初设、造价的优化评审，重大变更、技术方案等的审查，典型技术方案、重大技术

创新的研究。

加强对工程建设的全过程管理。加强过程控制，确保对项目进度、质量、造价、技术水平的刚性管理。一是再造业务流程，适应生产等部门参与工程管理的要求，将项目建设从可研到达标投产的全过程划分为 6 个阶段性流程，明确责任和要求。二是强化过程控制。为保障流程严格执行，设置 11 个控制节点，具体包含 31 个工作模块和 87 个控制重点，实施过程审查。

强化对优化建设工作的评价考核。按照“结果为主、过程为辅，定量为主、定性为辅，指标为主、管理评价为辅”原则，建立各类项目评价指标体系，指标涵盖效益、造价、质量、管理、设计、工期六方面内容。

（四）实施“优化运行”，提高生产运行效率效益

针对高速发展时期投产的一批煤电机组主要技术经济指标落后，部分机组难以达到设计值标准，能耗过高；环保排放指标“压线”运行，环保风险大；生产经营管理脱节，难以适应上游煤炭、下游电力市场的问题，从发电业务全过程入手，综合运用技术、管理手段提高基层电厂的生产运营规范化、标准化和精益化管理水平，优化运行指标、降低企业成本和节能降耗水平、提升效率效益。优化运行主要围绕发电业务链的五个主要环节实施。

优化主要技术经济指标。以设备设计值为基础，以 20%行业先进值为补充加权复合，建立两层次指标体系，确立优化运行的奋斗目标。

优化升级改造。普查及诊断机组运行问题，针对性遴选通流提效、吸收式热泵供热、煤粉动态分类等 46 项技术实施改造提升，为后续优化奠定基础。

优化燃料管理。运用优化采购结构、加强数字化煤场建设、深化配煤掺烧等手段加强燃料全流程管控，降低燃煤单价、提高质量。

优化运行方式。应用 CO 控制电站锅炉运行优化系统、机组启动优化技术等 26 项优化运行技术，加强日常设备治理、运行调整，实现设备各项技术经济指标达，并努力打造一批同类领先的示范机组。

优化电量结构。在完成年度电量计划的基础上，实施区域经济优化调度，通过电量转移，让节能环保机组多发电。

优化运行管理。依托生产调度中心加强安全及节能环保管理、内部经济调度、对标管理等，提升营管控能力。

（五）构建协同科技创新体系，提升科技研发能力

1. 优化整合科技创新资源，建设集约协同的科技研发机构

针对过去科技资源分散、交叉重叠、专业界限划分不清、功能定位不明确，各单位自主组织实施科技研发，协同攻关能力弱，专业化作用得不到充分发挥等问题，中国大唐对已有科技资源进行优化整合，形成由“一院、二中心、四所”构成的“中国大唐科学研究院—专业化研究中心—区域试验所”架构的科技研发机构。组建中国大唐科学研究院：将系统原来各专业公司和下属单位的科技研发资源进行剥离、整合重组，组建中国大唐科学研究院，开展综合研究和重大科技攻关。组建两个专业化研究中心：将分散在相关下属发电企业的水电、风电、太阳能发电方面的科技资源进行剥离、整合，组建水电和新能源两个专业化研究中心，即中国大唐大坝安全监督管理中心、新能源研究中心，开展水电和新能源方面的专业化科技攻关。组建四个区域性试验所：将各省级发电企业所设立的试验所、技术中心进行整合优化，建立分区集约化研究试验机构，组建东北、华北、华东、西北四个区域级试验所，开展区域性的科技试验。

2. 加强科技管理职能集约整合，提升科技管理水平

针对过去科技管理职能分散的问题，整合集约科技管理职能，优化科技管理体制机制。强化顶层协

同职能，成立由主要领导挂帅的科技领导小组，作为科技管理的最高决策机构，着力解决实践中各单位、部门科技创新协调难度大的问题。集中归口部门职责，将分散在总部相关部门的科技研发管理、科研单位管理、科技产业管理、科技示范项目管理等职能集中到集团科技信息部，消除管理上的“条块分割”和“多头管理”问题。规范全系统科技管理职责，参照总部科技部的管理职能，明确系统各单位的科技管理职能部门和职责定位，强化科技创新各环节的统一管理。

3. 打通管—研—产—用链条，提高科技创新成果转化应用效果

针对科技创新管—研—产—用各环节脱节，科技创新成果转化效率低的历史状况，中国大唐集团明确各环节有关单位的功能定位和职责，建立健全运行机制，构建了由“集团科技信息部—科技研发机构—系统各产业公司—系统各发电企业”构成的“管—研—产—用”四位一体科技创新运行体系。明确科技创新链条各单位职责，集团科技信息部负责科技创新工作的归口管理，集团各单位（部门）根据业务发展需要提出科技攻关需求，集团科技研发机构按照功能定位和职责划分开展科技攻关，集团各产业公司根据专业划分开展科技成果的转化应用和产业化，系统各发电企业根据业务、生产和管理需要推动适宜本企业的科技成果在本企业推广应用。建立科技与生产运行协同的组织机构，根据核心业务和关键资源集约化管理的需要，在“一院、二中心、四所”的技术研发平台基础上进一步组建支撑生产调度、燃料调度、资金调度、工程建设等的技术支撑与服务平台，包括技术中心、检验检测中心、清洁能源发电培训中心、国际电力数据监测诊断中心、国际燃机检修中心等。建立科技创新成果产业化支撑体系，为加强科技创新成果的转化，提升产业化发展能力，中国大唐布局以大唐环境产业集团为核心的火电节能环保产业，组建以华创风机制造公司为核心的新能源科技创新成果产业化应用平台，推动火电节能环保、新能源装备制造等核心技术成果的产业化应用。建立各环节协同运行激励约束机制，为促进各环节的有效协同，中国大唐出台相应管理办法，将科技创新能力、科技创新成果转化、新技术应用、产业化的效益等纳入对相关企业的绩效考核范畴，实现科技创新全链条的闭环约束。

4. 加强科技创新队伍建设，提升科技创新核心能力

针对中国大唐科技创新人才队伍素质不强，一流科技创新人才缺乏，科技队伍结构不合理等突出问题，中国大唐根据国家科技创新人才队伍建设要求，结合“大唐工匠”人才队伍建设，着力加强技术研发队伍和技术应用队伍建设。加强技术研发队伍建设，重点是加快建设由学术带头人领衔的前沿性、基础性研发队伍，努力提升科技研发机构的人才队伍素质，提升科技开发与创新能力。加强技术应用队伍建设，为强化科技创新成果的转化应用，重点在生产经营单位培养生产技术革新、成果转化、咨询服务能力突出的应用型技术队伍，促使科技创新成果高效转化和应用。

5. 加强重大科技攻关，提升科技引领支撑企业发展能力

针对过去科技创新能力不足，重大核心技术对外依赖性强的问题，在整合优化科技创新资源、建设完善科技创新体系的基础上，加大科技攻关力度，着力突破一批关键核心技术，实现科技对企业创新发展的支撑引领。按照“创新储备一代、研究开发一代、应用推广一代”的基本思路，大力推进二次再热超超临界、百万千瓦高效超超临界空冷、高背压双转子供热、背压机供热、智能热网等成熟先进技术的研发。目前，部分项目已经取得突破性进展，进入工厂化验证阶段。在燃煤火电烟气协同脱除技术方面，已取得重大突破，开创以高效除雾器为核心、与电除尘协同脱除的超低排放改造全新技术路线，示范工程在大唐阳城电厂投入运行。

（六）开展集约化管理，提升集团管控能力

在优化调整后战略的总体指导下，在全面加强投资布局、项目建设、生产运行管理创新、科技创新的基础上，进一步从集团层面加强统筹管控，提升协同效率、发挥规模效益、防范重大风险、提升执行

力至关重要。要加强集团管控，重点是管控和核心业务和关键资源。对于大型发电企业而言，其核心业务是电力生产运行，其关键资源是电力燃料和资金，因此加强集团管控关键是实施关键要素的集约化管理，加强生产、燃料和资金的管控。

1. 实施生产运行集约监控

为提高对电力生产的"在线"管控能力，实现电力生产的早期预警、实时诊断、远期预测和设备全生命周期性能优化，中国大唐运用先进的信息技术及设计理念，建立覆盖三级生产经营主体，涵盖电力、煤炭等主要生产业务领域，安全可靠、实时高效、信息畅通的生产调度中心。生产调度中心包括企业生产实时数据中心、实时监控平台和生产管理平台三大部分，涵盖实时数据监控、机组耗能诊断、环保在线监测、机组实时对标分析四项核心技术，实现过程监控、生产管理和经营支撑三大功能。

生产调度中心实现对生产全过程的在线监控、分析和预警，并能够满足政府部门的安全、环保监管要求，是中国大唐开展"优化运行、确保安全、降本增效"的重要平台与抓手，是集团总部监测、管控生产现场的窗口，为安全生产的可控、在控提供支撑，对于提高集团管控能力、提升企业管理效率、促进"价值思维，效益导向"理念的落实，具有重要意义。

2. 实施燃料集约管控

为有效控制燃料采购成本、降低燃料供应风险，提高燃料配置效率，发挥规模采购效应，中国大唐运用现代信息技术，建立燃料调度中心，对燃料实施集约化配置。通过对"三级主体"（即集团公司、省级公司、基层发电企业）、"两根链条"（燃料价值链和实物链）、"三个环节"① 的管理，抓住煤炭这一火电企业成本控制的"牛鼻子"，推动企业降本增效、打造低成本竞争核心优势。燃料调度中心的基本结构是"三层五模块"，即基层企业的燃料实时采集统计系统、燃料运营监督与分析系统、科学配煤掺烧管理系统，省级公司的区域燃料市场信息统计分析系统，以及集团公司的燃料阳光采购平台五大功能模块，集中管控系统所有火电企业燃料。通过燃料调度中心，实现采购、优化配置、燃料使用、过程管控等关键环节的闭环集约管控。

燃料调度中心实现多主体复杂多样环境下的燃料集中采购和优化配置、多煤种高效分级利用、集团化燃料"采制化存"一体化，推动全集团所有火电企业实现燃料规范化、标准化、智慧化闭环管控，发挥"显微镜"和"望远镜"的作用，有效提高燃料供应保障能力、控制燃料供应成本、降低燃料供应风险。

3. 实施资金集约化运作

针对资金分散运作模式下效益不能充分发挥、风险不能有效监控等突出问题，中国大唐运用现代信息技术，建立覆盖全部经营单位，包含账户管理、资金预算、定向支付和预警四大模块，实现账户监控、资金监控、预算监控、资金配置、金融信息、统计分析、图形展示七项功能的资金调度中心，实现对资金的集约管控。

资金调度中心实现资金流实时监控、智能识别、可视化动态感知，解决每年 2 万亿元资金流的在线监控问题，发挥"保险箱"和"蓄水池"的作用，风险得到有效防控，大幅提升中国大唐资金的集约化管理水平和风险防控能力。

此外，为了提升系统创新管理的协同水平，也积极从组织体系、人才队伍、激励约束、制度建设、企业文化五个方面建立支撑全面创新的协同机制。

---

① 以控制价格为目标的前端采购管理、以降低损耗为目的的中段电厂煤场管理，以及以降低成本为目的的后端配煤掺烧管理。

三、大型发电企业集团以战略为引领的全面创新管理效果

（一）回归企业价值创造本质，企业发展绩效得到明显改善

通过战略优化调整，确立了“价值思维、效益导向”核心价值理念指导下的“一五八”归核化发展战略，改变了规模、速度优先的发展模式。在全新战略指导下，企业发展方式实现初步转变：

一是结构调整成效显著。通过强化投资管控，电源、区域、产业、股权结构得到显著改善。电源结构方面，清洁能源占比大幅提升，2013—2015 年累计投产电源项目 1273.42 万千瓦，其中清洁能源 806.6 万千瓦，占 63.3%。到 2015 年年底，在役在建总装机 1.49 亿千瓦，清洁能源占 31.48%。区域结构方面，东部沿海经济发达地区项目加快布局，煤电基地国家重点项目稳步推进，西南水电基地开发形成规模，风电等新能源向中东部非限电地区扩张。产业结构方面，聚焦做强主营业务，非电业务创收盈利能力稳步提升，煤化工业务板块实现重组整合，低效无效资产加快处置，金融、物流及环保科技产业累计创造利润 90 多亿元，售电、新能源、分布式能源等新兴业务拓展速度加快。股权结构方面，归属母公司净利润由连续六年为负转为连续三年为正，2015 年达 11.53 亿元。

二是经营业绩屡创历史新高。2013—2015 年连续刷新历史纪录，在消化大量历史遗留问题近 200 亿元的前提下，分别实现利润 109.61 亿元、120.58 亿元和 173.16 亿元，同比分别增长 49.33 亿元、10.97 亿元和 52.58 亿元。被国务院国资委评为 2013—2015 年任期考核“业绩优秀企业”和 2015 年“节能减排优秀企业”。

三是资产负债率连续三年下降。截至 2015 年年底，资产负债率降至 82.46%，较 2010 年历史最高点下降 4.89 个百分点。

（二）建设运行整体有序推进，企业市场竞争能力显著增强

通过工程的优化建设和生产的优化运行，改善了技术装备水平，大大提升了工程建设和生产运行管理水平，提升了市场竞争能力。

技术装备水平明显改善。通过优化设备技术选型和优化建设，企业 60 万千瓦及以上机组容量占比提高到 51%，企业整体技术装备水平、运营效率和可靠性、经济性能、污染物排放控制绩效明显提升。

工程建设质量效益全面提升。初步设计都能控制在行业限额设计指标之内，设计概算较核准投资降幅达 6%以上。通过优化建设，18 个项目设计供电煤耗平均下降 6.75 克/千瓦时，12 台 60 万级机组平均达到 291.67 克/千瓦时；14 台 30 万级机组平均达到 298.7 克/千瓦时，能耗指标均达到国内同类型机组先进水平，环保指标达到超低排放要求。山东滨州热电项目 1 号机组等项目达到精品工程水平，得到了国家能源局高度认可。

能耗指标大幅下降。通过优化运行，企业主要能耗指标持续下降。2013—2015 年，供电煤耗累计下降 9.27 克/千瓦时，折合节约标煤 3836 万吨。2015 年，供电煤耗 309.62 克/千瓦时，比全国平均水平 315 克/千瓦时低 5.38 克，居于行业先进水平。

环保指标跃居行业先进水平。通过优化运行，到 2015 年年底，燃煤机组 100%安装了高效脱硫、脱硝及除尘装备，脱硫系统旁路封堵率达 98.6%，二氧化硫和氮氧化物减排任务完成率居行业首位。脱硫、脱硝效率分别高达 99%和 85%，主要污染物排放处于行业先进水平，被国资委评为“节能减排优秀企业”。

（三）系统管控科学协调合理，集团效益风险防控效果显著

通过实施集约化管理，企业管控能力显著增强，基础管理得到强化，集约化运作效益显著，企业风险得到有效防控。

集团管控能力大大增强。通过建立生产、燃料、资金调度中心，大大提升了企业集团管控能力。生产调度中心在线管控机组占集团总装机容量的 95%，燃料调度中心实现火电板块各二、三级单位的

100%管控，资金集中度由89.19%提高到92.24%，统一结算率由98.27%提高到99%以上。

集约化运作效益显著。通过发挥规模效应、协同效应，大大提升了企业经济效益。生产调度中心通过加强机组运行管理、企业环保管理、指标对标管理、设备状态监测分析等节约成本约14.8亿元。燃料调度中心通过集中采购和优化配置创效15亿多元，通过配煤掺烧节约成本18亿元。资金调度中心日均监控资金50亿元。在支撑节能降耗、绿色发展方面产生巨大社会效益，三年来二氧化碳减排7600万吨、二氧化硫减排54.7万吨、氮氧化物减排77.3万吨。

（四）科技创新成为原发动力，企业发展潜力得到巨大提升

通过科技创新资源的整合优化，建立完善高效科技创新体系，显著提升了企业科技创新能力、企业发展潜力和科技产业发展能力。

大量关键核心技术取得重大突破。中国大唐率先取得高参数二次再热火电机组、“高效亚临界机组”改造、火电厂污染物集成减排控制、风光热互补项目等一系列行业前沿技术的重大突破。

科技创新成果丰硕。2013—2015年，累计获得国家专利2218件，其中发明专利207件，主持或参与行业及以上标准118项，47项成果荣获国家或行业科技进步奖。其中，2015年，新增科技成果364项，4项获得省部级奖励；新增专利1033件；主持和参加制定国标、行标51项，国际标准7项。

科技产业实现快速发展。2015年，科技板块合计实现收入119.86亿元，同比增长33.62%；实现利润10.82亿元，同比增长10.52%。脱硝催化剂年产能达到4万立方米，市场占有率达42%，均居国内第一，累计实现利润7亿元。环保工程累计业务量位居国内前列。

（成果创造人：陈进行、邹嘉华、胡绳木、王　森、金耀华、
栗宝卿、刘传东、刘峰彪、李云峰、杨新林、陈　武）

特大型油田基于“三线四区”效益评价的决策与运营管理

中国石油化工股份有限公司胜利油田分公司

中国石油化工股份有限公司胜利油田分公司（以下简称胜利油田）是中国石化集团公司下属的第一大油田企业，是以石油、天然气勘探开发为主营业务的国有大型能源企业。自1961年发现并投入开发以来，共取得矿权面积15.3万平方千米，累计探明石油地质储量54.1亿吨；累计生产原油11.29亿吨，约占同期全国产量的1/5；累计上缴利税8905亿元，为国民经济建设、石油石化工业发展和区域经济社会进步做出了重要贡献。截至2015年年底，资产总额1576亿元，员工总量14.42万人。

一、特大型油田基于“三线四区”效益评价的决策与运营管理背景

（一）适应行业发展新常态，实现提质增效的有效手段

2014年以来，国际油价在断崖式下跌后持续走低，全球石油行业进入了“寒冬”期。胜利油田也自勘探开发以来首次出现亏损，亟须坚决打破油价持续高位造就的以产量为中心的思维定式，打破靠规模扩张、投资拉动、垄断优势盈利、市场保护的路径依赖，解决高油价下掩盖的产量成本结构矛盾突出，成本竞争力不强等一些制约可持续发展的潜在问题。转变发展方式，建立油价、产量、成本、效益的统筹平衡优化机制，创新基于“三线四区”效益评价的决策与运营管理，作为应对低油价、优化资源配置、提高发展质量、确保效益的有效手段。

（二）支撑老油田中后期复杂生产技术开发，化解成本压力、改善管理的有效途径

目前胜利油田已进入中后期开发阶段，地下资源接替差，类型复杂，层系多，涵盖世界80%的油藏类型，开采技术以断块、稠油、低渗、三次采油等复杂工艺为主。地上油区内覆盖4万余口油水井、上千座站库，城乡、浅海、滩涂、沙漠、戈壁均有工区分布，生产链条长、工艺流程复杂、技术要求多样，大量的生产设施都在地下，管理难度大，不同于制造业标准流水线生产，是典型的资金、技术、人员的密集性企业，成本结构矛盾突出，人工、折旧等相对固定成本占到75%。地上地下投入产出不清晰，成本动因复杂、成本核算困难，降低完全成本，调整成本结构难度大，进而影响效益评价与提质增效。

（三）落实国有企业深化改革提升资产创效能力，提高资源开发效率的必然选择

面对经济新常态，胜利油田必须主动适应，深化供给侧改革，强化创新驱动，实施价值引领管理。通过实施创新驱动，强化创新链与产业链、价值链的结合，构建激发创新活力的体制机制，全面推进管理创新、科技创新，不断聚集发展新动能、释放发展新动力。通过价值引领管理，以提高发展质量和效益为中心，全面开展供给侧改革，做好增量、盘活存量、主动减量，去低效无效产能、去高成本措施、去高耗能设备，降成本增速、降非生产性支出，确保节点成本最低、系统效益最优，提高资产创效能力。基于“三线四区”效益评价的决策与运营管理是胜利油田深化改革，提高资源开发效率的必然选择。

二、特大型油田基于“三线四区”效益评价的决策与运营管理内涵和主要做法

胜利油田坚持“算效益账、干效益活、产效益油”“左右不了油价、但可以左右成本”的理念，科学创建效益评价模型方法，精益节点核算管理，配套运行机制保障，以市场为调控阀，统筹优化配置资源配置，建立弹性决策、治理挖潜、效益激励的生产经营新模式，实现由以产量为中心向以效益为中心转变，由靠规模扩张、投资拉动向靠结构调整、存量挖潜转变，由开发油田向经营油田转变，由技术配

产向经济配产转变，由事后算账向事前算赢转变，由传统粗放型管理向现代内涵式发展转变。主要做法如下：

（一）科学谋划，系统拓展，创建效益评价模型

1. 科学构建“三线四区”效益评价模型

2014 年 12 月，应用边际贡献理论和量本利分析法，创建“三线四区”效益评价模型，作为统筹油价、产量、成本、利润的有效工具。

一是划分三条成本线。以量本利分析法为指导，把产量作为成本的驱动因素，根据“本”对“量”的敏感程度，将油田成本分为运行成本、增量成本、固定成本。运行成本对产量敏感、当期受效，是油气生产过程中从提升、处理到再注入所需要的最基本成本，包括电费、材料费、维修费等。维持老井生产运行的基本支出，对应老井和新投井产量。增量成本对产量敏感、跨期受效、具有投资属性，包括作业费、稠油热采费、化学驱费。改进老井的生产能力，对应措施产量。固定成本对产量不敏感的成本，包括折旧折耗、人工成本、期间费用等。与产量没有直接关系，发挥间接支持作用。

二是设置四个效益区。基于油田生产经营特点，对比三条吨油成本线与产出效益（油价扣税），将评价对象划分为盈利高效、边际有效、增量低效、运行无效四个效益区。当吨油完全成本小于油价扣税时，划入盈利高效区，当吨油完全成本大于等于油价扣税且吨油操作成本小于油价扣税时，划入边际有效区；当吨油操作成本大于等于油价扣税且吨油运行成本小于油价扣税时，划入增量低效区；当吨油运行成本大于等于油价扣税时，划入运行无效区。

三是构建“三线四区”效益评价模型。通过“三线四区”效益评价模型，针对机构（胜利油田、采油厂、管理区）、油藏（区块、单元、单井）两类对象，体现“市场导向、动态分级、分类施策、效益提升”原则，结合油价波动与成本动态，实现效益分级、分类施策，指导油田效益提升。

四是指导油藏与机构的分类施策。针对不同效益区，重治理、轻关停，采取分类施策，指导效益生产。对于运行无效区，采取间开、关井等措施，优化生产运行，降低运行成本，突出运行增效。对于增量低效区，优化技术方案，控制增量成本，突出技术增效。对于边际有效区，优化投资决策，挖潜固定成本，突出管理增效。对于盈利高效区，重点保障、优先实施，突出全方位增效。

2. 拓展配套模型工具

一是洋葱模型。建立单井（单元、区块）洋葱模型，将单井成本科目像洋葱皮一样层层叠加，使用“成本分层、节点展开、量价耗解析”功能，从“比先进、比贡献、比进步”三个维度，开展建对追创，进行全成本挖潜。

成本分层：将三条成本线细分为成本要素，作为单井的成本洋葱皮，开展成本对标。

节点展开：根据生产流程，按生产和组织节点分类核算，根据各科目的归集路径，反向追溯到节点，通过吨油、吨液等单位成本指标拉齐机构、油藏的对标基础，按生产过程展示、分析各成本要素的消耗水平。

量价耗解析：从业务量、单价和单耗三个角度，剖析成本驱动因素，分析高成本耗点和低效益产量的潜力，加强重点成本要素及大额成本项目的过程管控，制定针对性的挖潜增效措施。

二是经济配产模型。建立经济配产模型，以运行成本作为边际成本，以油价扣除税费作为边际收入，当边际收入等于边际成本时，确定目标油价下的最优经济产量规模。当油价上升时，经济产量增加，效益增加；当油价不变时，如果产量增加，亏损加大，效益减少。

3. 系统拓展应用功能

以“三线四区”效益评价模型、洋葱模型、经济配产模型等为支撑，进一步加强与油田重点工作的融合，系统拓展为“经济配产、事前算赢、跟踪评价、分类施策、对标挖潜、效益考核”六大应用功

能，建立以年度决策部署为龙头，以月度弹性预算为枢纽，以评价、治理、考核三层管控闭环为保障的经济产量效益评价决策体系，实现效益全过程、全方位、全系统、全口径提升。

（二）节点核算，强基固本，精益成本动态管控

1. 细化规范节点核算内容

按照油田构成生产流程和生产工艺的最小基本管理单元，将成本效益的管理主体由行政单位进一步细化到节点，由18家油气开发单位扩展为70个油田、1903个单元、44231口油气水井，实现投入产出责任主体的匹配。将节点细分为生产节点和组织节点，为便于量价耗解析，将成本、收入、业务量、价格纳入节点核算范围，建立起覆盖生产经营全过程的24类生产节点和22类组织节点，确定每个节点对应发生的277个成本指标、82个内外部收入指标、20个业务量指标、65个单价指标。

2. 统一成本归集标准

第一，开展“节点要素”的两维计量，将成本、收入、业务量等指标核算到各类节点。运行、增量和固定成本的区分取决于产量对成本要素的敏感性。如油井的电费属于运行成本，管理区本部的电费属于固定成本。第二，开展节点量化归集，按照谁受益、谁承担原则，将生产和组织节点各类指标按照井站、站站、井井的对应关系，根据不同成本动因，统一归集到油气井，实现投入产出空间上的匹配。第三，打破财务年度核算区间，将增量成本在有效期内进行受效归集，实现投入产出在时间上的匹配。解决以往分摊多，归集少，投入产出效益评价不精确的问题。

3. 建立指标、责任“两标体系”

第一，以分公司271项预算指标为骨架，从基层单位管理需求出发，拆分为符合本单位实际的明细预算指标，并与节点核算指标相互对应，确保预算指标分解落实到成本节点，核算指标有预算水平作指导。将ERP成本核算转化为生产人员更为熟悉的业务管理成本模板，编制68个成本模板，涉及46类节点、27个生产过程、367个指标，实现节点成本指标采集的标准化。第二，建立“谁用谁填，谁管谁审、横向到边、纵向到底”成本责任体系，自上而下逐级分解落实预算指标，自上而下逐级管控成本目标。按照“要素”和“节点”，二维确定成本填报岗位，明确成本模板，把成本填报责任落实到人头，实现源头采集。涵盖油田132个管理区，307个业务部门，2655个业务岗位，形成“千斤重担人人挑，人人肩上有指标”的全员成本目标管理良好氛围。

4. 实施成本管控“三清三结”

第一，运行成本日清日结。对管理区的电费、材料、运输、维修、监测测试等运行成本，精确计量到节点，做到单井单元日效清，实现日度效益动态评价。第二，增量成本次清次结。对实施的作业、稠油热采、化学驱等增量成本，精确计量到单井，实施项目管理，做到次次归集、次次结清。把投入产出的效益情况，从月度、年累和有效期三个维度评价效益及经济有效率，做到跟踪评价、动态优化。第三，固定成本月清月结。每月将折旧折耗、人工、土地租金等固定成本，精确计量到节点，做到当月原油产量、完全成本、实际盈亏月效清。

（三）事前算赢，弹性决策，精准优化资源配置

1. 突出年度“经济配产”，科学测算“四笔效益账”

按照新井、老井、措施等要素，精细测算不同油价下的经济产量，重点算好“四笔效益账”，即以全成本测算的财务盈亏账，以运行成本测算的边际贡献账，以操作成本测算的现金流账，以勘探开发运行实际测算的生产能力账。第一，老井经济配产，重在边际利润。按开发单元、运用运行成本进行效益测算，有边际利润即为经济产量。以开发单元为主体，依据当前产量成本、各单元的自然递减率，测出未来一年“运行成本—自然产量”曲线，以油价为调控阀，推算老井经济产量规模和利润。第二，措施经济配产，重在增量增效。按单井、运用操作成本进行效益测算，增量边际利润即为经济产量。根据措

施成本和措施有效期内增油量、当年增油量，计算不同类型措施的盈亏平衡油价，测算不同油价下的有效工作量、增油量和效益。第三，新井经济配产，重在增产增效。按产能项目、运用完全成本进行效益测算，预算油价条件下税后内部收益率大于12%即为经济产量。

2. 突出月度"事前算赢"，弹性调控效益目标

在年度效益目标指导下，开展月度弹性预算管理，采取"两上两下"的优化运行模式，根据油价走势、成本效益等情况，制定月度产量、工作量、成本、利润等弹性预算指标，解决下月"老井开不开、新井投不投、维护扶不扶、措施上不上"的问题，达到"以月保季、以季保年"。第一，开展四个维度效益评价，开发单位实施分类算赢，重点关注无效单元、无效井、关停井、措施井，预测下月产量、成本，结合预计油价，开展边际效益分析，测算老井、措施井的经济产量、边际效益、利润，上报油田进行审批。第二，实施"五位一体"分专业产量结构优化平衡，开发、工程、生产、计划、财务等部门分类审核，对新老措产量结构及规模进行综合优化平衡，实现产量优化平衡全方位对接、全过程留痕，各开发单位负责进行优化落实。第三，落实好四种效益挖潜，实施效益平衡。对关停无效单元（单井）实施减产减亏，回收无效成本；对恢复的经济有效产量增产增效，回收效益；对未关停无效单元（单井）实施综合治理效益升级，实施稳产保效；对月度效益出现负差单位下达成本挖潜增效任务；实现回收成本与产量、工作量调控的精准对应。

3. 突出实时"跟踪评价"，动态管控效益运行

通过日度、月度和有效期三维度效益评价，实现"评价对象全覆盖、效益跟踪比差距、分类施策指方向、增效责任有落实"，成为过程优化的标尺。第一，实施动态日度效益评价，实行"运行成本日清日结，增量成本次清次结"，实现"单井单元日效清"，应用经济极限方法，用三条产量线代替三条成本线，计算单井、单元、油田的无效、低效、有效、高效极限产量，对比日度产量与三条产量线，实现日度跟踪评价，提高效益评价工作的动态性。第二，实施有效期动态评价增量投入效益。开展作业、稠油吞吐等增量成本投入产出快速评价，实施项目管理，从月度、年累和有效期三个维度评价效益及经济有效率，跟踪评价增量低效区块（单元）治理效果。第三，实施月度效益评价，与月度算赢方案对比，分析本月实际完成情况与上月算赢方案的差异原因，明确尚需优化、调整、提升的产量、业务量和成本运行方案，为下月算赢方案提供优化调整方向。关注油藏、机构的效益升降级，评价月度油藏与机构的生产能力、成本水平和效益级别，开展区块（单元）投入产出分析，分析产量异常、成本异常和效益异常，跟踪低效无效区块（单元）治理效果。

（四）对标挖潜，分类施策，精准治理提效升级

1. 突出全过程"分类施策"，实现治理升级

第一，实施三类预警确定治理对象，对月度事前算赢暂不关停单元（单井），月度跟踪评价效益降级单元（单井），日度效益评价无效单井进行效益预警；对"四化"建设管理区自动识别生产异常进行生产预警；对月度对比预算发现重点成本项目超支进行预算预警，按照管理权限推送到开发单位、管理区和班站，明确综合治理需求。

第二，精准制定分类治理措施，根据生产、效益和预算三类预警信息，依据开发动态分析成果，制定问题整改、潜力提升及优势保持对策，采取"优、延、缓、关"等不同措施，实施"一块一法""一井一策"。针对无效单元也有盈利井，高效单元也有无效井的情况，对高含水、低能量、高成本、维护周期短的四类井，采用"四类十六法"，实施"一井一策"，对319口井制定"补能量、优工况，控躺井、延周期"等促进单井、单元效益提升的措施。

第三，跟踪治理效果。跟踪治理措施的技术经济指标，实施评价考核，实现全程管控。

2. 突出全成本“对标挖潜”，实现提质增效

通过“横向比先进、纵向比进步，规模比贡献”，建立领先标杆，抓两头带中间，引导各单位找潜力点、挖增效点、降漏失点、消盲缺点。第一，开展全方位对标。按成本结构、生产节点、增存量、油田和油藏类型五方面进行对标，建立按类型、分板块、全要素的“对标”管理体系，包括自然递减率、措施有效率、人均管理费等 211 项存量创效指标，全面开展比学赶帮超工作，与标杆对比找差距、补短板、促提升。第二，开展全成本挖潜。应用洋葱模型的“成本分层、节点展开、量价耗解析”，选择同油田、同单位、同油藏类型进行对标，发现高成本对象，剖析高成本要素。采取针对性挖潜措施，实现全口径、全过程成本挖潜。第三，开展全员节约挖潜。深入开展比学赶帮超、争旗夺星等活动，全面实施节电管理精细到“1 度电”、作业占井周期精细到“1 小时”、原油脱水参数精细到“5ppm、1℃”等精细做法，广泛推广“零成本”维护、“脚踩鸡蛋”省油管理等基层妙法实招，形成群策群力降本创效的生动局面。

（五）价值引领，效益导向，精确量化绩效考核

1. 构建起提质增效为导向的绩效考核体系

突出效益导向，利润指标权重由 60%提高到 65%；突出低成本战略，油气单位完全成本指标权重由 5%提高到 10%，勘探开发成本 2%；注重发展质量，稀油自然递减率指标权重由 3%提高到 5%，新增经济可采储量 5%、注水综合指标 3%、用工控制及劳动生产率 5%。建立以月保季、以季保年的考核运行机制，对开发单位月度考核内部利润、总交油气量及十项管理费用；季度考核利润、油气单位完全成本、总交油气量；完不成考核指标按所欠比例及所占权重扣罚月度类别效益工资。加强季度预兑现与年度考核的结合，将月度预算累加作为季度预算目标，对各项指标奖惩标准按照年度经营目标责任书规定执行。

2. 强化基层单位效益化考核

按“比先进、比贡献、比进步”三个维度，区别盈利亏损、贡献大小、稳效增效，强化单位奖励水平与效益指标完成情况紧密挂钩，引导各单位提升效益水平。第一，盈利亏损不一样。拉大盈利单位与亏损单位的利润基础奖差距。盈利单位利润超额部分按 50%—70%比例进行奖励，亏损单位减亏部分按 30%—50%进行奖励。第二，盈多盈少不一样。进一步按照盈利大小、人均利润多少，对盈利单位设置奖励台阶，拉开盈利单位之间奖励差距。第三，亏多亏少不一样。对亏损单位奖励标准按亏损总额、人均亏损进行分档，由一档调整为三档，拉开亏损单位之间考核差距，促进亏损单位自觉加压，调动减亏积极性。同时，加大高成本单位的考核力度，按亏损额大小分三档实行成本差异化考核，成本超支扣罚比例由 5%分别提高到 6%、8%、10%，促进单位降本减费。

3. 员工全面实施价值积分管理

从行为、效率、质量、效益四个维度，加强对员工工作量、劳动效率、工作质量、创造效益的量化考核，建立“工作有标准、管理全覆盖、考核无盲区、奖惩有依据”的员工价值积分管理绩效考核体系。通过分析、梳理员工工作岗位职责，依据工时定额标准、工作质量标准、现场操作规范和具体管理实际进行标准量化赋分。利用工作写实、现场监督和工作检查，将员工工作数量、质量、效率、效益进行积分累加和痕迹化管理，员工奖金分配与积分多少直接挂钩，多劳多得。

4. 强化油田发展质量的单项奖励

建立总经理奖励基金，加大油田可持续发展勘探成果奖励，设置勘探重大发现奖，储量任务增值奖，一体化优化井奖，优秀勘探项目奖，加大科技创新奖励标准，提高奖励标准，新增年度配套奖励 1100 万元以上。加大十大降本减费增效项目组专项奖励，设置作业稠油、用工管控、外委费用控制、资源优化、节能降耗、土地清查处置、销售增效等项目组，责任部门奖金与降本减费挂钩。加大全员成

本目标管理专项奖励，从成本领先程度、贡献程度、进步程度三个维度进行奖励，涌现出系统节点、价值积分等先进管理经验，进一步提升成本精细化管理水平。

（六）固化流程，标准管理，强化运行机制保障

1. 强化制度化建设

先后出台《胜利油田分公司低油价下油田开发生产及运行管理实施细则》《胜利油田分公司低油价下月度预算运行办法》《胜利油田分公司“三线四区”经济运行模型应用管理办法》三项管理制度，明确各级部门的决策与运营管理职责，形成低油价下的油田开发生产机制，以两上两下为核心的月度弹性预算优化机制，以月度评分、季度检查、年度综合考评为主要内容的经济运行应用机制，编制《经济产量效益评价决策体系应用操作手册》，为决策层、管理层、操作层提供应用支持。

2. 实施标准化管理

发布《“三线四区”经济运行模型应用管理规范》，统一构建“三线四区”效益评价模型、洋葱模型和经济配产模型，规范效益评价方法。发布数据采集标准，规定数据来源、采集手段、采集频次、采集模板、数据内容，发布标准化预算管理指标体系、成本管控责任体系。明确模型应用和数据管理的分工职责，各业务部门和基层单位按照“谁主管、谁推广、谁负责”的原则，拓展各层级模型应用的深度和广度。发布应用操作指南和典型应用案例，从单井核算、功能应用、运行机制三个方面阐述经济运行方式，指导基层单位正确应用。

3. 搭建信息化平台

建设“经济产量效益评价决策平台”，用来辅助经济配产决策、支撑弹性预算管理、细化区块目标管理、强化经济活动分析。在数据层整合集成开发、定额、生产指挥等业务量数据，实现价值量数据的在线采集；在逻辑层建立方法库、模型库和指标库，实现数据整合、多维校验、业务流推送、授权管理；在应用层，支撑经济配产、事前算赢、跟踪评价、分类施策、建对追创、效益考核等核心功能应用。目前已全部涵盖 34 个二级单位，132 个管理区，137 个后勤辅助单位，实现分公司、采油厂、管理区、注采班站 2802 名管理用户的在线运行。

4. 实现一体化统筹优化

勘探开发、工程技术、财务管理、投资发展、生产运行等“五位一体”充分利用模型方法工具，统筹配置生产、技术、经济资源，推动生产、投资、财务“三大计划”的深度融合和精准编制，最大限度地实现经济生产、均衡生产和稳定生产。年度按不同油价确定产量规模、效益目标和挖潜增效方案，月度实施“四单三会”标准弹性运行机制，根据油价、成本效益情况动态安排部署，定期下达经济运行管控表单、预算预警表单、效益考核表单和对标管理表单等“四单”，召开经济产量调控会、预算平衡例会、经济活动分析会等“三会”，将产量、业务工作量、投资和效益优化落实到油田的每个单位和各个责任部门。

三、特大型油田基于“三线四区”效益评价的决策与运营管理效果

（一）创新驱动发展路径更加清晰

以“三线四区”效益评价为核心的油田生产经营新模式，为老油田可持续发展提供了有力保障。第一，构建起生产与经营，业财融合的管理平台。在横向上，财务部门“搭台”，负责基础核算、效益评价，专业部门“唱戏”，负责产量优化、效益提升，形成专业部门牵头、财务部门支撑的融合局面。在纵向上，对于新老措业务采取不同的管控对策，上下结合、责权匹配、有抓有放，建立“三类业务、三级管理；授权存量、管控增量”的分级管理机制。第二，充分利用基于“三线四区”效益评价的决策与运营管理，实现事前算赢，精准测算效益，实施运行、操作和固定全口径降本，开展产供销全过程优化增效，推进增、存量资产全方位保值增值，深化决策层、执行层、操作层全员挖潜，不断提升价值创造

水平。第三，实施“市场化决策、系统化应用、一体化协同、精细化核算、标准化管理、信息化提升”的内涵发展方式，将一切工作聚焦为提高发展质量和效益驱动，真正体现了调结构、转方式和提质增效升级的内在要求。

（二）提质增效升级效果更加显著

第一，提高了经济运行质量。百万吨产能投资下降 14.2 亿元，投资回报率同比增加 0.5%；油田滚动勘探井成功率 93.6%，综合含水 0.1%，措施有效率提高 3.8%，油井免修期提高 36 天，用电提液单耗降低 0.26 kwh/吨；运行成本同比降低 5.85%，经济运行质量持续向好。第二，提升了经济效益。持续降低操作成本，实施产业结构优化、严格控电降耗、优化措施作业运行、优化稠油运行、优化三采运行、严控外委工作量，降低操作成本 5.6 亿元。第三，强化节能降耗增效。累计降低电量 1.8 亿千瓦时、电费 1.36 亿元；自产气替代外购气降本 1.1 亿元；采取集输短流程油水处理，节约注水量 120 万方，年节约运行成本 2700 万元；全面开展土地清查、申请退出和有效置换，推广“井工厂”模式提高增量利用率，年可减少土地使用税约 6000 万元。

（三）改革调整发展方向更加明确

第一，深化了供给侧改革的落地。通过经济配产和事前算赢，累计压减无效产量 120.42 万吨，暂时关停亏损严重的义和庄、乔庄、套尔河、小营 4 个区块，关停吨油运行成本高于油价的无效井 1550 口，增利 8.67 亿元；通过分类施策，实施“一块一法”“一井一策”，累计治理低效无效单元 153 个，促进效益升级增效 3.38 亿元；在调整产量结构，淘汰落后产能，实施效益供给侧提升方面成效显著。第二，转变了技术导向。转化和推广了一批简单实用技术，提升了低油价规模应用的矿场价值，催生了变流线调整技术、特低渗透油藏精细注水技术、随钻地质导向技术等一系列低成本开发技术。第三，优化了生产运行。提前储备一批，建立完善产能建设方案项目库、新井井位储备库、重大措施设计储备库，确保油价上涨后能够快速恢复动用，保障产量弹性和效益弹性。有效盘活一批，对停产停注井进行系统评价，分类落实扶停、更新、侧钻等措施，实现“扶起一口井，盘活一单元”。优化提升一批，开展低产低效单元、单井投入产出分析，推进“一块一法”“一井一策”治理，实现地上地下资源投入产出效益和增量存量的同步优化。关停退出一批，暂时关闭效益较差的单元、单井，淘汰落后产能，做到储油于藏；加快低效无效资产处置，努力降低关井占用成本。

（成果创造人：孙焕泉、宋振国、解宝贵、张志友、王德宇、刘忠田、薄　亮、鞠　伟、胡宝明、段叶青）

军工集团以领导人员、治理结构和管理制度为核心的企业治理能力建设

中国兵器工业集团公司

中国兵器工业集团公司（以下简称兵器工业集团）是1999年在原中国兵器工业总公司所属部分企事业单位基础上改组成立的，承担着兵器行业90%以上的军品科研任务、80%以上的军品生产任务。目前，共有55家子集团和直管单位（其中研究所23家），主要分布在全国18个省（市、自治区），2015年年末，资产总额3374.4亿，人员总量26.2万人。

一、军工集团以领导人员、治理结构和管理制度为核心的企业治理能力建设背景

（一）更好履行核心使命的需要

党的十八届三中全会提出，全面深化改革的总目标是完善和发展中国特色社会主义制度，推进国家治理体系和治理能力现代化；并明确提出，要准确界定不同国有企业功能，推动国有企业完善现代企业制度。兵器工业集团作为中央企业的一员，肩负着武器装备研制生产、服务于国家国防安全的核心使命，但面临着企业规模大、产品多、技术门类齐全等管理挑战。为更好履行这一核心使命，就必须着眼企业治理能力的提升，进一步强化现代公司治理体系建设，加强企业领导班子和领导人员管理。

（二）实施全价值链体系化精益管理战略的需要

2013年，兵器工业集团提出要全面实施全价值链体系化精益管理战略，在企业的各个环节、各个职能部门、各个业务单元都要体系化推进精益管理，最大限度地减少无效劳动、消除浪费。一方面，贯彻落实全价值链体系化精益管理战略，需要了集团董事会具有强大的决策力，经理层要有强大的执行力，监事会要有强大的监督力，这就要求必须把董事会、监事会做实，把董事、监事的作用充分发挥出来。另一方面，要消除人才浪费，实现精益人力资源管理。当时集团公司对所属子集团和直管单位的党组织负责人、董事、监事、经理层等领导人员实行一套管理模式，领导人员的选拔、考核、激励等没有充分体现岗位差别、没有充分体现人才特点，这导致领导人员配置不合理，也影响了作用发挥。开展精益人力资源管理，就要建立适应党组织负责人、董事、监事、经理层等不同岗位责任和履职特点的分类管理制度，不断消除人才浪费，充分发挥各类领导人员的作用。

（三）建设母子集团管理体制机制的需要

2009年以来，兵器工业集团分四批实施了内部资源重组，将集团公司直接管理的130多家企事业单位调整重组为30多家军民融合子集团和10多家直管单位，减少了管理层级。重组后的子集团和直管单位的下属企业明显增多，且地域遍布多个省市，兵器工业集团以往采取的直接管理模式不再符合母子集团管控的要求。在这种情况下，兵器工业集团采取“集团公司—子集团董事会—三级及以下公司”的管控模式，通过管理子集团董事会、监事会，达到管理各层级企业的目的。为此，当时兵器工业集团开始大力推进子集团董事会、监事会建设。但在实际运行中暴露了一些问题，比如存在着董事长“一把手负责制”思想产生的“一个人说了算”的决策风险问题；董事成员与经理层成员高度重合，“内部人控制”问题依然存在；监事的履职行为还不够明确，履职动力不足、履职能力不强问题比较突出，对岗位价值、岗位行为等的认知还较为模糊等。因此，为建设完善的母子集团管理体制机制，就必须做实董事会、监事会，推动子集团治理能力现代化建设。

二、军工集团以领导人员、治理结构和管理制度为核心的企业治理能力建设内涵和主要做法

根据兵器工业集团核心使命政治性、军民发展融合性、产品技术尖端性、管理体系复杂性的特点，

按照现代企业制度的要求，从领导人员、治理结构、管理制度三大要素出发，着力创新现代公司治理结构，建立有别于党政领导干部、体现企业特点和岗位特点的企业领导人员选拔、考核、激励等机制，实施领导人员分类管理，充分发挥董事会的决策作用、监事会的监督作用、经理层的经营管理作用、党组织的政治核心作用，不断提升科学治企的能力和水平。主要做法如下：

（一）推行“3＋×”董事会模式，实现董事会从“橡皮图章”向“决策钢印”的转变

“3＋×”中的“3”是指董事长兼党委书记、总经理和职工董事，“×”是指外部董事和任子集团业务板块主要负责人的内部董事。在外部董事管理方面，主要做法有：

1. 实施“五独立”原则

为保证外部董事能够独立客观地开展工作，兵器工业集团始终坚持“五独立”原则。一是来源独立，外部董事全部来源于任职企业外部；二是关系独立，外部董事与任职企业之间不存在任何可能影响公正履职的关系；三是管理独立，外部董事的日常管理和服务由兵器工业集团委托人才学院等中介机构管理；四是薪酬独立，外部董事的薪酬标准由兵器工业集团确定，与所任职单位经营业绩、负责人薪酬相对独立；五是发表意见独立，独立客观地发表意见。

2. 实施专家评审制度

实行专家评审，择优选聘。一是多渠道选才，实行“四个一批”，即从刚退休的老领导中选聘一批，从社会引进一批，从总部委派一批，从子集团交流一批。二是建立外部董事库。严把“入口关”，杜绝不合要求人选入库。充分考虑年龄结构、知识结构、专业结构、经历结构等因素，入库人选必须是素质优良、业绩明显、行业公认、身体健康，有丰富工作经历和管理经验丰富的优秀领导人员。三是坚持评审制，邀请上级主管部门领导、系统外企业家、系统内子集团主要领导、兵器工业集团总部部门负责人、职业测评专家等组成评审委员会，组织资格评审，外部评审委员占多数，保证评审客观公正。四是坚持择优选聘，根据任职单位实际、董事会建设需要、入库人选综合素质能力，选聘最适合的人。

3. 实施“六看”评价制度

在考核方面，在坚持国务院国资委对外部董事德、能、勤、绩、廉等定性评价的基础上，量化评价指标，建立外部董事年度评价体系，主要是“六看”。一看勤勉程度，外部董事 1 年内在同一任职单位履行职责时间不少于 20 个工作日或者出席董事会的次数不得少于董事会会议总数的 3/4；二看决策意见，不能连续两次弃权；三看发言质量，通过参加会议、查看会议记录、审核外部董事工作纪实，看外部董事是否充分发表意见，发表的意见是否有价值；四看报告水平，查阅外部董事的调研报告、工作报告，是否对行业发展、子集团情况分析深入、提出意见切实可行，有关事项是否及时向兵器工业集团报告，有关风险是否及时提醒；五看认可度，看外部董事的自我评价、董事相互评价、监事会评价、党政班子评价、兵器工业集团总部相关部门评价；六看廉洁情况，看外部董事是否严格自律，是否坚守职业道德、保持独立客观公正。

4. 实施全面的平台机制保障

在作用发挥方面，明确职责、构建平台、完善机制，切实发挥好外部董事作用。一是明确外部董事在科学决策、风险防控、推进改革、管理经理层、参与董事会建设等方面职责。二是构建工作开展平台。外部董事的工作平台主要有 4 个，分别是参加董事会、进入专门委员会、开展专题调研、承担专项工作，外部董事除了正常参加董事会和专门委员会活动外，可以根据董事会安排，也可根据工作需要自行设定题目，组织在行业内外、子集团内部开展专题调研；外部董事也可以接受兵器工业集团总部、子集团董事长或总经理委托从事专项工作。三是建立信息报送机制。建立正常的董事会材料、专门委员会材料、上级部门文件、日常经营活动信息、经理层重要活动安排等报送沟通机制，保证外部董事按照子集团领导班子成员级别阅读文件、了解信息。四是健全工作支撑部门。明确董事会办公室职责、董事会

秘书职责、各专门委员会支撑部门职责，为外部董事科学决策提供支持和服务。五是完善沟通协调机制。加强外部董事与兵器工业集团总部之间、外部董事与董事长、其他董事会成员之间、外部董事与子集团内部各职能部门之间的协调，为外部董事充分发挥作用营造氛围。

5. 实施第三方管理模式

在服务方面，建立由第三方管理的模式。综合考虑外部董事工作的特殊性、独立性和服务的有效性，将外部董事的日常服务管理交由兵器人才学院负责，包括组织召开外部董事工作沟通会，履职档案管理，日常跟踪考核，组织开展履职培训、集中调研和内外部经验交流等工作。

（二）建立区域（行业）监事会制度，着力提升监督的权威性和有效性

兵器工业集团参照“外派内设”模式，建立区域（行业）监事会制度。即根据各子集团所在区域分布和行业相近特点，设立若干区域（行业）监事会，负责区域或行业的1—3家子集团的监事会工作。

1. 突出职业选拔

按照组织选拔和个人自愿的原则，外派监事的选拔主要从监事人才库的三个方面择优选拔：即兵器工业集团总部、各子集团和直管单位，以及系统外高校、企业等机构的相关人士。为保证监督质量和效果，外派监事至少有1名具有丰富的财务会计知识和相关从业经历，至少有一名相关行业工作背景的人员，至少有1名具有较强的经营管理能力。

2. 强调履职留痕

对外派监事采用履职留痕记录制度。建立监事履职档案，记录监事在任期内各项履职尽责情况。对外派监事采用年度考核，重点考核个人素质、履职能力、履职业绩等内容。考评方式采用上级评价为主，兼顾监事自评和互评。考评突出“三个意见听取”，即根据监事述职报告听取监事会主席意见、根据监督工作听取所在单位领导班子成员意见、根据全面监督工作听取集团公司综合意见。

3. 以监督价值付薪

在兵器工业集团上下全面树立“监督也能创造价值”的理念。外派监事的薪酬基于三个立足，一是立足于岗位，监事薪酬坚持以岗定薪；二是立足于履职，监事薪酬有履职贡献决定；三是立足于企业实际，根据企业规模、体量和履职难度衡量。外派监事薪酬分为岗位绩效工资和津贴两部分，岗位绩效工资依据考核结果发放，津贴按照监管范围、派驻单位所处地域情况等标准发放。

4. 建立“三结合、四报告、两应用、三保障”的工作机制

“三结合”，即年度监督和季度监督相结合；日常监督和专项监督相结合；内部监督和外部监督相结合。“四报告”，即区域（行业）监事会每年应向兵器工业集团按时报送“重大事项报告”“专项监督检查报告”“年度监督工作报告”和“整改落实报告”。“两应用”，即一方面是企业层面应用，当发现问题，监事通过和企业负责人约谈、发送提醒函和整改通知书等方式发挥监督效果；另一方面是集团公司层面应用，外派监事发现重大事项向集团层面报告。“三保障”，即人员保障，积极建立监事人才库，将符合条件人员纳入候选人才库中；信息保障，建立信息报送制度，凡送达董事会、经理层的财会报表、制度办法、工作方案等，要同时报送监事会办公室；管理保障，实现监事“五独立”，即监事人员相对独立，考核评价相对独立，薪酬待遇相对独立，工作业务相对独立，运行经费相对独立。

（三）坚持市场化选人用人，激发经理层干事创业的活力

1. 大胆起用优秀年轻领导人员

近年来，兵器工业集团明确要求要提拔使用一批“70后”的优秀人员进入领导班子，确保每一个子集团和直管单位领导班子中至少有一名“70后”领导人员，党政副职后备人员中“70后”人员比例达到一半以上，对于已超职数配备的子集团和直管单位，选拔“70后”优秀年轻领导人员不占职数。

2. 推行“3+1”竞争性公开选拔模式

“3+1”竞争性公开选拔模式是指根据需要灵活采取单位内竞争上岗、系统内公开竞聘、面向社会公开招聘以及人才中介机构猎取的竞争性选拔方式。在竞争性选拔过程中，一是加强职位分析。以职位分析为基础，合理设置参与竞争的资格条件，突出职位的个性化需求，将选用标准具体化、显性化，既放宽视野、又兼顾需求，既注重公平、又兼顾效率。二是细化规则流程。按照严密、公正和可操作性原则，推行竞聘工作“九公开、两参与”，即公开竞聘方案、公开竞聘流程、公开竞聘程序、公开竞聘规则、公开报名、公开资格审查、公开竞聘成绩、公开举报电话和任前公示；让员工代表参与到面试评价中，让监督部门参与公开竞聘的各个环节，落实职工群众民主权利、保证招聘流程公开、透明。三是突出考察重点。坚持“干什么、考什么、比什么”，实行“一职一卷”，突出岗位特点，注重案例分析，考察“实战”水平，避免“高分低能”。四是完善多维度面试。探索实行内外部委员“3+6”和“4+5”的面试委员会组建模式，保证外部委员多于内部委员，坚持做到内部委员与外部委员事先不见面，外部委员与应聘人员事先不见面，进一步增强面试的公允性。五是强化考察把关。坚持把长期一贯的“履职状态”与竞聘过程中“临场表现”有机结合，实行差额考察，防止简单地以“考”取人。与此同时，多措并举，疏通出口，通过转岗、轮岗和退职等方式，建立完善人性化的领导人员退出机制，妥善安排竞争“退出”的领导人员，避免“人退心伤”或“一走了之”。

兵器工业集团还积极探索实行“调研—面试—考察”三段式公开招聘选拔任用模式，把竞争性选拔和调研解决实际问题以及平时对干部的跟踪考察结合起来，引导干部在实干、实绩上竞争。例如，对微机电集团总经理的选聘，在考察阶段，探索通过“模拟经营”来选拔人，在长期跟踪考察基础上，用“企业模拟经营”的方式，把候选人摆进企业实际运营过程中发现问题、解决问题，在实战环境、实战难题、实战运作中“赛才、辩才”。

3. 建立领导人员“能下”的机制

领导人员能上能下，难点在下。为进一步推动干部“下得来”，兵器工业集团明确“下”的情形，让领导人员有压力、干部队伍有活力。首先，坚持业绩导向，加大落后者“下”的力度。坚持目标管理、对标管理，完善基于企业经营绩效合同书、岗位履职责任书的考核评价体系。对企业发展滞后行业发展，领导班子思路不清、业绩平庸，年度重点任务没有完成、重要市场竞争失败、重大项目进展滞后，年度考核一年D级，或者连续两年C级的，任期考核为D级的，经过专项考核、综合研判，确属不胜任、不适应岗位的领导人员及时进行调整。其次，坚持出资人认可、市场认可、群众认可，加大公认度低者“下”的力度。坚持从严管理干部，持续完善领导班子和领导人员综合考核评价办法，对于连续2年排名末位的副职和排名靠后的主要领导，对于民主测评称职率低于2/3或不称职率高于1/3的，对于通过提醒谈话或诫勉谈话效果不明显，或者通过专项考核、综合研判确属不胜任、不适应岗位的领导人员及时进行调整。再次，坚持问题导向，加大碰红线“下”的力度。对违反重大事项决策、重要人事任免、重大项目安排和大额资金运用有关规定的要追责，对发生质量、安全、环保事故的要追责，对触碰党纪政纪规定的要追责。

（四）大力推行职业经理人制度，让市场成为检验企业领导人员治企能力的“试金石”

兵器工业集团印发职业经理人建设指导意见，提出以市场化选聘、契约化管理、并行化考核、多元化激励、开放化授权、体系化监督“六化”为主要内容的职业经理人制度体系。

1. 市场化选聘

在坚持党管人才的前提下，打破身份、级别、学历、资历、体制等条条框框限制，制定更加贴近国际通行做法、更加符合兵器工业集团实际的选聘标准、程序和方式。选聘时采取市场猎聘、行业内推荐等外聘方式，注重背景调查。一是选聘标准市场化。在坚持基本任职资格条件的基础上，更加注重业绩导向、市场导向，职业经理人应当具有敏锐的商业头脑，取得过市场认可、出资人认可的履职业绩，特别是在开拓市场、推动改革、创新业务模式等方面工作实绩突出。二是选聘方式市场化。根据企业实际需要，合理选择选聘方式。既可以通过市场猎取、专家推荐、委托人才中介机构推荐等方式，从外部引进社会成熟的职业经理人；也可采取公开遴选、公开招聘、竞争上岗等方式，从兵器工业集团内部市场化程度较高的企业选拔职业经理人。三是注重行业背景调查。通过调阅人事档案、走访拟聘用对象工作单位等方式，全面了解拟聘对象的个人基本信息真实性、专业素质、工作能力、履职业绩、个性特征、缺点和不足等，形成背景调查材料，作为重要选聘依据。

2. 契约化管理

一是确定履职目标。根据兵器工业发展战略，通过行业对标等形式，合理确定职业经理人的年度履职目标和任期履职目标。鼓励职业经理人作为“竞标者”，主动提出履职目标。年度目标主要包括财务指标、重点工作完成情况、基础管理改善情况等。任期目标指一个任期内企业的可持续发展情况以及基础管理改善情况等。二是建立契约化管理制度，按照平等协商的原则，由董事会与职业经理人依法签订聘任协议，明确约定双方的责任、权利和义务，确定职业经理人履职责任和契约合同，职业经理人的工作目标要与行业和市场发展挂钩、与出资人要求挂钩、与员工期待挂钩，职业经理人的收入、职位与完成目标挂钩。三是坚持能上能下。实行任期制，任期届满考核优秀的，可以优先聘用；考核合格的，与其他职业经理人选一并同台竞技；对于能力欠缺、业绩不突出、考核一般的职业经理人，予以解聘。

3. 并行化考核

一是加强对职业经理人的经营管理水平和经营绩效的评估，建立全行业发展对标体系，收集、分析、对比职业经理人任职单位及行业、对标单位的EVA改善度、利润总额、产品市场占有率等指标变化情况，加强对职业经理人任职业绩的持续性关注和考核。二是充分发挥董事会、监事会日常考核、监督作用，综合评判职业经理人的业绩能力，重点考核职业经理人在市场开拓、商业模式创新、储备人才培养等方面的个人贡献，把考核结果与职业经理人聘任和奖励紧密挂钩。

4. 多元化激励

一是建立“谈判薪酬”和“目标薪酬”模式。开展同行薪酬对标分析，委托咨询公司按照行业、规模、地区进行市场薪酬调研，确定职业经理人薪酬结构及各部分的薪酬水平浮动区间。二是实行中长期激励。对职业经理人实行超额累进制提奖机制，对超额完成生产经营、资产收益目标的，按照年度经营净利润增长幅度和比例予以奖励。实行项目跟投激励模式，新成立三级公司时，允许职业经理人团队出资跟投，按照出资比例或者通过未来收益折现、盈利能力评估等方式，给予其一定的股权。推行虚拟股权分红方式，任期内根据净资产增值，按虚拟股权进行股权分红。三是注重多重激励作用。通过提供更大的事业平台、授予各种荣誉称号、提供各种培训机会，不断提高职业经理人干事创业的激情。

5. 开放化授权

一是简化审批程序。根据需要，兵器工业集团授予董事会一定的审批事项，将权力下放到子集团董事会。总部部门、子集团职能部门转变职能，加强服务意识、提高服务能力，简化事前审批，提高工作效率。二是明确界定权力范围和行权方式。建立各级管理部门权力清单制度，清单范围外的事项职业经理人有充分的自主权限，给予职业经理人应有的自主经营权，让职业经理人能够充分施展拳脚。

6. 体系化监督

发挥好企业各监督渠道作用是确保职业经理人依法依规行权的重要条件。通过《公司章程》、个人岗位责任书、劳动合同等形式，约定国家安全保密、单位商业秘密、个人知识产权、竞业禁止等条款，规范职业经理人的履职行为。强化企业党委、董事会、监事会、职工群众对职业经理人行权履职的全程监督，完善内部流程控制，有效防控风险。建立监事会、审计、纪检监察等监督成果共享机制。同时，充分发挥社会舆论、中介机构、人力资源市场的外部监督作用，与内部监督形成合力，提高监督效果。

（五）贯彻从严管理干部要求，充分发挥党组织的政治核心作用

干部工作讲程序是规范和制约权力，防止带病提拔的有效措施。兵器工业集团在选人用人工作中严格贯彻落实中央从严管理干部的要求，努力做到选人用人标准严、规则严、管理严。

1. 兵器工业集团党组严格履行把关定向职能

一是坚持高标准。兵器工业集团党组在选人用人中，按照“忠诚兵器、务实清廉、决胜市场、改革创新、敢于担当、精益卓越”的兵器好干部标准，做到“三坚持、两注重”。坚持德才兼备，既重视工作能力、现实表现，又重视讲规矩、拘小节、守纪律、重修养的操守表现。坚持业绩导向，优先从经营质量好、管理水平高、市场竞争力强的单位选拔领导干部。坚持群众公认，通过职工群众的“话语”看领导人员的“口碑”。注重基层、崇尚实干，优先从科研生产市场一线中选拔各层级领导班子成员。注重激情和担当，把想干事、能干事、干成事的人用起来，让不思进取、看摊守成的人腾出位置。二是建立选人用人“负面清单”。兵器工业集团党组根据《党政领导干部选拔任用工作条例》精神，聚焦动议酝酿、组织考察、会议讨论、公示任职四个关键环节，列出50项选人用人违规行为，明确“红线”事项，对干部选拔任用全过程的工作进行规范。三是建立干部选拔任用全程纪实。对选拔任用中的动议、考察、个人有关事项报告抽查核实、干部人事档案核查、党组纪检组意见、党组会会议记录、公示反馈等环节，全面建立客观、准确、可追溯、可检查的21项工作档。四是坚持“十个不上会”。兵器工业集团党组在干部选拔任用过程中，坚持“十个不上会”的刚性要求，即酝酿阶段意见不集中不上会；未经组织考察不上会；考察期间有问题反映，未核清不上会；未核查个人有关事项报告不上会；未核查档案不上会；人选未征求纪检监察部门意见，不上会；纪检监察部门有不同意见，不上会；应向上级领导人员管理部门请示报告而未履行请示报告程序的，不上会；临时动议不上会；任前备案管理的领导班子建设方案未经二级单位党委会讨论，不上会。五是坚持任前把关“四个100%”。兵器工业集团党组直接管理的领导干部100%任前公示，公示期间有问题反映100%核查处理，任前100%廉洁谈话，100%签署廉洁自律责任书。十八大以来，1名拟任人选在公示期间有问题反映，查实后取消其任职资格；3名需要一定时间核实反映问题的拟任人选，暂缓任用。

2. 子集团和直管单位党委严格履行选人用人主体责任

既坚持董事会的主导地位，又注重充分发挥党委的政治核心作用。以兵器工业集团所属的辽沈集团选聘经理层为例：首先，由辽沈集团董事会自主设计选聘方案。辽沈集团董事会结合经理层班子建设实际需要，在征求有关方面意见的基础上，决定对副总经理和总会计师职位全部采取竞争上岗、择优聘用的竞争性选拔方式，所有符合条件的子集团中层正职领导人员均可以与原领导班子成员同台竞技。其次，竞聘前期，竞争上岗工作规则、工作流程等重点事项，均由辽沈集团党委常委与董事联席会议集体研究决定，分别形成决议。竞聘过程中，由所有董事与3位外部专家共同组成面试委员会，对应聘人员的能力素质和面试表现等情况进行综合评价。竞聘后期，由董事会提名委员会与党委组织人事部门联合组织对拟提拔人选进行考察，并由董事与党委常委联席会议研究讨论通过，经总经理提名，由董事会依法聘用。

三、军工集团以领导人员、治理结构和管理制度为核心的企业治理能力建设效果

（一）全价值链体系化精益管理效果显现

通过做实董事会、监事会，子集团和直管单位领导班子和领导人员能够准确领悟全价值链体系化精益管理战略的精神和要义，能够严格按照全价值链体系化精益管理战略要求推进生产经营、改革发展等重点工作，兵器工业集团的战略能够得到更好落实，生产、质量、安全、环保等各项工作取得积极成效。2015年，兵器工业集团多措并举降本增效，节约支出7.3亿元。同时，随着全价值链体系化精益

管理战略的深入推进，各项人力资源管理工作越来越规范，人才作用发挥不好、人才使用不及时、人岗不匹配等人才浪费现象大大减少，兵器工业集团的人力资源管理体系更加精益，更加富有活力和竞争力。

（二）母子集团管控体制机制更加完善

实施外部董事制度以来，一大批懂经营、懂战略、懂管理、懂市场的专业人才不断进入董事会，有效改善了董事队伍结构，大大提升了董事会科学决策、风险管控、推动改革、管理经理层的能力和水平。同时，积极开展专题调研，充分利用自身丰富的企业管理经验，为所在单位的改革发展建言献策，取得了较好效果。实施外派监事制度以来，子集团监事会的监督科学性和有效性不断提升。监事能够利用自身的专业优势，围绕企业经营发展，及时发现问题并提出有价值的工作建议，在董事会、经理层的提名选拔、考核评价过程中的发言权得到了提升，在监督董事会、经理层依法依规行权，确保国有资产增值保值等方面发挥了积极作用。外部董事、外派监事制度，已经成为兵器工业集团管控子集团、完善公司治理的重要支撑。

（三）企业领导人员分类管理机制初步形成

兵器工业集团实施领导人员分类管理以来，对党组织负责人、董事、监事、经理层选聘、考核、激励的科学性和针对性进一步提高，将合适人才放到合适的岗位上，有效配置了人才资源，充分发挥了董事会的决策作用、监事会的监督作用、经理层的经营管理作用、党组织的政治核心作用，有效激发了领导班子和领导人员的活力，有力地推动了兵器工业集团发展。同时，企业领导班子和领导人员的市场化观念和契约化管理意识不断加强，干事创业的活力竞相迸发，有效解决了“职位能上不能下、收入能高不能低”的问题。

（成果创造人：曹光祥、刘　旭、彭心国、梁　冰、高　韦、张晓华、
陈　波、秦　垚、徐余庆、纪　超、鞠小波、马　骁）

供电企业面向市场的一体化柔性运营管理

国网江苏省电力公司南京供电公司

国网江苏省电力公司南京供电公司（以下简称南京供电公司）是国家电网公司大型供电企业之一，担负着江苏省会南京11个区的供电任务，服务电力客户361.51万户。南京电网已率先建成500千伏跨长江“O”形双环网，220千伏分三个片区环网运行、110（35）千伏辐射互联、主城区10千伏双环网、中心城区10千伏格式环网为主的坚强架构。2015年，南京实现全社会用电量495.18亿千瓦时，同比增长5.25%；完成售电量402.4亿千瓦时，同比增长2.29%；最高调度用电负荷900万千瓦，同比增长3.56%。近年来，南京供电公司连续5年荣获国家电网公司“大型供电企业业绩标杆”称号，先后荣获“全国文明单位”“全国五一劳动奖状”“全国用户满意服务企业”等荣誉称号。

一、供电企业面向市场的一体化柔性运营管理背景

（一）快速响应市场需求变化的需要

作为支撑国民经济和社会发展的基础产业和公用事业，供电企业运营管理一直遵循“扩张保供”的思路，将用电需求作为一种刚性需求，往往依靠不计成本效益非理性盲目扩张电网规模的粗放式增长来满足用电需求，忽视市场的自发调节特性，导致电网发展被动满足经济、社会和城市发展，电力供给对电力需求变化的灵活性和适应性不足。为积极应对改革挑战，供电企业需要转变运营管理思路，优化电力用户体验，快速响应市场需求变化，由规模扩张向内涵发展转变，由注重数量向注重质量转变，不断提升电网运营效率和企业经营效益。

（二）适应智能电网运营管理的需要

传统电网运营管理是一个刚性系统，电源的接入与退出、电能的传输等缺乏弹性，垂直的多级管理机制反应相对较慢，对电力用户的服务简单、信息单向。智能电网是以特高压为骨干网架、各级电网协调发展，具有信息化、自动化、互动化特征，具有智能响应和系统自愈能力的新型现代化电网，传统电网运营管理已不能充分适应智能电网发展要求。为适应智能电网运营管理的需要，实现电网和用户资源的友好互动、协调互补，供电企业需要以市场和用户为导向，推动运营管理内涵向更深层次、更宽范围、更广角度延伸。

（三）以技术创新促管理变革的需要

科技创新已成为提高综合国力和核心竞争力的关键支撑。技术成果通过转化或内化的方式融入管理理念、管理方法及管理组织之中，必然会对现有管理体系和生产方式带来一定的冲击，企业若不及时调整管理体系和生产组织方式，一方面难以达到先进技术成果的预期效果，另一方面由于技术和管理的错位，影响企业整体运营效率和经济效益。作为知识密集型、技术密集型企业，南京供电公司“十二五”期间获省部级科技成果奖28项、国家专利562项、江苏省公司科技进步奖30项，其中“智能配电网综合优化调度系统研究”“南京220千伏西环网统一潮流控制器工程”等成果位于国际领先水平。随着一批拥有自主知识产权的高端科技创新成果涌现，使得南京供电公司转变刚性的运营管理方式成为可能，只有通过技术创新促进管理变革，才能够在更高起点上推进电网和企业持续发展。

二、供电企业面向市场的一体化柔性运营管理内涵及主要做法

南京供电公司以安全、质量、效率、效益为中心，以满足市场多样性、即时性用电需求为目标，将

生产制造业和人性化“柔性管理”理念引入公共服务行业，构建以发展内生驱动、供需精准匹配、网荷实时互动为内涵，以平滑、双向、友好为特征，以运营一体化管理平台为支撑保障的覆盖电网规划建设、调度运行、维护检修、服务客户等“运营全过程”的柔性管理体系，不断提升运营管理水平，增强应对市场变化的能力，进而提高电网运营效率和企业经营效益。主要做法如下：

（一）与公司战略目标紧密契合，建立工作机制

1. 依托公司总体战略，制定运营管理目标

南京供电公司的总体战略目标是在“十三五”中期率先全面建成“电网坚强、资产优良、服务优质、业绩优秀”的现代公司，在“十三五”末期率先基本建成“世界一流电网、国际一流企业”。基于该战略目标，南京供电公司面向市场的一体化柔性运营管理目标为：以技术创新促进管理变革，将电网和企业发展方式由要素驱动、投资规模驱动向创新驱动、内生驱动转变，以市场和用户为导向，促进电能供需精准匹配，实现电网和用户间的实时、友好、双向、绿色互动。南京供电公司坚持创新争先、战略领先、实践率先的发展路径，坚持提升品质的发展方向，按照专业化、集约化、扁平化管理要求，以电能传输和交换为主线，构建面向市场的一体化柔性运营管理平台，协同融合以电网核心业务为主体的智能信息系统、制度规范流程体系、运营全业务实时监测及效能分析等功能，实现柔性运营管理的持续改进。

2. 建立管理组织架构，完善管理工作机制

2014 年年底成立由南京供电公司领导为组长、主要职能部室负责人为成员的领导小组，下设柔性规划、柔性调度、柔性维护、柔性服务、保障支撑五个工作组。柔性规划工作组以发展策划部、建设部为负责部门，柔性调度工作组以电力调度控制中心为负责部门，柔性维护工作组以运维检修部为负责部门，柔性服务工作组以营销部为负责部门，其他职能部室提供人、财、物、信息方面的支撑。建立工作组周例会制度及领导小组月度推进会制度，协调和确定实施过程中的重大事项，解决重点和难点问题，制定下一步工作计划。建立考评机制，对各部门和基层单位在组织建设、工作进展、成果质量等方面进行监督考评。

（二）应对市场需求的不确定性，开展柔性规划

1. 转变规划理念方法，优化建设规模时序

南京供电公司秉承协调发展的规划理念，强化电网互济补强，通过实施主、配网项目同步规划，构建形成强简有序的主、配网系统，提升电网资产利用效率。秉承规划建设适度超前的发展思路，于 2011 年率先在全国同类城市开展主城区饱和负荷研究，将城市核心区电网建设正式纳入南京市总体规划，有效缓解城区日益增长的用电需求和电网规划建设间的矛盾。秉承内外部和谐互动的发展方向，在江苏省率先构建形成“政府主导、供电公司落实、全社会参与”的政企联动新局面。在南京江北新区申报国家级新区过程中，南京供电公司紧密围绕新区战略定位，主动服务政府重点、重大项目建设，积极促成“台积电”项目落户，于 2016 年 1 月与江北新区管委会签署建设坚强智能电网战略合作协议，完成“南京江北新区智能电网示范区专项规划”，进一步推动江北新区绿色发展、循环发展、低碳发展。优化电网项目开发时序和建设规模，通过 5 年滚动规划、2 年系统设计、年度投资计划，合理控制建设周期，实现电网超前规划，与用电需求相适应。

南京西环网是城区的重要负荷中心，集聚政府机关、高等院校等较多重要负荷，现有供电能力无法得到充分利用，电力供需矛盾愈加凸显，利用传统规划方法新建输电线路、对原线路增容改造等多项措施均因投资效益过低、政策处理难度极大等原因未能执行。南京供电公司应用柔性规划理念，于 2015 年年底建成投运国家电网公司重大科技示范工程——南京西环网统一潮流控制器，其代表着柔性交流输电技术的最高水平。该工程可以通过“红绿灯”式的智能调节，控制电流的流向和流量，在保持现有网架结构不变、不新建变电站及输电通道的前提下，挖掘、平衡现有输电能力，消除供电瓶颈，满足市场

对电力的需求。南京西环网统一潮流控制器能够在3分钟内完成20万千瓦的电力调配任务，提升南京核心区供电能力30%以上，使得原规划项目可推迟至少2年建设，可替代一个投资10亿元以上的220千伏输电通道，节约土地359亩。

2. 综合评估电网发展，实施电网差异规划

南京供电公司将精准削峰、柔性调峰等市场调节因素率先引入负荷预测，通过分片区、逐站逐线的多层次预测，持续提升负荷预测柔性。依托国家863课题，建立集电网运行安全性、可靠性、经济性、优质性和智能性的"五位一体"电网运行评估体系，从网络结构、装备水平、生产运行等各个环节，整体评估现状电网发展水平，借鉴国际咨询成果，首次引入负荷组概念，通过区分负荷组类型，根据不同用电需求制定差异化规划原则，实现经验规划向科学定量规划转变。运用全寿命周期管理理念，采用小型化、低损耗、环保型、少维护或免维护设备和装置，合理安排规划项目建设方案，构建"资源节约型、环境友好型"电网。对新建项目开展后评估，在充分总结经验的基础上，及时调整规划思路，指导后续规划方案的制定。

（三）以智能响应促进供需匹配，开展柔性调度

1. 协同融合运行策略，挖掘电网供电潜能

南京供电公司依托西环网统一潮流控制器，通过大功率电力电子技术的应用，使电流的流向和流量由自然分布、经验调节向主动优化、智能调节转变，改变以牺牲用户供电可靠性和限制用电需求为代价"保电网"的管理方式。通过协同融合各项电网运行策略，重新梳理电网供电能力不足时的处理流程，根据电能缺额程度依次采用输电线路动态增容、统一潮流控制、需求侧管理等柔性措施，优化电网潮流分布，满足工业用户正常生产及居民正常生活用电需求。

2015年7月，南京供电公司率先建成投运4条智能化输电线路，总长度达到48.92公里，线路统一安装微气象、视频、故障定位等8类设备，将线路运行中各自独立的环境温度、风速、风向、日照等数据接入调度运行管理系统，从电网层面进行分析，提供正常工况、事故状态、紧急状态下三种不同的动态载流量，并对未来一段时间内影响输电线路安全运行的因素进行预判，实现基于线路最大可用输电能力的实时优化调度。经实际检验，线路的允许载流量能够提升15%以上。

2. 依托配网优化调度，故障智能自愈恢复

南京供电公司在江苏省内率先开展配电自动化建设，采用光纤、无线通信方式实现终端的改造和接入，实现遥测、遥信、遥控功能，截至2016年6月，累计接入系统终端3587套，实现主城区全覆盖。依托配电自动化技术，开展自适应配电网架及运行方式的馈线自动化应用，通过对故障的准确定位、快速隔离及对非故障区域快速恢复供电，故障处理时间从原来的2小时缩短到2分钟以内，实现故障智能"自愈"。2015年自愈配电网故障处理功能共启动22次，正确生成动作方案的成功率达到95.45%，经实际检验，通过自动执行20个开关遥控操作，在137秒内完成沙洲变10千伏Ⅱ段母线负荷快速可靠转移。建成4类18个一流配电网高可靠性示范区，供电指标以及优质服务指标已达日本东京、法国巴黎等发达城市水平。依托国家863项目"智能配电网优化调度技术研究"，率先提出配电网优化调度体系，通过协调配电网络、分布式电源、微电网、储能装置、可控负荷等调度对象，构建"微电网—馈线分区—配电网"的优化调度层次结构，根据"局部平衡—分区协调—整体吸纳"的柔性调度策略，制定"长期—中长期—短期—超短期/实时"的多时间尺度递进式优化调度方案，能够提高智能配电网对分布式电源、多样性负荷资源的优化利用，提升配电设备利用率，该项目成果被国家科技部认定达国际领先水平。

（四）对设备运行状态精准诊断，开展柔性维护

1. 发展远程智能巡检，实时诊断设备状况

南京供电公司通过发展"设备智能化、通道智能化、维护智能化、检修智能化、生产管理智能化"

的智能巡检体系，利用可穿戴式检测设备、巡检机器人、无人机等智能设备，通过先进的通信技术、信息技术和控制技术，对设备运行状况进行实时感知、监视预警、远程诊断，将维护人员从烦琐、程式化的巡检工作中解放出来，在减少工作量的同时，提升巡检内容和频率，巡检频率由四天一次提高至一天一次，实现人力资源的柔性管理、高效利用。

2015 年 12 月，电力电缆综合智能管控系统在南京投运，将电缆在线监控、状态评估、维护管理、检修管理和台账管理五大功能融为一体，通过综合智能管控平台与巡视人员手持 PDA 设备的实时联动，能够精确定位安全隐患点，消除城市施工对供电设施造成的安全隐患。2016 年 3 月在 110 千伏上海路变电站首次应用巡检机器人，能够根据预先设定的任务，自动进行变电站内的全局路径巡检，获得设备图像、仪表指示、红外测温等数据，能够尽早发现安全隐患，在特殊情况下可以实现重点巡检和定制性巡检任务。

2. 完善状态检修管理，提高设备健康水平

南京供电公司通过强化维护标准执行到位、隐患排查深度到位、状态评价精准到位、设备专业检修到位的“四到位”状态检修管理体系，针对设备隐患—形成趋势—表现缺陷—发生故障的事故发生发展特点，建立以隐患排查处理事故根源、以状态分析评价判断事故趋势、以强化维护及时查处缺陷、以专业化检修确保设备完好可用的全方位闭环管理体系，最大限度实现对设备状态的预知和预判、对设备运行风险的可控和在控。利用不停电状态检测技术，精准评估设备状态，科学开展状态评价及故障诊断，制定合理的检修策略，大幅度减少设备过修、失修。与传统检修方式相比，集中检修工作一次停电可以同时进行设备改造、消缺、试验、检修等多项工作，杜绝非计划停电、重复停电等现象，有效缩短停电时间，提高设备可靠性和健康度，优化人力、物力资源配置。通过设备状态检修管理，2015 年全年检修工作量减少 20%，检修工作效率提高 37.5%。

（五）以市场和用户需求为导向，开展柔性服务

1. 感知用户多样需求，实施主动优质服务

为满足市场多样化用电需求，引导用户提升能效管理水平，南京供电公司大力开展“两个替代”，以清洁能源替代化石能源，走低碳绿色发展道路；提高电能在终端能源消费中的比重，促进节能减排，并与政府职能部门、各大高校、各电能服务商密切合作，构建政策咨询、技术支撑和专业服务的网络架构。积极构建主动服务体系，加强能效管理、电能替代服务和传统专业的融合，利用“电力一点通”App 以及主动上门服务方式搜集用户节能需求，将挖掘节能和电能替代潜力项目纳入现场查勘工作内容，以节能技术讲座、节能经验交流、节能产品介绍、免费能效诊断等形式为用户提供能效管理服务，编制印发“分布式发电并网精益化管理办法”，将光伏发电等清洁替代项目纳入服务“绿色通道”，为用户提供一站式互动服务。

通过感知用户多样需求，2015 年 2 月在南京西坝码头建成江苏省内首个岸电入江电能替代项目，通过岸上的供电设施向靠港船舶提供电力，取代船舶内部辅机发电，减少噪音污染及辅机尾气排放。同年 12 月，在江宁区朗诗玲珑屿小区建成全国最大的集中应用户式化空气源热泵项目，以空气源热泵替代燃煤、燃气锅炉等高能耗取暖设备，用户采暖费用节省 60%，每年能够减少污染物烟尘排放 210 吨，减少二氧化碳排放 1.6 万吨。

2. 建设供需互动平台，提升用户需求响应

随着产业结构加速转型升级，南京电网的城市化负荷特性愈发明显，主要表现在三个方面：一是地区负荷持续增长，峰谷差距逐年增大；二是工业占比逐年下降，产业加速转型升级；三是空调负荷逐年攀升，调控需求日益增强。传统的需求侧管理主要针对工业用户，通过政府行政指令刚性压限“高污染高耗能”企业和不合理用电需求。经测算，2013 年、2014 年南京市执行传统有序用电共 21 天，损失售

电量2000余万千瓦时。随着电网负荷特性的变化，工业用户精准削峰、非工业用户柔性调峰和通过经济杠杆平抑尖峰负荷矛盾的需求愈发强烈。南京供电公司积极推动“资源聚合、精准高效、智能互动、安全可靠”的供需友好互动平台建设，依托经济杠杆鼓励用户主动参与需求响应，通过空调负荷独立调控及用户负荷分类控制，柔性调节空调负荷，精准限制可中断负荷，有效提升用户需求响应能力。

南京供电公司在国内率先推出公共楼宇中央空调柔性调控，将空调负荷与电梯、照明等主要负荷分开管理，借助楼宇保温特性，通过调节出回水温度、风量等手段，在不影响用户舒适度的前提下，降低空调负荷，实现柔性削峰。截至2016年6月，已对173户用户完成空调负荷独立调控改造，柔性调节负荷达3万千瓦。以南京市新街口中央商场为例，每年可节约用电量约4%，节约电费支出约45万元，减少现场运维人员10%，节约运维管理人员成本5万元。2016年3月在江宁高新园区南京高速齿轮制造有限公司率先投运供需友好互动终端，实现用户用电信息的分路采集、双向流通，为用户负荷的差别管理创造条件。截至2016年6月，已投运供需友好互动终端58台，柔性调节负荷达26万千瓦。应用供需友好互动手段对用户负荷进行管理，打破事故应急直接拉电的粗放型刚性管理方式，优先调节以中央空调为代表的柔性可调负荷，随后精确限制用户负荷中重要程度不高的可中断负荷，确保用户安全保障负荷、刚性生产生活负荷正常需求，最大程度的保障企业产能和人身设备安全。

（六）构建运营一体化管理平台，实现精益管理

1. 围绕运营核心业务，打造集约管理平台

南京供电公司以信息化企业建设为主线，以业务流程贯通、数据集成共享、标准规范统一为重点，打造柔性、集约的运营管理平台。面向市场的一体化柔性运营管理平台以统一数据资源库为支撑，以电网运营管理核心业务为主体，以运营监测分析为保障，以业务系统接入数据校验、线下数据定期盘点、大数据挖掘为手段，通过贯通基层核心业务，将多个分散系统在更高层级的协调运用，实现跨专业协同与多业务融合。运用价值链理论、端到端流程方法，将电网安全稳定运行、供电质量以及电力市场等运营管理相关的流程、制度标准作为核心要素，通过运营管理各个环节内部纵向贯通，以及各个环节之间横向联动，打破部门、专业间的数据、信息壁垒，以电能传输为主线，明确各专业管理流程业务逻辑衔接关系，对应流程环节，植入制度标准和考核要求，优化电网规划专业管理流程48项，电网调控专业管理流程65项，设备维护专业管理流程130项，客户服务专业管理流程257项。在南京西环网统一潮流控制器运行期间，南京供电公司编制“统一潮流控制器工程验收标准”“统一潮流控制器运维管理标准”“统一潮流控制器标准化巡视流程”“统一潮流控制器现场运行专用规程”等多项江苏省电力公司企业标准，为智能调节电网潮流分布奠定坚实基础。

2. 深化运营效能分析，推动管理持续改进

为开展全方位、跨专业、综合性的电网柔性运营管理，南京供电公司建立电网运营监测（控）系统，以全面监测为基础，以问题分析为导向，以同业对标为抓手，从电网整体运营管理的高度，以及跨专业、跨部门的视角，开展运营全业务的实时监测以及效能分析，检验各项柔性运营管理方法实际效果，建立一套融合资产全寿命、业绩考核、同业对标等关键指标的综合指标体系，形成以运营分析为核心的“监测—分析—协调—改进”一体化工作流程，以及“季诊断、月分析、周管控、日监测”的指标管理机制。完成计划预算在线监测、电网运营监测蓝图、关键流程拓扑网络等模块上线应用，构建运营综合指标体系，用一张图描绘一周运营动态，对外部环境进行分析并设置指标预警，客观反映电网运营情况。利用非结构化数据挖掘技术建立以配电台区为单位的供电服务评价体系，利用大数据梳理影响抢修数量及时长的关键因素，建立抢修资源配置优化模型。加强对“跨部门、跨专业、跨层级”电网运营异动问题的定位、分析和督办，强化异动问题分析后的整改落实跟踪，2015年完成异动闭环处理11315项，编制典型案例148项，发布月报、专报68份，为电网运营管理水平和经营绩效的持续改进提供监

督和评估手段。

三、供电企业面向市场的一体化柔性运营管理效果

（一）运营管理不断提升

南京供电公司运营核心业务管控水平显著提高，2015 年在国家电网公司 30 家大型供电企业同业对标中第五次获得业绩标杆，获得江苏省电力公司基层单位企业负责人业绩考核评价 A 级。2015 年全员劳动生产率达到 223 万元/人·年，较 2014 年上升 9.2%；2015 年客户满意率为 99.7%，较 2013 年大幅提升 11.81%，在南京市行风评议和作风建设综合评议活动中排名第一。城市和农村供电可靠率、优质服务评价指标等位于国家电网公司前列，其中核心区域供电可靠率已达世界发达城市水平。

（二）运营业绩大幅增长

南京供电公司运营管理全过程实现无缝对接，单位资产售电量水平上升 9%，单位电量成本下降 5%，电网综合线损率下降 2.02%，2015 年实现营业收入 244.77 亿元，增长 2.45%，单位资产售电量、单位电网投资增售电量等指标位于国家电网公司前列。通过平均缩短项目周期 1 个月、规划项目库调整率小于 5%、可中断负荷响应时间由 30 分钟缩短至秒级以及对电流流向和流量的灵活调节，实现年增供电量约 25.7 亿千瓦时，增收利润约 5140 万元。

（三）节能降耗效果显著

2015 年南京供电公司实施并网分布式光伏发电项目 100 项，合计发电容量 7154.45 千瓦，累计发电量 8356.78 万千瓦时，共节约标准煤 3.37 万吨，减少二氧化碳排放 8.85 万吨。实施电能替代项目 46 个，完成电能替代电量 6.3 亿千瓦时，推广低压岸电系统 69 套、小容量设施 127 套，用户能耗降低 25%以上，减少碳排放量 16%以上。通过对用户负荷的柔性调节，每次可减少二氧化硫排放 0.3 万吨，减少二氧化碳排放 3.14 万吨。通过负荷柔性预测以及对电流流向和流量的灵活调节，实现压缩规划站址 5 个，节省通道资源 7 条，节约土地资源约 600 亩，节能降耗成效位于全国省会城市前列。

（成果创造人：李　斌、高昇宇、王　勇、倪　炜、肖　晶、汪　超、栾　宁、王　璞、吴　罡、李　勇、马琎劼、金淋芳）

煤矿企业基于生产、成本、销售体系化的合力经营管理

陕煤集团神木柠条塔矿业有限公司

陕煤集团神木柠条塔矿业有限公司（以下简称柠条塔矿业）位于陕西省神木县西北部，注册资本金14.26亿元，在册人数1312人，主营业务为煤炭开采。井田保有资源量22.97亿吨，可采储量16.51亿吨。2015年产量1800万吨，销售额24亿元，利润2.33亿元，成为陕煤化集团公司乃至陕西省省属煤炭企业第一产煤大矿、强矿，先后获得国家级成果奖一项、省部级成果奖三项，国家水土保持生态文明工程、国家级绿色矿山等荣誉称号。

一、煤矿企业基于生产、成本、销售体系化的合力经营管理背景

（一）应对煤炭行业发展困难的客观要求

2013年以来，国内煤炭企业在产能过剩和进口煤的双层夹击下，煤炭价格持续下行，绝大多数煤炭企业处于长期亏损之中，生产经营困难重重。面对严峻的形势，在竞争激烈的煤炭市场中立足，增强竞争力是唯一出路。煤炭企业必须改变煤炭“黄金”十年粗放式管理的做法，系统精细地抓经营管理，实施低成本战略。按照先进、合理、经济的原则，在销售、矿井生产布局、生产组织、产品结构、工艺设计、技术创新以及设备设施选型上下功夫，在市场营销、成本管控上用力气，综合管控，保安全、保质量、保销售，实现低成本战略，提高企业市场竞争力，保生存保发展。

（二）提升企业管理水平的需要

随着煤炭市场经营压力的加剧，暴露出在管理上存在的诸多缺陷和不足，需要提高企业管理水平，切实降本增效。在生产、营销方式上的问题：一是“重生产轻质量”问题，矿井投产初期，煤炭市场供不应求，对煤炭的质量要求不高，影响企业的持续发展；二是思想问题，认为销售只是销售人员的事，与生产人员无关；三是销售方式问题，未将每一个营销要素进行统一协调，整体发挥，导致企业在市场上无法实现整体效应，使企业综合竞争力下降。在成本管控上的问题：一是认为降成本只是财务管理人员的事，与生产人员关系不大；二是缺乏整体性、系统性且成本控制管理责任不明确，尤其是生产管理和专业技术人员成本责任意识不强，缺乏设计问责机制；三是超前预控、过程管控力度不够，偏重成本结果考核；四是各费用管控实行部门单一成本管控，忽视成本综合管控，造成成本管理环节衔接不到位、配合不到位；五是成本核算注重产品成本核算，忽视生产、加工、销售等环节的成本过程管理核算，导致只侧重总成本中的大额成本控制，却没有做好作业环节成本中的大额成本控制；六是对每个生产环节的管控方式和方法模式千篇一律，导致对环节成本管控缺乏针对性、适用性、有效性。

（三）适应煤矿生产经营特点的需要

现代化煤矿生产，是大机械化地下煤层开采作业，在生产的同时，受水、顶板、瓦斯、煤尘等自然灾害的威胁，要对物理（地质等）环境、化学（气体）环境进行严密的监测监控，是多要素、多参数、多目标庞大复杂的生产管控系统，具有立体、动态、多环节等特征，决定煤矿生产作业是一个必须广收信息、多方合作的作业过程，需要建立体系化协同的生产管控模式，满足市场需求，提高产品与用户的契合度，产销对路是必须而紧迫的事情。同时，煤炭产品不是高科技产品，基本不可能形成独家产品，一定范围内属同质化产品，低成本战略是市场竞争的有力法宝。因此，统筹生产、成本、销售三个关键环节的协同管理，是煤炭企业生存发展、提高效率的必然选择。

二、煤矿企业基于生产、成本、销售体系化的合力经营管理内涵及主要做法

柠条塔矿业从 2013 年开始实行基于生产、成本、销售体系化的合力经营管理，以标准、精细、融合推动体系化，以体系化推动合力经营，整体优化，协同发力，管水管矸保热值，降支降耗降成本，以质促销，以销促产，以产促本，低本获利，相互促进、相互强化，取得良好的效果；扩大生产规模，解决部门配合差效率低、生产组织复杂、安全压力大、回采率低等管理问题；克服产品热值波动大、销售不畅、收效不好的问题；克服资源整合还煤、资产折旧费和银行贷款利息等历史遗留前置成本高的问题，形成质量高、成本低、品种多、客户广、黏性大、收益好的经营管理局面。主要做法如下：

（一）明确总体思路，构建生产、成本、销售体系化合力经营管理组织体系

1. 明确合力经营管理的总体思路

合力经营管理就是站在柠条塔矿业整体管理效率和效益的高度，综合集成，整体优化，实施四个融合：营销与生产融合，技术与经济融合，管理与信息化融合，制度建设与绩效考核融合，从机构、制度、流程等做好缜密安排；构建经营管理信息化平台，全面收集生产、销售、成本等信息，综合分析，动态平衡管理，形成相互支持、互促互进、分而有序、合则有力的管理体系，产生强大的组织力，形成管理合力。

2. 建立合力经营管理组织体系

建立健全体系化合力经营管理组织机构。成立体系化合力经营管理领导小组，搭建高效务实的工作架构，从组织上保证体系化合力经营的有效运行，实现以生产为基础，以成本为约束，以销售为龙头，以大数据为支撑，协同发力的合力经营管理，实现倍增效应。

（二）实施适应市场环境的体系化生产管控

1. 实施市场导向条件下的柔性生产

根据市场现实需求和未来发展，以产品市场售价和需求量倒推成本和产量的最佳交合点，编制生产组织计划和生产接续计划，超前安排，定量、定质、定品种，积极组织，实施定制化生产，最大限度地满足市场需求。

针对煤炭生成过程的复杂性和差异性，不同采区煤炭物理化学性能差异性大，通过与煤化工研究所合作，发现不同煤层煤炭的新特性，结合国内外科技发展新成果，寻找新用途，创造新客户，实现新价值。

2. 实施全面质量管理，确保煤质高位稳定

柠条塔矿业将煤炭质量管理放到与安全同等重要的位置，全面深入开展煤质管理，坚持“三全一多样”，开展全员质量管理，从产品生产设计源头直至终端用户的每一个环节精心优化，使设计、生产、运输、洗选、储装运节节相连，层层把关，全过程打造优质煤质品牌。

根据市场需求，确保原煤发热量稳定在 5800 大卡/千克以上。做好“一优二控”工作，优化生产区域，控制好生产过程，做好煤质预测、分析和管理工作，根据市场及时调整配采计划。在过程管控中，认真实施“三步”闭环式煤质管理，即预测预报、实时监控、总结反馈的闭环式煤质管理模式，并严格按照“煤质管理办法”规定执行超水超灰扣产等制度，确保煤质高位稳定。

3. 实施成本约束条件下的精益化生产

在成本目标约束下，匹配技术管理方案，大力开展精益化管理，以“精细”为出发点，以“效益”为目标，以标准化、精细化、规范化为手段，推进生产管理体系化建设。

坚持“点面结合”的基本原则，采取“点”突破、“面”推进的优化项目开展模式，就生产系统布局、设备运行、设备检修、矿务工程四大关键领域存在问题作为突破点，面上从优化所有工作流程、强化全矿班组建设、全面推进“6S”管理入手，完善四项技术（定制、编码、标示、看板），形成安全、

生产、经营、销售的四大专项解决方案，从而在全局层面突破关键瓶颈，构建一套完善精益化高效生产管理模式。

（三）实行全面体系化成本管控

1. 明确体系化成本管控思路

树立“体系化”成本管理理念，在保证安全、持续健康发展的要求下，以“系统”为成本优化单元，而不以某一个“岗位”为成本优化单元，进行成本控制审视优化。以事前优化为支撑，以预算管理为预控，以标准成本为校正，以过程精细为品质，以落实总包为责任，以效益增加为目的，实施体系化成本管理。开展全面预算管理，创新“七个一成本管控法”，建立并分包给生产技术等九大责任中心，搭建负责体系成本的十六个子系统，实施百点控制，全面管控，实现百元成本。

2. 推行全面经营预算管理

柠条塔矿业推行全面经营预算管理，重点对安全、生产、销售等直接相关的活动进行预算，并做到指标细化不悬空，“人人头上有指标”，从而增强预算管理的全面立体性，保证预算的真实性和可靠性。

强化项目管理，坚持“无论证不立项，无立项不计划，无计划不资金”的原则，科学论证，严格控制项目，减少不必要、效益不大的项目，使成本管控贯穿于工程设计、生产运营、系统改造的各个方面。

实行与工资挂钩成本转换机制，推行基层各单位内部市场运作机制。按照计件生产，成本承包方式，构建人工、材料、水电等费用与工资节超转换的定额管理薪酬体系，超支全额处罚，节约半额奖励，当月与工资一同结算。实行内部市场化，通过项目预算、内部市场竞争确定实施单位，全面承包项目各项费用，进一步降低运营成本。

3. 实施成本“百点控制工程”

依据煤矿生产经营实际成本构成，按照技术先行、专业化管理、岗位就是利润源、重在生产环节的成本管理理念，构建体系化成本管控责任体系。在合力经营管理领导小组的领导下，由合力经营管理办公室牵头并为考核主体，以生产技术部等九大责任中心为责任主体，以各区队为核算主体，建立成本管理子系统，以成本控制关键点为抓手，系统全面进行成本管控。九大责任中心，分管十六个管理系统，每个系统以靠专项技术找出 10 个以上个成本控制点，共找出 256 个控制点，作为具体抓手，降低成本。

全年以原煤完全成本为总目标，部门包指标、区队包费用。各职能部室细化分解生产成本控制指标、制定措施，对每一个生产过程环节的费用支出制定出切实、合理、翔实的控制目标数据。

加强技术基础管理工作，突出对企业前置规模性成本投入管控。在前期的地质勘探和水文地质方面引用先进的科学技术，做好翔实的矿井设计基础资料，并结合动态监控，在盘区（采区）和采面的设计上注重优化采掘接续及巷道系统设计，进一步优化生产工艺和流程，在确保安全生产的情况下，最大程度降低成本。在各生产系统和工作面设备选型上，结合工作面开采条件和生产能力，科学优化生产工艺，合理匹配的设备参数，避免“大马拉小车”造成浪费。

在运行过程中，实行成本放行制，制定《成本放行管理办法》，对成本放行的准则、方式和方法以及规定的程序进行，以确保成本放行过程在受控状态下进行。同时，坚持不断改进的原则。降成本是一个渐进的过程，在生产经营过程中，在取得成果的基础上不断改进，三年相继改进三次，逐步降低成本。

4. 创新体系化成本管控方法

创新“七个一成本管控法”，即“一优、一算、一包、一生、一责、一创、一单”，将所有业务单元进行 ECRS 审视，增加“增值项”，减除“无价值项”，实现业务单位体系优化高效。

“一优”即优化设计。优化设计、设备、生产工艺、环节、资源配置、组织管理，从生产布局到工作区域部署、从采煤工艺到系统配套、队伍组织，实现技术成本管理的事前分析论证、事中跟踪控制，事后总结评价。

“一算”即成本的全面预算。一是预算要与“总包人”对应。二是掌握好预算的事项要点。三是做好政策应用的统筹管理，合法规避政策风险，享受政策红利。四是掌控好预算与结算的关系，把成本预算“清单”作为月度（季度、年度）或工作完结周期点实际成本考核结算的主要依据。

“一包”即总包形式。形成层次分明的承包管理。建立健全成本节约与薪酬挂钩的员工激励约束机制和制度，并严格考核兑现。

“一生”是指全生命周期管理。通过生命周期管理，挖掘各体系、各生产环节、各流程的增长点、流失点、僵尸点、无效点，对各点实行有效的调控措施。

“一责”即责权利挂钩。以柠条塔矿业“九大责任中心”为责任主体，推行工程技术人员与技术成本挂钩考核制度，激励技术人员积极优化设计方案，依靠科技攻关降低成本，建立技术挂牌责任制，通过完善挂牌公示、可行性分析审查记录和后评价报告等基础资料，使技术成本档案化管理。保证方案设计最优、决策正确、过程严格控制、事后责任落实和违规追究。

“一创”即全员创客、创优和创新。在所有生产环节成本关键点上实施全员创新优化，对照理想状态查找问题，科学巧妙解决问题。按照项目管理方法对各种优化方案进行可行性分析，既要保证技术上可行，又要保证经济上合理。

“一单”即成本要素清单化。一是对每个单项工程进行策划，将任务目标、质量标准、经济指标、完成时间、责任人列出清单，即管理清单化，达到工作事项一目了然，方便执行，同时实施计算机管理，体现精准管理。

（四）开展全要素体系化营销

1. 构建亲和市场的体系化销售架构

梳理销售全过程，剖析各环节之间的关键管理因素，把每个要素看成体系中相互联系、相互作用的子体系，优化、标准化、规范各子体系，使所有要素形成有机地整合，形成高效的体系化销售管理架构，实现对市场的有效对接和用户的良好亲和，在满足消费者需要的同时，提高企业的营销效果和利润最大化。

2. 实施产品结构调整，实现产品向优质化、多样化、定制化转变

柠条塔矿业认真对产品进行优劣势分析，顺应市场需求，调整煤炭生产品种，进行生产布局调整和生产组织优化，充分发挥煤的品质优势，做到性能与用途的最佳匹配。目前，以优质煤炭产品开发为方向，从开采方法、开采顺序、运输系统、洗选加工、成品入仓、装车销售等环节进行系列优化，已增加“柠化一号”等6种化工产品，变燃料为原料，扩大优质产品比例，达到高价值高价值，取得良好的经济效益。

3. 实施动态量价平衡，争取收益最大化

及时收集产品价格信息，利用销售大数据，实时优化销售结构和价格，以提高综合售价和销售总额。同时强化柠条塔矿业价格委员会职能，授予价格及时决断权以及时适应市场的不断变化。对不同煤炭产品、运输渠道择高发运；对现行多品种、多渠道、多价格、多用户销售格局及品种、渠道价格不断波动，坚持动态平衡，既不引起纠纷又要做到收入最大化。按照效益优先原则，优先洗块煤发运和化工煤，再次电煤等。地销和铁销返矿结算价格按照返矿价格由高到低动态排序，优先保量发运价格高的客户，并做到及时调节。

4. 充分发挥“品牌效应”，实施“大用户”战略

柠条塔矿业狠抓质保体系建设，持续不断抓煤质，包括生产、设计、物流、品控、营销等内外部与

价值链相关的各个环节，进行全方位的互动调控，促进品牌的传播和销售终端提升，进一步拓宽销售渠道，提升市场知名度、美誉度和市场竞争力。预测煤炭消费市场和结构的变化趋势，实施“大用户”战略，结合区域市场局势和大的市场趋势，对所有用户进行等级划分，制定用户替代置换方案，形成以终端直供用户、战略性用户为主，经销商为辅的销售格局。不仅有长期合作的电厂、贸易等终端大客户，还与港口及东南沿海方向发展稳定的化工煤用户，真正将“柠条塔”品牌在国内市场中推广和提升到更高的消费层次。

5. 实施以市场为导向的煤质管理

及时采集市场质量信息，动态跟踪和预测市场质量要求及变化，编制质量报告，提交给合力经营办公室，要求生产部门按此质量指标组织生产，并按照确定的质量指标严格检测，实行质量一票否决。

6. 完善营销配套服务工作

全体员工以营销为核心，以用户为导向，地质、设计、生产、财务、行政、物流等部门，都要关注和全力支持整个营销活动，为用户创造最大的价值，使用户满意度最大化，从而获得强大的市场竞争能力，达到收益最大化。

（五）构建互融协同机制，形成合力经营

1. 营销与生产融合，适销对路促收益

构建生产、销售协同经营体系。合理调整生产结构，提升煤炭质量。生产技术部门配合做好煤质的监督检查、预测和分析工作，及时提交配采方案，并严格按照“煤质管理办法”规定执行超水超灰扣产制度，形成生产与销售融合，产品与市场接轨，产销互动的柔性生产局面，以适应多变形势下的市场需求，形成新型的生产管控模式，促进企业效益最大化。生产系统和销售系统互动。组织销售人员下井，了解地质条件、生产过程、煤质特性及趋势；组织生产人员与销售人员共同走访用户，深入销售各环节进行市场调研，让生产人员充分了解市场，从生产和销售不同角度开拓市场，让用户更加了解柠条塔矿业的煤质特性、生产规模和质保体系，满足用户深度需求，增加客户对柠条塔矿业煤炭产品的信心和信任感。

2. 技术与经济融合，降低成本增效益

一是不断优化矿井生产系统。结合矿井资源储备实际，暂停运行煤质差、成本高、市场销售不畅的北翼 1－2 煤等生产区域，集中力量在煤质优、售价高的南翼 2－2 煤组织生产，北翼 2－2 煤按比例配采。二是皮带、水泵、主扇、采煤机、掘进机等采用变频控制技术，主运输系统推行根据煤量自动调速及顺煤流启动逆煤流停车，供水系统实现根据需量变频恒压供水，实现节能降耗。三是技术工艺改进，通过设计优化，工作面及支护参数等优化，提高资源回收率，减少工作面搬家次数，减少直接投入等。四是充分利用国家直供电新政，通过网上竞价，矿区高压外供电由电厂直供，降低电费。

3. 管理与信息化融合，信息互联促协同

通过整合采、掘、机、运、通、地质、防治水等专业信息，构建生产管理大数据系统；整合质、量、价、储、装、运等销售信息，构建营销管理大数据系统；整合产、销、存、量、本、利等财务信息，构建经营管理大数据系统，整合各系统，形成大数据支持下的柠条塔公司生产、成本、销售合力经营管理信息化平台，初步实现决策及时数量化、及时化、科学化，拉近生产与市场的距离，做到信息互通，工作协同，管理合力。一是运用物联网和大数据的结合，井下已完成 3.6 万个设备生产系统数据采集点的布局，实现可视化，实现安全生产的可控在控。二是进行市场大数据收集，预测市场变化。三是建立技术、经济一体化管控平台，实现数据上互为变量，信息上互联互通，效益上联合求解，工作上的互为助手的信息协同合作机制，初步实现矿井数学模型化。

4. 制度建设与绩效考核融合，闭环管控促落实

一是制定一系列体系化合力经营管理流程、制度和办法，并针对管理人员制定“三大纪律，六项规定”，系统制定标准和要求，并在实践中不断修订。二是坚持铁心肠、铁面孔、铁手腕的“三铁精神”，推动管理向体系化、合力化方向发展。三是坚持成本分析会、经营分析会、技术经济分析会“三会”制度，实现合力管理动态推进。

三、煤矿企业基于生产、成本、销售体系化的合力经营管理效果

（一）形成适合自身发展的合力经营管理模式，提高企业管理水平

形成基于生产、成本、销售各专业系统高效、协同整体发力体系化的合力经营机制和管控模式，获得较好的经济效益，取得良好的管理成果，实现“挖煤”向煤炭制造、燃料变原料、粗放管理向精益化管理的转变，形成实用、高效的现代化煤矿管理模式，为煤炭企业生存与发展探索出一条有效途径。在整体管理上，柠条塔矿业综合经营管理水平有大幅度提高，杜绝轻伤及以上人身安全事故，实现连续三年安全生产；减少事故影响，机电事故率逐年降低；提高回采8%率，扩大了产能，形成平均6万 t/d的生产规模，三年来生产规模从1200万 吨/年提升到2000万吨/年，矿井综合单产、月度产量、销量均处全国领先水平。

（二）保障企业的生存发展

商品煤质量有明显提高，达到高端化工用煤要求；扩大了5个品种，满足市场需求，达到产销两旺；提高区域市场占有率六个百分点，提高市场美誉度，增加客户稳定性。实施体系化成本管理以来，煤炭产品完全成本逐年降低，2013年降低7.15元/吨，2014年降低10.88元/吨、2015年降低15.32元/吨。下降率在陕煤化集团公司内降幅最大，2016年上半年创出历史最好水平，吨煤成本控制在百元以内，在同区域煤矿中处于领先水平。企业利润从2014年5.49亿元，增加至2015年2.33亿元，2016年上半年取得3.6亿元的良好业绩。在全国90%以上煤矿亏损的情况下，柠条塔矿业产销两旺，效益良好。

（三）获得社会认可

中国煤炭工业报、陕西日报、陕西工人报等媒体多次对柠条塔矿业进行相关报道。2016年全国煤炭工业转型升级现场会在柠条塔矿业召开，为煤炭企业经营管理起到示范带动作用。

（成果创造人：张科利、吴群英、王建文、路根奎、贾小虎、
闫敬旺、周兴利、樊　甲、曹　豪、张少龙）

钢铁企业以提质增效为目标的全方位结构调整

马钢（集团）控股有限公司

马钢（集团）控股有限公司（以下简称马钢）是我国特大型钢铁联合企业、安徽省最大的工业企业之一。历经多年的发展，已形成年产钢2000万吨的综合生产能力，拥有世界先进的冷热轧薄板、火车轮轴、H型钢、高速线（棒）材、特钢等生产线，形成行业独有的“板、型、线、轮、特”产品结构。2015年，马钢粗钢产量1882万吨，居国内钢铁行业第8位，实现营业收入504亿元，总资产823亿元，员工4.7万人。

一、钢铁企业以提质增效为目标的全方位结构调整背景

（一）主动适应钢铁产业供给侧结构性改革的客观要求

近年来，我国钢铁工业的发展出现重大战略转折，进入以结构调整、提升经营质量、增强盈利能力、实现环境友好为主线的新阶段。由于产能严重过剩导致钢材价格持续下跌，企业生产经营困难，行业整体效益大幅下滑。推进钢铁行业提质增效，就是要通过深化供给侧结构性改革，加快钢铁企业产业结构调整与转型步伐，减少无效和低端供给、扩大有效和中高端供给，形成新的发展动能。面对行业发展新常态，马钢居安思危，主动调整发展战略，走内涵式发展道路，由过去侧重追求规模增长向品种质量转型，最大限度地落实供给侧结构性改革要求，努力实现由钢铁制造商向整体解决方案提供商的转变。

（二）冲破行业结构性矛盾瓶颈的迫切需要

作为高投入、重资产、强周期产业，钢铁工业在“三期叠加”形势下的转型明显滞后，产能过剩矛盾凸显，“低端供给过剩、高端供给不足”的结构性过剩问题成为影响我国钢铁行业发展的瓶颈。总体来看，先进产能尚不能满足国内市场需求，而落后产能则严重过剩，造成有效供给能力不足。马钢必须适应行业发展趋势和市场需求变化的需要，积极推进结构调整、技术进步和技术创新，适应钢铁需求由大众化、同质化向个性化、差异化需求转变的趋势，推进钢铁产业链条向中高端用户延伸。

（三）马钢实现持续健康发展的必然选择

马钢高附加值产品比重较低，特别是产能达公司一半以上的板材产品还没有相对竞争优势，与先进企业相比差距较大。即使是具有较强传统优势的车轮、H型钢等产品，由于品种较为单一，市场竞争地位也受到挑战。同时，市场布局不合理，大部分产品在特定区域内销售，面向全国及全球的市场布局未形成。加上组织结构不够合理，管理层级较多，未能形成一体化组织优势。人员结构性矛盾突出，马钢用工总数偏多，相对于主体生产一线，机关人员、辅助岗位人员比例过高；员工总体学历水平偏低，高中及以下文化程度占50%以上；员工年龄结构偏大，45岁以上员工超过一半。产品研发、经营、特别是集研发、制造、服务于一身的复合型核心人才缺乏。因此，马钢唯有加快结构调整，提升企业竞争能力和可持续发展能力，才能在激烈的竞争形势下生存和发展。

二、钢铁企业以提质增效为目标的全方位结构调整内涵和主要做法

马钢秉承打造独具特色的钢铁材料服务商和绿色和谐示范钢铁企业的战略定位，以提质增效为目标，全方位系统优化产能结构、产品结构、组织结构、业务结构、销售结构和人才结构，集中优质资源聚焦关键产线、关键流程，推进产品升级、产业链延伸和国际化经营，通过品牌产品、精准服务，努力满足客户更高要求的个性化需求，谋求各方共赢，走出一条追求卓越、持续发展的道路。主要做法

如下：

（一）调整发展战略，明确结构调整思路

1. 科学决策，调整发展战略

面对复杂严峻的外部形势和日益激烈的市场竞争环境，马钢主动适应新常态，2013 年年底组织专业团队对未来内外部环境科学研判，认真分析行业发展趋势，决定对发展规划进行调整，逐步由规模增长型向以压减产能规模、提升品种质量转型。按照“经济规模，转型升级，做精做强”的要求，推动钢铁主业走集约化经营、专业化发展、内涵式增长之路。通过淘汰落后产能、剥离辅业，将产能规模控制在 1800 万吨，实施精品战略，提升品牌效益，努力将马钢综合竞争力跻身行业第一梯队。重点发展先进轨道交通用钢、汽车板、家电板、高档型钢、精品线棒五大拳头产品。着力推进“一三五”战略：轮轴产品竞争力全球一流，H 型钢和家电板产品竞争力国内第一；线棒产品竞争力进入国内前三；汽车板、硅钢产品竞争力进入国内前五。

2. 明确结构调整思路和实施路径

结构调整思路为：坚持钢铁产业在集团发展中的核心地位，构建“轮轴、板带、长材”三大特色板块，推进产品升级、产业链延伸和国际化经营，为下游用户提供精准服务和系统解决方案，建设成为独具特色的钢铁材料服务商和绿色和谐示范钢铁企业。

主要实施路径是：不再新建新增产能项目；主动淘汰落后生产线设备、去除过剩产能，逐步关停马钢（合肥）公司钢铁冶炼产线和马鞍山本部中小型装备，大力推进节能减排和绿色制造；充分利用现有产能，加快 1580 热轧产线等结构性调整项目建设，消除产能利用中限制性的瓶颈；推进管理体系和业务流程再造，实现组织结构扁平化；精干主业，将部分非钢产业及辅助单元剥离，将资产重组至集团，相关人员同步分流；强化专业化管理，钢铁主业专注于品种、质量和效益的改善和提升，全力改善经营业绩，维护好上市公司的融资功能；推行差异化营销策略，避免同质化竞争；大力推进家园文化建设，创造舆论氛围，激发员工对企业战略转型的认同，争取员工对公司结构调整各项举措的理解和支持。

（二）优化产能结构，淘汰落后产能

1. 去产能，压减规模

马钢严格落实国家相应节能减排要求，积极抢抓国家推动化解钢铁过剩产能政策机遇，有序实施去产能计划，主动淘汰马钢本部中型高炉、转炉等装备和生产线，关停马钢（合肥）公司全部钢铁冶炼生产线。马钢（合肥）公司原为安徽省地方骨干钢铁企业，2006 年 5 月由马钢兼并重组。马钢与合肥市按照“依法依规，兼顾各方利益、妥善安置职工、确保社会稳定，遵循市场经济规律、有利于安全环保可持续发展”的原则，对马钢（合肥）公司转型发展工作进行部署。2015 年 12 月，马钢（合肥）公司 2 座 405 立方米高炉、1 座 420 立方米高炉、2 座 45 吨转炉，以及棒材轧机、线材轧机等生产及配套设施全部关停，涉及炼铁产能 120 万吨、炼钢产能 136 万吨、轧钢产能 150 万吨。加上 2014 年关停的 1/3 产能（高炉、转炉、焦炉各一座），合计炼铁产能 160 万吨、炼钢产能 204 万吨、炼焦产能 30 万吨。在冶炼生产线停产后，马钢（合肥）公司以提高高附加值产品比重为产业结构调整方向，由获利水平较低的长材产品生产转向附加值较高的板带产品生产。2016 年，马钢再次关停马鞍山本部中型高炉、转炉各 1 座，淘汰炼铁、炼钢落后产能各 70 万吨。至此，马钢圆满完成国家和省市淘汰落后和过剩产能的任务。

2. 统筹优化生产布局

马钢结合钢铁产业结构调整，统筹优化生产布局和资源综合平衡，集团本部致力于高端产品定制化、专业化生产，推进装备大型化、现代化；长钢股份着眼于打造高效率、低成本建材制造基地；马钢（合肥）公司钢铁冶炼产能为零，专注于高端板材制造，实现系统产能最优、效率最高、成本最低、效益最好的资源配置。同时大力推进钢铁产能转移项目，“走出去”建设海外钢铁深加工基地。

（三）优化产品结构，提升高端产品比例

1. 自主集成高铁轮轴核心技术，促进轮轴产品高端化、产业化和国际化

作为中国车轮事业的先行者，马钢先后开发动车组及高铁车轮、超低噪音地铁车轮及重载车轮。近年来，马钢潜心致力高速动车组车轮工艺技术、性能质量攻关，在铁路总公司的支持指导下，迅速启动中国标准动车组车轮自主研发项目，成功开发出马钢动车组车轮。2015 年 6 月，马钢制造的第一批动车组车轮与采用马钢轮轴钢加工的轮轴相配套，同太重车轮一起编入两辆中国标准动车组，展开全程 60 万公里的装车考核试验，在各类试验和运用考核中，性能全部达标。

2. 推进板带产品专业化生产、产业化延伸和差异化经营，赶超行业一流水平

马钢将板带产品作为战略和核心板块打造，重点向汽车板、家电板、酸洗板等中高端产品发展。作为较早开发生产汽车板的钢铁企业，马钢充分发挥自主创新和先进产线优势，开发出大梁钢系列、冷成形高屈服系列、细晶粒钢系列等三种系列高强汽车大梁钢板，并成功服务于国内众多汽车生产厂家。在汽车用钢领域，开发具有自身特色的高附加值产品，顺应轻量化发展趋势，发展双相钢、TRIP 钢等前景好、盈利突出的先进高强钢、超高强钢。与汽车企业紧密合作，加大高质量、高水平产品的研制与生产，逐步进入中、高档合资品牌车市场。家电用镀锌板，向高档时尚个性化的高强度薄规格、宽幅、绿色环保、多功能方向发展。推进多品种、小批量的定制化生产，提升产品市场竞争能力，通过技术服务、MR 驻点等形式准确识别用户需求，形成“标准＋α”的工艺及判定标准，满足不同用户的要求。建立以工艺设计、工艺监控、工艺优化、工艺创新为主要内容的一整套工艺控制系统。建立产品红黄绿灯管理机制，根据产品的质量稳定性对产品进行红、黄、绿灯分级，对红、黄灯产品组织生产评审与质量改进，稳定板带产品质量。

3. 巩固长材优势，进军高端工业用材制造和高端汽车零部件领域

马钢瞄准高端市场，实施精品战略，持续创新，逐渐打造出以石油用钢、风电用钢、汽车和轨道交通零部件用钢为代表的多元化高端产品结构。在风电领域，重点开发风电轴承用系列连铸圆坯，实现销售 5000 余吨，产品各项指标均达到国内先进水平；在石油用钢方面，开发海洋石油平台用热轧 H 型钢、高寒地区油气结构用热轧 H 型钢、深海石油钻井钻杆用热轧圆钢、深海石油开采锻件用连铸圆坯，并实现批量供货；在核电用钢领域，开发的核电转子用连铸圆坯，通过国核（北京）科学技术研究院二方审核，并已实现供货；在汽车用钢领域，重点开发重载卡车前轴用热轧圆钢，重载变速箱齿轮用热轧圆钢，低速比后桥主、从动齿轮用热轧圆钢等产品，实现特钢产品在汽车 A 类保安件领域应用零的突破。此外，还瞄准市场需求，成功开发出超超临界高压锅炉管用耐热钢 P91 连铸圆坯，市场占有率从 2015 年年初的空白，提升至目前的 30%左右。推进钢结构深加工、服务一体化，推进线棒产品升级和深加工，以“低成本、高强度、功能化”为方向，开发新一代高效节约型产品。2015 年，马钢与世界著名特钢企业法国 ASCO 公司合资建设高端汽车和轨道交通零部件用棒线材深加工项目，通过集中马钢和法国 ASCO 公司双方的技术、成本及品牌优势，开启高端制造，替代进口，满足国内、国外高等级乘用车和轨道交通零部件用特钢产品的需求。

根据当前钢材减量化和可持续的发展趋势，马钢通过科研项目实施、APQP、合理化建议、创新创效等系统方法，开发出非调质冷镦钢、高效节约型建筑用钢、低成本建筑结构用耐腐蚀钢筋、功能型自润滑热镀锌钢板等系列“绿色”产品，填补国内“空白”。抓住“在线软化高性能冷镦钢”被国家列为“863”计划的契机，成功开发出免退火的高性能冷镦钢盘条新产品和优化用户使用技术，生产的免退火 SWRCH35K－M 中碳冷镦钢线材，具有强度、硬度低，节能环保优越，冷镦性能好的特点，每吨不仅可为下游客户节约 100 元生产成本，还减少二氧化碳排放 300 公斤。

（四）优化组织结构，实现专业化生产

1. 整合轨道交通装备资源，组建轮轴事业部

为把做大做强轨道交通装备轮轴产业作为转型发展、调整结构、提升效益的新支柱产业，加速产业链向高铁、客、货、机、城轨全领域的“轮、轴、轮对”延伸。2014 年 5 月，马钢以 1300 万欧元成功收购世界高铁轮轴名企法国瓦顿公司，形成车轮公司、轨道交通装备公司和瓦顿公司“三轮驱动”的产业发展结构，实现境内外产业链延伸和产业布局。2015 年年底，马钢以打造全球一体化轮轴产业链为目标，整合车轮公司、轨道交通装备公司和瓦顿公司业务及资源，组建轮轴事业部，统筹国内国外两种资源、两个市场，优化内部流程，提升管理效率，推动产品升级，缩短产品交期，强化轮轴及其组合产品供给能力，为形成完整的“轮、轴、对”全产业链，实现产品高端化、产业化和国际化发展创造条件，快速拉动轨道交通装备制造产业的整体发展和壮大。

2. 实施板带制造系统专业化整合，组建制造部和冷轧总厂

2014 年年底，为强化专业化分工，提高订单兑现率，提升产品质量水平，满足客户需求，马钢整合酸轧、连退、镀锌、硅钢等冷轧产线及相关资源，成立冷轧总厂；在原生产部基础上，整合相应产品设计、质量管理、订单兑现管理等职能，组建制造部；相应调整一、四钢轧总厂的管理范围，使其关注于炼钢及热轧工序。整合后的板带制造系统，通过专业化、精细化、个性化的制造运营模式，提升制造水平与产品档次。2015 年，马钢重点产品汽车板，订单条目兑现率提高 3.37 个百分点。

3. 打造长材高品质、低成本竞争优势，组建长材事业部

2015 年年底，马钢整合长材业务单元的研发、生产、供应及销售部门的长材销售业务和技术中心长材研发资源，组建长材事业部。事业部以落实马钢下达的年、季、月经营计划，实现长材业务利润最大化为目标，负责马钢长材产品的研发、生产、供应与销售工作，包括原料采购、工艺设计、生产组织、质量改进、市场销售及客户服务等业务活动。通过统一协调长材业务资源配置，以强化马钢长材资源协同效应，提高马钢长材产品市场竞争力和综合配套服务能力，规划引领长材产业发展。

（五）优化业务结构，推动主业瘦身健体

1. 剥离非主业、非优势业务

马钢按“主辅分离、精干主业”的原则，逐步将不符合钢铁主业发展方向、盈利能力弱或亏损业务以及低效资产和从业人员从股份公司逐步剥离到集团公司，使股份公司能够专注于品种、质量和效益的改善和提升，实现做精做强钢铁主业的目标。集团公司按照“钢铁产业、钢铁上下游紧密相关性产业、战略性新兴产业”三大主导产业结构，对各相关板块业务和资源，实施业务重组和资源整合，推进产业集群化、专业化、协同化发展。钢铁主业重点构建“轮轴、板带、长材”三大特色板块，钢铁上下游紧密相关性产业重点发展矿产资源业、工程技术、贸易物流、煤化工及新材料等业务，战略性新兴产业重点发展政策扶持引导、具有发展前景的节能环保、金融投资、信息技术等业务，逐步形成“3＋4＋3”产业布局。

2. 实施业务外包和托管，降低运营成本

一是实施检修维保外包。二是推行烧结烟气脱硫、热电锅炉烟气脱硝、工业水处理及电除尘等环保设施的托管运营。三是推行耐火材料区域总包。四是实施物流业务外包。

（六）优化销售结构，提升市场占有率

1. 强化区域市场开拓和营销体系建设

推行差异化竞争策略，调整销售渠道，轮轴产品在稳定提升国内市场占有率的同时，提高国际市场占有率，重点发展高速车轮逐步替代进口产品；板带产品投放华东、中南、西南三大区域，在重庆、广州等多个城市建立 9 个加工配售中心和 7 个区域销售公司，为客户提供产品销售和剪切配送加工，延伸

产品销售服务。

2. 大力开拓国际市场

2015年9月，马钢成立海外事业管理部，落实马钢全球化经营战略，优化整合6个海外分公司业务和资源，形成覆盖亚、欧、大洋洲和美洲的海外市场及业务布局。加快马钢品牌走出去步伐，近年来，马钢高端产品海外市场份额不断扩大，钢材出口比例由2013年的2.5%提高到2015年的6.75%。

3. 拓展电商销售渠道

以上海钢铁交易中心为依托，大力发展网上钢材市场，实现个性化供应链协同服务。打造期现货结合销售运营模式。在钢铁产业链全面金融化环境下，组建专业的金融衍生品操作团队，掌握和熟练运用期货、期权、掉期等各类金融工具，通过套期保值、增值服务、投资创效等，抓住市场机遇，规避市场风险。

4. 建立“五位一体”营销服务体系

2015年，马钢组建客户服务中心，建立“客户代表、技术经理、工厂代表、产品工程师及应用工程师”五位一体的营销服务体系，构建销售、研发、生产单元共同参与的营销组织体系，形成大营销格局。全面推广EVI模式，按产品分类成立十个APQP项目组，形成新产品研发、常规产品质量改进以及市场开拓与用户技术服务三大体系，全面提高产品竞争力和技术服务能力，与用户构建紧密的共赢合作关系。

（七）优化人才结构，提高劳动生产率

1. 对标先进企业，优化岗位配置

马钢通过收集宝钢、武钢、唐钢等企业的劳动生产率信息数据，分工序、分岗位序列对标，寻找差距，明确努力方向。通过对标，马钢以提升劳动生产率为目标，通过剥离物资仓储、信息化、物流等业务至集团非钢产业、提升装备自动化程度、推行大工种区域化作业、政策性离岗安置等措施，降低钢铁主业从业人数。

2. 全员竞聘上岗，优化员工结构

结合战略转型和管理变革，突出市场和现场两个单元，积极打造“能者上、庸者下”的选人用人氛围，在中层干部管理中引入职业经理人机制，实行以“授权组阁、竞聘上岗、承包经营、三年一届”为主要特征的内部市场化选聘机制。另外，建立重大技术攻关项目负责人公开挂牌竞聘机制。

3. 培养人才队伍，提升员工素质

马钢采取“订单式”培养和“引导式”成长相结合的人才培养机制，加强关键人群和急需紧缺人才的培养。一是对拟录用学生采用“订单式”培养。利用毕业前实习时间，引导学生提前进入岗位顶岗实践，以岗位需求为指引，提升职业素养和岗位技能，使拟录用学生尽快融入马钢，缩短岗位适应时间。二是对新入职大学生培养由“自然式”成长向“引导式”成长转变。按“入职培训、岗位认知、工作文化培养”三个模块进行一年期培养，通过基层锻炼和便于管控的集中管理模式，缩短适岗时间，提高培养质量。三是建立“一专多能、一人多岗”等方式，提升技术、技能人才能力。在高等级车轮、汽车板、电工钢及共性工艺技术、节能环保技术等方面形成一批核心研发团队，提升解决马钢当前及未来发展问题的能力。

4. 打造家园文化，增强员工凝聚力

马钢在企业转型发展中，积极倡导“感恩在心、胸有朝阳、公平正义、风清气正”的家园文化，努力让员工与企业相互守望、相互理解、相互支持，让马钢家园洒满阳光，让马钢“巨轮”破浪前行。如在淘汰落后产能时，马钢明确“先挖渠、后放水”的工作思路，提出市属国有企业招聘、公益性岗位安置和政策性安置等多种安置途径，同时在集团所属的工程技术、环保、物流等服务业板块吸收落后产能关停后专业技术和管理骨干，让员工在新经济、新产业中获得新发展空间。

三、钢铁企业以提质增效为目标的全方位结构调整效果

（一）实现由规模增长型向品种质量型转变

马钢认真落实国家相关政策要求和省“调转促”等决策部署，推进低端产品向“近用户端”的高附加值产品转型，形成以压减产能规模、提升品种质量为主线的发展战略。利用去产能政策，大力调整产品结构、提升技术创新能力，产品品种规格及制造技术水平跻身国内第一梯队。2015 年马钢生产粗钢 1882 万吨、钢材 1824 万吨，分别比 2014 年下降 0.3%和 0.38%；产品结构不断优化，汽车板、H 型钢、管线钢产量分别由 2014 年的 131 万吨、115 万吨、5 万吨提高到 2015 年的 151 万吨、131 万吨、10 万吨，品种钢比例达 47%，主要产品正稳步迈向中高端市场；产品实物质量持续上升，车轮、H 型钢产品的实物质量水平成为行业标杆。

（二）创造良好的经济效益

马钢主动应对行业发展新常态，全力打造降本增效升级版，尽最大努力消化钢材价格断崖式下跌不利因素。2015 年，马钢开发高强汽车板、车轴钢、高强抗震钢筋、取向硅钢等新产品 166 万吨，实现比较利润 5.78 亿元；钢材出口量由 2013 年的 42.36 万吨提高到 2015 年的 120.53 万吨，出口增效 6.68 亿元；节能减排指标创历史最好水平，吨钢综合能耗由 2011 年 622 千克标煤下降到 2015 年 601 千克标煤，吨钢耗新水由 2013 年 4.1 立方米下降到 2015 年 3.8 立方米。2016 年上半年，马钢股份实现营业收入 210 亿元、净利润 4.53 亿元，在 24 家上市钢铁企业盈利榜中排名第 2 位，偿债能力、成本控制、资金周转率等运营指标排名位居行业前列。

（三）市场竞争力显著提升

马钢以提升专业化管理能力作为提高企业经营质量的重要抓手和牵动引擎，通过优化整合内部资源，最大限度发挥战略协同作用，企业综合竞争力显著增强。产品市场占有率及顾客满意度逐渐提升，2015 年马钢车轮市场占有率 42%，全国第一；家电板市场占有率 14.23%，全国第二；汽车板市场占有率 6.44%，全国第五；顾客满意度从 2013 年的 86.64%提升到 2015 年的 88.68%。

（成果创造人：高海建、丁　毅、钱海帆、蒋育翔、严　华、陆克从、
唐琪明、任天宝、高海潮、张文洋、袁中平、解珍健）

富油气区带开发中后期整体再评价的创新体系构建与实施

中国石油天然气股份有限公司勘探与生产分公司

中国石油天然气股份有限公司勘探与生产分公司（以下简称中国石油勘探与生产分公司）是中国石油天然气股份有限公司直属专业公司，是中国石油最大的业务板块。主要从事国内油气田勘探与生产上游业务及新能源业务，负责管理16个油气田的石油、天然气及煤层气等新能源业务的勘探开发生产。

一、富油气区带开发中后期整体再评价的创新体系构建与实施背景

（一）中国石油实现“有质量、有效益、可持续”发展战略的客观需要

目前，全球石油产量的70%来自投产10年以上的老油田，而我国原油生产的主力则是开发30年以上的老油田。此外，从动用储量和年产油量来看，进入“双高”开采阶段的老油田产量和剩余可采储量分别占全国总量的79%和73%。中国陆相含油气盆地老油田构造复杂，储层非均质性强，尚有大量剩余油以及未发现储量和未动用储量滞留地下，这是实现老油田稳产的重要物质基础。富油气区带具有雄厚的资源基础，在老油田的储量和产量构成中均占据主体地位，已探明的油气储量规模较大，储量品质较好，开发动用难度小，效益高，其有待发现的油气资源依然丰富。搞好富油气区带开发中后期整体再评价，挖掘老油田资源潜力，对中国石油实现稳定发展具有举足轻重的作用。

（二）实现老油田增储上产的最佳选择

我国陆上主要含油气盆地具有自身的特殊属性，勘探开发难度大于国外油田。此外，老油田处于开发中后期，整体处于“双高”阶段，油田开发矛盾凸显。受新油田低渗为主和老油田“双高”等因素影响，原油单井日产量呈逐年下降趋势，获取等量资源的投入不断增加，投入产出矛盾显著。对于高勘探开发程度的老油田如何有效开展勘探开发工作，不断获得发现，保持资源良性接替和产量的稳定增长，是勘探开发人员共同面对的难题。富油气区带历经多年的勘探开发，许多地质认识已经定型，如果再按照传统的滚动评价方法去开展工作，很难取得大的成效。富油气区带开发中后期整体再评价突破对地下认识的“瓶颈”，在新的地质认识基础上，将新增探明储量和改善老油田开发效果整体协调考虑，整体部署、整体评价、整体探明和整体开发，推动老油田增储上产、盘活未动用储量、开发调整等工作有序开展，为老油田稳定发展奠定基础。

（三）深化勘探开发一体化的有益尝试

富油气区带历经几十年的勘探开发，具有很高的勘探开发程度，地震、钻井、地质及开发动态等各方面资料极为丰富，进一步开展精细油藏评价工作涉及勘探、评价、新区产能建设和老油田精细注水、开发调整等上游业务的各个阶段，涉及多学科、多专业和多部门专业技术人员，工作量巨大，只有通过组建联合攻关队伍，开展勘探开发一体化工作，成果资料共享，才能形成合力，达到预期效果。通过设立专门项目，整合各专业、各部门专业技术人员联合开展精细研究工作，逐步探索实践，最终形成适合老油田特点的工作方法和管理模式。整体再评价以全区为评价对象，使精细评价与开发工作实现无缝衔接，促成滚动增储与产能建设的有机结合，勘探推动开发，开发促进勘探，真正实现勘探开发一体化。

二、富油气区带开发中后期整体再评价的创新体系构建与实施内涵和主要做法

富油气区带开发中后期整体再评价是针对具有较大资源潜力、已开发多年的老油田，以勘探开发一体化为核心，以复式油气聚集带理论为基础，依托全新的三维地震资料和先进适用的工艺技术，开展新一轮次面向整个区带、多层系、多领域的全方位精细油藏评价而创新发展的一种油藏评价管理体系，具

有整体性、精细性、突破性、综合性和针对性的特点。主要任务是通过重新开展区带综合地质研究，重新构建地下地质体系，重新形成油藏地质认识，重新评价老油田资源潜力，进一步深化油藏地质认识，挖掘老油田增储上产潜力。主要做法如下：

（一）深入调查研究，逐步形成富油气区带开发中后期整体再评价五大基本共识

中国石油勘探与生产分公司从2007年开始，开展面向富油气区带整体的精细油藏评价工作，通过设立富油区带整体再评价项目探索老油田深入挖潜增效的有效方法和途径。采取示范先行、逐步推广、全面应用的“三步走”工作模式，先后在大港、华北、辽河、吐哈、玉门、青海等6家油田实施12个示范项目，随后广泛推广应用到本企业所属各油气田公司，实现从试点到全面的成功推进。目前，该项成果已纳入油藏评价工作的常态化管理。经过8年多的探索与实践，在调查研究的基础上，通过项目的实施，对富油气区带开发中后期整体再评价的认识不断深入，逐步形成五大基本共识：

一是整体再评价以富油气区带为工作对象。富油气区带是由多套含油层系、多个油水系统和多种油气藏类型组成的油气藏群体，其在纵向上互相叠置，平面上叠合连片，一般从属于一定的构造带。富油气区带开发中后期整体再评价在应对复式油气聚集带勘探开发程度较高、构造破碎、含油层系多、单油藏储量规模小、勘探开发无法大规模开展等方面发挥重要作用。

二是富油气区带具有雄厚的资源基础。富油气区带都位于主力含油气盆地富油气凹陷中的正向二级构造带，处于油气运聚的最有利位置，虽然历经多年的勘探开发，已探明油气储量规模较大，其剩余的油气资源依然丰富。

三是正确认识富油气区带的高勘探开发程度。高勘探开发程度意味着地震、钻井、地质及开发动态等各方面资料更加丰富，为开展精细地质研究工作奠定坚实的基础。客观评价富油气区带高勘探开发程度与地质认识的对应关系，关注地质认识上的“局限性”，以此为突破口推动对地质认识的不断深化。通过对断层、构造的准确落实，发现可供钻探的新断块；通过对沉积、储层变化研究，明确岩性油藏钻探领域；通过油藏精细描述，解决开发存在的问题和矛盾。

四是立足整体研究、整体评价，重新认识富油气区带的油藏地质特征。富油气区带历经多年的勘探开发，许多地质认识已经定型，如果再按传统的滚动评价方法去开展工作，很难取得大的成效。整体再评价以油藏地质重新认识为核心，勘探开发结合、动态静态结合、定性与定量方法结合，重新开展构造、断裂系统的精细落实，重新进行地层划分和储层的细分对比，重新复查老井含油气信息，重新细分油水系统，重新认识地下油气水分布特征。在新的地质认识基础上，整体协调考虑新增探明储量和改善老油田开发效果，整体研究、整体部署、整体评价、整体探明和整体开发，推动老油田增储上产、盘活未动用储量、开发调整等工作有序开展，为老油田的稳定发展奠定基础。

五是以必要的技术手段为支撑开展富油气区带开发中后期整体再评价工作。目前中国石油各主要含油气盆地的主力生烃凹陷基本实现大面积三维地震覆盖，为整体再评价提供必要的工作基础。近年来以水平井为代表的钻井新技术的发展，为诸如深层低渗透油藏、斜坡区低渗透岩性油藏、碳酸盐岩和火山岩潜山油藏等以往难以有效开发动用的低品位储量提供必要的技术手段，大幅度拓展富油气区带的评价领域。同时，储层大规模压裂改造技术的进步有效提高单井产量，使低品位储量有效开发的经济下限不断降低，储量动用程度不断提高。

（二）转变工作思路，研究制定富油气区带开发中后期整体再评价管理规定

富油气区带开发中后期整体再评价是中国石油勘探与生产分公司为适应主要含油气盆地勘探开发程度越来越高，地质对象越来越复杂，资源品质不断变差，尤其是老油田储量资源难以为继，产能建设找米下锅，油田稳产面临严峻挑战的形势，针对具有较大资源潜力、已开发多年且存在动静态矛盾的老油田，通过转变工作思路，开展面向整个区带多层系多领域精细油藏评价的创新体系。

通过富油气区带整体再评价创新体系的实施，实现开发中后期老油田油藏评价工作的四大转变：一是油藏评价工作思路由紧密跟踪预探，注重新区、新领域评价，向立足老油田深化挖潜，增储上产一体化转变；二是老油田油藏评价模式由以往单纯针对单一层系、单一油藏扩边、扩层的滚动勘探开发转变为以整个区带为对象的多层系、多领域、多类型、立体式整体精细评价；三是老油田管理方式由勘探、评价、开发“三家管”、各自为战到勘探开发一体化联合攻关的转变，促成勘探工作“综观全局”与开发工作“关注局部”的有机结合；四是带动勘探开发整体研究水平的提高，促进技术人才由“专业型”到“复合型”的转变。

在上述四个转变的指导下，在示范项目和多年生产实践基础上，研究制定的《富油气区带整体再评价工作指导意见（试行）》，对目标优选、工作方法、技术路线、组织管理、成果评估等各个方面均做出具体的规定和要求，建立健全比较完整的富油气区带开发中后期整体再评价管理体系与规范。

富油气区带开发中后期整体再评价实行项目管理，其立项、管理及实施以油田公司为主体，油田公司负责做好项目的优选和论证工作，并组织编制项目设计方案。中国石油勘探与生产分公司负责项目设计方案的审查，通过审查的项目方可纳入油田公司年度油藏评价建议计划。项目立项时，首先要根据富油气区带开发中后期整体再评价适用对象的要求，开展区带的筛选工作。其次，针对已确定的目标区带，对各种勘探开发动、静态资料的梳理和分析，发现矛盾，找准制约整体再评价的关键问题，明确研究思路和主要研究内容，确定解决问题的技术方法。最后，编制富油区带整体再评价项目设计方案。富油区带开发中后期整体再评价项目实施过程中，以项目为平台，转变老油田管理方式，整合各方面力量建立勘探开发一体化项目组联合攻关，实现勘探、评价、开发工作由“三家管”到“一体化”的飞跃，突破勘探开发各自为战的技术、管理“瓶颈”，使勘探工作与开发工作实现无缝衔接。

（三）明确关键技术，建立和完善科学的富油气区带开发中后期整体再评价的工作流程

不断进步的勘探开发技术为更加科学的认识地下地质体系提供更有效的方法手段，也为富油气区带整体再评价创造条件。通过重新开展精细油田地质研究、重新构建地下地质体系、重新认识油藏特征、重新评价资源潜力等工作，逐步形成完善以复杂断块高品质三维地震资料采集和处理、复杂构造带精细构造解释、井震结合储层预测、老油田精细测井解释和老油田储量复算评价等为关键技术的富油气区带整体再评价配套技术。

在生产实践过程中，经过不断探索和完善，逐步建立和完善一套实用有效、操作性强的富油气区带开发中后期整体再评价工作流程。

一是优选整体再评价目标区带。目标区带的主体为已投入开发多年的老油田，存在未动用储量区和储量空白区，其已有的地质、油藏认识和开发动态之间存在着较大矛盾，通过适当的方法或者技术具有可以获得新认识、实现整个区带范围内的增储建产的潜力。确定目标区带后，首先要对历史资料进行梳理，筛选出可利用的资料进行数字化和标准化，建立起该区带的基础资料信息库和一体化的工作平台，为多部门、多学科综合研究奠定良好的基础。

二是制定全区带整体再评价的工作思路和对策。针对目标区带已有资料存在的问题，确定各类资料补录和重新采集的计划，组织多学科、多专业技术人员针对油藏地质认识的矛盾，开展关键问题分析，明确存在的主要问题和主要矛盾，制定有针对性的工作思路，确定解决问题的技术方法以及准备开展的研究工作内容。

三是开展资料处理解释和动态资料分析研究。主要包括地震、测井资料的处理解释、老井复查和开发动态资料研究等。一是开展精细三维地震资料连片处理，井震结合建立全区带的若干骨架剖面，重新进行全区地震反射层统层。在此基础上，针对目的层段纵向上细分层系，平面上细化构造单元，开展三维地震资料目标处理和解释。二是重新进行全区地层对比，建立统一的地层格架，建立不同沉积相带地

震及测井响应特征，分层系精细刻画目的层段沉积相平面展布，明确优势沉积相带。三是在新的沉积体系认识基础上，结合试油及开发动态资料，细化储层物性分类及评价，重建研究区储层分类评价标准。四是开展测井资料重新处理解释，细分层系和地质单元重建测井解释标准和解释图版，重新认识油层。在此基础上，开展老井复查及恢复试油工作，进一步深化油藏认识。

四是开展地质和油藏的综合研究。综合利用精细三维地震、钻井、测井、试油等资料，勘探与开发结合、动态与静态结合、定性与定量结合，重新开展构造、沉积、储层、油藏、储量研究，重新构建地下构造体系、沉积体系，重新认识储层特征、油藏特征，重新评估资源潜力。

五是在新认识指导下优选评价目标，部署并实施评价井。通过重新划分储量单元，开展储量评估和潜力分析，明确增储建产目标区，整体部署油藏评价及开发工作量。在实施过程中，开展动态监测和滚动研究，及时补充新认识和新资料，指导新钻井工作。

（四）建立数据库体系，利用富油气区带整体再评价成果指导老油田增储上产工作

富油气区带开发中后期整体再评价依托的是勘探开发一体化平台，因此必须建立完整的数据库体系，从而实现多学科、多专业、多部门协同作战、资料共享。项目伊始，首先要对历史资料进行梳理，筛选出可利用的资料进行数字化和标准化，建立起该区带的基础资料信息库。项目实施过程中的研究成果、认识成果及最终成果都存储在统一的数据库系统中，为所有管理和技术人员所共享和使用。资料信息数据库体系的建立，为指导老油田增储上产奠定坚实的基础。

富油气区带开发中后期整体再评价的最终成果包括涵盖整个区带的构造体系、沉积体系、成藏模式和油气富集规律等的整体再认识。在新的成果及认识基础上，开展区带储量重新评估和计算，并形成新的储量成果。富油区带开发中后期整体再评价成果最突出的特点是编制覆盖整个区带层系完整的构造、沉积、储层、储量等工业化成果图件，因此，其成果被广泛应用于指导新增探明储量评价、新区产能建设、盘活未动用储量和老油田开发调整等多个方面的工作，实现增储建产，促进老油田稳定发展。

枣园、岔河集和大民屯三个整体再评价项目分别开展380、443和450平方千米的三维地震资料的连片处理解释，分别编制10层、13层和12层的分层系构造图，通过分层系构造成图，精细落实构造和小断层划分，精细刻画局部构造体系。大港王官屯项目通过构造精细解释，重新落实小集大型鼻状构造，圈闭面积较原来扩大近一半，大大拓展油藏评价的空间和潜力。实现小集油田储量翻番，地质储量由2128万吨上升到4641万吨，新增地质储量2513万吨，再造一个小集油田。

华北岔河集项目重构岔河集构造带沉积体系及各油组的沉积相。将原认为东三—沙一上以曲流河为主的沉积确定为浅水三角洲沉积，突破储层分布的局限性，解决油层连通性差但采收率较高的问题。项目实施3年，新增储量2100万吨，新建产能30万吨，通过新井投产和老井测井复查补孔，累计增油15万吨，油田开发形势明显好转，油田产量稳中有升，从2012年的24.3万吨上升到2015年的30万吨。

大港王官屯项目通过测井资料研究与细分单元解释标准建立研究，重新建立王官屯地区446口井16个区块67套解释图版；建立对应的单试层、高产层典型图集；788口井复查挖潜，提出潜力区块9块，潜力井63口。华北岔河集项目利用重建测井解释图版，对全区1300口井开展测井复查。提升解释结论342口井587层1357.4米；降低解释结论206口井238层658.2米。针对这些潜力层，2010—2012年共实施164口井，其中见效井144口，见效率为87.8%，累计增油44237吨。

（五）利用富油气区带开发中后期整体再评价平台，促进复合型人才队伍建设

富油气区带开发中后期整体再评价的每项研究成果的取得都是地震、测井、钻井、地质、开发、管理等多学科知识的集成，整体再评价研究工作为科研队伍的锻炼搭建平台，通过项目的开展极大地提高科研队伍整体素质。整体再评价工作带动研究水平的提高，实现技术人员的能力由“专业型”到“复合

型”的转变。为推动中国石油富油气区带开发中后期整体再评价工作的广泛开展，将整体再评价模式介绍给更多的管理和专业技术人员，勘探与生产分公司组织编写《富油气区带整体再评价工作方法与实践》培训教材，组织举办3期整体再评价经验交流研讨会，参加培训人员超过600人次，富油气区带开发中后期整体再评价的理念、方法得到广泛推广和应用。

三、富油气区带开发中后期整体再评价的创新体系构建与实施效果

（一）进一步推进老油田勘探开发一体化增储上产

8年来，通过示范项目的引领，老油田精细评价，深入挖潜的工作已经从最初的东部渤海湾盆地延伸到松辽及西部各含油气盆地。目前，老区精细挖潜已成为中国石油增储上产的主要方式。2010—2015年，通过老油田精细评价累计增加探明石油地质储量7.3亿吨，可采储量1.46亿吨，折算资本市场价值438亿吨。这部分新增探明储量绝大部分都实现探明当年即开始动用建产，三年之内全部纳入产能建设安排，是可动用的效益储量，确保新增探明储量的有规模有效益。

（二）进一步提高新增探明储量和未动用储量的动用程度

2010年中国石油天然气股份有限公司年度新增探明储量的动用率只有49%，2015年动用率提升到61%，其中，老油田增储上产的贡献很大，有效避免大量资产的闲置，经济效益显著。同时，有效盘活老油田沉积多年的未动用储量，实现低效储量、难采储量的有效开发，避免大量勘探投资的长期闲置，并有效缓解老油田资源紧张的局面。2010—2015年，累计盘活未动用储量1.2亿吨，已建成生产能力287万吨。

（三）进一步提高老油田科学开发水平

实践证明，通过在已开发多年的老油田精细开展油田地质研究，以构造、储层和油层分布为主要内容的油藏特征都发生很大的变化，带来新的勘探开发潜力；同时，由于纠正以往地质认识上的偏差和失误，使许多困扰老油田开发多年的问题迎刃而解，为老油田转变开发方式提供依据，使科学开发成为可能，有力地指导增储上产工作，对其他类似地区深化认识、扩大勘探开发成果有着重要的借鉴意义，对老油田的稳定发展意义深远。

（成果创造人：王元基、尚尔杰、田　军、郑兴范、邢厚松、熊　铁、孙德君、张世焕、吕传炳、孙　岩、李东平、李正文）

钢铁企业适应新常态的全面管理变革

河钢股份有限公司承德分公司

河钢股份有限公司承德分公司（以下简称河钢承钢）是河钢集团的一级子公司，始建于 1954 年，是中国钒钛磁铁矿高炉冶炼技术的发祥地，拥有世界上最大的钒钛磁铁矿冶炼高炉，具备批量生产 1.2mm 超薄规格热轧卷板特色产品生产线。钒制品产销量占世界产能的近 1/3，主要产品远销全球 16 个国家。截至 2015 年年底，拥有总资产 326.55 亿元，在岗员工 13418 人，2015 年产铁 861 万吨、钢 819 万吨、钢材 807 万吨、钒渣 17 万吨、钒产品 1.34 万吨，实现营业收入 154.61 亿元，实现利税 5.41 亿元。

一、钢铁企业适应新常态的全面管理变革背景

（一）适应行业新常态、有效防范企业经营风险的需要

随着钢铁行业步入“三低一高”（低增长、低价格、低效益和高压力）的新常态，河钢承钢面临着较大的资金断链风险和环保压力。河钢承钢唯有主动适应新常态，在发展方式、商业模式、工艺技术、企业管理等各方面实施变革创新，理顺思路，止血保链（堵住“失血点”，降低成本和费用，保证资金链安全），才能在严酷的市场竞争中实现可持续发展。

（二）实现企业由要素优势向系统优势转变的需要

随着钢铁企业之间的竞争焦点由装备、技术、成本、产品的“要素差异化”，发展为包括生产组织、资源配置、营销渠道、技术服务、体制机制在内的“系统差异化”，河钢承钢应抓紧建立适应市场“新常态”的盈利与发展模式，从产品到产业链，从资源配置到技术服务，从资源结构到品种结构，从研发机制到营销模式，全方位适应新常态下的市场环境，通过打造系统差异化的竞争优势，提升企业核心竞争力。

（三）适应客户需求新变化，激发企业内生动力和活力的需要

河钢承钢一直沿用金字塔式的科层制组织结构，以及建立在此组织结构基础上的用工、绩效、薪酬管理模式。随着客户需求向小众化、个性化转变，这种组织结构以及用工、绩效、薪酬管理模式暴露出资源配置效率低、响应市场速度慢、过度强调分工导致专业力量分散、优秀人才远离产线、企业活力不足等问题。为此，河钢承钢必须牢固树立市场化的理念，以管理创新为手段，用创新的思路和改革的办法，努力在组织结构扁平化、用人及激励机制等关键环节上寻求突破，释放企业活力，提高效率和竞争力。

二、钢铁企业适应新常态的全面管理变革内涵和主要做法

河钢承钢从 2014 年年底开始推进适应新常态的全面管理变革，主动认识、适应新常态，聚焦制约企业发展效益、效率提升的问题，快速优化调整战略布局，变革与企业发展不适应的管理模式和方法，全面推进市场化改革，以组织结构、预算管理、科技创新、营销模式、人力资源、激励机制变革为重点，将企业优势资源向产线、研发、营销等直接创造价值的一线配置，打造快速响应市场的内部环境，提升资金、成本控制能力，驱动品种结构调整和产品升级，提升营销创效能力和产品竞争力，建立人才支撑体系和模块化的绩效考核激励机制。通过实施全面变革创新，激发企业活力，全面提升产品竞争力、成本控制力、员工创造力。主要做法如下：

（一）科学分析新常态下行业发展新变化，优化调整战略布局

1. 河钢承钢面临的机遇、优势和劣势分析

面临的机遇主要有：国家加大基础交通设施建设，老城改造和城市地下管网建设，扩大建筑螺纹市场，拉动钒市场好转；“一带一路”政策、《京津冀协同发展规划纲要》获批对企业产生积极影响；国家帮助企业降低成本的政策，有利于企业走出困境。

优势主要有：大型化、现代化的装备技术优势；钒钛磁铁矿资源优势；“燕山牌”螺纹钢筋、“鸡冠山牌”钒产品品牌优势；质量优势；连接华北、东北两大经济区重要枢纽的区位优势。

存在的劣势主要有：产品升级和结构调整任务繁重，钢材产品附加值不高，产品档次和售价相对较低。钒钛产业发展缓慢，特色优势需进一步发挥。非钢产业发展刚刚起步；组织结构、营销模式、科研创新体系、激励机制等对快速响应市场造成束缚，影响企业效能；各类拔尖人才比较短缺。

2. 优化调整公司战略布局

提出构筑以钢铁和钒钛为双主业，钢铁、钒钛、非钢三大板块协同发展的战略部署，制定“做精钢铁、做强钒钛、做大非钢”发展战略，规划发展“1＋1＋5”的产业格局，致力于打造最清洁工厂、绿色制造典范企业，建设美丽幸福的河钢承钢。

（二）变革组织结构，提高市场响应速度和企业运行效率

1. 横向整合机关部室

对现有机关部室及其职能进行梳理与价值诊断，撤销或归并不创造价值和效益的部门，剔除无效活动；整合职能或业务相近、联系紧密和职能交叉的部门，消除部门间的衔接壁垒；剥离事务性职能，转为业务单元，逐步推向市场创效。机关部室精简领导职数，管理职能取消科室层级，直接设置职能岗位。2015 年，机关部室、中心由 21 个减至 17 个，压减 4 个，压减比例为 19%，筛查、清理机关部室、中心无效管理 24 项。

2. 纵向实行“集中一贯制”

取消科室层级，缩短管理链条与流程。各单位除保留生产、销售、研发等主要职能外，剥离党群、行政办公和人力资源等支持性职能，集中由公司部室统一管理，一统到底。各事业部生产、技术、设备、安全、环保、市场等核心职能设置相应的机构或职能岗位，直接管到基层。

3. 推进钢铁、钒钛主体单位事业部制、作业长制改革

在 2014 年下半年铁、钢、轧和钒钛等 5 个主体单位在实行事业部制的基础上，推动能源中心的事业部制改革，赋予其市场经营主体属性，由费用单元转为利润单元。

基层推行“作业长制”，管理重心下移，建立市场导向、工序服从、流程驱动的扁平化基层生产组织管理模式。配套制定《河钢承钢推行作业长制实施方案》《作业长持证上岗管理办法》。组织制定炼铁部、长材事业一部、长材事业二部、钒钛事业部和能源事业部以推行作业长制为核心的机构改革方案并下发执行。现场取消车间设置，按专业管理区域，设立作业区。通过推进作业长制，多项指标创历史纪录。2015 年 6 月，炼铁部综合铁水成本在集团排名第二。

4. 推进非钢产业公司化、市场化、专业化运行

一是组织实施物流公司增资扩股及体制改革，壮大物流公司资金实力，大力发展外部贸易，以物流公司为载体，加快发展物流贸易产业。二是整合维护检修中心、自动化中心，组建工程技术公司，以工程技术公司为载体，发展工程技术产业。三是以气体公司和燃气公司为载体，实现能源化工板块的快速发展。四是组建承德承钢再生资源开发有限公司，开发利用钢铁主业产生的大量废旧物资、钢渣、高炉渣等再生资源，以再生资源开发公司和现有的正桥矿业、双福矿业为载体，发展资源（投资）开发产业。五是组建承德承钢生活后勤有限公司，面向社会对外开展业务。经过实施一系列的变革，非钢产业

核心投资公司由 9 个增至 13 个，非钢产业取得突破性发展，2015 年实现收入 43.8 亿元。

（三）变革预算管理模式，提升资金、成本控制能力

河钢承钢建立模块化、系统化、闭环式的全面预算编制、执行、分析评价体系，通过“业务界定、预算管控、制定多元绩效考核指标”形成预算管理的闭环，综合利用企业内外信息，协调企业内部各责任单位和部门的效益目标，平衡优化企业资源配置，形成系统的整体效益最大化的预算管理机制。

1. 依据调整后的战略布局重新界定预算管理模块、预算单元和口径

河钢承钢打破原有事业部、法人口径，在各事业部、子分公司预算的基础上，根据不同的经济收入领域重新划分管理模块，进行模块化管理。各模块内部包含自身的经济单元。

在原有财务预算的基础上，预算编制人员站在全面管理的角度，打破原有固定思维模式，跳出财务观点，从管理的角度设置各种表格，对预算数据进行梳理、归类，重点分析各种可控的指标以及费用，编制一套全新的管理口径预算，以便于管理者从各种角度了解公司的全面预算。

2. 按市场化、效益第一、高标准、全覆盖原则编制全面预算

市场化原则：按照全面深化市场化改革的部署，钢铁板块各事业部、钒钛板块钒钛事业部和河钢承钢柱宇钒钛公司、非钢板块各子分公司，直面市场、自主经营，独立核算、自计盈亏，所有机构均由费用单元转变为效益单元，全部实施利润考核。效益第一原则：充分发挥各单位的主观能动性，以实现各生产线全面盈利为目标。高标准原则：预算分计划、目标、挖潜三档编制，在全面对标的基础上，瞄准历史最好、集团最好、行业最好的先进指标，计划档以历史最优水平为原则确定，目标档以集团最先进原则确定，挖潜档以行业最先进原则确定。全覆盖原则：预算编制全员参与，采用“自下而上、自上而下、上下结合”方式，实现预算横向到边、纵向到底，形成真正全面覆盖的预算体系。

3. 建立模块化、精细化的预算执行结果分析体系

河钢承钢变革预算分析模式，首先分析公司整体的经营状况，重点是对不同模块进行盈亏能力分析，从市场情况、内部工序成本、品种结构、产量以及公司内部事故等多方面分析对经济效益的影响。根据月度预算执行情况，月底各归口管理部门进行详细对比分析，找出偏差原因，上报预算办公室，由预算办公室通过系统整理、分析、总结，形成预算执行情况分析报告，报送公司预算主管领导，在生产经营例会上进行通报，明确与预算存在的差距以及需要优化改进的部分，及时制定措施，提高公司整体利润。其次，对各经营单元进行详细的经济效益分析，包括各条产线的收入分析。

（四）加强产品创新和工艺技术创新，实现产品结构调整和优化升级

1. 搭建特色研发平台，开发高端产品

一是在现有创新平台的基础上，推进“国家钒钛工程技术研究中心”的建设，全面打造特色科研平台，搭建多渠道技术交流平台，邀请院校知名专家、行业精英进行广泛的技术交流，寻找合作机遇。二是以客户经理为龙头，与高端客户组建研发团队，为用户提供产品解决方案，解决高端产品在使用过程中存在的技术问题，深入挖掘用户潜在需求，指导工艺改进。

2. 明晰产线品种定位，大力开拓市场

围绕公司确定的产品升级和结构调整目标，将全面对标与专项对标相结合，深入开展产线对标和工序对标，促进产品结构调整实现新突破。分产线确定标杆单位，以提高产线盈利能力为目的，对标先进，分阶段制定产品提档升级目标，梳理产线设备功能，从市场开拓和质量保证两方面共同采取措施，确保阶段目标的实现。对接高端客户，结合客户发展规划，制订研发计划，倒逼产线提升技术水平。

3. 强化工艺技术研究，促进降本增效

组织各产线选取行业先进产线作标杆，汲取先进经验和做法，推进各项指标持续改进。针对集团关注的关键技术难题、生产过程中的重点难点问题、基层职工提出的合理化建议，经专业组、公司评审委

员会评审确定课题级别和主研人，按照公司级、厂级和车间级三级进行管理，确保科研课题取得实效。2015 年在公司范围内征集工艺、设备、研发等技术难题 460 项，建立课题库。完成公司级课题竞标 213 项，最终确定 189 项有效，创效总计 123899 万元。

（五）建立用户导向型营销模式，提升营销创效能力和客户服务水平

1. 推进大客户营销战略转型，建立新型客户关系

研究制定《大客户评定标准》，各销售部门依据评定标准梳理客户信息并进行量化评价，经公司销售副总最终批准后确定。2015 年，评定大客户 24 家。河钢承钢配置大客户营销需要的服务支撑体系，理顺大客户营销过程中研发、排产、品管、物流等业务环节的流程，对大客户量身定做产品和服务，满足大客户的特定需求。大客户管理实行大客户经理负责制，针对每个大客户分别组建服务团队。在大客户订单保证、走访、反馈质量（服务）问题整改上提供差异化、定制化服务，同时制定大客户服务团队评价标准，实行季度、年度评价、考核，优胜劣汰。

2. 持续优化客户结构，提升产品售价和销量

大力培育具有稳定批量和发展前景的中高端用户，以此拉动品种结构的提档升级，打造成高端直供、工程项目、战略协议、电商现货、区域分销、外贸出口六类客户群。抓住市场机遇、打破常规，采取直供、三方直供、锁单、战略协议、电商、招投标、出口等多种方式组织高价订单。

将市场开发与产线品种定位相结合，细分市场、精耕细作，实现区域市场开发与公司产品定位无缝对接，提升产品创效能力。与对品种发展有潜力的客户签订战略协议，重点用钢领域实行战略化销售，积极与大企业、重点行业、重点工程对接，开展营销攻关。

积极抢占周边和全国高价位市场。密切关注周边区域政府和民用项目建设，推行工程直供、终端直供。强力实施钢材“南下”计划，积极开发上海、广州等区域高端市场，不断提升高端产品比例。

2015 年，与 30 多家客户签订直供直销战略合作协议，直供比例达 53%，其中板带产品直供比例达 70%，直供比例创历史新高。截至 2016 年 3 月，新开发高端客户 46 个，直销量同比提高 1.95 倍，为推进产品结构调整和产品档次提升夯实基础。

3. 发挥产销研一体化优势，全程提供高端服务

建立起以公司客户服务保障领导小组为指导，以客户服务中心为纽带，以客户经理、客户工程师、大客户服务团队为主体的产、销、研一体化的全方位用户服务体系。

售前，技术和客户服务人员深入对接用户，识别和转化用户深层次需求。售中，技术人员全程跟踪产品生产过程，现场指导并解决品种生产过程中临时出现的技术问题。售后，客户工程师全程跟踪用户新产品及高端产品使用情况，形成跟踪记录，研发人员根据用户反馈的使用结果，指导生产工艺的进一步优化，直至用户满意为止，形成闭环。通过如上措施，为客户解决货运满载率低、质量证明书传递不及时、质量异议处理周期长等问题。2015 年河钢承钢国内用户综合满意度为 92.4 分，达到预期目标。

（六）改革人事、用工制度，建立创新型人才队伍

河钢承钢以市场为抓手，以产品升级和结构调整为导向，在人才引进、培养、选拔、使用、激励等人力资源管理的全过程，促进全要素效率提升，形成全员素质提高、人才辈出的局面。将产线作为独立的市场单元，实现专业技术人员向产线配置，薪酬激励向产线倾斜，产线操作人员由“熟练工”向“技能工”转变。

制定《职位管理手册》，建立去行政化的职位管理体系，规范职位、职系、职族、职衔序列，明确晋升通道。建立任职资格体系，明确岗位聘任基准，逐步实施资格准入制度，开展岗位适应性评价，促进员工自主提升素质。

重新定岗定编，控制用人总量，优化人员结构。推行全员岗位聘任制，以《岗位聘任协议书》方式

将劳动合同管理细化到具体岗位，规范职位上下、人员进出流程。

（七）变革绩效考核激励机制，激发企业内生动力和活力

河钢承钢建立以市场为导向，以利润为目标，以全面预算为基准的绩效考核评价体系，分模块制订考核方案，根据模块职能性质，建立差异化的分配机制，在人工成本预算控制和薪酬总额控制基础上，一次分配实行薪酬总额承包制，分别从钢铁和钒钛板块的各事业部、非钢板块、科研人员、营销体系、职能部室、专业考核等方面设定不同绩效考核政策，不同的激励机制，充分发挥绩效体系的导向和激励作用，使模块绩效与本模块薪酬紧密结合。对员工个人分配实施结构性调整，以岗定薪，按绩取酬，员工收入与公司、团队及个人绩效挂钩，能增能减。以岗位绩效工资制为基本模式，岗位工资和绩效奖金突出“市场→产线→主要支持职能→一般支持职能”由高到低的薪酬分配导向，充分激发企业内生动力和活力。

1. 确立绩效考核基本原则

一是工资总额承包并与“利润”挂钩浮动的原则。二是差异化考核的原则。三是模块化考核原则。四是关键绩效指标正负激励的原则。五是安全环保等作为否决项考核的原则。

2. 确立各单位考核办法

河钢承钢对钢铁、钒钛板块的6个事业部实施“工资总额承包＋指标正激励”的绩效考核模式。营销人员采取“底薪＋提成＋奖金”的激励型薪酬模式。营销体系管理人员和其他业务人员按机关部室“工资总额承包＋绩效指标考核”的绩效考核模式。专家系列实行课题负责制，执行“基薪＋课题创效提成”模式。职能部室管理单元执行“工资总额承包＋关键绩效指标正负激励”的薪酬模式。职能部室所带业务单元执行工资总额承包的薪酬模式，按照业务性质不同分别设置承包基数及考核指标。非钢板块专业公司执行“模块化运行，单独核算，单独考核”的原则，实施“工资总额承包”的薪酬模式。其他非钢单位执行工资总额承包的薪酬模式。细化完善专业管控制度，将公司绩效没有纳入的重点管理指标全部纳入部门专业考核范畴，各部门细化、量化专业考核标准，确保考核有据可依、科学合理。深入推进全员绩效管理，为职位上下、人员进出、收入增减提供主要依据。建设绩效管理信息化系统，提高绩效管理效率。

（八）推行管理创新项目化管理，建立全面管理变革日常工作机制

河钢承钢认真剖析、客观认识当前管理创新工作存在的不足，在此基础上明确“渐进、持续性创新和突破、颠覆式创新相结合”“全要素、全员、全时空创新和全面协同为特征的全面创新”的管理创新原则，通过健全管理创新组织机构和制度，建立项目分级落实、重点攻关、做出成效的实现机制，完善管理创新激励机制，打造管理创新信息平台，为公司实施全面管理变革提供支撑。

1. 健全管理创新组织机构和制度

在公司层面，成立以董事长、总经理为主任、运营改善部主管副总亲自挂帅的管理创新工作委员会，负责确定公司管理创新工作的指导思想和基本原则，负责管理创新立项和成果评审结果的核准。工作委员会下设管理创新推进办公室，日常办事机构设在运营改善部。

2. 转变管理创新项目管理方式，分级落实、重点攻关、做出成效

改变以往年初立项、年中跟进、年底总结成果的推进方式，变为时时创新，运营改善部结合当年重点工作任务、管理重点难点及公司中长期战略举措，随时引导各单位、部门选题、立项。同时，公司所有部门、单位在任何时段均可以结合公司近期、中长期重点工作任务，自主提出立项申请，运营改善部联合专业部门给予指导、会审。

3. 完善管理创新激励机制，激发岗位员工创新创效

为鼓励成果创造人和参与创造人的积极性，设立管理创新成果专项奖金75万元/年，用于对当年获

奖成果和组织工作的奖励，同时从奖励基金中提取15%作为管理奖。对切实取得实效的创新成果、优秀组织单位、管理创新标兵，每年进行表彰和奖励。同时，对管理创新工作推进人员、项目推进人员辅以管理创新日常，以此推进考核奖励。

4. 打造管理创新信息平台，为全面创新提供支撑

河钢承钢设计、开发管理创新信息平台，并于2015年7月上线试运行。试运行一年以来，累计上传信息706条，平均59条/月。

三、钢铁企业适应新常态的全面管理变革效果

（一）逐步适应新常态，保持企业平稳运行

河钢承钢主要经济指标取得明显改善。2015年利润总额较2014年增长393%，全年降本降费9.5亿元。同时，实现企业效益与环境效益双赢，全面完成省政府下达的减排任务，煤气发电、南山烧结机烟气脱硫被评为"首都蓝天行动科技示范工程"，吨钢综合能耗降低8.67公斤标煤，吨钢耗新水降低0.24吨，达到行业先进水平，创造显著的社会效益。

（二）实现改革目标，提升企业管理水平和运行效率

河钢承钢机关人员大大精简，工作效率大幅提高，实现钢铁、钒钛双主业生产高效运行，非钢产业取得突破性进展。新的预算管理模式的推行，大大提升公司的预算管理水平和成本控制能力，止血保链取得明显成效，各工序主要技术经济指标进步明显，多项指标创造历史最好水平。科技创新体系的变革有效提升产品创效能力，为产品升级和结构调整提供强力支撑。变革营销模式，牢固树立"为客户而销售、为销售而生产"的理念，客户结构和销售区域布局得到优化，实现营销创效能力和产品竞争力双提升。改革人事、用工、分配制度，钢铁主业实现人均年产1000吨钢的目标。变革管理创新项目管理模式，大大激发岗位员工创新创效的热情，为实施全面管理变革提供有力支撑。

（三）创新能力明显增强，得到社会各界肯定

河钢承钢初步建立全面创新的长效机制，企业创新能力明显提升。管理创新取得累累硕果。2015年，公司内评管理创新成果50项，成果数量、质量明显提升。科技成果方面，2015年公司内评科技成果136项，全年申报专利237项，同比增长58%；受理166项，同比增长65%；授权专利96项，同比增长41%。专利申报数量和发明专利受理数量均位居集团第一。参与制定、修订12项国家和行业标准，提高了企业的知名度与影响力。

（成果创造人：魏洪如、耿立唐、郭晋宏、赵建东、国富兴、石小艳、
丁艳丰、朴述银、张胜军、董东涛、孙　伟、杨宝龙）

钢铁企业基于项目责任制的降本增效管理

江苏沙钢集团有限公司

江苏沙钢集团有限公司（以下简称沙钢）是中国最大的民营钢铁企业，拥有总资产1500多亿元，职工30000余名，年炼铁3365万吨、炼钢4150万吨、轧材3865万吨。主导产品宽厚板、热轧卷板、不锈钢热轧和冷轧板、高速线材、大盘卷线材、带肋钢筋、特钢大棒材已形成60多个系列和700多个品种近2000个规格。2015年，沙钢在中国企业500强中名列第53位，中国制造业500强中名列第18位。

一、钢铁企业基于项目责任制的降本增效管理背景

（一）应对低迷市场，防范经营风险的需要

近年来，国民经济增速持续放缓，经济增长对钢材消费的带动作用逐步减弱。一方面，国内钢材市场需求明显下降，钢材价格持续下跌，钢铁企业亏损大幅上升，加上资金紧张，钢铁企业经营困难。另一方面，钢材出口大幅增长，但出口单价下降明显且贸易摩擦增多。沙钢近年出口欧洲、北美的钢材产品屡次被诉倾销，给企业海外市场的开拓造成较大影响。因此，为防范和降低企业经营风险，提高在恶劣经济环境中的生存能力，打赢国际国内两大市场突围战，沙钢必须要苦练内功，通过持续开展降本增效活动增强企业发展的内生动力，保持企业的生机和活力。

（二）推动精细发展，提升企业竞争力的需要

从沙钢实际情况来看，面对严峻的市场形势，虽然沙钢每年的利润总额在行业名列前茅，但盈利能力并不突出，吨钢利润并未处于行业领先地位，并且营业收入、利润总额呈下降趋势，企业完成年度利润目标难度很大。沙钢虽有一些指标能够挤入国内前十，但有不少指标还处于平均线附近，还有很大的提升空间。因此，面对提升企业竞争力，沙钢必须直面市场，狠抓转型升级，狠抓降本增效，通过全面开展降本节支、挖潜增效活动，建立企业降本增效优势，提升企业竞争能力，为企业持续增长不断注入新的动力。

（三）强化责任落实，建立降本增效长效机制的需要

2008年以来，沙钢一直把降本增效作为公司重点工作，进行形式多样的降本增效攻关活动，并取得不错的效果。但这些降本增效活动，真正落到实处的少，缺乏整体安排与统筹分析，活动以阶段性、短期性为主，较为零散，未能形成完整的体系，易导致成本控制出现反复，不利于降本增效工作持续深入开展。因此，在现有降本增效活动取得一定效果、具有一定群众基础的情况下，有必要更进一步把降本增效工作引向深入、形成长效，为企业的可持续发展保驾护航。

二、钢铁企业基于项目责任制的降本增效管理内涵和主要做法

沙钢以防范经营风险、提高企业经济效益、增强企业竞争力、建立长效降本增效机制为目的，以实现持续性降本增效总目标为指引，根据系统性、全覆盖的原则，通过强化组织领导，建立健全降本增效组织体系；通过确定降本增效年度总目标和攻关项目，建立“总目标、五大主线和支撑项目”为核心的目标与项目体系；通过针对性的技术、管理措施，推动降本增效项目的实施；建立降本增效项目全过程管理机制，采用精细管理方法，助力实现降本增效目标；通过强化奖惩，形成共同但有差别的奖惩制度，促进降本增效责任全面落实。降本增效所有项目做到现状与目标明确、技术与管理措施明确、责任领导与责任人明确、推进时间节点明确、奖罚办法明确、宣传方案明确、跟踪督查机制明确，从而保障

降本增效工作持续开展并取得实效。通过对降本增效实施项目责任制管理的方式，建立起以项目责任制为主的降本增效常态化管理机制，实现降本增效从临时化向长期化、从表面化向深层化、从局部化向全局化、从单一化向体系化的转变，有效解决以往降本增效管理的阶段性、零散性、粗放性的问题，实现企业内部降本增效管理常态化、系统化、精细化，从而提升企业经济效益。主要做法如下：

（一）强化组织领导，建立健全降本增效组织体系

1. 建立降本增效组织机构

公司常设降本增效管理领导小组，由公司总经理亲自挂帅，负责全公司的降本增效管理工作。领导小组向集团公司负责，并制定年度、季度、月度工作目标，每月召开工作会议指导布置降本增效相关工作。同时，各科室、分厂建立一把手主管、专人分管负责的降本增效工作小组。工作小组向领导小组负责，每周召开一次工作会议，全面落实降本增效各项措施，保证目标分解落实到位。为保证降本增效工作的正常深入开展，沙钢还明确以财务处成本科、公司办为主的降本增效专管部门，牵头负责降本增效管理工作。

2. 明确降本增效总体思路

沙钢将降本节支增效工作作为企业一项长期的战略性工作。在多年开展降本增效工作的基础上，沙钢坚持“以钢为基、结构调整、优化投资、多元发展”的总基调，坚持以“降本节支、创新挖潜增效”为主线，在公司“质量效率效益”中心思想的指引下，结合2014年度指标实际水平、管理薄弱环节，寻找降本项目，同先进水平比，高标准定位攻关目标，坚持以项目责任制为中心抓降本增效管理，以管理创新、技术创新为手段，进一步深化和细化各个项目，制订具体措施，明确责任与考核。盯牢重点，提高效率，狠抓各类影响生产、质量、成本等突出问题，努力实现公司降本增效目标，全面提升企业综合竞争力。

（二）建立以“总目标、五大主线和支撑项目”为核心的目标与项目体系

1. 结合企业盈利目标需要，按季测算确定公司降本目标并明确总负责人

为摸准市场脉搏，紧跟市场节奏，灵活应对行情变化，做到精准降本增效，沙钢结合市场形势和公司年度盈利目标，以季度为节点，每季度末对公司下季度成本运行情况进行测算分析，测算出公司效益盈亏平衡点。根据盈亏平衡点，测算出本季度降本增效目标。为保证目标的顺利完成，公司高层领导直接与季度目标完成率挂钩，公司董事长和总经理作为总目标的负责人。

2. 结合企业成本构成关键因素，将总目标分解到五大主线，并明确五大主线责任人

在总目标确定以后，财务处成本科结合企业成本构成关键因素和技经指标实绩现状等分析出影响公司效益提升的方面。针对影响降本增效的薄弱环节，沙钢结合降本增效季度总目标有针对性地提出“三降两增”的攻关方向，即降工序成本、降财务费用、降电费支出、购销联动增效、高附加值品种增效，并将这五项作为公司开展降本增效管理的五大主线，然后根据公司实际情况，预先布置各部门进行自我分析与测算，报成本科汇总与审核，确定五大主线增效所占公司效益的比重。通过细化分解，确定每条主线的季度降本增效额度目标。同时对每条主线都明确公司责任领导、第一责任部门和其他责任部门，使降本增效工作得以有效开展。

3. 通过自下而上申报并经评审确定具体攻关项目，将降本增效责任落到实处

降本增效五大主线确立后，围绕五大主线进行细化分解是降本增效的关键。降本增效领导小组发动全公司各部门围绕五大主线自下而上排查本部门降本增效薄弱点，并将薄弱点立为降本增效攻关改进项目。通过立项来支撑各条降本增效主线。排查立项时，按对比基准不同，将支撑项目分为减损、降本、增效三大类，具体通过“四个对比”来对标：一是与上一年度平均水平比，二是与当年年度任务目标比，三是与本部门历史最好水平比，四是与同行业最好水平比。对最终确定的项目，公司实行分级管

理，原则上降本增效效益在1000万元以上的项目，纳入公司级项目，由公司层面负责牵头组织实施；效益在1000万元以下300万元以上的项目，纳入分厂级项目，以各分厂为主牵头组织实施；效益在300万元以下的项目纳入车间级或部门级项目，由各车间或部门自行组织实施。

在支撑项目的实施过程中，沙钢采用板块负责制，对支撑项目落实挂帅领导、牵头部门、配合部门的分工管理制度。板块人员各负其责，通过明确分工实现各层级间的互动一致。

（三）多措并举，推动降本增效项目的实施

1. 加强降本增效舆论宣传，形成浓厚的降本增效氛围

沙钢组织开展形式多样的降本增效宣传教育系列活动，将降本增效作为企业文化建设的一项重点系统工程精心培育。一是多次邀请国内冶金行业权威人士，开展降本增效专题讲座。二是在公司开展降本增效专题宣讲互动的基础上，各总分厂利用各种形式、通过各种途径，如班前班后会、安全例会、各类培训等，积极组织开展相应的宣讲活动，重点宣讲公司开展的各类与兄弟单位对标的学习活动。三是开展降本增效感言征集活动。四是开展以“降本增效在现场”为主题的小故事征集活动。五是举行“我谈降本增效”演讲比赛活动。还开展降本增效主题摄影活动，展示沙钢降本增效文化建设的新风貌。

2. 采取针对性的技术、管理措施，促使降本增效取得实效

为降低工序成本，一是实行委外检修派工制管理，实现委外用工减员、提质、增效目的，降低各部门检修总费用，减少委外人员数量，提高委外人员收入。至2015年年底，各分厂基本完成派工制改革，减少委外检修人员300多人，月减少费用约100多万元。二是提高公司智能化管理水平，提高生产效率，进一步减轻职工的劳动强度，改善员工作业环境，解决因人工操作不稳定造成产品质量波动等问题，并精简岗位人员配置，降低内部用工成本。三是通过产线、装备的提档升级来提高指标水平、降低生产成本。四是开展全员性的小改小革活动。针对影响成本、效益的薄弱环节，通过局部性的创新、改造，打破制约降本增效的瓶颈，有效促进降本增效支撑项目的提升。

为降低财务费用，沙钢通过抓预算、抓理财、抓融资达到降低财务费用的目的。财务公司通过年预算、月计划、周平衡、日控制的管控方式，控制库存结算资金和业务部门压降存货库存资金占用，提高资金使用效率，降低资金成本。同时主动与银行、证券公司、财富管理公司联系，结合大额融资到期情况，选择风险可控、收益高的理财产品，争取理财额度。创新融资降成本，研究中长期贷款的推进。通过以上多项工作的开展，集团财务费用月均下降200多万元。

为大幅降低电费支出，一是提高自发电量。第一，组织对全公司各发电机组运行进行专项排查，挖掘发电潜力。第二，利用能源环保管理系统对全公司蒸汽锅炉和发电效率实施集中监控，通过对实时数据的掌控和对历史数据的分析，为实施发电设备精细化管理提供参考依据。第三，通过设备改造升级增加发电能力和煤气供给。第四，下发《提高自发电比例专项考核规定》，调动各部门提高自发电比例工作积极性，并要求各车间按照规定要求，制定内部奖罚制度，实施全员攻关。第五，组织召开专题周例会，在例会中对本周发电计划完成情况进行通报、协调解决上周发电过程中存在的各类问题、布置下周相关工作，同时对机组检修、专项问题梳理、调度原则优化等专项问题进行讨论，明确工作要求，制定实施计划，有效推进各项工作的有序开展。通过增加自发电量每月可降低电费支出500多万元。二是降低用电量，通过下发峰谷电、尖峰电等相关用电管理规定，要求各分厂制定并实施有关节电措施，并每旬做好电耗旬分析。另外还优化使用全公司压缩空气、氮气，减少公司空压机与氮压机的开启数量，节约用电量。

为降低采购成本，沙钢大力推进零配件零库存采购机制，2015年共与115家供应商签订218个零库存采购合同，涉及9大类物资18460个物代码。通过采取零库存、推进呆滞物资的使用等多种措施，2015年年初，总库库存资金占用为9.5亿元，年底降到8.1亿元。2016年沙钢继续通过探索多样化的

零库存采购模式，扩大零库存范围，优化零库存管理流程，有效避免产生新的呆滞物资，降低采购成本。

为推进高附加值品种增效，沙钢主要以开发高端目标用户数量及提高高端产品销量、提高产品效益为目标，通过研、产、销联动，以生产厂为依托，技术及研发为支撑，销售为龙头，实现效率最高化及效益最大化。该项目以热轧产品一体化攻关小组为实施载体，设立明确的目标，通过强有力的组织领导，推动攻关活动的有序、高效开展，设立明确攻关奖罚办法和工作机制，调动攻关小组内部各成员的积极性及能动性。2015 年高品钢销量增效 1 亿多元，超额完成年度攻关目标。

（四）采用精细管理方法，助力实现降本增效攻关目标

1. 实现核算单元最小化，使降本增效责任和压力层层传递

为解决组织内部各业务主体经营业绩与企业业绩挂钩不直观，市场变化的压力传导到基本业务单位不及时，资源配置过程中市场需求和价格杠杆导向不充分的问题，沙钢在降本增效管理过程中，开展“核算单元最小化”实践活动，通过一“划”——将成本指标层层分解到最基础的管理单元；二“算”——借助网络化数据平台动态监控成本指标；三“干”——探索实施低成本制造实现价值创造；四“奖”——按成本创效的贡献大小激励考核激发职工创效潜力，构建起突出成本指标分解、责任层层落实、压力层层传递、活动层层激发的降本增效格局。

2. 使用精益管理工具，实现降本增效手段多元化

一是实施精益生产。沙钢在生产组织上，紧密结合客户需求，实行订单式生产，强调生产计划与销售接单的紧密结合，减少成品库存；在质量管理上，优化产品质量考核办法，改变以往以考核产品二次合格率为主的考核方式，转而以考核产品的一次合格率为主，大大提高工人的工作责任心和工作质量，减少因产品二次返工造成的人力物力成本的浪费，加快成品流转速度，提高工作效率。在采购方面，沙钢通过探索多样化的零库存采购模式，扩大零库存范围，优化零库存管理流程，降低采购成本。

二是使用价值流程图。沙钢财务核算部门和生产安全处、总工办、销售处等业务部门密切配合，充分发挥财务的预测、决策和支持作用，利用购销系统，对不同客户销售额占比进行多维分析，以成本费用控制为重点，以资金平衡为准绳，合理构建多维度的销售预控体系，绘制企业价值流程图，完善成本测算系统，细化至每个生产环节，以确保及时发现流程瓶颈及改进空间。

三是应用能耗桥。沙钢财务核算人员与技术人员组成联合攻关小组，通过对主要能耗设备及工艺流程的能源损耗分析，寻找降低能源成本的机会点，并逐一确定能源改善目标和改善举措。对能源环保管理系统进行升级改造，由环保资源处牵头，联合计量控制室、计算机中心，共采集数据 4841 个，开发监控画面 318 张，面向公司领导、业务部门、总厂、车间提供班、日、月及单耗报表 100 多个模板，派生出 400 多张报表。基于能耗管理的需求设计，开发各类专项管理功能模块，便于对各类能源介质产生与消耗进行实时跟踪分析，发现问题，及时解决问题，重点对各车间主辅机电耗、峰谷电、各类单耗指标进行跟踪，并做好同类型车间对比分析，对于消耗量明显偏大的指标会同车间共同查找原因，制定整改措施。2015 年公司吨钢综合能耗创历史最好水平；各工序能耗也稳定下降；全公司峰谷电管理效益与考核电价相比创效 4000 多万元。

3. 对攻关项目分条线进行过程控制，确保按时完成降本增效项目各节点

目前，沙钢降本增效管理已形成“日跟踪、周监控、月评价，季考核”的管理体系，对攻关项目分条线进行过程控制。

生产条线：首先，生产车间厉行节约，对物料消耗严格把关，避免物料闲置或铺张浪费；其次，狠抓职工操作技能的培训和关键工序的控制，严格按操作规程和工艺指令组织生产，保障生产过程的稳定；再次，定期做好设备的检修、维护和保养工作，延长设备使用周期和寿命；做好点检巡检工作，在

设备出现故障时积极进行设备抢修，保障设备正常运转；最后，制定设备检修质量跟踪考核制度，提高工作效率，增加产品班产，提升产品质量。

管理条线：生产分厂成本管理员做好每日成本指标数据的收集汇总工作，并做好趋势分析，提交分厂领导，并与领导一起分析源头数据的潜能，领导根据分析结果召开日调会，与下属各车间生产条线负责人共同商讨降本方案，找出下一周降本增效工作关键点。

公司条线：每周召开指标攻关会，以周为阶段汇报每周指标情况，对完成较好的鼓励继续保持，对完成较差的部门进行通报，自我分析原因，争取下一阶段进步。月度再次召开指标攻关会议，生产安全处对于月度指标完成情况进行总结分析，安排当月降本增效先进或落后部门典型代表，在会上做交流或表述发言，公司领导进行点评，提出建设性的意见。同时，公司根据月度降本增效开展情况制定重点工作贯彻落实跟踪督查表，由公司条线领导牵头，对重点工作进行督察落实，确保各节点按时完成。

4. 定期发布各部门降本增效工作亮点，推广降本增效的工作经验

为加强降本增效做法和经验的交流沟通，促使各部门取长补短、互通有无，公司要求各部门将每周降本增效活动中产生的好做法和经验提炼出来，作为工作亮点上报。财务处成本科负责每周收集全公司范围内各部门上报的降本增效亮点，筛选汇总后通过OA办公系统，发送给全公司各个部门，为降本增效亮点创造推广平台，实现各部门间的资源共享。

（五）强化奖惩，促进降本增效责任全面落实

1. 科学确立效益计算基准，使项目奖罚有据可依

以上一年实绩为基础制定当年对比基准，以先进指标为依据制定当年目标，用当年目标与当年对比基准的差值计算目标效益，用当年实绩与当年对比基准的差值计算实绩效益，实绩效益与目标效益的差值计算是否超额或脱标。同时，与上一年同期进行比较，进一步确定指标是否进步或退步。

2. 严格落实奖罚规定，为降本增效提供制度保证

为激励各责任人狠抓指标、努力降本，更好地保障项目的顺利完成，公司根据奖罚对等原则，制定奖罚机制，每季度对超额完成目标效益的部门给予奖励，对脱标较严重的部门进行处罚。除与部门工资总额挂钩外，还将降本增效实绩和部门领导的个人收入挂钩，增强部门管理层的危机感和紧迫感，促使降本增效各项工作能有效贯彻落实。

3. 动态调整奖罚制度，深入推进降本增效

公司每季度都会根据降本增效取得的成果调整攻关目标和奖罚条款。同时，为体现奖罚的科学合理，对奖罚结果兑现频次也进行相应修改，由实施月度奖罚改为季度奖罚，即每月预对标，实行通报预警，月度不兑现，季度结束后，根据该季月度累计目标完成情况，对标奖罚通报并兑现。降本增效奖罚制度的不断调整完善，有效地激励广大干部职工的工作热情，促进降本增效工作往更深层次推进。2015年降本增效项目责任制管理实施以来，各级管理人员共获奖励200余万元，部门职工共获奖励2000余万元，大大提高公司各级各类人员参与降本增效的主动性与积极性，为今后持续开展该项工作形成很好的制度保证。

三、钢铁企业基于项目责任制的降本增效管理效果

（一）降本增效取得显著成果

通过实施项目责任制的降本增效管理，2015年沙钢组织实施的五大主线295个支撑项目，成功实现降本增效15亿元，与14.8亿降本增效年度总目标比，完成率达107%。公司主要技经指标有明显提升，吨钢成本同比下降43元，创历史最好水平，煤气回收利用率提高2%以上，自发电比例上升5%，品种钢比例提升10%。2015年，在全行业亏损严重的形势下，沙钢实现营业收入2058亿元、利税47.4亿元、利润18.97亿元（位居行业第二）。在全行业减产的大环境下，完成炼铁3164万吨、炼钢

3421 万吨、轧材 3388 万吨，生产总量顺利完成年度目标。2016 年以来，沙钢基于项目责任制的降本增效管理产生的效益辐射持续扩大，仅上半年就创造利润 20 亿元，超过 2015 年全年利润。

（二）形成持续改进的降本增效管理机制

多年来，沙钢坚持以“追求卓越、永不满足”的精神推动降本增效，使降本增效工作在改进中完善，在完善中成熟，从最初的较为零散到形成系列，再到现在逐步建立体系，尤其是实施项目责任制降本增效管理以来，项目覆盖面越来越广，工作措施越来越细，考核奖惩力度越来越大，员工的降本增效意识也越来越强，降本增效工作已成为沙钢的管理新常态，很好地解决以往降本增效职工参与度低、效果不理想、难以持续的“老、大、难”问题，极大地提高员工降本增效意识和参与度，形成“我们的决心就是我们的资源，我们的信念就是我们的未来”的降本增效理念。

（三）促进企业综合竞争力的提升

沙钢基于项目责任制的降本增效管理有效促进企业两化融合，提高企业信息化和工业化水平，实现企业质量、效益和效率的提升，形成长、短流程相结合的生产结构，具备较强的市场应变能力和综合调控能力，不同产品选择合适的生产流程，制造成本低，生产调度灵活。企业综合竞争力大大增强。2016 年在钢铁行业整体势弱的情况下，沙钢连续第 8 年进入世界 500 强，排名第 314 位。

（成果创造人：沈　彬、龚　盛、施一新、蒋建平、
孙海兵、高林全、魏红超、华德明）

军工集团基于价值工程理念的民用产业管理提升

中国航天科工集团公司

中国航天科工集团公司（以下简称航天科工）是中央直接管理的国有特大型高科技企业，是我国最大的导弹武器研制生产单位，前身为1956年10月成立的国防部第五研究院。航天科工现由总部、6个研究院、1个科研生产基地、15个直属单位和控股公司构成。境内共有600余户企事业单位，分布在全国32个省市自治区。境外设有11个办事机构和19个控股企业，覆盖亚洲、欧洲、非洲、北美、南美等五大洲多个国家和地区。航天科工坚持走中国特色的军民融合发展之路，助力国民经济社会发展。2015年，实现营业收入1751.3亿元，利润总额135.5亿元，在2016年公布的《财富》世界500强排行榜上位列第381位。

一、军工集团基于价值工程理念的民用产业管理提升背景

（一）适应军民融合发展的需要

近年来，为积极响应全球产业变革大势，解决国内企业产业发展存在的问题，我国出台一系列促进战略性新兴产业发展的政策，推动产业结构转型升级，助力中央企业全面提质增效。航天科工作为中央直接管理的国有特大型高科技企业和军工企业，需要主动适应和把握时代发展特征及趋势。在国家军民融合发展大战略的背景下，要在完成武器装备科研生产任务的同时，不断推进民用产业做优做强，深化民用产业从注重规模扩张向注重质量效益转变，从产业链过渡延伸向专注高端转变，加快实现民用产业做强做优、转型升级。

（二）解决航天科工民用产业发展瓶颈的需要

航天科工民用产业结构不合理、主业不突出、价值创造能力不高是阻碍民用产业发展的瓶颈。例如，装备制造和信息技术作为航天科工民用产业的主业，2013年共实现营业收入485.55亿元，占民用产业营业收入的48.6%，与其主业地位不相称；64项主要民品中，销售收入超过50亿元的产品仅有1项；民用产品核心竞争力不突出，一些产品附加值不高，存在材料采购成本占比高、应收账款余额高、存货占用多等问题，缺乏牵引民用产业发展的重大项目，严重制约民用产业发展活力。这种“小、散、弱”的结构性矛盾对航天科工民用产业发展形成较大阻力。航天科工需要通过实施基于价值工程理念的管理提升，优化资源配置，聚焦核心产业领域，优化民用产业结构，培育核心产品，提高产品附加值，增强产品市场竞争力，促进民用产业快速发展。

（三）落实民用产业转型升级发展的需要

提升民用产业基础管理能力是推动航天科工民用产业实现可持续发展的基础和前提。航天科工民用产业多年来延续军品研制生产管理模式，在民用产业开放竞争、快速反应、利益驱动的市场经济环境下，管理体制机制缺乏活力，严重影响市场响应速度，无法适应市场竞争的需要；缺乏行之有效的市场开发、项目与产品孵化等投入机制；与市场接轨的人才激励、奖励机制有待探索与完善。为推进民用产业的可持续发展，航天科工党组研究提出推动民用产业转型升级的“1＋2＋3＋4＋5＋N”发展战略，即明确一个总体思路、开展两项基础管理工程、采取“三挂钩”措施、实施四个转型升级方案、推进五大战略性重大项目和若干重点项目论证立项。基于价值工程理念的管理提升是其中的两项基础管理工程之一，深入实施基于价值工程理念的管理提升工作是提升民用产业竞争力的重大战略措施和必然要求。航天科工需要通过实施基于价值工程的管理提升，加快组织结构调整、管理方法、管理手段和管理模式

的变革，推动管理创新，提高基础管理能力，促进民用产业持续健康发展。

基于上述原因，从2013年起，航天科工深刻把握产业革命和技术发展趋势，紧密结合民用产业发展实际，从顶层设计、体系推进、考核激励、制度保障等方面，进行一系列有益探索与实践，并逐步开始推进基于价值工程理念的管理提升工作。

二、军工集团基于价值工程理念的民用产业管理提升内涵和主要做法

航天科工运用价值工程的理念方法，推行民用产业基于价值工程理念的管理提升（在航天科工内部简称为价值工程），从提高民用产业整体质量效益的角度出发，以提升产业竞争力为核心，结合所属单位实际和产业发展需求，围绕重点产品和服务的全寿命周期，通过对采购、研发、制造、营销、服务等价值链环节进行科学的分析、管理和控制，实现降本增效、价值提升。航天科工按照“顶层设计、考核牵引、分级管理、持续改进”的原则，通过目标成本、市场占有率、EVA率三大指标体系牵引，以组织制度体系、考核激励体系、人才支撑体系、信息化体系为支撑，以产业核心化、产品体系化，营销体系化为途径，以价值和成本最优化为主要目标，通过精神引导、物质激励、制度约束等多种方式，在集团内部形成注重成本控制与价值创造的思维方式和管理习惯，以优的性能、优的质量、优的价格、优的服务赢得广阔的市场和发展空间。力争成本费用总额占营业总收入比重指标每年改善0.1个百分点；在保持经济增加值持续提高的基础上，EVA率力争每年提高0.2个百分点。主要做法如下：

（一）明确管理提升思路，确立管理提升目标

航天科工坚持树立价值工程的管理理念，系统策划，制定出台全员参与、全寿命周期受控、全价值链管理的民用产业基于价值工程理念的管理提升总体方案——《中国航天科工集团公司全面实施航天防务产业成本工程和民用产业价值工程的总体指导意见》及《中国航天科工集团公司民用产业价值工程实施意见》两份文件（以下简称《意见》），完成集团层面的顶层设计。

一是制定基于价值工程理念的管理提升实施思路。围绕企业全价值链的关键环节，结合航天科工产业领域发展的现实基础与客观需要，以规范和优化采购、研发、制造、营销、服务等经营活动为主线，以加强对关键指标的考核评价为导向，转变传统思维，健全规章制度，优化管控流程，夯实发展基础，显著提高航天科工民用产业发展的质量和效益，提升航天科工的市场竞争力与价值创造能力。二是确定基于价值工程理念的管理提升工作实施原则，包括顶层设计、考核牵引、分级管理和持续改进。三是明确管理提升实施目标，即通过实施管理提升工作，使民用产业成本管理水平明显增强，价值创造能力明显提高，各级单位的市场竞争力、品牌影响力、主导产品的市场占有率和社会美誉度明显提升，航天科工民用产业的整体经济运行质量和效益明显改善，使成本意识和价值观念深入人心，并培养出一支精益价值管理的专家和骨干团队，在集团内部形成注重成本控制与价值创造的思维方式和管理习惯。

（二）深入调研摸底，确定管理提升重点

2013年年底，航天科工围绕民用产业全价值链，针对所有二级单位开展两轮问卷调查，对价值链的关键环节、已采取的管理方法、拟采取的管理方法、重点产品及项目的成本构成、价值管理的规章制度及政策等方面开展调查。同时，航天科工还进一步以调研、座谈、典型分析等多种方式，深刻剖析民用产业管理现状及存在的问题。以此为基础，航天科工对标行业平均值和标杆企业的相关数据，分析自身产品功能与市场价值，在考虑成本和为客户提供功能价值的基础上，确定“优化产品体系”“加强质量管理”“构建营销体系”三大重点任务。

（三）围绕三大重点任务，多举措助推管理提升

1. 调整产品结构，形成新的产品体系

航天科工在已有的信息技术产业、装备制造业、现代服务业主要产业板块框架下，运用价值工程方法，通过对技术、产品、材料等进行分析，进一步明晰细分领域，梳理在销售收入、市场占有、品牌价

值等方面具备一定市场基础和影响力的产品共计314种。以此为基础，航天科工构建涵盖顶层、中间层、基础层的5大类11个民用产业产品体系，推进民用产业产品实现体系化、规范化发展。同时，航天科工出台《航天科工集团公司民用产业产品体系建设方案》，进一步明确未来发展重点，梳理基于“新一代信息技术及应用、新一代装备制造平台及应用、新一代材料与工艺技术及应用”的三大类需要重点支持和发展的产品体系，结合供给侧改革思路，坚持“有所为有所不为”，积极整合航天科工人、财、物等优势资源，促进资源分配向核心产业领域聚集，推进产业化发展，积极改变民用产业“力量分散、能力分散、产品分散”的局面。

2. 出台相关制度规定，提升民用产业质量管理

航天科工在回顾总结以往科研生产技术和管理经验的基础上，立足民用产业发展全局，结合存在的问题与发展的需求，制定《中国航天科工集团公司科研生产“四个两”工作若干要求》《民用产业重点产品（项目）“四个两”工作规范》等文件，从“设计优化要深入，工艺优化要深入；仿真、验证试验要充分，可靠性试验要充分；质量问题技术归零要彻底，质量问题管理归零要彻底；工作形式要简化，工作流程要简化”（简称“四个两”）着手，出台相关工作要求及规范，涵盖产品目前已采用的标准、准则等以及拟采用的优化标准、管理规定等，要求按价值工程方法采取成本功能分析、成本质量分析，强化民用产业质量提升工作。

3. 构建民用产业营销体系，提升营销管理

航天科工开展民用产业国内市场营销体系建设研究工作，归纳出航天科工民用产业市场营销中存在的营销观念不到位、营销能力不平衡、营销队伍不达标、营销预算不明确等问题。通过对国内外大型企业集团营销组织架构的研究，结合民用产业发展现状，在遵循市场规则的基础上，航天科工编制《航天科工市场营销体系建设方案》，并围绕组织结构、队伍建设、渠道建设、战略合作与客户管理、品牌建设、广告宣传等市场营销关键要素构建航天科工市场营销体系，提升航天科工民用产业整体营销能力和水平。

（四）设计管理提升指标，科学衡量民用产业价值创造能力

航天科工针对民用产业发展实际和产业发展需求，通过对价值链系统的分析诊断，设置“目标成本符合度”“市场占有率符合度”“民用产业EVA率符合度”3项指标。3项指标均为综合性较强的财务指标，其考察的内容基本涵盖采购、研发、制造、营销、服务的全链条，并分别从不同侧面反映成本控制能力、市场竞争能力和股东价值创造能力，科学衡量民用产业竞争能力和价值创造能力，指导民用产业提质增效发展。

1. 目标成本符合度

航天科工设置目标成本符合度指标，通过对价值链环节的成本分解，可以发现成本控制的薄弱环节及优势环节，进而提出针对性的管理改进方法与工具，实现降本增效，在市场竞争中取得优势。

2. 市场占有率符合度

航天科工通过设置市场占有率符合度指标，帮助实施单位有针对性地选择提升市场占有率的途径，如短期可以依靠促销、宣传，长期需要从产品的开发、生产、控制和企业的人员、制度等各方面入手改善等。

3. 民用产业EVA率符合度

航天科工通过设置民用产业EVA率符合度指标，帮助实施单位有针对性地寻求提升企业EVA的方法，包括：积极提升产品（服务）附加值，增强定价能力；加强技术更新改造，提高工作效率，降低单位经营成本；加强产品或服务的市场营销宣传，扩大销售量；压缩费用，努力降低不必要的支出。加强投资项目可行性论证、调研，提高决策效果即投资收益；加强资产、债务管理，并积极争取国家产业

政策支持。

（五）建立强有力的民用产业管理提升组织体系

按照突出重点和“纵向到底、横向到边”的全面性原则，航天科工建立覆盖总部以及二、三、四级单位乃至班组的管理提升组织机构。明确各级领导、民用产业负责人、各岗位人员以及各职能部门在实施管理提升工作中的责任，各单位负责民用产业的行政正职是本单位管理提升任务的第一责任人，对管理提升工作的实施进度、质量实行有效管理；建立纵向领导和横向协调相结合的组织体系，形成各相关业务部门统筹协调、共同参与、相互协同、分工负责的工作机制。

其中，航天科工总部作为管理提升的总体管理者和推进主体，负责顶层策划，一级考核指标体系建立、重大产品选择，负责指导、检查、评价管理提升工作的总体推进和实施情况；各二级单位作为二级实施主体，根据总部制定的指导意见，结合自身民用产业发展特征，负责管理提升实施方案制定，推动航天科工基于价值工程理念的管理提升落地实施，实现重点产品降本增效、价值创造能力提升；三、四级单位作为基层实施主体以二级单位实施方案为牵引，针对具体产品（项目）制定管理提升实施细则，按照总体安排和专业分工，在相关产业领域，围绕相关环节，开展优化提升工作，并积极制定实施方法、操作流程。

（六）强化管理提升考核与激励机制

航天科工建立“基于实际绩效的考核机制”，将目标成本符合度、市场占有率符合度、EVA率符合度三项指标纳入民用产业任务考核，考核评价体系纳入业绩考核体系，并作为基于实际绩效激励机制的主要系数。同时，航天科工在全级次单位部署互联互通的管理提升考核信息系统，实现“穿透式”管理。通过“黄牌警示”的方式帮助相关单位发现管理薄弱环节，指导督促尽快整改到位；不断强化领导干部“经济问责机制”，每月公布所属单位经济问责结果，对于经济运行指标出现问题的，对所属单位进行通报。

1. 制定详细的考核办法

航天科工针对设计的“目标成本符合度”“市场占有率符合度”“EVA率符合度”3项考核指标，分别制定详细的考核办法。

“目标成本符合度”指标的考核对象为重大产品（项目）所对应的相关二级单位。考核思路为：航天科工对相关二级单位开展目标成本符合度考核；相关二级单位将总成本按照采购、设计、研发、生产、营销、服务等环节进行分解，开展成本分析，查找薄弱环节，构建二级指标考核体系，细化、传递重大产品（项目）的考核；相关二级单位根据产业发展实际，选择本单位其他产品（项目）开展考核，扩展考核体系产品覆盖范围。

“市场占有率符合度”指标的考核对象为重大产品（项目）所对应的相关二级单位。考核思路为：航天科工对相关二级单位开展市场占有率符合度考核；相关二级单位将市场占有率、新市场合同占比按照关键影响因素进行分解，分析查找薄弱环节，构建二级指标考核体系，细化、传递重大产品（项目）的考核；相关二级单位根据产业发展实际，选择本单位其他产品（项目）开展考核，扩展考核体系产品覆盖范围。

“民用产业EVA率符合度”指标的考核对象为航天科工所有二级单位的民用产业。考核思路为：航天科工通过EVA率符合度对所有二级单位进行考核；各二级单位将EVA率、无形资产占比指标按照关键影响因素进行分解，分析查找薄弱环节，构建二级指标考核体系，细化、传递考核。

2. 健全激励机制

航天科工制定《中国航天科工集团公司质量提升激励机制》，以“突出实效性、突出创新性、突出激励一线、突出正面导向”为原则，针对在管理提升及“四个两”（设计、工艺、仿真、试验、质量、管理）方面做出贡献并取得实效的集体和个人，包括：航天科工所属单位科研生产一线的设计人员、工艺人员、生产调试人员、检验检测人员、管理人员、工人，型号两总队伍人员，以及研究室、工程组、工艺室、实验室、处办、车间、班组、项目团队等，每年安排营业收入万分之一的工资额度对其进行奖励。奖项设为两档，分别为“质量提升突出贡献奖”和“质量提升贡献奖”。2015 年度，航天科工在民用产业领域共评选出 241 个先进奖项，奖励金额 317 万元。

航天科工开展 2013—2015 年度“基于价值工程理念的管理提升”先进评选工作，共计评选出 15 个先进集体和 30 个先进个人，以进行公开表彰的形式鼓励持续创新，激励基层员工。

（七）完善配套支持，为管理提升提供坚实保障

1. 开展管理提升数据中心专项建设工作

航天科工组织开展管理提升数据中心专项建设工作，为管理提升工作的实施和考核提供信息化手段，夯实管理基础。围绕管理提升指标体系和价值链环节，航天科工总部多次实地调研、研讨，广泛征求所属基层单位对管理提升考核数据在可操作、可分解、可落实方面的建议，研究制定《基于价值工程理念的管理提升考核数据表单》，并建立管理提升基础数据库，为做好民用产业基于价值工程理念的管理提升考核奠定坚实基础。

2. 强化人才队伍建设

一是创造有利于高素质管理提升人才成长的环境。航天科工围绕管理提升推进工作，积极推进民用产业人才发展和队伍建设，发现人才、锻炼人才和培养人才。开展管理提升培训，邀请价值工程领域知名专家，围绕价值工程理论及实例、精益管理、精益研发管理实战、“三化”设计、“零缺陷”管理等方面，以课堂讲授、沙盘演练、案例分享、研讨交流相结合的方式进行培训，提高民用产业队伍整体素质和能力；开展经验交流活动，以举办航天科工大讲堂、奔赴所属单位开展基于价值工程理念的管理提升宣贯解读、组织力量在《中国航天报》《航天科工通讯》以及集团内外网等媒体平台上发表系列文章等形式，搭建航天科工从事管理提升实操一线人员的交流共享平台，提升各层级实施人员对管理提升理念的认识和理解；以市场化原则建立科学的选拔、培养、使用制度，打造优秀的民用产业人才队伍。

二是建立管理提升专家智库。航天科工在集团公司层面设立管理提升专家组，充分发挥管理专家群体作用。管理提升专家群体主要由航天科工民用产业各领域专家组成，在相关发展规划、重大决策、技术评估、项目评审、咨询服务和把关等方面群策群力，提高决策的科学性、先进性和合理性。所属各单位也根据各自特点，建立相应的管理提升专家咨询机构。全集团系统建立专业齐全的管理提升专家智库。

3. 推进管理提升的持续改进

航天科工秉承“边探索、边创新、边实践、边推广、边固化”的理念，根据管理提升工作的推进实际，不断完善配套政策体系和管理机制，确保管理提升工作的持续改进。在航天科工内部形成“年初制定计划、年终总结提升”的机制，加强对管理提升工作实施效果的总结分析，推动各实施单位根据产业发展实际情况，选择适用、有效的管理工具与方法，持续优化改进价值链中的关键环节与薄弱环节，不断提升价值创造能力。

三、军工集团基于价值工程理念的民用产业管理提升效果

（一）促进民用产业快速发展，提质增效成果显著

航天科工经过两年的系统工作，价值工程思想观念逐步改善，价值创造观念深入人心，重点产品成本逐步降低，价值创造能力有所提升。2015 年，航天科工民用产业目标成本符合度达到－3%，市场占有率符合度实现 105%，EVA 率符合度实现 104%。管理提升工作的实施还有力保障了航天科工战略目标得到有效落实，引领民用产业创新发展能力得到增强，推动民用产业收入持续提升。2015 年，民用

产业收入达到1157亿元，同比增长7.4%，实现逆势增长。尤其是信息技术、装备制造、现代服务业三大主业发展态势良好，信息技术与装备制造“两翼”产业占民用产业收入比重合计达54.4%，较2013年提高5.8个百分点；民用产业利润总额增长率达到15.6%，比前三年平均值高2.67个百分点。

（二）提升民用产业整体管理水平，竞争优势持续增强

航天科工集团总部、各成员单位相互作用、协调配合，形成有序的新型民用产业管理体系。航天科工建立清晰合理的民用产业管理制度，统一管理标准和业务标准，形成快速通达的反馈渠道，健全激励约束机制。通过集团总部的统一调度、高效决策，集团与成员单位的目标协同、组织协同与方法协同，民用产业管理效率和管理水平显著提高，航天科工的管控能力显著提升，竞争优势持续增强。实施基于价值工程理念的管理提升，已经成为航天科工推动民用产业转型升级、提升核心能力、促进领域拓展、提高整体绩效、打造高效团队的重要支柱，为航天科工的平稳快速发展注入不竭动力，为航天科工实现“国际一流航天防务公司”的发展愿景提供有力支撑。

（三）重大工程项目取得突破，行业整体地位显著提升

航天科工推动智慧管网、自主可控、智慧城市等一批军民融合大工程、重大技术创新项目取得显著成效，行业地位大幅提升。签订国内城市地下管线综合管理首个试点项目合同，可复制、能推广的建设模式初步形成；智慧城市项目打造智慧太湖新城示范工程；云制造入选国家智能制造试点示范项目；自主研发的低空慢速小目标拦截与探测系统、光纤陀螺测斜仪、重型矿用自卸车等一批民用新产品填补国内空白；“航天云网”成为中国第一个工业互联网平台，有力支撑我国经济结构调整和产业转型升级；航天科工全面开展国家级“双创”示范基地建设工作，成功获批国家级“双创”示范基地。

（成果创造人：马天晖、李曙春、程庆文、张丽宏、方　韬、王　飞、徐二阳、马驰原、侯云亮、徐坤耀、范炳健、丁　洁）

原油开采企业基于单井效益评价的全生命周期降本增效管理

中国石油天然气股份有限公司辽河油田分公司

中国石油天然气股份有限公司辽河油田分公司（以下简称辽河油田）是中国石油的骨干企业之一，是全国最大的稠油、高凝油生产基地。总部坐落在辽宁省盘锦市。目前年原油生产能力1000万吨，天然气生产能力7亿立方米，形成油气业务突出，工程技术、工程建设、燃气利用、炼油化工、生产辅助和多种经营等各项业务协调发展的格局。投入开发建设40多年来，辽河油田累计生产原油4亿多吨、天然气800多亿立方米，为发展中国石油、振兴地方经济、保障国家能源安全做出重要贡献，先后荣获“全国五一劳动奖状”“中国企业管理杰出贡献奖”，并获得“全国精神文明建设先进单位”“中央企业先进集体”等多项荣誉称号。

一、原油开采企业基于单井效益评价的全生命周期降本增效管理背景

（一）直面国际油价下行压力的需要

从2014年下半年开始国际油价持续下跌。面对低油价给石油行业发展带来的巨大冲击，石油公司普遍采取削减投资、降薪、裁员以及压低服务费用等手段予以应对。国内石油企业普遍将工作重心由追求产量转移至提高效益，突出“价值引领”战略，提升价值创造力。在油价下跌、流动资金减少的背景下，原油开采企业需要将降本增效贯穿于油田生产的全过程，充分挖掘内部潜力，创新管理模式，缓解国际油价下行给原油开采企业带来的压力。

（二）保障国家能源战略安全的需要

随着国民经济的快速发展，国家对石油的需求量越来越大，石油成为影响国家能源安全的主要因素。当原油价格较高时，企业生产成本低于原油价格，只要有产量就有效益，企业的上产目标和效益目标是并行一致的，油田开发生产工作的核心是稳产、上产。2014年以来，国际原油价格呈断崖式下跌，原油开采企业面临着销售收入降低、利润下降的困难局面。但作为国有企业的中国石油，对国家能源安全负有不可推卸的责任，尽管面临亏损不断扩大的局面，还是要保证一定的产量规模，不能以简单的裁员、减产来应对低油价的挑战，只有通过开源节流、降本增效，优化产量结构，减少无效投入，降低生产成本，提升企业效益，才能最大限度地满足保障国家能源战略的需要。

（三）实现企业可持续发展目标的需要

从企业自身发展来看，辽河油田的可持续发展面临许多困难和挑战。一是勘探难度越来越大，资源量探明程度超过50％，是东部勘探程度最高的油田，后备资源严重不足。二是油田开发进入后期，稠油蒸汽吞吐开发效果变差，操作成本升高，产量递减加快，最终采收率较低，只能达到25％。在没有新的区块资源接替的条件下，辽河油田面临着整体产量递减的局面。三是自身盈利能力不强、管理效率不高、技术创新能力不足等问题，严重制约企业的可持续发展。因此，辽河油田必须坚持以效益为中心，推动改革，加大管理和技术创新力度，增强发展活力和竞争力，大力实施开源节流、降本增效，实现企业可持续发展的目标。

二、原油开采企业基于单井效益评价的全生命周期降本增效管理内涵及主要做法

辽河油田在认真剖析自身潜力和优势的基础上，于2015年开展基于单井效益评价的全生命周期降本增效管理。辽河油田以油田生产的最小单元——油井为基本控制单元，以单井效益评价为支撑，以降本为手段，以增效为目的，自新井产能建设阶段、采油生产阶段直至退出开发的全生命周期，开展全

员、全方位降本增效管理。在新井产能建设阶段，规范新建产能井效益审核流程，建立新井投资优化模型，优化投资结构，保证新井设计与实施以效益起步；在采油生产阶段，创建“三线四区”油井增产措施风险预评价模板，实施油井措施成本预控管理；在油井采油生产末期，建立科学合理的油井废弃机制，降低生产成本。通过实施全生命周期降本增效管理，最终实现低成本发展，推动辽河油田有质量、有效益、可持续发展。主要做法如下：

（一）转变传统观念，使职工充分理解降本增效的重要意义

1. 分析形势，明确企业发展新思路

从国际看，全球能源供需格局深刻变革，石油市场正从卖方市场转向买方市场，供应新旧力量加速博弈，新的开采技术集群正在形成；从国内看，国企改革、油气体制改革、供给侧结构性改革对石油企业提出更高要求；从企业自身看，受低油价拖累，企业利润跳水、成本挤压、风险高企，产业链传导吹冷相关行业。

面对低油价的“寒冬”，辽河油田今后一个时期发展面临的形势异常严峻，压力前所未有，必须切实增强危机意识、忧患意识与责任意识，牢固树立底线思维，以提高经济效益为中心，立足长期低油价，坚持稳健发展方针，着力稳增长、提效益、防风险，以改革创新精神打好开源节流、降本增效的攻坚战。

2. 宣传发动，树立信心

面对低油价的影响，加大宣传力度，统一思想，凝聚共识，引导广大职工认清经营形势的严峻性、紧迫性和艰巨性，使职工充分理解降本增效的重要意义，调动全员参与降本增效的积极性、主动性和创造性，树立长期过紧日子、过难日子思想，强化“今天的投资就是明天的成本”“一切成本都可以下降”“节能就是增产、节约就是增效”的理念，全力推进开源节流降本增效，让降本增效体现在油田开发全生命周期的各个环节。

充分利用各种媒体进行宣传引导。在公司内网上开设开源节流、降本增效专栏，及时跟进和总结宣传集体与个人典型，动态跟踪报道在开源节流、降本增效工作中的成功经验和好做法，在公司内部起到示范导向作用，营造出“层层开源节流、处处降本增效、人人节约挖潜”的浓厚氛围。

（二）完善组织体系，明确降本增效总体思路和目标

1. 落实管理职责

辽河油田把降本增效作为一项系统工程，从加强组织领导入手，建立完善组织管理体系。在油田公司层面上，成立由公司主要领导任组长、油田各部门负责人为成员的“降本增效领导小组”。领导小组负责活动方案的设计、决策部署和重大事项审议。领导小组办公室设在政策研究室，办公室主任由总会计师兼任，办公室负责降本增效工作的具体组织协调、整体推进、措施分工和督导落实等。领导小组下设效益评价、节流管控、降本减支、提质增效四个专项小组，其中效益评价小组负责油井全生命周期的经济评价，为降本增效指引方向；节流管控小组负责投资前期管理，把握投资方向，优化投资结构；降本减支小组负责油井生产过程中重点成本的控制，减少非生产性支出；提质增效小组负责新技术推广、生产运行优化等工作，提高措施增油量，确保生产组织经济运行。

2. 明确全生命周期降本增效总体思路和目标

辽河油田以经济效益为中心，部署对标管理、精细管理、创新管理、从严管理等工作，以单井效益评价为导向，控投资、降成本、压费用，实施自产能建设、采油生产直至退出开发的全生命周期降本增效管理，实现低成本发展。

在此基础上，基于单井效益评价，制定降本增效实施方案，确定工艺简化降低措施成本、信息化建设降低运行成本、“五优化”提升开发效果等 4 项 38 条保障措施。

明确工作目标。总体目标是建立降本增效的长效机制，力争油田单位操作成本控制在国内同行业平均值以下，油价达到70美元/桶时，实现企业盈利。根据中国石油2015年预算指标，辽河油田需将利润亏损控制在51.7亿元以内，通过持续深化改革，大力实施开源节流降本增效，力争在完成全年预算指标基础上，再减亏10亿元，其中通过油井全生命周期降本增效管理挖潜创效6.13亿元。

3. 层层分解降本增效指标，强化过程监督

辽河油田各单位、各部门依据总体方案，紧紧围绕降本增效目标，量化指标，细化措施，抓好落实，做到层层分解指标，层层传导压力，层层落实责任。每月报送目标完成情况和措施进展情况，每季度召开经营分析会，专题研究通报推进情况，总结经验，反馈问题，查找不足，明确方向。责任部门高度关注推进情况，做好统计分析，量化措施效果，并根据油田环境及经营形势变化，适时调整目标任务，确保全年各项措施目标顺利完成。

（三）建立单井效益评价体系，为降本增效的实施奠定基础

1. 明确单井效益评价指标

依据科学性、可操作性和指标之间既相互联系又各自独立的原则，选取财务内部收益率、评价期内财务净现值、投资回收期、极限经济日产油量、百万吨产能投资5项指标作为新井产能建设阶段的评价指标；从油田生产经营管理的生产、技术、管理、效益4类指标中选取税后收入、最低运行费、操作成本、生产成本、运营成本5项指标作为油井采油生产阶段的评价指标。

2. 制定单井效益评价标准

在新井产能建设阶段，当财务内部收益率大于行业基准收益率、净现值大于零、投资回收期小于行业基准值、日产油量大于经济极限日产油量、百万吨产能投资小于行业基准值时，新井产能建设经济可行。

在油井正常生产阶段，依据税后收入、最低运行费、操作成本、生产成本和运营成本之间的关系，将油井分为效益一类井、效益二类井、效益三类井、边际效益井和无效益井。在实际运行过程中，为便于操作，又将效益一类井称为高效井，效益二类、效益三类井称为有效井，无效益井即通常说的高成本井。效益一类井是指油气产品税后收入大于运营成本的井。效益二类井是指油气产品税后收入小于或等于运营成本，且大于生产成本的井。效益三类井是指油气产品税后收入等于或小于生产成本，且大于操作成本的井。边际效益井是指油气产品税后收入等于或小于操作成本，且大于最低运行成本的井。无效益井是指油气产品税后收入等于或小于最低运行费的井。

经测评，辽河油田效益一类油井占评价总井数的17%，占评价总产量的52.3%；效益二类油井占评价总井数的4.7%，占评价总产量的7.3%；效益三类油井占评价总井数的16.2%，占评价总产量的14.04%；边际效益井占评价总井数的33.7%，占评价总产量的17.6%；无效益类油井占评价总井数的28.5%，占评价总产量的8.7%。

3. 开展单井效益三级评价

单井效益评价分公司级、厂级、作业区级三级，各级管理实行专人负责。作业区级主要负责油井产量、成本等基础数据的录入，厂级负责厂级费用的录入与分摊，公司级负责录入公司级成本、投资等数据，最终按月生成单井效益评价报表，向决策层提供翔实的单井、区块、作业区、采油厂、辽河油田效益状况分析报告，为作业区、采油厂、辽河油田的生产经营决策提供支持。

辽河油田严格按照内部收益率要大于行业基准收益率的标准审核产能投资，产能建设经济评价率100%，严格执行措施“三级论证”流程，提出高成本措施控制意见，实现油井措施前评价率100%。做到“全员、全要素、全过程、全方位、全成本”评价，实施投资、成本与产量的优化配置，实现油井全生命周期降本增效。

（四）产能建设阶段，优化新井投资结构

1. 建立新井投资审批制度，规范效益审核流程

发布《油气生产新开钻井经济评价工作要求》，建立新井投资审批制度，规范效益审核流程，使经济评价成为新井产能建设投资决策的重要环节。对于投资收益率达不到要求的井，通过新井产能建设方案投资优化模型进行投资优化，如辽兴公司用公开招标使钻井成本下浮 30.6%，保证 55 口产能井经济评价顺利达标；优化后仍达不到经济评价要求的井，予以否决，资金转投其他高效井。

2. 建立产能建设投资优化模型，优化产能投资结构

依据新井产能建设效益评价标准，建立新井产能建设方案投资优化模型。新井实施前，由概预算部门根据开发方案设计测算投资费用，财务、经济评价部门测算成本费用，开发部门测算新井实施后产量。根据评价期内预测的每年产量、销售价格、投资成本以及税费等参数，建立现金流量表，计算项目财务赢利能力评价指标。通过经济评价指标与行业规定对比，判断新井实施的经济可行性。

对于单井设计日产油大于经济极限日产量的产能井，优先实施。通过极限建百万吨产能投资和不同钻井成本对应区块达标率等指标的综合排队，优化新井井位和投资结构。

2015 年全年审核产能新井和侧钻井 295 口，通过新井产能建设方案经济评价，减少进尺 8596 米，节省投资 3300 万元；通过产能建设项目经济评价，少钻新井 14 口，杜绝负效钻井投资 6300 万元。

（五）采油生产阶段，实施油井成本预控管理

油井成本预控管理是指以油井成本为研究对象，对油井生产过程中的各个环节进行分析，找出油井成本过高的原因，提前采取有效措施，将油井高成本风险降至最低。通过单井效益评价发现，油井成本中与增产措施有关的井下作业费、工艺措施费、稠油热采费等成本占基本运行成本的 64%，是油井生产成本预控管理工作的重点管控对象。

1. 明确降本增效措施，制定管理流程

辽河油田以单井效益评价为基础，明确油井采油生产阶段降本增效措施，建立高成本井预控管理流程。

针对措施增效环节，每旬度由作业区提出油井初步措施意向，地质所和工艺所分别论证油藏方案和工艺方案的技术可行性，经济评价部门论证油井增产措施的经济可行性；若油井措施经济效益达不到要求，视具体情况对地质方案和工艺方案进行优化或者对该项措施予以否决；经济效益达标的油井措施，编制地质方案和工艺方案，经审批后进入措施实施环节，生产运行部门和作业部门负责过程监督，保证措施实施质量，最终实现有效控制高成本井的目的。针对常规降本环节，作业区依据单井效益评价结果，及时调整油井生产方式，对于因地层原因造成的液量供应不足井，摸索油井供液规律，实施间开生产，节约电费、修理费等生产成本；对于出水井，分析出水原因，调整注气或注水层位，提高油井产量；对于抽油生产无经济效益的油井，划归捞油大队，改为捞油生产，节约生产成本。

2. 创建“三线四区”增产措施评价模板，优化措施成本投入

辽河油田目前已进入中后期开发阶段，面临着新探明储量接替不足、剩余可采储量减少、开采难度增加、油气生产成本上升等问题。为达到稳产、增产进而合理利用资源的目的，需要对一部分井实施措施作业。随着开采程度的增高，措施投入逐年增加，如何优化措施作业投资，更好地取得措施经济效益成为一个重要的问题。

辽河油田在措施实施工作中不断对措施评价方法进行归纳总结，通过优化评价方法，以最低经济增油量模型为基础，创建“三线四区”措施风险预评价模板，使措施风险控制工作更加简单、直观、易于操作。三线即“效益线、预警线、高压线”，四区即“高效区、有效区、边际效益区、高风险区”。

按照“稳有效、上高效、限无效”的原则，对措施后效益位于高效区的井，扩大实施；位于有效区

的措施井稳步实施；位于边际效益区的措施井谨慎实施；位于高风险区的措施井，措施后增产量小于最低经济增油量，为保持油田产量规模，该类井又是不可避免存在的部分，但实施时要按照计划比例严格控制，对于无增产潜力且超出企业成本承受能力的高风险井，坚决予以否决。

辽河油田以措施评价模板为工具，重点强化油井措施实施前的措施论证环节，严把资金投入关口。基层采油作业区运用措施风险评价模板，以旬度运行为节点，以措施风险管理流程为指导，开展措施经济可行性论证。通过否决高成本、优化注气参数、优化注气时机等手段，使旬度效益比例控制在全年计划指标之内。每旬度安排措施运行前，由地质人员提出措施运行井号并预测措施增油量，相关业务部门预测措施后有效期内预计成本，经济评价人员对照措施风险评价模板评估措施后效益级别，并将评价结果与年初计划对比，及时提供给生产管理人员，对于超出年初计划比例的边际效益井、高风险井暂缓实施或优化后再实施，为生产管理人员提供决策依据。对于大型措施，比如大修、压裂，因其措施有效期长、措施一次性投入较高，大多数井短期内收回投入，通过对以往实施的同类措施进行跟踪评价，选择合适的评价期间，再用措施风险预评价模板进行评价，使得评价结果更加合理，对生产决策具有更好的指导意义。生产部门根据措施风险预评价的结果，按照经济效益由高到低的顺序组织实施，既保证措施的经济有效率，又提高资金使用效率，达到降本增效的目的。

2015年，通过实施油井成本预控管理，高成本井数同比下降4.6%；全年评价各类油井措施6853井次，否决高风险措施297井次，杜绝无效措施投入8374.7万元，大大提高油井措施的经济有效率，降低措施投入风险，提高措施效益。

（六）退出开发阶段，合理废弃油井

油井进入开采后期，在现有技术条件下，产出不能弥补其投入时，如果亏损油井不及时废弃，就会造成开采时间越长，亏损越大的不利局面。辽河油田以单井效益评价为基础，合理废弃油井。

一是循序渐进合理废弃负效井。因为油田同一区块内各油井的产量、成本存在差异，开采时间有先有后，即使油气田处于盈亏临界状态或亏损状态，也并不等于所有油气井都没有效益。原因是区块内存在一些无效、负效油气井，抵消有效油气井的利润，影响整个区块的效益。因此，对于无效、负效区块要具体问题具体分析，只有无效、负效井才考虑废弃。

二是具有特殊用途的负效油井不废弃。有的油井虽然自身没有开采价值，但它在整个油气田开发中起着十分重要的作用，例如蒸汽注入井。这样的井如果废弃，会对整个油气田的开发带来不利影响，甚至造成重大损失。

三是油井废弃考虑技术进步因素。在现有开采技术不能有效提高采收率的情况下，油气井废弃时间应提前；当运用新技术、新工艺、新措施可大大提高采收率时，油井废弃时间应推迟。有的油井可能目前没有效益，但以后采用先进技术，死井可能“复活”，由负效井变为有效井，由亏损井变为盈利井。因此，辽河油田定期对以前的废弃井有选择地进行重新评估，对通过挖潜措施能够增产增效的油井实施复产，以提高油田的经济效益。

（七）有效激励约束，为降本增效提供制度保障

重新修订绩效考核办法，突出利润中心的主导地位，回归经营主体本原，实施工效挂钩，鼓励增储上产，鼓励降本增效，提高效益产量。设立开源节流降本增效专项奖励，对增储上产、解困扭亏、节约挖潜等成效显著的单位和部门进行奖励。

辽河油田对各单位实施月度考核、季度兑现、年终预考核预兑现、转年总考核兑现，达成由“发工资”到“挣工资”的共识。在油气生产单位完成油气综合商品量指标、能够自行消化生产成本的前提下，对超交的商品量，给予上浮10%奖励；对于在年初预算基础上增加生产成本、但低于预算销售价格的超交商品量，按差额的60%奖励。对超额完成利润指标的单位，按超交额（减亏额）的25%奖励。

三、原油开采企业基于单井效益评价的全生命周期降本增效管理效果

（一）全面超额完成年度业绩指标

辽河油田通过全面开展全生命周期降本增效管理，各项工作全面超额完成年度业绩指标。2015 年辽河油田生产原油 1037 万吨，连续 22 年稳产在千万吨以上。其中投产新井 422 口，生产原油 40.6 万吨，老井生产原油 996.4 万吨，为保障国家的能源安全做出重要贡献。

（二）降本增效成效显著

2015 年辽河油田全年实际减亏 19.25 亿元，圆满完成集团公司下达的控亏指标。其中通过实施基于单井效益评价的全生命周期降本增效管理，实现挖潜创效 6.6 亿元。一是通过投资控制管理，节约投资 5.8 亿元；二是通过强化项目前期效益论证，否决低效负效措施 297 井次，减少低效无效投入 8375 万元，油井措施的经济有效率同比增加 5.8 个百分点；三是通过实施油井成本预控管理，高成本井数同比下降 4.6 个百分点，单位成本下降 35.1 元/吨，降本增效成效显著。

（三）摸索全生命周期降本增效的有效经验

辽河油田通过实施基于单井效益评价的原油开采企业全生命周期降本增效管理，使油田实现对投资、成本的全过程控制，达到降本增效的目的。这一做法提升了辽河油田管理的集约化和精细化水平，推动企业实现发展方式的转变，对国内其他油田企业具有良好的借鉴意义。2016 年集团公司两次到辽河油田调研全生命周期降本增效管理的做法，大庆油田、胜利油田、新疆油田、冀东油田等多个兄弟单位也多次到辽河油田调研学习。辽河油田也多次受邀到中国石油化工集团公司、中国海洋石油有限公司做专题报告，展示辽河油田全生命周期降本增效的先进经验。

（成果创造人：张　波、刘　斌、许林祥、许　艳、王文道、黄文强、雒桓晟、李川华、刘晶洁、于　晗、陈　镝、安　欣）

制药企业以精准高效为目标的精益六西格玛管理

上药东英（江苏）药业有限公司

上药东英（江苏）药业有限公司（以下简称上药东英）位于南通经济技术开发区，是上海医药集团股份有限公司（以下简称上药集团）的直属企业，国家高新技术企业，专业致力于麻醉肌松和心血管等治疗领域的药品研发和制造。现有冻干粉针剂、固体制剂和原料药三条通过生产质量管理规范（Good Manufacturing Practice，GMP）认证的现代化生产线及省级手性药物工程技术研究中心。

一、制药企业以精准高效为目标的精益六西格玛管理背景

（一）适应经济新常态下企业转型的需要

当前，中国经济已经进入到以中高速、优结构、新动力为主要特征的新常态。面对销量、结构、税利增幅放缓，成本、费用不断增加的压力，依靠市场扩容实现增长的外延式发展时代已渐渐远去，粗放的管理已经难以适应现代企业管理的要求。精益化、标准化、信息化、智能化的融合发展已成为中国制药行业转型的必经之路，产业升级、理念创新、技术创新、管理创新、质量创新已成为中国制药企业的一致选择。因此，提升管理能级、消除浪费、提高药品质量，是上药东英在经济新常态环境下生存发展的首要和必要条件。

（二）加快融入集团公司战略部署的需要

上药集团于2013年和2014年分步收购东英（江苏）药业有限公司（以下简称东英药业），从而控股收购东英药业，最终形成上药东英。收购完成后，上药集团分别在研发、生产、营销、财务管理等方面与上药东英进行资源对接并立即开展百日整合计划，以专业化促进资源协同，将上药东英进一步打造成为国内具有核心竞争力的高端仿制药企业。因此，上药东英为适应上药集团的战略部署，有必要通过开展精益六西格玛管理，提升产品质量，规范管理方式，以便更好地融入上药集团。

（三）增强竞争力、实现可持续发展的需要

上药东英作为上药集团下属企业，在被上药集团收购之前，一直存在着生产规模小、设备陈旧、设备故障率高、生产浪费、管理效率低等问题。在成本不断上升、价格日益下滑、质量要求不断提高、竞争对手日渐增多的环境下，上药东英必须提高自身的管理水平。因此，上药东英认识到“提升产品质量、提高运营效率、提升管理水平”是上药东英可持续发展的重要基石。一方面，客户对产品信息的了解和选择范围呈现出多样性和个性化特征，客户不再是企业产品被动的接收者，而成为企业产品发展的决定者；另一方面，企业只有在提高产品质量的同时具备快速的反应能力，才能在市场上博得一席之地。对上药东英来说，面向国际市场提升水平，面向国内市场深挖潜力，不断增强适应市场变化和抵御风险的能力，不断增强自身的核心竞争力，实现差异化竞争优势是必然选择。

二、制药企业以精准高效为目标的精益六西格玛管理内涵和主要做法

上药东英以高端仿制药精品制造基地为战略定位，以由点到线、面、体、魂为思路，通过将精益与生产管理规范相融合，夯实精益六西格玛基础，在信息技术的支撑下，全流程实施六西格玛，并将精益化、标准化、信息化、智能化融合成一体，打造一体化执行系统，结合 KPI 考核和 PDCA 循环管理，持续改进，精益求精。最终形成超越自我、全员参与的文化理念，团结协作、追求卓越的文化氛围，头雁领航、精英护航的文化底蕴，促进上药东英和谐稳定健康发展。主要做法如下：

（一）战略目标引领，整体规划精益六西格玛管理思路

1. 以高端仿制药精品制造基地为目标

上药东英以“高端仿制药精品制造基地”为发展定位，通过将精益生产和六西格玛管理融合，建立符合制药行业标准的管理规范，提升药品质量，达到精准高效的管理水平，并打造体系完善、管理严格精准、布局科学优化、设施设备先进，信息化、自动化程度高、精准高效的制药企业，提高行业竞争力，实现企业、员工、消费者的三方共赢，为上药东英的可持续发展打下坚实的基础。

2. 以降本增效和持续改进为实施路径

上药东英“以降本增效为核心”、持续改进管理为实施路径，基本特点就是以生产线为主体，立足现场发现问题、解决问题，从设备管理、能耗管理、生产运行、工艺质量等方面进行梳理、优化，有效降低生产成本、提高生产效率。同时，上药东英以合理化建议为抓手、信息化平台为支撑，充分吸纳来自员工的建议，不断提高员工参与度并以绩效考核体系作为督促手段，不断改进企业经营管理，进而提高企业内部的运营效率，增强企业的核心竞争力，促进企业发展。

（二）重质量强研发，有效夯实精益六西格玛管理基础

1. 以员工为抓手，明确组织架构

上药东英成立以总经理为组长、领导班子全体参与的领导小组；由总工程师担任组长、精益部专员主抓精益的推进小组；由中层干部为主的实施小组、以班组为主体的活动小组；由党组书记领导的宣传专员为主的宣传报道组。形成引领全员参与、全员实践、全员创新，在战略层面高层把控，宣传层面党组主抓，操作层面部门车间有效实施的格局。

2. 以活动小组为单位，实施精益全流程（LTPM）管理

上药东英通过实施精益全流程管理（LTPM），提高工作效率，降低安全风险，提升员工素养。LTPM 主要是在 6S 基础上，通过把消除浪费、持续改善等理念融入到全员生产维护（TPM）中，更好地优化管理方式。LTPM 分为 6S 阶段和 TPM 阶段。在 6S 阶段，首先是贯穿始终打造“整理、整顿、清洁、清扫、素养、安全”；其次，通过开展专项主题活动《时间都去哪了》，寻找八大浪费，开展各种竞赛活动，调动全员积极性，强调全员参与。上药东英通过高强度的打造力度及强制性的要求，对员工的固有行为习惯实施变革。LTPM 活动开始的第一个星期，上药东英所有办公现场根据 6S 标准的“三定”要求，通过日常办公用品的定位、废弃物的定期整理、增加标识等简单的细微改变，达到纠正工作习惯、提升员工日均效率的目的。

TPM 阶段是以设备清扫、维护、点检为主，上药东英通过设备标准作业程序（SOP）制作、QC 工具、主题活动、全局设备效率（OEE）及清扫、注油、点检等设备定期维护动作，降低设备故障率，保证生产的正常运行。这一阶段，上药东英针对固有难题，开展不合理项查找、改善提案、主题活动、WHY－WHY 分析等一系列活动，提升生产效率，降低生产成本。

3. 以质量为核心，构建 LIFE 系统

上药东英通过构建 LIFE 系统保障药品生产质量。LIFE 系统是精益六西格玛管理的基础，在信息化（Internet）的支撑下，以质量为核心，通过精益生产（Lean）、设施设备维护（Facility）和全过程管理，赢得最佳雇主（Employer），追求卓越发展，通过整合精益生产与六西格玛管理，吸收两种管理的优点，更好地消除浪费。上药东英加强设施设备维护和 6S 现场管理，提升设备使用效率；通过信息化支撑打造一体化系统，实现与上药集团无缝对接，并赢得最佳雇主。

（三）全流程实施六西格玛，提升效率降低成本

1. 缩短生产周期，满足销售市场增长需求

以主要产品库泰为例，上药东英从库泰生产入手，对生产流程、设备、工艺等进行考察并结合 IPO

图、鱼骨图等方法，找出影响因子和瓶颈，然后通过 6S 现场管理、可视化管理、标准化工作，提高库泰生产效率和关键检验项目及时率。

上药东英成立以总工程师为负责人的项目组团队，改善流程，挑战生产极限。通过对现有流程进行改进，借助专业分析工具，在流程、设备、工艺、质量等各个环节进行改善研究，最终在分析阶段确定影响冻干效果的六个关键参数。通过主效应与交互作用分析和立方图分析，确定工艺优化参数，并结合生产实际，筛选出风险最低、时间最短的最优工艺组合，消除流程浪费，并经过反复工艺比对、质量稳定性考察，达到缩短库泰关键工序生产周期、满足市场需求的目标。

2. 降低不良品率，提升内外部客户满意度

为降低库泰不良品率，项目组成员从项目背景、问题现状分析入手，利用六西格玛中常用的 DMAIC 方法和统计工具层层剖析，设定目标，将创新性思维和“严格精准”的工作精神相结合，通过对左右手操作的反复对比实践，寻找影响因子。具体步骤如下：一是界定。首先找出整个生产过程中最重要的事项，也就是品质关键要素（CTQ），并确定员工的知识、技能和素质等方面的关键需求，然后识别需求改进的培训项目或培训管理流程，最后站在客户的立场将改进的内容界定在合理的范围内。二是测量。由车间负责人带头利用测量软件通过对现有生产流程进行数据测量，辨别核心流程和辅助流程；识别影响生产流程输出的输入要素，并对测量系统的有效性做出评价，最后找出关键评量，为流程中的瑕疵建立衡量步骤。三是分析。通过分析测量结果数据，确定影响生产流程输出的关键因素，即确定生产过程的关键影响因素，探究误差发生的根本原因，判断影响结果的潜在变量，分析出瑕疵发生的最重要根源。四是改进。寻找优化生产流程并消除或减少关键输入因素影响的方案，使流程的缺陷或变异降低到最低程度。通过 IPO 图找出提升关键指标和质量特性的最佳解决方案，然后拟定行动计划，确实执行并不断测试，以观察改善方案是否真正能发挥效用，减少错误。五是控制。使改进后的生产流程程序化，并通过有效的监测手段，确保流程改进的成果能够持续下去，不断测量，不断改进和控制。

3. 降低物流成本，提高全程冷链运输质量

上药东英在物流管理上，遵循“信息与实物保持一致”的管理思想，统一按照出入库单的管理方式，对库存施行集中管理，并对生产全过程进行跟踪和追溯。在车间内，中间产出物料通过工序的产出和投入进行信息跟踪，与采购、销售、生产高度集成，形成物料入库、出库信息自动传递不落地，杜绝手工错误，提高物流效率。物料在仓储区域内的所有业务活动在系统中准确记录与跟踪，保证药品仓储运输过程的合规、可控、可追溯。在产品运输质量上，项目组通过进行不同环境温度、空运计重、保温时间的实验，最终找出经济合理又不影响运输质量的方案。

4. 加强设备维护，提升设备设施运营效率

上药东英加大固定资产投入，提高生产制造能级，对老设备进行定期维护改善，制定设备设施定期维护计划，规范操作行为，进一步提高成品率；优化生产工序，提高制剂批成品率，缩短批生产周期。通过对数据的统计分析找出关键的影响因子，将影响因子逐个分析，运用优化排空方法设计关键改善措施，提升设备综合使用效率。同时，上药东英结合实际和未来信息化发展要求，引进先进的冻干机、制水机等核心设备。上药东英努力按照 GMP 认证计划，按期完成各阶段工作，借此升级关键生产设备，提升生产能级，保证产品质量，改善操作环境。

（四）以信息技术为支撑，全面保障精益六西格玛管理实施

1. 构建全流程信息系统，实现与集团管控的无缝对接

上药东英以质量为核心，实现数据自动采集与共享，应用贯通生产、仓储、设备、能源、质检、企业管理全过程的智能透明化信息系统，实现与集团管控的无缝对接。上药东英正式上线的应用管理系统主要包括：自动化办公 OA 系统、人力资源管理系统（EHR）、工业采购系统、生产执行管理系统

(MES)、成本管理系统（用友）、检化验系统（LIMS)、动环能源监视系统、实时监控系统。

2. 打造一体化执行系统，推动智能化药品工厂建设

上药东英用精益化的思维和方法，完善工业化、信息化基础设施，将信息化工作与采购、生产、仓储管理、物流配送、销售、财务管理、人力资源管理、办公自动化等传统工作紧密结合，涵盖供应链上、中、下游和决策管理的全过程，将流程优化，实现标准化、精益化、信息化、智能化相融合，建设成及时、准确、全面地反映整个上药东英的经营信息，实现事前预警、事中控制、事后分析评价，由结果控制转变为过程控制；具有功能强大的分析、查询系统，充分适应上药东英发展需要的完整的信息化管理平台，形成全生命周期的药品生产闭环管理系统，实现数据采集自动化、审批流程无纸化、生产过程透明化、质量管理精细化的一体化执行系统。通过实时动态监测与分析管理，达到质量风险动态管控的目标，全面提升管理效率，打造智慧透明工厂，实现 GMP 质量体系建设与精益质量管理的有效融合。

上药东英信息化基础建设推行目标管理、计划管理、标准化管理、精准化管理、供应链管理和绩效管理，并与制药企业精益质量创新管理相匹配，信息化建设通过数据库、数据链的支持，及时收集、分析、监测、处理各种数据，为科学决策、高效决策提供依据，通过资金流、信息流、物流“三流”同步，提升管理效率和管理精准度，追求生产效益最大化的同时保质保量。

（五）有效提升员工综合素质，培养精益六西格玛员工

1. 明确考核奖惩措施，实现全员参与

上药东英成立精益六西格玛评审小组，负责按计划完成年度、月度考评工作，并对每个阶段制定详细、可量化的考核指标，对表现优异的给予重点培养，发放物质和精神奖励以示激励。在 LTPM 活动中，对超额完成任务和未达预期的分别予以嘉奖和鞭策，激励团队前行，激励员工奋发向上，全面提升上药东英管理水平。

2. 大力开展主题活动，促进全员实践

上药东英在实施精益六西格玛过程中首先明确组织架构，实现全员参与并以此为基础成立项目小组，开展六西格玛项目管理活动以部门为单位，开展采购、仓储、设备、QA、QC、冻干、外包、精烘包、财务、研发等主题活动。各部门六西格玛项目统一由精益部牵头，精益部由领导小组直接领导，从而可以更好地掌握各部门、各小组精益六西格玛进展和推进情况。每个部门、每个项目小组的问题都通过员工自己发现，并且针对发现的问题，每个员工根据自己工作中的经验和想法，与大家一起讨论得出最终实施方案，让每一位员工都能参与到实际项目的实践中。

3. 提升员工技能水平，推动全员创新

一是采取内训式新员工培训，帮助员工快速进入状态。综合部根据当期新员工的数量进行分配，本科生一般由中层管理者带领，研究生由高管直接带领。对每个员工建立业务培训卡，将员工的培训情况记录在案。通过“精益一周一标杆”宣传战报，从思想上提升员工工作积极性，帮助新入职员工增进对上药东英及工作环境的了解，快速融入精益环境，提升自己，助力上药东英不断发展。

二是开展同线劳动竞赛，充分发挥员工潜力。上药东英成立竞赛领导小组，要求全体员工积极参与，建言献策，充分发挥员工聪明才智和主力军作用，把员工自己的想法和创新点融入竞赛中，不断创新竞赛方式，增强劳动竞赛的吸引力，使员工在竞赛中树立精益思想；同时，通过竞赛，全体员工可以相互学习交流，不断完善，持续改进。

（六）持续改进管理，不断优化改善

1. 结合 KPI 考核，持之以恒追求卓越运营

一是根据职责分工，确定与企业整体利益相关的个体因素或组织因素；二是根据岗位 1%的标准，

定义成功的关键因素；三是确定关键绩效指标、绩效标准与实际因素的关系；四是将关键绩效指标包括质量、安全等分解到各部门各员工，以此为依据对部门或员工任务完成情况进行量化检验并直接与薪酬体系对接，完善考核制度，提升员工的敬业度。以质量为例，上药东英通过实施GMP考核细则，将质量目标分解到各个部门，实行每月考核，严格控制生产过程中的每一个风险点，通过持续完善质量管理体系，针对体系薄弱环节推行《质量管理考核细则》，加强现场交叉检查，同时强化QA生产现场过程管理，确保各项工艺标准得到严格执行，跟踪纠正预防措施，对用户投诉及时反馈，严把出厂产品质量关，确保出厂产品合格率为100%。

2. 应用PDCA循环，进一步改善产品质量

在计划阶段，各部门对自己所负责范围内的各个节点找出问题，尽可能将问题用数据量化，并组织员工讨论出现问题的原因，最终筛选出最佳方案，并对方案的实施制定可行计划。在执行阶段，采集收集最佳实施方案在实施过程中的数据信息，并通过六西格玛方法计算出产品质量、能耗等，为下一阶段做基础。在检查阶段，主要是对前几个阶段所做工作是否达到预定目标进行检验。在纠正阶段，把前几个阶段中做得好的流程、经验、方法固化成标准制度，不断积累、循环、发现问题、解决问题、形成标准，持续不断地改善，进一步提升产品质量。

（七）打造精益六西格玛文化，推动企业和谐稳定发展

1. 培养超越自我、全员参与的文化理念

在全体员工参与下，上药东英通过制订LTPM可视化标准手册、LTPM维持管理标准手册等一系列文件，将全体员工的行为标准化；通过红牌大作战等检查措施，持续推行LTPM活动成果，将全体员工行为制度化。上药东英通过相互纠正工作陋习的工作方式，让员工更好地参加到日常管理之中，深化贯彻精益理念，维护活动成果，培养职工素养，为精益质量管理的建设和上药东英的持续发展提供强有力的人才保障。

2. 营造团结协作、追求卓越的文化氛围

上药东英全体人员不定期组织劳动竞赛。比如，工会组织包装竞赛，以竞赛获奖者为标杆，分享包装经验，并形成标准三步工作法，推广高效包装方式，大家共同进步、共同协作、多劳多得，员工与企业双赢，把理念与方法落实到工作中，不断进步，追求卓越。

3. 打造头雁领航、精英护航的文化底蕴

上药东英打造学习型雁式团队，“头雁领航、雏雁高飞，团结协作、追求卓越”的企业文化也是上药东英的工作和人才培养的方式。在头雁领航、精英护航、雏雁展翅的“雁”式文化的熏陶下，上药东英进一步磨砺团队精神，提升员工素养，形成“比、攀、超”的良好学习氛围，为企业的持续发展提供动力。同时，上药东英还建立班前会制度，会上回顾前一日的成绩，理顺当天的工作计划，并创新增加沟通交流环节，提高工作效率，增添对员工的关怀，促进上药东英和谐发展。

三、制药企业以精准高效为目标的精益六西格玛管理效果

（一）质量改进效率提升，实现降本增效

上药东英实现主营产品注射用苯磺顺阿曲库铵生产周期由三天两批向两天一批的转变，缩短批生产周期4.3小时，提升生产效率33%，突破生产与销售的瓶颈，获直接经济效益137万元。冷链包装步骤由原先的11步降低至4步，相应的客户取药步骤也由原先的5步降低至3步，将发货效率由30件/时提升到63件/时，客户满意度和冷链运输质量大幅提升，投诉率由3.5%降到零。以主打产品库泰为例，毛利率提升6%，单位成本直线下降，全员劳动生产率提升92%，设备OEE提升12%，提高质量、安全风险控制能力，提升现场管理水平，缩短生产周期，不良品率和物流成本大幅降低。

（二）形成精益求精和持续改进的企业文化

上药东英以 PDCA 循环管理思想建立环境与能源管理运行机制，实施以预防为主、持续改进、从源头抓起、全过程控制的有效管理措施，形成“创新、诚信、合作、包容、责任”的核心价值观，成为上药集团精益六西格玛标杆企业。面对创新，上药东英全体员工都有发言权，把自己的经验和创新想法分享给大家，在分享中不断完善和改进，推动上药东英发展。

（三）提升企业技术能力，得到社会认可

上药东英通过打造精益标杆示范企业，将成功经验总结推广，对促进中国制药行业实现管理能级跨越式提升起到一定推动作用。上药东英提高注射用苯磺顺阿曲库铵的质量标准被纳入“中国药典 2015 版”，达到国际领先水平。在项目的实施过程中，上药东英还总结出“左右手操作法”等先进工作方法和“25℃储存运输使用的注射用苯磺顺阿曲库铵生产工艺”等专利，对提高制药行业工作效率和药品质量起到推动作用。注射用苯磺顺阿曲库铵 5 毫克被国家食品药品监督管理局批准室温保存（25℃以下），取得注册批件，是全球唯一能常温保存的该类药品。

（成果创造人：张耀华、张　秋、汪晓铭、王　坚、王国良、平士观、李鑫华、蒋　鹏、陈　丽、甄国艳、姜允菊、彭小丹）

以燃烧优化为核心的燃料全过程管理

华能国际电力股份有限公司日照电厂

华能国际电力股份有限公司日照电厂（以下简称日照电厂）位于山东省日照市东南部，现有4台发电机组，总容量206万千瓦，是山东电网第四大火力发电厂。截至2016年9月底，全厂在册职工812人，实现连续安全生产4465天，完成产值442.9亿元，上缴利税85.7亿元。

一、以燃烧优化为核心的燃料全过程管理背景

（一）降低燃烧成本是发电企业降本增效的重要途径

全国发电企业燃料成本占发电成本的73%以上，降低燃料成本是发电企业提升效益、抵御市场风险的最有效方式。日照电厂燃料成本占到发电成本的66.7%，按照年耗原煤量510万吨计算，每降低1克煤炭消耗，可带来435万元的经济效益。日照电厂必须准确把握降本增效的关键，把燃料成本控制放到突出位置，通过加大软硬件设施投入，优化采购结构、强化过程管理，实现燃料经济指标和管理指标的优化与提升。

（二）在线燃烧优化是节能减排的客观要求

近年来，国家节能减排政策日趋严格、考核力度不断加大，发电企业达标排放已成为正常生产经营的先决条件和重要考核指标。日照电厂燃用煤种主要为烟煤和褐煤，在线燃烧优化、保持机组超低排放既是履行社会责任的使命与担当，也是提升盈利能力的客观要求。在各项排放指标已经优于国家排放标准并满足国家重点污控区特别排放限值要求的情况下，自2012年开始，日照电厂先后投资近6亿元实施全厂环保一体化综合改造，2015年成为山东省第一家实现全厂四台机组环保超低排放的电厂。

（三）提升核心竞争力、实现企业可持续发展的重要举措

当前，火电企业盈利能力和发展空间受市场和政策性影响，风险日益加剧。火电企业只有通过实施燃料采购策略的优化、管理流程和方法的创新，外拓市场增效益，内抓管理降成本，提升宏观管控、科学决策和精细管理能力，有效控制燃料成本，才能提升核心竞争力、实现可持续发展。为此。2010年开始，日照电厂推进实施以燃烧优化为核心的燃料全过程管理。

二、以燃烧优化为核心的燃料全过程管理内涵和主要做法

日照电厂以“降本增效、绿色发展”为指导，按照“控价、提质、保量、降耗”的管理理念，以减少环节损耗、挖掘管理效益为中心，以采购策略优化、煤源结构调整、经济煤种掺烧、在线燃烧优化为重点，统筹利用“市场、人员、设备、现场、信息平台”五大资源，实施采购、接卸、短倒运输、存储、掺配、燃烧、排放一体联动的全过程精细化管理，量化优化煤量、煤质、煤价、煤耗和排放指标，全方位提升燃料管理组织决策、统筹协调、设备管理、平台手段、信息共享水平，打造规范、严格、高效、精益的燃料管理体系，实现企业降本增效、节能减排、可持续发展的目标。主要做法如下：

（一）完善组织与管理体系

日照电厂燃料管理以降低成本、实现新常态下的新发展为目标，以“成本、效率、指标、信息”四大核心要素为支撑，建立并完善以环节精准控制为基础的制度、执行及监控机制，提升专业化、精细化管理水平，创出一条既符合上级公司要求、又具有鲜明特色的燃料管理新模式。

1. 科学优化组织架构

日照电厂围绕采购管理、设备管理、入厂管理、煤场管理、入炉管理、信息化管理、精细化管理、

效能监察等重点领域，明确职责、清晰权限，建立起“顶层组织抓全面、专业小组抓环节，分级分段精细管控”的组织框架。

一是强化顶层设计。成立燃料管理领导小组，负责燃料全过程管理的领导统筹及协调决策，制定燃料工作方针目标、规划计划、专业架构，全面领导燃料工作的开展。

二是强化环节管理。燃料管理领导小组下设燃料招标采购、港口输煤、燃料掺配三个专业小组。燃料招标采购小组以燃供部为牵头部门，燃料、运行、策划、财务分工协作，主要负责煤炭市场分析预测、采购计划需求、采购合同签订、来煤验收及煤款结算，提升燃料采购环节的管理水平，规范采购业务流程，降低采购成本。港口输煤小组主要负责与日照港沟通协调，全面做好煤炭运输、接卸、采制样和输煤通道事宜，提高效率、降低损耗。燃料掺烧小组主要负责配煤掺烧工作，根据煤场存煤结构、锅炉燃烧需要，在安全环保、达标排放的前提下，掺烧经济煤种，实现综合效益最大化。

三是强化监督管理。设立以财务部为核心、燃料管理相关部门参加的内控工作领导小组，按照内控要求，定期、定量对燃料管理全过程进行内部审计，确保管理事项合法依规。

2. 建立健全管理制度

日照电厂制定出台《燃料供应管理标准》《供应商管理标准》《港口存煤降低损耗控制规定》《燃料监督管理标准》等 20 多项管理制度，并动态修订完善，建立起总体统筹与环节把控相结合、全流程顺畅衔接的制度体系，并通过加强宣贯、培训和考核，强化职能制责的落地执行，打好燃料管理的制度基础。

3. 实施全面对标

日照电厂以实现“标煤采购单价和厂内燃料管理费用最低”为目标，围绕燃料可靠性、经济性和环保性三大指标，扎实开展对标管理。一是建立科学严密、完整有序的指标和考核体系。着眼“区域领先”，选定华能威海、烟台电厂，大唐黄岛电厂，华电莱州和国电蓬莱电厂作为对标对象，比对差距、分析原因。二是充分挖掘对标数据价值。以每日对标分析结果为基础，兼顾月度、季度、年度数据，制定切实可行的措施，实现对标超越。

4. 建立健全技术监管

一是加强人员管理。关键岗位人员通过 ERP 审批流程实现采样、制样、结算、付款数据隔绝管理，人员各负其责、相互制约、相互监督，根绝管理漏洞。

二是加强煤质监管。实行供应商的发货质检、结算人员的到货质检和统计人员的入厂质检“三级”煤质考核指导，通过三者相互对比，缩小入厂煤与入炉煤的热值差，确保入厂煤质数据真实，避免质损。

三是加强煤量管理。将煤量管理细分为检斤、统计和煤场管理三个环节。检斤环节采用入厂全自动检斤、厂内检斤等方式，有效控制损耗；统计环节通过全面核对来煤原始凭证和系统数据，保证来煤煤量准确；煤场管理环节采用生成三维立体图的方式，使煤量监管形象、准确。

（二）加强燃料采购管理

1. 动态研判形势，优化采购策略

一是密切跟踪国内、国际、华能内部三个市场，加强形势分析和研判，充分发挥企业“水陆并举”“内外结合”的区位优势，认真比对铁路直达与下水煤的价格差异，制定最优采购策略。二是完善以市场为导向、以保障需求为目标、以库存控制为手段的燃料采购动态机制，科学制定采购计划，提高燃料采购的适时性、科学性、适用性。三是加强调运管理，根据年度、月度发电任务，合理安排调运计划，确保燃料安全稳定供应。

2. 拓展采购渠道，优化煤源结构

以“采购多元化、煤炭适烧化、成本最低化”为宗旨，依托华能集团燃料公司和华能山东公司集约化采购主渠道，适度发展个体优质煤炭战略供应商，形成“统供、个体相互协调，外贸为主、内贸补充，适度采购经济煤种”的采购格局。一是选择有供应实力的进口煤供应商为长协战略供应商，提高供应商选择的灵活度，保证燃料供应充足。二是充分发挥外贸煤量、质、价的优势，拓展外贸煤进煤渠道，提升煤源结构的稳定性。三是加强采购量和煤炭库存管理，固化燃料采购控价权，加强煤种结构的动态平衡与调运，优化煤源结构。

3. 强化部门协作，优化采购指标

一是营销部通过预测负荷，估计未来时段的煤炭需求量，综合考虑机组运行、检修情况，确定较为合理的采购指标。二是燃料部建立与营销部、运行部的信息联动机制。提前确定煤质、煤量、硫份和挥发指标，在保证煤炭供应的前提下，合理安排电煤采购计划，确保机组安全稳定接带负荷。三是燃供部在日常调运过程中，注重控制热值、灰分、硫份等指标，确保满足环保达标排放要求，满足机组掺配掺烧需求。

4. 加强供应商管理，优化供应基石

日照电厂适应煤炭市场形势变化和精细管理需要，摒弃以标煤单价为基础选择供应商的传统做法，建立起更加科学的供应商信息综合评价机制。一是实施分级管理。按照企业性质和规模将供应商分为四类，一类为集团内部和大型国有煤炭企业，二类为国有大型煤炭企业所属贸易公司及中型煤炭企业，三类为集体股份和小型煤炭企业，四类为中间贸易企业。二是实施准入管理。一、二类供应商直接列入采购名录，成为注册供应商；三、四类供应商依据企业资质和规模，经严格审核后列入采购名录，成为注册供应商。三是实施动态管理。燃供部每月对供应商进行综合评价，对连续 3 次被评为 D 级的三类供应商和 2 次被评为 D 级的四级供应商，报上级公司注销资格，并根据需要择优补充，保证供应商队伍质量。

（三）加强燃料入厂前管理

日照电厂下水煤占全部燃煤的 90%以上，下水煤通过海运方式到达日照港后，需要由汽车中转进入厂内储煤场，加强电煤入厂前管理、降低中转损耗尤为重要。

1. 强化煤炭装运管理

电煤装运的安全性、规范性和效率与发电企业息息相关。日照电厂突破常规发电企业的思维定式，将船煤装运作为第一环节纳入燃料全过程管理。一是加强对装载过程的监督检查。派驻专业驻港员，依据装载港泊位和天气情况，督促海运公司规范、高效装载。二是严格水尺计量管理。采取水尺多次读数、测定海水密度修正和海水温度膨胀系数修正等措施，将水尺误差严格控制在 0.3%以内，确保装载重量准确。三是加强海运过程中与海运公司的联系沟通。根据气温、运距和煤炭品种不同，督促运输公司做好运输安全和防煤炭自燃措施落实，确保运输安全。

2. 提高港口接卸效率

在燃煤接卸环节，日照电厂依托港口信息一体化平台，每周发布煤炭调进计划，通过在线提报运输调运日志，实时掌控船舶动态。同时，加强与港口的协调联系，提前做好泊位安排，合理安排船舶靠泊，提高接卸效率，降低船舶滞期费用。

3. 加强短倒控制

日照电厂通过开发下水煤实时监管信息平台，建立起四个运输管理子系统，实现下水煤在线闭环管理，电煤运输安全和效率大幅度提高。一是通过港口理货子系统，实现指定车辆、指定泊（垛）位从空车派出到重车进厂的全过程控制。二是通过卫星定位（GPS）子系统，规定车辆在指定电子路线上的限速行驶路径，运煤车超出既定路线及限速设定便会报警且当车不能验收结算，实现“电子围栏式”管理。三是通过汽车衡无人值守子系统，车辆进厂后自动称重计量，实时读取港口计量数据与到厂计量数据，用数据比对规范运输损耗，有效杜绝短倒过程中的丢煤现象。四是通过车辆集群呼叫子系统，实现车辆的在线调度。

4. 严格采制样管理

在采制样管理方面，日照电厂加大技术改造与新技术运用力度，改“人防”为“技防、人防和第三方监督”并重。一是强化“人防”。严格来煤验收程序，固化验收流程，燃料采制、化验管理实行权责分离，从体制上避免“营私舞弊”现象，规范煤炭验收人员的行为。二是完善“技防”。制样环节采用视频监控系统，全过程录像追溯；所有存查煤样均采用单一编码的一次性封口扎条对专用煤样袋进行封口处理，并分别记录封口扎条编号，封口后用“超市存包”的模式管理，备查煤样实现定位、唯一、不可置疑，有效避免人为干预。三是引入第三方检验机构（SGS 或中瑞）。在港口接卸阶段独立采制样，作为装港质检结算、厂内采制样数据的对比依据。同时，安排专人监督港口采样，利用厂内汽车煤机械采样设备对每批次船煤进行采样化验，实现与第三方检验结果的相互印证。

（四）加强煤炭储存管理

1. 实行厂外煤场“无差别”管理

日照电厂贯彻“煤炭到港就是厂内煤炭、港口货场就是厂内煤场”理念，把煤场管理延伸到港内货场，加强对临时存放在港口煤炭的管理，将每日巡查、定期测温、极端天气苫盖、不间断看护等措施落实到港口，建立起跨越港口和电厂的管理链条。

2. 实行厂内储煤场“三无”目标管理

日照电厂煤场管理坚持煤水无外溢、煤场无扬尘、存煤无自燃的“三无”目标。一是加强煤场汛期管理，确保煤场周边排水通畅，确保煤水无外溢。二是加强煤场喷淋，认真做好煤场抑尘、降尘措施，确保煤场无扬尘。三是建立煤场档案，坚持烧旧存新，推平压实，做好存煤测温，定期组织翻烧，确保煤场存煤无自燃。

3. 实行“淡储旺耗”库存管理

一是在电量较低的 2—5 月份及 9—11 月份，含港库存维持合理较高水平，有效保证迎峰度夏及冬季供热用煤。二是在进口煤具有价格优势的时段，充分利用临港优势，加大外贸煤进口力度，提高煤场外贸煤比重。三是结合煤炭市场形势和发电任务需要，在煤源紧张、价格上涨的前提下，提前落实采购计划，保持较高库存，平抑标煤采购单价。

（五）科学、精准掺配燃煤

日照电厂探索并建立起从燃煤接卸到存储管理的掺配数字化模型，实施超前控制、精细配煤、精准掺烧。

1. 加强掺配前期管理

一是掺配管理关口前移。船煤到港靠泊后，根据装港指标及煤场存煤情况，确定倒运船次及顺序，提高煤炭热值利用率，合理控制厂炉差。二是动态管控煤场存储。煤炭到厂后，根据来煤矿点、到厂日期、煤种、煤质分区存放，录入煤场存煤动态台账，依据皮带支架托辊进行编号，便于现场人员堆取料位置准确定位。三是实行“燃煤掺配指导卡”制。依据煤场存储数据，结合负荷和设备投运状况确定最佳掺配方案，科学编制指导卡。

2. 加强掺配过程管理

充分利用现有配煤手段，科学合理地对入炉煤进行掺配，实现炉煤指标的可控、在控。一是充分利用斗轮机皮带秤，密切监视取料煤量，精确控制掺配比例。二是在圆筒仓给煤机下增加皮带秤，实行变频调节，不同煤种分别加仓，使入炉煤尽量靠近设计煤种。三是加强筒仓、原煤仓仓位管理。细化燃料系统设备分工，减少筒仓下给煤机堵煤造成的掺配困难，同时根据季节不同，适时调整仓位，大幅度减少筒仓挂壁现象。四是结合来煤结构和机组负荷，分炉、分仓、分时段掺配经济煤种，保证锅炉在高负荷下“顶得住”，在低负荷下“烧得稳”，确保机组安全运行和环保达标排放。

3. 严格燃煤质量管理

日照电厂从采购、调运、掺烧各环节严格控制经济煤种质量。一是通过发港质检和到港质检相比对，消除装运、运输过程中的风险隐患；通过到港质检和到厂质检相对比，消除卸船、倒运过程的不确定因素，以“三方”对比、分层抽查制，杜绝采购、调运环节的潜在隐患。二是通过入炉煤机械化采样，减少人为因素，保证采样公证。三是加强入炉煤掺配指标控制，入炉煤掺配质量得到严格控制。

（六）实施在线燃烧优化控制

1. 科学制订燃烧优化方案

通常情况下，锅炉在设计煤种下燃烧，通过燃烧调整试验，确定不同负荷下的氧量曲线，根据氧量曲线进行送风量的调整（校正）。当煤种变化后，内部设定的氧量曲线不能适用新煤种的燃烧需要，可能造成过氧或缺氧燃烧；另一方面，炉膛燃烧区内配风不能根据煤粉燃烧的需要进行精确控制，燃烧区域氧量不均衡，部分区域氧量过剩、部分区域缺氧燃烧，燃烧效率降低，部分受热面发生结焦及高温腐蚀。

日照电厂依托斯坦福大学 15 年的科研成果，综合运用美国佐炉公司 ZOLOBOSS 在线燃烧优化系统，科学制定燃烧优化方案。该方案在锅炉标高 49.5 米的折焰角下方，布置测量光栅，共 12 条光路穿越燃烧区域，每条光路包括一个发送头和一个接收头共两个激光头。每个激光头包含六个激光器同时测量温度和成分的浓度，其中三个激光器用于测量温度和水的浓度，其他激光器用于测量二氧化碳，一氧化碳和氧气的浓度。

2. 实施精准在线调整

在线燃烧优化系统通过测量锅炉燃烧区上部横截面氧气、一氧化碳气体浓度、炉膛温度及水蒸气的浓度，同时采集来自 DCS 的机组运行的各类数据，包括负荷、主气压、主气温、送/引风机的调节挡板开度、一次风量、二次风量、氧量、辅助风挡板和燃尽风挡板开度等几十个主要参数，计算分析煤种变化后锅炉燃烧中存在的问题并输出偏置指令，实时改变四角中任一列的辅助二次风门挡板开度，调整炉膛燃烧区域氧量、一氧化碳浓度均衡，火焰中心靠近炉膛几何中心，根据一氧化碳浓度情况，调整锅炉平衡燃烧，然后修正风煤配合比率，安全地降低送风量以提高锅炉效率并避免偏烧、结焦等情况，减少局部氧量过高，使火焰中心居中和氧气分布更均匀，燃烧保持在最佳状态，有效提升锅炉效率。

3. 配套实施燃烧优化综合措施

一是改造升级配套设备，先后实施 23 项改造项目，深度挖掘设备潜能。二是根据锅炉输渣机运行状况，优化输渣机冷却风门，降低炉底漏风量，锅炉排烟温度下降 3℃—5℃。三是严格控制脱硝氨逃逸率和空预器冷端温度，防止空预器堵塞，全年空预器实际运行差压优于设计值。四是优化制粉系统运行方式，保持较少磨煤机运行台数，按照入炉煤挥发份控制磨煤机出口煤粉温度，降低制粉系统单耗和排烟温度。五是优化脱硫、脱硝系统运行方式，实施锅炉吹灰、灰渣、输煤等优化运行措施，降低环保设备耗电率和液氨耗量。

4. 权威验证优化效果

日照电厂通过锅炉在线燃烧优化，采用精准激光测量系统，将炉膛内部的温度、氧量、一氧化碳、以及水蒸气的含量提供给 P3000 燃烧优化系统，实时根据锅炉燃烧状况闭环调整炉膛送风的配比，优化火焰中心、燃烧平衡以及提高配风效率，减少炉膛送风量，辅之配套的改造优化措施，设备耗电率有效降低，锅炉燃烧效率明显提升。经西安热工研究院现场测试，各负荷工况锅炉净效率最低提升 0.37 个百分点，氮氧化物排放浓度减少 41.4 毫克/标准立方米，引、送风机功率下降 170 千瓦左右，达到环保节能、保证锅炉长周期安全运行的目的，机组整体效能大幅提升。

（七）搭建“不落地”监管平台

一是实施以“动态监管”为核心的燃料物流管理系统。对物流车辆实行卫星定位管理，实现车辆运行轨迹的在线监控；对物流数据与中转港共享，实现数据的即时比对；对驾驶员实行在线集群呼叫，实现在线调度物流车辆。二是实施以“实时传输”为核心的燃料数据管理系统。将燃料数据直接从现场终端设备采集至平台数据中心，采、制、化实行条码式闭环管理，所有环节相互制约、环环相扣，彻底屏蔽人为因素，为入炉煤的数字化掺配提供在线指导，为经济指标分析提供客观、真实的数据保证。三是实施以“在线监督”为核心的审批管理系统。燃料采购计划、合同、结算、付款全部实现网上审批，计量及化验等数据全部引入审批系统，燃料信息化管理实现全流程覆盖。

三、以燃烧优化为核心的燃料全过程管理效果

（一）燃料成本大幅降低

日照电厂燃料成本得到有效控制，标煤采购单价在区域对标中连年保持最低。相较于 2010 年，2016 年上半年卸船效率由 800 吨/时提高至 1000 吨/时，年节约滞期费 100 余万元；运输损耗率由 0.3%下降至 0.17%，年电煤损耗降低 6500 吨；存储月度损耗率由 0.4%下降至 0.35%；入厂入炉煤热值差由 119 卡/克降低至 90 卡/克，燃料成本占发电成本比重由 79.6%降低至 66.7%。2016 年 1—9 月份，标煤单价累计完成 561.21 元/吨，累计进煤 372.96 万吨，其中外贸煤占到 237.93 万吨，与当期国内煤炭价格和华能集团公司限价比较，仅此一项就节约燃料成本 1.87 亿元。

（二）能耗指标保持行业领先

日照电厂能耗指标得到持续优化，机组供电煤耗、厂用电率等主要指标连续多年保持行业领先水平。2016 年 1—9 月份，日照电厂入厂煤收到基低位发热量完成 5172 卡/克，同比降低 303 卡/克；完成生产供电煤耗率 299.1 克/千瓦时，同比降低 1.2 克/千瓦时；完成发电厂用电率 4.06%，同比降低 0.1 个百分点。在华能集团公司 2016 年二季度同类型机组生产指标对标排序中，一期机组厂用电率、二期机组供电煤耗率均位列前三名。

（三）实现超低排放、绿色发展

2015 年 11 月 27 日，日照电厂四台机组全部通过山东省环保厅超低排放验收并取得环保电价补贴。自实现超低排放以来，各台机组非开机期间超低排放率达到 99%以上，四台机组全面达到燃机环保排放标准，年实现二氧化硫减排 12886 吨、氮氧化物减排 17802 吨、烟尘减排 2227 吨。

（成果创造人：林兆灵、杨　铭、孙树华、张　涛、李玉平、冯玉民、
张克伟、李新波、史宝东、苗维博、刘　玮、李玉军）

以提升精益管理水平为目标的烟草商业企业“标杆环”管理

山东济南烟草有限公司

山东济南烟草有限公司［以下简称济南市局（公司）］组建于1984年2月，负责济南市的卷烟经营和市场管理。济南市局（公司）下辖10个县（市、区）局（营销部），现设17个职能处室、1个配送中心，拥有3个全资子公司、2个控股公司，在职职工1200余人，服务全市29000余户零售户和广大消费者，连续多年居全市服务业前列，为济南市经济社会发展做出积极贡献。

一、以提升精益管理水平为目标的烟草商业企业“标杆环”管理背景

（一）应对内外复杂形势的迫切需要

当前，从企业外部看，烟草商业企业在增长速度回落、工商库存增加、结构空间变窄、需求拐点逼近“四大难题”不断凸显的基础上，突出面临卷烟销量下滑、生产成本上升、商业利润透支的“三个严峻形势”。从企业内部看，烟草商业企业由成长期逐步走向成熟期，卷烟市场需求和供给明显变化，市场基础尚显薄弱，企业管理仍需加强，市场整治和内部规范形势依然不容乐观，队伍思想作风和能力素质有待加强。在内外压力交叠作用下，企业面临两个主要矛盾，一是发展任务艰巨与基础工作薄弱的矛盾，二是稳销量、提结构与经济下行、社会控烟、鲁产烟竞争力不够强、消费习惯保守的矛盾，急需提升管理水平。

（二）落实上级要求开展精益管理的需要

2013年8月，国家局下发《国家烟草专卖局关于推进企业精益管理的意见》，行业精益管理工作正式启动。国家局和省局（公司）党组高度重视精益管理，做出一系列部署和安排，从2013年、2014年的“树观念、建框架、上轨道”，到2015年的“建机制、定规则、成体系”“抓管理、增效益、创一流”的管理氛围不断形成。开展“标杆环”管理，提高企业精益管理水平，向管理要效益、走内涵式发展道路，逐渐成为济南市局（公司）的全员共识。

（三）推动企业降本增效的迫切需要

近年来，济南市局（公司）大力推进精益管理，成本费用得到有效控制，但人均劳动效率、单箱人工费用、三项费用率等指标与全国重点城市先进水平相比仍有较大差距，多项对标指标排名靠后。因此，济南市局（公司）切实增强紧迫感和压力感，坚持眼睛向内、节约发展，把“减少浪费、降低成本、严控费用、提高效益”的精益理念和目标导向贯穿于生产经营全过程，通过“标杆环”管理，深度挖掘管理潜力和效益，着力促进降本增效，为企业效益增长做出积极贡献。

二、以提升精益管理水平为目标的烟草商业企业“标杆环”管理内涵和主要做法

济南市局（公司）从2014年开始推进以提升精益管理水平为目标的“标杆环”管理，以“对比标杆、改进短板、总体提升、争创一流”为目标，以“立标、对标、达标、创标”的“标杆环”管理为工具，注重顶层设计、健全组织机构、突出目标引领、规范操作流程、完善规章制度，系统策划、统筹推进、狠抓落实，促进济南市局（公司）各项主要经济指标逐步接近、达到并创造国内同行业的先进水平，推动企业转型升级、突破发展瓶颈、释放管理红利，全面提升精益管理水平和核心竞争力。主要做法如下：

（一）开展顶层设计，明确“标杆环”管理总体思路

济南市局（公司）研究制定《“标杆环”管理工作三年规划》《“标杆环”管理实施方案》，每年制定

“标杆环”管理推进工作要点，明确指导思想、工作原则、工作目标、工作措施、工作重点和相关要求。编制《“标杆环”管理程序》，以企业标准文件的形式将“标杆环”管理的流程、方法、统计标准、记录表单进行固化，纳入标准体系进行管控，对“标杆环”的运行机制和实施步骤进行持续优化完善，不断提高“标杆环”运行的科学性和规范性。

济南市局（公司）以“立标、对标、达标、创标”为核心，构建“标杆环”闭环管理。通过选取标杆、对比标杆、追赶标杆、创建标杆的过程，形成持续改进、螺旋上升的良性循环。在“标杆环”管理过程中，建立组织机构和专业化队伍，明确职责分工，为“标杆环”的运行提供组织保障；建立“标杆环”指标体系，聚焦精益管理降本增效的各项指标，充分发挥指标的引领作用；规范“标杆环”的运行流程，做实“对标”规定动作，突出“创标”自选动作；加强“标杆环”管理的制度建设，建立“标杆环”管理的长效机制，形成覆盖市局（公司）四个层级和四大业务模块的融合统一、有效运行、持续提升的管理模型。

（二）加强领导，健全“标杆环”管理组织机构

1. 健全“标杆环”管理组织

一是建立“标杆环”管理领导小组和办公室。“标杆环”管理领导小组组长、副组长由市局（公司）领导班子成员担任，成员由各单位（部门）主要负责人组成，作为“标杆环”管理的领导机构，负责“标杆环”管理的总体设计、机制建设、决策部署和整体推进；领导小组下设办公室，作为“标杆环”管理的专职机构，具体负责“标杆环”管理的规划设计、方案制订、指标选取、测量分析、整改落实等运行工作。二是建设“两专一兼”管理队伍。在市局（公司）和基层单位分别设置专职“标杆环”管理员，在机关处室（部）设置兼职“标杆环”管理员，由市局（公司）统一选拔各单位、部门的业务骨干担任，实行市县双重管理。

2. 加强“标杆环”管理的宣贯培训

一是深入部署动员。济南市局（公司）组织召开“标杆环”部署动员会议，主要负责人亲自动员、亲自部署，进一步统一思想，凝聚共识。定期召开调度会议，及时掌握各项工作进展，加强部门间协调，解决工作中出现的难题，形成合力、统筹推进。二是强化培训宣贯。分层级实施“标杆环”管理培训，邀请外部专家开展理念导入、测量工具、统计方法培训，培训覆盖面达到100%，提高全员开展“标杆环”管理的意愿与能力。积极宣传“标杆环”工作开展情况，利用企业网站、微信公众平台，实时发布工作动态，定期公布数据排名，为“标杆环”的顺畅运行营造良好的氛围。

（三）科学立标，建立“四层四线”指标体系

1. 注重“五个结合”，丰富标杆指标类型

结合战略管理，将战略发展规划的各项年度经济目标分别纳入指标体系，设立完善主要业绩指标，突出企业战略的引领作用。结合质量管理，把全面质量管理作为绩效管理的坚实基础，将各级质量目标和流程节点纳入指标体系，并不断完善指标的测量口径和考核标准，有效解决“落地执行难”这一质量管理体系建设中普遍存在的难题。结合降本增效工作，将效率类、费用类重点指标纳入指标体系，对经营费用、管理费用、财务费用及资本性支出进行全面管理控制，促进指标水平的不断提升。结合创新管理，积极落实创新驱动发展战略，专项设置科技创新标杆指标，完善创新激励机制，加大标杆对创新工作的引导力度，全员创新的积极性显著增强。结合督查督办工作，将国家局、省局（公司）党组和市局（公司）党委部署的重点工作纳入指标体系，通过落实奖惩提高各单位（部门）的执行能力和执行效果。

2. 关注“三个区分”，合理安排指标权重

注重区分结果性指标与过程性指标。根据评价对象的不同和具体工作属性，合理安排两类指标的权重，前者侧重工作完成情况的评价，后者侧重工作完成过程的评价。注重区分团队指标与个人指标。前

者强调协作，重在考察工作团队的整体工作表现，后者关注分工，突出评价员工个人的贡献，从而更好地提高分工协作效率。注重区分定量指标与定性指标。前者以数字的形式表述，侧重评价指标完成的程度，后者更多以文字方式描述，重点关注指标是否实施及实施效果。

3. 划分“两个维度”，保证战略目标落地

在纵向上，按管理层次分为公司级、单位级、科室级和岗位（班组）级“四层”指标。根据企业发展规划和战略重点，确定公司级指标，开展部门职能、岗位职责、工作流程分析，采取自上而下、自下而上的方法，将公司级指标依次分解到单位、科室和岗位，形成层级支撑、相互关联的指标树。

在横向上，按指标业务性质分为卷烟营销、专卖稽查、物流配送、综合管理“四线”指标，并采用零一法、百分比率法、层差法和加减分法等对指标进行科学量化。在此基础上，综合运用 KPI（关键绩效指标）、MBO（目标管理）、BSC（平衡计分卡）、360 度考核等方法，建立每个层级的标杆指标集和对应评价标准，有效保证各类别、各层级指标的准确性、可行性。

（四）规范流程，做实“立标、对标、达标”规定动作

1. 立标

选定目标阶段，通过立标确定方向。主要完成现状摸底分析、选定对标方向、对比标杆和对标目标等工作，在确定标杆过程中注重标杆选择的广泛性、目的性、适应性、前瞻性。

在公司级标杆选取中，一是全国 36 个重点城市“立标”。二是全省 17 地市“立标”。在单位级标杆选取中，各县（市、区）局（营销部）根据自身发展情况和指标位次，在省内外社会经济参数相近的同级别的先进单位中选取外部标杆。在各科室、各岗位标杆选取中，各科室、各岗位（班组）深入分析当前工作现状、业绩完成情况，在全市范围内，从相同工作性质的科室、岗位（班组）中选择优秀的作为标杆，开展内部对标。

2. 对标

对标比较阶段，通过对标找准短板。主要完成“标杆环”管理的数据测量、分析研判、对标比较、查找差距等工作。在对标阶段，做好各层级标杆指标的测量、统计和分析工作。按照指标周期，分月度、季度、年度统计标杆指标，对标指标同比、环比分析，与行业和全省的平均值、先进值以及确定的业内标杆进行比较，找出本单位的差距和管理短板。

开发对标信息平台，建立和完善本单位涉及对标指标的基础数据库和历史数据库，科学运用分析方法，分解细化指标，在分析的深度上下功夫。对照选定的标杆单位或行业先进指标，查找差距，努力查找数字背后的管理原因，深入查找自身在管理方式、管理手段等方面存在的差距，找准短板，寻求突破。

3. 达标

落实整改阶段，通过达标抓好落实。主要完成评估改进、整改落实、追赶目标等方面的工作。找准企业管理短板，寻求突破口，通过科技项目、精益课题、QC 课题、A3 报告等精益改善活动开展课题攻关，运用精益思想、方法、工具制订有针对性、可操作性的改进措施及实施办法。另外，按照制订的实施方案和工作措施，全面实施落实整改工作，并对落实情况进行监控测量，对整改结果进行评估考核，进一步完善管理平台和指标体系，从而达到标杆水平。

例如，针对市局（公司）三项费用率指标与行业先进水平差距较大这一问题，市局（公司）办公室组建专门的课题小组，开展课题攻关，采用 A3 报告的方式，通过背景分析、设定目标、原因分析、改进措施、效果评价、成果固化六个环环相扣的步骤，对差旅费管理流程进行优化完善，差旅费由 2014 年的 165 万元降低到 2015 年的 67 万元，下降幅度为 59.4%。经考核，完成预期整改目标。

（五）打造特色，拓展“创标”自选动作

在扎实开展“立标、对标、达标”规定动作的基础上，突出济南市局（公司）特色，认真总结企业“标杆环”管理实践过程中的好经验、好做法，抓住“精益物流、精益营销、精益专卖、精益财务”四个牛鼻子，超越最初选定的标杆对象，形成新的、更先进的管理实践方法。同时，将其固化到企业管理的制度和标准文件中，形成行业领先的标杆，完成“创标”过程。

1. 精益物流

仓储分拣聚焦减少浪费。深入开展“7S＋H”物流现场管理，实施定制管理和目视化管理，减少空间和时间浪费。利用分拣线废旧单排滚轮，自制卸烟传输装置，解决车厢超长、皮带机伸缩不到位的难题，实现“零成本、易组装、高效率”。以热收缩膜为改进点，在满足包装要求的基础上将厚度从0.07毫米降低到0.04毫米，宽度从61厘米降低到60厘米，年节约费用27万元。发明分拣盘点标尺，分拣员通过卷烟高度对齐标尺刻度，可以快速盘点通道内卷烟，盘点用时由10分钟缩短至5分钟。

物流配送聚焦提高效率。开展车辆装载率专题研究，核准各类车型的额定装载量，按照“重载送近、轻载送远”原则，动态优化送货次序，按照“满载运行、避免回空”的原则，建立“合车送货”动态调整机制，减少资源浪费。2015年，全市车辆装载率由53.99%提高到67.07%，降低配送里程20240公里，节省送货车13辆，节省物流费用179.4万元。

设备管理聚焦提高效能。积极引入TnPM，根据设备类型及役龄制定维修策略，加强定点巡检和仪器检测，变“事后抢修”为“事前预防性维修”，大幅降低故障停机时间。建立兼职保全员队伍，设立设备维修看板，提高维修响应速度，降低维修费用，2015年仓储分拣环节设备维修费用同比下降22.22%。2015年，多项物流领域指标名列行业前茅，获得行业精益物流领域“精益十佳标兵单位”殊荣。

2. 精益营销

聚焦精益采购，提高库存周转次数。发挥6543预测模型作用，自下而上、上下结合、精准预测，进一步提升货源协议与市场需求的契合度，提升货源组织的有效性。严格按存销比购进卷烟，完善供应商管理库存模式，工商协同设定在销规格存销比上下限，实施网上滚动配货，有效满足市场需求，提升货源到货的时效性。优化货源组织流程，通过省级营销平台科学编制商业订单，合理安排到货周期和单次发货调运量，提升库存周转的高效性。

聚焦精益投放，提高货源利用效率。建立月度专项调查和终端信息采集双渠道模式，及时掌握社会存销比、零售价格等市场动态，实施“控投、轮投、停投”的调控措施，形成分品牌或分价位段的“稍紧平衡”，营造良好的卷烟消费氛围，保持市场价格坚挺、社会库存合理，提高零售户获利水平。2015年库存周转次数达到24.57次，超过全省平均水平7次。

聚焦精益服务，提高客户满意程度。优化拜访层级、频次及服务标准，提高拜访的针对性和有效性。优化新增户入网、客户基础信息维护等流程，压缩用时环节，零售客户从办证后到初次订购的等待时间由7个工作日缩短到5个工作日。将营销创新成果《卷烟价格标签打印系统的开发》固化形成企业标准并有效应用，实现价格标签的自行实时打印，大大提高价格标签需求响应速度和新品卷烟终端出样效率，年节约采购成本11.56万元。

3. 精益专卖

开展专销送片区协同。为降低跨业务模块衔接成本，减少服务资源浪费，制定专销送片区协同指导意见，全面运行片区对应、三环联动、机关挂靠、责任共担的工作协同机制，资源得到有效配置，效率得到显著提升。

优化许可办理流程。行政许可工作全面进驻政府审批中心，简化行政许可审批流程，实行审批事项

“一个窗口”统一受理、全程咨询服务，受理行政许可审批决定由法定的 20 个工作日缩减到 7 个工作日以内。

创新结案缴纳方式。针对涉烟违法案件结案效率低的问题，开展课题攻关，探索使用“POS 机”收缴案件罚款，“把银行柜台搬进政务大厅”，案均缴款时间由 2.5 小时减少到 3 分钟，大大提高结案效率和行政相对满意度。

4. 精益财务

推进“模拟法人”工作。突出降本增效导向，开展《基于 EVA 视角的县级局（营销部）贡献度研究与应用》课题研究，推出模拟法人运作机制，建立分级、独立核算模式，为各基层单位启用独立账套，作为利润成本归集中心进行独立核算，进一步构建贡献度评价体系，有效增强基层单位成本效益意识。2015 年，各县级局（营销部）可控费用总额同比下降 20.36%。

创新应用虚拟结算模式。创建“预存宝”虚拟结算模式，建立基于客户端的虚拟结算流程并嵌入营销系统，实现分店订单自动汇总、实时对账和预警提醒，解决总分店集团类客户的结算难题，填补卷烟货款预支付管理模式的空白。目前，该类客户订单成功率由改善前的 97%提高到 99%以上，全年累计节省物流费用 4.4 万元。

强化预算硬约束机制。加强全面预算管理制度体系和成本费用定额标准体系建设，深入开展全面审计，严控成本费用，2015 年三项费用同比降低 8.62%。

（六）强化保障，完善“标杆环”管理工作制度

1.“标杆环”管理例会制度

建立和完善“月度协调、季度分析、年度总结”的例会制度，每月召开一次调度分析会，每季度召开一次工作例会，每年召开年度工作总结会。通过例会制度加强过程监督管控，及时了解和掌握全市局（公司）“标杆环”管理工作开展情况，提出开展“标杆环”管理工作阶段性要求，保障“标杆环”管理工作顺利开展。

2. 经验交流制度

建立“标杆环”管理工作交流制度，拓宽学习交流的方法和渠道，推广先进管理经验和“标杆环”管理成果，持续改进企业管理水平。通过发放学习资料、聘请专家授课、组织赴其他优秀单位实地学习、开展“标杆环”管理工作人员交流座谈等方式，加强对标杆管理理论以及先进管理方式的培训与交流。利用信息化手段，发挥网络优势，在内网上开辟“标杆环”管理工作专栏，发布与“标杆环”管理工作有关的规章制度、管理办法、指标体系、完成情况以及其他动态信息。

3. 信息报送发布制度

建立信息发布制度，提高“标杆环”管理信息的透明度和时效性，增强对标激励作用，建立信息收集渠道，及时掌握工作进展，总结推广先进经验，为决策提供参考，保证对标工作顺利开展。在标杆指标测量采集过程中，严格按照“内容真实、来源可靠、快捷高效”的原则，能够在营销、专卖、内管、财务等信息系统直接提取数据的，尽量避免人为干预，以系统数据为准。需要通过市场调查、查阅痕迹记录等途径获取的信息，组织专项检查小组，按照规定的工作程序，认真开展检查工作，同时，做好检查资料和底稿的备案留存。各职能部门采集测量的标杆指标数据要经部门负责人和分管领导审核后方可上报。

4. 考核评价制度

按照“工作有目标、考核有标准、过程有监控、追溯有奖惩”的原则，从规划部署、目标确定、组织保障、指标体系、标杆确定、资料收集与分析、绩效差距分析、课题形成、审查分析会诊、效果质询入手，形成评估要素，制定基于过程和结果控制的“标杆环”管理工作考评细则和标准。将“标杆环”

工作开展情况纳入绩效考核范畴，将各层级标杆指标完成情况与月度绩效考核挂钩，将标杆工作整体完成情况作为年度考核的重要依据，兑现绩效奖金，充分发挥薪酬激励作用，建立起内有动力、外有压力的考核机制。同时，将标杆结果有效应用到评先树优、岗位管理、员工职业生涯规划等工作中，鼓励先进、鞭策落后，激发全员参与“标杆环”管理的积极性和主动性，

三、以提升精益管理水平为目标的烟草商业企业“标杆环”管理效果

（一）建立完善的“标杆环”管理体系

济南市局（公司）以“标杆环”为核心，注重顶层设计、健全组织机构、建立指标体系、优化管理流程、建立长效机制，凝练形成较为成熟的管理体系。标杆管理的理念日渐深入人心，全体员工从“被动完成工作任务”转变为“主动实现工作目标”，责任意识、创新精神和务实作风进一步强化，工作的计划性、主动性和积极性进一步提高，能够积极探索改进工作思路方法、提高业绩水平的有效途径。通过创新激励保障机制，完善“标杆环”管理体系，使激励和约束更加有效，“能干事”“会干事”的人在提级中得到任用，尽责敬业的人在进档中得到肯定，干部职工队伍素质明显提高，凝聚力和战斗力进一步增强。

（二）提升企业综合管理水平

通过“标杆环”管理的深入推进，引领企业管理向科学化、精细化、规范化方向发展。以“精益目标、精益标准、精益宣贯、精益课题、精益考评”为抓手，全面推进精益管理，精益物流、精益营销、精益专卖、精益财务等方面的成果不断涌现。“标杆环”管理模式运行以来，35 项成果获得省级以上奖励，7 项成果被评为国内先进水平，其中 2 项 QC 成果获行业一等奖，多个小组获得“国优小组”“省优小组”称号，先后获得 9 项专利、3 项计算机软件著作权授权。

（三）提高企业经济运行质量

通过导入标杆管理思想，济南市局（公司）对照先进找差距、找瓶颈、求突破，卷烟经营水平明显提高，市场控制力进一步增强，各项经济效益指标不断提升，各项工作均取得较好成绩，保持持续健康发展态势。“十二五”期间累计销售卷烟 152.74 万箱，同比增长 27.41%，年均增长 0.35%；单箱销售额 28055 元，同比增长 42.58%，年均增长 7.35%；累计实现利税 94.88 亿元，同比增长 153.89%，年均增长 9.97%；上缴税金 55.23 亿元，同比增长 194.25%，年均增长 13.49%。累计查获涉烟案件 10623 起，查获非法卷烟 12007.03 万支，案件总值 6267.77 万元，先后获得“平安山东先进基层单位”“全省卷烟打假工作特殊贡献单位”“全国卷烟打假先进集体”等称号。

（成果创造人：宋洪润、高　萍、高中昌、范　聪、赵丛丛、
王　昊、孙　艺、肖春峰、刘进磊、周国芳）

国有企业基于卓越绩效模式的标杆管理再创新

铜陵有色金属集团控股有限公司

铜陵有色金属集团控股有限公司（以下简称铜陵有色）是新中国最早建设的铜工业基地之一，经过60多年的建设，现为安徽省最大的工业企业，是国家和安徽省重点扶持的大型企业集团之一。公司总部坐落在安徽省铜陵市，产业跨度大，核心主业为铜的采选、冶炼和材料加工，铜冶炼产能国内第一、世界第二，进出口贸易额连续十多年占安徽省近1/7，并保持全国铜行业首位。

一、国有企业基于卓越绩效模式的标杆管理再创新背景

（一）步入“国际化发展”门槛的要求

我国改革开放，特别是加入世贸组织以来，铜陵有色抓住有色金属产业长周期发展的机遇，不断改造升级核心主业，延伸产业链，企业规模日益增大。为克服自身矿产资源不足的短板，公司较早涉足国际矿业市场，是国内最早与国际市场融通接轨的有色金属企业之一。从“十二五”起，公司开始努力从“国际化买矿”向“国际化办矿”过渡，逐步确立“打造国际化资源型企业集团”的发展目标。

（二）推进卓越绩效模式离不开标杆管理

在与世界级矿业企业的竞争过程中，公司发现自己所面对的这些国际化的矿业企业，很多已推行或正在推行目前国际上广泛认同的一种综合绩效管理方法，即卓越绩效管理模式。为能够与这些国际矿业公司对齐，用同一种思维模式进行思考，2010年公司正式提出全面推行卓越绩效模式。在对照《卓越绩效评价准则》条款进行自我梳理、自我评价的过程中，公司发现卓越绩效标准的很多过程类条款和结果类条款，都要求企业必须将自己的情况与适宜的竞争对手或标杆企业对比，通过判断、比较、分析、学习适宜的竞争对手及标杆企业的先进经验来改善自身不足。

（三）已开展标杆管理活动亟待再创新

对照推进卓越绩效模式的要求，公司于2011年出台对标管理办法，在全公司范围内开展标杆管理活动，并计划用三年时间，即通过2011—2013年的努力，在全公司范围内奠定标杆管理的基础，使企业管理水平登上一个新的台阶。通过三年的扎实推进，公司的标杆管理取得一系列好的效果，同时也存在一些问题和不足，主要体现在思想认识不到位、推进机制不健全、对标的内容不系统、标杆选择不科学、对标实施不深入、对标成果没固化等方面。针对上述不足，公司决定从2014年起，对标杆管理活动进行改进和提高，研究并出台公司2.0版的“标杆管理办法”。

二、国有企业基于卓越绩效模式的标杆管理再创新内涵和主要做法

铜陵有色将标杆管理作为推进卓越绩效模式的有效手段，即对照《卓越绩效评价准则》的要求，深入分析行业现状及发展方向，结合企业自身战略、市场竞争要求及生产经营特点，对企业工作进行全过程梳理，找出成功关键因素和制约本企业发展的“短板”，确定标杆管理的重点领域和内容，通过与适宜的竞争对手及标杆企业对比，不断发现和改进不足，实现赶超，创造卓越。针对前期“基于卓越绩效模式的标杆管理”活动存在的问题及不足，系统地进行改进和提高，重点围绕“对标理念”“推进机制”“对标内容”“对标流程”“对标评价”等五个方面进行再创新，使标杆管理活动成为公司推进卓越绩效模式和提升各项管理及综合绩效的有效工具。主要做法如下：

（一）对标理念的再创新

进一步突出“三个化”：对标的实质“工具化”、标杆的选择“适宜化”、对标的过程“持续化”。

1. 对标的实质“工具化”

公司2.0版的标杆管理，注重强调标杆管理不是一项专门的工作，而是其他工作开展的工具。公司新版的培训教材强调，对标的实质是一种工作方法，是一种评价本企业和研究其他企业的手段，是发现新目标及寻求实现目标的工具，是将标杆企业的持久业绩作为目标，并将其最佳做法移植到本企业的方法。贯彻这一理念，有利于促进标杆管理与企业其他工作相融合。

2. 标杆的选择“适宜化”

为避免前期机械对标的不良倾向，公司2.0版的标杆管理注重合理确定“适宜的竞争对手和标杆企业”。要求按照“可比可学、适度领先”和“有利于提升”的原则，结合本企业实际特别是当前工作实际，合理选定标杆和标杆值，妥善借鉴标杆经验，并因地制宜地改进和创新，使日常生产经营活动通过运用对标的方法得到更好的开展。

3. 对标的过程“持续化”

公司2.0版的培训教材认为，对标本身就是一个持续的改进过程，是不断地寻找和研究标杆，通过判断、比较、分析、学习标杆的先进经验来改善自身不足，从而赶超标杆，不断创造优秀实践和卓越绩效的良性循环过程。对标不是一次性的任务，不能一步到位，而应按照PDCA循环的模式持续深入。“标杆”本身是一个动态的指标，是不断发展变化的，必须结合当前阶段的需要，对标杆企业和指标值进行再确认、再调整。

（二）推进机制的再创新

1. 对标杆管理职责进行系统界定

规定公司卓越绩效模式实施领导小组，负责公司对标管理的组织和领导工作，包括审定公司对标管理办法，审定公司对标管理工作评价和考核结果，研究和决定公司对标管理的其他重要事项。

规定企业管理部是公司对标管理的综合主管部门，负责对标综合管理的日常工作，负责拟（修）订公司对标管理办法，对各单位、部门的对标管理工作组织督查和指导，并组织评价和考核。

规定各职能部门是公司对标管理的专业主管部门，负责公司范围内本职能领域内的对标管理工作，负责所分工对标指标的分解落实，对公司所属各单位的对标管理提供专业对口督导，建立工作台账。

规定公司所属各单位要按公司布置推进对标管理，树立对标思维，不断普及对标知识，推广有效的对标方法，保障对标活动层层开展，最终向具体工序和岗位延伸。

2. 将标杆管理指标纳入三级关键绩效指标

要求各单位、部门的标杆管理活动必须要有明确的分管领导、主管机构、承办人员，将对标管理开展情况纳入单位分管领导、主管机构及承办人员的关键绩效指标（KPI），进行绩效考核，与绩效收入挂钩。

3. 用对标的方法开展组织绩效管理

在组织绩效考核中，公司根据“功效系数”对各单位和部门的权重指标得分进行调整，调整幅度为标准分的正负30%。即规定：单项指标得分＝单项指标标准分＋调整分；调整分＝功效系数单项指标标准分30%；功效系数＝（完成值－基本值）÷（标杆值－基本值），功效系数取值范围为－1至1之间。若标杆值等于基本值，完成得单项指标最高分，未完成得单项指标最低分。根据以上公式，当完成值优于标杆值时，得分向上调整幅度优于完成值劣于标杆值时，最多可上下调整30%。通过上述方法考核，促使各单位、部门不断追标、立标。

（三）对标内容的再创新

铜陵有色2.0版的标杆管理要求各业务单元以提升竞争能力为目标进行系统对标，即要求根据市场竞争情况及自身战略，确定本单位工作的整体格局，并围绕重点目标、关键举措、亟待解决的薄弱环节等，确定重点对标领域和对标内容，建立系统的对标体系，强调既进行外部对标，更注重内部对标，即将内部不同单位或部门的相同项进行相互比较，找出内部绩效基准进行的对标，内部绩效基准可选择设计值、预算值、历史最好水平等。此外，还强调既要注意正向对标，又要注意反向对标。

公司新版对标管理办法中规定的对标类型主要有：

1. 综合能力对标

根据本企业长远竞争的需要，梳理文化氛围、经营战略、管理机制、资源和设施、创新能力、思维模式等要素，瞄准卓越者进行对标。要求公司及各业务单元从战略层面找准成功关键因素，与标杆企业对标，使好的管理机制能够及时跟进，使企业能够从理念、文化、体制、机制、制度、方法等根本方面得到改进，实现综合能力的提升。要求各单位和部门的领导层要率先确立对标思维，掌握对标知识，带头运用对标的方法和手段分析工作、布置工作、推进工作。

2. 职能对标

瞄准标杆企业先进的职能运作方法进行对标。要求集团及各二级单位的专业管理部门，组织好本职能领域的对标管理工作，对照《卓越绩效评价准则》的相关要求，紧扣本部门职能运作尤其是核心职能运作的方法，选定合适的对标内容和标杆，针对职能运作方法上的差距，持续开展对标活动，做到“职能对标部门全覆盖”。

3. 指标对标

结合梳理出的对标领域和对标内容，根据量化管理的原则，针对自身需要，确定一个需要对标的指标体系，瞄准这些指标的绩效卓越者进行对标。铜陵有色将所属各单位划分为矿山、冶化、加工、综合四个片区，规定各片区的必对指标，要求各单位必须开展本片区必对指标的对标。同时要求各单位在必对指标的基础上，结合自身实际增加相关自选指标。原则上，列入本单位组织绩效考核的指标都应列入对标范围，关键岗位和员工的绩效考核指标都可以用对标的思路进行管理。要求将对标指标自上而下层层分解，综合性指标向下分解时必须转化为基层单位和岗位员工方便执行、能够量化的指标。分解和转化的指标，应纳入具体岗位的员工绩效指标进行管理。

4. 流程对标

就特定的业务流程、工作流程或作业流程，瞄准其卓越者进行对标。流程对标可以跨不同类组织进行。铜陵有色要求各单位、各部门遴选出本单位、本部门的核心流程和亟待改进的薄弱环节，将其作为流程对标的重点，从具有类似流程的企业（可以跨不同类组织）中发掘最有效的操作程序，进行对标分析和改进，通过转换和改进流程，达到绩效水平的根本提升和持续改善，实现突破性创新。

（四）对标流程的再创新

为促进各单位整体对标活动扎实有效开展，铜陵有色在对标管理办法中明确“对标八步法”，公司2.0版的对标管理办法就“八步法”中各步骤的具体操作要点进行明晰。

第一步，进行过程梳理。根据市场竞争情况，对照《卓越绩效评价准则》的要求，深入分析行业现状与发展方向，结合自身战略和生产经营特点，对企业的生产经营进行全过程梳理，找出成功的关键因素和制约本企业发展的“短板”，确定对标方向、重点对标领域及内容。

第二步，建立指标体系。根据量化管理的原则，就梳理出的重点对标领域及内容，确定相关对标指标，并参照平衡计分卡或卓越绩效评价准则六个方面结果指标的逻辑框架，将确定的对标指标进行系统化，组合成对标指标体系。

第三步，选取标杆及标杆值。标杆是企业内部的，综合权衡指标的设计值、预算值、历史最好水平、近期先进水平等，合理确定标杆值。标杆是企业外部的，结合主要竞争对手的最好水平和平均水平、行业的最好水平和平均水平等，合理确定标杆值。

第四步，进行对比分析。深入分析指标现状及本企业历史最好水平的原因，找准标杆企业的核心优势要素，通过对比分析，实事求是地分析差距，多角度查找原因，找出自己的潜力和优势，明确自己的“短板”或不足，明确改进方向。

第五步，制定改进计划。在分析借鉴标杆先进经验的基础上，确立改进目标，研究制订赶超的路线图和时间表，选择恰当的改进路径，明确具体的改进措施，落实相关的改进机构、并把目标任务分解落实到生产经营相关环节和岗位，使责任环环相扣，压力层层传递。

第六步，实施改进方案。从最迫切、最关键的环节切入，多角度、全过程开展对标改进。对长期后进、提升难度大和涉及面广的指标进行重点分析，从改进工艺技术、提高装备水平、加强科技研发等方面入手，开展专项攻关活动，并从分析现有管理模式、管理方法和主要业务流程入手，寻找改进机会。

第七步，测量改进结果。建立测量指标以衡量改进过程的进展状况和实施效果，其中包括质量、成本、时间等有效性指标。运用统计工具和统计技术对数据进行收集和分析，反映企业绩效改进的效果。

第八步，重新选取标杆。在总结成功经验、推广对标中创造出来的先进方法的基础上，及时选取新的标杆，重新确立更高一层的赶超对象和指标体系，形成持续对标机制。

（五）对标评价的再创新

对各单位和部门的标杆管理，铜陵有色坚持逐年进行评价，就评价的内容及方式方法，公司2.0版的标杆管理进行再创新

1. 评价的方式注重“上下结合”

铜陵有色的标杆管理年度评价，先由各单位对照公司规定的《对标管理年度评价表》进行自我评价打分，并向公司报送标杆管理总结材料，主要包括对标活动推进措施、整体效果、职能对标、流程对标及综合能力对标开展情况、经验体会、对标指标完成情况表等。然后，公司根据日常督导和有关部门平常所掌握的情况、各单位自我评价和总结所反映的情况等，对各单位的对标管理进行评分。评价中如有必要，可向有关单位进行资料核实。

2. 评价的方法强调“过程督导”

公司建立标杆管理的督导制度。督导由对标管理的综合主管部门，即企业管理部负责，要求各单位、部门将对标管理机构、对标主管人员、对标管理办法或活动方案送企业管理部备案，并要求由企业管理部牵头，对各单位、部门的对标管理情况进行不定期督促、检查和指导，督导活动每年做到对所有二级单位和部门全覆盖。督导对发现的问题进行当场反馈，及时整改。

督导的内容主要包括：对标组织机构及职责落实情况；对标活动的整体策划情况，包括对标推进机制、对标指标体系等；对标活动开展情况，尤其是对标分析、改进措施、成果固化等情况；对标效果及与日常生产经营相融合的情况等。

督导过程中所掌握的情况，作为公司对各单位、部门对标管理年度评价的依据之一。

3. 评价的内容侧重“推进机制”

铜陵有色的标杆管理年度评价，不刻意追求对“效果”进行评价，而是侧重于评价各二级单位、部门是否建立一套推进标杆管理常态化开展的有效机制。公司出台的对标管理年度评价表中，突出对“策划”和“实施”的评价，其中对“策划”的评价包括落实机构、制定制度、形成体系、明确目标、督导考核等五方面，占分比达30%；对“实施”的评价包括对标活动覆盖面、确立标杆（值）、分析差距、制订措施、创标建模、总结经验教训等六方面，占分比达61%；而对“效果”的评价，即对标改善方面，仅占分9%。这并非说明公司不重视对标效果，而是因为正如前文“对标机制的再创新”中所叙述的那样，公司已经“用对标的方法开展组织绩效考核”，对标的效果已经纳入公司的全员绩效考核内容，

而在标杆管理活动评价方面，重点评价推进机制更为合适。

4. 评价的结果纳入“绩效考核”

铜陵有色每年以文件的形式，通报对各单位、部门的标杆管理评价结果。将各单位和部门的标杆管理年度评价，纳入对单位和部门的组织绩效考核，与绩效工资挂钩，另外还作为公司内部质量奖，即“铜冠卓越绩效奖”评审的重要依据之一，以体现精神激励与物质激励相结合的原则。

三、国有企业基于卓越绩效模式的标杆管理再创新效果

（一）标杆管理与其他工作实现有机融合

“对标”成为公司上下使用频率最高的管理词汇之一，标杆管理已成为广大员工开展工作的思维习惯，公司的其他工作，特别是各项专业工作，在开展中都相继引入对标思路。此外，为有效开展对标，各层级的对标知识培训、对标工作交底、对标分析研讨等活动不断进行。由于做到与其他工作的有机融合，公司的指标对标实现工序全覆盖，职能对标实现部门全覆盖，流程对标和综合能力对标有序开展。

（二）企业规模和经济总量持续增长

公司2015年电解铜产量131万吨，比2013年增加11万吨，位居国内第一、世界第二。2015年营业收入1453亿元，比2013年增长18.90%；2015年资产总额766亿元，比2013年增长10.53%，2015年矿产资源保有量1777万吨，比2013年增加72.7万吨；铜冶炼硫的总捕集率99.1%，比2013年提高0.6个百分点；矿石贫化率为13.66%，比2013年降低0.31个百分点；矿石损失率为15.67%，比2013年降低0.45个百分点；采矿电耗24.36千瓦时/吨，比2013年降低1.06%。两年来，公司确定的集团层面60项对标指标中，有营业收入、应收账款周转率、资产负债率、阴极铜产量、阴极铜综合能耗、矿石贫化率、矿石损失率、铜加工产品综合成品率等34项指标同比转好、5项好于近五年最好水平，部分指标好于标杆和竞争对手水平。各单位确定的623项对标指标中，有323项好于往年，184项创历史最好水平，94项达到或优于标杆和竞争对手水平，公司铜冶炼综合能耗逐年降低，主要铜冶炼厂的阴极铜综合能耗指标成为国家标杆，达到国际先进水平。2015年公司名列中国企业500强第110位，比2013年前进1位。公司连续保持安徽百强企业第一位。

（三）促进企业知识资产积累

对标杆管理活动中形成的有效方法及管理经验，如控制措施、操作参数、工艺改进、活动推进等，以各种知识资产的形式（包括技术标准、规章制度、作业规范、岗位职责、技术诀窍）予以及时固化，加快公司的知识资产积累进程。铜陵有色是国家大型企业集团中首个通过认证的AAAA标准化良好行为企业。截至目前，共引用和制定技术标准867项、管理标准282项、工作标准290项。两年来，公司主持或制定国际、国家、行业及地方标准44项，获得授权专利225件，比公司前60多年获得的获授权专利总数还要多。两年来，公司层面共征集企业管理优秀论文288篇，现代化管理创新成果31项，并有相当一部分论文及成果获得国家行业大奖，共征集职工合理化建议近3.5万条，公司层面共评选出优秀QC成果近百项。

（成果创造人：杨　军、张忠义、周龙兴、王思会、孙志炜、王永勤）

以效率提升为核心的“七标一体”综合管理体系建设

国投钦州发电有限公司

国投钦州发电有限公司（以下简称国投钦电）成立于2004年1月，由国投电力控股股份有限公司与广西投资集团有限公司共同投资组成，主要负责钦州电厂的建设与经营。国投钦电通过吹沙填海新生造地面积1350亩，截至2016年6月，累计发电481.12亿千瓦时，为“西电东送”主网架提供强有力的电源支撑，成为广西大型电能基地以及打造北部湾开发建设的动力平台和强力引擎。

一、以效率提升为核心的“七标一体”综合管理体系建设背景

（一）实现不同体系有机融合的需要

近年来，国投钦电先后通过“三标一体”即质量、环境、职业健康安全管理体系认证。在此基础上，进一步通过NOSA安健环五星评审、能源管理体系认证、安全标准化一级评审以及开展内部控制管理体系建设。通过上述七个体系的建立，对规范与提升企业管理水平发挥积极作用。但由于各体系同时并存且交叉运行，带来部分业务流程不通畅、权责划分不清、接口不明等问题，造成工作效率下降。此外，由于各个体系的要求及侧重点各有不同，形成各体系对同一个管理内容的重复出现，且要求深度不尽相同，员工在执行过程中对管理体系理解不一样，造成员工执行目标不明确，增加项目正常运行的难度，特别是对项目运行中的统一组织、协调与执行落地带来极大影响。因此，从落实公司整体战略目标的高度把握一体化管理工作的大局和重点，推进国投钦电一体化综合管理体系建设，实现不同体系的创新融合，具有很强的紧迫性。

（二）推进部门之间横向协同、实现管理资源优化配置的需要

由于各个体系同时并存，公司的每个体系都实行纵向条线管理，造成部门之间的横向协同较弱，形成“纵到底”但尚未“横到边”的整体格局。每个体系都有对于各部门职责的规定，且不尽相同，造成部门职责规定不清晰、人员岗位设置不合理，使各部门及各岗位之间工作协调配合不畅，体系运行过程中出现各自为政甚至经常出现推诿扯皮的现象。因此，深入分析每个体系关注的对象目标、管理职责和覆盖范围等方面存在的共同点与差异性，进一步理顺公司各项业务流程，优化管理资源配置，推进部门之间的横向协同，使公司各项工作开展协调一致，形成管理理念一致、管理要求协同、制度建设完善的科学管理格局，意义重要。

（三）促进企业可持续发展、实现企业战略目标的需要

当前，发电企业作为市场主体，受市场环境、社会环境、政策环境的影响较大，终端产品价格与生产成本的变化不相协调，利润空间逐步缩减。在适应市场和外部环境的大气候下，只有充分挖掘内部潜力，通过精益化管理提高自身素质，才能真正实现企业的科学可持续发展。这其中，企业通过强化内部手段控制、推进安全标准化，以及落实能源管理等节能减排要求，统筹各方面资源，提升企业抗风险能力和市场竞争力，实现企业的阶段性经营目标和战略目标落地，已成为电力企业新形势下实现经营管理转型升级的重要抓手。国投钦电通过“七标一体”综合管理体系的建立，有效消除各体系中管理内容互相重复、互相冲突等问题，优化流程、简化环节，有力指导和约束公司各项业务的开展，使公司的各项工作更加规范、统一、高效、合法合规，对提高企业内部管理水平、降低企业经营成本，增强企业竞争力，促进公司可持续发展，具有深刻的必要性。

二、以效率提升为核心的“七标一体”综合管理体系建设内涵和主要做法

国投钦电紧紧围绕构建涵盖“七标一体”综合管理体系的目标，遵循“共性兼容、个性互补”的原则，以融合创新为基础、以效率提升为导向，以标准化、精益化为着眼点，针对现有七个体系以及全公司范围内所有业务流程进行系统梳理，围绕质量、环境、职业健康安全管理体系三个支点，进一步延伸关联 NOSA 安健环管理、能源管理、安全标准化、内部控制管理等四个体系，实现“七标合一”融会贯通，将其整合成综合一体化管控体系，并结合 ERP 信息系统进行固化。最终实现原有体系之间的有机连接、相互支撑，形成管理理念一致、管理要求协同、管理制度完善的新格局，为提高项目管理工作效率、推动管理体系的高效运行发挥重要作用。主要做法如下：

（一）明确体系融合指导思想，构建“七标一体”综合管理体系

国投钦电从落实公司整体战略目标的高度出发，把握一体化综合管理体系工作的大局和重点，遵循“共性兼容、个性互补”的原则，通过对七个体系标准要求的异同点分析，确定体系融合的可行性，进一步对全公司范围内所有业务流程、各体系文件进行梳理，依据七大标准“相同要素条款合并、相近要素融合、相异要素独立”等准则进行融合创新，利用信息化工具的有力支撑，最后形成统一的综合管理体系，实现体系要素、管理范围与岗位人员的全覆盖。确保同一个管理内容或同一个专业的相关环节只在一个制度标准中出现，并明确职责和权限，提高工作效率，优化资源配置，推动管理协同，促进企业可持续发展。其中：

“体系要素全覆盖”是以“质量、环境、职业健康安全管理体系”作为体系融合的三个支点，延伸关联 NOSA 安健环管理、能源管理、安全标准化、内部控制管理等四个体系。

“管理范围全覆盖”是全面覆盖公司经营管理、燃料管理、物资管理、基建管理、生产管理、安健环管理以及人力资源管理、行政管理、监察审计管理、财务管理等领域。

“岗位人员全覆盖”是成立体系融合创新领导小组，指导各部门开展体系整合工作，实现各部门不同层级岗位人员全覆盖。

（二）成立体系融合创新组织机构，提供“七标一体”融合落地的组织保障

成立体系融合一体化领导小组，组长由总经理担任，工作组成员由各部门负责人组成，同时抽调各部门熟悉业务流程的人员成立实施小组并集中办公，具体分为生产管理及技术标准实施组、管理标准实施组、工作标准实施组与基建管理标准实施组，进一步指导各部门开展体系整合工作。领导重视和全员参与，为各体系一体化的成功提供重要的组织保障。

在体系融合实施前，首先由融合一体化领导小组统筹协调，在策划阶段开展调研、摸底。其次，分析梳理公司及各部门的管理目标、业务流程、体系文件，安排公司十二个部门，即综合管理部、财务管理部、监察审计部、生产技术部、设备维修部、发电运行部、安健环管理部、物资采购部、燃料采购部、基建工程部、经营管理部、人力资源部，分别抽调主要岗位人员，组织成综合管理体系融合实施小组并集中办公，分工负责体系文件的检查、修编及融合，明确各部门的职责权限。

（三）分析识别各体系的异同点，进一步明确体系融合的基础

不同体系之间存在有机连接、相互支撑的关联性，具备体系融合的基础。例如，国际标准化组织战略咨询组（ISO/SAGE）在起草 ISO14000 标准之前，就对国际标准化组织建议：“考虑到质量与环境管理体系均是组织管理体系的一部分，分别建立体系，最终还会融合在一起，可能会更有效率。因此制定环境管理体系标准时，应与 ISO9000 标准保持协调和相似。”ISO 在制定 ISO 14000、ISO/TS 16949 和 OHSAS18001 等标准时，就一直重视这些体系标准的融合问题，同时也持续推动这些体系标准的一体化进程。一体化的实质正是反映使用共同要素的各个体系，本身就同属于一个企业管理体系。

国投钦电在深入学习七个体系标准要求的基础上，深入分析并查找各个体系的相同点与不同点，通

过异同点对比分析确定体系融合具有较强的可操作性。

各体系相同点体现在：一是都强调质量、安全、职业健康、环保等方面的标准化和规范化管理；二是都是以过程为基础，强调 PDCA 循环的过程管理，注重识别过程中的风险，并采取措施防范；三是都要求明确的组织机构及职能分配，都要求制定满足政策方针的目标，为员工提供奋斗的焦点和方向；四是质量、环境、职业健康安全、能源管理四大标准的结构和框架基本相似，特别是四个标准的部分条款具有基本相同的管理过程；五是职业健康安全管理体系的精髓是危险源辨识、风险评价与控制计划，环境管理体系详细制定对环境因素的识别与评价，对环境因素的潜在风险进行识别和控制，也属于风险管理的范畴；六是质量、环境、职业健康安全管理体系与内部控制管理体系的终极目标都是完成企业使命，都关注内部环境对控制活动或风险产生的影响，从控制活动上，都是覆盖公司的全过程，具有全面性。

各个体系不同点则主要体现在：一是质量、环境、职业健康安全、能源管理四大标准的不同点是标准的实施对象、关注焦点、目的不同；二是 NOSA 安健环管理关注的是安全、健康、环保，目标是实现安全、健康、环保的综合风险管理，而安全标准化重点针对的是企业职业健康安全工作，“三标一体”覆盖的范围比较广，不但包括安全、健康、环保管理还包括质量管理，各体系在安全、健康、环保方面的关注点和实施方式不同；三是质量、环境、职业健康安全管理体系是站在顾客以及为顾客提供的产品或服务角度，内部控制管理体系是站在效益及风险可能带来损失的角度，是从公司的战略、经营、财务报告、成本效益的角度。

综合各体系的共性与差异之处得出融合可行性结论。通过对上述七体系标准要求的异同点分析，虽然各体系标准关注的侧重点虽有不同，但总体的要求原则是一致的，通过将各体系原有文件进行分类整理，完全可以融合为一套综合管理体系文件。基于调查分析，国投钦电从 2014 年 2 月 28 日开始进行“七标一体”综合管理体系融合工作。

（四）以管理活动为主线重建体系文件，推动体系文件的编制与整合

企业各项管理理念和制度最终都落实在具体的作业活动和流程中，以活动为主线的管理制度具有广泛的兼容性、适应性和可扩展性，具有较强的生命力。因此，国投钦电在体系文件编写过程中，一是将流程管理这一理念贯穿于编写过程始终，利用系统性思维概念，通过集体讨论充分沟通，把各节点各环节的职责、权限界定清楚。二是修编整合后的各文件简明扼要，在修编过程中将各文件相同的内容融合，同时优化管理流程及文件结构并与公司现行体制保持一致。

以内控管理体系与质量、环境、职业健康安全管理体系融合为例。一是在能源、NOSA、安全标准化管理体系融合的基础上，学习内控管理体系要求，结合内控管理各项条款内容，了解公司内控管理的开展情况以及内控评价的方法及评价内容。二是依据内控管理体系与质量、环境、职业健康安全管理体系要求的不同点与相同点，确定融合思路。将内控管理体系标准条款内容，对号编入原质量、环境、职业健康安全、能源、NOSA、安全标准化管理体系融合对照表，然后依据管理体系融合对照表，在原“质量、环境、职业健康安全、能源、NOSA、安全标准化管理体系管理手册”的基础上将内控管理体系的各项要求融入相应条款当中，使管理手册的内容同时满足质量、环境、职业健康安全、能源、NOSA、安全标准化、内控管理体系标准的要求。三是收集原有内控管理体系文件共计 24 个，与原质量、环境、职业健康安全、能源、NOSA、安全标准化管理体系文件的内容进行评审、分类，并与各体系标准、要求的匹配性进行比对融合，编制管理体系文件融合目录清册。四是对三级文件即工作标准、技术标准、管理标准进行融合修编。融合后的综合管理体系文件均以质量、环境、职业健康安全管理体系要求为基础，融和各体系内容要求。

（五）定期评估、修正综合管理体系，利用PDCA原理持续改进

管理体系的运行和维护具体包括：培训、日常运行、监视和测量、不符合纠正和预防措施、内部审核、管理评审、文件修改、整合的监督审核等内容。除保障管理体系的顺畅运行外，持续改进是“七标一体”管理体系提出的要求，也是组织内部管理和自我发展追求的目标。

国际标准中持续改进是指“增强满足要求的能力的循环活动”，其实质是通过改进和强化管理体系达到提高组织各种绩效的目的。因此，“七标一体”管理体系达到浑然一体就是持续改进的内容。组织要经过不懈的努力才可能使管理体系从合并变成兼容，从兼容变成融合，从一时的融合达到长久的融合，实现“七标一体”管理体系的共同提高，以达到质量、环境、职业健康安全、能源、NOSA、安全标准化、内控管理活动绩效的不断提高。

为保证综合管理体系的有效运行，持续提高其符合性和有效性，自2014年9月30日综合管理体系发布实施后，国投钦电每年均基于PDCA原理，分别开展质量、环境、职业健康安全、能源管理、NOSA安健环管理等体系的内部审核，并分别在每年10月、11月由各体系认证机构对各体系的运行情况进行外部审核评审，同时，每年由国投电力公司开展年度内部控制管理体系运行的评价工作，国投钦电均顺利通过各认证机构及上级单位的评审，得到专家的充分肯定与好评，综合管理体系运行的有效性得到充分检验。

国投钦电实施综合管理体系以来，始终致力于对各体系有效运行的持续监控，并将对综合管理体系文件的执行情况纳入绩效考评，对于综合管理体系各项标准在执行过程中发现的问题，结合公司的实际情况进行及时修正，并确定每年对综合管理体系文件进行一次评估修订。通过对综合管理体系文件的及时修订、评审和持续改进，有效提高综合管理体系的适宜性、充分性和有效性，有力指导公司各项业务的开展。

（六）结合ERP信息系统进行固化，提升保障综合管理体系落地的信息化支撑能力

通过ERP信息系统进行管理活动的流程固化，提高综合管理体系的执行刚性，实现信息系统与沟通平台的统一。企业各种制度执行过程与结果最终都要以一定的形式体现在文件和记录当中，在统一的ERP平台中，制度、流程与记录都是通用的，因此，企业信息平台的统一为不同的管理体系融合提供数据支撑。

结合ERP系统建设，国投钦电从“自下而上的数据可视性入手”，进行有效的数据管理。通过制订统一的信息系统框架，规范统一各业务管理信息系统，形成统一的企业级数据，建成全面支持各项业务运作和“七标一体”综合管理体系的企业级信息系统，建设一体化信息集成平台，实现跨业务、跨层级信息的有效集成，全面支撑“七标一体”综合管理的战略要求。

“七标一体”综合管理体系与信息化管控手段相结合的最大特点，就是合理运用信息技术加强管控，建立与经营管理相适应的信息系统，促进综合管理体系内部流程与信息系统的有机结合，实现对业务和事项的自动控制，减少或消除人为操纵因素，实现管控手段的在线化。通过“数据交互集成＋ 流程交互集成＋ 服务交互集成”，实现管控手段的创新。一是变文本化为信息化；二是变抽检式为实时化；三是变分散控制为集成控制。总体上，通过信息化手段的有效应用，对综合管理体系中涉及的高风险领域和关键业务开展实时在线监测，实现企业运营过程中异动和问题的动态监测和预警。

三、以效率提升为核心的“七标一体”综合管理体系建设效果

（一）管理能力显著提升，工作效率大幅提高

国投钦电“七标一体”综合管理体系实现对公司经营管理活动的全覆盖。各项制度标准所规定的流程与公司ERP信息系统完全一致并进行固化，七个体系形成一个有机整体，避免各体系要素间的重复工作，有效解决流程、职责交叉的重叠问题。融合后的“七标一体”综合管理体系发挥落实公司规范管

理的纲领性作用，形成管理手册1册、程序文件15个、管理标准77个、技术标准137个、工作标准1册，文件合计231个，比原来减少178个，大幅下降。体系资料与标准简明清晰、协调统一，具备较强的指导性与可执行性，不同岗位员工的工作目标更加明确，工作流程更加清晰，大幅提高工作效率。

（二）资源配置更加合理，有效实现管理协同

通过“七标一体”综合管理体系的融合，科学优化资源配置，统一对公司各部门的职责进行优化和明确，组织机构与人员岗位均进行重新优化设置。例如，为强化公司监察审计职能，成立监察审计部，设置监察审计岗位，提升公司法制建设保障；将合同管理与招投标管理等8个岗位职能进行优化整合。通过优化人力资源管理，使各部门职责更加明确、清晰、合理，组织机构、人员岗位设置更加科学，人员工作的积极性显著提高，各项业务开展更加规范、有序，实现企业纵向条线及横向统筹的协同，“横向到边、纵向到底”，形成管理理念一致、管理要求协同、工作流程高效、制度建设完善的科学管理格局。

（三）经营能力不断提升，有力保障企业可持续发展

国投钦电通过“七标一体”综合管理体系融合工作，内强素质，外塑形象，大力实施创新驱动战略，不断提质增效，有效解决体系运行中出现的潜在矛盾。公司经营能力显著提升，经营指标不断改善，管理成本大大降低，企业竞争力显著增强，有力保障企业可持续发展。具体体现在：一是机组经济性和节能减排水平提高，2015年公司供电煤耗完成308.89克/千瓦时，同比降低1.58克/千瓦时，节约燃煤成本303万元。二是提高决策效率，降低采购成本。通过优化审批流程，减少审批环节，实现燃煤采购在线即时审批，公司能够更好地把握和抓住煤炭市场价格低谷时机，第一时间精准决策，跑赢市场，2015年采购到厂煤价与同期国内市场比较，降低成本约2600万元。三是通过全面预算管理在ERP的固化，将公司各项经营活动与费用有效衔接，各项费用得到有效控制，2015年管理费用比预算减少525.15万元。

（四）综合管理体系可扩展性强，具有良好的示范推广价值

国投钦电正在着手开展两化融合管理体系贯标，已逐步将两化融合管理体系的要求融入公司“七标一体”综合管理体系，目前推进工作顺畅开展，充分体现国投钦电“七标一体”综合管理体系的兼容性、扩展性。同时，国投钦电是目前国内第一家将七大体系融合为一套综合管理体系的单位，其融合内容具有普遍性、方法具有通用性，可复制性强，具有良好的示范推广应用价值。现已得到国投集团及同行业的充分认可，已在国投集团范围内进行宣传推广。

（成果创造人：朱逢民、孙　超、毛茂祥、李洪庆、杜兴源、何耀鸿、佟伏生、姜永学、杨廷志、邓育宽、魏　军、莫　宇）

石油上游企业以发展战略为导向的科技管理变革

中国石油天然气股份有限公司华北油田分公司

中国石油天然气股份有限公司华北油田分公司（以下简称华北油田）是中石油旗下的地区分公司、上游油气企业，是中国石油驻冀企业的牵头单位，在全国能源战略布局中占据重要地位。公司现有员工4万人，资产总值495.2亿元，年生产油气当量500万吨，勘探区域集中在冀中、内蒙古中部、山西沁水盆地，开发管理着55个油田、8个油气田、1个煤层气田。开发建设近40年来，华北油田累计生产原油2.66亿吨、天然气163.5亿立方米。

一、石油上游企业以发展战略为导向的科技管理变革背景

（一）满足石油上游企业实现战略目标与持续发展的需要

华北油田经过近40年的勘探开发，勘探程度越来越高，油气产量持续递减，油田持续发展面临诸多矛盾和问题。进入“十二五”以后，华北油田提出实施“资源、市场、多元化”发展战略。新的发展战略对企业的专业技术人才和科技创新能力提出更高的要求。然而，华北油田2013年以前的科研管理整体创新能力不足、自主创新核心技术和各专业领域领军人才缺乏，制约公司发展。形势的发展、事业的开拓、不断增长的技术支撑需求都迫切需要深化科技管理变革，激发现有科研资源的活力和创造力，为实现发展战略目标提供强力支撑，为实现企业持续稳健发展提供坚实保障。

（二）实现企业科技资源合理高效配置的需要

华北油田在科研工作中存在立项分散、重复、短期行为多、缺乏前瞻性等问题，单位之间资源配置不均衡；重复研究，成果质量不高；基础性、战略性科研项目缺乏；研究成果共享机制未形成。这种分割化、属地式的行政管理状态与科研工作跨专业、跨学科、跨地域的本质特点形成冲突，阻碍资金、资源、成果的调用、共享。要解决这些问题，必须拆除内部“篱笆墙”，形成科研资源的大系统、大流通，实现科研资源的合理有效配置。同时，华北油田需实现上产稳产800万吨，这一战略性科研工程更加需要集中人才、技术和资金资源，统一协调科研力量，实现科技资源的最优化，形成强大的综合科研优势。

（三）激发科研单位和科研人员创新积极性的需要

华北油田通过调研发现，部分科研人员对难度大、监管严的项目积极性不高，整体创新意愿和能力不足，原因主要是科研单位承担的考核指标有弹性，在科研单位运行经费、奖金能够充足保障的前提下，部分科研单位动力不足；科技激励政策针对性不强，科技激励导向出现偏差；项目负责人的责、权、利不到位，承担项目的积极性不高，科研力量的整体合力没有充分发挥；科研人员成长的通道不畅，相关配套政策亟须完善。为充分调动和激发科研人员的积极性、创造性，亟须改革科技管理工作。

二、石油上游企业以发展战略为导向的科技管理变革内涵和主要做法

2013年以来，华北油田积极推进科技管理变革，以发展战略为导向，以国家创新驱动发展战略和科技方针为指导，坚持“主营业务战略驱动、发展目标导向、顶层设计”的科技发展理念，以提高发展质量和效益为中心，通过建立“四位一体”的科技管理组织体系，统筹优化科技资源配置，强化科研项目全生命周期管理，持续完善人才培养、科研保障、激励考核等机制，营造良好的科研生态环境，激发和调动科技人员的积极性和创造性，提高科技决策管理水平和实施效率，促进科研管理水平提升，支持华北油田发展战略的执行。主要做法如下：

（一）构建“四位一体”科研组织体系

华北油田科技管理组织体系由公司科学技术委员会、科技信息处、专业部门及科研单位四部分组成，分别行使决策层、管理层、执行层和协作层职能。理顺不同单位部门的职责分工、功能定位、业务范围以及协同关系，形成集中统一的科技管理体系，完善科技管理和决策机制。其中：华北油田科委作为决策层，对公司科技管理重大事项进行决策，把握科技发展方向，发挥前瞻引领作用，领导和推动科技创新工作；科技信息处和专业部门是科研工作的管理层，建立职能与专业矩阵科技管理网络，共同提升公司科研管控能力；勘探开发研究院、地球物理勘探研究院、采油工程研究院、港华设计研究院以及各采油厂工程所和地质所为执行层，负责具体科研项目的实施、新技术的完善与推广应用；中国石油专业公司、知名院校、社会科研团体作为协作层，为公司重要的外脑资源，协同攻关关键技术、瓶颈技术以及基础机理和前瞻性技术。

（二）统筹优化科技资源，高效合理配置

1. 明确资源配置方向

作为石油上游企业，华北油田始终以储量、产量、效益为核心。2013 年以来，华北油田以中国石油天然气股份有限公司“华北油田上产稳产 800 万吨关键技术研究与应用”重大科技专项为科研攻关主线，对油田公司油气勘探、油田开发、工程技术和新能源新领域的技术需求进行统一评价，以业务需求为主导，科学把握科研攻关方向，明确隐蔽型潜山评价与工程配套、富油洼槽岩性油藏储层预测与描述、致密油勘探开发、富油区带整体再评价及高效建产、砂岩油藏改善水驱、复杂断块砂岩油藏三次采油提高采收率等重点研发任务，确保公司“十三五”发展战略目标的实现。

2. 建立“一体两翼”的科研力量配置体系

华北油田统筹内外部科研力量，盘活内部科研存量，强化外部人才使用力度，形成内外人才智力共享、不求所有但求所用的人才使用机制。构建“一体两翼”科研力量体系。“一体”即以油田公司科研力量为主体，通过整合优化内部科研力量，以勘探开发业务链为纽带，构建地质研究中心、工程技术中心和数据中心，发挥科研整体合力，完成油气公司储量、产量任务。“两翼”即知名院校和专业技术公司。一方面充分发挥行业知名大学的产学研用一体化优势，开展“校企”合作，重点开展基础研究、机理研究和前瞻性储备技术研究；另一方面充分发挥专业技术公司攻坚啃硬和短平快的特长，开展“企企”横向合作攻关，重点解决科研生产关键技术和瓶颈技术难题。以华北油田科研力量为主体，以知名院校、专业技术分公司两翼科研力量为辅，组成跨单位、跨学科、跨专业的科研攻关团队，充分发挥各自人员优势和专业特长，开展联合攻关，确保各级科研项目顺利开展，产生高水平科研成果。

3. 统筹四级科研资金配置

在资金经费的筹措和使用上，统筹国家、集团、公司等四级科研资金，专款专用，有针对性、分层次投入，形成资金合力。在国家层面上，积极争取国家专项经费支持；在中国石油层面，组织争取股份公司重大科技专项经费支持；在油田公司层面，每年自筹 5000 万元科研经费，用于支持公司各领域重点攻关课题研究；在科研生产二级单位层面，各单位每年均自筹 100 万元—200 万元左右用于科研补充。科研经费的统筹配置，保障公司常规油气勘探开发以及煤层气、储气库等新领域的业务发展，也支撑燃气、多元开发等业务的快速扩张。

4. 搭建“一体化”科研平台

一是统筹整合信息数据资源。2013 年 9 月，华北油田成立数据中心，统筹全公司信息资源，应用云计算技术自主研发地质研究云平台，打破以往地质研究必须依赖高性能工作站的传统模式，实现数据、计算、软件工具、研究成果等资源的共享，重构勘探开发业务的研究流程，提高科研效率和水平。目前地质云平台辐射到华北油田公司在全国的所有业务范围，为 18 个研究单位共 800 位用户提供服务，全面支撑油田内外部项目的勘探评价研究工作。

二是实施专业应用软件网络化。搭建勘探与开发、工程与地质一体化高效研究环境，满足日益增长的科研生产应用需求，提高软件使用效率，其管理原则是专业部门统建、科技信息处统筹、数据中心统运、科研院所统用。目前地质勘探、油藏开发、采油工程三大领域 34 种软件已经实现网络版应用。

三是探索实验基地开放式研究模式。科技信息处成立专门管理试验基地的实验平台科，结束华北油田实验平台无人管控的局面，业务上与集团、河北科技厅形成有效对接，积极与知名院校合作建立联合试验研发机制，开放试验空间、提供试验研究平台和一定劳动报酬，吸引在校研究人员积极参与实验工作，实现优势互补，不断提升基础试验平台的综合研发能力。

（三）强化科研项目全过程管理，提升科研水平

华北油田实施科研项目全生命周期管理，从顶层设计到过程管理再到成果转化应用，建立完整的科研管理链条，实现项目管理科学化、标准化、流程化，促进科研水平提升。在立项阶段，按照突出重点、总量控制、避免重复的原则，从攻克瓶颈技术、完善成熟技术、储备前沿技术三个层次进行统筹立项；在过程管理中，强化科研项目分类分级管理，充分发挥各级部门和单位的管理优势，增强针对性管理；在考核过程中，利用先进的考核办法，突出对科技项目质量和效益的考核；在成果转化过程中，充分发挥科技部门的组织协调作用，注重转化成果的创新和创效。

比如，在项目管理方面，加强科研项目分级分类管理，形成“重大项目—课题—专题—年度项目”四级塔形结构科研项目。顶层为股份公司重大科技专项，第二级根据主营业务持续增储、高效建产、精细开发和新能源煤层气高效开发等 4 大专业领域难题设置 9 个课题，第三级是细化专业领域、设置 90 个研究专题，第四级是针对性较强的 120 项年度科研项目；同时，按照不同类型科研项目实行分类管理，长远性、战略性、全局性的科研项目由科技信息处管理，生产性科研项目由专业部门和采油生产单位管理。

再比如，在成果转化方面，积极发挥科技职能部门的“桥梁”作用，组织优选应用前景好的新技术、新产品进行推广，探索科技成果转化途径、激励政策和转化方法。通过采取依托专项资金、授权许可、市场化运作等多种模式进行示范推广应用，初步形成科技成果转化“选拔—培植—推广”的方法。近两年，华北油田积极推动 17 项新技术新产品转化应用，技术更加成熟、配套工艺更加完善，取得良好的示范应用效果，得到中国石油集团公司科技管理部的肯定。

（四）创新科研人才职业发展通道，激发科研活力

1. 研究构建专业技术人员“双序列”发展通道

华北油田将专业技术岗位序列和经营岗位序列合并成为“双序列”，实现双阶梯激励和双重职业生涯路径。

专业技术岗位序列构建的总体思路是紧紧围绕华北油田战略目标，落实集团公司专业技术岗位序列改革试点要求，以岗位管理为主线，建立清晰有序的岗位体系、公平公正的选聘体系、科学有效的考核体系和激发活力的薪酬体系，推行评聘分开，实现岗位能上能下、薪酬能增能减的动态管理，为专业技术人员提供独立、畅通、稳定的发展通道，享受可预期的薪酬福利待遇，最大限度地调动专业技术人员的积极性和创造性。

专业技术岗位序列的建设范围与职级划分：油田公司专业技术序列岗位设置以地质研究中心、工程技术中心、数据中心为统筹，穿透“单位、项目、流程、业务”，率先在勘探、开发、工程、信息业务领域内逐步建立与生产、科研需要相适应的岗位体系。专业技术岗位职级由高到低划分为 9 级，在集团公司层面的资深高级技术专家和集团高级技术专家由集团公司进行论证和管理，一级技术专家、二级技术专家和一级工程师岗位由油田公司进行设置和管理，二、三、四、五级工程师由各二级单位自行设置

管理。

专业技术岗位序列的首次聘任过程和程序：所有科研人员首次聘任根据岗位数量和任职条件，按照岗位由高到低的顺序，逐级开展选拔聘任工作。首次选聘不受下级岗位任职资历限制和任期考核结果档级限制。一级工程师及以上岗位统一在公司范围内采用公开竞聘的方式，按照公布岗位、申报推荐、资格审查、选拔推荐、研究审批与公示、履行聘任手续等程序进行。

经营管理、专业技术人员可以通过规定程序在两个岗位序列间相互转换。两个岗位序列间人员转换时，具有相应任职经历的年限相互连续计算。专业技术序列岗位人员可以不实行提前退出工作岗位制度。目前，华北油田已完成专业技术序列的选聘工作，共产生一级技术专家 4 人，二级技术专家 15 人，一级工程师 45 人，二至五级工程师 1810 人。通过考核，形成各级技术专家的评聘、晋升、退出办法。

2. 多渠道强化科研人员的培训力度

一是加强创新理念和创新方法的培养。华北油田与河北工业大学国家级“创新技术与方法工程技术研究中心”合作，举办提升创新能力培训班，围绕技术创新、提升企业核心竞争力和创新理论方法进行授课，培养出一批 TRIZ 应用核心成员，30 名学员通过参加国家组织的创新工程师认证，22 人获得国家二级创新工程师资格证书，8 人获得一级资格证书，同时获得国家发明专利 37 项。

二是强化科研人才的培训和学术交流。制定《华北油田人才培训管理办法》，每年选派 50 名科研骨干到著名大学和研究机构交流、进修，积极营造机会让科研骨干参加各种学术交流和培训活动，开拓研究人员的视野，促进人才的快速成长。

（五）完善保障机制，支持科研管理有序运转

1. 建立科研内部模拟市场运行机制

华北油田针对安排的科研单位承揽的勘探、开发、煤层气生产服务任务，探索建立科研内部模拟市场运行机制。一是明确内部市场甲、乙单位。甲方单位为勘探部、开发部、钻采工程部、基建工程部、煤层气勘探开发事业部等专业管理部门。乙方单位为勘探开发研究院、地球物理勘探研究院、采油工程研究院。管理部门为科技信息处、规划计划处、财务处、人事处、企管法规处等机关部门。二是制定内部市场管理规则。三是规范内部市场财务核算办法。通过试运行，华北油田科研单位、科研人员的积极性显著提升，科研单位与生产单位结合得更加紧密，科研与生产脱节的现象得到明显改善，科技成果水平持续提高。在投资中安排的勘探科研、开发基础科研以及工程项目、生产项目沿用原有管理模式，继续实行有偿服务付款结算。

2. 完善适应科研特点的物资采购机制

由于科研课题的立项、招议标、设备购置、经费使用等环节涉及部门多、审批节点多，物资采购耗时长，导致有效研究周期缩短，科研效率低。招标采购由过去的“事中”控制向“事前”参与转变，提前参与科研项目的预算编制，简化重大专项批复预算的执行程序，增加有效科研时间；从选“物”到选“商”的转变，重点做好合作伙伴的选择，并加强后续服务的延伸，建立选“商”后评估，缩短物资采购周期，逐步形成适应科研特点的物资采购机制。

3. 完善科研外协管控机制

华北油田根据科研外协合作伙伴性质施行分类管理，战略合作伙伴协议期内免入网，各研究单位同领域一次招标、逐年评估；重要合作伙伴协议期内一次入网，履行招议标程序；一般合作伙伴履行所有相关程序。根据外协管理办法，对于油田公司内部能够完成的项目，严把科研项目外协关，坚决杜绝外协。2014 年与 2013 年对比，外协项目数量由 74 项下降至 29 项，外协经费由 2345.22 万元下降至 1252.85 万元，外协经费占科研经费的比例由 18%下降至 9%。

（六）创新科研项目考核机制，强化激励导向

1. 创新建立科技项目质效考核体系

华北油田制定科技项目质效考核管理细则。科技项目质效考核结果与科研单位浮动奖挂钩。科技项目质效考核是油田公司及以上科技项目在完成计划任务的前提下，根据项目的完成质量、应用前景、效益情况进行评估、验收和评比，依据结果对科研单位、项目人员的绩效工资实行考核与兑现。

科技项目质效考核的基本单元为课题。科技项目质效考核首先在油田公司科研单位试行，并择机扩大到油田公司有关单位。根据科技项目计划任务书的要求，科技项目质效考核按生产类、基础类科技项目进行量化打分。生产类科技项目的考核侧重于新观点新认识，以及应用后取得的社会经济效益；基础类科技项目的考核侧重于新观点新方法的科学性，以及对生产的指导作用。

华北油田科研课题按专业组分为勘探、开发（油藏和评价）、工程与信息、煤层气新能源新领域、对外合作五类进行评估或验收。根据每个专业组科研课题评估、验收量化得分情况，将其由高至低强制分为五个等级。一等科技课题数量占 5%、二等科技课题数量占 20%、三等科技课题数量占 50%、四等科技课题数量占 20%、五等科技课题数量占 5%。各科研单位科技项目质效考核基础分值为 100 分。按照科技课题强制分级结果，各单位每获得一项一等科技课题加 2 分，二等科技课题加 1 分，三等科技课题不得分，四等科技课题扣 1 分，五等科技课题扣 2 分；没有按年度计划完成的每个课题扣 3 分；不按预算执行、违反财务制度的行为，视情节严重程度扣 1—5 分；科技课题因技术方案发生变化或其他不可抗力的因素，导致项目不能落实或不能按期完成的，经油田公司主管部门审批同意，考核剔除。最后，科技项目质效与单位绩效工资挂钩。

2015 年，华北油田对四个科研单位承担的 182 项课题（专题）进行质效考核，评出一等课题 10 项、二等课题 15 项、三等课题 138 项、四等课题 14 项、五等课题 5 项。一等项目与五等项目的项目经理个人业绩奖励相差 20%—50%。研究单位之间和各项目组之间通过考核拉开收入档次，有效激发科研单位和科研人员的创新动力，提高科研人员承担项目的积极性。

2. 鼓励原创发明，重视奖励

华北油田把“鼓励原创发明、重视创新成果”作为科技成果评奖的风向标，改变成果评奖方式，全部遵循验收与评奖分开，遵循限额申报、定额评奖、聚焦主营业务、强化奖励导向、注重技术增量的原则。申报科技奖励的成果不局限于当年完成项目，鼓励各单位在成果的集成创新方面纵向上将时间延长（申报成果的时间跨度向前推至 3 年），横向上向相邻专业拓展，积极推进多年来生产实践成果的创新集成，鼓励多个成果跨年度、跨专业、跨单位集成，做强做大研究成果，实现与上级科技奖励的有效对接。同时，压缩授奖数量，增加科技进步奖和技术发明奖的奖励额度，增设科技创新团队奖，奖励取得突出创新成果的优秀项目组。

此外，积极探索多元的科技成果转化激励政策，在《修井作业双人操控起下油管装置》项目中，华北油田获得一次性成果授权许可费 600 万元，其转让费按净收入 35%的比例以工资总额的形式返回到研发单位，用于奖励研发该装置的单位和个人；同时逐年加大成果转化与推广的资金支持力度，2016 年设立科研成果推广专项资金 500 万元，用于支持优秀科研成果孵化转化以及示范区建设，促进科技成果的产业化发展。

三、石油上游企业以发展战略为导向的科技管理变革效果

（一）科技管理水平持续提升

华北油田通过科技管理变革，完善科技管理程序，建立一套较为完善的科技管理体系，促进科技管理水平持续提升。科研项目管理程序逐渐通畅，尤其是重大科研项目的组织管理运行更加顺畅；科研项目降量提质，改变科研项目多、小、散的格局；科研激励机制更合理，科研考核机制更加完善，科研单

位和科研人员的积极性显著提升；科研外协管控机制逐渐完善，科研外协的数量和经费逐年下降；科技管理合规意识逐步增强，在保障科研成果水平的同时，实现科研项目管理依法合规。该体系在石油系统具有很高的推广应用价值。

（二）科技成果质量显著提升

华北油田科研单位和科研人员的积极性和创新活力显著增强，取得一大批具有自主知识产权的优秀科技成果。在常规油气勘探、开发和新能源新领域三大领域，初步形成20项关键技术，发展和丰富29项配套技术，部分技术达到国际领先水平，推进技术系列化、集成化与规模化。以煤层气勘探开发技术为例，形成基于“四元三素”理论的富集高产区评价、基于疏导理论的水平井优化设计、可改造可维护水平井钻完井、煤层气定导一体化地层判识、智能排采及地面集输等五项重大技术，共申报专利67件，制定各类技术标准81项，推动煤层气勘探开发技术升级，解决煤层气评价开发重大技术难题，填补国内空白，成为国内煤层气行业的领跑者。

（三）取得显著的经济效益

华北油田通过科技管理变革，强化科研项目管理，重大关键技术取得突破，降低投资及运行成本，取得显著的经济效益，有效支撑华北油田提质增效工作，也对地方经济发展做出重大贡献。2014年以来，转化实施17项科技成果，实现增油逾2.6万吨，获得成果授权许可费600万元，取得直接经济效益606万元。

（成果创造人：张以明、杨　勇、王洪光、罗金洋、陈兴德、周宝银、
李新霞、田　炜、吴国栋、刘明生、翟金生、田　杰）

以军民融合为核心的舰船总装建造质量管理

沪东中华造船（集团）有限公司

沪东中华造船（集团）有限公司是中国船舶工业集团公司下属造船企业之一，是既造军用船舶、民用船舶，又造大型钢结构的综合型集团公司，拥有中国护卫舰和登陆舰的摇篮之美誉。总部位于上海浦东新区，主要生产区域分布在上海东部的黄浦江两岸，占地面积 100 万平方米。公司具有 80 年的造船历史和丰富的造船经验，拥有一流的技术中心、博士后工作站和 2000 多名中高级专业技术人员，科研开发力量强大，信息化管理手段先进，为国内外船东建造过共计 3000 多艘各型船舶。

一、以军民融合为核心的舰船总装建造质量管理背景

（一）确保军船"战斗力"标准的需要

沪东中华造船（集团）有限公司作为我国海军装备的重要建造基地，是唯一军工生产从不断线的造船企业。自 1952 年起，先后为海军建造 900 多艘各型舰船。沪东中华造船（集团）有限公司高度树立"军品第一"理念，深入贯彻"全特性、全系统、全寿命、全方位"的舰船建造大质量观，同时强化军工核心能力建设，建立并实施舰船总装建造质量管理，以此推动实现"交付产品"向"交付能力"的转变。

（二）保持民船竞争力的需要

近期，沪东中华造船（集团）有限公司以国家大力发展海洋经济和高端装备制造产业为契机，以结构调整和转型发展为主线，大力发展高端制造业。实施舰船总装建造质量管理是沪东中华造船（集团）有限公司突破高端产品建造难关，实现舰船建造技术保持行业前列的有力保障。

（三）军船和民船质量管理经验相互借鉴的需要

沪东中华造船（集团）有限公司具有交付护卫舰、综合登陆舰、电子侦察船等军品的成功经验，也具有交付 LNG 船、超大型集装箱船、滚装集装箱船等高端民船的成功经验，在装备设施现代化、先进制造和管理技术、信息化建设、新产品开发等方面取得显著成绩。建立并应用以军民融合为核心的舰船总装建造质量管理，是沪东中华造船（集团）有限公司实现效益持续改善，确保质量、效率、管理等指标保持国内领先水平，进一步实现军民融合发展的关键路径。

二、以军民融合为核心的舰船总装建造质量管理内涵和主要做法

沪东中华造船（集团）有限公司按照"精确设计、精细管理、精益生产"的发展战略，坚持走高端路线、精品路线、品牌路线，倡导"树卓越品质，创一流品牌"的质量理念，实行"以质取胜"的经营策略，以顾客需求为导向，以产品为载体，围绕总装建造实施以军民融合为核心的质量管理，通过厚植质量文化，强化技术研发创新，推进"数字造船"工程，融合军民产品质量管控方法，推行船体装焊自主质量管理，并以顾客需求为导向建立客户关系管理体系，以设计成本管理为抓手提高舰船设计质量，完善供方管理模式，提高外购外协产品质量，加强质量信息化建设，实行质量实名制管理等措施，为全面转型、改革创新、提升经营效率和效益提供有力支撑。主要做法如下：

（一）传承历史，厚植军工质量文化

1. 深入发动，征集军民融合特色质量文化

近年来，根据海军现代化建设的需要，海军舰船装备建设逐渐呈现出批量化建造的特点，"健康、安全、环保"成为评价装备战斗力的重要标志之一。而民用船舶市场逐渐从常规船舶市场向高端船舶市场过渡。高端船舶具有定制化、小批量的特点。为发挥企业文化在应对外部市场环境变化中的引领作

用，沪东中华造船（集团）有限公司成立企业文化建设领导小组，在企业内部从班组、车间、部门、公司管理层各层级深入发动，征集具有军民融合特色的企业文化，形成“树卓越品质，创一流品牌”的公司质量理念，其核心内涵就是“质量是生命、质量是责任、质量是财富”的质量价值观，“诚信为本、优质为荣”的质量道德观，“健康、安全、环保 ”的质量安全观。

2. 广泛宣传，传播军民融合特色质量文化

沪东中华造船（集团）有限公司在传播质量文化的过程中，运用多种工作平台：一是厂报、广播、内部信息网、部门质量简报等媒体平台；二是编制和印发《企业文化手册》《质量文化手册》，专题宣传质量文化；三是建设企业微信公众号“沪东中华造船”，及时宣传介绍企业生产经营工作中的大事、上级机关工作要求等，并开办“质量知识”“安全知识”“设备管理”专栏，系统介绍岗位作业质量标准等内容，使微信公众号“沪东中华造船”成为广大干部、职工、劳务工了解企业生产经营活动、学习专业知识和专业技能的重要平台。

3. 注重实效，践行军民融合特色质量文化

沪东中华造船（集团）有限公司把职工参与质量管理改进活动作为践行军民融合特色质量文化的重要标志，采取的主要措施有：一是广泛发动员工开展质量改进活动，2013 年、2014 年、2015 年注册 QC 小组数量分别为 271 个、278 个、260 个，提交的论文分别为 194 篇、200 篇、169 篇；二是发动员工提合理化建议，2013 年、2014 年、2015 年上报合理化建议分别为 2706 条、2552 条、1557 条，合理化建议取得的效益分别为 4600 万元、1524 万元、2000 万元 ；三是结合质量月等活动，开展质量荣辱观的宣传教育，对质量管理历程溯源，发掘值得品味的质量文化积淀，组织编写质量荣誉记录，同时建立质量问题曝光台，举一反三，引导员工树立正确的质量观，由此进一步强化实践质量文化的自主性和自觉性。

（二）开展技术创新，严格设计质量管控

1. 强化技术研发创新，提升高端产品研制能力

沪东中华造船（集团）有限公司提出“精常、攀高”的战略方针，把强化技术研发创新、提升高端产品研制能力作为实施战略方针的重要抓手，高附加值、高技术难度的船舶在公司产品结构的占比超过 90%。得益于实施“寓军于民、军民结合”的工作方针，通过在以 LNG 为代表的高技术船上开展一大批前沿设计、建造技术研发创新，和在以护卫舰、综合登陆舰为代表的军品系列船上率先开展在高海况条件下以贴近实战条件试验考核装备可靠性的关键技术研究，高端产品研制能力不断得到提升。

在 LNG 船舶的研究方面，掌握具有自主知识产权的大型薄膜型 LNG 船用超低温隔热绝缘箱制造技术、超低温液货舱和液货装卸系统的建造技术和特殊动力系统设计、安装和建造技术；LNG 船船体制造全流程精度控制技术；大型蒸汽透平及齿轮箱安装技术；高温高压管、低温管、液货仓殷瓦钢及殷瓦部件和泵塔的特殊焊接工艺技术；LNG 船泵塔、殷瓦部件、绝缘箱、围护系统安装平台的制造技术和安装技术。在超大型集装箱船的研究方面，自主设计的具有完全知识产权的 10000TEU 超大型集装箱船已实现批量建造，新开发设计的具有完全知识产权的 145000TEU 超大型集装箱船结构轻、油耗低、载重量高，在航运市场极端萧条的市场情况下实现批量化接单。

2. 推进“数字造船”工程，提高舰船建造精度

沪东中华造船（集团）有限公司通过消化吸收“区域造船”“三维设计”、单元模块化建造和高效焊接技术等先进设计理念和造船技术，率先在国内同行中推进“数字造船、绿色造船”发展理念，成功研发出拥有完全知识产权并通过国家保密测试的“SPD”船舶设计软件。该软件具有三维仿真演示功能，能够通过设计系统数字化模拟船舶建造，成功运用于公司军民品船舶的设计制造。得益于推进“数字造船”工程，沪东中华造船（集团）有限公司建造的 LNG 船、超大型集装箱船、38000 吨化学品船、

45000吨集滚装船等高新民船产品和护卫舰、综合登陆舰、电子侦察船、综合补给船等军船产品零件的制造精度、安装精度不断提高，材料的利用率不断提高，制造成本不断下降，管理效率不断提升。

3. 以设计质量成本管理为抓手，持续提高舰船设计质量

舰船设计工作质量与设计人员的工作能力、工作水平和工作责任心密切相关。由于设计人员工作的专业性比较强，造成判定设计质量的难度较大。沪东中华造船（集团）有限公司在归纳、分析设计更改原因的基础上，将设计更改原因划分为16种类型，其中9种类型为“配合修改”——船东、船检等三方原因导致的修改，7种类型为“设计修改”——设计人员失误导致的修改。把对“设计修改”导致的设计质量成本统计、分析作为提高舰船设计质量的重要抓手。开发信息化管理系统，合理统计每一张改图单的设计质量成本，明确有关部门的工作职责和工作流程。

沪东中华造船（集团）有限公司下达每一艘军品和民品船的设计质量成本指标，并与相关单位签订质量责任书，将设计质量成本指标与设计部门的经济责任挂钩。职能部门每月汇总、统计每一艘船的设计质量成本，进行专项反馈及考核。设计部门每月对设计修改原因及发生的成本进行分析，按专业开展质量反思活动，切实落实举一反三的整改，减少或避免重复差错，同时进一步加强责任落实，对因自身原因造成的A类改单损失实施2%的质量追责。

（三）循证决策，构建信息管理平台

1. 以两化融合为契机，加强质量信息化建设，提高质量管理手段和水平

为提高质量管控信息数据的收集、传递和分析决策水平，发挥质量管理过程中各个环节信息数据对质量管理提升的作用，并兼顾保密工作的要求，沪东中华造船（集团）有限公司加强民用船舶的质量信息化建设，开发并运行的民用船舶质量管理信息系统有：检验验收项目基础信息库、检验项目申报和验收信息平台、采购产品质量信息平台、售后服务信息管理平台、焊接质量信息管理平台、质量检验统计信息平台。

船舶检验项目申报和验收信息平台实现的功能有：船舶产品检验项目自检、互检、专检、外检项目申报、检验意见管理闭环。通过信息化和检验业务的结合，实现各关键项目的车间班组作业质量控制和质量问题的闭环。

采购产品质量信息平台实现的功能有：赴材料设备厂家对船舶采购物资进行检验的信息、船舶采购物资在仓库内开箱检验的信息、开箱时收集到的船舶采购物资质量证书、随机文件资料信息。通过采购产品质量信息平台对前述信息进行管理，有关设计、生产、物资采购部门可通过该平台便捷地查阅有关信息。采购产品质量信息平台反馈的信息还可用于供方业绩管理。通过该项目系统功能的实现，保证绝大部分采购物资的质量，保证从源头控制生产质量。

售后服务信息管理平台实现的功能有：船舶售后服务期间，船东提出的意见在企业内部各部门间的信息共享、信息传递、信息闭环。通过售后服务过程产生的问题数据的分析可以举一反三，将这些问题带入生产过程的质量检验控制，减少过程质量，实现不断促进在制后续船舶产品质量、改进和优化的目的。

焊接质量信息管理平台实现的功能有：对船体焊接拍片检验申请、焊接拍片结果登记与反馈查询、焊接拍片合格率统计进行全过程管理，实现对焊工拍片业绩的记录，为焊工管理提供参考。

质量信息化工作的推进，实现质量数据的实时采集、传递，公司及各生产部门的质量分析和质量考核管理逐步由以定性为主转为以定量分析为主，质量管理改进的措施更具体，更有说服力和针对性，权威性更高。

2. 重视质量技术基础课题研究，为运用信息化手段强化舰船质量监管奠定基础

2014年，在推进民用船舶质量信息化建设的基础上，以沪东中华造船（集团）有限公司为主研单

位，承担国防科工局质量技术基础科研课题《舰船建造检验验收信息系统研究与开发》项目的研究。课题从总装造船企业的质量管理业务流程的调查和分析出发，研究适合总装造船企业业务流程需要的全面质量管理的信息流、信息对象及其相互关系。过程中梳理典型舰船建造检验验收过程中船体、涂装、轮机、管系、电气、武备六专业检验验收项目，归纳出检验验收项目的拆分原则，提出总装厂舰船建造质量监督管理模型及其典型质量管理业务过程信息模型，提出总装造船企业质量管理信息集成的架构，对质量管理信息集成和应用集成的方法进行研究。开发舰船建造检验验收信息系统，运用可视化技术对舰船建造各阶段的质量指标进行监督。该课题2015年年底基本完成研究内容，有关研究成果逐步用于军船的质量信息化管理。

3. 以信息化手段为抓手推行质量实名制管理，落实质量责任制

在实名制推进过程中采取的办法有：编制公司级《质量实名制管理办法》，从公司层面建立质量实名制推进工作机制，明确各部门在实名制推进工作中的责任；明确公司层面推进实名制工作的项目，按照项目清单由公司组织推进的职能部门编制每一个项目的实名制实施细则；按照细则组织检查打分，按照评分结果对生产部门进行绩效考核；职能部门组织相关生产部门对某一实名制实施情况进行交叉检查。

为方便焊接实名制信息的检索，沪东中华造船（集团）有限公司由质量保证部牵头，与信息技术研究所、民船设计所、分段制造部等一起，组织开发船体焊接质量信息系统。该系统实现的功能有：每一张焊接拍片片位与所在焊缝、焊接人员一一建立对应关系；实现焊接拍片申请、拍片结果反馈、拍片合格率统计的全流程管理；可查询每个焊工、每个部门、每艘船舶的焊接拍片合格率。

（四）多措并举，促进军民质量融合

1. 融合军民产品质量管控方法，共同促进产品质量提升

为进一步适应军品单件或小批量生产，沪东中华造船（集团）有限公司在军品建造中建立型号建造质量与可靠性工作系统，按照生产建造、技术保障、质量安全监控和综合管理四条专业线组建对应的产品工作机构，明确四条专业线的职能分工和协调工作原则，采取编制型号船质量保证大纲、对型号首件召开鉴定会、对从业人员进行资格审查和定期复审、对型号关键件和关键过程控制编制作业指导书并进行评审、对型号船关键节点进行转阶段评审等质量管控措施。

为适应民品批量化建造，沪东中华造船（集团）有限公司在民品建造中逐步建立和完善区域造船建造质量控制技术、总段建造质量控制技术、单元模块建造质量控制技术、预舾装质量控制技术、HSE健康安全环保理念和对配套产品进行有毒有害物质检测的质量控制方法。

近年来，根据军品舰船定型产品进行批量化建造和LNG船、滚装集装箱船、化学品船质量要求高的特点，沪东中华造船（集团）有限公司大力推进军民产品质量管控方法融合，将军品质量与可靠性工作中的首件鉴定、关键过程控制、关键节点转阶段评审等质量管控方法应用于高新民品，将区域造船建造质量控制技术、总段建造质量控制技术、单元模块建造质量控制技术、预舾装质量控制技术应用于某型护卫舰、某型综合登陆舰，将HSE健康安全环保理念和对配套产品进行有毒有害物质检测的质量控制方法应用于所有军品。

2. 推行船体焊接质量自主管理，严控船体焊接质量

基于船体焊接质量的特殊重要地位，船体焊接工作和船体焊接质量判定的特点和装备高可靠性的要求，沪东中华造船（集团）有限公司将军品船体焊接质量控制的关口前移，制订船体焊接质量自主管理工作方案。一是建立焊接人员分层分级管理档案，对军品焊接人员的资格和业绩进行动态管理，临近有效期的及时办理续证手续；二是在生产现场张贴焊接工艺操作规程（业内称为WPS），用于指导焊接人员操作，便于军代表进行监督检查；三是针对具体船型对焊接人员进行培训，教会焊接人员辨识、核对

焊接工艺规程，确保焊接人员按照工艺规程操作；四是与船体建造有关的生产部门组建超声波探伤队伍，对船体主要焊缝自主进行100％超声波探伤检查，发现缺陷及时消除。自主探伤的结果与部门质量奖惩措施挂钩，促使焊接人员提高工作责任心、严格执行工艺纪律。

根据LNG船、滚装集装箱船、超大型集装箱船、双相不锈钢化学品船等高技术船舶的占比越来越大，船东和船检（第三方检测机构）对船体焊接质量也越来越关注的情况，逐步将船体焊接自主质量管理的要求扩展到所有船舶产品。

推进船体焊接质量自主管理。军代表、船东验收船体焊接质量时，很少对船体焊接质量提出质疑。在上级公司、军品管理机关组织的船体焊接质量抽查中，焊接质量都得到充分肯定。

3. 以顾客需求为导向，完善客户服务体系

为更好满足顾客需求，沪东中华造船（集团）有限公司建立顾客服务管理体系，围绕产品对顾客开展售前、售中、售后服务。公司的顾客服务管理体系的理念包括：以顾客满意为关注焦点；主动经营，创造双赢；快速反应，全员参与；全程控制，强调细节；规范服务，集成优势；持续改进，不断优化。顾客服务管理体系以船舶建造质量、周期、价格、服务“四满意”为目标。

根据军品由机关抓总、总体所提供设计、专业所和专业厂提供配套、造船总装厂建造的特点，沪东中华造船（集团）有限公司发挥信息全、熟悉现场生产工艺的特点，在舰船预研阶段开展售前服务，为机关和总体所开展舰船设计提供支撑；在舰船建造阶段，积极开展售中服务，组织接舰部队开展装备保养培训、操作培训，指导舰员及时掌握各种装备的保养和操作要点，为部队用好装备、发挥装备战斗力提供支持；舰船交付后，为部队提供售后服务。

近年，军方提出对舰船提供全寿命保障的要求。为舰船提供优质售后服务的工作更加重要。沪东中华造船（集团）有限公司根据承制装备大量列装三大舰队的情况，先后在东海、南海、北海舰队建立售后服务站，并为每个售后服务站配备专业服务队伍，制定售后服务工作管理制度和工作流程，为部队提供常规保修、紧急保障、年终保修。部队对公司军品售后服务工作非常满意，提出为保修期到期的舰船提供延伸服务的要求。

民用船舶市场化的特点更加鲜明，对售前服务、售中服务的要求与军品有差异，但是对售后服务的要求与军品比较接近。沪东中华造船（集团）有限公司发挥好三个售后服务站站点分布相对合理、专业售后服务队伍业务精通的优势，就近为回国的民船开展服务。同时，借鉴建立军品售后服务站的工作思路，在中国香港地区、欧洲等民船航线集中地选取长期合作伙伴，为建造的民船提供全球联保服务。该工作模式已赢得客户的信任。

4. 完善供方管理模式，提高外购外协产品质量

为提高外购外协产品的质量，沪东中华造船（集团）有限公司完善供方管理模式，在梳理供方管理现状的基础上，采取对各条线供方进行集中管理的工作模式。同时，对供方评价的内容和要求进行改进，除对供方从质量管理体系、HSE管理体系、企业保密管理、设计和工艺技术水平、生产设备与供货能力、原材料与配套件控制、制造过程质量控制、供货产品实物质量、售后服务等9个维度进行评价外，还参照承接LNG船项目中国外石油公司对公司进行尽职调查的做法，对向企业重点军民舰船提供服务的关键供方，明确除从9个维度进行评价外，还要从业绩、风险、资信、廉政等方面进行尽职调查，尽可能降低供方风险。在对供方进行评价时，除企业质量部门、技术部门、生产部门、物资采购部门的人员参加外，必要时还邀请企业法律部门、财务部门、保密管理部门和船东、驻公司军代表室的人员参加，在审核过程中，有时还会延伸审核供方的二轮配套单位。另外，还建立供方评价有效期管理、供方退出和退出后再进入的制度，建立供方业绩档案，根据取得合格供方资格的单位提供的产品的质量、服务等情况，对供方进行动态管理。

三、以军民融合为核心的舰船总装建造质量管理效果

（一）有效推动产品结构的调整。

沪东中华造船（集团）有限公司通过实施以军民融合为核心的舰船总装建造质量管理，保证舰船产品的高质量，为各类产品的顺利交付提供有力保障，也为承接新型产品增添巨大的信心。近年来交付的产品有大型 LNG 船、大型集装箱船、集滚船、化学品船、重吊船等高技术民用船舶产品以及多型军用产品，产品结构相比“十一五”期间以集装箱船、油船、散货船为主的情况，得到极大优化。

（二）实现军民融合产业的良好发展

沪东中华造船（集团）有限公司实施以军民融合为核心的舰船总装建造质量管理以来，2013 年、2014 年、2015 年分别实现交船 22 艘/102.33 万吨、23 艘/248.53 万吨、24 艘/140.35 万吨。实现工业总产值分别为 130.2 亿元、172.4 亿元、183.7 亿元。以 2013 年完成值为基数，2014 年、2015 年工业总产值同比增长分别为 32.2%、6.6%。实现工业增加值分别为 21.1 亿元、28.2 亿元、27.4 亿元。以 2013 年度完成值为基数，2014 年、2015 年工业增加值同比增长分别为 33.6%、29.8%。更主要的是，在船舶市场持续低迷的形势下，手持订单比较饱满，高新产品比例超过 90%，生产保障系数在行业内属于较好水平。

（三）取得良好的社会效益

沪东中华造船（集团）有限公司于 2013 年、2014 年、2015 年，在中国船舶工业集团公司对下属企业的年度质量考核中，连续三年考核成绩均为 A。2015 年，荣获“第二届中国质量奖”提名奖，成为国防科技工业系统获得提名的 6 家单位之一。

（成果创造人：陈建良、金燕子、胡建耀、赵文裕、胡江平、李　华、杨苍满、乌晓红、周秀丽、凌伟兴、陈　欢、陈　光）

国有控股集团依法治企的制度体系建设

天津天保控股有限公司

天津天保控股有限公司（以下简称天保控股）成立于1999年1月，是天津市保税区管委会投资的大型国有独资公司，由管委会授权行使国有资产经营管理职能。天保控股拥有11个职能部门、59家全资及控股公司、57家参股公司，资产规模达1091.212亿元，净资产380.7亿元，注册资本金183.21亿元。目前，公司区域服务面积已经达到73平方公里。

一、国有控股集团依法治企的制度体系建设背景

（一）贯彻"依法治企"、推进国有企业改革的需要

依法治国是国家的治国方略，而"依法治企"则是依法治国在经济领域的贯彻执行和具体体现。具体落实到企业层面，则是要实行依法治企，将公司制度上升到企业治理的高度上来。对企业而言，制度大于一切。企业经营管理的全部活动与法律有着千丝万缕的联系，提高企业法治程度，能够提高企业的内部管理水平。当前，企业处于调整结构、转型升级的关键时期，依法治企也是国有企业深化改革、做强做优的内生需要。

（二）提高国有企业管理效率、有效防范经营风险的需要

影响企业管理效率的因素有很多，如管理水平、体制机制等，尤其是国有企业客观的体制机制原因和错综复杂的人际关系，给管理效率的提升带来一定的难度。如果在国有企业内部建立"依法治企"的企业文化，彻底转变全体员工的思想意识和观念，改变领导的决策习惯，一切按照企业制度和流程办事，既能提高企业的管理效率，又能改变领导决策的随意性和主观性，降低企业的决策风险和经营风险。通过规范内部经营活动，化解各种法律风险，可以较好地发挥风险控制工作的预防保障作用，不断提升公司风险防范水平。

（三）解决企业制度管理中存在的各种问题、提高制度管理有效性的需要

各企业都有制度，但各企业制度管理水平差异较大，建立行之有效的制度体系对企业来说意义重大。制度体系建设既是企业实现"依法治企"的基础，又是企业实行法治化管理的重要手段。把国家法律法规对企业的要求内化为企业的规章制度，进一步规范各项规章制度立、改、废等工作流程，建立健全统一有效、全面覆盖、内容明确的规章制度体系，对企业来说十分重要。

二、国有控股集团依法治企的制度体系建设内涵和主要做法

天保控股在企业市场竞争和改革发展过程中，将实现"依法治企"放在重要地位，着力培育"依法治企"文化氛围，以制度体系建设为抓手，以战略目标分解为支撑，建立"制度大纲＋公司治理＋运作条线＋控制要素"四层次制度体系，做好集团制度与子公司制度的衔接，同时配以流程和信息化作为制度落地工具，从而真正达到企业的"依法治企"，达到事事有法可依、有制度可循、提高工作效率、降低风险和成本的目的。其特点主要体现在"三性"上，即改革性、预防性、合规性。主要做法如下：

（一）导入依法治企新理念

以"依法治企"为导向的企业制度体系建设是个系统化的工作过程，充分体现PDCA循环的管理思想，主要内容包括：导入依法治企新理念、梳理企业适用的法规、规划新的制度体系、编写制度汇编手册、制度合规性排查、流程与信息化辅助落地、制度执行检查与完善等。

以依法治企为导向建立制度体系的第一步就是在员工中树立依法治企的意识，使员工了解依法治企

对企业发展的重要意义，在企业形成依法治企的文化氛围。为此，集团公司在各个层面进行依法治企理念的宣讲，成立领导小组负责依法治企与制度体系建设工作。通过有计划地推进相关工作，依法治企意识已在企业领导和员工中深深扎根，初步形成依法治企的文化氛围。另外，在推进依法治企工作时，天保控股充分发挥专家顾问的作用，聘请管理咨询专家担任实施顾问，在依法治企与制度体系建设理念和方法培训、总结提炼制度汇编手册和操作实践中给予专业性的指导。同时，领导小组将公司的所有制度分为十一大类并形成十一个工作小组，每小组制度修订、复审等工作由相关职能部门负责人负责，定期向牵头协调小组汇报工作进展情况。

通过依法治企的制度体系建设体现“三性”特点，即改革性、预防性、合规性。

改革性：依法治企在企业管理过程中具有重要的作用和深远的意义，不仅能够适时规避法律风险，还能规范经营管理行为，改革落后的经营管理模式，让企业以饱满的姿态适应激烈的市场竞争，进一步促使企业健康稳步快速地向前发展。

预防性：依法治企的重点是建立企业内部制度和流程并按章办事，优化企业现有的制度体系，排查现有制度的合法合规性，让企业经营人员依照法律和制度来治理企业，规范经营行为，预防各种风险的发生，以免给企业带来较大损失。

合规性：企业制度体系建立后，要逐条对制度条款进行合规性排查，企业制度不能与有关法律法规、规章等相冲突，要提前建立与本企业经营相关的法律法规汇编，以方便制度与有关法律、行政法规、部门规章、地方性法规等进行排查。

（二）梳理企业适用的法规

第二步要做的就是根据公司经营特点梳理出企业适用的法规。收集与公司经营相关的法律法规，全面覆盖上位法与下位法，从国家法律、行政法规、部门规章、地方性法规几个层面进行法律法规汇编，通过汇编能够快速查询到与公司经营有关的各种法律法规条款。

在工作组的努力下，公司最终形成十四大类总计 2178 页的法律法规汇编，形成一张公司自己的实用性很强的法律法规汇编手册，为“依法治企”奠定坚实基础。

（三）规划新的制度体系

在规划新的制度体系时，需要重点考虑解决以下四个核心问题。

1. 战略如何分解到职责，职责如何融入到制度

企业的一切活动都要围绕战略进行，制度建设也不例外。将公司战略细化成公司目标，然后分解到部门目标，再分解到岗位目标。

职责是企业制度内容编写的依据。不同的部门职责不同，不同的岗位职责也不同，编写制度内容时首先要明确各部门职责和岗位职责。制度内容要做到与各部门的关键职责相匹配，与各岗位的核心职责相吻合。所以，在进行制度体系设计时要先进行部门和岗位职责的梳理，以明确各部门的岗位责任和权限。

2. 多元化集团公司的制度建设体系框架与单体企业的不同

企业在制度体系设计时要分析是多元化控股集团还是单体企业，多元化控股集团的特点是主营业务多、经营门类广、子公司较多、管控难度较大，而单体企业从事的主营业务较少、经营较专一、以分公司为主要扩张方式、管控难度较小。不同的公司类型，根据其特点，制度体系建设框架也不一样。多元化控股集团公司管控十多家甚至上百家子公司，管控较为复杂，集团的制度建设重在“督导”，适合建立“制度大纲＋公司治理＋运作条线＋控制要素”四层次制度体系框架。

“制度大纲”是管理制度的制度，相当于“企业宪法”，制度的建立、修订、废止等必须遵照制度大纲的有关规定执行；“公司治理”是公司治理层面的制度，公司章程、议事规则等需要建立制度规范；

"运作条线"是将公司日常运作划分为十大类职责运作条线，各个条线分别制定制度；"控制要素"是将公司各条线再进行细化，明确核心控制要素，对各控制要素制度化，形成制度细化的管理细则、管理办法。

3. 集团公司制度与子公司制度如何衔接

集团公司制度与子公司制度的衔接要和集团公司与子公司的管控模式相匹配。对子公司的管控有财务型管控、战略型管控和运营型管控，对应的子公司制度管理也要与管控模式选择相匹配，某子公司属于财务型管控，则具有较大的经营自主权限，对于集团的制度只能参照执行；某子公司属于战略型管控，则集团公司在战略和重大事项的决策要用制度来规范；某子公司属于运营型管控类型，则集团公司各制度均对其具有监督指导和约束作用。

为此，工作组在集团制度与子公司制度衔接上开展大量工作，分析不同子公司的管控模式，制定全资及控股企业管理办法、参股企业管理办法等来划清集团制度与子公司制度的边界，做好集团与子公司制度的衔接。

4. 新的制度体系采取何种手段才能达到良好的执行效果

企业的管理体系是由各种各样的制度文件构成的，日常运营就是基于这套制度体系展开的。因此，这套制度体系的标准化程度直接决定企业管理的规范化程度，这套体系的清晰化程度直接决定企业管理的执行力大小。制度的执行最终要靠人去完成，人的素质有高低，如果配以流程与信息化辅助制度落地执行，效果会更好。

企业的制度和流程基本上都是以文件的形式存在的，不管这种文件是纸质的还是电子的，也不管这种文件是以通告、纪要、红头文件的形式发布，还是以某种标准的格式发布。这种以文件作为载体的制度和流程数量众多、格式多样、详略不一、关系复杂，执行中难免会发生重复、冲突、缺失、描述不清晰等问题。

模型化的而非文件化的企业制度和流程的信息化管理平台可以帮助企业实现管理体系"理清楚、管起来、持续优化"的目的，从而使企业的战略真正落地、制度得到真正贯彻执行，并大大提高企业的执行力和管控力。所以，制度的执行需要流程和信息化的支持才能发挥最好的效果。

（四）编写制度汇编手册

制度汇编手册是制度运行和操作的指南和工具。天保控股抽调人员组成编写小组，并聘请制度管理咨询专家作为专业指导，花费三个多月时间策划编写完成制度汇编手册。制度汇编手册分为两册，一册为管理制度汇编，另一册为党委制度汇编，两册共近30万字。

天保控股管理制度汇编手册包括十一篇内容，分别是制度管理篇、公司治理篇、战略经营篇、建设管理篇、资产管理篇、财务管理篇、风险控制篇、组织人事篇、行政办公篇、信息管理篇、安全环保篇。

天保控股党委制度汇编手册包括十五项制度，分别是党委会议事规则、"三重一大"决策工作实施办法（试行）、党建工作"联述联评联考"实施细则、党委中心组学习管理办法、民主生活会管理办法、中层领导班子和中层干部综合考核评价办法、评优奖励管理办法、党费收缴、使用和管理的规定、保密工作管理规定、干部管理办法、干部选拔任用工作实施细则、干部选拔任用"一报告两评议"管理办法、干部轮岗交流办法、干部问责管理办法、干部外出请假销假管理规定。

在编写制度汇编手册时，还考虑到以下因素。

一是要体现良好的结构层次。制度汇编手册的内容要系统、全面，要具有很强的层次性。在制度大纲篇，介绍制度管理办法，即管制度的制度，规范制度建立、修订、废止等必须要遵循的规则；公司治理篇介绍党委会议事规则、董事会议事规则、监事会议事规则、总经理会议事规则等内容，完善法人治理结构；最后按照战略经营、组织人事、资产管理、财务管理、行政办公、风险控制、建设管理、信息管理、党群文化、安全环保等公司日常运营中的十大运作条线进行制度细化，建立管理办法和实施细则。

二是制度编写要内容完整、格式规范。在编写制度时，要按照规范的格式统一编写。每个制度都要完整地编写总则、分则、附则，总则包括目的、范围、依据等，分则包括核心管理事项、约束行为、奖罚等，附则包括解释权、生效时间等。按照统一格式编写的制度更加具有针对性，实用性更强。

三是便于实际操作。制度建设是一项复杂的工程，要高度关注可操作性。在制度汇编手册中，对原有制度进行调研与分析之后才开始编写新制度，新制度的编写需融入公司新的发展战略，同时制度编写小组经过“四上四下”才能最终定稿。即编写小组与部门讨论并反馈意见修改、编写小组与分管领导讨论并反馈意见修改、编写小组与总经理讨论并反馈意见修改、编写小组与领导班子集体上会讨论并反馈意见修改。经过“四上四下”听取各方面的意见之后，制度的操作性会更强。

（五）制度合规性排查

在完成制度汇编的初步编写工作之后，接下来进行制度的合规性排查。将制度逐条与企业梳理的适用性法律法规汇编进行对照，发现制度合规性问题立即进行修改，特别是对由于法律法规的补充与条款变更使制度没有及时更新的，要进行重点排查纠正。制度合规性排查时侧重四个方面。一是主体或对象型要求。对于制度中的主体或对象在合规排查时要作为排查重点，看主体或对象有无资格或法律法规是否赋予有关权力，超出法律法规规定的权限范围要审慎的进行排查。二是量化型要求。对于制度中有关数字量化的要求，要进行合规性排查。比如天数、金额等各类量化数字要按照法律法规要求进行规范。三是程序型要求。法律法规中有关程序的要求规定明确，在制度合规性排查时需要对有关程序仔细检查，看程序是否一致。四是情形类要求。在有些制度中，经常会出现“有下列情形之一的，可以进行某事”，对于这些规定的情形要逐条进行仔细排查，看规定的情形是否与有关法律法规相冲突。

（六）流程与信息化辅助制度落地

制度的建立最终要靠人去执行，执行的人员素质达不到制度实施的要求，再好的制度其效果也会打折扣，所以制度需要流程和信息化手段的配合，通过，工具提高制度执行效果。通常，要想达到好的执行效果，需要完成“四化”，即管理制度化、制度流程化、流程表单化、表单信息化。

制度的有效执行需要流程和信息化手段作为支撑。流程是企业运作的基础，企业所有的业务都需要流程驱动，流程通常是通过流程图的形式来呈现流程步骤。同时，要进一步提升流程效率必须使用信息化手段，将流程与信息化结合，将流程图里面的每个步骤都输入到信息系统中。

（七）制度执行检查与完善

根据 PDCA 循环的思想，以“依法治企”为导向的企业制度体系建设最后一个阶段的工作是对实施结果进行分析，总结归纳经验和教训，在总结归纳的基础上对实施过程进行优化，并对制度汇编手册进行补充和完善。实施过程总结的重点是实施的规范性和实施过程中出现的问题及解决方案，在总结的基础上优化制度内容，作为今后工作的指导。

在制度体系建设实践中，在制度试运行过程中，一方面检查制度执行情况，一方面听取制度执行中的反馈意见，对原有制度汇编的内容进行个别修改与完善，使其更加符合企业的实际运作要求，使优化后的新制度更具有操作性。同时，通过制度执行考核，使制度的执行更加有力，各项工作效率显著提升，“依法治企”工作发挥应有的作用。

对完善后的新制度要在企业中及时培训，通过培训使领导和各级员工掌握新制度的内容。为此，在推进制度体系建设的过程中，针对制度汇编手册的内容安排大量的培训。培训分为三个层次：

第一个层次是面向公司决策层，由外聘专家顾问为公司的决策层和部分中层进行通过制度体系建设实现“依法治企”新理念方面的培训，从依法治企的必要性、制度体系建设的迫切性和制度体系建设的要素和方法等方面进行培训。

第二个层面是面对制度修订与审核的中层管理干部，除讲解“依法治企”有关理念外，还重点介绍制度体系建设的整体框架、具体工作方法和需要配合的工作内容等。

第三个层面是面向具体执行制度的所有员工，培训内容除“依法治企”理念外，还介绍制度体系建设、企业法律法规汇编的重要性，制度体系的系统框架、制度汇编手册的核心内容、制度落地实施保障等。

三、国有控股集团依法治企的制度体系建设效果

（一）促进国有控股集团管理思想重大转变，提高管理效率

在以“依法治企”为导向的企业制度体系建设完成并运行之后，彻底转变全体员工的思想意识和观念，改变领导的决策习惯，提高企业的管理效率。在领导决策意识转变方面，“依法治企”理念改变领导决策的随意性和主观性，降低决策风险，可以为企业避免较大的经济损失，这在公司的管理思路转变中具有里程碑式的意义，对其他开发区类集团公司也具有借鉴意义和很大的推广价值。在管理思想转变方面，通过实施本成果，总结出一套基于 PDCA 循环的系统化的工作方法，形成一套规范化的制度汇编手册，这种管理思想为公司管理水平的提高发挥较大作用。在员工意识转变方面，“依法治企”使员工建立起按章办事和风险防范的意识，促使其提高工作效率和整体素质。

（二）完善企业内控体系，提高企业集团管控水平

以“依法治企”为导向建立企业制度体系，给企业带来一张“风险防控网”，完善企业的内部控制体系。在风险管理方面，该制度的设计以战略为导向，结合公司各部门的职责，实现制度的匹配性及可操作性。在经济效益方面，由于依法治企工作宣传到位，工作效率明显提升，员工责任感、目标感明显增强。公司通过建立以“依法治企”为导向的制度体系，在全体员工的共同努力下，2015 年经济效益增长明显，实现净利润 20.90 亿元，净利润同比增长 112.77%；2016 年上半年在经济大环境下行压力下，仍然实现净利润 7.64 亿元，超额完成目标任务。控股企业集团进行对标过程中，公司多项指标排在前列，尤其是风险管控水平显著提高。集团公司为参股企业梳理权限，并从人、财、资产等各条线梳理更为细化的管控权限表，管控更为精细化。

（三）为国有控股集团“依法治企”提供可以借鉴的操作性、系统性的方法

本成果在公司取得良好的效果，具有很强的操作性与可推广性，是国有控股集团公司、国有资本投资运营平台类公司、开发区类国有控股集团公司，乃至所有国有企业通过制度体系建设实现“依法治企”的示范。大力进行推广后，将有力促进企业降低风险与成本、提高管理效率和集团管控水平。特别是对于开发区类控股集团来说，更具有重要的借鉴和里程碑意义，为开发区类控股集团公司在管委会的领导下快速健康发展，提供一种崭新的方法和手段。

（成果创造人：薛晓芳、何　莹、杨　萃）

超特高压企业以提升效率效益为目标的一体化多层次标杆管理

国网山东省电力公司检修公司

国网山东省电力公司检修公司（以下简称检修公司）是国家电网大型输变电企业之一，主要负责山东省 500 千伏交流输变电设备、±660 千伏直流线路及换流站的运检工作。目前有职工 740 人，设置 7 个管理部室、3 个中心和 1 座换流站，在淄博、临沂等 6 个地区设有运维分部，管辖 39 座变电站，变电容量 68000 兆伏安，管辖线路 100 条、7756 公里。

一、超特高压企业以提升效率效益为目标的一体化多层次标杆管理背景

（一）支撑国家电网公司特高压战略的需求

山东电网作为华北区域电力供应的枢纽，在特高压架构中占据举足轻重的地位。作为山东地区特高压电网的运行维护企业，预计到 2020 年，检修公司将负责运维特高压 1000 千伏交流特高压变电站 3 座，±800 千伏换流站 2 座。为保证完成承载超特高压电网安全稳定运行的艰巨任务，检修公司必须进一步转变观念，形成符合管理需求、与国际先进水平相当的标杆管理模式。

（二）响应国网山东省电力公司对精益管理的需求

随着精益化专业管控的不断升级，国网山东省电力公司对同业对标工作的要求也日益提升。检修公司多次代表山东公司参与国际输电运营与维护研究协会（ITOMS）组织开展的国际对标活动，并取得较好成效，为检修公司对标工作看齐世界一流打下坚实基础。随着特高压建设任务和精益化管理要求的不断升级，广泛并深入地开展标杆管理能够使检修公司满足山东公司对精益管理的内在需求，也能够实现企业的持续创新发展。

（三）突破检修公司当前管理瓶颈的需求

随着检修公司各项业务的发展，对标工作仅以追赶先进为目标定位的局限性日益凸显，尤其是在优势专业领域，由于可参照学习的引领对象难以寻找，造成优势专业出现前进动力不足、停滞不前的问题。另外，因组织方式、对标领域、结果应用等方面的不同，检修公司各类对标工作处于平行开展、各自为政的分裂局面，从长远看，单领域对标效益已发挥到接近极致，受其上下游客观条件制约，难以突破管理瓶颈，对标管理负担逐渐多于效益。因此，检修公司对当前标杆管理内容进行深化整合，构建一体化的多层次标杆管理，有利于整体经营管理的持续健康发展。

二、超特高压企业以提升效率效益为目标的一体化多层次标杆管理内涵和主要做法

检修公司构建以国际对标、行业对标为战略引领，以车间对标、班组对标为责任目标分解载体，以个人对标为全员激励的多层次标杆管理体系，通过科学立标、持续改进、实践达标、超越创标等一系列对标活动，全过程循环开展标杆管理，实现多专业、各层级标杆管理的一体化推进，最终实现企业经营的持续发展、跨越式提升。主要做法如下：

（一）确立标杆管理的基本思路

1. 提出全员、全过程、全方位开展标杆管理的目标

一是不局限于完成对标活动的目标、任务，而是侧重于在对标的过程中创造性地设立目标、追赶目标、超越目标，并在成为标杆之后继续深度挖掘专业核心要素，科学设立下一步对标活动目标，并按照追赶超越的实践方式开展新一轮的对标活动。

二是从之前过于关注对标指标数据的行为，转变为重视分析、提炼指标背后的管理要素的模式，并

以创新思维对其进行不断提升和循环改进。

三是以战略层面对标为起点，逐步下移重心，开展车间、班组乃至个人层面的对标，最终实现标杆管理在检修公司全层级、全专业的覆盖。

2. 加强标杆管理的组织领导

全面整合检修公司各类对标相关组织机构，按照行政层级和所辖专业重新梳理，按照标杆管理范畴开展一体化推进工作。成立以公司总经理为组长的领导小组和以分管企业管理专业副总经理为主任的工作办公室，下设统筹规划、规章制度、落地实践、综合保障、反馈整改等五个工作小组。为确保管理工作的全过程推动，检修公司特设监督办公室，负责标杆管理工作反馈意见的收集及督促整改。采取纵向层级管理与横向扁平化管理相结合的方式，在管理过程中既明确各层级的职责，又通过管理创新、资源优化、机构整合等方式减少管理层级，提高工作效率。

3. 加强宣贯，营造氛围

检修公司结合年度普遍开展的冬训、夏训，搭载班组大讲堂、擂台赛等平台，持续定期开展全员标杆管理的理念培训活动，促使各层级、各专业充分掌握标杆管理的目标原则和重点内容，实现人人参与、重视标杆管理，创造持续改进、追求卓越的工作氛围。

（二）构建一体化标杆管理体系

1. 梳理标杆管理主脉络

检修公司对已开展的对标项目按照管理层级自上而下进行梳理，已开展项目主要包括：ITOMS 国际对标、国家电网公司省级专业机构对标、检修公司内部车间对标、国网山东省电力公司班组对标，通过以上对标活动的开展，分别在公司战略层、车间和班组管理层实现标杆管理覆盖。

为实现公司战略对标的层层支撑、执行落地，在已开展的对标层级基础上，整合战略层、规范中间层、扩展基础层，通过对班组对标的进一步分解，将标杆管理拓展延伸至责任最小单元——“个人层面”，实现中间层对标的末端延伸，有效解决标杆管理目标分解和责任支撑的“最后一公里”问题。

2. 明确各层级对标作用

针对现有的五个标杆管理层级，即“国际、行业、车间、班组、个人”，实施逐级支撑、逐级管控，管控层级不同，角色定位及对标侧重点不同。国际、行业对标为战略对标层，作为标杆管理体系的上层建筑，着重发挥企业总体经营目标的导向作用。车间、班组对标为中间对标层，作为标杆管理具体实践的业务承载单元，将企业战略目标按照专业分类及行政架构的方式，分解落实，推进执行。个人对标层为标杆管理落地层，作为标杆管理末端，承担着“全员对标、创标”的基础作用。

在推行分层次管理时，坚持集中统一理念，重视各层次与全局的关系，通过科学管理、制度约束，保证各层次对标体系的相互促进、共同提高，充分发挥不同层次的最佳功能。

3. 自上而下层层分解目标

检修公司结合企业发展及承担的对标体系，按照承担的国网公司对标指标由国际到国内、由行业到公司的自上而下的顺序，坚持采用“以国际对标为战略定位、以行业对标为提升导向、以内部对标为业务支撑”的标杆体系，将行业对标目标细化分解至车间、班组，内容全部包含并量化车间、班组层面主要工作，实现对标压力自上而下逐级分解。立足公司日常工作流程，着眼全面提升战略对标水平，在转化分解上级目标的前提下，创造性地加入涵盖工作量和工作完成情况的关联指标，通过对各层次对标对象的精细识别，设计相应的对标目标和管理手段、方法，有针对性地实施逐层次对应的有效管理。

4. 建立自下而上的逐层责任制

检修公司针对对标目标自上而下的逐层次分解，大力拓展内部对标范围，构建责任到位、运行高效的内部对标支撑体系。将责任和指标层层落实到个人，建立以设备主人责任制为载体的个人对标管理模式，将绩效考核、经济考核责任制、对标指标三者进行有机结合，将责任逐级分解到参与企业运营的每名员工，依托个人对标层级的支撑，串联起检修公司五层次的标杆管理，实现责任体系自下而上的逐级支撑。通过打造对标目标责任共同体，利用绩效考核、指标责任承诺书等多种手段，实现同业对标目标责任落实，逐级、逐层为每项对标指标确立管控和考核依据。

（三）优化标杆管理内容

1. 引入基于效率和效果的二维对标理念

基于效率（单位成本）和效果（服务水平）的二维对标平台，通过输电业务的多个重要领域提供成本与服务水平度量方法，对绩效进行评估，这种方法能够更加科学地反映投入产出关系，体现资金的使用效率，以相对较低的成本获得较高的服务水平，为对标企业提供战略决策支持平台。在 32 个参与国际对标的电网企业中，检修公司有 3 项最佳绩效指标，其余 11 项指标均处于高服务、高成本区段。经过对年度数据的全面分析发现，检修公司的设备管理水平在世界上处于绝对领先位置，但根据安全生产的基本国情，安全可靠的供电水平和高服务水平带来的却是相对较高的成本水平。

根据在国际对标中的定位和对比分析，检修公司进一步明确在某些生产环节、工作流程和人工成本上还有改进的空间，通过深化管理改进、技术升级、优化检修策略等方式，持续提升运检的质量和效率，在承接电网增速发展的同时，进一步降低管理费用，提升运检效率，达到降本增效目的。同时实施“智能替代”，整合机器人、无人机、可视化线路、远程全息系统等技术平台，提高系统可靠性和准确率，最大限度减轻人员工作量，降低人工成本。

2. 全面提升企业行业对标水平

本项对标活动面对国家电网公司系统内的 26 家省检修公司开展，分为 2 个部分，共计 18 个指标，全方位展现企业经营全貌，作为企业整体绩效水平的评价标尺。为保障在行业对标工作中保持领先，检修公司通过年初组织专业部门签订对标责任书、逐项制定管控提升措施、月度采集指标数据开展即时分析、年底进行完成情况考核等方式，确保各项指标可控、在控、能控。根据处于落后段位的“质量事件评价指数”“检修业务成本费用率”等 5 项指标，逐一开展对应专业领域的管理流程方式排查，针对存在的管理不足制定严密的提升措施，并将其列入下一年度的企业年度突破工程、年度重点工作计划。

3. 扩充车间对标内涵

检修公司共有 9 个生产车间开展车间对标。2016 版指标体系共包括 9 个部分 77 项指标，涵盖全部业务领域，设置原则为全面分解省级专业机构对标指标，并实现公司各项经营业务在车间层面的专业全覆盖。通过将主要业务的管理要求和工作重点以指标形式予以量化，用切实的数据进行比较衡量，为下一步管理策略的建立提供数据支撑。

在检修公司车间对标指标体系中，原指标设置基于公司绩效指标的细化分解，为保障公司一体化标杆管理体系的统一性、承接性，自全面参与行业对标开始，又将行业对标体系中的全部指标进行车间级别的分解。优化后的体系着重将战略实现和业务覆盖两个维度作为本层面标杆管理导向，既体现对战略指标的充分分解，同时也确保覆盖公司全部业务专业。

4. 创新班组对标模式

班组对标工作由国网山东省电力公司统一组织开展。根据企业专业特点，检修公司同时参与同业班组对标和异业班组对标两类对标工作。同业班组对标着重于检修及运维班组的同专业管理效益，而异业班组对标则通过要素对标的方式，实现异业班组在同一平台上的管理衡量对比。

班组同业对标以支撑公司发展战略为导向，以服务“三集五大”体系建设为重点，通过客观反映班组核心业务水平、短板业务提升的指标，确保各专业实现横向协同、纵向衔接。检修公司采用生产部门抓专业、综合部门抓管理的方式，充分发挥部门专业特长，协同推进公司班组对标指标数据的管控及提升工作。

组织异业对标班组在理解过程能力评价原理的基础上，深挖提取本专业关键管理要素，合理设置指标对其量化，每周跟踪评价掌握专业管理状况，并根据年度管理重点的不同进行适时调整。在指标管控过程中，利用数据分析模型，以日、月、季度、半年、年为周期，对检修公司班组指标数据进行同比、环比分析，判断指标的段位状态及变化趋势，寻找可能造成指标成绩差的问题，找到原因，优化管理，并以此为依据制定下一步专业改进提升方案。

5. 创建个人对标体系

个人对标是检修公司结合企业实际状况，按照“人人身上有指标、千斤重担大家挑”的理念，自主开展的一项创新实践。个人对标的考评人是班组长授权的班组成员，评价对象也是班组成员，因此实施范围在班组内部，每个人既是被管理者也是管理者。检修公司开展个人对标的最终目的是保证设备安全稳定运行，人员快速成长成才。按照“发现问题、解决问题”的思路，将每一台设备按照管理职责、维护职责、检修职责等逐一分配到每名员工，定期对单项指标进行统计分析，用量化的结果指出每台设备存在的问题，各人在工作中的短板，实现个人业务可比可控、定量评价，帮助员工及时了解设备运行状况，推动员工进步。

在指标设置方面，个人对标由设备主人责任制为主体的责任体系做支撑，构建覆盖检修公司全部专业的标准化个人对标指标库，共包括 4 个部分 73 项指标。各班组结合本班组实际专业状况和班组发展方向，在检修公司个人对标指标库中选取恰当指标，进行自主搭配后在本班组内部予以实施。

（四）加强标杆管理的全过程管控

1. 科学立标

检修公司坚持在充分调研所涉及领域的基础上，科学确立对标追赶的对象，分别设立如下目标：国际对标，即跻身高服务水平、低成本领域；行业对标，即国网公司省级专业机构综合标杆单位；车间对标，即检修公司标杆车间；班组对标，即国网山东省电力公司标杆班组；个人对标，即选树典型，持续涌现各专业领军人物。

2. 努力达标

在标杆管理中引入 PDCA 管理理念，通过循环开展明确差距、措施执行、分析评价、总结优化四个阶段，从对比标杆发现差距到循环改进缩短差距，推进企业各专业逐步实现从追赶标杆到超越标杆。一是以先进管理为样板，制订指标提升计划。二是重点针对弱势指标，强力推进改进措施。三是引入多维分析手段，确保指标评价的科学性。四是适时调整对标导向，巩固沉淀管理积累。

3. 全员创标

要进一步提升企业核心竞争力，切实解决检修公司的根本性问题，必须要拓展深层次对标，即开展思维模式、管理体系、管理机制和管理文化的对标。检修公司基于当前已较为完备的通用制度标准体系，对未能涉及的管理死角，依托业务流程操作规范库构建、群众性创新活动开展等方式，组织全层级、各岗位专业人员进行滚动式持续完善。

在全员创标的具体实践中，检修公司已在多个领域实现创标突破。在科技创新领域，检修公司分别于 2013 年、2015 年两次荣获国家科技二等奖，在国家电网公司下属单位系统中处于领先地位。在群众性创新领域，检修公司于 2013 年荣获国际 QC 领域最高奖项——铂金奖，由此证明检修公司 QC 活动水平已处于国际领先地位。

4. 巩固实践

一是对生产业务的动态指引。坚持以实践为基础，通过大量现场调研、数据测算，不断磨合完善，完成涵盖公司各专业、各层级的指标体系，并持续开展滚动修订和宣贯推广。为优化指标设置，检修公司按照全面覆盖和逐级分解相结合的原则，在运行实践的基础上不断优化，适时调整指标权重分配，适当加大主业务流程的指标权重。对于年度指标，充分利用专业检查、阶段性统计分析、专业指标协调会等形式，提前进行阶段性预控，确保年度指标可控、在控。对于新增指标，认真研究影响每项新增指标的主观和客观因素，制定切实有效的提升措施。

二是构建最佳实践库。将对标工作中已产生显著效果并且能够适用于其他部门、单位的优秀实践，通过在企业内部的创建和传递，帮助探寻开展创先工作的最佳路径，提高工作效率，减少作业成本，加强企业创标杆的知识积累。开展最佳实践库创建，覆盖安全生产、科技创新、职工培训等各个领域。每个最佳实践案例均包括案例概要、现状分析、目标定位、实践过程、效果分析等部分。在实践过程部分，详细阐述该案例的实施步骤、过程管控等内容，操作性强，具有很强的推广价值。

（五）提供全方位资源协同保障

1. 多维度固化标杆管理工作流程

全面梳理公司标杆管理工作流程，制定下发《检修公司对标工作管理办法》，按照年度对其进行滚动修订，并将对标结果应用列入《年度绩效考核实施细则》，按月度开展相应的绩效奖惩。同时，结合检修公司开展的标准化业务流程操作信息库的构建工作，将标杆管理的相应操作细则列入公司操作规范库。

2. 发挥各专业标杆人物的引领作用

以检修公司劳模、优秀人才、技能专家人才队伍为主体，充分发挥其各自专业领域的标杆引领作用，全面打造全员创标的人才保障体系。利用其专业技术优势和创新才智，普遍开展专业领域研究和创新攻关活动，确保每年每名人才库成员带领的团队开展不少于1项的创新项目并取得成果，为检修公司的创新队伍不断注入新活力。

3. 建立对标过程管控分析机制

在关注指标数据的基础上，更加关注与指标有关的管理流程和管理策略的建设。通过定期召开对标沟通协调会、指标体系修订会等多种方式，做到对标意见实时沟通、对标问题及时答复、指标修订当月反馈。

4. 实施指标体系动态修订

结合公司年度目标任务、重点工作安排，充分发挥对标工作的杠杆作用，以半年为单位，开展车间对标和个人对标两项公司内部对标的体系修订工作。修订工作以专业性、合理性、可操作性为原则，以专业部门意见为主要指导，并充分吸纳基层单位的合理化建议。

5. 强化以绩效考核为手段的对标激励

加强对标执行力分析研究，及时总结评价对标运转效果，突出公司核心业务，强化对标职责，健全以绩效为手段的激励约束机制，坚持分级管理、量化考核，真正形成以贡献、业绩衡量工作的工作氛围。精神与物质激励并重，建立有效的多层级对标的激励机制，将精神激励上升到与物质激励同等重要的地位，持久高效地提高员工的积极性和创造性。在检修公司月度绩效考核中，引入车间对标评价结果应用，主要采取前三名奖励、后三名扣罚的方式。

6. 依托信息化手段提升标杆管理效率

开发应用检修公司同业对标管理信息系统。该系统主要包括指标管理、指标填报、指标分析、系统设置和系统管理等五大功能。数据分析采用统计学方法，确定指标段位和得分，保证评价结果客观、公正。以统一的对标指标体系为基础，以对标模型为核心，以业务流程为支撑，以分析、考核为目标，通过建立服务于企业自身特点的对标管理指标体系，围绕企业战略、生产经营、KPI、流程、关键业务点等多种对标维度，实现指标数据上报、汇总、统计、分析、评价和发布全过程管控。

三、超特高压企业以提升效率效益为目标的一体化多层次标杆管理效果

（一）引领现代企业标杆管理方式

检修公司创建的一体化多层次的标杆管理模式，充分拓展对标活动在企业中的应用，使企业不断跟踪了解行业标杆企业的最佳实践和最新动态，确保企业对新观念、新技术和新趋势保持敏感性和开放性，促使企业逐步成为学习型组织，进而提升核心竞争力，为推动国内企业应用标杆管理工具发挥示范引领作用。在国家电网公司首次开展的行业对标中，检修公司以综合得分第五名的成绩跻身标杆单位之列。

（二）创建国际管理水平的最佳实践

一体化多层次标杆管理的大力实施，理顺检修公司工作流程，提高工作效率，在提升专业管理、降本增效等方面效果显著，确保检修公司在国际对标、行业对标中，各项安全和运行指标均列系统内前列。在ITOMS组织的国际对标年会上，检修公司发布的《变电站智能巡检》项目获得最佳创新奖，有力证明检修公司的标杆管理体系是一项接近国际管理水平的最佳实践，对电力行业内外的大型企业均具有较高的学习参考价值。

（三）全面激发企业员工的争先潜力

实施多层次标杆管理体系以来，职工群众性创新活动成效显著，累计获得地市级及以上荣誉322项，其中省部级以上166项；拥有专利181项，102项创新成果应用于生产一线，成果应用率达70%以上。输电巡检智能定位系统、中小无人机联合巡检模式等一大批生产创新举措应用于电网运维，《±660千伏带电作业技术和工器具创新及应用》项目荣获科技进步一等奖，并取得国家科技进步奖。检修公司目前已建有9个创新工作室，其中7个被山东省总工会命名为“山东省高技能人才创新工作室”，2个被评选为山东省“劳模创新工作室”。各创新工作室下设不同专业创新小组，吸引400多名创新人才加盟。公司有425名职工为省公司及以上各类人才，5679人次在地市级以上职工创新中获得荣誉。一大批先进典型相继涌现，并被中央电视台、新华社等各大主流媒体报道，在社会各界引起强烈反响。

（成果创造人：李猷民、郁洪涛、李尚振、李　鹏、
刘　喬、崔　好、徐　健、田智勇）

特高含水期油田精细注采管理新模式的创建与应用

大庆油田有限责任公司第四采油厂

大庆油田有限责任公司第四采油厂位于大庆长垣中部、杏树岗构造北部，以油气生产为主营业务，地质储量65101万吨，含油面积197.9平方公里，1966年投入开发，是大庆油田有限责任公司的原油生产主力采油厂。目前有油水井13104口，管理计量间、中转站、注水站、聚合物配置站等632座，机关部室14个，矿（大队）17个，基层队174个。开发48年来，实现500万吨以上稳产35年，其中800万吨以上高产11年，累计生产原油3.03亿吨。

一、特高含水期油田精细注采管理新模式的创建与应用背景

（一）特高含水期油田精细注采管理新模式是持续稳产的必然选择

杏北开发区于1966年投入开发，共有基础井网、一次加密、二次加密、三次加密和三次采油5套井网，处于水驱、聚合物驱和三元复合驱并存的开发阶段。储量接替矛盾日益突出，剩余可采储量只有0.37亿吨，储采平衡系数一直处在0.6左右，水驱仅为0.3左右。目前，油田开发仍然以水驱开发为主，主要面临高含水、高采出程度、高采油速度和储采失衡、水驱地层压力水平偏低等问题。原油稳产压力越来越大，油田采收率已达52.39%，可采储量采出程度已达89.10%，综合含水已达92.81%，化学驱后含水已达96%以上，剩余油高度分散，开发难度不断增大。因此，探索形成特高含水期精细注采管理组合新模式，是油田特高含水期筑牢持续稳产基础的需要。

（二）特高含水期油田精细注采管理新模式是保障高效开发的迫切需要

杏北开发区已进入特高含水开发期，套损严重，平面、层间、层内矛盾突出，多井、多层高含水，剩余油高度分散，吸水剖面极不均匀，层间吸水差异较大，注水井对应的采油井层间干扰严重，特别是在一类储层实施三次采油后，三类储层开发依靠单项技术已经无法取得较理想的控水挖潜效果。为减缓产量递减，迫切需要进一步发展完善精细注采配套技术，充分发挥各工艺技术的优势，有效挖潜剩余油。因此，为保证区块的有效开发，需要开展三类储层精细分层注水工艺技术试验，进一步发展完善高难套损井修复技术、精细注采配套技术，实现规模应用，充分发挥各工艺技术的优势，有效控制自然递减率和年均含水上升速度，通过采取适应的精细注采组合模式，优化调整技术组合，缩小注采井距，降低油层渗流阻力，改善油层导压能力，完善注采关系，提高水驱控制程度和驱油效率，以达到改善区块开发效果、提高最终采收率的目的，形成特高含水期三类储层精细注采工艺组合新模式。

（三）特高含水期油田精细注采管理新模式是突破技术瓶颈的现实需要

水驱精细开发还存在诸多矛盾，在工艺技术方面存在以下几个问题：一是细分注水技术还需进一步提高，需要解决多级封隔器管柱解封力、小隔层、小偏心距等带来的问题；二是增产增注技术需要探索新方法，优化措施组合；三是分层配产技术需要进一步完善；四是复杂套损井治理技术需要进一步研究。因此，为解决开发及工艺方面的问题，需要在开发方式、组织管理、科技攻关等方面进行全新的探索，建立一套适合于特高含水期精细注采管理的新模式，以控制自然递减和年均含水上升速度，保证油田持续有效开发。

二、特高含水期油田精细注采管理新模式的创建与应用内涵与主要做法

特高含水期油田精细注采管理新模式围绕油田公司“有质量、有效益、可持续”的主线，优化调整产量结构，坚持发展技术，运用现代化管理手段，多种管理方法互相作用，实现科技创新与管理创新的

有机结合。采用目标管理法明确试验区块目标，深入落实责任制，创建高效运行体系，采取多方案论证，以油藏工程方案为基础优化采油工程方案，创建动态经济评价图版，优选成熟配套技术，攻关核心技术，运用TRIZ理论和PDCA法，建立控制流程，强化关键节点控制，大力推进成果研用一体化，促使技术转化为现实生产力。主要做法如下：

（一）应用目标管理法，明确试验区块工作目标

1. 确定总体目标

设立探索形成特高含水期油田精细注采管理新模式这一总体目标。为实现这个总体目标，借鉴杏六区东部水驱精细挖潜示范区的成功经验，开辟杏一至三区西部乙块作为试验区块，全面开展科技创新与管理创新。把试验区建成“技术的集中地、攻关的主战场”。试验区集管理优势与技术优势于一体，通过编制方案、优化流程、精细管理等手段，为指导今后水驱开发调整提供有力保障。

2. 目标展开与分解

通过在试验区块开展三类储层精细分层注水工艺技术试验，探索形成特高含水期精细注采工艺组合新模式，将总体目标分解为项目小组负责人目标和单项技术负责人目标。一是确立项目小组负责人目标。为实现总体目标，将目标具体分解为“3245”分项目标，立足3个降低、强化2方面工作、应用4项技术、实现5化效果。即降低自然递减率、含水上升速度、套管损坏速度，强化精细管理和现场监督管理，应用对应完善、对应调压、对应分采、对应改造四项技术，实现设计方案最优化、配套技术成熟化、成果研用一体化、技术标准化、突出效益最大化。二是确立单项技术负责人目标，考核数字化目标完成情况。将“3245”分项目标进一步分解为多项技术，由专业人员专职管理、专门负责。

为保障试验区项目高效，稳步推进，最终完成总体目标，对各分项目标设立阶段性监督考核指标，以检查项目完成情况，根据具体指标完成情况进一步调整项目实施进度和措施安排，促进项目顺利完成，将项目分年度制定数字化指标。

（二）应用责任落实法，创建试验区块执行体系

1. 建立组织机构，夯实管理基础

为保障项目实施过程中的全局性、统筹性和可操作性，提高系统效率，构建层叠式机构，保证系统化管理过程“有组织、有协调、有秩序和有效率”。成立以厂总工程师和地质师为组长的领导小组，负责项目的总体运行和组织管理，下设技术部门、实施单位、协调组织部门和井下作业施工部门。

2. 详细分解责任，促进高效运行

将项目系统分解为“管理、协调、研发和执行”四大板块，详细分解各单位责任分工和管理目标，促使部门之间责任更加明确、沟通更加快捷、运行更加协调，保证整个项目快速、合理、有序运转。项目领导小组作为组织协调的中枢，站在全局的角度，把握大局、把握方向、把握节奏，统筹协调好项目各领域、工程技术大队承担厂、油田公司科研项目，主要负责采油工程方案编制、技术选用、技术评价、成果汇报；地质大队主要负责地质方案编制、油水井测试方案编制、试验效果评估；第一油矿、第五油矿负责试验井的日常管理、作业施工监督、生产数据录取；油田管理部负责现场施工组织及协调；作业大队负责井下作业施工。

3. 选用优秀人才，增强技术实力

制定科学合理的选拔标准，在全相关技术人员范围内优选项目部人员，把本领域最优秀的人才选入项目部，并担任单项技术的项目负责人，充分发挥人才资源优势。优化人员结构，结合项目管理实际，合理配置各个层次、各个专业的科研人员和必要的管理人员，形成推进项目运行的最佳人员组合、合理的梯次结构。

4. 攻关核心技术，推进成果研用一体化

对于核心技术的攻关，坚持以我为主，充分调动油田公司内部的科研资源，调动项目参与人员的积极性。集中力量开展自主创新，先期突破关键技术，掌握核心科技，完成专利 2 项，分别是活动导杆铣锥和滤芯清刮式注水井井口过滤器，广泛应用于试验区，快速推进成果研用一体化，为探索特高含水期油田精细注采工艺组合新模式奠定基础。

5. 强化精细管理，开展现场监督管理

为确保特高含水期精细注采工艺组合新模式目标的实现，实行统一部署、合理规划、科学安排、资源共享、信息共享、精细管理、高效协同、协调运作。通过管理创新与技术创新形成“双轮驱动”，确保核心技术成果快速转化为生产力，努力达到成果研用一体化。

一是强化精细管理。首先提出系统理念，统筹油藏工程、采油工程、地面工程和生产管理四大系统，将系统的理念贯穿于项目的全员、全方位和全过程，调动队伍积极性。其次，建立“四个制度”，并设立“23332”管理目标，即 2 个优先、3 个提高、3 个保障、2 个及时、2 个加强。

二是强化现场监督管理。项目管理部建立现场监督制度，设立三级监督机构，主要对相关科研研发、现场试验实施监督，制定相应的管理办法和考核指标，设置定量评价标准。主要对生产指标的完成、经费使用、日常管理和协调配合等进行监督。真正做到管理无缝隙、控制无障碍、执行无误差。

明确分工与职责。重点加强各单位的责任意识，确保项目执行部门相互融合。要求执行单位认真取全、取准每一项资料，数据要客观、真实、准确；要求技术单位对动态变化大的数据要进行反复核实，并分析清楚原因，加强前后跟踪调整。

加强现场施工监督。要求相关人员深入到现场，进行现场监督，及时解决施工中出现的问题，确保每一道工序都能够按照设计施工。同时，要尽可能取全、取准一切可获得的资料，认真分析、对比，达到预期目的。

加强联合检查。管理、生产和技术部门要组成联合检查小组，定期对试验区生产资料、现场管理、措施施工、测试质量等组织检查和考核。

重点落实特殊井资料。取全、取准措施增产油井，增注、细分措施水井以及套损井等重大措施方案井的资料，对有疑问的资料重点落实。依据试验区油水井常规作业情况，及时跟踪套管损坏情况；油水井应用井下工具的要记录工具型号、数量、管柱结构等资料；需要修复的油水井，要有详细的修复资料，方便下一步措施的制定。

（三）采取多方案论证法，优化采油工程方案设计

1. 超前谋划组织，优化采油工程方案流程

在方案编制的过程中，遵循简易、高效、快速的原则，突出以经济效益为中心、坚持“方案的优化是最大的效益”的设计理念，编制具有科学性、完整性、适用性、可操作性和经济性的整体方案。

2. 以油藏工程方案为基础，优化采油工程方案设计

以油藏工程方案为基础，做好充分的前期调研。项目管理部先后组织完成多次学习，了解国内外分层注水现状，使广大技术研究人员的认识更加深刻，为编制方案奠定坚实的基础。为使方案更加优化和完善，坚持进行方案的多方论证。在方案编制的过程中，做到国内与国外相结合，研究单位与生产单位相结合，油藏工程和采油工程相结合，油田专业与其他专业相结合，充分听取不同的意见，博采众长，不断完善和补充方案，最终形成最佳方案。同时，紧密结合现场实际，充分利用成熟技术，尽可能降低工程投资和运行成本。

（四）采用经济评价方法，优选成熟配套工艺技术

为实现以功效最大化为最大原则的管理创新，突破制约油田有效开发的单项技术局限，坚持“经济

适用的才是最好的”理念，研究制定单井效益动态评价图版。结合单井效益动态评价，同时对现有成熟技术进行分析、筛选、集成、改进，最后实施配套优化组合，突出效益最大化目标。共完善形成4项配套技术系列，有效实施26个井组，包含油井46口、水井34口。油井平均单井日增油1.5吨，含水下降2.1个百分点，沉没度下降119米。有效控制含水上升速度，开发水平不断提高。

（五）建立项目控制流程，强化关键节点控制

水驱开发的技术已经很成熟，但是如何在成熟的技术上寻找新突破，面对不断涌现的开发矛盾如何科学管理，需要打破思维定式，突破思维障碍，利用科学管理方法和手段，将TRIZ原理和PDCA方法，运用于发现问题、分析问题、制定解决对策之中，缩短攻关进程。

1. 优化查找关键问题，建立项目技术流程和管理流程

在探索特高含水期油田精细注采管理模式的技术攻关中，从四个方面查找问题：一是以试验区块为代表分析水驱开发存在的矛盾，分析工艺技术方面存在的问题；二是规模应用成熟配套工艺技术；三是攻关核心技术，快速推进成果研用一体化；四是探索形成特高含水期精细注采工艺组合新模式。运用TRIZ原理，对49个通用技术参数进行逐项分析，全面查找问题，通过查找问题，建立项目技术流程和管理流程。

2. 确定项目关键节点，制订节点控制方案

结合项目技术流程和管理流程，运用TRIZ理论和PDCA法对项目的实施情况进行统计分析，确定4个重要的关键节点，并制定节点控制方案，组织重点实施。理顺项目工作的各个细节，使节点控制工作做到理论化、制度化、标准化、规范化，做到有理可依、有章可循，避免重复工作，保障项目能够快速顺利实施。

（六）实施里程碑项目评价，保证顺利完成项目

为保证项目按照计划顺利完成，在实施过程中进行中期检查和评估，详细汇报项目实施的背景、组织情况、进度以及取得的主要成绩和下一步重点工作的安排等，并听取专家对项目的意见和建议，总结前期经验，更好地继续开展后续工作，保证项目保质、保量地完成。

三、特高含水期油田精细注采管理新模式的创建与应用效果

（一）试验区稳油控水效果显著

开发指标保持良好。试验区日产液、日产油保持稳定，月综合含水略有上升，沉没度保持在较好水平。自然递减率由8.48%控制到4.67%，年含水率未上升，增产原油6.16104吨，增加可采储量25.88104吨。

（二）试验区块实现高效开发

一是精细分层注水效果显著。注水井分注率由89.7%提高到95.4%，注水层段由4.97个提高到5.4个；长胶筒细分实现0.2米隔层的有效卡封；小卡距细分实现两级偏心配水器0.7米投捞测试。二是套损井大修质量明显提高。试验区应用套损井修复工艺实施大修41口井，修复36口井，修复率达到87.8%。恢复产油0.4299104吨，恢复注水28.8066104立方米，完善区块的注采系统。其中，大通径膨胀管补贴加固技术应用21口井，修复后通径达到112毫米—114毫米，满足套损井实施换泵及增产等措施需求；2口井采用可泄压加固器对套损点实施不密封加固，满足油井利用错断口泄压的地质防套损要求。三是经济效益显著。多投入成本4887.9173万元，比未开展试验区块多产油6.16104吨，按每年吨油效益计算，产出经济效益19866.51万元，纯经济效益14971.2388万元，投入产出比1∶4.06。

（三）形成适合水驱特高含水期开发的新技术

精细分层注水工艺技术试验是中国石油集团公司的重要项目。以形成特高含水期精细注采管理新模式为目标的开发管理实现适合目前油田开发的新理论、新技术、新方法的突破，活动导杆铣锥和滤芯清

刮式注水井井口过滤器获得国家专利；发表具有一定影响力的论文 5 篇，形成逐级解封封隔器、密闭式长胶筒封隔器和正反导向的偏心配水器、测试仪和堵塞器式压力计新工具，形成 4 项配套技术。新技术在现场的应用效果比较好。该项技术成果适用于三类储层水驱精细挖潜。杏北开发区一类储层实施三次采油后，水驱开发全部是三类储层，三类储层共有地质储量 41995.6104 吨。该项现场试验取得的技术成果是今后一定时期内水驱精细开发的主体工艺技术，对杏北开发区的持续稳产具有重要的保障作用。

（成果创造人：党洪艳、曹　阳、何熠昕、焦树景、闫　磊、朱有林、周云龙、杜冰鑫、孙洪珊、李春红）

汽车集团以提升零部件子公司运营水平为目标的共享型管理改善体系建设

江铃汽车集团公司

江铃汽车集团公司（以下简称江铃集团）成立于1947年，成长于赣江之滨，是我国商用车行业的领军企业、我国汽车整车出口基地和轻型柴油商用车重要出口商之一，列2015年中国制造业企业500强第120位，中国企业500强第249位。2015年，江铃集团实现整车销售32.7万辆，实现营业收入535亿元。

一、汽车集团以提升零部件子公司运营水平为目标的共享型管理改善体系建设背景

（一）整车公司帮助零部件子公司提升运营绩效是提升整车和零部件产品竞争力的双赢选择

一辆汽车至少由五千多种零部件构成，其中超过2/3的汽车零部件由零部件制造供应商提供，整车公司为追求零部件产品的最佳性价比，除从商务角度不断压榨零部件子公司利润外，部分跨国公司通过输出运营管理，帮助重点零部件子公司开展改善活动，在零部件子公司提高效率及质量的过程中实现双赢。因此，整车企业只有把自己与零部件子公司捆绑在一起，帮助、督促零部件子公司提升运营绩效，才能不断增强产品竞争优势。

（二）江铃集团下属零部件子公司运营管理水平参差不齐，影响集团整体竞争力

集团零部件子公司由于成立时的环境、股东方实力、产品重要度等条件差异很大，企业运营管理水平普遍不高，产品在市场上缺乏竞争力，外部市场开拓进展缓慢。这样的现状与集团公司力图打造一批具备核心竞争力的专业化零部件子公司的愿景存在较大差距。集团零部件子公司也意识到自身的不足，也通过各种途径到整车企业学习企业运营管理的方法与工具，但不成系统，效果有限。

（三）江铃集团充分发挥总部的组织、协调功能，实现打造企业整体管理模式的需要

集团所属整车企业有世界优秀的企业运营管理标准，整车公司也期望零部件子公司能学习这些行之有效的运营管理工具与方法，但限于资源与精力，整车公司只能对关键零部件实施运营改善指导，而集团所属零部件子公司大部分属于基础加工件或中间件，大部分没有被整车公司纳入辅导，实现集团本部、整车和零部件子公司的协调发展，势在必行。因此，集团公司充分发挥总部组织、协调功能，通过整合资源将集团内卓有成效的运营管理改善经验进行总结提炼，并共享推广到相应成员企业，有计划、有步骤、有重点地提升零部件子公司运营管理水平。同时，将这些管理改善活动整理成一套科学严谨、行之有效的运营管理改善体系，在集团范围内推广实施。

二、汽车集团以提升零部件子公司运营水平为目标的共享型管理改善体系建设内涵和主要做法

江铃集团为实现零部件子公司与整车公司协同发展，不断提升零部件子公司的运营水平，充分发挥资源整合优势，建立共享型管理改善体系。从“建立推行机构和实施制度、遴选工具和行业专家并提供改善服务、组织零部件子公司实施改善活动、强化过程监控和运营改善评价”四个方面形成改善循环圈，过程中始终坚持开展“共享交流活动”和“人才培养工程”，为零部件子公司的管理改善不断输出最佳作业工具和推进实施的人才，以帮助各零部件子公司建立起运营管理自我改善循环机制，能够基于目标持续改善，从而推动零部件子公司不断提升质量、效率和技术能力，不断强化市场竞争力。主要做法如下：

（一）明确思路，建立推进机构和实施制度

1. 成立“三级”推进机构

第一层级为零部件子公司层级的推行机构。各零部件子公司总经理为子公司层级的总负责人，并成

立三个与专家对接的内部工作小组，小组长为各零部件子公司的分管副总，组员来自零部件子公司职能部门的骨干员工，负责具体工作的执行。

第二层级为专家团队。专家团队是确保推行工作高标准的重要保障，从整车公司挑选出一批有理论基础和实践经验的专家人才，明确分工，与零部件子公司人员对接，形成一对一服务，负责在零部件子公司指导开展具体改善工作。随着运营改善推进工作的不断深入，目前已在全集团整车公司和优秀零部件子公司中吸收专家型人才来充实专家队伍。

第三层级为集团公司层级的资源保障与协调机构，即以集团主管零部件产业副总经理为主任、整车公司生产、质量及技术分管副总及部长为委员的运营管理改善委员会，委员会成员共计 11 人，负责管理改善提升活动的总体策划与资源协调。

2. 制订“二级”工作计划

第一级为集团总体工作计划，集团运营管理改善推进办公室负责总体策划，制订运营管理改善提升总体推进计划，明确时间节点，报运营管理委员会批准，由推进管理办公室负责计划的督促执行。第二级为子公司具体改善计划，集团组织制定各模块的“问题评估表”，与专家团队到子公司开展现场调查，了解子公司各模块实际情况，列出具体问题，指导各零部件子公司根据集团总体运营管理提升计划并结合自身存在的问题编制出详细的公司运营管理提升计划。

3. 建立“三级”例会制度

第一级为零部件子公司内部周例会，公司三个小组负责人对各自模块工作推进情况定期向子公司总经理汇报。第二级为零部件子公司总经理月例会，由各子公司总经理汇报具体工作计划执行情况及需要集团协调的事宜。第三级为运营管理改善委员会季度例会，主要由推进办公室报告各零部件子公司推进情况，并就存在的困难及下一季度重点工作安排进行报告，由委员会进行资源协调与支持。

（二）整合资源，遴选优秀运营管理工具和行业专家以提供管理改善服务

1. 遴选优秀运营管理工具

首先由整车企业江铃股份公司提供多年来推广运用的运营工具库，集团组织专家对工具库进行评审，筛选出运用比较成熟且经实践证明效果比较好的工具，再组织子公司学习并推广运用，如质量晨会、生产力改善、工作小组成果发布、L&OH 效益评估、技术能力等级规划等。随着运营改善推行活动的不断深入，集团从其他整车公司和一些优秀零部件子公司也吸纳一些优秀运营管理工具，如日本五十铃汽车公司的质量工具、法国佛吉亚零部件公司的现场改善工具等。

2. 遴选行业专家

在管理改善活动推行之初，为保证效果，股份公司从内部挑选出质量、生产力改善、技术三个模块的一批专家，兼职支持集团的运营管理改善工作。这些专家来自股份公司的职能部门或其下属专业厂，且均属担任一定职务的管理人员，他们经验丰富、专业能力强，均在一线从事改善工作十年以上，而且可以根据需要，从专业厂调动工程师来支持集团工作，确保给予足够的人力资源支持。随着运营改善活动的深入，专家队伍也在不断扩充和更新，目前其他整车公司和优秀零部件子公司的专家已吸纳到集团的专家库，为集团各零部件子公司的改善活动贡献聪明才智。同时，为激励运营改善专家能尽心尽力开展指导工作，集团每年底会对这些专家给予一定物质上的奖励，同时评选出一批优秀的指导专家，在集团每年度的运营管理改善大会上进行表彰和奖励。

3. 提供管理改善服务

专家团队负责培训、现场辅导、效果跟踪验证一条龙服务，保证子公司切实掌握工具的使用方法。首先由集团组织开展一系列的培训，然后专家团队模块负责人根据集团管理改善工作的总体安排，按照“专业对口、业务相融”的原则，把专家分派至不同的零部件子公司，保证每家零部件子公司的每个模

块都至少有一个以上的专家进行业务指导，这样可以保证指导工作的专业性和有效性，同时也可以减少推广初期的工作磨合时间。为能系统地开展工作指导，各模块的专家根据前期制订的评估标准，分批次集中对集团每家零部件子公司进行现场走访，出具摸底调查报告，并提出总体改善意见。在集中走访之后，各模块的专家对零部件子公司进行分散走访指导。为不影响专家的工作，同时又能保证指导效果，集团推进委员会对专家提出每周至少进行一次以上的现场走访的要求，其余时间可以采取电话、邮件等形式进行沟通指导。专家从零部件子公司的组织架构开始，以数据导向为目标，以工具运用为手段，协助零部件子公司制订推进计划，规范流程，完善程序文件，设立绩效指标，建立例会制度，运用工具进行分析改善，并把零部件子公司的人员邀请到自己或其他的专业厂进行对标学习，分享改善成果，交流心得体会，减少推行初始阶段所走的弯路，促进零部件子公司更好更快地提升水平。

（三）运用工具，组织零部件子公司积极开展管理改善活动

1. 质量晨会工具在江铃底盘公司的运用

江铃底盘股份有限公司作为最早导入质量晨会管理工具的零部件子公司之一，从 2012 年 5 月至 2015 年 12 月，推进质量晨会管理工具效果明显。年均参会人数达到 5345 人次，全员质量意识得到提高，4 年间共提出 1818 个质量问题，关闭 1702 个，产品质量得到极大改进，顾客满意度明显提升。质量指标改善效果明显，千台故障率 R/1000 从 10.35 下降到 1.07，改善率达到 89.7%，DPPM 改善率达到 92.6%。在集团质量晨会的评审中始终保持在前三名。

2. 工位平衡图工具在江铃底盘公司的运用

2014 年，江铃底盘公司根据集团的要求和总体部署，在内部成立专项改善小组，在整个公司范围内开展工位分析和平衡工作，确定对四个车间 20 条生产线进行工序平衡的总体方案，并明确从数据收集到方案实施、验证各环节的时间节点和负责人员，对生产效率提升起到显著作用。2014 年江铃底盘公司工时利用率提升 10.06%，其他零部件子公司也同样取得显著效果。

3. 快速切换工具在江铃李尔公司的运用

江铃李尔公司是集团下属一家生产汽车座椅的合资公司。2015 年，该公司发泡车间针对海绵模具换模时间长的问题采用快速切换工具进行改善。在改善前，每次的模具换模所需工时为 4230 秒，每天平均换模 7 次。改善后，每次换模具的时间由之前的 4230 秒下降至 2730 秒，减少时间 1500 秒，增加日产量 10 台套。

4. 工作小组成果发布活动在江铃华翔公司的运用

江铃集团自 2012 年以来，每季度组织开展工作小组成果发布会，要求旗下的每家零部件子公司选派一个班组参加，并对获奖的小组进行表彰和奖励。已成功举办 19 期，累计发布案例 175 个，江铃集团下属的九家全资或者控股的零部件子公司小组通过自主改善，共产生 958.25 万元的经济收益。

江铃华翔公司是集团一家生产汽车前后保险杠和油箱的零部件子公司，该公司从 2013 年开始组织内部的成果发布会，已经举办 7 期。根据要求，生产线的所有班组长都要自己编制 PPT 材料，自己组词写稿，上台汇报。在内部发布获得优胜奖的小组，除有机会代表子公司参加集团的发布会之外，还可以获得公司数千元的奖励。通过组织这样的发布会，既可以交流改善经验，分享优秀案例，弘扬改善氛围，又可以培养和发现人才，锻炼一线班组长编制材料、上台汇报的能力，改变传统的班组长只会干活，不善于总结汇报的形象。2015 年江铃华翔公司一线班组通过开展小改小革的改善活动，共获得收益 93.6 万元。

（四）强化过程监控和运营改善评价，持续推动零部件子公司开展运营改善活动

1. 设定指标目标，制定改善路径

集团参照江铃股份和福特汽车的管理模式，同时结合集团零部件子公司的管理现状，设定质量、效

率及技术三大指标，提出2013年到2015年，综合质量指标改善幅度超过60%，生产效率平均提升幅度超过30%，技术指标完成率不低于90%的总体目标。

各零部件子公司根据集团总体目标设定公司目标，为保证指标目标设定合理且切实可行，集团要求各模块支持专家全程参与零部件子公司的目标设定。同时要求各公司将目标进行逐级分解，形成公司级、车间级、班组级三个层面的指标，并纳入到对各层级人员的KPI指标考核中。各层级确定目标后，还要讨论制订出具体的行动计划，明确责任人和时间节点，以支撑指标目标的达成。在子公司形成“层层有目标，人人有压力”的绩效管理模式，有效推动改善工作的落实。

2. 跟踪指标运行，督导现场改善

集团统一设定月度指标报表格式，各子公司每月将指标运行情况发送至集团，由管理改善委员会下设的办公室进行审核。为保证数据真实有效，办公室不定期组织专家到子公司现场进行数据稽核和改善计划的跟踪。对发现的子公司运营过程中存在的问题，要求子公司及时更正，确保指标能够真实反映公司运营管理现状。

3. 推行BPR例会报告，开展运营分析

通过BPR（business plan review）报告，对零部件子公司经营情况进行“三定分析”（固定会议时间、固定会议内容、固定参会人员），并提出相关改进要求，实施PDCA闭环管理。对于异常指标，总经理须在会上做出说明并提出具体整改措施。

4. 核心指标纳入零部件子公司总经理KPI考核

集团将“质量、效率、技术能力提升”三项指标纳入总经理年度KPI考核，而KPI的实现情况直接与总经理的年薪与干部考评挂钩。每年年初由集团运营工作委员会确定具体的目标值，各自模块对应的支持专家协助提供改善措施支持并进行审核会签，最后通过集团公司人事企管部统一与各零部件子公司总经理签订考核责任书。每季度集团将质量、效率、技术能力提升三项KPI指标的运行情况反馈至各零部件子公司总经理，以便各公司总经理及时发现异常并采取纠偏行动。

5. 集团对运营推行工作开展综合评价

为督促零部件子公司开展好工作，评价指导效果，集团每季度组织专家对零部件子公司的工作开展情况进行全面评价，并将季度评分排名发给集团公司高层。对季度评价中发现问题的整改措施，列入零部件子公司下季度工作计划。年底召开年度运营改善总结大会，综合各零部件子公司的目标实现情况、运营改善计划推行情况、专家评估结果，评选出推行管理改善工作的优秀单位进行表彰，并总结当年度推行的成绩，剖析存在的不足并制定出下年度推行运营改善的重点工作。

（五）开展共享交流活动，推动零部件子公司与整车公司协同发展

1. 最佳作业方式推广

“最佳作业方式推广”里的“最佳”是相对的，是指好的案例或者方式。最佳作业方式案例来源主要有内部和外部两种。内部主要是集团整车企业的优秀案例及各子公司提交的优秀案例，外部主要是参加行业协会活动、培训、参观中收集到的最佳作业案例。集团运营管理改善推进办公室定期收集最佳作业方式案例，然后进行筛选，对于具备一定推广价值的案例及做法通过多种途径进行分享，通过各种会议进行分享汇报。同时对所分享的案例进行效果跟踪，了解案例在子公司是否得到推广运用及运用的效果。同时为鼓励、推动子公司开展此项工作，集团每年给零部件子公司下达案例推广数指标，并对每年推广数最多、收益最好的子公司进行表彰奖励。截至2015年，累计收集案例85个，在子公司得到运用推广的有57个，取得良好的经济效益。

2. 推行现场例会

集团每季度都会组织相关模块的负责人召开例会，定期总结阶段性工作和安排下一步工作。2013

年以前的会议，一般都是在集团本部会议室进行，2013 年开始，为更加贴近现场，转变为到零部件子公司现场召开，同时会议的主办方由集团改为子公司轮值承办。目前的现场会主要是现场质量例会和现场生产力改善例会，质量例会单月召开，生产力改善例会双月召开。为提高零部件子公司人员对质量及生产力改善的认识程度，更好的支持运营管理改善工作的开展，现场会还要求承办公司要安排车间主任、主管、优秀的班组长列席会议。

3. 营造“赶学比帮超”氛围

一是出版运营管理简报。为及时报道来自生产一线的改善动态，2014 年 7 月起，集团运营管理推进办公室开始负责策划出版《集团零部件子公司运营管理水平提升活动简报》，主要报道集团组织和零部件子公司自行开展的各类运营管理改善活动。截至目前，简报已连续出版 36 期，报道各类活动 600 余次。

二是开展相互学习交流。集团运营管理改善活动坚持“集团内部交流”和“集团外部交流”相结合的原则，组织各零部件子公司开展学习交流。内部交流指的是集团内部企业之间的交流；外部交流指的是与外部优秀供应商、行业或高校之间的交流。内部交流需求按计划进行，外部交流计划视具体情况进行组织。内部交流每年至少组织 10 次以上，外部交流每年 3 次以上。

三是组织专项运营竞赛。针对集团零部件子公司的痛点与弱项，通过组织专项竞赛的方式，让各零部件子公司快速掌握工具并集中实施改善，以在一定阶段内快速提升某方面的运营水平。目前已开展的竞赛活动有设备竞赛活动、6SIGMA 优秀项目、年度最佳工作小组改善组织奖、质量晨会活动竞赛、精益知识竞赛等。

（六）开展阶梯式人才培养，提升零部件子公司领导和员工素质

1. 初期重点培养各零部件子公司高层管理人员和各模块协调员

高层管理人员对运营管理改善工作的认知程度，对能否推动好这项工作至关重要。为此，集团制定培养计划，一是定期组织各类内训和外训活动，以提升高层管理人员的理论知识；二是通过实践培训，要求各子公司高层担任各项改善工作的组长，并定期在集团各种例会上汇报工作进展。通过以上两种方式，可以迅速提升子公司高层的管理能力和水平，为运营管理改善工作在子公司的开展起到良好的带头作用。

各模块的协调人员尽管职务不高，但负责具体工作的开展，扮演的角色和担任的职责很重要，如果不具备专业的知识和技能，则各项工作的推行效果将大打折扣。为此，集团要求专家在子公司现场进行一对一指导，类比“导师带徒”形式，同时要求定期到江铃股份公司现场进行“影子学习”（即全程跟踪专家全天工作过程），使各模块协调人员在掌握理论方法的同时加强现场实践。

2. 逐步扩展到对车间主任和一线班组长的培养

随着运营管理改善工作的深入开展，逐步将子公司的中层尤其是车间主任列入重点培养对象。集团除定期组织各类培训外，还定期组织车间主任进行各项工作交流活动。如与整车公司的优秀车间主任进行现场交流，在集团利用各种例会进行工作汇报交流，增加车间主任的压力。通过交流，拓宽车间主任的视野，积累管理经验。

将培养对象逐步延伸至一线的班组长。江铃集团目前通过开展工作小组成果展示的方式，来提升一线班组长的能力，并通过组织优秀班组长的交流活动，让班组长互相取长补短，不断提升自身的理论和实践水平。

通过三年的培养，零部件子公司出现一批管理改善专家，基本可以脱离集团专家队伍独立开展工作，为零部件子公司管理水平的提升做出贡献，同时也为日后集团成立新的合资公司后，快速复制推广集团运营管理方法提供人才基础。

三、汽车集团以提升零部件子公司运营水平为目标的共享型管理改善体系建设效果

（一）零部件子公司运营管理水平显著提升

零部件子公司逐步改变以往靠经验管理、靠资源堆积的不科学的管理模式，逐步向集约型、精细化的管理模式转变，建立起科学的运营管理制度、规范化的运营管理流程、精细化的运营管理标准，倡导以数据驱动改善，弘扬自主自发改善，逐步形成改善活动常态化、改善形式多样化、改善效果精益化的良好局面。运营管理方式的转变，提升零部件子公司的市场竞争力，反映在指标上，顾客反馈售前PPM下降62%，年均下降21%；顾客反馈售后千台故障率下降44%，年均下降14.6%。直接工人工时利用率提升31%，年均提升10.3%。专利数量从161件增长到329件，年均增长34.6%；新增高新技术企业4家，新增省级企业技术中心1个，新增市级企业技术中心1个，新增省级工程技术研究中心1个，新增市级工程技术研究中心1个。

（二）实现集团与零部件子公司共赢发展

零部件子公司运营管理水平的提升也促进整车业务的提升，实现双赢，为集团战略目标的实现奠定管理基础。零部件子公司的营业收入规模达到10亿以上的由1家增加到2家；5亿以上的由1家增加到3家；总体销售收入年均增长13%。江铃集团的整车业务顶住国内汽车产业的下行压力，从2013年至2015年整车销量年均增速为15%，销售收入年均增速为20%。

（三）提升零部件子公司的归属感和员工满意度

运营管理改善工作统一了江铃集团的运营管理指导标准，使无论是合资还是非合资的零部件子公司都有统一的“管理语言”，增加零部件子公司对江铃集团的荣誉感和归属感。零部件子公司一线员工从管理改善体系的推行中受益颇多。之前，一线操作工加班、拖班很频繁，生产效率很低，员工的劳动强度也很大，抱怨很多。通过实施运营管理改善活动，对生产和作业过程进行改善，一方面提升生产效率，减少员工的加班、拖班现象；另一方面，通过对工位操作步骤进行分析、改善，把一线员工从繁重的体力劳动中逐步解放出来，提升员工的满意度。

（成果创造人：黄平辉、万建荣、艾国福、袁水根、苏　宇、姚益民、刘志农）

化工企业全要素本质安全管理

襄阳泽东化工集团有限公司

襄阳泽东化工集团有限公司（以下简称泽东公司）成立于2008年，位于湖北省襄阳市襄城经济开发区，占地600余亩，注册资本2亿元，拥有各类设备、仪器3000余台（套），总资产10亿元，员工2000余人，年产值、销售收入突破20亿元，主导产品硝酸钠、亚硝酸钠生产规模居全国第一，磷化工、氮化工产品为襄阳市最大规模。泽东公司已形成集化工产品生产、销售、贸易、变电运行控制、新能源新材料的生产、销售、研发为一体的高新技术产业集团。

一、化工企业全要素本质安全管理背景

（一）化工企业的生产技术特点决定本质安全管理的重要性

化工企业一般具有“生产连续性强、工艺流程复杂、高温高压、易燃易爆、有毒易腐蚀”的特点，这些特点决定了化工企业更具有危险性，发生的安全事故危害大、影响大，给国家和人民群众生命财产安全造成巨大损失。本质安全提出的“一切事故都是可以预防和避免的”这一观点对化工企业加强安全管理具有十分重要的意义。在泽东公司内部建立科学的、系统的、主动的、超前的、全面的事故预防安全管理体系，消除安全隐患，保证企业的长效安全生产，是企业健康发展、履行社会责任的需要，也是认真执行国家安全生产法律法规的具体表现。

（二）化工企业需要实现全要素安全管理

化工企业的安全管理涉及多方面工作，必须进行系统的、全要素的管理，保证所有与企业安全生产相关的因素都得到有效控制。泽东公司一直比较重视安全管理，但在某些方面还存在着薄弱环节，比如，部分员工仍存在重生产而忽视安全等现象，人员流动性与安全管理要求不相适应，员工的安全意识、安全行为与不断优化的安全硬件及现代化的过程控制装备不相适应，传统的安全管理模式不能满足现代企业管理需求。为提高企业的安全生产管理水平，保证企业的生存和发展，需要实现安全管理无死角，需要研究和建立适合化工企业自身安全生产特点的全要素的安全管理。

（三）本质安全管理是实现企业可持续发展的必然选择

在危险化学品等高危行业中，安全生产不仅是企业经营管理者关注的重点，更是确保企业可持续发展的首要任务。泽东公司所属的化工行业由于产能过剩问题、安全环保问题突出，市场竞争日趋激烈，发生安全生产事故产生的经济损失以及企业品牌和形象的损坏，对企业发展影响重大。因此，保证安全生产是泽东公司实现可持续发展的最基本条件之一。这就要求泽东公司必须利用创新的理念和方法从传统的安全管理模式向现代化的全要素的本质安全管理转型。为此，泽东公司从2012年年底开始提出并实施全要素的本质安全管理。

二、化工企业全要素本质安全管理内涵和主要做法

泽东公司以“安全为天”的管理理念为引领，融职业健康安全管理体系、安全标准化建设及危险化学品生产企业安全要求、化工生产规范于一体，采用PDCA闭环管理模式、过程和方法，汇集多年安全管理的研究和实践经验，在科学与技术、理论与实践、基础与应用的综合层次上，将文化、情感、教育培训、物质和环境、监视测量、制度、预警应急、评价等多要素有机结合在一起，建立适合化工企业自身生产特点的安全管理模式。该模式不仅强调责、权、利的有机结合，更注重绩效监视、测量和持续改进，以提高预期结果及安全管理绩效，促使公司在工艺复杂、危险众多的环境条件下，依靠内部系统

和组织，消除安全隐患，实现本质安全的管理目标，促进企业快速、健康、可持续发展。主要做法如下：

（一）确立本质安全理念，健全本质安全管理体系

“安全为天 生命至上”“以人为本 关爱生命”是泽东公司安全管理的出发点和落脚点，是安全管理的根本所在，是本质安全最核心的理念。泽东公司以安委会为全要素本质安全管理的最高管理机构，总经理为本质安全管理的第一责任人，分管安全的副总经理为本质安全管理的具体负责人，安全部作为本质安全管理的专职管理部门，企业文化部、党群办、职工大学、设备管理部、安全部、生产调度部等职能部门分别作为文化、情感、教育培训、物质和环境、监视测量、制度、预警应急、评价等要素的主管职能部门，各车间为本质安全管理的具体实施组织，形成一套完整的本质安全管理组织体系。

（二）通过文化、情感管理和培训、教育，塑造本质安全型员工

1. 将安全文化教育纳入新员工入职必修课

泽东公司对所有新员工都要开展安全文化普及教育，重点学习《企业文化手册》中的核心文化及安全文化。同时，确立“以人为本抓安全”的人本观，“安全是最大的节约，事故是最大的浪费”的价值观，“一人安全全家福”的亲情观，促使企业安全管理由过去的只注重对物的管理向人、物并重转化。

2. 实行安全文化的不断渗透

泽东公司建设有企业文化中心，为员工开展安全文化活动提供阵地；在内部宣传报纸《泽东报》开辟安全文化专栏，确保每期有固定的安全文化宣传版面；各党支部每季度至少办一期以安全文化为主题的黑板报。在日常生产中，坚持班组级安全文化学习每星期一次，车间、科室级安全文化学习每月一次，公司级大型安全文化学习活动每半年一次。在厂区和办公楼内设置大量通俗、有趣的安全文化标语，使员工在耳濡目染中不断接受安全文化的熏陶。泽东公司经常组织各类安全文化活动，引导员工自觉树立安全意识，积极学习安全文化知识，形成全员安全意识，将安全文化于无形中渗透入员工内心。

3. 树立安全生产典型人物

每年评选一次安全生产先进人物，采用先进事迹宣讲会以及《泽东报》刊登先进事迹等方式对安全生产先进人物的事迹进行宣传报道。通过表彰模范、传播先进事迹，为员工树立学习的楷模和标杆，形成“人人争当安全卫士、个个争做安全标兵”的良好风气。

4. 通过情感管理，及时掌控和调整员工的不良情绪

泽东公司的安全管理人员以爱护、关心、帮助的情感解决员工工作、生活中的困难，避免不良情绪对工作产生的影响，充分调动员工的积极性和创造性，有效发挥员工的潜能。情感管理包括“一、二、三、四、五”的基础管理。即“一个网络”：除正常上下层次安全网络外，积极发挥党政工团的作用，进一步夯实基层网络建设，特别是把各班组思想政治工作员纳入安全网络。“二本账”：包括“民情日记本”和“情感档案本”。“三清楚”：各车间（部门）领导和班组长要清楚员工的家庭情况、脾气性格和特长爱好、工作表现及思想变化。“四必访”：婚丧嫁娶必访、家庭发生矛盾必访、员工生病住院必访、本人和家庭发生重大变故必访。各党支部书记是“四必访”的第一责任人。“五必谈”：员工思想波动必谈、受到批评必谈、人际关系紧张必谈、工作变动必谈、发生“三违”必谈。

5. 加强企业本质安全管理人才培训

泽东公司在安全培训工作中始终坚持“全员培训、全程培训”，保证每一位员工培训合格、持证上岗，使员工技能不断提升，自身素质不断提高，为公司的本质安全管理提供人才支撑。

泽东公司以自主培训为主、外部培训相结合的方式开展各种形式的安全培训，并十分注重对员工进行安全事故案例培训。组织专人定期对公司内部、同行业企业发生的安全事故案例进行汇编，分发至车间班组进行学习，员工通过对影响较大、涉及面广、意义深刻的事故案例进行了解、分析

和学习，达到警醒、警示、规范自身安全行为的目的。为增强培训效果，泽东公司先后与多所高校和相关公司签订校企合作协议。一方面，高校利用教学和科研条件，为公司定向培养技术人才，另一方面，公司利用良好的安全生产条件和先进的生产工艺为高校学生提供实习基地，为促进人才健康成长提供理想沃土。

（三）强化本质安全的物质和环境基础

1. 注重设备和工艺的安全性能和自动化程度

工程技术人员在新建项目和技改新增项目的设备选型过程中，优先选取自身安全性和可靠性高的设备，并且对采购回来的设备的安全性能进行严格验收，做好源头控制。设备部和安全部对设备的安装过程和结果进行全程监控，验收通过后方可投入生产使用。

在工艺设计中，技术人员要充分考虑设备和工艺的自动化程度，实现机械化减人、自动化换人。对劳动强度较大的工段，以机器代替人工作业，减轻员工的工作强度，有效提高劳动生产率，从根本上杜绝人工作业产生的风险。

2. 对现有设备设施不断进行技术升级改造

工程技术人员对生产过程中已经发现的设备安全缺陷，采用技术措施消除或控制危险，确保设备和设施的安全使用，减少设备和设施对人员的伤害。泽东公司近几年先后进行硫酸Ⅰ系统湿排改干排项目、磷酸Ⅱ系统磷石膏皮带机刮板的限位挡改造项目、磷铵系统保安电源项目、脱碳系统增加制氮机技改项目、造气厂房一楼桥架改造项目、净化车间控制阀增加阀位反馈报警技改项目等大量的安全技术改造项目，使设备设施符合本质安全的要求。

3. 做好特种设备的定期检测及全部设备的日常维护管理

设备管理部不断细化设备管理，制定相关管理制度，对特种设备按规定进行定期检查和检测，确保特种设备附属的安全附件、安全保护装置和与安全保护装置相关的设施完好。各车间的设备管理者制定本车间设备的维护和保养管理制度，对本车间的各类设备加强管控；设备维修人员严格按设备的安全检维修规程实施检维修；设备操作人员要严格按设备的安全操作规程操作，加强对设备操作人员的安全培训教育，提高他们发现设备异常状况和处理紧急情况的能力。

4. 规范公司内建筑布局，保证建筑设施符合规范要求

泽东公司各生产区域均经过专业设计院设计规划，严格按照设计规划施工，基础设施完备，仓库、厂房布局合理，干道布置错落有致。各建筑设施均通过消防部门审核验收，防火性能符合规范要求，安全设施齐全完好，作业环境干净舒适。泽东公司已建设成为一座现代化、绿色花园式的工厂。

（四）实行严格的安全生产监控

泽东公司采用自动化控制和智能感知预警技术，应用过程控制系统、安全联锁系统、紧急停车系统、大型主要设备检测系统和有毒有害、可燃气体监测保护系统等，建立自动化生产和智能化监控系统，对公司的生产安全进行严格的监视测量控制，及时掌握生产装置安全生产动态，为安全生产保驾护航。

泽东公司利用成熟、先进、可靠的DCS系统网络进行管控，实施24小时全天候监视。DCS系统由18个过程控制站、21个PLC可编程控制器、90个操作站（又称人机对话界面）和总线组成，各操作站可以根据不同“权限”查看各自画面和管理画面。自主开发的造气、合成、两钠等多个具有自主知识产权的自动化应用软件，在全国同行业中处于领先水平。

泽东公司的调度指挥中心将各岗位、工段的生产实时数据集中到生产调度指挥界面一起进行监控，为调度员提供一双同时看见全公司所有装置运行情况的“眼睛”，为全局掌控、协调、指挥生产提供最先进、最便利的工具，以提高生产和安全管理效率。

1. 加强对易燃、有毒有害气体的监测

泽东公司在主要危险场所安装有毒、易燃、易爆气体在线监测分析仪，这些监测数据、报警信号集中引至调度指挥中心和各相关岗位 DCS 指挥界面。当生产发生突发性泄漏或者正常生产过程中发生的少量泄漏达到报警值时，以声光信号在 DCS 界面上报警，方便操作人员及时查找漏点并进行处理，有效预防重特大事故的发生。

2. 加强对大型主要设备的检测

通过先进的在线测试仪器测出设备运行状态时的数据，引入 DCS 界面，操作人员通过设备参数及状态的变化，及时分析原因并对运行状态进行趋势跟踪，做到有计划的检维修。

3. 加强对重大危险源的监控

通过公司定制的软件，市级安监部门实现对公司重大危险源的在线监控和一键控制。泽东公司采用远程监控、遥控应急处置技术，应用实时监测预警系统和可燃、有毒、有害气体泄漏检测报警装置，结合实际完善自动控制系统和安全仪表系统，实现危险化学品重大危险源的安全管理自动化。

4. 建立有效的安全联锁系统和供电保障系统

泽东公司合成氨生产线建立众多的安全联锁，形成联锁系统，联锁数量占公司联锁总数的 50%以上。硫酸、磷铵、甲醛和两钠生产线建立主风机及电机轴温、振动、位移联锁、硝酸三合一机组联锁，氧化炉温度、氨空比联锁等。通过建立联锁系统，在生产过程中出现不正常情况并且达到报警停车值时，该设备自动联锁停车，形成公司安全生产的一条保险防线。

在供电方式上，泽东公司外供电实行双回路，任何一路出现跳闸断电就会立即切换到另一路上，锅炉给水和重大危险源均配备自动发电装置，保障生产安全、有序进行。

5. 建立摄像监控系统

泽东公司在关键装置、危险和重要场所、各岗位控制室安装高清监控探头共计 249 支，实现对现场、环境、人员的全天候实时监控。公司领导、调度员和车间干部可通过视频信号全方位了解生产现场，视频监控系统附带影像记录功能，为监控违章作业以及查找事故原因提供有力的支持。

（五）健全本质安全管理制度

1. 建立、健全本质安全管理制度体系

近几年，随着安全管理的不断深入和细化，泽东公司安全管理制度体系由最基础的 32 个增加到 42 个，安全管理制度体系逐渐趋于完善。其中为安全管理服务的制度 17 个，生产现场的安全管理制度 18 个，有关设备设施的安全管理制度 7 个。这些制度为实现本质安全管理提供强有力的制度保障。

2. 严格安全管理制度的执行及考核

各车间是安全生产责任主体，各车间主任负责安排制度的落实，车间安全副主任负责监督检查员工执行情况，班长组织员工负责具体工作的落实，班组安全员负责监督本班组的制度执行情况。

安全部、设备管理部等各职能部门根据各自的职能管理划分，负责考核涉及制度的实施情况。企业管理部负责对公司各车间、职能部门执行安全生产管理制度情况进行全面检查管理，并对职能部门的考核情况进行监督考核。

3. 根据执行情况不断修改和完善制度

各车间、职能部门在安全管理制度执行和检查过程中发现的不合理或者是缺项等问题，统一上报至企业管理部，企业管理部组织公司管理层在每年的制度评审大会上对反映的问题进行讨论，对制度进行进一步的修改和完善。修订后的制度通过审批后重新下发，从制度的建立、执行到纠正和完善，形成一条完整的管理闭环。

（六）强化预警应急管理

1. 制定应急预案

泽东公司组织专业评价小组对危险源进行辨识，对安全风险进行评估，将各岗位的危险因素、紧急情况以及防范措施全部写入岗位操作规程，要求员工熟练掌握。

由工程技术人员、车间干部以及各职能部门干部组成预案编制小组，分专业进行应急预案的编制工作。由注册安全工程师组成的专业评价小组通过审核、讨论、签字后，根据预案等级由总经理、安全副总批准下发，各车间、班组立即对预案组织学习。

2. 对应急预案进行演练

每年6月和11月，各车间集中组织开展车间级应急预案演练活动。公司级的应急预案演练由公司根据工作计划组织进行。演练结束后，安全管理人员做好演练的评价记录，将演练中发现的问题反馈至公司安委会。泽东公司组织专业评价小组对提交的问题进行讨论并对预案进行修改，使其更具可操作性。预案完成修改和评审后，重新下发并组织学习，形成管理闭环。

3. 强化预警应急管理的保障措施

一是制度保障。明确应急救援的方针与原则，规定相关组织在应急救援工作中的职责，划分响应级别，明确应急预案编制和演练要求、资源和经费保障、法律责任等。

二是通讯、报警系统。为保证通讯的安全可靠，泽东公司采用多种通讯方式：各岗位全部配备内部电话，特殊岗位还需配备外部电话或者防爆对讲机等，同时在厂区范围内设置应急广播系统，负责厂区范围内信息的集中传达。

三是资金、物资与人才支持。泽东公司将安全预警应急管理的经费列入年度安全投入预算，有效保证应急物资的配备和使用。公司配置消防车、正压自给式空气呼吸器、消防作战服、轻型防化服、重型防化服、对讲机、盾牌、消防栓、消防枪头、水带、干粉手提灭火器，二氧化碳灭火器、手提水基灭火器、手推式干粉灭火器、全面罩防毒面具，长管呼吸器、洗眼器、喷淋设施、3000方事故处理池，2500方消防水源应急取水池，抗溶性泡沫等抢险救援物资，能达到快速处置各类应急事故的目的。同时依托上级军事主管部门成立“襄阳泽东化工集团有限公司武装部防化连”，下辖两个排的综合素质优秀的义务消防员，不仅保障公司内部的安全生产，同时为工业园区内其他公司提供专业的应急救援物资和人才支持，有效协助专业应急救援队进行应急处置、抢险和救援。

四是教育和培训。通过各种形式的活动，加强对员工的事故应急处理技能教育培训，同时设立应急救援培训站，邀请专家定期对应急救援队伍进行专业的强化培训。

（七）对安全生产进行专业、全面的风险评价与不断改进

1. 自主开展专业风险评价

泽东公司由20余名注册安全工程师组成专业安全评价小组，负责公司的风险评价管理工作。安全部对公司的安全生产情况进行风险分析，根据历史事故资料确定安全评价项目，安全评价小组深入生产车间，识别生产过程中的危险有害因素，针对不同环节、不同内容的评价工作，采用不同的评价方法。编制评价报告后同相关资料提交安全副总审批，并对安全风险因素的控制情况进行跟踪监督。内部专业安全评价小组完成评价工作后，将评价的初步结果下发至各车间进行学习。鼓励各车间、班组人员在学习过程中对评价的结果提出意见和建议，并反馈至安委会。安委会组织评价小组对反馈的意见进行分析和讨论，形成最终的评价报告下发至各车间。车间根据报告内容，将安全生产工作分解到日常工作当中，制定相应的制度和检查表格，开展日常安全管理。

2. 邀请第三方进行专业安全评价

泽东公司按照法律法规要求联系第三方专业评价机构定期对公司进行安全现状评价和重大危险源评

价，通过第三方的角度帮助公司查找安全生产问题。泽东公司认真对待专业评价人员在评价报告中反映的问题，积极接受报告建议，认真按照要求制定整改措施，对发现的问题扎实开展整改工作。同时，公司主动邀请省、市安全专家对公司的安全生产工作进行指导，结合公司实际情况制定切实可行的整改方案，共同为公司实现本质安全管理提供强有力的技术和管理支持。

3. 根据评价等级采取管理措施

为保证工作效率、节省人力，当评价结果为安全可控或基本可控时，可边工作边整改隐患；当评价结果为不可控时，要求其停止工作，进行隐患整改；隐患整改完成后，通过评价人员再次评价达到安全可控或基本可控时，方可进行工作，同时对安全管理工作进行评估，实现持续改进。

三、化工企业全要素本质安全管理效果

（一）生产规模和经济效益不断提升，安全事故逐年下降

泽东公司自推行本质安全管理以来，安全生产形势平稳，生产规模不断扩大，管理水平不断提升，取得良好的经济效益。每年均超预期完成年度生产经营任务，煤耗、电耗、发电量、矿耗、零台时率都达到同行业先进水平。连续三年实现总产值的稳定增长，由 2013 年的 16 亿元增长到 2015 年的 20 亿元。员工幸福指数大大提高，实现“为顾客创造价值，为社会创造繁荣，为股东创造发展，为员工创造幸福”的企业核心价值观。同时，各类事故发生率不断下降，2012 年至 2015 年千人轻伤事故发生率分别实现小于等于 6‰、4‰、2‰和 0.5‰，未发生火灾、爆炸、重伤及以上责任事故。

（二）形成具有化工企业特色的本质安全管理体系

泽东公司充分发挥各专业人才和专业部门的安全管理优势，企业文化部、党群办、职工大学、设备管理部、安全部、生产调度部等职能部门负责分管要素运行的监督和维护，进一步增强各职能部门的安全责任意识，真正做到安全第一，不安全不生产，将一岗双责从管理方法上落到实处。公司实现基础设施完备完善，仓库、厂房布局合理，干道布置错落有致，安全设施齐全完好，生产技术先进科学，生产设备安全高效，作业环境干净舒适，员工安全意识提升，从根本上杜绝安全生产事故的发生，形成可借鉴的具有化工企业特色的本质安全管理体系。

（三）促进企业的快速、健康和可持续发展

泽东公司通过推行全要素本质安全管理，有效生产时间不断增长、生产效率不断提高、经济效益不断增强，吸引和稳定大批高素质管理人才，公司认可度和美誉度不断提升，凝聚力、向心力、执行力、竞争力和战斗力不断增强，为实施企业的发展战略提供保障，为企业的进一步快速、健康和可持续发展奠定坚实的基础。推行的全要素本质安全管理还得到湖北省、襄阳市各级安全监管领导的高度重视，并在全省范围内的化工企业进行推广，获得省内知名企业家的肯定和高度好评。

（成果创造人：宋开荣、尹芙蓉、李立新、孙　莹、王　翔、
周厚鹏、张红胜、王　芳、梁立建、沈茂村、刘卫东）

中外合资公司以“10H”企业文化建设为引领的卓越绩效管理

南京国电南自自动化有限公司

南京国电南自自动化有限公司是由中国华电集团直属子公司国电南京自动化股份有限公司（以下简称国电南自）与ABB集团共同组建的合资公司，其中国电南自占股51%，ABB占股49%，投资总额17.45亿人民币，于2012年1月1日正式运营。现有员工1707名，2015年销售收入19.6亿元，利润总额3.5亿元，拥有14000平方米的插件和装置智能化生产车间，业务领域涉及变电站自动化、配网及调度自动化、稳控及故障录波、电厂升压站计算机监控系统（NCS）、电力通信产品及系统、发变组保护、EPC总包及海外出口等。

一、中外合资公司以“10H”企业文化建设为引领的卓越绩效管理背景

（一）实现中外合资企业文化融合的需要

2011年，国电南自与世界五百强企业ABB强强联手，成立南京国电南自自动化有限公司。这一次的联合，让新公司具有强大的竞争力，但与此同时，由于两家母公司原来的地域文化、所处环境、思维方式各不相同，激烈的文化碰撞成为公司需要面对的新挑战。

（二）提升企业整体管理水平的需要

作为中国电力工业历史上“大国企”与“大外企”的经典合资案例，国电南自是我国智能电网产业的龙头企业，拥有76年的品牌发展历程，ABB是电力自动化技术领域的全球领导厂商，双方在企业文化、管理模式及发展战略等方面存在较大差异，如何提升企业整体管理水平成为合资公司面临的重要课题。

（三）实施企业发展战略的需要

为提高公司产品与服务质量、经营质量和发展质量，增强市场核心竞争优势，促进组织持续发展，需要在企业管理实践中探索出一条追求卓越、通往成功之路。为在市场开拓、研发及产品管理、卓越运营、卓越人才体系建设等方面持续创新，实现经营业绩逐年提升，国电南自实施以“10H”企业文化为核心的卓越绩效管理。

二、中外合资公司以“10H”企业文化建设为引领的卓越绩效管理内涵和主要做法

国电南自构建以“10H”企业文化为核心的卓越绩效管理框架，通过高层领导的正确引领和模范推动，形成全体干部员工高度认同的行为规范和价值追求，明确公司中长期战略目标和定位，制订以战略为导向、顾客市场为驱动的市场营销策略和行动计划，通过自主开发和采用综合信息管理系统，实现对人、财、物等资源的高效配置，同时施行全员、全过程参与的大质量管理，监控全价值链过程，基于4Q质量分析改进工具对企业经营管理流程进行持续改进，提高公司产品与服务质量、经营质量和发展质量，增强市场核心竞争优势，促进组织持续发展。主要做法如下：

（一）构建以“10H”文化为引领的卓越绩效管理框架

国电南自自成立之初就致力于建设符合合资公司经营战略的企业文化。2013年，首次提出“10H”企业文化理念。“10H”企业文化由10个以“H”为首字母的单词或词组构成，代表合资公司倡导的10个价值理念，简洁、形象，易识易辨。“10H”文化作为合资公司的卓越绩效管理的核心，包括“10H”企业文化、House战略房屋、Heatmap＋PIE＋How业务增长模型、Here资源支撑、Hot5/OPEX过程优化与实施五个主要组成部分，与“GB/T 19580卓越绩效体系”中的领导、战略、顾客与市场、资

源、过程管理一一对应。卓越绩效管理明确提出合资公司的使命、愿景和价值观，强调持续提高企业的竞争力和盈利能力，关注利益相关方的平衡，注重过程控制，并以结果为导向，是综合的、系统化的组织绩效管理方式。其中，“House 企业战略房屋”位于卓越绩效管理框架的最顶端，为合资公司未来的发展提供行动指南；运用“Heatmap＋PIE＋How”业务增长模型，帮助合资公司实现业务的持续增长，使用“Hot 5/Opex 过程优化及实施”自上而下的定期追踪战略任务的分解，自下而上的解决企业的质量问题；自主开发的“Here”综合信息管理平台，为公司执行战略部署、实现卓越绩效提供强有力的信息化资源支撑；运用“4Q”管理工具对企业运营的各个环节进行测量、分析、改进及保持，最终达到实现企业卓越绩效的目标。

（二）明确企业使命、愿景、价值观，建设 10H 文化

国电南自始终秉承“科技服务电力、发展回报社会”的企业使命；以“做世界一流的电力自动化整体解决方案专家”为国电南自的发展愿景；努力践行“以人为本、科技创新、诚信合规、勇担责任”的核心价值观；建设符合国电南自自身发展特点的“10H”文化。国电南自的“10H”文化倡导用“脑”（Head）去创新、用“手”（Hand）为客户提供高质量的产品、用“心”（Heart）服务客户的理念，强调“职业健康安全/诚信合规”（Honesty/HSE）的重要性，提倡员工之间“相互协作”（Help）“相互倾听和学习”（Hear），鼓励员工在“努力工作”（Hard Work）“追求高绩效”（High Performance）的同时，保持“快乐工作”（Happy Work）的态度，共同营造“和谐的工作环境”（Harmonic Environment）。

国电南自“10H”文化的落实推广主要体现在以下五个方面：

1. 企业文化与企业管理制度相融合

国电南自致力于将企业文化理念作为制定规章制度的指导思想，将企业倡导的精神、价值观和行为模式在制度规定中体现出来，以此引导、约束员工行为，倡导全体员工自觉地按照正确的价值观和行为准则严格规范自己，通过严格有效的制度管控为实现公司经营目标提供助力。

2. 企业文化与员工思想和行为相结合

国电南自将“10H”文化渗透到工作的各个环节，对员工的工作作风、工作风貌起到导向性作用。纪律和制度是刚性的约束，以此来规范、改变员工的工作行为和习惯，而企业文化和政治思想工作则是柔性的引导，以此来教育、提高员工的思想和认识水平。

“10H”文化强调“诚信合规（Honesty)”的重要性，国电南自设立专职法律顾问，全程参与公司重大经营事项和经济纠纷的决策过程，定期对公司业务部门进行法律风险防范培训；设立专职合规官及纪委书记，高度重视廉政和反腐败工作，定期对全体员工进行在线和现场培训，用真实的案例教育员工遵守公司合规制度，精心打造合资公司“廉洁文化”。通过举办“5S 先进个人”“优秀党员示范岗”“青年安全生产示范岗”“劳动模范”等创先争优活动，正确引导员工的思想和行为，将个人奋斗目标融于企业的整体目标中，激发员工的使命感，逐步建立合资司的“制度文化”和“行为文化”。

3. 企业文化与员工安全和社会责任相结合

企业真正持续有效的安全管理必须依赖于全员安全意识。国电南自自成立以来，始终坚持并强调安全文化的重要性。国电南自“10H”文化理念中的 Honesty/HSE，把职业健康安全和环境与诚信合规一同作为企业和员工的行为底线和红线。在合资公司的各个区域都能看到全员签署的安全承诺书和安全海报，重点推进安全箴言“拒绝视若无睹”，员工积极提交安全事件报告，安全工作通过安全文化的建设深入人心。

国电南自成立“第一反应”应急救援队，三十余名急救队员均接受严格、专业的急救培训并取得急救证书，八套 AED 自动体外除颤器和急救箱科学分布于园区的各个区域。急救队除为员工提供紧急救

援外，还为社会的大型赛事提供公益支持，体现公司“以人为本”的价值观以及“不忘初心、服务社会”的社会责任感。同时急救队还承担着公司内各项大型活动的急救保障工作。

4. 企业文化与员工培养相结合

国电南自始终坚持创新学习的文化理念，自成立之日起就深入开展打造“学习型企业，创建学习型班组，争做学习型员工”的活动，以“10H”理念中的“相互协作（Help）”“相互倾听和学习（Hear）”，鼓励员工以“努力工作（Hard Work）”“追求高绩效（High Performance）”为基础，大力实施人才强企战略，将推进提升员工素质工程融入企业总体发展战略之中。

从管理人员到普通员工，国电南自每年都制定详尽的学习培训计划，培训内容包括质量安全、通用技能、管理能力、产品技术等各方面；采取高校合作、网络培训、面授、现场操作辅导、对外交流等多种灵活的培训方式。合资公司建立完善的“培训管理制度”，对培训档案的建立、培训费用报销等有明确的规定。推行“内训师制度”，打造内训师队伍，开发内训课程，促进先进经验的共享和员工的成长。

兼顾合资双方员工的职业发展规划，合资公司将卓越人才纳入企业发展战略，通过建立健全人才评估、人才发展以及人才流动体系，设置面向管理人员的 PDA＋360 度评估方式，制订有针对性的人才激励方案，并打通管理类和技术类的“H”型发展通道和内部的竞聘竞岗，逐步实现员工纵向和横向的双向发展。

在用“脑（Head）”创新文化的引领下，通过创办以提升组织能力及培养人才为目的的 JV 大学，设置面授、在线学习、模拟操作等丰富多样的培训方式，帮助员工提升专业能力和综合素质，为公司业务发展提供人才支撑；同时，公司与东南大学、河海大学等高校共同推出“卓越工程师”计划，既为企业培养优秀人才，又在高校中提升企业影响力。

5. 企业文化与员工关怀相结合

以“相互倾听和学习（Hear）”“快乐工作（Happy Work）”为出发点，关注员工的生活，重视员工精神层面的感知与感受。通过开展形式多样、喜闻乐见的文化健康活动，着力构建和谐的劳动关系，加强人文关怀和心理疏导，开展各类心理讲座，努力实现快乐工作、健康生活的目标，不断增强员工参加企业及社会活动的愉悦感；在企业内部设立“合便利”超市，并开设“合餐厅”，为员工提供质优、价平的自助餐，提高员工的用餐品质，丰富员工的用餐选择；向南京市江宁区政府申领“人才公寓”，统一配备各类家电、家具，给予青年员工更多的人文关怀和生活保障，增强员工在企业中的安全感、自豪感和归属感。

（三）构建 House 战略房屋，制定中长期发展战略规划

在卓越绩效管理框架中，“House 战略房屋”位于最顶端，是合资公司一切经营活动的指南和驱动力。

“House 战略房屋”筑基于“10H”文化，以财务关键指标为预算和目标，通过扩展可进入市场、建立有竞争力的产品和研发、实施卓越运营及卓越人才四大战略板块及所对应的行动计划，指导公司的运营和发展。四个战略板块看似独立，却是相辅相成的。

首先，拓展可进入市场计划解决的是业务如何增长的问题，要实现业务的增长，就必须要有一套流程和方法。在制定市场战略之前，先做市场定位和行业细分，之后以市场战略为指导，促进公司在不同业务领域中的拓展。在市场战略提出之后就要考虑对研发提出要求，开发出符合市场需要的新产品及解决方案、探索新的业务模式、发展新的渠道商。为此，公司进行研发和产品的管理，实施卓越运营和卓越人才计划。

其次，卓越运营能够保证对市场保持较强的敏感性和判断力，能帮助企业在竞争激烈的市场中比竞争者以更快的速度制定策略并抢占市场；卓越的人才能够带来具有竞争力的产品和研发，反之，具有竞

争力的产品和研发也为企业带来更多的经济效益，从而能够将更多的资金投入到企业运营中，改进运营方式、提高效率；有竞争力的产品和研发、卓越运营和卓越人才还能够为企业创造条件，让企业能够实现产品的增值，创造更多的客户价值，从而为公司带来更多的市场份额。

（四）准确把握市场需求和业务发展方向，持续提升顾客与市场驱动下的业务增长

实行以战略为导向、顾客市场为驱动的市场营销策略和行动计划：通过准确的市场分析与定位形成市场定位图；在明确各专业目标市场的基础上，制定相应的市场营销战略，结合目标市场特性，以 PIE 业务增长模型为指导，有针对性地实施渗透、创新及扩张等战略思路；在营销战略方向确定后，进一步将战略目标落地做实，通过解决“为何要做此业务”“我们能够提供什么样的产品和解决方案”“我们的市场机会在哪里”等问题，为公司“如何实现业务增长”探求答案，最终明确行动目标、制定具体措施和行动方案，有效支撑公司拓展可进入市场的战略目标。

（五）以信息化为支撑进行资源整合

自主开发的“Here”综合信息管理平台已涵盖财务、人力资源、商务、营销、质量、研发、服务等整个运营过程的管理模块，为执行战略部署，实现卓越绩效提供强有力的信息化资源支撑。

“Here”系统是独立开发的具有自主知识产权的系统，分为办公管理、人力资源管理、营销管理、商务管理、项目管理、设计管理、服务管理、采购管理、财务管理、研发管理及职业、健康、安全管理等模块。“Here”系统集成企业资源计划、制造执行等系统，逐渐达到办公移动化、研发设计协同化、生产管控集成化、工程服务网络化的建设目标。

伴随着当今智能电网建设的深入，电网中智能设备数量增加，对电网稳定性的要求越来越高。目前，国内二次设备制造厂家尚无与管理系统对接的工程服务远程支持系统。

依托于公司“Here”系统建立的“工程服务远程支持系统”，是公司基于互联网思维、“Head”创新文化和“Heart”用心服务文化，在优化服务模式及信息化建设上的一个重要的管理创新，在同行业中首次将工程服务过程信息化、可视化、精细化，顺应时代的发展，对提升合资公司在同行业的领先地位、创建国际一流电力自动化品牌起到关键作用。

工程服务远程支持中心系统包括服务远程支持中心和移动工作平台两大部分。工程服务远程支持中心占地约为 100 平方米，配置 6 块 60 寸高清 DLP 拼接大屏。系统能够实现的功能包括：

一是建立移动工作平台。充分利用移动互联网技术，基于“微信企业号”和 4G 手机，建立面向长期在外出差的工程服务人员的移动工作平台。服务工程师能够使用自己的手机方便快捷地处理所有工作。通过手机扫描装置的二维码，可以快速查到该装置的版本信息、调试报告、故障记录、插件更换记录等信息。

二是基于地图的服务人员安全定位和调度管理。服务人员每天通过手机进行签到，远程服务支持中心大屏的地图上，实时显示服务人员的位置。综合需要服务的变电站地点、服务人员分布信息，服务主管可以更合理地调配人员、安排任务，无须安装 App，与“Here”系统无缝集成，在微信上就能办公。该方式重新定义企业内部工作流程和运营管理方式，创造性解决企业内部消息通知不及时、消息通知（短、彩信）成本高、工作审批滞后、管理不规范及运行管理方式落后等传统难题。

三是远程工程管理。通过对服务人员日志的调阅，服务主管一方面可以了解该员工在现场的日常工作情况，另一方面可实时了解现场工程进度，对现场存在的问题及时反馈和解决，原先通过电话一一询问的模式被彻底打破，借助于互联网使管理成本大大降低，服务效率及现场问题处理及时率大大提高。

四是可视化远程技术支持。利用微信视频通话技术，对用户及工程服务人员提供可视化远程技术支持，指导用户调取录波、上传报告，组织公司技术专家进行会诊，最终得出正确结论，大大节约现场故

障处理时间，提高工作效率，减少现场服务人次，降低服务成本。

五是可视化远程安全管理。通过远程视频连线，定期检查员工现场安全，提醒员工规范安全行为、提高安全意识。当现场有重大安全隐患而服务人员无法判断时，服务人员可将现场照片拍回或远程支持连线寻求帮助，远程支持中心汇集安全专家对其隐患进行评估，给出最终解决办法，从而保证员工安全。针对现场新建、扩建工程存在的大量安全隐患，结合自身工作性质创新提出安全五步法：思考一遍要做的工作；观察作业场所和周围环境；附近还有什么人要做什么事；辨识出隐患并找出控制预防措施；满足你自己的安全需求。

六是基于大数据的设备全生命周期管控。通过与国电南自企业资源计划系统的数据接口，建立合同（项目）全生命周期的电子档案，现场服务人员能够很方便地查询某个合同号下的所有资料。包括合同评审记录、合同变更记录、设计归档记录、调试记录、服务记录、开票和回款记录等信息。通过与新执行制造系统的数据接口，建立变电站的设备台账，细化到每个装置的具体信息。利用“二维码”的形式承载装置内部的所有信息，通过扫码可查阅该装置的所有信息，实现产品从出厂至退役的全生命周期管理。

（六）进行战略任务的分解与追踪，实施过程控制与优化

在过程的管理实施中，创新运用Hot5管理方法，自上而下地进行战略分解与追踪，同时自下而上的实施过程控制与优化，为公司战略的有效执行提供保证。

在自上而下的战略分解中，通过Hot5对战略目标进行逐级分解，细化到各个层级，具体到职能部门以及各利润中心，并提炼每个部门的5个关键目标，有助于各部门突出工作重点，行动有的放矢，并且便于定期追踪行动计划的具体完成情况，将之与绩效相联系，从而实现对过程的管理和监控。在自下而上的过程优化中，国电南自要求公司各个层级提出当前急需解决的5个问题，并按照优先次序实施改进，超出本层级资源、能力范围的问题上报至上一层级实施改进。通过持续运用Hot5发现和解决质量问题，从多个角度了解产品生产和经营管理状况，达到持续改进的目的，提高产品质量，改善管理流程，帮助企业达成卓越绩效。

（七）对管理过程进行测量、分析、改进及保持，实现卓越绩效管理的持续提升

国电南自根据Hot 5提出的各个层级需要解决的问题，按照“4Q”的方法对每个环节进行分析和改进。定期召开管理评审会，由质量管理部跟踪实施并检查完成情况。

基于4Q管理办法中测量、分析、改进、保持的4个步骤，通过测量判断当前状态、分析事件原因、即刻改进、保持改进成果的四个阶段，认识问题、分析问题根源、解决问题并持续改进。以提高客户满意度、降本增效、解决质量问题和提升产品质量为目的，分级设立“4Q”改进项目，帮助企业解决供应商质量、工程现场反馈及生产运营中存在的各类问题，优化流程，分析安全事故，梳理跨部门职责等。

各部门在4Q项目负责人的管理下，运用4Q管理工具解决需要改进的质量问题。各利润中心按要求每季度至少开展两个4Q项目，利润中心级执行小组对4Q项目进行日常监督。4Q管理工具的应用有效地促进合资公司不断提高服务水平，协助合资公司在竞争中取得优势，达到卓越运营的目标。

近年来，国电南自的研发能力、生产规模、市场地位、综合素质均居行业前列。在卓越绩效管理框架的指导下，国电南自持续推行“Huge Quality大质量”管理，进一步打造核心竞争力、形成合力、创造和谐，提升经济实力和影响力，支撑公司实现“做世界一流的电力自动化整体解决方案专家”的发展愿景。

三、中外合资公司以“10H”企业文化建设为引领的卓越绩效管理效果

（一）形成符合合资公司特点的企业文化体系，提升企业管理效率

国电南自总结提炼“10H”企业文化，用自身的发展经历和成果开辟出一条以“10H”企业文化建设为引领的、适合中外合资企业的卓越绩效管理模式。从打造核心竞争力、形成合力、创造和谐三个方面入手，在市场开拓、研发及产品管理、卓越运营、卓越人才体系建设等方面持续创新，2015 年合资公司全员劳动生产率提高 10%，全面提升企业的管理效率。

（二）实现企业的卓越绩效

一是经营业绩逐年提升。近三年累计实现订货 72 亿元，创造利润 8.45 亿元，2015 年利润贡献突破 3 亿元（较上年增长 18.7%）。在市场拓展方面成绩显著。二是研发及产品管理硕果累累。确立“两个平台＋三个业务方向”的研发规划，并在直流控制保护、稳控及大电网系统分析、充电桩以及微电网控制技术等方面开展研究与应用工作，与美国麻省理工签订智能电网全面合作协议。积极鼓励和扎实推进科技研究和技术创新工作，研发成果显著，研发能力和研发水平不断提升。三是卓越运营成效斐然。2015 年，合资公司通过供应链降本、电网技术方案优化实现降本 5500 万元；通过库存优化控制流程、退库再利用流程等措施，成功实现降库存 7000 万元；获得芬兰 ABB 的许可，正式自主生产 ABB RE620 系列产品，每台 RE620 装置成本降低近 40%；持续完善合资公司卓越人才体系，建立健全人才评估、发展及流动体系，帮助管理人员进行自我认知，实现员工纵向和横向的发展。

（三）企业实力和影响力显著提升

2015 年国电南自的国内行业排名由原来的第三位上升为第二位，并获得政府的高度认可和表彰。在创造经济效益的同时，国电南自也注重提高企业的社会效益，将支持公益事业作为重要的社会责任和企业经营的核心理念，常抓不懈。积极参与国家建设，为 2016 年杭州 G20 峰会等多个国家重要活动的电力设施建设、运行保驾护航；在 2015 年福建龙岩水灾、2016 年江苏盐城龙卷风灾害时期，为国家电网、南方电网公司紧急供货，调派工程服务人员奔赴灾区，支援灾区重建，为灾区电力恢复做出突出贡献，树立良好的企业公众形象，社会影响力得到提升。

（成果创造人：杨　刚、刘　颖、董海燕、徐　雷、陈亚强、
詹智仪、陈锦艳、蒋衍君、乔学军、周子敏、许志刚）

软件企业以提质增效为目标的运营管理

中国软件与技术服务股份有限公司

中国软件与技术服务股份有限公司（以下简称中国软件）是中国电子信息产业集团有限公司控股的大型高科技上市软件企业，是国内唯一具有完整的国产操作系统、数据库、办公软件等基础软件产品产业链以及多行业应用软件的上市公司，承担以国家金字系列工程为代表的众多重大信息化项目。中国软件主营业务包括自主软件产品、行业解决方案、服务化业务等。2015 年，中国软件总资产 55.23 亿元，全年营业收入 36.3 亿元，利润总额 1.1 亿元，在岗职工 7000 余人。

一、软件企业以提质增效为目标的运营管理背景

（一）应对软件行业竞争压力与日俱增的需要

2012 年至 2013 年期间，企业外部经济环境低迷，各政府部门、大型企业的 IT 支出锐减，原本已是“红海”的传统 IT 行业市场规模进一步萎缩，软件行业竞争进一步加剧，严重影响中国软件的业务开展，经营压力不断加大。面对不利的经营局面，中国软件亟须采取措施，改善业务质量，提高管理效率，提升企业竞争力。

（二）适应行业飞速变革、实现持续发展的需要

随着 IT 技术与各行业的深度融合，IT 产业在国民经济中的基础性、引领性作用进一步显现，“大数据”“互联网+”、互联网及信息系统安全等已经成为中国电子信息产业发展新的战略方向。相对于行业的飞速变革，中国软件的业务转型升级明显滞后。2012 年经营数据显示，中国软件的主营业务中，IT 硬件采购、简单系统集成、软件分销等技术含量低、发展潜力差的业务收入仍占总营业收入的 50%以上，业务形态难以适应新的行业发展趋势；软件开发与技术服务业务分散，客户分布于近 30 个行业，但每年创造亿元以上收入的行业寥寥无几，缺乏稳定的盈利能力和可持续发展能力。中国软件推动从传统 IT 系统集成商向新时期综合 IT 服务商的转变，打造可持续的发展能力，成为企业发展、提质增效的重中之重。

（三）有效支持业务开拓的需要

在经营业绩下滑，企业竞争力下降的情况下，中国软件管理中存在的问题进一步凸显，业务开拓缺少内部运营管理的有效支持。主要体现在：一是企业内部存在信息孤岛，各职能部门仅对各自专业范畴内的业务进行监管和支持，缺乏有效的协同联动，缺少一体化的统筹管理；二是在业务分散、资源有限的情况下，对于如何识别重点业务，如何合理分配资源，缺乏计划和方法；三是管理粗放，缺乏业务过程管控，不能及时把握经营趋势、有效防范风险；四是缺乏有力的牵引措施，管理与业务开展缺乏内生动力；五是职能体系管理效率偏低，公司管理成本高企。为解决这些问题，中国软件从 2013 年开始实行以提质增效为目标的运营管理提升。

二、软件企业以提质增效为目标的运营管理内涵和主要做法

中国软件从战略层面入手，制定企业发展规划，明确以提质增效为目标的运营管理提升思路。建立运营管理中心作为责任实体，以自主开发的运营管理系统为支撑，建立“业财一体化”的协同管理机制，提高运营管理效率。以绩效考核为牵引、项目管理为抓手，实施精细化动态运营管理，严格把控业务流程，掌握经营趋势，有效防范业绩风险。对涉足的业务进行科学分类，采取有针对性的管理措施，不断优化业务结构，顺应行业趋势，加强可持续发展能力，提升企业竞争力。主要做法如下：

（一）以战略为指导，明确运营管理提升思路

中国软件在2012年年末通过内部研究与战略咨询，制定企业发展战略规划。规划首先明确，为实现业务提质增效、增强企业竞争力、提高可持续发展能力的目标，要先从企业内部入手，实现运营管理提升，加强运营管理对业务开展的有效支持。同时，对于中国软件在运营管理中存在的问题，提出若干项具体的改进思路。一是要打通企业内部的信息孤岛，组建能够综合考虑业务、财务、人力等诸多企业经营要素的职能管理部门，与其他职能部门形成有效的协同联动，实现"业财一体化"统筹管理；二是要采用科学的分析方法，全面梳理业务，对不同类型的业务实行有针对性的分类管理，优化资源配置，从根本上扭转中国软件业务分散、缺乏重点、资源分配不合理的问题；三是运营管理要由粗放向精细、静态向动态转变，加强过程与质量管控，提升对经营业绩风险的识别与防范能力；四是要强化绩效考核在运营管理中的牵引作用，激发企业内生动力，引导各业务单元有效落实企业的各项管理与经营举措；五是要将技术创新与管理创新有效结合，充分发挥IT企业的技术优势，利用信息化的手段提高企业运营管理效率。

（二）建立运营管理中心，实现"业财一体化"统筹管理

中国软件在2013年组建运营管理中心。运营管理中心的主要职责包括：行使组织级PMO（项目管理办公室）职能；负责企业经营计划的制订、经营情况的把控与分析；负责企业考核体系建设、考核办法制定与考核工作的具体执行；负责企业质量体系建设与相关资质维护；负责运营管理系统的建设与维护等。

1. 建立会签与审批流转机制，形成职能体系的有效协同

运营管理中心是所有职能部门中与业务关联最紧密的部门，依托中国软件自主开发的运营管理系统（以下简称运营系统），运营管理中心主导建立一套完整的线上会签与审批机制，在业务管理中与其他职能部门形成有效的协同联动。例如，在业务部门签订销售合同前，财务部、法务部等相关职能部门进行会签评审，从各自的专业角度提出意见，由运营管理中心审核会签意见并决定是否提交相关领导审批；商务人员办理开票业务时，运营管理中心参与审批，根据项目执行进度判断是否满足客户的付款条件，以决定是否同意开票，从而避免出现向客户开具发票却无法收款而出现坏账的情况，再由财务部人员具体办理开票业务；业务部门申请招聘新员工时，运营管理中心提供评审意见，通过对部门人员规模、项目人员投入计划、项目利润率等数据的综合分析，判断本次招聘是否会造成项目亏损或部门人员冗余，再由人力资源部提供审核意见，决定是否进行招聘工作等。

2. 打通信息系统数据壁垒，开展"业财一体化"统筹管理

中国软件的日常管理工作主要依托针对业务的运营系统和针对财务的NC系统开展。运营系统主要用于业务管理，记录项目的全流程执行情况；NC系统主要用于财务管理，记录每一笔财务数据。运营管理中心组织集中攻关，打通数据壁垒，在两套系统间建立实时交互的数据接口，NC系统中录入的开票、收款、付款等财务记录，都可以实时传入运营系统并记录在相应的项目账下，实现业务数据与财务数据的同步和统一。

借助数据互通的运营系统与NC系统，运营管理中心与财务管理中心牵头建立月度经营分析例会制度，每月召开经营分析例会并形成分析报告，紧密结合业务，分析各业务单元的财务指标完成情况。从财务指标展示的结果回溯业务层面的原因，找出经营问题，指导下一阶段的工作。

（三）对业务进行梳理分类，采取针对性管理措施

针对业务分布过于分散、重点不突出、布局不合理的问题，中国软件从当前盈利能力和未来发展潜力两个维度对涉足业务进行科学的梳理和分类，将所有业务划分为重点发展业务、持续跟进业务、积极培育业务和逐步退出业务四类。

对重点发展业务，成立子公司或事业部独立运营，加强资金支持，强调产业化的发展思路，整合企业内、外部同行业资源，加强顶层设计，强化整体产业布局，力争在行业中占据长期稳定的引领地位。例如税务行业，借助承担“金税三期”核心征管工程的契机，在全国各省国、地税推广，进行产业化布局，树立中国软件在全国范围的税务行业龙头企业地位，形成可持续的稳定盈利模式。

对持续跟进业务，集中市场资源，一方面巩固拓展现有的成熟业务，另一方面开拓思路，不断在已有业务上附加新的增值服务内容，寻求新的增长点。例如轨道交通业务，中国软件在地铁 AFC（自动售检票系统）行业拥有稳定的市场份额和盈利能力，在此基础上，一方面将成熟的地铁 AFC 产品向高铁项目、海外项目拓展，增加利润空间；另一方面基于地铁 AFC 产品衍生出全新的手机支付增值业务，形成新的业绩增长点。

对积极培育业务，集中技术资源，加大研发投入，整合形态相近、技术相通的业务，促进产品复用和技术积累，逐步形成成熟的技术体系和较强的行业竞争力。例如，中国软件将某几个业务相似的项目团队从原部门剥离并进行重组，建立新的软件交付部门。由于业务形态接近，团队融合十分顺畅，经过一段时间的发展，在行业中占据一定市场份额的同时，还通过多个项目的技术积累，研发出一套高可靠性、高安全、可扩展、易维护的全新技术体系，项目开发效率得到大大提高。

对逐步退出业务，工作重点在于遗留项目的结项与收尾工作。一方面严格控制成本，妥善安置原项目团队；另一方面组建专门团队，确保项目正常关闭的同时将经济损失降到最低。例如，中国软件在决定逐步退出某行业时，首先组建市场团队，将尚未执行结束的遗留项目责任分配到人，专门负责与客户沟通项目的结项、验收、回收尾款等工作；其次，逐步缩减技术团队，妥善安排员工去向，实现平稳过渡。

（四）以项目管理为抓手，实现精细化动态运营管理

1. 实行项目全流程跟踪管理

中国软件的项目严格遵照 ISO9001 质量管理体系和 CMMI5 能力成熟度认证的要求，经历“商机管理—立项管理—投标管理—销售合同评审—采购申请—采购合同评审—开票申请—付款申请”这一完整的管理流程，该流程覆盖项目全生命周期的每个环节。各环节根据业务特点制定审批流程，定义详细的评审规则和审批条件。以销售合同评审为例，根据销售合同类别、合同金额、毛利率、是否外包等条件，决定该合同的审批流程、评审范围与终审级别。

依托运营系统，上述各环节的评审与审批流程均在线上完成，通过各级审批人的严格审查，跟踪监控各环节的项目执行情况。每个审批节点的审批意见均在运营系统中留下记录，在责任追溯、经营分析以及应对各项审计、检查的过程中，起到关键的作用。

项目的全流程跟踪管理，积累涵盖人员投入、财务指标、实施进展等各方面的项目数据。全面的项目数据积累为组织级的经营分析奠定基础。

2. 以数据分析支持公司决策

依托运营系统在项目全流程管理中积累的大量业务数据以及 NC 系统中积累的财务数据，开展一系列数据分析工作，并将分析结果运用于对企业决策的支持。主要的分析方法包括：通过历年财务数据的对比分析，判断企业经营趋势的变化；通过营业收入与利润的行业统计分析，对涉足行业进行科学的分类；通过客户与供应商的收付款统计分析，对客户与供应商进行信用评估；通过对合同签订数据的分析，制定有利于企业发展的合同签订规章制度。

以合同签订数据分析为例。对中国软件某年签订的合同进行统计得出，100 万元以下的小额合同数量占合同总量比例超过 70%，但金额与毛利贡献仅为 8.7%和 11.0%。中国软件的管理特点是每个合同都有完整的审批流程，因此大量的小额合同需消耗大量管理成本，但对公司经营业绩的贡献十分有

限，这类合同的性价比极低。因此在第二年出台政策，限制业务部门签订100万元以下的合同，引导部门将工作重点放在大额合同上，在促进业绩增长的同时控制管理成本。

3. 建立动态经营预测机制

为更好地掌握公司整体经营状况，预测经营趋势，控制经营风险，在实现项目全流程跟踪管理的基础上，中国软件建立自底向上的动态经营预测机制，对项目的经营情况进行逐个预测，累加得到各业务单元的经营预测，进而得到全公司的经营预测。具体做法如下：

每个业务单元维护一张项目预测明细表，将所有项目分为跟踪中项目和已签订项目两类，根据项目实际进展，对每个项目何时签订合同、何时确认收入、何时收款等经营情况进行预测。将两张表的数据自动累加，填入已发生的实际经营数据，得到业务单元的全年经营预测汇总表，再将所有业务单元自动累加得到全公司的全年经营预测表。

业务单元根据项目实际进展，实时更新经营预测明细表。明细表自动汇总生成汇总表，明细表的任何细微改动都直接反映在公司的经营预测汇总表中。通过细致的动态经营预测，时刻掌握最新的经营状况，根据实际情况及时调整经营策略，有效防控经营业绩风险。

（五）强化绩效考核，为运营管理提供动力

1. 采用平衡计分卡将公司发展战略层层分解落实

为确保贯彻落实运营管理提升的诸多举措，中国软件着重强调绩效考核的牵引作用。根据企业管理与业务发展的需要，采用平衡计分卡（BSC）的考核方法，将公司发展战略分解为每年的考核总目标，并根据SMART原则层层分解落实到每个部门、每个下属企业与每个岗位，做到“千斤重担人人挑，人人肩上有指标”，明确牵引方向；同时将年度考核结果与年终奖充分挂钩，通过绩效考核的有效牵引，激发人力资源活力，增强公司发展的内生动力。

例如，通过对公司战略与业务现状的分析发现，中国软件的应收账款数额庞大，现金流亟待改善。同时，通过对上一年度的考核结果进行分析发现，上一年度的考核收入是根据项目进度确认的，与是否回款无关，未及时回款产生的应收账款对考核绩效的影响在未来5年以坏账计提的形式逐步体现，对当期考核绩效的影响有限，因此各业务单元缺乏追缴应收账款的动力。结合这两方面情况，在新的考核办法中规定“以收款作为考核收入的确认依据”，必须收回“真金白银”的才能体现在考核绩效中，引导各业务单元加强对收款和现金流的重视。

中国软件现行的考核办法除坚持强调现金流的重要性外，还着重强调对业务部门运营管理提升的要求，根据各个部门的不同特点设定不同的运营管理指标，包括经营预测准确度、项目延期率、多项财务指标等。运营管理评分纳入部门综合评分之中，直接影响部门最终考核结果，充分激发业务部门对于运营管理提升的重视。

2. 考核结果与经济激励充分挂钩，激发内生动力

为确保贯彻绩效考核的牵引作用，中国软件将考核结果与经济激励充分挂钩。各业务单元考核指标的完成结果直接决定年终奖金，每一项指标的完成情况均转化为经济激励。中国软件的考核办法为各业务部门设定经营业绩指标与运营管理指标，根据经营业绩指标的完成情况，从经营业绩中按一定比例提成作为经营业绩奖金；综合多项运营管理指标的完成情况计算得出部门运营管理考核得分，转化为运营管理奖金，两部分奖金之和即为部门总奖金。在此基础上，针对业务部门的经营管理特点对奖金算法进行微调，例如两部分奖金的相对权重、经营业绩奖金的提成比例、运营管理指标的具体内容等，确保考核办法与部门实际情况相匹配，真正起到通过经济激励激发内生动力的作用。

同时，为强调业务部门负责人的领导责任，部门考核结果与负责人的个人薪酬直接挂钩。部门负责人的薪酬分为基本薪酬和绩效薪酬两部分，其中基本薪酬于年初根据上年考核结果核定，按月全额发

放；绩效薪酬于年底根据当年考核结果核定，年底一次性发放。考核结果不仅直接决定当年绩效薪酬与次年基本薪酬的核定，还作为部门负责人评优、晋升的重要依据，激励效果显著。

通过实施绩效考核，中国软件平均每个员工实现的年度销售收入从 2012 年的 43.2 万元增加到 2015 年的 51.9 万元。

（六）以信息化系统为支撑，提高运营管理效率

中国软件作为国内领先的 IT 企业，充分发挥技术优势，将技术创新与管理创新相结合，自主研发用于支撑运营管理的信息系统。在确保运营管理提升的多项举措贯彻落实的同时，全面提高运营管理效率。运营系统上线以来，在经营管理、流程规范、风险管控、数据积累等方面发挥了巨大作用，是中国软件贯彻管理思路、落实管理措施的重要载体。

运营系统具有日常管理、数据积累、辅助决策三大功能。日常管理功能包括计划考核、项目管理、人力核算三条主线，运营管理的大多数日常工作都可在系统中落地；作为项目全流程管理的载体，所有评审与审批流程均可在线上完成，运营系统提供移动端审批功能，打破传统审批方式对于审批人时间和空间的限制，流程平均流转时间由纸质审批方式的 5 个工作日缩短为 2 个工作日，大大提升管理效率。数据积累功能包括数据的存储与查询，运营系统提供数据导入、导出接口，用户可以方便地查询和使用系统数据。辅助决策功能是在数据积累的基础上进行更深层次的挖掘，通过分析模型将数据转化为有助于辅助决策的信息。

运营系统坚持需求导向的版本管理策略，随着运营管理中不断产生的新需求，系统保持着较高的迭代升级频率，不断根据业务需求添加新模块、新功能。为使运营系统与实际业务更好地融合，使运营系统真正成为提高工作效率的有力工具而非影响正常工作的“形式”和“摆设”，中国软件十分重视运营系统的需求管理。每一项新需求的提出都要经过严谨、全面的分析和论证，确定需求合理、有利于工作效率提升、技术层面易于实现，才会投入开发。

首先，在日常工作中挖掘需求，时刻关注有哪些工作内容可以借助信息化的手段更加快捷、准确的实现。例如，在运营系统的“项目过程台账”模块上线之前，运营管理中心需要手动给每个业务部门维护一份项目过程台账，记录每个项目的签订、开票、收款以及确认收入情况，工作量极大。后经分析发现，该台账的所有数据均可从系统中抽取，自动汇总成表。经过讨论和评审，将这一需求纳入新版本的升级计划，模块上线后运营管理中心的简单重复劳动大幅减少。

其次，对于较为复杂的需求，借助信息化工具，提前进行业务层面的测试，充分论证需求的可行性，避免新功能开发完成后，由于易用性的问题无法真正投入使用，导致开发工作的浪费和系统功能的冗余。例如“动态经营预测”就是一个相对复杂的需求，为生成每个部门的经营预测汇总表，需要收集大量项目级的数据。数据来源较多且接口不统一，如果直接投入开发，极可能因无法预见的问题导致新功能的体验不佳。因此先通过制作电子表格模板的方式，在线下实现各方数据的汇总，经过一段时间的测试，明确数据来源，定义数据接口，再投入开发。

三、软件企业以提质增效为目标的运营管理效果

（一）经济效益稳步提升，提质增效成效显著

2015 年，中国软件各项关键经营指标均有显著提升，相比于实行运营管理提升前的 2012 年，总资产由 34.90 亿元增长为 55.23 亿元，年复合增长率为 16.53%；营业收入由 26.81 亿元增长为 36.30 亿元，年复合增长率为 10.64%；特别是经营活动现金流净额，由 2012 年的−2.34 亿元增长为 2015 年的 4.22 亿元，成效显著。此外，应收账款周转率、存货周转率等其他指标均有一定程度的增长。

（二）管理资源配置得到优化，管理效率得到提升

一是形成较为完善的运营管理体系，运营管理系统的升级完善推进并保障各项业务及经营活动开展

的规范化、流程化；利用信息化手段简化审批流程。二是充分发挥绩效考核的牵引作用，有效增强业务部门的收款意识，提升合同回款的及时性，降低应收账款数额。三是对经营活动实施全流程管理，商机、立项、商务预案、项目过程、收付款、商务采购及供应商管理，各阶段数据及时更新，实时动态反映当前经营状况，事前事中事后协同管理，降低管理疏漏。四是通过定期的经营分析会及每月的经营分析报告，及时掌控合同签订、执行、存量情况，经营情况的变动原因均可追溯到项目级，为提质增效的实现提供第一手信息。五是充分利用积累的业务数据进行数据挖掘和分析，提出更加科学规范的管理改进建议，为企业经营管理决策提供参考信息，规避决策风险，降低决策成本。

（三）企业竞争力得到提高，可持续发展能力得到加强

中国软件经过三年多的发展和积累，业务结构取得一定程度的优化，重点发展业务和持续跟进业务取得较大进展。比如，自主可控业务形成较为完善的国产基础软件产业体系，拥有包括操作系统、数据库、中间件、办公软件、安全软件等众多配套产品，具有产业链、资源协同的整体优势，并得到国家的有力支持。签订合同质量明显提高，合同总金额与总毛利逐年递增，签订合同结构逐步优化，千万元以上的大额合同所占比例由2012年的27%提高到2015年的62%，毛利贡献由2012年的9%提高到2015年的53%。随着经营业绩显著增长、业务结构不断优化、业务质量稳步向好，中国软件的竞争力和可持续发展能力得到显著提升，支撑“中软”品牌成为国内软件行业中一支重要的力量。

（成果创造人：周进军、谢　欣、汪　洋、周美茹、张晓曦、张　磊、赵宇飞、张少林、李桂龙、范世红、刘　爽、胡爱萍）

轨道交通企业金鹰质量管理模式的创建

株洲中车时代电气股份有限公司

株洲中车时代电气股份有限公司（以下简称中车时代电气）是中国中车二级子公司，主要从事轨道交通装备电传动系统等产品的研发、制造、销售和技术服务，产品广泛应用于高速动车组、电力机车、内燃机车、客车、地铁及轻轨车辆、大型养路机械、城轨、电力、冶金等众多行业和领域。中车时代电气拥有总面积超过40万平方米的现代化产业制造基地，布局国内外20多个城市和地区，拥有多条现代化的生产线。现有员工7000多人，2015年实现营业收入141亿元，利润总额达34亿元，净资产收益率24.3％。

一、轨道交通企业金鹰质量管理模式的创建背景

（一）适应国际化发展的需要

随着城市的发展，轨道交通装备行业呈现持续增长与多元化发展的态势。在效率、效益的要求下，在公司组织高效化、经营全球化的大背景下，中车时代电气坚持核心价值，实现协同发展，立足实现并保持轨道交通核心零部件制造行业的领导地位，并在其他业务领域内获得更大的突破。中车时代电气产业多元化拓展迅速，不同客户需求还未有效转化为差异化的制造需求及制造标准，无法真正体现不同市场领域产品的竞争优势。

（二）推进智能制造的需要

中车时代电气作为湖南省首批智能制造示范企业，在管理、技术层面积累丰富的经验，在适应“十三五”战略发展过程中有一定的优势。在制造全球化的进程下，公司面临“走出去”的趋势，制造中心将作为母工厂进一步强化自我管理与配套资源管控的能力建设，这是一个良好的发展思路和突破口。中车时代电气围绕产品质量、效率、成本，实现以工艺技术为核心的制造管理体系，推动数字化、智能化制造，加速开发及应用自动化工装设备和信息化技术平台，提升工艺策划、工艺验证及工艺管控能力与水平，保障产品质量。

（三）与国际装备制造企业同台竞争存在质量管理差距

中车时代电气的制造技术能力离国际先进装备制造企业还有一定差距，目前还处于从主要依靠劳动密集来支撑到自动化和信息化技术研究应用的升级过程，对基础工艺技术、通用制造技术及产品工艺技术的开发与研究目前还偏于粗放，工艺技术、制造技术与产品技术的发展、行业技术的发展契合度不够高；工艺验证及工艺检测技术开发应用不够完善，产品制造过程中的质量检测手段整体还偏向以产品实物质量检测为主，过程质量检测能力不够完善，质量信息化手段及质量过程控制方法有待提升。为提升公司产品的持续竞争力，探索与研究先进质量管控模式势在必行。

二、轨道交通企业金鹰质量管理模式的创建内涵和主要做法

中车时代电气以“诚信敬业、创新超越”核心理念为追求，以国际化战略为导向、金鹰质量文化为基础，依托现代质量信息技术与先进的质量技术，从金鹰质量管理模式的整体架构、金鹰质量管理信息平台的构建与运用、金鹰质量管理的过程控制、金鹰质量管理的持续改进及绩效考核、金鹰质量文化等五方面构建可推广、可复制的质量管理模式。以质量管理规范化、标准化及信息化实现国际领先、产业升级，助推企业智能制造的发展。主要做法如下：

（一）搭建金鹰质量管理模式的整体架构

中车时代电气以公司质量管理体制为载体，构建符合制造金鹰文化特色的金鹰质量管理模型，围绕质量管理平台、先进工具应用、质量控制、质量文化等方面开展各项研究与实践。成立专题化领导小组和工作小组，设立“聚焦质量文化、建设质量强所”主题活动，并进行精心策划，以质量氛围建设为载体，通过编制实施质量禁令，树立质量标杆，通过创办质量文化节，组织质量专题、质量竞赛等活动，利用质量奖惩制度牵引，形成重“执行”的质量氛围建设。金鹰质量模型来源于管理实践，并应用于管理，是中车时代电气众多质量管理专家通过反复验证和总结提炼出来的管理模型，具有可操作性和指导性。

（二）构建与运用金鹰质量管理信息平台

1. 端对端流程及流程的信息化

金鹰质量管理模式是信息化、智能化工厂的管理模式。中车时代电气 2013 年全面推进端到端流程体系建设，基于“以顾客为中心”“以核心价值为导向”“以人为本”的基本原则，建立高质、高效的流程体系文件。通过流程体系的建立，促使产品交付核心流程周期缩短 46 天，流程效率提升 46.9%，PEMM 流程成熟度和标准符合度等级提升为 2 级以上。实现从职能管理向流程管理的转变，使流程成为公司加强管控、明确职责、协同配合、高效运作的管理平台，端对端流程及流程信息化有效地融入实际业务中，为中车时代电气金鹰质量管理模式的搭建提供坚实的基础。

2. 实现过程质量管控信息化

通过 SRM、SAP、MES 和 QMS 四个系统的功能模块实现来料质量、过程质量、产品追溯及维修质量的信息化管理功能。

针对不合格的供应商来料及生产过程，通过 SRM 系统将信息传递给供应商，由供应商制定纠正及预防措施，最终实现供应商不合格信息的闭环管理。SAP 及 MES 系统实现对人员追溯、设备追溯及物料追溯的管理，同时对工序检验的不合格信息进行记录，并将信息实时传递给工程师进行分析与改进，将数据进行统计。QMS 系统对生产过程的典型质量问题及用户现场反馈的质量问题进行闭环管理。

3. 运用质量数据

中车时代电气基于 SAP、MES 及 QMS 系统平台建立完整的数据库，通过对数据进行分析，获得有价值的产品信息。SPC 是符合大数据时代质量管理要求的先进质量工具，通过大数据的收集，制定 SPC 工作计划和目标，实施 SPC 的前期培训和准备工作，重视实施过程的数据质量，必要时借助专业的 SPC 软件循环改进。透过 SPC 管理工具收集加工过程中各个关键工序的数据，分析每个工序的变化趋势，收集相关资料，对于存在异常的程序进行认真排查分析，及时找出影响因素进行解决，对于关键因素要利用相关的工具进行验证并作优化调整。同时通过应用 SPC 技术，对监控数据的准确性和完整性作进一步验证，掌握数据形态、抽样频率、过程能力分析、制订过程控制图并进行分析，寻找影响过程的关键控制点，拟定控制方案。

（三）金鹰质量管理的过程控制

1. 外协供应商质量控制

根据不同层级供应商制定相对应的质量管控机制。针对中车时代电气关键供应商梳理关键物料进行关键管控，从试制环节开始介入，制定工艺、外协、质量、专家组及管理团队联合巡检机制，就原材料、关键人员资质、文件记录管控、生产管理等多个维度项点进行定期巡检抽查，并对巡检问题进行动态监控。建立外协供应商交班机制，对影响生产现场质量、进度等问题根据情况实施外协供应商管理层交班，主要针对此问题的分析及后续纠正预防措施的实施进行交班，对于供应商交班制定的措施形成供应商交班问题台账，作为 IPQA 巡检的输入。交班信息传递给各同类外协供应商进行关注预防，有利于预防同类型问题在不同供应商的重复发生。统一外协供应商客户问题台账，对所有现场问题进行统一管理，实现标准化跟踪闭环，针对预防措施进行专项整改，对整个问题闭环过程进行动态监控。

2. 制造过程质量控制

一是检验过程的控制。将产品过程检验记录表拆分为三份，分别为自互检检验记录表、过程检验记录表、出厂检验记录表，并着重对过程检验流程和出厂检验流程节点进行规范，使得专检过程的检验记录表与检验作业指导书中的检验步骤一一对应，防止检查员在检验过程中出现漏项检验，使专检把关的过程更加可靠。

二是人员替代的管控。替代人员指未在当前工序出师但在本工序作业或离岗 6 个月的操作人员，该部分人员在操作过程中因不熟悉产品工艺要求和操作规范而较容易出现人为失误，因此制造现场单独对该部分人员进行特殊管控。

3. 运用先进的质量技术手段强化金鹰质量管理的过程控制

一是 8D 与产品问题集的结合。8D 通常用于客户投诉后的回复，也就是解决问题的 8 个步骤。中车时代电气在此基础上，利用 8D 的方式建立产品问题集，从而将 8D 方法与问题处理过程进行密切结合，进行问题处理的追踪与闭环。在工程师层面，质量工程师在进行问题处理时，根据 8D 方法进行质量问题的彻底解决，其中的典型问题需在每周定期收集，进入产品问题集。产品问题集的模板正是参照 8D 问题处理方法的模式，包含问题来源、问题对象（产品）、问题描述、问题分析、应急措施、纠正措施、预防措施、责任人、完成时间等，对质量问题进行彻底的跟踪闭环，有效推动问题的解决及避免同类问题的重复发生，使产品交检一次合格率得到提高。同时，通过每周收集汇总产品问题集，可以建立产品问题处理经验库，通过定期的问题通报与交流分享，有利于经验共享，推动处理措施的举一反三，并且提高质量问题处理的效率。

二是在全员范围内推广运用 5WHY 分析法。当操作者出现人为操作失误时，必须要进行品质不良解析报告的编写，而原因分析必须要使用的方法就是 5WHY 分析法，通过反复追问自己“为什么”，来找到问题发生的根源，从而有效地帮助问题得到最终解决，降低人为质量项点的发生。

三是 PFMEA 的运用。生产前期进行产品失效模式分析（FMEA），识别产品在设计或生产工艺真正实现之前存在的产品缺陷、质量隐患及质量风险，建立产品 PFMEA 库，针对 PFMEA 分析出的各项问题，提前组织会议分析讨论，并借助专家团队资源制定应对措施，有效预防质量问题的发生。

4. 产品质量追溯

建立完善的产品追溯链体系和异常预警机制，提高对异常产品的处理效率，明确影响范围，解决异常并完成后期改善。对于产品中的关键追溯件，均需在器件本体上粘贴条形码。在生产过程中，由检验员或操作员进行条形码扫描，将关键件的条形码信息传输到信息系统，进行关键件信息的匹配，从而确认关键件的型号是否正确。该方法可以有效防呆防错，极大程度地降低物料错装、漏装情况的出现。同时，产品的关键件配置信息全部记录在信息系统中，方便后期关键件批次信息的查询与追溯，为关键物料或部件的质量追溯提供良好的基础。

5. 质量异常预警

通过对工序参数和标准进行分析，找出其中的关键因素和异常点，拟定初步的改善方案，最后确定关键的控制点进行数据采集汇总以及数据分析管理工作。及时制定出新的工艺参数标准，及时优化程序，并验证其适用性，制定监控报警规则、异常数据剔除规则及判异准则，关键控制点数据采集汇总分析，最终确定标准和参数、采样频率、分组策略、判断异常准则等监控方案。固化过程异常处理流程，确保过程异常得到及时、妥善处理。

6. 实施“1+7”模式

推行“第一次就把事情做对”，同时规范产品部质量管理工作的开展。“1”即为1个《产品部质量管理操作规程》管理制度；“7”即为在产品部开展质量点检、质量巡检、质量数据统计分析、质量反思会、质量月度例会、零缺陷评比、晨会质量分享等7个质量活动。

（四）金鹰质量管理的持续改进及绩效考核

1. QC活动

QC小组活动课题涉及创新型、管理型、服务型、现场解决型、攻关型等多个方面。活动坚持以点带面，提升全员参与率。为吸引更多人参与QC小组活动，QC推进部门狠抓课题的实效性和推广性，让大家感受到QC活动带来的成功喜悦。

2. 精益改善

围绕“强基树标，拓建坚实支撑平台；提效晋级，攻坚枢纽改善项目”的工作方针，秉承“安全第一、品质至上、重在执行”的团队文化，坚持以交付为根本、以质量和效率为核心的总体思路，搭建以精益改善、TPM、QC为基础的全员改善文化，并取得很好的成绩。

3. 质量案例

建立质量案例分享平台，将各种质量工具融入质量案例中，并编制固定的质量案例模板。每个季度均由专人进行质量案例的收集，并对收集上来的案例进行评审、发布，选择优秀案例推荐到公司进行质量案例发布。对每个部门设定固定的质量案例提交指标，并对提交上来的优秀案例进行奖励和通报，促使所有部门均参与到质量案例的收集中，形成固有的质量案例收集及总结氛围，助力问题处理方法及经验的共享。

4. 质量整改

定期组织对质量数据的分析，借助QC手法按产品类型进行筛选与分类，找出影响产品质量的关键问题，组织和开展质量改进项活动。每年成立改进项小组，签订目标责任状。每月定期组织各项目组长和项目指导老师召开月度例会，对各小组每月的工作活动内容进行点评和指导，项目小组采纳会议要求并付诸实施。年度对各个改善项目进行评审，对优秀项目组织发布。

5. 质量预防

一是信息化计量管控。充分利用信息系统实现计量器具超期异常预警，计量器具超期前一个月，信息系统就会自动向相关人员发出文字、颜色警示邮件，并触发送检、校检或校准任务。计量管理人员发布具体邮件通知，并督促各计量器具使用人员及时送检，在系统中录入校准任务的相关信息，确保计量器具在有效期内使用，预防因计量器具不良引发的质量问题。

二是质量防呆防错。通过作业方法优化、工具工装的运用等方式取代依靠人的记忆的重复工作或行为，将操作人员的时间和精力解放出来，以从事更具有创造性和附加价值的活动，促进整个产品实物质量的提升，达到产品零缺陷。同时鼓励成员积极参与劳动竞赛。先以部门为单位进行防呆防错案例的收集，从质量预防、作业与测试方法改进、流程信息化改善等方面开展，再对各部门的案例进行分类汇总与评审。

6. 绩效考核

一是组织绩效考核。2014年，随着端到端流程体系的建立，配套建立过程的绩效指标库，将关键过程指标写入部门责任状，通过对各个业务过程绩效指标进行定期监控，识别薄弱的业务过程，并启动过程的改善介入，通过深入现场逐个业务角色访谈、逐个业务步骤确认，诊断业务中的问题，基于问题制订优化后的业务流程方案，并匹配优化方案的策划信息系统优化、组织匹配改善等工作，促进业务的PDCA自循环改善。

二是人员绩效考核。强调“落实质量责任、强化质量意识”，将质量责任分解并落地到人员绩效。严格执行三重影响和考核，提倡一次性把事情做对。员工质量绩效按月评价形成考核方案，报经管理者代表批准后，每月在 OA 系统上正式行文通报，并同步向公司和人力资源部提报落实考核。中车时代电气人力资源部按通报内容将经济考核落实到员工当月绩效薪资，并在 HR 系统进行员工质量绩效考核记录，同时员工质量绩效在年底要进行年度质量绩效的总体评价。

三是质量大棒政策，即在质量问题上采取以惩罚为主的政策。中车时代电气利用质量大棒政策有效提升全员质量责任意识，强化“第一次把事情做对”的理念，激励供应商及公司员工重视生产过程的质量控制，重视产品质量，降低质量损失，最终提升产品实物质量水平。主要针对内外典型、重大实物质量问题，外协供方责任的典型、重大实物质量问题实施大棒处罚措施，对于直接责任、次要责任、管理责任的质量绩效薪资扣款，实施单人单次不低于 500 元、上不封顶的措施。

（五）加强质量文化建设，强化金鹰质量氛围

1. 规范质量禁令与不良行为

建立质量禁令和不良行为推行机制，编制质量不良行为手册及十大质量禁令并实施专项稽查。征集质量不良行为，经过梳理筛选评审，最终发布电子、组装、检查、调试类别的质量不良行为。提炼“十大质量禁令”，制作“金鹰说质量”漫画手册和教材。十大质量禁令实施每月稽查，及时通报，对于重复项实施质量扣分和考核。

2. 引导质量标杆

建立质量标杆及零缺陷评选管理办法，优化质量奖惩制度，开展质量标杆个人及团队评选活动，产品部每月评选“零缺陷”个人并通报奖励和挂牌展示。编制质量标杆评选管理办法，组织质量标杆团队评选优秀班组并进行典型案例分享。促进个人及团队荣誉感，提升标杆形象。

3. 开展质量警示教育

每季度征集典型质量案例，对公司用户及内部典型案例编制质量警示教材，警示教材以“十大质量禁令”和“不良作业行为”为主题。通过情节构思，组织现场员工参与演绎，以生动形象的小故事形式展现质量禁令的重要性及后果，并将在作业过程中可能出现的不良作业行为汇编成视频材料。通过活动的开展，提升员工质量意识，规范员工作业行为，自觉养成良好作业习惯，从而提升产品实物质量，打造零缺陷产品。

4. 开展质量分层教育

搭建分层教育模型，编制质量分层教育学习地图，策划分层教育培训方案及梳理课程表，编制分层教育课件并开展分层教育培训工作。将质量管理工作经验进行沉淀与标准化，策划质量管理经验沉淀方案并编制工具方法类、制度流程类、活动教育类、工作习惯类等质量工作管理成果汇编。

5. 举办质量文化节

对“质量文化节”系统策划，确定总体工作计划，每项活动由专人负责推进。质量文化节的主要开展“质量行为看我秀”知识竞赛、质量再教育活动、检查员技能比武、质量案例情景再现之“放错件”活动、质量专业工具深入运用竞赛、“质量与责任”主题征文与演讲比赛等活动。

6. 实施鹰眼报告机制

经过长期的摸索、实践和提炼，2015 年建立起纠错改良的完整机制——鹰眼报告机制：员工发现质量隐患或疑问时主动向上级人员逐级反馈，直至有效解决或得到明确答复。

机制明确规定只要及时报告，报告者所造成的质量问题不做经济处罚或从轻处罚。由于及时报告而避免和挽救重大事故发生的还要给予奖励。机制要求各部门建立鹰眼报告台账，并由专人管理，记录生产中发现的各类质量隐患并每月反馈至质量部归档。质量部定期组织评委专家对问题进行确认，统一

管理。

鹰眼报告机制是具有制造特色的质量隐患反馈机制。该机制的建立是对及时发现反馈图纸、文件等质量隐患活动的固化。中车时代电气已将其纳入标准化和常态化管理，形成浓厚的查找质量隐患的氛围，促进员工提升“质量异常”的敏感性。该机制的实施有助于减少质量损失，起到良好的质量预防作用。

三、轨道交通企业金鹰质量管理模式的创建效果

（一）管理规范化、标准化、信息化得到加强，产品质量不断提升

金鹰质量管理模式通过各种主题活动将管理创新工作进行总结和分享，制作成果宣传资料，供全体员工学习和分享，并平移推广到异地工厂和其他业务单元。该模式增强全员质量意识，减少质量问题，各项定性、定量指标达到并超过项目活动预期目标。输出体系稽查策划等成果物 20 份以上，质量问题反思等流程文件 11 份以上，100 多项成果物均上传至 OA 办公系统方便员工查询和学习，质量管理标准化覆盖率由 33.33%提升至 100%，质量反思交班制、质量禁令、质量专题月从无到有提升 100%，体系流程执行稽查覆盖由 30%提升至 100%，质检员再教育考核一次通过率由 81.05%提升至 95% ，质量案例情景再现之“放错件”活动参与率达 90%，大大提高员工质量意识。同时，单位工时人为质量项点较 2014 年整体下降 30%，系统集成产品实物一次交检合格率由 93%提升到 98%。

（二）促进经济效益的增长

中车时代电气通过金鹰质量管理模式创建活动的开展，产生可观的价值。协助组织株洲所高低压电器装配工技能大赛，组织技能比武（含 5 个工种）；全年内部开展培训共 776 次，共计 679 人参与。全年提出积分管理改善提案条数为 7493 条，产生经济效益约 536 万元。推广的绝技绝活 4 项，先进操作法 3 项，员工发明创造新工艺共 207 项、技术革新等其他成果共 243 项。质量氛围建设助推实物质量提升产生经济效益约为 115 万元；改善提案助推效能增长产生经济效益约为 536 万元；全员 QC 管理助推效能增长产生经济效益约为 477 万元；强推 TPM 助效益增长产生经济效益约为 180 万元；外协质量提升助推成本节约产生经济效益约为 100 万元；直接产生的总经济效益约为 1408 万元。

（三）提升公司的品牌影响力

中车时代电气紧密围绕“品质驱动时代”的质量理念，开展金鹰质量管理模式的创建活动，促进产品实物质量的提升，为成为“轨道交通电传动系统及控制领域内行业一流、全国知名、世界有名的专业化制造基地”奠定坚实基础；使公司产品不论是质量还是竞争力均领先于行业水平；为中车公司实现“建设世界一流跨国企业，打造世界一流装备品牌”的目标添砖加瓦。金鹰质量管理模式全面体现优秀管理和先进技术的高度集成，实现“双高双效”的协调统一，推动企业质量管理水平不断升级，让公司在与国际巨头的同台竞技中傲立潮头。

（成果创造人：刘可安、刘大喜、彭淼淼、周异明、杨胜兰、许　多、
陈　娟、李庆军、龙敏浩、杨晓芳、许　波、谭　冰）

以提质增效为目标的电网关键业务贯通与优化管理

国网辽宁省电力有限公司大连供电公司

国网辽宁省电力有限公司大连供电公司（以下简称大连供电）隶属于国家电网公司，是特大型供电企业，供电区域1.26万平方公里，用电客户366万。大连供电有职工4439人，固定资产原值229.02亿元、净值89.13亿元，资产总额112.53亿元，管辖66千伏及以上（含35千伏）变电站244座，变电容量2302万千伏安，输电线路5940公里。下设9个供电分公司。2015年，售电量251.39亿千瓦时，在东北地区名列前茅，是全国首批一流供电企业，是国家电网公司唯一的国家级两化深度融合示范企业及两化融合管理体系首批通过评定的供电企业。

一、以提质增效为目标的电网关键业务贯通与优化管理背景

（一）提质增效是经济社会发展的根本保障

国民经济在快速发展中迎来新常态，支撑我国经济增长的内外部因素正发生变化，对电网的可持续发展也提出更高的要求。提质增效攻坚战是支撑国民经济平稳健康发展的重要举措，在电网持续发展过程中同样起着至关重要的作用。电网企业要承担起央企的责任形象，必须在提质增效方面下功夫。随着智能电网的建设、“新电改”的深化以及能源互联网国家战略的提出，提质增效正成为电网企业的广泛共识。在这个过程中，电网企业的内部价值链和外部产业链环节将重新分化、融合，行业跨界融合以及嫁接信息与互联网技术也促进企业新的发展动力，可以说提质增效是电网企业实现两个转变的根本保障。

（二）电力体制改革促进供电企业转变发展方式

配电网改革改变电网企业的盈利模式，由收取购销差价变为收取核定的输配电价，并且该收益将由原来运营配电网的电网企业转移至配电网投资主体。随着配电增量、售电侧放开等电力体制改革的加速推进，全国已注册成立880家售电公司，以传统售电为主营业务的供电企业面临日益多元的竞争主体，基于售电量快速增长的经营管理模式亟待调整改变。新形势下，供电企业迫切需要通过创新改革运营模式，转变发展方式，打造与电网发展相适应的新型业务链，并使之贯通顺畅、高效运行。

（三）关键业务贯通是供电企业提高核心竞争力的客观要求

新业态下供电企业关键业务的贯通与优化是提高核心竞争力的客观要求。大连供电原有的业务链或多或少存在条块分割严重、相互之间脱节的现象。调度与控制、配电与营销、生产与运行、信息化与各电网专业之间，以及人才链、资金链、物资链等关键业务之间能否实现横向协同、纵向贯通、高效运转，是大连供电贯彻落实国家新兴产业战略发展要求、积极应对电力体制改革、努力提升核心竞争力、主动引导市场建立科学合理的电能消费模式、进一步激活地方用电需求、缓解巨大的售电经营业绩压力的关键。

二、以提质增效为目标的电网关键业务贯通与优化管理内涵和主要做法

大连供电牢固树立并贯彻落实创新、协调、绿色、开放、高效、共享的发展理念，加快调结构、转方式、促升级，以顶层设计、调度控制、信息通信、“互联网+”、节能环保、绿色服务等为突破口，进一步推动输电、变电、配电、用电等传统电网业务及新业务管理的扁平化、简洁化和流畅化，推进电力调度控制一体化，抄核收业务智能化，新业务服务多元化，实现数据自动传送、电费自动核算、营财协同一体，做精产品、做强品牌，增强核心竞争力和盈利能力，保持企业的可持续竞争优势。主要做法

如下：

（一）深化提质增效关键业务贯通与优化的顶层设计

大连供电以“战略主导、创新驱动；统一规划、标准先行；整合资源、深度融合；规范实施、持续改进、效益提升”为指导思想，将以提质增效为目标的关键业务贯通与优化工作和公司战略高度契合，并确立为一把手工程，成立以总经理、书记为组长的专项工作领导小组，全面负责关键业务贯通管理工作，编写大连供电未来五年的总体发展规划及工作行动计划，完善梳理业务流程，强化融合电网各关键业务的内在联系，通过提高业务贯通与优化业务协同管理，以提质增效为目标，全面掌握总体方向和进度，决策重大事项，解决工作过程中跨部门、跨专业出现的困难，并定期听取工作情况汇报。设立关键业务贯通及优化管理办公室。大连供电内部形成全员参与、关键业务环节贯通的工作机制。通过变革组织架构、创新管理机制、优化资源配置，努力实现企业管理由条块分割向协同统一、由分散粗放向集中精益的根本性转变。

（二）依托信息通信技术夯实贯通与优化的基础

1. 推进实施电力人才兴起战略

大连供电以“集约化、扁平化、专业化”为主线，结合信息化技术应用，以提升专业能力为抓手，建设统筹集约、资源共享、专业融合为特征的现代化人力资源管理体系，夯实基础，提高人力资源集约管控能力；深化融合贯通，提升人力资源统筹管理水平；扩大管控范围，实现人力资源管理全覆盖，为关键业务贯通和优化提供坚强的人才保障和广泛的智力支持。

2. 强化企业财务链全过程管控

全面开展 ERP 系统财务专业数据清理及深化应用工作，修订管理办法 60 余项，优化财务业务流程 83 项，并纳入财务管控系统中固化。规范成本中心的设置管理，成本中心由集约化前的 39 个压缩到 16 个。制定标准成本定额 65 项，实现标准成本定额管理全覆盖。优化拓展凭证业务协同功能，网间及省内对账率保持 100%。开发现金预算管控辅助分析系统，实现预算管控。推进财务与生产、基建、营销、物资等各业务环节的集成应用，强化资金计划管理。推进资金集中支付、电子支付和银行卡转账结算，强化资金链过程管控。规范资产管理流程，提高资金决算管理水平。

3. 建设支持全业务、全过程物资管理一体化信息平台

大连供电以“内部一体、外部贯通、科学管控、卓越运营”为目标，建立现代设备物资仓储及供应体系；按照“统一规划，分步实施”的原则，不断扩展 ERP 的业务功能，完成仓储信息系统与主系统 ERP 的对接，构建支持全业务、全过程物资管理一体化信息平台，实现物资管理信息系统的全覆盖，实时掌握库存量和应急物资，并在此基础上构建完善包括网上寻源采购、合同全过程管理、供应商业务协同等在内的电子商务平台，实现物资管理信息系统的全覆盖，实时展现外购物资及库存物资的动态情况，为电网全新发展环境下的关键业务贯通和优化提供可靠的物资保障。

（三）夯实电网输变配关键环节的管理基础

1. 强化输电业务防护管理水平

通过建立并完善输电专业精益化管理组织机构，规范管理模式和流程，建立统一、实用的制度标准体系，推进应用新技术、新设备，逐步建立无人机、人工巡检相互协同的输电线路新型运维模式。转变防护工作理念，加强输电线路的运维管理和检修管理，以巩固和完善输电线路“六防”措施为基础，以严控线缆设备故障停运率、外破跳闸率指标为目标，全面提高输电精益化管理水平。

2. 细化变电专业状态评价工作

以变电站精益化管理为目标，加强问题整改和工作组织。将停电整改项目纳入月度生产计划并统筹实施，实现精益化变电站比例稳步提升；加强过程管控，将变电精益化评价管理纳入年度重点工作任

务，开展月度跟踪和评价。各运维站根据精益化评价 18 大项细则，对各项各条款进行归类整理完善，分项、分类进行归类建档、建目录，对所缺少的技术条件、规程、规定、试验报告等材料予以补充完善，并将评价工作融入日常的运维管理工作中。

3. 推进配网业务标准化与规范化

大连供电持续推进地理信息系统、配电自动化、带电作业、可靠性管理等工作，制定一系列涉及配网运行管理工作的相关规程规范、标准和制度，共计 7 大类 43 项。依托配网抢修指挥平台建立配网抢修指挥中心，通过配网抢修指挥平台实现调度与抢修指挥的有效结合，管辖范围从 10 千伏变电所出线到 0.4 千伏客户表前所有设备，以确保抢修工作的规范性。在此基础上，进一步完善以抢修班为第一梯队、运检班为第二梯队的抢修组织体系。

（四）推行地县电网调度控制一体化管理

1. 实现调度监控合二为一

即将原来的变电监控、变电运维全面分离，将监控业务与调度业务融合，实现电网调度与电网监控一体化管理。这种新的管理模式显著提高电网故障处理效率和日常操作效率，保证运行人员的统筹调配，实现减员增效。成立大连电力调度控制中心，调度、监视控制在一起值班，提高事故处理的速度和工作效率。新成立集控中心，并分区建设相应的操作队，负责所辖区域的变电站运行管理和倒闸操作。大连供电还研发“调控模式下的调度防误系统”，实现调控中心的调度防误和监控防误，进一步加强调控中心调控合一操作的安全性，提高工作效率。

2. 建设智能电网调度技术支持系统

大连供电建成以广域互联网络结构、一体化软件集成平台和分布式数据采集为特点的智能电网调度技术支持系统。系统于 2014 年 6 月正式上线，面向地区调度的实时监控与分析应用、调度计划应用和调度管理应用，可实现一体化协调监视与控制目标，满足一体化调度运行的需要。智能电网调度技术支持系统的建成，为提升调度系统的在线化、精细化、实用化、一体化水平，为统一坚强的智能电网安全、优质、经济运行提供技术支撑。

3. 优化电网调度控制业务流程

智能电网调度技术支持系统实施后，满足一体化调度运行的需求，由变电站自动化人员统一对电网数据进行维护，大幅减少系统的运维工作量，提高调度自动化运维效率。在此基础上，进一步优化业务流程，实行调度控制业务分区域维护。

4. 实现生产系统数据贯通

大连供电建成电能质量在线监测系统，实现大连电网 10 千伏及以上电压等级的电网电压、输变电系统、调度系统、营销系统、PMS 生产系统的数据全部贯通，实现各电压等级的电网电压、输变电系统可靠性和供电可靠性数据自动采集，电网运行监控能力大幅提升。

（五）推进营配调业务贯通

所谓营配调贯通，就是通过营销、配电、调度（以下简称营配调）等各专业的数据共享和信息集成，营配调末端业务融合，实现基础数据“一个源头”、业务流程“一套标准”，基于“营配调一张图”开展跨专业一体化应用，促进营配数据质量和营配业务应用水平的持续提升，实现客户需求的快速响应、客户服务的优质高效。

1. 推进营配调数据采录工作

各单位设立专职人员，负责营配调贯通工作数据与采录过程中的专业沟通、信息上报等工作。各部门、单位建立以公司营配调贯通工作组牵头，营销、运检、调控、安质、信通各专业协同配合的工作机制，确保营配调贯通工作的顺利开展。建立监督考核制度，科学设置考核指标，细化分解指标任务，全面落实工作职责，加强考核指标的过程监控。

2. 建立多角度专业协同机制

大连供电通过下发文件、联合培训、专题会议、双周例会等形式，从本部到各基层单位，统一思想，加强理念，形成机制，强化专业间的工作协同。客户服务中心作为营配调贯通建设的责任主体，按照公司的统一部署，负责开展营配调贯通实施工作。各部门、单位建立营配调贯通工作的协同机制，主要领导负责、营销、运检、安质、信通等专业的紧密协同、共同推进。同步建立多专业的数据动态更新协同机制，确保已核查数据随业务变动常态化维护，杜绝“前清后乱”。

3. 完善营配调配套措施

大连供电建立完善《营配调集成应用管理规定》《营配调集成数据质量管理规定》等应用的配套制度规范，突出业务节点的作业规范和时效要求。坚持“基础治理平台支撑、存量数据集中清理、异动数据闭环管理、质量进度全程监督”的四轮驱动，落实绩效导向下的营配数据质量常态管控，引导和督促相关业务部门共同努力保持数据治理成果，杜绝数据盲点，实现集成最优。

4. 建设配抢平台，推动业务深入融合贯通

大连供电利用配网抢修管控平台整合原有的配电自动化系统、调度管理系统、电网 GIS 平台、95598 系统、用电信息采集系统等，实现与相关系统的信息交互，推动营配调工作的深入开展。配网抢修管控平台通过集成生产管理系统、营销管理系统、95598 系统、配电 GIS 系统、配电生产管理系统、调度 EMS 系统等，实现各业务系统间各类实时数据、静态数据、图形数据的交互，消除传统意义上的信息孤岛，达成系统应用智能化的集成与共享；在此基础上，全面提升配网抢修专业化管理水平，提高供电可靠性以及提升优质的服务质量。

（六）采取多种措施优化供电服务方式

1. 加强横向协作，构建供电营销服务软环境

大连供电积极响应市政府号召，统一工作思路，不断加强与政府相关部门的协作，逐步提升供电营销业务的横向贯通能力，构建供电企业服务软环境。建立供电企业、政府、用户三方互利共赢体系，依托“民心网”“民意网”，与政府部门保持实时沟通、牢固对接，快速解决电力客户诉求，坚持供电服务“一口对外”。加强与新闻媒体的横向协作，主动与政府“12315”及 110 指挥中心、119 指挥中心等公共服务部门紧密协作，及时传递紧急停、限电信息和突发故障信息，拓宽信息的披露渠道。推进网站改版上线和日常管理，拓展应用微博、微信、客户端等新媒体，运用微视频、微电影等形式开展“巧传播”，积极参加“国网故事汇”活动。连续 9 年委托省纪委下属民心网开展客户满意度第三方评价工作，旨在充分倾听民生，解决民意，公司服务满意度逐年提升。通过多种渠道开展服务智能互动化宣传。与大连广播电视台、新浪大连等媒体展开深度合作，全方位开展“掌上电力”App、“电 e 宝”“车联网”“网上营业厅”等智能互动系列宣传活动，为客户提供能效服务、需求侧管理和市场化购售电增值服务。

2. 推行营销业扩报装“一条龙”内部贯通服务

制定并发布《服务管理规则》和《用电报装服务工作意见》，统一协调业扩项目实施，健全完善跨部门、单位的协同配合机制，实现公司内部营销业务的协同与贯通，精简办电手续，加快接电速度。通过建立业扩协同工作网络，设立专属客户经理，提供“一对一”服务和“一站式”快捷服务，实行“一口对外”受理、答复客户，为光伏项目业主提供政策指导、技术咨询、业务受理、并网发电等“一条龙”服务。以客户需求为出发点，充分调配内部资源，优化业扩报装流程，推广网上报装，实现线上全天候受理、线下一站式服务。实行大项目一户一档，做好全市 411 项亿元以上项目的跟踪服务。实行“一证受理”，精简业扩归档资料 13 项，实施客户经理分级督办等七项机制，对接服务全市 73 个重点项目，对大用户提供“驻场式”技术指导和受电工程预验收的特色服务。

3. 加快推进营销财务一体化工作

积极推进营销与财务跨专业贯通工作，开展电子账单、电子发票等电子凭证的试点应用工作，构建采集、核算、发行、通知、收费、账务一体化全自动作业模式。实现抄表数据自动推送，电费核算系统自动完成，加快推进营财一体化，进一步推进电费抄核收工作的规范化、集约化、自动化和智能化。拓展金融机构代收电费业务，开通微信钱包支付渠道。推进“拉卡拉”进驻营业厅，增强用电客户“量价费”信息网上交互体验。深化与政府、金融机构等的交流合作，实现 21 种电费付费方式，并将电费缴费业务纳入市政府“全民付”支付体系，进一步满足广大客户对快捷缴费的需求。

4. 构建地、县两级贯通的清洁能源服务管理机制

大连供电按照“便捷高效”和“一口对外”的原则，为各类清洁能源、电能替代和节能减排项目的申报、审批提供绿色通道。实施电动汽车充换电站、船用岸电示范工程、地源热泵实施、电采暖试点应用等 10 项电能替代措施和 259 个配套设施项目。充分发挥网络、技术、资金、信息等优势，宣贯清洁能源替代政策法规、标准，开展经验交流及新技术、新产品、新设备推广活动，遴选符合条件、有意愿的用能客户参加能效服务活动小组，并对小组成员开展跟踪服务，截至 2015 年年末，走访企业 236 家，发布节能信息、发放宣传材料 13 万余条/份。收集小组成员的用能信息，针对客户的用能习惯和需求提出改进措施，帮助大连港、西太平洋石化等高耗能企业实施节能改造项目 11 个。

（七）通过电力数据流加速关键业务的贯通与优化

大连供电集中收集电网调度、生产业务、营销业务、人财物管理等方面的数据，利用企业级数据编码对业务数据进行规范化处理，实现核心业务数据在不同业务系统间的互通和共享，为电力业务数据贯通与综合应用提供基础数据支撑。同时，利用运营监测系统对电网核心业务数据进行实时监测与展示、查询与挖掘分析，有效地提高业务数据的综合利用率，为提升科学决策水平提供有效支撑。

1. 生产业务数字化奠定电力业务数据贯通基础

大连供电率先在国内建成基于 4G、中压宽带载波、无源光网络及电力复合光缆的多介质融合的智能通信系统，形成多方式、可靠的传输通道，为电力生产业务多级贯通提供基础。研发地下电缆环境监测系统，可“零延时”将报警信息发送至运检人员的手机，实现地下电缆安全运行的可控和预控。采用 PDA 及 GPS 技术研发的输电线路智能标准化巡检系统对线路巡检标准作业实行量化、科学、有效的管理，能够与现有的智能巡检系统实现数据共享。各环节都以业务数据流为基础，为电网调度业务的开展提供数字化控制手段，也为输电、变电、配电用电及电网检修业务的横向贯通提供数据支撑，推动区域智能电网建设不断向前。

2. 大力推动营销业务数据电子化

在电力营销、客户服务、社会责任等方面将信息化充分与营销业务管理进行融合贯通，大力推广应用用电信息自动采集模式，实现计量装置在线监测和用户负荷、电量、电压等重要信息的实时采集，及时、完整、准确地为“SG186”系统提供营销业务数据，实现用电信息采集与管理自动化，为营销业务核心数据电子化奠定基础。无人工抄表、无人工催费用户占比分别达 53.4%和 83.9%，电子及社会化缴费率超过 90%，实现用户与公司间的资金流数字化贯通。

3. 开展电网企业全业务监测管理

2013 年年末，大连供电成立运营监测（控）中心，建设运营监测（控）工作台，围绕公司核心业务活动与业务资源，通过构建监测模型、梳理指标体系、设定指标阈值等方式，充分利用大数据挖掘技术，公司综合绩效、人财物管理状况、电力生产业务流程、电力营销服务水平等进行全面在线监测，及时发现公司运营过程中的异动和问题，并实现自动预警。利用现代信息技术对电力生产业务数据进行挖掘，深入开展基础数据质量管控及数据深度应用工作。开展营销数据质量核查，对营销基础数据质量进

行全面监测，不断增强公司的基础业务数据管理与应用能力。

三、以提质增效为目标的电网关键业务贯通与优化管理效果

（一）企业发展方式实现根本转变

大连供电建成以市场需求为导向的服务体系，通过在生产管理各业务环节中全面开展信息化应用，实现生产基础信息、运行信息、管理信息的纵向贯通、横向集成和资源共享，提高电网生产管理集约化、精益化和标准化水平，供电可靠性得到大幅提升。至2015年年末城市供电可靠率达到99.985%，核心重要用户供电可靠率超过99.999%。停电时间减少67.5%，故障隔离时间由原来的平均45分钟降低至1分钟，城市电网平均停电时间小于1小时，10千伏及以下配网线损率降至4.79%，累计减少损失电量2.58亿千瓦时，增加售电量1.12亿千瓦时。

（二）企业核心竞争力得到显著提升

大连供电通过“大云物移”和人工智能技术的广泛应用，电网与互联网深度融合，电网的信息化、自动化、互动化特征十分突出，不仅能够完全消纳现有的清洁能源，还能够源源不断地为辽宁乃至东北地区输送清洁能源，从受端电网转变为输端电网。一系列电能替代项目在大连地区蓬勃兴起，培育出多样化的地区能源运营模式，新能源多轮驱动的新型供应体系基本建成。电能替代电量累计超过9.8亿千瓦时。大连电网不仅彻底扭转过度依赖单一火力发电的模式，还建成以客户需求为导向的“快高新”的服务体系，核心竞争力得到极大提升。

（三）地区能源结构得到持续优化

截至2015年，大连供电的清洁电能装机容量从2012年的8.26%提升至46.6%，达到3496.385兆瓦；清洁电能上网发电比例从2012年的3.77%大幅提升至50.93%，达到156.5613亿千瓦时。光伏发电累计减少标煤消耗约197.65吨，减排二氧化碳约492.42吨、二氧化硫约14.85吨、氮氧化物7.40吨、碳粉尘134.40吨；船用岸电以单集装箱码头计算，减少柴油发电机耗油量约为637.5吨/年，减少66%的二氧化碳排放量，减少二氧化硫排放量17.3吨，氮氧化物10.02吨；液力透平在大型高能耗石化企业的成功应用，减少碳排放和硫化物44.5吨；地源热泵及冰蓄冷的推广实施，一个供暖期内减少原煤消耗35000吨、二氧化硫排放560吨、烟尘排放1050吨；充换电项目累计充换电电量272万千瓦时，相当于节省汽、柴油等石油消耗近1800万升。

（成果创造人：王如伟、唐如海、孔剑虹、宋文峰、司　艳、李春平、杨万清、张葆刚、李君秋、王跃东、王长青、李若斌）

基于胜任素质模型的物流企业管理系统的构建与实施

冀中能源国际物流集团有限公司

冀中能源国际物流集团有限公司（以下简称国际物流集团）是冀中能源集团下属的全资子公司，是河北省属大型国有独资企业，2011年1月份注册成立。2015年，实现营业收入1550亿元，利润14.05亿元，净资产收益率为19.15%，综合实力位列中国物流百强前列，河北物流50强企业第一位，同时具备物流工程硕士专业学位培养基地、物流职业教育实训基地、河北省军用物资应急采购供应商、河北省现代物流培训基地、河北省设备租赁调剂中心等多项社会职能。

一、基于胜任素质模型的物流企业管理系统的构建与实施背景

（一）落实冀中能源集团“管理提升年”工作部署，全面夯实企业基础管理的重要举措

“管理提升年”活动是冀中能源集团为有效应对复杂严峻的经济形势，不断增强企业实力、活力、竞争力，进一步加快建成国际化现代化一流强企而做出的重要工作部署。国际物流集团把“管理提升年”活动作为一项打基础、利长远的重点工作持续推进，取得一定的进展，但也遇到一些问题。一是“十二五”期间，国际物流集团实现裂变式发展，开辟冀中能源集团新的利润增长点和效益增长极，但也存在着管理基础不牢固、物流业务不清晰、职权界定不明确等薄弱环节。二是国际物流集团作为一家服务型公司，不仅担负着冀中能源集团的内部物流工作，而且对外开展社会物流业务，业务性质与煤炭生产单位不同，无法借鉴兄弟单位的管理经验。因此，国际物流集团需要运用国际先进的管理工具，构建一套先进、科学、完善的企业管理机制，保障企业长远、规范运作和可持续发展。

（二）适应物流业新常态，满足企业转型升级发展的需要

当前，我国物流业逐渐从规模速度型粗放式增长转向质量效率型集约式增长，钢铁、煤炭、水泥、矿石等大宗商品物流需求增速持续放缓，物流业与商贸企业、制造企业、信息企业的深度融合、联动发展成为新趋势，具有平台功能的大型综合物流企业实现快速发展，物流市场竞争日趋激烈。面对物流业发展的新常态，以大宗商品物流服务为核心的物流企业亟须加快转变发展方式，不断创新商业模式，主动推进物流产业结构调整升级，以此实现物流服务水平和市场竞争力的快速提升。面对内外部发展环境的变化，国际物流集团必须主动变革企业管理机制，以适应物流业提档升级的新态势、新节奏、新步伐，在新一轮物流市场竞争中站稳脚跟，继续保持强劲的发展势头。

二、基于胜任素质模型的物流企业管理系统的构建与实施内涵和主要做法

国际物流集团以提高企业运作效率、加强管控水平、提升经营效益为目标，运用国际先进的胜任素质模型，在明确企业文化、战略的基础上，采用流程性思维对企业的组织构架、功能模块、业务模式进行整合管理，制定物流胜任素质要求与标准，实现对文化、战略、流程、人等企业核心管理要素的统一规划、高效组织、合理配置、精细控制，建立起具有高度自适应性、自组织性的大型企业管理系统。主要做法如下：

（一）明确企业核心管理要素

1. 文化要素

企业文化包括三个方面，即使命、愿景、价值观。“使命”即为企业成立的目的，也是企业存在的基本目标；“愿景”即企业未来的发展目标，也是引导企业发展的指南针；“价值观”即企业不断践行的行为规则、习惯，也是企业精神文明建设的主要内容。文化要素能够解决企业从哪里来、为什么而存

在、梦想是什么等一系列问题，能极大地增强全体员工对企业的认同感，引领干部职工“愿意做事”，促使员工敬业，为企业的发展奋斗。

2. 战略要素

物流行业是一个充分竞争的行业，物流企业是一个开放式的组织。在市场经济下，物流企业与周边的环境不断进行交互，同时也受到体制、自有资本金、人才等内部因素的影响。国际物流集团在分析自身所处的宏观环境、行业环境，所拥有的优势与劣势、机会与威胁的基础上，制定出切实可行的、科学合理的、适度超前的物流产业战略定位、布局与目标，即引领干部职工“做正确的事”。

3. 流程要素

国际物流集团以提高管理资源配置程度为目标，突破仅从组织构架单方面制定各项业务流程的结构性思维，创造性的采用流程性思维方式，把企业看成一个整体性的、端到端的流程，对每个下设单位的运营现状进行整体审视、逐一分析，有效整合组织构架（即职能）、业务流程（即功能）和人力资源（即岗位），打通“组织构架图”“功能流程图”和“岗位地图”，将企业打造成一个相互关联、密切协作的综合系统，达到充分发挥每个单位资源和能力，将企业文化、战略落到实处的目的，即引领干部职工“正确地做事”。

4. 人力要素

人力资源是企业的核心，是流程的关键落脚点。国际物流集团把实现企业发展战略的各项职责，落实到具体岗位，明确各岗位职责和任职要求，建立基于文化、战略、流程的物流胜任素质模型，通过对人力资源的有效开发、合理利用、科学管理，进而确保企业战略目标的实现。

（二）明确企业顶层设计

国际物流集团运用系统论的方法，从全局的角度，对企业经营管理的各方面、各层次、各要素进行统筹规划设计。国际物流集团的顶层设计分为三个层次，从上到下分别为企业文化层次、企业战略层次、企业业务层次。

1. 企业文化层次

企业文化层次包括企业宗旨（使命）：物通天下、惠顾八方；企业蓝图（愿景）：能溯其源于冀中、物畅其流达国际；企业核心理念（价值观）：诚信、服务、高效、共赢。

2. 企业战略层次

首先，明确战略定位。国际物流集团确定“依托冀中，壮大冀中，靠山不吃山”的战略定位，即承载冀中能源集团物资“三集中一统一”管理职能，打造以物流产业为主营，以物流金融为依托，向客户提供供应链一体化的解决方案，具备国内外物流运作能力的专业化服务商，将现代物流产业打造成冀中能源集团调结构、转型升级的重要业务板块。

其次，精心谋划“一个平台、两个三角、三个六”的战略布局：一个平台，即以内蒙古西部煤炭交易中心和深圳前海大宗商品交易中心为支撑的电子商务平台；两个三角，即以上海进出口公司为基础的长三角物流聚集带和以香港公司为基础的珠三角物流聚集带；六个业务板块，即企业内部物流板块、煤炭物流板块、大宗商品物流板块、国际物流板块、港口物流板块、物流增值服务板块；六个物流园区，即冀中国际陆港（邯郸）保税物流园区、元氏煤炭物流园区、邯郸新铁物流园区、邯郸大宗商品物流园区、河北国际保税物流园区、河北恒聚源物流园区；六个物流基地，即石家庄保税物流基地、黄骅海港物流基地、航空物流基地、冀中金宝矿用产品生产基地、华北棉花仓储物流基地、环保设备制造基地。

最后，科学制订战略目标：形成较为完整的物流产业格局，物流营业收入达到1000亿元以上、利润10亿元以上，将国际物流集团打造成为服务质量好、运作效率高、具有较强国际竞争力的大型现代综合物流强企。

3. 企业业务层次

首先，为进一步加大业务整合力度，推动物流产业集群式发展，国际物流集团通过流程建模，结合企业的战略定位、布局和目标，整合划分出“服务、贸易、金融、制造”四大核心业务集群，并为每个业务集群划定各自的业务产品和服务领域。服务集群（资产型）为客户提供端到端的物流服务，服务范围涵盖仓储、流通加工、装卸、运输及电子商务、物流园区和物流基地；贸易集群（非资产型）为客户提供第三方物流及物流外包服务；金融集群为国内外客户提供商业保理、融资租赁、人民币跨境贷款及仓储质押、托盘等服务；制造集群为客户提供高端钢丝绳、电缆、环保设备、供变电设备等，打造具有较强竞争力的高端制造、加工产业。

集群式发展模式的形成，使国际物流集团的物流业务分工更专业、更精细，不同业务集群之间在发展客户、开拓市场等方面也相互支持，企业综合物流服务水平得到显著提升。贸易集群不仅会为服务集群在国内外业务上创造商机，也会为金融集群开发寻求货物采购融资的客户；服务集群使用企业物流基础设施、出售物流服务的过程中，能够为贸易集群、制造集群提供潜在供应商以及下游客户，并为金融集群提供必备的物流仓储监管场地设施；金融集群为贸易集群、服务集群的客户在原材料采购、仓储质押、生产性设备采购、应收账款等业务方面提供融资支持；制造集群能够为贸易集群提供低成本的产品供应。

其次，具体到实际物流业务，国际物流集团创新发展七个商业模式。一是供应链物流。利用信息、资金、信誉、品牌等优势，介入到生产领域或商品流通领域中，为整个供应链提供一揽子物流外包服务。二是物流金融。加强企业与金融机构的紧密结合，为物流活动提供金融服务，为金融产品提供物流服务，解决中小企业融资难的问题，并为企业实现增值服务收益。三是融资租赁。依附于传统租赁上的金融交易。国际物流集团已在上海自贸区成立融资租赁公司，开展国际国内融资租赁业务。四是电子交易。通过煤炭超市、商铺、中远期交易、回购交易等服务，实现与电子交易系统的全面对接，并培育和发展成为具有较大影响力的电子交易中心、金融结算中心、物流配送中心、信息服务中心及煤炭价格指数中心。五是国际贸易。锁定上下游资源，在国际市场上拓展铁矿石、有色金属、钢材、煤焦油、沥青等产品的进出口业务，并发挥境外汇差、税差、利差等多种优势，优化融资结构，降低财务成本，提升大宗商品市场竞争力。六是商业保理。国际物流集团在天津设立保理公司，开展以受让应收账款的方式提供贸易融资，应收账款的收付结算、管理与催收，销售分户（分类）账管理，客户资信调查与评估，相关咨询服务等业务。七是物流园区。引进企业入园并为其提供供应、生产加工、仓储、多式联运、配送、销售、保税、报关、报检、托盘等基础物流服务，并提供结算、金融等附加物流服务。

（三）构建流程管理体系

1. 梳理企业管理功能

以顶层设计确立的“四大集群”“七个商业模式”为切入点和突破口，国际物流集团对现有的部门职能、业务模式进行重新规划设计，根据物流业务开展情况，梳理出“市场管理、战略客户管理、采购及销售管理、财务管理、库存管理、配送及运输管理”六大核心功能模块和“信息系统、政策流程、场地设施管理及组织团队管理”四大支持功能模块。

2. 梳理二级单位职能

从“服务集群”“贸易集群”“金融集群”以及“制造集群”各抽取 1—2 家公司作为业务单位代表，与集团机关八部一室，共同理清在对外开展物流业务和对内运营管理中，各二级单位的角色定位和相应的权、责、利，共梳理出 106 个核心业务职能和 78 个管理保障职能。

3. 整合跨功能、跨职能流程

以管理功能模块为纵坐标，以二级单位为横坐标，分析 106 个核心业务职能和 78 个管理保障职能在企业管理功能模块、二级单位中的权责归属，将孤立的、凌乱的各项职能进行系统化、流程化、标准化处理，形成企业“功能流程地图”，保证二级单位共同协作开展业务时，各司其职、各负其责、分工明确、权责对等，并防止缺位、失位、越位等问题的发生。

4. 编制各项职能的作业流程

依照“功能流程地图”，国际物流集团对地图中各项具体职能活动进行展开，根据工作实际编制清晰详细、简单易懂的作业流程，明确实现该项职能所必需的一系列信息，为干部职工高标准、高水平、高效率地完成工作提供遵循的依据。

作业流程包括输入、步序、输出、执行人、要求及说明等信息。其中：输入表示某一些步序执行时，事先获取的输入信息；步序表示执行该项作业流程需要执行哪些动作；输出表示完成某一个步序时会产生的输出物；执行人表示执行步序的岗位；要求及说明表示执行步序时所需要参照执行的要求及相关说明。

（四）创新开发胜任素质模型

1. 明确岗位设置，制定岗位地图

岗位设置来自于作业流程，国际物流集团对106个核心业务流程和78个管理保障流程中的“执行人”进行整理和归纳，共制定91个岗位，明确岗位设置与功能流程地图、作业流程之间的关系，并绘制“岗位地图”，企业每位领导、中层干部、基层员工都置身于“功能流程地图”每个节点中，上下左右关联成为一个整体。

2. 分析职位/岗位

根据工作的种类、难度、所承担的责任以及完成工作所需的知识、技巧和能力，结合“功能流程地图”和“岗位地图”中的岗位设置，国际物流集团将岗位分为领导层、管理层、主管层、一线员工四个层级。每一个职级所承担的职责各不相同，而职责的性质与范围又影响着决策内容、决策时间、决策影响力、能力素质。通过职位/岗位分析，充分发挥各层级管理者的作用，企业各层管理者各司其职，从而推动企业高效运作。

3. 岗位描述

国际物流集团在明确岗位设置、分析职位、岗位的基础上，制定基于作业流程的岗位描述表，将高水平、高标准、规范化的流程落实到具体岗位，使每位干部职工能够正确理解和领会自己岗位的工作内容、工作关系、工作职责等。

一是引进国际标准《国际职位分类》(NOC)，使用NOC及其附注材料作为供应链物流岗位描述和任职要求的关键资源，以制定企业标准化的岗位职责，形成《国际标准岗位职责表》。

二是从106个核心业务流程和78个管理保障流程中，梳理明确集团每个岗位的“岗位名称、所属部门、动作与要求和作业流程与编号”，形成岗位梳理表，并将《岗位梳理表》中的工作任务与《国际标准岗位职责表》中的岗位职责进行配对。

三是制定岗位职责补充表。明确企业名称、所属部门、岗位名称、工作地点、岗位价值、上级岗位、下级岗位、平级岗位以及外部关系等基本信息。

4. 制定岗位任职要求

国际物流集团从通用技能要求和专业技能要求两个角度，对91个岗位进行任职要求分析，形成《岗位任职要求表》，为每个岗位制定完成岗位职责所需的“工作性向、职业兴趣、处理数据/人员/物品、感官机能”等基本素质要求，和“培训/教育、专业要求、工作经验、专业知识”等专业技能要求，从而建立起物流岗位胜任素质模型。

（五）深入开展“六个一”活动，系统宣贯与实施

1. 一次全员大讨论

国际物流集团组织机关各部室、分子公司，围绕政治环境、经济环境、物流行业环境、企业发展的机会与威胁、文化与战略定位等内容，开展一次全员大讨论活动。全体员工深入思考如何在新常态下推进企业科学发展、转型发展，为企业制定顶层设计方案和明确企业关键成功要素提供科学的依据，引导广大干部职工进一步统一思想、振奋精神、明确方向、凝心聚力，为企业发展做出更大贡献。

2. 一场主题演讲比赛

国际物流集团为全体干部职工下发关于变革的书籍，将国家政策报告、十八届三中全会报告、中央经济工作会议文件等电子文档上传至“管理提升园地”，引导干部职工感知企业外部发展环境，理解企业发展战略，明确自身定位。各单位召开专题研讨会，分享交流学习心得体会，并委派一名代表，在主题演讲大赛进行成果展示。

3. 一场企业发展辩论大赛

从机关相关部室和分、子公司遴选出 16 名辩手，围绕“流程控制，有利于业务创新”与“流程控制，不利于业务创新”以及“战略正确，决定企业成败”与“细节执行，决定企业成败”这两组辩题，组织一场辩论大赛。各位辩手从企业经营谈到国家发展、从个人体会谈到时代巨变，充分体现新一代国际物流人有责任、有梦想、有担当，始终关注着企业的经营管理和未来的发展方向。

4. 一套工作指导手册

根据流程体系建设和物流胜任素质模型成果，紧密结合工作实际，分门别类，整理提炼出企业《作业指导书》和《岗位手册》。《作业指导书》收录“功能地图”及 121 个作业流程，《岗位手册》收录“岗位地图”“岗位序列表”、91 个岗位及胜任素质模型，并进行下发，实现人手一册。各单位、全体员工以《作业指导书》和《岗位手册》为指南，以管理系统指导实际工作，以流程和制度规范各项工作的开展，切实提高工作效率。

5. 一次专项检查活动

为督促该管理系统的实施与应用，落实到具体企业经营管理的工作中去，更好地发挥对企业“高效益、低成本、可持续、无风险”发展的科学保障作用，国际物流集团开展一次落实应用专项检查活动，通过“实地调研、开展座谈、听取汇报、岗位抽查”等形式，对机关各部室、各分子公司的“顶层设计理念学习情况、流程管理体系运行情况、岗位职责履行情况”进行检查，共抽查 38 个岗位，超过岗位总数的 40%，并对各单位在落实工作中的亮点、成效及问题与不足等进行总结和通报。所属各单位根据通报中的反馈意见，查找原因、举一反三、制定措施、及时整改，推动企业管理工作不断实现新突破、取得新成效、开创新局面。

6. 一个长效机制

建立定期学习制度，不断学习管理上的新理念、业务上的新模式、改革上的新动态；建立流程体系运行监控制度，定期收集、整理各单位流程的增加、修改、细化情况，以工作实际不断完善流程体系，确保流程体系与组织结构的高度切合性；建立流程体系与制度体系联动机制，以各种制度性文件完善、规范、指导流程体系，保证流程体系的每一步操作都有据可依，并不断加强制度体系的高效执行；建立管理系统执行与绩效考核联挂机制，并将岗位手册的岗位描述作为员工绩效考核指标中岗位职责的主要依据。

三、基于胜任素质模型的物流企业管理系统的构建与实施效果

（一）企业管控水平明显提高

按照“顶层设计—管理功能—作业流程—岗位胜任素质”的管理路径，国际物流集团有效地实现对各个业务运营模块的精细管控，各二级单位明确自身的职责权限，有效避免工作交叉、重叠或推诿等现

象；通过流程管理方法明确企业的所有业务，将各项管理制度融入相应的作业流程，并识别出运营控制的风险点，企业风险把控能力得到显著提升；全体员工依照高标准的操作规程开展业务，工作效能和办事效率也不断提高。

（二）人力资源管理水平全面提升

人力资源部门和各业务单位以该管理系统为依据，重新审视“招聘选报、人才管理、培训发展、薪酬管理、绩效管理”等人力资源管理现状，在明确人力资源管理目标、分析差距的基础上，实现对企业人力资源管理的进一步改革和优化，将合适的干部职工，在合适的时间，安排到合适的岗位，从事合适的工作。

（三）对河北省推进物流产业结构调整、提升物流行业发展水平起到带动示范作用

当前，河北省物流产业正处在由传统物流向现代物流的转变时期，持续推进物流业转型升级，将是物流企业维持生存和促进发展的基本路径。国际物流集团的先进管理与科学发展经验，为更多物流企业的创新发展提供可借鉴的经验，成为河北省现代物流产业创新发展的标杆和榜样。

（成果创造人：李建忠、张宏斌、李德库、张岳华、杜长飞、孟志强、高建朝、姚广达、江　涛、赵文静、李　静、张金佩）

以提高经济效益为目标的服务合同项目管理

中国石油天然气集团公司中东公司

2009年，中国石油天然气集团公司（以下简称中石油）牵头与法国道达尔、马来西亚国家石油公司、伊拉克南方石油公司联合中标位于伊拉克东南部米桑省的哈法亚油田。中石油为作业者，经过六年的艰苦创业，建起一座千万吨级的现代化大油田。截至2015年年底，中方累计投资24.57亿美元，建成产能1000万吨/年，累计实现收入24.57亿美元，累计净现金流5058万美元，投资与费用实现完全回收，项目进入自我滚动发展的良性循环阶段。

一、以提高经济效益为目标的服务合同项目管理背景

（一）有效应对服务合同苛刻条款、保障项目投资回报的需要

哈法亚项目是中石油及合作伙伴在伊拉克第二轮国际招标中获取的项目，合同模式是开发生产服务合同（DPSC）。与产品分成合同相比，服务合同模式下合同条款较为苛刻，伊拉克政府将获得极高比例的石油收入，还可以“收割”因油价上涨而产生的全部溢价，合同者收益大幅减少。伊拉克自然条件恶劣，安全环境严峻，商务与基础设施极其匮乏，资源国政府监管严格，前期巨额投资具有不确定的风险因素，如何在技术服务合同模式下最大程度提升中方合同寿命周期内的经济效益和整体协同效益，成为哈法亚项目面临的主要挑战。这要求项目公司除首先保证自身盈利，还要综合考虑可持续快速规模化发展的战略目标，制订高效合理的开发方案，提升基于效益的管理水平，通过管理会计的经营策划实现项目战略与经营目标。

（二）积极参与中东高端油气市场竞争、树立集团品牌的需要

众多国际石油公司在战后的伊拉克招标中展开激烈角逐。与西方石油公司相比，中石油“走出去”的时间相对较晚，属于国际油气市场的后来者和新到者，特别是在中东这个国际油气的传统和高端市场，在资源国政府的视野中没有成功运作本地区项目的经验和声誉，因而在与国际石油公司的竞争中处于不利地位。在新进入的中东市场，如何攻坚啃硬，通过发挥作业者的主导作用，积极引进中石油的技术服务队伍，通过发挥中石油一体化协同效应将哈法亚建成中石油在本地区的示范合同区域，建成油田产能的同时保证管理和效益可持续发展，迅速提升中石油在中东地区的声誉，以为后续的区域新项目开发提供基础，成为哈法亚项目运营的另一个重要目标。

（三）不断提升中石油海外油气业务国际化管理能力的需要

哈法亚项目的合同模式和经营环境决定它是一个经营收益低、运营环境差、不确定因素多的项目，任何不利因素都可能使投资方的收益降低到可接受水平以下。这就要求作业者必须以项目价值管理为核心，运用管理会计理念和方法为项目经营决策和执行过程管理提供支持，精心运作项目，最大限度地创造和维护项目价值，为投资各方创造满意回报。通过哈法亚的探索和运营，建成一个油田，锻炼一批队伍，建立一套制度，提升管理能力，成为项目运营的又一个重要目标。

（四）低油价环境下提升项目风险防范与控制能力的需要

2014年以来国际油价持续下行并长期低位徘徊，给项目生产经营带来严重挑战。一是油价下行将导致项目的投资回收天花板下降，同样产量的回收池萎缩，给投资回收造成影响。二是油价低迷将使得项目的原油销售承压。三是低油价对伊拉克政府的财政收入造成冲击，降低其偿债能力。此外，油价低迷还可能增加作业者、合作伙伴和资源国政府之间的分歧。提前并动态开展商务分析与经营策划，成为

防范和应对低油价下项目效益变动的重要手段。

二、以提高经济效益为目标的服务合同项目管理内涵和主要做法

哈法亚项目运用管理会计理念探索构建适合服务合同项目的管理体系，为项目运营决策和执行提供强有力的支持。通过认真研究合同条款、深入分析生产经营环境、评价遴选不同开发策略，确定“快速经济实现初始商业投产，尽早解除前期投资风险；适时开展‘二期上产’，实现项目良性循环；择机实施高峰产能建设，扩大项目经营成果”的整体经营策略。通过提前谋划及时启动成本回收，根据成本回收池容量合理安排投资节奏，实现投资进度与回收进程相匹配；通过合资共建长输管道项目分散投资风险；通过瞄准恰当时机，策划和谈判修改石油合同，进一步提高项目整体价值；国际油价持续下跌以来，及时调整经营策略，出台措施，控制成本并削减投资，加速投资和回收的良性循环，最大限度提升项目的投资价值和经济效益。主要做法如下：

（一）积极构建基于ERP－SAP的管理会计信息分析系统

建立和运用大数据，加强管理会计信息的获得和分析，形成哈法亚项目管理会计信息架构，帮助日常经营决策。哈法亚项目在实际经营中发现，管理会计在项目价值创造活动中的支持作用体现在项目战略规划（项目整体开发方案选择和过程修订）、预算管理与绩效考核（根据分阶段开发方案和修正方案编制预算）、投资管理（根据开发方案和回收进程安排投资）、成本管控和回收管理、内控与风险管理、绩效评价与考核等方面。

决策支持方面，以项目价值创造和维护为目标，以经济评价为手段，通过对比投标方案和各类开发方案建议，择优选择项目价值最大的方案作为项目初始开发方案。在执行过程中通过谈判式的合同复议，合理突破合同条款限制，修订初始开发方案，把合同规定的两阶段达到高峰产量修改为三阶段分步实现。根据不同阶段项目价值目标确定各阶段经营策略。

整合资源方面，根据项目决策并确立的各阶段经营策略，整合和调整资源，确保完成与各阶段相关的产能建设任务，优化或延缓与阶段性目标关联度不高的工作。合理筹集资金，确保项目各阶段目标顺利实现。为降低前期的风险和提高项目的价值，哈法亚项目在确保初始商业生产投资的前提下，尽量降低前期的投入即降低前期的负现金流。优先安排与初始商业产量相关的投资，推迟安排与初始商业产量不相关的投资。为缩短支出与回收的时间间隔，减少资金占用，坚持每个季度第一个月控制、第二个月适当、第三个月尽量安排的原则安排付款，取得“晚付早收”的良好效果。

绩效考核方面，建立预算执行考评与激励机制，探索形成分级授权、权责统一的预算投资全过程管理体系，通过建立预算管理与考评制度，强化对各部门预算执行过程和结果的监督与管理，提升预算执行效率、效益。

风险控制方面，自项目启动就制定并颁布一系列管理程序，在项目经营过程中发挥巨大作用，同时组建专业团队重新梳理各类业务管理流程，控制操作风险和运营风险。

（二）不断开展经营策划，通过合同修订和复议提高经济效益

1. 择机通过合同修订提高服务合同经济效益的上限

以2009年60万桶投标方案评价，哈法亚项目内含报酬率为7％，项目净现值为负，累计净现金流15.77亿美元。以40万桶和原合同条款为评价基础，结合合同生效以来的执行情况，哈法亚项目的内含报酬率为10.58％，项目净现值2720万美元，累计净现金流11.7亿美元。2014年年初，哈法亚项目在管理层和伙伴的协商下，通过分析项目在高峰产量时可能遇到的稳产难度，认为修订合同将是改善当前哈法亚项目报酬费低、盈利能力有限等状况的绝佳机会。中方同伙伴及伊拉克米桑石油公司、石油合同许可部门等多方进行初步交流，各方就哈法亚项目合同修订达成初步意向。随后立即开展商务谈判，由中石油牵头，迅速组织成立谈判小组，抓住伊拉克政府更迭前的有限时间和宝贵机遇，多次同石油部

合同局及石油部长进行艰苦卓绝的谈判并最终完成修订协议的签署。通过合同修订，项目的生产经营商务条款进一步得到改善。

2. 通过与供应商或承包商开展合同复议控减成本

针对油价下行状况深入开展低油价对回收的管理性影响分析，根据技术服务合同投资回收特点优化调整经营策略，控制投资节奏，采取暂缓三期地面建设和关键设备采购授标、停钻机等措施，大幅度控减投资，仅 2015 年度就控减投资 1.43 亿美元。在不影响安全和质量的前提下，积极推动与承包商之间的谈判，要求降低服务价格，实现风险共担、合作共赢。通过对油藏开发方案及注水先导试验方案及测井等合同进行复议，仅 2015 年度就节省费用约 886.97 万美元。

（三）统筹考虑油气项目合同全生命周期的价值管理

1. 优选初始开发策略，实现滚动开发

根据合同规定，产能建设投资必须从初始生产后的原油销售收入中回收，在达到商业生产日或者《哈法亚油田初始开发方案》批复 3 年后即可开始回收石油成本和补充成本（合同者提供服务合同规定之外的服务项目所需成本称为补充成本），开始获得报酬费。在回收时不区分投资和费用，均可以直接回收。哈法亚项目如果不能尽快投产并启动回收，数十亿元的前期投资将被无偿占用，资金成本与风险巨大。

因此，哈法亚在油田开发建设过程中，充分发挥中石油作为作业者的主导地位，分析确定“以最快速度、最少投资获取最高产量”的初期经营策略，在严格按照国际规范运作的框架内，提升国际化管理能力，推动项目高速高效运行，以尽快启动投资回收。同时，为实现经济、快速的投产目标，通过谈判，合理突破部分制约目标实现的合同条款，将外输原油品质由常规油调整为重油，降低外输处理要求，节约油气处理设施投资；通过对开发方案的调整，将合同规定的由初始商业生产一次达到高峰产量调整为“10 万桶—20 万桶—高峰产量”三阶段上产，实现一期和二期的高效衔接、投资与回收节奏的匹配。确认初始商业生产可利用原有 28 英寸管线，推迟管道建设投资 3.5 亿美元。明确伴生气在二期生产阶段不需要处理，直接输到当地电厂，推迟伴生气处理投资。

2. 统筹考虑整体开发节奏，推动项目实现投资回收良性发展

一期投产后，哈法亚项目适时启动油田二期 500 万吨新增产能建设。在初始开发方案实施情况和新油气外输方式的基础上，对原初始开发方案进行优化调整，形成补充初始开发方案。补充初始开发方案对各阶段的投资重新做测算，预计合同期内总投资为 119 亿美元，比原《初始开发方案》中预测的 127 亿美元减少 8 亿美元。经过经济评价和对比，补充开发方案在结算油价 60 美元/桶的情况下，内部收益 10.34%，高于原方案；在预测结算油价 85 美元/桶的情况下，内部收益率 12.31%。为解决二期原油外输问题，需要新建长输管道。哈法亚项目恪守价值管理理念，经过与伊拉克石油部和中海油谈判，确定合资共建外输管道。共建模式比哈法亚项目单独建设管道减少投资 3.5 亿美元，有效分散投资风险，维护项目价值。2014 年 8 月 18 日，哈法亚项目二期 500 万吨新增产能建设完成并顺利投产，踏上年产 1000 万吨的新台阶。同期由哈法亚项目联合中海油承建的 272 公里 42 英寸原油外输管线项目竣工运行，成为伊拉克第二轮国际石油合作项目中唯一启动并实现二期投产的项目，实现哈法亚项目发展的又一个重大里程碑。二期产能快速建成并投产，极大地增加哈法亚项目的投资回收池容量，为项目一期、二期稳产和三期建设投资的回收奠定基础。

3. 科学测算回收池容量，平衡投资与回收进度

哈法亚项目采取早准备、早沟通的策略，及时启动成本回收程序谈判。2011 年 9 月，当项目还处于建设期时，就开始组织专人研究服务合同，设计提油发票和提油报表，并在内部模拟整个发票提交、伊方审核、批复、提油、下个季度调整等程序。通过这种模拟测试，了解合同相关条款的可操作性，发

现其中存在的问题以及可能存在的歧义条款和概念。中方于2012年2月内部完成此项工作，就有关成果与投资伙伴讨论沟通，得到伙伴充分的认可。从3月份开始与伊拉克石油公司策略性地沟通相关概念和程序。由于中方对合同研究得细致透彻，对存在歧义的部分在与伊方的交流中占据主动，争取到最有利于投资者的谈判结果，2012年6月项目投产时，哈法亚项目就完成与伊拉克方面的沟通并达成一致，使投资者提前一个季度开始回收投资，远早于其他第二轮中标及部分第一轮中标的油公司。

哈法亚项目在成功回收前期累积投资情况下开始二期建设。为保证投资按时回收，降低资金在项目上的占用时间，项目通过合理安排，成功地将每个季度的投资控制在回收上限以内，没有出现递延回收的情况。2014年，由于中联油长期销售协议尚未签署，哈法亚项目无法与其他项目拼船提油，必须每季度整船销售。为保证整船提油并减少资金占用时间，财务部根据油价将季度付现支出控制在整船提油所需要范围内，力争按时回收成本。在2014年一至三季度，根据提油程序统筹安排承包商的发票支付，既满足整船提油要求，也避免出现多余付现使成本递延回收的现象。

(四) 推行精细化管理，注重项目生产运营过程管控

1. 根据合同调整工作计划，合理推迟三期达产时间

高峰产量达产时间从原计划的2016年年底推迟到2017年8月，放缓三期钻井进度，优化一期、二期方案。确定全年钻井34口。其中2015年计划三期钻井数从39口优化到17口。根据优化方案，截至七月，暂停6部钻机，只有7部钻机作业，其中2部钻机在CPF－3区作业，压缩预算8492万美元。三期工程正常开展设计和招标工作。根据2015年度预算优化方案，暂时对评标完成的项目不授标。已授标的二期项目抓紧收尾，严格审核增项费用的变更。严格依照采购程序及合同处理扣减项，严格处理延期完工的违约金，严格控制三期PMC人员，尽力控制费用。根据三期工程主要合同授标推迟进度，只保留现场急需的第三方PMC人员；不断与西方公司及供货厂家展开技术交流，优化设计，按照项目的紧急程度开展工作。通过以上严格措施，仅2015年就压缩预算2.8亿美元。

2. 优化工作计划，进一步减少工作量和暂缓建设项目

以效益、效率为核心，优化钻、完井安排。集中开发产能落实的主力油藏Mishrif和Jeribe/Upper Kirkuk，推迟高风险油藏的钻井，提高产能建设效率。Jeribe/Upper Kirkuk计划钻井数从6口增加至8口；在油田总钻井数减少的情况下，Mishrif油藏钻井数占总钻井数的比例维持在60%左右；Khasib油藏推迟开发高气油比区域的钻井5口。除西北扩边区的HF－12井外，暂缓Yamama油藏以及Sadi油藏的新井钻井工作。根据项目的重要程度，取消部分建设项目。

3. 加强生产过程与经营策略分析，优化项目运行效率

深入分析单井动静态资料，优化措施方案，提高作业效率。HF060－M067ML井，利用邻井HF060－N060的Hartha油藏产出气进行注气激活；HF005－M316和HF002－M346井采用酸洗技术一次激活成功；HF059－M059D1通过固井质量后评价，取消挤水泥作业等。提高措施井成功率，减少措施井费用。加大技术措施优化和现场作业管理，提高效率。在JK定向井中，优化井眼轨迹设计，通过调整在"17－1/2"井段造斜点位置，降低Lower Fars高压盐膏层的井斜，从而降低因井壁坍塌造成的卡钻事故的风险。不断优化岗位设置，降低人员需求。

4. 大力执行降本增效，管住费用出口

通过招标和谈判降低服务合同费用。作业部在新招标合同的评标商务澄清过程中，不仅横向比较同一种材料和服务的单价，同时与当前作业合同中的单价进行比较。利用近期油田服务市场低迷的大环境，取得更优惠的商务报价。近期完成的泥浆及井场建设的商务评标及澄清中均取得比现行合同更优惠的价格，有的投标方的最大折扣达到17%。

5. 进一步细化内部管理，加强成本管控的基础工作

合理安排施工节点，提高施工效率。针对新井场建设中的安装护栏、挖泥浆坑、铺防渗布、安装滚网等工作量，调整安排，在井队搬家到该井场之前半个月才进行，减少资金积压和偷盗的风险。加大合同执行过程中的质量监督和成本控制：加强带料服务中的物料质量监督，以顺利保障钻井作业，降低综合钻井费用；对 Call out 服务模式钻井相关服务，通过定期进行技术和商务方面的评比总结，甄选出服务质量好、价格优的服务方，并许可增加其服务工作量，总体节约服务费用。将生活垃圾处理和送水服务、Casual Labor、饮用水采购从原服务合同中单独分立出来，加强监督管理。在保障服务前提下，不断降低各项费用。开展库存分析，优化库存研究工作。对中长期材料和配件的采购提出总体方案。根据现有资产的统计，对现有的 T wall、发电机和 Caravan 等资产进行清查，对可维护再利用的资产进行充分运用，节约新购资产的费用。根据库存情况及每月的消耗情况制订下一步的采购计划，尽量在满足基本需求的前提下减少库存。细化预算结构，加强预算监控。进一步将预算划分到部门，以利于对于预算管理和执行效果的考核。联合公司预算划分为支持辅助性支出，将作业部人力预算单独分立到作业部中，计入资本化，从而进一步进行合理单位成本核算。紧密跟踪作业执行，根据作业的调整，相应调整 AFE 分配于各年的预算。

（五）根据项目发展阶段动态调整组织结构和人力资源配置

组织机构结合现场工作需求，合并部分岗位的职能，力争做到一岗多能，充分发挥国际雇员和中方雇员之间的传帮带作用，逐步提升当地员工的整体水平，使其能够早日胜任更高级的岗位。重视和加强人才培养，深入了解 SAP 系统，不断挖潜，合格的人力资源、配套的商务环境、清关审批政府服务等制约项目正常有序运营的难题被逐个攻克。通过管理，将生产与经营紧密结合，提前分析与策划，工作量前移以避免时滞，保证项目快速建产、平稳运营，提升作业效率、效益。哈法亚项目自运行以来，根据业务需要重点建立预算、财务、人力资源、采办、HSE、开发生产作业、信息安全和内控风险管理等八大管理体系，其中财务管理、人力资源管理和合同采办管理三大流程体系按照合同要求上报联管会得到批准，有效保障项目有序、高效运营。

三、以提高经济效益为目标的服务合同项目管理效果

（一）建产速度领先所有同期中标项目

哈法亚项目逐渐探索出一套低油价环境下提升技术服务合同项目经济效益的管理做法，实现项目“初始开发方案好于投标方案，执行结果好于补充开发方案（SPDP），合同修订后条款好于原先条款”和项目启动三年后即实现且保持当年现金流为正的优异成绩。2012 年 6 月，哈法亚一期 500 万吨产能正式投产，并于同年 9 月踏上日产油 10 万桶台阶，创造当年投产当年启动回收的佳绩。2014 年 8 月，项目 1000 万吨二期产能正式投产运行，进一步扩大投资回收池。一期和二期的建设，分别提前 15 个月和两年实现前期战略目标，创造在伊拉克国际大石油公司最早投产的开发记录，取得履行合同义务的主动权。截至 2015 年年底，项目公司已经采出原油 1.84 亿桶，累计已回收 50.45 亿美元，中方累计已回收 24.57 亿美元，在确保前期投资安全回收的前提下为后续产能建设投资回收奠定坚实基础。

（二）项目合同与商务条款不断改善

通过合同修订，项目产量风险降低，盈利能力大幅提高。评价与对比结果表明，与之前相比单桶报酬费平均增加 0.26 美元，增幅达到 40%，此次合同修改相当于在不改变哈法亚原合同其他条款的情况下，将单桶报酬费由 1.4 美元提高到 2.19 美元。修改后的最新合同条款与经济指标也优于项目并购可研时的合同条款和经济指标，与原可研方案相比较，内部收益率提高 4.72 个百分点，净现值增加 1.46 亿美元，有效维护并扩大中方利益。

（三）投资回报及净现金流持续向好

哈法亚油田财务后评价结果显示，项目内部收益率达到15.69%。投资者财务后评价报告显示，项目税后财务内部收益率为14.62%，财务净现值3.19亿美元，中方净现值1.60亿美元，项目的经济效益与进入时的测算相比得到大幅提升。

（四）中石油的品牌声誉进一步提升

哈法亚的建立历程，充分展现“中国速度”。此外，哈法亚充分发挥中石油作业者地位和集团公司一体化优势，带动和引入的中方工程技术服务队伍达到15支，已成为哈法亚高端国际市场的重要力量，很多乙方已经从哈法亚开始走向其他非中石油作业项目，中石油的品牌声誉得到进一步提升。

（成果创造人：蔡　勇、魏广庆、刘　琼、王恒亮、韩凤君、韩　涛、韩　冰）

化工企业提升综合效能的多套装置联动管理

重庆建峰工业集团有限公司

重庆建峰工业集团有限公司（以下简称建峰集团）位于重庆白涛化工园区，创建于1966年，是一家大型化工产业集团。建峰集团拥有涉及基础化工原料、新型化肥、化工新材料、精细化学品在内的十几套化工装置，是重庆市唯一一家大化肥生产企业。现有员工4000余人，总资产100亿元。2012年以来，建峰集团在相继建成第二套大化肥（第一套大化肥在1993年建成投产）、聚四氢呋喃、氟化工等多套装置后，产业规模迅速壮大。

一、化工企业提升综合效能的多套装置联动管理背景

（一）满足企业发挥多套装置整体效益最大化的需要

全球化工发展趋势是“装置选址园区化、上下游产业一体化”，即为节省化工生产的能源消耗和物流成本，多套化工装置布置在同一区域内，通过上下游产品之间的有效衔接，实现综合效能最大化。为此，建峰集团在所处的重庆白涛化工园区布置多套装置和生产线，同时，为配套化工装置的运行，还联运水厂以及2套装机容量10万千瓦的自备热电联产等装置，为化工装置提供蒸汽、水和电，发挥多达十几条生产线的“一体化”效能。因此，实现效益最大化是企业利用好现有资源必须整体考虑和解决的问题。另外，国内化工装备制造与国外同类装置有技术差距，造成国产装置运行稳定性差。建峰集团要实现多套装置安全稳定运行，必须解决设备故障率高的难题。

（二）降低生产运行消耗、最优化控制成本的需要

化工装置的“安全、稳定、长周期、满负荷、优质运行”（以下简称安稳长满优运行）是企业效益最大化的源泉。近年来，制造业中同质化竞争突出，大宗产品的化肥、化工产业竞争更加激烈。作为以天然气为原料的建峰集团，由于天然气价格居高不下，与以煤炭为原料的化肥企业相比，成本劣势非常明显。全国尿素每年高达2000余万吨的过剩产能，导致行业常年开工率低于70%，市场竞争激烈，产品价格不断下跌。建峰集团在供销两端都受挤压，逼迫企业必须对多套化工装置挖掘最大潜能，实现效能最大化，以实现成本控制。

（三）实现科学持续运营、发展绿色化工的需要

当前，作为技术密集型的化工行业发展到新阶段，迫切需要进行结构调整，改变原来高污染、高能耗的化工生产格局。发展绿色化工，既体现国家的意志，又是企业推动持续发展的强烈愿望。建峰集团必须通过所有装置系统化的、柔性的联合运行管理，最大化实现装置之间的上下游产品综合、循环利用，开展节能减排、提升大型装置的综合效能，才能真正实现绿色化工的目标。

二、化工企业提升综合效能的多套装置联动管理内涵和主要做法

2013年以来，建峰集团坚持走精细化管理之路，开展提升多套化工装置效能最大化联动管理，主要通过提升多套化工装置的统一生产调度指挥系统，压缩单套装置生产组织机构，强化生产现场管理，解决管理层级过多、效率低下问题；简化优化管理制度，实现工艺标准持续优化，克服制度和规程零星烦琐不易执行的难题；开展装置节能升级改造，解决装置改造碎片化，提升装置工艺的安全稳定性；推进装置产销柔性衔接，解决产销匹配不佳影响装置开工率问题。主要做法如下：

（一）压缩生产组织和管理层级，强化生产现场管理

1. 完善集团生产调度指挥中心，统筹装置效益

建峰集团投资4000万元建设生产调度管控中心。该中心建立涵盖建峰集团所有装置的生产调度指挥、安全环保应急救援指挥、能源控制中心的视频监控系统。该系统是一套以实时数据库为基础，以计划调度、能源管理、生产过程优化、安全操作管理为核心，实现对生产全过程的跟踪和管理的企业信息化解决方案。生产调度管控中心配置调度长8人，对集团装置实行24小时监控指挥，汇总数据信息，及时了解各类能源消耗的实时情况，及时进行调度指挥。同时，在集团运营管理部设置5名经济运行质量分析人员，根据控制中心的实时数据分析，进一步从每周、每月分析各装置综合能源状况，为决定装置的运行负荷提供数据支持。建峰集团依托数据科学共享，能计算出整体效益最大化时的运行模式，并据此分配装置的能源供应和负荷分配，实现多套装置效能最大化。

2. 压缩单套装置内部生产指挥层级，提升效率

2014年，建峰集团开展压缩简化管理层级活动，将原来部门内设置的科室压缩，改造为部门内的岗位经理负责制，减少管理层级。下属化肥分公司等生产单位同时实施组织机构扁平化。化肥公司整合多个运行车间为统一的运行部，大量减少纵向的关联指挥环节，生产调度指挥的流程简化，提高运营效率。

3. 强化生产现场管理，促进装置高效运行

一是强化装置运行状态监控，注重装置隐患的整改，使各套装置始终处于良好状态。建峰集团在各装置均建立隐患管理台账，进行动态管理，引导员工参与装置隐患的分析和处理，建立集团总部、分公司、运行部门三级隐患讨论分析机制，提高员工隐患处理效率。旗下化肥分公司、弛源化工每周对隐患台账进行更新，分析处理情况，通过OA平台公告，及时督促、整改，未及时完成的纳入当月绩效考核，达到防微杜渐的目的。

二是实行设备管理360度隐患诊断和考核，结合诊断，科学安排检修、维修。建峰集团要求所属企业严格执行公司、部门、班组三级巡检制度，班组巡检有主控操作员即时巡检和两小时一次现场巡检，车间巡检是指工艺设备技术员和车间领导每天巡检，公司巡检有公司“周联合巡检”和值班人员“日联合巡检”。推广巡检经验，巡检责任得到有效落实，确保装置隐患得到及时发现和处理，大量的隐患被排查出来并被第一时间处理。隐患的查找和及时整改，减少装置检修周期，对装置的稳定运行起到积极作用。

三是开展运行人员“走动式”管理，把功夫下在现场。建峰集团要求管理人员动起来，促使各级管理人员深入现场了解情况，解决实际问题，杜绝主操人员坐井观天、纸上谈兵。走动管理实施后，操作人员和技术人员、检修维护人员能够充分交流，大大减少技术人员发出错误指令的风险。到现场解决问题，提高技术人员的主观能动性，新入职的大学生到现场熟悉装置，操作技能提高迅速。

通过宏观管控上集团的统一调度指挥与微观上员工的现场执行相结合，建峰集团生产调度指挥系统形成上下联动机制，有效实现装置“安稳长满优”运行。

（二）优化管理制度和装置工艺标准，促进多套装置平稳运行

1. 开展管理制度清理、废除、修订、整合

2014年，建峰集团对制度体系开展升级工作，对多年积累下来的制度进行清理、废除、修订、整合，全面更新管理制度，经过清理，由原有的700多个制度升级为134个新制度。清理后的制度注重刚性执行与管理人性化的融合，使管理决策程序化、组织系统化、业务流程化、管理行为标准化、绩效考核定量化、措施具体化、目标计划化、权责明晰化。制度大量减负，制度更具人性化。

在生产运行管理制度上，建峰集团结合化工企业特点，将生产调度协调管理、交接班制度、装置开

停车管理、连锁管理进行融合，形成完整的生产管理制度体系。生产经营调度协调管理能力得到加强，开停车的技术管理以及操作员的操作行为和开停车要求得到全面规范，工艺过程控制得到进一步强化，保证生产安全、高效、稳定、顺畅运行。

2. 持续优化装置工艺标准，使员工操作有章可循

单套装置的稳定运行是多套装置联动运行的基础。2013 年以后，建峰集团新建化工装置陆续投运，新装置存在很多问题，无法实现达产达标目标，有的甚至产品质量都达不到市场要求，必须首先对各装置运行的重点参数进行调整优化，保障装置安全平稳运行。为此，建峰集团进行工艺标准和操作规程的全面清理、完善。例如，“二化”装置投运之初，产品中缩二脲含量高达 1.02%以上，工艺包提供的技术协议中产品缩二脲含量在满负荷下也高达 0.9%，这与市场的要求有较大的距离。建峰集团组织技术攻关，对第二套大化肥蒸发、循环等重点参数进行调整优化，缩二脲含量降至 0.8%，解决一直困扰在二氧化碳汽提法工艺产品缩二脲含量高的技术难题。又如，对大化肥合成装置系统参数的处理。公司技术人员对一段炉乏气发布和蒸汽流量发布进行调整，既改善一段炉热量平衡，又节约资源，数据固化操作后，能够多产高压蒸汽并节约天然气。通过控制脱碳浓度、提高溶液再生热量、提高循环量等方式，脱碳系统运行稳定。

化工装置在不同气温条件下，其操作方法具有差异性。不同的操作方法会得到不同的运行效果。建峰集团组织各分公司相继建立装置运行柔性操作规程，规范系统在受气温、负荷等外界因素变化情况下的调整幅度，及时调整各项关键参数，最大限度减少系统调整过程的波动，提高系统稳定性，减少消耗。

3. 强化制度和工艺纪律执行，确保装置高效运行

裂解炉的稳定运行是乙炔、BDO、聚四氢呋喃等一系列关联装置稳定运行的关键。建峰集团的驰源化工公司在管理中发现员工对工艺参数执行不规范，各班操作控制随意。一方面，公司组织技术人员进行参数优化并对其进行固化；另一方面，公司完善运行管理制度，对不按工艺参数操作、运行记录不规范等行为给予惩罚，同时配套小指标竞赛奖励，实现裂解炉运行周期从运行仅仅一周左右延长到至少 30 天以上，若无泄漏情况基本能够维持 60 天，创造裂解炉 C 列累计无检修运行周期突破 100 天。裂解炉可实现 115%高负荷运行，解决下游 BDO 装置满负荷运行问题。乙炔产率也从以前的 6.0%达到设计值 7.8%，大幅度降低装置生产成本。

（三）实施装置之间的系统优化运行和技术改造，控制多套装置能源、物料整体消耗

1. 延伸产业链，提升效能

建峰集团通过化肥和三胺以及三胺下游的六羟甲基三聚氰胺、密胺树脂等的联运，优化产品结构，做长做深产业链，提升企业的抗风险能力。其中，通过技术创新实现三胺装置与化肥装置的高效联运，化肥装置向三胺装置提供尿液，三胺装置返甲铵液和碳铵液至化肥装置，形成化肥与三胺物料的循环利用。通过自主研发，开发三胺下游的六羟甲基三聚氰胺、蜜胺树脂等系列产品，进一步延伸产品链，目前六羟甲基三聚氰胺国内市场占有率达 50%以上。

2. 以装置联运为主课题，开展系统改造

建峰集团在“一化”“二化”两套化肥之间实施技改，增加装置和连接管线，实现两套化肥之间的物料平衡。同时，在两套化肥液氨管线上增加调节阀，实现事故状态下和正常运行期间的快速调整。“二化”的尿素装置未开车或事故状态下，将合成氨装置生产的产品氨，直接通过热氨泵送往“一化”装置，不送“二化”氨罐区，减少氨增压机的电耗及氨压缩机的蒸汽消耗，节能的同时保证系统的蒸汽平衡和稳定运行，同时能够实现“一化”装置的液氨或气氨送到“二化”装置进行存储或处理，使两套化肥装置的氨储存量在安全的水平内，保证装置运行安全。

3. 把技改作为挖掘设备效能的手段，节能降耗

2015 年，建峰集团的聚四氢呋喃、BDO、乙炔装置实现联运。负责运行的下属子公司弛源化工公司通过技改，全面分析优化工艺装置循环水用量，通过降低各装置换热器循环水用量及合理分配，使循环水泵由设计的“三用一备”变为现在的“两用两备”，实现停运一台循环水泵也可满足工艺需求的创举。弛源化工通过技改和优化操作方法大大降低装置的能耗，与上年同期相比降低 BDO 的生产成本 1200 元/吨。

4. 统筹建设多套装置环保设施，满足环保要求

建峰集团投资 1210 万元建设综合废水处理站，采用 CASS 污水处理工艺，日处理能力为 2400 立方米。综合处理多套化工装置的污废水排放管理，综合污水处理站运行良好，每天都要对废污水进行化验分析。经过处理，水中所含的化学需氧量、氨氮和石油类均低于排放标准。退水水质由市环保局在线监测，满足国家环保要求。

（四）实施产销衔接和以销定产，实现装置效能最大化

1. 实施产销一体化，落实装置运行与市场衔接

2014 年，建峰集团实行“产供销”一体化经营模式，把过去生产运行与销售分离的状态进行整合，改变原有管生产的只管生产不关心市场的做法，将专职负责营销的销售公司整合到生产公司。产销融为一体，提高市场反应灵敏度，成本核算变得更加可信、直观，分公司的责任主体意识也得到提高。各分公司成立专职营销部，组织结构扁平化，使得纵向管理压缩，横向管理扩张。横向管理向全方位信息化沟通方向进一步扩展，形成网络型组织。在集团总部层面设置市场与企业管理部，不负责具体的销售业务，但更强化市场与企业管理之间的纽带，避免指挥不“接地气”。市场部的设立，连接市场与装置生产执行，使得集团和分子公司之间的信息沟通更加便捷、灵活。

2. 细化“边计算边生产”，把消耗落实到每个环节

建峰集团要求分、子公司完善成本测算体系，把市场销售纳入能耗消耗，通过计算装置运行的效率来验证经济效益。依据目标分解任务，强化检查考核和过程控制，实施即时总体经营成本分析工作。建峰集团通过提升成本测算，把不同销售状态下影响装置运行的负荷、影响能耗的水平进行成本测算，年初对能源消耗指标进行层层分解，将能源消耗的任务、指标量化分解到部门、车间、班组，责任到位。从能源的控制反推单位消耗，按月进行计算考核，实现以月保年的过程控制。同时，建峰集团进一步要求成本分析“提速”，推行即时成本分析，尽可能缩短成本分析的时间。利用系统信息化手段，要求生产运行管理部门每周进行单位成本的核算工作；将成本分析和控制落实到运行班组，细化到每小时，运行班组随时对系统运行成本进行计算，做好比对，根据数据及时进行分析总结，发现问题及时调整。

3. 从市场需求着手，组织差异化产品生产

2013 年，建峰集团根据市场需求，研发出包括螯合钾、聚优美、钾锌硼等多款增效尿素系列产品，新产品具有肥效高、富含植物所需要微量元素的特点，成为传统单质尿素有力的市场竞争者。

（五）完善激励机制，形成员工利益与企业效益的联动机制

1. 全面开展对标管理，使消耗水平有目标、有追求

建峰集团要求每个装置找到本行业内的领头羊，与之进行全方位的对标，特别是装置的能耗是可衡量的硬指标，通过数据对标，找到管理差距和消耗差距，分析造成差距的原因，制订整改计划，并限期赶超。围绕装置的能效考核，通过测试数据对系统进行全方位的分析，查找系统存在的不利影响因素，总结好的运行点，在后期运行中加以改进落实，促进装置在更优的状况下运行。

2. 设置长周期运行奖，细化小指标考核奖励

集团按各套装置长周期运行情况，对分公司给以一定标准的奖励。各单位为确保长周期运行，进一

步对每个装置的关键运行指标细化分解为小指标，进行小指标奖励。例如，巡检需要员工付出大量的劳动，为此，建峰集团积极推行“发现事故隐患奖励”机制，鼓励员工认真巡检，及时发现事故隐患。

3. 开展围绕运行质量的劳动竞赛

建峰集团开展主装置工艺运行轮值“五比一保”劳动竞赛，就是在装置运行轮值开展“比产量、比质量、比操作、比控制、比节能降耗、保目标”的竞赛活动。通过劳动竞赛，获胜单位增加效益工资。鼓励各运行轮值加强协调，在遵守工艺、安全、劳动纪律以及设备、质量管理规定的前提下努力优化操作，降低主装置消耗，提高操作水平，总结操作经验，为公司节能降耗创造更多的经济效益。

4. 坚持多元化激励机制

建峰集团坚持事业激励，建立一套完善的公平竞争的晋升机制，开通五条晋升通道，从管理类、技术类、营销类、行政类、服务类多渠道提升，配合集团“宽带薪酬”体系，坚持“能者上、平者让、庸者下、劣者汰”，对业务发展表现突出、贡献突出的员工，给予精神和物质奖励，直至给予岗位晋升、职务晋升，努力实现人尽其才、才尽其用。

坚持薪酬激励，采取绩效工资，实行多劳多得，使薪酬体系更加合理、科学。坚持荣誉激励，绩效考核奖励与授予荣誉称号等多种荣誉激励方式相结合，激发员工干事创业的能动性。

（六）加强基层员工培训和生产操作技能提升，提升装置运行效能

1. 搭建技术骨干交流平台

建峰集团的化工装置不是同一时间建成投产的，在原有装置生产操作中积累了一批技术骨干。随着新装置的陆续建成，原有装置骨干陆续充实到新装置，提升新装置的操作水平。开车早的“一化”为“二化”提供充足的人员保证；化肥装置为BDO、三聚氰胺、聚四氢呋喃等提供技术骨干。一方面，老装置的技术人员到新装置担任班长、值长等职务，提升发展空间；另一方面，为新装置开车提供技术保障。

2. 推动企业内部“知识流”无障碍流通

建峰集团指引下属企业开展“人人当讲师”的强化培训机制，开展“师徒结对”工作，让操作员工通过自身“收集资料、制作课件、授课”的培训形式，通过“人人当讲师”的专题培训使操作人员的整体技能操作水平有明显的提升。各单位各班组至少有2名员工能力达到“独当一面”的层次。各单位各班组驾驭整套装置的能力提升，且操作人员具备良好的心理素质，能在应急情况下正确处理事故，防止事故发生或扩大。

3. 盘活技术专家资源，建设内部专家工作室

整合各专业领域的具有中级及以上资格的资深专业技术、技能人员和管理者组成的专业性团体，成为公司技术库。通过发挥各领域专家的专业优势，解决公司在科技管理、设备管理、企业管理等方面存在的问题。通过发挥各领域专家的传帮带作用，公司培养超过100名高层次专业技术、技能及管理人才，满足公司发展的需要。为提高拔尖技能人才库人员的积极性，公司根据考核结果进行奖励，充分调动拔尖技能人员的积极性。

发挥集团化工类专业技术人员充足的优势，创建领军型专业技术人才培养，发挥示范、引领、辐射带动作用。以课题、项目研究为主要依托，开展系列技改、技革、成果展示等系列技术攻关活动，培养有潜质青年技术骨干人才。组成的专家库，一方面为所在装置解决问题，另一方面在集团领导下，对其他多套装置的技术难题联合攻关，实现集团人才的集中使用。

4. 破除技术等级终身制，建立动态技术等级

2014年，建峰集团破除高级技术研究和高级技能操作岗位的终身制，引进竞争竞聘的动态管理机制，提升高级技术研究和高级技能操作人员的学习能力和实际工作能力。充分调动公司专业技术人员和

技能操作人员的工作积极性、主动性与创造性。

5. 建立与高校的人才培养合作机制

2012年以来，建峰集团先后和四川大学、重庆大学、重庆科技学院等高校建立战略合作关系、科研与产业实践衔接、员工提升进校门关系。建峰集团大力推行技术人员带课题计划，通过提倡技术人员针对装置运行问题实施带研究课题的方式，提升技术人员技术能力，充分调动技术人员深入研究系统、指导系统运行的积极性。另一方面，对系统存在的疑难问题，从现象、影响因素、处理措施等方面进行系统研究，最终提出最佳解决方案，提升装置运行能力。

三、化工企业提升综合效能的多套装置联动管理效果

（一）取得较好经济效益

建峰集团的多套装置效能最大化管理，形成多套装置调度指挥、现场巡检管理、成本控制、隐患管理、装置连锁报警管理等基础性安全生产管理制度体系，最终形成一整套涵盖生产操作维护、生产运行管理、安全风险管控的具有创新管理理念的管理体系。建峰集团推进多套化工装置联运取得整体利益最大化的效果。按照“边生产边计算”的装置运行方式和有“正边际贡献”的装置才能开车的原则组织装置的运行，按照市场指导装置负荷分配。2015年建峰集团同比2014年经营减亏9847万元。在化肥行业整体亏损的情况下，建峰集团大化肥项目盈利1000多万元。

（二）提升企业综合竞争实力

建峰集团推行的行之有效的管理方法，确保装置的稳定运行，从而也确保对环境的保护，设备运行效率更高，实现节能减排、绿色生产的目标。建峰集团多套装置综合运行水平实现跃升。大化肥运行成为行业周期运行和消耗的双标杆。2014年“二化”合成氨装置无大修，创造化肥B类长周期479天（延续上年）的全国新纪录，成为行业标杆。实现“安稳长满优”运行，保证工艺系统运行消耗明显下降，装置排放达到并低于设计要求，实现节能环保排放目标。

（三）开拓生产性服务业务，促进企业可持续性发展

2013年以来，建峰集团应客户要求，到阿根廷、巴基斯坦、孟加拉等国家开展大化肥的装置开车服务。2014年获得2000多万元的业务收入，2015年获得6000多万元的业务收入。这使得建峰集团的业务从第一产业延伸到工业服务产业。目前，工业技术服务已成为建峰集团发展的战略板块之一。

（成果创造人：何　平、王爱民、吴　崎、蔡树杰）

国有企业强化内部监督的公开民主评价管理

兖矿集团有限公司

兖矿集团有限公司（以下简称兖矿集团）是以煤炭生产销售及煤化工、电解铝及机电成套装备制造、金融投资为主导产业的山东省属特大型能源企业，是我国唯一一家拥有境内外四地上市平台的煤炭企业、我国第一家境外成功收购并运营煤矿的企业。2015 年 12 月整体改制为国有资本投资公司。截至 2015 年年底，在册职工 10.12 万人，资产总额 2135 亿元，2015 年煤炭产量 1.08 亿吨，收入 1020 亿元，利润 20.8 亿元。企业规模位列 2015 中国企业 500 强第 126 位、中国 100 大跨国公司第 20 位。

一、国有企业强化内部监督的公开民主评价管理背景

（一）强化企业内部监督、堵住各种跑冒滴漏和利益输送问题的需要

随着兖矿集团产业规模的不断扩大，工程建设项目监管相对薄弱，往往造成建设项目超概算、超工期等问题，“没有一个项目不超概算、没有一个项目不超工期、没有一个项目按期达产、没有一个项目按期达效”成为兖矿建设项目的真实写照，突出表现在项目决策随意、可研论证不足、勘察不细、设计变更多、“三边”工程普遍、投资和工期严重失控等方面。原有的监督管控机制已很难适应集团公司快速发展的节奏，亟待实施全新的监督模式。

（二）充分依靠广大职工办企业、实现阳光治企的需要

2013 年，兖矿集团有各级供应商 8000 多家，其中 80%以上是中间供应商。物资浪费严重，一些以“急用”为名购置的设备在仓库闲置长达 3 年。特别是随着煤炭市场形势的日益严峻，兖矿集团遇到前所未有的困难和挑战，经营业绩出现明显下滑，经营压力大，体制机制僵化，一些老大难问题靠传统做法难以破解。如何运用好“民主”和“监督”推动企业强管理、堵漏洞、降成本、增效益，扭转企业经营形势极速下滑的颓势，提振信心、鼓舞士气、共渡难关，成为兖矿集团面对的最大挑战。

（三）有效发挥震慑警示作用、促进企业干部廉洁的需要

内控机制薄弱、管理漏洞多是制约兖矿集团健康发展的一大难题，也造成部分领导干部存在钻制度空子、揩企业油水的侥幸心理，这些问题的存在引起职工群众强烈不满，越级上访和群访现象频发，给企业造成极大的负面影响。监管难的结果不仅使企业遭受损失，也暴露出干部队伍建设的问题。尤其是一些重点岗位人员问题集中、影响较大，中间商关联交易问题十分突出，造成企业利益大量外流。在堵塞漏洞的同时，亟待一种强化监督、有效警示的制度来发挥作用。2014 年 4 月，兖矿集团制定出台《兖矿集团有限公司关于推行民主评价管理制度的意见》，强化内部监督的公开化民主评价管理。

二、国有企业强化内部监督的公开民主评价管理内涵和主要做法

兖矿集团以完善管控体系、解决经营管理中的突出问题、提升企业管理水平为目的，通过公开质询、倒查问责、整改优化等手段，进一步强化内部管理、堵塞经营漏洞、保证干部廉洁，确保实现“发现问题、精益管理、促进廉洁、提高效益”的管理目标。主要做法如下：

（一）加强组织领导，制定公开化民主评价实施细则

1. 建立公开化民主评价工作组织

一是成立民主评价工作领导小组。兖矿集团把民主评价作为“一把手”工程，集团公司董事长、党委书记担任领导小组组长，集团公司党委常委、工会主席担任副组长。成立由工会（党群工作部）、审计风险部、纪委监察部、综合办公室、党委组织部（人力资源部）、投资发展部、财务管理部、运营管

理部、安全监察局（生产环保部）、审计法务中心等10个部室为成员部门的民主评价工作办公室，负责日常组织、协调、督导等工作。

二是成立市场调研评价工作组。负责对集团公司大宗设备材料采购和工程建设项目等部分待评价内容进行市场调查、跟踪监督，选取民主评价项目。市场调研评价工作组成员由民主评价工作办公室抽调有关部门人员组成。

三是组建职工代表监督评价团。由民主评价工作办公室从集团公司职工中筛选出180名政治觉悟高、文化素养高、专业水平强、参政议政意识强、表达能力强的代表组成监督评价团。根据专业技术分类建立民主评价人才库，实行动态管理，形成能进能出、考核严格、作用明显的工作机制。

四是组建调查问责工作组。由集团公司纪委监察部牵头，抽调有关人员组成调查问责工作组，对移交过来的未通过项目进行调查核实。经核实确实存在违规违纪行为的，由纪委监察部依纪依规转入立案调查阶段进行核查。调查核实后，依纪依规对有关人员进行问责，问责处理情况及时向民主评价工作领导小组反馈，并责成被评价单位及时堵塞漏洞、完善管理。

2. 确定公开化民主评价工作的基本原则

兖矿集团民主评价工作坚持以党的十八大精神为指导，进一步加强民主管理，深化厂务公开，坚持五大原则：一是实事求是原则；二是客观公正原则；三是讲求实效原则；四是合理流动原则；五是事后评价原则。针对民主评价的内容，随机对监督评价团成员进行调整。在不改变工作流程和不降低工作效率的前提下，实行一事一组监督评价员。对采购（或工程建设项目）工作之前的招标、比价等工作程序不干预、不评价，对采购价格与当时的市场价格差异进行评价和监督。

3. 确定评价范围及内容

将民主评价的内容界定为集团公司及所属分公司、控股子公司投资建设的控股或相对控股的基本建设项目、技术改造项目及其重要的设备、材料采购，以及生产经营管理中职工群众关注的热点、难点问题。同时，对达到下列规模标准之一的，明确要求组织进行民主评价：施工单项合同估算价在200万元人民币及以上的；设备（含工艺生产线）、材料等货物的采购，单项合同估算价在100万元人民币及以上的；勘察、设计、监理等服务的采购，单项合同估算价在30万元人民币及以上的；民主评价领导小组认为有必要进行评价的。

4. 制定评价流程

一是制定项目选定流程。本着“强管理、堵漏洞、降成本、增效益”的原则，研究制定民主评价项目选定流程，以纪律审查、效能监察、内部审计、综合评价和内部巡察等工作中发现的问题为重点，着重向焦点、难点、热点聚焦，采取部门报、专家评、领导审、投票定的方式确定评价项目。

二是规范市场调研流程。针对选取的调研项目，明确市场调研评价工作组负责项目全过程的收集，整理市场信息。市场调研强调被调研项目在不同时期、不同地域的差异性，填写调研方案提交评价工作办公室审核，由评价工作办公室根据时间、地区、市场波动的不同，明确调研项目同期、同区域的参考值，确保所评价项目在评价过程中的科学性、可比性。

三是优化评委选聘流程。优化专业，将评委按照物资采购、工程建设、物流贸易等专业领域进行细化；细化层次，重点选聘高级顾问、行业专家、专业人士、技术人员等人才；强调素养，要求选聘评委必须要具备良好的职业道德和敬业精神，具有秉公办事的优良品质。同时，要求选聘的评委要具有代表性和广泛性。

四是确定评价工作流程。确定面对面评价机制。民主评价会实行评委与被评价单位人员台下提问、台上回答的方式，评价过程按照不回避问题、不隐藏观点、不留情面的方式进行。实施全程公开。评价会由集团公司领导、基层单位党政负责人、中层管理人员和部分职工代表参加，纪委、工会全程参与监督，新闻媒体全程实况录像转播，充分确保评价过程的公开性。当场公布结果，减少人情票、关系评价的空间，使评价工作形成以公开促公正、以透明保廉洁的效果，促进评价工作流程规范、有序运作。

五是明确调查问责流程。坚持“有责必问、问责必严”的原则，完善调查问责机制，形成评价管理的闭环流程。对未通过的项目及时向纪委监察部移交，由纪委监察部进行初步核查，认定存在违规问题的，按照管理规定进行责任追究；发现存在违纪问题的，依照党纪条规进行立案查处；发现涉嫌违法的问题，及时向地方司法机关移送。

5. 组建职工代表监督评价团

一是建立民主评价人才库。按照专业技术、单位层级等分类建立 180 人的职工代表民主评价人才库，实行动态管理。民主评价人才库的入库条件为：集团公司在册职工；政治觉悟高，民主法律意识强，现场工作经验丰富，具有良好职业道德，作风正派，表达能力强，敢于代表职工群众建言献策；从事专业技术、技能工作 3 年以上，有相关专业知识，具有中级以上职称或取得高级技师（一级）职业资格者优先考虑。

二是确定评价人员。按照专业性、针对性和任职回避的原则确定三类人员作为评价监督团代表。第一类是市场调研评价工作组相关人员；第二类是被评价项目承办人或负责人；第三类是参加评价职工代表（约 20 名左右）。同时，根据评价需要，也可从被评价单位选择一到两名临时代表参加评价。

6. 制定相关制度

一是制定基本制度。制定出台《关于推行民主评价制度的意见（试行）》《民主评价管理工作实施方案（试行）》《民主评价管理工作实施办法》等制度，明确评价范围、方式方法和工作流程，确保民主评价工作的阳光操作、规范运行。

二是细化操作制度。制定《民主评价未通过项目单位和责任人暂行处理办法》《民主评价人员管理办法》《民主评价人才库管理办法》，对评价未通过项目单位和责任人员的问题定性、问责处理进行规范，对评价人员的管理考核和评价人才库建设进行制度性规范，增强评价工作的精细化水平。同时，为积极推进民主评价工作在集团内部的开展，制定《基层单位职工代表民主评价工作考核奖励办法》，将民主评价工作作为“一把手”工程来抓，要求二级公司年度内至少开展一次评价活动，矿处单位年度内至少开展两次评价活动，对民主评价工作开展效果显著、成绩突出的单位在年终进行表彰奖励，增强开展工作的积极性。

三是规范保障制度。为确保评价人员自身利益，防止发生打击报复现象，将“严禁打击报复评价团人员，凡出现类似情况者，将依纪依规严肃处理”的规定写入《民主评价管理工作实施办法》，从制度层面消除评价人员的顾虑。根据民主评价实施过程中发现的问题，相继修订《兖矿集团有限公司责任追究暂行办法》《关于管理人员严禁经商办企业的意见》《关于规范招投标管理的补充规定》等相关制度规定，从监督问责的角度夯实制度支撑平台，保障民主评价工作规范、有序开展和深入推进。

（二）认真调研确定评价项目，组织召开民主评价会

1. 调研定题

第一，确定调研范围。民主评价调研项目动议由民主评价工作领导小组研究确定，民主评价工作办公室按照“抓住关键点、找出薄弱点、堵住出血点、解决风险点”的原则，负责拟调研项目方案的准备，将五个方面的问题作为拟调研项目重点提交领导小组审议。一是职工群众反映强烈的热点问题；二是集团公司领导提出的问题；三是纪检监察部门移交的问题；四是审计过程中发现的问题；五是随机抽取的问题。

第二，开展前期调研。主要是对资料的收集、整理和市场的调研。由民主评价市场调研评价工作组牵头负责，抽调部分人员做好四个方面的调研：一是对备案待评项目的相关资料进行整理审核；二是到

使用单位及库房进行实物核对验证，确认厂家、品牌及规格型号；三是到周边市场、周边厂矿、生产厂家或供应销售地进行调研询价；四是对于一些专业性较强、技术要求较高的项目，邀请相关专业技术人员和聘请第三方专业技术人员共同参与。

第三，确定评价项目。市场调研评价工作组根据调研情况向民主评价领导小组办公室提交调研报告，重点将存在严重管理问题、建设项目“三超”、采购物资与市场价格差距过大等作为确定项目的依据。根据市场调研评价工作组调查取得的市场价格资料，与集团公司采购或建设项目单位已经发生的采购价格进行比照分析，从中选取出部分价格差异相对较大的物资作为评价项目。

2. 确定参会人员

会务人员包括：市场调研评价组成员；主持人、计时人员、统计人员、媒体摄像人员、会务服务人员等。

评价人员包括：民主评价监督团代表。

被评价人员包括：被评价单位的党政主要领导、接受质询答辩人员。

列席人员包括：集团公司领导、集团公司总部机关部室负责人、集团公司总部驻地单位党政主要负责人、被评价项目单位负责人及有关人员、与被评价项目业务相近或关联的单位负责人及有关人员、民主评价工作领导小组认为可以列席的其他人员。

3. 做好会务准备工作

一是下发会议通知。民主评价会的召开由民主评价工作办公室负责，召开时间、地点的确定和会议通知由民主评价办公室根据评价项目和内容向民主评价工作领导小组提出建议，经研究审议，确定会议召开时间和地点。民主评价办公室在评价会召开前3—5天，以传真电报的形式向所有与会单位和人员发出通知。

二是召开交底会。由调研评价工作组和民主评价办公室联合组织拟参加评价的职工代表召开评价交底会：将调研时发现的问题、疑点和违规情况向职工代表交底。交底会严格遵守保密制度，对交底的问题绝不能随意泄露，对违反规定的职工代表取消其资格并追究相关责任。

三是制作专题片。为确保民主评价会的效果，民主评价工作办公室将根据调研评价工作组的调研情况制作PPT幻灯片和有关情况介绍视频，使评价会更加直观、生动。

4. 召开全过程公开的民主评价会

情况介绍阶段：民主评价会由市场调研评价工作组负责会议的主持工作，会议第一项内容由纪委监察部负责通报上一次评价会未通过项目的调查处理情况。之后，由会务人员播放本次被评价项目调研情况的视频介绍，并按照被评价项目的顺序，由市场调研评价工作组对评价会的目的、原则、与会人员、评价项目和内容、评价方式、具体要求等进行逐项介绍说明。

评价质询阶段：评价开始后，由被评价单位安排2—3名人员到质询台进行10分钟左右的情况陈述。陈述结束后，民主评价监督团的代表（25名）向主持人示意提问，经允许后对有关问题疑点进行质询，被评价单位人员进行解释说明。当与会评价代表没有疑问之后，由主持人宣布进行评价。

公布结果阶段：会议确定的所有项目评价完毕后，由会务人员当场统计票数，对每一项目的评价，有超过三分之二的评价人员通过的，视为通过；否则不能通过。民主评价会全过程进行录像，并通过兖矿电视台进行实况直播。

（三）制定严格问责制度，充分发挥民主评价作用

兖矿集团对民主评价未通过项目的问责处理秉持“四个一律”的原则：未通过的项目一律进行调查核实；经过调查核实存在违规违纪问题的一律进行依纪依规处理；经过调查核实存在问题的项目无论大小、涉及金额多少，对其主要负责人一律进行问责；涉嫌违法人员一律向司法机关进行移交。

1. 严格调查问责程序

民主评价会结束之后，评价办公室将评价结果整理成册，提交集团公司党委会、董事会和经理层成员审阅，由总经理审签意见后，将未通过评价的项目以正式书函的方式移交纪委监察部调查处理。纪委监察部按照管理权限首先进行调查核实。经初步核实后，再根据调查认定的项目金额、性质及影响程度等情况，分别进行下一步的处理。未通过民主评价项目处理后，做出处理决定的单位应及时将处理结果报集团公司民主评价工作领导小组。在下一次民主评价会上，纪委监察部将通报调查处理落实情况。

2. 制定问责处理标准

一是对于项目数额较小、造成影响程度较轻的，由矿处单位纪委监察科和相关部门对有关责任人员进行诫勉谈话，并责令写出书面检查。二是对于项目数额较大、造成影响程度较重的，由专业公司纪委监察部门和相关部门对有关责任人员和单位给予通报批评。三是对于项目数额较大、造成影响程度严重的，由集团公司纪委监察部和相关部门给予有关单位负责人通报批评，同时对责任人调离工作岗位。四是对于查实存在违纪行为的，按照管理权限，由纪检监察组织进行立案查处。五是对于涉嫌违法犯罪的，依法移送司法机关处理。六是造成经济损失的，同时按照《兖矿集团有限公司责任追究暂行办法》的有关规定实行问责处理。

3. 严肃追究相关责任

严格按照“责、权、利”一致原则界定责任、实施问责。被问责人员主要包括在民主评价会上未通过的项目的直接责任人、分管责任人、主管责任人，以及牵涉到的相关责任人。按照《兖矿集团有限公司民主评价未通过项目单位和责任人暂行处理办法》，对在民主评价会上未通过的项目直接责任人、分管责任人和主管责任人，根据问题情节轻重分别给予责任追究或纪律处分。对涉及相关领导的处理，如果未通过项目承办人是因其部门负责人或其他领导安排或授意，查证后处理授意人或安排人。违反集团公司规定者执行集团公司相关规定；违反党纪者按《中国共产党纪律处分条例》进行处理；涉嫌违法的移送司法机关处理。

4. 认真组织反馈整改

分别从点上、线上和面上加强对调查核实存在问题项目的反馈整改，抓住关键节点，确保整改实效。从问题点出发，向被评价单位下发《问题整改建议书》。由调查问责小组根据调查核实情况向未通过项目单位发放《问题整改建议书》，对存在的问题提出有针对性的整改建议，并明确时限。从整改时限着手，建立问题整改落实台账。对反馈的整改问题分类建立整改落实台账，明确责任单位、责任人和整改时限，抓好问题整改的跟踪督导。对整改成效进行评价，召开民主评价复议会。

5. 抓好改进提升

对民主评价未通过项目承办人及相关责任人的处理情况，每年由集团公司纪委常委、职工代表进行一次总评价，对处理不到位、职工代表不通过的要重新处理，并追究相关人员责任。同时被评价单位要将上一年度问题整改落实情况向上级民主评价工作办公室和职代会报告。

自2014年8月实施民主评价管理工作以来，兖矿集团先后召开9次民主评价会，对未通过项目的93名责任人进行追究，其中8人调离岗位，3人降职，6人免职，2人被移送司法机关，罚款52.6万元。

（四）总结推广，逐步拓展评价内容和评价范围

1. 评价范围由集团公司总部向各专业公司和下属单位拓展

兖矿集团在全集团公司范围内积极推广民主评价。各专业公司和基层矿处单位及时总结观摩经验，熟悉评价流程，分层次陆续开展各自的民主评价管理工作，截至2016年10月，二级公司覆盖面达到100%，三级公司覆盖面达到60%。

2. 评价内容由经营活动向生活服务领域拓展

评价的内容由最初的物资采购、项目建设，逐步扩大到物资配送管理、物流贸易等企业经营管理的各个方面。基层矿处单位的民主评价也结合各自工作实际，积极向后勤服务、工作效能等管理的各个环节延伸。

三、国有企业强化内部监督的公开民主评价管理效果

（一）有效堵塞经营管理漏洞，经济效益显著

兖矿集团通过对民主评价未通过项目的调查问责，进一步规范物资采购渠道。民主评价监督实施之前，兖矿集团共有中间供应商7000多家，大部分是打着贸易公司、商贸公司的名义赚取中间差价的“皮包公司”，经过民主评价工作的深入实施，三年来共清理中间供应商6000多家，大宗物资采购价格同比降低15%，清回外部欠款1.84亿元，修旧利废3亿元，盘活闲置资产10亿元，在堵塞企业管理漏洞的同时，取得显著经济效益。

（二）形成阳光治企的浓厚氛围，促进干部队伍廉洁

目前，民主评价监督已经成为兖矿集团纪检监察、内部审计、内部巡察、综合评价、民主评价“五位一体”监督链条上的重要一环，正在集团公司上下落地生根。先后召开的9次民主评价会，就是把经营管控过程摆在阳光下，把问题放在台面上，让大家质疑、评价、监督。现场观摩、视频直播，让民主评价管理活动公开透明地展现给职工群众。民主评价管理活动的开展，激发职工代表参与企业管理和民主监督的积极性，增强重点岗位人员的责任心，唤起全员关心企业经营管理的热情，也营造出公开、高效、务实的良好氛围。

（三）得到上级主管部门和社会各界肯定

民主评价管理工作实施以来，先后有山东能源、山东黄金、山东机场、山钢集团、齐鲁交通、皖北煤电、山东海投等30多家省内外企业前来调研学习，山东省国资委先后两次在兖矿集团召开民主评价工作推进现场会，并将民主评价工作的推广作为山东省国资委2016年的重点工作。兖矿集团民主评价的经验做法被山东省总工会评为2014年度全省工会工作创新奖，新华网、《瞭望》杂志、组工信息、中国纪检监察报、大众日报、中国煤炭报等多家媒体予以专题报道。

（成果创造人：李希勇、李　伟、岳宝德、顾士胜、唐仕泉、
薛忠勇、朱鹏东、尚玉峰、曹　炜、胡　晓、孔　军）

军工企业深度整合管理

重庆建设工业（集团）有限责任公司

重庆建设工业（集团）有限责任公司（以下简称建设工业）是中国兵器装备集团公司直属骨干企业之一，拥有重庆巴南花溪和重庆江津德感两个生产基地，总部设在重庆花溪基地，是我国特种产品的重要生产基地，产品产销量位居全国同行业之首，为我国国防建设做出重大贡献。重庆长风机器有限责任公司（以下简称长风机器）是中国兵器装备集团公司的大型二类企业，始建于1965年，主要从事特种产品的科研生产工作，拥有强大的科研开发队伍，形成完善的特种产品生产线，成功研发和生产出众多特种产品精品。

一、军工企业深度整合管理背景

（一）传统军工企业深度整合是国防科技工业发展的大趋势

近年来，我国国防装备采购体制改革步伐加快，“民参军”的范围和深度进一步拓展，开放、竞争的军工市场逐步形成，“竞标”成为武器装备采购的新常态。“十三五”期间，地方军工、民营企业快速进入特种机械领域，行业竞争进一步加剧。国防科技工业的发展要求各军工集团加大顶层设计，加快统筹规划和产业升级，必将加速传统军工企业实施产业整合，提升保军能力、核心竞争力和军民融合创新发展能力。

（二）传统军工企业深度整合是兵装集团建设世界一流军民结合型企业集团的必然选择

通过紧紧抓住国家第四次特种产品能力调整和汽车产业优化升级的重要机遇，加快推进“产业相同、产品相似、工艺相通”的军工企业合并重组，是优化特种产品科研生产能力布局，提升保军能力和军民融合发展能力的重要举措。兵装集团下属军工企业均为传统特种产品企业，普遍存在产品结构单一、整体规模小、抗风险能力弱等问题。通过对传统军工企业的深度整合，优化资源配置，提升行业竞争力，已成为兵装集团建设世界一流军民结合型企业集团的必然选择。

（三）传统军工企业深度整合是企业持续发展的内在要求

在国防科技工业计划经济及国家市场经济双重经济模式下，传统军工企业已面临自身发展的瓶颈。通过对传统军工企业进行深度整合，取长补短、集中资源，可以加快产业、产品的转型升级，提升行业竞争力和企业军民融合发展能力。兵装集团下属建设工业与长风机器两企业产业相同、产品相似、工艺相通、地理位置相近，互补性极强，具备资源整合的条件。若将两厂整体合并、整合资源，对长风机器而言，可以解决特种产品“边缘化”问题，加快民品产业升级，军民品发展能力大幅增强，保军能力将不断提升。对建设工业而言，可以解决产品结构单一、经济总量偏小的问题，民品可以迅速做大做强，同时增加外贸产品种类，扩大外贸产品市场，提升出口交货值，提高企业国际化水平。

二、军工企业深度整合管理内涵和主要做法

建设工业与长风机器打破过去军工企业整合“一块牌子、两个机构”的传统模式，对两个企业的人、财、物、产、供、销等实行“大一统”，将两个企业彻底打乱、揉碎、重构，实现一个管理体系、一套组织架构、一种文化形态，真正将两个厂变成一个厂，做到优势互补、资源共享，增强企业核心竞争力，降低企业运行成本。通过整合、重组，新建设工业结构性改革取得实质性突破，企业供给能力、军民融合发展能力、持续创新能力不断提升，企业发展迈向新阶段、步入快车道。主要做法如下：

（一）以战略为牵引，确定整合目标与方式

按照兵装集团“建设世界一流军民结合型企业集团”的战略要求，建设工业确定“打造世界一流的特种产品应用研究制造基地和国内重要的汽车零部件研发与制造基地”的发展目标，提出“做大特种产品、做强汽车零部件、做优民用枪”的产业发展思路。两厂整合必须在中长期发展战略牵引下“全面整合、深度融合、资源集中、长短互补”。整合的方式是合并重组，建设工业吸收合并长风机器，长风机器整体注入建设工业，注销长风机器，原长风机器的资产、债权及债务由建设工业承继。整合后形成“一个总部、两个基地、三个产业、五大业务板块”的集团化经营管控格局。设立建设工业一个总部职能机关，花溪、德感两大生产制造基地，主要产业围绕特种机械、汽车零部件、民用枪三大产业板块开展，并制定整合组织机构，调整人员结构，优化管理体系，实现研发、工艺、采购、质量、销售、财务、人力资源、经营与绩效集中管理的深度整合目标，做到“1＋1＝1”的汇聚效应。

（二）充分论证、精心组织，系统推进整合工作

2012 年，建设工业领导班子开始论证整合资源、做大做强的发展方式，提出行业整合设想和初步方案，向兵装集团提出建议并得到支持。在兵装集团指导下，建设工业和长风机器各自抽调计划、财务、人力、生产、技术等专业职能部门人员组成工作组，研究论证两厂整体合并与资源整合方案。在充分调研两厂资源现状、多轮研讨整合方案后，2014 年 5 月，整体合并的整合方案形成初稿，建设工业将方案多次向兵装集团领导及各部门进行汇报，征求意见并进一步修改完善形成最终整合方案。

为确保两厂合并重组工作能够统筹、顺利推进，2014 年 10 月，兵装集团正式发文决定建设工业与长风机器整体合并，并提出“全面整合、深度融合、平稳有序”的工作方针。兵装集团成立两厂整合指导小组，两厂联合成立合并工作组织机构，设置领导小组和工作办公室，牵头制订合并工作总体计划，指导、协调、检查、督促相关部门按计划推进合并相关工作，收集、整理两厂合并中出现的重大问题，及时制订应对措施，编制应急预案。建立周计划、周例会、周简报的工作模式，合并工作组及合并办公室对梳理出的每项工作均落实责任单位及责任人、完成时间，并每周在例会上进行检查，对需要协调的重大问题及时组织召开专题会讨论解决措施，每周编制一期工作简报将各项工作推进情况、存在问题、下一步措施计划向领导层进行通报。领导小组及时召开碰头会，专题研究整合过程中出现的问题，做出决策，指导工作推进。

（三）系统整合业务，重新搭建机构

按照“统一管控、精干高效”的思路，新公司组织架构以建设工业直线职能制组织形式为主体，以形成“一个集团、两个基地、三大业务板块”为目标，综合考虑业务（产品）、地域、人员、管理和风险等要素，精干特种产品主体、健全民品架构，管理层级保持在二级。

整合前，建设工业有 13 个管理职能部门、15 个特种产品业务部门、7 个民品业务部门、1 个全资子公司、3 个控股子公司；长风机器有 9 个管理职能部门、8 个特种产品业务部门、3 个民品专业公司（下辖 7 个三级机构）。通过整合、优化，新公司搭建“直线职能制”组织结构，整合计划、财务、人力、销售、研发、制造、工艺、质量等机构，共设立职能部门 13 个、党群部门 3 个、业务单元 18 个、分子（合资）公司 5 个，二级机构数量共 39 个，较合并前减少 20 个，实现精干扁平。

（四）全面聚焦资源，实现优势互补

1. 整合人力资源

两厂整合打破中层管理人员原有岗位，以年度综合考评结果为依据，新建设工业共重新聘任 138 人，解聘 19 人，新聘任 4 人，职位变化近 100 人，每个单位的中层管理人员均有原两厂人员组成，相互融合、互相促进，为提高管理水平、促进管理理念转变、推进企业文化快速融合创造条件。在运行过程中，对中层管理人员进行动态调整，中干的年龄和学历结构更加优化。两厂整合后，通过统一岗位、

严格定员、严把管辅人员调配入口关、清理清退劳务等措施，持续调整优化人员结构。同时，以德感基地搬迁为契机，对富余人员采取自主选择协商解除、转岗等方式进行分流安置。

2. 加强资金集中管理

按照“统一管控、统一调度、统一运作，分类集中、有效监控、动态调整”等原则，利用司库管理平台，加强资金集中管理，确保资金价值最大化。一是调整资金管控模式。下发资金管理办法和流程，明确资金管理流程和资金支付审批权限。二是推行资金计划管理体系。强化资金预算管理，对资金收支提前3个月考虑，做到用钱必须先有计划，但有计划不一定实际开支。三是统筹融资资源。将原长风机器利率上浮10%—20%的贷款和保证金50%的银行承兑汇票全部切换为建设工业基准利率的贷款和保证金10%的银行承兑汇票。四是统筹商务政策。按物资类别、供应商等级统筹两厂商务政策，每月按时按规则无条件执行付款政策。

3. 统筹生产管理，形成核心能力

一是系统规划，合理利用两基地生产制造资源。将原长风机器的长形特种机械产品关重件生产制造转移到花溪基地，以发挥建设工业长形特种机械产品制造资源，德感基地致力于小型特种机械产品的生产制造。将德感基地的锻坯、弹簧、火前协作等外协件回收到花溪基地生产，对两边的热处理、表处理资源进行深度调整，以减少重复投入，资源充分互补。二是统一组织，生产管理向一体化迈进。两基地特种产品生产周点检会统一召开，做到计划、布置、点检同步推进，制造资源统筹安排。三是发挥各自优势，提升零件制造水平。利用建设工业特种管生产线、自动卷簧机、毛坯精锻设备生产原长风机器特种产品管件、弹簧、毛坯锻造，利用长风机器冲压设备生产原建设工业产品所用冲压件，有力发挥两基地优势资源，提高零件制造水平。

4. 融合研发资源

结合两厂整合，对研发资源进行深度融合，逐步建立形成高效、开放的科研开发体系和企业独有的核心竞争能力。将原长风机器研发人员、工艺人员根据专业领域调整、合并，研发人员集中到花溪基地，融入一个团队；集中共享三维设计与仿真分析平台，盐雾、淋雨、高低温等环境试验设施，试制加工设施。一是形成6个专业研究室，产品谱系更加完善，增强产品竞争力。二是组建以非行政人员为主体的特品领域基础技术研究团队，逐步形成公司独有的专业技术和理论基础。三是新建科研试制工段，构建“小核心、大协作”的科研试制体系，为多品种同时试制创造条件。

5. 实施集中采购

通过整合品种类别，全面推进金属原材料、化工辅料、劳保用品和办公用品年度集中招标采购、月度比价采购，减少零星和紧急采购，有效降低采购成本。优化采购体系，将配套商数量由合并前的79家整合到62家，减少17家，将协作厂家由63家整合到45家，减少18家。

6. 集中优势工艺

借鉴成功经验，相互取长补短，将花溪基地产品可靠性的管理方式运用于德感基地7个产品的技术攻关和重点监控；将花溪基地的转厂经验用于德感基地的转厂鉴定；将德感基地身管内膛电解抛光的工艺经验应用于花溪基地的身管生产，提高光洁度。

（五）统一管理体系，重建管理流程

1. 统一薪酬分配体系

按照“统一政策、同岗同酬、公正公平”的原则，统一薪酬、社保及福利政策、标准、流程，对中层管理人员统一推行宽带薪酬及绩效年薪，对职能后勤部门统一推行宽带薪酬，对分厂实行“全员绩效”分配形式，并统一调整职工社会保险、公积金、餐饮、交通等福利标准。在流程制度建设方面，一是修订《公司宽带薪酬管理办法》等薪酬分配制度，统一薪酬政策、标准及流程；二是修订《公司中层管理人员薪酬管理办法》及《公司中层管理人员绩效管理办法》，统一中层管理人员的分配模式和标准；三是对新公司的职能后勤部门统一推行宽带薪酬，对原长风机器的相关部门人员开展职等职级评定，将原长风机器生产人员的超额计件工资制调整为全计件方式；四是修订《公司“五险一金”管理办法》等制度，统一职工社保、公积金、餐饮、交通等福利标准。通过调整，新公司建立多元化、差异化和市场化的薪酬分配体系，统一薪酬分配政策、办法、标准和流程，两基地员工实现“同岗同薪”。

2. 统一规范财务管控体系

按照“集中管控、统一协调、分级管理、分层核算”的原则，进行财务管理顶层设计，构建新建设工业的财务管控模式，明确界定财务部和各单位财务的职能职责；同时，将原两厂“分户管理，分户核算”的财务模式转换成总部信息平台下统一处理的“集中分户核算”模式。实现财务管控体系的“四统一、一细化”，即“统一标准”，统一两厂及下属业务单元的各项数据标准、业务处理方式等；“统一规范”，按七大类分项逐一优化统一财务政策；“统一体系”，统一财务核算和财务报告、全面预算管理、成本管理、资金管理和内部结算等体系；“统一数据”，实现各类数据的统一调用；“管理精细化”：做到“账表、账账、账卡、账物”一致。

3. 统一内部结算体系

一是对能源、1.4 万种工装、辅料重新制定统一的结算价格；二是对德感基地 9 个产品建立标准成本；三是对 450 个外购件进行外购成本的对标分析；四是对 492 种原辅料进行采购成本对标分析。

4. 统一工艺、质量体系

开展两基地工艺整合，实现资源共享。建立工艺指标评价体系，统一管理标准，形成无缝对接；统一工艺文件格式、工艺技术评价要求及技术工作程序、标准和要求。建立两个基地统一的质量管理体系，并顺利通过中国新时代认证公司的审核；健全德感基地的检验机构，加大德感基地质量检验控制力度；统一两个基地的质量基础数据平台和质量目标体系、质量责任奖惩体系。

（六）加大投资力度，推动转型升级

1. 加快江津基地搬迁力度

成立迁建部，强化指挥、统筹安排、加强协调、精心组织，2015 年 1 月 17 日启动江津基地搬迁，仅用一个月时间，江津基地主体就高效、安全地完成搬迁，比原计划提前几个月。同时，积极组织恢复生产，2015 年 5 月全面复产。建设工业为德感基地搬迁、技改等投入资金超过 2.7 亿元，为其搬迁、复产和维持正常生产秩序创造良好条件。

2. 加大投资力度

为提升德感基地的制造能力与水平，建设工业对德感基地新区军民品投资进行重新规划。在工艺优化的基础上，投资 1800 万元淘汰老旧设备，引进五轴加工中心和自动装配线等先进设备；投资 5000 万元改造汽车零部件生产条件，提高零部件自制率；提升军、民品制造质量。同时加快项目建设，完成研发条件项目设备、仪器、软件技术方案编制及招标工作，编制生产线数字化改造项目方案，并上报兵装集团。2015 年，全年实际完成投资 7957 万元，采购设备 258 台/套，到位设备 220 台/套。其中，德感基地投资 4082 万元，新增设备 90 台/套，提高零部件自制率，提升产品制造质量。

3. 深化落实“十三五”规划

2015 年年初，按照兵装集团“十三五”规划编制总体安排，建设工业组建规划编制的组织机构，明确职责，下发进度安排，提出工作要求。2015 年 6 月编制完成特种产品、民用枪、汽车零部件三大产业规划和 15 个子规划，15 个专项课题研究。建设工业结合两厂整合实际，制定“1233 战略”，理清发展思路，明确发展方向，确定发展目标。“1233”战略即实现“1 个目标”：即到 2020 年，实现营业收入 40 亿元，其中特种产品 15 亿元、民品 25 亿元。建好“2 个基地”：打造世界一流的轻武器应用研究制造基地和国内重要的汽车零部件研发与制造基地。做实“3个产业”：做精特种产品产业，做强汽车零部件产业，做大民用枪产业。提升“3个能力”：研发制造能力（军民融合能力）；市场开拓能力（国际化能力）；经营管控能力（创新驱动能力）。在规划制定过程中，注重军工能力建设和民品产业升级建设。

（七）加强思想工作，促进文化融合

1. 大力开展思想教育工作

通过召开中干及非行政职务人员大会，传达学习兵装集团关于两厂整合的决定、集团公司领导在两厂合并大会上的讲话精神；党政主要领导深入一线，大力宣讲形势、答疑释惑，做通员工的思想工作；各单位通过多种形式迅速传达公司干部职工大会、中干会、职代会、科技创新大会、质量“铁拳”行动誓师大会等精神，统一员工思想；充分运用“报刊屏网窗”立体宣传平台，营造良好氛围；开展“打造新建设，我来献良策”十大金点子评比、“如何适应新建设”“质量就是饭碗”主题征文等活动，引导员工转变观念、坚定信心；开展季度走访，形成走访报告。

2. 加快推动两厂文化融合

企业文化不仅影响企业的经济效益，还影响企业的社会价值和社会形象，关系企业的兴衰存亡，必须把企业文化作为核心竞争力来建设和发展。整合以后，新建设工业完善《公司企业文化建设三年规划（2015～2017年）》和年度工作推进计划，进行“十三五”企业文化规划顶层设计和“七个一”文化品牌活动；发布“JS1612”军工领先文化理念体系，启动建设司史编撰；开展“同守一个规范”系列活动，举行德感基地搬迁启动仪式；修订员工手册，大力宣贯员工行为规范；统一传播企业品牌形象，公司产品在央视新闻联播精彩亮相，德感新区大门形象墙落成，文化阵地橱窗、灯箱、宣传展板、精益管理看板制作完成，员工胸牌、厂区门牌、指示牌全部到位；巩固质量文化示范点，开展“质量铁拳”系列活动，提升全员的质量、危机和市场竞争意识。

3. 全力推行“六字”工作作风和“四化”工作方法

利用会议、LED屏、展板、标语等形式，全面宣贯“六字”工作作风和“四化”工作方法，转变工作作风，统一行为方法。“六字”即“严、细、实、专、精、特”。严，就是高标准，严要求；细，就是细致、精细，不能马虎；实，就是落实、实在，不弄虚作假，不摆花架子；专，就是要深入、专业，在各专业领域成为专家；精，对管理来说就是精打细算，对生产来说就是精益，对产品来说就是精品；特，就是要有特点、特色，每个人都要有自身的特殊价值，在产品上就是要走差异化之路。“四化”即“细化、量化、深化、固化”。“细化”，就是用心地做好每一件事，在每一个细节上都精益求精，实现管理精细化；“量化”，就是以数字统计为基础，分解量化过程控制，实现管理数据化；“深化”，就是遵循符合实际的客观规律，全方位多层次地推动工作，实现管理系统化；“固化”，就是固化手制，运用行之有效的管理方法，建立科学的指标体系，实现管理制度化。

三、军工企业深度整合管理效果

（一）经营水平显著提升

建设工业按照“调结构、降成本、增效益”的思路，整合机构，聚焦资源，研发、制造、管理资源得到深度整合，设计质量、实物质量显著提升，创新活力得到有效激发。通过工艺创新，控制工装、辅料消耗，降低能源、财务费用，实现成本下降，供给质量提升，持续发展能力提高。通过合并后一年的调整、运行、融合，员工数量由合并前的4275人减少到3525人，净减750人；全员劳动生产率由8.36万元提高到10.52万元，增长25.8%；民品销售收入占比由10%提高到41%；万元工业总产值综合能耗由0.0944吨标煤降低到0.0666吨标煤，减少0.0284吨标准煤，下降30.08%，企业运行质量、发展能力明显提升。整合一年来，建设工业通过项目实施，大力开展整合资源提高产品质量、管理提升减少成本费用支出和降低两金占用、提高劳动效率减少工资及工资性支出等工作，产生经济效益 14092 万元。

（二）发展空间得到拓展

一是特品制造按照“精细化、专业化”重新分工，形成核心制造能力，打造具备超大产能的制造体系。特种管件加工集中到花溪基地，自动机集中到德感基地；长品装配、试验集中到花溪基地，短品集中在德感基地；热表处理集中到花溪基地，避免资源浪费和重复建设。二是将工模具厂、制动系统、转向系统集中布局，优化流程，腾出厂房 14500 平方米，为未来发展创造条件。

（三）发展能力进一步提升

产品产业结构更加优化，产品谱系更加完善，形成特品、汽车零部件、民用枪三大板块，实现军民融合；人才、投资、资金、管理等优势得到有效整合，进一步巩固在国家特品行业的领先地位，军民融合发展能力持续提升。

（成果创造人：车连夫、叶文华、刘榜劳、马　珏、雷千红、汪红川、潘锡睿、廖豫川、陈代奎、李　岩、王自勇、余　晖）

炼化企业标准化管理体系的构建与实施

中国石油天然气股份有限公司兰州石化分公司

中国石油天然气股份有限公司兰州石化分公司（以下简称兰州石化）是集炼油、化工、装备制造、工程建设、检维修及矿区服务为一体的大型综合炼化企业，是中国西部重要的炼化生产基地。兰州石化率先建成我国西部第一个拥有1050万吨/年原油加工能力、70万吨/年乙烯生产能力的大型炼油化工生产基地，实现炼化业务的快速发展。兰州石化现有主要炼化生产装置90余套，生产汽煤柴油、润滑油基础油、化肥、合成橡胶、合成树脂、炼油催化剂、有机助剂等多品种、多牌号、多系列石化产品。总资产400亿元，年营业收入超过700亿元，用工总量2.3万人。

一、炼化企业标准化管理体系的构建与实施背景

（一）完善炼化企业标准的现实需要

炼油化工行业由于具有高温高压、易燃易爆、有毒有害的特性，非常注重标准的修订与完善。兰州石化经过近60年的发展，已经形成一套完善的技术标准体系，但还存在四个难点，一是国家标准中散见的管理标准缺乏系统性，对于管理体系复杂的国企确定适用范围有相当大的难度；二是建立管理节点的工作质量要求，尤其是对工作效果量化评价有相当大的难度；三是管理标准和工作标准实施缺乏载体，工作中“两张皮”的问题比较突出；四是标准化工作脱离实际，炼化企业缺乏利用标准化向管理要效益的有效抓手。为解决企业在管理标准和工作标准领域的缺失，兰州石化进一步优化管理职责，分解细化管理要求，量化评价标准，建立信息化标准实施载体，完善标准运行机制，有效推动标准化管理体系的构建和实施，填补管理标准、工作标准的空白，使企业技术、管理、工作标准体系更加健全，从而形成一个点线面相结合的整体。

（二）企业破解管理难题的迫切要求

由于炼化行业上市以及企业改革的需要，近年来，炼化企业大多经历业务重组。兰州石化1999年至2007年期间，按照中国石油的总体部署，先后经历“二四三二一”重组整合的历程，给企业管理带来巨大挑战。构建标准化管理体系，有助于理清管理界面和岗位职责，有助于统一规范管理方式及管理要求，是解决管理差异化问题的迫切要求。另外，兰州石化作为一个“一五”期间建成的企业，有着丰富的管理经验，但同时，经验型的管理痕迹也非常明显，思维惯性、管理惯性、机构惯性、制度惯性问题比较突出，机构臃肿，效率低下。面对市场的巨大考验，面对国企改革进入“深水区”的严峻局面，面对国家“新两法”颁布实施后，政府日益严格的安全环保监管要求，建立一套适应环境、适合实际的高效管理体系成为当务之急。

（三）提高企业综合效益的有效抓手

近年来，炼化业务面临更大的市场竞争压力。一方面，严峻的市场形势进一步挤压企业的盈利空间，企业实现利润增长的压力越来越大；另一方面，国家加大对国有企业的工效挂钩考核力度，国有企业必须以市场为导向，持续强化管理创新，充分调动各级人员的工作积极性、主动性和创造性。面对新常态，炼化生产企业需要采取措施，通过强化内部管理，向管理提升要效益，走内涵式发展道路。标准化管理体系的构建与实施，用管理标准和工作标准确保公司生产经营目标的实现，用各项标准提升精细管理能力，真正实现按照规程操作、依据标准管理、对照标准考核，创新机制激发组织的生机和活力，保障标准执行落地，不断提高企业精准操作、精细管理和精益运行的能力，为实现企业综合效益最大化

奠定坚实的管理基础。

二、炼化企业标准化管理体系的构建与实施内涵和主要做法

兰州石化以生产经营目标、规章制度和技术标准为基础，制定管理评价标准、专项管理标准和工作标准。管理评价标准突出过程管控和指标量化，专项管理标准突出重点专业领域和关键环节，工作标准突出对管理岗位规范工作的方法和质量要求。公司建立各项管理机制，保障管理评价标准的执行，健全完善管理“五化”工作机制，保障专项管理标准落地。通过不断优化机制，完善工作流程，保证岗位工作标准的执行，并不断完善考核模式，将管理标准、工作标准的执行结果纳入考核体系，借助信息化手段，实现“指标＋事件”的自动化考核。主要做法如下：

（一）科学构建体现石化特色的标准化管理体系

兰州石化标准化管理体系的构建与实施运用“定标准、建机制、抓考核”的方法。“定标准”是完善标准化管理体系的基础，明确对管理事项的要求，解决“做什么、谁来做、做到什么程度”的问题；“建机制”是实现标准化管理的创新方法，解决“怎么做好”的问题；“抓考核”是实现标准化管理的关键环节，解决“做好、做不好怎么办”的问题。兰州石化标准化管理体系的构建与实施，始终坚持“五突出五结合”的原则：突出目标实现，将制定标准与管理实际相结合；突出精准执行，将标准化管理与过程管控相结合；突出精益运行，将标准化管理与健全机制相结合；突出精细管理，将标准化管理与考核兑现相结合；突出协调运行，将标准化管理与炼化六大管理体系（质量、HSE、计量、能源、内控、法律风险防控）相结合。

兰州石化标准化管理体系由技术标准、管理标准和工作标准构成。主要构建特点包括：分类收集国家、行业相关技术标准，结合企业实际进行转化；管理标准分专项管理标准、管理评价标准；工作标准强调对管理人员和技术人员的管理，突出对管理及技术岗位的工作事项节点管控，解决同一岗位因人员不同而造成的执行差异；建立健全标准执行的保障体系。

（二）建立领导机构，推进标准化管理体系的构建与实施

兰州石化成立以公司主要领导为组长、领导班子成员为副组长、由管理层领导和主要处室负责人组成的领导小组，全面负责标准化管理体系的组织领导、顶层设计和方案审定。为充分发挥专业部门在标准化管理体系完善和运行机制建设中的作用，组建由公司专业主管领导担任组长的7个专业工作组。按照公司的组织架构，各基层单位也结合实际，成立相应的领导机构和工作小组，为整体推进标准化管理体系建设提供有力的组织保障。为确保各项工作的有序推进，公司领导小组下设工作办公室，建立定期例会工作机制。

（三）分步骤构建标准化管理体系

为确保标准的全面性、系统性、实用性，兰州石化以企业生产经营目标、技术标准、法律法规及规章制度要求为依据，建立目标管理体系，将目标管理体系按照职责细化为管理事项的具体要求。将管理事项按流程细化形成专项管理标准，按专业划分形成管理评价标准，按岗位划分形成岗位工作标准。

1. 梳理部门职责，明晰专业管理要求

兰州石化依据管理制度梳理管理职责，按专业部门分解细化管理职责1600余项，形成部门职责清单，解决部门职责交叉或管理缺位问题。依据公司管理实际，突出重点工作，明晰管理事项，共梳理出纵向专业管理事项628项，覆盖公司所有的业务领域。依据公司生产经营目标、技术标准、法律法规及规章制度要求，按照效能、效率、风险管控三类形成182项管理目标体系。按照职责划分，将目标体系要求细化到每个管理事项，为标准制定工作奠定基础。

2. 突出专业评价，制定管理评价标准

一是按照“要素全面覆盖、能执行可考核”的原则，全面梳理生产、机动、安全、环保、质量、计

量等专业制度重点管控内容，并结合专业管理监督、检查、分析、评价的要求，搭建标准框架。二是按照“流程＋表单”“节点＋量化”的方式，结合公司各项管控要求，明确管理标准，包括专业管理目标、适用的业务范围和专业效益、效率、风险管控等各项指标，以及管理规范要求，并明确月考核、季评价的方法。三是明确考核评价的基本要求，即月考核标准要素主要体现专业过程的管控，季评价要素涵盖专业管理的关键指标，达到全面覆盖，以“指标＋事件”的形式评价各单位专业管理水平，并将评价结果与绩效考核挂钩，形成生产运行管理、设备管理、安全管理、环保管理、质量管理、经营计划管理等16套管理评价标准。

3. 突出事项管控，制定专项管理标准

依据16套专业领域的管理评价标准，结合专业管理梳理的628个管理事项，以重要管控环节和管理短板为切入点，制定128个专项管理标准。其中，突出生产运行过程管控的标准11项，突出安全生产过程管控的标准15项，突出设备管控的标准15项，突出环保过程管控的标准11项，突出质量计量管控的标准13项，突出工程项目管控的标准10项。除上述主专业外，为强化经营管理领域的风险管控，还制定合规管理、招标管理、财务管理、股权管理、人事管理、行政管理等领域的专项标准53项。每个专项标准包括管理要求、管理方法、考核与评价等关键要素。管理要求明确管理目标、技术要求、工作质量，量化指标设置科学，定性指标设置具体；管理方法包括管理方式、检查内容和工作方法，进一步明确职责划分；考核与评价包括考核内容、考核方式、考核主体和责任主体。专项管理标准体现管理评价标准的要求，二者互为补充、相互作用，共同构成具有兰州石化特色的管理标准体系。

4. 突出工作量化，制定岗位工作标准

一是科学设计标准内容，涵盖工作事项、工作方法、工作质量和考核等基本要素，部门和二级单位工作标准在涵盖基础要素前提下，还结合单位特点增加如“检查痕迹追溯”等特色要素，使管理责任更实，管理痕迹可溯。二是合理分解任务指标，主要是依据部门职责清单和岗位职责规范，将工作任务合理划分到岗位，并针对管理岗位协调性和临时性工作任务多的情况，将工作事项分为本职工作、配合工作和临时工作，针对不同事项合理设置考核权重。三是科学设定工作质量标准，针对管理岗位质量标准难以量化评价的难题，通过信息系统分析各项管理指标数据，将可以分解量化的业绩指标落到具体岗位，难以量化的管理工作通过确定完成时限、明确评价方法等手段，细化量化工作质量。工作标准使岗位的工作内容、工作方法、工作质量一目了然，成为管理岗位人员的操作规程。

（四）创新保障标准体系运行的机制

1. 理清创建思路，搭建整体框架

兰州石化以管理标准为出发点，以工作标准为落脚点，以激发组织活力、挖掘员工潜力、提高管理效率为基本要求，建立公司、机关内部与二级单位、车间（站队）三个层面的机制，并根据不同层面的管理特点和重点，层层递进予以承接转换。结合管理评价标准的执行要求，分类建立各项机制。公司层面的机制根据标准化管控的不同目标，分为动力机制、运行机制和约束机制。机制的要素包括管理目标、管理方法和保障体系。其中，管理目标即为专业管理评价标准确定的效能指标、效率指标和风险管控指标；管理方法包括明晰管理流程、明确管控方式、细化权责体系、配套奖惩激励；保障体系主要包括资源保障、人力保障和技术保障。

2. 制订具体方案，发挥机制作用

在公司层面，着眼于破解专业管理难题，围绕16套管理评价标准和重点工作，创建30项公司层面机制工作方案。如为保证生产技术管理评价标准的实施，建立精准操作标准化管控、技术创新创效和新产品开发三项机制，推动公司生产平稳优化运行，提高技术创新创效能力。为保证设备管理评价标准的实施，建立现场标准化管理、检维修质量管控、储备定额管理3项工作机制，提高设备管理标准及检维修质量，提升设备长周期运转能力。在部门和单位层面，以具体业务优化为目标，围绕本单位创建的专项管理标准，创建与实施230余项机制，每个项目制订方案，由专人负责、团队支撑，实行周报告情况、月检查进度、季评价效果、年考核兑现。

3. 明确工作程序，驱动标准执行

兰州石化明确机制创建的工作程序，指导各业务部门和单位结合自身业务特点和管理情况开展机制创建。各单位和部门依据公司的管理要求，围绕标准制定的管理目标，整合相关管理要求，梳理业务管理节点和执行步骤，制订相关机制的工作方案。机制方案经部门和单位组织讨论，相对成熟后由标准化管理领导小组审定发布，不同层级机制由各层级领导小组签发。机制方案发布后，制订具体的实施计划，明确任务完成节点。业务主管部门和相关单位要分析机制运行过程中存在的问题，检验机制运行的有效性。对于完善的机制要通过标准修订固化到管理标准中，形成长效机制。对于不完善的机制要进行方案修改，补充完善相关管理要素，通过持续改进提高机制的实效性和适用性，从而有效保障管理标准的执行。

（五）优化考核模式，保证标准落地

兰州石化进一步深化细化绩效考核体系，既聚焦企业战略目标和经营业绩，又确保标准执行、机制运行等管理要素的全覆盖。在考核目标一体化、监督考核专业化、考核方法信息化方面不断创新。

1. 实现目标一体化，完善考核体系

在持续健全完善效益导向的战略性绩效考核体系的基础上，坚持目标导向和问题导向相结合，坚持结果考核和过程管控相结合，坚持定量考核和定性评价相结合，针对机关职能部门及管理人员管理效能、管理效率、风险控制等责任落实情况难以衡量、考评标准缺失等问题，客观分析和评估现行绩效考核模式，健全完善“4＋N”考核指标体系。“4”是基于平衡计分卡理论从公司战略目标及上级下达的年度生产经营任务中，自上而下逐级分解形成的公司级、分厂级、车间级的效益指标、成本指标、运营指标和控制指标；“N”是指专项管理标准及机制运行涉及的事件类考核事项，是“4”类指标体系的有益补充，真正实现“指标＋事件”考核的运行模式。

在不断完善指标和考核体系的基础上，全面修订完善公司的绩效考核管理办法，对照管理标准涉及的月度考核标准，补充完善专业绩效管理实施细则，对照工作标准岗位考核事项完善部门和单位的绩效考核实施细则，并优化员工平衡计分卡分值设计，将管理人员执行标准情况纳入平衡计分卡，保障工作标准执行落地。

2. 突出专业化，严格监督考核

根据炼化企业特点，公司突出强化对生产装置的安全环保职业化监督，健全完善区域、装置、专项3类监督考核模式。

区域监督考核是对工程施工及检维修作业和操作合规性进行监督，每周安排驻点监督14～16个基层车间，每季度对126个车间（装置）完成100％覆盖监督，主要监督人的不安全行为、物的不安全状态、不良的作业环境及管理缺陷，现场交流，纠正违章，强化标准执行力。

装置监督涉及6个专业（生产、机动、安全、环保、质量、培训）、64个模块，共823个要素，依据考核标准对生产装置综合打分，并评价分级。A档装置属于优胜装置，B档装置属于达标装置，C档装置属于监控装置，D档装置属于不达标装置，依据不同装置分级，进行考核管理。

专项监督是针对具体需要强化的专业管理工作，细化监督标准，对涉及危险化学品管理、压力容器管道、消防设施、三废排放等19类重点监督事项制定检查考核标准。每月集中开展1～2个专项监督项目，消除管理标准低和执行力不强的问题。

3. 考核自动化，夯实管理“五化”

管理“五化”是运用管理标准化、标准流程化、流程定量化、流程信息化和考核自动化的方法，优化再造业务流程，明确关键环节时间节点和工作质量，并借助信息化手段，开发自动考核功能，实现标准化业务流程线上运行和自动考核，保证标准化管理体系的高效顺畅运行。

一是管理标准化。对管理效率问题突出、业务流程长、职能衔接不顺畅的检维修、工程项目、物资采购、合同、生产运行、科研开发等方面，按照明晰职责、理清节点、优化程序的要求，以国家法律法规和技术标准、企业规章制度为依据，制定并不断修订完善专项管理标准。

二是标准流程化。依据内控业务流程，细化各项业务子流程。如以项目前期管理的内控流程为总流程，按照业务管理范围，分别定制项目前期征集、评审、立项审批、委托初步设计等子流程。依据标准梳理现有流程的跨部门衔接，切实查找流程短路、接口不严、环节冗余、效率低下等问题的关键所在，明确流程的上下游工作节点及相关转入、输出接口。

三是流程定量化。主要是根据细化的业务流程，理顺业务环节，分解工作节点，明确各节点的工作质量要求、责任主体、完成时限和考核标准，形成可量化考核的管理流程。

四是流程信息化。经过调查分析公司在用的 69 个信息系统功能，充分利用信息化手段固化标准业务流程，完成 29 个信息系统的升级改造和“五化”功能开发，并专门开发工作流引擎平台，确保关键业务流程上线运行。

五是考核自动化。将所有流程化平台纳入工作流引擎，运用系统集成技术把相关专业系统与绩效考核系统进行对接，向绩效考核系统自动推送考核事件并用手机短信向当事人进行提醒，系统自动依据匹配好的考核标准对责任主体进行考核。系统集成应用以来，共自动生成 1800 余项考核信息。

三、炼化企业标准化管理体系的构建与实施效果

（一）健全完善炼化行业标准体系

兰州石化在构建标准化管理体系过程中形成专项管理标准 128 项、管理评价标准 16 套、工作标准 3257 项，把相对独立的管理体系、企业现有的制度、工具和方法有机地融合起来，把企业管理的各个方面以及各个单位、部门和岗位有机地结合起来，使管理体系形成点、线、面相结合的有机整体，填补企业管理标准化体系的短板和缺失。兰州石化在构建标准化管理体系方面的实践，对大型炼化企业构建通用的管理标准体系具有参考价值和借鉴意义。

（二）逐步破解管理瓶颈

兰州石化在构建标准化管理体系中突出固化标准、过程管控、机制保障和严抓考核，制定出一批优化生产、改善指标的管理标准并通过实施配套机制使标准落地，关键指标连创历史新高，5 项炼化关键指标进入中石油炼化企业前 3 名，创建 45 个标准化装置，环保五大管控指标同比降低 9%。通过健全完善管理岗位工作标准体系，各层级管理人员干工作、学技术、练本领、提素质的主动性得到有效激发，形成层层链接、环环相扣的工作联动格局，实现“工作质量有标准、管理全程有规范、工作成效有考核”，进一步简化管理流程，缩短管理链条，优化缩减 3 个处室，核减岗位定员 754 个，妥善分流安置 33 人，减少业务外包用工 173 人，充分挖掘人员潜能，逐步破解人力资源存量盘活难题。

（三）有效提高企业管理效率

兰州石化形成“管理标准化、标准流程化、流程定量化、流程信息化和考核自动化”的管理标准体系，具有很强的可操作性。率先在关键业务领域和重要工作环节实现待办业务即时提醒和自动考核管理，显著提升企业管理水平和运作效率。在检维修结算领域，率先在中国石油实现从计划提报、造价审核到结算书归档的全过程电子化管理，解决以往纸制化结算效率低、管控难的问题，检维修平均结算审核时间由 36 天降为 22 天。在物资采购、合同审批、财务报销、公文办理等业务中，普遍实行系统自动

推送待办业务即时提醒，使普通物资采购周期由 1 个多月缩减至 23 天，合同审查审批时间由 7—15 日缩减至 3—4 日，财务报销和公文办理效率大大提升。通过原油公路卸车管理的“五化”，实现系统自动对出错的岗位人员进行提醒、统计和考核，有效降低操作差错率。在常减压装置建成国内炼化行业首个高标准数字化车间，实现 76 个应用系统的云平台运行，计量表自动采集率同比提高 30 个百分点。

（四）大幅提升企业综合效益

兰州石化标准化管理体系紧贴企业生产经营管理重点工作，突出“精准执行、精益运行、精细管理”，促使基层单位和广大干部员工主动向管理要效益，大幅提升企业综合效益。通过建立销售管理领域专项标准，配套实施自销产品“一品一策”的营销机制，产销衔接更加顺畅，产品定位更贴近市场，价格机制更趋合理，2015 年主要自销产品销量同比增长 40%，累计增效 1251 万元。通过建立价格管理专项标准，配套实施统销产品推价机制、降本增效激励奖惩机制、独立经营单位全口径工效挂钩机制等，进一步激发基层单位活力和动力，2015 年公司生产计划执行率达 99.36%，2015 年累计挖潜增效 24 亿元。通过建立生产系统管理评价标准，配套实施优化和精细管控机制，进一步强化巡检操作标准化，分批推进装置标准化创建，装置波动同比减少 14 次，降幅达 48%，装置平稳率达 99.95%，位居中石油炼化企业第二名。

（成果创造人：李家民、肖春景、张　旌、陈永生、瞿宾业、
田　锋、张建军、陈爱忠、张盛彬、田宪忠、陈　勃）

化工企业以提高生产效率为目标的横大班管理

中煤陕西榆林能源化工有限公司

中煤陕西榆林能源化工有限公司（以下简称中煤陕西公司）是中国中煤能源股份有限公司的全资子公司，2010 年 4 月在陕西省榆林市注册成立，主要负责中煤集团在陕煤炭、煤化工、电力、铁路等项目的投资筹建和生产经营等工作，是中煤集团在陕能源化工领域的重要投资窗口，注册资金 93.69 亿元，资产规模 258.12 亿元。2016 年，中煤陕西公司被工信部评为全国智能制造 63 家试点示范企业之一，是煤化工行业获得此项荣誉的唯一企业。

一、化工企业以提高生产效率为目标的横大班管理背景

（一）提高职工生产积极性的有效手段

中煤陕西公司 180 万吨/年煤制甲醇、60 万吨/年聚烯烃项目 2014 年 7 月投产后，实现高负荷安全稳定运行，各项生产指标和消耗指标都已接近或达到甚至超过设计指标，经过一段时间的生产运行，部分职工逐渐产生松懈思想，认为装置生产潜力已尽，保持现在的状态已属不易。横大班管理正是调动生产一线员工积极性，提高生产效率的有效方式。通过实行横大班管理，可以逐步转变职工的思想观念，使职工重视产量、重视消耗、重视班组利润产出，使职工明白每一种物料都有价格、每件事都讲究投入产出，在生产工作中要积极主动想办法提产量、降消耗、稳生产、保安全，提高生产效率。

（二）提高生产效率的现实需要

化工企业的生产组织管理模式通常为纵向结构，即以生产区域或装置为单位划分各个生产单元，这种结构容易造成本位主义思想，致使上下生产环节配合不密切、工作效率低下。横大班管理就是强化班组的横向管理，把互相割裂的生产区或装置组合成为一个有机的整体，上下游紧密配合，共同促进生产的安全稳定和产品产量的提高。同时，利用信息化的手段，把个人收入与横大班的产量、效益相挂钩，有利于实现企业利润的最大化。

（三）加强生产数据动态管理的迫切要求

以往传统煤化工企业生产数据统计全部依靠人工抄表，数据分析量大，容易造成误差，且结果不能实时更新。中煤陕西公司为实现产品产量、生产消耗数据的实时采集，及时反映横大班内部市场化结果，依托企业的信息管理平台，通过生成执行系统进行实时的统计和分析，及时对横大班的投入产出情况进行分析，指导班组做出生产优化调整，实现“增产增效、节能降耗”。横大班生产数据结果的及时更新，使员工每天都能看到自己付出所得的成果，看到自己班组的整体情况，看到企业生产经营的效果，有利于增加个人荣誉感、成就感和自豪感，有利于班组内部的团结协作。

二、化工企业以提高生产效率为目标的横大班管理内涵和主要做法

中煤陕西公司打破原生产管理单位行政划分，设立横大班，并以横大班为模拟市场的个体，以开展劳动生产竞赛的形式，加强横大班内上下游各装置的合作，根据每个横大班对企业的贡献，奖优罚劣，调动职工的生产积极性，实现企业效益最大化。主要做法如下：

（一）确立创新管理思路，建立组织保障体系

2015 年，中煤陕西公司根据生产实际，积极研究更好地驾驭煤制烯烃装置、实现高负荷安稳长满优运行的方法。经过多次研究讨论，确定利用公司较为先进的信息化手段，把若干个孤立生产单元串联成为一个有机的整体，促使生产上下游的衔接、配合。基于此，确立横大班管理的工作思路：

一是设立横大班。横大班是将处于同一时间的各装置运得班组划分为一个横大班。中煤陕西公司各生产装置采用“四班三倒”的倒班方式，实现 24 小时不间断生产运行。

二是建立模拟市场。横大班是模拟市场个体。通过内部计划价格、投入产出情况核算各横大班所创造的模拟利润。模拟市场个体所创造的价值还包括相邻班次的横大班之间的价值转移。

三是加强班组合作。横大班中的各个班组，为使各自运行的装置负荷达到最佳的匹配以达到最高的最终产品产量，以及整个工艺流程中各环节所提供的产品质量在形成最终产品时整体消耗最少等目标而形成契合。

四是实行横大班监督。下个班次的横大班对上一班次的横大班进行监督，以防止上一横大班因追求短期利益行为而采取不合理的运行方式，造成下一横大班产量降低、消耗提高、质量下降。一旦发生这种现象，要将上一班次因不合理运行方式多创造的价值扣除，同时追加下一横大班由此损失的价值。

五是开展横大班竞赛。以各横大班所创造的模拟利润为基本依据对各横大班进行排名，并按排名结果进行奖励。为保障横大班管理的顺利实施，中煤陕西公司建立以下保障措施：一是成立以总经理为组长、副总经理为副组长，相关业务部门和生产中心负责人为成员的领导小组，全面领导横大班管理体系建设。二是制定 5 项管理制度、21 项考核制度，为横大班管理提供组织和制度保障，并多次召开推进会议，统一思想认识，进行动员宣贯。三是成立公司指挥中心，由值班主任管控影响全公司效益的关键指标，各生产中心值班主任管控该中心重点指标，班长管控每个装置的主要指标，并把详细的控制指标落实到每个操作人员。

（二）建立内部市场化信息平台

中煤陕西公司梳理各生产装置价值链关系，建立模拟市场数字化模型，建设内部市场化信息平台。

一是建设横大班信息化能源管理平台。通过对以往能源数据的统计、分析，并与同行业先进企业对标，建立生产绩效、能耗等考核指标，制定原辅材料、三剂化学品、燃料和动力消耗定额；同时建立主要单耗分析机制，每日分析诊断消耗情况，及时查找实际运行数据与设计值的差异原因，制定措施，持续加以改进，通过信息化数据采集和自动化模型分析，对每个横大班的生产、输配和消耗环节进行动态监控、数字化管理，促进节能降耗。

二是建设横大班能源计量和统计体系。中煤陕西公司依据《用能单位能源计量器具配备和管理通则》（GB－17167－2006）完善能源计量器具，并保证主要能源及耗能工质的计量单位的一致性和计量仪器的完好性、准确性，为统一标准提供真实、完整数据。

三是建设智能巡检系统。利用横大班智能巡检、大机组监控和设备管理等模块加强对设备运行状况的监控，确保各类主要生产用能设备的安全、高效、合理、科学化的运行。进一步优化机组运行负荷和运行效率，进而发挥横大班机组设备的最大经济性能。

四是建设用能优化系统。在蒸汽系统、电力系统、水系统等重点用能方面，定期开展平衡测试，并从中挖掘节能节水潜力，提出科学、合理的节能节水技术措施，进而保证合理的用热、用电及用水水平。

五是建设质量管理系统。构建质量体系管理、质量运行管理、质量风险管理三大模块，质量管理信息化实现与智能上煤管理系统、LIMS 系统、生产实时控制系统（MES 系统）、数字化仓库等的高度集成，为加强生产过程管控、保证产品质量提供保障，实现全面质量管理和跨越式发展。通过内部市场化信息平台的建设，能够实现通过信息化手段实时监测物耗、能耗情况，及时进行数据分析，快速调整设备运行参数和方式，提高精细化生产和管理水平，逐步使企业能源管理从信息化向智能化方向转变，最终实现企业能源管理过程“说得清、管得住、省得下”的目标。

（三）将生产工艺过程由“点”连成“线”

为让互相割裂的上下游装置紧密配合。中煤陕西公司把分散成“点”状的各个生产单元，按照生产工艺流程连接成“线”性的有机整体。实行横大班管理后，横大班的整体产品产量、质量和经营利润等指标，与横大班组所有人员收入直接挂钩，使横大班组成员成为利益共同体，将生产工艺过程由“点”连成“线”，个人主义的风气彻底得到改变。在横大班整体受益的同时，每个人对横大班组的贡献又和个人的收入比例挂钩，使每个人都能发挥自己的作用。生产管理由“分块”到“整链”，通过横大班效益分析，强化各生产装置之间的协调管理，做到及时沟通，避免负荷波动，防止影响整体效益，打破以自我班组或装置为中心的小团体意识，杜绝原来各装置只站在自己的角度想问题的狭隘思想。横大班之间形成对标争先的竞争态势，形成“比、学、赶、帮、超”的浓厚氛围。

借助信息化手段推行横大班竞赛管理，使职工意识到比产量、比利润的前提是生产平稳运行，一旦生产有问题造成减量或停车，将会影响本班的效益。每一名职工更加尽职尽责，认真完成自己的工作，每一道生产命令都能迅速执行并反馈，执行力度加强。在生产出现问题后，能立即汇报并组织、协调人员处理，避免生产系统减量或停车，处理问题效率得到提高，将“小事不过班，大事不过夜”的生产组织原则真正落到实处。

（四）引入市场机制，实行横大班模拟四级市场管理

一是以生产指挥中心为核心的横大班管理一级市场。积极引入市场概念，实行横大班统一管理的一级市场，负责对全公司生产进行协调和指挥，以实现公司总体经营目标为指导，负责分配任务，进行横大班总体效益考核，主要以利润、产量为主要考核指标，辅以单耗、影响时间等个性指标，同时制订考核细则，根据当月完成生产效益情况测算绩效总额，由横大班管理办公室对下级市场进行考核，并对奖罚情况进行公布，完成分配和兑现，将考核结果及时流转到二级市场。

二是以各生产中心为主的二级市场。中煤陕西公司下属 2 个主生产中心，2 个辅助生产中心，3 个服务性生产中心，主辅生产中心又有几个生产装置，虽然在原行业管理上各属不同的管理方式，但是从生产工艺上联系紧密，上下工序间互相依赖，又互相支持，生产链条是一个整体，把这个整体划分成二级市场，根据一级市场分配下来的绩效考核结果进行二次分配，分配权由生产指挥中心各横大班值班主任行使，体现贡献大收入多的市场调节机制。

三是以各生产装置为中心的三级市场。三级市场分属于各生产中心，主要由各中心横大班主任根据下属各装置运行情况，结合生产指标、工艺指标、质量指标、消耗指标、成本控制、现场问题处理能力等进行多方面综合评价，进行考核兑现奖励。三级市场形成分配奖励额，流转到班组第四级市场。

四是以班组为中心的四级市场。四级市场是最终与员工个人直接兑现的最后一级市场，对员工的考核由各班组长执行，各班组长根据个人工作能力、技术水平、日常处理问题能力及协调配合等综合表现制订考核规则，公开公平地进行奖罚，调动员工生产积极性。打破分配上的大锅饭，建立以业绩为导向的薪酬分配机制，激发广大干部职工的工作热情。

五是建立影响时间买卖市场。为保证装置长周期运行，将各事业部设备故障影响生产的时间直接与产量挂钩，实行买卖制度，逐月考核，以此降低设备故障率，促进装置的安全稳定长周期运行。

（五）开展模拟市场化，实行横大班管理市场三级结算

按照内部市场价值链的特点，建立三级结算体系，即公司对中心、中心对装置、装置对班组，总值班长按照产品产量、效益、安全目标等指标进行一级结算；中心之间按照产品市场、成本市场、质量市场等指标对下游装置进行二级结算；班组按照出勤率、岗位价值、劳动量等指标对每个职工进行打分评定，实行日清日结，使每名职工都知道自己当天能挣多少分。

具体核算办法为：一是各生产中心、各装置、各班组和各工序间进行市场化运作，依据内部计划价，算出每班投入量、产出量、实现的效益情况等；二是按照生产完全成本的概念进行生产装置间的核算，模拟市场交易关系，进行完全成本结转；三是核算包括变动指标和固定指标；四是计划价格包括内部物料价格、外购原燃料价格和主要产品价格。

通过模拟市场化核算，横大班管理的每级市场的主体都是一个利润点，各市场主体按全成本要素进行投入产出核算，通过信息系统自动把生产系统中的物耗、能耗、产量等400多个指标数据在各级市场及时搜集和计算，结合外部市场价格，算出5大中心、17个装置、34个班组的当天利润并及时公布，使每个中心、装置、班、职工都能知道自己当天当班完成的利润情况，把外部市场的压力层层传递到每名职工，公司的生产经营情况进行公开，从上到下，层层有压力，级级有动力。通过模拟市场进行横大班生产效益的管理，把实物量转化成价值量，以货币形式直观地在上下工序之间进行结转，实现班清班结、日清日结、利润天天算，改变基层班组人员只管生产、不看效益的习惯，扭转操作人员为生产而生产的观念。

（六）以效益为核心，实行一级对标管理

以往企业的横大班管理都是以产量为目标进行横大班劳动竞赛，哪个班组的产量高哪个班组就是第一，员工认为高产就是一切，一味地想办法提高产量，没有注重到节能降耗工作，产生高产高耗的结果，与国家倡导节能降耗、创建节约型社会相违背。中煤陕西公司在开展横大班劳动竞赛之初，就充分认识以上问题的严重性，将横大班劳动竞赛的主题定义为“增产降耗、节能增效”，向精细化管理要效益。横大班劳动竞赛实施的基础是横大班利润核算，在横大班之间比效益、比利润，实施一级对标工作。具体做法如下：

一是建立横大班效益核算框架。将横大班组的利润核算分为三部分，包含直接投入成本、主副产品收入和固定费用，每个横大班从投入到产出，中间各装置之间按实际发生数量和各种物料计划价，算出投入成本和产出收入。横大班劳动竞赛以月为单位，按每个班组该月利润的算术平均值排名。

二是完善生产核算基础数据库。按公司一级市场标准，梳理各装置各班组利润核算时的投入、产品和固定费用包含的内容和所有指标，包括直接投入和间接投入的所有原料、化工材料、辅助材料、中间产品、产成品等，按装置依次对照哪些是投入、哪些是产出、哪些是中间产品、哪些是固定费用，确保全面、准确、详细，归类正确。中间产品既是上一个装置的产品又是下一个装置的原料，该类中间产品一定要在班组的投入和产品上都进行统计，以防止某个装置临时停车造成投入和产出不一致的情况。借助信息化系统及时、全面、准确地对每一个班组当班期间的原料消耗、中间产品和产品产量数据进行统计核算，作为建立横大班组一级市场化核算的基础数据库。

三是制定生产物料内部计划价，计算横大班效益。横大班内部市场化定价时，原料、产品的定价因公司采购或销售都有价格，可以直接使用，但是中间产品的价格难以准确界定，此时可以按装置投入、产出对中间产品的价格进行预估算，然后再通过预估算价格对该中间产品利润占每班总利润的比例进行反算，控制在合理区间即可。同时，当某种中间产品稀缺或运行不稳定，需要鼓励多制造该中间产品时，可以将该中间产品的价格提高，从而使该班组的利润得到提高。为确保对每个班组都公平，定价不可以随意变动，每月仅在月初调整一次价格，中间不做调整。

四是实施效益对标排名，奖罚分明。按月度每班创造的平均利润高低进行评比，排出横大班名次。具体方法是：依托信息化建立横大班劳动竞赛系统，自动统计每班产品产量和生产消耗，按内部市场价格计算出横大班月累计产生的经济效益，再除以横大班月度班数，计算出横大班每班平均利润。对于实现效益排名前三的分别给予奖励，而对于最后一名的横大班不仅不奖励，还要进行通报，以示鞭策。

（七）建立完善的生产目标分解体系，强化生产过程管控

横大班劳动竞赛面向生产一线的劳动人员，竞赛中优胜的班组有荣誉、有奖励，必然会产生一些负面的因素，有些人为在竞争中获胜，会出现投机取巧、恶意竞争的情况，造成横大班之间不和睦、工艺指标波动，交接班不平稳，甚至无法正常交接班的情况。中煤陕西公司在横大班劳动竞赛实施过程中，为确保生产任务目标能传达到每个班组和个人，在劳动竞赛中赛出真水平，真正形成"比、学、敢、超"的氛围，先后出台一系列管理制度，规范对横大班生产经营目标分解及工艺管控，具体做法如下：

一是下达生产任务。根据公司生产经营计划，每月由横大班值班主任将经营计划自行分解到本班组，在每月月初的横大班月度经营分析会上进行传达，通报本班月度生产计划及每个班的生产任务。同时，每天早上，各横大班的值班主任要向各生产中心的值班主任下达《生产任务单》，内容涉及各生产中心关键产品的计划班产量、实际完成情况、未完成情况说明。每天下班前，各生产中心要将产量完成情况、未完成情况说明填写好交回横大班值班主任处。

二是制订《横大班重要参数交接班参考值》。横大班主任将公司控制的首要经济指标项分配给各中心主任，中心主任将中心控制的重点经济指标项分配给各装置班长，班长将装置控制的主要经济指标项分配给各班员。各级管理人员对每个指标项进行批注，批注内容主要为考核指标控制范围和考核要求。班内所有人都是"指标控制员"，人人有指标。各级管理人员每班对"指标控制员"进行打分，月底系统自动合计每个人的指标项考核总分。

三是严格工艺纪律管理。严格过程控制和产品质量管理，建立《横大班劳动竞赛主要交接指标参考》，将涉及交接班运行、影响班组利润的23项指标进行明确规定，对未按标准执行的班组予以考核，确保横大班劳动竞赛公平、有序开展，平稳交接班。横大班加强交接班参数控制，使班组交接班更加平稳有序。随着横大班劳动竞赛的开展，各班组、岗位都想尽办法提产量、增效益。管理中，为避免班组抢产量造成生产波动，对横大班交接班参考值进行明确规定，要求各岗位非特殊情况下必须执行。中煤陕西公司通过借助信息化管理手段，已实现横大班基础数据库的自主采集、自动计算、实时更新，从而实现横大班利润的自动核算。横大班每天下班前就可以看到自己本班创造的利润，实时显示本月在横大班劳动竞赛中的排名。通过横大班市场化利润模拟核算，实现各班组对利润价值的关注，实现横大班利润一级对标工作。

三、化工企业以提高生产效率为目标的横大班管理效果

（一）生产经营业绩连续两年保持行业领先

2015年生产聚烯烃68.3万吨，在聚烯烃市场价格急剧下降的情况下，实现利润12.44亿元；2016年1—10月生产聚烯烃59.3万吨，实现利润9.1亿元，顶住聚烯烃价格下降、原（燃）煤价格上涨的双重压力。生产经营成果连续两年领先于其他国内同等规模煤制烯烃企业。

（二）管理效率得到很大的提升

2015年、2016年聚烯烃生产负荷分别达到106%、108%，实现连续800多天高负荷安稳运行，创造国内同等规模同类装置的负荷最高、运行最稳的运行纪录。煤化工用工数量仅为870人，比对标企业编制减少600多人，在国内同等规模同类装置中，人均工效最高、用工数量最低。出厂产品合格率达到100%，实现客户零投诉。

（成果创造人：姜殿臣、周永涛、王小川、王春生、程　升、马春雷、王晓辉、金永文、宋学强、周　明、赵银菊）

基于互联网的营维流程再造

中国电信股份有限公司浙江分公司

中国电信股份有限公司浙江分公司（以下简称中国电信浙江公司）是中国电信股份有限公司下属分公司，是中国电信首批在海外上市的四家省级公司之一，是浙江省内规模最大、历史最悠久的电信运营企业。中国电信浙江公司服务近1800万固定电话用户、1000万宽带客户、1000万移动客户；3G网络覆盖的广度、深度及质量水平在全国领先、省内最优；在全国率先建成具有世界先进水平的“信息高速公路”，实现城市地区家庭和政企用户光纤全覆盖，为全省客户提供丰富多彩、优质高效的全方位信息通信服务。

一、基于互联网的营维流程再造背景

（一）电信行业是“互联网＋”产业生态圈的营造者

“互联网＋”给传统生产方式带来变化，深刻影响社会经济形态，成为两化深度融合最具代表性、最活跃的新方向。中国电信发布“互联网＋”行动白皮书，既是响应国家“互联网＋”行动计划的具体举措，又是顺应时代发展、满足客户需求的必然选择。中国电信浙江公司必须发挥好信息化建设主力军的作用，努力推进“互联网＋新兴服务”等领域的应用实践。

（二）电信行业竞争态势严峻，装维服务已成为运营商应对市场竞争的关键

当前，全业务竞争更为激烈，各通信运营商的产品、营销渠道、主营业务日趋同质化，未来市场竞争的焦点将主要集中在营销和维护服务工作上。社区经理作为用户的直接接触点，其服务水平和服务态度直接影响产品的竞争力和用户的保有效果。但在当前网络规模越来越大、业务种类越来越多、客户需求和服务质量要求越来越高的同时，在巨大的成本和经营压力下，后端资源（修理费和维护人员）却越来越紧凑，维护和服务面临的压力也越来越大。因此，通过信息化支撑手段提升自主解决问题的能力，做好装维服务、装维渠道销售等方面的能力提升，成为应对激烈市场竞争的关键。

（三）传统电信装维营销服务面临挑战，已不能满足客户和业务发展需求

中国电信浙江公司在装维服务、人员稳定性和渠道营销等方面不能充分满足客户及业务发展的需要，在装维服务营销环节存在亟待改进的三项短板。一是装维服务水平有待提升，部分用户故障无法解决，宽带安装或故障处理时间长。二是装维队伍稳定性不高。三是营销支撑不到位。产生这些问题的原因是缺乏简便易行的装维服务和营销支撑手段。为此，中国电信浙江公司以倒三角支撑为切入点，围绕“服务、安全、成本、效率、创新”五个关键词，开展“互联网＋装维”的系列创新革命，提供“一键配置”“一键收费”“一键受理”“一键搜索”“一键返佣”等支撑手段，构建基于“互联网＋”的营维创新体系，全面提升装维渠道服务和营销能力，提升营维效能和客户感知。

二、基于互联网的营维流程再造内涵和主要做法

中国电信浙江公司以提高运维维护效率、提升服务水平为目的，通过研发系列智能支撑软件提供员工自主解决问题的能力，充分利用移动互联网的优势，对于营维一体化中涉及的装移机服务、业务受理、收费等各个环节进行“互联网＋装维”的探索性研究，为外线人员量身定制“互联网＋服务”“互联网＋收费”“互联网＋受理”“互联网＋搜索”“互联网＋绩效”等一系列智能支撑软件，将其对企业的忠诚、对用户的诚信和对员工的爱心融入每一项支撑手段中，实现“服务”带动“营销”，构建营维一体化服务平台。主要做法如下：

（一）确定营维创新体系构建的目标

中国电信浙江公司打破传统装维服务作业模式，优化传统的纸质派单、群体等单、纸质回单等烦琐环节，实现装维服务标准化、信息化的无纸化作业模式，达到装维工作可跟踪、可评价、可量化的目的；通过简化受理方式、收费方式，解决社区经理营销服务移动化的问题，构建移动化、智能化的营销新模式；通过“定位＋大数据分析”的理念，精准锁定目标用户，解决社区经理在日常作业过程中获取销售目标难的问题，提升营销业绩；创新酬金制度，利用移动互联网手段实现即时返佣，提升员工内生动力。在营维服务平台的基础上，开展互联网跨界金融服务的探索和实践。

（二）明确营维创新体系构建的主要内容

1.“互联网＋”运营模式，跨时空解决“三流”闭环

“五个一键”创新营维服务模式，跨时空解决“三流”（资金流、信息流、服务流）快速闭环问题，实现装维服务标准化、信息化的无纸化作业模式。借助移动互联网支付取代现金收缴，减少现金管理风险、业财稽核风险，提升宽带业务工单处理效率，对社区经理实施信息化管理。

2.“互联网＋”销售渠道，创造客户营销新触点

利用社区经理移动化作业、客户触点多的优势，打造营维服务一体化新模式。通过这个流动的渠道获得庞大的线下用户触点和流量入口，为其他产品的推广、跨界营销服务等提供渠道流通保障。

3.“互联网＋”绩效管理，奠定组织变革新基础

利用“一键返佣”技术，以实时返佣取代月度返佣，佣金激励清晰、透明、可查，按单即时激励，达到装维工作可跟踪、可评价、可量化的目的，为划小承包的组织变革奠定基础。

4.“互联网＋”营销平台，社会化工具新尝试

基于“互联网＋”的营维服务平台首先是一个“工具”，它提供如何解决电信用户的营维服务一体化的问题，而解决问题本身是一个“承诺”，社区经理对这个“承诺”感兴趣，并利用营维服务平台达成装维及营销服务，便可以通过平台的“佣金直返”获得“协议”的佣金与报酬。因此，基于“互联网＋”的营维服务平台是新时期具备成功要素的社会化营销工具。

5. 流通 4.0 ＋金融 4.0，创造金融跨界服务新平台

在互联网、大数据、云计算等新技术的推动下，以网络化金融交易、智慧化物流为核心内容的服务模式正在崛起。基于“互联网＋”的营维服务平台以开放式的社区金融服务、生活服务为核心，建立服务流通转型升级的生态圈。

（三）确定项目总体思路框架

中国电信浙江公司紧跟“互联网＋”时代步伐，充分运用移动互联网手段，在装维服务和营销各环节、全流程进行互联网化创新改造，引领行业移动互联网服务模式和销售模式，实现管理方式的变革；提升营维效率，实现客户、企业、员工三者效益的共同提升；打造具有单兵作战能力的、集“服务”和“营销”为一体的全天候的宽带保有发展队伍，构建基于“互联网＋”的“五个一键”营维创新服务体系。逐步开发实现“爱装维”“一键收费”等各项功能，并在西湖分局、余杭分公司等单位开展试点，通过试点评估和总结，完成在杭州本地网的全面推广应用，最终在浙江省全省扩大应用，采用省市分工负责联动机制双线推进，有效保证变革举措的实施。

（四）“互联网＋配置”即“一键配置”，有效提升维护效率

1. 移动电子化取装机单，改变派发纸质工单的作业方式

中国电信浙江公司在 2012 年 4 月开发使用新颖的客户服务综合调度系统“爱装维”。该系统打通客调系统、服务开通系统接口，具备接收装移机工单的功能。根据装移机工单中的网格化信息匹配客调系统的自动派单策略，基于匹配结果，自动派单到对应的网格服务社区经理。原装维工单需前一天晚上手

工打印，次日上午、下午社区经理到班组集体排队等单。现使用“爱装维”后，业务受理下单后，系统按网格化自动分拣派单到对应网格服务区域的社区经理，客户工程师运用“爱装维”对“e家工单”中的装移机和故障工单随时随地接取单，提前安排每天的装维服务工作。

2.“一键拨号”联系用户，提升标准化动作执行率

为规范社区经理提前联系用户、标准话术沟通等动作，要求社区经理通过录音平台联系客户，拨号数字21位，按键需花费15秒左右。“爱装维”上开发的“一键拨号”功能主要借助语音平台这个中间媒质，建立用户和社区经理通话，联系更快捷，并将服务规范进行固化，可跟踪该动作的执行情况。首先，“一键拨号”调用手机拨打电话功能，向语音平台进行拨号，并把客户联系电话作为参数带到语音平台；语音平台根据“爱装维”带过来的客户联系电话，自动外呼客户，并同时保持与社区经理之间的不间断通话；语音平台外呼客户接通后，自动与社区经理的信道进行对接，使社区经理能够通过语音平台与客户进行交流；社区经理与客户交流过程由语音平台进行录音，事后稽查人员可以查询录音判断社区经理规范的执行情况。

3.“一键处理”定位故障，降低社区经理技能要求

原来社区经理接到故障工单时，“盲目”修障，多次上门排障，凭经验多次尝试处理故障。有时因相关平台、网管只掌握在少数的技术骨干手上，社区经理对故障的判断、信息的查询等需求需电话联系支撑岗，出现支撑热线忙、支撑效率低的问题，无法及时得到远程协助支撑。

现在，通过打通“爱装维”和客调系统、测试系统、CRM系统、资源系统、ITMS等十多个系统，具备测试、查询、解绑操作等功能。通过“一键测试”模块调用各外围系统进行故障定位测试，并分析汇总的测试结果，确定故障点及处理建议，反馈给社区经理。社区经理根据“一键测试”反馈的故障处理意见完成故障处理，并在“爱装维”上回单。同时可对该线路进行自动光功率测试，确定故障是否已经修复。对少量无法解决的问题，可通过查询知识库或“装维热线”一键获取支撑。稽查部门可跟踪支撑的及时性和满意度，进一步聚焦解决常见问题。

4. 自主更改接入方式，减少退单率，提升用户感知

原装维过程中，遇到营业选址错误、受理接入方式错误的工单，需要退单，再等待工单修正后重新上门服务。这给用户带来极大不便。现在，社区经理现场可直接通过“爱资源”“爱装维”更改信息，一次上门完成安装。装移机时发现接入类型错、管道错的工单，在“爱装维”上直接发起“改接入方式”，选择正确的局向、交接箱等回滚至重新服务设计，一般10—20分钟重新下单到客调，实现现场“立等可取”即时安装，避免二次预约客户重新上门服务。

5.“一键配置”提高安装环节效率

原iTV业务、FTTH业务安装时，需要将终端参数手工逐个录入，可能出现误输入等问题。现在通过“一键配置”功能，系统提取工单终端配置参数，通过PDA终端LAN口与终端的LAN口对接，将接入模式、账号密码等信息直接下发到终端。现iTV终端配置时长由6分钟压缩到2分钟，提高效率的同时确保准确性。

（五）“互联网＋收费”即“一键收费”，实现移动化收费

在保障服务提升装维效率的基础上，社区经理开始开展装维协销售。试点单位杭州分公司通过“一个电话宽带到家”、外呼、网厅等电子渠道的宽带业务发展量约占40%左右，日均700单，等同每日发展量20单的三级营业厅35个。通过电子渠道发展的宽带业务由社区经理完成上门收费，日均收费金额100万左右，约占公司所有现金流的30%。杭州所有117个支局1380个网格社区经理都需要承担上门收费的职责。营销中最大的困难是收费流程太烦琐，存在以下问题：一是流程中涉及大量现金清点及交接，浪费人力成本；二是现金清点入库回缴银行等安全管控存在

隐患；三是工单竣工流程长，现金流到账滞后一天；四是因流程闭环管控的需要，社区经理和工单管理员都需延长下班两小时，成为员工的思想压力和精神包袱；五是无法满足用户现场非现金缴费需求，导致客户感知下降。

为此，中国电信浙江公司开发“一键收费”，借助社区经理网格固定、信任度高的优势，通过PDA智能终端将营业厅延伸到社区、家庭，从单一的维护工具演进至真正营维合一的工具。利用电子渠道封装功能和翼支付移动支付能力，实现现场工单收费的即时核销和工单的现场报竣。使用“一键收费”后，解决大量的资金清点、交接、人员路上来回跑等问题，彻底改变社区经理传统的服务模式，为即销、即装、即通打下基础。

（六）“互联网＋受理”即“一键受理”，支撑装维随销受理

2015年1月，中国电信浙江公司推出“一键受理”支撑手段，实现宽带新装、ITV加装、宽带续包、平移光改等简单业务的“一键受理”。该应用将繁冗的业务规则、资源能力确认等交由后台判断。一是具备资源能力的自动预判断，对接入管道资源能力进行全程预判并提供结果，提高资源配置的成功率。二是工单流转及时性高，提高一键受理订单处理优先等级。三是自动提供合适的标准化的业务产品，减少社区经理对套餐的分析选择。以iTV加装业务为例，系统从宽带接入方式、加装第几部iTV、首部分组、原套餐、宽带速率等判断，自动提供业务产品及相应的优惠包。

从社区经理感知来看，该系统使其摆脱CRM桎梏，使受理操作简约便捷、平民化。一是产品套餐简约精确，主推10个左右标准化套餐包（10个之内），数量精简82％。二是信息录入简化，用身份证号查询已登记客户信息，可直接继承使用，免填13项信息。三是订单流转过程透明可查，订单提交后全流程透明监控，社区经理可自主即时查询CRM、服开、资源、激活各环节。四是受理输入键次少，利用“爱装维”与即销即通App的互调，自动带入受理业务账号等原有信息。该模式真正实现营业厅在手，现场营销、受理、接单、安装、收费、业务交付一条龙服务，实现立体化的销售模式，第一时间把商机变成业务产品交付用户。使用该系统后，有效提升营销成功率和效率，深受社区经理和用户好评。一是降低销售门槛，实现社区经理四步自助式受理（商机挖掘—现场营销—现场受理—现场开通），简单易学，牢牢锁定商机。二是提升营销和装机时效，从商机发起到施工完成仅需10—30分钟。三是提升用户感知，“一站式”服务解决多次上门服务问题，减少用户时间成本。四是实现用户新增保有，当前社区经理宽带续包月参与率100％，重点开展的宽带新装、宽带续包、ITV新装和光改平移四类产品月人均发展量已达19.8件。

（七）“互联网＋搜索”即“一键搜索”，精确锁定营销目标

在有序开展装维随销工作时，为提升营销成功率，目标用户的分析和定位十分重要。为帮助社区经理在装维销售中“敲对门、找对人”，在业务发展和保有中目标明确精准、有的放矢，中国电信浙江公司充分利用历年积累的固网业务优势，对众多营销案例进行大数据分析，总结出宽带提速、ITV加装等业务目标用户特征，结合定位功能，开发“一键搜索”功能。“一键搜索”实现现场周边搜索3个月内宽带到期的用户、10个月前拆机宽带用户、ADSL用户（迁改目标用户）、FTTH低于20M的宽带用户、FTTH没有iTV的用户等信息。当前社区经理已积极试用，就近搜索锁定商机并上门营销，提升营销效率和营销业绩。

（八）“互联网＋绩效”即“一键返佣”，实现酬金立返

在营销各项手段均具备的前提下，提升社区经理主观能动性十分重要。按照集团公司要求，社区经理在装维服务的触点开展业务发展和保有的随销工作，虽然上级公司及本地公司明确要求各属地单位及时发放员工随销奖励酬金，但是在实际执行中存在随销奖励酬金发放不透明、不迅捷及社区经理没有感知等问题，影响社区经理参与业务发展及保有的积极性及原动力。

2015年2月，中国电信浙江公司开发出“一键返佣”功能，对宽带新装、宽带续包、ITV新装等14类优惠实施“一键返佣”，极大地提升社区经理的内生动力。该系统将客调系统、“爱装维”、一键收费平台（主要佣金策略配置、佣金计算、佣金派发调度组成）、CRM、交费易支付平台做对接，事先根据销售品、施工类型、奖励额度编制随销佣金派发策略，并将策略部署至一键收费系统佣金配置后台。一键收费平台根据营销的订单编号从CRM系统中获取销售品及营销工号，与系统佣金配置后台匹配策略进行匹配，进行佣金计算及发起实时返佣，调用交费易的返佣接口，从佣金待发账户中返佣至对应的社区经理交费易佣金账户。“一键返佣”广受社区经理欢迎，日返佣超1万，人均超过270元/月，有效保障队伍稳定性。

（九）“互联网+金融服务”即交费易拓展O2O金融服务

电信传统的爱装维应用业务单一，电信社区经理服务能力相对薄弱，收入来源单一。同时社区用户金融需求旺盛，但是支付公司没有合适的渠道开展线下拓展。交费易业务插件（HTML5版）嵌入爱装维应用，实现在一个App内可完成多种充值缴费，增加电信社区经理的服务能力及获客能力。近期提供便民缴费功能，远期可以基于电信“第四个渠道”拓展消费金融，扩大翼支付影响力，创造金融跨界O2O服务平台。该服务由支付公司负责开发标准化交费易业务插件（HTML5版），并将标准化交费易业务插件嵌入爱装维App，实现充值缴费服务能力的整合。爱装维App加载交费易的手机充值业务、水电煤缴费、交通罚款等民生O2O服务业务。当电信社区经理上门进行宽带收费时，可帮用户办理民生缴费业务，不仅提升电信用户的黏性，还增加电信社区经理的业务佣金。同时，支付公司借助社区经理线下推广渠道，增加天翼理财及天翼贷等金融理财、消费金融等产品渗透率，有效提升社区经理复用率。

三、基于互联网的营维流程再造效果

（一）经济效益提高

一是成功打造第四渠道，拉动收入增长。通过PDA上的“一键收费”“一键受理”等系列信息化应用手段，2015年12月装维渠道独立完成营销创收638.5万元，2015年累计创造收入已达10444.5万元。二是保有客户发展，企业运转效率得到提升。2015年12月，针对有线宽带新装、ITV新装、宽带续包和移机产品做分析，试点单位杭州分公司装维渠道独立完成的主销量达70988件，人均57.7件；协销量27148件，人均22.1件。社区经理各类业务销量占所有渠道发展量的比例都较高，已成为试点单位杭州分公司宽带发展的重要渠道。三是资金流转加快。“一键收费”加速企业现金流的回归，并通过翼支付实现资金使用效益的提升。截至2015年12月月底，一键收费累计收费达到41.8万单，支付金额达到36464.1万元。四是人工成本降低，节约材料费用和培训费用。

（二）社会效益显著

一是激发员工的积极性和潜能。试点单位杭州分公司当前装维区域责任人稳定率保持在95%以上，人员流失率从2011年的11%下降到4%以下，员工精神面貌积极向上。二是运作效率提升，保有效果良好。试点单位杭州分公司宽带安装平均时长从2011年的71小时下降到35小时，宽带平均修复时长从16.61小时下降到6.13小时。2015年9月相比2014年12月，催装率、催修率、撤退单率均明显下降。三是用户和员工的满意度显著提高。试点单位杭州分公司装维标准化执行率保持在96%以上，装维服务投诉逐月下降。同时，通过销售奖励“佣金直返”功能的应用，极大提高社区经理的收入及满意度。四是助力装维渠道互联网化转型升级。交费易提供的在线支付、电子对账、统一结算、信息化管理能力，使装维从线下模式转变为移动互联网模式，提升信息化应用能力。五是拓展社区金融服务，助力民生改善。交费易网点、装维渠道不仅为社区、农村基础设施薄弱的地区提供民生缴费、惠民金融服务，解决生活缴费难题、银行网点少问题，而且社区经理还上门为家庭妇女、老人、小孩等线上支付较弱的群体提供民生、金融服务。交费易融合爱装维在杭州试运营后，得到广泛认可。“五个一键”的一系列成果受到集团公司的肯定，在全集团范围内推广实施。

（成果创造人：卢耀辉、章晓钫、陈效忠、何　宏、曾　宇、王　丹、杨　庆、王小东、傅智毅、倪　力、杨旭平）

供电企业基于“三池”的重点任务全过程管理

国网山西省电力公司太原供电公司

国网山西省电力公司太原供电公司（以下简称太原供电公司）成立于1958年，是国家电网公司31家大型供电企业之一，担负着太原市六区、三县、一市的供电任务，供电区域总面积6988平方公里，拥有固定资产原值131.2亿元，服务用户78.41万户，共有在册员工2427人。太原电网位于山西电网的中部，是国家电网公司确定的全国31个重点城市电网之一，拥有35千伏及以上变电站161座，主变346台、容量2317.56万千伏安；输电线路378条、3536.4公里；配电线路801条、5744.12公里。

一、供电企业基于“三池”的重点任务全过程管理背景

（一）完成国家电网公司和太原市委市政府交办重点任务的需要

2013年以来，太原供电公司面临的内外部形势发生明显变化。国家电网公司在电网建设、经营管理、生产运行、市场营销、供电服务等各方面工作的要求更加严格、任务更加繁重。太原市以建设转型综改试验先导区为统领，加快一流的新兴产业基地、现代宜居城市和新能源汽车推广应用城市建设，全面提速城中村改造和城市快速交通体系建设，项目建设改造数量之多、时间之紧、投入之大，在太原历史上前所未有，做好电网规划、安全管理、线路迁改、故障抢修、用电保障等配合服务面临巨大压力。面对内外部的新形势，要想发挥国有大型供电企业和省会供电公司的“排头兵”作用，加强重点任务全过程管理，建立起适应上级公司和政府要求的重点任务保证体系，对于企业效益、品牌形象的提升有着十分重要的意义。

（二）变革重点任务管理模式、适应企业发展的需要

太原供电公司传统的重点任务管理模式已不适应企业跨越式发展的要求，面临诸多问题，突出表现在重点任务监管不力、保障资源不落实、过程管控不到位、预期成果不全面等方面。为适应内外部形势的新变化，太原供电公司将国家电网公司的战略要求与太原市经济社会发展实际相结合，明确抓电网、抓基础、抓服务、抓队伍、创一流的“四抓一创”工作思路，以及争当山西省电力公司建设“一强三优”现代公司表率、争当国家电网公司同业对标争先进位表率、争当服务太原市率先发展表率的“三个表率”工作目标。为建立良好的工作秩序、提高工作效率，进一步落实目标责任制，提高管理效率和发展质量，必须全面加强重点任务管理。

（三）“三池”的设立为重点任务全过程管理创造条件

针对面临的内外部新形势和传统重点任务管理模式存在的诸多问题，太原供电公司以“任务集中管控、优化资源配置、强化成果培育”为理念，创新设立重点任务“任务池”“资源池”和“成果池”，使重点任务更具操作性。“任务池”设立后，可明确做什么、如何做、何时做、何地做、由谁做、做到什么程度，使重点任务有明确的目标和具体的步骤，使全体员工有努力的方向；“资源池”设立后，可统筹做好人力、财力、物力等核心资源调配，以及公共关系、政策文件等外部资源的争取，能增强员工工作的主动性，使工作推进有力、有效；“成果池”设立后，可明确每项重点任务所应取得的阶段性成果和最终结果，促进重点任务完成和成果转化。所以，变革传统重点任务管理模式，综合运用“三池”，加强重点任务推进过程中的检查、督办、考核，实现企业重点任务的全过程管理，是太原供电公司进一步提升管理水平、圆满完成各项重点任务、实现企业跨越式发展的必然选择。基于此，2014年2月，太原供电公司实施基于“三池”的重点任务全过程管理。

二、供电企业基于“三池”的重点任务全过程管理内涵和主要做法

太原供电公司为完成国家电网公司和太原市委市政府交办的重点任务，提高企业管理水平，通过设立“任务池”，将各项重点任务纳入“任务池”管理，理清其进度、节点和质量要求，明确各项重点任务的责任部门、配合部门和基层单位的职责；通过设立“资源池”，合理配置完成各项重点任务所需的人、财、物等核心资源及外部资源，为“任务池”提供资源支撑；通过增强有关部门（单位）的责任心，将重点任务纳入“三个平台”，建立定时分析总结制度，加强督促检查并分层管控，做到全过程管理；通过设立“成果池”，进行常规的成果评价奖励和成果设计，倒逼培育重点任务，保证重点任务完成质量，同时充分发挥重点任务成果的作用，通过转化共享，提高企业管理水平。主要做法如下：

（一）设立“任务池”，明确重点任务的进度、质量和目标

1. 成立重点任务管理机构，明确相关责任和权限

太原供电公司成立重点任务管理领导小组，由总经理任组长，其他公司领导任副组长，各职能部门主要负责人参与，对全公司重点任务管理实行统一领导，负责指导、监督“任务池”的设立，审定“任务池”内容。领导小组是责任主体，总经理为第一责任人。领导小组下设办公室。

2. 理清太原供电公司工作思路，将重点任务纳入“任务池”

在每年年初，国家电网公司、山西省电力公司、太原供电公司年度工作会议召开后，太原供电公司办公室组织各职能部门，认真学习会议精神，理清会议确定的工作思路，将会议的安排部署分解细化为若干个可实施、可控、能控的重点任务纳入“任务池”，将全公司重点任务集中到太原供电公司办公室统一管理。太原供电公司“任务池”在 2014 年明确重点任务 121 项，2015 年明确重点任务 125 项，2016 年明确重点任务 132 项。

3. 明确“任务池”中各项重点任务的目标值、质量评价标准和关键节点，实现重点任务可控、能控

“任务池”中的每项重点任务均需明确开始和结束时间、月度工作重点及关键节点、主要责任部门、配合部门、基层单位和分管领导，确保要素齐全、内容完整、可执行、可考核，具有计划性和指导性。重点任务开始和结束时间，是指根据太原供电公司的情况和重点任务的特点，对每项重点任务的开始和结束时间进行合理设置，保证每项任务依次开展、有效衔接、有序推进。月度工作重点及关键节点是指通过一定的数量指标明确重点任务的月度目标值，无法用数量指标表示的，则需明确可评价状态或完成百分比；同时设置质量评价标准以衡量重点任务实施的质量，达到对重点任务进度、质量进行管控的目的。主要责任部门是指承担重点任务推进主要责任的部门。配合部门是指需在重点任务推进过程中承担部分责任的部门。基层单位是指在重点任务推进过程中需配合开展工作的基层单位。分管领导是指分管重点任务和主要责任部门的公司领导。

4. 制定责任分解表，明确配合部门、基层单位职责

太原供电公司对照“任务池”中的部门、单位分工，制定各项重点任务的责任分解表，明确各项重点任务关键节点的具体要求，并将责任分解到配合部门、基层单位，使配合部门、基层单位不仅清楚知道自身所承担的职责，还进一步明白本部、单位在什么时间、做什么事、如何去做、做到什么程度，以便做到步调一致、团结协作，确保重点任务顺利推进。

（二）设立“资源池”，保障重点任务所需资源

1. 设立“资源池”，为“任务池”提供资源支撑

“任务池”设立后，太原供电公司针对“任务池”中每项重点任务，设立与之相对应的“资源池”，合理配置所需的人力、财力、物力等核心资源，争取公共关系、政策支持等外部资源，为重点任务的顺利实施提供保障。

人力、财力、物力等核心资源是指重点任务开展所需技术型和管理型人才、资金费用、物资设备等

资源的数量、质量及时间要求。公共关系、政策文件等外部资源是指重点任务开展所需、通过协调市县两级政府及有关部门争取到的政策和相关书证记录等外部支持。“资源池”集中到太原供电公司办公室统一管理，由办公室督促人力资源部、财务资产部、物资供应中心分头落实。2014—2015 年，太原供电公司对应“任务池”中的各项重点任务，形成涵盖所需资源的“资源池”数量分别为 352 项、355 项和 362 项。

2. 加强筹集和协调，为既定重点任务配置人、财、物资源

太原供电公司人力资源部制定内部人力资源市场化建设配套制度，完善临时借用、挂岗锻炼、岗位竞聘等配置机制，保证将人才及时配置到位。根据重点任务推进情况，财务资产部动态向上级公司申请资金，分别在每年的 2 月、6 月、9 月、11 月下达四批资金计划，保证将所需资金费用及时配置到位。物资供应中心出台太原供电公司物资全过程管理办法，采用集中招标、统一采购的方式，密切跟踪物资生产、到货验收、履约售后等环节，保证将重点任务所需物资设备及时配置到位。

为做好人力、财力、物力等核心资源的优化配置，太原供电公司建立重点任务资源协调例会制度。由办公室每周组织召开周例会，讨论各项重点任务所需人力、财力、物力等核心资源配置中存在的难点问题，开展针对性的分析研究，并根据重点任务的轻重缓急、推进情况，开展人力、财力、物力等核心资源的优化配置，统筹兼顾、协同发力，保证重点任务顺利推进。

3. 主动联系政府有关部门，争取重点任务所需政策支持

太原供电公司利用参加会议、专题汇报、文件简报等多种形式，定期向太原市委市政府领导汇报工作，主动走访市县两级政府和有关部门，赢得理解和支持，初步形成市领导亲自协调、监督部门重点督办、相关单位合力推进的重点任务协调机制。积极邀请太原市委市政府领导到太原供电公司现场办公，邀请市人大、市政协委员到太原供电公司视察，共同寻求企业发展难题解决之道。在省市主流媒体及时报道重点任务推进情况，以便使社会各界更加关注太原供电公司工作，营造良好的舆论环境。

(三) 增强有关部门（单位）责任心，提升重点任务的执行力

1. 加强主要责任部门、配合部门本部建设，提高各部门执行力

制定加强各部门本部建设工作意见，明确以建设“战略领先、管理科学、运转高效、开拓创新、追求卓越”的一流本部为目标，围绕“学习型、服务型、创新型、效率型、廉洁型、和谐型”六方面创建“六型本部”，促进重点任务涉及的有关部门增强责任意识、转变工作方法、加强协调配合，切实做到作风过硬、履职到位、运转高效。

开展本部建设“三亮三比”活动，在太原供电公司内部网站中设立本部建设专栏，组织重点任务涉及的有关部门在专栏中亮出自己所承担的重点任务、在重点任务中的职责、对重点任务推进进度及质效的承诺，比一比协同配合效率、重点任务推进过程中解决问题的数量、取得的重点任务成果，促进各部门重点任务推进的公开化、标准化和精细化。

2. 狠抓基层单位基础管理，提升基层单位工作效率

坚持以问题为导向，通过深入基层一线现场调研、组织召开座谈会、电话询问等方式，全面调研基层单位基础管理工作情况，切实掌握真实情况和第一手材料，确保把问题找准、原因找深。累计开展现场调研 130 余次、召开座谈会 50 余次。

细致梳理基层单位在重点任务推进过程中存在的问题，按照太原供电公司层面解决、基层单位自行解决两种类型，分别制定 A、B 类问题清单，对所有需要销号式管理的问题进行编号，逐一明确整改目标、具体措施，建立整改销号台账。针对整改滞后的基层单位，组建问题诊断专家组，开展现场督导和咨询服务，加快推进问题整改，以薄弱问题综合治理为突破，消除管理空白盲区，进一步提高基层单位重点任务推进效率。

（四）加强督促检查，实现重点任务全过程管控

1. 建立定时分析总结制度，分层强化任务管控

公司层面，建立“周报、月报”制度，办公室每周编制重点任务推进情况周报、每月编制重点任务推进情况月报，发放至公司领导、总经理助理、副总师，公司领导根据各项重点任务进展，视情况召开不同参会范围的重点任务推进会，针对存在的问题进行分析研究，明确主要责任部门、配合部门及基层单位需要跟进的事项、开展的工作，并印发会议纪要，以便督促检查。

部门层面，按周对基层单位重点任务推进情况进行协调指导，每旬对基层单位重点任务推进情况进行分析，每月对重点任务整体开展情况进行总结。通过电话交流、现场走访、召开会议等方式，加大对基层单位的指导和服务力度，将工作要求具体化、明晰化、可操作化，以便基层单位准确把握重点任务的目标要求和方法措施，更好地开展工作。

单位层面，建立“周监控、旬分析、月总结”管理模式，组织一线班组和管理人员认真分析问题，及时总结反思，主动改进不足，以工作质量评价实施效果，确保重点任务的进度和完成质量。例如，滨河供电公司将降损重心转到低压线损管理，高损台区降低 59.6%；配电运检室重新绘制配电线路图，实现设备资料与现场实际相对应；信息通信公司充分利用信息系统开展故障研判，故障查询时间缩短 5 小时；市场及大客户服务室打破传统业务受理模式，业扩流程时限缩短 60%。

2. 纳入“三个平台”监督考核，保证重点任务有效落实

太原供电公司通过将重点任务过程管控纳入协同办公、运营监测、绩效考核“三个平台”，以行之有效的抓手，激励公司上下用心谋划、有序推进，凝聚强大合力。

为促进重点任务的扎实落地，太原供电公司在协同办公系统中加装重点任务督查督办模块，并按照“分层分级、编号管理、过程督导、闭环销号、量化考核”原则，建立重点任务督查督办制度，强化重点任务的立项交办、督促检查、反馈通报、考核评价等关键环节管控，做到重点任务推进到哪里，督查督办就跟进到哪里。把督促检查与考核评价结合起来，树立“马上就办、真抓实干”的良好作风，全面提升太原供电公司管控力和执行力，确保重点任务件件有着落、事事有结果。

为驱动重点任务改进提升，太原供电公司将重点任务纳入运营监控平台，进行全天候、全方位、全流程即时在线监测及自动预警。同时，办公室对监测结果开展针对性、系统性的分析与评价，形成重点任务分析报告，通过横向协调、纵向贯通等方式，对发现的问题进行警示并协调解决。

为激励员工扎实进取，太原供电公司将重点任务考核纳入绩效考核平台，完善领导干部经营绩效考核，建立以业绩为主，综合考虑德、政、勤、绩、廉的干部履职档案，跟踪考评工作实绩，更加看重业绩、能力和担当，让“肯干事、能干事、干成事”的人发挥更重要作用。完善目标任务制考核，将影响重点任务考核占比提升至 70%，科学评价各部门（单位）贡献，量化能动性评价，激发员工的积极性和创造性。完善基层一线员工工作积分制考核，突出重点任务进度和质量评价，加大绩效薪金按照定额直接兑现的力度，激励员工与企业共同成长。建立太原供电公司绩效管理系统，依托信息化手段开展绩效评价。

（五）设立“成果池”，促进成果转化和运用

1. 设立“成果池”，对成果进行设计、分类

太原供电公司以“任务池”为基础，针对每项重点任务，统筹开展成果梯次设计，按照重要程度进行差异化、精细化分类，形成涵盖机制类、实践类和荣誉类 3 种类型，包括公司级、部门级、单位级 3 个层面的“成果池”，以重点任务培育成果，以成果倒逼重点任务，以便加强对重点任务整体完成质量的管控。机制类成果是指通过重点任务开展形成的管理机制、管理制度等，能够为后续重点任务开展奠定基础；实践类成果是指重点任务实施中取得的重要突破、典型经验和管理创新等；荣誉类成果是指取

得的荣誉、获得的奖项等。

“成果池”中，对各项重点任务的成果转化要求进行明确，对形成的管理机制、典型经验、管理创新等进行科学评估，争取各类荣誉和奖项，形成更多典型经验和管理创新。按照公司级、部门级、单位级进行分解，建立横向分解到部门、纵向贯通到单位的责任体系，将压力和责任传递到各专业、各岗位，实现全覆盖、无死角，提高成果培育的效率，促进成果运用和成果转化。在重点任务推进过程中，与成果设计进行对比分析，及时找出问题并进行改进。

2. 强化评价，加大对重点任务成果的激励力度

为更好地调动各部门（单位）完成重点任务的积极性，太原供电公司健全完善创新评价管理办法，将重点任务成果作为重要内容纳入太原供电公司创新评价管理体系。每年对各部门（单位）重点任务完成后的成果进行评价，评价结果与部门（单位）和其负责人的年度考核挂钩。为增强评价的准确性和可操作性，太原供电公司设立奖励指标，主要采用定量指标进行评价，少数定性指标也做量化处理。此外，太原供电公司设立重点任务成果专项奖，进一步加大对重点任务成果的激励力度，对获得的各级各类荣誉、奖项实行“明码标价”，对做出突出贡献的部门（单位）及个人进行专门奖励。

3. 充分发挥重点任务成果的作用，提高企业管理水平

重点任务成果转化共享可以使各部门（单位）及时了解运用先进经验，为下一时期“三池”的编制提供重要依据。太原供电公司十分注重重点任务成果的转化共享，将已经成功培育的成果通过内部网站发布、经验交流、创新讲堂等方式实现共享。累计通过太原供电公司内部网站发布重点任务成果 126 项，组织开展经验交流 31 次，举办创新讲堂 10 期。

通过交流共享，为重点任务成果的转化奠定基础，在促进各部门（单位）管理集成和创新意识不断提高的同时，也为各部门（单位）提供技术检索和信息分析的共享平台，使各部门（单位）管理制度不断规范完善，管理理念和手段不断更新。

三、供电企业基于“三池”的重点任务全过程管理效果

（一）圆满完成国家电网公司和太原市政府交办的各项重点任务

太原供电公司投产 110 千伏及以上输变电项目 19 项，变电站、线路、变电容量分别增长 22.5%、54.6%和 51.1%。完成农网升级改造、城市配网建设改造等项目 175 项，配电变压器、线路分别增长 22.48%和 35.49%，路灯亮化 172 个行政村，建成电气化县 3 个、电气化乡 38 个、电气化村 616 个。配合市政工程迁改电力线路 110 条、长度 430 公里，保证道路建设改造顺利推进。完成 3524 户“多表合一”改造，为智慧城市建设做出积极贡献。在全国率先编制市级电动汽车基础设施规划，完成迎西电动汽车充换电站改扩建和铜锣湾、南海街城市快充站，为电动公交车运营奠定基础。圆满完成 3000 余个充电桩供电任务，有力保障电动出租车上路运营。

（二）重点任务成果转化运用效果显著，企业管理能力和水平有效提升

太原供电公司管理集约、业务集成、资源共享、运转高效的“三集五大”体系全面建成，形成基于“五位一体”新机制的现代企业管理架构，公司发展方式转变取得重大突破。太原供电公司理清各项重点任务之间的结构层次与关系，实现规范化、流程化管理。对各部门（单位）明确责任划分，避免职能交叉重叠，实现过程的精细化管理。对重点任务实行全方位督查监控，采用必要的考核激励制度，提高各部门（单位）工作积极性和主动性，确保重点任务的优质性。在同业对标中，太原供电公司在国家电网公司 31 家大型供电企业中排名提升 10 名，在山西省电力公司 11 家地市公司中成为标杆单位。

（三）经济效益和社会效益明显

经济效益方面，太原供电公司增售、减失电量 15.07 亿千瓦时，同口径电量从 203.84 亿千瓦时增长至 211.85 亿千瓦时，增长 3.93%；线损合格台区占比提升 38.51 个百分点，综合线损率降低 0.56

个百分点；主营业务收入从80.92亿元增长至89.99亿元，增长11.05%；全员劳动生产率从101.05万元/人·年增长至123.18万元/人·年，增长21.9%；固定资产增长117.15%，突破百亿大关；利润总额增长26.78%，整体运营效率和综合实力大幅提升。

社会效益方面，实现电能替代11.9亿千瓦时，相当于在能源终端消费环节减少标准煤消耗37.6万吨，减排二氧化碳93.76万吨，减排二氧化硫、氮氧化物2.37万吨。开展合表客户“一户一表”改造近30万户，居民用电成本下降30%以上。城乡用户年均停电时间分别减少3.6小时和13.2小时。解决2.76万户“低电压”和全部无电人口通电问题，城市电压合格率、供电可靠率分别达99.999%、99.987%，农村电压合格率、供电可靠率分别达99.785%、99.963%。分布式光伏并网123户、11321.45千瓦。客户自助缴费率达97%以上。

（成果创造人：贾俊国、郭振东、郭学英、张鹏宇、韩　炜、王　佳、郝　祎）

价值链嵌入全过程的“三关两全”质量经营管理

广东坚美铝型材厂（集团）有限公司

广东坚美铝型材厂（集团）有限公司（以下简称坚美公司）成立于 1993 年，坐落于全国唯一的铝合金型材产业知名品牌创建示范区——广东省佛山市南海区，是一家集铝合金建筑型材、工业型材和铝门窗幕墙研究、设计、生产及销售于一体的大型民营企业，产品广泛应用于建筑、轨道交通、船舶、国防军工等领域。产品销售覆盖全国 30 多个省市，远销全球 70 多个国家和地区，在国内外分布 500 多个经销网点。2013 年，坚美公司成为行业唯一一家获得广东省政府质量奖企业。2015 年成为行业内首家获得质量领域最高荣誉——“中国质量奖提名奖”的铝型材企业。

一、价值链嵌入全过程的“三关两全”质量经营管理背景

坚美公司在经营过程中意识到，企业在生产过程中，顾客需求得不到全面的关注和实现，以至于顾客价值难以实现；对所生产的产品缺乏研发创新，导致生产的效益难以提高，产品质量难以保证；生产制造中的生产效率、信息化程度不够高，企业难以保持竞争力，难以实现转型升级。

坚美公司意识到，要实现第一品牌的目标，只照搬固有传统的管理模式还不够，必须要逐步形成一套适合本企业特点的经营管理方式方法，并将其提炼为简洁明了的管理模式，这样才能更有利的理解、掌握、应用和推广。

二、价值链嵌入全过程的“三关两全”质量经营管理内涵和主要做法

坚美公司将价值链嵌入企业经营全过程，从向顾客销售产品转变为向顾客创造价值，实施“三关两全”经营管理模式。“三关”是指关注顾客需求、关注研发创新、关注两化制造；“两全”是指以质量工具集成应用为支撑的全员质量改进，以数据为基础的全过程质量追溯。以为顾客创造价值为核心，以研发创新为驱动，以两化制造为驱动，以“两全”为保障。通过价值链嵌入设计、生产、销售和服务全过程，实现从传统质量管理到全面质量经营模式的跨越。同时，还将“三关两全”整理形成有序推进、相互促进、不断改进的 PDCA 闭环系统，进行不断自我修复和提升。主要做法如下：

（一）明确“三关两全”管理模式总体思路

1. 以“为顾客创造价值”为核心

企业在经营全过程中将“为顾客创造价值”作为“三关两全”的核心，并建立内部及外部顾客的大顾客概念。首先对外部顾客，公司结合自身技术实力优势，深入研究用户购买产品的真实需求、潜在需求以及对社会环境影响等因素，将满足这些需求作为创造价值的过程，实现由销售产品到创造价值的转变。同时，企业还建立内部顾客概念，各经营环节的全体员工将本职工作的下一环节视为自身的内部顾客，将本职工作的输出不再单纯视为产品或服务，而要思考如何将自身的工作为下一经营环节即内部顾客创造价值，形成价值链的不断传递，实现价值链嵌入经营管理的全过程。

2. 重视关注顾客需求、研发创新和两化制造

关注顾客需求就是为顾客（内部和外部顾客）创造价值，使质量经营管理的目标更为清晰，导向更加明确，是“三关两全”的输入源泉。坚美公司通过将外部客户按业务群体分类，采用差异化的信息收集，并成立以销售部、市场客服部、企业技术中心为主的需求信息管理办公室，制订《顾客需求信息收集及整理管理制度》等文件。采用多渠道、多元化方式，了解不同顾客群体的需求与期望，把收集的信息经过整理、汇总、分析，每月形成《顾客信息分析报告》，包括市场分析、产品分析、质量分析、服

务分析等内容，作为公司产品研发、市场开发、过程改进、服务提升的决策参考和依据。对于内部顾客的需求，主要通过意见箱、调查问卷、上下游部门交流和内部投诉等方式获取。通过整理这些顾客的需求信息，使其成为公司产品研发、服务理念转变的导向。

关注研发创新就是围绕为顾客创造价值所制定的一系列产品研发、技术创新、管理创新、文化创新等的举措和实施。不仅满足顾客需求，还保持企业的领先和竞争力优势，使价值链传递和服务改善的导向更加明确，是“三关两全”的重要驱动力。坚美公司建立总体的创新体系，每年投入研发资金不低于销售额的3%；成立国家企业技术中心、博士后科研工作站、国家认可实验室等多个自有研发检测平台，与国内外高校、科研单位、企业合作建立多个专业研发机构。为创新工作的开展提供资金投入、人才保障、运行机制及基础设施等，有力地支撑技术进步和研发创新能力的提升。同时，将客户、用户的需求信息嵌入到研发、客服等相关部门工作当中，为客户提供设计和技术支持、标准和规范指导等方案，从而满足客户对定制化、产品性能及环保理念等方面的期望。

在技术创新方面，坚美公司通过建立“技术情报信息系统”，围绕顾客需求等进行国内外铝型材行业发展现状、市场变化、顾客需求等重要信息的收集和分析，围绕企业创新体系和战略，开展科研技术项目，突破行业关键技术，同时依托企业ERP信息系统，QFD、TRZE等工具对研发创新过程进行监控及分析，随时查阅科研进展情况，对问题进行及时反馈。此外，通过开展QC小组、技术改善会等多元化群众性活动，实现全员技术创新及改进，逐步形成企业技术创新核心技术，成为以超高层建筑幕墙铝型材及门窗系统的解决方案，新材料及大型、复杂断面铝型材的应用技术和绿色、节能生产技术研究与应用为重点的创新型企业。

在管理创新方面，坚美公司通过识别顾客、市场等相关方的需求，创新形成新的管理方法、管理手段及管理模式等，如创新形成“提升顾客价值的门窗系统解决方案”的质量管理方法；提出价值链嵌入全过程的“三关两全”质量经营管理模式、“五星级车间管理模式”及“时间轴订单管理模式”等，取得很好的管理效果及效益。如创新提出“时间轴订单管理模式”的应用方面，因市场竞争日趋激烈，企业按订单要求及时交货显得越来越重要，按时交货赢得的不仅仅是信誉，还赢得市场。如何更好地控制交货期，保证及时交货，一直是铝加工企业关心的重要问题。坚美公司通过对产品设计、物料准备、生产计划安排、生产制造、质量控制等方面进行综合考虑，在行业内创新形成时间轴订单管理法，结合JMERP信息管理系统，进行生产能力分析，实现订单交货期的规范管理，及时交货率从2013年的93.42%提升到2015年的97.13%。在保证交货期的同时，降低生产及管理成本，提高顾客满意度及企业市场竞争力。

在文化创新方面，坚美公司一直将“为中国和世界高端建筑与重要装备提供高质量和人性化的专业铝材产品和服务”作为企业使命，以成为“中国铝型材行业的第一品牌，打造百年坚美”为企业愿景，以“坚持追求完美”作为核心价值观。为实现使命、愿景和价值观，推动“全员改进”工作，坚美公司极力推动“三心（齐心、认同心、开心）文化工程”建设，开展形式多样的文化活动，如“我爱坚美”演讲比赛、工艺标兵评选、QC小组比赛、技改创新和合理化建议等。同时，推出工龄补贴、交通补贴、话费补贴和住房补贴等关爱员工的措施，强化“创新、品牌、完美、共赢”的质量文化传播，使员工提高认识，统一思想，使公司发展成果实现全员参与、全员分享、全员获益，让大家在解决满足顾客需求实施的过程中完善自我，在提升企业文化软实力过程中不断成长，从而凝练出具有坚美特色的创新文化。

关注两化制造就是聚焦“为顾客创造价值”，在营销、设计、生产、货运、服务等方面通过采用“工业化（自动化）和信息化”的举措，实现价值链传递的高效运作，是不断提高“三关两全”运用水平的重要手段。坚美公司通过建立两化融合管理委员会，构建两化融合管理体系文件，将工业化与信息化进行全面融合。利用自主开发的JM－ERP信息管理系统，将信息化与创新、生产、营销、管理、决策相结合，在实现机械化、电气化、自动化的基础上进行数字化、网络化和智能化建设，进一步提升企业的自动化水平，高效地解决“顾客需求”“创新要求”，不断夯实企业持续发展的基础，从而实现柔性制造和高效的混线生产，形成规模化制造，很好地解决交货期和降低生产成本等问题，提升企业整体的核心竞争力。坚美公司构建完善的两化融合管理体系文件，如制定《两化融合管理手册》、22个两化融合控制程序文件及3个制度文件。阐明与两化融合活动有关人员的职责、权限和相互关系，并规定两化融合各项活动的方法及准则，充分保障企业两化制造的先进水平。

3. 实施以质量工具集成应用为支撑的全员质量改进和以数据为基础的全过程质量追溯

坚美公司不仅强调通过学习提高全员的素质，更强调通过培训提高全员质量改进的技能，并通过全员全过程的质量工具的集成使用，重视数据分析及知识管理，形成公司持续改进的质量文化。

坚美公司通过推动“三心企业文化（认同心，齐心、开心）”工程建设，开展QC活动、技术改善活动、质量月活动、合理化建议和技改创新活动，根据质量战略需求建立“533”三级培训机制（即管理人员每月培训5小时，生产一线员工每月培训3小时，后勤人员每月培训3小时）、积极推动“人才种子培育”工程，以及通过引进数名欧洲与日本专家，建立国际化创新技术团队，实现制造技术和管理方法的跨越式发展。采用形式多样的质量工具应用于培训学习和推广活动，如：采用QFD质量屋工具，了解客户需求，得出研发重点；采用TRIZ质量工具对产品进行优化设计；采用FMEA工具识别产品设计、工艺生产和产品制造过程可能出现的失效模式及后果分析等，并制定有效措施降低风险。这样，一方面可以充分调动全员参与质量改进的积极性，另一方面可以全面提高员工素质，为员工积极运用质量工具提供有效的保障。

在应用“三关两全”过程中，通过“以数据为基础的全过程质量追溯”，公司有效对各项工作进行全程实时监控和记录，不但发现技术异常问题，而且为后续发生的异常问题提供快速、准确、有效的经营质量追溯保障，着重解决满足客户需求实施过程中的自我完善问题，为改进和完善公司质量管理提供有力支撑。

坚美公司建立以数据为基础的全过程质量追溯系统，实现24小时内完成全程追溯，为实现生产质量过程控制改进提供可查询依据，使产品召回和内部返工的范围降到最低，快速满足顾客要求，有效预防或减少由于质量问题带来的巨大损失，提高企业抵御风险的能力，赢得顾客的信任和青睐，有效提高企业的竞争力。通过实施质量追溯体系获得显著效果，产品废品率、顾客投诉率、退货率都有所降低，顾客满意度有所提高，没有发生重大质量事故。

（二）管理模式的应用措施

坚美公司非常重视质量保证和提升工作，结合自身的“三关两全”质量经营管理模式，主要采用硬件、软件和创新等方式作为质量的基础、保障和提升的手段。

1. 硬件作基础

在硬件方面，不断引进国内外先进技术装备，并重视生产装备的升级改造和技术创新，提升装备自动化水平和效率，尽量减少人为因素干扰，使装备水平处于行业领先地位。同时，购置国际先进检测仪器设备100多台套，建立国家认可实验室，充分保证产品质量的稳定性和先进性。通过完善的ERP系统管理，促进两化制造水平成为企业竞争新优势。

2. 软件作保障

一是建立完善的质量责任体系。为保证产品及服务质量，坚美公司建立完善的质量责任体系，确立各层级的“一把手”为质量第一责任人，从法人代表、首席质量官、各车间主管到班组长，逐级签订质量责任状，明确规定企业每个人在质量工作上的责任、权限，从源头控制产品质量。同时，公司严格落实质量安全岗位责任制，实施质量安全“一票否决”及全员责任预防制，确定从原料进厂、熔铸、挤压、表面处理等各环节的质量安全控制关键岗位及关键点，并通过绩效考核等方式予以监督，有效防范质量安全事故的发生，充分保障产品质量。

二是建立行业领先的标准体系，确保产品质量。坚美公司是“AAAA级标准化良好行为企业”，坚持以标准化为引领，建立870项高于国家标准的企业标准，覆盖从设计、采购、设备、生产过程、检验、包装运输、售后服务到安全、环保、职业健康、能源、信息等各个经营环节。这些标准的有效运行，成为产品质量的有力保障。迄今为止，坚美公司共主导或参与制定国际标准1项、国家及行业标准达92项，成为行业标准制定的领军企业。

三是建立全过程关键工序质量控制点和工艺质量监视与测量机制。依托坚美公司自主开发的ERP信息管理系统，设定100多个关键质量控制点，实现全过程质量控制追溯。

四是坚持追求完美的质量文化引导。建立“533”三级培训机制，在推动坚美公司“三心文化”（认同心、齐心、开心）和“人才种子培育”工程的基础上，通过五星级车间管理、QC小组、合理化建议、技改创新以及质量月等形式多样的质量改善活动，在外籍专家的指导下，促进QC新老工具、SPC、QFD、MSA、FEMA等质量工具的有效运用。开展全员、全过程、全方位的质量文化和工艺改善活动，为质量提升提供有力的支撑，形成具有坚美公司特色的“创新、品牌、完美、共赢”的质量文化。

3. 创新促提升

坚美公司以优良的品质成为行业的质量标杆企业。为保持行业高端质量地位，公司通过持续创新，不断提升产品质量。在关注顾客需求的基础上，不断加强创新管理机制，注重新材料研发、新产品设计、关键核心技术研发和工艺技术改造等，实现提高产品价值的同时提升企业整体品牌形象，形成持续竞争优势，让创新成为质量经营管理的持续驱动力。

一是组建行业一流的研发平台。坚美公司拥有国家级企业技术中心、博士后科研工作站、广东省铝材工程研发中心、国家认可实验室等行业一流的科研和检测平台，同时在标准技术研究方面，建立“GB 5237《铝合金建筑型材》国家标准研制创新示范基地”和“ISO 28340国际标准研制创新示范基地”（国家有色金属标委会颁发）。这些创新平台在产品研发和解决方案设计方面，根据顾客个性化需求，及时转化到产品研发中，形成技术标准并推广应用，确保创新活动有序开展、稳定运行以及成果的高效转化，促使企业产品质量不断提升。

二是建立创新保障体系。为保障技术创新的有效开展，坚美公司在人力资源、研发设施及研发资金等方面不断加大投入。在人力资源方面，通过智力引进和自身培养的方式，建立行业首屈一指的科研人才队伍；在研发设施方面，建立9000T大型挤压、立式氧化等国际先进的科研生产线15条，配备价值1.2亿元的国际先进检测仪器设备；在研发资金方面，每年为研发独立划款，研发经费保证在销售额的3%以上；在研发制度方面，颁布24个研发制度指导研发，建立创新项目六级评级奖励制度、专利技术奖励制度等激励机制，并利用国家企业技术中心、博士后科研工作站等科研平台，为研发工作提供源源不断的创新动力。

三、价值链嵌入全过程的“三关两全”质量经营管理效果

（一）质量管理水平得到提高

形成大质量观理念，推动坚美公司“研发创新”“两化制造”“全过程追溯”和“全员改进”等工作，促进质量管理水平的提高，形成良性循环。以“两全”为支撑，有效保障质量管理工作，预防或减少质量波动，夯实质量基础，提升企业抵御质量风险能力。同时，为推动“全员质量改进”工作，通过“三心”文化工程等建设，强化“创新、品牌、完美、共赢”的质量文化传播，使员工提高认识、统一

思想。通过以质量工具集成应用为支撑的全员质量改进，让全员在解决满足顾客需求实施的过程中完善自我，在提升企业文化软实力过程中成长，凝练出具有坚美特色的质量文化。

（二）实现高水平创新

一是以关注顾客需求为创新出发点，明确创新思路。用创新解决顾客需求过程中突出价值导向及未来行业领先需要突破的问题，更好地解决顾客的需求和期望，不断推动质量、品牌和效益的提升，落实公司创新战略。二是以质量工具集成应用为支撑，发挥创新平台作用。根据顾客个性化需求，通过集成应用 QFD、TRIZ、DOE、FMEA 等各种专业化质量工具作为支撑，提供一站式解决方案，及时将顾客需求转化到产品中，将核心技术转化为技术标准并推广应用，从而更有效地发挥创新平台作用，确保创新活动的有序开展、稳定运行以及成果的高效转化，使企业创新工作保持有序、健康发展。三是以两化制造和质量全程追溯为保障，提升创新能力。利用两化制造，进一步提升企业的生产力，提升产品质量，更高效地通过创新去解决顾客需求。

（三）品牌形象得到极大提升

坚美公司为顾客提供超值的产品和服务价值，并致力让顾客感知到这种价值，从而形成良好的品牌烙印，打造品牌知名度和提升满意度，让顾客最大程度分享到品牌的效应和附加值。坚美公司建立和实施《品牌维护管理制度》，建立品牌维护管理组织架构，利用工业化的发展加速品牌维护信息化建设步伐，建立品牌危机管理的预警系统，实现顾客投诉、品牌保护及品牌危机处理全天候远程监控和反馈。通过关注“两化制造”、实施“全过程追溯”和“全员改进”等工作，建立完善快速反应机制，寻找短板，制定、修正渠道策略，提高顾客服务水平，帮助企业完善顾客关系，进而促进品牌维护管理工作的提升，成为行业品牌排名第一，奠定用户首选品牌的发展基础。

（四）取得良好效益

一是在质量效益方面，以“两全”作为产品质量和服务质量的坚实基础，在质量管理工作上得到长足的进步，各项关键质量指标呈现良好的发展态势，产品在各级监督机构的质量监督抽查中均为合格。二是在创新效益方面，在 2014—2016 年，完成政府科研项目 7 项，承担国家科技项目 2 项；获得专利授权 357 件，国际专利授权 1 件，发明专利 8 件，实用新型 55 个，外观专利 37 件，申请 PCT 专利 7 件；各类标准研制总数达 93 项，其中国际标准 1 项，国家标准 57 项；突破多项绿色建筑、轨道交通、清洁生产等领域的关键技术。三是在品牌提升方面，坚美品牌获得广大顾客的认可和肯定，以顾客需求的满足作为坚美品牌定位的关键支撑点，以市场未来变化趋势为指引，并对比竞争对手的品牌策略及规划，强化自身品牌的整体形象及市场影响力，从而支撑公司高速发展。此外，在过去的四年，公司销售收入一直保持良性增长，市场占有率持续提升，特别是在近年经济低迷的大环境下，公司业绩依然能够逆市上扬，成为行业转型升级和效益方面的标杆，近几年业务收入、利润总额等指标均实现快速增长。

（成果创造人：刘建辉、曹湛斌、周玉焕、于志龙、
阮涛涛、刘辉丽、徐龙辉、何俊明、张凤玲）

自主创新与协同管理

大型运输机全三维数字化网络协同研发管理

中航工业第一飞机设计研究院

中航工业第一飞机设计研究院（原603所，以下简称一飞院）始建于1961年，现有员工2800余人，经过50多年的发展现涵盖飞机总体、强度、结构、系统、四性保障、适航与质量管理等十多个大专业、194个子专业，是国内规模最大、软硬件设施最齐全的大中型飞机设计研发基地，是中国航空工业的骨干科研力量。建院50多年来，一飞院承担了我国大部分大中型飞机的设计研发任务，先后成功地研制了我国第一代支线客机——运七飞机、第一架空中预警机——空警I号等十多种型号的军民用飞机，树立了中国航空工业史上多座里程碑，被国家授予“航空报国重大贡献单位”“国家科学技术进步特等奖”“国防科技工业武器装备型号研制金奖”等多项殊荣。2007年，一飞院正式承担了我国运－20大型运输机研制任务，经过6年多的持续努力，于2013年实现首飞，再一次开创了中国航空史上新的记录。

一、大型运输机全三维数字化网络协同研发管理背景

（一）满足国家战略亟需、按时完成大型运输机研制任务的需要

大型运输机是大国重器，是提供战略机动和应急保障能力的关键装备。美国、俄罗斯相继研发和装备了多型大型运输机，形成了强大的空中运输力量，有力支援了历次军事行动，并为现代战争中的加油机、预警指挥机等特种飞机提供载机平台。我国长期受制于缺乏大型运输机的局面，空军战略运输力量捉襟见肘、大型特种飞机发展受到瓶颈，抗震救灾等各种人道救援行动力有不及，自主研制大型运输机迫在眉睫。作为具有复杂系统特征的单一产品，大型运输机由数百万零部件构成，工程复杂程度比肩航天飞机、航空母舰；大型运输机研制涉及航空、新材料、精密加工、高性能计算、先进机电等高精尖产业和技术领域；作为高技术产品，只有美、俄等少数国家具备研发和制造能力，并控制关键技术和相关产品的输出。随着经济发展水平的提高，自主研制具有当代先进水平的大型运输机对提升工业水平、促进国民经济转型发展具有重要意义。

（二）改变行业传统范式、提高我国航空产业链竞争力的需要

大型运输机大量使用新技术、配套产品同步开发，研发制造过程中的资源需求远远超出“一厂一所”的范畴；参研单位水平参差不齐、零部件标准千差万别，售后与服务保障边界不清晰、机制不健全，对保证大型运输机的研制质量和效率可谓挑战重大；新一代信息技术的发展改变了航空产业传统的行业范式，飞机制造已经从传统的真实物理空间的制造向虚拟空间的制造延伸，既向制造前的虚拟设计、装配延伸，又向软件、数据集成的虚拟开发延伸。大型运输机的研制无疑对整个行业挑战巨大，必须依靠信息技术的支撑，突破“一厂一所”的协作模式、统一技术标准、建立全过程管控体系，才能保证研发质量和效率，提升全产业链竞争力。

（三）构建企业新型研发模式、提升企业研发能力的需要

进入新世纪后，一飞院先后完成新飞豹、大型预警机、新支线等机型的研制，成为国内一流并具国际竞争力的大中型军民用飞机研发单位。但是，面对大型运输机给定的研制周期只有同类飞机的一半，一飞院能够投入的研发人员也只有同行业水平的一半，而且研制队伍非常年轻，缺乏相关工程经验和技术积累，因此飞院必须运用先进的管理手段和信息化技术，率先升级研发组织模式和打造基于信息化的全新研发流程，向管理要效率、用信息化带动创新能力升级，从而提升和保证整个研制过程的高效率、高质量、高水平。

二、大型运输机全三维数字化网络协同研发管理内涵和主要做法

一飞院突破传统的“一厂一所”的协作模式，从研制链纵向协同和专业内部横向协同出发，针对大型运输机跨地域、多企业、多专业联合研制的新模式，将MBD标准、工程项目管控协同、总体方案设计协同、全机关联设计协同、设计制造研制协同、设计试飞验证协同和综合保障服务协同等管理创新方法纳入大型运输机的研制链中，形成支撑大型运输机研制的“一个基础，六个协同”新型模式，成功研制出我国历史上吨位最大、最先进的大型运输机，使中国跻身世界上少数可以自主研发200吨级大型运输飞机的国家之列。主要做法如下：

（一）变革传统研制模式，谋划网络协同研发管理框架

1. 变革业务协同流程，奠定协同研制基础

以并行工程方法为指导，围绕设计内部的多专业协同机制和设计与外部研制链环节的协同机制，开展协同业务过程的全面梳理和定义，在此基础上按照并行工程思想对各个业务过程的业务流程进行流程变革，从项目管控、构型控制、方案迭代、产品设计、数据发放、生产问题管控等方面，构建完整的协同研制流程体系，奠定协同研制的基础。

2. 建立协同研制IT架构，形成信息化应用基础

坚持“统一IT架构”和“统一IT治理”的总体思路，按照大型运输机研制全生命周期各阶段核心业务需求，充分考虑全价值链、全产业链的协同，加强顶层设计，通过业务流程、工程数据、标准规范、软件平台等多个管理要素全面综合和统筹规划，精心构建支撑大型运输机全域协同研制平台框架，为大型运输机全三维协同研发管理平台提供有效牵引，保证大型运输机数字化研发规范、有效、协调推进，形成信息化应用的基础。

3. 策划“一个标准、六个协同”的实施方案

在大型运输机研制中，充分借助信息化技术和管理手段，采用“一个基础，六个协同”（以制造标准奠基，实施工程项目管控协同、总体方案设计协同、全机关联设计协同、设计制造研制协同、设计试飞验证协同和综合保障服务协同）的总体架构，创新复杂航空装备研发模式，并按照总体架构指导整个协同体系和平台的构建，突破我国大型运输机数字化设计、制造的体制机制瓶颈、能力瓶颈。

（二）建立全三维设计标准，全流程贯通零部件数据信息

1. 由典型对象验证逐步拓展到全机工程应用

一飞院牵头全面推行基于模型的设计即全三维设计，以大型运输机机头结构设计为例进行标准规范体系试点研究，通过试点应用对标准规范进行迭代完善，并逐步拓展到机头的设备安装、电气设计等，建立一套由30份顶层标准规范、379份操作文件组成的完整数字化标准规范体系，实现大型运输机机加、钣金、复材、管路、电气线束等12万项零部件的全三维数字化设计。

2. 由设计的全三维向制造的全三维逐步推广

在设计实现全三维化的牵引下，通过管理推动所有制造部门全部按三维唯一数据源进行设计、制造，检验部门通过直观的三维信息表达和实物进行清晰的对照检验。以机翼研制为例，实现零组部件的自动定位、测量和姿态调整，以及自动钻孔、精加工和连接，满足高精度、无应力、长寿命的柔性装配需求，提高装配的质量；建立多条数字化制造生产线，涵盖零件的数控加工、数控弯管到装配自动钻铆、机翼机身超大部件的数字化对接装配和数字化制造检验等，实现无余量精确加工和超大部件的一次对接成功。通过推行全三维标准，大幅提高效率和质量，为研发效率的总体提高打下了基础。

（三）实施项目管控协同，构建“多地统一”管理模式

1. 统一项目管控组织

在大型运输机信息化应用推进过程中，成立由一飞院、西飞、成飞、沈飞、陕飞、哈飞、572等单

位组成的领导小组，负责协调各单位推进工作，对重大问题进行技术决策；同时针对不同领域的专项问题组建跨组织的IPT团队，具体负责日常技术攻关；发布总师决定单等各类文件，对研制全线的软件工具选型、标准规范选择等进行规范，实现统一指挥、有效管控和高效沟通。

2. 统一项目管控流程

建立涵盖计划管理、沟通管理、技术决策管理和质量管理等功能的项目管控中心，对研制过程中的机体研制计划、成品研制计划、试验件研制计划等进行跟踪控制，为项目管理和决策提供依据和保障；通过五类生产文件的集中一致管理，确保文件跨地域、跨企业传输，处理流程信息显性化，保证生产现场质量控制；通过飞机单架次零件动态查询清册，保证研制过程中工程数据的准确性、及时性；通过对工程更改实施过程进行管控，确保技术状态准确可控；通过建立协同讨论区和网络可视化会议，为各参研单位提供非正式数据交换平台，提高沟通协同的效率。

3. 统一项目管控平台

在研制过程中，一飞院基于金航涉密网，构建大运项目管理平台，实现上至集团公司，下至参研单位顺畅贯通的项目管控协同平台，使得项目管理要素集中统一管理，实现基于网络的远程靠前指挥，满足超大复杂项目管理需求，提高管理效率，保证型号研制协调、有序开展。通过实施项目管控协同，实现了型号研制统一管理，提升了技术决策、管理沟通、质量控制过程的规范化程度和效率。

（四）实施方案设计协同，加快方案优化迭代效率

1. 建立总体协同设计平台，有效规避顶层重大风险

飞机总体布局与优化设计，集成飞机设计的流程管理、布局、气动、性能、重量、隐身、优化等软件，可实现模型、数据的统一和分析过程的全参数化，实现总体布置设计、重量分析的流程化、自动化和规范化，大幅提高设计效率。在此基础上构建飞机总体方案优化协同平台，打破传统串行设计模式，改为以数据中心驱动的柔性方式，实现总体方案的快速设计、更改。

2. 建立强度自动化平台，释放大量有效工作时间

强度自动化设计平台，将强度分析校核的各种方法、工具和标准集成到统一的平台上，定制各类强度校核流程模板，实现流程驱动的强度自动化校核和报告自动生成，使得飞机结构强度设计工作的方法和手段发生了革命性的变化，实现大型运输机研制过程中“三天一轮载荷、七天一轮强度”的型号设计要求。

3. 建立系统数字仿真平台，解决多系统集成质量问题

以起落架系统为例，建立系统数字仿真平台，将起落架系统多学科分析仿真流程进行模板化，形成起落架多体动力学仿真、起落架控制系统仿真分析、起落架动态特性分析等多种流程模板，将起落架结构设计和系统设计进行集成和综合，通过一维的系统仿真模型驱动多体动力学模型，实现对滑跑、转弯、落震等不同工况下起落架结构和系统方案性能的综合评估与优化。

通过实施方案设计协同，极大地优化了研发流程，提高了设计效率，有效规避了顶层重大风险，保证了设计质量，实现总体方案综合性能的优化。

（五）实施关联设计协同，打通专业间时间和空间壁垒

1. 组织保障、标准先行，建立关联设计研制规范

型号研制、标准先行，尤其在关联设计这种改变设计人员多年工作习惯的新模式推进中。一飞院成立涵盖总体、结构、系统、信息化和标准的IPT团队开展关联设计标准体系攻关，从骨架模型分类、骨架模型元素定义、成熟度定义等方面建立完整的关联设计标准规范，对骨架模型构建及接口发布、成熟度控制的并行设计、上下游更改传递等业务过程定义标准化的作业流程，通过这些标准规范和作业流程，建立起在线关联设计模式下新的研制规范和研制纪律。

2. 专业试点、以点带面，全面实施全机关联设计

在关联设计推进过程中，坚持“以点带面、逐步推进”的思路，建立基于同一数字样机进行飞机设计的关联设计应用系统，率先在机头专业开展试点应用，建立机头总体骨架模型、结构骨架模型、系统骨架模型，在总体外形未冻结之前，开展结构和系统设计，实现设计更改信息100%传递，高度实现总体、结构和系统的并行。在此基础上将关联设计方法逐步推广到全机应用，延伸到机加、钣金、管路、电气、复合材料等所有零部件，建立包含3854个骨架模型、18000个接口的关联要素集合，推动传统的线下孤立设计向多专业在线关联设计的全面变革。

（六）实施设计制造协同，实现虚实空间信息互联互通

1. 建立统一的工程管控规范，保证设计制造质量受控

以构型管理和研制质量管理为重点，建立多厂所联合研制模式下统一的工程管控体系，通过建立模块化设计制造与技术状态管理控制方法，实现各架飞机按阶段、时间、事件、架次进行精细化状态管理的目标；通过建立制造现场问题、超差代料问题等处理流程，使大型运输机研制过程中的质量得到有效控制；通过建立成熟度控制流程，使得设计和制造并行过程的数据质量和规范性得到有效保证，在中航工业内形成基于数字化协同研制环境的多厂所最优能力集成研制模式，保证设计质量受控。

2. 建立一院六厂网络协同平台，实现设计制造高效协同

通过金航网构建一院六厂网络协同平台，使得大运研制六家主要机体研制单位跨企业、跨地域的互联互通，并基于协同研制平台开展参研单位的业务集成、流程集成、数据集成，建立大型运输机研制数据审签、发放、更改等流程控制和基于试制问题记录和处理流程等，使飞机研制过程实现精细化管理，实现整个研制过程中的工程协同、管理协同、沟通协同。

（七）实施设计试飞协同，实现研制链条闭环迭代优化

1. 建立数据共享机制，打通设计试飞的信息通道

一飞院联合试飞单位，构建试飞数据快速传递数据链，使得传统方式的设计和试飞由原来的两个独立领域，逐步过渡至设计试飞一体化，一方面试飞单位基于设计数据提前开展试飞方案任务规划、试飞方案设计和虚拟试飞，从而缩短试飞周期；另一方面，试飞问题和试飞数据能够快速反馈到设计单位，为试飞改错迭代设计提供数据支撑，同时建立设计、试飞、验证、改进一体化管控流程，使试飞构型状态可控、可追溯，满足精细化试飞管理的需要。

2. 建立问题闭环控制流程，确保试飞问题快速处理

一飞院联合参研单位建立数字化环境支撑下的试飞验证管理顶层规范，提高设计试飞验证管理的规范化和精细化水平；建设并形成完善的试飞管理知识库，通过对试飞数据、试飞分析结果数据、试飞问题闭环处理过程的完整管理，并将其与设计数据、仿真分析数据进行有效的关联，提高新型号的设计质量和试飞验证效率。

通过实施大型运输机设计试飞协同，实现设计、试飞工作的并行及试飞问题的快速反馈和闭环，缩短了试飞准备周期，实现了研制链条的闭环控制。

（八）实施综合保障协同，提升全生命周期的服务品质

1. 建立保障信息系统，提高运营保障水平

以IETM收集总师单位、发动机所、各机载设备厂所的数字化设计资源，按国际先进的技术标准S1000D管理、构建飞机使用、维护所需的技术资料数据库，以机载的中央维护系统监控收集飞机运行状态数据，以保障信息系统为管理核心和信息传递中枢，根据任务需求和训练活动、使用维修的具体情况，统一规划使用、维修并生成、传递和共享相关信息，使飞机平台、维修保障资源、训练资源协调互

动，提升了大型运输机产品全生命周期的服务品质。

2. 建立三级培训体系，提升客户服务品质

依托先进的数字化技术，创新大型运输机交付培训体系，在原有理论培训基础上，通过桌面虚拟培训系统的构建和开发，建立基于桌面环境的交互式培训环境，使得培训的用户体验和效果大幅提升，最终形成涵盖理论培训、桌面交互式虚拟培训、模拟器培训三位一体的交付培训体系，得到了军方高层和一线用户的高度认可。

三、大型运输机全三维数字化网络协同研发管理效果

（一）成功研制大型运输机，拓展了航空产业竞争力和市场空间

大型运输机从2007年6月立项到2013年1月首飞仅用了5年多的时间，并在2016年7月成功列装部队，创造了中国飞机研制的又一项记录。大型运输机成功研制，使中国跻身世界上少数可以自主研发200吨级大型运输飞机的国家之列，为中国梦、强军梦做出了重要贡献。大型运输机打开了中国千亿级的大飞机市场空间，有力提升了航空工业的实力和竞争力。

（二）打造了标准统一、网络协同的管理模式，形成行业新范式

大型运输机研制全面应用全三维数字化标准规范、建立基于网络的并行工程管控体系和平台，形成了包括大飞机在内的大系统研制的新范式。一是突破“一厂一所”的研制模式和地域限制，从传统的“基于二维图纸的厂所线下串行”模式转变为“基于协同平台的在线并行协同”模式，实现了1个飞机设计研究所、6家飞机制造厂、上千家成品供应商的协同；二是实现了大型运输机研制过程中跨企业的数据集成、流程集成、业务集成。三是研制过程彻底打破阶段设计、制造、试飞、保障的传统串行模式，实现并行协同，提高了全研发链条的效率和工程质量。大型运输机研发的新范式为我国开展大型复杂系统工程研制积累了宝贵经验，为航天、船舶、核电等装备数字化协同研制体系的建立和应用提供了借鉴。

（三）建成了信息化的大飞机研制体系，提升了企业研发实力

通过大型运输机的研制，飞机研制体系获得了大幅提升。一是构建了全三维研制规范，保证了研制过程规范化高效，同时其建立的标准件库、材料库、产品数据库等为后续发展型研制提供了数据重用的基础，使得大型运输机未来系列化发展的数据重用率达到80%以上，为大型运输机多样化、系列化发展奠定了基础。二是建成并成功应用模块化设计、关联设计、成熟度驱动的并行设计等先进的设计手段，使传统的粗放文档流程逐渐转变为精确地数字化流程，使得飞机研制流程更加显性、更加准确、更加精益。三是革新技术状态管理模式，从传统的“基于文件的技术状态管理模式”转变为“基于模块的电子数据技术状态管理”模式，建立了大型运输机基于有效性控制的可配置数字样机，满足了大型运输机多型别、多批次高度并行叠加研制需求，支持了针对各架飞机上百万级别零件的按阶段、时间、事件、架次进行精细化状态管理的目标。技术水平的提升带动了企业效益的跨越。五年多来，一飞院经济规模进入前所未有的快速增长期，近五年年经营收入复合增长率超过30%，利润增长率超过40%，经济效益日益凸显。

（成果创造人：李守泽、王　琰、刘看旺、王华友、董海锋、张永辉、
韩自强、刘雅星、刘俊堂、孙　敏、郑党党、董　亮）

国防工业科研院所打造创新链的技术秘密全生命期管理

中国航空工业集团公司北京航空材料研究院

中国航空工业集团公司北京航空材料研究院（以下简称航材院），成立于1956年，是国内唯一面向航空，从事航空先进材料应用基础研究、材料研制与应用技术研究、工程化技术研究、关键件研制交付与小批量生产以及型号应用的综合性科研机构，是国防科技工业领域高水平材料研究发展中心，总资产46亿。现有7个国家级、10个省部级重点实验室和20多个研究与工程技术中心，主要产品30余类近600余种，涉及17个技术领域60个专业。职工约2000人，其中院士3人、国内知名材料专家和学术带头人100余人。截至2015年年底，累计取得科研成果2500余项，其中部级以上成果约1200项，广泛应用于航空、航天、兵器、船舶、电子、核工业等多个领域。

一、国防科研院所打造创新链的技术秘密全生命期管理背景

（一）技术秘密是企业自主创新的关键环节

对于国防工业科研院所来说，技术创新密集、指令性任务、服务国防的要求、国家秘密和技术秘密交叉重叠等诸多行业特点以及人才流动等因素影响，使技术秘密管理任务更为繁重、更为复杂，问题也更为突显。多年来，技术秘密难认定、难控制、遇侵权难举证。有的企业技术秘密管理有名无实，有的甚至放弃了管理，企业和科研人员的知识产权权益得不到有效保护，也无法规避国有无形资产遭遇侵权和流失的风险。技术秘密管理已成为知识产权管理中亟待解决的难点，企业要谋求自主创新发展，必须探索出一个符合企业创新发展要求的技术秘密管理模式和方法。

（二）推动技术创新、提升企业竞争优势的迫切要求

“十二五”初期，由于航材院技术秘密保护工作还处于初级水平，仅有水平参差不齐的100余项技术秘密，大量的核心技术呈隐性状态，成为技术人员个人的秘密，直接影响了航材院自主创新能力的提升与核心竞争力的形成。如何切实保护核心技术；如何及时挖掘、准确认定技术秘密，使隐性技术显性化；如何对技术秘密和知悉人员实施有效管理；如何实现技术秘密规范、标准、精细化的管理；如何实现技术秘密的转化运用，发挥技术秘密的技术价值和经济价值等一系列问题，困扰并制约着航材院的知识产权管理和自主创新发展。实施技术秘密全生命期管理，提升航材院核心竞争优势迫在眉睫。

（三）促进科技成果转化、有效激发员工创新创造主动性的需要

以往，技术秘密管理多以专业为条块、相对零散，研发人员多以“完成工作”的“打工心态”进行技术开发，技术秘密管理往往难以发挥其作用和价值。要使研发人员真正成为创新主体，营造全员创新氛围，必须从构建系统的、全生命期的技术秘密管理体系入手，系统化地加强过程管控、引导与激励。多年来，航材院经过持续引进培养，现已拥有以多名院士为核心的科研人才梯队，高学历人员集中，奠定了良好的人力资源基础。这既提出了依托系统改进优化技术秘密管理来形成全员创新氛围的需求，又为建立相应的技术秘密管理体系提供了基本条件。

二、国防科研院所打造创新链的技术秘密全生命期管理的内涵和主要做法

航材院按照“激励创造、有效运用、依法保护、科学管理”的方针，确立以创新战略和知识产权战略为引领，以促进自主创新发展为目的，依据国家《企业知识产权管理规范》，运用系统工程理念与方法、技术成熟度工具以及PDCA循环质量控制等管理方法，通过系统策划，将技术秘密、科研体系、产品研发和知识产权管理有机结合，全方位、系统化地构建技术秘密管理体系和技术秘密全生命期管理

流程，实施过程的动态管控与精细化管理，同时，积极探索多种技术应用转化模式、搭建全员创新团队建设平台，有效调动科研人员发明创造的积极性，形成科学规范、操作性强的长效管理机制和以技术秘密为核心的创新链。实现“创造为核心、保护有机制、运用有突破、管理有流程”的知识产权工作规划总体目标。主要做法如下：

（一）以促进自主创新为目标，确立统筹策划技术秘密全生命期管理的基本思路

1. 明确以技术秘密为核心的知识产权战略定位

基于兼具研发与工程应用的任务特点和产品特点，航材院系统分析自身知识资源和技术创新内涵，通过“引领、主导、协同”三个方面，对技术秘密全生命周期中各类技术发明、技术改进、技术突破及技术知识进行价值定位，即：引领航空材料技术创新、主导航空材料技术发展、协同航空材料技术进步。“十二五”期间，航材院进一步明确四项战略措施和四个行动计划，着力推动科技创新和知识产权管理水平的提升。四项战略措施主要包括：做实创新主体、做实成果转化、创新商业模式、优化管理平台。四个行动计划主要指：科技创新、亿元产业、领导力提升和精细化管理。围绕科技创新，确立“做强创新主体、做实成果转化、创新商业模式、优化管理平台”的科技创新发展四项战略目标，不断提升航空材料的自主创新能力和自主研发能力，构建以“创新平台、研究项目、研究团队、政策机制以及知识产权战略”科技创新五要素为核心的创新生态系统，全面实施“科技创新行动计划”，大力推进科技创新体系建设。作为实施创新成果保护、促进应用创新水平提高的重要举措，“知识产权战略”成为航材院科技创新战略的一个重要内容。

2. 分析航空产品服务与技术产权特点，明确技术秘密管理对象

航材院专业覆盖金属材料、非金属材料、复合材料，材料制备与工艺，材料性能检测、表征与评价，以及提供标准化、失效分析和材料数据库等行业。经过梳理、总结、分析、提炼，航材院明确自身的技术秘密定义，即：在执行科研生产经营任务过程中所产生或形成的，不为公众所知悉、能够为航材院带来技术能力提升和经济利益，具有实用性并经航材院采取保密措施的技术信息；以及按照法律规定或者协议约定，航材院需要承担保密责任的第三方的技术秘密。技术秘密的具体范围包括：项目及产品开发策划、产品有关设计技术、专有技术、产品配方、技术诀窍、工艺流程、制造方法及工艺、实验数据、计算机软件等方面的信息、资料图纸、模型、样品等。在明确以上技术秘密客体对象范围基础上，同时从技术秘密获取、掌握、运用的主体上进一步明确其管理对象。其主体包括院所、处室、中心、班组、型号队伍、项目团队等各级组织形式和层级以及以技术专家为核心的技术人员与管理人员在内的全员创新队伍。

3. 理清知识产权发展要求，明确技术秘密管理框架

航材院通过对自身科技创新领域和产品的特点进行分析，结合知识产权发展战略要求，梳理并明确构建全生命期技术秘密管理体系四个关键流程环节的必备条件。一是提前策划、及时申报技术秘密，增加初审环节，严把技术秘密质量关，实现技术秘密量质并进；二是适时修订管理规定，持续完善与细化技术秘密管理；三是对核心技术领域与重要产品实施专利与技术秘密协调布局，保护核心技术和无形资产，取得技术和市场的竞争优势；四是大力扶持新技术与新产品培育项目，注重挖掘专利与技术秘密等知识产权，支撑航材院可持续创新发展。在此基础上，航材院确定“创新管理模式、力求管理实效、实现量质并重、提升管理水平”的技术秘密管理总体工作思路。即：要自主创新技术秘密管理模式，加强技术秘密保护，探索建立技术秘密的全生命期管理和技术秘密运用的有效方式，提升技术秘密申报质量及其应用水平，打造以技术秘密为核心的创新链，助推航材院创新生态系统保持良性运转。

（二）以落实知识产权战略为目标，建立健全技术秘密全生命期管理体系

1. 建立健全技术秘密管理体系组织网络

航材院对自身业务进行分析，增设管理机构，调整管理机构配置，健全完善航材院技术秘密管理组织体系。技术秘密管理组织体系主要有以下几个特点：一是组织机构按决策、管理、执行三个层次实施分级管理；二是设立航材院“技术秘密评审委员会”，定期开展技术秘密的评审工作；三是航材院保密办分工负责商业秘密的归口管理，授权航材院科技发展部具体归口主管技术秘密工作；四是航材院知识产权管理办公室分工各个职能部门承担相应的管理职责；五是增加工艺与标准化部，以强化工艺管理过程中的技术秘密管理工作。

2. 优化技术秘密全生命期管理流程

航材院重视知识产权管理，注重管理前端的输入与顶层策划，确保管理工作的完整性与全过程覆盖。结合自身研发和管理的特点，形成包括策划、产生、申报、评审、动态管控（滚动复评）、实施（转化）、撤销等环节技术秘密全生命期管理流程。

每年年初，各单位、各专业对当年年度知识产权工作进行顶层策划，形成“知识产权顶层策划报告”，提出实施专利与技术秘密的布局方案以及未来实施转化的前景预测和具体措施。对科研项目明确知识产权工作贯穿于产品开发、技术研究全过程的要求；立项前检索文献信息，立项时出具知识产权状况报告；研究开发中跟踪检索、及时调整研究策略，同时对自主知识产权及时申报；项目结束后完成知识产权总结报告。

3. 建立 PDCA 循环的持续改进机制

针对技术秘密全生命期管理流程特点，运用 PDCA 循环改进提升的思想与方法，航材院进行有效的过程管理，以此建立持续改进机制，实现技术秘密管理水平周期内的迭代螺旋式上升。

P：年度策划。制订知识产权战略、专业知识产权布局方案、“知识产权工程”实施计划等规划/策划文件，确定工作重点、目标和主要任务。

D：过程实施。采取年度工作计划分解知识产权指标和工作任务，并将知识产权工作要求落实到管理部门、各单位和专业团队的年度 KPI。

C：检查和学习。积极组织年度工作的中期自查、年度指标考核和进展评估，及时总结经验，采取措施调整；过程中，适时进行专项培训和交流，并将其逐渐常态化。

A：结果改进。针对薄弱环节，适时调整任务指标和工作重点，将知识产权工作纳入“创先争优”活动中，进一步推进各项工作。

（三）以技术秘密的科学管理为目标，开展技术秘密全生命期精细化管理

1. 开展知识产权战略专项研究，做好技术秘密专项策划

持续设置下达战略研究课题，引导科研人员充分利用文献信息，建立各技术领域信息数据库，跟踪竞争对手动态，提前策划以专利与技术秘密为核心的知识产权布局，制订知识产权实施方案，包括哪个技术发明点建议采取技术秘密保护形式、何时申报技术秘密等，及时保护核心技术，及时占领技术竞争优势。自筹并逐年加大院创新基金的投入，着力扶持重点领域技术攻关、新产品培育、新项目研发以及与创新关联的基础管理研究项目（包括知识产权战略研究等课题）。申报国家自然基金、航空基金、973、863 及院基金等前沿探索类项目，大部分基金给予 1：1 的等额经费资助。

2012—2015 年，航材院投入创新基金项目/课题的研究总经费达 4972 万元，新立项创新基金项目/课题共计 128 项，为促进技术秘密的产出创造条件。此外，每年投入并保障知识产权管理专款专用，2012—2015 年，知识产权专项工作经费达 789 万元，年度专项经费超过院年度产值的 0.5‰，达到中航工业“知识产权工程”专项工作的指标要求，保障知识产权工作顺利开展，有力支撑技术秘密管理的提升和发展。

2. 优化申报流程，规范技术秘密申报

由于近年来申报科技成果奖励、岗位或职称评聘等均有技术秘密申报指标要求，个别发明人为快速取得知识产权，利用技术秘密申报周期较短等特点，出现以技术秘密代替专利或拆分技术秘密点进行多项申报、重复申报等现象，造成技术秘密申报量激增，影响技术秘密申报质量。针对出现的问题现象，为确保技术秘密量质并进，同时有效控制涉密载体，院技术秘密评审委员会和知识产权管理办公室对管理申报流程进行大幅调整和优化。

通常，发明人以产品或技术为主线梳理技术秘密点、提炼发明的专有技术进行技术秘密申报。根据航材院技术秘密主体的具体特点，从 2015 年度起，新报项目以涉密载体（包括但不限于工艺规程和院标准等院级工艺文件）为主线梳理申报，实行技术秘密的申报、审核、评审及保护同工艺规程和院标准等院级工艺文件的申报、审核、批准以及实施同步。此次调整，颠覆惯有的发明创造登记申报的思路，最大限度避免重复申报，特别是预防载有技术秘密内容的工艺文件漏报和失控，实现技术秘密管理的精准和有效，是技术秘密管理方法上的一次大胆的尝试与创新。

3. 实施动态的技术秘密评审，强化技术秘密质量控制

在全生命期的技术秘密管理流程中，航材院建立定期评审以及动态管理、滚动复评的评审模式，制定详细的技术秘密评审细则和审批程序。随时受理新项目申报，通过形审的新项目，进入每年定期组织的会议评审范围；在评审新申报项目的同时，对“确密”满三年的技术秘密进行重新复评，根据其发展和变化情况进行评审调整。

按照技术秘密管理规定的要求，在每年年初，各单位和专业团队应进行年度知识产权顶层策划，梳理并上报当年需申报的技术秘密项目，合理策划知识产权保护形式，即每一个发明创造应策划并确认采取专利还是技术秘密的保护形式，及时申请专利或技术秘密加以保护，有效规避知识产权风险。

在技术秘密会议评审之前，增设分管专业副总师先行主审的流程环节，由分管专业副总师对申报项目是否适宜申报、申报的等级和涉密人员范围等信息给出评审意见，加强对申报项目的审核与把关的力度，确保技术秘密质量，丰富技术秘密全生命周期管理流程。

4. 精细管理技术秘密各个环节，确保技术秘密可靠安全

在具体内容上，强调对技术秘密真实性的要求。在技术秘密的评审细则、保密承诺、保密载体和编号方法等方面做出细化规定；如：设置复验环节；注重涉密载体的现场管理，规定工艺控制环节中涉及的技术秘密文件记录等具体要求；既规避评审和工艺检查等管理中的泄密风险，又为确保技术秘密的可靠性提供支撑。

在分类上，进一步细化密级划分。为确保管理的延续性和技术秘密的精细化，并与国家商业秘密管理规定接轨，航材院将技术秘密原三个级别的密级对应纳入国家新两级分类中，即：“核心商秘”对应原最高 AAA 密级，“普通商秘”细分为两个等级，分别为原 AA 级和 A 级。

在管理过程中，做到“人防”和“物防”相结合。严格控制技术秘密知悉人员数量范围；每年发放保密津贴，签署保密协议，承诺承担保密义务；技术秘密设置专有载体并存入“院长保密柜”归档保管，技术秘密载体和涉及关联载体按照院“技术秘密档案管理规定”要求，严格执行相关保管与借阅规定，明确借阅限制范围，履行借阅、复制等按程序审批手续，实施精细化管理。

（四）以促进技术秘密转化为目标，挖掘知识产权的技术价值和商业价值

1. 做好技术秘密评估，挖掘其技术价值

按照知识产权保护的一般策略，专利仅公开技术方案，而具体的关键诀窍、技术参数、配方等重要信息采取技术秘密的形式予以保护。显然，对权益人而言，仅转让或许可交易专利，并不具有完全的应用价值，必须同时转让最有效的关键的技术秘密，才能获得实际完整的技术方案和方法。为突破科研院

所技术秘密推广转化的瓶颈，充分发挥技术秘密的作用与价值，航材院首先把技术秘密等知识产权作为无形资产纳入资产管理的范畴。2014 年，航材院着手开展并完成对复合材料专业知识产权资产评估与转化的启动工作，其中包含技术秘密 160 余项。通过价值评估，正确认识与衡量技术秘密等知识产权的分量，有利于知识产权商业化运作，也为推广知识产权不断积累经验。作为从事基础研究与工程应用的综合性科研机构，航材院始终保持较高的技术秘密实施率。据不完全统计，截至 2015 年年底，418 项技术秘密中已实施 382 项，实施率达 91%。实现了创新链后端的应用环节。

2. 探索技术秘密推广应用模式，挖掘其经济价值

在自行实施的同时，航材院积极探索技术秘密的商业运作模式，不断寻求市场机遇，努力实现其经济价值。2013 年，依托所拥有的新型有色金属合金材料专业先进的专利技术和技术秘密专有技术等知识产权作为投资主体，航材院组建成立“核兴航材（天津）科技有限公司”，注资评估值为 7.5 亿元，而航材院实际投入资金仅 760 万元，其余全部是知识产权投资（包括 33 项专利和 18 项技术秘密），占股份额达 60%，使技术创新成功迈向产业化和实体化的道路。

近年来，凭借拥有的技术秘密资源，航材院面向六大军工领域企业和有关民营企业积极开展技术服务，业务范围及规模不断扩大；同时，相继与行业内外数十家企事业单位签订技术开发合作等战略协议，充分发挥技术秘密等知识产权资源优势，为航材院的持续发展铺路筑石、保驾护航。

3. 向生产厂/所推广技术秘密，保障支撑行业技术发展

为确保航空关键制件研制与生产任务，并保障科研生产现场技术服务，航材院将研究产生的专利技术和工艺说明书、工艺规程等技术秘密许可或转让生产厂/所使用，或直接到一线，提供技术服务支持，解决众多研制生产的技术瓶颈难题，支撑行业发展，满足国防特色服务需求，为国防建设做出重要贡献，取得重大的社会效益。同时，为探索与突破国防工业知识产权推广转化的瓶颈积累宝贵经验。如航材院针对多系列牌号铝合金材料研究形成的成形、热处理、电焊、表面防护与化铣等工艺技术以及编制的配套工艺说明书和检测方法等技术标准和工艺文件，均无偿转让给航空制造厂，并指导其进行全面工艺验证、开展适应性研究和零件生产，满足飞机选材和零部件制造要求。据统计，在某研制任务中，航材院共计提供涉及铝合金、钛合金和结构钢等约 20 余种金属材料牌号的工艺技术和 40 余份指导性工艺技术文件。

（五）以激发自主创新积极性为目标，建立技术秘密考评机制和创新团队

1. 建立技术秘密考核与激励机制，激发员工积极性与创造性

为加强核心技术保护，航材院采取多种措施，有效鼓励发明创造，同时，让科研人员个人掌握的技术秘密及时成为航材院的知识产权。航材院优化《专业技术职务任职资格评审条件》和《中航工业北京航空材料研究院科研岗位管理办法》等管理规定，对技术秘密管理的相关配套机制要求进行全面界定。在组织绩效管理方面，按学科和专业组建若干个科研团队，把技术秘密的任务指标落实到各单位、各科研团队和科研骨干的年度 KPI 考核中予以考核。在员工绩效管理方面，按九个级别进行科研人员动态、分类管理，将技术秘密的产出纳入职称考评和科研岗级评聘的要求，明确技术秘密数量的要求，与员工职称和岗级评定直接挂钩。

同时，设立专项奖励和收入提成政策。经评定的最高级别（AAA 级）技术秘密，当年可获奖金 5000 元/项，之后每年发放技术秘密津贴 2000 元/项，直至解密；依据有关薪酬管理政策及制度规定，技术秘密的发明人可以从以该技术秘密为主要支撑的纵向项目（上级拨发经费）、横向课题技术服务和民品科研等收入中获得 5%—20%的收益提成。根据“院技术秘密管理办法”，每年按照制度规定及时兑现对新评定的技术秘密实施一次性奖励，对原有技术秘密发明人发放保密津贴。

2. 组建多层次、多类型创新团队，营造全员创新文化氛围

航材院针对“做强创新主体、强化成果转化、创新商业模式、优化管理平台”的四项战略措施，分别提出不同的团队管理行动计划。在“做强创新主体”上，以自我培养和外部引进相结合，加强学科带头人和科研领军人物的培育和锻炼，加速国际化科研人才建设的推进力度，同时引入以“E－learning”为主的能力提升方式。在“做实成果转化”上，加强科研梯队建设，推动重点发展领域人才队伍快速向雁阵结构发展。在“创新商业模式”上，面对不同的管理对象采取有针对性的管理策略，如科研队伍重在进行岗位管理，生产队伍重在进行团队建设，也提出职业经理人的建设计划。在“优化管理平台上”，针对不同的管理层级分别制定管理办法。

航材院大力倡导“勤于钻研、发明创造、无私奉献”的科研精神、鼓励发明创造。营造风清气正的科研文化，激发团队的积极性和创造性：力戒学术浮躁，反对浮夸作风。鼓励探索，宽容失败，提倡学术平等和学术争鸣，活跃学术思想，形成宽松的学术环境。通过采取多种方法和措施，不断激发科研人员自主创新的积极性，保护以专利和技术秘密为核心的知识产权，使知识产权创造氛围由自发/被动型向主动策划、及时申报型转变。

此外，通过宣传橱窗、内部报刊、专场讲座等多种形式坚持开展有针对性的技术秘密专项培训和专题宣传活动，在全院营造重视技术秘密等知识产权的氛围，着力提高科研人员技术秘密的保护意识和能力，收到良好的效果。

（六）以提升技术秘密管理效率为目标，构建信息化支撑平台

2012 年，依托“科研项目管理信息化平台系统”建设，航材院自行开发技术秘密管理模块系统；2013 年，全面投入上线运行。与技术秘密管理流程优化同步，在系统中增加分管副总师主审程序，实现技术秘密管理流程信息化，包括技术秘密在线申请、形审和主审以及信息数据统计和查询等功能。系统的运行，规范技术秘密管理，提升技术秘密管理信息化水平，提高技术秘密管理效率，为知识产权集成大数据奠定基础。2014 年，航材院自主投入“知识产权管理与应用平台开发与研究”项目，完成立项调研与论证等启动工作，开发完成“知识产权管理和信息化应用门户”建设，实现全方位知识产权管理信息化，为技术秘密管理提供了有力的条件保障。

三、国防科研院所打造创新链的技术秘密全生命期管理的效果

（一）改变传统保护路径，形成以技术秘密为核心的创新链模式

针对航材院技术秘密的主要类型特点，通过大幅调整和优化技术秘密的申报和审批流程，改变了技术秘密的保护路径。与传统的技术秘密申报和审核方法相比，颠覆了发明人以产品或技术方案为主线，梳理技术秘密点、提炼专有技术进行技术秘密申报的思路和方式，强调和突出作为涉密载体的工艺文件及其承载专有技术方案的重要地位，为规避工艺文件失、泄密风险和加强涉密载体的过程管控提供解决方法，避免技术秘密漏报和重复申报，实现技术秘密全生命期管理的精准性和有效性，起到了强化知识产权保护的作用和效果，提升了知识产权管理水平。

通过实施技术秘密全生命期管理，覆盖了技术秘密“策划—产生—申报—评审—管控—撤销/应用/转化”的全生命期和管理全过程，使技术秘密从隐性到显性，支撑了航材院技术创新和产业化进入良性循环，推动了航材院的自主创新发展，打造并形成了以技术秘密为核心的“研发/创造—申报/保护/管理—运用/实体产业”的创新链模式，促进了技术秘密经济效益和社会效益的实现。

（二）实现技术秘密量质并进，形成核心技术领域主体布局

通过开展技术秘密全生命期管理，航材院技术秘密数量大幅提高，在各个核心技术领域实施基本布局，核心及重要的技术秘密已成为自主知识产权的主体，实现了技术秘密量质并进。2012—2015 年，共新评技术秘密 580 余项，平均年增 30%，其中，AA 和 AAA 级共计 390 余项，约占全部技术秘密的

70%。随着科研人员发明创造的积极性不断受到激发，航材院关键技术和重要产品不断得到突破和创新，核心技术领域技术秘密拥有量不断增加，形成了以核心技术领域为主体的基本布局，提高了航材院核心技术竞争优势。

（三）技术秘密转化效益显著，行业示范作用明显

据不完全统计，截至2015年年底，航材院内部技术秘密转化实施效益共计35.16亿元。2015年，仅核兴航材（天津）科技有限公司就实现销售收入1.8亿元、利润2758万元。同年，航材院技术服务收入达3.2亿元。

在技术秘密管理工作中取得的积极效果和工作成绩，得到上级领导和同行专家的一致认可和高度评价，多次受邀在中航工业的工作会、专业培训会等范围进行工作经验介绍，总装、科工局及行业内许多兄弟单位纷纷邀请或前来学习、交流和取经，发挥了行业示范作用。在2012年和2014年中航工业召开的“中国航空工业科技大会”上，先后荣获“知识产权示范单位”和“知识产权先进单位”的荣誉称号以及“发明之星”“科技之星”和“探索发明个人奖”等多项个人嘉奖。

（成果创造人：戴圣龙、李兴无、傅　洋、申　捷、张庆玲、张爱斌、熊艳才、张志国、于　青、李小刚、国大鹏、宋炳豪）

支撑完全自主知识产权核电项目走出去的研发管理体系构建

中国核电工程有限公司

中国核电工程有限公司（以下简称工程公司）是中核集团核动力事业部的主要成员企业，国防科工局确定的重点保军单位之一，是国内核电行业唯一以核电研发设计为龙头的、实力最强、专业配备最完整的工程公司，是国内规模最大的综合性核电总体研究设计单位，拥有核工业行业唯一的工程设计综合甲级资质（涵盖全部 21 个领域）等共 8 项甲级资质。现有从业人员 6083 人，其中工程技术人员占 89.2%，涵盖 70 余个专业。其中院士 2 人，国家级设计大师 1 人，核工业勘察设计大师 4 人，海外引进“千人计划”专家 1 人，享受国务院政府津贴人员 22 人。工程公司先后承接了福建福清核电工程、秦山核电扩建工程（方家山核电工程）、海南昌江核电工程、江苏田湾核电工程、辽宁徐大堡核电工程、湖南桃花江核电工程等核电项目以及八二一厂放射性废物处理工程的总承包工作。同时，负责中核集团内部所有核电选址和拟建项目的前期论证工作；承担包括乏燃料后处理、放射性废物处理、核设施退役等方面的科研设计工作；承担核电站核反应堆燃料元件生产线、核材料及核部件生产线的专业研究设计及核设备集成和民用环保等工作。

一、支撑完全自主知识产权核电项目走出去的研发管理体系构建背景

（一）实现核电自主化，促进我国由核电大国向核电强国的转变

我国核电技术是在引进基础上发展起来的技术，尚未能实现核电型号的整体创新并形成我国自主的核电产品，因此在国际核能合作领域及核电市场上话语权很小。工程公司在多年的核电研发设计工程实践中积累了丰富的核电研发经验，配备了压水堆核电工程设计所需的配套设计工具，建立了压水堆核电设计和分析所需的软件体系，同时还建立了比较完善的核电设计研发基础数据信息库，培养了一支资深的核电研发设计队伍，具备开展核电自主研发的基础。2012 年，在前期研究基础上，中核集团确定开展三代核电技术研究，由工程公司牵头，联合国内相关设计单位、科研院所、设备制造企业等单位在设计、制造、验证、施工、调试等各环节开展技术攻关，开展三代核电技术的自主研发。

（二）支撑核电走出去，适应国家“一带一路”战略要求

我国核电技术在起步阶段经历过了引进、消化及再创新的过程，并通过多项技术改进形成了二代改进型核电型号技术。但由于当初技术引进过程中外方施加了限制条件，尽管我国在二代改进型核电技术中做了重要的技术改进，但由于未能形成核电型号的整体创新，知识产权仍受外方限制，不能实现核电的自主出口。因此，要支撑“一带一路”的战略目标，实现核电走出去，必须要实现核电技术的自主化，只有具有自主知识产权的核电技术，才能顺利实现核电的整机出口，摆脱外方知识产权束缚，打破核技术大国的封锁，实现我国核电技术在国际市场上的可持续发展。

（三）带动核电行业技术发展的需要

核电行业由于对安全性要求高，其相应的核设施及核设备技术门槛高，随着核电技术的发展，可带动装备业水平和能力的进一步提升，促进产业升级及技术更新换代。发展自主三代核电技术，核电主要系统及设备在我国现有的成熟核电装备制造业体系进行升级改进，在三代核电项目国内建设及配合国家实施核电“走出去”的战略中，依托核电项目可有效消纳化解核电产业链过剩产能，带动相关产业优胜劣汰。

二、支撑完全自主知识产权核电项目走出去的研发管理体系构建内涵和主要做法

为适应国家产业政策和国内外核电形势，工程公司结合自身技术能力和条件，根据国际先进三代核电技术的发展趋势，确定三代核电技术的总体技术方案，明确自主化研发技术路线，加强科技创新体系建设，完善项目管理组织机构及技术分层决策体系，建立知识产权专员研发设计全过程跟踪工作体系，搭建协同创新平台，创新“互联网＋三维协同”的协作方式，成功研发出具有自主知识产权的三代核电型号“华龙一号”，推动核能行业创新水平的提升，带动全产业链的持续发展，为我国核电自主发展及核电走出去奠定坚实的基础。主要做法如下：

（一）加强顶层策划，制定自主化研发技术路线

根据三代核电技术的发展要求及国内核电研究技术基础，工程公司组织讨论确定“华龙一号”总体研发思路：在充分利用我国批量化压水堆设计、建造和运行经验的具有自主知识产权成熟技术经验基础上，借鉴国际三代核电技术的设计理念，吸取福岛事故的经验反馈，开展进一步的自主研发，实现具有自主知识产权的三代核电型号的研制。

1. 顶层策划确定“华龙一号”总体技术特征，明确自主创新要求

“华龙一号”作为我国自主研发的三代核电型号，需满足国际上对三代核电技术指标的要求，并具备良好的安全性、先进性和经济性。为确保“华龙一号”型号技术的自主创新性，在顶层策划中，确定在总体设计、堆芯系统、结构设计、抗震技术、严重事故预防系统和应急能力等核电整体型号的核心领域采用自主技术，在满足三代核电技术指标要求的基础上，也突破外方知识产权限制，实现“华龙一号”整体型号技术知识产权的自主化。完成技术创新后，“华龙一号”将形成的主要技术特征，包括177堆芯、单堆布置、双层安全壳、能动与非能动安全设计理念、抗震能力、抗商用大飞机撞击能力和应急能力提高等。

首先，在堆芯设计方面，“华龙一号”确定使用具有自主知识产权的CF3自主先进燃料组件“中国芯”，同时燃料组件采用177根组件的组合布置方式，区别于二代核电技术引进时的157组件布置方式，在提高发电能力的同时也提高了运行的安全裕量。在核电总体布置方面，在二代改进型核电型号中具有自主技术的单堆布置方式基础上做进一步的改进，使得电厂的选址、建造、运行和维护更加灵活。

其次，“华龙一号”吸取福岛事故中备用柴油发电机不可用导致的严重后果情况，借鉴国际上核电设计中非能动设计方案，提出能动加非能动的设计理念。为满足核电新的安全性要求，在自主双层安全壳设计技术基础上，进一步研究优化双层安全壳设计方案。

第三，为加强应对严重事故的能力，“华龙一号”抗震设计基准从二代核电中0.2g地面水平峰值加速度的要求，提高到0.3g地面水平峰值加速度，该技术指标的提升，需结合已有的抗震分析及力学分析技术，重新对核安全系统厂房及核安全级设备的结构或设计进行验证或重构，以满足新的抗震要求。最新提出的针对大型商用飞机撞击的防护，则是通过核电厂房结构及布置改进，如反应堆厂房、燃料厂房和电气厂房的混凝土屏蔽墙以及安全厂房的实体隔离来实现。

2. 明确技术路线方案，指导项目实施

作为渐进式的先进压水堆设计，“华龙一号”是基于成熟技术的基础上开展的各系统的研发。根据总体技术特征及自主研发要求，确定的研发方式包括创新研发、渐进式改进及消化吸收再创新。

对于“华龙一号”新增的安全系统，确定由设计单位提出系统的设计要求或初步设计方案，联合国内具有技术优势的科研院所完成新增系统的研发和验证，如堆腔注水冷却系统（CIS）验证试验、二次侧非能动余热导出系统（PRS）验证试验、非能动安全壳热量排出系统（PCS）验证试验等，确保系统的工程可用性及知识产权的自主性。

对于核电型号中的核蒸汽供应主工艺系统，确定在国内已有成熟运行经验的三环路设计方案上进行

优化。其相应的系统和配置，由设计单位根据已有的核电运行经验反馈及“华龙一号”的技术要求进行改进。主要关键设备（压力容器、堆内构件、控制棒驱动机构、燃料组件、蒸发器、主泵、主管道、稳压器和数字化仪控系统等）也是基于我国现有的成熟核电装备制造业体系及国产化能力进行改进。

对于核电设计与分析软件的研发，在消化吸收国外分析软件的基础上开展自主创新，通过分析掌握国外先进软件的理论模型和程序流程，结合国内已有核电设计、建造、运行的实际情况，充分利用国内前期已有的研发基础，添加或改进理论模型，按照核电软件相关法规的要求，在统一的框架下开发具有自主知识产权的成套核电设计、分析、运行支持软件，形成自主的核电设计与分析软件。

（二）建立项目管理组织模式，构建技术分层决策体系

1. 完善研发组织体系

为适应市场机制、推进创新发展、全面提升核心竞争力，早日实现国际一流研发公司的目标，工程公司实施管理体系优化工作。以“市场导向、精干高效”“项目核心、强化责任”“板块支持、分工协作”“流程清晰、责权对等”为基本原则，管理优化新设立 4 个业务板块，设置 13 个职能部门，明确提出职能部门服务业务板块的核心理念，各职能部门全力配合业务板块“华龙一号”的研发工作，进一步优化研发管理决策层、管理层和执行层合理分工和高效协同的组织架构。在工程公司总体研发体系建设上，由相关职能部门牵头开展计划管理体系、质量管理体系、经费管理体系、知识产权管理体系、合同管理体系和信息化管理体系建设，建立起以公司科研管理办法为中心，以科研进度管理、经费管理、专利管理等一系列程序和细则为纽带的科研项目管理制度体系，为科研项目管理和实施的有序开展提供支撑。

相比于一般科研项目或课题的职能管理实施模式，核电型号研发因系统性强、涉及专业多，且各专业交叉接口多的情况，为保障型号研发中各课题有序协调开展，工程公司在项目实施中确定多部门多专业联合的矩阵式项目组织管理模式，由各系统负责人（专业设总）组织各相关专业的技术团队开展项目的实施，知识产权管理人员紧密跟踪并服务各专业创新成果的整理，各系统负责人及知识产权专员在项目经理及项目型号总师的统一指挥下开展工作，从整体层面协调各系统、各专业之间的接口和配合，以及创新成果知识产权的及时保护。

2. 建立“华龙一号”项目技术分层决策体系，提高项目技术决策效率

为完善“华龙一号”项目技术决策体系，解决一般科研项目实施技术决策效率低的问题，针对型号研发系统性强，专业交叉多，系统技术接口多的特点，在实践中逐步摸索并建立“华龙一号”项目总设计师—型号总师—专业总设计师的技术分层决策体系，制订《中国核电工程有限公司首席专家职位设置》《中国核电工程有限公司型号总设计师管理办法》和《中国核电工程有限公司“华龙一号”专业总设计师管理办法》。根据职责分工，各专业领域内技术问题及技术方案由各专业总设计师进行解决和决策；型号总师负责组织完成项目总体技术方案，并统筹协调多专业领域间的技术问题以及与参研单位之间的技术协调；总设计师负责提出项目总体技术路线，审查并确定项目总体技术方案，参与解决多系统的技术协调。在确定的分层技术决策体系下，各类技术问题高效的在各决策层级权限范围内部解决，与过去各类技术问题都需要总工程师/副总工程师决策解决的低效局面形成鲜明对比，提高项目研发的决策效率。

3. 完善激励机制，加强人才队伍建设

工程公司建立覆盖面广且重点突出的科技奖励机制，先后发布、升版一系列关于专利、科技成果和科技创新评价奖励的制度。工程公司设立每年 140 万元的科技创新奖励基金，通过对专利、计算机软件、技术标准、成果鉴定、科技论文等进行计分的形式，对参与科技研发的单位进行科技创新评价，对获奖单位予以表彰和奖励。同时，在专项奖励方面，工程公司尤其加强了对知识产权的奖励，对获得授

权的发明专利奖励1万元、实用新型专利奖励3千元；对获得国家或省部级的科技成果奖，除上级部门奖励外，公司进行等额的配套奖励。根据规定，这些奖励必须落实到开展科技创新的具体员工，如专利的发明人、科技成果的完成人、软件的开发者，用于调动广大基层科技人员开展科技创新和知识产权保护的积极性。

为保障“华龙一号”型号研发所需的管理及技术人才，工程公司制定《中国核电工程有限公司培训体系管理办法》，建立由培训管理体系、培训课程体系、培训讲师体系和培训信息化支持体系四部分组成的培训体系。培训管理体系以“分层级、分阶段、分通道”的培训管理体系为核心理念，培训课程体系和培训核心体系为保障，培训信息支持体系为有效支撑。工程公司培训整体划分为公司级培训和板块级培训两个层级；培训紧密围绕员工职业发展阶段和岗位任职要求，以岗位培训为核心，主要分为上岗培训和在岗培训；工程公司岗位体系及员工职业发展双通道设置，培训项目实施时按管理发展线分为内设机构干部培训、中层领导培训及公司高管培训；按照专业发展线划分为设计人才培训、采购管理人才培训、项目管理人才培训、调试管理人才培训和职能管理人才培训。

（三）加强知识产权策划和保护，为“华龙一号”走出去保驾护航

1. 明确知识产权管理的基本目标、基本原则

在项目总设计师的主持下，经各方充分讨论，确认“华龙一号”科研项目知识产权管理的基本目标是：保护自有创新成果，获取自主知识产权，防止侵犯他人合法权益，为研发成果走出国门提供保障。在此基本目标下，确立一些基本原则：在对外合作工作中，本着“开放、包容、合作、共赢”的原则，“华龙一号”研发产生的知识产权，确保不影响后续自行使用，积极争取独享，与国内核电设备供应商协商处理设备国产化过程中的知识产权问题；对创新成果保护，根据使用方式、生命周期、保密难易程度等采取“技术秘密＋专利＋著作权”的多种知识产权保护方式；专利申请要打破分工界限，只要是自己取得的发明构思，就应该及时申请专利。

2. 构建全方位参与的知识产权管理组织

作为组织保障，围绕“华龙一号”科研项目的知识产权管理，构建一套各方全面参与的知识产权管理组织。在中核集团公司层面，根据总设计师的推荐，任命公司专业副总工程师为项目知识产权专员，负责组织开展专项知识产权策划，在项目立项论证、研发过程、验收等各个阶段开展知识产权具体工作。在公司内部，任命知识产权专职管理人员为项目知识产权副专员，协助专员开展项目的知识产权管理工作。另外，设置知识产权兼职设总和各专业知识产权联络员，从而构建知识产权专员组织落实、知识产权专业机构介入服务和知识产权管理部门全程深入跟踪的“华龙一号”知识产权工作体系。

3. 与市场紧密结合，排查知识产权风险

联合知识产权专业机构对技术引进合同中制约核电“走出去”的限制条款进行分析，包括1986年《大亚湾核电站核岛技术许可协议》、1992年《秦山二期核岛技术咨询协议》、1995年《岭澳一期核岛技术许可协议》、1991年《大亚湾燃料组件技术转移协议（2G）》、1998年《燃料组件技术转移协议（3G）》，避免发生不遵守技术引进合同约定而引发合同纠纷，并为“华龙一号”开展自主创新提出目标和要求。此外，针对目标出口国，组织相应的知识产权法律法规及法制环境调研，以防侵犯他人专利权，遭遇专利纠纷。

4. 积极申请知识产权

在“华龙一号”核电机组研发过程中，知识产权保护工作贯穿全过程，采用商业秘密、专利、商标和计算机软件等知识产权保护方式，构建完善的知识产权保护网。对于满足“新颖性”“创造性”“实用性”等相关要求且适用范围广、具备一定通用性的创新方案，如产品结构、配方、系统组成、施工调试工艺以及容易被加工制造厂商、与公司有竞争关系者知悉的创新技术方案，都通过申请专利的方式加以

保护。对于市场周期短、仅被公司员工掌握的技术诀窍或仅在公司内部实施不易扩散的技术方案优先通过技术秘密的方式加以保护。对于新开发的计算机软件，及时申请著作权登记。为加强品牌建设和保护，在公司范围组织开展图形商标设计，并及时将“华龙一号”的中文（“华龙”“华龙一号”“华龙二号”）、英文（“HPR1000”“HUALONG1000”）和图形在中国和潜在海外市场开展商标注册。

（四）建立产学研用和国内外协同创新研发模式，搭建协同创新平台

1. 集合中核集团内部优势资源开展专业攻关

工程公司联合中国核动力研究设计院以及中核武汉核电运行技术股份有限公司形成核心研发团队，集中优势力量重点在“华龙一号”型号研发的顶层设计与谋划、总体布置、燃料组件、堆芯系统等方面开展研究。结合各单位的研发能力和技术基础，工程公司作为设计总体院，负责完成“华龙一号”总体设计方案，提出各系统及设备的输入及技术要求；中国核动力研究设计院作为核电站中主工艺系统核蒸汽供应系统的责任单位，负责燃料组件的研究设计及核电站一回路系统和关键设备的研制；中核武汉核电运行技术股份有限公司具备多年的核电站运行维护经验，主要负责核电站运行维护技术的研发。各单位根据各自职责分工开展相关研发工作，工程公司作为牵头单位负责总体研发进度的控制和各系统间的接口协调，整体把握项目的研发进度。

2. 积极开展社会化大协作，建立社会协作创新机制

创立以“以项目为载体，以技术为纽带，优势互补，共同攻关”科技创新合作模式，在明确研发总体技术方案的基础上，确定研发分工，充分发挥全国科研院所、高校和企业以及国际合作科技资源，发挥产学研用的结合优势，集中力量开展科技攻关。在把自身有限资源投入到“小核心”的同时，充分吸纳国内外优质资源参与到“华龙一号”型号研发设计中来。

在“华龙一号”的研发过程中，包括国际原子能机构、法国辐射防护与核安全研究院（IRSN）、BERTIN TECHNOLOGIES 等 14 家国际组织及机构，国内清华大学、哈尔滨工程大学、北京中核东方控制系统工程有限公司、大连宝原核设备有限公司、中冶建筑研究总院有限公司等 75 家高校、科研机构、设备制造厂共同参与，协作完成风险导向研究、严重事故源项分析程序引进、超大型高位收水冷却塔国际咨询、重要厂用水冷却塔用核级风机研发、双层安全壳机械贯穿件研制与鉴定试验研究等共计 179 项研发工作。同时，在“华龙一号”的研制过程中，提请邀请潜在核电业主参与重要技术方案的评审和最终项目的验收见证，确保新研发核电技术的可实施性，并满足核电业主的要求。通过广泛利用社会研发资源，极大地加快“华龙一号”的研发进程。

（五）实行“互联网＋三维协同”设计一体化，促进行业研发设计模式升级

1. 开发“互联网＋三维协同”设计一体化工作平台

工程公司采用由英国 AVEVA 公司开发的三维工厂设计系统 PDMS（Plant Design Management System），基本涵盖工厂设计中的各个专业，包括配管、设备、结构、暖通、电气、仪表、给排水等，各专业可在同一软件系统中实现协同设计，实时进行碰撞检查。在设计过程中，不仅配管专业进行三维管道设计，其他专业包括设备、结构、土建、暖通、仪表、电气、给排水等也可以在 PDMS 设计环境中建立三维外形实体模型，从而实现管道与管道之间、管道与钢结构之间、楼板开口与设备之间等的协同设计，解决管道系统之间、各专业之间的碰撞、土建基础条件的校验、分区管道的连接设计问题，进而整体提升设计质量，降低在现场出现设计问题的可能。

经过多年的三维设计实践和经验积累，工程公司形成以三维布置设计为主的多专业工作平台，精细化设计水平得到提高。在此基础上，与“互联网＋”相结合，形成“互联网＋三维协同”的独特设计方式，以此实现异地设计人员访问同一个三维模型，对其进行修改，并通过视频、语音的形式进行沟通。同时利用协调策略，对其中存在的冲突进行处理，进而保证异地协同设计工作能够高

效开展。

2. 协同作业，提高设计质量

“华龙一号”研发涉及70多个专业，有上千名来自各地的设计人员同步参与，利用互联网和图像数据同步重建技术，搭建起三维综合设计平台。“华龙一号”在采用三维综合设计平台后，除包括中核工程公司、中核动力院协同设计外，还与核电业主、项目管理、工程采购、设备制造厂以及土建与安装施工等单位连接，提供相关设计数据支持，互联单位共约20家。同时三维设计平台可使分布在北京、上海、成都、福建、西安、石家庄、郑州等地单位相连，协同设计平台的终端数量达到500个，该平台还可以根据需要进行扩充。通过三维设计平台，设计人员随时可以了解相关信息与其他专业设计情况，随时协调设计接口；同时，平台提供自动“碰撞检查”的功能，快速准确，使“零碰撞”成为可能，从而大幅提升设计质量。

三、支撑完全自主知识产权核电项目走出去的研发管理体系构建效果

（一）实现自主知识产权的三代核电技术型号开发

迄今为止，“华龙一号”共申请海内外专利629件，其中在英国、马来西亚、阿根廷等海外国家申请专利65件，申请海内外商标200余件。2013年4月，由中国工程院院士为组长、核电界专家、知识产权局专业人士共同组成的专家组对中国核电工程有限公司编制的《三代核电ACP1000自主知识产权和出口相关问题分析报告》进行了评审。评审认为：ACP1000是中核集团自主研发的具有自主知识产权的三代核电机型，自主知识产权覆盖了设计、燃料、设备、建造、运行、维护等领域，并已自主开发了核电专用软件，形成了完整的知识产权体系，是目前国内能独立出口的三代机型。

（二）打破国际核垄断，提升我国核电话语权

“华龙一号”是立足于我国核工业长期发展的积累基础上开展的原始创新和集成创新，177堆芯、单堆布置、双层安全壳、能动与非能动安全系统、抗震能力、抗商用大飞机撞击能力等中国自主核电堆型的特征标记。“华龙一号”型号技术先后经国家核安全局、核能行业协会以及国际原子能机构（IAEA）审查，审查后认为“华龙一号”三代核电技术满足了国际上以及我国最高核安全法规和要求，其技术和安全指标达到了国际三代核电的同等水平。“华龙一号”的自主创新，使我国形成了具有国际核电市场竞争的自主品牌，打破了国外核电技术垄断和知识产权的限制，大大增强了我国在国际核能领域的话语权，为我国参与国际核能合作及多层次的国际战略合作关系提供筹码。

（三）推动我国核电项目走出去

我国自主研发的“华龙一号”已于2015年在巴基斯坦开工建设。“华龙一号”国内首堆福清5号机组以及国外首堆卡拉奇K2机组于2015年均已开工建设。具有完全自主知识产权的“华龙一号”技术成为继高铁之后又一张亮丽的名片。“华龙一号”技术上开展的自主研发工作，无疑为核电“走出去”奠定了坚实的基础。在目前核电项目85%的设备国产化率基础上，燃料技术、蒸汽发生器、主泵、DCS等关键设备都进行了自主化研发，为解决“华龙一号”技术出口第三国可能的核禁运限制铺平道路。

（成果创造人：刘　巍、邢　继、温新利、荆春宁、袁　坤、刘世光、李大波、刘立平、陈学营、苏　罡、才宝利）

高铁轨道工程设计建造一体化协同管理

中铁第四勘察设计院集团有限公司

中铁第四勘察设计院集团有限公司（以下简称铁四院），是中国铁建的国有全资子公司，现有职工4500余人，是国家认定企业技术中心及国家委托铁路、城市轨道交通专业投资咨询评估单位，获国家首批工程勘察设计综合甲级资质，连续多年在全国勘察设计行业综合实力百强中名列前十。近十年来勘察设计高速铁路13000余公里，设计建成京沪、武广、郑西等30多条高速铁路，已建成运营里程近一万公里，成为世界上设计高速铁路里程最长、标准最高、经验最丰富的设计企业。

一、高铁轨道工程设计建造一体化协同管理背景

（一）创新中国高铁轨道工程设计建造现代化管理的需要

传统的高铁设计建造管理由设计单位完成设计文件（施工图），建设单位组织施工、监理等单位按图施工，施工过程若遇到与设计条件不一致时，设计单位需进行变更设计，施工单位再根据变更设计文件进行施工。在我国第一条时速350公里高铁建造过程中经常出现“设计变更”“施工返工”“施工误差大”“±1mm高精度的质量控制困难”“建造工期延长”“单位间沟通不及时”等一系列问题，迫切需要加强轨道工程设计建造在各专业、各阶段、各单位之间的信息交流以及基于信息共享的协调管理。伴随着网络、信息、智能等管理手段和方法的普及及应用，构建轨道工程设计建造一体化协同管理模式，对消除传统管理模式弊端、进一步提高项目设计建造管理水平具有重要意义。

（二）确保高铁建造效率和安全运营的需要

高铁轨道铺设涉及设计、产品制造、工程施工等多家单位，其建造工艺需要将系统设计的理念通过全过程控制予以高效落实。通过设计与制造的协同，实现轨道预制产品的高精度；通过设计与施工的协同，消除误差积累，实现轨道高精度铺设目标；通过制造和施工的协同，可以提高建设质量、铺设效率，降低工程造价。通过设计、制造和施工的一体化协同管理，可极大提升高铁建造效率和工程质量，为高铁运营安全提供可靠的技术保证。

（三）提升我国高铁设计建造行业国际竞争力的需要

交通运输部和中国铁路总公司多次提出要打造“安全可控、服务优质、效益良好、管理科学的市场化、现代化、国际化的大型国有企业”。但是由于高铁的系统性、复杂性和时效性，世界各国对高铁建设管理还相对传统，我国及高铁技术相对发达的德国、日本、法国等国家依旧采用设计单位完成图纸，施工单位照图施工的流线式管理模式。由于前期信息化技术手段与方法的限制和铁路野外施工作业的困难环境条件，同时高铁系统的设计技术掌握难度大，虽提出要实现动态化的建造管理，但均未真正的实施。针对专业多、参与单位多、工序工艺复杂，传统的建造模式必须创新，必须有一种高效、协同作业的管理模式，提升高铁建造管理水平，进一步提升中国高铁的国际竞争力。

二、高铁轨道工程设计建造一体化协同管理内涵和主要做法

铁四院基于协同和动态设计的理念，以“设计数据”和“施工过程数据”为核心，建立“一体化协同管理平台”，对高铁设计方案进行动态调整，消除误差累积，实时监控施工质量和精度，实现轨道工程质量的预警预报和质量监控，形成设计、制造、施工的过程、组织和信息的全方位协同；同时以技术为支撑，制定系列一体化协同管理的规章制度和操作手册，全面实施设计建造全过程中各工序、工艺的精细化管理，从而达到提升轨道工程的建设效率和质量、保证高铁安全运营。主要做法如下：

(一) 明确一体化协同管理的工作思路

铁四院围绕国家铁路建设要加强“管理和运行机制创新”“铁路建设标准化”的总体要求，针对高速铁路设计建造特点，认真研究高铁轨道工程设计、制造和施工中各个环节的要求、工艺和瓶颈，提出协同管理、设计建造一体化紧密结合、建造过程动态化的工作思路。

一是通过消化吸收“系统工程+项目管理”的管理理论，基于协同和动态设计的理念和方法，利用一体化平台，建立高铁轨道工程设计建造一体化协同管理模式，以实现从设计、制造、铺设、工序工艺、检验、测试等6大环节的量化控制，加强和深化各组织单元之间的互联互通，以确保轨道工程的建设质量。

二是针对高铁轨道工程特点，深入研究设计建造的过程管理，优化工艺流程和组织结构、专业人员配置，提高生产效率和工程质量。加强过程管控，通过动态管理实现生产和组织的高效协同，确保全过程、各阶段的质量控制；加强设计建造一体化关键管理要素和风险控制，充分利用信息化、网络数控等先进技术，实施精细化管理，从细微之处防控风险。

三是实施施工过程数据与设计数据文件进行对比管理，以数据一致性确保建设质量和轨道施工精度。同时当发生现场数据与设计数据不一致时，及时分析原因，对于现场允许范围内的施工误差进行动态化设计调整，防止误差累积到下一环节。在工程质量和工期双重约束条件下，以工程技术管理和工序工艺综合管理为主导，以规章制度体系建设为基础，开展工程技术体系建设、人才队伍建设、一体化协同平台建设、部件产品标准化建设，强化技术创新以及施工装备的平衡协调，实现从“重设计、轻工艺”到“设计与工艺并重”的转变。

四是深入落实质量零缺陷理念，将“误差不累积、质量零缺陷、风险控制”贯穿到轨道工程设计建造的各个阶段、各个过程、各个岗位和各位员工，以过程的零缺陷保证最终工程质量的零缺陷。通过严格的过程控制和闭环管理，将各项要求切实落实到每个工序工艺、分部分项工程中，确保工程无差错，使轨道工程从设计到工程交付的各个环节都得到有效控制。通过确定质量控制要点，明确控制要求并量化指标，建立技术状态控制体系，开展关键工艺工序评审，规范各类操作工艺，严格控制关键工序和验收，全面实施高铁设计建造全过程中各工序、工艺的精细化管理，从细微之处防控风险。

(二) 构建一体化协同管理平台

为使轨道工程设计、制造、施工等各生产过程进行协同工作，确保设计单位、建设单位、制造单位、施工单位、监理单位等组织单元信息的实时互通，建立“一体化的协同管理平台”。

首先，一体化平台以“设计施工图数据文件”和“施工全过程动态数据文件”为核心，并作为一体化平台的数据库来源；设计单位提供“设计施工图数据文件”指导制造和施工过程，轨道工程制造和施工过程中的工程偏差或前序工程变更数据实时反馈到一体化平台中，设计单位对一体化平台中的数据文件进行确认，并及时对制造和施工数据文件进行动态更新；利用一体化平台，实现轨道板设计布置、制造、检验、施工精调等各过程信息协同；使轨道工程建造中的各项生产过程（包括设计、制造、施工等各个环节）和组织单元（包括设计单位、建设单位、制造单位、施工单位、监理单位等）之间实现深度协同和双向反馈。

其次，为确保一体化协同管理的有效实施，铁四院研究开发一体化平台的管理软件，以及针对不同的生产过程和组织单元，研究开发轨道设计布置系统、轨道制造和验收系统、轨道施工布置系统、轨道精调系统、质量监控预警预报管理等成套系列软件。轨道工程建设的相关单位通过一体化平台直接从服务器中使用数据库文件，这样可以有效保证数据的一致性和完整性。一体化平台中的网络系统包括在线接入、在线数据库文件更新及下载等功能，并保证传输的安全性和高效性。设计、制造、施工、建设、监理等各单位，及工程设计和建造的各阶段均可在一体化平台进行有效的协同工作。

最后，形成利益共同体，建立一体化协同管理平台使设计、制造、施工及建设单位达到互利共赢。施工单位在轨道工程建造时，前序工程施工误差不累积，后续工程施工前可及时发现问题并进行处理，各工序施工过程中的偏差可实现设计的动态化调整，不需更多的设计变更，设计单位提供的数据文件通过一体化平台可高精度、高质量和高效率的完成轨道板铺设，轨道板铺设的工程误差可自动和实时的记录到一体化平台中，一体化平台可自动分析后序钢轨精调时的非标准部件的数量、铺设位置，极大地降低工程费用。轨道板制造时，利用一体化平台的数据文件可对模具和成品板进行高效检测和验收，采用满足轨道施工过程变化的动态数据使轨道板制造不产生废品，同时为每天成百上千的轨道板信息实现自动和实时的记录，不仅提高制造质量和效率，还极大地降低人力成本。

（三）提高技术和设计能力，为实施设计建造一体化创造条件

铁四院开展系列技术攻关，实现多项技术的提升和革新，在轨道数据模型构建、现场施工和轨道板制造过程中的数据实时回收、采用数控机床进行轨道板三维可调式制造等技术均为国内首创，提升高铁轨道工程的设计建造水平，为实施设计建造一体化提供技术保障。

创新轨道设计数据和信息化技术，实现轨道数据模型构建技术的重大突破。铁四院根据轨道设计方案和施工图纸，研究制订轨道数据文件标准，及针对制造、施工单位制订接口标准。通过建立轨道三维数据模型，研发轨道设计数据生成软件，将各专业接口数据文件及轨道设计原则、设计参数输入，实现轨道三维数据文件的自动生成，以实现一体化平台中的动态化设计功能。

实现“互联网＋”技术的应用和创新。利用轨道施工测量设备全站仪和电子水准仪，研究新型测量方式及数据交互手段，研究现场数据回收方式，并将数据实时与一体化平台进行交互，实现设计数据、施工过程动态数据的实时性，为一体化协同提供可靠保证。

轨道制造和施工新技术应用及创新。提出轨道板采用数控模具进行制造，为适应不同类型轨道板的制造，研发三维可调式模具；同时针对轨道板检测，利用激光、高清摄像等技术研发轨道板检测装备；针对轨道结构施工技术，研究提出采用可调式模板、CPⅢ轨道精调等施工技术；为轨道信息化制造和施工提供技术保障。

研发“一体化平台服务器软件”“轨道设计数据生成软件”“轨道板制造和模具检测软件”“底座板铺设软件”“轨道铺设精调软件”等系列软件，为一体化协同管理的顺利实施提供保证。

此外，设计单位调整角色定位，从单纯设计的角色转变为“设计＋服务”的角色，在设计完成后除提供设计施工图以外，还提供数字化的设计数据库文件，为后续单位的制造、施工等提供共享的设计成果，将设计向后延伸，最终实现动态设计。通过角色的转变及共享设计成果文件，实现各单位的组织协同。

（四）加强数据文件管理，为实施一体化提供信息化支持

构建一体化平台核心是数据库，数据库主要由以下两类数据文件构成。

第一类“设计施工图数据文件”，即设计单位将轨道设计施工图文件转化形成的数据文件。该数据文件为一体化平台的初始设计成果数据文件，是将设计方案、图纸、文件进行数据化，将设计施工图中钢轨、轨道板、底座、扣件等各层结构的坐标、里程、型号，并依据测量、线路、站场、路基、桥梁、隧道等各专业的设计数据，结合轨道结构设计数据，在全线范围内转化形成的数据库。

第二类“施工全过程动态数据文件”，即将设计施工图数据文件进行轨道部件制造和轨道工程施工时，把施工过程中的现场数据记录形成的数据文件。该数据文件作为一体化平台中的实时动态数据文件，是将现场施工环境等相关参数数据化，结合设计数据对现场的施工误差进行调整，从而对设计数据文件进行修正。同时随着工程的进展，把通过专业设备收集到的已完成产品的实际验收和测量数据动态

记录的一体化平台中，使得一体化平台数据库文件保持实时最新状态，保证数据的实时性。

两类数据文件相辅相成，第一类数据文件是轨道工程制造和施工的依据，第二类数据文件是现场施工状态的反馈，是开展建造过程协同和动态化设计的数据依据。当轨道工程制造和施工过程中发生工程偏差或前序工程变更时，通过第二类数据文件的现场实时反馈，可对第一类数据文件进行动态更新，确保第一类数据文件满足制造和施工实际情况，实现轨道工程设计、制造、施工的过程、组织和信息的全方位协同，使轨道工程建造中的各项生产过程和组织单元之间实现深度协同和双向反馈。

各单位明确由专人团队进行数据文件管理，确保平台数据的安全、保密和完整。对数据文件建立强化协调、密切配合，形成齐抓共管的机制。各单位明确由项目经理主管数据文件，建设单位组织设计、制造、施工等单位做到数据文件的统一标准、统一建设、统一管理。同步考虑保密技术防范措施，同步投入保密技术防范设备。

（五）强化各方协同管理

1. 设计与施工协同

设计单位完成轨道工程设计形成施工图数据文件，其数据文件作为一体化平台的基础数据，轨道施工以该数据文件为依据。以底座板铺设施工为例，利用“底座板铺设软件”，测量采用的全站仪与软件关联，从一体化平台服务器中选择设计数据文件，进行底座板施工放样，在施工放样的同时测量路基、桥梁和隧道等线下工程的高程坐标、路桥分界里程、梁缝里程等，测量得到的数据实时上传到一体化平台，一体化平台自动运行设计布置软件生成新的设计数据文件（动态设计过程），新的设计数据文件会自动得出底座板放样调整位置，从而指导底座板精确的施工。

轨道工程施工最核心的工作是轨道板精调，在完成底座板施工、轨道板粗铺后，前序工作的施工误差等均通过各过程测量仪器和软件系统上传到一体化平台，一体化平台完成动态设计后形成的新数据文件，指导“轨道板精调软件”进行轨道板精调。

2. 设计与制造协同

轨道制造以一体化平台中的设计数据文件为依据，轨道板预制厂进行生产时，利用“轨道板制造软件”，从一体化平台服务器中选择将预制生产的轨道板对应的数据文件，进行轨道板模具的调整和检测，检验合格后浇筑混凝土制造轨道板，实现设计与制造的协同。

当轨道板生产完成后，利用检测仪器和“轨道板成品板验收软件”，对轨道板（如长度、宽度、高度、施工偏差等）进行测量检验，根据相关的制度和流程将经过确认的检测数据传送到一体化服务平台中，实现制造过程对轨道板制造的修正和更新。

3. 制造与施工协同

施工过程由于发生偏差或变更，将导致工厂预制件（轨道板等）的数量、尺寸、型号等发生变化。轨道工程施工利用“轨道施工铺设软件”采用全站仪、水准仪等测量设备进行测量和检测，施工铺设软件与全站仪、水准仪等测量设备及一体化平台进行实时对接。轨道施工时，一方面软件连接一体化平台下载最新数据进行轨道施工放样、铺设精调，另一方面现场的施工和精调数据又反馈到一体化平台中。如现场施工过程中发现桥梁的墩台里程发生偏差（该里程的偏差可直接导致轨道板布置、甚至型号发生变化），其偏差值实时通过与“轨道施工铺设软件”上传至一体化平台，一体化平台根据偏差值完成动态设计，重新生成轨道板布置数据，其更新的数据随即反馈给轨道板制造工厂，制造工厂利用“轨道板制造软件”连接一体化平台，即可根据一体化平台中的最新的数据进行轨道板制造，从而实现制造与施工的协同。

此外，轨道板制造完成后需逐一对轨道板进行检测，利用“轨道板检测软件”将检测数据（包括轨道板的制造误差等数据）上传到一体化平台中，轨道钢轨在进行±1毫米的施工精调时，可利用一体化平台中轨道板误差数据准确计算出精调部件的调整量，从而提高精调的效率和非标准精调件的使用量，降低造价。

4. 轨道工程与其他各专业间的协同

轨道工程设计建造一体化协同管理，还包括轨道工程与路基、桥梁、隧道、线路、通信、信号等各专业间的协同，主要工作是做好轨道设计、施工过程中与各专业的接口协同管理。轨道工程是在路基、桥梁和隧道（简称“路桥隧”）建造完成的基础上进行的，路桥隧在建设过程中发生变更情况，需及时将变更方案和数据反馈到一体化平台中，同时路桥隧建造完成后对其进行的验收和复测情况也及时反馈到一体化平台中，从而实现前后序各专业间的协同管理。

通信、信号等各专业是在轨道工程完成后进行建造的，是轨道工程的后序工作，轨道工程的设计变更及建造完成后的轨道结构类型、铺设里程、线路数据等信息，可通过一体化管理平台及时提供给通信、信号等后序工作，实现各专业、工序间的协同。

（六）建立一体化协同管理的保障体系

1. 组织保障

铁四院高度成立一体化协同管理领导小组、专家委员会，组建一体化协同管理项目总体组。为保证项目顺利推进，线站处将该项目作为“一把手”工程付诸实施，由线站处处长担任项目组组长，轨道所所长担任总体设计负责人。铁四院无砟轨道技术湖北省工程实验室，为一体化协同管理提供强大的现场测试和评估服务。同时，在具体的工程项目建设过程中，各参建设单位均成立常驻现场的办公机构（指挥部或项目部），配齐配强各类技术、管理人力资源，为一体化协同管理的顺利运行提供稳定的组织保障。

2. 制度保障

针对轨道工程设计建造一体化协同管理，制订二十余项制度和规范，为一体化协同管理的顺利实施提供制度保障。

针对数据文件的标准化管理，分别针对设计、制造、施工等单位制订《轨道设计数据文件标准格式》《施工过程动态数据文件标准格式》《一体化平台数据交互方式规程》等数据标准化管理制度。

针对建造过程的各工序的施工工艺，制订《CPⅢ控制网测量作业指导书》《无砟轨道底座作业指导书》《轨道板精调施工作业指导书》等作业指导书，为轨道工程的标准化施工提供保障。

针对轨道板工厂预制制订《轨道板制造技术规范》《轨道板模具调整和检测作业指导书》《轨道板成品板检测作业指导书》等作业指导书，为轨道工厂预制件的制造标准和标准化作业提供依据。

针对一体化协同管理系列软件，编制《一体化协同管理平台软件用户使用手册》《轨道板制造和模具检测软件用户使用手册》《底座板铺设软件用户使用手册》《轨道铺设精调软件用户使用手册》等，保证各软件的正常使用。

3. 人才保障

一是制订一体化协同管理人才发展规划，制订并实施“361”人才工程，分类制订管理、技术、操作3类人才建设目标；依托工程实验室、博士后科研工作站、劳模创新工作室等研发平台，采取自主培养和外部引进等方式，大力培养和引进项目管理、软件开发、网络技术、数控制造、BIM等相关人才，形成一支配套齐全、结构合理、数量充足的一体化协同管理人才队伍，保障一体化创新协同管理工作的持续性和创新性。

二是主动承担一体化协同管理人才培养的责任。针对制造、施工等单位在一体化协同管理的职责定位和管理需求，编制各工序工艺、各单位和部门的培训教材、作业指导书、使用手册等，充分利用正在开展的重大工程项目、科研项目等实践平台，组织开展各类管理培训和技术交流活动，加快培养各单位和部门的一体化协同管理人才队伍。

三是建立网络化的知识管理系统，加强各单位一体化协同管理知识经验的共享，将设计建造经验转化为手册，促进知识的快速积累、共享和传承。

三、高铁轨道工程设计建造一体化协同管理效果

（一）创造了一体化的建造管理模式，提高了设计和建造效率

轨道工程设计建造一体化协同管理，统一了专业接口，加强了项目建设、设计、制造和施工单位之间的横向沟通和信息交流，真正实现了专业设计和项目参建各方之间的设计成果共享，实现了动态化、信息化、协同化的管理模式，达到高效和全方位过程控制，提高设计、制造、施工和监控的质量与效率。如湖北城际铁路在无砟轨道制造和施工过程中，未产生轨道板废品，未出现轨道工程质量事故，轨道建设工期缩短2个月。此外，极大地提高了轨道施工精调效率，减少了非标准扣件的使用，提高了高速铁路建设效率，节省了工程投资，提高了经济效益。湖北城际铁路仅减少非标准扣件一项，节约工程投资约8000万元。

（二）提高了设计建造质量水平，确保高铁安全运营

轨道工程设计建造一体化协同管理模式，通过高效和实时的过程控制提高了设计、制造和施工的质量水平，开创了中国高铁轨道工程设计建造管理新模式。例如湖北城际铁路在无砟轨道施工过程中实现了“零缺陷”“零变更”和“零返工”，实现了轨道工程建造质量的重大提升。尤其显著控制了轨道板的制造和铺设精度，将传统模式的轨道板铺设精度由0.5—2毫米提升至0.35毫米。同时有效控制了底座板面高程，传统模式出现大量的底座板太厚或太薄（经常出现超过20毫米以上的公差，严重超出规范规定的10毫米公差）引起工程质量问题，采用一体化的建造管理模式湖北城际铁路底座板达到了100%的高程和厚度质量控制，在铁路总公司组织的一次专家验收会中底座高程和厚度90%以上达到±2毫米的高精度控制。

同时作为设计企业，一体化协同建造管理提高了设计质量，极大降低了设计质量事故，也降低了制造和施工单位的质量事故。湖北城际铁路建设过程中未发生由于设计、制造或施工单位造成的质量事故，提升了企业形象，减少了过程控制风险，将工程质量控制和管理真正地实现了中间各环节的全方位控制，极大地提高了工程建造质量和提高了建设效率、缩短了工期，确保了高铁建造安全和运营。

（三）提升了高铁设计建造的国际核心竞争力

一体化协同管理首次提出了设计成果信息数据化，以统一的标准设计数据文件作为全新的设计成果表现形式，改变了传统设计只提供设计图纸指导施工的模式，进一步加强了轨道工程设计业务标准化建设。铁四院在一体化协同管理构建过程中，成功开发了一体化软件系统，并通过省部级成果测试和鉴定。2014年5月20日，中国铁路总公司组织现场测试和审查，明确该系统“可推广应用于高铁项目”。2015年6月30日，湖北省科技厅主持“一体化平台及软件系统”成果鉴定会，认为该成果“基于设计、制造和施工一体化理念，首次实现了无砟轨道布板设计、制造和铺设一体化的建造技术管理”，“创新实现了自动生成轨道结构的空间位置、高程、矢距等布板设计；实现了轨道板模具水平、垂直方向的二维调整和成品板检测；利用全站仪进行数据交换，实现了快速高精度的底座定位、轨道板粗铺和精调”“对于推动我国自主创新高铁轨道技术发展具有重要意义，整体技术达到了国际领先水平。”

（成果创造人：黄正华、孙　立、王森荣、胡晓兵、许国平、李秋义、江先冬、邓振林、郑　洪、刘莉虹、孙智勇、刘　博）

家电制造企业基于大数据服务平台的产品生命周期管理

珠海格力电器股份有限公司

珠海格力电器股份有限公司（以下简称格力电器）成立于1991年，是目前全球最大的集研发、生产、销售、服务于一体的国有控股专业化空调企业。旗下拥有格力、TOSOT、晶弘三大品牌，产品涵盖空调、冰箱、生活电器等在内的20大类、400个系列、12700多种规格的产品，远销160多个国家和地区，为全球4亿用户提供专业化服务。2002年以来，格力电器通过建设全面、开放、持续的多层次、高水平的研发平台体系，实现了从“规模驱动业绩增长”到“创新驱动持续发展”的战略转变，销售收入由2002年的70亿元增长至2014年的1400亿元。2015年格力销售额为212亿美元，利润为21亿美元。格力空调产销量连续10年全球第一，连续20年全国销量第一。

2012年，格力电器为进一步提升产品管理水平，以大数据为切入点，搭建大数据服务平台进行产品生命周期管理。经过三年实践，格力电器不仅实现了产品从设计、生产、销售、安装和维修的生命周期管理，并有效保护了消费者及格力电器的利益，规范了市场。

一、家电制造企业基于大数据服务平台的产品生命周期管理背景

（一）改变传统售后服务方式，提升售后服务水平的需要

众所周知，提高空调销售后的管理水平是提高产品竞争力的重要一环。但传统的售后服务管理方式已不能满足顾客要求的快速反应、多维度技术支持和公司高速发展的需求。一是原有的售后问题处理为直线逐级传递方式，无法做到实时跟踪、及时解决问题，对问题的处理和服务的提升带来了极大的不便。以往，售后服务人员若在工程现场遇到无法解决的问题，就只能通过销售公司渠道，将信息反馈给总部技术服务部门，以寻求解决方案，这其中可能会存在销售公司隐瞒问题不予上报、拖延的情况。二是售后服务人员培训难以落地导致机组安装故障频发。格力电器为保证售后服务人员的专业性，会定期组织各销售公司进行安装和维修方法的培训。由于受时间和地域的限制，每年只能定期组织各经销商代表进行培训，之后由各经销商代表进行逐级培训。该培训方式虽付出大量精力和成本，但实际传递效果并不理想，导致大量新产品推出后，服务人员的能力跟不上，造成了大量的安装投诉问题，公司每年为此投入巨额的维修成本。三是售后服务人员档案无法统一管理。空调产品需要专业的团队进行安装调试，但长期以来，格力电器安装维修调试人员信息均在经销商手中，格力电器和各安装维修调试人员之间没有建立对应关系，无法做到统一管理。新增的维修信息都通过经销商再传递到各安装调试人员手中，导致信息传递耗时长和信息遗漏，各种售后问题长期无法得到解决。同时企业的各种福利政策、激励政策也无法传递到安装工的手中，对优化售后服务带来了极大的障碍。

（二）实现产品在研、产、供、销各环节信息集成，提升企业销售管理水平的需要

在建立产品大数据信息平台之前，各类产品信息在研、产、供、销各环节没有实现集中统一，使得企业销售管理面临诸多挑战。一是非格力授权销售机组的出现严重损害顾客和公司利益。格力品牌经营多年市场信誉良好，受利益驱使，市场上经常出现仿冒格力空调的产品和跨区销售的产品出现。由于其中一些机组是经过返修重新进入市场，无法保证质量。该类空调很难被安装维修人员所识别，严重损害消费者和各经销商的利益，使格力电器每年为此付出巨额的维修费用，并对公司品牌乃至行业市场造成恶劣影响。以上行为由于取证难，只能发现一单处理一单，无法从根源上进行杜绝。但随着市场的逐步扩大，该类问题管控难度越来越大，公司每年为其花费大量成本，而且支出在逐年增多。因此必须要利

用新的处理方式从根本上进行预防，规范行业及市场。二是产品信息难以全部收集导致产品定位不准确。传统的产品信息收集依靠安装纸质单进行录入完成。纸质单由各安装工经销售公司到总部客服中心，并通过手工，将其录入系统中。该过程耗费大量的时间，导致信息延迟几个月。传递过程中遗失和损毁的事情时有发生。同时录入信息需要人为操作，即使耗费大量的人力物力去完成，也很难保证数据的准确性。三是销售数据回收统计周期长、难度大。产品的生命周期是指产品从设计、生产、销售到安装和维修的全过程。格力电器总部负责产品的设计和生产，各区域销售公司负责产品的销售和安装，实际的销售安装明细均掌握在各区域销售公司手中。公司想获取实际安装明细，必须根据各销售公司提供纸质安装单进行手工录入并统计。该工作回收周期长，往往需要一个季度后才能将上个月数据汇总好，极大降低了应用的时效性。这样公司将无法做到产品的实时问题跟踪，此一板块的缺失，公司无法根据市场变化做出快速反应。

二、家电制造企业基于大数据服务平台的产品生命周期管理内涵和主要做法

格力电器利用信息化手段构建大数据服务平台，对家电产品从设计、生产、销售到安装和维修进行全生命周期管理，如图1所示，及时获取每个产品全生命周期所有过程详细信息，实现家电产品从设计、生产、销售到安装和维修的闭环控制，有效完善和规范了售后体系，解决了市场窜货问题，为及时有效应对市场变化及公司决策提供了有力支撑，促进了行业的规范发展，实现了消费者与企业的双赢。主要做法如下：

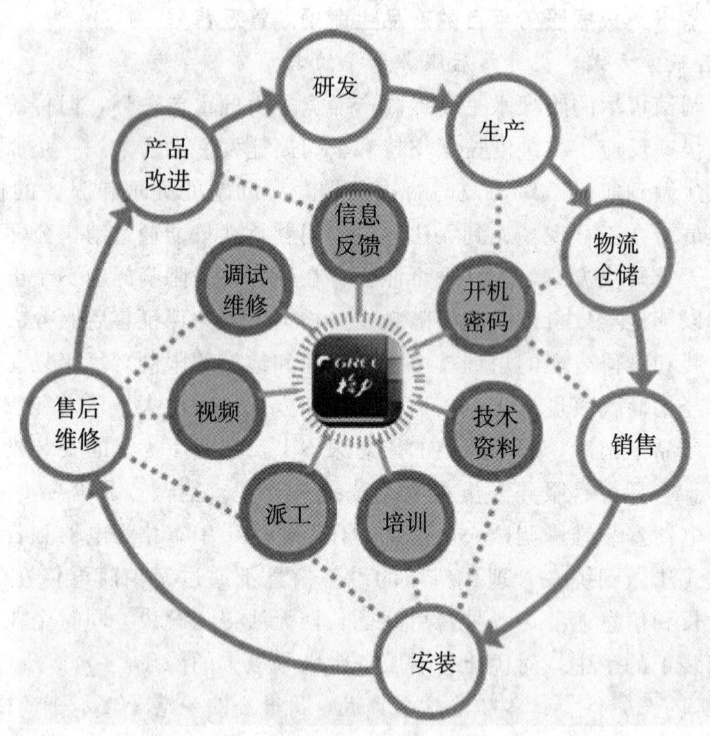

图1　格力电器家电产品生命周期管理

（一）设计产品可识别的“身份”

1. 对产品控制程序设置条形码与密码

空调主机的设计是空调机组自身的核心工作组成部分。其中，主板设计又可细分为PCB板设计与嵌入式控制程序设计两大块，它是控制空调机组按预定功能正常运转的核心枢纽。目前空调常见的基本功能主要包括送风、制冷、制热、除湿等相关功能，空调主板（控制程序）是控制空调机组按用户设定

功能正常运转的实际发出命令者。综合考虑各种因素，格力空调在空调主板（控制程序）中增加空调条码（生产流水码）与开机密码信息。条码与密码关联绑定，每一个条码对应一个密码；首次开机必须输入密码、自动检查密码无误后方能开机使用。通过对程序设置条码与密码，生产 ERP 系统的生产数据能够和安装数据进行匹配，为建立产品档案提供技术支持。

2. 实现条码与密码功能绑定

格力电器在按客户订单生产组装空调时，生产线会将空调各个部件一一组装成完整机型，每个零部件及成品机的代码均有其特定的属性，通过这些属性可以对各机型进行识别。空调控制器主板烧录程序过程中，会根据格力电器 ERP 系统与 MES 系统，自动查询核对每台空调的条码属性信息。当识别到 ERP 或 MES 系统提供的信息显示该台空调需要烧录条码与密码，则会将该空调条码对应的唯一密码烧录到空调主板中，该过程实现了密码与整机产品的绑定。

3. 处理烧录记录信息

每台空调在生产线上组装生产时，会将该空调条码对应的密码烧录到空调主板中；生产线及时将该相关信息保存至生产管理系统中。同时，产线也会及时将该烧录记录信息上传至公司保密数据库 DB 中保存记录，做好数据的保存备份，防止因数据异常导致密码获取不到，保证解密工作顺利进行。通过以上方式，机组完成生产时便被烙印上条码信息，该条码信息包含该空调机组的生产时间、入库时间等信息，这些信息将伴随空调产品的整个生命周期。

（二）管理产品生产、销售条码

1. 对生产订单实行批量化管理

企业经营单位负责根据产品的库存及市场经营情况制定生产需求给生产单位确定排产计划，生产线再按计划订单需求生产空调机组，生产和经营部门维护生产批量关系，这样每台机组就被确定了订单信息。通过将订单生产信息录入后台管理系统，最终将成品空调批量入库记录导入，无需对每一台机组进行条码扫描，极大缩短了产品信息记录的流程。所有相关信息均记录到 ERP 系统数据中，可以实时查询。该数据将作为掌上通系统中重要的组成部分，记录包含该机组生产时间、生产线以及关键零部件信息等。

2. 产品出厂实施条码追踪

格力电器总部根据不同销售公司的销售情况或订单需求，对产品的出货运输进行统一的管理。在空调产品出货之前，成品库按照订单需求对产品进行批量扫描条码，由格力运输公司将产品运输到指定的全国各省份销售库存分仓库中，供各销售公司或经销商进行提货。其中扫描的条码将作为机型的唯一身份信息，产品的出货信息以及入库信息便记录至服务器系统中，该过程将记录产品的出入库信息和拟销售的区域信息。

3. 管理产品销售数据信息

格力电器总部在接到各销售公司反馈销售需求或客户订单需求后，总部按量按需指派到相关仓库库存提货。期间将销售数据、提货数据与产品信息记录入库到 MES 系统中管理，物料批次条码实现数据信息可查，最终将空调产品提供给相关网点或供应商。销售网点或客服中心接到销售订单后录入安装工单，系统通过规则自动指派售后网点，售后网点通过安装产品类型、区域等条件判断指派服务人员，服务人员与客户预约并上门进行空调机组的安装服务。

（三）改变售后安装操作方式

1. 安装调试的解密码操作

安装工人根据预约的安装时间、地址到客户家中进行空调的安装与调试相关工作。调试中，需要通过“格力掌上通手机 App”对机组条形码进行扫描，根据要求填写工程信息等并提交上传，移动客户端会自动与后台数据服务器进行对接交互，获取其条码对应的密码，然后通过空调控制器将密码输入到空调主板中与原来生产烧录的密码进行对比验证。如验证输入密码与原生产时烧入的条码与密码一致，则验证密码正确可以开机进行调试。如果没有进行解密或密码错误，将无法开机使用。通过扫描机组条形码获取开机密码并开机为调试必须进行的步骤，该步骤的实施有效解决了当前全国范围内无法获取空调机组安装信息的现状。

2. 产品信息实现自动收集

当安装调试工通过"格力掌上通手机 App"扫描机组条码，根据工程信息等提交上传内容时，格力掌上通系统会在后台将所有工程与机型的相关信息进行记录保存；并与该机组的生产信息、出入仓库信息进行匹配对接，实现机组生产、出库、销售、安装等信息的采集。无须像以往通过纸质安装反馈单进行登记，可有效确保安装信息收集的准确性和及时性。该统计信息将作为全国各个销售公司、各个地区与省份的所有空调安装信息的底层数据之一。

3. 产品维修变更信息自动关联

当客户需要更换新空调或空调机组出现异常需进行维修，也需要使用"格力掌上通系统"通过扫描机组条码，将工程信息等录入并提交上传。此时格力掌上通系统也会在后台将所有工程与机型的相关信息进行记录保存，从而已经完成安装的空调机组何时何地何人进行过维修操作、针对什么故障进行维修、如何进行维修、维修后空调机组是否正常运行等信息均在后台数据库中进行保存，空调机组的维修数据将作为空调机组生命周期管理的重要数据。

（四）建立在线化的售后服务和维修方式

1. 改变机组质量问题反馈方式

通过在多联机组中增加 GPRS 模块，GPRS 模块实时将机组的调试数据、故障数据以及运行数据传回至格力电器服务器，服务器通过对 GPRS 模块收集数据的分析，当机组出现异常时可实时将异常状态在客户端进行显示并故障提醒，技术人员可直接在格力电器总部对异常的数据进行分析并制订整改方案。此外，通过对空调机组大量运行数据的分析，结合数据挖掘、故障诊断的算法，通过"物理模型+数学模型"的多维度方法，可实现对空调机组的故障预警。在空调机组将要发生故障之前格力电器已经得到预警，售后人员已经收到预警并提前解决问题，有效地保证了空调机组的质量。大量的空调机组数据分析，也推动了机组故障的自动分析诊断。当格力电器监测到机组运行出现异常后，自动地对机组数据进行分析，并输出分析结果及整改方案。

2. 改变安装维修问题传递方式

格力掌上通系统同时建立了问题反馈版块，格力掌上通的所有用户均可通过该渠道反馈任何问题至系统管理后台。问题既可以包括机组质量问题、系统本身 Bug 问题，又包含对机组设计、安装方式甚至管理方式的反馈建议等，格力电器总部或各产品板块负责人都能通过后台管理系统及时了解用户反馈的问题，并进行解答处理问题。该方式将原有直线传递方式优化为网状传递，各节点之间均可以反馈并答复，极大地缩短了问题反馈以及处理周期，并确保了反馈问题的完整性以及获取了很多好的意见、建议。

3. 建立反馈问题跟进标准化与限时解决机制

格力掌上通手机 App 的所有用户（包括各部门、各分厂、全国各省份安装工人、调试工人）反馈的所有问题，均进行严格的分类，主要包括软件系统、机组故障、质量异常、开机密码、工程安装、机组设计、售后管理或其他问题。问题分类后不同问题将分配至不同部门负责人、不同板块负责人进行跟进解决，防止相互推诿，起到高效、准确的作用。一般问题均限时在 24 小时内解决，给客户与安装工人提供良好的服务和一个满意的答复。对于分类后的重点问题，其中质量问题、工程安装、机组设计或机组故障等均落实到部门指定人员专门负责跟进解决。按照格力电器相关要求需要现场解决的进行现场指导跟进，需要立项开发的，在系统立项受控跟进落实，直到问题解决完成项目整改评审通过；对于其他各类管理类问题，进行优化改善落实。各类问题均会按计划分析、立项、执行、跟进并落实解决。另外，格力电器有“全员提案改善”系统以及项目管理系统等，所有问题都有标准化流程进行控制，可统筹管理透明可控直到问题真正解决。

4. 建立售后服务人员在线培训方式

掌上通系统建立了售后服务人员培训平台。通过建立该平台，总部编制并通过后台上传相关技术资料，安装工即可通过掌上通 App 可以随时下载查看，不受时间和地域限制，实现了实时、零成本的资料下发方式。一线安装工有疑问即可随时查看资料、视频进行学习，无须携带厚重的学习资料，而且解决了现有传统资料的发放形式、资料发放覆盖不全、资料更改后信息传递慢的问题以及因安装团队人员流失，传统培训方式传达不到位安装质量无法保证的问题。同时，任何新入职人员均可使用该方式进行自学习，无须等待专门的培训后才能开展工作，并可直接在该平台进行考试，极大降低了售后维修人员的闲置率，提高整体工作效率，同时提高了售后维修人员的整体水平，确保了产品质量。资料自上线至今下载量已达 500 多万次，下载阅读量更是高达 1000 万次以上。

（五）分析挖掘产品大数据，优化经营管理决策

1. 建立窜货问题自动判断与异常识别机制

通过对空调机组从设计、生产、销售到安装和维修全过程信息流的打通，大量的销售、安装数据实时反馈到公司总部，该数据极大地促进了各环节经营管理的优化，使各环节能够快速识别出异常。以窜货的应用为例，根据大数据分析掌上通后台可自动判断哪些数据属于窜货行为，对于疑似窜货进行识别并处理。通过家电产品在不同环节的信息收集，格力电器可以清晰地掌握销售产品的状态、信息，并可以了解对应的销售公司、安装点及具体安装工人，真正做到定点到位、落实到人，为解决窜货问题提供可行方案。

2. 开展生产经营状况的实时跟踪

数据挖掘人员在后台管理系统中创建分析算法。当数据自动收集完成后，系统根据该逻辑算法输出结果。数据更新时，输出结果就会实时更新。通过对结果的再次分析，完善系统的分析逻辑，并根据不同部门不同权限人员的需求，分模块将分析后的信息传递给公司内部各管理人员进行分析和处理。比如，以往对故障的分析都只是根据售后反馈的条码看是几年前生产的机组来做判断，现在通过开机密码数据，格力电器可以真实地得知用户实际开机调试的时间，去除仓储时间的影响因素，得知用户出现问题的真正使用时间。这大大减少了以往人为地在大量数据中查找判断的工作量。并且更高效、实时、准确地获取到故障机组的数据，并快速进行处理。再如，通过 GPRS 模块数据采集、分析，以及大数据视觉系统展示，格力电器公司领导可以清晰地了解当前空调机组在全国的销售、安装分布情况、故障情况等，以便公司领导及时地针对市场、销售制订应对的策略。总之，通过掌上通应用系统、大数据服务系统、大数据视觉系统的数据采集、分析、展示，格力电器可以对每台空调机组的生产数据、仓储数据、运输数据、销售数据、安装数据、安装质量状态等方方面面进行分析，有效识别出管理漏洞，促进管理的优化，也极大体现了大数据服务与制造业管理相融合后产生的增量效益，实现家电产品的生命周期管理。

3. 基于产品数据分析开展精益设计

通过在空调机组安装 GPRS 模块，GPRS 模块可将机组调试信息、故障信息等实时回传至服务器，通过大数据收集、分析，还可以从空调设计上进行优化，通过安装、调试数据分析推动空调机组的精益设计。另外，通过 GPRS 模块回传数据分析，格力电器可以了解空调机组各个功能的使用情况，消费

者更偏向使用哪些空调功能，从而在空调功能设计上进行优化。并通过数据分析，可以挖掘消费者更多的需求，从而不断地在空调机组的设计中进行创新。例如通过数据分析消费者在某系列空调机组的使用过程中，对某种场景的设置偏多，但每次都需操作多个按键实现，操作比较麻烦，格力电器在该系列空调产品开发中即可对消费者普遍的需求进行功能优化，一键进行场景设置，优化用户体验。

三、家电制造企业基于大数据服务平台的产品生命周期管理效果

（一）售后服务水平大幅提升，有效保护了消费者和企业权益

项目实施后，通过设置开机密码对机组身份的识别，每台空调机组拥有了自己唯一的识别身份信息，使市场上的假冒机、窜货机、返修机无处遁形，市场上非格力授权销售机的情况得到了极大的改善，有效地保护了消费者及格力电器的权益，规范了行业市场。统计数据显示，项目实施后市场非格力官方授权销售机导致的损失大幅下降，取得了显著的效益。通过大数据服务平台对采集数据的精准分析，格力电器可以了解当前设计新品推出的周期、空调机组生产的效率、各空调型号销售的比例、全国范围内某系列空调的安装情况、各销售公司销售业绩、各销售公司的售后数据等，以便更好地对设计、生产、库存、销售、安装以及售后进行精准的分析和管理。

（二）提高了产品质量和安装质量，探索建立了新型管理方式

通过格力掌上通系统、格力大数据服务系统，格力电器可实时获取全国各地每天新安装的空调机组，并通过对安装、调试数据进行分析，自动判断评估该空调机组安装质量。所有安装工人可以随时了解、学习空调机组的安装服务手册，提升了安装、维修团队的技术实力，保障了安装质量。同时销售公司可以对安装质量进行管理。此外，通过大数据服务平台对机组运行数据的实时分析、处理，进行故障预警，并自动输出分析结论。格力电器技术人员可通过数据进行核实，并通知当地销售公司在机组发生故障前上门处理、解决问题。还可以对全国空调机组的运行数据进行统计分析，挖掘用户新的需求，并针对统计数据对空调开发进行优化、创新，有效推动了空调机组的精益设计。

（成果创造人：董明珠、谭建明、李绍斌、牟桂贤、申伟刚、谭泽汉、余　祥、黄丽萍、甘俊源、林勤鑫、李石江、梁智将）

基于快速响应客户个性化需求的研发体系构建

湖南中车时代电动汽车股份有限公司

湖南中车时代电动汽车股份有限公司（以下简称中车时代电动）是中车株洲电力机车研究所有限公司控股、中国第一家获得新能源汽车制造资质的企业。2007 年，母公司投入近 5 亿元建成了一期新能源客车制造基地，成立中车时代电动公司，拥有先进的地盘、车身、涂装、电泳及总装生产线能力。2013 年再投资 3 亿元，扩建整车生产基地、国家级试验检测中心以及系统零部件产品生产基地，制造工人 850 名。2015 年销售收入突破 20 亿元。目前已具备年产节能与新能源客车 10000 辆、系统及关键零部件 20000 套的生产能力。

一、基于快速响应客户个性化需求研发体系构建的背景

（一）落实制造强国战略的必然选择

《中国制造 2025》提出“节能与新能源汽车”作为重点发展领域，明确了继续支持电动汽车，提升动力电池、驱动电机、轻量化材料、智能控制等核心技术的工程化和产业化能力，形成从关键零部件到整车的完成工业体系和创新体系，推动自主品牌节能与新能源汽车国际先进水平接轨的发展战略要求。国家政策和市场环境的变化，一方面给新能源汽车企业带来了良好机遇；另一方面也将助推了新能源汽车的国际化竞争，汽车产业的基础性研发平台与创新体系支撑尤为重要，建立优质的汽车研发顶层设计是新能源汽车企业面临未来的重要挑战。因此，基于快速响应客户个性化需求的研发体系构建，是中车时代电动实现新能源汽车制造强国战略的必然选择。

（二）克服传统设计模式弊端的需要

中车时代电动新能源汽车产业板块属于典型地按订单研发制造交付：产品结构复杂；车型众多，有 8 大技术平台、98 款车型；客户个性化需求多、90％的订单车是 ETO/ETO＋；订货多为小批量，每批订单不超过 100 台、最少的订单只有 8 台；要求的交货周期不超过 30 天，关键零部件的采购周期不超过 20 天；新能源汽车关键零部件采购成本高，但国家的新能源汽车补贴不断压缩，成本压力巨大；公交客车对运营安全性、可靠性及质量要求高。因此，订单车的开发速度和质量往往是影响订单成败的一个重要的因素。订单车的设计包括分析确定客户需求、产品设计、工艺设计及零部件设计等，涉及整车设计部门、工艺部门、采购部门及供应商等，流程较长、部门多，但允许的订单车设计周期不超过 7 天，同时从经验分析，订单设计决定了产品质量及成本的 80％，如何在极短的时间内完成满足客户个性化需求的设计同时保证设计的质量及产品成本，是所有新能源汽车企业面临的巨大挑战。传统的设计模式无法适应这种挑战，必须创新能够快速响应客户个性化需求的设计模式。

（三）提升企业精益生产水平的需要

经过几年的艰苦探索和积极实践，中车时代电动在精益生产方面取得良好成效，并向全体员工展示了“精益”给企业带来的巨大的实惠和成果，同时也总结和摸索出一条符合本企业发展实际的精益之路。虽然前期取得了一定成绩，但精益推进步伐不平衡，部分业务部门的精益仍只停留在点与线上，存在严重的“孤岛现象”，没有完整地体现在产品市场竞争力的提升与管理瓶颈问题的解决上。设计是一个产品诞生的开始，也是运营过程最为关键的环节。实践表明 80％的产品成本及产品质量是由设计决定的，如果设计过程不能体现科学的精益原则，就会影响采购及生产过程的周期、成本及质量。

二、基于快速响应客户个性化需求研发体系构建的内涵和主要做法

中车时代电动在传统订单研发模式的基础上，基于精益思想，将并行工程（CE）、三化（平台化、模块化、通用化）设计、集成产品开发流程（IPD）、过程管理及项目管理等管理技术与手段应用到研发设计中，建立并行协同的个性化订单研发设计体系，并借助信息化手段固化管理流程，达到缩短设计周期的同时保证设计的质量从而达到提升客户价值的目的。主要做法如下：

（一）总体策划满足个性化订单的研发体系

随着产业政策的调整和市场竞争的加剧，中车时代电动深刻认识到构建快速响应客户个性化需求研发体系刻不容缓，这不仅符合企业内在的需要，也完全符合汽车产业制造强国战略的宏观要求。

1. 组织体系

考虑到管理体系构建涉及的部门多、流程杂，为此成立了以运营副总为首的领导小组，确保了系统构建的资源分配和整体进度受控；成立以各研发二级部门第一责任人为主的推动工作组，确保了系统构建的各项具体措施和流程的有效落地。

2. 思路与实施路径

总体思路是优化顶层设计、整合资源、协同创新、深化精益管理、强化氛围营造改善文化。实施路径：一是统计分析过往订单车的客户需求，运用三化设计手段，对 80％的客户个性化需求在平台化的基础上实施解决方案的系列化与模块化，最大限度减少个性化部分的重新设计；二是运用并行工程理论及 IPD 跨部门参与设计的原则，对串行的订单研发流程进行并行设计改造，建立订单车并行设计的技术规范，同时针对设计审核的瓶颈环节实施分级审核、分级负责；三是运用流程、过程管理及标准化的思想，制定订单研发的操作流程、每个环节的输出物及时间要求；四是运用项目管理的思想，管控 CPM 并对设计资源进行调度；同时对各设计任务及设计审核实施进度、输出物及质量的考核；五是运用信息化手段管理设计任务的进度、输出物及质量。

3. 体系建设目标

实现产品研发的“准、快、低”，“准”是研发满足细分市场客户需求的产品；“快”是向市场快速提供成功的产品；“低”是实现低成本的产品研发以及产品的低成本设计。实施进度：第一阶段，2014 年 1 月—2014 年 5 月，调研诊断和动员准备；第二阶段，2014 年 6 月—2014 年 10 月，形成初步成果；第三阶段，2014 年 11 月—2015 年 2 月，在实际应用和工作开展的过程中，通过可操作性的具体验证和更深入的管理调研需求，全面深化、细化和固化各项具体措施。中车时代电动基于快速响应个户个性化需求的研发体系框架如图 1 所示。

（二）建立跨部门的产品研发项目团队

1. 产品规划委员会

由中车时代电动决策层人员组成，其工作是确保企业在市场上有正确的产品定位，保证项目资源、控制投资。委员会同时管理多个 PDT，并从市场的角度考察他们是否盈利，适时终止前景不好的项目，保证将企业将有限的资源投到高回报的项目上。

2. 项目执行层（PDT）

PDT 是具体的产品开发团队，其工作是制订具体产品策略和业务计划，按照项目计划执行并保证及时完成，确保小组按计划及时地将产品投放到市场。PDT 是一个虚拟的组织，其成员在产品开发期间一起工作，由项目经理组织。主要活动包括：召开项目开工会、制订项目计划、组织造型效果图评审、参与整车总体技术方案的制定和评审、主导制定/修订概念/计划阶段的商业计划书、组织编写产品试销决策分析报告和量产决策分析报告、对各个阶段的工作进行经验教训总结。

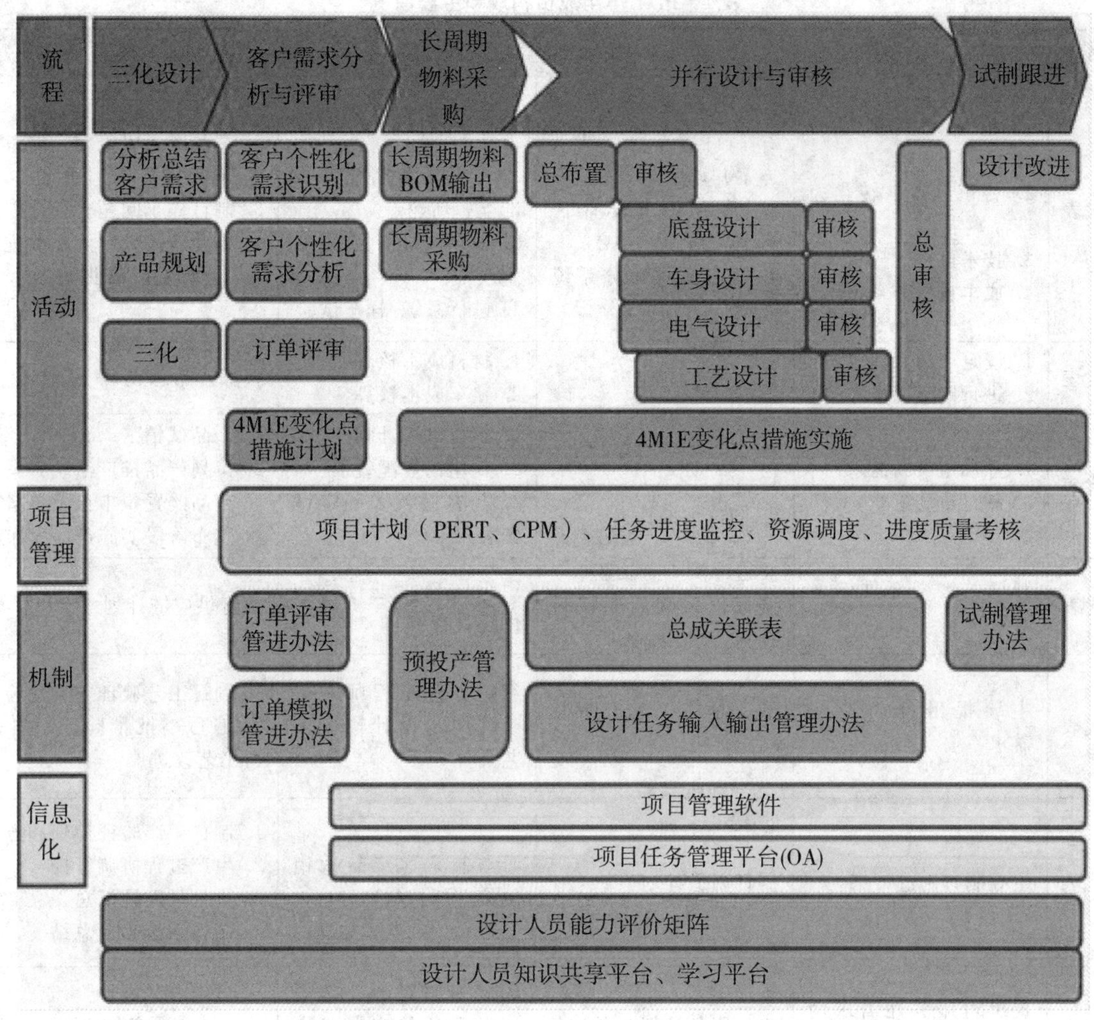

图 1　基于快速响应客户个性化需求的研发体系框架

项目经理的职责：一是领导项目组，指导产品从概念设计到市场接受，保证实现设计、市场份额及利润目标，同时解决冲突。二是管理项目，包括制订项目计划及预算，确定/管理参与项目的人员/资源（与职能部门领导协调），跟踪项目的进展。三是与管理层沟通，提供项目进展状况，准备并确定决策评审点，提供对项目组成员的工作绩效评审的输入。

PDT 小组成员构成和主要职责：PDT 小组成员由八个方面的代表组成，如图 2 所示。小组成员负责解决本领域的事务，在项目决策时代表职能部门，共同负责项目组的最终结果，对计划、成本、关键问题等的进展进行汇报，对职能部门的交付件负责。同时向职能部门经理汇报项目情况，应用职能部门的策略、工具和资源。管理本部门的项目计划和预算，负责项目小组与职能部门间的信息交换，在职能部门内对设计/项目进行评审。

表1　PDT 小组成员构成和主要职责

项目	概念阶段	计划阶段	开发阶段	验证发布阶段
研究代表	1. 组织造型草图的评审 2. 将市场需求转化为产品需求 3. 技术可行性分析 4. 成本目标分解	1. 定义产品设计需求 2. 制订整车总体技术方案并评审 3. 下达整车设计任务书 4. 制订并评审分系统方案、DFMEA 分析	1. 系统设计并输出技术文件 2. 产品配置搭建和标准配置新建 3. 样车试制及问题整改 4. 进行系统/样车试验	1. 产品准入申报和标准备案 2. 车型 BOM 转小批量 3. 制订样车问题验证计划 4. 推动产品设计问题改进 5. 车型 BOM 转批量
财务代表	1. 设定产品目标成本 2. 进行财务初步评估	优化财务评估	1. 材料成本核算 2. 整车成本核算	核算产品总成本
市场代表	1. 并确定市场需求 2. 制订市场策略	1. 跟踪市场需求并反馈 2. 制订市场计划	1. 执行市场计划 2. 新建销售配置器 3. 与客服代表确定试销客户	1. 产品试销 2. 策划产品推广活动方案 3. 产品购置税申报及备案 4. 发布阶段实施产品发布
采购代表	制订关键零部件的采购策略	关键件供应商认证 制订长采购周期特料计划	组织供应商进行外购件模具开发	执行供应链计划
工艺代表	主导提出可制造性需求	确定总体工艺方案并组织评审	组织工艺工程师进行工艺同步设计输出工艺文件	1. 制订工艺验证方案并验证 2. 编写小批量验证报告；进行工艺改进
制造代表	主导制订制造策略	制订制造计划	参与制定《产品试销决策分析报告》	1. 制订生产验证计划和方案 2. 生产过程协调管控 3. 小批量问题汇总 4. 制造系统验证总结
客服代表	提出可服务性需求制订客服策略	制订服务计划	编制客服计划、客服资料准备与市场代表确定试销客户	1. 试销客服服务 2. 准备配件资料 3. 准备服务资料
品质代表	1. 策划产品品质目标 2. 主导 TR1（需求）评审	1. 优化产品品质目标 2. 制订产品品质计划 3. 主导 TR2（方案）评审 4. 制订检测计划	1. 对品质计划执行情况进行监控 2. 编制检验作业指导书 3. 组织试制样车评审 4. 主导 TR3（样车技术）评审	1. 进行小批量生产产品检验 2. 主导产品评审和确认 3. 推动产品改进 4. 主导 TR4（量产）评审

（三）开展模块化设计和减法设计，优化产品开发设计流程

1. 模块化设计及减法设计

目前在汽车的设计过程中，尽量考虑零件的标准化和通用性，可以通过零部件的重新组合或者是局部的重新设计以达到设计目标。按照模块化设计的基本理论，从产品规划及产品族的顶层设计开始分析识别产品各项功能并分析及构建模块化，尽可能地让产品各项功能模块化。减法设计就是在汽车整车的最初定义时，尽量将整车的配置高标准化，这样可以按照比较完整的配置来对整车进行零部件及相关总成的合理布置，设计一个基本型。然后在投产过程中，可以根据用户的具体要求，调整相关的配置。由于前期是按照最完整的配置来设计整车的，那么在后期设计系列车型时，一般都是在基本型的基础上来减少部分的功能，即减少部分的非必要装备，所以称之为减法设计。中车时代电动持续开展设计“三

化”工作，有效降低了重复设计出图时间及设计出图失误率，形成防呆设计机制。

2. 订单评审

由于订单车产品性能、结构上的个性化差异，在接到订单后，需进行订单评审。以客户需求为出发点，从 QCD（质量、成本、交期）三方面分析订单技术状态、工艺可行性，决定是否接受订单；并从满足客户需求的角度制订项目总计划，依据交付周期与生产节拍，确定技术图纸、工艺 BOM、采购物料、投产顺序等内容输出的时间节点。

3. 长周期物料 BOM 输出及采购

为快速投产准备，由技术中心首先根据客户合同要求，输出长周期物料 BOM，由物流中心负责着手启动长周期物料的采购。

4. 订单变化点识别

建立订单研发变化点管理机制，明确订单车产品配置及图样变化点，为采购、生产等技术资料接受部门模拟工作的开展提供依据，有效防错，使市场化整车产品开发设计下环节工作有序推进。

5. 编制项目计划

针对设计周期紧、各部门需要紧密配合协同设计的问题，通过项目管理方式驱动设计周期内各节点设计任务的进行，并分析设计过程瓶颈。

6. 开展并行设计

一是针对设计接口及信息传递的不明确，编制总成关联表，进一步规范了设计接口关系，明确设计信息传递途径，理清各项设计总成关联关系，将以前部分串行设计工作变为并行设计。二是明确整车订单产品的设计输入物、输出物，保证设计阶段输入输出信息准确、有效流通；形成设计过程标准指导流程；针对设计信息传递损失，建立输入输出信息单，并使用 OA 系统信息化，确保设计阶段输入输出信息准确，降低设计出错的概率。三是开展分级审核。为了解决新能源客车订单设计图纸集中审核的审核工作量大、审核时间短、质量不过关等问题，对图纸按照设计结构模块实施分级审核、分工负责，并制定相应的签审作业规范明确分级审核的内容及审核者的责任，既减少审核时间，又提高审核质量。四是明确设计输入输出评价与责任。如因未填写信息单，造成设计输出、输入不明确，进而引起后期顾客抱怨所产生的后果，责任由未输出信息单的部门相关责任承担。信息单按照“谁签字谁负责”的总体原则，对后期造成的顾客抱怨所产生的后果，依据问题实际情况进行责任划分后，由签字人承担。信息单须早于图纸发布时间 0.5 天完成会签。已到发布时间节点仍未会签的默认统一，出现沟通问题由会签人员承担责任。

（四）搭建设计知识平台，提升研发人员技能

1. 搭建设计知识平台

通过搭建技术知识平台案例库、组织技术经验分享会等形式，一方面固化设计经验和设计方法，另一方面，将优秀的设计经验和方法、传递给所有设计师。通过失败案例的分享，预防再次失败。

2. 设计能力矩阵

制定设计人员设计能力矩阵，并据此制定设计人员能力提升计划，提升设计人员技能水平。

3. 设计知识地图

通过对整车设计过程的调查分析，建立具有不同抽象粒度的设计过程模型，搭建知识地图框架。基于知识节点关联的概念体系，定义节点的输入和输出结构，采用操作流程基本框架的组织知识，从结构上减少知识复杂性、分散性、隐匿性带来的混乱；再利用可视化的知识地图框架适应多种设计项目，添加包括条件、目标、顺序、因果在内的设计知识情景信息，有效地减少知识领域单一造成的设计活动盲目；为辅助设计决策、产生设计概念提供帮助。

三、基于快速响应客户个性化需求研发体系构建效果

（一）初步构建了快速响应客户个性化需求的研发体系

通过持续地开展集成产品设计、计算分析和工艺设计，推进产品设计的模块化和工艺设计的精细化，实现了产品三维设计、仿真分析和参数化配置管理，实现了参数化和结构化的工艺过程开发，再通过PLM系统对产品设计和工艺数据的高效管理，提高了客户定制化订单产品BOM配置效率，缩短了新产品研发和订单设计周期，提升了设计质量，对智能制造提供有效支撑。

（二）提升了企业精益设计水平

基于快速响应客户个性化需求研发体系，有力支撑了时代电动新能源业务的快速发展。2015年整车销售突破3000台，销售收入突破20亿元，利润达到1个亿。设计效率方面，MTO、MTO＋订单的设计周期由4天缩短至2—3天。设计质量方面，月度平均设计缺陷项数稳定在4项/台以下，设计人员平均能力提升1.4项。全年设计降本达306.5万元，成熟订单车型单台整车降本达5%，新车型单台降本达2%，有效支撑中车时代电动全年降本6843万元。

（成果创造人：申宇翔、刘　杨、唐明忠、杨学元、邓建军、陈龙富、周鲔伟、刘庚林、高　飞、张晶蔚、宋庆红、孔祥慧）

航天军工企业基于协同机制的工艺优化管理

中国航天科工集团第六研究院三五九厂

中国航天科工集团第六研究院三五九厂（以下简称三五九厂）始建于1965年，是我国最早建立的固体火箭发动机整机承载和推力结构专业制造企业。经过多年的技术、工艺创新和经验积累，三五九厂在先进焊接技术、精密旋压技术、热表处理技术、数字化制造技术、复合材料研究制造技术、特种机械加工技术等方面形成了一定的专业特色和技术优势。建厂五十多年来，三五九厂共参与研制了80多种型号的固体火箭发动机，成功应用于国防和航天领域。荣获省部级、自治区级、国家级各类奖项135项，其中技术类奖项共42项。现有员工1024人，其中经营与技术管理人员248人，工程技术人员133人，技能人员643人。

一、基于协同机制的工艺优化管理背景

（一）企业转型发展对工艺优化管理提出更高要求

航天军工企业的生产特点是多品种小批量，生产与研制并举，缺少批生产能力。随着国防建设对武器装备需求的快速增长，产品的研制周期明显缩短，性能要求越来越高。快速研发、产品增值、成本降低已成为军工产品发展的当务之急。工艺工作贯穿于航天军工产品从方案设计一直到生产、使用、维护的全过程，是航天技术的基础，是企业组织生产、经营管理的重要依据，是确保产品质量的根本保证，是缩短研制周期的主要手段，是企业节约消耗、降低成本的重要途径，是市场竞争能力和持续发展的保证。当前武器需求快速增长，航天军工企业普遍面临着因工艺技术落后、工艺布局和流程不畅等导致的产品加工周期长、有效加工时间短、产品质量合格率低等问题，工艺能力严重不足，存在加班加点搞生产、不计成本保质量的现象。如何突破工艺管理短板和瓶颈问题，切实加强工艺基础管理、工艺技术管理，优化现有工作模式、工艺方法、工艺流程和工艺布局，做到工艺持续有效改进是确保企业按期交付产品的必要举措。为此，三五九厂提出了基于协同机制的工艺优化管理创新项目。

（二）企业工艺优化管理亟须改进提升

传统的工艺优化管理存在局限性，没有建立统一协调机制。三五九厂工艺优化管理部门涉及工艺处、规划发展处、科技委三个部门。各管理部门按本部门管理方式组织，各分厂工艺人员依据所管产品实际生产中存在的问题申报，同一优化项目存在同时申报三个管理部门的可能。优化项目实施结束后，分别由相应的管理部门组织结题评审，评审结束后应用到产品生产过程中。该工作模式下，存在诸多问题：没有对企业工艺全面梳理，不能以系统的思维来解决工艺管理问题。优化项目申报具有很大的局限性，技术问题项目偏多，工艺流程和工艺布局项目很少。多部门管理且各部门缺少协调机制，存在重复申报、重复开展的现象。工艺人员与设计人员协同性差，工艺人员不明白设计意图，设计人员不了解企业工艺技术能力，出现技术指标不合理前提下开展工艺优化。工艺人员不清楚具体的操作方法，技能人员不了解方法的机理，导致工艺人员开展的项目可操作性差，技能人员开展的项目理论指导性差。工艺优化成果总结应用时，管理不规范，没有具体的推广应用措施，好多成果总结后没能及时推广。

二、基于协同机制的工艺优化管理内涵和主要做法

三五九厂依据军工产品生产的设计特点，把工艺优化管理作为重要的管理手段，着眼资源的集成状况、协调机制的灵活性、工艺技术的先进性和经济性，就影响工艺能力的关键要素进行系统分析，从顶层设计、组织机构管理、人力资源管理、资源配置管理、工艺知识管理、共享平台建设等方面展开，将

多部门协同、多方位协同的工作机制贯穿于工艺优化管理全过程，解决产品在加工过程中因工艺技术、工艺流程、工艺布局等问题而导致的成本、时间、人力资源等方面的浪费，提升企业价值创造能力。主要做法如下：

（一）以工艺技术体系为主线，系统规划工艺优化管理目标

1. 开展基层调研，明确问题清单

针对企业存在的工艺管理问题，厂领导班子高度重视，组织开展基层调研，系统分析工作。由于三五九厂的产品结构和工艺方法具有很大的相似性，企业以重点型号为抓手，系统分析型号生产中每一道工序、每一道工步的质量管控、工艺成本管控、生产周期管控要素。例如某重点批产型号两级发动机壳体和喷管的总工序和工步数量合计 300 多道工序、1900 多道工步，系统分析发现生产过程中存在产品质量合格率低、资源分散、产品周转频繁、工艺流程不合理、有很大的回流现象等问题。同时为了找出产品生产周期长的制约因素，企业请一位管价格的老同志蹲守一线，就某型号的发动机壳体从下料到出厂的整个过程进行记录和分析，三个月后，这位老同志给厂领导汇报了调查情况：该产品生产周期的三个月内，只有三分之一的时间为有效加工时间，三分之二的时间都是流转和等待时间。基于上述调查研究，企业以主体产品为对象，对产品质量合格率低、人力设备资源紧缺、生产周期长导致的原因进行系统梳理，建立工艺问题清单，包括工艺流程、布局问题、技术和技能人员队伍建设问题、设备开发利用问题、工艺技术方法优化改进等。

2. 开展产品价值链分析，明确工艺优化管理思路

企业开展了产品价值链的分析工作。由 7 名厂领导的青年助理组成了价值链分析研究小组，研究小组通过基层调研、数据采集，引入系统动力学分析模型，运用战略分析思维，对企业制造生产全过程要素进行动态系统仿真分析，同时调动全员集思众创，向不同类型人员发放调查问卷，对研究结果进行了认可度调查。基于大数据分析，仿真模型的求解，确定了工艺优化管理思路：以“规范标准、提升能力、循序渐进、突出重点、由易到难、持续改进”为基本原则，以实现精益制造为目标，着眼资源的集成化程度、协调机制的灵活性、工艺技术的先进性和经济性等方面，突出解决产品在加工过程中因工艺技术、工艺流程等问题而导致的成本、时间、人力资源等方面的浪费，提升企业的价值创造能力。

3. 构建企业工艺技术体系，明确工艺优化管理目标

梳理企业涉及的所有工艺技术，包括现阶段使用的技术和未来可能涉及的工艺技术项目，对每一项技术按技术等级评价方案开展技术成熟度评价工作，形成企业工艺技术体系。在工艺技术体系的指导下，开展工艺优化管理工作。以工艺技术体系为纲领性文件，持续、系统开展工艺优化工作。2014—2015年期间，重点对影响质量稳定性的、效率低下的、成本过高的、耗能的、受人为影响大的 100 余项（其中 2015 年 2 项被航天科工集团公司列为工艺优化深入项目）低效负效工艺方法进行重点改进，改进后企业技术成熟度平均提升 3 级，卡脖子问题提升 5 级，整体工艺能力提升 20%。

（二）完善组织领导，构建工艺优化管理协同机制

1. 成立工艺技能委员会

三五九厂成立了工艺技能委员会，提升工艺技术、技能项目的研究效能。工艺技能委员会成员工作能力强，技术、技能水平高，工作业绩突出，熟悉工厂各专业情况、设备的加工能力、加工范围及使用情况，熟悉工厂相关工艺人员、操作人员的技术技能水平。工艺技能委员会组织参与和指导科研生产管理制度体系建设，积极为专业发展做出科学规划，发挥领军人才的作用，努力提升企业科研生产能力。负责促进工厂工艺技术、技能项目的研究效能的提升，负责对知识成果进行认定、计量，界定隐性知识清单，负责工艺创新、革新、改进项目评审把关和技术咨询工作，对年度重点和关键工艺指标改善进行论证。

2. 调整工艺相关组织机构

企业以缩短管理链条、优化价值创造链、打破本位主义壁垒降低内耗为基本原则，进行与工艺相关的组织机构调整。一是成立以工艺为主导的生产联管组，由工艺、生产、质量、外协外购等管理部门组成。联管组对型号生产中存在的工艺问题统一协调处理，联管组通过日例会、周例会、月例会及现场办公的工作方式，做到技术问题日清日结，以系统的思维提出工艺优化改进项目。二是成立以专业工艺分工为主线的大生产事业部。整合金属材料成型技术专业，成立金属加工事业部；整合复合材料成型技术专业，成立非金属加工事业部。整合焊接、热处理专业，成立热工事业部。各部门统一协调管理事业部的工艺技术和工艺管理问题，整合分散资源，重点进行事业部内部工艺布局和工艺流程优化。

3. 建立大工艺协同工作机制

在全厂形成工艺与设计人员、工艺人员之间、工艺人员与技能人员、工艺人员与管理人员的协同工作机制。在型号两总的指导下，就工艺技术及工艺管理问题，邀请设计人员、工艺人员、管理人员、技能人员讨论，组织开展立项、实施、总结、成果推广工作。同时，实施以产品为核心的产品并行工程管理。企业采用并行工程（CE）管理理念，对产品进行并行、一体化设计管理，形成设计人员、工艺人员、管理人员、技能人员联动的大工艺工作机制，将设计、制造、验证的大循环分解为若干小循环，建立快速响应大工艺工作机制。例如某型号采用并行管理模式后，生产准备时间由 9 个月缩短到 4 个月，仅用 1 年时间实现了模样、初样到试样阶段产品的生产，实现了高效、快速、短周期的研制模式。在联动工作机制下，工艺优化管理流程得到有效优化。申报阶段：联管组统一管理，由各单位技术主任、专业师、技能大师工作室成员及其他工艺技术人员集中梳理申报项目，重点解决制约企业发展的瓶颈、共性问题，由工艺技能委员会统一审批。实施阶段：工艺人员和技能人员协同，共同实施项目，工艺优化成果在技能人员生产产品切实可行时，才能进入总结阶段。成果推广阶段：将工艺优化成果编制成样板工艺、通用工艺，工艺文件编制后，由工艺技能委员会成员、工艺人员、实际操作者、型号生产联管组成员评审通过后，构建知识管理共享平台，在相关单位宣贯，实现知识成果的最大化推广应用。建立技术货架和产品货架，实现与设计人员的有效协同。将企业的成熟技术和成熟产品，建立技术货架和产品货架，按照一定的层级结构统一管理起来，以利于产品设计开发时共享以前的产品和技术。

（三）优化资源配置，构建“快速路”专线及通用线相结合的工艺布局

三五九厂整合分散资源，以大、中、小三条线为抓手，优化工艺流程、工艺布局，以“高架桥、立交桥”的工作思维形成“快速路”专线及通用单元相结合的工艺布局，构建柔性加工生产线，重点解决工艺布局和流程不合理导致的资源效率发挥低、流程干涉和扰动、人力资源统筹利用性差、工序间周转期长等问题。

1. 建立粗加工专用生产线，形成“快速路”专线

近几年，由于生产任务快速增加，人力资源和设备资源非常紧张。三五九厂生产的金属制品均需经粗加工、精加工等工序加工后成型。工厂共有 6 个机加车间，每个车间都有粗加工工序。由于现阶段工件数量多、加工车间多，导致每个车间都需要花很大的人力资源和设备资源在产品粗加工工序上，最终导致粗加工这一简单的加工工序成为当前生产瓶颈。考虑到粗加工对设备人员要求不高，操作简单，企业在系统梳理影响军工产品生产制约因素时发现这一问题后，为改善这一状况，在老旧设备改造和人员分工方面做了优化调整，将老旧设备统一改造使用，使毛坯件集中加工，所有毛坯件不需要周转到各分厂加工，集中在老旧设备上加工成半成品后统一发放到相应的精加工车间，减少了频繁周转、设备上频繁更换加工工件、人员波动带来的耗时耗力状况，系统性地解决了企业毛坯加工问题，提高效率约 3 倍之多，使高精尖设备和高水平人员专注于影响产品质量和效率的精密加工工作，提高了精密设备利用率和技术人员专业化程度，大大提高了工艺稳定性，降低产品质量风险。

2. 精简加工工序，提高设备利用效率

由于设备落后，企业现阶段很多工序辅助工序多，加工周期长。为此企业对近几年新入厂设备进行开发利用。例如某型号圆筒旋压，工艺流程需经 12 道工序，不仅工序烦琐、产品质量难以保证，且工件在各工序间的运转也耗费了大量时间。为了精简工序，提高产品质量，企业将数字分析和数字仿真技术引入旋压生产，通过引入、开发新设备，优化旋压技术参数，将工序精简为 1 次旋压、1 次喷涂、1 次退火成型，使得旋压减薄率大幅提升，生产效率提高了 5 倍以上。同时，精简退火等辅助工序，大幅减少了圆筒加工过程中的能耗，进一步降低了生产成本。

3. 集中布局同类资源，提高现有资源利用效率

由于历史原因，三五九厂存在一些工序布局分散、同类资源分布不集中的状况，带来资源统筹的极大困难。复合材料壳体主要成型工艺过程中装模、刮模、包覆、缠绕等工序都必须使用缠绕机，在缠绕机主功能实现壳体缠绕外，装模、刮模、包覆等工序极大的占用了缠绕机大量台时，对生产进步影响较大。随着任务量剧增，各工序冲突影响加重。例如，某批产型号发动机壳体缠绕工序生产的多台缠绕机分布于不同工房，涉及缠绕生产的工艺、技能和检验人员频繁辗转于不同工房工作，耗精力、效率低。通过工艺布局调整，将发动机的生产集中到主厂房，实现了一个工作团队同时兼顾不同型号发动机的生产，使复合材料壳体成型由原来的串行工序彻底变成了并行工序，效率提高 2—3 倍。

（四）强化工艺、技能知识管理和共享，实现工艺优化成果全面推广

1. 编制通用工艺、样板工艺

企业现阶段专用工艺文件数量多，工艺文件的编制水平取决于工艺人员的个人业务水平，每次工艺纪律自查和监督检查时，都能发现个别工艺规程编制内容存在问题，而且发现问题后的整改工作也仅仅局限于某本工艺规程，工艺优化成果推广应用过程中涉及的工艺规程数量多，存在更改不及时或更改不全面、工作量大、工艺文件完善编制成本加大的现象，最终导致工艺控制难度增大。因此，工厂开展标准化提升工作，2015 年标准化率提升了 26%。如热表专业标准化提升后，仅用 11 份通用工艺规程就可替代优化前的 700 多份专用工艺。同时大大提升了工艺规程控制的有效性，节约了新产品工艺规程编制、签署时间，也节省了大量的纸质工艺规程，在一定程度上实现降本增效。同时，组织编制样板工艺。样板工艺中包含检测要求、记录要求、加工要求、工艺安全性要求、工艺防差错要求等所有工艺管理项目。样板工艺编制后由工艺技能委员会、实际操作者等人员组成专家评审组，运行有效后，在所有型号上推广应用。通过该措施细化工艺控制要点，有效稳定地提升了产品质量。

2. 建立产品货架和技术货架

三五九厂产品种类多，零部组件复杂，但是大多数产品结构具有相似性，存在相互借鉴的可能。为此，企业推行“三化”管理，开展工艺技术成熟度评价工作，规范产品的设计与制造。将企业所有产品和技术，按照一定的层级结构统一管理起来，逐步建立起产品和技术共享平台，提高企业技术储备和产品质量。建立技术货架和产品货架目录清单，由专人负责管理，指定货架构建和维护人。构建和维护人必须由专业师、专业技术骨干人员担任。要求对货架技术进行编号，持续拓宽货架内容，技术货架和产品货架建立后，在厂内发布共享，指导工厂技术人员开展工艺技术工作。同时技术货架和产品货架是新产品工艺性审查、技术创新、型号转阶段等项目的重要依据，每年均更新。依据技术创新、型号攻关、工艺优化等项目成果推广应用结果，每年年底对工厂的产品和技术货架进行动态维护，纳入先进的成熟技术和稳定的产品。对落后技术和产品应及时移出货架，拟重新上架和下架的技术及产品应重新依据技术成熟度和产品成熟度评价方案进行评价。技术货架和产品货架的建立、货架拓展、动态维护等工作与工艺相关人员的绩效挂钩。货架管理部门每年年初组织货架维护人或者相关人员开展成熟度提升工作，纳入工艺工作绩效计划，原则上要求每年技术成熟度平均提升 3 级。规范、规章制度的制定工作按管

理创新考核，技术货架和产品货架成熟度提升按技术创新项目考核。每年年底对相关人员依据技术创新和管理创新十三级标准进行考核评价，考核评价分数直接纳入项目负责人绩效。对工厂存在的卡脖子问题，涉及的部门及货架维护人未采取措施提升成熟度等级，对部门下发负面清单，取消货架维护人资格，相应的考评结果作为专业师、专业技术骨干人员续聘或职称评价的重要依据之一。设计人员在产品开发时，参考货架的产品和技术，通过技术货架和产品货架，很好地实现了工艺人员与设计人员协同。

3. 开展隐性技术显性化工作

三五九厂正处于技术技能人员大量新老更替的阶段。隐性技术随特定人员或设备的调整而转移，给产品生产带来质量隐患。通过对企业隐性工艺和隐性技能的识别、获取、显性转化和共享等一系列措施，促进隐性工艺和隐性技能的显性转化与共享，避免技术和技能垄断，从而发挥出技术和技能的“外部性”和“溢出效应”。通过制订工艺和操作联动考核奖惩机制，实现隐性技术的显性化计量、评价、交易，进而转化成知识成果，形成知识清单，构建知识平台，实现知识共享。2014—2015 年期间，系统梳理出影响产品质量的关键隐性技术共计 21 项，各项隐性技术通过技术与技能人员的协同合作，使隐性技术显性化率 100%，较好地支撑了企业技术发展。

4. 建立工艺与技能人才知识库

针对企业工艺技能现状，梳理工艺技能知识文档和工艺技能知识点，由工艺技能委员会评审，确定每个知识文档和知识点的贡献分，形成工艺与技能人才知识文档库和工艺及技能人才知识点库。通过平台的建立，企业的技术、工艺优化成果能够快速地被消化和吸收，促进工艺人员之间和技能人员之间技术知识的不断交流，从而提高工艺和技能的创新能力，实现企业技术资源的不断增值。

（五）建立工艺管理量化计量和动态考评机制

三五九厂将所有优化项目纳入绩效计划，明确责任和工作计划。除了中期检查外，对项目的执行情况通过周例会和月例会等形式定期和不定期地检查工作的进展情况，重要项目节点纳入厂办督办单督促开展。制订《工艺技术人员计量评价管理办法》，要求工艺技术人员年初制订年度工作计划，每月编制工作总结，包括总结当月工艺工作进展情况、工艺优化项目进展情况、工作中存在的技术问题、下月重点工作计划。同时，将工艺优化效果与技术、技能人员的绩效计划、个人发展紧密结合，将计量评价考核分数作为技术、技能人员进阶的重要依据。除了与绩效挂钩进行物质奖励外，企业组建技术专业师和技能专业师队伍。截至目前，在项目实施期间，企业已经分别在焊接、热处理、数控加工、数控编程、设计分析、布带缠绕等 10 个重点专业，分别选聘专业师 1 名。技能专业师按技能水平选聘，分为一级技能专业师和二级技能专业师。企业对专业师申请的科研项目、科研经费或进行相关研究给予重点支持。

三、基于协同机制的工艺优化管理效果

（一）技术创新成果不断涌现

实施基于协同机制的工艺优化管理以来，技术创新成果不断涌现。2014—2015 年间开展工艺优化项目共 100 余项，2015 年集团深入工艺优化项目 2 项，其中某发动机技术荣获工业和信息化部授予的二等奖，数字三维模型实时可控技术获得了科工集团公司工艺创新项目二等奖。项目实施期间申报专利 20 余项，专利授权 16 项，并于 2015 年荣获高新技术企业称号。各项技术广泛应用于科研生产中，有力地支持了企业的科研生产发展。

（二）生产能力和效率大幅提升，产品质量稳步提高

系统性的工艺优化管理直接带动生产效率大幅提升，有效应对了科研生产任务的快速增长。2014 年全员劳动生产率同比增长 6.4%，2015 年全员劳动生产率同比增长 14.6%。2015 年大型发动机壳体

生产能力同比提升72%；中型发动机壳体生产能力同比提升39.1%；小型发动机壳体生产能力同比提升了80%；喷管产能提升40.2%。2015年存货量同比降低42%、利润提升64%。项目开展的两年期间，累积效益额1258万元，2015年效益贡献率为26.52%。工艺优化协同机制的建立，稳步提升了工厂产品质量，质量问题发生率逐年下降。2015年质量问题数同比降低了66%，产品合格率提升至99.92%。

（三）技能型人才队伍整体能力得到提升

通过基于协同机制的工艺优化管理项目的实施，该厂技术和技能人才总量和素质得到显著提高，造就了一支以技术和技能专家、技术能手、技师为主体的技术、技能人才核心队伍和优秀团队。目前集团公司学术技术带头人2人，院级学术技术带头人1人，集团公司首席技师2人，享受政府特殊津贴4人，航天基金奖5人，全国技术能手5人，航天技能大奖2人，航天技术能手8人。相继产生了2名“大国工匠”，车工洪海涛入选中央电视台《大国工匠·为国铸剑》栏目；焊工刘红光入选全国总工会“身边的大国工匠”。铣工刘志勇获得全国五一劳动奖章；焊工张全兵获得内蒙古自治区五一劳动奖章。工艺技术人员杨睿智被评为内蒙古自治区“最美青工”。

（成果创造人：赵　勇、侯仲军、郑兰兰、谢德有、赵立科、高红新、
王淑芬、苏冬梅、徐玉荣、王良柱、朱　伟、郭瑞廷）

铁路货车制造企业价值链战略联盟的构建与实施

中车齐齐哈尔交通装备有限公司

中车齐齐哈尔交通装备有限公司（以下简称齐齐哈尔交通装备）始建于1935年，是中国中车货车业务板块支柱企业，也是我国铁路货车、铁路起重机的设计主导单位、制造领军企业和产品出口基地。截至2015年年末，公司资产总额77.73亿元，在册职工10266人，形成了铁路货车新造、货车修理、机车车辆配件、起重工程机械、非标装备、特种集装箱、现代钢材物流七大单元业务，具有年新造货车15000辆、修理货车10000辆、造修起重机30台、特种集装箱5000只、供应车辆关键核心配件25000辆份的综合生产能力。掌握并拥有具有世界先进水平的铁路货车核心技术，获批组建行业唯一的国家重载快捷铁路货车工程技术研究中心，一直引领中国铁路货车技术的发展方向。已累计生产铁路货车36万余辆，国内市场占有率达到20%以上，向澳大利亚、新西兰、美国、巴西、哈萨克斯坦等世界五大洲的三十多个国家和地区累计出口各型铁路货车超过4万辆，并率先成功批量打入发达国家市场。

一、铁路货车制造企业价值链战略联盟的构建与实施背景

（一）适应激烈市场竞争的需要

随着全球市场的不断变化、中国铁路深化改革、铁路行业管理一系列改革措施陆续出台，齐齐哈尔交通装备在领跑铁路货车技术和产品优势的情况下，市场竞争面临着向提高价值链竞争能力的转变。要想不断满足市场和客户的需求，仅靠已有的优势难以持续领跑铁路货车行业，要发挥产品主导企业的作用，与供应商和客户等相关方紧密联系在一起，将已有的技术和产品优势提升到价值链的竞争优势上，充分利用外部资源扩展企业运作能力。

（二）适应企业转型发展、解决“大企业病”的需要

由于企业规模的扩大、管理层次的增加、协调成本上升使得企业行动缓慢，难以对瞬息万变的市场做出敏锐的反应。而价值链战略联盟不涉及组织的膨胀，因而可以避免带来企业组织成本的增加，使企业保持灵活的经营机制并与迅速发展的技术和市场保持同步，解决企业“船大难调”的难题。

（三）巩固企业货车领军地位、谋求可持续发展的必然选择

齐齐哈尔交通装备在品牌、研发和组装等价值增值环节上拥有一定优势，而在其余的环节上，其他企业可能拥有优势。为达到“双赢”的协同效应，不断缩短交期、降低成本、分散风险，彼此在各自价值链的优势环节上展开合作，可以求得整体收益的最大化，以低成本进入新市场，提升企业运营能力，实现规模经营并产生范围经济效果。

二、铁路货车制造企业价值链战略联盟的构建与实施的内涵和主要做法

齐齐哈尔交通装备以资源共享、风险和成本共担、优势互补为目标，集成价值链上相关方资源优势，通过构建开放式的技术创新联盟，提高创新效率；通过构建与供应商之间的战略联盟，提高供应链竞争力；通过建立紧密型生产协作联盟，发挥专业化生产优势；通过建立大客户服务战略联盟，实现各方价值最大化，共同提高核心竞争力和应对市场经营风险。主要做法如下：

（一）构建开放式的技术创新联盟，提高创新效率

1. 发挥高校和科研机构技术优势，建立“产、学、研”联盟

一是共同研发。齐齐哈尔交通装备先后与大连交通大学、西南交通大学、北京交通大学、大连理工

大学、天津大学、哈尔滨工业大学、华中科技大学、南京航空航天大学、同济大学、铁道科学研究院、中国铁道学会、中国科学院自动化研究所、四方车辆研究所、哈尔滨焊接研究所、黑龙江省工业技术研究院等知名高校和科研院所进行技术开发、中试试验等方面的长期合作，在重载快捷货车开发、基础理论研究、结构和疲劳可靠性研究、不锈钢、高强钢焊接等方面进行联合攻关，共同解决新产品开发中遇到的新问题。如在西南交通大学牵引动力国家重点实验室完成了160公里/小时货车转向架滚动振动试验，对焊接摇枕、构架及铸造轴箱体动应力测试；联合西南交通大学、铁道科学研究院，对转向架低动力技术进行深入研究。二是引进高层次科研人才。2011年引入哈尔滨工业大学院士，设立院士工作站，为黑龙江省第一批院士工作站。2014年设立博士后工作站，引入大连交通大学、燕山大学等5名博士入站，开展科研课题研究并进行科研人才培养。三是共建研究开发机构。齐齐哈尔交通装备与北京交通大学、西南交通大学、大连交通大学、铁道科学研究院等4所高校和科研院所、2家行业企业共同出资设立齐齐哈尔北车铁路车辆技术开发有限公司，依靠合资合同和经济利益纽带，开展技术开发、转让、服务、交流与推广，共同经营，共担风险。

2. 搭建企业动态研发联盟，发挥协同设计优势

一是为推进货车产品的升级换代和研发工作，齐齐哈尔交通装备牵头成立车体方案（含总体方案）项目组，会同济南、长江、眉山公司组成联合研发团队；制动系统及防滑器由眉山公司牵头，四方所、齐齐哈尔、济南、长江公司参加组成联合研发团队。通过企业间协同配合，相互借鉴，形成合力，达到资源共享，成果共有，提高开发效率，满足铁路货物运输改革的新需求。二是为用户提供集装化运输系统解决方案。2014年12月，齐齐哈尔交通装备与大客户铁龙物流公司在大连合资成立集装化研发公司，与铁龙物流公司、中国船级社质量认证公司建立市场化的战略合作关系，成为集装化装备的市场开发者、装备设计者、标准及规范的制定者、专利等知识产权的拥有者，为铁路集装箱运输业提供系统的物流技术解决方案，支撑公司铁路集装化装备业务的快速发展。三是通过签订技术转让合同的方式，向同行业企业提供成熟产品或中试阶段的新技术，提供技术指导和服务。如载重80吨级C80E型通用敞车和DZ1型转向架向南车长江公司等11家行业企业技术推广。通过签订技术服务合同的方式，向同行业企业及其他社会企业提供货车动力学、静强度、集装箱冲击等试验。四是依托货车产品设计主导厂优势，以技术标准为切入点，联合行业其他企业进行行业标准的起草工作，把企业自身的技术融入各级标准中，以先进的技术标准占领产品市场。近三年通过主持制定《机车车钩缓冲装置》和《铁道货车用铝合金材料及型材》等10项铁道行业标准规范，促进行业技术进步，同时构筑技术壁垒，减少竞争对手，取得战略主动。

3. 利用国家级创新技术平台，构建政企研发联盟

齐齐哈尔交通装备充分利用拥有的国家重载快捷铁路货车工程技术研究中心、国家级企业技术中心、国家高新技术企业、院士工作站和博士后工作站等开放式科研创新平台，与国家科技部、黑龙江省科技厅、黑龙江省自然科学基金委员会等政府机构长期合作，近三年来承担国家科技支撑计划项目和国家战略性创新产品计划3项、省部级科研项目12项、中车级项目9项，获得科研经费2847万元。采用产学研用相结合的创新机制，通过集成全国相关优势科技资源和产业资源，构建了基于国家层面的重载快捷铁路货车自主创新平台，实现创新能力的可持续发展。铁路总公司明确委托工程中心对有关重载快捷铁路货车领域的重大决策提供建议和技术咨询，对重载快捷铁路货车领域的重大课题进行审议，并为铁路总公司献计献策。齐齐哈尔交通装备通过提供检测测试服务，与国家铁路产品质量监督检验中心进行中试试验等方面的长期合作。

4. 通过技术开发合作，建立国际研发联盟

自2013年至今，与意大利BLUE Engineering公司、瑞士PROSE公司通过协议合作开发技术，共

同研究，拓展研究领域；与美国铁路交通技术中心（TTCI）联合开展了整车疲劳试验研究、列车纵向动力学和转向架综合性能试验研究等；与加拿大国家铁路研究院合作进行大秦线重载轮轨相互作用机理分析研究和缓冲器特性研究等，形成技术、产品、产业联动；与 Wabtec 公司进行技术合作，引进单元制动技术，深入开展有关铁路货车基础制动技术的应用研究，进一步优化了自主研发的 BAB 型转向架集成单元制动技术，实现单元制动技术的引进、消化、吸收、再创新，加快了自主创新技术体系的形成。

（二）构建与供应商的战略联盟，提高供应链竞争力

在产品成本构成中，原材料占 60%左右，配件占 15%左右。供应商在价值创造过程中，承担着为企业提供高性价比的产品、快捷响应供货、满足个性化、专业化需求的服务能力等重要角色。通过与重要供应商建立战略联盟，并行开发、联合设计、联合库存、集成化信息系统管理、共同开发物流管理技术以及共享最佳实践，保证质量和及时准确供货，降低供应链综合成本，提高整个供应链的竞争力。

1. 培育与供应商的战略合作伙伴关系

通过《供应商管理办法》的实施，对不同类供应商采取不同的合作策略，大力培育战略供应商，发展关键供应商，巩固重点供应商，管理一般供应商，开发潜在供应商。通过技术投入、资金支持、人员支持、信息支持、采购支持等措施，与长期合作供应商结成紧密型生产组织，并选择与公司有共同发展愿景、价值观趋同的供应商，结成战略合作伙伴。齐齐哈尔交通装备发展战略供应商的入选条件是企业资信、技术实力、质量保证、售后服务四个评价指标。几年来，与马钢、鞍钢、宝钢、太钢等大型钢铁公司签署协议成为战略合作伙伴。目前，战略合作伙伴数量发展到 22 家，供应物资总额占采购总额的 50%以上。

2. 联合开发设计，培育供应链技术优势

面对新产品研发项目的快速增加，个性化的产品需求越来越多，齐齐哈尔交通装备协同供应商实施技术领先战略，通过“并行开发、联合设计”培育供应链技术优势。在新产品设计开发过程中选择技术实力雄厚的战略供应商介入，共同研究设计所采用的新材料，直接参与试制，提高产品的先进性。对战略物资和关键物资，着力引导供应商进行个性化产品、高端产品、高附加值产品的设计和生产，提升供应链整体质量、技术及服务能力。如：澳大利亚 FMG40 吨轴重矿石车是公司出口澳大利亚的新车型之一，车轮一直从澳大利亚第一钢轮公司进口，通过与战略供应商马钢公司沟通确定，将该车的车轮研发列为双方年度重点合作项目，马钢公司经过多次调研，与最终用户澳大利亚 FMG 公司沟通洽谈，进行新产品研制，成功设计生产该车专用车轮产品，使马钢公司实现了与公司协同进入澳洲市场的目标。此外，与宝钢公司共同开发了 T4003 不锈钢板；与舍弗勒轴承公司共同开发了台湾轮对专用轴承等，都取得了协同共赢的效果。

3. 深化战略合作，提高合作有效性和效率

齐齐哈尔装备与战略供应商之间贯彻“发展引领、战略协同、长期合作、互惠共赢”的合作方针，通过长期战略协议、年度重点项目、季度互访交流和日常工作开展等措施，与供应商结成战略联盟，建立长期有效的合作机制，提高过程的有效性和效率。通过实施与战略供应商在生产计划、采购计划、供货计划等方面的协同运作机制，实现了同步化、系统化和集成化运作，不仅为公司生产经营提供了强有力的资源保障，还有效地节约了物资供应成本。

（三）建立紧密型生产协作联盟，发挥专业化生产优势

为提高生产效率，齐齐哈尔装备借鉴国际先进生产理念，在资源条件和价值链分析的基础上，通过与配套企业建立紧密型生产协作联盟，实行零部件专业化生产、系列化配套、主导企业总装配的模式。

1. 贴牌生产

齐齐哈尔装备利用既有品牌进行贴牌生产，建立生产协作联盟，企业负责营销、产品研发、关键配件生产等，生产协作企业负责板材下料加工和产品组装。比如，将承揽的澳大利亚力拓公司的矿石车和阿根廷的粮食车委托给大连企业贴牌生产，将承揽的哈萨克斯坦铁路货车委托给中车哈尔滨车辆有限公司贴牌生产，将承揽的车钩、摇枕、侧架等出口配件委托给牡丹江金缘公司进行贴牌生产，降低生产成本，提高品牌附加值。

2. 生产线外包

由于市场的变化加快等诸多方面的原因，为减少在财力、人力上的投入，增加资本运作的回报率，齐齐哈尔装备将非核心业务外包给专业的、高效的服务提供商，集中精力专注于核心技术和附加值高的业务，降低季节性、突发性生产招用人员的风险。将铸工车间的弹簧生产线外包给齐齐哈尔金车公司，将二货车间油漆喷涂线外包给齐齐哈尔龙铁建筑公司等。通过生产线外包的成功运作，降低了生产成本，提高了工作效率，增强自身的竞争力，实现企业运营效益的最大化。

3. 开展工艺专业化分工

面对顾客的个性化需求越来越多，齐齐哈尔装备通过与协作企业建立专业化分工，将其作为公司产品生产、新产品试制试验基地，相互传递技术，缩短产品交付周期，加快研究与开发的进程。按照工艺专业化分工，将铸造、热处理、油漆涂装等工序进行委外加工，专业公司按照生产进度要求，独立组织生产，如期、按质、保量交付。

（四）建立大客户服务战略联盟，实现双方价值最大化

为实现与大客户双方战略协同目标，按产品性质和客户地域不同，公司与大客户建立了合资合作、检修基地、分片包线、4S店等多种形式的战略联盟，实现了双方资源互补、共担成本、共担风险、共享利益。

1. 以合资合作企业为平台，建立海外服务战略联盟

经过多年努力，齐齐哈尔装备在澳大利亚铁路货车市场建立起以力拓（RIO TINTO）、福特斯丘（FMG）、必和必拓（BHPB）三大矿业公司和国立太平洋（PN）、澳洲地平线（AURIZON）等大型物流公司为代表的稳定客户群。为加速齐齐哈尔装备国际化战略实施，更好地满足客户需求，扩大澳大利亚的业务范围和经营领域，公司以提速重载技术为平台，与B&W公司共同出资建立了澳大利亚铁路货车维修企业—PRE公司。通过切入当地车辆维修业务，从小到大、以点带面，为公司大客户提供全面及时的服务，逐步实现公司在澳大利亚业务延伸与扩张，实现公司由制造商向服务商的转变，在企业国际化进程中迈出了坚实步伐。

2. 以提速重载技术为支撑，建立检修基地战略联盟

为深化企业与神华集团的战略合作伙伴关系，支持神华集团车辆检修中心项目投产运营，齐齐哈尔装备与神华集团签订了《合作框架协议》和检修合同，在沧州渤海新区成立了黄骅港铁路货车检修基地，并派驻优秀员工深入神华集团生产现场，为其提供个性化和全方位的产品检修服务，为神华煤炭产运销整体任务的完成提供优质充足的车辆运力保障，实现公司维保改造能力和神华集团资金资源优势互补。现已完成段修两万余辆、厂修五千余辆，同时双方也从中获得了效益，降低了市场风险。

3. 以铁路货车大提速为契机，建立分片包线服务战略联盟

为响应铁路总公司铁路货车大提速需求，齐齐哈尔装备对大秦线、京哈线提速干线开展分片包线服务工作。以科学的组织和优势资源为基础，成立大秦线、京哈线包线分片工作组，与路局、车辆段建立包线战略联盟，共同对包线驻点展开全面调研，并制订包线驻点方案，科学划分监控区间，合理确定驻点位置。开展人员抽调、理论培训、现场演练等工作，按照既定区间和驻点，合理布置服务人员。在做

好内外协同、驻点包线协同、局段厂协同的同时，构建产品源头质量、现场快速反应、技术支持保障三道防线，确保“造修零故障，运用无辆故”。通过对大秦和京哈的分片包线，确保了铁路提速货车运行安全。

4. 借鉴汽车4S店模式，建立定点服务战略联盟

齐齐哈尔装备与湖东车辆段开展深层次合作，共同营建4S店服务模式。一是在湖东车辆段产品故障检修车间建设中，协同湖东车辆段进行整个过程的技术支持、人员培训、技术指导等工作。二是针对湖东车辆段配件需求，共同建设提速货车配件库，逐步实现配件供应及时有序，确保用户需用配件持续供应到位。三是共同建设湖东车辆段三位一体网络化培训中心，培训中心既是湖东段产品、技术检修培训基地，又是齐齐哈尔装备技术、管理人员检修运用知识实习基地。四是建立厂段产品运用检修信息联系点，实现信息资源共享。五是共同组建运用服务技术保障工作组。建立既有专职又有配合的工作团队，形成常态工作组。

三、铁路货车制造企业价值链战略联盟的构建与实施效果

（一）技术创新取得显著成效，引领行业发展

齐齐哈尔装备先后主导我国铁路货车三次大的升级换代，正在主导和积极推动第四次升级换代。近年来，齐齐哈尔装备共向行业企业转让产品和技术670余项，实现技术转让收入超过2亿元，技术咨询与服务收入1000万元，社会委托研究开发收入2.4亿元。发表论文成果68篇，著作成果3篇。获得15项省部级科技奖励，19项技术达到国际先进或领先水平，《先进铁素体不锈钢关键制造技术与系列品种开发》于2014年获得国务院国家科技进步奖。培养了8名博士，与9家高等院校、14家科研院所开展了技术合作，对外开放技术设备36台套用于协同设计开发、协同仿真分析和试验等。

（二）拓展国际市场成效明显

从2010年开始，QRRS商标伴随齐齐哈尔装备开拓国际市场。仅“十二五”期间，出口QRRS商标铁路货车19470辆，实现销售收入121.40亿元人民币，年均顾客满意度84.45%。QRRS产品已经销往了澳大利亚、哈萨克斯坦、莫桑比克、蒙古、新西兰、安哥拉、阿根廷、德国、伊朗、肯尼亚、巴西、韩国、土耳其等国家和地区。齐齐哈尔装备成为世界铁路货运装备重要供应商，综合实力排名世界第三。

（三）实现了产业链相关资源共享

通过价值链战略联盟的建立，齐齐哈尔装备与相关方的合作大大加强，形成了更加统一的整体。通过对联盟内资源进行有效组织，实现了资源要素的共享，从而保证从投入到产出全过程的优势互补，拓展了资源范围，企业价值链综合竞争实力显著增强。

（成果创造人：谷春阳、王晓峰、常文玉、刘明伟、
张春辉、李广斌、周丽丽、华世举）

基于成熟度评价的航天器跨领域产品集成管理

中国航天科技集团公司

中国航天科技集团公司（以下简称航天科技）前身为1956年成立的国防部第五研究院。1999年7月1日，经国务院批准，在原中国航天工业总公司所属部分企事业单位基础上组建的国有特大型高科技企业，由中央直接管理。航天科技形成了以北京、上海、西安、成都、天津、内蒙古、深圳（香港）、海南为主的八大产业基地。现有从业人员17.4万人，其中中国科学院和工程院院士34人。经过60年的发展，中国航天科技集团公司在航天器研制领域形成了以通信广播卫星、返回式卫星、地球资源卫星、气象卫星、科学探测与技术试验卫星、导航定位卫星和载人飞船七大航天器系列为主的航天器研制业务，以及与各领域航天器相对应的大、中、小、微型从单机产品到卫星平台产品的型谱体系。“十二五”期间营业收入从1018.4亿元增长到1920亿元，平均增速12.8%，利润总额平均增速10.4%，在中央企业经营业绩考核中连续11次获得A级。2014年首次进入世界500强。

一、基于成熟度评价的航天器跨领域产品集成管理背景

（一）增强核心能力，提高经济效益的需要

航天科技以“发展航天事业、建设航天强国”为己任，大力推动宇航主业改革创新，提升核心发展能力，优化布局，科学配置资源，创新研制模式，节约研制成本，加速科研生产效率效益；从完成任务角度看，适应用户的低成本、短周期、高可靠和高强密度、批量化研制要求，需进一步优化航天器研制流程，固化既可精准满足用户需求、又能有效降低成本的研制流程和产品保证方法，全面实现型号可控性关键环节的量化控制，加强产品型谱建设，建立健全高性能、高效费比、有市场竞争力的产品体系。但是在企业内部还存在以下问题：对系统设计方案的经济性重视不够，在研制流程、产品投产、研制环节衔接、元器件选用控制、测试与试验、地面设备统筹等方面成本意识不强，队伍和资源配置不够优化；研制管理模式单一，面对新兴宇航商业市场要求以及“低成本、短周期、快响应”的卫星研制要求，尚未有效建立与之适应的研制管理模式，型号研制成本和周期居高不下。这就需要航天科技在航天器研制领域要面向用户应用需求转变设计与管理理念，加强系统的经济性分析，强化成本约束，倒逼设计理念的转变与创新，实现降本增效。

（二）解决“实践十号卫星”研制过程中众多风险和问题的需要

“实践十号卫星”是“十二五”期间空间科学先导专项工程中启动最晚、研制周期最短的卫星，也是承载科学载荷数量最多的卫星。作为返回式卫星平台的后续业务星于2004—2006年进行立项方案论证，2008年通过中咨公司立项评估，评估的科研经费为2.97亿元。随后项目长期搁置造成产品停产、地面工装、电气设备老化报废。2013年再次启动研制时，如按照传统研制模式，大量产品需重新研制并恢复生产线，众多元器件与材料停产或不满足新产保要求而需重新选用，卫星由产品继承性较强的业务星转变为多数产品需要重新设计、投产、验证的科研星，造成研制经费和周期大大增加。另外，用户对卫星平台提出了更高、更新的要求，需要增加新型热控、微重力测量等支撑系统，而原评估经费却未调增。经对各参研单位的上报经费进行审核后，汇总统计“实践十号卫星”总研制经费需求4.86亿元，远远超出型号立项批复的2.97亿元。

因此“实践十号卫星”需突破重重约束限制，探索从整星一体化设计、质量管理、产品重复使用与商用元器件、部件选用等方面建立起一套具有足够可靠性的低成本卫星研制模式，这是新形势下适应不

同用户市场、不同研制约束条件的一种研制模式，与传统的追求高可靠的研制模式之间具有很强的互补性。

二、基于成熟度评价的航天器跨领域产品集成管理内涵和主要做法

航天科技针对低成本卫星市场，综合考虑功能、性能、价格和进度等约束条件，应用成熟度评价方法指导产品的跨领域、跨平台、跨等级选用，以较低投入、较快进度、全系统可靠为目标实现卫星系统集成与运行，开创基于成熟度评价的“低成本、短周期、全可靠”卫星集成研制管理模式。主要做法如下：

（一）开展顶层策划，保障成熟度评价工作顺利实施

1. 明确成熟度评价组织管理方式

“实践十号卫星”借鉴NASA和美国国防部的先进理念，结合航天科技产品成熟度标准和定义，构建了贯穿型号研制全阶段、基于成熟度评价的顶层管理策划，包括评价组织机构、评价对象、评价方法和评价结果4个要素。一是评价对象为单机产品、分系统和整星系统。二是评价组织机构分为决策层、管理层和实施层三个层次。五院是成熟度评价工作的发起人，并联合航天科技、用户进行最终决策，负责明确和批准管理方案、技术方案及研制进度；航天科技总体单位负责组织相关项目的评价工作，并组织对评价结果的审定；技术状态委员会受项目办委托开展成熟度评价工作，包括组建专家组，组织专家组对项目进行评价并完成评价结果的审核。三是分别应用产品成熟度和集成成熟度评价方法，针对单机产品和分系统、系统级产品开展成熟度评价活动。以上两种方法覆盖了从产品选型、产品制造到产品集成的全过程，最终目的是采用最成熟的产品和技术，在满足型号质量、进度和经费约束条件下，保证“实践十号卫星”的功能、性能和质量满足用户的需求。四是由航天科技启动评价工作，技术状态委员会制定工作计划，评价工作负责人提交评价报告，技术状态委员会组织专家对报告进行评审，项目承研部门签署意见，航天科技、五院和用户三级联合完成审定。

2. 明确成熟度评价工作内容

综合采用产品成熟度和集成成熟度评价方法建立成熟度评价模型，对系统、分系统、子系统和单机产品的成熟度进行评价，用于指导方案优选、产品选型、产品生产/制造、试验验证、系统集成等研制过程，重点是围绕用户需求和节约成本，研究跨领域、跨平台产品选用与集成的可行性，提前识别研制过程中成熟度较低的环节，并制定相关的设计备份措施、试验验证方法及针对特殊产品的产保规定，进而保证型号质量。在确保系统功能性能满足用户要求的前提下，通过选择成熟度较高的研制路径，达到节省研制经费、缩短研制周期的目的。依据工作分解结构（WBS）、产品分解结构（PBS）、成本分解结构（CBS）、功能分解结构（FBS）和过程分解结构（GBA）等，支撑成熟度评价工作。

（二）制订成熟度评价模型，统一型号内部成熟度评价标准

1. 制订产品成熟度评价标准

航天单机产品在全生命周期内，将产品成熟度等级划分为原理样机产品、工程样机产品、飞行产品、一次飞行考核产品、多次飞行考核产品、三级定型产品、二级定型产品、一级定型产品8个级别。产品成熟度越高，其所经历的功能性能验证也越充分，选用成熟度等级高的产品，可有效规避在产品研发与制造层面“拖进度、涨经费”的风险，对各产品依据成熟度等级进行分类管理，为“实践十号卫星”的技术状态把控和风险管理工作的顺利实施提供了保障。同时，如果所选用的型谱产品并非原返回式卫星平台产品，接口的适应性一般会存在问题，因此，要确保产品研制满足型号研制过程中的经费和进度约束，对上一层级的（分系统级、系统级）集成成熟度评价也是至关重要的。

2. 集成成熟度评价标准

对“实践十号卫星”来说，由于跨领域、跨平台选用了多种产品，接口的匹配性问题需要更多的关

注，为了对这些接口关系进行分类管理，“实践十号卫星”在管理过程中引入集成成熟度的概念，对来自不同领域、平台的产品接口进行评价，确保产品间的接口具有足够的成熟度，进而保证了系统集成过程的进度、质量和经费风险可控。

3. 建立成熟度综合评价模型

产品的实现过程和最终结果是由产品成熟度和集成成熟度共同决定的。“实践十号卫星”在制定两种成熟度评价标准的基础上，采用加权平均法，建立了成熟度综合评价模型。基于成熟度评价结果及相关薄弱环节识别，可进一步确定不同类型产品的研制流程，其中复产产品开发过程与新研产品较为接近，而型谱产品、长期库存产品、复用产品和商用产品的开发过程较之新研产品开发过程，均存在不同程度的精简。

（三）制定“实践十号卫星”研制路径

1. 依据研制要求开展产品统计

“实践十号卫星”最早于2004年开始方案论证，同平台的返回式卫星正处于研制生产过程，且返回式卫星能够满足当时用户需求，各分系统升级换代需求不大。因此，“实践十号卫星”论证启动之初，实际为具有较好继承性的返回式卫星的“业务星”。到2013年年初项目正式启动时，原有的返回式卫星的研制生产能力已不复存在，在人员、材料、器件、工艺工装、生产设备和产保要求等方面都发生了较大的变化，尽管曾经属于成熟产品，但重新投产仍面临着生产线恢复与改造、人员培训等诸多困难，综合评估复产的进度与经费因素，几乎与新研产品无异。同时随着载荷论证的进一步深入，提供科学实验过程中必要的功能支持，需要对卫星的热控、供配电、控制等分系统功能进行升级换代，并需增加数管、工程参数测量分系统。这些升级需求，使得“实践十号卫星”从最初规划的“业务星”转变为了一颗“科研星”。相应的，卫星的研制经费并没有追加，研制周期也未延长，使得“实践十号卫星”的研制面临较大的经费和进度压力。因此，若按传统科研星模式进行研制，“实践十号卫星”需新研产品达118台，已停产需恢复投产设备57台，这两项在整个产品配套中占比72.9%，给型号研制带来巨大的经费、进度和质量风险。

2. 基于成熟度评价方法建立产品选用程序

“实践十号卫星”选用产品遵循以下程序：(1) 识别所需功能、性能是否具有关键技术；(2) 对于不具有关键技术的功能性能要求，通常已有成熟产品，优先在返回式卫星产品型谱内选用成熟产品；(3) 若返回式卫星型谱产品不能满足应用需求，则根据型号总体功能性能需求，跨平台跨领域选用成熟产品；(4) 如果定型产品无法满足技术指标要求，则考虑选用型谱中成熟度较高的现有产品；(5) 对于某些型谱产品无法满足要求，而产品可进行冗余备份设计或产品功能非关键功能的情况，可考虑在商业市场中选用成熟产品。

如果所需功能具有关键技术、产品还未进入原理样机阶段，此时还没有型谱产品可供选用，则还需要进行技术攻关，如“实践十号卫星”所采用的冷板，由于其尺寸大，关键技术未经验证，因此需要研制新的产品；若所需功能不具有关键技术，则通常已具有型谱产品，此时采用产品成熟度和集成成熟度评价方法指导产品选型。由于产品成熟度与项目研制经费、质量与进度直接相关，因此应用产品成熟度可对产品的经费、质量、进度进行预判和把控，集成成熟度则主要对不同领域、不同平台、不同等级的产品集成问题进行预估，评价结果可直接用于辅助产品选型的决策及产品研制方案、试验矩阵的制定。对于现有成熟产品，无论其是否属于返回式卫星平台，如果该产品完全满足“实践十号卫星”使用需求而无须进行更改，或是仅需补充部分环境试验，证明其环境适应性后即可应用于“实践十号卫星”，则采用产品成熟度定义对其进行评价。对于分系统和系统级产品来说，单项技术、单个产品的成熟并不代表系统的成熟，面对系统的集成和综合问题，需要将成熟度评价从单个产品拓展到分系统和系统层面，注重多要素相互作用下的相关性问题。对于系统和分系统成熟度的评价，“实践十号卫星”在研制过程中借鉴了集成成熟度的评价方法。以上两种方法覆盖了从产品选型和研制、产品制造到产品集成的全过程，最终目的是采用最成熟的产品和技术，保证“实践十号卫星”的功能、性能和质量满足用户的需求，达到降低成本、缩减研制周期的目的。

3. 基于航天器产品型谱进行跨平台产品选型

为了避免新研产品造成的昂贵费用，缩短研制周期，规避新研产品带来的技术与管理风险，在产品选用过程中，“实践十号卫星”设计师利用航天科技航天器产品发布系统，在满足用户需求的前提下，尽量采用定型产品或型谱内产品，确保型号产品的快速、可靠集成。

产品发布系统实现了航天器平台型谱、航天器单机型谱、航天器模块型谱、航天器外协型谱等四大类型谱信息的统一管理及发布，基本覆盖了卫星领域通用单机种类，每一规格产品有基本信息、主要技术指标、产品规范、成熟度等级、已应用型号和适用领域、研制单位等信息。通过型谱的统一管理及发布，从多个维度为型号选用提供支持。

（四）基于成熟度评价优选研制方案

1. 制订多种研制方案

经过初步方案论证，在原有返回式卫星的基础上，依据“实践十号卫星”的需求开展技术升级，其基本实现途径有两类。方案一是对返回式卫星平台原有产品能够满足“实践十号卫星”功能要求的，对原有产品进行复产；针对“实践十号卫星”的新增功能性能需求，研制新的产品；方案二是在满足用户功能性能需求的基础上，最大化的跨领域、跨平台、跨等级选择现有成熟、价优产品，并在此基础上做好系统集成。

对于方案一，经过研制团队充分的技术论证，使用新研产品可从顶层设计层面保证方案的合理性、接口的匹配性及设备的环境适应性等，但由于产品本身的成熟度低，采用方案一必然会给项目带来一定的技术风险。同时，面对紧张的研制周期和经费限制，“实践十号卫星”的技术升级可谓困难重重，需要在升级换代的同时控制好经费和时间。如果在方案制定时就选用了许多不成熟的技术和产品，在后续的研制中就容易由于新产品的研发而出现“拖进度”和“涨经费”的问题。

对于方案二，跨领域、跨平台、跨等级选择现有成熟产品可保证产品的成熟度，对所选用产品的飞行经历进行详细的调研，通过历史数据，类比或仿真分析等手段可确定其能否承受“实践十号卫星”环境条件要求。但多平台产品间的集成、配套仍面临较多的技术和管理问题。这就要求引入一套用于成熟度评价的客观准则体系，作为产品和技术选用的参考依据，充分识别产品集成交互过程中的不成熟环节，提前采取控制对策。

2. 应用成熟度评价模型，综合比较两种研制方案

“实践十号卫星”在产品选型过程中应用成熟度评价方法，对两种研制实施方案进行了比较。在两种方案下，各分系统的产品成熟度、集成成熟度见表 1、表 2，其中产品成熟度取分系统各单机成熟度的加权平均值。

表 1 两种研制方案的成熟度打分

分系统	产品成熟度（PRL）		集成成熟度（IRL）	
	方案一	方案二	方案一	方案二
结构分系统	4.4	5.6	6	5
热控分系统	3.3	5.7	6	5
数管分系统	4.2	5.5	6	7
测控分系统	4.1	5.7	6	6
天线分系统	4.4	5.6	6	5
供配电分系统	4.4	5.6	6	6
控制分系统	4.1	5.3	6	5
推进分系统	4.1	5.6	6	6
回收分系统	4.5	5.8	6	7
工程参数测量分系统	3	5.2	6	6
合计	40.5	55.6	60	58

表 2 两种研制方案的比较

	方案一	方案二
成熟度（RL）	57.9	70.4
进度	73.3	96.7
经费	73.3	96.7

从以上比较可看出，在技术方案的选择上，采用新研产品虽然能满足型号需求，但产品成熟度低，在研制进度、研制经费上都面临较大风险；而选用现有型谱产品，尽管在系统集成（包括接口、环境适应性）方面存在一定劣势，但产品成熟度更高，在研制进度、研制经费方面都大大优于重新研制新产品。

3. 识别成熟产品集成成熟度的薄弱环节，制定相应控制措施

集成成熟度需综合考虑产品之间的机、电、热及信息接口。对于跨平台成熟产品来说，尽管产品成熟度较高，但产品之间的接口及产品与返回式卫星平台的接口都可能存在集成成熟度较低的问题。比如，在满足系统指标的基础上，“实践十号卫星”最终选用了商业风扇，起到了降低成本的效果，取得了在轨实验的成功。通过应用成熟度评价对产品研制方案进行优选，“实践十号卫星”在研制过程中跨平台、跨领域、跨等级选用了大量成熟产品，满足了型号研制的多重约束条件。

（五）基于成熟度评价优化研制流程

在“实践十号卫星”的研制过程中基于成熟度评价理论，从技术实现的角度，对产品、分系统和系统的研制流程进行了一定优化。

1. 优化设计评审及验收流程

设计评审优化分为产品、分系统和系统三个层次进行，优化的依据为产品的技术成熟度和集成成熟

度，对于成熟度高的环节，可适当简化其设计评审和产品验收的步骤，在保证产品质量和可靠性的基础上，为型号研制节约宝贵的时间和经费，如表 3 所示。

表 3 “实践十号卫星”产品实现过程优化情况

	优化前	优化后
继承返回式卫星且接口无变化，成熟度因子达到 7 以上的产品	需对产品设计方案进行评审	省略产品设计评审步骤
成熟度因子达到 7 以上的货架产品	需编写产品方案设计报告，且需对产品设计方案进行审查	省略方案设计报告编制及设计方案审查步骤
	需对产品进行验收评审	仅检查产品数据包，不再对产品进行鉴定
返回复用产品	不允许使用	通过对返回复用产品开展必要的测试，允许一部分返回式卫星、飞船返回后的产品在“实践十号卫星”上再次使用
有效载荷	与平台产品管理要求相同	有效载荷形成独立的产保大纲。通过对低等级、目录外元器件制定独立的质量保证措施，允许在有效载荷上使用低等级、目录外元器件

2. 优化试验矩阵

对于成熟度较高的产品，研制过程中的试验矩阵也进行了适当的优化。如返回式卫星的结构强度、刚度已经过多次的再设计与再验证，初样阶段不再进行结构星力学试验；返回式卫星热控分系统的密封舱设计，也已经过多次的分析验证，且回收舱所用流体回路经 921 项目多次验证，设计余量较大，初样阶段不再进行整星热试验。相应的，初样整星力、热试验采用仿真分析的方法予以代替。在单机和分系统层面，针对大量成熟产品，减少了单机鉴定验收试验。

（六）依据研制方案，分类制定产保控制措施

在成熟度评价的基础上，项目团队优选出了若干产品选用方案，同时也针对各类产品识别出了所选用方案的薄弱环节，并针对薄弱环节加强了产保控制措施。

1. 制订返回复用产品的产保控制措施

通过成熟度评价完成产品选型后，“实践十号卫星”确定了对部分过去返回式卫星、飞船返回后的产品进行复用，初步探索了星上产品的重复使用技术。同时，明确了产品技术状态管理要求和数据包要求，并制订了专用的产保大纲，有效保证了返回复用产品的质量、可靠性、功能性能满足型号要求。返回复用产品的产品保证的基本原则是：（1）以满足飞行任务需要为基本接受准则，保证产品飞行需要的基本功能性能满足卫星应用要求；突出产品的可用性，在任务周期内产品可靠使用。（2）作为返回复用产品，原则上不改变产品原有状态，产品外部接口须适应产品原有状态，补充测试、试验工作必须考虑产品固有寿命。（3）产品各项工作的开展突出协同原则，卫星总体、分系统、产品责任主体单位在研制过程中应充分合作，保证在接口确定、产品测试、补充试验环节沟通到位。（4）如遇到需要产品研制厂家配合开展的事务，由项目办通知产品提供方，产品提供方负责与产品研制单位进行沟通并解决相关问

题。(5) 返回复用产品必须编制针对性的产品保证要求，与验收大纲一并作为产品验收的依据文件下发各沿用产品研制单位。

2. 制订有效载荷的产保控制措施

有效载荷分系统产品状态新，使用专用或特殊元器件比重大，而且采购渠道单一，高等级元器件的可获得性比较低，同时在实验设备中使用了大量的部组件。鉴于有效载荷的这种特殊情况，卫星工程总体批复了《实践十号返回式科学实验卫星有效载荷用元器件和专用元器件/部组件保证大纲》。大纲中对有效载荷的试验单机进行了综合风险分析，在此基础上对选用元器件的范围和质量等级以及质量保证的内容进行了规定，以此大纲作为有效载荷分系统元器件质量保证的依据。产保总体原则是：在不对整星安全性造成威胁的前提下，允许有效载荷在非关键功能部位使用低等级元器件和限用工艺。

三、基于成熟度评价的航天器跨领域产品集成管理效果

（一）按时高质量完成了研制任务

“实践十号卫星”研制周期完全符合用户要求，在原有配套研制能力已不具备的情况下，以一套行之有效的创新性研制流程，项目队伍在 36 个月内完成了一颗几乎全新的返回式空间科学实验卫星的研制工作，尤其是在面临 19 项有效载荷全部为新研产品、载荷研制队伍经验严重不足的情况下，卫星依然以高于用户预期的较短的研制周期实现出厂、发射。经财务部门初步核算，项目通过各种成本控制手段，在项目范围不得不扩大、工作难度加大的情况下，成功地将卫星全生命周期成本控制在了 8 年前的预算范围内，并节省经费 1.89 亿元，比原测算经费降低了 38.8%，创造了型号研制项目经费管控的新高度。同时，满足了用户多功能、高性能要求。准稳态微重力达到 10－6g0 量级，相对原返回式卫星提升两个数量级，达到空间科学实验平台的国际先进水平。卫星功能相对原返回式卫星有大幅度提升，其中卫星平台的供电能力提高 70%，回收舱热控控制精度提高 93%，测控指令上注和数据遥测能力分别提高 120%和 116%，天地数据传输能力提高 36.5 倍，有效载荷种类增加 63%。

（二）取得了多项国际原创性科技成果

“实践十号卫星”已于 2016 年 4 月 6 日成功发射，2016 年 4 月 18 日安全返回，并于 2016 年 4 月 26 日完成留轨实验，任务圆满成功。卫星在轨实验期间，星载科学载荷共取得了 704 组空间科学实验数据，19 项实验项目均具有创新性和先进性，其中 4 项获得了具有突破性价值的科学实验成果，其中全球首次实现的哺乳动物胚胎太空发育成果引起了国内外同行的高度关注。

（三）建立了覆盖各产品类型的产品保证体系，初步探索了卫星产品重用技术

“实践十号卫星”基于成熟度评价的方法与理论，创造性地应用于产品选用工作，形成了新研、货架、商用、库存、返回复用等多种产品实现途径，构建了适用于“多种产品实现途径的大型集成系统”的产品保证体系。“实践十号卫星”有近 10 台设备，选用了返回式卫星、飞船飞行后返回的产品。探索了卫星产品复用技术，形成了从产品选型、产品验证、产品集成、系统测试的一整套技术方法，建立了专门的飞行复用产品保证措施和管理方法，为我国未来发展可重复使用返回式卫星，探索低成本的空间往返技术奠定了良好的基础。

（成果创造人：刘庆华、邱家稳、李　罡、张也弛、李　昊、
刘　欣、杨晓宁、王大勇、邱　亮、徐立宏）

基于核心芯片自主可控的微系统研发管理

中国航天科工集团第二研究院二十五所

中国航天科工集团第二研究院二十五所（以下简称二十五所）创建于1965年，是我国精确制导专业骨干研究所，先后承担并圆满完成多项国家重点型号的设计、研制和批量生产任务，填补了国内多项产品领域空白，创造了我国国防武器装备建设史上九个“第一”，为国防装备建设和航天事业发展做出了突出贡献。现有职工1500余人，拥有国家级专家2人，享受政府特殊津贴专家12名。先后荣获部级以上奖励200多项，其中国家科技进步奖14项、国家技术发明奖2项，国防科技进步奖特等奖2项、国防科技进步奖一等奖23项、军队科技进步奖11项。近年来，二十五所在微系统研发方向不断加强投入，逐步形成了从数字SoC、射频收发SoC到数模混合SoC、光电一体化设计等多方位覆盖的微系统研发体系，具备了多个核心芯片的自主研发能力。

一、核心芯片自主可控的微系统研发管理背景

（一）国家实现核心芯片自主可控的迫切需求

中国是集成电路的消费大国，全球54%的芯片都出口到中国，国产芯片的市场份额只占10%。中国芯片产业每年进口需要消耗2000多亿美元外汇，超过了石油和大宗商品，是第一大进口商品。目前，在军工行业，高端芯片的进口依赖非常严重，其比率接近甚至超过九成。针对精确制导武器装备的研发，进口高端芯片的使用能够保障产品性能，然而却无法实现对核心技术的掌控，无疑增加了产品安全风险。在当前异常复杂的国际环境下，一旦有战事爆发，敌对势力极有可能就是供货方，对方一旦采取芯片禁运措施将会极大影响军品的供货和保障能力，而可能存在的“芯片后门”则更会影响我方军事安全，极有可能使我军完全暴露在敌方的监控之下，甚至出现整机系统失灵。因此，在核心芯片无法自主可控的情况下，国防安全存在着巨大隐患。为了降低甚至消除产品在技术上的安全风险，最大程度上保障国家安全，作为国内精确制导专业的骨干研究所，二十五所迫切需要开展核心芯片的研发，从而从根本上掌握产品的自主可控能力，进而形成完全国产化的精确制导产品，消除潜在的安全隐患。

（二）适应行业发展趋势的要求

从精确制导系统发展趋势来看，现代精确制导系统面临目标多样化、任务多样化和干扰环境多样化的挑战，要求大幅度提升精确制导设备在复杂电磁环境下抗干扰、反隐身、反临近、反导反卫任务的作战性能。为了应对这些多样化发展趋势，要求精确制导设备向复合化、集成化、小型化、轻质化方向发展，要求在有限的空间内，完成多模式、多体制的精确制导设备的微小型化集成。对于传统技术而言，这些几近苛刻的要求使得新产品的开发变成了几乎不可能完成的任务，而只有采用微系统技术来实现突破才能找到最佳的解决方案。而拥有自主可控的核心芯片设计能力，不仅能够掌握微系统研发的核心技术，有效推动技术发展，还能够极大增强企业在产品设计上的创新能力

（三）改变传统研发管理模式、有效完成研制任务的需要

长期以来，二十五所的产品开发方式仍然是以基于客户需求的定制产品开发模式为主，就是在型号需求的基础上进行产品定制开发。在这样的研发模式下，针对每一个型号，都需要组建一支囊括总体研究室、各专业研究室、工艺部门以及后勤保障等在内的庞大队伍。随着型号任务增多，管理成本会越来越高；而且，每个型号都是从头做起，较易出现质量问题；重复投入也限制着企业的发展壮大。为此，二十五所需改变原有的定制产品开发模式，建立以核心芯片自主可控的微系统研发为基础，采取基于技

术平台的集成产品开发模式，以更高效完成型号任务的研制工作。

二、核心芯片自主可控的微系统研发管理内涵及主要做法

二十五所为有效完成核心芯片自主可控的微系统研发管理，以实现核心芯片的自主可控为目标，组建以创新为驱动、型号应用为方向的微系统研发中心，通过全面梳理和优化研发管理流程，加大核心芯片研发投入，加强研制成本控制，提高创新能力建设，多方位推动产业链前移，实现核心芯片自主可控能力的构建，促进企业微系统技术的发展和管理水平的提升。主要做法如下：

（一）构建微系统研发的组织体系

1. 成立领导委员会

作为新技术方向，核心芯片自主可控的微系统研发需要大量的前期论证，并且很难在短期内实现与型号研制的挂钩。为此，二十五所成立微系统研发领导委员会，由所长挂帅组织协调相关工作。领导委员会明确规定了各部门的具体职责，要求各部门在微系统研发工作推进过程中完成好自己所承担的角色，通力合作，推动微系统研发工作的开展。领导委员会梳理了所内微系统相关项目，形成了创新项目库，按照重要程度及可实现性逐步推动相关项目的投入和实施，从而形成技术积累。

2. 采取无代工厂（Fabless）模式

借鉴众多芯片设计、生产厂商的成功经验，参考芯片设计行业常见的开发方式，采取 Fabless 模式（即无代工厂设计模式），进行核心芯片的自主研发。即：芯片设计开发及测试工作由所内进行，芯片生产工作交由代工厂（Foundry）完成。与动辄十亿美金量级的工艺线建设投入不同，Fabless 模式采用 Foundry 的标准工艺模型开展设计，投入费用视芯片面积、工艺节点和所选 Foundry 而定，多则一次投入几百万元，少则一次只需投入一二十万元即可完成一次芯片的生产。将研发管理的重心放在设计和验证上，按照项目进度和设计能力合理安排芯片研发规划，省去在工艺线建设和维护上的巨额资金和人员投入，减轻企业在产品研发上的负担，加速微系统研发的实施。

3. 调整专业方向布局

经过多年探索，二十五所在核心芯片的研发上不断积累人力和技术基础，最早在 2008 年就开展了数字 SoC 的研发工作。然而，作为部门内一个单独方向的微系统研发，在实际开展中存在着诸多问题。针对核心芯片研发在专业方向和驱动力上的分散，二十五所开展专业方向布局的调整工作，成立集团内首个专业从事核心芯片研发的微系统研发中心，将原来分布在两个部门的数字 SoC 方向和射频 SoC 方向进行全面整合。在微系统研发中心现有人员研究方向和技术特点的基础上，结合所内对微系统设计的需求，对研发方向进行划分，设置数字 SoC 设计、射频 SoC 设计以及光电一体化设计三个研发方向。通过协调专业方向配置，实现对微系统研发团队的独立管理，推动研发管理的扁平化，保障研发投入，促进核心芯片自主可控能力的构建。

4. 细化产品分类

二十五所按照面向的对象和用户，将微系统研发产品分为三类：内部共享产品、面向细分用户的产品、解决方案及系统级产品。内部共享产品又称为内部共用模块（CBB），指在不同的产品间共用的设计方案、技术文档、设计模块等。内部共享产品的建立，可以有效地提高团队的设计效率和降低沟通成本。面向细分用户的产品目前主要是指面向所内的应用需求进行定制和通用化的产品开发。根据与本单位用户、本院用户及集团内用户需求指定不同的系列化产品或某些应用采用通用化的产品开发。解决方案及系统级产品是指跨几个产品或领域的，需要进行系统集成的产品组合，部分分系统能共享，但系统基本上都是需要在产品的基础上进行一定的定制。对于自主核心芯片的研发而言，主要为片上多功能单元的集成，单芯片完成十几个高性能的分立元件所组成的系统产品。如所内自研的“精导芯一号”及宽带锁相环频率源芯片等。

5. 加强人才队伍和激励机制建设

一是从所级层面对微系统研发中心的人才引进进行最大程度的倾斜，以快速推进部门成长。同时，从其他部门协调有微系统设计经历的设计师调往研发中心，进一步壮大团队实力。2015 年，微系统研发中心新人所员工占比达到了 20%以上，最大程度上保障部门人员投入，为核心芯片研发工作的开展夯实根基。二是打破以往论资排辈的传统，破格提拔 5 位微电子专业的年轻博士为 SoC 专业项目总监/副总监，享受与微系统研发行业相匹配的相关待遇。构建专业化人才梯队，形成博士带硕士、老带新的人才结构。打通人才上升渠道，对专业技术能力突出的设计师给予更高的岗位配置。三是针对核心芯片在前期研发中投入大、见效慢等特点，从所级层面对微系统研发投入和部门考核进行一定程度的倾斜。采取所内自筹方式对投片进行初期支持，同时，鼓励和协调相关技术在各类创新课题申报中进行上报，争取获得更大的经费支持。加强横向奖励，对于申报获得成功的横向课题及所外课题，对申报团队进行奖励。绩效考核采取评分机制，由研发小组组长对设计师工作完成情况进行评分，部门负责人对研发小组组长工作完成情况进行评分，按照评分加权进行绩效排序，最终确定奖金发放额度。考虑到芯片研发属于高新技术行业，也是热门专业，薪酬待遇结合社会水平进行浮动，以达到稳定人才队伍的目的。

（二）优化研发资源配置

1. 梳理专业特点，突破条件建设瓶颈

二十五所作为芯片研发行业的新进入者，一方面要保证型号任务等正常工作的开展；另一方面，还要紧抓机遇，充分利用好现有资源，突破条件建设的瓶颈。二十五所对其进行产品共性提取，并最终归纳到对于产品通用化的设计要求，推进产品通用化研发。在微系统研发产品设计的 9 个方向，针对每个方向所涉及的型号，汇总和梳理型号任务书、组合技术报告、组合方案报告等各类文件资料，形成技术要求表，召开评审会开展通用化需求分析并形成需求结论，对产品设计形成目标牵引和方向指导。

2. 加强纵横统筹，积极推动产品应用

作为以系统设计为主的军工企业，与国内外专业从事芯片研发的企业、公司、研究所等相比，二十五所拥有非常明显的优势，即在芯片应用和市场推广上可以实现自我闭环，这对于微系统研发中心自身而言，可谓是“近水楼台先得月”。针对微系统研发中心所研发的核心芯片产品，二十五所抽调多个专业研究室中层管理人员成立产品应用小组，加强纵横统筹管理，共同研究应用推进方案，尽最大可能率先安排其在对口产品和型号上的试验，一旦获得成功，将快速推进芯片的批产和推广。以二十五所自主研发的“精导芯一号”为例，自 2015 年成功发布以来，该核心芯片经过所内多部门多轮联合论证，已经率先在所内某型号安排各项产品试用。

3. 注重学习培训与对外交流

二十五所注重学习培训与对外交流，改变以往军工企业“闭门造车”的局面。一是邀请具有丰富设计经验的业内知名微系统设计领域专家来所内讲课，针对芯片设计中的实际问题进行现场指导，将业内成熟设计公司的思路和理念引进来，快速提升所内设计水平。二是定期派遣设计人员参加高水平微系统设计培训，了解最新的制造工艺，汲取业内先进的设计方法，为所内研发工作注入新鲜血液。三是常态化开展与微系统研发领域具备国际、国内一流研究水平的高校、研究院/所的对外交流，在确保保密安全的前提下互通有无，相互学习和促进，推动产、学、研的结合。

4. 加强知识产权保护

在开展微系统技术突破的同时，对关键领域形成的技术积累以及技术方案申报相关的国家专利、国防专利。通过专利申报，保护二十五所在微系统研发过程中形成的知识产权。经过近 2 年积累，二十五所在微系统研发方面申报专利超过 10 项，并且申报数量的增量正在随着微系统研发团队的壮大而快速增加。

（三）推进研发管理升级

1. 实行双轨化研发管理

针对微系统产品研发管理，设置“项目总监＋技术总监”的双轨化研发管理制度。项目总监由科研处领导担任，负责项目经费的筹措、管理和调度，以对外为主；技术总监由项目的实际完成负责人担任，负责研发团队的管理、研发进度及技术指标的把控，以对内为主。这样，既能保证项目经费由专人负责，又能保证研发人员能够专心开展微系统产品的研发工作。

2. 建立数字化协同研发管理平台

在微系统研发软硬件需求的驱动下，二十五所组织研讨并制定微系统研发软硬件环境构建方案，为微系统研发中心专门建设硬件组网平台。依靠该硬件组网平台，为微系统研发团队建立数字化协同研发管理网络，通过研发过程的数字化对接，搭建任务、进度、知识、模块、工具、文档等多方位信息共享平台，形成包括任务管理、进度管理、设计评审、文档管理、工具管理、数据管理、权限管理、输出管理等在内的高效综合管理系统。

3. 制定标准化研发流程规范

针对微系统研发管理，二十五所形成《微系统研发项目管理实施规范》，并按照研究方向建立完整的研发规范。研发过程按照研发规范严格实施，并按照前期调研、方案设计、详细设计、测试方案设计、测试结果评估、产品鉴定等进行全周期评审，达到对研发过程的全面管控，实现研发过程的标准化管理。针对核心芯片研发的各个环节，制定了《数字 SoC 芯片设计编码规范》等 17 项规范，全面覆盖微系统核心芯片研发从调研、设计、仿真、验证到测试、验收等所有过程。

4. 实行严格的研发质量管控

二十五所按照完成芯片设计要求表、完成研制流程图、完成设计和开发策划、设计和开发输入、设计和开发输出、设计和开发评审、设计和开发验证、设计和开发确认、设计和开发更改控制、样品管理、试验控制、质量问题分析 12 项内容逐一开展，促使质量问题提前暴露，保障产品研发成功率。此外，每季度开展一次微系统研发质量报告，梳理研发过程中发现的重要质量问题，总结并形成质量问题知识库，实现研发经验的积累和沉淀，提升质量管控实施效果。

（四）营造创新、分享的团队文化氛围

1. 引入多种机制助推团队创新

一是研发团队内引入赛马机制。在科研生产方面，结合科研工作实际进展情况，将软、硬件设计课题分解为若干子课题，鼓励新员工独立承担这些子课题，通过对最终完成效果的评比，鼓励和鞭策新员工主动学习，提升设计能力。研发团队对基础管理工作实行岗位轮值管理办法，每一季度由不同员工对基础管理岗位进行一次轮值管理，并鼓励员工主动提出管理心得和对该岗位的意见、建议，供团队进行研究并改进后续工作。二是研发团队内引入分享机制。利用“网上资源共享平台”建立团队共享知识库，将优秀设计实例、质量案例、三化库、表单、文档模板、标准、教材等分类整理，依据设计被成功引用次数实施奖励，提升成熟产品的设计重用率。每季度开展一次质量经验教训分享交流会，大家轮流分享近两月质量心得，评选班组“质量之星”。每季度开展一次优秀设计分享交流会，鼓励大家将自己最优秀的设计拿出来分享，评选班组“设计之星”。三是研发团队内引入透明机制。建立完善的考核规章制度，实行量化打分考核，包括科研生产考核、质量考核、创新考核、知识共享考核以及基础管理考核等。结合二十五所对团队的考核，每月月初收集计划反馈意见给相关部门反馈，月中督促计划实施、协调课题碰到的困难，月末明示员工计划考核结果。按照团队每半年进行一次综合考核的要求，通过组长打分、组员互评的方式形成综合考评结果作为半年考核的依据。四是研发团队内引入评议机制。在设计报告正式评审前，内部组织相关专家进行预评审，大家通过交流取长补短，使用集体力量对设计质量进行把关。对入职一年新员工开展年度评议。由新人汇报入职一年来工作学习上的所得、所思，并提出自身后续发展需求，研发团队对其进行评审，给出考核评估意见并制定后续计划助力新人成长。

2. 开展多种活动提升团队文化建设

微系统研发团队定期开展形式各异的活动，助推文化建设。通过文化建设引领研发团队发展，定期制作宣传展板，在部门站点开辟研发团队主页，作为内部技术资源共享和交流平台。建立知识库，包括参考库、标准库、教材库、案例库等，分享团队优秀设计案例、质量案例等，提高工作效率，避免不必要的错误和重复劳动，加速新员工成长。在所网、院网、集团网站、空天防御报以及科技日报、航天报等报纸杂志发表文章，提升团队的影响力。

三、基于核心芯片自主可控的微系统研发管理实施效果

（一）首次发布“精确制导芯一号”和“宽带锁相环频率综合器芯片”

2015 年 5 月，二十五所发布“精确制导芯一号”，宣布多模 SoC 芯片自主研发获得成功。该芯片涵盖了多个常用进口芯片的全部功能，满足某系列多型号产品信息处理的需求，具备良好的通用性。型号产品使用该芯片后，体积和重量可减少 70%以上、功耗降低 90%，千片级成本降低 60%以上，同时实现了性能的大幅提升。2016 年 3 月，二十五所又成功研制了“宽带锁相环频率综合器芯片”。该芯片实现了连续覆盖多个频段的频率信号输出，具备了非常强的通用性，可以满足多个型号对频率源的需求，实现应用后将使系统体积、重量及成本比现有系统中相应模块分别降低 60%以上，是二十五所在射频及数模混合 SoC 领域完成的又一次关键技术突破，标志着二十五所已完全具备了数模混合 SoC 的自主研发能力。“精确制导芯一号”和“宽带锁相环频率综合器芯片”的成功研制，使二十五所实现了真正意义上的核心芯片自主可控。

（二）提高了研发管理效率

通过整合资源、组建独立的微系统研发中心，解决了以往核心芯片研发在专业方向和驱动力上分散的问题，推动了研发管理的扁平化，促进了核心芯片自主可控能力的构建，并极大提高了微系统研发管理效率。在近一年时间里，依靠微系统研发中心有限的研发人力资源，二十五所先后完成了 4 款芯片的设计和流片、3 款芯片的测试以及多款芯片的论证和多个项目的申报工作，实现了产出与人员投入的大幅提升。核心芯片自主可控的微系统研发管理促进了企业自主研发能力和管理水平的提升。

（三）发挥了创新示范作用

二十五所组建的独立的微系统研发中心，成为集团内首个专业从事数字、模拟、射频及混合集成电路设计的研发部门，开展的以微系统研发为突破的高效研发管理发挥了创新示范作用，所组建的微系统研发团队先后获“二院技术型优胜班组”“二院青年创新工作室”“集团公司青年创新工作室”等荣誉称号，为企业发展注入了创新活力。

（成果创造人：董胜波、刘志哲、杨　刚、刘晓东、赵晨旭、马承光、
曹玉雄、廉　杰、尚政国、程志宇、侯颖辉、黎　亮）

基于数字化协同的IPT研制模式管理构建实施

北京宇航系统工程研究所

北京宇航系统工程研究所（以下简称一部），为中国运载火箭技术研究院（以下简称一院）的总体设计部，成立于1958年，目前共有职工1300余人。作为我国航天运输与导弹武器系统研制总体单位，主要承担航天运输系统、导弹武器系统、空间攻防武器系统、信息集成与指挥决策系统等领域的总体设计与系统集成、系统研制与产品开发等任务。近几年来，一院一部大力推进数字化能力建设，通过CZ－5、CZ－7、CZ－11等型号的探索与实践，成功实施了基于三维数字样机技术的型号集成产品开发（Integrated Product Development，IPD)，实现了基于先进数字化技术的型号并行协同研制过程，在提高型号设计质量、缩短研制周期、提高过程管控水平等方面取得了显著成效。

一、基于数字化协同的IPT研制模式管理构建实施背景

（一）借鉴国内外先进研发管理经验的需要

IPT是目前并行工程广泛采用的研发方式，是通过组建集成产品团队（Integrated Product Team，IPT)，将来自市场、设计、工艺、生产技术准备、制造、采购、销售、维修、服务等各部门的人员共同引入产品开发过程，打破部门和工作环节之间的界限，通过最佳的人员配置，让各方人员共同参与，发挥团队集体并行攻关优势，以提高研制质量和协同效率，国外的洛克希德公司、波音公司等，国内的西飞、成飞等都在实施IPT工作法。我国航天领域正在大力推进IPT工作模式，并行工程CE（Concurrent Engineering）已被列为航天科工集团公司《强化航天科研生产管理的若干意见》72条之一，为IPT工作开展提供了良好氛围。

（二）改变航天型号传统研制流程、提升研制效率和管理水平的需要

航天型号传统研制流程是典型的串行过程。串行流程常采用顺序“抛过墙”式的开发方式。在这种开发模式下，任务之间存在信息上松耦合而逻辑上强依赖的关系。面对日益紧张的型号研制任务，要求彻底改变传统串行研制流程自身不足，解决型号研制周期长、流程迭代和提高设计质量的问题。为此，一部充分借鉴IPT先进经验，尝试采用IPT模式开展型号研制工作，通过在CZ－7型号建立数字化条件下设计与制造部门之间跨单位、团队式的集中协同作战，对IPT工作模式从管理和技术上进行深入研究与全面实践，建立在数字化条件下运行的新型协同研制模式。

二、基于数字化协同的IPT研制模式管理构建实施内涵和主要做法

一院一部通过设立职责明确的领导、管理、调度和技术四个IPT工作组，并根据不同任务要求适时成立各类IPT工作小组，建立柔性化、敏捷化的动态团队组织方式；以产品为中心、任务落实到人为原则，采用联合办公工作环境，通过每日协调单的形式确定和监控IPT工作，设计一套问题快速反馈机制和有效的表格化管理方法；建立数字化条件下工程研制三维设计的新流程，提出可定义和可度量的IPT准入准出规则和基于成熟度管理的IPT工作程序模型，形成一套较为完整的、科学的IPT管理流程，从而大大提高型号研制效率，有效提高型号研制质量。主要做法如下：

（一）明确工作目标、原则和任务

1. 工作目标

为积极响应一院关于“打通全三维数字化设计、制造链路，实现数字航天宏伟目标”的号召，长征七号运载火箭研制提出了“设计数字化、模装数字化、试验预示化、生产自动化、管理信息化”的数字

化工作目标。根据这一目标，项目团队紧密结合型号初样研制特点，把与箭体相关的技术协调、计划管理等工作均纳入 IPT 工作范畴，大力推进“全三维下厂”。其具体目标一是基于规范化建模和标注建立全三维下厂箭体模型；全三维模型下厂制造，取消传统二维图下厂模式；建立总装模型简化方法；工艺提前参与设计，形成设计－工艺 IPT 协同工作模式；提取设计 BOM，作为统一数据源。二是基于三维模型实现全三维下厂生产；设计部门与工厂三维模型数据共享；三维数字化工艺设计和工装设计；三维模型和电子工艺下厂，指导现场生产。三是配套管理及规范：建立全三维下厂 IPT 工作模式、管理模式；建立全三维下厂技术规范和管理规范。

2. 工作原则

IPT 团队的工作采取联合办公，共同遵循的原则有：一是同时并有：为能同时设计产品、工艺及相关工具，IPT 小组应包含所有相关专业人员并统一认识。二是协调一致：在涉及 IPT 的所有协调中形成合作关系，在设计的早期阶段就应包含工艺、生产人员，建立直接联系并加以应用。三是意见一致：在 IPT 的最初阶段就应在要求和目标制定上达成一致意见。小组和管理部门应有共同的目标，并在执行项目的过程中不断共同完善目标，任何团体和个人只对共同的产品目标负责。四是不断改进：产品设计、制造小组应不断改进工作，通过物理集中或虚拟集中的方式提高工作效率，提高产品质量和缩短产品开发周期。

3. 工作任务

参照上述实施数字化设计与制造协同 IPT 的指导性策略，数字化设计制造协同 IPT 研制模式管理创新的内容包括：一是产品开发队伍重构：将传统的部门制或专业组变成以产品为主线的多功能集成产品开发团队，即 IPT（IntegratedProductTeam）。IPT 被赋予相应的责、权、利，对所开发的产品对象负责。二是过程重构：从传统的串行产品开发流程转变成集成的、并行的产品开发过程。并行过程不仅是活动的并发，更主要的是下游过程在产品开发早期参与设计过程；另一方面则是过程的改进，使信息流动与共享的效率更高。三是数字化产品定义，包括两个方面：数字化产品模型和产品生命周期数据管理；数字化工具定义和信息集成，如 DFA、DFM、CAD/CAE/CAM 等。四是协同工作环境支撑。建立用于支持 IPT 协同工作的网络与计算机平台。

（二）完善 IPT 组织领导，明确职责分工

1. 组建 IPT 团队

组建合适的团队是实现 IPT 阶段的第一步。团队需要有四种不同技能的人：领导者、管理者、技术师和组织者。领导者在 IPT 团队中的作用是提出新的、有创造性的构思与设想，从而引导整个 IPT 活动的方针与走向。管理者在 IPT 团队中的作用是确定 IPT 活动中不同方案是否可实施。团队的管理者一般应由有管理知识经验的人担任。技术师在 IPT 团队中的作用是将各类的难题、协调转化为现实的技术。技术师一般应具有高水平的技术评价能力，对组织现有的技术状况了如指掌，能较好地为 IPT 核心技术与辅助技术提供必要的技术性指导与帮助，同时对相关的技术协调工作进行关键的决策和指导。组织者的作用是协调管理 IPT 团队成员的分工与协作。另外，组织者还肩负着团队与外界的联系，获取外部的支持等方面的职责。通过对 IPT 团队组织模式的深入研究，一部构建了一个涵盖院、型号、一部、211 厂、703 所等相关领导和主管设计的 IPT 组织结构，按职能分工设有领导、管理、调度、技术四个组，分别履行决策、管理、调度、技术实施等职能。各工作组设立组长一名、副组长若干名。成员由各职能部门参与任务工作的相关人员组成，具备代表本职能部门处理任务的能力，并接受组长的统一领导和工作安排，确保各 IPT 工作组之间高效协调，保证 CZ－7 型号“全三维下厂”项目各项工作顺利开展。项目组织结构，如图 1 所示。

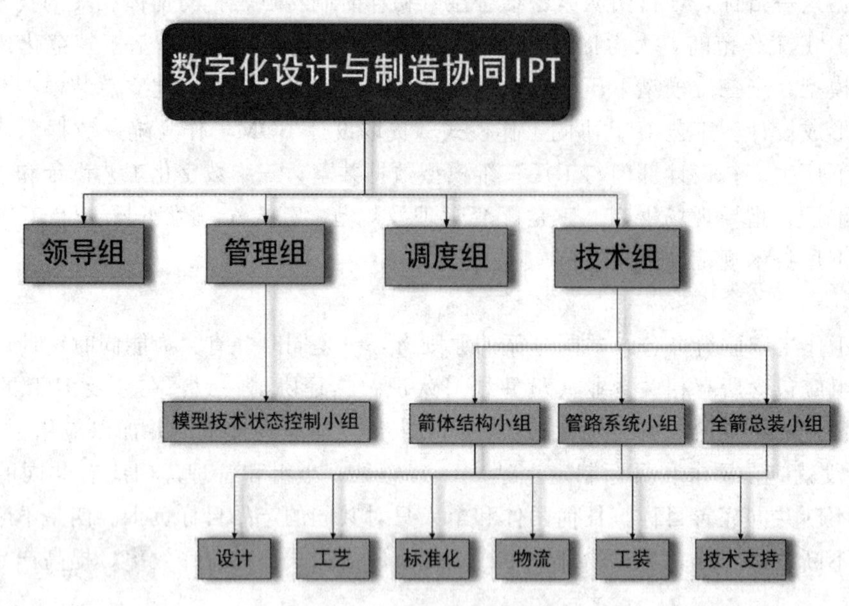

图 1　IPT 项目组织结构

2. 明确职责分工

一是领导组职责：全面负责长征七号运载火箭箭体结构三维数字化设计与制造工作，对实施过程中出现的技术、质量、进度、经费、资源保障等重大问题进行决策。二是管理组职责：研究三维数字化设计与制造组织模式、工作流程与职责，领导三维数字化设计与制造相关管理规章制度、标准体系及标准规范的制定和实施，确保三维模型和数据状态受控，工作有序推进。管理组下设技术状态控制小组，负责三维模型、图纸数据管理的控制方法和相关管理规定的研究、执行和监督。三是调度组职责：负责箭体结构三维数字化设计与制造过程中的资源调度、计划管理及相应保障工作。四是技术组职责：负责箭体结构三维设计下厂过程中具体技术工作的现场实施。成员由各参与单位的技术人员组成，包括产品主管技术领导、型号主管设计、型号主管工艺、车间主管工艺、标准化人员、检验人员、物资、技术支持人员等。

（三）建立研制协同并行流程，实现协同管理和控制

1. 建立并行流程

多年来，航天工程研制一直采用传统的、图纸的设计方法和串行的设计流程，存在许多弊端。为此，项目团队改变传统的串行产品开发流程，转变成集成的、并行的产品开发过程（如图 2 所示），使工艺、制造及检验等提前介入设计过程，达到设计数据在早期就完成数字化定义，实现各部门共享。

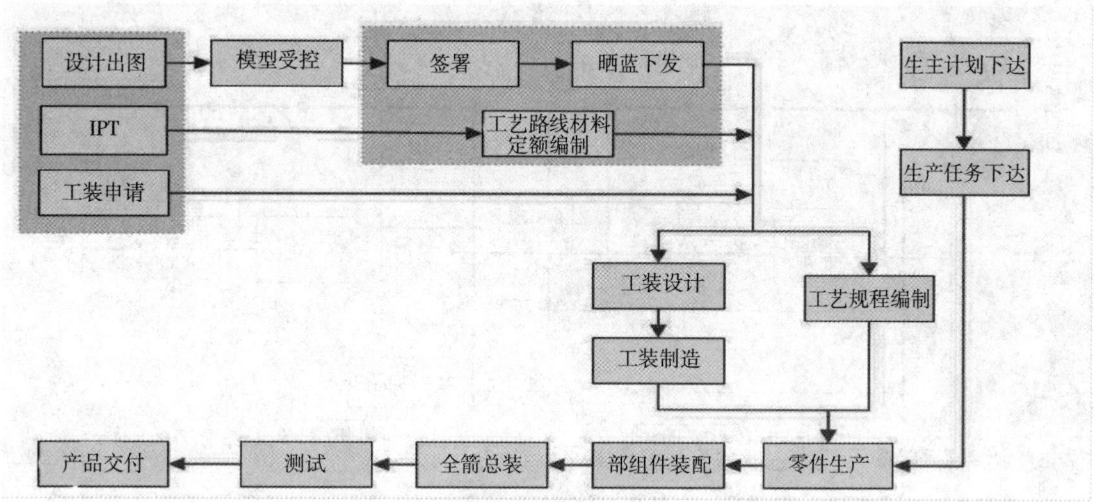

图 2 IPT 并行工作流程

IPT 小组实行“每日例会制度”，对 IPT 团队进行协同管理和控制。IPT 技术组负责人主持，各小组汇报工作进展。会议按程序进行，即计划布置——具体实施——检查——增加补救措施——下一轮会议。并由调度组负责编制综合计划，为 IPT 产品定义及准入准出制订的有关重要里程碑工作以及相应的周期、预计日期和相互协调关系等网络计划。

2. 建立联合办公工作环境，实现设计数据在设计部门与制造部门共享

为顺利实施 IPT，CZ－7IPT 配置了 50 台 HPZ8000 工作站，并与院主机联网，使 20 个箭体结构设计组能在并行工程环境中协同工作。一部、211 厂、703 所多个单位能通过平台实时获取零件信息，使 CZ－7数字火箭顺利装配。IPT 小组在此基础上完成了相关的三维模型设计及三维标注。通过协同平台，实现箭体结构模型、仪器电缆三维模型和管路系统模型的协同设计、审查、审签、受控及发布，保证生产制造得到的三维模型数据源有效合法。三维模型在 IPT 小组内经审签和会签确认批准后，相关模型入库受控。标准化人员负责模型的审查，技术支持人员配合完成模型基线发布工作，保证设计部门的模型及时、准确分发至相关制造单位工艺部门。制造部门从终端直接下载模型数据。相对于纸质分发，基于三维协同研制平台的共享模式使有效的设计数据文件以更加快速和便捷的方式到达制造生产现场，取消了原来纸质晒蓝、分发下厂的环节以及所使用的资源。产品设计状态发生变化时，通过系统发起电子更改，同时更改三维模型。更改单审批完成后，发布新的技术状态基线，211 厂、703 所从基线中同步获取更改数据，大大提高了更改和传递的效率。

（四）基于三维设计成熟度理念，量化控制协同全过程

1. 制定型号设计、制造等并行协同工作流程

CZ－7 初样阶段采用全箭箭体结构 20 个部段、总体总装 18 个部段和管路系统总装 3 个部段实施三维数字化设计与制造 IPT。为规范各级 IPT 小组的工作流程，制定了统一的指导原则和工作程序，提出了三维设计成熟度标准规范。按照成熟度级别要求，制造工艺人员提前介入设计，工艺审查、制造和装配审查的大部分工作与设计同步进行，并将并行工作流程在协同研制平台中固化。以三维设计成熟度方法为依据，制定型号设计、制造等并行协同工作流程，明确各成熟度阶段内的设计、制造人员工作分工，如图 3 和图 4 所示。

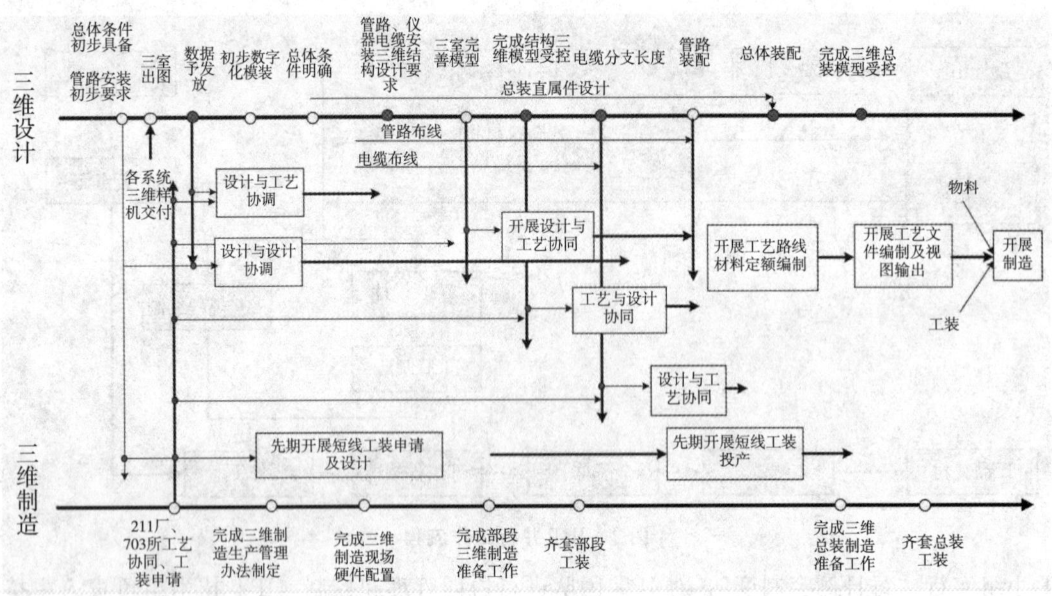

图 3　IPT 并行协同研制流程

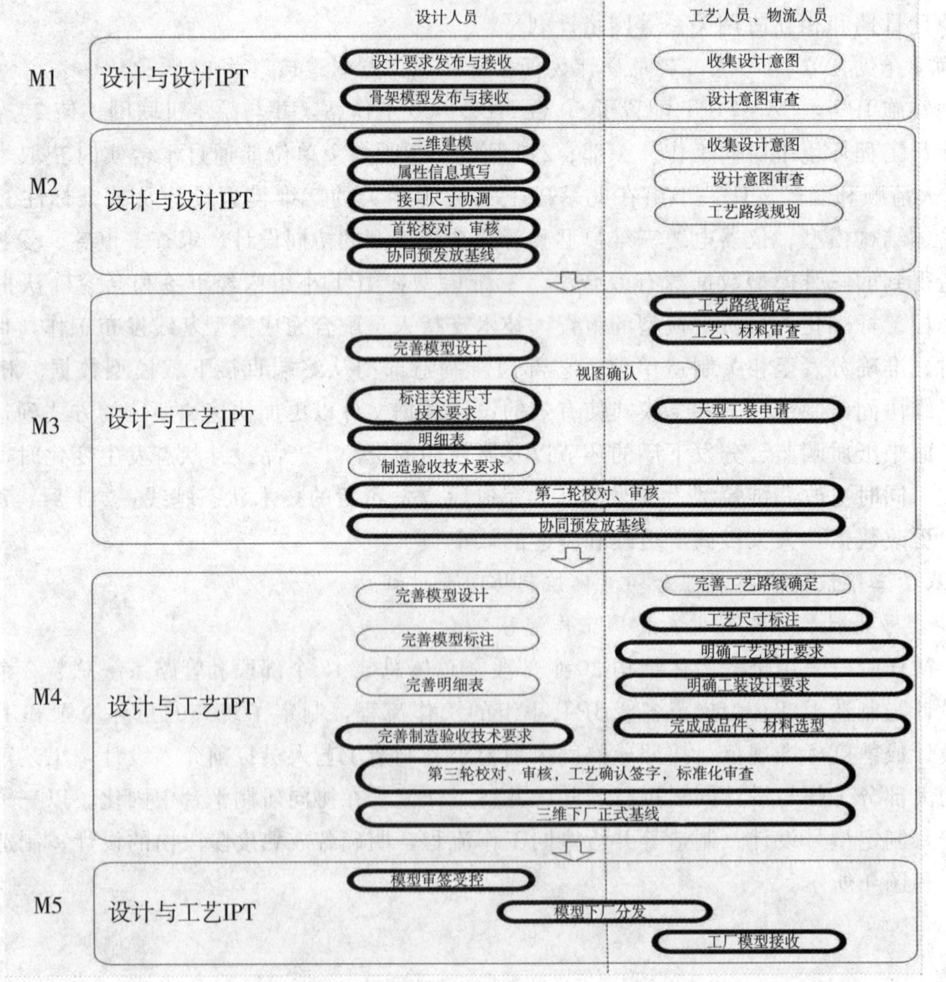

图 4　基于三维设计成熟度的工作分工

三、基于数字化协同的 IPT 研制模式管理构建实施效果

（一）实现了从二维设计出图向三维设计模式的跨越

建立 IPT 并行协同研制流程，探索并实践了解决跨专业、跨部门的协调时间长和设计意图理解差异等问题的途径。打破了各单位独立工作的模式，把各系统的设计师组成协同工作的 IPT 团队，直接在三维模型上进行设计和工艺协同，及时传递进展情况、反馈意见，把目前大多按串行流程进行的工作尽可能并行，甚至提前进行，大大缩短了协调时间。建立了基于 MBD（Model Based Definition）数字化产品定义技术，实现了用三维模型替代二维图纸，通过三维建模、视图定义、剖面定义、尺寸标注、技术要求表达等方式，完整、准确表达和传递设计意图。CZ－7 初样全三维下厂重点开展了初样箭体结构 20 个部段、总体总装 18 个项目和管路系统总装 3 个子级基于全三维模型的产品数字化定义和数字化并行设计，形成了模型技术状态受控、紧固件简化装配与标注、铆钉简化装配与标注、箭体结构三维下厂、管路系统三维下厂、仪器电缆安装三维下厂和总装三维下厂方案，建立了面向制造的全箭数字样机。

（二）初步形成了基于成熟度的 IPT 管理模式，全面向其他型号推广应用

通过 CZ－7 全三维下厂为标杆的工程示范项目，逐步提出了三维设计五级成熟度概念，细化了五级成熟度要求和工作细则，并依据成熟度制定了型号 IPT 工作计划，使得以三维模型作为协同依据的各项工作能够以成熟度为依据并行开展，形成了标准规范 Q/Dy1224《三维设计成熟度定义》，形成了基于 IPT 协同研制模式的技术、管理文件 67 份，其中红头文件 7 份、标准规范 22 项、管理制度 15 项、各种方案和实施指南 23 项，开始向其他型号推广应用。

（成果创造人：王小军、陈海东、张立洲、罗　军、聂蓉梅、
皮　赞、刘　敏、李　莉、周　培、王　哲）

实现航天前沿技术跨越发展的创新管理

中国空间技术研究院

中国空间技术研究院（以下简称航天五院）成立于1968年2月20日，隶属中国航天科技集团公司。历经40余年的发展，航天五院已形成以载人航天、深空探测、导航定位、通信广播、空间科学、技术试验和对地观测等领域为主的航天器工程研制业务领域；拥有下属成员单位18家，主要分布在北京、天津、西安、兰州、烟台和深圳等地，现有员工两万余人。航天五院是中国航天器工程研制的主力军，为中国航天事业的发展做出了巨大贡献，取得了辉煌的成就。

脉冲星导航是国际航天前沿技术的研究热点，美国、欧洲、俄罗斯、日本和印度等纷纷加速开展脉冲星导航领域技术研究。在“十一五”期间，鉴于国际脉冲星导航技术迅速发展态势和国内研究进展缓慢的状况，航天五院敏锐洞察国际发展动向，准确研判其技术的颠覆性特征，于2011年果断实施脉冲星导航技术创新研发管理。

一、实现航天前沿技术跨越发展的创新管理背景

（一）抢占航天前沿技术战略制高点的需要

脉冲星导航是实现航天器长时间高精度自主导航的最有希望取得突破的技术。2004年，美国国防部国防预先研究计划局（DARPA）首次提出脉冲星导航技术研究计划——XNAV计划。其最终目标是建立一个能够提供定轨精度10米、定时精度1纳秒、姿态测量精度3角秒的脉冲星导航网络，以满足未来航天任务长时间高精度自主导航应用需求。由于脉冲星导航技术研究具有重大的军事战略价值，自2007年下半年以来，DARPA网站就封锁了XNAV计划进展报道。此外，俄罗斯、欧洲空间局（ESA）、德国、日本、印度和澳大利亚等国家或组织纷纷大规模开展脉冲星导航研究，以抢占航天前沿技术研究高地和战略制高点。航天五院敏锐地意识到，脉冲星导航是航天装备“跨代”发展的颠覆性技术，具有传统导航技术无法实现的“全信息、全空域、长时间、高精度和自主性”五大技术特征。显然，加速发展脉冲星导航技术，是发展新一代长时间高精度自主性卫星导航系统的必由之路；是提升航天器自主生存能力的必然选择；是实现深空探测及星际飞行无缝导航与精密控制的必备手段；是建立太阳系质心框架下绝对时空基准系统的技术支撑；是维持世界战略平衡的基石。那么，如何加速推动脉冲星导航技术发展，抢占航天前沿技术战略制高点，缩小中国与世界航天强国差距，早日实现中国航天强国梦。作为中国航天器工程研制的主力军，航天五院研发管理部门必须面对挑战，积极探索。

（二）以原始创新实现航天前沿技术跨越发展的需要

长期以来，我国采取的是跟随式创新策略。如果按照惯例，我们可能等国外取得一定的阶段成果后，再根据情况启动研究，这样没有失败的风险，但在技术上始终会与国外有一段差距。面向创新驱动的战略发展需求，航天五院应具备航天重大前沿系统任务的提出能力，同时也深刻认识到，坚持原始创新是实现航天强国的必由之路！脉冲星导航是实现航天器自主导航的重大战略发展方向，加快发展脉冲星导航技术，必将对航天技术发展带来革命性变化和深远影响。实现X射线脉冲星导航，需要研究解决三大科学问题：一是脉冲星探测问题；二是星际航图构建问题；三是大尺度导航问题。同时，还要突破六大关键技术——一套硬件、两个实现和三项基础。脉冲星导航属于典型的多学科交叉研究领域，涉及“三大系统、七大方向、二十一个学科”，涵盖12个一级学科。因此，脉冲星导航领域研究是一项综合性的系统工程，具有其技术研究的复杂性和系统实现的难度，同时又具有基础学科的带动性。航天五

院是国内率先开展该领域研究的单位，具有“开展最早、研究最深、系统最全”的优势，已建立了完整的脉冲星导航理论体系。但是，对于脉冲星导航系统技术研究来说，航天五院在许多学科专业上尚处于空白。如何统筹航天五院内部资源，从系统顶层谋划、推动和牵引脉冲星导航系统的快速发展；同时，还要广泛联合国内优势单位，大力协同攻关，引领脉冲星导航及其相关学科领域的发展方向。航天五院需要采取创造性的研发管理方法和措施来加以解决，为快速抢占航天前沿技术制高点提供人才和技术保障条件。

（三）培育自主创新文化的需要

脉冲星导航系统研究具有技术复杂、实现难度大和多学科交叉等特点，是一项长期的发展事业。开展脉冲星导航创新研究，不仅需要科研人员具有研究的兴趣和激情，更需要培育一种团队学术创新研究的氛围和文化。作为航天五院研发管理部门，必须正视未来的发展战略问题。

二、实现航天前沿技术跨越发展的创新管理内涵和主要做法

面向航天器长时间高精度自主导航应用的重大战略发展需求，2011 年航天五院果断实施脉冲星导航技术创新专项研发管理，创造性地提出技术创新推动方法，建立跨界管理流程，组织多学科交叉的研发团队，培育创新文化等措施，解决了长期制约航天前沿技术快速发展的研发管理瓶颈问题。主要做法如下：

（一）超前谋划，确立自下而上的技术创新驱动机制

2011 年 7 月，航天五院果断做出脉冲星导航技术自主创新的战略决策，改变传统的国家纵向任务需求牵引方式，主动担当，超前谋划，采取自下而上的创新驱动机制，加速推动脉冲星导航技术发展。

1. 明确创新管理策略

一是通过加大自主研究经费投入，加速推进脉冲星导航技术攻关及地面验证，超前一步展示过硬成果，争取将航天五院的脉冲星导航技术研究成果纳入国家发展规划体系。二是研制脉冲星导航探测器样机及产品，具备空间飞行试验能力，并开展实测飞行验证。三是充分发挥航天五院在多学科专业体系、系统集成与工程化方面的优势，调动全院资源，并联合国内优势单位，组建强有力的技术研发团队，大力协同攻关，以技术实力树立地位和品牌，引领脉冲星导航发展方向。四是建立脉冲星导航知识产权管理体系，加强知识产权保护，实现知识产权全覆盖，确保在该领域的技术领先地位。

2. 制定关键节点

第一个关键节点：制定脉冲星导航系统技术方案，推动航天科技集团公司专家对其重大战略意义的认可。2011 年 9 月，航天五院向集团公司科技委包为民、梁思礼、陆元九、张履谦和崔国良等 7 位院士就脉冲星导航发展规划、技术途径和关键技术进行专题汇报，得到专家们的一致肯定。

第二个关键节点：自主投入研制探测器原理样机，推动航天科技集团公司重大自主科技创新研发，并获得项目研究经费支持。2012 年 3 月，航天五院率先完成脉冲星导航探测器原理样机研制，并立即向航天科技集团公司研究发展部领导进行汇报。2012 年 5 月，获得航天科技集团公司领导的重要批示。此后，在航天科技集团公司的大力支持下，航天五院在脉冲星导航系统论证与关键技术攻关研究工作，以及多种类型探测器样机、地面大型试验系统和专用试验卫星研制工作等方面相继展开，并在短时间内取得突破性进展。

第三个关键节点：制定脉冲星导航系统顶层发展规划，推动北斗办导航重大专项“十二五”中期新增关于脉冲星导航的重点研究项目。2012 年 10 月，航天五院向北斗办领导汇报航天五院脉冲星导航技术研究进展情况。2012 年 12 月，在航天科技集团集团公司带领下向原总装备部首长做了脉冲星导航系统技术专题汇报。2013 年 2 月，获得原总装备部首长批示。正是在航天五院的推动与引领下，2013 年 12 月北斗办导航开展了重大专项“十二五”中期新增重点项目——“脉冲星导航地面试验系统”；2014

年 7 月，航天五院在该项目竞标中取胜，获得导航重点专项经费支持。

第四个关键节点：制造脉冲星导航探测器工程样机产品和自主投入研制专用试验卫星，推动上级主管机关正式立项脉冲星导航空间飞行试验任务。近 4 年来，航天五院在脉冲星导航关键技术攻关研究取得突破性进展，相继完成多种类型的探测器产品和专用试验卫星研制。2016 年 3 月，获得上级主管机关批示肯定。这是脉冲星导航从概念研究到空间试验的重大转折，也是航天五院推动的脉冲星导航技术获得飞行试验立项的重要标志，具有里程碑式的意义。

3. 建立扁平化的管理组织

在组建脉冲星导航团队的过程中，航天五院采取扁平化管理的理念，通过专项“垂线”管理，创造性地提出以“核心团队牵动大团队”的管理模式。建立以航天五院为主体，以国内优势单位为支撑，并与国际对标的联合团队。“联合、协作、团结、共赢”为原则，广泛开展与各科研院所、大专院校、企业技术实体的产学研协作，形成强有力的外围联合团队。在研发过程中，设立脉冲星导航系统技术研究中心，开展任务分析，负责系统论证、技术牵引、原理验证和技术体系等相关研究；成立产品载荷中心，缩短管理流程，将技术与产品保障相结合。将项目列入型号管理流程，下达责任令，归入目标管理体系；磨合管理接口，优化管理流程，确保研发、科研的无缝衔接，从而实现关键技术攻关研究与工程产品研制一体化推进的创新管理。

4. 以自主投入为主，多渠道筹措研究经费

航天五院开展脉冲星导航技术的研究经费来源包括国家计划拨付经费、中国航天科技集团公司自主创新研发经费、航天五院的产品创新及配套经费和航天五院所厂自主投入经费。从 2011—2015 年间，航天五院开展脉冲星导航关键技术研究与试验经费共计 1.8 亿元，其中国家计划支持经费占 10%，主要来源渠道为导航重大专项前沿技术专题、国家 863 计划探索类课题和国家自然科学基金等；航天科技集团及航天五院自主投入经费占 90%。从全国脉冲星导航获得经费支持来看，在整个“十一五”和“十二五”共计 10 年间各个经费渠道总计支持脉冲星导航技术研究经费约为 0.5 亿元；而 2011—2015 年的 4 年时间内航天科技集团及航天五院自主投入经费共计 1.7 亿元，是全国拨付经费的 3.4 倍。

（二）创新研制管理流程，有效推动脉冲星导航技术创新

1. 首创以全工业产品研制微小卫星的技术路线与研制模式

一是平衡任务分析，简化任务方案。通过对卫星任务的深入分析，综合权衡各种任务所需的技术实现难度和相对应的成本。通过与用户的充分沟通，最终确定一个合理的任务需求，并以最优的性价比和设计方案去完成卫星任务，提供最理想的用户投资回报。充分发挥 2∶8 原则的作用，即通过 20% 的成本，满足 80% 的需求，实现单位成本下的效益最大化。二是引入通用产品。为了降低卫星研制成本，需要尽量采用通用成熟的定型产品设备和定型的软件模块。对于部分航天通用产品无法覆盖的设备，考虑采用工业成熟产品进行替代。通过借鉴国外先进产品保证流程，通过一系列的供应商监控、环境适应性试验、批次一致性检验、硬件加固与软件防护等措施，最终确保优秀的工业产品可以应用于航天。三是批量化总装与试验。由于单机产品的标准化和系列化，使得卫星的流水线总装能够成为可能。由于批量生产卫星，使得卫星的组批式环境试验以及抽检式环境试验成为可能。四是建立金字塔式测试流程。卫星的测试流程占整个研制周期的大部分时间。为了保证系统测试的覆盖性，并且优化研制流程。在单机层面充分掌握设备性能，在分系统和整星测试阶段注重接口匹配和系统功能测试等，在发射场阶段关注重要参数、健康状态以及质量确认和把关等工作，形成一个前期测试量大，最大限度的暴露问题，后期逐级减少的测试流程，最终从总体上达到降低测试成本的目的。

2. 实施关键技术攻关研究与工程产品研制一体化管理

航天产品的特征主要体现在探索性、先进性、复杂性、风险性、小子样、零失效。航天五院通过实

施关键技术攻关研究与工程产品研制一体化推进的管理，提出在预研阶段开展飞行试验目标，把工程样机的研制阶段和飞行产品的研制阶段合并在一起，把各自的特点和侧重点相互统一。在设计时，完整的考虑产品的功能、性能、质量、加工、装配、检验、测试及维修等全部因素，最大限度地缩短研制周期、保证产品质量，完成系统的测试和地面试验验证，确保产品的开发成功。在飞行验证产品研制过程中，加强对关键技术的识别和研判，注意技术状态控制，必要的技术状态更改都要经过充分论证和评审，按照技术状态更改控制的规定进行申请批准的管理和控制。为确保产品风险可控，对于研制过程中的关键性阶段，组织专家评审把关。经过五年的研制，两种类型的脉冲星探测器已经完成飞行验证产品的研制，交付卫星总体，即将开展空间飞行验证。按照原总装备部的《技术成熟度等级通用标准》，脉冲星探测器的产品成熟度达到了七级，实现了在典型使用环境下通过试验考核，功能和主要性能全部满足典型使用要求。

3. 制定针对飞行验证的航天研发产品质量管理办法

为加速新研产品进行搭载试验，进行新技术、新产品的在轨验证，航天五院专门出台了《单机技术快速验证管理办法》《搭载飞行试验产品研制生产及交付管理办法》等管理办法，鼓励产品研制单位对现有研制技术流程进行适当合理地裁剪，缩短产品的研制流程，同时对产品进行适当的质量控制，设置关键的质量控制点进行设计工艺集同、技术评审、工艺审查等，确保产品的质量受控。目前，除脉冲星探测器外，其他如光学敏感器、惯性敏感器、执行结构等搭载件产品也按照此办法进行产品研制，产品研制过程质量受控，同时产品的研制进度也较常规型号产品研制大大缩短，取得良好的效果。

（三）打造学科交叉的高效队伍，注重知识产权保护

脉冲星导航技术创新研发管理，既不同于普通研发课题的管理和推动，也不同于传统的工程项目管理。脉冲星导航技术创新研发管理涉及系统规划、研发管理、市场开拓、项目管理和产品保障等一系列工作。为此，航天五院提出快速建立技术和管理为一体、多学科交叉和院内外联合的特色团队。

1. 组建核心领导团队

核心团队由 4—5 人组成，分别是主管院领导、部门主管领导和技术牵头人，全面掌控技术与管理的各项相关工作。其中，主管者甲负责项目院层面重大事项的推动及落实、上级重要事项的参与、横向部门之间的接口关系以及院属单位的工作推动等；主管者乙负责技术抓总、规划及关键技术的确定、系统任务的划分与分解、关键技术研究以及技术团队文化建设；主管者丙负责整个项目的市场推动策划、不同阶段管理模式的设计与建设、各级管理层的事项运作与市场推动以及知识产权战略管理；主管者丁负责市场营销推动，项目管理和各产品研制单位之间的横向协调，以及研发、科研、质量纵向管理之间的衔接等。核心管理团队成员根据脉冲星导航技术研发及推动任务的安排，可以跨越多级管理环节，与各个组织群体相关联，传达各项要求和完成相关任务。同时，邀请中国航天科技集团公司科技委主任领衔指导，以及国家千人计划专家指导国际交流与合作。

2. 组建专职研究团队

在航天五院钱学森空间技术实验室专门成立脉冲星导航技术研究中心，统筹规划和牵引脉冲星导航系统技术发展。形成以钱学森实验室为龙头，513 所为核心，502 所和 508 所为骨干的院内专职团队，脉冲星导航技术专职研发人员共计 82 人。同时，带动东方红海特、西安分院、510 所、514 所和 512 所等院内单位开展相关研究。按照脉冲星导航多学科配置要求，从相关科研院所引进核心骨干人才，填补航天五院学科专业空白。

3. 建立外部协作队伍

以核心小团队带动大团队模式，快速推动脉冲星导航技术发展。所谓大团队是指航天五院内部和外部，与技术攻关研究及产品研制相关的单位，主要来自于航天五院下属总体以及技术领域骨干单位，以

及航天五院外部技术协作与产品支持的战略合作伙伴单位等，共同牵引脉冲星技术未来的发展。

4. 实施知识产权保护全覆盖

作为重大前沿研究领域，在脉冲星技术研发启动的同时，积极遵循国家与集团公司专利导航试点工程的要求，开展了专利分析与专利布局相关工作。基于拟定的脉冲星导航系统技术、脉冲星探测、星际航图构建和大尺度导航等四大研究方向，根据脉冲星技术图谱，在国内超前开展技术布局和营销布局。2012 年 10 月申请"宇宙灯塔"商标，于 2014 年 10 月获得国家商标局正式批准注册。航天五院拥有"宇宙灯塔"注册商标。2013 年 8 月 17 日，航天五院首次网络发布了"百度百科：X 射线脉冲星导航"词条，规范了脉冲星导航学术概念及术语，显著提升航天五院在该领域的学术知名度。截至目前，航天五院已申请或获得授权的脉冲星导航相关发明专利达到 51 件，覆盖脉冲星导航的 22 个关键技术点，其中"X 射线脉冲星导航地面试验系统"（ZL201210592693.9）获得第十八届中国专利优秀奖。

三、实现航天前沿技术跨越发展的创新管理效果

（一）实现了脉冲星导航技术的跨越发展

通过实施脉冲星导航技术创新研发管理，航天五院自主投入研制了多种类型的脉冲星导航探测器样机和产品，同时还研制了 25 米大型真空束线通道，建成脉冲星导航地面试验系统，是国内脉冲星导航探测器定点检测平台，填补国内研究空白，并实现国产化。申请脉冲星导航相关发明专利 51 件（已获得授权 18 件），软件著作权 11 件，注册商标 1 项（包括 5 个商品大类），撰写学术专著 2 部，发布百度百科脉冲星导航词条 1 条，以及制作脉冲星导航系列科普专题片 5 部，取得了丰富的自主知识产权成果，并得到了很好的保护和转化应用，解决了项目研发过程中的重大关键技术难题，显著提升了航天五院在脉冲星导航领域的创新能力和核心竞争力。航天五院自主投入研制了脉冲星导航专用试验卫星，2016 年 11 月发射入轨，使中国与美国齐头并进，在脉冲星导航领域同步开展空间试验。

（二）形成了适合原始创新的管理机制和文化氛围

2012 年，航天五院正式组建了"钱学森空间技术实验室"，开辟了航天五院空间技术创新的一个特区，脉冲星导航技术研究是其中的一个团队。在钱学森空间技术实验室，以"梦想牵引，兴趣驱动""先问新不新，再问成不成"等成为创新文化。脉冲星导航技术是继人造卫星和载人航天之后的航天技术重大发展战果，掀起了国内脉冲星导航创新研究的热潮。

（成果创造人：李　明、刘　群、徐立宏、帅　平、黄献龙、
姜　军、李　虎、杨　哲、李向阳、张玉兔）

基于“智能数据分析”平台的汽车动力总成研发项目管理

宁波吉利罗佑发动机零部件有限公司

宁波吉利罗佑发动机零部件有限公司（以下简称宁波吉利罗佑）是浙江吉利控股集团有限公司下属子公司，从事汽车动力总成（发动机、变速器）研发，主要研发 1.0L—3.5L 排量汽油机，7 速双离合自动变速器。近期开发的 1.3T 及 1.8TGDI 发动机产品集成了多项先进技术，具有出色的燃油经济性和强劲的动力性。现有研发人员 2000 余人，其中博士及博士后 20 余人，硕士学历以上工程师占比 15%，拥有多名来自日本、韩国、加拿大、美国及国内的发动机和变速器专家。

一、基于“智能数据分析”平台的汽车动力总成研发项目管理背景

（一）大幅提升企业研发创新能力的需要

2015 年，国务院将《中国制造 2025》作为中国制造行业第一个十年行动纲领，提出通过“三步走”实现制造强国建设的战略目标，同时提出了 9 大战略任务。汽车制造业作为中国重要制造行业之一，其发展密切关系着中国制造业的发展。而中国汽车自主品牌与过去相比虽然取得了令人鼓舞的进步，但与其他跨国汽车企业相比，在核心技术、研发能力、管理能力和规模效益等方面仍存在较大差距。因此如何提高国内汽车自主品牌核心竞争力，提升研发创新能力，实现从汽车大国向汽车强国迈进，成为中国民族企业必须突破的关键环节。

（二）应对汽车行业激烈市场竞争、快速推出自主精品车型的需要

近几年，随着中国汽车行业的发展，世界汽车品牌不断以合资形式进入中国市场，凭借外资品牌影响力、研发能力及质量保证等优势快速占领中国市场。并且借助各级别新车发布，打破了原有合资品牌与自主品牌的市场竞争区域，全面铺开了与自主品牌汽车的市场竞争，导致自主品牌汽车面临了前所未有的挑战。在如此严峻的形势下，吉利汽车集团提出“造每个人的精品车”的品牌理念。宁波吉利罗佑提出“精益研发、高效管理”的研发使命，追求以“造每一台车的精品动力”为目标，快速研发高效、节能、环保的动力总成产品。

（三）落实吉利集团精品研发战略的需要

在吉利集团 20200 精品研发战略指导下，宁波吉利罗佑需要提升产品研发能力，快速推出精品动力总成。而汽车动力总成产品技术先进、结构复杂，研发周期长，项目参与人员多，这对研发管理过程的组织、协调、管理带来很大的难度，经常出现研发项目延期和失败。所以，宁波吉利罗佑需要探索新的研发管理之路，改善现有产品开发流程，提高新品研发能力，提升新品研发速度和品质，加强新品研发过程监控，寻找合适、规范、有效的管理方法和工具，实现研发项目管理机制和模式的创新及变革。

二、基于“智能数据分析”平台的汽车动力总成研发项目管理的内涵及主要做法

宁波吉利罗佑秉承“精益研发，高效管理”的指导思想，搭建以计划协同管理为核心，涵盖进度管理、资源管理、变更管理、质量管理、预算管理、风险管理、门户管理、文档管理等功能于一体的集成化高度智能系统平台，实现研发项目“标准化”在线管理，达成研发项目“智能化”分析监控，优化产品研发流程，提升新品研发效率和品质，整合创新项目管理机制，形成研发项目管理全新模式，提高研发效率，缩短开发周期，降低管理成本，最终提升产品市场竞争力。主要做法如下：

（一）组织编写新产品开发手册，建立产品研发管理体系

宁波吉利罗佑是汽车动力总成的研发中心，对于一个新品研发项目的研究机构，建立一套研发管理

体系是保障项目成功的关键要素。"新产品开发手册——GPDP"（Geely Power Train Development Process、吉利动力总成开发流程）是吉利动力总成产品研发管理体系的主流程，是纲领性的指导文件，规范动力总成开发流程的阶段划分、节点设置以及各工作模块在各阶段所需完成的工作及交付标准。"产品设计分册""过程设计及生产准备分册""供应商质量管理分册""项目管理分册""项目质量管理分册"是遵循"新产品开发手册"要求，并细化动力总成新产品开发流程中各大模块的具体工作和规范。上述六本手册的相关性、管理规定以及工作指导书构成公司研发管理体系。

1. 制定产品开发流程

产品开发流程是所有体系建设的基础，指导和管理产品从需求收集、论证、概念设计直到量产上市的全过程管理，并伴有明确的阶段划分标准和节点设置标准。新产品开发流程将产品开发划分为 8 个阶段并伴随 8 个一级节点，同时设置了 44 个里程碑。根据项目的开发内容将项目进行分级，不同的项目级别设置不同的节点和管控标准，通过有侧重点的管控方式保证项目成功。宁波吉利罗佑动力总成开发包含了项目预研、方案设计、详细设计、手工样机验证、生产设施准备、工装样机验证、试生产和批量生产初期等工作。

2. 完善项目管理制度

依据产品开发流程，将项目开发过程分为启动、规划、执行、监控、收尾五个阶段，同时在五个阶段中贯穿项目管理十大知识领域，从而产生 47 个过程。将每个过程之间的相互作用和关系，以及每个过程的输入、输出、工具、方法进行规范，通过将项目管理理论知识结合产品开发流程，可以保证项目进度、成本、质量、范围、风险、资源方面的平衡。

3. 落实质量管理体系

质量管理体系是保证项目质量或产品质量合格的根本，不管是产品开发流程还是项目管理体系还是其他专业体系，都要符合质量管理体系的要求，质量是基本，是企业生存的命脉，产品的好坏最终都要在质量上得以体现。结合 PDCA 工作开展模式，从历史问题规避、特殊特性管控、可追溯性策划、过程审核、质量阀审核、质量问题改进、质量风险管控、早期遏制管理等方面阐述动力总成新产品开发流程中质量管理的具体工作。

4. 规范供应商管理准则

供应商管理体系明确供应商质量管理的一般性要求，介绍并推荐了预防性质量管理的理念、方法和工具。从供应商定点、产品与过程开发、批量生产与控制、受控发运和供应商质量绩效管理四个维度规范了供应商生产活动的各个准则。通过供应商管理体系的建立可以建立与供方互赢的合作关系，可以统一所有供方的要求和供方语言，从而保证产品质量。

5. 建立产业化管理体系

产业化管理体系充分结合 TS16949、VDA 等质量管理体系规范，全面规范动力总成新产品开发流程中过程开发与生产准备模块的具体工作，既有对以往过程开发与生产准备的总结，也有对现时过程开发与生产准备的提高，是项目过程开发与生产准备的指南。通过产业化管理体系的建立可以保证产品研发与工艺开发以及工厂建设之间的进度匹配、信息畅通，从而确保项目成果能够顺利移交至工厂转化为正常运营。

（二）以研发管理体系为指导，搭建"智能数据分析"系统

为适应公司业务快速发展，宁波吉利罗佑早在 2014 年就筹划搭建"智能数据分析"系统，经过项目团队组建、项目前期策划、业务需求调研、功能框架搭建、方案评审、功能开发及测试等工作，于 2015 年 2 月在宁波吉利罗佑正式试运行。

1. 系统软件选型

因宁波吉利罗佑研发项目管理所涉及的业务领域特殊，要想搭建“智能数据分析”系统，以实现项目管理全过程管理，必须要选择合适的软件平台，如具备很强的流程定制功能、较强的兼容功能、适应功能及开拓功能。基于以上原则，微软公司软件产品界面操作简单，二次开发比较容易，方便根据业务需求定制开发，最终选用微软公司为“智能数据分析”系统的合作开发商。

2. 调研业务需求

“智能数据分析”系统的最终用户为项目各业务工程师，所以充分了解用户的需求十分重要。系统开发团队根据组织架构分别对 36 个业务部门展开需求调研，历经两个月时间，共形成 288 条调研记录，形成 135 份调研需求。根据调研结果，结合公司实际研发流程体系，初步梳理出适合宁波吉利罗佑业务的模块结构，理清项目计划、交付物整体思路以及项目计划管理模型，各模块以研发项目管理生命周期为基准，实现项目启动、规划、执行、监控、收尾智能化管理。

3. 制订业务功能方案

业务需求方案形成后，经多功能小组及业务部门反复评审，最终形成以公司研发项目管理体系为基础，贯穿项目管理生命周期的业务功能方案蓝图，梳理出适合宁波吉利罗佑业务的功能模块：计划管理模块、质量问题模块、文档模块、周月报模块、预算模块、风险模块等核心功能，任务邮件提醒、任务延期预警灯等辅助功能。

4. 功能开发、测试和运行

按照业务功能方案蓝图，软件开发商对各功能模块进行开发。经 6 个月时间，一期功能模块全部开发完成并通过集中测试，并于 2015 年 2 月在宁波吉利罗佑试运行。试运行期间，以 3 个小项目进行上线试运行，以测试系统的稳定性、功能实用性等方面。2015 年 6 月，系统运行稳定后，宁波吉利罗佑所有在研项目在系统中正式运行。

5. 运维管理

“智能数据分析”系统运行前，项目组根据系统功能模块编制出操作指导说明书，便于用户操作学习，同时专人负责系统运维管理，针对 Bug 类问题及时沟通协调解决，并对公司领导层、项目经理进行一对一专业辅导，定期组织系统操作培训，确保“智能数据分析”系统能够被用户快速接受并熟练运用，以发挥系统的重大作用和显著价值。

（三）以“智能数据分析”系统为平台，实现研发项目“标准化”在线管理

“智能数据分析”系统的建立，使项目管理过程可以在线上运行，实现研发项目管理的“标准化”。

1. 项目立项评审

产品规划部门可以直接通过系统进行录入规划信息，系统自动形成产品配置表，供相应人员进行查看，并且每次修改均做记录，可以查看规划变更情况。项目经理根据客户输入及战略规划情况，在系统发起项目评估，各专业部门可以线上直接填写评估内容，系统自动进行汇总审批，并将审批后的结果归档存储，后期可以对比查看。完成项目评估后项目经理即可在系统中创建相应项目信息，并与规划的产品进行关联，可以将项目周期反映到产品配置表中，将项目生命周期与产品生命周期结合起来。创建项目信息时可以选择项目相关干系人，干系人即可以在自己的门户中看到项目的相关信息，随时了解项目动态。接下来项目经理需要为项目添加组织机构，系统默认将项目和专业模块全部显示，项目经理只需要勾选相关模块，并填写相应责任人即可提交审批，完成审批后组织机构包含的成员自动纳入干系人名单中。规划部门在系统中仅需要录入信息，省去了制作材料的工作，并且信息得到及时更新，便于各人员查看；项目经理可以直接在线上进行工作，并且各模块评估均按模板考虑，使项目评估更为完整。

2. 项目计划编制

项目计划编制的核心是协同、沟通以及资源优化。当项目团队为虚拟团队或跨区域办公时，计划编制的难度会大大增加。系统中项目计划编制充分利用敏捷管理思路，可实现多种编制形式，可线上手动编制，可线下导入形式，可选择模板编制，可分阶段滚动编制。通过将零部件开发计划、试验计划、样机试制计划、样件采购计划纳入项目总计划，协调配合动力总成、整车时间点的要求，对零部件开发、试验、采购过程通过计划控制点实现整合管理。项目计划编制过程中，可对每项任务进行交付物的设置，便于对项目过程交付物进行管控。通过系统进行协同编制，项目经理只需确认好项目一二级计划时间点和责任人，完成审批后系统自动给各责任人下发任务，进行计划分解编制，最终进行提交，同时各模块编制的计划任务与资源日历相集成，便于及时调整计划，且各模块共同在线上进行计划编制可以避免模块间资源的冲突（如设备、时间等）。此外，线上编制计划也为提高沟通效率和降低管理成本带来益处，可较直观的找出项目的关键路径，从而得出关键管控点，为项目管控提供系统平台。开发周期长，时间跨度大是汽车研发类项目计划的一大特点。为此，系统实现计划滚动编制的功能，按特定的阶段或节点编制本阶段计划，待本阶段工作快要结束前编制下一阶段的计划。滚动编制计划可以实现分阶段、分节点编制计划，可减少计划管理的难度。

3. 计划任务执行

“智能数据分析”系统将已审批后的计划任务以流程形式下发至各责任工程师，责任工程师收到邮件提醒，可对任务进行处理。当责任工程师完成任务后，即可到系统中待处理流程提交相应交付物，交付物可以从本地直接上传，也可以从集成的技术资料归档系统中选取，提交流程审批，PQE 审核后汇总到交付物库。并且项目组成员可以直接在系统中进行预算申报，项目组成员每月可根据实际出差/物料消耗情况在系统中填写，系统统计进行汇总。公司可以直接从系统中导出预算报表，且此系统与公司 SAP 系统集成，实时将项目实际支出情况进行同步，使项目人员可以查看项目预算的执行情况，并根据情况进行相应调整，保障项目顺利进行。

4. 项目计划变更

在项目开展过程中，如果需要进行计划变更，各任务责任人以直接在系统中提起变更申请，系统自动识别相关任务调整情况，一起反馈到项目经理处。经项目经理确认后，由项目经理提起计划调整和优化，不仅可以对提起申请的任务进行变更，也可以对其他任务进行调整，使项目计划符合进展。审批后替换原来基准计划，并对相应责任人的任务进行调整，收回删除任务，并下发新任务，保持各责任人的任务清单与项目计划同步。

5. 项目阶段总结

宁波吉利罗佑对项目实行分阶段管理。根据项目计划中划分的各阶段，形成各个质量阀点，项目组各成员完成一个阶段工作后，需要质量人员对本阶段进行审核，并在系统中提起过阀审批流程，在过阀审批界面，可以查看各交付物完成情况及完成质量。如果判定不通过，则过阀审批流程结束后，系统判定项目不进入下一阶段，项目组成员需要对各交付物进行整改；若通过，则系统判定项目进行下一阶段，并给各专业模块负责人下发阶段总结的待办流程，各专业模块将按照系统设置的模块填写总结内容。在项目最后阶段完成后，系统会给各专业模块下发项目总结的任务，并将前期各阶段的总结内容推送显示，便于各责任人进行项目总结，为公司留下宝贵经验。

（四）以“智能数据分析”系统为平台，开展研发项目“智能化”分析监控

通过“智能数据分析”系统的有效运用，完成从项目整合、范围、时间、成本、质量、人力、沟通、采购、风险、干系人为主线的项目“智能化”管理，项目总监及项目管理人员可实时监控项目各项任务的执行情况，保证开发中的重要环节强制执行，有效避免流程的人为干预。

1. 项目健康度驾驶舱

平台浓缩了反映企业项目整体运营情况，帮助管理层了解项目整体乃至明细情况。针对企业角色分为领导、经理、工程师三类平台。门户横向按项目管理领域划分为进度、质量、成本、风险四个专业门户，纵向按信息展现层级，分为企业、项目两个层面。通过系统管理权限设置，可以控制角色数据范围，控制不同角色能看到的数据范围，提供了严密而又灵活的权限与责任体系，通过“项目、WBS—OBS—用户—权限”的对应关联实现责任分配、范围安全权限控制、操作安全权限控制。

2. 项目计划延期自动预警

项目预警整体包含项目任务预警和项目整体状态预警。任务级预警分红灯、黄灯、绿灯、蓝灯、橙灯 5 种预警指示：红灯代表任务延期，黄灯预示任务即将延期，绿灯代表任务按期完成，蓝灯代表任务开始，橙灯代表任务延期完成。项目级预警整体分为进度、质量、成本三个维度。项目整体状态预警，分为红灯、黄灯、绿灯三种预警标识。进度维度：红灯表示一级计划节点延期，黄灯表示一级计划节点即将延期，绿灯表示项目一级节点按计划完成；质量维度：红灯表示质量阀点/质量问题延期，黄灯表示质量阀点/质量问题有风险，绿灯表示质量阀点/质量问题按时完成；成本维度：红灯表示项目预算不达标，黄灯表示项目预算有风险，绿灯表示项目预算达标。

3. 项目费用实时显示

通过与 SAP 系统的集成，时时可关注项目预算执行情况，便于财务数据分析。另外“智能数据分析”系统具备财务数据直方图分析功能，可动态观察每个项目总预算执行情况以及项目预算结余，便于财务分析项目投资收益分析。

4. 项目质量问题统计分析

通过流程、图、表跟踪质量问题进展情况，如质量问题整改计划跟踪、A/B/C 类问题数量总数、已关闭 A/B/C 类问题数量、未关闭 A/B/C 类问题数量。当项目进行至一定阶段，新品质量管理人员根据“智能数据分析”系统显示阶段质量阀交付物数量、完成数量、完成比例信息，可以查看具体交付物的完成情况、完成比例等信息，等待发起质量过阀申请时机。时机成熟将通过“智能数据分析”系统提交过阀申请。

5. 项目风险闭环管理

为降低项目风险，减少因风险造成的管理损失，可通过“智能数据分析”系统实现项目风险跟踪管理。通过系统产生待办的形式将项目风险信息传达至责任工程师，责任工程师根据风险发生概率制定相关的对策，直至风险关闭。

6. 干系人管理

“智能数据分析”系统可实现跨功能、跨部门协同办公功能。通过在项目信息中设置不同的项目管理人员角色，不同管理人员根据所管辖的范围和权限可对项目进行整体跟踪。

7. 项目经验总结与共享

“智能数据分析”系统形成项目文档中心，项目执行过程中产生的一切过程交付物以及项目质量问题、风险问题等均归档至文档中心共享，便于其他项目组借阅总结项目管理经验，相互借阅、查看，丰富公司资源库。

8. 系统高度集成融合

通过“智能数据分析”系统强化同一层级各个职能部门之间信息的横向互动，以及纵向不同层级之间信息的上下传递，以业务流程为纽带，强化各个业务环节的协同、协作，保证了信息互动的及时性，注重以项目管理为主线、集成与融合企业现有的业务系统，构建企业完整的连续化业务过程，支持产品研发、生产制造、工程建设、资产运检、设备停机/大修业务的顺畅管理，避免系统和产品导致的数据孤岛，从而实现对企业连续关键业务过程的覆盖。

9. 移动端 App 便捷应用

通过项目管理系统的 App，突出项目管理的实时性、移动性和社交性，帮助领导层及时获取项目信息，反馈项目进展，处理项目问题、处理审批事项。

（五）优化产品研发流程，提升新品研发效率和品质

1. 建立同步研发工程，缩短动力总成研发周期

汽车动力总成研发是极其复杂的高新技术产业工程，包含零部件设计开发、生产设备工艺开发、生产厂房建设开发等多个子系统工程。而要实现动力总成从研发到最终的生产制造并销售，必须完成设计、工艺、土建这三个重要子项目。通过“智能数据分析”系统的流程设计，让零件设计、工艺开发、厂房建设三个子项目形成同步工程：在开始零件设计初期，就进行工艺开发；在工艺开发初期，就开始厂房建设；而在工艺开发完成前，厂房建设就已完成；在发动机/变速器开发完成前，生产设备工艺就已完成。这种同步研发工程的运用，大大缩短了动力总成研发周期。

2. 开展模块化设计，降低动力总成研发费用

通过“智能数据分析”系统的零部件开发流程和计划管理，可以对零部件开发流程单独设计和管理，在零部件设计时就考虑标准化的设计，在不同研发项目间有相同功能零件时，就可以借用已开发的标准化零件，再对相同功能的零部件进行统一和整合，逐渐形成模块化的设计。在发动机研发中，如发电机、起动机、机油泵、水泵、涡轮增压器、进气歧管、排气歧管等都可以进行模块化设计，在大量的模块化设计下，对动力总成的研发费用也有了很大的降低。

3. 形成精益化研发流程，提升动力总成产品品质

通过“智能数据分析”系统的过程管理机制，逐渐对现有的零部件设计验证流程进行了优化。在零部件详细设计完成后，就进行 CAE 仿真模拟验证，确保在手工样件制造前经过了第一轮验证；在手工样件制造出来后，进行手工样件试验验证，避免零部件开模后又有设变导致模具报废；而在工装样件生产出来后，进行工装样件试验验证，以便可以进入小批量生产；在小批量样件生产出来后，会最终进行批量生产样件试验验证，以验证生产线稳定性和产品一致性，通过后即可以大批量生产销售。在每个零部件开发及验证阶段，都会进行过程质量管理和过程性能管理，确保零部件开发过程满足开发目标，过程管理精益有效，保证动力总成产品最终品质。

（六）整合项目管理机制，形成全新模式

1. 开展项目门阶段管理，保证项目过程管理

在动力总成研发项目开发过程中，根据研发流程，划分成 P1—P8 八个阶段，此前经常会出现项目延期、项目交付物不合格、产品质量欠佳等情况，分析原因发现主要是因为过程管理不足导致。为保证项目过程管理，每个阶段开发完成后都会在“智能数据分析”系统里进行项目门审核，包含项目关键三要素进度、质量、成本三个维度和辅助评价项。由项目管理院级委员会对各项进行评价打分，形成专业的项目门审核报告。经过项目组长审核批准后，项目才允许进入下一个阶段进行开发，否则将继续停留在本阶段，直至问题整改完成。

2. 创建滚动式敏捷管理，适应市场快速变化

动力总成研发项目开发周期较长，一般在 2—4 年之间，而汽车市场需求和反应速度都非常快，经常会出现开发出来的产品在市场上已无需求或竞争力，导致项目亏损或失败。基于此，为更好地适应市场快速变化，宁波吉利罗佑在“智能数据分析”系统里开展敏捷式管理，对项目管理中最重要的项目计划进行变更和调整，并且形成协同和滚动的管理机制。

3. 推出平台化项目管理，整合资源发挥组合效益

宁波吉利罗佑在快速发展过程中，动力总成研发项目越来越多，导致原有的项目管理方式已无法满足当前发展需要，急需要解决资源限制、效率低下、效益升值等问题。为此，宁波吉利罗佑结合“智能数据分析”系统，推出平台化项目管理。将众多项目分类并组合成几个平台，每个平台设置平台项目经理，对平台内项目进行资源协调整合。统一项目周例会和共性工作，提升工作效率，综合平台投资收益，体现叠加效益，将原单项目管理的方式进化成多项目的平台化管理。

4. 开展产品全生命周期管理，提升客户满意与感知质量

宁波吉利罗佑根据“智能数据分析”系统的基础架构，推出产品全生命周期管理。将现有组织结构调整，成立各产品平台项目组，各项目组对所管产品进行全生命周期管理，包含产品前期规划、项目策划论证、研发项目管理、生产制造支持、售后问题解决等全周期管理，有效解决产品管控不当和断层管理，有效提升客户满意和产品感知质量。

三、基于“智能数据分析”平台的汽车动力总成研发项目管理效果

（一）研发效率有效提升，创建了全新研发管理模式

宁波吉利罗佑“智能数据分析”系统的搭建，不仅从无到有的建立了信息化的研发项目管理流程体系，而且在系统的运用下，使公司产品研发周期平均缩短 16.7%，工作沟通效率提高 32%，管理成本下降 21.6%。随着“智能数据分析”系统的运行和运维，宁波吉利罗佑逐渐达成了研发项目推进“标准化”，实行了研发项目监控“智能化”，形成了研发项目流程“精益化”，实现了研发项目管理“高效化”，成为新时代下的全新研发管理模式，为中国汽车行业提供了成功案例。

（二）研发能力明显提高，创造了精品研发成果

宁波吉利罗佑在“智能数据分析”系统的运用下，大幅提升了创新创造能力。从 JLB－13T 涡轮增压发动机获得“中国心 2014 年度十佳发动机”称号后，JLE－4G18TD 宁波吉利罗佑自主研发的首款直喷增压发动机继续荣获“中国心 2015 年度十佳发动机”称号，表明企业一期研发能力已处于全国领先地位。在取得骄人的研发成果后，更加坚定了宁波吉利罗佑对“智能数据分析”系统的运用和推广，不仅在平台基础上继续研发全新小排量全球先进的涡轮增压直喷发动机和 7 档双离合变速器，而且对“智能数据分析”系统进行二期开发升级，深化智能数据分析领域，实现系统智能集成融合，更好地为宁波吉利罗佑未来的研发项目管理保驾护航。

（三）品牌价值快速增长，取得显著经济效益

宁波吉利罗佑在“智能数据分析”系统的运用和推动下，吉利汽车集团陆续快速推出 3.0 精品车型，2015 年 4 月推出公司中高端战略车型—吉利博瑞，不仅成为中国外交礼宾用车及杭州 G20 峰会官方指定用车，而且荣获 2016 年轩辕奖年度大奖。2016 年 3 月，吉利汽车集团又推出博越 SUV 车型，2016 年 5 月推出全新研发的城市跨界车帝豪 GS，2016 年 9 月推出又一款中级轿车帝豪 GL，极大提升了吉利汽车品牌价值。此外，随着博越、帝豪 GS、帝豪 GL 等新车的陆续上市，迅速的拉动了吉利汽车市场销量增幅。2016 年 9 月吉利汽车销量创历史新高达到 7.65 万辆，同比增长约 82%。1—9 月累计销量达到 45.9 万辆，同比增长约 29%。

（成果创造人：王瑞平、陈　杰、杨万里、张振生、林辉友、王　江、
吴钱福、王鹏加、杨　斌、张艳丽、洪海杉、周　瑶）

以实验室为平台的企业创新体系的构建与实施

上海卫星工程研究所

上海卫星工程研究所（以下简称卫星所）位于上海市闵行区，1969 年 12 月根据国务院的指示，由原国防科工委发文成立，现隶属于中国航天科技集团公司八院，主要开展卫星体系论证、任务策划和应用研究，承担卫星总体设计、综合测试、在轨管理以及相关专业分系统研制任务，是我国空间科学领域及高新技术研发、应用的重要基地。建所 47 年来，卫星所成功研制了长空一号技术试验卫星、风云系列气象卫星、遥感系列卫星、实践系列卫星等 14 种型号。截至 2016 年 9 月，29 颗卫星在轨运行，18 颗超寿命正常运行。截至 2016 年 9 月，卫星所从业人员 919 人。其中，科研人员 855 人、管理人员 64 人、博士 114 人、硕士 517 人。

一、以实验室为平台的企业创新体系的构建与实施背景

“十二五”以来，在“面向市场，夯实基础，打造具有八院特色的‘研制研发并重’卫星总体研究所”战略定位指引下，卫星所提出“保成功与争发展”一个主题、聚焦“核心培养、快速创新”两个重点，依托创新拓展市场，提高企业核心竞争力。

（一）企业争取市场的需要

在“体系化论证、竞争性采购”的环境下，航天装备的体系化发展转变已成趋势，任务争取正在由计划分工逐步走向市场竞争。当前，卫星所更多专注于型号任务争取和工程研制，对前沿性、颠覆性技术创新力度不够，对于重大战略领域的系统谋划和论证不足，跨专业、多学科系统集成创新以及面向体系化应用的系统创新不足。因此，卫星所必须紧跟形势发展需求，加强前沿性技术、顶层策划及系统创新能力建设，建立一批实验室，重点开展前沿技术开发以及空间系统顶层策划和应用研究，以期取得市场竞争优势。

（二）保障型号研制的需要

随着航天装备的指标、性能越来越高，型号面临着诸多的关键技术需要去攻克，关键产品需要去研发。由于各型号研制过程自成体系、相对独立，各型号共性的关键技术和关键产品研发周期长、成本高。当前，卫星所长期以工程研制为主，专业技术发展偏重纵向型号技术需求，忽视横向通用、共性技术建设，制约专业化、产业化发展。产品研制缺乏长期统一规划，重复开发多，型谱化、通用化、标准化程度低，无法发挥专业优势，难以牵引专业配套单位同步发展。对新工艺、新材料等研究不足，导致整星重量大、集成度差、总体效能较低，成本居高不下。因此，卫星所需要提升对型号关键的共性技术、基础技术的攻关能力，提升关键产品的研发能力，迫切需要整合资源，开展关键技术攻关。实验室作为专业技术研究平台，对促进共性专业技术研究具有重要意义。加强实验室建设，可以有效提升专业技术能力，是夯实遂行型号研制能力的重要途径。

（三）军民融合发展的需要

“十八大”后，“军民融合深度发展”上升为国家战略。随着国家对航天科技的重视与支持、航天行业进入门槛的降低，加之政府支持军民深度融合发展、推动竞争性采购等政策导向，激发了全社会投入航天产业的极大热情，航天将不再是一个封闭的、自成一体的垄断行业，开放发展、军民融合必将成为大趋势，给传统航天产业带来挑战和机遇。当前，卫星所积累了一批知识产权、科技成果，在现有的体制、机制下成果转化较少，研究成果距离广泛的工程应用、产业化发展尚有距离。因此，卫星所需要为

军民融合发展建立技术孵化、产品研发、生产制造为一体的综合开发平台，开展科技成果转化应用研究。

二、以实验室为平台的企业创新体系的构建与实施内涵和主要做法

卫星所以全面创新管理为指导，以实验室为创新载体，变革体制机制，完善组织机构，健全人员队伍，多方筹措资金，严格考核管理，实验室全要素全过程闭环；引进人才，提升实验室技术创新能力；开放合作，促进智力成果的发展共享；培育企业创新的文化氛围；促进成果转化，拓展实验室走向军民融合。主要做法如下：

（一）梳理需求，系统规划以实验室为平台的企业创新体系

1. 以产品体系为基础，全面梳理专业技术

卫星所根据发展战略目标，深入论证总体能力建设路线，进一步提升体系论证、系统集成和技术抓总能力，做实“型号领域技术发展中心、项目实施中心、系统级产保中心”。卫星所通过全面理清科研产品体系，进而逐项分解、细化、提炼，开展专业技术体系梳理。在此基础上，以市场为导向，梳理出牵引未来的前沿技术 7 项，如非接触式超稳超静卫星平台技术等；以需求为导向，梳理出企业发展的核心技术 7 项，如空间飞行器总体多学科优化设计技术等；以问题为导向，梳理出影响型号研制的支撑技术 4 项，如卫星数字化协同设计与仿真技术等。卫星所全面理清科研产品体系，以此系统梳理企业专业技术体系，从中再凝练出需要实验室攻关的专业方向。

2. 高起点定位实验室，明确建设原则

通过专业技术的对标分析，“找差距、补短板”，卫星所高起点谋划实验室的建设定位和原则。在建设定位上，实验室是前沿技术研究的平台，是共性技术攻关的平台，是技术成果转化的平台，是产学研用合作的平台，是人才交流培养的平台。在建设原则上，实验室关注突出重点、提升技术、开发合作、培养人才。在建设内容上，实验室鼓励和提倡原始创新性研究和跨学科研究，加强科研成果向生产力转化，既进行航天器型号研制过程中相关关键和瓶颈课题研究，又开展航天器发展对空间技术提出的前瞻性课题研究。

3. 慎重探索研究方向，合理选择实施路径

根据实际情况，实验室采用联合建设、独立建设等途径分批、分类开展建设。一是联合建设、资源共享：由卫星所和国内知名高等院校或科研院所联合承建，并实施直接管理，实验室实体分本所、合建单位两个分部，在科研工作和学术活动方面相互协调、相互配合、相互支持，两个分部资源共享，开展技术合作和交流。二是独立建设、协作研发：由卫星所承建，并实施直接管理，在科研工作和学术活动方面具有独立性，实验室定期向国内知名高等院校、科研院所及用户单位发布项目指南，开展技术合作、学术交流。

4. 需求牵引技术研发，有序落实验证应用

在体系论证、型号研制中，各方提出共性的关键技术研发需求，卫星所组织实验室力量进行技术攻关；获得突破后，实验室形成的技术成果逐步有序地安排参加型号地面试验、在轨试验等，从而形成需求牵引、实验室攻关、型号应用的技术创新协调发展的良好局面。

5. 全面论证分步实施，逐步形成系统能力

当前，实验室基础能力的建设最初普遍处于“点对点”的模式；卫星所通过从单项论证到综合论证、硬件和软件相结合，系统规划、分步实施，逐步形成完整的实验室仿真、设计与测试的系统能力。

（二）整合资源，持续完善实验室全要素建设的制度保障

1. 创新体制机制，引导实验室建设走向规范

卫星所建立和完善创新考核与评价机制，先后出台《实验室筹建指导意见》《实验室管理办法》《实

验室考核管理规定》，以政策来引导实验室建设；整合所内、所外各方资源，不断完善实验室建设的人、财、物、事全要素规范管理，年度计划经审定后纳入综合计划，建设项目与经费预算经专家组审核后执行，设备统筹采购，实验室建设文档实现入库管理。

2. 完善组织机构，落实实验室建设主体责任

卫星所成立战略管理委员会，制定实验室建设的发展策略，根据企业的内外部环境决策技术创新的发展方向和各实验室的建设投入；每年年初成立多个实验室建设责任令组，所领导任组长，副总师、专家任副组长及研究室领导、型号骨干成员、实验室调度为责任令组成员，明确全年工作任务，落实实验室建设的主体责任；卫星所邀请本领域的科研院所、高等院校等著名专家学者组成各实验室学术委员会和技术顾问，负责审议实验室的目标、研究方向、技术攻关途径，配合实验室主任制定研究计划、人才培养方案。

3. 健全人员队伍，优化实验室人力资源配置

卫星所在所内公开选拔实验室主任。实验室主任全面负责组织领导实验室的科学研究、学术活动、队伍建设、财务开支和行政管理等工作。卫星所各实验室成立各专业技术的责任专家，在实验室主任的直接领导下，负责各专业技术的研究方向、攻关方案、成果评估和推广应用等。卫星所各实验室研究人员主要由各研究室素质高、业务精、有志于从事新技术和新产品研发的人员参加，人员与项目相结合，根据实验室课题、项目需要组建团队；适当招聘一些人员从事设备管理、产品装配调试等工作，也接纳在读研究生和外来实习生，开展人员动态管理。

4. 多方筹措资金，在关键方向经费重点投入

在经费来源上，卫星所多方筹措资金来满足实验室建设的需求，一是通过课题、型号、技改等各个方面来获取经费，二是通过实验室的专利转让、技术服务等产品或技术的衍生获取经费，逐步实现实验室从“单一输血”到“自我造血”的良性转变。在经费使用上，卫星所采用“关键方向重点投入”的方式，重点购置微振动测试台等关键实验软件和设备，“十二五”期间共投入数千万元用于提升实验室的软、硬件条件，为专业技术能力的形成与提升奠定了较为充实的经济基础。

5. 严格考核管理，实验室全要素全过程闭环

在计划管理上，卫星所每年年初制定全年实验室建设计划；每月发布实验室建设计划，通过AVPLAN进行计划管理；在各部门给员工的季度工作任务单上，增加员工本季度实验室的工作计划，层层落实实验室建设工作。在过程管理上，卫星所加强对实验室专业技术攻关的质量把关，出台《科技委专家组指导、审查和把关制度》，明确科技委专家组参加节点审查是技术把关的必要条件，对实验室的发展方向、攻关项目、攻关途径、成果评估、应用评价等进行审查。在考核激励上，卫星所提高了每季度对各研究室在实验室建设的考核比例；分别于年中、年末对实验室组织考核，从创新突破、能力建设、人才培养、建设成果、运行管理、经费使用等方面进行评价，根据考核结果落实奖励；设立“创新团队”奖，在每年年终进行评比，鼓励员工组成团队投身创新工作。

（三）循序渐进，以点带面，努力构建以实验室为平台的开放式创新模式

实验室扎根航天、立足上海、辐射全国，成为一个开放式的航天器技术研究平台。与外界的交流合作与沟通是实验室建设的重要内容，实验室进一步加强与高等院校及其他研究机构的合作，促进产、学、研、用结合，推动跨行业、跨专业优势科技资源的整合。根据现有合作基础和国内各科研院所的优势学科，不断加强与上海交通大学、北京航空航天大学、国防科技大学等高等院校以及与中科院上海硅酸盐研究所、集团公司一院和五院等长期稳定的技术交流合作。

（四）智力引进，提升实验室技术创新能力

实验室积极通过引智项目邀请英国、俄罗斯、乌克兰等国家的专家来实验室进行航天器技术的讲

座，实验室技术人员就研究中遇到的技术瓶颈和疑难问题与国外专家进行沟通，消化和解决影响我国航天器发展的关键空间技术。实验室邀请来自南京大学、上海大学等高等院校以及集团公司、相关厂所的知名院士、专家学者担任技术顾问加入实验室的学术委员会，从而扩大了卫星所在航天领域的影响力。

（五）开放合作，促进智力成果的发展共享

在确保国家秘密不被泄漏的前提下，实验室最大程度地向上海及国内其他地区开放实验室科研设施，加大内引外联，促进智力成果共享。实验室向高等院校设立一定的定向开放课题基金，支持优秀教师和博士生的先进研究工作，符合研究方向的可以申请实验室的开放基金。实验室进一步扩大国际合作的广度与深度，并争取更多有实质性的国际合作项目，促进学术队伍的国际化，提高实验室科研人员的国际合作能力，增强实验室的科研创新能力。卫星所与某研究所联合在北京成立卫星激光遥感技术联合研究中心，在激光遥感、激光通信等技术领域开展深入研究，快速响应市场需求；与南京大学联合共建地外空间威胁联合研究中心，围绕地外空间威胁与防御的国际性科学与技术难题，研究突破超高速精准交会等核心技术。与意大利 Sitael 公司策划成立“中欧微纳卫星联合研发中心”，引进先进载荷技术，为微纳卫星产业化发展提供有力支撑。

（六）学术交流，培育企业创新的文化氛围

实验室继续选派学科带头人出国考察及访问，积极参加国际性学术会议和交流活动，承办国内及国际学术会议；以与对美、对英、对俄等合作为契机，双方互派人员进行学习交流，使合作进一步加强。近年来，卫星所加强了创新文化的培育，逐步形成浓郁的创新文化氛围。组织召开管理创新论坛，探讨建立良好的管理创新机制；出版《科学技术导报》，引导与鼓励创新研究；出版《深空探测理论与工程》，以“百花齐放、百家争鸣、探索创新”为方针，打造其成为理论与实践相结合、需求与研究共促进的综合性学术期刊。深空探测技术实验室承办空间科学与深空探测发展研讨会，联合国内外优势力量，在空间科学与深空探测领域开展基础研究、技术攻关及规划论证，通过未来“地外小行星探测与防御”及“双超太阳观测卫星”亮点工程的实施，推动上海市建设有全球影响力的科创中心。

（七）加强成果转化，拓展实验室走向军民融合

实验室出台知识产权转化应用管理制度，充分利用实验室的软硬件条件，拓展视野，积极与外部市场进行对接，开展成果转化和推广应用，把实验室研究成果用于能源、汽车、电子等产业领域。在卫星数据应用方面，结合卫星总体研制知识和经验，开展高分专项数据应用研究，就城市燃气管网安全监测和海域典型要素提取等领域重点开展数据推广示范应用。在宇航热控产品方面，温板产品完成研究研制，样机已提交客户应用测试；与上海汽车等厂商开展热控器件的合作研发、应用。在轻量化材料方面，研究镁基轻量化部件，在汽车配件、3C 产品部件等方面逐步推广应用。

卫星所采用“走出去、请进来”“试点先行、循序渐进、总结提高、以点带面、逐步推广”的实验室建设策略。在现有基础上，选择部分实验室先行启动、逐步推广、持之以恒，从“十一五”仅有的雷达卫星总体与仿真技术实验室逐步拓展到“十二五”的 11 个实验室，部分实验室已成长为区级、上海市重要的研发机构，实现实验室建设“从无到有、从小到大、全面开花”的跨域式发展。

三、以实验室为平台的企业创新体系的构建与实施效果

（一）促进了型号和科研项目的申报和立项

卫星所贴近市场，以实验室为平台加强系统策划，实现了任务策划方式从单一型号向体系论证方向转变，“光学遥感”“新一代海洋目标探测”等体系取得了阶段成果，牵引出 MEO 卫星、薄膜光学卫星以及海空目标探测卫星等型号。深空探测实验室以深空探测工程需求为牵引，开展基础研究和技术创新，成功申报 973 计划项目“深空探测高精度天文测角测速组合自主导航基础研究”、民用航天重点项目“深空探测自主管理与控制关键技术研究”；形成以天文测角测速组合自主导航原理与方法、“火星绿

色家园”创新任务规划、高性能深空探测自主管理器等多项成果，成功应用于火星探测工程任务论证和探测器研制。空间飞行器创新技术实验室成功申报探索一代“基于磁浮技术的动静隔离式超高指向精度、超高稳定度新概念卫星探索技术”项目。综合电子系统技术实验室开展综合电子关键技术攻关工作，并致力于综合电子技术在型号的应用。目前，XXB015 等型号模块重用率大于 80%；并首次取得院外抓总型号 XX－4 飞行器综合电子系统研制任务。

（二）保障了型号研制

卫星所跟踪型号需求，以实验室为平台组织攻关成功多项。对地遥感卫星总体技术实验室针对卫星图像配准与目标定位技术，开展了图像导航与配准半物理仿真、大型三轴气浮台物理测试等验证试验，保证了风云四号卫星和 XX－1 卫星工程研制。卫星测试技术实验室研究卫星标准测试系统，采用开放式的体系架构，以综合测试服务器为中心，应用标准通信协议、标准化硬件接口和通用化软件，进行测试系统的重构，实现了测试系统由设备级通用至系统级通用的提升，适应不同测试需求，有效节约成本，已在多个型号广泛应用。

（三）促进了卫星所科技成果转化

实验室成为成果转化的孵化基地。2013—2015 年专利外部许可和转让 23 项，创造直接经济效益 1220.7 万元；专利在不同型号、不同产品和不同领域内部转化率达到 100%，如“一种用于人造卫星的零变形全碳框架”实现整体结构零变形，在多型号推广应用；“多通道遥测传输系统”实现全球遥测数据的采集与记录，支撑卫星在轨管理，应用效果突出。

“十二五”以来，卫星所通过实验室进行技术培育和孵化，于 2013 年度实现国家自然科学基金零的突破，成功获批 1 项；2014 年度成功获批 2 项；2015 年度成功获批 4 项；2016 年成功获批 6 项，并实现面上项目零的突破。

（成果创造人：张　伟、陈建新、周徐斌、王金华、彭仁军、路同山、党建成、曹建光、姚　骏、沈春尧、方宝东、舒　适）

填补国内空白的高端药用辅料自主创新管理

悦康药业集团安徽天然制药有限公司

悦康药业集团安徽天然制药有限公司（以下简称悦康天然）成立于2007年，是悦康药业集团有限公司的独立子公司，位于安徽太和经济开发区，是主要从事新型药用辅料研究、生产与销售的中型民营医药制造企业。作为国家火炬太和医药高端制剂特色产业基地和安徽省现代医药战略性新兴产业集聚发展基地的骨干企业，现有总资产1亿多元，具备新型药用辅料——聚丙烯酸树脂乳胶液水分散体系列产品5000吨、中药提取物等2000吨生产能力，年产值、销售值均超1亿元。

一、填补国内空白的高端药用辅料自主创新管理背景

（一）国家医药健康发展的客观要求

目前，我国制剂生产总体上落后于欧美发达国家，其原因在于国产药用辅料品种开发上的落后。在畅销缓释制剂开发上我国与西方差距更大，国外早已开发上市药效能长达一周甚至一个月的长效缓释制剂，其关键辅料我国至今仍不能生产。我国目前生产的药用辅料品种加起来只有500多种，其中获得药品批文的只有不到300种，药用辅料已渐渐成为开发新药制剂的核心技术之一。没有质量上乘、性能卓越的药用辅料，就不会有全新药物上市。随着未来我国制药业与国际标准的接轨，高标准、高质量的新型药用辅料产品市场空间巨大，悦康天然开发新型药用辅料，是公司转型升级的必然之路。

（二）提升企业竞争力，满足新型药用辅料市场需要

随着我国药用辅料市场规模的不断扩大，药用辅料生产企业之间同业、同质的竞争不断加剧。加上国外领先的药用辅料公司已在中国建立合资、独资公司或办事处，并凭借高技术含量、高质量的新型药用辅料产品，在国内占有市场份额高达70%，形成明显的垄断趋势。我国药用辅料市场高度分散，压力成本使制药企业缺乏提升辅料水平动力，严重制约药用辅料企业的发展，致使市场份额占有不足30%。面对国内市场日益严峻的竞争形势，悦康天然实施自主创新管理，在提高技术含量的同时，大力提升产品质量、规模和品牌效应，着力打造高端精品，是提升企业竞争力，满足新型药用辅料市场需求的必然选择。

（三）实现企业可持续发展的需要

悦康天然是一家专业生产新型药用辅料的高新技术企业，拥有稳定的忠实客户群，在国内有着较为广泛、稳定的营销网络。随着药用辅料生产企业不断探索水性包衣工艺，未来的药用辅料行业发展环境将愈发严峻。悦康天然利用现有技术优势，开发与发达国家技术、质量相当且具有自主知识产权的新型药用辅料，是实现企业可持续发展的需要。

二、填补国内空白的高端药用辅料自主创新管理内涵与主要做法

悦康天然采用SWOT科学分析法，大力实施高端药用辅料自主创新管理，搭建自主创新管理平台，制定新产品开发发展规划，着力建设新产品开发平台，通过自主创新掌握核心技术，加强质量管理、确保产品质量，开发与发达国家技术、质量相当的优势产品，打破国外药用辅料市场垄断局面，填补国内新型药用辅料的空白，促进我国医药行业健康发展。同时培育创新文化，营造自主创新氛围，为自主创新培育优秀人才，打造一流的研发与生产人才队伍，不断提升企业核心竞争力，使企业走上持续健康发展之路。主要做法如下：

（一）转变发展思路，制定新产品开发发展规划

悦康天然在对行业环境、产业环境、经济环境、政治环境、企业发展的优势和存在的问题等认真分析研究之后，制定新产品开发发展规划，着力建设新产品开发平台，以“建立皖北最大的新型高端药用辅料研发、生产基地，打造医药辅料行业知名皖企”为发展目标，以“科技创新推动企业发展、大力发展循环经济、努力创建创新型医药企业、实现绿色安徽智造”为发展方向，每年自主开发新产品2项以上，填补国内空白。

一是紧跟市场需求，将人力、物力、财力等资源集中到新型药用辅料的研究与开发领域；二是在新型药用辅料领域，退出一般的、基础的药用辅料产品低端市场，确定技术含量高、功能创新性强、性价比高的高端市场；三是积极开展国际前沿研究，开发替代国外进口同类产品，并具有自主知识产权的新型药用辅料，打破国外制药巨头对新型药用辅料的垄断，扩大高端市场占有率；四是健全特殊行业资质与认证体系，提升品牌影响力，加强营销创新，打造及时高效的优质服务，精心塑造优秀市场品牌形象；五是充分发挥企业整体优势，在技术、装备、人才等方面培育优势，形成核心竞争力，把专业做精做强，塑造优秀品牌，争做国内新型药用辅料企业的排头兵。

（二）搭建自主创新管理平台，为自主创新提供组织保证

搭建自主创新管理平台，建立推进工作组织机构，着重体现并行工程和集成管理的思想，即无论是领导小组、创新管理办公室，还是创新管理工作组，都要有来自财务、市场、研发、采购、销售、质量等方面的人员参加，各司其职，站在不同的角度提出优化方案，并站在创新管理发展的角度对设计方案进行把关。

在领导小组的直接领导下，悦康天然采取集技术开发、质量控制、团队建设、知识产权管理、人才引进与培养、人才激励、创新文化建设等为一体的综合管理模式，并建立联合监督和奖惩机制，确保自主创新管理的创新、运用、保护和管理等活动处于有效的控制之下。在推进自主创新管理工作时，设立专项工作经费，充分发挥专家顾问的作用，聘请知名专家担任技术创新顾问和首席专家，并在创新理念和方法培训、总结提炼创新设计和创新实践中给予专业性的指导。这种管理模式改变了传统以部门为单元的工作习惯，实施以中心为系统开展工作，使业务关联部门更加有效地加强协作，提高了工作效率，开创了国内新型药用辅料生产企业管理新模式。

（三）开展具有自主知识产权的工艺技术研发

悦康天然在保持国内新型药用辅料产销量大、品种全的优势的同时，借鉴国际化管理经验，着力开发具有自主知识产权的高技术产品，以高质量水平、高性价比和优秀品牌建设为发展方向，扩大高端市场份额，成功抢占市场制高点。

1. 建设技术创新平台，保障新产品开发计划

为不断提升企业自主创新能力，悦康天然成立企业技术中心，加强企业基础研究试验基地、培训基地和基层研发机构建设力度，被授予“高新技术企业”“安徽省创新型（试点）企业”“省级企业技术中心”，获批成立“省级博士后科研工作站”，并根据新型药用辅料自主创新管理规划，组建安徽省功能性药用辅料工程技术研究中心，得到当地科技主管部门的大力支持。

2. 开展技术创新活动，确保技术一流、国内领先

针对新型药用辅料目前存在的技术难点，悦康天然不断开展技术攻关，形成一大批具有自主知识产权的核心技术，确保国内药用辅料领域的技术领先地位。通过原始创新、集成创新和引进消化吸收再创新，研发出大批专利技术和成果，形成技术优势。悦康天然拥有“聚丙烯酸树脂乳胶液反应装置”等12项专有技术，其中一步聚合工艺、乙醇回收真空干燥工艺等8项技术填补了国内空白，对药物制剂工艺优化、安全质量保证、性能和效益提升都起到了关键性作用。

目前我国缓控释医药辅料系列产品95%以上依赖国外，悦康天然认真分析国内专用缓释型药用辅料发展现状，针对药用辅料单体残留高、有三废、毒害性大、生产成本高等技术难点开展新型水分散体系列产品的研究。项目2011年开始市场调研，2012年由自主创新管理领导小组下达科研计划、任务目标和考核指标，自主创新管理办公室迅速成立项目研发组，邀请合肥工业大学医学工程学院教授为首席专家，技术中心6名专业工程师全程参与，研究内容包括工艺研究、中试放大、生产工艺流程的设计等关键环节，历时一年半并先后投入500余万元科研经费，进行百余次试验后于2013年成功研制出专用缓释型药用辅料——丙烯酸乙酯一甲基丙烯酸甲酯共聚物水分散体。其技术以国外同类产品"尤特奇NE30D"进行研究工艺技术和质量指标为参考，在国内现有制备工艺基础上进行优化、整合，去除工艺不合理部分，提高产品性能，降低生产成本及环境污染。经产物的红外光谱图、产物的Zeta电位值和外观、产物的机械稳定性等多项技术分析，产品质量、成本、技术、环保指标均达到国外同类产品水平，技术处于国内领先水平，从应用情况完全可以替代国外NE30D产品。

3. 研发国际前沿工艺技术，打造高端精品

通过对新型药用辅料行业调研、分析和多年的实践，悦康天然认为技术含量高、市场规模大、应用性能稳定、国内短缺、经济效益良好的新型药用辅料都符合高端市场特征，所投资研究与开发的聚丙烯酸树脂水分散体系列产品代表国家药用辅料产业发展方向。基于这种考虑，及时调整研发思路，果断放弃技术含量低、产品规模小、经济效益差的低端产品，突出高端市场开发。悦康天然与合肥工业大学合作研究新型缓释药用辅料——聚丙烯酸树脂水分散体系列产品，解决重大关键性技术并生产应用到医药制剂中，该项技术属于国际研究前沿。产品研制并投放市场，完全具有自主知识产权，其技术质量标准符合中国药典、美国药典、欧洲药典，可填补国内空白，并可开发出一大类剂型、一大批新药与制剂质量的提高，其意义远远超过一种新药的开发。

（四）为自主创新培育优秀人才，打造创新人才队伍

为了站稳高端市场，悦康天然以一流的人才队伍为目标，构筑核心竞争力，在人才队伍建设方面形成优势，实现"人无我有、人有我优"。悦康天然深知抢占人才高地的重要性，十分重视人才引进和培养，扎实做好"引才、聚才、留才"等工作。

1. 引培并举，提供人才保障

技术中心依托技术委员会、专家委员会成立"人才工作领导小组"，全面统筹中心人才队伍建设。在实施高层次人才战略工作中，特别设立"专项工作小组"和"专家联络小组"。其中"专项工作小组"对人才引进过程中所需的资金、设备、工作用房、生活用房等资源实行统一调度和管理。"专家联络小组"负责高层次人才信息收集、学术水平鉴定和向中心推荐等工作，其成员由中心外部专家和集团海外专家组成。中心以"高层次人才队伍建设系列计划"和"海外高层次人才建设系列计划"为战略抓手，构筑协调有力、运转高效、服务优质的人才队伍培养和支持体系。

一是实行领导负责制，明确人才引进工作的目标、要求和责任，进行年度考核，将考核结果跟中心资源分配和奖励直接挂钩。二是建立人才信息库，扎实做好人才引进工作。三是充分发挥中心专家的"猎头"作用，鼓励他们通过技术联系，发现人才、举荐人才和延揽人才。四是出台《悦康天然企业技术中心奖励办法》，以引进人才的业绩贡献和能力水平为导向，奖励人才所属部门和个人。针对具有重大技术突破和对企业发展有突出贡献的人才，采取员工持股、销售分红等激励政策。五是提供生活住房、探亲费用等待遇，解决好配偶安置、子女入学等问题。六是发挥高层次人才"伯乐"作用，协助中心遴选和培育有潜质可塑造的青年技术人才，制定培训计划和考核方式，引导青年人才成长成才，形成可持续发展的人才梯队。七是着力建设"博士后科研工作站"，以高层次专业人才为基础，以科研项目为引导，加强人才引进与培养工作。

2. 加强产学研合作，提升技术研发水平

自2012年以来，悦康天然相继与合肥工业大学、安徽省药物研究所、中国药科大学、河南中医药大学等专业院校建立技术合作关系，自主研发或引进高新技术消化吸收，增加企业技术储备，增加企业新产品的开发；并与河南省医药学校合作成立“悦康班”作为实习、实训基地，为企业能够持续发展储备专业人才；同时，定期邀请专家到现场指导和技术讲座，提高自身技术实力，不断增强自主创新能力。通过产学研合作，平均每年开发新产品3个，新产品年均销售额占企业年均销售额的50%以上。现已申请专利24项，获授权专利12项，其中发明专利2项。经认定的高新技术产品5项、安徽省新产品2项，获评科技进步奖6项。

（五）加强质量管理，保证产品质量

1. 建立质量管理体系，推进质量管理规范化

悦康人视质量为生命，从生产用原材料、半成品及最终产品整个生产全过程，引进一流制药企业质量管理模式，完善GMP质量标准体系和SOP规范操作体系，构建以质量控制、质量保证和质量检查为中心的三大质保体系，从根本上保障悦康产品的高质量。质量管理离不开对岗位操作的规范，不同的操作方式、操作习惯都会造成质量过程控制的不稳定。悦康天然积极完善SOP规范操作体系，通过不断完善各项作业标准，规范岗位作业，把各项管理要求、各项工艺要求落实到作业标准之中；同时加强岗位操作的培训工作，要求职工参与作业标准编制工作，在讨论中学掌握，在规范中持续改进，形成作业持续改进、质量持续提升的长效机制。此外，建立各项质量规范标准，实行统一流程、统一操作、统一指标、统一考核的规范化管理。

2. 加强过程控制，夯实质量基础

质量控制、预防为主，稳定的产品质量来源于对质量过程的控制。针对新型药用辅料生产经营特点，设立质量检测中心，对人、机、料、法、环、测等质量因素，对产、供、销、人、财、物等环节，进行全方位、全过程的监督控制和管理。对不合格的原材料，坚决杜绝使用，从源头上建立质量管理和控制的有效体系。及时解决影响产品质量的各类原因和症结，将质量问题消灭在萌芽状态，最终达到所有问题和隐患的实时控制，工艺质量、工序质量、工作质量的有效结合。

3. 落实质量奖惩制度，严格质量工作责任制

悦康天然根据《自主创新质量管理制度》要求，依托自主创新管理领导小组和质量奖惩管理中心，严格质量工作责任制，严格落实质量奖惩制度，以提高全员的积极性、责任感，自觉增强质量意识和管理水平，减少直至杜绝不合格品、废品。同时，建立质量监督机制，由企业负责人会同专家顾问并邀请质量主管部门具体办理人员参与联合监督，针对质量问题实行一票否决，出现质量问题一律从严惩处。

4. 积极开展群众性的QC小组活动

悦康天然本着与时俱进、开拓创新的精神，依托自主创新管理领导小组和质量奖惩管理中心，以严格的管理为保障，以优秀的文化为动力，积极开展群众性的QC小组活动，不断提高QC小组活动的水平和效果，为企业的生产经营管理做出新贡献。

（六）满足客户需求，精心塑造优秀市场品牌形象

1. 坚持以市场为导向，努力满足客户需求

据中国产业调研网发布的《2016—2021年中国药用辅料行业现状分析与发展前景研究报告》数据显示，目前我国药用辅料占药品制剂总产值的2%—3%，2013年中国药用辅料行业市场规模约为263.5亿元，预计到2017年将达548.3亿元，且每年都以15%—20%的速度增长。

为实施品牌战略，悦康天然牢固树立市场导向观念，从产品的开发到营销，都牢牢扣住客户需求这

一主题。悦康天然指定一名副总专门负责，由生产、销售、技术等多个部门专人参加组成“研究、生产与销售”一体化领导小组，将生产、销售、研发环节融为一体，以顾客需求为目标，以精益生产为保证，全力开发国内高端药用辅料市场。

悦康天然拥有一支专业化的市场销售团队，借助集团在国内各省市成熟的庞大销售网络，通过几年来的不懈努力，逐步形成悦康天然与销售商牢不可破的战略伙伴关系，确定22家具有合格资质的销售商，并按照各销售商的销售能力划分合理的销售半径，执行切实有效的销售策略，建立以北京、上海、重庆、广东为基础的30余处销售办事处，形成覆盖全国的销售网络。

2. 加大科研设备投入，研发设备更新换代，确保一流

在分析国内行业装备水平、瞄准产业需求、对市场充分调研的基础上，悦康天然加大研发资金投入，促进研发设备更新换代，以提升在行业和系统内的竞争优势，确保一流的科研装备以应对更高标准的科研要求。2012年以来，悦康天然累计投入研发经费3000万元，年均研发投入额占当年销售收入比例约4.3%，新购置各类研发生产设备120余台套，极大提升了企业科研装备水平，提高了科研工作效率，有效地解决以往因设备租赁出现的管理漏洞。新购置科研设备如：美国安捷伦高效液相色谱仪、岛津气相色谱仪、总有机碳TOC分析仪等仪器设备。

3. 运用信息化，指导生产研发工作

悦康天然紧随国内工业信息化发展进程，开展工业化和信息化融合与创新，信息化基础建设水平进一步提高，有效实现综合集成，信息化应用基本成熟。如悦康天然在行业内率先引进ERP、CRM、SCM等信息化管理软件，有效管理销售、发货、库存、营销政策、客户管理等方面，通过信息化系统的数据分析平台，实现了数据唯一、实时共享、多路径查询功能。为生产计划、销售决策、财务核算、客户管理等提供了准确的数据支持，有效实现对市场进行动态管理和对生产研发进行指导。

4. 坚持优质服务，巩固品牌优势

悦康天然秉承服务更贴心的理念，为客户提供优质的产品和服务，搞好与顾客沟通，理解顾客当前和未来的需求，组织对产品质量控制难点进行技术攻关，坚持持续改进，不断提高产品质量，开拓市场空间和渠道，在业内树立良好的口碑，巩固“悦康”中国知名商标和中国知名品牌的优势。

市场营销方面采取“市场调研为本，口碑营销为主，线上软广、线下硬广为辅，合理运用网络、媒体等推广平台”全面、科学的营销策略，以现代化的经营理念、高度专业化的市场营销团队、迅速及时的售后服务等优势，不断提升悦康天然品牌的知名度和美誉度。现代、高效、便捷的营销体系保证了企业产品在医药市场拥有强大的竞争优势。

（七）培育创新文化，营造自主创新氛围

悦康天然以“营造全球喜悦，关爱人类健康”为宗旨，以“做老百姓用得起的好药”为目标，对企业文化纲要内涵进行全面剖析，编印成含企业文化的员工手册，发至每位员工手中，广泛宣传悦康荣获中国驰名商标和中国知名品牌的背景及作用，进一步提升了悦康天然品牌产品在市场的知名度和影响力。同时，通过企业文化宣传和培训，激发广大员工敬业爱岗、自主创新的工作热情，让广大员工积极主动的融入企业自主创新当中，营造出一个大众创新的良好氛围，加强自主创新管理的渗透力和感染力。

此外，悦康天然积极开展员工业余活动，并开设厂报《悦康报》，积极践行社会责任感，为自然灾害提供物资援助和支持贫困小学教育。悦康人在“合和”文化的感召下，诚信勤奋，为“建立皖北最大的新型高端医药辅料研发、生产基地，打造医药辅料行业知名皖企”的发展目标和实现“营造全球喜悦、关爱人类健康”的伟大愿景而不懈努力。

三、填补国内空白的高端药用辅料自主创新管理效果

（一）拥有自主知识产权的新产品数量大幅增加，填补了国内空白

从2012年实施自主创新管理至今，悦康天然自主研发具有自主知识产权的新产品开发数量大幅增加。目前，悦康天然基本实现了替代国外同类产品的战略目标，初步实现了由低端市场向高端市场的跨越。加上已经列入新产品开发计划当中的8项新型药用辅料，悦康天然已然迈入新型药用辅料高端市场的佼佼者。

（二）市场竞争力增强，促进企业可持续发展

自2013—2015年，药用辅料合同签订额从0.8亿元增长到1.5亿元，增长87.5%。大客户比重明显增大，签订1000万元以上的项目合同额累计1.06亿元，占合同总额的70.6%。2015年企业实现利润总额2565万元，同比增长23.4%，利润率高于行业平均水平，利润总额位于行业前列。悦康天然转战高端市场开发，解决就业200余人，员工年均工资4万元以上，并培养一大批专业技术人才。

随着产品和品牌的不断升级，悦康天然新型药用辅料的市场影响力迅速扩大，特别是高端精品的不断开发、产品规模不断升级、价格战的不断胜利，使得悦康天然迅速占据国内药用辅料市场主导地位。例如，专用缓释药用辅料——丙烯酸乙酯－甲基丙烯酸甲酯共聚物水分散体产品，由悦康天然独家生产销售，细分市场占有率优势显著，市场主导地位明显。

（三）降低了药品成本，满足高端市场需求

通过实施填补国内高端药用辅料的自主创新管理，悦康天然自主研发"水析成型、真空干燥技术"等国内创新技术，重点解决当前药用辅料单体残留高、毒害性大、安全性能差、生产成本高等技术难点，大大提高了产品技术含量和质量水平，开发出与发达国家技术水平、质量性能相当的新型药用辅料，打破了国外巨头企业对高端市场的垄断局面，满足高端市场需求。此外，高技术含量和高质量水平的药用辅料开发也大大提升了药品性能，降低了药品成本，保证了药品质量，保障了亿万民众健康。悦康天然凭借"悦康"中国驰名商标、中国知名品牌的强大影响力，成为药用辅料行业一颗冉冉升起的知名皖企。

（成果创造人：于素芹、张敬彬、王　献、李玉生、韩文杰、
杨振翔、武　鹏、刘树峰、王　贺、张广永）

以实现整车自主开发为目标的供应商同步开发能力培养

东风汽车有限公司东风日产乘用车公司

东风汽车有限公司东风日产乘用车公司（以下简称东风日产）成立于2003年，是东风汽车公司与日本日产汽车（株）各出资50%成立的中外合资汽车企业，现有职工18000人，为华南地区最大的车企之一，也是东风旗下规模最大的乘用车事业单元。东风日产成立13年来，年销量从2003年6.5万台到2015年102万台，累计增长超过15倍，累计缴纳税收超过1100亿元，2015年营业收入超过1400亿元。主营日产（NISSAN）、启辰（VENUCIA）和英菲尼迪（INFINITI）牌汽油发动机乘用车。

一、以实现整车自主开发为目标的供应商同步开发能力培养背景

（一）汽车行业自主创新和发展的需要

随着我国汽车行业的发展，汽车零部件工业已逐渐形成专业化分工、分层次配套的产业结构。但是由于经营理念、资金实力、技术能力、开发经验等情况各异，国内零部件供应商的开发能力良莠不齐。国内部分中外合资供应商，受合资外方影响，没有国内研发能力，技术上缺乏话语权，在中国投产10年仍然只能做单纯劳务代工；而国内部分本土供应商因为缺乏技术支持或与国际汽车品牌的紧密协作经验，缺少与汽车整车企业同步自主开发的支持能力。国内供应商开发能力不足，在很大程度上制约了我国汽车行业的自主创新和发展。

（二）整车企业快速适应市场变化的需要

在全球经济放缓，全国一线城市限购等背景下，国内汽车生产和消费格局发生了重大变化。经历了黄金10年的汽车市场进入“微增长”时代，乘用车年均增长率由33%下降到10%左右。汽车市场增长速度放缓，导致各品牌、各车企之间竞争激化；同时新的机遇也不断涌现，移动互联、智能驾驶、新能源、新材料等新技术持续带动汽车产品升级，中国城镇化浪潮与一二线城市换购浪潮叠加进一步推动汽车消费，消费者对汽车产品的需求也将越来越趋向于差异化、个性化。

在这样的挑战与机遇面前，汽车制造企业需要更加快速地满足用户需求和市场变化，加快产品更新升级。因此，如何培养供应商同步开发能力，与供应商伙伴携手并进合作共赢，从技术源头确保未来竞争力，是汽车制造企业必须解决的重要战略课题。

（三）东风公司发展自主事业的需要

2010年，十七届五中全会批准通过的《中共中央关于制定国民经济和社会发展第十二个五年规划的建议》中提出：“未来五年中国自主品牌乘用车国内市场份额超过50%，大型汽车企业应具备接近世界先进水平的自主产品平台开发能力。”为响应国家政策号召，结合东风公司自身发展需要，2010年正式启动建立东风日产旗下自主品牌——启辰品牌。启辰自主品牌的定位是打造成为老百姓“买得起、信得过”的国民车。然而自主品牌开发想要真正实现“高品质、低成本”，需要供应商的协同配合，共同克服目前存在的不足：一是供应商开发自主品牌的意愿和能力有限。国外全球供应商利用品牌和技术优势，获得市场支配地位和超水平利润，并没有意愿达成品质不变前提下的零部件成本目标。全球最著名的零部件生产厂商虽然大都已在国内投资建厂，但由于过多依赖国外母公司的技术支援，导致现地开发能力的不足，不能满足自主品牌车型开发的需要。如果引入更具有成本竞争力的本土供应商，虽然可以达成成本目标，但是由于开发能力相对不足，极易导致开发过程中的品质风险，也不能快速解决自主开发中出现的技术课题。二是忽视自主品牌可持续发展。目前国内大部分汽车制造企业在选择供应商时是

以达成品质目标前提下的报价最优为主要原则。然而，如果缺乏供应商开发能力的前提保障，不改变供应商自身成本竞争力，将导致部分供应商采取商务策略的（恶意）价格竞争获得订单。这导致了汽车制造企业由于供应商的频繁切换而重复产品开发、重复投资模具等，造成极大的资源浪费，更不利于基于产品持续设计优化而积累国际竞争力。基于上述原因，东风日产从 2010 年开始推进以实现整车自主开发为目标的供应商同步开发能力培养。

二、以实现整车自主开发为目标的供应商同步开发能力培养内涵和主要做法

东风日产以构建最具 QCT（品质、成本、时间）竞争力的供应商体系为目标，系统性构建“入门控制、同步提升、开发保证和深化合作”四阶段的业务体系，培养供应商同步开发能力，积极探索供应商竞争力持续改善、整车自主平台开发能力全面提升的科学路径。主要做法如下：

（一）明确供应商同步开发能力培养的整体思路和框架

东风日产从项目前端、项目初期、项目开发和项目延伸逐层深入，系统性构建以“入门控制、同步提升、开发保证、深化合作”四阶段 CPEC 管理模型，推进供应商同步开发能力培养。入门控制(Control)：通过“制定评价流程、建立评价标准、培养评价人员、开发能力评价活动实施”四个关键要素，在项目前端发现和消除供应商开发能力的风险点和薄弱环节。同步提升（Promote)：通过“品质保证能力提升、成本技术能力提升、项目开发效率提升、部品实验能力提升”四个培养维度，理论结合实践，夯实供应商同步开发基础。开发保证（Ensure)：通过“针对性风险识别、重点尺寸管理、供应商变更评审、三现原则开发试做监察”四步关键活动，聚焦关键管理，保证项目开发品质。深化合作(Cooperate)：通过“深化企业战略合作、新技术交流研讨、战略先行开发、优质资源平台共享”等多种合作模式，延伸企业与供应商合作价值空间。

（二）有效开展入门控制，创新供应商开发能力评价工具

从“评价流程、评价基准、评价人员、评价实施”四个维度，系统构建供应商开发能力评价方法(简称 DCAS 评价)，推动开发能力评价基准从单维度、定性评价向多维度、定量评价转变；推动开发能力评价人员从“有经验”的工程师向系统培养、专业评审的“认证”工程师转变；推动开发能力评价从结果导向（能否采用）向培养导向（如何培养）转变。建立科学、全面、专业的供应商开发能力评价方法，确保开发能力评价的客观性和准确性。

1. 制定科学精准、逐层筛选的评价流程

目前国内零部件行业约 10 万家企业（规模以上的约 1.3 万家），零部件企业基数较为庞大，针对这种情况制定“对象选定－事前调查－现场评价－报告输出 －审核、备案”的“漏斗型”评价流程，提高评价精准度，节约评价工时和经费支出。

第一，对供应商进行充分的资信调查，定性筛选。在同一零部件领域中择优选择品质或成本有潜力的供应商。第二，组织项目开发团队，综合品质、成本、物流、财务多维度进行定量评估，进一步提高供应商遴选的精准度。第三，编制《事前调查表》，通供应商的填写情况和回复速度，了解供应商对零部件设计方法和开发要素的理解程度，从而判断现场评价的必要性。第四，实施现场评价，面对面地与供应商问答、开展实物审查，验证供应商开发能力的真实性。第五，评价报告的标准化输出、审核、备案管理，为后续项目开发阶段的可行性判断做好必要准备。

2. 建立通用项目与专业项目相结合的评价基准

第一，建立供应商开发能力通用评价基准，吸纳东风公司和国外先进管理经验，东风日产根据开发组织、基本设计能力、基本技术力、CAE 对应状况、评价试验方法和基准、开发日程、设计变更对应等 7 个维度，建立 69 子项的通用评价基准。第二，建立供应商开发能力专业评价基准，根据车辆各部品不同的设计要求及零件特性，将汽车主要零部件分为冲压件、螺栓 & 螺母类、注塑类、线束类等

112专业类别，从“法规要求”“特殊工艺”和“新技术提案能力”等方面，组织东风日产各零部件领域的学术带头人编制112篇专业评价基准。第三，基准的不断完善、健全。设立专业技术委员会对评价基准进行科学评审，根据零部件领域的技术发展，组织评价基准的新编和修订。

3. 建立“选拔、培训、认证、动态管理”的专业评价人员培养机制

第一，择优选取具有全流程开发经验的、优秀工程师，制定分年度、分批次、分领域的培养规划。第二，聘请资深主任工程师开发特级讲师精品课程《基础篇》《实践篇》，组织理论知识培训；实施供应商评价实践活动，组织导师与学员进行一对一同步的供应商现场评价，依据学员与导师评分细项的差异，发现并指导对评价基准的理解。第三，组织专业理论考试测评，严格考核筛选，根据测评结果反馈的学员知识薄弱点安排针对性指导；组织专业的评审委员会进行资格评审认定，认定合格后颁发资格认定证书。第四，设定专门的事务局，通过Sharepoint网站，对评价人员和评价报告进行备案管理，通过后续项目供应商的开发情况对供应商评价的准确性进行持续跟踪监督。

4. 落实入门控制管理，全面实施供应商开发能力评价工作

对供应商开发能力实施评价，找出供应商开发能力的薄弱点和改善点。一方面通过正向的压力传导，促进供应商的开发能力建设；另一方面为寻找未来真正合作共赢的供应商伙伴指明方向。第一，根据评价结果的不同，制定供应商开发能力培养的基本原则。评价结果分为A（优秀供应商，战略供应商对象；获得优秀供应商评选资格）、B（合格供应商，参与新车项目竞标，择优进行战略供应商培养提升）、C（限期整改供应商，整改期间不能参与新车项目竞标，改善提升为B等级后采用）、D（不合格供应商，不能参与新车项目竞标，启动淘汰机制）四个等级。第二，供应商开发能力评价实施结束后，针对供应商开发能力薄弱点与供应商技术总监或具有同等资格的管理者达成的能力提升计划签署书面《供应商开发能力改善计划书》，明确开发能力改善点和改善期限，在供应商内部成立专项改善组织，确保目标达成。第三，指导供应商按照《供应商开发能力改善计划书》完成改善后，东风日产将再次实施供应商开发能力量化评价。评价结果达到B等级及以上的，纳入到后续新项目的候选供应商采用。

（三）应用先进管理方法，夯实供应商同步开发能力基础

1. 完善供应商开发品质保证机制，提升供应商品质保证能力

东风日产总结外资品牌车辆开发经验，建立供应商开发品质保证机制，通过业务教育会、供应商支援和项目实践的形式向供应商推广，从三个方面提升供应商产品开发品质保证能力。

第一，指导供应商建立设计变更的评审机制。组织开展设计评审手法培训，促进供应商明确评审人员资质，明确设计评审实施节点，明确设计评审风险点管理职责，确保图纸发行前设计评审100%实施。第二，指导供应商建立防止再发机制。推动供应商建立再发防止数据库，通过对市场发生过的设计不良案例进行反省，发行再发防止报告；将再发防止报告作为开发要件，在设计构想、图纸发行、实物试做等阶段，对经验教训的采用情况进行确认。第三，指导供应商建立开发过程的管控机制。明确供应商产品开发过程节点，使用标准化的过程管理工具（产品开发履历表、产品保证计划图、外购件纳入检查表等），实施二级件可测量特性参数目标管理，保证产品性能目标的达成。

2. 开展成本技术能力培训，持续提升供应商成本竞争力

东风日产参照价值分析/价值工程（VAVE），通过讲学、现车会、研讨会多种方式，向供应商传授VAVE活动改善理念与工具。

第一，循序渐进的组织开展成本技术培训。针对无VAVE基础的供应商，组织技术降成本基础知识培训，帮助供应商技术降成本人员的培养和组织建立；针对有VAVE基础的供应商，使其业务常规化，形成自主开展技术降成本活动的能力和机制。第二，建立成本技术数据库。运用合资公司全球资源，与供应商共享欧洲、美国、日本等海外市场的新技术、新材料、新工艺。开发MIP（Management

Information Platform）管理系统，建立零部件成本数据库、竞争力分析库、技术降成本案例库，与供应商共同对标分析，研讨成本优化方案。第三，深入供应商现场调查，对供应商工法、工艺等提出改善方案，建立定期会议制度，持续跟进改善实施。带领供应商进行技术降成本活动实战，组织东风日产、零部件供应商及其构成件、材料供应商共同开展成本优化方案发掘活动。

3. 推行产品开发全流程日程管理方法，提升供应商开发效率

吸纳 V－3P（Value up innovation of Procedure、Process、Program）车辆开发项目管理经验，提升产品开发速度，保障开发品质。第一，推行车辆开发全流程日程管理方法（ANPQP，Alliance New Product Quality Procedure），从初期规划阶段到量产为止，推进供应商对零件设计、工装模具、生产设备调试、工程设计和车间平面布置、人员雇用与训练、包装物流、二级供应商管理等各关键步骤进行一元化管理。第二，将零部件开发日程与整车开发日程契合，通过失效模式分析把握开发日程风险点，不能满足和匹配开发日程的环节进行重点能力改善，提升开发速度。第三，投入建设研发中心协同开发室，供应商通过派驻工程师的方式，与设计工程师进行同步办公、同步开发、同步解析、同步对策。不仅实现新车开发周期较长零部件（如底盘、发动机等性能部品）的早期开发，更能快速对应和解决项目中遇到的开发问题。同时，通过面对面的沟通交流和合作，双方工程师相互分享、相互学习，实现共同进步。

4. 建立供应商实验信赖度提升流程，强化供应商实验能力

第一，确保供应商的实验作业满足产品开发基准的相关要求。通过技术说明会向供应商说明零件开发的技术细节，提示产品实验的重点项目和关键指标。并指导供应商制定部品实验作业书的内部评审机制，在部品图纸发行后，协助供应商实施部品实验作业书评审。第二，推动供应商建立实验室信赖度评价基准，评价的内容包括实验室质量管理体系、实验现场操作和实验数据处理。并联合供应商共同实施现场确认，对于发现的问题，与供应商一起检讨改善对策，管控对策导入。第三，通过对第三方实验室的调查，建立外部实验室资源库。当供应商部分实验需要委外实施时，可以在东风日产的外部实验室资源库中选择适合的第三方实验室，确保委外实验的可信度。

（四）聚焦关键过程，保证项目开发品质

东风日产和供应商一起聚焦开发品质计划制定、部品重点尺寸控制、供应商变更风险管理、开发试作监察四大关键活动，确保项目开发品质目标的达成。

1. 结合供应商特点，制定针对性的开发品质计划

按照供应商特点把握、品质保证项目选定、开发判断节点明确的三步骤制定针对性的开发品质保证计划。

第一，调查供应商的供货实绩、部品变更规模、工厂有无变更等要素，根据调查的结果对供应商进行分类，如首次合作供应商、有合作实绩但首次开发该部品的供应商、新建工厂或生产线的供应商、二级供应商变更的供应商、过往品质问题多发的供应商等。

第二，根据供应商分类的情况，从开发品质基准中选定相应的保证项目来对供应商的品质风险点进行重点确认。比如首次合作供应商，开发品质基准中的所有项目都要重点确认；如果只是新建工厂的供应商，选定开发品质基准中的开发过程监察作为重点确认项目即可。

第三，结合项目开发日程，与供应商合意明确判断节点、判断依据、提交记录物和判断责任人。

2. 严格控制零件重点尺寸，保证设计要求向供应商制造传递

实施重点尺寸管理活动（Key Dimension Activity）。第一，依据部品的风险度和重要度挑选对象部品。第二，确定部品的重点尺寸，做成设计意图传递表。第三，做重点尺寸制造控制技术书。针对设计意图传递表，供应商制定每个重点尺寸制造工程偏差的控制方法和检查方法，并制定控制计划书。第

四，部品重点尺寸实绩监察。按照部品试作抽查计划，东风日产和供应商一起对重点尺寸的 CPK (Complex Process Capability Index，制造过程波动控制能力指标）进行确认，对发现的问题制定改善计划并落实，保证尺寸等工程能力达到设计要求。

3. 实施变更评审，消除供应商变更风险

第一，全面掌握变更信息。使用开发过程履历表记录各节点的基点状态。相对基点发生的变化，使用定量的数据描述整理变更点一览表。第二，评估变更新规性（变更点相对基准设计的变更规模），根据产品设计的变更规模划分 5 个等级并制定对应的设计评审方法。如新规性 1—2 级的变更评审采用基准符合评审，新规性 3 级的变更评审采用快速设计评审（Quick DR），新规性 4—5 级的变更采用全流程设计评审（Full process DR）。第三，从设计、实验和制造三个维度检讨可能存在的品质风险课题并制定验证方策。联合设计、实验、制造共同参加评审会议，采用标准化的管理工具——变更点一览表、风险评估表和设计评审作业表管理评审讨论的输出物。对评审发现的风险课题在会议上当场落实责任人和完成日期。最终发行评审一览表跟踪落实全部验证结果，确保 100％关闭。

4. 实行遵循三现原则的开发试作监察

从质量、成本、交货、技术、管理（QCDDM）5 方面归纳监察项目和实施要领。东风日产开发试作监察遵循三现原则（“现场、现物、现实”），强调对供应商的试作现场和现物进行确认、依据现实进行判断。第一，现场发现问题、现场解决问题。在供应商的生产现场确认生产过程，在供应商的实验现场确认部品实验过程。针对发现问题，现场指摘，现场制定对策和计划，并在下阶段的试作监察中重点确认该问题的对策情况。第二，眼见为实、现物第一。对开发各个节点生产的部品都实施现物确认活动，联合供应商确认部品与图纸的符合性，以部品的现物确认结果作为各节点的判断阀门。第三，以现实为中心实施监察改善。基于现实发现问题，从现实出发制定有效的对策，问题的判断必须有现实的数据。

（五）互联互通互动，延伸公司与供应商合作价值空间

东风日产供应商同步开发能力的培养始终坚持共赢原则。强调供应商开发能力提升和培养的同时，兼顾供应商当前利益和长期发展。一方面，在项目合作之初通过合同方式与供应商明确订单数量前提、开发费和模具费分摊方式、图纸专利信息的使用共享等前提条件，保证供应商的日常运营和平稳发展。另一方面，随着供应商与东风日产的共同成长，通过“深化企业战略合作、新技术交流研讨、战略先行开发、优质资源平台共享”等多种模式，不断探索延伸与供应商的合作价值空间，形成供应商开发能力提升的长效机制，保证供应商开发能力的持续进步。

1. 强化战略合作伙伴关系，深度合作同步开发

与战略合作伙伴实施技术发展趋势分析，共同策定相关领域的技术战略；协调双方的技术资源及平台，组织和参与国际、国内、行业的技术交流与合作；推进设计方法、技术标准的编订和共享；实施同步开发项目及重点项目的评审和监管体制等措施，通过管理创新推动技术创新，开启双方更广阔的发展空间。例如：中国石化与东风日产的最早合作产品是发动机油。通过产品开发、产品认证、性能监控、产品升级、成本降低等工作的初步合作，使东风日产在发动机油上获得了稳固和可信赖的支撑。随着东风日产与中国石化建立战略合作伙伴关系，双方在车用油领域进行了全面的技术沟通和交流。目前合作领域已经扩展至润滑脂、自动/手动变速箱油、冷却液、制动液、燃料油、树脂材料等领域。在燃油经济性改善方面，已启动低黏度发动机油、手动变速箱油等方面的开发。同时，共同开展燃油经济性台架评价手段的开发，建立东风日产专用的台架试验方法。

2. 交流行业发展趋势，挖掘项目合作机会

定期组织供应商技术展、供应商技术交流会议等，搭建东风日产和本土供应商的技术交流平台。利

用整车制造企业了解客户需求的优势，与零部件供应商技术发展路线进行对接，从零部件的新技术中挖掘创新的客户满意产品，从而获得市场发展先机，创造开发市场领先的产品。例如在启辰 T70 车型上，率先开发采用通过全新的图像投影模型及合成方式，生成具有立体感的全景影像的 3D AVM（立体全景影像）系统和国内技术领先的智能手机互联系统等产品。

3. 实施先行开发战略，共同布局未来产品规划

实施先行开发战略，将与供应商的合作从项目应用层面向前延伸到先行开发层面。根据东风日产自主开发的中长期技术战略和产品规划，联合供应商研讨开发方案，经先行开发验证后向车型项目提案，判断并导入到新车项目。

以汽车用玻璃胶为例，目前东风日产玻璃胶供应商为 YOKOHAMA（横滨）和 SUNSTAR（盛世达），均为日系供应商。横滨和盛世达玻璃胶底涂均为进口产品，不仅存在较大的供货风险，而且 YOKOHAMA 在 2011—2013 年项目周期无成本改善活动，无零件降成本效果。为破解垄断消除供货风险，东风日产于 2012 年年底启动与湖北回天新材料股份有限公司的先行开发合作，经过 30 个月的技术钻研，终于成功开发满足国际标准，与 SUNSTAR 同等及以上水平，与横滨品相比实现降本 2.96 元的玻璃胶，并成功在启辰车型导入。

4. 优质资源平台共享，提升本土供应商发展空间

为促进本土供应商的发展，东风日产利用自身合资公司平台的优势，将在自主开发体系中表现优异的本土供应商推选到全球开发平台。以宝钢股份为例，多年来东风日产与宝钢股份在钢板、特殊钢、不锈钢等材料领域展开了全方位的战略合作。从 2011 年开始至今，东风日产每年牵头组织宝钢股份、东风日产、雷诺一日产联盟三方会议。从钢板、特钢、不锈钢到下一代高延伸率 1180MPa 热镀锌高强钢、低成本的 980MPa 高强度钢板、热成型钢板等钢板新材料开发展开技术研讨。促进宝钢积极参与到世界著名汽车品牌的技术规格制定，推动宝钢股份与全球材料供应商展开全面的竞争。

三、以实现整车自主开发为目标的供应商同步开发能力培养效果

（一）供应商竞争力持续改善

一是开发能力提升，经济效益显著。2015 年较 2011 年，东风日产供应商逐渐增加在中国的研发投入、技术革新和人才培养。东风日产体系内供应商建立完善开发组织的比率大幅提升 46%，仅 2015 年全年东风日产与供应商因技术进步和设计优化，实现技术降成本效益超过 16 亿元。二是开发品质改善，产品质量获得好评。供应商日常管理指数 QCDDS（品质、成本、开发、供货综合管理指数）整体评价呈上升态势，新车开发品质得到同步提升。启辰品牌连续三年获得“汽车之家”新车产品质量调查自主车型第一名。三是推动供应商参与全球化大协作，获得更大发展平台。例如，通过与东风日产启辰自主开发项目的合作共赢，金发科技、常州星宇、东风车轮等一大批本土供应商逐渐成为欧美、日系等全球著名汽车品牌供应商。

（二）企业自主平台开发能力全面提升

一是整车自主开发能力全面提升。从最初单个零件的国产化开发到自主品牌的平台开发，实现了根据国内市场进行快速目标性能提案，多款车型快速自主开发的能力。目前东风日产自主品牌平台已具备年均 1 款以上全新车型，2 款以上“次全新车型”，3 款以上“小改车型”的开发速度；实现涵盖 V、B、C 和 SUV、纯电动车等 5 大品类车型的产品布局。二是先进技术自主开发能力全面提升，在智能行驶、数字生活、环境友好、一见倾心、惬意空间、效率提升等 6 个方向，已成功获得超过 160 项国家专利、80 项专有技术。仅 2015 年就有超过 60 项先进技术在车型上采用。三是自主开发风险防控能力全面提升。从发动机核心零部件到高强度螺栓紧固件的技术突破；从电子元器件到智能控制模块软件开发；从高强度钢、不锈钢到铝板、树脂等新型国产材料认证登录，东风日产从整车开发、零部件设计、

原材料供应等多领域突破了国内技术限制，达到国际先进水平，大幅消除自主开发风险。

（三）创造了显著的经济效益和社会效益

自 2012 年 4 月启辰品牌首款车型 D50 成功开发上市以来，东风日产启辰品牌魅力车型的快速开发，获得中国市场的高度认可。2013 年 9 月，启辰品牌第 10 万台整车下线，不仅实现自主品牌 10 万台累计销量的最快突破，并成为率先搭载北斗导航系统的汽车品牌，正式开启北斗卫星导航系统在民用乘用车领域的推广使用。2014 年 9 月，启辰纯电动乘用车 E30 上市，成为优先在国内投放新能源纯电动车的合资自主品牌。截至目前，启辰品牌已成功开发了 D50、R50、R30、T70、E30 等多款自主车型，年均销量 10 万台，累积销量超过 40 万台，营业收入超过 300 亿元，成为国内合资公司自主平台开发最成功的自主品牌之一。在 J. D. Power 亚太公司发布的 2013 年度中国新车质量研究（IQS）报告中，启辰品牌大幅领先行业平均水平，排名合资自主品牌第一。截至 2015 年东风日产启辰品牌已获得中国汽车电视总评榜、凤凰卫视、汽车之家、南方周刊、搜狐汽车、名车志、中国汽车画报等 60 多家主流媒体的 80 多项新车质量大奖、汽车车型大奖和年度中国汽车品牌大奖。

（成果创造人：徐建明、夏少荣、聂春飞、周皆龙、
陈文进、舒先林、徐鸿铭、刘　淡、侯　建）

商用车企业面向研发全流程的知识服务管理

东风商用车有限公司

东风商用车有限公司（以下简称东风商用车）是东风汽车公司控股的中外合资企业，是一家研发、设计、制造、采购、销售全系列商用车（包括新能源卡车及客车、重中型卡车及底盘、大中型客车及底盘、专用车、工程车辆）发动机、驾驶室、车架、车桥、变速箱、铸锻件等的特大型商用车企业。经历四十多年的长足发展，东风商用车已发展成为国内商用车行业的领军企业，开发能力与制造规模均处行业领先地位，其综合水平在国内同行业企业排名中名列前茅，在中重型商用车、环卫底盘、快递运输车行业等多个细分领域居行业首位。东风商用车现有武汉、十堰两个研发基地，总占地面积35万平方米，研发人员1786人；其中高级专家13人、博士19人，现有各类先进的检测试验试制设备共计610台套，设备原值达30272.46万元，其中各类先进的进口设备245台套，原值达22902万元。

一、商用车企业面向研发全流程的知识服务管理背景

（一）提升企业自主研发能力的需要

从全球范围看，国际先进汽车企业和著名品牌，都历经长期的竞争、积累与发展，形成了各自的核心知识和核心技术。目前，我国虽然已成为世界第一汽车生产消费大国，但是我国汽车产业的利润并不高，基于知识能力的自主技术相对落后，对国外技术输入的依赖性较强。其重要原因之一是国内企业知识管理还停留在传统的知识文档管理、电子化存储、分类与检索阶段，知识资源没有得到及时科学的管理积淀并转化为企业的知识资本；企业知识资本转化到产品和市场的能力有限，没有充分实现知识资本的作用和效益。因此，我国汽车企业要想缩短与国际先进汽车企业的差距，提升企业自主开发能力，就应该重视知识管理，将知识管理作为持续提升自主研发能力的重要举措。

（二）充分挖掘、有效积累企业知识资源的需要

东风商用车经过几十年的发展，虽然已具有一定的人才优势、技术积累、研发能力、知识资源，但由于传统企业管理模式的约束，长期以有形产出作为绩效考核的主要标准，这种考核、分配和激励方式对企业知识员工、特别是掌握核心知识和技术的知识员工不大适用，从而严重阻碍了企业内部的知识挖掘、积累、交流；研发过程中也是依据独立项目计划开展各个部门或团队的开发任务，缺乏团队之间交流与合作共享机制，从而造成部门、团队、个人、项目自成一体；当专用性和稀缺性的知识型员工流动时，导致企业隐性知识资产流失；由于员工知识结构、技术特点等的独特性，新员工必须经过一段时间培训才能逐渐填补空缺，造成培训成本增加。因此，东风商用车必须开展知识资源尤其是隐性知识资源的挖掘、显性化利用和保护，个人经验智慧的传承和积累，把企业内外知识资源转变成有价值的知识资产充分利用，以满足研发需要。

（三）提升研发管理水平的需要

企业研发过程是知识密集性的活动，涉及市场、供应商、技术、生产、制造工艺等多个领域知识，知识的需求量非常大，知识更新换代速度快，知识获取和转化方式复杂。东风商用车每年有数十个技术研究课题和百余个车型开发任务，经常面临多个项目同步进行、进度节点交叉、知识资源难以平衡的问题，使研发活动难以控制与管理。研发项目过程也会新产生大量的文档、资料、专业知识、技能和经验等隐性知识，必须通过知识管理进行结构化、显性化；知识与信息的识别、获取、整合、存储、保护、流通与共享等诸多环节，仅依靠传统手工环节和纸质载体，既不可能完成庞大数据量的管理，也不可能

实现海量知识资源的有效利用、分享与积累；企业核心知识资源的保密、外部知识导入、知识资源的共享应用，需要信息技术提供安全有效的措施和高效快捷的通道。因此，必须要充分利用现代信息技术手段，将知识服务管理与研发流程紧密结合，更好地促进研发过程管理，提升研发管理水平。

东风商用车借鉴国内外企业知识管理经验，结合企业发展战略、研发业务流程、知识体系和技术平台，从2010年年初开始实施面向研发全流程的、以实现企业知识增值为主导型的知识服务管理。

二、商用车企业面向研发全流程的知识服务管理内涵和主要做法

东风商用车面向研发全流程，以实现企业知识增值为目标，开展知识服务管理，组建知识管理创新团队、制定规范性激励性制度，保障知识管理工作持续稳定地开展；对企业现有知识资源进行整体规划、流程梳理、自动聚类、知识储存，实现知识结构化，夯实知识服务管理的基础；建立一体化的内部知识资源系统和基于现代信息技术的多功能知识服务管理平台，结合研发各阶段具体业务在成熟的系统平台上定制开发并不断完善知识服务项目，实现知识的安全智能获取、共享、应用；开展研发全流程的专利开发、保护和标准制修订，促进企业知识创新，提高组织智商，增加组织整体知识的存量与价值；培育重视知识积累、知识共享、知识创造、知识活用的企业文化和价值观，加速研发人才成长，促进研发技术创新，提高企业研发能力，提升企业核心竞争力。主要做法如下：

（一）明确面向研发全流程的知识服务管理总体思路，制定实施规划

东风商用车将汽车研发活动视为复杂的信息和知识流动的过程，明确研发全流程的知识服务管理内容，通过知识的获得、共享、应用、创新、积累来完成各个研发阶段的任务，并建立支持研发全生命周期的知识库和知识服务平台支持业务流程中的知识获取、知识推送、知识存储、协同创新等功能。

在此基础上，明确面向研发全流程的知识服务管理实施规划：

2010—2011年为知识管理导入期，主要任务是多途径宣导知识管理理念，建立工作团队，在研发各部门启动知识管理工作，分阶段开展研发业务梳理、流程盘点、文件撰写工作。

2012—2013年为知识管理成长期，主要任务是完成流程梳理确认，实现核心流程标准化，形成完整的流程体系；逐步将知识管理嵌入在日常工作之中，使知识管理的企业文化和价值观得到一致的认同。

2014年为知识管理成熟期，主要任务是逐步形成知识活用、知识创新机制；开展标准流程运用与优化，搭建新人学习交流的平台，推动知识管理与项目管理结合；建成知识服务管理支持系统，建立知识地图、知识库、知识社群、专家黄页、隐性经验分享制度，开展知识应用交流，推动知识创新；推进知识管理制度、激励机制的完善。

2015年为知识管理创新期，主要任务是形成知识活用、知识更新、知识存储、知识运用的创新机制；实现个人知识—组织知识—组织记忆的转变，建设学习型组织，形成研发知识管理的体系特点，实现隐性知识显性化、显性知识体系化的知识管理使命；知识产权、标准法规、技术总结、失败案例等各种知识点深度融合，逐步形成知识创新机制。

（二）组建知识服务管理推进团队，制定规章制度

1. 组建“扁平化”、跨部门知识管理组织

东风商用车专门成立知识管理组织作为知识管理工作的执行载体，采用特定任务、特定知识、特定人员的结合，打破传统“金字塔形”的组织管理架构，在研发组织架构上根据知识管理业务需求进行架构重组，实现知识管理扁平化，减少交流障碍，发挥员工的主动性、创造性，发挥企业整体团队的协作精神。东风商用车研发管理委员会为知识管理最高领导机构，其职责为：批准知识管理规划目标及推进策略；协调人力物力资源以达成知识管理的目标。组织结构包括：知识管理事务局、知识管理工作组、流程工作组、IT工作组、培训工作组、专家支持团队（内部、外部）。

2. 合理配置知识管理工作团队

在知识管理人员配置上，一是选对人才，选择业务精通且具有创新思维、创新能力的研发人员兼任知识管理促进者，负责知识管理工作推进，避免知识管理与业务部门脱节；二是培养人才，对知识管理促进者分期开展以素质教育为基础、以知识管理综合能力培养为中心的知识管理专业培训，培养出职业型、应用型企业知识管理专家，负责指导各部研发人员进行知识挖掘、积累、分享、应用。

3. 制定规章制度，营造良好工作环境

为保障知识管理稳定持续开展，制定《知识管理办法》《流程梳理方法》《流程管理办法》《知识文件编号规则》《知识管理奖励办法》《知识产权管理办法》《专利申请工作管理规范》《专有技术管理规范》《创新改善奖励条例》《企业标准密级标定与管理规则》《企业产品标准管理规范》等知识积累制度、共享制度、安全保密制度、激励性制度和知识评定标准。

（三）梳理现有知识资源，夯实知识服务管理基础

1. 盘点各流程知识点，形成研发全流程基础知识文件库

开展研发业务流程的全面梳理，建立包含研发主流程、部门级流程、操作级流程的流程体系。以流程盘点、流程标准化为切入点，以项目开发过程为载体，挖掘各流程、各业务单元知识点，形成研发基础知识文件，建立研发全流程模块化、标准化程序文件和作业指导书。2010—2015 年，梳理撰写知识管理文件 9000 余个，构建研发全流程知识资源库。完成技术标准体系表、结构框图构建，梳理 3788 项标准，建立标准明细表，提供 12 大类 96 种属性查询。有力支持新产品、新平台的开发，同时支持多产品多项目运作，提升研发效率。

2. 基于研发知识特点，形成集成型研发知识地图集

东风商用车根据汽车研发过程复杂、知识覆盖广的特点，基于现有的显性知识和隐性知识，形成基于整车开发流程的知识地图、基于历史项目的知识地图、基于知识点的知识地图、基于专家的知识地图。这四种知识地图相互交叉，构成企业研发知识地图集，并相互关联。

基于整车开发流程的知识地图，将研发过程分解成若干阶段，每个阶段分为多个细化流程，梳理出每个细化流程包含的知识和信息；基于历史项目的知识地图，整理企业迄今为止所有的研发项目资料，以及项目组成员在该项目中的思路、技巧、解决方案等经验知识；基于知识点的知识地图，梳理研发流程所关联的知识领域和相关知识点信息，包括该知识点的撰写人、优化过程记录、涉及的标准法规、已解决的问题、待解决的难点等；基于专家的知识地图，梳理汽车行业内各领域专家信息，包括专家参与的项目、擅长的领域、发表的论文、个人经验等信息。

3. 重构现有知识，形成自主研发知识体系

东风商用车按照多层次、矩阵式、专业化的研发组织体系对企业现有知识资源、技术积累进行重构，通过对知识的筛选、添加、组合和分类等手段，形成《十大自主开发体系》知识库，包括平台化开发体系、竞争力开发体系、试验与仿真开发体系、先进技术开发体系、产品认证体系、材料工艺体系、开发管理体系、技术标准体系、质量保证体系、人才培养体系。目前，已汇集、自建围绕《十大自主开发体系》和研发流程各阶段所需求的内外知识资源库 60 余个，将企业内部显性知识组合成显性聚类知识系统，进而优化研发知识体系，提高研发知识服务质量和效率。

4. 开展知识积累、创新活动，促进隐性知识的挖掘、转化、共享

东风商用车先后开展一系列知识积累、创新活动，通过各种交流方式，营造全员学习创新的氛围，深度挖掘员工的隐性知识，并通过知识群体化、外化、内化、共享等方式，促进知识的进化。具体措施包括：

一是知识群体化。主要是开展“工程师之家”“博士工作平台”“专家论坛”等活动，扩大年轻的技

术领军人物的影响力，为高端人才搭建工作和事业平台，促进专业技术人才之间的交流；开展“大师创新工作室”“青年创新创意工作室”“名师带徒”等活动，实现个人特色隐性知识品牌化、个人知识群体化。

二是知识外化、内化。实行“名师讲坛”“高层讲战略、中层讲管理、总师讲技术”“前沿技术讲座”“全价值链讲座”等交流分享机制，将个人掌握的隐性知识通过清楚的语言表达，形成具体化的显性知识进行展示分享；其他员工在获得丰富经验的同时激发新的灵感，重构、延伸自身的隐性知识，提升个人的创新能力。每年经验交流、知识分享、技术讲坛达到100余次。此外，开展“群众性创新创意活动”“科技项目攻关”“科技成果发表评比”“专业领域技能竞赛”等多种科技创新活动，为科技人员的创新才能提供展示平台并给予物质和荣誉奖励。

三是搭建知识成果发布平台，促进隐性知识转化、留存。发布《专家白皮书系列》，免费为在职和退休专家编辑出版个人技术书籍，积累组织记忆的宝贵资产；发布《技术论文集》，发表研发员工个人原创论文；发布《电子期刊》，发表青年科技人员翻译的外文技术资料、不能公开发表的原创论文和技术成果；发布《科技参考》，发表研发人员总结、收集、翻译的最新国内外竞争情报信息。每年论文发表、成果发布推广200多项。

（四）深度融入研发过程，促进知识高效安全应用

1. 对知识库进行有效维护，提高员工的信赖程度

为了提高知识服务管理水平，东风商用车建立知识服务管理平台对研发知识库进行有效管理。对研发活动中积累的知识，进行审核、知识聚类后存储于知识库中，方便员工查询到自己所需要的知识并保证所获取知识的正确性。

随着知识库中的知识新增、删除、修改，相关系统的知识管理人员对知识库和知识地图进行过滤、更新，开展动态地维护，保证知识的实效性、竞争性，避免干扰研发人员的知识提取、应用。对于知识库中缺乏的知识，知识管理人员通过内部梳理、外部购买或交流共享等有效途径，按照知识需求者的要求或申请及时补充、完善，最大限度满足员工的知识需求，以应对企业最新的需求和知识的增长、更新。

2. 保证知识资产安全的同时促进知识共享

知识保护是知识管理的重要环节之一，东风商用车通过申请专利、制定专有技术等相关策略、实施严格保密制度保护公司的核心知识资产，同时利用信息技术和手段妥善解决共享与保密的矛盾。面对大量的研发知识、复杂的组织结构及人员流动等问题，东风商用车通过详细的、集成型的知识地图达到知识信息共享程度最大化，同时建立基于员工角色、知识来源、知识级别的知识安全控制策略，限制访问范围和访问能力，记录访问用户身份信息，防止非法用户对关键知识资源的访问，避免企业重要的、敏感的知识被泄露。在企业研发项目过程中，对项目组成员进行项目文档自动授权，使“合适的人在合适的时间看到合适的知识信息”，既保证企业知识资产的安全性，又实现知识价值的有效传递。

3. 生成项目动态知识地图，快捷获取、分享，加快知识循环

研发人员按照项目、项目阶段、项目类型等动态提取相关的知识资料生成项目动态知识地图，进行项目知识的聚类展示，达到知识服务指南的作用，简化信息检索过程，提高知识获取的便利性。员工可以通过高效的搜索引擎迅速地找到所需要的知识点，当员工选中某一具体知识点时，与此相关的知识点也会展现出来，减少相关知识重复查询工作。员工快速获取知识、解决问题的同时，将自己解决问题的经验分享到知识系统中，促进知识的应用、共享，加速知识的循环。

4. 明确研发各阶段知识输入和输出，不断细化完善知识资源服务

一是知识管理团队结合研发各个阶段业务需求和活动特点，对研发过程中知识需求进行调查分析，充分了解研发各阶段相关工作人员知识活动的行为，确保研发中不同阶段、不同类型知识的输入，结构化各阶段知识成果的输出。

在研发的概念和规划阶段，利用内外部资源网络、市场需求和过去的产品经验形成有效的产品概念。在产品设计阶段，将产品的概念转化为具体技术应用，依靠员工自身技能和经验的同时，不断地吸取外部技术知识提高设计能力。在产品工艺设计和试制阶段，知识更多来源于规范程序和生产实践经验。

二是为确保研发过程的知识应用效果，提供多种知识获得、应用途径。为促进显性知识的应用，前期对研发各阶段的知识需求开展调查分析，在信息技术平台上根据研发需要定制开发知识服务管理系统平台，实现智能推送；研发过程中不断收集需求部门对研发知识使用的意见，及时发现问题，对知识服务系统进行更新、完善；对欠缺的功能模块，通过技术手段快速新增、升级。显性知识可以直接获得，但隐性知识包含在企业研发流程和活动中，不易直接获得，如员工经验、创造性思维、实践知识、习惯等。为此，搭建知识共享、交流的环境、平台等，促进隐性知识传播应用。

5. 开展研发全流程的专利开发与保护

一是在项目预研阶段开展相关领域技术专利的调查分析研究工作，从宏观市场和微观技术领域分析竞争对手的布局状态和发展趋势，提供专利利用运用策略和风险规避策略，指导项目在重点领域进行知识产权开发和产品研发。在研发过程中，不断针对新技术方案和创新构思，开发和挖掘创新提案，组织完善开发支持工作。后期则重点进行确权维护和数据维护，保障项目商业权利。

二是在进行项目知识产权开发的同时，组织建立专利分析数据库。多年来持续开展全球汽车行业技术专利数据分析工作，每年专题数量在 40 个以上，为底盘系统、车身系统、电气系统、发动机总成、变速箱总成、新材料等多个领域提供详尽的分析报告和技术数据。同时，与国家知识产权局知识产权发展与研究中心等单位进行广泛合作，对有风险的技术领域，进行预警提示和对策分析。

截至 2015 年年底，东风商用车累计申请国内专利 1528 件，其中有效发明专利申请 151 件，有效实用新型专利申请 938 件，有效外观设计专利申请 350 件；拥有国内授权专利 1252 件，其中有效发明专利 20 件，实用新型 882 件，外观设计 350 件。截至 2015 年年底，专利数据库共累积国外专利 87245 件，国内专利 48296 件；包含 210 家竞争对手的调查分析，提供 33076 件可合法使用的国外专利、11085 条国内专利。

6. 制修订研发全流程标准

不断强化标准化工作与研发业务的紧密结合，实现双向驱动，有效保证项目开发“FQCD”指标达成。在项目开发前期输入标准法规信息，为项目商品定义及特性分解提供依据；在项目过程中进行标准化推进，开展平台化、模块化、标准化设计，整合零件品种数，其中标准件品种由过去 231 种缩减至 192 种，有效控制产品成本；跟踪现有标准的实施应用，持续在关键专业领域、关键设计环节进行企业标准挖掘；项目后期实现标准输出。产生的新标准又在后续新车型项目开发中充分应用，保证项目关键特性的准确验证。通过标准法规输入引导提升产品开发及制造水平，促进技术创新，同时在产品开发、制造过程中实现标准应用及持续创新，形成良性有机循环，为公司商品竞争力提升及收益改善做出贡献。具体措施如下：

一是通过知识管理流程强化立项评审及会签评审，针对重点专业领域进行有效挖掘。2011—2015 年，完成标准制修订共计 1352 项，其中 2010 年 115 项，2015 年 395 项，企业标准制修订质量及数量大幅提升。

二是编制发布《东风商用车标准件手册》。指导设计师合理选用标准件，提升产品开发质量。通过进行标准件整合，控制新增标准件品种数，并对现车通用件及专用件标准化，降低开发及生产成本。

三是梳理显性知识，建立与产品开发专业领域相匹配的技术标准体系。构建十大子体系结构框图及标准明细表，覆盖国标、行标、地标及企标等3783项标准并进行属性定义，并在PDP系统进行发布，方便设计师查询应用。该体系为后续标准规划工作奠定坚实的基础。

四是密切跟踪国内外标准法规动态，积极参加国标、行标制修订工作，促进商用车行业的技术突破、技术提升。2010—2015年主导及参与国标、行标制修订共计43项。

（五）开发知识服务管理平台，支持知识服务管理与科技创新

开发东风商用车研发知识服务管理平台，以“协同创新”为核心，结合东风商用车知识创新特点，面向知识生产、管理和利用的全生命周期，把最重要的知识及时传递给最需要的人，为知识管理与协同创新提供解决方案，构建企业数字化协同创新平台，部门、个人知识管理及学习交流平台，形成知识管理与科技创新支持系统。平台架构主要包括企业创新过程支持系统、问题/项目分析与创新服务系统、知识管理与循环应用系统。

东风商用车定制开发的知识服务管理平台，一方面为快捷获取、智能推送、交流互动、异地共享提供桥梁和技术通道，为员工提供丰富的知识资源和科技信息保障。满足研发过程中跨地区、跨部门、跨专业领域的知识需求，实现企业内部在武汉、十堰、襄阳、花都等地的资源异地共享利用，同时实现武汉地区高校和科研机构优质科技信息资源的本地化共享；另一方面，使企业在研发过程中的各类知识及时积淀下来，更好地促进知识服务管理与科技创新。

三、商用车企业面向研发全流程的知识服务管理效果

（一）加速企业人才成长，提升了企业研发能力

成果的实施，为研发人员个人知识更新、技能提升、业务流程参考借鉴和技术创新提供了丰富的知识资源和快捷高效的交流、共享平台，为员工建立了一个自主学习、快速成长的职业通道。在为企业降低培训成本的同时，加快了新员工的成长速度、新岗位的适应速度，提升了企业研发能力。截至目前，新入职员工培养期培训成本下降了40%，培养期提前晋升责任工程师比2015年提升30%以上，成熟期员工五年成长为主管工程师的提升到60%，主管工程师成长为主任工程师的提升到50%。新知识、新成果的不断产出和应用，加速了研发人员个人职业生涯成长，促进了企业研发领域人才年轻化，截至2015年，东风商用车研发领域共有享受国务院特殊津贴专家8人，湖北省突出贡献专家6人，武汉市中青年专家6人，东风公司一级人才库专家288人，专家平均年龄比2010年降低了约5岁。

（二）缩短研发周期，降低成本，提升了企业研发效益

系列知识服务的开展，缩短了研发周期，降低了成本，提升了研发效益。相较于2013年，功能模块开发周期平均缩短了20%—30%，项目节点准时率从2013年的46%提高到了2015年的73%，新车型平台研发周期缩短了3—4个月，为新产品抢占市场赢得了先机。知识服务管理活动不仅提升了研发效率，在研发过程中还产出了大量的知识创新成果，平均每年科技成果商品化的有250多项，极大地提高了公司产品核心竞争力，给公司创造了巨大的经济效益，新产品销售收入占产品销售收入的比率由2013年的61.71%增长到2015年的72.23%。

（三）研发成果不断涌现，提升了企业核心竞争力

以促进技术创新为目标的知识管理体系，不仅促进了研发各环节知识的创造和产出，也促进了各项技术创新成果的产出，尤其是逐渐形成商用车领域自主技术的开发能力，掌握了整车技术、关键总成核心技术。在商品自主开发过程中，东风天龙产出了56项专利，东风天锦产出了51专利，东风天龙旗舰

产出了140专利，东风风神4H发动机产出了13项专利，东风14档变速箱产出了21项专利。2013—2015年获得受理专利816项，获得授权的专利617项；承担国家科技支撑项目1项、省重大科技创新计划项目1项、省科技支撑计划项目1项；获得中国汽车工业科学技术奖一等奖1项、二等奖1项、三等奖2项；获得中国机械工业科学技术奖三等奖1项；获得湖北省科技进步奖三等奖1项，获得东风公司专有技术192项。大批自主开发的核心技术，提升了东风商用车的自主开发能力和市场竞争力，巩固了东风商用车在行业内的引领地位。

（成果创造人：蒋　鸣、蒋学锋、邓耀文、黄强辉、孟　磊、雷春菊、
李　堰、王　敏、陈　刚、王同忍、罗晓明、肖永安）

总承包模式下的地铁机电工程施工协同管理

南昌轨道交通集团有限公司　中铁建设投资集团有限公司

南昌轨道交通集团有限公司（以下简称轨道集团）成立于2008年10月，是南昌市国资委所属的国有企业，负责城市轨道交通的融资、建设、营运、开发和管理，注册资金22.5亿元。总部共15个部室，下设6个分子公司和5家合资公司，截至2015年年底，轨道集团总资产468.12亿元，员工总数近2400人。

南昌1号线地铁机电总承包单位中铁建设投资集团有限公司（以下简称中铁建投）是中国中铁股份有限公司所属全资子公司。中铁建投总资产128.76亿元，员工总数为299人。经营范围包括项目投资、建设项目管理、基础设施建设、设计咨询、工程咨询，机械设备租赁及相关服务，其中投资业务主要涉及城市轨道交通、公路、市政基础设施、土地一级整理和房地产开发等专业领域。中铁建投通过科学、精细、严谨的管理和创新，打造了一大批国家及省部级名优精品工程，先后荣获“全国优秀施工企业”“广东省自主创新标杆企业”等荣誉称号。

一、总承包模式下的地铁机电工程施工协同管理背景

（一）确保南昌地铁1号线按期通车运行的迫切需要

南昌地铁1号线自2009年珠江路站开工以来，受前期迁改街道两侧纵横交错的煤气管道、给排水管道、其他多种管线，交通疏解，报建审批等影响，至2012年全线才全面开工，比策划工期严重滞后，土建工期的后延又将导致机电各专业大面积抢工期、“打乱仗”。轨道集团为提高工程建设效率，缩短工程建设周期，充分发挥机电工程总承包单位的技术优势和项目管理优势，探索采用地铁机电工程总承包模式，以确保2015年年底南昌地铁1号线按期通车总目标的实现。

（二）机电工程是制约轨道交通建设的核心环节

南昌轨道交通1号线西起双港站，止于瑶湖西站，全长28.8公里，共设车站24座、定修段与停车场各1个、主变电所2座。南昌作为地铁行业的一个新兵，面临管理经验不足、技术人才短缺等难题，特别是在机电工程多专业、多领域的机电各系统方面，面临着更大的统筹、协调、管理挑战。为了高质量完成江西第一条地铁建设目标，轨道集团大胆尝试采用“机电总承包”的模式，通过地铁建设的管理创新、缩短工期、提高建设质量、降低工程造价，提升企业一体化管理能力。

（三）充分发挥中铁优势培养南昌轨道人才队伍的需要

我国轨道交通大规模集中建设和大量线路集中开通运营，建设与运营人才尤其是高端人才整体缺乏情况严重，已成为制约我国城市轨道交通健康持续发展的短板。南昌地铁与全国许多城市一样，地铁建设处于起步阶段，地铁工程项目管理能力处于初级状态，专业建设人才紧缺，特别是地铁机电管理人才引进极度困难。轨道集团为了破解这一瓶颈，加快南昌轨道交通人才的培养，形成较完善、系统性和层次化的人才培养机制，促进轨道交通专业人才的梯队化建设，在轨道交通1号线选择机电总承包模式，带领和培养轨道集团机电管理人员在项目实践中学习锻炼，快速成为机电各专业管理方面的人才。

二、总承包模式下的地铁机电工程施工协同管理内涵与主要做法

针对南昌地铁1号线协调管理难度大、不确定性多、工期约束紧、管理人才缺乏、管理方法欠成熟的工程特点，轨道集团会同中铁建投，以南昌地铁1号线机电总承包项目为依托，引入并融合系统工程管理方法、风险管理理论、并行工程（简称CE）理论等管理理念和方法，通过BIM技术应用、接口管

理、检查、考核等手段，对机电总承包模式下设计采购施工一体化管理进行创新与实施。有效缩短了1号线地铁机电工程安装调试时间，提高了地铁建设效率，实现了工程质量和造价的有效控制，在建设中培养了大批各专业技术管理人才，开创了地铁建设机电总承包模式。主要做法如下：

（一）明确职责分工，建立协同工作机制

南昌市政府成立轨道交通建设指挥部，履行1号线建设的政府管理职责；由轨道集团作为业主方，履行业主职责；通过招标后由中标方中铁建投作为1号线机电总承包方，履行机电总承包、项目管理职能，负责机电总承包合同的履行。机电总承包合同范围为轨道、与土建工程密切相关的车站常规设备安装和装修工程以及系统设备安装工程、甲招设备管理、甲招工程项目管理。

1. 建立协商沟通机制

轨道集团与机电总承包单位共同搭建与设计单位、监理单位、系统集成商、机电各专业间建立资源共享的计算机信息平台，实现对项目实行动态综合协调管理，通过网络技术实现网上信息查询、交流办公，提高工作效率。同时与设计单位建立设计图纸技术交底会议制度；轨道集团、机电总承包及监理单位之间建立工程月简报制度；总承包与监理单位建立工程月、周、日报告制度，各方定期与不定期例会，专题讨论会制度等相关制度来保证多方之间能够实施有效的沟通与协调。

2. 系统打造设计一采购一施工平台

轨道集团在南昌市政府、国资委的大力支持下，引导中铁建投发挥技术、人才、资金等方面的优势，利用合同和行政管理手段，整合资源，由传统多个独立、条块分割、设计采购施工分离的多个“管理中心”集成为一个专业、高效、统一、集中的管控中心，管控中心与设计、采购、施工上下联动、及时反馈；同时将传统管理中参建各方相互交织、低效的管理网络，优化为以中铁建投总承包部为节点的沟通平台，形成“重点突出、分级管理、全面覆盖、反应迅速”的管控体系；并制定“设计引导，源头把控，统筹协调，集中管理”的设计一采购一施工一体化管理原则，推动工程建设高效开展。

为实现对设计、采购、施工的统一协调管理，轨道集团下放给总承包单位中铁建投对设计单位、设备供应商的部分管理权。要求在采购管理方面协助轨道集团对14家甲招设备厂家进行管理，全面贯彻设计联络—工厂排产—出厂验收—到货场验—安装调试—培训服务六项流程严格执行。要求总承包单位定期参加或组织甲招设备供货协调会，促使各项设备按时保质保量到场。设计管理方面协助轨道集团，会同总体院对全线的设计工作中的出图计划、设计变更、设计接口等进行管理，确保设计进度、设计质量可控。要求总承包单位牵头制定设计管理、采购管理、工期预警、应急预案等涵盖工程建设全过程、全要素、多层面的一系列制度，规范管理行为和流程，保证设计采购施工一体化的高效运转。

在机电总承包模式下，要求中铁建投作为机电各专业生产任务的总集成中心，在项目建设过程中对设计、采购、施工资源集中统筹管理，有效优化资源配置、灵活调配生产要素，搭建以设计、施工、资源供应为支柱的一体化管理支撑体系。

一是以设计为引导。中铁建投通过协助业主采取限额设计、优化设计、设计巡检与考核奖惩等手段，激发调动设计的积极性；组织机电施工单位配合设计院，将设计方案与先进施工技术、施工工艺和施工方法结合起来，保证设计方案更合理，更具针对性，减少后期变更，做到工程质量、安全和投资的源头控制；机电设计出图，各专业互相制约，协调工作量巨大，有些专业在施工单位采购合同落地才能确定设备的尺寸、功率、电流大小等，进而影响设备房布局、建筑消防分区切割布点出图、图审报建程序等，总承包部积极协助业主、配合设计单位，建立设计出图台账、推动设计有序开展工作。

二是采购重点管控。一方面通过争取到的对设备供应商的管理权限，参与或组织甲招设备供货协调会，促使各项设备，特别是大型设备及时进场并运输到位。另一方面中铁建投对大宗材料如钢材、光电缆、大型设备、装饰装修材料等采取集中采购模式，节约成本，保障物资及时到位；同时加强对项目资金的集中调度和监管，提高资金流动性，为施工生产解决后顾之忧，保证生产施工的有序进行。

三是狠抓施工落实。针对全线不同工点、不同专业领域，在中国中铁内部优中选优，选择系统内与工程特点、难点相适应的施工队伍进行标段和施工任务划分。如轨道工程选择全国闻名的铺轨单位，供电专业选用全国地铁供电市场份额独占85%的专业施工队伍。施工过程中，以南昌1号线整体为着眼点，通过工期预警、劳动竞赛、样板引路等办法，采用信息化施工、科技创新等手段，确保工程进度、质量、安全和效益等目标的落实和实现。

四是建立全包络风险管理体系（简称DEA）。基于项目群风险管理理论，提出并构建“目标统一、全员参与、风险分担、效益共享”的项目风险管理模式和制度体系，以此为基础进一步丰富并完善轨道集团安全质量管理体系。机电工程总承包模式下各相关单位作为项目风险承担单位共同介入从方案评审、施工图设计、采购、施工到试运行的全过程，实现优势互补，强化设计采购施工一体化风险管理，降低设计采购施工管理中因信息孤岛、信息沟通不畅、信息流失、信息传递延误等引发的工程风险。同时基于“近因易控”原则（风险分配应由最有效地防止或最方便处理风险的一方承担）确定设计或施工风险承担责任，使风险发生的概率降到最低。

（二）完善施工规划和工艺技术要求，开展项目分级管控

1. 五方共享，用系统策划指导项目行动

业主、设计、监理、集成、施工方共享项目信息，根据全线各项目标具体要求，分析影响南昌地铁1号线管理目标实现的干扰因素，针对各影响因素在施工图设计、物资设备供应、施工过程等各环节和各层面进行超前策划、提前处理，将影响工程建设目标的因素降低到最低程度。基于系统工程管理方法和管理思想，打破技术、组织和过程管理中的壁垒，构建轨道集团、中铁建投、总体设计单位、工点设计单位、施工单位、设备供应商等相关单位共同参与、分工协作、联合攻关、风险分担、效益共享的设计采购施工一体化管理平台；同时基于BIM管理理念，搭建项目信息共享资源平台，动态插入、提取、更新和共享信息数据，实现系统内信息无阻传递。通过系统管理，促进设计、采购、施工的零距离对接和深度交叉，实现了机电工程总承包模式下设计采购施工一体化全过程动态管理的良性循环。

一是编制总体策划与专业计划。针对前期土建工程施工进度严重滞后，与第一版《工期总体策划》偏差过大的情况，在中铁建投中标后根据项目实际进度和机电各系统的专业特点，组织力量编写侧重机电各专业的第二版《工期总体策划》。根据新版策划，会同设计单位编制机电各专业施工图设计详细计表计划，组织设备供应商制定设计联络、供货安排等工作计划，安排各施工标段编制实施性施组。将工程项目的设计、供货、施工进度控制目标按年度、季度、月（或旬）进行分解，明确各项资源投入，协调安排工程建设进度衔接中的各类接口关系，增强工程建设实施的合理性、合作性和预见性。通过调整后期工序，调整人、材机配置，以确保2015年年底按期通车总目标的实现。

二是编制设计采购施工技术要求。在项目建设各阶段组织相关设计单位、设备供应商、系统集成商、施工单位等定期进行设计联络，确认系统功能和技术参数、技术方案、接口方案、检测标准及各种计划安排，统一各种技术参数、设计原则、设计方案，以满足机电工程各专业设计及设备制造的要求。在施工阶段，制定机电工程施工技术控制要点、工程关键节点条件验收管理办法等技术文件。各项技术文件的制定和举措确保设计、施工过程有序可控。

三是制定工程质量和创优规划。结合南昌地铁1号线机电总承包项目的实际情况，由中铁建投成立机电总承包项目创优专门组织机构，明确机电参建各方创优职责，制定《南昌地铁1号线机电总承包项目工程建设创优规划》，秉承“开工必优、全面创优、一次成优”的创优原则，确立创优总目标，同时明确设计、科研课题、工法、QC成果等支持性目标，并将目标层层分解，为工程创优奠定了基础。

四是推进 BIM 技术应用。BIM 技术（简称建筑信息模型）通过搭建三维模型，实现设计效果的可视化与模拟建造，并促进数据信息交换与共享。在南昌地铁 1 号线机电工程阶段，通过采用 BIM 技术，对奥体中心、艾溪湖西、八一馆 3 个车站试点应用 BIM 技术搭建信息管理平台，实现缩短建设工期、减少变更、减少返工、提高工程建设质量等目标后，进而在全线其他车站开展了综合吊架 BIM 设计推广活动来解决机电施工行业难题。风水电、消防桥架和通信、信号、供电等系统缆线、设备达到“系统清晰、配置优化、安装到位、和谐共生”的完美布局。同时 BIM 技术的应用在一体化管理中实现信息的无损、无阻传递，提升一体化管理效率。

2. 节点考评，分级管控项目实施过程

轨道集团在南昌地铁 1 号线项目中建立突出重点、相互制约、协调统一的激励与约束机制，设立奖励基金，通过检查评比与奖罚，充分调动各参建单位的积极性与主观能动性，促进项目进度与安全、质量协调发展。对各标段的关键节点制定专项里程碑工期目标，如对设备房移交、轨通、电通、网通等设置专项里程碑工期。对关键里程碑工期进行严格奖罚考核，通过考核充分调动内部积极性。按照“三个结合”进行，即内部与外部检查相结合、日常考核与季度检查相结合、前后优差与奖罚配套相结合的检查方式对现场的安全、质量、文明施工进行检查考核。要求总承包单位中铁建投配合轨道集团对设计单位采取不定期设计巡检和季度考核的方式对设计进度、质量等进行评比。根据各节点计划执行状况，强调节点计划的严肃性，关键节点和关键接口建立责任追究制度。

根据轨道集团、项目公司、专业项目经理的权责范围，将南昌地铁 1 号线项目计划进行相应的分解，各层级分别负责其对应的计划，层层聚焦分解管理难度。一级节点计划即集团管理层关注的计划节点，主要是一些项目的重大里程碑事件，比如洞通、轨通、电通、联调、试运行等。通过集团关键节点的管理，能让高层时间锁定在最关键的环节上。二级节点计划是项目公司层面对各专业的管控计划，覆盖各个专业口，如轨道、变电、通信、信号、消防、屏蔽门、售检票、电扶梯等。二级节点计划由项目公司负责，基于关键路径，控制项目总工期，强调专业线的横向协同。三级节点计划是各专业项目经理关注的计划，是二级节点计划按专业口的进一步细化，例如各车站、区间、子系统等。分级计划管理体系的建立降低项目了管理难度，计划在各层级职权范围内管理，责任清晰明确，计划管理更加高效。

通过总承包模式下的地铁机电工程施工协同管理，在土建工程工期多次延后情况下，先后 4 次对总体策划进行修改，特别是机电各专业安装策划的细化，确保总体进度可控，各项工作按照总体部署统一推进。虽然土建工程完工时间较原计划滞后 10 个月，但机电工程仍然按期安装调试并开通，相对来讲通过采用机电总承包模式下的协同管理，促使机电工程整体工期压缩了 10 个月，极大提高了工程效率。

（三）推进多专业、多环节无缝对接，实现协同施工

针对地铁机电总承包项目专业接口多、参与单位多、技术难度大等特点，引入 CE 理论，组织设计采购施工并行协同工作，对设计方案、施工图设计、采购控制、施工过程等各方面进行同时考虑，同时对全线各工点合理组织并行交叉进行，对具备条件的及时开展工作，有效地缩短工程建设时间，工程质量和造价得到有效控制。轨道集团大力支持中铁建投采取措施，消除管理“短板”，发挥设计、施工的互补优势，通过设计采购施工一体化管理，实现项目全过程主要节点的“无缝对接”。

1. 设计、采购、施工“无缝对接”

中铁建投项目总承包部在设计工作阶段组织施工标段及早介入，形成对工程地下环境、周边单位、施工工法、工期计划深层次认识，在设计阶段提出合理的设计建议，并重点关注前期管线预埋、光电缆管沟路径、大型设备运输等方案；同时配合设计单位进一步完善设计工作，特别是机电各专业的设计联络工作的推进，采用技术含量高、安全节能、环保的成熟设备。在机电安装施工阶段，组织设计人员加强现场服务，解决各机电系统内和系统间接口技术问题，保证单机设备、单个系统的先进性和整个系统

整合后，整条线路技术先进性的统一。

2. 土建工程与机电安装工程的“无缝对接”

中铁建投利用有力的资源调配能力和现场生产组织和协调能力，结合土建工程的实际施工进度，与业主协调做好各工点土建工程的分步移交，同时提前了机电安装工程的介入时间，预留预埋超前统筹设计，保证土建工程的移交质量，实现土建工程与机电安装工程的平顺转换和无缝对接。

3. 机电安装工程各专业内部“无缝对接”

作为机电总承包商，编制机电工程各专业施工的统筹安排；根据地铁建设顺序，加大地盘管理、轨行区管理力度，做好施工工序、施工接口，尤其是在同二次结构配合穿插的施工组织及后期调试等工作的协调管理，避免相互交叉作业干扰，确保在机电安装阶段各专业之间的紧密配合，提高工效，降低工程成本。理顺施工流程解决现场综合性：作为机电总承包要对各专业进行管理与协调，并成立项目协调小组，负责深化设计与施工现场的协调，协调小组主要负责两个方面的工作。一是现场与深化图纸的协调。根据深化设计图在工艺交底阶段绘制各专业施工流程图，并将现场实际情况及时反馈给深化设计部门，对深化设计方案进行优化和完善。由深化设计部门牵头，根据设计要求及结合工程的实际情况，在保证功能满足使用的情况下，进行机电各专业管线的综合。主要在管线密集的区域将各专业的管线如给水管、排水管、消防水管、空调水管、风管、线槽等综合在一张平面图上，根据业主对管线（或吊顶）最低标高要求，分析综合图，重点考虑管线存在交叉现象的部位，做到管线排列有序，层次分明。在确保设计、功能及施工符合要求时，再将完善的综合图反馈到各专业施工图纸上，确定各专业管线的走向严格按综合图进行布置，通过综合图的深化解决各专业交叉时存在的施工难题，做到施工有序、脉络分明，避免人工、材料的浪费及成本的增加。二是负责现场其他机电专业分包、机电各专业的工作面和施工工序的协调。对于机电专业之间施工坚持“先风后水再电、从上到下、从里到外、先干管后支管、小管让大管、有压管让无压管”的原则，及时解决施工现场空间和工序的交叉问题，并根据当天施工现场情况，安排第二天各专业队伍的施工，杜绝各专业各自为政，先下手为强，先占有利位置，不管其他专业能否安装等问题。

（四）强化合同履约和协助帮扶，整体提升施工效率

1. 合同管理与行政手段并用

工程开始前，对各标段施工单位主要管理、技术人员资格和资源投入情况进行专项履约检查；在建设过程中定期进行履约检查，确保其履约能力与工程任务相匹配。在建设过程中，各单位安全、质量、进度管理等方面出现部分偏差的，中铁建投完全按合同严肃履行。在合同管理的基础上，充分发挥行政管理优势。在南昌地铁 1 号线建设中，轨道集团多次在施工现场召开全线生产计划会，要求各参建单位集团公司领导参会，统一思想、提高认识，促使参建单位集团公司对南昌地铁 1 号线多关注、多帮扶，快速推进项目建设；对个别出现重大履约风险因素的，轨道集团及时约谈参建单位集团公司领导，要求派驻现场工作组予以重点帮扶；同时建立重难点项目领导挂牌督办制度，成立帮扶小组进行重点帮扶，及时消除短板，最大限度满足整体建设的要求。

2. 加强接口协调与界面管理

地铁机电安装工程包括通信、信号、环控等多个专业工程，因工程的复杂性，会在施工界面及设计接口处存在内容上的交叉和重复，重点是系统结合部位、系统联调、试运行的接口。为此，中铁建投总承包加强了接口和界面管理。一方面根据安装工程特点，对接口单位制定相应的移交管理流程和移交规划。建立接口管理体系及沟通与协调途径、方式和争议解决机制，健全接口管理规章制度，采用合理的方法和手段，进行有效沟通与协调，减少冲突的发生。另一方面定期协调各施工单位共同完善图纸及设计资料，研讨施工存在的问题并及时商讨解决对策，排除施工隐患；同时，协调各施工单位之间界面交

叉和重复的部分，查找遗漏之处，解决合同分工存在的问题，为后续顺利施工打下良好基础。

（五）加强人员交流和培训，在施工中提升企业员工能力

在机电工程总承包项目中，轨道集团各专业管理人员全面参与到设计管理、设备采购管理、施工管理中，提升一体化管理的认知和管理水平。在整个工程的实施过程中，轨道集团管理人员全面跟进，培养出一批技术过硬，长于现场组织协调的人才；为运营提前培养出大批站务及维保人才，使他们熟练掌握地铁新设备的安装调试、使用特点、操作规程、安全规范，并能够正确灵活地操纵各种车站设备，为一号线开通试运营打下牢固的人才基础。

三、总承包模式下的地铁机电工程施工协同管理效果

（一）确保了按期通车试运营，满足了群众出行的迫切需求

通过总承包模式下的地铁机电工程施工协同管理，顺利完成单系统调试、联合联调与演练、试运行组织、专项验收及开通评估等工作，达到国家相关标准并满足安全性、可靠性、可用性、可维护性的专业要求，确保了南昌地铁 1 号线安全试运营。地铁 1 号线的开通缓解了南昌市区的交通压力，逐步建设了立体公共交通系统及减少社会能源消耗，成为群众出入、出行的首选，满足了群众出行“快捷、方便、舒适”的需求。

（二）有效节约了建设施工成本，经济效益明显

一是通过减少设计变更产生经济效益。总承包从设计联络到出图再到工程施工全过程参与工程各种技术及工程接口管理，密切了设计与施工的联系，有效减少工程实施过程中设计变更的发生。国内统计研究表明：变更设计费用一般约占到工程造价的 5%，按总承包合同价约 16.3 亿元计算，按传统模式建设变更费用约为 8150 万元。南昌地铁 1 号线实际发生的需轨道集团承担的变更费用约 1500 万元，节约投资约 6650 万元。二是通过减少工程返工产生经济效益。机电各方合同实行统一管理，机电总承包方对各方合同的全面介入，可以提前发现机电合同各方的接口错误，提前解决，减少返工现象的产生。经初步统计，南昌地铁 1 号线较传统工程减少返工费约 450 万元。三是通过缩短工程工期产生经济效益。如果按照传统方法组织施工，南昌地铁 1 号线开通日期将后推 10 个月，经轨道集团初步估算，产生的直接经济效益约 1000 万元。

（三）探索了总承包施工管理经验，具有较好的推广示范价值

机电工程总承包模式的应用，加快了地铁的建设速度，全面提升工程建设、调试质量，全线不带任何附加条件一次性通过试运营评审。机电总承包模式的应用全面体现了投资节约、工期可控、工程优质、施工安全等方面的优势，取得了良好的经济和社会效益。地铁机电工程总承包管理模式的实施，为地铁工程建设提供了一种新的思路，是建设模式拓展的一次有益尝试，相关经验和做法在国内地铁建设中的推广应用空间具有广阔前景。

（成果创造人：王朝华、刘为民、朱静谦、徐森林、王　勇、左　莹、舒雪松、舒伟明、周　俊、杨　涛、洪　超）

航空制造企业融入国际产业链的研产能力提升

庆安集团有限公司

庆安集团有限公司（以下简称庆安公司）创建于1955年，隶属中国航空工业集团公司（以下简称中航工业），是国家“一五”计划中156项重点建设项目之一，是专业从事飞机高升力系统、作动系统、机载武器发射系统、货运系统和制冷系统科研生产的大型企业。拥有国家级企业技术中心及航空与制冷2个博士后科研工作站，设有航空产品、制冷设备、检测技术三个研究所，建有国家一级理化试验室、航空工业西北地区环境实验中心，在复杂壳体、精密齿轮、大型框架、各类液压阀、大导程多头螺旋轨道等零件加工、液压密封和特种锻铸造、焊接、热表处理等技术领域都具有较强的制造能力。1997年开始航空零部件转包生产，主要产品有飞机飞控、电源、机轮刹车、起落架收放等系统用零件、组件。截至2015年年底，庆安公司注册资本9.9亿元，资产总额52亿元，实现营业收入26亿元，利润9000万元。

一、航空制造企业融入国际产业链的研产能力提升的背景

（一）抓住国际航空市场机遇，进一步促进企业发展的需要

据波音公司预测，未来20年全球航空市场民机需求在35000架以上，中国每年有9亿美元左右的作动器类产品转包市场；在国内，以C919为代表的国产大飞机项目成为国家重点，庆安公司面临参与国外和国内民机研发与制造的双重机遇。“十一五”末，面对可预见的国内外民机市场，提升研产能力成为庆安公司深度参与国际分工、开拓民机市场、成为系统级产品供应商的必然选择，国际合作成为提升研产能力的重要途径。

（二）国际航空产业的新变化对企业研产能力提出了新要求

“十一五”以来，国内外航空客户普遍采取“主制造商＋供应商”研制模式和“双流水”竞争模式，这种新的变化要求企业不仅要具备国际水平的制造能力，而且还要掌握系统集成研发能力和正向设计能力。随着与国外竞争对手在航空领域代际差距的逐渐缩小，在研发方面，过去逆向设计的研发路径已走到尽头，技术积累已难以支撑新一代飞机的研制，提升单个零组件产品的性能已不足以满足新一代飞机平台的需求，企业的整体研发能力已难以满足客户提出的系统解决方案需求；在生产制造方面，与国外标杆企业相比，在数字化加工能力、特种工艺能力、过程质量控制能力等方面也存在较大差距。庆安公司作为飞机附件供应商，内呈多型并举、研产并重的新常态，并面临新品研制过程复杂多变的新挑战，外受国内外同行业的多重竞争和挤压。因此，亟须提高制造水平，掌握基于需求的正向设计方法，快速提升系统级产品的研制能力。

（三）军民融合发展为企业融入国际航空产业链提升研产能力提供了可能

综观国际航空企业，如波音、空客与穆格公司等，在业务组合方面，充分体现出军民融合的特点，在航空业务领域更是实现了军机与民机的有机融合，这种融合有效促进了技术同源产品的相互提升、资源效率的提升。在目前国内民机刚刚启动，国外民机快速发展的大环境下，通过融入国际航空产业链，无疑是快速提升研产能力的有效途径。在政策上，军民融合已上升到国家战略层面，融入国际航空产业链提升研产能力符合国家“建立和完善军民结合寓军于民武器装备科研生产体系”的发展要求；在技术上，军用与民用航空的技术具有同源性；在实现手段上，拥有军民品通用的模块化设计方法；在项目研制上，军品研制生产的体制机制与民品能够相互借鉴并促进管理水平提升，这些都为庆安公司融入国际

航空产业链的研产能力提升提供了可能。

二、航空制造企业融入国际产业链的研产能力提升的内涵与主要做法

庆安公司创新并实施多种国际合作方式，通过转包生产，了解并学习国际航空先进制造过程、理念、标准和规范，并按国际航空企业要求，建立标准和规范，提升国际航空制造的能力。同时搭建了与国外知名企业交流的平台，提升了在市场、研发、技术等方面开展国际合作的能力。进入部件级、系统级研发的国际合作，组合各种国内外优势资源，充分利用国际航空知名企业的系统集成能力及国外中小企业的专业优势和灵活机制，补充企业的短板，巩固系统供应商地位，促进了民机研发、制造体系的完善，提升了与国际航空企业同台竞技的能力。主要做法如下：

（一）制定融入国际航空产业链的研产能力提升思路和实施框架

1. 以研产能力提升为目标，制定国际合作规划

“十一五”末，庆安公司在中航工业总体战略的牵引下，确定“成为中国优秀的飞机附件供应商”的企业愿景和“航空为本，航空与制冷并举”的发展战略，明确战略实现的路径是“两个转变”即由生产科研型向科研生产型企业转变，由传统制造方式向数字化制造方式转变，其核心是研发能力和制造能力的共同提升，最终达到国际航空制造企业先进水平。为确保这一目标的实现，通过梳理国际合作发展脉络确定发展方向，对标国际先进企业验证发展思路，梳理核心技术和核心产品确定业务范围，建立能力模型确定提升方向等，制定“十二五”国际合作发展规划，提出融入国际航空产业链，通过加大国际合作与自主创新，掌握系统级产品关键部件制造技术及系统集成能力；学习借鉴国际航空制造业标准，大力开展国际合作和转包生产，提升航空业务制造水平；通过研产能力提升开拓民机市场，实现从部件供应商向系统供应商转变的规划目标。

2. 明确融入国际航空产业链的研产能力提升思路

通过对国际合作几种通行方式的梳理和研究，确定融入国际航空产业链的研产能力提升逻辑和策略：以零件、部件、系统产品的实物输出为国际合作业务的有形产品，以研制能力的积累和提升为国际合作业务的无形产品。通过国际合作提升研制能力，通过研制能力的提高进一步促进国内外市场开拓，从航空产业链“微笑曲线”低价值的制造环节向高价值的研发和服务环节拓展，最终形成以国际合作促进研产能力提升，以研产能力升级提高合作层次，进而提升总体盈利能力。

3. 制定融入国际航空产业链的研产能力提升的实施路径

建立研产能力模型，根据企业向系统级产品发展的战略要求，将企业的研究能力、技术开发能力、制造工程能力、生产能力作为一级能力要素按过程的 5M1E 要素（人机料法环测）进行归类并分解，其次，按制造成熟度理论，将人员、设施设备、物料、设计、制造工艺、质量、成本、计划、风险、检验检测等作为二级能力要素，并与过程的 5M1E 要素进行匹配。

通过 SWOT 分析、对标分析等方式，结合企业发展实际，遵循企业成长的一般规律，提出企业研产能力提升的主要实现路径：第一，与国外先进企业多方式合作，提升航空产品正向研发和系统集成能力；第二，引进国际航空生产工艺、技术规范和质量管理，提升制造能力；第三，灵活运用国际合作规则，建立合作网络，巩固系统供应商地位。

（二）建立适应国际合作的组织机构和运行机制

1. 调整组织架构和职能设置

设置主管国际合作副总经理—国际合作处—业务室、科研副总经理—科研处—项目办、技术开发副总经理—航空设备研究所—专业室、工程副总经理—制造工程处—专业室、生产副总经理—生产处—各分厂的组织机构，分别对应于国际合作价值链条的市场开发、科学研究、产品技术开发、工程技术和生产环节，同时建立项目总监和总师系统，通过跨部门、跨职能的项目流程将市场开发、科学研究、技术

开发、工程技术、产品生产的链条贯穿起来，以总师系统及各相关资源部门为纵轴，总监系统为横轴，构建面向用户和型号（项目）的矩阵型管理体系，总师系统负责从纵向上解决专业技术问题，总监系统负责从用户到公司内部各部门之间的横向协调，以总师总监为联系用户和项目的桥梁和纽带，建立对外面向市场用户，对内面向研发项目的总师总监运行机制，快速将用户需求体现到企业从设计到装配的全部制造过程。

2. 制定国际合作的项目流程

建立基于RACI模型的市场开拓、科学研究、技术开发、制造工程、生产运行的业务流程。在市场开拓阶段，国内民机市场由科技研发管理处负责开发，国际合作处、研究所和制造工程处支持，国际民机市场由国际合作处负责开发，科技研发管理处、研究所和制造工程处支持，生产处、生产单位和质量管理处按需配合；在科研基础研究和预先研究阶段由科技研发管理处负责，其他单位支持；在技术开发阶段，由研究所负责，其他单位支持；在制造工程阶段，由制造工程处负责，其他单位支持；在生产运行阶段，由生产处负责，其他单位支持。

3. 完善国际合作相关制度

建立以沉淀研制能力为目标，以“市场—科研—技术开发—制造工程—生产—市场”为闭环运作方式，以《创新基金项目管理规定（QAZ/JK211）》《专利工作管理办法（QAZ/JK206B）》《知识产权管理规定》《新品研发项目组责任制实施办法（试行）》等一系列管理制度的运行机制，并通过科研项目，促进研制能力积累和转化。

（三）采取多种合作方式，掌握正向设计流程和系统集成技术

1. 与国外先进企业开展部件项目合作研发，掌握产品正向设计流程

在飞机作动系统中，世界航空巨头波音、空客公司都将飞行控制系统分为两种类型：主飞行控制系统和高升力系统。国外产业和技术发展趋势表明，高升力系统已成为现代军民用大型飞机的重要独立分系统。在国际上，只有穆格、利勃海尔和联合技术公司等为数不多的几家供应商掌握着系统集成以及重要部件的核心技术。为了打破国外企业在高升力系统业务的垄断，通过国际合作掌握高升力系统研制技术，成为C919项目高升力系统商业成功的必然选择。在确定项目合作方式时，对比项目合作和建立合资企业的优劣性，根据未来的发展需要，确定联合设计、风险共担项目合作方式，穆格公司为主供应商、庆安公司为辅供应商，共同为中国商飞C919项目提供高升力系统。其中，庆安公司负责3种LRU的设计研发，并承担该3种LRU的装配、试验、鉴定和取证支持，以及系统中80%以上机加零件的制造。

通过联合设计，庆安公司首次从设计源头进入国际民用航空高升力系统部件研发、装配、测试领域，从2010年项目启动开始，依次经历联合设计阶段、初步设计阶段、详细设计阶段及硬件和试验设备制造阶段，以及根据每个阶段的任务要求制定工作计划和各阶段的门径（包括交付物，标准和产出物），逐渐了解并掌握民机研发管理流程，通过借鉴、套用、渗透、影响，逐步形成从设计、研发、试验、人才培养、数字化加工一套完整的高升力系统的研发体系。研制手段实现从逆向设计向面向需求的逐步转变，开始以基于模型系统工程方法来改善和提升设计流程，通过建模型、用模型，需求仿真、功能仿真，再到实物验证，解决正向设计能力，提高产品设计准确性和水平，为提升系统级研发能力奠定了基础。

2. 在系统产品中与国外供应商合作，掌握企业系统集成技术

新舟700飞机研制项目是由中航工业集团公司主持、中航工业西飞承担的新一代涡桨支线飞机项目，对于巩固和扩大新舟系列飞机在国际市场的份额，实现中航工业成为全球涡桨支线飞机主要制造商的目标意义重大。庆安公司从2012年开始与西飞新舟700项目团队接触，通过制定新舟700飞机高升

力系统的国际合作方案，主动与穆格、古德里奇等国外公司洽谈与交流，从系统集成、项目支持、知识产权归属、专业技术能力、费用、资源以及未来发展限制等方面进行合作模式优劣分析，最终确定庆安公司作为主集成商，国外中小型公司做系统和适航支持，核心部件选专业供应商的模式，得到主机厂中航工业西飞的认可。

新舟700项目是庆安公司首次以系统供应商身份开展国际合作，在合作期间，成立以庆安公司为主、国外公司外派设计人员、项目管理人员为辅的研发团队，采用现场联合办公的方式，全程参与研发过程，在系统需求分析和确认、持续适航、构型管理、系统集成测试、核心器件专业供应商选择、民机系统项目管理等方面，严格按国外民机研制流程和适航体系要求，构建并完善系统级产品研发流程及验证流程，并将适航要求的软硬件开发技术，纳入到企业的研发技术标准，保证研发技术需求、缩短研发周期、降低研发成本，培养企业系统集成研发能力，为进一步开拓民机市场打下坚实的基础。

3. 与国外中小公司合作，提高关键部件研制水平

关键部件的研制水平，直接制约产品的研发进度，为有效解决这一问题，庆安公司采用与国外中小企业合作的方式，充分利用其专业优势和灵活机制，与亚洲、欧美的10余家中小企业和大学开展项目洽谈或进行实质性合作，民机科研合作网络初具规模。

在具体合作中，通过梳理产品技术发展脉络，确定工艺技术、关键部件、核心元件、建模仿真、实验平台等五个需要发展的领域，进行需求及初步评审，确定是否需要国际合作及合作达到的目的；对已确定需要国际合作的领域，调研进入视线的企业，确定合作对象和合作方案，一是以具体项目、课题的合作推动，采取自下而上的短线合作模式，针对具体项目通过以我为主、以对方为主或共同设计等方式展开合作，同时探讨共同成立研发机构、项目合资公司的方案；二是以专业预研课题顶层系统牵引，采取自上而下的长线合作模式讨论未来航空技术及专业发展需求，提出项目及课题，跨越式发展，从顶层需求研究到最后虚拟或实物研制，分阶段分过程编制一个网，找多个合作对象解决未来专业技术发展的关键核心技术，提前掌握未来专业发展核心关键技术，使竞争从被动变为主动。

（四）实施“筑巢引凤”投资策略，引进国际航空生产工艺、技术规范和质量管理

1. 按照国际标准建设转包生产基地和研产一体化基地

面对国际航空制造业快速发展的态势以及航空工业高科技高投入长周期的产业特点，改变以往以订单建能力的传统做法，采取发展战略引领下的“筑巢引凤”投资策略，先期进行厂房设施设备硬件建设，吸引国外知名企业与我们合作，在提升航空产品研制能力的同时开拓市场，在市场开拓的基础上促进研产能力的提升，最终提升盈利能力的良性循环。

首先建立可承担全球民机机载作动器类产品零组件生产的制造基地，强化设施设备能力。2009年自筹资金在西安出口加工区租赁5200平方米的厂房，新增设备56台。2011年在西安出口加工区建立11000平方米厂房，建立阀、筒体活塞、结构件和壳体4条生产线；截至2015年年末，已有加工及检测设备130余台，员工300余人，为提升航空产品研制能力奠定坚实的物质基础。

在此基础上，建设民机机载作动系统科研生产一体化基地，提升研制资源保障能力。2013年购地40亩建设集民用航空产品设计、装配、测试于一体的38000平方米厂房，建设具备承担全球民机机载作动器类设计研发生产一体化基地，并拟于2018年投产，为公司国际合作业务规模快速提升打下坚实基础。

2. 学习国际航空制造标准与技术规范，提升制造工艺水平

庆安公司按国际制造标准与技术规范，开展制造工艺改进。从简单零件转包生产做起，以小回转体类零件为切入点，重点拓展技术同源的液压壳体、筒体活塞、齿类等核心零件，全面复制客户的设备、工艺，将客户先进工艺运用到零件生产上，提高生产效率。例如，6项复杂壳体生产，原来的加工周期

需 7—12 个月，而客户只需要 14 个小时，按客户建议引进五轴加工中心，学习五轴加工方法重编工艺，引入新的定位加工手段，显著缩短加工周期，合格率从 60%提高到近 100%；通过筒体活塞类零件生产，学习使用车铣复合等大型设备，某大长径比盲孔结构筒体的机加工序数和加工时间分别提高了 40%和 37.2%；通过齿类零件生产，学习先进加工技术，某直齿类零件的单件齿加工工时从 3 小时降低到 1.5 小时，效率提升 100%；通过加工 C919 项目 MOOG 设计的锥齿、三联齿、齿条等，掌握了紧凑式高精度三联齿和齿条的加工技术和变形控制技术，并引入 MOOG 锥齿加工规范，用标准齿轮的方法控制及提升锥齿质量，填补了此类零件加工的工艺空白。

学习国际先进工艺技术，通过细化固化，建立可视化、可操作的工艺。例如，面对国际民机液压产品表面质量的毛刺问题，按照 MOOG 公司去毛刺标准，学习去毛刺技术、工具方法，引进设备，建立去毛刺专业单元，并派工艺和操作人员去客户工厂现场学习，详细编制去毛刺操作说明书和工艺卡片，将原“去毛刺”三个字变为一整套去毛刺操作说明书，针对每种毛刺，规定使用相应工具及去毛刺方法，同时配有相应图片，去毛刺工艺能力显著提升。

消化国际制造标准和客户规范，提升特种工艺水平。根据客户订单质量条款及图纸要求，从 10 余家客户引入各类国际制造标准和客户规范近 1100 份，经过分析消化，编制热处理、化学处理、无损检测、焊接、喷丸强化、非常规加工 6 大门类 33 种特种工艺程序文件 155 份。特种工艺操作指导书从无变有，从粗到细，NADCAP 认证范围和数量位居国内同行业领先地位，零件合格率和产出效率大幅提升，强化了企业在特种工艺方面的优势和竞争力，满足了国际客户对转包供应商的基本资格要求。

通过制造工艺持续规范化、可视化，并向技术同源核心部件的不断拓展，庆安公司被国际转包客户定义为中高复杂度零件供应商，客户拓展加快，逐步提高至部件级产品的国际合作，通过制造部件级产品，初步了解国际民用航空装配、测试标准和要求，制造加工能力从单纯加工制造向装配测试的完整制造环节转变。

3. 引入国际客户先进质量管理工具，开展产品研制全过程质量精细化管理

一是引入产品质量先期策划（APQP），规范产品研制过程。首先，成立涵盖项目管理、质量、工艺、检验、生产及设计职能的项目推进团队，学习研究 Honeywell 公司 APQP 管理程序文件，确定从制造环节引入；其次，将 APQP 管理体系的 16 个关键活动进行归纳，确定符合企业实际的 10 项关键活动（合同评审、项目计划、制造评估信件、工艺流程图、PFMEA、控制计划、防逃逸计划、首件报告、产能分析、总结经验），明确每项活动的输入与输出文件要求及有关责任部门的职责，使活动的执行和完成可量化，易于过程管理；同时将新品开发过程分为三个阶段（首件投产前阶段、首件加工阶段、首件加工完成后阶段），核心是围绕 PFMEA 的数据分析，对其他关键活动的数据信息进行不断的迭代与改进，提高前期策划能力，使新品转入批产后流程稳定；再次，汇总分析近三年新品研制过程数据，以典型问题引导需求、理论体系实现需求为原则，制定首件开发的管理文件，在新品开发过程中进行试运行，对运行数据进行滚动搜集、反馈与改进，最终固化 APQP 管理文件，试运行期间，新品开发过程的周期较以往综合缩短约 13%，报废率降低约 24%，整体开发成本得到有效控制；最后，将先期质量策划 APQP 管理理念扩展至新品研发及设计阶段，提高新品研制全流程的质量精细化管理水平。

二是引入客户质量诊所管理工具，实时监控产品质量。首先，按照客户要求，成立涵盖人员、实体位置、布局和流程、量具和设施、可视化管理、质量矩阵、绩效评估等七要素的质量诊所；其次，将企业内外部的质量信息，录入质量诊所登记表，采取立即措施，并将实物送入诊所，运用“35W”“鱼刺图”“柏拉图”等方法进行根本原因分析，给出审理意见，将根本原因报告录入用于监控质量问题重复发生的象形图，监控其根本措施的有效性；最后，通过象形图，监控到同一质量问题重复发生，对根本措施的有效性进行进一步审查，减少重复性质量问题发生概率。通过质量诊所两年多的运行与实践，该

客户产品的次品率从 2013 年的 3200PPM 降低到 2015 年 350PPM，效果明显，目前已将质量诊所推广至军民品的制造过程质量管控。

三、航空制造企业融入国际产业链的研产能力提升效果

（一）促进了新研产品与批产品交付双增长，满足了客户需求

研产能力的提升，使庆安公司在科研新品任务大幅增加，新品资源占比持续上升的情况下，实现了新品交付和销售收入的双增长，有力满足了客户需求。2010—2015 年，新品交付从 115 项增长到 238 项，尤其是系统级产品研制从 17 项增长到 40 项，航空业务收入从 8.4 亿元增长到 13.2 亿元，其中民机业务收入年均增长 58%，占航空业务收入的 11.6%，同时产品一次交检合格率提高了 7%。

2015 年庆安公司 C919 高升力系统翼尖制动装置成功获得中国民航局适航批准标签，成为国内率先获批的系统部件，标志该部件正式转入交付阶段，同时顺利完成铁鸟、101 架机交付，保证了 C919 飞机总装下线及首飞目标。2015 年 12 月，庆安公司成为 MA700 项目飞控液压专业国内率先完成需求评审的供应商，受到主机厂中航工业西飞的充分肯定。

（二）实现从部件供应商到系统供应商的转型，具备参与国外民机项目竞标的能力

通过国际合作，庆安公司获得了法国 BVQI 组织的 AS9100 认证，而且 NADCAP 认证范围和数量位居国内同行业领先地位，特种工艺方面的优势和竞争力加强。企业的制造标准、制造管理、质量管理与国际标准逐步接轨，系统集成能力、关键部件设计能力、风险管控能力及产品制造、装配、试验能力逐年提升，实现了由简单产品向复杂产品、部件产品向系统产品的升级。

通过 C919、MA700 等项目合作，庆安公司民用航空研发体系更加系统并有了显著提升。通过主动向国外企业发出合作意向的方式，掌握了国际民用航空的研发流程，获得了大量的知识储备，民机科研合作网络初具规模，巩固了国内民机系统供应商地位，初步育成了按照国际民机标准独立研发民机项目的能力，并初步具备了参与国外民机项目竞标的能力。

（三）获得了集团公司与相关各方的肯定认可

2010—2015 年，庆安公司的军机顾客满意度从 96 分提高至 98 分，民机顾客满意度从 82 分提高至 88 分，被国际客户定位为中高复杂程度转包生产零件供应商，并开始承接完整产品转包生产。2014 年获得“中航工业民机国际转包生产突出贡献集体”；2015 获中航工业机电系统“国际合作贡献奖”，C919 项目获“中国商飞优秀供应商合作突破奖”；2016 年在中航飞机民机供应商大会上，庆安公司作为国内的系统供应商做经验交流；2016 年 4 月中航大学讲座上，中航工业领导将庆安公司与国外某公司的项目合作方式作为案例进行了经验分享。

（成果创造人：高阿明、冯夏艳、田　超、罗　鹭、权　莉、李　蕾、
顾豪龙、骆卫东、高　斌、杨利峰、李务永、汤善文）

汽车零部件制造企业基于精益生产理念的新产品研发管理

湖北三环锻造有限公司

湖北三环锻造有限公司（以下简称三环锻造）始建于1961年，是采用模锻工艺生产钢质模锻件的专业化企业，国内最大的中、重型汽车转向节生产厂家之一，湖北省精密锻造工程技术研究中心，国家级高新技术企业。三环锻造具备年产锻件8万吨、主导产品汽车转向节200万件的生产能力，现有产品品种达2000多种，产品涵括重、中、轻、客、轿汽车转向节以及吊耳、转向节臂、突缘等系列产品，其中年出口奔驰卡车转向节15万件以上。三环锻造通过了ISO/TS16949质量管理体系认证、ISO14001环境管理体系、OHSAS18001职业健康安全管理体系认证和德国联邦铁路产品认证，主导产品“东银”牌汽车转向节连续四届被授予湖北省精品名牌，“东银”牌中、重型汽车转向节被中国机械工业协会授予“全国机械工业用户满意产品”。

一、基于精益生产理念的新产品研发管理背景

（一）压缩新产品研发活动中的非增值环节、降低研发成本的需要

随着国内汽车市场的竞争日趋激烈，各大主机厂纷纷将产品降价的压力转移到了下游的零部件厂商，三环锻造也受到了巨大的冲击，产品利润进入了微利时代。三环锻造每年投入的研发费用占当年销售收入的4%左右，投入大，但见效慢，研发成本亟待控制。而新产品研发成本控制并不能通过压缩开发规模或者减少研发投资，而是要减少开发中不必要的环节和开支，用较少的投入获取较大的研发成果。新产品研发作为企业活动的重要环节，也是产品策划的首要环节，将精益生产中的管理理念贯穿到企业日常的新产品研发管理工作中，构建较为完善的新产品研发管理模式。新的管理模式可以尽可能的消除浪费，节省成本，为企业健康、有序的发展建立良好的基础。三环锻造面对微利，依照“节能降耗、从内挖潜”的方针，开展降成本活动。

（二）提高新产品研发效率的需要

三环锻造新产品研发管理模式一般按职能划分设立部门，通过等级控制来实现组织目标，指令自上而下逐级传达，下级遵照指令执行；各个职能部门缺少有益的沟通，等级结构多，解决问题及制定决策进展缓慢，使项目进度受到拖延或项目完成质量受到影响；管理人员不能进行整体的管理，对国内外市场竞争激烈、多样化、个性化、复杂化的客户需求及市场要求已经显得越来越无能为力。基于精益生产理念的新产品研发管理就是要打破这种组织间隔，消除部门本位主义，以目标为导向，实现无边界团队，提高新产品研发效率；以给客户提供满意的服务为出发点，在质量、成本、服务和速度等绩效指标上取得重大改善，追求新产品研发费用的最优配置和合理使用，或将其压缩至最小，从源头上构建企业可持续发展力，将新产品研发管理活动中常规或可能形成常规的环节程序化、制度化、合理化，提高研发效率。

（三）缩小差距，走国际化发展道路的需要

按照国际化的发展思路，三环锻造的研发管理水平有了长足的进步，研发总体水平有了较大提高。但是随着与国际上如戴姆勒—奔驰、达夫、采埃孚、塔塔等高端知名客户的合作，发现研发管理状况与行业先进水平和国际先进水平相比，仍有较大差距，如研发过程中数据的收集，信息化应用程度较低，规范性、真实性、可靠性、可追溯性等难以控制。随着中国汽车市场的快速增长，全球主要汽车生产企业在中国设立研发中心，加大产品国产化力度，提高产品的市场竞争力，带动了

研发技术、研发管理水平的提高。三环锻造要想在激烈的竞争中立足，实现“百年锻造”的梦想，必须加快走国际化的道路。所以基于精益生产理念的新产品研发管理是缩小与国际高端客户差距、走国际化发展道路的需要。

二、基于精益生产理念的新产品研发管理内涵与主要做法

三环锻造从产品制造的源头研发开始，将精益生产中消除浪费、降低成本的理念引入到新产品研发设计、管理过程之中，实现对新产品研发过程的精细化管理，达到降低产品研发成本、提高研发效率、提升研发质量、提升企业核心竞争力的目的。主要做法如下：

（一）健全新产品研发管理体系

1. 建立新产品研发项目组织架构

三环锻造首先健全研发管理体系，通过建立组织架构，明确管理的层次关系，规范彼此间的分工与协作，确立各自的责任和权利，做到各负其责、各尽其责，层层落实、层层到位。

2. 完善流程管理

三环锻造制定“研发项目评估论证流程”“研发项目立项管理流程”“新产品试制管理流程”，规范过程流程管理，识别过程风险，提高项目运作效率、降低项目成本、控制项目风险。例如，通过在流程中建立适当的关键控制点——流程节点，降低项目决策、管理和执行等方面风险，提高新产品研发风险管控能力。

3. 建立人才管理机制

三环锻造通过内部竞聘、轮岗等多种方式给予新产品研发人员更多的发展空间；为人才队伍专门留有住房，在购房方式上予以倾斜；确保在新产品研发关键岗位上的人才安居乐业、工作稳定，打造一支专业理论功底深厚、实践经验丰富、结构合理、团队稳定的高素质新产品研发人才队伍。这既是三环锻造新产品研发的关键环节，也是实现研发管理精细化要求的最根本要素之一。

为保证新产品研发人员能力满足岗位需求和企业战略发展，三环锻造采用技能等级考核认定、专业技术职称评审、岗位能力评估等方法，对新产品研发人员能力进行有效的评价。在新产品研发人员能力评估过程中，三环锻造按照新产品研发团队成员的工作性质、业务流程、管理关系进行分类分析。根据研发团队人员的工作要求和能力特点，人力资源分别制定相应的《岗位职责标准》，明确岗位任职要求，对每个岗位的具体胜任力进行详细规定；由劳资人事部按照《岗位说明书》对人岗匹配情况进行评估，根据结果确定薪酬、晋升、转岗、培训等情况。

4. 新产品研发实行项目化管理

为确保精益开发计划的高效执行，做好工作分解，识别并优化研发标准作业，对研发计划进行严谨制定、严肃执行、高效沟通，三环锻造对产品研发过程（产品通过评审到 PPAP 样件通过客户认可阶段）实施项目化管理。通过项目化管理，将不同背景、不同技能、不同专业知识的项目研发工程师集中起来为某个特定项目共同工作，使每一个项目开发工程师有足够的精力投入到新产品研发的每一个必要阶段；明确项目在不同阶段需要完成的任务，定期检查项目质量完成情况，为决策者提供决策依据；对每个阶段进行跟踪，阶段性固化成果或采取纠偏措施，保证项目最终目标的达成；使项目的进展既符合新产品研发流程，又能在项目出现风险及偏差时得到决策层对项目的判断和支持，使项目正常进展，最终实现项目资源合理配置，新产品研发效率显著提高。

对于每个研发项目，项目负责人带领项目小组根据研发过程的不同阶段、节点，对达成的目标进行评价，对下一步实施方法进行评审，只有通过评审和审批才能进入下一个阶段，实施全过程监控，由此严格控制研发质量和研发效率。

（二）建立信息、资源管理平台

1. 建立产品全生命周期管理（PLM）研发平台

面对市场日益激烈的竞争和顾客的差异化需求，汽车转向节趋向于多品种、小批量化生产，如何快速满足顾客需求，全面管理产品信息，是三环锻造的首要任务。三环锻造着力搭建产品生命周期（从人们对产品的需求开始，到产品淘汰报废的全部生命历程）管理系统。

生命周期管理系统（PLM）研发平台，以产品的整个生命周期过程为主线，在数据管理中心的基础上融合协同产品工具，集成 CAX（CAD、CAE、CAM）、ERP、SCM 和 CApp 等应用系统，对客户需求、设计产品数据与文档、工艺数据与图表、生产计划与制造、加工设备、销售、使用与维护等各种信息进行管理，充分发挥产品创新、协同工作和应用集成作用，解决原来图纸文档混乱无法集中、查找困难无法共享、数据不安全容易失密等问题，实现缩短设计制造时间、降低成本、提高质量的目的。

2. 建立信息管理平台

三环锻造业务人员作为市场最前端的人员，掌握大量离散的信息，由于缺少信息管理平台，业务人员的离散信息无法有效进行收集和分析，这些反映市场真实动态与消费者需求的信息没有收集、筛选用于指导新产品研发，致使新产品研发前调研阶段隐藏的问题不能很好地得到弥补和解决，开发出来的产品不能满足客户的需求，必须根据客户反馈的需求信息和质量信息再花费很多精力和时间进行改进或者重新设计，从而造成浪费。为此，三环锻造在 PLM 研发平台基础上建立产品信息管理平台。项目小组通过对离散信息汇总整理后，筛选出对新产品研发有指导意义的客户需求信息，将有用信息结合对客户直接了解的需求信息用于指导新产品的开发、定位工作，确立研发方向，从而在新产品研发过程中做到“有所为有所不为”“有的放矢”，降低新产品研发的盲目性。

3. 建立数据库，实现知识共享

三环锻造通过对现有数据的管理分析，发现在产品开发过程中，为实现技术保密忽略了公司内部的资源共享，各个部门之间缺乏有效的沟通和技术交流；设计人员的经验因工作年限参差不齐，对设计过程中可能出现的问题预见性不足；每个设计人员在实际生产过程中遇见的问题不一致，解决问题的方案也不尽相同；公司产品种类多、品种杂，查阅以往的设计数据困难；设计人员岗位变动，这些造成许多设计问题在设计人员中重复出现，好的设计方案和合理的设计参数不能及时共享借鉴，设计失误重复发生。基于上述情况，三环锻造利用 PLM 管理系统平台建立了 PFMEA 数据库、经验教训数据库，将所有设计总结资料全部放在该系统中，通过内部网络，在新产品研发人员之间、部门与部门之间实现资源共享，使数据的共享更加完整、有效和快捷，提高了设计质量和设计效率，减少了人力、物力的浪费。为了保证研发所获得的知识，比如技术通知单、质量月报、质量例会材料、分析报告、现场生产的各类工艺文件、会议纪要、论文、客户标准、专利技术、六西格玛项目改进等能够连续的传承下去，三环锻造采取了一系列积极措施。

（三）利用先进技术，提高新产品研发效率

1. 运用三维逆向工程方法，减少修模

三环锻造围绕“调结构、上水平、国际化”的发展战略，与国外客户的交流越来越密切，而国外客户由于技术保密，很少提供完整的产品图样、技术文档等技术资料，有时候只提供产品实物。如果按照实物进行测量，然后按照测量后的数据进行设计、试制，最终研发出来的新产品很难满足客户的期望，随之带来的是一次次的修模，不但新产品研发周期难以保证，而且增加了研发成本。针对该问题，三环锻造积极采取措施，购买三维扫描仪，利用先进计算机辅助技术，在只有产品原型或实物模型条件下，基于产品实物利用逆向工程对产品零件进行生产制造，减少模具修复的成本和强度，提高新产品研发效率，降低开发成本。

2. 计算机模拟锻造过程

在新产品研发过程中，工艺设计主要依靠设计人员的经验来进行设计，然后制作出模具，通过现场实际模具调试来验证设计是否合理。对于一些形状复杂、成形困难的产品，即使经验丰富的设计人员也很难保证一次成形出合格的终锻件。如果设计不合理，再将模具返回到模具制作车间进行返修，然后再进行工艺验证，反复的试模、修模，不仅浪费大量时间、人力和物力，而且增加生产成本，降低企业在市场中的竞争力。为了改变这种局面，提升新产品研发效率，三环锻造在新产品研发过程中引进Deform－3D三维锻造模拟系统、AFDEX－3D三维锻造模拟系统，在计算机集成环境内综合建模、成形、热传导和成形设备特性进行模拟仿真分析，提供极有价值的工艺分析数据。例如，材料流动、模具填充、锻造负荷、模具应力、晶粒流动和缺陷产生发展情况等。通过计算机上虚拟成形过程，能够提早发现或预测原始设计中不合理或不是最优方案的参数，在模具制作前及时调整工艺参数和工艺补充设计来避免缺陷（锻件折叠、锻件充不满、模具应力集中等）的发生，最终提供一个合理的优化的工艺设计方案，避免重复调整设计以及在车间生产现场进行多次调试。

3. 模具3D打印增材焊补修复

锻造模具表面失效后，一般采用整体降面或者整体堆焊的技术对模具进行修复。在新产品研发过程中，不可避免的会对模具进行修复（设计参数更改或客户图纸更改）。如果采用整体降面，由于模具封闭高度不断减小，降面几次后模具就会报废，模具成本高；如果采用整体堆焊，模具焊补量大，模具型腔加工余量大，模具制作周期长。为此，三环锻造引进模具3D打印增材焊补修复技术，通过扫描型腔与目标型腔的对比，使用焊材逐层增材打印，焊接机器人根据扫描建模后得到的编程数据自动编程进行焊补，将型腔焊补至与目标型腔相仿，在减少焊补量的同时又节约了焊丝，也为后续的模具加工节省了时间，实现了研发过程中的模具修复精细化管理。

（四）引入同步工程到产品研发过程

1. 与顾客同步研发

对于三环锻造来说，新产品研发是按照顾客的要求，设计、制造顾客满意的产品，图纸来源于客户。而客户在新产品设计阶段，由于专业知识的局限或者经验不足，在设计过程中未能充分考虑到产品在制造过程中的工艺可行性。当定型的产品图纸到达三环锻造后，根据工艺可行性，三环锻造研发人员又需要和顾客新产品设计人员进行沟通和交流，有时甚至需要修改原来的设计方案，造成大量时间的浪费。而顾客为了保证新产品按照预期的时间进度安排投放到市场，就不得不压缩后续的产品制造周期，这就给三环锻造的研发带来了巨大的挑战。为了防止此类问题的发生，三环锻造将研发过程向前延伸，在顾客新产品设计图纸定型前，通过电话、邮件或者面对面交流等方式进行沟通，对设计不合理的结构或者方案提出修改意见，以减少开发全过程方案的更改次数，缩短新产品研发周期，降低研发制造成本。

2. 产品研发各子过程同步实施

随着汽车市场竞争的不断加剧，产品更新换代周期缩短，要求三环锻造迅速、及时地推出新产品以满足用户需求。过去新产品开发过程采用顺序工程方法，造成在设计阶段有关产品的信息不能及时提供给生产部门、质量控制部门、销售部门等，并且顺序工程方法不能有效利用时间，导致产品开发时间周期过长。为此，三环锻造在产品研发过程中，对研发各子过程同步实施。例如，三环锻造在接到客户的新产品图纸后，研发部门首先对新产品进行工艺分析，确定新产品材料规格、工装尺寸、刀刃具参数、包装规范等信息，并及时传递给相关部门，保证在研发部门进行设计的同时，其他部门也能开展工作，节省时间；模具制作过程中，在模具进行粗加工的同时利用计算机模拟技术，对设计参数进行验证，发现问题及时修正设计参数，缩短研发周期。

（五）运用看板管理方法，对研发过程问题进行目视化管理

随着研发项目开展的深入，不同阶段出现的问题需要解决的缓急程度也不一样。出现问题如果只停留在口头通知或者沟通协商层面上，不能引起足够的重视，将影响项目开展。三环锻造借鉴精益生产看板管理，对研发过程的每个需要改进事项的进展状态，通过红色、黄色、绿色三种颜色来直观显示事项的优先级别，通过内部网站共享后，在电脑前可以查询，直观明了地提醒项目小组成员需要优先解决哪些问题。

三、基于精益生产理念的新产品研发管理效果

（一）降低了新产品研发成本

通过引入先进的计算机模拟技术、三维逆向工程技术和模具3D打印增材焊补修复技术，三环锻造新产品研发试制废品率由2013年的0.37%下降到2014年、2015年的0.26%、0.21%，分别下降了0.11%、0.16%。新产品研发吨锻件模具费用由2013年的464元/吨下降到2015年的416元/吨，共计节约资金150余万元。

（二）提高了新产品研发工作效率

三环锻造对新产品的研发水平发生了质的变化。通过将精益生产中消除七大浪费、持续改进的理念引入到产品开发过程之中，以提高产品差异性和技术含量、提高产品开发品质、提升产品附加值、同质条件下降低产品构成成本为目标进行产品研发活动，帮助企业获得了卓越的市场竞争力。以转向节研发为例，产品开发周期原来需要60—80天，现在仅需要40—50天，研发周期缩短近一半。

通过对研发管理的进一步细化，实现随时随地能查阅到及时、准确的信息，方便了领导层对项目的统筹安排，实现新产品研发各个环节的目视化管理；通过数据共享，图纸的检索效率比手工检索提高了2倍，有效数据的重复利用率得到了提高，设计失误降低了5%；通过项目化的管理手段，使整个新产品研发项目得到有效控制，保证项目的时间进度和费用控制；通过引入先进的计算机模拟技术和三维逆向工程技术，提升新产品研发设计能力，避免重复设计和改进，校核和优化模具工艺设计和结构设计方案，缩短了模具设计和模具调试周期，新产品研发一次成功率提高了20%，新产品供货及时率由2013年的93%提升到2015年的98.5%，新产品平均交货期由2013年的40.5天减少到2015年的30天，工作效率得到显著提高。

（三）提升了研发水平，增强了企业核心竞争力

三环锻造新产品销售收入由2013年的1.28亿元增加到2014年、2015年的1.91亿元、1.82亿元，分别上升了49.2%、42.2%。通过精细化的管理，采用更加优化的制造方案，产品获得更好的纤维流线；金相组织由原来的4级提高到2级；晶粒度由原来的6级提高到8级，产品研发质量显著提升。

通过新产品研发项目化管理，将各部门专业人员集中起来，使各项目研发工程师知识面得到最大发展，每位工程师都有机会参与不同新产品项目的开发，以便为公司其他部门或客户提供专业化、一体化的服务；使员工有更多机会接触不同的部门，各部门专业人员相互学习、相互促进，促进个人素质的不断提高，从而提升三环锻造整个新产品研发团队的能力和核心竞争力。三环锻造赢得了越来越多客户的青睐，拿到更多的生产订单，保证转向节在重卡市场占有率不变的基础上，进一步增强了与国际知名汽车厂商的合作能力，国际市场销售额逐年上升，占三环锻造销售收入比重不断扩大。2013年转向节产品实现了批量为戴姆勒奔驰卡车供货，2015年荣获戴姆勒公司全球优秀供应商称号。

（成果创造人：张运军、常继成、陈天赋、梁文奎、
武建祥、黄明伟、晏　阳、许明坤、汪　峰）

复杂航空产品精益研发管理看板建设

中国航空工业集团公司成都飞机设计研究所

中国航空工业集团公司成都飞机设计研究所（以下简称成都所）建于1970年，是我国航空武器研制的重要基地。主要从事飞行器总体设计和航空航天多学科综合研究，学科范围覆盖飞行器设计主要领域，设有总体气动、结构强度等11个研究部共120余种专业。现有员工2100多人，是国家硕士、博士学位授予单位，设有博士后科研工作站。成都所圆满完成多项国家级重点型号任务，共获得国家、部省级科技成果400多项。自主研制的歼十飞机，实现了我国空军主战装备和航空工业自主研发能力的双跨越，先后荣获国防科学技术奖特等奖、国防科技工业武器装备型号研制金奖、国家科学技术进步奖特等奖。枭龙系列飞机、无人系列飞机的研制，使我国军机外贸整机技术出口取得了重大突破。863重大专项，实现了我国航空工业从航空技术领域向空天结合技术领域的拓展。

一、复杂航空产品精益研发管理看板建设的背景

（一）看板是实现“精益研发”与“敏捷管理”融合的重要工具

成都所承担着多型跨代、跨领域、高性能航空武器装备研制任务。产品重要度高、组成复杂、技术难度大、研制流程复杂。由于产品的复杂性以及用户需求的日益严格（进度、经费、风险、技术状态等），为应对复杂产品研发的技术创新与管理提升的挑战，成都所确定“精益研发、敏捷管理”的总体目标。精益研发是对技术层面的要求，包括系统设计、产品实现、系统综合，“精”要求做到“精确、精准”，“益”则要求“提高效率、创造价值”。敏捷管理是对管理层面的要求，包括项目计划、控制、要求做到快而有效、便而有序，快速反应、科学决策，即“有序、便捷、准确、科学”为实现精益研发与敏捷管理之间相互交融，必须借助看板实现精益研发为敏捷管理提供技术层面的输入，实现敏捷管理为精益研发提供规划、资源及进度等支持。

（二）看板建设是数字化设计和信息化管理深化发展的必然需求

精益研发管理看板是重要的信息流载体，把信息从研发的末端依次往前传递。通过看板，使利益相关者对生产数据、情报等的状况一目了然，从而提高研发和管理工作效率。看板形成所需要的信息，包括计划指令、问题作业工序、资源信息以及各种管理数据。随着成都所数字化研发体系建设的日益成熟，精益研发看板所需要的信息，分布在不同的项目管理的业务管理平台与技术管理系统的产品数据管理平台中，管理看板可以从海量信息中根据不同管理层需实时地收集、分析、报告，确保项目运行良好。

（三）看板建设是研发管理规范化和规模化提升的关键支撑

精益研发管理看板是重要的项目群管理工具。随着成都所对项目全生命周期技术和管理活动研究的不断深入，总结、提炼一系列适用于不同项目研发过程的技术活动管理要求和管理活动规则，形成标准的项目全生命周期管理活动框架，统一项目管理标准，奠定研发管理看板建设基础。通过对标准研制流程的应用和关键管理要素的提取，有人机、无人机项目统一使用研发管理看板，能够加强项目间统筹协调和项目过程的监控，避免资源的重复与浪费，保障计划活动效率与效益，提供全面、完整、深入的管理信息及必要的统计、分析和整理，直观、实时、以不同的形式呈现给不同的管理层，满足不同管理层的关注需求。

二、复杂航空产品精益研发管理看板建设的内涵与主要做法

成都所梳理优化流程，完善管理要素，统一项目管理活动内容及标准，围绕研发活动，将研发管理看板分为管理类和研制类两大类，管理类看板如任务协调、项目进展、风险监控看板，技术研发类看板如技术状态管理看板、试飞外场信息看板等，集成信息系统，从海量信息中提取不同管理层最需要的数据并直观展示，切实提高企业研发效率。主要做法如下：

（一）梳理优化流程，完善管理要素

成都所及时总结提炼新机的研制规律，开发新型有人机、无人机项目全生命周期管理活动模型，确保研发活动流程标准化、使技术管理要素完整化。

1. 确立标准的全生命周期管理活动模型，奠定看板管理基础

成都所以标准的研制流程为依据，结合本所承担任务的特点，重新定义项目管理所需的研制阶段划分，设计贯穿项目研制全生命周期，以面向研制过程的管理活动为核心，技术、责任、交付为附属属性的管理活动模型框架，指导项目管理和看板实现。根据承担的项目研制任务特点，统一将项目全生命周期定义为七个阶段：立项论证（可行性论证，配合上报及批复）；方案设计（方案设计及评审）；初步设计（分区协调、初步设计及试验，初步设计评审）；详细设计（发图、试验、详细设计评审）；首飞及调整试飞（配合试制、首飞前机上地面试验、首飞、持续详细设计优化及试验、调整试飞及专场、鉴定试飞审查）；设计鉴定（持续详细设计优化及试验，设计鉴定准备及设计鉴定审查）；小批投产（投产决策、小批技术状态、配合生产、交付试飞、培训及综保设备资料交付）。在标准化研制流程基础上，丰富完整涵盖关键的管理要素。定义项目管理的三坐标为 x 轴（PBS）、y 轴（OBS）、z 轴（交付物），从管理活动的技术管理属性、责任管理属性和交付管理属性来约定具体的管理活动。

2. 项目全生命周期管理活动模型实例化开发

成都所科研管理部组织来自不同项目办，具有不同专业背景的项目管理人员组成 IPT 工作团队，以不同研制阶段为工作界面，采取分组工作的工作方式，从宣贯模型框架和实例化开发的技术要求开始，每周以例会的形式讨论进展和问题。形成两套实例化应用初稿后，IPT 团队改变分组方式，以专业为工作界面，分别到设计一线征求意见，经多轮反馈迭代，确定有人机、无人机两套实例化应用终稿，为后续进行项目看板管理实践奠定技术基础。

（二）集成信息系统，发挥数据优势

成都所有效整合管理信息系统和工程研发信息系统，打造数据仓库，对数据进行分析整理和提炼，充分挖掘并发挥数据的潜在价值、实现管理与技术的数据融合，为管理看板提供数据支持。

1. 集成应用系统

管理系统与工程研发系统的集成主要分为两种模式，一种是业务数据集成，一种是业务过程的集成。业务数据集成是项目管理系统与工程系统集成的主要手段，其模式在于关联分散在各工程系统中的研发数据，实时整合在项目管理系统中，实现管理数据的准确性和实时性，从而有效提升管理的质量和效率。成都所瞄准管理过程中的薄弱环节和重要环节，以核心管理要素为牵引来整合管理系统与工程系统。通过范围管理中的交付物要素，将 PDM 系统、档案系统、成品管理系统等作为交付物来源和项目管理系统进行集成。业务过程集成的实质是实现管理活动和研发活动的融合，相对业务数据集成，其在更深层面上实现管理与研发的统一，提升管理水准。业务过程集成主要解决研发过程中和管理相关的瓶颈环节。

2. 设计数据仓库

数据仓库采用三层结构，分别为操作数据存储层（简称 ODS）、数据仓库层（简称 DW）、数据集市层（简称 DM）。ODS 层主要用于存储接口数据，包含抽取时间最新且没有做任何修改的原始数据。

DM层主要用于汇总分析数据，按照看板的展示数据需求分别汇总事实表。对常用高粒度业务数据进行统一的汇总、预连接、预计算等运算处理，提高数据查询处理性能。

（三）围绕研发活动，开发管理看板

成都所复杂航空产品精益研发管理看板，是面向项目研发全过程，面向项目控制管理全过程的管理平台，供项目研发和管理过程所有干系人日常使用的管理工具。其功能定位包括两个方面，一是对研发过程产生的管理和技术信息及时、动态、直观的展示，为不同管理层提供及时掌握项目进展和发现问题的平台；二是对研发过程出现的问题/故障、风险等的处理解决情况进行跟踪和监控，提高管理的精细程度和敏捷水平。

1. 明确精益研发管理看板建设原则及要求

制定精益研发管理看板建设四项具体原则。

第一，服务范围实现项目控制管理体系全覆盖。决策层为所领导和总师系统，关注项目宏观运行状态，综合评估设计开发、试验、试飞、鉴定/定型过程中的风险及问题，对影响项目成败的重大问题进行决策。管理层为型号项目综合管理部门即科研管理部及任务管理层，关注项目计划的编制、调整，执行跟踪、控制，人力资源投入分析，经费使用分析，风险、问题报告等。任务管理层为研究部部长及专业研究室主任，关注研究室内设计人员的任务分配、计划基准、进展状态、问题与风险、流程运转卡滞环节及责任人等。执行层为设计人员，负责执行具体任务并负责进度反馈和问题反馈，关注任务接收、任务反馈、跨专业作业流程的协作性。

第二，内容实用，要满足技术研发与项目管理的实际需求，要求展示项目全貌，涵盖全所在研各型号项目，既要对研发过程产生的管理和产品信息及时展示，又要对研发过程出现的问题/故障、风险等的处理解决情况进行跟踪和监控；尽量利用现有的平台、工具和手段，或在现有技术手段基础上进行需求设计和开发，尽量减少新系统开发。

第三，形式易懂，看板形式直观、形象，简单明了。信息有效传递、及时沟通、全面共享。进展展示要及时、动态，数据处于实时或准实时更新状态；问题处理、跟踪和监控要直观、准确、实时，并形成闭环。

第四，信息准确，深入、实时、动态，要求实现管理信息的灵活使用，提供多维度查询（尤其是责任归属）、组合查询、下载等功能，要求实现管理信息的推送和互动，调动各个层级人员参与管理的积极性。辅助决策，创造价值。

2. 开发项目计划协调管理看板

开发项目计划协调管理看板，用于展示项目计划沟通、协调过程，实现项目计划在线编制、计划意见在线反馈、反馈意见在线回复，通过沟通看板公开、实时、动态记录计划协调过程和结果，并将信息自动推送相关方，改善计划协调效果，提高计划协调效率，其实现的关键和主要特点包括：

第一，预下发的项目计划对于计划编制全线可见，便于研究部更多的关注该项工作上下游的输入和输出条件、工作界面定义等。

第二，对于计划的反馈和回复具有推送功能，在预下发计划中的每个计划条目都附加有科研管理部项目主管信息，研究部对于某一条计划反馈意见后，信息会自动推送给该项计划的项目主管，便于主管及时知悉、查阅和回复，项目主管回复后，意见反馈人也能实时接收到推送信息，便于及时查看和接收。

第三，沟通看板记录翔实，计划条目、意见、意见提出人、意见提出时间、项目主管、项目主管回复意见、项目主管回复时间、计划条目是否已修改等信息一目了然，一方面便于管理层搜集、发现、总结项目级计划和任务分配中存在的问题，另一方面便于项目办和研究部计划管理的互相监督。

第四，计划的一键发布，计划协调完成后，项目主管可以选择冻结当前计划版本，一键下发到计划编制平台，原有的计划管理活动的管理属性同步下达，省去各级计划人员再次编制计划的工作，直接进入作业计划编制环节。

项目计划协调管理看板，减轻了项目管理人员和研究部各级计划人员的沟通负担，将管理人员从大量的文档处理工作中解放出来，解决了项目计划编制耗时长，计划协调效率低下的问题。现在成都所计划协调和下达仅用 2 周，相对于以往，节约了大约 2/3 的时间，同时项目计划的协调性和准确性大幅提高。

3. 开发项目进展管理看板

开发项目进展管理看板，一方面直观展示项目全年工作目标及主要工作计划概貌；另一方面，通过定性评估和定量统计分析，实时、动态展示项目进展，包括目标实现评估、风险分析，以及各计划节点的完成状态和成长度情况，及时、准确暴露项目问题（技术、进度、经费等），透明责任归属，促进自我管理，推动问题解决。

在项目计划冻结之后，项目管理人员进行一键发布前，通过建立项目 WBS 与各计划节点的对应关系，自动生成项目计划网络图，采取定量统计分析和定性评价评估的方式，形成项目当前整体进展评价表、项目当前风险清单和基于计划网络图的项目进展和进度表。

项目进展管理看板建设实现的关键和主要特点包括：第一，项目当前整体进展评价表，即项目管理人员对项目的年度目标、月度目标和进展状态的定性评价；第二，项目当前风险清单，即项目管理人员对项目的风险时间、风险类别、风险后果以及应对建议和责任主体的定性评价；第三，基于计划网络图的项目进展和进度表，主要采用定性评价和定量统计相结合的分级展示。

4. 开发专项工作管理看板

在成都所的项目研发管理过程中，存在一种特殊的进展管理需求，即某一项任务的管理对象数量诸多，诸多的管理对象具有相同的管理要素、相同的里程碑要求和不同的责任主体，里程碑目标的实现是并行或串行，在这种情况下，管理层需实时掌握各里程碑节点的完成状态和工作成长度，但完成信息又是实时掌握在执行层设计一线手中，甚至是具体某个设计员手中，而管理层在进度信息收集、统计方面的手段单一，只有靠电话、短信等传统沟通方式，信息收集、统计的及时性、准确性和时效性较低。

在此背景下，成都所建立专项工作管理看板，巧妙收集、提取来自设计一线的管理信息，以图表等形式直观、实时、动态展示某项任务里程碑节点的完成情况和管理数据统计分析结果，提升适应精益研发的敏捷管理能力和水平。

成都所专项工作管理看板的总体方案是（以鉴定/定型中的新成品鉴定/定型为例）：在原有的计划管理平台中建立虚拟监控模块，通过导入的形式，将某项成品定型这一任务转化为 WBS 工作，将该成品的管理属性转化为对应 WBS 的标签属性，将该成品的里程碑要求，求分别转化为对应 WBS 下的不同的作业，直接下达给研究部成品主管或科研管理部项目主管，成品主管或项目主管只需以划“√”的形式在待办工作中反馈某一里程碑工作是否完成，即可得到项目管理人员所需的管理信息。

专项工作管理看板其实现的关键和主要特点包括：第一，实现人人参与管理，直接将掌握在一线设计人员手中的工作信息转化为管理信息，提高管理信息的及时性和准确性；第二、管理人员通过一次性表格导入、作业责任人通过点击式反馈，即可形成管理看板，操作十分便捷；第三，根据不同的管理要素定制管理图表，支持多维度、分角色查询（型号、PBS、部门、项目主管、总师、承制单位），满足不同管理需求。

5. 开发资源用量看板

成都所基于计划管理平台，实时提取项目计划和作业的实际反馈工时，通过统计报表和图标的形式，形成动态的资源用量分析看板。其实现的关键和主要特点是：第一，全所任务完成量化数据统计，包括交付物完成率、作业完成率和任务包完成率；第二，全所工时比例数据统计，形成各型号系列，包括科研保障、自研产品、预研课题在内的工时比例饼图；第三，任务完成量化数据的按型号系列和部门维度查询，包括交付物、工时、任务包、作业的计划数、实际数和完成率数据；第四，曝光台，曝光部门交付物完成率最低 TOP5、研究室人均实际工时最低 TOP5、个人实际工时最低 TOP5，加强部门、研究室甚至个人对工时数据填报的重视，提高成本数据的真实度。

6. 开发试飞一外场信息监控看板

建立了试飞一外场信息监控看板，以此推动全所多型号项目试飞一外场信息的集中管控，实现对项目试飞计划、进度、现场情况及故障/问题的动态跟踪，实现对已交付飞机外场问题/故障信息及其处理流程的跟踪和监控，辅助管理和决策。

成都所试飞一外场信息监控看板实现的关键和主要特点是：第一，飞行状态：形成飞行日志，包括飞机状态、计划情况、完成情况（详细工作情况、试验数据、飞行记录、科目完成度等）、现场情况、故障情况等；第二，飞行计划及进展：形成详细内容及相关执行数据，包括试飞计划（年度、月度）、计划执行情况（试飞计划、试飞大纲、试飞周报、重大事件等信息）；第三，飞行结果：形成飞行数据下载，包括试验数据、飞行包线图等，支持执行结果数据、报告、资料等信息的查询与获得。

同时，基于试飞一外场问题/故障处理跟踪信息管理，将问题故障单定位到计划管理平台，纳入项目计划管理和考核，实现项目办对问题处理进度和结果的全过程管控。其实现的关键和主要特点是：第一，形成覆盖从飞行计划、飞机状态、飞行进展监控、问题跟踪的闭环管理的看板；第二，形成飞机问题/故障列表、监控处理入口、处理流程信息统计报表等，支持多维度、分角色查询；第三，纳入交付物管理体系，但不增加设计一线的管理负担，通过交付物监控和考核，促进问题/故障的攻关处理。

7. 开发工程更改异常流程监控看板

建立工程更改异常流程监控看板，通过对工程更改类型、流程状态、各环节周期、驳回情况的数据统计和监控，督促工程更改的执行和实施，提高技术状态管理的针对性和有效性。

成都所工程更改异常流程监控看板建立的总体方案是：依托于精益设计平台，监控对象包括 ECR、ECP、ECO、ECN、RFV、QAE、发图流程、技术文件流程、技术协调单流程等，通过提取项目工程更改单据流程中的各环节信息，对监控对象中的更改对象的各种属性进行分析监控，包括更改对象的 PBS、OBS 属性的分类统计，流程超时、驳回，环节超时、驳回数据的统计分析，以及异常流程的曝光、警示等。其实现的关键和主要特点是：

第一，明确监控流程类型：不同流程类型的超时流程数、驳回流程数、超时环节数、驳回环节数及总量；不同 PBS 的超时流程数、驳回流程数、超时环节数、驳回环节数及总量；不同 OBS 的超时流程数、驳回流程数、超时环节数、驳回环节数及总量；不同签审状态中的超时流程数、驳回流程数、超时环节数、驳回环节数及总量；超时流程数、驳回流程数、超时环节数、驳回环节数中的不同流程类型的数量分布。第二，曝光异常数据，括单环节超时 TOP10、总流程超时 TOP10、单环节驳回 TOP10 和总流程驳回 TOP10。

基于工程更改异常流程监控看板，通过对流程和数据的统计、曝光，一方面便于项目管理人员和技术状态管理人员及时查询、清理、统计和分析，另一方面促进设计全线参与、重视项目技术状态管理，尤其是通过曝光台的警示作用，督促相关单位和责任人员抓紧流程运转，确保项目技术状态随时可控。

三、复杂航空产品精益研发管理看板建设的效果

（一）管理过程动态可控、清晰可见

成果的实施，一方面改变了以往烦琐填报、多人核对等重复劳动，节省了设计人员与管理人员的时间，保证了信息的准确性；另一方面，使往年繁重的信息统计工作变得方便快捷，以前数周的分析工作现在可以在很短时间内完成。这一系统为全所的任务部署、资源分布、任务执行等信息统计提供了有力支持，大幅提升了管理层的快速反应能力和监控效率。

（二）管理信息精细真实

各级管理层可以实时、有效、动态、多维、深入、精准的掌握计划执行信息。研发管理看板强化了管理职责，使人人参与管理活动形成企业文化，使决策层随时了解项目管理和执行信息，又为科研任务量化评价与绩效考核提供有价值的信息。将“任务导向型”和“结果导向型”任务考核相结合，真正做到科学、有效、公平激励。

（三）有力支持年度研制目标的完成

复杂航空产品精益研发管理看板建设，满足复杂航空产品研发管理需求、展现项目进展全貌和细节；便于不同管理层快速了解进展、查找问题、定位责任，推动问题的解决；推动各级管理人员的主动管理和自我管理，在全所有限人力资源情况下，提升复杂项目群研发效率，较好完成了多项航空产品重点型号的年度研制目标。看板建设为成都所的技术进步、规范化的项目管理提供了有力的数据支撑，为成都所的项目管理积累了大量实时经验数据，为成都所技术进步和管理提升创造了不菲的价值。

（成果创造人：季晓光、许　泽、傅　刚、李　沛、许媛媛、周四磊、何　峰、陈裕兰、李嘉骏、何俊林、周　永、古志强）

铝土矿山综掘技术与工艺的开发管理

国家电投集团贵州遵义产业发展有限公司务川铝矿分公司

国家电投集团贵州遵义产业发展有限公司务川铝矿分公司（以下简称铝矿分公司）成立于2012年，位于贵州省遵义市务川县，是国家电投下属负责“务正道”① 煤电铝一体化项目铝土矿山建设开发的业主单位。“务正道”煤电铝一体化项目既是贵州省实现“四个一体化”的重要战略部署，也是国家电投打造的五大产业集群之一——贵州产业集群的重要组成部分。项目规划建设600万吨/年铝矿山、300万吨/年氧化铝，以及电解铝和铝加工等产业链，项目总投资约230亿元。铝矿分公司主要负责务川县瓦厂坪铝矿山（100万吨/年）、大竹园铝矿山（100万吨/年）的建设，以及务川县岩风阡、正安县红光坝、道真县姚家林三矿项目前期及后续建设开发，实际获取资源1.3亿吨。

一、铝土矿山综掘技术与工艺的开发管理背景

（一）加快实现项目建设目标的迫切需求

贵州省铝土矿资源储量5.98亿吨，位列全国第四位，但长期以来贵州省都以原料开发和初级产品加工为主，存在发展方式粗放、产业链断裂、附加值低等问题。为调整产业结构和转变经济发展方式，走上资源深加工和产业效益最大化的道路，贵州省提出大力实施煤电磷、煤电铝、煤电钢、煤电化“四个一体化”工程，促进矿产资源综合开发利用，让贵州资源优势尽快转化为经济优势。

铝土矿石原料的开发是“务正道”煤电铝一体化项目实施的重要基础和先决条件，矿山的建设牵动着整个煤电铝项目，担负煤电铝循环经济一体化项目顺利实施的重任。为加快推动煤电铝一体化项目实施，唯有改变安全风险较高、进度缓慢的传统施工工艺，在铝矿山的井巷掘进施工中寻求安全、高效、节资，新的技术工艺，在安全的前提下加快铝矿山的建设开发，缩短建设周期，为整个煤电铝产业链提供优质稳定的矿石原料供给，才能确保“务正道”煤电铝一体化项目的顺利实施。

（二）克服铝土矿山掘进技术瓶颈障碍的需要

综观国内经济形势，铝行业市场低迷，竞争激烈，多数涉铝企业因矿石原料品质低、开采成本居高，导致企业盈利空间狭小，甚至亏损。在铝矿山开采技术工艺上，国内有色金属与非金属矿山采用的是普通钻爆法（炮掘工艺），技术工艺落后。有色矿山行业设计单位理念陈旧，而铝矿分公司成立之初，工程技术人员紧缺，在工期紧、任务重，管理战线长的现实情况下，如按部就班的遵照行业现行技术工艺进行施工建设，瓦厂坪铝矿山、大竹园铝矿山最快也需要5年时间建成，2018年才能出矿，项目建设安全难以保障，竣工遥遥无期。

（三）打造企业核心竞争力的需要

要确保“务正道”煤电铝一体化项目实现产业协同规模化效益，企业生产的产品在质量和价格上必须要具有市场绝对优势。在激烈的铝业市场竞争中，各涉铝企业产品质量已趋于成熟稳定，而抢占市场份额最直接有效的手段就是降低生产成本，在价格上取胜。铝土矿石作为铝产品生产加工的主要原料，通过技术进步，降低矿石开采成本，对提升整个“煤电铝”产业链的生产制造成本有着至关重要的意义。为此，铝矿分公司迫切希望通过技术创新管理，带来矿山掘进施工关键技术的突破，确保铝矿山项

---

① “务正道”：指贵州省遵义市辖区内的务川仡佬族苗族自治县、正安县、道真仡佬族苗族自治县。通过充分利用三个县的丰富的矿产资源，形成煤、电、铝产业一体化。

目安全高速，优质节资建成投产，释放产能，为煤电铝一体化项目提供优质、稳定、低价的矿石资源，助推煤电铝项目的健康持续发展。

二、铝土矿山综掘技术与工艺的开发管理内涵与主要做法

铝矿分公司跨行业借鉴煤炭综掘技术与工艺，针对铝土矿的矿岩条件，通过自主创新，研创适合地下铝土矿山开拓掘进的综合机械化掘进关键技术与工艺，用于非煤有色金属矿山的掘进开拓，带动企业整体创新水平提升，推动行业科技进步。主要做法如下：

（一）深入调研分析，确定综掘技术与工艺开发目标

铝矿分公司对当前国内外巷道快速掘进方法与技术进行调研，了解相关行业包括煤炭、地铁、隧道、交通等行业成巷方法与手段，发现综掘技术工艺对铝矿山的技术创新有着极大的启发，决定借鉴该技术工艺，结合铝土矿的岩性条件、相关技术参数及当前综掘工艺的发展现状，探索新的技术设备和掘进方法。煤矿与铝土矿虽都为地下矿山，但所处地质沉积环境大相径庭。铝矿分公司通过前期的对两种矿石的硬度系数、矿石岩层稳定性、遇水膨胀等问题进行深入数据分析，对国内外综掘设备生产厂家的悬臂式掘进机及其技术参数与规格、国内外综掘技术与工艺使用环境、使用情况与使用条件进行调研，对国内外悬臂式掘进机材料消耗、主要技术经济指标及使用经验进行总结，对国内悬臂式掘进机和综掘技术与工艺使用情况进行实地考察，对综掘技术与工艺用于瓦厂坪铝矿山和大竹园铝矿山进行可行性论证，对瓦厂坪铝矿山和大竹园铝矿山综掘与炮掘进行经济比较，对影响瓦厂坪铝矿山和大竹园铝矿山综掘的主要因素进行分析，形成研究报告为研创铝土矿综掘关键技术与工艺设计奠定坚实的基础。根据相关数据的分析明确创新目标：充分借鉴煤炭行业综掘工艺的基础之上，通过不断实验与改进，形成一套全新的真正意义上的适合铝土矿开采的掘进方法与技术工艺，为我国地下铝土矿资源和有色资源安全、高效、优质、低耗开发利用带来真正的技术创新。

（二）深入交流、充分论证，优化设计综掘机

开展铝土矿综合机械化掘进工艺与关键技术研究，走一条前人没有走过的路，铝矿分公司面临着改变有色金属与非金属矿山传统的施工工艺，引入先进的综掘技术工艺，国内外无经验可循，难度大。现有的煤矿与有色矿山的管理经验与技术不能单纯地照搬和复制，对铝矿分公司所有人员来说都是新课题，具有较大的挑战性。为此铝矿分公司需要重点做好以下工作。

1. 充分调研，形成可行性报告

铝矿分公司通过大量调研，有效地获取、整理、分析和传递调研信息，为技术创新提供有力支持。瓦厂坪铝矿山和大竹园铝矿山项目建设之初，铝矿分公司对国内外地下矿山企业的采掘技术工艺，进行大量的调研和实地走访。通过对建设周期、安全环境、产量效益的分析比对，促成开展综掘机关键技术与工艺研创，靠技术创新出效益，工艺变革出成绩的工作思路，对国内外14个厂家生产的、不同型号掘进机机型及技术参数进行信息收集整理，形成可行性报告。

2. 充分论证，促进内部协调一致

在新工艺、新技术的研创问题上，铝矿分公司内部意见不统一，多数人认为没有必要另辟蹊径、冒险尝试，只要按照设计单位要求、沿用现行技术工艺，一板一眼的保证安全建设就行。为此，铝矿分公司通过组织各行业专家进行充分技术探讨，通过充分的论证，积极向主管部门递交分析利用新技术的利弊、风险、可行性报告，通过积极协调，最终内部终于达成共识。

3. 走访设计院，获得设计上的支持

负责矿井建设的有色冶金设计单位对现代矿山综掘、综采，连续运输的先进开采工艺不熟悉，对瓦厂坪铝土矿山和大竹园铝土矿山使用综掘工艺持谨慎、保守的态度，不愿按照综掘技术工艺的需要修改矿井设计图纸，使铝矿山项目建设遭遇设计瓶颈。

铝矿分公司主动走访设计院，与主设人员、院领导进行深入交流沟通，讲解综掘工艺对设计的要求，介绍先进的综掘工艺、支护工艺和运输方法。通过积极主动良好的沟通，充分表明铝矿分公司对技术创新的渴求，并详细说明该项技术创新的可行性，以及技术创新成功后将对整个有色金属行业、以及设计行业带来的巨大影响，设计单位设计项目组从之前的被动接受，转变到主动认识和接受现代化矿山生产工艺技术，彻底打消设计单位对于铝矿山投入现代化综掘工艺的疑虑，消除设计工作中的断层，实现设计理念的转变，推进设计工作的有序开展，为技术创新高效开展扫清设计障碍。

4. 结合矿山实际，优化设计综掘机

针对瓦厂坪铝矿山和大竹园铝矿山井下岩层条件，铝矿分公司技术创新团队对辽宁通用煤机、三一重装、中煤科工太原研究院、佳木斯煤矿机械有限公司、英国多斯科公司（DOSCO）中国办事处及SANDVIK奥钢联采矿设备公司等单位进行实地考察。结合铝土矿的实际情况，利用国家发明专利技术与试验装置测得相关物理力学参数，分析和获得相关的技术参数与经济指标，深入分析主要技术参数。本着安全高效、技术先进、经济合理的设备选型思路，铝矿分公司决定与辽宁通用煤机制造有限公司进行合作，对煤矿用综掘机进行设计优化，技术研创。

铝矿分公司于2012年与中南大学签订合同，随即成立科研攻关小组，在双方领导的正确指挥下和各职能部门的密切配合下，广大工程技术人员精诚团结，通力协作，精心研究与设计，经过共同努力，先后完成综掘技术发展、工艺引进与优化。具体措施包括：一是增大铲板部和运输机溜槽的耐磨性。铲板部表面由原来的部分镶嵌国产耐磨板优化为大面积镶嵌进口信铬钢，第一运输机溜槽受摩擦部位由原来的使用国产耐磨板优化为全部采用进口耐磨板。通过此项优化，铲板部的耐磨性得到极大的提高，使用寿命增长5—10倍，可有效解决掘进机在铝土矿山应用过程中运输泥化岩石时所要承受的巨大滑动摩擦力问题。二是刮板输送机采用防卡链专利技术。刮板输送机（一运）采用防卡链专利技术，其特点是将刮板和刮板链固定组成刮板链组，接触板和振动器通过固定限位板一起固定到运输机架上，刮板链组绕转轴转动带动渣石运输。当有较大块石通过时，振动器会相应做出位移，让其通过后又回到原位，继续限制刮板链组的运动轨迹。该专利技术的应用，可以避免第一运输机因为运送泥化岩石或遇较大块岩而发生卡死现象，大大提高运输效率和设备稳定性。三是龙门口增加具有专利技术的挡料破碎装置。掘进机龙门口增加具有专利技术的挡料破碎装置其特点是固定架与本体进行螺栓连接，盘刀连接架连接到固定架上，并通过、盘刀连接轴及销轴把圆形盘刀固定在连接轴上，当大块煤岩从铲板运到龙门口时，通过龙门口的圆形盘刀碾压破碎，避免大块岩石将刮板机卡死。

（三）突破关键技术，科学设计施工工艺

1. 创新综掘关键技术与工艺

铝矿分公司针对瓦厂坪铝矿山和大竹园铝矿山岩石硬度系数不均，时而遇到极软岩，时而遇到硬岩，特别是矿层附近所含的铝土质黏土岩层稳定性较差，遇水膨胀，极易造成巷道支护破坏，施工过程中洒水防尘受到影响，施工中矿尘较多等特殊地质条件，在施工过程中连续性较差。针对这一情况，铝矿分公司特对煤矿悬臂式掘进机进行技术研创，优化设计，进一步增加掘进机在特殊的地质条件下能够快速的掘进，保证作业的连续性，最终研创成功EBZ200－LTK型综掘机。

2. 改进综掘施工方法

铝矿分公司通过组织工程技术人员进行现场试验，进行技术参数分析，研究综掘施工方法，针对岩石特性，进行配套设备设施的选型，同时设计截割路线，规划工艺流程，进行工业试验。对综掘施工的工作方式、劳动生产组织形式、截割工艺路线、供电、供水、通风、出渣、支护等进行研究工业试验。对粉尘浓度与降尘效果等进行实测、统计与分析，分析掘进速度、进尺及工效，对截齿损耗进行实测与分析。在掘进过程中一边实验，一边对综掘机以及相关配套设施的进行优化设计，最终研创出适应铝土矿巷道掘进的综掘关键技术与工艺。

3. 创新综掘巷道临时支护技术

瓦厂坪铝土矿和大竹园铝土矿地处贵州省遵义市务川县，属于喀斯特地貌，矿井存在大量的溶蚀区域，顶板极为破碎，极易发生冒顶和片帮，给巷道支护和安全掘进带来极大的考验。为确保安全生产，必须采用高强度的支护方式。为提高破碎矿岩中巷道支护速度，铝矿分公司组织工程技术人员对各类支护材料进行选型，充分了解支护材料及支护特性，最终确定使用金属支架作为综掘巷道跟随临时支护方案。根据巷道断面的大小并结合设备的参数对比，通过参数优化，并使用 ANSYS 软件（ANSYS 软件是融结构、流体、电场、磁场、声场分析于一体的大型通用有限元分析软件）进行数值模拟，经过研究分析矿用 11＃工字钢完全满足两矿山大断面矿脉、溶蚀区的支护，最终选定矿用 11＃工字钢作为支护钢材。采用矿工钢临时巷道支护，实现破碎巷道的集中掘进与集中支护，不仅保证安全，而且大大提高掘进机的时间利用率和成巷速度。

4. 采用铝土岩和页岩巷道快速支护专利技术

由于铝土岩和页岩松散破碎，支护工作量大，传统锚杆＋金属网＋喷浆支护工序多，时间长，严重降低综掘设备利用率和工时利用率。为此，铝矿分公司组织工程技术人员进行钢纤维混凝土室内试验，完成钢纤维喷射混凝土取代金属网喷射混凝土的理论分析和可行性论证，并进行现场工艺试验，证明钢纤维混凝土完全可以取代金属网喷射混凝土，并采用具有专利技术的锚杆进行联合支护，以此取代传统锚杆＋金属网＋喷射混凝土支护，简化支护工序，在节省支护时间的同时，也大大提高综掘的工时利用率。

5. 创新综掘巷道通风除尘方法

传统的炮掘技术不仅产生大量的烟尘，而且对围岩的破坏极大，采用综掘法截割，产生粉尘比炮掘还高，工人在高浓度矿尘环境中施工作业时间更长。有时工作面粉尘浓度高达 1000－3000 毫克/立方米，其中呼吸性粉尘占有一定比例，常规通风除尘方法不能解决其通风除尘问题。为此，铝矿分公司采用配合独巷前压后抽式通风方法，形成前压后抽式＋湿式除尘机可控循环通风除尘技术，一方面利用高效除尘风机收集粉尘并净化，除尘风机效率不低于 90%；另一方面利用抽出式风机形成的沿巷新鲜风，使巷道及掘进机操作人员处在安全干净的环境中。铝矿分公司采用“深井高压细水雾降尘方法及降尘装置”和“开拓巷道内的可调式组合喷头降尘装置”所提供的技术和装置，改进为可调式组合喷头高压细水喷雾降尘装置，并随综掘机联动。同时，投入矿山巷道内的简易新型喷雾降尘装置，在掘进迎头不超过 50 米处安设一道水幕，以增加降尘效果，净化巷道环境。

（四）建立和完善各项保障措施和机制

1. 明确内部部门职责，协同推进技术工艺开发

为迅速形成优势资源向技术创新倾斜，铝矿分公司对各部门的分工协作体系进行梳理再造，以形成决策科学、分工合理，协同联动效应显著的管理体系和运行机制，具体措施包括：

一是成立以企业第一负责人为首的技术创新管理领导机构，统一领导和指挥综掘技术工艺研创各项工作。二是明确各部分职责分工。以综合部门为主的综合协调和后勤保障机构；财务部门负责技术研发的资金支持和资产管理；计划发展部门负责招标工作、设备采购、信息收集及外部资源的整合；生产技术部门全面负责现场生产与新技术应用的改进研究、实验及专利技术的申报；安监部门全过程跟踪介入，预防安全隐患的产生和安全事故的发生。通过对决策权的划分以及各部门的分工协作体系进行梳理再造，既保证公司技术创新管理体系的集权统一，又可以在各板块负责人的领导下，充分发挥各专业管理机构的作用，迅速构建起多部门联动的管理体系和技术创新管理机制，使在组织架构内最大限度的释放企业的能量，更好发挥协同效应，为技术创新提供可靠的体制和机制保障。

2. 联合有关单位，成立多方协作的攻关组

铝矿分公司主动联系设计院、科研院校、矿山行业综掘技术专家、设备生产厂家，组成科研攻关小组进行技术讨论分析，现场研创、改进制造、理论提炼。通过组织机构的成立，初步形成内部协调探讨、外部沟通联动的科研创新氛围。为集中社会资源发挥自己的核心优势，铝矿分公司积极寻找综掘机制造厂商进行合作，依托制造厂商的生产制造能力，根据掘进作业现场取得的实验数据和技术要求，进行综掘机的改进制造。铝矿分公司先后对国内外综掘机制造厂商进行考察调研，最终选择国内实力雄厚、信誉良好的辽宁通用煤机制造有限公司进行合作。积极与国内科研院所、大专院校进行对接交流，选择教育部直属全国重点大学中南大学进行合作，搭建校企技术合作平台，依托高校科技优势资源，加速科技成果就地转化，形成产学研三位一体的高效运行系统，并在过程中体现出综合优势。

3. 充实人员，为技术创新提供人力资源保障

铝矿分公司项目所在地位于贵州北部偏远山区，交通不便，施工现场环境恶劣。现场不到 10 人的工程技术管理团队，要同时管理两个百万吨矿山建设和三个矿山的前期工作，还要探索铝矿山新的技术工艺，工作量巨大，任务繁重。

为缓解技术人员不足的现状，铝矿分公司大力实施技术人才队伍建设。一方面依托项目的发展前景，扬长避短，招贤纳士；另一方面，面对国有企业烦琐的人员聘用程序，铝矿分公司打破常规，采取与人才市场对接，通过技术咨询、签订协议工资等灵活多样的用工方式，引进熟悉综掘技术工艺的高端人才加入技术创新团队。来自不同地域、不同企业和行业的人员加入到铝矿分公司，也带来不同的文化背景和思想观念，存在着不同的管理理念、思维模式和认识差异。为统一思想，形成共同的价值观念，铝矿分公司在工作中提出“安全第一、团队第一、工作第一”的工作意识行为理念，充分发挥企业文化“静水深流、水滴石穿”的作用，为在短时期内统一来自不同地域、不同企业的人员思想起到积极的促进作用，为技术创新管理提供可靠的人力资源保障。

4. 建立考核机制，多渠道促进员工自我提高

铝矿分公司在综掘关键技术与工艺研创中，注重内部考核激励机制的建立和完善，形成多维度的评价、考核激励机制。把技术创新的效益和风险与技术人员的个人利益进行挂钩，激发技术人员的工作热情，最大限度地调动其创新积极性。

一是建立科学的考核评价体系，制定《技术创新绩效量化评价办法》，覆盖技术创新管理全过程，使各项奖惩有据可依。从完成任务的能力、协作精神、管理能力、创造能力、判断能力、工作量、工作质量、成果转化八个方面对技术人员进行全面的量化评价，在评价体系中引导技术人员树立科研过程与成果转化并重的观念，加大科研成果转化在评价体系中的权重，把成果转化作为评价活动的立足点。

二是采取多样性的激励手段，满足个体差异性需求。在物质激励方面，对企业薪酬制度进行改革，在每年企业工资总额定额管理的情况下，实行岗位工资与绩效工资分离，按不同标准核算的政策。岗位工资按照岗位价值进行确定，绩效工资运用量化评价体系，根据个人的工作业绩、技术创新成果考核发放。有效提高研创人员的工资待遇，特别是参与技术创新管理活动而没有行政级别的技术人员的工资水平。以 2014 年工资总额数据为例，同为未进入中层干部序列的主管岗位，研创人员比非研创人员工资收入高出 34 个百分点，研创人员个人的工作业绩也将作为年终评先树优，岗位调整和职务晋升的重要参考依据。同时，注重精神激励，给予技术人员一定的自主权，委以更多责任，给予技术人员参与管理的机会，让其在技术创新管理活动中拥有更多的发言权和一定的决策权力。

三是充分尊重技术人员的情感诉求。量化和具体领导干部与技术人员交心谈心的工作机制，及时、主动关心其需求，营造互相信任、互相关心及支持、干群同心、团结融洽的技术创新氛围，增强技术人员对企业的归属感和激发主人翁的奉献精神。

四是为科技人员创造培训机会，扩能充电。在薪酬待遇向研创人员倾斜的同时，为其创造和争取更多的培训机会，丰富其视野和情操，满足知识分子追求更高层次的自我超越和自我完善，为其承担更大的责任、更具有挑战性的工作及提升到更重要的岗位创造条件。

三、铝土矿山综掘技术与工艺的开发管理效果

（一）形成铝土矿山硬岩连续掘进方法与工艺技术

铝矿分公司遵循科学的评价原则，按照《技术创新评价办法》《技术创新评估管理办法》，对综掘技术和工艺的创新成果委托权威机构进行评估。委托教育部科技查新工作站（Z11），对成果鉴定进行科技查新，结论载明：国内外未见与该查新项目综合技术特点相符的文献报道。该成果经中国有色金属工业协会组织国内冶金和煤炭方面权威专家进行鉴定，总体技术达到国际先进水平，其中铝土矿山综掘技术指标居于国际领先水平。

（二）推动矿山的快速建设与安全生产

综掘施工在开拓巷道掘进中，日进尺平均在 10.8 米/天左右，平均月进尺 290 米/月左右，比传统的钻爆法 90 米提高 3.22 倍，在准备巷道的开拓中，传统钻爆施工根本无法在溶蚀区内掘进，而综掘仍然保持在 120—300 米的月进速度。使瓦厂坪矿矿建工程提前 2 年、大竹园矿矿建工程提前 3 年建成，截至 2014 年年底已全面完成矿建工程。机械化作业，可适应复杂多变的地质环境，可极大程度减少或者避免巷道冒落、片帮的危险，并且巷道的后期变形较小，能保持较好的断面完整性，减少欠挖、超挖和放炮对围岩的破坏，杜绝在炮掘作业出现的因处理欠挖造成的人身伤害，大大提高工人的作业效率。自新技术应用以来，铝矿分公司未发生轻伤及以上人身伤亡事故、一般及以上施工机械、设备安全事故、连续三年实现安全生产。

（三）取得显著的经济效益和社会效益

综掘技术与工艺的运用，为瓦厂坪、大竹园铝土矿建设节约资金共计 18825.44 万元。瓦厂坪铝土矿和大竹园铝土矿建设合计需投资 227862 万元，贷款利率为 6.55%，建设投资在投资期限内年度等额投入，需要利息 35182.98 万元。按投入综掘工艺后计算，瓦厂坪铝土矿山建设周期减少 2 年，大竹园铝土矿山建设周期减少 3 年，共计节约利息 17713.73 万元。瓦厂坪铝土矿、大竹园铝土矿使用综掘技术与工艺共完成开拓、采切巷道 14495 米。综掘成本平均为 3501.58 元/米，炮掘成本平均为 4268.54 元/米，因综掘工艺带来的成本降低直接经济效益为 1111.71 万元。

综掘技术与工艺首次在铝土矿山得到成功应用与全面推广，在瓦厂坪矿取得实验后，在大竹园矿岩脉巷道又取得成功，填补综掘技术与工艺在有色金属与非金属矿山使用的空白，为我国大型有色金属与非金属矿山使用综掘技术与工艺提供工程范例，从应用的角度验证采用综采工艺进行开采铝矿石的可行性，为铝矿山首次采用综采工艺的成功获取关键数据。

（成果创造人：邵国君、刘立新、尹贵荣、赵　焰、朱绍纯、刘元兵、
吴定洪、吴延平、向五星、韩大鹏、罗　磊、游明忠）

以“互联网＋文化”为核心的民语言互联网应用产品开发与服务

中国电信股份有限公司新疆分公司

中国电信股份有限公司新疆分公司（以下简称新疆电信）是中国电信股份有限公司在新疆行政区域范围内设立的省级分公司，是新疆当地3G网络覆盖最广，4G网络城镇覆盖最优，提供业务最丰富的全业务运营商。截至2015年年底，服务全业务用户总规模近1500万户。

一、以“互联网＋文化”为核心的民语言互联网应用产品开发与服务背景

（一）解决边疆少数民族地区文化娱乐资源匮乏的需要

新疆是一个多民族聚居的地区，维吾尔族人口占比近60%，且大部分居住在南疆农村地区，在教育、宣传方面缺乏内容资源和获取途径。新疆电信应主动结合维吾尔族用户使用习惯，提供丰富多彩的维吾尔语的民族优秀影音作品、传统曲艺、歌曲等积极向上的信息内容，为少数民族送去优秀精神文化食粮引导正面的社会舆论与精神文化传播。

（二）落实“一带一路”战略，推进文化科教中心建设的要求

建设丝绸之路经济带的重大战略提出后，新疆维吾尔自治区政府提出加快建设区域性交通枢纽中心、商贸物流中心、金融中心、文化科教中心、医疗服务中心“五大中心”，累计发放贷款640亿元，促进新疆打造丝绸之路经济带上重要的区域性“交通枢纽中心、商贸物流中心、文化科教中心”。

为了抓住政策红利，积极响应自治区文化科教中心建设战略，推进新疆特色民族文化西进，新疆电信决定凭借积累多年的少数民族语种运营经验，整合以新疆电信为中心的上下游资源，在新疆推广的基础上，面向中西南亚地区推出独具民族特色、异域风情的文化产品和服务，不仅驱动新疆电信业务增长，同时助力政府“一带一路”战略，完善公共文化服务体系，加强基层场地设施建设与互联网建设和管理，实现文化西进与文化科教中心建设战略的落地。

（三）企业突破发展瓶颈，推动战略转型的需要

国家提速降费、流量不清零、取消国内漫游费等政策的出台给通信运营企业发展提出了新的挑战；与此同时，“互联网＋”迅速覆盖，物联网、云计算、大数据等成为新型基础设施，产业互联网、家庭互联网等新应用高速发展，传统业务快速下滑，人口红利消失，新兴业务收入占比低，支撑发展动力不足，要求通信运营企业寻找新的业务增长点，推动企业战略转型。

基于上述原因，新疆电信坚持“产品＋服务、内容＋流量”双轮驱动，利用现有网络优势资源，同上下游企业达成合作共赢共识，以“库看”民语言服务应用平台为抓手，弥补民语市场空白，借机大力发展4G、光宽、ITV等重点业务，推动企业战略转型。

二、以“互联网＋文化”为核心的民语言互联网应用产品开发与服务内涵和主要做法

新疆电信采用IPTV＋OTT的融合创新架构，线上搭建“库看”统一媒体服务管理平台，线下建立创新工作室，汇聚多渠道内容、人才、技术等优势资源，打造新疆内最大的民语互联网新媒体音视频内容分享交流平台——“库看”，弥补民语互联网媒体文化领域的产品空白，成为党员培训、双语教育、先进文化传播的阵地，极大促进新疆社会稳定与长治久安。主要做法如下：

（一）打造“库看”视频生态圈，推进产业链深度合作

1. 打造“库看”统一媒体服务管理平台，聚合多渠道内容资源

充分考虑到多CP、SP、NP现状，“库看”统一媒体服务平台提供OTT＋IPTV网络机顶盒的全媒

体整体解决方案，实现 iTV 业务在盒端 APK、手机 App、微信公众账号三位一体的协同运营，在保留 IPTV 大规模服务组播技术优势基础上，具备更大的开放性，真正实现从非智能走向智能、从原来单一的电视产品走向平台加入口的视频运营，提供多产品形态、多应用。该平台通过强大的 CMS 内容管理功能，支持多民族语言，多样化内容呈现；支持页面秒级跳转、精准智能推荐等功能，提供符合少数民族用户使用习惯的全民语 UI 设计，大大地提升客户体验感知。

“库看”平台聚合多渠道内容资源。在引进央视网络、百视通、中投视讯、华数传媒、优朋普乐等国内知名媒体的内容资源基础上，积极与新疆广电、喀什译制中心等多家新疆内文化企业事业单位建立战略合作关系，结合电信自身天翼视讯、天翼爱音乐等优势资源，建设 9 个内容工作室，制作本地化的内容，形成以“库看”平台为中心的互利共赢合作模式，构建丰富多彩的“库看”内容资源，形成五大核心应用产品：库看视讯、库看之声、库看游戏、库看 TV、库看民生等。

2. 多屏互动，给用户提供开放的互联网体验

“库看”平台实现对电视、电影、动漫等全媒体统一管理，以及电视、PC、手机和平板电脑等一体化全媒体服务，实现手机与电视等多屏互动、微信互动，时移回看，多屏点播以及分享、互动等功能，手机还能作为电视的遥控器、游戏手柄等方便客户使用，在广电视频播控平台传统 IPTV 基础上增加移动支付、虚拟网厅、社交互动等功能，在封闭的 IPTV 环境里引入开放的互联网体验。

3. 推行“前向＋后向”盈利模式，实现产业链共赢

首先，结合电信业务运营的特点，设计“前向＋后向”的盈利模式。针对最终用户，视频、音乐、游戏、民生应用等基础服务免费，以发展用户、培养用户使用习惯；同时，点播服务、VIP 包月服务、定向流量等增值服务收费，提升用户感知体验。与天山网、努尔网、卡尔万网、爱酷艺网等多家民语知名网站合作，建立民语广告联盟，打造广告推介平台，对栏目冠名广告、植入广告、视频前贴片广告、视频播放暂停广告、客户端启动画面广告、首页图文推荐广告等广告形式进行广告推介；同时，开展电视购物、内容分发、数字内容发行、网络版权转售等针对后向用户的收费业务。

其次，多种收益分配方式并举，实现产业链共赢。“库看”平台主要的收益分配方式采用传统的 IPTV 收益分配模式——发展一个用户的月租费按比例分成。同时，尝试与内容提供商开展多种合作方式以实现多种收益分配。例如，引进内容提供商，尝试“库看”平台公司化运作；引入微视频内容的 C2C 服务，通过买断版权、按点击量付费、视频广告分成等多种方式，与制作者分享收益。同时，为优秀内容制作者提供库看首页推荐、库看签约出品伙伴等增值服务。

（二）先进文化引领内容建设，助力“一带一路区域性文化科教中心”建设

1. 整合民语文化产业链，打造民语文化产业生态圈

运用“互联网＋”思维，整合 20 家文化企事业单位，依托强大的内容提供合作伙伴与技术支撑团队、宣传渠道，组建 9 个工作室，为“库看”平台的自制节目提供支撑，实现从作品的初期策划、中期创作到后期商业推广的文化产业链上游、中游、下游的结构优化，形成以“库看”为中心的文化产业生态圈。

2. 提供先进文化内容，丰富少数民族群众文化生活

目前，“库看”平台视频资源拥有央视、卫视、新疆和各地州市直播电视台 120 多路；14 个点播节目分类，共 1 万多部，节目时长达近万小时；通过合作和“库看”工作室制作原创自制节目 20 档，提供近 1000 部本土特色内容；拥有版权歌曲数量共计 12000 首，自制音频内容数量共计 1000 集。此外，还提供阅读、游戏、动漫等大量优秀内容资源。

自制音视频节目以少数民族民间文化为基础，寓教于乐。这些内容涵盖微电影、搞笑片、模仿秀、儿童节目、科普节目、心理访谈、综艺等多种栏目。例如，以喀什方言为主的系列搞笑片《喀什段子》

中，用幽默、浓厚的喀什方言揭露生活中的不良行为；与国家级心理专家进行的访谈系列片《心灵演绎》，解答生活中较突出、集中的心理问题；《当代青年》栏目，每一期介绍一位成功的少数民族年轻人，传播正能量，引导广大少数民族青年积极向上的生活和工作态度。

“库看”平台与自治区党委组织部合作，开辟“党宣”板块，打造党员教育的“互联网+党员教育”平台，实现民汉双语信息传播。提供党员教育视频内容的实时播放、点播等功能，大大便捷基层党员。库看互联网系列应用，作为党员远程教育、双语教育的重要平台。

一是第一时间将党的各项方针政策、惠民政策、宣传教育活动传递到基层党组织。真正做到各族党员干部足不出户学习党的政策方针、群众足不出户学习知识掌握信息，实现“让党员长期受教育、让群众长期得实惠”的目标。目前，“库看”平台开辟有“自治区党员远程教育”板块，同时为喀什组织部搭建党员“专属”的“喀什党员干部现代远程教育辅助教学平台”，建设5000个基层党员教育点。

二是通过吸纳维吾尔群众先进文化元素，以喜闻乐见的方式让更多维吾尔族群众接受党的政策方针，是先进文化引领及正能量文化宣教的互联网产品。

3. 强化内容管理和知识版权管理，严格网络安全

建立三层内容审核机制，由内容提供商进行一审，“库看”专业团队进行二审，具有审核资质的新疆广电进行终审，确保各类节目具备广电级的安全保障。同时，通过正规版权渠道引入“库看”系列产品内容，并与合作方及时签订内容引入合同、内容授权书等相关手续。

为保障网络安全，“库看”平台采用WEB应用防护墙，对于SQL注入、跨站脚本等攻击进行防护击；定期对平台系统进行安全扫描，及时整改安全风险，确保平台安全稳定运行；用户注册入网，严格遵循电信营业受理流程，确保网络实名制的落实。

（三）构建民语文化产业双创生态圈，支持“大众创业、万众创新”

在乌鲁木齐、喀什、和田、阿克苏等地市建立9个“库看”工作室，提供设备和场地，给予专业化的指导，降低音视频内容制作爱好者的创业门槛，吸引音视频制作创业者，逐步培育一批本地小有知名度的音视频制作者。同时，开辟“创客空间”，向音视频内容制作爱好者和“草根”提供展示才华的平台。在打造“库看”平台差异化内容的同时，给内容制作爱好者提供创业机会，形成两者共赢的局面。

（四）党政主导，企业推进，实现规模复制推广

1. 党政主导，宣传推广“库看”业务

自治区党委宣传部在南疆选择4个县先期推广天山快报—“库看”电视示范村，村民家安装的宽带电视，由新疆电信负责网络、业务的加载，并联合当地宣传部门开展推广宣传活动。标杆村树立成功后进行效果评测，自治区党委宣传部下发政策支持文件，以点带面，全面推广。各地市分公司积极与当地党委（外宣办、网信办）、各县市委外宣办、网信办接洽，以助力“一带一路”科教文化中心建设为切入点，力争联合发文或签订业务合作协议，并由主管部门通报各县市委外宣办、网信办、行业主管部门的后续工作推进情况，准确锁定目标客户，达到事半功倍的效果。考虑到南疆四地州维吾尔基层群众消费能力低的现状，为有效降低网络电视进入门槛，借力“宽带电视文化项目”，采取政府补助一点、企业优惠一点的方式，快速推广“库看”各种业务，达到规模应用。截至2016年7月，新疆开展“库看”应用推介会数十场，使得各民族文化交融并广泛传播，为助力新疆科教文化中心建设工作提供了较好的渠道和互联网化平台，取得了较好的经济效益和社会反响。

2. 通过“线上+线下”与“话题+专题”开展社会化营销推广

一方面，以线上渠道为主、线下渠道为辅。以线上渠道为主，即通过手机推送、微信公众号和网站等在线宣传。例如，在各大手机应用市场进行推广，如小米应用市场、百度手机助手等；覆盖新疆内各大主流民语网站，如努尔网（nur）、爱酷艺网（Alkuyi）等；与主流民语微信公众账号合作，公众账号

提供专属下载链接并按日推送客户端精彩内容；通过电信自营线上渠道，如短彩信平台、维文网厅等各类自营微信公众账号推送下载链接。以线下渠道为辅，即通过专用App受理业务进行线下销售。联系内地及疆内手机市场，针对发往疆内民语市场的智能手机进行"库看"系列App预装；制作海报、单页下发各分公司用于营业厅、巴扎、民族学校等少数民族用户聚集区宣传；与手机销售终端签订合作协议，布放展架及桌签，提供软件下载安装扫描二维码；开展楼宇广告、映前广告等LED广告推送。

另一方面，积极开展"话题+专题"新媒体营销。话题营销主要是在每天上传的原创视频内容中，选取3条左右的推荐内容制作成种子内容，提供客户端下载链接。在微博、微信、QQ中针对种子内容发起话题讨论，近距离跟用户进行沟通，充分利用平台与用户互动增加用户黏性。

此外，定时策划专题营销活动，邀请广大用户参与到活动中，形成原创节目内容。如一季度的跨年晚会+节日专题活动、《"库看"杯演讲家大赛》等；二季度的Show+节日专题活动中《原唱、翻唱达人秀》及《回忆童年》等专题；三季度的旅游专题+古尔邦节专题活动；四季度的爱国教育和圣诞迎新专题活动等。

（五）尝试公司化运作，推动平台规范、快速发展

1. 尝试设立混合所有制企业

"库看"作为互联网产品，需要在体制机制上有所突破，才能激发活力，释放团队管理者和员工的创造力。新疆电信针对"库看"提出混合所有制改革方案，即实行电信控股，采用多元化股权结构，出资45%左右，与互联网内容公司、音视频制作集成公司合作设立面向新疆、中亚民语文化运营的混合经济体。在具体经营中，主导管理层选聘、对外内容合作事项。新疆维吾尔自治区政府及相关部门不直接出面投资，不控股不参股、不参与内容文化基地经营；对文化基地主要负责市场行为监管，舆论引导，指引文化内容发展，及跨境合作协调。广电部门可以参股经营，授权对内容源进行审核，规划内容发布流程。本地内容企业与本地民营资本以内容资源入股，参与文化公司经营，分担风险收益，与董事会协商，选聘为本地文化基地经营管理负责人，引进本地民营资本，合资参股10%—20%，结合新疆文化特色，把握用户需求，开发喜闻乐见的民语内容产品。

2. 打造专业团队

培养专门的民语产品运营团队。目前，该团队由27人组成，分别负责内容引入、内容编辑、内容审核、市场分析、渠道推广、产品开发、服务支撑、对外合作等工作，并接受专业培训，提升团队的专业技能。

三、以"互联网+文化"为核心的民语言互联网应用产品开发与服务效果

（一）培育了新的业务增长点，并带动先进文化产业发展

"库看"业务发展速度很快，短短两年时间，覆盖了南疆50%左右的人口，且平均每天每人观看时长在1—2小时，打造了企业新的业务增长点，并带动上下游快速发展。一是"库看"工作室致力于创作本土草根视频音乐，收集新疆失传民族文化遗产，不仅增加新疆原创网络视频音乐人员就业与创业，而且推进新疆特色民族文化产业链发展。截至目前，成立9个创客工作室，直接及间接参与的创客约200人，直接参与的创客目前月收入可达到6000—7000元以上。二是"库看"民语言系列产品的推出为其产品的渠道代理、安装及售后，内容的生产和加工提供新岗位，引导市场建立一套完整的产品线。

（二）丰富了民族群众文化娱乐生活，打造先进文化阵地

"库看"平台在视频及音频技术方面，获得两项国家计算机软件著作权登记证书，打造了新疆内大型的UGC民语音视频创造者和爱好者的分享交流平台，弥补了民语文化领域的产品空白，在全疆少数民族中，特别是在南疆维吾尔族群众中得到了极高的评价，丰富了民族群众文化娱乐生活，极大促进了新疆社会稳定与长治久安，得到了自治区党委宣传部、经信委等高度认可和政策支持，并获得新华网、

人民邮电、天山网、亚心网等大型媒体宣传报道。“库看”以丰富的民语内容极大丰富了新疆少数民族群众的业余文化生活，充分发挥文化潜移默化、凝聚社会的黏合剂作用，营造昂扬向上的社会氛围，成为党员培训、双语教育、先进文化传播的阵地。

（三）经济效益显著，带动企业收入显著增长

“库看”互联网产品取得了较大经济效益，仅 2016 年半年累计收入 1800 万元，是一款收益较好的新型业务。截至 2016 年 7 月，“库看”视频客户端以及“库看”之声音乐客户端累计安装手机用户超过 320 万户，客户端日均活跃用户 8 万；“库看”游戏用户 5 万户；“库看”TV 用户 6 万户，带动光纤宽带收入 1000 余万元，“库看”TV 收入 400 多万元。“库看”视频定向流量包累计新增 16 万户，“库看”之声定向流量包用户累计新增 8 万户。“库看”定向流量包用户户均流量是电信 3G 用户户均流量的 2 倍，带来定向流量包收入 300 多万元。

（成果创造人：邵新华、耿家江、吉松坡、李复君、谢　磊、金宝鼎、玛尔哈巴·苏里坦、买尔旦·买合木提、阿力也·阿不都热合曼、鲜西努尔·亚生、毛吾兰·依明江、茹仙古丽·库尔班）

以提质增效为目标的技术进步管理

沧州大化集团有限责任公司

沧州大化集团有限责任公司（以下简称沧州大化）创立于1974年，其前身是我国首批全套引进装置建设的13套大化肥企业之一——河北省沧州化肥厂，1977年建成投产，1996年6月由工厂制改为公司制，2006年10月与中国化工集团联合重组，并由此进入中央企业行列，开启了沧州大化发展的新纪元。近年来，沧州大化凭借自身技术人才优势，不断实施技术改造和创新，促进产业升级换代。目前，集团下属6家子分公司（含1家上市公司：沧州大化股份有限公司），拥有15万吨/年TDI、16万吨/年烧碱、13.5万吨/年硝酸、8000吨人造革、36万吨/年合成氨和58万吨/年尿素生产能力，合计产能为15万吨，是国内异氰酸酯产业领军企业。

一、以提质增效为目标的技术进步管理背景

（一）积极应对行业产能过剩、推动企业迈向高端市场的需要

2014年以来全球经济持续低迷，国内经济持续下行，需求萎缩与产能过剩相交织，对实体经济造成了巨大的冲击。在甲苯二异氰酸脂产业，同样存在产能严重过剩、价格不断下降的严重局面。近几年国内TDI产能大幅扩张，2015年全球TDI总产能达到330万吨，国内TDI总产能达89万吨/年，较2010年产能增长了125%，由于产能增速已经远远大于需求增速，TDI行业面临过剩局面。TDI价格自2012年顶峰的26700元/吨一路下滑，2015年降到了11200元/吨，降到了最低谷。能不能尽快走出拥挤不堪的低端市场，走向高端化、差异化、绿色化的市场定位，是当前一个时期内所有企业都面临的紧迫任务。然而在甲苯二异氰酸脂行业，国外行业巨头持续地进行高端技术封锁，沧州大化要跳出TDI产品低端竞争市场，只有通过技术进步提升企业整体技术水平和装置运行质量，才能打入高端产品领域，拓展产品的盈利空间。

（二）积极应对企业运行成本快速上升、推动企业走出发展困境的需要

近年来，沧州大化不但面临行业产能快速增长、价格大幅下滑的严重局面，而且原材料价格不降反升，其中天然气价格居高不下，甲苯价格持续攀升，而尿素市场跌落到每吨不足1100元，成本倒挂严重；同时，沧州大化虽然拥有15万吨TDI产能，但是由3万吨、5万吨和7万吨三套装置组成，装置整体运行能力还不具备同国外行业巨头抗衡的能力，运行效率和质量还有较大改进空间。此外，企业冗员多，人工成本高的因素也凸现出来，消耗高、冗员多、规模小使企业成本居高不下，出现了巨额亏损。面对恶劣的生存环境，沧州大化进行了认真的剖析，认为目前沧州大化TDI装置从技术管理上还存在较大的改进空间。在原材料价格和产品市场价格变化趋势不大的情况下，眼睛向内，深挖内部潜力成为企业降本增效的关键，而通过与行业巨头进行技术对标着力解决装置存在的短板问题已经势在必行。

二、以提质增效为目标的技术进步管理内涵和主要做法

沧州大化积极应对行业产能过剩、产品价格大幅下降和原材料价格、人力成本等快速上升导致企业亏损严重的局面，着力推进企业技术进步，实施技术改造、全力进行新产品开发、提高信息技术应用水平等“组合拳”，不断提高装置运行质量效率和公司创新能力，实现了企业扭亏为盈。主要做法如下：

（一）完善企业技术进步的领导组织体系，建立跨部门的技术攻关团队

异常严峻的困境面前，沧州大化新的领导层敏锐抓住企业“短板”，确定了以技术改造和新产品研

发为核心，快速降低成本实现提质增效的思路，确定了集团公司年度重点工作和重点攻关项目，工作目标和时间节点清晰明确，为快速推进技术进步指明了方向。

1. 建立技术进步委员会和职能部门

为确保快速推进技术进步工作，沧州大化成立了沧州大化技术进步委员会和科技规划部和技术中心，一改原有的生产安全部“统管全局”的管理模式，为快速推进企业技术进步提供了组织保障。其中科技规划部肩负技术开发、技术管理、工艺支撑和项目管理四大职责，负责跟踪市场技术前沿，掌握行业内技术发展现状和发展趋势，组织开展国内外技（学）术交流，负责推进技术改造工作。技术中心负责新产品开发和产品应用研发工作，负责高附加值的“新产品开发和产品应用研发”的技术合作、研究、推广。

2. 建立工程技术岗位序列

为进一步调动和激发广大技术人员爱岗敬业和想事、干事、成事的积极性，畅通技术人员提供成长上升通道，稳定技术人才队伍，最大程度的激发工作活力，沧州大化在科技创新管理体系中专门设立了工程技术岗位序列，设立首席工程师、主任工程师、副主任工程师、工程师、助理工程师岗位。对技术序列岗位实行凭能力、看业绩、比贡献的动态管理，每年评聘一次。2015 年首批聘任副主任工程师 6 名、工程师 24 名，将集团公司优秀的技术人才在日常繁杂的管理当中解脱出来，使他们静下心来想技术改造、俯下身子带领基层职工优化装置运行，效果显著。

3. 建立跨部门技术攻关团队

为确保技术改造项目全部落到实处，沧州大化组建跨部门技术攻关团队，推进技术人员带项目活动，提高装置运行质量。一是明确可以带项目的技术人员范围，即集团公司、二级公司、车间级技术人员均可带项目，带项目的技术员统称为项目“第一责任人”；二是“第一责任人”可以组成项目攻关团队，团队成员既可以来自于本车间、本公司也可以实现跨公司联合，团队成员范围不仅仅局限于工艺技术人员，也可跨专业选择，比如设备、电气、仪表、物资采购等人员；三是根据完成项目的实际需要，项目攻关团队列出项目资源需求以及项目攻关的目标和时间节点，“第一责任人”有权根据项目需求组织项目会议，有权对项目组成员进行考核，实现了责权利的有机统一；四是企业专业部门领导担任项目督导组长，定期对项目开展情况进行督导，技术进步委员会定期组织项目汇报会，由“第一责任人”汇报项目进展情况以及存在的问题，以便及时调度、及时解决实际问题。

（二）大力推进技术改造，提高装置运行质量和效率

1. 攻克制约装置安全稳定运行的技术问题

2015 年以来，沧州大化实施光气压缩机故障解决、P7726 出口沉降槽项目、TDI 焦油浓缩系统改造、降低氢化反应催化剂消耗、废钯触媒过滤器改造更新、锅炉改造等多个技术攻关课题，有效解决了制约装置实现安、稳、长、满、优运行的瓶颈问题。一是光气压缩机叶轮问题是制约沧州大化 TDI 长周期运行的主要瓶颈问题。技术攻关团队对光化系统及压缩机设备进行深入的研究，成功解决叶轮频繁损坏问题，实现长周期运行，从原来运行 2—3 个月提高到一年以上，对降低维修费用、减少停车次数起到了关键性作用，直接经济效益超过 200 万元。二是降低氢化反应催化剂消耗项目。经过技术攻关团队开展研究及综合技术经济评价工作，找出最佳解决方案。催化剂消耗较改造前最佳预期还下降了 20.66%，降低催化剂消耗费用 1566.59 万元。三是 P7726 出口沉降槽项目是在 P7726 出口增加一套沉降装置，分离物料中固体粉末，降固率 98.7%。装置投用后，延长了后续 63 系统和 71 系统的运转周期，为企业带来了可观的经济效益。R61A06 高剪切反应器长期存在的机封渗漏瓶颈问题，经过一年来的技术攻关，通过国产化从根本上解决了机封的渗漏密封液和滚动轴承运行周期短的瓶颈问题，消除了限制装置长周期运行的短板，国产化机封安装后已运行 192 天，各项指标均达到要求，经济效益超过

200万元。

2. 攻克提高装置收率的重要技术难题

为攻克装置效率低这一技术课题，沧州大化成立以公司主要领导为组长的提高收率攻关小组，以跨公司甚至于外聘技术人员为模式组建了技术攻关团队，经过团队技术人员夜以继日的攻关，提高收率项目取得明显成效。沧州大化提高TDI装置收率项目预期目标为2%，年实现TDI产品增产约1000吨，预计增收2000余万元。该项目实施后，装置副产危险废弃物大幅度减少，节约危险废弃物清运及处理费用约60万元，对装置提高系统收率及增强TDI市场竞争力有巨大的支撑，对环境保护也起到了良好示范作用。

3. 攻克影响产品质量的技术难题

通过与行业巨头进行产品质量对标，找准影响产品质量的主要因素，并且专门成立提高产品质量攻关小组，找到影响海绵发泡的TDI质量差异的关键因素，以优化配方来改善海绵质量，并积极探索精馏提纯以提供工艺改造等措施。经过4个多月的实验，初步发现TDI各指标对发泡质量的影响，摸清了水解氯、酸度等指标对泡绵的质量影响程度，以及在不同的环境温度、湿度及气压的条件下，发泡时间存在明显的差异。目前，各项指标得到优化，产品质量已达到国际先进水平。

4. 实施“节水、节电、节能、减排”技术攻关

2015年以来，沧州大化先后实施聚海公司黄水浓缩及有机物回收、循环水风机节能改造、空压机最小电流设定值变更等30余项节水、节电、节能、减排技术改造项目，取得了企业效益和社会责任的双丰收。比如，硝化装置产生的废酸中含有的DNT在废酸浓缩后会随黄水外排至废水处理公司。为了进一步降低生产成本，沧州大化实施9万吨硝化黄水浓缩及有机物回收项目，将9万吨硝化产生的黄水进行精馏浓缩，并对其中含有的有机物进行物理分离，回收其中的有机物和硝酸，把精馏分离出的酸性凝液用于硝化一洗水使用，达到减少废水外排的目的。项目实施效果显著，每年可节约费用400余万元。再如，通过技术改造成功对硝酸装置废水进行处置，对硝酸锅炉给水泵冷却水由脱盐水改为循环水回收、硝酸锅炉循环泵循环水回收年可节费450余万元，每年可节水70000立方米。据统计通过实施技术改造，沧州大化目前的用水量较2014年相比下降了300多万吨，直接经济效益达到了600余万元。此外，采用专用水轮机替代冷却塔风机的电机和减速机，实现风机无电运行，全年节电145万度。实施循环水泵节能项目，用高效节能泵叶轮替换原循环水泵叶轮，提高水泵的运行效率，在保证系统工况不变的前提下，达到节本降耗的目的，年节约电费226万元。

（三）着力推进下游高端产品和装置运行“废品”利用开发，寻找新的利润增长点

目前企业新产品研发以及应用开发主要着力点为企业产业链下游高端产品和装置运行的“废品”开发，实现产品升级换代和变废为宝。比如，针对市场车用尿素需求情况，在反复论证的基础上，采用修旧利废的方式进行了装置改造，成功生产出车用尿素并取得“铁狮”牌商标使用权，投放市场后反映良好。针对TDI产品易黄变、质量低的问题，科技人员进行攻关，历经上千次技术实验，成功研制出“提高产品质量添加配法”，生产出了涂料级TDI，一举打破了聚氨酯高端领域外企独占的局面，2016年全年销售超过6000吨，用户反映良好，加之液氯、TDA、硝酸、MTD等产品的销售，使沧州大化形成了化肥和聚氨酯多元化产品销售的格局。改性TDI产品聚氨酯硬泡黑料和聚氨酯胶黏剂已经研发成功，经过用户实验，各项指标达到了要求，已经由公司商务组进行市场推广。截至2016年11月，共完成16个项目调研，完成产品应用研发项目2个，实现产品的试营销。

（四）着力推进装置信息化改造，提升装置运行的自动化水平

2015年沧州大化专门成立了信息化部，目的就是结合企业当前止血、降本、增效的实际情况，以信息化为手段、以业务需求为导向，以提升企业数据驱动、网络协同和精细化管理等新型能力为目标，

最大程度的实现管理优化，提高企业管理和装置运行质量，降低人工成本。

1. 建立工艺报警点管理信息系统

系统中工艺报警点档案涵盖报警点5400多个，在二级公司设置工艺报警点管理员，由二级公司管理员对报警点各项参数和状态等静态信息进行管理，同时系统通过数据接口实现了与装置实时动态数据的连接，系统自动将静态参数与装置实际运行数据进行比对，自动筛查出超出工艺参数范围的工艺报警点并在系统中进行提示，对于所有提示异常的报警点进行跟踪反馈，各级管理人员均可以开通相应的管理权限，及时掌握装置运行情况，为生产管理建立起一道安全屏障。

2. 建设实时数据库项目

2016年以来对实时数据库项目进行详细的调研和充分的准备，项目覆盖沧州大化聚海和TDI公司所有生产装置，安全生产、工艺运行的稳定性和智能化水平不断提升。建立厂控指标动态监控系统，系统每天24个时间点自动反馈厂控指标情况，为生产管理提供了信息化管控手段；建立隐患排查信息系统，对隐患排查实行四级管理，提供了隐患排查管理、监督和学习借鉴的平台，全集团隐患排查信息全部上线，系统上线以来隐患排查数据4700余条，通过信息的透明促使各级管理人员对隐患排查更加关注，整改落实更加及时，并且通过数据积累得到的分析数据对安全管理工作起到指导作用。

信息化水平的提高对于企业实现合岗并岗、人员优化、降低人力资源成本起到积极的促进作用，对一线岗位进行整合和优化配置，减少岗位195个。2015—2016年，沧州大化在大幅进行人员安置的情况下，装置运行质量达到历史最好水平。

（五）发动基层员工“小改小革”，全方位增效降本

沧州大化积极鼓励基层技术人员及职工提出新见解、解决新问题、实现新突破。一是通过合理化建议、“五小”创新等多种举措激发技员工的热情，夯实技术进步转化生产力的根基。2016年全年，基层技术人员及职工共提出合理化建议及五小创新项目136项，持续改进项目11项，项目实施率达到100%，形成人人想点子、谋思路、共创新的良好局面。2016年度开展“五小”节本增效项目81项，投资49.89万元，到2016年11月底累计收益2011万元，预计2016年年底收益2281万元。二是党委组织开展“党员承诺一件事”活动，全部围绕管理提升和安全生产展开，本着“不嫌项目小，只要有效益”的原则，经过公司技术进步委员会确认后实施。截至2016年11月底，沧州大化聚海公司、TDI公司党员承诺一件事总计400余件，多次发现和避免导致全厂停车的安全隐患，直接效益1000余万元。

（六）建立激励约束机制，最大程度调动员工能动性

1. 开展技术进步成果审计

依法依规对技术进步项目进行审计是检验项目是否规范运作的有效手段，沧州大化集团公司监事部审计室对2015—2016年技术进步项目进行了逐项审计，从项目设计、技术协议、招标比价、过程控制到效益分析都进行了客观公正的审核与评价，确保项目运作规范、有效，不仅仅客观地评价了技术进步项目的全过程，也把廉洁自律纳入了技术进步项目，起到较好的示范作用。

2. 强化技术进步项目保密管理

近两年来，为强化对技术创新项目的保密，沧州大化专门修订和完善沧州大化保密管理制度，规定了保密范围及考核办法。与全体员工签订保密协议书，将保密工作直接与薪酬相挂钩，提高全员的重视程度。将科技档案分为核心涉密档案、重要涉密档案、一般涉密档案、不涉密档案四类进行存放，对核心涉密档案、重要涉密档案在集团公司实施异地备份，使技术保密工作日趋规范，提高对自有专业技术和知识产权的防护能力。

3. 建立宽带薪酬制度

为改变人员流失的不利局面，沧州大化推行了宽带薪酬激励机制。一是设置年度功勋人物奖，大幅

度激励在技术攻关、产品研发等工作中做出突出贡献的个人；二是项目团队奖，及时对项目团队业绩进行激励；三是对管理创新以及发现和处理重大隐患的先进个人进行激励。除每月进行绩效激励以外，每季度组织亮点人物及亮点团队表彰会，半年度组织综合表彰，年底组织集团公司级大表彰。使干部职工尤其是技术人员有了更加广阔的展示自我才华和实现自身价值的舞台，对企业留住人才和调动员工工作能动性起到积极的促进作用。

三、以提质增效为目标的技术进步管理效果

（一）形成了多项具有自主知识产权的技术专利

2015 年 4 月 29 日"甲苯二异氰酸酯生产装置中高效规整填料塔连续分离方法及其装置""一种汽提塔脱除 CCL4 的使用方法"获国家发明专利。2016 年共申报 2 项发明专利（"一种粗 TDI 防凝添加剂及其使用方法"和"一种光气混合物脱除四氯化碳的方法及其应用"）；申报 2 项实用新型专利（"黄水浓缩及有机物回收装置"及"一种液环式压缩机叶轮"）。其中 2 项发明专利已进入专利实质审查阶段，2 项实用新型专利国家知识产权局已授权，其中黄水浓缩及有机物回收装置已获得专利证书。2 项新发明专利（"粗 TDI 生产制备聚氨酯硬泡保温材料的方法"及"粗 TDI 生产制备聚氨酯胶粘剂的方法"）正在申报过程中。"光化装置提收率项目""硝化反应洗涤黄水浓缩及有机物回收"获沧州市科技进步二等奖。

（二）装置运行质量、原材料消耗达到历史最好水平

2016 年，沧州大化在 TDI 行业当中率先实现了安全稳定运行。沧州大化聚海分公司 TDI 装置实现了 187 天和 102 天两个长周期"百日红"，全年装置停车仅 4.06 天；TDI 公司实现了两个 111 天的长周期"百日红"，全年装置停车仅 2.16 天。继 2015 年 TDI 产品产量创新高以后，2016 年再次取得重大突破，TDI 产品产量突破 16 万吨，实现了装置产能新跨越，烧碱、硝酸、盐酸等产品也均创历史最好水平。与此同时，主要原材料消耗同 2015 年相比实现了大幅下降。TDI 耗氯化钯累计同比降低 9.49%；TDI 耗甲苯同比降低 2.17%；TDI 耗硝酸同比降低 4.41%；TDI 耗电累计同比降低 6.55%；TDI 耗煤同比降低 12.01%。2015 年以来，沧州大化管理成本、人力资源成本、生产成本等均实现了大幅下降，拓展了企业生存的空间。按照科尔尼咨询有限公司 2015 年的评价报告，沧州大化在成本控制方面排在上海拜耳、上海巴斯夫之后，名列第三，盈利能力与上海拜耳、巴斯夫不相上下。但是沧州大化 TDI 装置的配套设施齐全，16 万吨烧碱、13.5 万吨硝酸装置运行稳定，主要原材料除甲苯外，均实现了自给，循环经济效益具备了不可比拟的优势。

（三）企业实现了扭亏增盈

技术进步项目的快速实施和见效，使沧州大化在激烈的市场竞争中抢得了先机。据统计，按照可比因素计算，沧州大化 TDI 完全成本较 2014 年下降了 2000 余元，具备了与行业巨头相抗衡的能力。2016 年 4 月份 TDI 市场稍稍回暖之际，沧州大化在同行业中第一家实现了盈利，同年 7 月份沧州大化股份公司实现扭亏为盈，同年 8 月份沧州大化集团实现扭亏为盈，截至同年 11 月底集团公司已实现盈利 3.45 亿元，使企业在异常艰难的市场环境中实现了盈利，为企业实现转型发展积聚了力量。

（成果创造人：谢华生、刘　增、赵红星、赵　林）

军工通信企业推动产品结构调整的技术创新管理

武汉中原电子集团有限公司

武汉中原电子集团有限公司（以下简称中原电子），1949年建于上海，1957年内迁武汉，1998年改制成为国有独资的“武汉中原电子集团有限公司”，隶属于中国电子信息产业集团有限公司，坐落于“中国光谷”武汉市东湖新技术开发区，是研制生产无线通信设备、电子系统工程设备、电子应用产品及各类电池的高新技术企业。中原电子是我军战术通信装备研制生产服务大型骨干企业，是我国国防科技工业通信领域发展的重要支撑力，在军工电子业务领域拥有4个研发机构、1个国防计量站/军用实验室和1个博士后科研工作站，产品领域涵盖战术通信系统、战术通信装备、卫星定位导航、模拟训练/维修检测、通信装备附件5大类别，从业人员1500余人，其中国家、省、部级专家10余人，各类工程技术人员700余名（占比50%）。

一、军工通信企业推动产品结构调整的技术创新管理背景

（一）新形势下国防信息化建设对军工企业提出了更高要求

为提高装备在战场上的生存能力和对抗能力，适应军队应对多种威胁、多样化军事任务需要，我军明确了“建设信息化军队、打赢信息化战争”的战略目标，以构建一体化联合作战、分布式网络化作战体系为任务背景，提出了重点发展“一网四系统”，加快以信息化主导、机械化信息化复合发展的武器装备研制与开发要求。要求以高新技术武器装备科研生产为重点和抓手，形成第三代装备的电子信息系统装备制造能力，基本具备适应第四代装备的先进电子信息系统装备研发试验能力，初步建立新一代电子信息系统装备的探索发展能力，确保军工信息化水平和国防信息安全保证能力进一步提高。

（二）军民融合、装备招投标机制变革给军工企业提出新挑战

《中共中央关于制定国民经济和社会发展的第十三个五年规划的建议》要求，“实施军民融合发展战略，形成全要素、多领域、高效益的军民深度融合发展格局”。军民融合发展已上升至国家战略，走军民融合发展道路是新时期国防和军队建设的必然选择。建立和完善军民结合、寓军于民的武器装备科研生产体系，是国防和军队现代化建设的必然选择，是中国特色军民融合式发展的重要组成部分。此外，武器装备竞争性采购机制的实施，打破了军工垄断体制。在这种新常态下，迫切需要有更能适应市场的技术创新体系来提升企业的核心技术攻关能力。

（三）调整产品结构的必然要求

面对新形势新任务，中原电子作为我军战术通信装备研制生产服务大型骨干，必须应时而变、顺势而为，紧跟世界军事科技发展方向，积极响应装备建设有关指示精神，调整产品结构。但中原电子内部还存在较大的制约因素。一是在技术创新中缺乏有效的战略指导。对外围技术依赖程度大，而对企业核心技术能力和技术组合平衡考虑得比较少。在研发资源分配上，过于注重现有产品和工艺的维持及一些短期发展计划，而对前瞻性领域及预先研究领域投入不足，在一定程度上存在“重短期利益，轻长期利益”“重型号项目，轻预研和基础项目”“重工程型人才，轻理论型人才”的现象。二是科技创新方面缺乏领军人才，尤其是技术桥梁人物、技术带头人十分不足，使得核心技术攻关和关键技术突破受到严重阻碍，严重影响了企业核心能力的形成。三是体制机制改革相对滞后，未建立系统人才培养机制，科研激励机制不够完善。进一步加强企业技术创新能力，完善技术创新体系，合理配置科研开发资源，推动关键技术攻关和核心技术突破，推进企业的产品结构调整和核心能力建设，提升企业技术创新管理水平

成为中原电子亟待解决的重大问题之一。

二、军工通信企业推动产品结构调整的技术创新管理内涵与主要做法

中原电子坚持技术领先战略，将技术领先作为中原电子的核心发展战略，紧跟武器装备建设发展的新趋势，跟踪新技术发展的新动向，制定核心技术发展计划，充分发挥技术创新的战略引领作用，引领技术发展方向，抢占信息技术制高点，进一步构建技术创新体系，加大产业结构和产品结构的调整转型，推进核心技术开发，培育核心竞争力。主要做法如下：

（一）制定技术发展战略，明确技术创新目标

按中原电子战略发展要求推进“十二五”预研与自主创新项目计划的实施，加强“探索一代”研究和重大基础研究，积极组织申报基础科研项目。基础科研和预研项目瞄准国防科技和武器装备发展趋势，重点开展新思想、新概念、新原理、新方法在国防科技工业潜在价值的应用基础研究。基础科研主要解决长期制约性基础理论和关键机理问题，增强基础和前沿技术储备，提升军工研制能力和自主创新能力。同时实施“高位嫁接”，引进具有国际领先水平的通信技术，抢占科技创新制高点。

在产品结构上明确提出三个转变：一是从单体设备的研制向联合战术通信系统、通信系统集成转变；二是在频段上从短波、超短波频段等战术移动通信系统向 VHF 波段、UHF 波段向 HF 波段、C 波段到 X 波段通信设备转变；三是从战术移动通信领域向宽带骨干网络通信、卫星通信及定位导航领域转变，形成覆盖全频段的产品线。

（二）积极营造促进技术创新管理的良好环境

1. 强化技术创新市场导向机制

一是市场科研同步推进。中原电子加强对市场的调研、分析和营销策划，在科研阶段渗入市场营销，制定科学的营销计划并积极组织实施，加大与关键客户接触的频度和深度，及时了解关键客户的产品需求趋势；积极跟踪军用各方市场的科研、预研项目，逐步促进项目合作。

二是拓展国际贸易市场。中原电子大力实施国际化经营战略，统筹规划，整合资源，拓展国际化经营渠道，提升国际市场开拓能力。

2. 加强技术创新科研项目管理

制定并实施科研发展规划，做好国家级企业技术中心的申报工作，同步论证国家级企业技术中心的建设和运行工作。强化知识产权管理，加大知识产权工作与科研、生产和经营等环节的有机融合。同时，在战略层次上进行统筹规划，整合资源，实现军贸产品的快速研究与开发、低成本制造；应用数字化设计、试验、制造能力进行产品研制，加速提升产品研制的科学化、信息化水平，力争形成国际化的技术比较优势。

3. 加强技术创新成果管理

中原电子科研产品的知识产权公开性保护方式主要以专利形式体现，既保护公司利益，也能够使设计人员的研究成果获得体现和回报，达到公司与员工个人的双赢。

4. 完善技术创新激励机制

以业绩为导向，采取多元化的激励方式，逐步优化薪酬结构，收入分配逐步向关键岗位和骨干人才倾斜，完善《创新劳动成果管理办法》，实施骨干人才特殊岗位补贴制度，有效促进人才队伍的稳定。同时，研究制定《科技专家管理办法》等制度，完善专家选拔机制、容错纠错机制、项目考核制度、激励制度等，进一步加强高层次科技人才队伍建设及科研带头人的培养。逐步建立具有吸引力的、与市场接轨的薪酬激励机制，并对有突出贡献的科技人员加大奖励力度。

5. 营造鼓励技术创新的文化氛围

营造“敢为人先、争创一流、崇尚创新、宽容失败”的创新文化氛围。以多种形式开展学术技术交

流活动，为科技人才搭建学习和交流平台，创造良好的学术研究氛围，促进优秀研究成果的推广应用，带动科研水平的整体提升。

（三）加强技术创新能力建设

1. 不断加大技术投入

“十二五”以来，中原电子瞄准当今通信技术前沿和制高点，不断加大对新技术研究领域的资金投入力度，“十二五”期间累计实现科技投入5.74亿元，科技投入比例均占当期营业收入的4%以上，研制开发多项具有核心技术的新产品，有效推进新一代军用产品和通信系统研发技术的发展。

2. 持续加大技术改造力度

梳理并分析技术发展趋势，做好技术改造工作。建设一批国际上较为先进的测试条件和设计开发工具，具备射频系统设计和仿真能力、高速跳频抗干扰通信系统的设计能力等。拓展战术通信的频段，突破软件无线电、高效多进制调制解调等关键技术，奠定由传统战术电台向分系统集成发展的基础。

（四）搭建内外联动、联合开发的技术创新平台

1. 完善企业内部技术创新组织建设

重新调整科学技术委员会，明确科技委及办公室的职责权限，增强科技委对中原电子科技工作的权威性和统筹协调能力，进一步完善中原电子自主创新体系的建设。对研发中心组织机构进行合理调整，对专业领域进行重新整合，进一步细分研发职能；增设共性技术研究室，负责共性基础技术研究、开发和应用，对科研资源进行应用研究及管理维护。以基础研究为基石，以共性技术研究为纽带，以产品开发应用为目标，最终形成具有自主知识产权的核心技术和特色产品。

2. 加强产学研合作，推进联合开发

加强与科研院所的深度合作，积极争取重大工程项目。不断加强与科研院所和相关企业的联系，强化产学研合作。例如，与54所、30所、航八院、海军工程大学等签订战略合作协议，以项目组的形式推进各项合作的实施，每个项目指定具体的项目负责人进行对接，加强沟通和信息共享，充分利用社会资源优势，抓好重大工程及重大项目的推进拓展。

（五）打造技术创新人才队伍

1. 加大技术人才招聘工作力度

以提高专业技术水平和自主创新能力为核心，着力打造一支科技水平高、创新能力强、专业优势突出、具有承担国家重大工程项目能力的专业技术人才队伍。实行岗位招聘，加大与清华大学、上海交通大学等国内高校的合作，积极开展招聘工作，吸收一批研究生进入关键岗位，“十二五”以来共招收400多名技术人员，其中硕士以上研究生达60%以上。

2. 积极开展技术创新相关培训

通过组织内外部的各项培训，提升研发人员的技术水平。培训项目涵盖研发各个方面，包括ANSYS电磁场仿真技术培训、滤波器相关知识培训等。以多种形式开展学术技术交流活动，为科技人才搭建学习和交流平台，促进优秀研究成果的推广应用，带动科研水平的整体提升。创造各种培训进修机会，通过引进来、送出去等方式，培育技术骨干。依托重点工程和重大科技专项，培养造就一批能够站在行业科技前沿、勇于开拓创新的各类领军人才。

三、军工通信企业推动产品结构调整的技术创新管理效果

（一）快速提升了企业技术创新能力

中原电子在推动产品结构调整的技术创新管理中，形成了切合企业实际、行之有效的技术创新管理制度；培养了一批专业素质较高、有奉献精神的技术创新团队；营造了一个宽松宽容的创新氛围，快速

提升了企业技术创新能力，为我军研制、生产了国内领先的信息化装备，缩小了与世界先进军事通信装备间的差距，为推进国防信息现代化的发展做出了贡献。“十二五”期间，中原电子通过持续的技术改造，提升了超短波通信电台及相关战术通信装备设计仿真和测试试验能力、战术通信系统顶层设计和试验验证能力、复杂电磁环境模拟仿真设计验证能力；拥有无线电抗干扰技术、战术无线电移动自组网技术、软件无线电及认知无线电技术等关键基础技术研究条件，具备战术通信系统及设备关键基础技术和前沿技术研究能力。“十二五”以来，中原电子共开发了220余项自主创新的产品。在科技成果转化能力方面，“十二五”期间共申请专利200项，获授权专利132项，其中发明专利21项，实用新型专利111项。获得国家与省部级科技进步奖项11项，其中国防科技进步一等奖1项、省部级二等奖6项、三等奖4项。

（二）加速了企业产品结构调整

在产品研发方面，正在研发的产品线覆盖了从短波到UHF段的全频段，突破了原来单一超短波通信的短板，拓展了产品线。同时开展了多模式卫星导航终端技术研发，进入卫星通信导航领域，在军、民用领域获得新的发展空间。承担了部分通信系统设计总师的任务，实现了从单机设计制造向系统设计集成发展的重大突破。作为模拟训练系统设备研制副总师单位，综合运用信息技术，配套研制软件、设备、单元、系统等各层次模拟训练环境，支持单兵训练和联合训练，单级训练和多级训练，以及集中训练和异地训练等多种训练模式，为数字化部队训练提供最为贴近实战的一体化联合作战指挥环境，贴近实装的数字化装备操作使用人机环境，从而改变传统的训练方法和手段，为部队通信装备技术的更新发展提供了优秀的产品，圆满完成了各项军品研制工作计划。依托中国电子的军工背景，充分利用多年来与各军贸进出口公司建立的良好合作关系，中原电子实现从单一产品出口到整体研发制造能力的输出。

（三）促进了企业的快速发展，提升了企业的综合竞争力

中原电子创造了连续十多年持续发展的大好局面，净资产从“十一五”末期的7.38亿元增长到“十二五”末期的17.98亿元，增长143%；营业收入由“十一五”末期的14.07亿元增长到“十二五”末期的30.47亿元，增长116%；2011—2015年五年累计实现利润总额10.61亿元，是“十一五”期间五年实现利润总额6.96亿元的1.52倍，实现了经济规模和效益的持续增长。几年来，中原电子圆满完成了“上合组织和平使命”多国军事演习、1063工程等重大保障任务，出色完成了纪念中国人民抗日战争暨世界反法西斯战争胜利阅兵装备保障任务，荣获“全国五一劳动奖状”“全国质量工作先进单位”殊荣。

（成果创造人：徐　刚、严　忠、曾庆友、黄华东、梅青文、
彭大展、胡　斌、黄　祥、陆晓敏、刘森科、雷　霞）

财务管理与风险控制

军工企业风险管理成熟度评价体系的构建与实施

中国航天科工集团第二研究院

中国航天科工集团第二研究院（以下简称二院）创建于1957年，是中国重要的防空导弹武器装备研制生产基地，是中国导弹工业的摇篮，是国防科技工业的中坚力量。二院目前拥有包括专业技术研究所、总装厂、保障服务单位等19家院属单位，1家上市公司，6家控股公司，现有职工近20000人，拥有两院院士6人和一大批国家级有突出贡献的专家。作为在国内空天防御领域处于主导地位的国有大型高科技军工企业，二院近年来以集团公司“1＋2＋3＋4＋5＋N”的转型升级发展思路和战略措施为指导，大胆使用新的管理理念和方法，加大查漏防弊、自我完善力度，不断夯实企业管理基础，推动管理提升，促进企业跨越式发展。

一、军工企业风险管理成熟度评价体系的构建与实施背景

（一）增强企业抵御风险能力的需要

随着国家经济发展步入“三期叠加”阶段，二院作为传统大型军工企业，在复杂竞争日趋白热化、机遇和挑战相互交织的态势下，需要应对经济指标压力加大、新市场拓展加快、研制生产任务加重的诸多考验，面临的风险形势日趋严峻。尽管二院各单位已经初步建立了包括制度、机构、程序在内的风险管理和内部控制体系并取得一定成效，但企业整体风险管理水平提升迟缓，关键业务抗风险能力不足，仍存在管理粗放、效率不高、风险识别不充分、应对不利等问题，难以保障战略与经营目标的顺利实现。评价是企业管理的重要环节之一，其核心是将事先设定的指标与标准进行比对，分析得出评判结果的过程。二院传统的评价方式存在一定的局限性：评价指标设计简单粗放，多以结果为导向，以发现缺陷为重点，与战略目标关联度不大，与业务结合不紧密；多以事后检查式为主，缺乏事前引导性；评价标准单一且僵化，不能有效指导企业风险管理能力的对标和提升；分析判断以专家主观、定性评价为主，缺乏定量化等。在转型升级的严峻形势下，上述评价方式未充分结合二院经营实际，不能有效驱动企业核心能力的自我完善和核心资源的优化配置，不能助力企业解决眼前的迫切问题，更不能促进企业提升抗风险能力。

（二）促进风控体系长效运行的内在需求

在多种管理体系并行、积累了大量朴素的风险管控经验和方法的基础上，二院系统建立了风控体系，并已从“体系初建、推广经验”阶段转入“体系深化、全面运行”阶段，对保障科研生产和经营管理的合规、高效运行起到了积极作用。但是，由于与现有管理体系的良性互动、有效融合尚不充分，二院风控体系目前在一定程度上还存在着系统性不足、脱离实际、推动实施难、实效性差等问题；缺少推动体系有效运行的监督检查、效果评价和行为引导的方法手段，尚未形成体系持续改进的动态、长效运行机制，难以满足推动企业管理提升和创造价值的需要；同时，由于缺乏对标学习的对象，二院难以衡量风控体系建设的目标和差距，一定程度上禁锢了风控体系的改进创新和持续进步。因此，二院亟须建立一套设计科学、执行有效的，既能衡量风控绩效，又能引导员工持续提升风控能力的风险管理成熟度评价体系，在宏观层面保障企业战略、经营目标的实现；在操作层面“定位现状、找准差距、瞄准目标”，关注具体业务风险管理能力建设，切实提升以关键业务活动为代表的整体管理能力；同时，规范一套评价标准、组织、制度、流程和文档成果，确保风险管理成熟度评价能够自上而下地传导到不同级次单位，在实现单位内部可自我比较、单位之间可同类比较的基础上，通过有效监督和整改，切实增强

企业风险抵御能力和运营效率。

二、军工企业风险管理成熟度评价体系的构建与实施内涵和主要做法

二院结合大型军工企业的管控实际，在风险管理评价中引入管理成熟度理论，明确定义风险管理的能力等级和能力特征，针对二院不同类型单位特点，围绕COSO风险管理八要素，细化评价指标和标准等级区间，量化指标分值、权重和计分规则，构建涵盖关键能力要素、关键业务风险、目标保障水平三个维度的立体式风险管理成熟度评价体系。通过对标准、找不足、促闭环，系统地、明确地为企业管理实现持续性、量化性的对标提升提供方向指引和行动参考。主要做法如下：

（一）充分调查研究，统筹规划体系建设和实施

1. 明确评价体系建设原则

为了实现企业管理水平和控风险能力的系统化改进，二院确立风险管理成熟度评价体系的建设目标和功能要求，即：以战略目标为导向、以风险可控为目的、以融入业务为基础、以缺陷整改为抓手、以能力提升为核心。为了提升科学性、规范性、通用性和可操作性，评价体系建设遵循以下基本原则：一是突出重点与全面覆盖相结合。在全面评估风险管理能力的基础上，重点关注重大风险和关键业务管控，强化风控体系融入业务的广度和深度，切实防范高风险。二是缺陷查找和行为引导相结合。既能够作为审计查找问题的标准，科学发现缺陷，又能够指导企业自我对标，摸清现状，精准定位薄弱环节，明确持续改进方向。三是普遍适用与灵活变通相结合。重视顶层设计的科学性和普适性，同时针对不同类型、不同业务单位，提高评价的灵活性。四是指标定量与结论定性相结合。重视指标量化准确，能力评估科学，问题定性客观，实现评价结果的客观、真实，可量化、可比较。五是风险导向和目标牵引相结合。聚焦风险防控效果，兼顾高层次战略目标和日常业务活动的经营、合规目标，关注风控对经营目标的保障能力。

2. 建立多角度的组织和制度保障

为确保风险管理成熟度评价工作顺畅、高效开展，二院建立涵盖各层级单位和风险管理（业务部门、风控职能部门、审计部门）三道防线的组织体系。各岗位在履行本岗位自我评价的同时，承担对下属单位的指导和咨询职责，形成上下一体、相互协调配合的立体组织体系，确保评价层级广、业务全、建议准。

为确保风险管理成熟度评价“有章可循”，二院在印发的年度风险管理和内部控制工作要点中，将风险管理成熟度评价作为重点工作，明确评价工作计划、时间和评价对象；制定并印发二院风险管理成熟度评价实施方案，明确评价内容、评价程序和要求等，指导所属单位切实有效地开展风险管理成熟度评价。同时，二院规范风险管理成熟度评价流程，通过流程图表直观、清楚地展示出风险管理成熟度评价活动的全过程；设计风险管理成熟度评价文档，形成固定的格式和模板。这不仅确保了评价工作的顺利开展，也有利于工作成果的归档，形成资料库。

3. 确立“先试点后推广”的实施模式

在推广初期，二院采用“先试点后推广”的实施模式，按照单位类型选择9家有代表性的院属单位先期开展评价。试点单位一方面按照标准和程序组织相关业务部门进行对标评价，另一方面认真收集并记录业务部门在评价过程中发现的问题和困惑。二院组织对试点单位自评情况进行现场审核，着重认真研究试点过程中发现的问题。例如，部分试点单位提出部分关键业务活动评价点应进一步细化、量化；个别共性业务的评价结果与企业管理现状略有出入，难以准确区分管理水平高低。针对上述问题，二院在与集团公司进行咨询、与试点单位进行探讨、与业务部门进行交流后，对评价标准进行修订完善。其余单位根据修改完善后的评价标准和程序，开展风险管理成熟度评价。通过试点，二院验证评价标准是否恰当、评价分值区间是否合理、评价程序是否高效，确保二院风险管理成熟度评价尽可能的客观、公

平，也为全面、高效地推广奠定了坚实的基础。

（二）建立“多维度、多要素、多层级”的评价模型

1. 搭建模型框架

二院以管理成熟度理论为基础，划分风险管理成熟度等级，并将COSO—企业风险管理整合框架的八要素逐级细分为评价指标，从“风控体系＋关键业务＋目标保障能力”三方面建立起二院风险管理成熟度评价模型，综合反映企业及其关键业务的风险管控能力和进步空间。风控体系成熟度评价以“内部环境、信息与沟通、监督与改进”三要素为重点，明确每项指标在不同等级应当具备的能力。内部环境的评价要素包括：组织机构、决策机构、人员配备、政策制度、风险管理文化、工作方案。信息与沟通的评价要素包括：信息沟通与报告机制、信息系统、手册和报告。监督与改进的评价要素包括：持续监控、评价、缺陷报告及整改。关键业务成熟度评价围绕风险管理方法论，重点关注关键业务的“目标设定、事项识别、风险评估、风险应对、控制活动”五要素，按照“要求—落实—改进”原则评价具体业务活动的风险管理成熟度。目标保障能力成熟度评价主要以结果为导向，重点关注企业是否存在偏离目标的风险事项，包括战略目标是否实现、保值增值目标是否实现、经营目标是否实现、是否发生重大风险事件、是否发生被通报批评情况、是否存在逾期未整改事项等。

2. 建立可量化的标准等级和计分规则

一是划分五级标准等级。依据管理成熟度理论，二院风险管理成熟度等级划分为五级，即初始级、可重复级、已管理级、精确管理级和优化级。针对不同等级，描述风险管理成熟度的特征，以及八要素应当具备的能力和衡量的标准，以此引导各单位不断追求整体和各项业务管理能力的提升。

二是设置四档评价规则。二院风险管理成熟度评价实行满分400分制。每项指标分数由基础分和成熟度系数相乘而得。其中，根据重要度确定基础分，根据管理水平确定成熟度系数。按照相应的权重，层层累加指标分数，得到风控体系成熟度分值、关键业务风险管理成熟度分值和企业整体风险管理成熟度分值；所得分数对应到相应得分区间，得到其最终企业整体风险管理成熟度等级。

3. 设置操作灵活的评价指标

一是解决面向不同类型单位风险管控能力的综合评价问题。二院所属单位众多，业务差异大。为了加强评价的科学性和公平性，二院按照“分类评价，一类一策”的原则，根据企业性质和职能定位，将所属单位划分为军品类、公司类、教育类、医疗类、贸易类、服务保障类等类别，分别设置不同的评价权重，并根据主营业务有针对性地选择被评价的业务活动。通过分类式权重设计，所有单位既执行了统一的评价标准，使得评价结论具有可比较性，又避免了“一刀切”，抓住了不同单位关键业务的核心控制点，使评价工作与企业的契合度更加紧密，操作时更为灵活，更加有利于指导业务活动。

二是解决面向单位整体和关键业务管控能力的综合评价问题。二院采用“共性业务＋个性业务”的拼插组合方式设计关键业务风险管理成熟度评价要素和标准，既包括“人、财、物”等企业经营管理的共性业务模块，又可根据评价对象特点，自由选择与其主营业务和重大风险相关的个性业务模块，且可随时补充新的业务模块。共性标准适用于所有单位，能够反映企业的整体运营能力和管理文化，包括战略管理、人力资源管理、营运资金、资金收付及存货、安全生产、市场开发6项业务。个性标准依托各单位历年重大风险评估结果，按单位类型设定：军品类单位重点关注与产品实现相关的、与军品业务特点相关的、与核心竞争力相关的业务，确定研发管理、质量管理、外协外购管理、保密管理、技术创新、股权投资6项业务；公司类单位重点关注客户和公司运营等事项，确定客户及信用管理、股权投资、公司治理3项业务；其余类型单位在关注稳定和危机处理业务的基础上，根据单位主营业务确定评价标准。

三是解决面向方法、过程和结果的综合评价问题。二院风险管理成熟度评价兼顾抗风险能力和管控效果的评价，重点评价每项业务的风险管控方法是否有效、管控措施是否恰当、管控工具是否创新、管

控目标是否实现等。为了能够达到与行业对标的效果，二院风险管理成熟度评价标准在设计时，综合参考国资委《中央企业做强做优、培育具有国际竞争力的世界一流企业要素指引》、财政部等五部委《企业内部控制基本规范》和《企业内部控制配套指引》、集团公司以及其他企业的业务内部控制评价标准等具体业务的管理思想和内部控制要求，细化关键控制点和评价点，以此促进业务管控过程的规范化。为了凸显风险管控效果的重要性，二院专门设计目标保障能力成熟度评价标准，包括战略目标保障、保值增值目标保障、经营目标保障、重大风险事件、通报批评情况、逾期整改情况 6 项指标。

（三）开展多形式的风险管理成熟度评价

1. 各单位组织开展自我评价

二院风险管理成熟度评价高度关注自我评价环节，以此激发全员参与和管理风险的热情。各单位定期或不定期地主动开展自我评价，由业务部门、风控职能部门和内部审计部门共同组成评价组，对照二院风险管理成熟度评价标准，采用研讨、查验等方法，对业务活动风险管理和内部控制的恰当性、有效性进行自我评价。在评价过程中，业务部门发挥主导作用，凭借其熟悉情况、亲身参与日常监控与管理的优势，从专业角度进行对标自评；风控职能部门和内部审计部门负责引导、咨询，主要从风险管理方法的运用、业务活动合规运行的角度对标。评价小组对评价过程和结果进行记录，针对对标结果和存在的薄弱环节，提出改进建议，出具自我评价报告，形成本单位风险管理成熟度自我评价结论。本单位风险管理和内部控制委员会对评价报告进行审定，结合企业实际情况，提出整改意见，并责成业务部门予以落实。

通过自我评价，全体员工可以广泛参与风险管理和内部控制的建设和执行，不仅能够对关键控制环节的“硬控制”进行评价，还能对管理理念、员工素质等“软控制”进行评价，使企业风险管理的整体意识得到加强，内部控制环境得到提升。同时，评价者和被评价者由以往的对立关系，转变至帮助企业实现经营目标的共同立场，减少了信息收集和穿行测试的程序，提高了效率和效果。

2. 职能部门开展评价复核

二院风控职能部门每年定期组织风险管理成熟度评价复核，对所属单位的风险管理整体情况进行监督检查和复核。评价复核小组基于前期对被评单位（业务活动）的基本了解，以及各种监督检查发现的问题等，选择那些最重要、最可能失控的、一旦失控后果最严重的业务或控制点，进行现场重点评价，最终形成《X 单位风险管理成熟度评价报告》。该报告重点描述评价扣分项、优势项、问题项、建议项，并针对问题项和建议项，提出管理建议和改进要求；评价结论中包括单位整体风险管理成熟度评价得分及等级，风控体系和关键业务风险管理成熟度评价得分及等级，从中可以直观清晰地看到企业风险管理成熟度等级过去和当前的状况，预测和改进目标的差距，并可比较存在的管理短板。

3. 探索信息化手段实现风险管理成熟度评价

为了充分实现信息化、智能化手段与企业经营管理的深度融合，二院在风险管理成熟度评价的构建与实施中，始终将信息化平台支撑和软件应用作为建设的长期目标之一，并为此致力于积极的尝试和摸索中。目前，二院在现有的 OA 管理决策门户网站上，定期对评价发现问题的整改情况进行跟踪；院本级、23 所等单位已借助信息化手段，对科研生产、经济运行、资金管理等价值链核心业务的关键风险预警信息进行监控和预警，并初步实现制度和流程的更新、优化的线上管控，在风控体系建设的信息沟通要素方面基本达到已管理级，并逐渐向精确管理级提升。

（四）实施多方位的评价结果共享

为了提高资源整合配置效率，二院风险管理成熟度评价在科学设计、规范实施的基础上，注重评价结果在多个方面的综合运用。对于评价发现的问题，二院按照“事项整改、源头整改、举一反三整改”的要求，督促各单位认真制订整改计划并严格落实。例如，近年来二院强化贸易业务相关的合同、采购、销售、付款、存货等关键环节管控，采取发布黑灰名单、定量评估信用风险等优化措施，推动贸易业务成熟度基本达到已管理级。二院在关键业务成熟度评价中引入对风险预警、监控情况的评价，由此发现了技术创新、质量等业务存在预警指标滞后、预警效果不佳等问题，逐步完善预警指标和预警区间设置，提升相关风险的监控预警实效。二院重点关注风险管理成熟度水平相对较低的业务，着力提升管理规范性和实效性。例如，二院通过评价发现并改进股权投资缺少风险评估流程、风险识别不充分等问题，颁布《二院股权投资风险管理指引》，基本实现股权投资业务成熟度由可重复级向已管理级的提升。

与此同时，二院将风控体系成熟度评价结果作为考核各单位推动风险管理和内部控制与单位业务融合程度的重要依据；在管理审计、固投审计等内部审计工作中，重点关注评价中发现的管理短板；与问责机制挂钩，严惩因风险管控不利造成损失的单位和个人。

三、军工企业风险管理成熟度评价体系的构建与实施效果

（一）丰富了风险管理评价方法

二院把管理成熟度理论、风险管理理论融入企业经营管理活动中，建立了风险管理成熟度评价模型和指标，规范了评价标准、流程和文档，解决了以往评价标准僵化、简单，全面性、客观性和科学性不足的局限性。该评价体系有助于企业监督关键业务管控过程和效果，发现内部控制缺陷，堵塞漏洞；有助于推动企业之间的横向比较和内部的纵向对标，准确定位自身能力水平并实现管理提升，将风险管理评价和风险管理追求绩效最大化的目标以及企业健康发展紧密结合起来，使其从单纯的“治病”上升到具备“保健”和“强身”功能。

（二）提升了风险防范能力

二院通过风险管理成熟度评价，全方位对标上级要求和外部先进企业经验，聚焦短板，量化差距，明确管理改进的目标和途径，将粗放式的低效管理，转变为精细化的高效管理，有效促进了以质量、贸易、股权投资等为代表的二院重大风险管控能力的提升，在兄弟单位相关风险事件频发的形势下，二院未发生此类重大风险事件，避免了大额风险损失。在增强业务风险管控能力的同时，二院充分利用评价成果促进评价缺陷整改、风控措施落地、完善体系建设，有效改变了风控体系与业务脱节的两张皮现象，促进了体系自我动态完善和深化运行。

（三）保障了企业健康发展

二院通过风险管理成熟度评价，及时发现并改进管理短板，不断提升各项关键业务活动内部控制的健全性和执行有效性。“三重一大”、资产管理、财务管理、应收账款和存货管理等被评价业务经过有效的整改闭环，发现的内控缺陷由2013年的601个，下降为2015年的168个，降幅约为72%，相关制度和流程更为优化，减少了大量因内控缺失带来的隐形损失。在经济指标方面，两金管控得到优化，销售收入增长15.9%，利润总额增长16.35%，价值创造能力显著增强，资产运行质量整体提升。同时，监管机构发现问题减少，产品声誉、企业信誉和顾客满意度稳步提高，创造了良好的社会效应，巩固了企业核心竞争力。

（成果创造人：符志民、王文松、丁继义、黄云海、唐　哲、
陈旭萍、冯　琦、宋晓莹、张文来、刘　鑫）

服务于地方经济转型升级的省级电网投资决策管理

国网河南省电力公司

国网河南省电力公司（以下简称河南电力）是国家电网公司的全资子公司，供电服务人口超过1亿。截至2015年年底，公司资产总额1161亿元，当年完成售电量2286亿千瓦时，营业收入1234亿元。拥有110千伏及以上变电站1220座、变电容量2.16亿千伏安、线路4.9万公里。500千伏电网“两纵四横”梯形网架进一步完善，220千伏变电站覆盖全省95%的县域，所有市实现220千伏环网供电，全部县域实现110千伏双电源供电，有力保障了全省电力有序可靠供应。河南电网是华中、华北、西北电网联网的枢纽，我国首条1000千伏特高压试验示范工程纵贯全省，首条“风光打捆”±800千伏天山—中州特高压直流输电工程的建成投运，河南电网进入了特高压交直流混联运行的新阶段。

一、服务于地方经济转型升级的省级电网投资决策管理背景

（一）服务地方经济转型升级的需要

“十二五”以来，河南省经济结构发生了深刻的变化，三次产业结构由2010年的14∶58∶28调整为2015年的12∶49∶39，第二产业比重较2010年降低了9个百分点，第三产业上升了11个百分点，工业主导作用逐渐降低，第三产业成为拉动经济增长的生力军。电力需求结构、分布发生明显转变，对电网投资产生较大影响。一是由于经济发展转型和电力消费结构变化对于电网投资的精准性提出更高要求；二是随着电力消费结构的变化，电网企业面临部分存量电网资产利用率下降和新增电力需求亟须满足的双重压力，电网投资决策风险和成本管控压力明显增大。河南电力亟须建立科学的电网投资决策体系，建设适应经济结构变化和区域协同发展的坚强智能电网，优化电网结构，防控投资风险。

（二）适应电力供需结构变化的需要

随着经济发展进入新常态，电力生产消费也呈现新特征，电力消费增长减速换挡、结构不断调整、供需形势由偏紧转为宽松。从电力需求侧来看，负荷增长由高速、集中式增长模式向中高速、分散式、低电压化转变；从电力供给侧来看，近年来，河南省雾霾现象成为常态，水资源紧张，电力供给侧资源环保约束加大，煤电装机“天花板”效应日益凸显，传统的省内煤电能源供给方式难以持续。同时，随着可再生能源发电成本的持续下降，风能和太阳能发电步入高速发展轨道。河南电力亟需转变投资理念及侧重点，优化投资结构，适应电力供需结构变化，推动需求侧的电能替代和供给侧的清洁替代，促进能源电力低碳化转型。

（三）提升电网企业投资效能的需要

当前，电力需求增速放缓，负荷分布随机性、区域发展差异性日趋明显，原有需求迅猛增长背景下被掩盖的投资决策风险被释放出来。一是电力需求研判较为粗放，在当前电力需求结构变化、增速放缓的环境下，如对行业去产能、地区发展不均衡的情况没有准确掌握，容易造成低效、无效投资；二是电网投资分基建项目、生产性技改等多种形式，进行电网投资时需统筹考虑，避免重复建设；三是在某些地区存在电网投资需求受限于电网投资能力的情况，需要综合考虑经营能力来安排电网投资，防范风险；四是电网投资、项目的后评价结果不能较好地应用于投资决策管理提升上，使得问题仍重复发生。因此，河南电力亟须建立全过程闭环投资决策管理体系，提高精益化管理水平，防控投资风险，提升电网投资效能。

二、服务于地方经济转型升级的省级电网投资决策管理内涵和主要做法

河南电力以提升电网发展能力、促进投资决策科学化为目标，以精益投资为导向，按照“差异化”与“适配理论”管理理念，构建涵盖“市场研判、需求评估、融资管理、项目管控、投资评价”全过程链式闭环的省级电网投资决策管理体系。健全企业管理组织机构、决策流程和内外部协同机制，强化省、市、县三级管理体制的相互支撑作用，为科学决策奠定基础；建立研究合作机制，准确把握经济发展和电力供需转型方向，精准研判电力负荷需求；开展差异化电网发展需求评估，确保电网发展与经济发展适配，合理确定投资规模；强化投融资全过程管理，防控投资风险，为投资提供资金保障；实施规划—储备—计划“三库联动”链式管理，规范项目全过程管控，确保投资落地；建立投资效益评价机制，闭环指导投资决策。依托贯穿各环节的指标化分析和投资决策全流程的闭环管控，实现投资决策由传统“粗放型”管理向精益管理的转变。主要做法如下：

（一）健全投资管理体系，夯实投资管理基础

1. 完善决策组织构架，提升投资管理专业化水平

一是成立省级电网规划委员会，明确规划委员会的人员构成、职责分工和相关议事规则。作为河南电力投资决策专家咨询机构，委员会成员包括公司分管领导，发展、生产、营销、财务等各专业部门和基层单位主要负责人，负责讨论审议公司电网规划、投资方案等内容，并为河南电力决策会议提供建议参考。二是在省、市公司两个层面成立专业的投资决策业务专业化支撑机构。整合河南电力内部电网规划研究、项目评审、工程定额等方面的业务和人才资源，分别在省公司、市公司层面成立省级经济技术研究院和市级经济技术研究所，负责开展省、市层面的电力市场研判、电网规划研究、项目可研和初设评审、投资效益和工程造价分析等方面的工作，打造电网投资决策的专业研究和咨询力量，为河南电力投资管理提供科学、高效的业务支撑和决策建议。

2. 优化内部决策流程，提升投资管理科学化水平

一是完善省、市、县三级总经理办公会、“三重一大”决策制度和议事规则。按照分层分级管理的理念，各级投资方案经对应层级“三重一大”会议和总经理办公会审定后，提交上一级，实现省级电网企业投资决策流程由传统“自上而下”向“上下互动、双向反馈”模式转变。二是强化决策咨询，省级电网规划和投资方案提交“三重一大”会议和总经理办公会审定前，由电网规划委员会进行评审，广泛听取各方意见。

（二）强化管理内外部联动，建立决策协同机制

1. 对外与政府联动，建立省市县三级政企协同机制

电网发展离不开政府的支持，河南电力以提升电网发展能力为重点，与政府建立良好的省、市、县三级政企协同机制。一是网省协同，建立国家电网公司与河南省政府的协同机制。起草合作协议文本，推动国家电网公司与河南省政府签署电网发展合作框架协议，明确“十三五”期间国家电网公司在河南的投资规模及省政府在电价疏导、财政贴息等方面给予政策支持；促成电网脱贫专项方案纳入河南省脱贫攻坚 5 个专项方案；与政府主管部门联动，构建部门间常态化沟通机制，强化电网整体规划与省各专项规划衔接，简化行政审批流程，推动出台《关于印发促进河南电网持续健康发展意见的通知》。二是省市协同，建立河南电力与各市级政府的协同机制。省公司与全省 18 个地市政府均签订电网发展合作协议，将电网规划的变电站站址、电力线路走廊纳入城市控制性详细规划，明确电网改造投资分担机制，确保电网投资和项目落地。三是市县协同，建立市级公司与各县级政府的协同机制。各市级公司与河南省全部县政府签订新一轮农网改造升级合作协议，明确建设规模、投资界面和职责分工，推动县政府整合涉农资金，确保河南农网建设有序推进。

2. 对内纵横联动，建立公司内部投资决策协同机制

一是与国网、市县公司上下联动，强化系统内部纵向协同。以纵向专业链条为纽带，准确把握国网公司战略部署，通过一体化平台对电网规划、投资计划分层分级进行把关和审核，结合河南电网发展需要，积极争取投资；坚持上级指导下级原则，市、县级单位根据省公司的工作要求，组织开展本单位投资管理相关工作，并将相关数据、规划和投资方案录入一体化平台，提交上级主管部门审核，通过双向反馈，形成纵向贯通的投资协同决策机制。二是河南电力内部横向联动，强化部门间的横向协同。依托规划计划管理一体化平台，河南电力生产、经营、发展等专业部门根据职责分工全面梳理生产经营情况，共同制定投资计划和方案，精准把握投资需求、方向和重点，保证投资决策科学合理。

河南电力通过规划计划管理一体化平台建立“以横促纵、以纵保横”的协同机制：横向专业部门协同并指导和带动纵向省、市、县三级联动共同参与电网投资决策；纵向省、市、县三级协同结果反馈促进横向专业部门优化决策。统筹河南电力发展各要素，解决电网发展、生产运行、财务预算的衔接问题，保障投资决策的科学性和合理性。

（三）整合多方面研究资源，精准研判电力市场

1. 建立研究合作机制，夯实电力市场分析基础

河南电力与河南省政府发展研究中心、省社会科学研究院、国网能源研究院等省内外权威研究机构合作，充分发挥合作单位在经济、能源领域的研究优势，提升新形势下电网企业对宏观经济、电力供需形势研究的全面性和深度，科学研判电力市场新形势下电力需求大小、发展重点和结构变化趋势。与各权威研究机构签订战略合作框架协议，建立研究合作和数据共享机制，联合开展经济、能源、电力发展领域的研究工作，提升电网企业电力市场分析研判的科学性和准确性。在省公司“一库三中心”① 的基础上，基于投资决策管理需要，整合跨领域海量数据资源，构建涵盖经济、能源、电力、环境、财务、技术经济多领域、多维度的大数据平台，实现数据资源集约化管理。

2. 搭建多维度研究平台，提升市场研判准确度

传统电力市场研判，主要依赖专家经验判断，辅以简单的趋势分析方法，已难以适应经济发展转段换挡、电力市场趋势发生变化的新形势。为提升电力市场研判水平，依托大数据平台，深入开展模块开发，建立河南省能源经济与电力供需实验室。该实验室以涵盖大量基础模型的工具平台为支撑，构建经济、能源、电力三大模块，深入挖掘数据之间内在关系，通过多维度研究和跨领域数据相互证伪，提升电力市场研判的科学性和准确性。其中，宏观经济分析模块，实现量化分析新常态下经济转型发展趋势和特点，预测年度、中长期经济总量、结构。能源供需模块，研究能源发展转型背景下中长期能源需求、结构及能源消费构成。电力供需模块，依托宏观经济、能源供需模块分析预判结果，建立由经济模块—电力供需模块的传导预测方法，实现经济与电力发展的协同研判，有效提高电力需求预测准确性。

（四）差异化评估发展需求，明确电网投资规模

1. 统筹区域经济发展特点，差异化评估电网投资需求

针对区域发展不平衡情况，根据经济增长和社会发展不同阶段，引入电力负荷增速管控变量，将负荷增速与电网发展评价指标的控制裕度紧密结合，将全省划分为 3 类区域，确定各类电网发展指标体系目标值，合理研判电网发展需求，避免低效、过度投资。以 220 千伏、110 千伏电网为例，结合河南省主体功能区规划，综合考虑区域特点、负荷密度、负荷大小等因素，以负荷增速为判据。

城市配电网方面，结合控制性详细规划、土地利用规划、地块性质、容积率等因素，采用网格化规划方法，按照饱和负荷密度将供电区域划分为 4 类，根据各类电网发展定位，明确各类电网的网架结

① 一库三中心：统一数据资源库，统计发布中心、数理分析中心、辅助决策中心。

构、安全准则等发展目标。

农村配电网方面，结合城镇化和新农村发展趋势，顺应农村空间格局变化，科学分类、差异化发展，坚持“提低控高”（大力提高落后地区的电网容载比、适当控制超过导则上限的地区电网容载比）。对行政村进行合理分类，将全省 4.3 万个行政村分为四类，不同类型村庄采取差异化规划发展思路。

2. 制定差异化电网建设标准，合理评估电网投资规模

针对不同区域、电压等级电网，统筹考虑各类电网发展定位、变电站站址及其在电力系统中的作用，从变电站型式、主变容量选择、主变台数、导线型号等各个方面，制定差异化的电网建设标准，避免出现随意拆除、大拆大建、超标准改造等现象，合理评估电网投资规模，最大限度发挥投资效益。

（五）开展融资全过程管理，提供投资资金保障

1. 开展投资能力测度，合理确定投资模式

建立适应电力体制改革新形势的公司投资能力测算新体系，测度电网投资能力。在新一轮电力体制改革的大背景下，基于“购销电价差”的公司电网投资能力分析将不再适应发展需要，亟须按照新电改要求，调整投资能力分析模型。河南电力主动适应电改新要求，提前建立一套基于“准许成本＋合理收益”原则的投资能力测算体系，合理确定投资规模和方式。

2. 开展融资业务及风险管理，保障投入资金需求

一是建立融资内外环境综合分析机制。外部环境监测方面，建立国家金融政策和金融市场动态跟踪机制，构建金融政策和金融市场动态监测指标体系，将资金市场划分为宽松、适中、偏紧三种类别，指导融资工作；内部环境研究方面，研究企业内部资金流动规律，对河南电力阶段性的资金平衡与流动情况做深入研究，开展投融资风险分析。二是建立动态可扩展的融资策略库。从企业现有的融资经验、学习借鉴其他单位的融资项目、研究互联网金融等金融市场最新融资方式三个方面，设计构建河南电力融资策略库，并不断优化完善公司可选择的融资策略。三是建立融资风险动态监控体系。根据河南电力融资的实际情况，明确债务规模、债务结构、融资成本、还款叠加等四类指标，构建风险监控指标体系，对河南电力融资和债务风险进行动态监管和控制。

3. 开展投融资平衡测算，明晰投资分配原则

以资产总额、总收入、净利润、折旧、资产负债率等关键指标为约束，构建省、市、县三级投融资能力评估体系，开展河南电力投融资平衡分析，衡量公司自我投资能力，结合投资需求，测算河南电力的投融资缺口，为全省电网建设资金的合理分配提供客观、定量决策依据。

（六）构建“三库联动”新模式，规范项目管理

河南电力构建“规划库—储备库—计划库”三库联动新模式，形成“整体联动、部门协作、快速反应、确保落实”的链式管理新机制。

1. 建立规划库，确保项目投资可行性

建立年度滚动规划机制：鉴于当前结构转型期电力需求侧和供给侧呈现出的新特征，建立年度滚动规划机制，改变以往“五年一规划，三年一滚动”的传统规划机制，以更好地适应需求侧、供给侧的新变化，保证电力安全保障。

规划项目达到可研深度：当前电网规划面临新的挑战，如城市电网建设用地落实难度增加，拆迁成本高，以及对电网的可靠性和经济性要求提高等，原有规划研究深度已不能适应发展需要。在规划阶段必须论证项目落地的可行性，提前做好电力空间布局规划，把规划项目纳入各级政府的控制性详细规划，避免项目不能落地，影响电网项目建设及投资决策制定。同时，针对河南省低压配电网规划管理薄弱问题，组织编制全省所有 107 个县的配电网规划，做到“一县一报告、一乡一清册、一村一方案”，提高配电网项目的精准性。

项目唯一编码制度：规划项目自进入规划项目库起，设置项目唯一编码，依次在各库之间流转，可保证项目在规划库、储备库、计划库之间的有效衔接，避免违规添加项目以及各库使用不同项目名称造成的混乱，真正实现项目信息流、工作流合一，保障三库间的有效联通。

确保项目技术可行性和经济合理性：完善“国网公司、省公司、地市公司”三级评审体系，明晰各级职责分工，层层技术把关，确保项目技术可行；业务部门与财务部门协同，构建“财务＋业务”专项审查机制，制定《项目可研经济性与财务合规性评价指导意见》，加强项目可研经济性、财务合规性的审核，保障规划项目经济合理。

2. 建立储备库，提高项目储备力度和质量

规划库项目完成所有可研工作之后方可进入储备库。结合河南特点，通过加大项目储备力度、项目库重要度排序、项目库标准化建设，统一工程项目建设标准，规范设计管理，保证设计质量，合理控制造价。

加大项目储备力度：针对国家加大电网建设投资规模及河南省农网改造升级任务繁重现状，坚持问题导向和目标引领，按照早储备、全储备、常态化储备的原则，建立三年滚动储备项目库，根据规划库项目进展，县公司逐月开展项目储备，市公司按月进行项目审核，省公司按季度进行可研批复，将项目精准落实到每一个村、每一个台区，提升项目可行性和准确性，确保纳入三年储备项目库的总投资，不少于五年规划总投资的60％。

项目库重要度排序：储备库项目需根据电网诊断评估及规划相关结论对储备库项目进行重要度、紧迫度排序，以实现与项目决策、投资决策的有效衔接。

项目库标准化建设：树立“统一标准、安全可靠、坚固耐用”的理念，制定《河南电网发展技术及装备原则》《河南省电力公司变电、线路工程标准化设计》，提升建设设计标准和质量。通用设计方面，明确变电、线路工程的通用设计要求，按照模块化典型设计，减少占地面积；通用设备方面，明确设备参数和规格，大幅减少设备种类；通用造价方面，严格遵循定额站有关规定，满足分级分类的造价控制线。

3. 建立计划库，规范项目投资计划管理

储备库项目完成重要度排序后，结合投资决策的资金总额，便可确定计划库入库项目。计划库项目决策是对投资决策的落地实施。

建设项目里程碑辅助决策支持模块：运用信息化手段开发项目里程碑全链条管理模块，制定《电网建设项目里程碑计划管理操作手册》，将项目里程碑的9个关键控制点按照业务属性归并为项目状态、项目流程、项目进度3个部分，以项目进度为维度，分层级展现各关键节点里程碑计划完成情况，确保项目进度管理满足公司准确率指标考核，并配套开发项目预算检查功能，实现项目资金刚性控制。同时，组织归口管理部门和实施单位，合理开展年度结转项目的梳理工作，进一步提升项目操作规范性、清晰性，提高项目预算质量。

建立项目应急调整机制：开辟绿色通道，对于保障供电需求、履行社会责任的特殊项目、紧急项目，在里程碑计划管理中调整优先级别，可迅速向相应的快速反应链条下达指令性提示，下一执行链条在接到紧急提示指令后，立即在最短的时间内进行处理或完成作业，确保事事有落实、件件有回音，加快推进项目进度控制，提高项目管控效率。

（七）建立常态化评价机制，提升投资决策水平

河南电力以提升投资效能为导向，建立涵盖单项工程后评价、电网整体投资效益评价两个方面的常态化投资评价机制，实现在投资、建设、后评价三阶段的全过程风险管控，通过指标化、标准化的评价体系和常态化的评价机制，闭环指导投资需求评估、融资管理、项目管控等各个环节，优化资金投向、

防控投资风险，有效提升公司电网投资决策管理水平。

1. 开展单项工程后评价，闭环指导项目决策

河南电力近年来不断优化电网单项工程后评价工作机制，立足项目管理全过程，构建涵盖前期工作过程后评价、生产运行评价和经济效益评价 3 个方面的电网单项工程后评价体系、评价模型与方法，通过对单项工程的指标化评价，反映项目管理过程中存在的各类潜在风险，实现对电网工程的客观、科学评价，提升企业精益化管理水平。

前期工作过程后评价建立涵盖规划目标提出、项目建设决策、施工建设完成准备 3 个方面，包含项目决策、工程设计、招投标及合同管理、施工准备 4 个层级共 29 项指标。通过前期工作过程后评价，可以实现对项目前期工作的程序、资质、内容深度、设计质量等方面的全面评价。

生产运行评价建立涵盖工程利用效果、运行效果、运行水平、规划目标完成度 4 个方面，包含利用效果、贡献效果、供/输电能力、电压质量、设备可靠性、缺陷管理 6 个层级共 12 项指标，通过对应指标差值分析项目对电网整体的贡献，评价输变电工程在系统中地位、作用以及生产运行中的实现效果。

经济效益评价建立涵盖运营期经营效果和全周期经济效益 2 个方面，包含净资产收益率、总投资报酬率、利息备付率、偿债备付率、内部收益率、投资回收期共 6 项指标。从项目角度出发，根据项目投产后的实际财务数据，计算项目投产后实际年度的财务评价指标和全周期的经济效益评价指标，进而反映企业的盈利能力、偿债能力、营运能力和发展能力等方面的情况，可为后续同类型项目提供参考，为投资方案选择提供依据。

2. 开展电网整体投资效益评价，合理调整投资结构

引入电网整体投资效益评价机制，增强电网投资与宏观经济政策的适应性，为电网发展投资决策提供参考。电网整体投资效益评价构建涵盖投资、收益和资产 3 个方面、10 大类共 21 项指标，并根据省、市、县公司在电网投资管理中的职能定位，建立与之相适应的电网整体投资效益评价体系。其中单位资产售电量、单位投资增供电量、单位投资增供负荷、单位投资降损电量、单位投资新增收入 5 类指标从经济效益层面进行量化评价；供电区容载比、变电设备平均利用小时数、欠载变电站比例、10 千伏互供率和户均配变容量 5 类指标从技术层面细化到各电压等级进行量化评价。

电网整体投资效益评价通过对经济和技术 10 大类 21 项指标的评价，全面实现省、市、县公司历史投资效益变化情况追溯、影响投资效益的主要因素筛查、对过度投资及需要提高投资利用效率区域提出警示。

三、服务于地方经济转型升级的省级电网投资决策管理效果

（一）推动了电网投资结构优化，提升投资能效水平

河南省外电入豫规模已达到 1300 万千瓦，“十三五”期间将进一步增加至 2000 万千瓦；针对配电网薄弱问题，稳步提高配电网投资比例，推动主网、配网投资比例由 5∶5 转变为 3∶7，“十二五”期间配电网投资达到 600 亿元；更加注重服务小微企业，服务终端用户，服务分布式能源接入，2015 年河南省电力公司审定的新能源并网规模已超过 700 万千瓦。同时，通过精益化的流程管控，实现了电网投资效益处于国网先进水平，2015 年河南省单位资产售电量 1.97 千瓦时/元，居国网第三位、华中地区第一位。

（二）实现了电网投资屡创新高，提升电力保障能力

河南电力依托科学的投资管理决策，实现了电网投资规模逐年攀升，2015 年争取到城农网追加投资 152 亿元，居国网系统首位，全年电网发展投入达到 301 亿元。2015 年全省城网供电可靠率 99.967%，较 2010 年的 99.945%升高 0.022 个百分点；农网供电可靠率 99.912%，较 2010 年的 99.755%升高 0.157 个百分点；全省市辖供电区综合电压合格率为 99.995%，较 2010 年提高 0.265 个

百分点；县级供电区综合电压合格率为 99.077%，较 2010 年提高 1.443 个百分点，全面提升了电网良性保障能力，为服务河南经济转型奠定了坚实基础。

（三）满足了产业转型升级需求，促进地方经济发展

在经济发展转段换挡、固定资产投资增速明显放缓的形势下，电网建设投资的持续增加有力拉动了河南省装备制造业等高成长性行业的发展，促进了河南的经济发展。同时，配电网建设投入更多地惠及了小微企业和终端用户，让城乡同网同价、峰谷分时电价等一系列优惠政策得以有效落地，降低了企业用电成本，服务了河南经济转型，仅同网同价 1 项，就降低了县域企业成本约 35 亿元。经河南省社科院测算，在经济拉动方面，2015 年河南电网投资对全省当年 GDP 拉动为 783 亿元，对 GDP 的拉动比重为 2.1%，对 GDP 增速的贡献率为 0.17%；在就业拉动方面，电网投资带动全省就业 156 万人，对就业拉动比重约为 1.8%。

（成果创造人：侯清国、周　凯、魏胜民、王正刚、王　磊、王　璟、白宏坤、张法荣、张竞超、王江波、杨　萌、刘永民）

航空制造企业基于全生命周期的项目价值管理

江西洪都航空工业集团有限责任公司

江西洪都航空工业集团有限责任公司（以下简称中航工业洪都）创建于1951年，是新中国第一架飞机和第一枚海防导弹的诞生地，拥有1个国家级企业技术中心，共研制生产了4大系列、10多项国家重点型号，500多架K8型飞机远销亚洲、非洲、南美洲等地区10多个国家，具有自主知识产权的猎鹰（L15）高级教练机正引领着我国教练机发展前沿。中航工业洪都逐步由仿制活塞式教练机发展成系列化、系统化的飞行训练集成系统供应商，开辟了一条全新产业发展道路。

一、航空制造企业基于全生命周期的项目价值管理背景

（一）提升项目价值管理能力的需要

从20世纪初至今，世界航空产业迅猛发展，涌现出波音鬼怪工厂、洛克希德·马丁臭鼬工厂等项目管理的杰出代表，创造了令人瞩目的产品，项目管理在航空产业链乃至更广阔领域得到深化运用，成为各国航空企业合作的通用平台。中航工业洪都制定了“成为国际一流的飞行训练集成系统供应商，成为国内外知名的机身段一级供应商”的发展愿景，中航工业洪都的多型教练机赢得了国内外客户的认可，获得了可观市场订单，成为波音、GE的大客机供应商，但项目管理水平仍与国际先进企业存在一定差距，产品的市场占有率与产能规模不匹配，资源未发挥出最大经济效益。因此，要想稳固跻身于充满机遇和挑战的国际市场环境，中航工业洪都必须建立以市场为导向的价值管理体系，组成敏捷、精干的管理团队，瞄准全球航空产业市场价值，布局内部价值链，识别经营风险，通过不断迭代优化，帮助企业保持市场竞争力。

（二）适应市场需求转变、创造客户价值的需要

航空制造是耗用巨量资源的产业，每个项目历程中都会面临着研发周期长、系统协调难、资源需求大等难题。2011年，国家推行军品“目标价格”改革，采购成本向国际市场同类产品看齐，打破了原有“成本加成”定价模式下企业无虑成本的局面。中航工业洪都为迎接激烈市场竞争的挑战，加速了产品升级换代，形成了“一机多型、系列化、谱系化”的产品特点，由工业制造向工业服务转型，产业结构深层改造后，企业的价值体系需要重新架构，这要求项目管理系统以价值为导向，统筹、协调、配置产业链资源，实施设计、制造、销售、售后服务的全寿命周期精细化挣值管理，实现功能领先、布局科学、资源配置合理，促进产业链快速发展。

（三）落实企业战略促进企业发展的需要

中航工业洪都是“厂所合一、机弹一体”的航空企业。“十二五”期间，为实现“军品军贸、非航空民品、转包民机”的“三棱簇”战略，中航工业洪都开展了教练机、通用飞机等20多个项目研制。项目科研生产具有多品种小批量、作业高度交叉等特点，需要更多设计、工艺、物流系统的参与和保障，每个项目的客户需求、研制进度都各不相同，项目执行难度增大，每个项目都有市场预判、执行周期、资源预测、过程管控等重要环节，这需要项目管理系统具备出色的价值管理能力，不断创新项目管控模式，策划项目运行、资源统筹、风险防范，全面关注项目的活动过程，多部门、多系统的分工协作，建立流程标准、操作规范、管控有力、信息集成的精细化项目管理模型。

二、航空制造企业基于全生命周期的项目价值管理内涵和主要做法

中航工业洪都以客户价值为导向，以企业价值为目标，构建项目全生命周期价值管理模型，组建灵

活高效、快速响应、持续创新的项目管理团队，完善管理制度，优化管理流程，依托信息化管控平台，运用管理工具，强化业务与财务的一体化管控，将技术与经济深度融合，聚集项目全生命周期价值管理，寻求项目最佳经济贡献，通过推广项目管理经验，促进企业商业成功。主要做法如下：

（一）以客户价值和企业战略为导向，建立项目管理体系

1. 构建价值管理模型，指导项目管理路径

中航工业洪都的产品结构具有“宽谱系、多品种”的鲜明特征，每一个项目的背后都有设计、工艺、财务、质量等众多专业系统团队。为了促进企业发展战略落地，中航工业洪都构建全生命周期项目价值管理模型，按照项目立项、研发设计、制造加工、销售服务、升级/退出的全生命周期管理阶段，对应实施立项决策、融入经济理念、精益生产、营销定价、下线转型等管理，精准实施价值管理策略，运用风险控制体系防范运行风险，运用后评价机制激励项目管理能力提升，通过组织系统的强有力执行，聚集储备企业价值。

全生命周期项目价值管理模型中核心三大内容有：一是项目管理组织体系。中航工业洪都组建复合型矩阵管理团队，即在原有设计、工艺、质量三型系统师的基础上，增加项目会计师系统；运用业务财务高度集成的信息系统精细化管理项目全寿命周期，通过大数据展示管理成果；选用全面预算、AOS 运营体系、目标成本、IBSC 等主要管理工具，高效实施项目价值管理。二是项目全生命周期。航空企业的项目全生命周期进一步延伸，在通常的产品的成长期、成熟期、衰退期生命周期里，增加立项决策、研发制造等重要生命阶段，结合航空制造企业的特点，将项目全生命周期分为项目立项、研发设计、制造加工、销售服务、升级退出 5 个阶段。三是价值管理体系。中航工业洪都总结多年积累的项目全生命周期的价值管理经验，对价值管理行为和方法进行分门另类，形成系统、科学、标准化价值管理体系，同时适应形势变化，不断汲取新理论，持续创新价值管理。

2. 构建组织架构与制度体系，明确职责分工

自 2007 年起，中航工业洪都的型号项目开始实行设计、工艺、质量、财务等多专业的矩阵管理，积累了丰富的管理实践经验。项目总设计、工艺、质量师系统由总师、副总师、主管组成；为了强化项目的价值管理，成立了项目会计师系统，由项目总会计师、副总会计师和财务管理、价格管理、成本核算等主管会计师组成，并且任命项目办主任为副总会计师，即从业务线选出一名业务主管，熟悉工艺设计又精通项目管理，具有良好的组织协调能力，全面掌握研制内容，与财务线并肩作战，共同管好项目。项目办公室是项目总师系统与项目会计师系统的组织协调机构。中航工业洪都制定《航空武器装备型号研制管理系统及人员组织管理办法（试行）》《项目会计师系统管理办法》《科研型号管理办法》等。目前，中航工业洪都已按照“项目分类、人员分级”的维度成立 30 多个项目管理系统，服务于“训效、打击、攻击、民机”多个系列产品。

项目管理系统按照“兼顾全局、效率优先、适当授权、风险可控”的原则，开展项目全寿命周期的价值管理。主要包括：分析论证项目价值规划，为项目投资决策提供专业支持；编制经费概算，科学合理配置资源，保障项目顺利实施；制定目标成本，实施战略成本管控，提高资源使用效益；满足客户需求，灵活制定销售定价策略；总结评价项目成果，促进管理水平提升。

3. 改进财务管控方式，建立一体化管控模式

中航工业洪都按照“一块想，分头干”一体化管控思路，构建“六事集权、六事分权”财务管控模式，即对集团型企业战略性、方向性、重要的战略、资本和资产运作、航空产品定价、会计政策、资金集中管理以及财务干部委派人员管理等实行集中管理，对日常性、一般性、个性的自身经营管理实行分层授权管理。在项目全生命周期内，决策阶段属于集中管理事项，之后程序全部被授权给项目管理团队，单项业务审批由平均 30 人精减到 5 人，项目概算、合同、资金等业务实行集中评审，灵活有效的

例会制既保障了项目顺利推进又可及时应对突发问题。

（二）运用信息系统与管理工具，提升项目管理水平

1. 依托统一数据平台，建设业务驱动信息化平台

2010 年，中航工业洪都十大信息系统上线。“十二五”期间，工艺 PDM、生产 MES、人力资源 EHR 等业务系统日渐完善，4000 多个用户遍布全公司。经营计划、设计工艺、采购物流、生产作业数据在一个平台上交互共享，内部业务系统管理流程化、规范标准化、业务领域网络化、管理理念智能化，外部建立业务报销、网银结算、价值信息等 App 运用，实时进行成本竞争策略分析，集中管理汇集业务流、价值流、资金流数据，形成价值数据处理中心、项目价值管理的智能中心，支撑管理决策。运营管控系统管理项目的立项规划；多项目系统管理承接项目计划，将任务内容进行 WBS 分解，落实责任分工，跟踪项目实施进度；生产管控及 MES 制造系统负责产品制造环节的管理，包括生产计划分解、完工进度的监控；全面预算接收多项目管理的分项任务预算，制定资源配置方案，审核下发后形成预算控制单元；网上报销系统负责监控开支情况。各系统数据将最终汇集到统一数据平台，项目管理执行结果全面反馈至运营管控系统，管理者直接进入“驾驶舱”，全景观看项目进展。

2. 以全面预算为牵引，全生命周期管控项目经费

预算是保障项目实施的管理利器。项目投资决策一旦明确后，预算管理就要贯穿于项目的全寿命周期，项目会计师系统首先根据批复下达的项目投资决策，分析经营水平、资源现状、技术储备、合作环境以及任务内容等影响因素，测定项目经费总额，并分解到各参与部位；其次再根据详细任务计划，合理规划研制周期各年度预算，进一步细化预算颗粒度，并在实际实施的各年度按照任务逐一分解成年度预算方案。过程中还要依据项目进展情况，修正预算方案，各产业链根据收支的周期，自我调节平衡资源需求，及时筹措资金，保障项目进展。项目办要监控预算执行情况，配合考核主管部门完成对各业务部门的预算执行情况的考核，将存在的重大问题报告项目主管部门和行政总指挥，协同各方对问题进行落实整改，参与控制和考核各单位的预算情况。

3. 引入 AOS 运营管理体系，促进项目精细化管理

自 2014 年起，中航工业洪都推行中航工业运营管理体系（AOS)。项目工艺师系统打造出适合“多品种、小批量”生产方式的站位式装配生产线及脉动式总装生产线，推广 AOS 生产制造流程管理，飞机整体油箱装配等项目试行成功，明显改善作业效率；针对生产瓶颈问题开展精益项目，应用可视化管理、形迹化管理、分层例会、管理者标准作业等多种工具方法，建立生产现场问题的快速响应机制及快速解决流程；项目会计师系统将财务管理目标、流程、工具、方法形成统一管理标准，梳理制度 500 多项、流程 2000 多条，管理过程全部嵌入信息系统；通过持续优化以及管理创新使项目管理向“行为标准化、执行表单化、信息透明化”改进，不断提升管理水平，提高项目管理效率。

（三）找准市场定位，深化项目决策经济论证

中航工业洪都的项目投资主要分为战略型、竞争型、任务型三类。战略型项目投资是从企业自身发展需要出发，必须通过企业自筹开展的项目；竞争型项目投资是接受外部不足的资源的情况下，与竞争方共同参与竞争的项目；任务型项目投资是企业接受的必须完成的国家任务或集团公司任务，可能获得全部或部分获得资金来源。为获得产业与价值最优组合方案，项目总师系统要研究投资方向与自身产业道路是否相符；项目会计师系统要深入论证项目的投资效益，从分析环境、政策、税务、能力等方面的影响入手，给定财务分析的假设条件，运用现金净流量法（NCF)、内部报酬率（IRR)、投资回报法（ARR)、盈亏平衡法（BEP）等方法，分析项目投资的资本结构（资源需求)、投资回报、投资回收期（PP）以及企业可能面临的经营压力和风险，为投资决策提供资源支持预测、方案优先投资的测算方案，决定最终投资项目。“十二五”期间，项目管理系统通力协作，共分析论证近 100 个项目，每个项

目至少要经过3次专家级评审，科学严谨地为公司价值管理问诊把脉，最终选定30多个实施项目，其中重点项目9个。

（四）融入价值理念开展设计，源头把控项目成本

1. 开展“效费比”量化分析

“效费比”的计算公式为E（效费比）＝X（效能）/F（费用），效能维度非常宽泛，如作战效能、寿命周期效能、飞训效能等，根据计算结果，选择效益最佳方案。比如，L15飞机是目前唯一一款新一代的双发超音速高级教练机，但也是唯一一款将超音速状态作为可选项的新一代高级教练机，在设计之初就将高的效费比作为一个既定目标，L15综合训练系统覆盖基础、高级、战斗入门及伴随训练任务，少量改装后可执行作战任务。用户可根据采购经费条件、使用费用限制和训练升级需求定制自己的系统配置和综合训练系统，找到训练目标、训练手段能力和训练投资之间的令用户满意的“平衡，体现出优异的效费比水平。

2. 运用“限费设计”理念

用目标成本管理体系约束研发目标成本，开展成本效益分析，充分运用增加零部件的互换性，优选货架产品或完全竞争产品，选择通用类原材料，推广仿真设计，提前做好与工艺匹配，减少生产过程中设计、工艺更改，以及将限价目标作为设计部门的一项关键类绩效考核指标。项目会计师系统与设计、工艺、制造师系统组成了攻关团队，经过价格调研、工艺试验研究后，采取选用同等性能的替代材料的方式，解决原型产品所用复合材料成本高昂的问题，中航工业洪都通过此分析，某型零件单位价格下降近50%，单个产品节约成本超过8万元。

3. 推行“并行工程”，提高项目研发效率

中航工业洪都通过不断完善设计工作机制，标准化WBS的运用，工艺、采购、财务、人力资源等部门主动提前介入设计阶段环节，做好各项保障性服务，减少设计等待，缩短研制周期，加快科研成果产业转化速率。比如，在某型无人机研制过程中，自型号进入工程研制开始，采用并行设计，开展了原理设计、试制，关键部组件及关键技术的可行性攻关。将工艺设计前伸至产品设计阶段，产品设计与工艺设计并行，缩短工艺、工装准备时间。同时，形成设计、工艺、采购、财务跟踪服务生产现场，及时协调和处理问题，有效发挥协同效应，使中航工业洪都首个实现当年设计、当年发图、当年试制的型号。

（五）实行挣值管理，开展差异化定价

1. 开展精细化制造成本管控

项目研制成功，将转入批产阶段，项目管理系统需要持续降低单位制造成本。项目管理系统的任务是推进产品的挣值管理（EVM），即运用计划工作量、成本预算和实际成本三个变量，测量项目绩效。中航工业洪都以军品目标价格改革为契机，全面开展新型高级教练机目标成本管理，将新高教目标成本分解为成品和机体两大部分，实施战略成本管控。成品部分已延伸至65家配套成品厂家，机体部分分解为8大部件进行控制，内部成本从工艺优化、采购管理、精益生产、资本性投入等方面加强控制，目标成本控制贯穿企业整个价值链，管理结果将最终接受审查、考核与评价。

在工艺优化方面，针对小批生产单机成本与目标成本严重倒挂问题。2013年，中航工业洪都围绕设计、工艺、生产、管理四个维度开展成本优化设计与管控，提出成本优化项目38个，节省单机成本约160万元，一次性费用近1200万元。在采购物流管理方面，建立价格咨询平台，严格按招标、比价程序执行采购，大力推进“阳光采购”，使采购价格公开、透明，开展航空油料、办公电脑、铝材、刀具等7类物资集中采购；实行协议采购，建立仓储中心，实行集中下料、物流配送，加快在制品周转，降低库存占用。在精益生产方面，充分发挥生产计划与MES生产管理信息系统的优势，掌控关重件制

造进度，制定标准化作业流程，控制生产节奏，准时生产，准时交付；全力推行精益化生产，剖析生产瓶颈问题，平衡工序节拍，调整作业负荷，优化改善生产线平衡率，降低在制品资金占用。在资本性投入方面，中航工业洪都建立事前专家评审制度，科学决策，控制固定资产投资规模，杜绝重复建设，建立项目预算控制价机制，完善相互约束、相互监督的制衡机制，强化过程监控，推行后评价机制，并对投资效益进行约谈问责，严格控制支出。

2. 开展差异化定价

近年来，中航工业洪都销售标的物由销售产品向提供解决方案转变、由销售产品到出租产品转变、由销售整机产品向销售单位小时服务转变。为此，中航工业洪都认真分析客户的政治、经济、人文环境、地理环境等因素，统筹考虑公司成本，采取不同的价格策略，为客户提供一揽子价格解决方案。针对训练体系比较完善且对整机价格敏感度高的用户，采用免费提供飞机，按飞行小时价格向客户收取使用费；针对经济紧张但需求强烈的用户，提供训练体系建设、培训载体、售后服务等全寿命服务，设计一揽子周期长、融资方式多样化的价格方案；针对有多产品选择且处于观望状态的用户，免费提供试用品，通过获得客户优质评价后，提供服务保障和后期订货配套价格方案实现共赢。

3. 挖掘项目附加值

2000 年以后，中航工业洪都初级六、K8 等二代教练机以及强击机的市场订货量面临着饱和，“十二五”初期营业收入规模一度滑入低谷。为此，中航工业洪都及时做出“退出二代机，发展三代机”的战略调整。对仍有需求的饱和产品，项目总师系统改进改型，继续延长产品的价值贡献；对无需求的产品，项目会计师系统全面盘点了下线产品的整体生产线的工艺、制造、售后资源，与项目总师系统谋划全线资源再利用方案。自 2009 年起，中航工业洪都陆续与巴基斯坦、埃及、苏丹建立三条 K8 飞机修理线，这一售后保障模式得到客户好评，更为航空产品进一步扩大外贸出口提供了借鉴经验；国内的维修业务全面移交给中航工业专业维修厂集中管理，技术储备得到转化运用，产品的价值被进一步细分提炼、持续聚积；积累了丰富经验的项目管理成员们被选拔分配到新项目，投入到新一轮项目管理中去。

（六）完善项目后评价机制，总结项目管理成果

中航工业洪都在项目管理评价中，建立项目完成率、目标成本可行率、经费执行率、投资收益率等考核指标体系，在项目研制任务结束后，对比分析投入产出比、投资回收周期与收益，量化分析影响因素；在转入批产后，按照型号批次管理归集成本，对比分析成本执行偏差，查找管控盲区，对关键风险点要加设预警指标，对效益显著的项目，则推广做法和经验，先后在攻击、无人机、打击领域中选取一个项目试行后评价管理，产生效果后再复制模式，管理经验迅速孵化到其他项目，有效激励项目团队参与价值管理，促进管理“升级”，提高后续项目投资效益。中航工业洪都通过在 L15 原型高级教练机研制后评价中，项目会计师系统对比分析出币值与通胀大环境、研发任务与经济责任界定等影响程度，在后续的研制项目过程，与客户充分沟通，从经济与业务合理性上获取认可，将上述因素纳入到后续项目的经费方案中，企业不再为客户额外增加的研制内容自费买单，通过有效的过程控制，先后有 5 个项目向客户争取到近 2 亿元的研制补充经费，大幅降低了企业的研发风险。

三、航空制造企业基于全生命周期的项目价值管理效果

（一）提升了企业项目管理能力

通过项目全生命周期的价值管理体系的运用，进一步拓展各业务职能的深度和广度，项目管控幅面由型号研制延伸到技改投入、重大经济事项，通过业务财务融合，实现了周期、空间、职能的跨越，提升管理人员的业务洞察力，培养了具有精深专业能力的复合型人才队伍，打造了一支高效的、专业的多层次人才体系。每个业务系统师都培养出一批出色的项目经理，如项目会计师系统出了 3 名全国领军人才，12 名业务领域的项目副总会计师，项目管理团队真正发挥着业务伙伴的作用与价值，成为企业宝

贵的人力资源财富。“十二五”中航工业洪都获得国家研制经费投入超过20亿元，较“十一五”增加近1倍。某型产品研发已完成4型迭代产品，研制周期由最初的5年缩短至3年，技术成果快速转化运用，2年内创造经济规模超过30亿元，产品价值增值4亿多元，企业经济效益显著提升。

（二）实现了客户与企业的价值共赢

中航工业洪都各专业项目管理系统分工协作，克服了研制内容、工程实现复杂度增加、人工成本和材料价格大幅上涨等因素，某型装备研制经费开支较原型下降28.5%；三代教练机的限价设计运用，飞行员培养时间缩短了1—2年，单架次起落总费用控制在现有三代同型教练机的五分之一，使用寿命为现有三代战斗机的2倍，单架飞机在服役期间可节约使用成本2200万元，机体实际成本较目标成本下降近5%，单机购置成本节约100万元，优异的效费比表现得到了国内外客户首肯。截至2015年，中航工业洪都累计获得三代机订单将突破50架，营业收入将突破百亿大关，利润总额增幅达13%。

（三）企业的市场竞争力进一步增强

中航工业洪通过不断积累管理经验，积极创新管理思维，大幅提升项目会计师系统业务协同能力，项目管理水平明显提高，累计获得国家重点型号立项审批12个，争取经费拨款30多亿元，顺利完成6个型号生产定型、20多个科研项目审计验收；项目会计师系统与项目总师系统密切协作、提前筹划，全面掌握产品状态、成品、制造及工艺装备等情况，充分挖掘项目增值点，某型产品价格批复较原型上涨了近20%，L15高级教练机“一机多型”的成功研制，有力催化国内外市场。截至“十二五”末，中航工业洪都产品实现升级换代，新研产品全面支撑公司战略，产业结构成功转型，企业发展明显加速，核心竞争力得到进一步巩固。

（成果创造人：陈逢春、胡焰辉、祝美霞、饶国辉、邱洪涛、王　訢、吴刚茂、魏红涛、陆怀华、李亚炜、喻怀仁、兰　洁）

通信企业基于运营大数据的业财融合型管理会计体系建设

中国移动通信集团广东有限公司

中国移动通信集团广东有限公司（以下简称中国移动广东公司）于1998年1月正式注册成立，是中国移动（香港）有限公司在广东设立的全资子公司。中国移动广东公司是我国信息通信行业中规模最大的省级公司，也是广东省最大的通信运营商，主要经营移动话音、数据、IP电话、多媒体和企业信息化等业务。2015年，中国移动广东公司资产规模超过2300亿元，用户超过1亿户，运营收入785亿元，主营业务利润187亿元。中国移动广东公司全年纳税约100亿元，直接、间接拉动就业50多万人，连续多年荣获广东省纳税百强企业称号。

一、通信企业基于运营大数据的业财融合型管理会计体系建设背景

（一）业财融合、管理会计是全球财务管理的重要理论趋势和实践趋势

大数据时代背景下，财务管理工作也要顺应时代发展需要，为企业提供强有力的专业支持。从全球和全国范围来看，管理会计是财务管理的发展方向。在理论层面，2014年10月，英、美行业协会发布《全球管理会计原则》，意在提升组织在多变的商业环境和信息过载背景下的决策能力。在全球管理会计发展的大潮之下，中国管理会计体系建设工作有序推进。通信行业作为通信及现代服务业，如何响应财政部搭建管理会计体系的号召，破解通信全程全网的难题，是一项重要课题。特别是在通信行业由传统运营商向现代服务商转型的期间，开展基于运营大数据的业财融合型管理会计体系建设实践，是财务支撑中国移动广东公司战略发展的必由之路，具有重要意义。

（二）管理会计是时代背景下国家对财务管理工作的重要要求

2014年12月，中国财政部正式发布《关于全面推进管理会计体系建设的指导意见》，明确提出建立管理会计体系的总目标，要加快建设国内管理会计体系建设。财政部在政策解读中强调，全面推进管理会计体系建设，是推动经济转型升级的迫切需要。当前，面对国内外复杂的经济形势，只有加快经济发展方式转变，充分挖掘管理潜力，才能实现社会经济持续发展。与财务会计领域发展相比，管理会计发展相对滞后，为单位发展提供规划、决策、控制和评价等方面的作用未得到充分有效发挥。全面推进管理会计体系建设，是顺应会计科学发展的必然选择，是实现中国特色会计体系的自我超越和自我完善的必要举措，是推动中国会计工作转型升级的重点所在。基于运营大数据的业财融合可以为通信企业进行战略决策支撑、业务创新支撑、服务优化支撑、网络效能支撑等四大支撑工作，并可以为降本增效、资源配置、系统优化等进行全面有效的指导，对提升企业整体价值具有重大战略意义。

（三）通信企业的转型发展要求在业财融合上进行深度探索

近年来，通信企业面临严峻的形势。收入增收的压力愈来愈大。从行业的发展态势来看，国内电信市场已经逐渐趋于饱和，行业竞争愈发激烈，客户规模保持整体稳定、略有增长，行业增幅受限。资源侧出现结构性不均衡的局面：一方面是刚性成本快速增长，资产相关成本年度增幅超过20%；另外，营销费用继续压降，年度降幅超过25%，迫切要求开展业财融合，推动降本增效和增收节支，提升资源的精细化管理水平，精确投放，提高投入产出。同时，新形势下移动集团公司新的经营业绩考核体系的实施，“回归经营本质，追求价值效益”已成为当前运营的风向标和度量尺。

在增收节支、风险管控难度加大的大背景下，中国移动广东公司的内部运营管理存在多方面的提升空间。在效益管理方面，当前效益管理颗粒度较粗，产品效益、客户效益、渠道效益、营销活动效益难

以准确分析和评价。在精确营销方面，精确营销缺乏客户价值信息，重复参与。在分层服务方面，体现差异化服务的客户群划分主要基于客户 ARPU，没有考虑公司资源的投入客户实际价值贡献的影响。在客户效益管理方面，无法以单客户为颗粒度归集客户收入及所耗用成本，从而无法对单个客户全生命周期内收入贡献、成本投入和利润情况进行全程跟踪。也无法对客户群体组合，实现任意客户群体收入贡献和成本效益分析，无法支撑成本精细化管理，实现资源事前、事中和事后的闭环管理。

在此背景下，中国移动广东公司承接中国移动集团的业财融合项目试点工作，在集团公司财务部框架指引下，财务部组织市场部、网络部、政企客户部、信息系统部，进行基于运营大数据的业财融合型管理会计创新。

二、通信企业基于运营大数据的业财融合型管理会计体系建设的内涵和主要做法

中国移动广东公司在进行深入的业务调研和应用实践的基础上，以“专业化的业财融合”为思路，以“运营大数据”为基础，从业务源头出发，抓住价值链关键节点，以“目标、理念、应用、方法、数据、系统、组织”七大层面为主体，建立数据仓库，搭建全业务统计体系，整合当前财务大数据体系，打通业务系统数据的接口，做厚、坐实财务大数据，为业财融合提供基础。在孤立的指标基础上，针对中国移动广东公司关键业务活动，关联组合相关指标，设计出一套面向重点业务领域的检测指标体系，搭建管理会计框架及信息化支撑体系，探索业财融合开展应用，搭建客户、基站等维度的管理模型，并细化应用场景，实现业财管理方案的有效落地。主要做法如下：

（一）明确的基于运营大数据的业财融合型管理会计体系建设工作思路和目标

中国移动广东分公司提出开展基于大数据的业财融合深度发展，助力财务转型和公司可持续发展，研究得出通信企业基于运营大数据的管理会计逻辑内容体系框架。根据基于运营大数据的管理会计逻辑内容体系框架，进一步制定基于运营大数据的管理会计系统运作体系框架。中国移动广东公司明确基于运营大数据的业财融合型管理会计体系建设的目标如下：

首先，夯实财务大数据的基础。设计全业务统计体系，解决指标口径杂、统计数据不准确的问题，统一公司的唯一数据出口通道，避免给公司的决策支撑带来信息扰乱。另外，整合当前的财务数据体系，并接入业务数据，将财务大数据和业务大数据结合，使得财务数据的颗粒度能够满足业务的需求，做厚、做深财务大数据，进一步的夯实财务大数据基础。

其次，探索业务运营的支撑方案。基于财务大数据，充分获取业务部门管理需求的基础上，探索财务大数据的应用模型、管理方案、支撑场景，服务于业务的前端运营。重点探索客户价值管理、营销案管理、渠道管理、产品价值管理等多维度的管理，设计各种模型在各个价值流转环节的应用场景和应用模型，为各低效环节、重点环节的制定出优化建议和解决方案。

再次，业财融合探索重点成本的精细化管理方案。基于财务大数据，针对营销费用、网络维修费等重点成本，制定专项的精细化管理方案，推进降本增效工作的开展。营销成本压降是中央企业落实国资委的要求所开展，要求连续三年降幅过半，各层级均反映出营销成本额度不足的问题。需要业财联动，从优化业务模式、解决低效点、提升营销资源使用效率等角度入手，探索精细化的管理方案。网络维修费连续年度增长幅度超过网络规模的增长，需要进一步探明原因，需要建立网络维修大小类和会计科目之间的映射关系，打通系统之间的接口，实现业财的联动管理，探索维修费的降本增效可实现途径。

最后，打通业财系统的接口，固化模型。打通业财系统之间的壁垒，进一步夯实财务大数据的基础，逐步实现财务大数据的自动取数，避免由于人工统计带来的信息失真。另外，将应用模型嵌入业务系统的流转环节，使得财务理念和要求能在业务流转环节得到实现，实现系统的固化和高效支撑。

（二）系统层：建立财务价值分析平台，实现数据可视化调取

打破中国移动广东公司数据壁垒，搭建财务价值分析平台，打通 9 个业财系统数据接口，并进行整

合，解决取数难题，并利用业财数据分析平台，实现在系统层数据的可视化调取。打通系统接口，形成财务价值分析平台。整合多个业财系统，实现整合分析。建立与 BI、MIS 等 9 个系统对接的接口，完成竞争情报（56 个重点行业竞争指标）、杜邦分析（共 98 个关键运营指标）等模块建设，对业财融合发展起了重要支撑作用。利用业财数据分析平台，实现可视化调取数据。

（三）数据层：全业务的运营大数据体系及标签管理

搭建涵盖全业务近 6000 个指标 200 万条数据的数据仓库，覆盖 9 个核心领域，为业财融合打下坚实基础；整合业务财务数据标签，借助大数据库挖掘技术，在业务分析平台嵌入形成客户标签库、基站标签库、积木式分析框架，支撑前端业务应用。

1. 搭建全业务数据库

涵盖投资建设、网络管理、存量经营、流量经营、集客经营、数业经营、互联网经营、客户服务、公司价值等方面，共 938 个指标，涉及全省 23 个单位，形成全业务数据库。

2. 整合运营大数据体系

运营大数据体系涵括财务报表、竞争情报、全业务统计体系、统计定报、各业务部门数据支持等，涵括各种指标共 5888 个、200 多万条数据，对当前的数据体系重新整合优化，及时涵括公司的战略业务和重点业务信息支撑要求，并实现高效、及时的信息支撑。

3. 大数据嵌入业务标签进行管理

基于基本属性、偏好属性、社会属性、通信属性等用户特征，建立用户标签数据库，涵盖百种以上用户信息字段，搭建客户标签库，并通过积木式分析框架，全面支撑客户 360 度画像。

（四）方法层：运营指标全方位监测

从中国移动广东公司核心的价值链切入，针对关键业务活动，设计运营异动灵敏分析、健康度评价、核心标杆对标、杜邦分析等体系。面向重点运营领域，从多个视角，对业务进行综合性监测，快速定位中国移动广东公司运营异动。

1. 灵敏度分析

借鉴关联指标的灵敏分析法，从公司价值链切入，梳理关键业务活动，形成移动数据流量、终端补贴、渠道酬金、欠费管理、数据业务产品、投资建设、号卡管理、库存管理八大关键业务，关联组合相关指标，设计一套检测矩阵，从多个监测视角，对统一业务综合性监测和定位。

2. 健康度评价

设计投入产出监控体系，根据投入、产出指标联动分析的思路，围绕中国移动广东公司发展策略设计六大类约 100 个核心效益指标，监控投入产出健康度。

3. 标杆分析

基于投产指标结合的健康度评价体系，充实标杆体系，量化地市可持续发展能力，发布《标杆计算公式和数据口径来源》，规范 900 个标杆动因的数据来源。向地市公司公布所有标杆的计算过程，便于地市校验。

4. 杜邦分析

以 KPI 指标为顶层指标，借鉴杜邦分析法，建立分析指标框架。以净利润率指标为例，中国移动广东公司层层分解 KPI 指标，并进行分类分级，对每个指标设置阀值，嵌入系统，常态化扫描，实现快速发现问题、将问题追溯到最底层维度。

（五）应用层：输出 11 个核心领域的应用

中国移动广东公司重点在收入保障、成本管控、业务运营三个方面、11 个公司核心业务领域，开展搭建基于业财融合的效益管理体系，其中，省公司统一运作 6 项内容，在市公司试点开展 5 项内容。

1. 公司运营异动扫描

运行财务价值分析平台中运营大数据功能，从关键模板中获取异动超阀值情况，再根据杜邦模型、灵敏度关联模型向下钻取，深入定位评估，形成有重点、有深度的异动扫描分析评估报告。通过关键业务活动监测定位矩阵、可视化异动监控扫描等进行评估监测。每月常规专题异动扫描分析评估报告。

2. 基站效益性能提升

以基站为颗粒度，从投入产出的维度，构建投资折旧、水电租金、业务支撑、维修费用等资源投入与话务、流量、ARPU、收入等产出的映射关系。通过网络资源投放、网络能力建立、网络业务承载全流程的价值分析，为中国移动广东公司运营决策输出各项投资效益分析报告。通过进一步按地域、基站、小区等进行折旧、话务量、流量等开展深度分析，评估各个维度的投产效益分布，指导高投入低产出的基站或区域进行减配或拆除，对于低投入高产出的基站或区域进一步加强运营保障。比如 2015 年年初，通过模型的应用与高流量区域的分析，指导网络建设部门共计规划 806 个 LTE 站点进行网络扩容。对其中 4 月新开通的 22 个站点跟踪分析，该区域 LTE 站点开通后一月总流量比开通前一月增长了 62.92%，比同期全网流量 13.69%的增幅高 49 个 PP。业财融合信息的应用，对生产效能起到显著的提升作用。

3. 营业厅效益评估

基于运营大数据，考虑销售质量、服务等因素带来的虚拟收入，优化营业厅效益评估模型。

4. 重点资源精细管控

依托运营大数据，推动重点成本资源的投入产出成果分析。统一酬金计酬，打通酬金系统和报账系统接口，实现自动化报账、十大渠道商分析；加强维修费归口管理，开展业务口径与财务口径梳理，将财务指标嵌入维修费系统。

5. 大数据精准营销

基于运营大数据，梳理收入、成本明细，构建单个客户号码级别的利润标签，组建纯财务效益标签，客户效益一目了然。基于客户维度的运营大数据和客户价值诊断模型，围绕客户的全生命周期管理，对潜在用户、存量用户、衰退客户、离网客户等开展价值分析工作，助力于客户价值扫描、目标客户筛选、营销案设计和营销案效果评估等运营全过程中。有针对性的向客户推介套餐升级、流量包叠加等业务，提供个性化的营销服务，提高营销成功率。

示例 1：营销策划模型优化一客户离网五色预警模型

五色预警模型，是通过余额水平、ARPU 值异动、粘性业务等要素组合，对客户的离网倾向进行预测，从而制定对应的挽留策略。模型存在的核心假设——离网倾向高的客户都值得挽留，这一假设存在着一定的不合理性，离网倾向高的客户有可能导致公司亏损，并不一定具备挽留价值。五色预警模型当前的要素组合中缺乏对客户投入成本、客户利润等价值数据的关注，从而可能导致部分挽留策略存在资源浪费的现象。本应用将对五色预警模型加入存量客户定位类型、客户盈利水平两类指标，从而丰富原有五色预警的客户类别判定方式。

示例 2：存量客户定位透视分析及特征分析

存量客户群定位分析，是根据客户对中国移动广东公司的贡献以及公司对客户的投入两个维度进行类型定位，进一步分析不同客户类型的特征分布。为公司带来高收入贡献、公司也为其投入高成本的客户称之为重要客户，为公司带来高收入贡献、而公司投入成本较低的客户称之为杠杆客户，为公司带来低收入贡献、而公司投入成本较高的客户称之为特殊客户，为公司带来低收入贡献、而公司投入成本较低的客户称之为一般客户。存量客户群定位分析模型：以近三个月平均账单收入为横轴、当月投入总成本为纵轴，以近三个月的平均账单收入平均值、近三个月的投入总成本平均值作为分界线。将所有客户套入分析模型后，可得出重要客户、杠杆客户、特殊客户、一般客户四种类型客户的特征分析。

6. 政企产品精细定价

基于运营大数据，依托多维度的产品成本模型，建立政企产品定价模型，助力于政企产品的定价，间接服务于其市场竞争。以集团短信成本为例，根据多维成本模型，归集直接网间结算、税金及直接营销成本，分摊间接营销成本及管理费用，最终得出集团短信多维成本。根据分析，明确成本定价，制定政企产品的竞争策略。

（六）组织层：跨部门联动

中国移动广东公司相关分管领导组成跨部门的业财联席领导小组，公司一把手挂帅，市场部、财务部、网络部三大线条的公司分管领导常态参与，并以定期召开联席例会、按需召开专题会议等形式，解决业财融合方面的关键热点问题，促进业财联动在中国移动广东公司层面得到整体把控和指引。

三、通信企业基于运营大数据的业财融合型管理会计体系建设效果

（一）推动管理会计体系在通信企业创新实践

首次完成中国移动广东公司业财融合规划实施方案，制订三年计划及整体规划框架。从内容、机制、组织、数据等层面规范业财融合框架，依据业财融合现状，设置业财融合目标，明确总体推进原则，安排推进计划。联合市场、政企、网络、信息系统部等部门，以运营大数据为依托，搭建 9 个模型，在 11 个领域开展了实践和探索，实现市场、网络、综合线条全覆盖，并可以快速在中国移动集团内部复制、推广。在集团内首次，探索制定了基于业财融合的管理会计实施基本指引和客户、渠道、营销案 3 个维度的具体指引。本项目以中国移动广东公司客户维度管理会计实践为基础，编写移动公司管理会计实施指引体系。包括基本指引和具体指引 2 个部分，该指引体系将是移动内部首次建立管理会计应用指引，也将力争成为通信行业的指引。并总结形成了客户、渠道、营销案维度的常用案例库，可以在行业推广。

（二）取得了良好的经济效益

通过开展营销资源效益评审，在完成 2015 年营销费压降目标的前提下，及时发现“流量增幅比、网内网间结算异动”等问题；广州等试点市公司，首次、创新地以基站归属收入考评区县公司收入，引导市公司业绩达成，最终全年收入超行业目标，比原先预测值增加了 1.7 亿元。中国移动广东公司超过 30％的核心标杆得到改善，如运营支出、资产收益率等。

（三）运营风险得到了防控

将相关成本动因等管理会计数据作为费用报账的重要附件，不仅提升了会计核算质量，也有效监控成本资源使用的合规性。通过系统可以实时了解成本资源使用情况，及时跟进动因数据异常报警，加强成本资源使用情况的监控。以运营大数据为依托，对公司酬金、资金等领域的风险进行排查，累计排查隐患超 17 亿元，降低酬金风险。全面梳理业务流程，完善酬金制度办法。累计召开 9 期业财沟通会，协同解决重大业务问题 14 个，涉及金额 11.68 亿元；开展两次联合巡检，21 地市全覆盖，排查业财风险点 134 个，涉及金额 6.23 亿元。省市系统计酬度从原 58％提升至 86％，从业务前端减少人为干预。降低资金风险。开展营收稽核与收入保障，新增差异查明率由 91％提升至 93.4％，清理系统割接差异 6114 万元，实现应收账款压降 1％，实现存货压降 64.51％。

（成果创造人：禄　杰、许　琦、黄邓秋、潘宇丽、
谢　志、肖竞舸、殷起宏、胡　懿、高　磊）

以大数据安全特区为主的安全管控体系构建

中国联合网络通信集团有限公司

中国联合网络通信集团有限公司（以下简称中国联通）是国务院国资委监督管理的特大型国有企业，是提供全面电信基本业务的三家基础电信运营企业之一，主要经营固定通信业务、移动通信业务、国内和国际通信设施服务业务、卫星国际专线业务、数据通信业务、网络接入业务和各类电信增值业务、与通信信息业务相关的系统集成业务等。2015 年主营业务收入 2352.8 亿元，净利润 104.3 亿元。中国联通是唯一一家在美国纽约，以及中国香港、上海同时上市的电信企业，连续多年入选“世界 500 强企业”，在 2016 年《财富》世界 500 强中排名第 207 位，同比上升 20 位。

一、以大数据安全特区为主的安全管控体系构建背景

（一）落实国家大数据战略的必然要求

2015 年 9 月，国务院印发《促进大数据发展行动纲要》，部署全面推进我国大数据发展和应用，加快建设数据强国。《纲要》明确强调：要建立健全大数据安全保障体系，明确数据采集、传输、存储、使用、开放等各环节保障网络安全的范围边界、责任主体和具体要求，切实加强对涉及国家利益、公共安全、商业秘密、个人隐私、军工科研生产等信息的保护。妥善处理发展创新与保障安全的关系，审慎监管，保护创新，探索完善安全保密管理规范措施，切实保障数据安全。因此，构建全流程、全生命周期、全防御纵深的大数据安全管控体系是国家大数据战略的必然要求。如何探索一套既能够快速发展大数据业务，又符合国家安全要求，保护个人隐私，而且能够控制企业自身风险的大数据安全模式，是各级政府、部委、央企都必须要积极探索解决的问题。

（二）保护社会安全和用户隐私的需要

在大数据时代，人们在互联网上的一言一行都通过网络进行存储和流转。多项实际案例说明，即使无害的数据被大量收集后，也会影响社会的稳定和暴露个人隐私。而实现大数据安全与隐私保护，较以往其他安全问题（如云计算中的数据安全等）更为棘手。单纯通过技术手段限制商家对用户信息的使用，实现用户隐私保护极其困难。因此，根据大数据的特性，构建全流程、全生命周期、全防御纵深的大数据安全管控体系是大数据时代社会安全和用户隐私的必要保障。

（三）企业开展大数据业务的前提条件

2013 年 7 月，工信部发布《电信和互联网用户个人信息保护规定》，要求对电信和互联网用户个人信息，其采集要遵行必要性原则，其使用要遵行告知并取得用户同意的原则，而且明确不得泄露、篡改或者毁损，不得出售或者非法向他人提供。对大数据的采集、发布等提出了严格的安全要求，同时《刑法》《消费者权益保护法》也修订了关于网络和信息安全相关条款，全国人大常委会发布了《关于加强网络信息保护的决定》，均对大数据的安全提出了法律法规上的严格要求。由于基础电信企业数据中包含了大量的用户基本信息，其中涉及大量的个人隐私，一旦泄露并被不法分子利用，会给用户和基础电信企业带来不可估量的损失。在大力发展大数据业务之前，必须建立完善的大数据安全管控体系，按照规范的商业模式进行操作，并在关键流程点配备监控和审计手段，做好大数据业务的安全风险管控，才能避免因为大数据被误用滥用或泄露带来的严重的企业风险。

二、以大数据安全特区为主的安全管控体系构建的内涵和主要做法

中国联通严格遵照国家和部委关于信息安全的要求，结合企业实际，充分考虑大数据的技术特点，

通过搭建“3+5”大数据安全管控框架，组建由数据管理部门、支撑部门、运营部门等联合组成的大数据安全组织体系，建立由对内数据提供和对外数据提供两条主线的大数据全流程安全运营服务体系，构建了全流程、全生命周期、全防御纵深的大数据安全管控体系，大大提升了中国联通总部及省分公司的大数据安全能力，有效防止了多起信息泄露事件的发生，降低了企业的安全风险，保障了大数据业务既稳又快发展。主要做法如下：

（一）构建“3+5”大数据安全管控整体框架

中国联通从2000年基于关系型数据库的指标体系数据分析开始，通过不断的演进和发展，至2015年已经形成了基于SMP（对称多处理系统）、MPP（大规模并行处理系统）及Hadoop混搭大数据平台，拥有4000多个节点，日处理3800亿条上网记录信息、170亿条计费详单，能够提供4亿用户全样本数据。

从大数据平台架构来看，大数据安全在管理和技术方面与传统数据安全有明显的区别，需要针对大数据特性在安全管控方面进行多方面调整和优化。中国联通提出管理和技术深度结合的大数据安全“3+5”管控体系。“3”主要指大数据安全组织运营体系、大数据安全策略体系、大数据安全责任矩阵体系3大管理体系，“5”主要指内网安全风险综合管理平台（SOC）、大数据统一访问控制和审计系统（4A）、大数据安全管控系统、大数据输出审核系统、大数据离线电子文档加密系统等5个技术平台。针对大数据的特性，在MPP、Hadoop的用户账户管理和访问控制、网络层的统一访问和传输加密、虚拟化方面多租户管理安全、大数据特区的安全防护、数据加密和脱敏、大数据整体安全风险监控和响应等方面进行安全防护和改造，并通过管理体系和流程将技术手段落到实处，为大数据安全明确基本的工作蓝图和指导框架。

（二）建立弹性的大数据安全组织体系和人才队伍

1. 建立大数据安全组织体系

中国联通参考互联网企业扁平组织结构，结合企业实际，建立横跨多个部门的大数据生产、服务、安全管控组织架构，既实现“开放、合作、高效”的大数据生产服务，又通过必要的安全组织实现“安全”和“开放”的平衡。集团数据中心是公司数据的专业管理部门、对内数据服务提供部门和数据对外合作的唯一数据提供部门，负责统一制定公司数据域内各系统的数据安全管理要求，实施系统内的安全管控，负责组织实现全网数据的统一采集、统一加工、统一存储、统一挖掘分析、统一数据服务提供。数据安全审核委员会由数据安全管理部门、数据安全支撑部门、数据运营部门人员组成，负责对内部用户申请的敏感数据需求和外部用户申请的数据合作需求进行安全合规审核。

2. 组建大数据安全人才队伍

中国联通高度重视大数据安全人才的培养和培训。根据大数据安全组织体系的规划，大数据安全管控和技术将全部由企业内部人员支撑。中国联通已逐步建立起一支具备渗透测试、漏洞分析和修复、安全开发等网络攻防实战能力的自有人才队伍。中国联通建立自有的安全实验室，建立专业的安全子公司负责安全产品的研发、建设、集成和安全评估服务，自有安全人才达200多人。中国联通大数据安全体系的规划、建设和实施主要由联通自有的安全队伍完成。中国联通积极参加工信部、通信企业协会等关于安全相关标准的制定和讨论工作，积极为通信行业安全的发展出谋划策。在工业和信息化部通信保障局指导、中国通信企业协会通信网络安全专业委员会承办的“首届通信网络安全知识技能竞赛”中，中国联通获得团队一等奖、个人一等奖的好成绩，在基础电信企业中排名第一。

3. 建立大数据安全运营体系

在大数据安全组织体系的保障下，中国联通基于安全组织体系建立端到端全流程的大数据安全运营体系，确保大数据从需求提出到最后服务提供的每个流程、每个环节都有相应的安全管控措施和审计监控。大数据端到端全流程的安全运营体系从2015年开始运行，已经成功发现多起涉及数据泄露的风险行为，对不合规的对外数据及时提出了告警，起到较好的实际运营效果。

（三）针对大数据的特性完善大数据安全标准体系和技术体系

1. 建立大数据安全标准体系

中国联通首次在基础电信企业中建立全面的、端到端的大数据安全策略体系，编制《中国联通数据服务安全管理办法》《中国联通数据安全分级标准》《中国联通数据管理办法一元数据管理分册（试行）》《中国联通IT系统企业级数据生命周期技术规范》等14个大数据专项安全标准及《中国联合网络通信集团有限公司内网信息安全总体框架》等48个通用安全标准，确保大数据安全规划、建设、运营的每项工作都有章可循，形成完整的大数据安全策略体系。例如《中国联通数据服务安全管理办法》，对敏感数据进行分类定义，对数据安全提出管理要求，并对各类数据审核规则和流程进行明确。管理办法对按照数据涉及的内容主体、数据粒度、敏感/非敏感、真实/模拟、全量/样本等维度对数据进行分类。大数据安全标准体系的完善，为大数据各类安全管控手段和审计措施提供标准依据，使大数据安全管控有法可依，有法必依。

2. 建立大数据安全技术体系

中国联通配套建立覆盖用户管理、物理环境、终端、网络、主机、云平台、应用等大数据安全技术体系，确保各类安全管控流程的电子化，安全风险监控预警的自动化，安全考核指标的数字化，主要包括内网安全风险综合管理平台（SOC）、大数据统一访问控制和审计系统（4A）、大数据安全管控系统、大数据输出审核系统、大数据离线电子文档加密系统等5个技术平台。内网安全风险综合管理平台（SOC）平台主要实现对中国联通所有信息系统（包括大数据平台）的综合安全风险监控、预警和应急响应。通过SOC平台，整合涉及大数据安全的权限控制、安全加密、数据模糊化、数字水印、安全传输、数据DLP、安全审计等多种安全产品和安全系统，统一各安全产品之间的数据标准和接口，将所有安全数据集中到SOC进行集体展现和监控，并通过对安全的大数据分析，增强对APT攻击等高级安全攻击和未知安全攻击的感知能力和防护能力，安全事件处理能力达到8000件/秒。大数据统一权限访问控制与审计（4A）系统主要实现对用户访问大数据入口的统一管理、用户的访问权限控制及用户的操作审计。大数据安全管控平台主要负责大数据安全特区的技术支撑，包括明细数据的加密和脱敏处理、文件加密传输、共享资源挖掘平台的访问权限控制、数据文件加密、导入数据防篡改、多租户的安全管控、日志审计等功能。大数据出口审核系统主要实现对外合作数据输出的集中审核、监控和审计，确保对外数据接口的安全性，包括权限管理、取数审批、数据监控/扫描、数据脱敏、日志管理、安全审计、数据缓存、多租户管理、安全规则管理等。大数据文档加密系统主要实现对离线的数据资料在流转过程中的加密解密、用户认证、权限控制、修改打印控制、水印控制、离线读取、定时读取、过期失效、流转轨迹跟踪和审计等功能，实现对离线敏感数据的安全控制和审计，防止敏感数据泄露。

（四）建立覆盖数据全生命周期的大数据安全监控、预警和责任体系

1. 量化大数据安全风险，对大数据风险进行实时监控、预警和处置

针对大数据安全的综合风险，中国联通提出包括入侵检测高危告警数量、每百台设备弱口令、DLP告警率、高危操作比率、应用高危漏洞率、过期数据未销毁比率等78项安全量化指标，指标覆盖用户安全、终端安全、网络安全、主机安全、应用安全、数据安全等信息系统各个方面，确保大数据安全的每项工作和每个环节都可量化、可评价、可考核。同时，中国联通将大数据安全风险的量化指标通过内网安全风险综合管理平台（SOC）进行统一展示，实现大数据安全风险的实时监控、预警和处置。

2. 建立大数据安全责任体系

中国联通统一规划和设计覆盖大数据全生命周期的安全责任矩阵体系，将大数据安全防护责任切实

落实到每个部门、每个业务、每个系统和每个人。对系统开发、系统运营、系统维护等275个风险管控点进行细化并制定安全风险防护责任分解矩阵，每个风险点明确风险管理要求和技术防护手段，明确业务责任人和技术责任人。并按照安全责任矩阵体系在全集团范围内针对云安全、数据安全和客户有价信息安全进行信息安全风险评估。中国联通大数据安全责任矩阵体系已经在集团总部和全国31个省分公司进行全面的实施和推广，将大数据全生命周期的275个风险管控点落实到具体人员，让所有人员都明确自己对大数据安全应该做的工作和应负的责任，而且对出现数据安全问题后的审计和追责也提供明确的依据。

（五）建立基于大数据安全特区的大数据合作模式，对外提供可管可控大数据云服务

为防止数据转让之后无法控制数据的二次使用与扩散，防止信息泄露和法律风险，中国联通建立大数据安全特区，确保数据不出门，还能够向外部合作伙伴提供大数据云服务和Saas（软件即服务）服务。大数据安全特区由中国联通公司提出机房、数据中心和基础设施资源，对外部合作的大数据的生产和分析过程由中国联通进行全程管控，最后数据结果（脱敏数据）由大数据安全管控平台审核发布。大数据云服务主要指为了满足客户的个性化需求，使外部客户能够在联通的平台上使用资源与数据来开发出他所需要的标签、模型及应用。大数据Saas服务主要指中国联通内部人员替外部客户跑他开发出来的模型和应用或干脆直接使用中国联通开发好的应用，如精准营销平台、用户信息查询系统、沃指数（行业指数与洞察报告）等。

大数据安全特区的主要安全管理要求包括：成立数据合规小组负责对特区输入及输出数据按照数据安全管理办法进行审核；合作公司要签订保密协议，包括个人及公司两级保密协议；特区内主机操作系统只建立一个超级用户管理员，超级管理员权限由联通信息化部数据中心拥有，密码由联通和合作公司各持有一半。同时建立高级用户，需要特殊权限操作时，由信息化赋权；合作公司数据操作间采用封闭管理方式，不可携带任何移动终端进入，并有摄像机拍摄，事件可追溯，可审计；且上线前要对合作公司数据工作间安全性要进行核查。

大数据安全特区的安全技术手段包括：合作公司数据操作间必须通过虚拟终端进行特区访问；按照信息化的安全管理办法，合作公司要通过统一接入平台和4A（账户、认证、授权、审计）平台才可接入特区环境；特区的数据输出要通过Gateway（大数据网关）进行数据安全性审核；数据中心向数据特区进行数据输入采用推送方式进行；输入到特区的数据中敏感数据进行不可逆加密（包括电话号码、基站信息等）。

大数据安全特区主要4A安全策略包括：第一，访问来源检查。IP限制通过统一接入平台设置，统一接入平台可配置MAC和账户的绑定认证，控制账户只能从一个IP段接入，防止异常IP接入；第二，访问权限认证。采用实名制认证，账户和密码认证在4A进行设置，采用强认证。强认证有两种方式，Ukey认证和通过联通手机和邮箱号认证；第三，4A系统开通图形堡垒，视频全程监控；第四，留存操作系统日志、数据库基本日志和应用日志，留存时间为6个月。

三、以大数据安全特区为主的安全管控体系构建效果

（一）大大降低了大数据安全风险

大数据安全管控体系自从2015年上线运营以来，已经发现并整改了大数据安全漏洞139个，多次预防和阻止了数据信息的滥用和泄露，降低了大数据业务的安全风险，起到了有效的安全防护效果。

（二）促进了企业大数据服务业务的拓展

通过大数据安全特区，中国联通已经和交通部、住建部、人力资源和社会保障部、国家旅游局等国家部委，腾讯公司、阿里巴巴、36氪等互联网公司，招商银行、北京银行、太平洋等金融企业等开展了大数据合作和服务业务，提供沃指数产品、用户标签产品、精准营销产品、行业洞察产品、大数据

API调用产品、大数据深度共享合作产品等基于大数据的新服务产品。2015年7月10日，国家旅游局、贵州省人民政府、中国联通三方签署了国家旅游大数据战略合作协议，中国联通将为国家旅游局、贵州省政府提供覆盖游前、游中、游后的全生命周期大数据解决方案。2016年3月19日，中国联通与腾讯签署战略协议，双方在基础通信服务基础上，将重点在互联网数据中心（IDC）与云计算、智慧城市、大数据等创新业务热点领域展开战略合作。2016年4月1日，由上海市政府、中国联通等联合发起成立的上海数据交易中心成立，承担促进上海商业数据流通、跨区域的机构合作和数据互联、公共数据与商业数据融合应用等工作职能。2015年，通过大数据安全特区对外进行大数据合作，集团总部产生的合同收益1947万元，省分公司和子公司6053万元。2016年，通过大数据安全特区对外进行大数据合作产生的合同收益预计为3亿元。

（三）得到了国际组织和政府相关部门肯定

中国联通大数据安全管控体系的构建和实施，具备一定的国际先进性和行业领先性，获得了国际组织和工信部的肯定和奖励。荣获2014年国资委企业信息化登高行动主题征文比赛一等奖、2015年工业和信息化部电信行业网络安全试点示范项目奖励、2015年世界电信管理论坛（TMF）“年度运营商卓越奖”。

（成果创造人：范济安、刘险峰、王竑弢、杨永平、李莞菁、刘江林、曲　冬、王志山、贾晓菁、赵紫峰、靳淑娴、孟　磊）

基于成本最优理念的境外油气投资业务低成本战略实施

中国石油天然气股份有限公司海外勘探开发分公司

中国石油天然气股份有限公司海外勘探开发分公司（以下简称海外勘探开发公司）是代表中国石油天然气集团公司（以下简称中国石油）、中国石油天然气股份公司负责境外油气投资业务的专业分公司，归口运营与管理中国石油海外勘探开发、炼油化工、长输管道等海外投资项目。1993 年以来，在党中央、国务院“走出去”战略方针的指导下，在中国石油集团公司的坚强领导和正确决策下，海外勘探开发公司开始走出国门，实施国际化经营。截至 2015 年年底，海外勘探开发公司在全球 35 个国家管理运作着 91 个油气投资项目，海外油气作业当量超过 1.38 亿吨，资产规模达到 784 亿美元，形成了集勘探、开发、管道、炼化于一体的完整产业链，和兼顾陆海、油气、常规非常规的均衡资产组合。

一、基于成本最优理念的境外油气投资业务低成本战略实施的背景

（一）实施低成本战略与海外业务发展阶段相适应

进入“十二五”以来，海外经营管理和投资效益面临的困难和挑战越来越突出。一是投资形势愈加紧迫。“十二五”后期，海外业务现有项目投资呈现出规模大、分布密等特点，平均年度投资规模达 105 亿美元左右；一系列新项目收并购及重大开发项目和战略通道项目建设期均集中在“十二五”后期“十三五”前期的 3—5 年。二是成本形势愈加紧迫。国际油价持续高位震荡，原材料价格不断走高，石油技术服务费用也水涨船高，加上通货膨胀、美元贬值等不利因素影响，海外油气业务面临的成本压力巨大，成本压力前所未有。如何有效优化投资规模、控减成本、提高海外投资效益，已成为海外勘探开发公司经营管理工作的重中之重。

（二）提高海外业务核心竞争力、保持相对竞争优势的需要

中国石油国际化经营起步较晚，在管理、技术、人才等“软件”、业务规模与速度等“硬件”以及发展的质量效益等方面与国际大石油公司和部分国家石油公司相比还有一定差距。2014 中国石油海外油气总储量为 3.04 亿吨油当量，油气净产量约为 2988 万吨油当量，规模低于国际大石油公司和部分独立石油公司。海外勘探开发公司作为中国石油实施国际化战略的主力军和排头兵，需要持续对标国际同行的先进经验和做法，发挥优势、规避劣势，继续扩大对外投资，加强运营管理，不断提升中国石油的国际竞争力，为世界水平综合性国际能源公司建设贡献力量。

（三）集团公司综合一体化优势有利于海外业务实施低成本战略

低成本体现在“上下游一体”和“油公司、技术服务公司”一体的独特优势，发挥协同效应，降低了运营成本。中国石油是集油气勘探开发、炼油化工、管道运输等油气产业链的上中下游，以及工程技术、工程建设、装备制造等油气服务于一体的综合性能源公司，具有上下游、国内外和甲乙方的综合一体化比较优势。据初步统计，“十一五”和“十二五”期间，海外项目百万吨产能建设投资约在 4.0～5.0 亿美元之间，低于国际同行的平均水平，其中甲乙方一体化合作是重要因素。“十二五”期间，海外业务单位油气操作成本平均 7.41 美元/桶，发现成本 1.95 美元/桶，好于国际同行的表现，集团公司甲乙方一体化运作功不可没。

二、基于成本最优理念的境外油气投资业务低成本战略实施的内涵和主要做法

以成本降低和整体效益最大化为目标，坚持理念引领，将低成本作为核心竞争力和根本驱动力，提倡节约、全员参与，长期坚持低成本发展理念；坚持差异实施，实施差异化与低成本相结合的成本最优

策略，根据合同模式、项目类型、成本性质、投资回报实施差异化低成本策略；坚持体系保障，构建符合低成本战略实施要求的投资全过程管理体系、国际资金管理体系、会计管控模式，确保低成本战略的顺利有效实施；坚持全面降本，构建全生命周期经济评价模型，实施项目全生命周期、全价值链、全过程、全要素的成本控制；坚持目标激励，制订钻井投资控制、地面工程建设投资控制、成本费用控制的奖励机制，以激励手段推动成本最优的低成本战略实施；坚持业务协同，充分发挥甲乙方、上下游、国内外一体化协同效应，通过相对优势的发挥来提高效率、降低成本、实现整体利益最大化。主要做法如下：

（一）将基于成本最优的低成本发展理念贯穿于境外油气投资业务发展始终

在发展过程中，中石油境外油气投资业务一直将基于成本最优的低成本战略实施作为核心竞争力和根本驱动力，提倡节约思想，推动全员参与，注重实用适用，优化简化设计。

境外油气投资业务历来将低成本作为企业发展的核心竞争力和根本驱动力。一方面，通过高效勘探、低成本发现、开发大中型油气田。苏丹 3/7 区的勘探成本大大低于国际水平，平均每桶可采储量的发现成本不足 0.3 美元，约为国际大油公司同期发现成本的 1/5，创造中国石油海外勘探快速、高效、低成本的新纪录，成为中国石油集团海外业务的新亮点。另一方面，大力实施滚动勘探、滚动开发，平均操作成本低于国际油公司同期、同一地区的平均水平。同时，海外勘探开发公司将低成本发展写进历年工作报告，对每年低成本战略执行进行总结，对次年或未来一段时期的低成本战略实施进行部署。

（二）实施差异化与低成本相结合的成本最优策略

1. 根据合同模式实施差异化经营策略

海外项目合同模式多样，主要包括矿费制、产品分成、回购、服务四种类型，不同的合同模式、业务类型、作业区域对项目的经营策略和管理模式具有不同要求，低成本战略实施也需要设置不同的策略。自 2014 年油价大幅下跌以来，海外业务根据不同合同模式对油价的敏感性，差异化确定低油价下各项目经营策略。一是矿税制合同对油价下行十分敏感，以确保现金流最大化为原则，大幅控减低效投资、适当调减产量目标，控制利润下滑。二是产品分成合同对油价下行敏感度略低，加强苏丹 6 区、124 区、南苏丹 37 区、阿姆河等项目的上产工作，力争上产增效。三是服务合同项目对油价下行不敏感，在保证及时足额提油情况下，加大成本投入，提高产量可有效提高当期利润水平。

2. 根据项目成本及类型实施差异化投资控制

强化低成本发展策略理念，根据海外项目的综合成本水平，确定差异化的投资原则和经营策略，有效压缩投资和成本。一是根据盈亏平衡点确定投资策略。凡是盈亏平衡点低于当期油价水平的海外项目，原则上确保投资和工作量；凡是盈亏平衡点高于当期油价水平的项目，必须严格控制投资规模和操作费用。二是根据不同项目类型对成本的承压能力确定投资策略。2015 年，海外业务提出要压缩投资，推后部分风险勘探工作量，低效在产项目仅保证生产维护投资，所有项目投资成本压缩 5%—10%，公司投资总额控减 5 亿—10 亿美元。特别是对不同类型的项目采用针对性有效措施，如勘探项目中，推后实施里海 M 区块风险探井钻探，研究优化减少义务工作量策略。对于非常规及 LNG 项目，放缓箭牌项目一体化投资节奏；控制加拿大都沃内项目投入规模，放缓四方 LNG 项目 FID。对于产能建设项目将优化前期方案、适度放缓 EPC 实施。三是根据不同油价下的投资回报率确定投资策略。根据油价情况，对投资回报优良的项目，结合现金流情况，加速建设、加快回收；对投资回报不确定的项目，强化经营策略研究，控制投资节奏；对“小股东大投资”项目，深入研究投资策略，提升话语权，切实防控投资风险。

（三）构建符合低成本战略要求的投资与财务管控体系

1. 构建海外业务投资全过程管理体系

海外业务充分对标国际投资管理的最佳实践，在中国石油投资管理的体系框架下，高效实施以规范程序流程、提供决策支持、控制投资成本、提高投资效益为主要内容的全过程投资管理。经过多年的实践，海外油气业务制定完善从项目前期管理、项目过程管理到项目事后管理的投资全过程管理办法和流程，加强对各个关键节点的把控，构建从项目规划、项目立项、可行性研究、项目实施到项目后评价贯穿于始终的闭合投资全过程管理体系。

通过制度建设和狠抓落实，做到严把投资项目前期审批关（立项、可研、设计、概算四道关），确保从源头控制投资规模。严把过程控制关，重点投资项目前期工作跟踪分析，建立完善单项投资费用审定单制度（AFE）、单项投资预算变更审批制度（BCR）、重大采办审批制度及滚动经济评价等一整套投资项目全过程跟踪与监控体系，保证项目按期、保质完成，并将投资控制在总体目标范围内。大力开展投资项目后评价工作，以项目后评价结果指导投资管理体系的完善，促进投资管理水平的进一步提升。

2. 建立成熟的国际资金管理体系

海外业务在确保资金安全、实现资金高效运转、讲求资金效益、加强资金管控的前提下，通过加强和完善“资金集中”“授信统一”“外汇风险管控”“统筹敏感地区资金管理”“强化收入和分红管理”、“加强欠款回收”等资金模块管理，提升整体资金管理水平。大力加强原油销售收入和分红管理，加速资金回笼，确保各项目销售收入和分红资金的及时超额入账，有力保障海外项目投资资金需求，降低海外整体融资压力；大力强化资金服务的保障能力，精心设计全球融通资金池，大力拓展新的融资渠道，探索创新融资方式，为海外现执行项目生产运营及新项目拓展提供了强有力的资金需求保障；高度重视资金安全管理，针对美欧制裁对伊朗、叙利亚等敏感地区的影响，加强与中国石油各业务主管部门的沟通协调，及时掌握国际形势变化，跟踪制裁进展情况，根据不同情况、按照不同地区采取有针对性的敏感资金管理和汇划手段，确保资金运营安全高效。经过多年的探索和实践，逐渐按照国际石油合作的惯例，建立和形成完善的筹款制度和内部控制制度。以财务预算现金流计划进行年度刚性控制、以分次筹款为预算进度控制、以月度资金计划为筹款依据，以月报为预算反映，建立一套及时和有适当监控的筹款流程。

3. 建立符合海外特点的会计管控模式

中国石油积极构建以“一个全面、三个集中”为核心的财务管理体系。“一个全面”是指全面预算管理，“三个集中”是指资金、债务、会计核算三个集中。一是推进全面预算管理，引导并实现公司业绩持续增长。建立起“总部—专业公司—地区公司”三级预算管理体系，预算编制涵盖收入、成本、费用、投资回报等经济运行的全要素，加强执行和分析，做好过程控制。二是实施资金、债务集中管理，确保资金安全规范高效运行。建立覆盖境内外全资和控股公司高效的资金管理体系和统借统还的债务集中管理模式，保证海外发展的资金需求。三是会计核算实践和理论并重，财务报告质量稳步提升。积极适应国内外会计准则变化，加大对准则制定的影响力和发言权；狠抓会计信息质量，不断提高信息披露的水平，会计控制的职能大大加强，会计信息的适时反馈作用充分发挥。

（四）实施全过程全要素全价值链成本控制

1. 构建全生命周期经济评价模型

全生命周期经济评价模型涵盖项目决策、设计、实施、生产运营和结束等阶段的完整项目周期，适应各阶段的经济评价测算要求，实现经济评价模型的动态化管理，提高工作效率。另一方面，通过强化模型适应经济环境变化的能力，开发了模型情景分析功能，提升软件实际应用能力。全生命周期经济评价模型是海外油气项目全生命周期管理的重要工具。模型能够满足所有海外项目经济效益动态测算、情景模拟等多项功能。

2. 实施项目全生命周期的成本控制

新项目开发阶段，坚持效益标准不放松，对于效益好、契合公司发展战略的项目，统一开展资源、技术、经济、商务的全方位综合评价，确保项目获得较高预期投资回报。项目建设运营阶段，坚持以技术创新和管理创新为驱动的低成本战略，通过国际招标引入实质性竞争，持续实施控制项目投资与运营费用的“双控”工作，培育“全员、全过程、全方位”的成本管理文化，形成并推广“哈萨克斯坦阿克纠宾项目降本增效”等一批挖潜增效的典型经验。项目优化处置阶段，制订并持续完善“有进有退”的海外项目合理流动机制，坚决退出低效益、低价值项目，不断优化海外油气项目资产组合。

3. 实施全价值链成本控制

钻井工程投资控制上，以工艺、技术措施优化为着眼点加强钻井和试油方案的审核，大力推广应用水平井开发等新技术；实行竞争性公开竞标，加大钻井总包合同模式的推广，加强甲乙方协调，紧密配合降低非生产成本；强化后勤保障和支持体系，避免出现组织停工和钻机的长时间等待；加强现场作业的实时管理和控制，保证安全和质量，提高钻井速度、控制钻井成本；强化钻井成本分析，对任何实际费用超出预算10%的单项工作均要找出具体原因。

地面工程投资控制上，对处于项目前期的工程，加大基础设计的审查力度，确保审查意见落实；对处于建设执行阶段的工程，强化长线设备和材料采办审批，有效监督招投标过程；引入有实质竞争性的招投标机制，参与EPC招标过程；加强建设执行阶段工程的过程控制，杜绝重大变更；加强现场检查监督，及时发现问题解决问题；严格管理程序，强化审批程序，对逾越程序的项目坚决停止拨款。

成本费用控制上，加强全面预算管理，从源头上进行成本控制，并通过内控、审计等手段进行实时监控；通过优化存货水平，减少库存材料的闲置积压；强化操作费用的控制，加强对生产环节的过程控制，优化措施作业，降低措施生产的成本；加强油气生产设施及管道、炼化设备的维护，提高运行稳定性，减少产量及输量、炼量的损失和不必要的成本费用支出。

4. 实施全过程全要素成本控制

一是加强前期工作，从源头把控投资规模。2012年开始严格前期审查程序。

二是大力推广应用先进适用技术，有效控制钻井成本。阿克纠宾、北布扎齐等项目通过大力推广应用先进适用的分支井钻井技术、低密度钻井液及钻井大包合同模式等新工艺、新模式、新技术，降低钻机搬迁时间和钻井周期，提高钻井和开发效率，节约钻井投资近亿美元。

三是坚持推行实质性竞争的招投标机制，有效控制工程投资，保证工程质量和进度。各海外项目加强采办招标管理，坚持推行公开、公平、公正的有实质性竞争的招投标机制，积极引进市场竞争，严格规范招投标程序，绝大多数项目最终工程造价控制在批复概算范围内。

四是加强海外项目投资策略调整优化力度，规避和控制投资风险。“十二五”期间，海外通过投资策略调整共压减投资规模50亿美元以上。

五是加强对影响成本费用水平关键环节的优化控制，有效遏制成本费用水平上升势头。各项目进一步优化存货水平，严格招投标程序，降低采购成本，减少库存材料的闲置积压；加强对生产环节的过程控制，优化措施作业，提高作业效果，降低措施生产的成本；加强销售、管输环节的费用控制，加大管输费谈判力度，降低管输成本。“十二五”期间，海外业务操作费用、销售费用、管理费用三项费用实际增长不到3%，有效遏制成本费用水平上升势头。

（五）以激励手段推动成本最优的低成本战略实施

海外勘探开发公司研究制订《钻井投资控制奖励细则》《地面工程建设投资控制奖励细则》和《成

本费用控制奖励细则》，并将按照上述三个细则的标准对海外油气业务年度投资和成本费用“双控”工作做得好的项目公司和相关集体给予奖励。

一是制定钻井投资控制激励机制。海外钻井投资控制奖励工作采用“项目公司申报，海外勘探开发公司评审”的形式，按照“半年考核、半年兑现”的原则进行。

二是制定海外项目地面工程建设投资控制激励机制。海外地面工程投资控制奖励工作采用“项目公司申报，海外勘探开发公司评审”的形式，按照“半年考核、半年兑现”的原则进行。对于处于项目前期阶段的地面工程项目，可申请概念设计（方案设计）阶段、基本设计阶段或招投标阶段投资控制奖励，设计已关闭或授标函已全部发出后投资控制符合下述条件的，可申请当年的半年度奖励。

三是制定成本费用控制激励机制。在确保年度生产经营管理指标完成的情况下，积极开展成本费用控制工作，并将单位油气操作成本、完全成本、销售费用和管理费用控制在年度实际水平的海外公司。营运成本与费用控制奖励工作按照“半年考核、半年兑现，年度总兑现”的办法进行。

（六）有效发挥集团公司综合一体化比较优势和协同效应

1. 发挥甲乙方一体化优势，提升效率、降低成本

中国石油集石油公司和工程技术服务公司于一体，有着共同的管理理念和企业文化，易于交流，具有共同的整体利益，具备统一调配资源的整体优势。在担任海外大型合作项目作业者时，通过公开招标竞争，同属中国石油的工程技术服务、工程建设企业凭借技术等自身的竞争优势，在众多竞争者中脱颖而出，成功中标重大石油工程项目。在工程技术服务单位建设任务时，凭借多年与甲方在国内的合作经验，能够很快领会甲方的意图，双方沟通畅通无阻，工作协调配合紧密，项目有条不紊快速开展，将中国石油的技术服务一体化优势发挥得淋漓尽致，高质量、高速度帮助苏丹快速建成石油工业，取得了巨大的成功。工程技术服务单位在为海外项目提供优质服务和坚强保障的同时，也成就了国际化发展事业。甲乙方一体化有利于降低勘探开发建设成本以及交易成本，提高了项目整体效益和管理效率。“十一五”和“十二五”期间，海外项目百万吨产能建设投资在 4.0 亿—5.0 亿美元之间，低于国际同行的平均水平，其中甲乙方一体化合作是重要因素。

2. 坚持上下游一体化优势，增强整体抗风险能力

石油产业链的一个重要特征就是产业链间的价值创造和价值增值。勘探业务与炼化业务都是石油产品价值形成的重要环节，建立合理完善的境外油气投资业务产业链、实现上下游协同效应，不仅对于石油公司掌握“油源”是一个重要的推动力，对实现石油价值增值、减少交易成本、分散市场风险同样具有重要作用。中国石油境外油气投资业务以上游业务为投资重点，同时根据资源国的要求、根据原油出路的需要，适度延伸产业链到下游业务。截至 2014 年年底，中国石油海外炼油能力达 1160 万吨/年，初步形成了集炼油、化工、油品销售于一体的格局，在安全生产、新业务拓展、经营管理和队伍建设等方面都取得了一系列可喜成绩，对增强海外勘探开发公司整体抗风险能力起着极大作用。

三、基于成本最优理念的境外油气投资业务低成本战略实施的效果

（一）应对低油价冲击成效显著

“十二五”以来，尤其是 2014—2015 年，面对国际油价持续低迷、部分资源国政局动荡、安全形势恶化及汇率大幅波动等极端困难局面，海外业务主动适应新常态，实现了“十二五”的圆满收官。海外累计完成油气作业当量 5.96 亿吨，权益当量 3.01 亿吨，年均完成 11923 万吨和 6012 万吨，年复合增长率分别达到 7.65％和 8.61％；累计实现总收入 873.3 亿美元，年均 174.7 亿美元，实现利润总额 298.4 亿美元，年均 59.7 亿美元，平均投资回报率 10.3％，平均单位操作费 7.41 美元/桶，平均单位发现成本 1.95 美元/桶，剔除不可控因素，均超额完成规划目标。

（二）油气成本低于国际大油公司平均水平

近年来，海外勘探开发公司通过与五大石油公司、埃尼和康菲公司对标，得益于陆上和成熟资产的较高比重，2014 年海外油气业务油气单位发现成本 2.19 美元/桶、单位操作成本 8.81 美元/桶油当量，在所有 8 家对标公司中排名第二位，成本控制处于相对较好水平。2015 年，海外油气业务多措并举，扎实推进，主要成本指标实现了大幅下降。单位操作成本控制在 5.96 美元/桶，同比下降约 27.7%，单位油气完全成本 28.75 美元/桶，同比下降约 39.6%，仍然优于国际大石油公司的平均水平。

（三）为海外业务优质高效可持续发展创造了良好的支撑基础和条件

一方面，低成本战略为海外业务构建了抵御长期低油价的良好基础。海外业务韧性好，已在全球 35 个国家建立了相对完整健全的业务结构、资产结构和区域布局，单位完全成本低于 30 美元/桶，具备较强的抗风险能力。海外业务回旋空间大，多合同模式、多区域布局及低成本理念的实施等将为公司优化资源配置、培育新增长点提供了更加多元的选择。另一方面，低成本战略实施中的一体化优势将在低油价下得到进一步发挥。一体化优势是集团公司有别于竞争对手的相对竞争优势，低油价下甲乙方抱团取暖、共渡难关，有助于跑赢行业大势，实现集团公司整体利益最大化。

（成果创造人：卢耀忠、李树峰、沈海东、高　伟、张红斌、
曹　敏、李海鹏、宋晓威、钱　铮、白福高）

采油企业以依法治企为目标的合规管理

中国石油天然气股份有限公司华北油田分公司第四采油厂

中国石油天然气股份有限公司华北油田分公司第四采油厂（以下简称采油四厂）位于河北省廊坊市广阳区万庄镇，主要担负着冀中油田北部地区原油、天然气开发生产及向首都北京、天津、廊坊等地区供气任务。工作区域分布在北京、天津、河北三省市的永清、固安、广阳、安次、大兴、武清等6个区市县，3600平方公里范围内。目前，用工总量2359人，其中管理人员362人，专业技术人员274人，操作员工1723人，管理着8个油气田的34个断块，油气水井1200余口，主要专业设备2219台套。从1983年建厂到2014年，30多年来，采油四厂已累计生产原油1500多万吨，生产天然气68亿立方米。

一、采油企业以依法治企为目标的合规管理背景

（一）合规管理是依法治企的必然要求

采油企业属于油气资源业，投资大、地域广、战线长，加上高温高压、易燃易爆，对资源环境高度依赖，行政监管严格，这些行业特点和上下游一体化的经营格局，决定了在生产经营中适用的法律多，风险大，管理难度也大，特别是随着我国法律法规的不断完善，对企业经营管理过程的要求越来越高。因此，从严规范员工行为，将合规理念融入日常管理中，制定合规管理制度，有组织、有计划地开展合规风险评估、培训、评价、监督与责任追究是建设法制企业的必然选择。

（二）合规管理是提高企业基础管理水平的重要保障

在生产经营活动中加强合规建设，能够进一步规范企业运营，严格内控防范，提高基础管理水平。例如，通过规范管理程序，能够保障在变更设备、工艺条件、操作规程中充分履行变更程序，可以避免由此引发的变更风险；通过规范现场操作流程，可以减少因规程针对性不足、内容过于简单而导致的员工作业风险；通过规范应急程序，能够保证突发事件紧急响应、物资及时到位，降低由此造成的应急风险。

（三）合规管理是解决企业面临突出问题的有效举措

成果实施前，采油四厂各类违规违法行为所导致的事故和案件仍有发生。各项审计中存在违反《招标投标法》的行为，2013—2014年共查处事后合同3份，涉嫌陪标串标项目5项，招标采购项目未能做到应招尽招，部分项目实施单方谈判论证不充分，这些事故事件在一定程度上给企业形象和声誉带来负面影响。产生这些问题的原因主要是合规理念尚未牢固树立，相关教育培训不到位，合规机制不健全，制度执行不严格，责任追究不落实。因此，全面加强合规管理，以零容忍的态度整治各类违规违纪行为，严肃惩处和杜绝违法行为，从源头上防范和化解风险，是解决存在问题的关键。

基于如上原因，采油四厂从2015年年初开始实施以依法治企为目标的合规管理。

二、采油企业以依法治企为目标的合规管理内涵和主要做法

采油四厂遵照集团公司“打造法治央企，阳光央企”的要求，以实现合规管理为指引，组建组织机构，完善相关规章制度，注重前期预防、做好风险防控，狠抓重点领域合规管理，运用信息平台，完善合规考核机制，构建“合规从我做起”的企业文化，促进企业绿色、和谐、可持续发展。主要做法如下：

（一）加强领导，建立合规管理组织机构

合规管理是落实各项法律、制度的系统工程，必须在统一的制度和体制框架下，分工负责、协同联

动、齐抓共管。采油四厂将合规管理作为经营管理的重点工作，成立由厂长任组长，分管经营副厂长任副组长，主管企管、纪检、审计、人事、财务、物资等部门负责人任组员的合规管理领导小组，同时下设合规管理办公室，成员由相关业务部门的一般管理人员组成。其中企管法规科人员负责合规管理日常工作，组织实施公司合规管理体系文件，组织合规培训，负责重要合规事项审查把关，指导合规风险评估，组织合规风险预警，审定合规流程，配合内控测试等；人事科（组织部）人员负责组织考核干部合规情况、合规档案管理，负责将合规培训纳入厂培训计划；纪委监察科人员负责违规举报受理、违规案件调查、违规责任追究；党群工作科人员负责合规文化建设；审计科人员负责经营管理合规性审计。

（二）根据有关法律法规，制定、完善企业规章制度

合规管理办公室基于对合规管理的战略性、系统性认识以及对体系建设的规范化、制度化理解，收集整理适用采油企业的国家法律法规98个、公司相关政策以及体系文件288个。通过对法律法规的学习及对公司相关政策、体系文件的贯彻，积极与各个业务部门沟通，梳理出生产经营业务活动，绘制各活动流程图，汇报给合规管理领导小组。经过领导小组的集体讨论，确定流程图与业务活动牵头部门。牵头部门按照已确定的流程图，进一步完善业务体系文件及操作规程。2015年废止采油四厂体系文件50个，新制定28个，修订3个，废止操作规程5个，新制定34个，同时编制《采油四厂体系文件汇编》及《操作规程汇编》，有效做到“一项业务一个制度，一个操作一套流程”，实现制度和规章全面覆盖各岗位、各环节，形成有效的规范和制约。

（三）评估合规风险，制定防控流程与岗位指引

1. 应用科学判定方法，全面准确排查合规风险

一是利用基准化分析法，把采油四厂各项活动与相关的法律法规以及公司规章制度进行对比、分析，以制度的强化环节、明令禁止和处罚环节为重点，识别可能存在的风险。例如按照《招标管理办法》（QG/HBYT131－2015）对招标文件的编制提出明确要求“招标文件各项技术条件必须符合国家、行业和企业标准，并满足集团公司企业标准规定的技术指标”，同时规定“一二三类技术特别复杂的项目，招标实施部门应与专业技术部门充分结合，招标文件要经相关专家审核”，若招标人员对招标文件编制不严谨，审查不严格，易发生违反《招标投标法》的行为，造成中标无效、承担民事赔偿责任、受到行政处罚等后果。

二是采用历史事件分析法，从《全面风险事件库》中逐一筛选，确立合规风险事件，编制合规风险事件库，剖析导致事件发生的相关风险。例如在印章统一管理中，三级单位、各职能部门易存在印章管理不规范，未严格审核盖章内容及报送部门，从而造成表见代理，承担法律责任；石油天然气管道违法占压行为在地方经济建设的突飞猛进发展的今天日益突显，容易发生环境污染、火灾、爆炸等事故，引发赔偿纠纷。

通过排查，共发现报废资产处置不规范、未按要求办理动火报告、员工管理违反劳动合同规定、未按约定履行经济合同、应急处置不及时等27个合规风险事项。

2. 实施三级评估，确定合规风险等级

一级识别：各部门、各单位将排查出的合规风险一览表分发到具体岗位。岗位人员依据《合规风险发生的可能性等级标准》《合规风险影响程度评估标准》进行分析。各部门、单位组织相关人员对本部门、单位的评估的结果汇总、初步识别、上报。

二级识别：企管法规科组织法律、经济、技术相关人员对上报评估结果进行初评，形成统一意见。

三级识别：合规管理领导小组对修正上报的结果进行逐一分析，形成共识，将其发生的可能性和影响程度两方面综合考虑，运用《风险评估矩阵》进行评价，确认合规风险的对应分值，确定风险等级。对合规风险判别为高度、极高的7项重大合规风险上报油田公司，建议纳入公司重大风险管理中，对风

险判别为中度及以下的25项一般合规风险纳入厂级合规风险防控中。

3. 厘清合规风险点，建立完善的防控流程

合规管理办公室根据识别的合规风险表现、风险等级、整改建议，绘制各合规风险点防控流程图，使风险应对措施容易描述，便于理解。例如针对厂级防控的招标文件编制是否规范的点源，绘制四级审查防控流程图，根据流程图提示，将所有招标项目的资料进行四个环节全把关，最大程度保障招标采购的质量与效益，避免因招标文件编制不规范而导致中标无效，承担民事赔偿责任、受到行政处罚的风险。

4. 梳理岗位职责，制定风险防控指引

采油四厂按照“岗位对应职责、职责对应风险、风险对应措施、权责对等统一”的原则，经过研讨分析，将岗位职责进行梳理和描述，确定全厂涉法岗位91个，并以岗位为切入点，分析各涉法岗位可能存在的法律风险源点、造成的法律后果及防控措施等，并设计风险防控指引卡，主要内容包括：法律风险源点、法律后果、防控措施、补救措施、实施证据、法律依据和体系文件。

（四）有所侧重，抓好重点领域的合规管理

1. 落实质量、健康、环保领域合规管理，有效控制安全事故

石油企业具有易燃易爆、有毒、有害、高温高压、连续作业、点多线长面广等特点，生产过程中有较大的风险，因此，安全工作是石油生产、加工过程中的首要工作。采油四厂严格落实国家新修订的安全生产法、环境保护法，按照地方政府监管要求，全面落实管生产必须管健康安全环保和“一岗双责”“党政同责”的要求，将法律法规的具体要求融入各部门、各岗位的日常安全活动业务流程中，使安全事故得到有效控制。

一是建立质量健康安全环保承诺制度。按照一级对一级承诺、一级对一级负责、一级对一级考核的原则，分解各部门、单位的业务职责，编制厂HSE考核指标分解表和HSE承诺书，逐级将质量健康安全环保的要求细化，具体落实到基层管理流程的各关键环节和部门、岗位职责中，明确各项管理业务活动的安全“红线”与“底线”。

二是理顺质量、健康、安全、环保合规管理环节，将适用的法律法规要求转化成相应的规章制度，分解到各级HSE体系审核检查标准中，规范体系审核行为，落实管控责任，及时发现并整改例外事项和不合规情形，减少违章违规行为。

2. 关注经济交易领域的合规管理，抓好关键节点风险效防

交易领域易存在各类违规违纪违法行为，其破坏性强、影响力大，是政府监管和社会关注的焦点和热点，也是合规管理的难点重点。因此采油四厂重点细化物资采购、招投标、合同管理的业务管理规范，制定管理办法。

首先加强供应商、承包商、服务商管理。对供应商、承包商、服务商实行动态管理，制定考核依据及考核表，供应商考核评价内容包括质量水平、交货履约、交货能力、售后服务、价格水平。承包商及服务商考核评价内容包括项目组织实施、项目质量管理、安全环境管理、项目进度等。采油四厂每年组织项目单位对供应商、承包商、服务商进行一次考核，每项扣减分数在两分以上的注明扣分原因。对于考核不合格的取消油田市场准入资质，终止有关经济交易。

二是规范招标业务。为营造公开公平公正招投标环境，招标管理人员按照招标《招议标管理工作规范汇编》，从源头上遏制在招标领域中可能存在的问题，通过组织召开投标预备会、招标文件答疑会、发布《致潜在投标人、公司各单位、温馨提示公开信》等方式，使投标人了解招标组织情况与招标文件内容，避免或减少异议的发生。

三是强化合同管理。按照“归口管理、分级负责、专业把关”合同管理体制，设立合同审查审批流

程，严格审查合同条款，杜绝不完善和不合法的合同的出现。同时建立合同分析制度，年底完成一年度合同统计分析，包括年度各类合同的同期对比分析，合同的订立、履行、纠纷处理情况，合同管理的效益及合同构成的变化以及对合同管理工作的影响程度，存在的问题和解决的建议等，通过统计分析，减少不合规合同的发生。

3. 抓好财务管理的合规化，有效规避资本风险

采油四厂财务科完善财务管理制度，坚持以全面预算为核心，规范财务基础工作，为生产经营依法提供资金支持。

一是实行全面预算制度。坚持预算的严肃性和权威性，严格按照预算范围和金额开支，坚决杜绝不允许的费用发生。调整或追加预算必须有预算编制及说明，按照《财务管理办法》规定进行审核、审批，任何部门不得擅自调整或追加预算。

二是规范财务基础工作。严格按照相关规定审核报销单据，确保报销事项与单据一致，妥善保管票据，及时对会计凭证等资料档案立卷、归档、统一管理。

三是加强税收风险防范。认真落实国家最新的税收政策，财务科加强税收政策解读，熟悉税法基本要素、纳税环节和期限等规定，准确把握各项政策的精神实质，掌握国家税收政策的导向。加大税收政策执行力度，强化重要涉税业务的管控，坚持依法纳税，减少税收风险。

4. 做好劳动用工领域基础管理，有效降低劳动争议

采油四厂人事科重点抓劳动用工日常管理基础工作，确保劳务用工合法合规，企业内部和谐、稳定、发展。

一是依法合规签订劳动合同，每年认真统计并及时更新劳务用工信息，做好劳动合同履行、变更和解除工作，确保各环节合法合规、规范有序。

二是梳理目前在员工管理上存在的问题，解决管理瓶颈，降低法律风险。开展长期不在岗人员清理工作，核查不在岗人员的相关审批手续是否完备、办理是否及时，考勤记录是否齐全、工资支付是否规范，对违反公司规定擅自批准员工离岗、不按规定考勤、支付薪酬的单位和责任人要追究相应的责任，并在进行通报批评。

三是严格干部选拔程序。采油四厂将公开竞聘、考察、讨论决定、任职公示等环节做严做细做实，按照空缺岗位，深入了解所需人才标准，扩大干部选用范围，通过公开竞聘选拔候选人，然后全面考察其德、能、勤、绩，通过后由党政联席会讨论决定是否可以聘用，最后在采油四厂网页上进行任职公示。切实做到干部选拔任用工作科学化、规范化、制度化。

四是规范工资收入分配。人事科组成专项检查组，对照收入分配文件要求逐项查找工资发放中存在的问题，并组织召开工资调研分析会，征集整改意见。规范考勤管理，各部门人事员根据员工出勤实际情况填写考勤卡片，考勤卡如有涂改必须由本人确认，考勤卡核对无误后由员工本人，人事员及部门主管领导签字确认上报厂人事科，人事科科长审核通过后，按照《工资支付管理办法》规定发放，最终做到 ERP 系统、工资实际发放、财务报表三项一致，无超发、少发现象。

（五）建立监督管理平台，完善合规考核机制

1. 运用信息平台方便员工举报违规事件，推动权利运行程序化、合规化

采油四厂开发监督、举报平台，推动党务、厂务等办事公开，便于行政权力行使实时监控、出现问题适时提醒、倒查问责，进一步推动权力运行的程序化、公开化，合规化。平台中设置信访举报专栏，鼓励员工、交易相对人及社会人士对企业员工的违法违规问题进行举报，举报者以匿名身份登陆，发送匿名信件，确保举报人员权利义务。设置反腐倡廉宣教平台，通过典型示范与网上测试等模块的廉洁教育，实现反腐倡廉警钟长鸣。设置网上调查专栏，其中包括事故调查处理系统，切实发挥案源线索主渠

道的作用，加强案件查办工作管理能力。同时企管法规科深入合规管理信息平台建设，梳理平台内部组织机构、健全员工个人信息，及时维护、更新平台内容，切实做好员工合规档案的动态管理，实现在册在岗人员信息全部上线运行，确保相关合规事项登记报告的真实性。

2. 加强合规考核，促进合规常态化有效运行

考核是监督的有效手段，采油四厂为进一步增强员工自觉性，使员工各项合规要求落到实处，制定《合规考核细则》，每半年由合规管理办公室组织一次考核评价，主要考核内容包括员工参加全员合规培训、自我合规测试的及时率与通过率、掌握合规知识和要求的程度以及以往违规问题的整改情况等，对领导干部，除上述内容外，还包含评价其在领导岗位履行合规培训职责、组织落实合规制度、完善合规管理机制、防控合规风险手段等方面。考核结果不仅应用于半年度的绩效奖惩中，还将作为干部任免、先进评选的重要依据，例如考核标准中规定，对年度内出现一般性合规问题的部门、责任人进行绩效惩罚性扣减，对造成重大合规问题的部门、责任人，取消责任人评优资格或暂缓职级晋升等处罚。

（六）营造合规管理文化氛围，提高全员合规意识

采油四厂开展“合规从我做起”合规管理文化建设，将所有员工从意识深处认同企业倡导的合规管理的理念。

1. 发挥领导示范作用，推动全员参与

一是合规管理从领导做起，各级领导亲力亲为，身体力行，带头合规，推行诚信和正直的道德行为准则，倡导员工从观念上、经营上、管理上严格按“规”办事。领导干部在履行职责，研究、部署、落实各项工作中，充分考虑合规因素，做到合规问题没有论证清楚或违反合规要求的坚决不决策、不实施，带头遵守国家法律法规和公司各项规章制度，要求员工做到的自己首先做到，禁止员工做的自己首先不做，做到高标准、严要求。

二是把合规管理要求落实到各业务环节和业务岗位，落实到每一名员工的具体操作和管理实践中，使员工熟练掌握所适用的法律法规、体系文件、规章制度以及业务活动流程，自觉养成“合规操作是岗位第一要务”“安全就是效益”“依法合规是必须的行为准则”等意识，形成对违规行为的高度敏感。通过把合规管理理念渗透到日常业务经营管理和决策环节，全员破除“以信任代替管理，以习惯代替制度，以情面代替纪律”的不良文化桎梏，切实增强员工合规经营和全面防范风险意识，形成一种“合规人人有责”“人人主动合规”的良好合规氛围。

三是开展系列合规管理活动，提升员工合规意识。为了让员工深入感受合规管理文化的独特魅力，采油四厂举办合规文化故事演讲比赛，从“带头执行制度的好班长”到“遵守生产制度的尖兵”，从“一个采油工的执行观”到“合规指挥的领导者”，演讲者结合实际工作，讲述身边合法合规的人和事，充分展示合规管理文化建设活动由“认识”向“态度”的转变，从“说”到“做”的升华。

同时为了深入推进合规文化建设，营造全体员工诚实守信，遵法合规的文化氛围，采油四厂开展合规管理评比活动。建立先进班组、先进个人选树机制，评选中把遵章守法、爱岗敬业、业绩突出作为条件，年底由作业区将选树的典型推荐到厂里，厂通过网络展示评比材料、员工无记名投票，评选委员会评选三级评比，选出年度先进集体及个人。通过合规评活动，广泛传播员工、班组事事守法的优秀事迹，进一步提升全员合规意识。

2. 开展丰富多样的合规管理培训

一是分级培训。合规管理办公室根据各业务部门突出的培训需求，以工作实际需要为出发点，与岗位紧密结合，制定合规管理培训计划。通过制度化、常态化的教育培训，使员工真正掌握公司合规管理基本要求、熟悉本岗位涉及的规范要求、岗位风险及其防控要领，进而培养依法合规的自觉性。对关键岗位人员进行重点培训。参照岗位风险防控指引卡，确定风险较大的关键岗位，并对其岗位人员有针对

性地开展与岗位有关的法律法规、规章制度、从业规范以及风险防控等方面的培训，提高岗位人员合规能力，有效防控合规风险。切实落实好上级对下级的培训责任。

二是案例培训。为便于培训学习，增加培训效果，合规管理办公室把全厂及油田公司部分涉法事件案例收集整理，汇编成册，形成《法律风险案例选编》，并印制300册，下发到厂领导、机关科室、基层单位、拉油井点等相应岗位，做到每岗一册，主要人员人手一册。既可作为培训教材，丰富培训内容，也可当员工自己岗位学习材料，避免同类事件发生。

三是网络培训。为便于岗位员工学习合规管理知识，企管法规科与科技信息中心紧密结合，在采四网页开设合规管理交流板块，内容包括国家新颁布的法律法规及规章制度，案例分析、学习园地等栏目，为员工提供方便快捷的法制宣传教育平台。

三、采油企业以依法治企为目标的合规管理效果

（一）完善企业规章制度

通过合规管理的实施，采油四厂制定修订各类管理制度，使合规理念贯彻落实到物资采购管理、合同管理、财务管理、人力资源管理等业务活动的各个环节，2015年制定体系文件28个，操作规程34个，业务流程50个。体系文件及操作规程，在公司信息门户体系文件发布平台中审查通过率为100%，为全员合规管理提供制度保障。

（二）有效防控合规风险

通过合规管理的实施，采油四厂通过事先预防、过程控制，有效地杜绝因员工行为失范而导致的风险，据统计2015年通过合规管理，全员合规风险防控意识普遍提高，未发生任何民事案件及行政处罚案件。员工队伍保持稳定，未出现一例越级上访事件。全厂安全环保平稳受控，实现零事故、零污染、零伤害的目标。经济领域工作有序开展，未出现任何违规违纪问题。

（三）得到上级部门认可

通过合规管理的实施，采油四厂真正将合规融入经营管理中，并得到油田公司及集团公司的认可。2015年采油四厂招投标工作扎实规范，招标节约资金较2014年提高7.9%，荣获油田公司招标管理工作先进单位。合规管理工作稳步推进，荣获中国石油天然气集团公司法律与合规工作先进集体。

（成果创造人：于俊吉、赵　丽、张　宁、郑一坤、兰亚男、宋庆维、
王　景、陈　超、张　鹏、麻素美、毕长清、方　群）

提升企业风险防控水平的立体式合规管理

中国航空综合技术研究所

中国航空综合技术研究所（以下简称中航工业综合所）成立于1970年，是一家主要从事标准化、质量工程、适航与安全、信息化、工业自动化、认证咨询培训等国防技术基础工作的专业机构，现有员工1900人。近年来，中航工业综合所定位于“软科学”研究和高科技服务领域。目前拥有2个国家级质量监督检验中心、4个部级或集团级重点实验室、12个部级或集团级授权委托技术研究、服务、鉴定（认证）中心，是国际标准化组织ISO航空航天器技术委员会航空航天电气要求分技术委员会国际秘书处和全国航空器标准化技术委员会秘书处，是近20个部级或集团级技术服务支撑机构和技术管理挂靠和归口单位。

一、提升企业风险防控水平的立体式合规管理背景

面对严峻的经济环境，企业的风险是复杂多样的，因此，系统地从不同角度、不同层面、不同时间段实施不同程度的管控，才能保证企业风险管控的全面有效。但是无论是管理审计、内部控制，还是法律事务管理、纪检监察，每个职能都有各自的管控对象、管控方式及手段，各自都存在局限性，都无法实现全面有效防控企业风险的总目标。如：法律风险管控主要控制外部风险，防控的是底线；审计职能具有点式、间断性、针对项目的特点，并带有滞后性，但内部控制从日常防控的角度有预防性独特优势；纪检监察主要依靠举报和监察，对问题的发现也具有一定的滞后性。审计和内控主要从企业业务维度出发，控制经营管理风险，缺乏对人员的教育和处罚手段；纪检监察主要从人员维度出发，防控人员廉洁风险，但对企业的经营管理缺少防控措施；法律事务则注重人员和业务的法律风险。每一种独立的管控措施都有各自的流程模式和独立的闭环管理，由此带来一系列问题。第一，各职能间在发现问题、揭示问题的过程中存在重复收集、反复核实的重复工作，造成资源的浪费，效能低下。这种重复的监督检查也会给直接的生产部门、业务部门造成负担，影响企业的整体运转。第二，每一个职能由于自身的局限性，会存在管理盲区，使管控效率和效果大打折扣。第三，对于大多数企业来说，成本控制是企业最重要的经营策略之一，各职能独立工作，各行其是会造成管理成本的提高。由此，消除职能重复交叉，降低管理成本，亟须通过整合职能、打通各职能间的信息流通壁垒、重构工作流程来实现管理效能的提升。综上所述，每个职能都有各自的侧重和优势，但通过单一的职能都无法实现对企业风险全面有效的管控。因此，只有对上述职能的有效整合、通过资源的互融互通、信息的传递共享才能实现对企业风险的全面系统管控。

二、提升企业风险防控水平的立体式合规管理内涵和主要做法

中航工业综合所以提升企业风险防控能力、确保企业良性可持续发展为目标，以职能价值发挥为切入点，以合规管理为落脚点，从业务运营、个人行为和组织效能三个维度，发挥审计（内部审计和工程审计）、风险管理与内部控制、法律事务管理、纪检监察等各职能优势，消除职能间重叠与交叉，打破职能界限，按行为价值重构工作流程，将各职能有机对接，最终形成立体式合规管理机制，并不断迭代改进，为企业分析各项风险的趋势、管控效果和应对策略，实现对风险的预判。主要做法如下：

（一）明确融合立体式合规管理体系建设的整体思路

企业所有员工的行为都与组织的各项业务活动及其流程紧密相关，由此风险管控应从员工、组织和业务三个维度综合考虑。不管是消减风险还是对冲接受风险，都必须保证风险在有效的监控规则之下，

因此企业是否有规、是否合规、是否执规成为管控风险的关键要素。中航工业综合所通过对企业各职能监督管理现状、企业风险防控目标的充分分析和调研，认识到企业的风险主要来源于业务运营、个人行为和组织效能三个维度，要想整体提升企业的防控风险能力，靠审计、法律以及纪检监察等任何一个单一职能都不能达成目标，由此确立以提升企业风险防控能力、确保企业良性可持续发展的总体目标，总体思路是：以职能价值发挥为切入点，以合规管理为落脚点，从业务运营、个人行为和组织效能三个维度，从合规管理入手，对企业风险进行全维度扫描和防控，力争通过充分发挥各职能优势，递进式、迭代式过滤风险，全过程管控风险，打破职能壁垒，建立融合的立体式合规管理机制。具体步骤设定为：首先，以价值创造为核心，分析和显性化各职能、各管控体系之间的区别与联系；第二，理清各职能、体系之间的关系，寻找融合路线；第三，从个人、组织、业务三个维度分析各业务流程和输入输出成果，打破职能界限，按行为价值重构工作流程；第四，将重构的工作流程在工作实践中检验、校正；第五，通过记录风险防控成果数据，实现对企业风险的预判，并通过不断的迭代改进，对立体式合规管理运行机制进行完善。此模型以个人和组织为主线，重点通过纪检监察手段管控廉洁风险；以个人和业务为主线，重点通过法律手段管控法律风险；以组织和业务为主线，重点通过审计、风险管理和内控手段管控企业经营管理风险。

（二）对各职能和体系深度分析，确定融合路线

1. 开展职能分析，显性化各职能间的关系

中航工业综合所对审计、风险管理和内控、法律事务管理、纪检监察等风险管控职能的管控对象、范围、目标、成果进行分析，梳理各职能的内涵和外延、职能优势与不足，工作手段及价值，形成全职能分析汇总表，并深入分析讨论各职能间的衔接与信息共享问题。通过分析发现，各职能间存在管理目标一致，管理成果互为工作流程的输入输出等内在联系，虽然在关注对象、工作方式、处理手段等方面又各有侧重，但各职能都在发挥着对企业风险管控的作用，最终的目标都是实现企业的合规运行，充分显现出融合的可能性。

2. 开展管控体系分析，明确各体系间的关系

中航工业综合所结合各职能对接的成果，对全面风险管理体系、廉洁风险防控体系、法律风险防控体系、内部控制体系进行分析研究，形成各体系分析汇总表。通过对各体系的相关文件要求、工作内容、主要做法及手段进行梳理和分析，发现各体系之间存在管理思维一致、管理目标一致、管理内容一致、实施和整改流程互相衔接嵌套等联系。这些共同点使得各体系在运行当中，会产生诸多的重合及交叉，如果全部成立各自的组织机构，势必造成资源的浪费与工作的重复，严重影响企业管理效能。而这些共同点，也为体系间的融合奠定了基础，显示出了各体系之间内在的规律，使融合的方法和路线逐渐清晰。

3. 建立融合机制，探索立体式合规管理的应用性

中航工业综合所在建立全面风险管理体系、内部控制体系、廉洁风险防控体系三个体系的工作过程中，统一开展访谈、流程梳理、岗位梳理等工作，将三个体系一并构建，在大大提升工作效率的同时，对各职能进行初步对接融合。由于中航工业综合所业务模式较为简单，为使立体式合规管理更具有广泛应用性，中航工业综合所开展广泛的外部调研。首先中航工业综合所在集团审计部华北片区工作会上将立体风险管控体系的阶段性成果与思路进行交流汇报，并与各单位进行讨论，充分了解各单位的风险管控工作的现状和诉求信息。此后为深入了解行业内其他单位风险管控工作现状，中航工业综合所分别到成飞公司、勘察院进行实地走访调研，在走访期间，充分了解行业内各单位审计、风险管理与内部控制、法律事务管理、纪检监察工作的机构设置、工作内容、工作模式，并就如何进行职能的衔接和融合进行了深入的交流讨论。中航工业综合所不仅在行业内进行充分的调研，还广泛征询专家意见，如邀请

国家纪检监察学院某系主任等三位专家进行详细指导，聘请审计、法律、纪检等多方专家对综合所的立体式合规管理运行机制的有效性、可行性、可操作性进行评估等。通过深入了解行业内外的普遍情况及与专家进行深入交流探讨，中航工业综合所验证融合诉求和方法的可能性，对融合模式及整体架构有了更加清晰的认知。

（三）以职能价值发挥为切入点，重构合规管理工作流程

中航工业综合所以企业合规管理为核心要素，对审计、风险管理和内控、法律事务管理、纪检监察职能进行了价值链梳理。首先，通过分析各职能的工作性质、工作内容、工作流程及价值体现，查找各职能的价值点；其次，以立体式合规管理的角度出发，从人员、组织、业务三个维度分析各职能的防控手段；再次，打通各职能间的壁垒，重构工作流程，实现信息的流通共享；最后，通过制定工作指导书，固化标准作业。通过梳理价值链，中航工业综合所进一步明确了风险防控各职能的核心价值目标都是实现企业的合规运行，为确保这一目标的实现，无论哪项监督职能都需要经过四个价值环节“落实合规要求－监控依规执行－检查合规情况－处理合规异议”。中航工业综合所由此形成合规管理职能主价值链。此后，中航工业综合所以合规管理主价值链为基础，对每一个工作环节进行细化分解，并匹配各职能的工作内容及流程，共分解为 15 项 2 级价值、30 项 3 级价值，形成职能子价值链。通过对价值链的梳理，中航工业综合所理清了审计、风险管理和内控、法律事务管理、纪检监察四个职能之间的交叉与联系，查找到了职能融合点。

在主价值链上的四个价值环节中，每一个价值环节各职能发挥重点不同，各有侧重。比如：在“落实合规要求”价值环节，风险管理和内部控制发挥主要作用，将根据前期审计结果、案件处理结果、效能监察情况、单位重点工作、内外部环境变化、法律、审计、纪检等相关上级新要求，调整制定新的布局，通过培训、改进制度流程等多种方式将风险圈定在预设的可控范围之内。在“监控依规执行”价值环节，主要是将合规管理的各监督职能融入各管理流程中，保证企业合规运行。比如对合同签订流程、工程建设过程进行监控。这个环节起到主导作用的将是合同法律审核、制度审核、重大决策审核，工程造价审核、工程招投标审计等，把控经营过程中的风险。在审核过程中如果发现需要详细调查事件，可以启动监督检查流程。在“检查合规情况”价值环节，审计职能、效能监察手段、“三重一大”后评估方法将走入前台，通过点对点、点对面等多种方法检查合规的执行情况，查找存在的问题，分析产生的原因，寻找解决的途径。面对一个问题，多维度分析原因，制定系统解决方案。从人、组织、业务三个维度立体管控。在“处理合规异议”价值环节，主要是针对出现的异常情况进行处理。比如引起诉讼的事件要进行诉讼仲裁处理，接到举报要开展举报调查，也就是通过危机的事后处理，将损失降到最低，将不利影响减到最小，同时对后续还可能造成风险的立即采取预防措施，改进内控流程，强化风险防范措施，保证后续风险不再出现。

中航工业综合所通过对各职能工作节点进行逐一分析梳理，明确每一节点的输入、输出信息，从个人、组织、业务三个维度分析各业务流程、输入输出成果，找到融合点，形成制度融合、人员融合、流程融合的工作机制，并进一步将各职能的输入、输出信息进行匹配，形成各职能流程衔接表，彻底打通各职能间融合的壁垒，重构流程，实现各职能间的互相渗透、互相支撑，消除职能沟通环节的冗余成本，实现了信息的顺畅传递及共享。

（四）推广应用立体式合规管理新流程

中航工业综合所将立体式合规管理应用于日常审计、规范化检查、效能监察等项目中，通过在项目中的具体运行，对立体式合规管理运行效果进行实践检验。

1. 在财务规范化检查项目中推广应用

中航工业综合所在对所本部与子公司的财务规范化检查工作中，全面实践验证立体式合规管理机制

的有效性。此次规范化检查范围包括所本部、10个子公司以及9个下属分公司；检查年度从2008年至2014年；检查的内容包括7年间的财务管理、投资管理、基本建设、招投标、合同管理、资产管理等诸多方面，不仅涉及财务的合法合规性，还需要关注党规党纪的遵守情况、法律法规的执行情况以及企业风险管理和内控的开展情况。项目开始前，经估算，如果每一个职能分别独立进行，仅财务方面一项检查（以50%样本量进行抽查）需要1900多人。为此，中航工业综合所在项目中应用刚刚建立的立体式合规管理机制。通过将审计、风险管理、法律、纪检监察、项目管理和财务的相关人员进行集中调配，运用融合后的工作流程，在时间、进度、工作步骤，工作重点上都进行详细部署。首先，项目开始前成立由相关职能人员参加的规范化检查项目组，各职能人员从各自专业角度分别编制《重点关注事项表》，然后合并、汇总，作为检查工作的统一作业指导书，保证项目组参与成员检查标准一致，单项业务一次检查解决所有关注层面。并且实施方案中还明确标示所本部和子公司经营特质的区别，检查重点的变化，确保检查过程衔接流畅，不交叉，不重复。

在检查过程中，各职能人员分别对资料进行多维度分析，发现疑问都及时提交项目组集中研讨，根据重要性和风险程度确定是否需要继续深度了解、调查事实、补充收集相关资料等。通过几个职能从不同关注角度分析，查找的问题原因定位更准确，提出整改建议更具操作性，提升风险防范效果。由于项目参与人包括财务专业，审计专业、法律专业，科研业务、项目管理等各职能人员，发现的问题大多数立即得到了整改。通过规范化检查项目，现场修订四项制度，改进科研会议等部分业务流程，完善了上百份合同，纠正不合规发票等问题，将较普遍的问题纳入日常的内部控制流程进行管控。

2. 在科研费管理审计中推广应用

由审计、内控、法务、纪检监察人员组成项目团队，其中以审计人员为主，进行现场资料检查与收集，将收集的资料提交团队集体讨论，并针对提出的重点问题再次进行核查，集中讨论汇总形成问题清单，并讨论制定整改建议，向相关单位进行反馈。审计不但解决了科研费使用中的规范问题，还检查了整个科研费管理过程中的计划管理、合同管理，用工管理、廉洁从业等若干事项，提升了整体合规管理水平。通过立体式合规管理，使科研人员只重业务不重管理的意识有了明显转变，在检查结束后，结合整改建议先后修订合同管理、计划管理的制度文件，细化操作流程。

3. 建立风险提示报告制度

中航工业综合所在建立立体式合规管理机制、重构流程过程中，在具体三级流程中增加了一个重要的结果记录分析环节。即在日常管理审计、效能监察、风险评估、法律纠纷案件结案流程的最后节点，在审计结果、效能监察结果、风险评估结论、案件总结报告完成后，对项目进行分析整合，编制风险事件清单，风险管理职能定期对风险事件清单进行汇总统计，得出风险分析表，最终形成风险提示报告，一方面用于实时修正风险管控重点，如指导下一阶段审计计划、监察计划、给重大业务提示风险等，另一方面作为所重点工作、领导决策的参考依据等。

4. 不断优化完善立体防控合规管理

中航工业综合所结合实践对立体式合规管理进行反复的迭代完善。通过项目实践，立体式合规管理机制表现出工作效率明显提升、发现问题更全面、整改建议更专业等突出的优势。职能间的融合更加紧密，杜绝同一问题的反复核对，大大减少材料收集与核查的工作时间；集中审查、集中收集资料、集中访谈、集中反馈，在明显减少配合部门的核查时间的同时，发现问题更加全面、提出的整改建议更加专业，更加有效。通过项目回访，适用立体式合规管理方式后，回访满意度明显提升。通过反复迭代、完善立体式合规管理运行方式，形成固化的工作流程，制作资料收集清单、访谈笔录模板等一系列常态化标准作业。并将实践反映出的问题在流程及标准作业模板中进行修改，不断调整，循环改进。

三、提升企业风险防控水平的立体式合规管理效果

（一）整体风险管控水平得到明显提升

随着中航工业综合所的发展规模不断扩大，业务领域从过去的纵向科研业务占到90%，变为横纵业务收入并重。面对全新的业务领域和市场环境的日趋复杂，中航工业综合所未发生一起重大法律纠纷案件，未发生一起重大质量事故、未发生一项重大安全生产事故、未发现严重违纪人员和案件；上级单位的各项风险管控考核，中航工业综合所均以优异成绩达标；劳动争议纠纷从2012年的16件、2013年的9件、2014年7件，到2015年实现无劳动争议类案件发生；管理审计和效能检查项目审查内容更全面、整改建议更专业，客户满意度大幅提升。通过立体式合规管理的有效运行，多维度全面防控风险能力和水平得到提升。

（二）管理效能提升，去除职能交叉重合

立体式合规管理机制通过三年实践，使审计、内控、法律事务管理、纪检监察等各风险管控职能形成了信息传递顺畅、工作流程衔接、成果互相支撑的联动防控机制，去除了情况重复核实，措施重复研究等交叉重复环节，流程更加优化和流畅。管理审计、效能检查等项目工作效率提升3倍以上。

纪检监察工作从被动、滞后的信息获取模式，主动结合审计项目收集相关信息的方式，主动走访、开展日常履职的监督检查，转变工作模式和信息获取途径，发现问题更准确，更及时，2015年及时发现处理日常履职不到位事项5件，全部及时整改完毕，大大提升了管理效能；充分结合审计、内控的工作方式，改善效能监察、“三重一大”后评估项目的监督检查模式，并将成果相互借鉴，互为输入输出，利用纪检监察手段，对审计、内控项目中发现的个人问题进行诫勉谈话等方式，解决了审计、内控缺乏处罚手段的不足的问题。

修改制度流程29项，全面打通了各职能的流程衔接，成果共享从职能的各自为战，到实现职能全面融合，信息的流通共享；有效弥补管理漏洞和监控盲区8项。

通过诉讼案件的总结，提出人力资源管控风险，并结合管理审计项目，为人力资源部梳理各项制度、劳动合同、事业聘用合同、员工激励协议等文件；通过管理审计项目、风险管理与内控测试的相关结论，发现中航工业综合所法律事务管理制度体系的不足，完成了法律事务工作体系的搭建。

（三）解决资源匮乏，降低了企业管理成本

立体式合规管理使各个职能、各个体系有机融合，一定程度解决了多年来困扰企业职能机构资源匮乏的问题。实现一岗多能，每一个职能不再仅按照自己独立的、封闭的体系运转，而是按照价值流向，以合规管理为主线开展工作。解决问题更加迅速，价值发挥更加极致。比如：纪检监察、法律、工程审计、内部控制多项职能融合介入建设过程，某某区工程如期建成并投入使用，防控廉洁风险、法律风险、财务风险等的同时，三年节约建设资金4923万元，审减进度款9000万元。

职能发挥得到所内外各方认可，三年期间两人先后被评为所内先进个人，部门先后两次入选所优秀团队，2015年中航工业综合所还被评为集团先进内部审计单位，在保证企业可持续发展过程中立体式合规管理起到了重要的推动和保障作用。

（成果创造人：梁丽涛、陈晓东、石秀峰、陶海霞、兰小玮、
陈玉梅、郝福乐、鄂天洁、魏　莱、禹宁祯、闫　敏）

电子信息制造企业推动转型升级的资本运作

南京熊猫电子股份有限公司

南京熊猫电子股份有限公司（以下简称南京熊猫）是1992年4月由熊猫电子集团有限公司（以下简称熊猫电子）发起设立的法人公司，1996年在上海和香港同时上市，是我国电子信息行业第一家A＋H股上市公司，注册资本人民币91，383.85万元，其“熊猫”商标创牌于1956年，是我国电子行业第一个“中国驰名商标”。南京熊猫目前主营自动化装备、交通电子装备、通信装备、EMS等智能制造产品和相关技术服务。截至2015年年底，南京熊猫资产总额48亿元，净资产34亿元；2015年实现营业收入36亿元，利润总额2.2亿元。

一、电子信息制造企业推动转型升级的资本运作背景

（一）适应电子信息行业激烈市场竞争的必然要求

在过去相当一段时间里中，我国传统电子信息制造业由于未能掌握核心技术，一直饱受知识产权问题的困扰，山寨产品也层出不穷，市场竞争白热化；另一方面，电子信息产业也是全球竞争的战略重点，主要发达国家和地区纷纷将发展电子信息产业提升到国家战略高度，抢占未来技术和产业竞争制高点。这种小的创新很快被业内同行“山寨”，核心技术又被国外先进企业占领的“内困外占”局面，让包括南京熊猫在内的很多传统型电子信息企业举步维艰。南京熊猫一直在尝试、寻找摆脱困境的突破点，而国家《电子信息制造业“十二五”发展规划》等系列发展规划的发布，为传统电子信息企业摆脱恶性竞争，向高端制造业转型指明了方向，并给予了一定的产业政策支持。电子信息行业的发展趋势要求集聚创新资源与要素将新一代信息技术与制造业深度融合，才能走出传统电子信息制造的困境。南京熊猫只有适应这一趋势要求，加强自主创新，才能实现企业的持续发展，否则必然会被电子信息产业迅猛发展的大潮所淹没。

（二）企业走出困境实现可持续发展的迫切需要

南京熊猫早期经营过电视机、手机、数码产品、网卡等传统的电子产品，技术含量低、市场竞争激烈，尤其是手机业务的失败，使南京熊猫经营更加困难。2007年，中国电子与南京市国有资产监督管理委员会、江苏省国信资产管理集团有限公司合资设立南京中电熊猫信息产业集团有限公司（以下简称中电熊猫），开始重组包括熊猫集团在内的南京市七家国有电子企业。2012年9月，南京熊猫完成实际控制人变更的工商登记，实际控制人变更为中国电子。此间，南京熊猫根据董事会的决策部署，明确了围绕电子装备、消费电子和电子制造三大核心业务板块，深化体制和机制改革，优化资源配置，进一步加快结构调整的战略目标。破解难题，实现产业转型升级，实现可持续发展的目标，需要巨额的资金支持，虽然中电熊猫重组为南京熊猫的银行贷款打开了通道，但单纯的银行贷款又存在资金成本大，审批周期长、额度受限制的诸多问题。做好资本运作为实体经济发展筹集资金是南京熊猫实现转型升级、可持续发展目标的迫切需求。南京熊猫从2013年A股非公开募集为起点，开始了一系列资本运作工作，至2015年取得了较好的效果，也为此项工作的持续开展积累了经验。

二、电子信息制造企业推动转型升级的资本运作内涵和主要做法

南京熊猫在中国电子整体战略规划下，从顶层设计、组织和人力资源保障等多角度，以上市公司为资本运作平台，实施非公开发行股份、重大资产重组、熊猫电子股权重组等一系列资本运作，募集发展资金，着手有计划、分步骤地深化机制改革，优化资源配置，推动结构调整，逐步把南京熊猫建设成为

的国内一流大型电子装备上市公司。主要做法如下：

（一）明确资本运作指导思想、原则和目标

南京熊猫始终坚持从系统项目的角度抓紧抓实资本运作工作，在资本运作的各个环节中切实贯彻为发展实体产业服务的指导思想；在向智能制造转型升级的战略规划实施中，高度重视资本运作的统筹安排。南京熊猫进行资本运作的指导思想是：为企业转型升级发展以工业自动化产业为重心的高端智能制造提供及时、有效的资金支持，并为后续发展资金募集工作积累经验，推动企业在产业结构、产品结构、资产结构、组织结构和决策机制等方面的调整，最终使公司成为国内一流、国际知名的信息通信产品和电子装备制造商和服务商。

在这一指导思想下，南京熊猫董事会结合企业实际情况、发展需求和面临困境，全面分析公司所处的行业和政策环境，研究如何改造、利用现有的条件和优势，为企业发展找到资本运作的切入点，力争用最快速度、最小成本解决企业发展面临的资金问题，以推进企业转型升级和调整结构，实现可持续发展的目标。经过认真研究，确定了资本运作的三大基本原则：一是资本运作必须为实体经济服务，为公司发展智能制造产业的战略规划服务的原则。南京熊猫上下统一思想，明确通过资本运作募集的资金是发展实体产业的子弹，杜绝把资本运作变成公司主业经营。二是坚持“投融资”一体化的原则。必须在充分论证产业转型、提升的可行性方案以后，在研究好募集资金的使用方向后，才能决策资本运作的方案，坚决杜绝“拍脑袋融资、拍脑袋使用”，有效防范国有资产新一轮损失的风险。三是坚持资本运作合规、合法原则。南京熊猫是A股、H股上市公司，同时受上交所与香港联交所的监管要求不尽相同，公司资本运作必须同时符合两地交易所的监管规则，在资本运作的筹备阶段、在募集资金的各环节、在使用募集资金的过程中都要严格依法合规。四是坚持合作共赢原则。资本运作的目标是为发展实体产业服务，发展实体产业最终是为实现企业利益、股东利益、员工利益、社会利益，因此，在资本运作的各个阶段，特别是资金使用阶段要格外谨慎，争取最大化的效益，努力实现企业员工、股东、合作单位共赢局面，最终实现产业报国，履行好国有企业的社会责任。

（二）建立健全资本运作的决策、实施与组织管理体系

1. 完善决策机制

一是在项目认证阶段确立投资决策委员会、办公会、董事会三级决策制度。进一步强化投资决策委员会的辅助决策作用，投资项目必须经过投资决策委员会专家专业论证通过后，再经公司办公会审议通过，报董事会决策。二是在具体资本运作项目证确立股东直接参与下的董事长负责制。在非公开发行和重大资产重组项目中，南京熊猫董事长和副董事长等决策层领导高度重视，在关键环节和关键节点亲自参与，有效保证了决策及时、准确。三是建立决策纠偏制度。通过全环节监督，对项目实施进度和效果及时反馈，发现问题及时纠偏与整改。

在项目的筹划阶段，南京熊猫的决策层明确募集资金投向，在确定具体项目和产品时，指导管理层研究分析国家产业政策及所在行业细分市场需求走向等，最终确定具体募集资金投资项目。南京熊猫的决策层积极争取控股股东方的支持，控股股东方参与认购发行股份，极大提升募集资金投资项目的吸引力和可信度，为成功发行增加筹码。在决策报批阶段和路演推介阶段，南京熊猫的董事长和副董事长亲自参加监管机构的见面会和与投资者沟通交流，从战略发展和产业规划层面宣讲募集资金投资项目的可行性和必要性，获得监管机构和资本市场的认可，是对募集资金投资项目实施结果的必要补充，为询价发行阶段奠定了良好的基础。

2. 健全组织体系

将资本运作的手段与产业转型升级的目标及风险控制高度融合，设立项目实施推进小组、项目运作小组、内控工作组，明确项目资本运作和相应实体项目运作的职责和分工，并通过设立的全面风险与内

控委员会履行合规监管和风险控制职能。项目实施推进小组负责具体上市南京熊猫平台上的资本运作筹资。由总经理担任组长，为项目按计划实施推进和协调执行层面有关事宜的负责人和责任人；由总会计师和董事会秘书任副组长，根据项目的具体实施进度，陆续将负责产业规划、财务和证券事务的部门负责人纳入项目实施推进小组，总会计师和董事会秘书，及相关部门负责人为在发行和重大资产重组项目在各自职能范围内的责任人；证券部门负责人为发行和重大资产重组项目的总联络人，负责协调中介机构和内部相关职能部门之间的工作往来和关系协调，负责跟进项目实施推进小组内部各相关部门的需求、审阅所提供资料，负责保荐机构或财务顾问、经办律师和会计师之间的协同配合，召集相关中介机构和项目实施推进小组相关部门召开专题会议解决特定问题；项目实施推进小组牵头，与各中介机构做好资本运作的配合、协同工作，确保对非公开发行和重大资产重组项目的基本设想、时间安排、人员配置等要素确认和统筹时的意见一致。

项目运作小组由转型升级的重点项目负责人担任组长，以研发与产业化为工作重点，负责将资本运作募集的资金合规、高效运用到产业转型的各个方面，包括智能生产线改造、产业智能化项目研发、引进科研团队等。内控工作组依据上市公司内控指引和公司全面风险管理要求，由财务、法务、审计、监察等部门根据项目的不同情况，采取跟踪审计、不定期抽查、监督验收等方法，监督募集资金在产业项目上的使用情况，督促产业升级工作进度。

3. 完善制度建设

南京熊猫从决策、运营、内控角度不断完善资本运作的制度管理。一是加强合规性制度建设，从兼顾上海、香港两地交易规则为基本出发点，完善上市公司信息披露制度。二是不断完善科学决策制度。修订了南京熊猫《重大决策办法》《投资管理办法》《融资管理办法》等，完善投资决策委员会等专项决策委员会以及会议的运行章程。三是规范项目募集资金使用流程。南京熊猫采取一事一案模式，由投资管理部牵头，研究每个项目的关键点和风险控制点，有侧重的制定专项募集资金使用流程，确保资金使用合规。四是完善内控监督制度。针对募集资金使用，修订《内审条例》《监察工作条例》，根据项目不同情况，安排专项内部审计与效能监察；制定《内部控制评价办法》，督导全员合规工作，聘用外部审计师事务所对公司包括募集资金使用、项目建设在内的内部控制体系的运转进行专项审计，对发现的问题及时落实整改。

4. 实施目标管理

南京熊猫在资本运作操作中，坚持目标管理，分节点控制推动募集工作：确立时间进度表和例会沟通模式，强化细节管理。在发行、重大资产重组环节和资本运作环节涉及大量的尽职调查事项，针对不同事项完成时间重叠、交叉、独立的不同要求，制定各阶段、各事项的时间安排，确定主要负责人，汇总制定科学、合理、具有操作性的总体时间进度表，并由项目实施推进小组组长、副组长和各中介机构主要负责人督促落实，有效保证资本运作项目按照既定时间进度稳步推进。南京熊猫通过分层沟通方式，确定对中介机构、投资者、监管机构不同沟通层级和模式，确保各参与方、监管方在信息获取、理解、行动环节保持高度的一致性，降低沟通成本，提升沟通效率。通过例会形式定期查看总体时间进度执行情况，对于未能如期完成的事项，及时分析原因，并提出整改方案和解决措施。在资料准备、沟通、时点安排等环节上的细节管理有效保证新情况及时解决，确保总体进度顺利推进。

5. 规范资金投入

在资金使用上，南京熊猫以推动产业升级为主线，确保募集资金按规范使用。明确资金使用方向为工业自动化领域，重点投入研发团队组建、核心项目研发、产业基地建设、工业量产化等方面。在研发团队建设投入方面，南京熊猫采取外聘技术专家与内部技术人员整合方式组建高端研发团队，如机器人项目中在日本东京设立熊猫机器人研究院东京分院，聘用日籍研发工程师 21 人，并组建包括留美归国博士在内的22名国内团队，共同开展对机器人核心技术的研发。在核心项目研发投入方面，抓住智能化工厂、焊接机器人、轨道交通通信、清结算领域开展重点资金投入。在产业基地建设方面，2015年投入使用熊猫电子装备产业园，并启动的上海张江熊猫机器人研发中心项目。在产业化投入中，加大对1.4米焊接机器人的量产投入确保其量产资金；加强对轨道交通票务清分、自动售检票、线路通信系统的投入，对其先后中标的南京、北京、台湾地区、香港地区，以及印度、阿联酋等24个地铁项目的建设提供资金支持。对资金的合理、合规、有效投入保障了资本运作推进产业转型升级目标实现的进程。

（三）发挥平台作用，有计划实施资本运作

南京熊猫在当时的特定的环境下，确定了以分步走的方式推进系列资本运作，解决企业发展资金与历史遗留问题。

1. 创造条件实施增发，投资智能装备产业

2012年根据南京熊猫战略，结合内外部环境因素，经过多方论证，熊猫股份董事会、股东大会做出了以非公开发行方式募集资金的决定。2013年完成的非公开发行是熊猫股份自1996年上市以来的第一次再融资，是上市公司首次尝试发挥融资平台作用，募集资金人民币13.2亿元（是1996年上市时公开发行募集资金额的两倍）。本次发行募集资金到位后，流动资金得以直接补充，对改善现金流状况，降低财务费用，增强财务稳健性，财务结构更趋合理起到积极作用。熊猫股份净资产规模扩大，资产负债率进一步下降。项目顺利投产后，将产生良好的现金流和利润，从而改善熊猫股份的财务结构，提高防范财务风险和间接融资的能力。

2. 实施资产重组，提升资产质量

深圳京华主要从事平板电脑、导航仪、手持数字电视等电子产品以及手机通讯产品的研发、制造和销售，从事消费电子行业已有三十年，具有较为深厚的行业积淀。深圳京华总部位于深圳市福田区繁华的华强北，拥有占地面积3万平方米，建筑面积5万多平方米的物业，租金收入稳定。此前，熊猫股份已持有深圳京华38.03%股权，现金方式收购熊猫电子所持深圳京华5834430股股份（占其总股本的5.07%，公开挂牌转让）；收购后猫股份持有深圳京华43.10%股权，在深圳京华董事会拥有多数席位，深圳京华将由权益法核算的参股公司变为控股子公司。收购完成后，熊猫股份的资产总额、营业收入得到提高，深圳京华纳入南京熊猫合并报表范围，在国际市场不景气、国内市场竞争加剧的情形下，各方股东优势互补的进一步利用熊猫股份的平台，发挥深圳京华原有的业务优势，使深圳京华更好地开拓市场，进一步提高其业务规模、盈利水平和持续发展能力。

3. 实施扁平化管理，提高资产管理效率

南京熊猫发起人熊猫电子2000年根据国家经贸委“债转股”政策，与中国华融资产管理股份有限公司、中国长城资产管理公司等四家银行资产管理公司（合称资产公司）签订债权转股权协议，资产公司持有熊猫电子近半数股权。

南京熊猫股东熊猫电子本着企业利益为重、尽量减少现金流出的前提下，努力寻找自身和资产管理公司的利益平衡点，最终确定熊猫电子以减资的方式回购资产公司持有的熊猫电子股权的方案，以部分现金和南京熊猫股权支付对价。通过减资，熊猫电子共减少注册资本54，629万元，所支付对价为熊猫股份A股约9690万股（作价8.22元/股）及现金35000万元。2015年下半年，减资回购工作完成，资产管理公司正式成为熊猫股份股东；熊猫电子成为中电熊猫的全资子公司。2015年的减资回购工作进一步厘清南京熊猫实际控制人的股权结构，使中电熊猫对熊猫电子形成全额控股，提高实际控制人决策效率。2015年，中电熊猫按照减资时的承诺，向熊猫电子增资91320万元，此项增资有效降低熊猫电子的资产负债率，整体提升熊猫电子的资产质量，并有效增加南京熊猫中小投资者对上市公司的信心。

（四）强化资本运作的风险管理和专业人才队伍建设

1. 建立“三控综评”的资本运作风险管控模式

从整体战略规划及单项资本运作的不同角度，认真分析各项资本运作的风险点，确立“三控综评”的资本运作风险管控模式，“三控”即明确资本运作进度风险控制、财税风险控制、投入成效风险控制三个关键点风险的防控责任人；“综评”即资本运作总体策略与单项运作综合评审，以综合评审的方式跟踪单项资本运作项目情况，提示资本运作整体风险情况。

在防范资本运作合规性风险方面，明确由证券法务部门牵头，防止与纠正由于对合规性政策理解的偏差，识别事务的法律风险，及时进行信息披露。在资本运作进度风险控制方面，由投资管理部门负责，打好内外部资料准备与审批流程的时间差，及时应对突发性事件，保证资本运作按计划进度推进。在财税风险控制方面，由资财部牵头，做好税收筹划保证依法纳税，对募集资金的使用流向与预算执行进行监管。在绩效风险控制方面，按照“投融资一体化”原则确定的转型升级项目负责人是资金使用的核心责任人，重点考核项目技术升级和经济效益二项指标。南京熊猫产品战略研究室主持审核认定年度重大重点科研项目，指导、跟踪、考核、监督科研项目立项、进度、成果推进，按进程拨付研发费用，确保转型升级的科研方向与进度。在综合评审方面，由全面风险与内控管理委员会牵头，以内部审计为抓手，对资本运作项目采取年初内审规划与临时专项审计相结合的方式，对项目运营及重点问题进行个案监察；风控委员会除就单项审计发现的问题进行督促整改外，牵头资财、法务、运管等部门分析、提升个案，发现整体资本运作策略可能存在的风险，供决策层调整方案。

2. 组建资本运作专业人才队伍

南京熊猫确立“内引外聘、综合培养”的模式，即系统内引进与对外聘用相结合，选拔具备一定基础的员工，边培养边工作。通过月度、年度评评价，完善人才考核激励制度。南京熊猫首先在中国电子系统内部寻求人才支持的方式，通过技术指导、借用等方式临时招募系统内有经验人才共同组建项目组，专门从中国电子引进一名博士牵头负责投资管理；加强对现有证券、财务、法务人员资本运作专业知识的培训，外聘券商、律师事务所、会计师事务所参与工作，学习他们成熟工作经验；建立资本运作工作网，将资本运作与改造项目全程结合，实现人才知识结构互相融通，即搞资本运作的人员了解产业升级项目情况，做产业升级项目的了解资本运作的基本要求，抓好复合型人才的培养。这种“纵横”式人才队伍组建，“纵向”以金字塔形式，确立高端人才的牵头核心位置，解决层级管理问题；“横向”让各类人才在原有岗位上互相学习成长并从不同角度跟踪资本运作项目的全过程实施，在有新的资本运作具体项目决策后第一时间能及时组团，带着前期经验迅速进入工作状态，极大提高了工作效率。

同时，南京熊猫采取月度考评与年度考核相结合的模式，不断完善对人才队伍的考核激励制度。管理干部、重点岗位人员每月填报绩效考评表，就当月重点工作、日常工作分别报告，根据完成情况由直接主管打分，工作成果即时体现在当月绩效工资中；年度考评以个人总结、团队互评、各级主管领导测评方式综合进行绩效评价，评价结果体现在年度奖励中，并对考评不合格人员采取降职，直至解聘措施。

三、电子信息制造企业推动转型升级的资本运作效果

（一）推动企业从传统电子产品向高端智能制造转型升级

南京熊猫通过非公开发行募集资金 13.2 亿元，以及减增持股份再投资，有效推动了产业升级转型。业务领域从传统数码相框、机顶盒、小家电、手机，成功向智能制造转型。近年来，在净化厂房的生产线体及配套的生产、传输设备组件，及工业机器人领域逐步实现工业化量产；在交通电子装备领域轨道交通 ACC、AFC 系统及终端设备进一步占领优势地位；在通信装备产品领域面向军用和军民融合的数字集群专用通信、卫星通信终端及广播数字电视发射机实现从无到有；在电子制造服务形成以 EMS 为

核心，兼具注塑、喷涂、装配和加工业务及能力，掌握用于射频天线等特种新材料生产工艺和技术。高端电子制造类业务量显著提升，2015 年度，南京熊猫电子装备业务收入占比超过 50%。已建成的“熊猫电子装备产业园”建筑面积约 12 万平方米，拥有智能制造装备（硬件）研发、制造能力和大型工程项目系统集成能力，一流的研发办公设施与实验设备条件；在电子制造板块，建成华东地区最大的 SMT 业务和注塑产品供应系统，具备为夏普、爱立信、LG 等国际一流企业提供制造配套的能力拥；广播电视发射机领域，实现 2015 年为边防部队提供发射机设备、接收机设备，有力支持了国防部队建设。通过重大资产重组，南京熊猫还加快了消费电子业务整合，数字家庭业务提升总体资产规模和收入规模，提高了在重点区域的市场占有率和市场影响力，盈利能力和综合竞争力增强，进一步扩大“熊猫”品牌的影响力和知名度。

（二）提升了企业核心竞争力，创造良好的经济效益

南京熊猫启动的系列资本运作工作，以募集资金、资产重组、股东减增持再投入为手段，逐步实现加大科技投入力度，促进产业升级发展，有效提升了企业核心竞争力，创造良好的经济效益。近年来，南京熊猫不断提升科研自主创新能力，持续加大重点科研项目的研发投入，累计投入 5.4 亿元，申请专利 300 余件，其中申请发明专利 165 件，创出历史新高，发明专利的占比超过 50%。公司股东熊猫集团股权回购工作产生的销售收入年度增长率为 0.91，利润总额年度增长率为 1.15；南京熊猫 2013 年非公开发行 A 股募集资金 13.20 亿元，2014 年重大资产重组等资本运作产生的销售收入年度增长率为 1.02，利润总额年度增长率为 1.42，2015 年销售收入年度增长率为 1.03。

（三）打破外企垄断市场局面，为智能制造国产化贡献力量

南京熊猫通过资本市场成功募集资金，成功投入的工业机器人和智能制造系统（工厂自动化）项目运行良好。熊猫智能制造装备领域打破了国外企业对高世代液晶面板工厂自动化传输系统和液晶玻璃生产线数字化车间的垄断，成为国内唯一承接新型显示企业进行生产线装备系统的企业，国内市场占有率已经超过 33%。在智能制造装备领域已承担大量国家和部省级项目，通过“电子玻璃基板生产线智能制造与研发试点示范项目”，成为国家智能制造试点示范项目的承制单位。南京熊猫是国内第一家开展自主知识产权机器人控制器研发与投产的单位，2013 年研发团队正式组建成功，2014 年底完成首台样机，2015 年上半年进行测试、完善、升级，2015 年 7 月开始量产，目前这一成果，已大量配套国产的工业机器人核心部件；南京熊猫开发的焊接机器人工作站，已推向市场，为我国自主知识产权的机器人系统集成市场注入新鲜动能，极大地提高了我国工业机器人的国产化率。

（成果创造人：徐国飞、夏德传、宋云峰、沈见龙、涂昌柏、
杜贤铁、姜　红、袁　征、刘先芳、吴　斌、陶根宝）

基于内外网协同的军工集团统一财务信息管控体系构建

中航飞机股份有限公司

中航飞机股份有限公司（以下简称中航飞机）是拥有国内大中型军民用运输机、轰炸机、特种飞机、全系列飞机起落架及机轮刹车系统的核心技术，先后研制生产了运七、运八、轰六、歼轰七、空警2000等系列飞机，是集预研、研制、生产、销售与服务为一体的专业化军工上市集团，是美国波音公司、欧洲空客公司等世界知名飞机制造商的重要合作伙伴，下属中航工业西飞、中航工业陕飞等成员单位。截至2015年年末，中航飞机在职职工33654人，资产总额375亿元，净资产169亿元；2015年实现营业收入241亿元。

一、基于内外网协同的军工集团统一财务信息管控体系构建背景

（一）强化集团管控的需要

根据国家推进军民融合重大战略部署，进一步完善军民结合、寓军于民的武器装备科研生产体系，按照中国航空工业集团公司“资本化运作、专业化整合、产业化发展”的总体安排，中航飞机2012年实施非公开发行股票进行资产重组，由西飞集团公司、陕飞集团公司、中航制动公司、中航起落架公司通过业务整合与资本重组等方式，将航空主业资产注入上市公司。中航飞机成为我国首家飞机业务板块整体上市军工企业集团。

同时，由于中航飞机下属航空军品企业和非航空民品企业众多，子公司分布范围广并且管理模式迥异、管理水平参差不齐。集团总部对成员企业的财务情况监控不力，集团内部成员企业财务管理各自为政，各项财务制度无法向成员企业有效推行，成员企业的财务标准无法统一、规范，缺乏实时动态信息支持。由于军工集团涉及国家秘密，军品企业和民品企业分别在涉密网和互联网独立运行，内外网信息隔离，业务和财务数据无法有效集成，财务信息无法实现在不同层面的整合与共享，造成信息的不对称。这些问题导致军工集团成本费用居高不下、投资失效，进而影响集团整体的健康发展、持续经营和战略目标的实现，迫切需要加强军工集团公司的整体管控能力，降低企业集团的运营风险，充分发挥军工集团的规模效应和协同效应。

（二）提高决策支持水平和强化管理会计职能的需要

随着中航飞机组织规模的扩大、业务复杂度的增加，与财务管理相关的主体有多元化发展趋势，相关方对财务信息的种类、质量、时间要求越来越高。中航飞机要提高管理决策时效性和科学性水平，就必须提高财务处理效率、保证会计核算质量，做到财务信息反映的标准、及时、准确、透明；同时，要打通业务数据和财务数据，快速提供和整合高质量的一体化信息，为企业经营决策提供支撑。财务应与业务深度融合，参与企业产品从研发到售后的全价值链管理，提高产品经济效益、降低成本、加强风险管控，为业绩提升保驾护航，实现财务的价值创造。中航飞机财务人员多集中于日常账务处理，在决策支持方面的投入不够，大量财务资源与精力投放在财务会计核算职能上，重会计核算，轻决策支持。对中航飞机经营战略和业务发展领域，财务的参与力度较弱，从而使得财务在整个公司难以发挥创造价值的作用，管理会计职能未有效发挥。

（三）提高财务处理效率和业务运作规范化水平的需要

军工集团下属企业层级多且地域分布广，下属单位独立财务运作、独立会计核算，多层次的结构拉长了收集财务信息的链条。成员企业的财务信息和数据相对较分散，财务数据传递及时性、规范性和可

用性较差，满足不了集团总部对下属成员企业的生产经营活动及时地了解、决策和控制，信息传递迟缓严重影响集团的经营决策。成员企业财务管控水平参差不齐，财务信息收集困难，个别会计报表编制工作时间较长，再将个别报表传递汇总到集团财务总部合并处理，财务报表编制周期较长；成员单位间存在较多的内部交易，日常对账工作往往不及时，导致信息的处理和披露迟缓，集团总部往往难以及时完成监督管理和内外部要求的各种信息汇总和披露要求。下属各成员企业使用的财务软件和功能模块都不相同，数据之间不能相互共享利用。财务信息在层层汇总合并过程中均为人工操作生成，人工干预存在着粉饰会计数据的风险，在一定程度上降低了会计信息质量，易对中航飞机生产经营决策产生误导；集团总部从各分子公司获取的基础财务会计信息数据有限，无法有效实施基于基础会计数据的公司生产经营多维度分析。中间层级多，各分支机构分别独立履行财务控制权和监督权，企业财务资源分散，不利于从整体上进行企业财务资源的战略规划。

二、基于内外网协同的军工集团统一财务信息管控体系构建内涵和主要做法

中航飞机以“适度集权”财务管控战略目标为指引，积极构建内外网“一套账”会计管理模式；对涉密网和非密网成员单位标准体系、业务规范、财务制度、财务组织体系和信息系统实施“五统一”工程；在国家保密规章的刚性约束下，严守内外网物理隔离的保密红线，通过涉密网和非密网“1+1”的数据管理信息平台，在涉密网内部形成完整的财务信息数据仓库，打破原有内外网隔离分散型财务信息管控模式，建立起航空工业第一个涵盖总部、主机厂、辅机厂、科研院所、外网民品子公司的集团财务信息服务管控体系，全面提升军工集团信息整合力、价值洞察力、决策支持力、风险管控力四项财务管理核心能力，促进财务会计向管理会计平稳转型，保证集团内部财务目标的协调一致。主要做法如下：

（一）统筹规划，构建统一财务信息管控体系总体框架

1. 建立“适度集权”的财务管控战略

中航飞机建立“适度集权”的财务管控战略模式，主旨是变“黑箱管控”为“鱼缸管控”。“黑箱管控”即成员单位对集团总部信息不透明，集团总部信息搜集成本大，上下信息传递存在障碍，成员单位日常活动总部无法监控；“鱼缸管控”即成员单位对集团总部信息透明，集团总部不干涉成员单位日常经营活动，最大限度地保证成员单位自主经营权，但是成员单位经营活动受总部实时监控。“适度集权”，集权与分权相结合，让下属单位成为透明鱼缸里自由游动的鱼，让下属单位有活力，又能受到监控；集团总部既有管控，又有服务。在“适度集权”的财务管控模式下，想到达到实时监管成员单位经营活动的目标，就必须建立基于内外网协同的统一财务信息管控体系，打通内外网数据，实现由分散型财务信息管理到集中管控型财务信息管理的顺利过渡。

2. 统一财务信息管控体系总体构建目标

中航飞机统一财务信息管控体系建设总体目标是实现内外网财务信息资源的集中管理与统一控制，所有单位“一套账”管理，做到“数出一门，信息集中”。一是财务的纵向管理。建立实时的中航飞机财务集中信息管控平台，将集团下属各子公司、分公司都纳入到此信息化平台中，满足多组织结构、多币种、多元化发展的管理需要；实现基础数据的规范化与标准化管理。二是财务的横向管理。实现会计核算、预算管理、资金管理、财务核算管理等财务职能的统一。将资源管控与重要财务事项监督相结合，实现对中航飞机内组成要素和组织机构财务活动的高效监管和控制。三是实现内外网信息穿透和共享。通过整个中航飞机“一套账”的模式，中航飞机的业务层、管理层、和高级决策层的相关人员都能够从这个集中的数据库中获取相关信息，能够跨单位查询和操作。

3. 统一财务信息管控体系建设思路

中航飞机构建统一财务信息管控体系，遵循“自主创新，标准先行，统一规划、分步推进，先难后易、重点突破”的思路开展工作。自主创新：统一财务信息管控体系实现过程必须与管理创新紧密结合

起来，切合军工企业管理实际，走有军工特色的自主创新道路，在充分吸收国内外先进企业成功经验的基础上，结合中航飞机财务管理现状，体现自己的管理思路。标准先行：管理标准和流程规范与统一是统一财务信息管控体系构建的根本和精髓，体系实施必须标准先行，以会计核算标准的制定与统一为基础，通过现代化信息技术把会计集中核算的业务流程标准、业务处理标准、功能标准等进行固化实现。统一规划、分步推进：构建统一财务信息管控体系，在规划设计上，须立意高远、适度超前，由全集团所有成员单位统一参与制定，确保规划和设计合理性。设置一级数据中心，实现财务处理上统一管理。考虑到统一财务信息管控体系建设的系统性与复杂性，构建工作分批推进，第一批实施单位在会计核算水平高、信息化基础好、业务有代表性的成员单位中选择，在体系建设与试运行工作中总结经验、查找问题、不断改进。先难后易、重点突破：在“先易后难”和“先难后易”两种完全不同的体系实施路径中，中航飞机经过数十轮反复论证，最终按照“先难后易，重点突破”原则，推进统一财务信息管控体系实施应用工作，按照“先主机厂、后辅机厂，先内网、后外网”的思路实施，先在西飞公司、陕飞公司等体量较大、实施难度高的单位建设应用，解决了大量的体系应用过程中的具体问题，为后续其他单位的应用打下坚实的基础。

4. 统一财务信息管控体系建设组织体系

为保证统一财务信息管控体系建设工作顺利推进，中航飞机一是成立以总会计师牵头的建设领导小组，负责集中核算系统建设的组织领导，对建设过程中发生的重大事项和重大问题进行决策和协调，涵盖公司财务部门、信息化部门、人力资源部门，及下属分子公司。二是成立体系建设实施工作组，汲取专业力量，涵盖各成员单位财务骨干及外部信息系统开发实施方、会计师事务所人员，负责统一财务信息管控体系数据标准的制定和信息平台建设具体实施等工作。体系构建和推进过程中，集团总部与各分子公司上下协调联动；总部为组织主体，各单位为实施主体，充分调动各单位体系实施应用的积极性。

（二）统一财务信息标准规范体系，积极推进“一套账”管理

1. 构建统一财务信息标准规范体系

一是统一会计核算标准。为构建会计核算一体化的标准体系，会计科目表体系必须上下统一，且要按管理的要求，确定多层的会计科目表体系，科目分解成尽可能细的管理属性，便于与预算管理、资产管理等业务相互协同。2014 年，中航飞机抽调下属各单位骨干财务人员 30 余人，历时近三个月，完成了中航飞机统一会计核算标准制定，制定明细会计科目 2079 项、明细核算规则 37386 项。为充分发挥管理会计职能，中航飞机在明细核算规则的制定过程中，尽最大可能贯彻内部管理的要求，核算规则与全面预算、资金管理、成本管理、价格管理相关要求统一并予以标准化。同时，会计核算标准应用过程中，对于不合理或不能达到决策分析要求的科目和规则，及时修订并下发。

中航飞机核算标准通过信息系统进行统一发布和控制，将标准通过信息化手段固化。各具体操作单位对统一设置的会计科目表进行引用，已被统一设置的科目，各单位不得修改，只能在此基础上进行细化。会计科目表的统一可直接生成“一套账”式的集团总账、明细账、集团科目汇总表及其他会计报表，也可以生成每个逻辑单位自己的账、表。同时，集团公司可以查询集团账务、明细账、集团科目汇总表，可以穿透查询下属各单位的账、表直至凭证业务单据、附件。

二是统一财务制度。中航飞机以“制度建设年”为依托，先后修订和新增财务制度 31 项，针对财务报告编制和管理、资金集中管理、会计核算基本规范等进行了明确规范。对各分权机构资金进行了统一集中管理，通过制度规范统一下属单位会计政策和会计估计、记账凭证类型、记账凭证格式、记账和结账规则，为统一财务信息管控体系应用打下基础。

三是统一基础信息。统一的基础数据是中航飞机进行统一财务信息管控体系建设和业务财务融合的重要前提，基础数据体系主要包括专项类别、产品项目、科研项目、费用项目、往来单位、业务分类标

准、固定资产分类和折旧年限、本位币种类、结算方式、汇率等。成员单位对以上体系没有修改权，只是有细化权与使用权。统一的基础信息由中航飞机总部统一维护和管理，并及时清除冗余信息。为避免出现以往往来单位信息管理混乱的情况，中航飞机在统一财务信息管控体系中，加强了往来单位的控制，往来单位由公司总部统一添加，并以组织机构代码确定单位唯一性，往来单位名称或组织机构代码重复的单位均不得添加。通过往来单位标准化规范，大大提高了与客户、供应商的对账时效和准确性，确保了资产安全。截至 2015 年年底，中航飞机共梳理往来单位 46279 项。

四是统一报表管理。中航飞机按照上市公司信息披露规范和国资委信息报送要求，建立了统一的报表体系，包括合并单位树、统一报表格式、运算公式、取数公式、审核规则等，在财务信息平台报表管理模块中直接“发布”给下属单位，下属单位在应用系统中直接使用集团统一的报表体系编制报表。针对个别单位存在特殊的报表取数需求，财务信息平台可以针对单体报表制定个性化取数公式，确保财务报告真实、准确。

五是统一权限管理。中航飞机依据不同的财务信息主体的不同管理角色、不同管理层级对权限管理制定统一的标准化的规范。中航飞机总部对下级单位的权限进行分配。各级机构的数据权限只限于本级和以下机构，不能访问上级机构数据和其他的平级的机构的数据。为了避免因权限控制的缺陷而产生越权操作，中航飞机严格按照“三员分离”相关规范进行权限设置和分配。

2. 积极推进“一套账”管理

中航飞机根据“纵向压缩管理层级，横向归并会计主体”的原则，按照“简化会计主体、扁平管理层级”的要求，以调整财务机构和职责权限为重点，组织开展对下属各层级单位的会计核算内容类别和组织管理架构进行梳理，简化公司会计核算链条，压缩管理层级、优化职能界面，构建集约化、紧凑化的“一套账”会计核算体系，大大减少内部关联交易的核对工作量和汇总合并报表工作量。2015 年，中航飞机完成下属西飞公司、陕飞公司、中航制动、研发中心等单位的一级核算。压缩会计管理链条前，西飞公司原有下属总厂、部门均有独立的核算账套，账套数量达到 28 个，合并报表周期为五天左右；压缩会计管理链条后，西飞公司实现了一级核算，消除了下属单位独立账套，月末结账后，财务报表一键生成，大大提高了报表编制效率。

（三）统一基础网络和财务信息系统，搭建“1＋1”财务信息平台

1. 明确建设思路

基础网络环境是建设统一财务信息管控体系及其他应用系统的前提。2014 年起，中航飞机持续推进下属单位网络建设和网络直联工作，多次召开专题会议，组织信息化、保密相关专家进行研讨，在严守保密规范的前提下，推进等单位网络直联工作。结合中航飞机实际情况，采用“成熟的 ERP 系统平台＋客户化定制开发＋专业实施服务”相结合的模式开展统一财务信息平台信息系统的开发工作，最大限度的克服定制开发可能存在的潜在风险。中航飞机采用国内某知名 ERP 财务集中管控系统平台，并在此基础上进行定制开发，针对内外网数据集中和军工企业特殊的需求，由行业内信息系统服务商金航数码进行现场专项实施开发，完善平台功能模块。

2. 建设统一财务信息平台系统

统一财务信息系统建设经过项目启动阶段、调研规划阶段、内网系统上线阶段、外网系统上线阶段、内外网数据集中实施阶段等阶段，历时近 1 年。为了保证数据安全和准确，中航飞机统一财务信息平台系统上线后，与各单位老的信息系统切换的过程中，设置一定时间的并行期，并行期内需在新旧系统中并行录入数据，以验证数据的准确性。由于原有数据的不规范，需对数据进行重新整理加工方能满足统一财务信息平台数据标准需求。中航飞机下属各成员单位，在系统应用系统初始化过程中，整理、录入数据 50 万条，保证了信息系统顺利切换应用。

3. “1+1”的数据管理信息平台

统一财务信息管控体系要求数据中心由集团总部统一部署、配置和管理，下级单位通过网络远程连接集团数据库，进行日常业务处理。“1+1”的数据管理信息平台，即涉密网（军品单位）集中一套数据中心，非密网（民品单位）集中一套数据中心，形成了内网和外网两个数据分中心。由于中航飞机涉密网和非密网实行物理隔离，通过数据分布集中技术，将非密网财务数据单向传递到涉密网，在内外网公有基础数据一致的前提下，实现增量数据从非密网到涉密网的集中，集中的内容包括私有基础数据、固定资产数据、凭证数据、账表数据及报表数据等，最终在内部涉密网形成完整的财务数据仓库。

（四）强化财务信息集中管控，全面提升财务管理水平

1. 推进财务信息管控体系深度应用和数据挖掘分析

统一财务信息平台正式应用后，中航飞机积极推进与相关财务信息系统的集成工作，推进财务信息体系深度应用。先后完成与成本系统、资金系统、报表管理模块、固定资产管理模块的对接和集成工作。鉴于统一财务信息管控体系取得的良好效果，2016 年中航飞机成为中航工业首批合并报表和账表一体化试点单位，对相关工作先行先试。通过对任意核算设置条件、分析对象并进行一维或多维的指定维度余额或明细查询，实现对下属单位任意报表的查询，提高集团总部分析数据、决策支持数据的反馈速度，推动财务会计与管理会计衔接，满足集团总部对更深层次的财务分析、查询的需求，加强对下级单位的财务监督，强化集团总部的监管职能。

2. 强化财务人员培训和稽核管理

统一财务信息管控体系建设过程中，中航飞机始终把团队建设放在首位，保证关键用户的参与，注重人员锻炼、人才储备，打造出一批专业化的人才队伍。组织各成员企业的财务负责人及财务人员，对统一会计核算标准和基础数据标准进行多轮评审和交流，对统一财务信息管控体系和信息系统平台进行 20 轮次培训学习，强化关键用户对会计制度、会计科目、科目编码、科目层级及权限设置等方面的学习，使得财务系统内对统一财务信息管控体系的操作、规范和方法等有了深入的了解和掌握。多层次、全方位的宣贯和培训，使得中航飞机财务系统上下协调联动、步调一致、思想高度统一，为集团财务系统的高效管控和后续的管理提升打下坚实基础。统一财务信息管控体系应用改变了基层财务人员账务处理习惯，为保证财务信息的真实可靠，中航飞机加强对统一财务信息管控体系的财务稽核管理，制定专项稽核计划，确保财务信息可靠。

3. 加强内外网数据安全管理，保证军工涉密信息安全

统一财务信息管控体系，使得集团信息化的应用环境与原有单体企业信息化的应用环境有了新的变化，对军工企业保密管理和涉密信息系统管理提出了新的挑战。中航飞机统一财务信息管控体系信息系统建设，严格执行军工企业相关保密规范，严格执行“三员管理、三员分离”的相关要求。信息系统对系统重要操作都有审计日志记录，安全保密管理员查看业务用户和安全审计员日志；安全审计员查看系统管理员和安全保密管理员日志。在内外网数据集中过程中，所有的数据流均是从低安全域流向高安全域，杜绝泄密风险。数据分布集中过程中，数据全程加密，有效保证数据安全。

三、基于内外网协同的军工集团统一财务信息管控体系构建效果

（一）实现了军工集团异地实时协同管理，强化了集团财务管控

中航飞机建立了航空工业第一个基于内外网协同的统一财务信息管控体系，实现了“单数据库、多应用、跨异地网络运行”，做到了集团财务监控的实时化和远程网络化。基于互联互通网络环境，中航飞机搭建了不同地域成员企业间的网络连通平台，通过网络把集团成员企业紧密的链接起来，各个成员企业和业务单元实时在线，实时沟通传递信息和数据，让业务流程在成员企业间实时快速传递，实现了高效异地协同，大大提高了工作效率。根据集团不同层次的人员从各种角度对其进行科学分析，以便及

时对集团的经营业绩、风险管控、财务状况等进行全面系统的分析、判断和评估，为决策层建立“一站式”辅助决策支持系统，提高集团领导在繁杂工作中的决策质量，以减少决策性带来的经营风险。集团直接对下属公司实施监督和控制资本支出，判断每项收入和费用的合法性和合理性，及时发现问题和阻止非法和不合理的行为，防止欺诈行为的发生，规范所属成员企业的经营行为，保证集团整体工作的有序进行，强化了企业集团的战略协同。

（二）实现了财务管理的标准化、规范化，完善了内部控制流程

统一财务信息管控体系的建立，规范了中航飞机及下属成员企业的财务基础信息。通过对成员企业的基础信息清理、整理和规范工作，由集团层面进行了统一和标准化，下属企业能在此框架内进行有限的调整，而不影响下属企业的灵活性和自主性。由于通过信息系统对集团级规范的刚性控制，提高了中航飞机相关财务核算制度和政策的有效执行，让制度真正得到落实，强化了集团执行力。统一财务信息管控体系重新梳理和优化了核算处理流程，加强了财务工作流程的内部控制，让财务数据和信息流按规定的程序运行，杜绝财务违规操作行为。统一管控体系将审计接口从原有的事后审计，前移到事前和事中进行过程控制，并设置相应的预警机制，真正取到防范和控制风险的效果。审计人员即使在总部，也可通过系统对下属成员企业的日常财务数据设置预警条件、进行筛查分析等，再根据数据的异常情况有针对性地了解情况和实地审计，大大加强了审计的针对性和准确性。

（三）实现了内外网会计信息集中高效处理，保证了财务信息质量

通过统一财务信息管控体系的应用，中航飞机会计核算在原始单据、会计凭证、数据查询、报表生成和月末处理等各方面的效率得到大大提高。内外网隔离情况下的一些重要财务数据，不用再通过分别导出导入处理后上传到集团总部，进行手动加工汇总；而是由财务信息平台一键完成，即可将所有增量财务数据全部导入，直接在总部汇总合并完成，及时性和准确性得到有效保证。集团总部获取专项财务信息周期从 7 天缩短至实时获取。形成了基于统一和规范的报表上报和下发机制，完全避免了以往成员企业在报表格式和取数规则上的不统一和不规范，实现报表在集团内的纵向和横向上汇总和分析对比。统一财务信息管控体系规范了合并报表流程，减少合并工作量。通过合并报表模块，对整个集团合并报表的流程进行了重新规范，保证了集团的合并报表及时和准确性。关联交易报表编制周期从原有 10 天缩短至 1 小时，集团整体合并报表周期从 12 天缩短至 5 天。

（成果创造人：贺　沂、王灿明、张慧峰、纪建强、张　宏、
杨庆红、校春丽、王　瑾、王瑞秋、高　鑫、李西明）

军工科研事业单位基于“三网融合”的共享型业财融合体系建设

中国船舶工业系统工程研究院

中国船舶工业系统工程研究院（以下简称系统工程研究院）隶属于中国船舶工业集团公司，作为我国最早将系统工程理论和方法应用于海军装备技术发展、最早以“系统工程”命名的军工科研单位，业务覆盖“体系研究和顶层规划、系统综合集成、系统核心设备研制”三个层次，涵盖综合电子信息系统、船载航空体系、船舶平台系统、ZZ系统、WQ系统等五大领域。系统工程研究院具备国家一级保密资质，下属多家子公司，分布在北京、上海、无锡、天津、西安等地，涵盖科研、生产制造、技术服务等多个业务领域。在多领域多系统的装备研制和科研手段建设方面取得了重大突破，共获得科技进步奖300多项，曾被中共中央、国务院、中央军委授予“某工程重大贡献奖”，被国务院、中央军委授予“某工程建设重大贡献奖”等荣誉称号。

一、基于“三网融合”的共享型业财融合体系建设背景

（一）军民融合快速发展要求业财融合能力同步跟进

坚持走军民融合发展道路是中国特色国防工业发展的基本方向。随着军民融合的快速发展，军工科研事业单位的客户结构、经营环境、科研环境发生了很大的变化，由纯粹的计划定制转变为日益激烈的市场竞争。军工科研事业单位自身规模也日益壮大，面临的经济活动更加多样化。但受单位性质（军工科研事业单位）、业务性质（军工为主）、网络环境（涉密网络）等行业因素影响，军工科研事业单位财务管理手段落后，跨网业财融合能力制约了核心竞争力的提升、制约了军民融合的快速发展。

（二）提升财务信息化水平是落实主管部门政策要求的需要

2013年，财政部印发了《企业会计信息化工作规范》，要求“企业应当促进会计信息系统与业务信息系统的一体化，通过业务的处理直接驱动会计记账，减少人工操作，提高业务数据与会计数据的一致性，实现企业内部信息资源共享”。中国船舶工业集团公司提出了财务信息化建设目标，要求以统一规划、统一标准、统一设计、统一建设、统一管理为原则，搭建集团公司会计核算、财务管理、决策支持“三位一体”的财务信息综合管理平台，积极推进财务和业务信息的融合。作为军工科研事业单位，系统工程研究院业务活动有别于一般企业，并执行特有的财务制度、会计制度，其业财融合处于起步阶段，财务信息化水平尚待提升。

（三）支撑系统工程研究院发展战略的需要

近年来，系统工程研究院秉承“军民融合、双轮驱动”的发展战略，产业化平台逐步建立，下属产业化公司不断壮大，且呈多元化发展趋势，集团化财务管控需求凸显；其次，业务领域开拓创新，对管理方式方法提出挑战，为更加及时、有效、准确、可靠地对业务开展给予支撑，财务与业务结合势在必行；再者，系统工程研究院自身面临一系列现实问题也迫使业财融合体系进行变革，如：网络缺互通，系统工程研究院及各子公司所处网络环境特殊，信息不能直接交互；管控缺抓手，财务内控流程缺乏信息化手段支持，不利于管控措施落地；资金缺效益，资金尚存在集中空间，资金统筹可提升使用效益；数据缺统一，存在多头数据，数据源不一致。

二、基于“三网融合”的共享型业财融合体系建设内涵和主要做法

系统工程研究院以财务共享中心和业财一体化为基础，以财务管控和价值提升为目标，构建基于“三网融合”的共享型业财融合体系，实现了主数据管理、信息资源共享、业务协同，支持科研生产，

降本增效、管控风险、支持决策、创造新价值，支持财务工作转型，促使系统工程研究院管理体系适应集团型产业化发展战略，促进军民融合。主要做法如下：

(一) 开展顶层设计，完善组织机构

1. 明确体系建设目标和策略

系统工程研究院是一个多元化、跨地域、业态杂、层级多、跨会计制度、跨网络环境的集团化单位，业财融合体系范围涵盖总部及各子公司，内容覆盖财务及各相关业务领域，为既充分兼顾各方面需求，又保证总体目标实现，系统工程研究院牵头拟定设计方案，组织各方广泛论证，明确三网融合、共享服务、业财融合的建设目标，决定采用“标准先行、总体布局、突出主线”的策略。“共享”指突破事业单位会计制度、企业会计制度瓶颈，建设贯穿系统工程研究院总部、子公司的财务共享服务中心，并以共享中心为基础组建财务管理服务中心，从事决策支持、高附加值财务工作；“业财融合”指突破数据同步调整、同步反馈的瓶颈，在系统工程研究院总部、子公司两个层级分别构建相对独立的业财一体化平台；“三网融合”指突破涉密信息与非密信息的交互瓶颈，以信息化和信息安全控制为手段，将涉密网、商密网和互联网进行“三网”融合。“标准先行”，即业财融合体系建立的前提是标准的制定与整合，该标准涵盖统一的财会政策、合理的业务流程、规范的主数据等，是业财融合体系的依托，为后续实施奠定扎实的基础；“总体布局”，即业财融合体系是集中化的管控体系，由系统工程研究院统一论证、统一部署、统一实施，各相关部门、各子公司配合完成，从设计、建设到运行均由系统工程研究院整体管控；“主线突出”，即将主要业务流程设为主线，将业财融合作为需求根本，并以此为基础向外发散、辐射到其他环节，确保整体目标实现。

2. 成立专业组织机构

业财融合体系构建涉及内控、财务、业务、人力资源、技术等多领域工作，需整合人、财、物等多方面资源，是一项长期、复杂的系统工程，为保证工作顺利推进，系统工程研究院成立“业财融合”专项工作组织机构。“领导小组”由院长、书记亲自挂帅，总会计师任副组长，成员由各子公司主要负责人构成，负责审定业财融合体系建设目标、方案，统筹建设资源，负责建设过程中重大问题决策；领导小组下设“领导小组办公室”，总会计师任组长，成员由系统工程研究院相关职能部门正职及子公司分管财务领导构成，负责拟定建设目标、方案，把握项目进度，监控项目实施；成立“财务共享组”，由总部、子公司财务部门负责人及总账会计构成，具体负责财务共享服务中心、财务管理服务中心建设；成立“业财一体化组”，由总部、子公司财务、业务部门领导及骨干构成，具体负责业财一体化平台建设；成立“技术保障组”，由各单位信息化部门领导及骨干构成，负责软硬件及网络环境建设，保障项目实施。同时，为保证项目顺利实施，系统工程研究院拨付专项经费，专款用于业财融合体系建设，系统工程研究院统一承担建设费用，便于软硬件环境统一搭建、部署，同时也起到合理整合资源，避免重复投入，节约成本的效果。

(二) 以财务共享中心和财务管理中心为支柱，搭建业财融合体系纵向架构

为全面提升集团化财务管控能力，系统工程研究院建设贯穿总部、子公司的纵向的财务共享服务中心、财务管理服务中心。

1. 构建财务共享服务中心，加强财务管控

首先，统一标准，实现跨会计制度流程再造。系统工程研究院为军工科研事业单位，执行军工科研事业单位的《财务制度》《会计制度》，子公司为企业，执行《企业财务通则》《企业会计准则》，两套财会制度的有效整合是业财融合的关键。制定事业、企业两套会计科目体系，系统工程研究院总部使用军工科研事业单位会计科目体系，子公司共用企业会计科目体系，并制定两套科目体系对应关系及转表规范；会计科目体系增加、修订、删除权限，以及银行账户、集团内供应商、客户等档案权限上收，统一

维护；在充分平衡各子公司业务需求的基础上，就财务、会计相关业务制定统一流程规范。相同的标准，统一的流程，大幅提升了会计核算效率，并降低了财务风险。

其次，集中核算，实现全级次集中财务管控。系统工程研究院财务共享服务中心打造了网上报销、影像管理、会计核算、资金集中四大功能平台，实现跨地域会计核算和资金管理。系统工程研究院及各子公司为独立法人，各自对会计核算原始凭证负责并接受内外部审计。财务共享模式下，原始凭证仍由企业自行保管，网上报销与影像管理结合，解决了财务共享服务中心人员异地账务处理凭证审核问题；会计核算规则由系统工程研究院统一制订，并由子公司认可，账务处理结果子公司实时可见；通过与子公司及开户行签订资金授权划拨协议实现资金统收统支。通过平台相应功能，系统工程研究院实现财务核算模式转变，极大提高了子公司会计核算效率及准确性。

最后，平台共享，提供专业化集中会计服务。财务共享服务中心在人员、服务、所有权归属等方面有别于传统的业务部门组织，是一个专业的服务提供部门。财务共享服务中心遵循专业分工、扁平化管理原则，以降低管理成本，同时提高客户服务的效率。财务共享服务中心下设非涉密共享服务部、涉密共享服务部，分别负责非涉密单位、涉密单位的基础会计工作。各共享服务部下设报账点、收付核算组、业务核算组、总账核算组、资金结算组五个小组。报账点主要负责收集各单位原始凭证、对业务单据进行初审、扫描上传原始单据、打印凭证及归档，报账点的设置主要依据单位分布，在单位集中的地点进行设置；收付核算组主要负责应收、应付、报销业务的复核、凭证制单工作，下设应收会计、应付会计、报销会计；业务核算组主要负责固定资产管理、工程管理、工资管理、存货管理等相关业务，下设固定资产会计、工资会计、工程会计、存货会计；总账核算组主要负责总账日常及期末处理、报表编制与分析等工作，下设总账会计、报表会计；资金结算组主要负责资金日常的结算工作，下设资金会计、出纳。财务共享服务中心的专业化服务，使系统工程研究院、子公司财务人员能高效地完成会计核算工作，并为财务管理服务中心提供支撑，为系统工程研究院及子公司财务转型奠定基础。

2. 构建财务管理服务中心，提升决策支持力

系统工程研究院组建财务管理服务中心，重点从事管理会计相关工作，主要负责系统工程研究院及子公司全面预算管理、财务分析、税收筹划、筹资管理、投资管理、绩效考核等管理工作，综合运用财务共享服务中心提供的业务、财务信息，开展高附加值财务工作。财务管理服务中心及其与财务共享服务中心衔接关系如下：系统工程研究院财务管理服务中心，以财务战略管控、决策支持为主，业务管理为辅，制订全单位会计政策，及时掌握全单位经济运行情况，保障整体经营目标实现，同时负责总部的财务管理工作；子公司财务管理服务分中心，以本单位财务管理工作为重心，根据系统工程研究院会计政策和本单位发展战略，履行预算管理、税务筹划、决策支持等管理会计职责，保障本单位的经营目标实现。

财务管理服务中心与财务共享服务中心共同构成系统工程研究院业财融合体系“纵向”架构。财务共享服务中心是基础，负责高效、准确、及时的处理会计业务，归集财务信息；财务管理服务中心是上层建筑，综合利用财务共享服务中心数据开展分析、管理工作，并指导财务共享服务中心开展业务。二者相辅相成，合理保证了不同制度框架内财务、会计相关工作开展。

（三）以主数据管理和业财一体化为桥梁，搭建业财融合体系横向架构

系统工程研究院为事业单位，以承接军方科研生产项目为主要业务；其子公司均为企业，并涵盖生产制造、技术开发、服务等多业务领域。业务形态的多元化致使系统工程研究院与子公司无法共用相同的业务系统。基于此，系统工程研究院分总部及子公司两个层级分别构建横向业财一体化平台。

1. 突破数据同步瓶颈，推进总部全周期业财一体化

系统工程研究院业务对象为海军科研、生产项目，项目全生命周期管理是主要业务工作，业财一体

化主要内容为在理顺项目管理各环节与财务工作流程关系的基础上，规范数据标准，打通项目管理与财务管理信息渠道，实现业务系统与财务系统全面对接。

首先，推进制度流程化。系统工程研究院开展综合管理流程体系建设专项工作，全面梳理现行规章制度及业务流程，以业务流程为牵引，打破部门间制度壁垒，实现业务流在部门间顺畅衔接，将各部门制度要求整合到相关业务流程之下，从源头上做到制度流程化。

其次，实现流程模型化。系统工程研究院综合管理流程体系，实现基于 ARIS 平台的流程模型创建，对工作标准、业务知识、风险、依据文件、输入和输出等管理要素与业务活动的整合；严格按照流程模型属性描述流程，增强了流程可读性和关联性；实现了流程模型的统一描述，提高了模型的一致性，并且为员工提供了便捷的管理要求展示平台。同时，利用 ARIS 工具对流程模型进行分析，实现对流程模型的可优化和可监控。

最后，全面整合业务、财务流程，实现数据强关联、业财一体化。一是销售业务方面，销售合同及客户作为辅助核算档案进入主数据库；发票申请与应收管理、到款分配功能共同实现了系统工程研究院收款全流程线上管理。在满足基本业务需求的同时，提供销售合同节点、发票、到款情况的实时对比统计分析，为销售部门把握合同进度、催收合同款项等提供有效支撑，同时也为财务部门分配到款提供便捷手段。二是采购业务方面，采购业务与财务的整合点包括采购合同、供应商、采购发票、采购付款。其中采购合同、供应商作为主数据被财务核算系统引用作为辅助核算档案，并且供应商相关银行信息可作为财务支付指令的输入；采购业务与财务整合，可实时提供采购合同节点、材料入库、发票收取、款项支付之间对比分析，为采购部门提供支撑数据，同时采购合同节点与发票、付款之间的关系被系统锁定，有效减轻财务审核压力。三是网上报销业务方面，除采购业务外，科研项目经费其他支出内容中，差旅、会议、试验等通过网上报销实现业务与财务整合。系统工程研究院网上报销与影像扫描功能相结合，让处于审批环节中的业务部门领导能够看到报销原始凭证，在提升审批效率的同时，对业务真实性进行有效复核，降低了财务风险。其中，通过系统交互验证，突破了试验费集中报销的瓶颈，能够实现试验费实时报销，有效提升了财务核算及时性。四是项目全周期预算方面，为方便业务人员实时掌握项目全周期预算执行情况，系统工程研究院设计定制“项目经费看板”，整合项目全周期预算数据与实际执行数据，并实时反映可执行额度，项目执行状态一目了然。看板支持钻取查询，可实时联查财务明细执行数据，并可做多项目、多维度统计查询，基本满足了业务人员所有项目经费数据查询需求。五是人力资源管理方面，人员档案由人事部门在人力资源管理系统中维护，并通过主数据与科研项目系统和财务系统同步，为保证业务与财务对人员角色的使用要求，系统工程研究院在对所有业务流程进行梳理的同时，也制定人员角色规范，业务操作指定角色，角色统一维护，保证业务流程、财务流程无缝衔接，并结合角色授权，大幅提升管理精细化程度及工作效率。六是绩效考核管理方面，系统工程研究院将考核指标体系内嵌至业财一体化平台中，实现了各项考核指标在业务系统、财务系统间实时统计、抽取、计算、分析。

2. 突破业务系统瓶颈，构建子公司业财一体化

子公司部署实施的业务系统主要有采购系统、销售系统、固定资产管理系统、人力资源管理系统等。系统工程研究院通过网络规划，妥善解决子公司业财一体化与系统工程研究院财务共享服务并存的技术难题，保障财务共享的同时，兼顾子公司的业财一体化。

（四）以信息交互和安全控制为基础，构建“三网融合”信息化平台

1. 突破交互瓶颈，实现三网同步化

为构建三网数据融合，实现三网数据同步，系统工程研究院发布一套非密广域网管理制度，开发 18 万行软件代码，部署 8 套应用系统和 1 个数据中心，集成 100 多台套设备，涉及北京、上海、无锡、

西安、天津等5个城市，其中北京地区涉及5个同城异地网络的互联互通。通过扩建系统工程研究院总部涉密科研办公网，组建涵盖子公司的等保三级商密网，开发基于互联网环境的资金收支系统，构建三网模式，并在保密前提下，实现商密网信息向涉密网单向归集，涉密网与互联网、商密网与互联网交互信息，实现三网融合，解决军工科研事业单位网络难题。

三网环境下，系统工程研究院总部的业务及财务系统运行于涉密网络，并在涉密网络实现总部层级的业财一体化；子公司的非密业务与财务运行于商密网，并实现子公司层级的业财一体化；涉密网与商密网间设定数据同步机制，商密网数据定期向涉密网归集，并在涉密网形成数据中心，数据集中存贮所有涉密、非密数据，用于合并报表及各种统计分析、决策支持，数据同步过程中兼顾主数据申请、审批与下发，按保密要求，数据中心单项流入，业务数据只进不出。同时，系统工程研究院在互联网建立资金管理的镜像服务器，用于银企直连，分别与涉密网、商密网交互资金收付信息，统一支付，集中结算，大幅提高资金收支效率及准确性。

2. 规范数据管理，档案统一化

为实现数据从业务端到财务端有效识别与传递，系统工程研究院引入主数据管理平台，并对业财共用的关键数据，如合同、项目、客户、供应商、部门、人员、物料等进行全面梳理，规划主数据管理体系，做到源头统一、职责清晰、系统共用、实时同步。实际运行中，合同、客户档案由市场管理部门维护，项目档案由项目管理部门维护，物料档案由采购管理部门维护，供应商档案由质量管理部门维护，部门档案由综合管理部门维护，人员档案由人事部门维护，各部门各司其职，确保系统工程研究院主数据统一、同步。

3. 借助信息手段，整合业财系统

基于军工科研院所自身业务特点，目前国内尚没有一套完全贴合行业特点的信息系统产品，系统工程研究院结合自身业务实际，将科研项目管理系统与财务相关系统有机整合，并结合主数据管理系统、企业服务总线、决策分析系统、综合管理平台，采用SOA系统集成开发技术搭建应用系统群，实现军工科研事业单位资源的全面整合与管理。

三、基于“三网融合”的共享型业财融合体系建设效果

（一）有效保障了军工任务按时高效高质量完成

基于“三网融合”的共享型业财融合体系使系统工程研究院及子公司凝结为一个战斗集体，实现业务流、信息流、资金流的统一，一方面高效、准确地完成财务信息处理、传递、归集，另一方面实时向业务人员反馈项目执行进度，向管理层提供及时、可靠的决策支持分析，让系统工程研究院工作人员有更多的精力从事军工科研生产，更有力保障了军工任务圆满完成。2015年至2016年，系统工程研究院装备生产完成率得到大幅提升，有效突破了制约军工行业财务、业务工作提升的关键性瓶颈，有力支持了军民融合发展过程中企业的扩张、转型、并购重组。

（二）创造了较好的经济效益

财务共享服务中心及相关软硬件由系统工程研究院统一部署，避免子公司重复建设，仅此便可节约财务信息化投入约300万元；财务共享服务中心投入运营以来，减少了财务工作人员，通过业财融合及网上报销大幅度缩短了业务人员办理财务报销占用的时间，网报流程执行状态实时可查，保守估计每年可节约相关人力投入450万元；通过财务共享服务中心实现资金集中调度，通过财务管理服务中心实现投融资统一规划，每年可为系统工程研究院创造运营收益约3000万元；综合实现经济效益3750万元。

（三）有效推动了财务管理工作转型

系统工程研究院建立并固化了一套标准、规范的会计管理体系，实现统一核算标准、统一核算流程、统一自制票据，固化资金集中审批、统一结算，减少不必要的支出，有效降低了财务风险，实现了各子公司的财务数据基于统一的标准规范集中存放，管理层能够及时了解各公司的经营情况并能追溯至最原始业务信息，为整体经营决策提供财务数据支持，增强了系统工程研究院的财务管控能力。同时，财务人员转变了工作模式，并有机会参与到业务活动前端，使财务人员有精力投入到管理提升、价值创造、决策支持等工作，推动传统财务会计工作向管理会计转型。

（成果创造人：徐兴周、张　凯、李首雁、金　沂、赵莉娜、倪忠德、肖水江、曹新朝、聂　新、杜远胜、淮　斌）

基于ISO31000标准的嵌入式风险管理

中国石油化工股份有限公司中原油田分公司

中国石油化工股份有限公司中原油田分公司（以下简称中原油田）是中国石油化工集团公司下属的第二大油气田，是集石油天然气勘探开发、工程技术服务、炼油化工、油气销售、矿区管理于一体的国有特大型企业，是我国东部重要的石油天然气勘探开发生产基地。勘探开发区域包括东濮凹陷、川东北普光气田和内蒙古探区，基地位于河南省濮阳市。截至2015年年底，油田所属二级单位45个，用工总量4.99万人，职工家属24万人，资产总额481.08亿元，负债194.7亿元，累计生产原油1.4亿吨、天然气829.71亿立方米。

一、基于ISO31000标准的嵌入式风险管理背景

（一）适应复杂环境下提升风险管理水平的需要

随着国内外形势的变化，中原油田面临的内外部经营形势日益复杂：普光高含硫气田的开采、集输、净化难度不断增大；内蒙古探区生态脆弱，安全和环保风险压力很大；随着改革的逐步深入，职工和谐稳定仍有大量工作要做；国际油价剧烈震荡，油田外闯市场步伐加快，风险管理难度随之增大。为了适应日益复杂和不断变化的生产经营环境，需要对各类风险进一步细化并有更加准确的认识，对关键风险事项需要进行量化分析，以此来判断风险能否承受或可否化解。因此，必须引入先进的风险管理方法，提升风险管理水平和各项业务的精细化水平，确保改革发展的持续推进与平稳运行。

（二）本土化应用ISO31000标准的需要

国际标准化组织于2009年发布ISO31000风险管理国际标准《风险管理—原则与实施指南》（以下简称ISO31000），为各个领域开展风险管理提供了推荐性的标准化流程参考，使组织能够以高消费比的方式达到损失最小化和机会最大化。ISO31000标准尽管具有广泛的适用性，但主要体现为“指南”的作用，相对应的国家标准GB/T24353也只是推荐性标准，所以并不适合在各个领域强制推行。对于开展风险管理参考国际标准的单位来说，要让多数人员都能熟悉复杂的风险管理框架，全面掌握风险管理过程并组织实施，无疑有很大难度。若要促进风险管理的广泛推行，应当提炼国际标准的核心理念，掌握风险管理标准最基本的流程，以相对标准化且更加简单实用的模式应用于具体工作实践，使国际标准落地生根、合理应用。

（三）提高风险管理工作的需要

油田企业大多已经建立了各类专业的风险管控体系，对于控制不同类别的风险都在发挥重要的作用，如内部控制管理体系、HSE风险管控体系、廉洁风险防范体系、法律风险防控体系等，在此基础上可以叠加组合为“N位一体”的风险管理体系，进而可以充实更多的业务构建全面风险管理体系。但体系建设仍然无法解决常态化风险管理应该包含哪些具体工作的问题。如何使风险管理工作既要切实做到有效落地，并且与日常的业务管理又不发生重复交叉，成为风险管理工作常态化亟须解决的问题，也是确保风险管理工作有效性和效率的必要前提。

二、基于ISO31000标准的嵌入式风险管理的内涵和主要做法

在新的发展形势下，中原油田深入研究并切实遵循ISO31000标准的原则和理念，借鉴其技术标准并吸收消化再创新，通过“嵌入式”风险管理方法在各层级、各领域的决策、运营、项目管理中的“主动性”应用，促进全面风险管理与日常经营管理的深度融合，增强全面风险管理工作的可行性和有效

性，使风险管理真正成为价值创造的重要驱动，为油田持续有效和谐发展提供强有力的保障，全面提升企业的抗风险能力。主要做法如下：

（一）树立嵌入风险管理理念，健全风险管理组织体系和责任体系

1. 深刻理解 ISO31000 标准的本质内涵

中原油田在推动全面风险管理工作过程中，从高层管理者到基层工作人员逐渐意识到，全面风险管理是一个复杂而抽象的实践过程，应该贯穿于企业各层级和单元。ISO31000 是第一个真正用于全球的风险管理标准，它的导入有利于参与风险管理工作的各级人员清醒地认识到风险管理的目标与企业目标实现的一致性，更有利于风险管理工作的落地，有利于与业务的密切结合。ISO31000 提出风险管理应以关联的、有效的和高效率的方式嵌入组织的所有实践和过程，嵌入性是风险管理的本质属性。基于此，油田上下树立"管理提升就是管理风险"的理念，紧密围绕企业发展目标，积极构建嵌入式管理流程，健全全面风险管理机制，突出风险管理的嵌入性和有效性，强化全过程管控，真正将国际标准运用到企业风险管理实践，实现风险管理制度化、规范化、常态化，有效防范和化解各类风险。

2. 健全风险管理责任体系

为进一步落实嵌入式风险管理理念，中原油田印发《全面风险管理提升工作实施方案》，逐步健全风险管理组织体系和责任体系，明晰各级管理层的风险管理责任。纵向上分层管理，第一层级油田全面风险管理领导小组，第二层级为油田机关处（部）室、油田所属单位，第三层级为所属单位机关科室和基层单位，第四层级为队、班组。按照"谁的属地谁负责"的原则明确管理责任。横向上分类管理，勘探开发、生产运行、法律、HSE、廉洁等各专业管理部门，按照管理职能分工，本着"谁的业务谁负责"的原则，对各类专业风险实行分类管理。重大风险集中管理，对于跨部门跨单位的重大重要风险事项，要及时提报综合管理部门（风险管理部门）和主管领导，按照"风险等级决定管理等级"的原则落实上一级管理者的责任分担机制，实施综合分析集中管理，把全面风险管理工作上提至管理层和决策层。

3. 建立风险分类清单

根据国资委《企业风险分类示例》对于 5 类一级风险（战略、市场、财务、法律、运营）、73 种二级风险和三级风险的划分，按照中国石油化工集团公司对于三级风险和四级风险的分类要求，结合油田各部门和单位业务实际，自上而下建立"四级风险分类清单"，根据职能权限落实风险管理责任。该清单的建立，为管理者全面认识各种风险提供了有力参考，也为风险的定性分析提供了依据。针对具体工作和项目管理中的实际情况，还可以依据特定的标准进行风险分类并细化。

4. 建设风险事件库

在风险分类清单的基础上，中原油田全面开展风险事件的识别查找工作，各级各类责任主体结合以往已经发生的风险事件（事故），识别未来有可能发生的风险事件，依据事件后果的严重程度，自下而上完成基层单位—所属单位—油田三个层次的风险事件库建设。如某单位加强应收账款的风险管理，根据债务人的情况进行风险分类，并针对具体的债务人和欠款金额以及可能出现的行为来识别具体的风险事件。

（二）明确风险管理流程，建立标准化模板

ISO31000 标准展示"风险管理原则、框架、过程之间的关系图"。其所描述的风险管理过程包括建立环境、风险评估、风险应对、监测与评审，风险评估又包括风险识别、风险分析和风险评价三个步骤。

1. 明确风险管理基本流程

为了广泛推行 ISO31000 风险管理标准在各个领域的应用，提高嵌入式风险管理过程的适应性，中原油田提出并不断强调简化的风险管理基本流程。

第一，建立环境。建立环境是风险管理嵌入性和有效性的必要前提。“建立环境”要明确日常管理已经管理到什么程度，需要提升到什么高度。风险管理要实现嵌入日常管理，必须对日常管理有准确的认识，对影响目标实现的确定性和不确定性因素有详细了解，对制度流程设计和执行有效性有基本的判断，对日常管控措施防范固有风险的效果要做出评判，通过环境建立和背景的认识，为风险管理工作提供支撑。

第二，风险评估。风险评估是风险管理过程的核心环节，是区别于日常管理的显著特征。通过识别一定数量的风险事项，分析其发生的后果及可能性，并且要提出应对风险的措施建议。风险评估重点是提出一些新问题或者对老问题提出新认识，还要提出解决问题的方法和手段并权衡其可行性。嵌入式风险管理的核心环节就是风险评估，其价值主要体现在“发现问题和分析问题”，这也是嵌入式风险管理区别于“日常管理”或“日常的风险管理”的显著特征。

第三，风险应对。风险应对是指对重要风险事项提出风险管理策略，拟定有针对性的风险解决方案（包括规避、降低、转移、承受及残余风险的监控预警和应急处理）并组织实施。风险应对是风险评估结果的必然反应，在嵌入式风险管理过程中的作用要低于建立环境和风险评估，与日常风险管理中以“解决问题为主”的风险应对不可相提并论。

根据实际生产经营情况执行相对较为简单的标准，可以增强工作的可行性和有效性，避免因过多程序规范的羁绊而影响管理效率。但是，在面对较为复杂的环境下，或要处理重要的事项时，还是要执行更为完整的流程，实施更加细致的分析和评价。

2. 制定标准化的风险评估调查表

风险评估调查表的填报者是关键岗位人员，要立足岗位实际，明确工作目标和评估背景，实现“建立环境—风险评估”两个步骤之间的有效联系。标准化风险评估调查表具有以下特点：

第一，设置“主送”一栏。要求提报的风险事项必须明确接收的主管领导或主管部门，以使风险评估切实体现嵌入性，所提报事项应该是提报者和接收者共同关心的风险。提报者和接收者的层级越是接近，目标就越是接近，“建立环境”就能做得越到位，才能提出让接收者“未意识到或不甚清楚并且足以引起重视”的风险事项。

第二，着重风险识别。风险识别是发现、辨认和表述风险的过程，风险识别要通过风险事件来描述。风险识别要发现在当前已经实施控制手段情况下仍然存在的问题，以问题为导向，考虑其导致的严重后果，描述为未来有可能发生的现象或事件，要尽可能提出上级管理层未识别到的重要风险或认识不清楚的风险。

第三，指出后果影响。重点表述事件发生对主要经营指标或约束性指标的影响程度，事件后果的严重程度会有多种量值，一般是为了强调风险应对的必要性来选取量值以表述事件后果的严重性，也可以选取极端值或中位数。确定的影响度量值为下一步的概率估计提供必要的前提，后果影响如果不以单一的量值表述，就无法评价其发生的可能性。

第四，要求概率估计。作为事件的提报者，要根据客观和主观因素，对事件发生的概率作量化的估计。要求概率估计必须填写数值（如 80%、5%、0.1%），不得代之以“高”“中”“低”等。一般情况下，概率估计应该有时间段作为前提，即“未来 * 个月发生可能性为 * %”。

第五，要有措施或建议。风险应对的手段包括降低、规避、转移、承受，最常用的是风险降低，降低风险事件发生的可能性或降低风险后果的严重程度。有一些风险无法采取有效措施进行控制，如宏观形势变化、行业政策调整等外部风险，更多的风险在采取措施后也无法完全避免，所以要进行监控和预警。要具体阐述本层级确定的下一步应对或监控风险的工作计划，提出需要上一级领导或部门给予的支持和建议。

3. 制定标准化风险应对与监控表

“风险应对与监控表”衔接“风险评估一风险应对”两个步骤之间的联系，可以与“风险评估调查表”结合使用，用于反馈风险应对措施的落实情况。第一，提出应对措施。在风险评估后，经主管领导（决策层）批准，要提出需实施的风险应对措施计划，且符合生产经营实际。第二，明确责任部门。风险应对措施可能是一项也可能是多项，这样对应的责任部门也可能是多个。第三，有监控手段。针对“可能发生的风险事件”，确定具体的监控手段（指标），如安装摄像头是对某些区域的监控手段，氯离子含量是避免氯离子超标的监控指标，在发生异常现象或接近关键数值时要发出预警。第四，制定应急预案。许多风险事件并不会受我们控制，或者即便能够控制也不能完全消除，针对可能发生的事故和危险源应当制定专项应急预案和现场处置方案，要填写具体方案名称，以及是否演练等。第五，加强跟踪检查。各级风险管理部门负责对同级专业管理部门及所属单位风险管理情况进行监督检查，按照基本流程开展的工作情况，编制风险管理监控报告并动态调整，及时向管理者提示重大风险及其变化，填写风险事件应对监控汇总表。

（三）开展年度风险评估

为促进嵌入式风险管理流程的广泛应用，增强各级领导的岗位风险意识和风险管控能力，2014年以来，中原油田按照嵌入式风险管理流程，持续开展环境风险评估，每年2—3月份全面开展年度风险评估，7—8月份在重点领域开展半年度风险评估，准确定位嵌入式风险管理工作的方向和重点，推行风险事件评估，取得实际成效。

1. 准确定位年度风险评估

年度工作目标的制定和实现主要取决于确定性，而对于确定性因素往往已经有较多的把握，所以风险评估定位在“要尽可能提出上级管理层未识别的重要风险或认识不清楚的风险”。一要遵循目标导向。紧密围绕年度主要经营指标和约束性指标以及重点工作，落实“经营绩效＋风险管控”责任，以具体目标为导向，提出并解决两级领导共同关心的不确定性问题，为主要指标和重点工作的完成提供保障。二要突出价值引领。要提报对上级领导有参考价值的风险事项，甄别重要和非重要事项，努力识别新的风险，并且针对具体的风险要制订新计划、采取新措施、提出新建议。

2. 划分风险类别

紧密结合年度生产经营主要指标和约束性指标设定标准化风险类别。经营目标风险是指直接影响年度经营指标（如产值、产量、利润）的风险；政策调整风险是指因国家在价格、税收、产业政策调整或集团公司在年度内政策调整的风险；经营合规风险是指经营行为或领导干部的行为触犯国家法律法规、上级管理规定、内部制度和党风党纪有可能受到处罚的风险；生产过程风险是指在生产经营的过程中因不确定因素导致的停工、伤害等损失事件；内部稳定风险是指油田内部一些群体（个人）由于种种原因越级上访或实施极端行为的风险；外部社会风险是指油田外部的一些不能施加有效控制的各种风险。在日常管理中，六种分类风险也会存在交叉和重叠的现象，如果事件的后果涉及多个维度，那么则按影响最大的类别进行归类。

3. 关键岗位人员参与评估

按照嵌入性对关键岗位的要求，处级以上领导干部参与油田层面的风险评估，科级干部参与业务层面或单位层面的风险评估。围绕年度工作目标和绩效考核指标，正确认识新形势下生产经营面临的内外部环境，结合本单位实际和岗位职责识别评价中短期重要风险，向上一级决策层或管理层提出有价值的风险事项，选择2—3项能够引起上级领导或部门重视的事件，亲自填写标准化的风险评估调查表，提报具有可行性的应对措施建议。全面风险管理办公室组织油田层面年度风险评估工作，对填报完成的调查问卷进行遴选分类，组织相关专业部门对各项风险进行评价排序，整理完善后报油田主要领导和分管领导批示。

4. 落实风险应对措施

2015 年 8 月，中原油田开展了半年度风险评估工作，确定重大风险 20 项和重要风险 50 项，各部门针对每项重大风险的管理现状和风险分析情况，及时制定有针对性的应对措施和方案。截至 2015 年年底，50 项重要风险全部采取应对措施，20 项重大风险中有 15 项风险实施实质性应对措施，有效避免了风险事件的发生，风险得到了有效控制。2016 年 3 月，油田开展年度风险评估工作，各单位（部门）处级干部点对点填报风险评估调查表，共有 79 个单位（部门）的 294 位领导干部提报风险事项 394 项，并对部分事项提出了风险应对的建议。油田领导对其中的 35 项重要风险的应对建议做出批示，要求相关部门研究落实。全面风险管理办公室于 4 月初及时将油田领导批示传达到相关部门落实。

（四）在经营管理关键环节推广应用镶入式风险评估

实行嵌入式风险管理，就是要所有的管理人员、生产人员切实树立风险意识，主动分析企业发展及岗位运行风险，将年度风险评估的成功经验和方法流程运用于决策、运营、项目，使风险管理涉及全体员工、全部岗位，全部业务过程、全体管理层级，实行“全员、全过程、全方位”管理。

1. 嵌入式风险评估应用于生产运营

各单位按照《关于在重要风险领域开展专项风险评估的通知》要求，根据管理流程和业务分工，在填写风险评估调查表的基础上，对不确定性因素较多的重要业务、关键环节进行分析评价，确定风险管理的重要领域，运用风险管理方法和流程，主动识别查找具体的风险事件，提出有针对性的应对方案并付之实施。采油六厂等单位结合预算编制开展风险评估，在编制采油区 2015 年成本计划时采用了零基预算法，以刚性支出预测为主，结合风险评估（要素指标的波动性和重大事件的不确定性），提高了预算的科学性和准确性。

2. 嵌入式风险评估服务于重大决策

油田全面风险管理办公室于 2016 年年初提报《关于加强决策风险评估机制建设的意见》，要求重大重要决策事项的风险评估要从多个维度综合考量，并对具体风险进行细化或量化分析，必要时要出具专项风险评估报告。此后，油田决策事项在履行合法性审查及法律风险提示的基础上，涉及群众利益的决策事项还要出具稳定风险评估报告。2016 年 6 月中原油田进一步规范领导班子会议题提报程序，决策事项提交会议集体决策前开展认真调查研究，经过必要的研究论证程序，提报部门充分吸收各方面意见，相关部门要填写《油田领导班子会拟上会议题征求意见表》，充分提示风险。人力资源处等在向上级领导或部门提报重要事项请示报告时，风险评估已成为专项报告的必要组成部分。

3. 嵌入式风险评估应用于项目过程管理

在项目管理的过程中，由于目标更为明确且时间和资源都有限制，因此“环境的建立”也较为简单，项目的风险管理也就更为有效。标准化的“风险评估调查表”也可应用于项目风险管理，对重要岗位人员进行风险调查，分析风险的可能性和影响程度，制定具体的风险应对措施，并动态评估、持续完善。第八社区管理中心的兴隆小区改造项目在即将实施时，按照质量管理、安全管理、施工进度、工程付款、信访稳定 5 大类别开展专项风险评估，确定 10 项风险事件，其中重大风险事件 7 项，将风险管理嵌入到改造施工项目中。采油四厂生产调度室结合雨季生产实际情况，对关键场所要害部位的安全运行进行了专项检查和风险评估。供热管理处针对采暖收费工作面临的问题，结合年度经营指标，对收费政策风险、应收账款风险、合同履行风险开展专项评估。

（五）以管理报告为依托实现嵌入式风险管理落地

1. 风险管理年度报告

年度风险管理报告包括《上年度全面风险管理工作总结报告》《年度风险评估报告》《全面风险管理

工作计划》。风险评估是风险管理的核心，因而每年年初的年度风险评估已成为各单位的一项重要例行工作。分别确定重大风险事件和重要风险领域是中原油田风险管理报告的突出亮点，受到集团公司全面风险管理部门领导的高度评价。

2. 重大风险有序上报

中原油田自下而上建立完善的风险报告机制，基层单位对每一项重大风险拟定有针对性的风险应对方案（包括规避、降低、转移、承受），并且明确责任部门和具体责任人以及风险分担者，需要上级协调解决的风险应对措施方案按照程序上报主管部门。各单位编制重大重要风险监控报告，报告的主要使用者是编报单位（部门）领导和上一级主管领导，为决策者提供重要参考并切实解决实际问题。

3. 突发事件及时上报

中原油田制定印发《关于安全环保事件（事故）信息报告暂行规定的通知》《中原油田维稳信息管理细则》，明确突发事件的范围和报告内容、时间限制、主管部门及备案要求。《中原油田突发事件应急预案》和《中原油田预防和处置信访稳定突发问题工作预案》明确应急管理职责，确保应急处置快速有序，规范高效。

三、基于 ISO31000 标准的嵌入式风险管理效果

（一）实现了 ISO31000 国际标准的有效贯彻实施

基于 ISO31000 国际标准，实行嵌入式风险管理，不仅有利于风险管理工作的标准化和规范化，也解决了国际标准“水土不服”的问题，提高了标准在国内的适应性。同时，在企业树立了主动性、精细化的风险防控理念，营造了“管理者主动组织评估、参与者主动提报风险”的风险管理氛围，构建了适合企业实际的风险管理工作流程，油田重大风险防控机制日趋完善，实现了风险管理与日常经营管理的有效融合，重大风险防范能力得到持续增强，全面风险管理工作取得了新成效，为企业战略目标的实现提供了有力保障。

（二）有效防范了企业生产经营风险

通过实施以“嵌入性”为基本理念的标准化风险管理，中原油田理顺了风险管控工作流程，明确了管理责任，巩固了安全环保、队伍建设、企业管理和“三基”工作，全面提升了精细化管理水平。近年来，油田未发生重大项目投资决策失误问题，投资决策科学性明显增强；HSE 风险得到有效控制，未出现一起重大安全事故，实现了安全平稳生产；重大法律风险得以规避，案件诉讼数量明显降低，对重大风险的管控能力进一步提升。2015 年，油田全年预测石油地质储量 1284 万吨，生产原油 182.63 万吨、天然气 58.53 亿立方米、硫黄 152.46 万吨，油气当量 767.93 万吨，整体实现收入 341.22 亿元，上缴税费 60.66 亿元，完成了集团公司下达的各项任务，中原油田整体经济实力明显增强。

（成果创造人：孔凡群、杜广义、唐立永、邹本国、王万平、张赞武、翟源泉、黎仕强、刘爱国、王燕丽、彭贺林、张争光）

高速公路建设工程 PPP 项目的前期运作

北京市首都公路发展集团有限公司

北京市首都公路发展集团有限公司（以下简称首发集团）于 1999 年 9 月成立，是北京市高速公路领域的投融资平台，负责北京市高速公路建设、运营管理、投融资和相关产业经营。首发集团成立以来，始终本着“替政府融资，为人民修路”的使命，累计建成高速公路 684 公里，管理养护里程 830 公里，基本建成首都高速公路网络。产业经营围绕高速公路主业，初步形成交通工程、智能科技、物流枢纽、生态绿化等多元式集团化经营，逐步进入主业与辅业相互促进、共同发展的良性循环。截至 2015 年年底，首发集团注册资本 305.78 亿元，资产总额近 1100 亿元，员工近 1.5 万人。

一、高速公路建设工程 PPP 项目的前期运作背景

（一）贯彻落实国家投融资机制变革政策的需要

近年来，国务院及多部委先后出台文件，要求规范地方融资平台公司举债形式，其中《关于加强地方政府性债务管理的意见》，对地方政府的融资机制做出了明确的规定与限制，要求规范地方政府规范举债，剥离融资平台公司政府融资职能，切实防范财政金融风险。在此背景下，高速公路领域传统依靠“政府资本金＋债务性融资”的投融资模式已不适用目前发展。面对高速公路项目建设周期长、建设环境复杂、技术含量高、资金需求量大与地方政府财政预算有限、处于偿债高峰期之间的矛盾，以利益共享、风险共担为原则的 PPP 模式，作为创新的投融资模式，得到政府、市场与社会资本的强烈关注。国务院及国家各部委出台了一系列相关指导文件大力推进 PPP 模式，北京市政府也相应出台《关于创新重点领域投融资机制鼓励社会投资的实施意见》，明确提出推进高速公路市场化建设，在高速公路建设中引入 PPP 投融资管理模式。

（二）破解企业投融资困境的需要

首发集团作为北京市高速公路领域的市属投融资平台，多年来采用“政府资本金＋债务性融资”的模式筹集建设资金，至 2014 年年底积累历史性债务超过 600 亿元，经营收入仅能用于平衡运营费用支出。在国家政策对融资平台举债进行严控的背景下，原有融资渠道遇到困难，难以负担新建高速公路的投融资任务，亟须对投融资机制进行改革。为此，首发集团充分利用投融资机制改革的良好契机，推进 PPP 模式在高速公路建设工程项目的落地，向市政府上报《关于完善首发集团资金筹措机制的意见》并获得批准。《关于完善首发集团资金筹措机制的意见》提出未来几年北京市高速公路建设任务估算投资额超过 680 亿元，将积极采取政府和社会资本合作（PPP）模式建设，市政府对拟实施的项目安排资本金补助，并在运营期通过多种经营收入以及财政补贴保障社会投资人的项目投资回报，首发集团作为政府出资人代表，用政府资本金补助引入社会投资人共同参与项目的投资建设。《关于完善首发集团资金筹措机制的意见》的出台为首发集团融资提供了新的渠道和机制，解决了未来新建高速公路项目的资金需求，拓宽原有融资渠道，形成多元化、可持续的资金投入机制，创造了更好的市场化条件。其中，拟建项目中兴延高速公路建设项目实施迫切性最强。兴延高速公路位于京藏高速公路以西，呈南北走向，南起西北六环路双横立交，北至京藏高速营城子立交收费站以北，线路主要途经昌平区、延庆县，道路全长约 42.4 公里。该项目是为完善北京市西北部地区路网结构、促进西北部客货分行、加强延庆县与中心区的联系而新规划的一条交通大动脉，同时也为即将举办的 2019 年世界园艺博览会承担必要的交通保障任务，远期将与规划延崇高速共同服务于 2022 年冬奥会，具有重大的政治经济意义。

（三）北京市高速公路建设项目具备采取 PPP 模式的可行性

第一，PPP 模式推广应用的法律政策环境已逐步完善。《国务院关于创新重点领域投融资机制鼓励社会投资的指导意见》等一系列国家政策文件，以及《北京市城市基础设施特许经营条例》等市级指导文件，使通过 PPP 模式引入社会资本的政策环境逐步完善。第二，高速公路项目本身具有一定的“使用者付费”基础，可以覆盖部分建设成本。对于经营收费不足的部分，通过建立政府补贴机制，可以为社会投资人获得合理回报创造良好的条件。第三，社会资本在高速公路投资、建设领域竞争充分，具有较好的市场化、专业化发展基础。第四，在引入社会资本参与交通基础设施投资、建设、运营方面，北京市具有地铁 4 号线、14 号线等可参考的案例以及丰富的运作经验，为首发集团提供了宝贵的借鉴。

二、高速公路建设工程 PPP 项目的前期运作内涵和主要做法

首发集团从 2015 年年初开始，按照“利益共享、风险分担”的原则，在兴延高速公路建设项目中采取 PPP 模式推进前期运作，引入市场化的竞争机制，吸收社会资本先进的管理经验，减轻高速公路建设的资金压力，降低未来运营成本，为整个高速公路项目的顺利实施创造了良好的条件。成为全国首个成功通过公开招标选定社会投资人并实现开工建设的高速公路项目。主要做法如下：

（一）分析兴延高速公路建设项目基本情况，制定 PPP 融资方案

1. 分析兴延高速公路项目特点

兴延高速公路项目具有以下几个特点：第一，该项目全线桥梁共 26 座。全线设隧道 5 处（11 座），其中特长隧道 3 处，长隧道 2 处，累计全长 31089 米（进京全长 15508 米，出京全长 15581 米），线位隧道比 36.7%。项目很大一部分在山区段，需修建临时道路，铺设临时水电，最长隧道全长达到 5.7 公里，而之前北京市最长的八达岭潭峪沟隧道仅为 3.5 公里，施工难度大，施工经验较为缺乏，需要引入施工能力强、经验丰富的施工队伍。第二，虽然项目施工存在一定的技术难度，但由于世园会将于 2019 年 4 月份正式开幕，兴延高速公路作为重要的配套基础设施之一，工期要求非常严格。计划 2015 年 10 月开工，北京市政府要求必须于 2018 年 12 月底之前完工，施工总工期仅 39 个月，施工工期非常紧张，需要强大的施工组织能力和施工保障能力。第三，根据项目初步设计文件（送审版）的估算，兴延高速公路总投资约 143.48 亿元，单公里造价达到 3.4 亿元，大大高于一般高速公路项目建设成本，投资规模较大，需要引入有一定经济实力的社会投资人。

经测算，兴延高速公路项目若采用传统投融资模式开展前期运作，需要政府投入超过 110 亿元资本金。因此，无论从时间的紧迫性、任务的重要性还是资金筹措的压力来看，首发集团在兴延高速公路项目采取 PPP 模式进行前期运作都具备一定的基础，经请示市政府后决定采取 PPP 模式建设。

2. 编制 PPP 实施方案和招标文件

确定采用 PPP 模式后，首发集团对国家各部委颁布的一系列 PPP 相关文件进行细致的研究，结合《招标投标法》《政府采购法》及《经营性公路建设项目投资人招标投标管理规定》等法律法规，详细梳理 PPP 项目操作流程，将全流程从启动实施、准备方案、组织招商、施工运营到最终移交分为 5 个阶段。其中，后两个阶段主要是执行阶段（包括设计、施工、运营等），是由中标的社会投资人负责实施，而前三个阶段归为项目前期运作阶段，是整个项目运作的基础，也是首发集团最重要的工作任务。兴延高速公路 PPP 项目前期运作，核心任务即是 PPP 实施方案及招标文件的构建。首发集团在 PPP 实施方案和招标文件的构建中，以“合作共赢”为原则，一方面保障政府公共利益，避免社会资本过度追求利润，另一方面充分考虑社会投资人的经济利益，降低投资风险，保障项目特许公司的经营自主权。首发集团在设计方案时兼顾各方利益，通过明确划分各方权利义务，设计涵盖多种经营、政府补贴、保底收入、超额分成、风险共担等多方面的保障机制，保证项目能够取得合理经济收益，并就方案内容与潜在的社会投资人进行了充分沟通，获得了社会投资人的认可。经过相关政府部门多次研究后，编制完成最

终方案，并取得市政府批准。

（二）设计 PPP 运作模式和各方责权利

1. 明确股权结构设计原则

股权结构的设计主要考虑以下几方面因素：一是根据《关于规范政府和社会资本合作合同管理工作的通知》中规定的“政府在项目特许公司中的持股比例应当低于 50%，且不具有实际控制力及管理权”等规定，政府方不控股。二是在不控股的前提下，政府股权比例越高（即前期资本金投入越大），社会投资人前期资金投入越低，进而降低政府在运营期的财政补贴压力，因此首发集团将股权比例设定为 49%，由社会投资人占股 51%控股项目特许公司。三是首发集团以政府出资人代表的身份作为项目特许公司股东之一，使得政府能够按照商业原则参与项目特许公司日常经营重大事项的决策，降低与项目特许公司之间的信息不对称性，有利于保障公共利益最大化。四是能充分发挥项目特许公司的融资能力，通过股权结构设计，仅需投入约 33 亿元资本金就撬动约 98 亿元社会投资（含项目特许公司融资），以缓解政府在建设期的财政压力。

2. 设计股权结构和运作模式

充分考虑各方权利义务的平衡，由北京市政府授权市交通委作为实施机关，通过公开招标的方式选择社会投资人。首发集团作为政府出资人代表，以政府资本金补助出资约 32.74 亿元（即项目总投资的 25%），社会投资人以资本金出资约 34.08 亿元，股权比例 49%：51%，共同成立项目特许公司负责项目的投资、建设、运营、维护，特许经营期限届满移交政府。

3. 明确各方权利义务及法律关系

为保障 PPP 项目依法、规范、高效实施，同时保证作为公共产品的高速公路服务质量，首发集团明确界定政府及项目特许公司在项目融资、建设、运营、移交等全生命周期内的权利义务，并在合同管理的全过程中妥善履行合同约定义务，依法承担违约责任。兴延高速公路 PPP 项目中，除政府与项目特许公司两方外，首发集团不仅是项目特许公司股东，同时还作为政府出资人代表，同样对权利义务进行明确的界定，规范政府出资人代表行为。

一是政府的权利义务。主要权利有：制定建设标准和运营标准、要求项目特许公司履行合同约定并提交项目信息资料、行使监督监管职责、保障公共利益以及项目资产权属等；主要义务有：遵守项目合同、及时提供项目配套条件、项目审批协调支持、维护市场秩序、支付相关费用等。政府方权利义务的确定有利于规范政府行为边界，促进政府职能的转变。

二是项目特许公司的权利义务。主要权利有：要求政府方履行合同约定、获取投资回报、享受相关优惠政策等；主要义务有：按约定提供项目资金，完成建设任务，有效运营项目，遵守政府要求及相关法律规定，接受政府方监督和审计，向政府方提供项目信息资料，履行环境、地质、文物保护及安全生产等义务，承担社会责任等。项目特许公司权利义务的确定有利于明确项目特许公司行为边界，保障项目规范化高效实施，保证公共服务和产品的供给质量和效率。

三是政府出资人代表的权利义务。主要权利义务有：协助实施机关组织具体招商准备、协议谈判及后期实施工作；参与项目特许公司的组建，参与完成项目特许公司章程的制定等，依照国家相关法律法规以及按正常的商业运行模式对项目特许公司行使股东权利等。政府出资人代表权利义务的确定有利于政府代表方发挥相应的监督作用，促进项目有效实施。

（三）设计投资回报和风险分担机制

1. 合理确定 PPP 项目投资回报机制

根据项目性质和特点，回报方式分为使用者付费、使用者付费与政府补贴相结合、政府付费购买服务等。高速公路项目本身具有一定的“使用者付费”基础，可以取得一定的收益。首发集团通过对未来交通量进行详细分析预测，由于投资规模较大、建设成本较高等原因，若仅依靠通行费收益不具备平衡投资的能力，无法满足社会投资人对投资回报的要求。为增强项目充分市场化的条件，为投资者获得合理回报积极创造条件，在投资回报机制设计中主要采取以下几种方法：一是除高速公路收费权外，通过资源捆绑及开展多种经营增加项目现金流，将特许经营权扩展至沿线广告牌收入以及服务区、加油站等经营权。二是为使社会投资人在“使用者付费”不足的情况下取得合理的投资回报，首发集团引入“约定通行费标准”的概念，即在现有项目总投资、贷款利率、资金构成等条件下，以首发集团多年实际运营数据为基础，对通行费收入、经营成本、年增长比例等各项参数进行设置和预估，测算出项目运营期合理的通行费标准（最终测算值为 1.67 元/公里 · 标准车，此时社会投资人所投资本金内部收益率可达到 8%，使项目具备投资可行性），即约定通行费标准。由于北京市现行收费标准为 0.5 元/公里 · 标准车，因此实际执行的通行费标准与约定通行费标准之间通行费收入的差额，将由政府通过可行性缺口补助的形式进行补贴。三是首发集团考虑到所投入资本金来源为政府资金，为体现政府提供公共服务和产品的公益性原则，进一步提高项目对投资人的吸引力，因此不在项目中取得投资收益，承诺在特许经营期内不参与项目特许公司分红，所有投资收益由社会投资人享有。

2. 合理设计风险分担机制

合理的风险分配机制是隔离 PPP 项目经营风险和公共利益风险的屏障。首发集团在风险分担机制设计中，基于政府和社会投资方合作关系的长期稳定性，以风险最优分配为核心，风险收益对等和风险可控等为原则，综合考虑政府风险管理能力、项目回报机制和市场风险管理能力等要素，将各风险因素在政府方和社会投资方之间进行合理的分配，有效保障投资人的投资预期，使得项目具备充分市场化的条件。首发集团对项目可能产生的各类风险进行详细识别后，项目设计、建造、融资、运营维护等商业风险由社会资本承担，法律、政策、土地、最低需求等风险由政府承担，不可抗力等风险由政府和社会资本合理共担。一是封顶征地拆迁费用。首发集团充分考虑到北京市征地拆迁投资相对不可控的实际情况，将征地拆迁风险单独考虑，在对征地拆迁工作总费用进行控制的基础上（以 40 亿元为限），超过控制费用 5%（2 亿元）以内的部分由投资人承担，鼓励社会投资人在征地拆迁工作上充分发挥主观能动性，降低征地拆迁费用；超过控制费用 5%以外的部分由政府承担，以降低社会投资人前期征地拆迁的投资风险，使投资人可以清晰界定风险预期，有利于降低最终投标报价。

二是投资人自担工程建设风险。首发集团将工程建设过程中可能存在的成本超支、建设延期、融资成本上升等风险归于社会投资人可控风险范围，由投资人独自承担，鼓励投资人通过多种措施降低建设成本，控制项目总投资。同时，首发集团保留监理招标的权利，通过施工监理监督、控制整个项目建设过程，保障施工质量符合相关要求。约定项目特许公司总经理由首发集团推荐人选，使项目特许公司的整体工作及工程施工组织处于受控状态。

三是合理分担车流量风险与收益。高速公路项目在运营期除融资利率变化、运营成本超支等风险由社会投资人承担外，最低需求风险（即车流量风险）会直接影响到政府补贴金额的多少与社会投资人的投资回报。首发集团在方案设计时，考虑到高速公路项目属于具有一定公益性的基础设施项目，以保证社会投资人在特许经营期结束后能够收回成本为原则设计最低车流量保障机制，以前期预测未来车流量为基数（即约定通行费标准的测算依据），通过测算设置 80%的最低车流量保底系数，当项目实际车流量低于预测车流量 80%的时候，由政府通过补贴的方式承担补足至 80%车流量的义务。同时，在招标文件设计中将该保底系数的优化条件作为加分项供社会投资人自主决策，鼓励社会投资人降低政府承诺的最低车流量保障比例、降低政府兑现风险。保底系数最低可降至 75%，此时社会投资人自有资金内部收益率接近于当时短期银行存款利率，避免出现恶性竞争。通过设置超额收益共享机制，同时对超出预测车流量的情况进行约定，超额收益部分按照约定的分配比例由政府与社会投资人共同分享，政府分成部分用于抵减当年补贴，避免社会投资人获取暴利，使其收益维持在合理范围之内，体现 PPP 模式利益共享的原则。

四是共担政策变化风险。对于政策和法律风险，属于政府方可控的变更引起的损失和成本增加，由政府方承担；属于超出政府方可控范围的法律变更及政策变化风险（如由国家或上级政府统一颁行的法律以及营改增等法律、法规和政策风险），由双方共同承担，为社会投资人在长期的运营过程中提供一定的保障。

（四）公开招标确定社会投资人

实施方案取得市政府批复后，兴延高速公路 PPP 项目进入招标组织阶段，首发集团即组织编制招标文件。

1. 设定社会投资人参与条件

传统 PPP 模式中，社会投资人应当是私营企业。由于国情不同，考虑到兴延高速公路 PPP 项目不仅需要具有较强的资金实力，还要具备施工资质和组织能力，在项目实践过程中社会投资人的选择不限制包括央企在内的国有企业参与投标，并允许社会投资人组建联合体（不超过 3 家企业）共同参与投标。由于兴延高速公路 PPP 项目建设工程复杂、工期紧张等原因，为了保障项目如期、高质量的完工，要求参与投标的社会投资人必须具备专业能力、融资实力及相应的施工管理经验。招标文件在强制性资格条件中设定社会投资人必须拥有高速公路施工总承包一级及以上资质，并拥有在复杂山区段建设高速公路的经验和业绩，中标后直接开展施工建设任务，节约施工部分二次招标的时间。

2. 采用双信封综合评估法

在评标办法设置上，将评标过程分为两个阶段：第一信封主要评审社会投资人的资质信誉、财务状况、投融资能力、业绩要求、技术能力、组织方案、商务条件等指标，在此阶段只有具备项目实施能力或评分排名靠前的社会投资人能够进入第二信封评审。第二信封评审社会投资人对约定通行费标准的报价，并以测算出的约定通行费标准作为拦标控制价（即社会投资人报价超出 1.67 元/公里·标准车即为废标），此阶段按照“价低分高”的原则，由报价最低的社会投资人得满分，其他报价按比例得分递减。两个信封的得分各占 50%权重，最终合计得分高者中标。通过这种评标方法，确保进入第二个信封评审的社会投资人具有保障项目顺利实施的施工组织管理能力，同时又能保证社会投资人报出的约定通行费标准能在科学合理的范围内进行充分、公平的竞争，有效避免恶意低价中标却无法完成工程建设任务的情况发生。

兴延高速公路 PPP 项目招标最终共有 6 家社会投资人（含联合体）参与投标，中国铁建联合体以综合得分 93.44 位列第一，成功通过公开招标成为该项目的社会投资人，顺利完成 PPP 项目的前期运作。

三、高速公路建设工程 PPP 项目的前期运作效果

（一）顺利完成了兴延高速公路 PPP 项目前期运作，成功引入社会投资人

兴延高速公路 PPP 项目从确定采用 PPP 模式到确定中标社会投资人，先后经历了近 10 个月的时间，顺利完成了项目前期运作。通过对各家投标文件进行分析，所有投标人的商务条件均优于预期，中标人报价使项目总投资由最初上报的 143.5 亿元降为约 131 亿元，降低 8.8%；运营期运营总费用较测算值降低 78%；保底车流量系数降低 5 个百分点；其 0.88 元/公里·标准车的约定通行费标准标价仅为拦标控制价的 53%，使运营期政府年均补贴金额由预测的 10 亿元下降为 3 亿元，25 年运营期累计节约财政资金超过 175 亿元。目前项目特许公司已经组建完成，相关协议、合同已经签署完毕，项目实现开工建设，正式进入到施工阶段，后续工作将由项目特许公司持续推进。

（二）满足了政府、企业和社会投资人的多重需求

兴延高速公路项目通过 PPP 实施方案及招标文件等一系列创新设计，在政府方的公共利益和社会投资人的经济利益之间找到了科学合理的平衡点。政府方通过 PPP 模式极大地降低了当期财政压力，而且改变了财政资金的支持方式，财政补贴大大低于预期，通过公开招标实现了充分的竞争，为全国高速公路投资回报机制开创了新的路径。首发集团不仅实现了筹集项目建设资金，同时引进了先进的施工组织能力保障了项目建设目标的实现，体现出 PPP 模式提高公共产品及服务提供效率的优势。社会投资人中标后，既满足了自身的经济利益，通过项目投资取得合理的预期收益，又取得了良好的社会效益，为在其他 PPP 项目投标积累了经验和业绩。

（三）具有较好的示范推广意义

兴延高速公路 PPP 项目前期运作的成功实践，是 2014 年国家层面力推 PPP 模式并出台了一系列新的相关制度法规以来，全国首个成功通过公开招标选定社会投资人的高速公路 PPP 项目，对于落实国家政策，推进高速公路市场化进程，具有重大的示范意义。该项目获得了财政部的高度认可，并入选了财政部第二批 PPP 项目示范库。同时，交通运输部尚无此类 PPP 项目的招标文件范本。兴延高速 PPP 项目招标文件以交通运输部关于公路工程和经营性公路建设项目的招标文件范本为基础，并结合国家发改委及财政部关于政府与社会资本合作相应文件中对合同文本框架结构及内容说明的指导意见编制而成，经过了实践检验，为其他高速公路 PPP 项目招标文件提供了范本。

（成果创造人：徐术通、赵　威、巩　衡、曹　剑、杨　毅、牛金贵、周华铮）

新材料企业适应跨国经营要求的全球资金集中管理

株洲时代新材料科技股份有限公司

株洲时代新材料科技股份有限公司（以下简称时代新材）是由中国中车旗下株洲电力机车研究所有限公司（以下简称株洲所）实际控制的产业集团，是中国中车、株洲所的新材料产业发展平台，位列美国《橡胶与塑料新闻》周刊发布的2016年全球非轮胎橡胶制品50强榜单第16位、国内第1位，为国内企业迄今为止最高排名纪录。时代新材专注于高分子复合材料的研究与工程化应用推广，产品广泛应用于轨道交通、汽车、风电、军工等领域，截至2015年年底，时代新材总资产达130亿元，其中海外资产总额47亿元；2015年销售收入108亿人民币，其中海外营业收入折算约为45亿元；公司员工总数7600余人，海外员工占比超过50%；2015年国内纳税总额超过2.5亿元。境外子公司分布区域扩大至德国、法国、英国、斯洛伐克、美国、巴西、澳大利亚等地，在四大洲超过9个国家建有12个海外研发和制造基地，业务涉及币种人民币、美元、欧元、英镑、澳元、港币、巴西雷亚尔等。

一、新材料企业适应跨国经营要求的全球资金集中管理背景

（一）全球化战略背景下高效配置资金的需要

时代新材的全球化事业发韧于1994年与美国GE的首次合作，经过20年的全球化运作，已经从以国际贸易迈入了以“国际贸易+资本运作”为主要内容与路径的全球化战略实施阶段。国际贸易方面，时代新材已经成功成为全球唯一一家同时为GE、庞巴迪、阿尔斯通、西门子、EMD、EDI、RDSO、Rotem等世界知名机车车辆制造商批量提供弹性元件的供应商，在美国轨道交通领域橡胶减振制品主机市场占有90%以上的市场份额，是欧洲轨道交通减振降噪领域排名前三的供应商。截至2015年年底，除BOGE业务外，时代新材自营海外业务年销售收入已经突破5亿人民币，结算币种涉及美元、欧元、英镑、澳元和日元等，同时还有常态化的进口业务带来的支付需求。在资本运作方面，时代新材多年来始终围“同心多元”以及“全球化”战略，积极“面向新兴行业、整合全球资源、占据高端市场”，先后于2011年并购澳大利亚公司代尔克，2014年并购BOGE公司，为时代新材构建了当前海外收入比例以及海外员工比例双超50%的业务格局以及除中国外全球8个国家超过8个基地的资源布局。与此同时，时代新材仍在“轨道交通产业全球化”以及“新兴战略产业探索与布局”的战略目标牵引下，成立了专业团队在全球范围积极地开展涵括海外并购、合资合作等各类资本运作活动。

随着时代新材的全球化战略步入崭新的阶段，持续增长的进出口业务带来的频繁的资金双向流动，如火如荼的资本运作也带来了大额外资金流出的需求，而海外子公司的日常业务也产生了一个游离于中国大陆以外的资金体系，带来了境内、外成熟公司资金闲置、发展中公司资金短缺情况并存的情况。如何在国内现有外汇管制形势下使三者得到高效的管理与匹配，提高资金整体效益、有限的资源保障公司战略目标的实现，成为当前紧迫的管理课题。

（二）企业全球化运营中有效防范风险的需要

通过并购代尔克、BOGE以及绿地投资，时代新材目前在欧洲、北美、南美、澳洲等区域拥有10家子公司，分别包括：BOGE旗下海外8个基地、代尔克公司、时代新材美国公司（自建）、时代新材香港公司（自建）。其中，对于BOGE与代尔克的监管目前存在几个方面的风险。第一是中长期不能实施“运营管控”的情况下面临海外资源控制乏力的风险。基于时代新材的资源控制能力，对于并购后的代尔克以及BOGE，目前仍主要采用战略管控加财务管控的方式，对于这些海外公司日常业务的决策、

运转情况缺乏实时的了解与参与。在当前的管控模式下，从动态资金流监管切入，逐步实施对海外资源的真正控制，是逐步掌握对海外公司控制权的有效手段。第二是公司面临着海外资产监管不到位、资产流失的风险。在我国过去的外汇管制机制和外汇出入境的管理方式，中资跨国企业缺乏境内、外资金集中管理的平台和相互自由流通的通道，这致使中资跨国企业在国际化运营中需要面临更多的困难和风险：由于没有境内、外相互连通的通道，境内母公司无法实时掌握境外公司的资金动态，只能通过事后获取资金报表的方式进行监管，而由于时差、资金报表报送时点等因素，这样的监管实际是很难发挥作用的。第三是境外子公司面临资金链断裂进而引发破产风险。由于不能实时掌握境外公司资金动态，而境内资金支付到境外又需要较多的审批环节、所需时间较长，境外公司出现资金链断裂迹象时境内股东很难及时予以支持，而在欧盟国际、公司管理层一旦发现公司出现资金链断裂迹象、必须立即提出破产申请。第四是公司面临着多币种汇率变动风险。公司不能将境内、外各个国家和地区子公司的各币种资金集中起来统筹配置，就无法部分对冲多币种资源形成的汇率变动风险。

（三）降低全球化业务拓展中财务成本的需要

国内的外汇管制为国内外资金自由流通与使用方面带来了很多障碍，也提高了时代新材的财务成本。一是由于国内外资金不能合理调配使用，导致在国内产生的额外的购汇、结汇成本；二是缺乏集团层面有效的收付汇对冲而产生的不必要的风险防范工具带来的损失，例如BOGE目前推行有汇率套期保值工具，2015年仅美国公司应用套期保值产生的账面损失达到30万美元（美国公司产生的业务汇入BOGE总部时需要结算成欧元）；三是不能在全球范围内进行低成本融资与配置，从而实现在不同的时间点、根据不同地域公司的资金需求类型（长期还是短期，流动资金需求还是投资需求等），选择最优的融资地点、融资币种和融资方式，有效降低时代新材整体的融资成本。例如，在当前欧洲实行负利润背景下，有资金短缺时，选择为全球业务在欧洲融资明显优于在国内进行融资；利润公司2015年为支持BOGE全球产业布局，利用香港资金池融资欧元融资成本年化利率仅为0.7%，远低于人民币贷款利率。

二、新材料企业适应跨国经营要求的全球资金集中管理内涵和主要做法

时代新材以金融风险管理理论和集约化管理理论为指导，以现代信息互联网技术为实施手段，通过建立双账户模式下两级资金池集中管理模式，创新资金集中管理组织结构、运营模式和管控手段，形成公司国际化战略下跨境、多币种的全球资金管理平台，打通“境内企业资金出境难、海外资产监管难、跨境资金双向流动难“的三大难关，达到有效防范资金流动风险和外汇风险、降低集团财务成本、提升资金运营效益的目的。主要做法如下：

（一）以企业发展战略为指导，明确全球资金集中管理的目标和思路

1. 明确企业全球化战略对资金管理提出的要求

时代新材现阶段的国际化运营布局和“十三五”全球化战略实施主要包括：第一是有效监管存量海外资源，提升运营效率。根据时代新材的国际化战略，时代新材需要一个与之对应的全球化的资金管理平台来支撑现阶段的全球运营、保障全球各地子公司的运营资金需求，监控境外子公司的运营风险、资产保值增值风险，整合社会资源来支持境外企业从欧洲尤其是西欧等高成本国家和地区向亚洲、中北美洲等低成本国家转移的战略举措。第二是获取增量海外资源。一方面，时代新材规划在“十三五”期间，通过加大投资力度，努力实现轨道交通产业的全球化布局，主要投资区划包括欧洲、南北美以及印度，进一步做强做大轨道交通主业；另一方面，要积极寻找战略新兴技术与产品，通过并购、技术引进、合资合作等手段加快战略新兴产业的培育，为“十四五”及更远未来的可持续发展打好基础。

2. 制定全球资金集中管理的目标

时代新材需要打造一个强大的全球资金集中管理体系，以达到以下能力：第一，需要具备根据需求

即时将境内资金支付到境外子公司所在国家和地区，保障企业持续运营的能力；第二，需要具备在境内、境外各个国家和地区子公司之间自由调拨、配置资金的能力；第三，需要具备在全球融资、确保能够获取满足战略需求的充裕的低成本资金的能力；第四，需要具备即时、准确、全面掌握境外子公司资金动态、实施有效监管的能力；第五，需要具备将资金统一管理统一规划，充分发挥企业集团的整体优势和协同效应的能力，实现全球范围内资金效益最大化的能力。

3. 确立全球资金集中管理的思路

时代新材全球资金集中管理的思路可以概括为一个平台、两个主账户、三个资金池和四个功能。一个平台：全球一体化的资金管理平台；两个主账户：建立在境内的国内资金主账户和国际资金主账户；三个资金池：时代新材总部层面建立一级资金池，在欧洲区域 BOGE 层面建立二级欧洲资金池，在新材香港层面建立二级香港资金池；四个能力：全球资金管控能力，全球资源获取能力，全球资源配置能力，全球资源整合能力。

（二）设计全球资金集中管理模式

1. 开展相关政策研究

一是关联国外汇管制政策研究。国家 2014 年 4 月颁布了《关于印发〈跨国公司外汇资金集中运营管理规定（试行）〉的通知》，企业获得了跨境外汇资金集中运营管理的资质，但是新政并未完全放开资金跨境流动，而是设置了阀门实施额度控制。外汇资金实现双向融通的金额大小取决于两个额度：净融入额不得超过境内成员企业集中的外债额度，净融出额不得超过境内成员企业集中的对外放款额度。跨国企业集团跨境双向人民资金池务实行上限管理，跨境人民币资金净流入额上限为企业所有者权益的 0.5 倍，净流出额暂不设限。开展资金归集需研究成员企业所在地区针对资金跨境流动的外汇政策，如跨境资金流动审批、申报等手续，跨境资金流动额度以及汇率波动范围等。例如巴西属于严格外汇管制国家，根据巴西中央银行规定，外国企业只允许开立雷亚尔账户，雷亚尔无法直接出境，无法自由兑换及在境外流通，外汇资金也无法直接进入巴西境内。在这样的管制下，巴西的企业没有可能进行跨境资金流动管理；而美国、欧元区国家和香港外汇环境较为自由。

二是我国及成员企业所在国资金管理活动相关税收政策研究。资金池是以企业间形成委托贷款关系为隐含条件的，资金流动管理必然会在各实体间形成资金借贷关系，产生利息收入和利息费用等，各种资金流向路径下，各实体间资金流动过程可能产生不同的税务影响。为规避其可能带来的税务风险和税收成本的增加，时代新材和专业的税务咨询公司合作，从以下几个方面综合考量资金集中管理的税务效益：第一，资金池借贷利率定价需符合集团内部交易对转让定价设定的范围，也必须满足各国监管机构对跨国企业关联方交易的监管要求；同时要兼顾成员企业资金效益，协调运用价格机制提升资金集中管理效能。第二，应充分考虑成员公司支付利息适用的利息预提税，这对资金成本会带来较大影响。像德国和香港支付给境外的一般贷款利息不征收预提税，而中国税法规定需缴纳 10％的预提税，美国支付给德国的利息预提税率是支付给中国的 3 倍。第三，需要考虑资金提供方收到利息收入的企业所得税及间接税处理，应根据利息收入的应税情况优化资金路径设计及选择。第四，应关注利息扣除相关税务规定，应满足所得税前利息扣除所需满足的条件（包括资本弱化、转让定价等）。例如香港税法规定支付给境外关联方的利息费用不可以税前扣除，而中国税法规定关联方贷款超过所有者权益 2 倍部分的贷款利息不能税前扣除，则将资金集中于香港会带来较高的所得税税负。第五，需考虑资金往来的其他相关税种，如印花税。德国和香港均不对借贷往来征收印花税，但中国应根据签订的借款合同缴纳 0.005％的印花税，即中国境内成员企业基于资金池的借贷往来需按额度缴纳印花税。

三是会计判断与审计风险研究。由于主办企业是国内 A 股上市公司，需要按照中国会计准则编制财务报告，并作为企业纳税的基础、以及公开向社会披露；海外子公司需要根据当地会计准则和国际会计准则分别编制财务报告和缴纳税费。各成员企业的资金归集到主账户来，主账户向各资金需要成员企业发放资金，时代新材和成员企业分别应该怎么做账务处理，以什么样的资料作为账务处理凭据才合规、合法，这些都需要逐项分析、确定。

时代新材每年进行外部审计机构对公司经营成果和内部控制的评估。审计机构进行内部控制评估时，资金流向及用途、利率定价、政策环境、运行效率、账务处理等都会影响对资金池业务有效性和及时性的评价。境外成员企业外部审计机构会更关心被归集资金能否及时顺畅地回到子账户、中国的外汇政策是否稳定一致，并且资金收益的计价是否合理；而作为资金归集中心的主办企业，外部审计机构会审核其业务审批文件的真实性、资金往来账务处理的正确性等。

四是上市公司监管政策研究。作为国内 A 股上市公司，运营现金池业务必须非常谨慎，根据中国证监会 2003 年发布的 56 号文以及上海证券交易所 2012 年发布的规定，需对上市公司存在控股股东及其他关联方占用资金的情况出具专项说明。

五是银行监管要求的相关研究。项目充分分析了我国人民银行和银监会对于不同币种资金的存款、贷款成本，贷款方式方面的监管要求，时代新材的资金管理平台需要在其规定的资金成本范围内进行运作；同时还要分析和兼顾境外子公司所在国的相关规定。

六是国资委审批监管研究。国务院国资委对于外汇风险管理、防范有明确的审批、备案规定；对于海外资产的监管、管理、保值增值也有明确要求；对于重大资金的调拨、使用有“三重一大”的规定，这些都是企业要考量和遵守的。

2. 设计以资金池为载体的全球资金管理模式

时代新材结合自身组织架构、资金规模和分布以及集团公司资金管理职能定位，选择以资金池模式为载体来搭建全球资金管理平台。充分利用商业银行成熟和安全的资金结算系统，以现代互联网信息技术、财务信息化处理工具为依托，通过不同现金池产品的运用搭配，时代新材在全球范围内构建起以时代新材株洲总部为主办企业，境内外子公司为成员企业，资金主账户设立在境内，子账户分布在全球的全球资金管理平台，实施三个资金池二级组织结构的资金集中管理模式，通过“三集中”实现公司全球资金管控能力、获取能力、配置能力、整合能力的提升。第一，创新跨国公司账户体系，实现账户集中管理。借助于银行现金管理系统，通过搭建集团账户网银体系，将境内外子公司银行账户纳入资金平台，总部实施统一管理。跨境资金池主账户建立在境内，账户可控度高，银行信息传递顺畅。集团总部可动态监测成员公司资金流量和流向，可以及时掌握集团整体资金状况。第二，便利跨国公司资金融通，实现资金集中管理。通过搭建跨境资金池，打破以往境内外资金流动困难甚至割裂的局面，在外管局核定的额度范围内，集团境内、外资金可以实现双向流通、自由划转，规避了境外子公司资金链断裂引发的破产风险。同时，集团总部通过资金池可灵活实施资金归集、调剂余缺，有效降低集团资金占用、提高风险防控能力。第三，优化跨国公司融资平台，实现融资集中管理。整合公司优质资源，依托中车品牌评级，打造香港融资平台，实施集团融资策略，全球范围配置资金，最大限度降低资金成本。

（三）建立全球资金集中管理资金池

1. 设立双主账户

设立国内多币种主账户、国际多币种主账户双主账户，并建立主账户间自由双向流通通道的模式。时代新材以株洲总部为主办企业，境内外子公司为成员企业，主办企业在境内开立主账户，子公司资金账户为对应子账户，在国内分别建立跨境外汇资金池和跨境人民币资金池。根据经营和管理需求，资金可在两个资金池之间进行相互联通和转换。

跨境外汇资金池是根据汇发［2014］23 号文的规定，国家外汇管理局对于境内外资金融通和资本项目下资金使用推出的改革新政，允许满足条件的试点跨国企业境外资金在境内归集、运营、管理，跨国企业总部实施集中调配的外汇资金集中运营平台。国内外资金主账户：用于境内外汇资金集中管理，包括资本项目以及经常项目资金，可与境内成员企业外汇资金账户自由划转。国际外汇资金主账户：用于境外资金在岸归集，可以集合境外成员企业的外汇资金，以及从其他境外机构借入的外债资金。该账户不受外债额度限制，可以与境外账户或其他国际外汇资金主账户自由往来。国内外汇资金主账户可在核定的外债额度和对外放款额度内与国际外汇资金主账户间实现资金自由划转。

跨境人民币双向资金池是根据银发〔2015〕279号文，人民银行推出的一项具有重大意义的跨境人民币政策创新。根据新政规定，符合一定条件的中外资跨国集团企业可办理境内外非金融成员企业之间的人民币资金余缺调剂和归集业务，打通了境内和境外的人民币资金流通渠道。国内人民币资金主账户：用于境内人民币资金集中管理，可与境内成员企业资金账户自由划转。跨境人民币资金主账户：归集境外资金池成员人民币资金即对内借入外债，亦可实现对境外资金池成员企业的人民币放款业务，需要在规定额度内。

时代新材通过搭建两个跨境资金池，打破以往境内外资金流动困难甚至割裂的局面，在外管局核定的额度范围内，集团境内、外资金可以实现双向流通、自由划转，规避了境外子公司资金链断裂引发的破产风险。同时，集团总部通过资金池可灵活实施资金归集、调剂余缺，有效降低集团资金占用、提高风险防控能力。

2. 构建二级资源池

时代新材根据实际需求，确定两级、三个资金池模式。一是创新跨国公司账户体系，实现账户集中管理。借助于银行现金管理系统，通过搭建集团账户网银体系，建立时代新材层面的一级资金池，将境内外子公司银行账户纳入资金平台，总部实施统一管理。跨境资金池主账户建立在境内，账户可控度高，银行信息传递顺畅。集团总部可动态监测成员公司资金流量和流向，可以及时掌握集团整体资金状况。同时，根据需要建立两个区域资金池：以子公司资金账户为基本要素，如所处区域有资金集中需求，可先搭建一级区域资金池。由于欧洲子公司在时区、结算系统、经济体制、税收制度方面的统一性，可选取一家欧洲子公司作为区域资金中心建立第一级资金池，主办企业的跨境外汇资金池以区域资金池为对象进行集中。在亚洲区，亦可考虑在香港建立资金池，发挥区域资金中心便捷的优势，同时和主账户之间资金往来更清晰明了。

二是在德国子公司BOGE层面建立欧洲资金池。BOGE前身是ZF集团下属的事业部，被并购后成为数家独立运营的子公司。为了加强BOGE的资金管理，公司确定了其汇丰+中行的银行账户体系（为后续搭建跨境资金池做好了充分的准备），并选定以BOGE控股公司为欧洲区域资金中心，将德国子公司、法国子公司、斯洛伐克子公司外汇资金账户纳入其资金池统一管理，既保证了各子公司间资金自由调动渠道畅通，又使BOGE整体资金效益最优化。BOGE新成为一家独立运营的新公司，没有历史经营业绩，无法在金融市场中获得独立的融资能力，为保障其资金链安全，公司通过跨境担保、银行保函等方式，为BOGE在德国汇丰银行获取了3500万欧元资金池透支额度。

三是在时代新材香港公司层面建立香港资金池。充分利用香港作为发达经济体，服务业种类多、水平高，是全球重要的国际金融、航运和贸易中心的优势，依托中国中车品牌评级，打造了香港融资平台，提高时代新材整合全球资源的能力；利用中国中车在香港的影响力、时代新材可以显著的降低融资成本、扩宽融资渠道，通过全球资金管理平台将资金配置到所需要的境内、境外子公司，实施集团融资策略，全球范围配置资金，最大限度降低资金成本。

3. 实施本外币组合

一是搭建跨境外汇资金池。时代新材抓住新政机会，成为湖南省株洲市第一家、中车第一家获得外汇资金集中运营资格的试点企业。跨境外汇资金池的基本思路是“在岸归集、有限联通、主体监管”，即允许境外资金在境内归集、运营、管理，通过国内、国际外汇资金主账户管理方式，分别集中管理境内、境外成员单位外汇资金，跨国企业总部集中调配集团内外债额度和对外放款额度，在获批额度内进行双向阀门的总量控制，赋予企业更大的资金运作空间。公司跨境外汇资金池获批外债额度4200万美元，对外放款额度2.7亿美元。

二是搭建跨境人民币资金池。为提高国内人民币资金集中度，调剂集团内部成员企业资金余缺，并考虑到香港等境外离岸市场的人民币、外币融资优势，同时与外汇资金池结汇资金融通使用，公司建立以国内人民币资金池为基础，与香港公司人民币账户实现双向流动的跨境人民币资金池。在跨境人民币资金净流入额上限范围内，株洲新材可实现人民币无业务背景回流，为公司补充境外资金融通的渠道。

4. 设计双金融机构

资金池业务是依托银行现金管理、资金结算、信用风险等系统建立起来的账户群及其之间有序关系的管理平台。合作银行的系统建设、信息安全、结算手段、风险控制能力、现金管理水平等都影响着资金池业务的运行效力，故公司会在自身账户体系的基础上，从多方面考核合作银行的资质和经验。考虑到资金分布的全球化以及跨境业务的复杂性，公司选择了在全球先进管理服务上具有系统和经验优势的汇丰银行，以及在国内跨境业务上具有结算优势的中国银行共同打造资金管理平台。

时代新材分别在汇丰银行和中国银行建立双账户制的跨境外汇资金池，汇丰银行国内主账户归集BOGE境内子公司的外汇资金，国际主账户归集BOGE境外子公司的外汇资金；中国银行国内主账户归集除BOGE外境内子公司的外汇资金，国际主账户归集香港公司的外汇资金；集团总部根据两个资金池的资金余量以及成员企业外汇资金需求，在主账户间实施资金调剂和运用。公司在中国银行建立人民币资金池，实施对境内所有成员企业人民币资金的头寸管理，通过在内部实施余缺调剂可有效降低外部融资成本、提升资金使用效率；将成员企业分散的资金集中，集团资金规模得到有效提升。

（四）开展全球资金集中管控

1. 集中规划管理账户开立

实现全球账户资金信息的监控和查询是集团企业实现全球资金集中管理的最基础要求，集团公司资金账户的数量和分布情况影响着公司资金信息集中管理的效率。主流商业银行基本都能提供集团成员企业在本行账户的活动信息，若合作银行不能覆盖，则通过当地银行的SWIFTMT940电报将账户信息汇总至全球性合作银行，从而实现掌握所有海外账户的交易和余额信息的目标，而跨行的信息查询和资金归集往往是效率低下甚至不可能实现的。集团公司从资金账户开立就加强对下属企业银行选择的指导和规范，并通过集团总部直接联系银行为下属企业提供开户及加入集团资金管理平台的现金管理服务。子公司银行账户从开立初的账户用途、开立时的账户设置、开立后的资金流动均被纳入集团资金平台统一规划和管理，实现了账户全生命周期管理和资金动态全过程监控。目前，集团公司账户集中率超过80%。

2. 归集主要币种资金

考虑到跨境操作中的实务问题以及集团公司跨境资金管理经验欠缺，时代新材通过分析研究成员企业外汇现金流量和资金预算，确定需要进行归集的币种，找出资金流动规律，选定入池成员企业。根据货币资金余额比重数据，选择人民币、欧元、美元等三个主要流通货币为归集币种；根据存款余额绝对数日均规模，将货币资金量较小的子公司暂时排除在资金池以外。

3. 开展差异化资金管控

时代新材为保证经营正常进行，在资金池运行的初期对不同成员企业采取不同集权程度的控制策略，适当分权的采用目标余额归集，即由成员企业根据日常结算量及资金存量情况设定账户余额，超过余额部分归集到主账户，不足余额部分由主账户下拨填补；高度集权的实现零余额归集，即成员企业账户资金全部归集到主账户，根据日常支付需求配置“日间透支额度”，实现日终集团资金全额全口径归集，强化集团总部对境外成员企业的管理和支持，以实现集团最广泛的金融资源的全球共享。

4. 推行跨时区资金自动归集

为保证资金跨境归集的稳定性，控制流程风险，以及规避欧洲和中国的时差问题，时代新材选用自动归集模式。经过和境内、外汇丰银行、国家外汇管理局的多次沟通，制定资金跨境自动归集（或下拨）的业务模式和流程方案，即银行根据公司确定的归集频率，在固定时间、例如每日下午5点或每周二下午5点等根据设置好的归集策略自动发起归集（或下拨），同时需根据外管局的批复在系统配置好外债额度和放款额度的控制阀门，在满足外管局监管要求的前提下，达到公司资金自动归集管理的预期效果。时代新材目前对欧洲资金池的扫款时间是每周二德国时间下午五点，银行系统根据设定的目标余额自动进行资金划扫，将盈余资金归集到时代新材在境内的国际外汇主账户，同时保证欧洲资金池有充足的营运资金。跨时区资金自动化归集的成功运用，既提高了时代新材资金集中效率，更提升了境外子公司对总部资金集中管理工具的认可程度。

5. 争取政策支持突破外债额度限制

作为中资企业，集团可集中的外债额度有限，时代新材仅有BOGE境内子公司的“投注差”1200万美元，这个额度不能满足公司的融入需求。为提高外债额度，用好外汇资金池，公司申请并成功获批短期外债指标3000万美元。后期国家又出台［2015］36号文，允许试点企业申请进行外债比例自律管理，时代新材积极进行政策研读和资格申请，并于2016年成功获批自律管理资格，将公司可借入外债限额大幅提高，扩大了公司境外融资金额，为公司“十三五”期间资金筹集拓宽了外部渠道、解除了政策限制。

三、新材料企业适应跨国经营要求的全球资金集中管理效果

（一）提升了企业低成本获取全球金融资源的能力

通过构建境内、境外两级三个多币种资金池，打通连接境内外资金的通道，各币种资金（现阶段主要是人民币、欧元、美元）可以按需灵活的在中国境内、境外自由流动，解决了原境内、境外资金“割裂”、不能集中管理的困境。在全球范围内选择适合的、低成本融资，通过资金池自由调配到资金需求的地区和国家；拓宽了时代新材的融资渠道、融资方式和融资额度。2015年时代新材在香港融资3年期3000万欧元调配到欧洲使用，融资成本仅为0.7%，较境内融资降低财务费用超过1000万元。公司预计“十三五”期间全球融资需求约在60亿元人民币，通过全球获取能降低融资费用上亿元。同时，资金的优化配置也实现了较好的隐性财务收益。2016年，时代新材集中的境外资金月平均约为2500万欧元，通过调配给资金短缺公司使用，按年利率2%计算每年直接减少财务费用近400元万人民币。现阶段公司海外资金总量维持在9000万欧元左右，随着集中率的进一步提升，效益会更加显著。

（二）提升了企业全球经营中金融风险防范能力

时代新材成功将分布在全球各地子公司纳入资金池集中管理，集团实施统筹运营，资金盈余的子公司获得稳定无风险的资金收益，资金短缺的公司获得比市场更低成本的资金，既保障各级子公司的经济利益、又提高了集团整体资金使用效率和效益。通过资金统筹管理，集团内部对冲掉部分汇兑风险、敞口风险、利率浮动风险，提高抗风险能力。由于可以实时监控、获取境内外子公司的资金动态信息，从而可以有效防范境外公司因资金链断裂引发的破产风险。

（三）支撑了企业国际化经营战略

由于实现了全球资金的集中管理和统一调配，时代新材能够对那些新成立不具备融资能力的战略新兴产业、还处于培植期的产业提供强有力的资金支持，为公司国际化战略的实施、全球化经营的布局提供了强有力的财务资源保障。同时，时代新材可以根据不同币种的强、弱情况，配置不同币种的资产和负债；目前公司主要配备的负债以欧元为主，截至 2015 年，已获取了近 2.3 亿元人民币的汇兑收益，而配备资产主要以美元和港币为主，有效地防范了欧元贬值、人民币贬值和英镑暴跌带来的汇兑损失。

（成果创造人：任云龙、王争献、陈　钰、凌　奕、何明昱、杨　文、姚松灵、徐忆帆、王　敏、李　莲、王朝晖、Christoph Krampe）

煤炭企业基于精益生产的物资消耗成本动态管理

河南大有能源股份有限公司新安煤矿

河南大有能源股份有限公司新安煤矿（以下简称新安煤矿）是河南大有能源股份有限公司主力矿井之一，1978年开工建设，1988年建成投产，现核定生产能力为151万吨/年，矿井现拥有6个采区，属煤与瓦斯突出和水文地质条件极复杂型矿井，主采煤层为石炭二迭系山西组二1煤。新安煤矿煤种为贫瘦煤，煤质为中灰、中硫、低磷，具有发热量高、燃烧持续时间长等特点，属优质动力煤，远销江西、贵州、湖北、安徽等十几个省市。新安煤矿目前矿井保有储量为2.3亿吨，可采储量1.32亿吨，全矿在册职工4208人，基层区队21个，科室22个。

一、煤炭企业基于精益生产的物资消耗成本动态管理的背景

（一）遏制企业利润下滑趋势，促进企业可持续发展的需要

随着国际、国内经济增速的放缓，国家对基础能源的需求急剧下降，煤炭行业市场供大于求态势短期内难以改变，造成煤炭库存不断上升、煤炭价格大幅下跌；同时，随着国家环保压力的逐步加剧，新型能源的比重不断提升，也挤压了煤炭行业的生存空间，煤炭企业利润普降，甚至出现了整个行业亏损的局面。煤炭企业要生存、要减亏、要遏制利润下滑，最直接的方法就是深挖内潜、降成本。所以，煤炭企业开始把工作重心由原来的重生产和多出煤（开源）转向重管理和降成本（节流）。在煤炭企业的完全成本构成中，物资材料消耗成本占比较大，企业如何在物资消耗环节实现有效管理，提高物资使用效率、杜绝浪费，就显得尤为重要。新安煤矿为了在激烈的市场竞争中实现可持续发展，探索实施了适合煤炭行业特点的物资消耗成本动态管理体系。

（二）煤炭企业变革传统成本管理模式的需要

多年来，我国煤炭企业传统的成本管理模式，是以历史数据为依据，通过主观的成本均摊分析，然后用每项成本的平均指标作为考核目标来“倒推”分解成本管理目标。在成本控制深度上，仅依据本矿历史数据或类似矿井的生产成本数据，没有从根本上理清煤炭生产过程及工艺流程各个价值链环节的真实成本；在成本控制广度上，满足于财务、企管等经营管理部门的“倒推”成本分解，着重事后核算，没有充分发挥更多生产管理者的成本控制作用。总之，煤炭企业的传统成本管理模式缺少生产成本的事前预测决策和事中控制协调，无法判定煤炭企业生产成本是否达到最优化。

随着市场划分的不断精细，煤炭企业必须转向精益生产。在精益生产的过程中，成本管理的难度会更加复杂，要实现在历史数据基础上的成本下降，就必须变革传统的成本管理模式，将原来的由事后核算为主的传统管理模式转变为“事前预算、事中控制、事后考核”三位一体的综合管理模式，通过事前预算进行物耗费用统筹，事中控制实时监控、约束过程管理，事后考核进行考核奖惩、对比分析，形成全流程监控。

（三）以信息技术实现价值链协同管理的需要

煤矿物资的计划管理、采购管理、物资验收、财务结算、仓储保管、领用调拨、修旧利废、回收复用、消耗考核等业务环节紧密衔接，物资的需求部门、采供部门、财务部门、考核部门等价值链相关环节应是及时协同和信息共享，但长期以来由于缺乏物资消耗成本管理的技术手段，造成了物资消耗成本各业务环节协同不及时、信息滞后、效率低下、数据不准等问题，成为物资消耗成本管理和控制的瓶颈。现代信息技术为物资消耗成本管理提供了有效方法和手段，可有效破解煤炭企业物资消耗成本管理

的难题，实现以降低煤炭生产过程中物资消耗成本为目标的价值链协同运作管理。

二、煤炭企业基于精益生产的物资消耗成本动态管理的内涵和主要做法

新安煤矿以降成本增效益为目的，以企业文化为引领，以集成化信息系统为平台，以变革物资管理模式为手段，以优化设计和再造物资管理流程为切入点，通过建立健全物资消耗成本管理的组织体系、制度体系和考核体系，全面加强物资消耗成本预算管理和预报、预警管理、供应商物资寄存管理、周转物资全过程跟踪管理，实现物资的采购、库存、消耗等全过程动态管理，建立和形成一套适合煤炭行业特点的物资消耗成本管理体系。以精益生产和精益管理提升了企业核心竞争力，促进了企业可持续发展。主要做法如下：

（一）构建保障支撑体系，奠定精益生产基础

1. 建立物资消耗成本动态管理组织体系

新安煤矿结合实际成立以矿长、书记为组长的物资消耗成本动态管理领导小组，主要负责研究制定物资消耗成本动态管理体系建设方案，确立物资消耗成本动态管理总体目标，决策管理运行过程中的重大问题。下设物资消耗成本预算管理办公室、物资消耗内部市场动态考核管理办公室、物资管理信息系统办公室。物资消耗成本预算管理办公室，主要负责物资消耗成本预算的编制、上报、调整和执行等工作；物资消耗内部市场考核管理办公室主要负责物资消耗成本的分析、考核、奖罚和改进等工作；物资管理信息系统办公室主要负责系统的建设和日常维护，一是提出需求分析、系统技术方案制定和技术研发；二是制定项目实施的例会制度、报告制度，组织项目具体实施；三是协调和解决项目实施过程中的存在的各种问题；四是编制《物资管理信息系统业务解决方案》和《物资管理系统操作手册》；五是对系统数据进行整理、汇总、上报。

2. 建立物资消耗成本动态管理制度体系

为确保物资消耗成本动态管理的顺利实施，规范和有效推行物资消耗成本动态管理，新安煤矿先后制定并完善《新安煤矿物资到货验收制度》《新安煤矿物资保管维护制度》《新安煤矿物资消耗成本预算制度》《新安煤矿物资消耗成本分析制度》等一系列物资消耗成本管理制度，针对出现的新问题补充《新安煤矿支护及“三钢”材料管理考核办法》《新安煤矿生产材料现场管理补充规定》管理办法，进一步明确物资管理环节中各系统、科室的管理职责，为全面开展物资消耗成本动态管理提供制度保障。

3. 建立物资消耗成本动态管理考核体系

首先，建立完善的动态考核长效机制。针对物资消耗成本动态管理的特点，新安煤矿结合各生产单位的不同任务，研究制定并下发《新安煤矿物资消耗成本动态管理千分制考核办法》，把物资消耗成本动态管理执行单位分为四类，即：生产系统、机电运输系统、通风系统、地面科室系统，将物资消耗成本预算、储备资金、吨煤材料费、回收复用率、回收完好率等指标纳入考核体系，对各类单位分别制定具体的考核内容和标准，考核按千分制，分为资料管理和井下现场管理两部分，根据考核得分规定三个等级，900 分以上为优秀；800—900 分为达标；800 分以下为不达标，考核方式为系统组织日常自查、督导组不定期抽查、矿月底综合考核相结合的动态考核，对各预算执行单位进行全面系统地考核。考核结果直接与本单位领导和职工的工资挂钩。

其次，加强物资消耗成本督察和现场走动管理。新安煤矿专门成立现场物资管理督查小分队，加大生产材料的现场动态跟踪管理，抓好物资消耗实时监控，对井下现场备用物资合理存放，回撤物资分类码放，建立台账，挂牌管理，将井下可直接回收复用物资，直接就地转移使用，提高物资复用效率，每天对不同作业地点的材料物资进行跟踪督查，对违反材料物资现场管理和使用规定的现象进行责令整改和严厉处罚，杜绝各类物资浪费和流失。例如：在现场动态管理中提出将废旧 36U 钢进行调直，并根据现场实际情况加工可伸缩性点杆中间采用卡兰进行固定，提高了巷道支护强度；对原来细直径 2 厘米

背木棍更换为直径为10厘米背木棍，解决了背木棍易断问题且提高了巷道的支护强度，目前已在全矿进行推广。

（二）建立物资消耗成本预算制度，实行目标成本管理

1. 建立物资消耗成本四级预算架构

新安煤矿经过反复研讨和论证，设计出物资消耗成本预算管理的总体方案，把物资消耗成本预算分为全矿物资消耗成本总预算管理、业务归口系统物资消耗成本预算管理、区队物资消耗成本预算管理、作业工作面物资消耗成本预算管理的四级预算管理模式。为便于对区队的考核，把全矿的所有部门设置四个归口系统，矿对归口系统进行考核，归口系统对所属各区队进行总考核，各区队依托作业成本控制理论，将作业环节进行细化分解到作业工作面，由归口系统对区队所施工的每一个作业工作面的物资消耗进行分考核。

2. 梳理和再造预算管理流程

物资消耗成本预算管理流程包括预算编制、预算管理、数据管理三大流程。预算编制流程为：一是自上而下：矿将物资消耗计划成本分解预算到系统；系统分解物资消耗成本预算至区队（科室）；区队分解物资消耗成本预算至作业工作面；二是自下而上：区队按作业工作面编制物资消耗成本预算汇总上报到系统；系统上报物资消耗成本预算至矿。预算数据管理流程为：各责任系统和区队负责提供本单位的预算管理基础资料（数据和报表等）；矿负责组织各级预算管理人员将预算数据按物资消耗成本、责任系统、区队和作业工作面分别核算，录入物资管理信息系统，并负责向各级预算管理机构和人员提供管理数据（报表）。预算考核流程为：矿按物资消耗成本预算组织实施预算管理，考核各责任系统，责任系统依据作业工作面考核区队（科室），做出奖罚决定；各责任系统按物资消耗成本组织实施预算管理，并提出预算调整和考核各区队（科室）意见；区队负责本部门物资消耗成本考核。

3. 生成物资消耗成本预算分析报表

物资消耗成本预算分析表体系由四大部分构成：矿物资消耗成本预算分析表、系统物资消耗成本预算分析表、区队（科室）物资消耗成本预算分析表、作业工作面物资消耗成本预算分析表。通过物资消耗成本预算分析报表，为全面开展物资消耗成本预算管理、开展各级物资消耗成本分析和考核提供了强有力的信息支持，实现物资消耗成本的“三算合一”，即“预算、结算和核算一体化物资管理，物资消耗成本预算、资金预算和平衡资金需求；资金结算实时监控物资消耗成本信息；财务核算反映物资消耗成本管理成果，分析财务管理效果。”通过物资消耗成本预算、资金结算、财务核算的有机结合，实现了成本、资金、核算一体化监控，做到“有核算就要有预算，没有预算就不能结算，结算和核算要同步”。

（三）加强周转物资全程跟踪管理，提高物资利用效率

周转物资是煤矿物资消耗成本管理的重点和难点，加强对周转物资的有效管理，提高周转物资的回收复用，可大幅降低物资消耗成本。新安煤矿在物资管理信息系统中建立周转物资的全程跟踪管理模块，对可多次周转复用的大型物资按管理部门、使用部门、作业地点、类别、型号、数量、单价、金额等在系统内实施全生命周期的跟踪管理，对周转物资出库、使用、调拨直到报废核销全程动态监控。

企管科和供应科作为新安煤矿大型周转物资的管理部门，联合负责全矿物资的管理和考核。企管科负责对物资实物状态的核实和在系统内调整，配备了专职的大型周转物资管理和井下核查管理人员，在井下检查时对每个区队的物资进行定期清查，并与物资管理信息系统账、物进行核对，发现账、物不一致的及时进行调查，找出不准的原因，并调整系统账，各使用区队不能擅自调剂或变动，必须开据单据经批准后方可转移物资，做到账动物动、物动账动，并且还专门对每个区队都制定了跟踪管理示意图和电路图，动态反映出每个区队现场物资在籍和使用情况，管理人员现场检查时必须核对现场物资，做到

信息系统账、示意图、电路图和现场物资的数量始终保持一致。企管科联合相关科室管理人员定期对井下实物状态进行核对，对物资的管理部门、使用部门、作业地点等正常的变动情况进行实时核查，对物资的丢失、损坏、浪费情况进行严格考核。物资的使用部门负责所属物资的使用、保管和维护工作，对周转物资的完好率、回收复用率、交旧领新情况承担责任。解决井下物资闲置、浪费和生产急需并存的矛盾，减少物资埋压和损失浪费现象的发生，提高物资的周转复用率，减少新物资的投入，大幅度降低物资消耗成本。

（四）建立物资消耗成本预警机制，实时监控物资消耗

建立动态的物资消耗成本预警机制，加强物资消耗成本预算、核算信息的动态比对与沟通，把非正常业务活动控制在萌芽之中，减少不必要的损失。借助物资管理信息系统，将物资消耗成本预算通过不同层次的授权，分级下达到生产作业末端的工作面、掘进面等。各区队的物资消耗按照所属生产作业为基本责任对象及时录入系统后，系统能够自下而上逐级自动生成数据，反映到各级物资消耗成本表上，物资消耗超预算指标时可自动报警提示。一是建立预算内项目预警，对于预算内项目，在其实际发生额接近预算时及时发出预警提示，提醒各责任主体注意预算的执行情况，提前采取措施，防止超出预算，在预算执行中坚持生产任务进度与物资消耗成本预算配比原则，经过配比后与实际发生额进度对比，分别按实际发生额与偏离预算达1%、3%、5%、10%对分别提出蓝色预警、黄色预警、橙色预警、红色预警，找出差异、分析原因、形成报告、制定措施。二是建立预算外事项预警，对于发生预算方案中没有预计，而预算执行中生产环境（地质条件突变）和生产任务发生变化等因素及时发出预警提示，提醒有关人员按照预算管理制度进行分析和审核，以决定是否应该发生及如何调整预算，保证物资消耗成本预算的合理性以及物资消耗成本控制的有效性。

（五）推行供应商物资寄存管理，实现物资库存虚拟化

供应商寄存业务在新安煤矿日常物资采购业务中占比较大，占70%以上，加强对此项业务的过程管理是物资管理的重中之重。充分发挥物资管理信息系统优势，实行供应商物资寄存管理业务，彻底改变原有的供应链管理模式，实现库存“虚拟化”。虚拟库存管理将“买了再用”改变为“用了再买”的模式，实行“以出库定入库，以入库定付款”，最大限度地减少库存物资，减少资金占用。在物资寄存管理制度下，物资不领用，供应商的物资就无法入库，不能生成应付账款；只有当物资出库后，所有权才发生转移，系统自动生成入库，形成暂估挂账。例如：实行供应商物资寄存业务前，物资储备资金定额为1200万元，实行供应商物资寄存业务后，物资储备资金定额降为150万元，大大减少企业资金占用。

（六）搭建集成化信息技术平台，实现物资可视化管理

近年来，新安煤矿经历了从基础的部门级电算化到企业级信息化，现在正在朝着互联网化迈进，信息化三步走战略正在稳步推进。

新安煤矿采用B/S（浏览器/服务器）架构，以TCP/IP、路由器、防火墙和网络管理技术为核心，在全矿二级单位全部接入骨干网。集成系统覆盖全矿，该系统高度集成用友ERP、OA网络办公智能成本对本系统，构成了信息互访一体化的煤矿信息集成管理系统，并通过整合用友NC管理信息系统中物资管理模块和物资消耗成本预算管理模块，建立全过程一体化物资管理信息系统，内容包括物资采购管理、仓储管理、周转物资管理、物资消耗成本预算、核算及考核等。

通过对物资管理流程的优化设计和再造，在物资管理信息系统中建立标准规范的审批流程，从物资需求申请到需求汇总平衡、填制请购单、到货验收、填制入库单、采购发票、采购结算，直至自动生成会计凭证，整个过程科学合理、清晰可见，实现了物资在需求部门、采购部门、管理部门、财务核算部门的全过程规范化、可视化、一体化管理，大幅度提高了物资管理效率，例如：以前物资审批管理流程

复杂，区队材料员需要带着料单到处找审批人员，效率十分低下，现在实现网上审批，审批过程简化为区队提交申请，系统归口科室把关审批，各级管理人员均可在可视化流程图中看到审批过程，并且所有单据均可实现联查，实现业务财务全流程的可追溯、可查询。

三、煤矿企业基于精益生产的物资消耗成本动态管理的效果

（一）大幅降低了物资消耗成本，企业经济效益显著提升

新安煤矿实施物资消耗成本动态管理以来，经济实力强势增长，综合竞争力显著提升，产销量、销售收入、利润等经济指标逐年增加，单位完全成本和单位材料费指标逐年下降。2014 年，受国际金融危机和国内经济下行的双重影响，国际、国内煤炭需求急剧下降，煤炭价格大幅下跌，全行业出现普遍亏损，而新安煤矿依托几年来实施的精益生产和精益管理措施，特别是物资消耗成本动态管理带来的巨大优势和全矿干部职工的共同拼搏，仍实现原煤生产 182 万吨，销售收入 6.08 亿元，实现报表利润 5794 万元，扣除政策性因素后，实现内部考核利润 1.02 亿元以上。

（二）降低物资消耗成本，提升协同管理水平

解决了煤矿物资的不合理库存问题，物资库存和生产环节的浪费均得到有效遏制，物资消耗降幅明显，物资消耗成本进一步降低，物资储备更加合理，提高了物资消耗成本管理的效果，强化了责任主体的责任意识。对大型周转实施物资进行精细化动态管理，系统数据实时更新、实时可查，让区队和各级管理人员实时掌握物资信息，共同参与物资管理，物资内部调剂、回收复用和修旧利废率大幅提高。利用物资管理信息系统平台，通过对物资管理流程的优化设计和再造，实现物资在采购、消耗和核算等各部门跨组织协同、一体化管理，实现了物资全过程可视化管理，物资信息时时可监控、处处可共享、考核更方便，为各级领导决策提供了强有力支撑。

（三）构建了适合煤炭行业特点的物资消耗成本管理体系

新安煤矿通过物资消耗成本动态管理的实践，建立和形成了一套适合煤炭行特点的物资消耗成本管理体系。河南大有能源股份有限公司组织在新安煤矿召开了物资消耗成本管理经验交流现场会，受到了公司领导和与会代表的高度认可，管理经验分三步在公司内部进行大力推广，交流会后在全公司掀起了学新安煤矿物资消耗成本动态管理的高潮，先后接待了公司内外多家兄弟单位到矿观摩交流。新安煤矿形象得到了进一步提升，产生了广泛的社会影响，先后荣获全国“一级质量标准化”矿井、全国“瓦斯综合治理示范化”矿井、全国煤炭工业“五精管理”样板矿、河南省“五优”矿井、河南省工信厅“财会升级创优工作优秀单位”“中国最美矿山”等一系列荣誉称号。

（成果创造人：李书文、郭　栋、刘建中、任树明、邢志丹、席战伟、
郭　晓、杨伟锋、张正义、杨永春、刘　昱、刘娇伟）

大型炼化企业管理会计体系的构建与实施

中国石油四川石化有限责任公司

中国石油四川石化有限责任公司（以下简称四川石化公司）是由中国石油天然气股份有限公司和四川省人民政府合资组建的西南地区首个特大型石油化工生产企业，于 2007 年 3 月成立，总投资 373 亿元，股比 90∶10。四川石化公司位于成都所辖彭州市，总占地 400 余公顷，建设规模包括 1000 万吨/年炼油和 80 万吨/年乙烯两部分，年主要生产汽柴油 560 万吨，航空煤油 50 万吨，聚乙烯、聚丙烯、顺丁橡胶等五大系列固体化工产品 120 万吨，乙二醇、对二甲苯等十种液体化工产品 180 万吨。四川石化公司坚持走现代企业管理道路，编制定员 1550 人，实行“机关处室—联合装置”两级架构，全面推行组织机构扁平化，并采取检维修、辅助操作一体化外包运作模式，致力于打造典范式炼化一体化企业。

一、大型炼化企业管理会计体系的构建与实施背景

（一）增强企业价值创造力的需要

中国的经济发展在最近几年面临着越来越多的挑战，企业必须能够根据市场环境的变化，快速准确地做出决策和应变，才有可能跟上市场节奏的变化，抓住获利时机，实现企业整体价值最大化的目标。管理会计作为为企业提供决策信息支持与优选方案规划的重要工作体系，以采集财务、生产、经营、市场、投资、管理上的各类信息为基础，通过运用恰当的整理、加工和分析方法，形成有用且丰富的数字化信息。以量化的方式，帮助企业管理者识别决策方向，使企业的运营可预见、可计量、可控制，减少因盲目决策而带来的企业资源损失浪费，使企业具备更强的市场竞争力。

（二）适应国家会计领域发展新趋势的需要

20 世纪七八十年代，会计学术界才开始大量引入西方管理会计的理论和方法。当时我国尚处于向市场经济转型的初期，企业竞争压力不大，对管理会计的需求不高，管理会计没有得到广泛的重视和系统的应用。随着市场化进程的逐步推进，企业越来越感觉到单纯的财务会计信息已经远远无法满足企业生产经营决策的需要。因为普及率低，管理会计在我国企业中的应用还极其有限，更谈不上形成系统的管理会计体系，很多企业管理者对管理会计所能为企业创造的经济价值也没有明确的认识。面对日益突出的管理会计发展滞后与市场经济竞争日趋激烈之间的矛盾，财政部于 2014 年出台了《关于全面推进管理会计体系建设的指导意见》，就加快管理会计发展做出了全面部署。中国石油天然气集团公司也在 2015 年、2016 年，连续两年将推进管理会计体系建设列入财务工作要点，作为财务工作的重要发展方向。因此，四川石化公司需要顺应趋势，及早建立起管理会计体系，以便在竞争中抢占先机。

（三）应对炼化行业激烈竞争的需要

21 世纪初，随着国际油价不断上涨并高位震荡，大幅拉升了成品油价格；国内经济的快速发展，也带动了成品油及化工产品需求的强劲增长，使炼化行业盈利空间不断扩大，吸引了大量投资，炼油能力迅猛提升。自 2012 年国内经济步入新常态以来，炼化产品需求增速放缓，炼化企业开工负荷率连年下滑，产能过剩问题日益凸显，行业竞争形势日趋严峻。而新型煤化工、新能源汽车等新兴产业的发展，也在加速抢夺传统炼化企业的市场份额。四川石化公司想要在激烈的竞争环境中保持存活，并实现可持续发展，就必须尽力提高企业自身的经济效益。炼化企业生产工艺繁复、生产流程长、产品种类众多，影响效益的因素错综复杂。四川石化公司需要尽快建立起管理会计体系，实时分析内外部条件的变

化，从而在市场的动态变化中准确锁定企业的效益增长方向。

二、大型炼化企业管理会计体系的构建与实施内涵和主要做法

四川石化公司以企业生产经营活动为对象，全面建立管理会计信息数据库，科学运用管理会计理论方法对信息进行深加工和再利用，实现对经济过程的预测、决策、规划、控制，帮助提高管理会计工作效率，使企业的生产经营始终处于最优状态，实现利润稳步增长。主要做法如下：

（一）重视管理会计应用的数据基础，全面建立管理会计信息数据库

四川石化公司构建和实施管理会计体系的第一个层次就是建立管理会计信息数据库，为管理会计的应用提供可靠的数据支持。数据库中的数据来源于两部分：一部分是通过各种内外部渠道收集而来，另一部分是经过加工处理后的二次数据。

（二）科学运用管理会计理论方法，多维度测算比选最佳获利方案

四川石化公司在构建与实施管理会计体系过程中，将测算评估盈利水平放在突出位置，并进而提出实现全厂效益最优的建议方案。四川石化公司的盈利水平评估主要围绕边际贡献测算展开，通常每周为一个测算周期。当发生重大价格变化或生产调整时，则随时追加测算。测算主要包括以下步骤：

1. 准确选取适用数据

一是价格数据的选取（价格预测机制）。测算所需全部价格均应选取测算周期内的价格。当测算周期内的价格尚未发布时，则需要进行预测。为了满足测算需求，并保持对价格走势的预见性，四川石化公司管理会计体系建立原料和产品结算价格的预测机制。在充分研究各类原料和产品定价规则的基础上，通过每日跟踪统计定价所挂靠品种的价格数据信息，对下一定价周期的结算价格进行量化预测。并通过市场分析，对近期市场价格走势做出预判。

二是装置运行数据的选取。生产装置数据（如收率、单耗等）的选取以接近测算周期内装置运行状态为原则。如果测算周期内装置运行不做较大调整，则从统计类数据库单元中选取近期装置运行参数值；如果测算周期内装置运行状态与近期相差较大，则从统计类数据库单元中选取与测算周期内装置运行状态相近工况下的参数值；如果测算周期内装置按新工况运行，则从设计类数据库单元中选取设计参数值。

三是成本数据口径的选取。根据与业务量之间的相关性，管理会计将成本划分为固定成本与变动成本。事前测算的主要目的是为生产计划的制定提供决策支持，所以选取变动成本，即随产出量变化而变化的成本部分（如原料、燃料、动力、消耗性三剂、包装物等），作为成本量化的口径，而将与生产方案无关的固定成本部分（如折旧、人工、固定床催化剂等）剔除在外。并且用边际贡献，即销售收入减去变动成本后的余额，来衡量不同生产方案下的获利水平。

2. 测算公用工程系统产出变动成本

作为炼化企业生产成本的重要组成部分，生产装置运行所需消耗的燃料、动力由公用工程系统提供。因此，在生产装置之前，四川石化公司首先对公用工程系统各项产出的变动成本进行测算。

第一，运用边际成本法，确定自备电厂运行方式及全厂用电单位变动成本。四川石化公司自备电厂与大多数炼厂的自备电厂一样，按照“热电联产”的方式设计建设，主要为生产装置提供蒸汽和电力。可以根据实际需要调节自发电量的多少，其余电力通过外购电补足。四川石化公司运用边际成本法，评估自发电的单位变动成本，即用自备电厂在发电和不发电工况下供出相同蒸汽时的成本差除以发电工况下的发电量，与外购电单价进行对比。根据对比结果，提出汽轮机运行建议。因为四川石化公司自备电厂采用天然气作为主要燃料，价格相对较高，到目前为止自发电的单位变动成本始终高于外购电单价。为此，从经济性角度出发，同时兼顾“双线路供电”的用电安全需要，四川石化公司当前仅运行一台汽轮发电机组，并控制在最低发电量的水平，产汽量和发电量基本恒定，其余的用电需求则依靠外购电来

满足。在该情况下，汽轮机的消耗可视同固定成本，生产装置用电的单位变动成本即为外购电单价。因每一个测算结果都有其适用的特定环境和条件，当天然气或外购电的价格发生变化时，要对自产电和外购电的经济性重新进行测算评估。

第二，运用热量分配法，测算不同等级蒸汽单位变动成本。自备电厂向生产装置供出蒸汽和电，自备电厂总变动成本扣减自产电变动成本后，剩余的部分即为蒸汽变动成本。由于蒸汽在生产环节主要被用于做功或换热，四川石化公司选择用能量作为蒸汽变动成本分配的标准，并通过焓值量化不同等级蒸汽所携带能量的多少，从而确定不同等级蒸汽的单位变动成本。

第三，测算其他燃料动力单位变动成本。在公用工程系统中，自备电厂的工艺过程最为复杂。其他装置因只有一种产出，其产出的动力产品单位变动成本比较容易确定。

3. 生产装置排产方案测算优化

一是运用现代规划技术，比选全厂效益最优的排产方案。四川石化公司运用 APS（AdvancedPlanningandScheduling）系统（又名高级计划与排程系统）先进的规划技术，来帮助完成整个比选过程，并从中选出全厂效益最优的排产方案。APS 系统应用的关键在于基础数据的质量，包括测算期间的价格、各装置在不同工况下的收率及能耗水平、装置加工能力、物料的可选加工路径等，这再次突显了建立数据库的重要性。

APS 系统根据每个方案下的全厂资源总投入和产品总产出，结合价格数据，可以计算出全厂总效益，并从中选出效益最大的一个方案作为结果输出，它并不解决过程中的内部价值传递结转问题，也不能对各产品（中间产品）的盈利能力做出具体评价。但是，仅提供一套排产方案，无法满足生产指挥系统的需要。因为实际生产无法时刻与“最优流程”完全保持一致，当生产出现波动时，生产指挥系统需要知道应该优先保证哪些产品的生产，才能实现效益相对最优。企业也需要了解各个产品线路的获利能力，才能明确挖潜增效方向，通过技术攻关继续增产高效产品，来进一步提高企业的效益水平。

二是运用作业成本法和原子关联法，分配产品变动成本，评估产品盈利能力。炼化企业产品边际贡献测算的关键在于变动成本分配。四川石化公司运用作业成本法原理，基于资源耗用的因果关系进行变动成本分配，以求最大限度还原产品的真实变动成本。具体来说，就是以最小的生产统计单元（作业）为单位，分别归集原料、燃料、动力、三剂（资源）的消耗成本；再按照各自的成本动因，将各项成本分配给该生产统计单元产出的各种产品和中间产品（成本对象）；最后，通过逐步结转，将成本结转到最终产品上。为了解决作业成本法在原料成本分配应用上的难题，四川石化公司基于“分子炼油”理念和技术，研究并创立“原子关联法”用于原料成本分配。借助化学反应关系，深入到物料的原子层面，建立起产品与原料之间的耗用关系，从而还原产品最真实的原料成本，并在实践中灵活应用，取得了较好的效果。

三是运用线路提取法，评估中间产品盈利能力。四川石化公司建立中间产品边际贡献测算体系，以中间产品为源头，分别提取其下游各条加工线路，并分别测算按不同线路加工的边际贡献值。通过中间产品去不同加工线路边际贡献值的对比，生产指挥系统可以比较直观的判断中间产品在下游加工路线间的优先安排次序。

四是运用热值比价法，评估低效产品做燃料价值。四川石化公司的裂解焦油、油浆等产品，受其本身物性及相关税收政策影响，税后售价很低，从销售渠道获取的边际贡献极其有限，有时甚至还会出现亏损。但这些产品中含有很高的热量，可以考虑转为做燃料来提高其经济价值。四川石化公司运用热值比价法，对这些产品做燃料的价值进行量化。以天然气单价及天然气所含热量对单位热量进行定价，根据拟做燃料产品的组分分析结果及各组分焓值，折算各产品所含热量，根据天然气单位热量的价值和各产品所含热量，折算各产品做燃料的价值，并将该价值与产品出厂价作对比，从而选择出价值相对较高的方案。

五是运用机会成本理论，分段评价外购原料油加工效益。炼化企业在加工原油之后，如果生产装置还有富余产能，可以继续通过采购加工原料油，来争取更多的获利机会。但是，在采购决策前必须经过细致测算筛选，以确保加工即有效益。四川石化公司运用机会成本理论，分段评估加工外购原料油的效益情况，并根据测算结果，对外购原料油的采购量提出建议，为原料采购部门制订采购计划及议价提供支持。

4. 专题测算评估

除了常规的测算工作外，四川石化公司管理会计还会根据业务部门的需求，就专项决策问题进行测算，比如：丁辛醇市场低迷情况下的开工方案对比、汽油升级国Ⅴ标准效益评估、重催催化剂选型效益影响测算等。管理会计理论和方法的应用具有很强的灵活性，对于每次测算，都不会设定固定的测算模式，而是在同业务部门充分沟通的基础上，针对每次测算的具体环境和决策内容，从业务原理出发，选取适用的数据和方法，以保证测算结果的可靠性和对决策的有效支持。

（三）搭建固定成本分级管控架构，与边际贡献配合实现全面预算管理

1. 建立管理组织架构，明确各部门的管理范围

四川石化公司建立三级固定成本预算管理组织架构：第一级为公司级，负责管控固定成本整体预算，将整体预算分解到固定成本的各项费用要素，并持有公司级预留预算。第二级为专业管理级，四川石化公司为每项费用指定一个专业管理部门，由其负责该项费用的整体管控，将该项费用预算分解到具体预算使用部门，并持有专业级预留预算。第三级为预算使用级，各预算使用部门负责在预算范围内，使用下达给本部门的各项费用预算指标。为了厘清各专业管理部门之间的管理界限，以清单列举的方式，明确各部门的管理范围。

2. 建立由源头到结果的全程管控制度

四川石化公司建立“源头确认、过程管理、结果考评”全程管控制度。源头确认，指预算使用部门在经济活动实质发生前，必须确认有相应的预算项目和额度，严禁预算外支出，由专业管理部门负责监督。过程管理，指预算使用部门、专业管理部门、财务处每月对预算使用情况进行分析，存在超预算风险的，及时分析纠正；确需使用的，及时向上一管理级次提出追加预算申请。结果考评，指做到有要求即有考核，对于违反相关管理规定的，给予通报处罚，对于控制有效的，给予奖励激励。

（四）运用资本投资决策分析方法，对效益类投资项目回报水平进行事前评估

1. 运用内部收益率法，评价长期投资项目的经济可行性

四川石化公司管理会计以内部收益率计算模型为基础，综合考虑资金时间价值，以及项目在建设期和收益期的预计现金流量情况，对项目的内部收益率进行测算。并根据内部收益率的高低，结合项目的风险状况，来判断项目的经济可行性，确保项目投资能够达到理想的收益水平。对于长期租赁项目，也同样基于内部收益率计算模型，通过对模型中各要素的逐一核定，将出租方的内部收益率控制在合理水平，达到尽量降低租金成本的目的。

2. 运用投资回收期法，评价小型技改技措项目的经济可行性

对于建设期短、投资相对较小、数量相对较多的技改技措类挖潜增效项目，在正式立项前，四川石化公司管理会计除了会对项目投用后的见效情况进行细致论证测算外，还会结合项目预估投资金额，对项目的投资回收期进行评估。从而更为客观地评价项目的增效能力，有效规避在投用后虽有效益但增效金额难以收回投资这类项目上的投入损失，为立项决策和项目实施的优先顺序安排提供更为可靠的依据。

（五）运用对比分析法和因素分解法，系统开展经济活动分析和企业间对标分析

1. 运用对比分析法，建立经济活动分析主线

四川石化公司的经济活动分析按月开展，主要进行三个维度的效益对比分析：一是本月（年）与上

月（年）或历史最好水平对比；二是实际与预算或计划对比；三是与同期同类炼化企业对比。其中，企业自身内部分析以第一个维度为主线，第二个维度作为穿插，通过对比分析，及时发现引起企业效益发生波动的原因，迅速采取措施；企业间对标分析则以第三个维度为主线，通过与同类企业对比，准确定位竞争优劣势，取长补短，并重点针对差距和不足，有针对性地制定改进策略。

2. 运用因素分析法，逐层拆解效益影响动因

炼化企业影响效益的因素众多，传统以财务会计为主的经济活动分析，受工具和方法限制，缺少处理复杂数据的能力。大多采用定性分析的方式，以指标通报和基于已经掌握的生产经营异常情况，罗列影响效益因素为主，有较大的局限性，无法反映企业效益全貌。

四川石化公司以管理会计为主的经济活动分析，从数据入手，运用因素分析法中的连环替代、差额分析等统计学定量分析方法，对账面利润进行层层拆解，形成纵向分析到底、横向分析到边的严谨的数据分解逻辑网络。通过全面排查，将账面利润的整体差异分解到末级数据单元，落实到每一个具体的效益动因上，并对影响程度予以量化。

3. 运用事件分析法，对事件性影响进行专项评估

当发生对企业效益有重要影响的生产经营事件，如挖潜增效项目投用、生产波动等，四川石化公司会在数据分解逻辑网络之外，打破各个效益动因之间的界限，以事件为单位，整体测算评价其对效益造成的影响。通过案例式的剖析，使相关部门对自身工作与企业效益之间的关联性有更为直接和深刻的理解和认识，有助于从中汲取经验和教训，将效益意识更深地植入到企业各个业务领域的日常工作当中，从而更为有效地推动企业实现效益增长。

4. 根据数据层分析线索，深入追查业务层导致数据变动的根源

经济活动分析和对标分析的根本目的在于肯定优势，改进不足。因此，四川石化公司在数据层分析锁定数据差异动因的基础上，根据数据指向，将分析继续向业务层延伸。与相关业务部门一道，进一步挖掘数字背后影响效益最为根本的业务动因，并有针对性的提出改进意见和建议，从而形成完整的闭环分析体系。

（六）编制管理会计内部报告，提炼通报关键经济信息

四川石化公司建立系统的管理会计内部报告制度和模板，定期对测算和分析过程中的主要信息进行提炼，以图文并茂的方式汇编成册，并在公司级别会议上进行通报，及时为公司管理层提供日常生产经营活动所需的经济信息。《经济信息周报》每周编制一期，主要内容包括：当前市场形势分析、价格走势分析、边际贡献测算分析、生产经营重要参数变化趋势分析等。《经济活动分析报告》每月编制一期，主要内容包括：效益概览、影响效益因素分析、管理建议、挖潜增效进度、下阶段创效形势分析等。《专项测算报告》针对每次专项测算进行编制，主要内容包括：测算背景、测算参数选择、测算方法及过程、测算结论等。

（七）开发管理会计信息系统，精选管理会计人才

四川石化公司开发"生产经营决策支持系统"，该系统主要包含三个方面的功能：一是建立分类信息数据库，通过与其他系统接口或批量导入的方式，收集管理会计所需各类数据，转化为管理会计适用口径，分类进行存储，并提供多维度的查询和调用。二是对于有固定模式的数据处理工作，通过将计算模型植入系统，由系统完成运算并输出相关报表。三是根据数据库中的信息以及运算结果，输出各种形式的统计图表。

四川石化公司财务处原本定员 14 人，均按财务会计编制设置。进入生产期后，四川石化公司领导高度重视效益测算分析工作，并大力支持组建管理会计团队。四川石化公司从生产一线挑选出七名熟悉生产工艺的年轻员工，加入管理会计团队，有效促进了管理会计与业务领域之间的融合，对管理会计工

作质量的提升起到了积极的促进作用。

三、大型炼化企业管理会计体系的构建与实施效果

（一）四川石化公司利润水平实现持续稳定增长

四川石化公司自 2014 年投产以来，依托管理会计体系，坚持对生产经营方案不断进行测算优化，运营渐入佳境，利润水平实现持续稳定增长。2015 年，加工原油及外购原料油 759 万吨，销售产品 695 万吨；实现销售收入 375 亿元，净利润 2 亿元，缴纳各类税费 79 亿元；取得了第一个完整生产年即实现盈利，并位列中国石油炼化一体化企业第二位的骄人业绩。2016 年，四川石化公司继续延续盈利势头至今。前 4 个月实现账面盈利 10.44 亿元，同比增效 21.43 亿元。

（二）多项挖潜增效建议实施后成效明显

基于管理会计测算分析结果，提出多项挖潜增效建议，经实施后经济效果明显。自投产以来，累计增效金额近 13 亿元。其中：降低自备电厂自发电量增效 0.77 亿元、低效产品做燃料增效 2.42 亿元、回收燃料气中有效裂解原料组分增效 0.44 亿元、丁辛醇阶段性停工增效 0.64 亿元、调整原油进厂节奏增效 0.54 亿元、争取优惠电价增效 1.34 亿元、提升西南地区市场占有率增效 0.51 亿元、进一步压缩制氢装置负荷增效 0.71 亿元、抓紧开发三聚高附加值牌号产品增效 1.33 亿元、加工外购原料油增效 1.85 亿元、降低柴汽比增效 0.84 亿元、库存运作增效 0.75 亿元。

（三）管理会计工作得到中国石油集团公司肯定

四川石化公司在管理会计方面的尝试探索以及取得的成效受到了中国石油总部的关注。在中国石油集团公司 2016 年财务工作会上，集团公司领导在主题讲话中，特别就四川石化公司组建管理会计团队，支持企业生产经营决策方面的工作给予了肯定。

（成果创造人：闫志民、齐宏宇、张鹏翔、卢琪云、李小刚、周吟秋、杨保龙、王光龙、上官同富、李　建、李　墨、李　伟）

电力公司以防范和化解内部控制风险为导向的全面审计管理

国网内蒙古东部电力有限公司

国网内蒙古东部电力有限公司（以下简称国网蒙东电力）是国家电网公司的全资子公司，是由国务院国资委直接管理的央企驻地方企业。国网蒙东电力成立于2009年6月，2010年1月正式独立运营，负责投资、建设和运营管理赤峰、通辽、兴安、呼伦贝尔四盟（市）电网，供电面积47万平方公里，供电人口1200万。2010—2015年累计完成电网投资462.8亿元，是国网蒙东电力成立之前该地区5年电网投资额的5倍左右。四盟（市）电网全部与东北主网实现500千伏电压等级联网，呼伦贝尔、兴安电网结束长期孤网运行历史。风电装机从200万千瓦增长到885万千瓦、年均增长26%，累计风电发电量705.55亿千瓦时。2015年，国网蒙东电力资产总额382.2亿元，全年售送电量781.6亿千瓦时，营业收入180亿元，入选《2015年内蒙古自治区30强企业》，位列第8名。

一、以防范和化解内部控制风险为导向的全面审计管理背景

（一）建设“三集五大”体系的客观要求

2012—2014年，国网蒙东电力按照国家电网公司统一部署，完成了“三集五大”体系建设，形成了关键资源、关键业务集约化、扁平化、专业化管理的格局，基本规范了各项业务的流程及管理。但体系运行过程中仍存在不少问题，在很大程度上影响了体系成效的发挥。主要表现在两方面：一是部分环节内部控制体系设计不够合理。国网蒙东电力内部控制体系虽然实现框架基本建成、业务基本覆盖，但仍有较多环节存在设计缺陷，表现在部分流程繁复效率低下、衔接存在漏洞、与实际不符、可操作性差等方面。内部控制设计存在明显的“短板”，一个环节的漏洞，会在很大程度上影响整个流程的精益化水平。二是部分内部控制规定执行刚性不足。内部控制的执行是体系发挥成效的关键。国网蒙东电力内部控制体系建成以来，虽然取得了一定成效，但内部控制执行与目标还存在较大差距。表现为绕过内部控制执行业务、违反内部控制规定执行业务、执行内部控制规定有偏差等方面。这些问题的存在，在很大程度上影响了内部控制体系成效的发挥。因此，实施以内部控制风险为导向的全面审计管理，保障“三集五大”体系顺利落地显得尤为重要。

（二）提高内部控制整体水平的必然选择

审计部作为企业的监督部门，对防范和化解内部控制风险，既具有天然的优势，也负有不可推卸的责任。内部控制审计能够促进内部控制体系不断优化。内部控制审计通过风险评估、测试、访谈多种手段，对内部控制体系设计进行分析、评价，持续查找漏洞、寻找不足，不断提升内部控制设计的科学性、合理性，从而保证内部控制设计“轮舵”方向的正确性。内部控制审计运用还原审计、关联审计等多种手段，对内部控制体系执行的有效性进行全面审查，寻找落实不力、执行偏差等问题，督促完成整改，不断予以完善，从而保证内部控制执行的刚性。以内部控制风险为导向的全面审计管理是最优选择。以内部控制风险为导向的全面审计管理是将风险导向审计思想运用于内部控制审计的一种审计方法。即首先对企业内部控制体系开展风险评估，根据风险评估的量化结果，确定审计的范围和方法，最终将内部控制风险控制在可接受的范围之内。国网蒙东电力作为省级电力公司，体量庞大、业务复杂、流程繁多，审计人员难以对所有流程实施全面审计。运用风险导向审计思想，以内部控制风险评估结果为基础开展内部控制审计，解决审计资源分配问题，同时可将内部控制风险降低到可接受的范围内，是解决审计资源与审计效果矛盾的最优选择。

（三）确保企业健康持续发展的重要保障

完善的内部控制体系是企业健康发展的重要保障。近两年来，经济发展进入“新常态”，电力企业售电量从“高速增长”转变为“中高速”增长，成本、资金压力明显增加。国网蒙东电力属于“新公司、老家底”，老国企的粗放管理、“跑冒滴漏”等通病仍然存在，管理链条长，执行力层层衰减问题突出。以内部控制风险为导向的全面审计管理是提高内部控制整体水平的重要保障，构建完善的内部控制体系，促进集约化、精细化管理，大力降本增效，提升精益化水平，才能促进国网蒙东电力内强管理、外适环境，确保企业健康可持续发展。

二、以防范和化解内部控制风险为导向的全面审计管理内涵和主要做法

针对以“三集五大”为核心的内部控制体系已基本建成、设计合理性以及实施有效性还存在较多问题、严重制约内部控制成效发挥的实际情况，以提高内部控制整体水平、确保企业健康发展为总体目标，围绕内部控制设计合理性及执行有效性的“内部控制两核心”，以风险识别、风险评估、风险控制、风险后评价“递进四步法”为导向，实施逐项审计制、抽样审计制、还原审计制、优化审计制、跟踪审计制“审计五机制”，形成内部控制“目标、计划、执行、检查、改进”的OPDCA闭环管理格局，提升公司内部控制整体水平，巩固“三集五大”体系建设成果，保障企业健康发展。主要做法如下：

（一）建立全面审计管理体系

1. 建立健全组织结构

国网蒙东电力采取“矩阵组织结构”模式，保证组织周密，实施有序，效率提升。审计部统一组织。国网蒙东电力审计部负责以内部控制风险为导向的全面审计管理体系的整体推进。主要负责体系架构整体设计、组建各工作小组、协调各业务部门、制定审计方案、控制工作总体进度、体系成效整体把关等重大工作，三个工作小组具体实施。审计部抽调各级审计骨干，并聘请一定外部力量，组成风险识别及评估、内部控制审计实施、风险后评价三个小组，负责按照审计部部署要求，完成风险评估、内控审计实施、风险后评价等工作。各专业对口推进。各业务部门负责配合各工作小组开展工作，并按照《整改意见书》要求完成本专业（包括本部及各所属单位）问题整改。

2. 建立以内部控制风险为导向的审计运行机制

以内部控制风险为导向开展审计，即在开展审计工作之前，首先对内部控制流程风险进行识别及评估，并根据风险评估结果确定下一步审计工作安排。对高风险流程，配置较多审计资源，确保内部控制流程风险得到充分审计及管控；对低风险流程，配置较少审计资源，保证内部控制流程风险为可接受水平。

（二）重点审计“内控两核心”

内部控制有效性主要取决于设计合理性和执行有效性两个方面。即：内部控制有效性＝内部控制设计合理性内部控制执行有效性。只有当上述两个因素同时有效时，内部控制体系的有效性才能落实。国网蒙东电力开展以内部控制风险为导向的全面审计管理过程中，始终围绕上述“两个核心”，对内部控制“设计”与“执行”风险分别开展评估及审计等工作，避免因为风险环节区分不清导致责任不清、整改缺乏针对性。确保“设计”“执行”两个核心环节的有效性都得到落实，最终实现整个内部控制体系有效性的提升。

（三）实施风险管控“递进四步法”

国网蒙东电力开展内部控制审计时，将风险管控的思想贯穿始终。风险识别、风险评估、风险控制、风险后评价四步法层层递进，循环推进。

第一，以内部控制设计及执行风险识别及评估为基础。审计部部署，风险识别及评估小组具体实施，对公司12个一级流程、80个二级流程、330个三级流程、954个末端流程开展内部控制设计及执行风险识别与初步评估工作。最终在内部控制设计方面，确定各级风险 79 项；在内部控制执行方面，确定各级风险 139 项，涉及工程一电网基建管理、物资（服务）采购管理、财务管理、电力交易管理、工程一非生产性技改大修、合同管理等主要业务。

第二，以风险控制为核心。对风险识别及评估后，核心工作即是对内部控制风险进行控制。国网蒙东电力风险控制的主要手段为对各个内部控制流程开展的审计及整改措施。

第三，以风险后评价为保障。开展审计及整改工作后，对每项内部控制流程风险开展后评价，确保内部控制流程风险值低于目标控制值。

（四）全面实施“审计五机制”

审计组在风险评估的基础上，确定审计实施机制。主要包括五项审计机制，即逐项审计制、抽样审计制、优化审计制、还原审计制、跟踪审计制。“审计五机制”既各有侧重，又互相联系。内部控制设计方面，10 级及以上重大风险实施逐项审计及优化审计制；5—10 级中等风险实施 PPS 抽样审计及优化审计制，抽样比率不低于 50%；4 级及以下风险实施随机抽样审计制及优化审机制，抽样比率不低于 20%。内部控制执行方面，10 级以上重大风险实施逐项审计制及还原审机制；5—10 级中等风险实施 PPS 抽样审计制及还原审机制，抽样比率不低于 50%；4 级及以下风险实施随机抽样审计制及还原审机制，抽样比率不低于 20%。在此基础上，对所有内部控制审计发现问题的整改情况，进行持续跟踪审计。在确定审计机制的基础上，审计小组对 32 个样本的内部控制设计开展优化审计；对 50 个样本的内部控制开展还原审计。

（五）多措并举提高审计质量

在确定审计机制的基础上，审计实施小组根据内部控制流程特点，因地制宜地选择审计方法手段，提高审计效率及质量。按照“新老结合、优势互补”的思路，既运用了关联审计法、信息化审计等新手段、新技术，也运用了现场访谈、实地观察、文档检查、穿行测试、调查问卷等传统的有效方法，确保审计效率及质量。

第一，全面运用现场访谈法及调查问卷法。现场访谈法及调查问卷法具有成本低、效率高、获取信息量大的突出优点。内部控制设计是否合理、执行是否到位，体会最深、掌握最有价值信息的是具体操作人员及直接管理层。在审计过程中，审计实施小组共开展 204 次访谈，下发并收回 143 份调查问卷，掌握了大量重要信息，对提高审计效率及质量具有重要意义。

第二，大量运用信息化审计法。国网蒙东电力已基本实现主要业务信息化全覆盖，大量内部控制流程内嵌于信息系统。审计人员在实施审计过程中，大量运用信息化审计手段。如检查信息系统权限设置 35 人次；对照内部控制流程规定检查信息系统流程设计 54 个；核查流程“后门”22 项，核实项目后台打开、权限调整等突破内部控制规定的操作 88 次。

第三，以书面文档检查法印证信息正确性。在开展访谈及调查问卷基础上，审计实施小组本着“谨慎、求实”的职业态度，通过检查文档对获取的信息进行验证。审计过程中，审计实施小组共审查内部控制流程设计说明性相关材料 1300 余份、内部控制执行痕迹材料（申请、批复、盖章单、签字单等）4000 余份，保证审计结果客观、真实、可信。

第四，有针对性地运用实地观察法及穿行测试法。实地观察法及穿行测试法具有实施成本高、实施结果可信度高的特点。审计实施小组对风险等级超过 10 级的内部控制流程、依靠其他方法难以取得可信结果的内部控制流程运用实地观察及穿行测试的方法完成审计。审计过程中，共进行实地观察 58 次、开展穿行测试 400 次。

第五，适当运用关联审计法。对于涉及多流程的内部控制，国网蒙东电力内控审计人员创新地运用了关联审计法，对于不同流程中互相关联的控制点进行测试印证，判断控制执行的有效性。在审计过程中，共运用关联审计法对 36 个流程中互相关联的控制点进行审计。

例如，在对存货发出和计价的控制点的执行情况进行审计时，由于电力企业普遍存在存货不入库直接运至现场，财务账严重滞后或购买存货未使用一次性计入生产成本，账实不符的情况，检查时仅开展抽取凭证、测算存货发出计价等测试工作则不能完全保证审计结果的有效性，故在检查时应结合存货监盘，确认存货出入库管理是否存在上述特殊情况，进而对审计结果提供支持。

第六，"整改三制"贯彻始终，审计成果运用得到保障。审计实施小组在开展内控审计工作的过程中，共发现问题 139 个，形成审计底稿 1865 份、审计记录 2000 余份、下达《整改意见书》210 份。对发现问题的及时整改是实现审计工作效果的重要保障，国网蒙东电力高度重视审计发现问题的整改工作，建立并实施"整改三制"。

一是整改分工阶段，实施"本部职能部门为第一责任人"机制。建立本部职能部门为第一责任人、本部各部门及各单位为具体整改实施单位的整改责任机制。本部各业务部门从专业角度对各对口部门统一下达整改意见，大力提升问题整改执行力。二是整改跟进阶段，实施"责任跟踪制"。建立问题整改台账，定期核实问题整改进度并通报，对未完成问题进行重点督导，确保问题彻底解决。三是整改督导阶段，实施问题整改"五级销项制"。即审计发现问题结果确认需经过本单位责任人提报、本单位主要负责人签字、上级专业管理部门管理人员审核、部门负责人签署整改意见、审计部最终审核五级销项把关，确保问题整改完成。四是后续保障措施，对审计检查发现问题前查后犯、屡查屡犯等整改不到位的问题，采取警示教育、通报批评、记过等措施，严肃处理有关责任人员。将整改结果纳入企业年度负责人考核，酌情减分。建立教育机制，在一定范围通报检查发现的重大问题，做到警钟长鸣、常抓不懈，不断增强干部员工的遵纪守法意识。

（六）持续跟踪强化审计成果

在优化审计、还原审计、逐项审计、抽样审计的基础上，常态化开展跟踪审计。即对各业务部门落实整改意见、完善内部控制的结果进行跟踪审计。对发生频次高、影响范围广且具有持续性的审计事项，采取"一对一督导"方法持续追踪事项的发展情况，实现风险的过程管控。对于整改不力、屡查屡犯的部门及人员，采取通报考核、公开批评等手段进行推进。

在实施上述风险识别及评估、审计优化及还原、风险整改及控制的基础上，开展风险后评价，促进审计工作持续改进。即抽调各专业业务骨干，形成风险后评价组（与初始阶段内控审计实施小组不同人员），对内部控制在设计及执行方面的风险进行再次评估，从而确定下一步审计措施。通过"风险识别—风险评估—审计举措—风险控制—风险后评价—审计举措"的循环，实现内部控制的 OPDCA 管理。

（七）积极探索长效运用机制

"以防范和化解内部控制风险为导向的全面审计管理"作为国网蒙东电力重点管理创新项目，取得了显著的成效。在此基础上，审计部进一步探索"以内部控制风险为导向的全面审计管理"体系的长效实施及运用，着力发挥体系对于内部控制体系改善的长期支撑作用。

一是将"以防范和化解内部控制风险为导向的全面审计管理"运用作为《国网蒙东电力审计工作五年规划》的重要方面。结合国网蒙东电力内部控制发展及审计工作安排，以"每年一诊断、三年一开展"为总体思路，引领各年审计工作计划的制订。二是每 3 年开展一次以内部控制风险为导向的全面审计管理。基于审计成果成效不可避免的逐年弱化、企业内部控制体系不断变化发展的实际情况，在充分应用已开展项目成果的基础上，每 3 年开展一次以内部控制风险为导向的全面审计管理，履行"风险识别—风险评估—审计举措—风险控制—风险后评价—审计举措"的循环，保证企业内部控制管理水平的高水准和一致性。三是坚持每年开展内部控制诊断提升。通过每年开展诊断提升，跟踪审计整改成效，发现新生问题，保证工作常态化，强化监督力度，避免出现审计成果大幅弱化的问题。四是将"以防范和化解内部控制风险为导向的全面审计管理”融入企业日常审计项目。开展经济责任审计、财务收支审计及其他审计项目时，将内部控制作为审计的重要方面。通过多项措施，实现以内部控制风险为导向的全面审计管理的长效运用。

三、以防范和化解内部控制风险为导向的全面审计管理效果

（一）强化内部控制的合理性和可执行性

实施以防范和化解内部控制风险为导向的全面审计管理以来，对于由于内部控制设计不合理导致执行不到位的四类、69个问题，审计实施小组结合内部控制设计审计，确保整改意见可行。对于内部控制设计与实际情况不符、缺乏可操作性的问题，按照“必需＋最简”的原则，制定并下发整改意见140项，着力消除冗余，增强关键，保证可行。对于内部控制设计留有“后门”，存在突破规定的方法的问题，审计部下发整改意见，着令负责部门限期收回权限，消除“后门”，保证执行刚性。对于内部控制设计未实现“唯一通道”要求的问题，着力堵塞其他通道。针对一人履行多人权限问题，审计实施小组经过与项目组沟通，下达整改意见，要求实施执行权限与IP地址锁定、执行痕迹与考核挂钩等整改措施，确保问题解决。解决操作人员主观原因导致落实不力问题70项。强化了内部控制的合理性和可执行性。

（二）显著提升内部控制整体管理水平

客观上，内部控制整体风险得到降低。内部控制设计合理性及执行刚性得到提升后，实现了内部控制体系从“纸上”到“行动”的质的飞跃，内部控制体系规范企业管理、提升公司治理水平的成效明显提升。主观上形成了“敬畏规则、刚性执行”的良好氛围，大大改善了内部控制环境。国网蒙东电力内部逐渐形成遵守规则、遵守规定的良好氛围，员工态度从“被动接受”变为“主动应用”。内部控制体系建设以来，由于部分流程存在设计冗余、不可操作等问题，影响了员工履行内部控制流程的积极性。消除内部控制流程冗余、不可操作等问题，对执行不力的单位和职工进行考核通报，保证公平公正，实现“设计可行、执行刚性、公平考核”的整体管理，员工对内部控制体系的态度逐渐从“被动接受”转变为“主动应用”，对筑牢公司管理基础具有重要意义。

（三）进一步保障企业健康可持续发展

国网蒙东电力实施以防范和化解内部控制风险为导向的全面审计管理以来，内部控制漏洞风险得到有效控制，内部控制整体水平明显提升，为公司管理精益化、集约化、高效化奠定坚实基础。两年来，国网蒙东电力深化本质安全建设，加强隐患排查和专项治理，扎实开展春秋检工作，保持了安全生产良好局面。未发生过大规模停电、人身伤亡等重大安全事故，为地方社会经济发展提供了坚实的电力保障。“两交两直”特高压、农村电网改造等重要工程顺利快速推进，工程造价严格管控，工程管理坚持严、细、实、精，未发生重大廉政、腐败案件，为国网蒙东电力发展提供了良好的内外部环境。

（成果创造人：赵洪伟、田桂申、刘恒林、林延平、刘　佳、
宋　猛、田　博、李　琰、孙敬涛、张　涛）

互联网＋小微企业信贷技术管理

齐商银行股份有限公司

齐商银行股份有限公司（以下简称齐商银行）是总部位于山东省淄博市的地方性股份制商业银行，成立于1997年8月28日。自成立之初，齐商银行立足“中小企业主办行”的市场定位，着力服务于区域中小企业，积累了较为丰富的小微金融发展经验。近年来，齐商银行积极响应国家加大对中小企业金融支持力度的号召，充分发挥体制优势，扎实推进战略转型，于2009年12月成立了全国第四家、全省首家拥有独立牌照的小企业信贷专营机构——齐商银行小企业金融服务中心，成为齐商银行发展小微金融业务、培育提升核心竞争力的“新引擎”。截至2016年年中，齐商银行小微贷款余额占比达到68.35％，全行小微企业贷款余额为324.19亿元，超出各项贷款增速3.15个百分点；小微企业贷款户数为8556户，小微企业申贷获得率为99.901％。

一、互联网＋小微企业信贷技术管理背景

（一）银行金融服务适应小微企业发展的需要

在经济发展由高速增长转变为中高速增长，经济结构优化升级与经济增长动力向创新驱动转变的经济“新常态”下，小微企业的发展在扩大就业、推动创新发展、增加居民收入、维护社会稳定等方面具有不可替代的作用。随着大众创业、万众创新成为新的增长引擎，小微企业作为创业与创新的主要阵地和最具活力的市场主体，其战略价值逐步凸显。但是小微企业融资难、融资贵的问题也成了困扰小微企业发展的桎梏，小微企业因固定资产少、抵押担保弱、财务信息不透明等原因难以从银行获得融资，据相关数据显示，当前资金紧缺的小微企业占比超过50％，小微企业群体能在银行等正规金融机构贷到款的不足18％，整体来看我国小微企业仍存在20余万亿的融资资金缺口，银行等金融机构以传统的高收益覆盖高风险的信贷管理模式无形中会加重小微企业融资经济负担，银行创新小微企业信贷技术管理刻不容缓。

（二）新常态下提升银行发展潜力的需要

在我国，银行等金融机构仍然是小微企业获得融资的主要方式，城商行能否以现代化信贷管理技术对小微技术进行管理，对小微从业人员进行管理，借助先进的技术手段提高金融服务效率，降低授信成本，批量化、规模化、效益化地服务小微企业，有效满足小微企业融资“短、频、急”的需求，是“新常态”下城商行取得核心竞争力和业务突破的关键；同时，在金融托媒、利率市场化、互联网金融发展的冲击下，城商行依靠传统的大中型业务，难以再获得可持续的盈利和发展，小微企业信贷业务逐渐取代大中型企业信贷业务成为城商行新的利润增长点，小微企业信贷技术管理成为未来衡量银行发展潜力及盈利能力的重要指标。

（三）响应国家号召，发展小微企业信贷业务的需要

为积极响应国家“大众创业、万众创新”及制订“互联网＋”行动计划的号召，齐商银行在坚守服务小微企业的天职与使命的同时，高度重视对小微企业的信贷支持力度，重视小微企业信贷技术管理水平，重视小微人员的管理激励水平，创造性地将大数据、云计算、供应链、物联网等先进技术与小微企业信贷技术管理相结合，创新推出了“互联网＋小微企业信贷技术管理”，全面提升了全行小微金融服务的标准化、规范化、批量化水平。

二、互联网＋小微企业信贷技术管理内涵和主要做法

齐商银行为解决小微企业融资难、融资贵、融资慢的难题，进一步推动全行小微金融提质增效和创新发展，按照现代化商业银行经营管理体制要求，探索和调整小微金融组织管理架构，在实践中独创的针对团队人员管理、风控技术管理、调查方式管理、营销渠道管理、信贷模式管理等全方位的小微金融管理创新成果。全行在统一标准要求下开展工作、做大市场、做强业务，实现专业化团队运作，统一审批标准、统一考核模式，形成了小微金融的"葡萄串"效应，利润贡献度呈指数型增长，形成了低风险、高效率的可持续发展的小微金融运作模式。主要做法如下：

（一）创新整体思路、目标和原则

为缓解小微企业融资难题，降低小微企业融资成本，提升齐商银行服务小微企业的质量和效率，提高全行小微金融管理工作创新发展的步伐，齐商银行结合不同地市的区域特点，以互联网为载体，以"总行总部－分行分部－支行"的小微连锁经营管理模式为依托，以核心企业为突破口，以"在线供应链平台"为媒介，加大小微金融工作在全省范围内的"网状"覆盖和"条块"结合，取得良好的经济效益、社会效益、生态效益。

（二）明确互联网＋小微企业信贷技术管理概念

"互联网＋小微企业信贷技术管理"是齐商银行以互联网金融技术为媒介，依托齐商银行旗下的互联网金融综合服务平台"齐乐融融 e＋"平台的子平台——"在线供应链金融平台"，线上将小微产品与小微业务运作的整套制度体系配送到各分行，督导各分行规范、标准运营。小企业金融服务中心作为"总店"，各分行设小微企业金融服务中心，特许加盟连锁经营。实行指导权与经营权分离，即总行小企业金融服务中心对全行的小微业务具有经营指导权；分行拥有对各自小微业务的所有权和实际运营操作权，同时分行小微人员和业务最终收益也归分行所有。

目前城商行内部小微业务服务和产品相同，业务处理技术相同，而服务网点分散在各分行不同区域，"互联网＋"小微企业信贷管理技术可以突破地域限制，第一时间将小微产品推动到各分行，理顺管理层次，简化管理环节，降低经营成本。借助先进的技术手段，将小微业务经营理念、经营政策、服务规范上升为标准化的流程，使小微业务的经营环节、经营过程、管理制度具有可继承性和可监督性，提高齐商银行小微业务的科学管理水平和竞争实力。

（三）确立组织架构及职能

总行小企业金融服务中心设技术培训部与创新业务部，负责统一管理各分行小微技术的传输、使用、产品创新，及对分行小微业务的经营指导、内控评审、检查督导。同时，技术培训部在总部（淄博地区）设小微团队，负责当地小微业务拓展并发挥培训基地功能。各分行设立小微企业金融服务中心，统一名称为齐商银行 xx 分行小微企业金融服务中心，负责分行小企业、微小企业业务的管理及分行小微业务的直营与管理。

实施"互联网＋小微企业信贷技术管理"，在管理架构中包含一个总部和多家分支机构，小微业务所有权分散在各分行，总部将小微技术和各项经营管理经验指导和传授给各分行，并专注于小微企业市场特点、小微业务流程、人员选拔培训、业务运作质量控制等方面的总结和研究，形成小微业务操作指南，指导加盟小微分支机构业务开展。

（四）明确小微业务职责分工

总行小企业金融服务中心成立专门部门负责提供小微产品、市场推广模式、贷款流程及管理办法的标准化；小微客户经理绩效考核及转正淘汰指导意见；同时负责提供培训支持，将小微技术科学的形成可复制程序，以此传导给各分行，达到迅速拓展小微业务市场，形成规模效应的目的。分行具体实施小微业务流程各环节的操作，服务于当地微小企业市场客户。

1. 明确总行小企业金融服务中心职责

一是人员培训。定期对分行小微业务管理人员（包括分管小微业务副行长、小微企业金融服务中心负责人等）以及所有从事小微业务的客户经理、后台等人员进行培训与提升。二是小微业务制度、流程、管理办法的设计与修订。将小微业务的各项制度、流程、管理办法印发全行，并督导执行。同时要根据小微企业市场特点和业务运作质量，及时做出调整和修订，为分行小微业务持续提供支持。三是运营督导。对小微业务运营初期的分行派驻业务主管，对分行进行业务指导，包括业务流程，资料审查，信审会管理，风险管理等。同时进行产品推广后的市场调查，进行不同市场特点及客户群体特征分析，信贷产品适应性分析，人员的持续培训等。总行小企业金融服务中心将成立内控督导小组，定期不定期派专业内控团队现场检查和督导，及时发现和纠正违规操作，全面分析操作风险、市场风险、信用风险，并及时提出预警，尽可能帮助分行规避潜在风险。四是产品研发。不断加强调研与评价，加快创新，研发适合市场需求的微贷产品。同时可根据各分行地域、行业特点，帮助分行设计、创新适合当地市场需求及发展的小微产品。五是跟踪评价。考核分行小微业务运营情况，督促分行完成总行下达的小微业务经营目标。六是品牌建设。统一负责全行小微业务品牌建设，包括小微业务宣传材料的设计，市场调研方案的拟定，产品市场推广方案的确定，对外宣传口径等。七是小微业务贷款规模调配及其他管理职能。

2. 明确分行职责

一是小微团队建设。包括人员配置，办公条件配备（办公地址、办公用品、交通车辆、宣传品印刷、档案管理区域等）和生活保障等。二是人员管理。分行小微人员全部归分行使用和管理，绩效和薪酬由分行考核发放。小微客户经理转正、淘汰、绩效考核参照总行下发的小微客户经理转正淘汰指导意见和小微客户经理绩效考核指导意见执行。但为保证小微队伍的相对稳定，在调整小微人员时，须提前两周通知并征得总行小企业金融服务中心及总行人力资源部同意。三是业务运营。各分行转授权小微企业金融服务中心负责人授信业务审批权，所辖区域小微业务分行须统一按照总行小微业务管理办法与流程办理。具体包括统一按照小微技术要求进行小微业务市场调研、业务拓展、审查审批、贷后管理、档案管理、风险管理等全面运营操作与管理。

（五）建立主要的互联网管理模式

1. 互联网＋预付账款融资管理模式

小微企业融资难，究其原因是没有找到适合其产业特点的小微信贷管理模式，商业银行如果能从批量化的角度服务依托于行业链条和核心企业的小微企业群体，将成为“新常态”下解决小微企业融资难、融资贵问题的关键。互联网视角下商业银行的小微金融发展模式多种多样，下面以齐商银行针对白酒行业生产商的下游经销商开展的线上预付账款融资项下的担保提货（保兑仓）授信为例，介绍下可复制的预付账款信贷模式管理方法。

该业务操作模式如下：第一，白酒厂家与经销商线上签订电子合同，保证真实贸易背景；第二，齐商银行与白酒厂家、经销商签署《三方合作协议》，经销商按规定存入首笔保证金；第三，齐商银行将合同的剩余款项部分实施款项支付（或票据送达）给白酒厂家；第四，白酒厂家向经销商发放部分货物，经销商向齐商银行申请再次提货时需要还款或追加保证金，齐商银行通知白酒厂家再次发货；第五，授信到期前 15 日，若客户未及时还款用来提货，齐商银行向白酒生产商发出差额退款付款通知，补足未发货部分对应的金额。

齐商银行为白酒产业链条匹配了该供应链模式后，白酒厂家避免了库存积压占用成本；经销商减少了资金垫付成本。齐商银行这一信贷管理模式在复制推广的同时，不但依托白酒厂家的信用有效控制了风险，而且为其下游经销商赢得了更多的商机和创业创新的机会，创造了三方共赢的良好局面。

2. 互联网+整合供应链金融管理模式

齐商银行充分调动和整合多方互联网资源，打造开放式、综合化的供应链金融服务平台，借助“在线供应链平台”积极推进整合化产业金融服务模式，与某惠农企业开展了供应链金融合作，依托闭合化的业务操作模式，以极低的人力成本取得了良好的效果，极大地提升了工作效率。

该业务管理模式如下：第一，齐商银行与惠农企业达成合作，当农户需要资金时，线上发起贷款申请，银行借助大数据线上筛选客户；第二，齐商银行客户经理与惠农企业在各区域组建的担保公司共同进行实地考察，借助核实农户养殖数量、规模、周期等，并对考察合格的农户进行征信调查；第三，征信调查合格后，齐商银行、惠农企业与农户形成合作关系，农户需由本人作为借款人办理手续，银行与农户签订《借款合同》《担保合同》，由担保公司对授信业务提供担保。农户与惠农企业签订《棚舍抵押协议》，提供棚舍作为抵押，在养殖期间以活物作为抵押；第四，齐商银行资金提供给农户，农户用资金定向购买惠农企业经营的饲料、良种、药物等生产要素，农户按照惠农企业的要求进行养殖，待肉鸡、肉鸭出栏后，定向销售给惠农企业指定的肉食品加工企业；第五，回款后向银行归还资金。

通过以上合作模式可以看出，资金在整个运作过程中始终处于封闭运行，保证了资金的安全，有效防止了资金挪用的风险。不但有利于农户从养殖场获得所需的生产资料，而且有利于惠农企业保证生产要素的稳定销售。齐商银行等金融机构通过互联网介入供应链条的模式，保障了整个链条的稳定运行，此种业务模式在各分支行的推广价值较高，在业务开展不到两年的时间里为576户农户批量授信4.06亿元，未出现一笔不良。与之相对应的传统小微信贷模式，30余人的小微团队在3年多的时间里共放款6亿余元，粗略计算出该操作模式的人均产出效率是传统线下业务的十倍。该管理模式可以在严守风险底线的同时最大限度地提升授信效率，提高人均产出。

3. 互联网+同业金融机构合作模式

小微企业自身抗风险能力弱，一直是银行“惜贷”或“拒贷”的原因。为缓解小微企业授信风险高的难题，提升小微盈利水平，齐商银行通过与同业金融机构之间的合作，扩大业务范围，增加其服务实体经济的广度和深度，降低小微业务授信风险，比如齐商银行与其他金融机构之间合作的线上供应链业务就是很好的实例。

城商行（如银行A）与北京某家食品公司（核心企业）达成供应链合作意向，而城商行由于地域限制，无法在省外开展供应链金融业务，于是积极寻求与同业金融机构之间的合作，该供应链模式不但可以打破商业银行供应链业务服务范围和半径，而且可以极大降低合作银行供应链业务风险。该供应链业务合作模式如下：

第一，城商行A与北京某食品公司（核心企业）达成供应链合作意向，向核心企业提供总额度为1亿元的额度授信；第二，城商行积极需求同业金融机构之间的合作，同齐商银行等多家商业银行签订《供应链金融合作协议》；第三，城商行A结合各合作金融机构区位优势，向齐商银行等多家金融机构推荐核心企业下游客户交易数据；第四，齐商银行等城商行通过“大数据”筛选银行A推荐的核心企业，对优质下游企业进行考察和授信；第五，城商行A为合作金融机构开展的供应链金融业务提供坏账担保，核心企业为城商行A提供担保。

上述同业金融机构的供应链金融合作模式主要优势有以下几点：一是同业金融机构之间的合作加强了银行同核心企业的谈判力度，使核心企业与银行之间的业务合作顺利达成；二是商业银行A提供坏账担保，为其他金融机构的合作铺平了道路，不必担心核心企业下游散户的违约风险，降低了授信风险；三是“互联网+”大数据的运用，极大提升了银行批量筛选优质小微客户的效率，加快了服务实体经济的效率。该业务模式由于商业银行为业务风险提供担保，风险几乎为零，可以批量推广。

4. 互联网＋电商平台管理模式

为缓解小微企业融资慢的难题，银行可以借助大数据，提高授信效率，银行既可以操纵信息流为己所用，也可以将数据整合加工，还可以使银行的信息流公开化透明化，降低信贷风险，实现交叉销售，有利于银行各项业务全面发展。因而，当银行希望进一步获取融资企业的信息时，联通双方信息平台是一种可行的途径。

例如商业银行可以依托“在线供应链平台”，实现与多家电商平台企业资源计划系统的对接，借助“电子订单”的形式缓解银企信息不对称的难题，公开化、透明化的信息流，不但节省了线下考察时间，提升了授信效率，而且降低了授信风险。下面以商业银行与某电商平台合作为例，简要介绍“互联网＋”背景下供应链金融业务模式。

该业务模式如下：第一，电商平台企业资源计划系统与齐商银行在线供应链平台进行对接；第二，齐商银行根据电商平台推送的订单数据，通过大数据筛选出优质经销商；第三，齐商银行对符合条件的优质客户进行业务授信，款项受托支付给经销商用于进货的手机 App 账户（电商平台在齐商银行开立的）；第四，只要三个月内经销商支付货款给某电商平台，电商平台就给经销商全额贴息，利息由电商平台支付；第五，经销商向商业银行支付贷款本金。

齐商银行借助大数据和电商平台的供应链金融业务模式，通过集体议价的方式，提高从厂商采购生产资料的议价能力，给经销商提供赊销的空间。对于金融机构而言，专款专用保证资金流的封闭运行，同时在合同违约风险下电商平台提供货物回购，更保证资金的安全。从授信效率方面，商业银行该业务模式在 10 分钟之内就可以实现放款，而且授信成本几乎为零。互联网视角下“供应链＋大数据”的运用直接颠覆了传统银行线下小微信贷管理模式，成为未来银行小微信贷管理的发展方向。

5. 互联网＋物联网贷后管理模式

针对小微业务贷后管理成本高，农产品货物质押难以控制的难题，齐商银行采用物联网技术，通过与企业 ERP 系统的对接，将部分货押业务外包，丰富了存货融资惠农贷款产品种类，实现对企业包括物流、资金流、信息流在内的全部生产经营活动的全面了解，打破不同产业的数据壁垒，并以此作为风控手段，向企业提供专项融资服务。在贷后管理方面，通过在仓库安装温度、湿度、空气质量传感器及物联网配套控制系统，解决农产品质押储存条件苛刻、质押物数量不好掌控等难题，可以 24 小时实时监控质押货物的储存环境（温度、湿度、空气成分）、货物数量、出入库状态等，若出现货物不足值或储存环境变化等情况自动预警，并在客户经理的手机 App 软件上出现提示信息，极大地降低贷后检查成本。该贷后管理模式通过在全行推广，为银行节约了数亿元的成本支出，有力地缓解了小微企业贷后成本高的问题。

三、互联网＋小微企业信贷技术管理效果

（一）激发了全行小微金融工作的热情，有利于小微金融人员的培养

小微金融迎来了一个多样化经济大发展的时代，小微企业将在国民经济中承担越来越重要的角色，实行“互联网＋小微企业信贷技术管理”，并以总一分一支三级层层相连、特许加盟的“总分店”模式，实现“专业的人做专业的事”的角色配比，充分激发各个机构的工作热情。人才的持续培养在小微金融业务发展过程中具有至关重要的作用，采用“总分店”模式，“总店”作为全行人才培养和队伍建设的“孵化器”，采用统一标准为“分店”源源不断地提供包括人才招聘、培养及日常常规培训工作，保证了全行小微金融业务的标准统一、小微金融团队建设不掉队。

（二）提升了小微金融业务的管理效能

实行“互联网＋小微企业信贷技术管理”创新模式，以总行小微金融专营机构为总指挥部，以分行小微金融专营机构为“分部”和“触手”，一方面通过“总店”对“分店”的管理督导实现了总行对分

行的专业小微业务管理和督导；另一方面“分店”结合各地实际情况承接分行政策独立开展小微作业保证了业务不脱离地方实际，二者结合形成了立体化的“条块结合”小微金融工作管理体系，全面提升了业务条线管理效能。以“总店”为全行小微金融工作的“试验田”，分行设立小微企业金融服务中心为“分店”，建立独立的小微金融服务团队，全面复制“总店”的各项工作，分支行建立独立运营的小微金融业务团队，在总行统一标准要求下开展工作、做大市场、做强业务，全行小微金融业务标准化、规范化及批量化水平不断提升。

（三）缓解了小微企业融资难题，增强小微金融的“三化”水平

“互联网+小微企业信贷技术管理”弱化对小微企业的担保方式要求，为其上下游的小微企业提供金融服务，借助“线上供应链平台”的发展，连接核心企业电子商务平台的方式，以产业链和产品为导向，在“新常态”下有效服务和支持小微企业发展，摒弃了银行服务小微企业用高收益覆盖高成本传统的信贷模式，成功将贷后电子化、风控电子化有机地融入小微企业信贷技术中，降低了银行管理成本支出的同时，缓解小微企业融资难、融资贵的难题。“互联网+小微企业信贷技术管理”通过大数据风控、集中化审批、批量化授信的方式，突破了银行服务小微企业单户单笔低效率，单纯依靠人力、资金的投入增加总投放量的传统线下信贷模式，将金融服务效率提升了数倍。

（成果创造人：邹　倩、姚　彬、扈　健、段闻捷）

基于“军工票”的产业链金融服务体系建设

兵工财务有限责任公司

兵工财务有限责任公司（以下简称兵工财务）经中国人民银行批准，于1997年5月成立，是隶属于中国兵器工业集团公司（以下简称中国兵器）的非银行金融机构。兵工财务具备《企业集团财务公司管理办法》允许开展的全部业务资质，是一家具备“全牌照”经营资质，能够有效服务国防军工事业发展的财务公司，已建成具有军工行业特点的、完整的金融服务体系。截至2015年年末，兵工财务资产规模已从成立之初的4.31亿元增长到698.10亿元，已累计为客户提供自营贷款、委托贷款、票据签发、票据贴现、代开票据、应收账款保理、开立和代开保函、代理开立信用证、担保等金融服务总量近4438亿元，实现连续18年盈利，已累计实现利润69.37亿元。

一、基于“军工票”的产业链金融服务体系建设背景

（一）解决军品支付结算，提高生产运行效率的需要

国防军工行业特殊性集中表现在其客户主要集中在军方。军方货款支付受财政资金调配、军方产品检测、试验和货款结算程序等多重因素的影响，无法与军品组织生产实现同步，致使整个军品产业链上各总装和配套企业在生产投入期资金紧张，企业之间应收和应付账款规模大，互信水平较低，结算效率不高。这种相互欠款情况严重影响了企业资金筹划，各总装和配套企业没有资金投入购买原材料和配套件，生产运行效率低下，造成产品不能及时交货、项目拖期等重大问题。为解决上述问题，需从创新结算方式入手，为各军品生产企业提供高效的支付结算工具，建立规范的军品货款结算秩序，有效解决军品货款的支付结算，提高生产运行效率。

（二）降低企业票据融资成本，有效扶持企业发展的需要

近年来，中国兵器军品升级换代较快，军品订货量逐年增长，军民融合发展不断取得新进展，军民品企业对融资规模和品种不断提出新要求，特别是对便利、高效、低成本的票据融资业务需求迫切。企业在银行办理银行承兑汇票签发业务，需要存入大量保证金，缴纳较高的手续费或承诺费，但在银行承兑规模紧张的时候无法及时开出，业务渠道难以保障；银行票据贴现利率受市场价格影响较大，成本较高，受资金或银行政策影响，也可能无法办理贴现，影响企业资金头寸和流动性管理。“创新支付手段、开辟新的业务渠道、规避银行限制”成为兵工财务面临的一大课题。

（三）深化产融结合，支撑财务公司转型发展的需要

在金融市场创新发展、金融脱媒与利率市场化交织背景下，兵工财务面临很多挑战。负债方的中国兵器成员单位，拥有盈余资金，通过选择更高收益的资金投资方向而非存放于兵工财务，导致兵工财务的存款规模无法进一步提升，可调配资金受限，进而影响到各项监管及财务指标；资产方的中国兵器成员单位，有较强的融资需求，通过选择融资成本更低的资金来源，而非兵工财务贷款（尤其是中长期贷款），导致兵工财务的贷款结构变化、贷款规模变化，进而压缩兵工财务利差空间、降低利息收入，并对经营过程中的流动性管理提出挑战。对中国兵器而言，兵工财务若出现负债与资产方的双向脱媒，对中国兵器整体的正面影响将被弱化，企业资金集中管理的边际效益下降，中国兵器则不得不选择外部金融机构（如商业银行），议价优势就无法得到保证。兵工财务要突破发展，必须转变观念，以供给侧改革思想为引领，主动发起深化产融结合的业务和管理创新，以巩固兵工财务的平台功能，协助成员单位实现与资本市场对接，积极参与直接融资过程，从资产方与负债方两头寻找转型发展的突破口。

二、基于“军工票”的产业链金融服务体系建设内涵和主要做法

基于“军工票”的产业链金融服务体系建设是以建立产业链金融生态圈为目标，通过加强综合金融平台建设、完善“军工票”业务体系、强化风险控制体系、优化运行机制和加强人才队伍建设等措施，提高产业链运行效率，降低融资成本，实现产业链上有关主体“风险共担，利益共享”的共同追求，走出一条质量效益型、可持续的财务公司转型发展之路。主要做法如下：

（一）成立工作小组，做好产品研发与推广

1. 成立研发工作小组，推进工作落实

兵工财务成立专门的产品研发工作小组，由主管副总经理牵头，集合信贷、信息、结算、财务、客服等相关部门业务骨干员工，设计工作总体方案，推进工作落实。整合中国兵器成员单位的信用资源和产业链金融资源，深入产业链上下游企业实地调研，围绕各方诉求，进行产品设计。

2. 研发出产品“军工票”

“军工票”是兵工财务依据监管规定，十大军工集团所属财务公司在一致行动的基础上，为成员单位签发的纸质商业承兑汇票、电子商业承兑汇票和电子银行承兑汇票的统称，以信贷服务的供给侧改革为指引，以客户支付和融资需求为导向，统筹自身和客户信用资源，为客户提供的票据鉴证、保贴、贴现、转贴现和再贴现等服务和服务的组合。狭义的“军工票”是公司为促进产融结合，服务实体经济，充分发挥作为所属集团的金融平台功能，为成员单位签发的各类商业汇票的统称。

3. 产品宣传推广

一是金融拉动。充分发挥财务公司作为集团唯一综合金融平台的作用，以高效、低成本的“军工票”服务赢得客户的欢迎，扩大使用范围和规模。二是行政推动。由集团公司和各级成员单位通过行政手段推广“军工票”。三是市场驱动。遵循市场规则，与其他财务公司、商业银行等金融机构进行广泛合作，增加“军工票”信用，建立“军工票”品牌，提高“军工票”市场影响力，扩大“军工票”应用。

（二）打造“互联网＋票据”平台，为“军工票”金融体系建设创造条件

1. 完善平台建设各项职能

一是核心平台。兵工财务的核心系统用于中国兵器资金集中管理，以及财务核算与资金结算管理。包括系统管理、财务核算、资金结算、银财直联、网上金融服务、外币业务等子系统。二是融资平台。用于兵工财务信贷业务的风险、流程与业务等管理。包括信贷管理系统、商业汇票系统等子系统。三是投资平台。用于负责兵工财务投资交易与投资核算的管理。包括投资交易系统、投资管理系统等子系统。四是综合业务平台。用于兵工财务信息管理、业务管理、业务分析，以及客户服务等。包括信息管理、业务管理、业务分析、综合管理、财智管理等子系统。

2. 发展金融服务系统建设

以往，财务公司的电票业务只能采取线下清算方式，资金到账速度慢。兵工财务积极与监管部门沟通，于2014年作为人民银行首批7家电票线上清算试点单位完成系统改造，正式取得与商业银行同等电票清算行地位。电票线上清算打通电票业务全流程电子化的最后环节，通过兵工财务进场参与资金清算，使电票资金实时入账，加快货款回笼，提高票据清算效率和资金使用效率。推动中国兵器所属成员单位签发的电子商业汇票与产业链上下游单位之间的流转，提高电子商票的市场认可度，为“军工票”的资金清算工作铺平道路。

3. 司库管理平台建设进入试运行

兵工财务进入司库试点工作，通过司库管理，扩充资金集中管理与运作范畴，将资金由“现金”扩充至票据、授信、结算、融资、投资理财等，放大集中运作金融资源的总量与内容，增强中国兵器发展

所需内源性资源保障能力，提升集中运作效率。兵工财务作为中国兵器司库管理试点的平台单位，在司库的设计和搭建中，将“军工票”作为重要手段融入了平台的建设。司库管理平台使“军工票”的使用价值从单个的企业客户层面，提升到了中国兵器综合决策管理层面，为中国兵器协调资金筹付、防控票据风险、降低票据融资成本提供了管理工具。

(三) 创新“军工票”业务产品，完善业务体系建设

1. 开展“军工票”保贴业务，为企业提供双重担保

“军工票”保贴是指兵工财务对持票人持有的电子商业承兑汇票和纸质商业承兑汇票无条件贴现的承诺。企业签发“军工票”背书转让后，系统内成员单位可在兵工财务办理贴现或者质押融资。“军工票”保贴业务将银行信用和企业信用结合起来，在一定程度上解决了商票信用基础薄弱的问题，为企业提供双重担保。

2. 开展“军工票”鉴证业务，有效连接产业链

“军工票”鉴证是指兵工财务作为中国兵器资金集中管理平台，为出票人在签发商业承兑汇票业务中提供账户管理、资金归集和代理承付服务，督促出票人于票据到期日付款的业务。鉴证业务主要服务于系统外供应商持有“军工票”在外部银行或票据专营机构办理贴现或者质押融资。以鉴证方式为“军工票”增信大大提高了商业银行的接受度，扩大了“军工票”流转范围，把企业、财务公司、商业银行、票据专营机构等相关主体连接起来。

3. 开展“军工票”贴现业务，实现双赢

“军工票”贴现是指持票人将“军工票”在财务公司或商业银行办理贴现以获取现金的业务。在合法合规条件下，贴现既可以为持票人提供流动性支持，也可以为财务公司、商业银行或者票据专营机构增加票据资产，获取收益。

4. 开展“军工票”转贴现和再贴现业务，促结构调整

“军工票”转贴现和再贴现是指财务公司将贴现进来的“军工票”票据资产向商业银行办理转贴现卖出、向人民银行申请再贴现，并融入资金的业务。转贴现和再贴现增加了票据资产，有效地调整了公司的信贷资产结构，提升了流动性，改善了财务公司对企业的金融服务。

(四) 依法合规与稳健创新，形成具有兵器特色的风险文化

1. 建章立制，确保创新业务规范开展

兵工财务根据工作实际需求，通过科学合理的订立流程，制定并发布“军工票”相关的政策、制度、办法、细则、流程及各类指导性文件共30项。通过制度明确各部门职责、使风险管控流程和预防要点清晰明确，为“军工票”业务风险控制建立了制度保障。

2. 严把审批关，从源头防范风险

一是设定出票资格，严格审查。出票资格审查包括两方面：第一，出票人资格审查。要求“军工票”出票人属于军品及优质民品企业；要求出票人在集团内级次较高、信誉较好、资金集中度较高等；信用记录、履约情况较好；风险评级达到兵工财务要求等。第二，出票业务背景审查。要求出票业务必须基于真实的贸易背景和合法的债权债务关系，有符合兵工财务要求的担保或抵质押措施等。

二是严格内审，兼顾效率。兵工财务在出票人资格审核和业务审核上实行的是审贷会程序和基于授信额度的三级审批程序。审贷会程序是由审贷会作为公司信贷业务的最高审批机构对票据额度或单笔业务进行审批的程序。三级审批程序指低风险业务或者授信额度内的业务由客户经理、信贷部门以及审贷会主任三个层级进行审批的程序。对不同业务采取不同审批程序，既有效防控了风险，又兼顾了效率。

三是严肃兑付流程，及时确认。为确保“军工票”如期兑付，要求出票人在“军工票”到期前三日

备足兑付资金，如遇特殊情况，可由财务公司发放贷款提供流动性支持；收到纸票原件要查验票据的真伪，纸票和电票都要在商业汇票系统中查询签发记录和票据号；对于在外部金融机构贴现的票据，要与对方银行确认票据贴现信息。

四是强化监督检查，建立负面清单。建立出票企业负面清单制度，将资料提供不及时、信息不准确、兑付资金到账时间滞后的出票人纳入负面清单管理；对出现流动性紧张不能及时兑付的出票人停止其出票资格，并连带其他惩罚措施，比如提前收贷、向集团公司报告等。

（五）建立客户信用评价机制，保障“军工票”稳健运行

1. 建立公正、科学、权威的指标体系

兵工财务的评级指标分为产研类和流通类客户指标，采用定量和定性相结合的分析方法，定量和定性指标的权重分别为60%和40%。

2. 划分精细、完善的九级设定

在对客户进行评价的基础上，用简单的符号表示其违约风险和损失的严重程度。九级设定将信用评分划为一个接受区域和一个拒绝区域，减少灰色地带，更加具有实操性。

3. 实施严格的客户评价流程管理

一是资信调查。客户经理根据客户信用评级资料清单，收集、整理客户的基础评级资料，并对资料的完整性、真实性和有效性负责。二是信用等级初评。资深信贷经理根据客户经理提交的评级资料，对客户填写的信用评级申请表和基础评级资料进行审核；对客户信用评级的各项指标进行打分，计算最终的分值，初步确认客户信用等级；提出信用风险限额建议，形成客户信用评级报告。三是信用等级审查。风险控制与法律事务部对信贷经理移交的评级资料和信用评级报告进行审查，对没有按要求进行信用评级的，客户评价指标的判断不正确的，客户信用等级和风险限额的建议不合理的，可以根据情况退回初评人员重新评价；审查同意的签字确认，提交审贷委员会审议批准。四是信用等级审议批准。审贷委员会对信用评级结果进行最后的审议并批准。五是档案管理。信用评级结束后，信贷经理应将客户信用评级资料档案进行归档管理。六是跟踪监控。客户经理和信贷经理要密切关注受评客户的实际情况，发现需调整客户信用等级的情形存在，应按照信用评级管理及评级流程重新进行评级。

（六）“前中后台”联动，优化“军工票”运行机制

1. 系统内首推“客户经理制”，深入客户保障服务质量

客户服务部门以客户经理制为基础，为客户提供一站式“军工票”产业链金融服务。在“军工票”的各类相关业务中，客户经理打头阵，充分发挥既深入客户、了解客户，又熟知业务、熟悉兵工财务运转模式的优势，在第一时间、第一地点保障服务质量，根据客户需求，及时推广“军工票”的各类产品和服务，并保障实施。

2. 信贷经理，完善机制、严控风险

信贷部是“军工票”业务管理的中枢部门，信贷业务经理在客户经理业务调查结果的基础上，全面核实业务申请合规性。通过制定和贯彻政策、制度和各类管理办法，保障“军工票”业务开展的每一个环节做到“有规可依，有例可循”，用清晰、有力的政策规范保障业务的合规开展。信贷部承担着对“军工票”业务风险把控的责任，以政策制度制定职能为基点，对内协调前台客户服务部门、后台结算和财务部门，对外配合其他金融机构共同把控“军工票”在签发、贴现、质押、流转等各个环节的风险。

3. 财务计划部提供充足的资金和授信保障

财务计划部作为兵工财务的头寸管理部门、融资部门和授信管理部门，承担着确保兵工财务内部资金充裕和协调充足外部银行资源的责任，为“军工票”在集团内和集团外的流转和运用提供充足的资金

保障。在与银行和其他财务公司商定授信协议时，将“军工票”相关业务的专门额度作为重点列入协议内容。目前中国银行、中信银行和招商银行等主要商业银行均与财务公司签订了近1000亿元的总对总授信协议，对“军工票”进行增信，开展银行保贴、商转银等操作。

（七）理顺产业链，上下游共推“军工票”金融服务

1. 军品配套产业链

兵工财务充分运用“军工票”保贴、鉴证和贴现业务品种，根据总装企业与军方签署的订货合同或军贸合同，签发“军工票”背书给前一级配套企业，实现军品配到货款的提前支付。前一级配套可将该票据质押在财务公司进行拆分，用于向其前一级配套支付货款，也可以在兵工财务办理贴现，取得货币资金。同时，前一级配套也可以其签署的配套合同在财务公司签发“军工票”，用于支付其上一级的配套货款。中国兵器制定《军品货款结算办法》，要求总装企业以“军工票”进行货款分流。在军方没有支付货款的情况下，依据合同，以“军工票”的方式实现货款的提前分流，解决军品配套支付结算问题，确保生产任务的正常进行。

2. 原油炼化产业链

中国兵器民品重要板块之一是原油炼化，原油炼化产业链是围绕原油加工企业华锦集团（包括盘锦北沥），组织原油供应和炼化产品销售及深加工的原油供产销一体化的链条。根据石油炼化产业链链条长、资金规模大、交易较为频繁等特点，兵工财务采取针对性政策，扩大企业“军工票”授信额度和使用条件，为华锦集团提供50亿元授信，额度项下每一笔票据允许提前注销，以适应付款时间多变且不定的情况，为华锦集团每年节省财务费用2000多万元。

3. 汽车零部件产业链

汽车零部件产业是中国兵器民品产业发展中的亮点，主要是凌云集团和东北工业集团，分别下属凌云股份和长春一东两家上市公司。两家子集团经营环境相似，都有较多的应收和应付票据。兵工财务将凌云集团纳入票据集中管理平台，设计“军工票”签发和管理的整体方案，加强票据日常管控，盘活存量票据资产，降低融资成本。借助中国兵器司库试点工作，将东北工业集团纳入试点，将“军工票”与企业接到的银行承兑汇票、其他财务公司票据一起在商业银行开展票据池融资，由本地商业银行对“军工票”进行增信向供应商支付，有效管理票据资产，取消保证金资金占用，降低票据融资成本。

4. 工程机械和铁路产品产业链

工程机械和铁路产品是中国兵器民品板块的重点产业之一，以一机集团、北重集团和晋西集团三家子集团为核心，分别下属北方创业、北方股份和晋西车轴三家上市公司。三家子集团是中国兵器军民融合发展的重点企业，是“军工票”运用的重点领域。兵工财务将一机集团和晋西集团列为票据集中管理试点单位，主推“军工票”对外签发，特别是对系统外单位；推进电票，实现电票全覆盖。在“军工票”的作用下，三家子集团资金集中度明显提高，都超过了90%，上市公司的资金集中度和规模也有了大幅提高，三家子集团的票据运作效率和效益也都有了大幅改善。

5. 物资集中采购链

物资集中采购是中国兵器经营管理的重大部署，目标是构建各级次的物资集中采购平台，实现子集团物资采购的集中化和集约化。物资集中采购产业链核心企业，交易的产品多为大宗物资，资金占用规模大，风险较不易控制。兵工财务将票据授信给予实际使用物资的工业企业，由其签发“军工票”支付集中采购平台，采购平台再使用“军工票”对外支付，确保“军工票”实际用于工业生产。根据采购平台资金周转需要，与其大宗商品供应商所属财务公司签订“票据互认协议”，将“军工票”定点用于大宗商品的固定供应商身上。

三、基于“军工票”的产业链金融服务体系建设效果

（一）产业链运行效率大幅提高

“军工票”产业链金融服务能够实现军品货款的即时结算（签订合同即可收到票据），产业链条上的各总装配套企业在高效、低成本的金融服务支撑下，能够迅速安排投产计划，组织原材料供应，按照军方订货时间节点完成生产任务，军品生产效率大幅提升。在民品产业链和物资集中采购平台应用上，“军工票”已成为介于银行承兑汇票和一般商业承兑汇票的第三种票据正为广大企业客户及其供应商所接受。2015 年，兵工财务共向系统外开出“军工票”44 亿元，支付给 1300 多家供应商，5、6 家大型国有和股份制银行给予数十亿元“军工票”保贴额度，支持“军工票”流转和变现，7 家央企财务公司接受“军工票”作为支付结算工具，“军工票”理念和品牌形象开始在市场上展现，一个覆盖范围广，涉及主体多，操作简单、成本低廉的“军工票”产业链生态圈正在生成。

（二）资金集中管理工作得到加强，客户财务成本有效降低

在业务推广过程中，兵工财务采取金融拉动、行政推动和市场驱动的策略将“军工票”打造成为具有一定市场影响力的新型金融产品，得到了集团公司和广大企业的欢迎和认可。兵工财务为客户签发“军工票”免费，实行较低的贴现利率政策，直接为客户节省成本；充分发挥金融平台作用，对“军工票”有效增信，信用风险较低，与银行批量开展票据贴现合作，谈判能力较强，客户降低贴现成本的效果明显；签发“军工票”直接替代了银行承兑汇票，省去了银行手续费、承诺费、额度占用费等成本，节省了保证金占用；“军工票”能够直接支付到系统外，可以替代一部分贷款，节省贷款利息支出。“军工票”发生额逐年增长，2015 年已达 290 亿元，加强了资金归集管理工作，资金归集度和资金规模都有了较大提升。

（三）产融结合程度加深，兵工财务转型发展能力得以提升

在“军工票”产业链金融服务体系建设过程中，兵工财务聚焦中国兵器各产业链，深入分析产业链运行特点及所在行业特点，以“军工票”为切入手段，将兵工财务产业链金融服务与产业链运行有机结合起来，形成了产融一体化运作的新气象，彻底改变了金融服务浅尝辄止、浮于表面的问题，加深了产融结合的程度，为更好地服务集团公司实体产业发展，有效组织产业链运行打下良好的基础。兵工财务作为传统军工行业下属财务公司，专注于服务实体产业，发展“军工票”的产业链金融服务在同类财务公司中起到了引领作用。另外，兵工财务在票据领域的专业能力和服务效率伴随着“军工票”的建立和推广也已经获得了兵工财务同业和商业银行的认可，创新型财务公司的市场形象得到提升。

（成果创造人：史艳晓、张绛义、柳　伟、吕哲龙、刘　畅、胡　敏、吕　栋、林　慧、王淑章、秦　强、王宏力、邓琳玲）

大数据环境下电信行业审计全生命周期管理

中国移动通信集团北京有限公司

中国移动通信集团北京有限公司（以下简称中国移动北京公司）隶属于中国移动通信集团公司，于1999年8月28日注册成立，2000年12月18日在中国香港和纽约上市成为中国移动通信集团公司全资控股子公司。中国移动北京公司主要经营移动话音、数据、IP电话和多媒体业务，近年来，通过全面推进战略转型，深入推动改革创新，依托北京市健康稳定的大环境，经营业绩保持稳定，2009年1月获得TD－SCDMA牌照（简称3G），2013年12月获得TD－LTE牌照（简称4G），并于2013年全新发布了商业主品牌“和”。中国移动北京公司多年来一直坚持“质量是通信企业的生命线”和“客户为根，服务为本”的理念，不断提升质量，改善服务，客户满意度保持行业领先，客户规模超过2000万。

一、大数据环境下电信行业审计全生命周期管理背景

（一）政府将数据审计工作的高效开展提升到战略高度

大数据正在成为国家竞争的前沿以及产业竞争力和商业模式创新的源泉，云计算、物联网、计算机仿真、4G通讯等信息技术正以空前的影响力、传播力和渗透力，不可阻挡地改变着社会的经济结构、生产方式和每个人的生活方式，这客观要求电信行业审计模式也必须努力适应、快速跟进。政府加强审计工作的意见中指出，适应大数据审计需要，构建国家审计数据系统和数字化审计平台，积极运用大数据技术，加大业务数据与财务数据、单位数据与行业数据以及跨行业、跨领域数据的综合比对和关联分析力度。中国移动北京公司应该大力推进内部审计制度化、规范化、标准化、信息化建设。

（二）中国移动集团公司总体战略要求数据审计的深度广度

大数据时代的到来，导致传统的电信行业审计方法面临着诸多挑战，电子化数据正在逐步替代传统的纸质资料，以往的手工查账等审计方式已明显不能满足要求；海量电信数据快速增长，传统的抽样审计方法已很难有效定位风险；审计结论往往滞后于风险发生时点，只能做到事后揭示风险，错过了识别风险、规避风险的最佳时机；局限于传统审计项目的人力、精力困扰，专项审计项目开展的周期一般为一年/两年，难以实现对风险的高频率定期实时/准实时监控。审计工作的策略、方式方法，管理模式等均须要做出相应调整以适应新的环境。

（三）中国移动北京公司的现状迫切需要完善数据审计

随着移动互联网的快速发展，电信行业的业务系统已经呈现了新的业务形态和数据类型。微博、微信的快速发展所带来的非结构化语言记录、音频、图片和视频等数据加快了电信行业数据量的增长速度，电信行业全面进入大数据时代。以海量电信运营数据举例：某通信运营商在某商圈每分钟8万条位置更新信息；每小时近300万次移动电话呼叫；每天70－100TB及30亿次点击的互联网访问量。一个地市级通信运营商每天产生24亿条话单记录，约1TB，一年约350TB；ChinaNet骨干网，每天产生10TB数据流量，传统的关系数据库已经无法支撑运营数据存储。以海量互联网数据举例：互联网和移动互联网时代的到来，使得电信业务增加了更多的网页、图片、音频、视频等非结构化数据，这些非结构化的数据通过提炼，可应用于定制化营销、提升客户服务质量等。电信行业逐步进入大数据时代。因此，传统的手工、抽样、事后审计模式已经远远无法满足大数据环境下的电信行业审计需求，自动化数据审计建设迫在眉睫。

二、大数据环境下电信行业审计全生命周期管理内涵和主要做法

中国移动北京公司依托公司各信息系统的电子数据，通过分析、提炼专项审计中发现的热点难点问题，结合大数据技术，在搭建自动化数据式审计指标评价体系的基础上，提出全生命周期管理的数据式审计新理念。以被审计单位底层原始电信数据为切入点，在对电信行业信息系统内部控制测评的基础上，通过对底层数据的采集、转换、整理、分析和验证，形成审计中间表，并运用查询分析、多维分析、数据挖掘等多种技术方法构建模型进行数据分析，发现趋势、异常和错误，自动化收集审计证据，实现对高风险领域和关键环节实时或准实时监控的审计形式，实现了手工审计向自动化审计、抽样审计向全量审计、事后审计向事中/前审计的转变。主要做法如下：

（一）理念创新—数据审计生命周期之一—规划评估

以“定位、实效、独立”为原则，合理开展数据/持续审计的规划工作。一是选准角度，明确定位。坚持审计独立性和客观性，区别于业务部门的日常监控和预警，从审计监督和评价角度，持续关注跨部门、跨业务流程、跨 IT 系统的高风险领域。二是注重实效，局部切入。重点关注以往专项审计项目中已知的高风险领域，利用 IT 手段对成熟的审计方案和程序进行固化。三是规划有据，独立评价。在规划阶段，制定统一的框架和规范，依托 eTom 模型（信息和通信服务行业的业务流程框架）及 SID 模型（信息数据共享模型）数据识别公司的可持续审计域。

（二）理念创新—数据审计生命周期之二—数据挖掘

中国移动北京公司针对业务流程梳理过程中识别的 IT 系统，通过与 IT 系统维护人员的访谈调研，了解关键业务数据涉及的数据字典，存储位置，流转路径，保存周期等内容进行深入的询问，获得数据生成过程，数据来源，数据勾稽关系等重要信息，从而提出满足数据审计需要的数据需求，确定数据采集的对象和所采用的技术方法。完成数据采集工作之后，需要对数据进行清理和转换，以满足审计分析的需要，主要包括确认输入数据、修改错误值、替换空值、保证数据值落入定义域中、消除冗余数据、解决数据中的冲突等，以提高审计数据的质量。在数据采集及挖掘过程中，中国移动北京公司数据审计突出“数据为根，独立自主”，坚持从业务源系统采集数据和搭建独立审计数据集市。通过常态化的数据审计工作模式积累数据资产和从数据中挖掘审计发现，根本目标是实现与专项审计的融合和联动。

为了能充分挖掘大数据的价值，中国移动北京公司数据审计强调内部审计人员可自主、直接访问审计数据集市，独立开展数据探索和建模工作，解决了在手工条件下，受人力和时间限制难以执行的审计程序：一是种子。从以往的专项审计项目出发，形成可落地自动化数据审计的种子。5 年多来，以种子为出发点，逐步提炼了 107 个审计关注点的模型，涉及有价卡管理、IT 账号管理及客户信息安全、社会渠道养卡套利、养机套利、收入核减等 13 个专题。二是数据。与 21 个电信行业生产系统打通数据通道，涉及 130 多类数据，每月新增 30 多亿行明细记录，积累了宝贵的数据集市。同时，借助丰富的数据仓库，协助专项审计开展数据提取、挖掘工作；结合自动化数据审计的关键风险点，开展重要问题的延伸审计工作。三是平台。持续审计平台是落地自动化数据审计的载体，包含自动化数据审计专题、审计跟进、审计管理三部分内容。其中“审计管理”模块录入了 85 个审计项目的 1086 个审计发现的信息，通过“审计跟进”模块实现对 1086 个审计发现的线上跟进。

（三）理念创新—数据审计生命周期之三—选题建模

选题建模开展主要分为五个大的工作阶段，包括设计工作方案阶段、访谈调研阶段、运营活动梳理及数据建模阶段、模型验证阶段以及审计平台规划及原型搭建阶段。

设计工作方案阶段，通过研讨会的方式，并结合领导要求，选定“有价卡”“信息安全”“社会渠道”“终端套机”和“收入核减”等 13 个专题作为建模内容。

数据式审计模型构建工作，参考欧盟机构提出的 CRISP－DM（跨行业数据挖掘过程标准），该模

型包括 6 个主要工作阶段，与规划阶段相对应，通过访谈调研和文档审阅的方式了解审计领域涉及的业务流程，掌握审计对象的整体情况，并针对关键活动绘制流程图，为后续识别审计关注点和建立审计模型收集必要的信息。

如对于有价卡（充值卡）管理，需要了解有价卡的申领、制卡、库存、调拨、充值、销售、赠送、退转等相关流程；对于电子渠道管理，需要了网上商城、自助终端，积分商城的业务受理，资金结算，物流配送，客户信息安全，发票打印等相关流程；对于社会渠道管理，需要了解市场营销，业务酬金，绩效考核，系统工号，业务稽核等相关流程。在流程梳理的过程中，需要对支撑流程相关工作的 IT 系统进行统计和记录。

（四）理念创新—数据审计生命周期之四—开发落地

中国移动北京公司自动化的数据审计模型落地和试运行，由持续审计管理平台进行开发和落地；审计部数据审计专员在试运行期间对审计输出结果进行确认和持续优化；试运行期间应该至少 3 个月，原则上不超过 6 个月。数据式审计模型落地完成后，在落地期间需要进行模型的验证工作，确保模型设计结果的有效性，模型验证过程可分为三个主要环节。

一是数据口径验证。在数据提取的过程中，由于数据业务逻辑的复杂性以及数据提取人员能力的差异，经常出现数据提取口径错误的情况，如 BOSS（计费账户系统）和 BI（商业智能－经营分析系统）系统中对在网客户的判定标准存在差异。因此，需要在模型建立以后，针对模型使用的每个数据字段与数据提取人员确认口径，确保双方理解的一致性。

二是模型规则验证。在模型构建的过程中，数据审计模型规则是基于风险识别的结果设计的，但是由于公司的系统、流程较为复杂，可能在模型设计过程中存在考虑不周全的情况，特别是存在一些特殊的业务场景，需要在模型规则验证以后进行修正和完善。数据审计模型规则的验证和修正是一个循环往复的过程，这个过程直至模型的查全率和查准率均为最大值时停止。

三是模型输出结果验证。在模型的设计和验证过程中，审计人员一直作为主导，而在将模型应用于数据式审计工作前，模型的有效性还应要得到相关被审计单位的认同，以保证审计发现沟通过程的顺畅。由于审计规则不宜向被审计单位透露，因此，需要将模型输出的审计问题与相关单位沟通，采取直接或进一步核查的方式取证，合理确保模型规则的准确性。

（五）理念创新—数据审计生命周期之五—应用推广

在常态应用上，中国移动北京公司审计人员对数据审计报告进行人工审核、推送审计发现确认、由确认结果触发模型优化等活动。对于数据审计发现的审计线索和重大审计问题、不能确认的审计发现等三种情况，开展延伸审计进行最终事实确认。

在深度应用上，数据审计专员依托持续审计平台中审计数据集市开展的基于数据驱动的知识发现，或者基于现有审计模型进行衍生增值服务。不同于基于已知经验和规则的审计工作，是通过数据探索和数据挖掘发现新的审计模型和新的审计发现。

（六）机制创新—指标评价体系搭建

为进一步保障自动化的电信行业数据审计实施质量，建立持续审计制度保障（《中国移动北京公司持续审计工作（试行）管理办法》），同时搭建持续审计评价指标体系，关注审计信息化建设施质量，推进审计信息化建设。

一是在域级评价上，以重要性评价因素和持续审计域评价因素为主，包括但不限于“运营活动重要性评价模型”“支撑系统因素”“业务数据因素”“问题隐蔽性因素”“问题波动性因素”“系统复杂度因素”等。二是在指标级评价上，以风险指标必要性评价因素和风险指标可行性评价因素为主，包括但不限于“业务影响因素”“业务时效因素”“系统稳定性因素”“系统控制因素”等。

（七）方法创新—实现专项审计向自动化数据审计的转化方法

通过基于大数据的电信行业数据审计全生命周期探索，实现由专项审计向自动化数据审计的转换方法：一是立项调研阶段。由审计项目经理先收集系统信息，数据审计专项小组进行可自动化数据审计模型的评审；二是招投标阶段。由审计项目经理提出自动化数据审计工作的相关要求；三是项目启动阶段。由审计项目经理提供自动化数据审计的专项培训；四是项目实施阶段。由项目实施单位识别数据审计关注点，由数据审计专家小组确定自动化数据审计关注点，后交由项目实施单位进行数据的分析及验证工作；五是在项目报告阶段。由数据审计专家小组确定数据审计开发范围，由项目实施单位编写开发实施规范，交由审计项目经理开发实施规范的初审，并提交数据审计专家小组复审，复审通过后，进行开发并验收。借助审计模型全量、实时、自动识别的风险和问题得到了管理层的高度重视，为公司挽回了巨额的经济损失。

中国移动北京公司在开展数据式审计的实践工作中归纳总结出遇到的困难和应对的方法措施：一是部分系统的数据质量存在问题，如记录缺失，数据重复，字段内容不完整等，可能影响审计模型的分析效果。则在数据引入阶段对数据质量进行核查，对存在数据质量的问题及时处理。二是系统设计过程中未能考虑到审计需求，部分数据的颗粒度及字段内容不能满足审计需要，无法建立审计模型。则根据已有系统设计数据审计模型，对仍无法满足审计模型要求的，建议生产系统后期调整优化。三是数据提取人员与审计人员的沟通难度较大，双方不理解各自领域的专业内容，导致在数据提取过程中由于需求理解的问题重复提取数据。则审计人员主动学习数据库等专业知识，更好地与数据提取人员沟通数据提取问题。四是数据分析过程仍然需要人工大量参与，后续问题跟进过程尚缺少有效的 IT 系统支撑。则人工参与过程、后续问题跟进过程形成有效的代码/模型固化至数据式审计系统。

三、大数据环境下电信行业审计全生命周期管理效果

（一）适应大数据审计需要，数据式审计管理效益显著

自动化的全生命周期数据审计上线以来，对公司收入保障和风险管理创造了较大的经济效益和管理效益：一是审计效率提升经济效益。自动化数据审计是一种基于“大数据”和计算机辅助审计技术的新型审计模式，开展数据审计工作以来，中国移动北京公司审计效率和能力大幅提升，每年为公司间接节约审计费用和数据支撑费约 300 万元。二是审计质量提升管理效益。通过自动化数据审计的监督，相关风险得到重视和持续改善。如 2014 年新上线的社会渠道养卡套利持续审计，审计成果得到公司领导在内的各级人员高度重视，养卡比例从最初的 40%下降至 1%以下；有价卡违规激活和违规销售金额，2014 年相对 2013 年分别下降 89%和 84%，中高风险逐年大幅下降。三是数据审计专题管理效益。借助自动化的数据审计工作打通与 21 个生产系统的数据通道获得 130 多类审计常用数据，审计人员可自主提取和分析相关数据：数据提取周期，从 2—4 周减少到一天；对大数据分析能力提升，发现更隐蔽的问题。例如渠道利用通信账户支付漏洞套利等，为公司及时挽回损失上千万元。

（二）顺应中国移动通信集团战略发展要求

中国移动北京公司全生命周期数据式审计的应用，特别是数据建模验证、分析技术的应用，能有效帮助审计人员从海量的、模糊的财务、业务数据中抽取出潜在的具有审计价值的信息，进而形成明确、有效的审计思路，并以宏观的视角从全局把握整个审计过程。数据式审计相比以往基于流程的专项审计工作方法，是从数据与业务逻辑的角度出发探索问题，能够更多的关注跨系统，跨部门，跨流程的风险，使审计人员能够以更高的视角观测被审计单位潜在的风险。数据式审计坚持自数据源系统获取独立、客观、全面的数据，避免从中间系统取数的不准确、不及时、不全面，实现了对审计样本的全量测试，将传统审计方法难以识别的风险和问题进行了充分揭示，并以较为客观的统计数据量化了风险水平，为管理层制定适当的风险应对措施提供了重要的决策支持。目前，中国移动北京公司是中国移动集

团 31 家省公司唯一实现独立获取源数据的单位。

（三）促进中国移动北京公司快速发展

全生命周期数据式审计的应用，推进了以大数据为核心的审计信息化建设。实现了审计风险管理系统化、数据化，数据审计、延伸审计、专项审计的闭环联动机制。开展延伸审计时，对重大问题和整改不力的问题纳入审计跟进、审计问责。2012—2016 年 3 月支撑了内部 10 余个审计项目，例如经济责任审计、分公司业绩审核、终端专项审计等。数据获取周期缩短 85.7%，加快了审计效率，更加及时发现并规避风险。在数据式审计的应用过程中，中国移动北京公司连续 3 年作为集团公司的持续审计试点单位；同时，积累了全套数据建模实施规范，可直接应用于兄弟公司。目前，我国对数据式审计的理论研究已较为成熟，但是鲜有电信企业开展相关实践的案例，其中的原因主要是由于数据式审计对电信企业运营的自动化程度，审计人员的专业能力，IT 技术水平以及数据分析能力的要求较高。2015—2016 年，中国移动集团内审部、山东公司、西藏公司、深圳公司等多家单位共同学习、探讨自动化数据审计相关专题内容。中国移动北京公司推进了全生命周期的数据式审计模型构建的实践尝试、应用、推广工作。

（成果创造人：张　珂、周　毅、王文明、夏　军、
屈　虹、戎　伟、顾怀恩、胡清源）

供电企业基于客户信用评价的欠费风险管理

广东电网有限责任公司中山供电局

广东电网有限责任公司中山供电局（以下简称中山局）是中国南方电网有限责任公司下属的全资子公司——广东电网有限责任公司的地市级分公司，担负着中山市 25 个镇区的供电任务，供电面积为 1800 平方千米。中山局下辖变电站 103 座，35 千伏及以上输电线路长度 2273 千米，资产总额 118 亿元，其中固定资产净值 107 亿元。截至 2015 年年底，中山供电局拥有供电客户 120.89 万户，其中工业用户 5 万户，销售电量 232.55 亿千瓦时，其中工业用户 122.9 亿千瓦时，全年实现资金收入 195.66 亿元，其中电费资金收入 194.60 亿元。

一、供电企业基于客户信用评价的欠费风险管理背景

（一）应对新常态经济形势下企业电费欠费风险增大的需要

当前，宏观经济下行压力较大，国内外市场需求持续偏弱，制造业外贸走势偏弱。中山市制造业外贸主要以装备制造业为主，以全市 2014 年数据来看，前三季度，中山规模以上工业装备制造业企业亏损 140 家，亏损面达 18.3％。2014 年中山进出口总额由上年的正增长下降为负增长，部分行业企业生产经营困难。中山市经济结构中，第二产业占 GDP 的比重超过 50％，全市第二产业用电量占比超过 60％，中山市工业企业生产经营压力较大，中山局电费收入增长放缓，欠费风险凸显。据统计，2014 年中山供电局电费欠费 328.3 万元，其中大工业用户欠费占比 56.76％。如何能够为客户提供优质供电服务、保障电力供应支持之外，避免电费坏账、及时回收电费、防范电费风险，成了供电企业必须面对的新课题。

（二）应对传统电费收缴方式局限性的需要

电力产品具有特殊性，生产和消费同时完成，电力销售采用“先用电、后付费”的赊销模式。客户超出规定缴费期限 30 日，经催缴仍未交清电费的，才按规定的程序中止供电。据统计，中山局存在欠费风险的计费周期至少为 49 天，一旦欠费发生，将严重影响当期的电费回收考核。欠费发生后，当前采用的电费收缴方式往往处于被动状态。一方面，用电作为客户的基本生产需求，拖欠电费就意味着客户经济严重困难或者没有后期继续用电需求，电费追缴的成功率往往不高；另一方面，由于用电客户的构成复杂性、行为不确定性等因素，供电企业无法实时了解用户的具体情况，前期缴费不能作为参考，欠费发生的可预见性不高，不能提前采取防范措施。开展欠费风险管理研究，正是应对目前这种“先用电、后付费”的电费收缴方式局限性的需要。

（三）完善欠费风险管理方式的需要

供电企业传统的收缴方式不能适应新形势下的新要求，不能对用电客户异常行为及时做出反应，欠费的风险管理更多地基于事后的处理。目前供电企业对于欠费风险的评估技术手段不足，风险评估模型较少，没有建立一套客户信用评价信息化系统，预测多是基于以往的经验，主观影响较大，与实际存在较大偏差。其他行业主要采用“5C”评估系统方法，从品德、能力、资本、抵押、情况等方面对客户进行信用评估，根据评估结果进行风险管控，但是此评价方法多适用于金融市场的相关业务，具体操作方法和评价指标不完全适合用电客户，评价结果对于供电企业的可用性和借鉴性不高。供电企业基于自身实际对客户开展信用评价，可以完善欠费风险管理方式。

基于上述背景，中山局自 2015 年 1 月起开展了供电企业基于客户信用评价的欠费风险管理的研究

和实施，形成相关研究成果和实施效果，有效防范客户欠费风险。

二、供电企业基于客户信用评价的欠费风险管理内涵和主要做法

中山局基于大数据的分析方法，充分利用已经掌握的客户历史用电数据，通过设计和应用客户信用评价模型，对用电客户进行信用评分，并固化到信息系统中，成功搭建客户信用评价预警系统，实现了对客户用电行为的实时监测，智能化筛选高信用风险的客户，制定用电预警和防范措施，有效化解欠费风险，降低了企业损失。主要做法如下：

（一）开展用电历史数据分析，科学设计客户信用评价模型

1. 构建客户信用评价模型

中山局深入分析造成地方供电企业欠费风险的相关因素，构建适用于供电企业的客户信用评价模型，对用电客户进行信用评价确定欠费风险客户，根据评价结果对不同信用等级的客户配套采取不同的欠费风险管理措施。客户信用评价体系主要通过指标筛选、权重计算两个过程来完成。一是指标筛选。在现有研究文献基础上，中山局提出基于能力和行为的指标体系，通过专家评定法最终确定了选用的指标体系，包括经营能力、社会交往、发展前景、电力法规及用电合作等五个方面 27 个关键指标。二是权重计算。中山局采用层次分析法来按层级计算每个层级指标的权重，通过行业专家对各个评价项目间的两两的比较、判断，构建判断矩阵，最终确定项目指标的权重。具体如下：

中山局邀请来自高校的专家学者 32 位以及行业内的专业人士 95 位组成联合专家小组，其中高校内的专家包括财务、市场、运营、企业管理专业，供电行业内的专业人士则来源于市局和分局的财务部门、营销部门。对联合专家组有针对性地进行了两轮的德尔菲法来收集所需数据，即对专家组实施第一轮打分问卷发放，共收集到有效问卷的行业内专业人士问卷 95 份，回收高校内的专家有效问卷 32 份。在总结第一轮打分基础上，将问卷整体划分：具有高度整合性的一级指标、二级以及以下具体指标中的财务部分、市场和运营部分，分别将这些指标有针对性地交给市局及分局中的中高层管理人员，涉及财务部门、营销部门等。同时，高校专家在经过认真甄选之后再次参与下一轮指标的打分。最终回收到有效问卷 47 份，其中包括 20 份的高校专家问卷，27 份的行业内专业人士问卷，具体包括市场部 12 份，财务部 15 份。在采用众数统计分析时，绝大部分的分数的众数所占比重都达到了 50%以上。

2. 筛选信用评价的对象

供电企业掌握着最全面的区域客户用电量数据，包括用电量、电费、欠费等等。通过分析这些数据，可以了解影响供电企业欠费风险的重要因素，可以筛选出需要进行信用评价的用电客户，缩小信用评价范围，提高客户信用评价体系的工作效率，有效实现欠费风险防范效果，降低欠费风险。

第一，分析电费欠费的构成比例。根据中山局 2014—2015 年度的电力欠费总体情况分析，如图 1 所示，2014—2015 年两年各类欠费中，大工业用户欠费占总额比例平均为 51.72%，平均欠费 206.49 万元，欠费额度前 10 位用户中，有 8 户均是大工业用户。由此分析得出，中山局欠费客户主要是集中在大工业用户，那些经营不善、资金流转不畅，甚至破产倒闭的大工业企业构成了供电企业欠费风险的主要原因。

第二，分析电费收入的构成比例。以 2014 年度中山市电费收入构成情况为例，大工业用户电费收入占总额的 47%，在全市各类用户电费收入中占近一半比例。由此分析得出，中山局的电费收入主要是大工业用户电费，电费回收风险主要集中于大工业用户，大工业用户电费回收完成情况直接影响到中山局的各项经营指标。

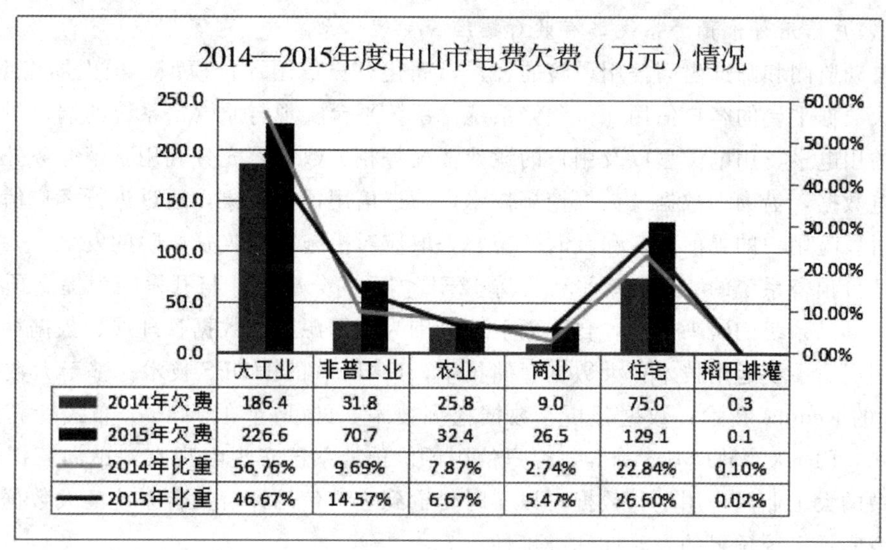

	大工业	非普工业	农业	商业	住宅	稻田排灌
2014年欠费	186.4	31.8	25.8	9.0	75.0	0.3
2015年欠费	226.6	70.7	32.4	26.5	129.1	0.1
2014年比重	56.76%	9.69%	7.87%	2.74%	22.84%	0.10%
2015年比重	46.67%	14.57%	6.67%	5.47%	26.60%	0.02%

图 1　2014—2015 年度中山局电费欠费情况

第三，分析用电量的构成比例。根据中山市 2015 年经济发展数据分析，在全市产业结构中，第二产业结构占比 54.25%，工业拉动全年 GDP 增长 4.41 个百分点，对全市 GDP 贡献排名第一。根据中山市 2014 年的全社会用电数据分析，按产业维度分类，第二产业占比达到 67.96%，位居第一位。数据说明，作为全市用电量占比第一的大工业客户，由于受到国际环境影响，中山市出口和利用外资形势严峻，实体经济经营仍然困难，工业生产面临较大的回落压力，工业品价格下跌，工业生产者出厂价格指数仍处于下降通道等因素影响，发生欠费的概率最大。通过对电费欠费的构成比例、电费收入的构成比例以及全社会用电量的构成比例分析，中山局确定大工业用户为本次欠费风险管理的重点。

第四，分析客户历史用电行为。大工业用户的电量数据具有周期性、行业性、规律性等特点，因此可以通过分析历史电量数据来筛选出异常用电的客户，进一步缩小进行客户信用评价的范围。基本思路是：利用用电量规模分析、年度同期比分析、年度近期比分析和 B—J 预测理论分析等分析方法，对大工业客户的用电量数据进行相关分析，层层过滤筛选出欠费风险的重点对象。

一是客户用电量规模分析。该分析旨在比较分析同类行业内客户的异常用电量行为。通过将同类行业内的客户用电量分析，将那些用电量规模显著低或高于行业内正常水平的客户作为高度异常客户筛出。根据中山供电局实际情况，大工业用户是重点的欠费风险防范对象，依据客户用电数据库的历史数据，采用数据挖掘的方法将客户用电类型划分为Ⅰ型大工业用户、Ⅱ型大工业用户、Ⅲ型大工业用户和一般工业用户，筛选出同一类别中，显著低于或高于正常水平的用电客户。

二是年度同期比较分析。该分析旨在分析生产用电具有波动性特征的企业用电量。通常地，正常运营的企业年度内同期用电量具有相似性。因此，将那些用电量显著低或高于上一年同期水平的企业将作为高度异常客户筛选出来。

三是年度近期比较分析。该分析旨在分析那些近期用电量有显著异常的客户。通常，正常运营的企业的用电量在不考虑显著季节性影响因素的情况下应该是近似平稳的。因此，将那些当期用电量显著低于或高于近期平均水平的客户作为高度异常企业筛选出来。

四是 Box—Jenkins 预测分析。该方法旨在通过时间序列分析的方法分析实际用电量与预期用电量有显著差异性的企业。其基本思想是：通过将用电量视为时间序列，预测企业在基于历史用电量过程中当期应该具有的用电量水平，通过与当期企业的实际用电量的比较来筛选出异常用电行为企业。

（二）建立客户信用评价预警系统，有效对接经营管理体系

为了实现自动监测和筛选出高信用风险的客户，固化客户信用评价模型，中山局借助信息化手段，开发建设基于大数据平台的客户信用评价预警系统。系统平台实现与原营销系统的端口对接，通过营销系统取得客户的用电量、用电类型以及用户的缴费情况等相关数据，充分利用营销业务处理过程中积累的大量客户用电数据，借助大数据及数据挖掘技术，筛选信用评价对象，通过进行客户信用评价形成信用等级，实现对风险用户的提前判断和及时预警，采取应对措施防范欠费风险的发生。

客户信用评价预警系统的数据展现平台支持J2EE体系的分层设计与开发，为提高预警系统的模块化和可重用性，满足系统的跨平台性，自下而上，分别为数据源层、数据管理层、数据存储层、基础平台层和分析应用层。主要运用技术：大数据存储技术，Hadoop的HDFS技术；基于大数据的并行计算技术，Hadoop的Reduce技术；数据分析、数据挖掘技术，Hadoop的Map分布式计算技术；数据可视化的展示技术，FLEX、HTML5等等。客户信用评价预警系统实现与现有中山局营销系统的端口对接，营销系统中的大工业用户用电量数据可以实时传输到客户信用评价预警系统的大数据平台，实现数据的及时更新，实现系统预警的及时性和准确性。

（三）开展客户用电日常监测，实现客户用电风险分类管理

1. 建立配合日常监测的组织架构

配套客户信用评价预警系统的运用实施，中山局对欠费风险管理体系进行流程再造，优化组织结构，明晰人员岗位配置，落实责任到位，使预警系统的每个环节有效衔接，建立了适用于预警系统的组织架构。

第一，中山局信息部作为信息管理部门，负责预警系统的数据库管理、数据安全维护、客户端的推广以及数据接口的审核报备等工作。保证预警系统的安全稳定运行。

第一，预警系统自动报警的用电异常客户需要信用评价，按照客户信用评价表的打分内容，系统自动推送各相关部门的相关岗位，由各业务线的专责进行专家打分，打分结果系统自动计算异常客户的最终得分和评价结果，并将结果推送市场营销部。根据打分内容，涉及的归口部门具体有：财务部、市场营销部、企业管理部、生产设备部等等。

第三，市场营销部根据预警系统最终推送的异常客户信用等级，按照A级、B级、C级、D级分级管理。对于A级、B级信用达标客户，排除欠费风险，纳入优质客户走访名单，拓展优质客户服务内涵。对于C级、D级信用不达标客户，纳入欠费风险重点跟踪监测对象，下达作业要求，客户所在区域供电分局的用电检查专员将对重点监测客户进行现场调查，并上报调查结果。市场营销部根据反馈，最终确定应对措施，例如要求办理电费托管金业务等等。

第四，企业管理部负责信用评价结果纳入市征信系统的沟通协调及法律工作，财务部配合市场营销部开展电费托管金的银行端业务办理，人力资源部配合市场营销部进行欠费风险管理实施结果的绩效考核工作。

第五，财务部负责坏账的建立，及时进行坏账计提等相关账务处理，对于重点跟踪监测对象中无法追回，造成欠费损失的进行资产减值损失处理，最终冲减企业本年利润。

2. 对重点监控对象开展信用评价

针对系统确定的重点监控对象开展信用评价，以公司D举例：系统通过客户用电行为分析将公司D列为重点监控对象，系统数据分析结果如下表所示（见表1、表2）。公司D在2015年1—4月连续四个月的比较波动幅度异常，显著高于同期正常客户的波幅。

表 1　客户用电的近期比较分析

时间	公司 A	公司 B	公司 C	公司 D	公司 E	同期正常客户幅度 δ
2015/1	1.11	0.23	0.32	1.66	1.00	0.58
2015/2	0.37	0.13	0.02	1.04	1.00	0.15
2015/3	0.10	0.68	0.06	0.99	1.00	0.41
2015/4	0.32	0.48	0.23	0.40	1.00	0.10

表 2　客户 Box－Jenkins 预测比较分析

时间	公司 A	公司 B	公司 C	公司 D	同期正常客户幅度 δ
2015/1	0.38	0.37	0.22	1.37	0.66
2015/2	0.28	0.02	0.24	1.42	0.33
2015/3	0.10	0.65	0.16	0.99	0.43
2015/4	0.47	0.46	0.32	0.61	0.25

通过系统进行信用评价，客户信用评价是在客户信用评价指标的基础上，通过客户信用评价得分最终确定客户的信用评价等级。客户信用评价在具体指标上采用专家打分法按百分制规则进行打分，然后根据具体指标的最终得分值乘以对应指标的权重计算得到上一级指标的分值。如此自下而上层层计算，最终得到客户信用得分。最终得到公司 D 的信用等级。此外，基于客户动态性以及客户信用状况的动态性，信用评价体系同样具有动态性，信用评价体系会依据这些影响因素的动态性而及时地修正和调整。根据客户的客户信用分值 X 进行等级划分。若 X≥90，则客户为 A 级客户，即高信用客户；若 80≤X≤90，则客户为 B 级客户，即信用中上等客户；若 60≤X≤80，则客户为 C 级客户，即信用中等客户；若 X≤60，则客户为 D 级客户，即信用比较差的客户。根据不同信用等级对客户采取相应措施。

（四）积极采取有效措施，有效化解欠费风险

根据客户不同信用等级，中山局采取不同的应对措施。对于高信用客户，中山局每年会组织座谈，表彰优质客户，进一步了解客户用电侧需求，深化服务，更好地提供用电支持服务。对于信用比较差的客户密切关注，采取积极的预防措施，例如开展电费托管金业务、预缴电费等措施，防范电费风险，将信用信息纳入征信系统，构建多层次多方位的信用风险防范体系，保障企业资金安全。

1. 开展电费托管金业务

为防范电费资金回收风险，保证电费及时有效回收，中山局推广实施电费托管业务。缴存电费托管金的客户包括已经有过欠费行为和拖缴电费的客户，以及根据客户信用评价预警信息系统筛选出来的重点跟踪监测客户。通过中国工商银行中山分行托管系统，建立托管总、子账户，对客户缴存的托管金进行明细核算，客户缴存的电费托管金独立于其自有资金账户，确保电费托管金的独立性。客户一旦发生电费欠费，中山供电局即可通知银行扣划，保障中山局电费回收，防范客户欠费造成的资金风险。

2. 推广使用预付费计量装置

针对目前电费风险大、基层人员电费催收难的问题，中山局对于高风险客户，例如已经发生欠费的客户，以及信用评价预警信息系统筛选出来的重点跟踪监测客户，要求接入预付费计量装置即安装费控装置，并签订补充协议。深入运用计量自动化系统，以营销管理系统为平台，通过费控技术手段，实现电费监控、远程抄表、远程充值、预交电费不足短信报警等功能。同时，中山局也积极开展费控模式的

宣传推广，逐步树立客户“先购电、后用电”的用电消费观念。进一步完善缴费服务渠道，确保远程购电缴费渠道的便捷、畅通，有效地降低和化解电费风险，对加强用电管理，实现电费回收“结零”打下了坚实的基础。

3. 缩短结算周期

对于暂时不具备条件安装预付费计量装置的用电客户，展开重点欠费风险防控客户的梳理，采取落实到具体责任人的有效管理方式，积极主动的对风险客户进行重点监控，提前介入了解情况，保障电费回收的及时安全。采取补签供用电合同或者补签协议，结合“多次抄表，多次结算”的收费模式，缩短收费周期，加快资金回流，降低风险成本。

4. 采取预收电费措施

对于高风险客户开展预收电费业务，以 2016 年 1 月为例，对经检测发现的四家存在欠费风险的重点用电客户，通过派遣专人调查，提前采取预收电费等措施，成功规避月均 74.98 万元的电费风险。

5. 信用评价纳入到征信系统

中山市已在全国率先建成社会征信和金融服务一体化系统，整合工商、质监、地税、海关、供电等 27 个行政部门和单位的信用信息数据并作为各商业银行信贷决策的重要参考依据。拖欠电费、违约用电、窃电等失信行为，已经纳入到中国人民银行征信系统及中山市社会征信和金融服务一体化系统。中山局通过专线通道将当期欠费用户记录提供给市政府政务数据中心，由社会征信和金融服务一体化系统与数据中心关联数据。中山局客户信用评价体系的评价结果作为重要参考信息，对不同信用等级的客户提供不同的社会服务。

三、供电企业基于客户信用评价的欠费风险管理效果

（一）转变了企业欠费管理方式

中山局通过信息化集成，实现了智能化预警，通过与营销系统业务集成，实时更新客户电量数据。同时，通过流程再造，让中山局各级管理层有条件穿透到业务执行的过程，对业务过程实现事前防范、事中监控以及事后分析，提高了管理效率。客户信用评价预警系统为成本精细化管理提供了有效的技术支持，有效地推进了客户欠费风险管理由经验管理向标准管理、由目标管理向过程管理的转变，减少了电费回收资金风险，加快资金回笼，实现了降本增效的经营效益，为供电企业经营目标的实现提供有效保证。管理的关键在决策，决策的关键是预测，客户信用评价预警系统实现了对用电企业关键因素及指标变化的监控与追踪，大大提高了对客户电费回收风险的预判性和准确性，创新了控制方式，为企业资金风险管理决策提供真实的基于量化指标的多维度数据分析，起到了决策支持作用。

（二）有效降低了企业欠费损失

中山局通过进一步应用客户信用评价预警系统，不断丰富和拓展了资金风险防范措施。提前采取控制措施，有效减少欠费带来的资金风险损失，提高电费资金回笼的及时性，提升经济效益。中山局对存在资金风险的重点跟踪客户开展电费托管金业务，据统计，2016 年年初已经对 214 户用电客户开展了电费托管金业务，累计托管金额 515 万元，相应保障了中山局 515 万元的电费收入，消除了对应金额的资金风险隐患。同时，通过客户信用评价预警系统的及时预警，提前采取措施保障电费回收，中山局的大工业用户欠费额度同比下降。另一方面，应用客户信用评价预警系统后，极大地减轻了营销管理人员的工作负担，提高了营销管理人员工作效率，在保证用电客户正常用电的基础上，降低了催费、欠费，停电、恢复供电等工作环节的成本。

（三）有效提升了客户服务水平，丰富了社会征信数据

按照客户信用等级划分客户进一步丰富中山供电局客户分类方式，通过客户信用预警系统的综合评定，挖掘信用等级高的优质客户，使中山供电局可以更好为优质客户提供贴心服务，满足其用电侧需

求，实现供电企业支持经济发展的社会责任，例如，2015 年中山局创建绿动力能效行动荣誉企业联盟平台并吸引 128 家企业首批加入，有效推动 36 个节能项目落地，年节电量在 100 万千瓦时以上项目数量超过前四年总和，成功建立美的、长虹两大节电示范基地和中山鱼米之乡节能生态示范项目，全球最大的格兰仕单厂分布式光伏发电项目顺利并网。中山局采取的基于能力和行为的信用评价体系，能够及时动态地监测到企业用电异常行为，在此基础上开展客户信用评估，并将用电客户的信用评价结果作为供电企业提供给社会征信系统数据的重要参考，为社会征信系统提供了更为丰富的数据资源，为社会征信系统的完善起到积极的作用。

（成果创造人：欧安杰、邓智明、孙红岩、杨　蓉、黄超嫦、周建伟、刘智强、李国春、王志喜、张春梅）

全国首条地方控股高铁的投融资管理

山东铁路建设投资有限公司

山东铁路建设投资有限公司（以下简称山东铁投公司）成立于2008年12月，是山东省委、省政府在全面加快铁路建设的背景下，为确保全省铁路建设项目的顺利实施，依托山东高速集团组建的山东省铁路建设出资人代表和项目投融资平台。山东铁投公司参与全省铁路项目的投资、建设和管理，业务由发改委指导，资产由国资委监管。注册资本367.372亿元，经营范围涵盖铁路及其相关产业的投资建设、管理与运营，交通基础设施的投资建设、管理与运营。

“十二五”期间，按照省政府安排，山东铁投公司参与了京沪高速铁路、德大铁路、龙烟铁路、青荣城际铁路、晋豫鲁铁路通道、黄大铁路、石济客专和青连铁路等十余个铁路项目的投资和建设，参建里程2300余公里，完成投资逾300亿元，为山东省“十二五”末形成“四纵四横”的铁路运输格局做出积极贡献。

一、全国首条地方控股高铁的投融资管理背景

（一）抢抓新一轮铁路建设机遇的需要

自2013年开始，国家在铁路行业启动了全方位改革，全面开放了铁路建设市场。国家有关部委陆续发布文件，逐步向地方政府和社会资本放开城际铁路、市域（郊）铁路、资源开发性铁路和支线铁路的所有权、经营权，鼓励社会资本投资建设铁路，鼓励地方政府设立铁路发展基金、推动土地综合开发利用。地方政府在铁路建设方面正在取得更大的自主权和主动权。原铁道部单一垄断的市场形态已经打破，铁路行业的规模和深度正在日益拓展，地方主导铁路项目实施的政策氛围和社会氛围已经形成。

山东省积极抓住有利契机，完善省内铁路网建设规划，推进高速铁路和城际铁路建设，以解决长期以来制约经济发展的瓶颈。2014年，国家发改委批复《环渤海山东省城际轨道交通网规划调整》方案，规划至2020年，建设总里程1332公里的10个城际快速铁路，实现济南、青岛两市互联及与周边城市的互通，山东省铁路建设掀起新一轮高潮。济南至青岛高速铁路（以下简称济青高铁）项目正式提出并实施，全国首条地方控股高铁项目启动。

（二）突破山东省铁路事业投融资瓶颈的需要

伴随山东省铁路建设进入新一轮快速发展时期，原有投融资模式的局限性日益突出。首先是铁路项目局限性十分明显。铁路项目（特别是高速铁路项目）造价高，仅单个项目的投资就达数百亿元；铁路项目作为公益性基础设施，往往更注重社会效益，经济效益十分有限，甚至连年亏损，投资回收期普遍超过20年；其次是项目合作方十分有限。山东省内既有的铁路项目，绝大多数均采用路省合作方式，即仅有铁路总公司和地方政府参与，极个别的资源运输线路和地方铁路由央企和地方铁路局独立投资建设。在项目公司股东层面难以见到社会资本的身影；最后是项目法人的公司治理不健全。在铁路部门主导下建立的股东会、董事会、监事会及经营班子，治理机制尚未充分发挥应有作用，地方政府作为少数股东难以参与决策以及保障自身权益。到2030年，建设山东省快速铁路网预计投资3630亿元，资本金按照50%考虑，约为1815亿元。因此，如何顺利按期落实铁路建设资金已成为省级政府开展铁路建设工作的重中之重，设计新型投融资管理已迫在眉睫。

（三）充分履行地方国企责任使命的需要

铁路项目具有准公共产品特点，投资回报率低、周期长，难以吸引社会资本参与投资，需要地方国

企履行责任予以弥补。山东铁投公司作为山东省属国有企业，是在全面加快铁路建设的背景下，山东省委、省政府为确保全省铁路建设的顺利实施而依托山东高速集团组建的。公司的定位和使命即为省级铁路建设出资人代表和项目融资平台——作为政府出资人完成对省内合资铁路的资本金出资任务，并发挥企业融资作用，利用国内资本市场，以时间换空间的方式缓解地方财政一次性支出压力，并通过资本运作、政府政策支持及依托高速集团实现长期可持续发展。但是，随着铁路投资由参股向控股转变，铁路项目将由干线铁路为主向省内地方高铁为主转变，山东铁投公司承担的资本金出资任务将出现大额攀升，项目经济效益也将有一定程度下降，考虑到省市财政状况在长期内较为稳定，如不创新投融资管理方式，山东铁投公司将在资金筹集、生产经营可持续性等方面长期承受巨大压力，对国企责任的履行造成重大影响。

基于上述原因，山东铁投公司从2014年伊始着手启动全国首条地方控股高铁——济青高铁的投融资管理。

二、全国首条地方控股高铁的投融资管理内涵和主要做法

山东铁投公司在全国首条地方控股的济青高铁项目的建设过程中，在“政府主导、市场化运作、多元化投资”的原则下，科学论证项目建设可行性，争取政策支持提高项目收益；通过财政资金引导、社会资本参与、资本市场融资、PPP模式、土地综合开发等方式完成资本金筹集，解决以往仅依靠省管企业及省市财政出资作为项目资本金来源而带来的种种难题；通过加强项目风险监测与控制、完善公司治理结构等措施，保障社会投资者的投资效益和权益，构建“股权多元化，资金来源多渠道，融资方案多样化，全社会共同参与”的地方控股铁路投融资管理机制，确保济青高铁项目建设与企业的可持续发展和稳健经营。主要做法如下：

（一）科学论证济青高铁建设可行性，充分利用政府配套政策提高项目回报率

项目实施前，胶济铁路客运专线承担了联通山东省内两大核心城市（济南和青岛）、沟通山东省东中西部交流的旅客运输职能。但是，受制于线路建设较早、技术标准低等因素，开行列车60对已经接近饱和，远远无法满足人们快速出行的需求以及山东省经济社会的迅速发展。因此，建设济青高速铁路，与既有胶济客专形成四线客运通道格局，共同承担中长途客流和城际客流，对彻底解决济青通道客运瓶颈，是可行且必要的，对于促进山东省东中西部经济政治文化交流，具有重要意义。

2014年5月，国内规模最大、专业性最强的综合性工程咨询机构——中国国际工程咨询公司对济青高铁项目建议书进行评估，认为济南至青岛高速铁路的建设是推进山东半岛发展战略，发挥济南、青岛两大核心城市的“龙头”作用，打造东部沿海地区重要经济增长极的需要。本项目西接京沪高铁、石济客专等，东联青荣城际、青连铁路，是山东半岛胶济、胶东沿线地区对外交流的客运主通道，沿线除经过济南、滨州、淄博、潍坊、青岛五大城市外，向东辐射并吸引胶东半岛烟台、威海、日照等城市，向西辐射并吸引德州、泰安、聊城等地区。随着胶济通道前后方快速铁路网的完善，胶东半岛与区域外将产生大量中长途旅客交流，为本线未来的客流量提供基础和保障，同时，本项目设计速度为350公里/小时，技术标准较高，能够满足中、长途客流对出行速度和时间的要求。评估认为，本项目建设是必要的，从与周边路网的协调和旅客出行需求角度分析是可行的。

为进一步科学论证济青高铁建设的经济可行性，山东铁投公司参照国际上通用的大型项目标准做法，聘请国内外认可的国际知名会计师事务所、专业工程咨询机构测算项目客运量。根据测算，在无任何配套措施支持下，项目30年期资本金收益率仅为2.15%；叠加省政府给予济青高铁的票价浮动、电价优惠、亏损补贴、土地综合开发收益弥补等全部配套政策后，项目30年测算期的资本金收益率为8.30%，高于社会折现率8%，从经济效益角度分析，本项目可行。

（二）拟定融资策略，设计融资方案

按照深化国家投融资体制改革的精神和山东省政府确定的“我省为主、多方参股、平等协商、依法合规”资本金筹措原则，山东铁投公司拟定“纵向分割、横向分层”的策略以筹措项目资金，充分实现济青高铁项目“资金来源多渠道、股权组成多元化”。

1. 采用纵向分割方式分别筹集省、市资金

在已确定的项目资本金的20%由铁路部门承担，其余80%由省市共筹的基础上，沿线各地市以域内项目征地拆迁补偿费用出资作为其出资额下限，自行筹集解决；其余资本金由省方筹集。

2. 采用横向分层策略逐步筹集省、市出资

在基金层面，通过省财政、省国土及省发改配套资金的引导，吸引社会资本共同发起设立规模可观的省铁路发展基金，实现第一层融资，引资比例约为1：2；在项目层面，通过铁路发展基金或其子基金出资、省铁投债务融资及项目招商引资，实现第二层融资，引资比例可达到1：4或更高，两层叠加以充分利用政府资金的引导作用。地市通过将过境征地拆迁内容以PPP项目包的方式，吸引广泛社会投资人参与，缓解财政一次性出资压力。

（三）深入挖掘PPP和BOT模式潜力，吸引社会资本参与铁路项目

1. 争取配套政策，提高项目吸引力

针对铁路项目预期收益率偏低、投资回收期较长，对社会资本缺乏吸引力的特点，山东铁投公司积极争取配套政策，提高项目效益水平，从而达到引资条件。具体包括：取得税收优惠支持，减免PPP项目公司运营期及发生资产转移时所涉及的各项税费；采用以地养路的方式，即通过铁路沿线土地综合开发收益提高项目整体收益水平；根据客运情况调整票价，提高运营收益；优惠电价，通过与电力系统协商、获得政府支持，采用优惠用电价格，降低运营成本；获得政府对运营的支持，在项目运营期内，若运营情况不佳，政府将以多种方式保证社会投资人的部分收益回报。

2. 盈利点清晰、退出机制合理，降低社会资本投资风险

为了提升社会资本认可度，锁定盈利预期，通过政府购买服务付费、社会资本优先于政府享有股权分红等措施，保障社会资本投资收益权。

在签署合作协议时，即明确社会资本在合作期未满时的退出安排，包括触发机制、退出方式、股权转让价格、补偿条款，以及政府提前将回购资金列入中长期财政预算等支持政策，解除社会资本的后顾之忧；在退出机制触发时，明确政府严格按照合同的约定履行回购职责，不推诿，山东铁投公司在回购资金上做好安排。

3. 合理分担职能，确保PPP模式顺利运作

济青高铁项目沿线征地拆迁PPP项目，由当地政府采购甄选的社会资本与政府指定机构成立项目公司（SPV），政府负责沿线的征地拆迁工作和资金使用监管，社会资本负责资金筹集以及项目的运营管理。社会资本承担筹资、运营风险，政府承担项目推进风险；社会资本享受项目投资分红收益，不足部分由政府给予部分补贴；政府享有经营期满后的无偿受让，并负责维持经营。政府、社会资本、项目公司各司其职，实现风险和收益的合理分配。

（四）建立“以地养路”模式，推动铁路沿线土地综合开发

2015年1月，济青高铁项目可行性研究报告获得国家发改委正式批复。在编制济青高铁可研报告的同时，山东铁投公司联合铁道第三勘察设计院制定济青高铁站场周边土地综合开发方案，并获得中国铁路总公司的高度认可，这也是全国第一个同步在可行性研究报告阶段制定出土地综合开发方案的铁路项目。

1. 深入分析土地价值，做好开发基础性工作

进行土地开发价值评估和机会研究是综合开发的基础性工作，按照省政府会议精神，山东铁投公司组织铁道第三勘察设计院集团有限公司和国内一流房地产专业咨询机构对沿线土地及站场的综合开发价值进行测算和梳理，并编制商业价值评估报告。结合《国务院办公厅关于支持铁路建设实施土地综合开发的意见》（国办发〔2014〕37 号）具体规定，以每个站点开发规模平均不超过 50 公顷考虑，总开发规模为 550 公顷，预计开发收益为 106 亿元；依据对沿线城市经济、产业、人口、土地市场成交情况、房地产市场投资额、销售情况等指标的综合分析，初步研究开发排序。

2. 积极进行政策研究，起草具体实施意见

为尽快完善配套支持政策，山东铁投公司与国内各省份积极交流调研，与有关部门进行沟通，组织省政府政策研究室、省发改委、省国土资源厅、省土地储备中心、济南铁路局等相关部门进行专题研讨，征求意见建议；参与起草《关于济青高速铁路实施沿线土地综合开发利用的试点指导意见》，提出“省政府授予济青高铁红线外土地综合开发权、开展土地一二级联动开发”和“开发用地分期分宗供应、供地价格按首次出让时的价格确定”的两大核心原则，推动取得政策支持。

3. 对接地市规划，切实做好用地管控预留

山东铁投公司在项目设计阶段就着手调研工作，并通过与省住建厅对接，了解沿线站点周边规划编制进展情况；根据与沿线调研和沟通情况，提前布局，协调各地市管控预留开发用地和编报控制性详规，为后续联合实施综合开发奠定基础。

4. 引进外部设计资源，助推土地开发进展

先后邀请悉地国际、上海林李、世联行、中国香港奥雅纳等国内外知名公司介绍综合开发成功经验，并提供方案策划建议。贴近房地产开发一线，与万科地产、中建地产、绿地集团、恒大集团、鲁班置业等国内知名的房地产开发企业接触，引入专业房地产管理和规划理念，研究商住配比和规划布局，为充分提升项目沿线土地综合开发收益做好准备；同时，探讨合作机制和利益分配方式，充分调动地市、项目公司以及社会资本积极性，引导地市算综合效益的大账，并实现参与各方的风险共担、利益共享。

5. 同步推进高铁站多元经营开发策划工作

长期以来，我国铁路车站开发大多采用切块招租的方式，车站经营业态没有统一规则，造成大量同质化经营现象，形成恶性、不公平竞争局面，影响经营效果，也不能满足旅客差异化服务需求。为了实现高铁站内商业经营开发效益最大化，结合站房建设，委托咨询策划机构开展车站商业空间格局分析，统筹规划商业资源，合理布局车站经营业态，提出站内空间商业开发的布局原则和空间预留指导建议；持续跟踪，配合站房设计单位做好功能布局优化，为车站建成后全国招商，引入各大品牌做好准备。与达成初步意向的沿线地市区政府，签署“综合开发合作框架协议”，明确各方工作职责。

（五）监测与防控风险，保障投资收益

地方主导铁路项目面临的主要风险为项目运营风险、政策法律风险，具体体现在建设资金无法及时到位、实际客运量与可研预测相差较大、项目持续亏损影响可持续运营、旅客运输安全、国家或省内相关政策变动等风险。为了及时地对济青高铁项目存在的风险进行监测和控制，确保项目稳健持续经营，山东铁投公司提前谋划，与省发改委等部门积极对接，争取配套政策支持。

1. 与各投资方就资本金出资安排达成一致，签署出资人协议保障资本金按期到位

出资人协议中明确：各出资人根据工程进度需要和项目投资计划及时安排资本金到位，并在项目开工后两年内全部缴足。同时，借助国家商事制度改革的有利契机，通过企业信用信息公开等方式，强化信息披露和违约追责，有效保证各股东履约出资，保障项目建设资金需求，为工程建设按期推进营造良好的外部环境。

2. 设计浮动票价机制

考虑到济青高铁为地方控股铁路项目，经过合理争取，国家有关部委已明确该项目的票价由山东省物价局负责管理。根据咨询公司提供的数据支持，高铁客流量对票价不敏感，适当提高价格可以增加运营收入。因此，鉴于济青高铁在四年后建成运营，综合考虑近年通胀水平、居民收入增长幅度和可接受范围，为确保济青高速铁路长期可持续运营，票价可在现有票价基础上上浮20%，并且在30年运营期内每五年上调10%，除用于保障投资者收益外，盈余可继续用于线路升级改造、机车维护保养和提高客运质量。

3. 给予济青高铁运营资金缺口及贷款利息补贴

山东省政府在济青高铁前期工作专题会议中明确提出，济青高铁项目建成后，运营管理及贷款利息产生的资金缺口，主要依靠高铁沿线土地综合开发实现的收益和场站广告、物业租赁等产业的盈利来弥补，不足部分使用山东省和沿线地市的土地出让金补足，实现"高铁带动土地增值，土地增值助力高铁运营"的循环经济模式，保证项目的可持续经营。

（六）争取政策支持，提高自身融资能力

山东铁投公司作为省级铁路建设出资人代表和项目融资平台，肩负弥补省铁路发展基金收益、省内铁路经营亏损补亏及确保自身可持续性融资的职能，因此积极争取省政府多重政策支持，具体包括：参与新建快速铁路沿线客站的土地收储开发，扩大主业收益来源；将铁路建设形成的建安税和新增铁路运输营业税作为山东铁投公司的补充收入来源，开展市场化融资；山东省政府将具有稳健盈利能力和充沛现金流的优质资产注入，形成稳定经营性现金流，实现可持续发展经营能力，奠定资本运作基础，反哺铁路建设；剥离对参投项目的补亏任务，并允许其参与盈利水平高的非铁项目开发，提高整体收益水平，缓解省市出资压力；推动设立省级铁路专项基金，通过财政引导资金的集聚放大作用，吸引数量可观的社会资本参与，支持省内重大铁路建设，满足资本金需求。

（七）完善公司治理，与社会投资者建立良好的合作关系

一是山东铁投公司注册资本数额可根据后续招商引资和土地综合开发情况进行增资扩股。资本金数额暂以可研批复为准，各股东按照认缴出资履行出资职责；另外，在确保各股东不低于既定出资的情况下，公司注册资本根据未来继续招商引资和沿线土地综合开发调整增加。

二是在董事会成员分配上，控股股东占据的董事席位不再超过半数。山东铁投公司作为控股股东，在占据一定数量董事席位的基础上，把决策权更多分配给其他股东和公司员工，鼓励其他股东特别是少数股东推荐董事会成员。这一方面是为了切实维护中小股东权益，提高科学决策水平；另一方面是为了充分实现引入社会资本的目的，借助其先进的经营管理理念提高项目公司管理水平，真正发挥多元化股东参与公司经营管理的优势。

三是在全国范围内首次引入省内著名律师作为省方推荐的合资铁路公司董事人选；在监事会成员分配上，突出职工监事地位。考虑到当前国家推行的国有企业改革试点，响应"建立接轨国际先进水平的现代公司治理体系"，按照后期设立独立董事的要求进行制度安排，从山东省著名律师专家库中，遴选出一名在公司治理方面达到国内领先水平、具有丰富独立董事经验的著名律师，作为省方推荐董事进入董事会，借助其专业知识，不断规范和完善公司治理结构。

监事会全部7名监事中，各股东只推荐1名监事，其余3名监事全部从公司职工中产生，鼓励员工参与公司决策管理，进一步发挥监事会监督作用。

三、全国首条地方控股高铁的投融资管理效果

（一）成功引进社会资本，推动济青高铁项目建设

一是济青高铁引进战略投资者方面实现突破。山东铁投公司陆续与淡马锡、黑石基金、德太投资等

国际知名投资机构，中国建筑、万科集团、南车四方、越秀集团等大型实体企业，全国社保基金、中民投、中信集团、平安集团、中银国际等保险及金融投资机构等进行接触，积极推介项目，同时在国内主要新闻媒体和网站刊登引资公告，通过网络渠道广泛招商引资。目前，已吸引中国建筑（26亿元）、中国中车（13亿元）、淡马锡和中信国际（0.6亿元）等国内外投资机构和企业近40亿元资本参与济青高铁建设。

二是通过分段运作PPP引进社会资本。济青高铁（潍坊段）成为中国首单运作成功的高铁PPP项目。通过竞争性磋商方式选定社会资本合作方，成功吸引15家社会资本报名，意向投资420亿元，中国邮政储蓄银行及其合作资本方成功认购40亿元，极大地减轻潍坊市政府的征地拆迁资金压力。此外，滨州市筹集15亿元资金，确保全线唯一的控制性工程青阳隧道率先开工；淄博市筹集落实15亿元征地拆迁资金；章丘市吸引社会资本6.93亿元，全部落实本市内征地拆迁费用。

（二）积累宝贵经验，为地方铁路提供示范

全国首条地方控股的济青高铁投融资管理是对我国铁路投融资体制改革的一次有益尝试和探索，基本解决了政府在短期内集中实施项目所面临的资金不足问题。同时，通过引进社会资本、进行土地综合开发等践，提高项目的市场化管理水平和综合收益，改善公司治理机制，对在全国范围内持续推进以地方为主建设铁路项目具有重要示范意义。2016年1月，国家发展改革委将其列为首批社会资本投资铁路示范项目，在全国推广。

（成果创造人：孙　亮、徐军峰、李　立、赵春雷、刘志国、路征远、于立意、董　敏、左　龙、秦振海、张　静）

基于业务财务一体化的成本管控体系建设

河南五建建设集团有限公司

河南五建建设集团有限公司（以下简称五建集团）创建于1953年，前身为“中南纺织管理局工程公司”。五建集团现拥有建筑工程施工总承包特级资质，市政公用工程施工总承包一级、机电工程施工总承包一级、钢结构工程一级、建筑机电安装工程一级、建筑装修装饰设计施工一级等30余项资质，具有对外承包工程及劳务合作经营权。五建集团成立以来，曾先后在河南、湖北、上海、天津、广东、海南、福建、新疆维吾尔自治区等20余个省区上百个城市，共建成大中型工厂近300座和一大批民用建筑工程，参加了亚、非、欧地区13个国家的工程建设，获得良好的信誉。

一、基于业务财务一体化的成本管控体系建设背景

（一）国家政治环境推动企业转型升级

党的十八大报告提出：“坚持走中国特色新型工业化、信息化、城镇化、农业现代化道路，推动信息化和工业化深度融合，工业化和城镇化良性互动，城镇化和农业现代化相互协调，促进工业化、信息化、城镇化、农业现代化同步发展。”这就表明了信息化本身已经不仅是一种工具和手段，而成为发展的目标和路径。对施工行业而言，通过走信息化的深度应用道路，来推动企业管理手段和管理方式的升级，打造效益型、集约型的现代化建筑施工企业。这是提高企业核心竞争力的必要条件，也是转型升级的本质内涵，只有实现信息化才助于精细化管理方式的落地，才有可能实现降本增效的目标。

（二）外部市场环境急需企业提升竞争能力

2012年，我国宏观经济运行下滑，GDP增长7.7%，是自1999年以来首次低于8%，固定资产投资增长率进一步下降，创下自2003年以来的最低增速水平。受宏观经济下行压力的影响，建筑业发展总体放缓，建筑业整体业绩呈现回落趋势，建筑业高增长的时代已渐行渐远，尤其是新签合同额的增长大幅下降，将在一段时间对建筑业的产值规模产生巨大影响，对众多建筑企业未来的发展带来较大的生存压力。建筑业集中度由2010年的20.4%下降到2012年的13.1%，使得准入门槛较低的建筑市场，处于过度竞争状态。严峻的外部市场环境，迫使建筑业从关系竞争向能力竞争的方向过渡，从追求数量扩张向注重发展的质量和效益过渡，原有的粗放式的管理方式已经严重阻碍了企业竞争能力的提升，无法适应新形势下企业的发展要求，五建集团急需通过精细化管理方式和信息化手段实现降本增效。

（三）企业内部环境要求突破发展瓶颈

五建集团在近些年的机构调整过程中，一些管理部门的人员数量减少，管理职能有所弱化，但是随着在建工程数量的逐年增多，五建集团对项目经济运行情况的管控能力有所降低，加之五建集团和项目经理（承包人）之间存在责权不对等、利益不均衡、信息不对称的情况，所以风险认知难、包赢不包亏、以包代管等承包制的弊端逐渐显现出来。这种现象严重扰乱了五建集团的经营规则，为五建集团埋下了巨大的经济风险。

2013年，面对复杂多变的各种内外部环境，五建集团决策层提出：“建立业务财务一体化系统平台，打造阳光经济，防控经济风险”的信息化发展战略，通过依托信息化平台，进行业务模式的创新和管理方式的变革。

二、基于业务财务一体化的成本管控体系建设内涵和主要做法

业务财务一体化系统平台是借助计算机、中间件、数据库、网络、信息安全等信息技术，遵循

“12411”一体化管理架构思想，兼顾业务、财务、资金三个层面，以预算管理为统纲，以成本过程管控为核心，以资金监控为重点，实现成本的统计核算、业务核算、财务核算、资金核算一体化；通过完善组织架构，健全配套制度，优化业务流程，规范实务操作，建立河南五建成本管控体系，形成事前计划、事中控制、事后分析、全过程考核的标准化成本管控机制；通过依托业务财务一体化管控平台，实现业主合同管理、预算管理、进度管理、支出合同管理、结算管理、付款管理的联动管控，强化成本过程控制，实现成本实时动态对比分析，有效防控了经济风险，提升了企业竞争力。主要做法如下：

（一）做好规划，明确目标

“先规划，后实施”是企业理性地进行信息化建设的过程，五建集团在进行业财一体化系统建设之前同样是做了完善的规划。五建集团高层领导在多年成本管理工作经验的基础上，站在项目实际业务的视角，开创性地提出了“12411”规划，“1”即一个总体目标：达到一个总目标——实现项目成本集团集约化管控；“2”即两项基本功能：实现项目经济信息传递及时、真实两项基本功能；“4”即四个控制节点：把控预算、合同、结算、付款四个关键节点及其控制逻辑关系；“1”即一条审批通道：规范资金使用计划自下而上一条通道审批；“1”即一套系统平台：项目经济业务、财务、资金管理纳入一套系统平台。以施工项目预算管理为核心，以支出类合同管理为主线，加强了现场施工程成本的全过程管理。为整个业财一体化系统的总体业务逻辑架构提供了指导思想，并为成本管理工作提供了正确的方向。

（二）成立人员组织，资金保障到位

业财一体化项目启动后，五建集团成立项目实施组，由五建集团高层领导担任组长，各个业务部门的负责人为成员，形成了一个跨业务、跨部门的协调联络机构，便于工作的顺利开展。五建集团高层领导高度重视，始终如一，在项目开展过程中形成了“两周一小会，四周一大会”的联席会议制度，及时跟踪、协调、解决项目实施过程中的各种问题。

信息化建设需要大量资金的投入，除了购买硬件设备，还要安排资金奖励项目实施人员，同时要保障教育培训的投入。为了搭建安全、稳定、可靠、高效的软件平台，五建集团投入大量资金，部署小型机、中间件、异地容灾备份系统、第三方 CA 认证、防火墙、VPN、上网行为管理等硬件系统。为了提高业财一体化系统的适用程度，五建集团聘请第三方信息化实施专家给予专项指导。在后期培训推广阶段，五建集团投入培训资金，加大培训力度，实行培训考试制度，保障系统顺利上线推广。

（三）实行需求调研，业务流程再造

2013 年 8 月，在最初的需求调研阶段，五建集团明确要把软件系统附带的标准业务流程、管控方式与五建集团自身的业务流程、管控方式进行“碰撞”，标准化的模块功能要能与五建集团的经营承包责任制环境下的需求相适应，不能生搬硬套，避免采用国有大型央企的“法人管项目”的模式。关键业务环节一定要管得住，业务环节要简化高效，要抓关键业务。对于钢筋、混凝土等主材，以及人工费、大型周转材等占造价比例高的资源，一定要管住，预算控制上要采用“量价分离”，以控量为主；对于钉子、扎丝等可以忽略。通过业务财务一体化平台，要将项目经济运行情况“透明化”，要让项目经理（承包人）自己设定工程项目的预算框架，在框架内可以按需付款，出了框架就无法付款。

在需求调研的基础上，五建集团项目实施组对现有的业务流程进行重新梳理和再造，避免不合理业务流程被原封不动的搬到业财一体化系统中。前后共梳理 14 条成本管理相关业务流程，统一 98 条审批流程，完善近 100 张成本核算表单，标准化经营管理、项目规划、预算管理、收入管理、分包管理、物资采购、周转材租赁、设备租赁、收款管理、付款管理等 10 大类成本管理业务板块。

（四）打造“量体裁衣”的软件平台

结合需求调研报告，五建集团业财一体化实施组对软件公司提供的实施方案，进行多次探讨，各个相关业务部室从软件功能、业务逻辑、工作流定义、审批流定义、权限设置、消息推送、预警平台等方面多次反馈了修改建议。经过修改和完善，紧贴高层领导和中层干部实际业务需求的事实方案得以确定，并由实施方案最终打造出“量体裁衣”的软件平台，实现定制化研发。

1. 建筑营销经营管理

通过客户管理功能实现各级单位对客户信息的登记与管理，通过营销管理模块实现工程项目信息收集登记及冲突协调管理，通过投标管理模块实现投标立项的登记和审批过程的管理，同时系统实现了招标书的评审管理、投标书的评审管理、开标记录的登记汇总以及标后总结的功能。实现供应商申请、批准、评价、冻结、黑名单等基础档案功能，有助于建立供应商准入和日常评价管理体系。

2. 建筑生产技术管理

实现停检点控制管理功能，提高项目事中控制，便于阶段性成本对比分析，降低项目风险；实现进度计划编制、导入功能，实时跟踪项目进度情况。建立项目 WBS 与进度的关联，支持进度产值与成本对比分析。

3. 建筑经济合约管理

一是合同管理。实现总承包合同、劳务分包/专业分包合同、物资/设备项目采购合同、物资/设备公司合同、周转材料租赁合同、设备租赁合同、其他合同录入、审批、变更、终止等功能，实现合同审批流程以及合同电子附件上传功能；通过收支维度实现了合同的报表台账，可以快速了解到各类合同的简要内容及执行情况；实现其他支出类合同控制结算，以及项目可用额度控制、调整功能；实现付款计划填报和审批以及付款计划传递到资金系统。

二是收入管理。实现总承包合同的 WBS 拆分、工程量统计、对甲计量报量、甲供材结算、对甲收款结算单、合同收款的管理，实现合同变更、签证、索赔、调整等功能，并且各单据都是依次参照生成，可对单据的上下游单据进行追溯联查，节省了数据录入时间，降低了时间成本，提高了数据统一性和唯一性，使项目从合同、报量到收款来源可查。

三是预算管理。项目预算书导入后与工料机档案进行关联，并结合 WBS 情况进行预算书 WBS 拆分，与预算控制规则一起进行关联生成预算控制表。通过预算控制规则结合预算控制表中的费用分类，实现预算控制支出类合同签订，建立以预算为核心的控制体系；控制方式可以实现刚性控制或柔性控制，控制点可以控制明细数量也可以控制总体金额。通过预算执行情况对比分析、主材分析对比表，实现过程成本对比分析，加强事中分析和事中控制管理。

四是物资管理。实现主材按照量、辅材按照金额控制结算的功能。消耗材料管理实现了材料计划、采购订单、物资入库、暂估处理、结算等功能；实现了消耗材料从计划、订单、入库、发票、出库的参照功能，减少操作人员工作量；实现周转材租赁进场、退场、租金计算、结算等功能，加强周转材租赁管理。

五是设备管理。实现设备租入合同对租赁结算的金额控制；实现设备租赁从进场、退场、费用、停租、工作量记录、租金计算、结算等全过程管理功能，加强设备租赁管理。

六是成本管理。实现项目上发生的人工费、材料费、机械费、专业分包、间接费等各类成本的自动归集和业务报表功能。实现分包成本、其他合同成本、周转材料租赁成本、设备租赁成本自动从结算单中取数功能；实现消耗材料成本自动从物资管理的出库单取数功能；实现财务间接成本数据传递到业务系统数据共享功能。

4. 财务资金

财务管理提供全面的财务核算管理功能和企业报表功能，除满足五建集团进行基本财务核算以及对外报告的需要外；还可通过提供科目辅助核算及多种账表查询功能，支持多维度的专项核算与管理，满足企业对内报告和细化核算的高级核算要求。业务、资金系统的业务单据通过财务会计平台生成会计凭证，传递、汇集至总账系统，再由总账系统进行后续财务处理，实现完整的业务、财务、资金一体化核算流程。

5. 资金管理

各内部成员单位在五建集团资金结算中心开设内部账户，通过委托收款业务、委托付款业务、内部收款业务、内部付款业务、特转收款业务、特转付款业务、回单业务，记录内部账户的资金变化，解决五建集团资金结算中心与成员单位之间的债权债务关系。将外部商业银行的“银企直连系统”与五建集团的资金管理系统连接，五建集团通过资金管理系统的界面可进行各商业银行账户信息的查询、下载并进行转账支付。五建集团资金流入流出的平台，管理自有资金存量与流量，并提供资金监控的依据。内部贷款管理，记录财务组织向资金组织获得内部贷款的合同信息、放款、还款、计息、付息的操作处理，以及贷款的相关查询。

（五）严格基本档案管理，把关合同登记备案

1. 严格实行档案管理

供应商基本档案是资金支付真实性的最基本信息，为加强前端这一基本档案的管理工作，五建集团对供应商档案管理实行集中管理、统一维护，并建立供应商黑名单制度，将不合格分包方、不合格分供商及时清出。

为提高供应商申请、添加速度，规范业财一体化系统供应商基本档案管理工作，确保工程项目资金支付安全，五建集团规定系统管理员只负责审核供应商申请单，并且添加账号和启用账号的操作权限分配到两个部门。各部室、分（子）公司/直管项目部、工程项目部负责录入、提交供应商申请单，企管部系统管理员负责供应商申请单的审核及银行账号的添加。财务部系统管理员负责供应商银行账号的启用。如果遇到特殊情况需要添加供应商档案或银行账户，申请单位必须提交书面报告，填写《供应商信息修改申请表》，并由五建集团财务部负责人审批签字，有效杜绝委托代付等不正规业务。

2. 标准化合同审批流程

五建集团规定，劳务分包、专业分包、材料采购、周转材租赁、设备租赁等业务的合同签订必须采用五建集团制定的标准合同格式和条款，录入系统平台，并通过标准化的合同审批流程进行评审、备案、审批。

对于无合同的零星材料采购、间接费支出，要在系统中录入内部虚拟合同，走标准审批流程。但需要写出情况说明，找相关责任领导审批，作为电子合同审核的依据。签订的框架合同，必须在每批次材料采购实施前签订分批采购合同，具体明确采购数量、单价和总价，否则财务部不予签批支付资金。

在支付环节，五建集团规定，凡未加盖合同审核专用章的，财务部不得签批支付资金；财务人员必须留存所有经五建集团相关部门审批通过的纸质合同，除按规定粘贴印花税、归档外，在支付资金时，还要参考合同付款条件，对符合付款条件的要及时支付，对与合同不相符的支付要及时提醒业务部门进行修正。

（六）加强收款对账，防止私收私用工程款

1. 引入收款异常预警功能

为防止承包人故意隐瞒施工产值，不上报工程结算收入，私收私用工程款，必须定期开展与甲方财务人员的对账工作。2012 年，五建集团将财务人员收回五建集团统一管理，实行会计集中核算。为确保对账工作落到实处，进一步加强对账工作的开展力度，五建集团财务总监提出在一体化平台中引入收款异常预警功能。预警功能包括：收款异常预警、对账记录单、付款计划编制启用/停用、收款预警台账四项内容。收款异常预警分为计量报量、收款情况、支出类合同结算三个预警维度，通过定期扫描业务系统、财务核算、资金收付等数据，与系统中预置的规则进行匹配，然后通过消息推送机制向工程项

目的财务人员、项目经理等相关人员推送预警消息，提醒项目财务人员加强与甲方的对账工作。

2. 强化财务对账制度

财务人员对账后需要在系统中填写对账记录单并提交财务领导进行审批确认，如果财务人员在规定的“对账缓冲期”内未能按时对账，或未填写对账记录，再或是对账不符导致对账记录单未通过审批，系统会在“对账缓冲期”结束后自动关闭该工程项目的付款计划编制功能，停止该工程项目的一切对外付款。通过查询预警台账，能够使相关财务领导了解整个五建集团所有工程项目的总体预警情况。

五建集团财务部制订收款对账工作的例会制度。日常工作中，每个月初，会计核算中心各科室都要组织召开收款对账工作分析会，对本科室负责核算的所有工程项目的收款情况进行分析总结，安排下一步的对账工作。收款异常预警机制的建立，确保所有工程款项都汇入五建集团指定账户，杜绝工程款私收私用情况的发生。

（七）强化成本过程控制，把控资金收支

1. 设置“停检点”

防控经济风险，必须强化成本过程控制，不能搞“秋后算账”，经济风险防控体系中各相关职能部门要加强、督促对工程项目过程成本的监控与核查。利用一体化平台中的施工总进度计划功能设置“停检点”，可以实现过程成本的监控与核查。

设置“停检点”就是“设置关键里程碑工程节点，停止付款，检查阶段性成本盈亏情况”。根据五建集团相关制度的规定，每个工程项目依据自身工程的特点，在编制总进度计划时，至少要设置3—4个“停检点”。在设置停检点的基础上，进度计划跟踪时，当项目关键里程碑节点完成100%后，达到停检点后，系统自动停止项目付款功能，由预算、物资、设备、劳务、财务等相关职能部门人员对该项目进行阶段性成本检查。检查核对合格后，才打开付款计划编制功能，否则不能提交付款计划。

2. 实行“收支两条线”

在现金流层面以项目收款额控制项目可用付款额，项目收取工程款，必须通过业财一体化系统平台进行到账认领，填写认领上缴单，系统自动扣缴五建集团管理费、会计服务费、缴纳税金、弥补内行透支、归还到期内贷本息，剩余资金回写到业务系统的项目可用额度中，由项目部安排计划使用资金；对通过内外融资、工程项目间调剂和退还保证金等其他各种方式取得资金，均必须进行到账认领，填写认领上缴单，以便了解掌握各个工程项目资金总量的使用情况。

资金支付从业务系统中根据合同信息、结算信息发起付款计划，必须直接付至合同签订、发票单位或个人，未经财务部长批准不得委托代付款；所有财务人员，对未加盖五建集团审批备案章的合同，一律不得办理付款结算对外付款，申报资金计划时，预付款项时要联查合同是否含有预付条款，合同未规定预付的款项不得支付，需要及时督促项目进行结算。

三、基于业务财务一体化的成本管控体系建设效果

（一）有效建立了企业成本管控体系

五建集团通过充实人员、调整机构、完善制度、重建流程、搭建软件平台等一系列举措，为业务财务一体化实施、推进夯实工作基础，健全业务财务一体化管控的支撑体系。在业务财务一体化软件平台搭建完毕后，五建集团又着力解决软件平台功能与规章制度的充分融合问题，通过软件上线动员、内部宣贯培训、培训考核等措施，不断强化、明确“八大员”岗位、审核岗位、管理岗位在系统平台中的权限、任务、作用，为业务财务一体化软件平台正式切换上线运行铺平了道路，解决了经济风险防控体系建立过程中的“最后一公里”问题。成本管控体系的建立，使工程项目成本管控工作有人可用、有据可依、开展有序、运行有效。各工程项目经济运行情况在高层领导面前处于“透明化”状态，这不仅解决了信息不对成问题，更是对项目经理（承包人）经营行为的一种规范和无形威慑，经济运行风险处于可

控范围。

（二）有效控制了工程项目的经济风险

业务财务一体化系统上线后，招投标信息、总包合同、施工预算、支出类合同、结算、支付等各个业务环节的数据全部打通，便于查清整个业务的来龙去脉和总体经济运行情况。最为关键的是系统中内置的“付款额≤结算额≤支出类合同额≤预算额”环环相扣的约束规则减少了人为干预，避免了人情因素，有效控制了工程项目的经济风险。以工程直接费中所占比例最大的材料费的管控为例，系统中内置的“实际消耗量≤采购量≤合同量≤需用计划量≤计划总量≤预算量”逻辑约束控制，保证材料不超买、超结、超领、超用，在支付环节又增加了“以收定支”的逻辑规则，进一步防止了项目资金系统超付的发生。

（三）为大幅提升企业经营规模打下坚实的基础

五建集团实现了业主合同管理、预算管理、进度管理、支出合同管理、结算管理、付款管理的联动管控，强化成本过程控制，实现成本实时动态对比分析，有效防控了经济风险，提升了企业竞争能力。设定预算控制限额，加强工程收款核对，合同结算支撑付款，强化中间过程控制，这一系列的管理措施，解决了成本管控的问题，推动了整个集团的精细化管理和标准化管理，有助于企业突破发展瓶颈，实现规模提升，实现战略转型升级。2015 年，宏观经济下行、房地产投资持续低迷、建材价格频频探底、建筑业总产值增速更是创下历史新低，建筑业遭遇前所未有的寒冬。五建集团在经济风险防控体系的运行下，彻底打消“干多少、赔多少”的顾虑，着力扩大市场规模，在建筑业的寒冬之年，实现主营业务收入 56.26 亿元，与 2014 年同期相比，增长 13.65%，实现了规模提升。2015 年，五建集团获全国建筑业企业管理现代化创新成果一等奖 1 项和企业信息化建设优秀案例 1 项，被中国建筑业协会评为“全国建筑业 AAA 级信用企业”。

（成果创造人：陈保国、李华军、郝艳举、郭文胜、吴春生、付　颋、冯香兰、岳帮勋、赵锐锋、赵文涛、蔡　妍、台瑞栋）

通信企业用户感知与风险管理并重的客户信用管理

中国电信股份有限公司

中国电信股份有限公司（以下简称中国电信）是国有特大型通信骨干企业，注册资本 2204 亿元人民币，资产规模超过 7000 亿元人民币，年收入规模超过 3800 亿元人民币。中国电信在国内的 31 个省（自治区、直辖市）以及欧美、亚太等区域的主要国家均设有分支机构，拥有全球规模最大的宽带互联网络和技术领先的移动通信网络，具备为全球客户提供全业务、跨地域的综合信息服务能力和客户服务渠道体系。截至 2016 年 2 月，中国电信 4G 终端用户达 6910 万户，移动用户数超过 2 亿，有线宽带用户数达 1.14 亿，城市家庭光纤用户覆盖率为 75%。中国电信位列 2015 年度《财富》杂志全球 500 强第 132 位，多次被国际权威机构评选为亚洲最受尊崇企业、亚洲最佳管理公司、亚洲全方位最佳管理公司等。

一、通信企业用户感知与风险管理并重的客户信用管理背景

（一）为人民群众提供畅快安全通信服务的需要

移动互联网时代的到来，深刻改变了人们在信息时代的社会生活，进入了一片前所未有的信息沟通新天地。电信运营商的通信网络是移动互联网的基础设施，保障用户畅快通信是电信运营商践行群众路线、使群众有获得感的核心责任。现实中，用户经常遇到因种种原因未能及时交清通信费用被停机，仓促之下又无法立即交费复机，只能接受通信暂时中断的状况，给日常生活造成极大不方便。以中国电信某省分公司近三年的停机数据显示：移动预付用户月均停机量约 210 万次，意味着差不多三分之一用户每月停机 1 次；且由于月初停机量激增容易出现短信拥塞，导致有些用户未收到提醒就被停机，严重影响用户感知、甚至引发投诉。同时，由于前些年全社会的身份鉴别体系不够健全，通信网络中还存在一些未实名或假实名的通信账号，使一些犯罪分子有机可乘，通过电信诈骗、高额通信费盗打等犯罪行为造成一些用户的高额话费损失，使用户不敢放心消费。因此，中国电信亟须向用户提供普适、安全的信用服务。

（二）提升企业管理水平和市场竞争能力的需要

随着社会的发展，通信行业进入了产业快速更迭、产品结构不断调整、用户趋于饱和的新阶段，加之一系列监管政策的实施，通信行业的收入增长和利润空间均持续下降，2014 年以来，整个通信行业业务总量和收入增幅出现了 2011 年以来的最低值。同时，用户个性化、永远在线、随时服务和重视体验等新需求日新月异，对电信运营商的期望也不断提高。如何在激烈的市场竞争环境下，通过业务和技术创新来挖掘企业运营潜力是摆在中国电信面前的重要问题。用户停机管理是通信行业重要的基础规则，之前中国电信以防范欠费风险为主，既未能充分满足用户通信需求，造成用户感知下降，又造成潜在收入损失，中国电信亟须重构信用管理体系来助力企业市场竞争力的提升。

（三）履行社会责任，助力社会信用体系构筑的需要

2014 年，政府部署加快建设社会信用体系、构筑诚实守信的经济社会环境，提出建设社会信用体系是完善社会主义市场经济体制的基础性工程，其建立和发展对于经济发展起着至关重要的助推作用。目前我国社会信用体系发展尚处于起步阶段，围绕体系建设的法律法规、业务规则以及数据处理模式及方法都需要完善和加强，亟待多方数据支撑和整合，并提升体系管理效率。

二、通信企业用户感知与风险管理并重的客户信用管理内涵和主要做法

中国电信秉承“用户至上，用心服务”的服务理念，在科学分析通信行业客户付费和停机流程的基础上，转变管理理念，重点聚焦电信行业的付费、停复机等基础业务流程优化，基于科学的信用评价，精准匹配信用服务，在提升用户通信体验的同时有效规避了经营风险。主要做法如下：

（一）转变管理理念，科学构建信用管理架构及实施组织体系

1. 转变管理理念，从单欠费管控转向用户感知与风险管理并重

中国电信2013年启动全网资费现状梳理、用户欠费停机分析，以及信用消费基础研究、信用卡管理模式研究、电商平台消费信贷业务研究和行业消费调研，明确信用管理转型思路是：客户信用管理须从以防范欠费风险为主，转向风险防范和服务感知提升并重；对内提升管理水平，构建客户信用管理体系，实现精准授信、智能化服务；对外积极与社会消费信贷、社会征信机构合作，提升通信信用的社会价值，助力诚信社会建设。业务目标是：为信用良好用户提供普适性信用服务，为核心用户提供信用增值服务，实现提感知、控风险、促消费、增收入。管理关键是：准确识别用户欠费风险、精准授信和智能服务。管理价值是：建设差异化服务竞争力，助力诚信社会建设，实现客户、企业、社会多方共赢。

2. 借鉴金融业和电商业经验，顶层设计双闭环信用运营架构

中国电信借鉴银行信用卡业务、电商业消费信贷业务的运营管理机制，结合当前社会信用环境及自身业务特点，明确实施客户信用管理和规模运营的关键是：科学量化用户信用风险、精准匹配服务内容智能服务、动态分析用户行为、动态调整服务策略。

中国电信构建全公司统一的“评授用调”双闭环信用运营架构，具体包括用户层的服务提供和运营层的落地执行两个闭环。在用户层的“评授用调”服务提供环中，“评”即用户通信信用风险的度量、评估和评价；“授”，即用户信用服务权益授予；“用”，即用户获取信用服务；“调”，即用户信用服务权益的动态调整。在运营层的落地执行环中，“评”即信用服务运营效果评估、业务运营绩效评估；“授”即差异化服务权益体系设计；“用”即信用服务使用状况记录与运营过程监控分析；“调”即信用服务策略和服务流程调整优化。

3. 制定三年滚动规划，组建“1＋31＋N”的三级一体项目团队

2014年，中国电信将信用管理定位为集团公司级重点项目。总部专题通过《中国电信全面信用管理体系实施三年滚动规划方案》，明确工作重点明确工作重点和目标：优先建立全网统一的信用评价机制，构建规范统一的信用管理体系，力争在一年内夯实信用管理基础；两年内实现规模运营，为全网用户提供信用服务；长期接轨，推动通信信用纳入社会诚信体系，助力诚信社会建设，提升通信信用管理价值。在此基础上，设计工作推进路径：先试点、后规模推广，兼容地域差异，保持用户的服务连续性，避免服务风险。为保证信用管理体系顺利推进，组建“1＋31＋N”重大项目实施团队。其中，“1”指集团公司跨部门联合团队；“31”指31个省级落实推进团队；“N”指研发支撑团队，包括中国电信三大研究院、IT研发中心和外部咨询公司。

（二）差异化配置服务资源，优化业务规则、提升服务能力

1. 差异化配置服务资源，精准匹配多层次用户需求

依据用户调研和内部大数据分析输出结果，考虑企业内部服务资源和能力，中国电信设计普适性的基础服务、差异化的增值服务的信用服务权益体系，并详细规定各项服务内容的用户对象和服务标准，提升核心用户群的满意度。信用服务权益体系的核心要点是：1级及以上用户提供基础信用服务，3级以上用户提供节假日免停机、紧急开机、国漫临时授信、营销特权（国际长权、国际漫游免预存开通，合约计划免预存）等信用相关的增值服务。

截至2016年2季度，1级及以上预付授信用户已超过6000万户，每个月至少有3500万预付用户

使用过话费透支服务。3级以上信用用户4500万户，其中每月使用过紧急开机业务用户约200万户，在节假日期间，百万以上用户享受到节假日免停机服务，春节、国庆长假期间，节假日免停机服务尤受用户欢迎。在中国电信的双百兆营销活动中，江苏、湖南、浙江、广东等省，均向3级以上用户提供较普通用户更优惠4G终端优惠购机、免预存宽带升级等营销特权。

2. 围绕用户体验感知，梳理、调整基础业务规则

一是从用户认知视角规范预付、后付业务定义，明确通信信用消费与用户付费方式无关，只要用户符合条件，均可享受信用服务。预付方式为先付费后使用，用户需预存通信费用，当账户余额加上信用额度不足以支付用户拟使用的电信业务费用时，方可限制用户的通信使用；后付方式为先使用后付费，用户无须预存通信费用，当用户累计未交的通信费用到达信用额度，或到达交费期仍未交清费用，方可限制用户通信使用。二是修改停复机的基础规则，实行账期和余额双管理。调整后的新规则明确，后付用户与预付用户可用余额为零或到达信用期限，均执行停机流程。三是修订融合套餐、合账付费等产品的关联停复机规则。新规则下，不再简单地执行关联停复机，而是根据用户业务的实际场景，分类执行停复机。

3. 按场景设计服务规则集，保障全网一致的客户感知

中国电信组织集团—省两级的业务管理人员，实施业务规则梳理和统一攻坚。从销售品种类、融合与否、合账付费类型、特殊业务场景等维度出发，分成数24类98个具体的业务场景，对业务办理条件、授信规则、信控流程等逐一细化，明确各场景下的授信额度计算和分配规则、信控流程实施细则，实施一景一案式的信用服务设计，并明确各省向集团统一规则迁移的路径和时间表。强力推进信用管理规则、流程规范全集团统一，保障全网一致的客户感知。

4. 突出互联网渠道服务能力建设，实现便捷、高效服务

中国电信详尽分析用户渠道服务偏好变化趋势，突出互联网、新媒体和短信渠道的信用服务能力建设，专门制定《短信和互联网渠道信用服务实施细则》《互联网和新媒体渠道信用服务UI规范》，并由电子渠道运营中心统一开发、统一上线运营。2015年4季度，网厅、手机app、微信/易信、短信等渠道均实现信用服务功能上线，并开展统一宣传，引导用户使用短信和互联网渠道，改变“详情咨询10000号”的人工服务依赖。截至2016年第2季度，根据信用服务分渠道服务量统计，82%的用户选择互联网和短信，真正实现为用户提供便捷、高效的个人通信信用信息查询、信用服务办理等服务。

（三）突破关键技术科学评价客户信用，建立大数据IT支撑系统

1. 自主研发通信信用评价模型，科学评定用户通信信用

借鉴银行业信用卡业务的信用卡申请的风险评估以及电商平台依托会员消费数据的开展消费信贷业务的思路，中国电信建立入网期用户通信信用初始评估、在网期用户通信信用动态评价两套模型。

一是入网期用户（入网时间小于6个月的新用户）信用评估及初始授信规则构建。不同于信用卡申请资料要求多、信息完备的特点，电信用户入网资料相对较少，只有简单的登记信息、办理渠道、套餐类型和付费方式等信息。中国电信抽取3个省公司约1200万后付移动用户样本，分析挖掘欠费拆机用户的特征，按潜在风险水平差异，将客户细分为21个客户群，按细分客户群判断违约风险、设置授信系数，在CRM系统中部署用户信用风险初始评估决策树分析模型和配套的初始授信规则集，实现在用户办理入网手续时就能快速、准确判别潜在欠费风险、精确授信。

二是在网期用户（入网时间超过6个月的老用户）信用评价模型构建。在网期用户的信息较为丰富、时效性高，中国电信借鉴美国个人信用评价的5C1S维度，确定按照历史信用表现、通信需求、支付能力、违约成本、社会属性五个维度，建立量化测量用户信用风险的评价模型，作为用户信用服务权益授予和动态调整的基础支撑能力。

中国电信提取4省2100万用户样本的2年通信消费行为、缴费行为、服务行为数据，基于大数据分析技术，精选评分因子、构建评分模型和评级规则。评分因子确定后，采用Logistic回归分析法，确定各评分因子的权重；对每个因子，采用动态分段方法剔除地区间差异，采用平衡计分卡方法构建用户信用评分模型。然后，按信用分数从高到低进行排序，基于业务经验和风险管理目标设定各区间违约水平，得到各等级信用分数上下限，最终将用户划分为7个等级，从高到低依次为5级、4级、3级、2级、1级、0级、未评级，反映用户信用表现位置，并作为匹配信用服务权益的依据。

2. 改造IT系统，建立智能的大数据IT支撑系统网络

中国电信成立“集团—省—研发中心”组成的IT技术攻坚团队，对关键技术细节进行技术攻坚和开发方案验证、优化，编制并下发《中国电信客户信用管理技术规范》，详细定义EDA系统、CRM系统、计费系统以及渠道服务支撑平台的功能分工界面，明确每个系统的功能和性能要求、开发实施方案。2014年4季度启动全网IT系统开发改造工作，历时8个月，2015年2季度完成“集团—省”两级100多个系统的信用管理功能开发及升级改造：EDA系统的信用评分评级、服务分析统计周期化、智能化；CRM系统的风险初始评估、初始授信精准化；EDA系统与CRM系统的用户信用标签、基础授信额度同步自动化，用户服务权益配置智能化；计费系统信用余额管理实时化、信控停复机流程自动化和智能化；通过网掌厅等在线渠道服务平台为客户提供服务，服务提供互联网化。贯穿客户洞察、策略设计、服务配置与提供、运营监控的全业务流程，形成了智能的大数据IT支撑系统网络。

（四）强化运营支撑，高效推进全网规模运营和管理转变

1. 搭建“信用知识共享平台”，提高跨部门知识共享效率

在中国电信原复杂的内部支撑流程体系基础上，基于易信搭建统一的互联网化“信用知识共享平台”，打破原有集团、省、市的三级层层推进，贯通横向部门与专业间的重重壁垒，建立扁平快速的响应机制，形成跨部门协同运营格局。

一是聚合专家团队，提供全网扁平化统一支撑。依托“信用知识共享平台”聚合集团、省、研究院的信用管理专家，通过扁平化支撑，让前端、后端、综合管控间的壁垒消融，推倒横贯于专家前的“高墙”，实现不同专业领域员工、专家之间扁平化的互动合作。截至2016年第2季度，在全网信用运营过程中，设立涵盖全网集团31省和前后端7个部门强大支撑团队，共172位专家。以原升级到集团公司的ITSM疑难问题为例，疑难问题清单平均处理时长为1916分钟；在首个在信用知识共享平台升级到集团的问题，从提问到办结，仅仅耗时71分钟。平台使用以来，全网疑难问题处理效率有了非常可观的提升，平均处理时长压缩到1/17。

二是及时分析归类，积累分享信用管理新知识。采用问题分析分类的方法，基于“信用知识共享平台”将一线员工产生的问题和专家的对应答疑按照专业线进行分类整理，形成专业知识库，如业务知识库、客服知识库、IT知识库等。平台在作为一个问答的支撑系统的同时，也成为一个知识管理系统，让信用知识透过平台分享、整合、记录、存取、更新等过程，不断的得以积累和传播，提升内部知识共享效率。

2. 建立运营效果评估指标体系，支撑信用管理运营迭代优化

按照信用管理的“提感知、控风险、增收入”业务目标，建立电信行业用户信用运营效果评估指标体系，让各级管理人员实时监控全网信用运营：一方面督促各级部门要真正按照革新后的流程予以执行；另一方面，对实际信用运营情况进行监控分析，发现存在风险点的，及时组织整改，防止出现风险漏洞，兼顾用户感知提升与风险防范。指标体系从客户感知、欠费管控、增加收入三个维度构建，共计信用服务覆盖指标、信用服务使用指标、信用控制停机指标、复机及坏账风险指标4个方面、57个统计指标。

其中，信用服务覆盖指标全面监控移动客户信用管理覆盖情况，避免信控缺失导致的巨额坏账风险。信用服务使用指标监控纳入信用管理的用户在统计期的最大欠费风险，考查信用服务实际使用情况，如使用用户数、使用次数、授信额度、实际使用额度。信用控制停机指标统计期内移动用户的停机情况、授信用户的停机情况，对比分析移动用户总体欠费停机率、信用用户欠费停机率，反映动态信用管理的实施效果。

3. 多层次全方位培训宣贯，推进全员思路转变和管理工作落地

中国电信组织集团专项部署会，强力推进各省人财物资源到位。在2014年6月组织的全集团“全面信用管理规模运营工作部署会”上，总部管理层和各省主管领导参加会议，要求各省要保障资源投入、重视新管理体系规模运营的重要性和落实时间节点。按季度组织片区现场轮训，讲解和研讨全网规模推广中的技术方案、研发案例、服务预案和配套资源准备；优秀省公司介绍先行实践经验、系统改造方案、分享管理案例，参训省结合本省现状，前瞻研究评分评价模型在本省适配，学习业务规范、技术规范关键点和实施方案。

执行月度运营质量通报制度，每月提取信用服务运营数据，对31省信用用户规模、信用服务使用状况、停机及复机变化、潜在坏账风险等进行专项分析，点对点点评各省，充分地掌握各省的推广进展、应用情况，加快新体系规模运营。

（五）拓展信用数据应用，支持资源精准配置和社会信用体系建设

1. 基于信用标签数据，精准投放营销服务资源

将客户信用标签用于市场营销和客户维系，精确匹配资源，遴选高信用用户给予更多服务特权、营销特权，开展“信用打”“分期付”“0元贷”等基于信用标签的营销行动。

信用管理体系还使用风险预警模型，当某客户信用变更较大、出现状态异常，意味着该客户可能存在较大的信用风险时，系统会主动推送风险预警提示，相应管理部门可提前采取预防措施。根据全网信用数据统计，累计向市场经营部门、客户维系挽留部门发出预警工单超过28万件，触发用户授信额度紧急调减约2.1亿元，协助10000号成功开展点对点维系挽留7.4万户。

2. 开放对外征信类数据，支持社会信用体系建设

中国电信全网信用规模运营近两年，已积累2.4亿客户的信用数据。信用数据的丰富性、完整性和连续性逐步体现：数据量级已从TB发展至PB乃至ZB，不仅包括消费收入、消费轨迹等结构化数据，也涵盖图片、文本、音频、视频等非结构化数据；包括移动语音、固定电话、固网接入和无线上网等所有业务，也涵盖公众客户、政企客户和家庭客户等。

依托客户信用海量数据的积累，中国电信从身份、号码、位置、线上行为以及黑名单库等方面来综合分析申请者的征信数据，在取得申请者确认后，向第三方机构开放对外征信类数据接口，主要包括场景认证、信用评分、反欺诈等征信服务数据。目前同爱奇艺、携程、e代驾、春秋旅游、众安保险、好贷、芝麻信用、悟空租车、维信理财、康辉旅游、亚朵酒店、pp租车、途家以及CSD车速递的许多公司开展合作。如悟空租车的租车协议中，允许悟空租车通过第三方机构获取租车人的征信信息；当租车人在使用车辆过程中，悟空租车通过中国电信的数据接口获取租车人的位置异常预警数据、通信稳定性等数据开展反欺诈，及时防范租车人的骗租、盗车等欺诈行为。

三、通信企业用户感知与风险管理并重的客户信用管理效果

（一）优质信用服务拉动满意度提高，用户感知改善

一是信用消费用户停机率大幅下降。移动用户月停机率从约32%下降到约17%，客户原因的高额话费投诉率下降57%。二是信用体验方便快捷。对24个主要服务场景，客户可任意选择短信、网上营业厅、10000号、实体营业厅、掌上客户端、微信等偏好渠道使用信用服务。三是针对信用服务的专项

满意度调查显示，移动用户信用服务满意度由37%提高至85%；在工业和信息化部的2015年用户满意度测评中，中国电信移动业务满意度行业第一，其中移动宽带提升0.2个百分点、移动电话提升0.1个百分点。

（二）用户月均通信消费量明显增加，经济效益显著

根据2014—2015年数据测算，全网拉动中国电信年度增收15.08亿元，其中预付方式用户约增收12.84亿元，后付用户增收2.24亿元。其中，预付方式用户规模覆盖率约为74%，停机率从规模覆盖前的38%，下降到17%；实施信用管理后，信用用户月均提升ARPU约1.23元，全网年度增收12.84亿元。后付方式用户规模覆盖率100%，停机率从规模覆盖前的28%，下降到16%；实施信用管理后，月均提升ARPU约0.4元，全网年度增收2.24亿元。

（三）运营集约、支撑高效，提升企业市场竞争力

一是全网运营规则集约统一。统一的信用管理架构，统一的信用评价模型，统一的“评、授、调、用”流程，统一的信用服务标准。二是全网运营支撑集约高效。建设知识共享支撑平台，实现集团—省—市的跨级穿透，运营问题15分钟响应率96.02%，48小时解决占比95.58%。三是全网运营知识集约共享。采用“PGC+UGC”运营模式，对互动的知识数据进行梳理归类，形成信用管理运营知识库，助力全网新体系的快速落地。四是企业风险管理能力提升。预付授信用户总体欠费率约为0.2%；后付信用额度匹配率提高23%，信用欠费率低于0.2%。随着成果规模推广，用户开始重视自己在通信行业的信用表现，主动询问影响其信用额度的因素，咨询欠费停机、欠费弃卡对其社会信用的影响等，提升了社会大众对信用的认知。此外，中国电信与社会征信机构互通有无，为完善社会信用体系的构筑提供基础数据支撑，积极承担社会责任，为建设诚信社会贡献力量。

（成果创造人：朱正武、胡静余、黄智勇、张国新、万　鹏、张文苑、赵涤尘、邓煜熙、柯晓燕、徐　静、荣　蓉、何　俊）

促进并购后整合的会计核算集中管理

南方水泥有限公司

南方水泥有限公司（以下简称南方水泥）是中国建材股份有限公司（以下简称中国建材）水泥业务板块的核心企业之一，于2007年9月在上海浦东注册成立。南方水泥注册资本100亿元人民币，其中，中国建材占注册资本80%的股权，为国有控股大型集团公司。截至2015年12月，南方公司并表企业达362家，其中，水泥企业135家，商混企业186家，拥有熟料产能1.2亿吨，水泥产能1.57亿吨，商混产能2亿方，水泥、商混综合产能位居全国前茅，地域范围覆盖浙江、上海、江苏、安徽、湖南、江西、福建、广西壮族自治区等省（市）。

一、促进并购后整合的会计核算集中管理背景

（一）联合重组后南方水泥会计核算、财务管理面临各种问题

一是会计信息失真。南方水泥联合重组而来的成员企业在所有制结构、管理基础、企业文化等方面存在较大差异，体现在会计核算、财务管理方面也是千差万别，对同一性质业务会计核算标准、口径不统一，导致会计信息失真，财务信息决策支持作用发挥不到位。二是财务信息共享性差。南方水泥成员会计核算主体多、层级长，致使财务数据分散、会计核算流程长、速度慢，会计报表、管理报表不能及时编制，财务信息与业务信息共享性差，且经常出现数据打架情形，南方水泥总部、区域公司难以对财务信息统一监督和控制。三是关联交易核算不准确。公司内部关联交易频繁、关联交易金额巨大，但由于对关联方、关联交易不能进行准确的辅助核算，导致不能及时、准确编制公司合并会计报表。四是企业税务风险大。由于核算人员会计核算不准确、对相关税法规定不了解、对与会计核算密切相关的合同管理不重视，会计核算涉税风险普遍存在。五是会计监督职责不发挥。目前财务人员现有综合素质及财务管理、会计核算分散管理架构下，会计监督职责还仅仅停留在事后会计稽核，财务人员“不会监督、不敢监督”情形较为普遍。六是财务管理职能不发挥。一段时间内南方水泥各级财务人员大部分时间、精力在忙于应付会计核算，全面预算管理、资金管理、成本管理等重要财务管理职能无暇顾及，财务管理职能不能充分发挥。

（二）管理整合提升企业竞争力的客观需要

南方水泥通过联合重组迅速做大规模，并表企业从2007年的30多家增加到2015年年底360多家，为充分发挥“1+1＞2”联合重组效应，南方水泥提出了“三五”管理模式，即运行模式的一体化、模式化、制度化、流程化、数字化，管控模式的市场营销集中、物资采购集中、财务资金集中、技术管理集中、人力资源管理集中“五集中”管理方法，以及包括净利润、售价、成本费用、现金流为主要内容“五个KPI”对标管理手段，推动区域化业务整合，以期达到有效管理下属企业、提升企业竞争力和实现可持续发展的联合重组目标。

（三）提高企业财务管理水平的需要

财务管理是企业管理的中心，会计核算贯穿于企业生产经营的全过程，是企业经营成果的最终体现，会计信息既是各项财务管理的基础，又是企业业务管理整合业务信息相互传递的路径和载体，管理层次多、管理链条长必然给会计管理与核算带来难度，要强化管理，实现集约经营，会计核算集中管理就成为必要条件之一，而会计核算集中管理反过来又有利于促进管理集中，二者相互依存，相互促进。因此南方水泥无论是从提高会计信息质量还是提高企业管理水平的需要，客观上都迫切要求改变目前的

会计核算、财务管理分级、分散的模式，会计核算集中管理模式应运而生。

二、促进并购后整合的会计核算集中管理内涵和主要做法

南方水泥运用财务业务一体化信息平台及财务共享影像系统，通过财务业务信息共享，在适度改变成员企业资金使用权、财务收支审批权的基础上，对成员企业会计核算、资金结算、银行账户、财务收支实行集中管理，这种新型会计管理模式融会计核算、会计监督与会计服务为一体，集中体现南方水泥实行集团管控的方法与结果。主要做法如下：

（一）明确会计核算集中管理目标，稳步推进会计核算集中管理

1. 明确总体目标与具体目标

南方水泥的总体目标是通过集中与共享，优化流程，简化核算，推进会计核算扁平化管理，节约成本提高效率，减少核算层级，提高信息决策的支持程度，提高竞争力。南方水泥的具体目标是会计核算集中管理五统一，即统一财权分配、统一核算标准、统一业务处理、统一审批流程、统一报表编审，其中：统一财权分配包括适度集中资金的配缴、预算的审批，统一业务处理指站在集团的角度考虑采购、销售、成本费用等核心业务的统一处理。

2. 确立一套核算系统、两级核算平台

一套核算系统指的是目前南方水泥各单位统一使用的NC系统，各核算单位都要按照南方水泥颁布的《会计核算手册》《成本核算手册》规定，统一标准、统一口径、规范核算，各核算单位都要在这个系统内做到会计业务集中处理、会计信息集中管理，提高会计信息的可信度。两级核算平台指的是目前南方水泥三级会计核算主体实行扁平化管理，成员企业是会计核算主体但不再保留其核算平台，会计核算在“南方水泥、区域公司”这两个核算平台进行内进行。

3. 稳步推进会计集中核算

南方水泥稳步会计核算集中管理，先在会计基础较好的区域试点，再复制推广，先小范围（10家成员企业）内实施，积累一定经验后再后大范围（50家成员企业）实施，未来南方水泥会计集中核算管理的目标是全部成员企业在南方水泥核算平台进行。

4. 促进财务转型

财务转型的路径确定为：由原来核算型财务向现在的管理型再向将来的运营型财务逐步转变。第一步将会计核算从成员企业的财务管理部门分离出来，将财务管理人员留在成员企业，将全面预算、资金管理、财务决策与服务等财务管理职能留在成员企业，将会计核算人员集中到会计核算中心，将会计核算和会计监督职能纳入会计核算中心职能范围。

（二）建设财务业务共享信息平台，实现财务业务一体化管控

1. 明确一个平台、两个系统、三流合一、四控一体

2009年年初，南方水泥启动用友NC账务核算及报表系统，实现账务核算信息化，2011年5月，南方水泥启动用友ERP－NC财务管理软件试点财务业务一体化，开始信息化平台建设，探索和尝试实现集团内部的财务数据、业务管控集中式管理，推行信息化建设是南方水泥践行“三五”管理、加强管理整合、提升管理水平的重要抓手之一。一个平台是指公司财务、业务、行政（HR）平台统一至财务业务一体化（ERP）平台，两个系统是指财务业务一体化包含财务系统、业务系统，三流合一是指信息化平台融资金流、信息流、业务流为一体，四控一体是指用流程对业务、资金、财务、风险实施有效管控。

南方水泥财务一体化项目建设历时18个月，先后完成NC财务系统、采购、销售、应收应付、成本管理、资金、资产、计量优化切换等模块的上线，完成了规划的业务模块建设、覆盖企业全部核心业务，实现业务系统和财务系统的无缝链接，并自动生成财务信息和管理报表，满足南方水泥、区域和成

员企业实现业务管控和信息共享的需要。

2. 财务业务一体化平台与会计核算集中管理

南方水泥财务业务一体化（ERP）实施过程是企业信息资源在会计核算与财务管理层面的一种重组和再造，公司的管理权限逐步集中，将原来分散的管理模式逐步转变到集中管理的模式上来，通过业务流程的设计及业务管理整合将采购、销售、资金、成本作为会计核算集中管理的主线，并成为相应的管理与核算中心。

一是信息集中。会计核算集中管理依托 NC 系统信息网络手段，通过与企业采购、生产、销售、人力资源等业务部门信息的无缝连接，集成各单位的会计信息，全方位实现数据共享与数据授权处理，使企业集团的管理与核算成为一个有机的整体，为财务管理与集中核算创造有利条件，为管理工作提供准确、及时的会计信息。

二是管理集中。确定资金、采购、销售三条主线为公司财务管理工作的集中程度，这个集中也延伸到公司整个管理工作的多个方面。首先对资金实行集中管理。在设计具体的资金管理模式时，南方水泥采用的是利用结算中心模式实施资金管理集中，通过对外融资、银行账户管理、内部资金往来、资金预算、营运资金管理、票据管理等集中管控方法，将资金的管理与使用权限一步上移到区域公司，既保证了资金的使用效率，同时强化对资金的管理。其次是采购进行集中管理。针对水泥制造行业的物资消耗特征，南方水泥统一采购合同、采购价格、验收与质量、采购结算、付款等采购环节信息化管理流程，降低采购成本，同时通过整合资源，合理降低库存。再次是销售实行集中管理。通过实施对外销售集中管理模式，将产品销售决策权上移，在销售信用与合同、销售价格、商务政策、开票结算、收款、应收账款管理、营销费用等环节实现销售业务信息化管理。最后是核算集中。建立区域公司会计核算中心，负责辖区内成员企业会计核算工作，加强会计核算中心建设，明确职责、理顺关系，对成员企业经济业务事项进行分类集中核算与管理，其宗旨是为成员企业提供准确会计信息、加强企业会计监督、促进企业风险管理。

（三）开发财务共享影像系统，解决财务单据传递问题

南方水泥企业众多，且分散在浙江、上海、江苏、安徽、湖南、江西、广西六省一市，交通不便。为保证会计集中核算成员企业原始会计单据安全、及时、有效传递至各会计核算中心，南方水泥与深圳某科技公司合作，开发引入财务共享影像系统，并于 2015 年 9 月在上海南方安徽地区 6 家试点成员企业上线。

该系统实现财务原始单据影像的采集、上传、审批、归档、查阅，采用标准化的接口方案衔接财务业务一体化（ERP）财务与会计、资金、销售、采购等各个业务模块之间的流程，与南方水泥现有财务业务一体化（ERP）系统产品进行交互、高度融合，快速实现业务系统的接口开发及系统对接，实现 NC 系统间的集成与信息关联，做到多业务层面集成。财务共享影像系统简化了成员企业会计核算原始单证实物管理，加快了核算中心会计单证审核的时效性，解决了远距离成员企业传递财务单据及时性、安全性问题，为会计集中核算提供了基础保障，距离不再是问题。

（四）推进会计核算中心建设，组织实施会计集中核算

会计核算集中管理是一项财务管理变革系统工程，为保证南方水泥会计核算集中管理顺利实施，达到预期目标，需对现有财务组织架构、财务职责划分、财务人员管理进行探索性变革与全方位创新。

1. 财务组织机构

南方水泥、区域公司、成员企业三级财务管理架构不变。区域公司设立会计核算中心，核算中心为区域公司财务审计部下属二级机构，在区域公司财务审计部统一领导下开展工作，行使所辖成员企业会

计核算与会计监督职能，会计核算中心一般下设资金预算、会计核算两个业务组，业务组由若干集中员组成。

成员企业保留财务机构（财务部），主要行使财务管理职能，负责资金的预算与安排、各项成本费用的控制、债权、债务的清偿和实物资产的管理等，不再行使会计核算职能，成员企业财务处定员定岗，一般设财务经理、综合会计、出纳财务岗位。

2. 财务职责划分

会计核算中心职责。审核成员企业财务影像系统下的会计原始单据的合法性、合规性，负责成员企业会计核算，及时准确出具会计报表、管理报表，对成员企业各项经济业务实施会计监督，负责与会计核算紧密相关的成员企业会计报表审计、税务汇算清缴审计等工作，完成区域公司财务审计部授权范围内的其他工作。

成员企业财务部职责。牵头协调企业年度预算、滚动预算的编制，做好本企业预实分析、KPI及其指引的落实，编制月度资金预算，并严格执行经审核的资金预算，严格执行各项财经法规、财务制度，落实财务基础规范，履行企业各项会计业务财务审核职责，做好会计集中核算协调、配合工作；对企业生产经营、资金收支、费用开支等方面数据并进行分析、提出建议，定期向企业管理层报告等。

3. 核算中心人员管理

会计核算中心一般设主任、副主任各一名，核算员若干，人员编制控制在“3＋N”范围内（N指纳入会计集中核算成员企业户数），核算员从原成员企业财务部门抽调，主要由成员企业财务主管或业务骨干担任，不额外增加会计人员。抽调至区域公司核算员由区域公司财务审计部统一管理，统一集中办公、统一办理各业务会计核算工作。核算中心主任、副主任、核算员实行分级考核，考核由定量考核（月）与定性考评（年）相结合，考核结果与薪酬、职位晋升挂钩。核算中心人员福利薪酬发放与原抽调成员企业脱钩，改由区域公司根据岗位职级统一制定标准，统一发放。

（五）规范核算、审核流程，实现会计核算标准化作业

1. 会计权限重新分配

实行会计核算集中管理后，取消成员企业会计核算平台，取消有关核算权限。NC系统业务、财务角色分配、岗位权限由区域公司统一设置、统一管理，成员企业原有的会计核算权限取消，统一集中至区域公司。取消成员企业NC总账“凭证管理、期末处理”节点，取消成员企业总账会计核算制单、审核权限，保留查询权限，取消成员企业IUFO报表录入、上报权限，保留查询权限，取消成员企业NC系统各业务模块“日常业务、结算处理、月末处理、账务处理”等节点，取消成员企业各业务模块会计核算权限，保留查询权限。保留成员企业在资金管理、供应链采购管理、销售管理、库存管理业务模块录入业务数据。

2. 规范会计集中核算业务流程

会计核算中心会计核算流程的设计紧密结合财务业务一体化（ERP）而制定，对成员企业核心业务，如资金计划、资金收支、销售收入、材料采购、材料出库、制造费用分配、成本计算、固定资产增减变动等，由南方水泥统一设定标准化业务操作流程，会计集中核算数据完全来源于业务数据，实现了会计数据与业务数据的无缝连接，保证了会计集中核算财务数据及时、准确。

一是资金预算组。统一管理公司及成员企业的借款及担保、统一管理公司及成员企业的日常营运资金、统一管理公司及各成员企业资金收付会计核算并对对资金预算执行情况进行监督与控制。

二是会计核算组。统一集中审核对区域公司对外销售价格、客户授信、折让与调价，统一核算公司外部销售收入、统一集中核算公司内部销售收入（关联交易），统一核算各成员企业材料采购成本、制造成本、销售成本及三项费用，统一编制成员企业会计报表、统一编制成员企业管理报表、编制区域公

司合并会计报表、统一编制区域公司汇总管理报表、统一管理成员企业 ERP 财务业务权限、统一财务 ERP 系统进行应用维护。

3. 集中审核风险管控流程

根据《企业内部控制规范》、南方水泥规章制度、财务业务一体化流程操作手册，南方水泥制定“销售业务、采购业务、资金、成本费用、资产及工程项目、税务”等主要核心业务财务风险控制程序表，纵向以主要业务活动为起点，横向从业务风险点、业务内部控制方法、业务财务风险控制三个方面画出核心业务风险控制矩阵表，指导各区域公司会计核算中心在实务中具体运用。

会计核算集中管理后，为保证各项经济业务在合法、合规性，控制企业经营风险，各会计核算中心对每项会计业务实行的是“分级审批、集中审核”，成员企业财务负责人、成员企业单位负责人对资金支付、费用报销、材料采购、资产购置、处置、劳务等系统外进行纸质审核，强调的是成员企业财务管控职责。会计核算中心核算员对原始凭证（影像）进行集中审核，重点审定各业务组成本、费用、待摊、预提核算的真实性，债权、债务及资产处置合规合法及风险管控和分析，强调的是会计监督职责。区域公司财务负责人对资金支付、费用支出进行审定，重点审定预算执行情况，强化会计监督、控制职能。

三、促进并购后整合的会计核算集中管理效果

（一）会计信息质量提高，充分发挥财务信息决策作用

会计核算集中管理按业务分组，使区域公司纳入会计集中核算范围各成员企业同一性质业务的会计核算能严格按照国家会计制度及南方总部会计核算手册要求统一口径、统一标准，这些核心业务包括收入确认、成本中心、待摊预提、固定资产、在建工程确认计量、制造费用分配、成本计算、现金流量等，各成员企业经营成果、现金流量会计核算结果具有可比性。

会计核算中心统一编制各成员企业会计报表、管理报表，统一确定报表上报时间，加快了报表编制时间，提高了报表编制质量。会计核算集中管理紧紧围绕财务业务信息化（ERP）展开，突出强调业务数据的及时性、准确性，保证会计核算数据与业务数据实现无缝连接，提高会计核算的准确性及工作效率。区域公司统一监督、管理会计基础数据，使财务数据、财务信息实现共享，充分发挥财务信息对企业决策支持作用。

（二）财务业务风险管控得到加强，会计监督职能充分发挥

成员企业编制资金预算、执行经批准的资金预算，区域公司审核资金预算，会计核算中心资金预算组在核算资金业务时监督成员企业预算执行情况，将资金业务决策者、审批人与执行者实现分离，实现了资金业务的会计监督由原来的事后监督转变为现在的事前计划、事中控制、事后反馈三重管控体系，切实保证了南方水泥资金预算、以收定支、定时支付等重要资金管理制度得到有效执行。

成员企业履行费用预算编制、费用审批职责，会计核算中心会计核算组履行费用预算金额总额控制、费用的合法合规合理性会计监督职责。会计核算中心重点突出采购合同、采购价格、验收与质量、采购结算、付款及采购业务会计系统控制等监督职责。重点对信用、销售合同、商务政策、销货数量、开票结算、收款、应收账款对账、营销费用等进行审核、监督，按照南方水泥《固定资产管理办法》《技改项目管理办法》等文件规定重点审核、监督资产购置、处置审批权限、审批流程的合规性。

（三）推进企业财务转型，为推进财务共享奠定基础

区域公司成立会计核算中心后，分离成员企业会计核算职责，成员企业财务部门不再履行会计核算职责，其部门职责重点落实南方水泥提出财务部门“有效管控、高效服务”，有效管控主要体现在预算、资金、审核、协调等方面的管控，高效服务重点体现在成本定额管理、成本分析、成本节约等方面，成员企业财务部门从以往对数字的计量与纪录（会计核算），转向对会计信息的加工、再加工、深加工，

深度参与企业经营管理，深度服务于企业经营管理。会计核算集中管理突破了传统意义的会计核算的职能，更重要的是统一核算标准、提高核算效率，规范会计核算行为，发挥加强财务监控，优化资源配置作用，为南方水泥在全南方建立财务共享中心奠定了基础。

（成果创造人：陈学安、赵旭飞、裴鸿雁、王　俊、叶　静、
林　剑、马　彬、吕和义、史小鹏、余　杨）

民营食品企业阿米巴经营模式的构建

长春中之杰食品有限公司

长春中之杰食品有限公司（以下简称中之杰食品）位于吉林省长春市，成立于2002年，注册资金1000万元，是一家集面食产品开发、生产、销售于一体的连锁型企业。中之杰食品主要经营产品包括蒸煮类糕点、焙烤类糕点、油炸类糕点、速冻类糕点、粽子及月饼等，糕点类产品销往东北三省，粽子及月饼产品销往全国。中之杰食品现有员工600余人，拥有总资产8242万元，年营业收入11015万元，年利税582万元。

一、民营食品企业阿米巴经营模式的构建背景

（一）提高产品质量、实现精细化管理的需要

在市场经济日益发达的今天，产品质量对于一个企业的重要性越来越强，产品质量是企业核心竞争力的标志之一，产品质量是影响企业市场占有率的重要因素。产品质量对企业的影响是巨大的，特别是食品质量，食品质量关系到人民群众的生命安全，确保食品安全是食品企业的重要使命。中之杰食品作为食品企业更加视产品质量为生命，生产的产品质量优良、价格合理是企业追求的终极目标。中之杰食品自2002年品牌创立以来，至2015年年底共有各类糕点食品300余种，其中85%的产品均采用手工制作，现有基层生产加工员工600余人，属于劳动密集型生产加工企业。由于是多品种、小批量的生产类型，生产加工工艺复杂，机械化程度较低，导致企业出现管理粗放、质量控制难度加大的状况。为此，中之杰公司决定引入阿米巴经营模式，激发基层员工积极性、创造性和责任心，从而提升企业整体管理水平和产品质量。

（二）降低成本、应对市场竞争的需要

近几年，由于原料价格上涨从而导致企业原料成本不断升高；由于人员工资上涨从而导致企业用工成本提高，由于水、电、租金等费用均上涨从而导致其他费用增多，成本占比已经由40%升为55%，产品成本占比不断增高，利润降低，公司获利能力越来越弱。中之杰食品要保持市场竞争力，就必须眼睛向内，通过激发基层员工创造价值的积极性，承受市场竞争的压力，使每位基层员工以多年的生产经验自发的对本岗位工作提出改进建议不断进行改善，提升本岗位的生产效率，从而实现企业整体效率提升。

（三）构建学习型企业、实现可持续性发展的需要

企业核心竞争力不仅是企业在本行业、本领域获得明显竞争优势的保障，而且是企业开辟新领域、建立新的利润增长点，寻求不断发展的战略手段。不断发展和提高企业核心能力是中之杰食品的制胜之本。中之杰食品近几年一直存在着企业文化不系统、人员培训机制不完善、人才培养及发展不规范等问题响应企业核心竞争力，不能实现可持续性发展。中之杰食品力求成为一个学习型企业和知识型企业，建立企业学习的能力，实现企业知识的创新、积累、转移和共享，使企业在经营的宏观环境时刻变化的情况下，增强企业核心竞争力实现可持续性发展。

二、民营食品企业阿米巴经营模式的构建内涵和主要做法

中之杰食品以调动全体员工创造价值的激情为目标，以企业内部小阿米巴利润的达成促使公司整体利润达成的方式，构建了阿米巴经营模式，在应用中继承了中之杰食品多年的成本管理的经验，结合运用成本分析思路，从结果到过程采取价值链分解，核算经营结果、分析差异、查找原因、有效改进，实

现 PDCA 循环改善，创造性地解决落地过程中阿米巴划分、内部定价、核算表设计、数据应用等难题，实现组织架构的创新，点燃全员参与价值创造的激情，有效促进利润目标的达成；通过信息化系统开发，实现数据录入、报表输出、差异分析等自动化管理，减轻基层统计核算压力，提高数据准确性和效率，在系统层面实现协同，实现阿米巴模式与信息化系统融合，与日常工作相结合，极大促进员工创造性和积极性，显著提升企业经营效率和效益。主要做法如下：

（一）加强组织领导，树立阿米巴经营理念

1. 建立阿米巴领导小组

阿米巴经营模式由中之杰食品总经理负责推行落实，成立阿米巴领导小组。阿米巴领导小组是整个阿米巴经营体系的核心，主要职责包括阿米巴经营思想的确立、阿米巴划分、核算机制的制定、指标确定、结算价格的确定、报表的制定及人员培训等工作，由总经理为挂帅，各部门管理层精干人员组成。由总经理担任阿米巴领导小组组长，由厂长担任阿米巴领导小组副组长，阿米巴领导小组成员包括阿米巴事业部经理 3 人以及财务经理、成本会计、各部门经理。

2. 阿米巴经营理念的导入

阿米巴经营模式作为一种组织创新、管理创新的活动，具有很强的实践性。中之杰食品在人员培训及学习上投入了大量的人力和财力，分别组织公司各层级人员参加专业的阿米巴经营学的培训与学习，包括所有副总、所有部门经理、所有部门主要业务人员、财务部人员等。公司培训部利用公司会议、专题讨论会、微信培训、周六学习日等多种形式培训阿米巴经营的理论及公司阿米巴经营思想，让每位员工充分理解什么是阿米巴模式、中之杰食品导入阿米巴模式的意义和目的、阿米巴模式的具体操作方法、阿米巴模式与绩效考核的关系、阿米巴模式与人才培养的关系等。由阿米巴小组选拔出色的员工作为内部阿米巴培训导师，以一帮一的方式对各部门人员进行培训及指导，负责指导每个阿米巴在推行初期的培训、标准落实、考核、每日核算等工作。

3. 宣扬企业文化，夯实管理基础

阿米巴模式的基础是“敬天爱人”“仁爱立司”的经营哲学，即员工和管理者之间、员工和员工之间高度信任，员工具有高度的自主和参与精神，这与中之杰食品的企业文化高度契合。阿米巴模式需要精细的原始数据采集，中之杰食品经过多年的 ERP 系统的使用经验，为原始数据采集的准确性打下了坚实的基础。另外，公司多年的全面预算管理、标准成本核算、绩效管理、信息系统建设等各方面工作都取得显著成效，具备阿米巴经营的基础和数据准备。

4. 先试点，再推广

中之杰食品的阿米巴模式推行采用先试点再全面推行的方式，在试点单位的选择上，考虑三条原则：一是管理层积极主动，二是业务有代表性（可以向同类型的阿米巴复制），三是有明确的管理提升要求。中之杰食品经过阿米巴领导小组讨论最终选取月饼生产车间作为阿米巴试点单位，在月饼生产车间试点成功后，再向公司全面推行阿米巴经营模式。

（二）科学划分阿米巴单元

中之杰食品划分阿米巴单元的前提条件有三点：第一，要建立公司内部的信任关系。实施阿米巴经营的公司的内部信任关系不仅要体现在公司和员工之间，而且还要体现在员工与员工之间；第二，要培养全体员工的经营意识；第三，要保证数据的准确性和及时性，要求当天的经营数据在第二天早上出来，让每个阿米巴在第一时间了解这些数据。阿米巴经营的过程中，需要根据市场动态和运行情况对阿米巴进行调整，可能将原有的一个阿米巴拆分成多个阿米巴，或者将多个阿米巴合并成为一个阿米巴。

划分阿米巴经营单元规模大小的原则主要是阿米巴必须能独立完成任务，有独立的核算组织，同时，又不能因为组织的拆分影响公司的整体目标和经营计划。在具体的实施过程中要做到收入可以合理定价；收入与支出按日统计核算有管理基础；核心阿米巴必须首先确认。根据上述原则及要求，中之杰食品对阿米巴进行层级的划分：一级阿米巴为公司、二级阿米巴为中心级、三级阿米巴为部门级、四级阿米巴为班组级。

（三）建立核算体系

根据各阿米巴的工作任务及职责，制定相应的核算办法，拟定对应核算表格，建立阿米巴核算体系。阿米巴领导小组对公司业务的深入分析，总结出四种可能的阿米巴类型，讨论制定相应的设计原则，并设计核算表的模板，供各阿米巴使用，四种阿米巴类型分别为自产自销型阿米巴（例如月饼生产车间）、“自产＋代售”销售型阿米巴（例如销售门店，销售门店有部分现场加工产品及部分工厂配送产品）、服务型阿米巴（例如研发部）、公共服务型阿米巴（例如行政部车队）。

针对各个核算办法，阿米巴领导小组制定相应的核算表，包括日排班表、日投入产出表、日利润表等用于每日利润的核算，通过各阿米巴每日的数据提报、审核、汇总核算出当日的利润，并及时向每位员工分享，让每位员工明确第二天的工作目标及改进方向。

（四）将阿米巴核算体系固化到信息系统中

中之杰食品在2009年开始使用ERP系统，拥有7年的ERP系统使用经验，为阿米巴经营提供了数据的准确性保障，通过在ERP系统中开发阿米巴专项的应用程序，在ERP系统中开发专项阿米巴核算报表，实现阿米巴核算的信息化及数据化。在生产和销售过程中均实行各环节的数据录入及采集，通过ERP中的核算软件生产阿米巴核算报表。通过信息化、系统化，将中间的计算、分析过程由系统自动完成，阿米巴长只需照例完成每班的日常数据录入，系统可以自动揭示出差异，然后再由阿米巴长分析原因并提出改进措施。这样，每个阿米巴每天都可以计算出价值贡献，并且得到价值贡献差异，然后逐层揭示出差异，每天都进行原因分析，在原因分析的基础上，阿米巴长每天都能提出改进措施。生产一线员工发现问题、提出改进措施不再是半个月或一个月出报表后的工作，而是每天都进行的日常的PDCA循环。

（五）构建阿米巴激励机制和持续改进机制

1. 建立责任考核体系

建立责任考核体系，给各阿米巴设定目标，并由阿米巴领导小组组织各部门进行目标的责任考核。阿米巴核算表只是工具，不是目的，需要通过目标设定、揭示出差异、原因分析、改进措施，形成PDCA循环改进。通过目标考核，2015年月饼生产车间目标均得以完成，但一次合格率为99.0%刚刚合格，是下季生产的主要改善方向，通过现场管理的改善，从而提升经营绩效。通过这样的PDCA循环改善有效优化本阿米巴的效率，寻找进一步提高业务能力的可能，最终实现的是每个人工作效率最大化、成本最小化。

2. 培养具备经营意识的人才

以前公司基层员工不了解公司方向、决策，对公司的经营情况漠不关心。阿米巴经营核心要目标一致，使得每个人都清晰的了解公司发展方向，每个人都是经营者，合力朝着一个方向使劲。通过阿米巴组织划分，每个阿米巴都具有了独立经营的核算制度，也就让每为阿米巴长了解市场和竞争。通过日核算报表，能够准确看到阿米巴的经营状况，每日都能清楚地了解利润情况。阿米巴的核算让每个人有了成本、费用和业绩意识，也更利于员工了解外部环境，使得每个人获得的知识更为丰富，促成了普通员工向经营者的转变。

3. 将食品质量控制融入阿米巴经营中

中之杰食品作为食品企业，在阿米巴经营的条件下，确保食品安全保障体系良好运行。通过每日对产品合格率的考核，使阿米巴的每位成员及时了解产品合格率情况，分析导致不合格的原因，从加工工艺执行、加工环节卫生消毒、食品安全风险引入、关键控制点监控等方式有效的改善，并利用品管部对加工环境、设备工器具、人员手部的验证，原料、半成品、成品的检验来持续改善产品合格率，确保公司食品质量控制体系持续良性的循环改进，确保生产的产品是安全、健康的食品，是老百姓放心的食品。

三、民营食品企业阿米巴经营模式的构建效果

（一）提升了员工经营意识，促进人才成长

阿米巴模式最终将经营目标分解至各阿米巴长，通过内部授权，各阿米巴展开相对独立的经营，各阿米巴的努力的方向与公司的发展方向总体一致，各内部单位的日常运营需要协调和解决的事项大大减少，总经理可以从琐事中解脱出来，思考和推动新产品、新渠道开发、核心能力提升等战略与发展问题。各级管理人员参与阿米巴经营模式，经营意识提升，经营管理才能得到锻炼，不断被赋予更大的权限和责任，实现培养人才的目的。

（二）推动了部门协作和管理效率提升

阿米巴模式将大组织划分成许多独立经营、独立核算的小阿米巴，更高效的相应市场的需要与变化，通过内部核算方法，使行政部门时刻关注下游服务输出部门的需求，及时了解分享生产、销售部门的经营成果，用市场经济的手段解决各环节的协作问题，现场情况与市场信息高频互动，市场压力高效传导，对防治企业逐步远离市场、内部臃肿、决策低效等各种弊端有着重要意义。

（三）生产效率明显提升，经济效益显著

试点的月饼生产车间在 2015 年 7—9 月生产月饼期间，以阿米巴经营思想进行运行，产量由 2014 年的 97％提升了 9％，出品率由 2014 年的 96％提高了 1.5％；合格率由 2014 年的 98％提升了 1％；产品交付及时率由 2014 年的 99.5％提升了 0.5％；外部客诉由 2014 年的 12 起降低至 2 起，利润由原来的亏损提升为 80 万元利润。

（成果创造人：王福胜、王克军、张英杰、郭　娜、
孙宏宇、丁会霖、王　婧、魏玉玲）

两化融合与智能制造

基于用户全流程最佳体验的互联工厂生态圈建设

海尔集团公司

海尔集团公司（以下简称海尔集团）创业于1984年，是全球大型家电第一品牌，目前已从传统制造家电产品的企业转型为面向全社会孵化创客的平台。2015年，海尔全球营业额1887亿元，近十年收入复合增长率达6%，利润180亿元，同比增长20%，近十年利润复合增长率达到30%，是收入复合增长率的5倍。海尔线上交易额达到1577亿元，同比实现近2倍的增长，尤其互联网金融发展迅速，其平台交易额达到700多亿元。

一、基于用户全流程最佳体验的互联工厂生态圈建设背景

（一）适应互联网时代用户需求个性化、多样化和高品质发展的需要

移动互联网技术使得互联网从消费互联变为产业互联，用户消费习惯由“去购物”转变为“在购物”。随时下单、用户点击鼠标的速度已经超过了传统企业的响应速度。为了满足用户不同的个性化需求，产品细分正在不断深化。与此同时，用户开始逐步追求高品质的高端产品、个性化的产品，更多的用户表示他们愿意购买高端产品因为其更可靠的质量和高品质。企业必须适应这种变化，要转变过去的卖产品理念，逐步由卖产品向卖解决方案转变，最终通过智能制造为客户提供个性化定制的最优的解决方案获取客户的信任，并黏住客户，获取企业发展机会。

（二）顺应全球家电行业发展趋势、应对激烈市场竞争的需要

新一代信息通信技术向制造业的深度渗透和融合为家电企业转型升级和提升竞争力提供了机遇。以企业内部的生产过程为例，通过生产过程的数字化、网络化和智能化改造，将推动我国生产自动化水平和工业机器人的发展应用进程，缩短我国与日本、欧美等发达国家在制造装备业的距离；通过智能企业的建设，改善工作流程，实现精益生产，将大大提高企业总体效率、降低制造成本。同时通过支持社会力量参与产品的设计、柔性加工、高端服务等交互式创新活动，将有力地推动自主创新能力的提升和向服务型制造转型，对企业走出低端制造的困境，落实国家提出的“大众创业、万众创新”战略，具有重要的现实意义。

（三）企业持续推进互联网化转型的需要

2005年以来，海尔集团一直致力于向互联网化转型，由原来以厂商为中心的、大规模生产、大规模促销和低成本竞争的B2C模式，转变为以消费者为中心的、个性化营销、柔性化生产和精准化服务的C2B模式，创造了人单合一双赢管理模式。2012年，海尔集团提出了“三化”战略，即用户个性化、员工创客化和企业平台化，将“人单合一双赢”模式迭代升级为“人单合一2.0——共创共赢生态圈模式”，形成与客户全流程参与、全流程互动，与资源商合作共赢，共同参与产品的设计、研发、模块化供应链和售后服务支持各项活动，在“互联网+”与传统制造业融合方面积累了丰富经验。但在全球范围家电企业内，海尔是第一个，没有成功的经验可以借鉴，同时企业规模大，内部环节多，困难和阻碍也非常多，如果转型转不好会出现问题，原先成功的模式，也可能成为劣势，所以需要通过持续创新，不断实践探索，从而实现突破引领。

二、基于用户全流程最佳体验的互联工厂生态圈建设内涵和主要做法

海尔为满足互联网时代用户个性化、多样化、高品质的最佳体验，队对内改造建立互联工厂，将产品改造成为网器，从传统的大规模制造转变成大规模定制，实现人机互联，用户全流程参与，形成用户

圈；对外通过海尔生态圈平台，吸引攸关各方共同创造用户价值，由提供单一硬件产品到提供整套智慧生活场景解决方案，实现从卖产品到智能服务转型，与利益相关方共创共赢，最终形成一个以用户最佳体验为核心的生态圈。主要做法如下：

（一）明确互联工厂建设的思路、目标和路径

1. 明确思路

海尔的智慧互联共创共赢生态圈建设是以全流程用户最佳体验为导向，以开放吸引全球资源的海尔文化为指导，以互联工厂建设为载体，以模块化、自动化、信息化为支撑，以标准化、精益、质量保证期为基础，努力打造两个圈：一是用户全程参与的个性化产品实现圈。通过互联网平台，吸引用户参与到从产品设计、制造、配送和服务的全过程，形成工厂和用户的零距离，用户和工厂直连。二是并联资源生态圈。将企业的墙打开，吸引全球一流的设计、研发、营销、物流、制造等资源到海尔平台上，形成并联的资源生态圈，能够快速满足用户的个性化需求，共同去打造用户的最佳体验。这是一个全方位、全体系的变革，支持整个产业链、上下游企业都在这个生态圈上协同创新，共创共赢。

2. 确立目标

智慧互联共创共赢生态圈建设的目标是实现从产销分离到产销合一，满足用户无缝化、透明化、可视化的最佳体验。

一是用户层面：形成大规模定制的解决方案，真正地实现用户和企业的零距离；全球用户能够随时、随地，通过移动终端定制产品，互联工厂可以随时满足用户的需求。

二是企业层面：打造以互联工厂为载体的智慧互联生态圈，成为标杆企业，输出行业标准，颠覆现有家电行业的制造体系，实现行业引领；通过互联工厂实现企业互联网转型，应对互联网技术对传统业务的冲击，提升企业的竞争力和创新能力。

三是行业层面：提升行业创新能力，推动产业链升级。通过全球资源无障碍进平台，吸引全球一流资源，引入更多具有竞争力的技术、人才等资源，持续创新、迭代，满足用户个性化、碎片化的需求，从而形成共创共赢的家电生态圈，为行业提供借鉴经验，推动我国家电行业转型升级和竞争力提升。

3. 制定路径

海尔从高精度和高效率两个维度推进以互联工厂建设，以构建用户个性化需求驱动的共创共赢生态圈，如图1所示。

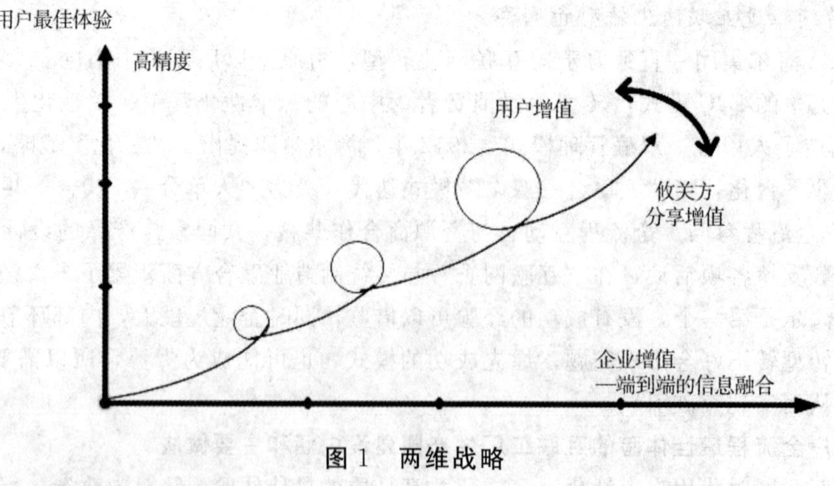

图1　两维战略

纵轴是互联工厂的用户最佳体验，体现的是高精度。主要搭建两大平台：一是建立行业首个用户社

群交互定制体验平台——众创汇平台。二是搭建U+智慧生活平台，把传统的家电变成智能终端的网器，通过网器接入U+智慧生活平台，通过这个平台吸引全球一流资源，包括硬件资源、软件资源、投资方、人才资源等，从而形成能够提供用户最佳体验的若干生活场景生态圈。

横轴即互联工厂的企业价值创新，体现的是高效率。通过工业技术与数字化技术、物联网技术融合，建立持续引领的智能制造技术创新体系，支撑智慧互联共创共赢生态圈搭建，核心分为四个层次：一是模块化，是个性化定制的基础。产品通过模块化的设计，将零件变为模块，通过模块化的自由配置组合，满足用户多样化的需求。二是自动化。海尔理解的是互联自动化，不是简单的机器换人，而是攸关方事先并联交互，实现用户驱动下的设备联动、柔性定制体验。三是数字化，通过以iMES为核心的五大系统集成，实现物联网、互联网和务联网三网融合，以及人机互联、机物互联、机机互联、人人互联，最终让整个工厂变成一个类似人脑一样的智能系统，自动响应用户个性化订单。四是智能化，主要是产品智能化和工厂智能化。

（二）搭建以智能产品为主线的U+智慧生活互联平台

1. 加快推进传统产品向网器（智能家电）转变

海尔通过物联网技术、网络通信技术、远程控制技术等高新技术的应用推广，加快改造传统家电产品为智能家电，由电器向网器（智能家电）转变。海尔网器具有以下四个方面的功能：一是故障诊断功能，能够实现对自身状态、环境的自感知；二是网络通信功能，提供标准和开放的数据接口，能够实现与制造商、用户之间的数据交互传送；三是自适应能力，能够根据感知的信息调整自身的运行模式，使智能产品（网器）处于最佳工作状态，降低网器机械损耗，提升节能环保能力；四是数据采集与应用分析能力，能够实时远程采集和上传用户使用过程中的数据信息，并通过企业信息平台实现大数据共享和分析，实现企业与用户的实时互动。

2. 探索建立U+智慧生活平台

海尔通过建立一个互联互通的标准，在不同的行业、不同的公司之间完全打通智能产品，通过基于互联平台、云平台和大数据分析平台的完全开放的U+平台，以智能家电（网器）为硬件载体，以U+智慧生活平台为软件载体，实现智慧硬件和软件平台之间的完美融合，让各个产品、各个品牌共享互动，为用户提供一站式的解决方案，帮助各个平台参与者都可以找到自己的价值定位，共同建设一个有价值的智慧家庭生活体系，推进智能家电市场真正进入“以人为中心”的时代。

目前U+平台接入的智能产品12大品类，支持模块类设备8天快速接入，新硬件接入12天。围绕5大生态圈，先后推出以朗度冰箱、天樽空调、免清洗洗衣机、星语热水器等为代表的大网器智能家电产品和以空气盒子、智能净化器、冰箱卫士、醛知道、智慧眼等为代表的小网器智能家电，为用户提供了整套智慧家电解决方案和网器交互体验，智能产品（网器）的销量累计突破900万台。

（三）开展以大规模定制为主线的互联工厂建设

1. 建设用户交互定制平台一众创汇

互联工厂由大规模制造向大规模定制转型，完成协同设计与协同制造，需要打通全流程各节点系统进行横向集成，实现用户全流程参与。在技术上需要搭建以用户为中心的研发、制造和销售资源创新协同与集成平台，构建工业智能领域资源云端生态模式。2015年3月众创汇诞生，并上线用户交互定制平台一众创汇V1.0。众创汇DIY平台打通从用户交互设计到协同制造，直到用户使用端的全流程活动，集成相关软件系统，包括用户交互、迭代研发、数字营销、智慧供应链、模块采购、智慧物流、智慧服务等7个应用软件系统，实现互联工厂资源和信息的横向整合，产业链上下游主动协同。2015年11月众创汇平台V2.0版上线，并在11月中国国际工业博览会对外发布。2016年1月，众创汇V3.0上线，更便捷易懂的操作模式，更清新的UI界面风格，更多的定制产品种类。2016年3月，众创汇

App 版和微信版 V1.0 正式上线，为用户提供多入口，让用户在手机端可随时浏览，在上海 AWE 得到参会人员的体验好评。同时，首批 HelloKitty 洗衣机上海 AWE 惊艳亮相，成全场瞩目焦点。2016 年 6 月同曲美家居合作推出"童话家"儿童房的全屋定制，真实场景体验，让用户感受家电温度。2016 年 10 月 PC 端 3.6 上线，移动端 M 站上线，2.6App1.6、微信 1.6 上线；基于 H5 的 WebSocket 消息推送机制搭建，深度融合 SNS 的交互定制平台。2016 年 9 月"定义明天制同道合"海尔定制平台生态战略发布会在北京举行。房天下、曲美家居、红星美凯龙、时尚集团、厦门国际设计周红点在中国、宝宝树以及利鸥品牌 7 家合作资源共同启动海尔定制生态战略。

在众创汇平台上，定制分三种场景：一是模块定制：基本模块＋可变模块配置；二是众创定制（众筹、众包）：用户设计，在线自交互；三是专属定制：完全个性化，整合设计师和研发资源共同设计，在互联工厂或第三方工厂生产。三种定制模式满足用户的多样化及个性化需求，用户以不同方式参与设计体验、观看制造过程、监测物流配送、享受送装一体的服务，整个产品从概念到使用全生命周期内均有用户参与和评价。众创定制模式是将用户的碎片化需求进行整合，从为库存生产转变为为用户生产，用户可以全流程参与设计、制造，从一个单纯的消费者变成"产消者"。协同设计与全流程交互平台整合攸关方资源和跨界合作伙伴，是智能化、物联网产品服务解决方案的重要组成部分。按照流程节点划分，平台横向集成 7 项业务过程：用户交互、研发、数字营销、模块采购、供应链、物流、服务。众创汇平台通过采用开放式社区模式，搭建用户、设计师、供应商直接面对面的交流平台，将用户对产品需求、创意设想转化成产品方案；从需求端到制造端，依托互联工厂体系实现全流程可视化定制体验，让处于前端用户与后端互联工厂互联互通。用户从单纯需求者转变成为产品创意发起者、设计参与者以及参与决策者等，参与产品定制全流程，激发用户潜在的创造力，实现用户价值驱动。

2. 建立用户多层次交互平台

用户交互平台旨在由原来的先有产品再找用户到现在的先有用户再有产品，让企业和利益攸关方与用户零距离交互，了解用户的真实需求。海尔为用户搭建三个层次的交流互动平台：第一，海尔与渠道商共同建立的线上销售平台；第二，与模块商携手打造的资源与定制平台；第三，海尔汇聚全球灵感的创意互动平台。从最初的 idea，到创意的产品化乃至最后的商品化，每一个环节，努力做到倾听用户的心声。

3. 建立多种产品研发模式

一是开放创新平台。2013 年 9 月开放创新平台（HOPE）测试版上线，2014 年 1 月正式版上线，2015 年 5 月资源圈建设启动，旨在打造创新生态系统和全流程创新交互社区，通过整合全球资源、智慧及优秀创意，与全球研发机构和个人合作，为平台用户提供前沿科技资讯以及创新解决方案。最终实现各相关方的利益最大化，并使平台上所有资源提供方及技术需求方互利共享。HOPE 让用户、创客、风投、技术拥有者或是供应商、制造商的需求可以在第一时间发布，并通过大数据进行精准分析与匹配，最终实现多方需求的一站式解决。HOPE 平台为企业等技术需求方提供解决方案，为用户提供痛点解决与参与产品研发的机会，为设计师提供接触全球领先技术信息，让设计方案找到买家。各方基于不同的市场目标结成利益共同体，优化组合成创新团队，风险共担，超利共享。创新技术、产品面世后，平台还会持续与用户交流反馈，使创新团队得到最新的创新大数据支持，以实现产品的迅速升级。

二是 HID 迭代研发平台。2015 年 9 月承接集团战略，从原来瀑布式研发颠覆为迭代式研发。产品全生命周期管理由瀑布式变为为 HID 迭代式，降低项目风险，在项目研发的全过程与用户直接交互获取用户最新的反馈，持续测试与功能集成满足用户。通过开放创新、同期工程、流程优化以及虚拟仿真等新工具的应用，产品开发发周期效率得到明显提升。2016 年开始 HID 迭代式研发系统流程落地研究。基于迭代式研发的理论基础，根据具体的项目开发管理要求和产品变现流程进行适当的配置，使其成为个性化的组织级项目协同管理平台，覆盖了组织的战略层、运营层和协作层三个层面。一方面，通过自上而下的业务战略规划，使项目目标与组织的业务目标保持一致；另一方面，通过自下而上的自动化数据收集，管理者能够基于实时客观的数据进行分析和决策。

三是协同开发平台。协同开发平台是基于用户需求与全球一流设计资源、一流模块商资源协同设计的信息化平台，该平台提供开放、高效的在线协同研发功能，输出行业引领的设计方案。该平台有内嵌式（Immersed）、同步式（Synchronized）及异步式（Asynchronous）三种协同设计方式，适用于模块、系统、整机等多个协同设计场景。2015 年 3 月开始协同开发需求调研，2015 年 9 月系统上线，协同开发平台通过开放创新平台（Hope）和模块商资源网（海达源 HDY）将设计资源及供应商资源与研发并联起来。通过协同平台，支持项目协同、设计协同、管理协同，实现基于价值链的协同设计研发生态圈。

4. 建立数字营销模式

数字营销模式基于 CRM 会员管理以及用户社群资源，通过大数据研究，将已有用户数据和第三方归集的用户数据进行梳理研究，同时，应用聚类分析，形成用户画像和标签管理的千人千面的精准营销。

数字化营销离不开数据，包括用户数据、交互、机器、渠道、地域、企业、攸关方和市场数据，基于这 8 类数据应用方式有 4 方面：精确识别和洞察、创新开发和改进、高效推广和交付、实时管理和提升。

在数据采集方面，核心是连接。海尔把每一个用户形成 360 度视角，具体来说有 7 个层级，包括地理位置、人口统计特征、兴趣爱好、使用偏好、品牌偏好度、购买和使用倾向等层级，7 个层级，143 个维度，5236 个节点，数据标签超过 6 亿个。

数据挖掘的核心是预测。数据预测建立用户的数据细分，把海尔用户分成 6 大类，建立两大类的应用模型：一是用户活跃度模型，也就是用户在什么时间什么地点做了什么动作，根据不同的时间地点动作，判断他和海尔沟通的意愿有多强，用分数进行表示；二是需求预测模型，首先以用户数据为核心，预测用户对你这个产品什么时候会重复购买。

用户无非分线下和线上场景，在线上进行上网浏览、电商购物、线下社交，线下有居家生活、门店购物、电话交流等等。每个场景怎么精准抓到用户，并且根据他的需求进行沟通。线上精准营销，海尔 SCRM 平台对接 DSP 需求方平台，程序化精准采买，大规模精准营销。线下精准营销，基于 SCRM1.2 亿数据分析潜在用户进行精准营销。以上基于海尔营销宝 App 来实现，第一个是社区热力图，用可视化的数据告诉每一个终端员工，用户的目标区域在哪里，目标用户群在哪里。第二个是用户热力图，终端几万人，打开用户热力图，基于地理位置，把周边 5 公里范围之内可能要购买海尔家电的老用户数据显示出来。下一个就是小微播音台，分公司营销人员可以利用小微播音台，把所在区域老用户中，可能要购买海尔家电的人，一次大规模的进行精准沟通。

2015 年移动端微信版“顺逛”上线，顺逛整合线下 3 万多家海尔专卖店的营销、服务、物流资源，旨在打造虚实融合的 O2O 战略布局，从而给用户带来最佳的全流程购物体验，为微店主搭建“0 成本创业平台”，提供自主创业做 CEO 的良机。

5. 搭建模块采购平台

基于“互联网＋”的模块商协同系统，针对模块商资源与用户零距离交互的需求，海尔从 2014 年开始搭建全球家电行业供应商资源服务平台和聚合平台——海达源。由原来企业与供应商只是采购关系转变为生态圈，供应商进入平台创造用户资源，创造订单。随后，供应商就可以设计、模块化供货，否则就没有订单。采购的改变主要包括：一是由零件商转变为模块商，由按图纸提供零件转变为交互用户，提供模块化方案；二是采购组织由隔热墙转变为开放平台，由封闭的零件采购转型为开放的模块商并联交互体验的平台，由内部评价转变为用户评价；三是双方的关系由博弈转变为共赢，由单纯的买卖关系转变为共同面对用户共创共赢的生态圈。

海达源平台面向全球模块商资源开放，具有自注册、自抢单、自交互、自交易、自交付、自优化功能，实现资源线上线下的与用户交互的融合。在运营形式上，模块采购平台采用分布发布架构，用户需求面向全球模块商资源公开发布，系统自动精准匹配推送。同时，系统设立资源方案超市，模块商方案自主发布，定向推送，由用户直接选择最优最合理的解决方案。此外，模块采购平台还建立公平交易的机制，用户在线评价，结果公开透明，策略自动执行，动态优化资源。

6. 建立智慧供应链

海尔从 2016 年开始构建面向未来的系统平台，各个模块可进行扩展及动态优化，总体包括分布订单中心、库存共享平台、云仓网络等。各模块之间与企业其他模块是互联互通，并可以交互。同时构建大数据可视平台实现下单前台对用户的可视体验。供应链系统平台包含 3 个主要部分：一是基于 DD-VN 网络进行总体设计，需求管理、数据模型及系统构建等，并运用多级可视工具进行规划；二是运用项目管理软件对各模块项目进行协同合作，包括细项的任务表、流程变革的进度表、项目预算表等；三是协同平台进行模拟测试，动态优化。智慧供应链体系由以往聚焦企业内部的分散部门的效率提升转变为由用户驱动的跨多部门和跨多企业的互联互通协作平台；传统被动反应的烟筒式执行的响应模式转变为可视化和智能化的集成，从而支持价值网络生态中灵活权衡决策。

7. 建立智慧物流平台

智慧物流平台以客户及用户需求为中心，融合营销网、物流网、服务网、信息网等建设智慧物流信息协同管理平台，打通与供应链上下游资源生态和货源生态资源连接关系，构建智能多级云仓方案、干线集配方案、区域可视化配送方案和最后 1KM 送装方案等用户解决方案，实现物流从订单下达到订单闭环的全程可视化、以用户评价驱动全流程自优化，提升产品“直发”给用户的能力。通过将传统的“送安分离和集中评价”模式颠覆为“用户可全程直接评价的送装同步”，推动资源生态和货源生态共赢增值。

从 2015 年 7 月开始，海尔日日顺物流以用户的全流程最佳体验为核心，用户付薪机制驱动，日日顺物流建立起开放的互联互通的物流资源生态圈，快速吸引物流地产商、仓储管理合作商、设备商、运输商、区域配送商、加盟车主、最后 1KM 服务商，保险公司等一流的物流资源自进入，实现平台与物流资源方的共创共赢。日日顺物流的智能园仓主要基于海尔订单的大数据以及与菜鸟合作的大数据，以少量的仓、合理的库存来实现全网的覆盖、按需送达，从而降低配送成本和库存成本。可以根据大数据来预测市场，然后把货放在离用户最近的地方，从而缩短配送周期。2015 年“双十一”期间，日日顺物流通过数据预测，提前把货备好，解决了七八十万单的配送问题。日日顺物流园仓网络目前建设有 10 个前置仓、31 个 2DC、100 个 TC，覆盖全国 2915 个区县，整个仓储管理通过智能化仓库管理系统，完成管理、盘点、系统、智能入库和分拣。日日顺物流最大的优势在三、四级市场，以 3 万个海尔专卖店订单为基础，同时匹配同类型大件订单，这样既解决了集配时间长、送达慢的问题，又解决了大件行业的中转多次、中转混装导致的破损。

8. 建立智慧服务平台

智慧服务平台创建了新的家电服务业态，解决用户对家电及时维修的需求，通过社会化外包、信息化取代等实现订单信息化、仓储智能化，对用户提供维修服务解决方案。以电子保修卡为载体颠覆传统的服务模式，搭建智能互联服务模式，电子保修卡于 2014 年 5 月上线，用户购买产品后通过该平台一键录入家电信息，建立专属家电档案并上传，完全替代传统纸质保修卡，信息永不丢失。

2015 年 3 月智能互联服务发布。在云数据的支持下，平台还可实现与智能家电的实时连接，实现家电故障自诊断、自反馈海尔云，服务兵主动抢单，主动联系用户上门服务，整个服务流程可视，用户在线全流程自主评价，颠覆传统的用户报修服务流程、电话中心接听、督办和回访流程。2016 年 4 月“人人服务、人人创业”模式发布。2016 年 9 月 30 日，“人人服务、人人创业”海尔家电管家服务模式发布暨服务兵创业平台启动大会在青岛举行。用户可以借助海尔服务创业号对服务兵的服务质量进行在线评价，而这将直接决定海尔 10 万服务兵的收入和命运。发布会还对海尔服务兵创业平台进行了升级，进一步打破了传统仅上门服务的家电服务模式。服务兵在为用户提供包括以旧换新、室内空气改造等一对一的全流程家电金牌管家服务的同时，也能获得更多的兼职创收途径。此外，包括退伍军人、老技工等更广的人群也将得到相关的创业和技能培训机会。这同样是海尔服务继今年 4 月份发布“人人服务、人人创业”服务模式后的又一次自我升级。

9. 研发具有自主知识产权的互联网架构软件平台 COSMO

为了支持海尔互联工厂模式持续深入探索，固化互联工厂模式，在技术、模式和创新方面实现全方位的突破，海尔集团今年成立中国家电行业第一家工业智能研究院。智研院汇集全球一流人才资源，在攻克智能制造关键共性技术的基础上，向外输出智能制造的核心标准和模式。智研院基于互联工厂探索实践，2016 年 3 月发布了核心产品：具备自主知识产权、支持大规模定制的首创互联网架构软件平台 COSMO。COSMO 平台解决用户和互联工厂资源零距离交互、参与定制全流程的问题，平台对服务提供者、开发者实现价值回馈，从而构建共创共赢的生态架构。COSMO 平台是基于云架构部署的，比传统软件实施可大幅降低成本，可创造全流程价值，提升企业盈利能力。

（四）搭建创业孵化平台，有效推动共创共赢生态圈建设

1. 深入推进组织与流程变革

在组织与流程层面，打造人单合一 2.0 版，将企业从原来的封闭型组织转变成开放的生态圈，研发、制造、销售等流程由“串联”变为“并联”，将自主经营体升级为平台主、小微主、创客等三类小微组织，鼓励员工组建小微公司进行创业。小微公司独立运营，自负盈亏，享有决策权、用人权、分配权，充分发挥自主性，打造“制造创客价值平台”。

2. 探索建立创业加速平台

为了让创业者更好的创业并提高创业的成功概率，2014 年海尔探索开启创业加速平台。这个平台包括：创客学院、创客工厂、创客服务、创客金融、创客基地五个子平台。其中创客学院是一个专业的创业辅导和培训平台，为创客提供高端的专业创业辅导，提升创客能力；创客工厂是一个产业链整合平台，该平台为创客提供供应链匹配和生产实验服务；创客服务平台采用海尔先进的管理制度和工作理念，专门为创客提供一条龙、专业化的服务。创客投融资平台能够解决创客投资融资难问题。五个平台一体化运营，为小微创新企业成长和个人创业提供低成本、便利化、全要素的开放式综合创业服务。

3. 鼓励多种创业方式

海尔创业加速平台为海尔员工、个人、小微企业以及用户等提供的六种创业方式。一是企业员工在海尔平台创业。海尔员工自己提出创业项目，海尔提供天使基金。二是消费者在海尔平台创业。消费者可以自己定制海尔产品。三是内部员工脱离企业在海尔平台创业。如果员工觉得海尔企业太大了，创业不够灵活，想脱离海尔，海尔会支持。四是合作伙伴在海尔平台创业。上下游企业在海尔平台上创业，共享价值。五是社会资源在海尔平台创业。通过定制化产品组合打通它的上游下游，匹配服务型平台，做整条产业链不同点，不同方式，撬动整个行业升级，抓增量需求。六是全球资源在海尔平台创业。通过建立现代共享经济时代，搭建共享平台，海尔将社会资源的活力激发出来了。

三、基于用户全流程最佳体验的互联工厂生态圈建设效果

（一）成功完成多个互联工厂建设和运营，竞争优势初步明显

海尔互联工厂建设取得了初步成效，目前已建成沈阳冰箱、郑州空调、佛山洗衣机、青岛热水器、胶州空调等七个智能互联工厂，累计完成5大产业线28个工厂800多个工序的智能化改造。海尔通过搭建智能制造平台，并用网络手段使互联工厂"透明化"，让大规模制造向着个性化定制转型，将用户、创客、模块商等利益攸关方融合在一个平台上，实现用户参与产品的设计、生产，最终形成"产销合一"的消费链条，企业整体效率大幅提升，产品开发周期缩短20%以上，交货周期由21天缩短到7—15天，能源利用率提升5%。海尔已连续14年蝉联"中国市场最有价值品牌"第一名，连续七年成为"全球大型家用电器第一品牌"，2015年市场份额达到9.8%，其中冰箱、洗衣机、冷柜、酒柜连续蝉联第一。2016年1月15日，海尔全球化进程又开启了历史性的一页——海尔与GE签署战略合作备忘录，整合通用电气家电业务，不仅树立中美大企业合作的新典范，而且形成大企业之间超越价格交易的新联盟模式。目前，海尔在全球布局六大品牌：海尔、卡萨帝、日日顺、AQUA、斐雪派克、统帅，从不同领域持续满足用户的最佳体验。

（二）引领行业发展，得到社会各界高度肯定

2015年4月海尔集团首批通过国家两化融合管理体系的贯标；6月，海尔互联工厂项目首批入选2015年工信部智能制造标准专项项目；7月海尔互联工厂被确定为国家工信部2015年智能制造试点综合示范项目，是白色家电领域唯一。2016年7月海尔互联工厂模式入选国家发改委"互联网+百佳案例"，2016年海尔互联工厂入选工信部中德智能制造示范项目；2016年7月海尔互联工厂模式写入国家制造强国战略咨询委员会内参《制造强国研究》报告。海尔互联工厂探索也得到国外权威机构的认可，海尔作为中国唯一企业参加"IEC全球研讨会"发布互联工厂模式，并纳入IEC（国际电工委员会）《未来工厂白皮书》。海尔智能制造模式的探索和实践得到了全球知名制造研究机构和实践领域的高度评价。全球知名研究机构德国弗劳恩霍夫研究院对海尔智能制造模式创新方向表示认可，认为海尔智能制造的实践是工业4.0的有益探索，并具有领先水平。

（成果创造人：梁海山、陈录城、张维杰、孙　明、刘玉平、汪洪涛、
赵建华、郑子辉、甘　翔、刘伦明、王　勇、王　强）

大型石化集团基于两化深度融合的新型能力建设

中国石油化工集团公司

中国石油化工集团公司（以下简称中国石化）是特大型石油石化企业集团，主要从事石油与天然气勘探开采、管道运输、销售，石油炼制、石油化工、煤化工、化纤、化肥及其他化工生产与产品销售、储运，石油、天然气、石油产品、石油化工及其他化工产品和其他商品、技术的进出口、代理进出口业务，技术、信息的研究、开发、应用。“十二五”期间，中国石化营业收入增幅86%，利润增幅34%，已跻身世界超大石油公司行列，在2016年《财富》世界500强中排名第4位。

一、大型石化集团基于两化深度融合的新型能力建设背景

（一）全球经济一体化加剧了石化行业竞争态势

20世纪90年代以来，受世界经济持续低迷影响，石油石化行业掀起了全球性的兼并重组潮，形成了埃克森美孚、壳牌、英国石油三个超大型石油公司，对世界石油石化产业竞争格局产生了巨大影响，对中国石化的国际化运营能力、外部资源获取能力和产业竞争力提出了新要求。与此同时，国外资本大量涌入国内，借助其在资源、技术、管理上的优势，抢占我国石油石化中高端市场；国内地方政府、民间资本也在加大向石油石化行业投资，打破了中国石化、中国石油（中国石油天然气集团公司，以下简称中国石油）“两桶油”独大局面，国内石油石化行业产能过剩、供过于求的趋势愈演愈烈，对中国石化提升高效运营能力、差别化竞争能力和精细化生产管控能力等提出了新要求。

（二）新能源、环保政策对石化行业发展产生重大影响

近年来，我国已陆续发布《节约能源法》《可再生能源法》《循环经济促进法》《国家可再生能源中长期发展规划》《生物质能发展“十二五”规划》《新能源产业振兴规划》等政策文件，大力发展风能、太阳能、光伏发电、生物质发电等清洁能源和可再生能源。我国政府修订发布了《中华人民共和国安全生产法》《中华人民共和国环境保护法》等政策法规，加大了对企业生产的安全监管，加大了对高消耗、高污染行业的产业准入和环境保护的执法监督检查。而随着我国的城镇化建设，原处于城市偏远地域的炼油厂、化工厂已变为“城中工厂”，当地政府和附近居民对于工厂废水、废气排放和环境污染更加关注，这些因素给石化企业今后生存和发展带来了较大影响，对中国石化的安全生产水平、绿色制造能力提出了更高要求。

（三）信息技术迅猛发展迫使石化行业转型升级

综观中国石化20多年的发展历程，中国石化围绕专业化、一体化的发展战略，经过不断的兼并重组、完善体制机制、信息化提升，“十一五”期间形成了较为完整的石油化工产业链，涵盖了“采、输、产、销”等主要业务，初步构建起集团化的组织管理架构和管理模式，推广建设了ERP、MES、CRM等信息系统，建起了贯穿上下游产业链、支撑全集团生产经营管理的信息化平台，中国石化整体管理水平在国内石化行业处于领先地位。但是，与国际先进石油企业相比，中国石化在上下游协同优化、集团化管控和客户服务等方面能力还有较大差距，公司盈利能力还不高。为此，中国石化“十二五”期间开展了以提质增效升级为目标，以两化深度融合为抓手的企业新型能力建设，充分利用新一代信息技术，培育发展新动能，打造竞争新优势，缩小与国际一流企业的差距。

二、大型石化集团基于两化深度融合的新型能力建设内涵和主要做法

中国石化围绕公司资源、市场、一体化、国际化等发展战略，以提质增效升级为目标，以两化深度

融合为抓手，以发展智能制造、打造“互联网＋”新业态为主线，推动组织管理架构、体制机制变革，构建两化融合管理体系和运行机制，利用新一代信息技术改造提升传统动能、培育发展新动能，促进管理模式、生产模式和服务模式的创新，提高企业管理现代化水平，提升集团核心竞争力，推动中国石化由产品制造商向“产品＋服务”综合服务商转变，加快实现“建成世界一流能源化工公司”的企业愿景。主要做法如下：

（一）建立两化融合组织管理体系和运行机制

1. 建立推进两化深度融合的组织与管理体系

在总部层面，成立由集团党组主要领导为组长的领导小组，通盘考虑集团整体改革发展，研究制定推进两化融合的政策、策略和方案计划。成立推进两化融合的工作小组，明确总部职能部门、事业部推进两化融合、打造新型能力的主体责任，形成“业务部门专业牵头，信息部门综合管理，IT 队伍技术支持”的管理模式。在企业层面，建立“一把手”担任最高管理者、决策层领导担任管理者代表、各业务部门共同参与的两化融合组织体系，根据集团发展战略，制定企业推进两化融合的目标、方案和计划，明确职责和任务，形成覆盖全员的两化融合推进、考核、评估等协调沟通机制，有序推动管理架构调整、业务流程优化和新型能力建设。

2. 围绕集团战略，梳理识别可持续竞争优势

中国石化全面梳理和识别可持续竞争优势，分析新型能力配比以及推进思路和相关措施，为制定和实施两化融合工作方案奠定基础。

油气勘探开发业务板块。要形成先进的油气综合研究与开发生产优势，则需要有较强的数据综合分析能力、地面工程设计与建设能力以及数字化、智能化的生产管控能力、预测预警能力等新型能力来支撑。

炼油化工业务板块。巩固炼油“长板”优势并形成石化流程行业先进的生产制造优势，则需要有精细化的生产管理能力、全过程的生产优化能力、资产的全生命周期管理能力、能源优化能力、安全环保能力、预测预警能力以及数字化、智能化的生产管控能力等新型能力来支撑。

销售业务板块。要形成专业化、便捷化的服务优势，则需要有专家化的采购服务能力、专业化的销售服务能力、精准化的营销能力、多业态的增值服务能力等新型能力来支撑。

工程板块。围绕石油工程、炼化工程两大工程业务，形成专业化的工程设计和项目管理优势，则需要有数字化、集成化、智能化的工程设计与交付能力以及专业化、一体化的项目管理能力等新型能力来支撑。

科技板块。要围绕技术研发、科技服务形成专业化的研究开发优势，则需要有强化的知识获取与共享能力、大规模计算与分析能力以及数字化、网络化、智能化的技术研发能力、专业化的科研项目管理能力等新型能力来支撑。

集团化、一体化优势。要形成集团化的经营管控优势，则需要有规范化、标准化的“人、财、物”“供、产、销”管理能力，以及完善的经营风险防范能力和经营综合分析能力等新型能力来支撑；要围绕石化产业链形成上下游一体化协同优化运行优势，则需要打造一体化的生产营运调度指挥能力、跨板块跨企业的资源优化配置能力、供应链与物流优化管理能力等新型能力。

3. 统一制定方案，统筹推进新型能力建设

专业化发展。一是在上游的油气生产企业，以老油田“减负瘦身健体”为着眼点，以“油公司”建设为主线，以专业化改造为方向，深化结构调整，创新体制机制，强化科技支撑，通过智能油气田建设，提高油气勘探综合研究与开发生产水平，提升油田发展质量和效益。二是在中游的炼化企业，以提高加工集中度、提高资产投资回报率为目标，加大资源优化配置力度，加强精细化生产管理，通过智能工厂建设，优化产品结构，提高高加值产品产量，提高一体化协同化生产效率，实现高效生产、安全生

产、绿色制造。三是在下游的销售企业，通过专业化重组，整合原有生产企业的销售业务和销售网点，成立润滑油、催化剂、化工销售、炼油销售、燃料销售、油品销售等专业公司，统一中国石化品牌形象，统一产品质量标准，统一销售服务标准，以互联网为载体，以客户为中心，构建“互联网＋营销”服务模式，打造“互联网＋”新业态。四是在工程单位，开展专业化重组，整合工程设计、工程建设单位，成立集工程设计、工程建设、项目管理于一体的石油工程、炼化工程两大专业公司，建设集成化的工程设计平台、一体化项目管理平台，提高数字化工程设计与交付能力，提升项目管理和工程服务水平。五是在科研单位，完善科技管理体系，创新科技管理机制，建设智能化研究院，建立科技“双创”平台，提高科技创新能力，提升技术服务水平。

一体化管理。围绕石化产业链的“供、产、销”价值链，打造一体化协同优化能力。在供应端，通过物资采购电子商务、电子招投标等信息系统，打通招标、采购、物流、储运等业务环节，实现各企业物资供应的“集中采购、统一储备”，有效降低采购成本、减少物资积压；在生产营运端，通过生产营运指挥、生产计划优化等信息系统，打通总部与企业之间的生产经营信息流，建立集团上下纵向贯通、横向集成的一体化生产营运管理体系，实现全产业链资源配置优化、生产加工方案整体优化、产品调运物流优化，提高板块间产销衔接和异常处置能力；在销售端，实现销售企业与生产企业之间的信息集成、数据共享、产销联动，发挥销售企业前方“雷达站”的作用，向后方生产端快速传递市场需求信息，实现“以销定产”“以需定产”，提高企业的市场反应能力和协同协作能力。

集团化管控。发挥集团总部战略规划中心、投资决策中心、资源配置中心、风险管控中心、协调服务中心“五大中心”职能，进一步强化专业化管理、集团化管控，通过建设ERP等信息系统，构建集成共享的经营管理平台，对财务管理、资金管理、预算管理、投资管理、人力资源管理、采购管理、销售管理、合同管理等业务流程进行全面优化，快速支撑体制机制变革、专业化重组，全面提升集团在人、财、物等资源管理方面的规范化、标准化水平，提升核心业务的精细化管理水平和管理效率。

4. 建立指标体系，开展两化融合评价考核

一是构建统一考核评价体系。中国石化建立以促进业务绩效提升为导向，以提升两化融合水平为目标的绩效评价指标和考核评价体系。考核评价体系分为专业系统应用类达标评价和企业两化融合水平综合评价两大类。

二是开展系统应用监控。中国石化采取“总部远程监控、企业日常自查”相结合方式，按照应用达标指标标准，每月对企业的重点系统应用情况进行检查，每月对企业的信息系统应用问题进行通报、督查与考核，持续保持和提升企业重点系统应用水平。

三是开展两化融合评价。“十二五”期间，持续开展企业ERP、人力资源管理、资金集中管理、勘探开发源头数据采集管理、炼化生产执行（MES）、先进过程控制（APC）等重要系统的应用达标评价，实现专业系统应用达标评价常态化；组织两轮企业两化融合水平综合评价，全集团共有50家企业达到A类水平，有10家单位被评为集团公司两化深度融合创新示范单位。

四是开展经验交流、典型示范活动。由总部统一组织专家队伍，对两化融合基础薄弱单位进行现场帮扶，深入企业一线开展知识培训、经验交流、问题分析等活动，组织先进企业与落后企业“结对子”，通过问题诊断、经验交流、制订改进计划、定期回访等方式，促进后进企业消除应用短板、提升应用水平；持续开展两化融合培训、信息化技能竞赛等活动，增强干部职工的两化融合认识，营造两化融合比学赶超氛围。

（二）推进智能油气田、智能工厂建设，打造数字化、智能化生产管理新能力

1. 建设智能油气田，打造综合研究与开发生产新能力

中国石化采取分类施策、逐步推进策略，推进智能油气田建设，借助信息化技术优化企业组织架

构，推动体制机制变革，促进管理创新、效率提升。在偏远的油气井、集输站等建设无线网络、无线射频、工业视频，实现远程巡检、数据传输和作业监控；在新油气田加大自动化仪表设备和自动化控制系统建设；在高压气田、酸性气田和海上油气田开展智能化应用建设，在工程、生产、安全、经营等管理领域深入开展移动化应用，实现信息实时掌握、异常及时感知、事务随时处理，逐步提升生产过程管理的数字化、可视化、自动化、智能化水平。

2. 建设智能工厂，打造优化协同、预测预警等新能力

中国石化大力推进数字化、可视化、自动化、智能化生产管理。2012 年完成智能工厂建设总体规划，围绕“生产管控一体化”“供应链协同一体化”“设备资产全生命周期管理”三条主线，聚焦“生产管控、供应链管理、设备管理、能源管理、HSE 管控、辅助决策”六大业务域，开展智能工厂试点建设，着力提升企业生产洞察力、感知力，打造优化协同、预测预警、科学决策等新型能力。2015 年在燕山石化、茂名石化、镇海炼化、九江石化 4 家试点企业完成智能工厂（1.0）建设。

3. 建设智能管网，打造油气管线安全运行管理新能力

中国石化自主研发建设智能化管线管理系统，推动管线运行管理模式由企业分散管理、分段管理转变为集团上下一体化协同管理。

（三）推进电子商务、互联网营销平台建设，打造“互联网＋销售”服务新能力

1. 建设易派客电商，打造专家化采购服务新能力

随着互联网技术普及和互联网思维兴起，中国石化积极探索物资采购业务转型，由“支撑内部管理运营”向“对内支撑卓越运营、对外推进开发互联”转变。2015 年成立易派客电子商务公司，建设“易派客”（工业品采购服务电商平台），为集团内部和社会用户的物资采购提供“专家采购”“行家招标”服务，创建 SC2B（SupplyChaintoBusiness）的“互联网＋供应链”电商服务新模式。

通过建设易派客电商，营造以中国石化为核心，社会采购商、供应商、物流商、第三方服务商、金融机构以及个人消费者共同参与的工业品电子商务生态圈。截至 2016 年 6 月，易派客平台注册供应商 2.7 万家、社会采购商 1700 家，为中国一重、二重、GE、ABB 等国内外企业提供第三方采购服务，易派客电商上线不到一年，累计成交金额 290 亿元，增长态势良好，已成为我国最大的工业品电子商务平台。

2. 搭建互联网营销平台，打造专业化、便捷化的销售服务新能力

一是油品销售企业以打造加油“生活驿站”为目标，以网上营业厅、手机 App 和微信为入口，构建具备“客户统一、支付统一、服务统一、营销灵活、销售灵活、业务快速响应”六大特点的互联网营销平台，在加油站拓展便利店、汽车服务、O2O、广告等新业务，利用微信社交平台，开展业务推广、客户服务、客户引流、品牌传播和资讯推送等各类服务，借力粉丝经济，丰富营销模式，构建“互联网＋营销”服务模式。到 2016 年 6 月，油品销售微信粉丝数量达到 3487 万，转化会员数量 1756 万。二是润滑油公司开展移动营销、物流竞价和 O2O 业务，实现客户关系管理从营销策划到客户交易、物流跟踪的全流程线上营销服务。三是化工销售公司建设“石化 e 贸”网（化工品电商平台），为客户提供交易、信息、结算、物流等一站式服务，拓展化工品直销渠道，通过开展竞价销售，实现价升量增。四是燃料油公司建起船加油移动应用 App，开展内贸 B2C 船加油业务。

（四）推进集团化物资采购、一体化生产营运、上下游供应链与物流协同，打造一体化协同优化能力

1. 物资供应实现“集中采购、统一储备”，提高市场议价能力和物资保供效能

“十一五”期间，中国石化在全集团推广应用物资采购电子商务系统，借助信息化推动中国石化物资供应管理机制变革，由企业“分散采购、分散储备”向集团“集中采购、统一储备”转变。

“十二五”期间，中国石化运用新一代互联网技术对物资采购电子商务系统进行系统升级，完善供应

商管理、采购招投标等功能，实现与ERP、合同管理等系统集成。基于信息系统规范物资供应管理流程，统一采购业务处理流程，实现从物资需求计划提报到招投标、询比价、采购、收货、发货的物资供应业务全流程闭环管理，关键采购业务环节与内部控制制度有机结合，实现对供应商准入、询比价、合同签订、付款等关键环节的有效管控，创立“归口管理、集中采购、统一储备、统一结算”的物资供应管理模式，集团化采购率由63.8%提升到82.5%，提升中国石化物资采购的市场议价能力和保供降本能力。

2. 生产指挥实现“上下集成、协同联动”，提高上下游产销衔接和异常处置能力

中国石化构建一体化的生产营运管理体系，涵盖油气生产、原油资源调运、炼油生产、化工产销、油品销售、安全环保、工程建设等七大类业务，提高总部的生产调度指挥能力和板块间产销衔接与资源优化能力，推动生产运营管理由分散式管理转变为集中、协同式管理，由粗放式生产管理向“用数据说话、用数据指挥、用数据决策”的数字化生产运行管理模式转变。

总部生产调度指挥中心通过信息平台，实时掌控上中下游企业生产营运动态，实现对全产业链生产营运动态跟踪、实时监控，及时协调和解决日常生产运行中存在的问题，提高板块间产销衔接和异常处置能力，建立“总部—企业—现场”三位一体的应急指挥体系，提高事故现场应急指挥水平；以“原料、产品、物流、运行”四个优化方向，组织开展全局性、区域性、板块、企业四个层级的优化工作，提高一体化运行管理水平，实现资源利用最优化和整体效益最大化，通过原油资源优化配置累计增效50亿元以上，开展天然气资源优化利用累计实现替代效益147亿元。企业生产管理部门通过信息平台，优化原油资源、挖掘装置生产潜力，提高生产加工方案、计划排产的科学性和准确性，实现降本增效、高效生产。

3. 产品销售实现“产销联动、物流高效”，提高市场反应能力和物流优化能力

一是成品油物流管理实现从炼化生产企业—油库储运—销售企业加油站的一次物流、二次物流优化管理，实现总部、企业、加油站和承运商之间的业务协同，合理使用油库资源，增强市场保供能力，每年物流优化节省运费6000万元。二是化工品物流管理实现库存信息“产、销”实时联动、物流信息“内、外”无缝连接，加强对人、车、物、路、库的全方位监管，降低物流运输成本，每年节约物流成本8000万元。三是润滑油产销管理实现从营销策划到客户交易、物流跟踪的全流程线上营销服务，实现市场需求向销售部门、产品研发部门同步信息传递，根据客户需求尝试开展个性化定制，带动产品研发、生产、销售一体化业务创新。

（五）构建集中共享的经营管理平台，打造集团化管控能力和经营决策分析能力

1. 推广ERP大集中系统，提升业务标准化、管理规范化水平

中国石化结合集团管理体制变革，对财务管理、资金管理、预算管理、投资管理、人力资源管理、采购管理、销售管理等业务流程进行全面优化，对原有ERP系统进行重新设计，制订集团统一的ERP系统模板，共梳理优化业务流程977个、业务场景1046个，根据集团五大主业分别建设5套ERP大集中系统，取代原来分散部署在企业的ERP系统，新建设的ERP系统流程标准化率达到91%，并与资金集中管理、电子商务、客户关系管理、合同管理、生产执行等系统紧密集成，形成集成共享的经营管理平台，提升集团化管控、精细化管理水平。

2. 建立财务共享服务中心，提升集中管控和共享服务能力

中国石化2013年启动财务共享服务建设，2016年6月完成山东、江苏区域内企业财务业务整合，初步形成适合中国石化实际的财务共享服务业务标准和管理体系，为企业提供会计核算、费用报销、资金结算、报表出具等10大类财务共享服务，在规范会计核算、强化制度执行、加强财务监督、促进管理提升和推动资源优化等方面取得较好的成效。

3. 加强数据集成共享，提升经营决策分析水平

中国石化十分重视数据分析在经营管理决策中的重要作用，建设数据仓库和辅助决策支持系统，集中企业生产经营各类业务数据，建立财务会计、物资管理、销售分销、设备管理等 10 大类分析主题，为总部和企业开展经营活动分析提供支撑。其中，总部财务部门强化企业所得税优惠项目管控，累计节税增效 25.99 亿元；物装部通过监控分析进行物资调剂，企业积压物资降低 67.2%；油田事业部加强预算管理、对标管理，提升油田预算管理和经营分析业务水平；油品销售事业部开展加油站效益分析、油品量化指标分析等，促进经营管理水平提升；化工事业部开展化工产品采购指数、市场价格预测等多项分析，增强化工产品盈利能力和市场开拓能力。

三、大型石化集团基于两化深度融合的新型能力建设效果

（一）推动了管理变革，实现了管理创新

推动了集团组织管理架构变革。在总部层面，总部机关由 28 部门压减为 22 个，强化了管理部门的战略规划中心、投资决策中心、资源配置中心、风险管控中心、协调服务中心“五大中心”职能，明确了事业部的利润中心和管理中心职责，对所辖业务板块的安全生产和经营管理绩效负责。在企业层面，油田企业由“分公司—采油厂—采油矿—采油队”四级管理变为“分公司—采油厂—管理区”三级管理。炼化企业由“分公司—生产分厂—车间”三级管理变为“分公司—运行部”两级管理。油品销售企业由“省—市—县”三级管理变为“省—市”两级管理。

推动了专业化重组。进行了销售专业化重组，剥离了油田、炼油、化工等生产企业的销售业务，重组成立了化工销售公司、炼油销售公司、燃料油销售公司、润滑油公司、催化剂公司等专业化公司，实现了中国石化品牌形象统一，产品质量标准统一，销售服务标准统一，构建了完善的中国石化营销网络，提高了市场竞争力。进行了工程专业化重组，对上游石油工程、中游炼化工程单位进行整合，成立了集工程设计、工程建设、项目管理与一体的石油工程、炼化工程两大专业公司，提升了工程设计能力和工程服务水平，实现了局部做优、整体做强。

促进了管理创新。建立财务共享服务中心，规范了会计核算，强化了制度执行，提升了集中管控和共享服务能力。创建了“统一运作、统筹调控”的集团资金集中管理新模式，提升了中国石化的资金全球化运作能力。建立了一体化的生产管理体系，实现了全集团生产经营的实时监控、集中调度、产销衔接、协同优化，提高了资源配置优化水平。

（二）提升了企业核心竞争能力，实现了提质增效升级

集团经营管理信息化、集成化水平显著提高。企业每月 1 号由 ERP 系统数据直接生成会计报表，集团会计报表汇总出具时间由 7 天缩短为 3 天。建立了“全球资金池”，实现了集团资金集中管理，资金集中度由 33%提高到 93%，融资成本由 5%下降到 2.91%，每年节约财务费用 20 亿元以上。实现了物资集中采购，提高了市场议价能力，采购资金节约率达 3.5 以上，每年节约资金 60 亿元。内部控制固化到信息系统，重点业务实现网上公开、网上巡视，审计管理实现在线审计、分析预警，筑起了内部控制、业务公开、审计管理三大防线，提升了经营风险防范能力。

油田企业生产效率和管理水平显著提升。新增探明石油地质储量、天然气可采储量分别增长 78%和 170%。通过建设智能油气田，油田企业建起了“远程监控、智能预警、自动调控、辅助决策”的油田生产管理新模式，工程设计周期缩短了 45%，地面建设周期缩短了 30%，劳动生产率提升 30%以上。胜利油田示范区躺井率下降 5%，中原油田管理区人均生产油气当量提升 1 倍以上，西北油田生产时效整体提高 1%。

炼化企业生产优化和安全环保水平显著提升。炼油一次加工能力 2.89 亿吨/年，居世界第一，炼油集中度和资源利用率大幅提高，平均规模从 730 万吨/年提高到 860 万吨/年，轻油收率从 75.7%升至

76.5%，综合商品率保持在94.7%。化工实现差异化发展，树脂专用料比例、化纤差别化率、橡胶高附加值产品比例分别达到59%、80%、16%，在全球化工50强中排名第二。

销售企业精准营销和客户服务能力显著提升。加油站总数达3万余座，平均单站加油量从3000吨增加到4000吨，持卡加油比例提高到近50%，加气量增长8倍，非油品营业额增长3.3倍。中国石化“长城润滑油”连续五年被评为中国润滑油行业第一品牌。中国石化在全球化工50强中升至第二名。建设了统一的电子商务和客户关系管理平台，建立了统一的客户服务中心，实现了各销售业务条线的客户信息资源共享，利用大数据技术分析客户消费习惯、挖掘潜在需求，开展精准营销、交叉营销，实现了跨界发展，加油站为客户提供了汽车养护、保险、餐饮、生活服务等多种服务，初步形成了“互联网+营销”服务模式，客户满意度大幅提升。

（三）提升了集团竞争实力，经济效益和社会效益显著

“十二五”期间，中国石化营业收入增幅86%，利润增幅34%，2015年中国石化营业收入超过了埃克森美孚、壳牌、BP公司，盈利水平（35.95亿美元）超过了壳牌公司（19.39亿美元）、BP公司（－64.82亿美元），实现了由“追赶”向“并跑”“领跑”的转变。

中国石化通过推进“两化”深度融合，践行绿色低碳发展理念，取得了显著的社会效益。“十二五”实现节能168万吨标煤，累计碳交易量389万吨，在生产经营规模不断扩大的情况下，万元产值综合能耗下降7.3%，工业取水量下降6.1%，化学需氧量、氨氮、二氧化硫、氮氧化物排放量分别下降12.6%、13.1%、35.8%、31%，公司在绿色低碳发展、建设美丽中国方面的积极努力，赢得了国内外广泛好评和认可，中国石化多次获得“最具社会责任感企业”、两次获得国际权威机构颁发的“全球品牌与声誉杰出成就奖”。

（成果创造人：李德芳、齐学忠、李剑峰、张朝俊、刘利君、陈锡坤、姜晓阳、宫向阳、贺宗江、王立东、沈青祁、王景涛）

民营企业集团基于“两化融合”的标准化管理体系建设

杭州娃哈哈集团有限公司

杭州娃哈哈集团有限公司（以下简称娃哈哈集团公司）创建于 1987 年，现已发展成为一家集产品研发、生产、销售为一体的大型食品饮料企业集团，产品涉及饮料、乳制品、罐头食品、婴幼儿配方食品、保健食品、酒、药品、智能装备等八大类，饮料又有包装饮用水、蛋白饮料以及碳酸、茶、果汁、咖啡、植物、风味、运动饮料等，其中包装饮用水、含乳饮料、八宝粥罐头多年来产销量一直位居全国前列。娃哈哈食品饮料智能工厂被国家工信部列入“2015 智能制造试点示范”项目名单。

一、民营企业集团基于“两化融合”的标准化管理体系建设背景

（一）打造国际领先的智能型制造企业目标的需要

当今国际以智能化、网络化、自动化为核心特征的智能制造的发展成为制造业发展的重大趋势，而众多中国企业在改革开放之后经过近 40 年的发展虽已有了长足的发展，但近几年来整体生产成本优势削弱，高污染、高能耗的问题凸显，中国制造业总体竞争力下降。立足于国家经济转型的实际需要，娃哈哈集团公司要成为饮料行业的“中国制造”典范，不仅要拥有最大的制造规模，更应有高水平的制造管理，打造成为“国际领先的智能型制造企业”，全面推行标准化管理体系建设是其重要举措之一。

（二）多元化集团企业加强集团管控、协同管理的需要

娃哈哈集团公司下属各制造型分公司分布在全国 29 个省市自治区，共建有 80 多个生产基地、约 180 多家子公司，已形成了全面覆盖的产销匹配网络，同时不断开拓智能制造、畜牧业、酒业和培训教育机构等“多元化”业务。娃哈哈集团公司实行的“集团化发展、多元化思路”战略模式，对企业日常管理和经营带来了巨大的挑战，近几年来，娃哈哈集团公司每年通过重塑管理组织体系架构、实施企业管理流程再造、标准化工作梳理等相关措施，逐步实现企业集团管控能力、企业协同管理能力的提升，全面推行标准化管理体系建设是其重要举措之一。

（三）集团公司“两化融合”体系认证笃实管理基础

娃哈哈公司 1997 年开始信息化建设之路，历经 20 年的探索和积累，在两化融合建设上已积累了丰富的经验和技术水平，通过互联网手段将集团总部与各子公司之间、将各职能业务部门的管理信息时时共享成为现实，利用“两化融合”管理体系认证为契机，促进企业工业化与信息化的融合，在“两化融合”的基础上，逐步实现标准化、规范化过程的升级，笃实全面推行企业标准化管理体系建设得管理基础。

从 2014 年起，娃哈哈集团公司开展基于“两化融合”的标准化管理体系建设。

二、民营企业集团基于“两化融合”的标准化管理体系建设内涵和主要做法

娃哈哈集团公司基于“两化融合”管理体系认证为契机，以“标准化”为基本理念、以“信息化”为技术保障，通过流程化组织管理贯彻，将集团公司操作层面、管理层面及决策层面等多个维度的管理干部和职员纳入到企业标准化管理体系中，基本形成“标准规范化、平台信息化、管理模块化、管控流程化、评审精细化”为核心的企业标准化管理体系。主要做法如下：

（一）战略导向，构建“标准化管理体系”总体框架

1. 明确“标准化管理体系建设”基本理念

遵循以“战略导向”为基本原则，在娃哈哈集团公司总体管理及运营战略目标的基础上，重视“标

准化”相关基础性工作，主要包括对管理标准、技术标准和作业标准，如各业务模块管理制度（财务管理、设备管理、质量管理、人力资源和生产管理等）、生产工艺、消耗指标、工作流程、岗位责任制和定编定岗等基础性数据与信息进行统一组建、优化、共享和整合，逐步建设并形成“标准化管理体系”。

2. 健全扁平式业务模块组织管理职能

为确保娃哈哈集团公司总体管理及运营战略目标的实现，设立独特的扁平式模块化管理组织架构，娃哈哈集团公司对各职能业务管理部门责、权、利等方面进行重新梳理和明确，一方面不断健全公司业务模块组织职能的优越性，另一方面也提高指令执行效率，确保娃哈哈集团公司“标准化管理体系”相关工作，包括各层次的工作标准、管理标准和技术标准等要求，可以高效实施于各业务管理部门、各片区管理中心及各业务子公司。

3. 逐步形成特色“标准”文化

娃哈哈公司发展的过程中，经过多年的管理沉淀，形成“标准化”文化价值理念，即“标准化的核心意义是降低沟通成本”。通过加强“标准”文化的宣贯，提倡全员参与，强化人才支撑，通过系列培训，包括管理专项培训、SOP 及 OPL 教学等，逐步形成娃哈哈公司特色的“标准”文化。

4. 构建公司标准化管理体系链总体框架

通过明确“标准化管理体系建设”理念，娃哈哈集团公司推行“标准化管理体系链”，基本上可以归纳为“一个中心，四个驱动，三项基本点”四个层面架构。“一个中心”主要是对各类标准，如管理标准、技术标准和作业标准进行制定；“四个驱动”，囊括娃哈哈集团公司长期发展以来推行的“现场稽核”“绩效考核”“流程化组织”及近几年制定并执行的“管理评审”为四大驱动，逐步形成“标准化管理体系”雏形；“三项基本点”主要体现在“执行”层面，即以娃哈哈集团公司独特“标准化”文化、“扁平式业务模块”职能化管理为基础，利用“信息化”平台及内部资源整合、重新配置，逐步构建起公司“标准化管理体系链”总体框架。

（二）服务优先，推行标准化管理体系建设主要途径

1. 全员参与，采取“辐射性”扩散的推行方式

在开始推行时制定“全员参与、层次管理”的工作方针，一方面提倡全员进行参与，娃哈哈集团公司层面各业务部门领导、中层干部及普通岗位员工，子公司层面总经理、基层管理干部、关键岗位及普通操作员工全部纳入“标准化管理体系建设”总体框架内；另一方面，对于娃哈哈集团公司管理决策层面制定的管理与经营方针目标，逐个层次进行分解，对各个层面的管理标准、技术标准和工作标准进行对应的渗透性的宣贯，并在各个层次以管理程序、制度、作业指导书、管理办法和记录表格等不同的形式落实开展。

2. 重点管控，“以点带面”催化标准化管理体系升级

在全面推行标准化管理体系建设过程中遵循“循序渐进、重点管控”为原则，以关键业务线管理部门，如企管办推行的“标准化车间”，企管办与财务部基于“承包责任制”的分公司年度精细化预算及管控管理，设备工程部推行的全员生产维护（TPM）及设备生命周期管理，质监部三全质量管理（TQM）等为主要突破口，加强集团公司对各子公司的管控。各个业务线从 2003 年到目前为止标准化管理体系推进历程主要如下：一是财务业务线，从最开始在各子公司执行的“基础财务管理”，到“车间成本核算”管理，再到现阶段正在实施的“精细化预算与过程管控”；二是综合业务线，从最开始执行的“基础现场管理”，经过“6S 现场管理”，到现阶段正在实施的“标准化车间建设”，最终达到“标准化工厂（SCP）”；三是质量业务线，从最开始执行的“全员管理”，经过“过程质量管理”，到现阶段正在实施的“三全质量管理（TQM）”，最终达到“质量链管理（QCM）”；四是设备业务线，从最开始执行的“基础设备管理”，到现阶段正在实施的“全员设备管理（TQM）及设备生命周期管理”，最终

达到“智慧工厂”。

（三）平台助力，“信息化”推进标准化管理体系建设

以“信息化平台”建设为技术保障，通过工业化与信息化的双向融合，将“企业标准化管理体系”各模块内容纳入信息化系统平台，通过SAP、MES、POM、HCM及BPM等信息系统搭建，实现对项目进度实时管理、流程节点管控、大数据整合分析以及标准化资源共享等管理目标。

1. 信息化与业务管理模块融合及应用

目前娃哈哈集团公司已将信息化与业务管理模块进行全面融合，主要业务涉及的产品研发、生产、物流、营销、采购、人力资源、财务及资金管理、质量、设备维护和计划管理等模块内容。各业务管理模块信息化平台通过ERP财务分析（即ERP、客户管理、供应商管理）和BPM流程管理系统，形成信息化业务管理网络。将各职能部门业务管理模块内容纳入信息化系统平台，主要特点如下：

一是业务部门与信息部共同参与，合作开发。娃哈哈集团公司每一项系统实施开发与上线，设立专业的信息系统开发小组，并遵循两项原则。业务部门与IT部门必须深度参与、实施，即在业务信息化方向规划制定、信息化内部程序逻辑、信息化后台核心主数据提取，以及业务的信息化应用等方面进行全程参与。以业务部门为主导，以IT部门为技术层支持的模式开展，同时业务部门负责人、业务流程中涉及的各岗位人员都应与信息部门人员进行有效沟通。

二是实现信息系统数据源标准化，资源共享。为确保公司信息系统数据源标准化，由娃哈哈集团公司数据中心与信息部负责，将集团公司层面、各子公司层面所有基础数据均维护在Hana大数据库内（基础数据管理系统）。通过对整个公司各个层面数据源的标准化整合，促使公司“标准化”与“信息化”的有机结合，确保各层面采用数据源的一致性，降低公司内部沟通成本；实现公司大数据处理分析，为娃哈哈集团公司战略分析提供基础资料。

三是实现基础管理工作标准化运作，精耕细作。娃哈哈集团公司每一项信息化系统平台都紧密结合业务管理模块各层级各岗位的具体管理工作，以MES系统为例，目前旨在实现生产全过程监控的“车间成本核算”，对生产管理模块中对分公司各生产线各机台设置相应的编码，在生产过程中根据订单进行生产派工单及任务单的分配和下达，系统自动匹配BOM配方，安排各班组进行领料，并系统化实现水电气消耗、物料消耗、人工工时消耗、机器工时消耗等基础数据的录入和分析，在任务单生产结束后形成最终的成品和废品数量清单，并根据产量和人工工时等，系统自动生成员工的工资和奖金等收入。实现“车间成本核算”全过程的信息化，并囊括相应生产线班组的操作一线岗位，真正体现出日常基础生产管理工作中的标准化运作。

2. 规范业务流程，实现跨部门业务管理标准化

一是成立专项流程管理改造小组。娃哈哈集团公司成立专项流程管理改造小组，以集团公司副总为组长，企管办主任为副组长，以项目组的形式落实开展，逐项对娃哈哈集团公司七大核心业务流程、其他业务线流程及子公司内部流程进行全面的梳理和规范。

二是打破管理壁垒，重组业务流程。通过新产品研发流程、人力资源管理流程、设备管理流程、质量管理流程、财务管理流程、产供销流程和基建管理流程等七大核心业务流程的改造，明确各业务部门、各岗位员工在流程管理中的节点，将员工的岗位责任制融入流程节点之中，实现业务线模块化独立管理与流程化协同管理的辩证统一，打破业务线管理部门之间的管理壁垒，实现业务流程绩效卓越。

三是实现跨部门业务管理标准化。利用BPM信息化系统、“流程化组织”管理理念，对跨部门的管理工作进行标准化规范和固化，信息化的流程是管理流程的再现，来源于业务流程，且优于业务流程，在实施过程中需不断的审核业务流程和信息化流程的一致性。

（四）强化绩效和人才驱动，提升标准化管理体系支撑

1. 推行全面绩效管理考核方案

为进一步推动“企业标准化管理体系”建设实施，娃哈哈集团公司建立以日常绩效考核、年度考核指标为主要架构，以经济指标、管理指标为主要模块，从结果管理考核作为主要手段，推行以确保集团公司、各业务部门与子公司各层级的管理经营目标实现为核心的全面组织绩效考核方案，主要特点如下：

一是突显管理成效。在日常绩效考核指标中，主要经济指标与管理指标的占比分别为15%、55%，避免以往因经济指标偏高，导致分公司最终绩效考核得分基本由经济指标得分决定的欠科学的基本面，通过对管理指标的重视，引导分公司注重日常的管理细节，从一定程度上开始重视管理过程，即通过对标准化管理体系的推进，提高分公司各项管理指标。

二是量化指标衡量。组织绩效考核方案主要包括质量管理、设备管理、财务管理、生产管理（含生产、供应、运输及安全）、人力资源管理、行政管理等6大主要业务管理模块，共涉及100项具体量化指标（其中设备管理模块就包含设备运行、能源计量管理、设备管理体系、设备维修管理、资产管理、备件管理和设备巡查8项大指标），根据重要程度等对各项指标设定相应的分值和权重，利用统计学等工具，得出相应的绩效管理考核总分值。

三是引导子公司管理重心。针对分公司绩效考核方案存在的考核范畴过广，考核指标过于全面，无法体现分公司某一阶段关键指标的绩效评价，娃哈哈集团公司在全面组织绩效考核方案的基础上，根据公司近期的经营和管理目标，提取相关的突出关键指标，每月度完成对分公司关键绩效指标的分析和总结，引导分公司管理重心，确保各子公司与集团公司达成协同管理，最终实现近期经营和管理目标。

四是凸显集团、片区双层监控绩效模式。分公司绩效考核方案中日常绩效考核指标中70%属于集团公司层面对各子公司的考核评定，30%取自片区管理中心的考核评定，形成集团、片区双层绩效考评模式，确保片区管理中心对各子公司资源协调、业务指导、检查稽核以及指令督促跟踪等管理职能的落实。

2. 重视人才内部培训、开发

娃哈哈集团公司人力资源部成立专项“培训中心”，牵头负责并组建集团公司、片区管理中心、子公司的三级培训管理网络，明确各层级的培训管理职责，重视对各层次管理及技术人员的培训，通过员工培训平台，促进员工个体成长、事业发展及组织能力提升。

一是建立丰富的课程资源库。以“内部开发为主、外部适当引进”的原则，制定实行内部课程评审制度，由集团公司、各片区管理中心、各子公司三个层级定期组织内部人员对日常管理工作中积累的优秀经验，进行总结、归纳与分析，经过审核评估后对相关确有成效的优秀经验进行表彰，将培训资料纳入各层级的培训课程资料库，员工对资料库的贡献值与员工资质认证、工资晋升及业务线骨干培养等挂钩。

二是组建优秀的内训师队伍建设。娃哈哈集团公司实施“金种子”兼职培训师培养项目，通过业务部门、子公司推荐，集团公司审核评定等程序选拔出专业能力强、具有一定授课能力的员工进入“金种子”预备讲师团，通过回杭集训、分片区巡讲等形式对其进行培训理念的灌输和培训技能的传授并进行资质考察认定，目前已经选拔培养集团级金种子培训师200余人，子公司级金种子培训师1000余人。

三是重视基层经验总结与培训。为充分挖掘一线员工优秀的经验、技能、知识，充分调动员工参与度与积极性，并能进行高效的沟通与共享，在业务部门基层、子公司基层开展单点教学活动（OPL），通过对基层员工经验的总结、培训，一方面实现对员工技能的固化，明确员工工作的要点，另一方面经验经过总结后，可实现进一步优化和改进，确保“个人经验”可以有效转化为“组织经验”，并形成最终的“标准化”。

（五）立体化巡查稽核、管理评审机制，保障标准化管理体系运行

为保证180余家子公司标准化管理体系实施符合公司要求，娃哈哈集团公司在执行立体化多层级巡查稽核管理机制的基础上，在2015年起逐步开始推行管理评审体系，将现场巡查稽核与管理评审进行有机结合，保障标准化管理体系运行。

1. 组建立体化多层级巡查稽核网络

集团公司层面：由娃哈哈集团公司牵头各管理业务部门，包括财务部、企管办、人力资源部、设备工程部、质量监督部等对子公司进行巡查稽核的组织、推进和完善工作，对各子公司的标准化管理工作进行督促跟踪，确保各子公司管理符合集团要求。

片区管理中心：依据地域分布划分东北、西北、华中、华南、华东5大片区，每个片区下设综合主管、设备主管、质量主管，负责本片区分公司财务管理、生产管理、人力资源管理、设备管理、质量管理等现场巡查稽核工作，确保各项标准化管理工作的推进、完善和改进以及跟踪考核，协调片区内各项管理资源的调配，人员培养等。

子公司层面：各子公司下设办公室、财务科、设备科、质检科、仓储物流科（仓库）等，负责组织落实分公司各项管理要求、标准化制度等，主要包括生产线设备运行、生产工艺执行、产供销协调、质控点的监控及日常行政管理工作等。

2. 重视过程管理，推行三级管理评审机制

为掌握分公司对各项管理制度的执行情况，了解公司各项标准化管理体系在分公司生产经营管理过程中运行的成效及存在的问题，通过对管理过程的重视，推进分公司管理水平的提高，提升企业经营绩效，制定并推行三级管理评审机制。

一是构建三级管理评审网络。形成集团公司一级管理评审、片区管理中心二级管理评审、分公司内部三级管理评审网络。集团公司一级管理评审由集团副总牵头，从各业务部门及片区管理中心等进行抽调人员，组成现场评审小组，根据公司要求对相应的分公司进行管理评审工作。现场评审小组成员根据管理评审标准对各分公司进行现场评审，并汇总得出相应分公司管理评审结果。

二是管理评审实施方法。分公司现场检查，含分公司外围、车间、仓库及辅助区域现场检查、抽查等；文件资料抽查，包括分公司管理制度、通报、指令跟踪台账、会议纪要、邮件、考核台账、存档文件和原始记录等；系统数据分析，包括MES、SAP、BPM、HCM、EHR等信息管理系统数据抽查；员工访谈评估，含操作演示、现场询问、座谈了解、员工访谈及考试评估等。

三是管理评审标准。目前娃哈哈集团公司推行的管理评审标准，以业务线管理为关键模块，涉及评审类型9大项，评审类别55项，评审内容180多条。

3. 基于绩效提高的稽核、评审反馈机制

根据各层级巡查稽核、管理评审结果，分公司对在巡查稽核、管理评审过程中提出的存在的问题进行逐条分析，一是分析问题发生的具体原因，确定整改责任人、整改期限，并予以及时整改；二是研究制定预防再发生措施，确保此类问题不再重复出现，并将稽核、评审反馈意见回复给巡查稽核、管理评审小组。

通过对稽核、评审流程启动，稽核、评审小组执行，得出稽核、评审报告，再由分公司进行反馈，形成整个巡查稽核、管理评审管理链。将“巡查稽核”与“管理评审”有机结合，保障标准化管理体系正常运行，切实提高分公司管理绩效。

三、民营企业集团基于“两化融合”的标准化管理体系建设效果

（一）行业龙头获得显著社会效益

娃哈哈集团公司利用信息化持续推进、业务模块化管理、绩效考核与管理评审结合、流程化组织改

造等措施，保障了全面推行标准化管理体系建设进程和运行效果，集团投资建立的各分公司直接吸收超过 3 万余人就业，间接带动原辅包装材料、水电、运输等相关行业 150 万人就业，极大地促进了各地经济的发展；同时，通过企业的不断发展，公司还有力带动农业、养殖业等供应单位共同进步，目前年采购各类农副产品达 50 万吨，价值约 50 亿元，通过与全国各农产品生产基地建立可靠、稳定的利益联结机制，在协同确保食品安全的大前提指引下，辅导蔗农、奶农、茶农、稻农、果农明确品种、质量、利益互相关联、密不可分的关系，直接和间接解决了 130 余万农村人口的就业问题，对推动农业结构调整、促进农业增效、农民增收做出了应尽的贡献，也为集团赢得了良好的社会效益。

（二）经济效益从量到质的卓越发展

娃哈哈集团公司从 2011 年至 2015 年一直保持着良好的营业收入和利润率，各项经济指标持续 18 年位居饮料行业前茅。营业收入从 2003 年的 102 亿，扩张到近几年 700 余亿的规模，增长了近 7 倍。

（三）集团管控能力和协同管理的提升

娃哈哈集团公司总部对各业务部门及下属各子公司企业实施的集权式的管理控制及资源的协同分配，遵循的“集团化发展、多元化思路”战略模式，在确保企业的运营和内部组织架构适应市场经营环境前提下，组建起以集团公司为主体，以资产、品牌、产品技术、标准化等为纽带，通过标准化管理体系建设的推行，信息化网络、检查稽核和管理评审工具的全面推行，提高了集团公司对各业务管理部门和子公司的管控能力。

（成果创造人：宗庆后、江金彪、叶　秀、徐　俭、阮晶晶、田　路、卫坤东）

制造企业基于“互联网+”的智能化质量管理

杭州朝阳橡胶有限公司

杭州朝阳橡胶有限公司自1998年4月成立以来，一直致力于全钢子午线轮胎的研发设计和生产制造，是国内最大的全钢子午线轮胎生产基地，生产能力和生产规模连续几年在全国单产榜排名第一，在全球单产榜排名第三。主要开发生产的全钢载重子午线轮胎在为国内各种载重汽车与大型豪华客车配套的同时，出口国外用于装配大型集装箱载重汽车与无内胎大型旅游客车。公司产品通过ISO9001质量体系认证和中国轮胎产品强制性认证，同时符合美国国家交通运输部（DOT）、欧洲经济委员会（ECE）及巴西INMETRO的质量标准。

一、制造企业基于“互联网+”的智能化质量管理背景

（一）贯彻国家轮胎产业政策、全面提高轮胎产品质量的需要

根据工信部2010年10月14日发布的《轮胎产业政策》，“十二五”期间要力促轮胎产业转方式、调结构，提高整个行业综合竞争力。《轮胎产业政策》明确规定到2015年，国内乘用车胎子午化率要达到100%，轻型载重车胎子午化率达到85%，载重车胎子午化率达到90%。2015年基本实现装配轮胎子午化和无内胎化。《轮胎产业政策》首次提出要建立轮胎召回制度，并鼓励轮胎生产企业大力推进信息化与工业化融合。轮胎召回制度的建立，将企业产品质量要求提升到一个新的高度，对企业制造过程的稳定性、可追溯性及产品制造过程中防错性等提出新的要求。另外，据交通事故的统计资料显示，近几年和轮胎安全相关的交通事故的数量呈上升趋势，引起交通安全专家的关注。2015年在我国发生重特大交通事故超过70万起，其中高速公路46%的交通事故是由于轮胎发生故障引起的，仅爆胎一项就占事故总量的70%。因此轮胎作为汽车的安全件之一，被列为国家强制性认证产品。轮胎在生产过程中的控制也显得尤为重要。

（二）传统质量管理手段难以满足轮胎企业发展要求

全钢子午线轮胎生产的快速发展，对轮胎本身的要求也越来越高，同样对生产制造过程的质量管理也提出了更高的要求。在制造生产过程中受装备、人员和检测条件等影响，传统的质量管理手段已无法满足新的要求，具体体现在：因连续生产速度较快，人无法跟上设备生产速度只能采用抽样检测的方式对制品进行检测；轮胎部件基本都是橡胶组成，橡胶作为弹性体，受外力时会产生不同程度的变形，而人作为测量主体，在测量过程中存在人为变差并无法消除；所有过程记录采用纸质形式保存，纸质报表占用空间大，容易纸张变质使字迹不清，若存储不当还会出现发霉现象，给现场检查、追溯查找带来很大的难度；人员流动大培训周期长；数据收集量小、采集时间长，无法准确有效的运用质量管理工具；制造过程中产品质量信息反馈不及时等质量管理问题。如何打破传统质量管理手段，确保制造过程稳定、测量数据准确及过程产品全样检测成为公司提升产品品质的重点解决项目。

（三）信息技术的发展为创新质量管理提供了技术条件

以云计算、物联网、下一代互联网为代表的新一轮信息技术革命，正在成为全球后金融危机时代社会和经济发展共同关注的重点。新一代信息技术创新不断催生出新技术、新产品和新应用的同时，也为与之配套发展的质量管理创新提供强有力的支撑和保障。质量管理创新与传统管理方式相比，从管理目标、管理范围和管理方法三方面都有质的突破。首先技术创新从源头上推动质量管理目标的革新和管理范围的拓展，未来质量管理的追求目标应当由“市场引导的被动生产”转向“引导市场的主动性生产”，

先进制造技术不再局限于将原材料变成成品的加工工艺，质量管理的范围也相应地延伸到包括产品设计和开发、原材料采购、加工制造、装配试用、包装贮存、销售试用甚至回收再用的全过程。其次信息技术创新使得质量管理方法蕴含更多科技成分。信息技术的应用使得制造业部门之间的横向联系加强，生产过程的工序更加合理，生产节拍更加协调、生产模式更加柔和，加工制造与质量管理相互交叉，相互融合为系统综合性技术。鉴于以上原因，杭州朝阳橡胶有限公司开展基于“互联网+”的智能化质量管理。

二、制造企业基于“互联网+”的智能化质量管理内涵和主要做法

杭州朝阳橡胶有限公司基于“互联网+”和大数据思维，确立开展“互联网+”智能化质量管理思路，研发具有自主知识产权的轮胎生产过程中各制品在线检测设备和智能化质量管理系统，开展生产全过程的在线化、智能化质量管理，组织一系列“智能化质量管理系统”培训，实现全面提高产品质量管理的目标。主要做法如下：

（一）确立开展“互联网+”智能化质量管理思路

1. 明确 QMS（质量管理体系）转型升级方向

通过“互联网+”技术的导入，明确生产过程 QMS 的转型升级方向为：依托“互联网+”平台，通过整体升级，构建全新的运行机制。努力将事后检验转为过程质量控制，将事后检查转为事前预防，实现主动化管理，建立“缺陷预防、减少变差、消除浪费、持续改进”的 QMS。

2. 依托“互联网+”平台，实现 QMS 整体升级

一是设备设施升级。采用自动化、智能化检测设备对现有的测量工具进行升级，进而取代人工测量，可有效消除人为因素的干扰，实现数据的精准性和一致性。设备升级过程中，由于轮胎制造现场各机台、各制品均存在特征差异，因此需要针对实际情况选择合适的检测设备，如采用点激光扫描仪取代游标卡尺和卷尺实现胎面断面扫描；采用高速视觉相机取代卷尺实现带束层错角和宽度的测量；采用激光传感器和涡电流传感器代替千分尺实现帘布厚度的检测。

二是过程能力及绩效指标升级。以往运用 CP、CPK 和各类控制图分析过程能力时因受传统质量管理手段的限制存在数据测量样本量少、测量精度低和一致性差等问题，导致过程能力难以真实反映。推广和使用在线检测设备和智能化质量管理系统，可以在大数据基础下，自动计算合格率、CP 值、CPK 值和绘制控制图，使得过程能力得到真实准确地体现。同时借此将技术人员和管理人员的绩效考评指标进行细化和升级，将过程能力评估作为绩效考核方向，促使相关人员在过程数据中寻找差异、立项改善攻关，从而提高过程管控质量。

三是过程控制调整。设备设施的升级不仅给产品检测带来便利，更改变现场的检验方式和处理流程。一方面，智能化质量管理系统的应用，需对原管控方法进行修改；另一方面，自动化程度的提高，也将影响岗位、职责和部门组织架构，如减少部分现场检验人员的工作，其相应的职能也随之变化。

四是测量体系调整。现场在线测量设备以智能化的形式替代卷尺、游标卡尺的功能，属于计量器具，纳入计量管理范围。为此在计量体系管理中增加在线检测设备的管理，制定在线检测设备分级管理、校验制度和维修流程。确保在线检测设备的有效运行。

五是员工培训模块完善。随着线检测设备和智能化质量管理系统的推广和应用，以往的检验、操作经验和培训技能已无法满足智能化质量管理的要求。为此在以往培训模块的基础上，重新进行梳理，新增智能化质量管理系统培训，包括一线员工的设备操作、数据查看、设备报修等；校验人员的专业校验技能和日常点检维护等；设备技术人员的工作原理、维修注意事项和问题查找点等。

3. 依托“互联网+”平台，构建运行机制

通过“互联网+”平台，使每一天对现场的大量的数据信息被搜集、整理、分析和利用成为可能。

在稳定生产过程和创新改进方面形成有效的运行机制。

（二）联合开发在线监测设备

1. 确立在线监测制品及测量项目

联合专业的设备厂商共同开发的在线检测设备主要是针对公司半成品工序的胎面复合线、四辊压延机、内衬层热复合生产线以及斜裁机生产的制品进行检测。在设计开发过程中，针对每类生产线制品的特点和工艺标准，采用不同形式的检测方法，分别实现胎面断面轮廓扫描、胎面测长定长、四辊帘布测厚、内衬层测宽、内衬层测厚以及带束层拼接错角和宽度的全检。

2. 在线检测设备选型

胎面扫描装置安装在胎面生产线定长裁断后，通过上下激光测距传感器对射扫描出胎面截面轮廓，并对关键控制点进行检测统计。四辊帘布测厚装置通过激光测距传感器和涡电流传感器检测，实现对胶片厚度、总厚检测装置以及平衡度的检测。内衬层通过 CCD 传感器实现内衬层总宽的检测。通过上下激光测距传感器对射扫描出气密层、过渡层和总厚的截面轮廓，并对关键控制点进行检测。带束层通过 CCD 相机实现对拼接后的带束层错角和宽度进行检测。

3. 建立保障制度体系

为了能更好地使用质量管控中心，确保检测设备正常有序的运行，公司内部质管部门、设备部门、计量室和设备属地管理部门共同承担检测设备的维护和保养工作。属地管理部门负责检测装置的点检、检测数据的核查等日常工作；计量室负责制定相应规章制度以及各单机台检测装置的定期校准工作；设备处负责检测设备的升级、软件更新等工作；质管处负责抽查各项工作。此外，各单机台检测设备运行情况均可反映在质量管控中心，设备出现故障或未使用，运行信号消失并且伴有报警提示，充分保证检测设备 100%的运行。

（三）建设涵盖生产全过程的质量管控系统

建设涵盖生产全过程的质量管控系统，该系统自下而上分为五层，分别为检测层、控制层、数据层、业务层和展示层。

1. 检测层

检测层是质量管理的基础。生产现场应用和推广先进的高性能传感器，如视觉检测传感器、激光测距传感器、涡电流传感器等，可大大提高检测灵活性和准确性。

2. 控制层

控制层包括工艺控制和检测控制两部分。工艺控制通过工业通讯将操作屏与生产设备进行对接，实现工艺配方的传输、生产参数的设置，同时通过局域网为在线检测提供评判标准。检测控制通过对在线检测数据的采集、传输和计算，实现不合格制品的报警喷码、停机等控制。

3. 数据层

数据层负责数据的管理，主要任务是获取数据、存储数据并将数据交付上一层。在数据层中可以实现数据增添、删除、修改、更新、保存、查找等功能。

所有在线检测的制品数据和生产机台参数数据，通过网络传输至公司专门服务器，按照年份月份机台分门别类的统一永久保存。能快速准确查找每一批每一筒物料生产时的检查数据，每一条胎面制品的检测数据及轮廓图形及生产时设备参数情况，实现对生产过程的质量跟踪。

根据现场和分厂需求情况，建立各类展示查询报表。建立各机台日、周和月的报表，根据实际需求，可任意选择查询时间、查询规格、查询班组、合格率区间、CPK 区间和 CP 值区间等条件选择。报表可满足 EXE、PDF、Word 等格式导出。可按规格合格率、CPK 值等升序降序排列。为公司和部门的相关人员提供绩效考核依据。

4. 业务层

业务层包含所有功能的算法和计算过程，并与数据层和展示层交互，可以按照用户的要求对数据进行处理、运算与显示，包括数据的存储、提取、计算、逻辑判断等。

5. 展示层

展示层用于提供交互式操作界面，实现人和计算机的信息交换。

一是智能化质量管理平台主画面显示。主画面显示与现场数据连接，每5分钟画面显示数据自动更新一次，确保数据的及时性。为了解公司整体情况、各分区域、各条压出线和各机台的时时数据，在电脑屏幕和电视机屏幕上直接显示。包括公司整体10天的数据变化、两个区域10天数据对比情况和当天所有检测设备机台的时时情况等。实现自动切换播放和手动点击播放。使管理者时刻了解现场质量波动情况，为进一步采取措施提供可靠依据。

二是现场单机台显示。根据各制品之间检测项目的差异性，建立单机台的时时显示。显示内容包括生产规格及标准、各检测项目日和月合格率、检测的时时数据、各班组合格率及差异、裁断错角、裁断宽度、制品厚度、制品轮廓形状、制品重量、制品长度和实际数据与标准数据的差异等。

三是控制中心机台显示。根据质量管理需求，建立各机台各项数据显示，其中包括当日机台检测总数和合格率情况，便于了解当日质量情况；当月累计各班组合格率完成情况，班组寻找班组与班组间的差异，从而采取措施；根据单机台最近一周和一个月的合格率变化趋势情况，了解每天机台合格率变化趋势，提前做好预防；同时显示机台各班组各制品各项目的合格率及CP/CPK情况，了解各班处于什么水平，过程能力是否达到要求。

四是手机移动端显示。目前手机的智能化给移动端数据对接奠定了基础，手机移动端与现场数据对接也容易实现。公司通过手机办公软件实现与现场质量管控数据对接，每5分钟刷新一次现场时时数据。实现单机台当日合格率、当日检测数量、月机台各班组情况、最近一周合格率变化、最近20天合格率变化等。

（四）开展生产全过程的在线化、智能化质量管理

1. 对产品制造过程质量进行管理

利用在线检测设备对生产过程产品质量进行管控，设立多重报警/预警模式，便于操作人员和管理人员及早发现问题并及时纠正。单机台在线检测数据采用红色和绿色来区分实际检测数据与标准值的差异，依据质量标准对各产品规格进行配方编辑，每一种制品每一个规格的每一个控制点均包含标准值和允许公差。检测过程中实际检测值与标准值进行实时比对，绿色表示当前制品参数在允许公差范围内，红色表示在公差范围外，同时现场操作人员通过观察指示灯颜色进行判别，对不合格制品进行处理，将损失降低到最小。

开展指标预警。以公司经营计划为核心，以分级管理为理念，对各项指标逐级分解。制订落实各车间各机台指标计划，设置各机台指标报警线，并与实际在线检测合格率对比，自动判定是否报警。当在线检测合格率偏低并达到报警线时，监控界面报警指示灯点亮，并给移动端相关人员发送报警信息，从而达到实时监控、快速响应、及时处理的目的。操作界面中不仅显示实时检测结果，而且还对各班组的工艺参数单项合格率和综合合格率以日和月的形式进行体现，增强各班组的竞争意识，充分调动员工的工作积极性。

自动化、智能化的管理体系在运行过程中减少检测错误的同时对相关人员也提出更高的业务要求，包括一线员工需要对设备操作、数据查看、故障报修等操作流程更加熟悉；校验人员需要提升专业校验技能和日常点检维护能力；设备技术人员更需进一步明确检测设备工作原理、维修注意事项。

2. 对产品的检测、标记和处理

在线检测设备运行的过程中，产品的检测与标记尤为重要。对产品进行有效的检测与标记，既能及时剔除不合格制品，避免不合格品流入下一工序，又能指导现场操作人员对设备进行调整，为后续制品的品质提升提供支持和保证。如何有效地对产品进行在线检测与标记，检测程序的开发以及检测设备的运行与维护尤为关键。在线检测程序开发的过程中，结合现场的工艺流程，按照工艺标准进行检测、标记和剔除。但由于不同制品检测设备不同，对于检测出不合格制品处理方法也不同。如胎面制品在线检测，实现尺寸参数不合格品打标分流，通过采集胎面线的标准化配方中的尺寸参数信息，结合工艺汇编里设定的制品尺寸公差，对超出公差之外的数据给出一个特定信号，并将该信号传送给喷码机，喷码机接收到信号后，在制品上喷出“不合格”字样，同时伴有红灯闪烁信息给出不合格信号。胎面自动拾取装置根据喷码机有无不合格信号实现胎面自动分流，避免不合格产品流入下一工序。而裁断区域则采用停机处理的方式，在检测到不合格制品时，生产设备会自动停止，现场指示灯会显示报警信号，红灯闪烁，员工对不合格制品进行剔除，重新拼接。处理合格后按复位方可继续生产作业。

3. 对不合格产品的处理

通过报警系统和停机系统，将合格制品与不合格制品进行标识区分。对于压出制品，在连续生产时启用自动打标、分流装置，对出现的不合格制品喷上“不合格”字样后，拉回炼胶，做返回胶处理，重新出片成的胶料，经各项数据检测合格后按规定比例再次投用。对于裁断制品，发现不合格制品设备自动停机，需将不合格部位割除重新拼接后方可再次启动，割除部分当场做报废处理。

4. 过程控制的优化提升、持续改进

改善活动是企业开展精益至关重要的组成部分，为此专门成立质量提升小组。为避免日常管理和改善活动分开，改善课题主要来自于智能化质量管理系统中的检测数据和质量分析工具的分析数据，通过寻找实际与标准的差异、数据的波动和分布发现问题，分析问题和解决问题。把新的流程和方法（包括工艺流程、工作流程、作业方法、工位器具、物料摆放、物流、布局等）标准化，文件化。

同时随着过程检验的不断优化改善，新生产线和新工艺的投用，以及管理的不断深入外部需求不断增加，需不断开发新的检测设备，不断提高企业智能化质量管理水平，如目前正在研发的钢丝圈直径在线测量设备及成型3D摄像技术，通过在线分析轮胎部件贴合准确性，成型部件分布均匀性，将每一条轮胎制作过程时时记录，时时报警，使整个过程更全面更智能，从而实现对轮胎制作过程的精准分析。

利用大数据发掘各机台各规格合格率与生产的相关性，在相关性分析中发现，同一种规格在不同类型的设备上生产，产品合格率相差1%—5%，鉴于此种情况，在不改变设备类型结构的条件下，仅通过指定机台生产某种特定产品的方式，由生产计划合理安排指定设备生产，提高单机台产能，提升产品质量。

（五）不断提高员工技能

开展一系列“智能化质量管理系统”的培训，主要分为以下几个层面及内容：

一是对设备操作生产人员，开展以下几项培训：智能化质量管理系统的简要介绍、生产设备操作屏设备参数及工艺判级标准的输入、制品实时检验数据的查看方法、历史检验数据的查看与统计分析、设备故障报修流程等。

二是对设备技术/校验人员，开展以下几项培训：智能化质量管理系统的架构、设备的工作原理、专业的校验技能、可能出现的设备故障及维修方法、查找故障原因的方法、维护保养的注意事项。

三是对设备保养人员，开展以下几项培训：智能化质量管理系统的架构、可能出现的设备故障及维修方法、查找故障原因的方法、维护保养的注意事项、日常点检的方法与执行。

四是对质量管理人员，开展以下几项培训：智能化质量管理系统的简要介绍、因质量问题生产设备自动停台的处理方法、数据统计分析功能的使用方法、如何应用大数据进行分析、区分偶发性与系统性质量故障。

三、制造企业基于“互联网+”的智能化质量管理效果

（一）运用“互联网+”，大大提升质量管理智能化水平

传统的质量管理中制品检测采用游标卡尺和卷尺进行人为测量，数据记录保存都采用纸质形式，连续生产采用抽样检验，不合格制品发现率低，报表统计慢规格精准度不够。通过智能化解决了传统解决不了的问题，提高了发现问题和解决问题能力，使现场问题反馈速度大幅度提升。同时智能化管理的运用，使得检验人员不用在生产现场就能了解现场质量时时情况，现场质量管理时效性也大幅度提高。

（二）提升产品质量水平，取得较好的经济效益

智能化质量管理运用，为 KPI 指标管理、产品技改立项提供数据分析支持，现场得到改善。现场工艺执行率提升 0.46%，降低废品 0.02%；市场退回率从 1.67%下降到 0.76%；轮胎重量合格率从 89.63%提升到 99.71%；共实现年经济效益 3767.11 万左右。

（三）客户满意度明显提高，市场竞争力不断增强

质量管控中心实施，是工业化与信息化两化深度融合，改变了以往的检查模式，制品从原来的抽检变为全检，大大减低了制品风险，杜绝了不合格制品流出。生产的轮胎在市场上得到了客户一致好评，产品质量和产品品牌得到提升，产量规模不增加。2016 年比 2015 年市场占有率提升 6%左右。

（成果创造人：蒋志强、高丽萍、郑　励、廖发根、卢　青、钱　熠、张春波）

基于自主创新的高速铁路智能化精调管理

上海铁路局

上海铁路局管辖范围跨苏、浙、皖、沪三省一市，现有职工 15.6 万人，运输站段 73 个。随着沪蓉、杭深、沪宁、沪杭、京沪等 12 条高速铁路相继通车运营，已逐步构成长三角高速铁路网。上海铁路局是全国高速铁路运营里程最长、旅客发送量最大的客运大局，截至 2015 年年底，管内高速铁路运营里程 3250 公里；2015 年管内高速铁路发送旅客 2.83 亿人，在全国 18 个铁路局中位居第一。

一、基于自主创新的高速铁路智能化精调管理背景

高速铁路轨道精调是高速铁路建设后期的重要环节，也是高速铁路提高运营平顺性的关键工序。高速铁路在建设过程中，由于施工误差、铺设偏差等因素的影响，其平顺性不能满足运营需求，必须通过轨道精调才能使高速铁路达到设计标准和验收要求。2013 年起，中国铁路总公司决定高速铁路精调工作由铁路局组织实施。

（一）保障高速铁路项目快速投入运营的需要

2013 年以来，中国高速铁路建设进入了又一个快速发展时期。上海铁路局管内先后建设了宁杭、杭甬、杭长、宁安、合福、郑徐等高速铁路，建设里程达 1400 公里，平均每年投入运营 350 公里。由于各个项目建设工期紧，又受制于开通运营节点要求，施工单位留给铁路局的精调时间一般只有 2—3 个月，且精调期间施工单位还要安排其他交叉施工，精调作业时间紧、任务重。

无砟轨道由于其整体性好，已成为高速铁路的主要轨道结构形式，我国开通运营的高速铁路 70% 采用无砟轨道结构。高速铁路无砟轨道精调就是通过精确调整两根钢轨在空间上的绝对和相对位置，实现轨道的高平顺性，主要包括轨道测量、方案制定、扣件调整等环节。原有的精调技术自国外引进，方法落后、管理粗放，尚未形成科学、完善的精调体系。鉴于以上不足，上海铁路局实施高速铁路智能化精调管理，提升高速铁路精调作业质量和效率，确保高速铁路快速投入运营。

（二）提升高速铁路列车运行平顺性的需要

2013 年，上海铁路局对前期开通运营的沪宁、沪杭和京沪高速铁路运营平顺性进行了对比，发现运营线路在列车荷载、外部环境等破坏作用和养护维修作业改善作用的共同作用下，线路质量状态在开通时质量基线附近一定范围内小幅度波动，即开通时的线路质量状态很大程度上决定了线路运营后的质量状态，因此，提升高速铁路开通初始的质量状态尤为重要。对于原有的高速铁路精调工作，上海铁路局发现主要有以下不足，一是对于两根钢轨的相对位置检查仍局限于人工手段，没有充分利用新产品、新技术。二是各类检测及应用数据没能集中管理，衔接不密合，有产生系统错误的风险。三是轨道精调方案的制定主要依靠人工配以辅助软件，劳动强度大且标准难以统一。上述因素导致高速铁路精调后线路平顺性的提升受到限制。通过以上分析，上海铁路局开始研究高速铁路智能化精调管理，进一步提高高速铁路线路平顺性满足旅客对高速铁路高舒适度的要求。

（三）实现高速铁路精调技术自主创新的需要

近年来，中国铁路技术创新取得了重大进步，在高速铁路建设、车辆制造、通信技术等领域达到了世界先进水平，但在运营维护阶段的自主创新能力及技术管理能力却相对薄弱。以高速铁路精调工作为例，开通前需要进行全线调整，开通后需要根据检测情况重点调整。但目前中国高速铁路应用的轨道测量设备主要来自于国外，缺乏自主知识产权。为此，上海铁路局依靠自身力量，发挥自身科技队伍作

用，寻找国内高校和制造商等合作伙伴，采用自主设计、自主制造，研发成套高速铁路精调科技管理体系，形成适应我国高速铁路建设和运营实际需要的智能化精调管理体系，为高速铁路走出去奠定基础。

二、基于自主创新的高速铁路智能化精调管理内涵和主要做法

上海铁路局以安全优质、集约高效、精益卓越、创新实干为基本理念，创新设计、精益制造，自主研发高速铁路智能化精调测量仪器；以集中数据管理为基础、大数据处理为手段，建立高速铁路智能化精调大数据处理中心，实现高速铁路精调数据智能化传输、高速铁路精调方案智能化定制和高速铁路全寿命精调数据管理；创建高速铁路智能化精调组织体系，优化精调作业流程，实施步步校准闭环管理；创建高速铁路智能化精调后评价及改进机制；打造高速铁路智能化精调专业人才队伍；实现高速铁路智能化精调管理自主创新，全面提升高速铁路建设与运营品质。主要做法如下：

（一）构建高速铁路智能化精调管理总体架构

1. 确立基本原则

上海铁路局本着安全优质、集约高效、精益卓越、创新实干的基本理念，构建高速铁路智能化精调管理体系。明确以下几项原则：一是系统管理的原则。高速铁路精调是一项系统工程，涉及到精调测量、方案设计、作业流程等各个环节，应利用系统管理的思想，补强短板、优化流程，并加强体系建设、机制控制，提升高速铁路精调质量。二是自主研发的原则。摒弃技术模仿思路，通过创新实现技术突破，开发具有我国自主知识产权的测量设备和精调方案自动化生成软件系统。三是大数据处理的原则。精调测量、方案设计、作业流程等环节均产生海量的数据，具有大数据特征，需要创新模式才能更好地处理精调数据。四是“互联网＋”的原则。充分发挥互联网在精调资源配置中的优化和集成作用，让互联网的创新成果深度融合于高速铁路建设和运营管理中，实现高速铁路智能化精调。

2. 构建体系架构

高速铁路智能化精调管理体系包括智能化精调测量仪器、大数据精调方案处理中心、智能化精组织体系、精调后评价及改进机制、智能化精调队伍建设五大部分，并从技术功能和时间节点两方面保证智能化精调管理体系的建设。

技术功能保障。一是在确保测量精度不低于进口同类设备的前提下提高测量速度。二是利用大数据集成分析、管理、应用，研制轨道线形平顺性分析软件，通过计算机自动生成满足各项技术指标的精调作业方案。三是建立智能化作业模式，进一步提高作业效率。

时间节点保障。一是精调测量仪器，首先于2013年6月完成仪器的开发与试用。二是精调方案软件系统，鉴于软件处理的独立性，可与仪器开发同步进行，于2013年6月完成。三是精调作业流程再造与优化，结合仪器研制与软件开发，于2013年年底前选择试验段进行试验，2014年正式投入使用。四是精调作业后评价及改进机制，在2014年高速铁路精调实践中形成初步的精调管理体系，并于2015年推广应用，逐步优化、完善智能化精调管理体系。

（二）自主研发高速铁路智能化精调测量仪器

2012年，上海铁路局组织局属工务处、科研所、上海经济开发公司等部门和单位，成立智能化轨道测量设备研发团队，自主研发一款智能轨道检测仪，命名为SIWEI（四维）智能轨道检查仪。SIWEI（四维）智能轨道检查仪是基于轨道控制网（CPⅢ）、轨道维护基准网（GRN）或任意工程控制网的三维坐标为基准，精密测量线路轨道内外几何状态，并采用严密的数据模型计算出轨道的全几何参数，输出平顺性评价报告及轨道精调方案，用以指导铺轨定位、轨道精调及轨道养护维修作业。系统组成包括多功能车、智能轨道检查仪、测控手簿、全站仪、现场数据采集与数据处理软件、数据分析处理软件等。

1. 创新测量设计

在测量效率方面，研发团队通过试制，将测量仪器的三个主要部分（全站仪、轨道检查小车和数据处理系统）中的轨道检查小车和数据处理系统进行优化，其中轨道检查小车采用动态跟踪模式，通过优化数据接收装置进行大密度数据采集（20 点/米），变“暂停测量”为“持续测量”，提高测量速度，可达 0.7 公里/小时，是国外同类仪器的 7 倍以上。

在测量精度方面，全站仪是测量的基础工具，目前高精度的全站仪均是国外进口，而在传统测量模式下，进口设备不可能实现测量精度及效率上的突破。为提高精度，研发团队创新设计智能化测量系统，SIWEI 智能轨道检查仪采用全站仪绝对坐标测量与惯导系统测量结合、动态与静态测量模式结合技术，大幅提升测量精度及作业效率；创新设计轨道内几何尺寸测量精度补偿参数自标定系统，每次作业前通过位移传感器测量组装间隙和采用专用标定杆测得轨距测量轮径变化，消除组装产生的间隙差、测量轮磨耗产生的系统差，保证测量数据的高重复性、一致性和准确性；创新设计高密度轨道线形数据扫描及处理系统，使轨道内几何数据采集达 30P/S，不同于其他测量设备的问答式数据采集，SIWEI 智能轨道检查仪各测量部件均采用主动式数据采集，小波降噪结合平差计算及独特的测段搭接技术进一步提高了测量精度和效率。

2. 实施精益制造

采用便携式设计，为减轻测量人员劳动强度，研发团队多次征求使用人员的建议和意见，最终选用进口预拉伸航空铝材料，不仅减轻机身重量，同时具有变形小、结构稳定的优点；通过试制优化，设计多功能全站仪车，作业时可方便携带所有箱包及作业工具，减轻作业人员劳动强度。在其他方面，在吸取国内外仪器优点基础上，开发团队指导路外厂商根据设计图纸，在仪器防水、防电磁干扰、避震、耐久性方面进行精细加工。2013 年 2 月，上海铁路局完成第一台产品试制，2013 年 3 月进行上线实践，经过多次优化完善后，于 2013 年 6 月开始进行批量生产。截至 2015 年，已生产 30 台，销售 28 台。

3. 建立操作标准

SIWEI 智能轨道检查仪由 4 人协同作业，1 人负责全站仪操作，1 人负责轨道检查小车操作，另外 2 人分别负责 CPⅢ棱镜插拔。作业前，完成全站仪的综合检校和测量小车的标定，根据测量任务在测量起点线路上架设好全站仪。作业中，首先利用全站仪测量轨道两侧的 CPⅢ棱镜坐标计算得到全站仪三维坐标。其次，轨道检查小车放置在钢轨上距全站仪约 70 米的位置面向全站仪以 3—4 公里/小时速度推行，轨道检查小车的实时三维坐标通过小车测点与全站仪之间的距离与角度换算得到，进而转换成所测线路中心及左右钢轨实时三维坐标。待轨道检查小车运行至全站仪约 10 米处暂停固定，之后移动全站仪远离轨道检查小车约 70 米，重复以上程序，完成规定区段的测量任务。作业后，按规定收齐测量设备，及时上传测量数据。

（三）建立高速铁路智能化精调大数据处理中心

1. 构建智能化精调数据处理中心

2014 年，上海铁路局建立高速铁路智能化精调大数据处理中心。通过数据处理中心把传输收集的数据及设计的数据转换成人工识别的数据，根据线路平顺性的指标要求设置好边界条件。采用最小二乘法进行精调方案设计，使两根钢轨在空间中的位置不仅满足绝对位置要求（即轨道实际线形与设计线形偏差），而且要满足相对位置要求（即两根钢轨间的相对位置偏差）。

2. 建立智能化精调数据传输流程

利用“互联网＋”，上海铁路局对测量数据和方案下载利用 3G/4G/WiFi 等方式进行无线传输。另外，为了提高传输数据的准确性，在服务器接收端加装文件完整性筛选软件，对测量误差超限的文件进行警示，实现对作业数据的有效性检核，并对测站的测量结果进行精度分析。检验合格的计算成果上传至系统服务器直接入库管理，同步上传保存的还有原始作业文件，对检验不合格的作业文件，程序提示详细的出错信息并拒绝接收。例如2014年，在杭长高速铁路精调测量中，由于一台全站仪状态不良，导致当天作业地段测量数据均出现60米左右的周期性波动，服务器通过无线传输接收数据后及时进行评定检核，做出重测提示，这样第一时间发现问题，避免后续无效作业。通过建立基础数据表，设立专人集中式统一维护和管理，保证基础数据的统一性，有效避免系统误差、实现搭接数据的准确性。

3. 定制智能化精调现场操作方案

上海铁路局在高速铁路精调中，首先选用任意一股钢轨作为基准股，将其实测数据与设计线形对比得到横向、垂向偏差，选用超大半径曲线利用最小二乘法进行拟合，得到基本符合调整量最小原则的初始方案。其次根据平顺性指标及扣配件调整量限差对初始方案进行优化，形成该股钢轨的调整方案。另一股钢轨的调整方案则通过内几何参数推算得出。

精调方案自动生成软件可提供每个承轨台的现场里程、设计贯通里程和测点单元号与承轨台号标识，以便现场精确查找；并提供左、右股承轨台的扣配件安装型号，用醒目颜色突出标识需要更换的扣配件。为作业后校核使用，方案还提供实测轨距、水平（超高）数据和设计超高数据。利用上述手段，实现全过程动态智能化管理。

4. 实现全寿命智能精调数据管理

高速铁路精调大数据一方面是为运营管理阶段提供准确的基础资料；另一方面从设备状态“记忆性”的角度出发，对外部环境重点地段、与设计线形偏差较大地段、扣件调整极限地点等信息的提前记录和管理为高速铁路线路全寿命周期管理提供了可能。

（四）优化高速铁路智能化精调组织管理模式

1. 调整智能化精调组织体系

为实现精调作业的有序开展、优质高效地完成精调任务，上海铁路局建立三级组织机构，第一级为现场精调指挥部，由业务处室工务处负责。第二级为外几何参数测量组、精调组和材料供应组，其中测量组由路局测量公司负责，精调组由工务段负责，材料供应组主要是提供现场精调所需要的精调扣件，由参与施工的施工单位组成。在各精调组下面设第三级机构，即技术班组、内几何参数测量班组和作业班组。

2. 优化智能化精调作业流程

上海铁路局于2014年4月组织5个工务段在杭长高速铁路（上海铁路局管段）进行流程试验，通过理念提出、现场试验、理念修改、现场再试验的过程，创造性地提出“先基准股后非基准股”“先整体后局部”的轨道精调流程，即先把基准股调整到位，再进行非基准股的调整；对于同一股钢轨先调整高低、轨向，再调整轨距、水平，实现精调作业的流程规范化。

3. 实施步步校核的闭环管理

为了避免反复调整、费时费力的调整方法，上海铁路局利用SIWEI智能轨道检查仪的相对测量系统，充分发挥其优于道尺、弦线的技术优势，建立步步校核的闭环管理。先利用SIWEI轨道检查仪绝对测量方案进行基准股调整后，再利用其相对测量方案对基准股进行修正，SIWEI智能轨道检查仪的相对检测数据既是对基准股作业质量的回检，同时也为制定非基准股作业方案提供依据。通过以上作业，最大限度地把基准股调到设计线形或模拟线形，然后利用基准股作为参照系进行非基准股的调整，而不是依靠绝对测量方案作为调整依据，最大限度地降低内几何尺寸误差。

（五）创建高速铁路智能化精调评价及改进机制

1. 建立轨道精调质量评价指标体系

轨道精调评价体系采用质量评价与经济评价相结合的形式。质量评价方面，传统上，对于轨道平顺性的主要评价指数是轨道质量指数（TQI），上海铁路局在沿用传统轨道质量指数的同时引入工程能力指数，不仅丰富了质量评价指标，而且可对轨道精调前后的轨道几何状态进行评价。经济评价方面，通过计算成本投入与线路质量改善量之间的关系，进行经济评价。

2. 开展基于工程能力指数评价的质量优化

上海铁路局在高速铁路精调中引入以六西格玛管理为指导思想的工程能力指数评价方法，该方法能够反映轨道精调过程中的不足并据此进行优化。引入工程能力指数后，将样本的均值、标准差、上规格极限、下规格极限以及计算统计量考虑在一个计算指标中，通过 Minitab 软件高效快速地计算精调作业前数据的工程能力指数，对于工程能力指数高的单项指标，参考后续经济性评价分析结果，在确保质量的前提下降低成本；对于工程能力指数低的单项指标，努力提高作业队的精调作业水平。

杭长（2014 年精调）、宁安（2015 年精调）、合福（2015 年精调）高速铁路的精调作业实践表明，使用工程能力指数评价轨道精调质量，能够发现现有评价标准难以发现的问题，找出影响轨道质量状态的薄弱环节，并在精调作业过程中给予关注和完善。因此，基于工程能力指数的质量分析，是对现有评价标准的有效补充。

3. 实施基于波士顿矩阵评价的成本改进

为完善轨道精调作业评价体系，引入相应经济评价指标。通过投入产出比评价精调作业效果，将精调作业每公里的人工费和材料费之和视为精调作业投入。其中，每公里人工费由工人工资、人工数量计算得到；每公里精调作业的材料费投入由每公里内各轨枕所需更换的扣配件数量及其单价计算得到。将精调作业后轨道质量指数改善量视为产出。利用每公里精调作业经济投入与精调后轨道质量指数改善量计算精调作业的投入产出比，投入产出比值越高，精调效果越差，投入产出比值越低，精调效果越高。

建立波士顿矩阵评价模型，将波士顿矩阵图分析法引入精调作业中，将模型中销售增长率和市场占有率替换为精调作业中的经济投入和 TQI 改善量，以单公里经济投入平均值及 TQI 改善量平均值为界可以划分为高投入高产出、高投入低产出、低投入低产出、低投入高产出四个区域。

对于低投入高产出区段较多的精调单位，给予奖励激励，同时做好总结推广，指导其他作业队提高精调作业水平；对于高投入低产出区段较多的精调作业队，进一步加强人员业务培训，重点监管其精调作业流程是否合乎规范，努力提高其精调作业水平。

（六）打造高速铁路智能化精调专业化人才队伍

1. 编制专业化培训教材

通过拍摄《高速铁路无砟轨道测量仪视频教学片》《高速铁路无砟轨道精调作业视频教学片》，编制《高速铁路无砟轨道精调作业指导书》，出版《高速铁路无砟轨道等级管理》（中国铁道出版社）等，建立一套完整的高速铁路智能化精调专业化培训教材体系。

2. 建立多层面培训体系

上海铁路局按精调骨干人员、精调一般技术人员和精调作业班组三个层面，建立精调培训体系。截至 2015 年年底，已培养精调骨干 58 名，培训精调人员 800 人以上，创建优秀精调作业班组 17 个，打造了一批高速铁路智能化精调专业化人才队伍。

3. 建立知识共享交流群

建立铁路局、建设单位、施工单位等共同参与的高速铁路轨道精调群，作为信息收集汇总、技术资料共享的交流平台。

三、基于自主创新的高速铁路智能化精调管理效果

（一）首创高速铁路智能化精调管理体系

上海铁路局高速铁路智能化精调管理在杭长高速铁路轨道精调中初步形成，并相继在合福、宁安、郑徐高速铁路轨道精调中得到进一步实践和完善，研究成果也在其他铁路局进行了应用推广，取得了良好的效果。期间，自主研发了 SIWEI 智能轨道检查仪及相应的大数据处理中心。经专家评审，高速铁路智能化精调管理为国内首创，达到国际先进水平。根据中国铁路总公司安排，上海铁路局高速铁路智能化精调管理工作经验已在全路工务工作会议上进行了介绍，并在全路范围内进行了推广。

（二）提升高速铁路列车运行平顺性

根据中国铁路总公司轨道质量指数（TQI）检测情况，上海铁路局管内各条无砟高速铁路开通时的轨道质量指数，在开展高速铁路智能化精调管理前，各线轨道质量指数均大于 2.5，其中沪宁、沪杭高铁的轨道质量指数大于 3.5。开展高速铁路智能化精调管理后，杭长、宁安、合福高铁的轨道质量指数均小于 2.0，线路平顺性提高了 30%以上，高速铁路无砟轨道运营品质和旅客满意度大幅提升。2015 年底中国铁路总公司对全路高速铁路无砟轨道检测结果显示，上海铁路局实施智能化精调管理后的合福、杭长高速铁路，线路质量优于其他路局，且处于全路领先地位。

（三）降低高速铁路建设及运营成本

高速铁路智能化精调管理在杭长、宁安、合福、郑徐高速铁路中的应用结果表明，约有 68%的区段投入相应的费用都能取得相应的线路平顺性改善，约有 19%的区段投入较少的费用即可取得显著的线路平顺性改善。相比于智能化精调管理前，精调作业成本同比降低了 20%以上。

根据上海铁路局统计数据，高速铁路智能化精调管理实施后大幅度减少了运营期的维修工作量。实施前无砟高速铁路每年的养护维修工作量占其运营长度的 9%左右，实施后无砟高速铁路每年的养护维修工作量占其运营长度的 1.4%左右，养护维修工作量降低了 80%。通过合理精调投入，精细控制轨道精调作业，减小了轨道精调作业的投入产出比，提高了轨道精调效益。经推算可得，杭长、宁安、合福三条高速铁路运营期每年可分别节省 259.2、333.6、297.6 万元的养修投入。

（成果创造人：郭竹学、张　杰、宋国亮、徐伟昌、许玉德、
谭社会、毛晓君、罗　庄、王　胜、沈坚锋、陆志华）

电子信息企业社区式智慧型数字电视产业园的建设与管理

北京牡丹电子集团有限责任公司

北京牡丹电子集团有限责任公司（以下简称牡丹集团），是我国著名的传统电视生产商，创造了家喻户晓的“中国之花”——牡丹品牌。中关村数字电视产业园是经中关村管委会批准，由牡丹集团于2006年成立的专业科技产业园。园区总部位于中关村国家自主创新示范区，总面积6.24公顷，并设有朝阳区电子城M8楼、顺义区空港乐金园两个分园。中关村数字电视产业园定位于聚集数字电视龙头企业，全面推进地面数字广播、卫星广播、移动多媒体广播、有线电视及IPTV等DTMB标准领域成果转化，全力打造中国数字电视战略性新兴产业策源地和北京数字科技型文化创意产业聚集区。截至2016年6月底，中关村数字电视产业园入驻企业162家，其中数字电视相关产业企业150家，7家创业板或主板上市企业；拥有两个国家级企业孵化基地，两个众创空间，获批北京市中小企业创业基地等。

一、电子信息企业社区式智慧型数字电视产业园的建设与管理背景

（一）服务首都发展大局，转变产业园建设与管理方式的需要

按照园区发展规划，“十二五”期间将完成产业园东区开发建设，启动牡丹园南区开发建设，产业园的物理空间和产业容量将大大扩大，产业集聚效应将大大增强。在园区开发建设万事俱备的情况下，2013年初，上级规划部门提出了在牡丹园建设首都二机场航站楼的设想。为了首都的发展大局，牡丹集团主动暂停了开发建设工作。2014年，该规划得到批准，牡丹园的建设规划必须重新进行，牡丹园的当期发展受到严重影响，未来发展受到极大制约。为此，必须转变产业园的建设和管理思路，通过智慧化方式拓展产业园发展空间、提高运营效率、增强综合竞争实力。

同时，从为产业园内人员和周边群众提供更好的公共服务出发，也必须通过智慧化的手段，将产业园内及周边不符合园区产业定位的商业、金融证券业等服务业企业进行改造升级，一方面要按照城市社区的思路进行统一管理，另一方面使之成为数字电视的相关产业平台，为牡丹集团、产业园内的科技企业和周边居民提供生产、工作、生活和社交的便捷服务。

（二）首都国家创新中心建设和国家智慧城市建设的需要

北京是全国科技智力资源最集中的城市，科技资源总量约占全国的1/3。其中，处于中关村国家自主创新示范区核心区的中关村科学城是全国科技资源最重要的集聚区、科技政策最密集的试点区、科技创新最强大的引领区。对此，处于中关村科学城中心位置的牡丹数字产业园和牡丹集团就必然要承担应尽的使命与责任。

2014年3月，国务院印发《国家新型城镇化规划（2014—2020）》，将智慧城市建设纳入规划中，明确要求推进智慧城市建设，统筹城市发展的物质资源、信息资源和智力资源利用，推进物联网、云计算、大数据等新一代技术创新应用。智慧园区是智慧城市的重要表现形态，其体系结构与发展模式是智慧城市在一个小区域范围内的缩影。随着“一路一带”的建设，智慧园区有可能突破地域，形成跨区域的“大型产业园区”，向功能更加多元的城市空间、城市之间拓展。我国建设智慧园区的步伐正在日益加快，国内一些城市纷纷从各自特色出发，制定出台相关战略举措，各有侧重地推进智慧园区建设。牡丹集团需要把握机遇及时推进智慧园区建设。

（三）实施创新驱动，促进牡丹集团二次创业的需要

作为园区建设和管理主体的牡丹集团，进入了“二次创业”的关键期，出现了需要尽快解决的三个

矛盾：一是瞬息万变的发展机会和落后的管理体制及运行机制之间的矛盾；二是先进的战略规划能力和相对薄弱的战略执行能力之间的矛盾；三是只争朝夕的发展需要和进取意识不足的精神状态之间的矛盾。为此，牡丹集团须进一步深化发展战略，探索新型发展道路，充分发挥存量资源优势，在创新引领下，实现土地、劳动、资本的优化组合，提升资源的增值效益。因此，就要以社区式智慧型数字电视产业园为平台，以园区建设管理为纽带，实施创新驱动，不断推进企业的业务转型、科技创新、市场拓展、管理升级，从而实现牡丹“二次创业”，完成“将牡丹品牌打造成中国工业之花和北京城市名片”的企业愿景和历史使命。

基于上述原因，牡丹集团从2014年开始推进社区式智慧型数字电视产业园的建设与管理。

二、电子信息企业社区式智慧型数字电视产业园的建设与管理内涵和主要做法

牡丹集团充分利用现有的资源禀赋，实施“移动互联＋云服务”的解决方案。以“云网端智”为实现途径，围绕数字电视全产业链开展平台建设，推进园区多生态系统，以云技术为支撑、以交互式集成服务为主体，在园区及周边3—5公里建成适宜生产、生活、工作、社交的泛社区。主要做法如下：

（一）科学决策，明确企业发展战略与产业园建设管理思路

2014年年初，牡丹集团运用系统、科学的战略分析方法和工具，明确提出牡丹集团“建设智慧园区打造数字牡丹”的战略方向，进一步明确“分散布局、统一管控、虚拟经营”的智慧型园区建设总方针，运用信息化和数字化手段实现园区的统一经营，在智慧化条件下实现现有园区经营模式和增长模式的战略转变，打造统一规划的实体空间、数字信息化管控、多元的投资格局，建立多角度的战略合作和联盟合作。在此基础上，牡丹集团设计智慧园区建设与管理的具体路径：以牡丹总体战略布局为基础，以“互联网＋”为技术手段，实施“移动互联＋云服务”的解决方案，以“云网端智”为实现途径，围绕数字电视全产业链开展平台建设，通过产学研合作和集成创新，将牡丹园打造成适应“互联网＋”经济形态的社区式智慧型园区。其中，“云”即基于数字环境云平台建设，着力打造牡丹私有云数据平台，云微平台和云控平台（开发平台），形成具有牡丹自主知识产权和独具牡丹特色的社区式智慧型“双创”园区综合解决方案；“网”即应用移动互联网技术，搭建具备数据、搜索、社交、服务、交易、展示、支付等功能的线上平台，实现政府、企业、个人之间的全方位互动；“端”即利用B－OTT模式，大力发展支持App功能的PAD、大屏幕电视、智能电视、可穿戴设备等全终端智能产品，形成线上线下、智慧型“双创”园区的入口和出口全终端资源；“智”即将牡丹集团打造成具有自主知识产权和独具牡丹特色的社区式智慧型“双创”园区解决方案的提供商和综合运营商，全面提升基础物业、科技孵化、科技创新质量，拓展科技产品的市场空间，增强投资运营和流量经济等增值服务收益规模。

（二）反复论证，出台园区建设管理规划方案

经过多次论证和上级单位批准，形成园区整体建设方案。一是打造云数据平台。具有自主知识产权的私有云数据平台，建成开放式的数据中心，为社区式智慧型园区的整体运营提供支撑。二是构建云微平台。具有自主知识产权的第三方微信运营平台，为社区式智慧园区提供保障。三是建立10个应用系统，包括多媒体电视台、智慧能源、公共服务、智能停车、一卡通、云办公、智能监控、DTMB教育应用、微信公众服务号和大数据舆情服务系统。四是实现6类功能服务，即交易、支付、咨询、政务、办公、社交。

牡丹集团社区式智慧型园区由四层结构构成，分别是云数据平台、运营平台、应用平台、功能平台，基于此确立解决方案：以云服务和微信运营平台为基础，打破传统的系统集成思维，采用微信平台进行二次开发，集成各类园区应用系统，为园区提供多媒体电视台、能效管理、园区公共服务、智慧停车、一卡通支付服务、云办公系统、智能监控系统、DTMB教育系统、大数据舆情服务系统等核心应用，实现交易、支付、资讯、政务、办公、社交6大类功能，并随着智慧园区业务需求的变化不断

扩充。

（三）围绕数字电视全产业链，建设管理孵化创业平台

1. 理顺管理架构

为探索完善具有科技孵化功能的产业园运营模式，牡丹集团通过对相关科技园区进行实地调研，结合自身资源禀赋和实践经验，将中关村数字电视产业园的运营模式确定为以技术转移型为主导的综合型模式。为此，将园区办公室和地产运营部改组成科技孵化中心，整合项目开发办、O2O事业部、科技孵化器公司、创新孵化器公司、方园物业公司、缸瓦市分公司、鼓楼分公司、蛇口牡丹公司，成立创业孵化中心。改组资讯传播中心，作为园区社区式管理的信息平台和活动载体。成立投资发展中心，进一步强化园区的企业投融资平台。转变人才引进、培养以及行政办公的理念和方式，为园区建设和管理提供必要的有效支撑。经过改组，理顺各业务板块之间的关系，实现集约化经营和一体化经营。

2. 完善服务平台

以所在专业产业园——中关村数字电视产业园为依托，背靠牡丹集团、数字电视（北京）国家工程实验室强大的技术力量和雄厚的行业资源，为入孵企业提供多层次的创新性科技解决方案、增值性商务解决方案以及基础性物业解决方案；按照“自营+合作”的模式，依托中关村数字电视产业园公共服务平台，完善基础服务平台、公共技术平台、孵化孵育平台、知识产权平台、智力支持平台、投融资服务平台等六大平台，为入孵企业的健康快速成长提供有力支撑。

3. 建设“众创空间”

牡丹科技孵化器公司以建设“牡丹创e空间”为契机，进行新的经营模式的探索，提升园区内部资源整合水平和园区品质，将孵化器运营模式逐渐转变为以众创为主，为孵化业务实现可持续的增长与发展探索新的路径。众创空间配备办公工位、光纤宽带、公共会议室、休闲室等基础设施，满足创业企业的基本办公需求。

4. 严格入园机制

根据科技孵化运营业务定位，提升入孵门槛，明确企业类型，严格遵守逐级审批机制，积极引入科技型企业及文化创意类企业，特别是与数字电视产业链相关的科技型企业。先后引进中关村虚拟现实产业协会、DTMB联盟秘书处、AVS联盟秘书处、中关村不动产商会、中关村社会组织联合会等单位，同中国企业联合会、中国工业经济联合会、中国电子商会、中国智慧城市产业联盟等单位建立合作关系，借助这些协会、学会的力量推荐、筛选、引进具有发展潜力的数字科技企业。

5. 积极与政府沟通

建立与政府相关主管部门、机构的沟通交流机制，积极申报各级政府的支持项目，向各部门展示牡丹孵化创业业务的发展成果，先后获得北京市高新技术产业专业孵化基地、国家级科技企业孵化器、北京市小企业创业基地、文化创意聚集区等资质，获批政府资金1600余万元。

（四）依托牡丹创新科技中心，建设云服务平台

牡丹集团以原有的科技创新部为基础，整合技术中心、大数据经营管理平台、视源公司、乐金飞利浦公司等集团科技创新资源，成立创新科技中心。以此为依托，进一步协调整合以数字电视国家工程实验室、十四个联合实验室、两个AVS和DTMB工程测试中心为核心的战略性科技资源，广泛开展产学研合作、产业链合作和国际化合作，为园区建设提供强有力的技术支撑。

1. 搭建云平台

通过与武汉大学计算机学院合作的大数据项目，牡丹集团开发、形成、掌握一系列云端、云微、云控技术。以此为基础，搭建起支撑整个园区智慧化运营管理的云平台。2015年6月，云微、云控平台开始上线试运行，2016年1月1日正式投入使用。

2. 开发基于云平台的应用系统

一卡通支付系统。为员工提供餐饮、休闲等生活消费信息，推动园区与社区生活服务设施的对接共享，将停车场管理、门禁管理、人行通道管理、保安巡更、访客管理以及社区会所、商圈消费支付等都归入系统进行统一管理，并与社区物业信息管理系统交互，由一张卡完成从园区日常管理到消费购物等所有涉及刷卡行为的功能。

智能停车系统。自动识别车牌号码，实现收费自动管理；与公安系统连接，确保车辆安全，发现报案车辆自动报警；车辆逆行告警，并联动出入口摄像机进行拍照记录；提供道路拥堵提示等。

智能监控系统。园区监控平台 TSP 实现视频监控、集中认证、用户权限管理、远程控制、集中存储、录像回放、报警联动、监控设备控制、电子地图、设备管理、电视墙输出、操作跟踪日志等功能。

智慧能源系统。实现园区能效系统互联，统一管理；统一网管，采集设备具备远程升级功能，维护方便；实现全覆盖、全采集，重点区域重点监控；实现数据分析、费用分摊等能耗精细化管理。

云办公系统。该系统包含七大功能模块，40 多个应用，如综合办公、知识管理、移动外勤管理、客户关系管理、社交化交流平台等。

公共服务系统。基于海量信息和智能处理，将移动互联网及物联网统一结合，以社区网、统一通信、数字安防、呼叫中心为基础，构建智能物业服务平台。

3. 开发园区视频会议系统

在数字电视领域持续研发，引进数字电视国家工程实验室，将 DTMB 和 AVS 两项国家标准引入到牡丹集团，研发出中短程视频广播传输解决设备和方案，实现远程会议、远程教学、校区视频广播等应用。基于此项技术，建立园区内视频会议系统，并努力扩展其应用范围，基本实现办公、办事、生活的全视频覆盖。

4. 深度合作开发

以数字电视技术中心为虚拟研发的核心承载平台，一体化整合内外科技资源，开展协同创新。例如，2015 年成立牡丹集团——九华互联联合实验室，共同在智慧型园区云平台领域进行研究，为牡丹智慧型园区的建设提供技术和产品。

（五）整合资源、创新形式，构建社区式产业生态系统

产业园位于北京城市繁华区，园内人员密集，周边居民众多，商业、服务业发达。牡丹集团按照互联网思维，采用移动互联技术整合资源，实现园区产业与周边产业的协调共生。

1. 建设社区式资讯传播平台

以新改组的资讯传播中心为平台，制定《园区宣传、广告管理办法》。通过对园区内原有广告的统一整理整顿，整合园区内广告宣传资源，利用牡丹在数字显示领域的技术和产品优势，在园区内推广、投放液晶屏等电子显示设备，为牡丹集团、园区内企业的产品、服务展示和宣传提供服务。

资讯传播中心注册认证“牡丹智慧型园区”“智慧牡丹园”“牡丹园社区”等与牡丹园社区相关的 3 个微信服务号，通过线上传播与推广，吸引大量人气，提高认知度。组织园区文化节等活动，促进园区企业间的良性互动。

2. 建设生活商务圈

发行牡丹园区卡、开通牡丹微商城 App，将园区内外的各种服务资源整合起来，以线上支付为关口打通园区运营的方方面面，基于移动互联网为园区从业人员和周边居民提供集约化的购物、银行、证券、餐饮等服务，方便园区内从业人员、周边居民的工作生活，提高各服务企业的经济效益。

3. 打造牡丹园区品牌

开办园区文化节、科技周等活动宣传推广牡丹园区，带领入驻企业组团参加各类种重大会议和活

动，为各企业提供更高、更大的宣传展示平台，努力打造牡丹园的品牌形象。2016 年 5 月，被国务院国资委、市委宣传部、国资委指定参加“国企开放日”活动，公开展示园区建设成果，受到市经信委、国资委领导和社会各界的高度肯定和广泛认同。

（六）以“互联网＋创新”思维优化管理和人才队伍

作为园区建设与管理的主体，牡丹集团大力提倡以互联网思维和创新精神推动企业的各项基础管理工作，引导、鼓励各职能管理部门和经营单位与时俱进、勇于变革，强调开放、分享、协作、专注，进一步改革完善全面预算管理体系、综合计划管理体系、内部核算管理体系、人力资源管理体系、绩效考评管理体系、薪酬激励体系、科研开发管理体系、核心价值观体系和风险防范与化解机制，更好地满足园区建设需要。

为适应社区式智慧型园区建设要求，加强一线业务人员队伍建设，提高综合素质。2014 年以来，拓宽学习渠道，为员工提供各类培训机会；积极争取机会，在政府层面了解孵化器管理及运营、特色孵化器建设经验；引入市场化管理机制，加强人员竞争氛围，采取末位淘汰制，激励员工迅速提高成长。与此同时，积极建设包括自有人才、合作人才和虚拟人才在内的开放式人才队伍，大力引进园区建设与管理急缺的高端创新人才、市场开拓人才、创意设计人才和产业领军人才，建立园区人才与集团人才共引、共用、共培的新型机制，解决由于体制问题造成的高层才人才薪酬低、机制僵化等弊端。进一步加强青年人才的培养和历练，设立“青年人才基金”，用于青年人才的培养。

三、电子信息企业社区式智慧型数字电视产业园的建设与管理效果

（一）初步建成社区式智慧型产业园区

经过一年多的建设，云微、云控平台已经正式上线运行；微信公众号、云视频办公、办公云商（电商功能）微信支付、牡丹一卡通支付、智能停车、智能监控、智慧能源等系统已投入运营，服务水平和质量进一步提升。

（二）园区经营业绩大幅增长，经济效益显著

通过成果的实施，增值服务业务迅速增加，高附加值业务比例明显扩大，经济效益有了显著提高。2016 年上半年园区实现营业收入 8024 万元，同比增长 18.6%；利润总额 1063 万元，同比增长 33.6%；增值服务收入 461 万元，同比增长 160%。

（三）园区建设经验得到初步推广应用

社区式智慧型园区解决方案已开始向京内外其他地区推广。中关村数字电视产业园电子城分园的智能化改造已基本完成，空港乐金数字园区已完成前期建设，中关村数字电视产业园烟台园、三亚园已开始前期建设，南京园、昆明园已签订合作协议并进入项目实质运作。

（成果创造人：王家彬、安　鹏、马宝龙、邹大新、刘　芸、靳家贵、
王　娟、白　旭、王　静、徐　倩、赵德智、张　燕）

钢铁企业智慧生态物流系统的构建与实施

鞍山钢铁集团公司

鞍山钢铁集团公司（以下简称鞍山钢铁）是中国大陆第二大钢铁国有企业，总部坐落在辽宁省鞍山市。1948年鞍山钢铁成立，60年来，为国家经济建设做出了巨大贡献，累计生产钢3.81亿吨、铁3.75亿吨、钢材2.77亿吨；上缴利税1245亿元。目前，钢铁主业已形成鞍山、鲅鱼圈、朝阳三大生产基地的发展格局，具有钢、铁、钢材2500万吨的综合生产能力，能够生产16大类钢材品种，120个产品细类，600个钢牌号，42000个规格的钢材产品，广泛应用于国民经济各领域。

一、钢铁企业智慧生态物流系统的构建与实施背景

（一）实现钢铁企业打破传统激发市场新活力的重要途径

近年来，国内钢铁行业产能过剩，市场需求量大幅下降，大部分钢铁行业纷纷亏损，仅有少数钢厂存在微利。面对这样的市场竞争格局，只有依靠创新来追求更低的成本、合理的价格、最优的服务才能使企业具有竞争力，因此更多的钢企管理者把目光转向产品全生命周期中的物流环节。在生产过程中从原燃料采购、运输到产品加工、分销直至最终送到顾客手中的一整套过程，原燃料、产品的仓储和运输费用成本的增加提高了产品价格，如果能通过智慧生态物流系统的构建与实施，加快供应链各环节的规划、重组、协调和控制，从而优化生产过程，建立信息快速传递，加快原燃料和产成品的流动，减少库存资金占用，增加市场营业份额，必将大大降低成本和风险，提高物流绩效，使企业产品在激烈的市场竞争中占据优势。钢铁产品在物流方面的效率直接影响钢铁产品的客户体验度和销售业绩，建立新型智慧生态物流系统成为实现鞍山钢铁打破传统激发市场新活力的重要途径。

（二）实现经济全球化、一体化背景下钢铁企业成功转型升级“走出去”的必经之路

鞍山钢铁作为世界500强的企业，物流管理才刚刚起步，与国外发达国家相比，对于物流的系统管控上还存在整体规划不够完善、各环节配合不协调、配套设施不完善等弊端，这些弊端的存在使得物流整体供应链成本增加，导致国际化经营差距明显。因此，必须加快鞍山钢铁物流信息化、智能化、系统化的构建，更好的应对国际化发展需求。

（三）适应经济发展新常态下钢铁企业防范风险、实现绿色发展的必然选择

20世纪，由于各类企业采用“大量生产—大量消耗—大量废弃”的经营模式，造成环境和资源的破坏，其中，物流活动所带来的环境污染越来越引起人们的关注。钢铁产品在采购、生产、销售、仓储、售后服务等物流环节中，通过设计、生产、包装、运输、仓储、装卸搬运、流通加工等不同形式，将产生大量的尾气、噪声、粉尘、固废等诸多污染。进入21世纪，绿色物流已经成为可持续发展的重要环节，它与绿色制造、绿色消费共同构成了一个节约资源、保护环境的绿色经济循环系统。把绿色物流贯穿于企业整个生产流程，降低物流全过程的生态影响，使物流的各环节井然有序，与建设低碳社会、和谐社会的思想相融合，也是鞍山钢铁实现绿色生态发展的必经之路。

二、钢铁企业智慧生态物流系统的构建与实施内涵和主要做法

鞍山钢铁提出从企业的供应链各环节上规划物流流程，将大数据、物联网等智能化信息技术与传统物流深度融合，将物流服务专业化、个性化、多样化解决方案与钢铁企业现代化生产深度融合，将绿色、高效物流发展模式与生态文明建设和节能减排新要求深度融合，做到采购物流、生产物流、销售物流全流程智能化、生态化，使企业在物流环节的成本更低、价格更优、服务更强、风险更小，实现从生

产型制造向服务型制造的重要转型升级。主要做法如下：

（一）应用物联网技术协同供应链

鞍山钢铁自主集成与开发物流管控信息系统，该系统由储运系统、生产调度系统、港口物流信息系统、铁运 ERP 系统、公路运输系统等信息系统组成。

一是物料全程跟踪创新——PDA 数据采集。首先，是物料标识的创新，使用二维条码建立起物料的唯一标识，然后利用 PDA 实现数据集中采集，再运用运营商的 3GAPN 专网，将鞍山钢铁在国内区域仓库所需信息存储至鞍山本部核心机房内，便于信息统一管理和维护，即节省成本，又利于系统扩展。

二是仓储管理创新——电子理货优势。电子理货仓储库存信息实时上传，物料出库时系统自动向 PDA 服务器发送出库指令，操作人员可以通过 PDA 查询需要装船出库的物料信息及货位堆放情况找到物料，然后通过扫描实物的条码，系统自动与出库单比对正确后出库，否则提示“物料选择错误”，这样可以有效地防止装错料的发生。

三是海运计划创新——自动配船选货。运用先进的理货装置，使多港口物流信息实时与本部交互，及时传送。一键式自动配船，将以前 30 分钟/船的配船时间缩短为 2 秒钟，减少差错率，大幅度提高了作业准确性。交易状态自动开限，与财务系统挂接，确保物流方案按照客户订货时间、开限时间优化完成。

四是流程再造创新——车船直取模式。电子理货、自动配船实现钢铁产品生产厂与运输作业单位、港口装船相关单位的无缝链接，实现货物到港不落地，车船直取，从而提高港口周转率、提高运输效率、缩短物流时间，减少不必要的物流作业。

五是供应链管理创新——管理精细化、规范化。一车物料供应两位以上客户的话，如果其中有一家客户货款没有补齐那另外一家客户的物料仍旧能按期配船发货；异议的追踪查询顺畅；保险费可精确到每笔订单，保险费用比原来按每船最高货值投保要降低很多，出现需要保险理赔时，每个物料的实际货值从系统中就能查询出来。

六是铁路货运管理创新——货运实时统计设计与应用。在该项目中传统的“纸质货票”被“网络货票”所取代，系统以网络货票信息为中心，以号码制管理为依托，以各车站和作业场所为基础信息源点，统一编排现有车辆和机车，实时收集处理车流及货物信息，实现鞍山钢铁车流和货流信息资源互访和共享，更加有计划、有预见的组织车流，组织货物的装卸作业。

七是汽运货源统一管理。鞍山钢铁几千条货源信息，分布于汽运公司各个运输分公司，进行统一管理后，车辆固定运输路线，行驶里程自动填充，周转量、全行程、空驾里程、重驶里程计算准确无误。

（二）导入物流个性化方案

一是开展区域物流大通道建设、实施战略性物流枢纽节点的布局调整，实现物流园区等基础设施互联互通，开展多式联运物流配送。钢材物流通道增至 68 条航线，满足不同客户的需求；对自有港口进行扩容以提高服务效率和质量；在全国增设 62 个物流节点仓库。二是针对客户新需求，引入供应商管理库存理念，积极开展对船厂的分段配送业务，大大降低船厂的库存，并实现按照船厂生产资源计划的需求配送至作业车间。三是通过“集装箱运输”“散货运输”相结合提供“门到门”“港到门”“港到港”等多种菜单式服务，创新“单线标”“组合标”“航次标”“航线标”等多种服务手段。四是实施现货销售城市配送方案，在重点品种的节点城市开展现货仓储与配送业务，业务辐射面达周边城市。五是针对重点客户开展的全程物流方案策划，满足客户需求。

（三）明确生态物流系统遵循运行原则和定位

鞍山钢铁遵循经济增长、社会进步、环境保护三者协调与和谐发展的理念，全面贯彻“3R＋G”

（减量化、再循环、再利用、绿色能源）原则，按照能源清洁化、生产低碳化、环境生态化、服务绿色化的定位，全面打造实践循环经济的样板物流运作模式。

1. 能源清洁化

鞍山钢铁充分利用沿海建厂区位优势，在沿海厂区开发利用可再生自然资源，大力开发利用风能、太阳能和海水资源。在利用风能方面，风力发电装机容量 1.57 万 kwh，2015 年发电量 1059 万 kwh，发电量占自发电量 0.54%，发电用于厂区办公楼、综合楼及路灯照明；同时根据厂区地貌，建设三期陆上 1250kW 风电机组，开展海上风场建设研究，全面推进风能高品质、大规模利用。在利用太阳能方面，建设 6 台光伏热水装置，用于提供厂区员工洗浴用水、噪声监测等环保检测装置得良好效果，年节约标煤 5800 吨；同时，二期将建设 100KW 光伏，扩大光伏应用领域，尝试用于支撑库房吊车运行，提高光伏利用品质。在海水淡化方面，一期建设日产淡水 120 吨海水淡化装置，年产 5 万吨淡水，用于厂区生活用水；同时，研究论证技术性先进、经济成本性，二期、三期将建设日产淡水 1.2 万吨、4 万吨海水淡化装置，将为一期、二期鲅鱼圈钢铁项目分别提供生产用水，并满足二期 50%生产用水，为生产安全提供备用水源。

2. 生产低碳化

鞍山钢铁充分发挥沿海建厂区位优势、工艺流程紧凑优势、先进技术装备优势、管理信息化优势，实现资源、能源高效利用。充分发挥沿海国际化采购优势，进口低硫的铁精矿、粉矿与低灰分、低硫炼焦洗精煤，实施原料海运低碳输入。充分发挥该公司临海建厂优势，构建绿色物流，实现物流低碳。充分发挥一线式工艺布局的优势，上下工序紧密衔接，高炉铁水运输及时，入炉温度达 1380℃，厚板、热轧坯料直装热输送分别达 21%、17%，实现生产工艺低碳。建立梯级供水、串级利用、污水深度处理体系；构筑水资源综合利用体系，实现零排放；实现生产过程低碳化。在全国率先采用液态钢渣热焖工艺技术，建设钢渣磁选线，实现钢渣铁素资源全部再利用；同时，回收利用除尘灰、尘泥等次生资源，用于烧结、炼铁，实现资源深度利用低碳化。建立能源信息管理中心与生产管控，通过数字化信息，实时在线系统优化能流与物流资源，系统节能 1.5%，实现管理低碳化。

3. 环境生态化

鞍山钢铁充分发挥生活污水与生产污水小时处理 1200 吨的效能，采用污水膜法除盐等技术，COD 指标为 20mg/L。水渣、钢渣等固体废弃物，分别采用新英巴法水渣工艺、闷热磁选工艺处理，用作水泥等原料，实现再资源化，固体废弃物回收利用达 99.8%以上。在线配套建设 120 台布袋式、电除尘、塑烧板、除尘器，采用焦化真空碳酸钾脱硫技术等，与华能电厂合作利用焦炉煤气，实现二氧化硫减排 110.5 吨/年；噪声治理采用消声器、减振措施、厂房隔声与设防护林带等措施。

4. 服务绿色化

鞍山钢铁加快生态物流技术的应用与创新实现物流服务绿色化。一是强化环保型物流设备设施的应用。二是大力推进清洁燃料、新能源的利用。目前已在鞍山至营口港钢材集港业务、弓矿球团回运业务中实施 LNG 汽车运输，在实现节能减排、安全清洁的同时大幅度降低运营成本，具有显著的经济效益和社会效益。三是加强物流作业系统技术创新，例如在板坯库选择使用智能垛板台、智能卸板台等设备优化装卸问题。四是通过优化运输路线以减少运输里程，多采用水运等低排放运输方式直接减少物流运营不佳造成的碳排放量。五是甩挂运输技术的应用，该项目减少配送车返程的空载率，并最大限度地节约等候装卸的时间，把汽车运输列车化，可以相应提高车辆每运次的载重量，从而提高运输生产效率。六是循环框架车的应用，运输中运输装卸的等待时间是消耗运输费用的重要因素，鞍山钢铁大力应用车载可卸货架，提高运输效率，对物流成本的降低有很好的效果。七是在沈阳铁路局局管内应用钢支架固定钢材技术替代草支垫技术，减少草制品消耗同时降低物流成本。

（四）应用先进生态物流技术构建新型工业化绿色工厂

1. 应用海运工艺技术

采用当今世界先进技术与装备，实现船载海运大宗原燃料直接用皮带运输进入钢厂大型综合原料储备场，此系统是国内首家建成投产并一次试车成功的海运受料系统。鞍山钢铁在海运受料工艺技术上的研究填补了国内空白。鞍山钢铁运用现代物流学、系统工程学、生态物流、网络理论等相关学科的理论，从生产技术、节能技术、环保技术三方面入手，给出相应的具体应用体系与模型结构，无论是对于沿海钢厂研究海运受料技术理论研究人员还是对方案开发者而言，都具有普遍的实践指导意义。

2. 板坯库仓储工艺技术

为实现高效仓储的目的，鞍山钢铁设立一个独立的板坯库 MES 系统，该系统与连铸一级、吊车定位系统、化检验系统、炼钢连铸 MES 系统、厚板 MES 系统、热轧 MES 系统以及 ERP 系统都设有数据接口，实现在多极计算机生产控制系统及信息网络化下对板坯物流进行动态跟踪。板坯库建立物流垂直管理结构和一体化（信息交互处理平台）运作模式，合理布置物流设施。板坯库还采用吊车定位系统等先进的物流技术和设备设施，实现行车的位置检测、无线数据传送和完整的库管理，以保证仓储管理的高效率、高效益。

3. 应用大型综合原料场的仓储工艺技术

自主研发的特大型综合原料设施的过程计算机控制系统，无论是系统配置、硬件选择、软件编译均具有国际一流的水平，可确保原料场的运行、管理、控制要求。具有以下特点：一次料场的鳞状堆料模式、全自动的混匀配料；设有防止堆、取料机碰撞和保证自动控制磷状堆料的位置及堆料量的自动防碰撞装置；整个原料设施全部采用自主研发的自动广播系统；平铺、截取的混匀工艺，充分保证含铁原料的混匀效果与精度，保证烧结原料的稳定；采用有限元分析的方法设计大型、大功率胶带机滚筒、头尾架；电动干油集中润滑装置实现胶带机设备在线润滑技术，采用防堵塞、防磨损、防冲击、对中可调式漏斗，有效解决大运量胶带机运转过程易使后续流程胶带机跑偏、撒料、易磨损等缺点；运煤胶带机的漏斗内设环纳复合耐磨衬板，新型阻燃耐磨材料，摩擦系数低，具有极高的耐磨性能，抗冲击性高，耐化学腐蚀，阻燃性好，明火点不着。

原料场采用先进清洁生产技术和高效环保治理措施，实现各种污染物零排放；充分发挥沿海高效物流优势，减少资源、能源消耗，实现低成本、高效率；最大限度利用再生资源，实现高效率、低成本和绿色环保的原料系统。

4. 应用智能装卸技术

智能装卸工艺与技术包括板坯库智能垛板台、智能卸板台的应用与管理；原料场铁路翻车与配车调配系统的开发与应用。鞍山钢铁通过对配车翻车现场工作环境的观察以及作业流程的了解，研制一种安全信号连锁系统，采用有线数字通信技术，进行操作权限的可靠交接，这样配车方和翻车方通过操作此设备就可完成相当于以前的“工作牌”的交接，同时具备操作记录功能。电子工作牌取代实物工作牌，不仅可以提高翻卸车效率，降低铁路运输成本，而且还可以提升现场作业的安全性，有利于现场管理。

5. 固体废弃物回收物流工艺与技术

鞍山钢铁建立由回收控制执行、运输网络构建、检测/分类系统管理、报废系统生成四大块组成的固体废弃物会输物流管理系统。鞍山钢铁针对回收物流的特点及内在复杂性，构建内部配送部门、供方和第三方物流分类专向负责的回收物流运输网络；以质量为标准制定严格的检测/分类系统规定；形成完善的再销/报废系统。技术开发方面，实施新型环保燃料替代现运送铁水机车使用柴油的开发和利用，防粉尘污染对粉粒罐车的改造与应用，合金库粉尘回收系统的构建与实施，原料场固废回收系统。

（五）开展供应链风险的识别、评估和控制

1. 识别供应链风险

通过分析物流风险的成因与征兆（物流成本失控、物流运作效率明显低下、客户服务水平明显下降、物流管理制度混乱）构建风险预警机制。一是需求因素，来自于企业物流系统的下游风险，包括依赖于少数大客户，重要需求交货期的改变，客户财务状况恶化等；二是供应因素，来自于企业物流系统的上游风险，包括依赖于少数供应商，供应商交货期长，计划安排和供应订货完成恶劣等；三是环境因素，来自于企业物流系统的之外的不可控因素，包括自然灾害、产业政策调整等；四是运作过程因素，指物流系统运作过程引发的物流配送的延迟，甚至导致供应物流中断的不稳定因素，包括产量低于预期，质量出现问题等；五是制度控制因素，指控制物流系统运作的一系列规章制度，包括安全库存制度、资产和运输管理政策、财税和财务制度、监督制度等；六是预防计划措施失败因素，缺乏对不可控因素的地域措施和预警计划本身也是一种风险。

2. 对存在问题的分析和解决措施

一是构建基于供应链管理的企业物流风险预警机制。供应链中所有成员参与物流风险预警机制及对供应链物流全过程实施风险预警管理。它的构成为四个部分：预警组织机制、信息收集和传递机制、分析机制、风险处理机制。二是落实基于供应链管理的企业物流风险管理内容。三是设定基于供应链管理的企业物流风险管理流程。遵循严谨的风险管理方法论，以风险评估作为工作主线，辅以风险管理现状调查等，通过过程推导、总结和出具相应的项目成果报告。四是安排基于供应链管理的企业物流风险管理规划进程。依据鞍山钢铁风险管理体系建设规划做好基于供应链管理的企业物流风险管理的规划进程。五是加强内部控制，避免人为因素降低物流效率。针对内部制度控制因素引发的问题，一方面以推进惩防体系建设为抓手，加强各部门对物流单位贯彻规章制度的监督检查；另一方面以推进廉洁文化建设为导向，加强物流管理系统的领导、管理岗位人员廉洁从业教育。六是完善管理手段，降低供应链故障带来的损失。在鞍山钢铁内部针对 6 种供应链风险对物流影响的广度和深度，考虑风险预期发生的概率，完善管理手段。采用两种方法来处理不良事件的发生：第一是预防，找出供应链中可能发生的例外，估计其发生概率，通过连锁和量化其影响，制定立即和相应推迟的链条，减少风险发生的可能性；第二是截断，通过风险发生后主动介入来控制损失，如链中某关键环节中断，可找另一个替代，这就要对备选环节的可获得性和其对供应链的影响有充分的准备。

三、钢铁企业智慧生态物流系统构建与实施效果

（一）物流成本逐年下降，企业竞争力显著增强

物流智慧生态系统的构建与实施，加快了物流基础设施建设，打通了国内重要枢纽节点，建立了完善的物流网络大通道，初步实现了“互联网＋物流”的信息化构想，降低了鞍山钢铁全供应链物流成本，项目开展以来，该物流成本逐年下降，三年共降低物流成本 25 亿元，在国内物流行业内处于领先水平，鞍山钢铁物流实现大跨步发展，竞争力显著增强。

（二）各项指标达到先进水平，获得良好的社会效益和生态效益

智慧生态物流系统的构建与实施在物流的运作模式上率先树立了生态物流的样板。项目通过填海造地，节约土地资源；充分利用自然地貌，阶梯布局，节约购置土地费用 26130 万元。工艺一线性布局，流程紧凑，铁水入炉温度 1380℃，铁水单耗 920kg/t，达到世界先进水平，节约投资 4300 元/吨钢，节约能源 12 万吨/年，在获取最佳经济效益的同时，最大限度地保持了生态环境平衡，适合于推广至钢铁企业，并在一定意义上推进行业物流管理水平提升。

自主集成与创新当今世界先进技术装备，实现装备大型化、操作自动化，其“网络货票”技术、大宗原燃料海运受料技术、大型综合原料场的仓储工艺技术等很多技术属国内首创，实现资源高效利用，

提高资源使用效率，为物流行业技术的创新和发展起到了促进和引领作用。系统自主集成与创新，获得知识产权数项，其中授权专利十余项。

（三）提高物流运作效率和物流绩效，为企业及其供应链伙伴与股东创造价值

鞍山钢铁通过对物流系统各功能进行统一管理，有效地提高了整个系统的运作效率，并使得物流成本的核算变得简单明确，有利于物流成本的控制。通过对物流业务统一指挥、运作，提高了物流的交付速度、物流质量、物流可靠性、柔性和劳动生产率。通过市场交易的手段从事物流运作，实现了价值增值和提高物流绩效。同时，在快速多变的市场竞争中，鞍山钢铁通过构建物流一体化智慧生态物流管理体系，将有限的资源集中在核心业务上、强化自身的核心能力，将自身不具备核心能力的部分物流业务，通过外包形式交由第三方物流企业承担并做好物流网络协同运作，减少了对物流仓储设施、运输设备的投资，并做到整合集成供应链各方核心能力实现共享信息、共担风险、共享收益，从而以供应链的竞争力赢得并扩大公司的竞争优势，为企业及其供应链伙伴与股东创造价值。

（成果创造人：姚　林、王义栋、李忠武、徐世帅、王延明、杜　民、
王奇夫、王　锋、胡守良、刘长胜、侯海云、王丽薇）

电力企业基于大数据应用的“量价费损”在线监测管理

国网湖北省电力公司

国网湖北省电力公司（以下简称湖北电力）是国家电网公司（简称国网公司）的全资子公司，以电网建设、管理和运营为核心业务。截至2015年底，拥有31家直属单位，直供直管县级供电企业81个，员工47034人，资产总额1026.24亿元；湖北电力服务用电客户2204万户，其中专变客户14万户、居民客户2190万户；湖北电网发电总装机容量6410.78万千瓦，110千伏及以上公用变电容量14173万千伏安，110千伏及以上输变电线路48093公里，是覆盖全省城乡、供电人口达到6100多万的现代化大电网。

一、电力企业基于大数据应用的“量价费损”在线监测管理背景

（一）提升公司智能化管理水平的客观需求

随着智能电网建设以及智能变电站、配网自动化和信息通信网络技术的发展，信息化已融入湖北电力生产经营管理的方方面面，数据与底层业务同步产生，已成为湖北电力运营的重要战略资产。在新的形势下，湖北电力决策需要掌握全面、及时、真实、有效的数据信息，为决策提供支撑；需要打破专业条线壁垒，通过跨部门数据的关联监测及价值挖掘，实现管理提升；基层单位也要求实施明细数据管理，通过强化基础明细数据的在线监测、核查、分析与利用，真正了解基层业务实际，提升公司整体管理水平。湖北电力累计安装智能电能表约2300万只，覆盖发、购、供、售各环节，但数万计的智能表计仅用于计量收费，所承载丰富的海量明细数据并没有发挥相应价值，迫切需要开展“量价费损”的精益化、智能化管理，通过数据挖掘深化应用，实现数据资产价值最大化，提升企业管理智能化水平。

（二）推进数据共享融合充分挖掘数据资产价值的需要

湖北电力运营数据涉及专业面广、环节多、延伸周期长。由于专业条线分块管理，数据交换、融合存在较大难度。客观上要求打通专业条线壁垒，强化数据管理，夯实数据平台，实现数据共享、业务融合，充分挖掘数据资产价值。湖北电力原各业务系统主要以点对点方式进行数据交换，各系统存在大量的重复接口和重复存储，各类接口有2223个之多。同时数据在业务系统反复进行抽取，造成业务系统负担较重（其中营销系统有37个重复接口），造成业务系统接口负担沉重，工作效率低下，严重阻碍数据共享业务的发展；业务部门普遍采用指标数据进行管理，指标数据按月统计，形成时间晚，容易人为干预。湖北电力迫切需要从底层业务明细数据入手进行数据共享业务融合，通过“量价费损”在线监测管理，建立统一的数据中心，整合各个专业系统数据，使数据资产价值实现最大化。

（三）适应国网公司“三集五大”体制变革的迫切需要

随着国家电网公司“三集五大”体系建设的不断推进，要求建设“总部—省—地市”三级运营监测（控）中心，打造一体化运营监测平台，实现对公司运营数据24小时在线监测，及时发现运营过程中的异动和问题，充分挖掘利用数据更深层次的价值，促进精细化管理，提高整体运营效率。湖北电力必须基于电力大数据，挖掘市场个性化需求、推进自身良性发展。

基于上述原因，湖北电力从2013年开始推进基于大数据应用的“量价费损”在线监测管理。

二、电力企业基于大数据应用的“量价费损”在线监测管理内涵和主要做法

湖北电力以业务应用为导向、数据中心为平台进行跨部门、跨专业、跨系统数据共享，实现对营销、生产、调度等专业的数据关联融合；以明细数据挖掘为突破口，盘活智能电能表海量明细数据，充

分挖掘数据资产价值，实现对覆盖"发购供售"全过程的电量、电价、电费和线损（简称"量价费损"）等重要经营指标和运营动态的全方位在线监测，实现设备运行状态、用户用电行为、台区供电服务等业务异动监测，实现多业务系统数据质量监测；通过强化应用闭环管理，实现"量价费损"在线监测管理，为各级领导决策服务、为专业部门管理服务、为基层班组工作服务，提升企业智能化管理水平。主要做法如下：

（一）明确在线监测总体工作思路，强化管理组织保障

湖北电力将数据作为公司的重要战略资产，以跨专业跨平台数据共享为基础，集成"量价费损"相关数据，强化运营数据资产管理，以业务应用为导向，以明细数据价值挖掘为突破，拓展数据分析与应用，明确"三个服务"的工作目标：一是为领导经营决策服务。基于公司运营数据，进行全局性、跨专业的企业级综合数据分析，及时研判公司运营中的规律性、趋势性信息，发现问题、预警风险，为决策提供支撑，实现企业整体效益最大化。二是为业务部门管理服务。通过各业务数据的在线关联监测，实现对数据多视角、多维度的分析和利用，发现专业间衔接与协同存在的问题，促进精益化管理。三是为基层班组工作服务。通过对业务执行过程中明细数据的在线监测与分析，快速定位异动，及时纠偏，节省大量现场稽查的人力、物力，提高劳动效率。

确定实施明细数据管理基本原则。突破指标数据管理的束缚，实施明细数据管理，是实现数据价值增值的重要手段。业务明细数据具有数据量大、数据与业务实时同步的特点，在线接入业务明细数据进行价值挖掘，能及时、真实掌握运营状态，推动精益化管理水平的提升。

数据管理以及挖掘成果应用落地，需要遵循五项原则，因地制宜开展挖掘与应用，以取得最佳效果：一是功能成熟度原则，要求对业务规则相关要素、条件及逻辑等一系列要素进行分析，保证大数据挖掘的实用性；二是数据支持度原则，分析数据的产生时间和频度、数据使用范围、存贮及格式要求、多源数据的权威认定、数据质量监测，确保大数据价值挖掘成果的可用性；三是技术复杂度原则，具备跨系统的数据集成、跨专业的数据整合及工具支持，对挖掘的复杂度和质量进行衡量，在成本、进度和性能之间寻求平衡；四是业务急缓度原则，分析业务应用的"轻、重、缓、急"，解决最突出的问题，提高大数据价值应用成效；五是用户专注度原则，用户人力资源与其他资源一样也具有特质性、可用性、有限性。挖掘成果应用必须考虑用户的能力和精力限制，产生最有效的内容。

强化管理组织保障。为确保在线监测管理的有效实施，湖北电力将"量价费损"在线监测管理创新实践作为公司级重点工作，成立工作组织机构，湖北电力一把手挂帅，运监中心牵头，建立专业团队，细化组织分工，并针对跨部门大数据挖掘的特点，建立跨专业多层次专家人才队伍，形成管控有力、界面清晰、职责明确的工作组织体系。

（二）共享融合公司运营数据，规范数据管理

1. 融合多业务系统数据

多渠道、多方法、广泛收集数据，打破部门条块化管理格局，打通跨部门跨专业的业务系统壁垒，共享营销业务应用系统、用电信息采集系统、生产设备（资产）运维精益管理系统、电能量采集系统、财务管控系统、电力市场交易平台等 12 个系统的明细数据，整合 6 大类、126 小类、1136 项数据，其中智能电表时标类数据 24 类（包括每日 96 点电量、电流、电压等数据），存贮规模 1.5PB（250 字节）。整治营销、生产、调度、交易等系统关联数据的一致性，打造大数据共享服务平台，实现量价费损实时分析、异动实时监测、数据质量校验等功能。

2. 推进数据中心实用化

优化数据传输模式、存储方式和调用机制，进一步优化数据接入模式，改变传统系统之间数据点对点接口传输模式，各业务系统数据统一接入数据中心，再由数据中心统一存储共享并对外提供，优化数

据传输模式、存储方式和调用机制，大幅提高数据融合的效率。湖北电力在国网公司系统率先采用海量数据平台进行数据管理，并开放平台服务功能，支撑大数据挖掘应用。

3. 规范数据中心数据来源及共享标准

湖北公司统一数据中心数据共享规范要求，明确数据各种专业口径维度、组织层级、产生频度、存储长度、系统来源和责任部门，使湖北电力运营数据管理责任明确、体系合理、要求规范、完整齐全。通过数据中心、海量数据平台的利用，实现发策、交易、营销、运监等多部门对关口计量数据应用的共享。从发策线损管理、营销用电稽查、配网生产运行等不同专业视角进行数据资产价值挖掘。

4. 严格数据质量管控

建立数据质量运维责任制度和考核评价机制，制定《海量数据平台的数据质量评价标准》，设定数据校验规则，应用数据资源管理工具，开展数据质量评价，监督现场业务与信息系统线上线下的一致性、及时性以及数据接入率、完整率和准确率等，每月编制数据质量通报，召开协同工作例会，协调解决数据接入遇到的难点，共清理信息系统 347 套，收集信息系统应用存在的问题 154 项，完善建议 158 项；推进解决数据重复录入和数据共享问题，清理 2791 项（类）业务数据，纠正档案错误数据 55509 个；常态开展运营数据资产监测工作，梳理业务系统数据字典 112402 张，数据字典注释覆盖率由 4.16%增长为 94.22%，为数据价值应用奠定了坚实基础。

5. 建立数据资产 PDCA 管理机制

从需求提出（Plan）、设计开发、实施应用（Do）、反馈新需求（Check）以及再循环改进（Action）（简称 PDCA），形成数据挖掘的闭环管理机制。制定《运营数据资产管理实施细则》，针对数据挖掘发现的异动，创建跨部门异动工单流转的闭环工作流程，保证异动处理的规范性、问题处理及时性，建立从明细数据问题发现到业务系统采集源头治根处理的数据管理规范，并将结果纳入评价考核，形成数据价值挖掘与数据质量提升的良性互动，打造数据质量闭环管理长效机制。

（三）深挖电量数据价值，填补配网运行监测管理空白

监测发、购、供、售电量关键指标，掌握公司省、地、县、所各层级运营动态的同时，分析电流、电压等电量数据。电量数据包括存储在智能电表中的表码、电流、电压、功率因素等数据，通过这些数据的监测，及时掌握电网设备运行状态、资产利用效率和供电服务质量，促进配网运行管理水平的提升。例如，配网台区是面向千家万户的重要供电服务关口，配电网升级改造是湖北电力重点工作，每年投入超过 100 亿元，解决湖北农村电网“低电压”问题，消除局部供电卡口现象。“量价费损”在线监测实施前，配网建设改造立项缺乏数据支撑，因为配网台区数量巨大，由于采集设备以及通道建设成本高，长期以来配网台区运行数据未采集，处于监测盲区。营销部门采集的智能电表数据主要用于收费电量结算，未得到充分利用。“量价费损”在线监测实施后，基于智能电表大数据建立配网台区监测模型，利用采集的电流电压数据，实现对台区重载、轻载以及重复停电、低电压、过电压、功率因数、三相负载不平衡等运行状态多角度、在线、全量监测，提高配网资产精细化管理能力。监测低电压台区 1.7 万个、重过载台区 1.8 万个、三相负载不平衡台区 6 万个，并通过分析量化低电压台区在地、县、所的地域分布、发生时段分布以及低电压台区与配电线路对应关系，为发策、运检等部门提供《配网改造优先级分析报告》，区分配网改造的轻重缓急，为配网改造提供精准数据服务，提高配网改造计划合理性，提升跨专业协同工作效率，提高电网改造投入产出成效，有力促进供电服务质量提升。

（四）规范自备电厂附加费用管理，强化电价执行监测

湖北电力厘清各部门职责分工，统筹明确各类数据来源及标准，监测并提高 TMR 终端安装率、采集覆盖率以及 TMR 系统运行可靠性，实现业务的线下转线上；并关联自备电厂机组发电量，监测附加费、备用容量费收取情况，实现附加费足额收取的定量监测，提高湖北电力合规经营管理水平。

通过在线监测管控，湖北电力于 2015 年 12 月月底实现自备电厂系统备用容量费全部征收，完成 73 家自备电厂政府性基金及附加费征收，较 2014 年同期增加 66 家，累计增收政府性基金及附加费金额 9914.52 万元；全省自备电厂计量采集装置安装覆盖率、采集成功率分别较去年同期提升 15 和 20 个百分点。

（五）推进客户用户行为在线管理，电费回收颗粒归仓

通过“量价费损”在线监测，实施日频度、甚至 15 分钟频度的在线监测，对用电行为异常追根溯源，实现精准到户的防窃电和违章用电在线监测，涵盖用户表计失压监测、用户表计断流监测、零度用户电流异常监测、负电流监测和专变用户日超容监测等 7 类用户异常用电行为，每日获取违规用户列表及违规明细数据，用户是否失压、是否断流、是否超容一目了然，使监测工作从事后推至事中，易于与用户沟通，减少纠纷，实现客户用电行为的在线监测管理，规范用电行为，减少“跑冒滴漏”，推进营销业务问题由事后向在线的转变，降低经营风险。

（六）消除供售电量统计异步问题，实现线损精确监测

线损在公司运营管理中具有重要意义，湖北电力线损率每降低 0.1%即可节约电量 1.3 亿千瓦时，减少购电成本 8000 万元，节约标煤 4 万吨，减少二氧化碳排放 12.6 万吨。湖北电力依托“量价费损”在线监测，打通调度 TMR 获取供电量、营销用采系统获取售电量，在同一时标视角下精确监测公司电量、线损，消除异步电量，在线实现线损“分区、分压、分线、分台区、分元件”的多维度、细粒度管理，及时掌握技术线损、管理线损中的薄弱环节，快速定位高损线路与台区，为消除管理线损、降低技术线损提供有力工具，提升节能降耗管理水平。

（七）依据在线监测，指导业务闭环管理

1. 支持业务改进闭环管理

依托量价费损在线监测，形成三类成果输出，并进行闭环管理。一是针对现场异动的协同工作单（发出协同工作单 4869 份），重点解决营销、生产一线发现的异动问题，通过工单流程闭环管理，确保异动问题整改到位；二是针对专业管理的监测分析报告（各类业务异动及数据质量监测报告 76 份），重点对异动的分布、趋势、特征进行分析，找出异动问题规律，从根源上解决管理存在的漏洞或短板，提高专业管理水平；三是系统平台输出，直接将量价费损系统开放给公司领导、专业部门、基层单位，通过数据服务，开展线上自查，实现及时纠偏，形成企业数字化、智能化管理核心能力。

2. 指导电网改造闭环管理

电网改造中，按照传统的管理模式，规划、建设、运行等专业部门各自为政，专业之间未能实现联通，数据无法实现价值最大化。而依托“量价费损”在线监测系统可实现配网改造的全过程监测。一是事前监测分析，提高规划计划合理性。定期生成《“量价费损”系统支撑配网改造疑似问题数据信息库》，将该数据下发给业务部门和基层单位，在配网新建、改造项目申报以及电网运行方式优化调整时，规划、生产部门可根据台区运行异动数据定位低电压等问题严重台区，有效提高配电网投资申报项目以及方式优化的针对性和有效性。二是事中监测纠偏，提高项目执行合规性。通过“量价费损”数据台区容量新增、台区拆分、计量装置变更、用户档案变更等情况进行监控，加强施工过程管控。加强定期生成疑似问题清单发送给网改办，并配合网改办开展问题的核查工作，以促进配网改造管理流程优化，强化业务环节衔接和管控，推进项目管理水平提升。三是事后监测评估，提升专业管理水平。以“量价费损”系统为依托，对台区改造实施后低电压、重过载、三相负载不平衡，以及台区线损率情况进行监测，为项目改造成果、实施效益后评估提供数据支撑，通过趋势性分析，寻找管理短板，进一步提升管理水平。

强化监测成果应用全方位的评价考核。基于量价费损在线监测提供的丰富、及时、真实的数据，湖

北电力开展地市供电公司数据质量同业对标工作，累计消除各类数据质量问题 53077 个，提升企业数据质量，夯实专业管理基础；开展量价费损应用典型经验评选，提升成果应用水平；开展量价费损在线技能比武评比，提高发现异动及分析问题的能力；监测成果应用纳入企业负责人关键绩效指标评价，并与地市供电公司工资总额挂钩（占重点工作评价 20%权重）；数据管理成果还应用于专业部门年终考核评比，强化部门协同。评价考核为闭环管控提供强有力的手段，使量价费损在线监测成果应用得到落地。

三、电力企业基于大数据应用的“量价费损”在线监测管理效果

（一）促进公司智能化管理水平提升

“量价费损”在线监测具体业务应用，将营销、生产、发策等多个管理部门零散的、孤立的数据资源进行整合，形成完整数据链条，打破信息孤岛，提高海量实时数据的资产价值。基于“量价费损”在线监测具体业务应用，搭建在线、中立、开放的实用化综合应用平台，强化营配调数据贯通，实现多专业、跨部门的问题协调解决，为各专业部门提供数据支撑及业务服务。“量价费损”在线监测系统开创了数据共享的模式，主动融入湖北电力大数据管理链条，打造了数据挖掘、成果转化的平台。系统建设为大数据管理提供范例，为后阶段功能拓展开辟广阔空间，打造大数据共享和开放的服务平台，促进了湖北电力智能化管理水平提升。

（二）大数据挖掘应用经济效益显著

基于大数据应用的“量价费损”在线监测 2014 年在湖北电力 14 个地市公司全面应用，线损监测、营销用户行为监测、自备电厂管理监测、配网运行监测全面应用，成效显著。

一是配网运行监测低电压、重过载等异动台区，为配网改造提供了精准的数据服务，并对属实的严重台区异动发出协同工作单 482 份进行重点督办，完成低电压及过载台区改造 6535 个，提升跨部门协同优化能力和电网改造投入产出成效，低电压考核从国网 22 位提升到 13 位，有效提升了湖北电力供电服务质量。

二是自备电厂附加费管理强化电价执行监测，优化工作流程，实现由定性监测向定量的转变，2015 年月增收 917 万元，提高了企业合规经营水平，履行社会责任。

三是营销用户行为监测。截至 2016 年 8 月 25 日，累计监测专变用户异动发出协同工作单 4869 份，追补电量 4199.30 万千瓦时，追补电费 3593.59 万元，减少跑冒滴漏，实现电费回收颗粒归仓。

四是线损监测实现 10kV 线路高科技窃电监测，实现台区线损监测实用化，累计消除高负损台区 2891 个，减少损失 126 万元，提高了企业节能降耗水平。

（三）成果经验获得认可，在系统内得以推广

在国网公司统一领导下，湖北电力总结“量价费损”在线监测业务应用成功经验，选取成熟功能形成轻量级应用工具，2014 年 4 月分批在国网系统 27 家网省公司 240 个地市公司推广应用。纳入“量价费损”在线监测的专变用户 273.74 万户、配网公变台区 312.51 万个。在线监测应用中发现设备容量错误、倍率错误、线路台区对应关系错误等基础管理信息问题 84719 个。截至 2016 年 6 月，累计追补电量 4.677744 亿千瓦时，追补电费（含违约补偿）4.614957 亿元。显著提升企业的经营效益和管理效率，取得良好的经济效益和社会效益，有效提升湖北电力运营监测业务能力。

（成果创造人：尹正民、王晓希、夏怀民、周想凌、万　磊、林　光、
詹智民、朱银军、马先俊、邱　丹、王　瑾、肖坚强）

设计引领的一体化智能船厂建设管理

南通中远川崎船舶工程有限公司

南通中远川崎船舶工程有限公司（以下简称中远川崎）是中远海运集团前身的原中远集团与日本川崎重工业株式会社于1995年合资兴建的大型造船企业。注册资本14.6亿元，总投资56亿元，中日双方各占50%，拥有30万吨级和50万吨级船坞各1座，分别配有两台300吨门式吊机和两台800吨门式吊机，建有船体车间、舾装车间、涂装车间，并配备先进的自动化、智能化生产设备。年生产能力可达到250万载重吨，主要产品有30万吨级油轮（VLCC）、30万吨级矿砂船（VLOC）、第六代19000TEU以上的集装箱船、6000车位以上的汽车滚装船、20.9万吨好望角型散货船、重吊船、双燃料动力汽车运输船、液化天然气船（储备）等高科技含量、高附加值船舶。

一、设计引领的一体化智能船厂建设管理背景

（一）应用现代信息技术改变船厂传统发展方式的需要

对生产模式仍以劳动力密集为主的造船业而言，随着人口红利优势的减弱，造船业传统的低成本优势不再，企业需要面对并解决人口红利减少、人工成本上升、效率质量提高、成本消耗降低等一系列问题。伴随智能化制造技术的快速发展，以信息技术为支撑的机器人和智能装备在造船业的应用是未来的大势所趋。为此，中远川崎提前谋划，通过实施信息化、智能化战略，提升管理理念和水平，建设一体化的智能船厂，以此为重要抓手实现企业发展转型。

（二）应对行业激烈竞争的需要

当前造船行业市场极度低迷，面对“接单难”“交船难”“盈利难”和“生存难”的持续困扰，国内外很多船舶企业经营难以为继。为了应对严峻的形势，造船先进国家除了研发造船新技术、开发高附加值产品外，还积极推进造船数字化、自动化、智能化，投入应用智能化设备已成了日韩先进船企提升市场竞争力、获取生存空间的利器。面对严酷的造船市场寒冬，中远川崎要在残酷的市场竞争中获得一席之地就必须在发展的质量和效益上寻求突破，必须在船舶设计、制造智能化以及信息集成化和产品智能化等方面取得突破。这对于中远川崎应对船舶市场变化、提高造船生产效率、保证产品质量、降低生产成本、提升国际竞争力具有极其重要的战略意义。

（三）响应国家战略部署、提升我国造船业信息化、智能化水平的需要

要实施“中国制造2025”的规划，实现制造业由“大”变“强”的目标，这一过程中，智能制造是主攻方向，也是根本路径。根据业内评估，造船业国际先进水平正在从工业3.0向4.0过渡，而国内，大部分造船企业还处于2.0阶段，国内船厂信息系统和数字化为基础的智能化水平较低，工业机器人的普及应用较低。在这样的形势下，中远川崎提出打造智能船厂的发展战略，正是积极响应国家产业发展规划要求的体现。

二、设计引领的一体化智能船厂建设管理内涵和主要做法

中远川崎按照企业实际情况确立智能船厂建设的规划、思路和组织体系，通过开发以设计数据为源头的信息全面集成平台、构建以精益设计为引领的全过程精益管理保障体系，打牢构建智能船厂建设的管理和数据基础，配合以人本管理的相关措施，以“点线面”结合的方式逐步投入智能装备应用，在国内率先探索出一条具有中国特色的“智能船厂”建设之路。主要做法如下：

（一）确立智能船厂建设的规划、方案和组织体系

1. 确立总体规划、分步实施的建设规划

中远川崎按照总体规划、分步实施的建设规划有序推进智能船厂建设，确立从“构建业务系统网络”到“两化融合”、再到“智能制造”的发展路径。中远川崎成立初期至2006年，在各个业务环节初步建立信息系统网络，构建设计、制造、管理等各业务领域的信息系统。2006—2012年，伴随着公司二期工程的建设、完工及投产，大规模利用信息技术改造传统设计、制造及管理手段，对设计、制造、ERP等管理系统进行二次开发和改造升级，建立产品设计数据为引领涵盖设计、制造、测试、管理的信息集成平台，实现信息化和工业化的深度融合。2012年以来，中远川崎将扩大机器人应用和投入智能化生产线、打造智能车间作为智能船厂建设的切入点，以点带面地推进一体化智能船厂建设。

2. 确立自主设计、再造流程的建设方案

作为厚板作业、离散型生产的船舶制造企业，与主要是薄板流水化生产的汽车行业相比，实施流程智能再造的难度大得多。中远川崎坚持从生产实际出发，量身设计符合企业实际需要的智能化生产线，实施智能化流程再造工程。设计部门、信息部门尽可能从设计数据源头扩大机器人生产线加工范围；制造部门在审视车间布局、生产方式的基础上，确立流程再造点，提出流程再造设想；各部门通过内部论证，外部考察、交流等方式形成方案；方案经上级领导批准后进入实施阶段；运行中通过试错、改善、跟踪，使生产线达到最佳状态。截至目前，中远川崎实施的所有自动化、智能化生产的基本设计都是由设计部门、制造部门联合相关部门自主完成。

3. 建立推进智能船厂建设的组织体系

中远川崎采取建立自上而下（推进委员会）和自下而上（实施委员会）相结合的组织体系以保证智能船厂的建设思路方案得到跟踪和落实。一是成立工厂智能化推进组织。中远川崎在智能船厂建设管理中，成立了推进委员会和实施委员会，为协调推进智能船厂建设提供了组织保障。推进委员会由总经理任委员长、各副总经理和各本部长任委员，实施委员会由制造、设计、信息、设备、采购、财务等部门组成。二是明确各委员会的职责。推进委员会负责制定船厂智能化整体规划，定期召开推进会议，负责项目的跟踪和协调。实施委员会根据实际需要，自主研发、设计所有投入应用的智能化、自动化生产线。得益于科学、有力的组织保障，船舶制造智能化进程得到了有效的推动和执行。

（二）开展以设计数据库为源头的信息全面集成

1. 开发面向生产、管理、物流的设计数据库

一是引进先进的数字化设计系统。中远川崎根据自身实际需要，有步骤地引用了以TRIBON系统为代表的一系列船舶设计软件，并将其应用于船舶设计的各个环节和所有部件中，实现了100%的数字化建模，实现多专业设计人员的并行设计、协同设计、实时数据共享，大幅提高了设计效率和质量。为了更加深入地推进智能设计和制造，中远川崎于2014年引进新型的船舶设计软件——AVEVA MARINE12（简称AM12），并进行了周边程序开发。

二是对设计系统进行适应性二次开发。为了实现设计系统与制造、管理等系统之间的紧密联系，对应用的TRIBON、AM12等数字设计系统进行适应性二次开发，开发数字化工艺规划系统（CApp系统）。CApp系统在提取TRIBON、AM12等数字设计系统中的所有数据后，根据规范和生产条件对提取的设计数据进行加工处理，自动生成符合产品制造和管理的各种图纸及数据，如船体加工图、零件加工图、工程计算数据、钢板切割数据、机器人加工数据、原材料订购数据、ERP数据等。通过对设计系统进行适应性二次开发，中远川崎率先建成由CApp系统生成的面向生产、管理、物流的各类数据库，为下一步实现信息系统的高度集成与全面融合创造了条件。

2. 搭建设计数据库为源头的全过程信息管理平台

中远川崎通过进行信息一体化集成方面的专题研究，搭建设计数据信息为引领，集成制造、设计和管理等全过程的信息管理平台（NACKS－CIMS），为智能船厂的全面建设提供强有力的支撑。

一是推进设计系统与管理系统的集成。以光纤为纽带使各生产车间以及管理部门连接为一个网络整体，建成覆盖全厂的计算机网络。同时，大规模利用信息集成技术，打破管理与设计环节的“信息孤岛”，将船用设备采购管理、钢材管材五金系统、保税品管理系统、非船用品采购系统、工程管理系统等集成到企业资源计划管理系统（ERP）中，并将其与数字化设计系统、CApp系统高度集成，建成设计数据为引领的采购、设计、财务、管理等业务一体化的信息集成共享体系。CApp系统处理生成的一部分信息可直接向ERP系统发出作业指令。从而实现设计系统与ERP管理系统（采购管理、支付管理、成本管理、工时管理等）的无缝对接与全面融合。

二是推进设计信息与制造、物流系统的集成。升级改造数字集成系统的功能，采用基于集成DNC（直接数字控制）的车间管理模式，把与制造过程有关的设备（如数控切割机、工业机器人等）与数字化设计系统、CApp系统集成为一个系统，实现制造设备与设计系统之间的信息交互。数字化设计系统与CApp系统处理完的数据可直接传输至数控切割机和工业机器人；同时对船用设备、钢材、管材、电缆等物流实施托盘化管理，辅之ERP系统的物流配送管理功能，并配合生产节拍。

三是建设高度集成的设计制造管理一体化信息平台。全面建立并完善船舶产品数字化研发、设计、制造、测试、管理集成平台环境；打通船舶数字化设计、制造、管理等企业生产经营主线。在此基础上形成设计数据信息为先导的、以数字化、集成化、模型化、网络化、自动化为特征的信息集成平台（NACKS－CIMS）。

（三）构建以精益设计为引领的全过程精益管理

1. 打造精益化设计能力

中远川崎打造精益化设计能力主要包括以下方面：制订并执行严格的设计计划、实施动态改进的标准化设计、产品设计为核心引领其他环节精益管理的展开。

一是产品设计计划严格化。设计计划包含船舶研发计划、详细设计计划、生产设计计划。在产品设计开始时，技术部门对设计业务进行总体规划，依据设计规律，按照质量和效率优先的原则，编制综合出图预定表（PERT），对多达1000个作业节点按照设计阶段、设计顺序进行合理计划和排列。计划制定后，每个月对计划的执行情况进行跟踪，协调内外资源，及时处理出现的问题，对未完成计划的事项进行提醒，对计划不合理的部分进行适当调整。中远川崎通过对设计计划的动态跟踪和调整确保了产品设计计划的严格化。

二是产品设计作业标准化。中远川崎采用设计作业标准化管理来确保设计作业能够按计划稳定地、高质量地完成。首先，公司层面建立完善的船舶开发设计管理体系，包括发展计划、组织结构、分工协作、船型开发、科研投入、人员激励等各方面规定。其次，部门层面建立了包括设计品质管理、计划管理、图纸管理、资料管理、信息管理等在内的45项管理基准。再次，设计作业层面制定涵盖总体、船体、舾装、轮机、电气、工艺等各专业的设计作业基准1000余项，使各专业设计工作标准化、流程化，做到各个设计方案均可以在设计基准中找到依据。最后，针对设计管理及设计作业基准设置反馈制度。

三是以产品设计为核心引领其他部门开展精益管理。中远川崎在产品设计阶段就开始对采购、管理、制造等多个部门设置作业指令。首先是设计部门按照订单计划表制订设计计划，包括综合出图预定表、出图计划和作业跟踪控制等。制造部门与设计部门协商后制订各个工序的生产计划和工时计划，生产过程中设计除了直接提供加工数据和图纸外还为制造部门提供最优的加工和装配方案，大幅降低生产难度，进而降低智能装备的投入成本。采购部门则严格按照设计部门提供的采购类别、数量、来料时间及加工顺序的要求进行采购。财务管理部门根据以上信息制定成本预算、人员计划、资金计划、设备投资计划从而指导相关部门合理安排人员、资金及设备。因此产品设计是中远川崎统筹协调各部门开展精益管理的引领与核心。

2. 打造实用新型的精益生产工艺设计能力

一是做好生产工艺的设计规划。中远川崎确立“高空作业地上做、朝天作业俯位做、水上作业陆上做、外场作业内场做、狭小空间作业敞开做”的生产工艺规划方案，在性能设计前期阶段就加强对分段划分的研究，在详细设计阶段，加强施工工艺性研讨，在生产设计阶段，注重提高生产效率、质量和安全的研究，综合考虑人工、材料、安全等因素。

二是实施以我为主、实用新型的生产工艺设计。中远川崎紧密围绕生产条件依托自身的设计研发团队形成特色显著的生产工艺设计能力，建立物料消耗最低、质量安全为先、服务智能制造的工艺设计能力。钢板的采购及使用是船厂成本的重要一环，中远川崎在提高钢板材料利用率方面，通过优化套料、定制采购等措施，使得材料一次利用率达到92%以上，远超国内主流船厂88%的水平。提升质量安全方面，在生产设计环节改变作业顺序、作业方式、作业环境，显著降低安全质量事故，取得优异的安全质量业绩。

3. 开展安全、质量、工程、成本等各环节的精益管理

一是实行“追求三零目标”的精益安全管理。中远川崎坚持人的安全与健康高于一切的理念，从企业的整体生产安全出发，将管理重点放在事故预防上，实行全员、全过程、全方位的自主安全管理，以追求“零事故、零伤害、零损失”为目标。主要做法是：以面向安全生产的设计促进本质安全提高；以安全体感中心为载体对员工进行安全体感教育培训；以总经理安全巡回为载体形成安全有感领导的氛围；通过建立一目了然图片化的作业基准，严格按基准作业，杜绝作业的不安全行为；通过非常规作业的事前验证和预控策划杜绝重大事故的发生；通过培养个人主动、预知的行为安全促进团队安全的提升，达到“零事故、零伤害、零损失”的目标。

二是实行“追求卓越绩效”的质量管理。中远川崎严格贯彻ISO9001质量管理体系标准要求，建立“追求卓越绩效”的质量管理体系。在质量控制上，员工严格按图纸、作业基准、作业要领等要求自行控制作业和产品质量，在长期的管理工作中形成“自主质量管理”的做法。同时持续开展“质量信得过”班组评比及各种质量改善活动，不断改进质量，降低成本，提高效率和员工素质。建立各种规章对各类质量改进成果进行奖励，激励员工积极参加质量改进活动。得益于“追求卓越绩效”质量管理体系，公司一次报检合格率平均达到97%以上，取得QC（Quality Control）/TQC（Total Quality Control）/NPS（NACKS Production System）成果近2500项。

三是实行“精益化拉动式”的工程管理。中远川崎“精益化拉动式”的工程管理体系，是以船舶以出坞节点为目标，以倒推的方法制订前向各工序的工程计划，形成按需生产，彻底消除浪费的生产模式。目前，中远川崎工程计划各工序的衔接紧凑，绝大部分工序之间做到了零库存，减少中间产品，从而减少人员、设备的物流和场地的占用。

四是实行“不放过任何细节”的全面成本管理。中远川崎成本管理的主要做法是以全面预算管理为中心，月度成本管理会议为载体，发动全体员工在生产经营各环节开展成本管理工作。主要做法是：第一，制定部门费用开支标准并建立部门费用台账，为制定合理预算和有效管控提供基础；第二，针对费用种类制定合理的费用预算和管理方法；第三，以月度成本跟踪会为载体开展动态、全面的成本跟踪管理，针对反映的问题，及时采取有针对性的措施；第四，建立单船项目的目标成本管理机制，促使各部门围绕成本目标在本部门的职责范围内研究降本的空间和措施；第五，严格进行设备投资的可行性研究及比较分析，降低设备投资成本；第六，按照设计环节是降本源头、采购是重点、制造是主线、管理是

抓手的思路，形成部门联动机制，有效开展降本增效工作。

五是实行"全流程标准化"的作业管理体系。建立完善的机构和岗位职责、经营管理制度、业务操作流程、作业基准，形成严密科学的管理制度体系。目前，中远川崎有公司级体系文件5册，规定细则200多条，以及大量的部门管理基准、工作流程、作业基准等，做到每一个岗位都有职责，每一项工作都有标准。将内控制度建设常态化，由管理部门采用"随时维护和定期维护相结合"的方式，保证各体系在外部环境和内部条件变化后，经常处于有效、适用的状态。同时将管理制度、业务流程、作业基准的员工培训作为加强内部管理的前提。

（四）以船舶智能车间建设为载体有序推进一体化智能船厂建设

1. 船体分段加工装配智能车间建设

中远川崎针对船舶建造的加工和装配环节出现的重复作业多、劳动强度大、安全隐患多、质量和效率不稳定的问题，对各加工装配工序按照上述问题发生的影响度进行评估排序，以此确立各工位智能化改造的优先顺序。2012年以来，中远川崎按顺序相继完成型钢自动生产线、条材机器人加工线、先行小组立机器人焊接线、小组机器人生产线等多条智能化生产项目，建成船体分段加工装配的智能生产车间，相关工序的生产效率提高了2—4倍。

2. 船舶管加工智能车间建设

中远川崎管加工部门根据工艺流程，选择加工量大的管材工位，规划管工车间智能改造技术方案，设计调试投产中1径智能管加工线、大径和中径短管焊接装置及马鞍相贯线自动切割线等智能生产线项目，建成船舶管材加工智能车间。实现船舶管材加工由原先依赖经验类比的生产模式转变为基于科学的数字模拟和智能规划的智能生产模式。除了已建成投产的船体分段加工装配智能车间和船舶管材加工智能车间外，中远川崎正根据实际需要和船舶行业发展趋势，综合考虑投入产出比，合理规划、实施大组分段焊接、涂装、打磨等智能化生产设施，最终以建成中国船舶制造业界首家智能船厂为目标。

（五）通过加强培训和沟通促进员工自主管理和持续改进

1. 开展多方位培训

当前船舶制造行业仍为劳动密集型产业，即使建成初级阶段的智能船厂，也不会造成人员大规模富余。智能化过程中，传统作业人员将出现富余，但适应智能制造的高技能人才需求会大幅提高。通过培训管理提升员工能力、确保工作质量适应智能化的要求是一体化智能船厂建设管理的重要方面。为此，完善原有的培训体系，通过强化新员工岗前教育，举办智能造船技术、管理技能等专题培训，组织开展岗位练兵、技术比武和劳动竞赛，推行"一专多能"等措施，构建多维度、全方位的培训管理体系并长期实施。中远川崎以全方位的培训管理体系为载体对智能船厂建设的各业务环节人员进行培训，顺利实现智能船厂建设过程中人员转岗的平稳过渡。

2. 建立良好的沟通机制

中远川崎在部门和上下级之间建立横向、纵向两个方面的沟通协作机制进行管理，并在此基础上形成良好的沟通协作文化。其中"报联商"的沟通协作机制就是典型代表。"报"要求及时报告各种情况和难题；"联"要求联络沟通充分交流信息；"商"要求及时商讨解决问题的方法和手段。在智能船厂建设过程中，"报联商"创造性地采用"灵活会议决策"的方式，有效确立部门交界面上的工作协调机制，以责任共担的方式快速凝聚部门共识，推动解决各种业务难题。

3. 倡导员工自主管理

中远川崎自主管理的特点体现在产品实现的整个流程均实施自我约束、自主管理。有别于国内其他造船企业，中远川崎在管理体制的设置上，体现自主管理的要求，不设专职质量检查机构；产品实现部门对产品质量和工程节点实施自主检查和控制，同样也不设专职检查人员。自主管理已运用到所有管理体系中，中远川崎司对管理体系只设置主管部门负责对体系运行的监督和改善，体系的相关工作职责均由各部门自主实施，各类管理体系的要求已与基层的实际工作要求融为一体。中远川崎智能船厂建设，也是由各部门自行研究开展起来的，充分体现一贯倡导的自主管理要求。

4. 坚持开展持续改善活动

中远川崎在推进精益管理过程中，将持续改善作为重要方面加以强调，注重在实际工作中强化员工的持续改善意识。中远川崎在生产过程中持续多年开展NPS生产现场改善活动、在各个管理环节中开展QC、TQC改善活动，各部门围绕自身业务开展改进、提高活动，定期发布成果。每年公司总经理和部门长亲自参加QC成果和NPS成果发布会，让员工切实感受到上级领导对改善活动的关心和重视，使持续改善的文化深入人心。

三、设计引领的一体化智能船厂建设管理效果

（一）实现企业发展提质增效

2014至2015年，中远川崎两年间实现利润总额超10亿元，高于国内同等规模（产能250万载重吨）的造船企业。“十一五”“十二五”规划期间，中远川崎的生产能力维持在250万载重吨左右，产能不变的情况下，“十二五”期间（2011—2015年）累计利润总额提升显著，与“十一五”期间（2006—2010年）相比，增幅高达48%。在航运市场持续不景气，新船价格低迷，接单难度、盈利难度加大的背景下，中远川崎在全面打造高效智能船厂后，取得了良好的经营业绩，无论是发展质量还是效益都有了明显的提升。

（二）探索了一条技术信息密集型智能化船厂建设之路

中远川崎以打造面向生产和管理的智能化设计为首要条件，夯实设计、制造、管理信息全面集成的大数据平台，全面构建设计引领的全过程精益管理保障体系，以人本管理为核心的相关措施为必要软件，以自动化、智能化设备应用为重要手段，建立了信息化环境下的以设计技术为引领，以精益管理、大数据为驱动的技术信息密集型智能化船厂，最大限度地提高了生产效率、产品质量和作业安全。在当前造船业极度低迷、造船厂生存困难的严峻形势下，中远川崎率先在国内造船业探索出的这条智能船厂建设之路，不仅对提升企业自身竞争力有着重要的战略意义，还对于探索建设具有中国特色的智能船厂之路具有十分重要的指导作用。

（三）发挥了示范引领作用

中远川崎智能船厂建设取得的成效得到了国家的高度认可。2016年5月18日，国家工业和信息化部组织了各地方船舶行业的管理部门、行业协会、造船学会、中央企业集团、重点企事业单位负责人和代表，以及智能制造专家组和船舶行业先进制造技术专家组等代表，共200余人参加了在中远川崎召开的船舶行业推进智能制造现场经验交流会。在此次船舶行业推进智能制造现场经验交流会上，中远川崎作为中国智能船厂建设的标杆和样板，其智能船厂建设的典型经验得到了一定的推广，引领和带动了国内其他造船企业对智能制造模式的探索和发展。

（成果创造人：韩成敏、陈　弓、路跃新、徐文宇、许维明、莫中华、仇　挺、冯　涛）

移动终端企业基于大数据的实时动态运营管理

中国移动通信集团终端有限公司浙江分公司

中国移动通信集团终端有限公司浙江分公司（以下简称浙江终端公司）成立于2012年，是中国移动通信集团终端有限公司在浙江省的唯一分支机构，浙江终端公司秉承整合终端产业链的使命，旨在发挥客户、业务、渠道、资源方面的规模优势，开展终端的定制、测试、采购、销售、售后服务等工作，通过专业化、规模化和市场化的运营，服务客户，实现收益。浙江终端公司在省内设立两个分公司、九个营销中心，是浙江区域市场最大的终端分销平台，零售规模区域市场排名第二，是唯一一家全省范围内自建售后维修中心的终端运营平台。截至2015年年底，终端销量1744.6万台，收入191.5亿元，上缴税收10339.9万元。

一、移动终端企业基于大数据的实时动态运营管理背景

（一）提高整体服务水平的需要

作为中间平台商，浙江终端公司与上游厂家和下游客户均存在服务关系，在竞争激烈的大市场环境下，不仅仅考验公司的业务能力，服务水平也是决定合作关系的关键因素。服务质量是核心竞争力的重要组成部分，提升服务质量是提高经济效益的重要途径，也是促进浙江终端公司健康发展的动力。

（二）提高整体经济效益的保障

浙江终端公司从2012年5月份开始正式开展终端运营工作以来，销售规模迅速攀升，相应的年运营收入也快速翻番，然而，毛利率一直徘徊在3%—4%左右，净利润在盈亏点上下浮动。

浙江终端公司有着大市场客户、渠道、业务规模优势，辅以大数据的实时动态运营管理，在多元化、市场化运营中，根据终端行业特性、产品发展趋势、客户选择偏好等专业要求，对终端采购、销售、售后、测试服务等业务实行有效管控、定期评估、科学决策，能够促使企业经济效益逐年攀升，实现国有资产保值增值。

（三）提升竞争力，促进企业健康发展的需要

上游厂家战略转型挤压发展空间，中间平台模式创新加剧市场竞争，下游客户黏性逐步减弱，大市场资源投放的转型，对浙江终端公司保大做强和健康发展均提出了新的挑战。

面对严峻的行业形势和复杂的市场环境，必须要增强对市场快速反应、科学决策的能力。基于以上背景，如何建立一套运营管理体系，供管理层进行科学决策、实现实时动态管理显得尤为重要。2015年1月开始，浙江终端公司探索实施基于大数据的实时动态运营管理。

二、移动终端企业基于大数据的实时动态运营管理内涵和主要做法

浙江终端公司以大数据为手段，在基础层面（职能部门）架构融合式的业务管控数据处理IT系统的强力支撑下，构建立体化的管控指标体系，通过建立预警机制、稽核机制、健康度评估机制和自我调整机制，对业务运营实行实时动态管控，保障公司发展目标的顺利实现。主要做法如下：

（一）建立健全科学、高效的实时动态运营决策体系

1. 完善实时动态运营管理决策委员会及成员职责

根据实时动态运营管理要求，浙江终端公司进一步明确业务决策机构是公司决策委员会，决策委员会由公司总经理、副总经理、各部门经理组成，完善和界定决策委员会成员在业务决策过程中的职责、出现分歧时的处理办法等，以保证浙江终端公司业务决策的科学、高效。

完善业务决策程序，坚持民主化、科学化、从贤不从众、责权利相结合的原则，综合运用主要目标法、成本收益法、可行性法、决策树法等科学决策方法，提升业务运营分析、决策的科学性。

提高浙江终端公司应对市场环境和运营过程中出现变化时的反应能力。通过实时动态运营管理系统，对内、外部宏微观环境的动态进行全方位监管，并通过科学决策程序和方法及健康度评估，及时做出应对。

2. 优化运营管理组织结构

根据实时动态运营管理的要求，浙江终端公司将业务管理部门整合为综合部、财务部、市场销售部、零售业务部、支撑服务部，并设立杭州分公司、温州分公司和宁波、台州、金华、绍兴、嘉兴、湖州、丽水、舟山、衢州九个营销中心。

优化各管理部门的数据信息流。按照管控指标体系和管理机制，将原有各部门业务数据多信息源、多平台和多用户系统，以及不能共享和交叉重复的信息数据按管理职能和实时动态运营管理机制的要求进行逐一梳理、分类、合并和调整，统一规划和整合到实时动态管理体系中，提高信息数据的利用效率和管理效率。

（二）架构数据融合的 IT 系统，支撑业务管控指标体系的落地实施

根据“统一规划、整体设计、分步实施”的原则，利用数据融合技术，开发数据融合 IT 支撑系统，将原来分散的数据融合到同一套系统上，经过处理后将数据转换为用于实时分析和控制的有效信息，并形成完整的客户视图，以即席查询、报表、数据挖掘等形式个性化展示给相关使用者。

（三）建立全景式、立体化的运营管理指标体系

为了全方位、多角度地展示业务运营结果，为业务运营监控和科学决策提供切实有效的数据支撑，浙江终端公司构建全景式、立体化的运营管理指标体系。全景式、立体化指标体系的实现路径是，先建立公司业务运营结果的基础指标（元指标），通过对基础指标（元指标）进行多维分类，建立立体指标体系，借助 IT 系统进行报表管理和经营分析，最终以多种展示手段供使用者使用、做决策。

1. 确定公司终端业务运营监控基础指标（元指标）

以总部考核指标和公司年度战略目标为指导，根据平衡计分卡（BSC）的指导思想，先确定与业务运营结果直接相关的财务和客户两个维度，依据经验法和专家法，构建 15 个一级指标（其中分销体系 6 个、零售体系 5 个、售后体系 4 个）。再根据一级指标，综合运用层次分析法、专家法等，结合指标构建的 SMART 原则，形成 62 个二级指标（其中分销体系 29 个、零售体系 26 个、售后体系 7 个），这 62 个指标作为公司业务运营管理指标体系的基础指标。

2. 依据基础指标（元指标），构建立体三维指标体系模型

在基础指标（元指标）的基础上，将各指标依据集成关系、因果关系、指标周期进行分类，形成全景式、立体化的指标体系。

第一，按指标间的集成关系分类。将基础指标（元指标）按照地市、厅店、产品、品牌、机型、渠道、操盘手（渠道经理、区域经理）、店员等维度进行分类。

第二，按指标间的因果关系分类。对基础指标进行因果分类，便于寻找基础指标背后的影响因素指标，以便快速定位诊断。先依据经验以及与行业对标，列出指标的因果关系指标，再利用因子分析法和相关性分析，最终确定因果关系分类指标。

第三，按周期分类。根据指标的时效性、获取时间、复杂程度等，明确日指标、周指标和月指标，并分别通过日报、周报、月报等报表体系进行显性化。

全景式、立体化管理指标体系，不仅能多视角全方位的实时展示公司的业务运营状况，在指标的使用对象上，从公司领导、部门经理到厅店长、基层员工，都能实时看到与自己权限相对应的运营结果数

据。同时，根据指标类别和使用对象的不同，采取手持终端（Pad）、电子邮件、短信、IT 系统等展示方式，方便不同使用对象。

（四）实现运营大数据的分析和运用

运营大数据生成和应用主要在以下几个系统：亚信系统、B2B 系统、SCM 系统、博远零售系统、建硕售后系统和业务辅助系统。通过数据融合平台，将各系统数据综合运用，形成不同维度的运营数据分析，指导业务实际。

1. 分销业务管理

分销业务管理通过亚信系统报表分析，形成全平台提货和销量报表、全平台渠道的机型销量明细等有关市场情况，以及时掌握浙江终端公司与其他平台的份额变化情况，及时进行产品布局，并有针对性地规划渠道进行覆盖，提升渠道销量。分销业务管理通过业务辅助管理系统进行订单分货管理。使用 B2B 电子商务平台进行客户信息维护及活跃度分析。分销业务管理使用 SCM 系统销量跟进、销售分析、库龄跟踪、风险管控等管理功能，跟进订单状态和销量，跟进各部门及地市指标完成情况；通过对客户集中度分析，推进渠道扁平化建设；通过库龄分析，实现对长库龄指标的预警。

2. 零售业务管理

零售业务管理涵盖采购订单管理、零售管理、员工考核、库存管理、串号管理、价保返利、利润核算、结算管理等营销全过程管理。零售业务管理采用博远零售系统软件，实现营销过程的全程实时管控。省部管理通过进销存、收银等多维度数据管理；商品价格管控；零售条线薪酬核算；促销活动管理；销售优惠额度管理等，并通过数据汇总分析形成月度零售经营分析报告、地市厅店健康度分析、年度任务完成进度、业务风险分析等报表。零售业务管理系统还对销售进度、库存周转等进行多维度的定期通报管理，以提醒地市门店改进不足或保持优势。

3. 售后业务管理

售后业务管理则将售后服务的维修管理、客户管理、收银管理、换机管理、零售业务的融为一体化管理平台，涵盖售后服务的各个环节，包括维修机的录入、维修部件物料管理、维修查询及回访、收银业务等，同时增加零售业务模块，满足售后服务的所有业务管理需求，可以对售后业务进行过程管理与结果管理，实现售后业务运营质量，服务质量、业务指标分析，根据分析结果制定售后阶段目标、工作计划、改善措施等。

4. 采购业务管理

采购业务主要使用 SCM 系统进行供应商管理、需求管理、产品管理、采购管理、采购信息记录维护、采购退货、合同维护、物流指令下达等。通过 SCM 系统数据形成分销终端采购情况、零售终端采购情况、配件终端采购情况。可以进一步分析价保返利兑付情况、商务结算情况报表、采购机型及采购量分析、订单处理时效分析等。

5. 商务物流管理

商务物流管理根据零售发货需求建立零售亚信订单，办理串码备案，实现终端串码全生命周期管理。通过采购订单日报、退货订单、售后投诉工单等信息，形成各售后网点的投诉数量、投诉处理时效报表，以监控自建售后网点的服务质量。依据物流合作商金库系统数据，建立物流配送运营质量监控日报表，以分析物流配送客户签收情况、省仓每日收货状态通报、监控收货过账情况和库存未发货订单，可对库存不足和未完结订单进行预警，随时通报相关部门进行处理，避免订单超期。

6. 财务管理

财务管理主要使用 SCM 系统，结合博远零售系统数据进行财务日报、风险周报、月度产品毛利监测、产品生命周期盈利监测、产品销售结构盈利模型、健康度分析以及运营月报分析。监控运营风险，预估销售情况和盈利状况，为产品营销政策的制定提供参考依据；及时定位高水位、长库龄库存产品，进行预警，并提出优化库存结构的改善建议，为采购预审提供支撑依据；根据资金的收支情况，合理安排资金使用，减少资金占用。实现对产品盈利情况的实时监测，统计产品毛利，便于定位盈亏点，实时掌控浙江终端公司整体全生命周期的销售及库存跌价情况，及时评估产品销售结构是否健康，是否符合年初规划目标，为采购行为、销售政策的制定提供决策依据。

（五）实现预警机制、稽核机制、健康度评估机制及自我调整机制融合应用

1. 建立全天候预警机制，前置管理业务风险

浙江终端公司的预警机制包括实时预警、日预警、周预警和月预警。日预警通过日报进行展示，周预警通过风险周报进行展示，月预警通过月度运营月报展示。

预警指标是以立体指标体系为基础，运用专家法、时差相关分析法等，结合一步先根据专家判断法，从浙江终端公司立体指标体系中，选择销量、收入、毛利、库存周转、应收账款、渠道客数等作为备选指标；第二步选取月度数据，对每组数据进行月度移动平均，消除周期性影响；第三步分别对指标体系中的指标与每个备选指标进行时差相关分析，确定出先行指标、同步指标、滞后指标，将先行指标、同步指标作为备选预警指标；第四步，根据各备选预警指标的可取数周期，分别确定实时预警指标、日预警指标、周预警指标、月预警指标。

对预警值或预警区间的设置依据两个方面：一方面是针对有年初目标值的指标，测算每日（周、月）的累计应完成比例，无论对于正向还是反向指标，凡是偏离阶段目标值的，即触发预警。另一方面是针对没有年初目标值的指标，预警值根据既往数据，由相关指标的关联测算而形成的。例如，周预警指标中，出货率＝本周销售/（本周采购＋期初库存），其预警值（公开版＝20％、定制版＝25％、配件＝20％）即是根据本周销售、本周库存和期初库存测算得到的。

2. 建立闭环稽核机制，保障业务运营的规范、真实

为了更好地开展业务账务两级稽核工作，成立专职稽核队伍，围绕进销存数据及财务的应收账款、实收账款、资金缴款、销售优惠、价保返利等数据，制定分销业务、零售业务、售后业务、价保返利四类账务稽核操作规范。明确各类稽核工作的岗位职责、工作流程、稽核内容与要求、稽核工作差异处理规范，实现稽核体系的闭环管理。同时开发并运行稽核系统，开展分销、零售业务线条订单和库存数据的每日稽核。

两级稽核机制的建立，保证业务经营数据真实、完整和准确，财务计量和经营管理报表反映实际的收入情况；保证资金收款信息的完整性和准确性；保证营销优惠政策执行数据的准确性，合理反映营运成本，以促进成本费用管理；保证业务的账实信息相符、账务计量和业务口径数据的一致性。

3. 建立多视角健康度评估机制，总结运营成果并指导下阶段工作方向

多视角健康度评估，以分销和零售两条业务线为基础，分别从地市、品牌、机型三个视角进行评估。

与多视角评估相对的健康度指标也是由总体健康度指标、品牌健康度指标、机型健康度指标构成。指标的构建是依据经验以及与行业对标，综合运用相关性分析、专家法、频率直方图等方法和工具，形成健康度指标名称、权重以及计分标准等。

多视角的健康度评估不但注重整体的健康度，同时也注重产品的健康度，通过对产品品牌和机型的健康度进行评估，为浙江终端公司业务的精细化运营提供非常翔实的数据支撑。

4. 建立客户满意度指标的自我调控机制，及时改善和提高营销服务质量和水平

浙江终端公司拥有末端销售平台，面对众多客户，服务质量直接影响生存和发展。为了保证服务质量，提高服务水平，最大限度地激发员工的主观能动性、强化工作责任心、调动工作积极性，浙江终端公司在末端营销平台实行客户满意度指标的自我调控机制。

一是引入服务质量“综合指数”，从基础管理、运营规范、运营效率、员工感知、渠道客户感知和终端客户感知六个维度评价服务质量，各个维度又细分个评价指标。服务质量相关指标根据其项目重要程度，区分为红、黄、绿三个等级。为考核指标，纳入部门 KPI 指标体系。新增属于运营规范类、运营效率类指标时，列为红色指标，为定期通报指标。新增属于基础管理类、员工感知类、终端客户感知类、渠道客户感知类指标时，列为黄色指标，为不定期抽查的通报指标。绿色指标由黄色指标转化过来，原则上首次纳入的指标不出现绿色指标。

二是指标等级动态转化，以季度为调整周期，根据指标检查出问题的严重程度动态调整。员工可及时根据指标状态，对自身的服务工作质量进行改进和完善，以达到提升服务质量的要求。

三是服务质量日常监管由浙江终端公司内部专业小组与外部合作单位共同完成。按照检查的组织方式分为常规检查与专项检查，常规检查的检查周期分为日、周、月，形成日报、周报、月报；专项检查根据检查项目内容和要求，可随时实时开展，形成检查报告，并根据各部分指标的改善或变化，及时对指标等级进行调整，并按指标调整结果进行考核。

四是考评与申诉。第一，部门考评。部门考评以指标体系中的红色指标得分为依据，服务质量日常管理部门每月对各部门服务指标考核项目进行检查，根据考评规则统算考核得分，月度考核以百分制计算，得分 75（含）以上线性得分，75 分以下不得分。考评最终结果作为扣分项纳入部门经营业绩 KPI 考核。第二，个人考评。根据问题严重程度，个人考核直接扣罚月度绩效奖金。第三，考评申诉。部门或个人对考评结果如有异议，可按组织架构逐级申诉，必要时由服务质量管理委员会最终裁定。

（六）完善各业务单位风险管控职能

内控部门从流程制度角度，不断完善浙江终端公司流程制度体系；内审部门从审计角度，以“裁判员”的独立身份对浙江终端公司的风险防控工作进行监督评价；纪检部门从党纪政纪的角度，负责风险管控过程中党风廉政、信访举报及案件查处等工作；各业务单位负责各专业领域的管理体系实施与落实，根据运行情况提出修改完善建议，指定接口人负责风险管控工作的具体业务对接等。

三、移动终端企业基于大数据的实时动态运营管理效果

（一）服务质量提升，提高了市场占有率

基于本成果的实施，浙江终端公司运营管理能力提升，实现全面客户管理、提高了服务质量，锻造了品牌影响力，进一步提高了市场份额。2015 年年底，浙江终端公司销量份额占 28%，平台商排名第一。

（二）经济效益提升，促进企业健康发展

2015 年，浙江终端公司全年累计实现运营收入 80.5 亿元，完成全年目标的 105.6%，收入比 2014 年增长 25.36%。存货周转加快，2015 年，浙江终端公司存货周转达到 21.9 次/年，同比提高 25.86%。2015 年的资金使用费比 2014 年减少 2282 万元。

基于大数据的实时动态运营管理的实施使浙江终端公司整体健康度水平有进一步的提高。按终端公司总部口径的健康度评估角度看，浙江终端公司 2014 年在全国排名第 2 名，2015 年跃居第 1 名。

（三）社会效益提升

实现了公司经营业绩的进一步提升，为国有企业实现保值增值提供了管理保障。基于大数据实时监控运营管理体系的构建，是浙江终端公司在结合内外部环境、运用多种经济学、管理学、统计学的方法和工具，在强大系统支撑的基础上实现的。这些思路、方法和成果，可以作为终端销售型公司构建业务监控体系的参考。

（成果创造人：虞　杲、林　涛、石思奇、张存伟、宋广卫、李灿斌、宋翠娥、程　俊、吴宇妍、刘魁武）

省级电网基于大数据分析的调度控制一体化管理

国网重庆市电力公司

国网重庆市电力公司（以下简称重庆电力）1997年随重庆直辖市而成立，是国家电网公司全资子公司，以投资、建设和运营电网为核心业务，目前基本按照“一县一公司”的模式，设立了10家供电分公司和22家供电子公司（2016年供电子公司已全部改制为供电分公司)，负责经营重庆市38个区县的电力业务，供电面积7.9万平方公里，占重庆市面积96%，供电服务人口约3000万人。重庆电网是国家“西电东送”中部通道的重要组成部分，交流电网西接四川、东联湖北，是其交流通道的咽喉；三大特高压直流输电通道自四川至华东，横跨重庆，与川电东送交流通道并列运行。重庆电网骨干网络为500千伏“日”字形双回路环路交流电网，220千伏及以下电网随500千伏电网形态分布，横向分区、纵向延伸，覆盖重庆市各区县。

一、省级电网基于大数据分析的调度控制一体化管理背景

（一）跨区域特高压电网的发展对调度控制管理提出了新要求

随着社会经济的发展，大电网的发展模式已经由传统的满足供电需求向清洁能源大范围优化配置和节能减排的绿色发展模式转换。为此，电网的发展已呈现出特高压、交直流混联和大功率、跨区域输送的特征。按如上特征发展的电网，其控制难度日趋加大，以三大直流为例，若横跨重庆的三大直流故障，控制失败，其富裕潮流将横穿川渝交流通道，造成交流通道过载跳闸，其严重后果将可能导致川渝电网发生大面积停电事故，远在2000公里外的华东地区也将在同时间产生类似的停电事故。类似的问题在省级电网相关联的地区调控机构①之间也同样存在。因此，新的电网发展模式对电网调控提出了“共享电网运行信息、协同调控统一电网”的新要求。

（二）改变传统分级调控方式、实现不同等级电网协同调度运营的需要

重庆电网与全国其他电网一致，采用统一调度、分级管理模式。按电压等级的分级调控模式，其优势是能够分解各级调控机构的业务量，按照上下级关系构建的组织机构，以严格的律令来保证电网的统一调控，确保安全、优质、经济运行。同时，按照可靠性和安全性的要求，各级调控机构均按照分级调控的模式各自独立建设调控技术支持系统。其结果是，上下级调控机构无法同步感知同一电网的关联业务、关联风险、关联事故信息，造成协同调控困难。尤其是发生500千伏等高电压等级事故时，事故将直接从500千伏电网纵向延伸至220千伏、110千伏电网，直达10千伏的配电网络，造成大面积停电事故，多级调控机构协同将更加困难。在组织架构变更无法根本解决协同调控存在的问题时，重庆电力只能依托大数据共享的关键技术手段，消除信息孤岛，改变传统分级调控方式、实现不同等级电网协同调控。

（三）充分利用现代信息技术提升电网安全运营水平的需要

电网安全稳定运行是能源保障的根本，也是电网调控机构的主要任务。从时序来看，确保电网安全运行，亟须提升三个方面的能力，即“事前预防”“事中控制”和“事后评价”三个能力，传统调控模

① 国家电网公司三集五大体系改革时，已将电网的远方集中监视与控制业务纳入原电网调度机构，因此原“调度机构”全部简称为“调控机构”，新的调控机构从事的“调度控制”业务简称“调控”业务，本文中全部“调控”的表述均是指“调度控制”

式存在如下问题：一方面，在事前预防环节缺乏共享数据，造成电网控制决策偏差。另一方面，事中控制环节信息传输可靠性低，容易形成事故隐患。充分利用现代信息技术，挖掘大数据应用，在电网安全运营的事前、事中和事后三个环节发现问题、解决问题，提升电网安全运营水平是重庆电力的必然选择。

二、省级电网基于大数据分析的调度控制一体化管理内涵和主要做法

重庆电力构建大数据中心，针对传统调控技术手段和特高压互联电网发展的需求，分类整理、量化分析电网大数据与电网安全管理和实时运营之间的内生关系，以此提出解决各级调控机构在协同调控、风险防范、过程管控和评价改进中存在问题的方法，并作为现代电网调控信息技术的建设的依据，为各级调控人员提供辅助决策手段，全面提升省级电网协同调控能力及安全调控水平，提高电网供电可靠性。

（一）构建电网大数据平台，实现分布式数据存储和分析计算一体化

重庆电力按照“信息＋模型”、集中建设、整合信息和共享应用的原则，构建大数据平台，实现分布式数据存储和分析计算一体化。

1. 开发建设电网大数据平台

一方面，遵循电力信息安全分区的原则，兼顾数据共享的便捷性，在三区构建全网统一的数据仓库，通过信息安全隔离装置贯通一、二、三、四区及互联网数据，为采集各类信息和共享信息提供网络通道支持；另一方面采用传统关系数据库加分布式文件系统构建双引擎驱动的数据存储结构，为数据高效、可靠应用打下基础；同时，按照可扩展性的原则部署应用服务器，兼顾先进性和实用性，综合采用TPC（两阶段提交算法）、回归分析、关联规则、神经网络和聚类分析等方法，在应用层整合常规统计分析，开展电力系统专业分析计算和大数据分析，满足各种应用需求，并通过负载均衡的方式在三区按权限共享发布数据信息，以满足 32 个地区供电公司、779 个变电与并网发电厂同时访问信息中心的要求。

2. 采集整合电网大数据，构建数据仓库

从数据源头着手，在已建好的不同应用系统，按照统一的汉字描述规则对电网调度设备命名，对正在建设中或未建的系统，按照数据中心统一发布的设备 ID 码实施编号，确保分布式数据汇聚至统一仓库时分类整理标签简单统一。

一是采集电网管理数据。在三区基于任务调度系统，实时采集全网各类管理数据，包括组织机构、人员、厂站、设备台账、新设备投运、设备异动、检修、保护定值、缺陷、操作票、工作票等电网生产管理数据，以及已有的结构关联关系，在大数据平台统一存储。

二是采集电网运行数据。基于数据平台，定时采集全网一、二区各类历史运行数据，包括遥测、遥信、遥控及遥调数据，并在大数据平台统一存储。采用 104 规约将实时数据转发至三区，大数据平台接收并在三区构建开放实时数据库，提供实时数据共享机制，支持实时应用。

三是采集其他相关信息。采集环境信息、气象信息、规划信息、基建信息、营销信息和社会经济发展相关信息等，提高数据完整性，为大数据分析及深度挖掘应用提供全面的数据源。

同时，依据电网设备的联接关系，构建全网一体化模型，在各类离散的信息数据之间建立内生关联关系，为大数据的整合、查询、应用提供便捷的数据“配送”渠道，以此实现全网业务一体化数字化分析计算与共享。

3. 开展数据治理，提升数据质量

研发部署不良数据辨识软件，以 5 分钟为周期，从数据的完整性、一致性、相关性、规范性和准确性五个维度自动扫描辨识不良数据，开展基础数据治理，指导各单位有针对性开展自动化设备消缺、设

备台账数据补充完善、对应关系错误纠正等，保证数据真实可靠，并将自动扫描结果作为对各单位数据质量评价依据。对采集到的数据进行管理，包括如下几个方面：一是完整性，数据完整性要求数据采集没有遗漏，满足业务需求；属性完整性要求必填字段没有遗漏，参数完整。二是一致性，按照统一的规范命名，保证设备名称、ID编码的一致性，包括系统间一致性和系统内一致性。确保数据能够在不同系统间或统一系统内满足唯一性约束。三是相关性，按照业务需求及客观规律，在数据对象之间建立包含、隶属、连接、对应等关系，为各类数据的同步共享和广域检索奠定基础。四是规范性，严格遵循《电网设备通用数据模型命名规范》，建立健全ID生成规则，实现ID及命名的规范化，完善数据字典，实现数据录入对象化及规范化。五是准确性，确保设备参数真实、全面，能及时反应电网的运行工况。

（二）开发建立电网风险在线预警系统，有效防范运行风险

利用大数据平台的数据采集及治理成果，结合企业模型及电网模型，在大数据中心统一开发环境的支撑下，开发并投运重庆电网风险在线预警系统。

1. 建立电网运行风险评价指标体系

重庆电力采用逆向思维方法逐步探索建立重庆电网运行风险定量评价指标体系：通过回溯历史运行方式和调度计划，计算比较大量不同状态下的电网运行风险数值，研究电网运行风险数值分布趋势，进而确定风险分级量化评价指标。由于电网稳定分析包括元件过载、电压波动及负荷损失等多个方面，同时计算结果也分有名值、标幺值两种方式。因此，在指标确认时需要综合考虑各种故障后果权重及结果展现的直观性，既要客观真实反映系统风险水平、又要便于量化评级。由于电网稳定分析包括元件过载、电压波动及负荷损失等多个方面，同时计算结果也分有名值、标幺值两种方式。因此，在指标确认时需要综合考虑各种故障后果权重及结果展现的直观性，既要客观真实反映系统风险水平、又要便于量化评级。经过对大量电网运行方式的比选、分类，重庆电力初步掌握自身电网运行风险定量计算数值规律。

2. 在线评估、协同防范全电网运行风险

充分发挥大数据平台优势，共享各单位对未来电网运行风险辨析结果，为关联电网的调控机构协商统筹电网运行方式安排，协同控制电网运行风险提供依据。

同时，在大数据中心，部署量化分析安全风险预警软件模块，以15分钟为周期，对35千伏至500千伏全电网的实时运行状态进行集中扫描，发现风险，及时告警，指导省、地（县）33个调控机构的调控人员及时采取措施，纠正或中止异常提升电网运行风险等级的电网运行操作（包含正常的计划停电安排），共同协商，化解风险叠加或突发事件带来的电网风险，将隐患消灭在萌芽状态。

3. 提高协同防控电网运行风险能力

一是共享大电网全景运行信息。基于大数据平台，将35千伏及以上电网模型与实时运行信息在各级电网调控机构共享，在事故处置时，各级调控中心可以同步感知35千伏至500千伏电网的运行工况，及时准确地采取协同一致的处置措施。

二是基于共享的全电网模型开展演练。基于大数据平台，依托35千伏及以上电网模型，构建全网一体化联合仿真平台，组织各级调控机构在同一平台开展调控事故应急处置演练，并从事故处置的正确性、规范性、处置速度等方面量化评价各级调控人员的素质与能力，为电网的安全稳定运行与事故处置做好人力资源保障，全面提升各级电网协同处置电网事故的能力。

三是检验事故处置预案流程与目标的一致性和准确性。将各级电网典型事故预案纳入统一平台演练，在演练过程中，检验各级调控机构针对同一大型事故编制的预案是否规范、流程是否统一、目标是否一致，及时发现并纠正存在的问题。

（三）整合共享电网运行大数据，构建集约高效的一体化调度管理体系

按照共享的原则，整合共享电网调控运行管理大数据信息，建成集约高效的一体化调控管理平台。

1. 梳理并固化调度核心业务操作流程

由于重庆电力 32 家地（县）调控机构中有 22 家调控机构是由原地方电力公司改制而来，存在管理落后、差异性大、安全意识薄弱、不满足电网安全运营的状况，重庆电力依托一体化调控管理平台，梳理出核心业务 8 项，包括：发电计划、停电计划、设备新投、设备异动、保护定值单、监控信息点表等，在国网公司的通用制度要求基础上，细化完善，制定标准操作流程（SOP），并依托信息技术系统固化上线运转，32 家调控机构共享应用统一流程。同时，依据系统自动记录的流程流转数据信息，开展人员操作或管理的审计监督评价，对核心业务流程实施全过程分析管控，快速实现省地（县）三个层面的标准化和同质化管理。

2. 构建全网协同调度机制

构建共享大数据，协同调度机制。依托大数据分析，及时掌握各地区电网负荷水平及电网用电负荷增减的趋势，实时分析 35 千伏及以上电网变压器和输电线路重载运行情况，通过及时调整并网发电厂出力、跨区联络线和站内运行方式，实施供电能力的跨地区支援，使电网容灾能力始终保持最优状态，确保电力的有序供应；实时分析、监控 35 千伏及以上电网电压水平，调整全电网无功补偿及电压调节策略，在本地无法就地平衡时，组织无功电力跨电压层级和跨区支援。

3. 建立安全防误闭锁机制

依托一体化数据中心，建成覆盖 32 家单位的调控操作平台，并将操作平台延伸部署至重庆辖区内的 779 个 35 千伏及以上电压等级的变电站。

一是全局共享调控操作信息，32 家调度机构与 779 个变电站现场共享全网运行大数据和操作信息，同步跟踪关联运行操作进程，为有序开展操作做好准备，缩短操作时间。二是将运行操作大数据贯穿防误调度环节，新的调控操作平台，在电话调度指令下达的同时，同步传递电子指令票信息，确保下令方与受令方均按照指令票信息发、受指令，化易出差错的风险环节为相互监督的管控环节。三是将指令平台大数据作为防误操作密钥，将操作指令票信息逐条分解作为每项操作的逻辑密钥，密钥按操作逻辑顺序逐步打开被操作对象的遥控操作权限，仅当人工操作行为与指令信息一致时，方能操作成功，否则强制关闭该操作行为，避免监控员误操作事件的发生。四是将操作结果数据作为防跨项误操作的逻辑判定，操作完毕后，通过自动化信息系统将操作对象的电流、电压、遥信位置等信息同步反馈至操作平台，以电子信息逐项自动确认的方式确保按序操作。防范操作机构故障导致开关三相电气回路未实质性导通和跳项误操作事件的发生。

不仅如此，还可通过指令票与检修停电申请绑定、上下级指令票协同关联、电子预令票提前下达等方式实现调度操作大数据的共享，有效地确保运行操作内容正确，调控操作行为准确，确保事中环节的调控操作安全。

4. 推进电网调度与检修作业计划协同

一体化调控管理平台支持任意类型调控流程关联和数据共享，支持主网调度和配网调度之间的协作调控，共享风险预警信息，互相提示安全注意事项等。支持调度权和监控权分离、资产所有权和调度权分离的相关调控机构共享决策信息。

一体化调控管理平台通过信息共享，为协同开展电网停电计划管理、提高供电可靠性提供协商调控的平台。协商平台提供上下级调控机构以及平级调控机构之间停电计划、运行方式变更、新设备投运等电网调控决策信息共享。在此基础上，将设备检修信息、设备缺陷信息、设备运行周期（或检修周期）、设备供货原厂商等信息整合，统一开展趋势性判断，提供电力设备可能故障，急需安排停电检修的辅助

决策支持。通过分区互带、共享资源的方式，合理调剂检修作业计划时间窗口，协同安排配合停电计划，减少重复停电次数，力求将设备故障对电网运营的影响降到最低。

（四）构建电网调控运行实时评价体系，持续提升电网调控水平

1. 评价基础数据质量

自动化专业评价管理基础数据质量。在数据中心的全网模型上部署状态估计遥测合格率与母线平衡量化评价软件，从数据完整性、一致性、相关性、规范性和准确性等五个维度对35千伏及以上电网基础数据质量进行校验，以5分钟为周期，实时分析量化评价基础数据质量，发现具体问题所在，为各单位提供数据治理的靶向依据，为数据中心及各类高级应用提供高质量的数据源。

设备监控专业评价管理监控信息正确率。针对事故信息在事故处置过程中的关键作用，电力事故发生时，采集厂站端上传的遥测信息、开关变位信息、保护动作信息和相关事故类信息等，结合专业人员对事故性质的判断结果，按照固定的逻辑分析，对比与事故分闸条件下典型信息之间的差异，综合分析监控信息是否正确可靠，对误发、漏发及系统缺失的监控信息进行统计分析，开展量化评价，指导各单位开展主站端和厂站端监控信息整治，为电网的集中监控提供更加可靠的技术手段，提升电网事故的应急处置效率。

2. 评价标准操作流程

技术管理专业评价管理标准操作流程规范性。依托大数据中心采集到SOP流程运转信息数据，针对调控生产管理的8项核心运营业务，从每一步流转时间、过程要素是否完整、是否跨项目流转、内容是否有错误等角度，全面开展标准化、同质化水平的量化评价。并将标准操作流程（SOP）信息与公司设备（资产）运维精益管理系统（PMS2.0）中的流程贯通分析，提高大运行与大检修之间协同水平及工作效率，从过程管控的角度提升重庆电网安全水平。

调控运行专业评价管理调控操作规范性。针对调控运行操作实时性强，对电网安全运行影响最为直接的情况，基于大数据平台，对调控运行操作进行专项评价，其主要目的是杜绝无票操作的恶性违章行为。具体做法是依据非事故停电信息，比对智能操作平台的操作信息，若发现停电信息无法匹配操作票信息，则认为系无票操作；同时，根据操作平台的内生逻辑，评价操作票填写与操作是否规范、是否存在解锁操作、远方遥控操作是否成功等指标，在规范调控行为的同时，为完善自动化技术支持系统提供依据。

3. 评价电网运行质量

电网运行质量主要包括电压合格率、停电检修成效及继电保护正确动作率等。具体评价方法如下：

一是系统运行专业评价管理电压合格率。依托大数据平台的数据整合成果，一方面，采集全网母线电压，实时量化评价电压合格率；另一方面，结合主变分接头调整，电容器投退等数据，对电压调整策略进行评估和优化，为进一步完善自动化调压策略提供依据；同时，参照监控分区、电压限值、免考核流程等相关信息，对无功补偿装置的完整性和可靠性进行评估，为电网无功补偿装置的规划建设提供依据。

二是计划专业评价管理停电检修管理成效。基于大数据平台的全网模型，采集相关遥测及遥信数据，以5分钟为周期，判断主变、母线、线路等主设备状态切换情况，并进行拓扑分析，配合事故跳闸信息，辨析出全网非事故停电信息，并将相关信息与月、周、日计划比对，评价考核非计划停电情况，防范因非计划停电造成电网运行风险或不必要的重复停电。

三是继电保护专业评价管理继电保护正确动作率。基于大数据平台的全网模型，采集相关遥测及遥信数据，以5分钟为周期，判断主变、母线、线路等主设备状态切换情况，并进行拓扑分析，配合事故跳闸信息，辨析出全网事故停电信息，并挂网发布。各单位按照挂网信息，上传故障录波与保护装置动

作信息，填写事故报告，上级调度据此开展事故评价，为改善保护装置的可靠性和完善保护整定计算策略提供依据，从而提高保护正确动作率，全面强化电网三道防线。

三、省级电网基于大数据分析的调度控制一体化管理效果

（一）改变了传统调控方式，构建了依托大数据分析的一体化调度控制管理体系

依托大数据中心，实时采集并共享电网运行信息，各级电网调控机构同步感知电网全景信息、主动协同开展应急处置，实现由传统“分级调度、相对独立”的调控模式向“强关联协同调控”模式的转型。统计分析近2年事故处置时间，比传统调控模式缩短20%左右。同时，依托大数据分析，率先建立了对基层单位调控关键业务直采直评的量化评价指标体系，并通过构建省地（县）一体化调控管理系统，强化标准操作流程（SOP）的过程管控，推动调控管理模式的转型。

（二）电网运行质量和供电可靠性得到显著提升

以应用为导向，变革新型调控运行与管理模式，电网的运行质量得到了显著的提高。通过基础数据量化评价、靶向整治，督促各级单位持续推动线路参数实测等工作，快速提升电网基础数据质量，国家电网公司同业对标指标220千伏及以上电网“基础数据质量”，重庆电力从国网排名第23名飞跃提升至第1名，继电保护正确动作率连续2年保持100%，110千伏及以下电压等级电网基础数据质量从2014年的90%左右，快速提升至目前的99.3%以上，在国内处于领先水平。通过实施监控、评价电压合格率，督促各单位及时调整调压策略及运行方式，220千伏及以上电网电压合格率持续多年保持100%，城市和农村综合供电电压合格率分别保持在99.5%和99.3%以上，在国网系统处于较高水平。

同时，电网的供电可靠性也持续提升。省级及以上电网调控操作平台采取集中部署、协同防误模式，在国内尚属首次，截至2016年9月28日，全网调控指令票与监控操作票线上流转35792条，没有发生误调度、误操作事件，电网持续保持安全稳定运行的态势，重庆电网供电可靠性连续多年持续高指标运行，2015年提升至99.9622%，有效保障了社会用电需求。

（三）减少了资金投入和有效防范了电网运行风险，取得了较好的经济效益

共享大数据，集约建设技术支撑调控系统，大幅度减少了资金投入。按要求，各单位须建立调度指令票、调度管理、培训仿真、在线安全分析等功能模块，若独立建设，每个单位投资至少400万元以上（按国网十三五调控规划指导价格核算），32个单位总计将投资1.28亿元以上，按照现有的集约建设，共享应用模式建设，总投资不到4000万元，减少投资至少8280万元，同时减少日常运维费用400万/年（按国网信息系统运维标准，取最低档运维费用标准核算）以上。据不完全统计，在重庆电力运营的电网范围内，近2年约化解电网事件风险17例，5级风险降至6级有15例，6级风险降至7级有8例，有效防范了电网风险。

（成果创造人：路书军、吕跃春、李洪兵、刘欣宇、陈宏胜、李文涛、周　宁、欧　睿、胡润滋、徐　健、毛新儒、周宇晴）

移动通信企业基于大数据“变现”的智能化业务支撑管理

中国移动通信集团福建有限公司

中国移动通信集团福建有限公司（以下简称福建公司）是中国移动（香港）有限公司的全资子公司，于1999年10月9日正式挂牌成立，1999年10月28日在中国香港地区、美国纽约上市。经过十余年的发展，公司资产总额、客户规模、运营收入和净利润均实现跨越式增长，成为福建省内网络规模、客户规模、收入规模、利润规模最大的通信运营商。下设9个市级公司，截至2015年，员工总数1.3万人，客户总数达2600万户，客户市场份额达64%，收入规模达到237亿元，利润总额57亿元，在全集团31省排第9位。

一、移动通信企业基于大数据“变现”的智能化业务支撑管理背景

（一）提升管理水平和业务能力的客观要求

通信运营商的业务支撑是指内部对企业管理、业务、网络等各专业领域所需的信息化系统的开发和运维。业务支撑能力是运营商赖以生存的核心能力，但是目前福建公司业务支撑能力存在三个方面的不足，一是数据的共享不足，缺乏对BOSS/CRM/BASS系统进行统一规划、统一建设，系统间接口也没有打通，无法实现数据全面共享；二是数据的整合不足，支撑系统的数据整合能力不足，数据的完整性和一致性得不到保障，还不能对智能化管理进行全面支撑；三是数据的协同不足，数据分析不够全面，很难真实提取一线的信息，及时地判断市场形势的变化，导致不能迅速制定准确的应对策略。

因此，福建公司需要通过云计算和大数据等新技术的引入重构业务支撑架构，优化支撑系统，打造强大的系统研发和集成等业务支撑能力，改变“有需求才会有支撑”的来料加工型业务支撑模式，通过大数据分析，充分挖掘业务数据价值，主动参与企业管理和营销的场景设计，增强信息化产品核心竞争力，实现从卖资源到卖能力的转型。

（二）落实集团“五化”改革的需要

随着移动互联网的发展，资源不断集中化，服务不断扁平化，运营的一体化趋势非常明显，中国移动集团公司的“五化”（组织扁平化、管理集中化、流程标准化、运营专业化、机制市场化）改革提出了以省为单位推动各项生产经营和基础管理向集约化、精细化转变的要求，对业务支撑工作的内容和性质提出了新的要求，不仅要求继续做好营销、计费、服务等生产性功能支撑，更要围绕“五化”改革做好智能化管理支撑。

（三）提升企业市场竞争力的要求

从企业外部看，福建公司现有业务支撑效率与领先的IT企业和互联网公司差距较大。以百度、阿里、腾讯为代表的互联网企业充分利用大数据，深度洞察客户，创新业务模式，占据了互联网竞争的制高点。

从企业内部看，应用开发敏捷性和迭代性给系统建设运维模式带来巨大冲击。敏捷开发打破了传统项目建设和管理模式，提出了全新的技能和文化要求，福建公司亟须加快推进业务支撑组织架构变革，加强自主研发和运营把控，全面提高大数据核心能力，将数据视为企业的核心资产，全面挖掘数据价值，提高盈利能力。

综合多方面因素，福建公司需要对业务支撑的运作模式、体系结构、管理方式进行重大的变革，以适应新形势下的需求。因此，从2013年开始，福建公司开始推进基于大数据“变现”的智能化业务支

撑管理。

二、移动通信企业基于大数据“变现”的智能化业务支撑管理内涵和主要做法

福建公司以“智能、开放、创新、友好”为指导思想，坚持“统一、开放、渐进”三大原则，率先在中国移动集团内部建立大数据智能运营中心，通过完善大数据管理和研发组织，加强大数据运营的横向协同、纵向联动、外部合作三大协同，构建全领域、全人员、全触点的跨运营域、业务域、管理域的大数据整合平台，打造大数据应用能力，提升智能化营销能力、经营管控能力以及辅助决策智能化能力。通过挂钩收入考核，实现大数据中心与业务部门“互惠互利”，实现大数据内部跨域变现；通过整合内外部数据，探索客户深度定制数据服务，实现大数据外部跨界变现，全面提升企业智能化业务支撑管理水平。主要做法如下：

（一）坚持“统一、开放、渐进”三大原则，明确智能化业务支撑管理总体思路

2012 年，中国移动集团公司提出大数据时代“智能、开放、创新、友好”的全新移动互联网战略，即构筑“智能管道”、搭建“开放平台”、打造“特色业务”与提供“友好界面”。福建公司以此为指导思想，明确基于大数据“变现”的智能化业务支撑管理总体思路，一是坚持“统一、开放、渐进”三大原则，以业务数据“逻辑集中、物理分散”为目标，实现数据统一采集、统一存储、统一管理、统一运营、统一服务；二是借鉴互联网思维，提供标准对外服务接口，打造开放的大数据服务平台；三是依据“分步实施”的原则，逐步完善大数据平台功能，稳步推进业务支撑能力建设，通过大数据驱动企业内部业务支撑管理的精细化和智能化，辅助企业决策，逐步推进市场经营、客户服务、网络优化、运营分析的效率提升，实现“内增效”。同时，推进业务和产品创新、变现运营的能力提升，实现“外增收”。

（二）完善大数据管理、研发组织，加强企业内外协同

1. 率先在全集团成立大数据运营中心

2013 年 7 月，在领导高度重视和推动下，福建公司打破传统组织架构和人员配置模式，成立大数据运营中心，强化大数据运营组织人员保障，促进业务响应更加前移，数据运营更加主动。通过组织变革，实现两大提升：一是业务响应更加前移。跨前一步支撑，以前是“来料加工型”，有需求才会有支撑，现在是主动参与业务营销的场景设计。二是数据运营更加主动。大数据全面融入 CRM（客户管理系统），推进大数据的洞察和各渠道触点的有机融合，驱动前端问题解决。

2. 成立省市双向联合研发团队

在实体大数据中心的基础上，成立市场、数据、政企等省市联合运营虚拟团队，从原来单向推进向协同推进转变，由传统定制开发支撑模式转变为协同办公、全程介入、快速迭代的联合运营模式。

通过分目标、分科室、分地市对联合运营团队进行任务分解，明确各级任务目标，同时，每周/月召开例会进行项目进度审视，对不能按期达到要求的项目，进行政策、通路部署调整，确保完成既定目标。

3. 多方协同，促进大数据挖掘分析

引入互联网运营思维，加强大数据运营横向协同、纵向联动、外部合作三大协同。

一是横向协同。自主选题，市场、网络和业务支撑三个专业自主组建团队，竞聘项目负责人，依托大数据资源，开展的项目自主研发推广，评定实施效果，个人绩效加分按贡献比例分配，比如网管中心、业支部和客服部基于大数据开发“网络性能集中分析系统”。

二是纵向联动。针对市场热难点课题，以地市自报专题、省公司指定专题两种方式，研发大数据应用，比如联合泉州分公司开发基于大数据的“经营绩效看板”。

三是外部合作。合作伙伴自带平台和技术，福建公司提供大数据信息，实行有收益再分成，比如与华为、中兴开展基于大数据的 ToolBar 项目合作。

（三）打造企业级大数据支撑平台，构建大数据“变现”能力

2013年，福建公司大数据中心以经营分析系统为基础，全面推进跨域整合，集中建设符合集团公司规范的企业级大数据平台，推进数据的“集中管理、整合共享”，构建大数据“变现”的能力。

1. 建设统一的大数据管理平台

采用自有人员开发软件和购买商业软件两种方式，兼顾建网成本和快速形成生产能力两个方面，构建混搭架构（传统DW＋MPP＋Hadoop）的大数据平台，通过多租户模式，引入流处理技术，实现平台共享，打造企业级的数据管理、应用开发平台。

2. 推进大数据跨域跨界整合

一是对内跨域。充分整合运营域、业务域、管理域三域数据（包括网络数据、业务数据和管理数据），特别是实现网络侧全量数据整合（包括用户使用2G/3G/4G上网的内容、用户2G/3G/4G的通信信令等数据），O域日新增数据20T（1T＝1024G），B域日新增1T，M域日新增100G，不仅实现三域基础数据的充分共享，并且在构建企业级共享层数据方面也取得重要进展。二是对外跨界。通过合作的方式尝试拓展外部的数据，包括政府部门、外部企业以及互联网数据，如福建高速、厦门航空、福建企业征信平台、万达广场等。

3. 建立基于大数据的智能业务支撑管理系统

依托大数据平台，借鉴国内外先进行业的管理模式，以能力整合为原则，在大数据平台上构建集决策、指挥、控制、分析、情报及监控于一体的全息全景可视化智能业务支撑管理系统，包括绩效看板、4G专题分析、市场营销作战平台、客户服务运营平台、流量运营平台、数据业务微营销平台等十大应用，构建智能业务支撑能力。例如，依托大数据分析技术，以短、频、快的作战流程为参考，构建快速迭代的市场营销作战平台，实现业务方向决策与一线营销执行的首尾互通，减少中间冗余流程，促进福建公司业务高效率发展。

（四）基于大数据支持，提升营销能力

1. 精确化投放营销建议

构建基于CPCT（客户—产品—渠道—时机）精确营销模型，通过智能化弹窗、可视化前台等功能，直接在五大固定销售触点（营业厅、社会渠道、10086热线、集团客户台席、互联网协销平台）精确化投放营销建议，取消原有的市公司部署环节，使得前台营销不仅精准，而且更加迅速、及时。目前五大通路月推荐量达到800万次，成功办理率超14%。例如，借助大数据，精确锁定潜在换机客户，多渠道联动接触客户，解决“用户买对机”的核心问题；同时提高4G终端铺货率，协助渠道找准市场机会，帮助“渠道卖对机”。4G换对机从2014年年底的38.7%提升至79.1%，居全国第一阵营。

2. 高效支持客户管理

依托企业级大数据平台，开发MOP系统（智能手机版客户管理系统），精准定位目标客户，实现省公司业务部门直接为客户经理、渠道经理和代销商三支流动队伍提供实时、准确的单兵作战支撑，直观展示业务—客户的对应关系，帮助三支流动队伍做到“精准打击”，即在合适的时间，针对合适的客户，开展精确的营销。目前MOP系统月推荐量达到4万次，成功办理量率超过10%。

（五）基于大数据支持，提升经营管控能力

1. 大数据驱动集中化经营分析

整合大数据建模、客户洞察能力，建立全省经营绩效看板，全面掌握省、市、县、片区各级市场经营情况，由省公司市场部集中向各市、县公司集中提供智能化、全面性的经营分析服务，市、县公司无须再自行提取分散的经营指标，也无须再花费大量精力和人力对经营指标进行统计分析。每月基本可在2天内完成月度经营分析，效率较以前提升60%。

2. 大数据驱动集中化网络管控

构建大数据网络性能分析模型，从网络侧和客户侧双向多个维度监控全量网络信令和用户行为，准确定位网络问题及原因、预判客户感知下降事件、开展网络感知专题分析；同时，改变省公司网络部门监控网络指标、地市公司各自诊断问题、分析原因、制定解决方案的分散管理模式，实现省公司网管中心对全省网络的集中诊断、智能分析原因并向地市公司提供解决方案，目前省公司层面集中分析 LTE 网络方面问题达 98%以上，月优化问题点解决率从集中前的 43%提升到 90%以上。

3. 面向流程管理部门，驱动流程管理优化

对 OA、经营分析、EOMS、财务集中核算等各专业 IT 系统上承载的流程各环节信息进行融通、整合，实现对流程各个环节时限的数据抓取和统计分析，按照月度、季度、年度为周期对流程运行情况统计分析，实时呈现流程的运行时长和负载指标，评估流程的执行效率。建立福建公司效率评估体系，开展常态化效率评估，通过效率评估和短板诊断，提升公司整体运作效率。2015 年 6 月至今，省公司业务部门针对标准流程向各地市公司提出 128 个流程执行关键要点，同时，协助后端管控部门固化 12 条省市联动监控流程，福建公司流程效率整体提升幅度超过 30%。

4. 面向前端业务部门，促进流程效能提升

依托大数据中心，融合网络侧数据以及用户侧数据，帮助前端业务部门，横向对比不同市公司相同流程环节时长和效率，分析同一流程在各地市公司的差异，分环节提出标准流程分地市执行时的关键要点。

5. 面向后端管控部门，推动流程效益提升

依托大数据模型，帮助财务部从业务经营和业务营销两大运营维度出发，构建涵盖客户、流量、收入、业务等多角度、全方位、立体化的健康度评估体系，实现省市联动监控标准流程固化。例如，借助大数据，建立 4G 终端健康度监控体系，实时监控 4G 终端健康度情况，重点对终端流失率、窜货率、疑似虚增率、合约拆包率进行监控。排名 TOP10 的渠道网点建立渠道看管机制，由渠道经理对渠道在终端上柜、销售、换卡、库存进行全流程跟踪，核查渠道违规套利行为。

（六）基于大数据支持，提升决策、执行能力

1. 支持高层决策

依托大数据分析技术，全面分析运营域、业务域、管理域三域数据，构建快速迭代的市场营销决策模块，多角度展现企业经营绩效情况，体系化、直观化、多角度展现公司经营绩效整体情况，提供“一站式”决策信息支持服务，支撑管理层进行管理决策并追踪决策行为。建立大数据分析决策模型，全面整合各专业部门的经营数据、行业数据和竞争对手数据，直接向福建公司管理层直观展示企业经营绩效情况，帮助管理层做出准确的战略决策。

2. 支持基层执行

依托大数据分析技术，以短、平、快的作战流程为参考，面向基层作战单元构建快速迭代的营销作战助手，通过“战区总览”“任务分解”和“绩效监控”三大功能，有效解决作战单元任务目标分解难、任务指令理解难和任务绩效监控难三大难点，方便区县经理、厅店经理等基层作战领导实时动态掌握业务发展动态，支撑制定和分解作战目标，实时监控前线作战情况，保障作战目标顺利完成。

（七）挂钩收入考核，大数据中心与业务部门“互惠互利”

一是产品更加符合客户需求。基于大数据平台上全量的用户行为数据，大数据中心主动前移一步，挖掘客户需求，向业务部门提供大数据应用产品建议，深入参与数字化服务产品的设计和研发。

二是发挥前后端部门销售能力。由传统的业务部门负责产品的销售和推广，转变为业务部门与大数据中心共同开展销售推广，探索收入考核与大数据中心挂钩机制，业支部与业务部门间不再只是单向支

撑和考评的关系，而是转变为共同获取收入、互惠互利的合作关系。

（八）整合内外部数据，探索客户深度定制数据服务

大数据对外价值变现目前已在福建省内的“政府、旅游、交通运管、公检法、民生服务、商业”等领域实现标准应用复制推广，从传统的售卖ICT产品模式，转化为客户深度定制数据服务模式，通过系列大数据应用以多样化的商业模式进行价值变现，年产生直接收益超1000万元，同时带动了客户稳定，提升捆绑效益。例如，面向旅游业定制游客流量监测，利用通信信令实时分析景区人流量，结合游客的行为数据挖掘，为旅游管理部门、景区提供数据的决策参考。与交通运输部、福建省高速公路合作，开展“基于移动大数据分析在交通行业中的应用”研究项目，该项目通过交通部科技创新评审，并获得了第一名的好成绩，与省高速公路合作将带来收入300万元以上。与公安行业合作防诈骗系统，针对周期低频号码，结合位置信息进行分析，精准查找诈骗电话，目前已在厦门、宁德等地市开展业务服务，系统上线以来，共鉴别出诈骗电话号码超过20000个，给市民发送提醒信息超过300万条。

三、移动通信企业基于大数据“变现”的智能化业务支撑管理效果

（一）大幅提升智能化业务支撑能力

一是内外部数据整合和共享能力大幅提升。充分整合了运营域、业务域、管理域三个域的数据，大数据平台日新增数据从120T提升到200T，不仅实现了三域基础数据的充分共享，新增大数据约计费话单20倍以上。另外尝试拓展了外部的数据，包括政府部门、外部企业以及互联网数据，比如接入了福建高速的车检器以及合福高铁GPS轨迹数据，帮助高速部门和铁路部门提高智能化管理水平。

二是数据协同能力快速提升。依托能力开放平台，快速接入流量秘书、京东、掌上公交、微窗等新兴互联网渠道，及时判断市场形势的变化。目前能力开放接入日交易量近3000万笔，比2015年增加了43%，响应时长低于0.5秒。

三是构建了云化智能运维能力。初步构建了云化条件下基于大数据的智能运维体系，实现自动监控、分析、部署的运维能力，日处理5000万笔交易，3亿条环节信息，业务部署和故障排查效率均提升3—4倍。

（二）产生可观的经济效益

通过智能化业务支撑管理平台实现全自动化、电子化的工作方式，仅2015年就有效节约终端等实物成本1540万元，节约信号测试人工投入成本824万元。2015年，基于大数据精确营销，户均终端酬金仅40元（全国水平为100元），户均话费补贴仅全国1/7，节约了成本6000万元，同时在网4G终端转化率由2014年年底的75.4%提升至90%，排名由全集团第14提升至第6。

基于运营成本的节约和营销效益的提升，大幅增强了企业市场竞争力。此外，福建公司已深入探索政府、旅游、交通运管、公检法、民生服务、商业等多个领域的大数据应用，为客户深度定制数据服务，仅2015年累计增加收入约3000万元。

（三）创造显著的社会效益

2014年、2015年，福建公司连续两年在全集团业务支撑工作会上做经验汇报，得到集团公司领导高度认可；福建公司业务支撑网运营管理工作获得“2015年度先进单位”三等奖；广东、浙江、江苏等20余家公司向福建公司交流学习本管理体系的相关模块。

（成果创造人：刘　坚、张　莉、首建国、魏建荣、尹壮志、彭家华、谢志崇、刘　杰、林超艺、李井生、黄庆荣、郑志欢）

制冷企业以提升市场响应速度为目标的信息系统集成管理

大连冷冻机股份有限公司

大连冷冻机股份有限公司（以下简称大冷）始建于1930年，是中国工业制冷行业领军企业——大连冰山集团有限公司的核心企业。大冷专注制冷空调领域，围绕工业制冷、食品冷冻冷藏、中央及商用空调、制冷部件、工程服务等冷热五大事业领域，打造我国最完备的冷热产业带，构建了从最初一公里到最后一百米的全程冷链产品和解决方案，服务全球50多个国家和地区，代表中国制冷技术的发展水平，是我国唯一掌握全部制冷关键技术的绿色装备企业。大冷拥有下属25家控股和联营公司，2015年实现营业收入160752万元，实现利润总额13595万元，资产总额408250万元，利税总额24992万元，职工人数1291人。

一、制冷企业以提升市场响应速度为目标的信息系统集成管理背景

（一）积极应对制冷行业变化和市场竞争的需要

2008年开始，国内及国际经济环境发生了极大的变化，经营增长面临较大压力，制冷空调行业经济增长呈现很大的不确定性，连年业内主营业务收入增速放缓。2015年，中国制冷空调工业协会统计制冷企业利润总额降幅36.9%，企业自身的盈利空间降低，内部挖潜增效的迫切需求增强。结合大数据、云计算、物联网、移动互联等先进理念和技术手段，充分利用信息化高速发展的时代机遇，探索将更多的信息化思维注入制冷空调产品的设计、制造、服务链条各环节以及产品的使用、诊断、维保等领域。作为行业领军企业冰山集团的核心企业，稳定企业的市场地位和响应快速发展的多样化市场需求，为客户创造价值的同时实现持续发展，就必须提高产品研发能力，提升精细化管理能力，提高市场应对能力，而拥有统一、高效的信息化平台成为推动大冷发展的必要手段和基础。

（二）原有信息系统已难以支撑企业新的发展思路和战略

大冷自1993年深交所上市以来后，从最初的财务核算系统到后期的InfoERP（供应链＋财务）系统，再到之后陆续自行开发的销售管理、精益生产、质量管理等单独部门级系统，信息化系统的应用也在逐年推进。但原Info系统系统陈旧，技术开放性不足，维护成本高，功能覆盖部门少，作为公司经营管理的核心系统，流程贯通不足，与业务系统的集成度低，业务、财务处于割裂状态，模块功能使用不完整，无法实现管理闭环。系统功能不具有项目管理、获利能力分析、多组织核算等管理会计的应用，无法实现质量成本、分事业别损益核算、库存账龄分析、应收账款账龄分析及集团管控等具体化管理需要。精益生产系统速度慢，没有数据唯一性强制要求，设计数据和物料编码还不能完全匹配。CApp系统向生产部和车间传递数据及使用部门增补维护数据的流程不健全。MIS系统功能过于简单，只对销售业务做流水记录。原有的系统已难以支撑企业新的发展思路和战略需要，亟须实施整合和升级。

（三）提升企业精细化、一体化管理水平的需要

大冷股份作为冰山集团的核心企业，2014年新一届董事会提出围绕价值经营理念，公司管理层运用国际化的经营管理思想，提出“引领创新、创造价值”的经营理念，即以“大冷母公司为核心，推进一体化经营，整合内外资源，升级产业链条，创新商业模式，加强技术创新，全面提升和拓宽事业规模和发展空间，提高员工福祉，实现持续健康和谐发展”。按照大冷新的战略发展规划目标和规划方案，在大连金普新区将重建一座新工厂实施全厂搬迁改造，实现业务流程再造、组织机构优化、事业布局完

善，以及新技术、新工艺、新设备的导入，重新建设一个信息化、智能化的工厂，实现企业的全面转型升级。但原系统多为部门级系统，底层数据多在各自的系统中运行，信息不能共享，没有统一数据规范，母子公司间缺少一体化管理，各系统应用很难达到精细管理的需要。而现有在岗人员的计算机应用能力普遍提高，已充分具备实施信息化管理的操作基础和理论基础，管理流程的有序规划，控制节点的管控机制、数据上下贯通等管理手段和方法已经深入至管理团队的每个人，管理者迫切需要利用信息化平台和相关系统支持实现精细化管理，推进一体化经营和“工程＋服务＋综合提案＋产品＋互联网”创新商业模式的发展。

二、制冷企业以提升市场响应速度为目标的信息系统集成管理内涵和主要做法

大冷以“引领创新、创造价值”为经营理念，利用搬迁改造契机，以改造升级的信息系统集成平台为支撑，通过梳理优化流程，调整组织机构，重造基础数据等手段新建和整合以 PDM、ERP 为主体的全面集成的信息化系统，构建内部一体化信息平台。抓住内部价值链的关键环节，实现核心业务一体化，业务管理精细化。主要做法如下：

（一）明确“三个一”总体目标，规划信息系统总体框架

1. 明确“三个一”的总体目标

大冷对项目进行长达一年的充分选型和现场调研工作，充分规避和预防前期工作做得不充分，导致任务目标不明确，造成产品不适合、投资失败或部分完成的项目风险，外请行业专家结合大冷管理需求，制定切实可行的“三个一”总体目标，即一个平台、一个系统、一个体系。

一个集成应用平台。搭建柔性、可扩展的、全面集成的多组织信息化应用平台，提升大冷整体管理水平，支撑大冷战略实现，通过信息化系统建设，实现业务活动与管理过程相融合，保证信息的真实性、及时性、准确性和完整性，为经营决策提供科学的手段与依据。

一个业务协同系统。以系统全过程监控为核心，通过营销服务一体化、设计生产一体化，建立涵盖市场营销、产品研发与设计、生产计划与执行、质量管理、服务维保、财务管控、人力资源等核心业务的精细化计划协同体系，压缩供应链周期，快速响应市场需求，减少资金占压，降低成本。

一个集团管控体系。实现业务与财务的一体化应用，实现业务流正向自动传递，逆向追踪查询；通过统一会计科目、统一核算准则，建立集团多层级的核算管理体系；运用多种管理会计工具，推动财务职能由核算型向管理型转变，为经营决策提供更多的管理支持。

2. 信息系统集成框架

围绕总体目标，规划以 PDM、ERP 为主体的全面集成的信息系统。将设计 CAD、PDM、CApp、ERP、MES、OA、BAP 深入集成，所有物料、BOM 等基础数据源于 PDM 系统，其他系统只是使用数据，保证数据唯一性，CAD 直接与 PDM 数据交换，PDM 数据自动推送到 ERP 系统，ERP 系统处理所有管理业务。MES 系统接收 ERP 系统的计划信息及 PDM 系统的设计信息，承担制造执行相关所有业务，OA 系统作为上述系统流程审批和协同作业辅助系统，BAP 系统为自行定制开发综合应用系统，作为企业门户和集成的大数据分析平台。

（二）完善组织领导，制定项目管理制度

1. 完善组织领导

在 2013 年 4 月组建大冷内部核心项目组，由总经理、财务总监任组长，信息、生产、采购、销售、设计 10 余名主管组成项目小组。广泛征求各部门在项目实施过程中的意见和建议，推进解决实施过程中的出现的问题。小组制定软件商选择必要条件：有丰富的离散制造行业经验，支撑集团化数据集成能力，有强大软件开发团队保障，有类似大型软件实施经验，最好为本地企业。通过项目小组全程参与项目推进，保障各业务有序开展和系统的有机结合，为项目的顺利实施推进提供有效保障。

2. 制定项目管理制度，保障各项工作落实

制定由总经理、副总经理和具体业务担当参加的周例会、月例会、季度例会和专项会议制度以保证有效沟通和执行。会上项目组先做阶段汇报，之后做专项问题说明，能在会上解决的决不拖延，不能解决的做下一步专项会议研讨，这样在组织调整、人员调整、业务流程梳理、方案制定等方面都是在各会议上决定并下发。

为保障实施的顺畅和数据管理的高效，提高骨干人员的积极性，制定《信息化推进奖励方案》并实施奖金发放。将实施效果纳入部门负责人 KPI 考核指标；将整体业务流程编制关键考核节点以周报形式予以发布和考核。此项考核工作从上线一直持续推进。

（三）梳理基础数据，推进企业组织机构调整和业务流程优化

1. 梳理基础数据

按照内部控制规范的要求，通过本次集成实施，系统基础数据维护职责明确、编码规范、流程清晰，料品、BOM 全部由 PDM 系统产生。客户、供应商统一在 ERP 数据中心由信息部专人创建，之后下发到需要的组织中，保证数据的唯一性和集成共享。

本次基础数据是对原有部门级系统信息数据孤岛严重的情况下进行的，原有 ERP（供应链＋财务）、精益生产、CApp 系统各自积累不同基本数据，ERP 系统有物料和财务数据，精益生产为工艺路线及车间在产、半成品、成品在库，CApp 为技术物料及 BOM 数据，这些数据各自编码规则不同，属性描述不一致，但都是大冷核心数据，且有交叉，经过分析后认为任何一个系统的数据都无法代表大冷，且规则、规范不清楚。为此，大冷成立专门编码小组，物料统一由编码小组按新的编码规划进行编制及系统内新建；建立物料编码错误反馈流程，各业务部门发现物料错误及时反馈到编码小组进行判定修正；同时以技术的 CApp 为基础，梳理物料基础数据，以这部分数据作为核心数据，进行编码，其他系统数据与这部分数据进行比对，对于原 ERP 中有库存的物料指定新的编码，对新发生的物料在最后上线前的一个月集中指定编码。从 2014 年 3 月开始，经过 5 个月的数据梳理，在库的 1 万多种物料在上线前全部指定新物料编码完毕，为新 ERP 系统上线打下坚实的基础。

系统上线后料品数据在 PDM 系统进行编码管理，ERP 系统不再新建编码，保证两个系统为一元化数据，大冷的物料基础数据达到统一、规范，形成基础数据管理导图。

2. 调整组织机构和相应职责

2014 年 3 月开始，逐步建立起以责任中心为主体的组织架构，实现部门岗位、业务重组。通过对原有部门分工、职责的分析，进行组织机构的调整，将原 32 个部门缩减为 22 个部门。生产革新部由原研发本部划归到生产统括本部，人事部工时定额职能、车间工艺路线编制职能、生产管理部制造 BOM 编制职能划归到生产革新部，涉及人员全部转移，由生产革新部全面负责制造 BOM、工艺路线、工时定额、材料计算工作。取消车间二级成本核算，成本员转岗，成本核算由财务部一名专员负责，成本计算由系统自动完成。原生产管理部外协采购职能、成产车间的外购职能全部并入资材部。成立标准化管理专门小组，负责制定和管理信息化相关基础数据的编码规则（物料编码、供应商编码、客户编码、部门编码、员工编码等）；负责维护企业经营所需要的基础数据档案编制；负责制定产品结构（BOM）规则。成立物流部，所有仓库都统一到物流部管理，统一仓库管理流程、规范仓库管理行为。

3. 重新规划设计业务流程

针对原来缺少显性流程，部门之间、各岗位之间大多按多年积累的工作习惯进行衔接，随意性强，可追溯性差，差错率较高的问题，大冷通过完善企业制度、明确岗位职责、绘制工作流程图等手段将隐性流程显性化、明确化。最终梳理大冷 98 个业务流程，并通过创建大量工作模板，规范各种交互表单和报表，并在 ERP 系统中固化，促进流程执行的标准化、规范化，极大地提高工作效率、降低差错率，

促进流程的透明化、高效化。整个流程在水平和垂直方向清晰、直观、一目了然，通过权限审批配置全部受控，确保各项业务顺利执行和落实。

（四）以ERP+PDM一体化软件为核心，推进企业信息系统集成

1. 选定一体化标准软件平台

大冷充分吸取之前信息化教训，制定选择软件系统的必要条件：能承载一体化业务和数据，有良好扩展能力和升级能力，软件标准化程度高，软件产品行业领先，向上、向下集成良好，一次性投入及后续运营性价比高等。2013年12月，经过充分调研和成功案例走访后，选择国内最好软件厂商提供的ERP+PDM一体化平台软件，符合选型条件中对平台软件的所有要求。

2. 编制操作手册和系统管理规定

2014年6月，随着培训和测试的深入，以企业自身骨干为主，编制业务操作手册和系统管理规定，并经过几个版本的完善，最终形成覆盖全业务并能指导实际业务操作手册及管理规定，各模块操作手册共计13本，6万余字。经过这种编制过程，各主要业务人员的培训效果及对应业务系统的熟悉程度大大提高，上线后很快适应了新系统，并在有问题时找到解决问题的办法。规划系统实现单点登录，即登录各系统用户名及密码统一且在一个界面实现登录，为统一使用系统打下良好基础。

3. 搭建集成的硬件服务器环境

考虑方便管理、降低成本，硬件服务器等方案规划高度集成，主要有ERP应用服务器、PDM应用服务器，PDM/ERP数据库，测试服务器，存储及备份系统，本次统一使用SQL SERVER作为数据库，PDM/ERP数据源集成，后面对应同一数据存储及备份设备。大冷选择的PDM/ERP系统，接口的满足度较高，PDM和ERP之间使用标准接口，不用再开发。

（五）依托综合信息平台，提升企业一体化管理水平

1. 母子公司管理一体化

综合信息平台集成5家子公司业务，包括大冷、嘉德的设计管理，工程公司的供应链、财务管理，服务公司的配件服务、财务管理，大冷的生产制造，各公司业务集成共享。在各公司之间销售订单抛单生成采购订单，推单形成生产计划，配件需求推单生成请购单。财务科目体系完全一致，数据编码体系完全一致，客户、供应商台账统一管理，形成母子公司的管理一体化。

2. 财务、业务一体化

销售、采购、库存、生产、成本与财务之间的业务数据交互全部在综合信息平台上运行，通过自动会计分录生成凭证，解决财务各业务数据分割问题，实现业务驱动财务，大大减轻会计人员的工作强度，提高工作效率化管理。取消车间成本二级核算，实现成本集中卷积计算。应付账龄、欠款分析等统计工作系统内自动完成。有效控制客户信用额度，及时了解客户信息。满足多级企业财务管控的要求，实现科目体系统一、核算规则统一，实现财务、业务一体化管理。

3. 研发、生产一体化

通过综合信息平台对CAD、PDM、CApp、ERP全面集成，CAD设计完成后推送到PDM中的成为设计BOM，工艺BOM、工艺路线、材料定额参照设计BOM展开，完成后集中推送到ERP中形成制造BOM、ERP工艺路线。BOM数据、工艺数据在设计、生产过程中全面使用及追溯。生产依据制造BOM运算MRP，可迅速制订生产计划。实现基于异构系统集成的研发、生产一体化。

4. 营销、服务一体化

通过综合信息平台将工程公司的营销业务、服务公司服务业务集成，对销售订单、发货、安装、配件维修、发票、应收、收款、三包服务、质量追溯等进行全过程管理；可监控销售项目执行状态，便于快速做出反应；营销、服务共享客户台账及项目信息，实现营销、服务的一体化管理。

（六）依托综合信息平台，提升企业精细化管理水平

1. 研发精细化管理

研发技术资料全部电子精细化管理，建立企业级的基于权限管控的技术资料库，集中管理企业所有产品的电子图纸、工艺文件等技术资料；实现电子图纸的打印控制，统一蓝图的更改和发放管理。从而规避技术资料丢失、泄密等管理风险，规范技术资料的管理行为。

BOM数据规范精细化管理，在PDM系统通过CAD集成接口获取设计BOM，并按工艺规程要求调整BOM结构、计算材料定额、工艺路线，将设计BOM转化为制造BOM。规范化的制造BOM满足生产计划自动化的要求，消除原手工整理的工作量，提高生产计划制订的效率，减少生产计划制订的差错率。

设计过程全部精细化项目管理，在PDM系统中规划标准的设计流程，制定可复制的项目管理框架，通过项目管理功能跟踪和管理项目进度。并与生产部共享项目进度，确保生产部能够随时了解项目进展情况。在设计变更管控精细化，所有变更必须通过PDM完成，不允许直接更改归档数据。变更后会自动下发给相关人员，并通过消息自动提醒接收。促进对变更的及时处理，确保变更的一致性。

2. 生产制造全面精细化管理

计划方式精细化，生产计划全部在系统由MRP运算生成，实时分析库存、在途、在产、占用，业务数据的全面性和准确性保证生产计划运算的效率，生产部按周做计划，计划周期大为缩短，不可控因素的影响程度变小，计划变更在系统内完成、容易控制；采用按需生产，库存储备量大为减少。生产计划范围全覆盖，由于业务模块的全覆盖，保证依据制造BOM可以将所有物料的生产计划、采购计划、外协计划全部制定出来，全部采用系统管理。在关键物料的管理方面，建立JIT标识，有效跟踪计划执行情况，库存占用时间大为缩短。

生产过程管理精细化，在缺料管理方面，利用ERP系统的齐套分析功能，预知未来几天可能出现的缺料情况，提前协调外协、采购部门或上游车间，必要时可通过调整生产计划统筹调度。使生产变更和计划变更有序可控，减少停工待料等异常情况的发生。产品全过程加工实现透明管理，在ERP系统中每个生产订单上都打印上项目号，根据项目号可以将采购、外协、仓储、生产、财务等诸环节串联起来，确保所有工作都围绕确定的项目展开，实现生产过程的一体化跟踪。依托综合信息平台的生产订单及车间作业流程严格规范车间主任的权限，不再允许其对生产任务量进行调整，并规定生产计划必须严格执行，所有调整均需通过生产计划员完成。从而提高生产计划执行的严肃性、确保生产规划的完整性、规避生产拖期的风险。

3. 财务成本精细化管理

账龄精细管理，依托综合信息平台可随时对应收账龄、应付账龄、存货账龄进行查询分析，做到账款预警，如应收账龄可形成到期应收账款明细表和逾期应收账款明细表，保证财务管理的工作效率和工作质量。

完善价格管理，计划价格、降成本基准价格、采购限价三级价格体系的覆盖面，将所有物料均纳入价格体系管理，促进计划价格为大冷物料周转、销售报价、预算管理等提供便捷的支持，促进降成本基准价格为提升公司内部节能降耗发挥更大的作用，促进采购限价对采购合同和发票的控制。

成本核算精细化管理，依托综合信息平台成本集成管理后采用集中核算模式，只需要1名成本会计在U9系统中确认是否具备核算条件，成本核算过程自动完成。不仅省掉5名成本员，而且从核算准备到核算完成由4天减少到2天，提高成本核算效率。成本核算的处理流程都固化在ERP系统中，对人的依赖性大为降低，无论谁接手都很容易熟悉和掌握。可以最终追溯成本的形成过程，可形成单台成本价差分析（量差、价差），为成本管控提供依据，核算精细度大大提高。

三、制冷企业以提升市场响应速度为目标的信息系统集成管理效果

（一）实现了企业信息系统的综合集成，为企业搬迁发展奠定了基础

大冷信息化系统的综合集成，使用 U9 系统完全取代 Info、精益生产、MIS 三个系统，整合了三个系统的基础数据，合并了三个系统的业务流程，打通了被三个系统割裂的数据链，恢复了 ERP 系统的完整性，恢复了经营管理的整体性，为运营平台提供了各类的业务支撑，为未来经营战略的转型升级夯实了坚实的基础。未来搬入新厂区将在此基础上打造“大冷股份智能制造”，优化运营平台、管控平台和分析平台的建设。

（二）提升了企业一体化、精细化管理水平

大冷本次信息系统集成，搭建柔性、可扩展的、全面集成的多组织信息化应用平台，构建了统一的信息管理平台，消除了信息孤岛，统一了基础数据，打通了数据链条，实现了信息共享，数据、业务可追溯和多维度查询分析，实现了财务管理精细化和财务业务一体化程度的不断提高。企业的管理水平明显提升，获取数据的时间缩短 80%以上，减少业务信息传递消耗 30%；数据唯一，重码率大大减低，一致性 95%以上；绝大部分产品建立了规范的制造 BOM，覆盖率 95%以上；减少库存资金占用 25%；成本核算人员由 6 人减少到 1 人，成本核算时间由 4 天降为 2 天；应收台账记账效率提高 40%，出具账龄表（应收、应付、库龄）的时间由 2 天变不到 1 分钟；财务结账时间由原来的 10 天缩短为 1 天结账，3 天出报表。

（三）提升了市场反应速度，实现了企业持续增长

生产配套计划编制时间从 5 天缩短为 1 天，配套计划制订的精确度提高了 25%；生产计划由旬计划变为周计划，周期大为缩短，计划变更有限、也容易控制，极大提高了计划的执行效率；销售订单实施项目的跟踪管理，适时掌握订单的排产、采购、生产、完工、库存进度，销售部门可以及时了解和掌握订单的执行状况满足客户需求；任何一个部门所产生的信息都可在授权的前提下被其他部门所使用和查阅，原价管理部在制定价格时可直接调阅 PDM 系统中存储的图纸，直接获取关于产品选型的相关信息，报价时间可以由几天缩短至半天。报价内容清晰明了，对应客户的需求变化调整便利，应对市场价格快速有效。

（成果创造人：纪志坚、刘　凯、荣　艳、张永明、张彬彬、王湘晖、
侯昌海、张　军、陈光年、隋宝庆、张广辉、丁　毅）

商业银行基于“互联网＋”的移动金融支付系统建设与管理

贵阳银行股份有限公司

贵阳银行股份有限公司（以下简称贵阳银行）成立于1997年4月，是贵阳市委、市政府领导下的大型区域性股份制商业银行。历经17年长足发展，已成为贵州省最大的金融法人机构。截至2015年3月31日，全行总资产达1645亿元，各项存款达1378亿元，各项贷款达719亿元。截至2015年11月30日，贵阳银行总资产达2193亿元，各项存款余额达1727亿元，各项贷款达627.72亿元，存款增量位居全省第一，存款规模跃升至全市第一。

一、商业银行基于“互联网＋”的移动金融支付系统建设与管理背景

（一）落实国家和地方加快推进“互联网＋”建设要求的需要

近年来，“互联网＋”已经成为我国企业发展的重要方向，国家和地方各有关方面都出台了一系列政策措施，鼓励金融企业开展“互联网＋”普惠金融，要求金融企业探索推进互联网金融云服务平台建设，鼓励金融机构利用互联网拓宽服务覆盖面，充分利用云计算、移动互联网、大数据等技术手段，加快金融产品和服务创新，提供便利的存贷款、支付结算、信用中介平台等金融服务，拓宽普惠金融服务范围，为实体经济发展提供有效支撑；要求商业银行积极推动开展移动金融创新应用，促进移动金融在电子商务、公共服务等领域的规模应用。贵阳银行作为全省最大的金融企业，应该顺应时代发展潮流，积极发展“互联网＋金融”，加快移动金融支付系统建设，创造新的消费需求，为大众创业、万众创新提供新空间。

（二）适应互联网金融企业激烈竞争的需要

进入21世纪，我国信息科技发展迅猛，深刻地影响了人们的生活形态和行为方式，也改变甚至颠覆了传统的商业模式。2011年，中国金融企业在移动支付市场上发展迅速，年交易额规模达到700多亿元，年均增长达60％以上；移动支付用户数同比增长26.4％至1.87亿户。一些专家和机构预计未来3年移动支付市场将保持快速发展，2014年交易规模达到3850亿元，用户数将达到3.87亿户。与此同时，各类商业银行纷纷入驻贵阳，2011年已有花旗银行、招商银行、浦发银行等20多家外地金融机构入驻贵阳，加之我国五大银行（工、农、中、建、交）都在贵阳设有分行。一时间，贵阳金融市场竞争的氛围空前浓厚。为开拓市场，它们在互联网金融上加大投入，构建各自的战略地图，一系列互联网金融产品不断吸引客户的眼球并前来体验。贵阳银行面临不拥抱互联网就可能会失去客户、失去地位和利润的竞争和挑战。

（三）提升贵阳银行竞争能力的需要

2012年以前，贵阳银行主要以网点柜面的方式向客户提供银行服务，这种传统的服务方式已不能满足客户与日俱增的需求，如何发挥自身优势，快速学习互联网最新技术、经验，通过渠道、产品、流程机制、文化等整合，促进经营转型，提高竞争力成为贵阳银行做大做强的主要议题。一方面，商业银行必须积极利用互联网技术，积极主动推出网上银行、电子银行乃至电子商务平台，涉入网购、直销银行、移动支付等非传统银行业务领域，并以此为基础提供全方位的金融服务，才能从源头抓住客户，掀起渠道的电子化革命。另一方面，“互联网＋”时代的到来将带来商业银行服务方式、营销方式的变革，也是对银行科技支撑能力、产品创新能力的考验。在互联网无处不在的时代，管理创新、技术创新、产品创新、服务手段创新，才是银行真正的核心竞争力。为此贵阳银行从2012年开始启动“互联网＋”

移动金融支付系统建设。

二、商业银行基于“互联网＋”的移动金融支付系统建设与管理内涵和主要做法

贵阳银行以国务院、中国人民银行、工信部有关移动金融支付、电子商务相关管理要求为指导，以互联网技术为载体，以转变服务方式服务手段，以再造商业银行新运营模式、提升企业竞争能力为目标；通过加强组织领导，反复周密调查研究，分析客户与时俱进的变化需求，制定系统建设内容和实施规划，调动行内外智库策划开发用户适用新产品，多方式引导客户体验，多渠道开拓市场营销，强化项目团队专业培训，完善系统管理标准流程，为客户提供与时俱进的、更加人性化的、智能化的服务；通过加强技术安全建设，提高网络安全管理和硬件软件管理，建立强大的风控体系，形成让消费者相信、安心、系统稳定安全运行的移动支付平台。主要做法如下：

（一）深入分析移动金融市场需求，做好系统建设前期工作

1. 组织开展调研，明确系统建设需求

一是由贵阳银行管理层一把手主持召开专题会议，邀请行内外专家和学者对互联网金融行业的发展进行充分剖析，制定贵阳银行互联网银行发展规划。二是分管行领导多次组织技术与业务部门相关工作人员，对优秀的互联网金融产品进行集中研究，积极向具有先进经验的单位如中国银联、南京银行、第三方互联网公司等进行考察与学习，编写《系统总体规划》。三是分管行领导多次组织行内相关工作人员对互联网金融发展的政策法规和行业规范进行研究，积极向中国人民银行、中国银行业监督管理委员会等监管部门请示关于互联网金融发展的会议精神，努力探索、不断创新，争取政策支持，编写《系统建设需求规格说明书》。四是明确系统建设的关键环节。总体设计的好坏直接关系到系统是否更适合银行的需求，是否能够减轻硬件、软件的维护支持工作。技术部门与业务部门领导组织技术能手与业务能手，按照《系统总体规划》与《系统建设需求规格说明书》，以“合理创新、高效运行、持续发展”的宗旨对系统进行科学设计，在多轮评审与修改后，将最终的设计方案形成《系统总体设计说明书》。

2. 确立系统建设原则

一是规范性原则，即系统建设应遵循中国人民银行《网上银行系统信息安全通用规范》《中国人民银行关于手机支付业务发展的指导意见》及行业其他相关业务和技术规范。二是统一性原则，即立足全行角度，在系统和业务方面符合总行整体规划。三是集中性原则，即建立集中的总行级移动支付应用系统，实现对移动支付业务的集中统一管理。

3. 明确系统建设目标

一是通过“互联网＋组织”，形成高效扁平的管理架构。目前，贵阳银行组织架构属于总分支垂直联动架构。“互联网＋”时代下，贵阳银行需构建能高效响应客户需求、及时提供解决方案的组织架构。因此，贵阳银行以市场化和集约化思维推进组织架构变革，强化板块之间的资源整合，提高运营效率，增强战略执行力和市场响应能力。

二是通过“互联网＋产品”，明确需求导向的创新路径。贵阳银行决定通过移动金融支付系统的建设，推动互联网支付、P2P、非 P2P 网络贷款、众筹融资、金融机构互联网平台和互联网基金直销平台等多种业态和多种金融产品，改变过去传统金融企业的经营业态，引导市场新需求。

三是通过“互联网＋渠道”，实现离柜银行非现金业务。贵阳银行的所有网点面临着重新定位和转型，必须通过互联网技术，持续提升网点智能化水平，实现物理网点到智能网点的全面升级，打造“互联网＋”时代下的线下优势。必须主动构建或合作共建“互联网＋”时代下的线上平台，形成线上线下立体化网络，才能进一步掌握提供金融服务的主动权和前端话语权，提升贵阳银行的竞争能力。

四是通过“互联网＋服务”，实现 IC 卡近场支付业务。需要深植深化互联网思维，秉承“客户至上、极致体验”的服务理念，为客户提供更加人性化、友好型、智能化的服务，实现 IC 卡近场支付业

务，让客户收获更多的满意和惊喜，持续增强客户粘着度，夯实商业客户基础。

五是通过“互联网+机制”，打造数据驱动的运营模式。贵阳银行互联网化过程的核心是数据化。所有的经营行为、管理行为都以数据形式记录下来，形成“大数据”。通过数据化，能够实现一切业务都可以被分析。

（二）加强项目组织领导，成立高效能实施团队

1. 成立项目团队，开发符合贵阳银行发展需求的移动支付系统

成员由技术人员、业务人员、市场人员组成，定期请行业内专家对团队进行培训。在项目实施与管理的过程中，项目团队充分熟悉各项银行业务，积极发掘行业发展方向，结合自身情况不断进行创新，将日常生活作为金融创新方向，针对不同客户群体，通过与中国移动、中国联通、大学校园、小区物管等单位的合作，开发出适用于各类手机的安全、快捷、高效的可用于近场、远程、商圈的移动支付应用产品，扩大创新的基本面。形成一套从业务设想、可行性评估、项目实施到企业文化建设、人才培养等整套项目管理运行体系。

2. 重构组织架构，支撑互联网金融的发展

一是成立金融事业部和开发部。贵阳银行确立互联网金融发展的企业规划，在省内率先建立银行系统的互联网金融事业部，旨在应对互联网金融创新业务。多次考察北京银行、互联网公司等其他在行业内比较领先的单位的先进经验，制定符合贵阳银行自身发展与行业发展的考核制度。同时在信息科技部下建立专门的互联网渠道开发部，用于互联网金融业务的技术支撑。二是构建营销团队，各分支机构成立以分管行长为领导，选取行内业务能力较强的员工组成专门营销团队，向辖内的企事业单位营销贵阳银行互联网金融产品。三是建立业务培训团队，由总行业务部门牵头，建立业务和技术的培训团队，有计划并高效率地对全行各部门、各分支机构进行互联网金融产品的业务培训，并进行考核。快速地将产品推向全行，便于营销工作。四是完善激励机制，建立“金融科技发展奖”等奖励制度，旨在表彰在贵阳银行互联网金融发展方面有突出表现的员工，并充分调动全行员工的积极性。

（三）精心设计系统平台，开发用户需求产品

1. 构建贵阳银行移动支付系统平台

贵阳银行移动支付系统平台包括应用管理、客户端管理等五个子系统，到安全连接银行离柜业务前置管理，再到网银/离线业务接口多个关键环节，为业务创新扩展提供有力支持。

该平台的其主要特点：一是可灵活配置，可以通过灵活配置，调整业务处理流程，以适应业务需求的变化；也可以通过配置组合已有的业务实现过程，完成新提出的业务请求的处理。二是便于扩展，系统提供的灵活方便的扩展接口，以便将来实现新的业务请求处理。对系统的扩展应尽可能地减小代码开发量。三是对外接口统一，设计和建立统一的账务数据接口、披露数据接口、报表数据接口。四是技术上开放、标准，客户端中间件建立在开放的 App 标准之上。

2. 实施项目科学管理，分阶段完成既定目标

贵阳银行加强项目科学管理，制定分阶段、高效率进行科技开发，在最短时间内完成既定目标的要求。

一是需求分析和概要设计阶段。2012 年 3 月至 2012 年 6 月，主要完成调查、收集相关需求、组织安排调研时间、场地、交流人员，进行归纳、整理，编写《系统总体规划》和《需求规格说明书》。

二是系统详细设计阶段。2013 年 6 月至 2013 年 7 月，系统设计是系统建设的关键环节。总体设计的好坏直接关系到系统是否更适合银行的需求，是否能够减轻硬件、软件的维护支持工作。期间主要负责系统的分析、设计工作，编写《系统总体设计说明书》。

三是系统编码、测试和上线准备阶段。此阶段起始时间为 2012 年 7 月至 2012 年 10 月，软件开发

主要完成基于移动支付应用系统的二次开发及调试工作。完成合同规定模块的开发，并将各应用模块进行集成调试。期间主要负责系统的详细设计工作，编写《系统详细设计说明书》。完成移动支付应用系统程序编码工作，掌握开发进度和情况，协调工程进度。2012 年 9 月至 2012 年 11 月，进入系统测试阶段，此阶段的工作主要由科技人员、相关部门业务人员以及中项目组人员组成的测试小组承担。测试前编写《系统测试方案》及测试案例，此文档将作为测试工作的依据。测试通过后编写《系统测试报告》，完成上线准备。

四是试点行上线阶段。此阶段起始时间为 2012 年 11 月至 2012 年 12 月，系统上线主要依据《系统需求规格说明书》和《系统测试报告》对系统的实现功能和性能指标进行验收，验收通过后系统上线。同时，组织对员工系统的、集中的应用培训。以全行人员为试点进行系统上线，并根据试点上线运行的情况，为推广实施提出优化需求。系统上线前项目组应提交《系统总体规划》《系统需求规格说明书》《系统总体设计说明书》等相关资料。

五是推广实施阶段。项目实施严格按照总行项目管理相关制度，从计划、质量、财务等多方面进行规范化管理，项目最终如期完成。至 2013 年 1 月底，全面投产上线。系统验收应由各方面专家组成评审验收小组并负责执行，验收结束后评审验收小组应提交《系统验收报告》。

3. 开发功能完善产品，创新服务用户手段

按照市场业务需求，精心设计开发四大功能，为客户提供完善互联网金融体验，受到用户欢迎。2014 年，产品用户达近 30 万户。

一是开发基于移动支付系统平台的“黔 e 通”手机银行。这是贵阳银行推出的面向广大客户的一款手机金融超市性质的移动支付产品。客户通过手机可以实现银行账户的查询、转账、缴费、购买理财产品等功能，还有购物、购买火车票、彩票、电影票等多种移动支付功能。

二是开发基于移动支付系统平台的“黔 e 付”手机钱包。这是贵阳银行与贵州移动、贵州银联联合发行，主要面向移动客户，将手机卡与银行卡进行融合，为用户提供随时、随地、随身的手机支付方式和体验。

三是开发基于移动支付系统平台的“手机直销银行”。这是利用互联网开放性特征、没有营业网点、不发放实体银行卡，面向零售客户，提供网上安全、便捷的储蓄、消费、支付、信贷、投资理财等全方位金融服务，有效满足客户多元化的互联网金融服务需求。

四是开发基于移动支付系统平台的手机支持 NFC 功能。近场支付与远程支付、“金电手机钱包”“TSM 移动和包”是基于“一卡多应用”技术建立的一套完整的空中发卡和应用管理体系，可以分别向 SIM 卡以及 SD 卡等集成 SE 安全芯片的手机终端安全、高效地将贵阳银行金融 IC 卡信息写入手机 SE 芯片上，既方便用户携带、使用，又便于自身发卡和管理，实现近场支付和远程支付的融合。使用该产品的客户既可以享受传统金融服务，如转账、申请小微贷款、购买理财产品和生活便民缴费，也可以在 POS 终端、公交、自助售货机等场景进行手机闪付消费。

贵阳银行还与中国银联合作研发出具有自身特点的明星产品——“超级转账”。实现银行卡转银行卡、信用卡、存折、公司账号等多种创新转账形式，为客户提供一种安全、便捷、实惠的手机转账体验。

（四）多方式引导客户体验，多渠道开拓市场营销

1. 制定行内员工营销制度，通过考核调动行内员工积极性

一是建立全天候电话快速服务通道。互联网金融业务具有快速的迭代性，为使客户更方便快捷地体验贵阳银行互联网金融服务，业务部门建立专门的 24 小时电话快速服务通道。二是制定考核制度，向各分支行制定互联网金融产品营销任务，并按季对营销结果进行全行通报，纳入员工的绩效考核。三是制定奖励制度，鼓励全行员工共同营销贵阳银行互联网金融产品，实行分层次奖励，即未完成任务的扣

除相应绩效，超额完成任务的按照超额比例实施奖励。

2. 通过与第三方合作，以资源互补的方式提高营销效率

一是与中国移动、中国联通等运营商合作，通过推出话费套餐、运营商网点驻场营销等方式向市民营销贵阳银行互联网金融产品，依托运营商的辐射面，极大提高营销效率。二是抓住互联网金融产品新颖、迭代快速的特点，与贵阳学院等高校积极合作，在学校食堂、超市、学费缴纳等场景推广使用贵阳银行手机支付等互联网金融产品，使得学生在生活中能够方便地享受金融服务的同时，也极大地宣传贵阳银行互联网金融产品。三是与贵阳市内比较有规模的生活小区积极合作，为小区内住户提供在互联网上的物管费缴纳，停车费缴纳。同时提供手机门禁、手机支付购物等，并将此模式快速地向其他生活区进行复制。四是与公交部门积极合作，推出使用贵阳银行手机支付乘公交、打出租享受打折优惠的服务，快速地向市民营销贵阳银行产品。

3. 开展用户亲身体验活动

在贵阳银行总部营业部、金阳互联网金融大厦设立“贵阳银行互联网金融展区”，以客户可以亲身体验的方式，直观的感受贵阳银行互联网金融产品能给客户带来的包括转账、查询、理财、乘公交、门禁卡、生活缴费等一系列方便的服务。

4. 扩展省内外营销

积极参加国家级金融展览，向区域外客户营销贵阳银行互联网金融产品。贵阳银行用互联网金融的思想和大数据的方法进行业务、管理、产品、营销模式的创新，突破地域和时间的限制，为更多的中小微企业提供高效、快捷、优质的金融服务。

（五）完善各项标准流程，保障系统安全可靠持续运行

1. 加强业务风险防控力度，切实保护客户权益

在网络金融服务安全领域，贵阳银行已经形成较为严密的业务安全体系。一方面严格遵循监管要求，遵照国家标准设计产品，采用动态数据认证方式，有效防范脱机交易过程中可能出现的信息窃取风险，严密保护客户信息安全。同时始终本着IT建设与管理并重、开发运行与安全维护并重的原则，不断改进应急预案的有效性和可操作性、应急演练的真实性，持续提升应急处置能力。另一方面，对圈存交易审慎设定交易限额，并严控电子现金圈提，防范资金窃取和套现风险，降低资金风险。此外，在手机银行支付业务方面，贵阳银行还建立双因素认证体系，并严把客户支付权限准入关口，从多维度严控盗刷风险，通过一系列的安全防线和风险管控措施，确保业务合法、合规、安全可靠，充分保护客户权益。

2. 不断提高精细化管理水平，提升系统安全稳定运行可靠性

为提升自主可控能力和应急处置能力，为移动金融业务发展提供坚实的科技保障，围绕“技术支撑业务、业务与技术相融合”的金融科技发展趋势，贵阳银行要求科技部门牵头与业务部门协同建立信息安全保障体系，共同提高业务连续性，从全面风险管理的高度部署信息安全工作。

一是长期致力于稳步推进核心关键领域软硬件国产化，不断强化灾备体系建设，为此，贵阳银行建立“两地三中心”灾备机房，实现业务系统在同一时间的“双活”，可保障某个系统在出现问题的情况下的业务不间断。

二是以技术支撑保密和安全。贵阳银行的手机银行前置系统的拓扑设计采用双层防火墙的架构。防火墙和网络设备利用银行现有设备。行内服务器群与银联手机支付的链接通道采用专线加加密机保证数据安全稳定传输。在软件的安全技术上使用非对称加密技术，对敏感数据进行加密，配合短信验证码等辅助功能，为手机银行业务提供安全保障。

3. 加强系统维护监控管理，保障系统安全稳定运行

为了提高平台的平均无故障时间，制定运行维护手册，加强对平台进行定期巡检和实时监控，将预期的故障消除在萌芽状态，并且建立巡检记录表，对监控峰值进行记录分析。加强操作人员对整个系统平台的培训学习，提高对系统的理解，当故障发生时，能快速高效处理故障。

4. 制定风险防范应急处理办法，保障系统安全运行

根据互联网产品的线上交易特性，技术部门对手机银行、直销银行、网上银行等产品建立 24 小时不间断的交易监控系统，通过设置风险模型、实施声光警示、系统异常短信警示等手段对风险易发交易进行严密监控，并建立《系统风险应急处理办法》。如果发现在互联网上出现通过 IP 攻击的方式对贵阳银行的直销银行进行短时间内的恶意攻击，系统监控在恶意交易发生后立即发出声光警示，当班监控人员即刻查明警示原因并向部门领导汇报事件情况，同时通知相关工作人员采取风险防范应急措施，及时有效避免因恶意攻击可能造成的系统瘫痪。

三、商业银行基于“互联网+”的移动金融支付系统建设与管理效果

（一）建立了一套稳定运行的移动支付平台

通过加强技术安全建设，提高网络安全管理和硬件软件管理，建立强大的风控体系，形成让消费者相信、安心、系统稳定安全运行的移动支付平台。在这个平台上，所有消费者消除了距离和地域的限制，能够随时随地获取所需要的服务、应用和信息。在这个平台上，用户可随时对账户进行查询、转账或进行购物消费，不受时间地点的限制，个人和企业金融信息获取更为及时。在这个平台上，基于先进的移动通信技术和简易的手机操作界面，用户可定制自己的消费方式和个性化服务，账户交易更加简单方便。新城贵阳银行对特定的客户群体提供有特色的产品和服务的业务特色。

（二）有效开拓了市场

随着业务的飞速发展，截至 2014 年 8 月底，全行累计移动支付用户共计 100692 户，其中上半年新增 44266 户，同比增长 560.96%。上半年累计交易 196.53 万笔，同比增长 757.8%，其中远程支付 183.76 万笔，同比增长 706.9%，交易金额 158.6 亿元，同比增长 693.5%，近场支付 12.77 万笔。从 2015 年 7 月至 2015 年 11 月，贵阳银行推出的互联网理财产品“爽得宝”实现累计申购超过 300 亿元，其中 80%为省外客户。

（三）提升了企业竞争能力

经过三年建设，到 2015 年，贵阳银行基于 SD 卡的“黔 e 通”手机银行、“金电手机钱包”，基于手机 SIM 卡的“黔 e 付”手机银行，带 NFC 功能的“TSM 移动和包”以及无卡模式的“手机直销银行”五种移动支付应用产品成为企业移动支付平台上的主打产品，有力促进贵阳银行业务向着电子化、互联网化的方向转型。在人民银行贵阳中心支行的指导下，贵阳银行 TSM 平台完成与金电 TSM 平台的对接，发行了通过人总行 MTPS 认证的 SD 电子现金卡，实现了与人总行 MTPS 的间接连接。同时，贵阳银行作为贵州地区首家完成自建 TSM 系统的城商行，成为贵州地区与人总行 MTPS 直接连接的唯一单位，有力推动贵阳打造西部科技金融创新城市和西部互联网金融创新城市。在 2015 年中国银行业协会首次发布的商业银行稳健发展能力“陀螺评价体系”中，贵阳银行在资产规模大于 1500 亿元的地方性法人银行中多项指标排名位居全国前十。

（成果创造人：陈宗权、杨　鑫、翟　众、何　欣、谭　欣、
陈　贤、李　杰、陈尚辉、伍　文、蔡　沙、袁　锐）

以设计、生产与管理一体化集成为核心的智能船厂建设

浙江欧华造船股份有限公司

浙江欧华造船股份有限公司（以下简称欧华造船）创立于2004年，下设十余家分子公司，现有从业人员7000余人，资产总额逾86亿元，是一家以造船为主业的中国船舶行业一级Ⅰ类生产企业。欧华造船业务遍及船舶设计、船舶制造、船舶配套、金融服务等领域，是国际知名的支线集装箱船、多用途船、特种船舶供应商，主要产品为万吨以上、十万吨以下的各类集装箱船、多用途船、环保型散货船及各类特种船舶，建厂十年来已累计交付各类高附加值出口船舶138艘。

一、以设计、生产与管理一体化集成为核心的智能船厂建设背景

（一）抓住造船业智能化发展方向、缩短与国际先进水平差距的需要

2010年以来，我国已跃居成为世界第一造船大国，但总体大而不强，在每修正总吨工时消耗、全员造船效率等效率、效益方面，与日韩船企的差距仍然较大。目前，以信息技术和制造业深度融合为重要特征的新科技革命和产业变革正在孕育兴起，多领域技术群体突破和交叉融合推动制造业生产方式深刻变革，制造业数字化、网络化、智能化已成为未来技术变革的重要趋势。船舶与海工装备制造也正在以数字化、网络化、智能化技术为主线，持续向设计、生产、管理等各领域渗透，朝着设计智能化、管理精细化和信息集成化等方向发展，通过设计、生产与管理的一体化集成，最终走向智能制造。因此，以设计、生产与管理一体化集成为核心的智能船厂建设是欧华造船抓住智能化发展方向，缩短甚至赶超国际先进水平的需要。

（二）落实国家船舶产业政策、实现造船企业转型升级和创新发展的需要

2015年5月，国务院发布"中国制造2025"，首次从国家层面进行顶层设计，明确智能制造的战略高度和意义，并把海洋工程装备和高技术船舶作为十大重点领域之一加快推进。浙江作为我国的造船大省，近年来在发布海洋强省战略的过程中不断加强对船舶行业转型发展的扶持力度。但是，由于船舶行业的零部件数量庞大，国内船舶零部件标准化程度和日韩相比差距较大，同时也缺乏真正可执行的行业统一编码，使得各企业之间、企业内部本身无法做到信息共享和集成，并且由于信息共享度低，手工输入反馈速度慢，难以分类汇总及迅速检索。同时，我国很多企业管理基础薄弱，管理基础数据缺乏及不准确等，使得企业不容易实现由低层次的感性管理模式迅速转变为高层次的计算机管理模式。因此，欧华造船实施以设计、生产与管理一体化集成为核心的智能船厂建设也是落实国家船舶产业政策，实现造船企业转型升级和创新发展的需要。

（三）提升企业经济效益和市场竞争力的内在需求

浙江拥有国内首屈一指的深水港湾资源和国内综合型大港宁波——舟山港，当前正处于由造船大省向造船强省发展的重要阶段。欧华造船是一家专业从事船舶制造和销售的企业，位列中国船舶制造十强企业。随着全球航运业和船舶工业的逐步复苏，欧华造船握有的手持造船订单十分饱满，造船任务十分紧迫。而现有的船舶制造设施自动化程度不够、用工严重紧缺（企业原用工数为7000人，其中40%以上为非熟练工），且人员流动性大。不仅造成了成本上升，且产品质量难以保证，返工率高，对企业生产效率和制造成本造成了很大的压力，已成为制约企业进一步发展的瓶颈。与此同时，国际造船新技术新模式、海运安全及环保问题等对造船的要求越来越高，"基于目标的新造船标准"（CBS）、"绿色船舶设计"（GSD）等相继推出，这些新要求对企业的船型开发与设计、建造智能化提出了新的挑战。因此，

对现有生产线进行数字化改造，引进新的自动化、智能化设备和技术进行 MES 体系的构建与应用，以设计、生产与管理一体化集成为核心建设智能船厂，开发生产高端船舶产品，已经成为企业迫切需要解决的问题。

二、以设计、生产与管理一体化集成为核心的智能船厂建设内涵和主要做法

欧华造船按照以两化融合体系建设为保障，建立和完善信息化管理体系，通过加快信息管理系统的开发，进一步理清生产、设计、管理等业务主流程，建立船舶产品开发、设计、建造、验收、使用、维护于一体的船舶产品全生命周期的信息化支持系统和智能化制造支持系统，大力提高设计、生产、管理一体化信息集成的水平，全面推行现代造船模式，实现“设计、生产、管理一体化”和“壳、舾、涂一体化”，提高智能制造水平，提高市场响应能力，确保发展的质量和效益。主要做法如下：

（一）加强组织领导，确立智能船厂建设的基本思路和主要内容

欧华造船成立以公司董事长、总经理为组长的领导小组，公司各分管领导担任副组长，分头负责系统引进开发、设备改造和引进、信息化硬件改造更新、宣传贯彻及考核等，并确立智能船厂建设的基本思路和主要内容：以两化融合为手段，在全面推行精益造船的过程中，建立和完善信息化管理体系，通过加快信息管理系统的开发，进一步理清生产、设计、管理等业务主流程，建立船舶产品开发、设计、建造、验收、使用、维护于一体的船舶产品全生命周期的信息化支持系统和智能化制造支持系统，大力提高设计、生产、管理一体化信息集成的水平，全面推行现代造船模式，实现“设计、生产、管理一体化”和“壳、舾、涂一体化”，提高智能制造水平，提高市场响应能力，确保企业发展的质量和效益。通过设计、生产、管理过程中各项软硬件设施的数字化、智能化改造和应用，实现管理决策可视化，制造执行柔性化、精益化、智能化，制造数据集成化，物联控制数字化、智能化。

（二）以精益造船为方向，构建智能化船舶研发设计体系及平台

以精益造船为方向全面深化船舶设计，以智能化为手段推进设计、生产、管理信息的一体化集成和交互是这一成果全面实施的基础和保障。为做到这一点，欧华造船早在 2011 年就开始谋划布局，与欧洲排名前三位的德国 NS 设计公司合资建立欧之星船舶设计公司，按照国际上的先进模式，在船舶合同设计阶段即建立全实体的 3D 模型，前期设计生成的初步模型在后续设计阶段充分利用，持续深化；详细设计与生产设计深度融合，使得详细设计成熟、规范、完整性高，后期的设计修改面和修改量达到有效控制。在此基础上，采用基于 WP/WO 的作业分解方式，使得工时、物理、工艺、管理等各项信息完整率较高；同时加大船体设计的深度与广度，零件托盘化设计，按工位出图，设计时充分考虑建造的便利性，减少工时、物料等损耗；设计过程中，对舾装实施完整性建模，使得设计冗余非常小，设计高度标准化，相对于在设计阶段按照现场实际对船舶进行一次模拟建造；采用全三维数字化设计，以原理图驱动在 Tribon 软件中 3D 建模，实现 2D 和 3D 的无缝集成对接，参数化开展设计，工艺、管理等相关信息可以自动生成，并形成标准化的零部件数据库；船体实现装配图自动出图、自动套料以及三维模型修改自动更新二维出图，舾装制作图、安装图亦可实现自动出图，在施工现场条件成熟的情况下，可实现切割、焊接等指令直接传递到现场自动化装备，并且可对现场作业进行三维可视化指导。欧华造船按照以统筹优化理论为指导，应用成组技术原理，以中间产品为导向，按区域组织生产，壳、舾、涂作业在空间上分道，时间上有序，达到生产设计与生产作业相适应，实现设计、生产、管理一体化，均衡、连续地总装造船的思路，深化 Tribon 软件的应用，采用 Tribon 进行船体平面板架、船体曲面板架、全船三维建模等所有设计环节的三维数字化建模。在这一模式下，生产设计实现基于标准化、数据库集成应用与自动化、智能化手段的智能化设计，物量、管理信息完整、准确，设计效率和质量大幅提高；同时，通过采用基于移动互联的设计信息查询与三维可视化作业指导系统，不再向生产现场发放纸质图纸，实现无纸化作业。

在此基础上，采用过程管理的原理，以 PDM 系统为载体，对设计计划管理、设计质量管理、设计协调管理、设计变更管理以及图纸文件管理进行流程固化并纳入系统管理，形成“PDM”数据库管理系统，实现对整个设计过程和设计过程中产生的图纸文档的管理。

（三）以智能化为目标，开发现代造船集成信息管理系统（CSS）

欧华造船与江苏科技大学联合开发现代造船集成管理系统（CSS）作为一体化管理系统，深入推进生产的一体化和可视化。系统主要包括设计工程管理、生产工程管理、生产计划管理、物资管理、设备动能管理和经营管理六大模块共 18 个子信息系统，以工程分解为纲领，以计划为核心，在统一的数据平台上统合设计、生产、物资、人员、设备、成本、管理等各项要素。依托这一系统，欧华在生产、管理方面已基本实现流水化作业、准时化生产、无余量造船。

1. 设计工程管理

设计工程管理包含设计计划及过程管理、技术资料文档管理以及设计物量数据管理等主要方面，为 CSS 系统提供统一的产品数据信息，产品数据在整个企业共享，为 CSS 系统其他业务流程提供基础的数据支持。

2. 生产工程管理

生产工程管理包含工程分解管理、工时物量定额管理、任务包管理等主要功能，工程管理模块是结合现代造船模式的要求，按工艺线路、作业类型、按区域、按阶段对船舶产品进行作业任务分解，依据设计物量及定额确定工时，确定生产所需的资源、技术资料、明确建造质量要求，以此为根据组织生产。

3. 生产计划管理

生产计划管理系统以设计数据和工程分解为基础，以生产资源及现场进度为参照，编制线表计划、搭载计划、先行中日程以及后行中日程计划，在此基础上按要求输出月度计划及周计划，根据计划类型的不同，提供不同种类的负荷分析以及计划预警，为计划的调整提供数据支撑，并通过计划的反馈对计划执行情况进行跟踪分析。

4. 生产物资管理

CSS 系统中物资管理和设计管理系统、工程管理系统以及计划管理系统的对接，覆盖了船用物资“生产计划、设计物量、POR、PO、交货、仓储、出库、结算”全过程的管理。造船是边设计、边采购、边生产的并行工程，BOM 处于不断被修正的过程中，无法使用确定的 BOM 进行物资采购。系统提供基于 R1 的 MLS 清单管理、基于 R2 的 PML 清单管理，并依据现场实际情况修正 R1 及 R2 物资清单，管理船舶建造过程中各类物资，如钢材、设备、电缆、涂料、五金、舾装件。包含物资编码管理、物资清单管理、物资计划管理、物资采购管理、物资仓储管理。提供物资的出库的预约锁定管理、集配管理以及借用管理，以工程管理的 WOP 为指导、以 BOM 清单为依据进行出库管理。

5. 设备动能管理

该模块根据船厂的设备运行维护情况及能源使用情况，为生产的有序进行提供保障。设备管理系统主要功能涵盖“基本档案管理”“设备及备品备件档案”“设备采购管理”“设备接口管理”“维护计划管理”和“设备巡检管理”六大块。动能管理系统主要功能涵盖“能源使用报表”“能耗数据管理”和“能耗监测点管理”三大块。

6. 经营管理

以生产作业管理和物资管理为基础，建立成本预算和结算体系，根据主要成本分解结构及报价分解结构，参照历史实绩相似船型及相关物量和报价指标，计算船舶成本。成本管理系统功能主要涵盖“物资成本的预算和结算管理”“劳务成本的预算和结算管理”和“成本分解结构管理”三大块。报价管理系统功能主要涵盖“报价分解结构管理”“材料及设备分类管理”“单船报价预估管理”“物资成本询价管理”和“材料及设备预估管理”五大块。

（四）以信息物联为目标，建设全覆盖的车间级工业网络

智能制造的关键在于传感器、智能软件与装备的集成，实现感知、分析、推理、决策、控制等功能，因此以信息物联为目标，建设全覆盖的车间级工业网络的构建成为整个成果实施的必要条件，为此欧华造船基于北斗卫星系统、物联网等新一代信息技术花大力气对全厂网络进行改造和升级。为确保数据获取的连续性，下步欧华造船还将开发 CSS 系统手机端的应用，以在有线及 WIFI 无法接收的情况下采用移动数据网络进行弥补。

1. 现有主机房核心网络设施升级

采购新服务器作为 TRIBON 服务器，提高服务器性能，满足需求。同时对服务器系统华途加密系统进行升级，解决点数不足及 TRIBON 二次开发程序不兼容问题，购买备份管理软件，对服务器系统和数据进行完整和增量备份，实现异地备份。

2. 现有网络线路及布局的优化升级

规划并实施新光纤线路铺设，主要是将主机房到模块中心的网络升级成 100 兆的光纤；更新主机房到加工车间、组立车间及船坞、码头、预装、总组等各个生产区域的主光纤线路；将船配基地主机房到各车间的主线升级为 100 兆的光纤；重新设计技术部网络结构，与公司办公网络相容，划分办公网络 VLAN－1 段给技术部，合并办公网络和考勤网络，划分办公网络 VLAN－20 给考勤设备。在新铺设光纤的过程中，优化线路的走向和布局，尽量确保线路的安全性，以避免线路由于起运设备重压或现场技术改造造成的临时性中断。

3. 车间级有线网路的架设

在网络主光纤优化升级完成的情况下，根据车间智能化改造规划，使用双绞线将网路铺设到所有未来要实施联网的自动化设备所在的车间内场区域，主要为预处理生产线、平面分段流水线、管子加工流水线等自动化生产线，涂装车间及数控切割机、数控机加工设备所在区域，使得车间内场基本实现有线网路全覆盖，在集约利用、减少线路铺设成本的情况下，尽可能多地为未来的智能化改造预留网络接口。

4. 车间级无线网路的架设

根据全厂外场车间的区域范围和面积，合理规划测算无线网络覆盖的范围，核定相应无线发生设备的型号、功率和所需数量，完成设备的选型和安装。同时，以设备安放的安全性为先决条件，合理选择设备放置的基站，确保外场车间无线网络无间断、全覆盖。目前主要采用华为的专业级的无线 AP 作为无线发生器，结合欧华造船自制的钢铁基座形成安全性较高的基站。

（五）以柔性化、自动化为目标，构建船舶智能制造物理执行系统

1. 生产车间的智能化改造

对预处理流水线、平面分段流水线、管子加工流水线等自动化流水线按照智能化的要求进行数控化改造并与原先的供应商联系开发相应系统控制、管理软件，同时对原有数控化的设备系统进行升级换代，并将上述设备全部纳入车间级工业网络，从而实现机联网、物联网。对冲砂涂装车间，在现有基础上更新现有设备控制系统，同时对车间目前的除尘系统等进行进一步升级，引进自动预涂装机等先进设备替代原先的人工环节，以使车间涂装工序基本呈现智能化作业的雏形。在淘汰一部分落后焊接设备的同时，通过引进相应焊接管理软件，对全厂焊接设备通过无线网络进行联网管理，更好地采集、管理焊接数据，更好地设定焊接参数、进行焊材选型、控制焊接质量、控制焊接工时等，同时，从唐山松下引进一批焊接机器人等高效焊接设备进行试用和推广，基本达成焊接工位的全面智能化应用。通过引进现

校管自动定位系统、舵桨安装液压平台、船体分段三维调整机、管系串油带自清洗装置的加油泵等自动化、智能化工装工具，实现船舶安装调试过程中的局部自动化和智能化，为这一环节走向高度智能化奠定基础。此项工作从2013年开始启动，目前已初见成效。

2. 仓储物流系统智能化改造

以欧华造船已经实施的钢材管理系统为蓝本，在五金劳保仓库、铁舾件仓库、进口仓库进行推广和优化，同时配置相应的终端感应控制和管理设备以及仓库内的智能物流设备，建立初步的智能化仓储管理系统，为今后将智能物流推行到全厂做好准备。此项工作在2009年就开始启动，目前，所有正常入库的设备、资材已基本实现智能化仓储和物流管理。

3. 全厂监控系统升级改造

智能化的实施需要监控手段来保障，虽然欧华造船在全厂区范围内建设了较为完善的监控视频体系，但是离智慧船厂的要求仍有很大的差距，在为各智能化设备和生产线配备必需的监控手段的同时，欧华造船根据智能化的要求对厂区监控布局进行合理的优化升级，进一步升级厂区的监控系统。

（六）以精益造船为目标，不断优化组织管理和现代造船工艺

1. 优化企业内部组织管理

为了进一步适应智慧船厂的要求，欧华在企业组织管理及造船工艺方面也进行一系列的变革，一是大力推行工程分解和任务包管理，通过工程任务分解、缩小核算单位等，切实把绩效与基层班组、个人的业绩挂钩，促进工效提升；二是改革生产组织体系，推行劳动组织扁平化，开展以本工化为核心的劳动用工体制改革，劳务用工统一纳入企业人力资源管理，同时进一步提倡和培养岗位技能复合、一专多能，进一步强化班组规范化建设，进一步加强班组自主管理；三是在注重节约型设计的基础上，建立健全的目标成本预算和控制体系，并将任务包作为计算作业成本的基本单元，及时准确完整地进行物量、工时等成本信息归结、分析。

2. 优化各项造船工艺技术

为适应智慧船厂建设的需要，以精益造船为目标不断优化各项造船工艺。在精度造船方面，建立完善的精度管理体系，运用模拟搭载、以补偿量代替余量等技术开展无余量制造，运用全站仪等集成化精度测量技术实施精确测量和数据分析，利用有限元分析等手段进行焊接变形预测；在船体工艺方面，内场均实现流水线和自动化生产，外场与船坞采用自动化焊接和高效辅助工装；在舾装工艺方面，采用预舾装标准单元和模块舾装技术，管件制造由CIMS系统和三维图形提供加工数据，采用自动化生产线进行柔性制造等。

（七）加强理念宣贯和人员培训，切实推进智能船厂建设落地

欧华造船完对相应的操作执行人员进行海量的培训和宣贯，并针对智能化执行系统内的所有设备和CSS系统所有模块的应用建立标准化的操作方法，制作并下发作业指导书，根据体系实施的进度及时对各个环节执行人员进行培训和考核。由此，确保全员思想高度统一，执行坚强有力，保证智能船厂建设顺利实施。

三、以设计、生产与管理一体化集成为核心的智能船厂建设效果

（一）实现了设计、生产与管理的一体化集成，显著提升了船厂的智能化水平

大大提升了企业数据信息搜集、分析、反馈、应用的效率和装备、管理、工艺的先进性，使得设计、生产、管理的相关数据实现了全方位的交互应用，真正做到了按照生产要求和欧华造船实际开展完整、全面的设计，以全方位的设计信息全面指导生产，根据设计、生产的具体要求和指令开展管理和服务。同时，欧华造船内场加工环节各主要生产线基本实现智能化生产、在线监控，局部零散工位全部实现自动化、半自动化生产。其他区域焊接工位基恩实现焊接设备的在线管理，其他工位自动化与半自动

水平得到进一步提升，大大提升了企业智能制造能力水平，达到了国内领先、国际先进水平。

（二）有效提升了船厂的研制效率和管理水平，市场竞争力明显提高

实现了真正的智能化设计、精细化管理、集成化制造，进一步提升了欧华造船的研制效率和管理水平，市场竞争力明显提高，在2016年国际船舶市场上大部分企业无单可接的情况下，欧华造船已接获高附加值船舶订单4艘，总金额约1.5亿美元，且年底前仍有望生效订单总金额约3.5亿美元。同时，通过强化设计、制造管控，减少设计误作、现场返工和等待，使得产品研制周期缩短22%以上，生产效率提高32%，降低运营成本20以上%，中间产品对外报验合格率大于95%，能源利用率提高12.7%，现有同等船型船坞、码头周期平均缩短30%以上，生产成本降低8%，企业技术、管理人员数量缩减至600人，生产工人缩减至6000人。

（三）对我国造船行业智能制造起到了示范引领作用

进一步推动了我国船舶行业的智能化建设，使得我国船舶行业在近两年内形成了一股智能制造的高潮，促使中远川崎、金海重工等一大批骨干船企纷纷启动了智能制造工作，对我国船舶行业智能制造起到了示范和引领作用，同时对我国船舶制造装备企业研发、制造水平的提升具有很好的推动作用。

（成果创造人：乔伟海、郭　明、沈志华、马晓平、毕成钢、王传兴、朱芝君、吴仲芳、方智勇、于晓龙、章敏杰）

系统集成企业以信息技术服务标准为核心的运维能力建设

新疆信息产业有限责任公司

新疆信息产业有限责任公司（以下简称信产公司）成立于1999年11月，现有员工236人、注册资本2900万，是新疆新能集团有限责任公司的全资子公司、自治区认定的高新技术企业和软件企业。主要从事信息、通信业务范围的技术咨询、规划设计、工程建设、软件研发、运行维护、技术支持、保障服务、产品销售、系统集成及增值电信业务等。目前拥有专利授权31项、软件著作权46项、软件产品登记证书10项、自治区企业现代化管理创新成果一等奖2项、自治区科技成果5项。先后承担了多项国家和自治区专项资金项目，在政府及企业信息化、多语种软件（产品）开发、智能电表研发、互联网应用、GIS应用、ERP建设和运维等方面取得了优异成绩。

一、系统集成企业以信息技术服务标准为核心的运维能力建设背景

（一）推动企业信息化发展的需要

当前，信息产业行业“软化”和“服务化”特征日趋明显，产业市场竞争逐步由产品技术型向应用服务型转变。同时产业结构也逐渐由硬件为核心向软件和服务为主导的方向过渡，成为信息产业发展的新引擎。作为高新技术和软件企业的信产公司如何为客户提供更好的、可度量的、符合业务需求的信息运维服务，成为亟须解决的问题。信产公司需要探索出一种科学有效的信息运维能力，提升企业的信息运维规范化、流程化、自动化，推动企业信息化建设。

（二）提升企业核心竞争力的需要

信产公司自1999年成立以来，已近18年的时间。随着“两化融合”的逐步推进，电力行业信息化应用不断深入，对信息系统运维服务标准、水平、质量都提出更高要求。一是信息运维服务在保持系统可靠、稳定、安全运行的条件下，要保持较高的客户满意度，同时还要保持系统运维服务的投资回报率，这对运维企业提出巨大的挑战。二是变革创新是企业发展的核心竞争力。在互联网高速发展的时代，应用型的知识和技术贬值很快，企业唯有靠不断提升群体智慧，不断进行变革创新，才能不被时代淘汰。三是到2020年末信产公司要想实现经济效益翻一番、成为全疆电力信息通信业务三大支撑中心（设计咨询中心、技术服务中心、设备运营中心），必须打造出“四个一流”的企业，即以一流管理为基础、以一流服务为标准、以一流队伍为保障、以一流业绩为目标的信产公司，确保企业核心竞争力不断提升。

（三）实现企业可持续发展的内在要求

“十二五”中后期，随着国家和全球能源互联网战略的深入推进，疆外运维团队进驻新疆，疆内各系统集成企业间运维业务竞争等给企业发展带来巨大挑战。一是企业高技能、复合型人才队伍综合素质不能满足外部需求，信息通信专业存在结构性缺员。二是信息运维服务欠缺长期和整体的规划、重建设轻运营、重投入轻风险、重技术工具、轻流程和知识管理。三是企业基础管理与业务发展的需求不相适应，服务范围快速扩展对发展质效、优质服务提出了更高要求。以上问题对企业实现可持续发展具有较大的消极影响。信产公司主动变革，提出系统集成企业以信息技术服务标准（以下简称ITSS）为核心的信息运维能力建设的实施，构建全新的信息运维能力，实现企业战略转型升级，推动企业可持续发展。

二、系统集成企业以信息技术服务标准为核心的运维能力建设内涵和主要做法

信产公司为转变传统的信息运维管理方式，通过确立信息运维框架关键点、设计信息运维能力模型、制定人才培养规划、搭建运维技术服务平台、建立服务标准、建立内控管理保障机制、完善绩效考核管理和构筑安全保障体系等方面建设以ITSS为核心的信息运维能力模型，从能力管理的策划、实施、检查、改进以及能力要素的人员、资源、技术、过程八个方面实施，形成横向协同、纵向贯通、整体协调、运转高效的信息系统运维能力，确保企业持续健康稳步发展。主要做法如下：

（一）确立以ITSS为关键点的信息运维框架

信产公司以国家电网公司发展策略和核心技术能力为出发点和落脚点，依据《信息技术服务运行维护—通用要求》的规定，对人员、资源、技术、流程进行重新梳理和规划。一是根据自身业务定位和能力，策划运行维护服务对象的服务内容与要求，并形成服务目录，进而确定运维投入规模和方式，确保最优的运维管理模式。二是对人员、资源、技术、过程建立相适应的指标体系和服务保障体系，确定以用户为中心，不仅包含运维技术性指标，如故障率、故障处理时间、服务质量等，还包含用户感知质量的评价指标，以最小的成本保证运维最佳效果。三是建立标准化的人员、过程、技术和资源等管理机制，合理运用资源，通过标准化流程向客服提供信息通信系统运维服务。

（二）设计ITSS信息运维能力模型

按照运维服务对象提出的服务级别要求，采取相应的技术流程规范，设计以策划、实施、检查、改进为循环模式的信息运维能力模型。信息运维能力模型主要由人员、资源、技术和过程四部分组成。人员部分是指人员的考评、上岗等具备必要衡量标准，比如运维人员的知识、技能、经验，运维人员的管理、岗位结构、安全意识等方面达到运维能力的标准和要求；资源部分是指服务方要有能满足运维服务的资源，如建设的运维工具、人工服务台、运维知识库等；技术部分是指具备与运维服务能力相适应的技术和手段，根据客户的要求，具备发现、解决问题和应用新技术的能力；过程部分则是建立服务级别管理、服务报告管理、事件管理、问题管理、配置管理、变更管理、发布管理等运维服务标准，其中每个分类都有详细的规范，以约束和规范运行维护人员提供的运维服务。

策划方面，信产公司根据自身业务定位和能力，策划运行维护服务对象的服务内容与要求，建立运维服务目录并形成文档，为运维服务过程提供应用。同时，根据业务发展的需要建立组织机构和管理制度，支持目录的实施和实现。

实施方面，一是制订满足整体策划的实施计划，运维过程中要有运维服务能力管理计划的具体实施方案及实施记录，包括具体任务、责任人、日程安排以及预期要达到的目录或结果。二是建立与需方的沟通协调机制，按照服务能力要求实施管理活动并记录，确保服务能力管理和服务过程实施可追溯，服务结果可计量、可评估。

检查方面，一是信产公司定期评审服务过程及相关管理制度，以确保服务能力的适宜性和有效性。二是调查需方满意度，并对服务能力策划实施结果进行统计分析。三是检查各项指标完成情况，形成评审记录和满意度评价报告。

改进方面，一是建立服务能力管理改进机制，及时修正能力管理中的缺陷。二是对不符合策划要求的行为进行总结分析，对未达成的指标进行调查分析。三是根据分析结果确定改进措施，制订服务能力改进计划。

（三）搭建运维技术服务平台

信产公司运维技术服务平台由服务台、运维管理系统、运维知识库和运维辅助分析系统构成，并采用一线、二线、三线分布式管理模式，运维部门间分别部署。

1. 整合运维监控平台

信产公司将监控数据交换到服务台、运维流程管理系统、运维知识库、运维辅助分析系统、支撑运维体系。通过平台对网络管理、主机管理、数据库管理、中间件管理、应用系统管理等相关问题进行整合，及时发现并解决问题。

业务系统监控工具包括企业门户系统、IMS 业务系统、Golden Gate 系统、北塔网管系统、ISS 系统。通过企业门户系统可对运维 89 套业务系统的可用性进行巡检监控，通过巡检及时发现、处理业务系统出现无法访问、访问缓慢等问题。

2. 建立服务平台

服务平台负责客户端运行和信息系统问题的接收及转发。问题接收分为网络响应和电话响应两种方式，对响应人员无法当场及时解决的问题，转发到二线、三线进行解决，并向用户反馈解决情况。同时，实现问题库的维护、解决情况的反馈、解决方案的查询等功能。

一是制定服务台规范，一切相关服务请求都通过服务台，由服务台统一分派运维人员解决问题。二是建立服务水平协议，建立服务台时与客户指定好各类问题的不同级别和响应时间，根据问题及事件级别解决问题。三是分级管理服务人员，将技术支持人员分为一线（服务台座席）、二线（现场工程师）、三线（专家团队），明确各线人员职责，合理利用人力资源。四是借助服务台管理工具，借助自动化的服务台工具记录事件过程，定期更新运维问题知识库，提高一线或用户自助解决率。利用可视化、可管理化功能的服务台工具，快速自动生成服务台运营报告，定期（如按月度）生成一线解决率、响应时间、客户满意度等指标数据统计分析报表，便于管理者定期检查服务台运营情况的人工投入。

3. 健全运行维护管理流程

信产公司依据运维管理环节、管理内容、管理要求制定统一的运行维护工作流程，实现运行维护工作的标准化、规范化和自动化。通过建立运维管理流程，使日常的运维工作流程化，职责角色更加清晰，从而使解决问题的速度和质量得到有效提高，实现知识累积和知识管理，帮助运维部门进行持续的服务改进，提高客户服务满意度。

一是事件管理。信产公司将信息系统中出现的系统崩溃、软件故障、任何影响用户业务操作和系统正常运行的故障以及影响业务流程的情况、用户的请求等纳入到运维服务工作中，对于以上突发事件，由用户、客服、维护人员转入事件流程管理。

二是问题管理。信产公司问题管理按照不同领域问题进行分类管理，网络、主机、中间件、数据库、应用等有相关领域的二线技术支持专家来处理。二线支持专家负责接受来自一线支持人员的支持请求的同时，负责对事件进行分析，找出事件的根本原因，从而确定解决方案，消除根本原因。另一方面，二线人员也要从发生的事件中找出事件的发展趋势或潜在可能发生的问题，主动提供预防性措施，提高系统可靠性，降低运维成本。

三是变更管理。变更请求通常由于问题的解决方案中需要对生产环境进行某些改变产生，变更请求来源于问题管理环节或由用户提交。用户或问题管理环节的维护人员提出变更申请，由运维负责人检查和完善其内容，并进行风险等级、优先级的初步评估；通过分类，确定是否为常规变更、重大变更、紧急变更，如果常规变更请求，则由运维负责人安排实施；如果是风险等级为“重大”的变更请求，则应上报变更管理小组审核；变更管理小组评估后决定是否批准变更请求，变更请求得到批准后，运维负责人按相应资源进行变更计划、测试、制定实施方案，确定实施时间表并分配相应资源，通知请求人。

4. 开发运维知识库

信产公司运维知识库建设是信息系统运维能力的重要组成部分，基于统一的技术支持平台，通过 IT 行业和协作厂商的技术资源和解决方案，实现对运维服务有效的技术支持工作。知识库管理主要分为普通运维人员、知识库经理两个角色与职责。其中普通运维人员可以浏览知识，对现有的经验知识进行整理和总结，并形成相应的文档，提交知识给对应的知识经理并学习相关的知识；知识经理总体上对知识库管理流程的设计、实施、执行及优化负责，确保知识库管理流程被正确地执行，同时负责协调日常的知识库管理工作，包括对知识的审核、监控、维护、所需资源的协调等。

一是分类知识库，知识库主要分为常用知识文档和专业知识文档，常用知识集中多数人经常用到的信息（非基础或岗位必备知识），专业知识是经过全面的、系统的经验组织，达到知识共享。二是综合运用技术手段，采用快捷的浏览查询机制，通过系统提供各种便捷的查询手段，如浏览链接、图示、检索等，系统用户通过简单的查询操作，获得所需知识，系统对任何一个问题的响应时间不超过两秒。三是知识库更新，座席人员（接线员、技术工程师）、其他知识拥有者、技术/信息负责人、知识管理人员等根据业务、用户等不同角色权限，获取公共知识的同时只操作与自己相关的知识，通过知识维护流程，以消息通知、会议、培训、邮件等各种形式，实现问题维护、审核、发布，达到知识库更新的目的。

5. 深化应用运维辅助分析系统

信产公司以日常监控平台、服务台、运维流程管理系统为基础，通过统计分析，了解运维服务能力和服务质量现状，并进行趋势分析，为运维管理决策提供支持。通过信息运维综合管理系统（IMS）对运行监管、应用监管、桌面管理、安全管理、告警管理、运维服务、设备管理等 12 个模块各业务系统运行关键指标进行实时监控。

一是通过深化应用运维辅助分析系统，建立基于可用性、响应度、健康度的三维分析法，通过三维度、立体分析挖掘方式实现现有监控系统应用的深化，为信息专业运维人员提供有力的技术手段，辅助专业人员更好地做好运行维护工作。

二是推进系统应用与融合，实现数字化管理目标。全力推进运维综合监管系统单轨运行，尽快实现运维综合监管系统与业务的高度融合，拓展运维综合监管系统广度和深度，实现业务管理的信息化全面覆盖，实现信息系统标准化建设。

三是加强系统一体化管理，完善运维综合监管系统，全方位构建信息化管理体系、保障体系，全面提升信息系统装备技术水平。

（四）建立服务标准，提升服务质量

信产公司始终坚持服务产品标准化，不断规范优化和提升服务质量。同时根据用户的需求提供定制化的个性服务。一是建立标准流程、实施规范以及相关制度；实施服务的过程有记录，并可进行追溯、审计；建立完善的服务质量考核指标体系；基于运维服务生命周期管理，针对服务流程、规范以及相关制度进行统一规定、统一度量标准，实现服务可复制交付，达到服务标准化。二是借鉴传统产品方式，实现运维服务产品化。信产公司将所提供的运维服务通过 ITSS 服务质量要求、可视化的服务体系、清晰的服务定价机制和统一的服务标准来体现，形成具有特定属性的服务产品，并具有产品规范化、可视化、数字化特征。即运维服务有清晰的服务目录，具有独立的价值、明确的功能和性能指标，相应的服务级别要求和明确的考核指标，以满足用户不同阶段的服务需求，以产品的方式对用户提供统一、规范的服务交付内容、交付流程及交付界面，有效提升服务的工作效率和服务级别协议的达成率，使用户得到统一规范、专业的服务，获得更大的满意度。

（五）明确、制定人才培养目标和规划

信产公司为更好地满足各项业务发展需求，着力实施“人才兴企”“人才强企”战略，客观、公正、科学地评价内部各专业人员的理论基础和技术水平，更好地吸引与稳定人才。通过招聘吸纳外部优质人才、打造内部人才梯队的方式，充分发挥技术专家及专业带头人的骨干带头作用，整体提升运维人员能力。

根据不同岗位的任职资格模型，制订相应的培养计划。一是选派技术人员参加外部机构开展专业技能培训。二是由企业内训师、技术专家及专业带头人开展的企业内部培训。三是以“传帮带”的形式培养新进员工，形成人才的分级管理、动态调整，从机制上保证人才队伍的良性发展。四是实行岗位轮换制度，岗位轮换能使员工熟悉多项业务知识和技能，可以促使员工全面掌握信用社的各类业务知识和操作流程、操作技巧，提高员工的应用能力，增强员工工作能力。

规范信息系统运维服务人员管理，加强人才队伍和技术支撑。一是组织运维人员连续三年参加信息系统运维服务人员资格考试工作，“以考促学、以考促用”，通过技术资格考试，使信息运维人员不断总结经验，持续提升综合业务素养和操作技能水平。二是与新疆大学多语种信息技术重点实验室（即自治区多语种信息技术重点实验室）、大连理工大学、新疆大学软件学院、新疆大学信息科学与工程学院、新疆师范大学、新疆财经大学等高校建立长期合作联盟，在人才培养、科技攻关及技术创新等方面加强合作，增强企业创新驱动能力。三是大力推进新技术预研、能力储备、软件产品研发、专利申报工作，推动科技创新和成果转化能力建设。四是发挥应用集成优势，有效整合云计算技术资源，利用大数据分析和主题展示，深化服务对象项目管理水平，提升数据应用价值。通过开发全疆物资标准化智能仓库及物资调配，物资供应体系物联网，生产现场移动作业管理等平台建设与实施，完善优化业务系统本地化服务应用，全面深化科技创新成果申报和转化复用。

（六）建立内控管理保障机制、完善绩效考核管理

信产公司为满足电力行业信息化运维业务不断扩大和精益化管理需求，依据《信息技术服务质量评价指标体系》标准，指导运维服务能力的建设，形成一套符合企业自身特点的ITSS运维能力评价流程和规范。一是根据项目实施情况，按周、月召开工作例会，通报项目实施进度，对项目实施计划、资金使用计划等进行科学决策，对出现的问题即时整改。二是构建企业风险管控体系，建立风险管理分级负责与集中风险报告制度，重点工作跟踪考核等预防机制，及时掌握项目实施关键点，防范和化解项目实施系统风险。三是开展项目进度内部监督，确保项目按计划执行。通过日常检查、工作分析会查找偏差，建立纠错台账，详细记录、实时跟踪、每日督办，做到高质量整改、长效化执行。从项目偏差错误点发布、整改、验收、归档四个环节进行PDCA循环，形成全过程闭环管理。

信产公司根据运维规模及运维范围、服务目录、运维服务需求，完善绩效考核管理。一是对原有岗位进行优化调整，以符合充分考虑人员各项因素，在主要生产岗位设置主备岗位，调整后的信息通信运维岗位28个。二是每年全员逐级签订绩效合约责任书，建立绩效考核机制，将运维服务纳入企业负责人绩效及全员绩效考核中。三是根据岗位不同，完善绩效考核管理体系，对员工设定合理目标，建立有效的激励约束机制，使员工向工作目标努力从而提高个人绩效；通过定期有效的绩效评估，肯定成绩、指出不足，对目标达成有贡献的行为和结果进行奖励，对不符合目标的行为和结果进行一定的约束；通过这样的激励机制促使员工提高自身能力素质，改进工作方法从而达到更高的服务质量水平。

（七）构筑安全保障体系

信产公司始终贯彻落实“安全第一、预防为主、综合治理”的方针，保证安全生产，全面落实安全生产责任制。构筑以安委会主任委员为第一责任人的安全生产责任制，建立健全有系统、分层次的安全生产保障和监督体系。同时建立专项应急预案13项、现场处置预案104项，认真开展各项运维应急评估工作，健全应急管理及救援体系，落实保障措施。以开展“安全生产月”活动为抓手，全面加强运维安全管理，深化安全文化建设，以到位监督人员、现场工作负责人及班组安全建设为载体，构筑三级安全网。

一是建立安全责任制，保证企业具有法律、行政法规和国家标准或者行业标准规定的安全生产条

件；建立和完善安全生产责任体系，健全安全生产管理机构，明确职能部门、各级管理人员和全体员工的安全生产职责；建立安全生产长效机制，确保企业生产经营活动满足安全生产的各项要求。

二是把责任从上到下层层落实到每个部门和班组，落实到每一位员工。将到岗到位工作与安全管理责任落实相结合，推动到岗到位由现场到位转向安全生产全过程的管理到位。

三是加强安全意识教育，增强一线员工的责任感，提高业务技能和解决问题的能力。信产公司高度重视运维服务人员的培训和管理，重点抓好在职、转岗员工的技能培训、新员工的岗位培训、事故违章人员的思想教育和规程制度培训，提升人员安全素质。

三、系统集成企业以信息技术服务标准为核心的运维能力建设实施效果

（一）企业核心竞争优势进一步凸显

信产公司通过大力实施 ITSS 信息运维能力建设，技术服务和工程建设能力大幅度提升。资质水平大幅提升，服务范围不断延展，各类企业资质新增、升级 7 项。经过三年市场开拓的积淀，地州运维从无到有，运维区域由本部辐射至全疆，实现全业务覆盖，2015 年签订运维合同 164 份，同比增长 108.5%。通过重点项目协同建设，系统集成能力不断增强，带动销售、服务、工程、运维业务的同步发展。技术服务较“十二五”初期增长 3 倍，实现企业技术服务转型。2015 年完成科技成果 8 项、专利申请 11 项，专利授权 5 项，软件著作权 9 项，为信息通信运维服务提供有力的技术支撑。

（二）塑造出一支“专、精、尖”的高素质员工队伍

信产公司通过实施 ITSS 信息运维能力建设，运维服务人员选择、培训标准和方法、绩效考核体系日趋完善。2015 年开展内外部专业培训 236 项，15 人取得高级项目管理师及计算机软考中级及以上认证，1 人取得 PMP 国际认证，2 人获得数据库认证专家认证（OCP）；20 余人获得华为公司各等级认证，其中 2 人获得 HCIE 华为传输最高级别的互联网专家认证，19 人取得 HCNA 资格认证；159 人取得运维人员资格，2013 年，初级 13 人、中级 25 人，2014 年，初级 54 人、中级 56 人、高级 5 人，2015 年，初级 68 人、中级 84 人、高级 7 人。

（三）企业经济和社会效益再创佳绩

信产公司通过实施 ITSS 信息运维能力建设，组织骨干技术力量和华为、中兴通信等技术专家赴各地州市级供电公司开展通信网络优化和技术培训，获得好评，运维服务质量和客户满意度显著提升。2013 年至 2015 年，受理工单数，从 25830 件增加至 63955 件，年均增长率 38.7%，客户回访由 1756 人增加至 5723 人，满意度由 95.8%增加至 100%。三年来，受理工单数累计增长率 77.4%，客户服务满意度逐年提升。截至 2015 年年底，实现营业收入 54552.48 万元，较“十二五”初期增长 235%；利润总额 8866.04 万元，较“十二五”初期增长 161%，利润和利税总额连续三年保持新疆 ICT 行业前列。

（成果创造人：龚　政、袁金丽、旷瑞明、席小刚、顾同江、梁军士、
巩　锐、邱　蓓、邱龙骄、王晓春、安金鹏、陈　梅）

基于数据挖掘的质量管理决策支持系统的构建与实施

中国航天科工集团第九总体设计部

中国航天科工集团第九总体设计部（以下简称九部）现隶属于中国航天科工集团第四研究院，组建于1976年10月，经过40年的发展，设计所逐渐发展成一个集机械、电子、光学、力学、控制工程、计算机及应用等多学科于一体的综合性研究单位，主要从事航天产品总体及分系统的开发和研制。九部拥有一支专业门类齐全配套的科研队伍，现有各类专业技术人员700余人，高级专业技术人员200余人，其中享受国务院政府津贴的专家40余人、省部级以上有突出贡献的专家15人、省部级以上“新世纪学术技术带头人”8人、“新世纪百千万人才工程”国家级人选2人。

一、基于数据挖掘的质量管理决策支持系统的构建与实施背景

（一）竞争择优不断深化，实现战略发展的需要

随着党的十八大及历届会议召开，创新发展、军民融合等举措已上升为国家战略，必将在民用、商用航天等新兴产业方面为九部创造出更大的机遇，同时国家竞争性装备采购机制不断深化，装备的利润空间越来越小，极大地考验着九部把握战略机遇和应对复杂局面的能力。只有进一步挖掘科研管理的潜力，以管理能力的不断突破，降本增效，才能够在未来的竞争中占据有利位置。九部高层领导一致认为，科学的质量管理决策是九部科研管理的最终目标，数据挖掘是实现这一目标的有效工具，是构造未来核心竞争优势，保持可持续发展、实施精细化管理的战略选择。

（二）转变质量管理观念，深化“四个两”的客观需要

为深入推动中国航天科工集团公司航天防务产业、民用产业转型升级战略实施，全集团范围内推行“设计优化要深入，工艺优化要深入；仿真、验证试验要充分，可靠性试验要充分；质量问题技术归零要彻底，质量问题管理归零要彻底；工作形式要简化，工作流程要简化”（简称“四个两”）的要求。而设计工作具有创造性，无法机械、被动的完全依照已有的规范成型，始终需要人的主动参与和决策。目前九部的研制过程很大程度上依赖于一线设计人员的经验与能力，影响了管理效率。因此，九部要深化落实“四个两”的要求，需要转变质量管理观念，变监管为主动服务，将“卡、压、堵”转化为“疏、缓、导”，需要对质量信息进行高效管理，帮助高层管理人员、科研质量管理人员快速地对有关质量管理方法与质量问题做出决策，形成依“数据说话”的决策机制，提高效率、提升精细化和智能化水平，促进九部管理观念与方式的变革。

（三）打造质量管理决策支持系统，实现管理提升的需要

随着信息化手段的不断推广，九部逐渐覆盖型号科研生产、质量管理、财务管理等业务，实现信息共享，旨在提高管理效率，强化过程管控。但产品研制全生命周期中的质量信息种类和信息量庞大，关系错综复杂，增加了九部质量管理的难度，收集到大量的、杂乱的数据未得到充分利用，大多只停留在对数据的简单统计与图表的显示，而质量管理的有关决策最终会影响产品的研制周期、产品质量、质量成本、响应速度等。因此如何有效地管理九部研制生产中产生的庞杂的质量数据以及体现其利用价值是迫切需要解决的问题。九部信息化平台的建设和长期的运行，恰好为数据挖掘的实现提供了可能。打造基于数据挖掘的质量管理决策支持系统，可以有针对性地采取改进措施，为九部持续改善质量提供决策支持，促进质量管理的提升。

二、基于数据挖掘的质量管理决策支持系统的构建与实施内涵和主要做法

九部提出“依据数据决策，实施精细化管理”的工作思路，将数据挖掘技术运用到质量管理体系中，基于信息化平台，构建与实施质量管理决策支持系统；以人为本，营造质量管理决策支持系统的良好运行环境；以嵌入制度流程为依托，运用质量管理决策支持系统的成果，优化质量管理流程，提高工作效率，进而全面提高九部质量管理水平。主要做法如下：

（一）以发展战略目标为导向，明确质量管理决策支持系统顶层策划

九部质量管理立足于九部的发展战略，按照从结果管控型向过程管控型、从事后补救向事前防范、从保障型向管理型的“三个转变”要求，开展质量管理决策支持系统的构建与实施，主要从组织机构、系统架构、实施进度三个方面进行顶层策划。

1. 确定质量管理决策支持系统构建的组织机构

九部成立基于数据挖掘的质量管理决策支持系统的构建与实施专项推进办公室，将九部质量管理委员会作为推进办公室的领导小组，在公文《九部关于明确质量管理委员会的通知》中，明确质量管理委员会由九部领导成员、总师系统成员、各研究室和管理部门行政正职组成。同时在职责中明确根据数据挖掘的有价值信息，讨论、制定质量改进措施。

2. 确定质量管理决策支持系统的整体架构

基于数据挖掘的质量管理决策支持系统围绕“以员工为中心”，由信息化业务平台、数据挖掘、成果库、改进方案建议、高层决策、质量管理体系文件六大部分组成。

以员工为中心：九部质量管理的对象是型号科研生产中的质量活动，实质和关键是管理人，所以九部的质量管理创新，就是要依据质量管理决策支持系统，逐步改进和建立一套有利于调动人的积极性和创造性、有利于科研生产和技术发展的科研质量管理体系，这是推动九部持续发展的强大动力。

信息化业务平台：信息化平台是数据挖掘的基础数据源，需要依靠所有员工的参与，在线实施相关的业务流程，提供原始数据。目前九部实施业务信息化管理的数据有质量问题信息、设计评审信息、质量反馈单信息、闭环单信息、产品生产信息等。

数据挖掘：利用数据挖掘方法，融合数据库、人工智能、机器学习和统计学等多个领域的理论和技术，对基础数据源的数据进行提取、净化和转化，形成有应用价值的信息。

成果库：根据数据挖掘的结果，挖掘质量管控中的关键因素或薄弱环节，进行分析提炼，形成研制过程库、设计和管理方法库、科学知识库、研制经验库、模块库等。

改进方案建议：改进建议一方面是利用数据挖掘技术分析影响研制过程中产品质量的主要因素和原因，建立一种研制过程质量分析模型，为设计质量的改进和优化管理提出可行性方案；另一方面是员工基于工作岗位直接提供改进建议。九部质量技术处定期收集后，经初步审核，形成可行的改进方案建议。

高层决策：质量管理委员会依据成果库获取辅助决策信息，对提供的改进方案建议进行讨论，决策后制定质量管理改进措施。

质量管理体系文件：是九部实施质量管理和开展质量控制、质量保证及质量活动的行为准则，是信息化业务流程制定的依据。

3. 确定质量管理决策支持系统的构建与实施进程

数据挖掘需要基于丰富的数据积累，而积累数据的过程需要耗费大量的成本，建立质量管理决策支持系统初期，由于工作量较大，不可能面面俱到，九部基于现有的信息化平台收集的数据，选择几个带有示范性的难点进行突破。第一步，完善信息化平台的业务流程，确定需要采集的质量数据，对现有数据进行整理，为数据挖掘做好准备；第二步，引进数据挖掘技术，挖掘有价值的信息，形成可实施的改

进方案提交质量管理委员会讨论决策；第三步，依据决策结果改进质量管理体系文件，优化信息化平台业务流程。第四步，拓展难点的范围，有针对性地建设信息化业务平台，收集数据，进行数据挖掘寻找改进方案。

（二）以信息化手段为保证，明确质量管理决策支持系统的运行模式

1. 完善信息化平台业务流程，围绕改进目标采集质量数据

九部在原有信息化手段的基础上，依据顶层策划，改进体系文件要求，同步完善和补充“线上”业务流程。按照“系统化管理、制度化控制、信息化运行”的总体思路，强化科研质量管理过程的程序化、模板化、信息化，实现型号研制过程与信息化的深入结合，达到系统刚性约束和管理软约束的对接与互动，促进“体系建设牵引信息化改进、信息化平台保障数据挖掘、决策支持系统促进体系改进”的良性循环发展。

在现有信息化业务流程的基础上，首先明确质量改进目标，再确定需要采集的质量数据，最后实现信息化平台的数据提取功能。以设计评审为例，改进目标为提高评审的把关作用。经讨论确定，需要采集的质量数据包括评审时间、评审材料、评审类型、评审发现问题总数、该次评审材料规模、评审工作量、工作产品评审问题密度、评审效率，通过对以上数据的分析可以直观的知悉评审效率和评审问题密度，进一步可以分析评审问题分布，评审遗留问题解决情况、评审通过率等，通过此数据与累计平均数据的对比，便可知人员技能、重视程度、培训力度、执行力等多方面的情况，由此可确定改进的思路。

2. 结合型号管理与数据分析，优化信息化平台业务

信息化平台业务必须做到与现有型号管理要求衔接，且业务流程作为型号软件研制的日常管理要求而无法“绕行”，否则在执行上就会大打折扣，形成“两张皮”现象。以软件生产管理为例，根据《型号软件生产过程控制程序》要求，软件产品要按照配置管理要求实施“三库”管理（开发库、受控库和产品库），用于生产的软件必须来自于受控库或产品库（控制权限较高，更改和出入库均有审批手续），不得将开发库的软件产品用于正式生产（开发库的控制权限仅由设计师负责，无审批手续）。但通过质量问题信息管理模块的质量数据统计分析，存在型号软件产品状态失控而出现质量问题的现象，究其原因，为部分设计师走捷径，软件产品不及时归档，从开发库导出软件产品刻盘后用于生产。鉴于此情况，完善《型号软件生产过程控制程序》，增设出库管理员角色。同时结合信息化平台，制定软件生产出库业务流程，设计人员只需以偏离单明确技术状态，发起软件产品出库申请即可。流程流转到九部出库管理员后，出库管理员按路径要求从受控库或产品库中进行出库（出库管理员仅有这两库的出库权限），各业务负责人再据此业务审批流程开展后续的介质制作及归档流程，设计人员无法私自刻盘归档。从制度和业务流程上杜绝了开发库中的软件产品用于生产的隐患，也减轻了设计人员的事务性工作量。

（三）以人为本，营造质量管理决策支持系统的良好运行环境

1. 建立激励措施，引导员工为成果库做贡献

《九部质量考核与奖惩办法》规定成果库构建的奖励方案，如软件模块按照复杂程度、安全、危害程度等，从高到低分为A、B、C、D四个奖励等级，对软件模块开发、评测、应用均制定验收标准和奖励金额。《九部员工考核程序》规定将个人对成果库所做贡献进行量化评分，作为晋升的依据之一。评分主要依据成果的级别和应用价值，成果级别分为专业级和通用级，应用价值根据成果验收评审情况和应用情况进行综合评价。

为了更好地管理成果库的应用，在信息化平台上制定成果应用管理流程，主要是维护、反馈、跟踪被应用的成果。每个成果会有版本号，若成果内容需要完善或发生变更，成果的维护人员会明确与上个版本的变更内容，版本号变更后，会自动通知所有应用过该成果的责任人，由责任人反馈是否需要重新申请使用新版本的成果，切实保证使用的成果能够满足设计的要求。

2. 利用线上流程，减少员工事务性工作

设计人员的工作重心是设计工作，致力于满足产品各项功能与性能指标，提高产品的质量和可靠性，而不是浪费大量的精力在烦琐的事务性工作上。秉着该原则，九部管理部门牵头，调研各研究室的需求和期望，对标梳理和简化管理流程，利用信息化平台减少管理工作量。如设计人员申请设计评审前，要履行设计评审准备工作检查及审批手续，需要设计输入部门、可靠性专业组、标准化部门、质量技术处、科研生处、上级设计师等 6 个部门或主管人员审签。以前设计人员需要拿纸质审批单，各部门跑审签，耗费大量时间。现在利用信息化平台，建立设计评审申请流程，各主管人员网上审批，记录意见，减轻设计人员工作量，同时也采集设计评审全过程的质量信息。

3. 建立改进建议申报渠道，尊重员工意见

由于一线员工直接参与设计、生产和售后服务，与工艺人员、产品用户等密切交流，可以发现并抓住改进的方向和机遇，在质量管理决策支持系统中提出改进工作的思路或建议。若改进思路或建议迟迟得不到回复，会极大地打击员工参与改进的积极性。因此无论是数据挖掘出来的为设计质量改进和优化管理提出的方案，还是员工提出的各项建议，质量管理委员会都会认真分析、评价、提炼，成为具有可行性的改进方案，并对确认有价值的方案付诸实施，及时完善到制度中，确保改进提升的时机不被耽误。对不采纳的个人建议也会注明原因，让提出建议的个人得到满意答复，充分尊重员工的思考成果，并对建议被采纳的个人给予一定奖励。通过有意识的努力，营造人人参与九部建设的氛围，为质量管理决策支持系统创造良好的运行环境。

（四）以嵌入制度流程为依托，运用质量管理决策支持系统的成果

根据质量管理决策支持系统构建与实施进程安排，九部针对难以查找成熟知识和经验教训、三级审签流于形式、设计评审难以把关、文件和图纸总存在缺陷等多个难点进行突破，主要介绍质量管理决策支持系统在三级审签、设计评审、设计方法，以及个性化查询上的改进应用。

一是在三级审签方面的改进。所有的设计文件都有三级审签要求，即校对、审核和批准，然而存在部分人员在三级审签时不知道审查的重点，导致三级审签流于形式，因此设计文件质量不高，文文不一致等现象时有发生，甚至导致部分工作反复，严重影响设计质量和科研生产进度。针对不同的文件，根据文件编制的重点，以及日常收集的易错、易漏、易有二义性的问题中总结提炼出三级审签一些通用性的检查条款，经质量管理委员会决策，将检查条款固化到文件审签规范中，并运用信息化手段，在 PDM 系统（产品数据管理系统）中实施三级审签时，必须按照检查条款逐条检查，检查无问题或问题得到妥善解决后才允许进入下一个审批环节。以细化明确的检查条款形式为三级审签的通过决策提供支持，切实提高设计文件的质量。

二是在设计审查方面的改进。设计评审是保证设计和产品质量的重要手段，检查被评对象是否达到规定的质量和技术要求。通过设计评审相关质量数据的采集与分析，评审效率和问题发现密度并不理想，分析原因为每个人的知识面和关注点不同，导致评审重点不突出而“逢评必过”。根据评审问题的归纳分析，针对不同的评审对象，提炼出评审的重点关注内容并条目化，经质量管理委员会决策，完善设计评审的相关规范，明确各类评审的关注重点，供评审时使用，为评审是否能够顺利通过提供辅助决策信息，并据此形成评审结论，切实起到设计评审的把关作用。

三是在设计方法方面的改进。九部年轻设计人员比例偏高，由于人力资源和繁重科研任务的不协调，导致很多年轻设计人员已承担一线重要设计岗位，水平不足、经验不够、考虑不全均为设计质量带来不小的风险。九部一方面大力加强技术培训增强个人能力，另一方面通过数据挖掘，从历年的质量案例及启示中提炼出设计规范，并条目化形成设计准则，成为成果库的重要内容，让年轻设计人员在工作中有遵照的准则和学习的方向，以避免走弯路，尽快成长。

四是在个性化查询方面的改进。模糊聚类分析是数据挖掘中一种非常有用的技术，可以从大量数据中寻找隐含的数据分布和模式。信息化平台采用该技术把丰富的质量信息资源高效、有序地组织起来，为设计和管理人员提供方便、快捷的信息服务。信息化平台中记录的数据是海量的，通过模糊聚类分析，能够发现指定的时间段里，哪类质量问题出现次数多，哪类软件问题出现的次数最多，哪类不合格品审理单最多，哪种情况容易出现例外放行等。同时针对用户输入的关键词，可以按照用户的需求提供质量案例、设计规范、设计准则、模块库、经验教训、规章制度、培训资料等方面的相关信息，这种向设计人员和管理人员提供个性化服务对提高研制过程质量有非常重要的作用，同时对技术方案的决策、质量问题的解决均有重大的决策支持作用。

三、基于数据挖掘的质量管理决策支持系统的构建与实施效果

（一）研发管理平台成效显著，提高九部战略发展能力

基于数据挖掘的质量管理决策支持系统的构建与实施，为九部积累了丰富的数据资源，搭建较高的研发管理平台。成果库中构建了有价值的质量案例启示录180余篇；各专业形成设计规范近70篇，每篇设计规范提炼出设计准则近20条；优化了10余项质量管理业务流程；专业和通用模块共18个。各种措施使得九部迈上了精细化的高效管理之路，同时也培养了一支高素质的研发队伍，使得设计质量得到较大幅度提高，总体研发水平有了显著的提升，2015年，涌现出22项精品工程，实现研制飞行试验成功率98.2%，产品一次交验合格率99.99%，顾客满意率为99.6%，实现了年度质量目标。

（二）促进九部管理体系和能力的优化提升，深化落实“四个两”要求

基于数据挖掘的质量管理决策支持系统是实时的质量控制，是高于底层质量管理的全局层次的协调管理，具有智能化与快速响应的特点，侧重对产品全生命周期，特别是关键过程进行预防性管理，同时更关注传递的质量信息，打通了型号项目间的壁垒，实现质量消息的互通，消除共同存在的问题和隐患，使得九部的质量管理得以深化，逐步向“系统管理、预防为主、科学决策”的质量管理模式转变。信息化平台的深入推进，强化了科研质量管理过程的程序化、模板化、信息化，使全体员工在软性约束和刚性约束的双重作用下，潜移默化地参与到九部的型号科研质量管理工作中，员工的质量意识和九部的质量管理工作水平均得到切实的提高，深化落实了集团公司“四个两”的要求。

（三）经济效益和社会效益明显提升

通过基于数据挖掘的质量管理决策支持系统的构建与实施，可以从不同维度进行质量分析，使九部高层管理者能够快速地就当前的质量形势进行决策，从而快速响应客户需求，迅速占领市场，赢得竞争的最后胜利，为九部带来显著的经济效益和社会效益。2015年，实现利润总额4413万元，同比增长84%；实现经济增加值（EVA）2001万元，同比增长218.24%；圆满完成中国航天科工集团第四研究院下达的各项经济指标。

（成果创造人：段祥军、曹　晨、周元标、杨　欣、吴　明、马　威、黄　伟、黄　巍、李文强、刘世龙、许亚南、李启帆）

粮食仓储物流企业基于两化融合的运营管理变革

深圳市粮食集团有限公司

深圳市粮食集团有限公司（以下简称深粮集团）是深圳市属国有独资的大型粮食企业，受政府委托，承担市级地方粮食储备，同时负责驻港、驻深部队的军粮供应任务。年粮食购销量130万吨，约占深圳口粮市场份额的33%。深粮集团拥有全国规模最大的成品粮保管仓库、深圳市规模最大最先进的粮食储存设施，集粮食流通、加工、储存、贸易以及相关产业经营为一体。深粮集团现拥有总资产37.3亿元，净资产22.9亿元。2015年实现营业收入40.16亿元，利润1.8亿元。

一、粮食仓储物流企业基于两化融合的运营管理变革背景

（一）实施国家粮食发展规划的需要

粮食是关系国计民生的重要商品，保障粮食安全关系发展改革稳定大局。我国对粮食行业的发展极为重视，出台了一系列关于发展粮食物流、革新物流技术的文件，提出要求与规划。发展粮食现代物流，结合“互联网+”提高粮食流通自动化、信息化水平，是深粮集团应响应国家号召，以工业化、信息化为支撑，追求可持续发展的要求，对提高粮食流通效率、降低粮食流通成本、保障国家粮食安全具有重要意义。

（二）破解传统粮食仓储物流企业共性问题的有效途径

当前，传统粮食仓储物流企业发展面临的问题主要有以下几条：粮食物流装卸自动化水平低，虽然已经从传统肩挑背扛的人工搬倒装卸方式，逐渐发展到叉车与人力装卸相结合的方式，但该方式目前仅用于货柜与仓库间的流转，库内码堆及在库粮食保管仍依靠人力完成，对人力的依赖性大，效率低。粮食在出入库等流通环节中信息的采集、统计、分析等工作仍依赖人工完成，人力成本的不断提高及信息技术手段的落后严重制约着粮食物流行业的发展。为解决上述问题，行业内尝试使用硬质托盘（塑料或木质托盘）作为流通运输载体，由于硬质托盘成本过高，在流通过程中占用空间大，利用传统硬托盘直接码垛上堆，粮仓的空间利用率低、安全性差，从而导致硬质托盘难以在整个粮食物流供应链体系中广泛运用，信息技术也无法找到有效的载体贯穿于粮食流通体系。全国每年在储粮、储藏、运输、加工等环节损失浪费粮食达350亿公斤以上，接近年总产量的6%。据统计，国外粮食物流成本比我国低40%左右，降低国内粮食物流成本的潜力巨大。实施基于两化融合的运营管理变革，是解决行业发解共性问题的有效途径。

（三）企业持续变革的必然选择

深圳地区属于粮食的纯销区，深粮集团的成品粮保管规模为全国最大，成品粮保管技术处于行业领先，为深圳及珠三角周边县市的粮食供应与流通提供有力保障。根据国家相关政策，粮食增储在即，成品粮保管及进出库规模将面临急速扩大，如果继续依赖现有生产运营管理模式，则物流成本高、物流效率低、物流损耗大问题不仅难以克服，还可能继续加剧。一是过度依赖传统劳动力，导致人员管理难度大、人力成本高。随着人口红利的消失，人力资本不断上涨，极大影响粮食流转效率，并增加滞港滞仓费用；而且在人工装卸与码堆中，容易破包倒包，导致损耗。二是虽然尝试使用硬托盘作业模式，但仓容使用率低，且不宜流通，硬质托盘难以在仓库内全面推广，更无法推广应用到运输环节。三是粮食物流过程缺乏信息化管理手段，造成物流效率低、成本高、损耗大，粮食流通管理体制落后，粮食物流产业发展迟缓。为解决以上问题，深粮集团必须对原有的物流运营管理进行全面改革，创新生产物流模

式，降低各种损耗，向管理要效益。

二、粮食仓储物流企业基于两化融合的运营管理变革内涵和主要做法

深粮集团以“发展现代产业体系、大力推进信息化与工业化融合”的科学发展观为指导，以滑托板承载工具、机器人智能码垛技术和RFID技术相结合的信息化、工业化改造为支撑，将粮食物流工业化、信息化紧密地连接成一体，坚持以信息化带动工业化，以工业化促进信息化，形成全程化无缝服务的企业内部管理机制。主要做法如下：

（一）重新梳理组织架构，提升员工工作能力

在推进基于两化融合的运营变革时，根据业务性质，适时调整管理组织架构，成立以董事长、总经理为组长的运营管理变革小组；主管仓储、工业及信息化、基建工作的副总经理为副组长，下设仓储业务组、粮食保管技术组、物流配送组、工业及信息集成优化组、后勤保障等项目攻关小组。原仓储物流区平湖库下设五个仓管区，五个仓管区业务重叠，却又各自为政，人力资源浪费严重，无法满足粮食增储高效出入库管理的需求。仓储业务组将四个仓管区合并为大米仓管区和小麦仓管区，通过资源共享，更好地开展粮食存储和物流业务，优化统筹粮食存储和出入库的管理，减少内部沟通成本，合理调配人员。

深粮集团组织架构调整的同时，人员管理也重新进行调整。深粮集团为员工打通各类职业发展通道，充分调动员工积极性，吸引和留住优秀人才。推进两化融合前，需为每仓库配备（3万吨仓容）16人，其中搬运工9人，仓管保管员7人。项目全面实施后每仓节约人力7人，下属6个仓库，共节省人力42人。随着业务的深入，通过多方面的培训考核，提升原有仓管人员的技能，使仓管员熟练掌握特种叉车和机器人设备操作技能，实现企业人员素质从低向高发展的过渡。良好的人力资源及信息化管理体系为推进两化融合的运营管理变革提供充分的条件。

（二）创新作业模式，攻克粮食流通环节有效载体的技术难题

1. 结合行业特性，开发出智能滑托板

以往的变革已经尝试使用硬质托盘（塑料或木质托盘）为承载工具，入库时只需要人工在硬质托板上码垛，然后通过叉车直接叉取上堆，代替传统的人工上堆动作，这从一定程度上提高了工作效率。但硬质托盘体积大，直接码垛上堆导致粮仓的空间利用率低、安全性差，而且成本高，硬质托盘难以在整个粮食物流供应链体系中广泛运用，信息技术也就无法找到有效的载体贯穿于粮食物流供应链体系，无法解决粮食信息在物流供应链各个环节的跟踪和自动采集，减少运输过程中的搬倒损耗。

深粮集团通过对国内外各种行业装卸运输工具的大量调研，了解到纸滑托板（片状）在国外局部箱体与纸包装物流中有良好的应用效果，存在作为硬质托盘替代品的可能性。

通过对包括片状托盘材质、形状及表面等的反复试验应用，深粮集团开发出HDPE环保材料制成的塑胶滑托板，动态承载量1吨—2吨，厚度1.2毫米，仅为硬质托盘的不到1%，其厚度在仓容利用率上基本可忽略不计；成本约30元/片—40元/片，相当于硬质塑料托盘的1/10，能反复使用80多次，使用寿命约3—5年；表面打孔并作防滑处理，满足粮食在装卸及储存期间的安全性、防滑性、抗拉伸性、透气性方面的要求，在满足粮食流转标准的同时也达到粮食保管标准。该产品获得2项外观设计专利，1项实用新型专利，1项发明专利。

2. 改造叉车，适应片状滑托板的作业模式

由于滑托板的特殊性，传统的木质和塑料托板叉车已无法使用。深粮集团对现有的叉车进行技术改造，配置推拉器，设计配合片状滑托板的作业方式，培养训练叉车司机，直接用叉车完成搬转装卸及仓库内上下堆作业。该作业模式也可以应用到客户装卸环节。对方卸货时，只需利用带有推拉器的叉车，便可直接叉取车上货物，完全代替人工搬运，实现机械化作业。

3. 对粮食搬运单元进行标准化管理，向6S管理迈进

相比传统的大堆存放，深粮集团将包装袋以吨为单位，将包粮模块化、标准化，形成一吨一个单元的存放模式。堆位的单元化存放，库区的标准化管理，让仓库现场管理向6S管理标准靠拢。

由于成本低，嵌入RFID芯片的滑托板成为物流和信息的双载体，形成智能滑托板。不仅能在仓库内推广应用流转，而且低廉的滑托板直接能在运输工具上推广应用流转，从而推广至食品原料、饲料等其他行业的包装袋产品，延伸到上下游产业链，以点带面、以行业应用带动产业发展，在全国打造具有影响力的粮食仓储物流方式。

（三）引入机器人，提升机械化作业能力

目前，中国市场搬运工已经进入高龄化，大多数搬运工年龄在40—55岁左右。搬运工属于劳动强度较大的工种，而传统的粮食物流进出库环节主要是依靠人力码垛和搬运完成。在解决最为关键的承载工具后，为实现装卸与搬运环节的自动化管理，深粮集团通过多方调研，将机器人智能码垛技术应用到粮食仓储物流行业，改变人工码垛方式。

1. 利用机器人码垛技术，开发创新装卸作业管理流程

机器人智能码垛技术是通过将货车上的包粮通过伸缩输送带与机器人对接，虚拟出一条装卸生产线，代替人工完成包粮在滑托盘上的自动码垛。来料后，人工放置到伸缩下料皮带线上，下料皮带线传输到缓冲滑道上，然后经过宽皮带线，之后过180°弯道，再经过下震动进行整形，整形后过待抓取，机器人进行码垛，处理到位。码垛区无托盘时，分配机会自动分配托盘处理；托盘到位后滑托板吸附机构自动吸取滑托板，并按照不同规格放置到相对应的托盘上，放置完成后，机器人自动进行码垛；码垛完成后，经过重载链条线，第一个满垛托盘放置于电梯门口处，等第二个满垛后，电梯打开，两个满垛托盘进入电梯，完全到位后，关闭电梯，电梯根据需要上升到预先设定的楼层，到位后，电梯打开，移动到楼层链条线上，当满垛托盘完全出去后，人工叉取满垛料放置到仓库，同时电梯关闭并下降到一层等待，之后循环作业。

2. 机器人与智能滑托板无缝对接应用，减少库区二次搬运

机器人在滑托板上自动码垛以后，由机器输送到缓存辊道，然后直接由配置推拉器的叉车叉走上堆。若需要上堆到楼上，托盘会自动被输送进经改造的配置自动化运输系统的电梯，经电梯到达指定楼层后托盘自动输出，到达叉取位，再由叉车叉走上堆。实现全程自动作业，减少库区二次搬运。

3. 改变装卸方式，提高粮食流通周转率

变革开展前，由于粮食装卸与码堆的每个环节都需要人力，导致粮食在流通过程中损耗大。引入机器人后，开发出新装卸作业流程，粮食上堆和码垛都依靠机器人和叉车完成，不仅大大降低对人力的依赖，更加快粮食的装卸时间，从而提高粮食流通周转率。机器人码垛技术，解决粮食物流进出库流通环节中过度依赖人工的瓶颈，成为基于两化融合的运营管理变革的重要一环。该模式获得2项实用新型专利，1项发明专利。

（四）利用电子信息技术，构建管理信息平台

以前，仓储物流管理主要基于相应规范的手工作业及电脑半自动化管理实现，需要投入大量人力进行规范粮堆的放置、找堆、定期整理盘点以及出入库登记等工作，使得仓储物流管理十分烦琐，浪费大量时间，出入库前后的粮食质量在流通过程中的追溯更是无从谈起。两化融合的运营管理要实现的是从验收入库、粮食保管、粮情跟踪、销售出库、粮食流通等各个环节对粮食数量的全程智能记录、动态呈现和实时监控，对粮食质量全程进行追溯。

1. 开发RFID粮食仓储物流管理系统

针对企业的实际需求，深粮集团将无线射频技术（RFID）应用于成品粮仓储物流管理中，通过手

持式无线读写设备、车载读写设备和车载电脑等终端对每一独立单元（如卡板）的成品粮进行电子标签标识，实时更新粮食出入库数量和质量变化情况。

采用 RFID 系统后，所有出入库的数据都由系统自动识别和记录，不需人工干预。RFID 智能滑托板在整个供应链环节应用时，能有效记载物流信息和质量信息，对于供应商或客户而言，通过及时传递物流信息，大大提高配送的及时率和准确率。此外，因为 RFID 芯片记录每个物流环节的信息，形成有效的粮食安全追溯载体。通过与 RFID 技术相结合的智能滑托板贯穿整个粮食物流供应链，形成集工业化、信息化为一体的包粮储存模式和流转模式，极大提高物流效率、降低物流成本，减少物流损耗，提高粮食安全保障和粮食信息的可监控性，实现粮食行业物流的现代化，彻底改变我国包粮落后的流转模式。

将滑托板作业模式应用到整个粮食行业和流通领域后，可以对以滑托板为单位的成品粮直接进行集装箱作业操作，提高交通运输效率，形成低碳、环保、低损耗的物流模式和安全高效的仓储模式。以智能滑托板技术为依托建立社会化、专业化、信息化的粮食现代物流服务体系，整合和利用现有粮食物流资源，完善粮食供应链管理，建立全国粮食物流配送、交易和管理信息平台，实现粮食物流信息资源共享，制订和完善相关建设和技术标准规范。

2. 引进基于无线传感器网络的无线粮情监控系统

为对粮库中粮食的存储情况进行有效监控和管理，粮库管理人员需要定时检查粮库中存粮的温度、湿度等数据，防止出现粮食霉变和虫害等问题。传统的粮情监控系统使用电缆为系统节点供电并且利用电缆传输采集到的数据，这种基于电缆供电的系统有其固有的缺陷，如布线复杂、易遭雷击、安装及维护成本高、易遭破坏等。为解决上述问题，深粮集团引进基于无线传感器网络的无线粮情监控系统，该系统可利用温度、湿度、气体、重力、霉菌、虫害及红外传感器全方位实时监控粮食数量及质量变化，并对粮情异常自动预警；传感器网络还可成为粮库智能控制系统的基础，能将传感信息转化为控制信号，智能调控仓库设备。

3. 发展散粮出入库可视化管理系统

散粮在装卸储运作业过程中易产生大量粉尘，粉尘对人体有危害。为改善员工的作业环境，提高仓库管理的质量和效率、降低劳动强度、提高现场的管理水平，深粮集团大力发展散粮出入库可视化管理系统。使用前，工作人员每次作业都需安排一人在二楼作业，不仅爬上爬下耗时费力，而且二楼灰尘很大，也很闷热，环境极其恶劣；使用后，出库作业集中到中控室，坐在电脑前操作按键就可完成作业，员工工作环境得到极大改善，设备管理更加规范、安全，人员配置得到优化，出库效率明显提高。

4. 利用大数据开发分析与管理系统，辅助管理决策

该系统是对粮食行业数据进行分析和运用的综合信息处理和服务系统，含粮食物流 BI 系统、预警管理系统、报表管理等子系统。在当今信息和数据大爆炸的时代，如何有效挖掘和利用数据往往比获取数据更加重要。要做好粮食全产业链的服务、抢占先机、发现隐含的价值，离不开数据分析和管理。该系统功能如果能够全面实现，深粮集团完全能实现自己的战略规划。以目前已实现的 BI 系统（一期）为例，它以图形信息及数字信息形象地展示粮食的仓储信息、粮源信息、客户信息、经营动态信息、购销价格信息，并具有预警功能。可将企业运营状态实时呈现在管理者面前，利于迅速决策。结合预警系统，粮食物流 BI 系统（一期）能迅速对粮食仓储物流中的控制点进行预警，强化应急响应保障。

（五）争取多方资源，稳步推进实施

深粮集团把两化融合的运营管理模式作为提升质量效益的着力点和突破口，围绕降成本、提效益，加强经营管理，推进规范运作，把握稳与进、快与慢、顶层设计与行业创新的关系，坚持试点先行，结合实际，因地制宜，成熟后再推广，稳步促进管理提升。引入基于两化融合的运营管理理念，积极适应

以客户需求为导向的“快速反应”体系的要求，以提高粮食信息数据的及时性与准确性；依靠快速、准确的信息搜集和处理技术，保证粮食供应链上下游动态信息完整、连续、准确；通过对完整、连续的信息流进行跟踪和分析处理，及时准确地做出决策和响应，进而降低供应链采购、生产过程和销售服务过程中逐级放大的库存，提高物流与供应链管理过程的整体效率，形成以自身为链主，连接供应商与客户的供应链，充分发挥物流的“第三利润源泉”的特性。这一供应链正是通过先进的机械化、信息化技术来保障的，跨越企业内部管理和与外界“沟通”范畴，形成基于两化融合的运营管理模式。深粮集团基于两化融合的运营管理变革得到国家粮食局、国家发改委的充分肯定，亦获得深圳市国资委、深圳经贸信委的资金扶持。

三、粮食仓储物流企业基于两化融合的运营管理变革效果

（一）开创粮食仓储物流管理的新模式

深粮集团通过实践，形成智能粮食仓储物流管理模式，这是在粮食物流仓储服务领域应用的创新之举。该模式的成功应用，提高出入库效率，并且避免人工码垛掉包，减少人工作业破损率；缩短报表统计汇总时间，报表不再需要人工填写，由系统在半小时内自动完成，工作效率大幅提升；加强粮食信息实时采集，实现全面动态管理和区域物流全过程的精准化、数字化、动态化管理；实现粮食生产到消费全程智能化监管，最大程度地保证粮食存储账实相符，信息对称。该模式可在全国粮食系统大力推广，广泛应用粮食仓储物流系统后，可以提高作业的机械化程度、提高效率，使产区、销区、终端等各个物流环节衔接更为紧密，推动传统物流作业模式的转型升级，有较强的复制性，并能带动相关产业的发展。

（二）显著降低企业物流成本

新的运营管理模式应用于粮食仓储物流后，有效降低对人力的依赖，在搬运物流、信息采集各个环节用机械化和信息化代替传统的人工作业模式，有效控制成本，降低作业差错率。管理模式实施后，进出库人均作业效能是传统作业的 2 倍；滑托盘费用约为木托盘和硬质纸托盘的 20%，塑料托盘的 10% 左右，若按 17 万吨储量计算，全部使用滑托盘可节约资金约 6120 万元；年节约装卸费用、保管费用、保管人员工资总额可达到 594 万元；年节省人员工资 224 万元。

（三）取得良好的社会效益

粮食供应充足及粮食安全关系到社会稳定及国家战略，尤其深圳是粮食纯销区，人口众多，对粮食需求极大，地域和人口特点决定其极为需要成品粮作为保障。通过本项目的实施，实现粮食仓储物流透明化管理，响应政府的粮食增储政策，有效提高粮食出入库的效率及应急反应能力，提高储粮的准确性、计划的周密性，为粮食的充足供应提供信息化保障手段，确保粮食增储时储得进、调得动、用得上。另外，传统木质托盘和塑料托盘对生态环境的破坏和污染较大，深粮集团针对硬质托盘的弊端，创造性地将成本低、体积小、安全无毒、可回收、环保 HDPE 材质制成的滑托板引入粮食行业，作为硬质托盘的替代品，形成低碳、环保、低损耗的物流模式和安全高效的仓储管理模式，减少对生态环境的破坏和污染，实现低碳环保管理。

（成果创造人：祝俊明、黄　明、曹学林、柯小萍、陈伟宁、
肖建文、戴　斌、谢庆登、刘占占、黄文浩）

航空装备 MRO 企业数字化修理平台建设

中国人民解放军第五七二〇工厂

中国人民解放军第五七二〇工厂（以下简称五七二〇工厂）是国家投资、军队管理的航空装备修理保障性企业，坚持“以军为本、军民融合”和把民品“做精做强”的发展思路，瞄准国内最先进军机维修保障需求，努力拓展民航飞机和国际军机修理市场。累计获授权专利 139 项、军队和省部级以上科技进步奖 23 项，军品业务具备多种型号飞机修理、改装能力，累计大修、改装各型飞机两千余架，民品业务已取得液压、气动等 8 类 300 余项民航部附件维修适航许可，是安徽省首家民航维修企业。

一、航空装备 MRO 企业数字化修理平台建设背景

（一）适应新形势下军队航空装备修理能力建设需要

党的十八大在部署加快推进国防和军队现代化时，明确强调“坚定不移地把信息化作为军队现代化建设的发展方向，推动信息化建设加速发展”。这是推动中国特色军事变革深入发展的重大战略决策。在航空工业设计、制造领域，广泛应用了各种数字化技术，极大地促进了航空装备研制水平的快速提升，同时也给后续的维护、维修和大修提出了更高的要求。加快研究数字化技术在维护、维修和大修领域的应用，推进智能维修，已成为影响军机全寿命期内使用效能的重要课题。五七二〇工厂作为航空装备 MRO（Maintenance，Repair&Operation，维护、维修及运行）企业，负责多型先进战机的维修保障任务，只有不断提升企业的修理能力，才能继续为空军战斗力的持续生成提供有力保障。

（二）满足修理模式转变的必然要求

现代航空设备集机械、电子、光学和信息技术等于一体，趋于精密化、一体化、系统化和智能化，其结构越来越复杂，集成度越来越高，费用越来越昂贵。在这种情况下，飞机维修所需知识快速增加，维修工作技术含量也越来越高，传统维修模式已无法满足装备使用效能持续提升的需要，以可靠性为中心的修理、基于状态监控的视情维修等新的修理模式随着装备的发展在航空装备维修领域应用实施，对航空维修保障技术也提出了更高的要求，航空维修的复杂性使维修也需要信息化和智能化。五七二〇工厂目前所修的飞机还主要基于定时维修方式，随着新装备的不断列装，要求工厂必须逐步转变修理模式，以满足装备保障的需要。

（三）提升工厂修理能力的迫切需要

现代航空装备的设计制造过程，对数字化的依赖程度越来越高，在新研制的机型中，二维图、纸质图纸基本不再出现，部附件制造厂的数字化程度更高。作为航修工厂，要想承担新型装备的修理任务，就必须建立与之配套的数字化应用平台，用于承接制造厂提供的技术条件、技术单、更改单、三维模型等技术资料，通过不断的修理技术研究，打破新型装备修理保障的壁垒。装备型号多样，制造厂的数字化水平不同，使用的数字化修理平台、技术、设备等都不尽相同，这对航修企业在与航空工业制造部门进行对接时，提出了更高要求。

基于以上原因，五七二〇工厂着眼于建立修理信息数字化、修理作业自动化、修理体系网络化和修理决策智能化的数字化修理系统，全面提升工厂的数字化修理能力。

二、航空装备 MRO 企业数字化修理平台建设内涵和主要做法

五七二〇工厂以科学发展、安全发展理念为统领，以航修报国为导向，以保障顾客需求为基础，以提高维修质量、缩短维修周期、降低维修成本为牵引，基于航空装备全寿命自主维修保障要求，建立产

学研相结合的自主维修技术研发体系，推进基于信息系统的视情维修模式，打造自主维修高端技术人才队伍，推行“大质量管理”，实施流程再造，建设数字化修理线，全面形成航空装备维修能力。主要做法如下：

（一）坚持战略导向，持续开展数字化修理能力建设规划

五七二〇工厂在“十三五”数字化修理能力建设规划中提出围绕研发、修理和外场服务主流程，以全面形成数字化修理能力为总体目标，建成四大体系、十二项能力。

五七二〇工厂作为武器装备维修保障企业，数字化维修平台建设涵盖生产、技术、质量、资源、管理等诸多方面，为了更好地推进工厂的数字化建设，工厂在进行数字化修理能力建设规划时确定了“总体规划、分步实施”的总体原则，逐步开展工厂的数字化修理平台建设工作。五七二〇工厂在进行数字化修理能力建设的过程中，明确“战略引领、业务驱动、自主创新、架构导向、持续集成”的指导方针。采用企业架构分析方法，开展数字化修理能力建设规划。企业架构分析分为四个层面：自顶向下依次为业务架构分析、数据架构分析、应用架构分析和技术架构分析。

（二）强化管理，建立完善的数字化修理能力建设管理机制

1. 强化内部管理

五七二〇工厂的领导班子对工厂的数字化建设非常重视，成立以厂长为主任、总工程师为常务副主任的数字化修理能力建设指导委员会，优先配置数字化项目资源，保证数字化项目顺利推进。

五七二〇工厂拥有一支既能够有效快速地开展数字化维修业务调研、程序开发、项目实施，又能够持续为已上线的项目提供持续的技术支持和保障的信息化专业团队，信息技术部作为工厂的数字化修理能力建设和主管部门，负责工厂数字化修理能力建设工作的整体策划，开展工厂的数字化修理能力建设的中长期规划和目标，对项目的分解和实施工作做好指导，同时负责工厂的业务需求调研、信息系统开发和运维、硬件及信息安全与保密。五七二〇工厂全厂各单位成立以部门主官任组长，对部门业务了解相对全面，且有一定计算机基础的主管为组员的数字化队伍，积极配合工厂的数字化建设工作。

2. 加强与外部资源的交流与合作

一是与外部专业厂商建立长期战略合作伙伴关系。在共赢的合同框架下，开展相关的技术交流与合作，工厂可以学习外部厂商的专业技术、成熟的软件平台、项目的实施经验等，同时通过外部厂商在工厂的项目实施，来促使工厂的管理方法和模式完善，通过不断的管理改进和流程再造，逐步提升工厂的管理水平。

二是与高校合作。通过开展校企联合、校企共建、聘请高校教授担任专业指导老师等方式，将高校里的优秀资源引入工厂；通过不定期邀请教授来厂授课和技术交流的方式，不断提升工厂的数字化维修的理论水平；同时，通过与高校教授共同申请技术创新基金、国家科研课题等方式，开展数字化维修领域的前沿技术研究。

（三）专注平台建设，实现数字化修理平台的三大集成

五七二〇工厂整体信息平台架构，包括四大核心平台和五大支撑平台。四大核心业务平台分别为修理研发平台、修理生产平台、修理质量平台和修理资源平台；五大支撑平台分别为战略绩效平台、现场设备网络平台、工具集成平台、协同工作平台和 IT 基础平台。

1. 通过价值链和价值网络实现经营与供应链的横向集成

一是建立面向维修的物料需求模型。五七二〇工厂根据不同的修理技术要求，零件的不同特性，将物料需求分为必换件、换新件、架次缺件、小零件，其中必换件是肯定需要进行换新的零件；换新件是具有一定消耗系数，但不是每架次都需要更换的，亦可称之为视情更换的零件；架次缺件是指某架次需要的，具有很大的偶然性，一般由故检提出；小零件是指经过修理后可以再次使用的零件。必换件、换

新件、架次缺件、小零件四类物料需求，是所有物料需求的输入，这些需求的满足由四大中心来保证，制造中心负责制造工厂具有自制能力的零件，采购中心负责采购工厂不具备制造能力以及自制能力无法满足的零件，库存中心负责物料的出入库管理，配送中心负责物料的配套和发放。当飞机修理任务下达时，物料的需求计划已产生，但此时并不进行物料发放，当产品进入修理线和进行整机装配时，由配送中心进行物料配送，如果物料库存不足，系统自动生成物料补充计划，分别下发到制造中心和采购中心，由计划员向供应商采购成品或原材料。当物料自制完成或采购入库后，系统自动产生物料配送作业，将物料配送到生产现场。

二是建立物料需求到配送的全过程监控体系。五七二〇工厂根据物料需求的不同，分为固定配套和架次缺件。固定配套，技术人员只要在工卡模板节点上维护一次，单架次的物料需求由系统自动生成该架次所需的配套信息，由库房统一配送到各车间配套点，工人根据需要到各配套点领取。架次缺件，由各单位故检，根据产品故检情况，通过扫描维修工卡，在系统中申请架次缺件，系统自动将架次缺件按急件处理，由库房配送到各车间配套点，由库房配送人员根据产品修理责任人，配送到工人手上。

三是建立全寿期的资产管理体系。五七二〇工厂结合航修企业的资产多品种、小批量、管理难度大的特点，自主研发资产管理系统，对企业资产从选型、采购、使用、维护及至报废的整个过程进行管理，同时对于特种设备、工装，建立检定计划台账，即将到期或已超期未检定的，将在门户首页报警，提醒相关人员送检，同时建立统计分析模块，对投资项目执行、维修、保养等过程的执行情况进行监控，以保证工厂所有资产状态可控。

四是建立规范的人员取证管理体系。保证所有人员持证上岗是开展数字化维修的基础。五七二〇工厂通过建立人员培训考核系统，员工通过在线学习的方式进行操作知识学习，由培训主管部门在考试系统中组织考试，考试结束后，系统自动计算考试成绩，考试合格的学员才可获得操作合格证。

2. 实施贯穿整个价值链的端到端的维修工程数字化集成

一是要做好技术资料的准备工作。五七二〇工厂通过建立产品全寿命周期管理系统，将从制造厂调入的设计图样、三维模型、维护维修手册等技术资料纳入系统进行管控，保证技术资料的准确性和有效性。

二是修理技术条件的准备。修理工厂根据飞机设计、制造及维护维修要求，分析确定整机及部附件修理技术条件，规定修理要求。五七二〇工厂通过 PLM 系统，将技术条件发布过程进行管控，建立技术条件审签发放流程，保证每份技术条件都是正确、有效的。同时建立技术条件与维修工艺规程的映射关系，保证技术条件的所有要求都能够落实到维修工艺中。

三是维修技术方案和维修工艺准备。根据修理技术条件，修理工厂结合本企业实际工艺分工和资源条件，编制修理方案。五七二〇工厂在 PLM 系统建立维修 BOM（Bill Of Material，物料清单）和维修 BOP（Bill Of Process，工艺过程清单），维修 BOM 以设计 BOM 为基础，增加修理工艺要求和修理交接路线等信息，自主建立，用于管理产品实物的基础属性和交接路线，维修 BOP 是以维修 BOM 为基础，增加产品修理工艺的要求信息以及维修范围、维修深度等信息，规定具体修理方法、步骤、检验和记录结果的要求，以及所需器材、工具、人员等信息。

四是试修执行。试修是在批量修理之前对工艺方法、资源配置等进行验证的过程，一般通过 3 到 5 架次的试修，对工艺方法进行完善，以满足稳定批量修理的要求，部分关键节点，还需组织评审以确保质量安全。五七二〇工厂在试修组织过程中，使用结构化的试修工卡，保证修理工艺要求都能够得到有效落实。未审批通过的单据一律不允许使用，保证每类单据的都是受控的。当这些单据需要进行修改时，必须首先从系统中签出，然后才可进行修改，修改后需要提交流程进行审批，审批通过后，修改后的版本才生效。

五是完善试修技术条件、工艺、工卡等。试修工作完成后，修理工厂需要提请装备修理主管机关组织试修鉴定，确定是否已具备批量修理能力。鉴定通过后，颁发大修许可证，正式转入批量修理。五七二〇工厂在试修鉴定通过后，转批量修理之前，对在试修过程中发生更改的各类技术资料，将更改内容落实的技术资料中，形成新版技术资料，通过审签后发布，试修技术资料转为批修技术资料。

3. 实施企业内部可灵活重组网络化维修系统的纵向集成

在数字化维修工厂中，柔性修理模式将不同层面的自动化IT系统（执行器、传感器、修理执行系统、企业计划系统等层面）集成在一起，灵活地按照生产任务进行组织，实现全集成自动，从生产计划向生产执行、质量与检验管理、修理现场、外场保障纵向延伸。

一是开展企业级生产计划自动排产管理。建立生产计划管理模块，生产计划由生产作业计划、零件制造计划、计划外军品修理计划、物料配送作业计划等多种计划共同组成。其中生产作业计划作为生产过程的指导性计划，生产作业计划依据生产任务制定的执行情况和标准修理周期，由系统自动进行修理计划排产，可根据实际情况进行调整。零件制造计划根据生产中的物料需求情况，从维修执行系统中传入制造执行系统，制造执行系统根据物料需求计划和资源配置情况，自动进行零件自制计划排产，制造完工后，反馈给维修执行系统。物料配送作业计划，根据维修过程中生产进度，自动生成物料需求计划，维修执行系统通过接口，将配送作业计划传递到供应链管理平台，完成物料配送至生产现场。

二是使用条码卡片，加强实物流转过程管理。使用带条码的纸质卡片，作为产品的唯一标识卡片，在进行实物交接时，用条码扫描枪扫描卡片条码，系统自动记录扫描人、扫描时间，同时根据扫描环节的不同，系统自动对实物状态进行切换。

三是使用维修工作卡，简化生产过程管理。生产过程中使用数字化的维修工作卡，作为信息交互和传递的载体。同时，结合条形码技术的数字化工卡，不论是在线访问还是纸质输出，都能够方便地使用，使工卡的推行更加灵活和顺畅。采用故检工卡的方式传递故障，首先由故检人员在故检工卡填写故障描述，并给出施工意见，启动故障处理流程，将故障信息传递到施工单位，维修人员在处理完故障后，提交故检确认，故检确认故障处理后，故障处理流程闭环。

四是实现质量与检验问题的有效闭环。根据厂内质量问题的种类不同，建立技术质量问题处理流程、六因素问题处理流程、纠正预防管理流程、风险项目管理流程、维修差错分析系统等，按质量问题分类进行管理，根据质量问题的重要性分层级显示。建立器材入场检验管理系统，构建器材入厂检验处理流程，并对流程的各个环节的处理情况进行预警。在产品交接环节，建立交检故障登记和产品交检多余物管理模块，并对这两类信息进行统计分析。

五是数字化维修向生产现场自动化延伸。在产品交接、工卡扫描、物料出入库、配套交接、委托加工信息传递、二次转工项交接等方面，扫描条形码来记录信息，除了采用普通的扫描枪，正在逐步推广使用多维度扫描枪，提高扫描效率，实现信息采集的自动化。自主研发手持终端应用，采用离线存储的方式，在故障信息传递上推广应用。自行研发大气数据计算机自动测试程序，通过设备物理联网、自动测试程序与工卡管理系统的远程通信和应用开发，实现1252个测试数据在1分钟内写入数字化工卡中。建立产品的拆装、试验及原理展示交互系统，其使用场景除支持传统平面、3D显示外，还支持全景式沉浸式交互体验。实施质量记录的电子化，极大地提高员工的工作效率。

六是数字化维修向外场服务延伸。建立外场质量管理模块，按照部队分布进行质量问题管理。建立外场质量问题管理模块，在接到部队反馈的质量问题时，由厂内质量管理人员登记质量问题，并将该问题传递给相关责任人，并督促该责任人尽快给出处理意见，并安排技术人员处理该问题，外场反馈的质量问题，突出显示在门户首页，督促各责任单位及时处理此类质量问题。建立交付装备外场状态监控与保障信息系统，已交付装备在各部队的分布情况，在外场地图上一目了然，进入所在部队，可以查看该部队所有装备的情况。同时，对外厂质量信息从专业、部队、机型等角度进行分析，分析各类质量问题的发生情况，及时调整外厂保障工作。

（四）使用企业服务总线，实现数据统一

1. 合理规划数据，统一数据标准

五七二〇工厂涉及的业务多，业务数据更是错综复杂。五七二〇厂合理规划数据，将数据统一，建立统一的数据标准。分析产品数据、修理工艺数据、工艺资源数据、计划进度数据、修理过程数据和质量检验数据六类主数据的产生顺序。

2. 建立各系统间的接口，实现信息集成

接口是跨系统之间实现信息交互的有效手段，各系统之间通过发布信息接口，实现不同系统之间的信息集成，五七二〇工厂使用企业服务总线与各系统之间建立信息接口，信息门户通过企业服务总线对数据进行分析处理，系统间不直接进行信息交互。

（五）加强信息安全建设，提供有力的基础设施保障

五七二〇工厂硬件基础架构采用存储层、服务器层、网络层、桌面层四层架构组成，全面应用虚拟化技术，建立双活数据中心。

1. 组建工厂网络，实现全厂网络互联互通

通过在两个数据中心的核心交换机之间设定虚拟网关，并与厂区内各楼宇的接入层交换机形成环路连接，实现全厂网络互联互通，工厂网络骨干千兆（部分万兆），百兆到桌面。

2. 引入存储虚拟化，建成双活数据中心

存储的介质有很多，为了提高存储效率，最大限度地使用存储空间，五七二〇工厂通过存储虚拟化技术进行存储虚拟化，并在不同厂区的两个机房生成双活数据，建立数据的远程同步保护，确保应用系统的高可用性。通过专用备份设备，对各类应用系统数据进行近线和离线保护，确保数据的高安全性。

3. 推广虚拟桌面及应用，建设企业私有云

传统的终端计算机需要采购大量的计算机，而且需要一个强大的计算机硬件运维团队来保证其正常运转。五七二〇工厂在探索采用由传统终端 PC 和虚拟桌面、虚拟应用共同使用的方式，有特殊要求的员工仍使用传统的计算机，但日常办公应用可在传统计算机终端开展虚拟桌面和虚拟应用的方式，日常办公应用的人员只需一台显示器和一台虚拟应用接入终端即可。建立企业私有云，虚拟桌面、虚拟应用利用云资源实现个人数据的计算存储。

4. 推进信息安全和保密体系建设，严格保守国家秘密

五七二〇工厂承担空军多型飞机的修理任务，信息安全和保密关系到空军部队战斗能力、装备的建设和发展，关系到国家军事秘密和国防安全。五七二〇工厂根据《空军计算机信息系统安全保密防护检查实施方法》《明确空装计算机网络保密报批程序》等文件要求，对工厂网络系统安全保密进行改造，通过机密级网络保密资格认证。

（六）抓好运维与服务，提升使用效果

一是建章立制，规范运维管理。对原有的信息系统运维管理办法进行修订完善和补充，建立《信息应用系统管理办法》，明确规定在系统条件下应如何开展有关业务，明确数据维护的频次和质量要求，同时，五七二〇工厂每年会对该管理办法根据信息系统建设情况，进行修订换版，保证该办法始终与现有的信息系统相切合。

二是建立队伍，明确责任。五七二〇工厂在项目建设工作完成后，每个项目都会指定一到二名员工负责该项目的运维工作，一方面负责协助解决系统运行中存在的问题，另一方面及时满足新出现的需求和变化的业务需求。

三、航空装备 MRO 企业数字化修理平台建设的实施效果

（一）健全了工厂数字化维修建设体系

五七二〇工厂建立研发、生产、质量与服务、资源保障四大数字化维修体系，制定了数字化修理平台总体架构，建立单一工程数据源，提高修理研发效率和规范性，全面发挥工艺对生产组织、资源配置的拉动作用。全面提高多品种、小批量下的复杂排产和生产调度能力，具备对生产全过程全要素的实时监控和动态调度能力。全面整合研发、生产、资源保障全过程质量管理要素，提高质量信息分析应用水平，建立多层级、多领域决策支持系统。

（二）实现信息的横向、纵向实时透明

五七二〇工厂利用大数据决策、数据挖掘、信息抽取等技术手段，对产品的研发过程的信息、生产任务的完成情况，产品的交付情况，产品维修在不同阶段的周期分布情况、物料的配送情况，物料的接收情况，物料的采购情况，物料的制造情况、各类问题的处理情况进行分析处理，实现维修过程信息的横向、纵向实时透明。

（三）不断优化修理流程，为流程再造提供支持

一是提高了信息流转效率。获取和处理信息的及时性、广泛性、主动性、针对性大大增强，流程运行效率得到大大提高，可以在流程的不断运转中发现问题，对流程不断进行优化。二是固化业务规则和业务知识。随着业务流程的网络化运行，可将业务规则固化于信息化系统之中，从而用系统和体系来保证规则的落实和执行，将人的经验判断原则和方法，在信息系统中定义和固化，从而更有效地发挥有用的经验和技巧，也可以减少组织对个人的过度依赖。三是改进对业务对象的管理，飞机的使用状态、故障现象、原因分析、修理方法、修理结果等信息，以结构化形式保存在信息系统数据库中，能够更加快捷、有效地分析和利用，发挥更大的作用。

（成果创造人：袁先明、阚　艳、周　星、张　明、费　衡、贾会民、朱云暖、杨凌霞、韩文娟、赵　倩、王宜忱）

基于自主知识产权的互联网＋产供销全流程协同管理

安徽合力股份有限公司

安徽合力股份有限公司（以下简称合力）是我国目前规模最大、产业链条最完整的工业车辆研发、制造与出口基地，是我国目前叉车行业唯一的上市公司，注册资本5.14亿元。主导产品是“合力、HELI”牌系列叉车，在线生产的1700多种型号、512类产品全部具有自主知识产权，产品的综合性能处于国内领先、国际先进水平。截至2015年，主要经济技术指标连续25年保持国内行业第一。

一、基于自主知识产权的互联网＋产供销全流程协同管理背景

（一）实现公司内部组织扁平化、业务网络化、流程自动化、管理自主化的需要

由于装备制造业产品工艺复杂、制造过程长、产品及物料品种规格多、管理困难而复杂，因此也是信息技术应用的发源地。主机厂作为支配型网络制造企业的盟主，通过网络与紧密合作伙伴及供应商协同运作，包括产品协同设计、协同商务及分散化网络制造。就制造而言，网络技术使设计、生产、销售乃至服务一体化，网络化制造贯穿于从订单、经营活动组织的组建、产品的技术开发、设计、制造加工到销售、售后服务等产品全寿命周期；就产业而言，网络正在改造装备制造业的产业结构与组织结构，一些产业中纵向一体化的趋势正在减弱，取而代之的是契约分包的合作方式。实施互联网＋产供销全流程协同管理是合力实现内部组织扁平化、业务网络化、流程自动化、管理自动化的需要。

（二）实现公司科学发展和战略协同的需要

2009年，中国已成为世界工业车辆第一大市场，国内工业车辆生产企业超过百家，丰田、林德、永恒力等国际品牌也都进入中国，激烈的市场竞争对企业研产供销提出新的更高的要求。因此，合力要进入行业世界五强，要继续引领民族叉车工业发展，就需要通过产供销全流程协同管理的全面升级来实现各分子公司、各业务流程的战略协同，以信息系统升级为契机，优化生产组织和订单流程，分门类提高商品计划兑现率。

（三）提升公司核心竞争力的需要

2012年，合力启动信息系统升级，正式引进国际一流的SAP系统，实施第五次管理革命。这是合力近年来数据量最大、覆盖面最广、要求最高的一次系统工程，将为企业物流、信息流、资金流的“三流合一”提供强有力的支撑。面对机遇和挑战，合力将以投资先进制造技术、投资扩大新业务领域、投资扩大核心技术的制造能力为原则，集主要的资金技术，投入扩大叉车及关键零部件生产，强化企业信息化建设和组织机构建设，通过产供销全流程的协同管理提高合力综合实力。

二、基于自主知识产权的互联网＋产供销全流程协同管理内涵和主要做法

合力在拥有自主知识产权的工业云平台上搭建虚拟世界中的智能工厂系统，将ERP、PLM、BPM、HCM等软件提供的功能，按照服务的颗粒度进行组合、优化和新增，并通过统一的制造服务总线，供物理世界中的设备和人员接入，实现端到端的垂直集成，管理内涵涉及从终端销售、入厂物流、计划到生产、厂内物流、质量检验、出厂物流到售后维修各个环节，形成贯穿产、供、销全业务的信息化平台，促进关键体系的综合集成、协同与创新，架构起以协同信息系统为核心的应用体系，着力建设研发数字化、制造柔性化、管理可视化、运营精益化的一流企业。主要做法如下：

（一）建立基于工业App的工业车辆制造服务生态圈

在安徽合力数据计算中心的IT基础设施上，建设和推广合力移动云计算服务平台，作为工业车辆

制造服务生态圈的枢纽平台，面向生态圈的所有个体提供统一应用服务。在系统的架构设计上，既考虑现有企业内部应用系统（平台）的资源整合与集成，又考虑系统基于移动互联网个体的功能增加与扩展。在平台技术体系的搭建上，立足工业车辆制造服务生态圈的共同利益，建设支持开放、灵活、协同、具有韧性的IT技术体系，以支撑工业车辆制造服务生态圈进化。

通过构建基于工业App的工业车辆制造服务生态圈，实现资源共享协同的生产组织方式，实现供应链协同；满足个性需求的制造，实现产品销售、设计和制造配置化模式；提升用户端设备，大幅度提高信息化覆盖率，打造智能绿色的生产运营；利用大数据进行行为分析，了解市场需求，实现精准营销；提供工业车辆融资租赁模式，发挥互联网金融参与度高、协作性好、中间成本低、操作便捷的优势；发挥工业App对合力生产经营各环节的持续渗透与影响作用，实现合力内外全业务全流程的互联互通、协作共享，提升生产效率和决策水平、降低成本。

（二）构建数字化产品研发平台

1. 确立以IPD（产品集成开发）理念为核心

IPD思想的引入，带来各相关职能部门充分参与产品设计。设计员在设计初期，在搭建PSM结构时，就可以很好地贯彻整体布局的思想。设计员从只注重设计图纸转变为也要关心生产物料、工艺。设计员逐渐从关心文档BOM转变为设计BOM。工艺人员只需要针对物料进行工艺设计，而不需要在两套系统中完成，减少错误。各部门工作相互协助，打破部门壁垒。同时，针对IPD理念的实际落地情况，编制多套管理制度。

2. 明确以PLM（产品全生命周期管理）为纽带

合力原有的PDM系统平台为企业级，分别在股份公司的本部、宝鸡分公司、衡阳分公司和蚌埠分公司架设四套独立的PDM系统，生产的产品分别在不同的系统独立运行。随着时间的推移，这些数据很难保证一致性。同时，产品设计规范、标准、经验等产品研发设计知识也无法做到统一管理和共享利用。原有PDM系统也没有将项目管理与产品开发紧密结合。管理者无法及时管理和监控项目的运行，管理难度很大。之前的PDM系统是由角色来决定该用户的浏览范围，只能限制到类别，只要有PDM权限就能浏览PDM系统中的所有内容，影响到整个系统的数据安全。

合力通过以研发PLM项目为主线，优化和完善研发管理体系，提高研发的市场规划、产品组合管理、开发过程管理、平台管理、协作管理及创新文化六大核心能力；构建面向研发过程的协同产品开发管理平台，打通部门壁垒，优化资源配置；建立统一的基本数据和管理平台，统一管理企业的数据资源，确保设计、制造、售后服务的资源共享和无缝衔接；构建支持企业发展、扩张的灵活IT架构，实现PLM与ERP一体化的平台建设。

3. 结合多套研发平台进行产品创新

应用ANSYS、Altair等高端CAE分析软件，配合Solidworks、UG等开发平台，开展静力分析、模态分析、热分析、热固耦合、多模型多工况对比分析、复杂零部件和复杂边界条件下的和谐响应、几何非线性、接触、优化、谱分析、高级对称等，实现产品的并行开发。利用信息化手段建成环保叉车研发平台，全面提高叉车在安全技术、环保排放、振动噪声和舒适性等方面的技术水平。研制成功代表国内领先水平、国际先进水平的G系列环保型内燃平衡重式叉车，加速产品的更新换代步伐；研制成功集装箱搬运系列设备、装载机、牵引车等一系列高端技术产品，大幅度拓展公司产品的应用领域，填补国内技术空白。重装车辆采用的液压负荷传感技术、流量再生技术、高压变量技术等节能技术，处于国内领先水平。成功研制软连接变速箱、湿式桥、叉车属具等一系列关键零部件，实现部分关键零部件的国产化，打破国外技术垄断，形成合力的核心竞争优势。工程数据标准化程度提高10%，设计周期压缩20%。

（三）打造自动化柔性制造体系

合力是国家级创新企业、国家火炬计划重点高新技术企业，具有较强的自主创新能力。通过持续多年的努力，合力引进一大批具有国际先进水平的高尖端设备，围绕关键工艺环节，开发或引进一批高效、先进的高端智能制造装备或生产线，开发或引进具有国际先进水平的高端制造软件，建立小吨位箱体柔性组焊生产线、薄板件电泳自动化输送涂装线、变速箱自动化装配线以及牵引车 AGV 智能化输送整车装配线等技术领先的自动化智能化生产线，先进的工艺装备和检测设备覆盖产品实现的全过程。从下料、焊接涂装到金加工，合力已形成多品种、小批量离散制造特点的柔性制造体系，是国内叉车行业柔性化程度最高的企业。

1. 建立多条柔性自动化生产线

合力引进具有国际先进水平的加工中心、数控车、焊接机器人、数控切割机、三坐标测量机等一大批高尖端设备及多条技术领先的自动化装配线、抛丸线及涂装线，先进的工艺装备和检测设备覆盖产品实现全过程。建立 46 条柔性自动化生产线或加工单元，拥有主要生产设备 3919 台（套），其中数控装备占生产装备总数的 78%，关键零部件制造数控化率达 87%以上。

2. 自主研发 MES 系统

通过 MES 项目的建设，在合力股份建立具有实时型企业特质的生产管理、质量管理、物流管理、数据管理能力，从而更具针对性的提高制造管理水平，提升合力的核心竞争力，实现“缩短产品制造周期、提高产品质量、提高制造现场的透明化、控制和降低产品的制造成本和材料成本、提高劳动生产率”的目标。

MES 系统实现业务计划层与现场作业层紧密的无缝集成，实现从供应商送货、检验、作业排产、计划调度、过程控制、在线检验、返修、下线入库等全流程的可视化管理，避免信息孤岛的出现，构建企业数字信息化闭环体系；结合自动识别技术进行数据采集，建立一个全面的、集成的、稳定的制造物流质量的控制体系，实现车间、工位、人员、品质等多方位的监控、分析、改进，满足企业柔性化制造管理要求，实现制造物流质量的精细化、透明化、自动化、实时化、数据化以及一体化管理。

（四）推动全价值链业务协同

产供销全流程以 VMS（整车管理系统）为主线，以“两个共享服务中心、三个业务管理平台”（整车销售管理平台、产销协同平台、供应商协同平台、订单共享服务中心与财务共享服务中心）为业务架构，最终延伸至移动平台（整车宝、售后宝）。

1. 在营销网络有效应用 VMS＋ERP

合力自 2013 年 8 月正式启动 ERP－SAP 二期项目后，通过 ECC 深化、分子公司的拓展以及 VMS、SRM 的实施，以 ECC 系统为核心，实现对企业整个价值链上的环节进行管理；以 DP（Dealer Portal 经销商门户）实现网点一站式快速下单，提高订单执行效率；以 VMS 实时记录整车档案，为用户提供整车实时状态，提高流程透明度。以上述系统技术为支撑，辅以定制开发，从而确保网点业务流程的顺畅运行，打通整车从订单到交付的业务价值链，优化生产计划和排产功能，提高生产执行的均衡性和有效性，提高业务协同能力，为销售公司的自身运营提供管理信息化平台。

建立以 ERP 为主体的企业管理信息系统，实现业务处理与会计核算一体化。满足集中管理与分散经营的管理模式的需求。建立集成贯通的业务管理体系。实现技术研发中心、进出口公司、营销总部、资材部、财务部、各分子公司等全面集成的信息化系统，消除各业务部门之间的信息阻隔、迟滞、失真等问题，提高信息的使用效率，从而有效缩短技术准备、生产组织的周期，提高对客户的响应速度。

2. 利用工业 App 实现工厂内外全业务、全流程的互联互通

针对售前咨询、售中销售、售后维修等不同业务开发移动 App，微信宝、整车宝、售后宝等应运

而生。客户可以借助微信宝查询产品的信息和详细参数，也可以通过定位搜索附近的销售网点，从而为网点提供更多的主动销售机会。整车宝基于 ERP 系统和业务模型，通过手机为销售人员提供随时随地的整车销售全生命周期管理，包括订单创建、销售发货、销售回款等业务流程操作及整车库存、订单状态等查询支持，同时借助便捷的日程管理，提升销售达成率和客户体验。销售经理可使用移动办公模式，实现业务流程的高效流转，并实时掌控整车销售过程和业绩。而售后维修人员可以利用售后宝查询到期维修保养的车辆信息，主动为客户提供维修保养服务并实现报工。这些 App 在 24 家网点得到逐步推广，装机数和使用频次稳步上升。

3. 应用 BPM、BI 系统助力管理决策

为满足合力业务审批工作流的要求，合力建立以业务流程管理 BPM 系统为主线的工厂内控信息系统，更好的规范企业内控流程、提高流程执行的有效性。逐步深化对业务流程、内部控制流程及协同办公等关键应用，扩大对各分子公司的覆盖，实现与其他异构信息系统的集成应用。主要实现工作流程的自动化，工作申请及审批流程的使用，解决跨部门协同工作问题，实现高效率的协作。各个单位都存在着大量流程化的工作，例如各种申请、审批、请示、汇报等，都是一些流程化的工作，通过实现工作流程的自动化，就可以规范各项工作，提高各单位及部门之间协同工作的效率。是一种以规范化的构造端到端的卓越业务流程为中心，以持续的提高组织业务绩效为目的的系统、方法和工具。通过持续的流程监控和分析，实时了解正在进行中的工作，优化业务运营；通过强大的协作能力加快完成工作任务；将业务流程扩展到移动设备，实现更有意义的客户参与体验，将业务流程与核心企业系统无缝整合，持续了解业务运营情况。

合力充分利用 SAPBO 和 HANA，搭建统一的数据中心平台架构，建立涵盖合力所有关键业务的实时数据分析平台，不但实现对 SAP 应用业务数据的高效实时分析，也能无缝地与非 SAP 应用数据进行集成，有助于 ERP 和外部数据有效整合，达成将 BI 平台建设成为合力统一的数据分析、展示平台的目标。同时，借助该平台，还提供对业务系统现有数据质量进行快速检测和分析的有效手段；在合力 BI 平台建设过程中，完成 BI 应用安全和数据安全体系设计与建设，提供严谨的用户数据访问安全解决方案，建立起 BI 开发维护与管理制度，确保 BI 平台能够得到持续有效的使用和推广。

（五）完善两化融合基础保障体系建设

经过多年开展的两化融合推进工作，合力文件化的管理体系已经基本建立，两化融合体系的各个过程、两化融合管理目标及其保证措施正在逐步实施；与合力产品研发能力和产供销协同能力打造相关的各个过程基本得到实施，基本能够支撑合力两化融合方针和目标的实现，产品研发能力和产供销协同能力正在逐步提升；合力的两化融合管理体系基本符合标准要求，运转基本有效。但是在体系正常运转的背后也存在着许多问题，主要体现为合力体系文件与合力现有业务过程融合程度不够、员工对体系文件要求理解程度不够，文件需要进一步梳理，人员的培训力度仍需进一步加强，有关信息化项目需要按照标准要求进行进一步梳理。

对于两化融合建设过程中的许多问题，合力在充分调研和分析自身现状的基础上，结合合力的发展战略、管控模式、业务模式以及实际业务流程和现有信息化基础，按照整体性、一致性、系统性、可扩展性和实用性的原则，对合力信息化基础架构、应用系统、安全/维护体系、企业管理需求、主要业务支持等各方面进行规划，在“推动信息化与工业化深度融合”宏观战略的指引下，明确将信息化作为职能层战略支撑公司发展战略。合力将两化融合提升到战略高度，确保其与企业战略的一致性和协调性。

两化融合是合力的战略级任务，也是典型的一把手工程，合力始终将其作为最高管理者关注的重点。两化融合工作涵盖管理与业务的优化与变革，覆盖合力的方方面面，其整体性和动态性要求越来越强，只有高层团队及时准确地进行决策才能统筹做好两化融合的推进并确保其执行，各分子公司及职能

部门的主动性与自觉性才能充分发挥，才能做到坚决执行、有效沟通、持续优化。

无论是管理咨询项目还是两化融合项目，合力十分注重内部人才及团队的培养，从卓越绩效、内控体系、精益推进，再到两化融合，合力始终坚持“以我为主、外部为辅”的原则，既要完成项目既定的目标任务，又要完成人才培养与知识转移。一大批优秀的人才通过项目的锻炼，最终脱颖而出，既提升其自身业务技能与知识水平，又确保合力业务及系统连续性，有效完成承接合力新上项目先固化再优化的项目实施策略。

合力两化融合的快速推进，对合力信息化能力建设提出更高的要求，信息化能力需要不断地改进和提升，包括打造和提升项目实施和解决方案的能力、系统集成与程序开发的能力、基础架构同信息安全的能力。通过项目管理人员、内部顾问及关键用户、技术开发人员等专业的人才培养及团队建设，不断吸收优秀管理系统背后蕴含的管理思想，获取与企业战略匹配的可持续竞争优势的信息化支撑能力。

（六）建立具有合力特色的HOS运营管理体系

1. 高度融合互联网思维与合力企业文化

“以人为本、以精品回报社会”是合力一直秉承的核心价值理念，“以人为本”就是以企业的相关方为中心，维护相关方的根本利益，满足相关方发展的需求，促进相关方全面进步；而互联网思维中的用户思维也就是在价值链各个环节中都要“以用户为中心”去考虑问题。合力“以人为本”文化和互联网思维中的用户思维一脉相承。同样，合力“以精品回报社会”的文化中的“精品”，一方面指我们的产品和服务都是优质的，另一方面指我们的管理和其他工作也是精品。用精品回报社会是社会发展的需要，是顾客需求发展的需要，也是企业发展的根本。互联网思维中的极致思维，就是把产品和服务做到极致，把用户体验做到极致，超越用户预期，只有做到极致，才能够真正赢得用户。合力“以精品回报社会”的文化和互联网思维中的极致思维也是血脉相连的。

2. 不断提升管理软实力，创新战略绩效管理

合力在中国优秀传统文化和现代先进管理理论的基础上，结合自身特点和经营实际，构建有合力特色的管理思想和方法，形成卓越绩效、精益生产、信息系统、内部控制、企业文化五位一体的合力运营管理体系，并持续细化、提炼、升化，使其更有前瞻性、指导性、实用性和可拓展性，不断提升合力管理软实力。

通过持续摸索，合力已经形成具有自身特色的战略绩效管理模式，即基于战略的方针目标管理与个人绩效承诺（PBC），将战略实施与公司年度经营目标和个人绩效考核进行有机结合，取得初步成效。

三、基于自主知识产权的互联网＋产供销全流程协同管理效果

（一）取得显著的技术效益

自主开发新产品485项，其中国家级重点新产品3项，省级高新技术产品16项，省级新产品28项，获得省市级以上科技进步奖6项；主持或参与制定国家标准27项、行业标准12项；拥有授权专利805项，其中发明专利45项。持续开展基于“QCD”指标的精益管理，不断融合“4＋4”模块，自主自发的精益管理在公司落地生根；实施“第五次管理革命”，构架以SAP－ERP、SAP－PLM为支撑的协同信息系统，获得国家工信部首届“信息化和工业化深度融合示范企业”称号。

（二）取得突出的经济效益

主营业务收入由2011年的630720万元，提高到2015年的589042万元；利润总额由2011年的51111万元，提高到2015年的58854万元；净利润由2011年的42867万元，提高到2015年的49572万元；产销量由2011年的70840台，提高到2015年的74392台；总资产由2011年的493030万元，提高到2015年的710229万元；净资产由2011年的332996万元，提高到2015年的501972万元。

（三）收获丰富的管理经验

产、供、销全流程协同管理对业务流程进行重新梳理和重构，是对当前管理方式的一次重大变化，带来的新的管理思想、新的工作方式，是对合力 IT 文化的改造和升华。管理过程导致管理权的重新分配，不仅只是合力进行管理变革的产物，更是管理变革深入和强化的体现。

（成果创造人：杨安国、张孟青、都云飞、陈先友、周　峻、李永凯、张纪九、王宏宇、王海英、沈　辉、洪　涛）

高海拔复杂地质矿山数字化开采管理

西藏华泰龙矿业开发有限公司

西藏华泰龙矿业开发有限公司（以下简称华泰龙公司）是中国黄金集团公司直属控股子公司，2007年12月9日在西藏自治区注册成立，开展以铜为主的多金属矿产开发业务，注册资本17.6亿元，资产总额76.68亿元，员工总人数1045人。2010年7月19日甲玛项目一期工程（6000吨/日）正式投产运行，2010年12月1日甲玛项目在中国香港成功上市交易。2014年经西藏自治区工信厅推荐为全国首批两化融合管理体系贯标示范企业，2016年2月15日成为西藏首家，也是唯一一家通过两化融合管理体系贯标达标企业。截至2015年6月底，实现销售收入31.73亿元、利润5.24亿元，上缴税费5.02亿元，年纳税连续多年居西藏自治区矿山企业第1名。

一、高海拔复杂地质矿山数字化开采管理背景

（一）积极应对矿业市场低迷的需要

持续低迷的全球矿业，导致了矿业部门利润严重下降，促使全球多元化经营的大型跨国矿山企业持续不断进行资产剥离，中小型矿山企业濒临生存边缘。除了全球宏观经济形势与国内经济形势的影响外，国内矿业产业结构调整，某些企业低价进口矿产品，基建投资压缩导致下游钢铁、电力、建材等需求下降，也是矿业形势整体不振的直接原因。我国主要矿产资源需求也正由全面高速增长向中低速差异增长转变，资源供应方式也在发生重要变化，使得需求结构正在发生显著变化，资源利用的空间结构发生转移。与此同时，经过数十年的持续开采，低品位矿床越来越多、难采矿床越来越多、环保要求越来越严格、深井矿山越来越多以及高地压、高地温及岩爆等多项不利开采的条件，使得开采难度和采矿成本日益增加。目前，约有2/3的矿山都出现了亏损，矿业发展面临着巨大的困难。

（二）顺应现代矿山数字化、自动化发展方向的需要

随着中国建设资源节约、环境友好型矿山战略的推进，对矿山企业节能减排、环境保护、安全生产等提出了更高的要求，要想走出当前的窘境，必定要采用高水平的矿井机械化设施设备，采用数字化、信息化、高自动化和高水平的开采技术。机械化程度高、自动化程度高、智能化程度高、连续出矿、先进的采矿技术可以显著提升采矿效率，大幅降低采矿成本必将成为采矿行业未来发展的态势。目前，矿业与其他行业相比，在数字化方面较为落后。这一缺陷将对矿业未来的发展产生严重的影响，甚至直接关乎企业的存亡。预计到2020年，世界上75%的企业将成为数字化的企业。

（三）适应企业高海拔复杂地质矿山条件的要求

我国进入21世纪以来，“以人为本”和“既要金山银山、也要绿水青山”的理念深入人心，国家在矿山安全和环境保护方面对矿业企业提出了日益严格的要求。华泰龙公司主要开采矿区甲玛铜多金属矿位于高海拔地区，平均4200米以上，且地质情况复杂，矿区出露地层主要为被动陆缘期的碎屑——碳酸盐岩系，存在矿区矽卡岩型矿化、角岩矿化和斑岩矿化等多种矿化情况；第四系堆积层均无胶结，为松散堆积层，该层体易产生滑坡；矿区岩体风化带划分为强风化带、中风化带和弱风化带，处于构造破碎带附近的强风化带厚度可达93.92米；中风化带厚度11.9米—97.90米。岩体呈镶嵌块状结构、局部为镶嵌碎裂结构，坑道挖掘中局部发生掉块现象。矿床资源的空间赋存条件使得采矿工艺选择露天和井下相结合的开采模式，采矿工艺复杂，这些大大增加了采矿设计与施工难度。另一方面，在进行矿产资源开发时，高海拔地区的自然环境特殊、空气稀薄、含氧量低，易发生高原反应不利于现

场作业，危及作业安全；不适应高原反应的人们无法在高海拔矿区长期工作，导致员工流动性和复杂性增大。

二、高海拔复杂地质矿山数字化开采管理内涵和主要做法

华泰龙公司基于“建设世界一流矿业企业”国际化战略的需要，深入调研，科学分析，搭建支持高海拔复杂地质矿山开采的数字化管理体系，以数据共享和作业流程标准化为基础，实现矿山生产作业的数字化、网络化、自动协同化综合性智能管理。主要做法如下：

（一）深入调研，开展数字化矿山建设的顶层设计

1. 前期深入调研，了解企业信息化状况

华泰龙公司在不同层次上建立面向不同业务或者管理需求的计算机系统，如财务管理系统、初步OA办公系统、一期尾矿库安全监测系统和雷达边坡监测系统等。这些系统对于企业的安全生产与经营管理的正常运营起到一定的支撑作用，但由于系统建设相对分散，系统之间存在信息无法共享、业务流程与管理流程不连贯，形成众多的“信息孤岛”，使信息系统无法实现一个真正全面共享的有机体。分散的信息资源势必影响决策的效率与准确性，不利于矿山企业对于安全生产中的存在的问题以及随时可能出现的紧急事件进行及时、有效地处理。实现高原矿山数字化开采协同管理，提升矿山企业事故预测预警和应急处置能力，对生产经营活动中安全要素和职业危害因素的实时监控和智能处置，是华泰龙公司实现持续发展必须解决的问题。

2. 开展针对性总体规划，完成资源与逻辑架构设计

根据上述调研分析，华泰龙公司确定了“高海拔复杂地质矿山数字化开采管理”体系，规划了安全、高效、智能矿山生产的目标框架。其中，地质资源的数字化与可视化是基础，生产过程监控的数字化是手段，由前两个体系提供矿山企业生产经营的对象和交互方式，在此基础上建立集成化安全管理系统，作为日常生产的执行与调度工具。生产经营信息的协同化管理则是基于矿山企业的生产组织、管理与控制，对信息进行采集、加工和综合，最终为综合信息服务与智能决策支持系统提供支撑。

（二）加强组织领导，组建矿山数字化技术团队和专家队伍

1. 成立数字化矿山建设领导小组

华泰龙公司以数字化矿山建设领导小组为主导，与实施各部门各单位一起，以地质、测量、采矿标准作业流程的要求为主线，历经三个月，以生产技术部、露天采矿厂、井下采矿场、工程管理部等部门为主体，进行有效的调研、分析和调整。将生产技术部、露天采场部、井下采场部、工程部中的地质、测量技术人员独立出来，成立地质测量部；按专业进行人员调整，建立全面的地质、测量管理体系并落实责任，很好地促进了业务流程的统一，形成基础数据的统一标准，为全面提升公司数字化开采管理奠定了坚实的基础。

2. 组建信息管理部

华泰龙公司将原来的总调度室下的信息中心独立出来，组建信息管理部，建设矿山数字化技术团队，将矿山各部门统一组织、调度、安排和实施，具体事由具体人负责，利于内部协调、外部联络，促进公司矿山数字化开采管理系统对于业务链的支撑和服务。以信息部各专业组（软件工程组、硬件工程组、网络工程组、数据库工程组和情报数据分析组）为基础，设有两个中心：信息工程组（软件工程组、硬件工程组和网络工程组）负责IT工程和自动化系统的建设与维护，情报数据与信息中心（数据库工程组和情报数据分析组）负责数据与情报分析，作为生产运营和智能决策系统的基础。各专业组长由该专业主任工程师任职，各组之间，分工不分家。如遇特殊情况，根据数字矿山建设实际需要，可组建临时项目组或成立联合项目组，成员视项目具体情况和要求，从各组中抽调或兼任。目前各岗位人员已基本到位，组成数字化矿山建设技术强大的团队。

以信息管理部为核心的华泰龙公司矿山数字化技术团队，担负着为公司提供各部门运营及决策所需数据汇集、整理、分发等重要工作，同时也是保障公司各部门信息设备顺利运行的职能部门，肩负着数字化矿山建设、系统建设、系统维护、网络及其设备维护、异常数据监测、信息安全监管等工作。

3. 组建数字化矿山专家队伍

数字化矿山专家团队，是华泰龙公司矿山数字化开采管理系统建设的“军师”和“卫队”，由公司内部选拔的地质勘探、采矿、选矿、节能减排、安全环保、信息自动化等专业技术带头人和外聘专家组成，负责制定华泰龙公司矿山数字化发展规划和提炼年度科研攻关课题，通过开展技术咨询、技术协作、技术攻关等活动，为华泰龙公司有关矿山数字化、自动化、智能化建设项目提供技术支持。

数字化矿山专家团队是一个咨询机构，所有成员按照专业进行区分，一般由地质、测量、采矿、选矿、安全以及信息与自动化专业人员构成，根据员工工作绩效、工作经验进行选拔，选拔出的成员还需要经过专业测试、项目培训、专家互评进行二次筛选，确保最终进入专家团队的成员有能力应对矿山数字化建设项目的专业化需求。

4. 明确专家团队的工作内容

一是为矿山数字化建设提供专业咨询和指导。华泰龙公司与国内外高校、科研机构展开广泛的技术合作，通过聘请资深教授、专家为公司技术顾问，参与公司科研技术项目的论证和谋划，提高公司核心竞争力。目前与北京矿冶研究总院、长春黄金设计院、长春黄金研究院、西北矿冶研究院、东北大学、北京科技大学等科研院所及高校保持密切合作，引进专家学者在技术上为公司矿山数字化建设保驾护航，提供专业咨询和指导。

二是为矿山数字化规划提供专业化的意见和建议。首先，专家团队成员作为内部讲师，为优秀员工进行专业化培训；其次，通过专家团队的研讨交流，以及实际业务的实践总结，案例共享，将最佳实践进行复制推广，进一步提升财务的整体能力；第三，推行“专家进项目、专家结对子”的运作机制，为专家指派项目及优秀员工，培养各领域的专业后备力量，通过项目实践、课程开发、以师带徒多种方式锻炼优秀员工，使其迅速成长为各专业领域的资深专家。

（三）制定数据统一标准，推进作业流程标准化

1. 制定统一的数据编号标准

华泰龙公司制定矿山产生和使用数据相关的统一规范与标准，如文档、图片、照片等数据及数据库标准。对公司各部门存放于纸面、手头或其他载体的必要基础资源进行数字化的同时，严格执行标准化和统一规范，建立相应的制度保证标准落实，华泰龙公司均以红头文件形式下发到相关部门，例如信息化标准管理手册《西藏华泰龙矿业开发有限公司企业标准 Q/XZHTLLH. SC—2015》等。此外，还包括数据接口、输入、输出等的标准化。一是应用基础的标准与规范化，包括组织机构、人力资源、作业地点、班组、设备编码、物资编码、生产用途、指标与项目代码等。二是输出规范，定制各种报表的内容、格式、周期、标识等。三是权限规范，包括业务处理权限和综合查询权限。四是数据入口规范，定义所有信息的产生地点、信息采集岗位、进入系统的时间界限、异常数据界定等。五是纵向数据接口标准。定义 PCS 系统与 MES 系统之间的数据交换接口，形成开放式的标准，以组件化的形式应用于系统开发和实施过程。六是横向数据接口标准，定义业务主题之间的信息共享方式、数据项对应关系。

2. 推进作业流程标准化

为了实现矿山数字化开采管理，实现企业战略目标，华泰龙公司首先对地质、测量、采矿等各作业流程进行标准化，实施矿山中长期生产计划编制作业标准、矿山短期生产计划编制作业标准、采场设计、采切作业标准、巷道掘进作业标准、采场回采作业标准。

3. 加强员工相关培训

经过开展多方面、多批次的培训，参训人员能够明白自己在数字化矿业软件 Surpac、MineSched、Ventsim 标准作业流程里的岗位和职责，明确操作要求，掌握操作技能。培训的目的是为华泰龙公司培养一批掌握国际先进软件的技术人员，为提高矿山生产效率培养一批生力军，为国内矿山管理更好地运作提供一个成功范例。培训过程中，充分实现理论与实践相结合，讲师与学员充分互动，培训不仅达到了预期效果，还培养了一批技术骨干。

（四）推进矿山数字化开采功能建设，提升开采精细化水平

1. 开展资源与地理环境的数字化，奠定复杂地质数字化开采基础

华泰龙利用矿山测量系统、检测监控系统、地质勘探、化验室信息管理系统、在线检测仪、环境传感器等作为资源与地理环境数据采集系统，将地质、地理环境和作业环境的属性数字化，转化成计算机能够识别和在软件系统内三维重现的工具。

一是地理环境数字化。华泰龙公司的地理环境数字采集，主要由露天三维激光测量系统、井下空区三维激光测量系统、监测监控系统、环境传感器等完成，最终生成地理环境三维模型和仿真空间，将现实世界的地理环境数字化，成为计算机中反映真实环境的虚拟数字世界。通过激光测距原理（包括脉冲激光和相位激光），瞬时测得空间三维坐标值的测量仪器，利用三维激光扫描技术获取的空间点云数据，可快速建立结构复杂、不规则场景的三维可视化数字模型，既省时又省力，这种能力是现行的全站仪、水准仪、经纬仪等测量成果提交所不可比拟的。

二是资源地质数字化。资源地质数字化包括地质勘探、化验室信息管理系统、在线检测仪、环境传感器等手段，将资源地质属性数字化，进入三维地质资源模型，实现可视化、虚拟化，达到肉眼能直观看到地质资源矿石品位、比重、浓度、氧化率等的三维空间分布，使矿山生产计划与设计、矿山资源管理更加便利、直观，也更易于理解。

以提供地质属性的华泰龙公司化验室信息管理系统为例，它将矿石品位、比重、矿物组分等量化，与地质勘探的测量结果结合，在三维空间体现出地质属性的具体位置和展布，为寻找矿石在空间的分布规律提供更加准确的依据。

2. 推进数字化生产设计与计划，实现精细化采矿

用于地质勘探设计和采矿设计的三维软件包括：Surpac，Vulcan，Datamine 5D Planner，Whittle 4D，华泰龙公司采用所有上述软件进行设计，例如露天分期台阶和排土场三维设计，井下开拓系统三维设计，采准工程和矿房三维设计等。华泰龙长期生产计划将用 MineSched，Whittle4D 和 Excel 等实现精细化采矿。每周的短期生产计划和露天品位控制系统用 Surpac 和 MineSched 完成。

露天短期生产计划 Surpac 模块研发完成，使用部门以生产技术部为主，生成的相关数据用 HUB 文件数据库和华泰龙文件目录数据库进行管理。通过 Surpac 采矿设计与 MineSched 排产计划三维矿业软件，华泰龙公司的采矿工程技术人员可以运用 MineSched 和 Surpac 软件，在矿床三维模型的基础上实现地质储量估算，实现露天与井下开采规划与设计、露天境界优化开采，生产中、短期计划的编制，能动态、快速地调整生产计划，从而实现华泰龙公司高海拔复杂地质矿山数字化开采管理、精细化采矿，提高企业净现值和资源利用率，降低生产成本。

3. 开展生产过程自动化建设，实现精确而高效矿山开采

华泰龙公司井下数字化开采管理由井下八大系统组成：开拓系统、运输系统、供电系统、排水系统、充填系统、供气系统、供水系统、通风系统。矿井的各个控制子系统及各工业现场的视频监控汇聚到集成监控平台，充分考虑子系统的接入与整合，系统建成后，使各自动化子系统数据在异构条件下进行有效集成和有机整合，实现相关联业务数据的综合分析，集控中心人员或相关专业部门人员通过相应

的权限对安全和生产的主要环节、设备进行实时监测和必要的控制，实现全矿井的数据采集、生产调度、决策指挥的信息化，为矿井预防和处理各类突发事故和自然灾害提供有效手段。

4. 安全信息管理与预警查询系统建设

采场安全管理子系统。以各个采场的安全生产信息为主线，管理和查询采准、切割、采矿、充填工程，以及与之相关联的人员、设备情况，实现采场安全生产管理。

采掘安全管理子系统。以开拓工程、探矿工程、采切工程作业面为基本单元，记录掘进工程施工过程中的全部信息，实现采场以外的掘进工程的安全管理。

设备安全管理子系统。与采场、掘进安全生产管理中的设备管理相区别的是，设备安全运行管理主要是针对固定设备的管理。通过总平面布置图、提升、通风、配电、排水、供风、充填示意图，管理查询其他设备和作业人员的具体情况。

5. 移动办公与智能化决策系统

移动办公（OA）。华泰龙公司已经实现用户和个人用户在移动化环境下使用手机、PDA、平板电脑等能随身携带的移动终端来完成远程签到、邮件收发、信息采集、信息录入、公文审批、回款管理等工作需求。移动办公（OA）可以摆脱时间和空间对华泰龙办公人员的束缚、提高工作效率、加强远程协作，尤其是可轻松处理常规办公模式下难以解决的紧急事务。

智能化决策支持系统。华泰龙公司智能决策支持系统建立在数据仓库的基础上，其核心任务是提供决策支持。首先，可以利用该系统分析和发现问题并形成决策目标；其次，利用其中概率定量的方式，描述每个方案所产生的各种结局的可能性；第三，该系统对各种结局给出定量评价；第四，可以利用其中的功能进行灵敏度分析，或调整对方案有较大影响的参量范围。该系统的使用为华泰龙公司大数据分析与处理奠定了基础，为公司高层正确决策提供了科学依据，提高了华泰龙公司应对市场变化的能力。

三、高海拔复杂地质矿山数字化开采管理效果

（一）初步探索形成了复杂地质矿山的数字化开采管理模式

经过初步探索，目前华泰龙公司全方位、多层次、宽领域的矿山数字开采管理体系发挥的作用已显现，与传统方式相比，获取矿山生产运营信息只需进行矿山数字开采管理平台的鼠标点击，不受时间、天气限制，节省了大量的人力、物力，提升了监管效力；实现了多系统合一、数据协同共享，消除了“信息孤岛”现象、人为填报数据错误或中间环节误差，有效避免了数据漏报、误报、瞒报现象，提高了协同作业与工作效率；通过三维地质资源模型系统，实现了矿山资源开发管理的数字化，提高了开拓设计、开采和管理水平，对于合理制定边角难采矿体回采方案，降低贫化率、损失率，提高回采率，提升矿产资源综合与优化利用水平具有重要意义。

（二）提升了矿山勘探开采的效率和效益，取得了明显经济效益

华泰龙公司数字化开采管理模式，确定了数字化采矿的技术范畴与深度、核心支撑技术、主体框架、接口标准、技术要求；形成具备通用性的标准体系，建立了与数字化开采管理相适应的采矿工艺优化机制；提高了矿山生产经营管理的调度、协调能力，减少了岗位用工，实现矿山本质安全，华泰龙公司取得了明显经济效益。经初步测算，三维矿业设计软件的利用大大提高了设计效率，根据目前矿山设计规模，相同工程量的完成，配备技术人员减少 20 人，可减少人工工资额约 200 万元；通过采场的精确测量，可降低损失贫化率约 5%，增加经济效益约 1250 万元。另外，通过精细化采矿工作的实施，对生产全过程的管控，提高了管理水平，每年可降低管理费用约 2000 万元。

（三）得到了集团公司和社会各方肯定，具有较好的推广示范价值

数字化开采管理模式在华泰龙公司的成功应用，促使公司员工的技术、业务素质全面提升，培养和锻炼了一批懂知识、懂工艺、能熟练操作自动化高端设备的新型员工，从而促进华泰龙公司员工整体素

质的提升。管理模式也逐渐由粗放型模式向精细化模式转变，由重体力劳动向轻体力、脑力劳动转变，改变了矿山企业员工的社会形象，提升了矿山企业员工的社会地位，树立了华泰龙公司良好的企业形象，得到了来自中国黄金集团公司的肯定。

（成果创造人：关士良、杨　桦、郭建伟、刘子龙、范　冲、汪凤伟、翟　雷、何广大、杨　晗、王显财、焦海军、李　琼）

水电企业以关键业务流程再造和集成为核心的管理信息系统建设

贵州乌江水电开发有限责任公司东风发电厂

贵州乌江水电开发有限责任公司东风发电厂（以下简称东风电厂）隶属中国华电集团公司（以下简称集团公司）贵州乌江水电开发有限责任公司（以下简称乌江公司），成立于1993年，地处贵州省清镇市与黔西县交界的鸭池河段上，为乌江流域梯级开发的第二级。1995年12月三台机组全部建成投产。经过2004年至2005年的机组改造增容和2005年的机组扩建，目前东风电厂总装机容量为695MW，在岗职工229人。

一、水电企业以关键业务流程再造和集成为核心的管理信息系统建设背景

（一）落实集团公司信息化建设目标任务的需要

东风电厂作为集团公司首批信息化A级企业，根据集团公司的要求，必须加强信息化建设，为生产管理、财务管理、法务管理创新创一流提供信息化支撑，深化核心业务信息化系统建设及应用，打造以关键业务流程再造和集成为核心的生产经营管理信息系统（以下简称生产经营管理信息系统），把生产经营管理信息系统建设成为“三个平台”，即实现设备、财务、物资、项目、合同无缝集成的工作平台；实现数据透明共享，打造向优秀学习的对标平台；实现设备运行、故障、检修等信息共享，提供学习的知识平台，实现全面提升企业竞争能力。

（二）东风电厂具有良好的信息化基础

东风电厂信息化建设起步早，已形成包括清镇办公区域、生产现场生活区域和生产区域在内的三地互联的网络系统，拥有办公自动化系统、点检定修管理系统、物资管理系统、财务管理系统、岗位风险评价系统、工程图纸管理系统、档案管理系统、企业标准化综合查询系统、网站管理系统、华电广域网系统、视频会议系统等应用系统。各系统运行良好，人员使用熟练，管理流程清晰，具有建设新的生产经营管理信息系统集成平台的良好基础。

（三）原有信息系统不能满足企业发展需要，需进一步提升管控水平

东风电厂已建成的各信息化系统虽然能在局域网内实现资源共享，但由于各模块相互独立，财务、物资数据不能关联，存在“信息孤岛”。因此，东风电厂需通过生产经营管理信息系统集成平台的建设来促进企业整体资源的优化整合，解决因“信息孤岛”造成的问题，加强对现金、库存、生产过程等的监控和超前管理，打造以关键业务流程再造和集成为核心的生产经营管理信息系统集成平台，达到提高企业整体管理水平、信息化水平的目的。

基于上述原因，东风电厂从2013年开始推行以关键业务流程再造和集成为核心的生产经营管理信息系统建设。

二、水电企业以关键业务流程再造和集成为核心的管理信息系统建设内涵和主要做法

为解决财务、物资数据不能关联的“信息孤岛”问题，实现企业资源的优化整合，东风电厂充分利用现有的信息化建设成果，在已建成的IT应用系统的基础上，打破各模块、各管理部门壁垒，集成物资、财务、项目、资产以及设备供应商、工程服务商等管理信息，建成一个相互连接、统一协调、敏捷反应的、包括投入产出、费用消耗、成本支出、财务核算等在内的、有效的信息系统，按照系统思维、总体规划、系统集成、关键环节分块推进的思路，再造和集成设备管理、运行管理、项目管理、物资管理、合同管理等关键核心流程，适应信息化管理内在要求，促进业务流、物资流、资金流、信息流的有

机融合，形成统一集成的生产经营信息管控平台。主要做法如下：

（一）明确目标，确立生产经营管理信息平台建设思路

1. 明确生产经营管理信息系统的建设目标

东风电厂确定以“生产经营管理信息系统”建设为核心的生产经营管理信息系统集成平台的建设目标。一是实现资产全生命周期管理，二是实现安全生产保障能力全面提升，三是实现精益化生产，四是实现财务业务一体化管理。

2. 明确生产经营管理信息系统集成平台建设思路与总体框架

“生产经营管理信息系统”建设思路与总体框架是：打破各模块、各部门的条块管理，集成企业项目、物资、财务、资产以及设备供应商、工程服务商等通过流程进行规范管理，实现关键业务的集成和流程再造。主要体现在以下三个方面：一是实现全过程实时监控和关键业务全面覆盖，从企业发电、供电到设备管理、生产运行，以及企业成本、资金、物资等信息流一体化集成，为企业管理层提供准确、及时、可靠的信息，提高生产经营决策质量；二是实现系统集成和信息共享、流程改进、战略和管控模式优化提升；三是实现企业领导层管理和决策转型，使管理层能够使事务性管理向宏观战略决策发展，提升东风电厂市场竞争能力和决策效率。

（二）加强组织领导，扎实推进建设步伐

1. 完善组织机构，强化组织领导

一是成立“生产经营管理信息系统”建设领导小组，由厂长任组长、其他厂领导任副组长、各部门一把手主任为成员。二是成立“生产经营管理信息系统”建设办公室，由信通部主任为主任、各部门关键用户人兼任成员，在“生产经营管理信息系统”建设领导小组的领导下开展工作。

2. 制定“生产经营管理信息系统”建设制度

一是制定培训管理制度，重点对各部门人员的参培率及考试情况进行考核，将参培率纳入各部门绩效考核，将职工培训考试成绩作为职工是否评先、是否能胜任本职岗位工作的基本条件。二是制定日常工作管理制度。将“生产经营管理信息系统”建设的各项工作纳入重点工作管理。加强项目时间和进度控制，及时将实际工作中产生的业务流程及数据输入“生产经营管理信息系统”，进行业务运转，将设备台账、物资编码、物资材料和财务单据的录入率等工作纳入各部门月重点工作。三是实施规范化管控，主要内容包括：工作进度日控制；工作计划周控制；制定“生产经营管理信息系统”运行管理规范，根据各级岗位人员工作性质、工作职责，明确“生产经营管理信息系统”上线后各部门、关键用户及最终用户的岗位角色权限及职责范围；结合“生产经营管理信息系统”上线运行情况进行全厂制度修编。

3. 加强宣传，转变观念

一是加大宣传，营造建设氛围。编制《“生产经营管理信息系统”宣传手册》《“生产经营管理信息系统”基础知识60问》，将一些基础知识和集团公司、乌江公司、厂建设进度和要求刊印成册，发放到每一位员工，对全厂人员进行宣贯；在门户网站开设“生产经营管理信息系统”试点专栏，上传相关资料至网站，员工自行下载学习；根据每周工作情况，每周出刊《东风发电厂“生产经营管理信息系统”试点建设周报》，呈报集团公司、乌江公司，并分发至全厂每一位员工。

二是转变观念，加强领导。在建设“生产经营管理信息系统”工作中，把解放思想、转变观念放在首位，使全厂员工主动克服惯性思维和模糊认识，把思想统一到“生产经营管理信息系统”建设的各项部署上来，人人重视、关心“生产经营管理信息系统”系统工程的建设。

4. 加强技能培训，夯实员工的知识技能基础

加强学习和培训工作，提高全员管理素质是“生产经营管理信息系统”建设顺利实施的基本保障。

东风电厂采取“先关键用户小范围、后全体人员大范围”的培训实施方案。学习、培训的途径有三种：请咨询顾问现场讲课；通过视频、QQ、电话等远程请咨询顾问讲解；自学操作手册。具体做法包括：一是根据工作性质，每个模块确立两名对全厂管理制度、流程较熟悉的关键用户，关键用户在咨询顾问的指导下边工作、边学习，先参与“生产经营管理信息系统”建设的前期基础工作，在工作的同时提高关键用户的“生产经营管理信息系统”知识技能水平。二是通过咨询顾问进行大范围的试运行前培训。

（三）再造设备管控流程，实现设备全生命周期管理

东风电厂通过完善设备基本信息、设备评级管理流程等手段再造设备管控流程，使设备台账与固定资产、点检系统、物资管理系统等关联，达到数据共享，实现设备的全生命周期管理，主要做法如下：

1. 完善设备基本简历信息

将设备的基本简历信息全部录入新建立的“生产经营管理信息系统”。设备基本简历信息分为静态信息和动态信息。通过对设备静动态信息的缺陷、工单、工作票、操作票等管理，实现设备全寿命周期信息的准确记录，可随时对设备的健康状态进行分析，进一步促进计划检修向状态检修的转变，对设备改造的选型等也起到较大的参考作用。

2. 建立再造设备评级管理流程

以设备基本简历信息为基础，通过“生产经营管理信息系统”建立设备评级流程。规定设备评级表需由班组建立，提出设备评级级别建议，经过分管部门评级，再由全厂设备评级小组评级，报厂领导批准，最后更新设备台账。

3. 关联资产与设备

一是建立设备、资产关联卡片，实现设备功能位置挂接的设备编码与固定资产编码关联一致。二是建立物资管理模块，使设备退役自动转入物资管理模块，随时准确掌握设备资产变动情况。依靠项目和工单进行归集，建立设备全寿命周期管理的固定资产管理信息，随时进行固定资产管理和成本费用管理。

4. 实现缺陷管理及定期维护全过程管理

通过点检系统和设备模块的关联，实现点检缺陷自动归集到设备台账，设备运行中发现的缺陷、维护记录等均须录入设备管理系统。通过缺陷或多维度制定的设备定期维护计划自动生成工单，对设备缺陷进行查询和统计分析，实现统计分析、评估消缺、维护工作的全过程一体化管理。

5. 开展检修、技改全过程管理

将设备模块与项目模块的集成关联，把东风电厂批准的检修、技改项目录入“生产经营管理信息系统”，建立技改项目计划管理、过程管理、资金管理、项目关闭以及费用归集和统计分析功能。在进行检修、技改时，通过建立检修工单、技改工单，挂接相应的项目，实现工单、项目关联。检修、技改发生的材料、物资等各种费用通过工单实时反馈到项目，实时查询项目费用情况、工单执行情况，进行检修成本归集和统计分析，多维度制订检修计划，进行过程管控、统计分析（含时间维度）、检修评估。

6. 加强成本分析与监控

通过设备模块和财务、物资模块的管理流程的优化和再造，实现对设备消缺、维护、检修、技改、报废数据的统计、评估，进一步完善项目预算控制体系，实现对检修、技改、维护工作的事前、事中控制；实现检修、技改、维护、消缺等业务与物资、财务、合同管理等业务的集成，准确、实时地记录实际业务发生的成本，明确成本动因，从而加强成本分析和监控。

（四）优化运行管理流程，实现规范、程序、集成管理

1. 实现运行操作规范化

通过“生产经营管理信息系统”运行模块与设备模块的关联，对流程进行规范，对关键节点的执行

过程详细记录，实现对执行过程的监督；通过缺陷、检修技改工单和检修运行工作票、操作票的无缝集成与闭锁管理，实现安全措施冲突检查机制，对不符合安全规范的业务进行提醒和警示。建立通过严格审核机制审核通过的标准票库，通过系统引用标准（典型）票建立工作票或操作票从而提高工作效率，保证安全措施执行到位。

2. 实现例行工作程序化

利用“生产经营管理信息系统”将例行工作程序化，将东风电厂设备定期工作制度、设备运行情况及定期工作、交接班、巡检及定期轮换记录等例行工作录入“生产经营管理信息系统”进行管理，进行程序化作业，规范运行维护工作人员行为，提高东风电厂的基础管理工作水平。

3. 实现运行日志集成化

通过“生产经营管理信息系统”对运行的相关信息进行集成，实现对要执行的定期工作进行提醒、执行和监督，实现运行记事的方便、简洁、高效管理，运行信息共享、运行日志集成管理。

（五）再造项目管理流程，实现全过程规范化管理

东风电厂将检修、技改、科技、环保、信息化等项目集成到“生产经营管理信息系统”进行管理，同时支持建立虚拟项目，或在现有项目类型基础上进行变更，实现与生产相关的所有经济活动用“生产经营管理信息系统”的项目管理来统领，改变通过纸质下达项目、项目执行、验收、评估资料混乱的管理现状，提高管理效率和透明度。项目管理的主要变革情况如下：

1. 狠抓项目执行

通过“生产经营管理信息系统”严格项目执行的管理，包括项目计划管理、开工申请、进度管理、变更管理等。实现项目与物料、合同、工单等相关联。通过“生产经营管理信息系统”对项目资金的管理，实现计划、监督与项目有关的现金流量，特别是项目变更，保证项目整个生命周期投资预算信息的完整和历史追溯，同时在项目执行过程中，可根据不同管理层次的权限对项目信息进行实时查询，对项目进行纵向、横向多维度对比分析，实现项目的全过程管理，保证项目产生的收款和付款得到有效管理，保证预测未来发生的收付交易，提供项目付款的历史记录。

2. 严格项目竣工决算

将项目的竣工报告等资料由业务部门录入“生产经营管理信息系统”，按项目类型分层次进行审核。项目经业务部门审核同意后方可进行竣工决算和年度财务决算。项目所有工作完成后进行项目关闭，项目关闭则不允许再进行费用调整或发生新的费用。

3. 抓好项目后评估

通过“生产经营管理信息系统”建立项目后评估流程，进行项目后评价评估指标的设置、修改和删除，允许输入专家评审意见。记录后评估的结果，实现按照不同项目类型，对项目的申请、审批、变更、验收和后评价。对多个项目的后评估结果汇总对比分析，实现后评估结果信息共享和流程优化。

4. 规范报表与文档管理

将项目管理全过程的文档补充完整并录入“生产经营管理信息系统”，保存项目管理全过程的文档，对文档进行归类汇总，通过项目编号等进行查询。系统支持多口径统计分析，可实现按项目类型检索某一个或某一类项目，并生成某一类项目的汇总清单，且清单具备导出功能，实现对成本和进度两个方面的分析，并形成报表。

（六）再造物资管理流程，实现横向集成、纵向贯通的管理要求

东风电厂将物资需求计划、采购计划、采购寻源、采购合同、物资收货、发票校验等固化，实现采购闭环管理；将物料主数据录入“生产经营管理信息系统”，使全厂物料主数据更加规范、完整，杜绝通过纸质申报材料计划不清楚时再进行规格型号、参数沟通等情况；系统自动实现平衡利库统计，避免

物资积压，降低仓储成本等。

1. 共享物资库存信息，实现联合储备功能

将物资与项目、检修、财务等相关业务无缝集成到“生产经营管理信息系统”管理流程中，实现物流、资金流、信息流的“三流合一”，使库存信息透明化，共享信息。同时，利用集团物资管理的三级管控模式，逐步形成对内统一管理、对外集中采购、上下分工协作的管理格局，最大限度地实现联合储备功能，降低仓储成本。

2. 完善供应商评估机制，加强供应商管控

将供应商资料录入“生产经营管理信息系统”，并根据实际情况实时修改供应商准入条件，评价供应商的服务，进行实时分级动态管理和全面评价，及时完善供应商资信档案和资料数据库，对合同执行过程进行动态监控。

（七）再造合同管理流程，提高风险防范能力

一是再造“生产经营管理信息系统”合同模块，将合同管理的各项制度、规定固化进合同管理流程。比如在合同用印前，需将合同相对方营业执照、资质证、许可证等资信证明材料及合同相对方签约人的身份证明、有效的法人授权委托书等签约能力证明材料录入“生产经营管理信息系统”，相关人员通过系统对签约主体资格进行审查和监督，防止因签约主体失查引起的合同潜在风险。又如在合同模块的合同报批流程中，合同用印时必须提交申请和合同文档、企业资质文档等，强化用印的管理，增强风险防范能力。二是将合同管理模块与前端各业务管理模块、财务管理模块对接，通过“生产经营管理信息系统”实现合同数据及履行情况的网上采集，对合同执行过程的关键环节实现在线追索和查询，并随时监管过程中出现的问题。三是再造合同模块，将合同数据录入“生产经营管理信息系统”，数据信息实现网上共享，保证各业务部门、合同归口部门、财务部门的数据统一，减小因数据传递时间长、传递环节多而易产生错误的概率；同时，合同审签通过网上进行，承办部门责任人通过网上实时跟踪合同会签进度，限时完成合同审签，督促会签人及时处理，提高工作效率，树立良好的管理氛围。

（八）再造财务业务流程，提高财务成本资金费用管控能力

东风电厂按照财务业务一体化的思路，将财务模块与物资模块、项目模块、合同模块、设备模块关联，提升财务的管理职能、成本费用监控职能。

1. 再造财务管理流程

再造“生产经营管理信息系统”财务模块管理流程，将物料收发、合同支付、项目工单等的逐项审核记录数据固化在管理流程中，以此数据为基础自动进行财务账簿登记，实现业务流、物资流、资金流、信息流合一，消除财务、业务、计划等部门因各自记录信息造成的数据不匹配现象，实现资源共享，进一步强化财务管理的职能，推动东风电厂信息化建设。

建立财务模块与物资模块、合同模块关联流程接口，在物料模块进行业务操作时，自动同步生成会计凭证；合同会签和支付通过“生产经营管理信息系统”进行线上审核，提高工作效率，让财务人员腾出更多的时间来处理、分析数据，使会计人员的工作重心转移，从核算型向管理转变，有效提升财务管理职能。

2. 成本费用监控

利用再造的“生产经营管理信息系统”中财务、物资、合同、项目、运行、设备等数据源（包括所有成本管理数据）共享的优势，将项目、合同、物资信息的变化通过相应模块流程接口实时传送到财务模块，通过财务部门对进、存业务的实时财务分析，在经营过程中实时跟踪和控制，结合“生产经营管理信息系统”中共享的费用计划数据进行分析和预算数据进行对比，实现对经营行为的全过程动态监督控制，进而实现成本控制，使预算管理更为精确，控制更为切实，管理更加规范。

3. 构建财务业务一体化管控流程

再造财务模块，利用各模块在“生产经营管理信息系统”中已有共享的数据源，面向业务流程，进行财务信息收集、分析和控制，使东风电厂各项经营业务的财务信息能及时准确地得到反馈和共享；同时可以随时更新、查询、追溯，进行绩效评价，真正实现财务业务一体化，使会计工作的本质内涵得到新发展。例如：在工单管理一体化流程中，消缺、维护等工作若需要领取或购买材料，要求工单挂接在设备上，连接到物资采购订单，实现设备管理和物资管理模块的贯通；若工作需要外委，则建立合同，合同寻源到工单，实现设备管理和合同模块的贯通；财务人员接收到的凭证可直接挂接到物资采购清单上，实现物账的统一和财务业务的贯通。

三、水电企业以关键业务流程再造和集成为核心的管理信息系统建设效果

（一）克服“信息孤岛”，初步实现系统集成

东风电厂通过“生产经营管理信息系统”的成功建设，实现物资、合同、财务、项目、运行、设备各系统的集成，信息数据的共享，解决财务模块、物资模块、合同模块、资产管理模块各自分离造成的“信息孤岛”问题，对物资、合同、财务、项目、运行、设备进行一体化管理，实现信息化与企业管理的有机结合，更合理地配置人员、物品、资金、设备、信息等资源，进一步优化业务管理流程。

（二）管理效率提高，管控能力增强

一是改变工作方式，提升管理效率。管理工作从以前的部分手工统计数据全面转变为信息化作业，缩短工作时间，提高生产效率，并及时、准确、完整地实现数据信息共享，有效规避手工作业的诸多弊端。二是规范决策。东风电厂领导能够更加准确、及时地判断生产经营变化情况，由事后监管转为事中、事前监管，实现管理以数字说话，使东风电厂的经营决策更加科学、有效，使管理决策更加全面、智能化，提高领导分析决策能力。三是优化内部管理，规范企业管理制度，提高风险防范能力。四是增强企业可持续发展动力。

（三）保证企业的高效运营

“生产经营管理信息系统”自2014年正式投入使用以来，东风电厂管理效率得到极大提升，各项生产指标均取得较好水平。东风电厂已实现长周期连续安全生产4164天，创投产发电20多年来的最高纪录。全年已完成发电量111069.90万千瓦时，发电耗水率（3.44立方米/千瓦时）相比上年同期（3.56立方米/千瓦时）大大降低，水能利用率极大提高，节约的水可多发电6548.1万千瓦时，多创造产值170.25万元人民币。

（成果创造人：黄定奎、胡　宏、吴成滨、罗　勇、韦　波、杨子佳、周欣宇、陈绍勇、吴　凯、周怀念、戴元香、叶秋红）

智能化燃气电厂的建设与运营管理

北京京能高安屯燃气热电有限责任公司

北京京能高安屯燃气热电有限责任公司（以下简称高安屯热电公司）由北京能源集团有限责任公司（以下简称京能集团）投资组建，全面负责北京东北热电中心京能燃气热电厂工程建设、运营和管理。高安屯热电公司于2013年4月28日开工新建一套9F级“二拖一”燃气—蒸汽联合循环热电联产机组，总装机容量845MW，供热能力596MW，于2014年12月10日通过168小时满负荷试运，正式投入商业运行。高安屯热电公司坚持以高起点、高标准快速地全面推进项目建设，开创了国内燃气电厂项目建设和运营的崭新局面。

一、智能化燃气电厂的建设与运营管理背景

（一）落实北京构建绿色城市供热体系的战略需要

北京在“十二五”期间全力推动建设四大热电中心，构建安全高效低碳的城市供热体系，进一步提升北京市能源设施水平。除扩建华能北京热电厂形成东南热电中心外，还将扩建草桥热电厂形成西南热电中心，在高安屯地区建设东北热电中心，在高井建设西北热电中心。到2015年年底，北京将120万千瓦小煤电机组全部关停或改造完，完成四大燃气热电中心建设，届时北京将形成大型高效环保热电联产机组为主力的供电格局，建成后的四大热电中心将以满足首都供热需求为主，为城市提供适当的电力支撑。至2015年年底，北京将新建14台燃气热电机组，替代15台燃煤机组，新增燃气发电装机容量600万千瓦，关停燃煤装机200万千瓦。因此，高效高质量建设和运营高安屯热电公司是落实“绿色北京”战略部署的重要支撑。

（二）落实京能集团发展战略、建设示范电厂的需要

京能集团公司面临创新服务、创新管理、创新业务模式、创新业务流程的挑战，从关注单个业务环节向关注全生命周期转化，从以流程驱动决策向以数据驱动决策转化，利用最新的信息技术进行业务模式、管理模式、服务模式的创新。高安屯热电公司作为京能集团示范电厂，是集团数字化、智能化电厂的试验场，也承担了京能集团通过数据驱动建设无人值守电厂的重要任务。以京能集团提出的创建行业领先、国内一流、国际知名的燃气—蒸汽联合循环热电厂为目标，攻坚克难，开展智能化燃气电厂建设。

（三）充分利用先进技术、探索新型热电厂建设运营管理模式的需要

面对北京去工业化、政治工期、人员定额少、人力成本高等因素，如何利用先进的科技手段、管理方式，确保工程安全、质量、进度、造价可控在控，确保各项目标顺利完成是高安屯热电公司必须面对并认真思考的一个问题。在过去的十年间，不少发电单位尝试进行发电厂的三维工程数据移交，无一例外都失败了，发电厂设备故障诊断及性能优化效果差强人意，这是技术和理论的问题。高安屯热电公司需要通过技术创新实现发电厂的管理创新，提升发电厂的自动化到一个更高的层面，确保既定目标的顺利实现。

二、智能化燃气电厂的建设与运营管理内涵和主要做法

高安屯热电公司以“共享、协同、服务”理念为引领，以本质安全、高效生产、降低成本、清洁环保为目标，根据企业发展的战略和行业状况，科学制定智能化燃气电厂建设总体思路和原则。通过三维建模模拟施工辅助基建工程管理、三维模型对象化的工程数据移交，构建数字化虚拟工厂，建立大数据

分析、智能设备管理系统，实现智能共享和生产智能管理，开发电厂“大平台、微应用”的一体化工作管理平台，通过对其他业务系统的整合实现“人员集成、界面集成、业务集成、消息集成、应用集成”，为高安屯热电公司员工提供个性化服务，构建发电厂的生态环境，更好地辅助企业集约智能化管理。主要做法如下：

（一）明确智能化燃气电厂建设与运营管理的理念、原则和思路

1. 确立“共享、协同、服务”的理念

高安屯热电公司以“共享、协同、服务”为理念，“共享”是指建立基于三维模型的虚拟工程和工程数据的平台，实现信息共享，解决信息孤岛问题；“协同”是指通过权限管理和流程梳理，搭建“大平台、微应用”的一体化工作管理平台，实现高安屯热电公司管理的信息流转、消息推送、业务传递；“服务”是指以大数据分析为核心，推动生产的深刻洞见，提供数据支持的安全性、经济性分析，为生产、经营管理提供决策依据，实现企业的良性发展和和谐管理。

2. 坚持“四统一”的基本原则

“四统一”原则是指统一领导、统一规划、统一标准、统一实施，实现信息化和智能化管理的实施推进。统一领导，实现归口管理，坚持“一把手”领导，建立健全智能化电厂建设责任制。高安屯热电公司高层领导任组长组成智能化电厂建设领导小组，热控专业作为整个智能化电厂的实施主体，各部门及相关专业为各业务应用推进部门，组建专门的智能化电厂建设团队，共同推进智能化电厂建设。二是统一规划。高安屯热电公司作为京能集团的示范电厂，确定总体的实施规划方案，规划的应用系统按照科技项目的形式分年度和批次实施，明确项目建设的路线图，在整体规划的基础上，根据业务逻辑、数据逻辑、业务的紧迫程度、基建进度管控、实行的难易程度、实现风险等因素综合确定合理的实施计划。三是统一标准，实现数据跨域异构。从高安屯热电公司管理和发展的需要出发，把公司的网络互联互通和信息资源共享作为一条基本要求逐步落实，最终实现公司各业务模块之间互动共享和高效的协同运作。四是统一实施，由点及面逐步开展，高安屯热电公司统一对各业务模块进行全面的管控和设计，各模块由点及面逐步开展，在建设过程中逐步上线使用，及时服务于高安屯热电公司项目的建设和生产环节。

3. 确立热电厂建设与运营的思路

首先，在生产层面采用现场总线技术、智能设备、多系统通讯，建立生产的大数据平台，结合发电厂的工艺设备和生产运行特性，利用大数据分析技术，提前预测异常、辅助生产操作、优化设备性能，提高生产安全性、稳定性，实现高效生产。其次，结合工程项目建设，采用三维建模、模拟施工和工程数据移交，构建数字化的虚拟工程，对象化关联所有设备、设施数据，建立发电厂的全寿命周期管理系统和虚拟实现的培训系统。最后，建立发电厂“大平台、微应用”的一体化工作管理平台，构建发电厂的“四化”生态环境体系，将生产、经营相关的信息以深度用户定制体验的形式发送到待办人处，实现信息共享，实时传递，提升管理效率。表单电脑化，平台集成所有业务表单，实现快速浏览和简易处理。应用集成化，平台集成运行管理、设备管理、资金管理、营销管理等应用。业务移动化，在平板电脑上实现桌面电脑的所有工作，例如巡检、点检、智能两票、资料查阅等，基于人员实时定位的安全管理，实时推送会议和办公信息。内容可视化，平台能实现全厂三维模型的浏览和查阅，大数据分析结果的展示和信息处理等。

（二）开展三维设计协同，辅助燃气电厂的工程建设管理

1. 开展三维建模辅助工程施工

2013 年 4 月工程开工后，高安屯热电公司对工程设计、施工进行创新，将传统的设计院设计出图、人工图纸会审、施工单位按图施工的流程更改为设计院设计出图、三维模拟施工、施工单位按图施工，

通过三维建模模拟对设计进行验证，对施工结果进行校对，减少设计错误和偏差，确保蓝图—设计—施工的一致性。

自2013年5月至2014年4月，共移交29批次三维模型及碰撞报告，利用三维平台，及时将平面的二维图纸转化为三维模型，在二维图纸向三维模型转换的过程也是对图纸的进一步审核校对的过程，全面转变传统图纸会审模式，通过1∶1的三维模型直观地反映出实际施工结果，可以快速发现管道、基础、设备布局的不合理问题、碰撞问题，并在施工前发现通过二维平面图纸审核不能发现的问题，及时通知设计院出具设计变更意见，避免发生返工现象，大大加快了施工进度，保证施工一次成优，实现零费用设计变更。

2. 建立完整三维工程数据移交

高安屯热电公司在三维模型的基础上进行工程数据移交，在具体实施过程中出现模型加载缓慢和卡顿的问题，用户体验极差。2013年11月，高安屯热电公司联合深圳鹏锐信息技术有限公司组建团队进行技术攻关，总结经验，优化模型加载方法，建立发电厂模型层次体系，开发出新的软件平台，建立完整的、统一的工程数据库，搭建全生命周期资产管理平台，包括工程设计图纸、设备数据、系统技术参数等数据，并通过三维模型将完整的工程数据库展现出来。以工程整体三维模型为核心，实现包括工艺流程图、工艺数据、各专业设计数据等系统设计集成，并将三维模型中相关数据进行实时共享，相关专业人员均可实时对模型中的数据进行维护更新，确保数据库的准确性、统一性，进而为基建管理提供完整、准确的数据支持，全面协调基建管理各个环节工作，实现基建过程的一体化管理。

2014年9月，新的数字化信息集成管理平台上线，在以设施、设备为核心、二三维模型为导航的信息模型的基础上，实现二三维数字化电厂基础信息模型与运维专有系统（SIS、ERP、OA、工业控制系统、门禁系统、工业电视系统、现场作业管理系统、AMS等）的信息集成和关联管理，信息能在各系统间流转。

（三）建立以数据挖掘为核心的燃气电厂生产运营管理新模式

1. 开发发电厂大数据分析，支持电厂智能化生产

2014年10月，高安屯热电公司在行业内率先构建发电厂大数据分析系统，利用互联网思维解决工业问题，将大数据分析技术引入到发电领域，结合发电厂生产的特点，对分析对象进行特性分析，设备进行细分，工艺系统进行划分，建立适用于工业企业的大数据分析系统。利用大数据分析方法进行分析，改变传统的数学模型分析的方法，基于数据分析来进行发电厂的生产优化、故障诊断、设备选型指导等工作。

大数据分析平台与ERP、SIS、DCS、AMS、监控、门禁、消防、移动作业管理等系统建立通信接口，能够按照秒级采集这些系统的数据，大数据分析平台具备30亿条/天的数据存储能力，满足大量的数据存储需求，系统能够存储五年生产数据。数据存储基础采用分布式存储系统，具备高容错能力，并在不改变大数据平台原有程序的基础上通过增加硬件及修改配置文件来自动提升存储效率和可靠性。

大数据分析平台的设备管理基于海量的历史数据动态分析数据模型，并将分析出的数据模型进行知识固化从而应用到实际的设备运行监控中。通过使用数据模型对海量测点的监控，平台可有效的分析出设备的最佳运行曲线和工况，从而将分析结论发送给相应工程师进行确认。工程师确认之后系统自动调节相应测点的报警阀值，实现整个过程的智能化和自动化，在降低工程师工作强度的同时降低由于需要大量人工操作所导致的意外错误，提高报警阀值的准确性加强安全保障。

2. 建立“大平台、微应用”的一体化工作管理平台

建立“大平台、微应用”的一体化工作管理平台与电厂其他信息管理系统进行集成，通过一体化工作管理平台直接访问其他系统，实现在同一平台下访问其他系统的需求，解决软件多样化带来的数据安

全、信息孤岛、重复访问等问题。个人工作台对企业应用进行集成，实现跨平台跨系统的资源的深度信息整合，系统将企业应用合理规划为若干个应用，用户可以通过选择的方式在自己的工作台设置自己的应用，制定相应的工作流程，符合自身工作岗位的需要。

一体化工作管理平台具备定期工作管理能力，个人对所有任务进行统一的安排和规划，用户可以将一个任务分解为多个步骤，同时系统支持对任务分解项进行上下级关系设定，使用户更方便地进行任务分解。同时，平台支持移动端应用，满足移动化办公的需求。

一体化功能平台以大数据分析系统、ERP、三维系统的数据做支持，能够同设备管理系统（如EAM、SIS、智能设备分析、大数据管理系统、设备台账）、办公系统（如ERP、OA、计划管理）等高效互动关联。

3. 建立人机系统无缝对接，推行无纸化移动作业

高安屯热电公司在“大平台、微应用”的一体化工作管理平台基础上，开发与之无缝对接的移动端应用，本着“数据是无价的”原则，将相应的服务器等硬件设备部署在信息机房，通过建立安全保护机制，确保信息和服务的安全性。为进一步强化设备管理，现场设备标牌均设置二维码，以二维码为媒介，搭建人机交互的平台，借助平板、扫码枪等设备，智能识别现场设备，避免走错间隔及设备误操作的发生，构建发电厂人—机—环境的智能体系，实现智能两票、巡检、点检、缺陷录入、资料查阅及设备检修辅助管理等现场作业无纸化。通过移动应用端，可以使管理人员在任何地方掌握工厂的生产的情况，可以使工作人员方便快捷地获取相应的数据和信息，同时，辅助生产人员操作，有效防止误操作的发生。

4. 开发智能终端，实现生产设备的实时安全监控和运行数据采集

在智能制造、少人值守的大背景下，确保发电厂的本质安全，通过分析发电厂目前存在的不可控、不可知的安全风险，建立安全风险预控系统，利用“智能终端＋大数据”技术实现生产设备参数及重点监控对象数据的实时采集、监控、预警、报警等管理功能。项目实施前期的应用成果能够实现对传统设备的安全管控和数据分析进行智能化改造，项目实施后实现设备及检测对象性能分析和状态诊断，实现生产设备的实时安全监控；能够根据大数据平台海量数据分析结果，结合数字化电厂及智能两票等功能实现智能化运维，既实现设备和监控对象的秒级监控，又避免人员现场巡检及手工抄表，从而降低人员劳动强度。

通过智能盒子的开发，采集发电厂管道振动、支吊架机械限位、设备及管道膨胀、阀门泄漏、异常摩擦等的声音、位移、振幅、加速度等信息，通过无线网络将信息传送到监控平台，一方面可以作为安全风险管控的依据，另一方面采集数据可作为大数据分析的数据补充，实现安全风险的高效可控，辅助大数据更好地支持智能化生产。

5. 建立风险预控措施库，做好风险预警与应急处置预案

建立发电厂的风险预控措施库，一体化工作管理平台上建立相应的应用。该应用读取两票管理系统（ERP）里的相关信息，在工作被许可后，根据工作的危险源、危险性，在电子工作票或者操作票后面自动附带风险预控措施，使生产人员掌握风险因素，做出相应事故预想，提前做好应急处置预案；使现场检修作业人员了解基本的危险处置要点，危险来临时，能够正确及时地进行自救、施救及呼救。同时，通过大数据平台的数据分析判断，建立应急预案管理信息平台，自动向相关人员发布执行性强的应急处置措施，并收集应急处置工作进展信息。

（四）建立虚拟仿真的三维培训模型，建立培训管理新模式

在三维模型的基础上，应用虚拟现实技术建立三维虚拟现实平台，搭建可视化的培训系统。平台以进入该系统的三维数字化电厂信息模型为基础，通过动态交互式场景的操作实现对电厂运维业务的支持

和应用。构建个性化的业务模块，建立发电厂人员培训系统，形成典型危险点库、反事故措施预案库、设备检修作业库、运行操作标准库等知识体系。用户可以根据实际需要选择场景进入，实现模拟拆卸、操作票角色扮演等，从而达到培训目的。

在工作规程模拟环节，用户可以根据现场实际情况，模拟工作流程；在安全教育模拟环节，用户可以通过视频教育的形式理解相关知识或完成特定任务，提高技术的熟练程度，如调压站泄漏处理方案演练；在原理模拟环节，用户可以全方位深入了解现场工艺原理和整个厂区运行的工艺流程，如可以模拟双吸离心泵设备每个部件的拆装顺序并可根据工程师经验自定义调整拆装顺序。颠覆传统的培训，可视化、交互式的培训，不仅直观，还能够调动培训人员的兴趣。

（五）开展知识积累和知识管理，有效支撑智能化燃气电厂的建设与运营管理

1. 推进技术员工知识的转移，构建知识管理体系

结合技术员工的工作经验和知识积累，利用大数据分析平台为每一个评价体系建立相应的分析模型，将技术员工的知识转化为大数据平台的分析规则，为每一类设备甚至某一些特殊设备设置大数据分析业务规则和数据分析模型。导入实时数据后，就能够根据分析规则，利用大数据软硬件资源进行逐项分析作业，为生产运营提供决策分析和支持，实现技术员工的知识转化和传承，为高安屯热电公司构建知识长青、知识积累的体系。

2. 在充分自动化基础上调整员工工作内容，充分激发员工创新、创造的积极性

按照流程梳理的原则，对标准化管理流程依照“流程整理、流程分析、流程优化”的步骤，进行汇总、整理、分类，建立人机管理体系，把机器能够完成的工作全部移交机器管理，将人员从简单的、重复的、统计的工作中解放出来，在生产、经营的高级协调和执行方面进行深度的人力资源发掘。引导全员参与公司的管理，献计献策，真正让员工体验到工作的乐趣，使员工管理的核心从对人行为的刚性管理转变为对员工创新能力的全方位激励。同时，“80后”及“90后”员工更加注重个性化和深度用户体验，需要一个交互式的、界面友好的平台，使员工个人的知识与才智转化为高安屯热电公司的知识财产，实现专家级员工与菜鸟级员工之间的技术传递、实现员工与项目之间的创意传递，给员工创造一种宽松的环境和气氛，激发员工的创造性，使潜能和天赋得到最大限度地发挥，实现员工与企业的共同发展。

三、智能化燃气电厂的建设与运营管理效果

（一）探索形成了智能化热电厂运营管理的新模式

2015年6月30日，中电联（北京）认证中心对高安屯热电公司三维建模及应用成果进行技术成果认定，报告指出高安屯热电公司在三维建模辅助工程建设、三维工程数据移交、三维虚拟培训系统、多系统协同方面达到国内领先水平，有力推动了信息化技术、互联网技术、大数据分析技术在发电行业的深入应用，显著提升了发电企业的安全生产管理水平和经济运行水平。

高安屯热电公司提出了发电厂人机系统的工作方式，构建发电厂人—机—环境的智能体系，实现智能两票、巡检、点检、缺陷录入、资料查阅及设备检修辅助管理等现场作业无纸化。创新性地运用完全自主知识产权的三维模型，进行模拟施工，改变传统基建工程建设的模式，打破传统图纸会审的种种弊端，减少设计错误、偏差，确保蓝图—设计—施工的一致性，提高工程质量、降低工程造价、控制工程进度。在国内电力行业首家实施虚拟现实技术应用于电力企业应急演练、模拟操作、检修模拟，建立发电厂的人员培训系统，颠覆了传统的培训，开辟电力行业全新的人员培养方式。高安屯热电公司是国内第一家真正实现了基于三维模型的工程数据移交，开创性地将大数据分析技术应用于发电厂，辅助发电厂实现智能化管理。

（二）取得了显著的经济效益

在电厂建设方面，高安屯热电公司采用大数据三维仿真技术短短两年间，通过不断发布三维碰撞检查报告，指导现场施工作业，优化人力安排，缩短了现场施工工期，提高了工程质量，避免潜在的施工风险，综合效益巨大。协助工程建设共计检测出碰撞 558 余处为高安屯热电公司减少了直接经济损失 1953 万元。通过精确的三维信息化模型，对现场的施工材料进行核算、跟踪管理，节省电缆桥架和电缆费用 2000 余万元。在生产运行方面，一是提高了机组的可运行时间，实现机组状态检修，减少了常规电厂进行的定期的大小修次数，可增加发电收入约 12060 万元。二是实现了对设备故障的预测，建立的智能设备的专家系统，减少设备损失，预计每年能减少检修维护费用 300 万元。三是减少了机组的故障停运次数，通过对海量数据进行动态建模，分析设备在不同工况下的运行性能，对比分析寻优或寻差，归纳总结出评价体系，能够对当前的设备、系统运行方式给出指导，预测设备、系统可能出现的故障，提前给出预警，减少因设备原因带来的机组非停次数。每年可减少经济损失约 50 万元。四是提高了自动化管理水平，加强了运行人员及检修人员对设备信息的监控，减少巡检人员的巡检次数，减少了运行人员及检修人员的工作强度及工作量。平均每年可节省人员工资 240 万元。

（三）具有较好的行业示范作用

高安屯热电公司的智能化燃气电厂的建设与运营管理成果得到了北京能源集团有限责任公司的高度认可，工程获得亚洲电力 2015 年度燃气机组升级改造铜奖，被国家能源局授予“2014 年电力安全生产标准化一级工程建设项目称号”，荣获“2014 年北京市绿色安全样板工地”称号。热控 QC 小组荣获 2015 年度全国工程建设优秀质量小组三等奖，“三维虚拟信息化应用”成果获得 2015 年度中国电力行业信息化成果一等奖。被中国电力建设企业协会授予 2014 年、2015 年科技进步奖 3 项、QC 成果奖 19 项。获得北京市第二十九届、三十届管理创新成果一等奖 2 项、二等奖 1 项。授予国家专利 3 项，授权深圳鹏锐信息技术有限公司登记软件著作权 12 项。

（成果创造人：郭明星、关天罡、刘海峡、王永亮、梅东升、陈大宇、齐桐悦、姚传宝、陈晓萌、杨　鑫）

基于全国首家“云上三甲医院”的新型业务体系管理

中国联合网络通信有限公司广东省分公司

中国联合网络通信有限公司广东省分公司（以下简称广东联通）是中国联通在广东的分支机构。自2009年1月我国3G牌照发放以来，在3G网络、产品、终端、应用、服务等方面全面创新，取得3G市场发展和消费者满意度全面提升的亮丽成绩，用户和收入市场占有率逐年快速提升，新增用户和收入市场份额超过40%，收入年均复合增长率达到20%。2015年2月，工信部正式向中国联通发放FDD—LTE牌照，开启了中国联通4G发展的新篇章。

一、基于全国首家“云上三甲医院”的新型业务体系管理背景

（一）应对通信企业面临的巨大挑战的需要

一是行业监管政策改革带来的压力。2015年国务院办公厅发布的《关于加快高速宽带网络建设推进网络提速降费的指导意见》中要求，通信企业应加快推进宽带网络基础设施建设，进一步提速降费，提升服务水平。流量单月不清零是国家在电信业2015年10月开始实施的政策，仅仅两个月，中国联通一家公司就被影响利润20.5亿元。自2014年6月1日起，中国电信业开始实施营业税改征增值税试点，2015年1—5月，中国联通损失20.3亿元。受人民币汇率影响，汇兑损失发生21.0亿元。

二是不同通信企业网间结算和运营成本的增加。2015年，受网间话务量业务下滑影响，通信企业的网间结算与2014年相比，减少十亿收入；由于通信企业4G及网络建设加速，建设成本明显增加；铁塔从自营铁塔模式转变为向铁塔公司付费使用模式导致通信企业使用费增加；能源、物业租金等成本投入加大，网络运行费用暴涨；同时，通信企业人工成本明显增加。

三是通信企业间竞争的白热化。通信企业尤其是三大基础电信运营商的竞争将持续白热化，无论是宽带业务还是移动数据业务，全面或者局部的价格战此起彼伏，价格战一直常态化打下去，从而使得通信企业的利润率继续下降。新业务数据流量增长带来收入增长的幅度小于语音业务收入下降的幅度，形成了量收剪刀差。通信企业开始进入低速增长阶段。通信企业的个人用户市场已经接近饱和，超负荷贡献。行业、工业、企业市场被公认为是通信企业的下一个蓝海，但这个市场也是多行业的竞争胜地，通信企业面临的不仅仅是三家之间的攻城拔寨，更有来自行业外的千军万马。

四是互联网企业带来的巨大冲击。电信技术与IT技术融合趋势愈加明显，用户通信行为模式、消费习惯发生深刻变化，传统语音、短彩信业务下滑态势不可逆转；通信管道价值面临进一步减弱的风险，互联网企业以新的商业模式布局ICT领域，整个产业的人口红利加速向数据和信息红利转移，竞争正在从产品服务竞争转向更高形态的平台与生态系统竞争，通信企业面临的业务替代、网络旁路、产业链重构的风险。互联网企业便是在移动互联网大潮中成长壮大，在互联网思维指引下逐渐脱离了对通信企业的依赖，反而开始对通信企业的业务和收入带来一定影响。

（二）抓住“互联网＋”浪潮下以医疗为代表的新型行业市场机遇

受“健康中国”战略刺激，医疗信息化市场进入了快速释放期，中国医疗信息化市场年增长18%，到2020年健康服务业总规模达到8万亿元以上。由此可见，该领域市场空间巨大，且通信企业涉足较浅，可谓蓝海市场。

基于传统业务的创新需求及“互联网＋医疗”的巨大发展潜力，广东联通从行业需求出发，创新医疗信息化服务新模式，推出“云上医院”系列产品。广东联通具有成熟的网络、IDC支撑和业务运营能

力，能够将"互联网＋医疗"业务与传统通信业务紧密结合，相互促进；同时，广东联通具有庞大的医院用户资源基础，拥有丰富的核心基础设施、网络资源和运营管理体系，能够为"云上医院"产品的销售和客户服务提供强有力的支撑。

二、基于全国首家"云上三甲医院"的新型业务体系管理内涵和主要做法

广东联通运用"五大创新理念"，以精细化、规范化、人本化为原则构建通信企业新型业务信息化建设与服务能力。深入行业调研，研究传统行业的痛点，结合"云网一体化"优势，重点聚焦"云上医院"，抢占行业制高点；总结"云上三甲医院"项目，深度定制医疗行业云，并持续升级优化，锻造真正具有医疗行业属性的"云上医院"特色系列标准化产品；广东联通医疗行业云经三级甲等医院实践(通过 HIMSS 评审)，形成国内领先的行业标准化产品，服务广东，支撑全国；系统构建创新营销模式，掌握客户动态需求，有的放矢，引领行业新需求；成立医疗基地落地广东联通，打造人才高地，实现售前售中售后一体化运营管理和构建扁平化、垂直化的运营新体系。主要做法如下：

（一）新型业务体系战略管理：依托核心优势、开拓有效市场

广东联通在面临新的市场挑战下，依托自身核心优势，市场战略布局重新定位创新，选择老百姓迫切需要的医疗市场，将广东联通的在医疗领域的主攻方向由传统的医院电路宽带、固定电话、移动用户整体转网、视频监控等业务转型至云上医院、影像云和云灾备等医疗云方向，抢占医疗卫生行业制高点。通过广东联通在 2015 年近一年的理论和实践摸索，成功打造广州市妇女儿童医疗中心全院云托管标杆案例、广州市爱博恩妇产民营医院全院云托管标杆和广州医科大学附属第一医院云灾备标杆案例，成为云上医院的领导者。同时，通过云上医院业务反向为广东联通带来了大量的大带宽电路、移动医疗和远程医疗等延伸业务。

（二）新型业务体系产品管理：深挖客户需求、锻造特色产品

通过深度挖掘，广东联通发现医疗机构信息化面临的痛点：第一，随着"互联网＋"浪潮的快速推进，医疗机构内部 IT 资源的性能难以支撑众多快速发展的应用；第二，随着医疗机构在科研及精准医疗方面的推进，数据的价值需要被格外重视；第三，一所医疗机构的内部存在多个供应商提供的多个业务系统，信息和数据基本无法顺利互通共享。

"云上医院"产品充分地利用通信企业的机房及网络优势，目标成为医疗行业基础设施即服务领域的产品领导者，为医院提供全面、稳定、可靠的基础云服务。"云上医院"产品按照国内及国际等多种标准进行定位，第一，在安全标准方面，符合国家信息安全等级保护制度三级要求；第二，在灾备标准方面，符合国家标准 GB/T20988，信息系统灾难恢复规范 6 级标准；第三，在医疗行业标准中，符合国内的《医院分级管理办法》三甲评级以及国际医疗卫生机构认证联合委员会认证（JCI），以及国际医疗卫生信息和管理系统协会的 Himss7 认证。

依据行业的多项标准，广东联通在产品线上，锻造出 7 类核心产品：混合式云主机、双活式云存储、一体化云网络、可视化云监控、平台式云安全、异构化云灾备、动态式云迁移等为医疗机构提供的医疗云产品。在医疗云产品的基础上，打造一款 SaaS 云应用，医疗影像云产品，符合国际食品药品监督管理局的医疗机械标准，可实现医疗影像互联互通、影像信息共享、影像存储，以提升基层医院影像诊断水平。

（三）新型业务体系技术管理：践行国际标准、引领行业发展

1. 双活式存储

从医院业务系统整体建设的长远发展，广东联通医疗云数据中心建立起统一数据存储平台，对现在存储进行集中整合、集中管理，同时采用磁盘备份的方式，将整合后存储系统的数据进行快速备份，并将对本地业务系统数据实现异地容灾备份，实现可靠的医疗云数据平台建设。

在建设的管理中，首先是统一存储数据平台建设，利用高端虚拟化存储建设可无缝横向扩展的数据存

储平台，实现统一集中的数据中心，可支持本地及远程生产数据的快速备份恢复。其次是建立起高效、快速的本地数据灾备系统，实现意外故障宕机快速及时恢复业务应用。保护关键应用数据零丢失或少丢失。最后是建立起异地数据中心灾备系统，实现异地系统应用可靠切换，极短时间内恢复业务正常运转。

2. 云网一体化

为了满足不同医院对于网络的需求，在组网建设方面，广东联通实现云网一体化的创新技术，为各个医疗机构提供多租户支持，每个租户可以自行定义带宽需求和私有编址。

对于各地不同的城市网络，构建覆盖广东所有地市分公司的云业务承载网，满足各地市医疗客户通过专网传输远程接入。通过集中控制技术，使得全局优化成为可能，使得可以把整个网络当作一台设备进行维护，设备零配置即插即用，大大降低运维成本。在接口方面，应用和网络的无缝集成；医院客户可以自行开发网络新功能，加快新功能部署周期；逻辑网络和物理网络的分离，逻辑网络可以根据业务需要进行配置、迁移，不受物理位置的限制。

3. 动态迁移技术

为了满足医院将部署在云端方面，广东联通专门组织制定业务迁移评估模型，根据评估结论，对于符合条件的按照云计算架构进行有序迁移改造；对于不符合迁移的业务，依然在原平台上进行。系统迁移面临的最大问题是停机或延长停机，以及对业务造成影响的风险，为了避免停机时间的延长和成本的增加，就需要使系统迁移迅速、平滑可靠，不能因为迁移导致系统重新架构和部署。通信运营商将复杂的系统迁移工作简单化，在生产系统不停机情况下迁移现有系统，包括操作系统、应用程序、用户信息、网络配置等所有数据，整个迁移过程时间可预测，并可在迁移完成后切换到新系统，真正实现迁移过程服务不终止。

4. 可视化应用性能监控

"云上医院"搭建符合 ITIL 的带外运维监控平台，实现对企业 IT 基础设施和业务系统的全面监控，以及发现故障后，以规范的流程为导向，达到对故障的及时响应与处理，从而实现"发现问题—解决问题"的闭环管理体系。为医院提供整体的应用性能管理服务，作为提升用户体验常用的解决方案，能够帮助企业实现真实用户体验管理，应用拓扑的发现与可视化，应用组件深度监控以及数据库性能管理等。除了性能，还提供更高的标准，也就是 IT 运维管理到实现用户从预防到维护的一体化解决方案。通过业务视角监视的性能数据，使医院能够从患者的角度关注所提供服务的性能。对于通信企业来说，能够从以往的被动变为主动运维，完成 IT 运营决策分析。

（四）新型业务体系营销管理：专业营销机制、树立领域标杆

1. 建立专业营销机制

一是成立虚拟团队。获取项目信息，第一时间由广东联通战略客户部牵头联合中国联通医疗基地成立项目小组，及时拜访客户高层，获取第一手需求资料。

二是深入分析竞争对手。通过详细分析竞争对手优劣势，结合现场测试结果，给予客户深刻的体验感受。广东联通从云平台自身计算和存储性能、迁移、监控、安全、运维等多方面提解决方案，成功获取客户认可。

三是全方位对比云上医院与自建机房。对云上医院与自建机房在场地、用电、人员、计算、存储、监控、安全等多维度进行对比，可明显地看出购买云服务可大大降低初期基础设施的投资成本，缩小采购建设周期，并且有专业机构提供运维服务，降低日常 IT 维护压力。从场地、底层设备、机柜等到迁移、监控、安全与医院现有机房能力对比，专业的事情交给专业化的公司来做，使得医院信息中心从繁杂的机房设备采购、运维跟踪工作中解脱出来，用更多的精力服务主要业务。

四是实地参观联通云机房。为体现广东联通云技术实力，邀请客户实地走访云机房，让客户切身感

受联通云机房实力。

五是分优先级分步迁移业务系统。由于广州市妇女儿童医疗中心信息化水平较高，已建设的业务系统繁多，项目时间紧、人手不足，最后项目组决定采用分优先级逐步迁移方案，边迁移边准备资源及压力测试等，同时云公司同步准备后台服务器和存储资源的设备采购、安装和部署，全部业务系统迁移历时半年，终于在新闻发布会前实现核心业务系统全部迁移。

2. 树立云领域标杆

广东联通在医疗云领域树立标杆的做法主要有以下四点：一是召开新闻发布会，签署战略合作协议。2015 年 12 月 10 日召开全国首家云上三甲医院新闻发布会，向社会公布项目建设成果，树立标杆，引起极大反响，商机不断。二是新闻媒体宣传，提升业界影响力。新华社、中新社、人民日报、新华网等 30 多家新闻媒体报道。三是全省培训、案例分享。项目成功拓展后，省战略客户部联合云数据公司总结该项目的营销技巧和方案核心要点，在全省粤东、粤西、粤北和珠三角地区专业化能力培训上进行案例剖析和分享，全省营销团队和支撑团队进行系统性的学习，为 2016 年市场拓展储备解决方案和案例。四是申请基于云上医院产品的公司级医疗基地，辐射全国。广东联通对云上医院产品的优势和营销模式进行总结，并向集团成功申请基于云上医院产品的医疗基地，未来可以复制至其他同类型的医院客户，带动全国沃云业务规模发展。

（五）新型业务体系运营管理：超越传统模式、彰显客户价值

1. 全国首个医疗云基地落户广东

面对医疗行业给通信企业带来的巨大的机遇，2016 年 5 月 5 日，联通集团总部给广东联通授牌成立医院信息化云化基地，专注提供专业的医院信息系统云化解决方案服务。聚集自有产品、方案、集成、平台能力，并通过产品研发、市场运营、项目支撑和整合一体化支撑广东，服务全国。

医疗基地成立后，迅速创造自有的品牌，企业目标上也有独特的定位，目标树立医疗云化标准，成为医疗信息化云化行业领先者。成功通过医疗基地产品发布会、参加国际通信企业展会、中国医疗器械博览会、2016 中国广州国际智能安全博览会等展会的方式，推广医疗基地以及“云上医院”产品。

2. 形成省市联动共享能力

在成立医疗基地后，迅速形成以广东联通省公司战略客户部、医疗基地为核心的人才集中服务团队，以各地市分公司为支撑的网状联动机制，依托基地核心产品及方案能力，辐射全省，服务地市，地市分公司配备专属医疗行业支撑团队，快速形成当地的项目支撑能力。通过组织医疗行业专属战训营的活动，从地市分公司调取人才，对其进行专人专岗的能力培养。

3. 制定考核与激励机制

广东联通省公司制定考核与激励机制，要求地市分公司领导拜访重点客户关键人每周不少于 2 次，每周上报商机及项目进展。在激励方面，以单项目为单位，新签医院客户“云上医院”产品月增收大于等于 5 万元，按照对象的保底月租收入的 30％一次性发放奖励。

4. 建立专业化运维团队

广东联通始终坚持以人为本的核心理念，对医疗机构提供运营服务维护，通过组建专业运维团队完成医疗机构信息系统的网络设备、服务器、应用系统和业务系统的日常维护工作，采取有效的机制，高效、及时地避免或解决突发事件，最终提高信息系统的稳定性、可靠性和高效性。建立“一级监控、集中维护、统一资源管理、统一调度”的扁平、垂直的运维生产和管理体系。

关于运维服务团队的组建，首先，划分维护范围，做到从基础网络设施到 IT 系统到上线运行等多方面职责的规划；其次，定义维护界面，按照具体的业务模式与医疗客户职责划分清晰，在维护职责方面，按照运维管理部门、现场维护部门、响应支撑部门严格划分职责，细化、落实云平台的维护规程；

再次，设定故障受理渠道，一是通过电话 10019 方式客户自主申报故障，并安排专人客户经理负责。二是通过客户经理申报故障。客户经理作为客服第一责任人，接电话后记录申告时间、申告内容及客户联系方式等，同时，对故障进行初步判断。专业的服务团队、严格的服务制度、完善的服务流程、优秀的服务意识是中国联通为各类客户提供优质服务的保障。最后，在容灾应急机制方面，按照信息系统灾难恢复规范标准 5 级 GT－T20988 的标准，制定应急预案措施，满足医疗机构的故障恢复保障。

三、基于全国首家“云上三甲医院”的新型业务体系管理效果

广东联通基于全国首家“云上三甲医院”的新型市场开拓与运营管理理念，在顺应行业发展（国家新医改）要求的同时，为推动企业转型升级带来很好的借鉴与示范效益。广东联通积极履行社会责任，通过以实施优势互补、合作共赢的跨界合作的战略发展模式，助力医疗卫生机构信息化跨越式发展，创新了基于“云上医院”新型业务体系管理模式，为推动社会信息化发展做出了重要的贡献。

（一）取得良好经济效益

以广州市妇女儿童医疗中心全国首家“云上三甲医院”为例，从 2015 年年初实施，至今实现包括 LIS 系统、电子病历、数据集成平台等在内的累计 51 个业务系统全面云端迁移，累计分配云资源 CPU1258 核，内存 2.7T，存储 85T，实现医院业务系统的全面云端托管。为医院节省每年 44％的财政支出，同时给广东联通带来直接收益每年达到 540 万元，并吸引中山大学附属第一院、南方医院、广东省人民医院、中山大学附属肿瘤医院、南方三院、广州医科大学附属第一医院、广州医科大学附属肿瘤医院、粤东、粤西、粤北等各地市人民医院、妇幼保健院等 50 多家单位，上千人次先后参观学习，带来大量商机。同时云上医院项目为医院信息科节省了大量人财物成本，使其告别了救火员角色，3—5 年数据中心基础设施云租赁的价格基本是自建机房的一半。

该管理体系，经全集团复制推广，预计至 2017 年全国医疗云业务拓展 50 个医院。全部达产后，为广东联通带来新增年收入（云＋ICT）2 亿元，同时广东联通“云上医院”创新服务模式得到联通集团总部认可，通过该项目总结输出的标准产品、运营服务与管理体系、专业人才和建设经验等，联通集团医疗信息化云化基地也因此落户广东，支撑全集团“互联网＋医疗”“云上医院”及大数据医疗服务，未来经济效益、规模将进一步放大。广州妇儿中心云上医院项目也被列为广东联通 2015 年“全省集客转型突破”示范项目，开拓通信企业医疗信息化服务新模式。

（二）获得良好社会效益

基于全国首家“云上三甲医院”的新型业务体系管理顺应国家“互联网＋”发展战略，通过云计算技术接入众多医疗机构，进行资源共享与优化配置。以广州市妇儿中心全国首家“云上三甲医院”为例，广东联通已经助力该院顺利通过美国医疗卫生信息和管理系统协 HIMSS6 级评审和 HIMSS7 级预审（华南首家），受到主流媒体和业界同行广泛关注。同时，也引起了医疗行业的巨大共鸣。该管理体系打造了一个以通信企业、上下游合作企业伙伴共同协作运营的新型生态圈，其创新管理思想在通信企业开拓新业务和打造自主品牌等方面具有示范意义。

（三）提升企业管理效益

该项管理体系关注统计分析数据、对象数据、应用使用情况、数据交换等积累数据，这些都是商业模式创新必需的基础关键数据。注重持续改进和提高服务质量、服务内容和服务响应时效，结合人、财、物和机制体制统筹，实现企业的战略转型和管理变革，确保优质企业能够及时推出更多优质的产品和服务。

（成果创造人：岳　强、张迎峰、闻　屏、陈海锋、高　伟、
李世英、潘润铿、邓建科、姚均议、郑宇浩、黄　灏）

火电企业以提质增效为目标的电煤全流程数字化管理

大唐江苏发电有限公司

大唐江苏发电有限公司（以下简称大唐江苏公司）前身为中国大唐集团公司江苏分公司，于 2006 年 12 月在南京正式挂牌成立，属于中国大唐集团公司（以下简称集团公司）全资子公司，下辖 6 家项目公司。主要经营范围包括：电力能源和热网的开发、投资、建设、经营和管理，组织电力、热力、压缩空气的生产、运营和销售；电力技术开发和咨询服务、电力工程承包与咨询等业务。截至 2015 年年底，大唐江苏公司可控装机容量 288.58 万千瓦，资产总额 105 亿元。

一、火电企业以提质增效为目标的电煤全流程数字化管理背景

（一）适应国家火电行业政策的需要

首先，在国家实行电煤并轨、燃料供应完全市场化的情况下，电煤的价格越来越公开透明，单纯依靠降低单一矿点或供应商的煤价已不现实，需要靠调整燃料采购结构取得综合煤价的优势。如何调整煤源结构、降低燃料成本成为摆在火电企业面前的一道难题。其次，在两化融合、节能减排政策的压力下，信息化、降本增效是必然趋势，而配煤掺烧是新形势下大唐江苏公司积极适应市场变化、优化煤源结构的最优选择，是控制燃料成本、增加经济效益的内在需求。在燃料成本占总成本比重越来越大、燃料供应市场环境日益复杂、掺假方式不断翻新、廉洁风险防控难度加大的新形势下，用科技手段消除燃料管理短板和突破管理瓶颈，从采购到燃烧建立起全流程的管理，降低原料成本，加强和规范燃料管理，推进电煤全流程数字化管理是大唐江苏公司应势而为的必然选择。

（二）适应电力市场环境变化的需要

近几年火电行业总体经营状况受工业用电量下行、产业结构调整的影响，导致发展欠佳。污染排放量大、能耗高、效益低等都是制约企业发展的因素。而且在当前煤炭市场不稳定、波动较大的情况下，大唐江苏公司必须努力适应煤炭市场的变化，不断挖掘市场潜力，燃料管理方面是关乎火电企业安全生产和经济效益的重要因素，大唐江苏公司必须做到提质降本增效才能适应市场环境的变化。

（三）实现企业提质降本增效的需要

大唐江苏公司所属火电企业情况较为特殊，所辖徐塘发电公司来煤主要依靠铁路运输，供应结构十分复杂；所辖南京电厂来煤全部为船舶运输，交货方式为北方四港海轮平仓交货，以第三方离岸平仓检验作为结算依据，长期以来入厂验收环节较为薄弱。如何从根本上提质降本增效、保障安全生产，建立健全更加高效的燃料管理机制，促进大唐江苏公司综合竞争能力和盈利水平不断提升，一直是大唐江苏公司探索追求的目标。大唐江苏公司全力推进电煤全流程数字化管理工作，确保燃料收、耗、存环节和量、质、价数据的真实性、准确性、及时性及共享性，有效提升燃料管理水平，提高燃料质量降低燃料成本增加综合效益。

二、火电企业以提质增效为目标的电煤全流程数字化管理内涵和主要做法

大唐江苏公司实施以提质增效为目标的电煤全流程数字化管理，整体规划数字化管理框架，推进数字采购、数字化采样取样计量、数字化配煤掺烧、数字化煤场管理、数字化标准实验室、数字化异常报警六大系统建设，通过 IT 手段为数字化提供保障和人才、制度的支撑，有效提升燃料管理水平，实现企业提质降本增效。主要做法如下：

（一）战略目标引领，整体规划数字化管理框架

1. 以“成长、效益、创新”为指导方针

2012 年，在充分考虑集团公司赋予的使命，以及系统分析内外部形势的基础上，大唐江苏公司提出打造“成长型、效益型、创新型”企业的目标。

“成长型”主要考虑江苏是集团公司发展的重点地区，大唐江苏公司的发展、成长壮大是集团公司的战略要求，也是大唐江苏公司自身增强实力、提升企业话语权的内在需求。

“效益型”主要考虑江苏的经济环境给企业的经营提供了好的土壤，大唐江苏公司理所应当不断提升自己的盈利能力，为集团公司创造更多的效益。

“创新型”主要考虑发电行业的竞争取决于企业的管理水平和创新能力，取决于阳光普照的政策红利和市场红利之外的管理红利。

在这“三型”的指导方针下，大唐江苏公司兼顾效益和效率开展燃料全流程数字化管理，建立全流程数字化管理流程。

2. 以“提质、降本、增效”为工作目标

2013 年年初，针对集团公司提出的“两优化”（优化燃料结构和优化管理机制）的管理思路，构建“提质、降本、增效”的运行体系。

“提质”突出的是价值量的概念，主要包括体制机制优化、人才培养、科技创新等，追求企业价值的实现，打造企业的核心竞争力，促进企业健康可持续发展。“降本”突出的是物理量的概念，主要包括安全生产、节约能耗、节约资源等。“增效”突出的是货币量的概念，追求企业综合效益最大，主要包括电量指标转移、优化燃料采购、配煤掺烧、政策争取等。

（二）开展数字化煤炭采购管理，降低燃料采购成本

1. 开展煤源调查，合理制定采购计划

根据生产部门反馈的负荷预测和煤场库存情况，制订次月燃料采购计划，采购计划按照硫份、热值分为若干个子计划，并明确挥发分低限值，由燃料采购部门按照采购计划进行分类采购，这样就必须摸清在合理采购区间范围内的煤源情况。大唐江苏公司不定期组织人员前往煤炭主要供应地区，对煤种进行市场调研，了解供应信息，建立煤源数据库。通过煤源调查研究，大唐江苏公司已基本掌握在合理采购半径内区域的煤源资料，包括分矿、分供应商的数量、质量、价格，便于为制订合理采购计划提供可靠数据信息。

2. 构建竞价平台，形成燃料排定机制

为进一步适应煤炭市场化改革，降低燃料采购成本，大唐江苏公司采取多种方式积极推进煤炭竞价，形成新的燃料计划排定机制，保证燃料结构不断注入新鲜血液用以增加抵抗市场变化的能力。所辖南京电厂全部为下水煤，充分利用大唐秦皇岛码头平台，比质比价，从源头把关。徐塘公司在煤源复杂的情况下，突出招标工作，不断改进燃料采购结构的合理性和经济性，力求以此为突破口进一步降低入厂煤标单。

3. 建立采购系统，自动制定采购方案

数字化煤炭采购系统是智能掺配软件依据次月电量计划及机组启停方式，结合每月更新的煤质、煤价、煤场库存数据，自动计算出当月综合效益最大的煤炭采购方案，指导燃料经营部门的采购工作。同时在平时使用过程中，若某一煤种被寻优系统大量选用，系统会自动汇总相关煤种选用信息，从而根据煤种实际选用情况指导调运部门动态调整调运计划，调运部门会根据现场实际需求即使动态调整每周调运计划。

（三）开展自动化采样和数字化取样计量，实现燃料精准衡量

1. 准确监测来煤信息，实现准确计量

作为燃料入厂第一关口，过衡数据准确可靠性在于控制车速、识别车号、排除干扰等环节。轨道衡实现自动监测火车行进速度，有效规避因车速影响计量准确性的薄弱环节。同时，在轨道衡尾部增加测高装置，实时比对历史装车高度，以重量和体积数据清晰判断来煤装车密度异常情况，及时有效规避奸商掺杂使假。为保证来煤入厂数据的传输安全，在建设过程中将原有模拟信号转换为数字信号，降低计量器具周边信号干扰作弊风险。

2. 全自动化机械采样，降低人工操作损耗

整个采样过程实现随机、全自动、全断面采样，煤样采集横向到边、纵向到底，避免出现掺杂造假情况。同时，设备具有自动清扫功能，防止前后煤样混样，影响采集结果的代表性和真实性。水分大的、黏度大的来煤走旁路系统，直接采制原煤样，避免采样机常遇到的堵塞问题，做到“粗粮细粮”通吃，使煤样采集代表性更强。煤样采制后，多余煤样将自动返回车厢内，一改以往弃样丢在铁路两侧、需要人工清扫的现象，减轻劳动强度及来煤损失。

3. 以二维码集样送样，确保煤样信息精准

为了防止集样送样过程中换样、混样及不按时送样等干扰，在集样送样过程更加严密。煤样采集后进行一级编码并现场封样，封条使用易碎纸打印二维码密封。煤样采集时间、重量、采集方案等信息自动上传至系统，确保煤样信息真实、准确和安全。同时，集样间增设门禁及视频监控系统，确保集样全流程监控，有效规避人为干扰和影响。

4. 煤样进入备查样室，保证制样真实有效

煤样送至入厂煤制样间，进行一级解码、二级编码。在样品的传递过程中，通过二维码解码及编码与上一环节上传至信息系统的接送样时间、重量等信息进行匹配，若时间及重量超出规定范围，系统自动报警并闭锁。备查煤样经滑板进入备查样室，备查样室采用门禁系统，同时采用双锁。备查样柜分为若干小格，每个小格有固定编号，每个备查样与小格实施一一对应，便于及时、准确地进行备查样抽查。通过与上一环节的程序控制和紧密衔接，有效规避换样、串样、弃样等不规范行为，保证制样环节真实有效。

（四）建立数字化配煤掺烧系统，推进掺烧智能优化管理

1. 动态寻优计算，生成最佳掺烧方案

通过软件系统寻优模型计算分析发电负荷—磨组出力预测情况，统筹考虑标煤单价和供电煤耗的影响，给出综合效益最佳的掺烧方案，当有设备检修等限制条件时需启动“动态寻优”功能。

2. 通过点餐功能，提前了解来煤信息

值班长“点餐”时，根据现场缺陷情况、辅机运行方式的改变、机组排放指标的临时改变等因素，在“寻优”模块中设定相关限制条件，系统据此进行“寻优”，计算出综合效益最佳的掺配方案。通过“点餐”使生产人员提前了解来煤种类及煤量，为做好相应燃烧调整打下基础。

3. 自动求出值利润，生成实时曲线图

值利润等于当值收入减去当值燃料成本、再减去固定成本。当值收入由上网电量乘以上网电价得出；燃料成本为各台磨组用煤量分别乘以各台磨组用煤折算后的煤价相加计算得出；固定成本由财务部折算后提供。

4. 自动分析煤调，生成最优采购计划

系统根据“寻优”结果确定要采购的煤种，综合对煤调结果进行比较，按照价格排序，同时结合各供应商当月的最大供应量情况以及煤场现有库存情况，生成最优采购计划。

通过建设数字化配煤掺烧系统，煤场调度员可根据燃料系统设备状况及煤场存煤情况，制定相应的上煤方案，运行人员可以准确、及时地掌握煤仓和入炉煤质情况。这有利于当班人员根据不同负荷、不同煤质，启用预先制定的煤场调度和燃烧调整方案，提高机组运行的安全稳定性。

（五）实行煤场自动化监管调度，实现煤场动态精准管理

1. 煤场展示动态化，实现存煤实时显示

燃料进厂、堆取、入炉数据联动，利用计算机程序和网络信息、视频监控等技术动态展示煤场状态，包括不同煤场和同一煤场不同区域的煤量、热值、全水分、硫分、堆存时间等相关信息。并以三维数字化方式动态展示各煤场和各分区进、出、存煤的量、质、价、时间等参数状态，指导配煤掺烧和燃料供应调度，提供最优配煤掺烧和燃料采购方案，实现经济效益最大化。

2. 煤场调度智能化，优化煤场调度运行

根据机组负荷和安全性、经济性、环保性需要，按煤种、煤质、堆存时间等配煤掺烧和煤场管理的要求，提供最优堆、取煤方案，并能进行直观演示，指导采购供应和配煤掺烧工作。

3. 斗轮定位精准化，煤量位置实时显示

斗轮机根据调度命令在指定区域，定量、定位置、定高度进行堆取作业，系统具备超出既定区域报警，历史作业记录追溯等功能。煤场斗轮机、推煤机等堆取设备及原煤仓、入炉皮带秤等设备采集入炉煤从煤场各分区取送的数量，并自动匹配其价格、热值、全水分等参数以及所处位置、堆取煤数量实时显示功能。

4. 煤场分区精细化，提高煤场运营效率

数字化煤场分区是指以安全、经济、环保的配煤掺烧及煤场管理的实际需求，对不同煤场或同一煤场按煤种或煤质区间进行既定堆区划分，通过对来煤结构进行汇总和分析，归类总结出 6 大类煤质，并对各类煤质给出明确特征指标。在此基础上，完善来煤接卸、建堆、分段定位、建模计算、数据库处理、配煤方案、调度流程、煤仓料位控制等功能，能够准确反映煤场现有存煤情况，指导燃料采购。以所属徐塘发电公司为例，将 4 个煤场分别进行分区，确定每个分区大小、位置、对应类别煤种，降低了煤场调度管理难度，优化了数字化煤场的运行。

（六）建立数字化标准实验室，实现煤炭检测自动化精准化

1. 实行煤样高度保密，规避样品更改掉包风险

化验室将制样室送抵的煤样进行二级解码和三级编码，所有解码及编码环节均对煤样时间、重量等信息进行系统比对，在煤样的传递过程中，均采用二维码进行传递，有效规避煤样信息泄露风险。在样品的传递过程中，通过解码及编码掌控接送样的时间及重量，若时间及重量超出规定范围，系统自动报警并闭锁，需相关人员授权方能进行下一步，系统留下记录。同时通过二维码的打印张数的控制，最大程度上规避样品被更改和调包的风险。

2. 化验数据自动上传，实现全流程数据不落地

燃煤自入厂计量、机采、制样、煤样化验等所有数据全流程实时上传至信息系统，实现燃料全流程数据不落地，化验室煤样全水分、热值等所有数据全部自动上传至信息系统，期间轨道衡、汽车衡、机采所有数据一并上传，实现燃料全流程数据不落地，规避人为干扰因素。

3. 备查化验规范全面，最大程度降低人为干扰

大唐江苏公司备查样间共分为 3 毫米备查间、0.2 毫米备查样间、入炉煤备查样间，将备查样柜分为若干小格，每个小格有固定编号，每个备查样与小格实施一一对应。所有备查样室均采用门禁系统，并采用双锁，所有备查样均保留 3 个月以上。

系统针对影响化验数据结果的化验环境，标定物质、仪器定期校验、业务流程等进行全流程自动监

控，所有流程均可追溯。对没有按照既定程序或达到既定条件的操作，系统将自动进行报警及闭锁。例如，在煤样全水分测定环节，如提前中断测定，系统将立即报警并闭锁，从而规避因不够测定时间中断操作，导致化验热值偏高而造成的经济损失。因此，系统要求化验项目增加氢测量仪、灰熔点测量仪等设备，使得煤炭化验数据更全面，煤炭结算提供更加准确的数据。最大程度地降低人为干扰因素对燃料管理流程的影响。

（七）构建数字化异常报警系统，全面实时监控预警

1. 全流程实时监控，支撑各阶段有效管控

全流程实时监控即集中控制中心可以实时显示大唐江苏公司从轨道衡、机采、化验室、制样室等所有视频监控画面，包含现场秩序、人员规范、设备运行状态等方面，实现监控的全覆盖。确保各流程各环节时刻在掌握之中，一旦发现事故可以立即采取应对措施。

2. 全方位实时预警，保障各环节有效运行

实时预警即信息系统设有系统日志、报警提示、校验提醒等功能，实时显示预警信息，共新增预警点 11 个，覆盖装车高度、煤场预警等关键环节，实现预警信息实时化。各环节预警信息可以实时传递至信息系统并发送短信至管理者的通信工具。真正做到全方位覆盖、全环节规范、全流程调度。

（八）加强员工素质提升和激励，保障数字化煤电管理的有效实施

1. 加强员工激励培训，培养员工工作热情

一是外聘专家点评示范，提升员工技能素质。采制化竞赛中要求两名外聘专家评委在每一项实践操作考试结束后，进行标准化示范操作，并严格对照集团公司燃煤采制化专业技能竞赛规则内容，对每名选手操作流程进行点评，对疑难问题及选手们在实际操作中容易出错的地方均进行耐心细致的讲解。通过专家点评示范活动，使每位选手如何对照标准、找出偏差、修正短板、提升技能、创先争优，起到了很好的指导作用，实现了以赛促学、对标竞争的目的。

二是开创采制化资格认证考试，理论与实践相结合。对采制化实行全员资格认证，使每位工作人员都有学习的压力，促进干中学、学中干，理论联系实际，达到追比赶超的目的，提高全员业务水平。

三是收入凭贡献，激发员工活力。为进一步做好员工激励工作，充分体现“收入凭贡献”和以业绩为导向的激励机制，加强对大唐江苏公司生产经营、政工发展等方面做出突出业绩员工的激励，大唐江苏公司每年根据工资总额使用情况及本年度生产经营状况下达突出业绩奖励基金预算，安全生产、节能降耗、燃料管理和“创一流”等方面做出突出贡献的团队和个人给予现金奖励。同时，为践行集团公司“价值思维、效益导向”的理念，增强企业竞争力，大唐江苏公司举办值利润竞赛，在完成公司月度掺配任务的基础上，值利润竞赛奖励按照通过开展智能配煤掺烧活动所增创的利润的 1%予以奖励，所有奖励按月兑现，充分调动员工的积极性。

2. 规范员工任用制度，保证公开公正公平

大唐江苏公司员工在岗位聘用方面坚持如下几项原则：一是坚持公开、公正、公平、择优的原则，同时做到岗位公开、岗位职责公开、岗位待遇公开、上岗条件公开，因事择人、量才为用；二是坚持定员的原则，员工岗位人数不得超过公布的岗位定员数；三是坚持增加工作不增人的原则，充分挖掘内部潜力，提高员工素质，通过实行一岗多责、一专多能，提高劳动效率来解决人员紧缺问题；四是对于一般管理岗位采取公开竞聘方式产生。

3. 以梯队建设为目标，储备年轻后备干部

一是与兄弟单位联合办班，实现优势互补。针对系统干部少的特点，积极与兄弟公司合办干部培训班，既保证效果、降低成本，又更好地与兄弟公司之间进行交流学习，取长补短。

二是基层派驻交流，重点培养。大唐江苏公司实施了 4 年监审派驻制，本部人员派驻到江苏徐塘、

大唐南京等单位任监审部负责人，在实践中培养和锻炼干部实践能力。

三是狠抓干部个性化培训，加速青年干部培养。大唐江苏公司组织系统处级干部参加德鲁克总裁培训班、总会培训班、企业法律顾问等研修班，提升领导干部的管理能力和综合素质。与兄弟单位联合举办青年干部培训班，组织分公司系统 27 名科级干部赴井冈山干部学院、集团公司干部培训学院学习，助力青年干部的成长成才。同时，积极培训青年骨干，遴选出大唐江苏公司系统“85 后”青年人才四十余人，并结合青年干部特点，量身订制课程、因材施教，开展 3 个阶段、为期 45 天的全封闭培训，有效培养人才梯队。

三、火电企业以提质增效为目标的电煤全流程数字化管理效果

（一）燃料管理水平提升，采购成本显著降低

电煤全流程数字化管理，把制度、标准、流程，通过工业化、信息化等手段固化到设备、固化到系统，实现对影响量、质、价的采样、制样、化验过程的机械化、数字化、精细化管理，有效减少人为、设备和环境等因素影响导致的指标误差及利益损失，弥补了员工管理漏洞，员工工作效率大幅上升；同时，降低了煤炭采购成本。以徐塘电厂为例，2014 年 1 月至 2016 年 3 月徐塘电厂入厂含税标单均低于区域平均水平，2014 年入厂煤标单低于区域水平 21 元/吨，节约成本近 3%，2015 年入厂煤标单低于区域水平 34.23 元/吨，节约成本近 6.2%，2016 年 1—3 月入厂煤标单低于区域水平 53.62 元/吨，节约成本近 11.5%，反映出大唐江苏公司燃料管理整体水平的提升。

（二）实现智能配煤掺烧，盈利能力持续提升

大唐江苏公司通过实施电煤全流程数字化管理，建立了燃料管理的技术平台和长效机制，切实把燃料成本控制在科学合理范围之内，控制在同行业先进水平，推进火电业务盈利能力的持续提升和经营局面的持续改善。2012 年利润总额 12220 万元，2013 年利润总额 56942 万元，2014 年利润总额 82963 万元，2015 年利润总额 97442 万元。2013 年利润总额比 2012 年增加 44722 万元，2014 年比 2013 年增加 26021 万元，2015 年比 2014 年增加 14479 万元。

（三）占据行业领先地位，树立良好企业形象

大唐江苏公司通过建设煤炭全流程数字化管理，树立了以信取人、以质取人、以诚取人的良好企业形象。2014 年 1 月，大唐江苏公司实现 93%煤炭以到厂验收为结算依据，到 2015 年 5 月实现 100%煤炭以到厂验收为结算依据，取得了供应方的信任，为长期“博弈”的煤电验收数据结算依据探索出一条新路，对促进全行业煤炭管理水平的提升起到了助推和示范作用。

（成果创造人：张勋奎、李　凯、柳增耀、李　杰、张剑峰、
陈洪峰、乔　林、康铁山、席广辉、冯艳秋、薛　波）

基于“FAST+”敏捷体系的IT能力提升

中国移动通信集团浙江有限公司

中国移动通信集团浙江有限公司（以下简称浙江移动）隶属中国移动通信集团公司（以下简称集团公司）。浙江移动从2014年开始实施敏捷转型以来，在项目开发过程中，持续创新，提出了“FAST+”概念，在项目管理、持续交付、敏捷文化、效率提升等方面取得了显著成效。

一、基于“FAST+”敏捷体系的IT能力提升背景

（一）顺应行业发展趋势的需要

随着移动互联网技术的快速发展，传统以投资投入带来效能增长的模式逐渐不能适应新的形势，业务需求也对IT支撑部门提出了更高的要求，需要能快速响应市场变化，快速支撑、充分满足市场竞争的要求。集团公司工作会议上提出践行敏捷开发概念，需要IT支撑部门转变管理模式，向敏捷管理开发转型。浙江移动公司高度重视敏捷转型工作，党组领导专门组织开会学习敏捷开发理念，强调敏捷开发既是一种理念的创新、也是方法论的创新，要在浙江移动公司内部进行推广，以更好地适应向流量经营、移动互联网转型的需要，加快推动公司转型发展。信息技术部、融创公司、网管中心、电子渠道等部门率先学习和实践。敏捷开发和DevOps工程实践是当前行业的重要趋势，传统的持续投入加软硬件改造模式越来越难以提供业务发展所需驱动能力。

（二）应对敏捷开发挑战的需要

敏捷开发能在快速响应的同时，保障支撑系统稳定有序的运行。敏捷模式在通信行业的应用尚处于探索阶段，不可照搬成熟经验，没有成功经验可以参考，应用过程存在风险；敏捷模式本身也需要不断适应变化。敏捷模式业内不存在清晰定义、成型理论体系，没有统一评价标准，充满各种创新可能。通信行业支撑系统本身特性也决定了无法照搬传统模式，融合团队管理不再采取传统软件开发流水线模式。团队规模较大，相较于传统50人以下的团队来说，通信行业开发团队可达200+。系统架构复杂，支撑系统采取多种架构、多种技术。

敏捷模式存在投入大、技术门槛高的限制，敏捷开发是一套系统的IT运营方法，需要在学习、培训、实践、改造诸多环节着力。DevOps工程实践，需要在掌握敏捷理念的基础上，配合平台、技术标准、应用规范等方面进行改造，从投资角度看也需要较大的资金投入。

基于以上的原因，浙江移动公司在敏捷理论的基础之上创造性得提出“FAST+”的敏捷转型模式。

二、基于“FAST+”敏捷体系的IT能力提升内涵和主要做法

浙江移动打造以“FAST+”为核心的敏捷管理体系，梳理敏捷DevOps方法论框架（Framework），建设敏捷开发管理平台（Agileplatform）落地框架，优化适合敏捷开发的组织保障和流程保障（ScrumETC），持续测评验证驱动敏捷运营（TestOperation），实现以“快”为目标的敏捷转型。主要做法如下：

（一）通过Framework本地化敏捷开发方法论

浙江移动基于敏捷DevOps方法，结合已有的开发实践，首创DevOpsFramework方法框架。该框架从全局上贯通产品研发的整个流程，从细节上定义流程中的角色、物件、流程、规范、指标等五个方面落地标准规范化。

Framework 融合各种敏捷 DevOps 方法落地，Kanban（看板）方法，引入敏捷看板理论和方法，以可视化的泳道模式，实现产品研发的 6 个步骤过程中的快速、透明的流转。XP（极限编程）方法，引入 XP 的代码审核、单元测试的方法，促进开发测试融合，实现开发人员对最终产品质量负责。Scrum 方法，引入 Scrum 的"三三五五"管理方法，把需求管理转变成产品管理（productbacklog），实现业务价值的快速、准确的实现。敏捷精益方法，引入精益方法，结合 DevOps 实践，实现全流程的持续集成、持续交付，在各个环节实现自动化，降低软件过程中的浪费。

从角色、物件、流程、规范、指标五个方面进行规范化。在角色方面，规定产品经理、系统架构师、开发、测试、开发 DBA、SRE 等 9 种角色在各个阶段的职责。在物件方面，明确研发过程中的产品代办列表、迭代代办列表、二进制制品库等 4 类输入物和 5 类输出物的规范。在全国业务支撑系统中尚属首次。在流程方面，定义研发过程中的 4 个环境 20 多个步骤，并要求实现工具化支撑。在规范方面，与以往规范不同，这次的规范要求在系统中进行落地，规定质量相关的 11 个规范，全面固化到系统中。在指标方面，明确 3 级指标体系，1 级是成熟度指标，2 级是效率和成功率指标，3 级是具体质量指标。

通过规范的落地实施，管理不断精细化，实现从原来的移动公司和厂家之间采用交付式管理，移动只提交需求，确认上线结果，到移动方人员深入系统开发每个环节，实现整个研发过程向透明化、规范化转变。

（二）建立 Agile 平台固化敏捷作业流程

自主研发 Agile 平台，以平台形式固化 Framework 敏捷开发流程，并通过部署开源工具，提供快捷开发辅助，引导平台使用黏性。

平台自主研发，建立符合浙江移动特点的敏捷转型线路图。引入代码质量管理互联网开源工具，如代码扫描 sonar、findbug，制品管理 nexus 仓库，git 源码管理工具。

打通管理竖井，通过建立平台，打通需求管理、测试管理平台、开发编译、环境管理、发布管理等九个系统。打通前系统，通过数据共享，流程贯穿等方式，集中操作，集中展示。

指标透明化管理，在原来各个专业系统没有打通之前，各环节之间的相关指标未能显性化。代码质量无法直观展示，需求从提出到上线中间过程都是黑盒子。实施敏捷平台建设后，对开发过程中的代码复杂度、单元测试执行效果、编译时长等指标进行前台界面展示。

制定源代码、代码质量、单元测试、版本发布等 11 个质量相关规范。原来的规范都是纯管理类，落地实施需要人员参与，比如代码管理规范，需要具备一定技术的人员进行代码查看分析才能知道是否符合规范要求，很难落地执行。新制定的规范，落地到平台里面进行固化，不再需要人工审核。比如代码质量规范系统直接通过每一次的代码扫描，对规定的 500 多种场景进行分析，形成代码质量报告。

（三）建立 ETC 融合型敏捷管理团队实现效率提升

改变过去用户、业务部门、IT、厂商链式交互的管理模式，打破壁垒，建立融合型决策组织，通过敏捷自组织管理，督导各角色管理敏捷方法的日常实施。

首先，一个组织。成立由移动公司人员、厂商管理人员、敏捷专业指导老师、各项目核心人员共同组成的敏捷转型推进小组，两周召开一次敏捷推进会议。定期组织敏捷成熟度测评，举办"敏捷能力提升—最佳敏捷实践"系列竞赛，用迭代的方式，评选最佳看板、最佳站会、最好燃尽图、最好回顾会等系列竞赛，帮助团队提升敏捷实践。

其次，三个角色。敏捷项目通常由产品经理、敏捷教练、团队成员组成。转变前所有的需求都是由业务部门提出，然后经过领导层层审批，最后到 IT 部门，再通过系统分析师、开发管理员进行分析后，才能到具体的开发人员手中，中间都是通过文档传递，做出来的产品往往不是用户最终想要的产品。现在的需求，通过产品经理直接和一线人员沟通，避免中间环节，最大限度地控制信息失真。

最后，五个仪式。每个迭代周期开始进行需求沟通，产品经理澄清用户需求，不再通过“呆板”的需求文档进行传递，而是由产品经理、团队成员共同参与，共同讨论。项目团队每日进行站立会，团队成员互相介绍前一天的工作完成情况，今天要完成的内容，以及遇到的问题。通过敏捷迭代评审会议，由产品经理对本迭代内完成的功能进行验收，加快产品开发上线时间。每次迭代完成后，通过迭代回顾会议对这次迭代团队成员、沟通方式、敏捷模式等非业务性问题进行回顾，制定改进计划。

（四）通过成熟度测试驱动敏捷方法日常运营

首创敏捷实施成熟度标准和 DevOps 成熟度标准。以测试为运营手段，定期评测在需求、开发、测试、交付、运维各环节的执行质量，通过 ETC 组织驱动敏捷方法持续执行。敏捷转型实施前，浙江移动得分为 1.55 分，当前得分 3.5 分。制定成熟度模型，从拥抱变化、团队协作、价值驱动、管理实践、工程实践五大方面对敏捷实施成熟度进行全方位评分。通过闭环、协同、测试、数据、配置等九个维度，按照初始、可重复、一致性、可量化以及可优化等五个等级制定 DevOps 成熟度模型。

（五）通过敏捷“微”文化推动敏捷方法应用

营造“FAST＋”敏捷微文化氛围，让敏捷观念深入人心，通过常态化、全员性、自组织的微学习、微创新、微分享和微传播活动，推动敏捷文化推广应用。

成立敏捷社区，定期举办敏捷交流会。每月组织读书会，推荐敏捷方法书籍和培训活动，定期组织竞赛，提升团队敏捷知识水平。鼓励员工结合岗位开展敏捷微创新活动，持续优化敏捷方法。运营“IT 人敏捷工坊”公众号，鼓励大家积极总结敏捷心得，形成“大炜谈敏捷”“三墩 IT 人敏捷社区集锦”“三墩 IT 人敏捷之旅”“敏捷实战全记录”等多个板块。

三、基于“FAST＋”敏捷体系的 IT 能力提升效果

（一）管理效益显著

“FAST＋”促进 IT 部门从“功能”向“价值”转变，打造以用户为中心、真正从用户体验角度出发的系统。通过“FAST＋”的实施，使得渠道互联网化项目在营业员入职操作培训过程的时长缩短 80%，业务办理差错率降低 90%，用户体验测评提升 30%。建立敏捷开发平台，实现全自动交付流水线，代码开发到测试发布过程的等待时间减少 20%。接口测试 100%自动化，平均节省 8 个人工工作量。

通过一年来的实践，在 FAST＋敏捷框架下，浙江移动开展了诸多实践，逐步取得了业内肯定，不断提振团队持续开拓的信心。

2015 年，为了推进全省敏捷开发转型，把“FAST＋”敏捷成果推广到全省项目建设中，由浙江移动统一组织，向全省各部门、11 个地市分享《通过敏捷开发手段提升 IT 系统用户体验》实践经验。

2016 年，浙江移动在首届三墩 IT 人技术论坛上演讲《化茧为蝶——浙江移动 DevOps 实践》，该会议有华为、IBM、金融企业等各行各业 IT 部门参加，分享传统企业敏捷转型的机遇和挑战。2016 年，浙江移动受邀在中国软件协会举办的 Tid2016 中国质量竞争力大会上，演讲《浙江移动敏捷和 DevOps 尝试》，分享浙江移动如何进行敏捷转型实践。

媒体分享敏捷实践，从 2015 年开始，创办“IT 人敏捷工坊”微信公众号自媒体，分享敏捷实践成果，已经有 1000 多名敏捷粉丝。同时，也在集团公司的《使能者》等期刊上分享。

通过近期开展的渠道互联网项目，相比过去在研发模式、团队组织管理、需求管理、产品交付、产品迭代等方面，都有了明显创新与显著应用效果。项目建设实体渠道集中化管理统一平台，实现社会渠道、自有渠道的一体化运营支撑，并通过大力拓展渠道管理 App 等工具，提升集中化管理支撑能力。

传统瀑布研发方式向小步快跑不断迭代方式转变。渠道互联网化项目于 2015 年 9 月 1 日立项，设

计 6 大功能模块，23 个小功能模块，功能点 78 个。引入 FAST＋概念，以用户故事简化需求环节，以即时通讯软件、电话、沟通会、UI 原型确认模式代替原先的集中调研、文档评审方式，引入自动化测试，采用灰度发布方式，结果正式立项 60 天，即上线功能 18 个，立项 180 天，即完成 80％功能点。

团队管理模式发生转变，以功能为导向，向资源集中模式转型。破除传统团队分工壁垒，建立以功能为导向的资源集中管理方式。

创新的研发理念与管理模式促进效率效益的双提升。首先，加快业务上线频率，从原来的 3 个月上线到 2 周上线，目前已做到 1 周上线。其次，代码质量逐步提高，每周一次上线情况下，未发生任何故障。比原计划提前 150 天实际支撑市场渠道拓展工作。该项目获得浙江移动“业务服务创新奖”。

（二）经济效益提升

在实施“FAST＋”敏捷方法后，业务需求的响应速度得到大幅度提升，业务交付满意度提升 15％，业务交付周期缩短 10％，为市场营销提供有力支撑，经济效益巨大。用户体验提升，减少营业员培训成本，从原来 6 周缩短到 1 周，减少受理差错，提升客户满意度，经济效益巨大。测试等资源投入大幅下降，平均年度效益额 1400 万元。

（成果创造人：郑　杰、陶　晨、陈晓希、钟志平、王晓征、
方　炜、李海传、谢贤娟、廖希密、罗　琼）

"互联网＋销售"的智慧加油站建设与运营

中国石油天然气股份有限公司河北销售分公司

中国石油天然气股份有限公司河北销售分公司（以下简称河北销售公司）隶属于中国石油天然气股份有限公司，负责中国石油在河北省境内的市场开发、网络建设、成品油及非油商品销售、品牌维护等工作。河北销售公司成立于2000年5月，员工总数为7373人。目前，运营加油站1005座、油库16座，总库容45.3万方；日服务客户20余万人次，年销售成品油400万吨，2000年至2015年，河北销售公司在冀累计完成投资66.4亿元，资产总额57亿元，上缴税费82亿元。

一、"互联网＋销售"的智慧加油站建设与运营背景

（一）推进"两化融合"的需要

2015年，政府工作报告中提出国家将实施"互联网＋"行动计划。互联网的广泛应用助推电商兴起，引发了营销模式的重构和产业结构的调整，对传统行业的冲击逐步加剧。权威部门统计数据显示，近几年来，75％的零售企业业绩出现断崖式滑坡。作为典型传统零售业的成品油销售企业被推到信息化的风口浪尖。由于油品这一特殊商品的不可配送性及不可储存性，客户必须周期性地进入加油站消费，形成油品消费的刚性与黏性，使得加油站成为现代汽车社会无可替代的消费者集聚平台与消费数据采集中心。2014年，石油石化"两化融合"推进大会重点研讨推进大数据、移动商务、云计算、物联网等新技术应用试点；2015年，石油石化"两化融合"强调抓住"互联网＋"新机遇，利用信息化创造新的企业商业模式。中国石油、中国石化两大集团分别制定了"互联网＋销售"战略，都与国内互联网"BAT三巨头"百度、阿里巴巴、腾讯开展合作。

（二）满足客户多样化需求的需要

随着国内路网增加，汽车保有量激增，开车出行成为人们的生活常态，相应产生了多样化的需求，在"互联网＋"的背景下，须加速推动成品油销售行业深度变革。首先，客户逐渐由价格关注转为性价比关注。油品质量的标准化与同质化推动加油站行业竞争由"价格为先、质量差异化"向"服务为先、性价比差异化"竞争模式转变。推陈出新、满足客户的不同需求偏好，成为成品油销售企业竞争的新指针。客户个体消费体验的广而告之与口碑成为企业的价值观与商业伦理宣传的重要渠道。其次，随着物质生活水平的提高，快节奏的日常工作生活成为常态，客户到加油站除了享受基本的加油服务外，更希望得到车辆保养、购物、缴费、存取款、收发快递、娱乐休闲等一揽子服务，并希冀借助互联网的资源整合、信息快捷等功能和特征获得更多的便利和实惠。加油站作为独特的商业资源，在内燃机驱动被电力驱动完全代替之前，将无法被电商所替代，油品销售行业必将成为跨界整合者竞相"互联网＋"的平台，以及竞相争夺的客户入口与大数据源，客户基于"互联网＋"叠加的多样化需求必将催生加油站业务的多元化。

（三）成品油销售企业转型升级的需要

互联网技术的应用倒逼成品油销售企业转型升级。一是传统渠道优势正在丧失，一些新兴互联网企业推出"线上加油"业务，"隐形加油站"浮出水面；二是传统物流体系被智能化整合，物联网、车联网等技术发展逐渐削弱了传统企业的物流优势；三是互联网时代客户资源加速向移动终端转移；四是生态系统间竞争格局正在形成，逐渐由同平台同质化竞争上升为跨业态的生态系统间的竞争。传统成品油零售业区域独立、站点分散、实体经营、商圈营销，与互联网时代全渠道营销的要求不相适应；加油站

提供的产品和服务不能有效实现融合，与互联网时代全产品供给、一站式服务的需求不相适应；缺少客户管理和消费场景营造，与互联网时代体验营销所要求的重视客户体验不相适应；传统营销方式对区位、站面、仓储配送、设施设备、用工等要求比较高，与互联网时代资产轻量化、少人高效的要求不相适应。

同时，河北销售公司长期处于资源洼地、价格高地，成品油销售市场竞争异常激烈；一方面，辖区内资源高度集中，长期供大于求；另一方面，河北省内加油站数量位居全国前列，价格竞争白热化。河北销售公司加油站数量相对较少且资产质量差，地理位置处于劣势，品牌知名度和影响力相对较弱；尤其是在销售终端网络小站、偏远站、柴油站多，优质站、城区站、汽油站少。这些问题的解决必须通过创新性思维和超常规的措施加以突破和解决。

二、“互联网＋销售”的智慧加油站建设与运营内涵和主要做法

河北销售公司以现有销售体系和终端网络为基础，借助大数据、云计算、车联网、物联网、移动支付等互联网技术手段，对传统加油站进行升级改造，将智慧的“产品、渠道、促销、支付、设备、环保、数据”七项功能融为一体，实现“更透彻的客户感知、更全面的互联互通、更深入的智能、更卓越的服务”四项特征；区别基础支撑层、系统应用层、用户体验层功能定位，构建“十大子系统”，建设“十大平台”，成功建设并运营智慧加油站，将加油站真正打造成为“人·车·生活”综合服务站。主要做法如下：

（一）以客户价值为导向，规划设计智慧加油站总体框架

1. 设计智慧加油站总体运行框架

河北销售公司规划设计智慧加油站“7＋4”总体框架：即通过“智慧的产品、智慧的渠道、智慧的促销、智慧的支付、智慧的设备、智慧的环保、智慧的数据”七项功能模块，实现“更透彻的客户感知、更全面的互联互通、更深入的智能、更卓越的服务”四项基本特征；同时，赋予智慧加油站面向基础支撑层、系统应用层、用户体验层不同的功能定位，夯实“十大子系统”基础建设，并建设应用“十大平台”，实现河北销售公司整体营销体系设计精准、定位精准、功能明确、服务优良。

2. 细化智慧加油站七项功能模块内容

一是智慧的产品，即建立在“油卡非润”一体化基础上的多元化产品。二是智慧的渠道，即涵盖进销存各环节，实现客户引流、高效推送的智能渠道。三是智慧的促销，即以信息化、差异化、一体化为基础的科学促销模型。四是智慧的支付，即高效便捷的支付方式及数据分析应用。五是智慧的设备，即智能化、自动化设备设施和加油站信息系统。六是智慧的环保，即基于信息系统的质量监控技术手段和环保节能技术及设备。七是智慧的数据，即基于客户消费习惯和系统运行的大数据分析。

3. 明确智慧加油站四项基本特征

一是更透彻的客户感知。通过销售渠道优化、支付方式集成，为客户提供更便捷的优质服务；通过数据挖掘与管理，为客户提供更精准的特色服务；通过全渠道资源整合，为顾客提供更丰富的超值服务；通过现场优化、完善设备设施，为客户提供更健康的优良环境；通过线上线下销售渠道互动，为客户提供更广阔的消费空间。二是更全面的互联互通。通过“四连五省”“十大子系统”“十大平台”等载体，实现油站与油站、客户与油站、客户与客户的沟通；通过“油卡非润”一体化、积分兑换、联合促销等渠道，实现产品与产品、产品与服务之间的互通；通过异业合作、联合促销等方式，实现企业与企业间的互通共赢。三是更深入的智能。通过智能化技术应用，提高劳动效率，降低劳动强度，提升精细管理水平，提高效率效益，提高服务质量和效果。四是更卓越的服务。通过服务平台打造、服务方式变革、服务内容完善、服务项目丰富等，全方位提升客户体验，打造优质服务品牌。

4. 构建智慧加油站“十大平台”和“十大子系统”

十大平台包括：客户关系管理平台、一体化营销平台、智能信息化平台、便民服务平台、多元化支付平台、企业合作平台、全媒体平台、信息服务平台、展示体验平台、综合管理平台。十大子系统包括：展示体验子系统、电子商城子系统、四连五省子系统、油卡非润子系统、全流程诊断子系统、降耗增效子系统、安全环保子系统、加气监控子系统、环境控制子系统、单站核算子系统。

（二）创新线上线下互动营销，提升资产增值创效能力

1. 打通线上线下互动功能，实现油品销售业务“触网”

建设智慧加油站首先是实现线上线下互联互通。一是利用 PC 端、App 端、微信端“三端合一”，搭建宝石花商城、推动微信营销等线上业务，为客户提供“油卡非润”全方位商品信息展示，提升客户产品感知度和购物体验，增强客户黏性。二是推行网络加油 IC 卡销售，通过“三端”实现电子加油卡销售、网络充值业务，改变传统销售模式，进一步便捷客户。三是以现有加油站网络为依托，建立网络购物自提点，并与快递公司联合推行“好客到家”送货上门服务，实现 B2C、O2O 在智慧加油站建设中靠实落地。四是通过线上线下互动营销，由过去传统的加油站平面营销变为立体营销，打破加油站空间限制，更好的拓展了资产功能，提升了现有资产的增值和创效能力。

2. 实施油卡非润精准促销，形成一体化营销模式

智慧加油站通过落实“以油带非、以油提润、以非促油、以卡为媒”的营销管理模式推动一体化营销；引入营销策划第三方服务，制定促销手册，实行促销模块化管理，制定月度联合促销方案；培养全产品客户经理，将油、卡、非、润融入销售各个环节，实现资源整合；通过主动推送，实现“点对点”的精准营销，促进效益共同提高。同时，推行以网络化、信息化、差异化、系统化、一体化为基础的科学促销，主要包括联合促销、组合促销、定向促销、个性化促销。搭建客户管理平台，依托 CRM 客户关系管理系统与河北销售公司在用的加油站管理系统、加油卡系统、95504、“三端合一”等信息系统互通融合，实现对客户分级管理，为会员提供绿色通道、会员提醒、汽车保养救援、物流中介、代售保险票务、旅游咨询、VIP 会员“一对一”服务等，达到为客户实现“五省”的目标。

3. 创新网络销售模式，激发全员增销创效活力

河北销售公司把传统加油站非油品商品和促销模式引到网络，搭建 O2O 电商平台——宝石花商城；线下依托中国石油在河北地区 1000 多座加油站实体店、客户体验中心，通过统一的品牌形象、高品质的销售渠道、优质的现场服务、浓厚的销售氛围、优美舒适的消费环境，为顾客提供愉悦的购物体验。宝石花商城运行以来，第一阶段上线一级品类为 10 大类，二级品类为 60 类，上线商品 1200 多种；并设置 24 小时到站自提专区、配送上门专区及模糊搜索等商品选择入口。河北销售公司将公司内部员工发展为宝石花商城销售经理，员工通过在社交圈分享商品二维码或者链接进行推广，销售商品获得佣金，实现全员营销。

（三）搭建异业联盟综合平台，构建多方共赢商业生态圈

1. 整合资源渠道，搭建跨界合作平台

智慧加油站围绕“人·车·生活”驿站，通过异业联盟、跨界营销，打造“多方共建、资源共享、优势互补、各取所需”的商业生态圈。目前，河北销售公司跨界联盟合作伙伴包括工商银行、上汽集团、中国电信、中国联通等近 37 家知名企业。通过不同品牌、商圈和平台的互相渗透与联合，推动不同客户群有机融合，达到互补甚至强强联合的目标，为每一位客户提供沉浸式服务、一站式服务模式，提升客户整体体验。

2. 建设全媒体平台，提升综合营销能力

通过智慧加油站网站，为客户提供网络购物、加油卡选购充值、加油路径优选、汽车服务、促销信

息推送等专业服务；通过微信平台，实现广告推送、品牌推广、95504 和 App 手机端客户引流、卡业务办理等互动营销活动；利用加油站现场、智慧加油站门户网站、微信平台、加油站 LED 屏等信息推送系统，开展广告租赁、广告推送等业务。通过在加油站内外部署多显示终端，整合后台信息发布平台，实现视频、音频、图片、Office、Web、第三方信源等多媒体接入。通过信源集中采集、分级管理，实现广告的精准推送、远程送达。

3. 首创汽服站模式，打造全新经营品牌

在智慧加油站中增设汽车服务模块，首创“加油站＋2S 店”的全新汽服站经营模式，为汽车提供全生命周期服务。即客户的“第一辆车、第一箱油、第一次保养”都在一条线上完成，享受一站式服务；加油站、汽车维修服务商形成黄金搭档，实现资源共享、客户叠加。在此基础上，河北销售公司与上汽、一汽、普利司通轮胎等企业建立合作伙伴关系，为客户提供汽车保养、汽车美容、智能检测、汽车快洗、车辆装饰、便捷维修、车险代办等服务，同时为客户提供免费安全检测、打印油品质量报告单等超值服务。

（四）推动加油站改造升级，提升服务功能和品牌形象

1. 实施硬件改造升级，打造展示体验平台

一是对加油站设备设施进行优化改造，对加油现场进行美化、亮化，提高加油站的科技含量和客户感知，增强客户黏性。二是针对加油站分布及客户群体特点，分别打造“健康生活站”“爱车服务站”“商务休闲站”“家乡生活站”“平安心驿站”等特色便利店；三是通过开展“打造强大现场、服务创造价值”主题活动，推进微笑服务、开口服务、现场清洁、卫生间清洁“两清洁、两服务”，努力为客户提供舒适的消费环境和卓越的现场服务；三是创新客户体验，在加油站开设加油书吧、智慧体验区，提供免费上网、读书、咖啡饮品等服务，营造“一本书、一杯咖啡、十分钟”的惬意场景，提升客户实地感受，提高中国石油品牌美誉度。

2. 完善丰富便民措施，打造一站式服务平台

一是利用拉卡拉、ATM、ETC 等自助设备和电子商城自助服务模块，为客户提供水、电、燃气、通讯、物业等日常缴费服务及自助存取款、网上挂号、ETC 充值等便民服务；二是利用自助终端、网上商城、微信平台等工具，为客户提供天气、票务、快递、车辆违章、刷卡记录查询等信息服务；三是与快递公司合作，设立“丰巢”自提柜，在加油站开展邮件包裹代收代寄、客户自提物品等业务；通过乡村站优势，建设快递自提点，打通与客户的“最后一公里”。

3. 搭建多元化支付平台，提升消费者服务体验

推行智能云 POS 系统应用，主要依托安卓平台的 MID 智能支付终端，整合加油站支付通道，支持和实现银行实体卡、虚拟卡、商业预付卡、二维码、条形码、加油卡等 99 种支付方式和业务；利用这些功能，开展联合促销的多元化支付系统，更好地提升促销效果。推进“不下车支付”，在加油机上安装信息展示屏，显示加油枪运行情况，加油完成后，展示屏自动生成二维码，客户可通过手机扫描完成支付，更好地提升服务体验。

（五）实施经营管理智能化，推动管理模式转型升级

1. 搭建绩效管理平台，提升管理智能化水平

通过建设智慧加油站，依托经营评价系统，将加油站经营评价进行整体管理，实现同一地区不同加油站横向和纵向对标分析，提高经营评价的科学性和实效性；加强对评价结果的实际应用，通过智慧加油站建设提升零售终端管理水平。自主开发员工绩效管理系统，将绩效管理纳入智慧加油站整体系统运行，激发员工的工作活力。智慧加油站运行以来，累计优化用工 950 余人。开发并推行员工积分管理系统，将“加油站经理、油库主任、直销客户经理、便利店主管”四支经理人队伍的积分管理实现信息化

管理，增加管理的透明度和员工参与度，畅通员工职业上升渠道，提高员工工作积极性。

2. 加强大数据分析，提升营销智能化水平

通过对客户消费行为，包括回头率、停留时间、关注品类等有价值的商业信息进行分析，提升客户管理和精准服务水平；充分利用95504平台、免费WIFI的信息捕捉功能和定位系统对注册客户开展短信推送服务；推送内容包括促销、路况、天气、站点导航、生日祝福、温馨提示等，提高客户服务的精准度。同时，开发加油站大数据可视化的分析工具，完善大数据收集和分析工具，通过大数据分析，真正实现对客户的精准营销和智慧服务。

3. 实施人本化管理，形成智慧特色企业文化

在智慧加油站建设过程中，持续打造"机关服务基层、基层服务员工、员工服务客户、客户创造价值"的服务价值链，持续建构"让一线成为引擎"决策体系，建立"肯定人的价值"利益机制，打造以"创新驱动、人本主义"为内涵的企业文化。通过在加油站开展"小宿舍、小食堂、小浴室、小菜园、小图书角"等"五小"文化建设，将加油站建成"员工之家"。在推进智慧文化建设过程中，通过"员工的满意"实现"客户的满意"，通过"客户的满意"推动企业发展，提升企业业绩，增强员工获得感。

（六）突出信息技术应用突破，增加加油站技术含量

1. 应用现代信息技术，为优化管理提供支撑

推行运营监控系统、车号识别、油品检测等信息化系统，实现站级业务实时调度、画面轮询、语音对讲、设备监测、历史查询、安全报警、远程接卸等多种运营监控功能，提供全面的运营监管服务；通过在油站出入口、加油通道安装车号识别系统与高清视频监控系统，通过后台数据分析，开展客户消费行为研究，制定更具针对性的客户服务策略。同时利用该系统与WIFI设备有效衔接，拓展管理功能，包括信息推送、自助引导、车牌黑名单管理、差异化服务、劣质客户监控、照明智能管控等。

2. 发挥信息技术功能，构建一体化推送平台

通过网络接入服务，开设热点，在智慧加油站提供免费WIFI服务，敞开O2O访问入口，将WIFI与微信平台、宝石花商城、手机App绑定，在提供免费上网服务的同时，收集客户信息、推送促销广告、开展线上销售，实现连站连片营销。通过对客户消费行为，包括回头率、停留时间、关注品类等有价值的商业信息进行分类对比，提升客户管理和精准服务水平。

3. 开发智能管控系统，提高效率解决难题

通过红外触屏技术，实现"人机互动"。通过与加油站应急管理系统联动，实现紧急疏散。通过公司协同办公系统，实现油品质量检验报告单快捷传递，便于油品质量溯源、客户查询及方便政府部门检查。开发油品数质量管理系统，通过加油机的付出量、地罐库存量标准体积的自动换算，实时监控库存变化、分析异常损耗，防止加油站数质量盘点出现大盈或大亏现象，实现了对油品数质量的闭环管理，解决了困扰油品销售行业多年的数质量管理难题，取得了显著的经济效益和社会效益。

三、"互联网＋销售"的智慧加油站建设与运营效果

（一）提炼形成了"互联网＋销售"实践经验

河北销售公司将"互联网＋销售"理念靠实落地，创新建成智慧加油站，开创了全国先例，成为行业内外的关注焦点和标杆典范。智慧加油站以客户价值导向，通过打通线上线下销售渠道，三端融合，运营宝石花网络商城，成功探索了传统加油站触"网"的途径和有效方法，使油品销售行业插上"互联网"的翅膀。通过"四连五省"、设立网上商城购物自提点、"最后一公里"计划等，利用建成的智慧加油站带动省内千座油站，形成了站站相通、站片相连的智能化销售网络，打破传统加油站的地域、空间限制，形成了加油站提质增效的全新模式。智慧加油站通过智能设备应用和配套工作机制，进一步提高了劳动效率、减少劳动用工，提炼了成品油销售企业有效应对长期低油价市场形势的有效做法。

（二）较好满足了客户的多样化需求

通过多媒体平台、智能化设备，使加油站服务更加精准，满足了客户个性化需求，服务针对性更强，更具成效。通过综合一体化便民服务平台的完善，使服务内容更加丰富，便民服务、贴心服务、亲情服务项目越来越多，实现了消费者对在加油站进行日常购物、自助缴费、存取款、收发快递、商务文件处理、休闲阅读等一站式服务的需求，培养了客户的消费习惯，增强了客户黏性。通过实现连线、连卡、连站、连客“四连五省”的实施，使服务主体越来越多元化，由加油站现场员工单一服务向全员服务转变，从而对客户不同需求的满足更加全面。通过综合调查评价，客户满意度提高到 95.3%，“五一”“十一”等重大节假日投诉率大幅减少，好评率显著上升。

（三）有效促进了企业经营业绩大幅提升

通过智慧加油站建设运行，实施智慧化的加油站经营业绩大幅提升。以河北保定石油化工加油站为例，该站在实施智慧加油站建设前，日均销售油品 30 吨、非油商品日均销售收入 8000 元、日均发卡 10 张、油非转换率 22%。通过改造升级，加油站油品日均销量提升到 35 吨、非油商品日均销售收入提高到 18000 元、日均发卡 22 张、油非转换率 36%。保定、石家庄分公司作为首批智慧加油站试点的地市分公司，2015 年经营效益提升明显，保定分公司运营加油站 151 座，其中智慧加油站 15 座，2015 年实现油品销售 33 万吨、非油商品销售收入 3895 万元、利润 708 万元，同比分别增长 15.4%、11%、104%；石家庄分公司 2015 年汽油销量、非油收入同比分别增长 11.9%、50%。2016 年上半年，河北销售公司非油商品销售收入、利润同比分别增长 38%和 5%。

（成果创造人：杜丽学、周德军、阮晓刚、官建武、高志国、
张喜君、马阿丽、连会强、王文艳、李　寒、江书程）

钢铁企业支撑多品种小批量生产的信息系统架构再造

唐山钢铁集团有限责任公司

唐山钢铁集团有限责任公司（以下简称唐钢）是河钢集团的骨干企业，地处京津冀环渤海经济圈中心地带，是中国碱性侧吹转炉炼钢的发祥地，现有职工 3.7 万人。经过 70 多年的发展，唐钢成为中国重要的精品板材和精品建材生产基地。目前，具有年产铁、钢、材 1800 万吨的配套生产能力。产品分为板、棒、线、型四大类，140 多个品种、1000 多种规格。2015 年，唐钢主营业务销售收入 250.41 亿元，出口量达 265.64 万吨，出口额 675163.72 万元。

一、钢铁企业支撑多品种小批量生产的信息系统架构再造背景

（一）架构再造是积极应对钢铁行业寒冬、推进企业提质增效升级的需要

近年来，我国经济进入周期性与结构性深度调整的时期，钢铁企业面临着“内忧外患”的严峻形势。一方面，钢铁市场供需严重失衡，产能过剩，同质化竞争激烈，行业发展受到明显制约；另一方面，企业的创新能力不足，导致企业很难走出经营困境。内外交困的严峻形势，使得国内钢铁企业积极推进以去产能、降成本、优结构、提效率为主要内容的供给侧改革，加快生产组织模式转变，以适应个性化、定制化、多品种、小批量的市场需求。当前唐钢的生产运营与信息系统支撑体系已经形成刚性连接，要满足这种完全以市场为导向的结构性调整，在管理措施发挥作用的同时，必须要对企业整个的信息系统支撑体系进行相应的改造。

（二）传统信息系统架构难以支撑企业满足客户多品种、小批量订单的需求

唐钢自 2003 年公司级主干网建设开始，截至 2013 年，逐步形成业内通用的传统信息自动化系统架构。其中一级（简称 L1）为设备控制层，用于实时控制设备进行生产；二级（简称 L2）为过程控制层，主要对生产过程进行模型优化控制及生产过程监视；三级（简称 L3）为车间作业管理层，主要负责生产计划、生产实绩、物流、库存的管理和执行；四级（简称 L4）应用于公司级管理，业务范围包括财务、成本、采购、销售、人力等诸多方面；五级（简称 L5）为决策支持层，主要包括商务智能、决策支持系统。传统的信息系统架构有效支撑大批量、标准化订单需求的生产组织运营。但是随着外部市场环境与客户需求的不断变化，用于支撑旧有生产组织模式的信息系统架构的不适应性逐步显现，成为企业发展掣肘因素：一是原有架构适用于大规模普材产品生产组织模式，而针对多品种、小批量、差异化的生产，缺乏灵活的生产组织及质量控制能力；二是在唐钢原有信息系统架构中，系统间的业务处理相对独立，L3 与 L2 之间存在信息流的断层；三是服务用户及对接市场能力欠缺，未能形成对接企业上下游、面向外部市场及客户的服务体系。欲克服上述种种弊端，唐钢必须在原有架构体系的基础上，实施信息系统架构的再造，使信息自动化体系真正成为推进钢铁企业面向多品种、小批量式订单生产组织模式及全流程质量控制的有力支撑。

（三）早期的信息化建设为信息系统架构再造奠定了基础

近十年来，唐钢一直大力推进两化融合建设，逐步形成以生产为核心的较完善的信息化支撑体系，覆盖企业内部从设备管理、生产管理、质量管理、成本管理到财务、销售、客户管理多个方面，企业的信息化应用达到业内较高水平。伴随着新一代信息技术的发展，柔性制造、网络制造、绿色制造、智能制造、服务型制造等日益成为制造业生产方式变革的重要方向。唐钢主动顺应两化深度融合的发展潮流，在原有信息化支撑体系的良好基础上，积极推进信息系统架构的智能升级，为行业转型提供示范。

二、钢铁企业支撑多品种小批量生产的信息系统架构再造内涵和主要做法

唐钢通过组织管理和信息系统两个层面的相互作用，建立起全新的信息系统架构。组织层面再造通过专业化整合、精简管理机构、创新管理体制，合理优化人力资源配置，建立起精干高效、集中一贯的管理体制；信息系统架构再造通过对原有各层级的功能分担进行调整，新增三点五级（简称 L3.5）：公司级订单设计、公司级计划排程、公司级质量管理，强化面向客户的质量独立设计有限资源约束的生产作业计划管理以及全流程可追溯的质量闭环管理。新增二点五级（简称 L2.5）：工厂数据库，作为信息自动化体系内全局的数据支撑。主要做法如下：

（一）针对多品种小批量客户需求，确定信息系统架构再造目标

1. 科学规划信息系统架构再造目标，明确再造方向

唐钢通过对生产及管理部门的现场走访调研、问卷调查、专题会议讨论等方式，考察全公司范围内的采购、销售、财务、设备、物流、生产（炼铁、炼钢、连铸、轧钢）等作业环节的信息自动化管理及应用系统使用情况。先期评估及诊断分为四阶段，第一阶段为唐钢商务环境分析，实施内容包括唐山钢铁经营环境分析、价值流定义、业务成熟度水平测试等内容；第二阶段为应用现场考察，包括信息化资料收集及应用现场考察，应用系统分析、基础设施分析、信息化管理组织架构体系分析；第三阶段为导出推进课题，具体内容包括综合分析各业务领域的信息化现况及关键问题，导出关注点、导出改善方向及推进课题；第四阶段为树立信息化推进战略，内容包括信息化实施和推进课题。信息化现状评估及诊断使唐钢信息架构体系存在的问题得到全面深入的分析，按照对企业经营影响性大小进行优先级排序，据此制定《唐钢信息自动化十三五发展规划》。

信息系统架构再造规划流程在纵向分为管理需求指引、信息蓝图规划和规划实施保障三个环节，横向则可以分为对现状评估分析和立足现状对未来规划与设计。

围绕上述方式并结合唐钢自身信息化特点，信息系统架构再造以实现多品种小批量式生产业务流程为主轴脉络，使管理层面的战略规划和信息化层面的系统实现达成统一、高度契合，再造后的信息系统架构。

2. 调整组织机构，确保信息系统架构效能最大化发挥

一是业务部门的组织机构调整。针对唐钢全流程生产管控和质量管控的要求和企业运营控制的实际需要，唐钢从过去以管理或工艺专业职能划分、金字塔型的多层级管理架构，逐步向流程导向式的综合链式管理模式转变。在生产计划管理方面，将唐钢所有计划员集中起来，由原来的松散式部门管理转变为集中一体化管理，提升生产计划排程的工作效率，将计划管理贯穿生产的全部工序，包括从合同、原料、在制品再到成品的全流程，提高计划管理集中度，为架构再造中高级计划排程、产销一体化平台的顺利实施提供组织保障。在质量管理方面，改造传统质量管理模式，按照最终产品的不同，成立对应的质量全流程管理部门，全面构建自订单需求到过程管控，再到成品判定的全流程一体化质量管理组织模式，为体系再造中集质量设计及产品制造于一体的全流程质量管理平台的搭建奠定管理基础。

二是技术支撑部门的组织机构调整。架构再造后的系统复杂度、集成度增大，系统间数据交互与往来更加频繁，信息化系统与实际生产的刚性连接增强。唐钢随之进行运维模式的调整，实行系统区域负责制，将运维人员按系统应用范围及专业划分为技术及 ERP 组、公共服务组、能源组、硬件组、铁前系统组、钢轧系统组、小班调度及运维组。其中技术及 ERP 组、公共服务组、能源组、硬件组四个组负责运维公司级信息系统，实行横向专业化服务；其中铁前系统组、钢轧系统组负责运维区域级系统，根据工艺流程实行生产、质量纵向驻站式服务；小班调度及运维组 24 小时值守，承担唐钢信息系统整体调度及简单故障的快速处理。同时进一步完善信息系统事故处理流程，形成以运维值班人员为中心，各系统运维人员为支撑团队的信息化运维体系，保障公司信息系统的稳定运行。

（二）开发订单设计系统，实现面向客户需求的定制化质量设计

1. 围绕客户需求，进行基于销售订单的质量设计

唐钢以公司级订单设计系统的建设为核心，建立起企业产品规范数据库、冶金规范数据库、工艺路径数据库，统一质量管理标准。该系统位于 L3.5，可针对客户销售订单要求进行质量设计展开，生成自铁水预处理、转炉、精炼、连铸、热轧、冷轧、退火、镀锌等产品制造流程中各个工序的产品参数、计划参数、工艺控制参数。

产品设计人员通过订单设计系统接收 L4 ERP 系统的销售订单，从中获取产品大类、钢种、执行标准、最终用户、最终用途、规格、客户特殊需求等多个参数作为输入，之后首先进行产品属性设计，包括出厂成分、性能、尺寸公差等产品参数；然后进行轧钢工艺路线选择及各工序工艺参数的设计；再进行热轧半成品成分、性能设计，形成产品检验计划；最后进行轧区质量标记链设计，设计完成后按钢种下发到生产管理部门进行制造执行。

2. 动态质量设计，实现设计与制造一体化管理

唐钢在系统设计中实现 APQP（Advanced Product Quality Planning）产品质量先期策划以及 FMEA（Failure Mode and Effects Analysis）失效模式和效果分析。同时可对生产过程中的质量偏差进行预测，制定动态质量设计标准，即引用质量标记链概念，例如炼钢关键指标偏移理想目标范围，后续热轧工序通过调整原工艺参数，对产品进行补救。全流程的质量设计思想，促使架构中的信息化系统与自动化系统进行刚性连接，确保每一道工序的质量设计结果能够下传到 L2 自动化系统参与模型控制，保证生产过程中质量控制参数的可靠性，实现设计与制造一体化。

（三）开发计划排程系统，实现基于有限产能的柔性化生产组织

1. 基于资源约束，实行产销作业链优化排程

唐钢引进国际一流的高级计划与排程管理理念，将计划排产模块从 L4 的 ERP 系统和 L3 的生产制造执行 MES 系统中分离出来，以 L3.5 公司级计划排程系统的建设为核心，建立起产销一体化管理平台，通过系统内的智能优化算法，动态平衡企业资源，实现基于有限产能约束下的资源调配。通过对企业物料需求、资源能力、时间约束的实时掌握，能够为销售订单预测确实可行的完工时间，对客户提供准确的交货期应答服务。通过全局透明的按单追踪与闭环计划反馈机制，实现从销售订单评审、销售订单接收、销产转换、公司及各分厂生产计划、作业计划、再到件次计划等产销作业链全过程的一贯制计划优化管理。

2. 面向全部工序，实施多层次统筹作业计划管理

唐钢公司级计划排程从全局、钢轧一体化、冷轧一体化等三个层次进行计划作业管理。其中，全局生产计划承接质量设计的工艺路径方案输出，并根据生产能力限制为生产订单推荐最佳工艺路径，平衡产线设备负荷，协调上下游产线生产步调，提高中间过程的物流衔接，提高资源利用率，减少物料周转，缩短制造周期。钢轧一体化作业排产充分考虑连铸与热轧机的生产规程差异，借助智能算法，优化出坯计划与热轧轧制计划协同，保证生产效率，并快速响应各种紧急修磨等突发情况造成的挂单调整、计划调整要求。

（四）建设工厂数据库，实现生产过程全局数据集成

1. 统一接口平台，实现系统间充分集成

为提高系统集成的效率和稳定性，确保整个体系不会因接口服务异常引发大规模的系统瘫痪，唐钢搭建了独立的接口平台，满足各个业务系统不同类型数据的交互需求。异构的数据以既定的格式推送至接口平台上，供其他系统读取使用。统一接入平台的使用，使信息架构体系层级更加明晰，提高体系内数据传输的效率、保障业务系统的稳定性，使各个系统在生产过程不间断的情况下完成上线切换。

2. 首创工厂数据库，支撑全局数据存取

位于 L2.5 的工厂数据库是唐钢信息系统架构再造过程中的一大创新，介于信息化系统与自动化系统之间，功能上满足信息化系统对于底层数据的采集需求。唐钢在新建立的工厂数据库中，底层数据更为广义和泛化，涵盖生产过程的实时信息、底层数据的关系匹配与逻辑计算、实时数据按照上层信息系统需求而进行过滤与处理后的信息等。在实际的制造过程中，生产计划下发至二级系统，二级系统通过模型计算将产品参数转化为控制参数下发一级系统，一级系统控制现场设备按计划动作，实现各工序可控生产，并向上反馈生产实绩。在此期间，铁水成分、钢坯重量、板坯表面质量、辊速、炉温、延伸率等各类生产、质量数据流转于各个系统之间，计划数据与实际数据混杂，各独立的生产环节之间缺乏直接的沟通联系。工厂数据库将这些数据按照一定规则整合、串接，形成完整的数据链条，支撑所有三级以上系统进行信息提取与收集。

（五）开发全流程质量管理系统，保障产品质量稳定可靠

1. 源起订单设计，质量设计结果输出直达产线

唐钢设计实施国内钢铁行业最长生产流程的质量管理体系。质量设计即为上文介绍的公司级订单设计系统，制造过程质量管控部分主要由位于 L3.5 的全过程质量管控及位于 L2.5 的在线质量监控协同作业，用于进行质量监控、在线判定、质量追溯和质量趋势分析。在新的信息系统架构中，打破原有架构信息化系统与自动化系统的通信壁垒，实现一至五级系统的全线垂直贯通，使质量设计结果输出至下游执行系统并直达产线控制层。

2. 全工序流程的质量管控，保障产品品质可靠

全流程的质量管理是指涵盖钢铁产品生产全部工序，包括炼铁、转炉、连铸、热轧、冷轧，直至最终产品等各个环节的质量管控体系。通过在线的质量调控和离线的质量分析，实现产品质量全程可控，对于异常状态可以进行实时监控与调整，达到品质最优化，降低废品率及改判率。管理措施与系统手段双重作用，创造性地实现产品制造过程质量信息参与产品最终判定，相较于传统的成品抽样判定要更加精确、全面，保障产品的整体可靠性，满足客户对于质量稳定性的要求，对于定制化产品的质量符合以及重点品种的提质上量起到积极的推动作用。

（六）实施信息系统架构二级升级改造，促进生产效率提升

1. 打通 L2 与 L3 通信壁垒，实现信息流纵向贯通

唐钢再造后的信息系统架构，彻底打通 L2 与 L3 系统之间的通信壁垒，实现五级系统的纵向贯通，解决信息化与自动化脱节的问题，实现各工序生产组织管理层面与执行层面的有效衔接。使信息化系统的作业指令不假外界干扰，精确下达自动化控制层级；生产实绩信息借由系统接口自动收集，达到作业流、信息流的同步流转，且大大提高信息化系统与自动化系统的数据交互效率，从而有效提升现场生产作业效率，保障数据传输的时效性及准确性。为实现工厂底层设备的互联互通、生产资源要素的智能管控打下基础。

2. 产线自动化系统升级，促进作业效率的提升

在钢区，通过对基础自动化系统进行改造升级，各工序二级控制模型的不断优化，实现准确的温度控制、成分预测以及造渣预报、动态脱碳控制等功能。重点建设炼钢动态调度系统（MSCC），通过特定工艺参数、牌号以及工艺路径的数据设定，管理从铁水需求、转炉、精炼到浇铸和钢包管理的一系列生产过程，在满足工艺和物流管理需求的基础上，达到生产序列和生产截止日期的最佳匹配，削减缓冲时间，提升钢区冶炼作业效率。炼钢动态调度系统与一二级系统的完善有效支撑自动化炼钢的实现。

在轧区，通过对 L1、L2 控制系统与模型的不断完善，对自动化设备的改造升级，各种检测仪表的配备，实现物料的跟踪、轧制过程各种工艺参数的有效控制，使信息化系统的质量设计经由自动化系统

的联动作用而实现，满足生产和质量的稳定性需求。

（七）开发设备全生命周期管理系统，实现设备管理精细化

1. 以“四全”管理为理念，推进全方位设备管理

通过建立位于 L3 的设备状态在线诊断系统及位于 L4 的设备全生命周期管理平台，从管理层面、执行层面、监测层面多维度入手，以“全业务流程”“全全员”“全设备”“全费用”的四全管理作为设计理念，形成全方位体系化的设备管理架构，覆盖设备前、中、后全周期，以及设备选型、设备采购、安装、调试、点检、备件供应、设备报废、转移、费用等全部业务范围的管理体系，使企业设备管理情况清晰透明，有效提升设备管理专业化水平，更好地服务于生产制造。

2. 设备状态在线诊断，保障设备完好运行

设备状态在线诊断系统通过关键产线、关键设备的全面运行状态检测，建立智能化的设备分析模型，辅助检修人员和设备管理人员进行设备劣化趋势分析。通过该系统，可及时了解设备的当前运行状况，判断未来运行发展趋势，并通过在线监测系统远程诊断，确定设备故障原因、发生的部位，为运行及维护人员提供有效的维修建议。通过对机组关键设备的在线监测，建立相应的状态管理功能，实现设备管理人员对设备故障早知道、早预报、早诊断，把故障消灭在萌芽之中。

（八）建立项目管理三级绩效评价机制，强化人员培训

1. 加强项目管理，建立三级绩效评价机制

项目管理办公室从工程实际出发，建立全面合理的综合评价体系。在循环式的质量管控与评价过程中，对各个分项目的工作业绩进行定期或不定期的考核和评价，判定其是否达到预期的阶段性目标，若存在偏差则立刻采取措施加以改进。项目的绩效评价按照项目组织结构层级采用“三级”绩效评价机制，一级是信息化领导小组对项目管理办公室的绩效评价；二级是项目管理办公室对各项目组及实施商的绩效评价；三级是项目经理对项目成员的绩效评价。

2. 完善培训体系，组织面向不同受众的系统培训

围绕体系内各信息化系统及自动化系统的建设实施，定期组织开展面向不同受众的系统化专业培训，主要培训对象包括企业管理层、系统关键用户、系统运维人员等。主要培训内容包括系统应用价值及管理理念、系统功能及使用、系统开发及运维等。系统上线前，关键用户及运维人员接受培训的人员占比达到 100%，充实了专业人员的知识储备，为唐钢信息化、自动化技术团体实力的提升创造了良好条件。

三、钢铁企业支撑多品种小批量生产的信息系统架构再造效果

（一）有效支撑企业向多品种、小批量生产模式的转型

通过信息系统架构的再造，使得产品的设计、计划、生产、质量、销售、服务管理一贯到底，建立起与唐钢产品升级、结构调整相适应的支撑体系，彻底颠覆以量取胜、以规模为主的生产模式，满足客户对于产品质量的个性化定制需求，以及准确的交期应答，为个性化、定制化、多品种、小批量的订单生产组织提供有效的系统支撑。建立起包括从铁水到钢水的质量以及轧制过程的精度控制等在内的完善的质量管控体系，提供工艺参数、工艺标准、技术标准的标准化管理，使唐钢的质量管理由过去的标准符合型转变为用户适用型，并且逐渐消除过去的富裕质量交货情况，保障了品种钢的批量化达产，提升产品创效能力，真正适应了唐钢面向市场和客户、进行产品升级和结构调整的需要。

（二）大大提高产品质量和客户满意度

目前，唐钢已经实现海尔家电板、超薄压花背板、电池壳钢、高强度汽车板等多个高难度品种的批量化生产，高强、深冲产品稳定批量供货。直销比例不断提升，产品先后被用于天津地铁、首都新机场、武汉天河机场等多个关系社会民生的重大项目建设，竞争实力不断提升。2015 年统计数据显示，

唐钢订单完成率超过98%，合同兑现率完成98.5%，产品交货周期平均缩短2天以上，库存周转显著提升。架构再造对公司品种钢的批量化达产、产品一次合格率、成材率和客户满意度的提升起到巨大的推动作用。产品订单一次合格率96.45%，各机组产品合格率97.43%，成材率为96.95%，海尔钢生产合格率已经达到100%。唐钢子分公司不锈钢，系统投运一年来，品种钢完成比例70.74%，较2014年度增长20.14%，卷板质量改判非计划品较2014年降低20%，客户满意度达到99.2%。

（三）得到社会各界的肯定

效益指标显著改善的同时，唐钢在新的信息系统架构的支撑下，生产经营管理水平逐年提高，先后荣获“全国用户满意企业”“钢铁行业两化融合一类企业”“中国两化融合50佳企业”等多项荣誉称号，2016年度唐钢申报的智能工厂被评为“钢铁企业智能工厂试点示范”，成为钢铁行业唯一入选企业。独具特色的信息系统架构逐渐形成了唐钢的一个改革管理亮点，赢得了业内人士的高度肯定，吸引了业内同行及钢铁行业信息化实施商的广泛关注，大大提升了唐钢信息化建设的社会影响力。

（成果创造人：王兰玉、田　欣、赵振锐、王亚光、刘景钧、倪振兴、何海明、孙　双、孙雪娇、冷宝剑、张　冲、范春迎）

生产运营管理与项目管理

自主品牌汽车企业实现双向协同的供应商战略伙伴关系管理

重庆长安汽车股份有限公司

重庆长安汽车股份有限公司（以下简称长安汽车）系中国汽车品牌先锋力量，隶属于中国兵器装备集团公司。长安汽车溯源于1862年成立的上海洋炮局，具有154年历史底蕴，自1984年通过“军转民”正式进入汽车领域以来，已有33年造车积累。长安汽车目前拥有全球12个生产基地、32个整车及发动机工厂、8个海外乘用车市场和8个商用车营销市场，员工9万人，是中国汽车四大集团阵营企业、最大的自主品牌汽车企业之一。长安汽车秉承“美誉天下、创造价值”的品牌理念，成功推出CS系列、睿骋系列、逸动系列、悦翔系列、欧诺、欧尚等一系列经典产品，已连续9年实现自主品牌销量第一，是一家自主品牌乘用车年产销过百万辆的车企。2015年，长安汽车以353.93亿元的品牌价值，成功蝉联自主品牌价值评价汽车制造类第一名。

一、自主品牌汽车企业实现双向协同的供应商战略伙伴关系管理背景

（一）应对国内汽车企业和国际汽车企业双重竞争的需要

欧洲、美国、日本等世界主要汽车市场，都是在本国自主汽车发展成熟、具备较强的市场竞争力后才逐步对外开放市场。由于中国汽车行业起步较晚、基础较差，在中国汽车市场对外开放后，自主汽车企业还不具备与国际一流企业竞争的能力。成长中的自主汽车企业，不仅要与国内企业竞争，还要与国际一流企业直接竞争。中国汽车市场复杂和残酷的竞争环境，对自主品牌汽车企业的发展是严峻考验。由于汽车制造的特点，约70%的零部件由供应商提供，汽车的技术、质量、成本等都与供应商密切相关。国际一流企业为获得竞争优势，都在强化对供应市场优秀资源的争夺和控制。自主汽车企业在与国际一流企业争夺核心供应资源时挑战更大、难度更大。同时，由于品牌力的差距导致产品价格差异巨大，自主汽车企业同级别产品价格不到合资品牌的2/3。自主汽车企业质量和成本的矛盾更难以统筹协调。为获得优秀供应资源，自主汽车企业必须要建立一套适合自己发展的供应商战略伙伴关系管理体系，以应对激烈的市场竞争的挑战。

（二）携手供应商提升中国汽车制造产业整体竞争力的需要

中国要成为汽车制造强国，需要进一步提升汽车企业能力，而企业能力包含提升供应链能力，强化与供应商的合作，建立紧密的战略协同关系，共同应对与国际一流企业的竞争。目前，我国大部分自主汽车企业对供应商的管理仍局限在事务管理层次，还停留在简单的买卖关系层面，有待于上升到“战略伙伴关系管理”的高度，还需要建立系统的方法和工具。只有从供应商伙伴关系管理上破局，系统提升和带动整个供应链的能力提升，才能从技术、质量、成本上支撑自主汽车的成长，破解自主汽车企业发展中面临的难题，真正实现由汽车大国向汽车强国的转变。

（三）提升企业供应链管理水平、更好满足用户需求的需要

面对严峻的市场形势和多样化的用户需求，长安汽车的供应商管理压力逐步加大。大量本土供应商的技术和质量水平难以跟上长安汽车的发展要求。在与国际供应商开展合作时，长安汽车又面临苛刻的商务条件。长安汽车与供应商之间的矛盾开始激化。长安汽车抱怨供应商质量提升缓慢、成本优化手段单一、服务和响应不及时；供应商也抱怨长安汽车的设计变更多、计划变动大、价格低等。相互抱怨降低供应链的协同效应，削弱企业的市场竞争优势。只有变革管理模式，改善双方合作关系，吸引更多的行业一流供应商与长安汽车建立长期稳定的发展共赢关系，提升双方合作效率和效果，使双方形成合

力，长安汽车才能有持续的竞争优势和发展潜力，更好地满足用户的需求。

二、自主品牌汽车企业实现双向协同的供应商战略伙伴关系管理内涵和主要做法

长安汽车在供应商战略伙伴关系管理创新的过程中，以双向协同、共赢发展为理念，以诚信经营、合规合法为基石，建立双向协同的供应商战略伙伴关系管理体系。运用双向评价及改进机制，建立相应的管理组织，开发相应的流程、方法、工具和信息平台，围绕质量、成本、交付等核心要素共同实施双方能力建设，提升长安汽车与供应商的协同效益，实现共赢发展。主要做法如下：

（一）树立共赢发展的理念，明确双向协同的管理思路和工作机制

1. 树立共赢发展的理念，明确双向协同的管理思路

为同步提升双方能力，实现共赢发展，长安汽车创新实施以双向协同为核心的供应商战略伙伴关系管理。长安汽车运用双向评价及改进机制，一方面对供应商能力、绩效等方面开展正向评价，制订并实施精细化的供应商管理策略，提升供应体系能力；另一方面组织供应商对长安自身管理能力等方面进行反向评价，识别供应管理存在的问题，实施改进，提升长安汽车管理能力和双方合作效率。

在合作过程中，长安汽车与供应商围绕质量、成本、交付等核心要素，建立质量认证体系、精准成本模型、物流评审模型等工具，实施全过程的双向协同管理，共同打造一流的自主汽车供应链。

2. 建立分层级的供应商关系管理组织架构

为确保供应商战略伙伴关系管理的实施，长安汽车建立分层级的供应商关系管理组织。其中，供应商管理委员会是供应商战略伙伴关系管理的最高决策机构，由总裁、分管副总裁及研发、质量、财务、采购、法务、内控等部门领导构成，负责制订供应商关系管理战略；内控部门对供应商战略伙伴关系管理的全过程进行监督，确保合规；在采购中心设立专门的供应商战略伙伴关系管理部门，负责贯彻供应商关系管理战略，统筹推进供应商双向协同管理的各项工作，包括开展双向评价、能力提升及流程改善，指导质量、成本、交付等管理部门实施双向协同的管理；各事业部、生产基地及工厂负责采购交付、现场质量和日常绩效等管理。

3. 搭建公开透明、协同高效的信息化平台

长安汽车通过SRM平台，实施从供应商寻源、技术交流、商务报价、开标定点、质量管理、项目管理、订单发放、绩效评价等过程的在线管理，实现长安汽车与供应商在研发、采购、生产、质量、财务、法务等各个环节的信息交互和追溯管理，保证供应管理的公开、公平、公正、高效。

（二）开展企业对供应商的正向评价及改进机制，持续提升供应商体系能力

1. 建立全面的供应商动态能力评价机制

为保证供应商能力符合企业的要求，长安汽车建立供应商能力评价模型，包括技术、质量、成本、物流四个维度209项量化条款，每个维度均有具体的达标分数，每一家供应商必须达到长安汽车评价标准才能建立合作关系。同时，长安汽车组建供应商能力评价专家库，各业务部门按要求推荐专家候选人员，通过培训、考试筛选优秀人员作为供应商能力评价专家，负责对供应商实施能力评价。在实施供应商现场评价前，随机选择专家，确保过程公平、公正。长安汽车定期对供应商能力进行滚动评价，根据评价结果将供应商分为A、B、C、D四级，根据等级对供应商的策略进行调整，C级整改提升、D级直接淘汰。

2. 建立实时的供应商在线绩效评价机制

为及时反映供应商的合作表现，长安汽车建立供应商绩效评价模型。该模型以采购关键指标为核心，突出质量第一的原则，从质量、物流与交付、设计与开发、成本与商务、服务与响应五个维度对供应商开展日常业绩评价。

在评价过程中，当供应商不能满足要求时，长安汽车各业务部门将按照《供应商业绩评价细则》，

通过 SRM 系统对供应商实施在线评价。评价的信息将通过 SRM 系统发送给供应商高层和主管人员。供应商在收到评价信息后，对问题进行确认，及时制订应对计划及措施，并将信息反馈长安汽车。

长安汽车根据绩效评价情况，定期识别供应商的风险状况，并根据风险实施不同的管理策略。当供应商的绩效得分低于 80 分时，长安汽车将对供应商实施风险管理，对供应商发布《问题整改通知》，要求其限期整改。当供应商的绩效得分低于 60 分时，长安汽车将对供应商实施高风险管理，对供应商发布《高风险通知》，并与供应商召开专题交流会，共同成立专家团队，制定整改措施，促进问题的快速解决；同时，长安汽车还将停止高风险供应商的新品项目开发资格，降低该供应商的供货份额，直至供应商解除高风险状态。如果供应商出现私自变更、恶意竞标等情况，长安汽车将视为供应商违反诚信原则，纳入黑名单管理，冻结其产品开发资格，直至取消合作关系。

3. 制定精细化的供应商分级分类管理策略

长安汽车结合零部件产品特性，对供应商从品类、车型平台、供货基地、能力、关系等维度进行分类。零部件按四级品类划分，对每一品类属性分为 C1、C2、C3 三类。C1 品类为核心零部件，对长安汽车核心竞争力具有较大影响，一般由供应商设计，全区域供货。选择行业一流供应商进行战略合作或资本合作，要求能力 A 级，具备全国供货能力。C2 品类为关重零部件，一般由供应商和长安汽车共同设计，全区域供货。要求供应商能力 B 级以上，具备全国供货能力。C3 品类为一般零部件，由长安汽车设计，以本地供货为主。要求供应商能力 B 级以上，具备本地化制造能力和成本竞争优势。

长安汽车根据零部件分级、供应商能力和绩效表现、未来合作潜力，将供应商的合作关系分为核心层、紧密层、协同层，并实施不同的合作策略。核心层供应商是长安汽车供应商体系的最重要部分，数量约占供应商总数的 10%—15%，采购金额约占总采购金额的 60%—70%。在 C1 品类和部分 C2 品类中，每个品类选择一到两家一流供应商建立战略合作伙伴关系或进行资本合作。对核心供应商关系进行重点维护，采取“一厂一策”的管理方式，给予重点支持，如高层定期互访、开放全平台、所有基地的供货资格等。紧密层供应商作为长安汽车重要合作伙伴，在合作中，长安汽车将优先考虑供应商的供货权，并通过不断的合作，逐步将供应商培养成为核心层供应商。协同层供应商作为长安汽车一般合作伙伴，主要采用“市场自由竞争”机制，充分鼓励供应商之间的竞争，优胜劣汰。长安汽车选择与在价格、物流、质量和付款等各方面有优势的供应商合作，满足资源供应和成本优势。

（三）建立供应商对企业的反向评价及改进机制，持续提升企业的供应商管理能力

1. 建立供应商对长安汽车的反向评价机制

长安汽车率先建立结构化的供应商战略伙伴关系管理能力评价模型。该模型包括经营能力、统筹能力、合作深度、提升能力、发展规划五个维度二十八个指标，由供应商对长安汽车供应管理的各个方面进行量化评价。

长安汽车运用供应商战略伙伴关系管理能力评价模型制定调查问卷，定期开展现场调查和网上调查。现场调查以大规模匿名调查方式开展，主要由供应商高层（董事长、总经理、主管业务副总等）对长安汽车供应管理各方面进行评价。网上调查主要由供应商业务管理人员对长安汽车的供应管理各方面进行评价。通过调查问卷分析，量化识别长安汽车在供应商战略伙伴关系管理中的问题，找到供应商管理各方面的差距。

2. 建立供应商反馈的问题解决及长安汽车自我改进提升机制

长安汽车邀请重点供应商高层进行座谈，听取供应商对共性问题的改善建议。对前五位问题，长安汽车将作为年度管理提升重点工作项，向供应商承诺提升目标，明确责任单位进行整改提升。在下一次的问卷调查中，由供应商对问题改善效果进行评价。

为合理调配内部资源，长安汽车成立供应商战略伙伴关系管理组织。针对供应商反映的共性问题，

供应商战略伙伴关系管理部门牵头组织内部专题会，明确提升目标及责任部门，督促责任部门制订提升改进计划，定期监控实施进度，并从绩效上对责任部门进行管控，确保长安汽车在规定的时间内达成向供应商承诺的提升目标。

为客观比较长安汽车在行业中所处的管理状态，供应商评价的对象不仅包含长安汽车，同时还包含国际一流企业和主要竞争对手。通过对标分析，找到长安汽车与国际一流企业在供应管理上的差距，优化管理制度和流程，持续进行自我提升改进。

3. 搭建一站式供应商问题投诉和处理结果反馈平台

长安汽车搭建一站式的供应商投诉和问题处理平台，开通投诉热线，由内控部门收集供应商的问题，并将问题分解至牵头部门。牵头部门制定改善措施和推进计划后，报内控部门进行监控。内控部门将推进计划同时反馈供应商共同监督。问题解决后，内控部门通过电话或邮件的形式，邀请供应商对问题处理效果进行评价和反馈。同时，长安汽车立即启动流程优化工作，形成“发现一个问题，完善一项制度”的循环改进机制。

（四）开展企业与供应商全过程双向协同的质量管理，持续提升整车质量水平

1. 开展供应商质量体系认证和能力提升

长安汽车建立自主企业第一个供应商质量认证体系（Changan Quality Certification，简称 QCA）。质量认证体系是按照“以顾客为关注焦点”的质量管理原则，从体系、业绩、质量控制、满意度等方面对供应商开展认证。认证包括自我评价与申请、现场辅导、满意度认可、持续评价等环节，每个环节都有流程和规范，用以衡量供应商的能力是否持续满足长安汽车的要求。

在认证过程中，供应商根据《质量认证体系评分标准》完成自评，自评达标的供应商向长安汽车提出申请。长安汽车对供应商进行初审，对于初审通过的供应商，将安排供应商技术支持工程师进行培训和现场辅导。培训内容涵盖《控制计划》《产能规划与验证》《6sigma 基础》等方面，总计 100 课时。长安汽车通过评估供应商生产现场和辅导，双方制订针对性的改善计划。期间，长安汽车还将对供应商质量业绩进行持续跟踪，并由供货工厂、采购、质量部门对供应商开展满意度认可工作。对通过满意度认可的供应商，长安汽车将安排认证专家对供应商制造现场进行评审，通过评审的供应商名单上报供应商管理委员会审批。通过认证的供应商，将获得长安汽车颁发的证书和旗帜，并将优先获得长安汽车平台化产品的开发权和定点权。获得认证后，长安汽车还将对供应商的绩效实施滚动评价。评价不满足要求的，长安汽车将取消其认证资质。

为保证认证过程的公正和透明，长安汽车建立交叉审核机制，辅导和评审分别由不同专家进行。长安汽车的审计和内控部门会对资格初审、满意度评价以及现场审核等重要环节进行监督。

2. 实施全过程质量管控和质量改进

长安汽车结合整车质量要求，协同供应商实施从产品开发到批量生产的全过程质量管控和质量改进。协同工作小组由长安汽车与供应商的研发、质量、工艺等人员共同组成，负责落实质量目标、制订控制计划、改进措施、实施改进等。在产品开发阶段，长安汽车与供应商共同制订具体的质量开发计划、开展设计样件和工装样件检测、共同验证零部件设计质量和生产过程的稳定性。在量产阶段，长安汽车和供应商通过共同制定质量目标，定期开展产品检测、过程检查、体系审核等，保证量产零部件质量的稳定和提升。

为帮助供应商更好地开展零部件质量改进工作，长安汽车将质量改进提升流程向供应商进行移植和推广，流程包含信息流、组织机构、时间数据管理、工具四大要素，以 PPM 等质量指标为牵引，建立发现问题、改进、评价、持续提升的良性循环。通过信息系统、看板以及各种会议，让质量问题信息顺畅流动。围绕客户抱怨的质量问题，建立从基层、中层到公司高层的分层级会议机制，对不能解决的问

题可以通过有效的升级渠道来解决，不断减少顾客抱怨，提升顾客满意度。

通过质量认证体系和全过程质量管理，长安汽车的供应商质量故障率平均降低60%以上，供应商制造能力提升30%以上，有效保障产品的一致性，有效支撑整车质量水平的提升。

（五）开发零部件精准成本模型，开展企业与供应商的双向协同成本管理

1. 精准核算零部件开发成本

长安汽车运用精准成本模型实现对零部件成本的精准核算。一是在新品开发阶段，通过全生命周期的成本核算，与核心供应商共同确定最优的技术和工艺方案，选择最环保和经济的原材料，设定科学的目标成本。二是在比价阶段，合理分析和判断供应商报价，杜绝供应商恶意竞标，确保竞争环境的公开、公平、公正。三是在量产阶段，分析零部件最优价值链，实施价值分析和价值工程（VA/VE），优化方案，进一步降低成本。

2. 协同供应商优化全价值链成本

长安汽车在提升自身成本管理水平的基础上，以精准成本核算为基础，以全价值链成本最低为原则，建立供应商的成本诊断模型，包含研发、采购、制造、物流、财务、信息化六大维度和产品设计、生产材料、制造过程等十六个核心环节，将成本管理延伸至一级和关键二级供应商，实施全过程的成本优化。长安汽车与供应商共同成立成本优化专家团队，对供应商的成本控制能力进行评估和诊断，找出供应商成本控制薄弱环节，帮助供应商制定最优价值路径，优化成本结构，消除供应商在管理中的浪费，共同提高全过程的成本控制能力，打造绿色节能的供应链。

（六）开展全生命周期的零部件交付管理，提升供应商交付能力及响应速度

1. 开展供应商物流管理能力评审

长安汽车为推动供应商物流管理水平提升，建立供应商物流评审模型，从策略与改进、组织的工作、产能和生产的规划、与顾客的接口、生产和产品的控制、与供应商的接口共六大维度二十八个方面，对供应商的物流管理能力进行认证。供应商通过自查，对自身的物流保障能力进行评估，找出在物流管理中存在的问题。长安汽车根据供应商的自查和评估情况，与供应商共同成立问题改进小组，对问题进行整改，帮助供应商优化物流管理，提升准时交付能力。在问题整改后，长安汽车将通过专业的评审人员对供应商的物流管理能力进行现场评估，并根据结果实施分类管理。

2. 实施全生命周期物流交付管理

长安汽车建立全生命周期的物资交付管理模式。一是在产能规划方面，准确制定全生命周期产品量纲，引导供应商制订与长安汽车匹配的产能规划，提升产能匹配度和利用率，实现双方资源的匹配。二是计划管理方面，全面实施“Y1+2”（年度计划及未来2年的滚动计划）和“M1+5”（精准到天的月计划及未来5个月的滚动周计划）的生产计划管控模式，及时通报月度滚动计划变动率、周计划执行率等过程指标，管控计划执行情况。三是库存管理方面，通过系统实时管理库存信息，及时识别断点，提前对风险点进行预警和监控。四是在突发风险应急管理方面，按照风险程度进行分层级管控，提高应对风险的能力。

（七）建立以风险防范为重点的内控管理体系，确保业务工作合规

为确保供应管理各项工作合规，长安汽车以风险防范为重点，建立双向监督和改进机制，对内建立严格的内控审计管理制度，对外搭建一站式供应商问题投诉和处理平台，携手供应商共同打造公开、公平、公正的环境，在合规前提下确保双方可持续发展。

长安汽车建立分层级的合规监管机制。一是在公司层面，长安汽车内控部门定期对业务部门合规工作进行审计。同时，根据供应商反馈的情况，对业务部门工作进行全面评审，并向供应商反馈整改结果。二是在业务层面，要求各部门根据业务性质和特点，识别业务风险点，建立风险管理地图，对不同

风险采取不同的管理措施实施监管、评价和考核。对关键和敏感岗位，实施三年轮岗工作机制，提前防范风险。

三、自主品牌汽车企业实现双向协同的供应商战略伙伴关系管理效果

（一）提高企业的供应商管理水平，零部件的供应能力显著改善

通过实施双向协同供应商战略伙伴关系管理，增强长安汽车在研发、成本、质量管理等方面的管理水平，有效支撑长安汽车各基地新车型的按期投产和上市。2015年，长安汽车自主研发的无人驾驶汽车完成国内首次2000公里的长距离无人驾驶测试，是国内率先掌握长距离无人驾驶技术的整车企业。长安汽车的研发实力连续4届8年位居中国汽车行业第一，有力支撑自主品牌汽车企业的快速发展。在成本管理方面，长安汽车近三年累计降低成本29亿元，实现自主板块的整体盈利。在质量管控方面，零部件质量大幅提升，有效支撑整车质量年均提升达50%以上，乘用车质量已达到合资品牌水平。

长安汽车通过开展供应商反向评价，重点开展设计变更、生产计划、资金结算等方面的管理提升。设计变更下降30%、生产计划准确率提升20%、结算方式由下线结算优化为入库结算。近三年供应商满意度提升16%以上，在自主品牌汽车企业中排名领先。

（二）与供应商形成战略伙伴关系，整体提升自主品牌汽车的竞争力

通过实施双向协同供应商战略伙伴关系管理，长安汽车吸引一大批一流供应商，并培养一批高效协同的合作伙伴。供应商体系整体实力得到快速提升，国内一流供应商占比从45%上升到75%，并与30多家行业一流企业建立战略合作关系。长安汽车先后与博世、百度、宝钢等战略供应商共同建立涵盖智能驾驶、碰撞安全等16个领域的国际先进实验室，共同在汽车核心技术、核心材料等领域深入开展协同合作。

通过实施双向协同供应商战略伙伴关系管理，提升自主品牌汽车的竞争力。长安汽车在2014年产销量双双突破1000万辆，是率先累计突破千万辆的自主品牌汽车企业，成为中国汽车品牌领导者。2015年，长安汽车销售277.7万辆，同比增长9.1%，是中国四大汽车集团中增速最快的企业。其中，自主品牌乘用车销售突破100万辆，是中国市场突破百万辆用时最短的企业。2015年度《中国证券报》揭晓的上市公司百强中，长安汽车蝉联金牛奖。在第10届亚洲品牌盛典上，长安汽车荣膺亚洲十大最具影响力品牌奖。目前，每天有超过8000名用户选购长安汽车，其中有近四成是从合资品牌转移而来。

（三）实现与自主品牌供应商的共同成长，提升中国汽车产业整体能力

通过实施双向协同供应商战略伙伴关系管理，长安汽车在自身发展的同时积极带动本土零部件企业同步发展，提升自主汽车产业整体能力。通过邀请本土零部件企业联合技术开发、支持其建立关键技术集成能力、主动帮扶提升、推动与一流企业合资和合作、全国布局、海外并购等措施，促进本土零部件企业的人才培养、质量提升、关键技术升级和规模发展。在长安汽车的供应商体系中，75%的本土零部件企业已成长为国内一流供应商、60%的本土零部件企业已成功进入合资汽车企业供货、38%的本土零部件企业与国际一流企业建立合资公司，多家公司成功实施海外并购并进入全球各大汽车市场，提升中国本土零部件企业在全球汽车市场的竞争力和影响力。

通过实施双向协同供应商战略伙伴关系管理，长安汽车吸引一大批国际一流供应商在中国布局，推动国际一流供应商制造、研发、管理的本地化，大幅降低采购成本、提高服务响应效率。国际一流供应商的本地化，也促进本土零部件企业的发展，提高中国零部件产业的整体实力。

（成果创造人：朱华荣、陈　方、李新强、华騳驫、朱祥文、郝志梅、陈　攀、潘申平、李　强、袁丽萍、姚金荣、周茂强）

飞机制造企业提升航空结构件生产效能的专业化制造管理

成都飞机工业（集团）有限责任公司

成都飞机工业（集团）有限责任公司（以下简称中航工业成飞）创建于1958年，1998年组建为集团公司，是隶属中国航空工业集团公司（以下简称中航工业）的特大型企业，是我国航空武器装备研制生产的主要基地，航空武器装备出口的主要基地，民机零部件的重要制造商，国家和省市的重点优势企业。先后研制生产歼5、歼7、枭龙、歼十等系列飞机。2015年年底，中航工业成飞资产总额达216.8亿元，已连续三十多年保持盈利，累计向国家上缴利税数亿元，为国家防务建设和国民经济建设做出重要贡献。

一、飞机制造企业提升航空结构件生产效能的专业化制造管理背景

（一）实施专业化制造管理是适应航空结构件混线生产模式的需要

随着飞机升级换代的不断加速及国际工业合作的不断扩延，中航工业成飞在“探索一代、预研一代、研制一代、生产一代”的发展规划下，产品已涵盖军民机三十多个机型，航空结构件的品种及结构类型日益繁多，产量逐年扩大。在这一背景下，航空结构件制造进入多品种、小批量、变批量，试制项目与批产项目混线、军民机项目共线生产，交付周期大幅压缩的生产状态。因此，实施专业化制造管理，在现有的技术及设备资源下，将多品种变批量的生产模式转换成局部的少品种大批量，有利于集中优势资源以适应航空结构件混线制造的发展需要。

（二）实施专业化制造管理是实现中航工业成飞发展战略的重要举措

为提升企业整体的核心竞争力，实现生产效率提升和可持续发展，中航工业成飞公司制订“建设大型数控结构件专业化优异中心（COE）”的发展规划，提出按专业相同或者产品相近的原则，集中性质相同的资源，开展工程领域某一价值环节或者某一类业务（产品）项目的研究和生产经营改善工作，为所有工程领域全价值链的实体业务单元提供高质量、低成本的共性支撑。因此，实施专业化制造管理，重新整合共性通用资源，发挥“专”和“精”的优势，实现全过程的“优质”“准时”“低成本”，是实现中航工业成飞公司战略的重要举措。

（三）实施专业化制造管理是建立飞机产品研制供应链体系的先决条件

国际先进航空制造企业经过多年的发展，以专业化支撑的全球化全产业链，满足市场快速扩充的需求。而国内航空制造主机厂的专业化建设还处于起步阶段，存在庞大社会资源利用空间，需要从传统的职能专业化分工协作向产品制造专业化、市场化转型。因此，实施专业化制造管理，通过对产品制造流程的梳理及变革，形成完整的专业化支撑体系，以此整合国内外优质供应商资源，是建立飞机产品研制供应链体系的先决条件。

二、飞机制造企业提升航空结构件生产效能的专业化制造管理内涵和主要做法

中航工业成飞针对目前航空结构件数控加工的多品种变批量行业特点以及生产过程中存在的问题，在中航工业集团公司“两融、三新、五化、万亿”的战略目标以及“专业化整合，产业化发展”“建设大型数控结构件专业化优异中心COE”的发展规划指导下，提炼产品及机床分类方法、建立编码体系，实现产品设备的专业化匹配，构建专业化制造单元；通过变革生产组织模式、实施专业化的工艺管理、改善生产执行模式、变革设备管理模式、建立健全人才培养与激励机制，建立智能管控中心等措施，最终实现航空结构件生产专业化制造管理，实现效能提升，即生产效率和能力提升，促进产品质量、产能

和准时交付能力的提升，突出体现在零件产能、设备利用率、产品合格率以及产品周转率等 KPI 指标的提升方面。主要做法如下：

（一）明确专业化制造管理的整体思路

中航工业成飞以工艺技术、信息化技术及生产管理现状为基础，通过梳理航空结构件数控加工过程的核心流程，查找关键问题环节，针对多品种、变批量生产模式，以专业化划分及匹配为突破口，通过区分同类同族零件进行总体归类，将零散生产需求进行整合，再以同类设备建立的专业化制造单元与之匹配，通过化繁为整、优化能力平衡模型和计划排产，实行专业化工艺管理和开发异步协同工作的模式，实行设备维保专业化和维保分离，进行组织机构适应性变更等方面的专业化变革，开展专业化制造管理。借助信息化分类匹配系统及平衡排产优化算法，将“多品种、小批量、变批量”的航空结构件生产同大规模批量生产模式有机结合，在保证产量、质量和效率的前提下，对生产制造过程中的波动因素进行有效的控制和规避。

（二）依据产品与设备特性，构建专业化制造单元

1. 依据关键特性组合，开展产品分类分族

通过综合评估，选择产品结构、材料及尺寸三大特性作为产品分类的基础，按照不同的排列组合划分区间。对任何一个航空结构件，只要拾取产品的三个关键特性值，即可在分类区间中定位产品在产品族中的位置。产品分族分类的方式有三种：

一是按产品结构划分。根据产品的结构特点、在整机中的装配位置和加工工艺特点等可以将其分为框、半框、梁、侧梁、壁板、套裁、型材、接头、肋和蒙皮等 10 类零件。

二是按产品材料划分。根据航空产品材料特点，将航空结构件材料划分为三大类：铝合金材料、钛合金和不锈钢等难加工材料、纸蜂窝和碳纤维等复合材料。其中，铝合金为最常用材料，难加工材料及复合材料发展势头迅猛，并保持着不断更新的势头。

三是按产品尺寸划分。不同尺寸的航空产品其结构刚性、变形情况等都有差异，因此产品尺寸对工艺方案、加工设备的选择具有重要影响，故按长宽高划分尺寸区间并进行排列组合，最终形成包含 9 个区间的尺寸系列。

2. 依据参数相似性，开展设备分类

构建专业化制造单元及实现产品专业化匹配的核心是对设备进行分类，通过分析设备特性，按照设备的加工材料、主轴转速、设备结构、联动坐标数量、工作台尺寸、摆角结构类型、设备行程、特种加工八大特性作为类别划分的基础原则对设备进行分类。

3. 匹配产品与设备对应关系

首先，建立分类编码系统。结合航空结构件特点，在 OPITZ 编码系统基础上将码位进行适应性扩充，建立以产品的类型、材料、尺寸为基础，兼顾加工工艺属性及工艺流程等因素的分类编码系统。同时，将设备特性信息同产品族类划分信息相结合，设定编码规则，最终形成涵盖产品和设备全部信息的 20 位产品编码体系。

其次，确定专业化匹配原则。在航空产品、加工设备关键特性拾取并编码赋值的基础上，按照产品加工所需最低设备特性优先匹配的指导思想，设定产品与设备的专业化匹配原则，即零件的基础属性，包括尺寸、材料、粗精加工信息等，与设备的基本特性，包括其工作台面、行程，坐标轴联动数等相互匹配，最终输出符合设定原则的数据结果。

最后，构建专业化匹配平台。通过开发专业化的匹配信息化平台，利用计算机实现产品按编码自动识别及相应加工设备自动匹配的目的，实现自动“输入产品、输出最优加工机床”的目标。产品编码库、设备编码库、匹配原则库、编码人机交互以及编码识别是该系统的重要组成部分，同时具备编码库

的查询与维护、产品编码的编辑、产品编码的查询、产品编码的使用等功能。

4. 组建专业化制造单元资源

根据产品分类分族、设备关键特性及专业化匹配原则，划分出7类专业化制造单元，把特性相似的设备划分在同一个设备单元中，根据匹配原则确定每个单元最适合加工的产品类型。专业化制造单元的构建，实现一组或几组同类产品可以在具有类似设备的一个单元内进行加工，将“多品种小批量”离散式生产方式转变为近似的“小品种大批量”专业化生产方式，有效解决混线生产带来的一系列问题。

（三）适应专业化制造，开展生产组织变革，打造融合型大团队

1. 变革组织机构

一是建立独立技术研发与管理创新团队。技术研发团队负责航空结构件生产过程中高端技术研发、现场技术难题攻关，内容涵盖工艺技术、设备保障及信息化技术三个方向，为专业化制造单元的高效运转提供技术支持。管理创新团队则负责引进先进管理工具并推广应用，开展流程优化工作，引导现场推进持续改善工作。

二是调整生产管理机构。根据专业化生产业务的需求，对生产管理组织机构按专职专能原则进行调整，将原生产工段整合为专业化制造单元；设立生产保障组对生产资料进行全面保障配送；成立独立的计划组，开展生产策划、计划编制及风险分析等工作；设立物流管控中心，全面整合项目交付管理人员与物流人员，负责生产任务的前、后端业务和项目跟踪及指令传递、过程问题协调处理等工作。

2. 调整生产管理方式

在新的组织机构下，确立以计划牵引、物流拉动为主的生产管理方式。一方面在原年度计划、月度滚动计划及日作业计划基础上，增设周计划管控环节，通过计划冻结与资源提前确认，保证计划的可执行性与准确度。另一方面优化物流总体路线，对外部物流执行航班制管理，对内部物流采用实时响应系统进行优化调度。设立厂际物流定时、定点、定路线的固定转运车辆班次，实现在保证零件交付节拍前提下，一次出车完成半成品零件送特种送检、检验完成零件转送表面处理车间，以及零件表处完成的回厂接收；内部物流开发实时需求响应系统，优化配送优先级及路线，从而总体提高物流管控协调性、配送作业的效率和准确性，实现物流效率的提升。

3. 集成多专业人员，打造融合型专业化制造单元团队

将工艺部门、设备保障部门、生产保障部门、现场操作等部门融合成一支专业化大团队，建立“产品—设备—多成员多专业化”的匹配方式，提高生产资源的专业化配置。大团队融合下，从各个部门派遣与专业化制造单元相匹配的专业人才进驻到单元，从而一般性的工艺问题、现场加工问题及设备问题等都可以封闭在团队内部进行处理，消除大量部门协调所带来的时间延迟与交流成本，实现问题实时处理，有效提高航空结构件生产的整体效率和质量。

（四）提升专业化工艺管理能力

1. 调整工艺管理机构，建立专业化团队

根据专业化建设的需求，将原军机工艺组、民机工艺组和现场工艺组整合为新研工艺组和现场工艺组，分别承担新机研制项目的工艺准备、成熟项目的工艺优化和现场问题处理。按照工艺技术能力均衡重组的原则，结合大团队融合，重新确定成员角色分工，构建与专业化制造单元相匹配的七个工艺专业化团队。团队中执行团长统一调配资源，技术团长负责技术支持，团队成员直接执行具体工作。在新工艺工作模式下，合理均衡军民机项目任务量，避免新项目工艺准备同老项目优化交叉作业，改变过去工艺员工同时处理事务、协调与程序编制等工作并行的状态，显著提升工艺准备的工作效率和质量。

2. 建立团队异步协同工作模式

异步协同即由团队多个成员协同参与同一产品的工艺工作，通过统一的任务规划将传统单人串行交

叉作业的模式优化为多人并行协作的模式。多人并行协作的模式将整个工艺准备工作按流程活动交接面及任务量进行科学分解，使每一个人的工作由繁杂、长周期变得相对单一、短暂，有效提高个人的工作熟练度和工作效率，从而提高整个专业化团队的工作效率和稳定性。

异步协同的主要原则是以NC加工程序工步的划分及完成时间节点为接口，规范专业化团队成员间编程工作顺序，通过工艺长时间的总结与磨合形成一套优化、高效的合作模式。通过合理的流程和时间控制将单人顺序完成的工作分配给团队的多名工艺员并行完成。

3. 建立工艺技术知识标准体系

建立一整套统一高效的工艺技术知识标准体系，使隐性知识显性化、个体知识组织化，内部知识标准化，快速促进全员的技能素养提升，有效减少工艺方案设计缺陷，避免同类型零件加工方式多样化，避免不必要的重复思考、劳动，使工艺准备过程高效、优质。

整个工艺技术知识标准体系按三级金字塔模型建立，从下至上分别为设备级工艺知识库、产品级工艺知识库及特征级工艺知识库。

设备级工艺知识库，主要建立每类专业化制造单元内的设备基本属性清册、每类属性对工艺准备有无特殊要求以及设备在长期加工中出现并总结出来的需要在工艺准备中重点关注的技术点，使同一设备的加工程序均能与设备性能相匹配。

产品级工艺知识库，主要是建立典型产品在专业化制造单元内的典型加工工艺规范，以实现同类产品在加工工艺流程、加工方案、辅助资源选用上的统一，实现加工效率、质量提升及加工成本的控制。

特征级工艺知识库，主要是建立基于产品结构特征的典型加工工艺方法。航空结构件虽然结构类型繁多，但具体到特征层上，每一项结构件都是有限个特征的集合，是用少量特征种类组成的产品结构。因此，特征级的工艺知识库可以直接指导工艺员进行程编。

（五）提升专业化制造单元的生产执行能力

1. 优化生产能力平衡

能力平衡模型设计合理与否是生产策划能否成功的关键。将海量生产数据按专业化单元进行有效划分，是建立生产期量数据库的基础条件，是构建合理的能力平衡模型的必要条件。通过重点关注瓶颈设备，针对串行加工过程构建航空结构件制造能力模型的基本结构，并设置能力平衡模型的约束条件：精加工设备单向兼容粗加工设备；大型设备单向兼容小型设备；AC类设备单向兼容AB类设备；钛合金设备可牺牲效率兼容铝合金设备。

通过能力模型算法，采集输入“信息—产品”的基础数据、评估期计划信息、评估期能力信息，输出各单元内设备负荷情况和零件可产出量。

2. 实施精细化排产

传统方式下因计划不准确、负荷不平衡，计划变化频繁，无法实现精细化排产。专业化单元的构建，将产品的设备调整范围约束到单元内部，产品变动减小，并通过开展单元级能力平衡评估，使单元生产计划趋于稳定，奠定精细化排产的实施基础。

细化能力平衡期量数据库的基础数据，将加工辅助准备时间、零件周转时间等进行单独评估，将辅助流程控制在以分钟为单位的节拍中，消除非增值环节的浪费，实现精细化作业计划排产。例如，某型大型框零件在实施精细化排产及相关工艺优化前，产品加工用时770小时，其中准备及辅助工作用时300小时。通过精细化排产及加工流程优化，最终实现辅助准备时间减少至98小时，效率提升67.3%。

3. 开展全面物料配送

同类零件通过专业化管理实现在单元内的集中加工，经过工艺标准化整合（相似工艺应用、系列化刀具选用等），零件加工所需使用的生产资料高度统一，物料需求则在单元内化繁为简。生产保障团队按单元加工需求的物料统一调配及周转，实现工艺资料、工艺装备、刀量具、生产附件等的准时配送及周转需求的快速响应，消除传统生产方式下制约设备开工的不利因素，并将操作人员从繁杂的生产资料准备中解放出来，有效减少因生产资料准备而导致的机床停机等待。

4. 开展现场精益持续改善

重新整合人才、技术和设备资源，在“单元精专、术业专攻”思想的指导下，在管理创新团队带领下，以“生产准备到生产交付”流程为主线，通过 VOC 和群策群力方式确定精益改善项目，并对适用主体进行成熟度管理，定期测评改善效果，从而形成“树立标杆、以点带面、成熟经验快速复制”的精益改善氛围，最终实现提升单元综合效能的目的。部分优秀精益改善项目如下：

现场作业方面，通过线棒车应用改善线边物流，减轻劳动强度、减少运输车、缩短辅助工作时间。引入新型“后盾”压板，实现 50％的装夹效率提升。采用虚拟双平台、机外装夹和多方位通用装夹等方式，实现不同零件适时搭配的矩阵式数控加工，一次加工零件数量数倍增加，装夹时间减少 38％，大幅降低劳动强度，提高设备利用率及产品加工效率。

现场管控方面，将信息化同可视化相结合，设计可视化管理板，实现问题快速处理以及生产过程指标监控。绩效管理板从“SQCDP”五个维度对生产车间月度及每天的运营指标进行动态展示，细化至单元运行指标监控；指标评价板通过雷达图分析法，从“SQCDP”五个维度分析车间运行的生产性、安全性、收益性、成长性和流动性，查找持续改进的关键部位；组合应用“现场问题板”自下而上层层反应及“现场审核板”自上而下审核，建立问题快速响应处理机制，服务于生产。

5. 建立标准化作业方式

在专业化单元构建的基础上，通过流程梳理，结合管理制度，整理、编制标准附着于流程内，使现场操作、工艺工作、设备保障、生产计划等业务工作和各层管理者作业标准化。在推进过程中把流程拥有者同流程活动相连接，使标准固化到工作岗位上，实现落地执行，不被“束之高阁”。

（六）提升专业化设备保障能力

1. 执行专业化维修保养

保养工作是周期性的定量工作，维修作业则需较强专业知识，是突发性的变量工作，藉此划分保养及维修团队，分别按维修专业和设备结构类型设立专业化团队。保养人员按照机床结构进行周期性的工作量固定工作，维修人员按照技术方向进行专业化培养，集中优势力量快速处理设备问题，从而保障设备维保工作及时、有效开展。

2. 全面推进 TPM

中航工业成飞针对设备管理过程中存在的机床老化、故障率高等问题，在生产现场全面推进 TPM，通过建立基于“5S＋1S”的全面点检制度、建立基于 DNC 的设备运行监控体系、开展全员设备自主保全活动等措施，全面提高设备的利用水平。

（七）建立健全专业化人才培养与评价激励机制

1. 建立以标准知识库为基础的专业人才培训体系

传统人员培养采用师带徒的形式，培训缺乏系统性、全面性，培养周期长，成长性因师父水平而异。结合专业化制造，通过全面流程疏理、穷尽各个专业的小流程及活动，建立完整的知识脉络，在此脉络指引下借助重要性—紧急度分析矩阵，建立知识收集、挖掘清单，逐步完善工艺技术、设备维保、现场作业等专家知识库，将“KNOW WHAT”“KNOW HOW”“KNOW WHY”三个层次的知识固化到知识库中。再根据业务流程运行需求及长短期规划，提炼总结知识库中相关的条目知识形成系统化、易读易用的标准文档，使得“KNOW WHAT”和“KNOW HOW”知识得以直观呈现。将掌握相关标准作为岗位基本要求，按难易及工作需求进行分类排序，开展人员专业化系统培养，以标准约束行为和作业，并用标准逐步培育职业素养。在掌握标准类基础知识后，再引入知识库中“KNOW WHY”型的高阶知识，辅以传统师徒模式进行进入传播培养，形成由渐入深的知识学习模式。在整个人才培养过程中，进行专业人才个性化培养，实现专业人才的高效优质培养。

2. 建立团队评价及个人评价两级评价体系

在组织变革及专业化团队融合工作方式下，建立团队评价及个人评价两级评价体系以适应新方式下的绩效分配及激励。团队评价以团队生产任务、经营指标完成情况为依据，团队绩效以团队分工及贡献率为基础，设置九类5档绩效系数，采用绩效系数绩效得分评定最终的绩效工资。

新的评价体系引导员工从关注个人、关注结果，向关注本专业对团队贡献及关注过程和发展转变，保证个人绩效目标、专业化团队目标与单元整体绩效目标的一致性，促进专业化制造单元的效能提升。

3. 制定多种人才激励机制

一是在员工积分制管理办法中增设专业化推进专项加分。积分制管理是为提高员工工作积极性和主动性，促进员工全面发展，提高其靠前服务意识、精品意识、创新意识所设计的正向激励措施。通过积分积累和兑换，员工可获得学习提升、疗养休假、绩效提升及礼品置换等福利待遇。在积分计分环节加入专业化专项加分，对在专业化建设过程中促进专业化技术提升、管理优化、信息系统建设等方面有突出贡献的团体及个人予以专项加分，以激励员工顺应变革并认真投入到相关工作中。

二是执行专业化创新创效激励办法。通过完善创新创效管理办法，对在专业化建设方面获得国家级、省部级科技发明、科技进步奖和管理创新成果、论文收录、国标及航标撰写、专利申报等成绩的员工进行常规奖励外的额外专项嘉奖，以鼓励和调动员工参与创新创效的积极性。

三是在专业化团队间建立灵活的人才流动机制，并实施基层管理者竞争性选拔机制。以大团队融合为契机，建立起相对完善的专业化人才培养体系后，通过跨专业挂职锻炼的方式，给有潜力的员工二次专业选择机会，鼓励员工跨线学习，有效激发员工潜能，提升员工综合能力。每两年实行一次基层管理者全面重竞聘，一方面给在专业化建设方面做出突出贡献、表现出过人能力的人才提供竞升机会，另一方面促进激励基层管理者自我提升，实现加大内部人才流动、提升组织活力的目的。

（八）建立智能生产管控中心

1. 建成生产现场数据采集和状态监控的实时监控平台

建成以数控机床实时数据采集平台、生产物流实时跟踪平台等生产现场数据采集系统，实现航空结构件加工过程数控机床状态信息、作业工况信息、生产物流信息、制造资源到场信息、作业现场例外信息的实时采集和远程监控，有效提升航空结构件生产过程的管控透明性，提升现场问题的快速响应能力。

2. 建成数字化生产管理系统和制造资源管理系统

开发数字化生产管理系统，集成目标任务平衡优化、制造资源需求计划平衡、设备负荷能力平衡等功能模块，实现生产自动排程、在制品跟踪和现场状况监控；开发制造资源管理系统，实现刀具、夹具、设备、原材料等制造资源的计算机辅助管理，实现制造资源的优化配置和高效利用；最终实现航空结构件生产过程物流、信息流的统一闭环管理，实现生产管理方式由粗放向精益的转变，有效提升生产管理的效率。

3. 建成知识共享平台

中航工业成飞在专业化制造管理的实施过程中，依托数字化技术，加强工艺知识、切削参数、管理运作期量数据、规范标准等知识资源数据的收集、提炼，通过开发知识共享平台，实现知识的集成共享、实际应用和不断完善更新。其中，典型工艺及切削参数知识库用于工艺人员的工艺方案编制过程；

数控生产及经营管理期量数据库用于生产管理及经营人员对生产运营情况的分析；数控机床维修专家知识库用于设备维护人员对设备的维护和保养。通过这些知识的共享和利用，有效提高整个生产过程的效率和能力。

三、飞机制造企业提升航空结构件生产效能的专业化制造管理效果

（一）创建航空结构件专业化制造管理方式

通过变革生产组织方式，改善工艺技术管理、生产执行管理和设备保障管理，打造人员的专业化融合与培养体系，建成基于专业化制造的飞机结构件制造单元，形成以专业化制造单元为核心的飞机制造企业专业化制造管理方式。该管理方式实现对设备资源的整合，降低产品管理的复杂程度，减少物流、资源协调及能力调配，提高工艺技术、支持保障、物流管控工作效率，有效提升生产效能和经营管理水平。

航空结构件专业化制造管理有效提高企业的生产能力、效率和产品的加工质量，显著提升企业在国内航空制造领域的地位。该专业化制造管理方式已经在明日宇航工业股份有限公司等企业进行推广应用。变革过程中所开发的 DNC 系统已推广到中航工业哈飞、中航工业洪都及兵器集团 618 厂等大型军工企业。

（二）提升企业的生产效能

通过实施航空结构件专业化制造管理，中航工业成飞的零件产出率、设备利用率、产品合格率以及产品周转率等生产经营指标得到显著提升，具体指标提升情况如下：2012—2015 年间，在人员及设备数量基本稳定的前提下，零件产量同比增长 38.36%，周转率同比增长 35.43%；产品合格率达 99.78%；全局设备利用率提升至 83.96%，同比增长 15.16%，已达到国际先进水平。同时，通过工艺人员异步协同工作方式的建立，提升工艺准备效率，零件的工艺准备时间缩减至原来的一半，工艺计划准时完成率达到 98%以上。

（三）提升公司核心竞争力

通过专业化制造管理方式，以专业化优质队伍为基础，实现中航工业成飞在复合材料高效加工、钛合金高速高效加工以及大型高精度复杂结构件加工的专业化制造水平的提升，达到国内一流水平；建成的航空结构件专业化制造知识库，实现典型工艺方案、工艺程编标准、数控机床维修保养及数控机床加工等多种知识的信息化与显性化，为高效优质生产提供技术支持；建设生产智能管控中心，突破数字化工艺规划、工艺过程管理、数字化生产管理及现场网络化数据采集等关键技术，实现数字化车间环境下生产制造全过程的管控；开发多项软件工具平台，主要有快速程编系统、通用后置处理平台、数控机床加工过程状态监控系统等，提高技术人员的工作效率和质量，有效降低工作强度，实现现场问题的快速处理。

通过实施航空结构件专业化制造管理变革，建立良好的人才队伍培养环境，形成一批专业化人才队伍，2012—2015 年间，累计培养 47 名中、高级技术人才，同时申请并获得省部级科技进步奖 7 项，专利 22 项，形成标准规范技术成果 10 项，发表论文 51 篇。

（成果创造人：隋少春、韩　雄、代　军、夏雪梅、曹文军、刘文博、崔雅文、陈学林、周航天、刘　适、朱中奇、叶　丽）

轨道装备制造企业基于精益制造的智能化物流管理

中车南京浦镇车辆有限公司

中车南京浦镇车辆有限公司（以下简称浦镇公司）成立于2007年，是中国中车股份有限公司下属的全资子公司，是专业从事铁路客车、城市轨道交通车辆及动车组等轨道交通装备研发与制造的国家大型骨干企业，是中国干线铁路主型客车产能最大的基地以及中国城市轨道交通车辆首批定点生产企业。公司注册资本175984万元，旗下拥有南京中车浦镇城轨车辆有限公司等12家控股子公司。2015年，全公司职工总数7005人。浦镇公司拥有国内一流的产品开发设计能力、齐全的生产设施、先进的工艺手段、精良的加工设备和工艺装备以及科学完善的管理体系，研制生产的各类轨道客车产品始终保持国际领先水平。公司先后通过ISO 9001、ISO 14001、OHSAS 18001及ISO 10012、IRIS等国际标准体系认证。

一、轨道装备制造企业基于精益制造的智能化物流管理背景

（一）突破企业快速发展瓶颈的需要

作为高端复杂装备的轨道客车产品特点正在发生变化。以往是“客户单一，品种少，批量大，同质化”，现阶段逐渐呈现“需求多元化、品种多、批量小、个性化”的特点，高端装备制造转型所带来的挑战日益严峻，传统物资管理模式已越来越不适应现代生产方式。主要表现在：一是对物流管理在企业中的重要作用缺乏足够的认识，重生产轻物流的思想普遍存在，物流管理传统认识还都停留在存储、搬运等传统层面，忽视相关实物流、资金流、信息流等的管理；二是企业内部缺乏有效的物流管理流程，导致时间、空间浪费大，重复搬运，库存资金积压，流动方式不合理，配送环节周期长，配送设备效能低，出现员工职责不明确、积极性低等一系列问题，生产效率低下，资源大量浪费，成为企业发展的包袱；三是企业内部没有建立起物流信息系统，信息流缺乏统筹控制点，在入库、存储、盘点、分拣、配送等环节时常受阻，导致内部物流过程的可见性、可控性存在相当大的难度，不能准确地进行配送。条码技术应用水平低，多数时候仍依靠人工处理，基础数据准确率低，工作无法实现量化，配送过程缺乏有效监管，不能按要求快速集成和动态共享，满足不了企业工位制节拍式生产和计划管理的要求。面对严峻的挑战和巨大的项目执行风险，必须彻底变革传统落后的物流管理方式，提高物流管理的效率和效能，才能更好地满足用户需求，提高制造水平和能力，满足公司快速发展的需要。

（二）深化精益生产的需要

浦镇公司积极抢抓世界轨道交通行业大发展的市场机遇，自2008年6月起，大力推行以精益生产为主线的管理提升，持续打造企业核心竞争力，加快实现成为国际一流公司的目标。经过多年深入推行精益生产，所有客车产品总装生产线全部实行工位制节拍化“一个流”生产，生产效率和经济效益得到双重提升。现代轨道车辆作为大型复杂高端装备，生产物料系统对保障车辆总装线实现平准化、均衡化生产至关重要。工位制节拍化生产由于其具备主导性、均衡性、连续性和单向性等特点，决定与之相配套的物流配送系统必须具备配合性、准时性、动态性以及经济性。物流系统必须进行配套性变革，实现内部仓储标准化、物流配送精益化、智能化，建立适应小批量制造直至柔性化生产的原材料供给、物流配送管理系统。

（三）贯彻中国中车转型发展的战略需要

近年来，国内外轨道交通装备市场竞争日益激烈，车辆生产企业的利润空间不断受到挤压，处于微

利或亏损经营状态。轨道车辆制造企业是典型的大型装配型企业，企业自身除生产车体和转向架构架外，其余大部分车辆零部件依靠外购，企业采购成本占产品总价值的70%左右，这一行业特点决定外购产品的交期、质量、成本、服务对主机企业至关重要，供应商与物流管理是装备制造主机企业的核心竞争要素。在装备制造企业的生产与作业活动中，物流贯穿始终，有效的物流管理能够加快企业资金周转，减少库存积压，促进利润率上升，从而提高企业的经济效益。国际上普遍把物流称为"降低成本的最后边界"，成为排在降低原材料消耗、提高劳动生产率之后的"第三利润源泉"。越来越多的制造型企业开始重视物流，通过制定各种物流战略，从物流这一巨大的利润空间去寻找出路，以增强企业竞争力。作为大型铁路装备制造企业，必须有效、合理地进行物流资源的整合，最大限度地挖掘物流对生产的服务潜能，实现从制造企业向服务产业的延伸，让智能物流服务成为一项新产业，从而成为企业新的利润增长点。

二、轨道装备制造企业基于精益制造的智能化物流管理内涵和主要做法

浦镇公司为满足轨道车辆工位制节拍化流水线生产组织的需要，以现场精益制造需求为中心，以配合性、准时性、准确性、经济性为目标，运用信息化、智能化的技术，再造、优化并固化物流管理的主流程，推行储运一体化模式，实施物流全过程动态管控，推行从供应商到主产品生产线的准时配送，建立"手到手"的物流配送新模式，有效降低供应链成本，提高供应效率，实现由"供应链"向"共赢链"的转变，建立适应轨道交通装备行业特点、以工位制为基础的精益制造框架下的智能化物流管理系统。主要做法如下：

（一）深入分析生产制造的过程特点，确立智能化物流管理的总体思路

浦镇公司在推行精益制造的过程中一直是以生产现场的工位制节拍化为核心，所谓的工位制节拍化生产，以工位为作业组织单元，按照节拍化均衡生产的方式，以流水式作业组织生产。该生产组织方式具有工位化管理、标准化作业、平准化生产、准时化物流、拉动式运行等诸多特点。工位制节拍化生产由于其具备主导性、均衡性、连续性和单向性等特点，决定与之相配套的物料配送系统必须具备配合性、准时性、动态性以及经济性。现代轨道交通车辆作为大型复杂高端装备，生产物料系统对保障车辆总装线实现平准化、均衡化生产至关重要。

构建基于工位制节拍化生产为核心的精益制造的智能化物流管理总体思路如下：

一是以现场需求为拉动。系统运作时以现场需求为管理对象，树立内部客户理念，下工序需求拉动物流系统的价值流动，当生产现场没有发出需求指令时，上工序不提供服务，而当生产现场需求指令发出后，则快速提供服务。

二是以准时性为必要条件。准时的概念包括物品在流动中的各个环节按计划按时完成，包括待检、入库、中转、备料、配送等各个环节。准时是保证物流系统整体方案能得以实现的必要条件。

三是以准确性为必要保障。包括：准确的信息传递、准确的库存、准确的客户信息需求预测、准确的配送数量等，准确是保证物料精准化配送的重要条件之一。

四是以经济性为管理目标。通过合理地配置基本资源，以需定产，充分、合理地运用优势，通过电子化的信息流，进行快速反应、准时化生产，从而消除诸如设施设备空耗、人员富余、操作延迟和资源浪费等，保证物料服务的低成本。

（二）综合运用先进技术手段和智能产品，奠定智能化物流管理基础

1. 多级条形码管理

为有效地运用RFID技术管控，物流管理全流程设置6+1级条形码。货位条形码：在日常的货位变更时通过扫描货位条形码，能够快速地、准确地采集货位数据信息；物料条形码：通过扫描物料条形码能够在信息系统内查找当前物料的涉及仓库的现场、对应货位、最近的出入库流水账；物料包条形

码：根据物料需求在系统内下账后，可以批量地打印出来备料标签，一个标签代表一个物料包，同时附有唯一的条形码。扫描条形码可以自动和系统内最新的BOM比对，还可以追踪物料包的当前状态；配送车条形码：每个配送车都分配条形码，配送车进入每一个环节都会确认条形码，从而追踪配送车的工作状态；作业人员条形码：作业人员在执行当前任务时会确认自己的条形码，一来系统能够查询当前任务的执行者，二来系统会对工作量进行统计；工位地面条形码：工位地面条形码是为能够确认当前工位物料是否已准时进入规定的区域。交接单据条码：每张交接单据都有条码，返回后扫描，系统自动判断哪些交接单没有按时返回，也方便后期调取交接单。

2. 配送节拍设定

按照节拍制定配送计划，把配送任务划分为七个节拍：指派任务、进车备料、备料完成、工位物料齐套检查出库、配送发出、送至车间工位、空车回收。

制定每个节拍的计划完成时间，每个节拍运用条码扫描技术进行触发，实际完成时间与计划完成时间进行比对，若实际与计划出现冲突就会自动触发异常，异常短信由系统自动发给责任人进行提醒，并设置异常升级机制。员工工作按照配送计划电子看板执行，每个节拍的工作完成之后都进行扫描，确保工作任务按照节拍执行。

3. 定容配送工装

在配送环节以配送工装的改革为切入点，让每个物料都有唯一的存放位置。按照物料属性，将配送工作分成四种模式，对应制作四类配送转运车：A型配送车、B型配送车、C型配送车、D型配送车。根据各工位工艺文件、物料清单和物料形状开展目视化管理，为每个工位制作物料存放平台。同时改造配送车，在车轮和配送车连挂上寻求突破，让物流配送实行小火车式编组模式。

4. 智能微库投运

2015年10月8日，物流中心智能自动立体货柜正式投入使用，标志着浦镇智能物流迈入一个新的起点。以自动立体货柜为主，通过对相关硬件设备的集成、软件开发而形成单元化的微型库房。货柜内嵌的软件系统为自主开发的WMS系统，其集成货柜硬件控制系统，可以控制货柜托盘的移动、激光指引，同时实现与WMS系统、ERP系统、MES系统的无缝对接，实现多系统的信息共享。操作层面上，拣选人员只需要“一键操作”，依据激光指示以及数量提示进行拣选工作，让自动货柜不仅是自动化，更是智能化；微库具有物料入库、存储、分拣全过程的物料管理，实现物料全周期管理、物料防呆机制、条码采集、多模式高效备料机制、柔性化储位管理、过程看板监控等功能。

（三）再造物流管理主流程，实现内部物流配送工位制节拍化动态管控

1. 实施仓储与配送即“物”与“流”的分离

按照物流管理主流程的要求，打破原有的项目制管理模式，按照现有的资源进行流程重组，重新进行组织结构调整，成立仓储中心与配送中心。仓储中心负责物料的管理，即“物”的管理，做好物料的入库、保管、出库等工作；配送中心负责物料及信息的流动，即“流”的管理，对上游拉动采购部门，对下游服务车间现场生产。

2. 建立仓储管理工位制

在仓储环节实现物料存储与生产工位的对接，把生产工位制的管理延伸到物料存储环节，在仓储库区进行工位管理。货架按照生产工位切分建立模拟工位，将每个项目的物料存储按照工位摆放。原来物料在仓储存储是按照属性摆放，进行项目制管理，车间是工位制生产，所以在仓储环节产生大量的无效劳动。现把工位制管理延伸到仓储环节，在仓储库区进行工位物料管理。货架按照生产工位切分设置建立模拟工位，将每个项目的物料存储按照工位摆放。所有仓储物料都建立货位，通过扫描条形码就能知道每个物料有多少、分布在哪些货位，查找更方便、准确。库管人员按工位分工，物料上架、保管、盘

点、物料下架都由一人负责，减少配料过程中的移动，工作效率大大提高，原来配一个工位物料要一个小时，现在仅仅用20分钟。库管人员责任也更加明确。

3. 优化物流管理主流程

物流管理引入工位制，以工位为基础，按照工位制的要求把管理主流程划分为以下六个管理工位：入库管理工位、保管管理工位、计划管理工位、分拣出库管理工位、检查管理工位、运务管理工位，并对每个工位进行细化管理，制定管理措施，明确各个管理工位的节拍化工作内容，构建物流管理主流程。

4. 构建基于条形码技术的内部物流管控

运用条形码扫描系统固化物流管理的主流程，按照物流的管理工位节拍进行管控，从而实现对各个管理工位节拍的信息化动态跟踪。引入物联网系统，物料出库所拍下的工位物料图片，系统会自动识别物料信息并对信息进行传输，物流配送信息可以实时传送到生产信息系统，物料配送的每个过程都可以在动态显示屏幕上更新，随时随地能够第一时间查询配送进度，能够实时对物料的动态进行掌控并做出判断，从而打通一条真正的信息流。

一是工位物料扫描并拍照出库。运用条形码扫描技术进行配送环节的物料核对工作，在出库之前进行扫描，确保料不齐不出库。每个物料都有自己唯一的条形码，提倡超市收银POS机扫描商品的做法，物料扫描时，系统会自动与ERP中该工位的物料BOM进行比对，交接物料和未交接的物料系统会自动进行筛选，配装员根据未交接的物料清单对该台位的物料进行检查核对，确保出库的每个工位物料都符合技术部门物料BOM规定的种类和数量。物料扫描检查核对确保工位物料齐套之后要进行出库扫描，在仓库门口设置拍照系统，配送车进行出库扫描之后会自动拍照，图片上传到后台数据库，以备核查。

二是配送至车间工位。为按照配送计划将正确的物料准确配送到车间工位的指定位置，车间每个工位定置区域设有该工位的地址码，将编组好的配送车配送至车间各个工位的定置区域之后进行配送车和车间地址码的比对扫描，系统会自动检查提示，确保把正确的物料送到正确的工位指定地点。

三是空车返回。每天除正常配送之外，还需要从车间带空的配送车等，空的包装箱和车要求按照时间节点及时回收。空车返回之后同样需要扫描，然后放置在配装区指定的位置，进入下一个循环。

四是工位剩余物料处理。针对车间工位结束之后在配送车内带回的剩余物料，设置退料暂存区，配送中心进行分类识别并对物料进行扫描，扫描之后的物料进入退料缓冲系统，系统会把退料的短信自动触发给技术部门该工位分管工艺员，由工艺员分析原因，要么是定额错误，要么是车间没有按照工艺文件执行，查明原因之后要立即制定改正措施，要么修改定额避免再次发生造成物料浪费，要么检查工艺文件的合理性确保工艺手册的正确。

（四）推行储运一体化，建立“手到手”外部物流配送新模式

在内部物流已形成工位制节拍化配送的基础上，把这种物流管理模式向上游延伸，从供应商环节就开始进行物流配送模式优化：供应商物料直接配送到工位，实现供应商产品裸件运输，直接上线，不再进行二次翻库；实现目视化的定容配送，每一物料都有唯一的摆放位置，在交接、检验环节实现目视化管理；实现节拍化的配送模式，根据主生产计划制订供应商物料的配送计划，按照规定的时间把正确的物料送到正确的地点；实现信息化的实时跟踪，确保物料配送的每个过程都受控。

1. 流程优化

通过运用储运一体化的运作模式，从供应商到生产工位配送只需要涉及的环节有：成品上架、供应商存储、运输、物料中心存储、工位配送。

工位物料配包：供应商将生产好的物料直接摆放在工位周转工装中，通过工位配包供应商能够及时

反映缺件和拉动生产；

供应商存储：存储环节直接将周转工装进行堆垛，取消成品货架的存储。供应商可根据供货需求和工位物料的情况合理安排物料的生产；

运输：将配套好的物料进行运输配装至物流中心；

存储：物料进入物流中心，直接分工位进行堆垛。需要的时候直接通知供应商进行配送，将库存控制在最低；

工位配送：物料中心根据生产计划组织物料配送，将周转工装装在内部周转车上，连挂配送至工位，无须再进行开箱、拆解包装、工位配套等一系列工作。车间用完的空的周转工装再带回物流中心，等待供应商下次送货时拉回，进入下一个循环。

2. 实现“Milk Run”循环取料模式

循环取货（Milk Run），也称为“牛奶取货”“集货配送”“多仓储间巡回装卸货混载运送”“定时定点取货”，是指一辆卡车按照既定的路线和时间，依次到不同的供应商处收取货物，同时卸下相应的空容器，并最终将所有货物送到主机厂物流中心或生产线的一种公路运输方式。Milk Run 可实现配载，能够同时达到高装载率和高频次，有效地节约物流成本。

3. 循环使用铁制专用工装

储运一体化的核心是工装设计及 Milk Run 运输，指导思想是工位制节拍化，即将绿色供应链的核心思想工位制节拍化管理融合到储运一体化模式中，在整个供应链中实现工位制管理。工装设计即根据项目工位物料的特点，制作标准化、模块化、柔性化的转运工装，将工位制的灵魂注入工装设计上面，以每个工位为设计单元，从而把工位制的思想向供应商环节延伸，实现工位物料从供应商生产线到主机厂工位的直接配送。

“Milk Run”的配载模式使用可循环使用的配送工装取代一次性的包装，大量材料成本及人工成本得以节约，主机厂、供应商、第三方物流三方共享原来浪费的成本。对于供应商，可循环使用的铁制专用工装取代原有的木箱、纸箱，裸件运输模式将不再需要对每个零部件进行包装，不仅节省木箱、纸箱、一次性包装材料的费用，还节省大量人工成本。对于主机厂，裸件运输、直接上线将不再需要二次翻库，供应商的产品在库房仓储周期明显降低，人工成本和仓储费用以及库存资金占用都大幅度降低。

4. 储运一体化全过程智能化管控

利用条形码技术对储运一体化全过程进行跟踪，实时掌握动态信息，每个工位物料的物流状态可以实时把握。二维码技术的运用实现实时掌握最新的物料装箱信息，当物料清单发生变化时，可以第一时间了解最新的 BOM 信息。对所有循环取货车辆进行 GPS 跟踪，实时掌握车辆的信息，了解物料的在途情况，同时对车辆的调度指挥、路线选择及时提供依据。

储运一体化模式目前已经实现 80%以上的内装系统部件和 90%以上的门系统部件的全覆盖，正在向其他系统部件平移和推广。这种模式直接带来巨大的经济效益，实现供应链上成本的节约，可以使多方受益，从而实现由“供应链”到“共赢链”的转换。

（五）对接企业上下游管理信息系统，实现数据信息流互联互通

智能化物流管理信息平台可实现与企业现有的信息系统进行有效对接，上游可以实现与 ERP 等管理软件的对接，下游可以与生产 MES 系统进行对接，实现数据的同步交换，成为企业信息化管理链条中的一个重要环节，避免形成“信息孤岛”。

（六）配套运用多种有效措施，保障智能化物流管理系统的顺畅运行

1. 成立物流指挥中心

为进一步推进物流信息化工作，运用信息化手段提升企业物流管理水平，更好地开展工位制节拍式

物流配送，新厂区物流中心成立物流指挥中心。

物流指挥中心的总体职责是负责物流配送信息的快速传递、处理以及异常问题的及时响应解决。物流指挥中心可以实现四项重要功能：一是按照生产计划编制节拍式物料配送计划，分解配送计划内容，确定计划派车时间、计划进车备料时间、计划备料完成时间、计划配送时间，并要求相关责任人按照计划执行；二是对配送计划的执行情况进行全程监控，对配送过程的各个节拍实现动态跟踪，及时关注配送的总体进度，并对影响进度的异常做出快速响应，系统会根据异常情况自动给相关责任人以短信的形式进行拉动；三是对配套缺件信息的统计、分析、发布、跟踪，按照三级拉动机制进行缺件的拉动，对于缺件，要求责任部门做出三种响应结果，分别是按时来料并办理完入库手续、办理例外转序并给出到料时间、生产中心提供更改计划申请；四是对生产现场出现的物料类异常进行快速响应并进行分析，确定责任单位并及时拉动相关部门同时做好结果跟踪。

2. 管理制度化，固化管理流程

加快管理制度建设，相继制定《仓储中心内部管理职责》《配送中心内部管理职责》，明确仓储中心及配送中心管理流程。出台《仓储管理办法》《配送管理办法》《物料管理办法》《放行检查管理办法》《生产现场物料异常管理办法》《NCR 物料管理办法》《变更物料管理办法》等近 20 个管理办法，从制度上对优化后的物流管理流程进行固化。

3. 优化改善部门职责及岗位配置

为科学、合理地组织生产工位的物料配送，保证智能化物流配送管理平台的顺畅、有序运行，实现准时化节拍式套餐配送，配合组织机构调整和物流管理主流程优化，浦镇公司专门出台系统运行规则和管理规范《配送管理办法》(以下简称《办法》)。该《办法》界定工艺技术部、制造部、配送中心、仓储中心、采购部、质量管理部、生产车间的职责，规定配送中心的员工岗位职责，明确配送管理流程和各时间节点及工作要求，从而形成以生产现场为中心、推拉结合、分工明确和高效协同的一体化管理平台体系。

4. 规范新厂区仓库现场管理

为充分发挥新厂区 18000 平方米的新仓库功能，物流中心围绕现场区域的调整、设备管理、货架建设等一系列工作，对现场管理做进一步的优化。一是全面完成新仓库的区域划分。二是规范设备管理。三是优化立体仓库各功能区。完善配装区的管理，通过不同的颜色将各个项目的配送箱进行标示，能够一目了然地显示各个项目的配送箱；将各个项目待检区平移至入口处，再将待检区、配装区和仓储区隔离，非仓储作业人员不得进入仓储区，真正实现现场区域设置符合物料由入到出的规范流向，同时保证区域与区域间的规范管理。

三、轨道装备制造企业基于精益制造的智能化物流管理效果

(一) 为制造业提供可资借鉴的智能物流管理方式

浦镇公司自推行智能化物流管理系统以来，物流错误率大大降低，物流配送效率大幅提升。截至 2015 年，生产物料配送及时率超过 96%，节拍式配送准时率平均达到 98.6%，月度计划兑现率实现 100%，全年物料类异常同比减少 70%以上，生产任务也更加均衡地完成。2013 年 10 月，浦镇公司申报的《基于企业内部物流的工位制节拍式的配送方法》获得国家发明专利；2015 年，研发的“基于工位制节拍化物流 MES 管理系统”和“仓储出入库拍照溯源系统”两项成果获国家计算机著作权登记证书。国内知名咨询培训机构爱波瑞与浦镇公司合作，以物流中心为标杆进行公开课培训，有效地推广以工位制节拍化为基础的智能化物流管理。因此，浦镇公司创新型智能化物流管理的成功经验对中国企业特别是大型复杂离散型装备制造业具有普遍的借鉴意义。

（二）促进企业提质增效、转型发展取得较好收益

实施物流管理模式改革之后，通过管理提升、配送方式改变、人员精简带来的直接经济效益巨大。物流人员减少 80 人左右，人员工资年均节省 700 万元；配送工装定置，物料防护措施得当，减少损失年均 100 万元；运用电瓶牵引车实现编组配送，车间不再进行二次转运，减少转运费用约 200 万元。三大项合计，年均节约费用近 1000 万元。

浦镇公司紧紧抓住国家鼓励企业大力发展生产性服务业的机遇，突破长期单一的制造业，积极向生产性服务业方向转型升级。浦镇公司依托拥有完全自主知识产权、先进成熟的物流管理技术，整合物流资源，于 2014 年 10 月投资 600 万元成立专业的工业物流公司，在满足公司新老厂区生产服务的同时，努力开展第三方物流业务，依托先进成熟的物流技术和雄厚的人才资源，大力开展物流技术和信息技术的咨询服务，成功将智能化物流管理技术向行业内外企业平移。一年多来，物流公司经营取得巨大成功，一个新兴的战略性服务产业正在快速成长中。至 2015 年年底，物流公司外部销售订单合同总额约 2000 万元，全年实现销售收入 7619 万元，实现净利润 900 万元。

（三）建立高效一体化绿色供应链

围绕以客户为导向的核心理念，基于生产现场形成的拉动体系，将采购、工艺、质量、生产与物流高效结合，信息化和业务流高效融合，形成一体化管理，最终实现物流成本最小化，供应链整体水平大幅提升。智能化物流管理系统也是绿色物流工程，将物料管理延伸至供应商，真正实现储运一体化，采用循环包装方式，充分体现绿色节约环保理念。大幅度减少一次性木包装箱的使用，采用可防护设计的工装，大幅减少或消除内部包装物，提高资源利用率，最大限度地减少废弃物对环境的影响。

（成果创造人：李定南、李　立、施青松、杨　威、陶春松、陈长健、陈家产、郭　凯、李　峰、张振文、卢艳华、冯文套）

深度介入特高压工程建设全过程的生产准备管理

国网天津市电力公司

国网天津市电力公司（以下简称国网天津电力）是国家电网公司的全资子公司，负责天津市的电网规划、建设和运营，致力于为天津市经济社会发展提供安全、经济、清洁、高效的电力能源供应，管理10家地市级供电公司以及检修公司、电科院等9家业务支撑公司。国网天津电力供电面积达1.19万平方公里，供电服务人口超过1500万人，供电户数556万户，管辖35千伏及以上输电线路16930公里，35千伏以上变电站501座，配电变压器36835台。截至2015年年底，国网天津电力员工总数达到11440人，资产756亿元，年售电量644.61亿千瓦时，营业收入408.18亿元，实现利润14.3亿元。

一、深度介入特高压工程建设全过程的生产准备管理背景

（一）适应特高压电网急速发展的需要

随着“两交两直”工程（锡盟—山东、蒙西—天津南特高压交流输变电工程，锡盟—泰州、呼盟—青州特高压直流输电工程）的建设和投运，天津电网成为我国特高压电网的重要节点，西电东送、北电南送的格局逐步形成，天津电网由区域电网向特高压大电网转变。国网天津电力将承担“四线一站”（624公里线路和1座变电站）的特高压运检任务，由于没有特高压运检经验，缺乏相应的技术人才，伴随特高压工程短时间内大量投运，对于运检管理组织提出更高要求，亟待统筹策划、精心组织，科学设计并实施生产准备管理模式，从工程建设伊始就同步开展生产准备，深度参与工程建设全过程，推动运检人员熟悉设备，提升管理水平。

（二）适应特高压设备运维检修要求的需要

特高压设备是国际高压输变电技术的制高点，设备新、技术复杂，既面临高电压控制困难、强电流下的电磁与绝缘等关键世界级技术难点，又经受温差、污秽等特有严酷自然环境的挑战，对特高压工程建设和设备运维检修提出极高的要求。一是特高压工程是一项多工种、多专业、多环节的复杂系统工程，需要发挥运检部门的技术、装备和经验优势，全面参与工程建设，与建设部门协同配合，严控设备和工程质量。二是面临着关键资源紧缺、批量质量波动风险大、新设备安装规范缺失、大件运输困难等挑战，亟须加强设备质量管控，从设备源头为特高压工程的安全、可靠运行提供根本保障。三是特高压工程验收标准并不能完全体现已投运的特高压设备运检时发现的典型缺陷、有针对性的反事故措施等运检技术要求，要求运检人员深度参与工程建设全过程，强化质量监督，保证验收标准与运检技术要求相统一。四是特高压设备运检需要一支熟悉设备、掌握技术的队伍，亟待运检人员在开展生产准备时，深度介入工程建设，提前熟悉设备，形成人才储备。

（三）探索一套新型生产准备管理模式的需要

特高压工程建设周期长，时间紧、任务重、技术新，涉及层级多、部门多、单位多，组织协调难度大，传统的生产准备模式不适用于特高压工程的生产准备。一是需要强化部门协同，发挥规模化优势推动特高压的全面建设，发挥业主项目部、生产准备组织等柔性组织的协同作用。二是由于特高压设备运行时涉及的电网范围大、安全要求高，要确保物资准备、人力准备、技术准备到位，明确各项管理制度、规程和作业标准，保障投运成功后的安全运行。国网天津电力坚持“提前介入、精益管理、同步开展、无缝交接”的原则，深度介入工程建设，实现工程建设和生产准备的有机结合，助推实现工程安全、优质、投运零缺陷、进度零迟滞。

二、深度介入特高压工程建设全过程的生产准备管理内涵和主要做法

国网天津电力以计划协同为抓手、构建“两全三同步两支撑”的生产准备体系，“两全”即生产准备人员全过程参与工程建设、全过程开展技术监督，“三同步”即同步开展培训强化人才准备、同步配置装备和备件加强运检物力准备、同步构建运检管理体系完成管理准备，“两支撑”即组织体系和信息平台两个支撑手段，深度介入特高压工程建设的全过程，实现进度零迟滞、投运零缺陷、管理精益化、人才高素质的目标，保证运检要求与资源的精准匹配，确保特高压工程投运后的平稳、安全、高效运行。主要做法如下：

（一）构建生产准备组织体系，加强组织支撑

1. 成立特高压生产准备组织机构

一是成立“两级三套”生产准备组织。国网天津电力运检部、建设部、调控中心、人资部、物资部等9个部门参加特高压生产准备，建设部负责工程归口管理，运检部负责生产准备归口管理，各部门协同配合、共同支撑工程建设和生产准备工作。纵向上，国网天津电力在本部和基层单位（国网天津检修公司和国网天津电科院）两个层级上成立特高压生产准备组织，强化本部层面的管理决策和组织协调的作用。

二是明确工作职责。国网天津检修公司作为特高压设备的运行维护单位，抽调骨干组成特高压生产准备队伍，成立综合管理组、输电专业组、变电专业组，作为未来设备运检组织开展生产准备，配合工程建设业主项目部参与可研、初设、设计、物资采购等技术审查，参与项目验收，配合开展竣工验收及启动试运行，编制生产管理制度、运行规程、检修规范，配置人员并开展培训，配置专用装备和仪表。国网天津电科院作为特高压设备的技术支撑机构，充分发挥技术优势，成立技术监督组、调试试验组、技术攻关组，参加特高压工程可研初设、设备选型、监造、建设、调试、试验、验收等环节的技术监督和技术服务工作，负责、参与或配合开展特高压运检技术研究。

2. 编制生产准备工作方案和多级协同计划

国网天津电力编制特高压生产准备工作方案，明确生产准备的工作机制，确定人员培训、工程参与、技术监督、物资配置、技术研究等十二项任务，明确工作计划和责任单位。设计“一级对应、二级提前、分类编制、计划到人”的“四级一体”的生产准备计划编制方法，强化生产准备组织与各部门、各单位的协同配合，落实到人，确保计划可控、能控、在控。

首先，一级对应。对应特高压工程建设一级网络计划，编制生产准备里程碑计划，确保生产准备进度符合工程建设总进度。

其次，二级提前。对应特高压工程建设二级网络计划，根据基建节点与生产准备工作事项的提前期标准，建立同步映射关系，明确人力资源、运检装备资源、管理制度、宣传资源的时间需求，根据工程建设、设备到货和安装时间确定技术监督、工程参与、工程验收的参与时间，编制特高压生产准备二级网络计划，明确人员培训、物资采购、工程参与、技术监督、制度标准编制、特高压技术研究等专项子计划的计划节点、工作任务和职责部门（单位）。

再次，分类编制。各部门、各单位按照专业工作流程，继续细化工作任务，考虑采购周期、作业资源、人员承载等约束条件，将特高压生产准备工作计划融入专业计划，实施统一管理。

最后，计划到人。各项生产准备计划中的任务落实到人，形成个人工作计划，从而确保计划可落实、可追溯。

3. 建立生产准备工作机制

一是构建月度平衡会机制。以生产准备计划为基础，结合工程进度，通过月度平衡会来调整月度生产准备工作任务。

二是建立生产准备例会机制。定期召开工作例会，编制周（月）简报，掌握工程进度和生产准备进度，通报问题。截至目前，国网天津电力累计召开生产准备会议 98 次，发布工作简报 105 份，保障生产准备有序开展。

三是实施进度风险预警。在生产准备管控平台录入工程建设和生产准备计划，实现计划、进度的可视化管理，实施进度预警管理，通过红色预警、橙色预警、黄色预警、蓝色预警来标示进度滞后风险等级，实施差异化管理，根据不同风险等级采用问题反馈、工作联系单、专题协调会、领导小组协调会等措施，推动工程建设与生产准备任务按期完成。

四是开展进度考核。设计生产准备月度任务完成率、月度任务变更率指标来评价计划执行情况，用于对参与部门、单位、人员开展考核。

（二）全过程参与工程建设，助力工程平稳移交

1. 确定全过程参与工程建设的工作思路

国网天津电力生产准备组织参与特高压工程可研、初设、设计、物资采购、建设、验收等全过程，派驻专业人员与业主项目部合署办公，发挥设备主人翁的意识和设备运检经验优势，强化对工程质量关键点的管控，助力工程平稳移交。

2. 提前介入工程前期工作

国网天津检修公司实行前期工作负责制，指定生产准备人员专人参加相关设计联络会和设备选型会，参与可研评审、初步设计评审、工程设计审查、设备招标文件技术审查、设计图纸评审、调试项目审查六个关键审查关口，及时对资料反馈意见和建议，实施资料追溯机制，从设计和技术方案的源头管控设备质量。一方面审查方案和设备技术参数是否满足相关国标、行标及国家电网公司的技术标准；另一方面严格落实反事故措施、运行规程，并对照《特高压工程运行典型缺陷库》提出书面意见，体现运维的要求。

3. 全过程参与项目验收

国网天津检修公司生产准备人员全过程参与工程建设，与业主项目部合署办公，全过程参与项目验收，一方面充分发挥经验优势、技术优势、专业优势，在验收过程中充分体现反事故措施要求和运检要求。另一方面也弥补施工人员、监理人员缺乏特高压设备工程建设的经验，实施双重质量监控，保证质量万无一失。

一是随工验收。在工程开工前向业主项目部提交需要参与的隐蔽工程、材料设备进场验收和设备交接试验等关键环节验收、旁站监督和质量抽查项目清单，业主项目部在施工节点临近前一周通知生产准备人员参加，生产准备人员按照特高压设备现场验收或隐蔽工程标准化验收作业指导书，规范现场验收项目和验收标准，做好记录，监督问题整改，形成闭环。

二是中间验收。在监理初检完成后，建设管理单位组织开展工程中间验收，国网天津检修公司生产准备工作组参与，组织专家按照精益化管理评价细则、反事故措施等技术要求，逐条验收，较为系统、全面地开展阶段性验收，最大限度发现工程隐患和设备缺陷。

三是启动验收。在开展启动验收前，由国网天津电力建设部编制竣工预验收大纲，组织运检、设计、监理、施工、调试及物资供应等部门及单位开展竣工预验收，生产准备人员全程参与，充分发挥全程参与、长期实施的优势，以双标准（交接验收标准和运检精益化评价标准为核心），融合国网公司设备“五通则一反措”的要求编制审查验收大纲，变电专业采取“样板式验收＋分区验收＋整体验收”模式，强化对首台首间隔主设备的“样板式验收”。输电专业采取“塔线验收＋通道验收＋全线验收”模式实现先方位验收，及时发现工程投运前的工程隐患和设备缺陷。完成所有缺陷闭环整改后，出具竣工预验收报告，向启动委员会申请启动验收。

4. 建立健全验收制度与工具

一是梳理验收标准。按设备分类梳理特高压技术标准、反事故措施制度等43项标准和制度，整理28类设备在可研初设审查、厂内验收、阶段性验收、竣工预验收、启动验收5个阶段的验收标准，规范验收操作，提高验收质量，严把设备入网关，为特高压工程长期安全运行奠定基础。

二是优化设备跟踪流程。组织编制《特高压设备跟踪卡》，指导生产准备人员进行现场设备跟踪工作，了解设备到场跟踪、安装跟踪、调试跟踪的要求和工作重点，随时掌握设备情况，以确保随时掌握设备质量。

三是优化标准化验收工具。将验收标准细化为设备标准化（可视化）验收作业卡，提高验收深度，实现验收由“经验型”向“标准型”转变。

四是构建验收缺陷闭环管理。建立缺陷发现、反馈、归档、督促解决、销号的缺陷闭环管理机制，生产准备人员在每周例会梳理存在的问题及解决情况，对拖延不解决的问题进行书面督促，及时通报业主项目部或建设部，督促整改。

5. 全力配合启动调试和试运行

启动调试前1个月完成启动调试方案和现场运行规程初稿的编制，分为调度指挥组、试验测试组、设备监视组、后勤保障组四个小组进行启动调试和试运行，并在调试完成1个月内完成现场规程的修编。

（三）全过程开展技术监督，助力工程质量提升

一是开展工厂监造及技术监督。采用国网天津电科院生产准备人员技术监督与国网天津检修公司生产准备人员设备监造双轨并行的模式，对特高压工程主设备的关键步骤、关键工艺及原材料等进行关键点现场见证监督和原材料性能技术监督，全面落实订货技术要求，及时解决设备制造发现的问题；严格按相关标准及技术合同要求进行试验（包括型式试验、出厂试验和特殊试验），管控设备出厂质量。

截至2015年年底，共开展绝缘油、六氟化硫、电力金具等原材料的电气、机械和材料性能抽样检测工作67项，合计1258次试验。生产准备人员共开展厂内监造2086人天，累计见证各类试验1518项，文件1600余份，发布日报438份，发现各类缺陷隐患78起，发出整改通知书46份。

二是开展安装调试阶段技术监督。国网天津电科院生产准备人员按照国家、行业试验标准编制13类设备试验技术监督工作方案，审核调试、试验项目、内容、方法、安全措施等重点监督内容，通过现场见证试验发现潜在隐患。截至2015年，通过试验发现GIS波纹管或伸缩节处的软连接变形、软紧固螺栓连接不固定等各类问题46项，全部完成整改。

三是开展专项技术监督。针对近年来发现的特高压设备的典型设备缺陷和工程隐患，开展专项技术监督。国网天津电力生产准备人员赴设备厂家开展29个GIS壳体焊缝抽样检查，涵盖断路器、隔离开关等元件，现场开展GIS金属检测，共计完成焊缝探伤455米、板材壁厚测量885点。针对在其他特高压项目运检中发现的新东北断路器导向环异常磨损的问题，从设计上提出针对性的整改措施，杜绝同类缺陷在国网天津电力项目的重复发生。

（四）同步开展精准培训，强化人才准备

1. 设计技能矩阵表，明确运维技能标准

国网天津电力梳理特高压运检业务的基本流程，全面分析特高压运检的岗位职责，构建岗位标准技能矩阵表，将特高压运检所有岗位对专业技能的需求以矩阵表的形式展现，明确未来员工的专业技能要求和培训路线。

2. 选拔特高压专业运检人才

一是确定人员定额。依据特高压建设计划，根据劳动定员标准，明确2018年远期要配置117名特

高压运检人员。

二是开展人员遴选。依据岗位标准技能矩阵表，从技术、管理两个路径选拔特高压运检人才，按照新进人员、技术骨干和精英人员三个等级开展选拔，内部选聘精英人员和技术骨干，新进人员靠已入职一年和应届大学生补充，按照“三步走”的策略完成人员招聘和储备。

首先，项目建设前期招聘综合素质高的管理精英和技术骨干，提前介入工程建设，参与编制生产准备方案。其次，项目建设中期招聘已有一年工作经验左右的大学生，参加培训，参与工程建设，迅速提升技术水平，利用开展生产准备的时机成长为技术骨干。最后，在投运前招聘应届大学生，主要参加培训，由技术骨干带领参加项目预验收和启动验收。通过“三步走”的招聘方式，一方面保证技术骨干及早介入特高压工程建设，助力工程质量提升；另一方面保证大部分技术人员通过参加验收和安装调试，熟悉设备的构造、工作原理、安装方法、试验方法，促进技能水平提升。

3. 开展精准化培训

国网天津电力为新进人员、生产骨干和管理人员量身定制“雏鹰计划”“磐石计划”和“精英计划”3 种培训计划，确定不同的培训课程和培训方式。“雏鹰计划”是为新进员工制订的培训计划，共分为特高压基础知识培训、设备厂家培训、仿真培训、驻站培训、现场实习等 7 种形式、39 门课程，涵盖包括设备构造、工作原理、技术性能、试验方法、检修技术、工艺标准、制度标准、运行规程等知识点。“磐石计划”是针对 500 千伏运行经验丰富的生产技术骨干制定，分 3 个阶段开展，重点放在实际操作培训、仿真培训、现场跟班实习上，学习和掌握设备运行操作、监视检测、异常分析及事故处理等实操技能，学习设备检修和运行维护的工艺技术、作业方法，旨在培养熟悉特高压运维的技术型人才。“精英计划”针对管理人员制定，在其已有的管理基础和经验上强化拓展，采取跟班实习、调研学习、管理培训等方式，使其迅速提升，达到特高压运检管理的要求。

4. 实施多形式培训

一是请进来。国网天津电力邀请来自中国电科院等特高压科研院所、其他省级电网公司、相关设备制造厂家的专家对生产准备人员开展培训，组织技术培训 36 次。

二是走出去。组织特高压专业人员赴上海、福建等特高压运维经验丰富的单位调研学习，组织赴已投运单位进行跟班培训实习。

（五）同步配置装备和备件，强化物力准备

1. 配置运检用装备

国网天津电力梳理和统计运检装备、仪器仪表、车辆、安全工器具等物资采购计划，根据生产准备工作需要和采购计划，提前确定优先级，分三个批次提前编制特高压运检装备的配置方案，统计生活办公物资 90 余类共 900 余件、工器具物资 53 类共 170 余项，由国网天津检修公司和国网天津电科院分头向物资部申请，提前申报，保证装备、物资及时配置到位。

第一批次是在工程建设前采购生产准备物资。针对生产准备过程要用的各种装备，提前采购。主要包括特高压输变电运维检修车辆及大型装备，包括升降斗臂车、高空作业平台、局部放电检测设备、输电无人机作业车等，及时采购以满足生产准备人员验收、技术监督、试验等工作需要，提升生产准备工作效率。

第二批次是在工程建设中采购投产后必须使用的运检用装备。包括特高压变压器真空泵、真空滤油机、继电保护测试仪、避雷器带电测试仪、安全工器具等设备，由于在特高压工程投运后就要使用，所以由检修公司根据采购周期提前申请，确保投运后能够准时到位。

第三批次是在投运后按照需要采购装备和工具。由国网天津检修公司按照时间序列，纳入国网天津电力年度采购计划，按计划采购。

通过三个阶段的采购计划安排，一方面提供生产准备各类装备，做好物力准备，如第一批采购的特高压高空作业平台、红外线、紫外线成像仪、耐压、局放测试等装备在生产准备中投入使用，并发挥重要作用。另一方面随着工程进度同步开展采购，降低资金占用和库存，避免提前采购带来设备老化和资产减值的问题。

2. 配置备品备件

由于特高压变电站1000千伏设备生产周期长、运输难度大，为确保投运后出现故障能够及时更换，开展备品、备件定额策略研究，根据设备的重要程度和历史抢修数据，明确配置原则。2015年下达"1000千伏变压器特高压备用相"和"1000千伏电抗器特高压备用相"的采购计划，并随工程建设同步到位。

（六）同步构建运检管理体系，强化管理准备

1. 构建运维组织体系

国网天津电力明确国网天津检修公司是特高压运维主体单位，在各级增设相关管理及技术人员确保特高压运检管理到位。一是增设天津南特高压变电运维站，作为国网天津检修公司二级机构，下设5个变电运维班组，负责天津南特高压变电站的设备运维；二是在国网天津检修公司二级机构的输电运检中心增设特高压输电运检室，下设特高压巡检班、带电及检修班、无人机巡检5个班组，负责特高压输电线路的运维检修；三是在国网天津检修公司的运维检修部增设两个特高压的管理岗位，在变电检修中心增加两个技术管理岗位，在国网天津电科院设备状态评价中心增加一个技术管理岗位。

2. 构建技术标准体系

一是应用"一图一表"法，推进特高压运维标准体系的建设。"一图"即绘制《特高压技术标准体系框架图》，梳理特高压技术标准体系框架、技术标准体系总表和明细表，梳理技术标准109份，新增各类技术标准、作业指导书40份，按照"全面覆盖、突出重点、循序渐进、总体协调"的目标，构成统一、完善的技术标准体系框架。"一表"即制定《标准编写计划表》，梳理变电运维、变电检修、工程验收等专业待编写标准19份，明确编写时间及要求，确定责任单位，按照计划表督察修编情况。

二是开展特高压运检前瞻技术的研究和应用，提升特高压生产准备工作效率，为未来运检作业奠定良好的技术基础。

第一，开展无人机验收。配备小型多旋翼无人机2架、固定翼无人机1架，开展特高压输电线路巡视，应用于验收，特别是针对重要交跨线路杆塔，采取登塔检查结合无人机协同巡检的模式，有效地提高验收时缺陷、隐患的发现效率。截至目前，共利用无人机开展317基杆塔的巡检验收，发现缺陷458件，极大地提升验收质量和效率。

第二，机器人配合变电站预验收和启动验收。巡检机器人融合移动机器人技术、音频模式识别技术、红外线热成像检测技术、图像模式识别技术等，完成对变电站设备的自动和遥控巡检，及时发现电力设备的外观异常和内部热缺陷等隐患，提高设备验收工作的自动化程度，保证设备验收的工作效率。在预验收过程中，国网天津电力运行4台变电站智能巡检机器人，完成红外测温点8800个、仪表监测点1680个、刀闸分合判断点1240个，极大提高验收效率。

第三，开展三维实景控制研究。顺应智能电力大数据的发展趋势，开展特高压变电站综合智能管控系统的研究及应用，实现特高压变电站的三维实景精准重构。开展生产管理系统、机器人巡检、调度系统、在线监测系统的多系统、大数据一体化融合，实时直观了解特高压全景数据，嵌入机器人人机交互技术，提高特高压运检的智能化管理水平。

3. 规范管理流程和管理要求

按照特高压相关制度标准及其他规范性文件，规范管理流程和管理要求，高标准地建立起各项生产

管理规章制度（包括管理制度、检修规程、现场规程及运行台账），使各项工作制度化、标准化、规范化。在工程启动调试前 6 个月完成建章建制，结合具体设备编制特高压设备检修规范、检修工艺导则、技术监督规定、评价标准、预防事故措施等管理标准文件。

国网天津电力完成包括输电专业竣工验收、运维检修、带电作业、保电运维、班组管理等在内的共计 6 类 20 项管理制度、运行规程的编写工作，编写完成输变电专业巡视管理、运行管理、缺陷管理等 38 项作业指导书（卡），编制 9 项应急预案，形成完备、系统的管理体系，确保投运后的规范管理。

（七）构建生产准备信息平台，加强信息支撑

1. 应用移动平台实施标准化作业

一是由生产准备人员现场使用手持终端设备，实现移动标准化验收，对验收中存在的问题拍照留存，并对该问题的整改情况进行实时跟踪，针对验收中集中出现的问题进行统计分析，问题归类，从数据发现设计、制造、安装中存在的缺陷和隐患，从源头上消除问题。

二是管控生产准备计划，分解到人，并通过与微信、短信关联，实现计划实时提醒，发生进度风险预警时及时通知告警。

三是集成生产准备工作结果与工程项目管理、生产管理系统数据，实现计划同源、任务同源、数据同源，推动生产准备工作与工程项目的同步开展。

2. 开展数据准备

组织生产准备人员提前搜集设备各项数据、参数，按照生产运检系统、调度系统等信息系统要求梳理、整理、完善相关数据，描述内部管理流程图，将档案电子化，以文字、图片、视频等多种数据形式动态记录，完成特高压工程从设计、制造、安装、调试到运维等阶段的信息管理，将非结构数据转变为结构化数据，为工程转入运维检修阶段提供数据准备。根据生产准备进度，生产准备人员设计特高压运检信息化工作手册，开展信息化系统培训、考试，推动各级员工迅速掌握各业务信息平台，用以调试各信息系统内部流程，提前录入各项数据，保证投运后第一时间应用信息平台开展工作。

三、深度介入特高压工程建设全过程的生产准备管理效果

（一）推动特高压工程“零迟滞”“零缺陷”投运

在生产准备工作开展过程中，组织分工明确、高效协同，深度介入特高压工程建设全过程，在项目规划设计、采购制造、建设安装、调试验收时同步开展技术监督、参与验收，推动工程质量和进度管控。一方面推动工程建设计划顺利开展，工程建设和生产准备里程碑节点完成及时率均达到 100%，实现“零迟滞”投运。国网天津电力 2016 年 7 月按计划完成锡盟－山东工程调试及投运，2016 年 10 月 21 日完成天津南特高压变电站系统调试及投运，较计划提前 70 天，较其他同类同规模特高压项目时间缩短近 10%。另一方面发现并整改各类隐患、缺陷 1 万余条，有效规避后期无法整改或返工的问题，管理效益显著。锡盟－山东工程投运未出现由天津建管段线路造成的异常状况。蒙西－天津南特高压工程中，天津南特高压变电站站内主变、GIS 等设备一次调试充电成功，实现“零放电”“零异常”，推动“零缺陷”投运。

（二）夯实特高压电网运检基础

首先，特高压耐压试验装置、带电作业车、高空作业平台等 42 项大型运检装备、57 件（套）备品备件均按计划配置到位，为特高压设备运检提供坚实的物质基础。其次，采取内部培训、厂家轮训、跟班学习等形式开展特高压技术人员培训，共计开展各类培训 945 人次，共 7 批 158 人次赴外省跟班实习、参加 2 期华北网调特高压变电运维培训，共有 12 人通过华北网调取证测评、6 人获得特高压带电作业证、93 名员工获得特高压上岗证。这些员工大部分参与特高压工程建设和生产准备过程，熟悉特高压设备和全新的技术，提高运检的管理水平，奠定坚实的特高压运检人才基础。最后，国网天津电力

构建特高压运检组织体系，梳理技术标准体系，完成建章立制，应用无人机和机器人等技术开展特高压工程的验收，为特高压电网运检奠定坚实的管理和技术基础。

（三）探索特高压生产准备管理模式

国网天津电力在借鉴国内其他单位特高压工程生产准备经验和教训的基础上，提出全新的“两全三同步两支撑”的特高压生产准备管理体系，以计划协同为抓手，全过程参与工程建设，全过程开展技术监督，同步开展特高压生产的人力准备、物力准备、管理准备，强化生产准备与工程建设的一体化运营水平，在工程建设全过程充分落实运检管理的标准，从源头上确保特高压工程投运后无缝切换到运检管理，提高特高压设备的运检管理水平。

（成果创造人：钱朝阳、闫卫国、么　军、孙龙彪、王　刚、曹士永、钱　滨、单大鹏、周文涛、王永宁、赵晓鹏、孙　成）

电力集团公司集中精准采购管理

中国华能集团公司

中国华能集团公司（以下简称华能集团）是经国务院批准成立的国有重要骨干企业，主营业务为电源开发、投资、建设、经营和管理，电力（热力）生产和销售，金融、煤炭、交通运输、新能源、环保相关产业及产品的开发、投资、建设、生产、销售，实业投资经营及管理。截至2016年9月，资产总额9737亿元，境内外全资及控股电厂装机容量16321万千瓦。

一、电力集团公司集中精准采购管理背景

（一）企业降本增效的需要

华能集团每年的采购额约占年度资本预算的80％以上。通过实施集中精准采购管理，旨在强化华能集团采购管理工作，防控采购风险，充分发挥华能集团的规模化采购优势，提高集团公司整体议价的能力，全面降低采购成本；同时，对所辖二级单位、基层企业的采购进行全面精准管控，从而提升企业整体降本增效的水平。

（二）采购管理提升的需要

为有效化解采购管理存在的问题，华能集团提出要深化采购管理体制改革，实施集中精准采购管理，加强集团公司、二级单位、基层企业在采购方面的全面、准确、动态管控，加强采购工作的有效监管，全面提升采购管理水平，确保采购工作满足企业安全生产、基本建设工作的需要，努力提升集团公司的整体竞争能力。

（三）企业风险防控的需要

党中央、国务院要求国有企业全面推进依法治企，要求大型国有企业对普遍存在的“应招标不招标、应公开招标不公开招标”、招标采购程序不规范、评标和监督走过场等问题切实加以整改。华能集团作为中央管理的国有重要骨干企业，必须全面加强采购管理工作，严格、有效履行国家关于招标采购的法律法规，严格依法治企，切实加强采购领域的腐败风险防控。

二、电力集团公司集中精准采购管理内涵和主要做法

华能集团变革采购管理体制，建立集中统一的全面采购管理体系，统一采购管理制度，实施采购“归口管理”和“三级管理”，推行“两级集中、三级采购”的采购管理新机制，着力实施资源、信息的高度集中，以多元方式开展“集中采购”，以发电集团间的联合储备、供应商联合储备、虚拟库存等多种方式践行“共享”采购理念，以“月统计、季发布、年总结”三级联动监控采购工作，建立标准化采购管理台账，全面量化、细化采购相关指标，实施与个人收入联动的目标和绩效考核，有效强化华能集团的采购集约化管理，有效强化二级单位、基层企业的采购行为管控，有效推进华能集团严格依法治企工作，采购降本增效水平、风险防控能力明显提高，综合管理能力得到快速提升。主要做法如下：

（一）顶层设计，搭建集中精准管理体系

1.改革管理机构，将多头管理变革为归口管理

华能集团于2015年改变以往多个机构、多个部门对采购进行多头管理的做法，在总部成立物资部，撤销原物资公司、物资管理领导小组、物资办，将原由物资公司管理的招标公司纳入集团公司总部直接管理，由物资部归口管理；整合集团公司六个招标委员会，在总部成立集团公司采购领导小组，统一负

责采购重大事项的决策。5 家二级单位设置专门的采购管理部门，17 家二级单位明确采购归口管理部门，320 家基层企业均设置物资管理部门。

华能集团明确由物资部统一归口管理采购工作，一是拟定集团公司采购管理的相关制度；二是作为集团公司采购领导小组的日常办事机构，负责具体组织集团公司采购领导小组例会；三是负责供应商管理；四是管理统一的电子商务平台；五是负责年度、季度、月度采购计划管理；六是负责组织实施集团公司物资集中采购工作；七是负责集团公司系统工程、物资、服务等采购工作的全面管理；八是负责管理招标代理工作。

2. 推行三级管理，各级单位纳入全面采购管控

集团公司总部统一制定物资集中采购目录和工程、服务采购限额，集中采购目录内的设备和限额以上工程、服务采购，均由集团公司总部统一负责进行集中采购（以下简称“集团集采”或“一级集采”），集团公司总部对二级单位组织实施的集中采购（以下简称“二级集采”）和基层企业自行开展的各类采购进行统一监管。集团公司采购领导小组按权限统一负责“集团集采”相关采购结果的决策。

华能集团明确赋予二级单位组织实施“二级集采”的职能，由二级单位根据区域管理特点，制定“二级集采”目录和限额标准，向集团公司上报采购计划和“一级集采”项目申请，具体组织实施“二级集采”和二级单位本部需求的采购，审核所辖基层企业的采购管理数据，指导所辖基层企业按集团公司管理要求开展采购工作。

华能集团明确基层企业具体编制集采项目的采购计划、自行采购项目的采购计划和采购方案，向二级单位上报采购计划和“一级集采”“二级集采”项目申请，签署并执行相应的采购合同，将所涉及的“一级集采”“二级集采”和自行采购项目纳入集团公司统一的采购管理系统，接受集团公司的统一监管和二级单位的区域化监管。

3. 强化集约管理，实施资源和信息的有效集中

首先，把“人力、技术、需求、电子商务平台、供应商”等五类资源进行集中，实现资源共享，发挥整体资源优势，提升采购的竞争力。配合采购管理机构改革，把优秀的采购管理人员集中于各级采购管理部门，22 家二级单位均明确采购分管领导和部门负责人，320 家基层企业均配齐采购管理相关人员，实现采购人力资源的集中。在全集团系统范围内征集采购技术专家 2027 人，其中工程类专家 151 人、物资技术类专家 1367 人、商务类专家 509 人，以此为基础建立评标专家库，为采购工作提供技术支撑服务。针对过去采购计划性不强、采购随意性大的问题，把采购计划纳入集团总部统一管理，按照“年统领、季调整、月执行”的原则，由华能集团物资部在物资管理平台进行集中管理。把原本分散管理的火电、水电、招投标等三个电子商务平台进行整合，逐步解决平台之间系统独立、功能重叠、流程各异、数据分散等问题，整合后的平台统一纳入集团公司总部管理。与相关咨询机构合作，在整合既有平台的基础上，对华能集团的电子商务平台进行统一设计，建设集团公司新电子商务平台。对集团公司各级单位的供应商进行全面分级、分类，筛选出供应商 27391 家，将其纳入集团公司供应商库进行统一管理，开展供应商年度综合评定。

其次，以集团公司 ERP 为基础，建立采购管理系统，以采购需求为单元，以采购计划为依据，以采购过程为重点，以合同执行为闭环，将相关信息全部纳入集团公司采购管理系统以实现集中，通过对信息的优化、分类、整合、分析，实现采购工作的全面、集中管理。

4. 统一制度体系，分级分类制定采购管理制度

华能集团对采购管理制度体系进行全新、统一规划，废除不适应新体制的制度 8 项、修订制度 4 项、新规划制度 15 项，形成共有 19 项制度的采购管理制度体系，其中一类制度 2 项、二类制度 10 项、三类制度 7 项。

（二）多措并举，有的放矢实施集中采购

1. 明晰目录限额，发挥各自优势，实施两级集中

把“一级集中”改变为“两级集中”，通过制定各自的采购目录或限额，明确两级集中的采购范围，充分发挥集团总部、二级单位集中采购的优势。把特别重要的采购以及大宗材料、通用设备的采购纳入总部一级采购，充分发挥规模化采购效益。对于区域内相对集中的设备、材料由二级单位进行集中采购，充分发挥二级单位区域化规模采购效益。集团公司规定由二级单位制定二级集中目录和限额，并报集团总部备案。

2. 针对不同对象，采取多元方式实施集中采购

一是针对大宗材料采购项目，集中组织实施供应商年度资格预审，每年实施一次，大幅提高集中采购效率，同时提高潜在供应商的质量。二是对于通用、标准化采购项目实施框架协议采购，把一至两年内的需求进行集中，一次性统一进行集中采购，定单价、定供应商范围，需求单位根据月度、季度实际需求，按单价和相应供应商签订合同，大幅提高效率的同时进一步获得规模化采购效益。三是把不通用、价值较低、不适宜集中采购的项目，全部集中到集团公司统一的电子商务平台进行公开采购，把原本分散进行的采购转变为另一种形式的“集中采购”，实现采购平台共用、采购行为公开、采购结果公正、采购数据共享，做到采购过程阳光化，有效防控风险，实现降本增效。

3. 践行共享理念，突破库存定式，实施联合储备

首先，对需要集中采购的重要的、价值大的关键设备，由各大发电集团公司联合进行储备，以更大层面的“集中”来提升“集中采购”成效。其次，建立虚拟库存，开展供应商联合储备。以所属澜沧江公司龙开口、小湾、漫湾水电站为试点，建立数字化仓储管理系统，实现物资批次管理，依托集团统一的二维码标准，采用移动手持设备，应用可视图片嵌入技术，制定科学的上架移库下架策略，固化设备保养流程，实现物资精准库位管理，快捷准确盘点物资，提升仓储的信息化、可视化、规范化管理水平。

4. 盘活存量资产，发挥闲置和废旧物资的价值

华能集团制订《闲置物资内部调剂管理办法》，对于因基建转移、更新改造、呆滞储存、技术淘汰等形成的库存量严重大于使用量的且没有完全丧失原应具备的特性和使用功能的物资，通过统一的物资管理平台，发布闲置物资库存信息，集团公司总部、二级单位在实施“集中采购”时，结合采购需求，优先匹配闲置物资，在匹配成功且实际用户确认的情况下，由集团公司总部统一组织进行调剂，具体支付由供、需双方进行结算，及时盘活闲置物资，有效降低库存，提高资金使用效能。

华能集团出台《废旧物资管理办法》，对已办理固定资产报废手续的物资、已办理流动资产报废手续的库存物资、已办理非固定资产报废手续且属于列卡登记的低值易耗品、废弃材料及零配件等物资，基于“统一管理、集中处置”的原则，以招标或竞价方式在华能电子商务平台或通过进场交易方式进行交易，充分利用废旧物资残值。

（三）全面量化，着力标准化精细化管理

1. 分析管理要求，通过十项指标实施精准管理

华能集团针对国家法律法规规定的公开招标、邀请招标、单一来源、询价、竞争性谈判等五种采购方式，把公开、公平、公正、反腐倡廉、风险防控、阳光操作、降本增效、提质增效、提高效率等采购管理工作要求全部实现量化，通过抓具体指标，落实采购管理要求。

2. 采集基础数据，实现各项指标的自动化计算

为实现采购管理指标的自动计算，华能集团深入挖掘底层数据，分析、归纳出21项基础数据，作为采购管理指标的计算依据。主要包括：采购计划条目数、实际采购条目数、采购总概算、采购总金

额、招标概算、招标金额、公开招标项目概算、公开招标金额、集中采购概算、集中采购金额、电子商务平台采购概算、电子商务平台采购金额、实际执行的集采合同金额、执行完毕合同（订单）份数、供应商量化考核合同（订单）份数等。

3. 兼容产业门类，实现各产业采购台账标准化

建立覆盖集团总部、二级单位、基层企业的采购管理台账，掌握全集团公司所有采购项目的具体情况，从根本上使得采购全面管理成为可能。标准化的采购台账包括：采购内容、行业类别（包括火电、风电、水电、核电、光伏、煤矿、港口等）、项目类别（包括基建、生产）、采购类别（包括工程、物资、服务）、采购方式（包括公开招标、邀请招标、询比价、竞争性谈判、单一来源等）、是否为电子商务平台上网采购、集中采购类别（包括一级集采、二级集采、非集采）、采购金额、对应概算金额、采购时间、中标厂商等等。采购管理台账包括三个层面的采购数据，一是集团总部层面的采购数据，二是二级单位层面的采购数据，三是基层企业的采购数据。

（四）管控风险，致力满足生产经营需要

1. 管控腐败风险，实施两个三分离并制约制衡

采购工作实施“需求、采购、决策”三分离，招投标工作实施“预审、评标、定标”三分离，以此斩断可能滋生于采购和招投标关键环节的腐败链条，挤压可能存在的利益寻租空间，加大供应商“做工作”的难度，保障采购和招投标工作公平、公正、客观进行。两个“三分离”机制之下，提出需求的单位（部门）不参与采购，参与采购的单位（部门）不参与决策；参加公开招标的资格预审或邀请招标的入围单位资格审查的人员不参与评标，参加评标的人员不参与定标。比如总部集中采购，由基层企业或二级单位提出需求，总部采购归口管理部门（招标公司）负责组织采购，集团公司采购领导小组负责采购结果的决策；又如二级集中采购，由基层企业负责提出采购需求，二级单位的采购归口管理部门（招标公司）负责组织采购，二级单位的采购领导小组负责采购结果决策；再如一个单位内部的采购，由需求部门提出采购需求，采购归口管理部门（招标公司）组织采购，该单位的采购领导小组负责采购结果决策。

在机构设置上，采购归口管理部门由三个不同处室分别负责计划、采购、监督，实现制约制衡；在采购工作上，将“管理”和“办理”分开，管理者不实施采购，实施采购者不参与管理，做到“管办分离”，相互制约；在横向制约上，集中采购计划由采购归口管理部门、相关业务部门、预算管理部门等进行会审；相关采购结果由采购归口管理部门、相关业务部门、预算管理部门、审计部门组织工作组进行会审；所有业务部门、职能部门负责人都是采购领导小组的成员，参与采购重大事项决策。华能集团实施“采购风险防控五抓”：抓责任落实，抓体系完善，抓机制保障，抓过程监督，抓执纪问责，注重廉洁从业、采购风险防控的制度化。华能集团发布《采购监督管理规定》，注重事前、事中监督，从采购计划、采购过程、采购合同、产品质量、供应商、评标专家等环节，规定日常监督、专项监督、定期监督的重点内容，加强全过程监督，防控风险。

2. 管控质量风险，以标准化和专业化提升质量

一是建立采购质量管理体系，对设备质量进行专业化管理。华能集团制定《物资管理规定》《物资采购管理办法》等制度，明确采购质量管理体系和各相关部门、单位职责，由物资部对采购物资质量进行统一管理。二是对采购质量进行全生命周期管理。华能集团从设备制造开始直至设备安装投运后的全生命周期质量进行管控和考核，结合供应商的设备交货、产品质量、价格因素、售后服务等节点对采购质量进行动态评价，实现整个寿命期内的质量评价与考核。三是积极推行招标文件标准化，把质量要求标准化。招标文件是采购需求的最直接的反映，推行招标文件的标准化是控制采购质量的有效手段。华能集团把招标文件的商务部分按工程、物资、服务采购进行分类，结合业务特点，经法律事务部门审

核，全部实现标准化，保证相关条款严谨、合法，保护各方利益；对于招标文件的技术部分，华能集团从集中采购目录（72 类设备）设备开始，逐步推行技术要求标准化，截至目前，已完成其中的 32 类设备结构化表单，确保招标技术要求涵盖质量管控要求。

3. 管控效率风险，及时保障生产经营工作需要

华能集团在采购及招投标方面，优化工作流程 25 个，编制表单 26 个，梳理风险点 29 个，提出监督事项 29 项，经优化的招标采购流程（包括公开招标和邀请招标）、非招标采购流程（包括竞争性谈判、询价采购、单一来源采购等）等落实在《采购管理指导意见》《采购管理规定》等制度中；同时制定《采购领导小组议事规则》《总部集中采购项目工作流程》等制度，明确采购领导小组的议事流程。

华能集团按照准确性、及时性、前瞻性的要求，遵循"年统领、季调整、月执行"的原则，着重简化流程、提高效率，实现有序、高效的采购计划管理。采购计划以华能集团综合计划与年度预算为依据，以需求计划为基础，分三级进行管理，包括集团公司总部集中采购计划、二级集中采购计划和基层企业自行采购计划，分别由集团总部、二级单位、基层企业进行管理，三个级别的采购计划分为年度、季度、月度，年度计划是根据预算编制的全年采购计划，季度计划是在年度计划基础上根据实际需求编制的相对准确的采购计划，月计划是在季度计划基础上编制的需要实际采购的计划。上述三级、三类计划均在物资管理平台进行管理，信息实现共享，确保采购工作未雨绸缪、计划有序、高效开展。

华能集团建立采购绿色通道，保障紧急采购需求。比如因国家利益、政府要求、项目计划调整或企业自身管理等原因，需要进行采购但项目未纳入年度或季度采购计划，华能集团采取追加计划的方式，进入月度采购计划，确保所有需要采购的项目都能够安排进行采购。对于特殊紧急的项目，开辟绿色通道进行采购。如对于生产经营过程中因不可抗力、设备严重缺陷、突发事故等情况而提出的紧急采购，需求单位按采购审批权限逐级汇报后实施采购，采购完成 15 日内，需求单位按相应管理要求补齐相关手续；再如，对于涉及抢险救灾的采购，现场总指挥可直接批准实施紧急采购，事后将采购结果以书面形式按采购审批权限报送上级单位备案。华能集团制定《紧急采购管理办法》，明确适用紧急采购的情形，制定简便、快捷的工作流程，确保紧急需求。

华能集团建立催交催运制度。设备催交催运是协调相关部门根据供货合同对供应商按期交付物资进行协调、督促和监督，具体包括：根据供货合同协调、督促供应商按照合同或相关协议约定的标准按期准时交付合同物资；根据供货合同协调、督促供应商按照合同约定和包装要求运输物资；帮助协调解决运输过程中遇到的问题，使合同物资及时运抵现场。华能集团制定《物资催交管理办法》，规定华能集团总部、二级单位、基层企业的催交职责，明确催交工作内容、催交工作流程，各单位有关部门根据职责，动态跟踪设备材料制造情况，确保设备材料可靠及时运达现场，保障生产经营工作的正常进行。开展设备催交、催运工作，确保设备交付满足生产经营的需要。

（五）打造平台，全面开展采购动态监管

1. 建设全新平台，以电子商务打造智慧供应链

华能集团制定《中国华能集团公司电子商务实施规划》，运用"互联网＋"思维，采用大数据分析、移动应用、云平台等先进技术，在保持既有电子商务平台正常使用的同时，建设全新的电子商务平台，打通内外网采购工作流程，实现采购计划、采购询源、物资管理、库存仓储、生产管理、在线经营等管理链条的无缝连接，实现信息流、资金流、物流的有效管理，着力打造华能智慧的供应链。

华能新电子商务平台基于"外部交易＋内部管理"的新架构，实现架构、界面、流程、数据四个统一，实现功能、业务、用户全覆盖，实现采购数字化，采购过程全程可追溯、可管控，具有全集团共享的供应商、专家、采购信息等资源，具有开放、包容、公共属性，满足华能集团对采购工作的统一、集中管控要求。

电子商务平台分为四层：门户、核心业务管理、外部协同、分析监控。门户包括采购商门户、供应商门户等；核心业务管理包括招标管理、非招标管理、采购执行、供应商管理、专家管理、供应商联储联备、闲置物资对外调剂、废旧物资对外处置、网上超市等；外部协同包括在线投标、在线报价、订单确认等；分析监控包括采购业务管理系统。

2. 开发管控系统，基于采购台账开展业务管控

一是把“三级管理”要求固化于采购业务管控系统。采购业务管控系统设计成“集团公司—二级单位—基层企业”“三级管理”方式，各单位按层级和权限使用。三个层级均具有采购管理功能，所有数据均在同一数据库内实现共享。每一层级均具有采购台账数据的填报（或自动抽取）、汇总、审核、提交功能，每一笔采购数据均关联填报人、汇总人、审核人、负责人，任一数据可逐级进行追溯，直至找出最终责任人。采购业务管控系统为 B/S 模式，充分利用集团公司在线经营填报系统和资产财务一体化系统（以下简称 ERP 系统）的资源，进行整合开发，实施数据共享，避免信息孤岛。

二是破除采购数据不全的瓶颈，以手工、自动相结合的方式，实现采购数据的完整采集。大型电力集团公司管理企业多、发展迅速，很难将 ERP 系统覆盖至所有企业，仅从 ERP 系统提取的采购数据无法完整、全面反映采购的真实情况。华能集团把全部企业分成“ERP 未上线”和“ERP 已上线”两类，对于“ERP 未上线”单位，建立“手工填报”功能，手动批量导入采购台账信息；对于“ERP 已上线”单位，建立“ERP 自动抽取”功能，实现采购台账信息的自动采集。这种“手工”“自动”相结合的方式，实现采购业务管控系统“功能、用户、产业”的全覆盖，为集中精准采购管理创造条件。

三是自动收集、生成基础数据，实现采购相关管理指标的动态、实时计算。采购业务管控系统底层数据表现为多条台账记录，系统内置统计功能，按企业名称、采购类型、采购金额、采购方式等统计采购基础数据，基于选定的时段和范围，根据统计的基础数据，按照内置的计算公式，系统可自动计算全部采购指标，确保指标的客观、公正、准确，提高采购指标的公信力、可信度。

四是开发完善的统计、分析、监管功能，实现采购业务的全面监管。第一，有效监管“应招标未招标，应公开招标未公开招标”问题，确保采购依法合规。华能集团总部可从采购业务管控系统实时查看下属企业的全部管理台账和相应指标，随时监控相关企业是否依法依规进行采购，根据监控情况，及时反馈相关单位核实情况、查找原因、落实整改等。第二，有效监管采购业务数据的全面采集。采购业务管控系统能否真正发挥作用，关键在于相关数据是否真实、完整、准确。采购业务监管系统具有采购金额与资本预算对比功能，可实时监管采购预算执行情况，避免“手工”填报时有选择性地漏报、瞒报相关采购台账。第三，有效监管采购业务数据的质量。采购业务管控系统具有数据质量统计功能，每月自动统计各企业“手工”填报数据的提交时间和质量，集团公司、二级单位可根据质量统计表，催促相关单位及时提交或完善填报数据。

3. 实施三级联动，开展月度、季度、年度内部对标

一是基层企业每月盘点采购管理台账，通过集团公司统一的采购业务管控系统查看采购基础数据和相关指标，实时掌握企业采购指标水平，了解指标变化趋势，发现管理短板和漏洞，制定整改措施加以改进。集团公司、二级单位每月通过采购业务管控系统，自动监测下级单位的采购相关指标，及时通知相关单位改进采购工作。

二是集团公司每季度发布采购分析报告。季度采购分析报告针对 10 项采购管理指标，以图表、曲线方式，公布各二级单位在该季度的指标排序（二级单位的数据包含其所辖基层企业的统计数据），分析指出存在的问题，提出下一季度的采购管理提升工作要求。采购分析报告以集团公司文件方式下发至所有二级单位和基层企业，促进指标排名靠后的企业主动查找问题、分析原因、制定改进措施，实施管理改进。

三是华能集团总部、二级单位、基层企业每年分别对采购工作进行全面总结分析。二级单位、基层企业详述年度采购管理情况，总结值得推广的做法，系统剖析存在的问题，针对问题和管理薄弱环节，提出管理改进计划和措施。集团公司在二级单位、基层企业总结的基础上，总结经验，分析共性问题，提出努力方向，推广好的做法，将典型经验逐步转化为企业业务管理制度和标准，进一步提升企业的采购管理水平。

三、电力集团公司集中精准采购管理效果

（一）企业采购管理水平全面提升

2015 年，华能集团对全部 41 万个采购项目实施有效管理，华能集团的集中采购率、上网采购率等六项指标全面“达标”，提前一年达到国资委“良好”水平标准。与 2014 年相比，公开采购率由 51%上升为 95%、上网采购率由 48%上升为 70%、集中采购率由 52%上升为 66%，采购相关指标的全面提升，有力体现采购管理水平的全面提升。2016 年 1—9 月，集团公司集中采购率为 87.14%，上网采购率为 82.55%，与 2015 年同期相比，上网采购率上升 11.64 个百分点，集中采购率上升 2.61 个百分点。

（二）为生产经营提供有力保障

华能集团集中“人力、技术、需求、电子商务平台、供应商”等五类资源，实现采购资源的优化配置，极大地提升和发挥现有资源的价值，增强采购工作为生产经营提供保障服务的能力。华能集团建立采购质量管理体系，建立采购质量通报机制，引入专业化团队对设备质量进行专业化管理，实施全生命周期质量管控，提高设备质量水平，为生产经营工作提供质量保障；华能集团优化集中采购流程，发挥计划统领作用，建立采购绿色通道，满足紧急采购需求，建立催交催运制度，确保采购工作满足生产经营工作需要。2015 年，华能集团总部为总计 79 家单位进行集中采购，采购行业类别涉及风电、火电、水电、光伏、港口、供热工程等，如集中采购各类电缆 5309 千米，各类开关柜 2949 面，风机塔筒 400 套，锅炉、汽机、发电机、水轮机等 31 台（套），各类主变、厢式变 1201 台等，全部与供应商签约、履约，没有发生质量、运输事故，供货进度全部满足生产经营要求；华能集团 2015 年全年 2069 万千瓦机组完成超低排放改造，投产新机 960 万千瓦，其中华能安源电厂投产二次再热机组，华能莱芜电厂投产百万千瓦级二次再热机组，华能洛阳、伊春热电投产辅机单系列热电机组，相关设备技术、质量、供货为超低排放改造，为项目的如期、高水平投产提供可靠保障。

（三）企业降本增效效果显著

2015 年，华能集团累计采购金额共计 564.30 亿元，与概算相比，累计节约采购资金 92 亿元，与 2014 年相比，节约的采购资金增加 77 亿元。总采购金额中，通过两级集中采购金额共计 374.65 亿元，两级集采率达 66.4%，通过两级集中采购节约资金 75 亿元，占总节约资金 92 亿元的 81.5%，两级集中采购节约资金的效果明显。2016 年 1—9 月，华能集团采购与概算相比累计节约资金 49.05 亿元，两级集中采购率达 87%，通过两级集采节约资金 46.24 亿元，占采购总节约资金的 94.3%。

通过跨集团联合储备、建立虚拟库存、开展供应商联合储备、闲置物资调剂等，有效落实“共享”的发展理念，实现华能集团物资库存的动态集中管控，有效盘活库存物资。2014 年、2015 年两年间，华能集团调剂闲置物资原值 1.97 亿元，2016 年 1—9 月，已调剂闲置物资 5800 万元。2015 年库存总额比 2014 年下降 1.1 亿元，2016 年 1—9 月库存比 2015 年同期下降 2.66 亿元，企业降本增效效果显著。

（成果创造人：孙智勇、陈书平、李春生、张又新、王绪繁、李应宽、陶　俭、高宏伟、肖志刚、刘灵轩、刘　宇、杜　乾）

核燃料元件产品制造全过程质量可靠性管理

中核建中核燃料元件有限公司

中核建中核燃料元件有限公司（以下简称中核建中）是中国核工业集团公司下属骨干成员单位，是我国最大的压水堆核电燃料组件生产基地，经过五十余年的不断发展，现已成为以核电燃料元件制造为主导产业，香料、金属锂、锂电池为非核主要民品的军民结合型国有大型企业。中核建中通过引进国外先进技术和不断自我创新，已具备300MW、600MW、1000MW、实验堆、低温核供热堆、小堆和快堆等各种类型的燃料组件以及初级、次级中子源、控制棒、可燃毒物棒、阻力塞等相关组件的全堆芯核燃料元件供应能力。中核建中已为秦山一期、二期核电站、广东大亚湾核电站、岭澳核电站、田湾核电站、宁德核电站、红沿河核电站、阳江核电站、福清核电站、海南昌江核电站等国内多座核电站及巴基斯坦恰希玛核电站提供15000多组质量优良的燃料组件、相关组件，为各座核电站安全、稳定、经济运行做出重要贡献。

一、核燃料元件产品制造全过程质量可靠性管理背景

（一）提升制造水平，实施“核电走出去”国家战略的需要

核电核能是衡量大国综合国力的制造业制高点之一，先进的技术和可靠的质量是“核电走出去”国家战略实现的保证。核燃料元件是核电站反应堆的“核心”，既是核反应堆中的释热元件又是防止放射性裂变产物泄露的第一道安全屏障，其产品制造质量直接关系到核电站运行的安全性和经济性。提升制造水平，提高产品质量可靠性，“以质量赢市场”是实现“核电走出去”国家战略的客观要求。

（二）保障核电站安全稳定运行与核能行业安全高效发展的需要

世界核电运营者协会（WANO组织）对世界上所有运行的核电站进行排名，其中很重要的一个指标是燃料可靠性指标（FRI），燃料组件可靠性失效，其直接和间接经济损失达到几千万，此外，还有相关的社会环境、舆情等社会危害。核能作为清洁的能源，其发展已经纳入国家中、长期核能发展规划。同时，核工业进入新的战略发展机遇期，日本福岛核事故后，国家对核工业的安全高效发展提出更高的要求。进一步提高核燃料元件产品的质量可靠性，是保障核电站能够更加安全、稳定、经济地运行的需要，是适应国家强化核安全管理，保证核安全万无一失，推进核能行业科学发展、永续核工业行业辉煌的必然要求。

（三）实施企业发展战略，促进企业持续健康发展的需要

近年来，中核建中面对来自质量安全的巨大压力以及国内外同行激烈的市场竞争，制订“质量领先、创新驱动、成本竞争、人才强企、文化引领”的发展战略，并将质量领先作为中核建中持续发展的战略基石，着力打造中核建中的优质品牌。推行核燃料元件产品制造全过程质量可靠性管理，有效提升核燃料元件制造质量，为用户生产出高质量的核燃料元件产品，是实施企业发展战略、保持竞争优势、赢得先机、促进企业持续健康发展的需要。

二、核燃料元件产品制造全过程质量可靠性管理内涵与主要做法

中核建中为适应核能行业安全、高效发展新常态和充分满足用户需求，坚持质量领先战略，在产品和服务质量上追求“双零”（产品零缺陷、零破损，客户零投诉、零抱怨）目标，推行原材料、制造工艺、制造过程“100%可靠”管理，以产品零缺陷保证质量一致性；加强风险防控，实现核燃料元件产品在核电站运行中无制造原因破损；建立完善顾客满意度测评体系，以用户零抱怨、零投诉为导向，建

立质量改进机制；打造信息化平台，提供便捷支持，持续提高核燃料元件产品制造质量的可靠性，为核电站的可靠运行提供基础保障，促进企业持续健康发展。主要做法如下：

（一）建立核燃料元件产品制造全过程质量可靠性管理的组织体系

中核建中成立以总经理为组长的可靠性专项管理提升活动领导小组，下设燃料可靠性办公室，负责明确、制订核燃料元件全过程可靠性管理的方案和计划，推进可靠性管理活动的实施；各生产车间成立燃料可靠性促进小组，组织落实可靠性管理工作计划，开展本单位的燃料可靠性管理工作，分析并确定本单位影响燃料产品可靠性的重要因素，研究并制定确保或提高产品可靠性的措施或方法；生产检验车间在关键岗位成立岗位可靠性管理小组，将可靠性工作进一步推进到元件生产检验的各环节，同时设立总经理专项奖励资金，为燃料元件可靠性提升工作的持续开展提供强有力的组织和资源保证。

（二）实施原材料“100%可靠”管理

中核建中从物料性能100%可靠和物料使用100%可靠两方面入手，将“原材料可靠性管理”嵌入核燃料元件生产制造的整个体系中，从根源上保障核燃料元件产品制造质量的可靠性。

1. 管控原材料质量，确保原材料质量性能100%可靠

从物料选型、合格供方评定、供应商质量管理、物料质量状态监控等与原材料性能可靠性息息相关的各个环节入手，形成系统的原材料性能可靠性管理流程，编制《物项采购管理办法》《合格供方管理办法》《供方评价程序》《合格供方清单》《重要物项监造管理规定》《物项验收、入库、保管和发放管理程序》等制度。

严格原材料供应商选取和管理。为确保采购物料的质量、交货期等满足合同、核安全法规和技术条件的要求，编制《供方评价程序》，确定评价方法、流程与评价标准。质量管理部、技术部等专业部门评价原材料供应方质量保证能力、技术能力、供货（服务）能力，根据评价结果，编制《合格供方清单》。只有列入《合格供方清单》的供应商才能为中核建中提供核燃料组件原材料或零部件。当供方发生重大质量事故或严重投诉、供方质量管理体系发生重大变化时，重新进行供方评价或重新选择供方。

提升供应方技术及质保能力。对关键原材料，派出质量、技术人员全程参与供方的技术攻关、工艺试验、工艺和产品合格性鉴定和质量管理体系建设，提升供方的质量与核安全意识，促进其质量管理水平和产品质量的持续提高。定期对供方进行质保监察，充分掌握供方的质量状况，及时了解相关风险并协调解决相关技术、质量问题，将材料采购的风险降至最低。

严格实施驻厂监造、源地验收、进厂复验“三部曲”。关注供应商所提供的材料性能的一致性和稳定性。编制《燃料元件重要物项清单》《重要物项监造管理规定》，根据关键特性确定适宜的驻厂监造或性能复验频率以及材料使用方法，以合同、技术条件及图纸、供方质量控制计划为基础编写监造大纲，派出监造人员，现场对原材料生产制造质量进行监控，督促纠正处理生产过程中的问题，及时了解相关风险并协调解决相关技术、质量问题，将材料采购的风险降至最低。必要时，组织编写源地验收大纲，在供方现场进行源地验收，避免有缺陷的原材料进入生产现场。为避免出现重大质量隐患，在重要物料进入到厂后再次对其质量文件、技术特性进行复查，复查不合格物料不予接收入库。

2. 管控材料使用，确保材料使用100%可靠

识别材料关键特性并进行有效控制。明确材料的性能或功能标准，研究采用更可靠的性能检测方法对材料关键性能进行检测分析，建立材料性能与产品性能的相关关系，监控材料关键性能变化情况，针对材料性能变化适时采用适用的工艺。

材料进入生产制造岗位前实施验证放行。编制《放行管理程序》，对影响组件质量的主要零部件、原材料、外购件等采用质量检验放行（QC放行）；在重要工序间实行对质量文件进行现场审核签字的质量监督放行（QS放行），生产岗位只有在得到相关原材料、半成品或成品的相关放行单后，才能进

行下一步生产制造工作，避免不满足要求的原材料进入生产制造工序。

加强原材料出入库和标识管理，防止材料误用。编制发布《物项验收、入库、保管和发放管理程序》《燃料组件、单元件、部件的编号规则》等文件，对燃料元件原材料出入库、存储、生产流转过程进行规范管理，避免出现材料误用。

（三）实施制造工艺“100%可靠”管理

从设计技术条件管理、工艺技术管理、技术状态管理三方面入手，实施制造工艺“100%可靠”管理，从技术上保证核燃料元件产品制造质量可靠性。

1. 强化技术条件管理，确保设计技术条件100%适用

核燃料元件设计技术条件是生产制造的依据，为确保设计技术条件得到有效执行，避免设计文件适用错误，修改完善《设计控制程序》，建立从设计文件的适用性审查、设计文件的编制和转化、设计文件的确认、适用设计文件目录的建立和更改、设计文件技术状态管理到文件兼容审查的工作流程。

2. 建立完善工艺技术管理模式，确保工艺技术100%稳定可靠

为保证能够连续稳定生产出符合技术条件要求的核燃料元件产品，建立以工艺试验、预鉴定、工艺鉴定、产品鉴定为主线的工艺管理流程。主要流程包括：工艺试验，即消化吸收设计技术条件，开展工艺试验摸索制造工艺，形成初步生产制造工艺；工艺预鉴定，即编制工艺预鉴定大纲，投入少量物料开展试生产，调整优化生产制造工艺；工艺鉴定，即编制工艺鉴定大纲，投入一定量物料开展试生产，对产品质量水平进行评价，质量水平达到要求后，由总工程师签发工艺合格性证书，固化制造工艺；产品合格性鉴定，即编制产品合格性鉴定大纲，投入一定批量的物料开展试生产，对批量产品质量水平进行评价，质量水平达到要求后，由生产副总经理签发产品合格性鉴定证书，认可制造工艺，方可正式投入批量生产。产品合格性鉴定结果仅在连续生产的一定期限内有效，超过期限或中途停产超过一定时期，必须重新开始此流程。

为避免新工艺在带来制造水平提升的同时对现有产品产生不利影响，规范新工艺、新材料的应用，制定《新材料、新技术、新工艺应用管理程序》，要求所有新技术和新工艺的应用都需得到总工程师或其授权的批准，对影响产品质量的关键工艺还应进行工艺和产品合格性的鉴定。

3. 加强技术状态管理，确保技术状态100%刚性受控

为避免批量性产品的质量波动，中核建中制定技术状态管理程序，明确生产中技术状态项目的功能和物理特性，确定评审要素，强化评审控制，建立技术状态跟踪处理机制，记录和报告这些特性更改处理过程及执行情况，使技术特性状态100%刚性受控，满足产品技术要求。技术状态管理流程包含：标识，即研制、生产过程中所应用的适用技术文件，形成相应的适用技术文件目录，根据产品特点对研制、生产中的原材料、零部件、成品等按技术状态项目进行分解标识，制订技术状态管理计划；报告，即记录生产过程中出现的产品质量、技术问题，提交技术管理部门；审核，即技术部门针对问题组织研究提出技术状态处理意见，提交中核建中技术状态处理专家小组从处理措施科学性及可行性，对生产、成本、生态环境、职业健康和安全的影响等几方面进行评审；处理，即对审核通过的技术状态处理意见由技术管理部门相关责任单位下达“技术状态处理意见书”，跟踪评价处理结果。

（四）实施制造过程“100%可靠”管理

1. 实施TPM管理，追求生产设备运行100%可靠

中核建中在实施设备分类管理和设备合格性鉴定的基础上，实施设备点检与维护保养相结合的设备TPM管理，把设备（包括工装）所有功能在时间上的稳定性和保持性作为重点管理内容，强化设备运

行状态监控，追求生产设备运行100%可靠。

以设备资料、生产物料、设备参数、运行参数、工器具为中心开展6S管理，对设备功能结构、部位进行分析，归纳总结设备日常运行时出现的故障，梳理出影响设备状态的因素，确定点检路径与顺序，制定点检总表、日常点检卡、周点检卡、定期点检计划表，明确设备状态和维护保养标准，将日常点检和设备自主维护保养结合起来，从而及时发现设备性能状态的变化，准确掌握设备故障初期信息，采取对策将故障消除在萌芽状态，确保设备运行的可靠性，提升产品的质量水平。

2. 推行6S精益生产现场管理，追求生产现场管控100%可靠

在组织层面上，构建公司、部门、车间、岗位四级6S精益管理组织体系，将一线操作人员、专业技术人员、各级管理人员等各级员工与生产岗位及生产过程紧密联系在一起。

在实施流程上，注重实施过程、内容的标准化，将原来各岗位、各部门纷繁的做法和措施结合精益的管理理念、工具总结归纳、修改完善形成标准化的6S管理实施方案。

在具体推进上，确立以“五个一切”（使生产现场的一切物品都有区/位、一切区域都有标识、一切设备设施的用途和状态都有说明、一切污染源都得到有效控制、一切不安全因素都有效排除）为核心的6S管理目标，制定推行手册、一系列管理制度和考核细则；生产现场实施物品定置管理，建立规范的现场视觉标识，编制生产操作规程，实施标准化生产；建立多级6S管理例会制度。

在评价考核上，设置岗位物品定置率、岗位清洁度、设备工装管理、产品成品率等评价标准，编制《6S专项检查记录表》《6S管理评分表》《6S日常监督检查记录表》等，定期组织对生产单位6S精益管理水平进行量化评价考核。

（五）实施以预防核燃料元件产品堆内失效为核心的风险防控

核燃料元件堆内破损率是衡量核燃料元件产品可靠性最直接、最客观的评价依据，产品失效是导致其堆内破损的主要原因，为此，中核建中大力实施以预防核燃料元件产品堆内失效为核心的风险防控，实现核燃料元件产品在核电站运行中无制造原因破损。

1. 关注核燃料元件堆内运行状况，开展经验反馈

中核建中成立常设的燃料元件堆内运行经验反馈工作组，会同技术、质量管理部门，积极跟踪电站运行情况，通过电站现场收集，设计方、用户三方交流等渠道，收集反馈燃料组件运行状况，定期组织经验反馈会，通报电站运行情况及提高燃料元件可靠性的关注点。制定核燃料元件生产制造及运行经验反馈处理流程，质量管理部门组织经验反馈工作组对发现的问题进行分析，确定责任部门，对问题进行分级，制定纠正和预防措施，及时通报用户，跟踪验证处理结果。

2. 建立核燃料元件失效主要线索表，指导生产制造风险辨识

研究国际上燃料元件破损相关文献，结合国内核电的经验反馈，分析核燃料元件堆内失效风险线索，建立核燃料元件失效的主要线索表，指导风险辨识。

3. 识别生产制造风险源，制定风险防控措施

参照风险线索，结合产品特点，组织相关技术人员和技师，利用失效模式及后果分析方法（FMEA），识别出核燃料元件生产制造全过程包括零部件、燃料棒、组件、UO2粉末及芯块制造风险点共234项，按发生概率、后果的严重程度及可探测性，制定具体评价标准，分为“很高、高、中、低、很低”五个等级。对这些风险点按风险级别进行分类建库管理，制定防控措施，逐一落实到具体的责任人，实施动态滚动管理。

针对各关键工艺、关键过程风险防控措施的执行落实情况，定期组织相关技术力量进行运行评价，以确保风险防控措施的合理有效。在各关键岗位成立的风险防控管理小组，编制岗位燃料元件可靠性管理文件，使风险控制措施得到切实执行。

（六）建立顾客满意度测评体系，打造以用户零抱怨、零投诉为导向的质量改进机制

1. 确定顾客满意度关键测评指标

鉴于核燃料元件的特殊性和重要性，充分考虑企业目前的质量管理水平、生产经营特点及发展方向，确定包含质量管理体系的总体要求和管理职责、顾客要求的识别、产品的监测、产品交付及售后服务过程、产品性能以及顾客信息管理等内容的关键测评指标。在顾客满意度关键测评指标基础上，建立中核建中顾客满意度测评体系。

2. 设计科学的顾客满意度测评方法

对于核燃料元件这一特殊产品而言，顾客相对固定，中核建中建立固定样本连续调查法，通过对同一样本进行长期的反复调查，迅速而准确地获取顾客满意度指数各项指标的变化趋势，并采取相应的持续改进措施。

合同管理部门采用走访顾客或邮寄调查的方式，向顾客发放《顾客满意度调查表》和《顾客意见征询表》，对顾客的满意度进行分类统计和分析，获取顾客满意度指数各项指标的变化趋势，及时采取相应的改进措施，满足顾客要求，进一步提高质量管理水平。

3. 开展顾客满意度测评分析，实施质量改进

测评人员在完成顾客满意度调查工作后，对调查数据及时进行整理，并按期进行测评结果分析工作。测评结果分析工作分为两步进行：首先，确定测评指标权重，计算出总体顾客满意度指数，得出顾客满意或不满意的结论；其次，用适合的统计技术进行评价指标满意度的分析和指数的变化趋势分析，获取顾客满意或不满意的原因和顾客满意度总体指数的变化趋势。在顾客满意度评价及趋势分析的基础上，找出存在的不足，实施质量改进，完善工作质量。

例如，在2013年顾客满意度调查中，通过调查数据发现所有顾客对“产品及备品备件使用性能”满意度指标的评分值均较低，经分析《顾客意见征询表》，了解到所交付的一批燃料元件组合吊具使用不便，中核建中当即决定立即组织免费返修，顾客对于返修后的使用情况表示十分满意，对中核建中的售后服务质量予以高度评价。

（七）打造信息化平台，提供便捷支持

中核建中集成整合各类已建业务系统信息资源，促进企业内部资源整合与信息互通，开发质量管理信息化平台，包括制造与检查大纲、质量控制计划、质量方案、质量记录、作业、质量规程等内容，覆盖生产制造全过程。通过质量管理信息化平台，质量控制计划同生产过程紧密结合，实现样品、取样、检验、跟踪、监督、见证和放行等质量控制要求与生产过程控制的融合、同步；规范物料档案和样品试样名称，建立统一的档案信息，确保业务数据的正确性和唯一性；物料领取时对库存量和放行情况进行检查，避免使用未放行或质量不合格的材料和零件；引入条形码扫描技术，对原材料、半成品、成品以及相关样品的在线流转实施准确跟踪，使在线检验检测、监督见证和放行控制得以有效实施，保障产品质量的全程跟踪管理；实现检验标准数字化，避免人工判断检验结果，减少误判概率；实现出厂文件自动输出，避免人工收集整理的繁重工作，减少出错的概率。

生产前预防。在编制质量规范（体系文件）后，系统自动根据体系文件的批阅范围将相应的文件推送到岗位，使得岗位一登录生产管理系统便知道哪些文件已经升版，需要员工去查看，按照新的规范来指导生产。

生产中控制。根据既定的规则（质量控制计划）进行相应的控制，减少人为出错的概率；在生产完成后，根据放行的要求进行检测，发现生产过程中没有发现的问题，进行相应的改正和改进；所有物品都启用批次化管理，按“件”、按“批”对物品进行唯一身份标识，使用过程中严格按照放行规则进行使用控制，同时对各“身份证号”采用条码管理。

生产后分析、改进。根据生产过程中的生产数据和质量数据，利用生产管理系统对关键数据进行统计和分析，使相关部门和人员能及时了解生产质量的波动情况，从而采取相应的措施，保证生产质量可靠，为经营和决策提供数据支持。

三、核燃料元件产品制造全过程质量可靠性管理效果

（一）产品制造全过程质量可靠性大大提高

成果的实施，构建核燃料元件产品制造质量可靠性管理体系，带动人、机、料、法、环、测等生产要素资源的科学运行，有效提高零部件的成品率，促进中核建中生产能力、盈利能力的提高，为建成国际一流核燃料元件制造基地打下基础。近四年来，在生产要素配置基本不变的情况下，产量大幅提升，产品质量稳定，主要产量和质量目标均得以较好地实现。

（二）提高用户满意度，提升市场竞争力

截至目前，中核建中已为各电站提供15000多组燃料组件，在产量逐年攀升的情况下，通过核燃料元件制造全过程质量可靠性管理，所提供的燃料组件达到零缺陷，无一因制造原因堆内破损，用户满意度大幅提高，2014年辽宁红沿河核电有限公司、海南核电有限公司，2015年中广核铀业发展有限公司给中核建中发来感谢信，高度赞誉产品和服务质量。

（三）促进行业水平提升，为建设核电强国做出应有贡献

核燃料组件作为核电站的核心部件，直接影响核电站的安全性、可靠性和经济性。中核建中通过制造全过程的质量可靠性管理，诊断出燃料组件制造全过程中可能导致堆内组件失效的风险点，通过原材料、制造工艺和制造过程的可靠性管理，采取针对性的可靠性控制措施，全面提升公司的制造水平，为我国建设核电强国做出应有的贡献。

2014年，中核建中工业总产值首次登上50亿元台阶，达到62.54亿元；工业增加值达到10.4亿元；利润总额首次突破3亿元，达到3.36亿元；EVA值达到2.73亿元，分别同比增长33%、24%、75%和92%。2015年，实现工业总产值59.71亿元，工业增加值11.04亿元，主营业务收入33.09亿元，利润总额5.4亿元，EVA值4.7亿元。

2012—2014年连续三年获得“中核集团公司业绩突出贡献奖”，2013年获得“中国核工业集团公司先进单位”荣誉称号，2014年获得“中核集团公司管理提升活动优秀基层单位”荣誉称号，2015年度获得“全国文明单位”“全国质量管理小组活动优秀企业”等荣誉称号。

（成果创造人：丁建波、彭海青、任宇洪、张　兵、吴　平、
何　君、李　羽、华月强、叶畹义、王　刚）

基于BIM技术的水运工程单项目投标与施工管理

中交第一航务工程局有限公司

中交第一航务工程局有限公司（以下简称中交一航局）是中国交通建设股份有限公司（以下简称中国交建）的全资子公司，创建于1945年11月12日，是新中国第一支筑港队伍，素有“筑港摇篮”之美誉。公司是以港口工程施工为主，多元经营、跨行业、跨地区的国有大型骨干施工企业，拥有1个工程总承包特级资质、14个工程总承包一级资质和17个专业承包一级资质，具备对外承包工程资格。截至2015年年底，拥有总资产513亿元；拥有各类工程船舶219艘，施工机械7042台（套），累计建成码头泊位1617个，建成船坞、船台49座，公路、桥梁893公里。施工区域涉及国内30个省市自治区以及世界各地的31个国家和地区。

一、基于BIM技术的水运工程单项目投标与施工管理背景

（一）提升企业水运工程项目投标与施工管理水平的需要

在建筑领域中，与其他专业的工程项目相比，水运工程项目具有施工难度大、进度保证难、安全风险高、成本不易控制的特点，且传统水运工程项目投标与施工管理标准化程度、精细化程度、效率及各部门之间配合程度均处于较低水平，已经无法满足日益提升的工程质量、进度、安全、成本等方面的控制要求，急需一套适用于企业发展的标准化程度高、精细化程度高、高效且能够实现多部门协同工作的水运工程项目投标与施工管理体系。

（二）提升企业核心竞争力以应对国内外市场环境变化的需要

近年来，国内的水运工程项目建设趋于饱和，水运工程市场逐渐萎缩，国外水运工程市场也处于低迷状态，导致市场竞争愈发激烈。在此种形势下，建设单位对工程质量、进度、安全等方面的要求越来越高，施工企业的利润空间被大幅缩减，经营发展面临诸多困难和挑战，寻找一种能够切实提升企业核心竞争力，创造更多利润空间的管理体系刻不容缓。

（三）响应中国交建打造“五商中交”发展战略的需要

2011年，中国交建提出打造“五商中交”的发展战略，即打造全球知名的工程承包商、城市综合体开发运营商、特色房地产商、基础设施综合投资商、海洋重型装备与港口机械制造及系统集成总承包商。中交一航局一直将打造全球知名的水运工程承包商作为发展目标，因此，不断完善与优化公司水运工程项目投标与施工管理体系，提升企业自身素质与服务能力势在必行。

二、基于BIM技术的水运工程单项目投标与施工管理内涵和主要做法

2014—2015年，中交一航局通过建立试点项目，以专题研究的方式将BIM技术融入水运工程项目投标与施工管理中，经过反复总结与优化，形成一整套标准化的水运工程项目投标与施工管理BIM解决方案，并在企业内部水运工程项目中进行推广，同时加强机制建设，促进BIM技术应用的稳健发展。主要做法如下：

（一）分析BIM技术的适用性，做好BIM技术引入的策划和准备工作

1. 了解BIM技术，分析BIM技术适用性

BIM（Building Information Modeling）是建筑信息模型的简称，它是以建筑工程项目的各项相关信息数据作为模型的基础，进行建筑模型的建立，通过数字信息仿真模拟建筑物所具有的真实信息。它具有信息完备性、信息关联性、信息一致性、可视化、协调性、模拟性、优化性和可出图性八大特点。

传统水运工程项目投标与施工管理方法呈现标准化程度低、精细化程度低、效率低、各部门之间配合程度低的特点，而应用 BIM 技术有助于将管理向平台化改进，切实提升标准化管理水平；能够更加精确地计算工程中的各种工程量、物资量等内容，切实提升企业精细化的管理程度；能够避免大量的重复工作，使工程项目管理整体效率得到巨大提升；能够保证管理各部门信息同步及时更新，真正实现协同工作。

2. 制定 BIM 技术引入水运工程项目投标与施工管理的实施策划

目前，BIM 技术主要用于工民建工程、公路及铁路工程等，应用 BIM 技术的水运工程项目少之又少，无可供借鉴的工程案例。在这种情况下，为能将 BIM 技术用于水运工程项目投标与施工管理，切实在实际工程中发挥作用，中交一航局制定“五年三步走”的实施策划。一是确定试点项目，以专题研究形式总结 BIM 应用方法；二是优化企业管理体系，将 BIM 技术在企业内部推广；三是加强机制建设，促进企业稳健发展 BIM 技术应用。

3. 做好基础准备工作，保证 BIM 技术引入顺利进行

一是建设团队。从强化 BIM 组织机构、选取高素质人才两方面组建 BIM 团队，成立公司 BIM 技术应用领导层，由公司主要领导任组长，BIM 技术负责人任副组长，公司各部门负责人为小组成员，领导小组主要负责明确 BIM 研发方向和 BIM 技术在公司各项管理中的具体应用的监督和指导。成立公司 BIM 中心，主要负责 BIM 技术的具体研发和推广及为重点项目提供必要的技术支持和顾问服务。在公司各项目上设置 BIM 负责人，主要负责项目管理中 BIM 技术的具体应用。通过上述组织机构及岗位设置，形成由公司 BIM 领导层、公司 BIM 中心、项目 BIM 负责人组成的三级梯队式 BIM 技术团队。

二是配置软硬件。针对水运工程项目的 BIM 专业软件尚未发布。中交一航局结合自身实际，在对各种软件进行分析对比后，选择 Autodesk 平台的 Revit 软件作为主建模软件，在 BIM 功能软件方面，选择 Autodesk 平台的系列软件和广联达平台的系列软件。在硬件方面，配备数十台高性能计算机。

（二）确定试点项目，以专题研究形式总结 BIM 技术应用方法

1. 确定试点项目，明确应用目标

中交一航局将金龙湾水上旅游度假项目 E 区填海工程一标段作为试点项目进行基于 BIM 技术的水运工程项目投标与施工管理专题研究。该工程规模较大、环境复杂、管理难点较多。为此，中交一航局建立 BIM 管理平台，实现远程管理和协同工作；建立 BIM 模型，实现工程施工全过程管理的可视化表达；所有分项工程典型施工前，均采用 BIM 技术进行模拟演练；采用 4D 模型进行施工进度计划的编制和管理，在开工前对施工全过程进行模拟演练；建立水下施工部分地形模型，辅助验收。

2. 投标阶段 BIM 应用专题研究

工程投标阶段的 BIM 技术应用目的在于提升工作效率和准确性，使标书制作水平和投标报价水平得到整体提高，应用思路为通过建立模型达到熟悉图纸和校核图纸的目的，然后利用 BIM 模型进行高效、精确的施工模拟、成本分析和进度计划编排等，最终形成最优的施工方案，并为投标报价提供更加符合实际的参考数据。工程投标阶段 BIM 技术应用主要包含投标阶段模型建立、图纸校核、工程量校核、场地布置、施工进度计划编制、施工方案的编制等内容，具体应用如下：

一是投标阶段模型建立。取得招标文件后，建立该工程投标阶段模型。通过模型的建立，使参与工程施工的技术人员对图纸达到相当高的熟悉程度。

二是图纸校核。在试点工程建模过程中，建模人员针对图纸表述不清或图纸自相矛盾处进行审核；模型建立好后，建模人员利用软件对模型进行碰撞检查，编制图纸审核资料，及时与设计单位进行沟通，避免因图纸问题导致的返工和工期延误。

三是工程量校核。建立好的模型具有总工程量查询功能及多角度工程量查询和统计功能。中交一航

局自主开发“报表统计”插件，使通过模型导出的报表格式与企业通用报表一致，避免报表二次处理工作，有效提高工作效率。利用模型和“统计报表”插件，中交一航局一方面对各分项工程进行工程量计算和统计，校核工程量；另一方面通过不同角度的工程量计算与统计为后续工作提供分析数据。

四是场地布置。首先形成三维可视化的场地布置模型，并在三维模型中直接进行场地布置优化，形成最终的场地布置方案；然后进行场地布置精细建模和工程量统计，为场地布置施工安排和成本计算提供贴近实际的参考依据和工程量数据。

五是施工进度计划编制。模型建立好后，将BIM进度管理软件与建模软件和进度计划编制软件结合使用，利用建模软件建立工程实体模型，利用进度计划编制软件编制施工进度计划，然后将施工进度计划和模型共同导入BIM进度管理软件中并进行挂接，完成赋予模型时间信息，利用软件的进度模拟功能进行施工进度计划的三维动态模拟演示，分析施工进度计划的不足之处，并在BIM进度管理软件中直接进行进度计划的修改，修改好后，再进行进度计划模拟，通过这种模拟与调整循环进行的方式，最终形成切实可行的最佳施工进度计划。

六是施工方案编制。施工方案研讨过程中，利用模型进行工艺模拟动画制作，最终确定最佳施工工艺。施工方案编写时，采用以图片为主配合必要的文字说明的方式进行表达，提高方案的易读性，所有配图均通过调整模型视角或由模型直接生成的方式进行制作，以表述清晰、美观为最终目的。

3. 施工阶段BIM应用专题研究

工程施工阶段的BIM技术应用目的在于提升施工管理各部门之间的沟通效率和工作效率，提升施工质量和安全性，节约施工成本，提升管理水平，应用思路为将模型作为管理的中心，工程施工管理各方面均与模型挂钩，然后通过互联网形成资源及信息的共享，并且通过网络平台形成一套标准化的管理流程，主要通过建立BIM管理平台，将BIM技术在工程技术、质量、进度、安全、成本、人员、设备、物资、材料等方面的应用点整合成一套完整的解决方案，强化工程管理的标准化、精细化，使整体管理水平得到提升。具体做法包括：

一是管理平台的建立。BIM管理平台内容包含BIM模型、场地布置、技术管理、质量管理、进度管理、安全管理、成本管理、人员管理、设备管理、物资管理、计划与统计、资料管理等板块内容，平台以BIM模型为中心，其他板块内容均围绕BIM模型展开。

二是施工阶段模型的建立。施工阶段BIM模型直接由投标阶段模型修改获得，修改内容主要为提升模型精度、添加里程参数化功能和高程参数化功能，里程参数化功能指模型包含里程参数，可通过调整里程参数控制模型的显示或隐藏，高程参数化功能指可通过调整标高参数控制模型的显示或隐藏。

三是场地布置。对于生活办公区的建设，利用投标阶段建立的模型进行细节优化，尤其对于房屋内部装修及办公家具等配置要进行全面布置，布置完成后，直接利用模型生成临建施工图和工程量统计表，用于指导现场施工。对于混凝土拌合站、预制场等大型临时建筑，要在投标阶段临建方案的基础上根据现场实际的情况进行二次优化，并通过修改模型获得最终方案，确认无误后，利用模型生成施工图纸和工程量统计表，用于指导施工。

四是技术管理。在分项工程技术交底前，将交底的内容制作成三维动画视频，交底时，除采用传统书面交底和讲课形式的交底外，再为现场施工人员播放动画视频，使施工人员能够更加形象地了解交底内容的重点、难点和注意事项，避免因理解错误导致的返工现象；在新工艺、工法投入使用前，利用模型进行新工艺、工法的模拟演练，通过观看演练动画视频，形象直观地分析新工艺、工法是否存在缺陷，避免在实际使用中出现质量或安全事故。

五是质量管理。利用模型进行施工现场情况的实时反馈，借助BIM管理平台，对施工质量进行有效控制。在施工过程中，施工管理人员在现场拍摄各施工部位的细节照片并上传至管理平台，企业领导层通过在管理平台上查看模型和照片，即可全面、准确地了解现场的质量情况，标注问题并说明整改意见，现场管理人员依照反馈信息进行整改，并将整改后的照片或视频上传至平台形成闭合管理；利用Civil3D软件辅助进行水下施工的验收，将通过测量得到的水深数据通过Civil3D软件进行处理，即可得到水下地形的三维模型，通过观察三维模型即可形象直观地了解水下施工是否达到预期效果。

六是进度管理。当需要对阶段性施工进度计划进行调整时，仍采用可视化施工进度计划编制的方法进行计划的编制、模拟和调整；施工日动态管理，在实际施工中，由项目BIM管理员调整好的每日完成的施工模型上传到管理平台后与之前完成的模型进行整合，形成工程模型每日更新，再配以日完成工程量报表和累计完成工程量报表，使管理者对工程进度一目了然。

七是安全管理。在进行安全技术交底过程中，直接在三维模型中标注出施工中的危险源，使施工人员对危险源有一个更加直观的认识；在各分项施工开工前，均利用模型进行该分项施工全过程的安全措施模拟；在新工艺、工法投入使用前，利用BIM模型进行实际操作演练，在演练中分析新工艺、工法的危险点，并制定安全保证措施。

八是成本管理。在建模过程中，直接在模型中添加材料的单价信息，在进行总施工进度模拟时，通过各时间点对应的模型工程量与材料单价进行运算获得施工全过程中的成本数额和分布情况，并形成以时间和成本数额为轴的成本曲线，通过分析成本曲线来优化企业资金配置；在施工过程中，通过调整施工模型，根据实际需求进行成本的快速统计和预算；对项目施工中的计划成本、实际成本和计划与实际成本的差值进行三线对比，更加高效地进行成本分析与总结。

九是人工管理。在施工过程中，每日通过在第二日计划施工的模型中添加施工人员信息，明确参与施工的人员是否已经参加三级安全教育、施工技术交底及施工安全技术交底，是否具有相应专业的从业资格证书等；在现场施工的每位工人均佩戴身份卡，身份卡包含存有工人信息的二维码，管理人员在日常检查过程中随机抽查施工人员，通过扫描二维码即可获得工人照片、取证情况、安全教育情况及交底情况等信息，从而确定工人是否为本人，是否具备施工条件，有效避免工人未经培训及交底或在未取证的情况下进行操作导致的质量及安全隐患。

十是设备管理。在进行总施工进度计划模拟时，在模拟动画中添加施工中所需的各种设备模型，并合理安排各设备模型的位置，分析各设备的工作效率、设备与设备之间的干扰情况、设备的工作面情况等，用于制定设备进场及出场方案，避免造成设备长时间闲置或设备不足影响施工进度的情况。在施工过程中，每日通过在第二日计划施工的模型中进行设备摆放，分析设备的工作效率及摆放合理性，明确设备的运行路线等，形成第二日的设备工作安排，并制作成每日的设备分布图及路线图，用于指导施工。

十一是物资管理。在施工过程中，根据实际需求调整模型，并统计年、季、月、周的工程量信息，通过在模型中添加材料信息的方式，对工程量信息和材料信息进行计算，最终得到所需的物资计划。对施工现场的物资及成品进行二维码编码，然后通过移动端扫描二维码的方式进行物资入库及出库管理。对于施工中使用的钢筋进行断料计算，使钢筋损耗降至最低。

十二是工程量的计算统计。工程施工中的工程量统计分为设计量和实际量两种情况，对于工程中的混凝土构件和一些附属设施，其设计量与实际量基本一致，均采用施工阶段模型进行计算与统计；对于基础换填、抛石基床等水下及水上的土石方结构，设计量和实际量会有一定的偏差，其设计量采用施工阶段模型进行计算，而实际量则根据现场实测的水深数据（或标高数据）通过Civil3D软件进行计算。

十三是施工资料管理。在施工过程中，各项管理资料符合归档条件后，均及时上传至管理平台，并与模型进行挂接，各项资料均通过原件扫描获得。当需要调取资料时，通过登录平台并在模型中的相关位置检索即可获得所需资料。工程竣工后，模型及与其挂接的资料库一起作为电子版资料进行归档，便于日后查询。

4. 试点项目应用过程中的困难和解决方法

一是 BIM 软件数量多，学习难度大。为此，中交一航局通过定期举办 BIM 软件培训班、组建 BIM 软件培训小组、举办“BIM 软件新带老”活动等方式解决该问题，加快推进 BIM 技术的应用。二是 BIM 技术应用产生额外的工作负担，应用积极性不高。为此，中交一航局通过强化 BIM 技术培训、利用 BIM 技术将复杂的问题简单化、设置 BIM 应用奖励等方式解决，激励全员应用 BIM 的积极性。

（三）优化企业管理体系，将 BIM 技术在企业内部推广

1. 制定 BIM 管理办法和技术标准

中交一航局制定基于 BIM 技术的水运工程项目投标与施工管理办法，包含总则、管理职责、管理流程及要求、评审和奖罚等四部分内容。目前，国内 BIM 技术仍处于发展阶段，BIM 技术标准的制定尚不完善，尤其针对水运工程专业，尚无完整的 BIM 技术标准发布。在这种情况下，中交一航局为提升标准化管理水平，使管理更加规范合理，结合水运工程的相关特点，制定出一套公司内部使用的 BIM 技术标准，该技术标准主要针对 BIM 软件选择、BIM 模型精度、BIM 模型建模方法、BIM 模型材质要求、BIM 模型命名规则等进行规范，保证模型的质量和通用性。

2. 在企业内部水运工程项目中进行全面推广

中交一航局基于在试点项目中各专题的研究成果，总结适用于水运工程项目投标与施工管理的 BIM 整体解决方案，将其在企业内部的其他水运工程项目中推广。推广分两步进行，首先是在准备投标、新中标和新开工的水运工程项目中进行系统的 BIM 技术应用，将 BIM 技术完全融入工程的日常管理中；然后针对已开工未完工的水运工程项目，以应用点的形式将 BIM 技术渗透到工程的日常管理中，最终完成 BIM 技术在企业内部水运工程项目管理中的推广。

3. BIM 技术与企业现有管理体系对接

一是将 BIM 技术应用纳入项目部绩效考评。考评以打分的形式进行，主要打分点为模型更新及时性、模型精度、BIM 技术在各项目管理点中的应用程度和应用效果等。二是实现各种管理报表的对接。对部分 BIM 软件进行定制开发，将通过 BIM 软件生成的各种报表与用于公司日常管理的各种报表建立对应关系并进行格式上的统一，达到简化工作、提高效率的目的。

（四）加强机制建设，促进企业 BIM 技术应用的稳健发展

一是加强人才队伍的引进、培育和使用。在人才引进过程中，将 BIM 技术特长作为优先考虑条件，并有针对性的在实际工程项目中对其进行 BIM 技术方面的培养锻炼。针对 BIM 技术岗位量身定制职业发展规划。构建合理的 BIM 人才梯次结构。

二是完善 BIM 技术应用激励机制。加大对 BIM 技术应用成果的奖励力度。每年均进行 BIM 技术创新成果的申报、评审和表彰，并根据成果的技术含量和实用价值进行奖励；每年举行一次全公司范围内的 BIM 技术比武并对成绩优异的单位和个人进行奖励。

三、基于 BIM 技术的水运工程单项目投标与施工管理效果

（一）工作效率明显提高

中交一航局应用 BIM 技术进行项目管理后，工作效率得到巨大提升。以试点工程为例，相较于以往工程管理经验，图纸审核时间较预期提前 2 天完成，施工过程中的工程量、物资、成本等计算与统计速度提升 90%，施工管理中的各项报表编制速度提升 50%，施工进度计划编制速度提升 50%，有效提高施工技术人员的工作效率。另外，在应用 BIM 技术前，施工管理人员每日的施工信息需要与其他施工管理部门进行逐个沟通，才能保证工程所有管理人员得到最新的工程信息，在沟通过程中常常出现由于沟通不及时导致的工作不同步现象，阻碍工程顺利进行。在应用 BIM 技术后，施工管理人员只需每

日更新模型信息，其他管理人员都可以第一时间得到该信息，避免繁复的沟通过程，而且保证所有管理人员都能够得到最新的信息，并根据正确的信息进行正确的工作，真正实现协同工作，有效提升沟通效率。

（二）管理标准化、精细化程度明显提高

中交一航局将 BIM 技术与管理平台相结合，一方面发挥 BIM 技术信息完备性和可视化的特点，使企业领导在办公室也可如亲临现场般进行工程项目管理；另一方面发挥管理平台高效、一体化、流程化的特点，节省大量由于信息传递导致的时间浪费，使企业原本的标准化管理变得更加简单易行，使工程管理标准化程度明显提高。同时，利用计算机快速处理复杂图形的能力，通过提升模型制作精度，使图纸审核、工程量计算、物资计算等都更加精确，减少由于图纸错误导致的误工、返工现象，减少不必要的材料浪费。以试点工程为例，通过 BIM 技术的应用，共发现图纸问题 16 处，包含图纸矛盾 7 处、标高错误 2 处、坐标错误 2 处、施工范围错误 1 处、图纸标注不清 4 处，此外，与以往施工经验对比，降低钢筋损耗率 2%，降低混凝土损耗率 1%，为企业节约可观的成本。

（三）管理人才配置得到优化

由于 BIM 技术的应用，中交一航局工程施工管理的效率和标准化程度明显提高，项目部各岗位管理人员的工作量得到不同程度的减少，企业可以进一步优化项目部管理人员的配置。以试点工程为例，相较于以往类似规模工程的人员配置，该工程减少施工技术人员 2 人、工程预算人员 1 人、物资管理人员 1 人。通过 BIM 技术应用的推广，为企业节省出大量工程项目管理人员，为扩大企业经营规模提供先决条件。

（成果创造人：刘爱新、潘　伟、李春元、卢晓晗、陈朝阳、
刘振山、赫　文、代　浩、郝有新、亓　进、陈冠宇）

基于“整村推进”的农网升级改造项目精细化管理

国网青海省电力公司西宁供电公司

国网青海省电力公司西宁供电公司（以下简称西宁公司）是国家电网青海省电力公司所属特大型供电企业，是国家电网公司31家大型供电企业之一，主营业务为电网运营、电网建设和电力供应，承担着为西宁市提供安全、可靠、优质电力供应的任务。西宁公司所辖电网覆盖西宁市五个城区及大通、湟源、湟中三个县，供电面积7665平方公里，供电人口230万人，服务客户56万户，现有员工1160人。截至2015年年末，拥有110千伏变电站43座、35千伏变电站21座，主变容量4065.75兆伏安，所辖35千伏及以上输电线路168条，线路总长1950.39千米，年销售电量376.3亿千瓦时。

一、基于“整村推进”的农网升级改造项目精细化管理背景

（一）适应农村经济持续健康发展的客观需要

1998年以来，按照国家政策和部署，西宁公司先后开展一、二期农村电网改造、县域电网改造等农网专项工程建设，农网结构大幅改善，电力供应能力明显提升，但受投资规模、历史遗留问题等因素制约，农网改造以满足基本用电为主，对农村长远负荷发展和用电需求增长预估不足，使线路老化、配变重载或超载、户均容量不足、供电可靠性低、供电能力不足等问题日益突出，直接影响农村经济发展。因此，持续推进农网升级改造显得尤为必要和紧迫，既是促进农村经济持续发展的客观需要，又是电网企业义不容辞的社会责任。

（二）落实中央扶贫攻坚战略部署的重要措施

西宁所辖大通、湟源、湟中三个县有113个贫困村，多处于干旱的半浅山、浅山和高寒的脑山地区，电力设施基础薄弱，供电能力差，供电可靠率平均为99.32%，比西宁农网平均水平低0.46个百分点，户均停电时间60小时，比西宁农网平均水平长41小时，低电压、无动力电等问题突出。加快农网升级改造，保障优质电力供应，有助于贫困村采用电力提灌、喷灌、滴灌等方式解决干旱缺水困难，提高农作物产量；通过贫困村动力电全覆盖，有助于其设施农业（脑山温棚种植等）、农副产品深加工、牛羊畜禽规模化养殖等富民产业的快速发展，有助于扩展村户“农家乐”、特色农产品初加工等个体经济致富的途径，为贫困村脱贫提供坚实的电能保障。因此，持续推进农网升级改造，既是实现贫困地区脱贫致富的“助推器”，更是落实中央扶贫攻坚战略部署、实现“精准扶贫、精准脱贫”的重要措施。

（三）提升农网升级改造项目建设水平的内在要求

西宁一、二期农网改造使农网基础设施水平大幅提高，但改造中也存在一些需改进的问题。受资金限制，乡村农网设施更新改造不彻底，旧线、旧杆续用普遍，高耗能变压器更新数量少，台区未安装漏电保护器，致农网安全经济运行受到影响；农网改造未做到整村全覆盖，村内部分村民组仅进行单一户表到户改造，只能满足基本照明需要；项目前期现场勘察、可研、设计深度不够；农网改造项目建设过程管控不完善，农网维护管理相对薄弱。因此，推行农网规划逐村细化、分类设计，项目施工村为单元、整体推进模式，实行农网改造工程项目精细化管理，强化农网运营维护，既是农网升级改造项目高效高质完成的可靠保障，又是全面提升农网升级改造项目建设水平的内在要求。

二、基于“整村推进”的农网升级改造项目精细化管理内涵和主要做法

西宁公司以建成“结构合理、技术先进、安全可靠、经济高效”的现代化农村电网为目标，以农网升级改造项目“整村推进”方式为抓手，引入精细化管理理念和方法，对农网升级改造项目的项目规

划、项目建设、运行维护等基本要素进行精、准、细、严的操作与实施，保障农网升级改造项目高效高质建设和运行。精细调研，确立农网升级改造的基本思路和实施方式；强化领导，建立农网升级改造项目组织保障机制；注重细节，以农网规划、建设、科技等专业化、标准化管控为手段，强化农网升级改造项目全过程精细化管理；创新管理，着力提升农网运维能力；主动作为，打造农网改造与新农村建设工程衔接建设的有效途径。主要做法如下：

（一）精细调研，确立农网升级改造思路和实施方式

1. 组织力量，开展农网现状调查研究

深入调查摸底，逐一建档立卡。按照村为单位、全面核查、精准识别的原则，组织市、县公司及乡供电所数百名专业人员，采取农网运行原始数据采集、入村现场核查、入户访问等多种方式，对西宁市郊及三个县全部行政村的农网设施及运行现状进行全方位、拉网式排查，逐条线路、逐台区、逐变压器、逐户详细摸底，逐村建档立卡。

建立问题库，实施闭环管理。围绕调研数据，将农网运行中发现的问题进行梳理和固化，细分出10千伏网架结构薄弱、供电半径超标准、变电站布点不合理、变电容量不足、供电设备老化、过负荷等六大类109个大项、173个小项问题，形成西宁农网现状问题库。建立“细分问题”（编制问题分类细分信息清单，分送农网升级改造相关业务部门）—“回收问题”（相关业务部门对各自职责范围内的问题分析汇总，提出改造升级建议）—“解决问题”（基于细分问题和相关建议制定改造升级规划和实施方案，并组织项目建设）—“验证销号”（改造升级项目竣工验收运行半年再次复检合格后，进行任务销号）的闭环管理模式，确保农网现状问题解决到位。

细分村户类型，确立差异化改造原则。针对调研中反映的农网分布地域广、范围大、负荷分散，农业生产活动分布点多，各村户用电需求差别较大的实际，依据地域环境条件、户均用电参数、用电量增长预测等数据，将乡村用电综合情况细分为A、B、C、D四种类型，即较大规模乡镇（A类）、一般规模乡镇（B类）、人口居住集中乡村（C类）、偏远农牧区乡村（D类）。基于各类型乡村典型供电模式，确立改造升级项目的差异化原则，对不同类型村户从电源布置、容量配置等方面指导农网规划分类设计，做到精细准确。

2. 转变观念，确定农网升级改造基本思路

科学确定目标，改造升级全覆盖。第一阶段目标是2013—2015年完成582个村的改造任务，第二阶段目标是2016—2017年完成294个村的改造任务。至2017年年底，全面完成876个村的电网改造升级任务，确保西宁农网供电水平达到青海省领先水平，供电可靠率达99.98%，综合电压合格率提升至99.91%，户均配变容量达到2.5千伏安/户以上，电能在农村能源消费中的比重大幅提高，全市农网升级改造实现全覆盖。

满足发展要求，建设适度超前。以满足农村经济20—30年中长期发展要求为导向，采取“户均容量”“户均用电量”和“村整体容量与用电量”指标量化核定方法，确立农网升级改造规划容量适度超前范围、标准和方式，着力解决重复建设问题。

优化农网结构，科技进步支撑。深入推广应用电网新技术、新工艺、新材料、新设备，有序推进农网智能配电台区、智能配电终端、农村用电信息系统等工程建设，加快提高农网智能化水平。

加强沟通协调，注重规划衔接。对外，农网升级改造建设规划与地方城乡发展规划和土地利用规划相衔接，实现电网与其他基础设施同步规划、同步建设，配电设施改造时序与村庄规划建设相衔接，与环境相协调；对内，农网规划兼顾高、中、低三级电网协调发展，构建安全可靠、能力充足、适应性强的电网结构，增强各级电网间的负荷转移和相互支援的能力。

3. 因地制宜，确立农网改造“整村推进”实施方式

消除改造“死角”，实施“整村推进”。针对前期乡村农网改造中存在的规划设计不合理、设施更新改造缺口大，全面改造范围小、“死角”多以及供电质量和供电能力不能满足村户用电需求及影响农网整体改造成效的实际状况，西宁公司在总结历次农网改造得失，并逐一对村庄农网状况进行调研的基础上，提出农网改造“整村推进”的实施方式。即：以行政村为基本单元，以整个村庄的所有村民组和农户为农网改造对象，以统一规划为抓手，以资金集中投入为保障，以解决乡村低电压、供电“卡脖子”、动力电等突出问题为重点，以变压器台区、高低压线路及下户线同步改造与农配网整体改造相衔接为途径，以全力满足村户生产、消费和农业、商业动力用电中长期需求为目标，“整村推进”农网升级改造项目建设，实现精准投资、精准建设、精准落地。

结合负荷特点，确立“整村推进”着力点。依据各行政村村民小组、农户居住面广、负荷分布零散的实际，“整村推进”以村户电网优化布局为着力点，确立“小容量、多布点、短半径、绝缘化、信息化、自动化”的改造方法。

统筹合理安排，规范“整村推进”时序。农网升级改造“整村推进”时间从 2013 年 3 月正式启动，按照“整体规划、分步实施”的原则，依据施工力量和各村改造规模，合理确定“整村推进”建设时序，确定年度建设计划。对相对集中相邻的村庄，采取“整村推进”连片同步建设方式，对相邻距离远的村庄采取集中力量逐村建设，完成一个再推进下一个村建设的方式。

（二）组织保障，加强农网升级改造项目的领导与协调

1. 强化领导，建立公司农网升级改造项目组织机构

西宁公司成立以总经理为组长的“整村推进”农网升级改造项目实施领导小组，全面负责项目的领导与协调，畅通投资渠道，筹措资金，提高农网改造资金使用效率。制定《西宁公司“整村推进”农网升级改造五年目标任务分解书》，编制任务与责任清单，细化分解落实到各级领导、各职能部门和县级公司，一级抓一级，层层抓落实。发展、建设、运检、营销等专业部门共同组成督导小组，采取定期督查、随机抽查和跟踪检查等方式，及时发现、协调和解决项目建设中的困难和问题。

2. 明确职责，健全县公司农网升级改造项目组织保障

西宁公司所属各县公司分别构建以县公司经理总负责、县公司运检部统一牵头、县公司业主项目部为核心，设计、施工、监理等单位为基本单元的四级组织保障机制。项目部及施工单位负责编制项目里程碑计划和一级进度计划，细分工程建设各个阶段的任务、完成时间、竣工验收规范及牵头和配合单位的职责与权限，形成职责到位、目标明确、节点清晰、衔接流畅的完整工作流程。

3. 加强沟通，建立农网升级改造项目协同保障机制

建立与地方政府部门的沟通联系渠道，主动配合政府部门做好农网规划和其他专项规划，在政府电力行政部门主持下，定期组织召开土地、林业、消防、规划等部门协调会，重点解决农网升级改造遇到的征地拆迁、选址选线、道路开挖、青苗赔偿等工作中存在的问题，形成“政府主导、企业实施、多方努力、共同参与”的项目建设常态协调沟通机制。强化公司内部横向协调，加强各部门间的横向协同，明晰部门之间在农网升级改造项目的工作界面，以协作任务联系单、联席会等形式，确保农村电网改造升级项目建设各环节无缝衔接，协同有序。

（三）注重细节，强化农网升级改造项目全过程管理

1. 精准规划，统领农网升级改造项目建设

加强规划精准编制与精细实施。基于农网现状调研分析，编制《基于典型负荷特征下的三县及郊区农网升级改造规划与实施方案》，统筹考虑高压配网与中低压配网、新建与改造、农网规划与地方产业规划无缝衔接，明确各节点工作内容及相关要求，实现规划精准编制。实施以“两表、两书、一库”

（项目需求确认表、现场勘察确认表、农网改造意见征求书、工作流程说明书、项目储备库）为内容的规划需求管理。

完善规划项目统一评审办法。搭建公司发展部牵头负责、经研所具体评审、各专业参与的项目统一评审平台，做到“管理一个口”，规范评审标准，注重处理好“整村推进”与连片改造、旧网改造与新建电网的关系，充分论证项目的安全、技术、造价和经济性，确保规划项目科学合理，实现技术经济最优。

强化规划项目计划管控。“整村推进”农网升级改造规划审定后，依据逐线路、逐台区、逐变压器、逐户农网实际情况，制订规划项目实施计划及项目储备计划，对每个变压器台区的高压进线、变压器、低压线路、下户线、户表、表箱的所有设备建立项目库，没有进入项目库的不开展前期工作，前期工作不落实的项目不能进入投资项目储备库，未进入投资储备库的项目不安排年度计划，确保项目安排和建设科学合理，实现“规划—前期—计划—实施”的全过程闭环管理。

2. 规范管理，把农网升级改造工程质量抓细抓实

推行项目经理负责制。每个行政村的农网升级改造工程设立一个项目经理部，并由相关业务部门专业人员分别担任“线路单元”“变压器台区单元”等项目组组长，项目经理对技术、设计、施工、监理单位实行统一管理，负责统筹协调各专业队伍的工作协同，对现场工程质量和安全跟踪监督，实现工程项目进度、安全、质量、成本的“四控制”和合同、现场、生产要素的“三管理”，推动项目高效高质建设。

实施工程建设标准化。制定《西宁农网工程施工工艺示范手册》《10千伏及以下农网工程施工工艺质量控制要点》，统一施工工艺标准，将杆塔组立、收放线、变压器安装、户表安装、设施标志标识等各类工程施工规范、施工要点和观感质量要素标准进行深度细化，现场工作负责人施工时必须随身携带施工工艺示范手册，比照进行施工。

落实工程质量“五细”管控措施。细化实施方案，建立“一村一案”，结合每个行政村的实际情况，细化停电割接方案，明确施工步骤，优化施工流程，规范缺陷处理，保障规范施工；细化队伍管理，严格筛选资质合格且信誉高的施工队伍，细化施工合同违约违章责任追究条款；细化任务落实，量化工程各项任务节点，落实投运后15个工作日内完成生产管理信息系统中异动数据现场采集及录入工作；细化管理责任，推行质量责任状、约谈和禁入制度；细化验收程序，明确部门工作职责、验收流程和验收内容。

夯实工程质量的人力资源基础。以专业培训为抓手，切实提高工程建设、管理和施工人员的专业素质和能力。开展农网工程规划设计培训，以投资方向、负荷预测、区域位置、线路走径、导线及设备选型等为培训重点。开展农网升级改造工程工艺质量培训，采取“实战模拟”的培训方式，对施工工艺、技术规范、操作步骤、工作方式等内容进行仿真和实地操作模拟训练，有效提高施工人员遵守工艺质量的自觉性和操作能力。

3. 细化措施，强化施工现场安全管控

加强施工现场安全风险防范。坚持一手抓质量、一手抓安全，施工前认真开展现场勘察、危险点分析，科学评估、分级预控、准确识别、动态管理。实行关键施工岗位“工作票”制。建立监理施工安全风险台账，对达到或超过一定范围的危险施工作业提前发出暂停施工的预警通知，并及时开展专项隐患治理，达到安全要求后方可复工。

抓好现场施工机械安全管理。针对性开展施工机械机具、起重机械、材料运输管理的隐患排查，重点对地锚、绳索、卡具等小型施工机具和自制的非标工器具的安全隐患进行排查治理，防止因机械故障引发施工安全事故。

强化工程管理及施工人员安全教育。开展劳动保护现场“六不工作”教育（工作任务不清楚不工作、没有危险点分析不工作、没有“两票”不工作、没有检查安全措施不工作、没有检查工器具不工作、现场监护人不到位不工作），制作“六不工作”动漫片400盘、宣传海报600张、宣传折页2400份。

4. 精细控制，节约农网升级改造项目建设成本

开展现有电网运营状态评估。以资产全寿命周期管理评价模型为基础，编制《乡村农网设备质量状况评估标准》，推行废旧物资再利用“一册一单”制度，在项目储备阶段，组织专业技术鉴定部门和人员，对拟进行“整村推进”项目的村现有农网运行状态进行全面评估。对设备性能良好、技术条件满足中长期运营要求的配电变压器、杆塔等设备列入“整村推进”工程设备材料名目中，进行再利用，节约建设成本。

推行模块化与标准化设计。深化农网工程典型设计，试点开展差异化典型供电模式应用，实现台变及架空线路等典型性模块化设计。推行标准化设计，根据标准化施工图纸审核招标物资和工程造价，按照标准化施工图纸进行过程检查和竣工验收，降低设计成本，提高工程建设效能。

优化农网设备选型。坚持农网资产全寿命周期最大化，固化设计选型，根据西宁地域特点，结合现行协议库存物料，甄选出1种柱上变台、4种电缆敷设、9种杆头、11种杆型模块方案，快速生成设计图纸、物料清册。优化设备选型，按照架空线路、电缆、变台等主设备容量、导线截面、设备使用寿命等参数确保标准选型“一步到位”，确保30年内设备不大拆大换，避免重复建设造成资金损失。

规范标准物料应用。统一“整村推进”工程所需设备材料型号和技术规范，简化物料选型，从协议库存内筛选125种常用物料。针对农网协议库存批次多、集中采购的特点，编制下发可用物资明细表，明确采购策略、交货时间，按季度审查各县公司协议库存标准物料应用情况，减少备品备件和库存物资的种类、数量，有效降低物资储备资金，实现物料供应高效化。

5. 技术创新，提升农网升级改造项目科技含量

组织农网新技术应用试点。在西宁近郊和三个县分别组织开展在线无功补偿装置和高过载、调容、调压配电变压器等新技术应用试点工作，根据应用效果给出推广性建议。

开展技术疑难问题攻关。针对农村地区负荷具有季节性、阶段性等特征及导致负荷淡季设备出力不足的问题，采取单相变、低压调压器等技术攻关措施，通过在线路损耗、配电变压器损耗较单纯的地方增加站点和设备容量、平衡接入三相负荷，并试用中性点三相不平衡自动调节装置，有效降低因负荷不平衡导致的变压器损耗过大、低电压的问题，有效提升设备运行质量，降低运行损耗。

积极推广应用“四新”项目。在“整村推进”农网改造的变电站采用无人值守模式或过渡性方案。开关设备采取智能化和无油化，新型带有自动功能的重合器、分段器替代传统的油断路器，灭弧介质从多油到少油并逐渐变成六氟化硫或真空式，提高设备可靠性。建设符合农村负荷特点的低压配电台区，非晶合金变压器、干式变压器和全密封变压器，逐步挂网运行，充分发挥节能和节约维护成本的作用。

（四）管理创新，提升农网运行维护能力

1. 建立市县一体化专业管理机制

为确保以“整村推进”为重点的农网升级改造工程竣工后能够高效高质运行，西宁公司将运检、营销业务相互融合，把运维工作一直延伸至村（户）表箱前，做到专业贯通、标准统一，将县级公司农网管理统一纳入市级公司专业管理流程，做到同布置、同标准、同检查、同考核，市县联动，实现市县一体化管理。

2. 建设农网一体化运营监控系统

依托地理定位信息系统平台、主数据平台、实时数据平台，构建覆盖农网完整拓扑关系、电网静态

设备及动态运行信息的全网供电逻辑，贯穿、跟踪、监测农网规划、建设、运行、服务等信息，实现农网运行、管理信息的集中、可视，全面支撑农网调度指挥和运维检修业务运作，大幅提高电网故障恢复速度，故障恢复时间由原来的1个小时左右缩短到5分钟左右。

3. 实施高效协同运维管理

将农网故障研判指挥业务纳入县电力调控中心，实现调控与抢修信息共享和业务流程无缝对接，抢修指令远距离、零延时、全信息传送，减少故障处理管控层级。推行抢修配置差异化管理，根据不同类型村（户）供电特征、故障数量的不同，按照抢修半径的差异性，合理设置抢修点。对有条件的农村地区，以50分钟抢修时限到达距离为半径，设立设备运维点，实施运行、巡视、检修、抢修“四合一”，就近处理，打破“90分钟到达现场、8小时恢复供电”的规定，人员到达现场时间缩短40分钟，农网抢修效率明显提高。

（五）主动联系，农网改造与农村建设工程相互衔接

1. 加强沟通，农网改造与精准扶贫工作同步推进

在农网改造与精准扶贫工作同步推进过程中，西宁公司注重“一个支撑”（优质电力支撑）、“三个结合”（与农电工作结合、与服务水平结合、与产业发展帮扶结合）。同时，协助农电公司对其农电工进行供电业务培训，促进其为村户提供安全用电的优质服务；乡村供电所为村户开辟创业用电报装“绿色通道”，简化办理程序，支持村户创业；组织专人为村户提供农产品加工技术咨询和外销渠道联系，将精准扶贫落到实处。

2. 和谐共建，抓好少数民族地区农网升级改造

“整村推进”农网升级改造建设中，为保证民族团结和谐，西宁公司认真调查研究，仔细了解、分析少数民族村情、民情，推行“三规范”建设。规范设计与施工行为，尊重少数民族风俗习惯，尊重其宗教信仰，严格规范施工，避免民族矛盾；规范环境保护，施工严格按批准划定的取土范围取土，注意草地与植被保护；规范树木砍伐和青苗踩踏行为。同时，对各族农牧民进行电力新设备性能知识普及和安全用电教育，保证其农牧业生产和产业发展用电的稳定。

3. 超前谋划，主动服务于美丽乡村建设工程

在“整村推进”农网升级改造建设中，西宁公司与政府主导的高原美丽乡村等新农村建设工程精细对接，构建“四个一”管理模式。即：成立一个组织，建立美丽乡村电网改造工作组，提前介入地方政府建设规划，掌握实情，有效应对；建立一个规划修订机制，结合美丽乡村整体规划、产业发展、设施建设、环境美化等要求，滚动修订电网改造升级规划和实施方案；确立一个联系沟通渠道，建立与地方政府部门定期联络会议制度；健全一个协同体系，与美丽乡村建设所在村及相关施工单位协调一致，及时处理两个工程建设中相互不衔接等问题。

三、基于“整村推进”的农网升级改造项目精细化管理效果

（一）农网网架结构增强，供电能力明显提高

截至2015年12月底，西宁三县876个村已完成第一阶段582个村的农网升级改造任务。新增变台布点247个，加装智能开关393台，10千伏供电半径由10.51千米减少至9.86千米，10千伏线路线损率大幅下降，年可减少电量损失960万千瓦时，经济效益显著提升，网架结构大幅增强，农村电力供应能力明显提高。

（二）供电质量得到改善，农村用电需求得到有效保障

农网供电可靠率、综合电压合格率分别由农网改造前的99.69%、99.36%提升至2015年年底的99.82%、99.66%。农村户均配电容量由农网改造前的1.62千伏安/户提高到2015年的2.5千伏安/户，农村用电负荷比农网改造前增加20.54%。乡村农牧业加工等产业快速发展，农牧民人均收入稳步增

加，2015 年完成农网改造地区乡村年人均收入由改造前的 3124 元/年增加到 5967 元/年，增长率达到 48%。2015 年，西宁三县总用电量与改造前相比增加 17%，社会经济效益凸显。

（三）项目管理精细化，管理成效显著提升

通过精细化管理，“整村推进”农网升级改造项目实现安全施工，建设期间未发生重大及以上人身和设备事故；工程建设成本得到有效控制，节约预算内资金 263 万元；工程质量验收合格率 100%，优质工程达标率 100%；工程建设质量得到保障，西宁公司大通县 10 千伏新二路、新十二路线路农网改造工程被国家电网公司评为“农网百佳工程”。

（成果创造人：赵大光、冯学红、宋高宏、王宏波、潘兹勇、唐颖杰、祁连清、陈　昀、李永斌、周　炜、薛宏波、靳继勇）

航空制造企业提升效率和质量的生产现场自主管控体系构建

西安飞机工业（集团）有限责任公司

西安飞机工业（集团）有限责任公司（以下简称西飞）创建于1958年5月8日，是我国大中型军民用飞机研制生产的重要基地。西飞拥有30多家控股和参股企业，科研生产占地面积约400万平方米，拥有各种设备10000余台（套），现有员工19000余人，资产总额约350亿元。西飞年营业总收入自2007年以来连续7年稳定在100亿元以上，2015年实现营业收入169亿元，在中航工业制造类企业中名列前茅。

一、航空制造企业提升效率和质量的生产现场自主管控体系构建背景

（一）适应客户对航空产品生产交付新变化、新要求的需要

面对航空制造业“做强、做精”的要求，面对引领制造业转型的宏观环境，面对客户由追求速度规模向追求高质量、低成本、准时化交付的要求，西飞只有不断创新思路，推动全员、全要素、全领域的管理变革，着力提升软实力，探索出一条全面适应西飞可持续发展的制造模式，不断提高价值创造能力，巩固西飞在国家、行业的核心地位，实现西飞人“航空报国、强军富民”的使命和责任。

（二）提升生产作业现场效率和质量水平的需要

生产制造位于西飞主价值链，与国际航空制造标杆企业体系化的生产管理模式比较，西飞生产制造模式带有深刻的计划经济时代烙印，最为突出的问题就是缺乏系统性的设计，导致生产管理系统总体呈现混沌、混乱的表象，在生产过程中凸显出不协调、不适应的问题，已经从根本上无法适应市场竞争的需要。这些问题具有基础性和系统性，局部改进式的创新已经很难解决根本问题。要想参与世界级竞争，融入世界航空产业链，西飞只有围绕价值创造主链，构建先进工具、方法高度集成的体系，才能有效提高运营管理水平，形成核心竞争力，从而站上与国际先进航空制造企业同场竞技的舞台。

（三）对标国际一流、实现先进管理体系在生产现场落地的需要

当前，全球先进航空制造企业的运营管理体系在体系框架一致、可视化管理趋同、行业标准逐步形成及管理体系走向集成化四个方面表现出趋同化的趋势，正在向着行业管理标准发展。大型企业之间的竞争已进入体系对抗的时代。构建一套真正支持生产现场价值创造的体系，既是西飞实现体制机制转型的首要任务，又是西飞提高体系化管控水平迫切而现实的需要。

二、航空制造企业提升效率和质量的生产现场自主管控体系构建内涵及主要做法

西飞以实现员工自主管控为目标，采取激励机制，培养员工自主管控的思想。在生产中，三级生产作业计划与AO/FO等文件、操作者关联，指向生产现场的效率提升；培训验证与技能点、指令、派工、质量印章、薪酬等紧密关联，指向生产现场的质量提升；SQCDP可视化与分层例会既作为现场问题预警与快速解决平台，同时又是三级生产作业计划、培训验证与质量印章管理在现场管控的载体；精益单元建设和形迹化管理是全员持续改进的平台，有效促进生产效率和产品实物质量的提升。通过体系化地将精益理念在生产制造过程落地，并进行迭代与持续改进，最终形成全员参与、自我管理，激发员工内生动力的优秀企业文化。主要做法如下：

（一）明确生产现场自主管控体系的构建思路和工作部署

西飞遵循“利润来自于现场”的理念，以问题为导向，充分发挥一线员工自主管控的能力，沿着效率与质量两条主线，做有价值的事情。西飞采用“系统设计、分阶段推进”的思路，先后制订下发试

点、深耕、全面应用三个阶段的工作方案，采用点、线、面的逻辑推进方式，成熟一块、固化一块、推广一块。

西飞从顶层策划开始，将信息化与可视化有机结合。以价值创造为核心，按照中航工业运营管理体系（AOS）生产制造模块下的5个业务域，运用精益理念以及流程管理的思想方法，通过系统化、流程化、规范化的设计，力求管理程序和工具简单、实用，针对性、操作性强，便于管理者和操作人员理解、接受、掌握、应用；通过内在的激励机制，引导员工实现自主管控。

（二）将技能标准融入工艺操作指令，构建全机型技能库

1. 进行顶层规范设计，形成西飞技能点清单

西飞由工艺主管部门按照飞机制造全过程涉及的专业、技能对技能点进行分类。以大运飞机为例，梳理工艺规范、典型工艺规程等基础性工艺文件包含的专业技能类别，按照相同、相似或相近的原则，同时结合产品加工、装配、试验流程，对每一类别中相应的制造/加工流程、方法、要求进行归类、编号，初步形成西飞技能点清单。编号由技能类别代码、技能点代码组成。整机技能包含30大类别、320个技能点。

2. 生产单位建立本单位工艺操作指令与技能点对应清单

各生产单位按照西飞技能点库，建立工艺操作指令（AO/FO/工艺规程）与技能点对应清单，用于操作人员的培训验证。同时，建立本单位所涉及专业的技能点清单。

3. 固化流程、持续改进，建立全机型技能库

西飞按照科研生产的实际情况，分别从顶层、底层出发，通过PDCA迭代循环，持续不断地完善各机型的技能点，构建全机型技能库。通过建立《技能点管理规定》，以制度的形式将流程固化。技能库的建立，是与编制工艺操作指令（AO/FO）和操作者关联，实施培训考核验证、三级生产作业的前提。

（三）构建技能培训验证与质量印章认证相结合的自主质量管控体系

西飞针对现场操作人员、检验人员，创建一整套技能培训验证和质量印章认证管理办法，通过关注熟练度、成熟度培训和考核的自主质量认证控制方式，建立“谁操作谁负责”的质量控制理念，将工人操作技能和质量控制要求通过规定次数的重复获得质量认证，使操作和质量控制合为一体，在操作过程中实现实时质量控制。其核心是质量印章取证与指令验证考核相结合；授予操作工人质量印章相应检验权限；印章资质与所干指令相对应；对持章人员进行工作考核和资质复评。

1. 质量印章管理

西飞质量管理部负责质量印章认证、复评等工作，按照培训验证实施的不同阶段，对获得相应资质的人员进行认证并发放相应的质量印章，定期对各单位已获得的质量印章进行复评。按照产品设计及制造要求确定自检工序与专检工序，自检工序是指取得相应资质的操作人员自己就可以对产品合格性进行判定的工序；专检工序是指产品的最终合格性必须由专职检验人员进行判定的工序。

一线操作人员的质量印章分为名章、工检（G）章、复检（F）章。生产现场专职检验人员的质量印章称为专检章。操作人员获得“岗位资格证”后就可以获得“名章”，只获得名章的操作人员不具备独立操作能力和资格；获得工检章的操作人员不仅可以独立加工产品，还可以在自检工序的授权范围内对自己加工的产品进行检验；获得复检章的操作人员不仅具有自干自检的能力，还可以在自检工序的授权范围内认证和检验其他人员加工的产品；专检章只有专职检验人员才有机会获得，它的持有者可以对授权范围内所有的工序进行检验。

2. 培训考核验证的方法与工作流程

培训考核验证分为模拟操作考核验证和实际操作考核验证。操作、检验人员涉及的每份AO/FO等

文件需编制《AO/FO 等文件培训模拟操作考核验证表》。

模拟操作考核验证采取面试形式，至少连续四次通过模拟考核验证才合格。只有模拟操作考核验证通过后，才能进行对应技能点的实际操作考核验证。

实际操作考核验证必须连续通过 3 批（架）次才能合格。如果出现 1 次主要错误或 2 次以上次要错误，考核就不能通过。

培训考核验证与质量印章获取主要有以下步骤：由操作人员所在单位编制年度培训考核验证计划，报西飞培训主管部门纳入西飞年度培训计划进行考核；由操作人员所在单位按照计划实施模拟操作考核验证和实际操作考核验证；质量管理部门对培训验证情况进行认证后，操作人员获取相应资质的质量印章。

各单位在年度培训验证计划编制完成后，将操作人员的计划模拟验证时间、计划实操验证时间和操作产品的架次显性化在“人员资格控制板”。人员资格控制板放置于生产作业现场，与三级生产作业计划、SQCDP 管理可视板关联使用，按照验证考核通过情况实时维护、更新。

3. 质量印章有效期和复评

为确保操作人员质量印章的有效性，由质量管理部对不同资质质量印章的有效期和复评方式进行规定，采用不同的策略进行复评。

名章：取得岗位资质 6 个月内获得工检（G）章，逾期不能完成的，吊销岗位资格证，重新进行培训取证。

工检（G）章：生产单位每年组织一次模拟验证复评，若未通过则暂停相关持章人员的资格，直到通过考核为止。

复检（F）章和检验章：质量管理部每年组织一次模拟验证复评，若未通过则暂停相关持章人员的资格，直到通过考核为止。

（四）构建与技能、操作者有效关联的三级作业计划体系，实现生产现场管理的精准化

西飞实行三级计划管理。公司级运营计划为一级计划。年度生产计划为二级计划。三级生产作业计划是承接年度生产计划的执行计划，是依据生产计划进行生产条件确认，结合当前实际生产需求对生产资源进行能力平衡，并通过限定的排产方法编制完成的工段级生产作业计划。其作用包括：提前预测生产的瓶颈，保护瓶颈生产能力；在有限资源下，最大限度地满足目标；为生产过程管控提供有效的执行依据；为辅助流程与生产过程的协同配合提供依据；加强生产人员对承诺和责任的履行，将员工的薪酬机制有效地与计划完成率相结合；转变粗放式的管理习惯，推动生产现场精细化管理。

1. 确立三级生产作业计划编制方法

按照加工特点，对三级生产作业计划进行分类。三级生产作业计划通过不同表单模板进行管控，适用于西飞所有生产单位的各类工段使用。

界定三级生产作业计划的输入及输出。输入有年度生产计划、系统平台 BOM 信息、生产能力信息；输出有三级生产作业计划表单，与 AO/FO 等文件、操作者关联。

按照生产任务分解、生产条件确认、生产能力平衡、生产任务排产、生产计划执行与控制的步骤编制三级生产作业计划。

2. 围绕三级生产作业计划配套建立各类支持计划

围绕三级生产作业计划，对各类生产保障计划流程进行梳理和优化，分别形成工艺保障、工装工具保障、设备保障、协作件保障、原材料保障、配送保障的相关工作流程和执行表单，通过计划的精细安排，给各项支持计划提供更为可靠的依据，同时也确保三级生产作业计划的合理性和可操作性。

3. 三级生产作业计划与 SQCDP 可视板实现关联控制

自主控制的三级生产作业计划给操作人员自主的计划管理搭建一个准确的计划实施平台，为管理者提供直观的实时控制信息平台。三级生产作业计划利用可视化管理的方式进行管控，同时与现场 SQCDP 可视板配合使用，在生产计划的执行过程中产生的相关问题可通过 SQCDP 可视板暴露，通过分级例会机制予以信息反馈并最终解决，保证生产过程中计划的可执行性。

4. 建立计划刚性考核办法

为确保三级生产作业计划的有效执行，西飞制定《生产计划刚性考核管理办法（试行）》，通过生产计划刚性考核，倒逼改革，改善绩效，促使生产单位向基于需求的排产转变，彻底打破生产不协调的被动局面，实现均衡交付、卓越绩效。考核对象包括月份装配计划、零件需求计划、器材需求计划、移交接收情况、协作工序、断线急件等。

三级生产作业计划体系通过《三级生产作业计划管理办法》进行规范，充分调动一线操作人员的主观能动性，保证计划按节点受控，确保上层级的月份计划和年度计划的完成。三级生产作业计划体系的建立，为生产管控从传统的调度管控向计划管控转型奠定坚实的基础。目前，西飞已经全面取消各生产厂调度员岗位。

（五）构建与三级作业计划相匹配的 SQCDP 可视化管控体系，推进员工生产作业自主管理

1. 建立 SQCDP 管理内在机制与流程

西飞建立一套面向生产操作人员的 SQCDP 可视化沟通平台，让多功能团队面向一线操作人员进行工作管理，包括需要跟踪和监控的安全（S—safety）、质量（Q—quality）、成本（C—cost）、交付（D—delivery）、人员（P—people），让多功能团队以支持生产一线为工作导向。管理者更直观地掌握每天的生产状况，通过现场异常问题的预警、问题传递处理及反馈工作流程，实现事前的预防性控制和运行中的过程控制。

2. 建立支持 SQCDP 管理运行的制度及培训手册

西飞陆续编制下发一系列规章制度和相关指导性文件，各生产单位也建立配套的内部 SQCDP 管理规章制度，设计承接的流程和执行表单，在制度设计上形成 PDCA 管理闭环。同时，为推广优秀的经验和管理方法，提高各级团队 SQCDP 管理用应水平，西飞编制发布 SQCDP 管理培训课件及管理手册，进行管理经验和案例分享，促进 SQCDP 管理的深入应用。

3. 设计 SQCDP 管理可视化表单

通过 SQCDP 可视板直观可视的方式揭示可视化各控制要素的所有信息，包括控制要素状态、现场异常（如质量、设备故障、物料等）问题展示及预警、异常问题处理进度、要素控制指标及控制指标数据记录等。

4. 建立 SQCDP 管理分层例会

SQCDP 管理可以分为多层级管理，可根据产品项目进行分工、分级管理，各级 SQCDP 例会分别解决不同层级和授权范围内的问题。西飞 SQCDP 管理分为三级，分别为工段/站位级（一级）、厂级（二级）、公司级（三级）。各生产班组每天召开班前会，对班组生产任务进行讲评，收集现场操作人员的各类问题。然后，班组长参加一级 SQCDP 例会，将影响自己或本班组计划完成的问题按照性质填写到 SQCDP 可视板对应类别的问题记录表中，在一级 SQCDP 例会进行讨论解决。二级 SQCDP 例会由各厂生产副厂长或厂长主持，各厂一级 SQCDP 主持人和各部门主管参加，围绕本厂各生产要素和一级 SQCDP 例会上报的问题进行决策、解决。三级 SQCDP 管理由西飞生产主管部门负责，各型号生产长/项目经理担任三级 SQCDP 主持人，组织工艺、质量、物流、设备、安全等部门负责人员解决记录的问题。

SQCDP 例会主要关注潜在的和已经明确需要关注并及时解决的问题，否则，这些问题将成为直接影响生产的紧急问题。通过对这些潜在问题和非紧迫问题的跟踪和解决，确保对生产的冲击降到最低限度。不同层级的 SQCDP 例会均设定固定的召开时间和参会人员，且会议时间要严格控制。原则上，一级 SQCDP 例会不能超过 10 分钟、二级 SQCDP 例会不能超过 15 分钟、三级 SQCDP 例会不能超过 20 分钟。各级例会均采用站立式会议，为防止在会议上推诿扯皮，各级 SQCDP 例会主持人在授权范围内拥有仲裁权和最后决定权。目前，西飞生产型单位 SQCDP 团队覆盖率达到 100%，已经形成生产现场问题预警及快速解决流程和工作机制。

（六）构建全员参与的生产现场精益持续改进体系

1. 开展以问题为导向的精益生产单元建设

西飞从顶层修订《精益六西格玛推进工作管理规定》，有针对性地明确“必须由生产管理部根据年度生产任务及能力平衡后，判定的生产能力瓶颈单位及项目，梳理出生产现场需改进的单元建设项目。”项目立项后，确定资源需求，费用纳入西飞年度专项改善经费。同时，西飞组织精益专家以夜校形式开设精益单元建设专班，培养所需要的单元建设核心人员。

建立虚拟单元，既不停线又彻底打破布局和工艺路线的约束，释放生产效率，边生产、边改进，用优化的布局和工艺路线，结合三级生产作业计划将加工过程串起来，实现连续流动，提高生产效率。

另一种精益单元建设是针对整个工段进行的。工段级单元建设的思路是围绕精益工段建设，首先选取典型零件开展布局优化，统筹进行全工段物流优化设计，进而分别进行工艺优化、排产模型设计，并实现可视化管控。

2. 开展全员自发的精益形迹化改进

形迹管理是指将物品的投影形状在保管器具或者木质承载物上描画出来，按其投影形状绘图，采用嵌入凹模等方法进行定位标识，使其易于取用和归位的一种管理方法。

一是确立形迹化的指导思想。包括：效率，即由职工参与，一切以职工工作方便、提高效率为前提；实用，即不是用很多费用和时间去改进使用性不大的项目，其实用价值不成比例也是浪费；安全，即要把人身安全和产品安全放在第一位。形迹化的要点是识别工人工作过程中不增值的环节和动作。

二是成立“点亮工程”团队，实现“带着改”。工人一开始不会做不要紧，先教他们做。西飞成立“点亮工程”团队，通过走访调研，确定急需改进的点实施精益形迹化改进，用改进的成果在西飞生产现场赢得良好的口碑。

三是生产单位成立精益月光工段，实现“比着改”。具备群众基础后，西飞从顶层规划，在所有生产型单位建立精益月光工段，由“点亮工程”团队负责提供技术支持。工人们开始动脑、动手、比着改，使生产现场焕然一新，许多老厂房、老生产线发生脱胎换骨的变化。

四是充分利用废旧材料，实现“省着改”。改善活动从一开始就树立消除浪费的思想。在改进中发出“因地制宜，因陋就简，变废为宝”的号召，在门户网发布电子信息公告，疏通渠道，鼓励利用仓储废旧包装箱材料进行改进。除必须购买的材料，改进所需要的大部分材料都来源于仓储和废料回收厂的废料。

五是用管理改进带动、固化形迹化成果，实现“一起改”。各精益团队从工具柜的形迹改进入手，逐步扩展到毛料架、零件架、工装架等，让一个个点上的改进形成合力；各单位同时从生产作业计划、物流配送等现场管理上进行改进，相互影响、相互支持，形成良性互动。西飞对通过现场使用验证的工装附件形迹改进方案及时固化，在新申请工装、技改项目中，将形迹管理的因素一并考虑在内，从流程、制度上固化形迹化成果，实现可持续、不反弹。

六是梳理精益形迹化改进典型案例，实现“改得巧”。仅 2015 年一年时间，现场形迹化改善示例已经达863项，涵盖各类柜、架、车。同时，为让现场形迹化改进的案例得到全面推广，西飞先后编制出版三本改进案例图册。

（七）建立技能、生产计划与质量为一体的薪酬分配办法

在西飞的统一要求和规范指导下，各生产单位建立技能培训验证与质量印章管理、三级作业计划、收入紧密关联的薪酬分配办法，将员工获取技能、印章等级、计划完成与用于薪酬核算的工时紧密挂钩。薪酬分配办法主要遵循以下原则：一是针对不同岗位分别考核；二是体现同工同酬；三是正向激励为主，月份考核与年度考核相结合；四是按生产主线工作设计；五是党员发挥模范带头作用。

这套激励办法的导向作用对操作人员非常明确，主动获取技能、自主控制质量、自主完成计划的意识深入人心。对西飞而言，具备独立操作的操作人员越多，产品的实物质量就越可靠，质量波动就越小，人为因素造成的质量损失就越低，专职检验的精力就可以转向特定关键工序的控制，从而极大地缓解检验队伍的压力，从根源上用流程解决产品质量问题。同时，计划的精细化编制，确保从上到下的精准执行、同步协调，有效保障生产的准时化、均衡化。

三、航空制造企业提升效率和质量的生产现场自主管控体系构建效果

（一）显著提升企业生产能力与生产效率

西飞自主管控体系的运行，极大地提高生产和管理效率，提高操作人员、管理人员的工作效率，在确保质量稳定的前提下极大地缩短产品的生产制造周期，单位设备、厂房面积利用率大为提高，生产能力得到充分释放。部、总装基本实现连续生产、均衡交付，断线期缩短50%。全年在完成总装交付飞机、试飞交付、转场飞机数量指标的同时，研制飞机和批产任务得到统筹平衡。生产单位加班人数与2014年比下降近60%，全年基本做到"还假于民"。

（二）有效提升产品质量管理水平

西飞全面完成年度质量目标。全年无重大质量问题和严重质量问题；外部审核达标一次通过，产品质量损失率、军民机内部损失率实际完成数分别为年度下达指标的47.4%、45.8%；民品一次提交合格率达到99.42%。2015年，军民机拒收单较2014年下降10.8%，国际合作项目拒收单较上年度下降54%。2016年一季度，因人为因素造成的拒收单数量与同期相比大幅下降61%。

（三）提高客户满意度，提升企业形象

西飞真正实现与国际航空制造业先进现场管理模式的对接，在有效提升西飞管理效率、降低产品成本的同时，军、民机客户的满意度得到改善，客户满意度评价均超过90分。2015年，西飞成为中国商飞10家机体结构供应商中唯一获得"优秀供应商金奖"殊荣的供应商。

（成果创造人：何胜强、于　萍、陈　胜、袁春衡、李振兴、王海宇、贾　敏、邓志均、李本巨、张秋芬、张文兵、邓　琛）

风光储输“四位一体”集成电站智能化生产管理

国网冀北电力有限公司

国网冀北电力有限公司（以下简称国网冀北电力）隶属国家电网公司，承担着保障首都供电安全的重要职责，肩负着服务廊坊、唐山、承德、秦皇岛、张家口五个地市经济社会发展和服务国家新能源发展的光荣任务。截至2015年年底，运维500千伏变电站29座、线路10762公里，220千伏变电站113座、线路9353公里。2015年，冀北电网最大负荷2100万千瓦，完成售电量1240亿千瓦时。截至2016年6月底，冀北电网新能源装机容量1125.9万千瓦，占比已达50.1%，率先成为国内新能源装机超过常规电源的省级电网企业。

2009年，财政部、科技部、国家能源局及国家电网公司联合确定在张家口坝上地区开展国家“风光储输”示范工程建设，率先建造集风力发电、光伏发电、储能装置和智能输电“四位一体”的新能源电站，建设总规模为风电450兆瓦、光伏100兆瓦、储能70兆瓦，总投资近100亿元人民币，于2011年陆续建成投运。

一、风光储输“四位一体”集成电站智能化生产管理背景

（一）化解新能源快速发展与电网安全运行的矛盾

传统化石能源的大规模开发利用，创造巨大物质财富的同时也带来资源紧缺、环境污染和气候变化等问题，严重威胁可持续发展。近年来，随着技术进步，风能、太阳能等清洁能源开发效率不断提高，我国新能源产业呈现“井喷式”发展。国家能源局预计到2020年，我国风电累计并网容量将达到2亿千瓦，是2011年年底的4.4倍，太阳能发电装机容量将达到5000万千瓦，是2011年年底的23.4倍。

由于风、光等新能源发电自身存在高度随机性、波动性和间歇性的特点，大规模接入电网后，给电网安全运行带来极大挑战，其大规模集中并网成为世界性难题。一是我国电源结构中灵活调节电源少，调节出力范围有限，风电、太阳能发电的大规模并网将严重影响电网运行的调峰与调频。我国新能源发展较为集中的三北地区电源结构都是以火电为主，基本没有燃油、燃气机组，调节能力不强，为确保电网安全运行而弃风、弃光的现象较为严重。二是风电、太阳能发电的大量并网将影响电网的安全稳定性，如电压稳定性、频率稳定性、暂态稳定性等。

（二）适应新能源发电特点的需要

新能源发电企业近年来发展迅速，但其生产管理仍沿用火电企业或水电企业的管理模式，难以适应新能源发电的特点。一是难预测。风电、光伏具有间歇性、随时性的特性，给需要保持发电、用电实时平衡的调度系统带来难题，所以要求准确预测新能源功率，带来更大的调度空间。虽然各家新能源发电企业都开展新能源预测，但是从现实情况来看，准确度还有待提高。二是难控制。近年来，由于快速上马风电场、光伏电场项目，设计、制造、建设中存在质量和技术问题，运行管理存在薄弱环节，电场、升压站的运行规程等规章制度不健全，运行检修人员技能水平及配置不足，严重影响电网电压和频率的稳定，直接威胁到电网的整体安全稳定运行。2011年以来，我国风电脱网事故频发，成为电网安全运行的极大隐患。三是难调度。一方面面临着光能、风能实时波动带来的调度困难，另一方面承担着旋转备用不足的风险，同时还需要满足清洁能源优先上网的政策要求。

（三）推动“风光储输”联合发电技术工程化应用的需要

风能、太阳能为代表的新能源受气候影响较大，具有随机性、波动性和间歇性等固有弱点，而太阳

能和风能资源富集地区与负荷中心逆向分布的基本国情又决定我国风电开发以大规模集中开发、远距离高压输送为主，光伏发电接入电网则呈现出大规模集中接入与分布式接入并举的特点，而控制技术与并网技术距离大规模开发存在较大差距。2009 年 4 月 29 日，科技部、财政部、能源局和国网公司共同召开“金太阳工程”协调会，确定由国网公司牵头解决相关技术问题。经过多次论证和现场踏勘，国网公司确定采用世界首创的“风光储输”技术路线，以风光发电控制和储能系统集成技术为重点，采取风光互补和风光储配比技术，实现新能源的平滑输出，解决新能源大规模并网的技术难题。

为此，成立国网新源张家口风光储示范电站有限公司（以下简称风光储公司），分期建成 450 兆瓦风电场、100 兆瓦光伏电站、70 兆瓦储能电站、220 千伏智能变电站一座，配套建成国家风电检测中心和风电、光伏、储能三个检测基地。“风光储输”技术路线得到科学验证，其对应的风光储容量优化配比等关键技术经过应用获得良好效益。在成功取得建设经验的基础上，急需优化生产管理模式，推动“风光储输”联合发电技术工程化应用，将技术突破转化为现实生产力，促进国内新能源产业的健康发展。

二、风光储输“四位一体”集成电站智能化生产管理内涵和主要做法

国网冀北电力搭建“产学研用”联合工作生产组织体系，推进科技攻关与生产管理协同开展，依托信息系统实现风光储输“四位一体”的集成电站智能化生产管理。精准预测发电计划，实时监测运行状态，实施风力发电、光伏发电、储能发电、“风＋光”发电、“风＋储”发电、“光＋储”发电、“风＋光＋储”发电七种运行优化切换模式，科学调度优化消纳新能源，精益运检提高设备可靠性，最大限度消纳新能源，真正做到新能源发电“可预测、可控制、可调度”。主要做法如下：

（一）搭建“产学研用”联合工作生产组织体系

1. 构建科技攻关与生产管理双轨协同的工作模式

“风光储输”示范工程属于全球首创，其生产管理没有成熟可靠的借鉴模式，必须立足“四位一体”集成电站的技术特点和现状。国网冀北电力按照科研攻关和生产管理双轨协同推进的工作模式，一方面联合研究机构、大学院校开展技术研发，完成例如发电互补技术、风光一体化预测等科技成果的研究，解决生产管理面临的技术难题，从技术上支撑生产管理智能化，奠定生产管理的基础；另一方面在生产管理过程中，不断积累数据和经验，推进技术的实用化，并持续优化技术，进一步促进技术创新。

一是成立联合科技攻关团队。科研团队汇集中国科学院、中国电科院、国网电科院等 5 大科研院所以及清华大学、华北电力大学、河北工业大学等 11 所重点院校。4 名院士领衔的 29 人专家组，会同 656 名科研人员先后参与示范工程的科研工作。二是聚焦核心技术，打造智能化生产管理平台。联合科技攻关团队开展风光储容量配比优化、联合发电监控系统研制、运维及并网检测装置、预测调度和大规模储能集成技术 5 项核心技术研究。坚定开展“两化融合”，将上述技术研究成果转化为信息平台，基于可视化数据驱动机制，精准预测、全景监测、实时调控，实现智能化生产管理。

2. 构建内外联合作业的生产管理组织机构

一是成立生产技术部，强化管理监督。国网冀北电力在风光储公司设立生产技术部，全面负责运行调度、检修维护、科技信通三块业务，下设运行调度、输变电维检、风机维检、光伏维检、储能维检、信息通信、科技研发共 7 个班组，对应管理各专业（设备）范畴内的业务，充分发挥管理监督作用。二是发挥技术优势，开展属地化运维。国网冀北电力积极发挥经验、技术、人员的优势，开展输变电设备属地化运维，将输变电设备委托国网张家口供电公司运维，确保设备安全、可靠运行。发挥中国电科院、国网冀北电科院的技术、设备优势，委托其开展设备技术监督和设备并网检测，利用国家风电检测中心和风电、光伏、储能三个检测基地，成功推动风电、光伏、储能装备全项检测，提升入网设备质量，成为国际风电测试（MEASNET）成员，标志着我国的风电检测能力达到国际先进水平。三是加

强与厂家的合作，强化设备运检。示范电站全部采用国产新近研发设备，新技术尚未完全成熟、新设备尚处于磨合过程。为此，设备运检时由厂家派驻技术人员驻厂，按照生产技术部的运检计划开展工作。国网冀北电力与54家国内设备制造、集成厂商密切合作开展运检，对设备功能、控制策略进行优化。四是加强站调合作，强化实时监控。一方面强化开展风光一体功率预测、调度计划编制、并网管理、缺陷管理、优先调度评价和统计分析功能，强化调度的过程管控。另一方面开发新能源功率控制系统和新能源运行指标监视与预警功能，研究开发新能源自动发电控制（AGC）平台，实现网内新能源出力“一键式”控制，尽可能减少人员干预，实现实时监视和智能控制。

（二）构建智能化生产管理平台，开展实时控制

1. 精准预测，提高新能源消纳水平

一是监测气象数据，建立中长期功率预测模型。国网冀北电力开发国内首套风光联合发电功率预测系统，实时收集气象观测数据，通过确定的预测对象及历史数据分析选取预测因子、前兆强信号等。采用短期气候预测法预测未来可能发生的气候状态，结合历史统计数据建立功率预测模型，明确年度、月度的发电功率计划。二是开展消纳能力分析，明确多时序发电计划。在中长期风电电量预测的基础上，建立《新能源消纳能力分析计算技术规范》。运用多重约束的有功控制策略，考虑电网调峰和断面约束双重约束条件下的有功功率优化控制。建立时序生产模拟模型，开展仿真分析，基于生产时序，以时间为尺度，从年、月、日三个层级逐步收敛、逐步精确，输出预测可消纳的风光电量和弃风、弃光电量，最大限度消纳新能源。三是优化风光资源配置，确保效益最优。针对区域内风光集群的装机分布和气候预测信息，国网冀北电力研发风电场和光伏电站效益均衡的控制系统功率分配策略，在新能源发电计划中，根据不同极限水平、风光容量比和季节条件下优化太阳能、风能分配系数，实现最优发电效益。

2. 开展精细监控，实时控制运行状态

风力发电和光伏发电作为单一的发电系统都存在出力多变、瞬间冲击的问题，国网冀电力应用联合发电全景监测与综合控制系统，对风电场、光伏电站、储能装置和智能变电站进行联合控制，统筹调配风力发电、光伏发电、储能装置等设备联合出力，实现风光储七种运行模式的自动组态，使之稳定自由切换，具备平滑出力、跟踪计划、削峰填谷、调频调谐等功能，使新能源发电品质接近常规电源，能够准确、快速地参与电网调度任务。

一是实时采集信息，监控运行。建立一体化全景信息采集与全景监控系统，针对不同厂家、不同发电设备类型的多种通信协议，构建统一的信息采集与通信框架，促进测点、设备、场站、全景四个层级信息的交互，实现风、光、储、变信息采集处理与可视化展示，确保智能化的监测及控制，为灵活组态控制提供通信基础。二是开展风电、光伏、电池储能灵活组态控制。通过远程控制，灵活切换7种组合运行方式和组合控制功能，满足实际调度运行的控制要求，达到接近常规电源的发电质量。三是开展大规模电池储能系统协调控制，提高发电计划完成率。国网冀北电力根据日内的风能、太阳能资源、设备故障状态等因素，当实际出力曲线与发电计划出现偏差时，通过协调储能发电系统，对风光发电出力与发电计划值之间的偏差进行实时补偿，使得风光储联合发电依据计划值稳定输出，跟踪计划出力偏差控制在3%以内。

3. 开展科学调度，实现新能源优先消纳

一是优先调度新能源。建立模型维护联动机制，始终保证自动化模型和调度计划模型同步更新，确保调度计划编制模块始终以新能源优先消纳、最大化消纳为原则编制日前发电调度计划。二是开展优先调度评价。设计开发优先调度评价体系，设计新能源优先调度评价关键指标体系，率先开发建设完成新能源优先调度评价系统量化分析绿色调度执行情况，为绿色调度的有力执行提供参考依据。三是强化日内计划运行监控。构建新能源功率控制系统，开发新能源运行指标监视与预警功能，实现实时监视和智

能控制。一方面，实现新能源出力“一键式”控制。针对新能源调度需求，将电网新能源按断面进行区域划分，按断面需求进行区域控制，同时当电网调峰控制时，具备全网新能源控制方式。编制新能源自动发电控制（AGC）策略，完成 AGC 控制系统开发并上线应用，实现网内新能源出力“一键式”控制。另一方面，开展新能源运行指标监视与预警。通过监视电流、电压变化，实时分析场站运行工况，为运行控制做重要参考。

4. 开展精益运检，确保设备可靠运行

一是合理安排停电检修，编制综合检修计划。根据设备运行情况和海量运行数据分析结果，编制年度停电检修计划，将停电检修工作安排在 7—8 月份枯风期进行。制定发电设备和输变电设备检修相结合、大修和设备缺陷处理相结合的计划编制原则。二是实施发电类设备状态检修。分析历史数据，积极开展带电检测工作，逐步建立状态评价指标体系，对发电设备逐步开展状态评估，从而确定发电设备的检修周期和检修策略。三是强化厂家外委人员管理。在签订委托合同时，明确规定安全协议和外委人员资质、工作经验、资格证书要求，规定工作时限，确保外委人员技能水平和稳定性。外委人员纳入班组，严格按照国网冀北电力管理制度和标准要求，开展安全学习、专业培训、班组活动，最大限度确保工作质量和作业安全。四是强化评价考核。风光储公司针对生产管理的 7 个专业，构建计划管理、工作质量、安全管理、创新能力、员工素质提升、基础资料共 43 项指标，开展月度评价、季度考核总结，开展班组评比和对标，推动生产管理能力持续提升。

（三）构建“多要素”评价体系，持续开展管理提升

1. 构建运行指标体系，开展多要素评价

充分借鉴和吸纳国际、国内新能源发电企业的先进指标，结合示范工程运行特点，建立风光储输“四位一体”生产经营标准体系和指标评价体系，系统收集、筛选、整理生产经营和管理数据，开展分析和总结提炼，持续提升管理。收集国家标准、行业标准、企业标准的各项要求，构建指标体系，分电量指标、发电性能、可靠性、环境指标等四个维度设计 19 类 58 项指标，全面监控电站运行情况。通过系统平台实时收集，进行横向对比，以企业经济活动分析为依托，对运行工作进行评价，深入挖掘企业经营潜能，提出科学、高效、合理的管理改进计划，及时调整发展战略，提高抗风险能力。

2. 收集外部数据，开展对标提升

开展国际对标、国内对标、内部对标，采用多维对标、专业对标、专题对标等方式，针对生产运行情况进行内、外部对比评价，不断改进管理水平和经营业绩，实现标杆超越。

（四）打造生产管理队伍，构建人才保障

1. 依托联合科技攻关项目，联合培养人才

依托 863 计划、国家科技支撑项目及相关配套课题共计 87 项科技研发项目，联合高校、厂家培养人才。一方面，国网冀北电力在设计、监控、检测、储能、调控、运营等新能源专业领域，涌现出多名专家型领军人才，形成配套完善的新能源生产管理团队。另一方面，通过科技攻关项目，各大院校先后培养出超过 30 名博士研究生和近 80 名硕士研究生，为我国新能源实现全领域、深层次跨越发展提供坚实人才储备和智力支撑。

2. 多渠道开展培训，打造坚实人才队伍

一是实践与培训结合。在工程扩建和生产运维实践时，利用厂家、高等院校、中国电科院等高层次技术人员常驻现场的机会，组织编制培训教材，举办新能源领域各专业知识培训。二是丰富教育培训方式。开展内部新能源学术沙龙活动，开展知识共享，实施老员工传帮带，聘请外部教师与专家，拓展新员工眼界和提高技术知识。三是以实践带动技能提升。组织新员工深入参与主要设备调试、安装实践操作，巩固培训效果，开展现场拉练和实践演习，提高员工的应急应变能力，验证培训成果。四是拓展员

工职业发展空间。通过岗位晋升发展通道和优秀专家人才成长通道，开展岗位晋升、优秀人才评定，搭建起路径清晰、激励到位、保障有力、卓越引领的人才成长阶梯。五是开展一专多能培训。编制风光储输四项技能标准表，设计新员工技能培训路径表和培训课程体系，使电站员工可以用最短时间实现一专多能。

（五）开展全面创新，持续提升技术水平

1. 完善技术创新管理，应用推广提升生产力

一是强化科技项目管理。立足风光储输“四位一体”集成发电技术，结合生产运检遇到的问题，会同科研院所及设备制造商共同申报计划课题，共同攻关。对项目进行统一规划、计划管理，涵盖项目组织、资金进度管理、进度协调、知识产权形成。设定关键节点，严格实施周报表、月汇报机制，确保科技项目成果按时间、按质量完成。二是健全科研成果转化机制。推动科研成果转化为采购技术规范、运行规程、联调大纲、信息平台等，提升成果的应用度。与地方科技局、科研院所、重点大学、设备厂家合作，结合示范电站生产运行数据，联合专家队伍、科研团队开展常态化分析，总结生产运行中的经验教训，解决新能源并网中遇到的各种问题，持续优化新能源并网控制关键技术，建立运行技术标准，为大规模风光储联合发电模式的推广提供依据。

2. 构建技术标准体系，树立国家新能源标准

国网冀北电力在国家发改委、中电联、国网公司的统一领导下，制定风光储输联合发电系统标准体系，根据示范工程的生产运维经验，编制相关技术标准，例如发起成立由我国主导的《IEC 大容量可再生能源接入电网技术委员会》，发布《大容量可再生能源并网及大容量储能接入电网》等 3 部技术白皮书，发布国家标准 13 项、行业标准 23 项。

3. 开展全员创新和多种形式的持续改进

一是针对生产管理问题开展 QC 课题研究。开展节省光伏电站组件支架用钢量、光伏场内电缆敷设、变电站接地施工缺陷、风机设备吊装等 QC 成果研究，提高生产管理质量。二是设立创新工作室。在风光储公司设立牛虎创新工作室，下设办公室、专家组及 10 个创新工作小组，风光储公司全体职工参加创新工作。

三、风光储输“四位一体”集成电站智能化生产管理效果

（一）实现预期规划目标，获得良好社会效益

截至 2015 年 12 月，示范工程已连续安全运行 1467 天，实现无故障运行，等效利用小时数处于国内领先水平，已累计输出电量 17.03 亿千瓦时，按照国际通用转化公式计算，相当于节约标准煤 36.479 万吨，减排二氧化碳 70.16 万吨、二氧化硫 4995.177 吨，实现售电收入 9.6 亿元，为华北地区的节能减排和环境治理做出应有贡献。

（二）构建新能源企业生产管理模式，化解集中并网矛盾

2011 年一期项目投运以来，世界首创的“风光储输”联合发电生产模式经过实践，将“难预测、难控制、难调度”的风光资源转化为优质可靠的绿色电能输入电网，为解决大规模新能源集中开发、集成应用的世界性难题提供“中国方案”。

一是实现风电建设标准最高。项目采取单机容量 5.0 兆瓦的风电机组，实现新机组、新设备的安全运行，确保 2.5 兆瓦直驱式风电机组及 2 兆瓦双馈式风电机组在 1.3 倍额定电压的工况下保持 200 毫秒不脱网，达到世界标准，电站有功、无功功率已实现在线动态可调，有功调整速度、响应时间与常规水电机组相当。二是实现光伏发电效益最佳，对比同纬度固定式光伏发电系统，跟踪发电系统每年约能提高 18%的发电量。三是作为目前世界上规模最大的多类型化学储能电站，储能系统能量转换效率达 92%，响应速度小于 900 毫秒，整体出力偏差小于 1.5%，从而成为全球首家具有“黑启动”功能的大

规模新能源联合发电站。四是提升新能源接入水平。通过智能控制实现9种风光储容量配比的自由切换，变电站静止无功发生器（SVG）具备－15—＋27MVar的无功调节能力，响应速度小于10毫秒，仅是公司规定的1/3，在电网发生故障时为系统提供暂态无功支持，确保电网的稳定运行。

（三）验证“风光储输”技术路线，引领新能源产业发展

风光储输“四位一体”集成电站智能化生产管理，抢占国际新能源发展的战略制高点，验证“风光储输”的技术路线。实现以风光储联合发电互补机制及系统集成为代表的五大关键技术突破，取得87项专利发明，发表论文142篇，累计获得省部级科技成果奖4项，部分创新成果达到国际领先水平，攻克制约新能源大规模开发利用的世界性技术难题，达到国际领先水平。风光储公司先后荣获“全国五一劳动奖状”和“行业科技进步一等奖”等荣誉称号。风光储输“四位一体”集成电站智能化生产管理经验、成果已经为外界所认可、借鉴，并推广应用于美国及中国宁夏、青海等多个新能源联合发电示范工程，联合发电控制技术及监控信息等十几项信息系统，已成为大规模新能源场站生产运行的关键支撑平台，在江苏如东海上风电场监控、西藏羊八井光伏电站监控、酒嘉风电基地得到广泛应用。

（成果创造人：田　博、盛大凯、马　力、张宣江、黄　波、高　峰、郑宇清、梁立新、岳巍澎、王　铮、李惠涛、段宝升）

汽车制造企业柔性排班系统构建

东风汽车有限公司

东风汽车有限公司成立于2003年6月9日，是东风汽车公司与日产汽车公司通过战略合作，携手组建的大型汽车合资企业，主营业务有乘用车、商用车、零部件、汽车装备等产品的制造与销售，公司注册资本167亿元，双方各拥有50%的股份。其中，东风汽车有限公司乘用车分公司（以下简称乘用车分公司）是从事乘用车研发、采购、制造、销售、服务的业务单元，由花都工厂、襄阳工厂、郑州工厂、大连工厂以及发动机分公司和研发中心组成，有员工近19000人。截至2014年8月，乘用车分公司整车累计产销量已突破550万辆。同年，公司的四大基地整车总产能从100万辆提升至150万辆。目前，四大整车生产基地均拥有冲压、焊接、涂装、总装和树脂等五大工艺车间，动力总成事业板块则拥有花都和郑州两大发动机生产基地。

一、汽车制造企业柔性排班系统构建背景

（一）避免行业产能利用率下降造成大量资源浪费

目前，中国已成为全球最大的汽车消费市场，中国汽车市场迅速膨胀至供过于求的过饱和程度。随着中国车市增速放缓，车企产能利用率不断走低，造成资源浪费的同时也损害企业的经济效益。乘用车分公司也无法幸免，2014年，五大整车生产基地年产能为150万辆，实际产出94万辆，产能利用率仅为62.6%，存在严重的设备和人力资源闲置问题。如何既满足客户需求又保持经济运作是当今国内车企面临的共同挑战。

（二）克服需求波动导致车企生产不均衡问题，解决产能断层现象导致的制造成本上升问题

汽车市场的需求频繁变化，完全以市场为导向的生产模式突显成本增加的弊端。不同车型的需求比例变化频繁。无论是结构性的车型需求比例失衡，还是“过山车”式的季节性需求差异都导致汽车企业全年的生产处于极不均衡的状态，考验着制造系统的快速应变和始终维持成本最优的柔性能力。同时，汽车行业市场变动频繁，需求经常会落入到产能断层区间里，造成资源浪费。汽车昂贵的成本也使整车厂不可能运用库存策略应对生产不均衡与产能断层带来的巨大影响。如何灵活安排班次、充分利用企业资源、消除产能断层，已经成为各个车企迫在眉睫要解决的课题。

（三）改善资源配置效率、提高企业管理水平的需要

传统制造业的生产资源一般按照全年中需求最大的月度进行配置。当需求减少、产能利用率下降时，采取“降低节拍，调整生产线作业编成以减少作业人员”的方法来应对。但从实践看，这种做法存在诸多弊端：受制于产线设计和设备布局，作业编成调整难度大；每逢需求突变后需要大规模调整作业编成，存在着巨大的品质和效率风险；节拍调低后设备的能力得不到充分发挥，会增加固定费用；调整作业编成，班次仍维持不变，未能挖掘出辅助部门和能耗等方面的改善余地。因此，为以最低的成本快速响应市场，满足顾客需求的同时做到资源最优配置，保持整个生产系统以最经济的方式运行，乘用车分公司从2014年下半年开始探索实施充分利用资源的柔性排班方式。

二、汽车制造企业柔性排班系统构建内涵和主要做法

乘用车分公司在挖掘生产线综合效率最大潜力的基础上，进行排班体制的优化，打破人员定线定岗的局限，利用跨线、跨工艺、“N＋X”等多种排班方式，灵活用工，实现带任意小数点的柔性排班设计，成功消除生产线产能断层，实现生产组织方式和资源的最优配置。主要做法如下：

（一）聚焦瓶颈，充分挖掘生产系统能力

在 TOC 理论的指导下，乘用车分公司立足于整个制造系统，聚焦瓶颈，推进系统各环节同步、整体改善，最大程度发挥整个生产系统的效率，减少资源投入，核心步骤如下：

第一步，找出瓶颈。设计电子版的工序能力管理表，在后台按要求录入每个工序的基础数据，生成工序能力视图，各工序生产能力一目了然，对每条生产线各工序的能力进行目视化管理，暴露瓶颈，为改善系统效率提供支持。第二步，挖尽瓶颈。在各生产线瓶颈工序投入尽可能多的资源，将瓶颈最大化利用。瓶颈岗位空闲时运用班组长临时顶岗的方式，最大限度提升瓶颈负荷率。第三步，迁就瓶颈。根据各生产线瓶颈上一道工序的故障强度率，在瓶颈前设置一个合理的安全库存，即“缓冲（Buffer）”，消除瓶颈缺料等待的情况。这样，万一前一工序出现暂时停工，也不会令瓶颈停工。第四步，打破瓶颈。将各生产线瓶颈工序的作业细化到动作单元，分析每个单元的工时构成，利用 ECRS（取消、合并、重排、简化）原则，通过尝试不断的组合/拆分作业，提升瓶颈产能，使瓶颈转移到别处。第五步，重返（Repeat）第一步。找出新的瓶颈，持续改善。改善无止境，乘用车分公司的效率改善工作始终遵循着上述五步骤循环前进，充分挖掘系统的最大效率，投入更少资源满足市场需求。

（二）创新多种排班方式，力求最优柔性排班

1. 基于成本效益最佳，优化排版体制

通过对乘用车分公司历史排班体制与相关成本数据的分析发现，排班体制与单台制造成本有着密切联系，单台制造成本主要包含劳务成本和动能成本。为此，乘用车分公司分别通过排班体制与单台劳务成本、排班体制与单台动能成本之间的数据运算，建立成本效益模型。通过模型运算，得到基础出勤至法定最长出勤体制内对应的单台（劳务＋动能）成本曲线图。单台（劳务＋动能）成本与体制存在着反向线性的关系，且模型运算结果与历史实绩曲线方向一致。根据模型计算结果，在周出勤总工时一定的条件下，延长体制，压缩出勤天数，就可以降低单台制造成本。

2. 开展跨线、跨工艺生产柔性排班

跨线排班，即用一个班次的人员对应同车间两条或以上生产线周期性交替生产；跨工艺生产则是以一个班次的人员对应两个或两个以上车间周期性交替生产。一般来说，汽车制造企业每条生产线生产什么样的车型是固定的，如果每条生产线均配备固定的双班作业员，那么当车型需求有很大差异时，会产生极大的人力浪费。而乘用车分公司在保证效率最大化的基础上，组建一批可以分别在多条线或多个车间之间自由切换出勤的班组，通过对各条生产线车型产量的分析，确定这些班组的出勤方式，最终达到一个人对应多条生产线以及多个车间的人力柔性。

3. 实行“N＋X”轮岗柔性排班

“N＋X”轮岗是运用化整为零的思想，将班次整体划分成多个单元，每 N 个岗位形成一个独立的单元，用“N＋X”个人轮岗作业，实现产线不休而人员轮流休息。“N＋X”轮岗法将出勤管理精细化到个人，打破生产线必须定岗定员的桎梏，给生产组织方式带来无限可能。在“N＋X”轮岗排班法中，可根据不同需求随意改变每一个单元“N”和“X”的值，得到多种柔性班次组合，每一种组合都可以通过合理的出勤编排达到既满足产量需求又确保所有员工均衡出勤的效果。

4. 实行多元化组合柔性排班

为使排班更具柔性化，乘用车分公司进一步尝试将跨线生产、“N＋X”轮岗和传统的部分开线等多种排班手法有机结合，使用到同一个车间、同一条生产线上，形成“多元化组合”柔性排班方式，完全打破传统班次的束缚，实现人力资源的自由组合。此排班方式结合多种柔性手法，根据生产线实际配员状况及各月需求变化情况因地制宜，其核心思想是始终保持最少的资源投入。组合方式有多种，如同一车间部分生产线进行跨线、跨工艺生产，而某些生产线开展“N＋X”轮岗；同一生产线 A 班开展“N＋

X”轮岗，B 班与其他生产线组成综合班开展跨线轮岗，C 班则仅有 1/3 人员进行部分开线。不同组合方法对多能工的数量和技能要求不同，排班难度也有很大区别。需要进行配员数量、培训周期、辅助部门配合难度、库存设置、员工收入、排班难度等多维度的综合对比权衡。

（三）运用 PDCA 循环法，落实柔性排班

在柔性排班的实施方面，乘用车分公司引入 PDCA 循环管理模式，建立起一整套具有完整组织架构、严谨现场管理手段、完善运作监督过程和标准化管理办法的运作体系。

1. 把握生产线现状，建立排班实施组织架构

乘用车分公司充分评估生产计划以及现有生产线能力，完全把握生产线现有人员的技能水平，据此选择合适的排班方式。同时，建立实施组织架构，制定定期会议机制，为排班的具体实施打好基础。

乘用车分公司专门为柔性排班开发配员模型，只要将每个月的具体需求输入模型的对话框，便能计算出每条生产线所需的理论最少班次和配员。然后以车间为单位，组织各部门成立“家族”，每个月针对如何应对未来三个月需求滚动计划进行研讨，开展多次头脑风暴，综合运用跨线、跨工艺生产、“N＋X”轮岗和传统的部分开线等方法，提出尽可能多的柔性排班方案。最后根据配员数量、培训周期、辅助部门配合难度、库存设置、员工收入、排班难度等多维度进行综合对比，选择最适合的方案配置未来三个月各条生产线的班次和配员。

2. 运用现场管理手段，有计划地开展排班工作

第一步，设计月度排班计划表，指导具体实施工作。由于柔性排班系统解除员工与单一岗位的捆绑性质，所以对排班实施计划的要求非常高。公司柔性化团队专门为生产部门设计月度柔性排班表，功能涵盖以下六个方面：指定每个员工的出勤日期、时间和具体岗位；计划内请假的轮岗编排；结合员工个性化的需求；均衡各人月均的出勤；确保每人的休息时间；出现突发缺勤的轮岗编排。柔性排班表指导各线合理安排每天各员工的出勤及具体岗位，防止发生错乱。

第二步，安排品质流出防止措施，保证轮岗顺利进行。在排班过程中的品质管控方面，遵循“三不原则”，即不接收不良、不制造不良、不流出不良。不接收不良主要在差异件管理方面，每个岗位的作业员必须具备对本岗位所有差异件清楚识别的技能；不制造不良，即将重点放在标准作业书步骤要点的明确以及设备品质特性掌握上；不流出不良，即在轮岗初期，在每一个班组安排制程检查人员和品保人员共同确认品质，修订新的品质基准，确保本班组不良不流到下一个工序。

第三步，根据轮岗岗位的作业内容，制定相应的 KY（危险须知）点检表，确保轮岗作业的安全性。在此做法上，班长需制定本班所有岗位的 KY 点检项目以及点检计划，作业员按计划在每日开线前进行 KY 确认，将对安全因素的识别放在最前端。

3. 建立目视化管理看板，监督排班运作过程

在检查环节有三项主要工作。一是针对每一个岗位均建立月度作业观察表，进行分台数的一次观察和二次观察，观察项目包括标准作业项、品质确认项、安全/5S 确认以及作业工时实测，最后由班长进行作业观察综合评价。二是建立目视化管理看板，将轮岗实施架构、标准作业书、月度排班表、KY 点检表以及作业观察表等张贴到对应班组看板墙，每日点检确认，做到管理透明化。三是及时应对轮岗过程中的异常，运用 4M（人、机、料、法）分析法，深入挖掘原因，在后期有针对性的指导改善，将对品质的影响降低到最小。

4. 总结实施过程中的问题点，优化柔性排班系统

在柔性排班的初期运作中往往伴随着许多变化因素，需要在运行过程中不断调整优化。乘用车分公司从 2015 年年初开始实施柔性排班，每月度均对上月排班实施情况进行总结并进行改善。一是针对排

班实施过程中的品质异常建立异常对应预案，且安排演练；二是梳理完成《生产线柔性排班实施管理办法》，下发到各班组严格实施；三是进一步优化月度排班表的设计，提高效率。

（四）强化多能工培训，满足柔性排班技能要求

为迅速应对多元化柔性排班的需求，企业必须抛弃传统的单一工序操作、定岗定员的观念，培养一批用于跨线、跨工艺生产和“N＋X”轮岗的多能工，通过增加员工多项技能来提高排班的柔性化，灵活应对产量变化和作业内容的变化。为此，乘用车分公司在总结以往多能工技能训练经验的基础上，重点开展如下工作。

1. 创新思路，完善多能工培训内容与方法

乘用车分公司根据柔性排班的特点，制定相应的培训方法，明确从岗位匹配、训练、技能鉴定、稼动训练直到轮岗作业各个环节的培训内容。在整个培训的过程中，以现场为中心，运用工作教导三阶段展开技能训练，即说给你听、做给你看、你来做做看，同时，提出分组配对、师徒互保以及过程管理三原则，以提升培训效果。其中，分组配对原则适用于人员的培训安排方面。以跨线生产为例，如1线人员至2线轮岗，需针对双线岗位间的差异做深入分析。

一是确定双线相同岗位同班人员配置，进行1对1的岗位实操培训；二是找出两条生产线之间作业有部分差异的岗位，结合每一个岗位的特点以及作业员的技能水平，进行前后班组间的人员调配；三是如果2线相较于1线有多出的岗位设置，对于这些岗位，则需要对2线原班组人员进行多能工重新编成调岗。师徒互保原则是在人员的技能培训方面，建立多能工师徒互保制度。通过师带徒的管理办法，明确训练内容，确定师徒互保清单，充分发挥“传帮带”的枢纽作用，以实践操作教学为主，辅以专业知识和经验的传授，同时，班长、系长对训练过程进行诊断指导。通过不断的强化训练，确保作业人员能够达到熟练独立作业的技能水平。

过程管理原则是在轮岗的时限和品质保证方面，严格运用过程管理PDCA循环模式，做成熟练技能水平的培训计划，在培训过程中不断加强员工对岗位的理解度，增加现场防错演练、异常处理和首件确认等实操训练的频次，以建立问题点清单的形式跟进培训进度，并对轮岗过程中的品质影响进行重点确认。

2. 保质保量，固化多能工培训体系

乘用车分公司将多能工培养工作设立为现场管理诊断的一项重要指标，要求每个班组制定年度、月度多能工培养计划，由现场管理工程师对各班组培训结果进行定期（季度）考核。以此建立一套完善的运作体系，将工作固化和日常化。具体做法是：设立“I、L、U”技能等级基准。I为初级水平，即能在标准时间内完成标准作业；L为熟练水平，即在I等级的基础上，能进行作业前准备，异常诊断及处理；U为师傅级水平，即在L等级的基础上，能教授他人（说明要点理由）。针对每个技能等级建立技能评价鉴定表，该鉴定表涵盖设备点检、品质控制、标准作业、作业效率、工具运用、安全作业六大维度，共31个鉴定项目，每个项目均有明确的标准，所有鉴定项目必须全部通过才予以认定等级。由现场管理工程师每季度定期对各班组多能工技能进行评价，并将评价结果录入人事系统。给定每个班组阶段性目标，并通过班组培训管理表计算每个阶段的完成率，确保培训计划落地。

（五）灵活调度内外资源，打造柔性排班人力蓄水池

1. 集团内灵活调配人力，达成整体资源优化效果

大型车企拥有多个生产基地，为降低成本，相同平台的车型安排在同一基地生产。由于车型比例需求变化频繁，导致不同基地之间的生产不均衡，人力需求变化频繁。乘用车分公司从系统整体角度考虑协调人力资源，集团内部建立人力活用机制，即对整个集团内部的富余人力进行统一调配，在企业内部建立人力资源蓄水池，应对各基地人力需求变化，达到整体人力资源最优化配置，具体

方式如下：

公司内跨车间、跨部门的人力支援。通过激励、职业访谈、员工素质评价、工匠之星培养等手段，挑选出优秀的技能员前往其他部门或其他兄弟工厂支援工作，年末当产量上升人力需求增加时，安排支援人员复岗，并在员工晋升及后备干部培养时优先考虑。这种淡季支援、旺季复岗的跨工厂支援做法大幅度降低人工成本，也留住具备熟练技能的人才。

集团内新工厂批量用工调度。集团内武汉地区东风雷诺工厂投产，公司团队与该工厂联系协商，并最终通过批量用工调度协议。按照员工自愿原则，将各工厂经过评定合格的冗余人员全部调度到新工厂。在2014—2015年期间，公司安排130名现场技能员支援东风雷诺汽车有限公司的投产建设工作。此举在人力富余的情况下减轻人力成本，同时也加强与兄弟工厂的技术、管理交流。

2. 集团外搭建校企合作平台，打造外部人力蓄水池

一般车企会采用短期用工或劳务派遣的方法应对生产不均衡带来的人力需求波动。但从实践看，临时招聘难度大且招聘费用高，而劳务派遣无法保证用工的稳定和质量。于是，乘用车分公司创建校企合作平台，打造外部人力资源蓄水池。具体包括：

一是校企联合办学。与学校签订联合办学协议，校企双方共同制订人才培养方案，在学生入学时将企业的录用标准与学生综合测评成绩挂钩。在学生学习过程中，与学校双方共同研讨课程建设方向，制订教学计划、实训标准，选派技术骨干与校方共同参与教学，并提供部分教育经费（奖学金等）。二是订单式培养。采用在校实习生实操课程与公司顶岗实习相结合的“订单式”培养模式，学校选拔合适的学生前往企业顶岗实习。企业安排顶岗实习的学生在C类简单岗位进行顶岗，人员使用周期一般为3—4个月。短期顶岗实习的合作关系给学生提供实践机会，对将进入社会的学生提供身心磨炼。而顶岗到期后将学生退回学校继续学习，用人部门同时会对所有顶岗实习的学生进行综合评定，评价优秀的学生毕业时由企业优先录取。三是校企共建实训基地。由企业出资，利用院校的现有资源，建设高技能公共实训基地，安排专业的技术人员前往学校开展指导和培训。目前，乘用车分公司按照统筹规划和资源共享的原则，已在广东省四家技能院校建立高技能基地，供实践教学，学生在校期间的基础理论课程由学校负责完成，专业课程则由学校与公司共同完成。校企共建实训基地也让学生提早学习到企业需要的专业知识技能，提升学生的自我价值。

三、汽车制造企业柔性排班系统构建效果

（一）实现资源最大化利用与系统经济运行

2015年，乘用车分公司各基地的系统综合效率都得到大幅度提升。其中，花都整车工厂每小时整车下线数量从60台增加到63台，生产综合效率提升5%；变速箱车间综合效率提升7%。在工时利用率方面，2015年合计压缩47个工作日，所有生产线平均每周削减0.8个班次，减员幅度达到18%。员工人均年度工时利用率从原来的73%提升到95%，并将人均年度加班控制在312小时。另外，显著控制单台劳务费的增长。花都整车工厂2013—2015年的产量分别是61万台、60万台、57万台，在维持员工工资每年增长8%以上的前提下，近两年的单台劳务成本仅增加6%。同时，本成果产生显著的经济收益，仅2015年就为乘用车分公司节省1.16亿元的成本支出。

（二）为企业的稳定发展培育骨干人才

柔性排班的实施为企业培育大批骨干人才。例如，乘用车分公司花都整车工厂五大车间共177个班组，拥有多技能员工576名，平均每个班组的多能工比例达到20%，发动机多能工比例更是高达33%。这些多能工都是企业宝贵的财富，担当起保持企业人力资源最优配置的使命。此外，通过近4期的校企合作，培养出400余名合格的在校技能员，随时弥补公司人力资源的不足，解决用工难题。

（三）提升员工的总体收入、技能水平和发展空间

首先，员工通过多技能培训、跨工厂跨部门的支援学习，不仅提高自身技能水平，也获得更大的个人职业发展空间。其次，生产淡季员工仍能保持满勤并有适当加班，工资不降反增。同时，近两年，乘用车分公司员工工资涨幅达到19%，保证员工每年的调薪幅度在8%以上。最后，给予员工轮岗机会，避免员工长期从事单一枯燥的岗位而产生精神疲劳和倦怠感。实施柔性排班后，员工满意度显著提升。

（成果创造人：周先鹏、王金宁、阳玉龙、殷洋武、杨耀辉、黄开勇、陈杰玺、马雪冬、魏雄武、陈　幸、钟亮彬、孟　丹）

国有施工企业基于工作清单和责任矩阵的项目精细化管理

中铁上海工程局集团有限公司

中铁上海工程局集团有限公司（以下简称中铁上海局）是中国中铁股份有限公司下属成员单位，成立于 2010 年 12 月 30 日，主营业务范围包括城市轨道交通、铁路、公路、市政基础设施建设、水务环保及其他建筑、安装工程和投资业务等。中铁上海局总部位于上海市静安区，下设 11 个全资子公司、3 个分公司、5 个区域经营指挥部、11 个营销性办事处，在建项目 160 余个。企业注册资本 7.67 亿元，总资产 127.66 亿元，现有员工 8000 人，拥有各类机械设备 2000 余台（套），总功率 11.8 万千瓦，设备资产 11 亿元。2015 年完成新签合同额 340 亿元，完成营业额 175 亿元，实现净利润为 13536.66 万元。

一、国有施工企业基于工作清单和责任矩阵的项目精细化管理背景

（一）落实工作岗位责任、提高企业执行力的需要

随着项目部的数量逐步增加，中铁上海局的管理人员不断增加，暴露出一些突出问题。比如，工作责任不能落到实处，执行力不够；生产效率低，管理层次多，问题反映和解决不及时；岗位不清、责任不明，在部门间、员工间出现扯皮现象，容易出现工作遗漏。因此，中铁上海局按照股份公司要求，结合项目精细化管理，推广使用工作清单和责任矩阵，明确每项工作的主责部门和辅责部门、主责人和辅责人，让每个部门和每个员工都明白自己的岗位职责和工作内容，解决工作中的扯皮问题，提高员工的主动性、岗位履职能力和执行力，提高企业整体执行力水平。

（二）借助互联网和信息化技术提升管理效率的需要

中铁上海局每周、每半月和每月要求分子公司上报表格达 432 个，数量非常多，有不少表格存在重复内容，并且数据逐层上报，整个信息传送流程缓慢，不能及时送达。中铁上海局借助互联网和信息化技术，开发工作清单和责任矩阵软件，更有利于数据的收集工作，提高管理效率；更方便公司相关部门和人员查询各个项目的施工状态，随时掌控项目的在建状态，及时发现风险，提出解决措施。

（三）创新项目管理工具、提高企业竞争力的需要

中铁上海局工程成本居高不下，如果不进行管理创新，企业发展势必将止住脚步、停滞不前，逐步失去竞争力。中铁上海局自 2014 年 7 月开始工作清单和责任矩阵试点工作，2015 年元月全面推广。两年来，中铁上海局通过选取项目试点、明确管理层次、厘清职责范围、创新编制方法、编制专业模板、开发系统软件、突出应用研究、着力全面推广等措施，实现管理标准的统一，提高工作效率，降低成本，实现向管理要效益，最终提升企业竞争力。

二、国有施工企业基于工作清单和责任矩阵的项目精细化管理内涵和主要做法

中铁上海局为提高项目管理水平，通过落实各种工作岗位责任，提高企业执行力；借助互联网和信息化技术，提升管理效率；创新项目管理工具，提高企业竞争力；编制工作清单和责任矩阵，打好项目精细化管理基础；编制专业模板，借助信息化平台开发软件，提高项目精细化管理水平；与成本管理密切结合，确保项目精细化管理效益；最终实现积累项目管理经验、提高项目精细化管理水平和企业执行力并提升竞争力的目的。主要做法如下：

（一）明确基于工作清单和责任矩阵的项目精细化管理目标、基本思路和原则

基于工作清单和责任矩阵的项目精细化管理的目标是：通过推行工作清单和责任矩阵，进一步实现

项目精细化管理，落实各个工作岗位责任，提高员工工作积极性和项目生产效率，有效控制项目成本，提升企业执行力，提高企业管理水平。

基于工作清单和责任矩阵的项目精细化管理的基本思路是：通过对项目部所有工作的谋划和梳理，结合项目施工经验，由项目部决策层对工作任务依据项目分解结构技术进行大项分解，再由各职能部门根据专业分工对工作过程进行分解，一次性把项目部所有工作分成几百项甚至上千项具体任务，项目决策层专题讨论、审核把关，提出修改意见，项目各部门及员工根据意见最终修订完善，形成项目工作清单。然后，根据每项具体任务的内容和工作量，确定委派什么样的工种、多少人和完成任务时间节点，再确定派哪几个部门去完成这件具体任务，同时明确主责人、辅责人和审核人。将项目工作清单中的所有具体任务和参与项目工作的人员记成一张工作与人员对应表，即责任矩阵。通过公司考核项目部、项目部考核部门、部门考核主责人和辅责人的形式使工作清单中的任务得到逐项落实。公司企业发展部总体负责工作清单和责任矩阵的推进、管理和总结工作，公司领导和其他部门也可以通过该工具随时掌握项目施工的进展情况。通过项目试点，总结经验，就不同工程项目整理出不同专业的模板，保证每项工程只要一查模板，就能梳理出项目工作清单和责任矩阵，逐项落实责任，顺利完成施工任务。

基于工作清单和责任矩阵的项目精细化管理共有四项实施原则：一是同步性原则。工作清单和责任矩阵的推进是一项系统工程，项目部各管理层级同步进行，共同推进，做到上下联动、步调一致，实现各项工作的同步性。二是全覆盖原则。工作清单和责任矩阵的推进覆盖项目管理的所有外部协调、内业管理、制度执行、工序管理等方面，涉及项目部所有工作人员，突出每名工作人员的主体作用。三是全过程原则。工作清单和责任矩阵的推进应贯穿项目施工的全过程，通过将项目部工作任务层层分解，对应责任层层落实，实现全过程管理。四是持续性原则。工作清单和责任矩阵的推进是提升企业管理效率的重要手段，是企业需长期坚持的发展战略。通过长期并持续的推进，实现企业可持续发展。

（二）成立领导小组，为项目精细化管理提供组织保障

为加强工作清单和责任矩阵应用管理的组织领导，落实基于工作清单和责任矩阵的项目精细化管理工作责任，中铁上海局成立工作清单和责任矩阵推进工作领导小组，全面领导组织集团公司工作清单和责任矩阵应用管理的相关工作，审议实施方案、研究决定重大问题、组织开展检查评价等。其中，中铁上海局总经理任组长、分管企业管理的副总经理任副组长、其他高级管理人员任成员。领导小组下设办公室，办公室主任由企业发展部部长担任，其他各部门负责人为办公室成员，负责具体落实各项工作，制订实施方案，督促实施方案的推进落实。

中铁上海局领导小组定期或不定期对各项目部的落实和推进情况进行检查督导，及时发现推进过程中存在的问题并督促整改，促进集团公司管理水平的持续提升。

（三）编制工作清单和责任矩阵，奠定项目精细化管理基础

中铁上海局领导在不同场合多次强调推行工作清单和责任矩阵的重大意义，使各试点单位充分认识到工作清单和责任矩阵是一种有效的管理工具，能够避免工作遗漏，明确责任，提高执行力，提高工作效率。同时，正确对待推广中出现的问题，对层级管理、绩效考核、专业化模板、动态调整等推进过程中的问题勇于实践、大胆探索，真正使工作清单和责任矩阵发挥管理作用。在此基础上，科学编制清单矩阵，把握执行要点。

1. 创新管理，优化管理层次

根据马来西亚 MRT 项目大项目产品清单管理模式中协助、控制、批准、提供数据、执行、处理、主持、参与、保存、检查/审计、建议/启发、审阅/评论、起草等 12 个管理层次，结合公司国内项目管理实际，对其管理层次进行优化，明确管理层次由 3 级组成，为主责、辅责和审核，使管理层次更加分明，员工应用更加简捷；责任主体采取岗位名称与员工姓名相结合的方式，确保责任落实到个人。

2. 梳理任务，确定工作清单

结合企业实际，对项目部所有工作，利用工作分解结构技术制定分解结构标准，对各项工作进行标识和定义，层层分解，细分到可以由独立的岗位负责执行、交付或者完成，工作界面实现无缝衔接。组织员工充分认识工作责任，并且培养履行工作责任的意愿与能力。确保员工完成工作，按照规定交付工作成果。建立责任考核与收入挂钩制度，实现多劳多得。

建立工作清单。一是坚持动态调整。要定期对工作清单的实现进行评价，并依据客观环境的变化、管理工作及合同要求的变化作相应调整，以确保全面管理的纲领性作用。二是把握建立工作清单的“度”，“无不及，也不过”，全面涉及所有管理过程，避免漏项；不能太执着“过细”，避免影响管理工作的实现效率和工作效率，束缚实施者自身的手脚。通过分解各项工作过程形成工作清单，使各项管理工作在制订目标、明确责任、保证资源、建立制度、计划统计、控制成本以及报告的过程等方面实现精细化。

3. 明确分工，确定责任矩阵

通过岗位人员与工作清单中各项工作的正交，建立工作与岗位之间的对应关系，形成工作责任矩阵。责任矩阵为管理者标识出每一个岗位在管理工作执行过程中所承担的责任。对责任矩阵横向检查，确保任何一项工作或活动有人负责；纵向检查，总览每一个岗位负责的全部工作事项。确定岗位责任矩阵的关键点包括：

工作定岗。通过岗位责任矩阵保证每项工作的管理职能分配到相应的岗位；确保每项工作所要求的岗位职能齐全，做到有人建议、有人实施、有人监督。

员工定岗。通过岗位责任矩阵，将岗位授予具体员工负责。由工作内容的无缝衔接到工作责任的无缝衔接，从而达到管理工作从岗位责任无缝衔接到责任人无缝衔接，实现全员对工作目标、责任范围、交付成果、执行过程达成共识。

明确岗位责任。员工充分认识自己的岗位责任，并且建立履行工作责任的意愿，培养员工履行责任的能力。管理人员认识岗位职责的尺度包括：明确组织目标、机构目标、机构工作范围、个人工作范围，上/下游工作、上/下级工作，横向工作及衔接、约束条件、先决条件、过程要求、交付要求、时间要求，并且始终关注组织目标的实现。

量化指标。岗位责任矩阵将具体岗位授予到具体的员工负责，使员工的岗位责任具体化，为员工的绩效考核提供测量体系和考核依据，便于提供责任追索凭据。

4. 把握要点，突出现场管控

一是突出一个核心。突出现场管控与生产服务核心，始终围绕满足工期进度、落实现场服务、优化资源配置、加强成本控制、推动创新创效、实现均衡有序的总体目标。

二是强化一条主线。始终抓住项目全过程这条主线，以项目建设目标依次明确重点工作阶段、产品交付和目标内容，加强工作清单和责任矩阵的条理性和逻辑性。

三是掌握一套标准。分系统、分门类掌握有关建筑法律法规、行业建设规范和企业内部规章制度，形成整套标准，作为工作清单和责任矩阵编制、完善的依据，确保工作清单和责任矩阵的合法性和规范性。

此外，中铁上海局科学设计编制形式，将工作清单和责任矩阵合并编制，形成二维的工作清单和责任矩阵。例如，昆明地铁 OCC 项目分专业、分系统对地铁基坑项目编制机关工作清单和责任矩阵 612 项、作业类工作清单和责任矩阵 329 项、管理业务流程 86 个；合肥地铁 2 号线 5 标对各项管理职能进行层层分解，共编制项目部机关工作清单和责任矩阵 335 项，编制作业类工作清单和责任矩阵 238 项。

（四）编制清单矩阵专业模板，提高项目精细化管理效率

中铁上海局要求各项目遵循“由易到难、由简入繁、由点带面”的推进原则，定期分析总结工作清单和责任矩阵的阶段性管理成果，根据实际，动态调整工作清单和责任矩阵。通过不断探索和完善，工作清单和责任矩阵更加贴近项目实际，切合工作需要，提高管理效率。经过检查督导、相互交流以及自身实践，组织相关项目部在反复完善的基础上，从项目准备阶段、实施阶段和收尾阶段进行细分，形成工作清单和责任矩阵的各个模块。

中铁上海局根据形成的模块，分别编制各专业的工作清单和责任矩阵模板。为保证模板切合项目施工生产实际，中铁上海局分别选派五名在相应专业领域具有丰富工作经验的专家对模板进行审核，确保模板科学合理。模板于 2015 年 6 月 23 日印发，共覆盖五个专业，分别是地铁铺架、地铁车站、盾构和城市隧道工程，满足企业项目管理需求。

（五）借助信息化平台开发软件，提升项目精细化管理水平

1. 开发专门管理软件，提高项目精细化管理水平

针对项目部普遍反映工作清单和责任矩阵编制初期工作量巨大、不易进行动态管理的实际，中铁上海局深入调研，积极筹划，组织相关部门和人员专门开发工作清单和责任矩阵管理软件，实现以下功能：一是任务管理和责任分工。工作人员可以在线编制清单，并明确责任人，同时确定需要完成的时间节点。二是任务过程管理功能。主责人对主责工作定期或在固定的时间节点对工作的完成情况进行阶段性成果说明；根据工作实际调整时间节点；增加、删除、修改相关任务。三是查询功能。集团公司领导可以查看集团公司所属项目部人员主要工作内容及完成情况。每个员工可以查询自己的主要工作内容及完成情况；在系统内可以按关键词对工作内容进行查询，从而了解工作的主责人、辅责人以及工作完成情况。四是预警功能。系统在每项工作完成时间节点的前 3 天对工作的主责人进行预警通知，后 3 天对工作的主责人及审核人进行预警通知。五是审核功能。审核人可以对每项工作的完成情况进行审核，并对任务完成情况进行评价。

2. 配备相应制度流程，保证精细化管理有法可依

在软件中编制工作清单和责任矩阵，每项工作任务中都增加一个链接，链接的内容就是完成该项工作所依据的管理制度及公司相关要求和项目管理流程，使所有清单中的任务都有制度流程作保障，保证相关责任人按照制度和流程操作就可以按照要求顺利完成任务。

3. 开展工作分级分类，提供项目精细化管理支持

结合工作实际，按照任务的重要性把任务分为非常重要、重要、一般三类；根据整体工作安排以及工作实际，将工作任务分成年度重点工作、KPI 工作、日常工作和临时性工作等四类。将任务分级分类之后，在软件系统中可以按照任务的级别或类型查询项目部部门、个人等任务进展完成情况，方便中铁上海局领导或部门负责人及时掌控、统筹安排各项工作。

4. 融合项目绩效考核，增强项目精细化管理效果

在软件系统中加入绩效考核模块，实现在线绩效考核功能；项目经理将根据工作清单和责任矩阵中规定的任务和时间节点对相应的部门进行考核；项目部再根据各项工作的完成情况对具体的主责人和辅责人进行考核；通过逐级考核的方式，落实责任矩阵表中的各项责任。每年年底，项目部所在公司企业发展部牵头组织，工程管理部、技术管理部、成本管理部等部门参与，根据项目业绩考核办法对项目的任务完成情况进行考核。同时，项目部把工作清单和责任矩阵分解成项目部工作清单和责任矩阵、部门工作清单和责任矩阵和个人工作清单和责任矩阵。项目部对部门工作清单和责任矩阵的完成情况进行考核。通过加强绩效考核的方式，督促项目部所有员工落实工作清单和责任矩阵中的任务，提高员工执行力，增强项目精细化管理效果。

（六）结合项目成本管理，确保项目精细化管理效益

中铁上海局工作清单和责任矩阵软件编制完成后，结合成本管理V2.0系统，同时推广使用，互相联动，充分发挥信息化的作用，大大提高工作效率和工作质量。

首先，项目部按月采用实物工作清单对项目进行分工号责任成本要素分析，制定管控办法，编制责任成本预算，分解责任成本，制定项目成本控制及措施计划表；其次，细化分解工作清单中的临时工程，提前制定临时工程标准和数量，有效控制临时工程的成本投入；最后，在分包工程合同洽谈时，依据详细的工作清单，使分包合同内容更加严谨细致，有效增加项目效益。

例如，昆明地铁OCC基坑项目原围护结构形式为咬合桩，公司下达的目标利润率为15.84%。根据现场实际情况，项目部通过优化施工方案，实现咬合桩变更为地连墙的设计。围护结构工程合同清单总价由原来的2953.04万元增加到3144.67万元。在地连墙工程施工过程中，各部门每位员工根据工作清单和责任矩阵明确的岗位职责，相互配合，严格按照公司制度进行成本管理。通过公司组织的地连墙工程劳务招标，项目部选择优秀的劳务队伍，分包单价均控制在中铁上海局劳务分包指导价范围内，劳务成本支出得到有效控制。这项工程最终目标利润率完成达到38.72%，远远超过公司下达的目标值。又如合肥地铁2号线5标在地铁站场施工过程中，利用工作清单和责任矩阵将各项施工工序进行合理安排，做到前后工序流水作业、平行工序同步施工，最大限度提高机械设备利用率、周转材料的周转率。一方面，缩短施工工期，该项目在进场推迟2个月的情况下，与相邻标段能够同期交工；另一方面，通过施工进度的快速推进及合理安排，项目周转材料租赁费用、机械设备使用成本以及现场管理经费得到有效降低，据核算，该项目共节约以上费用约243.47万元，取得较为可观的经济效益。

三、国有施工企业基于工作清单和责任矩阵的项目精细化管理效果

（一）提高项目精细化管理水平

中铁上海局项目部通过编制执行工作清单和责任矩阵，把安全、质量、进度、成本、班组长建设等文件制度落实到表格，落实到具体责任人。从项目前期策划、过程实施到收尾管理，编制工作清单和责任矩阵，使各项工作管理界面清晰，工作流程明了，条理层次分明；对交叉流程进行梳理和分工，避免相互推诿、扯皮现象，解决层级、部门和岗位之间职责不清、责任不明的问题。工作清单和责任矩阵贯穿项目实施全过程，并以此为主线做到各项工作在结合业主要求的基础上进行规范，各项工作实现标准化，基本满足可复制、可推广和可操作的要求，可以在其他项目上进行推广应用；工作清单和责任矩阵的使用，使各项目经理部能够及时掌握项目管理各项工作的进展情况，同时能够有效控制生产成本，实现效益最大化；通过查看软件中各项任务每个时间节点的完成情况以及每项工作的主责人、辅责人和审核人情况，绩效考核中各KPI指标完成情况都保留工作过程痕迹，使各项管理工作都具有可追溯性，大大提高项目精细化管理水平。

（二）积累项目管理经验

中铁上海局对基于工作清单和责任矩阵的项目精细化管理经验不断进行总结，并及时把相关经验应用到项目部进行实践，再进行总结，不断反复，提高项目管理效率和产品品质，实现为“现场保市场，完成营销、生产任务”保驾护航的目标，得到股份公司和兄弟单位的充分认可，不断提升企业的社会形象。

（三）支持企业快速发展

通过使用工作清单和责任矩阵，中铁上海局可以随时掌握相关工作的进展情况，获得准确、有效的第一手信息，对有可能出现的风险及时提出应对措施，预防风险，提高管控能力，有效管理近200个项目，保障企业的快速发展。

（成果创造人：孔　逎、张贺华、张庆远、黄　新、陈正山、刘雪平、王春晖、李　猛、杨　昊）

特大城市多热源供热联网运行体系的构建与管理

天津能源投资集团有限公司

天津能源投资集团有限公司（以下简称天津能源集团）是天津市国资委出资监管的国有独资公司。作为天津市能源项目投资建设与运行管理主体，天津能源集团以电源、气源、热源、新能源为主营业务。其中，在热源领域，2015年供热面积达到1.08亿平方米，承担全市75万户居民和企事业单位的供热任务，集中供热总面积占中心城区的45%，是天津市最大、全国第二大的集中供热企业。截至2015年年底，天津能源集团资产达到772亿元，拥有参控股企业147家，职工11000人。

一、特大城市多热源供热联网运行体系的构建与管理背景

（一）提高城市集中供热安全稳定性、增强民生保障能力的需要

在我国主要城市的现有供热系统中，各热源和集中供热管网独立运行，供热初、末期各热电厂无法充分发挥其供热能力。与此同时，规模小、排放高、经济性差的区域供热锅炉房消耗大量的煤炭或燃气，常规供热模式安全稳定性差，污染物排放高，整体效率偏低，运行不经济。另外，当天然气供应紧张时也会给单独运行的燃气锅炉房的供热安全带来很大影响。近年来，全国范围内单热源供热的管网事故频发，给社会稳定和居民生活造成很大影响。天津能源集团作为天津市最大的国有集中供热企业，拥有7座热电联产热源和26座锅炉房热源。为增强全市供热的安全稳定性，天津能源集团制定实施供热“一张网”建设，通过敷设供热联网管线实现各热电厂之间的互联互通和互补保障，通过设置调峰锅炉房进一步增强热电厂及锅炉房的供热保障能力，大幅提高城市集中供热系统的安全、稳定运行能力。基于此，在构建多热源联网运行体系的基础上，必须探索建立与之对应的运行调度及管理体系。

（二）落实国家节能减排政策，促进天津市供热行业创新、协调、绿色发展的需要

供热行业是落实国家节能减排政策、促进生态文明建设的关键行业之一。为响应国家和市政府号召，落实节能减排任务，天津能源集团立足于城市集中供热行业，积极探索供热模式和体制机制的创新，努力打造安全、节能、高效、环保、智能的城市集中供热系统。天津能源集团打破原有独立、分散运行的机制，将各热电联产热源和大型区域供热锅炉房供热管网连接起来，并建立相应的运行管理和调度保障体系，实现大型城市集中供热系统的统一指挥和联调联动，最大化发挥资源的集约效益。在供热初、末期由热电联产热源向锅炉房输出热量，充分发挥热电厂清洁、高效、安全、稳定的优势；随着室外温度的下降，在热电厂供热能力充分发挥的情况下，再视实际需要逐步启动供热锅炉房进行调峰运行，尽量减少锅炉房的运行时间和燃料消耗。另外，在天然气供应紧张、常规燃煤锅炉房节能及环保压力增大的情况下，积极探索煤炭清洁、高效燃烧的新技术，提高整体能源利用效率，减少污染物排放，提升供热经济性。

（三）提升城市供热服务水平、更好地履行国企社会责任的需要

集中供热是城市基础设施的重要组成部分，是城市经济社会发展和民生保障水平提升的重要载体，直接关系到群众切身利益，具有很强的基础性和公用性。供热企业不单单要提供能源产品，更要保证产品附带的服务品质，为广大群众创造舒适、安心的生活环境，保障用户的基本生活需求。作为国有骨干供热企业，天津能源集团承担的社会责任越来越大，始终坚持“汇聚清洁能源、输送幸福动力”的企业使命，秉持“服务到位、真诚到心”的供热服务理念，高度关注用户需求及企业供热效果。为切实提升天津市供热综合服务水平，增强在管网设施故障等特殊情况下的供热保障能力，在天津这样的特大型城

市有必要构建供热“一张网”系统，建立多热源供热联网运行体系，实现不同热源间的热量互补，改善供热薄弱环节和区域，通过卓越的运营管理为广大市民提供高品质的能源产品和服务保障，实现企业品牌建设和社会民生保障的双赢。

二、特大城市多热源供热联网运行体系的构建与管理内涵和主要做法

天津能源集团以“真诚服务、温暖到家”的供热服务理念为指导，以安全、稳定、经济、环保和用户满意为导向，通过实施供热“一张网”工程、构建三级供热调度管理体系、搭建多热源智能供热平台、规范供热调度管理流程、加强人才队伍建设、推行考核制度等方式，在供热安全稳定、节能环保、服务质量、管理水平等方面得到全面提升。主要做法如下：

（一）广泛调研，科学制定供热“一张网”战略规划

自2013年起，天津能源集团对国内外先进供热单位进行多轮调研，制定《天津能源集团多热源联网运行体系建设工作专项规划》，以安全经济运行为基础，提出优化管网布局，实现供热“一张网”，构建多热源环网支撑、资源科学配置的“大热源”格局，全面实现和优化完善中心城区现状电厂供热管网联网，增强管网输配能力，结合蓄热等新技术应用，建设坚强的主管网架构和联网应急保障体系，全面增强供热综合保障能力。通过以上措施打造以热电联产管网为主，清洁燃煤调峰锅炉房、燃气锅炉房、地热供热站等多种形式热源联合供热的大型区域智能“一张网”供热格局，实现集团供热系统的统一规划、统一建设和统一调度，中心城区最终建成“5＋1＋33＋X”（5代表5大热电中心、1代表一张网、33代表33个调峰热源、X代表多种不同能源形式）环状供热“一张网”，并建立相应的管理体系，实现高层次、智能化多热源供热联网运行系统的统一调度指挥和故障情况下的快速响应，达到供热系统安全稳定、经济高效、环保运行的目的。

2015年，天津能源集团进一步将《天津能源集团多热源联网运行体系建设工作专项规划》融入集团“十三五”战略规划编制当中，提出“十三五”期间在热源、管网和运行管理方面对集团现有的多热源联网运行体系进行发展和完善，并制定相关的组织领导机制和工作推动机制。集团“十三五”战略规划明确要继续以保障热源供应为基础，拓展“一张网”热源形式，推动以热电联产集中供热为主、锅炉房调峰为辅、工业锅炉余热回收利用为拓展，以地热、热泵、太阳能等清洁能源为补充，以煤炭清洁高效利用为突破的多种热源形式共同发展；充分利用技术、管理和资源优势，推进供热“一张网”“互联网＋智能供热”体系建设，提高精细化运营水平，深入挖潜增效，提升供热品质。

（二）严谨论证，突破技术瓶颈，实现多热源联网运行

自2014年开始，天津能源集团组织有关专家进行管网数据采集和分析，对技术方案进行深入严谨的研究和论证，从技术和管理上突破影响现状管网联网运行的瓶颈，启动天津市供热“一张网”建设，实现多热源供热联网运行，主要工作包括：

一是在多热源联网运行技术方面，为实现不同热源和管网的互联互通，天津能源集团根据供热系统的实际情况进行技术攻关，提出采用双向加压中继泵站和隔压站的联网技术，一举解决枝状管网相互输送能力低以及因设计和运行参数不一致导致的管网无法联网运行等常规联网技术无法解决的难题。

二是在多热源联网运行供热系统建设方面，分别由不同子公司负责不同区域联网管线和场站的建设，2014—2015年共建成联网管线10条，总长度29.2公里，调峰锅炉房3座，联网中继泵站2座，隔压站3座，累计投入资金8亿元。

三是为缓解天然气供应紧张局面，突破常规燃煤调峰锅炉房效率低和环保性差的难题，在调峰热源建设方面，深入研究煤炭高效清洁利用技术，在利用传统能源的同时力争实现污染物的超低排放。2015年建成天津市煤炭清洁高效利用试点项目——华苑558MW清洁高效煤粉供热锅炉项目，该项目在供热行业创新采用SNCR“SCR脱硝＋一级布袋除尘＋二级湿式静电除尘＋石灰石石膏脱硫组合烟气处理

技术”，排放效果优于燃气锅炉。

通过以上措施，2015—2016年度采暖季，天津能源集团实现中心城区4座热电联产热源、3座调峰锅炉房联网运行，率先实现并建成全国最大的以热电联产管网为主，清洁燃煤调峰锅炉房、燃气锅炉房、地热供热站等多种形式热源联合供热的大型区域智能“一张网”供热系统。联网供热面积达6513万平方米，涉及用户54.7万户，事故工况下各热源及管网可以互相补充支援，全市供热保障能力大大增强，供热安全性得到质的提升。

(三) 优化管理，建立三级调度管理体系，实现集中统一调度

原供热模式中，各管网独立运行，各子公司分别负责不同热源和管网的调度指挥，管理标准和调度流程存在一些差异。联网运行后，必须实现供热系统的统一指挥、不同热源和管网的协调联动，原调度管理模式和调度流程已经不能满足联网运行的需要；同时，供热系统联网运行后，管网工况复杂，精细化水平高，数据量庞大，单层级调度指挥无法全方位实时了解大型供热系统各区域和点位用热情况。因此，经过广泛调研讨论，天津能源集团根据联网运行的技术要求和管理特点对原有运行管理体系进行调整，建立三级调度管理体系。

一级调度是集团供热调度指挥中心。作为整体调度层，负责进行全网不同工况下水力、热力平衡计算及管理；建立全网气候预测模型，通过对热源厂、主干线、联网管线及中继泵站等重要节点的调度指挥，实现整个供热系统的联动调节和各项参数的协调统一，保证供热系统的安全、经济、环保运行；在故障工况下指挥各层级、各区域调度部门启动应急预案，调整管网运行方式，避免或降低故障对安全稳定运行造成的影响；负责全网能耗统计分析、各子公司运行指标下达以及热源厂经济性评价等工作。

二级调度是各子公司调度指挥中心。作为精细化调节层，负责执行一级调度下发的热量分配方案及水力工况运行方案，根据本公司区域范围内不同换热站用户性质和热负荷情况做好供热系统区域节点的精细化调度指挥；监控本公司区域范围内中继泵站、换热站的运行情况和经济运行分析，并将辖区中影响用户正常用热的异常运行情况进行上报；编制本公司区域内的应急预案，并在区域供热系统故障情况下指挥启动该预案。

三级调度是各子公司下属供热管理处调度指挥中心。作为整个调度管理体系的执行层，负责按照企业供热调度指挥中心的调度指令做好热源、管网、中继泵站的运行调节工作，以确保实现联网运行供热系统的协调联动；按照子公司调度指挥中心的调度指令做好区域内供热管网的巡视检查和精细化调节工作，保证管网安全、稳定运行；负责区域内影响用户正常用热以及异常运行情况的上报工作和应急事件的处理工作。

结合集团实际情况多次优化并最终统一规范各层级的调度管理标准；重新梳理并建立适合多热源联网运行的热源调配、调度指挥和操作申请三大类调度流程。热源调度流程是指由一级调度发起的向各热源下达的热源启停、负荷调配、工况调节和供热曲线等指令的流程；调度指挥流程由一级调度或二级调度发起，向下一层级调度部门下达操作类指令；操作申请流程由二级调度或三级调度发起，向上级调度部门申请进行操作，或申请其他子公司配合开展有关操作。

通过搭建三级调度管理体系、统一管理标准、梳理调度流程等措施，实现不同层次节点的分层调度指挥，达到供热系统多热源联网快速响应、协调联动和区域热网精细化调节的目的。

(四) 解决多热源联网运行管理难点，搭建多热源联网运行智能调度平台

天津能源集团开发由专业化信息系统组成的多热源联网运行智能调度平台，主要包括供热调度指挥系统、供热地理信息系统、实时监控及能耗分析系统和多热源联网水力分析系统。

1. 建立调度指挥系统

供热调度指挥系统是多热源联网运行的指挥中枢，通过多点位实时在线气象信息反馈实现热电联产

热源、调峰锅炉房、联网管线、中继泵站和换热站的实时调度指挥，实现按需平衡供热；通过闭合流程管理实现企业与热源、企业与各子公司的调度令流转及缺陷上报管理；通过各层级值班日志管理实现历史事件的追溯；根据故障报警启动应急方案，实现实时在线应急指挥，记录实施过程，并与客服系统对接完成信息共享，实现生产和服务同步。与地理信息系统对接，在调度令流转中实现设备快速点选，保证设备信息的准确性和调度令的快速下达，另外，调度指挥系统还可以利用“互联网＋”技术实现现场调度指挥。

2. 建立供热地理信息系统

供热地理信息系统是多热源联网运行智能调度系统的显示平台。通过整合各子公司现有管线数据和各系统数据，实现调度运行、工程施工、客户服务等各类数据的集成显示和统一管理，便于工作人员了解管线数据以及整体联网运行工况等信息，并通过实时更新功能，保障数据的实时更新状态；另外，该系统还具有三维模型显示和爆管分析功能，可配合进行管网故障处理，实现故障点的快速定位、解列和抢修方案的制定工作；还可以配合进行水力分析，实现理论数据和实时水力工况的直观显示，为管网设计、调节和应急处理提供支持。

3. 建立实时监控及能耗分析系统

实时监控及能耗分析系统就是各级生产运行人员的“眼睛”和“手”。通过该系统可实现各层级运行和环保数据的上传、存储、分析以及异常数据的自动报警，并对报警信息进行分析，推送至相关系统；对重点区域进行视频监控，对历史事件进行追溯；其中的控制模块可根据气象、热源输出等信息实现调峰锅炉房、中继泵站和所有换热站的远程自动控制，确保换热站能够实现自动“跟踪式”调节，即使在联网运行工况发生较大变化的情况下也不影响换热站正常运行；能耗分析模块通过实时能耗、成本数据的采集和处理，实现不同条件下各层级热耗、水耗和电耗等数据的在线分析，为供热管网精细化调节提供依据，提高企业能源管理水平。

4. 建立多热源联网水力分析系统

多热源联网水力分析系统是调度人员制订运行方案和应急预案的技术支撑，它可以直接调用地理信息系统的基础数据，完成模型的自动建立，相比人为建立模型，不仅效率更高，准确性也更有保障。该系统具备适合多热源联网运行的静态、动态和实时方案制订等多种计算能力的水力计算及系统分析功能，为管网规划、热源调度、生产运行、管网调节和故障状态下应急方案的制订提供重要的理论支撑，为供热系统的安全、稳定、经济运行保驾护航。此外，还能基于理论分析和实际运行数据的对比，实现对模型参数的修订，完成模型优化。

（五）多方面着手，建立多热源供热联网运行保障机制

1. 适应“一张网”运行特性，制订多热源供热联网运行方案

天津能源集团通过联网水力分析系统模拟热电联产热源与调峰锅炉房联网运行后的热网水力工况，对不同室外气温、不同热负荷及不同热源配比等多种联网运行工况进行深入分析。

以优先使用热电联产热源为原则，以绿色经济供热为目标，对供热区域进行多热源联网运行模拟计算，在供热初、末期室外气温较高时，热电厂向调峰锅炉房输出热量，锅炉房停运或降负荷运行，随室外气温下降，热电厂负荷不能满足需求时，逐步启动并提高调峰锅炉房供热输出，减少燃煤和燃气锅炉房的燃料消耗。期间，热电厂始终高负荷对外输出，充分发挥热电厂的供热能力。根据上述原则编制完成《天津能源集团联网调峰运行方案》。

2. 整合集团应急资源，建立多热源供热联网运行应急体系

天津能源集团以热网安全稳定运行为原则，整合集团所有子公司的应急资源，组织相关人员对供热应急响应机制进行深入分析，模拟各种事故工况下的应急流程，建立集团供热应急体系。

集团成立应急领导小组，负责统一指挥事故处理工作，实现各单位和部门应急工作的协同高效；以热网安全稳定运行为原则，针对不同事故工况编制完成《天津能源投资集团有限公司供热安全生产应急预案》《天津能源集团联网调峰运行应急预案》和《天津能源集团供热调度指挥中心专项应急预案》，便于故障处理方案的快速制定；建立应急快速响应网络，遇有突发事件各相关单位和部门可以实现快速响应；加强应急演练，检验应急情况下各环节衔接紧密程度，提早暴露问题、提早整改完善，提高应急响应速度、抢修能力；成立应急指导专家组，对应急情况下的现场处置方案和技术问题进行指导，以提高抢修速度；加强应急单位的统一管理，运行期间各应急单位相关人员、设备必须在指定地点 24 小时待命；采暖季前各子公司提前准备各种应急物资，并将明细报至集团，实现应急物资的统一管控，应急情况下实现相互调用。

3. 适应运行方式和业务流程变化，加强技术交流、人员培训和制度建设

为适应多热源供热联网运行和管理体系变革的需要，天津能源集团多次到北京热力集团、哈尔滨工业大学等国内知名大型供热企业及专业院校调研交流，学习先进的管理经验和技术，认真研究多热源联网智能供热条件下的调度指挥模式及水力分析方法。多次召开专题会议，征求行业内专家对企业多热源联网运行的意见和建议，以开放式思维找出联网运行中可能遇到的各种问题，逐一进行技术分析和攻关，找到解决方案。由于多热源联网运行技术难度大，水力工况复杂，对运行人员要求高，因此企业通过内部选拔、竞聘等方式录用综合分析能力强、技术功底好、踏实认真的人才充实到多热源供热联网运行体系队伍中。在原有供热系统运行理论和知识培训的基础上，大幅增加有关多热源联网运行体系的系统参数、运行理论、整体调控、应急处置、管理流程、调度平台等方面的培训，使相关人员熟知多热源联网运行体系的各项知识。企业累计组织培训班超过 40 期，并通过联网运行调试、实际操作、笔试及上机考试等多种方式让相关人员迅速适应新的运行体系，确保能更好地完成多热源供热联网运行工作。

天津能源集团还制定《能源集团重大突发性事件信息报告制度》《天津能源集团供热调度应急处置管理办法》《天津能源集团供热调度工作管理办法》《天津能源集团供热调度中心管理规定》《天津能源集团所属企业经营目标考核细则》《天津能源集团安全生产、环保工作考核指标实施细则》《天津能源投资集团有限公司供热客户服务工作管理办法》《天津能源投资集团有限公司供热服务标准》等一系列规章制度，实现对多热源供热联网运行体系的全方位管理和考核。

三、特大城市多热源供热联网运行体系的构建与管理效果

（一）保障供热稳定，提高热网安全性

联网运行在保障供热安全稳定方面起到极其关键的作用。比如，2015—2016 年采暖季期间，天津陈塘燃气新厂出现 17 次参数大幅波动和供热量不足的问题，15 万用户、总计 1500 万平方米负荷的供热安全面临严峻考验。借助“一张网”供热系统，调度人员调用其他电厂热源及时对陈塘燃气新厂供热管网进行热量补充，并根据现场故障情况适时调整应急方案，将电厂单机故障情况下的热量保证率由原来的 50%提升至 95%。由于措施及时得力，燃气厂故障未对用户供热造成明显影响。

（二）实现绿色环保，提高供热经济性

比如，2015—2016 年采暖季，丽苑锅炉房采用调峰运行模式，在 121 天供热期中有 50 天时间丽苑锅炉房 3 台锅炉全部停运，其余时间只需启动 1—2 台锅炉即可满足供热需求。东北郊电厂累计向丽苑输出热量 46.3 万吉焦，占丽苑锅炉房负荷总耗热量的 65%，折合减少天然气消耗 1361 万立方，降低成本近 800 万元。又如，华苑调峰锅炉房热源采用清洁高效的煤粉供热锅炉和超净排放技术，实现燃煤锅炉房污染物超低排放和煤炭高效利用，颗粒物浓度分别比燃煤和燃气锅炉排放标准低 87.5%和 62.5%；二氧化硫浓度分别比燃煤和燃气锅炉排放标准低 92.5%和 25%；氮氧化物浓度分别比燃煤和燃气锅炉排放标准低 79%和 58%。试运行期间，锅炉热效率分别为 93.3%、90.7%，远高于同规模普

通燃煤锅炉，与燃气锅炉热效率持平。与同等规模普通燃煤锅炉相比，节煤率为19.75%，成本下降11.3%。

（三）优化资源配置，提升企业管理水平和用户服务质量

天津能源集团通过特大城市多热源供热联网运行体系的构建与管理提升供热系统整体能效，解决各子公司服务标准和管理流程不统一、数据结构不一致、管理水平参差不齐等问题，增强运行人员精细化调节和节约宝贵能源的意识，同时减少设备运行时间和数量，节约运行成本和子公司人力成本，企业管理水平明显提高。同时，有效解决个别锅炉房供热区域用户温度不达标的情况，2015—2016年度采暖季用户满意率达99.4%，同比提高13.6%；投诉率同比下降35.2%，提升企业供热服务品牌形象，在行业内起到榜样作用，得到社会各界的好评，形成较高社会美誉度和影响力，取得较好的社会效益。天津能源集团通过统筹协调各子公司供热保障和经济运行工作，实现安全、经济、环保供热和用户满意的总体目标，可以为国内其他省市供热系统的规划、建设以及运营管理工作提供重要的借鉴和参考。

（成果创造人：李庚生、赖振国、王　勇、裴连军、邓瑞华、朱咏梅、李春庆、冯　舸、付金栋、黄　鸾、刘焕志、李甲年）

大型油气田勘探开发总承包项目“四个一体化”建设管理

中国石油集团川庆钻探工程有限公司
中国石油天然气股份有限公司塔里木油田分公司

中国石油集团川庆钻探工程有限公司（以下简称川庆公司）是中国石油天然气集团公司（以下简称中石油）下属的专业化工程技术服务公司，组建于 2008 年 2 月，主营业务包括地质研究、地震勘探、钻井工程、井下作业、测井射孔、录井、油气田地面建设、油气合作开发等，是国内石油行业业务链最完整、产值规模最大的油气工程技术服务商。公司员工 4.1 万人，资产总额 438 亿元，年营业收入规模在 400 亿元左右。2012 年，由川庆公司承包的“塔中 400 万吨油气产能建设项目”（以下简称塔中项目）是在与中国石油天然气股份有限公司塔里木油田分公司（以下简称塔里木油田公司）精诚团结、合力共建下，打造的国内油气勘探开发的油田区块总承包工程项目，项目总投资 69.186 亿元。

一、大型油气田勘探开发总承包项目“四个一体化”建设管理背景

（一）适应塔里木沙漠腹地构造复杂、油气开采难度大的需要

塔里木盆地塔中 400 万吨产能建设区块总承包项目属大型准层状凝析气藏，开采风险高，储层受断裂、岩溶带控制，分布不均，是我国勘探开发难度较大的油气藏，地质构造十分复杂。近三十年来，中石油牵头组织的塔中区域勘探开发经历“四上三下”的漫长历程，虽然在该地区探明一定储量的油气资源，但对这一世界性开发瓶颈一直无法破解。2010 年和 2011 年，塔中区域钻探成功率不足 10%，勘探风险极大，必须改变沿用几十年的“单项工程超标、甲方全权统领”的生产组织方式，探索新的勘探开发管理模式。

（二）适应塔中建设项目时间紧、任务重、要求高的需要

塔中项目协议要求，一期工程项目年建产规模为天然气 18 亿方、凝析油 80.9 万吨，折合等价值气当量 46.5 亿方，折合油当量 225 万吨。建产期部署新井 78 口、总进尺 50.48 万米、钻井成功率 85%、单井日产当量 90 吨；新建油气处理厂 1 座、单井站 66 座、集气站 5 座；项目工期 3 年。项目建设区域地质复杂，地处沙漠腹地，自然环境差、气候条件恶劣、无社会依托、建设时间紧、任务重、要求高。这要求川庆公司必须统筹甲乙双方利益诉求，同步协调勘探开发、地质工程、地面地下相关工作，以保障项目工期按时完成。

（三）确保甲乙方合作共赢、取得整体效益的需要

探索实施塔中区块总包项目是中石油在国内油田的大胆尝试，是一项“产建规模最大、作业条件最差、投资金额最多”的采取总承包方式运营的“吃螃蟹”工程。在国内缺乏可供借鉴的成熟经验的客观情况下，要求塔里木油田公司与川庆公司紧密合作，在确保双方合理利益诉求的基础上，站在塔里木油田公司的角度部署工作、思考问题、解决问题，同时给予川庆公司足够的管理空间和权限，最大限度地发挥综合管理效能，向优化项目流程、提升项目管理水平要速度、要效益，采取用人少、效率高、效益好，并符合塔里木油田勘探开发实际的油气建设方略，实现双方共赢。

二、大型油气田勘探开发总承包项目“四个一体化”建设管理内涵及主要做法

川庆公司与塔里木油田公司通力合作，充分借鉴国外油公司“EPC”项目承包的先进经验，践行塔中沙漠腹地油气建设项目“甲方乙方一体化、勘探开发一体化、地质工程一体化、地面地下一体化”，即“四个一体化”建设管理总承包模式，目标一致、责权明确，有力推动项目平稳运行。甲方作为业主“管方向、管投资、提要求、定指标、当监督”，具体提出地质产能目标、确定投资总量及工期时间，督

促项目按合同要求运行；乙方作为项目施工建设总包方，全权负责总承包区块油气产能目标及地质决策和工程决策，并通过优化作业流程，实现由“数量型”向“效益型”转变；科学布井、优质打井，以相对“少打井、打高效井”的技术措施，实施“交钥匙”工程，达到提高塔里木油田公司增储上产、提升甲乙方整体经济效益的目的。主要做法如下：

（一）明确甲乙方权责关系，制定“四个一体化”建设管理总体思路

塔中项目协议明确界定甲乙双方权责：塔里木油田公司作为项目甲方，负责项目实施周期、工程进度、安全与工程质量监管以及合法合规性审查等工作；川庆公司作为乙方，全权负责400万吨产能建设项目的设计、采购、工程施工、油气处理厂建造、油气产能指标等合同约定的相关工作，以总承包形式组织运营这一大型油气勘探开发“主导型”工程项目（“主导型”指乙方全权负责油气开发项目的地质决策、工程决策和自主生产经营）。甲乙双方责任明确，甲方参与而不干预、乙方自主而不独权，目标一致，双方各尽其职通力合作。特别是赋予承包方（乙方）充分的项目自主权、决策权，调动乙方高效率完成项目的积极性、创造性和责任心；乙方在总费用确定、指定区块及时间期限限定的情况下，按质按量完成甲方要求的各项指标，最终以获取的油气产能、钻探成功率、产能投产率等“开发方案指标”兑现项目协议。

在此基础上，川庆公司站在主导运作项目的高度，结合实际，提出整体优化推进塔中项目实施的总体思路：创新管理模式、优化作业流程，全面实施“四个一体化”区块总承包建设的管理模式，即塔中模式。塔中模式的核心思想是“以业主愿望为目标，以国际油公司先进项目管理理念为主线，以双方合作共赢为原则，安全、环保、优质、高效实现项目建设管理的最优化”。甲乙双方工作责任明确、思路清晰，互为支持、互为补充，塔中模式发挥出巨大的管理作用，不断推进项目健康、安全、平稳、高效运行。

（二）打造精干高效的管理体系，推进实施“甲方乙方一体化”

1. 搭建塔中项目管理机构，确保油气开发任务按时完成

塔中项目部的管理体系精干高效。行政管理和工程技术人员共计26人，下设6个办公室，有15家单位参加。各单位在项目实施中职责分工明确，同时聘请BV公司提供地面技术服务，四维公司提供造价等技术咨询服务。塔中项目部与内部各专业化公司均以签订合同或内部协议的形式，明确内部甲乙双方的权利义务，以推动项目顺利实施。项目施工高峰期，干部员工达4000余人。

2. 建立“三级”交流机制，促进“甲方乙方一体化”

“甲方乙方一体化”是指塔里木油田公司与川庆公司精诚团结，按照“三级”交流机制，在项目决策、中间管理、现场实施中，既有分工，又不分家；小事独立解决，大事共谋完成；高效运营，形成“1+1>2”的合力，推进项目运行。

甲乙双方根据项目初期运行中反映出的矛盾和问题，及时制定应对措施，建立起以“决策层、管理层、执行层”为核心的三个层面的“三级”交流机制，全面加大协调交流力度。

“三级”交流机制中的“决策层”主要包含塔里木油田公司和川庆公司一级层面的高层管理机构，具体负责项目大政方针的总体筹划和协调布局；“管理层”主要包含具体运作塔中项目的甲乙双方两个职能作用异同的项目管理部，按其职能行事，具体指挥、决策各子项目阶段性的施工，对项目的进度、质量、安全负全责；“执行层”主要包含承包方（乙方）下属的若干具体施工单位，负责对其设计、采购、地质开发、井位布局、油气钻井、处理厂建设等诸多工程展开施工建设。

“三级”交流机制的建立，架起甲乙双方及时沟通的桥梁，各项工作更加顺畅。同时，乙方项目部不断完善管理短板，将项目管理层人员由5人增加到8人，并成立地面工程项目部、钻完井工程现场指挥部，聘请10位专职安全监督进驻生产现场，加快地面工程技术交流和设计进度；甲方及时成立地面

工程建设检查督办机构，进一步完善项目管理组、施工管理组、采购咨询组的职能作用，及时了解乙方施工过程中反映的问题和意见。甲乙双方“决策层”每季度定期召开一次“工作进展协调会”，就重大问题共同商议解决；“管理层”每月召开一次“现场办公会”，及时解决生产过程中需要帮助解决的困难；“执行层”每周至少召开一次“实际工作交流推进会”，及时排除工作困扰，使整个项目实施中出现的新矛盾、新问题得到及时解决，保障工程质量、进度及安全等工作落到实处。

（三）推进“勘探开发一体化”，获取更多油气资源

“勘探开发一体化”是指对塔中区块开发项目的油气资源从勘探评价、产能规划、工程建设等方面进行统筹规划，同时围绕甲方产能目标开展地质研究，实施“横向扩边、纵向扩层”的滚动勘探开发，实现勘探与开发两个阶段的平衡，保障实现最佳整体开发效益。

1. 调集优势资源，做强技术支撑

针对塔中项目开发难度大的困难，川庆公司举全力，组织以下属物探公司、地质勘探开发研究院、钻采工艺研究院为主体的科研及管理团队，集川渝地区 40 余名老专家对塔中项目进行地质油藏技术支撑与工程服务管理。成立地质油藏技术支撑组，派驻地质、物探和随钻跟踪人员与油田公司研究院和塔中一体化项目组联合办公，精细分工，同步研究，各负其责。

2. 强化地质精细研究，推进“纵横向”滚动开发

在落实承包区块增储上产目标的同时，逐步向勘探领域拓展：横向开发区域外移，向勘探区块扩边延伸部署井位；纵向在钻井层位开发的同时，向上下未探明的勘探层系扩展。其滚动实施步骤包括深化地质油藏基础研究和加强现场地质油藏管理。塔中项目在“勘探开发一体化”运作理念的推动下，较好地突破碳酸盐岩岩溶地质油藏瓶颈，新增勘探面积 536.9 平方公里，新申报预测储量达 4105 万吨，节约大量的勘探投资，获得勘探开发双收益和巨大的开采成果，塔中区块一大批开发井获得高产油气流，打开塔中碳酸盐岩岩地震呈片状和弱反射特征岩溶油气藏的勘探开发新局面。

（四）实施“地质工程一体化”，加快项目油气钻探步伐

“地质工程一体化”是指所有的钻井、录井等工程建设都要以地质设计确定的地下钻遇坐标点为目标；地质工作要充分考虑工程建设的特点；项目管理人员通过对地质及工程方案的审核论证，统筹对项目实施决策、计划、设计、生产等一系列工作，提高钻井中靶率，确保钻遇优质油气层，以获得较高油气产能，保证项目建设目标的完成。

1. 强化钻井组织领导，靠前指挥、靠前管理

加快塔中项目油气钻探步伐是全面落实塔中 400 万吨产建项目总承包目标的关键。为确保项目顺利实施，甲乙双方分别成立工作组蹲驻塔中生产现场，靠前指挥、靠前管理，集中双方优势资源解决所有管理和技术难题。

2. 实施地质跟踪及导向，提升钻井成功率

加强地质方案与钻井施工的结合，最大限度地发挥地质工程一体化施工优势，是提高钻探成功率的关键。在钻井过程中，地质导向技术人员驻井开展地质导向跟踪服务。一是根据前期收集的地震、地质及邻井资料，结合钻井、录井及测井数据，进行现场地质跟踪评价，实时修正地质模型，对钻井轨迹进行调整。二是定向施工人员根据导向人员地质目标要求和储层认识，及时优化钻井轨迹，保证地质目标的实现。通过精细化油藏地质综合研究和地质跟踪及导向，促使钻井成功率高达 96.77%，高于 85%成功率的开发方案指标，平均单井折算油当量 121.52 吨/天，高出开发方案 30 个百分点。

3. 攻破钻井技术难题，规范施工作业管理

塔中项目的钻井难度大、井筒时常垮塌、井控风险高，为此，川庆公司塔中钻完井工程现场指挥部采取如下解决措施：首先，对钻井配套工艺技术进行立项研究，扫清作业拦路虎。其次，制定“3456”

技术管理规范文本，即《塔中 EPC 项目钻井提速方案》等“3 个方案”，指导钻井提速；《一二开技术交底模板》等“4 大施工模板”，进一步规范钻井技术管理；《塔中地区二三叠系防垮塌卡钻操作规程》等“5 个规程”，有效治理钻井作业中二、三叠系地层垮塌的技术难题；《塔中防圆井垮塌及井口下沉操作要求》等“6 大措施”，及时根除“圆井垮塌及井口下沉”的障碍。

4. 推进“4445”技术管理，加强钻完井的过程跟踪

为使钻井技术管理措施得到具体实施、各施工节点有效受控，施工中出现的新问题能及时有效得到解决，现场指挥部总结出“4445”技术管理模式，即：坚持召开日生产“碰头会”、周单井“分析会”等“4 个例会”；坚持做到钻井“一、二开”技术交底，完井、通井技术交底等“4 次交底”；坚持开展“钻开油气层”验收、“钻开目的层”验收等“4 个验收”；坚持实行“完井通井”把关、“试油作业”把关等“5 个把关”。在整个钻井作业流程上实现科学化、程序化、规范化的技术管理模式，大大提升钻井的质量。

塔中 400 万吨产能建设钻完井工程在甲乙双方的通力合作下，克服重重困难，截至 2014 年 12 月，动用钻机 14 台，开钻 39 口井，完钻 33 口井，完成 33 口井，钻井成功率达 100%；累计完成钻井进尺 237574.63 米，完成项目 50 万米进尺的 47.51%，钻井平均井深 6789.21 米，平均水平段长 797.93 米，其中 ZG13－3H 井井深 7849 米，是当时国内陆上最深的水平井；完成水平井 28 口，定向井 1 口，导眼定向井 3 口，共计 32 口。累计获得测试产能油气当量 3975.61 吨/天，顺利完成塔中项目总承包预定的产能目标。

（五）“地面地下一体化”，建造油气处理精品工程

“地面地下一体化”是指工程技术人员在对塔中 400 万吨项目钻井（上游）地下油气资源测试获得预期产量时，提前介入地面（下游）油气处理厂及所涉及一系列内外输油气管网和装置的建造工作。上下游互为着想，工作统筹安排，在设计上，上游为下游预留空间；施工中上下游无缝衔接，互为指导、互为监督，实现高效率的一体化统筹施工。

1. 从地面建设管控入手，严把设计、采购质量关

一是实地考察完善设计方案。塔中 400 万吨产建工程设计是整个项目管理的龙头。业主和总承包及时成立设计管理组，参照塔Ⅰ处理厂存在的问题，在此项目的设计中加以完善和改进。

二是专家把关，深度审查设计方案。聘请国内资深专家对初步设计的进度和深度进行审查，每周召开设计周例会，通报设计进度，协调解决存在的问题，及时掌握设计动态。

三是相互沟通，敲定设计方案。定期召开初步设计中间技术审查会，对分析审查出的问题及时与设计单位进行沟通，敲定设计方案。

四是认真做好三维模型设计。在施工图设计阶段，采取过程质量控制，监督各专业执行审查意见，严格控制设计输入、输出质量。采用标准化、模块化设计，大力推广三维模型设计，努力提高设计成果质量。

五是细化落实，批复投资计划。一是请第三方公司对处理厂的概算进行分解；二是编制《塔中Ⅰ号凝析气田中古 8－中古 43 区块地面工程初步设计概算投资分析、评估报告》《初步设计概算分解及工程费用控制报告》《初步设计分析报告》《技术规格书审查意见》《土建工程概算分解及费用控制建议报告》等文本，为整个项目的经营策划和施工图优化设计提供科学的专业支撑和论证。

六是优化流程，搞好物资采购。物资采购在塔中 EPCC 工程项目中处于举足轻重的地位，对整个项目的工期、质量和成本有着直接的影响。甲乙双方采取有效措施，助推采购工作科学、有序进行。一是采取提前准备、集中会签、集中审批等方式，缩短采购周期。二是塔三联主要设备采购均参照塔二联生产运行状况良好的设备，让供货厂商提供装置和配件。三是完善检验监造催交管理体系，将检验监造

工作从业务操作型向业务管理型转变，重点建立对第三方检验监造公司的管理体系。四是在施工现场设立物资中转站。

通过强化采购管理，使到货的大量设备、材料及时发放到施工队手中，将设备、材料的接收和发放出错率降至最低，避免材料的重复订货，减少剩余库存量，减少人力投入，降低项目总投资。

2. 攻克地面建造难关，建好“油气集输”管网工程

一是优质建造“内部集输”系统。工程技术人员制订符合塔中地形及地质施工特点的作业方案，即按照中古 8、中古 43 区块的大体区域布置。首先，建设完成集气站以及内部集输主管网；其次，按照井位布置建设单井站的思路进行施工，机械设备安装快速调遣进入现场，各配套专业队伍按照计划指令准时到位，一切工作有序高效，在单井建设中创造 6 天完成一口单井的施工纪录。经过 5 个月的建造，如期完成内部集输系统的建造工作。

二是高效完成“外部集输”系统。首先，科学组织，成立外输施工项目部。其次，地面项目部合理安排各个施工队伍，统筹规划，施工资源统一调配；计划、生产、物资严格由专人负责，独立运行；对于部分落后计划指令的队伍，及时调整补充，全力确保各个站场阀室建设速度同步。最后，实施大流水作业，建立 6 个大“流水”安装机组；实施半自动焊接工艺，仅用 3 个月时间就圆满完成施工任务和“外部集输”主体工程。

3. 实施“五化”作业，高效建造油气处理厂

一是反复论证调研，确定地面“强夯”方案。项目部通过设计及工程技术人员的反复调查和研究，最终敲定以“强夯地基”的工艺方案进行基础建设。

二是以“五化”为抓手，快速建造处理厂。总包方根据上游钻井实施进度情况，采用先期建设主干网及中央处理厂，后建设单井站场的工作思路推进整体项目建设。施工中，对处理厂实施“五化”作业、化整为零的建造思路，即对所有的大型“钢结构”配件，实行“设计标准化、工艺模块化、工厂制作化、部件预制化、现场装配化”的“五化”建造法予以施工。

三是精心组织设备安装，油气处理厂成功投运。地面建设项目部科学布局施工方案，组织精干的中央处理厂土建施工、设备安装和钢结构预制等 23 支队伍，集中对“单井站、集气站、公用工程”及部分“生产装置、工艺管道”在实地现场进行深度预制，其“单井站”预制率达 85%；“集气站”预制率达 60%；其他“工艺装置”预制率达到 65%，快速推进整体工程进度。2014 年 3 月，在主体设备、钢结构部件陆续进场后，7 台大型吊装和几十支焊接队伍进行中央处理厂的突击施工，经过 4 个月的日夜奋战，优质高效完成塔中 400 万吨油气处理厂的建造任务。

三、大型油气田勘探开发总承包项目“四个一体化”建设管理效果

（一）保质保量完成塔中 400 万吨产建项目

在中石油的正确决策及川庆公司与塔里木油田公司的通力合作下，经过两年多的艰苦奋斗，圆满完成我国目前规模最大的油气区块总承包工程项目。钻完井 33 口，钻井进尺 23.69 万米，钻井成功率达 100%；勘探开发综合成功率达 97%，产能到位率达到 120%；创新性实施“横向扩边、纵向扩层”的理念，新增勘探开发面积 536.9 平方公里，新申报预测储量 4105 万吨，创造勘探投资效益 30 亿元；勘探取得重大突破，油气开发实现高回报的双赢局面，油气测试单井最高日产油气当量 257 吨，平均单井日产油气当量 121.52 吨；日产原油达到 1700 吨，标志着塔中 400 万吨区块总包项目原油日产已跨入“千吨”时代；如期建成沙漠腹地具有国内地面建设一流水平的 400 万吨“油气处理厂”，刷新沙漠腹地采用“地面地下一体化”建造油气处理厂速度最快、质量最优的历史记录。

（二）探索出塔中项目“四个一体化”建设管理模式

成功建设实施的我国大规模的塔中 400 万吨产建总承包项目，是中国石油建造史上的第一次。项目

初始既没有成熟的样板可遵循，又没有成功的经验可借鉴。甲乙双方冲破思想禁锢，项目创新管理经历一个由初期“平行管理”“融合管理”到中期之后的“高效管理”三个形成阶段，逐步探索出区块总承包“四个一体化”建设管理的塔中模式，为优质、安全、高效地如期完成塔中项目起到重要的组织保障作用。

（三）甲乙双方合作共赢，取得良好经济效益

塔中 400 万吨产能建设项目从 2012 年 9 月工程项目方案第 1 口井开钻，到 2014 年 9 月塔中油气处理厂竣工一次性投产成功，近三年时间给合作双方创造很好的经济效益和社会效益。川庆公司“总包方”及下属的四川石油天然气建设工程公司、蜀渝建安公司等 8 家单位取得经营收入 32.9 亿元（钻完井 16.99 亿元，地面工程 15.6 亿元），创造间接和直接经济效益 1.14 亿元；塔里木油田公司与川庆公司通过深度应用油藏地质筋脉理论，实施“横向扩边、纵向扩层”，扩大塔中勘探开发面积 500 多平方公里，完成 4105 万吨原油控制储量，创造近 30 亿元的勘探投资效益；勘探开发钻井成功率达 97%，塔里木油田年油气生产当量约 110 万吨，折合人民币 37.8 亿元。

（成果创造人：王安平、刘建勋、骆发前、王治平、宋周成、陆灯云、熊方明、侯亚东、韩剑发、唐晓明、欧阳诚、彭景云）

实现“五精三超越”的特高压大跨越施工管理

安徽送变电工程公司

安徽送变电工程公司（以下简称安徽送变电）始建于1958年，是国网安徽省电力公司的全资子公司，拥有国家一级施工总承包企业资质，拥有固定资产44283万元，2015年经营收入总额21亿元，利润1986万元。施工足迹涉及全国27个省，承建各类电压等级输电线路4万多公里、变电站600余座。建成39项特高压工程，线路长近1300公里，变电容量3760万千伏安，承建的特高压工程项目数量和工作量均居全国同行业前列。

一、实现“五精三超越”的特高压大跨越施工管理背景

（一）大跨越工程是特高压线路工程建设的关键

特高压输电工程作为“西电东送”的重要途径，涉及多省份，多次跨越江、河流域。大跨越工程系指输电线路跨越通航江河、湖泊或海峡等的输电线路工程，是特高压电网建设中的重点控制性工程，一旦发生故障很难在较短时间内完成应急抢修，将导致江河航运受阻，或酿成重大责任事故。安徽送变电承建的7项特高压大跨越工程项目，均具有主塔塔体巨高、基础混凝土方量大、导线放线张力大、单件塔材超长超重等特点，施工安全、质量、进度、技术、工艺等管理面临着前所未有的风险和挑战，能否按照既定计划竣工直接影响着特高压工程的按计划投运。因此，大跨越工程的建设施工是保证特高压线路工程建设按期完工、顺利投产、安全稳定运行的关键。

（二）解决特高压大跨越工程特殊施工难题的需要

特高压大跨越工程施工体量及技术难度均远超特高压一般线路工程，存在高塔材重组立难、风险大，大跨越施工质量控制难以及大跨越工期管理控制难等施工难题。为解决这些难题，要求安徽送变电必须在管理上开拓新思路，创建新的管理模式，精心施工，保质保量按时完成，向管理要效益。

（三）进一步提升电网施工企业市场核心竞争力的需要

创新攻克特高压输电工程建设大跨越的难题，保障特高压大跨越工程建设安全、优质、高效竣工投运，持续提升特高压大跨越工程施工管理水平、不断攀登特高压大跨越工程建设领域的技术、管理制高点，对于提升安徽送变电在特高压电网建设施工领域的核心竞争力，对促进安徽送变电持续健康发展具有重要的现实意义，也是公司坚持走创新驱动、创新发展道路的需要。

二、实现“五精三超越”的特高压大跨越施工管理内涵和主要做法

安徽送变电结合10年来承建的特高压大跨越工程建设施工经验，针对大跨越工程施工的特点、难点、风险点，以“五精三超越”的工程管控目标，通过健全组织保障体系、创新人才培育机制、大力开展技术革新、强化安全保障体系、保证安全文明施工等多种手段，牢牢控制大跨越施工重点环节，最大限度降低施工难度和风险，科学地加快施工进度和提高效率，确保实现大跨越工程安全、质量、进度目标和里程碑计划，为特高压整体工程的顺利实施提供坚强保障，最终实现工程建设的各项目标。主要做法如下：

（一）确立工程管控目标，健全组织保障体系

1. 确立大跨越工程管控目标

安徽送变电制订“队伍精干、设备精良、技术精湛、管理精益、工程精品；努力超越自己，创造历史最好业绩和水平；超越国内同行，争做行业领跑者；超越国际同行，向国际先进迈进”的特高压大跨越工程施工“五精三超越”的管理目标。

2. 健全组织保障体系

安徽送变电配备专门的专家团队，依托信息管理系统，压缩管理层级，变一般输电工程的四级机构为“公司领导（决策管理层）、施工项目部（执行层）、分包商、施工队（操作层）”扁平化的三级联动施工机构，各机构管理界限清晰、责任分明，中间环节少、信息传递快、执行效率高。项目管理团队与公司部门之间、分包商与项目管理团队及公司部门之间的风险管控响应更快速、理论指导传达更顺畅。这种“上下互动、快速反应”的组织管理机构，对降低施工难度、防控安全风险、提高施工效率，有巨大的推动作用。

同时，安徽送变电成立以总经理为组长的特高压大跨越工程施工项目领导小组，决策部署有关特高压大跨越工程施工的重要事项。制定《特高压大跨越工程建设的施工管理工作方案》，明确管理目标以及各部门在特高压大跨越工程施工过程中的职责分工。领导小组下设 8 个专业服务组，实行“五定”工作责任制（定责、定岗、定目标、定任务、定考核），为特高压大跨越工程顺利实施提供坚强的组织保障。

（二）大力开展技术革新，解决施工难题

1. 构建技术攻关创新机制

安徽送变电按基础、立塔、架线三个专业，由公司组织内部各专业技术专家构建技术专家团队，为大跨越施工技术提供咨询服务，以技术服务助推大跨越安全、质量问题的解决，为大跨越工程顺利施工提供智力支持和保障。

在联合创新方面，以大跨越施工需求为平台，建立由相关专业组与设计部门的对接机制，针对施工不同阶段的需要及时与设计人员进行沟通、校修正，建立联合创新项目。仅单个大跨越工程联合创新项目就多达 6 项。

在联合技术攻关方面，与相关高校、科研单位的专家、科研院所合作攻关，有效解决诸多施工关键技术难题。以灵州—绍兴±800 千伏特高压长江大跨越为例，因跨越塔中心地质承载力不能满足抱杆立塔承载需要，故而创新采用压密注浆工艺地基加固处理技术，有效解决基础承载问题，节约单基造价近 100 万元。

2. 深化内部“五小”创新活动

安徽送变电依托特高压大跨越工程，利用创新团队平台深入开展“小发明、小改造、小设计、小革新、小建议”活动，调动全体参建员工集思广益，建言献策、动脑筋、想办法，攻克以往施工现场不曾出现的诸多难题。

3. 开展专用设备攻关研发

安徽送变电通过内部团队自主研发制造和与外协机构联合开发，针对带有井筒的跨越塔结构，利用井筒代替抱杆标准节，研制出 28 吨和 215 吨落地电梯井筒双旋转摇臂抱杆和利用施工机动绞磨做为动力，采用钢丝绳牵引的大跨越专用飞车等诸多特高压大跨越工程施工急需的专用设备、器具和装置，有效解决大跨越工程高塔组立、地线警航球、阻尼线和防震锤等施工难题 20 余项。

4. 开发应用技术管理系统

安徽送变电组织开发“输电线路工程施工技术智能集成系统”，满足施工图纸数据化存储、查询的需求。系统信息平台通过手机 App 或计算机访问，实现各专业、各层级、各岗位参与工程建设的协同管理，专业之间快速联动，数据快速共享。信息共享有效避免因信息不对称或“盲区”带来的管理缺位、延滞现象，大大增强大跨越工程施工管理的协同性和专业间的互联互动性，有效提高施工管理的效率和水平。

5. 研发可视施工技术

一般特高压线路工程施工技术方案主要以文字叙述为主，已不能满足特高压大跨越工程施工技术要求。安徽送变电研发并应用可视施工技术方案，更直观、更可视化地了解施工过程，将大跨越施工中的难点、风险点进行可视化情形展现，预先查找和暴露特高压大跨越施工的难点和风险点，推动大跨越施工水平的提升，提高施工安全保障能力。

（三）创新人才培养机制，保障人才队伍梯次需求

1. 健全人员队伍优选机制

安徽送变电建立《特高压大跨越工程人员准入管理制度》及相关规定，重点考察管理人员的业务能力、管理能力、沟通协调能力、获奖纪录、培训记录等情况，全面遴选，择优选用，保证大跨越施工管理人员业务管理水平高、综合素质能力强。

在施工队伍准入方面，以柔性引进为着力点，将有大跨越施工经历、业绩优良，具备大跨越施工技能本领、具有较强执行力等因素纳入考核范围，以积分形式，经过层层考核，确保被选择的施工队伍能力、素质满足工程建设施工的需要。

2. 建立人才培养流动工作站

安徽送变电以特高压大跨越为平台，从人才流动培养的理念出发，本着“一个工程不止培养一批人”的原则，围绕特高压大跨越工程建立人才流动培养工作站，定期指派其他工程的技术、安全、质量相关人员到特高压大跨越工程人才流动工作站学习，参与特高压大跨越工程建设，同时本公司特高压建设专家以及相关科研单位各专业专家被邀请到特高压人才流动站为特高压施工提供技术、方案指导。“专家驻站指导、人员分批学习”的人才培养模式，成功培养出一大批青年人才，较承建大跨越工程前，公司的人才当量密度由 0.735 提高到 0.924。

3. 开展师徒签约“一带一”

安徽送变电秉承精神引导、技能传承的人才培养理念，深化传统的“师带徒”人才培养制度，实行“新进大学生签约部门专家四年制学习模式”，利用特高压大跨越施工平台，实行“一位技术骨干带出一批青年人才”的人才培养策略，为大跨越工程量身打造一大批专业人才。

4. 利用职工劳模创新工作室

安徽送变电以“电网先锋”职工劳模创新工作室为平台，汇集各部门生产骨干，以劳模为技术带头人，以特高压大跨越工程为依托，通过横向专业融合、纵向责任落实的工作机制，以资源共享、联合攻关、集中讨论、专家指导的方式开展技术攻关，建立关键施工技术、施工装备改进与革新协同研制的工作平台，深化利用“有平台供展示、有资料可查阅、有专家可咨询”的职工劳模创新工作室的功能与作用，成就一批技术创新成果、专利和特高压大跨越施工特需人才。

5. 创建 3E 培训模型与方法

安徽送变电创建 3E 培训模型，即估测（Estimation），了解培训需求，设置培训目标；执行（Execute），策划和实施培训；评估（Evaluate），检查培训结果和设定目标之间的距离。安徽送变电运用 3E 培训方法实施大跨越特需人才培训，累计参训 900 余人次，在施工梯队人才培育、满足人才梯次需求方面取得明显成效。

（四）构建安全管控体系，保障安全文明施工

1. 开展三维施工交底

安徽送变电创建三维动画施工交底模型，即利用大跨越施工数据，建立施工过程模型，制成三维动画，仿真模拟施工工况，使施工人员掌握施工过程，熟知安全风险分布情况，增强施工人员的安全风险识别和记忆能力，有效防控施工过程中的安全风险。

2. 创新施工安全培训方法

安徽送变电采取“循环提问式”培训机制，以作业班为单元，开展班组长、职工互动式循环提问解答，变一言堂宣贯式为全员参与互动式培训。同时，开展“点”“线”“面”式安全培训。每日站班会称之为“点”式安全教育培训，施工队长开工前必须召开人员站班会，着重强调交代塔上、地上作业人员在施工过程中的安全注意事项，在工作中严格按照安全标准施工，杜绝违规现象；每周定时集中施工队长和安全员接受施工项目部安全教育培训，此为“线”式安全教育培训。培训内容包括安全思想教育、安全知识教育、安全技能教育、安全纪律教育、安全法制教育等，通过安全教育，使施工队长及安全员牢固树立安全理念，深刻掌握安全知识；每月开展安全知识考试称之为“面”式安全教育培训，将考试结果纳入个人绩效考核，通过这种方式能够让全体施工人员全面掌握特高压大跨越工程的安全风险点分布情况。多形式的安全培训教育，增强全员学习效果，实现全体施工人员正确熟练地掌握岗位操作本领，降低安全风险。

3. 强化机具全寿命管理

安徽送变电在工程施工前，提前布局，开展施工机具检修、性能检测工作，运用机具身份数字信息管理系统，实行集中检修检测机制，量化施工机具检修管理工作。委托科研检测单位进行关键设备试验项目，会同施工机具制造企业集中整改检出的问题，确保施工机具全部检修到位。实现施工机具全寿命周期管理使用，使发放的施工机具具有可追溯性，全面保证施工机具设备性能的可靠性、功能完备性以及系统设备的完整性，降低由设备自身方面带来的施工安全风险。

4. 加强安全技术研发应用

特高压大跨越主塔高，地面人员难以实现对塔上人员安全监督的全面覆盖。立塔抱杆的工作状况直接关系到立塔施工的安全，架线施工各个节点受力监测事关施工机具设备的安全、可靠运行。为此，安徽送变电研发应用施工安全可视化管理系统，现场管理人员通过手持终端设备进行现场视频监测，实现对大跨越工程施工全景、全过程、全周期安全监控；应用抱杆智能监测系统，实现从抱杆自身工况到施工作业环境的全面系统监测、预警，有效提高设备使用的安全可靠性；运用大跨越架线施工智能监测系统实时监测放线施工中导线受力、滑车受力、导线弧垂等重要参数，保障放线施工安全。通过安全技术手段的研发与应用，有效解决施工关键技术难题，保障大跨越施工系统的安全、可靠。

5. 建立特殊劳动保护机制

安徽送变电坚持把安全管理落实在“以人为本”理念的执行上，对人员安全防护实行加强型、人性化的制度化管理，建立特殊安全防护管理规定，配置全方位防冲击安全带、上下杆塔攀登自锁绳和攀登自锁器、水平移动拉索、高空休息平台和速降逃生等装置，对大跨越施工人员采取全方位、加强型保护，提高现场安全防护水平。最大限度地使用机械化施工，夏季避开炎热时段，降低人员劳动强度。针对现场可能出现的中暑、擦伤等情况，常年配备防暑降温应急药箱，定期更换药物，炎热天气供施工作业人员免费领取。

6. 加强绿色文明施工管理

安徽送变电在特高压大跨越施工中，组织相关专业团队开展安全文明施工策划。从项目部建设到现场布置，在满足国网公司视觉识别系统要求的同时，更加注重细节，在跨越塔组立现场采用“7S”（整理、整顿、清扫、清洁、素养、安全、节约）管理方法，在定置化、模块化布置现场的同时，强调素养、安全和节约，并以专人负责制加强施工过程中的常态化管理。满足安全文明施工的“六化”要求（安全管理制度化、安全设施标准化、现场布置条理化、机料摆放定制化、作业行为规范化、环境影响最小化）。实现生活污水过滤排放合格率100%；固体废弃物分类进行处理，分类处置率100%；工地场界噪声夜间施工不大于55分贝，白天施工不大于70分贝。

安徽送变电将大跨越工程的环保工作纳入施工建设管理的主要内容，提前谋划，制订“资源节约型、环境友好型”绿色和谐工程的环保目标，针对环保目标编制《绿色施工方案》《创优策划方案》等策划文件。为减少对环境的影响，对施工进场临时道路，采用铺设砂石拓宽道路与铺设钢板相结合的方式进行修筑，现场临建地坪采取下铺两层防水布形式铺筑，对农田复耕影响降低到最小，营建安全文明、环境友好的绿色施工环境。已建大跨越工程均通过国家环保、水保专项验收。

（五）充分运用技术手段，保障工程施工质量

1. 应用质量控制关键技术

特高压大跨越工程基础大体积混凝土施工温度控制、铁塔螺栓紧固程度、导线弧垂等要求极其严格。为此，安徽送变电应用混凝土温度智能数据采集仪，改变传统人工监测的方式，准确掌握混凝土内外温差变化，及时采取温差变化干预措施，有效避免大体积混凝土出现温度裂缝，使大体积混凝土施工达到优良级标准；应用定扭矩电动螺栓紧固扳手使螺栓紧固率达到100%，大大降低施工人员的劳动强度；应用GPS测弧垂装置有效解决大跨越工程弧垂观测受到天气影响的难题，创新线路施工弧垂观测的技术方法。

2. 加强新型工艺的研发应用

安徽送变电提出并采用倒角工艺的高强度钢模板，研制全方位倒角钢模板成套装置；成功研发应用“2牵3”放线施工工艺、大跨越六分裂导线3×“1牵2”放线施工工艺、2×“1牵1”放线施工工艺。新型工艺的应用，大大提高大基础立柱施工安全、工艺质量和工效，促进并实现倒角施工工艺标准化，有效解决大跨越架线牵引作业难题。

3. 运用质量跟踪管控技术

施工质量过程管控是保证工程质量的关键。为此，安徽送变电制定《工程材料跟踪管理制度》等多项管理制度和流程，在工程物资材料管控上，物资到达现场后，物资管理人员进行验证、入库、标识、保管。本体施工质量管控上，现场设置质量管理旁站人员，实行施工过程巡查，对隐蔽工程等关键项目依次记录在案。通过应用技术管理系统，建立物资材料、施工过程检查情况等施工过程质量跟踪管理台账，保障工程施工的总体质量。

4. 建立三级质量验收模式

大跨越工程成品质量是实现建设优质工程的必要条件，把好施工质量验收关是保证优质工程的终端环节。安徽送变电制定《工程质量验收管理制度》，以公司“专检”、项目部“复检”、施工班组“自检”形式建立三级质量验收模式，对各级验收发现的质量问题，一律实行零容忍管理，要求整改率达到100%，每个检验环节均形成检验记录，确保工程成品质量优良。

（六）建立多种协调机制，保障工程施工进度

1. 建立与设计部门的协同机制

不同项目的大跨越工程施工建设一般都存在设计样图与现场实际、施工工艺要求不一致的差异。为解决上述问题，安徽送变电建立相关专业组与设计部门对接机制，针对施工不同阶段的需要及时与设计人员进行沟通、校修正。如对基础预埋件、施工孔进行预留，按分段长度、单件重量等进行控制，逐项精准到关键控制点。通过施工单位与设计单位的密切配合，为特高压大跨越工程的施工建设提供可靠的技术支持和保障。

2. 建立与防汛、海事部门的协同机制

保持与防汛、海事部门的密切沟通，根据防汛、航运情况合理组织施工，确保工程有序推进。尤其根据大跨越工程的里程碑进度计划，架线施工前留足时间向海事部门提交施工许可等资讯材料报备，合理安排封航时间区段，防止延误大跨越工程施工工期，确保工程进度如期完成。

3. 建立与气象、环保部门的协同机制

特高压大跨越施工与特高压一般线路工程相比，对气象条件的要求更加苛刻。因特高压大跨越主塔高度是特高压一般线路工程的两倍以上，风力对特高压组塔、架线时的就位安装影响极大，因此需要与气象部门时刻保持密切沟通，掌握实时气象条件，为工程施工提供气象保障。

4. 建立民事政策协调机制

特高压大跨越工程施工期间难免会给周边群众的生产生活带来一定的不利影响，工程建设者与周边群众之间不可避免地存在一些矛盾。为此，安徽送变电主动建立与当地群众的和谐关系。一是与属地政府携手建立联合协调机制，有效整合利用地方资源，积极发挥属地化协调优势。二是向群众宣传特高压工程建设的意义，取得当地群众对工程建设的理解和支持。三是开展与周边群众联谊的活动，如开展爱心助学活动，为周边学校学生送去书包、书本等学习用品，增进施工人员与周边群众的友好融合。上述措施在促进民事政策落实、保障工程按进度实施方面发挥积极作用。

三、实现“五精三超越”的特高压大跨越施工管理效果

（一）实现特高压大跨越工程建设的多项重大突破

近十年来，安徽送变电在特高压大跨越输电工程建设中，多项新技术、新工艺应运而生，如混凝土自动测温仪、视频监控系统、“2 牵 3”张力放线、GPS 测弧垂装置、多旋翼机展放引绳、大跨越专用导地线飞车等，同时开创大跨越架线牵引绳一次过江的先河。依托大跨越工程施工项目完成 3 项国家电网公司科技项目攻关。国家专利获批 18 项，形成技术创新成果 12 项。这些成果填补安徽送变电在特高压施工关键技术领域的空白，保障特高压大跨越工程的安全施工。

（二）取得显著的经济效益和社会效益

特高压大跨越施工管理成果的实施，实现公司“五精三超越”的工程管控目标，将特高压大跨越工程平均工期缩短近 15%，多输送电量 80 亿千瓦时，取得经济效益 20 多亿元，实现所承建特高压大跨越工程安全、优质、高效的建设目标。安徽送变电在特高压大跨越施工建设中，实现不发生六级及以上人身事件、不发生六级及以上施工机械设备事件、不发生火灾事故、不发生环境污染事件、不发生负主要责任的一般交通事故、不发生对公司造成影响的安全稳定事件的安全目标；输变电工程“标准工艺”应用率 100%；工程“零缺陷”投运；工程质量总评为优良，分项工程优良率 100%，单位工程优良率 100%。

（三）树立企业在特高压施工领域的品牌形象

安徽送变电通过团队合作、产研平台对接等方式，掌握特高压施工关键技术。高难度的大跨越工程在实施过程中，吸引央视等众多主流新闻媒体进行采访报道，众多主流媒体和网站都进行大力宣传，极大地提高安徽送变电的美誉度，也提升社会对特高压工程的认知度和重视度。

（成果创造人：姬书军、潘业斌、黄成云、张必余、李　凯、刘　刚、
桂和怀、韩清江、朱冠旻、单长孝、金德磊、闫　彬）

“华龙一号”土建工程总承包模式下业主管控体系建设

福建福清核电有限公司

福建福清核电有限公司（以下简称福清核电）成立于2006年5月16日，由中核集团所属中国核能电力股份有限公司、华电集团所属华电福新能源股份有限公司和福建省投资开发集团有限责任公司共同出资组建，负责福清核电项目的开发、建造、调试和运营，全面履行核安全责任。福清核电项目一次规划、分期连续建设6台百万千瓦级压水堆核电机组，总投资约900亿元。其中，1—4号机组采用二代改进型成熟技术，目前1—3号机组已建成商运，4号机组处于调试高峰期，预计2017年建成商运。2015年4月，国家发改委正式核准福清核电5、6号机组采用中国自主研发的三代核电机组技术——“华龙一号”技术，并作为示范工程进行建设。作为“华龙一号”技术示范项目，5号机组、6号机组分别于2015年5月以及12月开工。截至目前，福清核电的5、6号机组开工至今所有里程碑节点均提前或按期完成，土建阶段比计划工期提前2个月完成，创造世界核电首堆施工建设史上的奇迹。

一、“华龙一号”土建工程总承包模式下业主管控体系建设背景

（一）肩负国家重大产业战略引领任务，保障自主核电技术落地的需要

按照国家能源中长期发展规划，2020年我国在役和在建核电装机容量将达8800万千瓦，成为仅次于美国的世界第二核电大国；到2030年，将力争构建能够体现世界核电发展方向的科技研发体系和配套工业体系，核电技术装备在国际市场占据较大份额，全面实现建设核电强国的目标。

“华龙一号”作为中国核电技术“走出去”的主打品牌，其安全指标和技术性能已达到国际三代核电技术的先进水平，肩负着推动中国从核电大国向核电强国转变的国家任务，承担着中国最新自主核电技术落地的战略任务。

作为“华龙一号”的示范工程，2015年5月与12月，福清核电5号、6号机组正式开工建设。在总承包模式下，业主单位虽然不直接介入项目建设的每个环节，但对质量、成本、进度、安全等重大目标需要保持必要的监督和控制，并通过管理模式和制度的设计，针对重大事项进行适当的介入和管控。福清公司如何发挥业主单位在整个工程建设过程中的统筹引领作用，加强项目安全、质量、进度监督管控，保障“华龙一号”福清项目在土建阶段的技术标准和质量标准达到最佳水平，成为当前现实而迫切的挑战。

（二）确保核电首堆工程按期完成的需要

核电机组土建工程量大，远超火电和水电发电机组。“华龙一号”单台机组混凝土工程量约39万方、钢筋量约12万吨、管道长度144千米、电缆长度1863千米、建筑面积17.6万平方米、预埋件4180吨、3140个房间，是二代核电工程量的两倍，远超同类型火电机组。此外，土建阶段除基础浇筑等工程外，还有大量设备需要同时安装到位，工程设计复杂、设备制造周期长，安装等级高，调试难度大，土建工期较长。

“华龙一号”作为国产三代核电首堆工程，也不可避免地遇到设计、采购、施工及项目管理等各方面的挑战。因此，为实现极具挑战的62个月的总工期目标，福清公司亟须充分总结和吸取其他三代核电首堆工程经验教训，在国际通用的总承包模式下构建独具特色的业主管控体系，创新管理模式，预判处置土建施工的全过程风险，打造问题快速处置机制，确保整体土建工程的施工进度。

（三）统筹推进资源优化配置的需要

"华龙一号"土建工程在时间、空间上都存在频繁的跨专业、跨行业、跨领域交叉作业，如何将交叉作业的影响降低到最小，对业主单位提出很高的要求。具体来看，整个土建工程建设复杂性高，涉及测量、土建、机械、电气、仪控等不同专业，以及电厂设计、设备与材料制造、工程管理、设备安装、运行维护等多个行业和领域。现场土建、安装、调试的承包商以及项目管理团队的总人数在建设高峰时期达到上万人，如果进一步考虑到参与供货的设备供货商及设计科研单位，将达到数十万人。管理这种大规模的建设队伍、协调各种资源也是考验业主单位的一个重大难题。

在总承包模式下，福清公司作为业主单位，担负着总体协调管理职责。如何在土建阶段协调好各参建方的工作调度和工作质量监督，及时、有效地解决好承包方在施工过程中遇到的困难和问题，亟须探索出一种有效、有序的项目管控模式，统筹推进，以实现各项核心资源的优化配置。

二、"华龙一号"土建工程总承包模式下业主管控体系建设内涵和主要做法

福清公司紧紧围绕构建"华龙一号"土建工程总承包模式下业主管控体系的目标，以安全、质量、进度综合保障为核心，以标准化、精益化为着眼点，以"多层级协同、多维度介入、全过程覆盖"为思路，打造涵盖土建工程事前风险识别研判、事中一体联动与快速执行、事后专项考评激励的一套全过程管控体系与实施解决方案。有针对性地解决"华龙一号"项目 5 号、6 号机组土建阶段的风险识别及控制、执行效率、重大问题及时解决等关键问题，有效保证示范工程项目顺利推进，为后续核电工程建设奠定良好的基础。主要做法如下：

（一）构建土建工程总承包模式下业主管控整体思路与体系框架

针对"华龙一号"核电首堆工程土建阶段技术难度大、参与单位多、专业交叉复杂、示范项目标准严格等特点，福清公司紧紧围绕安全、质量、进度等项目管理的核心要素，以"多层级协同、多维度介入、全过程覆盖"为整体思路，打造以"沙盘推演"科学识别研判事前风险、以"TOP10"推动项目全周期全范围一体联动、以"问题快速处置机制"提升执行效率、以专项激励机制激发项目团队积极性、以"互联网＋大数据"为核心的信息化建设提供信息化支撑等在内的一套全过程管控体系与实施解决方案，实现事前风险识别研判、事中一体联动与快速执行、事后专项考评激励。

"多层级协同"是以福清公司为核心，负责组织推动业主单位纵向上与集团公司、总承包商与分包商，横向上与涉及的业主单位内部各部门的协调机制，为华龙一号示范工程建设理顺协调关系，提高项目决策执行效率。

"全过程覆盖"即全面涵盖土建工程的风险识别研判、一体联动协同推进、快速执行等。一是以风险识别与管控为目标，引入"沙盘推演"管理工具，对土建施工进行事前的全过程风险预判处置；二是以协同推进为目标，建立"TOP10"的管控机制，集中优势资源解决土建阶段重大关键问题；三是以提升执行效率为目标，建立"问题快速处置机制"，解决土建施工中常见的窝工问题。

"多维度介入"即以安全、质量、进度综合保障为目标，分别从土建工程、激励机制、信息化支撑等不同维度出发，共同提升土建工程质量和安全标准。在通过"全过程覆盖"保障土建工程顺利推进的同时，还需要统筹发挥项目人员、信息化的保障作用。一方面，建立项目建设"专项激励机制"，激发整体项目团队积极性，提升土建施工人员士气和能力；另一方面，围绕提升信息化支撑能力，利用"互联网＋大数据"加强项目信息化建设，推动全过程在线管控，以信息化保安全、保进度、保质量。

（二）利用"沙盘推演"工具，推动土建施工事前全过程风险的预判处置

以风险识别与管控为目标，借鉴军事上的沙盘模拟推演，在国内率先作为管理工具引入核电工程项目管理。在项目总承包模式下，福清公司考虑到"华龙一号"首堆工程"技术新、标准高、参建单位多"的特点，充分认识到施工难度和其中隐含的各类分析，在工程准备阶段和土建工程开工以后持续性

开展沙盘推演。2014 年 10 月，福清公司组织国内核电行业 33 名资深专家对福清核电 5、6 号机组开展开工前的施工准备工作沙盘推演，选取典型事例进行情景模拟、压力测试、经验总结，并于 2015 年 6 月进行评估回访。

在开工前的综合沙盘推演的基础上，分别从设计、采购、施工三个领域开展具体的沙盘推演。其中，设计领域主要针对科研项目、重要技术方案、重要设备设计提资、新增的系统设计进行推演；采购领域主要针对"新工艺、新设备、新工艺"采购包或专题；施工领域则主要针对重大施工活动组织进行模拟和施工管理专题进行沙盘推演策划。

科学开发并应用沙盘推演流程，结合不同推演方式，提升土建工程风险管理能力。沙盘推演的方式根据推演主题选择，主要分为访谈沟通、文件调阅、情景模拟、压力测试、模拟演练五种方式。

建议和改进应对是沙盘推演的最终任务。在落实改进计划的过程中，通过定期报告和会议检查的形式对改进计划的实施进行监督和追踪，以促进改进行动的落实。通过沙盘推演工具，福清核电 5、6 号机组在项目开工前开展一次大型的综合性沙盘推演同行评估，识别出 26 项待改进项，制定 100 条整改行动项。具体来看：在设计领域，开展 6 次沙盘推演，优化设计组织和设计管理流程；设计图纸按计划累计出版率 99.7%，满足工程建设需要。在采购领域，针对 110 项"三新"设备（新设计、新厂家、新工艺）开展沙盘推演，针对不同的问题制订不同的应对方案，设备采购合同包总计 334 个，已签署完成 312 个，签署完成率 93.4%，按期签署率 100%。11 项长周期设备制造通过沙盘推演和处理措施，提前识别和排除风险，目前进展均提前或正常。在施工领域，针对大型混凝土浇筑活动和吊装活动开展三维模拟和现场模拟，提前为现场实际施工活动排除风险，发现问题提前进行协调。目前大型混凝土浇筑和吊装活动均未发生影响四大控制的问题，关键路径进展正常，现场各厂房施工进度符合或提前进度计划。

（三）建立"TOP10"管控机制，集中力量解决影响土建阶段推进的重大关键问题

福清核电项目业主单位基于"问题导向原则"，以整体项目协同推进为目标，建立整体联动的 TOP10 管控机制，集中资源解决影响项目推进的整体项目、各领域、各参建单位的重大关键事项。TOP10 以解决关键问题为导向，实行"多层级协同"的分级管理，从而推动项目全周期、全范围一体联动。在分级管理方面，业主单位、总承包商以及项目相关方在完成项目工程的过程中，应当按照问题的影响和紧急程度，列出本项目（或领域）的 TOP10 关键问题。根据重大风险和问题对工程建设安全、质量、进度、投资这四大控制目标的影响程度和事项本身的重要程度进一步分为项目 TOP10 和领域 TOP10。项目 TOP10 由业主单位即福清公司负责组织推动，必要时向上级部门寻求帮助；领域 TOP10 由总包商即中国核电工程有限公司负责组织推动，必要时向业主单位寻求帮助。在此基础上，福清公司组织项目各方应用 TOP10 方法，自上而下建立 TOP10 管理制度、TOP 清单，形成 TOP10 上下联动的管理框架，打造自上而下的全周期、全范围一体联动的 TOP10 管控机制。

每周福清公司项目控制处组织召开项目 TOP10 周例会，对项目 TOP10 的进展进行回顾与评估，会后向主管副总经理报告管理动态与需要关注的问题，发布项目 TOP10 进展周报。在日常协调、推进的基础上，通过已有的周例会、月例会、总经理协调会等协调解决 TOP10 问题，突发、紧急问题通过专题会等协调解决。

通过对 TOP10 问题的系统分析，各方共同制定相应的解决措施及手段，通过各类报告、会议平台对措施的进展和效果进行动态跟踪评估，协调过程中的问题并实时对措施完成情况和效果进行更新。在此基础上建立责任到人、严格落实的 TOP10 奖惩机制，将 TOP 各单位层层分解责任到人，形成完整的 TOP10 管控责任体系，对解决 TOP10 和实施有效管控措施的相关人员给予重点奖励，未得到有效控制时给予处罚，有力督促、推动措施落实和问题解决。

TOP10对项目推进起到明显的推动作用，特别是该机制可推动各参建单位暴露未来和后期阶段的潜在关键问题，在潜在关键问题未造成实质性影响前为风险解决预留时间。截至2016年10月，福清核电项目5、6号机组共识别关键问题476项，其中已解决关闭373项。

（四）建立“问题快速处置机制”，显著提升土建施工中的执行效率

福清公司基于项目施工总体进度和质量要求，同时充分考虑到项目参建各方的利益，为首堆示范工程建立并强化“快速处置机制”，明确各层级的授权范围，对不同层面的问题根据授权现场处置。

具体应用在复杂技术问题的决策与快速处理方面，推动技术问题快速决策处理。首先，项目负责人全面掌控项目的进展和存在的问题，及时组织分析对进度带来延误的影响因素，在决策授权范围内立即决策，超出授权范围第一时间上报，并启动内外部专家咨询、评审，为综合决策提出建议。其次，充分利用专项组这一组织机构，在专项组内明确各层级的决策时间，在规定的时间内无法决策的问题立即上报至上一级决策者，由总工程师对日常技术问题进行决策。进一步成立“华龙一号”技术决策委员会，对重大技术问题进行决策。技术决策委员会实现对综合性、重大的技术问题进行研究、决策与快速处置，显著提高解决问题的速度。

（五）建立项目建设“专项激励机制”，有效提升土建施工团队的士气和能力

为鼓励对“华龙一号”示范工程项目建设做出额外的、突出的、特殊贡献的专门团队和个人，设立专项激励基金和荣誉激励。即在工资总额外，对解决工程建设中特殊困难和问题的专门团队和个人设置专项奖励，同时设置荣誉激励。该激励与单位工资总额中的绩效薪酬统筹考虑、配套使用，作为绩效薪酬的补充。同时福清公司和总承包方制订专项激励方案，进一步将专项激励延伸到关键设备制造厂和主要建安施工单位。

项目激励分为两层，一是项目业主和总承包商根据激励原则制定的对自身参与项目建设团队的具体激励办法；二是项目业主和总承包商推动对关键设备制造厂、主要建安施工分包单位的专项激励的制定和实施，将整个利益相关方作为共同体进行激励。

激励方案的设计充分体现整个华龙“大团队”的理念，突出“华龙一号”是福清核电5、6号机组所有参建单位的“华龙一号”。在设计、采购、施工、调试、生产准备领域的所有参建单位中，积极倡导华龙“大团队”的理念，聚集所有参与单位和人员的目标，齐心协力共同建设。例如，在5号机组安注箱制造出现困难时，东方电气集团承接6号机组安注箱制造任务，并按5号机组需求时间安排生产，东方电气集团、成员公司、项目团队充分发扬大团队理念，与各方共同努力，最终安注箱比原计划提前9天运抵现场，为5号机组反应堆厂房施工节约60天工期。

通过激励方案的制订，能够提升项目参与团队的士气，激发项目整体建设团队的最大积极性，推进工程建设的顺利进行，对设计固化、设备制造和现场施工等也将产生良好的正面效果。例如，在反应堆厂房钢衬里开口项设计固化、安注箱制造、反应堆厂房内筒体施工中，通过有效的激励手段，结合其他项目管理手段，鼓舞参建团队和人员的士气，有效缩减98天、60天和35天的工期偏差。

（六）结合“互联网＋大数据”，提升保障土建工程质量的信息化支撑能力

以“互联网＋大数据”为核心的信息化建设最大的亮点就是通过大数据分析、系统共享功能对各类风险迅速响应，实现实时可控，为管理者正确决策提供支持，第一时间消除风险或者将风险降到最低，确保核电工程建设顺利进行。

一是开发隐患排查系统平台和手持通讯终端系统，快速敏捷消除现场施工中的各类安全和质量缺陷。各级管理人员将现场排查的隐患第一时间上传至隐患排查系统并直接推送到隐患治理的网格区域直接负责人手中，实现隐患排查与治理“零滞后”，简化隐患排查与治理的流程，大大提升管理效率。

二是构建核电特种设备“二维码”管理体系，实现特种设备标准化管理。建立特种设备数据库，将

每一台特种设备进行统计和编码，并赋予统一的、唯一的设备“二维码”，将特种设备各种信息纳入“特种设备系统”模块中。通过手持终端扫描“二维码”，可以实时通过“互联网”系统在线了解特种设备全部信息，确保核电项目所有特种设备都是经过检验合格的产品，从源头杜绝“三无”产品流入核电施工项目。

三是建立完备的项目数据库，致力于提升项目施工与人员培训的标准化。充分利用培训管理系统、人员红线违章数据库等信息化模块功能，强化员工的标准化作业意识，杜绝人因的红线违章现象；建立班组信息数据库，通过数据库中的班组长考核模块、班组“6S”管理模块、班组注册数据库等规范班组标准化管理，确保自2011年以来公司未发生一起安全生产事故，为业内核电标准化建设树立榜样。

三、“华龙一号”土建工程总承包模式下业主管控体系建设效果

（一）保障土建工程实施进度，为后续工程落地奠定坚实基础

福清公司通过打造土建工程总承包模式下的业主管控体系，开工一年多以来，5号机组作为国内“华龙一号”示范工程的首堆工程，各个重大里程碑节点均按期或提前实现，并且二级进度计划累计完成率达到100%，创造全球核电首堆工程建设史上的奇迹。

以开工一周年数据进行对比，“华龙一号”首堆工程进度明显优于全球同期其他三代核电首堆工程。施工进展方面，“华龙一号”施工满足工程二级进度计划且无偏差，同期三代核电施工已出现3—6个月滞后；设计方面，文件出版完成率“华龙一号”为51.8%，同期三代核电为26.4%；采购包合同签署完成率85%，显著超过同期三代核电的34.5%。

（二）解决土建施工阶段总承包模式下的业主管控难题，为后续核电工程建设树立管理标杆

鉴于华龙一号的特殊性和示范性，福清公司通过在项目准备阶段、建设阶段搭建业主管控体系，打造“沙盘推演”“TOP10”管理“专项激励”“快速决策”等管理工具和机制，建成一套有效的管理工具和流程体系。通过项目管理工具的应用，对11项长周期设备和110项“三新”设备制造风险进行充分识别，提前发现并解决问题，目前长周期设备均可提前或按期到场，“三新”设备采购和制造进展全部受控。施工方面，影响现场施工的重大问题均被逐一解决。

通过“华龙一号”示范工程的建设，形成一整套有效的核电总承包模式下的业主管控体系，实现针对工程建设、调试、运行等立体交叉的综合性管控，有效解决“跨专业、跨行业、跨领域”的项目管理难题，为进一步探索形成中国核电建设涵盖业主、总包商等参与主体的标准化、规范化管理模式，以及后续核电工程建设提供可参照的范本，树立管理标杆。

（三）树立“华龙一号”品牌形象，为推动企业“走出去”打造良好的名片

福清核电5、6号机组的开工建设，进一步扩充福清公司在建项目的装机容量，有利于企业中长期业绩的持续提高；通过“华龙一号”示范工程的建设，逐步形成“华龙一号”全套标准体系，形成核心竞争力；通过做大、做强“华龙一号”，有利于我国实现从核电大国到核电强国的跨越。“华龙一号”作为中国核电走出去的主力堆型，其国内示范工程的顺利建设，有利于巴基斯坦等国家相关项目的推动，也有利于进一步争取“一带一路”沿线国家的潜在市场机遇。

（成果创造人：徐利根、陈国才、薛俊峰、张　宇、肖　波、张国伟、杨　铭、林　红、邹　玮、曹晓芸、李　庭、敖泽闽）

构建高精尖制造企业综合协同创新的运营管理体系

西安航空动力控制有限责任公司

西安航空动力控制有限责任公司（以下简称西控公司）始建于1953年，是国家“一五”时期兴建的156个重点项目之一，是中国第一家航空发动机控制系统研制生产企业，隶属于中国航空发动机集团公司。近年来，公司先后荣获国家“高技术武器装备发展建设工程突出贡献奖”“陕西装备制造业30强”、西安市“在装备制造业发展中做出突出贡献的十大工业企业”等荣誉称号。

一、构建高精尖制造企业综合协同创新的运营管理体系背景

（一）推动企业实现“高、精、尖”战略转型的需要

随着国家对航空企业产业结构的调整和国家重大专项的大力推进，公司战略及时进行调整，明确提出企业的使命是“为动力世界贡献完美控制”，企业的愿景是“引领动力控制、卓越成就未来”，企业的目标是“双驱、三立、五型、稳增长”，打造成为航空动力燃油与控制系统“技术高精尖、管理高标准、产品高品质、工作高质量、过程高精益、市场高信誉、人才高素质”的高精尖制造企业，并将“改革创新、开拓市场、夯实基础、提升能力”作为指导各项工作有序稳步开展的方针。同时，航空发动机现正朝着高可靠性、长寿命、更经济、更清洁的方向发展。相应的，航空发动机控制系统技术成熟度也日益提升，控制系统的参数、计算能力、逻辑功能和控制精度也有更高的提升，给企业管理系统能力提出新的要求。跟进战略和技术升级转型的要求，使与之匹配的企业综合运营管控能力充分发挥价值，使企业有效利用各种信息资源，成为迈向高精尖制造企业转型升级的必由之路。面对新的环境，企业需要建立一套统一规范的、标准的综合运营管控体系，为企业运营保驾护航，为企业战略提供精准导航。

（二）促进企业向有质量、有效益、可持续方向发展的需要

作为航空发动机控制系统高精尖制造企业，必须主动适应新形势要求，与中央企业改革发展同向同行、同频同振。2014年公司全面完成上级下达的经营任务，产品总收入同比增长10%，产品收入占总收入比重同比提高5%，利润指标同比增长1.77%，盈利基础得到进一步夯实。公司虽然完成上级下达的主要指标，但与国家对央企的要求还有较大差距，对标先进企业，整体运营质量亟待提升，价值创造能力还需进一步加强。公司必须在提升综合运营管控能力上狠下功夫，建立一套能够促进企业向有质量、有效益、可持续方向发展的综合运营管控体系，实现新跨越。

（三）推动企业提升系统管理能力，实现创新发展的需要

从顶层角度审视，公司各项管理体系发展不均衡，协同性不好，尚存在短板。从内部管理角度看，在企业运营管理上仍存在着巨大差距，诸多先进管理工具、管理方法、管理体系等协同不够，管理程序的逻辑性不够严密，涉及企业运营管理的业务分散在不同部门，管理链条长，业务上相互掣肘，公司决策能力和决策效果受到很大影响。为解决以上问题，公司一方面要通过整合，综合、合理、集约、高效的使用相关运营管理业务资源；另一方面要大力推动信息技术与管理技术的融合，实现数字化运营管控，使企业“信息流、物流、资金流”协调运行，提升综合系统运营管控能力，实现企业创新发展。

二、构建高精尖制造企业综合协同创新的运营管理体系内涵和主要做法

西控公司以数据精准、综合协同、决策有效、改进优化为指导思想，以打造“高、精、尖”制造企业为目标，构建起综合协同创新的运营管理体系。通过构建以经营发展战略为引领的“运营组织及制度保障体系”“平衡计分卡与生产运营管理‘纵横结合’运营落地体系”“三位一体运营过程管控体系”三

个综合协同推进体系，借助数字化运营管控大数据平台的支撑，依据运营结果及信息深度分析，进一步优化业务流程和业务结构，实现企业可持续发展。主要做法如下：

（一）确立总体思路及目标

综合协同创新的运营管理体系按照“统筹规划、分类推进、逐步完善、持续改进”的总体思路，通过管理创新工具与信息技术的融合，建立起覆盖公司决策层、管理层及执行层的综合运营管理体系。通过综合运营管理体系的有效运行，实现三个目标：一是建立面向经营管理—过程控制—业务优化的一体化运营管控模式，提升运营管控的协同化和管理精细化；二是打通决策层、管理层、执行层之间的链路，实现管理纵向贯通，业务横向关联，实现企业运营管控的数字化；三是实现从全局到局部、从过程到结果、用结果来指导改进优化，不断提升的企业运营管控综合化。

（二）建立综合协同运营管理统一集中的组织及两大类、两层级制度保障体系

1. 建立综合协同运营管理统一集中的组织保障体系

一是梳理、查摆运营管理相关业务问题，发现主要问题是企业运营管理业务分散在不同部门，相关运营业务流程不清晰、不顺畅。二是实施运营管理业务职能调整，建立组织保障体系。按照管理有序、运转协调、信息流畅、统一管理的原则，梳理出公司综合运营管理流程，据此对涉及企业综合运营管理的业务实施整合调整，一并归入经营计划部，形成统一集中的企业综合协同运营管理体系的有效组织保障。

2. 建立综合协同运营管理两大类、两层级制度保障体系

一是以公司价值链为蓝本，构建公司两大类制度管理体系。按照合法合规、理论符合实际、繁简适度、通俗易懂及稳定性的原则，构建用于推动、引导、规范和保障公司科研生产和经营管理活动的基于价值链的公司制度管理体系。体系从横向上分为公司标准和公司制度两大类，从纵向上分为公司级、部门级。从管理内容上包含“公司治理、战略绩效管理、经营管理”等 17 类 423 项各层制度。

二是落实制度流程化，推进公司制度管理体系的执行。通过建立制度的制定、评审、发布、执行及修订的 PDCA 动态循环流程，严格对公司制度进行管理，持续完善公司制度管理体系。要求通过流程明晰各部门、各岗位的职责，使制度管理更加直观、清晰，有效促进制度的可执行性。要求中高层管理者将落实的指标或行动方案纳入对员工的绩效考核指标体系，严格进行考核，确保制度的有效运行。

三是借助工具，打造制度管理体系显性化平台。借助公司“综合管理系统——发文管理”模块，以公文的形式对公司制度进行发布，实现公司制度的发布、会签、审核、审批及更改等关于制度管理的流程的显性化。同时，开发“制度流程”显性化平台，实现公司所有的制度集中管理、分类存放，通过类别或关键字快速查询，提高规章制度落实执行的准确性及工作效率。

（三）建立综合协同运营管理的“纵横推进”运营落地体系

1. 建立综合协同运营管理平衡计分卡运营落地体系

运用综合平衡计分卡管理工具构建公司战略和公司计划有效衔接的综合运营管理落地体系框架，形成战略指导计划制订，并进一步落实到计划中，形成由上至下分解落实的动态循环管理。统一的聚焦战略的计划管理体系通过计分卡的有效分解，有效提高战略实施的动态性与有效性。

在实践中，每年年末经营计划部门制订公司经营计划大纲（以下简称“一号文”）。依据公司“一号文”，财务部门组织编制公司年度预算。经营计划部门同步制定公司计分卡，在编制过程中，将“一号文”计划体系与计分卡指标体系融合。次年年初公司“一号文”及年度预算通过董事会批准后，经营计划部门从价值与目标维度、客户与评价维度、流程与标准维度、学习与成长维度四个角度对当期目标由上至下层层进行分解，形成统一、规范的聚焦于公司战略的公司级计分卡，最终形成公司两级年度综合平衡计分卡绩效管理体系，一级是公司级，包括公司卡、公司领导卡、副总师卡；另一级是单位级，包

括单位卡、“长/家”卡、工段/科室卡。在此基础上，将两级年度计分卡分解量化为两级月度计分卡，实现高层战略由上至下的层层分解、由下至上的层层承接。通过每年年初召开的公司年度工作落实会暨平衡计分卡启动会的形式进行发布，会后由经营计划部对计分卡体系下发正式文件。两级计分卡管理体系将各项资源有效向公司战略目标聚焦，推动公司各项任务的有序开展。

2. 建立综合协同运营管理生产运营管控现场落地体系

一是明确分厂四级管理层级，促进管理体系落地。将分厂管理层级分为分厂级、工段级、班组级、工位级四级，明确责任主体和责任人，明确各管理层级承接指标明细，提出各类考核指标和目标基线。

二是做细、做准分厂计划管理体系，以任务牵引暴露问题。结合分厂管理层级，将分厂计划体系划分为四级计划模式，紧抓重点长线任务，平衡瓶颈资源，做准、做实、做细周计划日班产，严管控细考核，实现以指标承接上下联动、以任务牵引暴露问题的管理模式。

三是多管齐下，保障生产现场制造流程顺畅运行。首先，以作业级 SQCDP 系统为切入点，实时凸显生产现场问题。通过将管理者标准作业与分层例会、精益管控平台等结合，搭建生产现场快速响应机制，使各级管理人员在工作中逐步改变传统的信息传递方式，从只关注结果逐步改变为关注过程、关注员工行为，做到预防管理，养成用数据说话的工作习惯，提升员工满意度，驱动企业持续改善。其次，关注过程，建立现场快速响应机制。编制公司分层例会制度，有效提高现场的异常问题处理速度。再次，实施管理者标准作业。将各层级管理者日常标准化工作以点检表等形式结构化，并明确定义出来；详细说明每项需完成工作的频率；涵盖可视化管理和分层例会的执行。明确管理者应该做什么，消除管理者对本管理岗位职责的偏离；从仅关注结果变为既关注结果也关注过程；督促管理者深入现场，消除管理者凭主观做判断；关注改善是否落实并维持。最后，使用精益管控平台。通过将 SQCDP 系统发现及分层例会需解决的问题，统一登录在分厂精益管理平台上，及时反映暴露问题，树立现场问题现场解决的原则，将现场异常显性化，极大地缩短问题解决时间，提高效率。通过精益管控平台实现问题可视化拉动，各级管理人员在工作中逐步改变传统的信息传递方式及处理模式，以快速、准确、归零作为问题解决的宗旨。

（四）建立综合协同运营管理“三位一体运营过程管控体系”

1. 实施差异化绩效考核管理，强化运营过程的执行保障

完善优化绩效考核管理体系。结合各单位实际、立足单位功能定位，科学合理设定考核指标及目标值，做到指标个性化、目标个性化、考核个性化。转变考核管理导向，在关注经营规模的同时突出经济效益与运营质量。加强过程管控，实施各单位月度绩效考核，考核结果与单位薪酬挂钩、与单位党政领导薪酬挂钩，以实现激励与约束。

在运营实施的过程中，逐步规范月计划分解落实年卡制度，规范月度计分卡编制模板，严格按照年卡规范指标节点填写要求，以聚焦战略目标，实时反映战略执行情况；规范客户考核流程，按照业务流程的路径分解细分客户，规范客户确认方式、流程及考核标准，使战略管理成为连续的流程，实现闭环管理；规范考核组月例会制度，规范考核例会审议内容、会议流程、决议产生机制，分析解决考核运行问题，不断完善。

2. 建立经济运行分析制度，形成规范化闭环运营过程管控保障

建立并规范包含经营周报、通报、财务简报、季度运营分析、战略回顾分析评估、专题分析报告、综合分析报告等内容及形式的经济运行分析体系，明确相关主要部门职责，并对经济运行分析报告进行规范。经济运行分析报告从不同角度分为三大类：按时间分为定期、不定期的经济运行分析报告；按领域范围分为宏观、中观和微观分析报告；按分析对象、分析角度、分析内容分为公司综合性分析报告和各职能管理部门的专题性分析报告。对各类分析报告的应用，一是相关单位针对分析报告提出的问题及

改进措施实施改进，降低风险，促进目标任务的完成；二是将改进措施纳入相关单位绩效考核，督办跟踪执行情况。

3. 加强内部控制体系建设，建立企业运营过程风险防范保障

每年年初，公司针对内外部环境变化及上年度内控自我测试评价结果修订《内部控制应用手册》，有效识别公司面临的内外部风险因素，采取有针对性的风险防范措施，规范业务流程，为公司的持续、健康、稳定发展奠定良好的管理基础，为公司顺利实现变革提供基础保障。通过这种交互式、多层次、多角度的过程控制保障体系，实现公司整体经营运行情况的显性化、规范化，改变传统的事后被动管理，变成事前计划、事中监督、事后评估，形成规范化闭环运营管控保障系统。

（五）建立综合协同运营管理数字化运营管控大数据平台

1. 搭建商务智能信息系统（BI）的目标

以公司核心业务领域和日常管理关注重点为出发点，分别建立增长和效率方面的战略主题，搭建全面的、分主题的、分维度的数据仓库平台，为领导者提供基于业务管控和业务数据的分析、查询、模拟以及监控业务过程执行的正确性、准确性，使企业的各级管理者获得充足且及时、准确、全面的信息数据，支持其做出对企业更有利的决策，为管理决策提供一个唯一、全面、准确的决策支持平台。

2. 搭建商务智能信息系统（BI）架构及应用

商务智能系统分别建立增长和效率方面的战略主题，在两大主题下建立包括财务成本管理、物流管理、市场营销、质量管理、人力资源、生产过程以及产品开发等模块，为领导层提供基于业务管控和基于业务数据的分析、查询、模拟，从而实现基于ERP系统的数据展现分析。

基于统一数据模型的灵活分析模式，使数据分析人员、管理人员通过多种不同的观察角度进行快速、一致和交互性查看，获得对信息的深入理解，从而帮助用户方便快速探察不同粒度的指标数据，以不同于原有表格或图表的级别来浏览数据。帮助使用者充分理解业务，提升运用各种业务数据的能力，实时跟踪并管理绩效，改善客户、员工、供应商、股东之间的关系，为企业中高层领导在财务成本管理、物流管理、市场营销、质量管理、人力资源、生产过程以及产品开发等方面提供及时、准确、完整的决策信息，对企业进行全面监控，从而保证企业能够有效地适应市场要求，及时调整企业运营策略，助推战略目标的完成。

（六）建立综合协同运营管理优化改进体系

1. 分析运用运营结果信息优化流程管理体系，规范企业行为

一是科学规划，持续构建流程管理体系。从宏观和微观两个层面科学规划流程管理体系构建工作。宏观方面，采取总体规划、分步实施的方式构建公司流程管理体系，以问题为导向，以公司价值链为依据，制订流程管理体系构建规划和工作计划。微观方面，明确流程发布、维护、更改管理流程，并将公司流程管理体系纳入公司商业秘密进行管理，严格办理审批手续。同时，从公司实际出发，明确统一的流程管理体系推进思路及工具，重点合理控制成本，提高工作效率，以满足公司经营管理需求，同时构建统一架构、统一模板、统一颗粒度、统一方法、统一步调。通过分层、分类的方式描述各项业务，从纵向、横向两个维度分解各层级之间及每一层级内部的业务关系、逻辑关系，并在活动层形成清晰的活动关系、相关责任及操作表单，用以规范员工的业务操作。通过“负责人、管理人、执行人”明确责任、细化措施、全员参与，发挥各层人员能动性。

二是聚焦战略，打造公司流程管理体系。聚集公司发展战略，以客户满意度为核心，打造公司流程管理体系。以客户与业务需求为关注焦点，以客户满意度为核心，以科研生产交付为重点，构建战略管理、运营管理及管理支持三类顶层框架设计，承接公司顶层框架，构建战略管理、研发体系、采购管理、生产制造等业务域，同时各业务管理单位结合实际，对标公司顶层框架梳理业务管理流程，构建业

务逻辑关系，最终各单位结合制度、标准、绩效指标、信息化等要素构建基于岗位的流程管理体系。同时，紧密结合公司战略目标、战略举措要求，结合 ERP、SAP、PDM 等信息化建设项目，系统梳理公司业务流程，并进行研讨和评审，共梳理出业务域模块 16 项、逻辑关系层 495 项、最小业务单元流程清单 1217 个。结合公司制度管理体系建设，要求管理制度需明确业务流程，实现制度的流程化，将制度建设与流程管理配套，固化业务流程。另外，借助公司“综合管理系统”模块，开发“业务流程管理”模块，实现业务流程的发布、会签、审核、审批及更改的关于流程管理的流程显性化。开发“制度流程”显性化平台，实现业务流程的快速查询，有效指导公司全体职工开展工作，提高工作效率。

2. 分析运用运营结果信息，围绕核心技术优势优化产业结构

一是围绕核心技术开拓非航空产业新市场。在非航空产品产业市场上，主要以发展开拓军用市场为核心，在稳定现有市场的基础上，加强对军用相关业务市场的需求分析和市场拓展，逐步扩大市场占有率。把握国家“民参军”机遇，利用核心技术衍生的民用技术反向开拓进入其他军品领域市场。

二是切实有效控制现代服务业市场风险。在集团公司明令禁止开展融资性贸易业务前主动停止所属分子公司的所有贸易业务，并于 2013 年制定《贸易业务风险防控指引》，指导所属分子公司进一步提高风险分析、识别、防范能力。公司制定《新产品开发与新增贸易业务管理办法》《分子公司新产品开发与新增贸易业务管理实施细则》等管理办法，明确规定工业性子公司严格限制新增贸易类业务；服务业分公司严禁开展融资性贸易业务；分子公司之间除业务协同、配套外，不得开展贸易类关联交易。2014 年在完成公司贸易物流业务的摸底和梳理以及对公司贸易业务长期股权后评价的基础上，积极开展分类分步调整，主动退出与主业无关的、利润低的融资性贸易业务，并积极推进投资清理工作，对长期亏损、资不抵债、非持续经营等项目进行清理，进一步缩短投资链条，有效降低并防范经营风险。

三、构建高精尖制造企业综合协同创新的运营管理体系效果

（一）持续改善企业经营业绩，企业运营质量得到提升

公司战略主张有效传递到公司各个层面，贯穿于不同专业、不同层级，将公司的经营行为和管理方向统一到提升企业运营质量、实现价值创造、实现发展战略的主线上来。公司核心业务实现稳步快速增长，营业收入计划完成率由 2013 年的 104.21%提升至 2015 年的 112.44%，全面完成上级下达的各项科研生产经营指标。

（二）实现生产现场精细化管控

通过“综合协同创新运营管理体系”的有效落地，生产现场各项重点指标完成率均有提升，交付能力明显提高，质量显著改善，现场产能有效提升，成本控制效果明显。

（三）运营管控的协同化和精细化水平显著提升

实现适应高精尖制造企业的“三统一”、综合、精细化管理，并改善各职能部门的思维和工作方式，逐步形成综合、系统、全面、协同的工作理念和行为习惯，使组织的学习力、创新力不断增强。有效调动员工的积极性和创造性，主动持续改善、践行战略，进一步发挥推进战略实施的协同作用。

（成果创造人：刘　浩、宋文钢、齐国宁、屈佩明、杨义平、田宇明、
钟继祥、罗　红、马伟华、杨　瑛、韩增伟、史振刚）

航空院所以“分类评价　协同改进”为核心的供应商管理

中国航空工业集团公司西安航空计算技术研究所

中国航空工业集团公司西安航空计算技术研究所（以下简称计算所）创建于1958年，是中国航空工业集团公司所属企业化管理的事业单位。经过50余年的发展，建成新型技术预研、型号研制、产品批产、维护保障等完整的专业体系，已成为中国航空工业的机载计算机发展中心、航空软件开发中心、计算机软件西安测评中心和航空专用集成电路设计中心，是国内军用嵌入式计算机领域的标杆企业。近年来，计算所走出一条军民融合跨越发展的康庄大道，产值从2004年的3亿元激增到2015年的27.5亿元，增长9倍多，同时创造中国航空工业集团公司企事业单位人均利润第一的骄人成绩。

一、航空院所以“分类评价　协同改进”为核心的供应商管理背景

（一）提升核心部件供应水平的需要

电子元器件在航空专用计算机和信息系统中占有基础性地位，确保元器件的可靠性和可获得性已成为加速航空型号研制、确保国家重大工程完成的关键环节之一。在科研生产中，要求元器件供应质量高、周期短，不同阶段需要分类采购。这导致计算所原有的电子元器件供应商管理出现诸多问题，如过分强调成本控制目标，以竞争压制供应商；供应商选择评价体系不完善，为获得最低价不惜频繁更换供应商，造成所采购货物质量波动；信息不透明，缺乏全面沟通，采购部门有时为压价等原因会故意夸大采购需求计划，供应商则为接到订单而做虚假承诺，交货期限拖延；对质量、交货期进行事后把关，缺乏过程性跟踪，缺货风险较高；财务结款不及时等，导致出现供应商后续合作不力的局面。为解决这些问题，亟须改革供应商管理模式。

（二）优化供应链管理、整合价值链的需要

计算所脱胎于计划经济体制，具有行政化管理色彩。与科学管理的要求相比，在供应商管理中存在“重单价、轻价值，重审核、轻辅导，重结果、轻过程”的特点。而兄弟单位的管理对象限于系统级和板级成品供应商，管理方式侧重于价格驱动或节点控制，缺乏对多品种、大批量电子元器件供应商的关系设计与精细管理。特别是与重要供应商的关系不适应供应链环境的需要，仍停留在降低单个成本、保证批次性产品质量和服务等短期目标上，没有发挥价值链各企业之间的协同效应，不利于供应链优化和价值链整合。

（三）有效支撑重大型号项目实施、提升航空企业自主创新水平的需要

当前，我国航空工业已进入一个新的历史时期，重大型号项目取得井喷式发展。按照“十三五”国家科技创新规划要求，着力聚焦和推进核心电子器件等自主发展能力，完善科研运行管理机制，已成为解决制约经济社会发展和维护国家安全的重大问题，并将最终对民生改善和国家支柱产业发展产生积极的辐射带动作用。这些都对计算所电子元器件供应商管理提出更高、更紧迫的要求。为此，计算所从2014年开始实施以“分类评价、协同改进”为核心的供应商管理体系变革，保证生产进度，提高产品质量，降低生产成本，构建具有航空特色的电子元器件供应商管理体系，为企业改革发展注入强大动力。

二、航空院所以“分类评价　协同改进”为核心的供应商管理内涵和主要做法

计算所以“分类评价、协同改进”为核心理念，通过整合领导组织体系，完善制度规范和管理流程，充分利用信息化平台，建立基于QCDS原则的综合评价体系，对供应商进行科学定量评价；建立

基于Kraljic矩阵的分类机制，实施供应商差异化管理策略；建立与供应商的平等沟通和协同改进机制，实现信息共享和共同提升；建立基于“三公”原则的激励约束机制，持续优化供应商价值创造能力。全面改善和提升计算所供应商管控水平，降低采购成本，保障配套工作的质量和效率，持续优化供应链价值创造能力，实现企业效益最大化。主要做法如下：

（一）加强组织领导，健全管理体系

1. 明确以“分类评价、协同改进”为核心的供应商管理思路

在现代供应链管理模式下，供应商与制造商之间不再是简单的货物交易关系，而是一个利益共同体，通过优势互补和协调效应产生企业单独竞争时所不能产生的优势。因此，为维护与供应商之间的健康关系，改善对供应商的评价与成长机制，依据现代供应链管理理论的指导，计算所以“分类评价、协同改进”为指导思想，通过成立专门机构、搭建信息化平台，建立综合评价基础体系与分类、沟通、改进、优化等运行机制相结合的供应商管理体系。

2. 整合领导组织体系，明确职能定位

计算所成立以物资部主管副所长为首，相关职能部门负责人组成的供应商管理领导小组、办公室及专项工作组，明确组织体系设置及职责划分。作为元器件采购的具体执行部门和供应商管理的职能部门，物资部负责组织完成年度元器件供应商绩效评价工作，对评价过程进行总体协调；负责向各相关部门提供需要进行绩效评价的供应商名录，收集各部门对供应商的评价数据信息，并对各种评价数据进行信息汇总、统计和分析，形成评价报告，向供应商通报评价结果。元器件筛选部门负责定期收集、统计供应商的符合性质量信息，并定期评价供应商符合性质量。科研计划部门负责定期对元器件价格水平进行评价。元器件使用部门负责定期收集、统计国内供应商的元器件入库信息。质量管理部门负责定期收集、统计供应商提供元器件的质量问题及影响信息。保密管理部门负责定期收集、统计供应商国家秘密和商业秘密管理的问题及影响信息。财务管理部门负责定期收集、统计物资采购财务信息并付款。

3. 完善制度规范和管理流程

计算所以“分类评价、协同改进”为理念，以评价为突破口，坚持科学性、公平性、全面性、信息化相结合的原则，减少职能重叠和管理层次，形成以业务流程为导向的管理规范和标准体系。修订完善计划、采购、仓储等管理环节的制度。同时，梳理管理流程，编制管理流程图；制定岗位作业规范，设计采购过程控制指标，定期填报供方质量保证能力调查审核表，制订元器件入所二次筛选失效比例小于1.6%的目标等；用制度规范管理行为，堵塞管理漏洞，实行供应商管理全流程、全方位的制度化。

（二）建立基于QCDS原则的供应商综合评价体系

计算所选择基于国际通行的QCDS原则（质量、成本、交货期、服务）制定合适的评价准则。这些准则既能体现企业对供应链管理的控制能力，同时符合企业生产经营的发展规律，并为企业降低生产成本、选择合适的合作伙伴提供科学的依据和准确的信心。另外，还选择具有航空企业和军工行业典型性、代表性和系统性的评价准则，既能相互独立地反映供应商某一方面的本质特征，又要求有明确的可度量性。

1. 采用科学的方法遴选评价指标

通过采用文献溯源法与专家意见法相结合，计算所构建小批量多品种电子元器件供应商七类指标绩效评价体系，从而实现既能保证定性评价的柔性不被抹杀，又确保评价的准确性，解决目前存在的指标粗放、标准单一等问题。由于此评价系统的可操作性较强，其他企业在进行电子元器件供应商绩效评价项目时也可以十分便利地应用，以此做出科学合理的判断，提升供应商管理水平。

2. 制定七类综合评价指标标准

一是符合性质量。基准分为100分，权重占综合评价的35%，主要为评价元器件供应商所供产品

的质量水平。

二是合同交付进度。基准分为100分，权重分为25%。加分额度为5分。主要评价供应商交付进度状况，以合同上要求的日期为准，再按实际交货时间（以入所检验交接日期为准）的提前或延期来设定。

三是价格水平。总分100分，权重分为20%。价格水平基础分为90分，每个考评季内每一个降价项加1分，每一个涨价项减1分，降价比例达到3%加1分，涨价比例达到3%减1分；以每个考评季之前的最后一次采购价为参考。

四是服务水平。基准分为100分，权重分为20%。根据所内发生的情况，例如考虑供货日期提前，或质量问题处理的及时性和有效性、供货量的变更，新品、样品的验证配合等，以供应商与计算所密切配合的程度来确定。

五是质量问题及影响。直接扣分项，主要评价供应商提供元器件在计算所科研、生产及交付中发生的批次性质量问题，根据批次性质量问题给计算所造成的影响程度，扣1—5分。

六是影响产品交付。直接扣分项，主要评价供应商提供的元器件对计算所产品交付的影响及引起客户抱怨的程度，扣1—5分。

七是保密问题及影响。直接扣分项，主要评价供应商的国家秘密和商业秘密管理是否满足军工企业保密协议要求，根据违规问题给计算所造成的影响程度，扣1—5分。

综合评价满分为100分。供应商绩效评价综合得分＝符合性质量得分35%＋合同交付进度得分25%＋价格水平得分20%＋服务水平得分20%－质量问题及影响－影响计算所产品交付－保密问题及影响

（三）建立基于Kraljic矩阵的供应商分类管理体系

1. 开展元件、器件分类评价

电子元器件是电子元件和电子器件的总称。元件与器件在符合性质量、供货周期、价格等方面有很大的差异。为保证绩效评价的公平性，计算所在军工行业内率先提出将元件和器件供应商分为两类进行评价。

2. 建立元器件和供应商组合矩阵

结合Kraljic组合矩阵，依据供应商提供的产品对航空制造企业的战略价值及影响和其供应风险两个维度，对电子元器件进行分类。根据不同分类，可将不同的供应商分为不同的层次，从而采取不同的供应商管理策略。如将提供常规型元器件、杠杆型元器件、瓶颈型元器件和战略型元器件的供应商分别称为常规供应商、杠杆供应商、瓶颈供应商和战略供应商。

3. 制订供应商分类管理策略

一是杠杆型供应商管理策略。杠杆产品对航空制造企业的利润影响大，但供应风险低，该类产品市场上的替代供应商很多。杠杆型供应商处于被动的消极地位，如果企业愿意，能够比较容易地与供应商形成伙伴关系。计算所将供应接口电路、电源模块等集成电路的供应商作为杠杆型供应商，此类器件生产工艺比较复杂，单价比较高，使用量比较多，对计算所产品成本影响比较大。在选择此类供应商时，通常将价格放在首位考虑，在详细限定产品的规格、质量标准的基础上，进行公开招标。

二是常规型供应商管理策略。常规产品对航空制造企业的利润影响很小，供应风险低，市场上存在很多替代品。通常产品的质量和技术标准化程度较高，供应商转换成本低。计算所将供应电阻、电容、电感等元件类的供应商作为常规供应商，此类器件生产工艺相对简单，单价比较低，国内生产厂家比较多，且大多厂家具备生产国军标产品的能力，供货质量比较稳定。计算所把重点放在价格分析上，根据市场需求判断最有效的产品，通常只签订一般性合同。

三是瓶颈型供应商管理策略。瓶颈产品对航空制造企业的利润影响较小，供应风险高。它在整个采购中所占比重相对较低，但由于产品的独特性或市场上的稀缺性，导致高供应风险，具有较高的难以替代性，因此采购这些产品需要耗费大量的时间和精力。计算所将停产、禁运的进口元器件及单一来源的元器件供应商等作为瓶颈型供应商。处理与这类供应商的关系时，计算所一方面事先寻找供应商产品的多个供应渠道，一方面设法减少该类供应商的数量，努力寻找替代品或者替代厂家。同时，充分利用集团和行业的力量，开展协同采购。

四是战略型供应商管理策略。战略产品对航空制造企业利润的影响大，同时供应风险高，与此类供应商应建立战略合作伙伴关系。这些产品针对航空制造企业实现高度个性化和独特化，对产品生产和交付能力产生关键制约，因此供应商转换成本很高。计算所将价值较高的进口元器件和供货周期较长的元器件供应商作为战略型供应商，与此类供应商保持紧密关系，签订长期合作协议，建立长期良好的合作关系。

（四）建立与供应商的平等沟通和协同改进机制

1. 建立日常协调沟通机制

一是建立联合任务小组。与供应商之间建立一种基于团队的工作小组，双方的有关人员共同解决供应过程以及制造过程中遇到的各种问题。二是开展日常性交流。与供应商在平等自愿的前提下进行谈判，享受平等的权利并承担平等的责任，不做一些无谓的免责声明。以双方联盟的心态来对抗外界可能遇到的一切挑战和变动。三是实地互访。采购部门牵头与供应商之间组织经常性地互访，及时发现和解决各自在合作活动过程中出现的问题和困难，建立良好的合作气氛。

2. 供应商提前介入到产品设计研发阶段

在产品设计和研发阶段让供应商参与进来，这样供应商可以在原材料和零部件的性能和功能方面提供信息，为实施质量功能配置的产品开发方法创造条件，把用户的价值需求及时地转化为供应商的原材料和零部件的质量与功能要求。特别是在产品的设计、选型及使用过程中，计算所注重通过供应商等多种渠道及时搜集国内外停产、禁用元器件的情况，新研电子元器件性能参数及应用环境等，并发布在企业园区网上以便设计人员查阅。每年组织国内生产厂家与企业内部设计部门，开展国产元器件对比分析报告编写及审查近百次，建立元器件对比分析报告工作流程及明确职责分工，为设计师提供国产元器件与进口元器件差异报告，为企业产品设计选型等起到重要的参考及指导作用。

3. 建立以质量控制为重点的协同改进机制

通过专项专组辅导和结果跟踪，及时发现供应商在系统、流程、员工培训、技术等方面的不足，督促整改，达到优质标准，实现共同提升。

一是明确职责和启动标准。设置质量工程师，负责供应商质量辅导的计划制订、执行及辅导结果报告发布；设置采购工程师，协助质量工程师对供应商进行辅导。明确协同改进的启动标准，包括：供应商元器件合格率未达计算所的目标值；同一供应商同一型元器件连续三批以上出现同一严重缺陷且超AQL；同一供应商同一型元器件连续五批以上出现次要缺陷且超AQL；引起科研生产线、企业客户抱怨的元器件问题；上级要求或辅导工程师认为必要时；资格评定等级为红牌的；因计算所经营业务发展和变化，需提升供应商服务水平的。

二是编制协同改进作业流程。质量工程师将需辅导的供应商进行登记并编排辅导计划和跟进计划；质量工程师与采购工程师通知供应商约定访问日期，并要求做好相关配合；质量工程师跟进发现的质量问题类型，并进行针对性的审核、辅导。质量工程师在每次辅导后三个工作日内须完成供应商质量辅导报告，根据改善对策及预计完成时间，做好跟踪实施改善记录。所有资料一并归档保存或分发给有关单位。若因供应商不够配合、拒绝配合改善、厂商质量管控能力不足等原因，导致改善效果达不到要求，将由物资管理部门向所内相关部门上报，取消元器件供应商供货资格。

（五）建立基于“三公”原则的供应商激励约束机制

1. 严格落实规范的奖惩机制

物资管理部门每半年组织相关部门对元件和器件供应商分别进行绩效评价，对元器件供应商做出优秀、良好、合格、基本合格、不合格的评价结论，编制元器件供应商绩效评价报告。将元器件供应商绩效评价结果向元器件供应商进行通报，对年度绩效评价为“优秀”的前五名元器件供应商给予表彰，同时对优秀元器件供应商从供货比例、新产品配套、财务结算等方面予以优先考虑，并发出《元器件供应商绩效评价优秀通知》。对年度绩效评价为“基本合格”的元器件供应商提出改进意见。对年度绩效评价为“不合格”的元器件供应商，发出书面警告。连续两年绩效评价为“不合格”的元器件供应商，由物资管理部门向所内相关部门上报，取消元器件供应商供货资格。

2. 开展公正的新品开发激励

针对一些优秀供应商，利用计算所现有的软硬件条件，通过向总装备部上报新品等方式，为供应商提供技术、资金等方面的支持。对供应商研发的新品，计算所给予实际环境的应用验证，从而帮助供应商实现新品开发，也为企业提供基础元器件方面的支持，共同提升双方供应链的核心竞争力，发展双边战略合作关系，形成战略联盟。

3. 实施公平的订单激励

对供货质量高、供货周期短、价格适宜的战略供应商，计算所采取增加采购份额、集中采购、签订长期合同的方法，激励供应商的合作积极性，实现供应商提前储备，降低采购成本。既扩大供应商的市场占有额，又确保供货质量及周期，实现供需双方共赢。

4. 推进公开的二筛前移激励

对供货数量大、产品符合性质量指数评分较高的战略供应商，计算所通过签署元器件下厂二筛前移协议的方式，将元器件二筛放在元器件厂家进行。既有效利用供应商的优良设备资源，增加供应商的收入，又为企业节约时间与人力资源，确保元器件的供货质量。同时，对于抽检合格率较高、不合格品比例较小的优质供应商，对其产品可逐步降低抽检频率和数量，逐步过渡到免检。

（六）充分利用信息化平台提升供应商管理的时效性和便捷性

1. 借助物料供应系统提供解决方案

为实现产品全生命周期的采购管理，物料供应系统（MSM）针对电子元器件的计划、入库、配送、库存、合同管理、物资追踪等业务进行管理，完成日常的物资采购入库、退货、领用、退库、盘点、合同管理、往来款项等管理工作，全面反映物资的采购情况、损耗情况以及人员和部门的领用情况等。将供应计划、库存、排产等信息第一时间发布给供应商，使所有合作伙伴及时掌握合作进度的动态情况，以便节点供应商自觉主动地维护供应链整体的生产安排。借助功能强大的查询机报表功能为项目管理决策提供正确、便捷的支撑平台。

2. 建立多任务系统，提供综合性平台

为适应各节点之间信息共享与交流的需要，计算所引入 PDM 基础库用于元器件基础信息管理；DSM 筛选平台用于元器件入所二次筛选管理；PS 入库配送平台用于元器件入库、配送、退库、盘点等信息管理；GS 财务结算平台用于元器件合同结算管理等。通过系统间的信息交联和任务调用，实现将元器件信息、供应商信息、采购计划、合同、库存及配送、质量信息、财务信息融为一体。信息技术的应用大大简化和优化供应流程，构建高效、稳定的供应链，增加供应商的满意度，成为推动供需双方紧密合作的重要工具。

三、航空院所以“分类评价　协同改进”为核心的供应商管理效果

（一）形成具有航空特色的供应商管理体系

计算所形成以“分类评价、协同改进”为核心理念，以多任务信息系统为平台支撑，有航空特色的供应商管理体系。全面改善计算所供应链管理体系，实现供应链业务全流程管理。管理体系得到供应链上游企业的踊跃支持和下游客户及驻所军代表的一致认可。

（二）提升元器件质量水平，确保项目的顺利实施

计算所通过质量辅导，从源头提高采购质量，产品质量得到有效控制，有效防范和降低供应商研发的进度和质量等方面的风险。2015 年，元器件的筛选合格率为 99.73%，在 2014 年保持较高水平的基础上再次提升 0.11%。通过对供应商的精准评价和优选，建立长期有效的信息沟通机制，有信任保证的订货合同保证满足采购的需求，减少和消除不必要的对购进产品的检查活动，为确保项目的顺利实施提供重要保障和支撑。

（三）缩短供货周期，取得较好的经济效益

一方面，降低交易和管理成本，提升计算所整体议价能力，促进供应商之间的良性竞争，使部分元器件价格降幅达 20%，为计算所年节约资金 500 万元左右，直接提高产品利润，创造显著的经济效益。另一方面，缩短元器件的到货周期，增加制造的敏捷性与柔性，为实现准时化采购奠定基础。2015 年，元件类供货周期较 2014 年缩短 5 天，器件类供货周期较 2014 年缩短 12 天，为企业军品成功竞标做出贡献。

（成果创造人：张亚棣、杨　阵、单　鹏、孙险峰、麻林夕、
高　鹏、宋　琦、王俞心、翟平安、郭　晶）

发电企业以超前预控为导向的安全生产管理

华能湖南岳阳发电有限责任公司

华能湖南岳阳发电有限责任公司（以下简称华能岳阳电厂）由华能国际电力股份有限公司和湖南湘投国际投资有限公司共同投资，分三期（6台机组）建设，总装机容量为252.5万千瓦，总投资98.5亿元，是湖南省目前投产装机容量最大的火电企业之一。截至2015年年底，华能岳阳电厂累计发电1333亿千瓦时；2012年实现对外供热，累计供汽总量36.25万吨，供热用户45家；实现全部机组脱硫、脱硝和除尘改造，提前一年实现与省政府签订的“十二五”减排目标；2015年7月，6号机组通过改造，率先成为湖南省超低排放燃煤机组。

一、发电企业以超前预控为导向的安全生产管理背景

（一）保障安全发电的需要

发电企业为各行各业和人民日常生活提供安全、可靠、优质、充足、清洁的电力能源，是国民经济基础产业之一，其安全生产影响社会的稳定和国民经济的发展。因此，华能岳阳电厂的安全发电对自身发展、各行各业的安全生产和社会稳定至关重要。同时，随着近年来全国宏观经济增速稳中缓降，华能岳阳电厂面临机组利用小时数持续降低、上网电价下调、同行业市场竞争压力大等难题，如果发生事故，将进一步影响电厂的效益和发展。

（二）提升安全生产管理水平的需要

目前，华能岳阳电厂规模不断扩大，传统的安全生产管理模式已经不能完全满足安全生产和企业发展的需要。随着安全生产管理要求的不断提高和本质安全型企业建设的不断深入，传统模式下的员工劳动强度和工作压力大幅增加，影响员工对本质安全体系建设的积极性，呈现应付式建设和体系与执行“两张皮”的现象，对华能岳阳电厂安全生产管理和本质安全型企业建设工作提出新的要求。

（三）实现事故超前预控的需要

要实现事故超前预控，就必须对事故发生的原因进行分析和研究，量化分析安全生产薄弱环节，精准解决安全生产短板问题，挖掘查找事故发生规律，对事故进行提前预警，提前采取针对性的事故预防措施，开展以问题为导向的隐患排查，改变事故形成条件，避免事故的发生。然而，在实际的安全管理中，对异常小事件、未遂事件的分析和控制往往被忽视，安全生产短板和薄弱环节也很难精准量化分析，难以找到事故的根源，设备缺陷和不安全事件数量难以有效控制，重复性不安全事件、机组非计划停运和事故很难得到杜绝。虽然华能岳阳电厂一直高度重视事故的预防工作，但由于缺乏事故超前预警的手段，造成事故发生前的征兆和苗头不能及时发现和处理，导致事故预防处在被动状态。这要求华能岳阳电厂精准定位安全隐患，查找事故发生规律，对事故进行超前预警和超前预控。

二、发电企业以超前预控为导向的安全生产管理内涵和主要做法

华能岳阳电厂基于网络信息技术和大数据应用，打造以安全生产管理超前预控为核心的，集不安全事件管理、不安全事件分析、安全生产超前预控分析、事故防范措施管理、安全检查管理、隐患排查管理、安全整改闭环管理、安全考核管理、分析报告自动生成导出、安全信息分类查询等为一体的本质安全健康环境信息互动平台。通过引入“事件发生因素”超前预控概念，从“人的因素”“设备因素”“环境因素”“管理因素”四个方面，细分事件发生因素、专业和区域，对异常小事件和安全生产管理进行量化分析，精准定位安全生产薄弱环节和问题，对未来一段时间可能存在的安全风险和事故发生的可能

性进行超前分析、预警，为安全生产管理提供超前和精准的决策参考，科学指导针对性的安全生产隐患排查和安全检查，对反事故措施和安全整改进行网络信息化闭环跟踪管理，提高安全生产管理效率，实现以超前预控为导向的安全生产管理，有效防范安全生产事故的发生。主要做法如下：

（一）以超前预控为核心，确立安全管理新思路

安全生产管理超前预控通过对当前及近期安全生产形势的量化分析，结合安全生产形势历史数据趋势分析，科学分析安全生产事故的发生规律，精准定位安全生产薄弱环节，对未来一段周期安全生产状况和可能存在的安全风险进行预警，为安全生产管理和安全检查提供科学的超前预控决策参考，针对性开展安全检查和隐患排查，提前采取事故防范措施并进行网络信息化闭环整改，提前消除安全隐患，破坏事故形成条件，以超前预控的方式遏制事故的发生。

基于大数据分析和信息化安全管理，华能岳阳电厂树立超前预控安全生产管理理念，确立以量化分析为基础、以“问题导向”为指引、以大数据分析为决策依据、以针对性安全检查和闭环整改为手段、以超前预控为核心的安全生产管理新思路。

一是将超前预控的思维融入企业安全生产管理理念中。华能岳阳电厂将超前预控管理理念定位为电厂杜绝事故发生的核心理念，通过对异常小事件和未遂事件的“人的因素”“设备因素”“环境因素”“管理因素”等事件发生因素的量化分析和趋势分析，查找安全生产和事故发生的客观规律，精确定位“问题”，提前采取针对性预防措施和隐患排查，按照PDCA的循环管理模式，不断提升安全管理水平，杜绝事故发生。

二是用信息化手段支撑企业安全生产管理行为。华能岳阳电厂构建全面统一的安全生产管理信息化应用体系，将信息化覆盖和支撑华能岳阳电厂安全生产管理行为，覆盖安全生产分析、不安全事件管理、安全检查、安全整改、应急演练、安全例行工作等安全生产管理相关内容。

三是用大数据分析支持企业管理决策。华能岳阳电厂通过安全生产管理全面的数据集成，建立完整的安全生产分析预警和诊断模型，精准分析安全生产存在的薄弱环节和问题，提供安全生产超前预警的科学依据，帮助决策者明确决策目标，进行问题甄别，实现对安全生产的网络化实时分析和超前预控。

（二）开发完善本质安全健康环境信息互动平台，为实现超前预控的安全生产管理提供技术支撑

2015年，华能岳阳电厂从基层员工使用者和实用性角度出发，在本质安全健康环境信息互动平台原有功能的基础上进行优化设计和升级改造，设计和完善集安全信息发布、在线安全生产智能化分析、安全办公自动化、流程处理为一体的厂、部门、班组三级安全生产管理信息系统。

一是优化良好视觉效果的人机交互界面。以图表形式直观地展现安全生产现状和变化趋势，量化和直观地显示事件发生因素的分布情况、不安全事件的发生区域分布、各专业不安全事件的分布情况、专业不安全事件的发展趋势。

二是完善数据访问和输入输出功能。华能岳阳电厂利用本质安全健康环境信息互动平台，建立安全生产管理各模块之间的数据关联功能，实现各模块间的安全生产管理信息数据共享，减少操作环节；在支持信息卡读取和电子数据表格批量导入的同时，允许设置与其他安全生产管理信息平台的数据接口，智能识别输入信息，方便快捷地进行大量数据输入；在实现对工作表导出的同时，设计标准化文档的自动生成功能，实现安全检查、隐患排查、措施执行情况、不安全事件分析报告等内容的智能化自动导出。

三是应用安全生产智能化分析功能。通过本质安全健康环境信息互动平台，对不安全事件和异常事件进行网络筛选，网络化在线填写和审核，标准化分析事件发生因素，对安全生产趋势和安全生产薄弱环节进行智能分析，对可能发生的事故进行超前预警，精准定位“问题”，指导企业针对性开展网络化安全专项检查，排查安全隐患。

四是完善网络化安全检查和整改闭环功能。通过网络平台，在线发起各类安全检查和隐患排查，以

待办工作任务的形式，将安全整改和事故防范措施通过信息平台分配到对应的责任个体，对整改任务的下发、实施、验收进行全过程网络化监控，确保责任落实。

五是构建安全办公自动化管理系统，实现安全生产管理网络资源共享。通过网络平台，将不安全事件管理、安全生产超前预控分析、安全检查、隐患排查、反违章、反事故措施、安全整改、应急演练、安全考核、安全考试等相关安全管理流程，依托计算机网络技术，进行安全生产的办公自动化管理，根据用户的不同权限，在个人主页上提供选择性安全生产管理信息服务，通过安全办公自动化管理，规范和优化安全生产管理相关业务流程。

（三）开展大数据分析，超前预警

华能岳阳电厂通过安全生产信息化管理和大数据应用，对本质安全健康环境信息互动平台的大量信息数据进行深度挖掘，科学运用海因里希法则，将安全生产管理的各种过程状态和事件发生因素用标准的“字段”进行标识，对安全生产的管理逻辑和趋势进行程序化大数据分析，为安全生产超前预警提供科学和量化的参考依据。

华能岳阳电厂收集汇总长达5年的异常小事件基础数据作为第一手资料，形成5年的异常小事件历史数据分析图表，制作安全生产状况变化趋势的分析图表，编制图文并茂的《安全简报》和《月度安全生产分析》。借鉴事故致因理论和设备可靠性理论，华能岳阳电厂对不安全事件的“事件发生因素”“发生专业”“故障区域”“事件类型”进行细分，设置62个设备区域、15个专业类型的标准化“字段”，从“人的因素”“设备因素”“环境因素”“管理因素”四个方面细分70个事件发生因素标准化“字段”。设置“巡视不到位”“个人防护不到位”“违反两票”“调整不到”等人的因素分类，“润滑不当”“接触不良”“设备老化”“设备泄漏”等设备因素分类，“照明不足”“通风不良”“震动大”“环境温度高”等环境因素分类，“责任不明确”“规程不健全”“反措施未落实”“培训不到位”等管理因素分类。对事件发生因素、发生专业、故障区域进行大数据分析，识别异常小事件发生的直接原因和深层次管理因素，实时量化分析安全生产薄弱环节和管理漏洞。

华能岳阳电厂通过本质安全健康环境信息互动平台，对异常小事件历史数据进行趋势分析对比，动态分析安全生产变化趋势和规律，根据事故和异常小事件具有共性“事件发生因素”的机理，借鉴设备可靠性管理方法，在实时量化分析和历史趋势分析的基础上，从“专业”“区域”和“人的因素”“设备因素”“环境因素”“管理因素”等方面，分析诊断未来一段时间安全风险存在的可能性和安全隐患的发展趋势。设置对应的“专业”和“区域”标准字段，对未来一段时间安全风险可能存在的专业和区域进行预警；设置对应的“事件因素”标准字段，对未来一段时间安全生产薄弱环节进行预测，对可能发生的不安全事件进行提前预警。

同时，对安全隐患的预警结果进行智能筛选，通过“安全预控措施”“安全检查提示”等标准字段，对需要提前采取的安全预控措施和需要进行的针对性安全检查进行智能规划，精确引导隐患排查和安全检查的针对性开展，提前消除萌芽状态的安全隐患，破坏事故形成的初始条件，以超前预控的方式遏制事故的发生。

（四）针对性开展安全检查、隐患排查，实现事前预防

华能岳阳电厂以安全生产量化分析结果和超前预警结果为决策依据，针对性开展以问题为导向的安全检查、隐患排查，实现安全生产事前预防。

一是开展前瞻性安全检查和隐患排查。华能岳阳电厂依托本质安全健康环境信息互动平台，以安全生产管理超前预警分析结果为检查依据，将未来一段时间安全生产可能存在的安全风险导入检查任务，开展前瞻性安全检查，提前消除安全隐患，并对管理方面存在的深层次问题进行排查治理，把事故苗头消灭在萌芽状态，从源头上消除安全隐患，做到防患于未然，强化事前预防能力。

二是开展专业性安全检查和隐患排查。华能岳阳电厂通过本质安全健康环境信息互动平台，把专项安全检查和隐患排查与安全生产薄弱环节的智能分析结果相结合，将不安全事件管理中“人的因素”“设备因素”“环境因素”“管理因素”四个方面形成的问题集合导入检查任务，组织相应的专业技术人员，结合反事故措施，制定专项检查表格，以问题为导向，开展专业性强的专项安全检查和隐患排查，及时发现深层次的隐患，精准消除安全隐患，提高人、设备、环境、管理的本质安全能力。

三是开展广泛性安全检查，促进安全隐患的全面排查。华能岳阳电厂坚持重心下移，把隐患排查下移到班组、一线员工，将安全审核、安全检查和隐患排查集成到安全健康环境信息互动平台进行统一管理，全厂员工可以方便地进行安全审核、部门级安全检查和班组级安全检查，将日常工作中发现的不安全行为和安全问题通过网络平台进行填写、审核、任务派发、整改和验收，员工可以方便地对自己提交的安全审核和安全检查进行在线跟踪，促进形成人人管安全和人人抓安全的良好安全氛围。

四是促进安全检查和隐患排查的网络化管理。通过本质安全健康环境信息互动平台，华能岳阳电厂利用信息化的手段，对厂、部门、员工三级安全检查进行纵向组合，对专业间安全检查进行横向组合，对季度、月度、日常安全检查进行时间组合，对综合检查、专项检查、安全审核进行空间组合，通过信息化网络将安全检查融入日常安全生产工作，在线发起综合性安全大检查、专项安全检查、季节性安全检查、日常安全检查、安全性评价、隐患排查等厂级、部门级和专业级安全检查和隐患排查，检查人员可以登录平台进入安全检查待办任务，根据不同的角色，进行相应的安全检查和隐患排查，将检查情况、发现问题的图片通过本质安全健康环境信息互动平台进行上传，分类查看安全检查、隐患排查电子台账，在线查询和统计安全检查、隐患排查的开展情况和整改情况，实现安全检查和隐患排查的网络化管理。

（五）实现安全管理闭环化，消除安全管理死角

华能岳阳电厂利用信息化管理方便快捷和资源共享的优势，按照“谁主管、谁负责”和“全方位覆盖、全过程闭环”的原则，明确各级整改责任，规范安全检查、隐患排查、反事故措施整改的工作流程，规范隐患的排查、登记、整治、监督、销号全过程管理，确保隐患整治落实到位；对未完成全部整改工作的隐患进行警示，一日未完成整改，一日不得销号，避免类似问题的重复出现和反复整改。

一是安全整改在线分配和执行。将反事故措施整改、安全检查整改、隐患排查整改、反违章整改、安全审核整改、安全性评价整改、上级单位督查整改等整改内容，通过本质安全健康环境信息互动平台的“部门待整改”“班组待整改”“我的整改”等流程节点，进行整改任务在线分配。由整改责任部门专工和安全员进入信息互动平台的“部门待整改”，将“发现问题”“整改措施”“区域”“计划完成时间”等安全整改信息，以待办任务的形式下发到整改责任班组，由责任班组长将整改任务落实到具体人。

二是安全整改远程在线验收。除现场验收确认外，华能岳阳电厂利用本质安全健康环境信息互动平台，进行安全整改远程在线验收，通过核对和检查上传的整改支撑材料，远程对整改情况进行核实，判断问题和隐患是否整改、整改是否符合要求，并进行远程确认和销项关闭。

三是安全整改的在线监控。华能岳阳电厂对安全整改的执行和完成情况进行在线监督和考核。安监专工、策划部专业专工、部门管理人员登录本质安全健康环境信息互动平台，选择所要检查的专业、时间段和完成情况等参数，对每一个防范措施的闭环整改情况进行监督检查和统计分析。通过安全整改的信息化闭环管理，华能岳阳电厂实现安全整改在线监控和可见管理，强化安全生产事故的事前预防能力。

（六）推进安全文化建设，实现全员安全管理

华能岳阳电厂树立“全员参与、责任到位、信息强厂”的安全文化理念，营造“爱厂如家”的安全文化氛围。

针对“全员参与”，华能岳阳电厂以不安全事件管理、安全生产超前预控分析、安全检查、安全审核、安全整改、班组管理、安全考试等的信息化管理为切入点，让全员广泛地参与到信息化安全管理之

中，感受以超前预控为导向的安全生产管理和信息化管理带来的方便和快捷，看到自己发现的安全隐患被整改，看到所建议的安全防范措施被采纳，可以方便地进行在线安全生产情况分析和各类安全管理业务的查询，感受到由自己亲身参与而实现的安全管理水平提升、设备可靠性提高、作业环境改善的良性变化，进而推动全员参与安全管理。

针对“责任到位”，重点强化专业技术人员的安全责任意识，充分发挥专业技术人员对安全生产管理超前预控的作用。华能岳阳电厂通过本质安全健康环境信息互动平台对各专业安全生产管理情况和不安全事件进行对标分析，在各专业之间形成相互竞争的良性循环。

针对“信息强厂”，华能岳阳电厂按照业务功能，将安全检查、安全整改、安全生产超前预控分析、不安全事件管理、应急管理、在线安全考试、班组管理等安全生产管理业务流程，在本质安全健康环境信息互动平台中集成，通过设置用户使用权限，将信息化管理渗透到管理人员和作业人员的工作和管理之中。由于华能岳阳电厂是一个老厂，人员素质参差不齐，年龄结构也不合理，全厂平均年龄达到 43 岁，30 到 40 岁之间的中坚力量员工仅占 8.4%。大龄员工不愿意再去学习新的知识，难以接受信息化管理。为有效解决这个难题，华能岳阳电厂按照“傻瓜式”原则优化软件平台操作界面，将现场执行融入信息化管理，使之成为涵盖现场相关作业和管理流程的应用工具；再通过深入班组现场培训讲解、实行考核奖惩机制、树立典型等辅助手段，实现信息化安全管理的有效推广。

三、发电企业以超前预控为导向的安全生产管理效果

（一）探索形成安全生产管理新思路

华能岳阳电厂探索形成事故超前预警分析新方法，促进安全生产管理体制和机制转变，确立发电企业超前预控的安全生产管理新思路，依托信息化管理和大数据应用，“以人的因素”“设备因素”“环境因素”“管理因素”为切入点，对异常小事件的发生原因进行大数据分析，实现对安全生产薄弱环节的精准分析和事故的超前预警，将以“事件发生因素”为主导的安全生产超前预警与安全检查、安全隐患排查等事前预防措施相结合，实现安全生产管理超前预控，实现人的本质安全、设备本质安全、环境本质安全、管理本质安全。

（二）提升安全生产管理效率

华能岳阳电厂将本质安全体系文件的管理内容和安全生产管理业务流程融入信息化管理平台，实现本质安全体系文件的有效落地和规范执行，有效解决体系运行与现场执行“两张皮”现象。通过安全生产信息化管理，实现不安全事件分析报告、安全生产预控分析、安全考核等的自动生成和导出。员工能够通过本质安全健康环境信息互动平台方便地实现安全审核、安全整改、反事故措施信息化管理；专业技术和安全生产管理人员能方便地进行安全生产在线分析、反事故措施和安全整改在线监督管理、专项安全检查和隐患排查的在线发起，实现实时在线监督管理和信息服务，提升安全生产管理水平和管理效率。

（三）杜绝事故发生，保障安全发电

2014—2015 年，华能岳阳电厂通过以超前预控为导向的安全生产管理，对 610 起异常及以上不安全事件进行大数据分析和超前预警分析，制定 1584 项反事故措施，开展针对性的安全检查、隐患排查 65 次，排查问题苗头 2990 项，对发现的问题和反事故措施进行网络化闭环整改跟踪管理；实现 6 台机组非计划停运次数逐年降低，2016 年至今未发生机组非计划停运，2015 年度异常小事件较 2014 年降低 28.1%，设备可靠性显著提高，真正实现“预防为主”的安全生产方针，有效杜绝事故的发生。2015 年，华能岳阳电厂完成发电量 78.58 亿千瓦时，实现利润 6.27 亿元，电厂盈利能力大幅提升，企业竞争能力大幅增长，劳动生产率显著提高。

（成果创造人：龚　克、尹开颜、李海滨、胡跃平、李淑辉）

多方参与决策的区域电网规划建设管理

广东电网有限责任公司东莞供电局

广东电网有限责任公司东莞供电局（以下简称东莞供电局）是中国南方电网广东电网有限责任公司下属的特大型供电企业，负责为东莞提供民生及经济发展所需要的充足可靠电力，供电面积2465平方公里，供电客户224.98万户，现有职工6043人。东莞的供电量在广东省位列第三，2016年，电网最高负荷达1330.87万千瓦，比2015年最高负荷1298.82万千瓦增长2.47%。2016年上半年供电量达到300多亿千瓦时，为历年最高，增长率达到3.45%。

一、多方参与决策的区域电网规划建设管理背景

（一）东莞电网建设速度严重滞后于经济发展

近年来，随着东莞市经济社会快速发展，供电量持续增长，对电力供应及可靠性要求不断提高。但由于土地等资源紧张，市镇规划不统一，变电站站址路径难落实、前期工作审批缓慢、征地拆迁受阻等原因，东莞电网建设严重滞后于规划，造成东莞电网存在的安全稳定运行风险和局部“卡脖子”问题越来越严峻。当前，部分区域供电能力不足及可靠性问题已对企业正常生产及重大项目引进造成影响，因此，东莞市及各级政府对电力基础设备建设越来越重视。

（二）电网建设中利益相关方不同诉求难以平衡和满足

从政府角度考虑，地区经济发展需要有坚强的电网保障电力的有效供应，希望加大电网的投资建设，使投资环境更加优化，以更好地解决经济发展、居民就业等问题。但随着近些年公众意识的提升，政府担心通过行政强制手段开展电网建设会引起当地居民较大的抵制和冲突，甚至演变成公众事件。对公众而言，市民希望得到更加安全可靠的电力供应，但担心变电站电磁辐射影响身体健康和所拥有的房产价值。用地补偿金额低，公众不支持甚至抵制电网建设，导致电网建设项目难以顺利推进，产生一定的“邻避”效应。对供电企业而言，供电企业希望加快推进电网建设，为地区经济发展和市民带来更加可靠优质的供电服务。但供电企业自身资源和力量有限，难以解决电网规划建设过程中的项目用地选址难、“邻避”效应等问题。各方不同的利益诉求难以得到平衡和满足。

（三）传统电网建设模式难以高效推进电网规划建设

传统的电网建设模式以供电企业为主导，供电企业负责推动整个电网建设进程，当地政府配合给予一定的支持，与公众沟通较少。这种模式下，政府在电网建设中责任不明确，参与积极性不高，给予的配合和支持力度较小；供电企业需要花很多时间推动政府参与和支持，对公众沟通的公信力也不够；当地公众对电网建设存在一定的疑虑，担心自身利益受到损害，对电网建设的支持度低。这就导致东莞电网建设陷入恶性循环，用电矛盾愈演愈烈，使政府、供电企业、公众之间陷入被动和不满意的状态。因此，亟须建立一套多方参与、平衡多方利益和诉求、更加高效合理的电网规划建设模式，以推动电网规划建设，为地区经济发展和市民幸福生活提供可靠优质的电力保障。

二、多方参与决策的区域电网规划建设管理内涵和主要做法

东莞供电局从2014年开始探索建立以政府为主导的多方参与决策的区域电网规划建设管理新模式。该模式以电网建设多方共赢为目的，搭建以政府为主导、多方参与的“电网办”工作平台，建立起“任务管控、督导协调、量化考核”常态化工作机制，推动出台电网规划建设政策，启动电网规划建设“大会战”，开启政府与企业共建、公众参与的电网建设新局面，有力保障电网建设工作的有序推进。主要

做法如下：

（一）寻找参与各方的共同诉求，达成多方共赢目标

在电网建设方面，政府诉求是加大电网投资、拉动地区经济发展、保障稳定的电力供应和社会民生需求，供电企业诉求是加快电网建设、提升电力供应能力和供电量、确保电网安全稳定，公众诉求是通过电网建设提供更加充足稳定的电力供应、不要对生活和健康产生影响。三方共同的目标是通过加大电网投资建设，保障安全稳定的电力供应，促进东莞经济发展和社会和谐。

为充分调动政府和公众积极性，推动其在电网规划建设中积极参与和支持，东莞局采取多项沟通举措。一是主动向各级政府和公众传递供电形势。每季度通过供电形势简报与各级政府和公众沟通全市及当地镇街供电形势，分析电网“卡脖子”、限电区域等情况，重点指出因供电能力不足可能导致的重大项目无法引进或当地居民的安全供电问题，让政府和公众清楚认识到本地当前及未来几年的供电形势及其对当地经济发展可能带来的影响，引起政府高度重视。二是联合政府和公众代表开展调研，寻找电网规划建设破解之道。牵头组织发改、规划、国土、环保、水务等部门和公众代表联合组成调研组，先后赴广州、深圳、佛山等城市进行电网建设情况调研，交流学习各市在电网规划建设方面的经验和有效做法，帮助政府和公众认识电网建设对社会经济发展的重要性。

（二）明确多方参与决策的电网规划建设工作总体思路

东莞供电局将电网规划建设的主要利益相关方——政府、供电企业与公众一并纳入决策流程，建立多方参与决策、协同高效配合的工作平台与机制。总体思路包括：通过搭建政府、供电企业、公众多方参与的电网规划建设工作平台，将拥有强大资源和优势的政府和影响电网建设舆论环境的公众纳入工作平台，三方共同协商参与电网规划建设决策，从而为电网规划建设的顺利推进建立组织保障。通过建立一套推动电网规划建设任务有效落地的工作机制，推动政府发布加快电网建设的政策文件，充分发挥政府、供电企业的资源和优势，实现电网规划建设任务发布、实施、协调、督导的全过程闭环管控，为电网规划建设的顺利推进建立机制保障。东莞供电局和东莞市政府分别建立考核机制，通过量化考核激发各单位电网建设的积极性，推动电网建设项目顺利推进，持续提升电网供电能力。

（三）搭建多方参与的“电网办”工作平台

为更好地平衡各方的利益诉求，东莞供电局积极加强沟通与协调，推动建立政府、供电企业、公众共同参与的电网规划建设工作平台。其中，政府成为电网建设的主导方，负责协调各方支持电网建设和做好公众沟通，供电企业是电网建设的主体，负责电网建设的规划、投资、建设和运营以及配合政府开展公众沟通，公众是电网建设的参与方，负责参与电网建设的选址沟通、环境影响评价沟通、土地青苗赔偿沟通等。

在政企合作方面，东莞供电局一方面主动向政府传递供电形势，让政府意识到电网建设对当地经济发展的重要影响，另一方面联合政府到广州、深圳等城市调研政企合作开展电网规划建设的经验，积极争取政府的支持。2014 年 7 月，东莞召开全市电网建设工程会议，提出将电网规划建设放在全市战略发展高度考虑，建立以“电网办”为核心的电网建设工作平台。平台共分三个层级。第一层是以东莞市市长为组长的电网规划建设协调工作领导小组，负责电网规划建设工作中的重要事项决策及重难点问题协调工作。第二层是领导小组下设的办公室——“市电网办”。“市电网办”作为一个正式的政府机构，挂靠在市经信局，成员包括所有与电网规划建设相关的市直部门、镇街（园区）及供电局分管领导及相关业务人员，负责电网规划建设的具体工作。第三层是各镇街（园区）政府相应设立电网规划建设协调工作领导小组及办公室（即“镇街电网办”），安排专职人员，负责属地电网建设项目统筹管理、组织协调和征地拆迁、信息报送等工作。政企合作层面形成市镇两级政府、部门及供电企业充分互动、纵横协同的政企电网建设工作机构，为多方共同推动电网规划建设提供坚实的组织保障。

在公众沟通和合作方面，东莞供电局将当地居民特别是电网建设项目所在地的居民代表纳入电网规划建设工作中。例如，在变电站建设选址阶段，邀请当地居民参与政府、街道办、供电企业和专家组成的选址沟通会，听取他们的意见和诉求；在环境影响评价阶段，邀请有资质的第三方环境影响评价公司开展项目的环境影响评价，将其结果对公众公示并听取公众意见。此外，输电线路涉及土地和青苗赔偿的，积极让政府牵头开展沟通，听取居民代表意见，尽可能满足他们的合理诉求。

（四）建立电网建设落地工作机制，确保电网建设如期开展

政府在电网建设前期工作中发挥主导作用。为保障电网规划建设任务有效落地实施，使以各级政府为主导的相关部门、镇街、供电企业等各方都能在“电网办”平台上发挥作用，东莞供电局推动“市电网办”建立任务管控、督导协调的常态化工作机制，实现电网规划建设任务发布、实施、协调、督导的全过程闭环管控，同时推动政府发布电网建设政策文件，为电网规划建设顺利推进建立机制保障。

1. 建立完备的信息沟通机制

在“市电网办”平台下，东莞供电局推动建立“发布任务、信息报送、结果通报”的信息沟通机制，逐级分解电网规划建设工作任务，将电网规划建设工作任务明确到具体的政府部门、供电企业，确保各司其职，有效落实电网建设任务。具体程序包括：

发布任务。每月 5 日前，东莞供电局向“市电网办”提交电网规划建设主要任务，以“市电网办”文件向电网建设相关市直部门、镇街下发任务清单，明确当月任务分工、责任单位、完成时间，确保任务落实到位。同时，东莞供电局同步向各供电分局和承包商分解下达工作任务，督促内部单位和承包商及时完成有关工作，实现内外部联动。

报送信息。东莞供电局专门推动建立网络信息沟通平台及电网办专用信箱，跟进电网建设情况，每个单位均安排专人负责信息报送，确保任务布置、信息沟通到位；同时，要求相关部门、镇街报送电网规划建设简讯，搭建经验共享平台。每月 25 日前，各相关单位将本月完成情况上报“市电网办”。

通报结果。每月月底，由“市电网办”统计相关部门、镇街当月电网建设任务完成情况，量化计算得分，编制通报向全市公布，督促相关单位按时完成任务。东莞供电局也会积极参与沟通电网建设进度。

2. 督导协调，推动电网建设顺利推进

为推动各项电网规划建设任务执行到位、有序推进，东莞供电局推动市委、市政府建立一套督导协调机制，除“市电网办”外，还引入市重大办和市政府参与电网建设的督导协调，帮助解决电网建设过程中出现的困难和问题。

在“市电网办”层面，东莞供电局提交月度电网规划建设情况，“市电网办”结合每月电网规划建设完成情况，针对存在的问题开展不定期现场办公，对无法协调的问题，与相关单位协商形成专项报告并上报市政府。

在“市重大办”层面，东莞供电局积极向市重大办反馈电网建设中存在的问题，市重大项目办公室每月对电网规划建设过程中存在的重难点问题进行通报，并督促责任镇街、部门限期解决。

在“市政府”层面，东莞供电局积极与市政府沟通电网建设中的重要协调问题，市领导每月组织重大项目督导会议，重点协调督导电网办、重大办上报的“老、大、难”问题，并不定期召开现场督导会议，由市委市政府督察室进一步跟踪会议决策事项落实情况。通过建立层层传递的项目督导协调机制，有效解决电网规划建设过程中的大量重难点问题，推动电网建设项目顺利推进。

3. 促进政策文件出台，规范电网规划建设工作

为建立电网规划建设长效工作机制，填补东莞市电网规划建设相关政策法规空白，固化一些行之有效的做法及经验，东莞供电局与经信局共同起草并推动市政府出台电网规划建设政策文件。

一是充分调研，制定政策。在调研周边城市先进经验及研究电网政策法规的基础上，提炼东莞市电网规划建设的成功做法，东莞供电局与经信局共同草拟《关于加快东莞市电网规划建设的实施意见》《东莞电网建设绿色通道实施细则（修编）》《东莞电网规划建设激励暂行办法》《东莞电网工程建设征地拆迁补偿规定》等文件。其中，《关于加快东莞市电网规划建设的实施意见》是东莞地区电网规划建设的总纲领，详细明确各镇街（园区）及职能部门工作职责分工及电网规划建设总原则；《东莞电网建设绿色通道实施细则（修编）》科学规范电网规划、前期工作、用地审批、开工手续、征地拆迁及青苗赔偿等方面内容，以文件的形式解决以往电网规划建设中遇到的问题。

二是征求意见，出台政策。制定初稿后，充分征求市府督查室等 14 个有关部门以及 35 个镇街（园区）的意见，逐一研读并修改，通过市政府详细审核后，《关于加快东莞市电网规划建设的实施意见》《东莞电网建设绿色通道实施细则（修编）》《东莞电网规划建设激励暂行办法》等政策文件审议通过。

三是精心部署，宣贯政策。为让相关政府部门和公众代表尽快熟悉新政策，东莞供电局与经信局在全市范围分片区开展 4 场大规模的政策宣贯会，重点讲解政府职责转变、属地化管理及量化考核操作方法，为政策的贯彻执行打好基础。

政策文件的出台，为东莞市电网规划建设提供政策依据和规范指引，为东莞在未来较长一段时间内电网规划建设项目的顺利推进提供政策保障和支持。

（五）量化考核，确保电网规划建设顺利推进

东莞供电局除自身建立一套可量化的绩效考核指标外，也推动东莞市政府建立与相关部门相关的量化考核机制。一是制定量化评分方法。东莞供电局根据电网工程特点，协助政府制定量化评分方法，通过基础分加、扣分的形式，量化计算镇街、部门的月度任务，并根据任务量计算累计得分及年度得分。二是逐月统计任务得分。结合“电网办”任务管控机制，统计各镇街、部门的任务完成情况，计算月度得分、累计得分，通过简报形式向全市通报。每年 10 月根据任务累计评分及信息报送评分，计算年度得分，并专题上报市政府。三是纳入绩效考核体系。一方面，推动政府将电网建设任务年度得分按比例直接纳入各镇街（园区）、市直单位领导班子落实科学发展观年度工作考核评价体系。另一方面，根据考核结果，会同经信局、国土局实现与各镇街（园区）的用电及用地指标、配电网投资挂钩激励。同时，东莞供电局也将电网规划建设工作纳入到全局各职能部门、二级机构和供电分局的绩效考核，并将绩效权重给予倾斜。通过量化考核机制，实现任务的闭环管理，大大提高相关部门、镇街的积极性。

（六）实施电网规划建设“大会战”，加快电网建设步伐

为在短时间内高效解决东莞电网网架薄弱及电网建设历史欠账问题，东莞供电局多方筹集资金，加大电网建设投资力度，推动市政府启动高规格的电网规划建设“大会战”，通过打造“建成一批、开工一批、储备一批”项目，解决东莞电网“卡脖子”问题。

在政府方面，东莞供电局推动政府制订电网规划建设工作目标，计划三年共建成项目 46 项，开工项目 36 项，储备项目 20 项，并通过“市电网办”工作平台，将电网建设任务分解到相应的部门和属地镇街，明确各单位的工作内容和时间节点。同时，由“市电网办”组织市委市政府相关责任部门、供电局签订三方《电网规划建设大会战工作责任书》，确保电网规划建设责任到位。市主要领导亲自召开“大会战”启动及阶段总结会，引起相关镇街、部门高度重视。“市电网办”、市委市政府督查室每月管控、督查任务完成情况，并向市主要领导汇报成效，从政府层面推动电网建设“大会战”顺利推进。

在东莞供电局层面，在内部成立“大会战”组织机构，建立内部全过程管制制度，加强对业主项目部、供电分局、承包商的管理，确保多方共同合作，合力完成“大会战”工作任务。进度管理方面，东莞供电局逐月分解项目进度计划，指导各项工程加速推进，确保电网投资完成率、项目投产进度完成率两个指标实现 100%完成。质量管理方面，东莞供电局积极提炼示范工程建设成果，细化样板点建设标

准和范例，制定常见质量问题及防治措施，巩固和提升工程建设质量。安全管理方面，东莞供电局加大承包商管控力度，建立基建项目安全风险预警机制，把控施工节奏，管控施工风险，全面保障安全施工。

三、多方参与决策的区域电网规划建设管理效果

（一）探索形成可推广的多方参与的电网规划建设管理模式

东莞供电局探索的多方参与决策的区域电网规划建设管理模式，改变传统电网规划建设中供电局单方推进的工作模式，将电网规划建设的主要利益相关方——政府、供电企业与公众一并纳入决策流程，建立多方参与决策、协同高效配合的工作模式，通过搭建工作平台组织保障、任务发布与管控的机制保障、电网规划建设的量化考核机制，从而更好地平衡各方的利益诉求，解决电网规划建设难题。经实践检验，多方参与决策的区域电网规划建设管理模式能有效解决电网规划建设难题，可为其他地区电网规划建设工作提供一定的参考和借鉴。

（二）推动东莞地区电网规划建设取得重大进展和突破

依托多方参与决策的区域电网规划建设管理模式，东莞供电局电网建设工作取得重大进展和突破，网架结构进一步优化，供电能力持续增强，显著降低东莞地区电网安全运行风险，有效缓解东莞用电紧张的局面。推出该模式以来，一大批久推不动的电网建设“老大难”“硬骨头”问题得到顺利解决，东莞电网建设长期推而不动的局面得到极大改善。截至 2015 年年底，东莞供电局已建成 15 个项目、开工 21 个项目、储备 15 个项目，对比 2013 年分别增长 275％、110％、50％。同时，项目建设周期大大缩短。2015 年，东莞供电局完成电网建设投资 24.67 亿元，新增 110 千伏及以上主变容量 374.7 万千伏安，新增 110 千伏及以上输电线路 406.4 千米，解决 11 条线路电力“卡脖子”问题，化解一级事件风险 2 项，显著提升东莞地区电网供电能力，改善电网网架架构。

（三）有力支持东莞地区经济社会发展

东莞地区供电可靠性和供电质量进一步提升，2015 年用户年平均停电时间 3.15 小时/户，综合电压合格率达到 99.993％。更加稳定的电网和更加可靠优质的电能有力支持东莞地区经济发展和人们幸福生活的转型升级。2015 年，东莞市生产总值增长率约 8.0％，其中先进制造业和高技术制造业比重占比规模以上工业 47％及 36％。东莞供电局通过加快电网建设、提升电网供电能力，成功避免夏季错峰 30 万千瓦，有效缓解虎门、厚街、东城、大朗、茶山以及松山湖等镇街用电受限情况，并为松山湖华为终端总部、东城万达广场等重大项目提供直接的供电保障，为推进东莞松山湖工业园区、粤海工业园等先进制造业基地的发展提供坚实的电力保障。充足、可靠、优质的电力成为东莞市政府招商引资的重要“法宝”。

（成果创造人：宋新明、黄伟杰、梁　俭、马静勇、蔡志文、梁耀林、胡长明、丁　奕）

供电企业基于云平台的电缆建设与运检管理

国网江苏省电力公司苏州供电公司

国网江苏省电力公司苏州供电公司（以下简称苏州供电公司）是江苏省电力公司所属特大型供电企业，营业区辖4个县级市和6个区，服务467.98万户。截至2015年12月，苏州供电公司拥有10千伏至220千伏运行电缆11700公里，拥有职工3149人、农电职工3693人，固定资产原值460.08亿元。2015年，苏州供电公司售电量1160亿千瓦时，增长3.37%，跃居全国城市电网首位；最高用电负荷达2186万千瓦，增长7.4%，位居全国城市电网第二，世界城市电网前十；实现营业收入736亿元。

一、供电企业基于云平台的电缆建设与运检管理背景

（一）加强城市地下管线建设管理的需要

中国地下管线一直存在着重视增量建设、忽视存量治理的问题，导致近年来全国发生一系列严重的地下管线安全事件，造成重大社会负面影响。如何实现对地下管线增量的科学把控，对巨大的地下管线存量做到有效管理，是从未遇到的棘手问题。云平台电缆管理体系通过打造信息完善、公开透明的地下管线综合管理系统，加强城市地下管线建设的智能化管理，是具有中国特色的地下管线综合治理新方法。

（二）将苏州建成能源变革典范城市的需要

智慧电缆与智慧城市的“共享”能够打开能源数据与城市用户智能服务的窗口，通过借助“互联网+”技术，打通不同管线单位之间的行政壁垒，升级地下管线信息录入、存储、调用方式，深挖地下管线信息价值。通过精准的数据和立体三维技术的展示，大幅提高各类地下管线数据的可信度和可用性，最终实现不同类型数据在同一平台上的实时、有效互动，开创城市地下空间治理的新生态，将苏州打造成为国际能源变革发展的典范城市，引领能源变革潮流。

（三）开拓全方位管理电缆新道路的需要

实现电力电缆的专业化管理，是苏州供电公司深入落实国网公司“三集五大”战略部署的重要举措之一。目前，苏州供电公司部分电力电缆的服役期已接近极限，电缆老化导致的故障进入高发期。面对迅速增长的电缆资产、日益“拥堵”的地下空间环境，苏州供电公司需要克服电缆专业起步晚、人员少的困难，创新管理制度，升级以往“周期性人工巡检+被动式应急抢修”的运检方式，全方位保障电缆运检安全。

二、供电企业基于云平台的电缆建设与运检管理内涵和主要做法

苏州供电公司将“互联网+”融入电缆日常管理，制定智慧电缆工程规划，实施“三步走”策略，着力解决“电缆在哪里”“电缆怎么样”“电缆如何修”三大难题。利用云存储、大数据、地理信息系统搭建电缆资产云平台，推动能源数据与智慧城市数据的交互共享，破解管线多头管理壁垒；把测绘技术引入管线专业管理，精准获知城市内每一寸土地下的管线信息，将地下管线信息透明化，为地下管线统一规划、信息共享、数据动态更新和协同运检提供数据支撑；基于电缆资产云平台和物联网技术，评估电缆运行状态，不断优化运维和检修管理流程，以实现电缆智慧运检管理，最终建立适用于各管线单位的资产全寿命周期管理体系。主要做法如下：

（一）制订智慧电缆工程规划，实施“三步走”策略

第一阶段进行电缆线路三维空间测绘，并开发“电缆资产云平台”，与政府地下管线综合系统数据

进行及时交换、信息共享和动态更新，实现电缆线路与其他地下管线在一张地图上的显示和应用，解决“管线在哪里”难题。

第二阶段提高在线监测装置覆盖率，对电缆线路实施分布式监测，实时获取电缆运行局放、环流、温度和周围环境等关键数据，解决“管线状态如何”难题。

第三阶段建立基础数据库、在线监测数据库和故障数据库，运用大数据技术科学分析电缆原始数据、在线监测数据、带电检测数据和故障数据，捕捉电缆缺陷信息，发现电缆潜在故障隐患，评估电缆老化程度，辅助政府进行科学市政规划，探索解决“管线何时更换”难题。

（二）搭建地下电缆信息云，融入智慧城市管线生态系统

1. 引入三维测绘理念，提升数据来源准确性

传统电缆基础资料数据库脱离真实地理信息背景，与其他数据间缺乏共享渠道，是一个封闭的“死数据”，数据可利用性差。为此，苏州供电公司把测绘理念和陀螺仪、全站仪等测绘技术引入电缆专业管理，推进存量电缆线路的三维补测和新投运电缆线路的三维竣工测绘工作，实现电缆基础资料的电子化和数字化管理。

苏州供电公司起草江苏省电力公司《电缆线路竣工测绘标准》，制定电缆测绘作业书，将三维测绘标准化、流程化、专业化，实现测绘全过程的严格把控。同时，统一数据录入格式，实现电缆线路三维建模过程标准化，使测绘数据批量自动生成为合格的三维图形，提升开发效率，降低开发成本。

在解决数据数字化、测绘标准化的同时，苏州供电公司高度重视电缆线路的测绘工作和测绘数据的信息化管理工作。设立电缆数据班组建制，与国家甲级测绘资质的测绘单位合作，培养电缆专业测绘人员，建全管理职责和数据考核办法。

截至 2015 年 12 月底，苏州供电公司已完成 278 平方公里电缆线路的三维测绘工作，平台数据总量高达 120G，电缆三维图形图层多达 20 余层，集成燃气、供水、电信等 13 类地下管线。

2. 管线信息向云迁移，提升数据使用生命力

苏州供电公司主动对接新加坡一苏州工业园区政府，利用苏州工业园区智慧城市三大基础数据库之一的地理信息库，构造“电缆共享管理”的云平台。实施以电缆基础信息数据库、电缆空间数据库、电缆三维模型数据库、电缆运行监测数据库、电缆业务数据库为主要内容的数据中心建设，制定电缆与智慧城市数据库相关的《数据汇交标准》《数据整合标准》《数据共享服务技术标准》和《数据更新标准》，形成分层、分类、分权的数据存贮和管理模式，以空间图层叠加整合为基本手段，实现大量数据从终端向云端迁移，形成电缆信息“私有云”，进而与地下管线系统“公有云”形成数据交互。在解决存量数据的同时，建立存量电缆数据更新机制和增量电缆数据维护机制，确保电缆专业平台与地下管线综合系统数据的及时交换、信息共享和动态更新。

苏州供电公司已实现市区范围内 500 余公里电力电缆线路与市政管线的三维信息共享，可以三维直观查看地下管线空间分布。在系统中，不同颜色代表不同类型的地下管线，为保障已埋电缆的安全，减少开挖施工带来的破坏，设定 5 米电力设施警告区，其他单位如需要在警告区内施工作业，要告知苏州供电公司，利用系统进行施工危险性分析，以协调施工方案。基于三维共享信息，云平台可以自动计算电力管线与其他市政管线的三维距离，为排查交叉安全隐患提供精准化、智能化的决策。

3. 全面保障平台安全，实现信息共享

网络安全方面，云平台各类移动终端通过 VPN 加密专线，经防火墙进入苏州工业园区测绘中心保密网，每个移动终端有唯一的 SIM 卡，如果出现 SIM 卡遗失将第一时间取消授权；供电服务器则通过“电网线路”访问测绘中心数据库，让数据坐上高速安全的“绿色专车”；划出专用房间，设置专用电脑与外网通过电信专线连接，绝不进入内网电脑，最大程度保证网络安全。

硬件安全方面，采用天融信 NGF4000 作为云平台系统防火墙。

数据安全方面，采用数据读写权限控制、流量实时监控、数据库审计、数据库容灾备份四道防线，全方位确保数据不外泄、不丢失。

应用安全方面，设置日志功能、限制用户最大会话数、严格控制用户权限、渗透性测试。

安全管理方面，建立管线信息“分权共享”原则，管线专业数据的存储、查看、编辑都在管线单位终端上进行，其他单位只能查看管线通道的三维位置走向。这种“分权共享”的原则可直接被其他地下管线单位复制借鉴，既有利于各管线单位共同担当维护地下空间公共安全责任，也满足各专业管线信息保密的需要。同时，这种方式将以往的“市政管线信息系统＋各专业管线信息系统”通过“云共享”方式融合成一个“平台”，实现与政府“地理信息云”的分层、分权信息共享，破解各管线单位安全管理“个性”和政府地下管线综合管理“共性”的矛盾，确保数据“生命力”及可信度。

4. 融入政府配套制度，逐步建立管线管理“111”方案

苏州供电公司成功开发出智慧电缆运检管理云平台，从技术层面为地下管线综合治理提供破题“利器”，解决长期威胁城市地下空间公共安全的若干难题，给城市统筹管理地下管线带来曙光。为保障该平台稳定输出应有的最大效益，苏州市政府下发了《进一步加强地下管线规划建设管理工作的实施意见的通知》《苏州工业园区城市道路和绿地挖掘（占用）管理办法》等文件。同时，积极推动开展由各管线单位参与的新型地下管线综合治理方式。以目前苏州市已有的云共享等先进技术为基础，参考美国“811”一呼通地下管理体系，推动建立全区统一的地下管线综合管理“111”方案，即用 1 个专线呼叫电话，在 1 套政府管理机制下，依托 1 个综合信息平台，把苏州工业园区庞大的地下管线有效管理起来。

（三）构建电缆物联网，强化电网实时监控

1. 构建同心圆式电缆监控物联网

苏州供电公司成功对面广量大的电缆沟型敷设电缆，打造专属智能终端设备，实现对通道环境、局部放电、环流、电缆运行温度、燃气泄漏、避雷器泄漏电流等关键参数的实时监测，通过物联网传输技术，将状态监测数据实时回传至云平台，数量庞大、规模各异、相互关联的现场监测终端形成同心圆的圆周，云平台为圆心，圆周与圆心实时互通，最终实现物与物、物与人、人与人的全面互联、互通与互动。

建设云平台监测数据库，主要包括监测设备基础数据、电缆运行数据、监测数据、电缆检修数据等。设备基础数据包括监测设备的基本信息及空间位置数据。

研发智能接地箱、局放重症监护、水位监测和避雷器综合在线监测装置，并通过光纤和 4G 专网接入电缆线路运行监控中心，实现运行状态获取由人工现场测试到装置自动采集的转变，积累状态数据。中心集成接地电流监测、局放信号捕捉、电缆负荷监视、智能终端巡视以及突发事件应急指挥等管理为一体，实现对电缆线路的集中监控，确保电缆网运行状态可控、在控。

建立在线监测设备与云平台统一的通信协议和通信规约，包含统一的在线监测设备的数据接口，并通过该接口向云平台提供监测数据集内容。

2. 挖掘监控数据价值，探索电缆智能决策

首先，利用 Weibull 分布和 Crow－AMSAA 模型建立苏州地区整体电缆故障预测模型，利用 Cox 比例风险模型实现苏州地区整体电缆故障影响因素研究的定量分析，预测未来可能发生的总的电缆故障。其次，从电缆老化的基本原理出发，充分考虑电缆运行负荷、环境温度等影响因素，利用基于随机过程的电热老化模型实现单条电缆线路剩余寿命的预测。最后，根据整体和单条线路的分析结果对电缆的运行维护进行指导，为确定电缆维修、监测和更换对象提供依据。

（四）运检流程优化再造，切实保证业务有效开展

1. 设计云平台“1＋4＋6”架构，确保运检体系高效运作

苏州供电公司结合现有电缆运检业务，设计出电缆运检管理“1＋4＋6”体系，即在一个云平台中，实现信息共享、在线监测、寿命诊断和故障定位四大功能，并融合运维、检修的六大业务，实现电缆全寿命周期管控。

2. 电缆线路有迹可循，运维工作公开透明

电缆与变电设备和架空线路相比，具有自身的特殊性。一是隐蔽性，电缆线路敷设在地下，是隐蔽设施，肉眼不可见。二是开放性，电缆线路是户外设备，像“蜘蛛网”一样密集分布在大街小巷当中，受周围环境影响大。三是共存性，与七大类管线共同存在地下密闭空间当中。传统人工记忆路径巡线模式经常出现错巡和漏巡的现象。

苏州供电公司创新采用运维巡迹终端的管控模式，实现巡视工作动态监管，使巡视管理公开透明。

巡视计划由云平台依据状态评价结果自动制定差异化巡视策略，巡视员接收到巡视任务后，可以通过智能终端优化巡视路径，实现导航精益化巡视，并可以随时记录和上传缺陷、隐患信息等巡视记录，减少安全隐患，提升巡视质量和缺陷闭环的效率。

巡视中，通过利用 GPS 定位功能，记录巡线人员具体走向、巡视速度等信息，以实虚线区分线路规划路径和实际巡视路径，确定匹配度，考核巡视质量。

对巡视工作中发现的缺陷和施工隐患，可通过终端上传照片、位置等信息，上报后通过云平台可以看到缺陷和隐患的具体位置和情况，可以方便电缆专业人员尽快采取措施处理缺陷和施工隐患。

对于施工隐患，根据对电缆及通道的威胁程度，划分为 A、B、C 三类，落实人员值守、巡视督查等管控手段，同时通过平台定期远程打卡等手段实现对值守、督查质量的有效监督。

3. 实施电缆检修智能决策，缩短耗时、提升效率

云平台终端具有故障定位功能，输入故障电缆名称，故障距离定位点电气距离，即可快速定位故障点地理位置以及所在最近井位，实现故障的快速抢修。

开展电缆状态检修工作，获取和分析电缆状态数据，实现由事后被动抢修向事前事故预警转变。考虑到传统状态检修过程耗时较长，检测效率低。苏州供电公司依托云平台，升级传统的检修模式，实现数据由人工采集、人工决策向自动收集、智能决策转变：通过数据自动采集和智能分析，实时掌握所有电缆的运行状况和发展趋势，帮助电缆运行和管理人员对电缆线路故障的主要原因进行分析，制定电力电缆最佳维修、更换策略，指导电力电缆的维修更换。

苏州供电公司通过安装护层故障环流在线监测系统，并与研发完成的基于地理信息的电缆资产云平台进行模型和数据的智能交互，获取地下电缆的详细走线模型和数据等相关信息，实现混合线路的高精度故障定位，提高故障抢修效率。

（五）健全企业组织结构，围绕共享理念完善制度体系

1. 成立专职部门，深化电缆管理程度

电缆专业管理体系变革是“三集五大”中“大检修”体系的关键一环。苏州供电公司积极响应践行国网“大检修”战略决策，结合实际情况，决定在电力调度控制中心进行组织结构重组，在原有输电运检、变电运检和配电运检部门的基础上，增设电缆运检专业机构，对 35－220kV 电缆线路进行独立管理。2013 年 12 月，电缆运检室成立，具体负责设备的运行、维护、检修和抢修工作。

2. 通过建章立制规范运检管理工作

苏州供电公司通过调查摸底，梳理出输电电缆的现状和问题，并结合调研成果，先后建立 13 项工作标准，明确岗位职责；梳理、规范检修管理、抢修管理、运维管理、通道管理、测绘管理、工程验收

管理及档案管理等 13 项办法、98 份作业指导书（卡）和记录表，规范工作流程，明确操作界面，使主要生产工作有章可依。2015 年协助省公司完成《电缆线路现场运行规程》（电缆沟和排管敷设类）以及《提升电力电缆敷设和附件安装规范化水平指导意见》《标准化高压电缆线路图例汇编》等的编写工作。

在全省电缆专业管理中率先引入测绘理念和技术，起草《江苏省电力公司电缆线路测绘管理办法》，明确测绘技术标准。认真贯彻新修订的《安全生产法》，先后签订两级安全生产责任状，拟订《电缆隧道防汛应急处置》《电缆通道巡视督察规定》等内部安全生产规章，同时将本部门“到岗到位检查”和“安全检查”内容进行整合及标准化，夯实安全生产的制度基础，并通过领导干部“三联系三促进”、管理人员“到岗到位”以及本部生产例会、集体安全活动等形式进行制度执行的检查督促。

（六）培养专业人才梯队，落实卓越班组文化

1. 建立数字化技术保障团队

苏州供电公司构建一个“开放”的数字化电缆运检平台管理、实施和应用团队，团队成员既包括苏州供电公司不同部门人员，也包括苏州供电公司之外的平台服务商、科研人员。整个团队贴近运检实际需求，及时跟踪智能电网领域的变化和发展趋势，让数字化平台的建设与实施能够在实用性、先进性上得到保证。同时，注重数字化规划能力和团队建设。规划团队由部门经理和国际知名学者组成。电缆各分支专业指定数字化实施应用联络人，与服务商、高校科研团队组成应用团队，负责具体实施数字化规划技术，提供数字化平台应用过程中的技术服务。

2. 强化数字化人才队伍建设

苏州供电公司在培养自己数字化技术团队的同时，以党支部结对创先、科技项目合作、挂职锻炼、导师带徒等形式，快速强化人才队伍建设。一是更加注重与高校合作，利用国家级实验室的科研和人才优势，将传统电力专业与应用数学、仿真模型、故障诊断技术等相结合，快速“落地”研究。二是更加注重与服务商的双向提升，邀请国际知名软件原厂商服务团队现场服务，同时也注重服务商数字化应用能力的提升，邀请服务商参加电缆专业培训，通过与服务商的双向互动，将依靠人工统计的电力数据内在的“宝贵价值”，转变为依托数字化技术实现自动智能获取。三是更加注重与测绘技术融合，引入传统电力管理鲜于涉及的基于地理信息测绘技术，根据项目进展定制培训项目。派优秀员工到甲级测绘院跟班学习，实地学习测绘技术、数据处理技术。以此快速提升电缆数据信息化质量，配合政府共同推进地下综合管线安全生态圈建设。

3. 全力构建同心圆班组文化

苏州供电公司立足“班组”这个“重心”，围绕“智慧电缆”这个“中心”，高度重视班组建设工作。班组建设工作犹如“同心圆”的半径，半径的尺度决定同心圆圆周的长度。因此，苏州供电公司党政联手合力提升班组员工的整体综合素质和能力，提升基层班组的凝聚力和战斗力，确保苏州供电公司电缆专业管理的智慧高效，确保城市地下能源“大动脉”的安全稳定。同时将部门文化与国网企业文化相联系，统一核心价值观。

三、供电企业基于云平台的电缆建设与运检管理效果

（一）开创城市地下管线综合治理范例

苏州供电公司以电缆管线为突破口，率先实现专业管线数据与政府管理的共享，并形成整个行政区域、全管线类型、全建设时段数据的共享，为地下管线管理工作带来巨大改变，为地下空间“生态圈”的有序建立提供智慧管理新方案。由于电缆和其他管线均具有隐蔽性、开放性和共存于地下等通用特征，电力电缆具有运行环境复杂、面广量大的特点，该管理模式有很高的推广价值，对其他管线单位具有明显的借鉴性和推广性。

（二）管线单位管理水平显著提升

苏州供电公司在抢修工作中实现对电缆故障的快速地理定位。在巡线工作中，巡视过程可视化率达100%。在管孔资源管理工作中，闭环监督电力电缆设计批准、现场勘查、土建施工、跟踪测绘全过程，降低管孔私自占用导致的重复建设费用达40%，同时实现对新放电缆通过的管孔路径智能规划，辅助设计人员决策。利用三维测绘技术解决“非开挖拖拉管”走向模糊的问题，缩短施工审批流转周期达60%，降低外破事件发生率达70%。突破限制抢修工作速度的瓶颈问题，故障探测定位时间缩短80%以上，减少电网企业和其他工商用户的停电损失。

（三）经济成效和生态效益显著提高

苏州供电公司实施基于云平台的电缆建设与运检管理后，获得显著经济效益。2015年全员劳动生产率较上一年提高7%，达到832.39万元/人·年，利润总额也较上一年提高2%，达到694亿元。同时，苏州供电公司基于云平台的智慧电缆工程建设，实现对电缆全生命周期的有效管控，避免由于信息不准确、不全面导致的施工偏差，降低无效开挖率70%，减少因电缆生产施工引起的对城市空气质量的破坏、噪音的污染、制备绿地的损害。2015年，苏州供电公司完成节约电量12.6亿千瓦时，100%完成国网指标，节约电力24.61万千瓦，完成国网指标的140.6%。推动实施重点电能替代项目829个，增加用电容量79.58万千伏安，实现增售电量23.15亿千瓦时。

（成果创造人：韩　冰、张志昌、王纯林、文　锐、马晓东、孙武斌、
姚雷明、张　俊、王　辉、王作栋、邹　莲、苏梦婷）

大规模、多元化电动汽车智能充换电网络建设与运营管理

国网安徽省电力公司

国网安徽省电力公司（以下简称安徽电力）是国家电网公司的全资子公司，注册资本35.04亿元，主要从事电网建设、生产、经营、科研、设计和培训等业务，承担着优化安徽省能源资源配置、满足经济社会发展电力需求供应的重要职责。下设16个地市级供电公司、72个县级供电公司和9家直属单位，管理各类员工近6.5万人，服务电力客户2300多万户。拥有110千伏及以上输电线路3.4万公里、变电设备容量12567万千伏安。安徽电力同时也是安徽省规模最大、类型最全的电动汽车充换电网络供应商，形成覆盖全省的城际快充网络和合肥、芜湖等重点城市公共充换电服务网络。

一、大规模、多元化电动汽车智能充换电网络建设与运营管理背景

（一）贯彻国家新能源汽车发展战略的需要

国家从汽车产业升级、节能减排、能源安全的战略高度出发，大力推动电动汽车技术及产业的发展，出台一系列支持政策。在政策的推动下，近年来电动汽车产业得到较快发展，但为电动汽车提供电能补给的各类充换电设施在一定程度上存在数量不足、各类型充电需求无法全面满足、建设标准不统一等问题，急需发展大规模、多元化的电动汽车智能充换电网络，满足公交车、出租车、私人乘用车等多种车型的充电需求。

（二）推动地方新能源汽车产业发展的需要

安徽省电动汽车产业发展走在全国前列，拥有江淮汽车、奇瑞汽车、安凯汽车等新能源汽车整车制造企业，国轩高科、巨一自动化等电池、电机制造企业，易威斯、同智等充电桩制造企业，新能源汽车产业链较为完整，全省新能源汽车推广数量位于全国前列。但因受制于充电桩数量不足、密度不够，在售电动汽车车型续驶里程一般在150—300公里，电动汽车车主对于购买电动汽车仍有较大忧虑。如果在全省乃至全国高速公路服务区全部建设快速充电桩设备，将有效消除潜在客户购买电动汽车的后顾之忧，促进电动汽车销量的爆发式增长。在这方面，安徽电力发挥着主力军作用。

（三）培育新的效益增长点的需要

近年来，随着国家经济进入新常态发展阶段，电力需求增速放缓，安徽电力的经营压力逐渐增大，必须积极探索拓展新的业务领域，努力培育新的效益增长点。除提供输供电业务外，安徽电力按照国家电网公司的统一部署，全力加快电动汽车充电网络建设，积极参与市场竞争，拓展新型业务，因地制宜加快建设电动汽车大规模、多元化智能充电网络，以此拓展业务领域、培育未来效益增长点，充分发挥公司资源、管理、技术等优势，加快电动汽车快充网络建设，在服务电动汽车发展中发挥主力军作用。

二、大规模、多元化电动汽车智能充换电网络建设与运营管理内涵和主要做法

安徽电力为积极落实国家节能减排战略，践行国网公司“奉献清洁能源，建设和谐社会”的企业使命，根据安徽省新能源汽车推广计划，按照“统一标准、合理布局、分步实施、逐步完善”的原则，结合社会公共停车资源和机关企事业单位专用资源，建成目前省内充电设施规模最大、类型最全的智能充换电服务网络，并组建运维团队负责充电设施的运维保障工作，同时开发电动汽车运营监控系统和互动服务平台，提供技术支撑工作，充分满足各类电动汽车用户的充电需求，探索符合市场需求，符合大规模、多元化充换电服务网络发展实际的建设运营管理模式。主要做法如下：

（一）明确大规模、多元化智能充换电网络建设与运营管理的工作原则

一是加强组织机构建设，为大规模、多元化智能充换电网络建设与运营提供充分的人力资源保障。安徽电力将电动汽车智能充换电网络建设运营作为公司重点工作任务，成立由公司领导担任组长的充换电设施建设运营管理领导小组，每季度组织召开专题会议研究部署工作，抽调精干力量，成立建设项目部，按专业细化责任分工。从市公司和站点两个层级建立健全组织机构，确保充换电设施运行维护和运营管理工作有序推进。

二是开展充电市场需求调研。通过问卷调查、查阅数据、实地走访等多种方式开展调研和分析，了解电动汽车销售情况、电动车用户分布情况、不同电动车对充电设施不同的需求、现有充电设施存在的不足等情况，为规划布局充电网络提供支撑。同时根据用户的不同充电习惯，建立不同的服务模式，满足多元化的需求。

三是科学布局充电网络，体现以客户需求为导向的发展理念。坚持"统一标准、合理布局、分步实施、逐步完善"的原则，协调推进公司充电设施专项规划与地方新能源汽车发展规划和配电网建设规划的有效衔接，统筹兼顾"点、线、面"，确立以快充站为主、慢充点为辅的充电网络布局理念，重点围绕城市社会公共停车场所"交通圈"开展快充点规划，突出"开放、快捷"特色，合理布局快充站点；加强行政、科技、文化、商业中心等"目的地"的慢充点规划，突出"便捷、经济"特色，适当布局慢充站点。

四是充电设施类型多元化，全方位示范引领新能源汽车产业发展。安徽电力建设覆盖全省所有高速公路服务区的快充网络，满足电动汽车城际出行充电需求，减少车主对里程的忧虑；建设为公交车服务的大型专用充电站和换电站，为出租车服务的直流快速充电站，以及为私人乘用车服务的快充慢充相结合的充电网络，满足多种类型电动车辆的充电需求。

五是创新管理机制，提升运营管理的信息化、互动化、智能化水平。充分发挥现代信息技术的作用，加快智能电网、移动互联网、物联网等新技术的应用，形成基于电动汽车运营管理系统的运维管理体系、基于电动汽车互动服务平台的服务管理体系和以营业厅充值缴费为基础的经营管理体系。

（二）统筹谋划，实现充电网络布局科学化

安徽电力依托高速公路网、社会公共停车资源，开展公用充电设施建设，逐步实现服务半径由疏到密，建设规模由少到多，需求与设施相匹配。为科学规划电动汽车智能充换电网络，主要采取以下做法：

一是做好与地方政府新能源汽车和充电设施专项规划的衔接。安徽电力积极配合省能源局，主动参与安徽省新能源汽车产业发展规划和充电设施建设规划的编制，同时根据以上规划并结合政府公共停车场规划，组织编制《国网安徽省电力公司2014—2020年充换电服务网络建设规划》。

二是做好与配电网规划的衔接。在开展项目选址的同时同步考虑充电站外部电源供应的可行性，在项目可研阶段同步做好外部配电网建设可研，确保项目能够落地，电力供应安全可靠。同时在项目可研阶段提前做好各专业业务协同，重点加强营销与发展策划等专业间的协调，将充电站项目建设和配套电网建设规划与改造计划有效衔接。

三是坚持统一标准、合理布局、分步实施、逐步完善的原则。安徽电力依据国网公司的典型设计，统一规划建设标准，根据电动汽车推广规模、充电桩的充电能力，分析充电用户的充电习惯和充电需求，测算充电站交、直流配比，合理确定建设规模和选址分布。然后依据电动汽车电池充电能力，测算充电站点服务半径；最后结合社会停车资源开展充电站点典型规划设计。会同安徽省交通厅和安徽交通控股集团，结合全国充电网络总体规划布局，认真调研分析安徽省汽车城际出行需求及电动汽车推广应用情况，充分利用电动汽车产销大省的区位优势，按照"客户导向、重点突出、适度超前、分步实施"

的原则，确定以合肥、芜湖等国家新能源汽车推广应用城市为骨干中心，以“先京台、沪蓉”“再沪渝济广”“后其他支线高速”的建设时序，规划布局全省城际快充网络，确保站点建设满足车辆出行需求。

四是加大行政、科技、文化、商业中心布局，突出示范引领作用。充电设施规划全面覆盖合肥、芜湖等重要城市的重点区域，在人流密集的行政办公区、科技文化区、交通枢纽、社会大型商场等行政、科技、文化、商业中心，重点布设充电站，兼顾“点、线、面”统筹规划。依据推广初期的运行情况及消费者的需求，优化布局重要商圈，形成中心城区快充网络和高速公路城际网络，实现全省高速公路不超过 50 公里的快速充电网络，合肥市重点区域服务半径不超过 5 公里的充电网络。

2016 年，安徽电力积极对接省政府机关事务管理局，与安徽省行政中心签订协议建设 200 个充电桩，第一期已建设城市快充站 4 座，配置直流充电桩 32 个，建设交流充电桩 68 个（合计 100 个充电桩）；在合肥市政务办公中心，滁州市政府、滁州市南谯区政府、滁州市琅琊区政府，六安市金安区政府，芜湖市三山区政府等政府部门建设城市快充站 7 座；在安徽省安全厅、合肥市瑶海区政府、合肥市包河区政府等政府机关单位布置交流桩 61 个；在合肥南艳湖公园，芜湖三山莲花公园、芜湖雕塑公园、芜湖龙山公园，六安悠然南溪、六安城北公园等公园景点建设城市快充站 8 座，配置直流桩 72 个，交流桩 198 个。

（三）加强标准化建设，实现充电网络规模化、多元化发展

1. 设计方案标准化

安徽电力针对各类电动车型，全部按照“六统一”（统一标准、统一设计、统一建设、统一标识、统一服务、统一计费）原则进行典型设计，按照场站规模、平面布局和工艺流程的共性，将每一层级的设备、产品、建设标准、外观标识做到统一化、通用化，形成标准化的设计方案，确保只要电动汽车充电接口符合国标要求，即可在充电桩上进行操作，充电操作流程统一；用户在任一营业网点办理的充电卡可在国网建设的充电桩上跨省、跨区使用，同时支持二维码、预约号等多种便捷的支付方式。

2. 实现技术产品标准化

安徽电力针对不同类型的充电站，对于其中的充电机（充电桩）和变压器等主要设备建立的产品规格标准，在满足国家所有现行标准的基础上，要求供应商按照安徽电力的产品规格标准进行定制加工生产，实现产品功能定制化、技术规格统一化、产品采购集约化、质量服务最优化。对于同类产品，实现产品的通用性。通过对接口、材料和通信协议的标准化定制，实现充电桩等关键产品的通用互换，为电动汽车智能充换电网络的建设运营创造条件。

3. 实现建设施工标准化

安徽电力通过强化项目建设管控并实施以下措施，加快网络布局。

一是严格项目建设管控。倒排工期确定工程建设计划，确保规划、设计、物资、招标与工程实施等各阶段密切衔接。强化计划刚性管理，严格关键节点控制，加强分节点管理和督办，明确各部门、各单位的工作责任、工作任务和阶段目标。密集调度，定期召开调度会、协调会，实行月报、周报、日报制度，高效并行推进各项工作。强化工程组织，严格执行里程碑计划，加强工程进度管理，制定详细的分部、分项工程的施工计划与施工组织措施，确保各工序有效衔接、有序推进。

二是优化项目建设流程，缩短项目工期。对工程建设过程中的设计、物资、施工、监理、验收、装表接电等各个环节流程超前进行认真梳理，对相关流程采用由串联改并联的办法，以进一步优化、缩短工程建设周期，为在最短时间内建成充换电网络提供有力的支撑。

三是“解剖”充电站项目，组织统一招标、统一设计，统推项目进度。将每个快充站项目细化为物资类和非物资类等两大类五小类，积极协调招标批次，分别参加国网公司、省公司二级招标程序，确保以最优时间完成招标。组织统一标准化设计，并统一推进项目进展。

四是严格建设安全。深入开展“三抓一巩固”“三强化三提升”安全质量活动，做好各项安全质量管理措施，强化过程管控与执行，确保安全质量控制目标的实现。进入工程竣工验收阶段，施工人员紧密配合运行人员进行现场验收，做好缺陷的处理和消缺工作，确保工程“零缺陷”移交。

五是加强充电站工程调度协调，在工程设计、物资供应、现场实施等方面做好组织协调工作，参建、参运各方协同作战、密切配合，保证项目进度按计划推进。加强外部供电线路协调，实现与充电站工程同步规划、同步建设、同步投运。

4. 实现数据采集及控制标准化

安徽电力以实现电动汽车充换电网络智能化控制、智能化管理、智能化互动服务为目标，首先要求充电桩上传统一格式的数据报文，经加密后传输至统一的管理平台，实现实时数据、生产数据、视频数据等数据资源的分类存储和管理。同时，建立与其他数据资源的接口，实现数据的互换和有效融合，统一支撑平台应用。

安徽电力现已建成为300多辆电动公交大巴车服务的大型充电站11座和换电站2座，为合肥电动出租车服务的充电站4座（100个直流快车桩），为私人乘用车服务的交流慢充桩2005个，以及为电动乘用车跨城际出行服务的高速公路服务区快充站42座，满足多种类型电动车辆的充电需求，支撑安徽尤其是合肥地区电动汽车产业发展，引导更多政府企事业单位和车主购买电动汽车，起到良好示范引领作用。

（四）以“四化”为引领，建立相适应的运维管理体系

一是设备管理实时化。为满足充换电网络运营监控的需要，安徽电力开发建设安徽省电动汽车智能充换电网络运营监控系统。系统通过对充换电设施的集中监控、运营数据采集与统计分析、设施资产与运行管理、视频监控等几大功能模块，实现充电网络运维实时化、自动化、智能化管理，及时掌握设备动态，并通过大数据分析提前发现设备隐患。

二是运维管理标准化。组织制订《充换电操作标准化作业指导书》《充换电站设备故障处理标准化作业指导书》《充换电站巡视标准化作业指导书》《交流充电桩故障处理标准化作业指导书》《交流充电桩现场巡视标准化作业指导书》《车辆进站充电管理制度》《车辆钥匙领用管理制度》《交接班制度》《充电过程巡查制度》等，逐渐完善充电站运行管理制度。各充电站均建立消防报警系统和视频监控系统，加强充电站充电区域安全，确保充电站安全稳定运行。对作业人员进行抽查和定期检查，分层次开展专业培训，不合格人员坚决不予上岗。

三是安全管理协同化。加强营销、配电、信通等专业的协同合作，实现充换电设备、配电设备、通信设备及运营系统的安全协同管理。严格落实安全防控制度，梳理充电站人员触电、充电设备过热、电池燃烧、汽车拉桩四个方面的重点风险，制定“四防十要”管控措施。定期开展危险点检查，健全运行事故应急处理机制，制定电池燃烧应急处置办法，完善紧急停电等应急预案，强化应急演练，提高事故处理水平。5年多来保持“零事故”安全运行。

四是巡视抢修一体化。加强与许继、南瑞、国轩高科等充换电设备、动力电池专业供应商的合作，签订设备巡检及试验协议，建立常态化技术支持机制。区域运维班24小时值守，在开展日巡视的同时，实施充电桩故障全天候快速响应，为客户提供咨询、报修和应急服务。巡视或抢修发现的常见小故障由运维人员直接排除；复杂故障由专业供应商长期驻点，随时应急响应排除故障，确保设备完好。

（五）积极服务客户需求，建立相适应的服务管理体系

安徽电力充分利用当前互联网技术和现有电动汽车充换电站资源，研发安徽省智能充换电网络互动服务平台及手机App软件。网站在提供信息化服务的同时，结合现有服务渠道逐步建立一套完整的客户服务体系，形成营业网点实体服务和网站信息化服务相结合的运营模式。

智能互动平台能够为电动汽车用户提供网上地图查询、充电预约、充电导引、车辆信息查询及充电站信息查询等客户互动业务，通过二维码身份认证可实现移动端无卡充电服务功能。智能互动平台建起充换电设施和电动汽车用户之间的桥梁，实现面向电动汽车用户的充换电互动服务。

此外，建立充电服务客户经理制，聘任客户经理，进行全方位培训，考试合格后上岗工作。按照区域分工制，在充电场站公布客户经理电话，24 小时服务，引导客户安全规范充电。同时制定客户经理工作流程，建立客户经理业务支撑机制，为充电客户提供科学、规范和舒心的充电服务。

（六）以效益为目标，积极完善经营管理体系

一是积极争取出台配套政策。安徽电力一直致力于充电设施经营主体生态环境构建的研究，配合地方政府出台公交、环卫、出租等专用电动车辆经营管理意见等制度。2014 年，安徽电力主动适应国家加快发展电动汽车产业的要求，综合考虑公共充电设施建设成本以及收取服务费可能遇到的难题，督促地市供电公司主动向地方政府相关部门汇报，出台充电服务费等支持政策。合肥市率先出台《关于电动汽车充电服务价格实行与燃油燃气价格联动机制的通知》，明确直流快充和交流慢充的充电服务费标准。同时市政府出台了充换电设施建设补贴政策，合肥、芜湖城市充电站建设用地无偿使用，并可获得一定的财政补贴。政策的陆续出台进一步推动充电设施建设运营的可持续发展。

二是针对不同充电客户制定不同的经营策略。针对公交充电客户，按照用电大客户服务模式，统一结算，减少环节，提高效率。针对城市电动出租车客户，与出租车公司统一办理充电结算，提高规模化运营效益。针对社会分散慢充客户，加强宣传，畅通渠道，以多种方式提高充电桩利用率，尽可能增加营业效益。

三是完善充电营业规则。安徽电力在全省 69 个营业厅开通充电卡售卡窗口和网络服务渠道，制定充电服务 IC 卡管理办法，明确充电卡业务相关管理流程，向电动汽车用户提供充电卡开卡、充值、挂失、解锁等服务。同时，营业网点负责解答用户相关咨询和受理 95598 故障报修工单。

四是加强与新能源车企的合作，提高充电设施利用率。与新能源汽车销售店开展合作，主动推广公司充电站点信息和手机 App，提高知晓率。与社会电动汽车租赁公司开展合作，积极探索电动汽车群客户服务模式，不断提高电动汽车充电规模，尽可能提高经营效益。积极参与政府电动汽车推广计划编制工作，尽可能在核心区和电动汽车分布较多场所开展充电桩布局和建设，从电网规划、充电设施布局层面充分考虑充电效益。

三、大规模、多元化电动汽车智能充换电网络建设与运营管理效果

（一）推动全省城际快充网络形成以及新能源汽车产业发展

安徽电力已建成以覆盖全省所有高速公路服务区、共 136 座高速公路服务区充电站的城际公共快充网络，高速公路服务区平均每 50 公里即可到服务区进行充电，满足市场上所有在售电动汽车车型的续驶里程要求，一卡在手可出行全省。合肥、芜湖等新能源汽车推广城市，其充换电网络实现规模化、多元化发展，并形成以电动汽车智能充换电网络运营管理系统和互动服务平台为基础的高效运营机制，有力促进重点城市新能源汽车产业的高速发展。同时，安徽电力还推动有关方面形成对新能源汽车发展的广泛共识，进一步调动新能源汽车生产商与其他充电设施运营商对新能源汽车研发生产和充电基础设施建设的积极性，政企之间建立起通畅稳定的合作机制，营造出良好的新能源汽车产业发展环境。

（二）初步取得充换电业务经济效益

安徽电力已建成投运的充换电设施保持高效、零事故安全运行，累计发行充电卡 3000 张。累计充电电量 7631 万千瓦时，增加电费收入 6820 万元，2016 年收取充电服务费超过 800 万元，运营数据处于全国前列。

（三）取得明显的节能减排生态效益

电动汽车以电代油有效减少碳排放水平。截至 2016 年 7 月底，国网安徽省电力公司建设的充换电设施服务电动汽车充换电 272 万次，充电电量 7631 万千瓦时，按百公里电耗 14 度电、百公里油耗 10 升计算，节约燃油 5450 万升；按 1 千瓦时电节约 0.35 千克标准煤计算，减少使用标准煤 2.67 万吨，减少二氧化碳排放 1.79 万吨，减少二氧化硫、氮氧化物及烟尘排放量 0.11 万吨，取得良好的生态效益。

（成果创造人：王文红、李惊涛、徐木桂、刘志祥、戴　忠、陈　伟、
曹　俐、陈　全、高维信、李文芳、许竹发、陶远鹏）

有色金属企业价值引领生产经营目标管理

白银有色集团股份有限公司

白银有色集团股份有限公司（以下简称白银集团）前身是成立于1954年的白银有色金属公司，曾创造连续18年铜、硫产量居全国第一的辉煌业绩。2008年，公司引入中信集团战略投资，实行股份制改造。公司现有员工15459人，主营业务涵盖铜、铅、锌、金、银等金属的采选、冶炼、加工和贸易，具备矿山采选410万吨、铜冶炼20万吨、铅锌冶炼30万吨、黄金13吨、白银200吨的年生产能力，是我国重要的多品种有色金属生产基地。

一、有色金属企业价值引领生产经营目标管理背景

（一）基于生存发展和转型升级的现实需要

白银集团基于生存发展和转型升级的倒逼，确立以股权多元化和现代企业制度建立为内涵、重新进入中国企业500强，以主业做强做优和生产性服务业拓展为重点、营业收入进入行业前10位，以建立跨国公司和打造千亿元企业为标志、综合成本和主要经济技术指标进入行业前1/4的“三步走”决策和部署。围绕做强做优传统产业、培育壮大战略新兴产业和提升拓展海外业务“三大板块”，提出高目标价值引领的理念，强调创造效益是企业存在的唯一价值，通过实施改造提升传统产业、整合资源、优化布局、价值引领创新管理，赋予生产经营目标管理新的内涵，按照“年年有新增长，年年有新提升”的总体要求，推动企业技术提升、操作优化和转型升级。高目标价值引领作为一种理念、一种工作方法，成为公司生存发展和转型升级的现实需要。

（二）立足新起点，实现可持续发展的战略选择

2009年开始，白银集团借助与中信集团的战略合作，发挥政策优势、生产优势、技术优势，借助中信集团的发展平台、资本运作经验和高端人才资源，将自身的技术、人才优势与中信集团的资本、管理优势和国际化经验相融合，借船出海，整合股东资源推动产业升级，走创新式质量效益集约增长的经济发展道路，推进管理创新、技术创新和制度创新，生产经营实现倍速发展，开始朝着国际化、高端化、多元化“三化发展”目标迈进。站在新的历史起点，面临有色行业大有作为的重大战略机遇，只有坚持高目标价值引领，才能毫不懈怠地向着建设“国际知名、国内一流”跨国公司的目标前行。

（三）积累后发优势，重返有色金属行业第一阵营的更高追求

2014年以来，有色企业面临着诸多矛盾相互叠加的严峻挑战，能否挺住活下去，比的不再是规模和产能，而是发展理念和转型思路。围绕积累后发优势，白银集团提出坚持传统产业与战略新兴产业并重、重资产与轻资产并重、国内发展与国际拓展并重、先进制造业与现代服务业并重、实体经济与金融投资贸易并重、生产经营与资本运营并重的“六个并重”发展新举措。要迈进有色金属行业的第一阵营，必须把握好企业转型发展的方向、目标和路径，坚持高目标价值引领，统筹布局、协调推进“六个并重”，实现传统动能全面升级、新兴产业持续壮大、产品结构持续优化和质量效益明显提升。

二、有色金属企业价值引领生产经营目标管理内涵和主要做法

白银集团坚持以高目标的价值引领，提高效率和效益，激发活力，以多角度、全视角寻求新的经济增长点，实现年年有新增长和新提高。突破定量化的经济技术指标，赋予目标管理高水平的产业优化和资源整合，以及国际化、高端化、多元化等企业可持续发展的生产经营管理的新内涵。从全价值链挖潜、降本和增效，着眼打造“国际知名、国内一流”跨国公司的目标，坚持高起点谋划、高站位布局、

高标准推进转型发展和提质增效，构建生产经营高目标特征指标值，以 PBC（个人承诺计划）形式推进目标管理，建立以“经营业绩论英雄”的考核评价标准，推进价值引领生产经营目标管理的落地深植，形成独特的生产经营管理模式，实现白银集团的可持续发展。主要做法如下：

（一）制订价值引领生产经营目标管理指导思想和工作原则

指导思想是：围绕高目标价值引领建设“国际知名，国内一流”跨国公司的总目标，坚持高端化发展，做强做优传统产业板块；坚持多元化发展，培育壮大新兴产业板块；坚持国际化发展，扩大海外业务板块；构建传统产业与战略新兴产业并重、重资产与轻资产并重、国内发展与国际拓展并重、先进制造业与现代服务业并重、实体经济与金融投资贸易并重、生产经营与资本运营并重的发展新业态。通过走质量效益型发展之路，打破对传统产业的路径依赖，推进产业结构优化调整；通过优化资产的配置方式，将产品竞争优势上升到全价值链竞争优势；通过运用资本的纽带和杠杆作用，打造多元盈利模式；通过引导分子公司建立基于全价值链管理具有竞争优势的高目标特征指标值，形成以“业绩论英雄”的价值导向，激发分子公司的活力，使价值引领生产经营目标管理呈现出“年年有提高、年年有增长”的发展态势。

工作原则包括：坚持“价值引领、一企一策、市场倒推和多措并举”四项原则，以白银集团总体战略为主线，将企业转型发展和提质增效作为长远目标，依照各分子公司经营现状、业务领域等要素，参照历史和行业最优指标，高站位、高起点、高标准分类滚动制订生产经营高目标，多角度、多方位寻求新的经济增长点，谋求企业的可持续发展。

（二）构建价值引领生产经营目标管理体系

1. 建立价值引领生产经营目标管理的机制保障

一是建立领导机制。各级组织负责人是推行目标管理的第一责任人，抓全面、负总责，业务主管按照分工抓落实、细督查，层层抓落实。成立目标管理工作机构，负责集团公司层面目标管理的推进，组织相关部门对二级单位目标管理项目完成情况进行总结评价。

二是建立工作机制。目标管理以制订目标为起点，以目标完成考核为终结，建立“一定、三全”机制。“一定”，即确定与集团公司发展状况相适应的当期目标管理的重点。围绕成本、指标和效益，坚持问题导向，选取重点关键问题作为推行目标管理的突破口，确定阶段目标管理的重点。“三全”，即全过程、全要素、全员参与。围绕低成本战略，将生产经营管理活动过程中的所有管理要素进行细化分解，横向到边、纵向到底。明确各要素归口管理部门和各级管理人员目标管理责任。全面强化压力传递机制，使集团公司从管理层到每一级关键岗位员工都能参与到目标管理的全过程。

三是建立运行机制。目标的设定、运行和评价，强调自加压力、否定自我、超越自我。在确定各级组织目标的基础上，鼓励下级组织和员工自主提出超越组织的目标、自主确定目标的达成基准、自主选择达成方法、自我控制推展进度、自主执行过程检查、自行判断评价成果。制定推行目标管理的激励办法和措施，把目标系统内的所有成员放在统一的责任体系内。

2. 制订各分子公司生产经营高目标实施方案

确定不同类型分子公司的高目标特征指标，冶炼系统聚焦冶炼综合加工费成本，采选系统聚焦精矿金属综合成本，其他子公司聚焦净资产收益率。各分子公司对照高目标特征指标值，将该目标分解为可量化的分目标，落实到部门和个人。在可控生产要素追求历史或行业最优的条件下，通过新产品开发、资源综合利用、增加营业外收入、拓展业务空间、提高劳动生产率、整合有效资源和推进改革等手段，保证实现生产经营利润总目标。同时针对分目标制定相应的配套措施和方法，明确路线图和进度表。

3. 实施可持续发展的高目标价值引领战略

一是高目标价值引领改造提升传统产业，优化布局。围绕污染综合治理、技术提升、资源开发等重大项目，采取引进国际先进技术和加强自主创新相结合的方式，对主体产业实施铜冶炼精炼、铅锌渣综合利用、白银炼铜法技术再创新等数十项技术改造，着力用高目标价值引领改造提升传统产业。组建专业化资源综合利用有限公司，综合利用公司堆存50多年的700多万吨铜冶炼废渣中的12种有价伴生金属，构建主体产业清洁生产、二次资源“吃干榨尽”、绿色环保低碳的循环经济产业链。立足打造新的增长极，紧跟和对接国家战略新兴产业政策，积极培育战略新兴产业。通过高目标价值引领改造提升传统产业，进行结构性调整，不断优化产业布局。

二是高目标价值引领战略合作，整合资源。借助与中信集团的战略合作，加快境内外资源并购，国内以白银、陇南为中心，辐射新疆、西藏、陕西、内蒙古、云南五省（区）进行资源开发。拓展海外资源，与秘鲁、南非、刚果（金）、菲律宾、哈萨克斯坦等国家开展黄金、铜、铁、镍等资源开发合作。

三是高目标价值引领国际化、高端化和多元化发展。国际化方面，抢抓国家“一带一路”建设的重大机遇，探索“走出去”的新模式和新路径，巩固和扩展境外投资运营平台，创新资本运营手段，优化资产结构，调整产业布局，实现境内外资源与资产滚动发展。高端化方面，抓住国家培育发展战略新材料的契机，着力研发铜、铝、铅、锌有色金属新材料的关键技术和核心产品，加快推进公司主导产品从产业链低端向中高端转移。多元化方面，跳出传统产业，改变单一的产业结构，发展战略新兴产业、循环经济、金融贸易和生产性服务业等板块。

（三）做好价值引领生产经营目标管理的过程控制

1. 以PBC的形式推进价值引领生产经营目标管理

在集团和分子公司管理中层推行重点工作任务PBC，根据集团公司战略目标和年度重点工作任务，结合单位工作重点，按照职责匹配进行逐级分解，并与其考核主管沟通制订年度和月度重点工作任务个人承诺计划。考核主管按照规定完成对承诺人的考核评价。其中，单位党政主要负责人的考核主管为集团公司分管领导；单位副职的考核主管为本单位党政主要负责人和集团公司分管领导。成立由集团公司主管领导以及党委组织部、企业管理部、集团办公室、经济责任制考核办公室主要负责人组成的中层管理人员重点工作任务PBC考核小组，负责中层管理人员年度和月度重点工作任务PBC考核结果的审核；负责重点工作任务的督办；及时将集团公司各种会议和主要领导督办的重点工作任务向分管领导和相关单位发出督办通知，并通过PBC的调整计划落实督办事项。考核小组下设办公室，具体负责考核结果的收集、汇总和公开等工作。

制订阶段目标。坚持先进性原则，与当前指标比促进步，与历史最好指标比促提高，与行业最优指标比促提升，制定可确定的、可衡量的、可接受的、有时间限制和通过努力可以实现的，以及对企业发展具有一定挑战性的阶段新目标。

建立问题管理机制。强化目标认领意识，通过系统分析和去伪存真，找到问题的本质，从本质出发，按照目标管理的方法，研究问题整改方案，明确问题整改责任人、时间表和路线图，持续提升阶段性组织和岗位新的目标计划。

各尽所责分解落实。依据岗位责任和职责“定目标”，将组织的目标按照管理的责任和拥有的资源落实到各级管理层和关键岗位员工。

自我管理控制实施。目标制定环节，按照岗位职责上下互动自定目标，自我承诺兑现达成基准；在目标实施及过程控制环节，自行制订完成目标行动计划，自主检查实施进度，自我追踪达成状况和自我检讨改进策略；在目标评价和结果运用环节，自我评估完成效果和自我承担目标结果。

2. 推进管理、技术和制度创新，为价值引领生产经营目标管理提供支撑

管理创新方面。以低成本战略为导向，下放资金审批权、物资采购权、投资项目决策权、工资总额和高管薪酬分配权、中层管理人员选聘权、工程技术人员聘用权、灵活用工权7项权利，建立集团管控

新模式，还原分子公司的市场主体地位，推进分子公司向生产经营型转型。站在企业价值链的整体高度，探究和解决当前影响公司成本、指标和效益的突出问题，挖掘和积累公司的内生力量，从管理、技术和操作三个方面进行价值链流程优化再造，支撑产业升级发展。创新营销模式，整合搭建前中后运行平台，重新设计营销组织架构，建立标准化营销业务流程。

技术创新方面。组建10个专业研究所和1个理化检测中心，构建“两院十所一中心”的创新平台。创建国家级企业技术中心，与西安建筑科技大学等8所院校建立产学研相结合、企校院相合作的协调创新机制，组建“西部有色金属矿产资源高效开发及节能减排产业技术创新战略联盟”和“金属矿物加工与绿色高效浮选药剂产业技术创新战略联盟”。与北京有色金属研究总院共建“生物冶金国家工程实验室——白银有色联合实验室”，与江西理工大学共建“有色金属新材料及加工实验室”。建设“矿用浮选药剂国家地方联合工程实验室”等6个重点联合实验室和工程技术研究中心。2010—2015年，累计投资144亿元，开展31项“产学研”合作工程设计、新产品研发和资源综合回收利用技术研究，自主创新白银炉熔池富氧炼铜、新型焙烧炉、低污染湿法炼锌、核聚变超导绞缆、超微细电磁线等核心技术。

制度创新方面。对标上市公司规范，按照“先立后破、适应职能转变、提高管理效率”的原则，建立涵盖基本管理、人力资源管理等9大类、32个业务单元的285个管理流程和475项内控制度，形成高目标价值引领下“系统完备、科学规范、运行有效”的现代企业制度体系。

3. 拓展业务、开放市场和补齐短板，为价值引领生产经营目标管理奠定基础

一是高目标引领拓展业务。分子公司围绕拓展业务“盈利”、把握机遇“赢利”和转型发展“营利”，从支撑公司当期业绩的“嘴里吃”的核心业务、正在投资培育的未来具有高成长性的“锅里煮”的新兴业务以及正在谋划投资的“地里种”的种子业务等三个方面高站位、高起点、高标准设立业务拓展目标。坚持把质量和效益放在首位，吃干榨尽二次资源，壮大能够带来主要利润的核心业务，培育多元化的盈利模式，在合理控制资产负债风险的前提下实现营业收入规模与盈利能力的协调发展。

二是全面向分子公司开放内部业务市场。按照“市场公允、提升产品竞争力和提高服务质量保障”等原则，建立集团内部分子公司固定资产投资项目、日常维检项目、生产经营物资采购等区域互为市场、供需合作机制。整合内部专业力量和专家队伍，实现市场化监督，构建集团内部企业互为市场、协作共赢的发展格局。向集团外推介各分子公司产品、服务，为“红鹭”“敦煌”“西铜”等品牌产品“走出去”创建平台，形成高目标价值引领推进增品种、提品质、创品牌的良好态势，打造高目标价值引领业务拓展的新高地。

三是探索建立从全价值链、全要素补短板的有效途径。在集团层面，按照把机关部室打造成“高效服务型价值创造总部、管理变革的策源地和管理咨询的智库型参谋部”这一目标，梳理管理和服务清单，推动机关部室由强化管理功能向强化服务功能转变。围绕“在放权上求实效，在监管上求创新，在服务上求提升”，从建立集团和分子公司两个层面的内控体系，优化管理服务清单和构建激发更大价值的管理服务高目标等方面补齐管理短板，实现价值引领目标管理工作的重点突破和全面提升。

在分子公司层面，纵向与历史最好指标比不足，横向与行业先进指标找差距，围绕可控生产要素的匹配和优化，应用预算管理、对标管理、单元成本分析法等先进管理工具和方法，找出本单位高目标特征指标值的关键要素，探索建立从全价值链、全要素补短板的有效途径。其中，冶炼单位紧盯设备检修模式的创新，强化工艺操作，加大复杂物料处理力度、新产品的开发、资源综合利用和降低资金费用；采选单位紧盯加强生产管理和改进“三率”管理短板；子公司紧盯市场开发，提高产品服务质量。2015年，公司总加工成本、备品备件和销售费用分别降低9.3%、30%和10%，高目标价值引领的理念成功植入分子公司经营管理实践。

4. 深化宣贯，确保价值引领生产经营目标管理落地深植

制定高目标价值引领发展学习辅导纲要，从高目标价值引领发展提出的背景、内涵、意义和推进高目标价值引领落地生根等方面进行全面的深化宣贯。集团公司分管领导“蹲点”抓辅导，各分子公司、机关各部门以及车间、科室、班组层层宣贯，全公司上下把高目标价值引领作为深化改革和转型升级的切入点，按照“查问题、找方向、定目标、落实措施”的工作方法，转变思维模式、突破传统观念，分解高目标特征指标值和与其紧密关联的其他指标值，制定科学严谨、具有可操作性的实现高目标值的具体措施，健全配套的控制、评价和考核机制，高目标价值引领的理念和生产经营高目标特征指标值在宣贯落实中得到深植。

（四）建立“以业绩论英雄”的考核激励机制

按照以“业绩论英雄”的价值导向，白银集团对不同类别的企业有针对性的选用不同的考核指标，竞争类企业考核盈利能力，考核指标为净资产收益率；功能类企业考核融资能力和风险管控；公共服务类企业重点考核净费用。竞争类企业细分为完全市场化充分竞争类、半市场化竞争类和内部市场化竞争类，功能类企业细分为贸易类、投资类和技术类，考核时区别对待。分类管理和分类考核办法的实施，彻底打破“大锅饭”，实现“亲兄弟、明算账”，激发分子公司的活力。

（五）持续改善价值引领生产经营目标管理

分公司依据近 3 年来最不利的有色市场环境，以主产品最低市场售价和冶炼最低原料加工费为基础选取标准。子公司以近 3 年来各行业净资产收益率最优值为条件选取标准。

精矿金属综合成本标准选取：矿山企业以近 3—5 年市场最低价格为依据，参照本年度预计的供矿量、损贫指标、供矿品位、选矿回收率、资金利息及土地摊销和选矿近 5 年最低加工成本，以利润总额持平倒推精矿金属综合成本。选矿企业参照近 5 年来最优的铜系统、多金属系统处理矿单位成本，结合年度预计处理量、回收率、精矿金属量等指标，确定铜系统、多金属系统处理矿金属成本标准。

冶炼综合加工费成本：冶炼企业以近 3 年市场最低冶炼加工费价格和近 3 年最优加工成本，参照年度预计产量、冶炼回收率、副产品加工成本、渣选（设计指标）及铜系统选硫加工成本、渣类及废旧物资利润额、资金利息、销售费用、土地摊销等，确定矿产阴极铜铅锌冶炼综合加工费成本标准。

子公司净利润高目标值实行一企一策，净资产收益率参照行业最优值确定。同时，结合各分子公司实际，明确不同单位年度高目标特征指标，并按照市场倒推的原则，确定生产经营高目标值。在集团公司确定的生产经营高目标值基础上，通过“以业绩论英雄”的考核激励，促各分子公司自加压力，年度滚动调整确定高目标特征值。

三、有色金属企业价值引领生产经营目标管理效果

（一）生产经营实现逆势增长

2015 年，白银集团实现工业总产值 277 亿元，同比增长 8.06%；实现营业收入 549.04 亿元，同比增长 18.65%；实现利润总额 2.897 亿元，上缴税金 7.36 亿元，同比增长 27.56%；完成固定资产投资 15.2 亿元，同比增长 4.8%；铜铅锌产品产量完成 40.92 万吨，同比增长 25%。白银集团实现持续 6 年盈利。2016 年 1—9 月份，白银集团完成营业收入 458 亿元，同比增长 7%；实现利润总额 4.27 亿元，同比增长 300%，均高于有色金属行业平均水平。

（二）形成高目标价值引领管理的新模式

通过价值引领生产经营目标管理体系的建立，还原分子公司市场化主体地位。通过建立以“业绩论英雄”的考核评价机制，各分子公司瞄准行业先进指标，眼睛向内强管理、降成本，眼睛向外赶先进、抓对标，实现三年前不敢想的事，完成三年前感觉不可能完成的任务，刷新三年前认为难以突破的技术指标。通过推行任期制和契约化任期目标管理，突出价值创造和效益导向，形成高目标价值引领管理的

新模式。

（三）奠定健康可持续发展的基础

通过深入实施高目标价值引领的实践探索，高目标价值引领已成为白银集团深化改革、转型发展的行动指南，体现公司应对经济发展新常态的新思考、新理念和新方法。通过建立价值引领生产经营目标管理体系，打开白银集团改革转型发展的广阔空间，走出一条高目标价值引领拓展业务、全价值链全要素挖潜的质量效益集约增长的新路，解决公司转型发展的深层次结构矛盾和问题，为公司健康可持续发展奠定基础。

（成果创造人：廖　明、张锦林、雷思维、吴贵毅、杨成渊、付庆义、朱银鸿、张得秀、赵三生、刘存骥、赵玉宗）

煤炭企业“3450”安全管控体系建设

淮北矿业股份有限公司童亭煤矿

淮北矿业股份有限公司童亭煤矿（以下简称童亭煤矿）位于安徽省濉溪县五沟镇，1989 年 11 月 30 日投产，以生产肥煤、气煤、焦煤为主。2004 年扩建陈楼块段，矿井核定生产能力为 180 万吨/年，现有在岗职工 2638 人。

一、煤炭企业“3450”安全管控体系建设的背景

（一）助推企业安全发展的内在要求

“安全生产，一失万无”已经成为淮北矿区的“全民共识”。2011 年，童亭煤矿在总结 PAR“手指口述”安全确认和风险预控等管理法取得的实践经验和丰富成果的基础上，提出“一切事故都是可以预防和控制的”这一事故预控理念。童亭煤矿通过对自身安全管理经验的研究发现，从来就没有“必然发生”的事故。安全生产工作跟其他任何事情一样，都是有规律可循的，只要善于发现规律、掌握规律，不断采取先进的技术手段，不断改进安全生产管理，努力提高职工的安全意识和综合素质，提前做到预教、预测、预报、预警、预控，就能完全避免事故的发生。童亭煤矿吸收、转化兄弟矿井、先进企业的管理经验，结合自身实际，经过提炼、实施、修改、完善、总结、分析、再实施等步骤，最终形成具有童亭特色的“3450”安全管控体系。并使“3450”安全管控体系成为淮北矿业安全生产体系建设的有益补充，为矿井安全生产、长治久安提供有力的保障。

（二）加强安全管理的治本之策

近年来，童亭煤矿在淮北矿业“54321”安全生产体系的引领下，以推行 PAR“手指口述”安全确认管理法和风险预控为载体，狠抓“三基”，强化培训，创新管理，超前预控，逐步走出一条富有童亭煤矿特色的安全管理模式，矿井保持较长的安全周期，取得较好的安全效果。但仍有部分职工“有章不循、有禁不止”，“三违”行为时有发生，隐患排查、整改不及时，对规章制度执行上存在一定的逆反心理，给安全生产带来较大威胁。如何巩固现有的安全成果，实现更长的安全周期？如何杜绝工伤事故，把隐患消灭在萌芽状态？童亭煤矿通过深刻反思、科学研究，得出如下结论：事故的发生是由人的不安全行为和物的不安全状态共同作用的结果，有针对性消除和控制人的不安全行为和物的不安全状态，是企业安全管理工作面临的日益紧迫的重要课题；安全生产的核心是人，要实现矿井本质安全，必须用先进的安全体系来培育全员安全价值观，规范安全行为，建设本质安全型的员工队伍；安全管理必须侧重于事前的预控，只有从源头上堵塞管理中的漏洞，牢牢抓住安全管理的主动权，构建“预防为主、管控结合”的安全长效机制，才能有效地预防和控制安全事故的发生。

二、煤炭企业“3450”安全管控体系建设的内涵和主要做法

童亭煤矿实施“以人为中心”的安全管理，突出贯彻落实“安全第一”的指导方针，抓住“预防为主”这一安全工作核心，以先进的文化理念贯穿融合，实施从预教到预控的一套闭合、量化、务实的“3450”安全管控体系，其中“3”是“三为”：安全为天、预防为主、以人为本，“4”是“四化”：标准化、自主化、仪式化、信息化，“5”是“五预”：预教、预测、预报、预警、预控，“0”是零伤亡。主要做法如下：

（一）树立“三为”安全观，引领全员共同行动

安全文化决定着企业和职工的安全价值取向和目标愿景，为职工在生产生活中提供科学的指导思想

和精神力量，具有引导行为、凝聚力量的功能。童亭煤矿提出“安全为天、预防为主、以人为本”的“三为”安全愿景。为使“三为”愿景入耳、入心、入脑，易于被干部职工所接受，童亭煤矿结合矿井安全生产的实际，提炼总结出“五大安全文化理念”：事故预控理念，一切事故都是可以预防和控制的；安全确认理念，只有不到位的确认，没有抓不好的安全；安全价值理念，安全是最大的幸福，确认是最好的保证；岗位安全理念，“手指口述”做到位，自己的安全自己管；安全责任理念，安全永远第一，生命至高无上，责任重于泰山。为强化全体职工对安全文化的感悟，童亭煤矿从地面到井下，倾力打造“安全文化长廊”“自办刊物”“广播系统”“闭路电视”和“内部网络”五个安全宣教平台，使职工在耳濡目染中接受安全教育，认同安全愿景，增强安全意识，规范安全行为，营造浓厚的安全文化氛围。

同时，灵活开展各类安全主题活动。坚持“每季有主题、月月有活动”的原则，积极开展行为纠偏、警示教育、典型引路、环境熏陶、考核奖励等活动，在干部职工之间细算“五笔账”，明确安全对矿井效益、矿井形象、政治生命、个人收入、家庭幸福的重要性，强化安全责任意识。按管理层次逐级签订安全承诺书，实行安全诚信双向承诺，从根本上防范人的不安全行为。

（二）加强“四化”建设，提高全员综合素质

童亭煤矿的“四化”建设包括标准化、自主化、仪式化、信息化。标准化，就是精练、实用，准确、规范，使现场安全确认的每一个动作、每一声呼号、每一道程序更加优化、精化、实用化，更具有操作性。自主化，就是通过严格的“学、练、赛、考”活动，促进“安全确认、超前预控”的行为养成，培养职工的良好安全习惯，实现职工从“要我确认”到“我要确认”和“我会确认”的转变。仪式化，就是通过安全确认过程中的列队、宣誓、动作、呼号这些要素的组合，激发团队意识，保证职工始终以昂扬的精神状态投入工作，打造安全生产的仪式系统，展示企业文化形象。信息化，就是依托淮北矿业安全体系支撑平台和童亭煤矿内部网站，打造安全隐患分级排查网络信息化平台，充分发挥网络信息技术的优势，用安全确认走动式管理、隐患分级排查的流程进行控制，弥补传统安全管理中的不足，提升工作效率和安全保障系数。

为了让职工做到“四化”合一，童亭煤矿以推行 PAR“手指口述”安全确认、风险预控等管理法为载体，严格落实“四化”流程，从班前礼仪、精神状态确认到入井前确认，从作业前交接班确认到集体、个体确认，从作业过程确认到作业结束交接班确认，实行闭合管理，每一步操作、每一道工序、每一个环节全部做到精准确认、自主确认。通过“四化”的具体实施和建设，童亭煤矿干部职工的安全意识、安全观念从“要我安全”向“我要安全、我会安全、我能安全”转变。

（三）建立“五预”安全预控体系，防范安全事故隐患

“五预”立足于煤矿安全管理现状，是国家安全生产方针“安全第一、预防为主、综合治理”的具体实践。“五预”重在超前防范，是整个安全文化体系建设的核心。通过预教、预测、预报、预警、预控的递进式、立体化的事故隐患预控体系建设，实现安全管理的同步推进、超前控制、闭环管理。

1. 开展预教，提升全员安全生产技能

坚持“干什么、学什么、缺什么、补什么”的原则，充分利用“一日一题、一周一案、一月一考”，重点抓干部职工的安全意识教育和技能培训，增强干部职工的安全责任意识和安全诚信意识，实现安全教育制度化。充分利用矿四级煤矿安全培训基地，建成通防、采掘、机运、电气等专业模拟实验室和井下模拟实训基地，实现理论教学、模拟实验、实训操作一体化，职工在地面就可模拟井下环境进行实际操作演练，实现教培基地实训化。利用多媒体电子教室、网络教学、短信课堂、导师带徒、流动课堂、“童亭微学堂”等手段，组织开展区队自教、职工自学，消除凭经验作业、“马虎、凑合、不在乎、看惯了、习惯了、干惯了”等不安全行为，提升全员隐患辨识、标准操作和应急处理能力，实现培训方式多样化。

2. 开展预测，超前排查发现各类危险因素

实施安全隐患分级预测，建立矿、专业、区队、班组、岗位五级预测制度，每月由总工程师组织一次全矿范围的隐患预测，统筹把握安全重点和薄弱环节；每周由专业副总工程师组织一次专业隐患预测，对排查出的问题，落实人员现场指导解决；每天区队进行一次“11 种安全隐患人”的预测与排查，发现安全隐患人及时开展谈心帮教；每班班前会由跟班区长、班组长对当班现场隐患进行安全确认、分析排查、现场整改、建立记录。开展全员岗位隐患预测，设立专项奖励，发动职工立足本岗位，围绕作业环境、生产系统、施工工序、设备工具、操作方法、人的不安全行为六个方面开展隐患自查，及时发现和消除动态作业过程中的隐患。落实干部职工隐患预测责任。建立管理干部走动式现场巡查表，干部下现场必须做到“三查两盯”，即：查作业环境隐患、查系统设备运行状况、查人员精神状态和操作标准，盯特殊施工环节、盯重点隐患整改过程，对岗位人员进行安全提示、警示和问询。

3. 开展预报，把预测结果准确及时传输给相关单位及个人

对预测出的安全隐患或危险性问题，统一记入集团公司安全信息平台，并通过“五级”预报，让有关单位和个人超前掌握各类风险隐患和防范措施。一级预报：通过井口电子大屏幕对矿排查的重点隐患进行动态预报；通过调度信息系统、内部办公网络、手机短信平台等现代传输手段，对井下地质灾害、极端天气等突发危害因素及防范措施，第一时间预报到有关单位、人员。二级预报：通过隐患整改联系单及时将专业排查的隐患预报给区队。三级预报：在区队会议室设置“预报看板”，由值班干部将当天排查的隐患、预测的风险随时预报到班组和个人。四级预报：在作业现场设置“预报牌板”，由当班班长将“安全确认”过程中排查出的隐患、风险预报给全班现场职工。五级预报：职工将本岗位预测的风险预报给跟班区长和周围作业人员，互相提醒。通过全方位、全过程的“五级”预报，使干部职工养成像关心天气一样关注安全的良好习惯，自觉撑起自我保护的“安全伞”。

4. 实施预警，对预报的各类安全风险隐患及时警示

对预报反映的安全风险隐患，整理分类，采取针对性的预警措施，强化对“人”的警示。建立实施全员安全风险抵押、安全结构工资制等安全激励制度，严格干部安全责任追究、全员安全绩效考核、超前安全问责，利用经济处罚、行政问责等多种手段对各类人员进行警示。对特殊地段、特别时段制定强化措施，通过严厉的制度、强制性的指令，增强干部职工思想上的警惕性。完善井下安全视觉听觉系统，通过语音、声光、标识牌等，对危险性区域、设备进行警示。完善井下避灾标识，特殊情况下给现场人员以应急指示。

5. 实施预控，提前消除安全隐患和危险因素

通过推行 PAR“手指口述”安全确认、风险预控等管理法，对工作过程中的人、机、物、环进行确认和提醒，对各类安全隐患和危险因素及时辨识和整改，动态控制和提前消除预测、预报的各类危险因素，使现场安全生产达到可控状态，从而实现避免违章、消除隐患、杜绝事故的目的。抓职工行为养成，制定完善《童亭矿班前文化礼仪流程》《童亭矿 PAR“手指口述”安全确认标准》及《童亭矿干部规范管理、工人规范操作和下井人员安全行为规范》。对重点隐患实行专业人员、值班人员、安监员、区队干部“四级专盯”；规范理顺以矿、专业、区队、班组为主的“四级安全自控网络”，构筑点线面结合、立体交叉、全面覆盖的行为管控体系。加大矿井安全信息化改造力度，围绕制约安全生产的技术难题积极开展技术攻关，提升矿井安全技术保障水平。建立完善瓦斯、煤尘、火灾等 11 类安全应急预案，强化学习演练，提高矿井应急能力。加大安全投入，开展设备升级改造，及时淘汰落后设备、工艺，完善增设安全防护设备，提高系统、设备的安全可靠性；积极引进新设备，推广应用新工艺、新材料，提高现场作业的机械化、自动化水平。

（四）健全"3450"安全管控体系制度和运行机制

1. 完善制度规范

童亭煤矿建立包括"3450"安全管控体系精细化管理、安全确认管理、班组管理等基础制度以及五预制度在内的制度规范体系。为保证落实，建立完善的责任落实机制，健全各项支持性制度，严格落实决策管理层、专业技术指导层、组织落实层、现场实施层等各级责任，将"五预"实施过程和结果纳入日常检查考核，并不断完善、深化，真正使"3450"安全管控体系实施有形、落实有果，变为干部职工共同的价值标准和行为规范。

2. 完善运行和奖惩机制

为确保"3450"安全管控体系深入实施，建立安全超前问责、安全诚信、岗位安全创效、安全绩效考核等一整套较为完善有效的煤矿安全管理新机制，为有效落实各级安全主体责任、建立安全生产长效机制、提高员工的安全意识、提升安全基础管理水平奠定良好基础。

在该系统的建设过程中，与PAR"手指口述"安全确认督导考核奖惩系统的建设相结合，建立相应的双向反馈奖惩机制。对于那些对"3450"安全管控体系的实施提出合理化建议，为实现安全生产做出重大贡献的职工给予适当奖励，以增强他们的责任感和满意感，激发他们的工作积极性；对意见处理不及时或隐瞒不报的有关负责人，给予严厉惩罚。

三、煤炭企业"3450"安全管控体系建设效果

（一）完善企业安全生产管理体系

童亭煤矿通过近几年的实践和检验，"3450"安全管控体系初步建立，提升安全生产体系建设的内涵层次，将环境、制度、技术设备纳入安全生产体系建设范畴，做到人、机、物、制度和环境的协调发展，实现矿井安全文化建设与安全管理的有机结合，体现安全文化建设的全员性和系统性。"3450"安全管控体系已经成为淮北矿业"54321"安全生产体系建设的有益补充，并逐渐融入到矿井生产管理的方方面面，形成童亭煤矿安全体系建设的独特模式。

（二）保障企业长周期安全生产

"3450"安全管控体系实施近五年的时间里，童亭煤矿有效地排除了安全隐患，防范了安全事故，提高了安全意识，夯实了安全基础。截至2016年8月10日，累计实现安全生产4050天，创造建矿以来的最长安全生产周期，杜绝重伤及以上二类事故的发生，"三违"行为同比下降63.7%，轻伤下降90%，质量标准化保持淮北矿业一级水平，实现经营效益稳步提升、安全生产健康发展、企业大局和谐稳定的良好局面，成为淮北矿业集团安全生产的一面旗帜。

（成果创造人：陈文新、韩昌伟、侯荣巧、张学功、谢法桐、胡珍玲、任　强）

服务地方经济社会发展的区域配电网规划与实施管理

国网河北省电力公司石家庄供电分公司

国网河北省电力公司石家庄供电分公司（以下简称石家庄公司）担负着河北省省会石家庄市及所辖14个县（市）1.58万平方公里、1049万人口的供电任务。2015年石家庄全社会用电量443.12亿千瓦时，售电量378.61亿千瓦时，网供最大负荷732万千瓦，在国网31家大型供电企业综合排名中名列第11位，业绩考核和同业对标稳居国网河北省电力公司系统第1名。河北省电力公司负责220千伏及以上主网规划，石家庄公司负责石家庄110千伏及以下区域配电网规划，配电网包括110千伏、35千伏、10千伏和0.38千伏电压等级。

一、服务地方经济社会发展的区域配电网规划与实施管理背景

（一）适应京津冀协同发展的需要

河北省石家庄市处于京津冀一体化发展“三轴”之一的京保石发展轴，在推进协同创新、主动承接非首都核心功能疏解等方面需要发挥更大作用。为适应城市新的功能定位，国务院2014年正式批复石家庄市部分行政区划调整。电力作为京津冀协同发展、打造京津冀“第三极”的重要保障要素之一，需要紧密跟踪经济社会发展和城镇化建设步伐。国家能源局2015年9月在全国配电网建设改造动员会上发布了《配电网建设改造行动计划（2015—2020年）》，明确全面加快现代配电网建设的要求。

（二）适应经济结构转型升级的需要

石家庄行政区划调整后，原周边三县鹿泉、藁城、栾城上划至市区，“一河两岸三组团”城市布局、工业强市等重大战略深入实施，加之承接京津产业转移的战略需求，原石家庄配电网的供电区域、营业区域需要重新划分和定位，实现同城化、同质化发展。而且，当前石家庄市正处于产业结构调整、经济转型发展时期，需要进一步加快配电网的智能化升级，强化配电网的服务功能，提高配电网的核心竞争力，并带动关联产业发展。然而，原有配电网规划缺乏科学系统的发展理念作指引，发展思路不清晰、标准不统一、规划不集约，造成建设与改造、一次与二次、公用电网与用户接入的不协调。规划理念的不统一使电网规划建设存在重复投资、反复改造、电网设施运行寿命短等问题，因此亟须建立科学系统的配电网发展理念作为电网规划建设的支撑，保证电网健康可持续发展。

（三）适应电力体制改革的需要

2015年3月，中共中央下发《关于进一步深化电力体制改革的若干意见》文件，电力体制改革正式拉开帷幕。政府主导统筹电网规划，优化电源与电网布局，有利于加强统一规划，促进电力工业协调发展。配电网的功能和形态以及石家庄电网的发展环境都在发生着巨大变化，配电网规划管理老思路已不能适应新常态，加快配电网转型升级的任务非常紧迫，增强供电能力和电网接纳消化能力，形成相互衔接、协调一致的规划管理体系，提高配电网承载能力，提升供电服务保障水平。

二、服务地方经济社会发展的区域配电网规划与实施管理的内涵和主要做法

石家庄配电网规划管理牢牢把握京津冀协同发展、产业结构转型调整、电力体制改革及国家配电网改造行动的历史机遇，建立“需求导向、多元接入、统筹规划”的管理理念，与用户需要相互衔接，统筹兼顾新能源、分布式电源、电动汽车和电能替代等多元化负荷发展，适度超前、高起点、高标准建设配电网，加强配电网规划与地方规划衔接，统筹配置空间资源，提高供电可靠性和智能化水平，满足各类用户接入需求。主要做法如下：

（一）转变规划理念，确定配电网规划发展方向

1. 对接市政规划，确保配电网规划项目落地

贯彻落实国家对城市工作新思路，石家庄市城市总体规划进行了新一轮修编工作，以城乡发展总体规划为指导，以配电网发展规划为基础，配电网与城市控制性详细规划无缝对接，开展“网格化”配电网详细规划，构建远景目标网架，指导近中期网架结构，统筹考虑电源、用户以及土地、环境、站址、廊道等公共资源，合理布局变电站、开关站、环网单元和电缆通道等配电网设施，依法依规保护配电网站址路径。推动配电网项目纳入城市控制性详细规划和土地利用规划，促进配电网项目落地，确保电力“落得下，用得上”。

2. 兼顾多元化负荷发展，满足各类用户接入需求

随着石家庄市转型升级、跨越赶超、绿色崛起战略的实施，加快向绿色低碳循环发展新方式转变，电动汽车、分布式电源、电能替代等多元化负荷快速发展，配电网规划需要做好新能源发展的接纳消化，满足用电需求。

3. 细化标准，制定切实可行的地市规划技术标准

整合国家能源局《配电网规划设计技术导则》、国网公司《关于加强配电网规划与建设工作的意见》、省公司《村级电网典型设计》等多个电网规划建设标准。在供电可靠性、供电安全标准、短路电流水平控制、设备选型和技术经济分析等方面借鉴法国电力公司国际咨询成果，指导配电网规划工作。为调整石家庄配电网规划设计技术原则，石家庄公司制定了《石家庄中低压配电网规划设计建设技术细则》，有效指导配电网规划、设计、建设和运维等方面工作。

4. 明晰配电网网架层级，确定配电网目标网架

通过配网规划辅助管理平台对城市发展控制性详规图和各类地块进行网格化负荷预测，导出网格负荷分布图。结合网格负荷进行开关站、环网单元的布点，形成远景目标网架，指导近中期规划。明确配电网网架层级结构、环网单元和电缆通道的规划建设标准，理顺配电网层次结构，形成结构合理、层次清晰、简洁明确的网架结构。城市中心区架空网以三分段单联络，电缆网以单环、双环为目标网架，现有网架逐步向目标网架过渡。其他区域主干线应合理分段，一般不超过 5 段，并逐步增加联络。

（二）建立配电网规划管理组织体系

配电网规划管理采用石家庄公司主要领导统一领导下的分层分级管理模式，发展部归口统筹，其他专业部门协同配合，经济技术研究所技术支撑。同时，明确工作目标，制订工作计划和管理措施，确保职责界面清晰、协同高效，高质量、高标准完成前期准备、规划编制及成果发布工作。

1. 加强统一领导，实现规划管理的纵向贯通

成立规划领导小组，全面领导规划管理工作，制订总体目标及策略，统一安排职责分工，协调解决管理工作中出现的重大问题。为配合领导小组工作，成立市县两级配电网规划工作组，将发展部作为石家庄公司配电网规划工作的归口管理部门，负责组织规划工作计划编制，工作协调、检查、评价和考核，形成常态化、闭环工作机制。

2. 落实各专业部门职责，实现规划管理的横向协同

各专业部门是规划管理提升与完善工作的配合保障部门，负责本专业范围内沟通、协商、审核、改进等，并对下级单位工作进行检查、评价和考核。运检部负责提供配电网设备评估情况、负载状况、改造需求等信息，负责制定配电网改造总体目标及技术原则，负责参与规划报告评审。营销部负责提供用电需求侧管理、报装结存等信息，提出节能分析，负责明确营销相关规划内容及深度；负责参与规划报告评审。调控中心负责提供年度电网运行分析报告，变压器、配电线路负载率、存在问题等运行信息，负责明确调度控制相关规划内容及深度，负责参与规划报告评价。信通分公司负责提供信通、信息化、

智能化发展等信息，负责明确科技信息通信相关规划内容及深度，参与规划报告评审。

3. 整合相关单位，加强规划管理技术支撑

为加强配电网规划管理，除经济技术研究所外，吸收各县公司作为规划设计与编制等工作的技术支撑单位，共同负责配电网规划整体编制工作、电网基础数据整理分析、目标网架构建、饱和负荷预测，配合发展部开展阶段评审及规划成果评价等工作，使规划管理技术支撑得到了加强。

4. 培育规划人才队伍，提高专业管理水平

打造一支业务精通、结构合理、素质优良的规划设计管理与运行的人才队伍，为构建高效的配电网奠定了基础。在石家庄公司经济技术研究所成立配电网规划小组，从调控、配电、电缆等专业单位抽调高素质人才参与体系建设；统筹市、县两级配电网规划技术力量，成立石家庄公司配电网规划工作组，组织多场培训活动，聘请经验丰富的配电网专家亲临指导，不断提高人员专业素质和能力。

5. 组织专家论证，确保配网规划科学合理性

高效编制石家庄中心城区和县域配电网“十三五”规划，并邀请北京、天津、上海等地市专家进行评审并给予指导。所做规划在国网公司、省公司配网规划评审中获得了高度肯定。其中石家庄中心城区电网设施布局规划已通过石家庄市城乡规划局、市国土局、市环保局等方案论证，纳入石家庄市城市总体规划、控制性详细规划和土地利用规划，变电站、开关站站址和电力线路走廊路径予以预留，确保了配电网规划的落地和实施。

（三）开展电力市场和电网发展分析诊断

1. 开展典型负荷、春节期间和年度高峰负荷等专题调研工作

建立月度、季度、年度为主要时间节点的负荷预测报告体系，积极开展典型负荷、春节期间负荷和高峰负荷调研等专题工作，分析极端情况下的主配网负荷特性，以及不同行业、用户的负荷特性和发展规律，为跟踪全网负荷发展水平提供了依据。分析夏季大负荷期间电网承载力，着重分析主变、线路等主要设备重过载情况，及时发现运行方式问题，为配电网规划给予指导。

2. 开展季度电网发展诊断分析

每季度开展电力市场调研和电网运行诊断分析，做实负荷及电量分层分区预测，给出负荷地理分布情况，为规划变电站位置、容量、馈线路径等提供决策依据。以故障投诉、低电压、“卡脖子”、高损耗、供电半径长等具体问题为切入点，逐站、逐线、逐变进行梳理，细化配电网节点和元件分析，制定相关专项治理方案，提升规划颗粒度。通过可靠性指标统计至低压用户，客观地反映配电网用电服务的真实情况，建立面向终端用户的可靠性统计方法，实现配电网电压等级“全覆盖”。

3. 开展配电网综合治理工作

为进一步加强县域配电网综合管理，有效降低县域配网跳闸率和投诉率，石家庄公司制定了《配电网综合治理指导意见》，涵盖了完善网架结构、提升装备水平、加强运维管理、优化电网运行、开展投诉治理、强化网络建设和投资管理资产经营、人力资源 8 个方面工作。

（四）运用“六化”开展精准规划

遵循“做实、做细、做深”的理念，按照“自下而上”的方式，采用网格化、多元化、差异化、模块化、数据化和实用化“六化”科学规划方法，开展系统化负荷预测。按照差异化的规划标准，分区域开展 10 千伏一次网架布局，统筹配网自动化、通信、保护配置等内容，并延伸规划 110 千伏电网和管沟布局，最终形成多元化规划成果，并与地区发展规划有效对接。

1. 采用网格化方法划分供电区域

通过全面收集地区控规，以建设用地性质划分“网格”，以城市功能区布局（乡村、街道、园区）为单元划分小区，形成分层、分区的“网格化”供电区域。依据不同发展阶段，对于建成区、半建成

区、新建区三类明确不同的发展需求与建设模式，有效指导电网发展方向。

2. 采用多元化方法进行负荷预测

基于掌握的控规资料及不同地块用电需求，自下而上开展各网格空间负荷预测。根据《石家庄市城乡规划管理技术规定》《城市电力规划规范》、市区和县城各类负荷实测数据分析，确定容积率、负荷预测指标及同类负荷同时率，并以多种方法系统化预测规划年电力电量水平。

3. 采用差异化方法制定规划标准

将各类网格按照行政区划和负荷密度分别确定为不同供电区域（A、B、C或D），确定差异化的网架结构、管道及配电自动化等规划标准。同时，结合网格开发深度，制定差异化规划落实方式，使规划更加经济合理，提升配电网发展质量和效率。

4. 采用模块化方法搭建目标网架

基于不同类型网格、供电区域，开展现状电网梳理。对于不同网格有针对性的分析现状问题、查找薄弱环节、明确规划重点。通过开关站解决出口电缆通道资源紧张问题，电缆线路分支多，层级不清晰，同时通过开关站建立站间联络，提高10千伏配网对高压配电网的支撑。在网格负荷分布图上，结合网格负荷进行开关站、环网单元的布点，搭建模块化的目标网架，并依据不同开发深度确定建设方式，编制《石家庄市中心城区2020年10千伏网架规划图》《石家庄市中心城区远景年10千伏网架规划图》。

5. 采用数据化指标方法开展配电网分析

通过配网规划辅助管理平台的应用，在不同类型试点区域开展配电线路的潮流、短路、可靠性等计算。定量分析不同供电区域目标网架的指标提升情况，并准确分析规划效果及经济性比较。

6. 采用实用化方法形成配网规划成果

根据不同网格目标网架形成项目储备，统筹考虑分布式电源和电动汽车等多元化负荷的灵活接入需求，有效指导用户接入和存量配网改造。同时，向上追溯至110—220千伏主网站点空间布局，并形成电缆通道规划方案，编制完成《石家庄市电缆通道规划图》。

（五）全方位攻克配电网规划建设难题

1. 解决电网布局失衡问题

配电网规划与用户业扩供电方相结合，使配电网建设工作具备微观属性。一方面，在业扩报装客户申请的用电业务流程中，增加经研所审核环节，使客户的业扩报装方案与配电网规划方向保持一致性，使营销部门制定的业扩报装方案更加科学、合理。另一方面，将营销部门的用户业扩供电方案与配电网规划工作紧密结合，优化调整用户接入方案中用户负荷需用系数、配变容量配置系数的选取值，提高了电网可开放容量，使配电网规划具备面向用户端的微观属性，进而使配电网建设工作更先进、更人性。

2. 解决配网自动化程度低的问题

在完善配电网规划管理和供电设备安全运行的前提下，提升配电网的自动化程度，不同类供电区采用差异化方案，实现市区配电自动化覆盖率100%，提高配电网运行监测、控制能力，实现配电网可观可控，缩短故障恢复时间，提升服务水平。坚持一二次协调的原则，适应配电自动化、用电信息采集、电动汽车快充站、分布式电源和自动售电系统对通信网络的刚性需求，完成中心城区和周边四区（县）“十三五”配电通信网规划。对光纤、无线和载波配电网通信技术从通信速率、时延、距离、设备、可靠性、安全性和成本等多方面进行综合对比，制定专网和公网相结合、无线、光纤和载波多种方式相结合的配电通信网技术政策。积极探索电力光纤通信全业务和增值信息服务模式，全面支撑智能电网建设。

3. 解决市县边界交叉供电问题

在构建中压配电网目标网架时，针对市、县边界区域电网薄弱、网架结构不合理、互联率低等问题，本着统一规划、统一布局、资源统一优化配置的原则，打破市县行政区划供电界限，建设高效低损的市县统一电网。制定了配套《跨市县科学供电管理办法》，进一步完善跨市县供电工程在可研前期、综合计划、电网建设、运行维护、调度控制、安全责任、营销服务、财务管控等方面的管理模式。

4. 解决多元化负荷接入滞后问题

把握京津冀一体化协同发展新形势，主动承接大型工业园区、物流园区等非首都核心功能的产业配电网规划，为石家庄市政重点项目——国际贸易城提供规划区供电方案咨询。同时，加强新能源并网管理工作，开展新能源输电规划设计，开发新能源并网技术，加快配套送出工程建设，努力挖掘新能源消纳能力；与智慧泊车公司签订电动汽车充电站建设合作框架协议，加快构建京津冀快充服务圈；将“电能替代”纳入区域电网规划，加大采暖、交通等重点领域电能替代力度，争取政府补贴、奖励政策。

5. 解决配网规划手段落后问题

重视配电网基础数据资料管理，完善各配网信息系统间的信息共享和数据融合，建立规划计划信息管理平台和数据统计机制，为配电网信息系统提供支撑。加强信息系统总体规划，分步开发，推进各业务领域数据共享与业务融合；建设规划设计一体化平台，整合不同体系的类似指标，提高公司管理效率。通过对不同部门、不同体系的类似管理过程及指标进行整合优化以及补充完善，跨系统跨部门获取信息，进而实现公司各部门信息共享，并对公司的工作流程实行持续改进措施，优化配电网管理系统，提高配电网规划管理效率。

（六）建立配电网规划落地机制

1. 与市政规划部门建立联动机制

中心城区和县域城区配电网规划已纳入石家庄城市总体规划和城市控制性详细规划、土地利用规划中，石家庄公司依据开发地块用地性质以配电网详细规划为指引，进行电力负荷预测和变电站、开关站、环网单元和线路走廊规模的确定进行答复，政府规划部门待电力复函后进行地块规划的公示与审批。配电网工程与地块项目同步建设，电气设备容量、选型一步到位，避免重复建设。

2. 建立电网资源开放和共享平台

石家庄公司积极搭建数据共享平台，通过梳理业扩流程中关键电网资源数据公开与跨专业调用需求，搭建开放的数据共享平台，推动跨部门协同工作数据的透明公开。已整合变电站、线路可开放容量信息 996 条，变电站（开关站）间隔可开放信息 53 条及环网单元间隔可开放信息 14627 条，实现了发展部、调控中心、营销部对业扩电网资源数据的跨专业共享，为业扩方案制订提供翔实的基础信息，有效提高了业扩报装的效率及准确性，保证了负荷的及时接入。

3. 开展重大项目用电咨询服务

为保证重大项目的用电需求和石家庄配电网健康有序发展，石家庄公司主动对接市政重点国际贸易城项目，依据配电网详细规划和年度建设方案，紧密结合项目实际，开展详细用电咨询及区域电网规划编制工作，高质量完成了《石家庄国际贸易城（西区）项目用电咨询报告》。综合考虑远景年区域新增变电站布点情况，对 10 千伏网架进行了总体规划，科学统筹了国贸城变电站周边电力管道和其他市政管线的建设，有效节省了客户投资。

4. 打造石家庄城市核心区一流智能配电网

市二环内区域为国网公司评审通过的 A 类供电区域，2015 年加大对石家庄市二环内配电网的投资。市二环区域电网按照网格化、多元化、差异化、模块化、数据化、实用化“六化”科学规划方法，规划远景目标网架，进行年度规划项目的实施建设，电网网架结构、设备状况、调控运行都得到了很大的完善和改进，N－1 通过率 100％，线路绝缘化率、电缆化率 100％，平均停电时间不超过 50 分钟，供电可靠性达到 99.99％，供电能力大大提升。

三、服务地方经济社会发展的区域配电网规划与实施管理效果

（一）高质量完成了 2030 年配电网规划

2014 年结合石家庄城市控制性详细规划，高质量完成石家庄中心城区和县域城区配电网规划，科学规划远景目标网架，分年度进行规划项目的实施。随着电网供电能力的提高和网络结构的优化，供电可靠性进一步提高，2015 年供电可靠率达到 99.9865％，同比提高 0.0126 个百分点；电压合格率达到 99.993％，同比提高 0.017 个百分点。2015 年石家庄中心城区二环内配电自动化覆盖率达到 100％，停电时间由目前的 126 分钟，降低至 50 分钟以内，非故障段恢复时间降低到 10 分钟以内。供电投诉由 2014 年的 1482 次降低到 2015 年的 1164 次，同比减少 21.43％。

（二）保证了光伏发电、分布式电源、电动汽车等多元化负荷接入

新能源项目与电网规划紧密结合，提前规划电缆、架空线路径和配套工程，满足光伏、分布式电源、电动汽车的灵活接入。2015 年石家庄市区新建电动汽车充电站 28 个，分布式电源并网容量 6.1 兆瓦，集中式光伏并网容量 222.1 兆瓦。110 千伏及以下综合线损率从 2014 年 3.42％降至 2015 年 3.39％，线损率的降低，对提高能源利用效率具有积极作用。据国家发改委 2011 年测算华北地区碳排放因子为 0.9803（tCO2/MWh），即每兆瓦时电能排放 0.9803 吨碳。通过节约电量降低了碳排放量。2015 年通过线损降低减少碳排放量约 2.9 万吨。

（三）提升了电网投资精度和合理性

配电网规划坚持网格化、多元化、差异化、模块化、数据化、实用化的“六化”科学规划方法，优化调整了用户接入方案中用户负荷需用系数、配变容量配置系数的选取值，提高了电网可开放容量，在满足用户需求的前提下，节约配电变压器容量 36％，大大节省了电网投资。开展规划方案技术经济比较，以效益分析法评价电网规划实施效果，较传统方案节省投资约 10％—15％。开展规划项目实施后评估，优化电网投资，提高了配电网经济效益。

（成果创造人：朱薪志、刘国平、王　勇、何银菊、王　聪、赵　杰、仇伟杰、董　磊、李　梁、王　涛、齐鸿彬、董江涛）

供电企业推动清洁能源发展的“两个替代”实施管理

国网新疆电力公司乌鲁木齐供电公司

国网新疆电力公司乌鲁木齐供电公司（以下简称乌鲁木齐供电）担负着乌鲁木齐市（七区一县、三个国家级开发区）、五家渠市及新疆生产建设兵团第六师、第十二师的电网建设运营任务，供电区域约2万平方公里，服务电力客户112万余户，2015年实现售电量196亿千瓦时。乌鲁木齐供电先后荣获全国文明单位、全国五一劳动奖状、全国用户满意先进单位、开发建设新疆奖状，是西北首家通过“电力企业标准化良好行为AAA级”认证的供电单位。

一、供电企业推动清洁能源发展的“两个替代”实施管理背景

（一）落实“一带一路”国家战略中乌鲁木齐发展定位的需要

随着“一带一路”国家战略的实施，乌鲁木齐被定位丝绸之路经济带核心区，是国家向西开放的桥头堡。受客观条件影响，乌鲁木齐地区在“留得住青山绿水”和发展GDP之间仍存在失调。一是高耗能行业仍是主要经济增长点，煤炭、石油等一次化石能源消耗占比居高不下，这种粗放式能源消费方式造成城市雾霾和生态退化。二是乌鲁木齐供暖期长达半年。一方面，自实施“煤改气”工程以来，每年市财政需落实天然气供暖补贴资金高达15亿元，市财政压力大；另一方面，2014年新疆电能占终端能源消费比重仅为14.4%，低于全国平均水平8.2个百分点，电气化水平还相对落后。为此，借助丰富的清洁能源优势实施“两个替代”（即“电能替代、清洁替代”），推动能源消费方式向绿色、低碳和可持续发展转变，是落实“创新、协调、绿色、开放、共享”五大发展理念的具体体现，更是推动“一带一路”核心城市乌鲁木齐建设的必然选择。

（二）适应经济发展新常态下能源供给侧改革的需要

随着国家对新疆能源的开发，新疆电网装机规模已达8103万千瓦，成为全国电源装机最大省份之一，而全疆平均用电负荷仅为2000万千瓦左右，占电源总装机容量的25%，其中乌鲁木齐地区电网装机容量1031万千瓦，全年平均用电负荷仅为420万千瓦左右，约占地区电网装机容量的40%。电力产能严重过剩，引发能源供给侧的过度竞争。一是公用电厂、自备电厂和新能源电厂争先抢占日渐萎缩的供电市场，已严重危及电网的安全稳定运行；二是在经济发展新常态下，用电市场疲软，售电量已呈现出负增长，因“疆电”外送无明显价格优势，在短期内难以形成市场规模，故亟须寻求电力消纳其他途径，以增加乌鲁木齐供电的持续发展能力。为此，新疆确定“电化新疆”发展战略。乌鲁木齐供电作为这一战略在新疆电力的试点单位，全方位落实“能替代的全替代”战略布局。

（三）解决清洁能源消纳矛盾和推动清洁能源产业科学发展的需要

新疆有着得天独厚的风光资源优势，风电、太阳能发电装机规模达3193万千瓦，已成为我国清洁能源装机最大省份之一，其中乌鲁木齐地区风电、太阳能发电装机规模约288万千瓦。2014年新疆弃风弃光率达32%，乌鲁木齐电力市场受区域内500万千瓦自备电厂严重挤压，弃风弃光率也高达31%。一边是高排放的化石能源滚滚燃烧，一边是零污染的新能源白白舍弃，两者形成的强烈反差已成为社会关注的焦点。为此，乌鲁木齐供电需要推动清洁能源发电企业与用电企业开展清洁能源市场化交易，引导多方共同参与“两个替代”。基于上述原因，从2012年开始，乌鲁木齐供电实施推动清洁能源发展的“两个替代”管理，解决清洁能源消纳矛盾、推进形成清洁能源发展新格局。

二、供电企业推动清洁能源发展的"两个替代"实施管理内涵及主要做法

乌鲁木齐供电以"电化新疆"战略实施为契机，以丰富的太阳能、风能等清洁能源为依托，以特高压交直流混合型坚强智能电网为载体，构建多方参与、合作共赢的"两个替代"市场化推广模式，建设电源侧清洁替代与用能侧电能替代管理体系，破解电力产能过剩和清洁能源"弃风弃光"困局，取得了创新发展与节能环保双赢。主要做法如下：

（一）明确工作思路，制定发展目标和实施计划

1. 明确"两个替代"总体工作思路

一是清洁替代原则。在发电侧，以新疆丰富的风能、太阳能等清洁能源全面替代传统化石能源，提升清洁能源上网比重，推动发电能源结构从化石能源为主向清洁能源为主转变。二是电能替代原则。在能源消费上，实施"以电代煤，以电代油（气），用的是清洁电"，努力提高电能在终端能源消费比重，全力构建节能、环保、低耗、高效的新型能源消费结构。三是多方共赢原则。建立以电网企业主导、政府推动、发电企业与用能企业多方共赢的工作机制。在不增加用能企业（居民）负担的前提下，创新"两个替代"市场化运作模式，实现"两个替代"可持续发展。

2. 制订"两个替代"发展目标

乌鲁木齐供电依托"十三五"企业发展规划，制定"两个替代"专题规划，明确"两个替代"实施目标："十三五"期间实现年均替代电量 30 亿千瓦时的年度目标，全力提升清洁能源消纳能力，到 2020 年全市非水电可再生能源电力消纳占社会用电总量比重达到 13%。以提高区域电气化水平和推动清洁能源产业快速发展为抓手，实现电能占终端能源消费比重达 15%、全社会单位 GDP 能耗下降 1%。

3. 制订"三步走"短期实施计划

乌鲁木齐供电作为"电化新疆"试点单位，明确"成熟领域全覆盖、新兴领域大力推、创新领域抓试点"的布局，理性分析"两个替代"发展潜力和形势，确定"三步走"短期实施计划。第一步，从 2012 年起开展"两个替代"试点，打造一批"示范性强、经济效果好、推广效果佳"的"两个替代"示范项目，形成宣传效应，探索相关管理经验。第二步，2014 年开始积极总结试点经验，准确把握制约要素，优化推广替代策略，争取政策支持，优化电网调度、内部结算、供电服务等机制，推动清洁能源发电企业、自备电厂、用能企业积极参与，建立"两个替代"管理模式。第三步，2016 年全面实施"两个替代"，实现能替代领域的全覆盖，逐步在新疆地区进行推广应用。

（二）加强组织领导，健全"两个替代"实施管理机制

1. 完善组织机构，明确内部工作职责

乌鲁木齐供电推动内部流程适应"两个替代"要求，成立以总经理为组长的"两个替代"工作领导小组，统筹研究与推进"两个替代"工作。下设 4 个专业工作组，分别为政策研究组、项目推广组、业扩服务组、电网支撑组，明确各专业组职责分工，强化专业组间的横向协同化运作。建立"两维四线"一体化协同工作机制，"两维"是指内部与外部两个维度地有效沟通机制，"四线"是指会议、简报、专报、绩效考核四项推进机制。

2. 完善"两个替代"服务手段与机制

一是建立全方位能效服务机构，为用户提供技术咨询，开展"两个替代"政策宣贯，累计开展免费咨询、方案编制和诊断服务 2900 余次，为企业出具能效诊断与建议书 305 份，开展业务培训 5330 人次。二是建立"一站式"服务机制，选取典型工农业和服务业用户开展用能分析调查，实行潜在 VIP 客户跟踪服务，推动"两个替代"与电力营销业务全面融合，建立目标客户"一户一策"档案；同时，开辟快捷绿色通道，从业扩报装到验收送电提供全过程"菜单式"服务，使"两个替代"项目尽早实现经济效益和社会效益。三是积极搭建"互联网＋"信息系统平台，将电力实时数据通过无线、光纤等通

道采集到信息化平台，实现发电—输电—配电—用电信息远程采集全覆盖，建成电能“大数据”集成分析平台，推进“两个替代”管理的数据化、智能化。在发电侧建设电厂能效监测系统，主动分析区域内公用火电机组、自备发电机组和新能源机组实时出力，优化绿色电能调度，实时平衡“源、网、荷”。用电侧建设用电信息采集系统和电能服务智能管控系统，实时对电力客户的用电信息进行采集、监测、应用、管理，可以充分掌握用户的用能情况，分析用能特性，为用户提供个性化的电能替代服务。

3. 构建与政府的常态化联系机制

乌鲁木齐供电构建与自治区、市、区（县）三级政府的“两个替代”工作联系机制，充分利用各种渠道，主动汇报两个替代工作，推动各级政府出台“两个替代”支持性政策，将“两个替代”纳入当地经济社会发展规划、清洁能源发展规划、地方大气污染防治规划。先后推动自治区政府出台多项电能替代支持性政策，明确供电企业在“两个替代”中的引导作用，明确电采暖电价、充电服务费、充电期间免收停车费等优惠政策，确定了结算方式、补贴模式等关键机制，为持续推广“两个替代”提供了政策保障。

4. 开展“两个替代”前沿技术研究

乌鲁木齐供电积极与科研机构、大学院校合作，整合技术研究资源，共同攻克“两个替代”前沿技术难关。先后在新能源接入、微电网供电、分布式光伏的多途径能效转换、电采暖技术、电动汽车充换电服务等领域联合中国电科院、华北电力大学、武汉大学等科研和学术机构开展深入研究，及时将研究成果转化为“两个替代”项目实践，实现了技术研究与市场推广的有效衔接，取得良好效果。

（三）基于多方合作共赢，搭建“两个替代”市场化运作模式

1. 设计“两个替代”市场化运作模式

乌鲁木齐供电主动“搭台唱戏”，构建电网企业主导、政府推动、技术厂家支撑、发电企业与用能企业实施的“两个替代”市场化运作模式。在发电侧实施清洁替代，乌鲁木齐供电发挥纽带桥梁作用，开创清洁能源替代自备电厂发电权转让交易模式，实现多方共赢局面。在负荷侧实施电能替代，乌鲁木齐供电充分发挥贴近用户和拥有丰富客户资源优势，整合用户资源，为各类用能客户提供个性化的电能替代服务，强化电网企业的核心纽带作用，搭建清洁能源企业和用能企业的交易桥梁，利用节能减排鼓励资金、经济可行的替代技术方案和环保要求引导用户实施电能替代，消纳清洁能源。

2. 牵头组建“两个替代”合作联盟

乌鲁木齐供电牵头组建以供电企业、清洁能源企业、电能替代技术厂家及科研机构为成员的“两个替代”合作联盟，构建常态化合作机制，充分发挥联盟成员资源优势，整合数据资源、设备资源和服务资源，提升“两个替代”整体技术力量，培育一支电锅炉、电窑炉、冰蓄冷、热泵、电动汽车、充电设施等电能替代技术专业队伍，实现多方合作、资源共享、优势互补、高效协同。在实施过程中，以供电企业为龙头，开展联合攻关、技术协同、技术培训、典型方案等形式，提升合作联盟“两个替代”整体服务能力，采用合同能源管理、联合体投标、产业链协同等合作形式开展电能替代和节能服务，共同推进“两个替代”工作，共享发展成果。截至 2015 年年底，联盟共汇集 3 家光伏、28 家风电、11 家热泵企业、16 家电采暖设备企业、7 家节能服务公司以及中国电科院、新疆大学等 27 家科研机构及高校。

（四）多手段推进清洁能源消纳，助力发电侧清洁替代

1. 开展“疆电外送”市场化消纳

首先，为解决清洁能源消纳难题，建设电压等级±1100 千伏准东—皖南特高压直流输电工程，构建±800 千伏、750 千伏特高压、超高压交直流混合型外送电网。其次，利用外送价格市场化机制，推动疆电外送河南、湖北、山东等省份。再次，主动与西北五省对接，签订外送价格“互保协议”，提升西北电力消纳互济互备能力。最后，积极促成自治区高位推动，与援疆省份签订政府间中长期外送框架

协议，充分利用“政府援疆＋市场化交易”工具，扩大电力外送规模。2015 年实现疆电外送电量 285.65 亿千瓦时，其中清洁能源外送消纳 31.9 亿千瓦时。

2. 推动清洁能源替代燃煤自备电厂

乌鲁木齐供电推动政府出台《新疆新能源发电企业与燃煤自备电厂调峰替代交易实施细则（暂行）》，明确清洁能源替代燃煤自备电厂的交易组织、合同签订、交易执行、计量结算、补贴标准和信息披露等具体执行程序，规范市场管理、交易规则和交易模式等相关要求，为新能源替代燃煤自备电厂提供政策依据。被替代方为拥有自备火电机组的企业，替代方为清洁能源发电企业，在自备电厂有减压发电出力空间时，由其向政府申请开展清洁替代。清洁能源电厂通过市场化方式替代自备电厂火电机组发电指标，减少新能源电厂弃风（光）电量。乌鲁木齐公司负责搭建替代交易平台，组织双方协商、确认交易电量、计算补偿、开展结算，推动实现四方共赢。在清洁能源替代自备电厂交易模式实施过程中，乌鲁木齐供电编制操作指南，制定新疆电网清洁能源替代燃煤自备电厂补偿协议模板，以协议形式明确供电企业、替代方、被替代方权利与义务，确保交易操作流程简易化、清晰化、透明化，推动替代交易顺利推进，实现各方共赢。2015 年，实现清洁能源替代燃煤自备电厂发电交易 10.24 亿千瓦时。

3. 开展清洁能源与电力用户直接交易

乌鲁木齐供电参与制定并下发《新疆电力用户与发电企业直接交易实施细则》，按照自主申请、公开审核、平衡计划、政府监管等原则，明确将风电、光伏等清洁能源发电纳入直接交易范围，扩大直接交易规模和受益面。根据政府制定的准入条件，对自愿申请参与交易的发、用电企业进行筛选，确定后由发、用电企业自主协商交易电量、交易价格，签订双边交易合同，签订发、供、用电企业签订三方输配电服务合同，按照发、用电两侧等额平移的方式按月分别结算，年度调剂平衡。在 2015 年新疆电网第一批直接交易电量中，成功实现清洁能源打捆直接交易电量 5 亿千瓦时，惠及全疆清洁能源企业 68 家，其中涉及乌鲁木齐地区清洁能源企业 31 家，交易电量达到 2.6 亿元。

4. 推动关停高排放火电机组

乌鲁木齐供电认真贯彻市委市政府大气污染防治工作举措，对分布在城市和城郊影响环境的 272 万千瓦公用火力发电机组厂实施冬季减半发电的过渡政策。同时，积极配合政府部门实施“上大压小”、关停高耗能小机组专项整治，推动政府逐步关停这一类机组，按既定转带方案将减少或关停的发电负荷全部由清洁能源发电替代。截至 2015 年年底，乌鲁木齐地区已累计关停新疆苇湖梁发电厂、新疆盐湖化工发电厂、新疆众和自备电厂、新光建材发电厂小机组 8 台，累计关停燃煤机组容量 31.2 万千瓦，每年可实现清洁能源替代发电 15 亿千瓦时。

5. 构建绿色调度机制，做好清洁能源上网技术支持

乌鲁木齐供电在新疆电力的组织下，攻关全疆清洁能源可适应、自平衡、风光水互补协调可控运行机制，开发“基于生产时序模拟的新能源消纳分析软件”，创新建设“物联网＋大数据＋智能计算”的清洁能源智能调度系统。一是实现清洁能源出力“一键式”系统控制，强化清洁能源上网消纳分析、实时监视和智能控制，确保清洁能源替代交易计划的执行和替代电量的实时监控，确保在调度技术上实现清洁能源实时上网。二是通过调度“三公”信息发布，实现了计划电量、外送电量、替代电量等指标信息定期发布，推动绿色调度工作更透明、更公开、更公正，全面提升各方参与清洁替代的认知度和积极性。

（五）多渠道开展电能替代，推进用能侧电能替代

1. 精准定位替代重点领域

乌鲁木齐供电深入政府、园区、企业开展密集调研，通过上门走访、问卷调查、面对面座谈、征求“金点子提案”等多种形式，深入掌握电能替代工作中的核心与关键问题，挖掘市场潜力。通过综合分

析并考虑各行业电能替代技术的经济性与可行性，最终确定在供暖、交通、岸电、农业、工业等重点领域实施电能替代，将电采暖、地源热泵、电动汽车、桥载电源、电窑炉作为电能替代的重点技术进行推广，确定将乌鲁木齐市高铁片区、会展片区、机场片区、综合保税区、达坂城区打造为标准电气化示范新区。

2. 推进电采暖

借助乌鲁木齐市优化城市供热能源结构的有利契机，充分利用电采暖与地源热泵经济性好、应用范围广特点，在不增加用户供暖成本的情况下，大力实施电采暖。严格按照“宜气则气、宜电则电”的推广思路，在实施中采用存量和增量建筑差异化电采暖推广策略。针对存量老旧建筑采用在传统锅炉旁并联电锅炉的气电互补模式进行推广，用户可根据实际运行费用自主选择供暖方式，利用市场化手段推动社会逐步接纳电采暖供暖方式；针对增量新建建筑，将新建大型商场、学校、办公等公共建筑、75%节能标准居住建筑及绿色建筑运行较为经济的建筑全部纳入电采暖推广范畴，在设计规划阶段明确电采暖作为配套设施进行建设。

乌鲁木齐供电设计出电采暖定向消纳风电资源模式，实施政府、风电企业、电网企业、供暖用户四方协议运作模式。由政府与供电企业撮合清洁能源企业和电采暖客户协商一致后，签订四方协议，进行捆绑补贴。用热企业负责电采暖项目建设运营，风电企业按照0.3元/千瓦时标准补贴电采暖用户，电网企业根据电采暖用电量的1.3倍，给予清洁能源企业相应增发电量。自推广电采暖以来，已建成电采暖面积200万平方米，成功实施风电资源定向捆绑清洁供暖项目92万平方米，每年可减少天然气消耗2800万立方米，涌现出一批发热电缆、电锅炉、冷热双蓄联供以及气电互补等供暖样板工程，起到了很好的示范作用。

3. 推动交通电气化发展

以乌鲁木齐市电气化铁路和城市轨道建设规划为引领，全力配合政府加快推广电动汽车、充换电服务设施以及乌昌电轨交通等项目，完成配套电源和供电服务设施建设。一是全力推进已批准的交通电气化项目建设，确保兰新电气化铁路如期投运，实现乌鲁木齐城市地铁轨道交通顺利施工。二是全力做好“十三五”电动汽车和充换电服务设施发展规划，通过评审修改并纳入政府“十三五”整体发展规划。三是配合推广电动汽车，率先推进乌鲁木齐首府配套设施建设，配套建设电动汽车车联网系统，将所有充换电设施全部接入车联网，更好的服务产业发展。2011年以来乌鲁木齐供电累计投资4000万元新建1座城市快充站、1座换电站、31台分散式充电桩，已全部覆盖乌鲁木齐各区县，正服务于200辆新能源公交车以及各式乘用车充电。四是在乌鲁木齐共28处高架桥上下匝道实施发热电缆道路融冰技术，通过运行取得良好效果，助推了绿色安全交通体系建设。

4. 开展机场廊桥岸电示范工程建设

为落实国家节能减排以及“绿色民航”要求，乌鲁木齐供电积极与新疆机场有限公司通力合作，充分借鉴国内发达城市机场岸电的先进经验，将飞机起飞前、落地后的机舱内部供电由原来的燃油发电全部替代为岸电。推动将乌鲁木齐国际机场岸电项目列为“民航发展基金”补贴项目，通过精心设计和快速改造，将机场34台廊桥岸电设备全部替代APU，成功实现全疆首个廊桥岸电项目投入运营，为推进全疆“绿色航空港”建设起到引导示范作用。

5. 推动农业领域电气化

一是与新疆农业大学开展研究合作，推进农业生产的电能替代，实施200座温室大棚电采暖替代燃煤改造，推进农业现代化进程。二是结合新疆瓜果之乡优势，大力开展杏烘干、葡萄等果品电热烘干技术推广，累计完成1120座电热烘干房建设，有力地促进边疆地区的农产品结构升级，为新疆精准扶贫、脱贫工作做出了贡献。

（六）加强“两个替代”宣传，传播绿色用能文化

乌鲁木齐供电紧紧围绕“电化新疆·治理雾霾”和建设“幸福之城·首善之城”主题，向社会普及电能替代常识，推广新技术，将绿色用能转化为全社会的共识意识和共同行为。一是建设文化宣传阵地。建设乌鲁木齐市红光山电能替代科技展厅，通过声、光、图形和实物展示，通俗形象地宣传、介绍电能替代技术，累计举办展览活动151次。二是开展多渠道宣传。分别在中央电视台、新疆电视台、乌鲁木齐电视台以及各类报纸等主流媒体开展“电化新疆”专题报道活动；制作《清洁发展·共创疆来》视频宣传片，在各供电营业厅轮回播放，广泛传播“两个替代”文化。以燃煤电厂“少发一分钟、多出一片蓝”、以冬季供暖“舒心电采暖、环保千万家”等主题宣传活动，推动绿色发展、绿色用能理念深入人心。三是树立“两个替代”典型。打造“绿色用能示范点”社区，在基层社区形成一批典型案例和最佳实践，发挥其示范带头作用，培育居民的绿色用能习惯。

三、供电企业推动清洁能源发展的“两个替代”实施管理效果

（一）促进了节能减排，生态环境显著改善

通过持续推广“两个替代”工作，增加清洁能源消纳45亿千瓦时，在能源消费端等量减少燃煤消耗150万吨，实现减排二氧化碳390万吨、二氧化硫4300吨，获得了极大生态效益。乌鲁木齐市2015年空气质量达标天数238天，达标率65.2%，较2014年达标天数增加29天。“两个替代”工作为改善乌鲁木齐城市空气和环境质量，营造文明、和谐、优美的生活环境做出了贡献，改善了生态环境。

（二）推动了新能源开发利用，有效缓解弃风弃光困局

一方面通过实施“两个替代”实现清洁能源企业增发45亿千瓦时，风电、光伏等清洁能源企业发电利用小时数平均每年提升300小时。另一方面是自备电厂减少等量的自用发电量，机组检修、运行状况得以改善，获得了清洁能源企业补贴电费3亿元，有效降低了自备电厂企业用电成本，取得了良好经济效益。

（三）助推新能源产业发展，提升了可持续发展能力

乌鲁木齐供电通过实施“两个替代”累计实现替代电量45亿千瓦时，对公司售电量贡献度达10%，稳步推进公司售电市场健康发展。一是提升了电能在终端能源消费中的比重，促进了能源生产和消费结构转型，践行“奉献清洁能源、建设和谐社会”的企业使命。二是带动了新能源产业健康发展。广汽集团、东风集团等电动汽车生产企业落户乌鲁木齐，一批电采暖等电能替供企业参与乌鲁木齐市的电能替代，清洁能源新兴产业蓬勃发展。在增加边疆地区就业岗位同时，为地方经济健康有序发展注入强劲活力，全面提升了产业链企业的可持续发展能力。

（成果创造人：刘劲松、叶　军、黄　震、向红伟、夏新茂、张　远、
刘鹏涛、周　宜、程雪峰、顾　军、何　峰、孙　婷）

建筑企业集团基于电子商务的采购管理体系改革

中国中铁股份有限公司

中国中铁股份有限公司（以下简称中国中铁）是集勘察设计、施工安装、工业制造、房地产开发、资源矿产、金融投资和其他业务于一体的特大型企业集团，由中国铁路工程总公司独家发起成立，2007年12月3日和12月7日分别在上海证券交易所和香港联合交易所上市，总部设在北京。中国中铁连续11年进入世界企业500强，2016年在《财富》世界500强企业排名第57位，在中国企业500强中列第7位。中国中铁具有铁路工程施工总承包特级、公路工程施工总承包一级资质等多项业务资质。现有员工29万余人，2015年完成营业收入6211亿元，实现净利润122亿元。全年物资、设备等采购规模超过2000亿元。

一、建筑企业集团基于电子商务的采购管理体系改革背景

（一）落实国资委管理要求、提升企业采购管理水平的需要

2012年，国资委在中央企业开展管理提升活动，将采购管理提升定位为首要工作。2015年，国资委在中央企业开展采购管理专项提升对标工作，发布《采购管理专项提升对标指标》。建筑行业是劳动密集型的传统行业，采购成本占建筑企业总成本的70%以上，是企业资源配置能力的重要表现。在企业经营环境、技术水平等相差不大的情况下，企业配置资源的能力决定了企业的竞争力水平。虽然近年来中国中铁在实施集中采购管理方面取得了一些成效，但集中采购层次较低、采购模式传统、采购手段落后，企业总部层面还没有广泛参与到采购管理当中，对资源的配置能力非常有限，采购管理水平和对标指标的要求还相差甚远。

（二）企业具备了开展采购管理变革的基础和条件

一是企业各级领导和管理人员对采购管理重要性的认识发生了深刻变化。从企业领导层到企业管理人员都普遍认识到，采购管理水平关系到企业核心竞争力，中国中铁各级企业纷纷将采购管理上升到企业战略高度，实施统一规划、集中管理，为在更大范围、更深层次开展采购管理体系改革创造了基本条件。二是电子商务的迅速发展为全面实施采购管理体系改革提供了技术支撑。要打破这些壁垒和障碍，必须依靠信息技术进步和信息系统的支持。电子商务技术已日趋成熟，并广泛应用，为中国中铁的采购管理体系改革提供技术基础。

二、建筑企业集团基于电子商务的采购管理体系改革内涵和主要做法

中国中铁围绕“抓源头、管过程、控成本、出效益，成体系、全网络、活机制、促精益”的总体思路，按照改革创新、管采分离、集中高效透明、分步实施的原则，通过顶层设计、流程再造、分类引导、资源整合、协同推进等措施，建立健全适应“大集采”格局的管理体制和机制，全面实施以提升采购质量和效益为主线的两级集中采购，着力打造集采购实施、业务管理、监督监管于一体的统一采购电子商务平台，有效提升了企业采购供应保障能力和采购管理水平。主要做法如下：

（一）做好顶层设计，自上而下推动改革

1. 统筹规划，启动改革

2013年，中国中铁开始研究采购管理体系改革事宜，深入所属企业开展调研，积极参与国资委开展的采购管理专项提升活动，借此机会与先进企业进行对标，开展交流，查找差距，学习经验；同时，启动了采购电子商务平台的建设工作，为采购管理改革做准备。2014年6月，中国中铁印发《中国中

铁全面深化改革指导意见》，将采购管理列入深化改革内容，组织相关单位研究、制定具体的采购管理体系改革方案；同年，中国中铁采购电子商务平台（即鲁班电子商务网，以下简称鲁班平台）正式上线使用，引导所属各单位利用平台开展物资采购。2015 年 4 月，中国中铁下达了《中国中铁党委 中国中铁关于股份公司采购管理体系改革的决定》，明确了改革的总体思路、基本原则、主要目标、主要任务等，中国中铁采购管理体系改革正式启动。

2. 组建管理机构，理顺管理职能

按照“一个主管领导、一个主管部门”的总体要求，对采购管理职能部门和管理职责等进行调整优化。中国中铁成立了采购管理领导小组，由公司分管领导任组长，相关部门员工任领导小组成员。领导小组主要职责是全面领导推进全公司的集中采购工作，加强集中采购管理的组织协调工作，研究决定集中采购过程中的重要事项，促进采购管理向供应链管理转型。2015 年 6 月，中国中铁正式组建采购管理部，将原来分散在各个业务部门的采购管理职能调整至采购管理部，由采购管理部统一对物资、机械设备、办公用品、计算机设备、商旅服务、外包等各类产品和服务实施全面集中管理。

3. 优化体制，合理分工

根据采购管理体系改革的总体思路、工作目标等，中国中铁对从总部、二级公司、三级公司到项目部（或基层单位，下同）等各层级单位的采购管理职能进行重新定位，合理分工，建立了“一二三四”的管理体制。“一”是指一个采购平台，即鲁班平台。鲁班平台是公司统一的采购平台，除特殊采购业务外，所有采购活动均要在鲁班平台实施；“二”是指两级集中采购，即总部和二级公司组织实施集中采购，将集中采购的权限集中到总部和二级公司层面；“三”是指三级法人采购管控，即总部、二级公司、三级公司对所属单位的采购活动实施全过程管控；“四”是指四级职能管理，即总部、二级公司、三级公司、项目部四级相关职能管理部门，按职责分工履行相应的管理职责和采购协同管理职责。

（二）打造统一采购平台，提供基础支撑

2013 年，中国中铁启动鲁班平台建设工作。2014 年，鲁班平台正式上线投入使用。2015 年，中国中铁对鲁班平台进行了全方位改造，以满足不同产品和服务网上采购管理需要。

1. 在线管理

根据采购管理需要，鲁班平台各项采购业务功能模块设置有编制上报、审核审批等管理功能，并赋予不同层级、不同岗位管理人员相应的采购管理权限，可在线完成采购计划管理、采购方案管理、采购寻源管理、专家管理、供应商管理、统计查询、汇总分析等各项采购管理工作，将传统的线下管理工作全部搬到网上，打破了信息传递的壁垒，使总部和二、三级公司实施全面采购管控变为可能。鉴于中国中铁多层级的复杂组织机构，鲁班平台实现了分层级管理功能，各级采购管理部门通过平台行使职权范围内的管理功能，使得采购管理变得高效、快捷，避免了管理的不到位，实现了管理的不越位。平台提供了 30 多类管理岗位，设置了近百项采购管理控制流程，实现了数十项采购管理功能，为中国中铁总部业务部门、30 多家二级公司、400 多家三级公司、4000 多个项目提供采购管理服务。

2. 在线采购

将所有的采购方式（包括战略采购、框架协议采购、招标采购、竞争性谈判采购、询价采购、单一来源采购、鲁班商城采购等）均按照相应的操作实施流程定义在鲁班平台上，通过平台实现从采购邀约发起直至采购结果通知的交易全过程。平台还为不同产品和服务、不同的采购方式分别建立了相应的频道，各类产品和服务可按其适用的采购方式实施采购。

3. 在线监督

平台在不同的采购环节设置了监督权限，为各级管理部门、审计部门、监察部门等提供监督岗位和监督通道，监督人员可对采购过程实施实时在线监督，也可通过历史信息查询实施事后监督，为各级监督部门提供了便捷的监督渠道，提高了监督的效率和威慑力。

此外，鲁班平台还开发建设了适应供应链建设、信息共享的功能模块，如建立了主数据子系统。目前已实现了与企业成本管理等信息系统主数据的共享，完成了与京东、史泰博等专业电商平台的对接。

（三）实施流程再造，统一采购管理标准

1. 加快制度梳理，重建采购管理制度体系

2015 年 6 月以来，中国中铁对现行采购管理制度进行了全面梳理。鉴于公司采购管理层级多、跨度大，制度体系按管理办法、管理规定、实施细则、操作手册（作业指导书）四个层次规划建设，制订发布了 3 项管理办法、10 项采购品类和采购程序性管理规定、2 项实施细则、1 本操作手册。这些制度文件对组织架构、管理职能等进行了调整和划分，明确了各类产品和服务适用的采购方式、采购模式和管理程序等，基本形成了内容完整、层次分明、流程清晰、要求明确的采购管理制度体系。

2. 细化采购业务操作流程，统一工作标准

结合鲁班平台的应用，重新设计了 97 项业务操作流程，这些流程可分为管理类流程和实施类流程。管理类流程侧重于审核、审批等管理权限设置，实施类流程侧重于流转环节的程序性要求，这些操作流程均固化到了鲁班平台上，不能随意变更或改变，各级采购管理人员只要按照要求在鲁班平台上行使各自的岗位职能，便能完成相应管理工作，基本实现了采购管理工作标准的统一，规范了管理行为，提高了管理效率。

（四）分类制订采购策略，引导采购管理升级

中国中铁针对不同的产品和服务，制订相应的采购策略。每年年初发布《各类产品及服务采购组织、采购方式及资金支付指引清单》，分品种明确各类产品和服务采购管理权限及其采购组织形式、采购方式、定价方式、资金结算方式等，指引清单每年根据集中采购推进进度、效果等进行优化，引导各单位全面实施两级集中采购，提升集采质量。

1. 物资、机械设备采购

物资、机械设备采购占据了采购成本的大部分，是采购管理的重点，也是采购供应链体系建设的重中之重。对物资、机械设备采购，明确了重要的（构成工程或工业产品结构实体的、影响安全质量生产的等）、可批量采购的均纳入中国中铁总部和二级公司集中采购范围。采购的主要方式是通过鲁班平台归集需求，集中实施战略采购、框架协议采购、招标采购。对辅助材料、小型机具等，由二级公司组织所属单位通过鲁班平台归集需求并传输到阿里巴巴等第三方网站，实施网上询价采购，实现各类采购的公开化、电子化。

2. 办公用品和计算机设备采购

中国中铁以战略合作或框架协议合作方式引进大型电商企业或生产厂家接入，入驻厂家给予中国中铁一定的价格优惠，并保证产品质量。中国中铁及所属各单位在网上商城通过使用数据筛选模型实现一般产品的广泛比价采购。对批量大、技术要求复杂或上网难以实现的，可以招标、询价等方式采购。目前，网上商城已与京东商城、史泰博、得力等多家电商平台或供应商对接，入驻企业给予各类办公用品和计算机设备 2%—10%不等的价格优惠，吸引了所属单位广泛使用，网上商城频道每周成交金额已突破 100 万元，实现了一般产品的集中快捷采购。

3. 周转材料和机械设备租赁服务采购

中国中铁在鲁班平台建立了租赁频道，各成员企业同时注册成为租赁供应商和租赁采购商，既可以在平台上发布可出租的机械设备、周转材料信息，也可以发布机械设备、周转材料需求信息，供需双方通过平台获取内部机械设备租赁、周转材料租赁服务，提高股份公司自有机械设备和周转材料的使用效率。平台引入各类机械设备租赁、周转材料租赁服务商，对股份公司内部单位不能提供的租赁业务，各

单位可在线向外部服务商采购。

4. 商旅服务采购

商旅服务采购包括公务差旅机票、住宿采购和会议服务采购等。依托鲁班平台建立中国中铁商旅服务采购管理频道，对商旅服务采购进行集中采购管理。选择携程等知名商旅公司提供平台管理服务，整合航空公司和酒店资源，获取相应的协议价格优惠，由需求单位或个人通过平台进行预订或采购，改变了以往商旅服务只有采购、没有管理的局面。

5. 外包服务采购

外包服务因需求差异性大、标准难以统一，主要由需求单位以招标、竞争性谈判、询价等方式通过鲁班平台直接实施采购。

（五）推动资源整合，提高资源配置能力

1. 建立有效的需求归集渠道

中国中铁在鲁班平台建立了采购计划管理模块，实现了采购计划自下而上的有序归集，并可按品种、区域、单位等多个维度进行汇总、分析，为上级采购管理部门制订具体的采购策略和采购方案提供决策依据。

2. 研究合理的资源配置途径

中国中铁从创新管理模式、优化采购方式着手整合资源，对重要的、需求规模较大的物资、设备等，以战略采购、框架协议采购、集中招标采购、区域集中采购等形式，扩大采购规模，优化采购渠道，实现企业利益最大化。一是大力实施战略采购。中国中铁首先选择石化产品（燃料油、沥青、润滑油脂）和轨道产品（钢轨、道岔等）实施战略采购，与供应商建立长期、稳定的合作关系，实现双方的互利共赢。其中，钢轨战略采购是通过集中公司所有采购需求，直接与生产厂家建立战略合作关系，获取生产厂家较好的质量和服务保证，目前中国中铁已经全面实现了轨道产品的战略采购。石化产品战略采购以与中石油成立合资公司的形式开展，借助中石油广泛的销售网络、可靠的质量保证和高效的配送体系，实现全国范围内中国中铁施工项目石化产品的集中采购供应，并实现了500元/吨以上的采购成本降低，现正以年50万吨、年增长20%集采速度全面实施，真正实现了与供应商的深度融合和互利共赢。此外，部分二级公司也对一些专用产品或管理难度大的材料，如外加剂、桥梁钢板、桥梁专用产品等实施了战略采购。二是开展框架协议采购。2015年，中国中铁集中全公司30种通用机械设备、年度50亿采购需求，实施2016年度机械设备框架协议招标采购，共吸引了国内外123家主流厂商参与投标。各品种中标价格和市场价格相比平均降低约7.2%，框架协议招标结果达到了主流厂商积极参与、竞争充分、采购成本明显降低、采购效率高、基层单位满意的效果。目前，正在研究启动外加剂、锚具等其他产品或服务的框架协议采购工作。三是开展集中招标采购管理。依托总部和二级公司两级采购管理部门和招标服务机构作用，归集所属单位产品和服务需求，实施集中、统一招标采购，规范招标采购行为的同时，更广泛的吸引供应商参与，提高采购竞争度，降低采购成本。2015年、2016年上半年分别完成集中招标采购473亿元、345亿元。四是实施区域集中采购。依托所属物贸企业，成立区域供应中心，对区域内项目物资需求进行集中采购供应，发挥规模优势，降低采购成本。2014年起，中国中铁在华中区域进行试点，对钢材、水泥实行区域集采供应。两年多来，钢材、水泥集中采购供应平均成本分别下降约100元/吨和20元/吨。下一步，中国中铁计划合理规划、设置供应中心，在全国范围内启动区域性物资集中采购供应工作。

3. 发挥专业公司作用

将总部直属、二级公司所属两级物贸企业作为集中采购供应实施主体，对大型项目主要物资实施集中采购供应。物贸企业一方面以市场行为参与各级公司物资采购活动，起到价格标杆作用，另一方面以

“统谈、统签、统付”或“统谈、分签、分付”等方式，参与物资采购供应。充分发挥专业化优势，为内部需求单位提供采购供应服务，构建中国中铁内部采购、供应配送网络。2015 年、2016 年上半年分别完成内部供应 270 亿元、171 亿元。在保证供应质量、控制采购成本的同时，有效盘活企业自有资源，实现企业利益最大化。

（六）加强采购协同保障，确保体系有序运行

1. 加强企业内部协同

一是建立完整的协同机制。中国中铁总部及各级公司自上而下明确了各职能管理部门在采购管理中的主要职责、协同职责等，建立上下级职能部门的对口联系。成立了采购管理领导小组，负责职能部门间的协调工作及审议采购管理重大事项等，防止了职能的缺位、越位和漏项、交叉等。二是建立畅通的沟通协调渠道。通过 OA 办公平台、鲁班平台、QQ 群、微信群等多种方式和渠道完成采购管理信息的上传下达、工作协同、审核审批等工作，大幅提高了采购协同效率。三是重大事项充分研讨，广泛听取意见。中国中铁在体系构建、平台设计、制度建设、方案制订等重要环节以及对涉及多方利益的事项，均组织召集相关职能部门、机构及所属单位进行充分论证和研究，广泛征求意见和建议，必要时召开研讨会进行专题，提高采购管理决策的科学性、严谨性、可操作性。

2. 建立集中采购资金保障机制

中国中铁制定了多项资金集中管理和集采资金清算管理制度。设立了资金管理中心，负责内部资金调剂，成员单位间的资金归集、支付和结算等。处理内部资金的划拨、调用、归集等工作，建立了自上而下的集采资金有偿占用工作机制和定期集中清算机制，对在集中采购中长期、恶意拖欠货款的行为及时予以处理，防止将集中采购当作融资渠道，无限制地占用集采资金，为中国中铁集中采购资金提供了保障。

3. 提高供应商协同能力

一是对供应商实行统一注册、分类管理、动态评价、优胜劣汰管理，所有参与中国中铁采购活动的供应商均要在平台上进行注册，实现了供应商的统一管理；各级公司均建立了本单位的合格供应商名录，并通过鲁班平台对供应商开展动态考核评价，增强了供应商的管控能力；对考核不合格或出现不良行为的供应商采取限制交易措施，2015 年至今，中国中铁已陆续发布了 6 批限制交易供应商名录，对 65 家供应商采取为期 3 个月到 2 年不等的限制交易措施，通过鲁班平台自动限制相关供应商进行交易；优选了一批优质供应商建立了长期合作关系，引导供应商共同建立供应链体系。二是实现了供应商的信息交互。通过短信、微信、邮件等及时供应商推送各类采购和管理信息，供应商登录平台后可及时查看各类采购信息、响应各类采购活动。目前，已完成与京东商城、史泰博等大型电商平台的对接工作，有效提高了供应商的协同能力。

三、建筑企业集团基于电子商务的采购管理体系改革效果

中国中铁采购管理体系改革从前期准备、推进实施到现在已有两年多的时间，改革工作取得了阶段性成果，部分改革任务已经完成，供应链体系建设初具雏形，采购管理体系改革的目标初步实现。

（一）建立了“大集采”的采购管理新格局，采购管控能力明显提升

通过体系改革，将原来由不同领导分管、分散在不同部门的采购管理职能进行了整合，通过电子商务平台对产品和服务实施集中采购管理，将原来以项目为单元实施的采购变为以集团为单位实施采购，逐步形成了“大集采”的采购管理新格局。两级集中采购率由 2015 年的 59%提升到 2016 年上半年的 89.7%。2016 年以来，中国中铁公开采购率、上网采购率、电子招标率大幅提升，分别由 2015 年全年的 72%、39%、55%提高至 2016 年上半年的 81.2%、55%、82%，使用鲁班平台上网采购已成为主流，有力促进了采购的公开、阳光、透明，也有效地防范了各项采购风险，保证了采购的依法合规。

（二）获取了更广泛、更优质的采购资源渠道，资源配置能力和供应保障能力得到加强

截至 2016 年 8 月，鲁班平台已吸引 12000 多家供应商、4000 多家内部单位使用，实现采购成交金额 850 多亿元。鲁班平台已成建筑行业领先的、在国内颇具影响力的 B2B 采购电子商务平台。这些供应商资源在中国中铁内部共享，使得中国中铁获取了更广泛的采购资源渠道。通过战略采购、框架协议采购等，中国中铁与一批实力强、信誉好的供应商建立战略合作关系，具备了在一定区域或全国范围内配置资源的能力，有效提高了项目采购供应保障水平。通过加强供应商管理，提高了供应产品质量和服务水平，避免停工待料等现象的发生，保障了各项施工生产活动的顺利进行。

（三）集中采购的优势得到进一步发挥，实现了降本增效

通过资源整合和优化采购模式，集中采购的优势得到了进一步发挥，采购成本降低明显。以战略采购、集中招标采购为例，2015 年、2016 年上半年分别完成钢轨战略采购 13.1 万吨、5.4 万吨，完成石化产品战略采购 37.6 万吨、18 万吨，钢轨、石化产品的战略采购价格分别低于市场价约 400 元/吨、500 元/吨，两项共计节约采购成本约 3.5 亿元。2015—2016 年 6 月，中国中铁总部和二级公司实现集中招标采购 828 亿元，平均中标价格与市场调查价相比，降低约 6.5%，共实现成本降低 53.17 亿元。

（成果创造人：杨　良、朱定法、黄怀朋、彭立军、高　峰、
占小锁、易　钢、谢美珍、段永理、任　毅、李　根）

烟草商业企业基于信息化的精益供应链管理

安徽省烟草公司合肥市公司

安徽省烟草公司合肥市公司（以下简称合肥烟草）是中国烟草总公司安徽省公司的全资子公司，承担合肥地区卷烟供应职能，是区域卷烟市场的经营主体。2015 年，完成卷烟销量 28.29 万箱，实现税利 27.27 亿元。近 3 年来，合肥烟草共获得行业内外各类荣誉 100 多项，包括全国烟草行业“精益十佳”标兵单位、行业 QC 成果发布一等奖、中质协全国精益管理项目一等奖等。

一、烟草商业企业基于信息化的精益供应链管理背景

（一）应对卷烟市场变化的客观需要

2013 年以来，随着宏观经济下行压力加大，以及国家控烟履约步伐的加快和中央“八项规定”对公款消费卷烟的明令禁止，中国烟草行业面临增长速度回落、工商库存增加、发展空间变窄、需求拐点逼近“四大难题”和卷烟销量下滑、生产成本上升、商业利润透支“三个严峻形势”。这对合肥烟草卷烟经营和供应链管理带来了较大的挑战：一是外延式增长逐渐乏力。2013 年、2014 年区域卷烟销量同比增长均在 2%左右，2015 年出现小幅下降，增速较以前 4%以上明显放缓；单箱收入始终位居行业 36 个重点城市前五位，远高于地方经济发展所处水平，结构上升空间不断变窄。二是市场态势发生根本转变。由于近年来卷烟的过量投放，总体供过于求成为区域市场新的特征，卷烟工商库存和社会库存高企，给卷烟市场带来了较大风险。这种背景下，烟草商业企业需要更精准地把握客户需求和消费需求，更好地发挥信息化对卷烟供应链的支撑作用，控制企业成本费用，增强应对市场变化的能力。

（二）提升企业管理水平的客观需要

伴随着宏观形势和区域市场的深刻变化，合肥烟草传统企业管理方式的瓶颈日益凸显：一是内涵式发展需要挖潜。单箱物流费用、单箱配送费用等关键指标与行业先进水平差距较大。二是运行效率相对较低。在实际运行中，仍存在流程控制点设置不到位、节点衔接不畅、串行审批过多等问题，影响运行效率，卷烟库存周转次数等关键效率指标在全行业排名靠后。三是观念转变不易。长期在烟草专卖体制下，干部员工固有观念根深蒂固，客户意识、成本意识、效率意识、危机意识缺失。因此，合肥烟草必须要转变发展方式，推进精益管理，进一步提高卷烟经营和物流服务能力，切实增强企业管理水平。

（三）IT 系统提供了有力支撑

一直以来，合肥烟草始终高度重视企业信息化建设，注重发挥信息化平台对企业管理的支撑作用。在卷烟营销环节上，集成应用了新商盟订货系统、“徽映 e 家”信息采集平台、“徽映 e 商”科学营销平台和烟草工商协同平台，打造了商零网上配货平台；在卷烟物流环节上，推广使用了物流综合管控平台、手机送货终端和微信服务平台，为推进精益物流工作提供了有力的信息化保障。可以说，合肥烟草已经搭建了较为完备的信息化平台，为精益供应链管理的推进打下扎实的基础。

二、烟草商业企业基于信息化的精益供应链管理内涵和主要做法

合肥烟草坚持市场化改革取向，将信息化贯穿到供应链的精益管理中，围绕需求信息这条主线，打造“零→商→工”需求拉动式精益供应链模式，形成便捷、高效、及时响应需求的供应链，实现订单流、信息流和物流“三流合一”，提高企业精益管理水平，达到提质降本增效的目的。主要做法如下：

（一）明确基本思路，建立组织保障

1. 明确供应链管理的基本思路

合肥烟草按照“需求拉动、价值流动、消除浪费、持续改进”的精益原则，以需求拉动为起点，依托信息化手段，实施流程再造，打造拉动式精益供应链。在精益营销上，构建需求预测、货源投放、货源组织三大管理体系，提高对市场的把控能力，使库存决策更加科学、营销服务水平不断提升。在精益物流上，针对仓储、分拣、配送三个环节，以消除浪费为目的，通过精益现场管理、提高装车速度、改造分拣流程、优化送货线路等措施，达到削减库存、提高效率、降低成本的目的。在基本思路指引下，通过加强信息系统集成和供应链单元之间协作，不断优化业务流程，促使订单流、物流、信息流畅通流转，着力打造合肥烟草精益“船”，如图 1 所示。其中，船帆部分是精益营销信息流，甲板部分是需求拉动的订单流，船舱部分是精益物流。

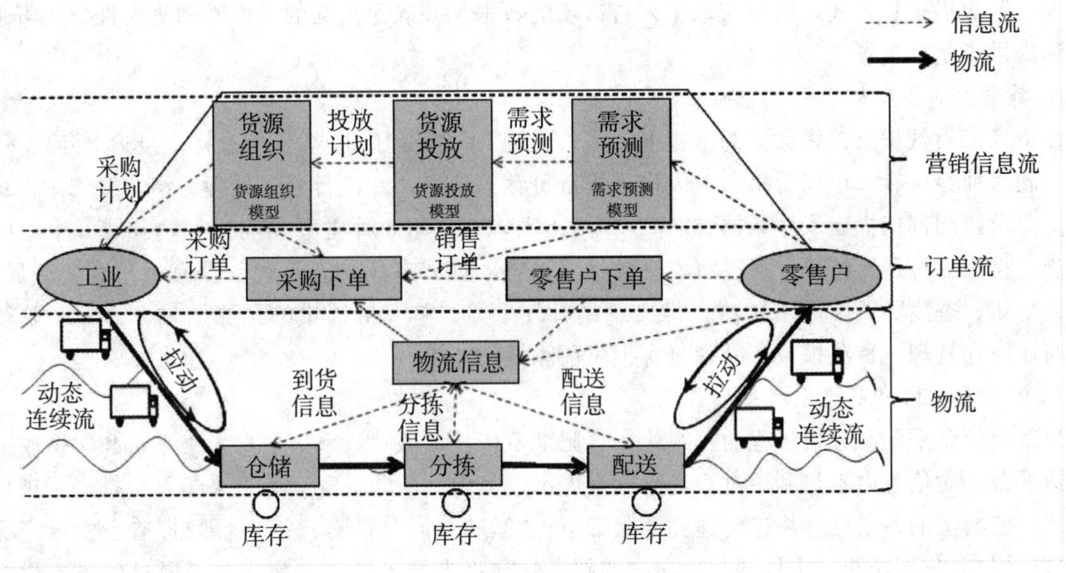

图 1　合肥烟草精益“船”

2. 建立组织保障机制

合肥烟草成立精益供应链实施领导小组，由公司主要领导担任组长，各部门负责人及业务骨干担任组员，全力部署精益供应链的打造。一是明确战略规划。围绕“打造全国一流卷烟服务商”的战略目标，制定精益供应链的总体规划和推进计划，多次研讨制订实施方案，确定监督考核机制。二是建立四层精益组织，公司领导班子组成规划层，设计精益思路，确定精益供应链管理目标；各级管理人员组成推动层，熟悉精益方法，推动精益改善项目；精益骨干组成辅导层，参与和辅导精益改善项目，开展精益管理内部培训；其他员工组成实践层，积极参加精益培训学习，提出合理化建议。三是成立 9 个攻关小组，由相关部门负责人挂帅，骨干员工参与，负责精益供应链的实施推进。各攻关小组针对各自的项目，制定详细推进计划，明确分工并落实内部考核。健全的组织保障机制为精益供应链实施提供了基础支撑。

（二）强化需求预测，提高预测精度

合肥烟草从市场一手信息出发，构建新型卷烟需求预测模型，搭建符合现行需要的“数据采集—状态判定—模型预测—目标修正—报表生成—可视化展示”路径，确保卷烟市场的真实需求及状态信息得以全面反映，确保货源采购及库存能够及时响应市场需求，避免了盲目采购带来的库存积压。

1. 信息采集方式多元化

为使需求预测数据更加真实，合肥烟草对全市近3万零售户进行了分类梳理。按照随机抽样的原则，选取3867户作为信息采集样本点（占客户总数的13%，其中自动化采集客户3000户，手工采集客户867户），采集卷烟库存、市场价格、品牌状态等信息。经过反复测试，确定样本的代表性和数据提报的准确性。在自动信息采集方面，合肥烟草搭建“徽映e家”信息自动采集系统，通过零售户销售扫码、卷烟订购数据自动下载，确保客户的进销存数据及品牌售价信息自动上传到合肥烟草信息采集后台，后台对所有样本数据进行甄别和整合后，形成原始数据库。在手工信息采集方面，主要针对未能安装“徽映e家”信息采集系统的样本客户，通过每周定期采集卷烟消费、客户量价存信息，并由对应客户经理上传至信息采集后台。信息采集点确定后，通过现场抽查与后台监控相结合的方式，对市场采集数据上传成功率和数据质量实行校验，推行信息采集周通报制度，不断加强运行监督与检查。通过“自动＋人工”数据采集方式，有效获取了来自市场的数据，并确保数据的全面性和真实性，为开展卷烟需求预测提供了基础支撑。

2. 需求预测模型科学化

在市场采集数据及销售数据的基础上，需求预测部门搜集了3867户信息样本点近5年来91万多个数据，涵盖社会库存、市场价格、分规格销售量价存等信息，并进行分类处理。结合合肥烟草的销售数据库，需求预测部门搭建了全新的“353”预测体系，即运用3种主要预测模型，开展5个时间段的需求预测，得出3种预测结果。通过将宏观数据、销售数据和市场状态采集数据有机整合，开展中长期、年度、半年、季度、月度需求预测，得出总量、分品类、单规格销量的预测结果。为下一阶段货源组织、商业库存管理、货源投放、品牌培育提供前瞻性的建议。

3. 信息平台内容可视化

为做到信息采集与分析过程的可视化，合肥烟草依托“徽映e家”信息采集平台和“徽映e商”科学营销平台，对信息内容与利用过程进行全程展示。其中“徽映e家”信息采集平台打造了市场信息的“入口”，使真实的市场信息快速传递到合肥烟草；“徽映e商”科学营销平台则打造了信息产品的“出口”，通过整合分析功能、市场预测功能，能够科学地将市场规律、品牌状态等通过图表、模型等进行可视化展示，帮助各层级人员了解卷烟品牌、规格的需求状态和销售趋势，为货源组织和货源投放提供了直观的依据。

（三）加强数据研判，合理投放货源

合肥烟草坚持以业务流程优化为重点，建设智能化营销系统，科学评价卷烟品牌（规格）市场状态，着力完善货源投放模式，高效、快速响应市场需求。

1. 推广商零网上配货

商零网上配货是通过信息网络方式获取零售客户库存，自动分析数据，并根据设定的数学模型自动计算配货数，自动向零售客户配给卷烟的方式。合肥烟草打造商零网配平台，依托“徽映e家”信息的准确采集，通过“系统触发—零售户调整确认”，实现系统的自动下单、自动配货，真正做到客户“自主选择”；通过网上配货系统实施货源投放，能及时掌握零售户的进销存、盈利水平等有效信息，为卷烟需求预测、卷烟货源组织、卷烟品牌培育提供科学决策依据，进一步提高货源供应的针对性和有效性。商零网上配货平台的推进，不仅实现零售户销售数据的及时获取，还帮助零售户实现精准的库存控制，经营决策更加科学。实施商零网上配货后，客户库存环比下降39.3%，月度库存周转次数环比增加0.4次，月资金周转率环比增加33.5个百分点。

2. 优化卷烟投放模式

一是精确分群客户。合肥烟草通过投诉分析、客户访谈等方法，收集和分析零售户卷烟供应需求信息，按照 Kano 模型将零售户需求分类，紧紧把握“需求满足”及“公平公正”两个原则，进行精确的客户分群；并通过工商协同平台货源投放模块的建设，进行投放测试，确定各群的卷烟分配标准及规则。二是建立品牌健康指数评价体系。合肥烟草着力对品牌健康状态进行全面的评价，为货源投放提供依据，从品牌的地位与潜力、零售状态、客户要货意愿、品牌供应策略、消费者购买意愿五个方面选择指标，构建了品牌健康指数体系，如图 2 所示。每月通过收集 200 多个卷烟规格近 5000 个数据，进行状态评价，搭建了“徽映 e 商”平台中品牌状态评价模块，做好品牌状态自动化评价。三是优化投放系统。依托“徽映 e 商”平台的品牌状态判定结果，将品牌状态叠加到“每周”“各群”，并从工业企业、品类两个维度进行分析，完成品牌状态的精确跟踪及分析功能。在原卷烟投放系统的基础上，开发新的货源投放系统。通过按月制定供应政策，按周制定投放策略，按日跟踪货源供应的思路，实现货源投放自动化运行及人工调整相结合，大幅提升了精准度和工作效率。四是开展动态纠偏。按照精益要求、工商互动和区域参与的原则，进行货源投放的动态纠偏。通过投放量动态计算、工业策略调整意见、营销部监控等功能对平台进行完善，提高货源的满足度及公平性。

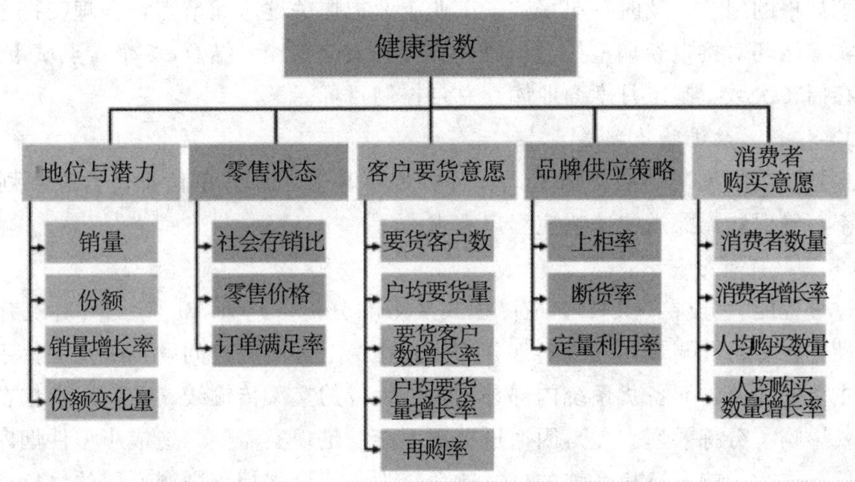

图 2　品牌健康指数体系

（四）立足库存控制，提高配货效率

合肥烟草依托信息一体化的工商网上配货平台，以交易流程再造和工商资源整合为手段，根据需求预测产生的卷烟需求信息，积极构建需求拉动的协议动态调整机制和“双驱一调”的工商弹性网上配货模式。按照“先同城、后省内、再省际”的步骤，积极协同工业企业探索多样化途径，扩大工商托盘联运范围，不断提升工商物流一体化水平，实现卷烟供应链的产销无缝对接、系统智能运算和库存共控共管，做到精准货源供给、精化物流流程、精确货物配载，有效降低商业库存并提高市场响应效率。

1. 推进同城物流

依托工商一体化的需求预测和订单信息，合肥烟草应用 JIT 配送模式，对同城生产点卷烟实施“网上配货、同城物流”，实现工商间货源需求信息的快速传递及响应。通过历史销售数据的计算分析，设定安全库存指标，即时下单，将卷烟“一扫代两扫”后，直送物流分拣线。与安徽中烟非同城生产点开展托盘联运，统一托盘尺寸、码垛方式、电子标签应用，实现了卷烟实物的快速流转，人工劳动强度大幅降低，其中人工叉举次数降低了 50%，入库劳动强度和劳动时间降低了 90%。依托同城物流的优势，库存可销天数从 5 天下降到 1.5 天，大大节约了库存资金占用，去库存的效果明显。

2. 开展跨省即时配货

合肥烟草依托一体化工商货源衔接信息，分工业、分规格地设定存销比上限；并根据市场的变化，动态调整存销比水平，设定卷烟单品安全库存天数和库存预警值，初步建立商业库存分工业企业、分品牌规格的控制指标，指导工业公司及时配货。与浙江中烟等工业公司开展网上配货、跨省联运，实施电子标签整托盘联运，变传统的件烟配送模式为整托盘运输、直送分拣线。增加地理设备 RFID 读写器，设置托盘联运车辆卸货绿色通道，在物流环节重点解决托盘标准不统一导致的卸货、扫码效率不高问题，减少了卷烟实物的出入库环节，市场需求响应速度大幅提升，卷烟流通更加顺畅。浙江中烟两个主销规格（利群新版硬盒、雄狮硬盒，销量占比 87%）库存可销天数从 6 天下降到 3 天。同时，为了缩短省外卷烟采购前置期，协调江苏中烟等工业公司，提高卷烟调拨优先级、加大信息系统支撑，进一步推进省际间托盘联运。

3. 规范工商作业标准

合肥烟草按照烟草行业物流标准化体系建设要求，建立卷烟直供分拣线工作标准，统一界定工商企业物流中心、营销中心各关联岗位工作职责和操作流程，规范操作，高效对接。商业企业通过徽映“e家、e商”系统平台，适时监测卷烟市场量、价、存信息，协调工业企业按订单组织生产。同时，按照标准托盘进行卷烟规格的组合，及时下单采购。工业企业把握关键时间节点，合理安排送货车辆，与商业企业物流中心实施循环对接，卷烟整托盘扫码，直接进入分拣线。结合 36 个重点城市对标指标要求，确定月度卷烟库存周转次数，制定月度商业库存总量控制目标。

（五）基于订单信息，改进物流配送

客户订单信息是卷烟物流配送的决策基础。合肥烟草基于客户订单信息，合理规划，优化送货线路，提升分拣效率，确保物流配送快速响应客户需求。

1. 基于分拣信息，提升分拣效率

合肥烟草通过过程能力分析（CPK）、故障模式及影响分析（FMEA）等工具对现有流程、管理体系、关键质量特性进行分析和测量，发现卷烟分拣线存在两个方面关键问题：一是备货系统仅设计一条向分拣线供货的主传输线路，而备货系统内部却设置了大量的交叉传输线路，造成卷烟在系统内部传输时频繁出现等待，影响了分拣效率。二是因通道资源不能满足现实需要，造成小型件烟库的供货压力增大，供货效率降低，进而影响了备货系统的供货效率。为此，合肥烟草削减迂回的供货路线，结合分拣现场实际，对供货通道进行改造，避免迂回曲折，降低等待时间，杜绝了因流程不合理造成的时间和人力的浪费，单批次最高分拣效率达到 18600 条/小时，平均维持在 15000 条/小时以上的效率值，提升了 20%。

2. 减少搬运浪费，推行一体化装车

通过物流配送数据分析，合肥烟草组织人员查找到装车过程中的三大浪费：一是搬运浪费，卷烟需要二次码放装车；二是时间浪费，厢式货车装车平均用时 50 分钟，作业非增值且耗时耗力；三是品质浪费，二次装载易造成卷烟皱损，提高破损率。为此，重点改善三个环节：一是减少寻找货位时间。对暂存区进行了区域定置，规定了每个线路的放置区域，寻找货位的时间由原来的平均 7 分钟降低到 1 分钟。二是引入了 24 小时监控平台。将卷烟配送前的 2 次核对（储备部核对、送货部核对）减少为 1 次核对（储备部核对），节约 7 分钟。减少卷烟码放环节。三是重新设计笼车，并将推送装置、笼车码放进行了标准化，使之能够与送货车辆匹配，直接上车，减少二次搬运，节约时间 37 分钟。最终将整个卷烟装车流程由原来的 50 分钟，缩短到 10 分钟，增加了有效送货时间，并降低了劳动强度。同时，设计的笼车获得了专利。

3. 优化送货线路，建立送货模型

合肥烟草对基础送货数据进行收集、分析，建立了“239”送货线路模型，优化送货路线。“2”指 2 个维度，即装载率和送货时间利用率；“3”指 3 个阶层，即高中低阶层，是优化模型的预警条件。通过建立预警指标，监控装载率和送货时间利用率的变化情况；“9”指 9 个策略，从技术上搭建线路优化方案，将可能遇到的线路变化情况考虑在内，并以量化指标为分界标准，选取相应策略执行线路优化。通过线路优化，减少了 7 条送货线路和 14 名送货人员。

（六）开展精益现场管理，夯实管理基础

1. 依托可视化信息，实施精益现场管理

一是现场看板管理。结合物流现场工作需要，制定了五类管理看板：安全管理看板，设置了“安全日十字表”“重要点/危险源及控制措施”“安全隐患追踪”“逃生路线”“安全检查通报”“安全知识宣传”等模块；合理化建议管理看板，设置了建议流程图、合理化建议接受准则、评分准则及改善成果展示等模块；储配部管理看板，设置了生产动态、关键绩效、现场检查、设备管理/量化管理/定额管理、考核/绩效、整改反馈等模块；送货部管理看板，设置了作业要求、送货流程、部门关键指标（包括单箱送货费用、车辆每百公里油耗、车辆维修费用）等模块；综合部管理看板，设置了配送费用、管理费用、可控费用、单箱物流费用、物流费用率、烟箱循环利用率、客户综合满意度等指标。二是现场作业标准化。合肥烟草在对现场作业进行调查分析的基础上，将现行作业方法的每一步操作程序和每一个动作进行分解，以安全、质量效益为目标，对作业过程进行改善，从而形成标准化的作业程序，达到安全、准确、高效和省力的效果。

2. 落实制度保障，推行全面生产维护（TPM）

一是制定设备保养制度。明确各层级人员设备管理职责，开展设备定期检查，纳入绩效考核，从制度层面加以保障。二是改善修理流程。对机修工接单时间、到达时间、维修时间加以规定，并增设机台验收环节，实现流程的闭环。三是推行全面生产维护（TPM）。规范操作标准，结合 5S 管理要求，落实设备点检制度，突出日常操作人员的清洁、紧固、润滑等责任。四是建立设备档案。

（七）培育精益文化，强化考核激励

一是制定《合肥烟草文化规划》《年度企业文化工作要点》，围绕“理念、行为、制度、氛围”四个方面推动精益文化成长，将“精于改进 融益见效”的精益理念纳入合肥烟草成长·融文化体系。二是开展精益管理培训。合肥烟草通过开展培训宣贯，营造浓厚的精益管理氛围，培养精益骨干。编制《精益知识手册》、每月编发精益简报、在内网开辟专栏、编写展示 A3 报告等，使宣贯常态化、多样化；通过举办大讲堂、中层干部谈精益、优秀项目宣讲、5S 现场管理、现场随手拍等一系列活动，使宣贯生动化、互动化。不断拓宽学习形式，组织精益知识和方法工具的集中培训，在基层单位、班组全面推广“一点课”等精益工具。三是完善考核激励机制。合肥烟草建立了“二维三级”的绩效考核体系，并依托该体系分别开展精益考核、直属单位精益评价、对标指标排序，结果纳入当月绩效考核以及年度经济运行考核。设立科技进步奖、专利奖、精益项目奖、QC 成果奖、合理化建议奖等一系列奖项，对各类精益供应链管理活动进行奖励。开展创新标兵、改善明星等评选活动，激发员工的积极性。

三、烟草商业企业基于信息化的精益供应链管理效果

（一）降本增效成效显著，经济效益明显增长

一是提高了需求预测水平，需求预测准确率由 2013 年的 86.75%提高到目前的 96.48%；二是提高了货源投放的精准性，主销货源投放精准度达到 97.65%；三是提高了货源组织效率，2015 年有 71.9%的卷烟采取托盘联运，其中直送分拣的比例达到了 58.7%，实现了卷烟的快速流转。全年库存周转次数达到 40 次以上，成为行业标杆。与此同时，两类库存明显下降：日均商业库存为 7000 箱，同比降幅 31%，减少资金占用 1.2 亿元；社会总库存由 1.8 万箱降低至 1.1 万箱，减少零售户资金占用约 2.8 亿元，社会存销比由原来的 1.6 降低至 0.8。消除了平面库存，暂存区空间从原来的 810 平方米减少到 150 平方米，暂存区卷烟从 9000 件减少到 1500 件。人均配送量从 2088 箱增加至 2328 箱，人均

服务户数从 218 户增加至 243 户。单箱物流成本下降了 19.3%。2015 年合肥烟草上缴税利大幅提升，同比增长 20.1%；费用总额、可控费用持续下降，降幅分别为 2.2%和 11%。荣获了烟草行业“精益十佳”标兵单位、全省保销量保税利突出贡献奖、全省系统创建优秀地市局（公司）先进单位。

（二）服务水平提高，客户满意度提升

通过基于信息化的精益供应链管理，合肥烟草零售客户投诉持续减少。2013、2014、2015 年的有效客户投诉分别为 10 起、5 起和 2 起，零售客户满意度由 2013 年的 93.3 分提升到 2015 年的 96.85 分。2014 年对标指标提升率为 92.8%，排名行业重点城市第一；2015 年提升率又达到了 64.3%，在行业重点城市指标排名中有 8 项进入前十、3 项进入前五。同时，2015 年工业企业客户综合满意度达 95%以上。国家烟草专卖局领导对合肥烟草精益供应链管理给予了高度评价，并于 2014 年和 2015 年在合肥组织召开了烟草行业企业管理现场会和烟草行业物流现场会，对合肥烟草精益供应链管理的做法和实践经验进行了介绍和推广。

（成果创造人：张丙利、胡　毅、杨二宝、刘　玲、孙宗亚、吴志虎、周　艳、杨　毅、鲁小伟、夏　轶、金　晶）

电力企业适应供应链要求的储备体系构建和实施

国网冀北电力有限公司物资分公司

国网冀北电力有限公司物资分公司（以下简称物资公司）是冀北电力公司物资集约化建设的支撑单位，担负为冀北电网发展提供物资供应保障的业务。截至2015年年底，冀北电网总装机容量2398万千瓦，运维500千伏变电站29座，线路10762公里，220千伏变电站113座，线路9353公里。2015年冀北电网最大负荷2100万千瓦，完成售电量1240亿千瓦时。

一、电力企业适应供应链要求的储备体系构建和实施背景

（一）提升企业物资管理水平的需要

国家电网公司提出打造世界一流企业和国际一流电网的管理目标。然而与世界一流企业相比，冀北公司在物资供应、库存控制、供应链管理等方面还存在较多问题：一是缺乏基于供应链的全环节库存控制策略，供应链中省、地市、县各个层级以及供应商的仓库各个节点各自为政，需求扭曲，库存高。二是缺乏有效的物资调配体系，仓储网络层级分为省、市、县三级实体仓库，供应商自行管理自己的仓库，在物资储备管理上相互独立，无法合理有效调拨，仓储配送资源不能得到综合利用与共享。三是无科学的库存定额制定方式，物资标准化程度低，大部分仓库存放物资处于被动或无序储备状态，库存物资周转率低，占用较多资金，且急需物资缺少，影响生产供应。四是无高效的信息化管控手段。信息化管理水平低，难以掌握供应商、省、地市、县库存以及其他采购供应信息以及现场需求信息。为此，冀北公司有必要通过建立物资调配体系统筹考虑省、地市、县以及供应商的物资供应和需求，制定科学合理的物资供应和储备方式，降低公司库存水平，减少资金占用和库存报废浪费，提升物资管理整体价值创造能力和公司经营管理水平。

（二）提升企业物资供应保障能力、防范经营风险的需要

随着国际一流电网发展目标的提出，国网公司加快坚强智能电网建设步伐，物资供应任务十分繁重。一直以来，与采购环节相比，冀北公司对后端供应环节的管控相对薄弱，供货协调能力较差，仓储管理及配送物流体系尚需加强。开展面向供应链管理的储备体系，可以提升公司资源利用效率，有效防范企业经营风险，大大提升冀北公司物资需求响应能力。为此，物资分公司从2013年6月构建面向供应链管理的储备体系，持续提升物资供应保障能力，并于2014年1月全面推广运行。

二、电力企业适应供应链要求的储备体系构建和实施内涵和主要做法

物资公司从推进物资标准入手，深入构建现代仓储网络体系，推进仓储可视化管理，清理积压物资，构建物资调配体系和调配信息系统，研究制订适合各类电力物资的联合储备策略，统筹考虑省、地市、县以及供应商的物资供应和需求，减少各级仓库重复储备，降低公司库存水平，减少资金占用和库存报废浪费，提升物资管理整体价值创造能力，为构建世界一流企业和国际一流电网提供了有力支撑。主要做法如下：

（一）加强领导，提供组织保障

按照冀北公司“三集五大”体系整体建设方案，编制下发《国网冀北电力有限公司深化物力集约化操作方案》，调整物资部内设机构及相关职能，成立国网冀北电力有限公司物资分公司，在各地（市）公司成立物资供应公司。同时成立以分管领导为组长的领导小组，下设物资分公司主要负责人为组长的建设工作组和以信息系统建设人员为主的信息系统开发组，全力开展物资调配中心建设以及仓储体系清

仓利库工作。编制《物资调配机制建设实施方案》《清仓利库工作方案》，组织开展物资库存管理各项工作，并梳理优化物资管理所涉及的各项流程和制度，推行“需求归口管理、合同统一管理、仓储系统管理、配送精确管理、供应商关系协同管理、废旧处置透明管理、应急物资统筹管理、信息资源一体管理、绩效评价量化管理”的现代物流管理模式，明确物资管理职能定位，细化物资管理工作界面和业务操作流程，建立科学规范的物资工作机制和绩效考核机制，使物资规范化管理有据可依。

（二）开展前期工作，为体系实施奠定基础

1. 推进物资标准化工作

在物资分公司的有力支撑下，冀北公司物资部、运维检修部、营销部、基建部等部门精心组织唐山供电、张家口供电、秦皇岛供电、承德供电、廊坊供电、冀北信通公司以及有关县公司的专家，编写完成《国网冀北电力有限公司 35kV 输变电项目主要设备、材料标准技术规范》。在省公司、地市公司和县公司三级建立标准化建设联络员机制，组织建立了物资标准化专家库。同时，强化标准执行的刚性约束。在电网规划、设计和建设中，必须选用标准规定的设备材料；对纳入集中采购的设备材料、大宗物资，必须在物资采购标准目录范围内选择；对已经完成设计的项目，要对照公司发布的采购标准，复核设备材料选型，不符合采购标准的要及时调整。

2. 优化整合仓储配送网点和仓库定位

深入公司市县以及生产班组各级仓库进行深入调研，对公司原有 198 个存储点、482 个库房进行优化整合，库存点减少 76%，作业人员减少 45%，库房平面面积减少 63%。按照“合理确定储备定额、统筹规划仓储地点、科学设计仓库规模”的思路，根据存储物资种类和数量，调整各级仓库定位。国网储备库主要存储国家电网公司的应急救灾物资、应急抢修工器具和跨省联合储备的备品备件，应急库可以作为国家电网公司在华北地区的应急物资集中储备地点，满足在灾害发生后快速支援其他省公司的能力。省中心库作为仓储网络枢纽，负责省公司集中储备的备品备件以及全省通用物资资源的集中储存与配送，向周转库、仓储点进行补库。地（市）周转库作为仓储网络的中转，主要存储地（市）公司集中储备的备品备件、运维物资、配（农）网物资、工程项目暂存物资、废旧物资、代保管可用退役资产等。县仓储点主要存储县（市）级日常运维物资、常用备品备件等。仓储点设在县（市）公司运维检修部（储运班），服务辐射半径保证在交通便利地区 1 个小时内送达。以此构建以省中心库为核心，地（市）周转库为分支、县公司和专业仓储点为补充的仓储网络体系。

3. 构建仓储配送可视化管理系统

物资公司组织开发了仓储作业管理系统（WMS），全面实现仓储的“可视化管理”。通过 ERP 系统、仓储作业管理系统（WMS）、手持终端（PDA）、移动 App 和条码技术几个功能模块之间的数据贯通和升级仓库监控系统，实现对仓储作业的远程监控和对在库物资数据的可视化管理。同时，将中心库、周转库及仓储点所有在库物资全部纳入 ERP 管理，全面实现库存在物资部门的“一本账”管理，实现所有库存物资管理的可控、能控和在控。同时，为加强对各级仓库作业和库存物资的集中管控能力，组织开发了智能物流管理系统软件，覆盖冀北公司中心库、周转库和应急库，省公司可以在物资调配中心可以对各级仓库作业和在库物资的视频可视化管理，并可以通过远传对话，指挥仓库现场进行作业。

4. 深入开展清仓利库工作

按照“谁形成积压，谁负责利库”的原则，找准关键点和切入点，明确“紧抓积压物资归属部门和单位”的工作思路，扎实推进盘活利库各项工作。冀北公司层面成立以分管副总经理为组长的盘活利库领导小组及工作组，各地市公司按照公司要求成立了领导组织机构，制订了工作方案，指导下属各单位和各县公司进行实际操作。物资公司建立定期赴地市公司督导的工作机制，及时督促、指导地市公司加快阶段任务完成进度，检查工作开展质量，调研、收集存在的问题。针对地市公司存在的专业问题，及时反馈各专业部门，并以定期组织召开协调会的方式，将各归属专业物资利库进度通报给各专业部门。截至目前，冀北公司积压物资金额总共2.32亿元，已完成积压物资处置/利库物资9881条，金额约2.15亿元，利库完成比例92.61%，库存资源盘活利用工作取得实效。

（三）构建物资调配体系，深化供应保障机制

冀北公司党组高度重视物资调配机制建设，分管副总经理在公司物资工作会下达“加强物资调配机制建设，进一步深化物资供应保障机制”的工作任务，物资公司迅速落实公司要求，全面启动物资调配中心建设工作。

1. 建立物资调配机制

结合冀北公司物资供应中的存在的问题和现有业务开展情况，认真研究探讨物资调配中心功能定位、建设原则、目标和规模，业务运转机制等细节，明确了中心“物资调配、资源统筹、监控预警和应急指挥”的功能定位，组织编制了公司物资调配业务规范、运营手册和岗位标准，明确了职责分工和工作机制。一是完成两级（省、地市）物资调配组织体系建设，即在物资分公司成立物资调配中心，在地（市）物资供应公司成立物资调配室。二是完成物资调配“六统一”工作机制的建设，即建立统一业务窗口、统一履约协调、统一监控预警的管控措施，建立统一日调度、统一周协调、统一月预警的操作方法。三是编制中心（室）的《物资调配中心岗位工作标准》，明确调配主任、监控预警、配送调度、履约协调等岗位职责界面和任务分工，人员经上岗培训配置到位。四是编制《物资调配业务规范》和中心（室）的《物资调配中心运营手册》，梳理了调配中心（室）的内部运作和同相关专业口的业务流程。

2. 搭建物资调配信息系统

将供应商、省、地市、县公司、生产班组以及现场物资的供应和需求信息全部纳入到信息系统管控范围，以ERP系统为主线、电子商务平台（ECP）为协同窗口、辅助决策为信息监测平台，稳步推进物资调配信息模块建设。同时，在物资调配信息模块上线开发期间，为满足过渡时期功能需求，对公司原有信息系统的部分功能进行整合，对内使用ERP、辅助决策系统、可视化管理系统，对外使用供应商门户、ECP合同履约模块和配送管控系统，确保全面支撑业务流转。

3. 建立统一协调窗口机制

对内在《冀北电力有限公司物资调配机制建设实施方案》和《物资调配业务规范》中明确规定两级物资调配中心（室）是物资履约协调和调配的唯一窗口，各相关部门和单位不再直接对供应商发出此类指令。对外向供应商发出《关于明确冀北电力有限公司合同履约统一窗口的通知》，明确所有发货通知、现场服务通知等有关物资供应、合同履约的信息全部由两级物资调配中心（室）发出，并将作为合同履约和评价的依据的新要求。

物资调配中心建立月计划、周协调、日调度工作机制。每月编制物资供应计划，统筹安排供应商生产和现场到货计划；每周召开履约协调会，协调计划执行中的问题；每日调度供应商发货和现场接收，跟踪掌控物资到货情况。物资调配中心试运行以来，组织地（市）物资调配室完成了未到货17485条合同物资供应计划的编制工作，分别采用现场和远程电话的方式组织召开了98次物资供应周协调会，向供应商发出2985份发货通知，向物资调配室发出485份工作联系单。

4. 建立常态化的业务受理处置机制

物资调配中心（室）设立专线电话和联系人，统一接收、协调处理公司其他单位（部门）和供应商在物资供应、合同履约中出现的问题。建立业务受理登记台账和交接班制度，对接收业务受理登记台账，记录、分发接收信息，跟踪、记录问题处理结果，做到每件受理业务都有记录、有回复。

（四）构建差异化联合库存储备体系，推进全供应链最优

组织相关的专业单位制定物资储备定额。物资部门根据不同的物资特点提出不同的联合存储模式，保

证应急抢修物资在最小资金占用的情况下满足生产抢修需要，提高生产运维物资库存周转率，降低库存。

1. 与供应商联合储备

500 千伏电压等级及以上主设备的备品备件，占用金额较大，冀北公司采取与供应商签订集中存储协议，与供应商联合储备的方式进行管理。供应商将全部生产库存信息纳入调配信息平台，电网公司尽量减少该类物资的实物储备，需要物资供应时由省公司调配中心作为协调中心进行统筹供应商进行即时供应。

2. 省公司内部联合储备

220 千伏电压等级及以下备品备件定额，由各省公司统筹地市公司定额后，采取省公司内部联合存储模式进行存储。省公司内部联合存储物资分为实物集中存储和实物分散统筹管控两种模式，联合储备后公司库存从原来的 2.4 亿元降低到 6600 万元。对于 220 千伏电压等级主设备等金额大、响应时间较长的物资以及部分虽然使用量小，但使用频率不高且响应时间较长的物资，采用省公司集中储备的模式，减少各个层级的重复储备，由省公司物资调配中心进行统筹调配。对于使用频率高、响应时间短，且主要在部分基层单位小范围使用的物资采取分散存储的方式，如一些输电类的备品备件，但是物资种类、数量等由省公司统一确定，规范库存管理。跨地市调配由省公司调配中心统筹组织，地市内调配由地市调配中心统筹组织。

3. “三位一体”联合储存方式

对于 35 千伏及以下农配网通用物资采取“协议库存采购、实物寄售存储和物资统筹调配”三位一体的联合库存方式。“三位一体”农配网物资供应模式利用公司省市两级调配体系对协议库存采购寄售物资、各级仓库的物资在库物资进行统筹管控，在管理流程上实现密切衔接、在管理范围上实现有机融合，扩大公司库存范围，达到提高物资供应速度和效果、降低物资供应成本的目的。

三、电力企业适应供应链要求的储备体系构建和实施效果

（一）提升了物资集约化管控能力

构建基于供应链管理的精益化库存体系，实现了在省公司层面各个仓库以及项目供应的信息共享，库存资源在公司各级得到统筹调配。根据项目或用户需求安排物资供应进度和供应方式，减少了各级仓库物资的重复储备，降低了库存，打破了原有分节分块的物资管理问题，从根本上解决了物资集约化推进中的瓶颈问题，促进了物资集约化管理工作。

（二）提升了物资供应保障能力

通过构建基于供应链管理的精益化储备体系，利用信息系统对全供应链环节的库存和供应进行全程、动态、便捷掌控，针对不同物资提供差异化的物资供应服务，变被动供应为主动供应，农配网物资供应周期由过去的六个月左右缩短为一个月，物资需求响应能力大大提升，满足了公司电网建设和生产运营需要，对构建国际一流电网提供有力的物资供应保障支撑。

（三）取得了良好的经济效益

自实施面向供应链管理的储备体系以来，两年内库存点减少 76%，作业人员减少约 45%，库房平面面积减少 63%，每年减少仓库管理运行成本 1220 万元，备品备件库存由 2.4 亿元降低到 6600 万元，每年减少库存仓储成本 208.8 元，减少库存损耗 870 元；2014 年对约 5000 万元的农配网寄售物资采取协议库存寄售存储方式，减少公司资金占压带来收益约 150 万元；2015 年对约 6500 万元的农配网寄售物资采取协议库存寄售存储方式，减少公司资金占压带来收益约 195 万元。

（成果创造人：张国英、运晓飞、张少军、李红武、陈绍鑫、许永超、薛　宏、陆　英、孔　星、刘　勇）

基于实时业务整合的企业运营管理

北新集团建材股份有限公司

北新集团建材股份有限公司（以下简称北新建材）是国务院国资委直属央企中国建材集团旗下的A股上市公司。1979年成立，目前已发展成为中国最大的新型建材产业集团之一，全球最大的石膏板产业集团之一，荣登世界品牌实验室“中国500最具价值品牌”排行榜第75位，品牌价值405.28亿元，荣获全球石膏大会颁发的“全球石膏行业突出贡献奖”。2004—2013年，北新建材实现了十年利润增长20倍，年均净利润复合增长率达30%，实现了健康持续的较快增长。

一、基于实时业务整合的企业运营管理背景

（一）积极应对市场需求严重不足的需要

近年来，国内经济下行压力加大，实体经济发展放缓。特别是北新建材所在的主要市场领域楼堂馆所大部分停建、商业地产受电商冲击大部分停滞、住宅地产持续调控，导致市场需求严重不足。建筑装饰行业和建材行业企业效益普遍下滑，外资品牌石膏板和主要民营石膏板企业经营情况都加速恶化，部分大型石膏板企业全面亏损，很多中小石膏板企业关停倒闭。面对严峻的经济形势，北新建材必须积极应对，通过深度管理整合、提质降耗，实现公司长远可持续发展。

（二）落实企业全面推进深度管理整合的需要

随着北新建材自身规模不断增长，业务范围不断扩大，企业内部管理和监管难度也相应增加；与此同时，也出现了类似机构臃肿、人浮于事、效率低下、士气低沉等“大企业病”。在这种内外部环境下，2014年9月，北新建材全面推进深度管理整合，主动求变，从市场化改革和管理整合入手，推进业务转型升级，聚焦区域、聚焦一线，构建更贴近市场的区域业务经营单元——区域公司，推进总部职能部门扁平化升级，实现职能部门从管理型到实务型、从事务型到业务型的转型升级。作为管理整合的主要部门，北新建材将下属的企业管理部、安全环保部、石膏板生产技术公共平台三个部门及综合商务部的物业管理、仓储管理的职能合并重组成立运营管理部。因为是重组部门，运营管理部部门职责的丰富带来人员构成比较复杂，各个业务层面，各个专业的人都有：从业务划分上，有原来生产一线的工厂厂长和技术人员，也有原来各职能部门的主管领导及管理人员；从职能划分上，有主管体系的、有主管安全的、有主管现场的、有主管质量的、有主管设备的、有主管能源的、有主管仓储的、有主管物业管理的，等等。如何发挥所有职能和人员的协同配合，做好生产基地运营的监管和服务，做好销售系统的支持与配合，是运营管理部首先要解决的问题。

二、基于实时业务整合的企业运营管理内涵和主要做法

北新建材根据运营管理部门职责要求、人员构成及业务内容，梳理并重新设计部门业务架构为“网状结构”，通过业务主管负责制，落实层级管理；推行“一人多岗、一岗一责”的工作模式；强化“服务＋支持”的工作理念；实施项目组制，充分发挥专业优势和协同效应；整合实施QEMS管理体系建设；以产品质量、安全生产与环境保护、现场、实物资产管理改进提高为重点，推行六维度综合检查；持续进行生产数据对标，开展生产工厂红黑榜排名，从而推动公司运营管理改进和创新。主要做法如下：

（一）设计“网状结构”的部门架构

运营管理部主要工作涵盖QEMS管理体系管理、安全环保管理、产品质量管理、实物资产管理、

现场管理等15大项职能，业务广、专业性强，管理范围涉及全国各生产基地，部门人员的专业水平参差不齐，业务能力有差异。如果按原有职能式组织架构，每项工作都需要一个人去推动，业务之间的关联性、人员之间的协同性无法有效发挥，造成效率低，管理成本高，已不适应公司机构精简、人员精干的管理要求。为了解决上述问题，在重新梳理部门职能和人员构成后，将部门业务架构设计成网状结构。网状结构指的是在实施层级管理的基础上，以现场监督检查为核心，实现各板块之间的联合与协同，充分发挥业务人员专业特长，实施业务主管负责制，以工作叠加式的模式开展各项工作。根据职能的相关性和连续性，将部门业务架构设计分为五个板块，分别为管理体系、安全环保、结果检查、过程监督、综合管理板块，下设24个业务主管和17个业务专员岗位。网状结构的关键是业务主管负责制，顾名思义就是具体业务由业务主管全面负责，包括管理方案的策划、制定、实施、效果验证等整个业务流程，业务专员在业务主管的领导下开展各项工作，各板块主管领导对各业务主管的工作予以监督和指导，部门总经理负责全面工作。业务主管负责制打破了干部与员工的界限，部门领导可以担任主管，普通员工也可以担任主管；从业务角度来说，可以是干部领导员工，也可以是员工领导干部，充分发挥了业务主管的专业优势，做到人尽其才，物尽其用。

（二）实施“一人多岗、一岗一责”的工作模式

部门原有岗位设置为“一人一岗、一岗多责”，这种模式容易产生因人设岗，某一岗位职责繁杂，岗位名称无法体现岗位所涉及的全部职责等问题，不便于员工业绩考核。为此，北新建材运营管理部推行“一人多岗、一岗一责”的工作模式。将每项工作职责明确到每个具体的岗位，根据员工的个人专业及工作经历一人安排多个岗位工作。这样一来，确保了岗位职责明确，业务分工清晰。考核时，根据个人担任的岗位和承担的职责，定性定量地评定绩效等级。通过“一人多岗”的模式，构建了部门网状工作结构。如主要负责安全环保的副总经理同时担任安全环保主管、环境管理体系专员、职业健康安全管理体系专员；主要负责管理体系的副总经理同时担任高新企业认定主管、质量管理体系专员、QC小组主管等；主要负责部门综合管理的经理助理同时担任考核主管、QEMS管理体系主管、产品质量管理主管、高新技术企业认定专员。

（三）推行项目组工作制

为了充分发挥业务主管负责制的作用，也为了实现部门管理工作的扁平化，运营管理部实施项目组工作制。根据专项工作要求，结合部门人员的专业和能力，项目组组长由具有专业特长的主管或专员担任，负责确定项目组成员、编制计划、组织实施。运营管理部总经理作为所有工作的总负责，掌控工作开展的总进度和实施效果。该项工作结束后，由项目组长汇总上报项目成果，并对项目组成员进行考核。项目组工作制的实施，赋予了项目组组长充分的权利，统筹协调了各板块人员，调动其工作积极性、主动性，又可以发挥所有部门专业人员的特长及优势，充分地体现了“专业化”和“协同效应”。项目组随项目任务的完成而解散，工作方式灵活，工作效果显著提高。

（四）倡导“服务＋支持”的工作理念

运营管理部积极落实北新建材“职能部门从管理型到实务型、从事务型到业务型的转型升级”的总要求。一是加强专业培训。为了充分体现“服务＋支持”的理念，运营管理部对区域公司及分子公司的管理人员实施了QEMS管理体系、安全生产、质量管理、实物资产、高新技术企业认定、环标认证、现场管理等业务及技能培训共20场，500余人次。统计分析了2009—2016年发生的安全生产事故，总结归纳易发生事故的月份、时间、岗位、场所、原因、类别等，编制了《安全生产事故分析报告》，为科学制定安全生产事故控制目标和防范控制措施提供了重要的依据。二是修订相关制度。为了规范各项工作的有效实施，运营管理部修订了公司有关制度。针对公司制度的具体落实，编制并发布了现场监督检查工作指引、实物资产盘点工作指引、质量监督检查工作指南等操作性强的指引、指南类文件，细化

了工作方法、规范了工作过程。比如产品质量投诉处理。针对客户的产品质量投诉和抱怨，部分一线销售人员由于缺乏专业的产品知识，不能及时解决，不能为客户提供满意的服务。运营管理部专业管理人员依托于多年的专业知识和管理经验，对客户的投诉和抱怨进行专业的判定，为客户详细讲解产品的特性与质量指标，配合生产工厂与销售人员为客户制订产品问题解决方案，消除客户的抱怨，赢得了客户的信赖。三是加强信息传递交。为了保障相关信息得到及时的识别、获取与传达，运营管理部实施《外部信息周报》制度，按期提供与公司运营有关的外部信息给公司领导及兄弟部门。已累计发布 25 期，获取并传达了 240 余有效信息。

（五）开展综合检查

监督检查工作是运营管理部工作核心内容。以往多采取专项检查的形式，该形式频次多、参与人员多、成本高，给检查的双方都带来了诸多不便。为了降低检查频次，提高检查效率，减少劳动成本，运营管理部全面推动六维度综合检查，涵盖现场、实物资产、安全环保、废旧物资处置和产品质量等各方面的内容。每组的现场检查人员由原来的近 10 人压减到现在的 4 人。运营管理部以公司各项规章制度为依据，编制并发布《运营管理部监督检查工作指引》《产品质量工作方案》，这既是综合检查的评价标准，也是被检查单位运营管理的工作要求和规范。在监督检查过程中，检查人员对现状进行客观地记录和取证，发现管理工作亮点及存在的问题，对管理工作中的亮点及创新管理模式，予以归纳总结，并在全公司进行推广；对发现的问题，要求责任单位进行原因分析，制订整改计划，及时落实整改措施，并通过复查进行问题整改闭环。检查人员不仅发现问题，还积极为责任单位提供解决方案和整改建议。检查完成后，编制详细的综合检查报告，将检查结论及建议及时反馈给被检查单位。针对全年的监督检查情况，形成《区域公司管理报告》反馈各区域公司。通过现场检查“以查促改”及问题通报“以罚促改”的方式督导各基地各方面运营工作的有效开展，有力地推动了分子公司的管理改进和提高。

（六）强化对标管理

为不断提高各分子公司生产运营水平，提高产品质量和投入产出率，降低产品单耗，降低库存和生产成本，运营管理部实施了对标管理工作。运营管理部通过对生产过程中的各种投入产出指标进行筛选、归集和分类，选择重点项目和关键指标，确定对标内容及对标标准，通过数据采集核算完成对标评价，形成了一个所有分子公司的对标平台，每日、每月对标数据定期通报，对相关指标及生产工厂负责人进行“红黑榜”排名，促进了各分子公司“增、节、降”工作的开展。此外，通过推行生产材料库存金额、设备维修费用、各材料单耗及废旧物资处置的数据对标工作，有效提升了各分子公司压库存、压资金的效果。

三、基于实时业务整合的企业运营管理效果

（一）有效整合优化了企业运营管理职能和业务

运营管理部通过职能优化、业务整合工作，实现了北新建材管理体系的整合优化，通过管理体系建设、综合检查、产品对标等工作的开展，确保了基层单位生产经营工作的合规运行，促进了基层单位运营管理水平的提高。通过管理整合工作的开展，北新建材转变了经营模式，实现了整体架构的扁平化，做到了业务前移，充分发挥了区域公司的经营与管理职能，提高了对于市场的反应速度，在国内整体经济形势疲软的大环境下，经营业绩与 2014 年基本持平。运营管理部全年对所有分子公司和 2 个在建项目开展涉及安全、质量、资产、现场的监督检查 27 次，查出问题 670 项，问题整改率 86%。其中，提出安全生产、现场管理、环境保护等整改要求 336 项，复查整改完成率达 95%，生产基地的现场、安全环保、产品质量、实物资产等各方面都有了很大程度的改观。

（二）促进了企业经营管理水平改善

2015 年，北新建材共消纳电厂脱硫石膏废弃物近 17.5 亿吨。通过燃煤单耗下降，减少二氧化硫排放 27 吨。全年无重大安全生产事故和环境污染事故，轻伤事故同比下降 42%。各分子公司的污染物排放均符合国家和地方的排放标准。通过对标工作的实施，2015 年实现石膏板投入产出率提高 0.35%，产品煤耗下降 6.9%。石膏板与 2014 年同期比产品质量提高，各主要原燃材料单耗都有不同程度的降低，各区域公司管控有效、各工厂的提质降耗有实效。2015 年较 2014 年主要产品库存材料金额下降 41.77%，石膏板、龙骨库存量分别下降 11.8%，40.6%，降幅明显。

（成果创造人：郝晓冬、郭建军、杜　军、马　烈、张海平、张兰英、刘彦章、王玉峰、吴铁成、李　艳）

以技术创新为核心的“三个百万”发电机组建设项目管理

安徽淮南平圩发电有限责任公司

安徽淮南平圩发电有限责任公司（以下简称平圩发电公司）是中国电力国际有限公司所属香港上市公司中国电力国际发展有限公司的全资子公司。其前身是淮南平圩发电厂，1984 年 9 月建厂，1999 年改制为有限责任公司，现运营 4 台 60 万千瓦级、2 台 100 万千瓦级火电机组及 4 万千瓦光伏项目，总装机容量 458 万千瓦，是安徽省和国家电投集团当前装机规模最大的发电企业和国内规模领先的集群式大型电站之一。

一、以技术创新为核心的“三个百万”发电机组建设项目管理背景

（一）建设平圩三期工程是国家能源战略和地方经济社会发展的需要

平圩三期 21000 兆瓦超超临界机组扩建工程是国务院批准的《皖江城市带承接产业转移示范区规划》中最大的能源项目之一，是国家电网 1000 千伏淮南－浙北－上海（皖电东送）特高压线路配套的 1000 兆瓦级电源项目。项目于 2013 年 2 月 16 日获得国家发改委核准，2013 年 5 月 26 日开工建设，两台机组分别于 2015 年 5 月 29 日和 9 月 18 日通过 168 小时满负荷运行正式投产发电。该工程由中国电力国际发展有限公司和淮南矿业集团有限责任公司按照 60％和 40％股权比例合作投资，是煤电联营的典范，对于推进国家“皖电东送”战略实施，建设国家新型能源基地，满足长三角和华东地区电力负荷需要，优化区域能源结构，推动地方经济社会发展，建设资源节约型、环境友好型社会，具有十分重要的意义。

（二）平圩三期工程顺应我国重大技术装备升级换代的时代要求

平圩三期工程坚持以技术创新为核心，融合世界发、输、变电三大领域的先进技术，是新时期厂网合作的典范，其中主变是特变电工沈阳变压器厂率先生产的从发电机出口 27 千伏一次升压至 1000 千伏的最大变比百万等级变压器，GIS 设备是西安西电开关电气有限公司率先生产的电厂内设置的 1000 千伏 GIS 开关站设备，锅炉是巴威公司在国内容量最大的百万级锅炉之一。因此，平圩三期工程的设计、制造、建设，顺应我国重大技术装备升级换代的时代要求，意义重大。

（三）平圩三期工程是不断提高我国重大建设项目管理水平的客观要求

平圩三期工程在技术和管理方面遇到很多我国重大工程建设项目普遍面临的难题。在技术方面，平圩三期率先采用发电机出口主变压器由 27 千伏直升 1000 千伏一级升压方式。同时，平圩三期工程采用电厂内设置 GIS 开关站，这对建设施工的基础以及设备运输与存放保管、装配工艺、现场安装分工、现场试验项目、施工安全等多个方面都提出很高的要求，具有相当的难度和风险。在管理方面，平圩三期工程参建单位多、人员流动性大、施工难度大、工期紧张。从以往基建工程的经验来看，仅仅通过工程管理公司来实现对整个工程的整体管控，往往存在现场管理混乱、责任界面不清晰、安全质量事件频出、造价超概算、延误工期等多种问题，严重影响工程整体质量，也为投产后机组安全稳定运行埋下各种隐患。因此，平圩三期工程的建设运营是不断提升我国重大建设项目管理水平的客观要求。

二、以技术创新为核心的“三个百万”发电机组建设项目管理内涵与主要做法

平圩三期建设坚持以国优金奖工程为目标，以超前做好项目整体策划为先导，以组建项目公司为依托，以技术创新为核心，充分发挥项目建设单位主导作用，协同各参建单位，积极推进工程设计创新和优化，注重全过程绿色施工和节能环保，强化工程安全、质量、造价、进度“四大控制”，促进工程建

设和生产准备同步配套、无缝衔接，确保两台机组提前实现高标准投产，主要性能指标达到国内百万机组先进水平。主要做法如下：

（一）超前做好项目整体规划，为创建精品示范工程奠定坚实基础

1. 坚持目标引领

工程自建设之初，参建各方就确立了“创国家优质工程金奖，创国际一流工程”的总体目标和“不发生质量事故，高水平达标投产，创国内同时期、同类型工程建设领先水平”的质量目标，为工程建设运营提供方向指引。

2. 超前谋划标段划分与施工组织

平圩发电公司在中电国际的大力支持下，经过充分调研论证，综合借鉴经验，将工程科学划分为 5 个标段，每个标段均选择了合适的施工队伍。其中 1、3 号标段承建单位为中国能建安徽电力建设第二工程公司，2 号标段承建单位为中国电建上海电力建设有限责任公司，4 号标段承建单位中国铁建大桥工程局集团，5 标段承建单位为北京博奇电力科技有限公司。合理划分标段保证主体施工队伍的规模效益，减少工程中的协调损耗，加快工程进度。

3. 精细做好工程策划

在施工总平面策划方面：在厂外环厂大道设主次入口，实现人、货分流进入现场；厂内实行办公区和施工区分区隔离管理，现场二道门设置门禁系统，实现施工人员所属单位、工种、出勤等信息化管理，成为集团公司火电工程施工现场首个安装门禁系统的工程；施工现场在开工之前就已修建四纵四横的全厂永、临结合道路，彻底改变传统施工现场“晴天一身灰、雨天一脚泥”的现象。在安全文明施工策划方面：建立健全安全文明管理组织机构，成立由建设单位、管理单位共 16 人组成的安全监察办公室，将施工现场划分为 18 个管理区域，实质性推进区域化安全管理。完善安全文明管理制度体系，编制发布由 35 个管理制度与实施细则组成的《职业健康安全环境管理制度汇编》，印刷出版《平圩三期工程安全设施标准化图册》等。开展安全文明施工标准化样板小区评比活动，发挥亮点示范作用。在工程创优策划方面：成立由项目公司牵头，工程管理、监理、设计、施工等参建各方共同参与的工程创优机构，策划编制《工程创优规划》《创优工艺策划》《达标投产规划》及《达标投产实施细则》等 10 多项工程创优和达标投产实施文件，划分 3 个专业策划 26 项亮点工程等。

（二）以组建项目公司为依托，建立平圩三期项目指挥系统和协调机制

平圩三期工程以建立项目委托管理模式为基础，以组建项目公司为依托，建立项目指挥体系和协调机制，全面加强与工程设计、施工、管理、监理、调试、咨询、质检等单位及设备厂家、电网公司、政府部门、上级单位等联系协调，形成强大合力，为工程建设提供坚强保障。

1. 建立项目委托管理模式

工程采用国际较先进的委托制管理模式，由项目法人委托中电投电力工程公司对工程建设的投资、进度、质量、安全进行全面管理。一是由项目公司与工程公司签订工程建设管理合同；工程公司负责组建平圩三期项目部并委派项目总经理，项目总经理在工程公司授权下履行委托管理服务合同。二是项目公司委托工程公司进行项目的全面管理。工程公司平圩三期项目部负责项目公司签订的主要设备采购合同、设备成套合同、设计合同、施工合同，以及其他各类合同的实施管理。三是项目监理机构在项目部的协调管理下进行工作，履行监理合同项中工程建设的进度、质量、安全、造价监督管理的职责。

2. 充分发挥项目公司主导作用

一是组建项目公司，明确职责分工。作为项目主体单位，平圩发电在三期工程开工前就组建成立项目公司，包括基建工程部、基建商务部和生产准备部 3 个部门，并明确各部门职责分工，理顺工程建设管理、生产运营准备等管理流程。同时，精心选拔组建一支责任意识强、技术水平高、廉洁自律好的高

水平基建和生产准备队伍，并通过集中培训、送出调研、现场实践等方式加快培养，为三期工程高标准开工、高质量建设、高水平管理提供有力的人才保证。二是成立专业委员会，构建工程指挥体系。在工程建设阶段，根据工程建设进程，建立涵盖项目公司、管理公司、施工、监理、调试等单位的现场主要专业管理委员会或领导小组，包括质量管理委员会、安全生产委员会、试运指挥部、机组启动委员会等，全面负责项目安全、质量、进度、造价管理及深度调试、整套启动等，形成完备的工程建设指挥体系。三是积极发挥项目公司主导作用。在项目前期阶段：寻求各级政府支持，对电厂周边环境提前进行协调整治，做好征地拆迁、围墙封口、四通一平等工作。在初始设计阶段：组建优化设计小组配合华东电力设计院，组织30多次较大规模系统设计和设备选型专题调研，积极稳妥地推进设计创新和优化，并综合技术性、可靠性、经济性、环保性等性能指标优选机组设备，从而达到目前国内同类机组指标最优。在工程建设阶段：与各参建单位签订安全目标责任书，强化安全管理责任考核；认真落实业主安全管理四项责任，严格资格审查和安全技术交底，强化现场安全、质量监督，确保施工安全质量；规范设备招投标，由基建商务部直接管理造价咨询单位，同时跟踪审计单位紧密配合，强化全过程造价管理，有效控制工程造价；与地方政府、网省公司加强协调沟通，确保三期送出工程与主体工程进度保持匹配。在工程深度调试和整套启动阶段：积极协调公司运行、检修部门与调试单位紧密配合，开展系统深度调试，特别是在机组168前以C修标准进行停机集中消缺，消除了700余条影响机组安全运行的设备隐患，为机组高标准投产打下基础。

（三）组织攻关队伍全面参与工程设计优化，实施“三百工程”技术创新

1. 组织专题调研优化设备选型

平圩三期工程采用了大量国际创新技术，特别是发电机出口主变压器采用27千伏直升1000千伏一级升压方式。在工程设计阶段，平圩发电公司组织调研组会同华东电力设计院设计人员开展30余次调研。经过反复优选，决定选用特变电工沈阳变压器厂生产的120万千伏安特高压主变压器、西安西电开关电气有限公司生产的1000千伏GIS设备、北重阿尔斯通公司生产的百万千瓦汽轮发电机组、巴威公司生产的大容量百万级锅炉等主设备，各项指标达到国际一流标准。

2. 开展特高压关键技术研究

为研究解决厂内直接升压至1000千伏接入系统的关键技术问题，平圩发电公司与华东设计院成立专门课题研究组，从6个方面对厂内直接升压至1000千伏面临的新技术、新方案和新问题进行全面分析，开展15个涉及网源协调的特高压专项课题研究。

3. 加强1000千伏设备制造的质量控制

平圩发电公司组织精兵强将全程见证设备出厂试验，及时协调解决设备制造过程中的缺陷和问题，确保1000千伏设备健康进厂。1000千伏主变压器、GIL、GIS设备均顺利通过交接试验，局放值等各项性能参数均符合或优于设计值，所有1000千伏设备均一次送电成功，设备运行良好，至今未发生一例因1000千伏系统缺陷的停机事件。

4. 开展优化设计

平圩三期工程采用目前具有国内最先进水平的大容量、超超临界技术的汽轮发电机组、锅炉等主设备，并在工程设计中采用大量先进的优化创新技术，使机组经济性能指标达到目前国内同类机组的最优值。机组在考核工况下的发电标煤耗率可达到267克/千瓦时，发电标煤耗比常规超超临界百万机组相比低6克/千瓦时，每台机组每年可以节约标准煤约3.5万吨。

5. 创新电厂特高压主变压器安装技术

平圩三期工程安装难度大、安装工期紧，没有同类型安装机组可供借鉴，技术创新势在必行。平圩发电公司会同安徽电建二公司工程技术人员将主变安装作为科技创新项目进行攻关，大胆尝试“全隔离

封闭式安装”方法。主变压器交流感应耐压试验和局部放电试验一次成功，表明全隔离封闭式安装方法获得成功，创新了电厂特高压主变压器安装技术。

（四）全面加强工程质量、进度、造价管理，确保工程整体可控再控

1. 加强工程质量管理，打造精品优质工程

平圩三期工程严格执行“先勘察、再设计、后施工”基本建设程序，成立项目质量管理委员会，编制《基建工程质量管理办法》等一整套质量管理体系文件和管理流程文件，确保质量管理体系运行始终处于有效和受控状态。开展“样板引路，过程评优”活动，涌现出26项亮点工程和示范项目。注重施工工艺创新，共获得省部级及以上奖项31项。工程质量可控再控，总体质量良好，分项、分部、单位工程验收合格率均达100%。

2. 加强工程进度管理，确保工程进度有序超前

面对时间紧迫、任务繁重的工程建设压力，平圩发电公司协同各参建单位，全面强化工程进度管理，保证重大节点按期完成。一是结合工程进度管理实际需要，制订并发布《施工进度奖励办法》《工程调度令》《工程督办令》等管理制度。二是坚持实行周例会和月度协调会制度，加强网络进度控制，及时协调解决施工重点难点问题。三是根据工作重点增设土建、汽机、锅炉、电气、热控等专业协调小组，及时协调解决各单位施工过程中的重点、难点问题及涉及交叉作业的工作。四是组织开展工程劳动竞赛活动，通过签订考核责任状、严格考核奖励等方式，调动各施工单位工作热情。五是工程施工后期对相对滞后的工程项目进行盘点分析和重点督促，以调试促安装、安装促土建工作收尾，为机组调试和整套启动创造良好保障条件。

3. 加强工程造价管理，有效控制工程造价

一是重在超前策划、事前控制。从可研、设计、设备选型招标等各阶段，开展56项进行设计优化和创新工作，大大节约资金，降低工程投资。例如，通过优化给水系统设备配置，取消电动启动给水泵，利用汽泵启动，简化系统，节省投资约1600万元；汽泵前置泵采用零米布置，降低除氧器布置标高，节省主厂房土建投资约200万元。二是合理配置资源，积极做好过程结算。项目初期及时建章立制，先后发布造价控制相关程序文件共8项，理顺造价控制程序。工程主标段采用目前国际上通行的工程量清单计价方式，公司紧随工程进展，加强与各参建单位及时沟通、及时签证、及时上报、及时结算，实现工程即完工即结算，使结算文件能够及时反映工程的实际状态，实现各类签证等结算资料的实时性管理。三是及时总结经验，不断修正。根据以往工程经验反馈在初设审查阶段即要求设计院提高设计深度，明确“提高标准”事项的“基础标准”，规避结算过程中由于设计原因导致的结算争议。加强施工期间发生的设计变更、方案性变更、各类现场签证的工程量统计和费用审核管理，重视过程修正，严格执行设计变更与现场签证审核流转制度。四是充分发挥造价咨询、跟踪审计单位的专业优势。引进电力行业知名造价咨询、跟踪审计单位，明确和细化参建各方的责任及工作界面。造价咨询单位在招标前根据设计院出具的工程量清单测算标底；施工图阶段详细计算图纸工程量并逐项审核工程公司结算的结算文件，待跟踪审计完结后及时完成概算回归工作。

（五）坚持绿色发展理念，注重资源节约和环境保护

1. 节约土地资源措施

平圩三期工程在尽量少新征土地的前提下，通过优化厂区总平面布置，充分考虑利用一、二期工程已有设施和预留的场地，做到布置紧凑，征地少，土地利用率高。工程厂区用地面积32.22公顷，单位容量用地0.161平米/千瓦，低于电力工程项目建设用地指标35.53公顷。

2. 节约水资源措施

一是实现原水“零取水”。通过优化补给水系统的设计方案，确保在淮河高水位和低水位时本期工

程补给水泵房内的取水水位，从而实现本期工程补给水取自一期工程循环水排水的方案，实现本期工程原水“零取水”。二是实现全厂污废水真正意义上的“零排放”。通过优化全厂水平衡设计，使本期工程冷却塔排污水全部回用，实现了工程废水真正意义上的“零排放”。实现百万千瓦耗水率 0.57 立方米/秒，大大低于 0.8 立方米/秒的限额指标。

3. 节约能源消耗措施

采用等离子点火技术，节约电厂燃油系统投资和消耗。采用先进的设计手段，减少电缆及电缆构筑物的工程量降低约 40%。采用高发光效率、长寿命的 LED 照明光源，能耗降低 20%—30%，大大降低发电厂的运行成本。

4. 同步建设环保设施

平圩三期工程同步建设脱硫设施，不设烟气旁路，脱硫效率 93%以上；同步建设脱硝设施，效率达 80%；采用电袋复合除尘器，除尘效率不低于 99.86%。烟尘、二氧化硫、氮氧化物等大气污染物排放绩效全面优于国家标准。

（六）基建生产有效衔接，保证顺利投产运营

平圩发电公司以生产基建一体化为目标，在三期工程开工前同步成立工程基建和生产准备机构，保证工程建设与生产准备同步配套、无缝对接，为机组高标准投产运营奠定坚实基础。

1. 做好机组生产准备

平圩发电公司提前成立生产准备组织机构并完成人员配备，全面加强人员培训工作，尽快掌握百万机组运行、检修技术。制定《三期工程生产准备大纲》和《三期工程生产准备工作计划》，有序开展各项生产准备工作。基建过程中，生产准备部配合基建工程部参与设计审查、设备选型及设备监造，组织编制各种培训资料、规程制度、生产图册及其相关技术标准，并进行工程质量监督，为机组调试及投产后长周期稳定运行打下坚实基础。同时，根据三期工程进展，生技部、检修相关部门专业人员全面介入三期工程设备安装、调试和管理工作，保证基建与生产的无缝衔接，满足生产运行、检修管理工作需要。

2. 做好物资准备

根据三期工程施工进度计划，平圩发电公司周密计划、合理安排做好各项施工、设备招标采购工作，为机组建设和运营提供充足的物资准备。

三、以技术创新为核心的“三个百万”发电机组建设项目管理效果

（一）提前高质量完成工程建设任务

经过全体参建单位的共同努力，平圩三期两台百万机组分别于 2015 年 5 月 29 日和 9 月 18 日完成 168 小时试运移交生产，分别较计划提前 30 天和 12 天。在 168 试运期间，两台机组各项经济技术环保指标全面达到国内同时期同类型机组先进水平，充分验证了工程建设的质量管理水平。在生产考核期间，机组设备状况正常，各项运行参数稳定，烟尘、二氧化硫、氮氧化物主要污染物全部达标排放。5 号机组实现 168 后连续安全稳定运行 105 天，创造了国内百万机组 168 小时后不停机长周期运行新纪录。截至 2016 年 6 月底，平圩三期两台机组累计发电 89.02 亿千瓦时，实现利润总额 8.46 亿元，上缴企业所得税 2.19 亿元，创造了良好的经济、社会和生态效益，为淮南市能源结构转型和华东区域经济社会发展做出了积极贡献。

（二）为我国百万机组建设树立了示范标杆

平圩三期工程的投产发电，开创了中国电力发展史上大机组、高电压的新纪元，验证了电源点直连特高压的可行性和可靠性，成为中国特高压技术发展史上的重要里程碑，也为后续类似工程的顺利实施积累了宝贵的技术和运行经验。平圩三期工程设计阶段进行了 56 项优化创新，有力提高了机组的经济

环保性能，为国内百万机组设计优化提供了范本，创造了国内百万级火电机组工程造价的新标杆，为中电国际乃至全国百万机组造价管理起到了良好的示范作用，开始逐步推广应用。

（三）有力提升了企业核心竞争力和品牌形象

平圩三期 2100 万千瓦超超临界机组扩建工程投产后，平圩发电公司实现了装机容量从 254 万千瓦到 458 万千瓦，机组参数从 60 万亚临界、超临界到 100 万超超临界，电压等级从 22 万伏、50 万伏到 100 万伏的全面跨越升级，成为国家电投集团和安徽省当前装机规模最大的发电企业之一，也是国内目前装机容量排名第五的大型火电企业。机组平均供电煤耗下降约 10 克/千瓦时，厂用电率等主要经济技术指标持续优化，盈利能力有效提高，核心竞争力和品牌形象进一步提升。

（成果创造人：章义发、龚　和、方晓东、余伟龙、
许仁发、熊　杰、孙承春、王长峰）

确保特高压输电线路安全稳定运行的智能化运维管理

国网重庆市电力公司检修分公司

国网重庆市电力公司检修分公司（以下简称重庆检修公司）成立于2011年5月2日，由原电网检修公司、原超高压局及12家供电单位划转的近400名员工组建成立，是重庆骨干电网输变电设备的集中管理单位，肩负着重庆地区220千伏及以上输电线路及变电设备运维一体化管理、工厂化检修、技术改造及应急抢险等工作。截至2015年12月31日，负责维护变电站103座，负责运维220千伏及以上输电线路330条、10225.7公里，包括向华东地区输送电能的两条长575公里±800千伏特高压直流输电线路，并为途经重庆地区的两条特高压输电大动脉的安全稳定运行提供生产和技术保障。

一、确保特高压输电线路安全稳定运行的智能化运维管理背景

（一）适应国网公司“三集五大”体系建设的需要

在“十二五”期间，国家电网公司提出“三集五大”体系建设（即：实施人、财、物集约化管理，构建大规划、大建设、大运行、大检修、大营销五大体系）的要求，重庆市电力公司作为两个首批试点单位之一，将原来37个属地供电公司和超高压局分散管理的220千伏及以上线路及变电设备划归新组建的重庆检修公司，实现集约化管理，随之带来了资产运维、管理范围的巨大变化。实行集约化管理后，重庆检修公司管辖的220千伏及以上输电线路总长度由2100公里增加到7000公里，2015年年底更是超过10000公里，输电线路人均运维里程由19公里/人陡增至62.5公里/人，形成输电线路分布区域广、里程长、人均运维范围宽的格局。输电线路不断增长与运检人员不足之间的矛盾日益突出，传统的运维管理模式已无法满足“三集五大”对输电线路全过程管理的要求，给重庆骨干电网安全稳定运行带来巨大挑战。

（二）确保区域内特高压输电线路安全稳定运行的需要

国家电网公司“十二五”期间已建成“三交四直”特高压工程，包含2010年7月、2012年12月分别投运的±800千伏复奉、锦苏两条特高压直流输电线路。这两条线路由西向东，途经重庆，是西电东送的重要输电通道，承担着将四川水电输送至华东地区的重要任务。此外，正在新建的±800千伏特高压直流酒湖线也将于2017年投入运行。如果特高压输电线路出现故障，将对华东电网安全稳定运行带来直接威胁，甚至造成川渝、鄂渝电网解列，给区域经济社会发展带来巨大损失。国家电网公司对特高压安全运行提出故障“零容忍”的高可靠性要求。而重庆地处四川盆地东南边缘，东北部雄踞着大巴山地，东南部斜贯有巫山、大娄山等山脉，地形地貌复杂，山地占全市面积70%以上。重庆辖区内575公里特高压输电线路大多穿梭、跨越于山川和河流之间，途经的地理环境复杂，自然灾害频发，输电线路受到洪灾、冰害、风灾、山火、雷害等严重威胁，对输电线路管理提出了更高的要求。

（三）充分利用现代信息技术提升电网运维管理水平的需要

长期以来，输电专业相对于电力系统其他专业来说，信息化、智能化水平都较低，线路运维模式和管理手段也比较传统，存在较多问题：数据管理无规范统一的平台，制约数据积累；现场采取纸质记录，工作量大，且存贮分散、可靠性低、及时性差，无法做到实时查询、数据共享；过程管控缺乏科学手段，日常管理只能通过现场复查和复核巡视照片的方式，管理时效性低，无法满足实时监控要求；检修方案缺乏智能决策，仅依靠运维人员的职业素质和经验积累制定，受个人主观影响较大。

二、确保特高压输电线路安全稳定运行的智能化运维管理内涵及主要做法

重庆检修公司按照故障“零容忍”的要求，以“大数据”为支撑，以信息化为手段，以智能化为目标，搭建输电线路智能化管理平台，夯实智能化运维管理的数据基础，建立智能、标准、高效的运维管理机制，开展风险状态评价，实现智能化辅助决策，制定配套运维管理、技术支撑和考评考核机制，确保了特高压输电线路安全稳定运行。主要做法如下：

（一）明确工作思路，加强组织领导

1. 明确管理思路和重点内容

针对“三集五大”体系建设给输电运维管理带来的重大变革，重庆检修公司确定了“应用先进的信息智能技术，为特高压线路运维管理提供技术支撑，构建完善的智能化运维管理体系”为总体管理思路（如图 1 所示），即：搭建以“远程互动、实时监管、自动预警、辅助决策”为核心内容的智能化运维管理平台；建设以“标准条例、规程规范、基础台账、运行参数”为基础的标准化大数据库；建设配套的以扁平化、专业化为特征的运维管理机制，以网络化、信息化为重点的技术支撑机制和以公开化、透明化为特色的量化考评机制。重点包括：

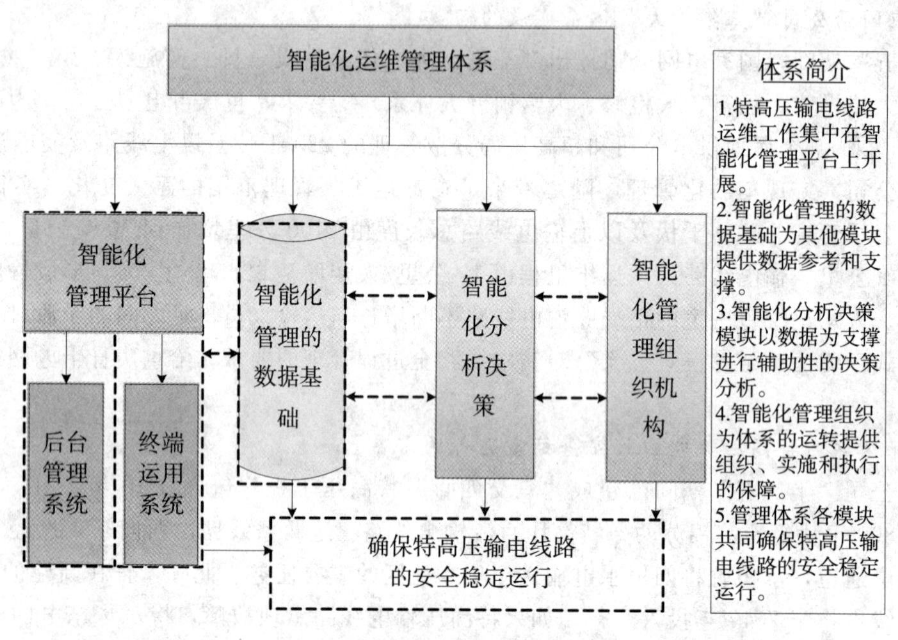

图 1　智能化运维管理体系图

一是利用现代先进的网络信息技术、智能终端以及 App（应用程序）技术，以互联网为媒介、以智能终端为工具、以 App 应用为平台，结合企业特高压输电线路运维管理特征，打造全面、规范、信息化的智能运维管理体系，覆盖作业人员、生产任务及安全管控等方面，实现企业管理的信息化。二是建立特高压输电线路运维“大数据库”。三是建立以信息化、大数据为支撑的智能辅助决策模块。四是统筹规划，分步实施。第一阶段：方案编制优化。分层次先后组织到其他网省公司学习交流，立足现状，总结经验，形成智能化运维管理体系的总体框架和配套建设实施方案。2011 年 6 月底完成调研分析，确定总体开发架构。第二阶段：开展试点运行。2011 年 7 月开始系统建设，开发智能运维管理平台。选取重庆检修公司负责运维的±800 千伏锦苏线、±800 千伏复奉线共计 245 基杆塔作为智能化运维管理示范区段，开展首批运维试点工作。第三阶段：体系自检，内部提升。根据示范区段运维管理情况，总结经验，改进缺陷，循环反复地提升，形成成熟的运维管理体系。第四阶段：全面推广应用。实

现±800 千伏特高压输电线路智能化运维管理全覆盖，推广应用至 500 千伏超高压输电线路，根据公司实际运维管理需求，在公司分步实施，全面推广。

2. 加强组织领导

重庆检修公司成立由党政一把手任组长的领导小组，全面负责发起、推进智能化运维管理体系建设相关工作，负责重大事项的决策；领导小组下设项目管理部，由分管生产领导任组长，各职能部门、车间及专业开发单位负责人组成，在体系建设推进中起到跨部门、跨车间组织协调的作用，负责智能化运维管理体系建设工作规划、机制建立、制度的实施等工作，负责重大事项组织协调，负责安全评估、质量评价、重要指标考评等；同时，成立由职能部门专责、一线生产运维人员和专业软件开发人员组成的项目开发组，负责工作具体实施、功能模块实现等。构建“领导小组－项目管理部－项目开发组”分层运行的组织体系，打破职能部室、车间之间的部门壁垒，形成相互配合、上下联动的高效运作团队，为智能化运维管理体系的建设提供全方位保障。

（二）建设智能化运维管理系统

重庆检修公司组建专家团队，加大研发投入，开展自主创新，为公司特超高压输电线路运维管理量身打造一套智能化管理平系统，如图 2 所示。系统实现从运维检修部→车间→作业现场的分级生产管理，基于统一的平台、统一的标准、互联的网络，上下贯通、层层落实，建立管理人员和生产人员的树形连接关系。

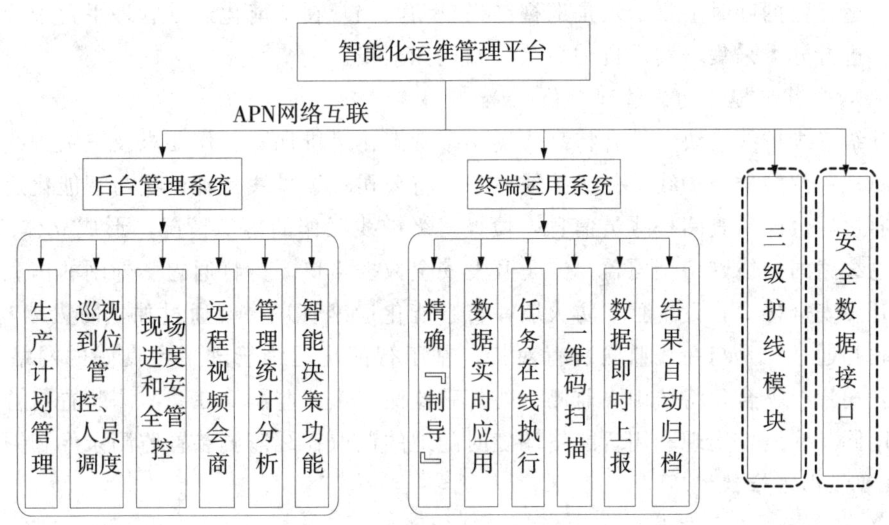

图 2　智能化运维管理平台功能组成

1. 开发智能化运维后台管理系统

运维后台管理系统主要为特高压输电线路运维管理工作服务，通过后台管理系统实现生产计划管理、现场人员调度管控、一线作业远程管控和远程视频会商以及统计报表的即时查阅等重要运维管理工作的开展。一是生产任务闭环管理。在统一的后台管理系统中，各级管理、专业技术人员和一线作业人员对生产任务的源头高度统一，即电子式工作任务单。任务单由管理人员制定、统一发布、层层下达、分步落实，任务完成后按照任务下达的反方向进行逆向的反馈、审核和归档，最终形成电子式工作任务单的终结和闭环。二是人员地理位置信息监管。一线作业人员的位置信息实时上传至后台，后台系统监控和记录现场地理位置信息及行动轨迹，可以实现对作业人员到位管控。三是现场作业过程管控功能。现场作业任务开展基于标准化工作任务单，每一步工作都是按照设定好的标准流程开展，保证现场工作执行的标准化、规范。四是远程视频会商。后台管理系统与终端运用系统以 4G 互联网为媒介，在后台和终端分别开发配套的视频通话模块，可以进行视频连线，实现语音、图像、数据等综合信息的远距离传输，管理人员通过视频会商平可以远程指导现场作业，实现高效的协同办公。五是统计分析、报表管理。六是智能辅助决策功能。依托智能化管理平台，将基础台账、运行数据、在线监测、雷电定位等数据有效整合，智能化的提出检修策略，实现智能化辅助决策。

2. 开发智能化终端应用系统

借助先进终端设备和管理手段，开发智能终端系统，实现一线作业人员运维工作的信息化、智能化。一是巡视目标精确“制导”。借助互联网技术和智能终端的GPS定位功能，智能运维管理平台可以实现杆塔精确定位及导航。二是数据应用实时高效。将日常基础台账、运行资料以及各类规程和法律法规整合到智能终端中，借助专用APN网络通道即时下载，现场采集数据实时更新、上传，形成一个移动式电子图书馆，数据实时查询、更新，增强“单兵作战”能力。三是任务反馈在线执行。一线人员作业任务执行均在智能化终端管理系统中开展，可以在线实现作业任务的接受、执行、反馈，还可以对各类任务进度查询自检，防止作业重复、遗漏。四是二维码扫描实现查询和监督。将二维码扫描技术应用到特高压输电线路运维管理中，完成特高压输电线路共计1114基杆塔、23000多条二维码关键数据的采集、整合，形成具有唯一身份标识的二维码“身份证”。利用终端运用系统扫描相应的二维码，相应设备的台账信息、运行参数、责任人员、历史运维检修记录全面呈现。五是运行数据即时上报。运维工作在智能运维管理平台上开展，通过专用APN网络通道，一线人员可以在智能终端中实现缺陷、隐患、检测记录等运行数据即时上报。六是巡视结果自动归档。在智能化运维管理平台中开发标准化线路照片采集模块，进行分类采集，实现自动命名、归档和上报。

3. 集成创新，提升智能化运维管理效能

一是提档升级三级护线模块。结合特高压满功率常态化运维保障工作要求及三级护线管理实际，建立运维单位、属地单位、群众护线员三级护线体系，将公司三级护线管理模块与智能化运维管理平台集成。管理人员通过后台即时查阅护线员信息，检查三级护线工作的落实情况，形成立体三级护线体系，确保特高压输电线路的护线网络全覆盖。二是开发安全数据接口。为打通内、外网的信息壁垒，确保信息传输安全，开发安全接口，设置独立防火墙，将智能化运维管理平台通过独立防火墙与PMS系统信息系统实现互联互通。三是与在线监测装置对接。基于智能化运维管理平台良好的网络信号和控制平台，重庆检修公司集中整合，将防山火监测、防外破监测、覆冰监测等在线监测装置与智能化运维管理平台对接，共用同一网络，实现利用智能终端随时随地的调取在线监测装置监测录像和图片的功能。

（三）建设智能化运维数据库

1. 建立层次化、标准化数据库

一是按照基础台账、运行数据、计划数据、执行数据和评价数据的顺序建立分层分级的基础数据库，环环相扣，为数据的应用、查阅、分析建立基础。二是在数据库中禁止自定义各字段信息，设定统一数据格式，建立起包括杆塔明细表、绝缘子统计表、单基地址表、缺陷隐患记录等大项20余项、小项70余项数据条目，按照既定标准核查汇总，使数据信息的标准化程度达到100%。

2. 整合数据资源，规范数据来源

一是跨部门、跨平台互联互通，打破信息孤岛。以实现数据一体化为抓手，将智能化运维管理平台与在线监测系统、PMS系统、雷电定位系统、气象监测系统、地质灾害预警系统等已有系统有机融合，打通数据通道，将独立的“信息孤岛”数据集成应用，实现各系统数据共享与业务融合。二是开发专业的数据录入程序，在固定的程序接口上对数据进行批量录入，对不符要求、繁复冗余的数据利用程序筛选。借助程序接口确保数据收录、上报全过程遵循统一标准的格式，从数据源头上确保数据录入高效、规范。

3. 建立数据审核机制，加强数据监管

一是建立数据审核机制，针对数据补录、数据变更，须启动变更流程，经过管理人员审核确认，才能完成对数据的修改。层层审核把关，确保数据录入的完整性、一致性和有效性。二是建立系统数据自检机制。有效利用平台自带筛选报错功能，对缺失、不规范的条目自动分析、统计，督促整改。三是建立信息管理责任追溯机制。信息的维护责任细化到岗到人，对违规信息进行整改和督办，确保信息管控严谨。

4. 文件资料持续收纳，建立专家知识库

运维数据库持续更新设备基础台账和运行参数，动态的收纳公司先进的运维模式、检修方案、典型的应急预案、设备疑难故障解决案例、典型运检方案、设备指标考评等文案，分类归档，形成公司的专家知识库，在智能化运维管理平台中对内部共享。专家知识库的建立对公司管理理念模式、生产运维技术的传承和提升具有积极作用。

（四）建立“大数据驱动、前后台联动”的智能化运维管理模式

依托智能化运维管理平台，利用大数据库，转变传统运维管理理念，改进传统运维管理方式，推进“大数据驱动，前后台联动”的智能化运维管理模式。

1. 构建输电线路风险评估模型

风险评估以线路健康状况为切入点，运用数据库中的输电线路基础台账，结合历史运维经验、运行数据，参考输电线路运行规程规范，构建风险评估模型。梳理出影响输电线路安全运行主要指标，包括绝缘子、铁塔基础、金具、铁塔本体以及通道环境、附属设施的安全状况等 9 个一级指标，共 97 个影响因子。根据输电线路安全性演算模型，确定各个影响因子的指标权重，对影响因子统筹换算，为输电线路量化打分。由分值大小判定输电线路风险级别。

2. 大数据驱动检修运维

运维工作的安排与执行基于数据分析和统计报表，运维工作的反馈与闭环通过设备的运行参数的改变来体现。一是数据驱动计划制订。利用“大数据库”，根据科学的数据统计分析报表，依托于大数据库的智能辅助决策系统，人机协同，制订科学合理的工作计划。二是数据驱动运维生产。依靠智能移动终端，一线作业人员掌握运维对象的全方位信息，在遵从既定的工作安排的同时，结合输电设备的具体运行参数，针对风险评估分数较低的项目进行重点维护，使运维工作的开展科学合理、有据可依。现场及时录入维护和检修记录，以文字记录和图片信息凸显运维过程和运维结果。三是数据驱动检修决策。在大数据库系统的支撑下，可以对各方面因素集中分析，综合考虑，制定由大数据支撑的科学检修策略。四是数据驱动人员调度。智能化运维管理平台对现场作业人员地理位置信息实时监控，对现场作业任务进度实时统计，对现场作业结果实时督导检查。运维管理人员根据整体任务量，结合现场作业进度和完成质量，科学合理地进行人员安排，争取效率最大和质量最优。紧急抢修任务情况下，根据现场人员当前位置信息，集中下发人员调度指令，就近调动实现事故处理快速反应。五是数据驱动辅助决策。基于直观的线路风险评估图，运维管理人员参考辅助决策意见制订运维工作计划，开展维护和消缺工作，确保输电线路维持在较高的安全水平运行。

3. 前后台联动

一是生产作业前后台联动。在统一的运维管理系统中，一线作业人员通过前台智能设备实时上报反馈自身地理位置、工作记录，管理人员实时监管工作进程，了解现场人员到位情况，掌握现场工作质量，对现场作业关键环节和重要节点进行督导管控，克服管理的滞后性和盲目性。前台有请求即时反馈，后台有指令即时下达，提高运维管理的科学性、时效性。二是数据管理前后台联动。前台一线人员主要是通过现场的勘察、校验、检测、检修等工作发起对输电线路基础台账和运行参数的变更，后台管

理依靠系统进行报表统计、分析等。一线作业人员在现场发起基础台账或运行参数变更申请，管理人员通过后台数据审核、确认，形成数据管理的前后台联动。三是设备状况管理前后台联动。设备状况管理的前台主要是对输电线路设备进行日常的维护、检测和维修等，后台管理主要是对输电线路的运行情况、维护情况、运行寿命进行分析统计，实行设备全寿命周期管理。前台一线人员的维护检修记录是后台统计分析的来源，前台实时录入设备实际状态参数，为后台对设备评估提供准确实时的管理数据。

（五）建立配套的管理机制、技术支撑和量化考评体系

1. 构建扁平化、专业化的管理机制

一是按照“扁平化”的要求，压扁管理层级。在原有的“检修公司——运检部——车间领导——车间专责——班组长——一线作业人员”六级管理架构的基础上，将检修公司和运检部整合为运检管理部，将车间领导和车间专责整合为责任车间，将班组长和一线作业人员整合为专业班组，建立“运检管理部——责任车间——专业班组”的三级管理机制，明确各层级的职责划分，突出责任车间在智能化运维管理体系中的核心作用。针对智能化运维管理体系，制定配套的《重要输电线路智能化运维管理办法》，形成对管理体制中全部角色的管理约束。二是按照专业化的要求将管理权限职责与智能化运维管理平台融合。根据系统中业务流程节点管控的要求，对负责运维管理、流程管控、技术审核等岗位职责权限进行划分，在运维管理系统中赋予特定的权限和职责。

2. 建立以网络化、信息化为重点的技术支撑机制

为保证网络通信的安全保密和运维管理平台的正常运转，重庆检修公司与中国移动公司、广西南宁慧图信息技术有限公司建立长效合作机制，提供全方位技术保障。公司持续进行智能运检平台的优化，包括软件系统和专用信息网络的维护升级。安排专业技术人员做好信息安全防护工作，同时为平台应用及时提供技术上的支持和指导。在持续的资金保障和人力、技术支持下，智能化运维管理系统可靠稳步运行和提升。

3. 建立公开化、透明化的量化考评机制

按照职责分工，结合专业部室和班组的具体架构，参考每月度在运检系统中工作任务单，确定针对职能部室和运维生产班组的两大绩效考评考核体系，涵盖日常运维、突发事件、特殊巡视、应急抢险、专项工作等考核事项。根据既定的任务量、任务难度和任务完成质量进行量化打分，为公司对车间、车间对班组、班组对个人的绩效考评提供统一的考核依据。制定《特高压输电线路智能化运维管理量化考评实施细则》，借助智能化的运维管理平台，对月度考评结果分部门公开，形成公开化、透明化的长效考评机制，充分发挥绩效考评考核的激励约束作用，推动运维管理水平的提升。

三、确保特高压输电线路安全稳定运行的智能化运维管理效果

（一）满足了“三集五大”体系下特高压输电线路运维管理的要求

重庆检修公司按照“三集五大”体系建设管理要求，结合业务实际建立了智能化运维管理体系，并高效运转，适应了大检修体系建设的需要。在设备资产、负责运维的输电线路数量增长3倍的情况下，人员增长仅15%，在运维管理和一线作业层面实现了运维手段的先进性和运维效果有效性的提升。从2015年3月开始已经在所辖46条500千伏及以上线路上全面推广，主动适应了运维属地化向集约化的转变，出色完成了“集约化”体系下的电网运维管理工作，顺利通过国网公司“三集五大”体系建设验收。

（二）确保了区域内特高压输电线路的安全稳定运行

从2013年3月8日—2016年9月20日，特高压输电线路连续安全稳定运行28896小时，特高压输电线路三级护线员在线率由50%提升至96%，进一步健全了护线立体防护机制，提升了三级护线水平；在后台实现了对一线作业人员位置的掌控，紧急情况下可以实现应急人员合理调配，应急响应时间由

2.5 小时降至 0.5 小时，应急响应速度提高了 80%以上，实现了事故紧急快速处理，提升了应急管理水平。2011—2013 年山火等外力隐患共计发生 12 次，即时发现了 5 次；2014—2015 年平台应用后山火等外力隐患共计发生 14 次，即时发现了 14 次，即时发现率达到 100%。体系运转前后人员责任跳闸事件，由原来的 4 次/年降为 0 次/年，线路故障率大幅下降，设备关键运行指标大幅度提升，在国网精益化排名由 B 段提升至 A 段。

（三）提升了电网运维管理的效率和水平

系统应用前后各流程节点时间由 151.5 小时降至 4.9 小时，实际运维时间由 283.5 小时降至 183.3 小时，总体的运维效率提升了 30%以上，基础数据准确率由 60%提高至 95%，准确率提升了 25%。通过智能运维管理平台，实现作业过程实时监控和过程管控，实现巡视到位率由 80%提升至 100%。人员工作效率大幅度提升、人工负担不断减轻、应急管理水平持续提升，从整体上构建了面向设备的 PDCA 良性循环，推动管理绩效持续向好。

（成果创造人：赵晓勇、高家志、冉军德、王大彪、陈　杭、陈　俊、陈荣勇、程　臣、周双勇、徐　强、胡　飞、何易桓）

建筑施工企业基于信息技术的安全质量隐患排查管理

中铁四局集团有限公司

中铁四局集团有限公司（以下简称中铁四局）始建于1966年8月，是中国中铁股份有限公司的标杆子企业，主要从事基础设施工程施工和勘察、设计、监理等业务，同时还包括房地产开发、国家基础建设投资、工程装备和新材料研发生产等多个领域，有铁路工程施工总承包特级资质，房屋建筑工程施工总承包特级资质，钢结构建筑工程施工总承包特级资质，公路、市政、机电安装工程施工总承包一级资质等数十个资质。先后参与新建、改扩建铁路干、支线和专用线远超1万公里，建成大型铁路枢纽10余个。中铁四局为国家级高新技术企业，建有国家级企业技术中心和博士后工作站。中铁四局现有总资产497.4亿元，净资产66.5亿元。员工23000余名，具有高中级职称的专业技术人员5400余人（包括11名专家享受国家特殊津贴），拥有各类先进机械设备9800余台（套），总功率达109万千瓦。2015年度新签合同额746亿元，企业营业额631亿元。

一、建筑施工企业基于信息化技术的安全质量隐患排查管理背景

（一）贯彻落实国家安全生产监管要求的需要

国家《安全生产法》明确要求，各建筑施工企业必须建立生产经营单位负责、职工参与、政府监管、行业自律、社会监督的机制，进一步明确各方安全生产职责；必须建立生产安全事故隐患排查治理制度，采取技术、管理措施及时发现并消除事故隐患等。国务院安委会在安全生产工作要点中明确提出要大力倡导建筑施工企业健全事故隐患排查治理制度，强化企业安全生产主体责任落实，实现事故隐患自查、自报、自改的闭环管理。国家相关法律法规的规定，使得建筑施工企业必须加快提升安全质量隐患自查自纠水平。

（二）适应企业经营规模快速发展的需要

近年来，中铁四局经营规模不断扩大，企业生产经营规模已经超过600亿元，且工程项目遍及全国各地及海外多个国家。在项目越来越多、管理跨度越来越大、人力资源越来越紧张的情况下，安全质量管理压力突出已成为项目管理的重中之重。仅靠传统的两级公司片区管控和项目经理部自管模式，难以满足安全质量管理的需要，迫使中铁四局不得不在安全管理上探索创新。

（三）信息化技术的发展为提升安全质量隐患排查管理水平提供了可能

信息通信技术的发展和应用使企业运用现代通信工具、网络技术进行安全生产管理成为可能，也是必然趋势。2014年12月份中铁四局成立了研发团队，团队共计60多人，结合自身实际情况，利用信息化技术，着力推进安全质量管理信息化建设和应用，强化后台监控、前台自控能力，促进制度、标准有效落地，管理规范高效，从根本上提升安全管理水平。

二、建筑施工企业基于信息化技术的安全质量隐患排查管理内涵和主要做法

中铁四局按照专业分别编制安全质量隐患条目清单，并根据隐患可能导致事故的概率，将隐患按照严重程度从高到低分为四个等级，分别制定不同的隐患治理流程；研发安全质量隐患排查治理系统，按照规定排查频次自动推送隐患排查任务；并通过制度保障、流程固化、管理分级、责任绑定、科学考核等手段，实现安全质量管理的规范化、标准化、信息化。主要做法如下：

（一）建立分级分层的组织体系

为落实企业安全生产主体责任，深化安全质量隐患排查管理工作，中铁四局优化完善安全质量隐患

排查管理分级分层的组织体系，形成“全员参与、分工负责、齐抓共管”的监管机制，把隐患排查管理工作纳入标准化、制度化（常态化）、规范化的轨道，做到责任到位、逐级响应、整改闭环、工作留痕。实行局、子分公司（局指、代局指）、项目部“三级管理”管理机制：局负责工作体系的建立及完善、系统平台的建设、体系有效运转的督促、对子分公司（局指、代局指）隐患排查工作的监督、指导和组织考核；子分公司（局指、代局指）是项目安全质量隐患排查管理工作的责任主体，负责所管辖项目部的隐患排查管理工作；项目部是项目安全质量隐患排查管理工作的实施主体，按照各自职责和分工开展隐患排查管理工作。各单位主要领导是本单位隐患排查管理工作的第一责任人，各单位安全质量管理部门是主责部门，工程、技术、试验、物资、机械、网络等生产口其他业务部门协同配合实施。日常工作按照“谁主管、谁负责”“谁排查谁上传，谁发现谁负责闭合后消除”的原则运转。

（二）开发安全隐患排查治理信息系统平台

为实现隐患排查管理工作的科学化、规范化、标准化、信息化，中铁四局开发了信息系统平台，实现了安全隐患排查治理的创新。

1. 隐患条目管理

隐患条目按照专业、排查类别、排查内容等建库，隐患条目具有编号、整改内容、整改时限、扣分值、罚款金额等属性，每条隐患条目都按照“专业＋类别＋项目＋内容（各 2 位数）”编制唯一的 8 位数编号，以便隐患条目的管理。在实际使用过程中可以根据管理需要定制个性化的排查清单。

2. 基础信息管理

基础信息管理是对系统内的组织机构、用户、角色、权限、项目基本信息等进行统一管理，是整个系统的基础。通过系统建立子分公司、局指（代局指）及项目（分）部等组织机构，并进行管理关系的关联，实现多头管理关系。通过项目基本信息的维护，明确工程在建状态、分管领导、归属片区、施工进展、项目风险等级、高风险时段等信息。基础信息完备后，系统将自动生成个人的隐患排查任务。

3. 隐患排查治理

隐患排查治理流程由隐患上报、各级响应、制定整改措施、隐患治理并填报记录、验证闭合、消除等节点组成。根据隐患等级的不同，各级隐患都可配置整改期限。系统根据规定的排查频次在每个周期内给相关人员自动生成排查任务单，并在“排查任务”栏中提醒相关人员进行隐患排查，排查人员必须在规定的时间内进行隐患排查并上传至系统，不然视为未排查。

4. 考核管理

系统可根据管理办法的扣分规则进行扣分设置，对隐患排查治理过程中的每一个环节智能打分。系统中能查询个人、单位的扣分明细，分别按“未按频次排查”“响应超时”“整改超时”“虚假闭合”“被公司、局、外部单位发现隐患”等情况分类扣分，并显示每条扣分记录中的“扣分人”“扣分数”“扣分时间”“扣分原因”等。同时在每个考核周期内可分别按照子分公司、局指、代局指、项目部等单位类型或个人角色、岗位进行得分排名，可查询每个时间节点的单位、个人得分。以上查询的数据均可以表格形式导出，以便作为考核依据下发考核文件。根据单位、个人在每个考核周期中的得分，系统将其绘画成一个曲线图表，能直观查看得分的态势。

5. 查询统计

系统按照局、子分公司（局指、代局指）、项目（分）部三个层级的管理需要，可以查询不同时间段的个人排查记录、单位排查记录，隐患治理记录、隐患扣分明细表、排查项目覆盖表、隐患发生频数表、考核周期对比图表、隐患数量统计表、运行情况统计表、请假记录、整改通知单等，可以直观判断各单位隐患分布的趋势和治理工作情况。为满足不同专业人员和不同的业务需求，系统平台还可以按专业和工程类别分类查询项目基本信息。

6. 移动办公

系统同时开发移动端 App，通过在移动端（手机、平板等）安装应用系统，可以在移动端完成排查任务、待办任务、隐患查询、隐患上报、隐患整改和批示、隐患统计查询、得分排名查询等操作。移动端 App 具有随手拍、随时报、随时处理、随时查询功能，实现便捷高效的移动办公功能。

（三）建立安全隐患管理新机制

1. 开展隐患条目分类、分级管理

以专业覆盖为基本原则，分路基、桥梁、隧道、地铁及车站深基坑、营业线、四电、房建工程等 13 个专业和 1 个通用管理要求编制隐患条目，并及时对隐患条目进行动态更新。明确隐患排查的指向和内容，规范隐患排查的行为，方便各层级人员进行隐患排查，提升专业化管理水平。同时，为便于对隐患分级管理、分级响应，根据可能导致的人员伤亡、经济损失、社会影响程度及发生的概率，将隐患按照严重程度从高到低分为Ⅰ级、Ⅱ级、Ⅲ级、Ⅳ级共四个等级，其中Ⅰ级为重大隐患、Ⅱ级为较大隐患、Ⅲ级和Ⅳ级为一般隐患（Ⅳ级为立即能够整改消除的隐患）。如对隧道工程安全隐患条目的分级见表 1：隧道工程（01）安全质量隐患排查清单。

2. 明确隐患排查频次

中铁四局按照项目分级排查及管控的原则，每半年下发一次在建项目隐患排查及片区管控分工通知文件，要求局管控组和子分公司每季度对所有在建工程项目组织一次隐患排查，项目部按照规定频次自行排查及上报隐患。对局、子分公司（局指、代局指）、项目部相关管理人员规定最低排查频次要求，使各层级的隐患排查工作变自由动作为规定动作，对项目的安全质量隐患排查治理工作做到分层级、全覆盖、无死角。

3. 开展隐患排查

一是制定隐患排查管理流程。流程由隐患上报、各级响应、制定整改措施、隐患治理并填报记录、验证闭合、消除等节点组成。根据隐患等级、项目类别、排查人员所在单位等情况不同分别制定隐患治理流程，以及相关的人员请假流程、项目销号流程、下发整改通知书流程等，确保每个流程节点都明确有相关处理责任人。二是开展隐患排查。排查人员按照频次并对照隐患条目开展隐患排查工作，使原有的随机检查转变为量化检查，并按照“谁排查谁上传”的原则上传至系统平台；排查出隐患后，根据隐患等级确定整改责任人，再由整改责任人负责在规定期限内整改，并在系统平台上填报整改记录；隐患整改后，按照“谁发现谁负责闭合后消除”的原则，由隐患上报者进行复核或复查然后对隐患进行消除（销号）。在隐患治理过程中，整改、消除责任人明确，工作流程规范，有利于各层级开展隐患排查治理工作。

4. 分级响应，限期治理

中铁四局职能部门和管控组对局层级排查发现的以及子分公司（局指、代局指）报请局关注的Ⅰ级隐患予以响应。响应时限是：由责任人在 12 小时内在系统平台上予以响应。子分公司（局指、代局指）对各层级上传或报请本单位关注的Ⅰ级、Ⅱ级隐患予以响应。响应时限是：由主要领导、分管领导、职能部门对Ⅰ级隐患各个环节（除制定整改措施外）均在 12 小时内在系统平台上予以响应，对Ⅱ级隐患各个环节（除制定整改措施外）均在 24 小时内予以响应。项目部对各层级发布的各级隐患均予以响应及落实整改。响应时限是：由项目经理对Ⅰ级、Ⅱ级隐患于 6 小时内在系统平台上予以响应；对Ⅲ级、Ⅳ级隐患，由项目部有关领导（副经理、总工程师、安全总监）于 12 小时内在系统平台上予以响应。

所有排查人员在安全质量隐患排查后的 24 小时内必须将排查结果上传至系统平台。相关人员按照规定对相关隐患进行响应，根据具体情况发出明确的指令，监督整改措施的落实，按时整改闭合验证。中铁四局规定Ⅰ级隐患整改期限为 10 天；Ⅱ级隐患整改期限为 7 天；Ⅲ、Ⅳ级隐患整改期限为 3 天。

排查记录和隐患治理记录都可以定制的模板形式导出存档，作为排查人员或单位的日常检查记录留存，达到减轻相关人员的工作量的目的。

（四）分级考核追责，持续改进隐患排查治理

为保证系统有效运行，中铁四局根据企业管理模式及特点，制定《安全质量隐患排查治理工作管理办法》，同时配套修订《施工生产片区管控管理办法》《安全质量奖惩办法》《工程项目管理问责办法》等，提供安全质量隐患排查治理系统运行的考核依据，有效支撑体系的良好运行。

1. 分级考核

局负责对子分公司（局指、代局指）单位和单位领导进行考核，每半年考核一次；其他由子分公司（局指、代局指）和项目（分）部分别组织考核，每季度考核一次。

2. 量化计分

采取计分制进行考核，每个考核周期内各个单位、部门、个人的基础分数均为100分。单位、部门、个人的最终得分数等于基础分数减去相应的所有扣分数。扣分项如下：未按频次排查，响应超时，整改超时，虚假整改，被局、公司检查发现隐患，被中国中铁股份公司、建设单位、安全质量监督单位等检查发现隐患，未按规定创建新中标项目，项目工程状态与现场实际情况不符，未按规定创建用户，让他人在系统中代办事务。加分项如下：项目部人员如实上报Ⅰ级、Ⅱ级隐患，并按时整改到位，对隐患上报人和项目部进行加分。

3. 责任追究

考核周期期末，各层级根据系统平台统计的分数等分别对考核对象进行追责及处罚。最终得分数作为各层级领导及相关人员年薪绩效考核、评优评先等依据之一。全年平均得分低于90分的单位，每低1分在单位领导人员年薪考核中扣0.1分，排名前三名且全年平均得分90分以上的单位可酌情加分。对问题突出的单位、个人进行通报批评、警告等处罚。隐患排查整治工作不力，未能及时发现并上报相关隐患，或对安全质量隐患未按要求整改闭合而使项目发生严重问题或安全质量事故时，经局调查认定，按照《工程项目管理问责办法》或《安全质量奖惩办法》有关条款对相关责任人加重一级处罚。

4. 持续改进

中铁四局每季度都召开管控及隐患排查治理工作总结会议，主管领导参加、指导安全质量隐患排查治理工作。对本季度管控及隐患排查治理情况进行总结，对下阶段工作进行部署，并要求公司主管生产领导每季度组织召开一次本单位的安全隐患排查治理专题会。根据当期隐患排查治理情况，对现场安全管理状态与风险状况进行分析，有针对性地提出改进措施，

三、建筑施工企业基于信息化技术的安全质量隐患排查管理效果

（一）提升了安全隐患排查管理水平

一是项目经理部主要管理人员都参与到了隐患排查工作中，安全质量管理真正覆盖施工全过程，切实提高了项目部人人管安全、处处有安全的意识，消除了管控死角；二是建立了详细的隐患分类、分级标准，规范了具体工作流程，变原有的随机检查为量化检查，工作规范，管理有序；三是明确了责任部门、责任人、排查频次、整改时限等，所有节点工作都与具体岗位建立了一一对应的关系，并通过信息化平台进行绑定，从而有效减少了工作中的推诿扯皮，提高了管理效率；四是提高了工作的时效性，管理人员可以随时随地查看、处理隐患治理流程，督促相关人员快速高效地完成隐患治理工作；五是为责任追究提供了依据，所有项目的安全质量隐患排查记录均分类保存在系统内，后期如发现工程存在缺陷和隐患，可精确追溯，追究相关人员责任，也提高了人员责任心；六是促使了项目部对安全质量隐患做到自查、自报、自改的闭环管理，也减少了迎检工作量，降低了管理成本。中铁四局管控组到施工现场检查发现的安全质量隐患数量明显下降。共有400多个项目已上报消除了99200多条隐患，各项工作得

到认真落实，隐患都及时整改到位，有效预防了安全质量事故的发生，为全面掌控在建项目安全质量管理状态提供了科学依据，企业安全质量管理水平得到了有效提升，保证了企业规模快速健康发展。

（二）获得了上级公司认可，起到了示范推广作用

该管理成果得到了铁路建设单位如商合杭铁路、京张铁路、蒙华铁路以及地铁建设单位无锡地铁、南宁地铁、南京地铁、福州地铁、太原地铁等业主单位的高度认可，也得到了中水三局、安徽路桥公司等同行企业的认同，部分单位已派员到中铁四局进行了交流学习。2016 年，中国中铁股份公司在中铁二局和中铁隧道局对安全质量隐患排查治理系统进行了试点运用，效果良好。

（成果创造人：王传霖、李凤超、刘　勃、张　超、苏兆群、徐万春、杨家林、梁　超、张大勇、王洪江、舒　进、胡科敏）

建筑工程企业基于标准化的安全生产管理

郑州市第一建筑工程集团有限公司

郑州市第一建筑工程集团有限公司（以下简称郑州一建）始创于1951年4月，注册资金3.1亿元，现为房屋建筑施工和建筑设计一体的国家房屋建筑工程施工总承包特级资质企业，具有承接各类公共建筑、民用建筑、公路桥梁、隧道、专业水电暖通安装、大型设备安装、地基基础、装饰装修和房屋开发、劳务输出及物业管理等业务能力。拥有8个专业子分公司和近百个项目部。现有国家级注册建造师500多人，各类工程技术人员2300多人，各类大中型施工设备2300多台（套）。郑州一建先后荣获"全国建筑业先进企业""全国施工先进企业""中国建筑业竞争力百强企业""全国建筑业AAA级信用企业""河南省优秀施工企业""河南省建筑业先进企业"等荣誉称号。

一、建筑工程企业基于标准化的安全生产管理背景

当前城市建设面临前所未有的高速度、大规模、超常规的发展，大、中型城市基础设施建设项目各种"高、深、大、难"工程项目大量出现，技术难度越来越大，施工工艺越来越复杂，标准要求越来越高，安全风险等级也越来越高，对建设工程安全管理的要求也越来越高。面对新的形势，建设工程安全管理出现了很多新情况、新问题，以往的既有管理模式已经较难适应新形势的发展，需要建筑企业不断探索，不断创新，转变观念，建立新形势下的建设工程安全管理新机制，总结出一套新的行之有效的方式方法，提高管理效能，达到对建设工程全寿命周期安全保证的目的，以适应新时期、新发展和新任务的要求，真正做到安全生产。近年来，郑州一建企业规模不断扩大，在建工程从数量上、规模上也在不断扩大，并且工程都在向着复杂化、多样化发展，新形势下，原有的安全管理模式、经验已经不能满足当前日新月异的发展，提高安全管理水平势在必行。

二、建筑工程企业基于标准化的安全生产管理内涵和主要做法

郑州一建按照安全方针及目标要求，推行标准化管理，在开工伊始做好安全目标策划工作，明确各个项目创优目标；在施工准备过程中，做好项目前期策划、现场布置工作；采取定期安全巡检，使公司安全状况得到实时监控，使存在的安全问题、隐患及时有效地解决，建立完善的安全保障体系。同时，做好安全教育，落实岗位责任制，重管理、重投入，形成综合安全管理模式。主要做法如下：

（一）建立健全安全生产管理机构和机制

1. 健全安全生产管理机构

郑州一建建立健全安全管理组织机构，制定并及时修改各项管理制度，以总经理为第一责任人，工程总监组织协调，安全生产管理部进行监督服务，各项目部、分公司建立各项责任制度，明确各个岗位的职责和义务并负责具体实施。机构人员分工明确、协调一致，资源配置科学先进，整个安全管理体系运行高效，完善的组织管理机构为科学的工作和管理奠定了组织基础。

2. 制订安全生产目标

郑州一建集团公司根据新接工程性质、工程规模、工程重要程度及影响、业主的要求及项目经理部的实力来确定项目创优目标，与项目经理沟通后签订《工程项目安全生产目标管理责任书》，进一步明确了各施工项目的安全管理目标及安全责任，并要求各项目部与各作业班组、各分包单位签订《安全生产目标管理责任书》。安全控制目标体系包括：合格工程——合格工程标准采用国家标准，并确定在公司范围内，工程竣工一次验收合格率100%，部分项目尝试把合格工程安全目标定为分部或分项工程一

次验收合格率100%，在合格工程的基础上，提高了工程的安全标准，为顾客创造更大的价值和满意。优质工程——国家级优质工程奖（AAA级安全文明标准化工地）及省、市优质工程（河南省中州平安杯、河南省安全文明工地、“安康杯”、郑州市安全文明工地），一律遵循《国家优质工程评审与管理办法》及《河南省建设工程“中州杯”奖（省优质工程）评审办法》。

3. 贯彻落实安全生产责任制

郑州一建集团积极贯彻落实各级安全生产责任制，完善安全管理规章制度。郑州一建集团在认真宣传贯彻执行有关安全、劳动、消防法律法规的同时建立了自己的安全生产规章制度、规程，包括《安全生产管理手册》《安全生产标准化实施手册》等。涵盖安全生产责任制度、安全文明资金保障制度、安全教育培训制度、安全检查及隐患排查制度、生产安全事故报告处理制度、安全生产应急救援制度等几十项安全生产管理制度。

4. 建立职业健康安全管理体系

郑州一建紧紧围绕职业健康安全管理体系要求（GBT 28001－2011），依据职业健康安全管理体系方针，进行职业健康安全管理策划，前期策划中进行危险源辨识、分析评估和确定控制措施，在后期实施运行中，紧密结合前期策划，做好规划和布置，采取有效的职业健康预防措施，及时发放劳保用品，进行安全防护用具用品使用、佩戴方法的教育培训。对实施效果进行检查及评价，对调查结果进行记录控制。每年组织对管理体系进行内部审核和管理评审，使系统不断完善提高。

5. 建设安全生产应急救援体系

郑州一建要求项目上每年进行至少两次安全应急演练，应对各类突发安全事故，不断加强安全生产应急救援体系建设，切实做好应急救援演练工作。集团公司不断完善安全事故应急组织机构，制订了事故综合应急预案，各单位编制了有针对性的专项应急预案和现场处置预案，并组织开展了演练，通过开展应急演练，锻炼了队伍，施工人员也能掌握紧急状况下逃生自救能力和应急处置能力。

（二）深入推广安全生产标准化

1. 开展施工前期项目安全策划

在项目初期制定项目安全策划书，对工程项目安全目标、安全文明施工目标、新技术应用目标有一个明确的定位。对现场总平面布置、安全风险、现场管理等进行总体策划。对本工程使用的大型设备、临时用电、安全防护等提前规划、定位，对重大危险源提出预防措施，做到计划先行，对整个工程有一个全局的度量，为过程控制提供实施依据。工程开工之前编制完成安全施工组织设计并符合相关的安全要求；对整个工程中危险性较大的分部分项工程编制专项安全施工组织设计。对工程施工的重点、难点、关键点能准确识别，进行分析，包括组织管理和安全防护两个方面，并提出切实可行的控制措施；坚持科学的施工程序和合理的施工顺序，采用流水施工和网络计划等方法，科学配置资源，合理布置现场，安全防护上使用新技术和新工艺，推广应用安全系数更高的新材料和新设备；从而提高安全管理水平。专项施工方案的编制强调其可操作性，要求工程主要施工内容及其进度安排应明确说明。现场安全交底采用视频PPT交底与书面交底相结合，使项目施工中的关键点和难点等得以预先筹划，效果显著，使上级精神和公司制度得以有效贯彻。

2. 开展安全生产标准化培训

郑州一建重点推行了安全生产标准化工作，其中印发了《安全生产标准化实施手册》，并组织对手册进行专项培训和考试。通过公司的安全生产标准化培训，各项目管理人员，尤其是安全管理人员，对安全生产标准化有了更贴切的感受和认识，意识到自己项目上和标准化要求的差距，也了解的标准化的做法和作用。培训结束后对为各项目发放《安全生产标准化实施手册》，实施手册图文并茂，对现场安全工作更具有指导和帮助的作用。

3. 开展安全生产标准化观摩

郑州一建多次组织管理人员到施工现场观摩学习安全生产标准化建设工作。在同类地区参观其他公司，学习安全生产标准化方面做得较好的方法、经验；郑州一建还组织到西安进行安全生产标准化参观观摩学习，通过外地的观摩学习，能更好地了解建筑行业目前安全标准化发展状况。

4. 建立安全生产体验区

郑州一建要求现场有条件、工程造价在5000万元以上的工程，在施工区域内按照国家的法律、法规、规范、标准等制作安全体验区。对新进场工人和变换工作岗位的工人进行安全教育时把安全体验区纳入重点教育项目，通过安全体验，让工人更真切地感到安全用具的作用，学习正确的佩戴方法，养成良好的安全作业习惯。

5. 加强对重大危险源的监控

郑州一建建立重大危险源安全管理档案、台账及重大危险源公示制度。在列入重大危险源的危险性较大工程施工前，单独编制专项施工方案，并按规定程序进行审核、审批或有关专家进行论证后方可施工。要求各项目部在施工现场醒目位置设立《建设工程重大危险源公示牌》，向相关人员公示施工中不同阶段、不同时段的重大危险源名称、施工部位、可能发生的事故、防护措施和责任人等内容，并且要建立重大危险源登记表、重大危险源实施告知书等有关档案台账，在检查中落实重大危险源的台账、销账情况，真正做到把危险控制在源头，把安全留到最后。

6. 加强设备和设施管理

按照设备和设施有关管理制度，加强施工现场设备和设施的安全管理，现场施工升降机、物料提升机、塔吊等危险性较大设备使用登记率、检测合格率100%。起重机械设备安拆方案按规定报公司安全部审核、总工处审批，安装、拆除前及时向上级主管安全部门办理安（拆）告知，安装后经有关部门检测合格后方可投入使用，项目部定期进行检查、维修、保养，公司每月巡检，确保机械设备安全运行。

7. 落实现场巡检制度

郑州一建工程部、安全部联合执行工程巡检制度，巡检组加强督导新开项目前期工作；对在建工程做好过程控制，有侧重分阶段对工程进行跟踪监督检查。各巡检小组成员深入施工现场，对工程安全防护、安全管理、安全操作、大型设备等情况等逐项检查，并结合集团公司施工现场检查用表进行评分排名，每月简报公布各巡检项目名次，优奖劣罚；对巡检中查出的问题要求限期整改，各小组监督整改落实情况。

8. 定期召开生产例会及季度讲评会

郑州一建每月定期组织召开生产会及现场观摩会，项目部将每月完成情况、下月生产产值计划、每月生产安排及检查情况通报等用PPT格式制作幻灯片进行说明，使公司了解各项目施工生产状况，能够及时协调解决项目生产中遇到的问题，更进一步加强了各项目之间的交流。每季度末召开季度讲评会，把各项目季度检查情况评分汇总，依据评分排名，优奖劣罚，引入激励机制，好的做法全范围推广应用，管理差的项目曝光处罚，以点带面，效果显著。

（三）应用新技术、新材料提升安全生产水平

1. 积极应用新技术

在河南建筑市场，郑州一建在新技术应用方面始终走在最前列。例如BIM技术模拟施工，对存在重大危险源的分部分项工程进行模拟施工，提前预知重大危险源和可能发生的安全事故，从而更有针对性的做出安全预防措施，利用BIM技术进行安全防护设计和布置，更有利于安全标准化的开展。

2. 安装远程监控系统

郑州一建引进实时安全视频远程监控系统，所有在建工程必须现场安装视频监控系统，有条件和造

价 5000 万元以上的项目要通过网络连接实时向集团公司传输监控视频，远程视频监控系统安排专人每天定时进行检查维护、对施工现场安全生产实时监控，并做好检查记录。2015 年对视频监控系统进行了升级改造，升级后的软件集合了手机监控和信息平台安全监控客户端，操作方便简洁，实现云台控制，预置位调用，实时浏览，抓拍等功能，画面清晰、流畅、稳定；与之前的监控平台相比目前的监控平台视频信号传输的画面质量和流畅程度有了较大的提高。

3. 应用新材料提升安全防护水平

2015 年，郑州一建引进全钢附着式升降脚手架、新型铝合金模板。全钢附着式升降脚手架外防护网为全钢网片，比传统外脚手架采用的尼龙网结实耐用，防护效果更好，安全等级高；脚手板为全钢材质钢板，密封严，从而避免了杂物坠落的风险；外防护网采用钢网，较传统尼龙安全立网相比，阻燃性好，防火性能高，对建筑防火和消防方面起到很好的保护作用，郑州一建兰德中心项目工程采用的此项防护技术获国家实用新型专利。新型铝合金模板不仅具有使混凝土凝固后外观光滑平整，模板循环使用次数多，环保节能等优点，而且操作工艺上也更加安全可靠，内支撑体系采用组合式钢管支撑，不再使用扫地杆和剪刀撑，模板支撑体系组合式钢管紧固严密、整体性、稳定性良好，从而降低模板支架倒塌、倾覆的风险。新技术、新材料的使用也提升了在建工程整体安全水平。

三、建筑工程企业基于标准化的安全生产管理效果

（一）有效保证了企业正常生产经营，树立了良好企业形象

通过科学规范的安全管理，郑州一建安全效益显著提高，2015 年全年企业无重大伤亡事故。在建项目的安全管理、安全防护都有很大改进和提高，安全隐患明显减少。没有发生因安全问题引起的停工、工期拖延，质量安全问题等，同时也有效减少了企业因安全问题引起的损失，为公司工程正常的生产经营提供了很好的保障体系，高效圆满地完成了所接承建任务，获得业主、地方政府等有关单位的多次表彰。2015 年获得“鲁班奖”1 项，AAA 安全文明标准化工地 1 项，河南省建设工程“中州平安杯”6 项，河南省安全文明工地 10 项。连续多年在河南省建筑业前二十强企业排名活动中名列前茅，稳居河南省建筑业企业综合排名前三名，持续保持同行业领先地位。

（二）顺利完成了各项安全生产经营指标

郑州一建自安全生产标准化执行以来，各项目能及时贯彻落施工实现场布置，整体情况运行良好，安全标准化施工方面得到明显改善。从项目开工，到过程控制，到安全验收，达到了相应的标准要求。施工现场安全防护、安全资料、安全管理、行为管理的标准化都得到了提高，场容场貌秩序更加规范。2005—2015 年以来一直保持 100％的单位工程交验合格率，优质工程数量持续提高，由 2013 年的 22 个上升到 2015 年的 32 个。第三方顾客满意度调查分值均在 90 分以上。

（成果创造人：段利民、李　刚、江学成、雷　霆、徐克强、孙建宇、金华坤、尚亚伟、王前林、江友彬、孙　哲、盛东东）

人力资源开发与激励机制创新

轨道交通装备制造企业推进战略实施的全面绩效管理

中车株洲电力机车有限公司

中车株洲电力机车有限公司（以下简称株机公司）是中国中车旗下核心子公司，拥有30余家子公司、7家海内外生产基地的集团化大型企业；产品结构从单一产品发展为以电力机车、城轨车辆、城际动车组为主体，以现代有轨电车、无轨电车、中低速磁浮等新产业为延伸的全系列绿色轨道交通产品体系；销售收入自2009年跨过百亿大关，2015年实现营业收入260余亿元，利税31.5亿元，企业经营业绩实现持续健康发展。

一、轨道交通装备制造企业推进战略实施的全面绩效管理背景

（一）提升组织效率，推进“一体两翼”战略实施的需要

2013年，株机公司提出以轨道交通装备为主体，强化产业链前伸后延，开拓海外市场的“一体两翼”发展目标，从两百亿平台起步，再造一个新株机，对管理的规范化、精细化、效率化要求越来越高。审视原有的绩效评价体系，与株机公司战略联系不够紧密，战略目标落地分解的机制不完善，各单位在株机公司战略推进过程中的定位不够清晰；跟踪落地机制不成体系，市场与经营的压力集中在高层未得到充分传递；绩效评价及结果运用不到位，内部组织和员工主动担责、改善管理的氛围未有效形成。在实施走出去战略的过程中，株机公司在海外市场开拓、国际项目执行、重点项目研发以及供应链管控方面遇到诸多问题，亟须对公司绩效管理进行整体性、系统性的优化，将总体战略进行分解落实，形成健康发展的业务战略和持续稳固的职能战略，通过自上而下的分解和自下而上的实施反馈，形成全面联动、快速响应的持续经营机制。

（二）消除“管理短板”，推动企业管理全面升级的需要

“十二五”以来，株机公司经营业绩实现持续快速发展，然而，基础管理短板对企业持续发展的掣肘效应也逐渐显现：一是各项服务标准及工作流程还处于相对粗放的管理状态，不同项目之间的执行标准各有不同，对人的依赖性大，没有形成统一的、专业的管理规范；二是对员工的管理和激励机制未有效发挥，海外项目履约缺乏快速响应机制，对新产业拓展缺乏系统性的支持策略，面对新的市场、新的商业模式，缺乏灵活多变的应对机制；三是组织架构、流程与IT支撑的联动体系未能有效形成，企业内部信息流、资金流、实物流受制于部门之间的信息孤岛，制约管理效率的发挥。

（三）健全激励机制，增强“问题意识”，激发员工积极性的要求

一些沉疴已久的顽疾、痼疾在企业实现快速发展和国际化的征程中逐渐暴露。突出表现在各项流程审批周期长，部门之间存在一定程度的推诿不作为，员工的责任意识有待提升。株机公司开具的销售发票几经流转，未出公司已过期；某地铁列车因工艺标准化作业不到位引发客户投诉影响后续订单签订；某项目合同履约因相关部门履责相互推脱，问题迟迟得不到解决导致货款回收无法到位等。这些问题发生后，绩效评价体系缺乏系统的评价机制，对生产经营中的质量问题、工作失误、履责不到位等问题缺乏针对性的管理细则，“多做”与“少做”，“做好”与“做差”在个人薪酬、职业发展等方面的应用不到位，绩效管理激励和约束的作用没有得到充分发挥。

二、轨道交通装备制造企业推进战略实施的全面绩效管理内涵和主要做法

基于国家创新战略的指引和轨道交通装备制造业大国重器的担当，株机公司以“致力于成为全球领先的轨道交通系统解决方案供应商”的发展愿景为统领，借鉴价值评估理论的原理，建立基于关键业绩

指标（KPI）、重点工作指标（goalsetting，以下简称 GS）、责任、执规指标的结构化、立体式、多维度的绩效指标考评体系，构建自上而下的目标分解体系，自下而上的执行评价体系，横向协同的联动考评体系，全方位联动的沟通反馈体系，并以此为驱动，搭建基础管理提升平台，激发各级组织的作为和全体员工的潜能，为株机公司转型升级培育内生驱动力，保障企业持续健康、稳定发展。主要做法如下：

（一）以战略为导向，建立全面绩效管理体系

1. 明确发展愿景及战略目标

2013 年年初，株机公司审时度势，提出将 2013 年定为“基础管理提升开启年”，以实施“基于公司战略的目标任务制绩效管理体系”为切入，全面启动实施定岗定编、应知应会、任职资格、标准工时等一系列基础管理项目，以提升企业的快速响应能力、风险应对能力以及基础管理效率为目标的管理变革，催发并驱动企业自主创新能力、海外项目运作能力、新产业拓展能力，推动产业升级，构筑株机公司坚实基础。

2. 围绕战略目标，确定全面绩效管理需要解决的关键问题

一是构建战略目标落地的管理体系。基于战略的目标任务制全面绩效管理体系构建的目的在于形成一套覆盖全员、具有整体性，能够与株机公司发展战略保持一致、上下联动、标准量化、规范统一的绩效管理体系，层层分解和落实公司发展战略目标，建立公司战略、经营目标、组织绩效、部门绩效、员工绩效的分解体系和联动机制。

二是夯实基础管理，解决企业内部压力、动力和效率的问题。将株机公司承担的市场经营压力通过系列管理方式和方法传递到全体员工，将各项管理指标分解至各个业务单位和部门；运用有效的正、负激励手段，激发组织、员工的工作作为与潜能，实施管理、技术双轮驱动，解决企业发展内生动力；不断构筑、完善企业内部组织架构、流程与 IT 支撑的管理体系，有效解决和提高企业运营效率和效益。

三是提升员工职业素养，带动全局改善。依据企业价值链产生的关键节点，打破原有考评方式，将触角转向设计、营销、售后等部门，从影响企业经营效益、效率的源头上入手，规范管理，强化作为，对职能部门的考评全覆盖；对员工的考评侧重在员工举止行为、现场作业习惯、职业素养等方面，保证所有系统文件和工艺标准得到有效执行，造就职业化员工团队。

3. 搭建组织流程体系，形成管理规范

为稳妥推进全面绩效管理体系，株机公司成立绩效委员会统一负责绩效管理工作的组织领导。公司总经理担任绩效委员会主任，公司领导班子成员与行政、投资、运营、人资、财务、工艺、质量、安全、项目管理、设备及科技管理部门的主要负责人为绩效委员会成员。绩效委员会设组织绩效管理办公室和岗位绩效管理办公室，作为绩效委员会办事机构，公司分管战略运营管理和分管人力资源的副总经理分别担任办公室主任。各部门设兼职绩效员，负责本部门绩效指标的申报、评价及协调沟通。

株机公司绩效管理体系分为组织绩效和岗位绩效两个部分，组织绩效用于衡量公司经营目标完成情况，考核部门、业务单元的业绩任务，岗位绩效根据岗位职责对部门绩效进行分解量化，考核岗位业务任务完成情况。绩效指标分为目标指标和任务指标，目标指标以衡量公司经营业绩的量化指标为主，包括财务、市场、项目执行等，任务指标以衡量公司经营目标实现的重点工作为主，包括人力资源、项目研发、采购等。并以此为基础，构建关键业绩指标（KPI），重点工作指标（GS），和责任、执规指标四个维度的指标体系。

同时，制定《组织绩效管理实施细则》《岗位绩效评价细则》《重点工作（GS）管理办法》《责任、执规考评细则》等一系列管理办法，对绩效管理的职责分工、评价流程、评价标准、结果运用等进行规范和持续优化，建立涵盖指标申报、评审、评价、申诉、补报的全套管理流程。建立绩效发布机制，通过定期和不定期绩效考核结果发布和过程发布，有效解决绩效考核中“人情面子大于制度标准”的

问题。

4. 构建全面绩效评价体系的基本框架

一是考评维度全，从关键绩效指标（KPI）、重点工作指标（GS）、责任、执规指标四个维度建立立体式考评体系。

二是覆盖范围全，全面绩效管理的考评范围，包含产品制造单元以及与生产和产品相关的工艺、质量、设备、安全等职能部门，还包括运营、财务、审计、监察职能履责等管理环节，同时，根据轨道交通行业特点，覆盖至项目执行、产品运行质量、产品在段改造等专项领域。与常规尤为不同的是对研发部门的责任设计变更、营销团队的货款回收等领域的纳入，实现从设计研发、生产制造、经营管理全过程覆盖。

三是考核周期全，全面绩效管理体系改变只考评月度导致各单位只关注短期目标的习惯做法，实施基于月度、季度、年度累计 17 个周期的循环考评，并将不同周期的考评重点进行规范，将短期目标和中长期目标结合起来，有效落实公司年度工作目标，推进战略实施，避免考虑短期目标带来绩效结果扭曲的弊病。

四是考评对象全，全面绩效管理体系建立组织绩效、部门绩效、员工绩效的三级四类指标，考评对象覆盖至全公司 51 个部门和近万员工，有效发挥组织功能、员工潜能的整体作用，彻底改变原体系主要针对制造单位的情况。

（二）围绕战略实施，构建全面绩效管理的三级四类指标体系

株机公司将经营战略按时间序列分解为五年规划、三年中期规划及短期经营目标，把年度经营计划及年度工作计划，按职能分工分解为各职能角色定位及工作计划，以此设立关键业绩指标（KPI）、重点工作指标（GS）、责任及执规指标，构建覆盖组织、部门、员工三级四类绩效管理体系。

1. 突出关键业绩考评，采用 KPI 评价体系分解战略目标

KPI 指标作为定量评价部门和业务单元业绩完成情况的关键指标，统一设定指标名称、指标定义、计算方法、计算单位、指标权重和考核目标、考核标准、考核周期、考核信息来源、考核方式和考核主体 10 个要素，分别对 KPI 指标和考核方式进行明确，并作为入库指标的标准规范操作。主要做法是：借鉴平衡积分卡原理，根据职能部门、业务单元职责和指标的关联性，将公司组织绩效目标指标分解到职能部门和业务单元，形成财务类、营销类、运营类、学习成长类 KPI 指标，尤其加大合同履约率、项目计划执行率、一次交验合格率、货款回收率、责任设计变更等 KPI 指标定义及评价标准的优化完善。通过 KPI 的考核落实，带动主价值链的系统提升，考核信息的输出，使指标得到分解，压力有效传递，促进项目、客服等相关部门的工作改善。

KPI 体系通过分解公司的经营目标，落实考核责任，根据业务相似性和核心资源配置相关性将公司 51 个部门分组，不同的小组承担的 KPI 权重不同。同时根据考评周期，将 KPI 指标纳入各业务单元和职能部门月度、季度、年度进行考评。部门 KPI 指标考评关注的指标结果、作用具体体现在：强化了营销人员利润观念，接单必须考虑是否盈利；强化设计人员的成本观念，下达业联必须关注成本预算；强化一线制造员工的质量意识，在生产制造过程中必须标准化作业。

2. 首创加法机制，运用 GS 评价体系解决“打碗效应”

在考核运行中首创 GS 加分机制，将“任务下达”方式转变为“任务申请”，并根据关联度的强弱，设置 GS 关联得分机制，目的就是通过加分机制强化重点工作任务达成、系统改善以及部门之间的分工协作，防止承担多重业务量部门的绩效考评钻入“多做多错”的死胡同。

设计思路初衷为：根据职能部门、业务单元职责和指标的关联性，将组织绩效任务指标分解到职能部门和业务单元。鼓励各单位立足核心职责，综合评估重点工作的工作量、工作难度以及对公司经营目

标的贡献度分别界定为Ⅰ、Ⅱ、Ⅲ级，并分别赋予30分、10分、5分的分值，每月按照累计分值判定各单位的GS得分。考核周期末，通过对所有单位GS指标完成情况的检查，以“全面完成”“部分完成”“未开展”三个维度对指标进行评价，其中，指标全面完成得满分，部分完成得一半分，未开展不得分。GS指标的来源主要有：一方面各部门将年度重点工作任务和时间跨度大、协作部门多、工作难度高的改善类指标纳入季度考评；另一方面各部门立足于职责履行，为保证KPI指标完成各部门自行申报的重点工作纳入到月度考评。GS的另一个重要来源通过责任、执规考评识别出的改善性指标，这一类指标旨在激发各单位改善管理的活力，鼓励各单位更好地履行职责、主动促进工作改善。不同分组GS考评所占权重也不一样。

3. 瞄准问题式管理，设定责任执规评价体系，推动基础管理改善

一是以“问题式”管理为导向，设定责任执规类指标。株机公司从“大安全”管理理念出发，在企业运行过程中针对业务单元和职能部门产生的质量、安全、制造、工艺、职能履责、设计研发、员工行为等违章、违规问题，制定负激励评价标准，明确“哪些不能做”“发生了问题要承担什么责任”，强化组织和员工的规矩、责任意识，推动企业稳健发展。责任指标主要包括安全事故、质量事故、客户投诉、党风廉政建设等关键事件指标。以此作为评价部门和业务单元管理责任和风险的重要指标；执规指标主要作为部门和业务单元对公司各项政策、规章制度、标准规范等执行情况的专项考核评价指标。

二是以360度全方位考核方式破解“管理孤岛”效应。株机公司以责任执规考核指标为载体，逐步推行360度全方位考核。第一，给职能部门和业务单元下达月度固定型GS，要求各部门在工作开展中发生的具体问题，根据责任执规指标考核标准，输出固定数量的考核事项，如质量保证部、工艺部每月对涉及产品质量、工艺的部门输出不少于25项考核；第二，加强考核针对性，要求各职能部门和业务单元固定数量的考核指标中必须包含一定数量对职能履责类指标，如各制造单元每月必须输出15项考核指标，其中对职能部门考核输出至少10条；第三，扩大责任主体，横向连带相关责任部门、纵向连带相关高、中层管理者和普通员工。连带考核主要体现在：针对发生批量性的问题、工作履责执行不力、推诿与不作为、重要市场（关键客户）订单丢失、重大设计差错、重大（关键）项目执行缺陷、重大财经风险、客户投诉或导致公司蒙受损失等各类事件，对涉及部门和人员以直接责任考核标准为基准，根据责任大小上至董事长下至普通员工、左右至相关责任部门进行逐级递减连带考核。确定考核责任后，将考核分值直接落到相关部门的部门绩效结果中，将考核金额直接落到责任人员的当月的薪酬中，保证考核流程的顺畅、考核责任的落实、考核结果的生效。

三是建立绩效考评体系闭环管理机制，推动基础管理改善。株机公司加强绩效考核基础数据的收集、分析和评价，重点关注业务流程执行过程中各单位的职责界面、新产业、新产品开发、执行过程中的管理体系优化、时间跨度超过半年以上的专项问题解决、可能或已造成损失的事项的追责与整改、同一事项重复考核的项点等，定期对绩效考评过程中发现的管理问题进行归纳整理，形成《绩效管理典型问题清单》，并按照工作难度分别赋予5分、10分、20分的分值，经相关单位评审后发布，并由公司青年骨干、青年新秀个人或者组成跨专业小组认领，并在要求时间内完成相关调研、责任判定及管理建议，提交调研报告，经公司层面评审后落实，形成基础管理问题改善闭环。2014年以来，株机公司累计清理基础管理问题300余项，通过绩效考评体系闭环管理机制，分析原因，落实责任，固化流程，形成标准的有200余项，有效牵引了业务绩效改善，提升了基础管理水平。

4. 持续修订、完善绩效指标库，提升绩效评价客观性

全面绩效管理体系运行以来，绩效指标得到了持续的修订和完善，具体体现在：KPI方面，根据公司经营方向，结合业务流程优化与组织结构变化，通过指标增减、指标关联、指标考评权重调整，使KPI指标更具系统性、可控与可管理型，进一步发挥关键业绩的价值牵引作用。GS指标方面，紧贴

KPI价值导向，修订重点工作指标库的考评标准，强化核心职责履行与业务改善考评方向，同时严格执行指标闭环管理，进一步保证经营目标实现的过程监控，激发内部组织绩效改善活力。责任与执规指标方面，根据绩效管理实施过程的具体情况，扩大考评范围，提高考评力度与指标考评的可操作性，使指标更好地发挥对公司运营管理的推动作用。目前，株机公司KPI指标库共有4类89个指标，GS指标库共有26类84个指标，责任执规评价细则有17类千余项细则。绩效管理逐步实现公开透明，绩效评价实现客观、公正。

（三）围绕经营管理重点，强化绩效体系的指导性和牵引性

1. 高层重视，全方位联动，强力推行问题式管理

株机公司坚持“问题式”管理导向，强力推行从下至上、左右互评的考核与评价体系，深化应用360°全方位考核机制，考核导向多维度，逐步解决“敢不敢”考核、“愿不愿”考核、“会不会”考核的问题，将绩效考核指向职能部门、指向制度流程层面、指向设计源头，全面完善和健全绩效管理基础工作，推动问题的识别、诊断和改善。三年来，考评起点由0.1分/500元，调整至0.2分/1000元，考评范围从现场逐渐覆盖到职能部门、研发体系、市场营销及项目执行部门，考评对象从一线员工延伸到中高层管理者，牵引各单位及员工关心绩效，传递压力，促动各级管理人员从“心痛”到“行动”，力求从源头上解决“管理孤岛”现象。

2. 先易后难，由浅入深，逐步推进绩效管理向“深水区”覆盖

一是对中层管理者实施考评及连带考评：进一步强化中层团队改善管理、敢于担当的责任意识，通过中层管理者推动全员参与绩效改善。二是对设计质量问题进行系统考评：建立对设计失误、重复差错、重大设计质量问题的追责机制。三是对在段运行质量问题进行考评追溯：以问题为导向，层层深入，系统挖掘各环节管理问题。四是建立连带考评机制：对现场发现的问题，追溯所在单位管理责任及中层管理者的连带责任。五是组织绩效与岗位绩效有效联动：强化以业绩为导向的奖励分配机制，绩效结果与员工职业发展通道、任职资格紧密挂钩，调动全员工作积极性。六是建立岗位退出机制：对劳动合同履约评价不合格或年度绩效评价不达标的员工实施退出机制。

3. 构建信息化平台，实现绩效评价体系高效运行

为支撑绩效评价体系运行，株机公司依据现有信息管理系统和业务流程平台，根据绩效管理固有特点，构建专用信息化平台，推进绩效评价体系运行，降低管理成本，提高绩效管理效率。

一是组织绩效评价系统。将绩效管理部门与专业部门、专业部门与业务部门、业务部门与业务部门之间的绩效信息串通，通过绩效管理部门评价、专业部门评价以及同组别部门之间互评的多层次考评方式，实现组织绩效三类四级指标申报、审核、评价、考核、统计分析的全过程线上操作，达到企业内部绩效管理所有环节的无缝对接，绩效评价相关数据实时传递。同时，通过组织绩效评价系统对月、季、年组织绩效结果的统计分析，了解公司及各单位的绩效趋势以及存在的问题，为下一周期的绩效改进方向提供基础数据支撑，推动绩效评价体系的科学性、适用性、有效性的不断提高，为企业管理决策提供依据。

二是岗位绩效发布App。开发岗位绩效发布App，建立线上线下结合的岗位绩效发布全面通道，将有影响力的岗位绩效结果进行分级公示。对员工来说，岗位绩效App“切身相关，触手可及”，可营造员工关心绩效的氛围：第一，可随时查看个人的岗位绩效结果、排名、执规通报情况及历史记录；第二，可输入沟通内容，发起针对某项绩效结果的情况交流，进行沟通反馈。对考评者和各级管理者来说，岗位绩效App使得考核者能够更准确地抓住管理重点：第一，可以查看绩效结果，包括下属岗位的绩效指标结果、被通报的绩效指标及绩效排名等分析情况；第二，可以查看某岗位绩效的改善情况；第三，可响应员工发起的绩效沟通要求，对绩效考核情况进行交流，提出改进指导意见。岗位绩效发布

App 创新绩效沟通反馈方式，通过实时更新发布员工各项岗位绩效指标的信息，层层落实考核责任、传导压力、促进改善，激发员工关心绩效，提升执行力，积极推动组织绩效与岗位绩效的有效融合，为战略落地提供有力支撑。

（四）建立和完善“四会”机制，推进全面绩效管理持续改进

1.“四会”机制实施

全面绩效管理体系运行以来，株机公司不断探索完善信息传递与反馈机制，逐步形成以“现场警示会”“绩效沟通会”“绩效评审会”“绩效发布会”为载体的“四会”机制，推动企业在纵向和横向两个管理维度发现问题、分析问题、解决问题，最后通过结果发布、固化，在 PDCA 循环中实现管理改善和提升。

现场会旨在提升企业纵向管理的效率与成效，是株机公司各专业职能领域内专项工作推进、具体问题解决的重要载体。株机公司的质量、安全、工艺、设备等均实行两级管理模式，即：既有归口管理的职能部门，各制造单位又有相应的专业人员。通过现场会的平台，职能部门与制造单位每月挖掘各专业领域典型问题，分析原因，制定整改措施，总结、推广经验，举一反三地推进现场生产制造与管理问题的解决。

绩效沟通会的目的是为打破大企业中各部门之间无形的墙垒，通过组织考核双方见面交流，共同探讨具体考核事项背后所隐藏的管理深层的问题，找出双方共同认可的解决方案，以将同类考核事项、分歧点在管理层面上彻底消除，提高各部门之间横向层面的业务协作效率。

绩效评审会是绩效委员会部门定期召开的决策型会议，重点是对绩效体系运行情况进行系统梳理，同时对本考评周期内横向和纵向两个管理维度发现的新问题进行总结、规范、纠偏，以促使管理问题的落地解决和绩效体系的不断完善。

绩效发布会是各专业部门对现场警示会、绩效沟通会、绩效评审会最终结果的发布，是以问题为导向的绩效管理体系中独具特色且最重要的一种形式，这种交流反馈机制开启了“问题式管理”的新局面，促成了问题改善。

2. 发挥全员优势，系统性改善绩效问题，推动管理变革

株机公司贯彻发现问题不放过的原则，将绩效发布会作为绩效改善机制的一个强有力的手段。一是将株机公司高管和专业部门在每期绩效发布会上形成的工作要求与会议决议，经绩效委员会评审后下达给相关部门，要求其将工作要求转换为 GS 指标，形成闭环管理。二是制定全员参与管理改善的工作方案，以及相应的正激励措施，将绩效发布会上不同难度、不同影响力的管理改善项目分别纳入各单位月、季、年业绩评价，推动全体员工对公司管理制度、流程、机制系统思考，群策群力，为株机公司的经营发展献计献策。三年来，株机公司绩效发布会与二级绩效发布会共计发布典型案例 230 余项、任务指标 264 项，已完成改善落实的 197 项，固化制度流程 100 余项，工艺文件数千项，以点带面，推进基础管理体系的变革提升。

（五）强化绩效结果运用，建立正激励机制

1. 优化薪酬结构，加大绩效工资投入

按照“月度均衡、分类核算、比例调控、体现差异”的原则，通过与公司经营效益情况、任务量系数、定岗定编成果、组织绩效考核结果挂钩，进行绩效工资投入；同时，按技管人员、辅助生产人员、辅助服务人员三类人群分类核算，以体现价值创造的差异性；在绩效分配上，从株机公司层面统一制定分配规则，规定强制等级比例分布以及各档级的考核分配系数。

2015 年绩效工资投入总额为 30572.4 万元，绩效工资收入占年收入达 40%以上，比 2014 年增长 7%，80%以上的部门与 90%以上的员工得到了正激励。将绩效结果通过绩效工资包的形式应用于员工

的薪酬之中，用于拉大业绩优秀员工与普通员工之间的收入差距，真正体现激励员工改善业绩带来的收益。

2. 完善职业发展通道，注重绩效优秀员工的选拔与培养

一是建立员工行政与专业双向发展通道，将职称评审、技术层级、管理层级、技能层级评聘直接与员工年度绩效积分挂钩，加快领军人才和专业学科带头人的培养；二是将员工年度绩效考评结果作为硬性指标应用于核心人才、后备人才选拔，开展专业培训，为公司人才梯队培养做好储备；三是每年在全公司范围内选拔年度绩效为A的员工赴海外优秀企业参观学习。三年来，株机公司对近50名领军人才和专业学科带头人组织专业培训；组织各类专业后备人才开展脱产学习；组织300余人分赴海外优秀企业参观，感受世界顶尖企业的管理水平。丰富的国内外培训的机会为优秀绩效员工的深造提供了广阔的平台，也为株机公司的国际化发展储备了雄厚的人才资本，为公司稳步持续健康发展提供人力资源保障。

3. 丰富绩效奖励内涵，用足绩效管理正激励导向

株机公司全面绩效管理体系在坚持以问题为导向的绩效管理前提下，丰富创新绩效激励模式，增强正向激励力度和广度，设置专项激励机制，对各岗位涌现出的典型个人或组织进行重点奖励，构建以点带面的影响作用，全面强化绩效管理的牵引提升作用，为绩效管理的持续改善提供充足的原动力。

通过专项奖励重奖绩效优秀员工及团队，2014年3月，株机公司获得南非21亿美元电力机车订单，重点奖励南非电力机车项目营销团队，包括海外营销团队、技术支持团队、项目支持团队以及有突出贡献的个人等总计400万元的奖励；电气设备分公司三名员工长期坚持对某型真空断路器重大惯性质量问题的钻研分析，提升了产品质量的可靠性，降低了在段运行故障率，公司给予了这些员工高额度绩效奖励；华中地区某项目试制过程中，城轨事业部相关技术人员自车辆试制以来，累计书面反馈91项质量问题信息，既为车辆试制质量管控做出了贡献，也为广大员工增强责任意识、市场意识树立了榜样，公司给予了这些技术人员特别绩效奖励。在正激励导向下，绩效管理催生并提炼了一些新的、好的做法。如机车事业部的质量工资办法、城轨事业部的新项目试制经理负责制及“出彩管理”系列活动等。

三、轨道交通装备制造企业推进战略实施的全面绩效管理效果

（一）提高了员工和组织的战略执行力

株机公司通过全员绩效管理体系，大力推进员工行为规范及现场标准化作业，三年来，行为规范考核从每月39起下降到最多2起，职防用品穿戴不规范的问题基本解决，公司园区及生产现场实现了100%规范着装，推动了员工职业化水平的显著提升；通过工艺、质量标准化建设，常规检查和专项督查双管齐下，员工作业规范执行符合率提升至90%以上，设备设施标准化，隐患处理及时化，现场本质安全度得到明显提升，员工工艺标准化执行率显著提升；推诿、不作为的现象明显减少，全员绩效管理在管理层和员工之间形成基本共识，绩效文化逐步形成，员工职业化水平显著提升。

（二）完善了基础管理平台，企业运营效率明显增强

2015年实现全年75个项目并行制造，其中试制项目25个，城轨产量突破千节大关。株机公司机车车辆2015年发生机破件，较2013年下降34.2%，城轨车辆故障率从2013年的2.9次/百万公里，下降到1.8次/百万公里。职能部门履责意识增强，企业运营效率明显提升；建立起以绩效为导向，以改善和勇于担当为主体的新型机制，让员工的潜能得到充分发挥。从他律型的考核管理逐步转向自律型的绩效导向，给企业发展注入新的活力。通过60余项管理提升项目的实施，株机公司经营业绩实现新跨越，基础管理水平显著提升，变革升级初见成效。

（三）促进了企业经济效益增长和可持续发展

株机公司基础管理水平的提升，不仅有效保证了公司稳步、健康发展，更为长远战略目标提供了内生的原动力。2015 年，株机公司实现销售收入超过 260 亿元、净利润 15 亿元，分别同比增长 17.7%、15.4%，人均实现净利润 19 万元、利税 41 万元，经济增加值达 16 亿元，总资产报酬率为 7.11%。人均劳动生产率逐年上升，人均销售收入从 2013 年的 193 万元提高到 2015 年的 263 万元，人均工业增加值从 32.5 万元提高到 56.7 万元。优异经营成效背后揭示的是全员绩效管理紧贴株机公司发展战略、经营目标，通过设定科学合理的组织目标，并层层分解落实到部门和岗位，有效支持了企业国际化战略。株机公司完成了由单一产品向多种产品并存、从国内市场到大步迈向国际市场、从无到有，从弱到强的逐步转变，成为业内的领军企业，为今后可持续发展打下了坚实基础。

（成果创造人：周清和、傅成骏、马克湘、罗崇甫、陈志新、董元彪、尹星亮、刘　翔、方　旭、张帮忠、李静静、熊卫宁）

电网企业基于责任、标准、对标和考评“四大体系”的班组建设

国网山东省电力公司

国网山东省电力公司（以下简称山东电力）是国家电网公司的全资子公司，本部设23个部门，下属28家单位，管理98家县供电企业，市、县公司班组5383个。截至2015年年底，山东电力全口径用工152599人，供电区域15.8万平方公里，供电人口9847万人，服务客户3900万人，2015年售电量3027亿千瓦时。

一、电网企业基于责任、标准、对标和考评“四大体系”的班组建设背景

（一）夯实企业经营管理的需要

山东电力70%的职工在班组，承担了企业80%以上的生产经营任务，企业发展战略的实施、经营目标的实现、生产任务的完成、企业文化的落地，最终都要通过班组来执行，班组建设的好坏直接关系企业的执行力和竞争力，关系到企业生产任务完成和各项经济指标的实现，班组建设水平从根本上决定着公司的安全、管理和服务水平。

（二）建设常态长效机制的需要

管理者和一线职工对班组建设与企业发展、自身发展的内在联系缺乏清醒的认知和牢固的把握，班组建设依然存在“一阵风”“两张皮”“运动式”等倾向，缺少常态长效、科学高效的推进机制。部分管理人员认为班组建设就是检查班组做得怎么样，忽视了管理层面的作用，没有真正认识自身在班组建设中应承担的责任。

（三）提升企业基础管理水平的需要

加强班组建设、抓好班组管理、提高班组效能，对于提高员工队伍素质，调动和发挥员工工作积极性、主动性和创造性，推进公司“两个转变”，加快“两个一流”建设，提高企业的核心竞争力都具有十分重要的意义。

二、电网企业基于责任、标准、对标和考评“四大体系”的班组建设内涵和主要做法

山东电力坚持问题导向，深刻分析班组建设存在的问题，改变传统的班组建设管理模式，探索构建基于责任、标准、对标和考评的班组建设“四大体系”闭环管理，横向以各层级“一把手”关键的“少数”带动基层班组普遍的“多数”，纵向强化专业穿透和引领带动，打造“两个引擎”推进机制，形成自上而下的立体管控体系。通过丰富班组建设载体活动，开展班组建设专项提升，全面发展，实现班组建设、专业管理与企业战略相结合、员工成长目标与企业发展方向相一致，形成班组建设共识共建、共赢共享的新格局。主要做法如下：

（一）调研管理现状，制定策划方案

1. 坚持问题导向，查找关键症结

由工会牵头，人资部、安监部、运检部、营销部、科信部、企协等相关部门联合，抽调骨干力量，多次分片区召开不同层级的专题调研会、座谈会，深入一线班组问计于员工，察看班组实际情况，掌握基层需求，全面了解班组建设各级职责分工、班组核心业务内容、人员结构、担负工作、员工成长、基础管理等常规性问题和新生问题，探索新形势下班组建设如何建、如何管、如何常态推进。

2. 系统破解难题，专业定向攻关

针对调研存在的问题，组织各专业部门，集中梳理、确定班组机构设置和职责流程，根据班组建设

方案和责任分工，针对班组建设管控体系不健全、工作标准不明晰、缺少客观衡量评价准则和考核要求，选拔集中全省各级、各专业专家合力攻关，科学论证，定向突破，初步明确班组建设要以严格的闭环管理、严谨的标准体系、科学的激励机制为原则系统策划构建涵盖普遍性和特殊性问题解决方案，搭建班组建设基本体系架构，分模块、分专业设计制定各类细则和工作标准。试点运行，反复征求意见建议，迭代完善，全方位检验测试方案的针对性、实用性和可操作性。

（二）设计“四大体系”，构建班组闭环管理

1. 分级管理，明确责任体系

山东电力成立省、市、县三级班组建设领导小组和工作办公室，设立标准、对标、宣传、考评工作组，实行分级管理，明确班组建设中各单位、专业部门、专业室及班组的主体责任，落实各级班组建设专责人员，将班组建设纳入专业管理范畴，形成“公司统一领导、班组建设办公室牵头协调、部门分工负责、各单位组织实施、班组全员参与”的班组建设格局。

各单位是班组建设执行主体，各单位党政主要负责人是第一责任人，总体负责；分管领导和部门负责人是分管专业第一责任人，负责班组建设专业化管理；各专业室是班组建设责任主体，专业室负责人是本专业室第一责任人；班组作为实施主体负责落实有关要求，班组长是本班组建设第一责任人。责任体系从根本上解决班组建设“是什么”“为什么”和“谁来干”等首要问题。

2. 统一规范，构建标准体系

深入研究《国家电网公司班组建设管理标准》，将班组建设标准向上拓展到省公司专业部门，向下细化分解至市县公司班组，横向覆盖各单位、各专业、各类班组。围绕班组建设基础建设、安全建设、技能建设、创新建设、民主建设、思想建设、文化建设和队伍建设“八大建设”任务，厘清各层级职责，分层分类制定《班组建设评价细则》，针对管理层面建立生产管理、综合管理 2 类细则，针对班组层面建立生产检修、生产运维、营销现场、营销服务、业务支撑 5 类细则，梳理细化执行标准，明确每项细则工作内容、工作要求和检查考评依据，确保简便实用、易于操作。标准体系解决班组建设“干什么、怎么干、干到什么程度”等关键问题。

3. 全面覆盖，构建对标体系

山东电力坚持专业顶层设计、立足班组实际，以规范基础管理、提高工作绩效、促进均衡发展、激发班组活力为目标，根据公司发展需求和班组职能特点，科学构建总权重 1000 分、涵盖市公司 49 类班组 163 项和县公司 16 类班组 63 项核心业务的对标指标体系。每类班组设置 3—5 项核心业务指标，指标设置以反映班组核心业务、短板业务、专业支撑能力为重点，指标数据按正态分布、固定分位、自定义三种方式评价确定段位，根据指标评价段位和权重分计算单指标得分，以班组承担所有指标得分之和计算班组得分，并作为标杆班组评选依据。同步建立健全班组对标常态运行机制，搭建各单位班组管理共同改进、创新提高的亮赛平台，将对标结果与班组评优选树、班组绩效与班组长职业发展挂钩，督促通过指标对比分析、查找短板、持续改进，解决如何提升核心业务水平、如何激发班组活力的问题。

4. 科学量化，构建考评体系

围绕班组建设管理提升目标，坚持“分级管理、量化考核、统一规范、科学评价”原则，以班组建设评价细则和班组对标体系执行为主要依据，统筹制定班组建设管理考核办法，加强班组建设四级管控与考核，优化管理流程，强化考评结果应用，充分调动各层级班组建设积极性，促进班组建设持续提升。制定班组建设专业化管理考评标准，强化专业部门的主体责任和监督责任，突出专业主导作用，从班组建设任务完成、班组对标管理和服务基层三个维度进行评价，评价结果纳入本部月度绩效管理。将各单位班组建设考核全部纳入所在单位企业负责人业绩考核和全员绩效考核，考评结果纳入各单位党委综合评价，与单位工资总额、企业负责人绩效薪金、先进评选“三挂钩”，对推进不力的单位实行“说

清楚”制度。考评体系解决班组建设如何有效激励、如何落实到位、如何常态长效持续提升等核心问题。

（三）打造“两个引擎”驱动，确保“四大体系”落地

1. 强调一把手作用，打造横向引擎

山东电力通过“抓一把手、一把手抓”，抓住班组建设的“牛鼻子”，“一把手”不仅是指各单位的主要负责人，同时也是各专业、各管理层级的主要负责人，直至班组长，“一把手抓”推行“领导负责制”，严格落实各级领导班子责任，明确单位领导、部门主任、专业室负责人、班组长“四级联动”，层层传递压力，做到工作、措施、责任“三到位”，发挥“一把手”决策力、影响力、带动力。督导各单位建立班组建设季度例会制度，要求党政负责人亲自参加会议，引起“一把手”的重视和关注真正将各单位、各专业联成一个整体，避免本位主义和单纯业务观点，分片区督导调研、召开推进会、重点约谈等措施，让各级“一把手”持续发力，发挥“一把手”重视的“累加”效应。督促各级领导深入班组一线考察实情，协调解决班组基础性的困难和问题，实行各级班子“帮包联系”制，同步帮包不同基础的班组，将更多的精力和资源向班组倾斜，建立帮包联系点2700余个，促进班组建设全面均衡发展。

2. 发挥专业作用，驱动纵向引擎

随着深入开展，系统性问题解决了，但专业性问题依然存在，主要是班组建设与专业管理融合不够，专业管理没有穿透到班组，有的甚至存在“两张皮”现象，山东电力再次提出班组建设与专业管理使命相同、目标同向，专业化成为班组建设新阶段的“牛鼻子”。按照“工会搭平台、专业当主角”的思路，统筹发挥专业部门在班组建设中的主导和支撑作用，深度融合班组建设与专业管理，建立班组专业化督导调研工作机制和班组建设专业化管理考评机制，强化专业部门的主体责任和监督责任，使专业管理真正在班组落地，指导班组抓牢、抓好核心业务，切实提升班组安全、稳定、服务水平，提升了专业管理的指导力、穿透力和协同力。出台加强班组建设专业化管理意见和11个专业实施方案，建立督导调研、申诉约谈、常态运行“三个机制”，严抓专业管理决策控制、工作过程监督指导、责任主体职责履行“三个到位”，注重发挥部门的专业优势，让各专业的专家全程参与班组建设标准修订、对标体系完善、督导检查、评价考核等“四大体系”推进的各个环节，促进班组建设与专业日常管理同部署、同检查、同考核，打通了专业管理在班组落地的“最后一公里”。

3. 工会搭建平台，提供辅助支撑

山东电力工会在新形势下站在新的高度、以更开放的心态谋划工会工作，从整体的角度、内在的联系把握工会工作，充分发挥工会联系职工群众、服务职工群众、做好党的群众工作、组织引导广大职工群众在改革发展稳定和企业生产经营第一线建功立业组织功能。充分发挥工会组织协调，联系沟通的天然优势，积极搭建平台，统筹各方资源，整合专业力量，主动为企业分忧，为员工减负解难，主动把公司党委的温暖和要求传递到班组，以班组建设作为关心职工成长、维护职工权益、履行管理职能的切入点，把“小班组”当作“大工程”来建设，把班组“小家园”作为工会为职工服务、帮职工解难、助职工成长成才的“大阵地”。工会牵头建立班组建设会商研究、对标考评、信息通报、督导检查、宣传交流等工作机制，强化各专业协同，加强各层级互联互通，及时掌握、调度工作进展情况，协调解决班组建设推进过程中的难题。

（四）统一开发网络平台，提供信息技术支撑

1. 创建“四大体系”网络版

突破传统管理方式，践行“互联网＋”理念，运用信息技术，打造班组建设四大体系“网络版（PC端）”，系统采用HTTP请求模拟集成技术，通过“一个标准、一个入口、一次录入”实现“多端运用、多次提取、多维分析”，将“四大体系＋PDCA”管理模式和系统集成技术融合到班组建设和班

组日常业务中，全面覆盖运维检修、营销服务、调度运行、通信物资等主要业务领域，实现流程梳理与业务整合、统一界面与统一录入、数据共享与报表集成、班组责任、标准、对标、考评与班组管理提升的系统建设目标。创建班组对标看板，每月自动采集、分析、评价对标数据5000个，简明直观地展示班组核心业务指标水平和差距，展示各单位班组建设的整体水平和位次，使每个专业都能看到专业管理水平和短板，对标看板成为各项工作的“诊断书”和“晴雨表”。在线进行月度考核、季度分析和年度评价，拓展跨层级评价功能，实时监控考评质量，牢牢盯住整改提升，增强班组建设管理的针对性、实效性和穿透力，促进各班组、各专业、各层级之间比拼赶超、协同并进。把改进提升作为对标考评的目的，加强在线指导评价，深化对标考评结果应用，及时将短板问题反馈基层，班组建设管理系统成为激励先进、鞭策后进、改进工作、提高绩效的有效手段。

2. 开发班组手持移动终端

班组建设“四大体系”网络版建成后，基层现场作业班组反映外出作业较多，工作现场资料只能返回办公室时整理后再上传，无法实时上传记录，基于班组需求山东电力组建研发团队，以“五位一体”作业流程为主线，综合运用移动通信、云存贮、大数据、物联网等技术开发应用班组手持移动终端，打造班组建设四大体系“移动版”，责任体系、对标体系、考评体系、专业化管理和标准发布全面上线运行，班组可随时随地查看、记录和维护班组工作资料。通过移动终端无线传输和基础资料在线远程存储，班组可随时随地查看作业流程审批环节，实时将现场作业情况以照片、视频方式回传，接收专业指导，通过扫码功能可实时查询和维护客户、设备信息，实现现场作业和资料录入“一站式”同步完成。通过移动终端的GPS定位功能实现输电杆塔位置识别和验证，记录班组人员巡视路径和轨迹，并能自动纠偏提醒，提高巡视质量和巡视到位率。班组建设系统与各专业信息系统安全无缝连接，提升班组工作效率和便捷性的同时减轻班组工作负担和资料整理压力，推进班组管理方式、作业方式由传统向“互联网+”模式转变。

（五）创新班组活动载体，推进综合管理提升

1. 开展班组建设专题活动

深化卓越班组建设。以“许振超班组”建设为载体，大力弘扬“干就干一流、争就争第一”和“拙诚笃实、专注有恒”理念，以“强基础、重实效、专业化”为主线，坚持在深、全、细、实上下功夫，建设管理精益、装备精良、队伍过硬、绩效一流、文化优秀的卓越班组，推动班组建设卓越提升。

创建安全管理标准化班组。发动一线职工，围绕人身、电网、设备“三要素”，扎实开展“查隐患、保安全、促发展”活动，常态坚持安全日、事故反思日等警示教育，建立班组每日一问、每周一课、车间每月一考培训机制，提高班组成员的安全意识和安全技能。实施班组承载力量化分析，保证工作任务与作业力量、管理能力相适应。

坚持减负增效出人才。实施管理减负，大力推行标准化作业，精简台账记录，减少迎检活动，严控班组参会数量。推行科技减负，应用班组信息系统一体化操作平台，消除数据重复录入，增配先进仪器仪表，开展无人机、直升机、自动巡检机器人巡检，提高作业效率。加快智能配电网建设应用，最大限度地减少人工现场操作及故障查找工作量。

开展班组结对共建活动。山东电力牢牢树立开放共赢、协作共赢、服务共赢、分享共赢思维，站在更高层次，以更开放的心态，着力推进班组建设“牵手共赢·结对共建”，山东省总工会在山东电力召开结对共建现场经验交流会，全面推广班组结对共建模式。省公司层面组织相关专业与中国运载火箭技术研究院15个优秀班组结对，山东电力系统内班组结对1232对，与地方中小企业结对581对，8项班组结对共建优秀成果在全省推广，搭建起经验共享、先进共创、共建共赢、合力发展的新平台，为全面建设卓越班组注入新动力，增添新活力，拓展新空间。

2. 拓展班组培训方式方法

开展以赛促学以赛促训活动。以“五比一创”（比施工安全、比工程质量、比建设工期、比技术创新、比科学管理，创精品工程）为主要内容，将立功竞赛活动融入工程建设的各环节和全过程，搭建职工提升技能、成长成才、干事创业的平台，激发广大工程建设者的劳动热情和创造活力。

实施“金种子”优秀班组长培训。树立蓝领、白领都能成才的导向，科学进行职业生涯规划，建立典型人才职业发展通道，从班组长队伍中选育“金种子”，按照“强基、提升、超越”的进阶模式，举办“金种子”班组长培训班，制定12项跟踪培养措施，着力提高班组长领导力和教练力，发挥“金种子”的示范引领和传帮带作用，“金种子”已成为基层职工职业生涯发展的重要愿景目标，“金种子”培训班已成为培养具有现代管理思想、掌握先进管理方法的新时期班组长和管理人才的摇篮。

全面推广“大讲堂”培训模式。坚持“人人上讲台、个个当专家”，抓住“选、抽、评、考”四个关键步骤，创新形成“大讲堂”的培训模式，变“一人讲、大家听”的传统培训方式为“人人学，人人讲”的全员参与方式。不仅有效解决了工学矛盾，也培养了职工学习力、教练力，提升了队伍的综合素质。目前，公司系统每月有近两万人次登台讲课，对人才的培养和技术技能的提升起到了极大促进作用。

推行创新工作室“创新＋实训”模式。倡导“精益求精工作、善于发现问题、创新解决问题、实训培育人才”的理念，把创新工作室和实训室相结合，强化“创新创效、实训实践、传承传播、成长成才”四大功能，为职工搭建学习交流、施展才能、提升技能的综合性平台。整合创新资源，建立了统一组织机构、统一项目立项、统一落实资金来源、统一成果评审表彰、统一成果转化推广、统一评审专家库的“六统一”创新创效协同机制。每年精选职工优秀创新成果，在全省推广应用，变“谁创新、谁使用”为“我创新、大家用”，切实将创新成果转化为生产力，体现了职工创新价值，提高了职工创新创造积极性。

3. 开展服务基层关爱职工活动

改善基层生产生活环境。设立专项资金，加大班组资金投入力度，规范班组设施配置标准，完善班组计算机、办公家具等基础设施配置，结合班组业务特点增配洗衣机，全面改善班组生产生活条件。建立“六位一体”健康管理体系，加强车间食堂和班组配餐室建设，建成1559个标准化健康食堂。因地制宜建设小浴室、阅览室、文体活动室等职工服务阵地，不断提高后勤服务和保障水平。

开展职工健康关爱活动。制定职工带薪休假管理办法，职工休假率达到90％以上，设立职工健康服务热线、“职工健康之友”网站，开展健康知识普及活动962次，15.7万余人次参与，首次将农电用工纳入体检范围，实现全体员工健康知识普及“全覆盖”。实施“职工之家”落地工程，为员工建立健康咨询室、法律援助室、心理减压室、员工恳谈室和服务站“四室一站”服务阵地，加强人文关怀和心理疏导，加大困难员工帮扶力度，建设“自立、互助、温暖”的员工家园。

三、电网企业基于责任、标准、对标和考评“四大体系”的班组建设效果

（一）基层职工队伍素质稳步提升

“四大体系”实施以来，山东电力涌现出一批优秀创新团队和个人，2个创新工作室荣获全国示范性劳模创新工作室，20个创新工作室荣获山东省劳模创新工作室。新增技师2377人，培养一线班组孵化师40名。72％的专利、89％的省部级及以上创新成果来自班组，专利数量2743项，位列国家电网公司第1位。2015年18项成果获全国电力职工技术成果奖，9项成果获山东省职工技术创新成果奖，12名职工获得山东省“创新能手”荣誉称号。2名一线职工分别荣获2014年“中华技能大奖”和2015年全国科技进步二等奖，5名职工分别荣获山东省第一届、第二届十大“齐鲁金牌职工”称号。

（二）企业经营管理水平显著改善

2015 年，山东电力利润总额位列国家电网公司第 2 位，经济增加值（EVA）位列第 1 位，售电量 3027 亿千瓦时，位列第 3 位，领军人才 87 人，位列国家电网公司第 2 位，优秀专家人才及后备 281 人，位列第 1 位。安全、运检、调控指标均并列国网公司第 1 位，安全指标同比提高 4 个位次，质量事件评价指数同比提高 1.9 个百分点，输电、变电精益化管理指数分别提高 17.82%、2.66%。供电服务质量大幅提升，客户满意度不断增长，百万客户投诉量系统最低，抢修效率较年初提升 39.5%，累计开展不停电作业 9.6 万次，多供电量 2.6 亿千瓦时，非计划停电同比下降 62.5%。

（三）班组建设得到社会普遍认可

“四大体系”的构建与实施先后荣获“山东省管理创新一等奖”“国家电网公司管理创新一等奖”“全国电力行业管理创新一等奖”。2015 年 2 月，通过中电联组织的专家鉴定，给予“设计理念先进，创新性和实用性强，总体达到国际领先水平”高度评价。2015 年 8 月，在全国总工会举办的优秀班组长交流会上发言，得到全总领导的充分肯定。

（成果创造人：杜　军、刘玉树、宋士锋、张　平、赵树生、
郤淑杰、王均欣、姜志强、杨　军、闫　斌）

军工企业以质量、成本、进度综合管理为牵引的项目经理人才队伍建设

中国电子科技集团公司第三十八研究所

中国电子科技集团公司第三十八研究所（以下简称38所）是我国军、民用雷达研制生产的重要基地，在新技术、新装备的研制中始终保持行业领先地位，研制了一型气球载雷达系统，提供了我国第四代防空预警网体系解决方案，共取得1500多项科研成果，国家级、省部级科技进步奖150余项。

一、军工企业以质量、成本、进度综合管理为牵引的项目经理人才队伍建设背景

（一）符合我国国防建设的需求

国防军工项目研制的成败直接决定了国防战斗力的发展速度和水平，因此，项目质量、成本、进度（简称QCD）全方位目标的实现成为国防军工项目生命力的关键。

（二）满足企业发展对项目经理的需要

新业务领域的开拓意味着项目管理方式必须向跨单位、跨行业的多维度管理方式转变。项目数量增多、规模增大、管理要求提高、难度加大等一系列问题都向项目经理的QCD管理能力提出了更高的挑战。

（三）现有项目经理队伍滞后发展需求

一方面，企业价值观体系中对项目经理工作存在偏见，权责混乱，长期强职能的项目组织形式导致项目经理调配项目团队成员的难度大；另一方面，由于企业没有建立项目管理信息系统，所有任务执行和跟踪只能依靠项目经理手动维护和电话跟催。对比收获和付出，项目经理岗位的吸引力弱，优秀人才不愿意担任项目经理，人才困乏，形势严峻。

二、军工企业以质量、成本、进度综合管理为牵引的项目经理人才队伍建设内涵和主要做法

为了满足国防建设和企业发展对项目管理和项目经理的新要求，38所将外部对项目经理的需求与员工个人发展的切身利益联系起来，以培养QCD全面负责的项目经理为核心，以人力资源管理的规范脉络为主体，建立了职业发展通道设计为起点，包含项目经理甄选－培训－任职资格管理－薪酬绩效管理，并辅以项目管理环境建设的培养体系。每个环节基本以“零基础”为起点，面对各种挑战和难点，紧扣项目QCD管理，抓住体系的根本目的和根本驱动力，完成了从无到有的建设。最终38所培养了一批对项目QCD综合管理负责的项目经理人才，提升了企业项目管理的水平和竞争力，支撑了企业的业务转型和高速发展。主要做法如下：

（一）确定总体框架和工作组织

1. 确定总体框架

以QCD综合管理为牵引的项目经理人才培养主要立足三个基本思想：一是培养胜任QCD综合管理项目经理人才；二是与员工个人发展强相关；三是与业界最佳实践相对标。以QCD综合管理为牵引的项目经理人才培养体系以人力资源管理中“职位设计－甄选－培训－任职资格－绩效－薪酬”规范脉络为主体，包含核心层和支撑层两个层面。核心层为建设主体，支撑层定位为辅助和提升核心层效果。核心层中，为了突出与员工个人发展和价值相联系，构建体系的根本动力，首先明确职业发展的道路，并以发展通道为基础，开展人才的选拔和培训，继而以“评聘分离”为管理思路依次实施任职资格管理和绩效薪酬管理，每个环节的设置紧扣项目经理的QCD管理能力和项目QCD结果；支撑层主要是进行项目管理环境优化，减少不必要的工作阻力。

2. 成立工作组织

成立两级工作团队，第一级是项目经理认证委员会，由所级领导和来自业务领域、专业技术、市场、运作交付平台等核心部门的负责人构成。设置一名项目主任委员，由所级领导担任，全权负责项目经理（认证）工作，职责主要包括决策年度工作计划和重大工作方向调整、组成面试小组评审项目经理和审批项目经理任职资格；第二级是认证工作组，由企业内负责人力资源、科研管理和管理研究三个部门的部门主任和专职人员共同组成，主要负责拟定、上报并执行年度工作计划，重点开展项目经理培训、认证、聘用、数据库更新和项目经理管理制度优化等工作。

（二）开辟项目经理专属道路

1. 职业序列设计的基本原则

激发自主性原则：为吸引人才主动转型，项目经理职业通道与38所原有工程师职称体系看齐，建立与工程师职业通道“等结构”的职业发展道路。

市场化原则：借鉴IBM、IPMA、PMI等企业成熟的项目经理序列设置和基本要求，保证38所项目经理的水平与业界持平。

清零原则：将所有人的项目经理级别默认为清零状态，任何人进入项目经理序列，都需要从最低级别的项目经理开始申请。

2. 建立四级项目经理职业序列

设置助理项目经理－中级项目经理－高级项目经理－资深项目经理四个职业层级，层级之间的晋升依据业务需要、项目管理经验年限，项目经理培训和通过能力认证。晋升速率参照企业内项目的平均周期和工程师职称的晋升速率，平均晋升速率在3.25年，层别越高，晋升的时间越长。

（三）制订“长板凳”人才储备计划

1. 潜在项目经理队伍的QCD能力分析

潜在项目经理队伍分为四类：中层管理者、总设计师、计划经理和其他项目团队成员。

中层管理者：技术管理能力较强，加上其在部门管理中会涉及部门多项目进度管控及部门预算的管理，总体QCD欠缺程度较低。

总设计师：技术（质量）管理能力强，按照财务管理要求承担较少的编制预算的工作，计划管理主要依赖计划经理，在项目团队中已有一定的非职务影响力，是项目经理梯队中的中坚力量。

计划经理：具备一定的技术基础，具备较好的项目计划管理和财务管理经验。虽然技术线有短板，但是在管理过程中，积累了丰富的沟通、协调技巧。计划经理可以作为技术难度低项目的项目经理中坚力量。

其他项目团队成员：熟悉项目管理团队工作的基本模式，具备一定的计划、技术等方面的管理能力，是项目经理梯队中的后备力量。

2. 设定“长板凳”人才储备计划

人才储备分为三个梯队，能力短缺程度最低的中层管理者作为第一梯队，发挥示范和带动作用。能力短缺程度适中的总师和计划经理团队作为第二梯队，完成培养后，直接成为项目经理的骨干人才。其他项目团队成员作为第三梯队，主要作为项目经理的人才备选，在项目中支撑项目经理的工作。

（四）建设“知识－经验－实战”三层培训体系

1. 知识层：课程培训

课程培训侧重对项目管理知识的学习，以“立足军工特色、对标国际一流”为原则，引入IBM原班培训团队，开发了“初－中－高”三级课程体系。采用在职培训模式，每期课程培训采用分小组形式，将学员分为6个小组，培训讲师以小组为单元组织研讨，并采用小组竞赛形式布置测试任务，激发学员的学习热情和兴趣。38 所实践出一套兼顾军工企业特征和先进理念的授课方法，形成综合“知识讲座＋案例研究＋角色扮演＋沙盘演练”等多重形式组合的课程体系。

2. 经验层：项目经理社区

项目经理社区是一项针对项目管理经验的交流活动，通过分享项目管理心得和经验，进行“思维碰撞”，提高参与者的项目管理水平。每期活动确定某一项目管理主题，由一位分享嘉宾先做现场分享，现场参与的项目经理在分享结束后做研讨。活动选择“沙龙”形式开展，强调志趣相投、无拘无束发言的交流氛围，社区活动在布置和组织时突出“一视平等”，鼓励项目经理真实表达自身的困惑和经验心得，让参与者能够提炼自己的经验，并学习他人的经验。主题设计是项目经理社区的核心，以 QCD 为纲，以项目管理面临的突出问题为切入点，定期调研项目经理普遍关心的问题和所内项目管理突出短板，并选择问题对应部门的部门主任或在解决这些问题富有经验的项目经理做分享嘉宾。目前项目经理社区设计并举办的主题包括《项目经理能力与项目管理机制》《项目管理中的经验体会》《沟通管理之“制订沟通计划”》《项目经理如何对项目成员进行 PA 评价》《财务，你要知道的那些事》《服务项目，为所把关的采购管理》《WBS 与进度计划》《项目质量管理》《以浮空器为案例的项目风险管理》《军工预研项目的申请和管理》《以 XX 项目为例的 WBS 分享》。

3. 实战层：试点项目辅导

38 所高薪聘用原 IBM 从事过技术类产品开发的项目管理专家，由专家每双周辅导项目组的项目例会。试点项目辅导以项目阶段和项目经理的管理需求为基础，首先由项目经理正常召开项目例会，专家不做发言。项目例会结束后，专家评价项目的问题和风险，解答项目经理的疑问，做专项项目管理培训和布置项目管理任务。接受过专家辅导的项目经理的项目管理能力提升迅速，大多成了部门的骨干，并发挥示范作用，带动了身边一批项目经理的成长。

为了提升辅导效果，辅导内容采用“先固化再个性化”的设计思路，制定《试点项目管理办法》，要求项目经理按照标准规范的流程方法开展项目工作，同时，专家定期培训规范的项目经理工具方法，统一辅导语言和框架，避免辅导资源浪费在没有价值的沟通上；结合项目经理的个性化问题、项目所处的阶段和存在的实际问题迭代更新项目辅导的内容。内容涉及召开项目启动会和例会、编写和跟踪项目计划、项目风险管理、项目干系人管理等。

（四）建立以 QCD 为核心的任职管理把控上岗质量

1. 建立贯彻 QCD 管理全要素的任职资格评价系统

一是编订以能力模型为基础的评审标准。认证评审标准重点解决“以什么标准评审”，38 所主要围绕着国防建设和企业发展战略需求，建立以人才能力模型为基础的评审标准。项目经理能力模型包含四种能力：实现商业成功的能力、管理大型复杂项目/项目组合的能力、建构项目管理体系的能力和培育项目管理人才的能力。四种能力的评审以项目 QCD 管理的思维、结果和过程为基础，项目经理的级别越高对各项能力的要求越高。在能力模型基础上，对不同级别项目经理的能力的基本要求做出了规定，如表 1 所示。

二是设计“两维四类”评审标的物。38 所结合认证标准和企业项目管理业务实际，借鉴 IPMA、IBM 等国际项目经理认证材料的设计，强调“证据多面观”，兼具主观陈述和客观数据、项目过程数据和项目结果数据两个维度，共包括四类标的物：申请自述材料、项目管理过程文档、项目管理绩效数据、现场答辩。

申请自述文件：体现为《项目经理认证申请书》，主要包含工作、项目、项目管理培训和项目简历，并附加一份《项目专项报告》，详细阐述认证申请人管理的某个项目的 QCD 情况、项目管理全过程和申请人的贡献。

表 1　项目经理能力认证标准

能力类别	助理项目经理	中级项目经理	高级项目经理	资深项目经理
实现商业价值能力	能够识别客户需求	能够识别客户的期望与要求，准确把握客户的需求和变化趋势，满足客户需求	根据对客户需求深入的了解和理解，挖掘商业机会，能够在客户那里滚动开拓出新项目，并识别出项目与企业战略的关系	从整体上和战略角度考虑如何进行项目管理与组织规划，主动探索项目的商业价值，促进预研—型号—批产的转化，实现业务目标
项目管理能力	掌握所有项目管理能力要素的知识，能够将项目管理能力付诸实践	有能力管理非复杂程度的项目和/或管理一个复杂项目的子项目，涉及所有项目管理要素	能够管理大型复杂项目，并作为大型项目管理团队的项目经理，承担总体管理角色	能够管理所级/部门重大的项目组合，或者和管理多个重要的大型项目，将项目实施与企业战略结合在一起，进行多个项目或项目群投资的选择、管理和优化
体系优化能力	严格遵守所内项目管理流程，使用所内项目管理方法和工具	实践和推广所内项目管理流程、方法和工具	推动和支持所里实施项目管理流程、技术、工具方法等方面的优化改进	制定项目管理流程、技术、工具方法
项目管理人才培育	/	/	（1）支持所级项目管理分享平台和知识库建设，在部门内部或所级平台分享项目管理知识经验 （2）作为导师，指导新人项目管理工作	（1）组织项目管理知识平台和知识库建设，开发出项目管理课件，并在所级平台分享 （2）开发项目管理人员，培训项目经理

项目管理过程数据：要求申请人提供《项目专项报告》中所描述项目的过程评审报告（Q）、项目的 WBS（D）、财务计划和跟踪表（C）、项目风险管理文档和项目经验教训总结。

项目管理绩效数据：项目的绩效评价，源于项目管理办公室对项目的绩效评价得分。

现场答辩：由评审人在面试环节中从项目管理意愿、理念和思维，结合申请人提供的前三种资料进行提问，根据认证申请人的回答进行判断。

三是建立“三审核一反馈”的评价流程。认证评审主要包含材料审核、材料评审、认证委员会面试评审和认证反馈四个主要环节。

材料审核：对认证申请人提交资料的初步甄别和评价。由认证工作组对申请人的书面材料的真实性、规范性进行审核，出具初步审核意见，供认证委员会材料评审时参考。

材料评审：认证委员会对所有通过材料审核的资料进行书面评审，包含两种评审分流方式，其中材料审核合格的助理项目经理资质申请人直接获得认证资质；材料审核合格的中级/高级/资深项目经理资质申请人，进入面试评审。

面试评审：是认证评审的关键，采取“合议制”评审，由认证委员会成员组成面试小组，为了对认证申请人的项目管理能力充分讨论，评审采取“合议制”，每位面试官将在认证申请人离场后分别阐述自己的意见和理由，依次发言后，主面试官组织结论的研讨。

认证反馈：认证工作组汇总评审意见反馈给认证申请人，帮助认证申请人了解获得或未获得资质的原因和后期改进的方向，进一步提高项目管理水平。

2. 引入职业资格淘汰管理

项目经理职级设置打破终身制，实施“能上能下”原则。制度规定各级项目经理每3年需重新认证一次，逾期不申请认证的自动降一级处理，6年内连续2次不申请重新认证的将取消其项目经理任职资格。重新认证申请者提交认证申请后，评审组织根据3年内申请人的项目管理经历、工作绩效和所在部门主管的推荐等情况决策是否继续保持其相应的项目经理资质。

3. 设定职业资格与项目的等级对应关系

制定《项目优先级管理办法》，将项目按照一定的评判标准划分为从高到低A、B、C、D、E五个等级。并在此基础上，采用“分级聘用”制度，规定项目经理等级与项目等级的最低限度任命对应关系，项目经理级别越高，其能够承担的项目等级越高，高级别项目经理可以管理低级别项目，做向下覆盖，保证了项目与项目经理能力的匹配。

（五）设计与QCD管理水平相挂钩的绩效薪酬体系

1. 建立以QCD为主体的项目经理绩效评价体系

第一步，确立以QCD为核心的项目评价：项目评价由项目管理办公室组织，各领域领导确认。评价采取“打分制”，参照以QCD管理结果和过程为核心，其中项目整体情况占总分的20%，QCD完成结果评价占总分的40%，QCD完成过程的考核占比15%。

第二步，设置与项目考评紧密关联的项目经理绩效考评：项目经理的年度绩效由其绩效经理考评。第一步项目绩效评价结果是个人年度绩效评价的主要输入，项目经理当年度所有项目的评估得分反馈给负责考评的绩效经理后，由绩效经理确定最终绩效评价结果，这种绩效考评设置方式保证了项目经理的绩效与项目的QCD考评的紧密联系。

2. 设计项目经理的“硬”薪酬和“软”薪酬

38所从薪资和发展机遇两个角度设置项目经理的薪酬待遇，将项目经理的薪酬待遇与项目管理结果直接挂钩。

一是项目经理的“硬”薪酬——薪资。为了激励优秀人才选择项目经理职业发展道路，38所首先明确了员工薪酬待遇与项目的关系，即硬薪酬设计，主要采用了“项目经理等级与职称序列挂钩”“以项目评价为核心的绩效工资”“岗位分红”三种薪酬激励方式。将项目经理职业序列与工程师职称系列基本工资相挂钩，与选择工程师职称序列享受同样的薪酬待遇，确定了员工选择项目经理道路的基本保障。

绩效经理根据项目经理当年所有项目的项目绩效值确定年度绩效值，并进一步根据评估值确定绩效工资，确保了高绩效工资的前提是高项目评价，将项目经理的年度绩效与项目的数量和QCD的结果密切关联。38所编制了《基于IPD的岗位分红权激励试点方案》，规定在项目结束时按照岗位价值越大、分配系数就越高的原则，从项目利润抽取1%分配给项目核心团队成员（项目经理、总师、分系统负责人等）。项目中各类人员根据项目中的岗位贡献度的设置参数区间，为了肯定项目经理的工作价值，其参数区间上限高于其他团队成员。

二是项目经理的“软”薪酬——发展机遇。项目经理的软薪酬主要体现在执行“分级聘用”制度后，随着项目经理级别的提升，其能够承担的项目等级越高，管理项目的重要性和价值越大，对组织做出的贡献显著，晋升的机会更多，而且这种晋升机遇的显性化随着项目经理的等级越高越突出。

（六）优化项目管理环境

1. 项目管理组织环境优化

一是建设项目管理信息系统助推项目经理工作效率提升：借助信息化手段减轻项目经理工作量，将专业的项目管理理论和组织的管理制度相结合，设定项目立项、计划编制、项目预算、计划回报确认、项目风险、项目问题、项目变更、项目结束等8大流程，在提升项目经理管理工作效率的同时，以实际操作方式提升项目经理的项目管理技能，达到学以致用的实战效果；二是年度评优评先中设立优秀项目经理的奖项，牵动组织价值观转变：荣誉奖项的设置从精神层面激励项目经理，提升项目经理岗位在组织内的认可度和影响力，推广企业重视项目管理的价值理念。

2. 项目管理团队环境优化

一是增加项目经理对项目团队成员的项目绩效考核权限，编制《IPD项目经理及项目团队成员的项目绩效评估管理办法》，将项目绩效考核结果和项目经理对团队成员的评价直接与团队成员的个人绩效及项目分红挂钩，提升项目经理在团队中以及与职能部门管理者直接对话的话语权；二是高等级项目增设项目经理助理角色。项目经理助理主要辅助项目经理开展项目工作，在保证项目顺利开展的同时，一方面降低首次担任项目经理的心理压力；另一方面帮助项目经理尽快熟悉项目经理工作，加快向项目经理角色的转变。

三、军工企业以质量、成本、进度综合管理为牵引的项目经理人才队伍建设效果

（一）项目经理数量、职业意愿和能力大幅提升

自开展项目经理认证以来，共有337认证的项目经理被任命从事项目管理工作。项目经理薪酬待遇的明确和工作环境的改善也带动了所内一批优秀人才凝聚在项目经理的职业通道下，在5年时间内，共约400人提交了项目经理申请，企业内项目经理的职业意愿逐渐提升。与此同时，项目经理的能力素质不断提高，在282位助理项目经理的基础上，培养49位中级项目经理和6位高级项目经理，认证项目经理参加国际项目经理资质考试IPMP和PMP的一次性通过率达86%，一部分项目经理通过竞聘走向了中层管理岗位。

（二）助推业务模式转型，效益显著

项目经理人才队伍的培养和配套制度的执行支撑38所建立起并逐渐提升的以IPD为核心的业务管理模式系，截至2015年年末，38所的IPD成熟度评估2.3分，实现了从试点级到功能级的跨越，业务管理水平大幅提升。本项目在企业“十二五”期间的收益中总计贡献了5542万元，年平均效益1108万元。支撑企业业务收入从35亿元增长至102亿元，年均超30%的增长。

（三）支撑国防建设需要，取得了众多关键产品和技术突破

38所已基本形成覆盖从地面到星载，从总体设计到外场联试，从元器件到系统整机的多平台、全流程、各层次的预警探测雷达和浮空平台两大核心能力体系。38所在以数字阵列技术为代表的雷达技术处于国际领先水平，在浮空平台技术方面，技术同样处于国际领先水平，为国防战斗力的提升贡献了重要力量。

（成果创造人：吴剑旗、胡国良、姜　恒、王　茜、周　英、王竞宇、胡友红、王新鸣、刘　兵、王　博、孔　元、唐晓璐）

建筑施工企业以提升施工能力为目标的蓝领队伍建设

中铁五局集团第四工程有限责任公司

中铁五局集团第四工程有限责任公司（以下简称中铁五局四公司）创建于 1964 年，是中国中铁股份有限公司旗下的综合性施工企业，具有铁路、公路、市政公用工程施工总承包一级，桥梁、隧道、公路路基工程专业承包一级资质，以隧道、桥梁，特别是高瓦斯隧道和长大隧道施工见长，同时具备路基土石方、轨道工程、市政工程等综合施工能力，现有员工 2545 人，总资产 28.3 亿元，2015 年完成施工产值 37.2 亿元。

一、建筑施工企业以提升施工能力为目标的蓝领队伍建设背景

（一）建筑施工企业提升施工能力的需要

由于建筑业属于劳动密集型行业，企业施工能力必须以现场技能和管理型人员做支撑和保证，因此，蓝领队伍建设是施工企业提升施工能力、推进产业转型升级的重要基础。

（二）满足国家和行业规范管理的需要

住房城乡建设部要求建筑施工企业落实蓝领队伍培育，构建建筑产业工人队伍的长效机制，促进建筑业健康发展。因此，施工企业只有通过培育和建设蓝领队伍，才能有效解决施工生产作业和现场管理薄弱的问题，满足国家和行业规范管理的要求。

（三）技能工人规划职业生涯、实现自身价值的需要

进入 21 世纪，技能工人群体在就业观念上发生转变，得到应有的权益保障和充分的价值认可是新生代技能工人的内在需求。因此，规范和加强施工企业蓝领队伍建设，构建企业与技能工人和谐稳定的关系，为技能工人创造良好的成长平台，是建筑施工行业技能工人自身成长和发展的需要。

二、建筑施工企业以提升施工能力为目标的蓝领队伍建设内涵和主要做法

中铁五局四公司适应国家政策、行业管理和企业转型升级要求，创新性地以多种方式和手段开展打造职业化蓝领队伍的探索实践。通过系统规划蓝领队伍建设，建立分类分级标准和薪酬分配机制，注重蓝领队伍的晋升成长；与主导成立的劳务公司开展深度合作；搭建职业院校、劳务公司和自有作业组织三个平台，规范蓝领队伍的订单式培养、劳动用工和组织化管理；开展素质提升、信息化建设和“五同”管理，促进蓝领队伍和谐稳定，有效提升企业施工能力，推动企业健康发展。主要做法如下：

（一）制订队伍建设规划，明确工作目标责任

1. 明确目标，制订规划

中铁五局四公司制订企业蓝领队伍建设规划，纳入企业整体发展战略，明确提出以提升企业施工能力和安全质量管控权为目标，加强企业蓝领队伍为骨干的作业层建设。与职业院校合作建立蓝领工人稳定的来源渠道，以企业主导成立的劳务公司和自有作业管控组织为平台，建立蓝领队伍建设标准，以蓝领队伍培训管理、薪酬管理、职业晋升、信息化管理和文化建设为主要举措，通过 3—5 年努力，建设一支满足企业现场管控和作业需要的蓝领队伍，使蓝领队伍人数占公司现场作业人员的 20%以上，总数达到 2000 人（其中职业技能人员占 60%，专业技术人员占 25%，现场管理人员占 15%），从而不断提升企业施工能力。

2. 加强领导，明确责任

中铁五局四公司成立蓝领队伍建设工作领导小组，由总经理和党委书记任组长，其他领导班子成员

任副组长，相关职能部门负责人任组员，为蓝领队伍建设工作提供组织保障。同时明确蓝领队伍建设工作领导小组负责企业蓝领队伍建设工作的总体规划、部署及重大事项的研究和决策；劳务管理职能部门作为主责部门，具体负责蓝领队伍建设规划及相关工作的组织实施和检查督导；各项目部、专业化分公司和作业队作为蓝领队伍使用和管理的主责单位，负责贯彻执行企业有关文件精神和要求，落实对蓝领队伍的现场管理责任。

（二）建立分类分级管理机制，满足蓝领工人职业成长需求

1. 深入调研，制订蓝领队伍分类分级管理办法

一是分类管理。中铁五局四公司按专业及特长将蓝领工人分为现场管理、专业技术、职业技能三种类型。现场管理类是具有较强技能水平和管理经验、从事现场作业管理的人员，如施工员、班组长；专业技术类是具有一定专业技术水平、从事专业技术工作的人员，如工程测量员、工程试验员；职业技能类是具有一定职业技能水平、从事技能作业的人员，如钢筋工、混凝土工、电工、焊工、设备操作司机等。二是分级管理。根据工作年限和技能水平将蓝领工人分为7级，从职业院校进入企业初始等级为一级，工作年限每增加一年，即拥有晋升上一级的资格，如能够晋升五级的蓝领工人，必须在企业服务五年以上。同时制订蓝领工人技能考评管理办法，对蓝领工人的技能水平设立评定标准。每年由专业作业队、专业化分公司负责对蓝领工人分专业进行统一技能水平考评，通过理论知识水平和现场实操能力两部分考核，对蓝领工人技能进行评定。企业结合工作年限资格和技能水平，对蓝领工人的等级进行最终评定，以正式文件下发至各单位，作为蓝领工人岗位设置和薪酬分配的依据。

2. 遵循市场与注重实际相结合，建立薪酬分配体系

蓝领工人薪酬由岗位工资、等级工资和绩效工资三部分组成。岗位工资标准与市场接轨，根据技术含量和工作强度，不同的岗位工资标准高低不同。等级工资根据技能等级和对企业的服务年限设立，分1—7级，新进人员统一为1级，等级越高工资越高，3级工资标准与企业自有现场管理人员工资水平相当。绩效工资是以蓝领工人工作业绩为基础支付的工资，根据蓝领工人每月的工作效率、完成质量数量考核确定，其标准不同于等级工资，可以上下浮动。对从事钢结构产品加工、混凝土生产运输、土石方运输等现场加工生产作业的蓝领工人，执行计件考核工资制，每月按照其所完成的产品数量或作业量计算绩效工资，多劳多得。对从事工程测量、工程试验等技术服务型现场作业的蓝领工人，每月对其服务效率、工作质量进行考核，以确定绩效工资的高低。

3. 建立多渠道晋升机制，促进蓝领工人成长发展

一是职业技能类向现场管理类晋升。取得高级工及以上职业资格、在本企业工作满2年，且具备相应作业管理能力的职业技能类蓝领工人，经本人申请，由所在专业化分公司、专业作业队推荐，报企业劳务资源部、人力资源部审批同意后，晋升为现场管理类蓝领工人，聘任为施工员、班组长等，并赋予班组长组织现场施工、组织作业安全质量教育培训和班组人员使用建议权、班组人员薪酬分配建议权等权限，并与之签订《安全质量责任书》《安全质量承诺书》等。二是专业技术职称晋升。在施工企业从事本专业工作满一定年限，且满足相应学历及其他有关条件的专业技术型蓝领工人，由企业人力资源部牵头组织职称评定，评定通过的，享受企业相关政策待遇。三是职业技能等级晋升。在施工企业同一专业（工种）工作满2年，且满足其他有关条件的，由企业委托国家认可的机构组织职业技能鉴定，鉴定通过的，享受企业相关政策待遇。四是身份关系晋升。劳务公司招录的蓝领工人，在施工企业工作满2年、专业技能或管理能力突出，并在本职工作岗位上做出较大贡献的，经本人申请，由所在专业化分公司、专业作业队推荐，经考核通过后，转录为中铁五局四公司员工。

（三）与劳务公司深度合作，规范蓝领队伍建设管理

1. 主导成立劳务公司

中铁五局四公司在正式员工中选择有意向且具备相应管理能力和水平的人员，辞去在企业担任的职务后，由其发起并出资成立股份制劳务公司，依照有关法律法规办理工商登记，成为能够承担法律和经济责任的独立法人，申报并取得相应的资质。

劳务公司主要通过两个方面获取经济收入：一是对以整建制形式输送到中铁五局四公司进行劳务分包的蓝领队伍，每年向其收取一定标准的管理费用；二是对不易分包或服务性、替代性、辅助性岗位输送的蓝领工人，由中铁五局四公司负责按照有关规定承担其薪酬费用，并按每人每月 50 元的标准向劳务公司支付费用。

2. 建立战略合作关系

中铁五局四公司与劳务公司签订长期战略协议，组成“以服务主体企业为宗旨，以经济合同关系为纽带，以劳务分包为主要形式，以长期密切合作为保证”的战略联盟。

为厘清责任、规范管理，中铁五局四公司与劳务公司合理划分蓝领队伍的建设和管理职能。中铁五局四公司侧重对蓝领队伍进行组织管理，如拟定需求计划、分级考评、职业晋升等；劳务公司侧重对蓝领队伍进行人事管理，如招录引进、分类管理、薪酬分配、社保管理等。劳务公司根据需要，将蓝领工人以班组或个体的方式输送到中铁五局四公司的专业作业队和专业化分公司站点，从事现场专业作业或带班管理。

一般有三种输送方式：一是劳务分包，劳务公司将相关专业的蓝领工人组合成施工型团队，以整建制队伍的形式输送到项目，与项目部签订劳务分包合同，承担工程施工劳务作业，如隧道开挖、支护、衬砌作业，桥梁桩基础、承台、墩身作业，钢结构产品集中加工生产等。二是劳务承揽，劳务公司将零散劳务人员按专业技能组合，以作业班组的形式输送到专业化分公司，与专业化分公司签订劳务费承包合同，承担专业技能性作业，这些岗位一般有一定专业性要求、工作性质相对复杂不易承包，如测绘分公司的现场测量放样、试验分公司的工地试验、机电分公司的机械设备操作、混凝土分公司的混凝土搅拌机操作、专业作业队的施工员、班组长等岗位。三是劳务派遣，劳务公司按照项目需要的服务性、辅助性、替代性临时用工派往项目，一般从事施工现场的保洁、门卫、工地看守、厨师等后勤服务工作。

3. 强化企业组织管理

一是在企业层面成立劳务资源部，下设业务管理室、人事管理室，作为企业蓝领队伍建设管理主责部门，代表企业对蓝领队伍进行全过程组织管理，主要履行计划审批、信息化管理、组织协调等职能。二是在项目部、专业化分公司和专业作业队配备劳务管理员，主要负责蓝领工人的现场实名制管理和“五同”管理。三是在项目设立党群协理员，负责蓝领工人的宣传教育、沟通协调，起到及时化解矛盾、传递需求的作用，促进蓝领队伍的稳定。

（四）搭建多方结合平台，加强蓝领队伍科学管理

1. 以职业院校开展校企合作，定制培养蓝领工人

自 2011 年以来，中铁五局四公司先后与贵阳铁路高级技工学校、韶关第二高级技师学院、武汉铁路职业技术学院、郑州职业技术学院等多家职业院校建立战略合作关系，签订校企合作协议，对企业所需的蓝领工人进行订单式培养。中铁五局四公司通过分析现有人才数量和结构，并根据生产规模及项目施工作业管理需要，制订蓝领工人需求计划，提供给合作职业院校，职业院校根据企业的需求计划，组织实施人才培养，按照施工行业最新作业标准分专业、工种对教学内容调整优化，同时把施工企业作为学生实习基地，实现学生专业技能与企业需要有效衔接。

2. 以劳务公司为主平台，建立依法合规劳动关系

对职业院校订单培养的毕业生，由中铁五局四公司会同劳务公司组织联合招录，经面试和笔试合格后录用。为规范劳动关系，由劳务公司与招录的蓝领工人签订劳动合同，并在劳动合同中对重要事项做明确约定。合同类型和期限上，一律与蓝领工人签订固定期限劳动合同；工作内容上，明确蓝领工人在工程项目施工现场从事专业作业或带班管理；工作时间和休息休假上，约定由劳务公司负责协调保障蓝领工人的法定休息休假权；劳动报酬上，蓝领工人享有同工同酬的权利；社保福利上，合同期内由劳务公司依法为蓝领工人办理相关社会保险；劳动保护上，劳务公司按国家有关劳动保护规定，提供符合国家劳动卫生标准的作业场所，发放必要的劳动保护用品，并定期免费组织体检，保护蓝领工人在生产工作中的安全和健康。对蓝领工人患职业病、因工负伤或者因工死亡的，按《工伤保险条例》有关规定办理。

3. 以自有作业组织为抓手，实现对蓝领队伍直接管理

一是组建专业作业队。专业作业队是由中铁五局四公司按照专业化、全覆盖、常建制的原则组建、负责现场管理的一级常态化组织，在项目以内部承包方式对现场作业安全、质量、工期、成本进行直接管理。专业化就是专业作业队按桥梁、隧道、路基等工程专业类别设置；全覆盖就是专业作业队要全面覆盖所有项目的施工生产；常建制就是专业作业队在公司的组织建制保持相对固定，管理实现常态化。二是组建专业化分公司。专业化分公司是由中铁五局四公司按照集中管理、专业发展、实体经营的原则规划和组建的、负责专业作业及要素管理的一级组织，在项目以内部承包方式提供专业化管理服务。集中管理就是将人员、设备等生产要素归集到专业化分公司；专业发展就是专业化分公司集中精力发展一个专业方向；实体经营就是将专业化分公司作为独立核算的生产经营主体。目前，中铁五局四公司共有隧道、桥梁、路基土石方等专业作业队 30 支，共成立测绘、试验、混凝土、机械租赁施工、土石方施工、钢结构等 6 个专业化分公司。三是作业组织在项目负责蓝领队伍的使用管理。将公司层面建设的作业组织派往项目，构建为项目部的一级现场管理组织，负责项目的劳务作业及现场管控，并负责对劳务公司输送的蓝领工人在施工现场的作业、生活等日常管理。

（五）多种方式推动蓝领队伍与企业和谐发展

1. 灵活方式开展培训，不断提升技能水平

制定《蓝领工人技能培训实施办法》，建立系统健全的蓝领队伍培训管理体系，对技能培训的目的、组织机构、培训内容、要求及监督考核等做出明确规定。培训类型上，注重岗前培训，首次进入施工现场的蓝领工人，必须经过专门培训并经考核合格后才能上岗作业，培训内容主要包括相关行业政策法规、企业文化及规章制度、岗位安全操作规程、专业技能知识等。注重经常性培训，通过班前讲话、交底培训、现场演示等方式，不断提高操作技能。注重特种作业培训，严格按照有关规定对特种作业人员进行与其工种相适应的安全技术培训，并经安全技术理论考核和实际操作技能考核合格，取得特种作业操作证后，才准许上岗作业。注重专项培训，对于“四新技术”或重点关键工序作业人员实施专项培训。培训方式上，注重计划性，对蓝领工人进行系统培训前，事先进行周密计划和准备，包括确定培训目标、培训导师和参训对象、培训内容及课件、培训时间安排等。注重针对性，按照“干什么、学什么，缺什么、补什么”的原则，培训内容充分结合作业岗位特点和蓝领工人的专业技能水平实际，做到因需施教，因材施教。注重实效性，从事现场作业的蓝领工人重点培训实作知识和技巧，在培训内容通俗易懂的基础上，做到理论知识与岗位实践的充分结合，让受训者学以致用，确保培训取得实效。

2. 加强信息化管理，实现对蓝领队伍的精准服务

建立两类终端、六大模块，将蓝领工人资源共享、引进审批、在用人员实名制管理和清退管理等功能集成于一体。通过开发电脑 WEB 和手机 App 两类客户端，有效满足企业移动式便捷办公的需要，通

过建立系统用户权限分配管理、资源库信息管理、自定义流程设计与审批、在用人员管理、人员清退管理和数据统计分析六大模块，为企业有效进行蓝领工人信息化管理提供功能支持。

一是设立资源库模块，实现蓝领工人资源的网络共享。中铁五局四公司劳务资源部、人力资源部和专业作业队、专业化分公司通过登陆信息管理平台蓝领工人资源库模块，实现对企业所有蓝领工人身份信息、技能状况及人员动态等信息的即时查询和调取。二是设立引进审批模块，实现蓝领工人引进的网络审批。专业作业队、专业化分公司需要补充蓝领工人时，通过网络信息管理平台发起蓝领工人需求计划，从资源库中选择未在岗蓝领工人建议名单，经企业人力资源部、劳务资源部网络审核和企业分管领导网络审批后，即可由劳务公司派往现场。三是设立在用人员管理模块，实现蓝领工人的实名制动态管理。由专业作业队、专业化分公司对现场蓝领工人进行实名制登记管理，根据实际情况进行及时更新。四是设立人员清退管理模块，实现蓝领工人使用风险防控。在蓝领工人清退时及时办理相关手续，避免劳动纠纷，构建和谐关系，维护队伍稳定。

3. 加强“五同”管理，强化蓝领队伍对企业的文化认同

中铁五局四公司对蓝领工人坚持“人格上尊重、业务上培养、生活上关心、权益上保障、荣誉上分享”，在项目层面，蓝领工人与企业员工同管理、同劳动、同报酬、同学习、同生活。企业党工团组织积极发展蓝领工人入党、入会、入团，党组织对蓝领工人党员实行“六纳入”，把蓝领工人党员纳入基层党支部统一管理，组织蓝领工人党员与企业党员一起上党课、参加党内活动和学习培训，实施“谈心交心工程”，建立“党代表定期走访及通话制度”。企业工会对蓝领工人开展“冬送温暖、夏送清凉、日常送关怀”活动和困难蓝领工人帮困救助，在生活上给予充分关怀和帮扶。在企业组织的评优评先活动中，赋予蓝领工人与企业员工同等机会。对蓝领工人评先评优明确专门比例，评选“年度先进个人”，蓝领工人比例不得低于20%；评选年度劳动模范，蓝领工人的比例不得低于10%。为促进蓝领工人与企业同呼吸、共命运，中铁五局四公司鼓励蓝领工人积极参政议政，为企业发展献计献策。公司每年召开职工代表大会，由基层民主推荐不低于30%的蓝领工人代表参会，组织蓝领工人代表针对企业存在的各类问题，向代表大会提出提案。企业结合蓝领工人专业特点，因地制宜开展各类专业技能比赛，与其他员工同台竞技、展示身手。组织蓝领工人代表企业参加国家、行业及上级组织的高级别技能大赛，鼓励其为企业赢得荣誉。

三、建筑施工企业以提升施工能力为目标的蓝领队伍建设效果

（一）企业施工能力显著增强

一是生产经营规模稳步增长。近五年来，中铁五局四公司施工能力大幅提升，共承揽任务162.7亿元；新签合同额由2011年的19.9亿元增长到2015年的41.5亿元，增长109%；完成营业额从2011年的35.7亿元，增加到2015年37.2亿元，累计完成175.6亿元。二是专业施工能力增强。近年来承建的蒙华、怀邵衡、茶格、贵龙大道等多个项目混凝土拌和站全线第一个验收通过，怀邵衡、蒙华、京张项目钢结构厂全线第一个建设完成；怀邵衡、大岳、贵龙大道等项目率先完成全线第一个桥梁墩身施工，沪昆、杭长、大岳、广中江、贵龙大道等项目率先完成全线第一片梁、第一个隧道贯通。三是安全质量得到提升。近年来企业的安全质量管理平稳可控，没有发生安全质量责任事故，在施工中多次得到业主颁发的质量绿牌，承建的内昆铁路闸上隧道荣获国家优质工程奖，乌鞘岭隧道荣获鲁班奖。

（二）建设了一支满足需要的高效蓝领队伍

中铁五局四公司持续加强蓝领队伍建设，培育一支满足项目管控需要的蓝领队伍。一是数量满足需要。公司共有蓝领工人2279人，占企业现场作业人员总数10693人的21.3%；年龄结构合理，蓝领工人平均年龄35.3岁，其中年龄在35岁及以下的697人，占总人数的30.6%，技能水平等级结构合理；二是专业类别齐全。蓝领工人中共有现场管理类514人，专业技术类357人，职业技能类1408人，涵

盖项目现场作业所需的电工、焊工、架子工、测工、试验工、汽车司机等 40 余个工种。三是关系更加稳定。蓝领工人在企业平均工作年限 6 年，其中工作 5 年及以上的 1064 人，占蓝领工人总数的 46.7%；四是作用发挥突出。蓝领队伍在中铁五局四公司参建的兰新、沪昆、京沈、京张等国家重点高铁项目中起到施工作业主力军作用。在京张高铁新八达岭隧道和八达岭长城站，项目设立 4 个隧道专业作业队和 5 个专业化分公司站点，蓝领工人是施工作业的主力军，项目部进场 1 个月就完成八达岭隧道 2 号斜井所有临建工程，并实现进洞施工。

（三）提升了企业经济效益和社会信誉

一是促进企业提质增效。中铁五局四公司自 2011 年以来，已完工及在建的项目杜绝了责任亏损，取得较好的经济效益，项目毛利率由 2011 年的 5.4%提高到 2015 年的 7.8%。企业实现利润逐年增长，利润总额从 2011 年的 2334.7 万元提高到 2015 年的 4755.2 万元。二是社会信誉有效提升。以蓝领工人为支撑的工程项目专业化、工厂化、机械化在企业得到广泛推广，项目标准化管理水平明显提升，在近年来承建的沪昆、怀邵衡、蒙华、京张等多个铁路项目施工中，业主先后多次组织全路、全线观摩，承担的工程项目先后被中央电视台、新华社等多家新闻媒体专题报道。

（成果创造人：钟勇奇、张习亭、彭小平、秦世祥、龚小标、张顺强、谭海军、熊锦阳）

军工科研院所转型背景下的战略岗位分红权激励管理

中国电子科技集团公司第二十九研究所

中国电子科技集团公司第二十九研究所（以下简称二十九所）隶属于中国电子科技集团公司，是我国最早建立专业从事电子信息技术研究、电子战装备研制与批量生产的骨干研究所。自建所以来，逐步构建了研发创新、核心制造、测试评估、服务保障 4 大科研制造能力体系，形成了 10 个具有国际领先优势的专业领域，电子对抗研制、生产领域长期位于全国前列。2015 年实现产值 81 亿，人均产值近 200 万元。现有职工 4900 余人，平均年龄 35 岁，其中研发人员占比超过 60%，硕士以上学历占比超过 40%。现有中国工程院院士 1 人，有突出贡献的中青年专家 5 人，全国五一劳动奖章获得者 4 人，享受政府津贴专家 41 人。

一、军工科研院所转型背景下的战略岗位分红权激励管理背景

（一）落实国家深化人才体制机制改革的整体要求

中共中央印发了《关于深化人才发展体制机制改革的意见》，明确要求研究制定国有企事业单位人才股权期权激励政策，对不适宜实行股权期权激励的采取其他激励措施。如何创新激励措施，将组织利益与员工利益有效捆绑，持续激发人才活力，成为二十九所发展过程中的关键问题。但作为科研院所，暂不具备条件进行股权期权激励，分红权激励成为当前人才激励的最优选择，同时面向军工企业转制的大趋势，分红权的实施能为股权激励积淀管理基础。

（二）推动科研院所转型发展的迫切需求

面对日益复杂的国家安全形势，迫切需要军工科研院所由交装备向交能力转变。二十九所需要主动转型，从设备所向系统所转变，从传统的产品交付向服务部队战斗力提升转变，肩负起引领国家“电磁空间安全与防卫”产业发展的大任。如何驱动广大员工，尤其是核心骨干员工主动转型、积极创新，成为转型成败的关键要素，分红权激励模式能有效地将组织与个人链接为利益共同体，是推动转型发展的有效抓手之一。

（三）完善激励机制建设的现实需要

面向由事业单位向企业化转制的目标，二十九所的激励机制建设持续向企业化过渡，但对于核心岗位的中长期激励机制相对缺失，如何进一步激发核心骨干员工聚焦战略转型持续贡献，成为激励机制构建过程中必须解决的迫切问题。

二、军工科研院所转型背景下的战略岗位分红权激励管理内涵和主要做法

二十九所在分红权激励相关政策文件的边界约束下，结合自身特色，旨在承接转型发展需求，面向对转型发展影响较大的战略岗位，明确提取部分利润与员工分享，以利益共享机制驱动转型发展的整体思路。建立面向价值创造的激励总额提取模式，构建岗位价值系数、战略系数、业绩考核系数多要素组合的激励分配模型，实施当期支付与延期支付相结合的分配兑现方式，开展面向激励分配文化调整的全员宣传引导工作，完善激励实施的相关保障机制，最终形成了适应二十九所转型发展大背景的战略岗位分红权激励模式，自 2014 年年度开始全面实施，取得了良好的实施效果。主要做法如下：

（一）明确组织发展与员工利益协同的整体思路

以分红权激励为切入点，针对战略关联度高的关键岗位，建立利益共享的中长期激励机制，通过提取部分利润与员工分享，实现员工利益与组织转型发展目标的协同，进一步调动科研管理骨干的积极

性，对内部管理提升、技术持续创新和技术成果转化等起到积极的促进作用。

1. 明确分红权实施基本原则

一是以岗位体系为基础，制定岗位相对价值系数评估模型，识别与转型发展关联度高的岗位，定义为战略岗位，以岗位确定激励分配范围。二是员工利益与组织利益协同，充分认可人才在转型发展中的作用，依据岗位价值与实际贡献，确定员工参与组织收益分配的额度。三是基于外部竞争性和内部公平性，设计有针对性的激励方案，在保障激励效果的同时，兼顾内部收入差距的合理化和规范化。四是激励与约束对等，基于岗位相对价值系数、在岗员工业绩、团队业绩和整体经营情况计算奖励额度，并对不合要求的员工停止分红权激励。

2. 设立管理与监督机构

设立分红权激励实施的管理机构（含激励方案拟定机构）与监督机构，保证激励实施过程的公开、公正。

所长办公会是分红权激励方案的管理机构，主要职责为：审议分红权激励导向、方案及相关调整建议；审批年度分红权激励实施方案，包括激励总额、激励对象和激励对象的分红额度等；听取关于岗位分红权激励方案实施情况报告；审批与分红权方案相配套的规章制度；中国电科集团授权的有关分红权激励方案的其他事宜。

激励执行机构由人力资源部、企业策划部、财务部、技术发展部和纪监审计处的相关人员组成，下设人力资源部为办事机构，负责分红权方案的日常管理事务。方案拟订机构的主要职责为：拟订、修改分红权方案；拟订、修改与分红权方案相配套的规章制度；拟订分红权激励方案实施方案；拟订、修改激励方案提取的激励总额、预计分红额度的调整方式；拟订、修改激励岗位及考核指标的调整方案；向办公会报告分红权方案的执行情况；办理有关分红权激励方案的其他事宜。办理分红权管理机构交办的其他任务。

企业职工代表大会为分红权激励工作实施的监督机构，对分红权激励工作实施情况进行监督。

（二）建立以价值创造为核心的激励总额计提模式

1. 以净利润、净利润增量为提取基数，鼓励不断做大利润增量

二十九所年度激励总额由净利润的一定比例及净利润增量的一定比例组成。其中，从年度净利润中的提取比例，第一年3%、第二年1.5%、第三年开始为零，逐年递减至不提取；从年度净利润增量中的提取比例，取值为年度净利润相较实施前三年平均净利润的增长比例，最高不超过50%。同时，以二十九所年度业绩考核系数为约束，只有中国电子科技集团公司对二十九所的业绩考核符合要求才提取激励总额。

按此提取模式，若年度净利润相较上一年无显著增长，激励总额将大幅降低或无激励；反之，年度净利润增长比例越高，激励总额越高。激励总额与净利润增长比例正相关的提取模式，使员工的分红与净利润增量强关联。

2. 面向业务分类实施二次总额管控，实现不同业务的差异化激励

二十九所在继承发扬传统电子对抗的基础上，不断拓展发展空间，构建“电磁空间安全与防卫”产业，按照以微系统为基础、军民产业并举发展模式，成立军用系统事业部、民用系统事业部、微系统事业部、国际经营事业部和产业链服务事业部五个经营单元，另设集团总部与创新中心，实施集团化运作。分红权激励以经营单元与创新中心为主，针对不同业务进行归类整理，划分为“明星型”业务、“金牛型”业务、“瘦狗型”业务三大类，在整体满足总额提取基础上，实施二次总额管控，采取差异化激励措施，激励“明星型”业务不断做大做强，激励“金牛型”业务不断提升盈利能力，鼓励“瘦狗型”业务逐步转型，协同推进转型发展，如表1所示。

表1 基于业务分类的激励总额提取方式

业务类型	类型定义	激励总额提取方式
明星型（战略型）	二十九所未来发展核心产业，具有重大战略意义，可利用自己的核心竞争优势迅速做大做强	“先分后总”，战略投入期，重点关注战略布局，激励总额原则上不与当期盈利情况挂钩，激励额度按照激励分配模型直接核算至激励对象，所有激励对象激励额度之和即为其业务的激励总额
金牛型（财务型）	具有较强的产业吸引力和竞争力，与二十九所整体的战略方向契合，能为二十九所提供良好的利润流或现金流	“先总后分”，激励总额与当期盈利情况直接挂钩，年度利润赤字不提取激励总额，同时年度分红激励总额不得超过该项业务净利润增量的50%。按照激励分配模型核算激励对象激励额度，若所有激励对象激励额度之和小于激励总额，正常执行激励；若所有激励对象激励额度之和大于激励总额，则按照激励总额同比进行缩减
瘦狗型（收缩退出型）	处于市场的充分竞争环境且竞争力不足，整个行业/产业呈收缩转型趋势（“夕阳”产业），长期以来盈利能力不够，考虑收缩或退出	不纳入分红激励范围

（三）构建多要素组合的激励分配模型

引入岗位价值、战略相关度系数、绩效考核结果等多要素，采取当期支付与延期支付相结合的方式，实现内部公平性与激励有效性的有机结合。激励总额为二十九所分配当年的年度激励总额，在岗位员工特指在激励范围内的激励对象。岗位价值系数：体现二十九所对各类各层岗位的共性要求，根据岗位价值评估确定，不区分业务类型。战略放大系数：体现岗位在不同业务方向承接集团战略的关联度，强化战略导向，距离战略业务方向越近，战略放大系数越高。个人业绩考核系数：体现激励对象在岗位上的实际业绩贡献，包括年度业绩考核与综合业绩考核，有贡献才有分配。

1. 以岗位价值系数定激励范围，定岗不定人

二十九所以岗位管理为基础，开展岗位价值评估，以岗位价值系数（岗位价值评估结果）定激励范围，激励对象定岗不定人，各岗位序列员工均有机会进入战略岗位分配范围，距离战略方向越近、岗位价值越高的序列入围比例越高，实现聚焦重点序列与内部公平性兼顾。

一是制定评估工具。以JobLink岗位价值评估工具为基础，开发适应二十九所特点与发展阶段的岗位价值评估工具。在JobLink工具中，按照业界通用标准，投入价值、过程价值、结果价值分别占总分的30%、30%、40%。结合二十九所实际，作为军工科研院所，员工学历水平整体较高，其中硕士以上学历员工占比超过40%，因此大幅降低投入价值分数占比至15%，重点关注过程价值与提升结果价值导向，分值占比分别提高至35%和50%；在单项评价指标方面，基于二十九所战略转型期的关注点，通用的“影响力”指标转换为“战略影响力”指标，并对各项指标的评价标准进行本地化修订。

二是开展全员岗位价值评估。按照“培训一评价一对标”的基本流程开展岗位价值评估工作。第一步是组建评估专家小组，范围覆盖各序列任职资格专家、人力资源管理者、部门主管、员工代表等共计三十余人，同时引入二十九所外行业专家，专家代表专业性高、覆盖面广、代表性强，通过封闭培训的方式，对各类各层岗位的职责与能力要求、岗位价值评估工具进行充分的研讨交流、达成共识。第二步

是开展价值评价工作，将评估专家划分为若干评价小组，分别进行评价打分，对打分结果进行综合并重点关注其中的差异点。第三步是借助业界的行业数据库，将评价结果与其进行对标，分析差异及其成因，确认评估结果。

三是确定激励对象范围。选取岗位价值系数值为10级以上（各岗位序列专家级以上岗位）的岗位作为基本激励对象，保证各岗位序列员工均有机会进入分配范围，岗位价值越高的序列入围比例越高，聚焦重点序列的同时，兼顾内部公平性。

2. 以战略价值定放大分配系数，落实战略导向

以战略放大系数加强对战略及转型业务的激励，鼓励推动形成“电磁空间安全与防卫”产业建设所需的体系集成、应用服务业务，鼓励推动以平台为核心的组织级能力构建，鼓励推进改革发展和创新业务。为进一步强化激励效果，面向研发平台建设、一大一小、创新与改革发展等转型业务岗位，实施2—3倍的战略放大系数。同时面向三类业务中的激励对象进行聚焦，享受战略放大系数的不得超过该项业务下激励对象总数的20%。

3. 以业绩考核定激励分配，贡献与收益对等

岗位价值系数与战略放大系数确定了激励对象的预期分配情况，员工能否实际获得激励分配，取决于二十九所/业务单元的整体业绩水平以及员工个人的业绩考核结果。

对于当期支付部分，采取二十九所共性要求与业务单元个性要求相结合的方式，当期重点考察是否满足基本业绩条件，年度业绩考核结果排序为后10%、人岗匹配度低的不参与当年分红权激励分配。业务单元个性要求，充分授权用人主体，由业务单元结合自身业务特点自行制定，报备后执行。

对于延期支付部分，体现依据实际共享差异化激励，由二十九所统一制定分配标准，各业务单元自主进行经营周期内员工业绩综合评价，以综合评价结果关联分配系数。

（四）实施关注中长期发展目标的“当期+延期”激励支付方式

1.“当期支付”与当期业绩弱关联，实施战略预支

在当期支付分配过程中，与各业务单元的当期业绩弱关联，实施战略预支，避免业务单元过度关注当期收益，忽略中长期发展。对于各业务单元，在二十九所满足激励总额计提的条件下，全所统筹考虑，正常分配，暂不考虑业务单元当年的经营业绩情况，避免在业绩考核中的短视效应；对于激励范围内的员工，是否能获得当期支付部分与其年度业绩考核结果直接关联。

2.“延期支付”与任期业绩强关联，实施业绩取酬

延期支付部分与业绩进行强关联，以整体经营情况核算激励分配额度，实现中长期经营目标才能获得激励分配。面向“金牛型”业务，总体净利润增长为零的业务单元不参与分配，且分配总额度不超过净利润增量的50%，对于在前两年已经预支的部分纳入总体核算数据；面向“明星型”业务，当前收益可能并不显性，不受50%的上限限制。对于激励范围内的员工，个人分配与综合业绩考核情况强关联，按照考核结果实施0—1.2的分配系数加成。

（五）开展面向分配文化调整的全员宣传引导工作

1. 加强激励导向宣传，避免思维误区

在正式实施激励之前，通过图解、文章、现场座谈等多种方式加强前期的文化引导与宣传铺垫，一是分红权政策的历史沿革及国家政策要求，传递该项激励政策非全员覆盖、差异化激励的刚性要求；二是分红权激励与全体员工的关系，不是简单的“有”与“无”的关系，而是通过实施战略岗位分红权，来激励员工面向未来发展的持续创新与价值贡献，促进营业绩的持续提升，从而惠及全体员工；三是基于“五元薪酬结构”及多要素协同激励全面分解岗位分红权作为中长期激励手段之一的作用和导向，避免员工仅从分红权分配本身出发引起的矛盾和不解。

2. 激励模型全员公开，加强信息透明度

信息不对称的情况最易引起员工的误解与不公平感，将激励分配模型面向全体员工进行公开发布，既能显性化激励导向，又能消除员工的顾虑。在实施过程中，将员工入围条件进行总结归纳，形成三个“同时满足”。第一，需要四威集团整体经营业绩（包括利润率持续增长等）满足行权要求，本业务单元（产品线、分子公司）的贡献持续增长。第二，员工所在岗位及从事的业务工作符合激励导向。第三，在岗员工面向中长期发展持续创新和价值贡献，满足业绩考核要求。通过宣传图解，以通俗、易懂的方式面向全员发布。

3. 分类分层开展工作，推进宣传实施

为保证宣传实施的有效落地，分类分层开展相关工作。一是从二十九所到业务单元，再到基层党支部/团支部，最后到员工，面向全体中层干部、党支部书记开展培训宣贯，组织基层党支部、团支部面向支部成员进行层层宣贯，充分发挥基层支部的引导作用。二是对入围激励范围与暂未入围的员工分类实施针对性引导措施，对于入围激励范围的员工，激励的同时明确工作目标与要求；对于暂未入围的员工，按照员工特点进行系统性分类，制定分类措施，开展针对性辅导、跟踪思想动态、正向引导。

（六）完善激励实施保障机制

1. 构建“能上能下”的岗位例行调整机制，激励范围动态调整

分红权激励范围以岗位为基础进行划定，岗位的动态调整机制成为激励实施的核心保障要素之一。二十九所以岗位结构比例规划为基础，基于任职资格、上岗条件和业绩要求等维度进行综合评估，对标岗位需求与员工能力实施动态岗位管理，员工以成功的业务经历证明与岗位的能力匹配度及发展潜力。每年度例行开展岗位升降调整，实现岗位能上能下。同时面向核心关键岗位推行3年任期制与竞聘上岗制，实现“能者上、庸者下”的岗位例行调整机制，实现了激励范围的动态调整。

2. 分红权激励与工资发放“两条线”，激励效果有效保障

分红权激励与工资发放在激励导向上各有侧重，为避免各业务单元在年度分配过程中，对分红权激励与工资发放进行统筹，二十九所实施分红权激励与工资发放“两条线”。一是从分配方式看，员工的工资由业务单元具体进行核算和发放，分红权激励业务单元提供业绩考核结果，激励额度核算与发放由二十九所统一执行，二者严格区分，互不干扰。二是从分配结果看，执行岗位分红权激励后，在激励范围内的员工平均薪酬并未因获得分红权激励而受到影响。

三、军工科研院所转型背景下的战略岗位分红权激励管理效果

（一）推动转型业务快速发展，提升整体经营水平

分红权激励的实施，实现了员工利益与组织转型发展目标的高度结合，充分激发了骨干员工的活力，推动了转型及战略业务的显著增长。以转型业务中最具代表性的航空机载产品平台业务为例，在人员规模基本不变的情况下实现快速增长，累计实现利润增长超过1个亿，年度复合增长率超过20%。同时，有效带动了整体经营水平的提升，2015年总收入达到81亿元，为中国电子科技集团公司进入世界500强做出了巨大贡献，总收入较2013年增长超过50%，全员劳动生产率增长超过11个百分点，全员劳动生产率水平达到国有企业平均劳动生产率的5倍，远高于社会和国有企业平均水平。

（二）提高骨干员工收入水平，强化高层次人才的吸引与保留

激励实施后，激励范围内员工年度薪酬平均收入增长约15%，对标电子行业薪酬水平，由市场的50分位水平提升至75分位水平。特别是体系集成、平台、技术创新等核心战略岗位，平均收入增长超过20%，达到市场75分位以上水平，激励效果显著，大大提升了对科研、管理和技术骨干员工的吸引与保留作用。2014年年度和2015年年度二十九所博士入职比例分别较上一年提升44%和47%，来自全国排名前十院校的人员比例分别提高19%和33%，高层次人才吸引力提升的同时，员工离职率逐年

降低，2014、2015 年的员工离职率分别为 1.4%和 1%，远低于行业平均水平，且无核心骨干员工离职。

（三）夯实人力资源管理基础，促进管理提升与企业化转型

分红权激励属于收入分配，但不仅仅是收入分配，在于机制创新，在于促改革、促发展、促创新。基于岗位分红权落地实施工作，二十九所破除事业编制身份管理，持续深化岗位管理，建立了适应军工高科技企业的岗位体系及职业发展通道体系，推进全员任职资格认证，搭建了分类分层培训体系、多要素组合的激励体系，同时，完善了以“宽带薪酬”“岗变薪变”为基础的员工薪酬管理，初步实现了员工能进能出、岗位能上能下、收入能增能减，有力地促进了人力资源管理提升，打破了事业单位原有的“大锅饭”分配文化，为事业单位向企业化转制奠定了良好的基础。

（成果创造人：毛嘉艺、向志军、臧维明、王步冉、王关林、余承龙、曹　阳、汪向阳、邹小虎、李　超、杨　英、张魏林）

石油特色企业年金制度的创建与实施

石油人才交流中心

中国石油天然气集团公司是按照现代企业制度运作，实行上下游、内外贸、产销一体化特大型石油石化企业集团，业务涉及石油天然气勘探开发、炼油化工、管道储运、油气炼化产品销售、工程技术服务、机械制造、石油贸易、金融服务等多领域，是跨地区、跨行业、跨国经营的综合性能源公司，所属一级企业140多个，员工100多万人。

一、石油特色企业年金制度的创建与实施背景

（一）推进我国企业职工养老保险制度改革的需要

企业年金是企业职工养老保险制度框架的重要环节，也是提高企业职工养老待遇水平的重要保障措施。企业职工养老保险制度改革后，企业退休人员的基本养老金替代率呈逐年下降趋势，更加突显出企业年金作为养老保险"第二支柱"的重要性。随着我国经济发展进入新常态，人口老龄化挑战日益严峻，企业年金受到国家和社会公众的共同关注，国家从政策、管理和税收等多方面给予大力扶持。

（二）建设国际化综合性能源公司的现实需要

中国石油作为特大型国际化综合性能源公司，始终把完善职工福利计划放在重要位置。中国石油重组上市后，建立与国际化综合性能源公司地位相匹配的多层次保险福利体系显得尤为重要。2006年以前，集团公司30多家企业根据地方有关政策，已自行为近40万职工建立了补充养老保险（企业年金），这些企业自行建立的补充养老保险（企业年金）不统一、不完善，建立集团公司统一规范的企业年金制度势在必行。

二、石油特色企业年金制度的创建与实施内涵和主要做法

石油人才交流中心在深入研究国家政策、借鉴大型国企实践经验、以及广泛征求所属企业意见的基础上，结合中国石油自身实际特点，于2007年建立起统一的企业年金制度，建立企业年金制度及配套管理办法，持续完善企业年金制度体系；确立符合实际的理事会受托模式，持续构建中国石油企业年金基金运营管理体系；打造跨系统信息管理平台，持续创新企业年金管控体系；树立企业年金规范精细运行理念，持续创新企业年金业务管理体系，完成由分散的原企业补充养老保险向统一的企业年金制度的跨越，全面建立起具有中国石油特色的企业年金制度体系。主要做法如下：

（一）建立企业年金制度及配套管理办法，持续完善企业年金制度体系

2007年出台了中国石油统一的企业年金政策，随着国家税收政策两次调整，2010年和2014年先后两次完善，确保了企业年金工作合规管理。

1. 建立统一规范的企业年金管理制度

根据原劳动保障部《企业年金试行办法》以及国资委有关要求，结合企业实际，研究制定科学合理的企业年金方案。按照规范统筹外养老项目，逐步与企业年金制度并轨，实现职工退休后养老待遇水平稳步提高的总体思路，确定组织管理机构，资金筹集比例，参加人员范围，企业缴费分配方式，过渡期设定，待遇支付等重点问题，形成制度统一、分配合理、平稳过渡的方案草案。方案规定企业缴费按照上年工资总额的4%提取，依据员工的岗位工资和工作年限两个关键要素分配计入个人账户，有效控制了企业缴费分配差距，体现了年金分配的公平性。抽取不同类型企业的30多万员工信息对方案进行验证，确保方案切实可行。组织召开企业工会主席联席会议，审议并一致通过中国石油企业年金方案草

案。方案草案经国资委审批后，多次向人力资源和社会保障部汇报，对方案进一步充实，最终人力资源和社会保障部正式批复予以备案。为保证企业年金制度的顺利实施，先后制定《企业年金管理办法》《集团公司过渡年金办法》《贯彻企业年金管理办法的意见》等配套文件，指导企业的实施工作。

2. 严格审批所属企业的实施办法

各企业在中国石油企业年金制度框架下，结合本企业实际，制定具体实施办法，报集团公司审批后实施，保证企业年金制度的统一性和严肃性。在审核过程中，注意加强与企业沟通，解决难点问题，重点对参加人员范围、统筹外项目规范办法和原补充养老保险并轨办法等进行审查，有效规避法律风险；监督企业履行民主程序，保证建立程序合规。

3. 用足用好国家税优政策，及时完善企业年金管理制度

随着国家企业年金政策调整，自 2010 年起，分阶段、有步骤完善企业年金制度。2010 年将企业缴费比例提高到 5%，严格执行 TEE 模式税收规定，明确个人缴费在工资税后扣缴，企业缴费分配额扣除个人所得税后计入本人的个人账户。2011 年，根据国家规定，将低收入职工企业缴费计入额的个税优惠政策落实到位，当年有 40 多万职工享受减免优惠。2014 年按照“均衡个人负担，平衡个税水平，优化支付方式”的思路，将国家 EET 税收优惠政策落实到位，个人缴费从工资税前扣除，企业缴费计入个人账户时不缴纳个人所得税。2015 年起个人缴费比例提高到 2%，退休一次性支付调整为按年支付，降低了员工企业年金个税税负，有利于企业年金个人账户加速积累，更好地发挥补充养老作用。

4. 不断优化业务管理制度，实现依法合规管理

2010 年，在系统梳理和总结前期个人账户管理制度的基础上，研究制定《企业年金个人账户管理暂行规定》，统一管理流程和业务表格，明确业务办理和资料归档程序，实现业务工作统一规范。2012 年，为进一步优化业务流程，促进各单位管理水平提高，出台《企业年金业务管理细则》，对企业年金建立、企业账户、个人账户、待遇支付、过渡年金、特殊业务、缴费计划、客户证书和业务考核等各方面工作做出具体要求，实现企业年金业务管理规定的统一，使各级管理人员业务办理有章可循。至此，中国石油建立起从基本制度到运行操作的全过程、全流程、全业务的完整管理制度体系。

（二）确立符合实际的理事会受托模式，持续构建中国石油企业年金基金运营管理体系

1. 研究确定理事会受托管理模式

根据中国石油企业类型多、分布范围广、员工数量大、实际情况复杂，以及企业年金个人账户实账运行时效性要求高等特点，同时借鉴工商银行、马钢等大型国企的成功经验，确立“统一政策、统一管理、统一理事会受托、集中管理运营基金”的治理结构框架。成立集团公司企业年金管理委员会，负责统筹制定企业年金政策，代表企业和职工监督检查理事会工作履职情况。依法设立中国石油企业年金理事会，作为受托人负责企业年金基金的管理与监督。2007 年 12 月，中国石油天然气集团公司与企业年金理事会签订企业年金基金受托管理合同，理事会开始行使受托人管理职责。

2. 理事会优选基金管理人，完成年金计划备案

为提高信息传递效率，降低管理成本，理事会严格按照监管要求，选择工商银行作为企业年金基金账户管理人和托管人。为分散投资风险，以公开招标方式，确定中金公司等 12 家基金投资管理人，与各方正式签订管理合同，完成企业年金计划向人社部的备案。同时，以公开招标的方式，确定安信证券等 5 家券商作为指定交易服务商，有效控制了交易成本，切实提高了专业化水平。

3. 有效实施受托管理，保障基金平稳运行

一是科学设立投资原则。企业年金是员工的“养命钱”，中国石油企业年金理事会在成立之初就制定了“安全至上，稳健增值”的投资原则，追求高度安全和适度回报，并以实现持续稳定的正回报且不低于长期通货膨胀率为投资目标，以绝对收益和相对收益相结合的方式确定业绩基准，有效指导和引导

投资管理人积极进行投资运作。既最大限度地满足了企业年金基金保值增值的需要，又很好地保护了年金基金相关投资管理人的利益。

二是稳健实施投资策略。中国石油企业年金理事会积极贯彻落实国家有关政策，建立中石油年金资产配置管理体系，在大类资产配置策略上保证年金基金的安全和稳健增值。同时，中国石油企业年金理事会积极把握市场机遇和政策空间，通过配置协议存款、试点企业年金信托投资以及开发养老金产品等方式主动实施资产配置操作，为年金计划实现稳定收益、规避市场风险、获取中长期较高回报打下了坚实的基础。

三是有效控制投资风险。为使企业年金基金收益可获、风险可控，按照国家政策有关规定，结合中国石油企业年金基金特点，理事会建立具有石油特色、内外双重监督的风险监控体系。在年度投资政策和风险控制指引的框架内，内部建立健全风险管理制度，在理事会办公室设置专人负责风险管理，建立事前预警、事中控制和事后评价的全程风险监控流程；外部要求托管人设置中国石油企业年金基金监督专员，对年金基金投资合规性跟踪监控，出具风险监控报告。实施8年来，形成了一套完善的业务流程和监控程序，实现了与投资管理人和托管行之间的有效协同，在快速变化的资产市场中有效控制了投资风险，成为中国石油年金理事会风险控制系统的主要支柱。

4. 不断完善基金投资监督体系，确保年金基金保值增值

为综合评价投资管理人投资能力，科学实施激励约束措施，制定《投资管理人考核评价和激励约束规则》，建立起投资管理人考核评价制度，为科学评价投资管理人，推动其提升投资水平提供了制度保障。通过统一的评价标准和激励机制，推动投资管理人主动提升投资水平。为实现资金分配公正、公开、透明，继续优化资金分配规则，采取时间加权收益率作为收益衡量指标，将资金分配与考核评价业绩指标相统一，建立规范化的资金分配规则，既充分调动投资管理人的积极性，形成投资管理人之间的良性竞争机制，又保证资产配置方案的有效实施，通过资金分配的市场化机制，体现理事会在资产配置方面的基本导向。强化日常监督和沟通，实时监督年金基金运行情况。组合监督严格落实分工责任制，通过跟踪监督组合业绩、配置、交易等指标，提高投资运营的风险预警。定期监督检查实现常态化，每季度听取投资运营分析汇报，每年度组织投资管理人现场检查。继续执行投资经理更换谈话评价制度，针对权益投资经理离职较多的情况，加大与投资机构及经理的沟通反馈力度，确保了各组合规范有序运营。

（三）打造跨系统信息管理平台，持续创新企业年金管控体系

牢固树立“企业年金全生命周期管理，端对端全过程管理，以及业务、资金和账务一体化管理”的理念，始终坚持“互联网+”思维，按照“依法合规，顶层设计，分步实施”的总体思路，稳妥打造跨平台、智能化的系统管理架构，实现全业务系统化管控，个人账户规范管理，高效运行，基金稳健增值。

1. 用“互联网+”思维打造企业年金个人账户管理客户端系统

2007年建立企业年金之初，国内企业年金账户管理系统难以满足中国石油企业年金集中管理的时效性要求，创造性提出企业年金一体化集成管理模式，即以账户管理人现有企业年金账户管理系统为核心，拓展功能，延伸开发企业年金客户端系统，实现两个系统关联信息的自动无缝对接，企业各级管理用户通过客户端系统完成企业年金管理工作。通过风险控制的流程化，确保账户管理的合规性；通过管理方式的一体化，确保账户管理的时效性；通过系统功能的智能化，确保账户管理的准确性；通过系统对接的程序化，确保账户管理的安全性。经过艰苦工作，国内首家采用一体化集成管理模式开发的企业年金客户端系统如期完成，中国石油企业年金计划信息、企业信息、员工信息导入系统一次成功。企业年金客户端系统于2008年12月正式上线，实现了百万员工企业年金个人账户实账运行，同时中国石油

企业年金基金正式开始投资运营。

2. 坚持个人账户管理核心思维，持续提升企业年金客户端系统管控能力

企业年金个人账户是年金基金实账管理的核心，始终抓住企业年金客户端系统这个核心，不断强化系统管控能力建设，容错能力提升，以及管理功能优化，先后实施了12次大规模升级改造，各项系统功能日臻完备，数据接口更加丰富，数据对接准确流畅，系统功能更加完整，容错能力和性能大幅提升，系统管控能力全面加强，满足了集团公司企业年金规范管理需要。树立全业务链思想，从数据供给侧不断扩展完善“集团公司人力资源ERP系统企业年金功能”，实现了企业年金个人缴费数据以及低收入员工当月收入数据与企业年金客户端系统的全面对接。针对过渡年金投保管理，强化数据来源唯一化管控理念，同步开发优化“中意阳光年金系统过渡年金管理功能”，实现投保方式衔接、投保保费管理、个税代扣代缴、发放数据反馈、相关接口的不断优化升级，满足了中国石油过渡年金投保及发放管理需要，实现了与企业年金客户端系统的投保信息精准对接，数据传递高效顺畅。搭建起以企业年金客户端系统为核心，多系统同步管控的信息管理平台。

3. 加强理事会管控能力建设，搭建理事会受托管理系统

依托管理系统，将理事会监管工作重心逐步从传统事后管控，向事前事中实时管控转变。充分利用账户信息、投资信息、市场资讯等多维度信息搭建一体化综合受托信息平台，按照“工作制度化、制度流程化、流程信息化”的要求，以及“技术先进、管理领先、机制创新”的原则，开展可行性研究工作，确立系统建设构架、实现方式、多系统对接模型等关键技术路径。实现了对托管、投资管理和账户管理等相关信息数据的分别监管，完成事务模块全功能及运营监管模块部分功能的上线测试，实现资金收缴、待遇支付、风控事项记录、项目审批、档案管理等功能。XBRL系统数据分析平台进入二期开发，针对收益数据查询、组合持仓分析、成交情况统计、风险评估和预警等模块提出完善需求，实现标准化统一、智能查询、分析挖掘等功能。加速推进账管对接功能建设，跨系统迁移并还原了数十亿条个人账户历史数据，实现了与客户端系统数据的按月对接，员工查询子功能已上线试运行，对标梳理数十个数据自动传输技术方案及接口标准，启动相关功能开发工作。

（四）树立企业年金规范精细运行理念，持续创新企业年金业务管理体系

1. 采集核准全部企业及百万员工的企业年金相关信息

企业年金个人账户信息是年金基金合规管理的前提和基础，也是保证年金基金实账运行的核心和关键。企业年金信息量巨大，采集时间紧，质量要求高，为确保信息采集工作进度，研究制定企业、员工及管理用户等三大类信息的采集规则、报送流程、审核办法、错误信息反馈更新等操作办法，并对近4000个管理用户开展信息采集专项培训。同时，由理事会办公室、集团公司人力资源ERP项目组、工商银行共同组成联合协调小组，分析解决各类问题，合力推进，确保采集质量。通过5个月的努力，采集核准了各类信息2000多万条，为建立企业年金个人账户奠定了基础。

2. 严格操作流程，确保规范管理

为确保企业年金个人账户管理工作顺利开展，结合年金管理特点，围绕用户准入、业务操作、待遇支付、监督检查等关键环节，先后制定《企业年金年个人账户管理工作暂行办法》《企业年金用户网上银行客户证书办理服务指南》《企业年金客户端系统操作手册》和《企业年金基金账户管理业务流程》。经过实际运行，实现了同级用户分岗设置，互相制约；业务管理规范，操作合规；待遇审核严格，支付及时；监督检查到位，控制严密。发挥了企业年金个人账户管理系统的整体优势，有效控制了账户管理风险。

3. 严格执行管理制度，实现精细化管理

针对企业年金账户积累时间长、风险点多的特点，始终坚持“严格制度落实，严控管理流程，严密

组织运行”。严格制度落实，即坚持行之有效的管理措施，以年度关键业务运行计划为抓手，将企业年金管理细则落实到位；严控管理流程，即强化流程观念，规范各单位业务操作，按照管理权限和关键时间节点，自下而上逐级双岗审批业务；严密组织运行，即采取事前业务提醒、事中密切沟通、事后严格考核的办法，层层有效传递工作压力，管理责任落实到人，实现业务工作有序高效。每年年初完成企业缴费基数和个人基数200多万条、1000万项信息的调整审核工作。每月严格业务审批，审核支付资料3000多条，缴费明细200多万条。按月投保集团公司过渡年金，累计完成49个月的投保工作，投保11多万人。规范待遇支付工作，其中，退休支付约11万人；死亡继承支付约1万人。

三、石油特色企业年金制度的创建与实施效果

（一）企业年金基金持续稳健增值，经济效益显著

中国石油2007年建立起统一的企业年金制度，经过9年的努力探索，将持续创新贯穿于企业年金管理工作的始终，实现了制度化、规范化、精细化管理，系统化管控，员工的补充养老待遇水平稳步提高。截至2015年年末，中国石油年金计划基金规模达到734亿元（约占全国企业年金基金总规模的8%），均收益率达到5.9%，累计收益200亿元、累计待遇支付58亿元，受益员工达140多万人（约占全国参加企业年金总人数的6%），员工得到实惠，企业年金的补充养老“第二支柱”作用持续加强。

（二）企业年金管理体系建设成为行业标杆，达到国内一流水平

中国石油在国家政策制度框架内，摸索出一套完整、严密的企业年金基金管理运行办法。人力资源和社会保障部充分肯定了中国石油的企业年金管理工作，认为中国石油严格执行国家企业年金相关制度规定，积极探索和创新管理机制，在制度建设、资金管理、风险控制上积累了许多有益经验，具有普遍意义和标杆示范作用。2014年，中国石油企业年金计划被亚洲权威资产管理杂志《亚洲资产管理》评为“中国最佳企业年金计划”。中国石油企业年金成为全国规模最大、影响力最强的单一企业年金计划，投资业绩、治理结构、创新能力均居国内领先水平。

（三）完善了企业员工多层次补充保险制度体系，进一步增强了中国石油的企业影响力

项目实施9年来，中国石油的企业年金制度体系日臻完备，企业年金成为员工共享企业改革发展成果的重要举措，也是企业多层次保险福利体系的重要内容，受到了广大职工的普遍赞誉，在吸引和留住人才、增加企业凝聚力等方面发挥出巨大作用，极大增强了中国石油的企业影响力，社会效果显著。

（成果创造人：刘志华、陆　凌、徐新福、王　跃、任一村、施杰炎、
腾　云、何少锋、史为军、李红娜、陈　昱、张金卉）

上市银行风险防控与中长期激励有效结合的员工持股计划管理

重庆银行股份有限公司

重庆银行股份有限公司（以下简称重庆银行）是西部和长江上游地区成立最早的地方性股份制商业银行。2013 年 11 月 6 日，在香港交易及结算所有限公司（简称港交所）挂牌上市；2014 年年末，以每股 7.65 港元的价格，成功增发 4.22 亿股 H 股，募集资本金 32.3 亿港元；2015 年，被银监会确定为全国城商行 12 家“领头羊”之一，被中国企业联合会、中国企业文化研究会先后授予“全国企业文化示范基地”称号；截至 2016 年 6 月末，总资产 3434 亿元，存款余额 2194 亿元，贷款余额 1430 亿元，营业收入 48.44 亿元，净利润 20.3 亿元。

一、上市银行风险防控与中长期激励有效结合的员工持股计划管理背景

（一）贯彻十八届三中全会精神，深化国有企业改革的需要

党的十八届三中全会提出了建立企业管理人员长效激励机制，2016 年 8 月，国资委印发《关于国有控股混合所有制企业开展员工持股试点的意见》，再次明确了混合所有制企业员工持股的问题。因此，探索实施以风险防控与中长期激励相结合的员工持股计划，体现了国企改革先行先试的改革思路。

（二）防范银行经营风险，提升市值管理能力的需要

一方面，银行业作为经营货币金融业务的人才密集型高风险行业，防范经营风险的重点及难点就在于人员的管理。探索实施中长期激励与风险防控有效结合的员工持股计划，有利于提高员工的主观能动性，自觉约束自身行为并主动维护银行利益，从而进一步提高公司治理水平，最终实现公司持续稳健经营。另一方面，通过实施员工持股计划，能够有效地盘活国有资产且能在风险管控上最大化地防止国有资产流失，对于增强市场信心、促进上市银行可持续发展都大有裨益，是上市公司提升市值管理能力的有利突破口。

（三）完善中长期激励机制、实现企业与员工共同成长的需要

一方面，我国银行业中长期激励普遍不足，容易导致员工行为短期化，不利于员工自身的发展亦不利于企业的健康发展。另一方面，国有银行业面临关键人才流失的风险。如何进一步建立人才的中长期激励机制，实现企业与员工共同成长，是事关重庆银行长远发展突出而紧迫的问题。

二、上市银行风险防控与中长期激励有效结合的员工持股计划管理内涵和主要做法

重庆银行的员工持股计划，通过组织领导和方案设计，确定持股员工和资金来源；通过与专业机构合作，有效实施员工持股计划；通过强化法律、政策、流程、财务税收、信息披露工作的合规性管理，有效保障员工持股计划顺利实施。对于深化国有企业改革、充分发挥薪酬在商业银行风险防控中的导向作用、改善商业银行治理水平、提高市值管理能力、加强员工行为管理、实现中长期激励目标、提高员工的凝聚力和商业银行竞争力，促进商业银行稳健经营和可持续发展都有着重要意义。主要做法如下：

（一）加强组织领导，明确员工持股实施思路

1. 组建领导小组和办公室

领导小组以董事长为组长、副行长为副组长，总行人力资源部、财务部、投资者关系与证券事务部主要负责人为组员，负责持股计划的统筹管理工作。下设办公室，负责员工日常管理、合伙企业设立及管理、持股计划的日常运转维护等工作。配合部门为总行投资者关系与证券事务部及总行财务部。总行

投资者关系与证券事务部负责股票购买及赎回、股票分红、员工持股计划对外信息披露等工作，总行财务部负责持股计划财务监管、合伙企业财务管理、税务规划、会计记账等财务相关工作。

2. 科学论证，明确员工持股计划实施思路

重庆银行员工持股计划于 2015 年 1 月初提出初步构想，经过数月时间酝酿完善，再通过重庆银行内部有关有权决策机构审议批准，最终得以在全行范围内推广实施。

员工持股计划的参与人按照公司遴选与自愿申请相结合的原则选择，实现有重点的风险管理与面对全员的中长期激励相结合的目的。着重引导所有在岗中层经营管理人员及重要、关键岗位员工参加员工持股计划，其他员工可自愿申请参加员工持股计划。资金来源于员工延期支付的绩效薪酬。根据员工理论年薪、岗位类别确定年缴纳基数并一次性预缴纳未来三年的延期支付绩效薪酬作为参加持股计划的出资额，同时通过成立合伙企业归集资金的方式建立风险防控的“防火墙”。通过与专业机构合作，合理设计交易结构，顺利实施持股计划。通过信托公司的 QDII 额度，以公允价值购买重庆银行在香港联交所的上市流通股票，避免造成国有资产流失；同时通过设定三年的锁定期，锁定期内产生的风险损失在股票变现后由银行直接扣收，建立起有效的薪酬追索机制。强化法律、政策、流程、财务税收、信息披露工作的合规性管理，有效保障员工持股计划的顺利实施。

（二）选择持股员工，明确持股资金来源

1. 选择持股员工

持股员工的选择一方面从风险管理的角度出发，着重引导在岗中层经营管理人员、关键岗位员工参加，另一方面从全员参与的角度出发，其他员工可自愿选择参加。员工持股计划的参与人具体是：所有在岗中层经营管理人员鼓励全部参加持股计划。包括总行部室总经理助理以上岗位、分行及总行直属支行行长助理以上岗位；重要、关键岗位员工必须进行绩效薪酬延期支付，可自愿选择参加员工持股计划或者按照内部管理办法进行绩效薪酬延期支付。包括所有与风险高度相关岗位包括管理类岗位、业务营销类岗位、会计主管岗位等；其他员工，可以自愿申请参加员工持股计划。

2. 明确资金来源

员工持股计划的资金来源为员工绩效延期支付薪酬。重庆银行采用以员工年度理论绩效薪酬水平为测算基数，以岗位类别与风险挂钩程度确定缴纳比例，一次性预缴纳未来三年绩效延期支付薪酬的方式。

重庆银行的薪酬管理遵循以下几个原则：一是以岗定薪原则。依据岗位相对价值确定岗位薪酬水平，确保员工收入水平与岗位贡献度相匹配，充分体现薪酬激励的内部公平性。二是业绩导向原则。区别岗位职责定位，确定各岗位的固定薪酬与绩效薪酬占比，并坚持绩效薪酬与绩效考核结果挂钩。三是科学激励原则。设置科学、合理、操作性强的薪酬定级定档、晋级晋档及调整规则，最大限度提高薪酬对员工的激励作用。四是适度弹性原则。全面打通员工职业发展通道，上不封顶，并加大对重点、优秀人才的激励力度，以吸引、留住人才。

根据以上薪酬管理原则，可计算出每位员工理论绩效薪酬水平，具体测算过程如下：

员工年度理论全薪＝理论全薪薪点数×薪点值×区域调节系数

理论全薪薪点数依据员工薪级、薪档确定。薪点值由总行根据历年核心业绩指标完成情况及社会平均工资增长幅度等具体情况确定。区域调节系数根据域外地区社会平均工资与重庆本地社会平均工资对比确定。

员工年度理论绩效薪酬＝员工年度理论全薪×绩效薪酬比例

根据岗位性质和管理特点，共设置四大岗位序列，包括管理序列、专业序列、销售序列、技能序列，绩效薪酬比例则依据员工所在岗位类别确定。

（三）选择专业机构，有效实施员工持股计划

1. 选择专业法律及财税服务机构，组织持股计划员工成立有限合伙企业

重庆银行集合参与持股计划的员工，将员工的绩效延期支付薪酬作为出资额出资成立有限合伙企业。由律师事务所为合伙企业提供全程法律服务，由税务师事务为合伙企业提供全程财务及税收服务。资金从合伙企业进，从合伙企业出，集中管理，统一处理，便于追索，达到风险防控的目的。除此之外，每一位参加持股计划的员工单独签订《声明及承诺函》，以保证风险控制手段的有效合规运行。

2. 选择专业法律及金融服务机构，实施股票交易流程

通过与基金公司、信托公司合作，设计由有限合伙企业作为委托人，委托基金公司成立基金集合计划，由基金集合计划定向投资于信托公司发起设立的单一信托项目，通过信托公司的 QDII 额度，在二级市场上合法合规地购买重庆银行在香港联交所的股票的交易结构。由律师事务就持股计划执行期间所涉及的法律事务提供咨询意见。

员工持股计划设定三年的锁定期。三年锁定期满后，重庆银行根据市场情况提出股票变现价格区间建议，由重庆银行通知信托公司执行变现操作。员工在股票锁定期内，经查实应承担风险损失责任的，按照责任大小、损失程度等情况记账。三年锁定期满时，对应承担风险损失责任的员工实施相匹配的变现金额扣除，出现金额不够扣除的情况时，将对责任人另行追收。

3. 完成员工持股计划的股票购买并进行公开披露

按照自愿参与的原则，共有 1055 名员工以个人延期支付的绩效薪酬参与持股计划，超过员工总数的 25%，覆盖面广且具有较强的针对性，参与规模约 1 亿元。自 2016 年 1 月 5 日起至 2 月 24 日止，通过信托计划在二级市场分批完成股票购买。按照上市地法律、法规，于购买实施完成当日，在香港联交所对本次员工持股计划完成情况进行公告，并向每一名参与员工通报实施情况。

4. 内地上市银行推广员工持股计划的建议

内地上市银行在实施员工持股计划时，可在成立合伙企业后，自行管理本公司的员工持股计划，也可以将本公司员工持股计划委托给下列具有资产管理资质的机构管理：信托公司、保险资产管理公司、证券公司、基金管理公司、其他符合条件的资产管理机构。可省略通过信托公司 QDII 额度实现资金出境这一步骤，操作流程更简化、便捷。

（四）强化合规管理，有效保障员工持股计划顺利实施

1. 法律合规管理

员工持股计划的员工均为中国大陆居民而股票交易地为香港港股市场，为严格遵守两地法律法规，合法经营，有效防范法律风险，重庆银行分别聘请大陆师事务所和香港律师事务所处理大陆及香港方面关于员工持股计划所涉及的法律问题。律师事务所的服务内容包括：参与员工持股计划的制订，并就持股计划所涉及的法律事项提供专业咨询意见。合伙企业设立的全程法律服务，包括但不限于合伙企业设立所需文件的起草、向工商主管部门申请设立合伙企业等。起草持股员工为设立合伙企业而签订的《合伙协议》，起草员工与重庆银行间为执行员工持股计划而签订或出具的合同、承诺等法律文件。审查信托公司提供其拟与重庆银行、基金公司签订的三方合同，审查基金公司提供其拟与合伙企业、托管银行签订的基金合同。就持股计划执行期间所涉及的法律事务提供咨询意见等。

2. 政策合规管理

重庆银行严格遵守监管当局的各项管理要求，制订员工持股计划的整体方案，确保做到政策合规，稳健运行。2016 年 8 月，国资委印发《关于国有控股混合所有制企业开展员工持股试点的意见》，重庆银行已实施的员工持股计划与该意见的各项规定高度重合。

3. 流程合规管理

一是操作流程合规。重庆银行作为在港交所上市的内地城商行，需通过信托公司的QDII通道实现购买香港上市股票目的。通过与信托公司签订的员工股份认购信托项目，由信托公司将信托资金按照重庆银行的购汇指令购汇后交付证券经纪服务商，再根据重庆银行的指令在香港联合交易所二级市场购入股票，其中适用的外汇牌价为境内托管人在购汇时点公布的港币现汇卖出价。根据中国银监局及证监会的相关政策要求，若QDII有多个委托人，则对单一品种的投资不得超过总投资额的10%；若QDII为单一委托人，则可以100%投资于单一品种。根据我国工商管理的相关政策要求，成立合伙企业的人数上限为50人，重庆银行员工持股计划参与人员1000余人，最终成立22家合伙企业，若不进行资金集合而直接投资于信托产品，则属于多个委托人的情况，不能单独购买重庆银行上市股票。为满足监管要求，须将22家合伙企业参加持股计划的资金进行集合后作为单一委托人进行信托产品的投资。资金集合的常见办法有：券商资管计划、基金专户、基金子公司专项资管计划、集合信托计划、私募契约型基金、以22家合伙企业为合伙人再成立母合伙企业等。同时考虑到资金集合成本、资产管理机构管理水平等多方面因素，重庆银行与基金公司合作，成立员工股份认购信托项目专项契约型基金，进行资金集中并通过该基金投资于单一信托产品。

二是期限规模合规。以员工持股计划实现延期支付绩效薪酬管理既是中长期激励手段，也是绩效薪酬延期支付手段，其锁定期定为3年。锁定期内，员工不得以任何形式退出持股计划，所持合伙出资权利不得存在出售、相互或向第三方转让、对外担保、质押或设置其他第三方权利等行为。持股员工因辞职、调离、退休、死亡或被解雇等原因离开重庆银行的，亦须锁定期到期后才能退出员工持股计划。

重庆银行员工持股计划资金规模约为1亿元，在二级市场上买入重庆银行H股合计20316000股，占重庆银行已发行H股总数的1.29%，占重庆银行总股数的0.65%。该持股规模符合《关于上市公司实施员工持股计划试点的指导意见》中的限制性规定：“上市公司全部有效的员工持股计划所持有的股票总数累计不得超过公司股本总额的10%，单个员工所获股份权益对应的股票总数累计不得超过公司股本总额的1%。员工持股计划持有的股票总数不包括员工在公司首次公开发行股票上市前获得的股份、通过二级市场自行购买的股份及通过股权激励获得的股份。”

4. 财务税收合规

为保证重庆银行员工持股计划的有效、合规运行，重庆银行聘请专业的税务师事务所对计划涉及的财务及税收相关事务进行统一管理。首先，重庆银行员工持股计划中成立的22家有限合伙企业性质为员工持股平台，并不是实际经营企业，因此，营改增政策对持股计划的税收缴纳不产生影响。其次，按照国家税务总局2006年9月发布的《内地和香港特别行政区关于对所得税避免双重征税和防止偷漏税的安排》，在港股上市的重庆银行支付给持股员工的股息与分红可仅在一方缴税，以此避免双重纳税。最后，内地上市银行在实施此项员工持股计划时，只需按照内地税收政策依法缴纳个人所得税即可。

5. 信息披露合规

对外，按照上市地法律、法规，重庆银行于内部决策机构审议通过当日及股票购买实施完成当日，对本次员工持股计划的相关情况进行公告。重庆银行就持股计划成立进行“关于中层管理人员及员工认购本行H股股份的自愿性公告”。公告内容包括员工股份认购计划的目的、参与者、管理方式、运作方式等方面内容。重庆银行就持股计划股票购买情况进行“关于员工股份认购计划完成的自愿性公告”。公告内容包括股份认购计划的参与人数、购买的股份数量等情况，并声明“重庆银行的公众持股量未因员工股份认购计划的实施完成而受到影响，公众持股量百分比继续遵守香港联交所适用于重庆银行的最低公众持股量要求。”

对内，重庆银行及时向参与持股计划的员工公布信息，切实保障员工的知情权和监督权。实施员工持股计划前，通过召开绩效薪酬延期支付宣讲会的方式在重庆银行全行范围内进行方案宣传及介绍。在股票全部购买完成后，采用一对一在线办公系统邮件通知的方式，向每位参与持股计划的员工进行《关于我行本次员工股份认购实施完成的情况通报》，通报内容包括股票购买时间、平均成交价格、参与员工总数、持股总数、投资收益等方面内容。2016 年 8 月，重庆银行在 2015 年度股份分红至信托项目后，采用全行公告及一对一手机短信通知的方式，向参与持股计划的员工公布了截至 2016 年 6 月 30 日，根据持股计划每份基金份额价值及收益率情况。2016 年 8 月，根据民主自愿原则，重庆银行组织参与持股计划员工就分红问题进行在线投票，投票结果约 2/3 员工选择了现金分红。根据民主投票结果，分红金额到合伙企业账户后，将由合伙企业按照个人出资比例分配至个人。同时《关于员工以延期支付薪酬购买本行股票首次分红相关事宜的情况报告》报重庆银行党委会审议通过。

三、上市银行风险防控与中长期激励有效结合的员工持股计划管理效果

（一）顺利实施持股计划，得到了上级主管部门的肯定

重庆银行本次改革的顺利实施，得到了重庆市国资委的肯定和支持，也以经验分享的形式参与了国务院巡视组关于国企改革调研的座谈会。近日国务院国资委下发了《关于国有控股混合所有制企业开展员工持股试点的意见》，该意见是要通过员工持股这一制度安排，总结可复制可推广经验，进一步激发国有企业内在活力，亦从另一侧面对重庆银行的先行先试进行了肯定。

（二）完善了公司治理，实现了防范企业经营风险与维护员工利益的有机统一

在员工持股计划的推动下，重庆银行股价实现了稳定上涨。截至目前，重庆银行总市值已达到 205 亿港元，较年初大幅提升；市盈率（P/B）为 0.82，较香港银行业平均市盈率（0.7）高出 0.12 个百分点，市场估值水平得到有效提升。在社会效益上，因为本计划的实施，向外界传导了重庆银行员工对本行发展的信心，促进了员工利益与银行、股东利益的统一，提升了投资者对重庆银行发展的信心，促使重庆银行成为第一家在港交所成功定向增发的内地上市城商行，在动荡加剧的证券市场上保持了股票价格的稳定。作为首家在 H 股上市企业中实施员工持股的内地城商行，重庆银行被港交所授予 2015 年年度“中资最佳上市公司”。

（三）建立了员工与企业共同成长的激励机制，为企业持续发展奠定了制度基础

作为持股计划的直接受益者，员工的利益得到了最大化地维护，为员工带来了包括股价变动、汇率变动和股息分红等产生的收益。自员工持股计划执行之日起至今，由于人民币对港币汇率变动产生的汇兑收益率达到 8%；由股价上涨及股息分红带来的收益率为 13.5%左右，综合考虑以上因素，员工持股计划的总收益率已达到了 21.5%，整体收益实现了快速增长，体现了员工持股计划的高效运行。这些正面影响，有助于增强对各类人才的吸引力，为推动重庆银行“专业化、综合经营化、互联网金融化”的战略转型奠定了人才基础。同时，持股计划使银行员工在一定程度上成了银行的主人，从制度根源上，约束了员工的“短期行为”，有助于使每一名参与计划的员工从银行长期利益最大化角度思考问题，履行岗位职责，推动企业实现长远、可持续发展。员工持股计划在员工与企业之间建立命运捆绑、利益均沾的有效机制，不仅激励了员工个人，更激发了全行干事创业的内生动力，为重庆银行战略目标的最终实现奠定了坚实基础。

（成果创造人：甘为民、黄　宁、林　敏、李　聪、毛　溧、汪天宇、张　蕴）

基于岗位胜任力的人岗动态匹配管理

国网山东省电力公司济南供电公司

国网山东省电力公司济南供电公司（以下简称济南供电）是国家电网公司大型重点供电企业，担负着全市11个区、县（市）的供电任务，供电区域8177平方公里，供电客户数199.9万户。拥有35千伏及以上变电站310座，变电容量2402万千伏安；35千伏及以上输电线路373条，总长度3966公里；10千伏配网线路1260条，总长度1.25万公里。济南供电人力资源管理被评为"国网大型供电企业和省公司专业管理标杆单位"。

一、基于岗位胜任力的人岗动态匹配管理背景

（一）内外变革日趋活跃，人岗匹配面临重大挑战

随着电力体制改革的深入推进，对济南供电战略规划、组织结构、业务开展、管理模式提出了系列性的变革要求，岗位要求随之发生变化，导致人岗不匹配矛盾加剧。因此，如何解决快速变革时期的人岗动态匹配问题，是济南供电现阶段人力资源管理工作面临的最大挑战。

（二）人岗不匹配现实严峻，制约企业与员工共同发展

近年来，济南供电人岗不匹配问题日益突出：一是部分老员工受学历、知识结构限制，难以适应新理念、新方法；二是新员工学历较高、知识结构完善，但缺乏工作经验，存在人才高消费、学用不一等不匹配问题；三是转岗、晋升人员对新的工作内容不适应，面临"彼得高地"困境，制约了企业与员工共同发展。

（三）企业原有人岗匹配管理尚不健全

目前，济南供电人岗匹配管理存在以下亟待解决的问题：一是人岗匹配全员参与意识较为淡薄。二是缺乏明确的匹配标准，以岗位说明书为主体的任职资格体系仅关注岗位要求，忽视对任职者胜任资格的要求；以绩效考核为核心的评价体系存在指标设计不合理、缺乏定量数据等问题，导致对人的评价不准确，计划配置与主观配置状况严重。三是缺乏系统的匹配路径、实施流程与高效的管理工具。四是缺乏高效的信息系统平台。

综上所述，济南供电目前人岗匹配工作明显滞后于国家电网公司的战略规划、企业发展及员工个人价值实现的需求，因此，济南供电根据企业与员工发展需要，自2014年年底开始探索创新适应内外环境变化的动态人岗匹配管理，对人岗不匹配问题进行全面调整与优化，为处于变革与创新活跃时期的企业战略落地提供强有力的人力资源支撑。

二、基于岗位胜任力的人岗动态匹配管理内涵和主要做法

济南供电按照"知人、知岗、匹配"的基本思路，以实现员工个人价值与企业发展"双赢"为目标，以全员人力资源管理、动态匹配理念为导向，以岗位胜任力模型为基础，科学构建人与岗位紧密结合的胜任资格体系、分层分类全员覆盖的胜任力测评体系、企业与员工双向选择的人岗匹配体系，形成以"岗位需求调查－胜任力测评－人岗匹配度分析－优化调整－人岗匹配度再测评"为基本周期的进阶式人岗动态匹配管理流程，不断提高员工队伍整体的人岗匹配度，进而全面提升人力资源管理成效，实现员工与企业共同发展。主要做法如下：

（一）明确人岗动态匹配管理责任体系与流程

1. 坚持全员人力资源管理理念，构建一体化四层级责任体系

济南供电成立人岗动态匹配管理领导小组和工作小组，建立公司、部室、基层单位、员工的"一体

化四层级”责任体系，开创“领导重视、人资主导、专业协同、员工参与”的全员人岗匹配新格局。公司层面行使“顶层设计和统筹规划”职责，负责统一领导、指导、协调公司人岗动态匹配体系推进实施；部室层面承担“过程管控和组织协调”职责，制定公司人岗动态匹配实施方案；基层单位履行“执行操作和效果反馈”职责，开展人岗动态匹配工作，定期反馈人岗匹配度分析报告；员工个人践行“积极参与和岗位实践”职责，努力提升自身岗位能力素质，实现与企业共同发展。

2. 坚持动态优化原则，构建进阶式人岗动态匹配管理流程

济南供电坚持动态优化原则，根据企业发展规划、业务变革实际，遵循人才成长发展规律，将员工分为新入职期（入职一年内）、稳定期（入职一年以上无岗位变动）、变动期（岗位晋升、调整）三类，按照人员类别确定合理的匹配周期：针对新员工，入职实习期结束后进行职业性向测评，为定岗管理提供依据，从源头提升人岗匹配度；针对稳定期员工，每年 8 月份开展年度全员人岗匹配，提供匹配度分析报告；针对变动期员工，在岗位调整试用期结束后进行人岗匹配分析。

此外，济南供电对人岗匹配管理流程进行系统性、制度化地优化设计，按照“岗位需求调查－胜任力测评－人岗匹配度分析－优化调整－人岗匹配度再测评”的基本流程，进行科学的人才盘点，构建不断上升的“螺旋式”动态匹配体系，从而在人与岗的动态变化过程中寻找合适的员工。

（二）构建人员与岗位紧密结合的胜任资格体系

1. 构建岗位胜任力模型体系

济南供电以“三集五大”机构设置和人员配置为依托，采用以 BEI 行为事件访谈法、行动学习法为主，战略演绎、文化梳理、岗位分析、文献研读、专家小组、问卷调查为辅的方法，总结各专业具备的基本素质，提炼不同管理层次的差异化要求，挖掘各个专业所需的独特能力和岗位提升的关键要素，构建适用于济南供电内所有岗位、专业和人员的岗位胜任力模型体系。

一是突出胜任力模型的科学性。综合考虑层级、岗位、年龄、学历、个性和经验等因素，围绕构建目标，在济南供电内部筛选 200 位不同职级、不同专业的员工，通过在线问卷调查的方式，运用因素分析、结构方程等技术对胜任力模型体系进行信度和效度检验，并从中选取 60 名员工进行关键事件访谈，访谈过程中特别注意信息的交叉验证和基于内容分析方法的多级编码，确保指标来源于工作，结合理论又能实用于实践，确保指标体系的科学性。

二是突出胜任力模型的灵活性。模型由“通用胜任力＋横向专业胜任力＋纵向专业胜任力”三部分组成。通用胜任力部分包含职业素养、人际协调和自我发展 3 个维度，责任意识、诚信正直等 10 项要素，横向专业胜任力部分包含部室专工、基层专工、班组长、班组员工 4 个维度，计划管理、督导检查等 11 项要素；纵向专业胜任力对公司所属部门、县公司、集体企业及班组进行细分梳理，包含机关、生产、营销、综合四个序列，29 个专业单位维度，144 项要素。该模型兼顾人才梯队的纵向差异和专业序列的横向差异，可根据员工岗位实际情况，实现“通用、横向、纵向”的“组合式”应用。

2. 科学编制岗位胜任力辞典

济南供电以岗位胜任力模型为依据，按照员工自评、关键事件梳理与行为事件访谈相结合的方式结果，编制胜任力素质测评题库辞典，辞典由通用、专业横向和专业纵向三部分组成，采用“五分法”，其中：5 分表示优秀，4 分表示良好，3 分表示合格，2 分表示基本合格，1 分表示不合格。胜任力辞典共记录 900 项行为描述和发展建议，为确立岗位要求标准、实施岗位胜任力测评工作奠定坚实基础。

3. 确立岗位任职者胜任要求

济南供电采用焦点小组、专家会议等方法，针对不同序列、层级岗位的特点，结合岗位胜任力辞典行为分级体系，对胜任力模型的各项维度及要素等级要求进行设定，按照岗位胜任力辞典划分的 5 个等级确立标准分（优秀、良好、合格、基本合格、不合格 5 个等级分别对应标准分 5、4、3、2、1），并

设定不同权重，明确人岗匹配度测评的岗位标准。

以变电检修专业班组长为例，其岗位胜任力模型包含通用能力、专业纵向能力与班组长横向能力三个模块，共计 17 项胜任要素，因此，该岗位的胜任资格体系要求也包括通用能力、专业纵向能力与班组长横向能力三个维度，17 项匹配评价指标，根据岗位实际要求，确立各胜任要素的标准分，并设定不同权重，突出强调班组长岗位对团队合作、责任意识、贯彻执行、沟通协调能力四项胜任力的高要求。

（三）实施分层分类全员覆盖的岗位胜任力测评

1. 针对新入职期员工开展职业倾向测评

新员工入职后须经历一年时间的集中培训、轮岗实习阶段，在这一时期引入霍兰德职业性向测评与 MBTI 人格测评，通过测量职业兴趣、能力和人格特点，分析新进员工的 4 项个性特征关键要素——动力、信息收集、决策方式和生活方式，在为新入职员工提供自我调整途经的同时，为后续岗位配置和管理提出满足个性需求与岗位需求的指南，让公司更为理性地进行入职定岗和岗位匹配管理。

2. 针对稳定期与变动期员工开展胜任力测评

济南供电自主开发岗位胜任力测评题库，依托人岗动态匹配管理系统平台，以年度为周期针对稳定期与变动期员工开展胜任力测评，对处于变动期的员工根据实际需求开展不定期测评，生成员工个人层面的“一人三档”，明确员工个人胜任力现状、人岗匹配程度、学习发展建议与职业规划目标，同时，形成部门、单位、班组 3 个层面的团体素质能力报告，明确组织与团队胜任力结构与整体匹配程度，为开展组织层面的动态匹配管理奠定基础。

3. 针对骨干员工开展管理潜质测评

针对岗位骨干员工，在胜任力测评的基础上，引入管理潜质测试，将两项测评结果纳入能力特征九宫格进行全面分析，并结合 BEI 访谈，提出重点员工能力素质和管理潜质的现状分析及今后发展建议（包括能力培养、职业生涯规划、培训发展等）。通过“双测评”，实现了现有能力和未来潜质的双重交叉分析。

（四）推进人岗双向选择、共同发展

1. 计算人岗匹配系数，科学评估匹配度

匹配系数是人岗匹配度的量化结果，是评估人岗匹配状态的一个关键指标。匹配系数分为指标匹配度与总体匹配度两部分，其中，指标匹配度＝指标得分/该指标标准分，表示员工在该胜任力指标上实际表现与岗位需求之间的匹配关系，大于等于 1 表示匹配，否则为不匹配；总体匹配度是各指标匹配系数的加权求和。

根据匹配系数得分，将人岗匹配度分为不匹配（小于 0.6）、待提升（大于等于 0.6、小于 1）、匹配（大于等于 1、小于 1.3）、超匹配（大于 1.3）四个等级。以一位处于稳定期的变电检修专业班组长为例，人岗总体匹配系数 1.11 分，处于匹配区间；全局意识、团队合作两项指标匹配系数低于 1，处于不匹配区间，信息化应用能力、环境适应能力两项指标匹配系数超过 1.3，为超匹配区间。

2. 根据匹配评估结果，有效提升匹配度

基于岗位胜任力的人岗匹配度评估结果是进行优化配置的重要依据，在实践中，济南供电利用绩效考评、员工访谈等方式对匹配结果进行校验，确保评估结果的准确性、科学性。结果确认后，将依据匹配评估结果，制定针对性的匹配优化方案。

针对总体匹配度处于不匹配或超匹配区间的员工，依托内部人力资源市场平台，不断完善公开竞聘、上挂下派等 6 种配置手段，将合适的人员配置到适合的岗位，配足配强关键生产岗位、缺员核心岗位，优化重要管理、技术、技能岗位人员配置，实现人员跨部门、岗位科学调配和有序流动，打通员工发展通道，为企业挖潜增效提供有力支撑。

针对总体匹配处于待提升区间以及部分指标处于不匹配、待提升区间的员工，开展包括认知培训、集中培训、技能培训、轮岗实习、定岗实习等多种形式的综合培训，帮助员工基于自身实际情况，制定科学、合理、可操作性强的职业发展规划，有效提升员工岗位胜任力，尽快融入济南供电发展大局。

通过人岗匹配度评估，年龄较大的班组长匹配度较低现象比较突出，针对这一群体，济南供电一方面健全“内训师”体系，将老班长作为“内训师”队伍的骨干力量，充分发挥他们熟悉基层标准化作业现场、现场实战经验丰富的特点，积极发挥“传、帮、带”作用，实施人才传承管理；另一方面根据工作需要和个人需求，尊重单位和员工意愿，通过开展离职面谈，实施岗位退出，通过开展离职面谈，先后有10名“老班长”退出班组长岗位，主动要求在新的岗位上协助新人为班组工作继续“出谋划策”，发挥“余热”，实现了优秀人才资源价值对企业的不断回报和提升。

3. 跟踪关注人岗变化，持续优化匹配度

人岗匹配存在时效性，随着时间的推移，人与岗位之间的匹配因素和条件会发生不同程度的变化，因此，应及时根据实际工作的调整重新开始人岗匹配的周期，保证人岗匹配的有效性。在公司层面，针对变化的发展规划与业务要求，及时进行岗位设计调整，并对相关岗位与人员开展一个新的人岗匹配周期，确保人岗匹配适应企业变革；在员工层面，为员工设计Y型职业通道培，绘制学习发展地图，围绕晋级和轮岗所需要具备的能力，明确晋级学习包和轮岗学习包的培训课程体系，支持员工不断提升自身素质能力，当人岗匹配度结果超出岗位任职要求后，为员工提供上升发展的机会与空间，从而实现个人与企业的共同发展。

（五）搭建集成高效的人岗动态匹配管理平台

1. 集成多元功能

开发人岗动态匹配管理平台，集成员工基础信息、培训经历的浏览分析，员工当前岗位工作的关键事件描述、绩效月度在线评价、岗位胜任测评、人岗匹配分析报告和其他各类报告，员工未来发展职业生涯指导、个性化学习地图及发展建议等多元功能，为确保人岗动态匹配提供信息化支撑。

2. 开展360度素质能力在线测评

系统根据员工的专业岗位，自动生成自评和他评试题。通过员工自评、同级互评、上级测评、下级测评四个维度，完成岗位素质能力的在线测评，为人岗匹配提供了客观、全面的第一手资料。

3. 实现集成“绩效随时看”的平台看板

将员工月度、季度、年度绩效考核情况按照部门、班组、岗位、员工的分级分类，通过“看板”的形式植入系统，让员工实时掌握绩效考核的现状和变化趋势，明确努力方向。

4. 自动生成评价分析报告

通过整合360度测评结果、个人填写的职业发展规划、关键事件表的分析，统筹对员工进行全方位的评价，自动生成个人层面的“一人三档”报告和团体层面的队伍素质能力报告，提出济南供电整体层面的员工队伍胜任力素质现状分析与提升建议。

（六）实现人岗动态匹配管理优化升级

1. 开展科学建模过程的校验反馈

组织安排各专业班组开展了针对基层班组的行为事件访谈（BEI），共访谈39位基层专工、班组长和班组骨干，覆盖87个基层班组的工作任务及其所需具备的专业素质和能力要求。通过沟通－反馈－修正的循环反馈机制，进一步提炼运行调控、变电运维、变电检修、输电运检、配电运检、电缆运检、市场及大客户、营业及电费、计量、物资、信通、经研所和供电所等13个大类的纵向专业能力。同时组织、筛选200位不同岗位、不同层级的公司员工对通用能力指标进行问卷测试与分析，检验指标的信度和效度，保障指标体系的科学性，为科学构建胜任力模型体系奠定了坚实基础。

2. 组织测评评价结果的双向反馈

采用“双径分层法”对测评结果进行评价分析，自动生成员工个人层面的“一人三档”报告，其中：人岗匹配度测评报告明确个人优劣势、人岗匹配程度，职业发展规划报告指导员工掌握职业发展通道，员工学习发展报告提供个性化的学习发展地图和课程。同时形成部门、单位、班组 3 个层面和量、质、效 3 个维度的队伍综合素质能力测评分析报告，盘点现状，分析优劣势，明确发展方向。将“一人三档”分析评价结果及时向员工进行信息反馈，员工根据分析评价报告准确、及时地了解自身不足并加以改进，同时结合自身实际，对报告中存在的疑问及时向人资部门咨询解惑。通过员工评价双向反馈机制，全面提升公司识人、选人、育人、用人、留人的培养成效，提高人才对企业发展的支撑推动作用。

三、基于岗位胜任力的人岗动态匹配管理效果

（一）促进了人岗匹配，实现企业与员工共同发展

2015 年，济南供电全面开展人岗匹配度分析工作，根据评估结果展开内部岗位调整工作，岗位流动 96 人次，公开竞聘管理岗位 13 人次，借调借用 19 人次，择优选派 7 名员工上挂国网公司、省公司，保障了“大运行”“大检修”“大审计”等专业业务集约工作的顺利开展。同时，员工的责任意识、团队意识和学习意识得到明显增强，形成人心思“危”、人心思“干”、人心思“进”、人人争“先”的良好氛围，为增强企业核心竞争力提供坚强的人力资源保障。

（二）人才结构改善，促进公司经营效益稳步提升

济南供电新增国网公司级人才 15 名，增幅达 71%；省公司级人才 28 名，增幅达 107.7%；地市公司级人才 81 名，增幅达 94.2%，人才队伍结构日趋合理，能力素质水平逐步提升，为运检、营销工作顺利进行奠定了基础，经营效益、效率稳步提升，取得了较好的业绩。2015 年上半年，济南供电完成售电量 133 亿千瓦时，首次实现了同比增长；全员劳动生产率 61 万元/人，同比提升 21%，实现了营业收入和利润的大幅增长。

（三）管理增效明显，获得广泛认可

依托自主开发的人岗匹配动态管理系统平台，济南供电于 2015 年组织 1314 人参加素质能力测评，形成了相应的“一人三档”分析报告，为 19 个单位和 87 个班组形成了团体素质能力分析报告。通过自主开展人员测评分析，节省了人力资源咨询项目资金 120 万余元。

（成果创造人：钱庆林、陈水军、薛　涛、崔晓青、王　璐、李恩亮）

国有企业构建利益共同体的员工持股管理

贵州天义电梯成套设备有限公司

贵州天义电梯成套设备有限公司（以下简称天义电梯公司）成立于2004年，是中国航空工业集团所属国有军工企业，具有电梯生产、安装、维保、改造A级资质。主要产品有客梯、医梯、观光梯、别墅梯、货梯、汽车梯、杂物梯、扶梯、自动人行道、智能变电系统、高低压成套设备、电度表箱、插座箱等产品。2015年总产值30000万元，增加值814万元，净利润604万元。天义电梯公司于2014年完成混合股份制改造，中国贵州航空工业集团（以下简称贵航集团）持有80%股权，经营层及骨干员工持有20%股权。

一、国有企业构建利益共同体的员工持股管理背景

（一）积极应对激烈市场竞争的需要

天义电梯公司作为中小型国有企业，缺少品牌效应和市场优势，虽然依靠军工背景和地理优势逐渐发展壮大，但面对激烈的市场竞争依然忧患重重。单纯依靠集团公司的扶持与保护很难使公司塑造出较强且长久的竞争优势，也必然会使公司的发展之路越走越窄，同时也与中航工业“两融、三新、五化、万亿”发展战略背道而驰。只有通过改制谋求机制与体制的创新才能使公司从根本上走向市场。

（二）构建长效激励机制，实现企业与员工共同成长的需要

天义电梯公司自成立以来，基本延续国有企业固有的经营思维和方式，导致企业经营方向和目标长期不够清晰，企业前进的动力和激情不足。为解决经营层对公司未来发展的战略性思考性不足，以及员工成本意识薄弱，骨干员工及中层领导执行力欠缺等问题，急需通过改革激发全体员工的积极性和能动性问题，需要通过员工持股来构造企业利益共同体。

（三）抓住政策机遇，深化企业改革的需要

党的十八届三中全会《中共中央关于全面深化改革若干重大问题的决定》提出，积极发展混合所有制经济。国有资本投资项目允许非国有资本参股；允许混合所有制经济实行企业员工持股，形成资本所有者和劳动者利益共同体。这是党的文件首次明确了员工持股制度，也是在新的历史背景下对实施员工持股提出的新要求。

二、国有企业构建利益共同体的员工持股管理内涵和主要做法

为解决企业发展壮大过程中面临的市场压力和内部管理及发展动力不足等问题，天义电梯公司以十八届三中全会通过的《中共中央关于全面深化改革若干重大问题的决定》精神为指导，坚持“增量引入、利益绑定”，防止国有资产流失和利益输送、强化信息公开和监管管理等原则，通过顶层设计、严格进行资产评估、确立合理的员工持股比例、建立和完善股权激励分配机制、建立和完善与员工持股相适应的治理结构和管理制度、建立和完善股权变更和退出机制等措施，深入进行混合所有制和员工持股改革，以健全企业激励约束机制，构造企业利益共同体，增强企业凝聚力，为企业的可持续发展提供不竭的动力源泉。主要做法如下：

（一）明确员工持股管理的原则和操作思路

1. 制定基本原则

一是增量引入、利益绑定原则。天义电梯公司主要采取增资扩股、出资新设方式实施员工持股，入股价格不得低于资产评估价值，且国有股东和企业不得向员工无偿赠予股份，不得向持股员工提供垫

资、担保、借贷等财务资助，也不得向员工承诺年度分红回报或设置托底回购条款。企业破产重整和清算时，持股员工、国有股东和其他股东应以出资额为限，按照出资比例共同承担责任。

二是防止国有资产流失利益输送原则。企业不得以任何形式向本企业集团内的员工持股企业输送利益，并对国有企业和本企业集团内员工持股企业之间的关联交易加强审计监督。

三是强化信息公开和监管管理原则。持股员工范围、持股比例、入股价格、审计评估等重要信息按照规定充分披露。企业与本企业集团内员工持股企业之间的关联交易由一级企业以适当方式定期公开。积极支持履行出资人职责的机构对员工持股企业要进行定期检查，定期通报有关情况，发生国有资产流失的，依法追究相关责任人的责任。

2. 厘清操作思路

一是采取增资扩股的形式。此种改制形式，既将参与改制人员注入企业的现金留存在企业，又通过转让股权的方式将贵航集团先期增资的现金归还贵航集团，同时避免了在工商部门办理减资的程序。

二是确保贵航集团控股地位。在严格执行国家有关法律法规和相关政策性规定基础上，贵航集团拟将天义电梯公司股权面向管理层及骨干人员进行股权转让。骨干人员是指就职于关键岗位且表现合格、掌握公司的核心资源（技术、工艺、安装、业务等）、替代成本过高的天义电梯公司员工。

三是可以为公司带来效益。此种改制形式将有利于充分利用税收政策，节省税金支出；采取先增资再转让股权的形式可以增加现有注册资本金，增加资信度，有利于企业后续发展。

（二）委托专业机构开展资产评估，开展股权设计

1. 进行资产评估

天义电梯公司按照中航集团相关管理规定选择了具有审计评估资格的审计和评估机构及律师事务所；为了准确地进行增资扩股，评估和审计机构对天义电梯公司的资产状况先后进行两次审计和评估，一是进行预审计和预评估；二是在预评估预审计的基础上结合实际增资扩股的时间确定评估审计基准日。贵航集团先以 2013 年 8 月 31 日资产预评估后的净资产值的 20％进行增资，增加注册资本金；增资后，再次请评估和审计机构进行审计评估，出具评估报告，将评估情况在贵航集团相关部门进行备案，并请律师事务所出具法律意见书；最后按实际评估价值，贵航集团向持股企业进行 20％的股权转让，履行进场交易程序。改制前公司没有拖欠职工的债务，原天义电梯及各相关企业的资产、债权、债务在经评估后均由新公司承继。至此完成了天义电梯公司整个资产的评估。

2. 股权设计

在严格执行国家有关法律法规和相关政策性规定基础上，贵航集团作为天义电梯公司的控股母公司，拟将公司股权面向管理层及骨干人员进行股权转让按预评估的净资产对电梯公司进行现金增资。增资后，经天义电梯公司与贵航集团经行协议，贵航集团按增资后的实际评估值向有限合伙企业转股权，并履行进场交易程序。由于天义电梯公司内部资金限制，经公司内部协商，以经营层和骨干员工为主体成立的合伙企业以现金 482 万元通过股权交易中心购买贵航集团 20％股权；改制后贵航集团占股权的 80％，合伙企业占股权的 20％。

为了更好地激励天义电梯公司内部业务技术骨干的积极性与主动性、优化持股员工所持股份比例，同时也鉴于公司管理层（指公司中高层管理人员以及业务技术骨干）在公司股权结构理顺之后对公司业绩以及对公司未来发展所起到的重要作用，贵航集团对天义电梯公司员工持股比例进行了合理划分：在持股企业的合伙人中，天义电梯公司高层管理人员持有持股企业 50％的股权，总经理助理人员持有持股企业 25％的股权，中层管理人员及业务技术骨干人员持有持股企业 25％的股权。改制涉及的资产范围包括天义电梯公司全部资产。

（三）确立持股员工及其持股比例，制定股权激励分配机制

天义电梯公司于 2013 年 10 月召开职工大会，秉承民主、公开、透明的原则，全体职工参与关于持股员工的选定以及所持比例的讨论、制定，公布持股人员提案，由所有员工进行表决。股份改制方案在大会中获得全票通过，并且确定持股人员及所持比例。

1. 明确员工持股范围

持股的有限合伙企业的合伙人为天义电梯公司员工，具体包括：公司高层管理人员、总经理助理、中层管理人员及业务技术骨干，原则上公司高层管理人员为普通合伙人，其余人为有限合伙人。除合伙协议另有约定外，普通合伙人转变为有限合伙人，或者有限合伙人转变为普通合伙人，应当经全体合伙人一致同意。公司高层管理人员、总经理助理必须成为持股企业合伙人，中层管理人员及业务技术骨干在自愿原则的基础上经公司董事会评估后可成为持股企业合伙人。

2. 确立持股人员持股比例

在持股企业的合伙人中，天义电梯公司高层管理人员持有持股企业 50％的股权，总经理助理人员持有持股企业 25％的股权，中层管理人员及业务技术骨干人员持有持股企业 25％的股权。

3. 明确利益分配制度

一是遵循公平、公正的原则，每一股份享有相同等的权利。所有投资者投入资金，均获得被投资公司股份，享有股东的权利，这种权利是无差别的。后期参与的投资者为获得同等的股份，可能要支付更多的资金或其他财产，但这部分资本溢价是对其享有的前期公司积累支付的对价。

二是明确保护股东的表决权。为保障股东利益，赋予股东表决权。股东的表决权将是其维护自身权益的有效保障，股东可以通过股东大会或者股东会行使表决权，参与公司经营管理，并且参与的事务都是公司重大事项，足够影响股东权益。股东的表决权有利于保护投资者的投资收益权。

三是坚决执行对同股同权方案实行的监督。鉴于较多企业由于同股不同权的安排，一般都会使个人或者某个团队拥有对企业的绝对控制权，资本市场无法干涉，这样可能使企业脱离资本市场的监督。因此，天义电梯公司坚持同股同权的安排，以避免资本市场对企业的影响减小，加大市场对企业的监督力度。

（四）建立与员工持股相适应的绩效考核制度

1. 明确考核组织与考核指标

天义电梯公司设股权激励计划绩效管理领导小组（简称领导小组），成员由总经理、副总经理、各部门负责人组成，负责审议、审批公司股权激励计划考核方案（简称考核方案），并负责对激励对象实施考核；人力资源部是日常工作机构，负责有关资料的准备和制度执行情况反馈，考核方案的拟定和修订、考核量表的编制、对考核者的培训、组织考核工作的实施、考核结果的统计和复核、收集实施反馈意见、进行考核工作的总结等。

考核设置工作业绩、工作态度、工作能力三类绩效考核要素，不同考核要素下设置不同的考核指标。激励计划有效期内的每个会计年度均实施考核，不同的考核要素设置不同的考核周期，同时依据激励对象职位不同对考核要素设置不同的权重。各考核要素下的考核指标的权重可根据职位特点、性质、工作重点等的不同来设定，也可以平均分配，每一要素下的各项指标权重之和为 100％。

2. 设定绩效考核方式及考核评分

考核方式方面：一是重点工作目标责任书。根据公司的年度经营计划，预算目标，月度、周度工作计划，临时性工作任务安排等信息，由激励对象的直接上级形成激励对象的重点《重点工作目标责任书》。每季度考核前，由激励对象的直接上级将激励对象的《重点工作目标责任书》送交公司人力资源部门。二是事实与情况记录表。激励对象的直接上级应根据激励对象的日常工作、各类会议上的工作评

价等信息及时填写《事实与情况记录表》。每季度考核前，由激励对象的直接上级将激励对象的《事实与情况记录表》送交公司人力资源部门。三是自我评价表。激励对象在每季度考核前均需向公司人力资源部门提交《自我评价表》。自评不计入总分，只作为考核者了解激励对象的真实想法及工作情况的参考，有利于考核结果的沟通。四是工作情况述职报告。激励对象在每年度考核前均需向公司人力资源部门提交《工作情况述职报告》，作为考核者了解激励对象工作情况的参考。

考核评分方面：绩效考核评分采用百分制，根据激励对象对每一个指标的完成情况进行打分，满分为100分，打分时不考虑单一指标所占权重，只考虑激励对象完成此指标的情况。考核的实施。考核时，领导小组成员根据平时的观察，结合《重点工作目标责任书》《事实与情况记录表》《自我评价表》《工作情况述职报告》等信息，将激励对象在各指标上的表现与各级考核标准对照，确定激励对象的考核结果，填入《绩效考核量表》，书写评语，然后交由复核人员进行复核。公司人力资源部门首先需将考核者对激励对象的各类考核得分进行加总，然后再按照考核者人数进行算术平均，以此作为激励对象的年度最终得分，并确定其对应的考核结果等级。考核结果划分为：A（优秀）、B（良好）、C（合格）、D（不合格）4个等级，其中，优秀：绩效考核的评估总分为90—100分；良好：绩效考核的评估总分为80—89分；合格：绩效考核的评估总分为60—79分；不合格：绩效指标的评估总分为60分以下或有否决性指标。在绩效考核期间激励对象出现违法违规、内部重大违纪、重大工作失职、重大客户投诉，以及其他严重损害公司声誉、经济利益、企业公众形象的事项，相关激励对象的当年考核结果将一次性被定为“不合格”。

3. 严格考核结果的应用

作为股权激励计划绩效股的行权依据，考核结果分为“合格”（包括优秀、良好、合格）及“不合格”；考核合格的激励对象且符合其他行权条件的，可以按照股权激励计划的相关规定享有相应的岗位分红权，考核结果为“不合格”，不享有相应的岗位分红权。

根据激励对象的常规职责、经营指标、当年、当季或当月下达的主要工作任务、任职资格所规定的能力等要求确定适当的考核指标；针对工作业绩每一指标，分别列出五级评分标准，对于可以量化的考核标准用数量指标表示，不能量化的用典型行为或事件表示；针对工作能力、工作态度等指标，根据能力高低、态度积极程度列出五个等级的标准。

使用考核量表时，需根据激励对象的实际绩效或工作结果、能力、态度进行打分，然后按打分结果的总分进行归级；考核者须及时填写《事实与情况记录表》，考核时以此表为依据，对激励对象的绩效进行评估；复核时亦可以此表为参照。

4. 考核记录的管理

天义电梯公司人力资源部门将考核结果向激励对象反馈和解释；激励对象如对考核结果存在异议，应该首先与公司人力资源部门充分沟通加以解决；通过沟通不能解决，可以向考核领导小组提出申诉；申诉时需提交《绩效评估申诉表》及相关说明材料；申诉受理部门需在十个工作日内，对激励对象的申诉做出答复；如果激励对象的申诉理由成立，则限期改正申诉者的绩效考核结果；如果激励对象的申诉理由不成立，维持原考核结果。

天义电梯公司人力资源部门应保存好绩效考核所有考核记录，作为保密资料归档保存；为保证绩效记录的有效性，绩效记录不允许涂改，若需要修改或重新记录，须由当事人签字；绩效记录保存期为十年，对于超过保存期限的文件与记录，由公司人力资源部门统一销毁。

（五）建立和完善股权变更和退出机制

1. 确立股份退出的总体原则

考虑到天义电梯公司发展的持续性，持股企业合伙人在离开公司时，其所持股份原则上应予以全部退出并转让给继任其职务或岗位的人员，或符合受让持股企业股权的公司内部其他人员。股权的转让与受让价格由转让人与受让人协商确定，协商不成的，按其离开天义电梯公司时，持股企业经审计的上一年度每股净资产作价。

2. 关于退休合伙人的股份退出

为鼓励持股企业自然人合伙人与天义电梯公司长期共同发展，自然人合伙人退休后，其所持股份可自愿选择一次性退出或分三年逐步退出，并可自愿选择终身持有少部分股份。在其股份分三年退出的情况下，退休当年，可退出其持有股份的10%；第二年，可退出其持有股份的30%；第三年，可退出其持有股份的50%；其剩余持有的10%的股份，可在其自愿的基础上终身持有；若在三年的退出期内，其不愿意继续持有持股企业股份，则可在退出期的任意时点选择将剩余股权一次性退出。自然人合伙人退休后死亡的，其所持股份按上述总体原则进行退出。

3. 关于强制性股权退出

当激励对象发生以下情况时，天义电梯公司可无条件强制收回所授予的股份：一是自动离职。从确认离职之日起一个月后，公司可强制性收回离职人员所持股份。二是解雇。从被解雇之日起，公司可强制性收回被解雇人员所持股权。

4. 关于持股企业新合伙人入伙

改制后进入天义电梯公司的骨干员工，经申请、提名、变更等情形，由公司董事会批准和持股企业全体合伙人同意，在满足有限责任公司股东人数限制的前提下，可以成为持股企业的合伙人。新入伙合伙人的出资金额和出资比例在不改变公司股权结构的前提下，参考公司审计净资产值由全体合伙人协商确定。

三、国有企业构建利益共同体的员工持股管理效果

（一）提高了员工积极性，增强了企业凝聚力

改制激发了经营层的积极性，管理效率持续提升。现金出资将经营层和公司发展捆绑在一起，使其更主动关注公司的运营并致力于公司的长远发展，合理参与决策，大幅提高运行效率，实现资源的最佳配置，使经济运行更有活力。改制形成了公司上下以提高效益为中心的氛围，内部各经济主体从产、供、销、运各个环节，实施了内部控制与全面风险管理制度，在管理强化、结构调整、工艺改进、技术提升等各个方面，并努力降低生产经营成本，更关注产品的市场销售和利润增加。改制激发了员工的积极性和创造性，从而优化并创新了企业经营，集中了优质资源的管理，提高了骨干员工的主观能动性和责任心。

（二）促进了企业持续发展

员工持股极大地调动了广大员工的积极性，有力地促进了企业经济效益的提高。天义电梯公司改制前近三年的销售收入为：2011年6216万元、2012年9185万元、2013年13567万元，平均增长率为47.75%，而项目实施后自2014年销售收入达到了21375万元，销售收入增长额为7808万元，增长率为57.6%，高出平均增长率近10个百分点，2015年销售收入达到了29249万元，销售收入增长额为7874万元，在销售收入2亿的基数上，增长率为36.8%。天义电梯公司改制前三年净利润为：2011年33万元、2012年49万元、2013年59万元，平均增长率为34.1%，而项目实施后2014年净利润达到292万元，增长额达到233万元，增长率394.9%；2015年净利润达到604万元，增长额达到312万元，增长率106.8%。

（三）为国有企业推进混合所有制和员工持股管理进行了有益探索

天义电梯公司作为中小型国有企业的代表，在2014年被列为中航集团改制试点后，积极努力探索国有企业改制道路。通过近3年的实践，天义电梯公司在国有企业股权混合制这条道路上有了质的突

破，天义电梯公司通过在增资扩股，成立合伙企业，股东及股权的管理制度上不断探索不断创新，借鉴了民营企业的优势，最终顺利完成了改制并且极大地调动了员工积极性，使整个公司面貌风气焕然一新，经济指标突飞猛进。天义电梯公司通过员工持股改革，探索出了一条适合本企业特点的改革道路，为其他同类企业深化改革提供了有益的经验。

（成果创造人：余　霄、朱　洁、胡　明、张卫华、樊传池、高红林、李洪杰）

国有企业提升服务水平的退休职工集中管理

北京易亨电子集团有限责任公司

北京易亨电子集团有限责任公司（以下简称易亨集团）隶属于北京电子控股有限责任公司（以下简称电控公司），自2012年成为电控资产经营管理平台以来，先后有飞达集团、器件集团、方略公司、瑞普集团、吉乐集团和北京无线电厂6家集团及所属企业并入，资产规模不断扩大。目前，在北京核心城区持有经营近40万平方米房产，重点打造了易亨科技大厦、易亨·东道产业园、环星科技文化产业园、易通时代广场科技创意园等多个商用地产项目。

一、国有企业提升服务水平的退休职工集中管理背景

（一）国有企业深化改革的必然要求

为了更好应对国企改革带来的挑战和机遇，电控公司从电控系统层面加强统筹谋划，大力推进“三个集中”改革调整，将退休人员的管理业务从原企业剥离出来，让科技企业能够轻装上阵，集中优势资源发展科技产业。易亨集团作为电控的资产经营管理平台，承担着社保稳定集中管理的重任，做好退休职工的管理与服务是必须完成的使命。

（二）是企业自身发展壮大的必然选择

随着新企业的并入，退休人员社保关系分散带来的工作效率低、管理成本高、工作队伍庞大、职工满意度降低等问题更加凸显，迫切地要求形成具有较强接纳能力的管理模式，只有这样才能适应企业不断并入、退休职工规模不断扩大的需要。面对日益繁重的管理任务和退休职工分散管理存在的诸多问题，集中管理成为易亨集团的必然选择。

（三）国有企业必须承担的社会责任

经过岁月的洗礼，当年年轻力壮的青年都已经老去，他们由照顾别人的人成了需要别人照顾的人。也正是有着这样的历史传承，把退休职工照顾好、服务好，使他们安度晚年成为易亨集团必须要承担的社会责任。

二、国有企业提升服务水平的退休职工集中管理内涵和主要做法

易亨集团通过社保关系转移、内外资源整合、管理流程再造等一系列工作，将退休人员的管理方式由原来的各子企业分散管理，转为集中管理，由分散服务转为集中服务，形成专心、专注、专业的管理格局，实现了对社保工作多层面、多业务端口的集中管理，形成了一套完整的社保整体工作体系，从而提高管理效率和服务水平，为国有企业深化改革营造和谐稳定的环境，为企业更好参与市场竞争提供了基础保障。主要做法如下：

（一）实现退休物理上的集中管理

易亨集团各所属企业退休职工的社保关系，分散在北京市六个城区的社保机构（东城区、朝阳区、海淀区、西城区、丰台区、昌平区），在具体业务办理过程中存在横向管理幅度过宽、管理成本较高、工作效率低的问题。但是大规模社保关系的集中，社保管理机构没有这样的操作经验，实施过程中一旦发生差错，将影响到职工的社保发放，后果不堪设想。易亨集团经过多角度、多层次的论证和实操层面的不断探索，认为社保关系集中虽然有很大的操作难度，但如果能够做到考虑周全、准备充分、沟通充分，仍然是可行的。

按照建设资产经营管理平台的整体战略部署，根据有利于发展和稳定、有利于退休职工的基本原

则，易亨集团将分散在六个城区的退休职工社保关系全部集中到易亨集团所在的朝阳区社保中心，实行易亨集团退休职工一户管理。易亨集团从数据核对、资料准备的基础环节做起，对各单位的养老、医疗数据库逐个核准，对异地安置、外埠永久居民等特殊情况，对应有关政策和操作规定单独做好工作方案。在与社保管理机构的沟通中，做到紧密衔接、主动沟通、主动承担工作任务，对所有资料进行三级核准，做到工作有序、条理清晰、内容准确、说明详细，并注重工作形成闭环反复核对，确保零差错，做到申报工作一次成功。从 2013 年 5 月开始实施退休人员社保关系分批分步转移，并随着企业并入，同步稳妥推进，到 2015 年 10 月，分五次共计集中转移 1.8 万人，实现退休职工社保关系“六城归一”。通过退休职工社保关系集中，各项社保业务均按朝阳区社保业务流程办理，实行统一的社保工作流程；退休职工医保报销、补贴核算等各项社保业务，实行朝阳区社保一地一次申报结算。

（二）实现退休职工实质上的集中管理

1. 企补发放机构的集中管理

企补发放机构是直接涉及退休职工各类企业补贴发放的渠道，在国有企业的整合、调整过程中，广大退休职工所关注的焦点是企业的调整，对自己的企补是否会产生影响，是否能够按时、足额发放到账等问题。易亨集团所属各企业退休职工补贴发放机构非常分散，包括中国工商银行和中国邮政储蓄银行共 24 家分支机构。易亨集团积极与工行、邮政进行反复沟通和商谈，最终确定将企补发放转入易亨集团签约的工商银行和邮政储蓄进行集中管理这一解决方案。在工作路径确定以后，易亨集团成立企补调转工作小组，积极开展相关工作。依据数据信息库进行对账确认，逐个校准，保证企补名册的人员准确；加强和工行、邮政进行工作衔接，按照标准模板对数据进行调整，确保电子数据的无缝对接；将财务代收付工作转入社保工作职责范围，从制单到最后的金额代收付确认，形成企补的整体工作闭环。

2. 退休职工档案的集中管理

退休职工的各项业务工作都与职工档案密切相关，例如养老金增长核查、社保退休档案回查、各类公证外调等等，都离不开退休职工的档案信息。易亨集团退休职工档案存放于原各企业档案室，日常使用和维护较为困难，例如一份档案的公证业务，由于需要前往原企业查档，至少需要 3 天的时间才能完成。易亨集团经过调查研究，决定实施档案集中管理。通过建立标准化的退休职工密集柜档案库，将分散在 18 处近 2 万份退休职工档案，全部集中到档案库实行规范化、信息化管理。

一是电子数据管理，提升信息化水平。面对退休职工档案，采取电子信息化的数据管理模式，易于档案的造册、编码、查询和调整更新。二是合理布局、发挥整体空间优势。根据密集柜的特点充分发挥其空间的优势，将密集柜进行整体划分，每格定量存档，便于档案电子信息管理系统的排序和建档。三是创新方法，制作统一“档案信息标识卡”。使用标识卡标注特殊职工的信息，如军转干、工伤、伤残军人等，更直观准确地反映个人信息，提高档案管理的效率。

3. 社保财务的集中管理

从实际社保业务工作来衡量，凡涉及费用支付业务的工作环节，就会出现社保资金发放、结算的工作问题。为使社保业务得到延伸，末端工作健全、完整，实现良好的封闭运行，易亨集团将财务工作中涉及退休职工企业负担费用支付和报销业务的出纳工作并入社保工作范畴实现集中管理。主要做法是：通过搭建社保财务部门、规范资金核算审批下拨程序、开设社保业务专用财务账户、社保业务工作整体剥离，为社保财务集中打下了坚实基础；通过财务大厅的标准化建设，现金发放更加安全，业务划分更加清晰，实现财务的封闭运行管理和服务工作，所有的现金业务全部进入社保财务大厅，达到直面退休职工业务的工作效果；制定《社保中心财务审批管理办法》等制度，确保资金申报、审批和下拨符合财务制度，并建立预算审批、企补发放、报销退款、财务核算专项工作流程。

易亨集团通过财务集中管理，实现退休职工各类企业补贴和报销业务“进出一个门”的办理模式。

退休职工的企业补贴负担费用和各类报销业务，统一到社保中心财务进行划转和办理，全部集中在社保内部进行工作的流转，从退休职工各项业务的制单申报、结算审核，再到资金的划转发放工作，全部实现在社保内部的统一集中办理，实现退休职工企业负担、报销和代发业务的封闭管理。

（三）实现退休人员业务的高效管理

易亨集团在顺利完成退休职工的社保业务集中管理后，深刻感到原有的分散管理模式已经不能适应集中管理的工作要求。通过对社保工作职责进行梳理和划分，建立按工作内容、工作指标和工作模块分工与协作的“五统一”工作方式和“8＋2”专业化分工，构成了退休人员业务高效的管理体系。

1.“五统一”工作方式

指将社保工作纳入统一方式进行运行管理，即制度和信息统一建设、稳定资金统一预算支付、社保业务统一运行、退休职工统一服务和维稳工作统一落实。

一是制度和信息统一建设。根据退休职工集中管理服务的工作要求，统一制定各项管理工作制度和工作流程，形成统一的工作规范，全力做到“制度＋流程＋表格”的标准管理工作体系；统一建立退休职工信息数据库，并根据管理服务的需要，建立专项数据信息库，全面实现数据统计工作的信息化管理，以完善、准确的数据信息库为依托，扎实做好退休职工的信息互联工作。

二是稳定资金统一预算支付。按照精细化管理工作要求，不断完善社保稳定资金的管理，建立准确的《资金预算管理运转台账》和《资金使用重点分析报告》；退休职工的各项费用支出，建立准确、翔实的资金预算，做好费用整体的统筹管理和支出监控措施工作，确保社保资金的准确性和安全性；建立《退休职工和各类费用支出月核算分析台账》，全面确定退休职工 18 项费用支出数据，准确反映每时段社保费用的支出情况，重点是要确保“789”号文件国拨资金的精准性，细化补贴资金的支出管理。

三是社保业务统一运行。成立退休职工的集中管理部门—易亨集团社保中心，全面负责退休职工的社保、医保等各项社保业务工作，如医药费结算、信息变更、异地认证、特种病备案、丧葬费结算等各项社保业务，统一由社保中心全程办理。

四是退休职工统一服务。退休职工各项企业补贴统一、集中核算发放，具体工作人员必须严格按照 ISO9001 工作体系的标准和《退休企补统一核发工作流程》，确保退休职工按时领取各项企业补贴；建立退休职工档案电子信息管理系统和密集柜档案库，实现档案的规范化集中管理，确保档案接收、归档和查、借阅工作流程化管理；深入了解退休职工的家庭、生活、身体状况及病亡情况，建立个人信息档案，摸清底数，实行动态化工作管理，并统一进行慰问、看望工作，切实解决退休职工的实际困难和问题。

五是维稳工作统一落实。建立《信访接待“双轨制”工作体系》，并结合群访、集体访的现场接访工作，建立《集体访接访工作体系》，从制度、流程上保障信访接待工作的有序进行；重点梳理集体访、个访和缠访事件和信访职工名册，建立一一对应的单独信息数据库——《信访数据信息库》。通过每次接访的登记表、答复说明、现场接访答复视频资料，掌握每次信访的全部过程和进度，全面解析接访的过程，实现信访工作的历史链接和工作传承。

2.“8＋2”专业化分工

指将社保业务按照工作内容的关联性，对整个社保业务进行专业化梳理、归并和集中，以实现各项社保业务专人负责、分工明确，专业化管理水平提升、效率提高的工作目的。

一是成立八个专项业务工作组。医保业务组：负责退休职工药药费报销、医疗信息变更和特种病审批等医保业务工作；企补业务组：负责退休职工企补、供暖、事企差额补贴和各类扣款等企业补贴业务工作；社保业务组：负责退休职工社保信息变更、去世丧葬费结算、欠费追款等社保业务工作；档案业务组：负责退休职工密集柜档案库、电子信息系统、公证和与档案相关业务工作；专项业务组：负责

“789”号文件、职幼教、军转干和困难职工信息的政策落实工作；信访业务组：负责退休职工的信访接访、化解、回复和信访数据信息库建设业务工作；基础运行组：负责制度流程建设、预算审批、数据统计、内控和中心数据库等业务工作；供暖业务组：负责退休职工的供暖费核定、审批发放和数据信息库更新完善业务工作。

二是建立两个业务关联中心。建立接收新增退休职工业务关联中心，负责接收每月的新退休职工，确保新退休职工各项待遇按时发放和档案资料及时归档；建立社保财务中心，负责易亨集团退休职工企业负担费用和报销业务支付工作，建立统一财务专用账，完成与集团财务的账务对接、票据核准、回转工作。

通过“五统一”工作方式和“8＋2”专业化分工的建立，实现了退休职工的管理和服务由松散型管理向高度集中管理的工作模式转变，并取得了显著成效。

(四) 提升退休人员服务的工作水平

为了加强对退休职工的服务，易亨集团建立专门的社保工作团队，由社保中心统一负责退休职工的集中管理与服务工作。同时，搭建社保服务大厅，启动窗口式服务，依靠制度建设将服务项目标准化、流程化，确保服务质量。

1. 搭建社保服务大厅

在电控公司的统一部署下，易亨集团从2014年开始搭建社保服务大厅，厅内硬件设施设计参照北京市各区县社保服务大厅的专业特征，把房间打通加固优化整体格局，把细节深入到柜台台面的高度、沙发座椅的舒适度等各个方面，为退休职工办理业务提供良好的硬件条件。为了保障服务大厅的运行，易亨集团专门制定新的业务流程和工作职责，制定《社保中心工作手册》，作为各项工作的指引，涵盖了中心的组织结构、管理体系、工作内容、工作流程、岗位职责、内部管理制度等内容。

2. 建立工作规范

为实现退休职工各项社保业务能够及时、有效办理，更好地为退休职工服务，提高退休职工的满意度，结合实际工作需要，易亨集团社保中心建立了五项工作规范。一是首问负责制。是指第一位接受退休职工业务的工作人员，必须负责接待、解答、受理或者引导办理相关业务，使业务能够及时、有效办理。二是服务承诺制。根据工作要求，将办理业务程序、时限以及标准等事项向退休职工说明，并根据工作流程有效保障经办业务的落实。三是限时办结制。在受理退休职工社保、医保等各项业务、来信来访及其他需办理的业务时，要在规定时限内办结或者予以正面答复。四是AB岗工作制。中心某一岗位工作人员不在岗时，应指定相同或相似岗位的工作人员代行其职责，以保证工作连续性。五是一次性告知制。退休职工办理或电话咨询有关业务事宜时，中心工作人员必须一次性告知退休职工所要办理业务的依据、时限、程序和所需提交的全部资料。

三、国有企业提升服务水平的退休职工集中管理效果

易亨集团建立并完善退休职工集中管理服务制度体系，从中积累了丰富的管理经验，形成了诸多实操性强、可复制的运行模式，逐步建立起一种行之有效的管理方式，并取得了良好的管理效果。

(一) 取得了良好的经济效益

管理成本大幅降低。易亨集团通过实施退休职工的集中管理，大幅降低了各类管理运营成本，工作团队由分散管理的近百人减少到集中管理的20人，大幅降低了人工成本。每年各项费用总计减少支出数百万元，集中管理的效益得到凸显。

有利于企业更好参与市场竞争。退休职工实行集中管理，使企业从繁重的社会事务中解脱出来，让专业的人做专业的事，有利于最大限度地激发企业活力和竞争力，有利于提升企业经营效益。从电控层面来看，实施退休职工集中管理以后，科技产业能够轻装上阵，把全部精力用于科技创新、市场拓展等

方面，近年来取得了显著的发展成果；从易亨层面来看，退休职工集中管理为易亨营造了核心稳定的外部环境，使经营班子能够专心专注于经营管理，存量资源的价值得到不断释放，经营业绩不断提升。营业收入由2010年的1.73亿元，增长到2015年近2.6亿元；利润总额由2010年亏损3679万元到2015年利润总额达到3094万元。

（二）提升了企业的社会效益

退休职工的满意度进一步提高。通过实施退休职工集中管理，退休职工办理业务发生许多切实可以感受到的变化，比如一份公证外调由原来的3天时间，转变为只需30分钟就可办理完结；退休职工各类企业补贴和报销业务由原来的跑多个部门转变为“进出一个门”等。通过这些改变，退休职工对企业的改革调整由不理解转为理解，由不支持转变为支持，满意度持续提高。

有效化解矛盾风险，有利于社会稳定。社保集中管理服务，所带来的不仅是社保业务集中的优势，在信访接访、化解历史问题，维护社会稳定上也起到了同样巨大的作用。集中管理实现了历史遗留问题的化解、信访事件的稳控，退休职工接访、稳控均有专业部门进行接待回复，形成了信访不向外扩延的工作局面，信访的集中管理对信访事件的稳控、化解工作，起到了积极的作用，确保了社会的稳定大局。

为退休人员社会化移交做好准备工作。易亨集团作为电控资产管理平台，已经为退休职工社会化管理做好充足的准备工作。退休职工社保关系集中，为社会化移交，在社保机构对接上做好了准备工作，避免多家企业的同时移交，造成信息混乱；企补发放机构、社保财务集中，实现了社保资金的集中发放；档案集中，为退休职工档案社会化移交，做好了前期的整理、归档和核对工作；信访集中确保了退休职工社会化管理移交后，退休职工信访诉求的接访工作，实现历史问题的集中化解，不将矛盾、历史遗留问题，上交社会、政府机构，确保退休职工社会化移交退休职工队伍的稳定，更为实现企业的调整退出打下坚实的工作基础。

易亨集团实施的退休职工集中管理服务，实现了集中管理的成本节约，使企业能够更好地参与市场竞争，也为更好地服务退休人员，提高退休职工满意度，有效化解矛盾风险，维护社会稳定做出了贡献，并为将来的退休职工社会化移交做好了准备。目前已基本实现对易亨、北广、牡丹、大华等电控公司二级企业、2.9万名退休职工的平台化集中管理和两级规范服务，实现了电控社保中心东、西两个社保大厅管理服务的统一性和规范性，并具有很强的社会示范效应；随着易亨集团社保集中管理服务体系的不断完善，退休职工集中管理服务的成效将得到进一步释放，为易亨集团做好电控公司“十三五”调整保障平台奠定坚实基础，对推动国有企业深化改革起到积极的促进作用。

（成果创造人：曹　莉、马　锐、韩燕强、陈兵慧、边丽冰、唐雅芬、李雅君、刘少华）

电力海外投资企业造就复合型人才的员工培训管理

中国电建集团海外投资有限公司

中国电建集团海外投资有限公司（以下简称电建海投公司）于2012年7月成立，是中国电力建设股份有限公司（以下简称中国电建）控股子公司，主要从事电力、石油、有色金属等矿产资源的特许经营和房地产、环境保护、重要基础设施项目的投资，工程技术与咨询服务、进出口贸易等。2015年，公司资产总额238亿元，营业收入315645万元，利润总额37558万元，投产水电站装机约85.41万千瓦，在建水电站装机逾78.2万千瓦，在建火电站装机逾152万千瓦。

一、电力海外投资企业造就复合型人才的员工培训管理背景

（一）企业实施“走出去”战略的需要

“一带一路”战略的提出，使得我国企业海外业务面临着千载难逢的发展机遇。能源建设作为“一带一路”的重点建设领域之一，为中国电建提供了新的用武之地。电建海投公司作为专业从事海外投资业务的大型骨干企业，成为中国电建调整结构、转型升级、推动国际业务优先发展的重要平台与载体。然而，电建海投公司面临着国际环境的极大挑战和对具有专业特长的复合型人才的极大需求。因此，行之有效的员工培训管理是公司实施“走出去”战略，满足大力开拓海外业务对人才需求的必由之路。

（二）满足海外业务人才需求的客观要求

目前，电建海投公司面临着许多生产经营上的困难。一是专业经营管理难度较大，业务涉及特许经营、直接投资和收购与兼并三种境外投资形式，业务领域涵盖电力、矿业、建材等，对员工队伍的专业性提出了很高要求。二是境外投资业务时限长，对运营管理、风险防范要求较高，这就对公司员工技能的复合型提出了更高要求。三是项目点多面广，组织管控、模式创新、本土化经营与多元文化融合的任务很重。因此，打造一支支撑公司海外投资业务发展的专业化、多元化、复合型人才队伍，就显得尤其重要。

（三）提升企业国际竞争力的迫切需要

电建海投公司制定了“打造4大海外平台、布局全球8＋10＋12国别市场、建设4＋1＋1的核心竞争力、实现1221发展目标”的中长期发展规划，并致力于成为中国企业海外电力投资标杆、全球境外电力能源投资领先企业。因此，打造一支集投融资、设计施工、运营管理、风险管控一体化的专业团队，加快实现产业链一体化“集群式”，不断提升国际竞争力，是电建海投公司提高国际化水平的迫切需求。

二、电力海外投资企业造就复合型人才的员工培训管理内涵和主要做法

为满足企业实施“走出去”战略，开展海外投资业务，提升企业国际竞争力对人才的需要，电建海投公司以“用最优秀的人培养更优秀的人”为培训理念，通过确立“打造具有专业特长的复合型人才队伍”的培训目标；建立健全培训管理体系和内外结合的培训网络；全方位打造培训师资队伍；完善激励机制，增强员工参与培训的动力；搭建信息系统，提升培训的智能化水平等措施和做法，将员工培训从单一的专业人才培训转变为集专业技能、语言能力、海外属地知识于一身的复合型人才培训，并实行“全职业周期”的持续培训和全过程动态化的新员工跟踪培训等，以不断提升员工开展国际投资业务的能力，为实施企业发展战略提供人才支撑。主要做法如下：

（一）确立培训目标，健全培训体系

根据业务领域广泛、投资形式多样、期限跨度较长、项目分处多个国别市场等特点，电建海投公司提出员工培训要以“打造具有专业特长的复合型人才队伍”为目标，即打造能够掌握项目从前期跟踪到项目投资，再到建设和运营阶段的全流程业务知识的专业化复合型人才队伍。这种复合型人才既有基本素质要求，又有较高的业务能力要求。基本素质包括思想政治素质、道德修养、文化品格、法律意识等，业务能力则包括具备某一种或某几种专业技能，如精通融资的财务技能，精通电力投资的商务技能，精通风险管控的法律技能等。因此，电建海投公司把员工培训目标精准定位于“打造具有专业特长的复合型人才队伍”，既符合公司业务发展需要，又对其他开展海外业务的中资企业同样适用。

电建海投公司秉承“用最优秀的人培养更优秀的人”的培训理念，注重打通整个人才建设和人才培养通道，从人才招聘、选人用人环节开始，注重甄选适合岗位需求、适合公司海外投资业务长期健康发展的优秀人才，为公司的人才队伍建设打造较高的起点。电建海投公司成立培训工作领导小组，下设培训管理办公室，办公室设在人力资源部，归口负责管理公司的各项培训工作，为人才培训的有序开展提供组织保障。通过组建公司专（兼）职培训师队伍，遴选合格的外部培训机构，建立培训基地，构建全方位、多层次的培训体系。电建海投公司结合战略发展和员工成长需求，深化人才强企战略，推进人才队伍建设，制定《中国电建集团海外投资有限公司员工培训管理办法》，为公司员工培训提供制度保证。

（二）实施“全职业周期”培训和“新员工跟踪培养”

1. 实行全员“全职业周期”持续性培训

以系统化、规范化为基础，把对员工的培训、培养和企业发展紧密结合，深化人才强企战略，推进人才队伍建设，积极打造学习型企业和学习型员工。从入职起，接受为期 3 年的新员工跟踪培养管理，以达成对公司文化、价值观、发展战略的认知和认同，同时快速掌握岗位职责及业务要领。之后，结合个人跟踪培养管理效果，针对不同的培养需求，为员工制定覆盖全职业生涯的培训计划，以专项业务培训、职（执）业资格培训、外语能力培训及领导力培训为主要培训内容。通过公司培训管理系统，形成完整的培训记录，打通员工职业发展通道，增强企业向心力和凝聚力。

2. 对新员工实行全过程动态化跟踪培养

电建海投公司成立新员工跟踪培养工作领导小组，全面负责公司新入职员工的跟踪培养工作，并制定相应的《中国电建集团海外投资有限公司新员工跟踪培养管理办法》。新员工跟踪培养周期为 3 年，包含入职培训、导师制跟踪培养、经验分享座谈会、试用期转正、见习期转正、出国常驻、结束常驻和内部调动等跟踪培养具体内容。

一是新员工入职培训。电建海投公司于每年 7 月组织新入职员工参加集中培训，就公司发展战略、企业文化、外事、投资概况与投资实务、建设运营项目等进行专题培训，安排优秀青年代表通过知识分享座谈会的形式，与新员工进行工作经验和成长心得的交流。组织新员工开展自学培训，发放公司制度汇编和学习资料，并要求新入职员工在 1 个月内提交学习体会。

二是导师制跟踪培养。电建海投公司建立“导师带徒”制度，贯彻落实“日常人力资源管理与分阶段跟踪培养相融合、以跟踪培养为着力点、多主体、全方位、全覆盖、全职业生涯管理”的新员工培养方针。第一，明确新员工导师。部门负责人根据新员工的工作岗位、所学专业和培养方向等实际情况，为其安排一位责任心强、业务水平高、工作经验丰富的指导老师，为新员工提供思想、工作和生活等多方面的指导，并在新员工报到 1 个月之内将师徒结对情况报人力资源部备案。为保证培养质量，规定每名导师最多同时带 2 名新员工。第二，实行季度跟踪培养。入职当月起，持续完成 1 年的《新员工季度工作记录表》，每季度提交一次，总结梳理本季度重点工作完成情况和心得体会，明确下季度工作计划及期望目标。部门于每季度末将《新员工季度工作记录表》电子版和纸质版提交人力资源部备案。第三，实施导师反馈评价。新员工在试用期转正、见习期转正或入职满 1 年时，由部门导师填写《部门/子公司导师评价意见表》，对新员工在试用期和见习期取得的主要成绩、主要优点和需要改进的地方进行全面、客观的评价，导师同意后方可转正。

三是出国常驻。子公司多设立在国外，根据工作需要，将部分新员工外派到子公司常驻工作。由子公司根据新员工的岗位职责和个人意愿，为其安排指导老师，为新员工提供思想、工作和生活等方面的指导。子公司于 1 个月内将师徒结对情况报总部人力资源部备案。新员工在国外常驻期间，实行国外导师与国内导师双导师制培养。为保证培养效果，处于前期运作阶段的项目公司新员工以国内导师培养为主，处于建设期、运营期的常驻新员工以国外导师培养为主。新员工需要定期与国内导师进行沟通，并按时向派出部门和人力资源部提交《新员工季度工作记录表》《部门/子公司导师评价意见表》以及试用期、见习期转正等相关跟踪培养资料。员工结束常驻回国工作，需撰写在国外常驻期间的工作总结，并由子公司给出评价意见。工作总结和子公司评价意见提交人力资源部和派出部门备案。

四是经验分享座谈会。在新员工入职满 6 个月、1 年、2 年、3 年等四个时间节点，公司组织新员工参加经验分享座谈会，邀请工作经验丰富的骨干员工参加，通过案例分析，实现经验分享。同时，就新员工入职后在工作、生活、职业发展等方面存在的困难和问题进行答疑解惑，收集新员工对公司发展或部门工作的合理化建议。人力资源部在出国常驻员工回国休假期间向员工发放经验分享座谈会相关资料。

（三）实行内外培训相结合

1. 健全内部培训网络

电建海投公司选聘拥有卓越管理能力的公司领导及拥有丰富业务经验的业务精英担任内部培训讲师，着力打造高素质师资队伍。内训师均由公司认定，分为高级、中级和初级三类，授课内容包括企业文化、市场开发、财务资金、标准化建设、行政综合等。完善的内部培训有效推动公司人才队伍建设，丰富公司知识管理库和人才培养专家库，实现公司业务发展中经验教训的有效沉淀、升华、共享和传承，将公司内部“最优秀的人”的知识与理念通过内部培训高效且具有针对性地传承给“更优秀的人”。

电建海投公司成立优秀内训师评选管理办公室，构建完善的内训师激励机制。通过参培人员对内训师授课态度、授课内容及授课水平等方面的满意度评价，以及评选办公室组织的专家团队对内训师授课计划完成情况等内容的评分，选拔出年度考核评分排名前 30% 的内训师作为年度优秀内训师，授予“优秀内训师”荣誉称号，颁发荣誉证书，并按公司相关规定发放优秀内训师奖金。

2. 搭建外部培训网络

经过多方筛选和综合考虑，电建海投公司与资质良好且培训经验丰富的机构（GE 克劳顿维尔领导力发展中心、世纪管理名家讲堂、北大纵横管理咨询集团公司等）建立长期合作关系。在参与外部公开课的同时，电建海投公司主动联合北大纵横商学院等机构，将多位专家请进公司开展讲座。同时，主动与已经过验证的专业培训机构建立联系，结合公司战略，针对公司人才队伍现状和对领导力提升的不同诉求，有侧重地推荐符合参培人员需求的领导力课程。此外，电建海投公司大力推进培训案例库建设工作，通过收集培训教材/案例，完善公司知识库的建立，将业务发展中积累与沉淀的知识得到有效的管理和合理利用，为企业内部知识和信息的传播，提供有效的平台。

3. 解决海外员工“培训难”困境

由于海外培训资源有限、项目空间障碍等客观因素，对于海外员工培训一直存在“培训难”的问题。为解决这一困境，电建海投公司将总部举办的各类培训通过远程视频技术直播给海外公司员工。此外，电建海投公司开创海外员工培训“送教上门”新模式，施行培训“走出去”策略，组织公司内、外优秀师资力量，到一线开展专项培训。同时，还将全部培训刻录成光盘分发到各个项目上，组织海外项目人员针对个人及工作需要进行学习，以提高公司员工整体素质，增强员工的归属感。

（四）确定员工培训内容

1. 开展专项业务培训

电建海投公司加大对投融资、设计施工、运营管理、风险管控等方面的专项业务培训，加快实现产业链一体化“集群式”走出去参与国际竞争。专项培训内容涵盖财务资金，市场开发、投资融资等员工日常所涉及业务，是提升员工岗位能力、业务素质及与岗位核心工作密切相关的知识水平的重要手段。

2. 加强外语能力培训

电建海投公司根据需要对长期驻外员工开展外语培训，要求员工通过培训至少熟练掌握一门外语，培训人员以英语尚未达到中级水平的长期驻外人员为主，或英语达到中级以上水平但因工作需要学习其他小语种的员工。在外语培训机构的选择上，培训项目申请人需至少选取 2—3 家同类型的培训机构，对价格和培训内容进行比选后，选定在当地或国内正式注册的口碑良好的专业培训机构，且具有合格的师资、培训大纲，并能进行测评和考核、颁发相应的合格证书。

3. 强化职（执）业资格培训

电建海投公司大力支持员工进行职（执）业资格的学习和取证，主要针对公司骨干员工开展，由外部培训完成。通过有组织、有计划、有针对性的职（执）业资格培训，逐步完善员工职业生涯规划，缩小公司人才现状和未来发展要求之间的差距，形成专业化、职业化、国际化的复合型人才队伍。同时，公司也支持员工进行学历学位及专题项目课程教育，培训主要包括与公司业务、管理密切相关的脱产或在职的高等院校学历学位教育及专题项目课程培训，主要针对参加工作满 3 年及以上，距离退休 10 年及以上的公司骨干员工，由外部培训完成。

4. 实施领导力培训

电建海投公司不仅针对领导人员进行领导力培训，更推广挖掘全体员工的潜在领导力的培训，分层次、有侧重的组织开展，以外部培训为主，由外部培训和内部培训共同完成。领导力涵盖范围广泛，囊括学习力、决策力、组织力、教导力、执行力、感召力等多方面的个人及团队领导能力，且不同层级人员对领导力培训的需求各有侧重。电建海投公司高级管理人员参加国际领导力高级专家培训、企业领导人员培训、GE 领导力培训、中青年管理人才培训；中层管理人员参加国企领导人员领导力培训、清华大学经济管理学院高层管理人员培训、情景领导培训、中高层管理人员领导力培训等；普通员工参加高效经理人的八大核心技能培训、国际项目管理师培训、团队情境领导培训等。通过分层分级的个性化领导力培训，不仅促进公司领导干部队伍在领导力方面的全面提升，也充分挖掘员工的潜在领导力。

（五）制订年度培训计划，建立培训保障和考核机制

1. 制订年度培训计划

为落实集团及公司中长期发展战略，有效保障公司规划目标的全面实现，及时掌握各部门各子公司的培训需求，电建海投公司制定详细的年度培训计划。要求各部门各子公司在充分考虑企业战略、业务开展、岗位职责、员工培训需求、员工实际业务水平与期望业务水平之间的差距等具体情况的基础上，统筹安排本部门员工的培训，并按照《年度培训需求调查表》报送至公司人力资源部，同时按照《年度专项培训计划表》填报与本部门业务工作密切相关并由本部门作为牵头方组织的年度专业培训计划，由人力资源部结合公司发展战略和培训经费预算，在广泛征求意见的基础上制定公司年度培训计划，经公司主要领导审批后组织实施。

2. 建立培训保障和考核机制

电建海投公司建立培训保障机制，搭建学习型、知识型企业平台。对于参加计划内培训并取得培训合格证书的员工，全额报销培训费用，没有取得合格证书的员工，公司报销 50%的培训费用；每年为

有外语培训需求的员工投入约1000美元每人的培训费用，参培人员需签署培训承诺书，结业考核通过后，由电建海投公司承担全部费用；大力支持员工进行职（执）业资格的学习和取证，并在制度中明确承担员工的学习、考证费用；员工自行在职参加学历学位（研究生及以上）教育的，入学前在人力资源部备案，完成学历学位教育培训后，将取得的学历学位证书原件提交人力资源部审查，经审查属实，公司将予以报销50%的学费。电建海投公司培训保障机制正向激发员工的学习热情，增强培训效果，体现公司对于员工培养的高度重视，同时也为员工中长期发展提供有力保障。

为强化培训效果，提高学习积极性，完善培训管理体系，逐步实现学习型组织，公司建立培训考核机制，将员工培训完成情况与年度绩效考核结果相结合，要求员工每年年初至少上报一项年度培训计划，培训计划完成情况纳入年度个人绩效考核评分中，如年底完成所申报的至少一项培训计划，该项考核为满分，反之，该项考核为零分。

（六）搭建信息系统，提升培训的智能化水平

为实现培训工作的全面系统化管理，为打造学习型组织提供保障，电建海投公司搭建培训管理系统。该系统涉及培训需求申报、计划制定、培训组织、效果评估反馈、档案管理、培训资源管理、报表查询、在线学习、手机端学习等多个模块，能够实现实时在线培训和反馈评估统计，使电建海投公司的培训工作规范化、系统化和自动化。

三、电力海外投资企业造就复合型人才的员工培训管理效果

（一）培养了一批具有专业特长的海外投资领域复合型人才

员工培训管理自实施以来，培养和造就了一大批业务骨干和岗位能手，构建了电建海投公司年轻化、专业化、具有生机的海外投资团队。电建海投公司员工具备了突出的外语能力、商务能力、谈判能力等专业能力，在海外项目的各个岗位上创造着突出的价值。2015年，人均劳动生产率高达1192万元/人，成功打造了“小总部、大项目”的发展模式。电建海投公司成立4年以来，员工在各自专业领域迅速成长，并多次获得行业认可，如“2014中国CFO年度人物”“CGMA2015年度财界领袖”“全国电力企业优秀管理论文大赛”一等奖、“第二十二届全国企业管理现代化创新成果”二等奖等。

（二）保障了公司海外业务持续、健康、快速发展

员工培训管理始终以公司的中长期战略规划为指引，以人才战略规划为目标，有效助推了企业竞争力及综合实力的提升。主要经济指标连续3年实现两位数以上增长，连续3年超额完成生产经营任务目标。海外项目的市场布局和业务拓展稳步推进，目前已在老挝、柬埔寨、巴基斯坦等国家拥有多个运营和在建项目，如柬埔寨甘再水电站、老挝南欧江流域梯级电站、尼泊尔上马相迪A水电站、巴基斯坦卡西姆港燃煤电站。在此基础上，大力开拓印尼、蒙古、孟加拉等新市场、新项目，正在逐渐形成具有国际竞争力的海外投资升级版。

（三）促进了员工与企业的共同成长

以打造复合型人才队伍为目标的员工培训管理有效促成了员工与企业共同成长的良性循环，员工通过自主参与培训、科学合理地接受培训，不仅迅速提升了自身的专业技能和全过程业务水平，而且将自身的成长成功转化为企业的成长，个人职业生涯的前景依托于企业良好的成长势头，实现了人与企业的共同发展。2015年，电建海投公司营业收入、利润总额、资产总额同比分别增长了13.91%、30.51%、28.46%；在集团经营业绩和综合管理评价考核中位列A级，电建海投公司位居集团子企业综合实力评价第14位，较2014年排名上升31位。

（成果创造人：盛玉明、卢吉波、丁新举、陈　萍、邱　清、杨　玲、孙艺玮）

建筑施工现场农民工安全生产培训管理

中建三局集团有限公司

中建三局集团有限公司（以下简称中建三局），是世界500强企业上市公司——中国建筑工程总公司的重要子公司，全国首家行业全覆盖房建施工总承包新特级资质企业，可承担各类型工业、能源、交通、民用等工程建设项目的施工总承包、道路桥梁施工、房地产经营、钢结构施工、机电安装施工等。业务遍布全国31个省（直辖市、自治区）和中国香港、中国澳门特别行政区，并拓展到巴基斯坦、阿尔及利亚、印度尼西亚、越南、柬埔寨等国家。2015年，中建三局合同额超2000亿元，营业收入超1281亿元，综合实力多年排名中建系统工程局第一名、湖北百强企业第三名，先后蝉联两届全国文明单位，三次获得全国五一劳动奖状，累计荣获140项鲁班金像奖（国家优质工程奖）。

一、建筑施工现场农民工安全生产培训管理背景

（一）确保企业健康发展的需要

安全生产，事关员工的生命安全和家庭幸福，事关企业的健康发展，事关社会的和谐稳定。2014年12月1日起施行的新《安全生产法》，对安全生产提出更高的要求，被称为史上最严的法律。2014年的“12·29”清华附中钢筋坍塌事故中，涉事企业被吊销企业资质和安全生产许可证，企业从此消亡，相关企业的主要负责人也被给予“终身行业禁入”的处罚。由此可见，企业的生产安全不仅影响企业的效益和发展，更有可能导致企业“猝死”，安全生产工作对建筑施工企业的健康发展尤为重要。2015年，全国共发生房屋市政工程生产安全事故442起、死亡554人，其中较大事故22起、死亡85人，群死群伤的事故还没有完全遏制，说明安全生产形势依然严峻，不容乐观。

（二）确保施工生产安全的需要

建筑施工生产安全的主要特点有：一是建筑产品的多样性决定了安全生产问题的复杂性和多样性，且施工环境也千差万别，决定了建设过程中总会不断面临新的安全问题。二是变化大，规则性差。每栋建筑物从基础、主体到装修，每道工序不同，不安全因素也不同。而随着工程进度的发展，施工现场的施工状况和不安全因素也随着变化，每个月、每天、甚至每个小时都在变化。三是建筑工程的施工是流水作业，在建筑过程中，周边环境、作业条件、施工技术等都是在不断地变化，施工过程的安全问题也是不停地变化。四是建筑施工大多是露天作业，以重体力劳动的手工业为主，作业过程和施工环境中危险、有害因素较多。五是国内建筑业施工从业人员基本上由“农民工”组成，丢下“锄头”就上工地，缺乏必要的专业培训，缺少基本的安全生产常识。这些特点表明，建筑施工是高危行业，加之从业人员素质较低，亟须通过安全培训，确保生产安全。

（三）提升安全管理水平的需要

在众多的安全事故预防理论中，被大家熟知及应用较多的为“3E”原则，即工程技术（Engineering）对策、教育（Education）对策和法制（Enforcement），其中安全教育培训是预防安全事故、纠正不安全行为的最有效手段之一。在我国城镇化建设步伐不断加快的大背景下，大量农村富余劳动力涌入建筑施工领域，由于多种原因，造成当前农民工文化素质较低、安全意识淡薄，缺乏必要的安全知识和自我防范能力，给安全生产带来很大压力。因此，加强农民工安全生产教育培训，已经成为当前解决农民工问题、保护农民工根本利益和促进安全生产形势稳定好转的一项紧迫任务。近几年来在全国发生的伤亡事故中，80%以上发生在农民工身上，并且每年职业伤害、职业病新发病例和死亡人员中，半数以

上是农民工。据统计，近90%的安全事故是由人的不安全行为引发。如何提供农民工的安全素质和意识，显得尤为重要，安全培训是解决这一问题的关键所在。

（四）提升安全培训效果的需要

中建三局历来高度重视从业人员的安全教育培训工作，并早已实现了全员定期进行安全培训的目标。但随着企业的快速发展，2016年施工面积超过1.5亿平方米，年平均用工达23余万人，作业人员队伍越来越庞大，在开展培训的过程中，也发现了一些客观存在的问题，主要体现在：现场农民工文化水平较低、安全意识薄弱，接受安全培训积极性不高；传统培训形式单一、内容枯燥，对培训内容不感兴趣，抵触情绪较高；安全培训的内容不够系统、不全面，而且没有针对性；安全培训往往受到时间和场地的限制，安全培训工作不能有效开展；安全管理人员要兼顾现场安全监督和安全内业管理，工作多，压力大；现场人员流动性大，安全培训多，安全培训档案、记录不全或不规范；培训管理模式落后，公司对下属项目部的安全培训情况无法进行有效监管。因受到上述种种因素的制约，存在安全培训流于形式、走过场的现象，培训质量难以保证，导致培训效果不佳。因此，亟须引入新型、有效的培训手段和管理模式来提高农民工安全培训工作开展的效果。

二、建筑施工现场农民工安全生产培训管理内涵和主要做法

为切实提高对施工作业人员的安全培训效果，中建三局将书面的安全法规、技术标准及企业制度要求等施工生产安全知识，编制成情节生动的脚本，融入含有故事情节的动漫视频片中，将呆板的书面安全教育材料，转化为生动、形象的可视化动漫教材。利用多媒体集成技术，研发多媒体安全培训工具箱，内置动漫视频课件和题库，实现建档、考勤、培训、考试、阅卷、效果评估等一系列功能，便携易用，可以在施工现场随时随地开展培训。同时，利用互联网技术，搭建多层级的培训服务平台，将工具箱联网，集团总部对分公司、工程项目部的安全生产培训开展状况，实现统一部署、远程监控和督促，并根据每台工具箱的使用情况、培训内容、培训人员信息、培训档案进行后台管理，实现安全生产培训的大数据管理，有效提升培训效果，提高全员的安全生产意识和技能，为企业安全、健康发展，奠定坚实基础。主要做法如下：

（一）确立安全培训的工作思路

中建三局深刻认识到：人的不安全行为是造成事故的主要原因，归根结底是安全意识薄弱和安全技能低下造成的，抓好抓牢现场安全生产培训工作，就抓住了提升企业安全管理水平的“牛鼻子”，尤其是农民工的安全教育。为此中建三局积极探索新的安全培训方法，于2013年组建安全生产培训研究团队，致力于新的培训工具和管理手段的研发，应用现代信息化技术，创新安全培训方式方法，改变传统的说教式安全培训，提高农民工参与安全培训的积极性，提升培训效果，促进企业安全管理水平提升。

（二）创新安全培训的方式方法

中建三局组织组建企业内部专家团队70余人，并联合武汉大学安科中心，研发出建筑从业人员安全培训多媒体工具箱以及集团化企业安全培训管理信息平台，形成独具特色的安全培训管理体系。

编制动漫安全培训课件，应用flash、视频等多媒体技术手段，突破传统的文字堆砌形式，将施工安全生产知识文字版编织成动漫视频课件，并融入故事剧情，使安全培训课件更加生动形象。主要做法是：为了降低农民工对知识点的理解难度，增加其对培训内容的印象，在编制施工安全知识要点确定后，对其进行初步的处理，编制成情节生动的脚本，将知识点融入贯穿到一些设定的场景、故事情节中，再制作成生动、直观的多媒体课件，还原施工现场环境，让农民工对培训的内容不仅能看下去，还能记得住，提升培训效果。

应用多媒体集成技术，研发多媒体工具箱，将传统多媒体教室所需的硬件、软件、课程集成于便携式的箱内，工具箱配置集成主机、键鼠套装、无线答题器、考勤装置等。集成主机硬盘内置丰富的动漫安全培训课程、题库，以及专业的培训实施软件，可实现建档、考勤、培训、考试、阅卷、效果评估等一系列功能。负责培训工作的人员只要将工具箱的电源接通，连上投影仪，就可以随时随地开展一场施工现场的安全培训，且工具箱轻小便捷，适合建筑工程项目多、布局分散的特点，并可在多个项目之间周转使用，降低项目使用成本。

统筹整个中建三局的安全培训管理，研发安全培训信息化服务平台，作为多媒体安全培训工具箱的线上安全培训管理平台，有效开展各级单位安全培训的监管工作。多媒体工具箱连接互联网后，可与管理平台进行实时数据交换，同步更新，使多媒体安全培训工具箱具有培训档案管理、信息查询、课程统一更新等功能。各级单位均可以通过管理平台，发布安全培训通知和要求，在线查看所属单位的安全培训实施的信息，并对未按期完成规定培训计划的情况进行预警，也可以根据平台的培训数据统计分析，对各单位的安全培训进行合规性评价，分析当前培训工作存在的问题。

（三）实行安全培训规范化管理

1. 统一培训内容和方式

一是成立安全培训专家组，负责多媒体视频课件的研发和更新工作，编制的培训内容按照建筑施工的专业分类，覆盖房屋建筑、市政基础设施、桥梁、地铁、隧道施工等，安全专业知识要包括从项目施工的“地基与基础施工阶段”至“竣工验收”全过程所涉及的安全法律法规、国家标准规范、地方性法规、行业标准以及企业内部安全标准等，涵盖入场基本安全要求、管理人员安全培训、分部分项工程安全培训、危险作业安全培训、各类工种安全培训。目前，完成110万字的脚本编写，编制的视频课件时长1450分钟，内容涵盖房屋建筑（土建和工业设备安装）、市政工程（道路、桥梁、隧道、地铁等）所涉及的安全生产法规、安全操作要求、事故案例分析等。二是制定施工现场安全培训管理办法，要求所属单位全面推广使用多媒体工具箱，明确提出施工现场对农民工安全培训的频次、课时要求，二级公司每月进行统计，集团总部每季度进行核查，年底进行集中考核。

2. 实施流程化的过程培训

每个工程项目部的安全培训由一名专职安全管理人员负责，开展新工人入场三级安全教育、日常安全培训、专业工种的安全培训等。安全员开展的每次安全培训，均要按照多媒体安全培训管理系统设置的流程实施，即：建立培训方案—考勤—授课—考核—建档，因整个工程局的培训资源库是一样的，无论任何一个项目，任何一个开展培训的管理人员，其使用的培训资源也是一样的，可达到培训效果的均质化管理。具体的做法如下：

在编制多媒体安全培训系统的课件时，均按照施工专业类别、工种操作技能等单位模块化设置，每个课程目录下，分成若干培训子项，并将对应的文字内容编织成对应的视频短片，每个短片约5—10分钟不等。在组织培训时，培训人员可根据接受培训的对象，在“菜单式”的课件库中，有针对性地从课件资源库中自由组合课件，按需求建立培训方案，培训的内容可以多样化，培训的时长也可长可短。比如，对一个木工板组织培训，可选择工种培训内容中的木工子项的培训课件，还可以根据培训时间，勾选基本安全知识和急救知识章节的课程。

项目可以采用身份证、门禁卡和指纹三种方式，对参加安全培训的人员进行考勤，施工现场的门禁与安全培训考勤联动。初次进入施工现场的工人，要求必须按规定参加培训，培训信息录入系统后，方可领取门禁卡，同时将门禁卡、餐卡、取水卡一体化。如果未参加入场三级安全教育，系统就无法录入信息，就不能领取门禁卡，不能进入施工现场。同样，如果未按时参加项目组织的定期安全培训，门禁卡也将失效，从多方面督促现场人员参加培训。

项目的安全员在建立好培训方案后，项目培训管理人员可直接使用多媒体工具箱进行自动化授课。授课过程中，根据已建立好的培训方案，直接点击进入系统，选择要培训的内容，不用专人值守，就可按照既定策划开展培训，也可根据参加培训人员的多少，自由选择培训场地，节约项目专职安全管理人员的工作投入时间，并可避免由于培训老师授课水平不一致，导致培训整体效果打折现象。

在培训课程结束后，培训人员可在系统上自动或手动组卷，根据此次培训课程的内容，系统可以从对应的试题库中自由组合试题，生成考试试卷。为适应不同需求，培训人员也可采用手动组织试卷，满足不同的培训考核需求。参加培训的工人在培训考勤时，每人发放一个无线答题器，并与本人的信息匹配。培训结束后，管理人员在系统上组织考试，试题全部为动漫视频形式。工人在试题播放时，可直接用答题器进行作答，系统自动完成阅卷工作，并汇总参加考试人员的成绩，完成无纸化考试。培训人员也可以将试卷导出，组织纸质试卷考核。

规范培训档案的管理，所有参加培训的人员，通过刷身份证（或者门禁卡、指纹）进行考勤时，培训系统自动记录人员的相关信息，并为其建立独立的安全培训档案，且在中建三局范围内，人员的培训档案可随工作单位变动而自行调动。管理人员可利用多媒体安全培训系统的查询统计功能，有效记录每次培训的“培训名称”“培训单位”“培训内容”“培训时间”“考试试卷”等培训信息。同时，还可以将每个受培训人员的考试试卷、答题情况、《满意度调查表》等内容，从培训系统中一键导出，打印存档，用于项目安全管理的归档资料，便于地方安全主管部门、上级单位的检查。

（四）加强安全培训的信息管理

中建三局建立开展多媒体安全培训的制度，明确开展培训的要求，可通过信息管理平台统筹全局的年度、季度、月度培训工作，下属单位可通过网上平台的账户管理，也可以在自己单位范围内，统一安排培训的部署工作。在每月的 1 日、25 日，要求每个单位配备的工具箱联网，与管理平台进行实时数据交换，接收上级单位的安全培训指令，同时接收新增加的培训课程资源，上传月度的培训信息，包括每台工具箱的使用次数、每次培训的课程内容以及参加培训的人员信息、培训记录和档案等。集团总部通过这一措施，达到了对所属单位安全培训信息的集中管理的目的，实现了集团化施工企业的信息化管理。

中建三局安全监督部每季度查询管理平台的信息，局总部可管理、查询二级公司、三级公司安全培训开展情况；二级公司可查看三级公司及所属工程项目部的安全培训实施情况；三级公司可查阅所属工程项目部的安全培训实施情况；项目部也可利用管理平台管理、查询所属分包单位的安全培训工作。工程局、二级公司、三级公司每季度、月度、周对管理平台上各单位的培训进行统计、汇总，可清晰地掌握各单位的培训内容、参培人员、培训档案等情况，实现对项目部安全培训的过程指导、动态监管。各级单位定期编制安全培训工作报告，对所属单位的安全培训实施进行通报，对存在的问题进行分析并制定改进措施，对未按要求开展安全培训或培训工作执行不到位单位，进行通报批评并记录，纳入年度工作考核。

以信息管理平台为基础，拓展功能的开发应用。每个进入施工现场的人员，在参加完三级安全教育培训后，项目部会将人员的身份证信息录入系统，并上传管理平台，系统会为其生成一个独一无二的“二维码”，建立现场人员的大数据库，详细记录各项目人员的身份信息、培训档案、现场违章记录等。同时，开发的手机终端的 App 可以与信息平台信息互通。项目部将每个工人的二维码贴在发放的安全帽上，现场安全管理人员可通过手机扫描二维码，查询该工人的培训信息，对现场发现的“三违”人员，也可用手机 App 记录违章信息，上传至管理平台，系统有人员违章的记录功能，每一种违章现象对应相应的分值，如果某一个作业人员的“违章”扣分达到 80 分以下，需要停工重新参加一次安全培训，如若扣分到 60 分以下，将被要求停止作业，给予淘汰退场处罚。在中建三局系统内，被淘汰的人员在任何一个项目都将不会被再次录用，实现安全培训与现场的安全检查、“反三违”工作联动，排除习惯性违章的人员，有利于施工现场的安全管控。

三、建筑施工现场农民工安全生产培训管理效果

目前，中建三局在集团内部全面推广安全多媒体培训系统，所属各单位已配备多媒体安全培训工具箱150余台，分片区在项目周转轮流使用，覆盖了大部分主产区，基本实现了统一、有效的培训管理体系，提高了企业管理水平。具体体现在以下几个方面：

（一）提高农民工安全生产意识

一方面，由于安全培训组织变得简单、易行、受控，安全培训组织工作效率明显提高，且安全培训组织工作见效快，使培训组织人员的积极性得到提高，安全培训工作开展的频率明显增加。另一方面，动漫视频的培训模式，使得内容通俗易懂，趣味性强，且培训时间灵活，一线作业人员参加培训的积极性也明显提高，安全培训的参与率与课堂专注程度明显上升。经过系统的安全培训后，工地的从业人员在遵章守纪、按章操作等方面，都取得的较大的改观，减少了现场的安全隐患，降低了事故发生率，间接地减少了因隐患整改和事故发生而产生的费用投入，具有很大的隐性经济价值。例如，对20个项目的人员违章行为进行了统计分析，在使用工具箱前，平均每个项目发现违章的为71人次，在使用工具箱之后，发现违章总人次为46人次，环比下降35.2%。使用工具箱进行培训后，违章和误操作现象明显减少，安全生产的“三违”得到有效控制。该培训模式以少量的费用，切实解决农民工安全教育培训的问题，从源头控制人的因素，对于有效预防事故、保障社会安全生产有着良好的作用。

（二）节约企业的安全培训投入成本

中建三局年平均在建的工程项目接近2000个（总承包项目与安装项目综合），通过多媒体安全培训系统的应用，不用每个项目部设置专用的培训教室等硬件设施，一个工具箱可在多个项目流转使用，节约了培训硬件设施的投入。多媒体培训系统的海量课件资源，无须企业配备专业的师资力量做安全培训，无须每个项目组织安全管理人员编写课件，管理人员只需根据培训对象勾选需要培训的课程模块，就可以进行自由组合，建立培训方案，不再需要投入专门的师资力量。且培训开始后，工具箱系统自动按顺序播放flash动漫课程，无须人工操作；所有人员的培训考核，系统自动阅卷计分，自动完成建档，按照当前中建三局施工现场用工人数20万来算，可以节约大量的人力、物力来完成这些工作，大大提高了培训的效率。在安全培训工作监督上，上级单位直接可以通过管理平台对下级单位及项目的安全培训工作进行远程监督指导，无须派专人到现场进行检查，中建三局施工项目遍布全国32个省、直辖市，每年可节约大量资源。据统计，进行一次100人的安全培训所花费的时间（含备课、培训、考试、阅卷、整理培训记录），传统培训与工具箱培训比例为8∶3。同时节约了开展安全培训的师资费、培训场地费共计约5363万元。

（三）促进企业安全健康发展

安全生产是建筑施工企业安全发展、健康发展的保障，通过这一成果的实施，大大提高了农民工的安全意识和技能，创造了良好的生产安全氛围，促使工程项目的现场安全文明施工水平得到进一步提升，受到社会认可和肯定，2015年中建三局创建全国“AAA”级安全标准化工地29个，创省、市级安全文明工地106个、172个，举办省级观摩会14次、市级28次，创建了一批在全国有影响、在地方树标杆的安全文明工地，彰显了企业品牌，起到了以现场促市场的效果。

（成果创造人：易文权、熊　涛、李　勇、陈绍业、彭　斌、
胡国强、王洪永、陈金勇、方发齐、余金虎、王诠诠）

有色冶炼企业激发技术、技能人才创新潜力的“双首席师”制度的建立和实施

江西铜业股份有限公司贵溪冶炼厂

江西铜业集团公司（以下简称江铜）成立于1979年，是中国最大的铜生产商和江西最大的国有企业。年产阴极铜122万吨，2015年实现销售收入1983.04亿元，2016年《财富》世界五百强排名328位。贵溪冶炼厂（以下简称贵冶）是江铜的骨干工厂和主产品生产地，是中国第一家采用世界先进闪速熔炼等先进技术的现代化炼铜工厂；也是国内最大的铜、工业硫酸、金银和稀贵金属生产基地。现有员工3600余人。2013年年初，贵冶提出打造“世界炼铜标杆工厂”新目标，致力构建“效率最高、技术最优、能耗最小、成本最低、环保最好”的铜冶炼新模式。

一、有色冶炼企业激发技术、技能人才创新潜力的“双首席师”制度的建立和实施背景

（一）拓宽员工成长通道，激发全员活力的需要

贵冶员工岗位大致分为管理、专业技术、操作服务三类，有两个成长通道：一是职务晋升，二是国家职称系列的技术和技能成长。一直以来在薪酬上对职称、技能等级的提升给予一定待遇，但获得同一等级后待遇一样，导致一些技术能力强、贡献突出的员工得不到更大激励，挫伤了工作积极性；另外，技术、技能人才“能上能下”的机制还不够健全，培养、选拔、使用与评价、激励、淘汰方面还需要探索与完善。因此，需要创新管理方法，拓宽员工成长通道，为基层专业人才中的佼佼者创造更大的舞台，引领带动全体员工成长成才。

（二）挖掘专业人才潜能，提升创新能力的需要

近几年来，中国经济已进入升级转型关键期，发展速度和规模正在让位于发展质量和效益；从行业看，有色金属价格一路下行，成本和环保压力越来越大。自主创新，提质增效成为企业的必然选择。自投产以来，贵冶在科技创新方面主要以引进和学习为主，自主性、原创性、引领性的项目和发明并不多。为改变现状，致力技术突破，形成更多核心竞争力，要实现从“技术应用型工厂”向“技术发明型工厂”的转变。要实现这一重大转变，深入挖掘现有专业人才尤其是其中出类拔萃者的创新潜能显得至关重要。

（三）加强青年人才培养，增强发展实力的需要

贵冶建厂30多年来，人才建设方面成绩卓越，但同先进企业相比，人均生产率仍有较大提升空间，人才储备与江铜提出的“三个人才”目标仍有差距。另外，技术、技能人才偏老龄化，断层严重，目前采取的“岗位成才”培养模式，存在方式单一、周期长、见效慢等问题，满足不了企业对紧缺型专业人才的需求和青年人才实现自我价值的需求。2011年，贵冶具有中级及以上技术职称439人，其中35岁以下47人，所占比例仅为10.7%；具有技师及以上等级394人，其中35岁13人，所占比例仅为3.3%。另外，35岁以下员工中，60%以上具有大专以上文化，他们善于学习，接受能力强，勇于创新，渴望拥有展示才华、服务工厂、成就自我的平台。为此，亟须另辟模式，加速培养一支结构合理、专业全面、素质优良、勇于创新的青年人才队伍。

二、有色冶炼企业激发技术、技能人才创新潜力的“双首席师”制度的建立和实施内涵及主要做法

贵冶以实现全面建成世界炼铜标杆工厂为目标，以盘活人力资源、加强人才建设、激发员工活力和创造力为核心，以打造技术攻关平台、创新人才培养模式、拓宽人才成长通道为主要内容，坚持“动态管理、能上能下、宁缺毋滥”的原则，严格选拔、使用、考核、激励四个环节，首创“两级双通道”首

席工程师和首席技师聘任制，给“不善管事、精于干事、技术过硬、技能精湛”的优秀技术、技能人才的成长与进步开辟了新通道、创造了新机会、提供了新动能，通过组织搭建平台、精选项目、保障资源、优厚待遇，有效激励了优秀技术、技能人才热爱岗位、钻研业务、提升自我、成就事业，同时也有效带动了广大员工对技术、技能的重视与热爱，营造了“钻技术、强技能，人人争当首席”的浓厚氛围，形成了组织重视、群众公认、制度严密、评价科学、突出业绩、激励充分的技术、技能人才队伍建设新模式。主要做法如下：

（一）准确定位，明确“双首席师”制度建立的基本思路

1. 建立“双首席师”制度的目的

一是着眼于企业战略发展需要，以提升和发挥好技术、技能人才优势为根本，以选拔、培育、使用、评价、激励为重点，开辟非行政职务的“双首席师”技术、技能人才成长通道。二是形成中高级技术人才向车间级、厂级首席工程师晋升模式，高技能人才向车间级、厂级首席技师晋升模式。三是实现多通道岗位成才，突出主业和一线岗位，留住核心人才，鼓励专业人才潜心钻技术、攻难关，发挥专业人才科技创新和示范引领作用，进一步调动全员干事创业的积极性和创造力。

2. 工作思路

一是明确“双首席师”选拔原则。选拔聘任坚持注重技术水平、工作实绩的原则。选拔出专业理论知识扎实、技能水平高超、学习能力强、工作业绩突出、具有良好职业素养、在本专业（或工种）中影响较大、能够起到专业引领作用、并得到公众广泛认可的领军人才。二是凸显“双首席师”尖兵作用。深入挖掘首席师的专业潜能，发挥其技术带头人作用，打造多专业、多工序联合攻关平台，解决好安全环保、生产工艺、设备管理中的技术难题，围绕技经指标提升、前沿技术研究、智能工厂建设开展各类课题研究与技术攻关。三是发挥“双首席师”示范效应。发挥首席师的专业优势和领军作用，对基层青年人才进行“传、帮、带”，让青年人才参与到课题的研讨和实施，在生产实践、项目实施、问题研讨中得到培养、锻炼。四是强化“双首席师”激励机制。遵从“责任、业绩与利益”相一致原则，贯彻“重业绩、重激励”的理念，实施奖励制度。通过重奖业绩突出的首席师，充分调动员工学技术、钻技术、精技术、用技术的积极性，不断提高专业水平和创新能力。

（二）建立首席工程师、首席技师聘任管理机制

贵冶首席聘任制以攻关课题效果评价为重点，以工作实绩为导向，实行“能者上、庸者下”。坚持高标准、不断优化的原则，从成立首席师管理领导小组、确定聘任原则、明确等级设置、专业范围以及晋升、退出方式等方面逐步建立“两级双通道”首席师管理机制。

1. 成立首席师领导小组

贵冶成立以厂长、党委书记为组长，厂总工程师为副组长，人力资源部、组织部、科协、生产管理部、设备能源部为成员的考评领导小组。下设办公室，设在人力资源部，具体负责选拔、聘任、考核、解聘等工作，相关单位成立以党、政、工、团及职工代表为成员的考核小组，负责日常考核工作。

2. 明确首席师专业领域和等级设置

贵冶坚持专业设置科学合理、全面均衡的原则，对全厂专业人才分布及需求进行了充分调研和研讨，在主工艺及主要辅助生产车间的专业技术和高技能岗位设置厂级和车间级两个等级双通道的“双首席制”，专业技术包含冶金工程、化工工程等 9 个专业领域，高技能工种为火法冶炼工等 9 个职业（工种）。厂级首席工程师、首席技师每个专业（工种）原则上设置 1 人，车间级首席工程师、首席技师每个专业（工种）设置 2 人，均在工厂基层员工中选拔，中层及以上干部不在受聘范围。

3. 强化首席师动态管理

贵冶首席师坚持“能上能下”的动态管理原则，年度考核，两年为一聘期。厂级首席师必须从车间

级首席师中晋升。任期考核结果为优秀的予以续聘；年度或任期考核结果为不合格的，立即解聘；任期考核结果为其他的任期满后自然解聘。车间级首席师从技能操作岗位中选拔，任期考核结果为优秀的予以续聘，可以参加下一届厂级首席师的竞聘。年度或任期考核结果为不合格的，立即解聘；任期考核结果为其他的任期满后自然解聘。

（三）选拔首席工程师、首席技师

贵冶结合企业实际，建立了公平公正、科学规范、便于操作的首席师选拔聘任体系。制定选拔制度，首先要严格筛选，名副其实，经得起群众的“挑剔”；其次不搞“铁交椅”，要有“保质期”，让全体员工感到“首席制”是能者为王的“擂台”。

1. 首席工程师基本条件

主要包括取得本系列中级及以上专业技术资格，从事本专业工作，并能履行规定的职责；熟悉本专业基本理论知识，有较好的理论功底，并能熟练地运用到生产及管理中，能独立起草专业（岗位）操作规程或管理文件；对本专业出现的技术性难题能进行诊断并提出解决方案；具有培训中级专业技术职务及以下专业技术业务人员的能力。

2. 首席技师基本条件

主要包括取得本工种岗位高级技师或技师资格，从事本工种岗位工作，并能履行规定的职责；具有本工种技术理论知识和操作技能，能起草本工种操作规程和处理本工种疑难问题；能热心传授技艺，具有培训本工种岗位技术工人的能力。

3. 选拔聘任程序

个人对照申报条件自主申报、基层单位择优推荐并公示、人力资源部组织资格审查、专业评估、选拔考试、专业答辩、经考评领导小组评审后，按综合考评成绩产生各专业首席工程师、首席技师候选人，报厂党政联席会研究确定聘任人员。其中专业评估、选拔考试、专业答辩三个环节作为首席师选拔聘任的重要依据。

专业评估由人力资源部负责组织相关专家，分专业小组分别从专业技术水平、解决问题能力、培训能力和主要业绩四个方面进行定性评估。选拔考试由人力资源部组织专家封闭出题，进行统一考试，试题内容结合工厂当前形势，以专业知识和传帮带知识为主，其中首席工程师侧重于理论知识和关联知识的广度、首席技师侧重于实践和解决问题的能力。专业答辩由厂技术委员会相关专家进行专业考评，分工艺类和设备类两个小组，采取现场汇报和评委提问方式，从课题方案、技术含量、专业深度及传帮带思路做法，对参选人员进行评分。专业评估、考试及答辩成绩最后汇总，按权重计分形成综合考评成绩。由首席师领导小组按综合考评成绩择优推荐候选人报厂党政联席会研究确定。

选拔考试和专业答辩过程由科协、纪委全程跟踪。候选人基本情况、参评资料、评审结果等采取协同办公网与纸质材料相结合的方式在一定范围内公示，聘任前公示及聘任文件都发布在协同办公网上。

自首席聘任制运行以来，贵冶从500余名基层技术、技能员工中轮动聘任了首席工程师、首席技师76人次。

（四）以项目为载体有效发挥首席师的创新引领作用

贵冶充分发挥“首席师”平台的引领激励作用，形成“首席师”技术攻关、带徒育人、培训授课、技术交流的长效机制，将“首席师”打造成技术的引领者、攻坚的承担者、革新的推动者、人才的培养者。

1. 明确首席工程师、首席技师职责

首席工程师、首席技师的职责包括关注本专业发展动态，引进、消化、吸收、运用并创新前沿技术（技能）；对本专业负全面责任，针对关键性技术问题和疑难问题提出改进措施；并组织完成各项技术攻关；做好传帮带作用，带领本专业人员共同提高技术水平，培养青年人才。

2. 通过首席师带课题攻关，充分发挥技术带头人作用

首席师领衔技术攻关是促进工厂技术进步和培育专家型人才的重要举措。首席师领导小组从课题设定、资源保障、过程跟踪、效果检验四个方面入手系统打造首席师技术攻关平台。

一是设定命题攻关项目。每年初根据生产发展需要，结合专业实际和车间需求，为每位首席工程师、首席技师设定至少一项命题攻关项目，从实施方案的可行性、技术含量和预期效果等方面进行设定，类型可以是解决工厂安全环保、生产工艺等技术难题，也包括围绕流程设计、工艺研究、智能制造等开展创新。

二是资源保障。为保障首席师课题攻关的有效开展，把完成效果纳入工厂对车间的经济责任制考核，倒逼车间主动关心、关注课题的实施进展情况，并提供必要的人力、物力和财力保障。

三是过程跟踪。在首席师领导小组下，由厂科协具体负责课题攻关的跟踪管理，每季度对课题目标完成情况、措施、问题和计划进行汇总分析。督促首席师积极开展技术攻关，并协调解决困难。

四是效果检验。由首席领导小组组织工厂科学技术委员会相关专家，通过实地调研和首席师总结汇报的方式对完成情况进行检验。

近三年来，两级首席师完成课题58项，积极推动工厂科技进步的同时也培育了大量专家级人才。

3. 发挥“首席师”的专业优势和领军作用，实施“传帮带”

一是培养青年专业型人才。发挥“首席师”的专业优势和领军作用，对基层青年人才进行“传帮带”专项培养。首席师领导小组从培养对象选择，目标制定、方式和成效进行管控，创新青年专业型人才培养模式。厂级冶金工程专业首席工程师郑春针对工厂的冶炼废物再利用、稀散金属回收做了很多学术研究和实验，取得20余项科研成果，为实施“循环经济”做出了突出贡献。2013年，工厂挑选5名青年人才作为他的徒弟，参与课题研究，在他的指导下，5名人才迅速成长，研制出高纯铼酸铵等产品，研发铂、钯生产工艺并应用于生产，有2项发明专利获国家授权。

二是系统开发专业课程，广泛开展培训授课。首席师平台为工厂储备了更多、更专、更精的师资力量。首席师不仅要完成常规岗位培训，而且要总结提炼技术攻关成果，涉猎前沿知识，开发各类课程。贵冶开设“首席讲座”公开课，形成长效机制，打造跨单位、跨专业培训平台，激发全员钻技术、强技能、提素质的热情。近三年来，两级首席师培训授课超过500课时，累计开发了《火法冶炼技术》《湿法冶金》等60余门课程。同时采取“走出去、请进来”的方式，对首席师等实施内训师培训，提升他们的课程开发和培训授课能力。厂级仪表专业首席工程师钟耀球领衔团队先后开发了制氧机、闪速炉的工艺操作模拟仿真培训平台，3名青年员工在研究实施中得到锻炼，成为技术骨干或车间级首席师，在2013年“中铝杯”技能竞赛中分别获得第一名、第三名和第四名。

（五）组织开展首席师考核评价

首席师实行聘任制，任期两年，分为日常考核、年度考核和任期考核。通过业绩考核体系，科学评价首席师在生产管理、技术攻关、传帮带、创新创效中发挥的作用，促进首席师提高专业技术水平和工作业绩。

1. 成立考核小组

在首席师领导小组领导下设立综合考核、专业技术考核和车间考核三个工作组。综合考核工作组由人力资源部牵头，主要制定考核方案并组织年度考核和任期考核。专业技术考核工作组由科协牵头，工厂技术委员会相关人员参与。年初根据生产发展需要，确定技术攻关课题，跟踪实施情况，现场考核实施效果；审核、评价技术文件，考核专利申报和论文发表情况。车间考核工作组主要是负责本单位首席师的日常绩效考核，并提供必要的资源保障。

2. 制订任期或年度计划

任期开始，由首席师领导小组组织三个考核工作组设定工作任务和目标，经领导小组办公室审核、厂总工程师批准后实施。

3. 业绩考核

一是考核内容。包括日常绩效考核、专业技术考核、传帮带考核、创新创效考核和关键事项考核。日常绩效考核以车间全员创星考核为载体，考核日常岗位绩效。专业技术考核为完成指定课题攻关的既定目标情况和实施效果。传帮带主要为培训授课工作量和带徒成效。创新创效主要为在科技进步、管理创新、全员创效取得的成绩。关键事项考核包括遵章守纪、安全环保、生产事故、技术保密和诚实守信等内容。

二是考核标准。考核采取百分制，按权重分解，以定量为主，分四个等次，分别为优秀（90 分以上）、良好（80—89 分）、合格（65—79 分）、不合格（65 分以下）。

三是考核方式。年底依据专业技术攻关目标和相关考核指标，每位首席师提交年度或任期业绩报告，对照考核指标体系先自我评定，向各考核小组提交见证材料，依据考核标准评分。其中专业技术考核采取现场考核和专业答辩方式，由厂技术委员会专家依据攻关目标完成情况、实施效果评分；传帮带考核由人力资源部依据所带徒弟的成长情况和工作业绩评定。

四是业绩材料公示。人力资源部对首席师提交的技术报告、文件、论文等材料，在全厂范围内公示三天。

4. 考核结果运用

根据考核结果决定对首席师是否续聘、兑现聘期内考核奖励。

一是年度或聘期考核结果为“不合格”者，终止聘任，不享受奖励；“合格”及以上者按照综合成绩兑现奖励。

二是“良好”“合格”者任期满后自然解聘，重新竞聘；“优秀”者予以续聘，其中车间级首席师考核“优秀”的可以参加下一届厂级首席师的竞聘。第三届首席师任期内有 4 名车间级首席师考核“优秀”，其中 3 名竞聘成功，晋升为厂级首席师。

三是当首席师出现重大生产、设备、安全、环保责任事故或违纪违规行为，并造成重大经济损失和恶劣影响的，随时解聘。第二届厂级首席技师有一人因设备事故而受处分，当场解聘。

（六）建立“责任、业绩、利益”相一致的首席师激励制度

遵从“责任、业绩与利益”相一致的原则，贯彻业绩为导向的理念，实施两级首席师奖励制度。

首席师待遇由岗位工资、绩效工资和聘任期考核奖励构成。岗位工资体现所在岗位的基本职责，绩效工资体现岗位绩效，聘任期考核奖励体现工作业绩，根据年度考核结果确定。

岗位工资和绩效工资按照“以岗定薪、岗动薪动”的模式考核兑现；聘任考核奖励年终兑现，发放标准如下：

厂级首席师：

当年全厂人均年收入×70%×（年度考核总分/100）×（聘任月数/12）

车间级首席师：

当年全厂人均年收入×35%×（年度考核总分/100）×（聘任月数/12）

年度考核结果为“不合格”的不享受聘期内考核奖励；

考核“优秀”的厂级首席师年收入可提高 4 万元以上，考核“优秀”的车间级首席师年收入可提高 2 万元以上。

贵冶实施的首席师激励制度，使得基层岗位技术水平高、专业能力强且业绩突出的专家收入提高，

增强了对能干事、想干事、干成事专家的尊重和认可，培养造就了一支在稳定中得到不断增长的铜冶炼专家队伍。

三、有色冶炼企业激发技术、技能人才创新潜力的“双首席师”制度的建立和实施效果

贵冶推行的首席工程师、首席技师聘任制已被全厂广大职工高度认可，营造了“崇尚技术、争当首席”的浓厚氛围，有效激发了技术、技能人才的创新潜力，通过各项技术经济指标的优化，创造了可观的经济效益和社会效益，为实现全面建成世界炼铜标杆工厂目标奠定了坚实基础。

（一）先进技术不断涌现，自主创新力显著提升

以“首席师”为领军人物的专家团队在科技创新领域取得了显著成绩，有 7 项成果分别获得国家、行业和省科技进步奖，68 项实用新型专利、17 项发明专利获得国家授权。完成了《从真空冶金富集物中提取金银的研究》等科研项目。实现了闪速炉一键开停炉等智能化作业模式，开发了仿真培训系统，建立了具有自身特色的吹炼炉冶金控制数学模型。

（二）优秀人才不断涌现，行业影响力显著提升

培育并聚集一批技能水平高超、专业技术强的人才队伍，创新青年人才培养模式。近三年来，通过首席师平台累计培养青年人才 152 人，先后有 10 余人在各项竞赛中获得省部级以上奖励。人才结构得到优化，其中 35 岁以下中级及以上职称比例提高到 19.26%，技师及以上等级比例提高到 12.44%以上。不仅为兄弟单位输送了大量专业技术技能人才，也为国内外输出了高水准的服务。近三年来，累计委派 30 余名专家为紫金矿业、俄罗斯卡拉巴什铜厂等 10 余家企业提供技术服务。

（三）发展效益不断涌现，核心竞争力显著提升

通过挖掘专业技术潜能，首席师在课题攻关，提升经济技术指标方面取得了优异成就，产生了巨大经济效益。三年来，两级首席师完成课题 58 项，多专业开展联合攻关，促进关键技术经济指标不断提升和优化。在“首席师”示范引领带动下，贵冶的核心技术经济指标大幅提升：铜冶炼总回收率达到 99.01%；金、银冶炼总回收率分别为 98.00%、96.70%，较 2012 年分别提高了 3.45 和 2.15 个百分点；吨铜冶炼综合能耗 174.65kgce，跃居世界第二；总硫利用率 98.25%，排名较 2012 年上升 11 位，位居世界第五。仅铜、金、银冶炼回收率的提高与尾矿含铜指标的降低，就增效 12.94 亿元。

（成果创造人：陈羽年、陈平华、吴　军、汪飞虎、吴伟栋、赵向民、乐连辉、欧阳汝亮、郑林元、吴新明、邓志军、黄会丽）

民营企业母子管控绩效考核体系建设

浙江荣盛控股集团有限公司

浙江荣盛控股集团有限公司（以下简称荣盛）是一家以石化、聚酯、纺丝、加弹为主业，煤化工、房地产、贸易、物流、金融等为辅业的投资控股企业，2015年实现销售收入806亿元，为中国500强企业和中国民营企业百强企业，规模位居全国同行业前列。荣盛下辖荣盛石化股份有限公司、宁波联合集团股份有限公司等几十家子公司，并入股中国西部最大的氯碱化工企业——宜宾天原集团股份有限公司。

一、民营企业母子管控绩效考核体系建设背景

（一）适应国内外市场竞争和企业转型需要

2013年以来，受宏观经济环境影响，国内外市场需求明显减弱，纺织行业经济增长减速态势仍在延续，主要经济指标增速与之前比较明显下降，整体运行形势比较严峻。对荣盛的影响主要表现在五个方面：一是大宗原料波动剧烈；二是内外销形势严峻；三是融资成本增加；四是人力成本攀升；五是企业效益下滑。面对经济新常态，荣盛正努力寻求产业、产品、技术、管理上的创新，从而实现转型升级。

（二）符合荣盛多地区、多领域管控需要

“十二五”初期，荣盛对企业发展战略重新布局，提出了“纵横”双向战略，纵向向上游发展，进一步突出产业链优势，横向加快涤纶化纤产品转型升级。在这一战略的指引下，荣盛主业已形成芳烃——PTA——聚酯——涤纶长丝和薄膜多元化产业链，产业遍布海南、大连、宁波、杭州、绍兴等地区；2015年7月，荣盛签约舟山绿色石化基地的4000万吨炼化项目，现码头等土建工程已正式施工。经营地区和产业领域的增加，直线管控至各部门不仅受产业和地域的限制不易操作，而且需要大量的人力、物力、财力进行落实。为此，建立一套以母子管控为导向的绩效考核体系，以期强化荣盛多地区、多领域的统一管理。

（三）完善荣盛绩效考核体系的需要

自2005年开始，荣盛探索建立了以部门为单位分散型绩效考核体系，并取得了一定成效。进入“十二五”时期以来，国内外市场瞬息万变，荣盛的快速反应机制相对滞后，暴露的弊端有：一是产业链不断延伸，对新项目的绩效考核未能及时纳入；二是注重生产效率、质量、消耗、产销率等传统型指标，对成本、效益管控相对薄弱；三是考核主体、目标分散，集团整体战略、团队理念削弱，遇到问题相互推诿扯皮；四是绩效考核权重设置单一，绩效考核成绩与员工薪资挂钩较少，造成考核成绩不平衡、员工工作积极性不高等情况；五是母公司直线考核至各部门，削弱了各子公司、各中心层面内部管控的主动性和灵活性。如何持续改进绩效考核体系，需要采取更加科学规范的手段，实现绩效管理科学、高效运行。

二、民营企业母子管控绩效考核体系建设内涵和主要做法

母公司转变以部门为单位分散型的考核方式，采用以公司、中心为单位的集中型考核方式，围绕集团发展战略、年度经营目标和“大质量”理念，从全局性上设置经营业绩考核、人力资源专项考核、安全环保专项考核、现场评估考核、稽查考核五大考核方案，加大与员工薪资挂钩的比重；各子公司、各中心根据母公司绩效考核目标自行制定下属部门、班组、员工绩效考核细则。主要做法如下：

（一）基于集团战略，明确建设原则

荣盛基于发展战略、“十二五”经营目标以及提升产品、服务、管理质量的“大质量”理念，结合石油、芳烃、PTA、化纤、薄膜国内外发展态势以及集团多地区、多领域发展现状。根据绩效考核体系暴露出的弊端，2013 年 11 月，集团决策层在总裁办公会议上决定绩效考核体系建设不再直线考核至各部门，以公司、中心为单位集中型考核，并确立了五项原则：一是战略导向原则，以企业发展战略为导向，绩效考核体系为战略实现服务；二是抓关键原则，对荣盛发展中的关键点进行考核；三是可操作性原则，考核项目直观、指标量化程度高；四是公平原则，围绕各子公司、各中心重要职能展开，考核尺度一致；五是动态调整原则，依据集团发展战略、经营目标、市场环境等的变化动态调整。

（二）遵循建设思路，成立绩效考核办公室

根据会议精神，2013 年 12 月成立以董事长为首，各子公司总经理、各中心分管领导组成的绩效考核领导小组，负责研究和制定集团绩效考核体系建设思路、整体框架等，并对绩效考核体系建设重大事项做出决策。

在绩效考核领导小组下设绩效考核办公室，办公室成员选调总裁顾问、外籍专家，人力资源、行政、财务中心和贸易公司、生产公司等富有经验的中层以上人员，专门负责绩效考核体系框架的搭建、方案的规划、项目的设定、考核的实施、考核方案的调整和改进等工作。

（三）梳理构架、职责，为绩效考核体系建设铺路

为使荣盛组织架构更明确，各子公司、各中心职责界定更清晰，为绩效考核体系建设做好铺垫，2014 年年初绩效考核办公室连同人力资源部、各子公司综合部对组织架构，部门、员工职责做了全面的梳理、调整和优化。

1. 统筹谋划组织架构，实现集权高效化

组织架构布局分三步：第一，分层设置，以公司、中心为单位，下设各部门的形式搭律组织架构。第二，吸收合并。例如：将已在 2011 年实现一套班子管理的子公司浙江荣翔化纤有限公司和荣盛石化股份有限公司合并。将负责采购原料的原料部与各子公司负责采购备品备件的供应部合并为聚酯部（采购）。第三，增设或调整。例如：营销管理中心单独成立荣盛国际贸易有限公司（以下简称荣盛国际贸易），增设原油部、油品部、化学品部等部门，撤销杭州荣盛化纤销售有限公司以聚酯部（内销、外销）形式运行，优化后的组织架构。

2. 明确部门职能，实现分工专业化

根据组织架构，人力资源部牵头组织各子公司、各中心对部门职能进行梳理和描述，经过多次讨论修改，历时 3 个月时间《部门职责说明书》经总裁办公会议讨论后发布实施。例如：明确规定各子公司负责产品生产，荣盛国际贸易专门进行物资采购、产品定价、销售等，使各子公司、各中心、各部门清晰了解自身职能，实现分工的专业化。

3. 落实岗位要点，实现职责清晰化

以组织架构为基准，人力资源部牵头组织各子公司、各中心、各部门逐级进行定岗定编工作，设置各部门岗位名称和岗位编制人数；在此基础上组织员工依据部门职责进行岗位描述，并修编《员工岗位说明书》，明确员工的岗位名称、上下级、职责、职权、任职资格、职业生涯规划等，并制定相应的量化考核指标。通过定岗定编和岗位描述工作，使各个岗位的工作要求、工作职责清晰化，可有效提高工作效率。

（四）运用复合型方法，搭建绩效考核体系

荣盛绩效考核体系主要由各子公司、各中心—部门—班组—员工四个层面构成，以下重点介绍各子公司、各中心层面绩效考核体系建设。绩效考核体系建设分五步：一是利用 SWOT 分析法和平衡计分

卡（以下简称 BSC）结合集团发展战略、年度经营目标和“大质量”理念，分析荣盛存在的问题和需要改善的方向，确定绩效考核体系框架；二是运用鱼骨分析图、头脑风暴法，找到集团关键成功要素（以下简称 KSF），形成绩效考核项目；三是对绩效考核项目进一步分解提炼，设立绩效考核指标和目标值；四是设置绩效考核体系权重；五是确立绩效考核体系与员工薪资挂钩方案。

1. 设计绩效考核框架

绩效考核办公室运用 SWOT 分析法，分析出目前集团发展优劣势：集团在经营业绩（包括成本、利润）、人才培养和梯队建设、内部协调、安全环保方面处于弱势。同时以 BSC 为基础，从财务、客户、内部运营和学习与成长四个维度，对实现集团发展战略、经营目标和“大质量”理念的因素进行分析，学习与成长维度—内部运营维度—客户维度—财务维度是自下而上递进关系，学习与成长维度主要涉及人才培养和梯队建设，内部运营、客户、财务维度主要涉及经营业绩（含质量、成本、利润）、安全环保、内部协调管理等方面。

综合 SWOT 和 BSC 反映出的薄弱点和关键点，联系集团实际绩效考核办公室、各子公司总经理、各中心分管领导共同讨论决定绩效考核体系框架由经营业绩考核、人力资源专项考核、安全环保专项考核、现场评估考核和稽查考核组成。

2. 设立绩效考核项目

在绩效考核体系框架基础上，绩效考核办公室利用鱼骨分析图、头脑风暴法等寻找集团 KSF。通过与各子公司、各中心中层以上人员多次开会讨论，结合行业标杆的对标和外部专家的意见，对集团 KSF 梳理并确定每个绩效考核体系框架下的绩效考核项目。

3. 提炼绩效考核指标和目标值

绩效考核办公室进一步利用鱼骨图、头脑风暴等方法对绩效考核项目进行分解，寻找其关键业绩指标（以下简称 KPI 指标），经讨论研究提炼出五大绩效考核项目及下属的绩效考核指标和考核方法（见表 1）。其中，质量分产品质量考核和管理、服务质量考核两种，成本分生产成本考核和办公成本考核两种，产品质量考核和生产成本考核针对各生产型子公司，管理、服务质量考核和办公成本考核针对各非生产型中心，产销率单独考核荣盛国际贸易，效益采取各子公司、各中心相互挂钩形式。在此基础上绩效考核办公室收集、调研 2012—2013 年基础数据，拟定 2014 年绩效考核指标和目标值。

表 1　绩效考核指标和考核方法

框架	项目	KPI 指标	考核方法	周期	备注
经营业绩考核	质量	产品质量：AA 率、A 率	AA（A）产量/总产量	年度	仅考核各生产型子公司
		管理、服务质量：财务审核及时性等	财务（会计员、会计主管、财务总监）需在 13 个工作日内完成审核		以财务管理中心为例，考核各非生产型中心
	成本	产品生产成本：包括大宗原料成本（含 PTA、MEG、TiO2 等原料费用）、加工成本（含水、电、水煤浆费用，五金费用，固定资产折旧，人工工资、公摊费用，油剂及防腐剂，大修等费用）、包装成本（含切片袋、纸箱、纸管、木架、泡沫板、缠绕膜、其他辅助材料费用）、期间费用（含财务、销售、管理费用）	当年加工成本总额/标准成本总额		以历年成本为基础，根据产品线别、机台、规格、批号等不同单独设定标准成本值，纺丝（POY、FDY）成本标准值细化至同线别、同机台、同规格，加弹（DTY）成本标准值细化至同机台、同规格、同品种
		办公成本	当年办公用品总金额与上年度办公用品总金额比较		仅考核各非生产型中心

续表

框架	项目	KPI 指标	考核方法	周期	备注
经营业绩考核	效益	产品利润	每个产品销售单价—生产成本，盈利产量/总产量	年度	各子公司、各中心相互挂钩
	客户	客诉赔偿金额	由售后服务部提供		仅考核各生产型子公司
	市场	产销率	当年销量/当年产量		仅考核荣盛国际贸易
人力资源专项考核	资源优化	总工作日	当年合计工作日/上年合计工作日		
	人才培养	人才梯度建设、人才培养	考评实施情况、培训情况		
	组织纪律	出勤率、工作周志书写情况	以人力资源部、企管部抽查为依据		
	执行力	岗位考核执行情况、人力制度执行情况	抽调人员检查执行情况		
安环专项考核	日常记录	废水、废气指标、集中检查问题项目整改情况	以在线监测数据、现场检查为依据		
	事故管理	各类事故发生次数	以生产情况为依据		
	外部影响	逾期未整改次数、投诉次数	以政府、居民反馈投诉为依据		
现场评估考核	意识	大局观、大质量意识	机评打分		
	创新能力	技术管理、人事管理创新			
	协调能力	沟通、协调能力			
	日常工作	日常工作细节			
稽查考核	工作绩效	各子公司、各中心工作绩效情况、职责履行情况	以稽查部评定为依据	不定期	
	职责履行				

4. 明确绩效考核权重

绩效考核办公室经讨论决定采用加权累计方式计算各子公司、各中心绩效考核成绩，同时召集中层以上人员、外部专家运用头脑风暴法和专家打分法结合各子公司、各中心的职能、工作侧重点及难度，设置各子公司、各中心绩效考核五大框架权重。

最终决定经营业绩考核权重设置在 0.3—0.6，安环专项考核设置在 0.1—0.2，人力资源专项考核设置在 0.15—0.4，现场评估考核设置在 0.1—0.35。各生产型子公司经营业绩考核权重相对各非生产型中心占比较大，人力资源考核、现场评估考核两项权重相对各非生产型中心占比较小。

5. 确立与员工薪资挂钩方案

通过讨论决定将各子公司、各中心管理技术人员年薪的 50%、一线员工的特殊津贴与各自公司、中心绩效考核成绩挂钩。以 80 分对应系数 100.00%为基准值，每加减 1 分，系数加减 1%，最高不超过 120%，最低不低于 80%。

母公司核算出各子公司、各中心考核金额总额，各子公司、各中心在母公司考核额度内，按照下属部门、班组、员工的考核成绩，核算出内部的薪资和特殊津贴分配方案。

（五）积极主动宣贯，扫清实施障碍

在启动新的绩效考核体系之前，荣盛在内部开展宣贯工作，使各级员工能够理解绩效考核体系设计思想、宗旨目的、方法内容、流程等，消除可能会产生的误解和抵触情绪，确保考核顺畅执行。主要从以下三方面进行：

第一，对中层以上人员，在建设过程中绩效考核办公室成员主动走访，通过正式会议和非正式交流两种形式与其进行充分沟通，聆听他们的需求和建议，并把绩效考核体系建设思路、理念进行宣贯。

第二，对管理技术人员特别是负责绩效考核的人员，绩效考核办公室组织进行专项培训，内容包括考核方法，考核错误的预防与纠正对策，考核成绩的沟通和反馈方法等，从而提升其考核技能。

第三，对一线员工，运用荣盛内部网站、企业报、刊物、宣传栏等进行宣传，并在公司—车间—班组三级培训中对其进行宣贯，使其熟悉绩效考核体系各项考核方案以及运行程序。

（六）明确方案和分工，确保考核实施有效

2014 年 6—10 月各子公司、各中心经营业绩考核方案、人力资源专项考核方案、安全环保专项考核方案、现场评估考核方案等经董事长批准后相继发布实施，标志着新的绩效考核体系正式投入运行。

各绩效考核体系方案发布后，荣盛进一步明确各方案责任部门和分工，其中经营业绩方案由企管部负责考核，每月 15 号前发布考核成绩；人力资源专项考核方案由人力资源部负责考核；安全环保专项考核方案由集团办公室负责考核；稽查考核由稽查部负责评分；现场评估方案由董事长、各分管领导和部门负责人进行系统评定；年底各相关部门将考核成绩统一汇总至企管部。

（七）建立申诉、调整机制，形成持续改进

1. 建立申诉机制

企管部、人力资源部、集团办公室在发布各方案绩效考核成绩后，各子公司、各中心可向相关考核主管部门进行咨询，考核主管部门需在 3 个工作日内完成回复，对回复情况仍存在异议的，可向绩效考核办公室提交书面申诉报告，绩效考核办公室需在一周内完成调查并出具结论。

2. 建立 PDCA 调整机制

考核实施过程中，各子公司、各中心、考核主管部门对考核项设置的合理性、遇到的问题可时时向绩效考核办公室反馈，绩效考核办公室负责评估和解答，对采纳的意见，组织人员进行调研、征求意见、时时修订等。每年绩效考核办公室定期对各绩效考核方案进行系统性的审查和评判，积极听取各方意见，对不符合集团发展战略、发展方向、经营现状的进行修订；当遇到市场变化导致产品行业性整体盈亏变化率达到 50%以上并持续三个月以上时，绩效考核办公室一个月内调整相关方案。

三、民营企业母子管控绩效考核体系建设效果

（一）推动荣盛母子管控、战略建设

荣盛绩效考核体系从全局性视角形成了从母公司—各子公司、各中心—各部门—各班组—各员工的母子管控分级管理，使管理更加清晰明确，降低了管控成本，提高了工作效率。

通过母公司根据集团发展战略等下达整体目标给各子公司、各中心，各子公司、各中心自行分解到下属各部门、班组、员工身上的方式，有效提高了内部操作的主动性和灵活性，使整个集团驶入战略清晰、目标一致、运营高效的良性发展快车道。

（二）提高公司总体绩效

自 2014 年新绩效考核体系运营实施以来，产品质量得到了较大提升，以 DTY、FDY 为例，2013—2015 年荣盛 DTY、FDY 的 AA、A 率明显提高。除此之外，研发生产了 DTYAAA 级产品，不仅产品质量优于 AA 级产品，而且市场定价比 AA 级产品高 400—1000 元/吨，给公司带来不少利润。

通过绩效考核体系的运行管控，各类消耗持续下降，产品成本明显降低。2014 年加工、包装的实际成本与标准成本比较，集团合计降低 7920.50 万元（荣盛石化股份有限公司降低 3022.33 万元，浙江盛元化纤有限公司降低 4898.17 万元）。2015 年集团合计降低 14203.54 万元（荣盛石化股份有限公司降低 5244.06 万元，浙江盛元化纤有限公司降低 8959.48 万元）。

（三）工作积极性、团队意识、顾客满意度显著提升

绩效考核体系将公司战略、经营目标等与全体员工的岗位考核、薪资挂钩，使员工感受到自己是企业的一分子，工作意愿、工作态度、工作积极性得到了明显的提升。同时，以公司、中心为单位集中型

考核方式，使部门与部门之间，员工与员工之间的团队意识和团队凝聚力得到了明显加强。

荣盛整体产品质量、管理质量、服务质量在绩效考核体系的带动下得到升华，客户对荣盛的满意度也逐年提高。据统计，2013—2015 年顾客满意度分别为 93.62%、94.23%和 95.07%。

（成果创造人：李水荣、俞传坤、郭成越、俞凤娣、寿柏春、李居兴、谢　淳、刘亿平、朱太球、陈国刚、倪雪刚、李伟慧）

化肥生产企业基于“N标一体化”的班组管理

国投新疆罗布泊钾盐有限责任公司

国投新疆罗布泊钾盐有限责任公司（以下简称国投罗钾）成立于2000年9月，2004年成为国家开发投资公司的控股企业，共有员工3300余人，资产总额68亿元，以开发罗布泊天然卤水资源制取硫酸钾为主业，是世界最大的硫酸钾生产商。国投罗钾成立后，依靠自身科技实力、借鉴国内外盐湖开发经验，在艰难中起步、探索中前进，研究出了具有国际先进、国内领先、拥有自主知识产权的工艺技术。其中，“罗布泊地区钾盐资源开发利用研究”和“罗布泊盐湖120万吨/年硫酸钾成套技术开发”分别荣获2004年、2013年国家科技进步一等奖。国投罗钾技术中心被国家发改委、科技部等五部委联合认定为第20批国家级企业技术中心，累计获得专利32项。先后荣获中组部“全国创先争优先进基层党组织”；国资委“中央企业思想政治工作先进单位”；人社部、国资委授予的“中央企业先进集体”等荣誉称号。2015年被中宣部列为全国重大先进典型进行宣传，推荐为“时代先锋”。

一、化肥生产企业基于“N标一体化”的班组管理背景

（一）适应农业现代化发展、保障国家能源安全的需要

化肥是建设现代化农业的重要支撑，对于保障粮食安全和促进农民增收具有十分重要的作用。我国化肥行业在快速发展的同时也存在许多问题，主要表现在：产能过剩矛盾突出，产品结构与农化服务不能适应现代农业发展的要求，技术创新能力不强，节能环保和资源综合利用水平不高，硫、钾资源对外依存度高等。国投罗钾作为大型化肥生产企业，只有提升质量、提高创新能力、提升节能环保水平、提高核心竞争力，才能适应农业现代化发展、保障国家能源安全。

（二）全面夯实基础管理，推进标准化、精益化水平的需要

标准化建设是企业发展过程中的必然选择，也是企业从无序走向有序、从随意走向规范、从粗放走向精细的必然要求。近年来，国投罗钾为进一步夯实基础管理，规范生产运行，确保质量、安全、健康、环保和效益的协同互动发展，先后引入ISO9000质量管理体系、ISO14001环境管理体系、OHSAS18001职业健康管理体系、NOSA（企业综合安全风险管理系统）、TnPM（全面规范化生产维护）、安全标准化（冶金工贸、电力、非金属矿山）、能源管理体系等。多体系如何高效、同步推进，N标如何融合落地，也对国投罗钾提出了一个新的课题。

（三）激发一线活力，推动基层减压、减负、减繁的需要

作为一线生产作业单元，班组管理工作的好坏，直接关系到现场作业安全、质量把关、设备维护、效益提升、人才培养以及公司各项生产经营指标的完成。然而，在各管理体系同步推进的过程中，由于相互之间存在一定的交叉性，各类标准和要求又不尽相同，落地执行时给一线班组带来较多的困惑和压力。具体表现如下：一是各体系推进中，全员参与是关键，但由于员工的认知水平不同，又缺乏有效的管理工具、方法和机制，因此，员工积极性不高，参与性不强，甚至引起部分员工的抵触情绪。二是各体系相互独立同步推进，但各类标准和要求又不尽相同，缺乏必要的整合和精简，导致班组落地执行时无所适从。三是各体系要求的过程性资料较多，各类台账名目繁多，格式及记录要求也各有差异，导致文字性工作量成倍增加。

针对以上问题，国投罗钾必须思考：在管理体系推进的过程中，如何增强企业的主动性和适应性，如何调动员工的参与性和创造力，如何在企业管理的转型升级和一线班组不堪重负的现实矛盾下，寻求

最佳的实践路径。

二、化肥生产企业基于“N标一体化”的班组管理内涵和主要做法

国投罗钾以发展战略和管理方针为引领，以“夯基础、促管理、育人才、塑文化”为目标，以ISO9000质量管理、NOSA安健环和TnPM管理等体系贯标落地为内容，以班组建设为核心抓手，以组织学习和精益改善为基本方法论，促动全员实践和全面生产力革新，实现组织运作效能、班组管理创新、员工素养炼化、罗钾文化张力的全方位“提质增效”和“创新发展”。主要做法如下：

（一）创造“四同步”，确立“12345”的组织运作思路

坚持以国投集团“全面深化改革，推进转型升级，加快创新发展”为核心理念指导，创造实现“四同步”。一是以“高层谋势、中层搭台、基层唱戏”为组织运作的基本原则，确保了全员参与，同步实现组织运作效能的提升。二是通过植入班组管理“三大平台”“八大机制”和“六个一活动”等，同步优化班组日常管理方式，为一线注入创新活力。三是通过对“作业标准一本通”“岗位一张卡”“管理一套账”的系统梳理，同步强化员工的标准化意识和行为规范化素养。四是通过搭建“罗钾大讲堂”“兑标课”“汇智堂”等学习新平台，在沉淀组织智慧的同时，同步彰显罗钾精神的文化张力。

在充分调研和分析的基础上，确立“12345”的组织运作思路。一是在推行各项管理体系时，始终以班组建设为核心抓手，以此推动体系融合与落地实践的无缝对接。二是针对中国企业普遍存在“文化制度两张皮”“管理与实际相脱节”等现象，及员工也普遍存在的“知道了做不到”“做到了却不长久”等现象，基于国投罗钾组织发展和员工职业成长保持协同性而植入基本方法论，确立组织学习技术和精益改善技术两大支撑。三是坚持以人为本、科学求实、创新发展的理念导向。四是要紧扣时代主题，既要对标最先进理念和最佳实践案例，又要对接企业发展需求和当下问题，确保运作过程科学合理，最终产出实效。五是坚持五大关键思考，包括关注系统思考，立足当下着眼未来；优化管理，全方位优化组织运行方式、班组日常管理方式、人才培养与炼化方式等；推动组织，“高层谋势、中层搭台、基层唱戏”，全面提升国投罗钾的规划、领导、组织、协调、控制等组织运作能力；提升素养、同步发现和培养“一教两示范”关键人才；彰显文化注重落地实践。

（二）转观念、达共识，明确工作方向

作为一项全员实践工程，能否统一思想和认知，避免基层员工“被动地干、应付地干、盲目地干”，是必须解决的第一大问题。为此，国投罗钾定期组织厂领导、科级干部、班组长、班组建设推进负责人等召开工作座谈会，鼓励大家讲真话、讲实情、讲思路、讲想法，在观点碰撞中融合思想，达成共识，理顺工作思路和目标，形成一种上下同欲的整体氛围。例如，硫酸钾厂成立由厂领导及各车间科室负责人组成的虚拟班组——“前锋”团队，定期开展“N标一体化”与班组建设研讨会，且领导小组与一线班组开展“手牵手、向前走”结对子活动，定期深入基层班组进行交流和指导，确保班组建设工作“不走偏、不走样、不走形式”。

（三）建驱动、做兑标，优化组织行为

传统以监督、检查、考核为导向的组织驱动模式，使基层班组在工作落实中出现“为应付检查而疲于奔命”的情况，形成“上有政策，下有对策”的尴尬局面。为营造良好环境氛围，激发大家自动自发、由内而外的内驱力，国投罗钾创造性应用了组织学习技术。组织学习强调“以实践为师、以问题为师、以标杆为师”，并且在组织层面形成“实践——兑标（反馈、反思、分享）——改善——革新——再实践”的闭环管理模式，最终形成组织的核心能力。不仅影响当前的组织成员，而且会对未来成员发生影响。

组织学习的新样式主要体现在“兑标课”的运作，以“兑标课”形式为各车间、班组搭建展示亮点的舞台和分享交流的平台。“兑”，即勾兑、兑换，通过交换最先进的理念和方法，挖潜群众智慧，激发

创新活力，达成共同愿景和目标；"标"，即标杆、标准，通过对标最佳实践，萃取优秀经验和做法，让标杆变成标准，推广传播，不断提升组织的整体竞争力；"课"，即"习学"的过程，在实践中学习先进的理念、方法、经验和模式，并结合自身工作实际，创造性应用和传承。

"兑标课"鼓励员工"敢说、敢评、敢议"，分享最佳实践和经验，优化工作思路和方法，依靠团队的力量共同解决工作中的问题。打破认知障碍，强调思想的交互，打破层级障碍，强调智慧的碰撞，打破博弈障碍，强调行为的促动，是组织学习汇智模式的新探索。

例如，硫酸钾厂倡导"月月有兑标、事事可兑标"，将"兑标"常态化。鼓励各车间轮流主办"兑标课"，从主题确定，到流程策划，再到形式升级，不断丰富"兑标"的内涵。

（四）筑讲台、摆擂台，营造环境氛围

为了解决认知障碍、动力障碍和方法障碍，除了集中开展系统培训外，还鼓励班组内部开展"人人都讲一小课"活动。由班组成员在学习例会上轮值讲一小课，主题聚焦实际工作，可以是某个案例，某项专业知识或技能，也可以是多体系推进中的某个问题点、改善点、创新点、经验点等。在共同学习和讨论中，提升班组成员整体知识技能水平和综合素质，并逐步形成人人学习、人人分享、人人提升的学习氛围。该模式颠覆了传统"学以致用"的理念，而是强调"用以致学"，体现了从被动式学习转向主动式学习、从个体式学习转向团队式学习、从集中式学习转向碎片式学习、从课堂上学习转向工作场所内学习的几大特点。

此外，还组织各厂、各车间、各班组等不同层面开展工作交流和学习，以"摆擂台"的方式评选出最佳推进单位和个人，营造比学赶帮超的良好氛围。"擂台赛"的组织驱动方式，不仅激发了员工的工作热情和进取心，同时，以赛促练，赛出了班组凝聚力，赛出了团队荣誉感，更赛出了"务实创新、追求卓越"的罗钾企业精神。

（五）梳流程、建标准，规范作业行为

国投罗钾秉承"一岗一标准，一事一标准"的理念，组织开展"写我所做、做我所写"活动，要求全员参与，结合生产实践，按照体系中"就高"原则，整合优化三大体系，系统梳理《作业标准一本通》。将每个作业项目的工作步骤、质量标准、安全要求、现场要求、人员要求、设备要求、所用工具、人员分工、执行时间、所需记录等全部梳理呈现，形成具有参照和指导价值的手册，使每个员工都清楚地知道完成一项作业任务的所有要求和注意事项。

在编写作业一本通的基础上，班组又进一步理顺岗位工作关系和工作职责，编写了"一岗一标胜任卡"，将各岗位的基本信息、岗位使命、工作职责、工作关系、绩效指标及胜任各岗位所应具备各项具体要求进一步明确和细化。开启了国投罗钾国投罗钾岗位标准化建设的道路，也是员工职业化重塑的前提和基础。

（六）深激活、巧管理，释放一线潜能

在传统班组管理模式中，主要以班组长个人为中心，以发布命令、绩效考核、惩戒罚款为主要管理手段；在日常工作中，主要以任务为导向，忽视对员工的潜能挖掘和创造力开发。但是，随着人本管理时代的到来，新型班组管理模式更加注重对员工自我价值的尊重和自我潜能的激活。而"八大机制"（轮值机制、公约机制、分享机制、评议机制、荣誉机制、链锁机制、赛场机制、积分机制）的植入，无疑为班组管理注入创新活力，有效调动员工的积极性，发挥每个人的特长和优势，真正呈现了全员参与、全员提升的局面。

评议机制，即鼓励团队成员通过一件事或一个案例进行相互学习和评议，交流其中的经验，借鉴成功点，发现其中不足，强化优势，弥补缺陷。评议强调的不是"评"的结果，而是强调"议"的过程。通过"议"有所"感"，在"感"中评议双方都获得提升和融合，是一个互为借鉴、双向互补的过程。如在班后会上，结合当日工作目标和计划的完成情况，以班组集体评议的方法，对每个人当日工作进行评价；如班组成员可以对轮值委员的表现进行集体评议，分享优点，指出不足，激励其不断成长。

积分机制是指通过积分的形式，将员工的工作表现显性化和量化，根据积分结果实施精准管理。硫酸钾厂创造性引用了积分机制，如在使用方式上，打破以往只针对班组员工积分的单一模式，逐步形成车间、班组、小组、员工四级积分体系；在公布方式上，采用“榜上有名”的形式，实现了公平、公正、公开，促动“我为积分狂”的参与热情；在规则优化方面，鼓励各车间、各班组根据实际需要动态完善积分标准，如对于“疑难杂活”侧重加分，不断增强了积分对于实际工作的助推作用；在结果的应用方面，对积分高的员工进行优势的挖掘，对积分低的员工则进行针对性辅导与帮扶。同时，通过“强弱联合”式的结对子，促动员工形成互帮互助的团队氛围。

（七）找问题、补短板，促动创新改善

国投罗钾秉承“依托创新求发展”的理念，开展了“发现一个问题，促动一项改善”的主题活动。一是充分发挥“前锋团队”引领和示范优势，成立“前锋创新工作室”，打造创新孵化器，培育了“工具开发大赛”“QC 小组活动”“六项改善”“五小活动”“合理化建议”“手工作品大赛”等优质创新品牌活动，推动了全厂创新文化的形成。仅以硫酸钾厂为例，目前已收录创新项目 50 余项，其中国家专利 8 项，如《A－O 与 A－X 生产软钾的工艺技术的应用》《组合式喷码机》《智能计数器》等创新成果，由员工姓名命名的实用开发工具，像“尕依提离心机维修六件套”“卢亮轨道车”等三十几项工具被广泛应用，这些创新项目仅 2015 年就为国投罗钾创造经济效益两千余万元。二是开展修旧利废、挖潜增效活动，青年员工从不浪费一颗螺丝钉、一个零部件做起，把降本节约融入细节点滴，如柴发运行检修工阿不拉江·吾斯曼把设备旧配件经过拆卸组装、打磨更换、试压浸油等十几道工序，一次性成功修复喷油泵 20 只，总价值超过 18 万元，成为变废为宝的明星人物。三是技能大师工作室充分发挥“导师带徒”作用，坚持“以赛促训、以训促学、以学促练”，技术精湛的青年工人也能走上师傅宝座，成为行业工种技术带头人，成为新疆维吾尔自治区的典型。

（八）抓党建，促生产，开展建标树模

国投党建高度重视党建工作与生产工作的紧密结合。一是将党小组建在班组层面，坚持“将党员培养成为技术骨干，将技术骨干培养成为党员”的理念，充分挖掘党员的特长，建立党员示范岗，让员工真正感受到“组织在基层，党员在班组，榜样在身边”。二是发挥党员在班组的“政委”作用，及时纠正班组的不正之风，不断增强班组党建工作的感染力和说服力，影响员工积极向党组织靠拢。三是有效将行政、团总支、工会工作与班组建设进行整合优化，相互促进，通过党建一小课、党员大讲堂、两学一做等活动载体，提升班组的凝聚力和战斗力。

例如，为了丰富党员哲学素养，硫酸钾厂成立“实事求是哲学读书会”，班组设立读书角，由浅入深引导员工学习马克思主义哲学和毛泽东思想，逐步具备哲学思维和辩证法，提升解决实际问题的能力。读书活动潜移默化引导着每一位员工塑造正确的人生观和价值观，涌现出一大批诸如国资委最美一线工人“状元夫妻”、自治区“最美青工”艾合买提、巴州“创新能手”马雷、哈密地区“科技青年”吴前锋等优秀人才，发挥模范带头作用，引领广大员工做先锋、当闯将、勇担当。

三、化肥生产企业基于“N 标一体化”的班组管理效果

（一）N 标体系推进效果显著

“N 标一体化”的推行，促成多体系融合与落地，不断夯实基础管理，规范了生产运行，确保质量、安全、健康、环保和效益的协同互动发展。2015 年，根据各体系内容要求，结合工作实际，全员参与编写了作业标准一本通 4076 项，目前，各单位已将“作业标准一本通”应用到具体实践中，不仅

有效支撑了员工日常培训学习，更规范了作业行为，提升了标准化水平。通过开展班组建设工作，公司综合管理绩效得到明显提升，各类关键业绩指标比2014年均有较大提升。举例：仅以硫酸钾厂为例，2015年累计生产硫酸钾150.50万吨，优级品率100%，比计划增加20万吨，完成计划的115.32%，单月产量最高达到19.5万吨（1月），周产量4.2万吨，主要消耗指标比同期大幅降低；硫酸钾厂全年累计发现并处理设备故障2514项，发现六源共计7326项，解决6853项，解决率为93.54%，现场环境进一步改善，设备有效利用率稳步提升。

国投罗钾公司共有120个基层班组。2014年，有2个班组被评为标杆班组，有14个班组被评为五星班组。2015年，进一步加大班组建设推进力度，又一次荣获国投集团“班组建设优秀单位”，硫酸钾厂荣获“班组建设示范单位”，7个班组被评为标杆班组，32个班组被评为五星班组；近几年，基层班组曾获得中华全国总工会授予的“工人先锋号”、中华企业团工委授予的“青年文明号”、共青团中央、国家安全监管总局授予的“全国青年安全生产示范岗”、全国TnPM大会“TnPM卓越班组”“六项改善案例奖一等奖”等荣誉，第十一届、第十三届中国班组建设最佳实践分享高峰论坛上分别获得“理念革新奖”和“新班组建设提质增效奖”；提交的案例《基于“N标一体化”的班组管理新模式》获得2015年第九届《商业评论》“管理行动奖”。

（二）员工队伍综合素质明显提升

通过班组建设工作的开展，员工队伍面貌焕然一新：从消极被动变为积极主动；从逃避问题到解决问题；从被动执行到创新思考；从归罪于外到反求诸己；从推卸责任到勇于担当；从各自为战到团结合作。安全意识、学习意识、创新意识、质量意识、竞争意识等都有显著提高。通过定期培训、现场教学、“师带徒”“结对子”等多种方式，有效发挥了老员工的经验优势和技能优势，促进了青年员工队伍的快速成长，队伍建设呈现出新老帮带、互学互促、共同进步的良好态势。

（三）创新改善明显增多

在班组建设过程中，本着“发现问题就是进步，解决问题就是创新”的理念，鼓励员工立足岗位自主创新，开展六源查找、QC课题攻关、创新改善等各类活动，有效激发了员工的创新潜能。2015年一年，公司共奖励130人次6S标兵，1867项六源治理奖，331项OPL奖，80项六项改善奖，239项金点子状元奖，134项合理化建议奖，并已全部付诸应用。

（成果创造人：李守江、尹新斌、高志勇、姚莫白、王忠东、何勇锋、陈代金、马　林、晏河新、何文江、陈万沧、沈　华）

建筑工程企业劳务队伍“五化”管理

中铁十二局集团有限公司

中铁十二局集团有限公司（以下简称中铁十二局）1998 年改制组建为企业集团，2003 年随中国铁道建筑总公司归属国务院国资委管理。拥有铁路工程和建筑工程施工总承包特级，公路、房屋建筑、水利水电、市政公用工程施工总承包一级和多项专业承包资质共 32 类 94 项，其中一级（含）以上资质 62 项。中铁十二局集团下辖 17 个子公司；全集团现有职工 16000 余人，其中管理和技术人员 9400 多名，一级建造师近 700 名，各类专业高级职称人员 1180 多名，正高级职称 50 余名，享受国务院津贴专家 8 名。2013—2015 年，中铁十二局集团共实现新签合同额 2117.7 亿元，完成营业收入 1534 亿元，实现净利润 31.4 亿元，在中国铁建工程承包板块和系统同类型企业中均名列前茅。

一、建筑工程企业劳务队伍“五化”管理背景

中铁十二局 4600 余支劳务队伍，分布在国内外 500 余个各类型项目部，数量庞杂，高度分散，管理难度大。以往管理模式存在诸多弊端：一是各级管理机构、职能业务部门和管理者权责不明晰，职能交叉重叠；二是工作标准不统一，五花八门；三是传统的职能化管理，沟通协作不畅，流程淡化；四是劳务队伍抢占任务，疲于应付，专业化施工能力不高；五是面对活难利薄的形势，为确保项目工期、质量、安全和成本全面受控，管好劳务队伍，只重卡控的做法已不可取；六是传统的公文、报告、表格的检查校对形式不能适应繁重的业务管理需要，更难实现企业资源共享。面对以上问题，为走出劳务队伍管理的窘境，迫切需要探索出一套适合企业管理实际的新的劳务队伍管理模式。

二、建筑工程企业劳务队伍“五化”管理内涵和主要做法

中铁十二局劳务队伍“五化”管理，即实行劳务队伍的标准化、流程化、专业化、人性化和信息化管理。建立劳务队伍标准化管理体系，构建层级管理体系，明晰职能业务部门和管理者权责，制定劳务队伍管理工作标准。把杂乱的权责和工作标准进行了规范和统一。建立劳务队伍流程化管理机制，将全过程通过流程再造与设计，梳理各业务流程，形成一套以流程目标为导向的扁平化管理机制。建立劳务队伍专业化管理体制，建立名录，并根据其评定的信用等级，设定任务承揽范围和工程规模。建立劳务队伍人性化管理机制，善待劳务队伍。建立劳务管理信息系统，在线实时处理繁重的管理业务。主要做法如下：

（一）建立劳务队伍标准化管理体系

中铁十二局构建集团公司、工程公司、项目部三级管理体系，明晰职能业务部门和管理者权责，制定劳务队伍资格准入审查、录用、合同、计价结算、辞退和信用等级评定等工作标准。

1. 建立集团公司、工程公司、项目部三级管理体系

中铁十二局集团公司负责宏观调控与管理，主要审批劳务队伍资格准入、名录发布、年审、信用等级评定等，履行监管服务职责。

工程公司具体负责劳务队伍管理，主要审批劳务队伍的录用、合同、辞退、末次结算及过程督促检查，协助集团公司承办劳务队伍资格准入、信用等级评定和资格年审等基础工作，履行主体管理职责。

项目部具体负责劳务队伍日常管理，直接使用劳务队伍，负责从进场到退场全过程劳务队伍管理，包括录用推荐、培训教育、技术管控、安全质量管控、计价结算等各项日常管理工作。

2. 厘清职能业务部门和管理者权责

集团公司成本管理部以及工程公司、项目部的成本（经济）管理部门是劳务队伍管理的主管部门，法律事务部门是合同示范文本制订及合同合法性审查部门，其他部门为配合部门。

项目部项目经理是劳务队伍管理的直接责任者，工程公司分管领导是主要责任者，工程公司主管领导是重要责任者。

3. 制定工作标准

一是集团公司建立全集团劳务队伍名录，搭建资源共享平台。进入名录的唯一途径是资格准入审批。审批严格坚持四项标准：一是“五证一书”或“三证一书”齐全有效和真实身份证明，必须具有国家相关部门颁发的《企业法人营业执照》《建筑业企业资质证书》《安全生产许可证》《税务登记证》《组织机构代码证》和授权委托书等五证一书，以及法定代表人和被委托人的身份证件；二是承担过同类工程施工，有类似的施工经验；三是具有充足施工力量和相应管理能力；四是诚实守信，无不良合作记录。

二是所有项目部劳务队伍必须从集团公司合格劳务队伍名录中择优录用，D级队伍不得录用；严禁工程公司及以上各级机关的任何人向项目部指定劳务队伍。录用队伍的工程任务必须与其信用等级相匹配，严禁高套信用等级。使用回避制度，严禁项目经理、项目书记、副经理、项目总工、总经济师、财务主管等主要管理人员在本项目使用或变相使用亲属（友）劳务队伍。

三是坚守先签合同后进场基本红线，按合同管理劳务队伍是基本工作准则。合同标准主要包括劳务组织模式、劳务单价和合同文本三方面内容。

根据项目特点、难易程度等情况，劳务组织可以采用以下四种模式：专业架子队管理模式，对混凝土拌和、地铁盾构、钢构件加工、桥梁预制架设、轨道铺设等企业自主投入的关键大型设备和特殊工序，由工程公司或项目部直接招募、直接管理、直接带班，按建制队的方式组织生产；“工序分离，工费承包，限额供料”的工费单价承包模式，对一些技术难度不大、作业内容单纯、社会化程度较高的专业和领域，通过招标录用合格的外部成建制劳务队伍；综合单价承包模式，单价中主要包含人工费、材料费、机械费、临时设施费等，但主材和其他主要材料由项目部负责供应，在付款时扣除相应材料款；专业分包模式，对专业性较强的特殊过程，经集团公司和工程公司审批，择优录用能力强、经验丰富、有资质的外部成建制劳务队伍组织施工。但无论在什么情况下，严禁采用工程转包和违法分包模式，严禁“以包代管”或“包而不管”，通过实施严格的安全质量管控、旁站施工、及时检测等措施，把企业的管控力全面渗透于劳务队伍的各个作业环节，杜绝野蛮施工、偷工减料等现象。

劳务合同单价控制在工程公司指导价允许范围内，因现场特殊情况需要突破指导价的，或指导价中未包含有关工作内容的，须签订补充合同或协议，并报工程公司审批。

中铁十二局集团公司、工程公司制定各类合同的示范文本，项目部必须按照示范文本拟定合同文本。合同书签章手续必须完备，双方法定代表人或被委托人亲自签字，同时加盖合同专用章，一式四份，项目部主管部门、项目部财务部门、劳务队伍及工程公司主管部门各执一份。

四是计价结算遵循“以合同为依据，完善审签手续，按月办理”的原则。劳务队伍完成的工作内容和作业量按照实际完成情况进行逐级确认；结合合同约定进行验工计价表的编制；已完工程原则上不得拖延计价结算，不得因工程款不到位等原因推迟计价结算；未完工程不得提前计价；不得超额计价结算。

五是劳务队伍有下列情况之一的，应予辞退：以任何形式将合同项目进行违法分包、转包的；上场的施工人员、设备等不能满足合同要求，严重影响合同履行的；施工的工程出现严重安全、质量和环境事故隐患，拒不整改的；施工进度达不到要求，严重影响整个合同段工程进度，经督促、警告仍无力满足要求的；因劳务队伍自身原因与集团公司或工程公司发生严重经济纠纷或到政府上访等。

六是本标准主要包括信用评价打分、资格年审、信用等级评定三方面内容。

信用评价打分：项目部评价基本分为70分，工程公司评价基本分为30分，另设加分项；评价内容包括：组织机构、质量、进度、安全、综合管理等。

劳务队伍有下列情形之一的，年审不合格：不参加年审的；有较严重的经济纠纷或诉讼；因拖欠或克扣劳务工工资等，出现群体闹事以及上访等行为；不按国家规定与劳务工签订劳动合同和缴纳相关社会保险的；因工程质量、工期、安全等问题被建设单位通报；《企业法人营业执照》《建筑业企业资质证书》《安全生产许可证》《税务登记证》《组织机构代码证》、法定代表人身份证、被委托人身份证及授权委托书等资信证件之一不齐全、年检不合格或无效等。

劳务队伍信用等级根据注册资本金、年度信用评价得分和年审结果设置四等五级，分别为AA、A、B、C、D。

（二）建立劳务队伍流程化管理机制

将劳务队伍管理全过程通过流程再造与设计，梳理为资格准入、录用、合同签订、验工计价、结算退场和信用等级评定（含过程信用评价、后评价、资格年审等）等六个流程，按照“资格准入→录用→合同签订→验工计价→过程信用评价（信用等级评定）→结算退场→后评价（信用等级评定）”的顺序形成环环相扣管理链。

1. 资格准入

一是劳务队伍向工程公司主管部门提出准入申请，填写《劳务队伍注册申请表》，提交有关证件和资料。在集团公司范围内只能向一个工程公司提出准入申请；二是主管部门审查申请资料原件，并将有关证件复印件加盖对方公章留存备案；三是主管部门提交申请资料报工程公司分管、主管领导审核；四是审核通过后报集团公司成本管理部，经分管领导审定后办理注册手续，加入合格劳务队伍名录。

2. 录用

隧道、大（特大）桥、制架梁、大型土石方、轨道、房建、铁路四电等重点工程劳务队伍，由项目部推荐或自我推荐，工程公司通过内部招标或议标等方式录用。其他一般劳务队伍自我推荐，由项目部通过内部招标或议标等方式确定拟录用名单，填写《劳务队伍录用申请表》，报工程公司主管部门审查，经分管、主管领导审批后录用。

3. 合同签订

一是项目部审查劳务队伍资信证件原件，拟定合同文本，填写《合同审批表》并签署具体意见。将加盖劳务队伍公章的资信证件复印件、拟定的合同文本和《合同审批表》上报工程公司审批。二是工程公司主管部门审查劳务队伍诚信状况、合同价款和条款。三是工程公司财务（税务）部门审查合同文本涉税条款及税务信息。四是工程公司法律事务部门审查合同的合法性。五是工程公司主管部门将经过审查的相关合同材料报工程公司分管、主管领导审批。六是工程公司分管、主管领导在《合同审批表》上签署审批意见。合同审批后，项目部与劳务队伍办理签订手续。七是合同签订后，项目部召开合同交底会。由项目部成本（经济）部门根据合同内容进行书面交底，组织项目相关人员和劳务队伍主要人员逐条学习合同条款，做到合同内容人人心中有数。

4. 验工计价

一是已完工作内容和作业量的确认由项目总工程师牵头，每月22日前组织项目工程、成本（经济）部门、安质等部门以及技术主管、技术人员共同对当月已完工程进行现场测量、评定和验收，填制《已完工程计价数量表》。项目工程部门每月25日前将手续完善的《已完工程计价数量表》交成本（经济）部门。现场需安装的设备，安装就位确认合格后办理验工计价，验收报告作为验工计价的附件。二是成本（经济）部门根据《已完工程计价数量表》和签订的合同编制《验工计价表》《结算付款单》，根据费用组成填写劳务队伍的本次和开累的价款组成情况并完善签字手续，同步登记验工计价台账。三是严格控制使用零星用工和零星机械台班，特殊情况下确需使用时，必须由现场负责人提出，项目经理同意后，方可使用；填制《零星工天签认单》和《零星机械台班使用签认单》，项目经理及时签字确认，交由成本（经济）部门办理验工计价。四是验工计价表按照月度、季度项目部（工区）审核或工程公司预审。劳务队伍对验工计价存在异议的，项目部（工区）进行复审。复审后仍存在争议的报工程公司相关职能部门进行协调。

5. 结算退场

一是末次结算除需遵循一般验工计价业务流程外，还必须报工程公司主管部门审查，经分管领导审批，特殊重点工程还需报主管领导审批。工程公司审批末次结算后，项目部与劳务队伍签订《作业完工结算书》和《履约完毕承诺书》以终止劳务合同，协调、督促劳务队伍有序退场。

二是隧道、大（特大）桥、制架梁、大型土石方、轨道、房建、铁路四电等重点工程劳务队伍的辞退由工程公司组织实施，项目部协助。其他一般劳务队伍的辞退由项目部提出申请，填写《劳务队伍辞退申请表》，报工程公司审批后，由项目部办理队伍辞退事宜。

6. 信用等级评定

信用等级评定由信用评价打分、资格年审、信用等级评定三部分组成。各单位每年 1 月和 7 月进行一次过程信用评价打分，合同履约结束后进行一次后评价打分，每年 8 月对劳务队伍进行资格年审和信用等级评定。

一是项目部相关部门参与劳务队伍项目信用评价，主管部门填写《项目部劳务队伍月份信用评价表》，项目经理审核，上报工程公司审批。工程公司相关部门参与劳务队伍公司信用评价，主管部门填写《公司劳务队伍月份信用评价表》，报分管、主管领导审批。工程公司对各项目信用评价打分按完成产值额进行加权计算并累加上公司信用评价打分，作为公司信用评价最终得分；集团公司将各工程公司信用评价最终得分按完成平均产值额进行加权计算作为集团公司审核得分，再将 1 月和 7 月的审核得分取平均值作为劳务队伍年度信用评价得分。

二是劳务队伍填写《劳务队伍资格年审表》，提供本年全集团所有施工任务情况的年审资料，报提请准入工程公司主管部门。主管部门审查年审资料，经分管、主管领导审核后上报集团公司成本管理部。成本管理部将初步年审情况上报分管领导审批。

三是集团公司成本管理部根据评定标准初步划分劳务队伍信用等级，填写《集团公司劳务队伍年度信用等级评定汇总表》，报分管领导审批。

（三）建立劳务队伍专业化管理体制

分工程类别建立全集团劳务队伍名录，并根据其评定的相应工程类别信用等级，设定任务承揽范围和工程规模，遏制其摊薄管理与劳务资源，专注提升自身的技术、安全、质量等综合管理能力，促使其走专业化发展道路。

按工程类别对劳务队伍实行分类管理，工程类别由类别和专业两部分组成。类别主要包括铁路、公路、房建、水利水电等 12 个。专业主要包括地基与基础工程（含桥梁桩基础）、土石方、公路路面、桥梁下部结构、现浇梁、隧道、铺轨、机场场道等 40 个。

劳务队伍必须按照与其信用等级相应的允许承揽工程范围、同一工程类别和所有工程类别的允许在建工点数进行任务承揽。比如一个 A 级铁路隧道队伍，只能承揽 A 级及以下铁路隧道和 B 级及以下公路隧道，并且在全集团 A 级铁路隧道在建工点数不能超过 3 个，A 级以下铁路隧道在建工点数不能超过 4 个，B 级公路隧道在建工点数不能超过 2 个，B 级以下公路隧道在建工点数不能超过 3 个，该队伍所有工程在建工点数不能超过5个。

（四）建立劳务队伍人性化管理体制

中铁十二局从以下几个方面善待劳务队伍，全面建立企业与劳务队伍长期合作共赢、持续健康发展的新型关系。

1. 建立合理确定劳务单价、及时计价结算制度

劳务指导价制度，要求劳务合同单价须控制在指导价允许范围内，不能一味压低单价，留出劳务队伍应有的盈利空间；验工计价管理制度要求及时足额对劳务队伍进行计价结算和支付费用，维护劳务队伍的正当经济利益，充分体现企业的诚实守信风范。

2. 建立劳务队伍服务机制

加强技术服务和管理服务，及时发现并快速帮助劳务队伍解决施工中出现的问题和困难，为其出谋划策，促进其不断提升自身的管理水平，优化施工组织，使劳务队不窝工，能连续作业，工序衔接紧凑。提高经济关系透明度，如合同签订、验工计价、材料供应、工程款拨付等劳务队伍重大利益关切点在阳光下操作。严禁在劳务队伍管理过程中，发生吃、拿、卡、要的现象，营造风清气正的环境，从主观上消除管理障碍。

3. 同步规划建设劳务队伍营区

劳务队伍营区与项目部临建，同步规划，同步建设，共建和谐家园。修建工人宿舍、食堂、澡堂、培训室、活动场、家属房等，给劳务工创造良好的工作、生活条件；不定期举行多种娱乐活动，丰富劳务工人的业余生活。

4. 建立劳务工教育培训制度

将劳务工教育培训纳入企业教育培训管理的工作体系，通过岗前集中培训、特殊作业及时培训以及作业过程中不间断培训等方式，实心实意帮助其提高自身素质和技能。

5. 建立劳务工工资支付监控机制

一是建立劳务工工资支付保证金制度，签订合同时要求劳务队伍交纳一定数量的劳务工工资保证金。二是实行劳务人员上下场登记制度，每个月不定期填写《劳务队伍施工人员上下场登记表》，建立劳务工实名制档案，自始至终对其人员进行动态掌握。三是实行劳务工工资项目部代发制和个人签收制，确保工资及时、足额发到个人。

6. 建立劳务队伍考评制度

建立考评制度，实行绩效管理，对突击能力强，安全、质量、工期、综合管理等方面信用度高的给予表彰和奖励，对降低成本的给予奖励、分成，对违规现象或行为进行处罚，并落实到工班，充分调动劳务队伍积极性，培养劳务队伍荣誉感和归宿感。

（五）建立劳务队伍信息化管理体制

运用网络化信息工具，将劳务队伍标准化、流程化、专业化和人性化管理机制进行固化，在线实时处理繁重的管理业务，实现企业资源共享。

集团公司研发的劳务管理信息系统按“集团公司—工程公司—项目部”三级平台进行搭建，呈树状目录结构，由业务中心、流程中心、系统中心和消息中心等4个子系统组成。其中业务中心是核心，主要用于劳务队伍资格准入、录用、合同签订、验工计价、结算退场、信用等级评定等管理工作；流程中心主要用于设置各功能模块的审批流程和督办正在审批的流程；系统中心主要用于管理各级管理机构、用户和维护系统数据；消息中心用于查阅和回复系统邮件。

该系统2013年正式在集团公司本级、11个工程公司和国内外500余个项目部同步上线运行，实现了在线审批、预警提醒、手机短信督办、实时查询等功能。截至2016年8月20日共审批维护各工程类

别劳务队伍 4636 个，审批建立 71260 条业务管理单据。提高了工作效率和劳务管理透明度，实现了资源共享，增强了劳务管控能力，有效遏制了“暗箱操作”等违规行为。

三、建筑工程企业劳务队伍“五化”管理效果

（一）劳务队伍管理更加规范，工作效率大大提高

中铁十二局集团公司、工程公司、项目部三级管理机构，职能业务部门和管理者权责明晰，劳务管理业务流程和工作标准统一，并运用信息化工具进行固化，规范了业务管理，减少了工作失误，大大提高了工作效率。

（二）企业年施工产值逐年攀升，现场安全质量管理基本受控

队伍的专业化施工能力得到提升，企业年施工产值逐年攀升，从 5 年前的 340 亿元一跃到近三年的 460 余亿元以上；安全质量责任落实到了作业面，确保了施工作业终端受控，劳务队伍违章作业、野蛮施工、偷工减料行为明显减少，安全质量事故得到了有效遏制。

（三）企业经济效益提升

把握住了劳务队伍的准入关、录用关，合同单价得到了有效控制，计价结算工作也越来越规范，有效堵塞了效益流失的黑洞，企业的效益水平稳中有升，近三年共实现净利润 31.4 亿元，始终位居中国铁建企业前列。

（四）企业社会信誉显著

近年来劳务纠纷逐年减少，2015 年劳务被诉案件数量相比 2012 年下降了 69.2%，有力保障了劳务队伍及农民工的合法权益，所在的中国铁道建筑总公司被评为 2015 年全国农民工工作先进集体；施工现场管理更加规范有序，在铁路信誉评价中多次取得 A 类第一名、第二名的好成绩，路外项目在大部分省份获得 AA、A 级信用等级。

（成果创造人：张凤华、常胜周、宋志宏、谭雷平、潘祥华、邵宝泉、
廖文清、刘江涛、张福安、李怀珍、何英南、黎　辉）

促进企业改革发展的薪酬分配体系建设

天生桥一级水电开发有限责任公司水力发电厂

天生桥一级水电站位于珠江流域红水河上游的南盘江上，地处广西、贵州、云南三省交界，是红水河水电资源梯级开发的龙头电站，“八五计划”的重点建设项目，“西电东送”工程南线的骨干电站。电厂共安装4台300兆瓦水轮发电机组，总装机容量1200兆瓦。2001年以前，电站建设及生产管理由国家电力公司南方公司负责。2001年年底，电站移交天生桥一级水电开发有限责任公司（以下简称天一公司）管理。2001年11月18日，天生桥一级水电开发有限责任公司水力发电厂（以下简称天一电厂）挂牌成立，负责电站的生产运行管理。截至2016年6月30日，天一电厂资产总额约56亿元，在职员工198人，累计发电约715亿千瓦时，实现连续安全生产5009天，上缴利税30多亿元。

一、促进企业改革发展的薪酬分配体系建设背景

（一）促进企业改革发展的需要

为适应电力体制和市场改革发展要求，在粤电集团公司的统一部署下，天一电厂2002年完成组织机构设置和定编、定员、定岗、定责等工作，建立“以岗定薪、岗变薪变”的收入分配机制。打破身份界限，规范任职管理，在内部初步形成管理人员能上能下、员工能进能出、收入能增能减的机制。

2008年年底，粤电集团公司提出“成为具有国际竞争力的能源集团”的发展目标，天一电厂敏锐地意识到，企业当前的管理水平与集团公司的发展目标相比尚有明显差距，而薪酬分配机制则是主要差距之一。虽然初步建立了员工收入与其岗位职责和贡献相联系的分配机制，但并未完全与市场接轨，与员工的绩效和能力基本没有挂钩，难以发挥激励作用。为此，进一步深化薪酬分配制度改革成为企业发展形势的需要。

（二）全面调动员工积极性的需要

由于受地理位置及封闭经营等因素影响，天一电厂员工普遍缺乏危机感和竞争意识。未彻底打破“大锅饭”和“平均主义”，干多干少、干好干坏差别不大。另外，原有职位等级主要依据粤电集团公司指导意见及历史经验进行确定，高职低薪或低职高薪等现象普遍存在。除岗位变动可调整工资外，员工薪酬基本固化，职业发展通道堵塞，难于吸引人才、留住人才。无论从调动工作积极性，还是从员工本人发展需要出发，薪酬分配机制改革已势在必行。

（三）提高企业人力资源管理水平的需要

天一电厂人力资源管理依然处于传统的人事管理状态。主要表现为：改革工作难以持续深入；体系不健全，尚处于人事管理到人力资源管理的过渡阶段；人才匮乏，管理能力不足；理念落后，各部门管理者几乎不认为应承担人力资源管理职责。薪酬管理只是简单的工资核算，如何发挥薪酬的杠杠力量，促进人力资源体系建设，成为企业人力资源管理水平提升的迫切需要。

二、促进企业改革发展的薪酬分配体系建设内涵和主要做法

天一电厂以打造“员工队伍优、管理水平优、安全绩效优、经济效益优、社会形象优”的“五优”水力发电厂为企业目标，以薪酬分配改革的公平性、创新性、竞争性、激励性为立足点，坚持与企业战略相匹配等“七项原则”，通过加强组织领导，深入调研论证，针对企业环境现状，反复优化设计方案，将薪酬分配改革与完善人力资源管理体系、员工职业通道建设、干部队伍建设、企业文化建设有机结合，构建一个适合企业自身环境特点和未来发展的薪酬分配机制，有效促进企业改革发展。主要做法

如下：

（一）加强项目管理，确保改革进程与目标

1. 确定改革目标

本次薪酬体系建设目标：牵引和带动全方位的管理创新与提升；实现管理流程、组织机构、人力资源配置、薪酬及绩效体系的集约化管理；构建既与国际接轨、又适应本企业条件与环境的薪酬分配制度，使员工薪酬随市场、岗位、绩效和能力变化而动态调整；激励全厂、部门、员工不断提升绩效，为员工职业发展奠定坚实的基础。

2. 加强组织领导，明确各方职责

为确保工作顺利开展，成立以党政一把手为组长、各部门负责人为成员的项目领导小组，以人力资源部负责人为组长的项目管理小组。选择专业咨询公司进行指导，建立项目管理制度，明确领导小组和管理小组职责。

严格实行周例会制度，要求对上周工作情况进行及时总结，对下周工作进行详细安排，并督促每一项安排得到有效落实。

制订具体推行应用计划，各部门领导必须率先垂范，带头执行，做到“要求员工做到的自己先做到，要求员工不做的自己先不做”。

3. 制订推进计划，实行精细化及目标管理

编制详细的实施推进计划，实行全程计划管理和目标管理。即月有计划，周有计划，并计划到人、到每天。将计划工作与任务流程化，明确每个环节（节点）目标、责任人、输出成果、起止时间、保障措施等。每周有计划总结会，查找问题，不断改进，并明确下周工作任务，确保计划与目标的实现。

4. 加强调查研究，广泛征求干部员工意见

采用问卷、个人访谈、分析会、讨论会等多种形式调查研究，随时了解员工的思想动态、诉求、意见和建议。

让员工参与职位分析、流程优化与设计、绩效考核标准制订等工作，通过亲身参与，学习企业管理的方法，同时思考存在的问题以及如何优化改进。通过双向互动，员工不再把自己视为改革的局外人和旁观者，而是积极出谋划策，为改革增添新动力。

在成果推行应用阶段，多次召开中层管理者及员工代表征求意见会，广泛听取员工对重要制度和方案的意见，其中《绩效改进与考核管理标准》《薪酬管理标准》《竞聘（双向选择）上岗工作实施方案》等均经职代会审议通过后实施。

（二）确立薪酬分配体系建设原则，运用科学理论指导改革

1. 制订改革原则，发挥正向激励作用

制订“七项原则”：一是与战略匹配，支撑企业战略目标；二是遵循国家、地方和粤电集团公司的基本薪酬分配政策；三是既体现激励性、打破平均主义、合理拉开差距，向关键、骨干岗位倾斜，又兼顾公平合理性；四是充分考虑企业的实际条件和所处环境；五是考虑历史问题的客观性和政策的连续性，对一些历史原因形成的不合理，采取逐步解决的方式处理；六是保障企业的稳定和正常的生产经营不受影响；七是强化分配的管理功能，体现正向激励作用。

2. 运用科学理论引导改革，确保改革稳妥正向前行

一是多渠道收集信息，确保决策的科学性和针对性。采用问卷调查、座谈、访谈、现场观察等多种方法收集信息，使各项改革工作尽可能做到针对性强，解决问题明确具体，解决方案切合实际。

二是既遵循国家政策精神又敢于突破创新。国家、政府和上级的许多规定与政策必须遵守，但有些已经不合时宜，在不违反基本原则的前提下，跳出固有思维模式，提出新的解决方案。如粤电集团公司

2002 年出台的“经营工资制”经实践被证明不适宜当前的条件与环境，本次改革进行了全面突破，制订更具激励性的“宽带薪酬制”，得到集团公司的充分肯定。

三是运用现代管理理论和工具。涉及需求理论、职位评估模型设计理论、组织设计理论、动态宽带薪酬理论、任职能力或素质模式等，同时也应用了职位评估模型、绩效权重计算、动态薪酬双系统等工具。通过问卷调查及深入访谈，了解到 70%以上的员工虽然看重收入，但更看重分配过程中对其行为、能力和绩效的认同和尊重。因此，将绩效管理、任职能力管理、打通员工职业发展通道融合一体，设计绩效工资和能力工资时，重点考虑与员工的职业生涯、能力发展、精神荣誉相结合，显著强化薪酬分配的激励作用和价值导向。开发适合自身条件的职位评估模型。在评估要素和要素纬度上，充分考虑发电企业的特征，在应用说明上，尽量量化和细化。将评估模型软件化，使参与者易达成共识，结果在企业内部不会出现太多异议。

四是承认历史、尊重现实。提出“尊重历史”“不搞一刀切”“充分考虑员工的接受能力与心理因素”“充分考虑企业实际”等原则，建立适合本企业的薪酬机制，借鉴而不照搬。如针对薪酬切换后个别员工过去的薪酬超出了所在职位起级水平，将超出部分作为保留工资，保留期为 3 年。3 年内可通过能力认证或绩效考核结果每年进行一次调整，上调部分纳入正式的薪点，冲减同等数额的保留工资。有效解决部分员工收入与职位、能力不匹配的问题，为改革的顺利推进减轻阻力。将年功工资进行较大幅度调整，充分肯定和尊重了老员工的历史贡献。

五是借鉴外部力量。选择外部人力资源专家协助，提供更加专业的人力资源管理思想、方法与工具，提供许多成功的经验。

（三）构建动态宽带薪酬模式，激发企业和员工活力潜力

1. 明确动态宽带薪酬模式的特征和功能

结合企业实际创新改造动态宽带薪酬模式，解决过去分配中存在的问题。主要表现在以下五个方面：

一是思想：员工的收入应根据个人与外部的条件变化而调整；二是动态：体现为员工的收入与市场、职位相关联，与个人的工作业绩、工作能力和发展潜力挂钩；三是宽带：主要体现为薪酬市场，即企业要有明确的薪酬市场定位策略；分类激励，即依据不同职位在企业的重要程度和市场人力供需状况，采取不同的薪酬激励水平；职业通道，即从薪酬的角度，打通员工职业发展通道；一岗多薪，即每个岗位不再是“一岗一薪”，而是多点序列；四是体系：动态宽带薪酬不是简单体现为薪点表，而是一个管理体系，由“薪酬市场调研体系”“职位管理与评估体系”“绩效管理体系”“任职资格管理体系”等一系列子系统构成；五是创新：不完全或逐步市场化；采纳“年功工资制”，兼顾历史贡献；与建立员工培养机制、职业化建设、打通员工发展通道、优化选人用人机制、再造流程管理体系、优化人力资源管理体系融合一体；通过薪酬改革，促进企业全方位改革提升。

2. 制订动态宽带薪酬模式设计原则

一是战略一致：与企业发展战略相一致，通过弹性设计，保证企业的可持续性发展；二是总额控制：薪酬调整必须在企业薪酬总额的控制范围内，合理计划使用薪酬；三是贡献导向：坚持以职位价值为基础，以能力、绩效、责任、贡献作为分配依据；四是绩效激励：员工收入与企业、部门及个人绩效相挂钩，调动员工积极性；五是动态调整：坚持员工收入实行动态管理，与职位、能力、绩效相关联。

3. 确定动态宽带薪酬的基本要素和模式

一是动态薪酬体现了职位、能力、绩效和员工潜质等基本的分配要素。

二是动态薪酬是由包括企业战略、职位分析、职位工资等在内的“定位系统”和包括员工绩效、能力、潜质等在内的“调节系统”构成的。

三是以薪点系数表为基础的宽带薪酬模式。薪点系数表是薪酬核算的基础和依据，结合企业薪酬总额、历史薪酬水平、职位等级、绩效（能力）发展空间、区域行业薪酬水平等因素进行设计。薪点表纵向为职位等级，依据职位评估等级确定，从31职位等级至49职位等级，共19个级别；横向为能力（绩效）档级，依据年度绩效考核或员工能力认证确定，共15大档，75小档。

四是采用能够体现动态薪酬的工资结构，见表1所示。

表1 宽带动态薪酬工资结构表

薪酬项目	功能说明
岗点工资	根据员工职位、市场、责任、能力、贡献确定。
季度绩效工资	根据企业经济效益和部门、个人季度考核结果等相关联的季度奖金。
年度绩效奖	根据企业经济效益和部门、个人年度考核结果等相关联的年度奖金。
专项奖金	包含安全生产月奖、星级班组建设奖、先进发电企业奖、年度三标一体化达标奖、NOSA五星安健环奖、年度安健环责任状奖、年度安全生产目标奖、运行安全奖、安全行车奖、千次操作无差错奖、各类先进集体及个人等专项奖金。
任职能力补贴	当员工获得任职资格并被厂聘任时，给予的补贴。
加班费	员工按照厂生产和工作的需要在法定节日继续工作所获得的劳动报酬。
年功工资	反映在岗员工多年劳动积累的辅助薪酬，是调节相同薪酬等级中新老员工薪酬待遇的补充形式。
保留工资	动态宽带薪酬体系与经营工资体系切换时的临时过渡项，为部分员工超出所在职位岗点工资起档水平而设置，每年依据年度绩效调整变化，过渡期后取消此薪酬项。

五是设计多种薪酬调整方法，使之更加合理，也体现对薪酬分配的导向。具体如下：一是统一调整，根据行业市场水平、企业效益、地方最低工资标准、物价指数等情况进行普调，周期不固定。二是任职能力薪酬调整，设计制订员工任职资格标准，定期认证评估，作为员工薪酬调整的依据，并由此打通员工职业发展通道。三是绩效薪酬调整，以年度绩效考核结果为依据，两年为一次周期的薪酬调整。四是特别调整，因特别重大贡献，对个别人员进行工资调整。五是异动调整，因职位发生调动、升降而进行的工资调整。

4. 设计适合企业实际的薪酬管理功能

一是解决过去“一岗一薪”除职位升迁就无其他晋升空间的问题，为每个岗位提供了足够的薪酬晋升空间，相同岗位的人员因能力不同、业绩不同，获得的薪酬水平也不同。

二是通过职位评估结果应用解决内部公平性问题。通过企业状况、问题难度、责任范围、任职资格、沟通状况、贡献程度、下属管理等七个要素，23个维度对全厂近100个职位进行评估，确定每个职位相对贡献价值的大小。

三是以业绩为导向，将工资总额的30%与绩效挂钩，考核结果不仅影响季度、年度奖励分配，还会对员工每两年一次薪酬调整产生影响，起到有效的长期激励作用。

四是将建立任职能力管理机制与薪酬改革紧密结合，在解决薪酬分配、员工能力与薪酬挂钩问题的同时，还为建立职业化的员工队伍和员工发展培养机制、打通员工职业发展通道奠定了基础。

五是通过进行薪酬调查，了解人力市场状况，设计与市场接轨的薪点表，明确职位薪酬市场水平。

六是明确倾斜政策，体现企业价值导向。设置运行人员补贴、专业技术（技能）补贴及各类安全专项奖金等项目，向生产运行领域或关键职位倾斜。建立绩效管理体系，科学考评，向业绩优秀员工倾斜。建立任职能力管理体系，有效区分员工能力，向能力强的员工倾斜。这些倾斜政策与企业“适者为才，价值为要”的人力资源理念和“全面绩效，有效激励”的激励理念相契合。

（四）实施“五个结合”，全方位推进薪酬分配体系运行

1. 与人力资源管理体系建设相结合

如果仅仅进行薪酬分配改革，而其他的人力资源基础管理工作没有跟上，改革可能会面临诸多困境。因此，天一电厂将薪酬分配体系建设与人力资源管理体系建设相结合，分为三个阶段实施，形成整体合力，相互促进。

2. 与员工职业生涯发展通道建设相结合

为有效解决员工的职业发展问题，提高员工实现自身价值的积极性和成就感。本次薪酬分配体系建设的一个重要目标就是通过建立宽带动态薪酬模式，为员工职业发展奠定坚实的基础。通过打通组织管理职系、专业技术职和职业技能职系三个发展通道，有效打破“官本位”思想，员工不再像往常只能走行政通道的“独木桥”，而是可以通过绩效和能力的提升，获得薪酬待遇的晋升。

3. 与改善国企员工观念意识相结合

自启动改革后，企业就着力提高各级管理者和全体员工对改革的认识和理解，消除员工的担心和顾虑。通过召开启动大会、主题宣讲、专题培训、厂报、EIP 门户网站等多种形式进行宣传，让员工逐步意识到改革目的不是为了“折腾员工”，更不是要损害员工的合法利益，而是为了更好地发挥薪酬的管理功能和正向激励作用，实现企业和员工共同发展。

4. 与干部队伍建设相结合

由于发电企业的专业特点，天一电厂各级管理人员基本来自于生产一线的专业技术骨干，而相当部分管理者习惯用技术思维模式来进行管理，与粤电集团公司提出“仁智”管理者的素养要求有较大差距。通过参与改革，各级管理人员从只关注发现问题，转变为发现问题、分析问题、解决问题，着眼于企业的根本利益，未雨绸缪谋划团队发展目标。逐步掌握绩效沟通与辅导的技能，以及发掘人才、培育人才、用好人才的基本方法。逐步实现从管事到管人、从裁判到教练、从只关注结果到同时关注过程的转变。

5. 与企业文化建设相结合

“以文化心，以制度行”，在启动薪酬分配体系建设的同时启动了企业文化建设项目，实现薪酬激励与文化激励“两条腿”走路。天一电厂《卓越之道·天人合一》企业文化手册，将打造“员工队伍优、管理水平优、安全绩效优、经济效益优、社会形象优”作为“五优”水力发电厂的愿景目标，使企业薪酬分配改革与企业文化建设有机融为一体，为薪酬分配体系建设赋予更深厚的文化内涵和精神动力。

（五）循序渐进，持续整改

为确保理论成果得到有效和科学应用，采取分步推行、试运行、正式运行等方式进行推广应用。分步推行理论成果，成熟一个推行一个，有效避免“爆破式”改革给企业带来的剧烈震荡。同时针对上一阶段推行中暴露的问题，总结经验教训，为下一阶段推行奠定基础。对绩效和薪酬体系进行试运行，一方面让员工熟悉有关制度和操作流程，另一方面也及时发现了存在的问题和不足，通过不断的改进和完善，避免正式运行出现较大偏差。

三、促进企业改革发展的薪酬分配体系建设效果

（一）薪酬分配体系获得全面改善

一是将固化的薪酬模式改变为动态宽带薪酬模式，将个人的收入与个人、部门或厂的绩效成绩相关联，促进员工关注业绩，不断提高绩效，实现薪酬与业绩挂钩；二是根据责任、能力、业绩的差异适度拉开收入差距，实现薪酬分配向关键岗位、任职能力强、工作绩效好的员工倾斜，体现多劳多得、奖勤罚懒、奖优罚劣、鼓励先进、鞭策落后的价值导向；三是初步展现对员工行为的牵引作用，牵引员工不

断提升业务能力，为每个职位提供较大的发展晋升空间，满足员工职业生涯发展需要。

（二）企业活力与员工工作积极性主动性得到有效激发

有效激发了企业活力和员工的积极性与主动性。企业可根据员工职责情况、职位高低、业绩好坏、能力大小各维度进行薪酬标准动态调节，有利于企业、部门、员工成为经营效益、工作绩效、牵引方向及有效行为的共同体。员工在职业绩效或能力发展上，具有广阔的薪酬空间支持其发展。在绩效管理体系的有效牵引下，以前不同程度存在的执行力不足、工作效率低下、互相推诿等“顽疾”得到了有效“医治”。

2016 年 1 月，依据两年绩效考核结果进行的首轮全员薪酬调整中，共 164 名员工获得不同幅度的薪酬晋升，接近员工总数的 90%。这种“全面激励、小步快跑”的激励方式，在适当拉开收入差距的同时，肯定了绝大部分员工对企业的贡献，有效调动员工的工作积极性和主动性。

（三）企业管理水平显著提高

通过开展组织、职责、职位等全面梳理，将职位、职责、管理权限进行流程优化与设计，强调对流程、结果、产品负责，强化精细化管理，理清工作接口，划清各级管理责权。通过基础管理工作任务分解、设备设施责任人划分工作，将全厂所有设备设施（甚至包括后勤和办公设施）和基础管理工作相对均衡地划分到每个员工头上。同时，加强安健环监督检查及奖惩，确保责任落实不仅仅停留在思想上、文件上、口头上，而是切切实实落实到行动上、工作中，筑牢企业安全生产的最后一公里防线。

自 2011 年启动薪酬分配体系建设以来，天一电厂企业管理水平逐年提升，安全生产和经济效益连创佳绩。其中，2014 年发电量 46.80 亿千瓦时，创利润 56768.71 万元；2015 年发电量 59.52 亿千瓦时，创利润 79152.88 万元，发电量和利润总额均创历史新高。2013 年荣获广东省“五一劳动奖状”，2014 年、2015 年连续荣获粤电集团公司 AAAA 级先进发电企业（最高等级），2015 年通过中电联标准化良好行为 AAAA 级企业现场确认（最高等级），2016 年被表彰为广东省国资委系统先进基层党组织。同时，为粤电集团公司水电企业及周边企业的薪酬改革提供了借鉴。

（成果创造人：肖克平、夏　清、周金相、杨为民、高尚政、
宋淑宽、彭力上、鲁银中、邓必刚、李　刚、杨继蓉）

采气企业提升职工技能的“星级员工”管理

中国石油天然气股份有限公司长庆油田分公司第一采气厂

中国石油天然气股份有限公司长庆油田分公司第一采气厂（以下简称采气一厂）成立于1997年，负责靖边气田、乌审旗气田的开发和管理，探明地质储量为4666108立方米，生产区域分布在陕、蒙二省区13个县、市、旗境内，管理范围28830平方公里，矿权面积17515平方公里。主营业务包括天然气开采、集输及净化处理，天然气产能建设，气田维护，天然气计量配输等。截至2015年年底，全厂下设基层单位21个、机关科室13个、机关附属单位7个，具备净化天然气年95亿立方米的能力，年生产能力达到85亿立方米。近年来，随着需求量的急剧攀升和靖边气田调峰、应急、枢纽战略地位的日益凸显，采气一厂构筑了全方位、多层面的供气保障体系，完成北京、西安等10多个大中城市的供气任务，圆满完成了北京奥运会、国庆60周年等几项重大任务，连续安全生产突破6000天。

一、采气企业提升职工技能的“星级员工”管理背景

（一）实行星级员工管理是提升职工工作能力的要求

采气一厂成立初始仅417人，到2015年增至2012人（含临时工、代训工等），产能由最初的22亿立方米/年迅速增长到85亿立方米/年。生产规模迅猛增长，人员新、底子薄、基础管理水平不高的问题日益突出，职工能力素质不能适应气田发展。比如大中院校毕业生普遍动手能力弱、经验不足，欠缺独立解决问题的能力；部分职工对本岗位管理制度、岗位职责、操作规程、设备工艺流程原理不清，经常出现不规范的操作行为；职工学技术、练技能的主动性、积极性不高。为此，构建长效机制不断提高职工技术水平，成为迫在眉睫的工作。

（二）实行星级员工管理是加强职工队伍建设的内在要求

根据长庆油田的要求，采气一厂既要实现稳产85亿方的目标，又要确保用工总数控制在2050人以下。双重要求迫使采气一厂创新职工队伍建设模式，实现以“质”补“量”。但职工队伍较为复杂，大量转岗职工从未涉足过天然气生产，从事试采的老职工占比不到30%，与行业要求存在很大差距。如何培养一支作风扎实、技术熟练的操作工队伍，激发职工学技术的自觉性，成为队伍建设面临的最大难题。建立一套“以激发职工学技能的自觉性为根本，以建立职工学习和培训的长效机制为手段，以提升职工技能水平为目标”的星级员工管理体系成为加强职工队伍建设的内在要求。

（三）实行星级员工管理是促进企业可持续发展的迫切需要

随着气田开发不断深入，气藏品位越来越差，低产低效气井增多，要在高速度、规模化开发的前提下实现有效开发，对技术进步和设备更新方面提出了更高的要求。在长庆油田公司的带领下总结出的苏里格开发模式，对低产低效气井的开发技术有所突破，但对设备管理、职工技能、精细化管理、安全生产等都提出了更高要求。

为此，采气一厂提出基于标准化作业体系的精细化管理要求，需建立起设备操作、技术实现、安全生产等方面的规范要求，并建立持续的督查、跟进机制，督促职工自我学习。在进行众多探索后，以考促学的星级员工管理机制成为实现职工技能提升，适应新技术、新开发模式，提高生产效率的必然选择。

二、采气企业提升职工技能的“星级员工”管理内涵和主要做法

采气一厂针对企业技术工人适应岗位要求的现状，从构建高水平的技能队伍出发，系统考虑职工岗

位和培训的“需求、资源、考评、激励”等因素，利用“以考促学、以考定级、以级激励”的原则，构建需求实用化、资源网络化、考评动态化、激励显性化的星级员工管理体系，并依托“强制考评与自主申报相结合、认证考评与量化考核相结合、统一命题与自主命题相结合、知识技能导向与实践经验导向相结合”相结合原则推进实施，以促成星级员工管理工作在最大程度上发挥效应，提升职工的工作技能，为企业可持续发展提供人力资源支撑。主要做法如下：

（一）厘清星级员工管理的方向和工作目标

1. 明晰目标，确立推进原则

从长庆油田的要求和采气一厂的发展目标出发，结合所面临的环境，明确星级员工管理体系建设的目标：以技能队伍的能力建设为主线，培育一支作风扎实、技能熟练的操作职工队伍。明晰工作机制，建立健全保障体系，并完善持续改进机制。

在推进实践中，确立四项相结合原则：第一，“强制考评与自主申报相结合”：聚焦新职工任职达标，避免管理精力的过渡投入；第二，“认证考评与量化考核相结合”：以员工星级培训为主线，与其他技术认证相融合，实现综合评定；第三，“统一组织与自主开展相结合”：发挥各基层单位的自主性，注重统一标准与个性需求的融合；第四，“知识技能导向与实践经验导向相结合”：实现优势互补，既注重老职工的实践经验，又强化新职工的专业理论知识学习。

2. 强化保障，建立自上而下的三层组织架构

建立全面的管理机构，包括自上而下的三层次执行组织架构和监督机构，清晰界定各级机构的具体职责，形成“班子成员齐抓共管、培训部门组织协调、执行单元各负其责，各级干部积极参与”的领导体制和工作机制，制定“形式多样、学以致用，强调技能，突出重点、注重实效”的指导思想。

在厂领导层面成立星级员工管理委员会，主任由厂长担任，副主任由厂分管领导担任，其他副总及各单位一把手均为委员，统一领导体系建设工作，是政策中心和资源调配中心；在厂总部设立管理办公室，与培训站合署办公，主任由培训站站长兼任，组织与落实星级员工管理工作，是执行中心和工作协调中心；在各基层单位设置相应的专兼职管理人员，负责本单位相关工作，配合协助总部。在工会与纪检部门设立监督机构，确保工作的公正与公平。

3. 明确工作机制，激发基层单位价值

经过艰苦的摸索，采气一厂总结出星级员工管理的整体工作机制，逐渐形成“业务要求—工作标准—胜任标准—知识技能要求—题库、培训资源—星级员工考评—结果应用促成自学”的过程。围绕技能队伍建设这个重心，充分发挥厂机关和基层单位两级机构价值，赋予厂机关统一组织、整体协调的职能，赋予基层单位一定的自主权限。坚持“统一组织与自主开展相结合”的原则，在有效的监管下给基层单位以充分授权。

培训站负责整体组织实施，包括建立学习平台，提出政策要求，更新学习资源，组建兼职讲师队伍，重点技能人员或高等级技能人员的考评与管理等；各基层单位经厂领导授权组织本单位较低星级职工的考核认定与管理，受培训站指导和监督。例如，在员工考评时，培训站负责提出整体政策要求、主体工种四星级及以上的考核认定；各基层单位组织主体工种三星级及以下的考核认定，培训站再按20%的比例进行复核，复核成绩作为最终成绩。

4. 厘清工作重点，确保“两头”目标实现

技术骨干是班组解决突发问题的核心力量，可以带动班组的整体素质提升；未满足岗位要求的新职工或者新转岗职工的数量决定着生产任务能否顺利完成，其能否顺利度过适应期需要各级组织的关注。在推进工作中，确立“优先保证‘两头’目标实现”的指导思想，聚焦管理重点，把技术骨干与新职工的能力建设放在突出位置，即抓好高星级员工（四星、五星职工）和无星级员工的培养教育工作。

（二）夯实基础，完善职工岗位标准体系

1. 从业务要求出发，构建标准化作业体系

分解澄清各业务单元的作业目标，再细化至各岗位，以制度、办法、流程、作业标准、信息表单等为载体，形成明晰的工作标准。遵循“以岗位为核心，以体系为主线，突出岗位操作，涵盖岗位管理，丰富表达方式，突出风险管理”的思路，从工作内容、过程监控、现场标识三个方面推进标准化建立。

积极推进新技术的发展和应用，在对传统岗位体系进行优化的基础上，构建岗位标准化作业体系。如打破传统的岗位工种界限，建立适应数字化、标准化、HSE 管理新要求的大工种、复合岗位序列，兼岗并岗，提升岗位运作效率。

2. 从岗位要求出发，完成职工胜任标准建设

实现对各岗位在生产知识、行业知识、安全知识、专业技能等各项内容的细化要求，提出胜任标准，设定不同的胜任等级，明晰胜任标准，对职工能力提升形成有效的指引。

各类岗位的胜任等级标准均设定为五级，第五级为最高级别。如五星级采气工能够总结提炼，形成提升工作效率的新方法，促成新技术、新模式的应用，有效指导和辅导其他职工；四星级采气工，能促成新技术、新模式的应用，有效指导和辅导其他职工；三星级采气工具备促成新技术、新模式应用的能力；二星级采气工能够在指导下贯彻新技术、新模式；一星级采气工能够有效完成岗位工作要求。

（三）建立平台，实现学习资源共享

1. 依据岗位实际工作要求，编制标准教材与试题库

以职工的胜任素质为主线，以经营管理问题解决为根本出发点，专家、技师与管理人员的共同参与，编制培训基础教材与试题，保障理论知识的专业性，技能培训的操作性，现场问题的针对性。

立足生产技术、设备实际情况，充分结合岗位工作标准及培训要求，组织专业技术人员编写《采气工》《净化工》《测试工》《仪表工》《通讯工》《经管员》《采气常识》6 套培训教材。同时，组织购买了《管子修理工》等书籍作为特殊工种的教材，共计 185 万字并附有 628 张的图片。

组织编制配套试题，全面构建小工种、辅助专业和主工种的标准试题，整合 12 个工种约 16800 道题库试题，贴近生产实际。

2. 强化学习效果，制作动态学习材料

为了强化学习效果，开发制作 3D 多媒体动画培训课程与视频课程，向职工展示日常看不透、摸不着的设备内部构造和动态场景，模拟再现天然气生产的全过程，用趣味诱发兴趣，满足成人不易文字记忆、适合图像记忆的学习要求，使职工有了生动直观的理解。

将标准教材中每一个培训项目拍摄、刻录成集现场标准化操作、配音讲解、图片资料、动画为一体的多媒体教学光盘，发放到每一个班组。内容涵盖采气操作、HSE 管理、应急处理等多个方面，重点突出，层次分明，与教材配合使用，增加培训的有效性和趣味性，大大提高职工学习的兴趣。

3. 构建实战演习平台，加强培训的实际体验

为了规避各单位倒班时间不同、人员组织困难、职工技能水平差异较大、培训组织难的实际问题，结合模拟培训站的实物、实景特点，投资建设模拟井和实战演习平台，为培训创造更好的条件。

实战演习平台讲师通过讲解示范，回答职工自学中遇到的难点问题，指导职工正确操作和演练，确保其能单独完成设备的启、停及过程调试。在系统操作演练中，要求多名职工组成一个小组，按工作程序进行操作；涉及的每个单体项目都要按操作规范进行作业，小组成员密切配合，用团队的力量完成。既检验了每个职工的单独操作和处理问题的能力，又增强了组织协调和团队意识。

4. 建立网络学习平台，实现学习资源共享

引入网络化、数字化的培训方式，通过组织编制 3D 多媒体动画培训课程与视频课程，将培训资源

以及试题库全部挂网上传，实现资源共享，适时自助式学习。

一是教材挂网上传，匹配相应试题，实现适时自学的任务制学习。面对点多面广、区域分散、岗位职工紧缺、工学矛盾突出等现实问题，采气一厂以教材的标准化为基础，实现培训的网络化与数字化，利用信息化手段实现资源无缝对接，方便自学。将日常培训所需的行业相关电子书籍、标准化操作多媒体课件、技能鉴定培训教程全部挂网上传。同时实现教材与试题的匹配，学会即练，建全任务制学习。

二是试题挂网上传，划分难度系数，实现自评自测的自助式学习。将梳理的试题挂网上传，按照难度分为 5 个等级，由浅入深，难易适度。职工可根据自身工种，分难度等级，从题库中随机抽取进行自学、自测、自评，逐步由传统集中授课培训向网络自主培训等方式过渡，实现练会即考，建立自助式学习。

5. 建立兼职师资队伍，响应并解决职工个性化培训需求

教材与课程满足共性培训需求，同时建立兼职讲师队伍，通过现场培训解决各单位的个性化培训需求。围绕建立一支“作风扎实、勇于吃苦、热心培训、技术过硬”的兼职讲师队伍为目标，共培训兼职讲师 40 多人，落实待遇和讲课经费，激发积极性，提高培训质量。

例如采气作业区的班站长基础较扎实，技术好，但对紧急事故的处理缺乏经验。培训中采取集中学习典型事故案例、分析解决方案、现场设计场景进行演练等，使职工培训具有层次感，起到很好的培训效果。

（四）深化评价细则，对照检验学习效果

1. 制定标准的考评机制

星级员工考评实行动态管理，当年考核，次年生效，五星级成绩三年有效，四星级两年有效，三星及以下一年有效；转换工种职工原认定星级当年有效，次年须重新参加考核。

考评试卷包括甲、乙两卷，其中甲卷以行业知识、安全知识为核心，统一命题，乙卷以各岗位的专业知识技能为核心，按照不同岗位分别命题，每卷满分为 100 分。主体工种理论甲卷命题，依据职工申报星级和其他星级各占 50％的比例组卷，即申报四星级考评的试题，四星级相应难度的试题与四星级以下难度试题各占 50％。

甲乙试卷除专业知识考核以外，各包括 3 道实操试题，由计算机随机产生，考生现场操作、考评人员按评分记录表进行考核，考核结束后将试卷和评分表密封，由专人统计分数。

职工的星级等级评定采用不同划定办法，不同的申报等级所采用的试题不同，同样试题的难度也不同。例如申报五星级的职工按照最终考评成绩，大于等于 85 份为五星级，小于 60 分无星级。

2. 不同工种职工按照不同申报星级确定不同评价要求

等级评定采用认证考评与量化考核相结合的方式，认证考评成绩结合每一个工种的特点及申报星级的考评项目采用不同的计算方法。

例如：对于采气、净化工种的职工：

五星级成绩（δ）＝（理论甲卷成绩×60％＋理论乙卷成绩×40％）×30％＋（单体设备操作成绩×30％＋系统操作成绩×40％＋应急操作成绩×30％）×40％＋（现场安全风险辨识及防控成绩×20％＋生产异常情况判断与处理×20％＋计算机成绩×20％＋管路安装成绩×20％＋集气站工艺流程图绘制成绩×20％）×30％。

三星级成绩星级成绩（δ）＝（理论甲卷成绩×60％＋理论乙卷成绩×40％）×25％＋（单体设备操作成绩×30％＋系统操作成绩×40％＋应急操作成绩×30％）×60％＋现场安全风险辨识及防控成绩×15％。

不同工种不同星级采用不同的计算方法，各工种的特性决定其在知识和技能要求方面的不同比例，

从而实现星级员工考评导向企业岗位特性，支持企业经营。

3. 知识技能导向与实践经验导向相结合的评价机制

充分考虑“老职工记忆能力弱，操作技能娴熟，新职工记忆能力好，实践操作不熟练”的特点，对年龄40至45周岁内的女职工和年龄45至50周岁内的男职工，按年龄梯度调整5%理论和实践操作占比。缓解老职工压力，达到全员参与星级考试、减轻职工思想压力、稳步提升操作技能的目的。

4. 星级考评与量化考核相结合

星级员工的等级评定补充年度量化考核成绩，星级考评成绩占90%，年度量化考核成绩占10%。各单位严格按照星级量化考核评分表评定考核成绩。专业技术人员认定成绩中已包含论文及成果、技术职称、年终综合考评等成绩，可直接依据其综合成绩认定星级，不再另行量化考核。

（五）加强评价结果应用，增强学习动力

1. 物质激励，强化职工学习的外在动力

按照员工星级考评成绩，根据不同星级设定相应的划分办法，划分为五个星级，星级越高，薪酬系数越高。一至五星级的薪酬系数分别为1.0、1.1、1.2、1.3、1.4。最大月工资差距达到600至700元，差异比率达到10%。

2. 精神激励，引发职工学习的内在驱动

在推进中，采气一厂时时回顾，对不愿学习的职工进行思想动态分析，对症下药，坚持物质激励和精神激励相结合。

对坚持学习，技能精湛的优秀职工，在岗位调整、技能鉴定、干部和技师评聘等方面给予支持。四星级以上职工方可参加技师、高级技师鉴定培训前选拔；五星级职工，除授予“五星级岗位能手”称号和给予一定的物质奖励、提高薪酬系数外，还可优先享受旅游或疗养，优先安排外出培训，在技师考评选拔中给予加分奖励，优先聘干。对特别优秀的可进行宣传，营造比学赶帮、苦练技能的学习氛围。

3. 效益关联，强化组织保障

单位员工星级评定结果应用于单位效益工资总额，星级员工数量越多，分配效益工资越多。星级员工的星级累加作为总权重，根据各单位员工星级所占总权重比例和业绩考核结果进行月度分配。单位实得效益工资按下式计算：

P实＝P总×∑（N1×K1）/∑（N2×K2）×单位业绩合同分值

P实——单位实得效益工资

P总——实行星级管理的全员效益工资

N1——单位各星级人数

K1——单位各星级人数对应的星级系数

N2——参与星级员工管理职工人数

K2——参与星级管理职工对应的星级系数

要求达到四星级的员工占当年全部申报职工的35%以上，其中五星级占5%以上，超过或达不到指标的按月奖惩，保障各单位高度重视并确保星级员工培训工作。

（六）对管理体系进行优化，形成持续改进机制

1. 新资源、新技术的引入，对题库、学习资源的更新

及时更新知识点，突出实用性和针对性，避免与生产现场脱节。例如剔除实用性不强的机械制图等考核项目，增加现场安全风险辨识及防控，从死记硬背向直观理解转变，使考核方式、考试方法更具操作性。

星级认定在既定周期后失效需要职工重新认证，避免职工产生一劳永逸的倦怠思想，时刻关注教材

及试题变化，实现知识时时新，职工刻刻学的良好氛围。

2. 各业务单位自主命题实现实践操作考评项目的更新与完善

在命题方式上，采用统一命题与自主命题相结合的方式。70%由职工培训站在各专业对应题库中统一命题，剩余30%根据岗位实际需求由各业务单位自主命题，而实践操作项目均由各单位结合生产实际和岗位特点对应不同星级进行命题，上报职工培训站审核确认，每年提报的试题不得重复，动态化的更新完善试题库。如2013年采气一厂新上线一套技术设备，各业务单位每年需要对指定的新设备编制5道实践操作考评试题，弥补新设备的知识空白。

三、采气企业提升职工技能的"星级员工"管理效果

（一）职工能力得到了系统提高

物质和精神激励双管齐下，使得职工学技术、争上游、比贡献的气氛日渐高涨，"构建学习型组织，培养知识型职工"已形成共识。骨干职工数量大幅提升，有力地支撑起了采气一厂的快速发展。另外，职工对本岗位设备管理、操作规程等比较熟悉，提高了现场解决问题的能力。在职业技能竞赛中共有11名职工取得了2个"技术状元"、3个"技术标兵"、6个"技术能手"。

星级员工管理的推行，促成了标准化班站建设，使班站管理水平上了新台阶。近年来，采气一厂曾3次被中国石油评为"天然气开发管理先进单位"；荣获"陕西省涉奥重要基础设施安全保卫工作先进集体"、全国"模范职工之家"荣誉称号。下属的第一净化厂荣获"全国五一劳动奖状"、全国"青年文明号"；靖边气田两度被评为"高效开发气田"。

（二）企业运行效率得到了持续提升

职工的安全生产意识、自我防范意识、防范技能明显加强，设备无故障率明显提高，减少了各类事故的发生，设备完好率提高至99.35%。激发职工主动开展安全环保技术革新的热情，形成了"我要安全"、"我能安全"的氛围。近两年因操作不当和违章方面的问题大幅度下降，实现了生产平稳运行，促进了企业运行效率的持续提升。

（三）促进了企业经济效益的提高

促进了气田生产的发展，创造了良好的社会效益和经济效益。随着产能建设规模的不断扩大和优化工作的实施，采气一厂用工总量仍旧控制在2000人以内，2015年全年气井利用率达到98.66%，开井时率提高至88.41%。人均内部利润从2009年150万元/人提高至2015年的243万元/人。

（成果创造人：张振文、张书成、郭　伟、张剑平、杨宝峰、耿金昌、
李引贤、郭妮妮、张鉴滔、郑木雄、张晓春、胡　娜）

基于价值创造的员工岗位绩效评估与动态管理

吉林电力股份有限公司白城发电公司

国家电力投资集团吉林电力股份有限公司白城发电公司（以下简称白城公司），是吉林省最大的火力发电厂。截至2015年年末，累计发电219.9亿千瓦时，连续六年实现了盈利目标，累计实现利润4.34亿元。白城公司背靠煤炭资源富集的蒙东地区，依托通霍和平齐双向铁路网络以及全国九大千万千瓦级风电基地，是吉林省大型路口火电项目，总装机容量5320MW。2015年完成供热改造项目，由单一火力发电企业成功转型升级为热电联产企业，开发建设吉电股份在吉林省内首个分布式光伏发电示范项目，实现了火电、清洁能源互补协同发展，现已成为吉电股份乃至吉林省最具发展潜力和优势的发电企业。

一、基于价值创造的员工岗位绩效评估与动态管理背景

（一）实施岗位绩效管理，转变人力资源管理方式的必要途径

员工岗位绩效评估是企业人力资源管理的核心，如何科学制定岗位目标、全面评估岗位绩效，在此基础上实现岗位与薪酬动态调整始终是企业普遍面临的难点问题。

科学建立工作责任制，是做好新时期干部工作的重要指导依据。然而，当前国有企业绩效管理主要以考核为主，结果大多用于奖金分配，与员工岗位动态管理关联较少。科学构建员工岗位绩效评估体系，实现员工岗位、薪酬动态调整，并从制度层面进行落地保障，是转变企业人力资源管理方式、提高管理效率的必要途径。

（二）提升员工能力素质，适应岗位需求变化的关键举措

当前，新一轮电力体制改革全面展开，受市场环境、社会环境、政策环境的影响，终端产品价格与生产成本的变化不相协调，利润空间逐步缩减，如何顺应新形势，实现转型发展、降本增效成为发电企业面临的关键问题。需要深入挖掘员工潜力，不断提升员工能力素质，提升劳动生产率。

白城公司已逐步进入高速发展阶段，对技术和管理标准越来越严格，对人员适应新兴技术应用与精益管理的素质要求日益提高。在人力资源管理方面亟须以人的转型推动公司高速发展，结合企业战略目标、岗位责任目标引导员工成长，提升人员素质，以适应岗位需求的动态变化。

（三）优化人力资源激励机制，保障企业可持续发展的重要抓手

伴随对企业规范化、精益化管理要求的不断提升，如何建立健全与公司核心价值体系要求相一致的绩效评价和激励机制，优化人力资源配置，实现员工岗位绩效评估与薪酬动态调整的有效激励，提高员工积极性，具有深刻的必要性与迫切性。

为承接企业战略目标，从价值创造的视角出发，亟须“以人为本”推进精益化管理与创新发展，深入开展员工岗位绩效评估与动态管理，构建一套完善的涵盖员工岗位目标制定、绩效评估、岗位薪酬价值分配等全过程的闭环管控体系，管好、用好人力资源，培养锻造高端技术型人才队伍，以保障企业安全稳定生产和经营发展，从而实现员工成长和企业成长两位一体共同驱动发展。

二、基于价值创造的员工岗位绩效评估与动态管理内涵和主要做法

白城公司紧紧围绕构建涵盖员工岗位绩效全过程闭环管控体系的目标，科学创新，遵循“价值创造－价值评估－价值分配”的指导思想，以价值创造为导向、以价值评估为抓手、以价值分配为准则、以信息化工具为有力支撑，打造全面涵盖员工岗位目标科学制定、岗位绩效差异化与多维度指标设计、岗

位绩效复合式评估、岗位与薪酬价值动态分配等在内的一整套全过程闭环管控体系。有效提升人力资源核心要素配置的科学性，实现员工岗位任务“全岗位覆盖、全链条贯通、全过程管控”，推动工作任务分解、设计、评估、分配等企业人力资源的优化配置，进一步发挥了岗位、薪酬动态调整的激励作用，为企业经营发展战略目标的实现提供了有力保障。主要做法如下：

（一）明确员工岗位绩效评估指导思想，建立员工岗位绩效评估与动态管理体系框架

白城公司从价值创造源头出发，承接企业战略目标，科学制定员工岗位目标，打造“一上一下”贯通循环，进一步层层分解，不断提升员工岗位目标制定的科学性。建立多维度、分层次的员工岗位绩效评估指标体系，着眼于指标管理精益化，针对不同员工岗位进行差异化的考核指标设计。以价值评估为抓手，建立基于事实的员工绩效评价系统，推进复合式精确评估，科学评估员工绩效与岗位契合程度。以价值分配为准则，基于价值创造的综合评估结果，推进员工岗位、薪酬动态调整，实现公开、公允的价值分配。基于 MRP 原理，从业务执行细分中计划上报、目标对齐、任务下派、效果评价、奖惩兑现等环节入手，加强全过程在线管控，提供岗位绩效动态管理的信息化支撑，实现员工价值创造的信息系统固化，着力提高员工岗位绩效管理的管控力。

（二）以价值创造为导向，科学制定员工岗位目标

承接企业战略目标，打造“一上一下”贯通循环，将员工岗位目标层层分解落实。价值创造是推进员工岗位目标科学制定的出发点，白城公司紧紧围绕企业整体战略发展目标的实现，构建“一上一下”员工岗位目标制定流程。一方面，以重点工作任务和上级单位下达的关键业绩指标为纲领，以职能部门牵头组织分析年度关键业绩指标，并分解成保证完成目标的具体工作行为（任务），融合到年度重点工作事项中，从上至下实现公司战略目标、部门职责目标、员工个人职责目标的层层分解；另一方面，员工个人根据任务分解情况，自下而上调整并上报承诺目标。按照公司重点工作事项，按照三级修正的方式按月设置各个岗位的重点工作事项；在员工设置目标后的两天内，各级负责人跟员工沟通、调整重点工作事项；然后在部门例会讨论确定部门的重点工作事项，并向公司上报，最终与公司目标对齐；从而实现将关键业绩指标分解成具体工作任务，确保各级员工接到的任务是具体工作事项而非抽象的关键业绩指标。

利用岗位目标驱动绩效管理，实现三级管控“收得住、放得开”。岗位目标管理实现三级管控，即公司管控部门绩效，部门管控班组绩效，班组管控个人绩效，部门、班组分别制定绩效考核实施细则；公司层面负责基础数据规范、相关支撑制度建设和绩效框架指导，各部门根据自身业务特点执行不同的绩效模式和指标建立。通过岗位目标驱动的战略绩效管理，加强全员的目标协调一致性，提高管理的透明度，有利于岗位目标进展监控。此外，将岗位绩效管理与日常工作有机结合，进一步从纵横两个方向完善绩效管理体系。纵向上，按照组织机构模式进行分级管控；横向上，对工作事项在时间上又以周计划、月计划为节点进行管理，实现了纵横两个方向的过程管理。

从计划、执行、检查和总结提高等四个方面不断提升员工岗位目标制定的科学性。根据发电企业运营的客观规律和员工岗位绩效管理的主线，明确企业层面、部门层面、员工层面三级职责定位，借鉴 PDCA 管理理念，优化设计一套员工岗位目标管理机制，提出整体 PDCA 流程框架体系以及内部控制流程，并从运行计划、工作计划、操作执行三个方面不断循环提升。

（三）建立多维度、分层次的员工岗位绩效评估指标体系，提供岗位绩效评估科学依据

以重点工作任务和关键业绩指标为纲领，为科学设计绩效评价指标、实现工作量化管理奠定前提基础。结合 AAAA 级标准化良好行为企业创建工作，健全完善配套制度。其中，梳理国标、行标 1109 项，制订管理标准 147 项，工作标准 242 项和技术标准 53 项，白城公司建立《绩效评价与考核管理》《安全生产责任追究及奖惩管理》《安全生产标准化绩效评价与改进管理》等一系列管理标准。根据技术

标准、管理标准和工作标准提炼符合各岗位关键业绩指标，结合企业目标，确定阶段性重点工作任务，两者相结合形成企业绩效考评体系的纲领，随着外部环境的改变、企业目标的调整、人员自身素质的提升和岗位需求的变化，评价考核的标准与重点随时动态调整。

结合绩效考核对象性质进行细分，进一步结合员工工作职责进行差异化的模块式考核设计。基于考核对象性质分为组织绩效和员工绩效。公司的组织绩效由上级单位下达工作目标构成，其他各级组织绩效根据公司绩效目标层层分解；员工绩效则根据工作职责的差异化，进行模块化的设计，进一步细分为高层管理、中层管理、技术骨干，普通员工四个层级。

科学设计考核方案，构建多维度的量化评价指标体系。基于管理绩效、业绩绩效、态度绩效与能力绩效四个方面，进行分类设计。一是管理绩效，主要以保障企业协调可持续健康发展为主线，进行动态化指标设计，根据企业发展阶段选取不同的考核指标，注重企业的成长性管理和控制。通过梳理分析工作流程依据《战略规划管理》《经济活动分析》《标准化管理办法》提炼指标并建立相应的考核评价标准，保证企业发展质量，为企业后期运营打下良好基础。二是业绩绩效，主要以生产经营和利润为主线建立指标库，提炼影响企业经营业绩和利润变化的关键因素作为生产经营关键指标。依据《成本管理》《预算管理》《设备可靠性管理》《运行分析管理》等管理标准提炼，建立指标库、完善评价标准，根据当年市场环境选取恰当指标进行评价，在利润完成值与目标值存在差值时，分析查找原因，查缺补漏，侧重衡量企业盈利能力。三是态度绩效，重点考察员工的责任心与工作态度，同时考察防控风险能力，提炼衡量风险防控能力的关键指标；例如，从防控风险为着眼点，根据《全面风险管理》《保密管理》《员工行为规范》建立指标库及评价标准，根据岗位职责选取指标。四是能力绩效，重点考核员工现有能力以及潜在能力增长情况，结合每季度的重点工作事项评价，对员工采取360度评价，出台制定《员工工作表现及综合能力测评方案》。例如，通过与员工工作有业务关系的人员进行交叉打分，中层管理人员直接引用民主测评结果；一般管理人员从工作态度、工作能力、文字表达能力、辅助执行力、沟通协调能力进行评价；操作岗位按照技能水平、工作效率进行评价。

（四）构建基于事实的复合式员工绩效评价系统，科学评估员工绩效与岗位契合程度

以价值评估为抓手，构建一套完善的复合式员工绩效评价系统，开展涵盖员工自评、横向评估以及纵向评价在内的全面绩效评估，科学衡量人力资源配置的合理性。员工年度最终绩效细分至每个季度评估进行。首先，每个季度末期员工进入绩效系统对重点工作事项进行自评；其次，直接领导邀约相关同事进行重点事项横向评估；在此基础上，直接领导根据自评、民主测评以及过程督导的情况对员工进行纵向打分，并基于正态分布进行归类；最终，季度评估结果按比例汇总到年度最终绩效。整个评估高度关注员工个人的成长进步，开展横向对比，激发员工自我成长内在驱动力。

具体以燃料部员工岗位动态管理实施方案为例，包括月度绩效考核评分与民主测评等内容。评价内容包括创新能力、执行力、说服力、团队合作、沟通理解能力、计划执行的准确性、组织协调能力、专业能力、自我管理能力等，分值分为四个等级，包括超出目标A级分值区间（101—120分）、达到目标B级分值区间（85—100分）、接近目标C级分值区间（70—84分）、远低于目标D级分值区间（70分以下）。班组绩效每年评价一次，个人绩效每半年评价一次。民主测评由相关管理人员、主任进行评价；班员的民主测评由相关管理人员和班长、技术员进行评价。评价权重及公式：

年度第一次评价：动态管理评价得分＝当期民主测评得分×50％＋考试得分×50％；

年度第二次评价：班长、技术员动态管理评价得分＝个人绩效全年得分×25％＋班组绩效得分×25％＋能力评价得分×50％（考试、民主测评各25％）；工人岗位动态管理评价得分＝个人绩效全年得分×30％＋班组绩效得分×20％＋能力评价得分×50％（考试、民主测评各25％）。

借鉴华为公司基于事实的员工绩效评价思路，依据客观事实，建立员工正向反馈机制，明确每位员

工绩效成绩与待提升空间。分别针对部门业绩评估结果与员工评估结果进行深入分析，明确改进方向。白城公司的创新特色在于，高度重视员工绩效评估结果，由直接领导对每名员工做一对一正向绩效面谈，以系统记录的事实为依据、以同事的横向反馈为参照，客观反馈，肯定成绩、认可优势，明确有待提升的能力和需改进的行为。将能力提升纳入每位员工的个人发展计划，让员工明确知道努力的方向和对公司的价值，实现对员工的认可、激励。

（五）基于综合评估结果，推进员工岗位、薪酬动态调整

以价值分配为准则，基于价值创造的综合评估结果，推进员工岗位、薪酬动态调整，实现公开、公允的价值分配。其中，四个季度评估结果自动汇总年度最终绩效的80%，年度的价值观和能力提升效果评估占据最终绩效成绩的20%，直接负责人完成员工年度绩效评估后，由上级领导及其他周边领导进行综合绩效校准，根据校准结果，直接领导与员工进行一对一的年度绩效反馈，根据校准结果进行年度奖金发放，并决定调薪和调岗。具体包括：

1. 薪酬调整

基于评估结果，调整浮动薪酬与下一周期的岗级薪酬。例如，浮动薪酬调整，根据月度绩效得分，分配月度浮动奖金部分；岗级调薪，综合绩效的优良者在下一个评价周期内薪酬上涨，而相应落后者薪金下调。

此外，具体制定《主任工程师评聘方案》《专业技术带头人评聘方案》，根据个人绩效情况和员工薪资在整个员工分布带宽中的位置，对特定责任的绩效表现给予稳定的回报，以体现其市场价值。

2. 岗位调整

根据员工绩效评价结果排名，对在群体排名靠后的人员，实施一系列优化手段，若无法满足岗位要求，可按照方案进行降岗、淘汰。

根据员工绩效评价结果、综合绩效排名靠前的员工在其岗位序列内出现空岗，则直接升岗，若没有空岗在下一个评价期内提薪，具体制定《中层岗位动态管理办法》《一般管理岗位动态管理办法》《运行岗位动态管理办法》《检修岗位动态管理办法》等进行制度保障。

此外，进一步提供相关培训模块、以及评先、评优的非物质奖励。例如，根据员工能力与职位能力对比分析，对能力和核心价值评估得出的不足部分和员工发展要求选择相关培训模块或发展机会；根据个人、组织绩效评价结果、在组织各种评先、评优的活动中作为重要依据。通过落实动态调整，深化员工对绩效管理的接受度，从单纯关注工作目标实现了对员工成长和工作目标的双重关注、从单纯的结果管控实现了对工作过程和结果的双重管控。

（六）加强全过程在线管控，提供岗位绩效动态管理的信息化支撑

白城公司紧紧围绕“重视过程”的要求，在“细”字上下工夫。注重员工价值创造的信息系统固化与全过程在线管控，通过搭建信息化支撑平台，进一步结合各个业务环节，充分挖掘信息化支撑系统功能，实现对员工价值创造的全过程管控。

利用信息系统固化全过程管控各项环节，明确各环节合理完成时限。为简化绩效管理，提高员工绩效评价的参与认同感，通过建立绩效管理信息系统，将工作事项固化到协同办公系统中。通过信息管理平台添加、调整、固化工作任务，工作成果可以以附件形式上传，为工作评价、修改、存档增加便利，工作任务完成后随时进行评价，积累“大数据”，从而为绩效评价提供参考。每个月末对整月绩效进行整体总评，任务结果直接呈现，评价有根有据。具体来看，利用MRP原理，按照业务执行细分为计划上报、目标对齐、任务下派、责任落实、信息采集、问题反馈、效果评价、奖惩兑现8个环节。员工通过移动端登录，能够满足各项环节全过程在线管控要求，为工作事项的绩效评价提供翔实的客观依据，实现了关键业绩指标和重点工作事项的合理评价，为管控岗位日常动态过程提供有力抓手。

实现对各项工作任务执行情况的跟踪监控。开发部署“工作计划管理全过程精益化管控子模块”，嵌入到协同办公 A6 系统中。通过 BW 系统将月定期工作、季度定期工作、年度定期工作的执行状况实时发送至数据中心，实现统一编码标识，实时抽取各项工作计划执行信息。将各类任务里程碑计划、各类任务各环节管理时限及执行要求固化到管控系统，并开展跟踪监控。

任务执行事前提醒，确保任务执行各环节有序衔接。任务下达后，业务部门编制具体任务的里程碑计划，针对不同类型任务的不同执行环节提炼具体的业务执行流程。以里程碑计划和各环节信息传递周期为触发条件，系统自动倒推各业务环节的执行时间，于该环节执行前 5 个工作日提示具体执行员工。

任务执行事中跟踪，确保工作任务执行进度可控、在控。规定单个任务、单个环节执行时限，并跟踪、监控单个任务的执行进度，统计按时履行计划、落后里程碑计划的工作任务个数及对应明细。对实际履行与里程碑计划存在较大差异的工作，具体分析差异原因，研究改进措施，完善业务监控流程，为计划执行分析考核、管理流程优化提供科学的数据支撑。

任务执行事后考评，及时汇总进行再平衡。工作任务执行完成后，通过实时查阅执行过程中每一环节的执行时间是否合理。对执行滞后相关任务可对应落实部门、员工职责。对已完成、正在开展中的各项任务及时汇总、及时再次分解下达平衡，提高效率。

总的来看，依托全过程在线管控平台，有效加强员工岗位绩效定期督导与过程控制。白城公司所有重点工作事项的进展均通过绩效管理信息平台管理，每双周由直接负责人对员工的重点工作事项进行督导，由员工主动发起针对重点工作事项的沟通反馈，由负责人根据督导的实际情况及时进行完善（增加、修改或取消）。每个月末对整月绩效进行整体总评，任务结果直接呈现，评价有根有据。通过更频繁和实时的沟通反馈，深入了解员工工作状态，提供更为精准有效的评价及改进指导方案。

三、基于价值创造的员工岗位绩效评估与动态管理效果

（一）发挥了岗位、薪酬动态调整的激励作用，有效调动了广大员工积极性

深化应用了由管理绩效、业绩绩效、态度绩效与能力绩效四个方面构建的多维度量化评价指标体系以及不同层级差异化的员工绩效评价设计，制定实施了促进岗位动态管理落地的一系列配套制度，真正实现了全员岗位动态管理理论与实践的有效结合。同时，打造企业文化建设一体化管理，推进员工岗位绩效管理持续开展，“同呼吸、共命运”，实现了员工成长和企业成长两位一体共同驱动发展。对于转变员工思想认识与精神风貌，培养激励肯学习、肯奋斗的优秀员工发挥了显著作用。

白城公司通过采取部门满意度测评、中层干部民主评议、运行岗位动态管理，生产管理部门交叉挂职锻炼，外出岗位交流学习等方式积极培养锻炼人才队伍。通过举办“白电讲坛”、仿真机培训、科技论文评选等方式提高各级人员技术管理水平。评聘“主任工程师”4 人，评选“专业技术带头人”8 人，取得科技成果 8 项，论文大赛获奖论文 13 篇，提高了公司人才素质能力，全要素劳动生产率显著提升 18%。

（二）显著提高了员工岗位任务全过程在线管控力，提升了任务跟踪、执行、反馈管理效率

实现月度、季度、年度定期工作的执行状况实时抽取与实时跟踪、反馈。将各类任务里程碑计划、各类任务各环节管理时限及执行要求固化到管控系统，公司员工平均任务完成时间缩短 12%。利用信息化实现员工岗位任务全过程管理效果显著，有力提升了企业资源配置过程中的主动性、科学性，在其他企业也具有较高的推广价值。

（三）实现了企业战略目标与员工岗位目标的紧密结合，有力保障了公司经营发展目标的完成

通过打造“一上一下”员工岗位目标制定的贯通循环，实现了公司层面战略发展目标与员工个人岗位目标的紧密关联与层层分解落实，为重点工作任务和上级单位下达的关键业绩指标的最终完成提供了

坚强保障，实现了白城公司安全生产无事故，连续六年盈利的目标。白城公司实现安全生产 2000 天，1 号机组 434 天机组零非停；2015 年，白城公司完成发电量 40.2 亿千瓦时，供电煤耗 325.54 克/千瓦时，综合标煤单价 424.60 元/吨；实现利润 7669 万元，取得科技管理先进单位、设备管理先进单位等多项荣誉。

（成果创造人：林　军、郑　林、朱景权、徐振军、赵晓慧、
赵大朋、李学富、窦春刚、张　民、孙　婧、慕瑛琪）

军工企业基于人才增值的“青年助理”岗位的建立和管理

中国航天科工集团第二研究院第二总体设计部

中国航天科工集团第二研究院第二总体设计部（以下简称二部）位于北京市，成立于1958年10月8日，属于中央直属国有全资单位，是我国最早组建的地空导弹总体设计部，创造了我国防御装备建设史上的多个“第一”，是我国国防科技工业的骨干力量，是我国先进防御能力建设的引领者、设计者和实践者。二部2015年全年实现营业收入40亿元，利润总额3.5亿元。现有职工1429人，35岁以下职工人数780人，占总人数的54.5%。其中，中国工程院院士1人、国家级专家1人，享受政府特殊津贴在职专家19人，国防科技工业有突出贡献中青年专家1人，国防科技工业“511人才工程”人选2人，总装专业技术领域专家12人、国防科工局专家4人。近年来，二部涌现出以全国劳动模范、全国五一劳动奖章、全国技术能手、全国五四青年奖章、航天防务人才奖为代表的等诸多优秀人才，他们创造的成果多项获得国家级科技进步奖，并摘得全国文明单位、部级优秀管理先进单位和优秀人才先进单位、全国质量奖等荣誉。

一、军工企业基于人才增值的“青年助理”岗位的建立和管理背景

（一）加强青年人才培养符合国家发展形势的需要

当前，世界处于大变革、大发展、大调整时期，国际战略格局与安全环境正在发生新的、深刻的变化，使维护国家统一和领土完整、拓展全球战略利益、维护社会安定稳定的难度进一步加大。“青年兴则国家兴，青年强则国家强”。青年人才的培养关系到党和国家的前途和命运，是实现“强军梦，强国梦”和中华民族伟大复兴的有力保证。

（二）加强青年人才培养符合国防事业发展的需要

为更好的落实习主席“能打仗、打胜仗”要求，需要军工企业加快对新一代技术和装备的研制速度。这就需要青年能够在岗位上快速成长，尽快进入实战接班的状态。以航天企业为例，近年来，俄罗斯航天人年龄结构的老龄化严重，而美国由于NASA预算降低，造成了人才、特别是青年人才的大量流失。人才是重要的战略资源，是核心竞争力的体现，站在国防事业发展后继有人的高度，赢得了青年人才的战争，才赢得了未来。

（三）加强青年人才培养符合军工企业发展的需要

在国资委“管理提升”的要求下，在企业转型升级的需求下，军工企业为了提升管理精细化水平，引入并建立了各种管理体系，如质量管理、保密管理、风险管理、环境管理、职业健康与安全管理等。在精细化管理的实施过程中，要求战略和目标分解细化，并有效的贯彻到企业的每个环节并发挥作用。仅靠少量机关管理人员无法保证管理体系的有效运转，需要基层部门（机关处室、研究室、车间）的落实和密切配合。

与此同时，进入“十二五”以来，国家安全形势决定的国防武器装备研制任务爆炸式增长，企业基层部门领导为了跟上日益“精、准、细、严”的基础管理的步伐，亟须培养一批懂科研、通管理的复合型青年人才快速成长，共同承担来自科研任务和管理任务的双重压力。

（四）加强青年人才培养符合青年自身成长的需要

企业对人才进行管理，就是为了人才的保值增值，并以此形成核心竞争力，给企业带来收益。青年既是当前企业发展的重要基础，更是企业未来发展的中坚力量，只有坚持培养优秀青年人才，才能为企

业发展积攒强有力的后劲，为企业提供不竭的智力支持和人才保证。同时，青年普遍具有积极上进、尽快成才的强烈愿望，他们渴望个人价值得到充分体现，个人贡献得到企业、社会的充分认可，这是青年的根本需求和共同点。目前，有些单位还保留着论资排辈的潜在传统，青年需要锻炼能力、施展才华、拓宽成长通道的舞台，通过展现自身特长脱颖而出。

二、军工企业基于人才增值的“青年助理”岗位的建立和管理内涵和主要做法

二部以大型军工企业青年人才培养的需求为起点，以为基层部门（机关处室、研究室、车间）主管领导配备青年助手为思路，以建立需求为导向的动态岗位设置，形成人才增值的作用范围；以形成双向选择的遴选机制，实现人才增值的主体选择；以建立严格的上岗流程，完成人才增值的目标设定；以建立上岗培训和资格认证机制，实现人才增值的条件约束；以形成岗位作业指导，实现人才增值的制度固化；以构建业务为牵引的管理矩阵，实现人才增值的边界释放；以营造浓厚的良性竞争氛围，实现人才增值的挖掘激发；以畅通人才的推优通道，实现人才增值的循环优化；以落实基层青年助理管理的各项具体措施，形成百花齐放的青年助理人才增值土壤，最终达到“拓宽人才成长通道、激发各类人才潜能”的目的，进而构筑起一整套人才增值驱动的青年助理管理体系。主要做法如下：

（一）构建完整的青年助理管理制度体系，形成人才增值的保证

为了使人才增值真正有章可循、有法可依、落到实处，二部充分总结开展青年助理工作以来的鲜活工作经验，形成《青年助理工作管理办法》《青年助理工作实施方案》《青年助理岗位规范》等一系列办法和作业文件，为青年助理工作的规范开展提供指导和保证。

（二）建立严格的青年助理上岗流程，完成人才增值的目标设定

为了更好地规范青年助理工作，二部借鉴质量管理的思想，建立人才培养的 PDCA 循环，即形成包括遴选（P—Plan）、任用（D—Do）、检查（C—Check）、轮岗（A—Action）等关键环节在内的一整套流程方法。

遴选环节（P 阶段，准备），根据任务需求及青年意愿（自愿的原则）遴选青年助理人选。针对刚参加工作的新职工，对其兴趣、特长等方面有待进一步了解，可根据情况设定 3—6 个月的考察期，采取谈心、问卷或其他方式，了解青年意向。

任用环节（D 阶段，实施），经前期遴选，双方达成一致意见，签署协议，正式聘任青年助理。由部门向青年助理发放聘书，确认其青年助理资格，并签订岗位承诺书，由青年助理根据岗位要求制定年度工作目标和计划，青年助理上岗周期一般为 1—2 年。

检查环节（C 阶段，检查），由主管部门对青年助理的履职情况进行过程记录和满意度调查，定期听取青年助理工作汇报。每年年终由所在部门、相关业务部门、人力资源部门组成考评小组，通过汇报答辩、现场检查、管理成果展示、“青年助理技能比武”等方式，检查青年助理工作开展情况，并予以岗位评价。

轮岗环节（A 阶段，处置），聘用期满，青年助理整理工作成果，完成经验总结和流程梳理，做好岗位交接准备。主管部门领导和青年助理可在双方自愿的前提下，根据实际情况对聘期期满的青年助理进行原岗续聘。对于评价优秀的青年助理可以申请兼岗和岗位晋升（由二岗向一岗调整或由一般岗位向重要岗位调整），并在职位（职称）晋升上优先考虑；对于评价不合格的青年助理，经谈话提醒、业务培训等后仍无法胜任的，可选择申请转岗和离岗。

（三）构建双向选择的人才遴选机制，实现人才增值的主体选择

双向选择的人才遴选机制，加速了人才的流动。人才流动本身并不能直接保障人力资本存量的保值或增值，但是通过人才流动能实现人力资本的优化配置。在青年助理定岗初期，二部采用双向选择的方式，用人部门以符合岗位需求和形成合理人才梯队为目的，青年以寻找实现自我价值的岗位为目的，双

方在“双选”中寻找最佳结合点。根据需要可以采用现场招聘会的形式，招聘会上青年助理陈述自己的上岗优势和开展工作的思路；部门领导和主管业务领导作为“主考官”就感兴趣的问题进行提问，通过举手表决的方式，决定最终“光荣上岗”的青年助理。

（四）形成以需求为导向的青年助理岗位设置机制，形成人才增值的作用范围

突出“人才”的重要性，管理以服务开发员工为核心，做到依托任务发展人，依托工作培育人，将企业与员工的发展结合起来，满足员工自我发展的需求，达到企业与员工共同成长的目的。根据各部门具体情况不同，青年助理的岗位可根据需要实时进行动态调整，并明确替代关系，实现人力资源的合理配置，保证人员外出或变动时工作不受影响；可根据需要设立二级助理。一级助理负责制定计划和规定节点，起到抓总作用，向主管领导负责。具体落实由新人担任的二级助理完成，二级助理向一级助理负责；针对重点任务可建立青年助理团队，全面推动该方面工作的进程。

目前，二部青年助理岗位分为科研（科研调度、创新孵化、学术交流、专业建设等）、综合（质量管理、信息化、保密安全等）、政工（党团、企业文化等）三大类。每个青年助理岗位可根据任务复杂程度设置级别和人数，一般每个岗位配备1—3名助理，并可针对临时任务进行适当调整。各部门可根据年度工作重点和具体任务需要自行选择设置“经典”助理岗位，同时鼓励各部门根据自身需求设置“个性”岗位。

（五）建立上岗培训和资格认证机制，实现人才增值的条件约束

用心培养青年，使人才在岗位快速、健康成长，实现人才价值的有效提升，成为青年助理工作开展的重中之重。当青年助理刚刚走上岗位时，应对其进行“业务导向培训”，即熟悉工作环境、职责和任务、建立工作关系、学习完成职务工作所需要的初级技术和能力；随着工作的深入，则需要提供“能力开发培训”，针对组织所需要员工在未来的职务（晋岗或轮岗）后需要的知识、技术、能力、态度进行积极性教育。二部对青年助理进行“1＋N”上岗培训。“1”是助理岗位涉及的专业基础理论和业务实践能力；“N”是培训策划总结、沟通汇报、团队协作、时间管理等管理素质，为企业培养复合型骨干人才作准备。

通过考核使正负激励相结合，使岗位人员能上能下，能进能出。航天工程项目是庞大的系统工程，需要上百人进行协同攻关，因此信息化成为航天企业开展工作的重要手段。为了加强信息化建设，二部设置了38名信息化助理。2015年，二部举行针对信息化青年助理的资格考试（含笔试和实际操作），29名青年助理参加了本次考试（除部分出差人员全部参加考试）。

试题按难度等级进行划分（三星级、四星级、五星级），采取自愿申报模式，通过认证考核的青年助理方可持证上岗，考试结果作为信息化助理年终评优的统一参考依据；未通过认证考核的青年助理，通过对其考试结果的全面分析，从中找出其薄弱环节，组织开展专项强化培训，通过“一对一”帮带等方式落实。

（六）形成有力的岗位作业指导，实现人才增值的制度固化

活动初期，青年助理上岗后着手开展工作，主要依靠部门领导的简单培训或前任助理的交接，对所从事的助理岗位的工作流程没有系统的指导；且各部门青年助理的岗位职责、工作状态各不相同，在二部统一评优时很难统一标准。目前，二部青年助理的评优已与中层后备干部的选拔挂钩，是为单位遴选人才的大事，不容有失。这也对建立一套统一、明细的青年助理岗位规范提出了迫切的要求。

按照精细化管理理论的要求，岗位职责的细化是组织扁平化、管理精细化得以在工作中真正发挥作用的基础。即让每个青年助理明确自己的岗位职责，从源头上解决“需要做什么”的问题，帮助青年“第一次就把事情做对”，明确工作开展的方向。为此，二部形成一套岗位作业指导，绘制青年助理岗职责工作流程图、梳理开展工作中需要参照的各级规章制度以及需要沟通协调的相关部门、人员，从效率

和质量上双重提升青年助理的工作水平。

(七) 形成以业务为牵引的高效管理矩阵，实现人才增值的边界释放

在青年助理开展的过程中，在业务对接和效率提升的双重需求下，青年助理逐渐从原有的“业务处一研究室领导一青年助理”单一模式转化为现有的“业务处一青年助理”“研究室领导一青年助理”的横纵矩阵管理模式。在扁平化的组织结构体系下，将二部青年助理注册信息进行分类整理，在业务处报备，建立业务处可协调、可调动的青年专项管理队伍。建立青年助理与业务处之间的对接机制，一方面业务处在协调安排具体事务时，可以直接联系到青年助理，沟通更加顺畅，效率得以提高，更好地将研究室领导从烦琐的事务性工作中解脱出来；另一方面，为业务处站在更加专业的管理角度，直接指导青年助理工作开展，有助于本身从事科研工作的青年助理更加吃透管理工作思想，为培养复合型人才打下良好的基础。

(八) 营造浓厚的良性竞争氛围，实现人才增值的挖掘激发

为了促进人才不断追求卓越，形成“比学赶超”的良性竞争氛围，二部对青年助理进行了星级划分，即在较好完成科研生产本职工作的同时，根据岗位重要程度、履职轮岗情况和考核结果进行星级评定。共分为五个星级，并对青年助理的每个星级评定条件进行了详细说明。每个部门每年的青年助理考核评优率不超过20%，只有在考核优秀才能评二星级及以上的星级助理。其中，最高级别五星助理在符合全部评定条件基础上，还要经过部门全体投票产生，得票率高于30%方可当选（与二部选拔中层后备干部的得票率相同)。得票率的设定，是为了在知悉青年助理岗位业绩的基础上，进一步摸清“五星助理”的群众基础，为选拔中层后备干部做铺垫。

(九) 形成畅通的优秀青年人才上升通道，实现人才增值的循环优化

为了将青年助理中的佼佼者吸收纳入二部人才的蓄水池，二部将青年助理工作与人才选拔机制进行了有效的对接。每年，二部团委和人力资源处将会同相关业务部门组织“二部优秀青年助理标兵”评选，各部门评定的“五星助理”均可推荐参评“二部优秀青年助理标兵”，通过层层遴选把关，将青年助理中岗位业绩突出、并有一定群众基础的复合型人才列为二部中层后备干部，使“青年助理”工作真正成为拓宽青年人才成长通道的助推器。

(十) 落实基层青年助理管理的各项具体措施，形成百花齐放的青年助理人才增值土壤

在基层部门对青年助理进行运行管理的过程中，也涌现出了许多特色做法。比如，二部探测制导总体室的特点是“一岗多人，择优培养”。探测制导总体室是二部重要的专业室，青年比例较大。为了提高人才的培养和使用效率，探测制导总体室采取每个岗位设置多名青年助理，通过岗位实践考察，确定重点培养对象，宽进严出，择优培养；二部系统集成设计研究室的特点是“社聘助理＋导师带徒”。由于系统集成室具有社聘职工多、年龄层次低等特点，设置社聘职工担任青年助理，并为其配备室领导作为导师手把手指导。社聘员工通过参与管理，不但综合素质得到了提高，而且提高了对企业的责任感和归属感；二部预研室的特点是“管家式助理”。预研室是二部未来发展和领域拓展的领头羊，需要更具有全局战略思维的人才，“管家式助理”更加强调青年助理在科研、管理中的主体地位，具备主动思考和提出管理思路、解决管理问题的能力。

三、军工企业基于人才增值的“青年助理”岗位的建立和管理效果

(一) 青年助理管理使人力资源的配置更加优化、合理

目前，二部基本建立了精干、高效的扁平化、纵横交错的青年助理组织架构，一定程度缓解了二部专职管理人员短缺的人力资源压力。六年来，二部先后有1428名青年从事青年助理岗位，协助二部专职管理人员开展管理工作。每位青年助理完成管理工作的工作量占其总工作量的约1/8—1/10，即在达到同样管理精细化程度的情况下不增加管理人员，青年助理的模式为二部至少节约了460万元的成本。

（二）青年助理管理使企业管理的效率和水平得到了双重提高

业务处与各研究室的相关青年助理“直通式”的沟通，提高了组织反应速度和办事效率，使基层部门领导从繁杂的具体工作中解脱出来，集中精力思考方向性的发展。青年助理在岗位上形成了如《研究室综合考核管理办法》《智力成果管理办法》等 30 多项专项二部级、研究室级的管理成果，形成了“发、警、结、要”科研调度管理流程、质量“三板斧”、安全进场贴士等 20 余个现行有效且具有二部内推广价值等工作流程，已为二部创造了 90 余万元的管理效益。

（三）青年助理管理为青年脱颖而出提供舞台

在青年助理岗位培训考核体系建设中，实现青年助理培养工作由粗放型、经验型向精确化、科学化转型。通过统一、系统的专业培训，使青年对单位的企业文化和行事规则有了更全面的了解，对相关的管理知识有了更深刻的认识。以“能力为先”为理念的星级助理的考核模式，打破了某些青年助理“凭资历吃饭，熬也能熬成五星级”的幻想，以能力为优先标准，变静态的观察为动态的选拔，使企业更好地站在了抢占人才的制高点。

（四）青年助理管理为人才价值增值提供有效途径

二部为总体设计单位，招收的人才多为理工科学生，掌握的经营管理知识有限。通过青年助理的岗位锻炼，促使其在岗位上学习管理知识，为二部培养了大量复合型总体人才。截至目前，24 名青年助理通过青年助理平台的锻炼走上中层干部岗位；22 名青年助理走上二部机关或上级机关平台从事相关管理工作；28 名青年助理成长为专业技术带头人，青年成长的速度从原来的 7—8 年缩短为 3—4 年。从人才增值的角度，“千兵易得，一将难求”，仅计算成长为中层干部和技术带头人的青年助理，人才的价值至少增加了 485 万元。

（五）青年助理管理具有可推广性和可移植性

青年助理自 2010 年开始在二部实施，经过四年的实践和完善，2014 年在中国航天科工集团范围内普遍开展。目前，中国航天科工集团内青年助理人数达到 7000 人，占青年总数的 1/10。通过举办“青年助理成果展”，形成宣传片、短剧、画册等文化产品，扩大了青年助理工作的品牌影响力，人民网、《工人日报》《中国青年报》、中国青年网、国资委网站等 100 多家知名媒体和政府网站对二部青年助理工作进行了深入报道和转载，引起了社会广泛关注和热烈反响。正值国资委提出“管理提升”的要求，二部在总结经验的基础上，与国资委直属机关、中航工业、东风汽车、建设银行等机关和单位开展了“青年助理”工作推广交流，不断扩大“青年助理”活动的品牌影响力。共青团中央书记处常务书记贺军科同志在听取航天科工共青团工作汇报后，对二部青年助理工作的意义和推广价值表示高度肯定。

（成果创造人：盛　利、王朝阳、耿　超、萧　倩、齐先国、包云霞、王　玫、彭　靖、周江涛、王国龙、李冠礁、程　毅）

以提升竞争力为导向的航天信息技术人才发展体系建设

中国航天科工集团第三研究院第三〇四研究所

中国航天科工集团三院三〇四所（以下简称三〇四所）成立于1987年，是集软件评测与软件工程化技术研究、管理及行业信息化软件开发、网络与信息安全、通信技术研究及工程建设、信息系统集成为一体的专业信息技术研究所。先后挂牌成立了中国航天科工集团飞航软件评测中心、管理信息化技术中心、质量与可靠性信息中心，三院网络信息中心、可编程逻辑器件评测中心、通信中心和涉密计算机设备检测维修中心，核心专业能力达到行业内先进水平。三〇四所始终坚持以“装备信息化、企业信息化、行业信息化”为发展方向，并大力实践企业化管理思路，以经营发展为中心，走市场化道路，做强信息产业主业，凝聚干部职工干事创业，为部队、军工单位、政府机关和企业提供了大量的产品和技术服务，为三院乃至集团公司信息产业发展积极贡献力量。

一、以提升竞争力为导向的航天信息技术人才发展体系建设背景

作为集团公司和三院重要的信息技术支撑单位，随着新一代信息技术应用产业的快速发展，“两化”融合的持续推进，集团公司智能制造、自主可控等多个信息技术及智慧应用项目的大力推进，三〇四所迎来前所未有的发展机遇。然而人力资源作为第一生产力，一支高水平、高质量的人才队伍是信息技术产业发展的有力支撑，因此构建具有市场竞争力的航天信息技术人才发展体系对于三〇四所长远发展至关重要。

（一）满足信息技术企业自身发展的需要

作为知识密集、技术密集产业，信息技术企业发展最关键因素就是要有一定数量、结构合理、能力突出的创新人才队伍。然而，信息技术行业快速蓬勃发展，各个有实力的企业纷纷加大争夺人才的资金投入，以高薪回报等短期效益吸引人才，造成行业人才整体上处于供需失衡状态。加之，目前信息技术人才结构不合理、高校培养专业人才与市场脱节严重、人才追求短期高薪造成流动性大等问题制约了信息技术企业的长远发展。

三〇四所具有航天军工企业与信息技术企业双重身份，决定了核心专业技术需要延续性发展，人才队伍需要可持续培养。然而原有传统职位架构和发展通道已不能满足职工成长需求，事业单位薪酬模式市场化程度低且缺乏激励效应，教育培训无法满足职工能力提升要求，以及外部人才竞争压力导致人才流失等方面，都对三〇四所人才队伍建设提出更高要求。只有通过人才发展体系建设，充分调动和优化人力资源配置，加速促进信息技术人才成长，才能提升企业核心竞争力、推动专业能力可持续发展。

（二）满足职工自身成长的需要

企业与职工共同成长、实现“双赢”是企业能够长期发展的基础。按马斯洛的需要理论，当较低层次的需要得到满足后，就会产生更高层次的需要。职工内心是希望能够在一个组织长期稳定发展，逐步满足更高层次的自我需要。

当前越来越多的“90后”员工进入工作岗位，这些新生代员工群体思想活跃、有想法，但是价值观多元化，对个人诉求和自我成长愿望强烈。三〇四所需要正视职工对收入方面的需求，更要满足职工对晋升、自我价值实现的需求，关心职工成长进步，为职工提供良好的培训机会和学习条件，提升职业能力，并且努力营造干事创业的良好环境，增强职工对企业的认同感与归属感。因此构建具有市场竞争力的人才发展体系，畅通人才成长通道，以满足职工自身需求势在必行。

二、以提升竞争力为导向的航天信息技术人才发展体系建设内涵和主要做法

三〇四所以构建科工集团骨干信息技术研究所和国内一流信息技术企业为使命，牢牢把握航天企业核心竞争力提升和信息技术人才能力成长需要，立足人才强所战略，以“尊重人才需求、激励人才创造、成就人才价值”为理念，以事业部管理模式为依托，强力提升人力资源管理能力，通过建立“以职位体系为基础、薪酬激励为导向、教育培训为支撑、企业文化为保障”的“四位一体”航天信息技术人才发展体系，实现“职位练人、薪酬励人、培训育人、文化塑人”，培养造就一批结构合理、专业配套、素质优良、面向市场的一流信息技术人才队伍，为实现优质人才引领所快速可持续发展提供有力保障。主要做法如下：

（一）分类打造“6＋1”职位体系，畅通以任职能力提升为牵引的四层七级职业发展通道

1. 针对航天信息技术人才发展要求建立“6＋1”职位体系

以信息技术专业和职能划分为依据，通过工作分析对全所职位进行归类分析，按照“职族－职类－职位”三层进行划分，形成“6＋1”职位体系。其中“6”是信息技术企业常规设置的六大职族，包括技术族、管理族、专业族、营销族、操作保障族和专项族六大职族，并向下细分为总体类、技术研究类、设计类等42个职类，以及信息工程规划设计、武器装备信息安全技术研究、软件需求设计等120个职位。“1”是根据航天人才队伍建设特殊要求构建的专业师职族，承担航天各专业发展的基础能力建设、规划研究、行业发展趋势以及前瞻性学术研究等工作。通过职位体系建设，实现人才知识技能与三〇四所专业需求相关联。

2. 建立以任职资格能力为核心的四层七级职业发展通道

在人才价值创造过程中，不仅要实现个体能力有效发挥，还要着眼于发挥团队的整体人才系统最大效能，使人才群体能力得到放大、强化和延伸。然而不同的人才所起的作用是不同的，这种差异遵循“二八定律”，即20％的核心人才创造80％的价值，20％的核心人才能够带动整个人才队伍。因此三〇四所将人才管理划分为核心层、紧密层、半紧密层和外延层四个层级，并进一步将全所职位进行职级划分，建立1—7级七个职级，构建以职级划分为基础的四层七级人才管理模式。通过职级划分，对全所职工情况进行梳理，明确不同职级的工作职责，也为人才成长明确目标和方向。

为规范和引导职工实现能力提升，在职位上快速成长并创造价值，在职级划分的基础上，结合信息技术人才成长规律，围绕能够胜任职位所要求的能力水平，按照高绩效和优秀职工的行为和素质情况制定标准，建立各职位任职资格标准体系。任职资格标准包括基本标准（学历、工作经验、必备知识等要求）、技能标准（通用技能、专业技能、相关工具技术使用等）和素质标准（能力素质要求）三个方面。

通过明确的任职资格标准设计，职工能够清楚了解自己职级提升和能力成长的标准要求，进而对职工能力培养起到规范和牵引作用。通过条件审核、职工自评、小组评议等多种方式，科学客观地鉴定职工是否具备的任职资格标准，将人才评价与职位要求相结合，实现人才与职位互相匹配，促进人才在合适的职位上创造价值。

3. 畅通职业发展通道实现航天信息技术人才多元化发展

畅通职业发展通道，建立职工职业发展多元化路径，是通过职位分类分级和任职资格标准为牵引，为各类优秀人才选择适合自己性格特点和技术专长的职业道路提供明确的发展机会，引导职工合理流动，实现人才价值在职权、机会和学习等方面的分配。除了职位内纵向发展外，同一职类内或不同职类之间的职位转换，可以培养员工的一专多能，促进员工全面发展。对于职工而言，横向发展可以起到保持工作热情、激发创造性等激励作用。三〇四所结合工作实际，统筹考虑每个职类之间的任职要求、职责权重、薪酬待遇等问题，经过细致对比确定不同职类的等级对应，针对职类之间、职类内各职位之间建立横向发展通道。

如产品实施职位的任职资格要求与产品研发相比要低，另外在工作强度、薪酬待遇方面也少很多，因此产品实施助理工程师在能力和经验达到一定水平时，可以选择向产品实施工程师晋升，也可以选择产品研发助理工程师方向发展，对职工来说可以选择自己的职业发展路径。横向的职业发展通道可以使职工与岗位之间进行双向选择，加强职工之间、部门之间的沟通，产生职工和企业“双赢”的良好效果。

（二）改革事业单位薪酬模型，建立价值导向的绩效管理与分配机制

1. 建立工资总额模式下的市场化薪酬体系，强化薪酬激励导向作用

在所级工资总额整体管控下，三〇四所建立“所一事业部”两级工资总额管理模型。年初根据经营目标和可支配总额测算确定各事业部工资总额预算、年中结合事业部经济运行情况及时调整、年底根据各事业部经营业绩完成情况兑现，实现各事业部工资总额增长与经济效益增长和经营业绩充分挂钩，促进各事业部提高经济运行管理水平，充分调动事业部和职工的积极性。

打破传统事业单位薪酬分配模式，创建与市场接轨的薪酬体系，以提升价值创造能力为核心构建多元化薪酬分配模式。取消事业单位薪酬模式，坚持“始终按照贡献大小定待遇”的绩效原则，统一采取以职能工资制为工资分配形式、与利润总额和个人贡献价值挂钩的奖金分配制度。同时根据职位层次不同，对核心层、紧密层职位，40％薪酬作为月薪、60％薪酬与所在部门经营业绩目标完成情况挂钩年底发放；对于半紧密层、外延层，60％薪酬作为月薪、40％薪酬与绩效考核挂钩每季度发放，充分发挥薪酬的保障和激励作用，引导职工提升个人价值创造能力。另外以职位体系和价值评价为基础，深入调研并参考对标企业薪酬水平，基于职位职级建立薪酬基准，针对不同职级层次采取不同薪酬策略，确保薪酬的市场竞争力。以核心岗位项目经理为例，采取行业最优策略，资深项目经理薪酬达 22000 元/月，高于用友等对标企业 20％薪酬水平，保持了较高的人才吸引力。

2. 分层构建以关键绩效指标为核心的全过程绩效考核机制

三〇四所以员工价值创造为核心要素，突出个人目标与企业战略相结合，坚持以结果为导向分层构建绩效考核指标。针对核心层和紧密层职位，将年度经营管理目标责任书逐级分解，明确到人，制定以“专业能力、管理创新、重点任务、经济发展”为核心要素的绩效考核指标，推动重要职位人员职责履行，促进年度各项任务分解落实，支撑专业技术能力和管理创新水平持续提升。针对半紧密层和外延层职位，建立以职位职责为基础、以任职资格标准为依据、以量化考核为重点的核心考核指标，以高绩效要求牵引职工能力水平提升。

加强全过程绩效管理，将日常考核、季度考核和年度考核多种方式相结合，强化过程管理中的绩效指导、沟通、改进，并将考核结果与薪酬激励、职级晋升、评奖推优等相挂钩，充分调动人才的积极性。

（三）创新“1＋N”课程体系和“E－learning”学习平台，强化培训评价闭环管理

1. 围绕信息技术职位任职资格建立“1＋N”课程体系

根据三〇四所各职位任职资格能力要求以及职工职业生涯发展需要，结合信息技术专业设置，制定“1＋N”课程体系，并以此为核心推进学习培训机制建设及实施。“1”为专业知识，是指从事某一职位所必须掌握的专业知识和技能，是上岗的基本条件。“N”为综合知识，是指推动专业发展需要或职工提升自身能力素质需要而选择学习的综合知识。

“1”（专业知识）以职位任职资格标准为依据，按照上岗通用要求、必备知识和核心技能三大类进行构建，每个职位形成一套系统的必修知识课程。课程以内部学习培训为主，将作为人员上岗、职位调整、试用期转正等方面的基本条件。上岗通用要求是指所有职位必须掌握的基本要求，包括质量体系、环境安全、保密、职业健康等相关知识；必备知识和核心技能即为每个职位任职资格标准中的必备知识

和技能标准相关要求。

“N”（综合知识）学习更加注重实用性，重点针对职工素质能力提升开展学习，促进职工包括任职资格标准中素质标准要求在内的综合素质全面发展。综合知识按照专业能力类、综合能力类、综合素质类、政策法规类、规章制度类、文件精神类等类别开展综合知识体系建设。

2. 构建“E－Learning”学习平台创新多样化培训方式

通过人力资源管理系统和微信公众号等新兴媒体，共同搭建E－Learning学习平台。人力资源管理系统融合培训信息发布、在线学习、培训管理等主要功能为一体，除实现培训申请等流程管理功能外，重点实现培训需求调研、在线考核、培训总结、培训效果评估、能力认证等功能，有效支撑学习培训过程管理。顺应互联网发展潮流，创新培训模式，建立所微信学习公众平台“京航学习”，实现碎片化快速学习，向职工主动推送传统文化类、时事政治类、风俗习惯类知识，以此促进职工在工作之余学习掌握综合人文类知识，提高职工的综合素养。

创新学习培训方式方法，强调培训工作实用有效，除课程培训、实操锻炼、自我学习、导师辅导等方式外，充分利用研讨交流等方式，营造良好的学习交流氛围，深入讨论研究，集思广益、群策群力，进一步统一思想、凝聚共识，灵活多样地开展培训。提升“全员参与”的学习氛围，树立“每个人都在教，每个人都在学，人人皆需为师、人人皆能为师”的学习理念，安排职工担任讲师或者导师角色，将自己的专业知识和技术能力在团队内部进行经验分享和亲身传授，在丰富课程资源的同时，实现自身知识和能力的再总结、再构建，从而深化提升自我水平，促进人才快速成长。带领核心人才走进行业标杆企业深入交流学习，学习行业标杆的优秀管理方法与先进技术，激发员工的思维，并学以致用。

3. 加强学习培训规范性和闭环评价管理

增强学习培训的规范管理，重新修订三〇四所职工学习培训管理办法，制定《三〇四所职工学习培训机制建设实施意见》及《学习培训日常运行管理要求》，并以正式文件的形式下发至所属各单位。明确所属各单位是学习培训工作的责任主体，按照岗位谁使用，培训谁负责；业务谁主管，培训谁负责；岗位谁聘任，培训谁负责的基本原则分头开展学习培训的组织管理和实施工作。并且规范学习培训申请流程，增强过程管理，使学习培训工作更加系统、合理。

建立授课效果评价机制和学习培训效果评价机制，并逐步建立起能力认定机制。通过评价、考核、能力认定等不断促进课程设计水平、讲师授课水平、学习培训效果以及学习积极性等方面的提升。建立学习培训档案、讲师及学员档案，做好各类记录，讲师授课和学员学习等情况作为个人任职资格的重要组成部分。

（四）打造航天信息技术企业特色文化，激发职工潜能

1. 建立刚性制度管理文化，将航天文化核心价值理念内化于心

在面向市场发展经营，加快转型升级的进程中，三〇四所逐渐形成适应发展要求、具有自身特色的核心价值理念，包括“建设科工集团骨干信息技术研究所和国内一流的信息技术企业”的愿景目标、“求实、创新、协同、奉献”的企业精神、“以市场为导向、以客户为中心、以创新为灵魂”的经营理念。要实现这些核心价值理念的价值增值，必须通过文化与管理的结合，将广大职工凝聚在一起，共同遵守正确价值观、企业精神、道德规范和行为准则，形成强大的凝聚力。

三〇四所根据经营发展实际需求，按照“建章科学化、工作制度化、行为规范化、办事程序化、监督过程化”的管理要求，进一步改革创新和完善三〇四所的战略规划、人力资源开发与配置、全面预算、经营管理、保卫保密等各管理领域规章制度140余项，系统构建起结构合理、权责明确、治理科学、运营高效的战略管控体系，将价值理念贯穿到企业各项规章制度和工作流程、形成体现价值理念的制度体系。

动员全体职工参加到制度建设中，将工作价值观融进业务操作流程，重新制定或完善业务标准；将工作价值观融进管理流程中，进行管理流程再造，植入文化因子，规范管理流程和管理标准；将工作价值观植入客户服务程序中，制定和完善服务标准，提高服务质量，实现服务增值。通过制度体系建设工作，使核心价值理念真正融入职工内心，并且在工作实践中滋养职工道德心灵，塑造品格气质，推动人才和企业的同生共长。

2. 建立柔性情感管理文化，营造和谐融洽的信息技术人才成长环境

三〇四所把刚性管理制度的强制性实施发展成为职工自觉行为准则和弹性的约束机制；把被动的事后检查考核管理方式转变成事前预防性的相互协作、互为监督的管理方式；把围绕生产的管理结构调整为适应发展的弹性管理机构；把职工在企业中自我价值的实现与企业的发展目标相融合，多举措实行强有力的情感管理，形成一个使职工能够持续贡献知识、智慧和才能的科研创新环境。同时通过情感的关怀逐步满足职工的自我实现、自尊、归属感等方面的需求，以情感人，用情感的感召力凝聚人心，共同朝着企业的发展目标奋斗。建立健全员工思想状况分析和反馈机制，实时掌握员工思想状态和心理状态。建立实施各种组织关怀制度，每年组织全体职工体检、节庆日期间举办丰富多彩的职工集体活动、为青年举行集体婚礼、建立扶贫救困基金等一系列措施，真正关心、爱护、帮助员工，营造温暖舒心的工作氛围。

三、以提升竞争力为导向的航天信息技术人才发展体系建设效果

（一）提升了企业的核心竞争力

自人才成长机制实施以来，三〇四所的技术能力快速提升，掌握了军用软件/FPGA 评测、信息安全等许多关键技术，强化了重点工程的实践应用。近三年荣获国防科学技术进步奖 3 项、行业级奖项 3 项、集团公司奖 6 项，申请专利 20 项、取得专利授权 4 项，取得软件著作权 27 项，制定国内首份可编程逻辑器件技术规范填补行业空白，1 人获得“探月工程嫦娥三号任务突出贡献者”荣誉称号，3 个创新团队先后入选三院科技创新团队。

产业发展能力稳步提升，重大项目培育取得突破。牵头承担了住建部城市地下管线综合管理试点项目，以管线的全生命周期管理和安全管理为核心，面向城市 8 大类、30 多种地下管线，推动建立从普查、会诊、治理、养护到动态监管的城市地下管线闭合管理体系。自主研发的航盾涉密载体全生命周期管控系统、航盾云平台等信息安全产品，已全面覆盖十大军工集团、武警、空军以及中组部等国家部委单位，近三年累计产值超过 5500 万。作为航天科工集团管理信息化技术中心，紧密围绕集团公司智慧企业建设战略举措，按照强化体系、整合资源、推动创新、提升核心能力的要求，完成了智慧企业建设顶层规划及 ERP 总体论证，有效支撑集团智慧企业和 ERP 建设长期持续演变和信息技术产业发展，实现更大的价值创造。

（二）促进了职工的全面发展

职工对三〇四所的事业认同度、环境满意度显著提高，能够将个人价值与组织目标融为一体。近三年，三〇四所核心骨干人才流失率仅为 2.19%，职工离职率明显低于行业平均水平 14 个百分点，人才队伍保持了较好的稳定性。为确保各项重大任务顺利完成，很多职工放弃节假日和周末休息时间坚守岗位，更有部分职工长期奋斗在全国各地的军用软件测试外场和工程项目实施现场，用实际行动践行“特别能吃苦、特别能战斗、特别能攻关、特别能奉献”的航天精神。

逐步建立起与航天信息技术发展相适应的现代人力资源管理体系，优化人才队伍规模、结构和能力，重点培养了一批创新型专家人才。目前三〇四所拥有国家“千人计划”专家 1 名，探月工程专家、空军及总装型号专家等省部级专家 19 人，培养了软件测试、安全防范、智慧管网、智能建筑等领域院级重大项目负责人、院级科技创新团队带头人和核心成员、院级专业技术领域带头人和技术骨干 20 余

人。一批专业领军人才崭露头角，一支平均年龄 33 岁、理论功底扎实、实践经验丰富、具有组织协调重大信息工程项目能力的技术专家队伍，已经成功地担负起航天军工信息技术事业发展的历史重任。

（成果创造人：李艳志、刘光明、于　会、王　健、郑德利、
陈晓威、沈　云、谭　婕、姚均荣、闫　深）

钢铁铸造企业分类人员工资管控体系的构建与实施

黄石新兴管业有限公司

黄石新兴管业有限公司（以下简称黄石新兴管业）成立于2008年7月，由全球500强、央企50强、世界最大的球墨铸铁管生产企业——新兴际华铸管股份公司和中信泰富的特钢企业——湖北新冶钢出资重组，属国资委领导的重点国有企业，由新兴铸管股份有限公司控股。资产总额24亿元，现有员工2000多人，拥有炼铁、铸管、铸造、特喷管等完整产业链，具备雄厚的技术力量。

一、钢铁铸造企业分类人员工资管控体系的构建与实施背景

（一）提高人均劳效、降本增效的需要

新兴际华集团进入首批国企改革试点企业名单，新兴铸管股份有限公司坚持顶层设计与先行先试相结合、市场化方向与问题导向相结合、大胆探索与坚守底线相结合、整体推进与重点突破相结合的主要原则，跟进模式创新、体制改革、薪酬管理职权试点。2014—2015年，面临钢材表现消费同比下降、钢材库存仍处于高位、钢材价格持续下行的钢铁行业“严冬”期，钢铁行业多年高速发展累积的问题和矛盾越发凸显，产能过剩加剧企业恶性竞争，企业退出渠道不畅导致僵尸企业大幅增加。2016年政府工作报告提出“着力化解过剩产能和降本增效”，在淘汰落后产能、有序退出过剩产能过程中的职工分流安置问题关系着民生保障和风险防控。深化劳动用工和收入分配制度改革是全面深化国有企业改革的重要内容，是开展供给侧结构性改革，促进企业瘦身健体、提质增效的重要举措，是增强中央企业活力和竞争力的迫切需要。

（二）组织扁平化的需要

处于“工业4.0”时代，依托“互联网＋”，扁平化组织成为新兴企业的标准配置，作为企业史上第二次“组织瘦身”，传统制造企业更需要将扁平化作为组织结构调整的方向。管理幅度与管理层级是影响组织结构的两个决定性因素，管理幅度与管理层级成反比，管理层级少而管理幅度大的扁平结构属于分权型组织，其优点是信息纵向流通快、灵活而有弹性、人工成本低。组织扁平化不等于单纯压缩层级，需要结合企业实际，综合考虑管理复杂性、工作相似性、组织地域性、分类人员、信息化程度等要素，从而进行整体设计，才能优化人力资源配置、有效发挥人才效能。

（三）企业战略发展和改革创新的需要

“十三五”期间，黄石新兴管业定位于运营管控中心，立足自身已有产业，努力将其做强做大，根据工业“2025”规划，结合自身优势发展战略性新兴产业，打造强劲可持续的增长格局，确保企业稳定持续发展。利用好自身优势资源，积极推动企业从制造业向制造服务业发展，从制造业向现代服务产业转变，以此实现企业的转型升级。分配机制创新是企业管理创新的关键，“十二五”期间，企业收入分配坚持“低薪保生活、高薪凭贡献”“打破大锅饭”“收入向苦、脏、累、险岗位倾斜”“收入与风险、收入与责任相挂钩”等基本原则。“十三五”企业持续发展、转型升级，依据行业新形势下的管理要求，将大力推进科技创新、优化产业布局，逐步突破传统生产经营模式，持续探索收入分配机制的改革，是切实践行央企社会责任，不断激发企业内生活力的需要。

二、钢铁铸造企业分类人员工资管控体系的构建与实施内涵和主要做法

黄石新兴管业以自运行管控为定位，以“分类管控思想”为指引，以分类人员为突破口，以信息化、自动化的两化融合提升为手段，以收入分配机制改革为保障，以组织“瘦身健体”为目标，按照市

场化原则，加快推进劳动、人事、分配等各项制度改革，实现管理人员精简、工资结构合理、管理层级压缩、组织结构优化的动态化管理。主要做法如下：

（一）分类人员工资管控体系构建基础工作

1. 人员分类及岗位标准化实现各类人员属性明确、层级清晰

以分类为导向，黄石新兴管业自上而下地进行企业类别、人员类别、岗位类别划分，在企业范围内开展岗位标准化工作，明确分类人员的职能属性和管理层级，确保信息的明确统一，数据的真实可靠。将所有人员分为3类：管理人员、生产人员和后勤服务人员。企业机关实行“高层—中层——般管理人员”三级管理，生产实业部实行“中层—工段—班组—工人”四级管理。本着用数据说话的基本观点，在分类及岗位标准化的基础上进行有目的有效率的收集、整理人员工资、财务、生产数据，运用理论方法对信息和数据展开加工处理、研究分析。

2. 理论基础及方法论诊断组织层级、人员工资结构症结所在

综观企业组织结构设计相关研究，有管理者针对组织结构类型进行研究和改进，或是对不同发展阶段的各种组织结构的特点、适用性、优缺点进行理论阐述，定性研究往往客观性不足，执行效果难以评价。还有学者通过构建数学模型进行量化分析，得出有效的组织结构，但理论模型实用性较差，难以指导企业实际，针对组织的动态变化也不能进行准确跟踪。企业在人员分类、岗位标准化的基础上，通过数据的描述对比，运用统计分析方法，构建分类人员人数占比和组织规模回归模型，形成预警机制，快速定位调控点，用数据说话，为管理决策提供科学依据。

描述比较分析法。人力资源、财务、生产数据的分时段走势，差距变化情况及相应的时间背景，通过图形将各类数据转换成信息表现出来。通过图形将数据转换成信息，将本单位人员工资情况与平行单位或部门进行比较，以发现其差距。将生产单位管理人员占比进行对比分析，通过同比和环比变化描述增减趋势，并重点关注占比异常的单位。

统计分析方法。构建各生产单位各类管理人员人数占比和单位规模的回归模型，判定各类管理人员人数占比是否处于合理范围；构建各生产实业部各类管理人员人数占比和部门规模的回归模型，判定生产实业部各类管理人员人数占比是否处于合理范围。针对偏离拟合曲线较多的异常数据点，即人数占比超过合理范围上限的生产实业部，进行动态预警。

其他方法论。360度绩效评估法通过多元纬度评价，加强管理人员自我管理、提高工作绩效、发挥潜能，如管理人员考评，通过自我述职、同级评价、下级评价、上级评价对管理人员进行全方位考评；外部借鉴法利用企业所属生产单位或生产实业部人力资源领域的实践经验或成果作为评价本单位内部人力资源管理活动成效的标准，如标杆实业部建设，通过选择企业某实业部作为试点，通过管理手段、两化融合提高管理效率，提高人均劳效，实现扁平化管理，其他实业部以此为标杆展开对标超越；目标管理法根据事先确定人力资源管理活动目标，衡量人力资源管理活动的实际效果，如生产实业部经济责任制；对标分析法通过组织结构和岗位设置对标分析，推进实业部、工段和班组合并重组，实现生产组织扁平化管理，如所属生产单位定岗定编、组织结构和管理职数优化。

（二）组织结构标准化支撑系统

1. 生产工业区组织结构标准化

综合考虑生产单位规模及分类管理人员人数占比，以近年数据为样本，展开统计分析，构建生产单位规模和分类管理人员人数占比的回归方程，结合回归系数最高的拟合曲线，针对生产单位规模进行分类人员人数占比标准化。针对四类不同规模生产单位，分别给出四类管理人员人数占比范围，以及四类管理人员合并人数占比范围，生产单位可根据组织实际规模核定相应管理人员占比。结合企业后备人才战略要求，需要为青年骨干人才留有学习和轮岗的机会，具体执行本着抓大不抓小和硬性指标柔性管控

的原则，以管理人员合计占比范围为核定标准，分类占比仅作为合计占比超出核定范围上限时的具体管控参考指标。

2. 生产实业部组织结构标准化

管理层级压缩。黄石新兴管业全面推进纵向管理层级压缩及管理人员管理职数优化计划，主抓直线职权，弱化参谋职权，针对各类管理人员，取消副职岗位，管理职能下沉。由“实业部—工段—班组”三级管理向“实业部—工段”或“实业部—班组”两级管理压缩。同时，设定职能承担原则：设立工段及班组的，工段长（副）兼专业技术主管，实业部机关主要负责行政管理职能，班长负责班组行政及技术管理；单设工段的，班组行政管理上移到工段，当班技术管理可通过在主工序岗位设首席操作手负责；单设班组的，实业部同时负责行政及专业技术管理，班长负责班组行政及技术。

分类管理人员职数核定及工资分配办法。分别针对中层管理人员、机关管理人员、工段和班组管理人员，结合实业部规模，进行各部门职能分析分类，以及管理人员人数分布、集中度、占比分析。在现状分析的基础上，结合素质提升和效率提高，按照实业部规模及工序特点核定各类管理人员管理职数控制区间，并制订管理层级及各层级职数调整年度计划。管理人员职数超过报批执行的指导办法要求的，相应降低该单位正职工资标准。同时，针对科研技术岗位进行职数核定。对产品生产和开发单位，为提升企业的技术创新能力，促进结构调整、转型升级，按照工艺需求可设置技术岗位，负责产品开发及工艺、技术攻关工作。在为企业发展提供技术支撑的同时，促进后备复合人才的培养。

3. 管理层级及管理职数标准化核定

由“实业部—工段—班组”三级管理向“实业部—工段”或“实业部—班组”两级管理压缩。设定职能承担原则：同时设立工段及班组的，工段长（副）兼专业技术主管，实业部机关主要负责行政管理职能，班长负责班组行政及技术管理；单设工段的，班组行政管理上移到工段，当班技术管理可通过在主工序岗位设首席操作手负责；单设班组的，实业部同时负责行政及专业技术管理，班长负责班组行政及技术。生产实业部各部门职能分析分类。分别针对中层管理人员、机关管理人员、工段和班组管理人员，结合实业部规模，进行管理人员人数分布、集中度、占比分析。在现状分析的基础上，结合素质提升和效率提高，按照实业部规模及工序特点核定各类管理人员管理职数控制区间，并制订管理层级及各层级职数调整年度计划。管理人员职数超过报批执行的指导办法要求的，相应降低该单位正职工资标准。另外，针对产品生产和开发单位，为提升企业的技术创新能力，促进结构调整、转型升级，按照工艺需求可设置技术岗位，负责产品开发及工艺、技术攻关工作。在为企业发展提供技术支撑的同时，促进后备复合人才的培养。

（三）分类人员新陈代谢支撑系统

黄石新兴管业依据经营变化对管理人员进行考评，注重考评的时效性，加强考评结果的运用，健全管理人员选拔任用机制。管理实行“统一规范、分级负责”的原则，评价坚持“客观量化、基于事实”的原则，任用坚持“优进拙退、动态管理”的原则。

1. 中层管理人员职业化管理，落实末位淘汰

中层管理人员按市场化原则试行职业化管理制度，结合岗位职责签订岗位聘用合同，按照合同及业绩评价且考核指标持续改善。评价考核每年进行两次，评价绩效等级结果分为优秀15%、称职45%、基本称职30%、不称职10%。其报酬收入和职级要依据考核结果进行调整，体现奖优罚劣、薪随岗变。对年度考核结果为“不称职”的中层管理人员，按照50%的比例解聘，淘汰人数不得低于刚性要求人数。

2. 基层管理人员星级评价，推行岗随薪变

基层管理人员评价考核每年进行两次，针对在考核期内德、勤、能、绩、廉五个方面的表现，重点

考核工作业绩和岗位职责履行情况：业绩考核指标由实业部制定，每月按照考核指标完成情况得出每人的考评分数；履职情况根据各自的岗位职责，围绕考评期内的预算指标完成情况及重点工作，以工作总结的形式提交；以实业部为单位进行述职考评后进行民主测评。星级评定主要是以工作业绩为主，结合履职及民主测评情况进行综合评定。赋予三项内容以权重，由考评小组根据综合评分确定星级：一星级为20%、二星级为60%、星级为20%。对年度内考核结果为“一星级”的管理人员，按照50%的比例解聘。根据考评结果，执行相应的薪酬待遇，区别设置工资系数。同时，由考评和受评双方共同制订可行的绩效改进计划和个人发展计划，提高个人及组织绩效。

3. 关键岗位公开竞聘上岗

打破论资排辈模式，在公开选拔、竞争上岗中发现人才，给人才提供更加宽阔的舞台，以实现人尽其才、才尽其用。随着组织结构的调整，针对经营管理、科技研发、财务营销等关键岗位实行公开竞聘上岗，通过一系列审核、笔试、面试等内部招聘环节完成优中择优；对不能胜任工作调整的人员，实行待岗期制，待岗期间实行最低工资制。

4. 富余人员转岗分流

黄石新兴管业开辟富余人员、辅助人员分流渠道，鼓励各单位自主、自发减员，新项目增员通过各种减员因素消化，将富余的专业技术人员和具备综合素质的管理人员分流到新建项目或充实到工艺技术创新组中，统筹人力资源，进行人才合理调配；逐渐回收外包项目，降低人工成本，将富余生产人员分流到一线岗位，充实一线力量；加强转岗人员技能培训，通过师带徒等培训方式缩短转岗人员的适应时间，保障生产稳定运行。针对各类人员流动制度的建立和推行体现了企业“能者上、平者让、庸者下、劣者汰”的用人机制，实现管理人员的能力保鲜和动态优化，促进人才的循环流动，形成企业内部各类人员的新陈代谢系统。

（四）经济责任制薪酬考核支撑系统

1. 标杆实业部试点收益再分配，提高薪酬效用

为了进一步提高薪酬效用，收入分配突出重点，着重向重点领域倾斜，支持战略发展规划，黄石新兴管业于2015年年初制定《“标杆实业部”工作计划书》《工资收益再分配办法》，标杆实业部既是企业的“经济特区”，又是管理岗位优化和降本增效项目推广的“试验田”。通过简化管理机构与层级、优化工艺流程、优化岗位配置等一系列管理手段，强化管理穿透力，提高管理效率，积极向精简化、扁平化管理推进；通过两化手段（有收益的自动化、信息化改造项目），降低劳动强度、提高工作效率、增强信息流动、提高设备管控、减少岗位定员、扩大管理幅度；通过收益再分配，保证员工分享减员收益成果，以此提高实业部和员工对减员增效的认同度；通过建设标杆实业部，大大提高基层管理人员和员工实施收入分配制度变革的主动性和积极性，有效促进用工和人员优化；通过合岗并岗，优化岗位配置，提升人均劳效、提高企业产能，实现企业员工双赢的局面。

实施办法。各生产单位分别选定一个生产实业部作为标杆，具体从以下两方面推进实施：管理层级压缩、机构设置精简、工艺流程优化、合岗并岗、一岗多能、分流转岗；标杆生产实业部根据各自生产实际设置技改项目，在生产组织优化、设备自动化升级、监控系统配套使用等方面组织科学投资，以自动化、信息化手段降低劳动强度，减员增效。以2014年底的组织机构及人员配置为基础，设置具体而清晰的年度目标及其完成时限，每个项目责任落实到个人。

考核评价。设立“投资收益评价”“减员评价”“增效评价”“薪酬评价”四个维度，每个维度分别设立2—3个评价指标及其权重。并执行月度评价、季度考核，针对总分第一和最后的单位领导班子进行现金奖惩。

2. 生产实业部承包工资制，激发内生减员动力

生产实业部承包工资制。按指标核算部门薪酬总额，生产实业部按产量、利润、成本专项指标实绩考核落实情况计提，增人不增工资，减人不减工资。工资承包模式，适用于主体生产单位，着力推进企业向质量和效益型的转变，突出成本（加工费）和工序利润的考核，各工序紧密结合市场，完全带入市场价格核算各单位工序利润。其中成本（加工费）占工资总额的40%，工序利润占工资总额的60%。通过承包工资制，激发实业部以并岗和提高自动化控制水平为支撑的内生减员动力。

3. 工序工资核定，落实工资总额经济责任制

在生产实业部承包工资制的基础上，为推动企业整体人均劳效提升，提高企业各单位各对标工序人工成本竞争力，使员工共享发展成果，力争人均收入增长的同时吨产品人工成本仍具竞争优势。健全工资效益同向联动机制，选定主体生产工序实业部为试点单位，以年度为周期对试点单位的劳动用工、工资总额、外包费用、岗位分布及装备情况分析，核定对标工序吨产品工资，以核定的对标工序吨产品工资，结合产量、成本、质量、安全、环保等，计算对标工序实业部职工工资总额。同时为保证职工工资相对稳定，60%的工资为固定部分、40%为浮动部分。以对标工序工资总额在单位工资中占比，结合机关和辅助生产单位工资总额占比，计算机关、辅助生产单位工资总额。以“裸对标”“双超越”为抓手，通过试点推广和“经济责任制”的落实，提升经营控制，实现企业对于各单位工资总额的管控。

三、钢铁铸造企业分类人员工资管控体系的构建与实施效果

（一）组织结构得到优化

2014—2016年，黄石新兴管业及其所有生产单位组织层级及管理人员管理职数、工资结构三项指标均完成优化目标，达到了项目之初设定的“瘦体健身”的效果。

（二）企业员工人数和工资结构得到优化

2014—2016年，用工总数逐年大幅降低，累计减少30%。分类管理人员占比优化。中层、工段、班组管理人员自2014年人数占比逐年降低。职工工资总额逐年下降，但人均收入逐年上升，即在人工成本下降的前提下实现人均收入的提高，收入分配去向合理化。人员工资结构逐步优化，管理人员工资总额占比逐年下降，工资向生产工人倾斜，截至2016年8月，生产人员工资占比超过80%。2014—2016年，职工工资总额下降的基础上，吨人工成本逐年下降，人均劳效逐年上升。

（成果创造人：李成章、程爱民、郜文平、张祖国、杨　岑、董永静、苗英振）

国际化经营与营销管理

“一带一路”区域跨多国大型天然气管道运营管理

中石油中亚天然气管道有限公司

中石油中亚天然气管道有限公司（以下简称中亚管道公司）于2007年注册成立，初始注册资本40亿元人民币，原为中国石油天然气集团公司（以下简称中石油集团）所属全资子公司。2016年年初完成股权重组后，由中石油集团和国新国际集团各持股50%。中亚管道公司主要从事中亚天然气管道的投资、建设和运行业务，已经建成并运营从土乌边境到中国霍尔果斯的中亚AB/C线三条进口管道和一条位于哈国南部的天然气管道（中哈天然气管道二期工程，简称哈南线），累计完成投资200亿美元，建设管道里程6950公里，建成输气能力610亿方/年（中亚AB/C线具备年输气能力550亿方，哈南线具备年输气能力60亿方）。自2009年12月管道投产以来，累计向国内输气超过1500亿方。正在筹建中亚至中国的第四条管线——中亚D线。中亚管道公司在管道过境国设立三个合资公司，中乌天然气管道公司（英文简称ATG）、中哈天然气管道公司（英文简称AGP）和哈南线管道公司（英文简称BSGP），分别负责中亚AB/C线以及哈南线在所在国管道的建设和运营。截至2015年年底，中亚管道公司（包括合资公司）共有员工2120人，其中中方员工516人，外方员工1604人。

一、“一带一路”区域跨多国大型天然气管道运营管理背景

（一）确保国家战略利益的需要

进入21世纪以来，我国天然气消费快速增长，年均增速超过15%，但截至2015年年底，我国天然气消费在一次能源消费中的比例仅占到5.9%，远低于24%的世界平均水平。伴随我国大气污染治理力度的加大以及城镇化比例的提高，天然气消费仍将进一步增加。但我国天然气产量增长缓慢，难以满足国内消费需求。加强对外贸易合作，增加天然气进口成为解决国内天然气供需矛盾的必由之路。2009年12月中亚天然气管道投产以来，管道年输量快速增长。2014年中亚C线投产后，中亚AB/C线年输气规模超过300亿方，2016年预计可超过350亿方，占到国内天然气年消费总量的16%以上，尤其在冬季用气高峰期发挥重要的保供作用。中亚天然气管道保持安全平稳运行是保障国家能源安全、稳定国内天然气供应的需要，也是资源国和过境国重大经济利益得以实现的需要。

（二）应对跨多国天然气管道运营管理复杂性的需要

由于多种因素，中亚天然气管道跨多国协调统一运营存在诸多难题和挑战。首先，中亚天然气管道作为中国引进中亚气产业链条的一环，涉及的利益相关方众多，调度协调难度大。中亚AB/C线运营涉及托运方、管输企业中外方股东、多个资源方以及下游管网销售相关单位，中亚天然气管道的平稳运行要在满足国内管网销售平衡的条件下，通过外部协调确保资源方和管输企业按计划安排资源和完成输气任务，实现上下游资源和市场相匹配。其次，中亚管道公司在项目建设阶段为突破工期瓶颈，采用“分国分段建设和运营”的项目组织和管理模式，导致管道建成后，管道运营面临多个法律主体的复杂管理局面，即乌国段管道由中乌合资公司运营，哈国段管道由中哈合资公司运营，两个公司负责运营的管道物理相连但相互独立。中亚管道公司在中乌、中哈两个合资公司中各拥有对等股权，作为股东并不拥有运营管理的法定权力，管道运输的物理特性以及运营效率要求与公司治理结构和管理体系存在矛盾，加剧管理的复杂性。如土、乌、哈、中四国技术标准原本不同，“分国分段建设”期间各国家、股东利益的博弈、各项目管理风格差异、EPC采办要求有别，形成“路径依赖”，导致运营阶段技术管理标准不一致、设备控制功能多样性、各专业名目不统一、维修抢修资源分散，一体化管理规范的缺乏，增加运

营管理的不确定性。

（三）提升中亚天然气管道国际竞争力的需要

中亚管道公司在合资公司推广应用先进技术、标准、管理工具，提高管理效率和水平面临的阻力较大。中亚国家沿袭苏联时期油气外输管道的法律规定和技术规范，不仅落后于国际先进水平，与我国现行规范和标准也存在较大差异，管道运行的安全水平难以满足战略管道需要，同时也不利于管输成本控制。受中亚国家文化的影响，合资公司经营管理安于现状、效率不足的现象较为突出，对于新技术的应用以及先进管理系统的引进不积极甚至抵触。在跨国协调方面，由于中亚国家之间尚未建成有效的国际合作法规体系，中亚管道跨国安全运营的协调缺乏政府间的多边制度保障。面对复杂的经营环境，中亚管道公司必须要在借鉴和学习的基础上，充分发挥中方的引领作用，逐步探索出一条适用于中亚天然气管道项目并为外方股东所接受的跨多国协调运营的管理方法和经验，突破过境国的制约和限制，搭建合作平台，强化管理和文化融合，推行先进技术和标准，不断提高跨多国管道的运营效率和竞争力。

二、“一带一路”区域跨多国大型天然气管道运营管理的内涵和主要做法

中亚管道公司以“安全、高效、和谐”为目标，坚持“确保中方核心利益、关注合作方合理诉求、合作共赢、共同发展”的指导思想，创建“四国多方跨国运行协调机制”，打造多个法律主体参与的跨多国管道运营协调体系；围绕运行三大业务制定统一规则，实施一体化管理，实现跨多国管道协调平稳运行；实施多层级多维度安全风险管理，保障跨多国管道安全运行；以低成本为目标实施战略引领下的集约化财务管理，为管道高效运行提供有效支撑；实施“一体、双线、三结合”的绩效管理和兼收并蓄的合资公司跨文化管理，使中外方形成合力推动企业实现经营管理目标。通过在参与各方动态博弈中寻找平衡状态，对管理要素进行互补匹配，中亚管道公司逐步形成一套与“分国分段建设和运营”相适应，形分神合、动态优化的跨多国管道运营管理体系，保障管道跨多国运行的协调统一、安全平稳和国家能源战略目标的实现。主要做法如下：

（一）确定跨多国管道运营管理思路

中亚管道公司以“安全、高效、和谐”为目标，确定“确保中方核心利益、关注合作方合理利益诉求、合作共赢、共同发展”的指导思想，适应管道运行一体化的技术经济特点和要求，立足中国、中亚共同的战略利益和经济利益，实施跨多国管道“一体化”运营管理。通过多层级的法律商务体系，强化政府、产业链、企业多层次协调博弈机制的制度环境，因地制宜地创建“四国多方跨国运行协调机制”，搭建跨多国管道运营沟通协调平台，破解“分国分段建设和运营”条件下管道物理相连、运营主体独立的“先天”障碍。依靠中方完备产业链形成的产业组织能力和合资公司股权架构，确立“中亚管道公司为核心，以合资公司为平台”的管理模式，充分发挥中方在理念、资金、技术、管理等方面的优势，围绕管道运行业务核心、通过制定统一规则和标准，实施管道调度运行、专业管理和维修抢修一体化管理，以全方位风险管理、集约化财务管理、全面绩效管理和合资公司跨文化管理为支撑和保障，推动企业管理和经营目标的实现，确保管道安全平稳高效运行。

（二）创建“四国多方跨国运行协调机制”，打造由多个法律主体参与的跨多国管道运行协调体系

1. 依托商务协议和股权管理平台奠定跨多国管道协调运营基础

中石油国际事业公司（PCI）是中亚天然气的采购商，是中亚管道公司的托运商，在中国境内将天然气销售给下游公司。因此，PCI 与上游资源国、境外各段管道合资公司和境内下游公司签署多个商务协议。中亚管道公司联合 PCI，借助其签署的多个商务协议以及中亚管道公司对各段中亚天然气管道的股权管理，把跨多国管道涉及的上、中、下游各相关组织有效地联系在一起，明确涵盖购气、供气、输气等相关各方的责、权、利关系，构建清晰的跨国长输管道运行组织工作界面。

2. 组建"土—乌—哈—中天然气管道运行协调委员会"形成日常业务协调机构

为协调管道运营日常工作，中亚管道公司主导和推动四国多方成立"土—乌—哈—中天然气管道运行协调委员会"(以下简称"四国运行协调委员会")，形成负责协商确定中亚天然气管道的年度、半年度、月度输气计划和维检修计划等工作的协调议事机构，以协调工程运营过程中的技术和操作问题为主，对管道运营中的争端进行集中统一管理。"四国运行协调委员会"下设秘书处和北京协调中心。秘书处是协调委员会的常设办事机构，负责协调委员会会议的筹备和组织日常工作，成员参加协调委员会会议，机构设于中亚管道公司。北京协调中心负责协调全线日常运行及月度计划协调工作，参与供输气计划/检修计划协调，机构设于北京油气调控中心。

3. 形成先中方、后外方的协调机制，推动互利多赢共同发展

中方参与到中亚天然气管道运营的单位众多，分布于油气"产、购、销、用"整个链条的上、中、下游各处，利益取向存在较大差异，在四国多方跨国运行协调机制中举足轻重。中亚管道公司充分发挥中国石油天然气集团公司综合一体化的优势，协调全产业链，实现集中领导，制定先内部协调统一中方口径、再跨国协调和确定输气计划的工作程序。中方内部协调方面，由中亚管道公司主推，在中亚管道公司、国际事业公司、天然气与管道分公司（北京调控中心）、阿姆河天然气公司之间建立中方内部协调机制，以"统一制订购输气计划、统一制订检修计划、统一制订运行方案、统一下达调度指令、统一协调应急处置、中亚进口气与国产气产运销平衡"为目标，明确中方内部运行协调程序及各方的职责，通过生产协调会议、工作协调函等各种手段，根据已确定的年度分月供输气协议计划及各方计划调整申请，协调制订月度计划调整。充分发挥各家单位的协调优势，按照合同加行政、国内与国外相互依托的方式协调管理。在中方内部协调基础上，通过四国运行协调委员会进行跨国协调，根据各方资源配置情况，协商确定年度分月供输气协议草案计划。草案计划下发给四国多方征询意见，根据意见做进一步调整。最后，确定中亚天然气管道的年度分月协议计划，并下达四国多方。

（三）围绕管道运行三大业务实施一体化管理，实现跨多国管道协调平稳运行

1. 调度运行统一指挥

中亚管道公司建立并完善"以总部调控中心（TCDC）为核心、合资公司调控中心为支撑"的一体化调控体系，持续优化中亚 AB/C 线管道运行。根据"四国多方跨国运行协调机制"，TCDC 负责协调管道全线日常运行及月度计划协调工作，参与供输气计划、检修计划协调。2016 年 9 月，在第十五次"四国多方跨国运行协调委员会"上，明确 TCDC 负责每日对布哈拉、阿拉木图调控中心下发协调指令，制定沿线各站的运行模式、开机数量、机组控制方案，并根据全线运行工况对气源、管道、下游相关方做出合理调整。TCDC 以完成输气计划为原则、以优化运行能耗为目标，通过对全线压气站实施压力控制、压缩机燃机效率跟踪分析、管存控制原则制定等调控优化措施，持续开展优化运行工作。利用模拟仿真技术，实现中亚 AB/C 线最优输量匹配和最优管存的配置，通过 PPS 生产管理系统开发调度令管理模块，每天将运行方案通过调度指令下达各合资公司调控中心，指导全线运行，有效降低能耗，控制管道输气成本。在生产数据管理方面，利用 PPS 生产管理系统，开发生产数据管理模块，对海量运行数据进行有机整合，形成标准的数据管理模式，为生产调控及优化运行提供有力支撑。2013—2015 年中亚天然气管道 AB/C 线单位管输总成本年均下降 7%，2015 年气单耗同比下降 0.66%。

2. 专业管理统一标准

管道公司的技术标准代表公司技术水平。受"分国分段"项目组织模式以及过境国采办法等因素的影响，中亚天然气管道存在同一类设备品牌、型号多样，技术标准以及操作流程不统一等问题。中亚管道公司针对管道运行的 10 个专业，按照先进性、系统性、全面性、实用性的原则，参照国际先进水平的管道运行技术标准制定 126 项中亚天然气管道运行管理标准，形成公司中俄文版技术标准手册，为提

高管道运行管理水平，实现管理规范化、精细化、科学化提供依据。在制定管道运行管理标准的过程中，按照专业由中亚管道公司总部、乌国项目、哈国项目相关技术人员共同组成标准编制小组，通过共享交流统一理念、达成共识，形成手册并向各合资公司推广，实现总部、项目与合资公司，项目与专业以及各项目的专业管理大融合。通过统一标准、人员融合促进总部、项目的运营一体化以及两个合资公司的运营一体化。

3. 维修抢修统一协调

中亚管道公司围绕维修抢修能力培养，持续完善 72 小时维抢修体系，确保管道运行一旦发生中断，可以在 72 小时内（国内可以接受的中断供气时间）恢复通气。一是强化能力建设与培养。中亚管道公司在沿线维抢修中心的建设中狠抓“五落实”（包括人员、机具、物资、预案、演练），通过组织维抢修专项培训如焊接、组对等提高员工的技术水平，并通过演练来提高员工的熟练程度；通过举行中外方员工维抢修竞赛、邀请中方专家到现场指导等方式，不断提升中亚管道突发事件 72 小时维抢修处置能力。二是建立在应急状态下的协调程序。在“四国多方跨国运行协调机制”下，明确 TCDC 负责管道的应急指挥，在中哈、中乌段管道出现异常情况或险情时，根据自救时间计算更新应急方案，及时下达布哈拉、阿拉木图调控中心执行，以降低异常工况或险情对生产的影响。在重大险情发生时，TCDC 成立应急领导小组，对现场应急反应进行指挥，并借助信息系统与合资公司、上下游气源等相关方保持及时联系，实现最优工艺调整的协调。三是持续开展管道完整性管理。中亚管道公司建设完成《中亚管道完整性管理系统－PIS》，满足总部、中哈及中乌合资公司等多层次的完整性管理需求，实现基于风险的管道完整性管理，降低管道运营风险和成本，并能在维修抢修中提供必要及时的信息支持，包括故障点的位置、地理信息、内外检测记录、维修记录等。

（四）实施多层级多维度安全风险管理，保障跨多国管道安全运行

1. 建立政府—企业多层级跨国管道安全运营和应急协调机制

政府间、企业间管道安全运营协调保障机制是解决跨国管道突发事件状态下应急协调和安全运营的重要保障。中亚天然气管道项目启动之初，中国政府与管道过境国政府分别签署《政府间协议》，中方股东与外方股东分别签署《企业间协议》，合资公司建立《合资公司章程》，这些法律框架内的协议文件，明确政府、股东、企业在安全管理方面的责任、权利和义务，奠定多方协作实施中亚管道安全管理和应急处置的基础。2013 年 9 月，中国政府在与吉国和塔国分别签署的《中亚 D 线建设运营协议》中，细化完善建立管道安全运营协调机制的条款和附件，就紧急沟通协调机制、安全运营协调机构、信息交流、沟通语言、沟通方式和频次以及协调机制启动条件等进行约定，同时还约定可在此基础上启动管道相关国家的多边协议磋商，签署管道安全运营多边协议、建立多边应急协调机制，为下一步围绕中亚天然气管道 AB/C/D 线构建“土—乌—哈—塔—吉—中”统一的跨多国安全运营协调机制奠定基础。

2. 建立股东安全监管合作机制

为有效管控合资公司管道运行过程中的安全环保风险，中亚管道公司积极与外方股东沟通协商，支持合资公司 HSE 管理主体责任，关注合资公司 HSE 组织架构设计及风险过程管控，形成股东大会、监事会、安委会联合审议 HSE 工作机制，督促合资公司逐步形成 HSE 风险管理、承包商管理、员工健康干预、隐患速报奖励、绩效考评等具体工作制度。以哈国股东 KTG 为试点单位签署《合资公司项目公司 HSE 监管合作协议》，促成中亚管道公司与各国股东间 HSE 专项工作机制的契约性确立，为推动中方掌控、HSE 优秀实践在合资公司落地奠定坚实基础。

3. 中方引领推动实施质量、HSE 体系管理

为保证管道运行过程中质量、HSE 业务的规范开展，有效控制风险，中亚管道公司以中石油 Q/SY 1002.1、Q/SY 1428 等管理标准及管理理念为基础，融合西方先进质量、HSE 管理理念和方法，

结合中亚地区国家法律和文化特点，实施质量及HSE一体化管理。鉴于各管道过境国HSE管理理念滞后、过程粗放的实际情况，为统一海外投资项目HSE管理实践，中亚管道公司借鉴国际同行业最佳实践制定HSE管理标准，充实丰富质量、HSE管理体系作业层文件，向合资公司发布并结合试点分步实施推广，丰富细化各海外合资公司所执行的IMS管理体系文件，实现中外方HSE管理体系“同底”运行，保证中方理念标准落地实施。

4. 建立完善的应急管理体系

为确保管道运营各类突发事件得到及时有效的处置，中亚管道公司坚持机构完善、预案建设和应急演练并重，设施建设与应急培训同步的原则，持续完善“企业自身＋专业机构＋政府协调”的立体化应急管理体系。成立总部和项目（合资公司）两级应急管理领导机构，建立公司总部（总体预案＋专项预案）、合资公司（总体＋专项预案＋现场处置预案）两级三层完整预案的应急预案体系，涵盖生产运行、工程建设、自然灾害、社会安全、交通安全、事故灾难、公共卫生、投资环境等八个方面。采用“召回培训＋送教海外”“课堂讲授＋在线学习”多种方式开展预案宣贯，提升各级员工应急处置履职能力。坚持逐年制订并严格执行上述八个方面突发事件的实战型应急演练计划，确保应急能力，保障人员与管道安全；注重国家层面应急处置沟通机制建设，尤其是在高度敏感的在役设施安全保障和防恐管理方面，落实与所在国强力部门、我驻外使领馆的沟通联系，不断强化社会安全人防、物防、技防、信息防应急管理。

（五）实施战略引领下的集约化财务管理，为中石油集团进口中亚气产业链价值提升做出积极贡献

1. 开展全产业链分析，确定管输费合理较低的财务管控目标

作为国家和中石油的战略实施项目，降低进口中亚气成本，不仅符合集团公司天然气发展战略的整体利益，还对降低国内天然气供应价格、造福国内民生极为重要。中亚管道公司着眼项目战略定位，通过全产业链分析，认识到进口中亚气成本由土库曼上游购气成本、管道过境国关税、境外天然气输送费用、国内税费、国内运输成本等构成，中亚天然气管道是进口中亚气成本价值链上的一个环节。因此，中亚管道公司的核心经营目标不是通过单方面提升管输费获得利润最大化，而是应尽量控制管输费，降低进口中亚气成本，通过持续、平稳的多输气来保障利润尽可能多地实现。与此同时，为保障管道长期安全平稳运行，满足还本付息要求，关注过境国的合理诉求，还必须确保管输费处在合理水平。

2. 合理设计合资公司资金结构和融资模式，为科学控制管输费水平奠定基础

针对内部收益率算法下的管输费模型制定以及合资公司外方合作者拒绝投入过多资本金的现实，中亚管道公司采用“小比例资本金＋过桥贷款资金＋项目融资贷款”的独特资金结构，即在合资公司资本金比例较低的情况下，采用项目融资模式发挥中石油集团优势，利用过桥贷款解决项目融资落实前的初期资金缺口。这种做法一方面最大化的提升债股比，另一方面通过合理设计项目融资模式下担保动态替换的项目资信增级方案，引导合作伙伴共担风险，为管道快速建成和持续、平稳多输气提供坚实财务保障。

3. 以管道运行全生命周期视角，建立30年平均管输费控制模型。

以管输费合理较低为目标导向，通过全生命周期分析，确定影响管输费的全要素。建立30年整体经营状况和效益预测、5年滚动规划、年度预算的体系，通过30年效益预测，完成管输费试算，以试算结果反推各参数控制目标。以五年规划为基础，年度预算目标为约束，优化调整管输费参数，明确控制手段和事项，并以此作为滚动规划和年度预算依据，实现对管输费全过程的控制。以预算模型、管输费模型和融资模型为基础，整合收入、投资、折旧、成本费用、融资、还款、预算、损益、现金流等财务指标，形成公司决策支持系统，通过数据分析，提前调整和操作项目投资、成本费用、存货采购、还

款计划及税收等目标，控制管输费保持在合理较低水平上，最大限度地降低中亚气引进成本。

4. 以集约化财务管理为手段，确保实现财务管理目标

中亚天然气管道AB/C线的运营管理涉及多个财务管理主体，中亚管道公司采取集约化管理手段，提高财务管理效率，降低财务管理成本。在预算管理方面，建立覆盖各预算主体、囊括全要素、贯穿全流程的全面预算管理体系。通过总部预算、所属公司预算、中方账预算管理，覆盖总部、合资公司、海外项目和驻外办事处全部预算主体；通过损益预算、投资预算和现金流预算，囊括全部预算要素；通过预算编制、批复、执行、控制、调整和考核的闭环预算管理，贯穿全部预算流程。在年度预算执行过程中，打破层级管理，采用预算一体化管理，强化预算的跟踪和控制。在资金管理方面，不仅对中方资金按照集团公司规定实行收支两条线管理，对合资公司的资金也采取集中管理，一方面通过融资集中，优化资金使用，强化中方控制；另一方面通过融资协议，利用银行相关规定，监管合资公司的资金使用，实现预期财务目标。在财务账监管方面，中亚管道公司在总部设立会计共享中心，对完工、在建及筹建的输气管道实施统一核算，实现中亚管道公司总部对会计信息的集中监控。此外，中亚管道公司还对各段管道的税务以及保险进行统筹集中管理，争取税务优惠，积极应对风险，有效控制保险成本。

（六）实施“一体、双线、三结合”绩效管理，提升跨多国管道运营效率

1. 秉承绩效目标一体化，确保互利共赢

中亚管道公司秉持“国际化运作”管理理念，遵循“确保中方核心利益、关注对方重大关切”基本原则，制定“中方项目部的奋斗目标”和“合资公司的底线目标”的差别化绩效目标。绩效目标一体化即按照求大同存小异的原则，在中方项目绩效目标的辅助下，努力推进中外双方一致的合资公司绩效目标，从而实现中外方目标的一体化、共同发展。合资公司的底线目标与中方项目部的奋斗目标，两个绩效目标结构一样，要求不同。双方协商确定合资公司绩效目标，是统一的绩效目标，对中外方人员均适用，中亚管道公司将此目标视作底线目标，同时对中方人员设定一个更高要求的目标，即中方人员的奋斗目标，推进合资公司统一目标的实现。

2. 明确绩效考核双线路，实现绩效目标中外方分解落实

中方KPI的制定以奋斗目标为基准，集团公司将KPI下达给中亚管道公司，中亚管道公司再将KPI下达给各境外项目部，项目部再将KPI分解到内部，成为员工的PPAD。同样，双方股东协商制定合资公司的KPI，合资公司相关部门结合实际情况分解KPI，形成合资公司里每个员工的KPI，即合资公司员工PPAD。这就是中亚管道公司绩效管理的双线路。

3. 保障全面协调，落实绩效考核三结合

中亚管道公司绩效管理三结合是指面、线、点有机结合，“面”是指公司与集团公司签订的绩效合同，“线”是指公司与海外项目和合资公司签订的绩效合同以及总部总经理与公司管理层签订的管理目标责任书，“点”是指员工的PPAD。基于此，中亚管道公司创建全方面、全过程的绩效管理体系。中亚管道公司战略发展目标通过KPI、MBO和PPAD三个绩效管理工具落实到公司各业务单元、岗位和员工个人，形成目标一致、横向到边、纵向到底的全方位覆盖体系。中亚管道公司的KPI组成分为两个层次：一个是公司层级的KPI，由集团公司制定下达；另一个是中方项目部KPI与合资公司KPI，适用于公司境外项目部。KPI的制定实现绩效管理“面”“线”协调。为保障KPI的顺利实现，对各线路落实MBO。中亚管道公司与总部管理层面负责人签订年度管理目标责任书，将自身的绩效管理与年度目标紧密相连，确保公司各阶段总体经营发展目标的实现。KPI的全面落实需要全员参与，为此引入绩效计划、考核和发展体系（PPDA），确保绩效管理“点”的全员参与，覆盖公司总部员工、合资公司员工和境外项目部员工。在PPAD绩效考核的循环中，上下级持续沟通，帮助员工改进绩效、识别长处、提高技能。

三、"一带一路"区域跨多国大型天然气管道运营管理效果

（一）保证跨多国大型天然气管道安全平稳运行，实现多方利益共赢

以"一体化"为目标的跨多国管道运营管理，有效保证管道安全平稳运行，实现资源国、过境国和消费国利益共赢。一是圆满完成我国能源战略目标。中亚天然气管道投运以来，截至2016年6月30日，实现连续安全运行2405天的记录，未发生重大质量、安全、环保事故，HSE业绩位列同行业国际先进水平；累计输气1555亿方，转供国内1488亿方，管道年输量占到国内年消费总量的15%以上，进口总量的50%以上，大大缓解我国天然气供不应求的紧张局面，尤其在冬季用气高峰期发挥重要保供作用。二是帮助中亚资源国实现出口多元化战略，天然气价值实现获得可靠保障。中亚天然气管道年输量超过300亿方，占到土库曼斯坦总出口量的70%以上。按照70—80美元/桶油价下资源国边境交货价格计算，每年为中亚国家带来的天然气贸易额达60亿美元，是土库曼国民经济收入的最重要来源。三是为过境国带来巨大的经济利益。中亚天然气管道运营给管道过境国带来上千个长期稳定的就业机会，30年运营期将累计向过境国缴纳税费近百亿美元。四是管输企业实现良好的经济效益。中亚天然气管道投产运营以来，截至2016年6月30日，中乌、中哈两个合资公司已累计实现管输收入93.16亿美元，实现部分提前还款和中乌合资公司股东分红。

（二）实现管道高效低成本输气，为降低国内中亚气消费成本做出重要贡献

"管输费合理较低"的财务管控目标基本实现。中亚管道公司在控制投资总额的基础上，实现实际运营管输费较项目可行性研究降低10%左右。在运营管理过程中，通过持续优化运行管理，连续降低自耗气成本和其他生产运行成本；强化财务预算管理，严控管理成本和费用；利用考核激励政策，明确全过程成本费用控制考核导向，推动公司经营管理目标的实现。中亚管道公司实施的跨多国管道运营管理成功消化因国内市场疲弱、管道负荷率不高形成的管输费增长压力。2010—2016年保持管输费基本平稳，累计节约进口天然气成本超过13亿美元。按30年周期测算，管输费共降低53.82亿美元，为降低国内中亚气消费成本做出重要贡献。

（三）形成跨多国大型天然气管道运营管理模式，可供其他跨国合作项目运营管理借鉴

经过7年实践，中亚管道公司围绕跨多国天然气管道协调运营目标，突出中方引领，在管道运行参与各方的动态博弈中，兼顾各方利益，以"四国多方协调运营机制"为平台，整合管理要素，构建"激励相容"的制度安排，以管道一体化运行为核心，统一制度和标准，通过实施多层级多维度的安全风险管理，战略引领下的集约化财务管理，"一体、双线、三结合"的绩效管理和兼收并蓄的合资公司跨文化管理，实现中外方目标一致，形成合力，保障跨多国管道安全平稳高效运行。当前"一带一路"倡议的实施需要更多中国企业在国家战略指导下，以具体的项目合作做支撑，将中国和相关国家的经济、产业结构互补转化为互利共赢的共同利益。中亚天然气管道跨多国运营管理经验的初步总结，对中资企业推动"一带一路"基础设施互联互通项目具有重要的借鉴意义。

（成果创造人：孟繁春、孟向东、张少峰、金庆国、张　鹏、钟　凡、
李　琳、冯　丹、史云涛、李　平、赵　罡、宗　红）

纺织企业适应国际标准的产品生态安全管理

山东南山纺织服饰有限公司

山东南山纺织服饰有限公司（以下简称南山纺织）于2007年注册成立，注册资本3725.5万美元，员工8000余人。南山纺织是中国毛纺织行业的领先企业，主营业务为毛精纺呢绒面料和高档服装，年产高档精纺呢绒3000万米、高档西服500万套，是全球规模最大的精纺紧密纺面料生产基地，国内最具现代化的高档西服生产基地。南山纺织致力于打造全球最完善的纺织服装产业链，目前已形成从羊毛原料到毛条、染色、纺纱、织造、后整理、成品面料再到高档服装的完整的产品研发、生产与服务体系。南山纺织大力推行国际化发展战略，精纺面料与高级成衣远销全球几十个国家和地区，与众多国际著名服装品牌及国内高档、中高档服装品牌建立良好和稳定的合作关系。

一、纺织企业适应国际标准的产品生态安全管理背景

（一）保障消费者安全，履行企业社会责任的要求

近年来我国在食品安全领域连续发生一系列重大安全事件，包括纺织品在内的消费品安全问题被提升到前所未有的高度。近年来，欧盟非食用消费品快速通报系统（RAPEX）通报的产自中国的不合格产品逐年增加，其中，纺织品服装类占中国被通报总量的20%左右，经常与玩具类排在前两位，致死、致伤害、重金属超标、偶氮染料和甲醛、pH值等生态安全指标超标成为重要原因。这给南山纺织敲响警钟：中国的纺织品生态安全面临严峻的形势，无视消费者安全就会被市场淘汰，安全领域无小事。保证纺织品无害于环境和消费者的健康，不仅是消费者的基本要求，更是生产者的社会责任。纺织品生态安全是最高级别的企业信誉和最重要的产品质量，把该体系建立起来并实施好，是南山纺织义不容辞的社会责任。

（二）适应国际标准和法规，突破技术性贸易壁垒的需要

随着全球经济一体化进程的加快和全球纺织品贸易自由化的实现，技术性贸易标准已经取代传统的贸易壁垒而成为目前纺织品国际贸易中新的规则，如欧共体第76/769/EEC号指令、美国的《消费品安全改进法令》、日本纤维产业联盟自律标准、欧盟REACH法规，大大增加中国纺织品出口的风险，同时提高化学品的价格，增加行业成本。在以上法规颁布实施的同时，欧、美、日等各主要发达国家和地区针对纺织品生态安全出台相应的准入标准。为保持和开拓新的国际市场，南山纺织的产品就必须适应这些市场对纺织品的生态安全标准和相应的法律法规，通过强化自身的管理创新等手段来突破这些技术性贸易壁垒，获得相应的市场通行证。面对贸易行技术标准，南山纺织不回避、不后退，唯有积极面对、快速适应才是切实有效的做法。

（三）推进企业发展战略，提升综合竞争力的需求

南山纺织正在稳步推行走出去的国际化发展战略，原来只重视追求出口创汇额而没有对技术进步和管理创新足够重视，普通纺织品技术含量低、附加值低，已经失去竞争力；随着近年来越南等东南亚发展中国家纺织业的不断发展，南山纺织在土地、劳动力等生产要素方面的比较优势正在逐步丧失，原有的价格优势荡然无存。与此同时，随着企业外贸市场的不断扩大，南山纺织的产品在国际市场上面临的贸易摩擦风险在不断加大，企业的经营环境发生很大变化。在这些不利因素面前，南山纺织在走出去的过程中必须要面对问题，面对挑战，创建自身的品牌形象，在国际市场上形成自身的核心竞争力。

二、纺织企业适应国际标准的产品生态安全管理内涵和主要做法

2007年以来，南山纺织以“适应国际标准”为目标，以“全产业链、全过程控制”为管理理念，以“责任追究制”为监督，通过融合重要国际市场纺织品生态安全标准，与上下游产业链企业在标准领域达成共识和互信，通过全产业链控制和清洁生产，生产出符合国际市场需求的生态纺织品并通过相关认证，最大程度地降低产品生态安全风险，满足消费者安全需求；同时，建立突发生态安全贸易摩擦应急处置机制和责任追究制度，实现纺织企业全产业链责任共担、风险共担、协同进步、互利共赢的良性发展模式。主要做法如下：

（一）明确体系建设的思路和内容，建立健全组织与制度

1. 确立管理体系建立的思路和实施路径

南山纺织分三条路径进行适应国际标准的产品生态安全管理。第一条路径是畅通纺织品国际生态安全标准的逆向传递，即南山纺织接收到下游客户标准或国际市场标准后，通过分析整合形成自己的系列产品标准和原材料标准，并把该系列标准传递至上游供应商，通过标准优化供应商，全部供应商均以南山纺织的标准为原材料标准，使南山纺织的全产业链执行统一的、目标一致的国际标准；第二条路径是控制供应链生态原材料的全产业链清洁流通和纺织品的全过程清洁生产，制造出生态纺织品并通过国际认证，即供应商以南山纺织的生态安全标准制造出原材料，清洁流通至南山纺织，南山纺织经过全过程的清洁生产制造出符合市场标准的生态纺织品，并通过重要市场的国际认证，再经清洁流通至南山纺织的国内外客户，使南山纺织的产品自原材料至半成品至成品至客户始终处于生态清洁的环境中；第三条路径是建立全产业链的产品生态安全责任追究制度，即南山纺织通过建立纺织品物质信息档案追溯系统和突发生态安全贸易摩擦应急处置机制，一旦发生产品生态安全事件，能迅速查明原因、追究相关方责任，并快速有效整改，确保消费者安全。

2. 确定体系内容框架

南山纺织建立的管理体系分为三大模块，即标准体系、全流程控制体系以及应急处置体系。

标准体系即产品的生态安全标准体系，是通过评估出口纺织品存在生态安全风险的主要海外市场，确定要达到的国际市场纺织品生态安全标准，进而通过分析整合这些国际标准，建立企业自身的产品标准和原材料入厂标准，并把入厂原料标准要求准确无误地传递至上游供应链企业，使全产业链执行统一的、目标一致的国际标准。

全流程控制体系即纺织品在生产和流通各环节的全过程生态安全控制，包括以国际标准对上游加强原材料生态安全控制，确保入厂原材料的生态安全性能；在产品开发和生产环节实施生态设计、清洁生产、检验检测等管理，强化全过程管控；以国际标准推进纺织品生态安全国际认证，获取主要海外市场的通行证；向下游客户提供符合国际标准的生态纺织品，与客户建立互信机制，实现多方共赢。

应急处置体系即通过采取建立厂纺织品物质档案和信息化追溯平台等措施，建立涉及纺织品生态安全的贸易摩擦突发事件应急处置机制，最大程度地降低贸易风险，保障一旦出现重大贸易摩擦，南山纺织能迅速落实情况，查明原因，追究责任，并尽快整改完善，保障消费安全。

3. 建立健全组织和制度

南山纺织的纺织品生态安全管理由总经理直接领导，成立专门的纺织品生态安全管理部，对总经理负责，其职责是负责涉及纺织品生态安全的全部事务的综合管理和协调工作，并负责处置纺织品生态安全突发事件。纺织品生态安全管理部涵盖公司现有的对外贸易部、技术与标准化部、供应部、清洁生产管理部、检测中心、客户服务部、信息化管理部、财务部和人力资源部等部门，这些部门负责向纺织品生态安全管理部提供市场、信息、标准、技术、测试、资金、人才等关键要素支持。其具体职责为：对

外贸易部、客户服务部负责与下游市场和客户联系，接收来自市场对产品的标准和要求，并向客户提供个性化服务；技术与标准化部负责解读市场标准、制定企业标准和原料入厂标准，并向生产车间提出注意事项；供应部负责与上游供应商联系，传递原材料标准并购进生态原材料；清洁生产部负责企业内部全流程的清洁生产管理，确保最终产品的环保性；检测中心负责原料、半成品、成品的生态安全性能检测和评价；信息化管理部负责建立并运行纺织品物质信息档案系统，确保产品生态安全可追溯；财务部和人力资源部提供资金和人才支持。

南山纺织同时制定一系列的规章制度，如《南山纺织生态安全管理体系运行制度》《南山纺织外贸市场销售管理流程》《南山纺织标准化管理办法》《南山纺织原料采购管理办法》《原材料入厂检测流程》《南山纺织染整厂清洁生产实施方案》《纺织品物质信息档案形成与查询管理办法》等。这些制度的作用在于进一步明确管理流程、各部门之间的分工、部门内部的职责，确保体系正常运转。

（二）融合国际标准建立企业标准，为产品生态安全管理提供准绳

1. 评估出口纺织品存在生态安全风险的主要目标市场

南山纺织的海外市场遍布全球各地。近年来，根据市场调研和客户反映，来自欧盟各国、美国、加拿大、日本等海外客户对纺织品生态安全的标准要求越来越严格，且这些国家和地区还在不断出台新的纺织品贸易法规，对南山纺织的对外贸易构成严重威胁。

2. 确定要达到的国际市场纺织品生态安全标准

在上述国家和地区的市场上，与纺织品生态安全有关的标准和法规主要是欧盟的 REACH 法规、全球生态纺织品标准（Oeko－tex Standard 100）、全球有机纺织品标准（Global Organic Textile Standard）、日本纤维产业联盟不使用特定偶氮染料行业自律标准以及一些大客户自己制定的相关标准等，涉及的纺织品生态安全指标涵盖甲醛、pH 值、重金属、有机氯载体、酚类、APEO、PFOS、可释放芳香胺染料、各类色牢度等。这些国际标准既相对独立，又互有糅合、互有补充。南山纺织的产品适应某一个标准后，对适应另外几个标准也有益处。如面料符合日本纤维产业联盟的不含偶氮染料标准，也一定符合 Oeko－Tex Standard 100 中的不含 24 类可释放偶氮芳香胺的染料标准；反过来也是一样，符合 Oeko－Tex Standard 100 标准的面料，也一定会符合日本纤维产业联盟标准。

3. 融合国际标准制定企业标准

南山纺织参照这些标准以及我国的 GB18401 国家纺织产品基本安全技术规范等标准，经过认真分析整合，制定南山纺织的企业产品标准，以南山纺织的企业标准生产制造出的纺织产品能完全适应欧盟 REACH 法规、Oeko－Tex 全球生态纺织品标准、GOTS 全球有机纺织品标准、日本纤维产业联盟标准、重要客户标准以及我国标准。

同时，为使南山纺织的产品达到企业标准，符合国际市场要求，必须对上游的全部原材料进行同等程度的标准要求。南山纺织根据不同的原料类别拟定原材料进厂标准，即原材料生态安全标准，包括染料生态安全标准、化学品助剂生态安全标准、纤维生态安全标准、纱线生态安全标准、辅助材料生态安全标准五大类标准，分别传递至南山纺织的染料供应商、化学品供应商、纤维供应商、纱线供应商和各类辅助材料供应商。

（三）加强原材料生态安全控制，优化供应链管理

1. 排查南山纺织全部原辅材料和相应的供应商

南山纺织实行产业链运作模式，生产流程包括洗毛、制条、染色、纺纱、织造、后整理和成品检验等多个环节，这给控制纺织品的生态安全性能带来诸多不便，纺织品生态安全风险较大。为此，南山纺织纵向按照染料、助剂、纤维、纱线、辅材等进行分类，横向按照不同供应商进行汇总，摸清南山纺织的整体原辅材料使用情况和供应商情况。

2. 进行原辅材料安全评估和第三方测试

南山纺织根据REACH法规、Oeko－Tex Standard 100、GB18401等法规标准的最新版本，对所有原辅材料进行安全性能初评，充分了解上游化工产品的名称、化学分子式、结构式、理化性能、稳定性和反应性、毒理性、生态性、危害处理、排放和运输等资料，通过评估筛选出有安全风险的原辅材料送专业机构进行甲醛含量、重金属含量、偶氮染料、APEO、pH值等生态安全性能领域的测试。通过第三方测试全面掌握企业所用原辅材料的生态安全性能指标，对非环保原材料予以弃用。

3. 优选供应商，切断有害物质来源

南山纺织通过对全部原辅材料实行招标制，从企业资质、产品性能、安全性、环保性、生态性、价格、服务、社会责任状况等方面全面评价供应商，优选出可靠的合作伙伴，从源头上切断有害物质的来源，有效化解和降低南山纺织产品生态安全风险，为产品生态安全打下坚实基础。

4. 要求供应商提供全部化学品的准确的MSDS

向所有供应商索取每种化学品的MSDS是纺织品生产企业应对REACH的最直接方式，也是最基本、最重要的要素。南山纺织严肃评判供应商提供的MSDS的真实性和准确性，对于提供的MSDS不真实不准确的供应商，南山纺织要求其重新提供，也有权弃用该化学品并淘汰该供应商。

5. 向供应链传递南山纺织的原材料进厂标准

通过标准体系，南山纺织根据国际标准制定各类原材料生态安全标准，严格禁用可释放有毒芳香胺的偶氮染料、致癌染料、致敏染料，并对杀虫剂、邻苯二甲酸酯化合物、邻苯基苯酚、氯化有机载体、重金属含量、生物活性物质、阻燃剂、APEO等物质进行禁用或限用规定。在供应链管理的过程中，南山纺织将这些标准准确无误地传递至供应商手中，并对供应商进行培训和宣传，确保其正确理解这些标准。在对染料、助剂、纤维、纱线等原料进行招标时，也会要求供应商的产品必须达到这些标准。

（四）开展生态设计与清洁生产，强化生产过程的生态安全管理

1. 从纺织品全生命周期的视角进行产品生态设计

对南山纺织来说，从纺织品全生命周期的视角进行产品生态设计是进行产品生态安全管理的重要抓手，主要措施包括：一是逐步增加羊毛等天然纤维的使用比例，降低化学纤维的使用比例，毕竟天然纤维在纺织品生产、消费及回收降解等方面的生态安全性能是化学纤维不能比拟的；二是增加有色原液涤纶的使用在全部聚酯纤维中的比例，既避免染色环节带来的生态安全风险，又达到节能减排效果；三是设计开发具有特殊功能的纺织品，减少后续在服装制作和消费过程中的生态安全风险，如通过设计防水、防油、防污的三防面料，减少消费环节的接触洗涤剂等化学品进行洗涤的次数等；四是通过物理设计替代化学变化的方法进行某些功能性面料的开发，减少织物在后整理阶段接触化学品的机会，如利用织物组织结构、纱线结构的变化等物理方法实现面料的弹性，而不是使用弹性整理剂使织物具有弹性，避免在后整理过程中添加弹性整理剂。

2. 以多种管理手段保障纺织品全过程清洁生产

一是实行原料使用审查批准制。南山纺织按相关国际标准要求和第三方检测结果，建立“合格原料使用控制清单”，该清单经总经理签字批准后，下发到供应部、各生产部、物流部等部门。原料使用前经过工艺主管进行审批，并进行相关的生产记录。二是做好生产线清洁管理。在生产前，各生产工序对制造生态纺织品的机台按工序设备清洁标准进行彻底清洁，由各工序质检员对清洁情况进行检查，并做好《设备清洁检查记录》，经检查合格后，方可上机生产。生产前，对生产机台周围应采取相关的隔离和防护措施，避免生态产品在生产过程中发生污染或与不同生态标准的产品发生混合，生产过程按《生态纺织品生产过程控制标准》和工序操作规程执行。三是强化产品生态安全标识与防护。南山纺织根据各类国际标准要求，制定《纺织品生态安全防护作业标准》，从原料进厂直到交付客户前，全过程按照国际标准的要求进行标准化的加工、使用、贮存管理。各类原材料从进厂开始，按各自生产产品的不同标准，进行差别化的管控；原料领用必须标明产品适用的标准；不同产品不在同一生产线进行生产；从原料进厂至成品交付，原料、半成品、成品全过程均有明确的标识，标明产品适用的国际标准及防护要求等相关信息，防止生产过程中误用及混用。四是做好存储物流过程中的清洁管理。生态纺织品的原料、成品均在专用存储区域进行存储。存储区域的生态纺织品挂相应的“生态纺织品”标识，以与其他不同标准的生态纺织品区别。存储后，对生态纺织品采用严格的防护措施以确保不受污染。存储仓库区内设不合格品存放区，与合格品分开存放。物流过程中，无论是原料进厂还是产品出厂，对于有外包装的产品，外包装必须完整无破损，内包装则必须有隔衬予以防护；对于用专用器具盛装的产品，要求器具具有防撞和防磕碰功能；对拆包、搬运、投送以及作业人员制品防护也均有相关管理要求。

3. 以生产线高度自动化降低外部和人为因素污染

为最大程度降低来自外部和人为因素对纺织品造成的污染，南山纺织充分利用自身国家级两化深度融合示范企业的优势，以先进的信息技术为基础，大幅度提升企业的自动化水平。在染色车间，南山纺织在原有的两条德国第斯自动化染色生产线的基础上，斥巨资引入18台套世界一流的意大利比利尼全自动染色生产线，同时引入意大利拉沃自动配化料输送系统和高精度机器人小样机，对染料、助剂等进行自动取料、自动配料、自动输送，染色全过程几乎没有任何人工操作，这不仅仅使用工减少70%以上，而且大大保证染色过程中产品的生态安全性，染色过程涉及的各类原料、染料、化学品占南山纺织产品生产全过程的75%以上，是生态安全管理环节的重中之重。

4. 把好产品出厂检验关

为确保流通至下游客户和市场的纺织品的生态安全，南山纺织在做好内部环节各原料、半成品生态安全质量控制的同时，努力做好产品最后出厂环节的生态安全质量把关。客户需要提供检测报告的，南山纺织积极按照其要求，按规定比例进行抽样，并交由相关第三方进行检测；客户不需要检测报告，但需要国际标准认证证书的，南山纺织会提供相关认证证书，且进行一定比例产品的内部抽样检测，确保产品符合相关市场国际标准；客户不需要检测报告也不需要认证证书的，南山纺织也会进行一定比例的内部抽样检测，确保产品符合客户标准。通过外部第三方测试和内部测试，南山纺织确保流通到客户和市场上的产品均是合格产品。

（五）与重要客户建立互信，实现合作共赢

1. 做好纺织品物质安全信息传递工作

在纺织品对外贸易中，根据客户需要向其出具证书和检测报告固然重要，但面料的物质信息传递同样非常重要。很多时候，基于相互信任，客户不需要南山纺织提供认证证书或检测报告，但需要向其提供详细的物质信息清单，即面料使用了哪些种类的染料、助剂、纤维等，用量是多少，供应商是否有资质，各类化学品的MSDS等，这些信息对客户是至关重要的，是欧盟国家的普遍做法，是客户必须履行的。因此，南山纺织必须有能力向客户提供准确的面料物质信息，以便于迅速向客户传递这种信息。

对此，南山纺织积极向下游客户提供面料的各类物质安全信息。不同的客户会根据自身的实际提出不同的要求，如要求提供给他们生产面料中所用化学品的全英文MSDS、要求确认面料不含SVHC物质（Substances of Very High Concern，REACH法规中的高度关注物质）、要求确认不含有毒染料、要求提供南山纺织确保纺织品安全所采取的有效措施等，面对客户群提出的这一系列问题，南山纺织均会积极给予满意的答复，这样做一方面可以确保南山纺织产品出口到欧盟等地畅通无阻，另一方面又可以提升南山纺织形象，使客户对南山纺织的纺织产品有信心，争取到更多的订单和客户，社会效益巨大。

2. 建立重点客户互信机制，实现合作共赢

在与部分上游供应商建立合作共赢的同时，南山纺织与下游的重点客户也建立战略互信，南山纺织主动向客户保障产品的生态安全，同时努力寻求与各主要大客户建立互信机制，以实现合作共赢，主要措施包括但不限于互通生态安全标准信息、协同产品研发、共同确定具有公信力的第三方、向客户提供个性定制服务、签署长期的战略合作协议等。南山纺织通过与上游供应商和下游客户进行全产业链的合作，在纺织品生态安全领域实现互信，大大降低管理成本，实现全产业链的合作共赢。产业链互信是进行纺织品生态安全管理和实现纺织品生态安全的重要基础。

（六）做好产品生态安全管理体系实施的基础保障工作

1. 推进纺织品生态安全国际认证，获取重要市场通行证

南山纺织努力推进企业的毛精纺产品通过国际公认的生态安全认证工作，从根本上确保南山纺织面料产品的生态、环保和安全性能。南山纺织 2009 年通过以 Oeko－Tex Standard 100 为标准的全球生态纺织品认证，至 2015 年，已连续 7 年通过续期认证；2011 年在中国毛纺织行业第一家通过 GOTS 全球有机纺织品认证；2012 年在全国首批通过中国纺织工业联合会白名单（日本市场免检）资质认证，至 2015 年，已连续 4 年通过续期认证。这些证书是南山纺织产品符合各类国际生态安全标准的证明，代表南山纺织在该领域的绝对实力。有这些敲门砖和准入证，南山纺织的纺织品在进入欧盟各国、美国、日本等对纺织品生态安全要求比较严格的国际市场时，能够畅通无阻甚至免于检测。

2. 建立出厂纺织品物质档案和信息化追溯平台

为确保南山纺织制造的每一匹面料都具备物质安全可追溯性，南山纺织充分利用先进的信息技术，在 ERP 系统中创建纺织品物质档案查询服务平台。纺织品的物质档案包含面料在生产加工过程中的每一个环节所用到的原料和染化料产品名称、用量和供应商等信息。一旦下游客户反馈出现面料安全问题，南山纺织可以快速地查询其物质档案并能够准备定位其问题所在。纺织品物质档案的建立能使客户和消费者更放心地销售和使用南山纺织产品，南山纺织销售出的每一匹面料其物质信息和生态安全都具有可追溯性。

3. 建立纺织品生态安全贸易摩擦事件应急处置机制

一是成立纺织品生态安全贸易摩擦事件应急处置小组。南山纺织专门成立纺织品生态安全事件应急处置小组，由总经理任组长。小组所有成员均有明确分工，确保在遇到突发纺织品生态安全事件时，能迅速反馈信息、查明事实真相、给客户满意答复，并追究责任，最大程度维护南山纺织的品牌信誉和权益，减少损失。二是开展内部培训，提升一般应对和应急处置能力。南山纺织及时把取得的阶段性管理成果和纺织品生态安全最新市场趋势向技术部门和业务部门进行通报和培训，让更多的业务骨干了解学习纺织品生态安全标准、了解南山纺织应对和解决涉及纺织品生态安全贸易摩擦的程序和方案，在直接面对欧盟客户时多一份从容和底气。

三、纺织企业适应国际标准的产品生态安全管理效果

（一）建成适应国际标准的纺织品生态安全管理体系，保障企业国际化战略的实施

通过实施适应国际标准的产品生态安全管理，南山纺织整合、优化、吸收、适应主要发达国家市场的纺织品生态安全标准，建成自身的纺织品生态安全标准体系，并使这些标准得到高效的执行。南山纺织产品的生态安全性能能满足欧盟 REACH 法规、Oeko－tex Standard100 全球生态纺织品标准、GOTS 全球有机纺织品标准、日本纤维产业联盟标准、我国的 GB18401 国家纺织产品基本安全技术规范等标准和法律法规，南山纺织的产品能满足对纺织品生态安全有较严格要求的主要国际市场的需求。同时也能满足非洲、东南亚、中东、俄罗斯以及中国国内市场的要求。适应国际标准，尤其是适应最严格的欧美关于纺织品生态安全的标准，南山纺织的国际化发展战略走得更加成熟稳

健。2007年年底，南山纺织在伦敦证券交易所上市，成为中国第一家在伦敦上市的纺织服装企业；2008年以来，南山纺织继在上海、北京成立办事处后，2009年又在意大利米兰、美国纽约建立产品研发中心和营销公司，大大扩展南山纺织的产品在欧洲、北美的市场；2011年以后，南山纺织继续大部扩展海外市场尤其是东亚和东南亚市场，相继在日本东京、新加坡等地设立研发中心、信息中心、分公司等机构，这些机构向南山纺织源源不断提供最新的时尚信息和产品设计方案；同时，近年来，纺织原料价格大幅波动给中国纺织企业带来巨大压力，2013年以来，南山纺织参照国际原料标准，在澳大利亚取得多个天然牧场的经营权，向南山纺织提供符合国际标准的高档美利奴羊毛原料，为纺织品生态安全提供源头保障。

（二）带动企业和全产业链竞争力提升，扩大产品市场占有率

通过实施适应国际标准的产品生态安全管理，整合上游供应链，与上下游供应链核心企业建立互利共赢的合作关系，在上下游企业之间实行统一的、目标一致的原材料、半成品和成品生态安全标准，在南山纺织内部实施生态设计和全过程清洁生产管理，实现纺织品生态安全的全产业链、全过程控制，实现全产业链的协同创新、互利共赢、风险共担，不仅大幅提升南山纺织自身的竞争力，而且也大大提升与南山纺织相关的全产业链企业的竞争力。截至2015年年底，南山纺织的海外销售额已从2008—2009年低谷时期的几千万美元稳步提升至数亿美元；南山纺织的国际市场客户满意度从90%提升至98%以上，客户忠诚度从70%提升至83%以上。

（三）取得良好的经济、社会效益

2010年以来，南山纺织为有REACH法规安全要求、Oeko－tex standard 100生态安全标准、GOTS有机纺织品安全标准及其他各类安全要求的海外客户提供支持和解决方案数百次，该体系保证南山纺织出口到欧、美、日等海外市场的毛精纺呢绒产品近4800万米，价值超过40亿元，均顺利进入外国市场，从未发生因纺织品生态安全问题等被欧盟非食用消费品快速通报系统（RAPEX）通报或被召回的事件。6年来，公司因实施该管理而避免许多订单损失，同时又新增大量的客户和订单，由此新增的客户超过150家，绝大部分为欧、美、日客户，新老客户新增呢绒订单1270万米，同时避免订单损失496万米，总计增加1766万米呢绒的利润，利润额为43399万元。其中2015年新增订单320万米，避免的订单损失96万米，总计416万米，利润10608万元。

（成果创造人：曹贻儒、李世朋、赵　亮、刘刚中、潘　峰、孙友谊、邢富生、张国生、栾文辉、姚锡波、朱明广、王政委）

地方建筑工程企业实现渐进式升级的差异化跨国经营

中鼎国际建设集团有限责任公司

中鼎国际建设集团有限责任公司（以下简称中鼎国际）隶属于江西省能源集团，成立于2011年，企业注册资本4亿元，是一家拥有多年国际工程承包及海外矿产资源开发经验，集矿山建设、建筑施工、房地产开发于一体的综合性跨国经营集团。业务分布在非洲、亚洲、南美洲的14个国家和国内20个省65个城市，共拥有在建在营项目209个，其中海外项目36个。截至2015年年底，公司总资产49.6亿元，实现销售收入47.9亿元，其中海外业务收入12.92亿元，利润1.18亿元。

一、地方建筑工程企业实现渐进式升级的差异化跨国经营背景

（一）积极参与国际工程市场竞争的需要

从国际工程承包市场来看，随着世界经济和国际贸易的增长，国际工程承包市场不断扩大。虽然世界经济仅以每年2%—3%的速度增长，但基础建设投资却以每年5%—7%的速度增长，工程建设市场巨大。据美国《工程新闻记录》（ENR）预计，全球150个国家和地区的建设投资规模将保持5.1%的年均增长率。尤其是非洲、亚洲等发展中国家的基础设施建设落后，随着经济发展，基础设施市场需求旺盛，且市场进入的门槛较低，为中国工程承包企业提供广阔的市场空间。由于中国与亚洲、非洲国家长期的友好关系和外交渊源，使我国政府对亚洲、非洲国家的基础设施援助建设力度较大。这为长期耕耘在非洲、东南亚国家的中鼎国际提供了巨大的发展机遇。

（二）有力支撑江西省外向型经济发展的需要

萍乡矿业集团（以下简称萍矿）作为江西外经领先企业，得到省委省政府的重点扶持，要求通过推动外经企业的改革与发展，对全省外经企业形成示范作用，继而加快全省外经工作的发展。江西省商务厅等政府部门也多次发文，对省属国有企业实施“走出去”提出具体的要求和指导意见。中鼎国际有责任、有义务发展壮大海外业务，为江西省实施“走出去”战略、发展外向型经济提供强有力支撑。

（三）摆脱企业生存困境、拓展新的发展空间的需要

进入20世纪90年代，井下煤矿已开采近百年的萍矿，煤炭资源迅速枯竭，矿井生产能力急剧下降，导致人员大量富余，17万职工及家属面临生存困境。为扭转企业严重亏损、人员大量冗余的困难局面，萍矿开始探索从“地下走向地面，从国内走向国外”的海外发展之路。1990年7月，萍矿成为全国第一家到海外承包工程的煤炭企业。2006年12月，为整合优势资质资源，大力发展跨国经营业务，响应省政府号召，萍矿将旗下国外工程公司、建筑安装公司、房地产开发公司、矿山建设公司、煤炭综合利用设计院进行整合，组建中鼎国际工程有限责任公司，实现由较为单纯的承包工程、劳务输出向以资本、技术、管理输出为主，承包工程、对外投资、劳务输出和进出口贸易并举的国际化转型，为萍矿摆脱发展困境、寻求新的发展空间做出新的更大的贡献。

二、地方建筑工程企业实现渐进式升级的差异化跨国经营内涵和主要做法

中鼎国际充分利用自身相对于大型央企和小型企业在技术定位和市场定位上的优势，在整合内部资源、壮大专业业务、构建垂直化管理体系形成全产业链一体化经营的基础上，采用渐进升级的方式，选择大型央企不愿做、小型企业做不了的低端国际市场，以国际市场的差异化定位实现“走出去”，通过诚信为基、项目为本、质量领先的品牌化运营实现“走进去”，以全方位融入驻在国、狠抓属地化管理、推动文化相融，实现“走上去”，基于有效的国际项目运营风险防控和危机响应机制实现安全健康“走

回来”，一步步由低到高、由弱到强、由小到大，实现企业跨国经营的渐进式升级。主要做法如下：

（一）谋划发展思路，明确渐进式升级的跨国经营策略

1. 制订发展原则和发展目标

中鼎国际在成立之初便客观审视企业与国内外、省内外建筑工程企业的差距，确立“立足本土、放眼全球、量力而行、逐步升级”的总体发展原则和目标。一是立足本土，全力做好国内现有煤矿矿井设计和建设、工程承包、房地产开发等项目，为中鼎国际拓展海外市场储备人才、积累业绩和经验。二是放眼全球，选择能够充分发挥比较优势的项目和国别市场进入。三是量力而行，不超出公司既有能力范围承揽工程项目或者实施投资，不盲目扩张规模。四是逐步升级，实现从海外工程分包到自主投资、设计、建造、运营海外项目的业务升级；从单纯的承包工程到实施海外矿产资源投资开发的角色升级；从中小型地方外经企业到国际知名跨国企业的地位升级。

2. 明确总体发展思路

中鼎国际的总体发展思路可以概括为：差异化发展，双轮驱动；“一头两翼三凤尾，内装一个发动机，前方后方齐努力，国内国外满天飞”。差异化发展指的是充分发挥中鼎国际井工开采煤炭、矿山建设、电力建设及海内外建筑工程承包的比较优势，以资源投资为重点、建工产业为基点，筑造中鼎国际品牌。双轮驱动指的是生产经营和资本经营两轮驱动，延伸产业链和价值链。“一头两翼三凤尾”指的是中鼎国际的产业发展格局：“一头”是以对外投资，尤其是海外资源投资为龙头。“两翼”是工程承包和房地产开发。“三凤尾”是工程设计咨询、进出口贸易和劳务输出。“内装一个发动机”指的是以改革改制激发内在动力和活力。“前方后方齐努力”指的是建设务实高效的总部服务支持系统，后方（总部）和前方（项目）齐心协力。“国内国外满天飞”指的是国内国外两个市场同步推进，协调发展。在市场层面要同时开发好国际、国内两个市场。在资源配置层面，一是要对内整合，将相关企业的资质、资格及人财物等各种生产要素优化整合，实现企业资质的升级和拓展，以增强企业的核心竞争力；二是对外联合，从以单个项目为主的联合发展到以资产为纽带，以项目为基础，以资质、资格为桥梁等各种形式的强强联合，实现跨国经营和跨越式发展。在文化层面，要通过跨文化整合，对内增强凝聚力、向心力，对外增强表现力、品牌力。

3. 制订渐进式升级的差异化跨国经营策略

根据总体发展规划和发展思路，中鼎国际确立“一体化资源整合、差异化走出去、属地化走进去、品牌化走上去”的国际化经营策略。“一体化资源整合”就是在萍矿的统一部署下，将萍矿集团内部的相关资质资源围绕中鼎国际进行重组整合，形成矿建、房建、市政建设、房地产开发、工程设计咨询五大主营业务板块，并相应具备对外工程承包、境外投资、劳务输出、对外设计咨询、对外援助等五项对外经济合作业务的实施资格，形成全产业链的国际业务经营格局。“差异化走出去”就是采取差别化竞争策略，选取最能发挥企业比较优势的竞争对手“不屑”或不能做的项目，采取差异化的方式成功切入目标市场。“品牌化走上去”就是要在国际化经营中树立“创业无奇，一言九鼎”的创业理念，充分发挥中鼎国际全产业链运营的竞争优势，低成本、高质量、高效率地完成项目建设。“属地化走进去”就是树立“诚信、创新、合作、分享”的国际化经营理念，走进驻在国、熟悉驻在国、融入驻在国、扎根驻在国，从投资合作、劳动用工、技术支持、社会责任、文化融合等多个层面开展属地化运营，通过项目实现企业与所在地的共同发展。

（二）推进资源整合和组织优化，形成全产业链一体化经营格局

1. 重组整合相关资源资质，构建多领域、全产业链的业务格局

2006 年 12 月，萍矿将旗下国外工程公司、建筑安装公司、房地产开发公司、矿山建设公司、煤炭综合利用设计院等进行重组整合，组建中鼎国际工程有限责任公司。2009 年 1 月，中鼎国际工程有限

责任公司与江西省矿山隧道建设总公司整合重组，组建成新中鼎国际工程有限责任公司。

整合后的中鼎国际形成矿建、房建、市政建设、房地产开发、工程设计咨询五大主营业务板块，在矿山建设和煤电一体化项目建设运营领域拥有绝对的行业领先地位和人力、技术、管理等方面的优势；同时，具备经国家商务部审核认定的对外承包工程、境外投资、劳务输出、对外设计咨询、对外援助等五项对外经济合作业务的实施资格，以及矿建总承包一级、房建总承包一级、市政总承包一级、房地产开发一级、煤矿和建筑设计双甲级资质等五项工程类资质，企业可开展的国际业务领域更加广泛，整体实力得到显著增强。

2. 以市场化剥离的方式孵化壮大专业业务，打造跨国经营的联合舰队

中鼎国际不断孵化剥离专业部门，由职能部门转变为分公司，再由分公司转变为自主经营、自负盈亏的子公司，使中鼎国际由一个单一企业逐步扩大为工程全产业链的集团型联合舰队。2010 年，中鼎国际剥离原建筑安装分公司的市政工程业务职能，成立市政工程分公司。同年，将原属公司总部的劳务部、物流贸易部剥离，成立江西鼎立国际经济技术合作有限公司和中鼎国际进出口有限公司。两家公司主要承担公司海外项目的设备、材料采购和劳务输出需求。2011 年，中鼎国际建设集团公司成立。2013 年，中鼎集团设立江西建筑工程有限责任公司、江西矿山隧道建设有限责任公司、江西市政工程有限责任公司三家子公司，与原中鼎国际工程有限责任公司建安分公司、矿建分公司、市政分公司平行运行，并正式以独立法人身份申请总承包资质。

3. 构建总部一境外机构的垂直化管理体系，有效支撑全产业链的跨国经营

2015 年，中鼎国际提出海外项目要走“产业链式运营”的道路。其优势在于各分（子）公司均位于工程业务链“微笑曲线”的某一环节，使得集团整体掌握价值链关键环节，使项目的盈利方式更加灵活主动。公司目前在建在营的工程类项目和投资类项目运营的核心业务和盈利环节基本不依赖外包，项目成本得到有效控制，盈利能力不断增强。为此，剥离原中鼎国际工程有限责任公司（各分公司）的海外业务管理职能，对各境外机构和项目实施总部一境外机构的垂直化管理。集团总部转型为海外项目“产业链式运营”的内部资源和生产要素统一配置中心，通过集团总部“一站式”的业务整合实现公司海外项目设计、采购、施工（劳务）、运营（销售）的全链条自主掌控和高效率运营服务。各分（子）公司作为自主经营的独立法人，对外市场化运作，做好本公司主营业务的拓展和运营管理，做大做强各专业业务；与此同时，集团公司按照产权关系对各分（子）公司实行统一协调，按照产业链条实行联合协同作战，以此提高项目运作效率，降低项目总体成本，实现集团整体经济效益最大化，从而提升公司整体竞争力。

（三）充分发挥比较优势开拓国际市场，实现差异化“走出去”

1. 以援外项目方式低成本进入目标市场

中鼎国际将援外项目作为低成本进入国际市场的主要手段之一，也就是通过援外项目这颗“种子”，在目标市场中“生根发芽”。目前，中鼎国际的博茨瓦纳、肯尼亚、埃塞俄比亚、柬埔寨等国际市场均是通过援外项目进入，在项目的实施过程中，境外机构与相关国家的政府部门建立良好的业务往来关系，为进一步拓展该国市场打下良好的基础。

2. 充分利用自身技术优势布局非洲、中东海外工程市场

从 1990 年中鼎国际以劳务分包方式进入阿尔及利亚建筑市场以来，公司积极寻找能够充分发挥自身技术优势的细分市场。依托在煤炭巷道建设方面丰富的经验和技术实力，以及煤巷施工与地下隧道施工基础技术原理和施工工艺上的互通，中鼎国际将主要精力和业务投放在阿尔及利亚城市地下管廊和城市排污系统建设市场。2006—2016 年的十一年间，中鼎国际先后承建阿尔及尔、君士坦丁堡、奥兰、西米迪加、西谢里夫、斯基克达等地区的二十多个城市地下管廊与排污系统项目，总合同额近 11 亿美

元，中鼎国际也因此成为阿尔及利亚地下管廊与排污系统建设行业的样板企业和技术标准制定者，并借此机会全面带动房建、基础设施建设等领域的承包业务拓展，确立以阿尔及利亚为主的对外工程承包基地，并辐射广泛的非洲、中东等国的工程承包市场。

3. 瞄准印尼井工煤矿开采市场空白，成功切入东南亚矿产资源开发市场

2009 年，中鼎国际瞄准印尼的井工煤炭开采市场。印尼的煤炭储量排名世界第四，且地表煤开采条件极佳，许多大型跨国煤炭企业均在印尼投资建设露天开采煤矿，但井工煤矿开采一直以来都是行业空白，而中鼎国际的核心技术领域正是井工煤矿的建设和运营。为此，中鼎国际创新性地采取“股权与矿权分离”的模式来投资建设印尼朋古鲁煤矿（以下简称明古鲁煤矿）。中鼎国际印尼公司与印尼合作伙伴合资成立公司，开发、建设和运营朋古鲁煤矿。合作方以朋古鲁煤矿权入股，负责收购并持有矿权，以及涉及项目运营的政府和社会相关事务的协调处理等；中鼎国际以项目固定资产和技术入股，负责制订项目运营的一体化解决方案，双方按照股权比例分配合资公司的营业收入。

（四）坚持诚信为基、质量为本，实现品牌化“走进去”

1. 坚持诚信第一，树立良好信誉

中鼎国际在发展合作关系中始终坚持将“诚信”作为第一原则，即使是在海外项目面临履约困难与企业利益发生重大矛盾时，也从不轻言放弃，在遇到非重大安全问题时，坚守契约底线，集全公司之力支持海外项目如期履约。在中东市场经历全球经济危机，泰国、尼泊尔等地经历政局动荡，中鼎国际都在克服巨大困难，甚至不惜承担大额亏损的情况下，坚持坚守，赢得合作伙伴的敬重，在所在国建立较高的信誉度。

2. 强化项目管理，以优质项目树立良好品牌形象

中鼎国际把做好、做精每一个项目作为基本原则，针对每个项目都进行“定制化＋标准化”的运营管理，始终把项目质量作为重中之重。获得海外工程鲁班奖的阿尔及利亚奥兰高等法院工程项目就是国内督导组、海外经理部、项目部三级协调管控成功实施的工程项目经典案例之一。公司针对在阿尔及利亚现有在建在营项目 30 多个、东西跨度达 1000 多公里的实际情况，将总部管控督导服务职能前移，由总部牵头设立常驻阿尔及利亚的项目管理质量督导组。在督导组的统一管理下，项目部根据阿尔及利亚当地情况积极开展科技创新，先后进行临建施工方案优化、电力系统方案优化、模板周转使用方案优化、混凝土施工方案优化等。由于策划合理，特别是项目推行科学化管理的措施，这些优化方案均取得良好效果。同时，在各项目内部实施体系化的标准管理。一是劳务分包管理，项目部进场后编制完成《奥兰高等法院项目管理办法》，成立以项目经理为组长的劳务队伍招投标小组，公开开标，经过招标小组评标，确定劳务队伍，及时与劳务队伍签订施工协议。二是成本管理。项目部根据奥兰高等法院项目施工特点，设置三级核算流程。通过作业成本法的实施，细化成本归集对象，明晰成本费用。三是物资设备管理。项目部严格按照管理制度进行现场材料的计划和领用，设备部门通过对分部分项工程施工设备的调研和优化，选择实用经济的设备。四是施工过程质量控制。针对奥兰高等法院项目施工特点，建立以项目经理为工程质量第一责任人的工程质量管理体系，质量管理组织机构采用定期和不定期相结合的方式开展质量检查工作。五是工程安全控制。以防止和减少安全生产事故发生为安全生产指导思想，多次组织救火演习、高空坠落演习等。六是文明施工。对临建工程进行详细规划和设计，将料场及施工区、生活及办公区等几大功能区相连，加大现场管理力度，为职工创造良好的施工和生活环境，得到业主和监理的一致好评。

3. 加强技术研发，确保极端条件下高质量完成项目

中鼎国际在海外项目施工过程中，经常遇到各种地质条件和自然环境极端恶劣的情况。面对这种情况，中鼎国际充分利用在国内积累的技术优势，尤其是地下工程方面的技术力量进行研发，提供相应的

解决方案，解决其他国家施工队伍难以解决的问题。例如，2007年，公司承建尼泊尔巴格马迪河上游的污水处理厂项目，需要建设一条过水隧道联通污水处理厂，该隧道的地质条件十分恶劣，外部为泥质层，内部为流沙层，含水量大，在隧道内的施工作业极易造成垮塌、冒顶，印度、韩国、日本等国建筑工程公司曾分别承接过该项目，但他们无一例外地在泥质层施工阶段败下阵来。中鼎国际从日本公司手中接手该项目，在施工顺利通过泥质层后，同样遇到流沙层因含水量过大造成垮塌的问题。对此，项目部采取从隧道上方（山体垂直向下）钻孔抽水，并在泥、沙、水混合地质层使用麦秆对隧道顶端进行支护的“土办法”，一方面抽取泥沙层的水分，另一方面，麦秆能对水进行过滤，能阻止流沙渗漏。隧道顺利贯通之时在尼泊尔当地造成巨大轰动，首相亲自为项目竣工剪彩。

（五）全方位融入驻在国，实现属地化“走进去”

1. 大力推进投资经营属地化

海外资源开发是最容易引起东道国相关方反感甚至引发冲突的领域。为此，在中鼎国际确立的海外投资经营“十二可”原则中提出“可信的伙伴”和“可续的情谊”两个原则。“可信的伙伴”，就是要拥有一个实力强而且可信赖的合作伙伴，这将大大降低投资的风险；“可续的情谊”就是好的口碑、形象才能延续情谊，投资才能可持续。比如，中鼎国际投资的马来西亚阿勃克煤矿项目、印尼朋古鲁煤矿项目都是与当地合作方共同投资建设和运营的。合作方负责与当地政府和社会各界沟通，保持良好的公关关系；中鼎国际发挥专业技术、专业设备、专业管理的优势，从而达成互利共赢。

2. 大力推进人力资源属地化

中鼎国际在海外工程项目建设运营中，优先聘用和培养驻地劳工及管理人员，大力推进人力资源属地化。在阿尔及利亚聘用当地员工近3000人，为其提供大量就业岗位，获得当地居民和社会组织的了解和信任。在印尼朋古鲁煤矿，中鼎国际聘用400多名当地员工，并组织采矿专业技能计划，全面提升他们的业务技能和综合素质，使他们从普通的当地居民成为熟练的煤矿工人。

3. 大力推进跨文化融合

中鼎国际十分注重与外籍员工的人文情感沟通和交流，尊重外籍员工的宗教信仰，例如在马来西亚、印度尼西亚、阿尔及利亚等地，项目部都在工区内为信奉伊斯兰教的当地员工建设小型清真寺供他们祷告。每年的宰牲节，都会邀请表现优秀的当地员工亲自为项目部宰牲。享受这种在当地具有一定社会地位和名望的人才能享有的权利，使得被邀请的当地员工倍感受尊重。每年的开斋节、新年等驻在国传统节日期间，项目部都会组织人员到被评为企业先进，或者家庭生活困难的当地员工家中进行走访慰问，令他们感受到人文关怀和温暖。这些点点滴滴的细节，不仅让当地员工更加认同中鼎国际，同时也让更多的驻在国家庭认识和了解中鼎国际。此外，自2011年开始，中鼎国际在全国首开先河，在驻在国员工和合作方中评选劳动模范和最佳合作伙伴，邀请他们到中国南昌总部接受表彰，并安排到北京、上海、广州等城市旅游观光。

（六）建立项目风险防范和处置机制，实现安全健康“走回来”

1. 建立“三个三”的日常风险防控体系

第一个“三”是确立三级风险甄别标准。中鼎国际按照风险类型，将海外风险划分为P类政治性风险、M类经营性风险、S类安全性风险三类；按照风险级别，将海外风险划分为Ⅰ级失防失控风险、Ⅱ级失防可控风险、Ⅲ级可防可控风险。第二个“三”是明确三级风控责任主体。中鼎国际根据不同类型的风险程度，确立风险防控的三级责任主体。其中，一级主体为公司风险防控领导小组，由总经理担任组长，财务总监、法务总监、人力资源总监担任副组长，其他高管和投资审查委员会成员担任组员。二级主体为集团总部各职能部门和公司经济技术咨询委员会，主要责任人为各部门负责人。三级主体为公司海外各分（子）公司、项目部，主要责任人为各境外机构负责人。一、二、三级风险防控责任主体分别负责公司PⅠ、MⅠ、SⅠ；PⅡ、MⅡ、SⅡ；PⅢ、MⅢ、SⅢ级别的风险评估、预测、防控工作，并接受上级风险防控责任主体的领导，逐级对上负责。第三个“三”是形成三步风险防控方法，即事前预防、事中管控、事后善后的风险防控步骤。在项目运作前期，利用各种市场资源和风险防控工具，如要求业主（政府）出具主权担保、投保出口信用保险、合同锁汇等，最大限度降低风险点。在险情发生时，总部风控领导小组根据不同的险情级别启动风险管控和处置预案，并对险情失控可能造成的损失进行评估。PⅠ、MⅠ、SⅠ险情的响应级别为“险情失控”，PⅡ、MⅡ、SⅡ险情的响应级别为“险情部分失控”，PⅢ、MⅢ、SⅢ险情的响应级别为“险情暂时可控”。通过处置预案，第一时间控制险情升级、预防险情失控、隔离风险点、防止引发系统性风险和次生风险。一旦险情发生，分析险情出现原因，疏堵其他风险点，防止系统性风险和次生风险。

2. 建立海外项目突发安全事件响应和处置机制

中鼎国际成立由总经理任组长、总工程师任副组长、相关部门事故应急专员任组员的事故应急救援领导小组，负责项目事故应急救援工作的统一指挥、组织协调和救援指导工作。在接到项目发生事故的报告后，中鼎国际事故应急救援领导小组随即转为应急救援指挥部。

按照突发事故灾难的可控性、严重程度、影响范围，公司将事故响应级别分为Ⅰ级响应、Ⅱ级响应、Ⅲ级响应。响应启动后，发生安全事故的境外机构同步启动公司风险管控应急处置预案和安全事故应急预案，结合救援指挥部的指示，实施自救，预防次生灾害的发生。中鼎国际总部行政与外事部门即刻向省外侨办报告灾情，准备好现场救援小组的签证资料，通过外侨办与事故发生国的驻华使领馆的应急工作机制，尽快获取救援小组成员的签证，救援小组抵达事故现场后，即刻接管项目应急救援的指挥权。公司总部高管团队、各部门、所属相关单位按照应急预案进入应急状态，为海外项目应急救援提供后勤和技术支持。进入应急状态后，所有单位安排24小时值班，直到应急状态解除。

（七）打造多元化的人才队伍，有效支撑跨国经营

1. 早期通过本土工人劳务输出解决用工问题

中鼎国际最早的国际工程项目用工是通过本土工人劳务输出的方式解决的。例如，阿尔及利亚工程承包市场大且进入门槛低，对劳务人员的学历、技能等要求也相对较低，因此公司组织安排大批萍矿下岗分流职工出国务工，满足公司在阿尔及利亚实施劳务分包业务的人力需求，为进一步拓展自主承包工程业务积累大量的技术和管理经验。随后，中鼎国际一直沿用本土工人劳务输出的方式，并且在工人来源等方面变得更为市场化、社会化。例如，2008年年底，输出到阿尔及利亚蒂巴扎省1800套住房项目的工人来源主要为四川广元、江苏南通籍劳工，从2006年开始，劳务输出人员数量快速增长。

2. 通过系统培训培养国际化人才队伍

2006年，中鼎国际成立伊始就提出“30名优秀项目经理、50名技术人员、100名技术工人”的“351人才工程计划”，并为此投入大量资金进行系统化培训。例如，2015年中鼎国际培训费投入较2014年增长24.4％，主要用于开展五方面培训：一是举行新员工培训活动；二是举办多期项目经理培训班；三是举办财务人员培训班；四是开展各类安全培训活动；五是举办出国人员培训班，重点对劳务人员就出国有关知识和认识，驻在国有关文化和习俗，岗位有关业务和技能进行针对性培训。其中，对项目经理的培训要求不只是技术好、会管理、能吃苦，更需要五个“能”：能做好一个项目、能带出一支队伍、能开拓一方市场、能营造一种文化、能打造一个品牌。

中鼎国际开展“把煤炭思维拿出来，把国际视野放进去”的“头脑风暴”活动，根据不同的岗位，投入重金对全体员工进行系统性的国际业务和外语培训，理论水平的提高和大量跨国经营实践操作的锤炼，使创始团队实现从专业型人才向国际化复合型人才的转型。公司还通过培训将海外一线员工培养成复合型的国际化人才。公司不强调员工的专业背景和学历层次，树立“杂家”优于“专家”、“实践”强

于“理论”的人才培养理念，根据海外一线员工的专业背景和岗位特征，将其分为商务类、管理类、技术类三类员工，实施“三归一”的人才培养模式，即：强化综合素质养成，将三类人员培养为“懂商务、会管理、精技术”的复合型人才。十年来，中鼎国际涌现出大量从财务、翻译、市场营销类岗位中成长起来的项目经理或境外机构负责人，公司获得英国皇家特许土木工程师学会资深会员资格的 4 人中，有 2 人是财务岗位出身，1 人是翻译出身；获得中国对外工程承包商会“优秀国际工程项目经理”的 11 人中，有 4 人是财务岗位出身，有 2 人是翻译岗位出身。

三、地方建筑工程企业实现渐进式升级的差异化跨国经营效果

（一）企业跨国经营能力全面提升，成功转型升级为跨国经营的企业集团

从 1990 年第一次走出国门分包工程以来，经过 16 年的海外艰苦创业，尤其是近 10 年的高速发展，中鼎国际的跨国经营能力得到全面提升，先后创造“全国煤炭系统第一家‘走出去’企业”“全国第一家在海外合作投资开发煤矿的企业”和“全世界第一家在印尼成功进行井工煤矿开采的企业”等多项第一，国际市场范围从非洲拓展到亚洲、非洲和南美洲地区，涵盖阿尔及利亚、博茨瓦纳、肯尼亚、乌干达、卢旺达、埃塞俄比亚、印度尼西亚、马来西亚、泰国、柬埔寨、尼泊尔、阿联酋、沙特阿拉伯、玻利维亚等十多个国家。

（二）企业实现快速发展，取得显著的经济效益

2006 年以来，中鼎国际实现跨越式发展，各项经济指标屡创新高。截至 2015 年 12 月，企业总资产是成立之初的 8.7 倍，营业收入是成立之初的 8.9 倍，产值是成立之初的 20.3 倍，利润是成立之初的 5.35 倍，员工人均年收入是成立之初的 3 倍。其中，海外营业收入从成立之初的 3.06 亿元，增长到 2015 年 12 月的 12.92 亿元，增长 4.2 倍。通过海外工程承包和矿产资源开发类项目，在江西省能源集团内部共安置因煤矿停产而下岗失业的煤炭行业从业人员 2000 多人，平均个人年收入 9 万多元，累计为 2000 多个家庭创造收入 1.8 亿元，为江西经济繁荣和社会稳定做出贡献。

（三）得到政府相关部门和东道国的高度肯定，树立良好的企业品牌形象

经过 20 多年的倾力打造，中鼎国际的跨国经营得到政府部门和东道国的高度肯定，品牌认知度和企业形象得到大幅提高。中鼎国际不仅走进一个国家、走进一个市场，还走上行业的高端。在主要市场阿尔及利亚享有极高声誉。近年来，50 多个国家的政府官员、驻华使节、合作伙伴、企业家代表来公司总部进行参观访问。

（成果创造人：胡立俭、金江涛、黄美丽、康小平、李妮雅、吴秉诚）

铁路局以国际园区为载体的物流转型发展

呼和浩特铁路局

呼和浩特铁路局（以下简称呼和局）成立于1958年，地处内蒙古自治区中西部，是连接我国西北、华北、东北物资运输和我国通往蒙古国、俄罗斯以及东欧的重要陆路通道。目前，呼和局管内有3条国铁干线，3条国铁支线，11条控股合资铁路，3条参股合资铁路，联络线10条，疏解线1条，总营业里程6646公里。配属机车590台、客车1605辆，新配属CRH5型动车6组。管辖单位56个（其中生产站段29个）、控股合资铁路公司9个，全局共有职工68959人。近年来，呼和局先后获得国家5A级物流企业资质、全国“五一劳动奖状”“全国安康杯竞赛优胜企业”“全国安全生产月活动优秀单位”“全国厂务公开民主管理先进单位”“全国实施卓越绩效模式先进企业”“全国模范劳动关系和谐企业”“全国企业文化建设示范单位”“全国用户满意企业”等荣誉称号。

一、铁路局以国际园区为载体的物流转型发展背景

（一）适应“一带一路”和区域经济发展的需要

内蒙古自治区区位优势明显，是“一带一路”向北和向西的必经之地。随着“一带一路”国家战略的实施，呼和浩特市被定位为草原丝路和中蒙俄经济走廊的桥头堡，呼和浩特市政府将沙良现代国际物流园确定为口岸物流核心基础设施。顺应呼和浩特市关于推进空间集聚，打造高效的产业发展空间，进一步实施开发区及工业物流园区的战略需要，依托其地理优势、产业优势、交通运输优势，沙良物流园力图打造物畅其流、快捷准时、经济合理、用户满意的社会化、专业化的现代物流网络。这对促进地区资源开发、降低整个地区的社会运输成本、提高企业效益、促进区域地方经济的发展，践行“一带一路”的国家战略，具有重要的现实意义。

（二）落实总公司货运改革战略部署的需要

铁路体制改革后，呼和局围绕提高物流效率、降低社会物流成本、建立现代物流体系的目标，积极探索铁路转型发展的新模式。2015年4月，中国铁路总公司在沈阳召开铁路现代物流建设现场会，提出力争用3年左右时间，努力将铁路发展成为国内领先、世界一流、最具市场竞争力的现代物流企业。呼和局提出“全品类开发、全流程服务、全方位经营、全过程管理”的物流发展要求，立足铁路运输优势和呼和浩特铁路局所处区位优势，积极探索转型发展的新路径。

（三）积极应对传统物流业务萎缩，加快向现代物流企业转型的需要

呼和局长期以来主要以煤炭运输为主，随着中国经济步入“新常态”，煤炭、钢铁等铁路传统大宗物流持续下行，导致全局货物发送量大幅下滑，2015年煤炭发运量减幅达33.1%。面对新常态，呼和局以建设现代国际物流园区为载体，确定“以白补黑、稳黑增白、以客补货”的思路，积极采取措施，努力增运补欠。为加快向现代物流企业转型，呼和局以原有的沙良货场为依托，着力建设沙良现代国际物流园区，打造现代化的物流服务体系，辐射呼和浩特市及周边工业园区，形成“一带一路”重要物流节点及货物集散地，从而增加铁路货物运量，加快铁路货运的改革和发展。

二、铁路局以国际园区为载体的物流转型发展内涵和主要做法

呼和局以连接铁路与港口、铁路与公路的物流园区为突破，将铁路干线运输网络向物流网络拓展，积极寻求向现代物流企业转型的新路径。以建设沙良现代物流园为载体，发挥其仓储优势，将铁路货场与物流中心合二为一，深度融合生产制造和产品销售企业的供应链，变货场为市场、变商流为物流，提

高社会物流效率。积极打造“沙良模式”，发挥“铁路港”的辐射效应，实现与其他铁路局的互联互通，形成紧密的直通直连条件，变“站到站”为“库到库”，再衔接短途汽运物流，进而变“站到站”为“门到门”。主要做法如下：

（一）建设沙良物流园

2014 年，内蒙古自治区和呼和浩特市政府提出要依托内蒙古联通俄蒙的区位优势，密切与京津冀及我国西北地区的合作，将呼和浩特市建成我国向北对外开放的前沿阵地和草原丝路支点城市。呼和局以“一带一路”战略为契机，全力争取各项政策支持，精心规划和布局，建设沙良物流园，提供全面的物流服务。

1. 全力争取政策支持

沙良物流园的选址、建设、配套等工程得到地方政府的大力支持。在沙良物流园区的设计与建设过程中，始终坚持将园区规划与政府城市规划衔接，将园区功能与城市整体功能配套。紧紧抓住呼市政府计划在城市绕城高速公路外围建设专业物流带的契机，在沙良建设综合物流园区作为一级分拨中心、市内呼和西货场作为二级分拨中心。呼和浩特市政府也把沙良物流园建设纳入到全市“两港、三区、两园、一带”的城市物流布局之中，在要件审批、土地征拆等方面给予巨大支持，沙良物流园是当年全路第一个获得国土资源部审批的“短平快”项目的物流园；呼市政府还主动出资修缮沙良物流园周边道路，使园区与 G6 京藏高速、呼朔高速、绕城高速等紧密相接。同时，建设呼和浩特市二环连通沙良物流园的 60 米宽快速通道，成立专门的沙良园区管理委员会支持园区发展。政府和社会的大力支持，确保沙良物流园的快速建成。

2. 准确实施园区定位

为将沙良物流园打造成规模化、现代化、国际化的货物集散平台，内蒙古向北开放的内陆交通枢纽，呼和局数次对沙良物流园区的发展定位、功能结构、空间布局、发展模式等进行深入研究，并结合呼和浩特市是草原丝绸之路和中蒙俄经济走廊桥头堡的区位优势，把沙良物流园功能定位为：对内为我国华北地区的区域分拨中心，对外为内蒙古自治区重要的国际物流商贸节点。同时，将原呼和西货场划归沙良物流园，作为呼和浩特市的二级分拨中心。沙良物流园区建设基点，由原来呼和浩特市的物流“基地”，逐步升级为内蒙古西部地区的物流“航母”，并规划为内蒙古走向亚欧大市场的先头“旗舰”。

3. 精心优化园区布局

园区布局注重功能配套，规划有铁路港、公路港、仓储港、信息港和生活服务中心。铁路港设计有 4 条铁路线直通直发，可以为客户提供铁路到发、快运专线、国际集装箱综合服务等物流服务。仓储港设立仓储区、电商区和保税区，可实现物流服务产业链延伸、完成线上线下的互动交割。公路港设有智能停车场、零担专线区、汽修汽配区功能，可以有效实现向铁路周边地区的分拨和配送。信息港分为信息中心、金融中心、管理中心、企业办公区，可为客户提供银行、保险、通信、工商、税务、运管、海关等一条龙服务。

仓储是沙良物流园的核心竞争力，呼和局把做大仓储功能放在园区至关重要的位置。园区仓储区占地 420 亩，仓储仓库 5 个，仓储总面积 4.8 万平方米，最大库容 1.2 万平方米。在仓储区的规划布局中，按照货物品类设置“商超库区、电商基地、乳业中转中心、家电仓配中心、粮食仓储区”等区域，形成“做大仓储规模、做精专业物流、做强物流地产”的运营方式。

（二）构建现代物流管理体系

1. 转变铁路运营理念

多年来，铁路的主要客户群面向煤炭、焦炭、钢铁等生产性大宗物资客户，其他物流品类市场相对开发不足；真正要做到物流为企业服务，就必须打破传统的货运组织方式和思维模式，从客户降低物流成本的需求出发，与供应链上下游企业抱团取暖，构建营销联盟，实现路企产业融合、互为支撑。只有紧紧把握市场规律，从观念和供应链条上与客户深度融合，才能有效实现铁路向现代物流企业的转型，满足客户降低成本、提高效率的需求。

2. 改变现有运输模式

按照内蒙古自治区打造内陆口岸和无水港的规划，沙良物流园建设有国际集装箱枢纽、中欧（亚）国际班列发运基地、联检联运大楼、保税物流园区等口岸基础设施，已经成为内蒙古重要的国际物流商贸区、中蒙俄经济走廊乃至中欧物流通道的枢纽。在沙良物流园建设过程中，将仓库直接建到铁路旁边，紧紧契合生产、网销企业需求，利用货物直接入库的便捷仓储条件，为入园企业设计仓储方案、提供信息支撑、开展全程配送，链接网上线下供应链，变“站到站”为“库到库”，降低企业物流成本，使物流成为企业第三利润源泉，改变企业依靠公路运输的格局。呼和局吸引更多的企业依靠铁路运输，就会更大程度地发挥铁路低成本、大运力、全天候的优势，助力企业进一步降低物流成本，助力铁路局全方位物流转型。

3. 推动物流专业化经营

在沙良物流园区招商过程中，坚持优势条件向适宜货源倾斜，通过产业链的延伸，实现物流园区一体化、专业化经营。针对诸葛修车网开展的后汽车市场业务，利用仓储优势，建立辐射西北的汽车配件云仓；针对冰箱、电视、陶瓷、建材等货物要求减少倒装的特点，利用“库到库”“门到门”优势，开展代理、分销业务，赢得市场。呼和局要适应市场细分需要，在专业物流上突破，实现传统铁路物流向专业化物流转变，形成独具优势的物流网络，做强做大物流市场。

（三）拓展铁路物流品类

1. 发展汽车和零配件物流

针对内蒙古汽车销售市场广阔，但生产企业在内蒙古境内普遍缺乏集散基地的情况，呼和局先后到长春一汽、广西通用等汽车生产企业进行洽谈，开行特需列车，全程组织铁路运输；利用沙良物流园作为仓储集散基地，负责对蒙销售，一个品牌一年只收取10万元的仓储集散费，有效降低汽车销售企业的成本，并且形成规模集散效应。

2. 发展国际果蔬冷链物流

2014年以来，俄罗斯受欧盟制裁，大量果蔬进口需求转向中国。针对这一情况，呼和局利用二连口岸背靠蒙古、辐射俄罗斯远东地区的优势，以呼和沙良物流园作为中转节点，开行跨境果蔬班列，组织南方市场蔬菜水果向俄罗斯出口。目前，已经开行果蔬班列3列，向俄罗斯出口水果蔬菜406吨，较满洲里汽运里程缩短1600公里，平均运行时间13天，较公路运输时间压缩约3天，受到中外企业欢迎。2016年5月23日，呼和局成功开行首列山东寿光至额济纳的国内长途果蔬班列。

3. 发展家用电器专业物流

针对电商企业入驻带来的家电运输需求，在北京与呼和浩特之间开行跨局快运班列，组织大量家电从北京向沙良集结。针对广东廉江地区小家电产品产量大，电饭锅产量约占全国总量的1/3，电水壶产量占全国总量的60%的实际，呼和局与南宁局合作，在当地设立无轨站，积极承揽小家电货源，开行至沙良物流园的小家电特需班列，目前已承揽该地区小家电至内蒙古地区40%的运量。呼和局还积极与合肥家电企业洽谈，开展战略合作，开行合肥至沙良物流园的家电特需专列。

4. 发展前店后库商业物流

针对呼和西货场物流集散功能逐步移至沙良的情况，利用呼和西货场空置的120亩土地和1.8万平方米的仓储设施，设置门店133间、展厅2间、石材加工区1380平方米，开办集仓储、分拨、展销于一体的“前店后库”式商城，吸引建材、石材、家电企业入驻经营。利用全国铁路物流节点布局，将商品从生产地到销售商直达入库运输，帮助企业节约车站到门店的物流成本。目前，海尔家电已经借此开展青岛至内蒙古的家电直销业务；5家石材企业已与呼和局签订“广东惠州—呼西货场”的集装箱物流总包协议，年运输量达3.6万吨。

5. 积极拓展白货运输品类

针对额哈铁路和临额高速公路开工，额济纳地区水泥需求旺盛的情况，与乌海中盐水泥厂联合开展竞标，组织乌海至额济纳的水泥物流总包，每月增加水泥运量4000吨。目前，呼和局已与伊利乳业、蒙牛乳业、包钢集团、国美电器等43家企业签订物流总包协议，年新增运量227.7万吨。针对酒泉钢铁集团嘉峪关至策克专用铁路长期停用的情况，主动帮助酒钢集团整修嘉策铁路，原乌海地区焦煤经包兰线运输，改经临策线、嘉策线直达厂区，日发送煤炭1列；同时，卸后空车又将策克进口煤炭运至乌海，实现重来重去运输，年新增运量180万吨。

（四）拓展铁路运输区域

1. 发展国际运输中转物流

2015年，呼和局积极加强额济纳至哈密铁路建设，加速进出新疆北通道的联通。2015年12月1日，额济纳至哈密铁路开通运营，内蒙古至阿拉山口的运输距离较原来经兰新、包兰线减少409公里，额济纳至哈密铁路已成为丝绸之路经济带三条铁路的北部通道，成为我国内地通往阿拉山口的第二条亚欧大陆桥通道。呼和局积极借助这一优势，组织东北、华北地区供应新疆地区的钢铁、粮食、化肥、小汽车等物资，经沙良物流园集结直达新疆；组织俄罗斯至呼和浩特的原油班列经沙良物流园直接进入需求市场，加深中国与蒙古、俄罗斯的经贸合作。呼和局还与政府合作，在沙良物流园开行中亚班列（呼和浩特—阿斯塔纳），打通连接中东地区的又一条铁路物流大通道，全年计划开行15—20列。班列经包兰线、临哈线、兰新线，由中哈口岸阿拉山口出境，运行总里程为4332公里，运行时间较海运的三、四十天压缩到八天。主要出口呼包鄂地区企业的产品，返程时运输哈萨克斯坦矿产资源等货物，实现钟摆运输，大大降低物流成本。

2. 发展大宗货物总包

2015年11月，呼和局正式启动实施大宗货物物流总包试点。针对山东省省外煤炭输入2.2亿吨、通过铁路运输1亿吨、铁水联运1000万吨、公路运输1.1亿吨的情况，以山东为目标市场，采取第三方物流的形式，联合煤炭生产、销售企业投标，发展全程代理式经营，“点到点”“一口价”地帮助企业设计物流方案。目前，呼和局已与87家重点企业签订物流总包服务合同，发运列数由开始的5列增加至22列。

3. 加强管内电煤运输组织

连续两轮走访内蒙古中西部运行和在建的36家电厂，针对电厂需求，优化物流方案。包头市从2015年6月开始限行运煤货车，下半年管内到达包头地区的电煤运量达167.8万吨，环比增加81.7万吨，增长近1倍。2015年呼和局管内煤炭发送量完成4326.2万吨，同比增长2.6%，在煤炭总发运量中的占比，由上一年的29%提高至44%，成为呼和局增运的新支点。

（五）延伸物流服务项目

1. 提供多式联运服务

把发展多式联运作为解决好物流企业通向客户“最后一公里”的核心抓手。统筹铁路、公路、水运、民航等多种交通方式，开展联合运输，形成综合交通枢纽。利用呼和局的部分汽车以及招商引入的德美、中海、中远等6家公路物流企业、共120多辆社会车辆，联合组建专门的配送车队，共担线下物流功能，通过将多品种、小批量、多频次的货物配送业务外包给汽运企业，让公路给铁路分担“终端物流职能”，满足客户门到门配送需求。与天津市政府及天津港集团合作组建“无水港”，形成“公铁海”

多式联运无缝衔接。围绕将沙良物流园区打造为辐射蒙俄的“通道中心、信息中心、集散中心”和“草原丝路桥头堡”的目标，建设国际集装箱枢纽、保税物流中心、联检联运大楼，计划引入海关、检验检疫、港务集团、船坞公司等部门和企业，打造蒙西地区“公铁海”国际多式联运通道枢纽，为西北沿边开放和“中蒙俄”经贸交流提供“一站式”服务平台。

2. 围绕全程追踪，开展信息网络服务

自主研发集“物流公共信息平台、生产作业平台、综合服务平台”于一体的物流信息系统，形成“一个网络、三大平台”。物流公共信息平台是在铁路总公司95306电商平台的基础上，专门针对物流园区整体运行开发的公共信息平台，配套开发手机App，可实现“物流企业、货代公司、生产企业、个体车主、个体货主、运输企业、社会公众”实时线上注册，实时发布车源、货源、库源等物流信息，促进线上“车找货、货找车”信息的自动匹配，实现“线上线下”物流交易。生产作业平台的“OMS订单管理系统、WMS仓储管理系统、TMS运输调度管理系统以及资金结算系统”，可以直接为客户提供“入库、上架、分拣、包装、配载、运输、跟踪、回单、结算”的供应链物流生产服务，实现园区生产作业的自动化、智能化和标准化。综合服务平台是围绕入园的企业、客户、货、车和人的生活和生产需要，提供以“一卡通”为核心的综合服务平台，客户通过系统可实现门禁、缴费、消费、加油、娱乐、融资等服务。以上“一网三平台”实现铁路总公司所属物流园区的联网，促进信息、服务、资金的共享，达到线上线下网络全覆盖服务。

3. 围绕综合服务，做强物流地产服务

呼和局围绕生活、办公、娱乐一体化，大力加强园区综合配套设施建设。一是积极打造综合交易市场。围绕人、车、货的特点，打造地面服务体系，在园区内设立占地79亩的交易大厅和行政办公楼，可容纳600家商户同时办公，为客户提供“银行、保险、通信、网络、政府服务”等一条龙服务，商业租赁可创收600万元/年。二是积极发展服务地产项目。建设拥有460张床位的司机之家宾馆，配备网吧、台球厅等娱乐设施，并配套开发用于餐饮、住宿、超市出租的商铺100间，用于完善司机吃、住、行、购、娱的生活设施。将所有围绕物流的生活消费全部实现园区内部良性循环，提高园区土地资源增值，实现园区地产资源效益最大化。三是全面打造加油、加气、充电一体站。与中石油合作，投资建设高标准加油、加气、充电一体站，方便客户加油充电，该项目填补内蒙古综合“气电油”一体化站空白。与世界五百强之一的中国华信集团公司合作，在园区投资建设润滑油厂，实现汽配修理产业综合配套。四是积极开发光伏发电项目。为将沙良物流园打造成节能、环保、创效的“光伏园”，积极响应国家新能源开发政策，在园区风雨棚、线路护坡、库房屋顶、停车场等地铺设光伏发电板发电上网，目前园区光伏装机容量5兆瓦，发电能力750万度/年，远期规划装机容量9兆瓦，发电能力1350万度/年，利润367万元/年。全局光伏产业远期总规划300兆瓦，建成后可发电4.5亿度/年。

三、铁路局以国际园区为载体的物流转型发展效果

（一）初步构建以园区为载体的现代物流体系

沙良物流园投入使用以来，加快推进铁路物流转型的步伐。以沙良物流园的品牌影响力，带动全局运输品类、运量的全面提升。立足满足零散白货快捷化、直达化的运输需求，积极发展集装箱运输，开行管内至北京、上海、太原等5省市的跨局快运班列，合肥到呼和浩特的家电特需班列，山东寿光到额济纳的果蔬冷链班列，以及呼和至阿联酋、包头至阿斯塔纳中亚班列。一批适应市场需求的铁路特色产品受到企业货主的欢迎。同时，在全局范围启动43个铁路现代物流园的建设规划。沙良物流园已成为面向华北、辐射全国、向北开放、服务中蒙俄国际经贸交流的重要物流集散中心。呼和局物流转型走在全路前列。

（二）物流转型发展取得初步成效

沙良物流园的建设，促进呼和浩特地区及周边城市的资源开发和经济社会发展，整合区域内路网资源，保证呼和地区运输组织的合理性，带动地区内经济的发展，对建设现代铁路物流系统，提高铁路运输的规模化、集约化水平，提升铁路运输服务质量具有极其重要的作用。铁路物流链正在改变传统货运单一模式，与企业产业链高度深入融合。呼和局货运经济效益也随之稳步提升。2015年，呼和局货物发送量完成1.5亿吨，在煤炭市场严重下行的情况下，同比持平。2016年3月份开始，呼和局货物发送量稳步回升，9月份，全局货物发送量已经追平2015年同期水平。

（三）促进区域经济发展

沙良物流园建立全新的铁路物流园模式，公铁联运水平的提升，可以把铁路中长距离的运输优势延伸到最后一公里，大幅降低企业的物流成本，扩大物流的辐射范围。同时，更加凸显呼和浩特在区域物流体系中的核心节点地位，对于加快完善首府经济发展战略布局，推进物流业快速发展，进一步提升首府城市生产要素的聚集度，促进招商引资和项目建设意义深远。在沙良物流园的带动下，呼和局白货运输份额逐步扩大。2015年，呼和局零散白货发运1854.1万吨，同比增长28.9%。其中，集装箱发运456.8万吨，同比增长108.9%；化肥农药发运420.9万吨，同比增长31.8%；饮食烟草发运62.7万吨，同比增长185.3%。白货运输比例由25%提高到36%，较好地满足内蒙古企业发货的需求。

（成果创造人：柴随周、王利铭、李希顺、陈　波、杨　永、任巨龙、石三黑、赵俊杰、吴立宏、吉小龙、庞　明、崔　宇）

基于应对欧盟 REACH 法规的化学品国际贸易安全管理体系构建与实施

中国石油天然气股份有限公司

中国石油天然气股份有限公司（以下简称中国石油）是于 1999 年 11 月在中国石油天然气集团公司重组过程中按照《中华人民共和国公司法》成立的股份有限公司，拥有员工 160 万人，是中国油气行业占主导地位的油气、石化产品生产和销售商，在 2016 年美国财富五百强中排名第 3 位，在美国《石油情报周刊》2015 年世界最大 50 家石油公司中综合排名第 3 位。中国石油生产和销售的各类石化产品，包括成品油、天然气、合成树脂、合成纤维、合成橡胶、尿素、有机化合物原料和无机化合物原料等，广泛应用于汽车、航空、建筑、电子、制药、印刷、家用电器、日化、绝缘材料、包装、造纸、纺织、颜料、鞋类和家具制造等领域。2015 年中国石油销售成品油 1.6 亿吨，化工产品 1787.4 万吨，其中生产乙烯 503.2 万吨、合成树脂 821.5 万吨、合成橡胶 71.3 万吨、合成纤维原料及聚合物 134.8 万吨、尿素 256.6 万吨。大部分产品满足国内市场需求，部分产品经下游用户加工后向欧洲出口，主要涉及原油及成品油、合成树脂、合成橡胶制品、石蜡及下游产品和有机化工原料。2015 年，中国石油营业额 1.73 万亿元，经营利润 793 亿元，净资产收益率 3%，资产总额 2.4 万亿元。

一、基于应对欧盟 REACH 法规的化学品国际贸易安全管理体系构建与实施背景

（一）适应全球化学品贸易绿色监管发展趋势的需要

当前，全球各个国家和地区都相继出台化学品安全管理法规来规范化学品的生产、销售、运输和使用。欧盟 REACH《关于化学品注册、评估、授权和限制法规》（1907/2006/EC）就是其中之一。该法规是目前全球最严格的化学品监管法规，更是一种全新的贸易保护手段——“绿色壁垒”。随着 REACH 法规的实施，全球其他国家和地区，包括中国、美国、泰国、韩国、日本、澳大利亚、土耳其等，也相继出台或者修订同类化学品安全管理法规，如中国的危险化学品登记（CHINA－REACH）。作为综合性国际能源公司以及中国石油化工企业的代表之一，中国石油更要积极适应全球化学品贸易绿色监管发展趋势的需要，高质高效应对欧盟 REACH 法规等“绿色壁垒”，全面提升产品的市场竞争力，展示大型国企的良好形象，在国际贸易中获得更多的话语权和主动权。

（二）适应中国石油及供应链企业的国际化贸易顺利开展的需要

REACH 法规一改过去仅由政府承担化学品安全的责任，而要求化学品的生产和销售企业承担更多与其产品安全相关的责任。中国石油国际贸易业务已涉及 80 多个国家和地区。其中，欧盟是中国石油最大的海外贸易伙伴，也是中国石油最大的国际贸易市场，每年有上百种产品通过直接或间接的方式出口到欧盟境内。此外，同一供应链上所有采购中国石油产品作为原料加工成其他产品的企业都要受到 REACH 法规的影响，涉及产品数万种，贸易金额上千亿美元。根据 REACH 法规的要求，中国石油以及下游用户向欧盟出口的数万种化工产品都将面临注册、评估、授权、限制的问题，且必须通过欧盟境内的 OR（唯一代表）或者进口商进行注册。据估计，由此增加的费用，将使我国对欧盟石油化工产品的出口成本普遍提高 0.5%以上，整个中欧贸易格局乃至其上下游产业格局都将重新洗牌。因此，中国石油为实施国际化发展战略，在欧洲建立更广阔的贸易平台，拓展对欧油气和化学品业务，适应中国石油及供应链企业的国际化贸易顺利开展的需要，必须做好 REACH 应对工作。

（三）提高中国石油自身化学品安全管理水平的需要

目前，我国化学品安全管理相关法律法规未完全与国际接轨，中国石油的测试标准和手段与欧盟企

业相比也不能完全接轨，测试数据只能满足国内产品质量控制的需要。中国石油要完成 REACH 法规的注册等工作，技术卷宗中的数据，如毒理学数据、生态毒理学等数据只能通过与欧盟的数据拥有者进行有偿共享获得。中国石油应对欧盟 REACH 法规的工作为促进中国石油提高化学品安全管理水平提供良好契机，满足 REACH 法规各项要求的同时，可以建立起与国际大型石化公司相适应的化学品安全管理体系。中国石油基于应对欧盟 REACH 法规的化学品国际贸易安全管理体系自 2008 年 7 月开始构建并实施，经过 8 年多的科学探索与实践，保证中国石油在各个法规规定节点前高质高效完成各项工作。

二、基于应对欧盟 REACH 法规的化学品国际贸易安全管理体系构建与实施内涵和主要做法

中国石油以建立一套完整的、科学的、可借鉴的基于应对欧盟 REACH 法规的化学品国际贸易安全管理体系为目标，通过顶层设计、搭建三级架构组织管理体系、构建高效的化学品法规快速应对平台、制定合理的预注册和注册策略、建立物质同一性测试标准体系、开发供应链信息管理体系等措施，全面完成 REACH 法规应对工作。使中国石油化学品安全管理体系水平进一步与国际接轨，确保中国石油在 WTO 贸易规则下完全符合以欧盟 REACH 法规为代表的国际化学品监管“绿色壁垒”要求，保障中国石油和广大下游用户涉欧盟贸易合规运行，提高中国石油在石化行业的国际竞争力，为中国石化行业提供良好的范本，提升中国石油以及中国石油石化行业在国际化学品法规制定中的话语权。主要做法如下：

（一）做好应对工作的顶层设计和路线图

为高效快速开展好 REACH 法规应对工作，中国石油一方面组建法规研读小组，对 REACH 法规实施的目的、法规对中国石油甚至是中国石化行业的影响、法规的具体要求等进行详细的研究；另一方面多次组织技术团组与欧洲化学品管理局、成员国监管部门、欧洲大型石化公司、咨询机构进行交流，获得最新资讯并了解前沿应对措施。与此同时，中国石油还与中国石油和化学工业联合会、中国五矿化工进出口商会、中国石油化工股份有限公司等行业协会和单位开展技术合作。

中国石油结合自身实际贸易情况以及中国石油在中国石化产业链中的地位、作用，组织内部 30 多家炼化企业、10 多家销售企业和 4 家研究部门的 90 名管理、法规、外语、分析、IT、销售、技术等领域的人员进行 REACH 法规应对工作顶层设计，全面开展 REACH 法规应对工作。从组织管理体系、化学品法规快速应对平台、法规应对策略、物质统一性测试、供应链信息管理等方面开展工作，建立起基于应对欧盟 REACH 法规的化学品国际贸易管理体系。

（二）搭建三级架构组织管理体系

中国石油统筹兼顾，成立以 REACH 领导小组、REACH 办公室和 REACH 法规技术支持部门为主体的三级架构组织管理体系。REACH 领导小组负责重大问题决策；REACH 办公室负责项目总体协调工作，成员由炼油与化工分公司、财务部、预算办、法律事务部、安全环保部、质量管理与节能部、销售分公司、国际事业公司、石化院、润滑油公司等单位相关人员组成；REACH 法规技术支持部门主要是石油化工研究院和伦敦 OR 办公室，具体负责 REACH 法规应对相关工作以及应对成员国和 ECHA 官方监管工作；建立周报制度和重大问题签报制度，严格控制工作进度，保障工作质量。自上而下形成“决策—协调—执行”的高效管理模式，自下而上形成“问题—汇报—决策”的快速反馈工作模式。欧盟官方网站 REACH－IT 的技术问题 48 小时解决，技术卷宗问题 3 天内解决，CNPC－REACH 供应链信息系统问题 5 个工作日内解决，重大决策问题 10 个工作日内解决。

中国石油对技术中心和地区企业的技术人员进行统一的管理，并定期进行培训，建立起一支能随时组建的攻坚克难专家团队。在每个企业都设定专职人员和临时人员，专职人员为管理部门人员，临时人员包括安全环保、生产技术、销售管理、企业法规等岗位。这种专家团队的特色是：保证原有岗位工作

质量，REACH 工作需要时能"快速成军"，专家队伍不因人员调动而无法组建，专家业务素质有保障。

（三）搭建综合性的全球化学品法规快速应对平台

全球化学品法规不断趋于国际化、综合化和严格化。中国石油以应对欧盟 REACH 法规工作为基础，逐步搭建全球化学品法规快速应对平台，该平台可以为中国石油提供全球最新、最精确的法规信息，以满足环境、健康和安全（EHS）符合性管理的要求。同时也可以通过了解特定国家和地区的产品准入相关规定，为进行国际贸易、打开国际市场提供法规支持。

法规快速应对平台数据库涵盖欧盟、北美、亚太等 120 个主要国家和地区的 35000 多部化学品相关法律、法规和规定，可以保证中国石油及时有效地了解化学品法规的发展趋势，并提前做好法规应对准备。法规数据库可实现通过行业、主题、国家等进行智能检索，还可以实现通过法规层级进行检索。第一层级：法律；第二层级：法令，政府条例；第三层级：实施条例，部级条例；第四层级：公告，通知，标准等。法规分类涉及产品全生命周期，包括研发阶段、生产、包装分类、销售、售后服务、监管等各个环节。

（四）制订两种策略，低成本、高质量地完成注册工作

1. 制订全范围的多法人预注册策略

欧洲化学品管理局规定，2008 年 6 月 1 日—2008 年 12 月 1 日，化学品相关企业必须对在欧盟生产和销售的产品进行预注册，以此来获得 3 到 11 年正式注册的缓冲期。预注册不收取预注册费用并且预注册卷宗要求简单，但预注册时间仅为 6 个月，错过这个时机，企业要想再获得注册缓冲期，除特殊情况外，将几乎没有可能。中国石油国内销售企业直接出口欧盟的产品较少。所以，以保证现有国内出口贸易、发展国内潜在用户、扩大国际贸易市场为前提，综合考虑法规时限、技术卷宗通过率和注册成本等因素，制订出合理的预注册策略。即中国石油在预注册阶段以 OR、进口商和贸易商三个法人身份进行预注册，合理规避法律风险；中国石油筛选 280 个物质进行预注册，涵盖所有炼化贸易业务范围，之后根据贸易发展情况再进行后预注册，保证现有贸易兼顾潜在贸易；中国石油产品中的物质预注册吨位分为 1 吨、10 吨—100 吨、100 吨—1000 吨和 1000 吨以上，合理地争取到欧洲化学品管理局（ECHA）规定的注册缓冲期来开展正式注册工作，避免因盲目注册带来的人力和资金浪费；同时，在中国石油外网定期公布注册进展信息、OR 信息和中国石油预注册声明文件，为下游用户进行免费的 REACH 咨询服务。通过预注册策略，中国石油通过 REACH 预注册合规争取到更多的贸易机会，也为下游用户进行欧盟贸易提供便利。

2. 制订分批次的联合注册策略

REACH 法规规定：2008 年 12 月 1 日—2010 年 11 月 30 日，年产或年进口超过 1000 吨的物质完成注册，年产或年进口超过 1 吨的致癌、致畸和生殖毒性物质完成注册，年产或年进口超过 10 吨的水生毒性物质完成注册；2010 年 12 月 1 日—2013 年 6 月 30 日，年产或年进口超过 100 吨的物质完成注册，水生毒性物质完成注册；2013 年 7 月 1 日—2018 年 6 月 30 日，年产或年进口超过 1 吨的物质完成注册；新物质上市前必须注册，注册从 2008 年 6 月 1 日开始。授权、评估、限制、通报工作同时展开。

综合以上因素考虑，一是为规避掉贸易商身份有可能带来的法律风险，中国石油在正式注册阶段只选取 OR 和进口商两个法人身份。二是中国石油根据 REACH 法规的要求和实际贸易情况，首批选取 62 个物质进行注册，注册吨位大于 1000 吨/年，保证成品油、石蜡、合成橡胶、合成树脂等现有大宗贸易不受影响。第二批选取 30 个小吨位（小于 1000 吨/年）物质进行注册，保证精细化工产品、有机化工产品、催化剂等贸易正常进行。第三批选取新增贸易产品和添加剂等产品进行补充注册，保证潜在贸易顺利开展。注册物质实现主营业务产品全覆盖。三是为节省费用并提高注册质量。中国石油充分利用欧盟法规规则，利用综合能源公司的整体优势与注册联合体进行合作，并有选择性地加入个别国际大

型的联合体，通过联合注册的方式保证卷宗质量并降低注册成本，使注册卷宗通过率达到 100%，并节省注册费用 500 多万欧元。四是随着中国石油海外业务的拓展，及时与合资公司交流并有效整合 REACH 注册信息，避免资源浪费和重复注册。定期与国际先进同行进行技术交流，如 BASF、BP、DOW 等，借鉴成功经验，避免走弯路，保证法规应对水平时刻与国际同行业保持一致。

（五）建立物质同一性测试标准体系

为解决物质测试数据统一问题，中国石油在设于石油化工研究院的 REACH 技术中心建立起物质同一性测试标准体系。系统地将欧盟检测标准与中国国标、企业测试标准和质量控制标准进行一一对比，并且对大量 EN 和 ISO 标准进行翻译转换，编译出中国石油《应对欧盟 REACH 法规标准译文集》，供各企业测试数据使用。对中国石油所有企业现有测试仪器和测试条件进行全面的梳理，建立起整体概念上的“中国石油物质同一性测试实验室”，再根据不同企业、不同产品，按照重点仪器分布，分批分区进行样品配送和测试；与权威标准认证机构合作补充缺口数据。保证数据的可靠性和注册卷宗的认可性。

欧盟的检测指标比中国石油的企业指标更加细化和严格，如欧盟将石脑油裂解的产品分类精确到很窄范围的组分和分子结构，达到 571 种，而中国石油只有 100 多种。通过对比，转变企业实验室注重产品性能检测而忽视产品结构分析的观点，从分子结构层面为产品质量升级、润滑油/乙烯原料优化、成品油馏分切割提供优化思路和科学可靠的依据，推动中国石化企业的分析检测标准和方法与欧盟接轨。

（六）开发国内首套 REACH 法规应对领域的供应链管理体系

中国石油 CNPC－REACH 供应链信息系统采用三方审核的贸易审核方式，即系统要求每笔贸易的采购方上传当笔贸易发票信息与公司资质信息，经供货方确认无误后，流程流转至系统管理员，由管理员通过人工审核的方式确认买卖双方名称、吨位、日期等信息与发票完全一致后，该笔贸易生效。系统供应链涉及的每笔贸易均生效后，整个供应链建立完成并可以保证真实有效。同时，系统不允许跨级添加贸易信息，这样的设计保证整个产品从原料生产、原料加工、出口、进口每个环节都能够涵盖在供应链中，保证信息传递能够逐级进行，避免供应链不完整，传递过程间断、失真。另外，供应链每个环节在系统中仅能看到自己的直接上游和下游，这样的设计保护供应链各方权益，打消供应链各方担心销售渠道泄露的顾虑。形成完整供应链的过程 REACH 合规信息自动生成并自动加密传递，至欧盟进口商 REACH 合规信息解密，供海关和欧盟监管当局抽查。这样的加密传输过程也有效保护中国石油注册信息，避免出口商在未经中国石油允许的情况下冒用中国石油 REACH 合规信息违规出口至欧盟。整个 CNPC－REACH 供应链管理体系构建共包括三个层次：

一是用户资质维护层：供应链管理体系构建的基础就是确保所有系统的注册用户都是直接或间接购买中国石油产品、与欧盟发生贸易的真实有效企业。用户资质维护层构建的主要方式是确认实际贸易、确认三方资质（上游、下游、中国石油）、建立企业年审制度。二是供应链构建及 REACH 合规信息传递层：为将 REACH 注册信息沿供应链进行传递，需要依据实际发生贸易的过程构建从中国石油生产企业、分销商、出口商直至欧盟进口商整条供应链信息网络，并将 REACH 合规信息沿供应链进行传递，确保直接或间接购买中国石油产品的企业获得 REACH 合规信息。三是供应链管理记录归档层：按照 REACH 法规的要求，中国石油需要保存供应链信息传递记录，供欧盟监管当局随时查询。为提高查询效率，归档层在数据安全存储的基础上，建立多种检索方式，便于多级相关方查询需要。该体系可实现共享注册信息、编发欧盟标准 SDS 文件、出具产品吨位涵盖证明、出具 REACH 声明文件、管理欧盟供应链信息等功能。

例如，瑞典斯德哥尔摩（Norrmalm）街区小女孩（Sofia）圣诞节愿望是爸爸（Viktor）能送给她漂亮的蜡烛在圣诞夜点亮她的房间，Viktor 希望用在孩子房间的蜡烛是安全无毒的，REACH 法规恰恰可以提供这样的保障。中国石油按照 REACH 法规要求完成物质注册，获得 ECHA 分配给中国石油的 REACH 注册号 01－1234567890－11－1234；百斯特家居公司为自己生产的蜡烛产品能够进入欧盟市场，需要采购符合 REACH 法规的原料：中国石油抚顺石化的石蜡产品；通过在供应链管理系统中百斯特家居公司、抚顺石化、REACH 系统负责人三方贸易认证，供应链系统完成贸易审核；百斯特家居公司按照独有生产工艺生产的蜡烛制品，全部原料均完成 REACH 注册，获得瑞典宜家家居的采购合同，经大连港口通过船运销往荷兰鹿特丹港口，百斯特家居公司、宜家家居、中国石油通过系统对贸易信息进行审核，确认无误后，系统生成吨位涵盖证明、SDS 文件并供瑞典宜家家居下载；货物到达鹿特丹港口，接受鹿特丹港口海关抽查，瑞典宜家家居公司通过出示系统提供的吨位涵盖证明、SDS 文件完成清关手续。宜家家居最终将来自中国完成 REACH 注册的蜡烛制品摆上宜家家居商场的柜台。这样，Viktor 也可以在瑞典斯德哥尔摩宜家家居选购到安全无毒的工艺蜡烛，放心地在圣诞夜装点心爱女儿 Sofia 的房间。

三、基于应对欧盟 REACH 法规的化学品国际贸易安全管理体系构建与实施效果

（一）为石化行业应对欧盟 REACH 法规等全球化学品贸易绿色监管法规提供良好范例

中国石油基于应对欧盟 REACH 法规的化学品安全管理体系构建与实施，使中国石化产品供应链上各个环节的 REACH 法规的合规性得到提高，使中国石油化工行业化学品安全管理水平提升，让世界看到中国石油石化行业在化学品安全管理领域逐步与国际保持同步的决心。增强非欧盟国家在国际化学品法规制定过程中的话语权，为中国石化企业尽快与国际大型石化企业在化学品安全管理法规领域接轨奠定基础。该体系在保障中国石油以及下游用户直接经济效益不因 REACH 法规的限制而受到影响的同时，更具社会效益。中国工程院院士、中国石油集团公司咨询中心专家、中国环境保护部专家在成果鉴定会上认为，该成果为石化企业应对国际化学品法规以及参与制订国内化学品安全管理法规奠定良好的基础，为石化行业应对国际化学品安全监管提供一个良好的范本，并建议向国内外石化企业推广。

（二）保证中国石油及供应链企业的所有化学品涉欧贸易顺利进行

中国石油基于应对欧盟 REACH 法规的化学品安全管理体系构建与实施，已经在中国石油内部获得成功应用 7 年以上。中国石油已经为中国石油国内下属炼化企业、销售企业和欧盟进口企业提供注册物质吨位涵盖证明 3000 多份，使中国石油及广大下游客户符合 REACH 法规要求，并保证中国石油及广大下游客户所有对欧贸易的正常进行。中国石油在欧盟的油气运营中心——国际事业（伦敦）公司统计数据显示，2008 年到 2015 年，该公司贸易量从 1.25 亿吨增加到 4.27 亿吨，年平均增长率为 22.7%，贸易额从 763 亿美元增长到 1667 亿美元，年平均增长率为 11.8%。2012 年，中国石油与英国 INEOS 公司合资收购英国 1000 万吨/年的 Grangemouth 炼厂和法国 1000 万吨/年 Lavera 炼厂，一举成为欧洲重要的油品生产商和英国主要的油品销售商，在我国的涉欧商务和交往中发挥着越来越重要的作用。2015 年，我国石油和化学工业主营业务收入 13.14 万亿元，利税总额 1.02 万亿元，欧盟出口额 3442 亿美元。基于应对欧盟 REACH 法规的化学品国际贸易安全管理体系构建与实施，还为中国石油和广大下游用户赢得更多的贸易机会。下游用户可以直接使用中国石油的 REACH 合规信息，在贸易量额度内正常进行对欧贸易。中国石油和广大下游用户在 REACH 合规的协助下拓宽欧盟市场客户群体范围，获得更多的贸易机会，其产品也更具国际竞争力。

（三）建立健全中国石油的化学品安全管理体系

通过基于应对欧盟 REACH 法规的化学品国际贸易安全管理体系的构建与实施，中国石油进一步建立健全化学品国际贸易安全管理体系。该体系是管理方法、管理平台和高效运行工作机制的结合体。全球化学品法规快速预警平台，使中国石油在应对欧盟 REACH 法规的基础上，充分发挥经验优势，为应对其他法规和制订产品战略提供依据；产品预注册和正式注册的选择，为中国石油拓宽国际贸易市

场、提高产品竞争力、争取缓冲时间、降低注册成本、提高卷宗质量提供充分必要条件；物质同一性测试标准的有效转化和应用，使中国石油产品测试标准进一步与国际接轨，通过样品测试也进一步使中国石油产品测试水平得到提升；CNPC－REACH 供应链信息传递系统的开发和应用，提高从生产、销售、运输和使用等各个环节上的法律合规性，为整条供应链上的用户节省人力物力和成本、降低法律风险并有效地整合法规应对资源，避免注册信息的滥用，提升中国企业诚信、互利、自觉遵守国际贸易规则的良好形象。中国石油应对欧盟 REACH 法规工作处于国内领先水平，并与国际大型石化公司保持同步。

（成果创造人：沈殿成、胡　杰、李振宇、杨延翔、李文乐、刘　杰、司丙军、曲静波、陈　超、王正元、陈　曦、王　震）

海外水电项目跨境融资租赁管理

云南澜沧江国际能源有限公司

云南澜沧江国际能源有限公司（以下简称国际能源公司）成立于2010年2月，由华能澜沧江水电股份有限公司（以下简称华能澜沧江公司）设立，以境外能源开发为主要业务，涉足水电、火电、风电、光伏等电力行业，作为华能集团对外投资的平台，贯彻和落实国家及华能集团“走出去”的战略。目前，国际能源公司以东南亚国家为重点研究开发地区，在缅甸、柬埔寨、泰国、印尼等国家均有前期研究项目；同时，积极进行发达地区电力资源开发，在罗马尼亚等欧洲国家也开展项目研究。国际能源公司目前境外投产装机60万千瓦，在建装机40万千瓦。截至2015年年底，国际能源公司资产总额为454152.75万元。

一、海外水电项目跨境融资租赁管理背景

（一）实施“走出去”战略的需要

综观国际电力市场，全球用电需求稳步上升，特别是发展中国家，其电力供给长期不足，配电系统不合理，部分地区尚没有供电。国际电力市场发展潜力巨大，给我国企业进行国际电力开发投资带来良好的外部环境，为我国电力企业实施“走出去”战略提供良好机遇。从国内电力市场来看，在全球经济不景气的大背景下，受国内经济结构调整、投资增速放缓等众多因素影响，我国经济增速放缓，全社会电力需求增速疲软，国内电力市场日趋饱和。2014年以来，国家先后出台一系列稳增长、促改革的政策，宏观经济出现企稳回升的势头，但未来仍存在经济增速进一步放缓的可能性。若电力需求总量大幅下降，可能会对发电企业的生产经营产生不利影响。作为华能集团的境外投资平台，国际能源公司必须紧紧围绕国家“走出去”和“一路一带”的战略目标，充分发挥自身优势，依托华能澜沧江公司在水电开发业界的领先地位，带着成熟的电力专业技术和较低的资金融资成本走出去，应对激烈的电力行业竞争。

（二）突破境外项目融资手段局限性的需要

中国企业“走出去”面临着许多困难，融资困难是其中的重大瓶颈之一。境外项目融资局限性主要表现在以下几个方面：一是国内商业银行受内部政策、外汇监管等政策的限制，大多不能对项目公司直接发放贷款，只能通过内保外贷方式发放资金，在境外资金成本的基础上还要增加保函费用，融资成本较高，而且对于控股项目，由中方股东提供担保也不符合项目投资股东风险共担的原则。二是政策性项目银行审批程序复杂，审批周期较长，而且政策性贷款对项目要求极高，还受政策性贷款总额度的限制，若非政策性贷款，其成本和商业银行差别不大。三是境外企业成立之初缺乏当地的信用记录，当地银行不了解项目境内母公司的信用情况，导致境外投资企业向东道国金融机构融资难度较大。目前企业的境外投资均依托于项目投资，在项目投资初期，项目只有投资，没有现金流入，任何金融机构均不会对项目提供融资资金。面对跨境融资的重重困难，国际能源公司唯有加强与金融机构的沟通和联系，拓展新的融资渠道，与金融机构共同创新金融产品，才能突破跨境融资短板，真正发挥企业的对外投资优势，使企业“走出去”的步伐更加坚定。

（三）保障桑河二级水电项目建设的需要

桑河二级水电项目是一个以发电为主的综合性水电项目。工程位于柬埔寨西北部的上丁省境内，是桑河和斯雷波克河汇合后规划的梯级电站的最后一级，电站装机容量400兆瓦，项目总投资9.78亿美元，年发电量为19.70亿千瓦时。为BOT（建设—经营—转让）项目，项目特许经营期45年（含建设

期5年)。电站计划2017年首台机组发电，建成后将接入柬埔寨国家电网，电力在柬埔寨国内消纳。2014年1月，国际能源公司通过收购柬埔寨桑河二级水电公司股权，获得桑河二级水电项目的建设运营权。桑河二级水电项目工期非常紧张，自收购之日起便开工建设，资金的及时到位对于项目的建设至关重要。项目资产位于柬埔寨，融资年限较长，并涉及中国、柬埔寨和越南三个国家的法律，项目资产的跨境抵质押较为复杂，传统的项目和股东融资模式无法满足桑河二级水电项目的融资需求，唯有突破现有融资渠道，对融资模式进行创新，才能满足项目亟待解决的资金需求。

二、海外水电项目跨境融资租赁管理内涵和主要做法

国际能源公司根据桑河二级水电项目的特殊性，开辟跨境项目融资的全新道路，与工银租赁公司携手"走出去"，首次在境外水电项目中实践跨境委托直租模式，合理规划提款流程，完善法律流程机制，成立专项工作组，建立标准化融资制度和融资工作机制。实现现代化的高效管理，突破传统融资模式的限制，为项目的顺利开工和建设保驾护航。主要做法如下：

（一）分析项目特点，设计委托直租模式

1. 分析项目特点

国际能源公司经过深入的分析和研究发现，桑河二级水电项目的融资工作具有以下特殊性：项目建设期和运营期较长，资金需求密集，贷款年限也较长，在国际市场上很难寻求可以提供十年以上贷款的合作银行。银行融资合同群的谈判进度慢，资金无法及时到位。项目涉及的资产位于柬埔寨，跨境抵质押难实现，无法满足银行贷款的要求，给项目的银行融资带来困难。大多数银行不愿承担过大的风险和不明朗的前景，不愿意提供融资。

国际能源公司向国内外知名银行、股权投资基金等金融机构进行多方咨询，探讨通过设立境外投融资平台公司发行债券、引入风险投资等其他多种融资品种进行融资。在综合考量时间、成本、法律、税务和可行性等各方面因素的基础上，结合水电站项目建设特点，创新引入融资租赁模式。

2. 突破传统融资租赁模式，设计委托直租模式

传统融资租赁模式主要有直接租赁和售后回租。传统的直接租赁是出租人以现有资产直接出租给承租人或先向设备厂商采购设备，再将其出租给承租人。传统售后回租是承租人将现有的资产出售给出租人后，又随即租回的融资方式。传统的融资租赁需要建立在资产已形成并可进行转移的前提下，这与桑河二级水电项目建设初期资产未形成的实际情况不相符。

桑河二级水电项目属于新建项目，项目初期尚未形成资产，有别于传统意义的融资租赁业务，无法按照传统的租赁模式进行操作。同时，水电站项目设备的特点是交付和安装周期长、跨度大。零部件、预埋件的数量繁多，甚至超过上万件。国际能源公司根据桑河二级水电项目的特点创新设计委托直租模式。工银租赁与桑河二级水电公司签订委托采购协议，由桑河二级水电公司收到租赁公司的预付款后，根据委托采购协议向厂商支付购置款，厂商直接将设备交付到桑河二级水电公司。同时，将土建施工单位纳入到融资的范畴，根据签订的委托采购协议，通过工银租赁向桑河二级水电公司支付预付款，桑河二级水电公司将工程款支付给土建施工单位，最终桑河二级水电公司根据融资租赁合同向工银租赁支付租金。委托直租模式既解决项目建设初期资产未形成的问题，也克服传统租赁模式下租赁公司无法按照客户需求大批量采购设备的难题，在保证项目正常建设的前提下达到筹集建设资金的目的，并使得资金流向生产率更高的社会单位，提高水电企业资产的利用率。

桑河二级水电项目由桑河二级水电公司收到工银租赁的预付款后向国内设备厂商进行设备采购，可以有效利用华能澜沧江公司在国内水电站建设中的采购经验和议价能力，为境外项目公司的采购带来较大的优惠。同时，委托直租架构首次将土建和安装工程纳入融资租赁的架构范围，使租赁架构更加完善，提高资金的使用效率，使项目建设工作更加高效。

（二）搭建海外SPV，形成跨境租赁

国际金融市场的贷款利率相对国内同期金融市场贷款利率低，因此工银租赁专门为桑河二级水电项目在中国香港搭建境外SPV（特殊目的公司，指境内居民法人或境内居民自然人以其持有的境内企业资产或权益在境外进行股权融资为目的而直接设立或间接控制的境外企业），在国际市场筹集成本较低的资金，有效降低项目公司的融资成本。

国际能源公司在充分研究论证税收筹划、境外融资、海外资金池、境外再投资、投资退出等各方面的因素后，搭建中国香港、开曼两层境外SPV公司，由开曼公司直接持股柬埔寨桑河二级项目公司，并由项目公司直接向工银租赁的中国香港SPV公司进行提款。形成中国、中国香港地区、柬埔寨三层跨境联动的融资租赁架构。由于出租人和承租人都位于境外，而中国香港是所得税负较低的地区，此跨境租赁结构能够规避不必要的税收，各国实施主体可有效利用相关国家税法和折旧制度，灵活选取折旧年限或租赁期限，并进行有效的税收筹划，最大限度地保障租赁公司和项目公司的利益。

（三）合理规划提款流程，避免资金沉淀

一般的项目融资，租赁公司对单次提款金额和提供总次数都有严格的限制，造成项目企业资金沉淀严重，提款与支付进度存在较大的时间差，致使企业隐性利益流失。就国内目前的水电项目建设情况来看，在大型水电设备制造合同签订后的很短时间内必须向厂商支付相应的合同预付款，在设备制造的各个阶段完成后，还需支付合同进度款。这样很多款项可能在融资租赁合同提款前，以上款项就急需支付，给融资租赁的提款流程在操作上造成很大难题。针对水电设备和工程类的合同支付可预期、与工程进度高度匹配的特点，国际能源公司积极与出租人协商，设置灵活的提款方式，将提款时间与工程合同的支付时间相匹配，即根据不同合同的支付日期进行提款与支付，实现提款、放款、交付设备和偿还租金的闭环管理，确保最大程度地减少资金沉淀，提高资金效益。同时，对提款流程进行规范，在提款时向出租人提供相应的设备采购和施工建设合同。项目公司通过中国工商银行支付设备款项，满足中国工商银行租赁资金监管要求，在满足中国工商银行租赁内部审批和后期监管要求的同时，也满足项目公司操作性的要求，实现互利共赢。

（四）依托当地专业机构，规避法律和税务风险

国际能源公司借助柬埔寨当地专业机构的力量，聘请柬埔寨会计事务所分析该项融资租赁交易可能涉及的税务事项，提前进行当地所得税、增值税、预扣税等几大税种的筹划，并将柬埔寨项目公司纳入到境外税务构架的大背景中，确保融资租赁涉及的各个环节在按照当地税收法律法规进行缴纳的同时，合理规避不必要的税收，实现项目公司股东利益最大化。聘请柬埔寨当地律师事务所分析论证融资租赁创新交易结构是否符合柬埔寨法律的相关要求，在融资租赁合同群的条款设计上提前布置，特别针对柬埔寨当地对土地、房屋和设备等不动产和动产抵质押的法律法规，提前进行研究与分析，确保合同群的签订符合当地法律要求以及项目BOT合同文件的规定。对于柬埔寨法律中租赁物的抵质押流程规定进行研究，深入了解抵质押涉及的政府管理部门和产权登记的相关流程，使项目的资产抵质押依法进行，规避当地法律风险。

通过前期的充分沟通、论证，以及合同条款的精细设计，确保合同履行过程顺利。在合同执行近两年的时间里，双方经办人员变动频繁，但未出现不能满足双方要求的情况。桑河二级水电项目开创金融租赁和电力企业项目海外项目建设的新模式，为国际能源公司深入研究国际法律、税务体系创造条件，形成相对标准的设备跨境租赁业务操作模式。

（五）完善融资工作机制，确保融资工作顺利开展

1. 成立专项工作组，加强队伍建设

境外项目融资工作的开展是关系项目成败的重要一环。为保障项目顺利推进，国际能源公司成立跨

境融资租赁工作组。工作组由国际能源公司作为日常机构，负责项目的实施、协调、沟通、汇报，上级管理单位华能澜沧江公司各职能部门专业人员负责项目的指导和审批，由法律、税务、审计、评估等专业机构组成顾问团队，负责技术支持。科学的管理、专业的团队、高效的决策，使桑河二级水电项目自立项到资金到位仅耗费两个月时间。

2. 建立高效的融资工作机制

桑河二级水电项目的建设时间紧、任务重，为加快推进融资工作，国际能源公司在项目开始之初按照项目资金需求倒排工作计划，组织召开融资工作启动会，确定融资工作机制、时间进度安排。国际能源公司、工银租赁以及双方的律师代表共同成立融资谈判工作组，专门针对融资租赁合同群的条款进行谈判与磋商。建立工作例会制度，双方工作小组成员和双方律师参加电话会议并通报一周工作情况及需要协调解决的问题。双方指定主要联系人，负责发送和收集所有与项目融资相关的文件资料。国际能源公司根据过往融资合同谈判的经验，对潜在的或可能发生的利益冲突点，视其影响程度而事先制定谈判方案。合同谈判事先确定原则，控制谈判节奏，明确底线条款。建立沟通协调机制，当双方利益冲突影响全局或出现预案之外的情况时，召开专题讨论会，协调沟通解决问题。

融资谈判工作组采用“和拢式”管理，倡导创新精神，强调个人和整体的配合，创造整体和个体的高度和谐。不同于传统上的泾渭分明的分工管理，“和拢”管理更强调个人奋斗，从而促使不同的管理相互融合、相互借鉴。在职责范围内，放手让成员自己做决策，提高自我组织性，促使不同的看法、做法相互补充、交流融合。融资谈判工作小组由财务、法律及项目公司操作人员组成，负责谈判合同细节。财务人员负责和项目公司操作人员注意负责解决会计核算、税务以及合同执行过程中可能存在的问题，从操作可行性方面提出建议。法律人员注意同律师讨论法律条款以及解决出现法律瑕疵的问题。每次与银行商谈完毕，同步更新待解决问题清单。会后组织召开小组研讨会，总结融资进展情况，讨论待解决问题清单。参加会议的人员不分上下级，平等相待。鼓励每个成员独立思考，广开思路，积极提出改进设想。通过“头脑风暴”方式创造一种自由奔放的思考环境，产生更多创造性思维。

融资谈判工作小组还采用“抽屉式”管理，每个工作组成员办公桌的抽屉里，都有一个明确的职务工作规范。对每个人所从事的职、责、权、利四个方面进行明确的规定，做到四者统一。明确每个人上下左右的对口单位等，理顺企业管理关系。在融资谈判阶段，涉及的业务面广、点多，这种管理方式使工作组成员既明确分工又密切配合，大大提高工作效率。同时，根据外界情况、内部人员的变化而加以改进、完善。有针对性地进行人员的培养，以达到人与事的合理配合。塑造以“关系紧密的小型团队解决大项目”的组织结构，促进小组成员之间分享想法和意见，并对这些想法和意见进行评估、付诸实践。

3. 制定融资制度

境外融资专项工作组成立以来，先后制定《境外融资工作手册》《跨境融资租赁业务指引》《资金监管管理办法》《融资资料归档管理办法》等制度。协调金融机构和项目公司合理配置资源、规范操作流程、加强过程控制，从而达到有序高效地推进工程建设的目的。

4. 推广信息化工作手段

由于项目人员分布在北京、上海、昆明和柬埔寨金边，面对面的商谈合同成本较高，且耗时耗力，国际能源公司推广使用现代通信手段来提升工作效率，采用电话或视频方式召开会议。日常工作中建立微信工作群、邮件工作群等，以现代化的沟通方式随时进行讨论。在兼顾效果的同时，尽可能提高工作效率。此外，国际能源公司还通过搭建云端财务系统，实现对境外项目财务预算资金的动态管理；通过OA自动化办公系统等完善和推广应用工作，基本实现“无纸化”办公，实现管理手段的现代化。

三、海外水电项目跨境融资租赁管理效果

（一）保证项目的资金需要

海外水电项目跨境融资租赁管理解决项目建设资金需求，保证桑河二级工程的顺利进行，对中国和柬埔寨两国都有重要的政治经济作用和社会效益。目前，柬埔寨王国电力短缺情况严重，国内装机容量仅为36万千瓦，发电量9.37亿千瓦时，仅占全国总用电量的37.3%，其余电力全部从泰国、越南进口。预计到2020年，柬埔寨王国电力需求达到116亿千瓦时，装机达到300万千瓦。项目的顺利建设将尽快弥补柬埔寨王国的电力缺口。

（二）降低融资成本

桑河二级水电项目突破传统的“项目融资”或“股东融资”的融资模式，采用预付租金的直租模式，降低项目资本金的需求，将大大提高项目股东的收益水平。通过规划资金渠道，积极研究税收政策，设立和利用境外SPV公司，有效降低项目公司的税务负担。

跨境融资租赁大大降低融资的利率水平，桑河二级水电项目融资利率比项目可研概算降低约3%，且没有任何其他费用。而在国际银团项目贷款中，借款人除支付贷款利息以外，还要承担一些费用，如承诺费、管理费、代理费、安排费及杂费等。项目实施近两年时间，同比设计概算，桑河二级水电项目每年节约融资费用超过1000万美元，截至2016年年中，累计节约融资费用约2500万美元。

（三）探索境外融资的新模式，支持华能集团的国际化进程

桑河二级水电项目跨境融资租赁形式灵活，运用便捷，审批时间快，放款速度快，具有明显的优势，其实施经验可推广到其他境外项目，尤其是对境外水电项目的建设期融资有较强的适用性，可以广泛运用到其他类似项目。跨境融资租赁的成功实施得到社会媒体的广泛关注，证券网、凤凰网财经频道等知名媒体都对此项目跨境融资租赁做出相关新闻报道。桑河二级水电项目作为华能集团在柬投资的第一个项目，其按期完建对华能集团的国际化发展具有重要的战略意义。

（成果创造人：何　敏、邓炳超、黄光明、李云汉、阎　锋、
高立武、吴丹琦、贺文森、王维姣、普文荣、高　洋）

大型石油集团国际业务综合一体化运营与管理

中国石油天然气集团公司

中国石油天然气集团公司（以下简称中国石油）是国家独资设立的国有公司和国家授权投资机构，是集石油天然气勘探开发、炼油化工、管道储运、销售贸易、工程技术、工程建设、装备制造、金融服务等业务于一体的综合性国际能源公司。中国石油在国内拥有16家油气田企业、31家炼化企业、37家成品油销售企业、13家管道储运企业，以及一批工程技术、科技研发和后勤保障单位，在海外38个国家开展油气投资业务，为70多个国家和地区提供工程技术服务。截至2015年年底，中国石油下属企事业单位近150家，从业人员近160万人，在世界500强和世界50家大石油公司排名中均列第3位。

一、大型石油集团国际业务综合一体化运营与管理的背景

（一）企业实现稳健发展，打造世界一流能源公司的需要

从上下游产业链来看，国际油价波动大、风险高、影响广，给国际项目运营投资回报带来较大的不确定性，而上下游一体化可以有效分散市场风险，在高油价时用上游补下游，在低油价时用下游反补上游，有效平衡利益分配，保障石油公司获取相对稳定的综合投资收益，实现稳健发展。从甲乙方业务链来看，投资业务与工程服务业务一体化有利于发挥协同效应，通过持续的沟通协调，可以充分利用参建各方优势，集中力量实现海外大中型油气项目快速高效的建设和运营，从而降低投资风险、提高企业集团整体效益。同时，通过投资带动效应，可以带动国内石油工程服务及装备制造等产业全面“走出去”，实现国内油气产业链共同发展的需要。从企业发展战略来看，中国石油积极响应党的十八大报告提出的“建设一批世界级企业”的要求，“综合一体化”已经并将继续成为中国石油的独特竞争优势，助力中国石油建设世界级企业。

（二）贯彻国家“一带一路”战略，保持油气合作先发优势的需要

自1993年“走出去”开展国际化经营以来，“一带一路”重点东道国一直是中国石油拓展国际油气合作的主战场。经过二十多年的积累和发展，中国石油切实发挥“一带一路”能源主力军的作用，并且取得显著成果。二十多年跨国经营的成功实践表明，“综合一体化”在中亚、中东、非洲等发展中国家或地区能够展现巨大生命力，“综合一体化”优势将是中国石油在践行国家“一带一路”战略的新征程中，继续发挥威力，成为建设以油气为核心的经济生态圈、实现区域经济一体化、打造能源丝绸之路的利器，也将是在新形势下进一步推动企业转型升级、持续发展完善，继续推进国际业务改革发展的驱动力。

（三）提升国际竞争力，争做世界油气企业公民的需要

中国石油目前运营管理的海外油气项目多分布在欠发达国家或地区。从客户维度看，油气资源丰富但是经济落后的东道国（拥有油气资源的主权国家），更愿意采用一体化合作模式来开发本国油气资源，希望建立独立、完善的石油石化产业，通过互利共赢实现本国经济的可持续发展。中国石油通过与苏丹、尼日尔、乍得等国的石油公司合作，在当地建立从勘探开发到炼油化工，上下游配套、完整的现代石油工业体系。帮助一些东道国建立本国的石油工业体系，带动中国石油国内工程技术、工程建设和装备制造业务迅速打入国际市场，带动国内一些制造业企业走出国门，使中国石油的整体投资效益达到预期回报要求，提升国际竞争力，打造有责任、有担当的世界油气企业公民的品牌形象。

二、大型石油集团国际业务综合一体化运营与管理的内涵和主要做法

中国石油立足全球油气市场，充分发挥自身的独特优势，通过实施甲乙方一体化、上下游一体化、国内外一体化、能源与金融一体化和一体化的海外安保防恐体系与一体化的协调管理机制，实现投资业务、工程服务与贸易业务的共同成长，提升国际竞争力，实现东道国、过境国和消费国的协同发展，降低投资风险，减少交易成本，保障国际业务健康、有效、可持续发展。主要做法如下：

（一）实施甲乙方一体化，实现甲乙方共同发展和成长

1. 以投资业务带动工程服务，实现甲乙方协同发展

甲乙方一体化是指利用国际投资业务带动工程服务、国际贸易、技术支持等企业参与国际竞争，对国际投资项目实施全过程的建设和技术支持服务，实现甲乙方协同发展，确保集团整体利益最大化。在伊拉克地区，只要是中国石油队伍设计的工程项目，由中国石油技术服务公司承担的工程建设，都能提前或按期投产。其中，艾哈代布一期项目提前半年投产，二期项目比原计划提前三年；哈法亚一期项目比原计划提前15个月投产，二期1000万吨项目成为伊拉克第二轮中标项目中“推进最快、进展最好、回收最快”的项目。在中亚地区，相关国家和中国的政治关系比较好，不排斥中国石油的队伍进入。中国石油土库曼斯坦阿姆河公司以“PMC＋EPCC”的“全面介入式”管理模式，强调甲乙方之间、乙方之间、项目与政府之间、中土员工之间的四层和谐理念，推动工程建设持续提速、提效。在非洲地区，项目谈判时东道国就明确提出投资业务和技术服务队伍要一起进入。苏丹1/2/4项目依靠甲乙方密切配合，在社会依托条件很差、自然环境极为恶劣的情况下，仅用11个月的时间就建成年产1000万吨的油田和1506公里的长距离输油管道，从投产到回收全部投资仅用三年半时间。

2. 以投资业务带动国际贸易，延长产业价值链

中国石油海外投资业务的快速发展，为国际贸易业务提供良好的市场基础，也为国际贸易业务进入东道国市场创造良好的平台。委内瑞拉MPE3油田开发项目，为解决合资公司原油市场销售问题和掌控原油销售款，按照融资协议及项目规定，引进中国石油旗下国际事业公司作为原油提油人，负责合同期合资公司的原油提油及销售工作，并将原油收入支付给合资公司受中资金融机构监管的收款账户。增加国际事业公司的贸易额和收入，提高中国石油在拉美地区市场的原油贸易话语权。

3. 以投资业务带动技术支持，打造海外特色核心技术

中国石油海外业务技术支持已建成“1＋12＋N”的开放式支持体系，以“项目化”的方式（每个重点项目配置一个技术支持团队）开展油气生产技术支持和科技攻关。其中，“1”是处于核心地位的中国石油勘探开发研究院；“12”是物探、炼化、钻完井、天然气、地面工程、海洋工程、规划研究、战略研究、信息、采油等12个专业技术支持机构；“N”是大庆、辽河、新疆、西南、大港、吐哈、玉门、华北等各具特色技术的国内对口支持油气田企业。海外技术支持以中国石油国内技术为基础，借鉴吸收国际先进实用技术，集成创新以地质勘探、油气田开发和新项目评价三大核心技术为主体，形成包括被动裂谷盆地油气地质理论及勘探技术、低勘探程度盆地快速评价与勘探技术、复杂碳酸盐岩油田开发技术等十大系列特色技术，攻克复杂地质条件下新区勘探、新油田开发和老油田改造等一系列技术难题。

（二）实施上下游一体化，充分发挥下游产业的“杠杆效应”

中国石油一直坚持“下游推动上游、上游带动下游”的上下游一体化发展策略，以下游业务撬动上游油气资源的获取，并帮助东道国构建门类齐全的石油工业体系。

1. 发挥炼化产业的杠杆效应，撬动上游油气资源获取

油气资源丰富、炼油能力缺失或匮乏、成品油及化工产品只能依靠进口的部分落后油气东道国，具有发展炼化产业的诉求，以此提高油气资源的附加值、满足国内成品油供应、促进国家经济发展、摆脱

对国际市场的依赖。中国石油利用炼化产业的杠杆效应，在油气东道国撬动上游资源的获取机会，增加合作的可能性。1997 年 3 月，中国石油与苏丹能矿部签订合资建设 250 万吨/年喀土穆炼油厂的合资协议，在激烈竞争中击败西方大石油公司，获得苏丹 1/2/4 项目的作业权。喀土穆炼厂在不到两年的时间内建成投产，保障苏丹国民经济发展的能源安全，在北非及中东地区产生深远的影响，为中国石油后续在非洲拓展上下游一体化业务积累经验。2008 年，中国石油同样以承建炼厂为前提，与尼日尔政府签署上游 Agadem 区块 PSA 协议，获得当时在非洲最大的一块已经发现原油储量的勘探区块作业权。

2. 发挥管道的价值实现优势，提升海外油气项目整体效益

管道是连接油田和炼厂或者港口的桥梁，管道项目的稳定运营是上游油气资源实现价值、一体化项目整体实现效益的保障。在乍得，中国石油根据与乍得石油的合作协议，为乍得建设一条原油输送管道，并于 2011 年建成运营，有效解决乍得的上游油田原油外输、炼厂原油供应问题。在尼日尔，中国石油根据项目合同，如期建成 Agadem 油田原油管道，有效解决 Agadem 油田原油外输问题，津德尔炼厂生产的成品油可以完全满足尼日尔国内市场的供应并向周边国家出口，标志着尼日尔从此成为原油和成品油生产国。通过充分发挥管道价值实现优势，使中国石油在乍得、尼日尔等国的资源效益达到最大化。

3. 发挥上下游一体化整体实力，助力东道国构建现代石油工业体系

中国石油凭借上下游一体化整体实力，助力一些特定的东道国构建现代石油工业体系。自 1996 年与苏丹开展合作以来，中国石油开发建设千万吨级大油田，并合资建设原油长输管道、年原油加工能力 250 万吨的喀土穆炼油厂和年产 1.5 万吨聚丙烯树脂的喀土穆石油化工厂，帮助苏丹建立起技术先进、规模配套的现代石油工业体系，同时促进苏丹国民经济发展。此外，应阿尔及利亚、尼日尔、乍得等国政府要求，以合资方式先后建成阿尔及利亚 Adrar 油田和 SORALCHIN60 万吨/年炼油厂项目，乍得 H 区块、S 区块油田和 100 万吨/年恩贾梅纳炼油厂项目，以及尼日尔 Agadem 油田和 100 万吨/年津德尔炼油厂项目，帮助这些东道国建立完善本国的石油工业体系。

（三）实施国内外一体化，实现东道国、过境国、消费国三方共赢

1. 发挥国内市场优势，提升东道国供给和外输能力

在与东道国进行油气合作的过程中，有效利用东道国对进入中国市场的需求，撬动与东道国的上游油气合作。一方面，我国天然气消费市场潜力巨大，是土库曼斯坦主要天然气消费国和出口市场。土库曼斯坦作为目前我国天然气进口最重要的东道国，向中国出口天然气占其年度出口总量接近 80%，另一方面，中土天然气合作创造“以市场促上游合作”的典范。土库曼斯坦政府对本国天然气资源严格控制，严禁天然气上游对外开放。中亚天然气管道建设首次提出于 1992 年；2005 年 5 月，该构想得到实质性实施；2006 年 1 月，中方提出在中亚天然气管道建设的同时，由土库曼斯坦拿出一定区块让中国公司投资开发；2007 年，中方进入土国阿姆河项目，目前已经建成 170 亿方/年的产能。

2. 发挥管道过境与地缘优势，丰富过境国资源与利润来源

中亚地区油气资源丰富，不仅位于全球“中东－中亚－俄罗斯”油气供给带中心，也是唯一与我国陆路接壤的油气资源区，更是当前我国“一带一路”合作倡议的核心支点区。一方面，中国、土库曼斯坦、乌兹别克斯坦、哈萨克斯坦四国领导共同见证中亚天然气管线投产，开启区域性能源通道的多国合作。中亚天然气管道 A/B/C 线西起土乌边境，经乌兹别克斯坦、哈萨克斯坦，到达中国霍尔果斯口岸，全长 1833 公里，设计输气能力 550 亿立方米，其中 A/B 线设计年输送能力 300 亿立方米、C 线设计能力 250 亿立方米。另一方面，中亚天然气管道将中亚地区 3 个主要地缘国家紧密联合在一起，促进地区地缘环境的改善。中国通过跨境能源管道建设，多方考虑东道国利益、过境国能源出口能力提升，创造主要国家间的利益共同点，推动区域地缘关系的改善。以哈萨克斯坦、土库曼斯坦、乌兹别克斯坦过境

国为代表的中亚地区天然气资源丰富，截至2015年年底，三国天然气剩余可采储量共计19.5万亿立方米，三国天然气产量共计1425亿立方米。2015年，中亚天然气管道A/B/C线向中国输气305.7亿立方米，占全国天然气进口总量约46%，占全国管道天然气进口量约82.6%，大幅增加我国天然气保障能力。

（四）实施能源与金融一体化，推动人民币国际化和国内产能“走出去”

1. 提升中方话语权，保障国家能源安全供给

“贷款换石油”是中国石油实施能源与金融一体化的重要组成部分，也是中国政府大力支持企业“走出去”的重要举措之一。通常做法是通过中国国家政策性银行与东道国政府或公司签署贷款融资协议，有效整合外方在资源方面和中方在资金、技术方面的各自优势，推进中方企业开展油气投资合作，并寻求将油气资源运回中国国内，支撑国内经济发展。委内瑞拉MPE3油田开发项目贷款历时三年，最终于2013年6月完成40.15亿美元的一揽子融资相关协议的签署，在发挥中国石油甲乙方一体化优势的同时，实现国家开发银行、中国石油、PDVSA、合资公司的多方共赢。

2. 充分发挥产融结合优势，推动人民币国际化

2010年11月以后，西方对伊朗的经济金融制裁持续升级。昆仑银行在有关各方的支持下，发挥产融结合优势，依托中伊原油贸易，通过结算款双边轧差方式开展中伊资金结算，后期研发部署SWIFT报文替代系统FMES，大力推广使用人民币作为结算和储备货币，成功突破美国信息监控和美元、欧元清算制裁，成为中伊之间唯一不依赖第三方的安全结算通道。2014年10月，中国银监会正式批准的专门服务于中伊贸易结算的昆仑银行国际业务结算中心在北京成立，极大地方便涉伊中国企业业务办理，解决长期困扰中伊结算的瓶颈问题。经过近年来的探索实践，目前，昆仑银行中伊“原油贸易款＋人民币结算”模式趋于成熟。推动更加广泛地运用这一结算模式，将对国家“一带一路”战略的实施、人民币国际化、区内结算平台的建设起到助推作用。

3. 通过中方积极参股、参与融资、提供技术工程服务，实现国内产能“走出去”

亚马尔项目是中俄两国合作开发的重点能源战略项目，位于北极圈内，是全球纬度最高、规模最大的液化天然气（LNG）项目，该项目是包括油气田开采、天然气处理、天然气液化和油气销售与海上运输等在内的全价值链一体化项目。项目依托的南坦姆贝油气田（South Tambay）计划年产天然气250亿立方米，建成3条550万吨生产线，年产液化天然气1650万吨和凝析油100万吨。目前，液化天然气厂所在的萨别塔施工现场正在紧张建设中，第一条生产线拟于2017年建成投产。预计于2019年全面投产。截至2016年4月，中国企业共签下总价值近60亿美元的服务和制造合同，承建的亚马尔项目模块建造总重量为40万吨。

（五）实施一体化的安保与防恐，全面控防社会安全风险

1. 建立实施一体化的社会安全管理体系

在制度建设层面，建立社会安全风险管控长效机制，在管理架构层面推动落实各级机构管理职能，在项目实施层面建立海外社会安全体系化管理模式。坚持海外项目安全风险分级管理和动态评估，在高风险及以上国家和地区新项目投标中，严格审核风险评估报告和安保方案，坚决叫停风险不可控项目。

2. 构建以“全覆盖、时效性、执行力”为特征的风险防控体系

中国石油聚焦地缘政治变化，严密监控东道国安全局势变化，构建规范化的风险管理体系框架，以风险防控为核心，依托国家有关部门，强化与国际专业安保公司的情报合作，将风险防控与生产经营管理紧密结合，保障风险防控工作落实到位。在伊拉克，中国石油以风险防控体系为根本，充分发挥一体化优势，创新实践“三大一统一”管理体系，即大安保、大后勤、大环境，统一协调管理。项目公司主动承担起超出常规合作的更多的义务和风险，为各参建单位搭建起发挥专业能力的良好平台，充分体现

集约高效，有效避免资源配置重复浪费。"三大一统一"体系已经推广至尼日尔、乍得等国家。

3. 建立完善常态化安保防恐和应急机制

在应急机制建立方面，明确各级机构应急职责和信息报告要求，做到分级授权、分级应对。在应急预案完善方面，注重应急响应管理，根据局势变化及时组织更新应急预案，无缝对接紧急撤离路线，做好应急资源匹配；组建应急救援队伍，保证现场救援装备和防护设施的配备完善；重点防范高安全风险东道国的恐怖袭击、抢劫和暴力活动，定期开展应急预案培训和演练，提高员工应对突发防恐安全事件的能力。在国际资源调配方面，中国石油统一组织，在迪拜、肯尼亚和马耳他建立辐射整个非洲和中东地区的应急响应救援支持点，与包机公司、邮轮公司和酒店签署合作协议，开辟陆、海、空转移和撤离途径，为紧急撤离提供支持保障。

（六）实施一体化的协调管理机制，全面统一协调项各方关系

1. 协调不同乙方以及甲乙方关系，最小化交易成本

一是根据中国石油国际业务市场协调管理的实际需要，进一步加强境外项目备案管理工作。二是进一步明确海外市场协调参与主体的职责。三是积极探索协调前移、加强市场开发统筹协调的管理机制和手段，发布以市场开发计划为基础的境外项目分类分级协调备案审批方案，并将该方案所体现的基本原则运用于市场协调和管理工作之中。四是加大对竞争较突出的专业和地区的直接协调力度。

2. 协调甲乙方和政府关系，实现中国石油整体利益最大化

海外大区层面通过海外大区协调组开展协调工作，由甲方单位担任协调组组长，乙方单位参与。在甲乙方之间产生矛盾，或者业务需要时，大区协调组坚持效益优先原则，从中国石油整体发展战略出发，强化甲乙方一体化协同管理，实现中国石油在该地区的整体利益最大化；坚持合法合规原则，遵守国际规则、所在国法律法规和项目公司章程，规避因为关联交易而带来的法律风险；坚持统筹兼顾原则，大区协调组与投资业务公司合署办公，业务和人员统筹兼顾，构建精干高效的集中协调管理和监督体系。

3. 实施过程中以合规与内部市场化为基本前提

一方面，坚持遵守国际规范，严守国际惯例，遵循市场规范，以专业化的方式开展合作，强化科学的项目管理；遵守中国和东道国的法律法规，守住法律底线，坚决杜绝腐败，不搞利益输送；遵守项目合同及项目章程，坚持合同就是"宪法"的理念，以项目合同为根本大法，坚持公开、公平招标，坚持程序正义，实现按章办事。

另一方面，建立集团内部统一开放的市场体系，引入竞争机制，通过市场化的方法公开招标，在工程服务、装备制造等业务合作上探索并建立多元化的服务合作模式；引导鼓励投资业务与工程服务、装备制造服务业务之间签订长期战略合作协议，推进内部市场的依法合规管理，构建制度化的沟通协调机制；借鉴国际通行做法，推进单项长期合同、区域总承包、产能建设总承包和风险合作等服务模式，促进技术、资源和市场的有机结合，形成利益共同体；参考国际石油公司实践，在招标中将内部市场竞争的重点放在技术、质量、效率、安全和管理等方面，引导企业通过技术进步、管理创新赢得市场。

三、大型石油集团国际业务综合一体化运营与管理效果

（一）加快项目建设进度，奠定中国石油参与国际化竞争的核心比较优势

在担任大中型合作项目作业者时，通过对合同标准的控制，在招标中尽可能优选中国石油的乙方队伍，承揽项目全过程技术服务。参建各方同属一个中国石油，具有共同文化、共同目标和共同的整体利益，通过综合一体化运营与管理能够充分发挥整体协同效应，发挥国际石油公司难以比拟的综合优势。近五年来，技术服务和物资装备出口年平均收入保持在100亿美元以上，中国石油主导的项目平均提前11个月投产。

（二）降低交易成本和建设运营成本，奠定中国石油参与国际化竞争的低成本优势

“十二五”期间，海外工程技术、工程建设、装备制造业务得到深化拓展，年均完成营业额同比“十一五”年平均水平提升43%，国际贸易业务累计完成贸易量17.2亿吨油当量。当前，随着国际油价持续低位运行，全球油气市场进入新的低景气周期，竞争愈加激烈，经营效益和现金流成为国际业务稳健发展的关键，转变国际业务发展方式、推进改革创新、实施低成本战略、提升质量效益显得更为紧迫。面对低油价的严峻形势，中国石油“综合一体化”的优势显得更为突出。

（三）提升中国石油的跨国经营规模能力和跨国指数

经过多年的艰苦创业和快速发展，中国石油在总资产、营业收入、炼油能力、公司市值等方面已经实现历史性跨越，超过世界前50大石油公司中前5家的平均值，达到世界领先水平，规模实力、品牌形象和影响力得到显著提升；国际化经营取得各方认可的成绩，为能源“一带一路”建设打下坚实基础，为我国能源外交做出重要贡献；以四大油气通道、三大运营中心为依托的国际贸易业务在全球油气市场交易中的份额不断扩大，国际业务保持安全稳健发展，有效应对2014年伊拉克安全形势骤然恶化等多起重大危机，为中国石油推进建设世界一流综合性国际能源公司、提升国际化经营水平构筑坚实的屏障。

（成果创造人：李越强、陆如泉、赵　林、郜　峰、杨　鹏、周敬成、常毓文、杨　涛、王瑞军、苏　敏、姚　睿、胡菁菁）

装备制造集团以系统解决方案为载体的国际化管理

上海电气电站集团

上海电气电站集团（以下简称电站集团）是上海电气集团股份有限公司（以下简称上海电气）的核心板块，从事发电设备的制造、电站工程的总承包以及后续的服务项目，主要产品包括1000MW及600MW超超临界、600MW及300MW等级超临界、600MW及300MW等级亚临界大型火力发电设备；二代半和三代百万等级原子能发电设备；燃气轮机及联合循环机组；大型化工炼油液化气化设备；海水淡化设备；脱硫脱硝等环保设备；交直流大中型电动机等。经过技术引进和消化，自主开发能力得到突破性飞跃，相关的设备设计、制造技术已具有自主知识产权并达到世界先进水平。电站集团的职工人数逾14000人，2015年销售规模超过300亿元。

一、装备制造集团以系统解决方案为载体的国际化管理背景

（一）响应国家号召和输出中国影响力的需要

随着经济全球化进程的加速，中国企业面临更大的外部冲击和激烈的国际竞争。中国企业要适应经济全球化的新形势，在更大范围、更广领域和更高层次上参与国际竞争和合作，坚持“引进来”和“走出去”相结合，努力在“走出去”方面取得明显进展，增强中国经济发展的动力和后劲。中国企业通过实施“走出去”战略，可以获取海外销售渠道，学习发达国家企业的研究开发能力，可以获取重要原料和能源来源，这对于中国企业在各个行业、产业、领域做大做强，对于提高中国企业的国际竞争力都具有重要的战略意义。

（二）解决开拓国际新市场和国内产能过剩的需要

作为基础设施建设有力的支撑资源，能源电力建设是“一带一路”战略的重要组成部分。从需求方面讲，“一带一路”沿线发展中国家的电力消费水平低，发展空间巨大，必然会带动这些国家的电力投资，从而带来巨大的电力设施建设需求。从市场机会方面讲，沿线大部分国家的本土重型制造业较薄弱，能源电力装备严重依赖进口，这为中国的相关企业“走出去”提供巨大的海外市场。同时，现阶段中国能源电力装备的产能过剩迹象明显，因此，中国的电力设备企业有“出海”消化这些产能的迫切要求。

（三）提高企业营业规模和盈利能力的需要

国内的发电设备产业经过10多年的高速增长，当前的总装机容量已超过15亿千瓦，设备的利用小时数也不断下降，新增火电市场容量逐年下降，企业的经营压力越来越大。要提高的企业经营规模和利润水平，只有积极实施“走出去”战略，积极参与国际市场竞争与合作，充分利用国内、国际两个市场、两种资源，才能弥补国内资源和市场的不足，进一步拓宽经济发展空间，适应经济全球化的趋势。

二、装备制造集团以系统解决方案为载体的国际化管理内涵和主要做法

电站集团通过向前端工程总承包和后端电站服务进行价值链整合，依托工程总承包和电站服务实现从国内运营向国际化经营的转变，通过提升价值链和拓展供应链，推动电站集团的国际化转型。主要做法如下：

（一）做好顶层设计，坚定不移实施国际化转型

1. 确定国际化发展总策略

电站集团国际化发展总策略为：以拓展海外市场为中心，以提升价值链和拓展供应链为发展方向，提升技术能力、制造能力、工程项目管理能力，推进国际化体制机制和组织建设、风险管理体系建设、产融

结合工作体系建设、国际化人才队伍建设，并针对上述策略编制和实施电站集团国际化发展战略五年规划。

2. 明确国际化能力建设的重点方法和细分领域

电站集团明确技术能力、制造能力、工程项目管理能力的建设方法和细分领域。技术能力的提升主要表现在：用技术成熟度模型、PDP、IMI、IMI＋等方法提升产品的先进性、可靠性和进入海外市场的适应性。培育具有自主知识产权的产品，突破或绕过引进技术的“知识产权壁垒”，完善并落实符合国际市场和所在国要求的各项技术标准。制造能力的提升主要表现在：用竞争力提升项目（CIP、CTG）来提升成本的竞争性、质量的可靠性、制造周期的效率性。工程项目管理能力的提升主要表现在：用KCP21（关键控制点管理）模型来提升分包控制能力、现场管理能力、调试移交能力和合理赢利能力。

3. 完善国际化体制机制和组织建设

为使国际化得到持续有效推进，电站集团成立国际化领导小组，决策国际化发展战略和策略，明确国际化战术安排，统筹和协调工程、装备、服务、新产业在国际化发展中的问题。组建、优化国际化组织架构，构建区域管理、业务管理、项目管理的矩阵构架。建立和完善海外机构和人员的运作机制、考核机制和激励机制。以市场指标为导向，每个业务单位均设置海外市场订单的考核指标，完善海外人员的激励机制，使派出人员能够安心踏实地扎根海外。优化组织架构，构建区域管理、业务管理的矩阵式管理架构。积极完善风险管理体系建设，重点是海外财务、税务风险，海外用工风险，环境和安全风险，知识产权和反商业贿赂风险。完善产融结合工作体系建设，重点是构建产融结合工作体系，完善长期投资管理及投资后退出机制，制定与国内外企业联合投资的方案和预案。积极推进国际化人才队伍建设，在明确对人才要求的前提下制订定向招聘和培训计划，制订海外工作实践计划。建立和完善国际化人才，尤其是长住海外人才的考核、管理和激励机制。

（二）深刻分析国际电力市场需求，明确市场拓展重点

1. 基于项目单位装机容量方面的分析

中国、印度自身缺油少气，但有煤炭资源，因此不论从国家能源安全的角度，还是从经济性的角度，这两个国家的装机大多数以大型煤电厂为主，只是由于印度自身电网的容量原因，单位装机并没有中国那么大。如果国家能源禀赋以石油天然气为主，其装机自然而然地选择以燃气轮机联合循环为主，这决定单位装机应小于300兆瓦等级，参考国家如沙特以及马来西亚。另外，国家规模越小，其电源项目受制于用电需求和小容量电网，其单位装机越小，小于300兆瓦等级。受制于国家的电网容量以及国家规模决定的用电需求，在电网不发达的发展中国家，即使人口众多，其新上电源项目单位装机也以中小项目为主，以东南亚国家最为典型。因此，在拓展国际市场时，电站集团注意到国外电力市场是以中小燃煤项目以及联合循环项目为主的电力市场。

2. 基于市场层次方面的分析

整个电力项目市场由几个必要的成分组成，首先需要有投资方与运营方，其次需要有总包公司、安装与土建公司、调试公司，最后还要有设备生产厂家与设计院。由于业主方（发电集团）专业的人员与雄厚的技术实力，中国市场中通常的项目组织形式为业主方同时担任投资方、运营方以及总包方的角色，其他角色都是只对业主负责。但是中国的模式并不能代表国外的市场模式。海外的市场模式大都是业主与总包方不一致，总包方会联合设备供应商、土建安装方等进行联合投标。针对这种情况，电站集团采取不同于国内市场的市场开拓方式，以EPC方式或BTG方式成交订单。

（三）加强海外网点市场情报研究能力，提升网点运营水平

1. 全球布局，设立网点

海外网点的设立和建设是电站集团国际化发展的重要组成部分。目前在海外布点的子公司、办事处

是因海外电站工程项目的需要而设立和运作的，其功能为销售布点、办事处或中转站。截至2016年6月，上海电气电站集团已经在越南、印度、沙特、伊拉克、马来西亚等5个“一带一路”国家注册分公司或子公司，在南非、印尼、巴基斯坦、伊朗、俄罗斯、塞尔维亚、孟加拉、土耳其、波兰9国也派有常驻人员，未来将陆续成立办事处或分支机构。现阶段，上海电气的重点市场为印度、巴基斯坦、印尼、伊朗、伊拉克、哈萨克斯坦等国家。

2. 明确海外网点的定位、职责、人员配置、资源配置和制度

做好海外机构的定位和功能设计对电站集团的国际化发展至关重要，电站集团通过强化市场拓展功能，淡化办事处和中转站的功能对海外网点进行功能调整，增加商业情报的收集和分析、寻找商业机会、签订商业合同等工作。主要工作和方法包括：一是建立清晰的商业情报收集渠道和分析方法，定期向集团领导提供所在国或区域的市场研究报告；对于重要的商业信息要及时向集团领导汇报，并采取必要的跟进措施；二是建立商业渠道和人脉网络，包括目标顾客、重要的合作伙伴、项目相关的政府机构和官员等；有针对性地进行市场推广，寻求合作机会；三是跟踪重要的商业线索，组建销售团队，提出有竞争力的销售方案，签订商业合同。

3. 完善海外网点的年度考核指标

加强对海外网点的年度考核，设置合理的指标体系，重点考核市场信息、情报收集和研究以及形成有效的销售业绩方面。具体而言，关于市场方面的工作考核，聚焦在市场分析和研究、市场拓展、商业机会的获取等。关于销售业绩的考核，以销售合同承接为硬性指标进行考核，推动海外网点将工作重点和注意力集中在增值业务上。

考核的权重根据不同网点的情况进行设置：对于长期没有绩效的网点进行撤并，提高海外网点的运作能力；对于有条件的海外机构进行费用核算和盈亏方面的考核，指标以承接合同的金额为主，作为网点工作成效的主要考核依据。同时制定积极有效的销售人员考核激励措施，完善外派人员的考核评价，做好销售人员的职业发展规划工作。

4. 完善工作流程和授权体系

为便于开展海外网点的管理工作，电站集团着重建立完整的海外机构管理制度和流程。在机构业务运作流程方面，着重建立商业情报收集、分析和研究流程；市场推广流程；商业网络的建立和管理流程；招投标、商务合同签订流程，制定市场信息的月报或快报制度。在授权体系方面，主要考虑建立商业合同签订授权管理、费用支出授权管理流程、海外机构人力资源管理的制度。

5. 加强市场分析能力建设

市场分析能力的建设需要两个方面，一是收集情报，与有一定能力的市场分析机构和政府机构合作，通过咨询、购买数据以及项目研究等方式获取市场信息。二是对收集到的信息和情报进行分析和研究。通过大量的信息筛选，明确重要的目标顾客和可能的商业机会，为进一步的行动提供依据。

（四）持续完善营销策略，提升销售能力

1. 培育自己的市场开发团队

电站集团海外市场开拓不仅要靠代理，还要靠强大的市场开发团队。通过在职或脱岗等多种培训方式，不断完善销售人员的知识结构；通过与当地咨询公司合作，深刻了解当地市场特点、关键客户的具体需求。通过加强商业情报的收集和研究，建立强大的情报分析能力。此外，电站集团还通过市场推广和商业网络建设、项目招投标等培养市场开发团队。电站集团制定海外销售人员能力需求模型，针对模型的要求，加强针对性培训，提升国际化商务能力。通过选拔优秀青年干部到海外实践锻炼，充实海外销售力量。

2. 贴近重点客户，与重点客户形成定期高层会晤机制

根据目标市场需要，电站集团确定重点客户的名单、客户的决策者，确定高层互访的目标人物。认真规划和研究高层互访的时机和目的，通过互访推介电站集团的产品和服务，增强顾客对上海电气的信心，提高其交易的意愿和合作的信心。通过海外推介会、参加著名能源会议展览、赞助国际能源会议等形式推介产品，邀请重点客户参加。

3. 重点推进国外大客户投融资项目落实

积极帮助国外大客户投融资项目落实资金，与国内各家银行和保险集团，特别是国家开发银行、中国进出口银行、中国进出口信用保险公司等，通力协作，根据客户需求拟定项目融资模式和结构。通过加快融资进度、提高融资能力，努力拓展和发掘在“一带一路”沿线国家的产融契合点，以融资为支点，争取项目早日落地，实现合作多赢。

4. 立足国际舞台，积极推进与实力雄厚的公司开展强强合作

一是与独立电力开发商和国际/地区咨询公司合作。目前国际市场以总包方和投资方捆绑的模式为主流趋势。通过积极宣介和定期拜访机制，建立和巩固与独立电力开发商的合作关系，开拓独立电力项目机遇。通过与国际和地区工程咨询公司的合作，增强项目竞标能力以及综合竞争力，维护和巩固已有客户，并以多种投资/项目模式尝试和寻求市场机会。

二是与国外设计院合作。加强与国外设计院的合作，提升面对全球各种技术方案和技术问题处理方案的能力，增强应用欧美国家标准的能力，加强防范技术风险的薄弱环节，实现技术管控全覆盖，较快突破国外业主在技术标准方面的壁垒，尤其在燃机方面取得先发优势。

三是与海外市场的中国公司合作。对于伊朗、伊拉克、埃及等处于“一带一路”沿线的市场区域，有大量“中”字头企业活跃在该区域，积极与这些企业合作以组成联合体、战略联盟等形式，发挥各家之长，采取更灵活的项目组织方式和构架，最大化地取得当地相关政府机构的认可和国家金融机构的支持，加强和提高项目承接能力。

（五）构建全球化采购能力，优化供应链的成本和效率

1. 建立供应商数据库和应用系统，实现集团内共享全球供应商

通过打通电站集团下属的工程公司与各装备企业的供应商数据库壁垒，共享工程和装备的供应商；配合上级公司设计开发供应商管理信息平台（SRM），优化并统一现有供应商管理流程，共享上海电气集团内供应商信息。通过大客户分包项目，共享有价格优势的西门子供应商资源。通过构建机制和流程，确保电站集团内的供应商共享能有效地控制成本、提升价值。

2. 提升全球化采购能力

全球化采购的关键是提升项目所在地本土化采购能力，其核心是开发当地供应商。主要包括供应商注册、预选择池、评审、进入合格供应商名单、名单抽取、绩效考核、建立淘汰机制等。重点分析本土化采购的可行性，包括哪些材料、符合的国家标准、技术特性、可选供应商、总成本等；先小比例采购并试用，视使用情况逐步优化供应商结构，逐步增加采购量。提升策略采购能力，包括建立策略采购人员素质模型，策略采购能力提升培训，各企业间建立业务交流平台，加强市场分析，提供相关职能领域供应商及市场分析报告。从目前由企业采购部提供分析报告逐步过渡到由策略采购人员提供分析报告，企业采购部汇总。完善部分物料低成本国家采购决策，共享战略合作伙伴的全球采购资源。

3. 推进供应商价值分析项目

供应商价值分析项目主要是通过价值分析、精益生产、成本分析三个模块降低总成本，与供应商分享降本，实现双赢。各企业寻找值得推进价值分析项目的供应商试点（合作量大、供应商基础好的关键物料）。对供应商用成本分析模型，做好成本分析。完善相关流程，优化商务工作，包括如下方法：供

应商的流程优化、直接向第二层供应商采购、供应商设计优化、集中采购。

（六）提升海外项目管理能力，实现价值链提升

1. 搭建项目信息管理平台，发挥矩阵管理优势

以发挥矩阵优势为目标，以个性化工程项目信息管理平台为工具，提高项目管理水平以及有效发挥监控运行机制，管理渗透工程项目前期、项目策划、项目设计、采购、分包、技术、质量、项目收尾等各环节，把控项目风险，不断完善项目管理水平。

2. 提升和扩展技术管控能力

实现技术管控全覆盖，以设计技术为龙头，管理覆盖到项目执行、运行维护、竣工移交等方面。重点加强燃机的技术管控能力。通过与安萨尔多的战略合作，掌握和加强燃气轮机技术和高附加值的服务技术，深耕国内燃机市场，落实伊朗市场，突破埃及、沙特市场。

3. 持续降本增效

通过提升设计管控能力、优化设计、完善分包模式、挖掘本土化采购等，对技经管理、财务管理、技术管理、项目管理等多管齐下，持续降低运行成本，增加企业效益。

4. 提高土建、安装分包能力

依托海外项目，按照国际通行规则和惯例进行土建、安装分包，深入推进国际分包管理，在分包形式的选择、分包商的选择和分包惯例运作机制上进行积极尝试，把握当地资源并逐步扩大分包范围，探索国际化分包模式，推进海外 BOQ（工程量清单）分包。

5. 建立风险防范体系

“事前防范”和“事中控制”相结合，把风险防范渗透到项目管理全过程。利用即将启用的项目管理平台，及时录入、记载、记录项目执行信息，辨识工程项目执行中可能存在的风险，为制定有效的防范措施提供帮助，确保风险得到有效控制。

三、装备制造集团以系统解决方案为载体的国际化管理效果

（一）项目涉及领域越来越广，国际化运营能力不断提升

上海电气电站集团为海内外用户提供多个大型电厂工程总承包、电站设备总成套等优质工程项目，业务涉及总共 35 个“一带一路”战略沿线国家，其中总计实现业绩的国别 10 个，密切跟踪投标的国别 25 个。已建成项目的“一带一路”战略沿线国家 8 个。代表项目有巴基斯坦木扎法戈 325 兆瓦火电电厂、伊朗萨汗德 300 兆瓦燃煤电厂、印度雅慕娜 2300 兆瓦电厂、孟加拉西莱特单循环燃气电站、越南广宁 2X300 兆瓦燃煤电厂、伊拉克瓦西特 3X330 燃油电厂等。截至 2015 年年底，在世界各地建设的电站工程已达 61 个，总装机容量 5113.9 万千瓦，其中国外装机容量 2347.9 万千瓦、国内装机容量 2766 万千瓦。

（二）品牌认可度越来越高

通过这些年在“一带一路”沿线国家的耕耘，上海电气的品牌已得到广泛认可。市场结构从主要依赖国内外市场发展到国内、国外市场兼顾；产业结构从以设备成套为主发展到集 EPC、BTG、电站运维一体的产业链；产品从单一煤电项目发展到燃机、太阳能等新能源产品，商业模式不断完善和丰富。上海电气电站集团国际化经营过程中与众多总包公司和投资方展开合作，建立业务渠道，形成可持续发展的能力，为全面响应“一带一路”的国家战略及企业的国际化转型奠定良好基础。

（成果创造人：曹　敏、郑晓虹、陈文倩、卫旭东、
陈　力、金升龙、申善毅、郝　琳）

国际工程公司基于共赢共享理念的协同发展

中国路桥工程有限责任公司

中国路桥工程有限责任公司（以下简称中国路桥）是中国交通建设股份有限公司（以下简称中国交建）的控股子公司，是中国交建海外业务的重要载体、窗口和平台。中国路桥主要从事道路、桥梁、港口、隧道等基础设施建设，在全球 60 多个国家和地区设立驻外机构，形成高效快捷的经营网络。近年来，承建巴基斯坦喀喇昆仑公路改扩建项目、毛里塔尼亚友谊港扩建工程、塞尔维亚泽蒙大桥、肯尼亚蒙内铁路等大量具有深远影响力的国际工程，在业界享有较高的知名度和相当的影响力。中国路桥经济效益连续七年稳居中国交建所属企业首位，2015 年，新签合同额为 448.27 亿元人民币，完成营业额为 235.51 亿元人民币。

一、国际工程公司基于共赢共享理念的协同发展背景

（一）协同发展是企业国际化经营的客观需要

随着经济全球化进程的不断推进和深入发展，各经济活动参与者间的联系日益密切，团结协作、互利共赢已成为各国的发展共识。中国路桥作为国际承包商，经营触角遍及全球，经营活动不仅关系着企业自身利益，也对所在国政府、社会和人民有着重要影响。在开展工程建设过程中，只有本着对业主和当地社会、人民高度负责的态度，设身处地地替对方着想，才能得到当地政府、社会和人民的支持，深深扎根所在国，实现在当地的可持续发展。与此同时，工程建设项目大型化、复杂化的趋势日益明显，对承包商能力的要求也日益提高，这就要求承包商具备强大的专业整合能力、产业链整合能力、融资能力、战略联盟能力和集成化管理能力。一个单一的公司很难独自具备上述所有能力，必须与上下游企业开展相关合作，才能满足项目需要。这就要求相关方加强合作，通过打造利益共同体与发展共同体，优势互补，实现共同发展。

（二）协同发展是集团对公司战略定位的重要要求

中国路桥既是一个独立的法人公司，又是中国交建海外业务发展的重要平台，肩负着公司自身发展和引领中国交建各板块企业开展海外业务的双重使命，除传统的公路、桥梁、港口、隧道、铁路等基础设施建设业务外，还承担着推动中国交建的其他业务如城市及产业园区、特许经营、房地产投资开发、现代装备制造等走向海外的重任。中国路桥只有积极整合集团内外部优势资源，走协同发展之路，才能完成中国交建赋予的责任使命。同时，中国交建对中国路桥提出“商务引领、平台聚集、自身做强、引领做大”的战略定位，中国路桥制定并实施协同发展模式，在自身发展的同时，将中国交建的优势资源投放到海外市场，实现中国交建整体利益的最大化。

（三）协同发展是实现公司可持续发展的必然选择

中国路桥重组十多年来，紧紧抓住国家“走出去”战略带来的战略机遇，创造了经营规模迅速壮大、经济效益快速增长、业务结构不断优化、管理水平显著提高、核心竞争力持续提升、企业凝聚力不断增强的良好局面。但在业务规模不断扩张的同时，中国路桥也面临着盈利模式相对单一、人力资源严重不足的矛盾，制约中国路桥的进一步发展。因此，中国路桥必须利用自身强大的商务运作能力、发达的驻外机构网络、知名的品牌优势、丰富的海外经验等优势，积极整合集团内外部优势资源，以互利共赢为目标，打造利益共享的发展平台，通过与利益相关方的通力协作，实现中国路桥的进一步发展，实现新的跨越。

二、国际工程公司基于共赢共享理念的协同发展内涵和主要做法

中国路桥在国际化经营过程中，牢固树立共赢共享的发展理念，通过积极响应所在国的合理诉求，实现与所在国经济、社会、环境、社区的协同发展；通过打造分工合理、利益共享、风险共担的协同发展平台，实现与合作单位的协同发展；通过信息化手段加强企业内部机构的信息、资源共享，实现集约高效的协同管理；通过关注员工成长实现中国路桥与个人的共同发展。主要做法如下：

（一）坚持共赢共享导向，实现公司与所在国的协同发展

1. 实现与业主的协同发展

在项目建设过程中，中国路桥根据业主的需求，从专业化的角度提出合理化的建议，完善项目建设方案，切实落实业主权益。以中国路桥承建的赤道几内亚巴塔港为例，在码头建设方案设计过程中，业主方曾提出将其中的2万吨码头设计为长536米、宽150米的4个泊位。但是经过中国路桥的认真分析和论证，发现该码头只需长200米、宽41米，建2个泊位即可满足需要。如果按照前一个方案建设，较后一个方案需增加2倍的沉箱数量和7倍的回填工作量，但装卸能力却提升不大，投资相对于效益非常不合理，而且从长远来看也不利于港口资源的合理化配置，中国路桥据此提出合理化建议，并获得业主的认可。

2. 实现与所在国社会经济的协同发展

在市场开发过程中，中国路桥实施主动性、战略性的市场开发模式，针对不同国家的特点、历史文化、所处的发展阶段及面临的发展瓶颈等现实状况，主动对接东道国的发展战略，精心培育所在国社会经济发展真正需要的项目。如中国路桥承建的肯尼亚蒙内铁路项目，是肯尼亚2030远景规划旗舰项目，对于肯尼亚在2030年实现中等工业化国家的战略目标具有重要意义。蒙内铁路的建设将推动肯尼亚GDP增长1.5%，拉动经济和相关产业发展，促进肯尼亚进出口贸易的增长。在建设期间创造超过30000个就业岗位，极大地解决肯尼亚的就业问题，同时，依托蒙内铁路项目，沿线地区有条件成为肯尼亚重要的经济聚集区，进而形成蒙内经济走廊，有助于肯尼亚对周边内陆国家的经济辐射作用，促进东非“三网一化”进程。中国路桥承建的印尼马都拉大桥，连接印尼第二大城市泗水市和资源丰富的马都拉岛，实现印尼人民“天堑变通途”的梦想。中国路桥刚果新水泥公司营运十多年来，通过水泥生产、销售和运输等工作拉动水泥公司所在地鲁特特镇的交通运输、汽油、餐饮住宿等相关行业的发展，促进当地居民就业和经济发展。如今，鲁特特镇已成为刚果（布）著名的经济强镇。

3. 实现与当地环境的和谐相处

中国路桥坚持道德经营的理念，在工程建设过程中秉持“贴近自然、绿色工程”的施工理念，通过采用先进工艺和环保方法来达到节能降耗和环境保护的效果。在实施被称为天路的巴基斯坦喀喇昆仑公路项目时，鉴于项目周边地质、环境条件复杂，而且需要穿越巴基斯坦红其拉甫国家公园，因此对公园内珍稀野生动物及其栖息地和原生植被的保护就成为项目实施过程中需要重点解决的问题。为此，中国路桥专门与国内的环保科研机构合作完成《中巴喀喇昆仑公路环境保护与地质灾害防治关键技术研究》课题，据此优化工程设计和施工组织，努力达到工程建设与自然环境的和谐发展。在肯尼亚蒙内铁路建设过程中，设计动物穿越通道及沿线饮水设施，并在野生动物活动相对频繁的地区采取不同的现场封闭方案，杜绝夜间施工，尽可能地减少施工的过程中及项目建成后对野生动物的影响。

4. 实现与当地社区的和谐发展

中国路桥发挥工程技术专业优势，积极支持当地社区交通、饮水、卫生等公共基础设施建设。中国路桥在巴基斯坦主动承担疏通河道、修建水库、增加灌溉涵洞、参与水电站建设、修建板球场等大量社区工作，改善周边社区的居住环境。中国路桥接手刚果新水泥公司后，对原有设备进行技术改造，使水泥生产的废气与粉尘的回收利用率提高到96%以上，实现窑灰100%回收，改善鲁特特镇当地的空气质

量，提高生活环境水平。中国路桥积极支持当地教育事业，在赤道几内亚援建多所小学，在肯尼亚捐建小学，在内罗毕东北环城路项目建立大学生实践基地。中国路桥还积极为当地培养技术和管理人才，多年来为这些地区培养数以万计的工程师、机械师及大量的技术工人。除在项目建设过程中培训当地人员外，还在教育领域积极推进中非双方高等院校开展交流合作，全额资助赤道几内亚、刚果（布）、安哥拉、多哥等国的留学生来华学习深造。目前中国路桥资助的部分留学生已完成学业回国，成为当地不可多得的工程技术人才。

（二）打造协同发展平台，实现公司与合作单位的协同发展

1. 实现与集团内兄弟单位的协同发展

根据中国交建的战略部署，中国路桥立足于“商务引领、平台聚集、自身做强、引领做大”的战略定位，以引领中交全面、有序进行国际化经营为己任，依托中国交建“一体两翼”“四位一体”的海外发展和管理体系，以开放的胸怀、共享的心态、创新的模式，构建统筹有力、优势互补、集约高效的协同发展平台，把中交的优势力量和产能统筹组织到海外，推动“五商中交”战略在境外的全面落地。积极利用中国路桥广泛的市场开发资源、多年积累的国际商务运作能力、发达的驻外机构网络以及丰富的海外经验等优势，借助中国交建对海外业务优先配置资源的“国际化优先发展”战略，加大市场开发力度，在更广泛的业务领域，去更广阔的海外市场，以更多样的商业模式开疆扩土、开拓进取、提高市场占有率、释放“两翼”平台的巨大内生动力，为中交国际化经营战略的实施提供先决条件。

2. 实现与供应商的协同发展

作为工程承包供应链的核心成员，中国路桥创新供应链管理，通过推行框架协议招标和战略采购，加强与相关设备物资供应商的战略合作关系。在实现降低项目成本、确保施工进度的基础上，促进供应商的稳定、持续、健康发展。在具体合作过程中，集采设备厂家派遣项目售后服务团队，建立寄售配件库，设立备用周转设备，实现设备售后前移，提升当地服务实力。各集采设备厂家在项目现场驻派服务人员，对质保期内的索赔件提供免费领取或付费领取服务，在项目设备发生重大故障或配件短缺情况下，启用周转设备。同时，在这个过程中掌握设备在国外工地使用中的特点，提高人员技术水平，锻炼出一批全面优秀的售后服务人员，为设备制造商从供应商向服务商转变培养服务团队。中国路桥的这种供应链管理模式不仅为项目节省设备采购成本，实现以规模优势达到价值优势的目标。同时带动设备厂商设备走出来，拓展海外市场，实现互利共赢。

3. 实现与国际合作伙伴的协同发展

中国路桥通过与有国际影响力的施工、设计、咨询公司以并购、投资、参股等方式建立战略联盟和利益共同体，积极整合全球资源，形成优势互补，共同抢占高端市场，形成新的竞争优势。在塞尔维亚与白俄罗斯等东欧市场，中国路桥结合美国监理公司路易斯·伯杰（Louis Berger）的质量保证和质量控制体系，建立适应欧洲市场的 QA 和 QC 管理体系。在塞尔维亚市场，引入当地 Alfa 安保公司，制订符合当地规定的环境保护计划，有效地推进项目的顺利实施。此外，中国路桥还与众多国内外大型企业建立战略合作关系。为解决中国路桥发展瓶颈和生产经营过程中遇到的难题，中国路桥与清华大学、中科院等 7 所院校和研究机构建立产学研合作关系，完成多项科研成果。与德国 GAUFF 成立合资公司，在土耳其与 Inelsan 和 Intekar 成立合资公司，与英、澳等国的公司开展积极有效的合作，同时还在厄瓜多尔、委内瑞拉、智利等拉美地区国家积极探讨与当地企业合作，共同开发、实施项目的可行性。中国路桥通过引入、整合外部管理资源，不断发展完善自己，为未来的持续发展注入新的活力。

（三）以共建共享为核心，实现公司内部的协同管理

1. 构建协同办公平台，提高工作效率

中国路桥驻外机构点多面广，遍布世界各地，再加上时差的影响，为内部信息沟通和业务办理带来

不小的困难和挑战。为提升工作效率，实现总部各部门之间、总部与驻外机构之间的工作协同，中国路桥在充分调研的基础上，根据“统一规划、统一标准、统一规范、按需设计、定制开发”的工作原则，搭建协同办公平台，实现协同办公平台与员工个人手机短信、邮箱、即时通消息的同步链接，一网多用，减少使用人员登录多个网站的次数和时间，提升工作效率。利用虚拟应用和加速网关技术使驻外机构的网络传输速度与质量明显提升，解决驻外机构网络及运维条件差的问题。除此之外，中国路桥还将各业务应用系统与协同办公系统进行链接和集成，使中国路桥所有单位及所有业务流程在同一个工作平台上运行，实现流程贯通、信息共享、数据集成，提高中国路桥协同办公效率。同时，各应用系统均设有流程跟踪功能，各环节人员操作后都能随时查看流程去向、状态和结果，提高整体工作效率和督办能力。协同办公正式运行后，业务流程的处理时间由平均 7 个工作日缩短至 4 个工作日，速度提高 42%。

2. 设立财务共享中心，实现全球财务资源与信息共享

为解决财务管理过程中信息重复录入、手工对账、会计核算过程难以实时监管、财务信息的规范化、标准化差，管理制度执行力弱化等问题，中国路桥通过财务管理模式的变革和创新引入财务共享服务管理模式，设立覆盖中国路桥全部业务的财务共享中心。在财务共享中心建设过程中，遵循共享中心分步建设、逐步完善的原则，采取分步走战略，逐步完成财务共享布局，统一财务共享软硬件平台，实现一个平台基础上的分布应用，为中国路桥所属 60 多个国家和地区的分支机构提供标准、统一的会计核算、财务报告、资金结算、数据分析、档案管理、制度设计等财务共享服务，使财务共享中心成为中国路桥会计核算中心、决策支持中心、资金结算中心、电子档案中心，实现中国路桥的全球财务共享，提升中国路桥的全球资金配置能力，强化内部风险管控和合规管理，降低财务资源投放，提高财务工作效率和质量。该模式对于推动中国路桥财务管理转型，发挥业务财务的价值创造起到重要的作用。

3. 加强资源、信息共享，提升市场联动开发力度

在市场开发过程中，以市场开发部门为轴心，统一整合中国路桥各部门的各项资源，紧紧围绕开发目标，统筹、整合、配置涵盖资质、人力、资金、技术等各方面的资源，并由市场开发部门统一落实与外部有关单位的高端对接，形成市场开发合力，促成项目成功落地。根据市场区域划分，在海外市场设立区域市场开发中心，建立区域市场信息共享机制，以现有驻外机构为依托，利用区域内国家位置相邻、文化相似、语言相同的特点，共享信息和资源，联动周边市场的开发，形成弱点变强点、强点变区域，区域变网络的市场联动开发格局。

（四）坚持“以人为本”，实现公司与员工的共同发展

1. 实施合理的薪酬机制，共享公司发展成果

坚持发展依靠全体员工，发展成果由全体员工共享，不断增强广大员工的获得感。在推进薪酬改革的过程中，坚持“以价值创造者为本”的人才管理理念，根据“效率优先，兼顾公平”的原则，优化考核与激励机制，根据工作业绩合理确定个人报酬，让机会和资源向价值创造者倾斜，激发员工创造价值的活力和动力。随着中国路桥效益的不断提升，职工的收入水平也在符合国家规定的前提下不断提高，员工切切实实享受到中国路桥快速发展带来的实惠，增强广大员工的获得感和归属感。

2. 注重员工职业发展，搭建职业成长平台

中国路桥构建多元化的员工发展通道，鼓励员工根据自身能力和个人特点，选择行政管理、专业技术等不同的发展通道。为帮助员工实施个人职业发展规划，中国路桥形成常态化、多层次的教育、培育机制，确保全体员工享有接受培育和教育的权利。对于新入职、外派前的员工，中国路桥组织进行岗位职业技能培训、案例培训、企事业文化培训，并开展外派员工出境前的语言、文化、法律和心理等外派培训。在工作过程中，积极组织种类专业培训和综合类培训，并实现轮换岗的工作机制，确保员工在最适合自己的岗位上发挥自己的价值。在中国路桥多年国际化经营的过程中，培养出一批海外工作经验丰

富、商务能力突出、熟悉跨文化管理、精通外语的复合型人才，其中很多优秀人才被输送到中交总部或兄弟单位的重要岗位。

3. 关注员工精神文化生活，确保员工职业健康

中国路桥始终坚持人才强企，把人才视为中国路桥的核心竞争力，把关爱员工作为“以人为本”的重要内容。中国路桥总部及中驻外机构每年组织丰富多彩的娱乐活动，丰富员工的日常生活，自办的《中路青年》月刊成为青年员工展示自己积极向上精神面貌的舞台。中国路桥还帮助员工平衡工作与生活，开展必要的活动，消除员工因工作带来的不利心理影响。为确保员工职业健康，中国路桥在日常生产经营中，加强施工设备的维护管理，定期对工地的职业健康危害因素进行检测，为员工购置工伤保险，提供健康安全的作业、生活条件，为员工提供预防职业伤害、疾病和事故以及处理紧急情况所需要的安全设备。

4. 强化属地化管理，实现中外员工的和谐发展

实行属地化管理是中国路桥长期立足海外、融入当地社会、克服文化壁垒的必然趋势，也是企业实现健康稳健发展的必经之路。高比例的当地员工是人员属地化程度最基础和最直观的体现。目前中国路桥的中方管理人员与当地雇佣人员的整体比例为 1：10。中国路桥设立当地雇员应急保障基金，为员工排忧解难，当一些当地员工在生活中遇到各种难以预料的困难，如疾病、意外或家人离世时，中国路桥将通过无息借款、工资清算的方式帮助他们渡过难关；还在部分驻外机构中实施困难家庭补助计划，展现中国路桥对当地员工至诚至真的人文关怀。同时，中国路桥还努力增强当地员工对企业的认同感，比如在肯尼亚、卢旺达等国为当地员工颁发“资深员工奖”，表彰和激励为中国路桥服务 10 年以上的优秀当地员工。目前已有近 200 人获得此奖，其中公司工龄最长的超过 28 年。

三、国际工程公司基于共赢共享理念的协同发展效果

（一）树立良好的企业形象

多年来，中国路桥坚持共赢共享的发展理念，通过打造责任共担、利益共享的协同发展平台，得到利益相关方的高度赞同和认可。赤道几内亚总统在中国路桥成立三十周年之际亲笔题词“在赤道几内亚经济发展中，中国路桥是本国重点工程项目建设者中的出色代表者”。卢旺达办事处荣获卢旺达基加利市政府颁发的“美化城市杰出贡献奖”。肯尼亚人民将中国路桥承建的贯通内罗毕和东非第一大港口蒙巴萨的 A109 国道，亲切地称为“中国路”。中国路桥承建的毛里塔尼亚“友谊港”被当地政府誉为“国家独立象征”和“南南合作典范”。承建的塞尔维亚泽蒙－博尔察三极管，被中国领导人誉为中国土木行业向欧洲递交的“第一张名片”和样本工程。此外，中国路桥还被对外承包商会授予“中国对外承包工程企业社会责任金奖”，荣获“中非友好贡献奖—感动非洲十大中国企业”“中国对外承包工程企业社会责任绩效领先型企业”等荣誉称号。

（二）增强企业的国际竞争力

中国路桥协同发展模式有效地整合公司内外部优势资源，形成强大的集成效应，竞争优势凸显。依托于集约高效的协同发展机制，中国路桥在国际工程承包市场上展现极强的竞争力，以不足千人的人员规模，支撑起近 200 个在建工程项目。与此同时，中国路桥的市场领域仍在不断拓宽，业务升级成效显著。亚非市场的传统优势进一步稳固，拉美、欧洲新兴市场的市场份额正在稳步扩大，海外铁路领域取得重大成果，海外园区及房地产业务也不断取得新的突破，盈利模式实现转变，投融资业务占比加大，大型项目的体量和数量明显提升，对未来发展形成有力支撑。

（三）提升企业的经济效益

协同发展体制的顺利实施，搭建与利益相关者的和谐关系，促进中国路桥自身良性运营机制的形成。中国路桥近年来合同额和营业额屡创新高，主要经营考核指标完成值成倍增长，超额完成计划目

标。新签合同额从“十一五”末期的169亿元，增长到“十二五”末期的448亿元，年均增长率为21.6%；营业额从“十一五”末期的142亿元，增长到“十二五”末期的236亿元，年均增长率为10.7%；利润总额从“十一五”末期的14亿元，增长到“十二五”末期的32亿元，年均增长率为17.4%，利润总额连续七年稳居中国交建所属单位的首位。

（成果创造人：文 岗、杨永胜、卢 山、岳建昕、张 健、
刘英祥、孙立强、张晓元、邹泽西、夏 洁、李 菲）

内地资源型企业以沿海项目为支撑的国际化经营

金川集团股份有限公司

金川集团股份有限公司（以下简称金川集团）是甘肃省人民政府控股的大型企业集团，是中国镍钴生产基地、铂族金属提炼中心和北方地区最大的铜生产企业，主要生产镍、铜、钴、铂族贵金属、有色金属压延加工产品、化工产品、有色金属化学品等，被誉为中国的“镍都”。镍产量居世界第三位，钴产量居世界第三位，铂族金属产量居国内第一位，铜产量居国内第三位。金川集团位列2016年中国企业500强第63位，中国制造业500强第19位，中国100大跨国公司第42位。在全球30多个国家和地区开展有色金属矿产资源开发与合作。

一、内地资源型企业以沿海项目为支撑的国际化经营背景

（一）宏观形势与国家政策方面的需要

资源安全战略是国家安全战略的重要组成部分。矿产资源是世界各国采用政治、经济甚至军事手段争夺和控制的重要资源，均有相应的矿产资源储备，将其提到国家战略的高度。从现有探明储量看，17种矿产近76%的储量分布在美国、俄罗斯和中国3个国家；世界石油剩余可采储量中，56.1%分布在中东，中国只占1.2%；天然气剩余可采储量中，中东占41.5%，俄罗斯占27.2%，中国占1.3%。

国家政策鼓励充分利用国内、外两个市场两种资源，实施“走出去”战略，鼓励有条件的企业“走出去”开展跨国经营，是我国由发展中的经济大国向世界经济强国迈进，进一步增强国际竞争力的重要开端。《有色金属产业调整和振兴规划》指出，要充分利用国内外两种资源，着力抓好再生利用，大力发展循环经济，提高资源保障能力，促进有色金属产业可持续发展。

（二）企业“走出去”及开展沿海项目的需要

金川集团“走出去”的需要。一是自有资源减少，急需“走出去”。自有矿山按照目前的开发规模，预计“十三五”期间，铜、镍、钴产品生产原料对外依存度将分别达到93%、57%和85%。二是“走出去”是金川集团实现“十二五”发展目标的需要。“十二五”发展目标是把金川集团打造成为具有国际竞争力的跨国经营集团。三是“走出去”是金川集团优化跨国经营布局的需要。通过在全球范围内遴选资源项目，快速推进西藏谢通门铜金矿、南非美特瑞斯铜钴矿、南非思威铂业项目、墨西哥巴霍拉齐铜矿、赞比亚穆拉利镍矿、印尼WP红土镍矿等资源项目。

“走出去”是建设沿海项目的需要。通过发挥防城港项目优势，降低生产成本，提升企业竞争力。在防城港建设40万吨矿产铜项目，可最大限度发挥项目的诸多优势：享有西部大开发、少数民族自治区、中国一东盟自由贸易区三大国家最优惠政策。发挥沿海项目综合功能是支撑国际化经营的重要战略举措。防城港项目是金川集团“金川－境内－海外”战略布局的关键环节，是实现“借海走向世界”、加快并有力支撑金川集团国际化经营的重要战略举措。

（三）企业具备实施“走出去”发展战略的基础和条件

金川集团核心技术优势显著。通过多年的努力，全面掌握高氧化镁精矿闪速熔炼技术、非金属化镍高锍加压浸出—镍钴萃取分离—电积镍生产技术、全氯化介质高等级电积钴生产技术、羰化冶金生产技术、红土矿提取冶金技术、镍铜硫化物生物冶金提取技术等具有世界先进水平的核心技术。资源综合利用水平和主要技术经济指标居世界先进水平。

二、内地资源型企业以沿海项目为支撑的国际化经营内涵和主要做法

金川集团从客观战略发展条件出发，实施跨国经营发展战略，通过部署“中亚区、大澳区、美洲区、欧非区”四大资源区域，建立“管理决策中心、技术研发中心、产品贸易中心、资本运营中心”，遴选全球优质资源项目，建设矿产资源综合利用基地资源，构建全球营销网络，建立境内外融资平台，优化“金川－境内－海外”跨国经营布局。不断提升金川集团的核心竞争力和行业地位，与国家“一带一路”发展战略良好契合，进一步拓展金川集团国际化经营空间，做到工艺先进、环保一流、合作共赢、社区和谐，逐步形成“金川主导、中西融合、优势互补和属地化管理”的运营管控模式。主要做法如下：

（一）制订国际化经营发展战略

构筑资源优势、深化科技创新、加强资本运作、实施跨国经营。实施以矿业和金属为核心的垂直一体化和相关多元化发展的企业定位战略；扩大资源拥有量和不断提高资源利用水平的资源控制战略；金融资本助力产业资本、推动资源拓展和结构优化的资本运营战略；以市场为导向、以效益为中心的营销战略；增强自主研发能力和强化知识产权保护的技术创新战略，全面实施国际化经营。

（二）优化跨国经营战略布局

推进全球资源开发和综合利用，提升资源保障能力。以矿产资源的获取和开发利用为目标，分中国及中亚区（中国、中亚五国、蒙古、朝鲜）、大澳区（澳大利亚、东南亚、大洋洲）、美洲区（北美洲、南美洲）、欧非区（非洲、欧洲）四大区域部署全球化的矿产资源战略，以并购控股为主、参股合作为辅，优先发展镍、铜，积极发展钴，选择发展铂族金属，建立公司资源保障体系。

实施资源项目支撑资源战略。一是实施国内资源项目。通过合资公司、项目合作、自有勘查等途径在国内获取新的矿产资源。对西藏一江二河地区、藏东地区、东天山地区、北天山地区等成矿带进行找矿研究。对国内在建、在产等勘查程度高、开发周期短的项目进行合作与并购。通过自主申办矿权勘查、合作勘查、项目或相关公司的并购等措施，实现在国内拥有不同的勘查程度、资源储量级别、开发阶段的资源项目梯度储备。重点推进陕西煎茶岭项目、肃北黑山铜镍矿项目、西藏谢通门项目。二是实施境外资源项目。积极推进境外资源开发利用，重点推进南非思威铂业、菲律宾诺诺克、赞比亚穆纳利、墨西哥巴霍拉齐、坦桑尼亚卡盖拉等资源项目。

构建跨国经营布局。以资源战略为指导，实施资源项目的基础，构建“金川－境内－海外”的跨国经营布局。

（三）形成国际化经营新格局

金川集团坚持生产经营和资本运营并举，立足金川，逐步走向沿海和国外，调整结构，优化布局。建立以金川集团总部为生产经营管理决策中心、以兰州为技术研发中心、以上海为产品贸易中心、以北京为资本运营中心，点面结合、协同配套、整体推进的战略布局，强化中枢管理、壮大研发实力、接近市场前沿、夯实资本基础。

（四）健全国际化资本运营体系

金川集团逐步推进内部资产重组，合理调整业务结构，建立金川股份、金川实业、金川科技、金川海外四大产业板块齐头并进的发展格局，构建科学的运营机制。以金川股份为依托，通过不断调整金川实业、金川科技、金川海外的产业结构，逐步增强各板块的独立性。金川科技实现国内首发上市，金川海外实现境外上市。通过资本运营为进入新业务领域提供助力，突破人才、技术和装备瓶颈，为实现国际化经营提供保障。

（五）构建全球化营销体系

金川集团提出实施大经贸战略，进一步扩大国内国际贸易量，健全营销网络体系。按照业务集中、

相互制衡、协调运转的工作方针，建立层次清晰、权责明确、运作高效的营销网络体系。在主要消费区域建立具有产品仓储、分选、加工、包装、配送等功能的专业仓储配送中心。加强海外办事机构力量，在南美洲、欧洲、亚洲等区域新增办事处，为公司扩大国际贸易量创造条件。充分利用公司品牌、资金、营销网络的优势，进入新的贸易领域。在国外开展项目的同时，与国外大公司寻求合作，对国外大型矿产资源公司的产品采取代理或者包销的方式，积极推进国际贸易。

（六）建立全球业务中心

金川集团在矿产资源集中的大澳区、南非区、中亚区等地设立资源核心区，依托金川、防城港、印尼和南非的冶炼项目形成全球冶炼布局，在上海、新加坡等金融贸易中心设立营销中心，在金川、兰州、印尼等具有技术积累和技术相对集中的地区设立创新中心。同时，在推进国际化经营过程中高度警惕贸易区域化发展的系统风险，主动避开 TPP、TTIP 协议核心国家区域，积极融入中国“一带一路”战略，在“一带一路”沿线或在“一带一路”与西方国家主导的贸易协定区域衔接处布局主要业务中心。通过全球范围内主要业务中心的建立，金川集团事实上已成为一家资源初步实现全球配置、资产和业务全球分布的跨国经营集团。

（七）布局沿海资源综合利用基地

金川集团按照“千亿企业、百年金川”和创建国际一流综合性矿业集团的战略目标，构建“金川—境内—海外”的产业链布局。金川单一生产格局向产业链布局构架转变面临诸多挑战，特别是需要明确各个项目发展重点，进行合理布局，才能协调好各个项目的关系，规避内部竞争，克服体制机制障碍，实现相关项目的和谐发展。

布局“第二生产基地”。按照“金川—境内—海外”的战略发展构架，在海外资源保障不断提高的情况下，布局沿海“第二生产基地”已经成为连接全球产业链合理配置的关键环节，成为将资源转变为效益，利用两种资源实现国际化经营的落脚点。从区域位置、市场辐射范围、竞争对手布局、环境容量、政策条件、发展空间等方面进行分析，金川集团沿海“第二生产基地”选择广西防城港。发挥防城港生产基地优势，重点开发利用东南亚红土镍矿、美洲铜矿、非洲铜钴矿等资源，将副产硫酸就地消化，实现优化公司产业布局的战略目标。

沿海布局选择防城港的理由。一是区位优势突出，防城港地处我国大陆海岸线的最西南端，背靠大西南，面向东南亚，是西南出海大通道的主要门户，是我国连接东盟国际通道的枢纽。二是港口条件优越，防城港是我国南部的深水良港，是与东盟 10 国主要关联港口的“桥头堡”。三是市场条件良好，防城港毗邻国内铜、镍等有色金属消费中心区域之一的珠江三角洲，市场辐射范围广，产品销售成本低，硫酸等冶炼副产品的吸收能力强。四是政策条件好，防城港享有西部大开发、少数民族自治区、中国—东盟自由贸易区三大国家最优惠政策。五是行业发展有利，防城港远离 Vale、江西铜业、铜陵有色、紫金矿业等国内外主要竞争对手，可形成特有的竞争优势。

（八）促进国际化经营进程

1. 奠定国际化经营支撑基础

一是“运营管控”和“战略管控”模式引领国际化经营管控。金川集团突破集团二级单位管控及运营模式，对防城港项目建设期采用“运营管控”，生产经营期采用“战略管控”的管控模式。两种管控模式都突出子公司的自主性和灵活性，为高效推动项目建设和增强子公司生产经营活力创造条件。对防城港项目逐步实行“五自经营”（自主经营、自负盈亏、自我约束、自我发展、自担风险）的完全市场化管理，鼓励其借鉴民营企业的成功经验，按照市场原则，不断提升国际化经营管理水平。

二是企业项目管理新模式保障“第二生产基地”快速建成。面对诸多的项目管理模式和理念，防城港项目更注重“企业关注”，俗称企业项目管理（Enterprise Project Management，简称为 EPM），其核心是基于企业项目管理的组织管理体系，具有鲜明的组织灵活性、管理责任分散、目标为导向解决问题、对复杂问题的集中攻关等特点，主要包括项目管理目标、项目管理组织、企业管理信息系统、项目管理系统方法、企业项目管理文化五方面要素。

2. 提升国际化经营管控水平

一是生产工序服从管控模式。金川集团改变传统的大规模、多层级的梯度调度管理生产组织模式，取消大量的调度人员，对防城港项目建立"工序服从"的生产组织管控模式，即内部工序之间服从为主，外部工序服从内部工序。

二是市场化成本管控模式。不同于企业内部计划价成本核算，金川集团对防城港项目建立一级成本核算体系，采用实际价格进行成本核算。在准确核算基本生产成本、归集分配制造费用、辅助生产成本后，在计算出各成本核算对象完全成本的基础上，采用分项逐步结转法计算出最终产品成本。以实际价格建立的一级成本核算体系，使各项成本核算更贴近市场，更真实准确。

三是扁平化大部制管控模式。金川集团对防城港项目以优秀民营企业和外资企业为标杆，坚持按照"三新"（新理念、新机制、新模式）、"三高"（高素质、高标准、高效率）原则设置组织机构，大力合并职能相近或相似的机构业务，推行扁平化大部制管理模式，减少业务交叉，提高决策效率，最大限度降低人工成本。在项目建设期临时设立综合管理部、规划发展部、工程管理部、财务部四个部门。在生产期仅设立计划部、安全生产部、供应销售部、财务部、综合管理部五个部门。部门以下设置生产厂，生产厂内不设部门，直接到班组，相比传统组织机构，各职能管理机构减少50%以上。

四是流程化制度体系。防城港项目建立公司级和厂级两级管理制度体系。按照"五自"经营原则，防城港项目各项制度覆盖全部业务，编制下发制度200多项；同时，制度的编制要求标准化、流程化、信息化，将流程化的制度编入公司办公审批流程，极大提高制度的利用效率，可操作性大大加强。

3. 支撑跨国经营战略布局

随着防城港项目建成并达产达标，形成年处理铜精矿160万吨的产能，金川集团对产业链进行战略性调整。金川集团总部不再处理海外进口铜精矿，主要处理甘肃省、内蒙古自治区、新疆维吾尔自治区、西藏自治区等内陆铜精矿。将全部海外进口铜精矿调整为防城港"第二生产基地"处理。

防城港项目产能的形成，金川集团海外获取的资源可方便地通过海运至防城港进行处理，使海外资源转变成经济效益成为现实，金川集团资源战略和资源项目与防城港项目产能实现良好匹配，资源战略和资源项目开始正真正发挥作用，"资源一产品一效益"的链条开始运转，"金川集团总部生产基地一防城港第二生产基地一海外资源基地"的"金川一境内一海外"战略布局初步形成。

4. 促进全球化营销体系构建

防城港项目年产阴极铜40万吨，副产硫酸160万吨，阴极铜产量占金川集团的40%—50%，随着40万吨矿产铜项目达产达标，营销需求尤为突出，营销体系建设迫在眉睫。由所在区域的位置决定，其营销区域分为国内销售和对外出口，国内市场主要集中在东南沿海和东部经济发达地区。据此，加速推进金川集团全球营销体系的构建，"金川集团总部一防城港一上海（广东）一伦敦"的全球营销体系初步形成。

5. 发挥国际化资本运作功能

金川集团的"金川国际"板块在香港上市，而防城港项目采购铜精矿全部进口，所需资金量大。金川集团发挥在香港设立公司的作用，防城港项目所需原料采取从香港采购，开具远期人民币信用证转换为即期美元证的方式进行结算。这种方式充分发挥香港融资平台的作用，可节约大量财务费用，更好地发挥金川集团国际化资本运营体系作用，促进国际化资本运营体系的运转。引入荷兰托克公司注资，利用外资降低资金成本，增强防城港项目原料保障能力，积累国际化管理经验，提升国际化经营水平。

6. 发挥项目效益优势，驱动国际化经营链条

随着防城港项目产能的形成，金川集团“金川一境内一海外”国际化经营战略布局基本形成，快速推动着资源战略、营销战略、资本运营战略的构建和运转。防城港项目驱动金川集团国际化经营链条加速运转。防城港项目初期经营连续两年实现盈利，在国内外各行业，包括有色行业经营形势异常困难的情况下，防城港项目优势的发挥，良好的经济效益为金川集团国际化经营形成有力的支撑。“金川—境内—海外”国际化经营战略布局的形成，防城港“第二生产基地”的驱动和有力的支撑，使金川集团逐步走上可持续发展道路。

7. 提升防城港项目支撑国际化经营能力

“一带一路”是促进共同发展、实现共同繁荣的合作共赢之路。“一带一路”贯穿亚欧非大陆，一头是活跃的东亚经济圈，一头是发达的欧洲经济圈，中间广大腹地国家经济发展潜力巨大。金川集团防城港项目布局，契合国家发展战略，处在海上丝绸之路的桥头堡位置，具有得天独厚的优势。金川集团借助广西防城港“海上丝绸之路出口基地”平台，进一步拓宽国际化经营局面。

金川集团按照甘肃省的部署，借助“海上丝绸之路出口基地”平台，也为甘肃省各行业、各产业、各企业开辟出“一带一路”的窗口，探索更宽广的发展空间，提供更多的国际合作资源，发挥基地的综合功能，提升基地的综合经济效益，支撑金川集团全面推动国际化经营。

三、内地资源型企业以沿海项目为支撑的国际化经营效果

（一）形成以沿海项目为支撑的国际化经营

金川集团完成在“一带一路”的战略布局，立足全球发展的产业布局得到国家战略的支持。防城港项目提前完成建设目标，超计划完成试生产目标，全面完成初期经营目标，快速达产达标形成产能，形成“金川—境内—海外”战略布局。全面推动金川集团资源战略、营销战略、资本运作战略的构建进程，以局部带动金川集团国际化经营运转。防城港项目 2015 年实现营业收入 139 亿元，实现利润 3800 多万元，在国内外有色行业经营环境不景气，系统产能还未完全发挥的前提下，在试生产之后的第一年就实现盈利。2016 年上半年，实现营业收入 70 多亿元，实现利润 5000 多万元，继续保持盈利状态，有力支撑金川集团的国际化经营。

（二）国际竞争力显著提升

“十二五”期间，金川集团累计实现工业总产值 3392 亿元，完成规划目标 95.3%，年均增长 10.4%。2015 年资产总额 1374 亿元，完成规划目标 91.6%，“十二五”年均增长 11.8%。累计实现营业收入 8786 亿元，完成规划目标 109.8%，年均增长 15.9%。在中国企业 500 强的排名从 2010 年的第 89 位上升到 2016 年的第 63 位，在中国制造业 500 强的排名从第 34 位上升到第 19 位。

“十二五”期间，金川集团加速推进跨国经营，完成境外投资 16.8 亿美元，是“十一五”的 4.2 倍。2015 年，境外资产达 363 亿元，约占资产总额的 24.7%，跨国经营指数达到 17.8%。通过并购控股为主的合作方式控股或全资拥有西藏谢通门铜金矿、南非思威铂矿、南非梅特瑞斯公司铜钴矿、甘肃钱阳山煤矿等一批国内外矿山，在金川以外直接拥有资源量含镍 83.56 万吨、铜 877.41 万吨、钴 42.23 万吨、铂族金属 413.47 吨、煤炭 10.918 亿吨。通过参股包销澳大利亚玛斯格瑞沃红土镍矿、澳大利亚阿维贝雷硫化镍矿、越南班富硫化镍矿产品的方式，间接拥有参股矿山资源含镍 136.14 万吨、钴 6.29 万吨。

（三）社区和谐，效益突出

以防城港项目为例，该项目一方面带动防城港社会经济的发展。另一方面，按照属地化用工原则，大量使用当地人员。在建设高峰期施工人员达到 8000 人以上，主要是当地施工工人和劳务人员。项目生产期，防城港项目有职工 1600 余人，80%以上是广西区内和项目周边人员，有效解决当地的就业问

题，带动地方发展。防城港项目所在地企沙镇距离厂区约5公里，是附近唯一的集市、商业、娱乐、餐饮集中区，在防城港项目建设初期，该镇基本是一个小渔村，无路灯、餐饮设施、规模化的商场，生活污水也没有集中处理，只有弥漫的海鲜味道。短短6年时间，企沙镇已经是一个小有规模和品位的滨海美丽小镇，每逢节假日，小镇都会出现游客络绎不绝、热闹非凡的景象。金川集团防城港项目严格秉承“技术先进、环保一流、循环经济、社区和谐”的宗旨，在抓好经济效益的同时，高度重视周边社区发展，促进地企和谐，项目社会效益显著。

金川集团在国际化经营过程中，在资源项目、营销、资本运作等业务所在国家按照“属地化”原则，聘请所在国家技术、管理、营销等优秀人才，大量使用本地工人，选用本土化施工队伍，采购当地设备，融入所在国家的经济生活，积极营造融洽和谐的国际合作氛围，有力促进当地经济社会发展的同时，不断取得良好的社会效益。

（成果创造人：杨志强、王永前、包国忠、姚维信、万爱东、孙建国、衣淑立、张永武、田东晗、王宏林、巴连海、胡东明）

基于微信平台的成品油“互联网＋”营销管理

中国石油天然气股份有限公司四川销售分公司

中国石油天然气股份有限公司四川销售分公司（以下简称四川公司）是中国石油天然气集团公司（以下简称中石油集团公司）在四川设立的成品油销售直属机构，主要从事成品油批发和零售业务，以及便利店、润滑油、天然气、广告和化工产品等非油品销售业务，是四川地区成品油市场的主渠道供应服务商。截至 2015 年年底，四川公司有员工 1.49 万人，资产总额 130.53 亿元，在用油库 22 座，拥有加油站 1579 座。2015 年油气销售量 900.2 万吨，实现营业收入 547 亿元，利润 17.05 亿元，市场份额在 80％左右。

一、基于微信平台的成品油“互联网＋”营销管理背景

（一）适应激烈市场竞争的需要

随着经济全球化、石油资源充裕化以及国家对原油进口权限的不断放开，以消费为末端的市场竞争显得异常激烈。四川作为国内传统的高效市场，竞争主体更是多元化、规模化，延长石油与壳牌整合双方资源和品牌后，依托其区位优势不惜成本发展终端营销，省外大量地方炼油企业兴起，与省内社会经营单位、行业协会、社会加油站等整合资源，抱团发展，竞争已经不局限于资源、网络、质量、服务、价格、品牌，更是渗透到营销理念、营销价值等新型营销方式。与此同时，随着互联网的全面渗透，网络营销以其传播广、信息量大、成本低、迅捷方便、互动性及可视化强等特点越来越受消费者的青睐。特别是微信的异军突起以及微信平台各项功能的深度开发，给传统营销模式带来前所未有的挑战。截至 2013 年 12 月，微信活跃用户已达到 3.55 亿。微信营销作为潜力巨大的新型网络营销方式，将会给企业带来广大的客户资源和较高的经济效益。中国石油成品油销售作为传统的行业企业，必须转变营销理念，与网络营销深度融合，才会有更广阔的发展空间。

（二）适应互联网时代客户开发与维护的迫切需要

市场经济条件下，以客户为中心是销售企业永恒的主题。在消费需求多元化、个性化的信息时代，客户已不满足传统的到站加油服务，更希望能足不出户就了解企业的产品信息、资讯动态，感受到企业全方位、一对一的便捷增值服务。因此，拓展服务方式、延伸服务内涵就成为提升客户满意度、建立忠诚客户群体的必要方式。在微信迅速普及、人人使用微信的格局下，企业如何依靠加油站庞大的客户群流量，充分利用微信开放、共赢、合作的技术平台和用户平台，搭建好与客户的沟通交流桥梁，为客户提供全方位的服务，必将是企业维护现有客户、开发潜在客户、满足客户多元化消费需求的重要途径。

（三）有效提升公司品牌与公众形象的必然选择

中国石油作为世界五百强企业和国家的特大型骨干企业，视品牌如生命，长期致力于品牌形象的不懈培育和经营。中国石油秉承“奉献能源、创造和谐”的宗旨，全面履行经济、政治和社会三大责任的生动实践以及新时期大庆精神、铁人精神的薪火传递，都需要企业寻求良好公众平台作为自身品牌宣传、公众形象提升的阵地。因此，充分利用微信平台的受众面和普及面，对企业品牌进行广泛宣传和推介，是增强社会公众对企业的认知了解，提升企业品牌形象和社会公众信息的必然选择。

为适应成品油市场发展的新形势、新常态，2014 年 1 月，四川公司借力互联网、移动通讯两大优势资源，探索基于微信平台的成品油“互联网＋”营销管理模式，深挖市场潜力，开辟成品油营销新天地。

二、基于微信平台的成品油“互联网＋”营销管理的内涵和主要做法

四川公司以微信订阅、服务模块为支撑，充分发挥两者的特色优势，发展广阔的客户群，为客户提供一个集企业形象展示、营销管理、业务办理、增值服务等多功能为一体的良好服务平台。以此为切入点，实现微信平台向中油U途、京东商城、中油优客及多元化支付渠道的业务延展，促进企业在互联网时代下营销制度、服务体制的创新转型、线上线下营销的深度融合，提升企业的品牌效益和经济效益。主要做法如下：

（一）高度重视，建立微信平台组织和制度保障

1. 加强领导，建立微信营销组织机构

为顺利推进基于微信平台的“互联网＋”营销管理的开展，四川公司成立省公司、地市公司两级工作领导小组，领导小组分别由四川公司分管营销的副总经理担任组长，营销、财务、零售、非油、信息、企管、总经办、党群等部门负责人为成员。省公司负责微信公众平台体系的顶层设计、总体规划，对地市公司微信平台的构建提出指导方案、监督运营情况。明确地市公司微信平台运营思路：“由零售、营销、非油等部门负责油卡非润（指油品、加油卡、便利店非油商品、润滑油）微信营销功能模块的策划及实施，财务部门负责网上资金流程，信息部门提供技术支撑，总经办负责风险防控，党群科负责推送信息的审核、品牌宣传，销售片区及加油站负责现场宣传及推广。零售科作为本单位微信平台主管部门，设立专职系统管理员，进行后台管理，实时监测。”在推广应用阶段，省公司每月召开两次视频会，听取地市公司对微信平台建设和开发的意见和建议。同时，对各单位的推广组织工作进行通报考核，形成上下合力，共同推进微信平台营销业务的建设和运营。

2. 完善流程，强化微信营销制度保障

四川公司配套完善相关制度和流程，确保微信营销模式的制度化和规范化。一是规范微信公众平台的建设和推广。制定《微信营销实施管理办法》，平台推广方面，建立内部激励机制，下达宣传任务指标，实行奖惩考核，充分发动内部员工推介力量，向客户宣传介绍四川公司微信平台。信息推送方面，将微信平台的信息管理、图文审核工作纳入企业宣传报道管理范畴，实行严格把关，注重每一条推送信息的精美、时效性，确保信息品质。在客户群广泛征集原创文稿、顾客消费体验，实行稿酬奖励。营销实施方面，结合微信营销特点，形成节假日促销、特定主题促销模式化实施方案，完善油卡非润互动营销和线上线下同步促销流程。二是构筑基于微信平台“互联网＋”营销管理的诚信体系。四川公司开展基于微信平台的“互联网＋”营销管理，以现有加油站实体终端为依托，将诚信经营理念贯穿始终，全面引入实体经营诚信管理的相关经验和办法，让方便快捷的网络营销与加油站实体营销相结合，从本质上解决顾客购买商品后权益保障的后顾之忧。针对网络信息安全，为防止员工泄露、出卖网民信息，四川公司各级微信平台管理人员均需签订《微信客户信息保密承诺书》，妥善保管微信登录账号，遇客户信息泄露事件，将对信息泄漏源头彻查到底，参照四川公司新闻舆情管理办法、客户投诉管理办法，对责任人进行惩处，营造诚信经营环境。三是建立基于微信平台“互联网＋”营销管理的风险管控流程。成品油销售企业具有资金密集、环境开放、分布广泛、人员复杂、外界诱惑因素多等特征，任何环节和流程都可能存在相应风险或潜在风险。四川公司从微信平台的信息发布、商品展示、加油卡充值、非油品销售等重点环节，梳理资金交易、产品质量、快递物流等关键环节的风险点36个，制定成品油微信营销风险管控手册，设计专门的系统监督与控制流程，从资金支付、产品上新、客户提货取货、资金管理、商品管理等均实现在线实时查询、分析、自动报警等功能，确保微信平台营销管理的安全。同时，四川公司对实体销售与网络销售进行风险对比分析、风险综合评估，利用两者优势互补，改善传统营销的安全性和合规性。

（二）充分利用微信平台，提升成品油营销水平

四川公司基于自身业务发展需要先后完成订阅号、服务号的研发，建立起微信营销架构，使之与公司业务相融合，给成品油及非油销售、客户服务带来新的突破。2014 年 1 月，四川公司将其所属中国石油四川广安销售分公司作为试点单位，首次将微信订阅号、服务号应用于企业营销推广及客户服务，并于 2014 年 12 月在全省 23 家地市级公司、1579 座加油站全面推广运用，实现精准营销、精确服务、跨界合作。

1. 以四川公司微信订阅号为基础，建立稳定的客户群

一是多渠道宣传，建立微信客户群。大力开展“加微信、送好礼”扫码活动，通过在加油站设置宣传点、袖标推介、海报专栏等形式，积极推广四川公司及所属地市公司的微信公众平台。同时，在加油卡背面张贴二维码标识，将新开卡客户锁定为微信客户。在加油站实行无线 WIFI 全覆盖，将 WIFI 登录界面与订阅号二维码相绑定，客户使用免费 WIFI 需首先关注四川公司订阅号，大大提升用户的关注量。通过大力推广，四川公司有效转化 95％的固定客户为微信客户，开发一大批潜在客户，订阅号创建仅半年，客户关注数量达 80 万人。二是整体策划，分类推送信息。将推送信息分为“公益形象、油站动态、油车常识、促销活动、非油展示、热点资讯”6 大板块。通过各项信息推送，向客户展示中国石油履行社会责任的良好形象，让客户在第一时间熟悉了解各加油站信息，为客户普及油品及车辆养护知识，让客户足不出户就能了解公司的优惠政策，将线上客户引流至线下便利店，提升微信平台的亲和力和实用功能。三是把控信息质量，吸引客户持续关注。对信息严格分类管理、征集和审核，注重文案质量、视觉效果，确保信息价值与趣味并存，全方位展示四川公司企业形象、业务动态。结合营销重点、油站热点制定信息推送计划表，严控信息推送频率和节奏，遏制频繁、无序推送的不良影响，保持客户与公众号良好的情感维系和使用感受。四是线上线下互动促销，提升营销主动性、精准性。四川公司利用订阅号强大的信息推送和宣传功能，开展多个微信营销互动活动，吸引客户参与。同时，有计划地实施线下促销活动，如贺岁迎春、踏青畅游、金秋送爽等季节特色促销活动和“3·15”促销、新站酬宾、便利店店庆等多种形式的主题促销活动。

2. 以四川公司微信服务号为载体，提升客户综合服务水平

一是建立服务号平台架构。围绕客户关注重点设立“业务办理、省钱攻略、增值服务”三大主菜单及“加油卡业务、营业网点、油卡查询”等 15 个子菜单，建立微信服务平台框架。服务号采用菜单式、层级式消息界面，配以精美宣传图片，让客户在友好、亲切的用户界面上轻松获取最新资讯，进行业务办理。二是拓展服务号综合功能。利用服务号超链接功能，通过链接进入四川公司自有信息平台、中石油集团公司信息平台以及其他互联网平台资源，拓宽延展服务号强大的综合性功能。三是开发在线客服系统，实现微信服务全天候。在线客服系统是四川公司针对微信消息互动性强的特点，寻求信息公司技术支持，自主研发的服务号客户管理功能模块，在线客服系统后台提供多种快捷匹配和关键词检索方式，可预先设定快捷回复内容，确保客户服务快速周到，满意度高。如客户在线咨询油价、网点、促销活动等，均能得到及时反馈。四是打造地域特色服务。针对四川公司各地市公司地域、民族、旅游等特点，通过微信服务平台“油站服务”窗口，展示独具特色的石油文化和丰富的旅游资源。通过线上宣传展示，引导客户线下良好体验，赢得客户赞誉和好评。五是开展合作优惠，挖掘营销潜力。四川公司各地市公司以微信平台为桥梁，与当地银行、保险公司、车友会等企业跨界合作，通过服务号“合作优惠”窗口对客户进行全面展示。通过合作促销，整合双方优势资源，激发客户的消费热情。六是建立“中油官方微店”服务号，拓展非油网络销售空间。各地市公司通过服务号销售线下加油站便利店商品，包括汽车用品、日用生活用品、土特产等。除实物商品销售外，还支持便利店优惠券、小额配送服务卡等虚拟商品的销售。客户无须到站，就能享受一站式购物体验及免费配送服务。

(三) 微信平台向“互联网＋”延展，开辟新的销售业态

1. “微信＋U途”，打造中油品牌网上商城

四川公司于2015年开发“中油U途”App，建立油品、非油、加油卡一体化网上商城，通过移动支付、异业优选、站内推送、非油—积分—油品、大会员系统等方式，搭建四川公司的全路途保障与生活服务平台，促进线下线上共同发展的O2O营销模式的深度融合。四川公司在全省24个微信公众号建立U途商城链接，通过微信引流，简化客户获取途径。为加大U途的推广，四川公司通过微信平台及线下加油站的大力宣传，客户体验分享，赠送U途电子抵扣券、注册有礼等活动，引导大批新老客户进入U途商城自助购买。同时，优化整合U途商城产品供应链和运作周期，确保商品品质、价格及售后服务三大优势。截至2016年6月，注册客户93万人，商城营业额约7330万元。

2. “微信＋中石油＋京东”，深挖乡镇市场销售潜力

四川公司拥有1161座区县加油站，乡镇市场份额达90%以上。2016年1月，四川公司针对乡镇客户特点，与京东合作开展“电商下乡”项目，取得系列优惠政策。四川公司在各乡镇加油站建立客户微信群，由员工引导客户体验网购的便利性和商品选择的多样性，培养其网络消费习惯。在客户微信群里进行客户需求调查，围绕客户需求，对京东家电产品、农用产品等优惠适销信息进行定期推送，备受客户欢迎和好评。

3. “微信＋加油卡”，连通多元化支付渠道

中石油集团公司顺应时代发展的需要，推出卡客户网上充值业务，支持银行卡、支付宝、微信等多种充值方式。为更好地推广应用网上充值业务，四川公司将客户网上充值平台连接至微信服务号，大大增加客户网上充值用户数量和充值频率。到站充值的客户通过扫描二维码便可完成付款。2015年春节，四川公司在全省范围内开展“微信红包贺新春”活动，引导客户微信充值；2016年持续跟进，开展微信充值减免活动。目前，通过微信、支付宝等方式进行加油卡充值的金额占比43%。

4. “微信＋优客”，提升批发大客户服务水平

优客App是2015年四川公司结合成品油直销与批发业务特点，研发的一款移动端客户管理软件，是优质大客户的专享服务通道。将微信连接至优客App，批发客户可在线查询油品批发流程与价格，提交订单申请，跟踪订单处理流程、查询历史消费明细等，实现传统批发业务由线下与线上的相互结合。此外，客户经理提供一对一在线服务，便捷与客户的信息沟通，能及时有效掌握客户需求，挖掘潜在客户，提升客户忠诚度。四川公司通过优客发布有奖问卷调查，吸引大客户积极参与答题，用于采集竞争对手批发策略、促销及价格动态，为四川公司迅速掌握竞争对手信息，建立迅速敏捷的应对机制，起到明显的效果。

(四) 筑牢产品和服务诚信体系，夯实微信营销根基

1. 多环节、全流程严格管控，打造质优量足的金字招牌

四川公司将油品数质量工作纳入各地市公司重要业绩考核指标，实行一票否决制。建立油品数质量管理体系，定期开展体系认证和审核，持续提升中国石油品牌含金量。持续开展“3·15”等系列油品质量计量专题宣传活动，进行质量计量服务诚信经营承诺，以“滴滴好油、满满诚信”回报社会、回馈客户。

确保油品质量优。一是严把收油质量关。投入资金2570万元，提高油库化验室检测能力，取得(CNAS)实验室国家认可资质。购进中石油集团公司内部炼厂油品，按照入库必检项目分析，对中石油集团公司外部炼厂油品，除进行全项目化验分析外，四川公司还派出专业化验小组驻厂化验，追加气味、馏程、蒸气压等九个检测指标，做到现场化验合格一罐、收购一罐、封存一罐。加油站卸油作业执行“配送单与罐车油品核对、配送单与二配系统中的配送计划核对、配送单与信息系统的收油计划核

对”的“三核对”和“双人作业、双人复核、双人监督”制度，防止发生混油、卸错油品质量事故。二是狠抓储存、销售质量关。加油站除执行定期清洗油罐、水杂监控异常处理制度外，还研发新型加油机除水除杂过滤器，确保销售油品质量合格。三是加快油品升级步伐。投入 5000 万元全面完成国 IV 柴油升级置换工作，为消费者提供更为环保、清洁的油品。四是注重非油商品品质。在便利店商品质量方面，严格供应商的选拔，严把进货关，制定《便利店商品保质期检查制度》，定期开展商品质量检查，确保非油商品质量合格。

确保油品数量足。一是严格计量器具检定。四川公司各地市公司每个季度联系加油站所在地质监局对辖区全部加油枪进行检定，出具检定证书，确保计量器具精度达标合格。加强计量器具自检，对所辖加油站加油机进行自校，发现误差异常立即停用，确保加油机计量精度，杜绝人为调整计量器具，克扣用户。二是建立计量监督检查机制。有重点、有计划地开展加油机等计量器具抽校检查，购置隐蔽式加油机检定车，对加油站进行暗查暗访，对加油机检查结果进行通报，对超差较大的单位进行诫勉谈话，对责任人进行严厉处理。制定下发《成品油计量工作责任追究暂行规定》，开展加油站反舞弊风险专项治理工作，从严打击违规违法行为。

2. 多渠道、全方位精细服务，不断提升优质服务水平

制定“1246”企业服务体系，坚持以客户为中心，形成领导服务员工、机关服务基层、员工服务客户的良好运行机制。率先在攀枝花分公司龙井站试点智慧站建设，首批计划推广 29 座站，形成辐射攀西旅游城市的“全路途”系统。在加油站提供自助取款、车险购买、水电气缴费、快递收发、母婴服务、旅游服务等增值服务项目，提升顾客购物体验，为客户提供一站式贴心服务。全面推广微信、支付宝、翼支付等多元化支付手段，开展自助加油业务的加油站达到 800 座，客户体验持续增强。加强对厂商进站促销人员的促销行为监管，在各地市公司组建优质服务示范队，对现场加油员进行服务培训和示范引领，规范服务态度、服务用语和服务动作。整合内外部监督力量，构建安监总站、95504 客户服务热线、神秘顾客访问（MMP）、客户净推荐值（NPS）、新闻舆情“五位一体”的服务监督模式，将监督情况与地市公司班子业绩奖金挂钩兑现，并设置地市公司“零投诉奖”、一线员工“服务委屈奖”，引导全员重视服务、提升服务。四川公司 95504 服务热线客户投诉率指标长期处于低位，客户满意率长期居中国石油销售行业第一。

三、基于微信平台的成品油“互联网+”营销管理效果

（一）实现营销业务逆势上扬

2014 年以来，四川公司通过微信营销打通“油卡非润”一体化线上线下同步运行瓶颈，有效节约营销成本，营销业务逆势上扬。2014—2015 年通过微信建立线上广告平台，节省广告费用开支 1500 万元。通过微信实施“油卡非润”全品种销售、在线客服服务、客户精准开发和维护，分别节省人工费和客户开发维护费用 390 万元、8600 万元。主营业务明显增长，盈利能力稳步提升，累计实现利润 32 亿元，年均涨幅 15.07%，同期全国平均增幅为负。加油卡高速发展，新增沉淀资金 8 亿元，累计达到 24 亿元，年均增幅 25.1%。非油业务获得长足发展，累计实现非油收入 14.4 亿元、非油利润 2 亿元。四川公司综合业绩指标连续保持多年中国石油天然气股份首位。

（二）公司客户群体得到不断壮大

微信营销契合当今社会信息量大、高效快捷的生活工作节奏，满足客户多层面的消费需求，促进客户服务从被动到主动的转变，构建企业与客户的良好沟通、服务、互动平台。利用微信爆炸式的传播功能，实现客户倍增效果。给客户提供专属化、定制化、一站式的全新服务和消费体验，增强客户的忠诚度和满意度，客户调查满意率达到 99.81%，提升近 9 个百分点。2014—2015 年，微信客户从零起步达到 126 万人，销售记名加油卡 180 万张，累计销售加油卡突破 500 万张，通过加油卡锁定四川省境内的

近60%的汽车客户。

（三）公司品牌与公众形象得到有效提升

四川公司通过线下实实在在的行动举措，切实履行企业政治、经济和社会三大责任。充分发挥四川地区成品油主渠道供应服务商作用，多次在应急保供中出色完成保障任务，为地方经济建设提供不竭动力。全力打造清洁环保能源，保护生态环境、实现节能减排。自2014年起，投入3.9亿元全面完成加油站国Ⅳ柴油升级置换以及油库和加油站的油气回收装置、环保沟、隔油池的改造工程。在诚信纳税、扩大就业和公益事业等方面做出积极贡献。2014年以来，上缴税费超过30亿元，为社会提供近万个就业岗位，公益捐赠近1000万元。利用微信平台受众面广、传播快的优势，对四川公司加油站经营服务、油品数质量管理、公益活动等进行大力宣传报道，积极传递石油文化，传播四川公司全面履行企业责任的正能量，获得社会公众高度认可和广泛赞誉。

（成果创造人：汤雪梅、张超男、付　斌、田玉军、蒋胡民、陈　清、吴明文、何　凌、康　泽、王　琦、宛　磊、吴进来）

"以提高核电接受度为目标"的公众沟通管理

中国核能电力股份有限公司

中国核能电力股份有限公司（以下简称中国核电）由中国核工业集团（以下简称中核集团）作为控股股东，联合中国长江三峡集团、中国远洋运输（集团）总公司和航天投资控股有限公司共同出资组建。中国核电经营范围涵盖核电项目的开发、投资、建设、运营与管理，核电运行安全技术研究及相关技术服务与咨询业务等领域。2015 年 6 月 10 日，中国核电作为 A 股第一家纯核电企业成功上市。目前中国核电控股的核电机组包括：我国第一座自主设计、建造、运营、管理，被誉为"国之光荣"的秦山核电厂；我国第一座自主设计、建造、运营、管理的大型商用核电站秦山第二核电厂；我国第一座实现核电工程管理与国际接轨的重水堆核电站秦山第三核电厂；我国最先进的在役核电站江苏田湾核电厂；全球首台三代核电 AP1000 浙江三门核电工程；我国自主三代核电"华龙一号"示范首堆福建福清核电工程；海南省能源建设一号工程海南昌江核电工程等。正在进行前期工作的核电项目遍布辽宁、湖南、福建、河北、河南、浙江等各地。截至 2015 年年底，中国核电拥有控股子公司 15 家，合营公司 1 家，参股公司 3 家；控股在役核电机组 14 台，装机容量 1151.2 万千瓦；控股在建核电机组 11 台，装机容量 1251.2 万千瓦。2015 年，中国核电发电量为 742.7 亿千瓦时，上网电量为 691.9 亿千瓦时，实现营业收入 262 亿元，实现净利润 71 亿元，总资产规模超过 2600 亿元，员工总数超过 10000 人。

一、"以提高核电接受度为目标"的公众沟通管理背景

（一）积极开展公众沟通是提升公众对核电认知度和接受度的需要

核电是改善大气环境、提供能源支撑和调整能源结构的重要支柱，积极推进核电建设、推动核电出口，是国家重要的能源战略，也是国家"一带一路"和"走出去"战略的良好实践，更是贯彻落实"创新、协调、绿色、开放、共享"五大发展理念的生动探索，对于满足经济社会发展不断增长的能源需求，实现能源、经济和生态环境协调发展，提升我国国际影响力、综合经济实力和持续发展水平具有十分重要的意义。然而，福岛核事故后，有关机构针对在公众对核能认识的调查中发现，88.7%的人认为核能"有潜在危险，需谨慎利用"，仅有 1.9%的受访者仍然支持核电是清洁和经济的。由此可见，提升公众对核电认知度和接受度的形势十分紧迫。

（二）积极开展公众沟通是保障核电行业健康快速发展的需要

环境保护部明确规定，核电项目厂址选择阶段的公众沟通工作应得到充分重视，公众沟通工作方案和核电项目选址阶段公众沟通工作总结报告作为厂址选择阶段公众沟通工作的支持性材料，是颁发核电项目厂址选择审查意见书的前提条件。《国家发改委重大固定资产投资项目社会稳定风险评估暂行办法》（发改投资〔2012〕2492 号）、《国家发展改革委重大固定资产投资项目社会稳定风险分析篇章和评估报告编制大纲（试行）》（发改办投资〔2013〕428 号）明确规定，社会稳定风险分析应当作为项目可行性研究报告、项目申请报告的重要内容并设独立篇章。社会稳定风险评估报告是国家发展改革委审批、核准或者核报国务院审批、核准项目的重要依据，评估报告认为项目存在高风险或者中风险的，国家发展改革委不予审批、核准和核报。由此可见，公众意见已成为核电项目能否落地的决定性因素之一。在核电项目的决策和实施过程中，只有积极搭建政府、公众、企业、社会团体等多方对话平台，做好公众沟通，赢得公众支持，才能为核电健康快速持续发展创造良好的舆论氛围和社会环境。

（三）积极开展公众沟通是适应全媒体新形势下搭建透明、公开、平等对话平台的需要

当前，核电企业公众沟通存在未搭建起透明、公开、平等对话平台的显著问题，只有从“决定—宣布—辩护”模式走向“参与—协商—共识”模式，在充分考虑公众利益焦虑的基础上因势利导，并建立起一定的利益补偿和平衡机制，邻避设施建设才能有广泛的民意基础。互联网的出现和社交媒体的迅猛发展进一步加强了核电企业双向平等沟通的需要。因此，在全媒体新形势下，核电企业只有更加积极主动地与公众进行及时、平等、透明、公开地沟通，才能在公众沟通中抢占先机，取得实效。综上所述，积极开展公众沟通是新形势下保障核电发展的必要条件，为此，中国核电从2013年开始，实施“以提高核电接受度为目标”的公众沟通管理。

二、“以提高核电接受度为目标”的公众沟通管理的内涵和主要做法

为提高公众对核电的接受度，为核电安全高效发展创造良好的舆论氛围和社会环境，中国核电致力于提高核电技术、管理水平，树立核电安全高效运行形象，打好公众沟通基础，以标准化公众沟通指南为指导，树立“总部统筹、整合资源，项目牵引、突出重点，政企合作、协同互动”的沟通理念，建立一体化公众沟通管理机制，整合资源开展公众宣传、配合政府积极吸收公众参与有关核电建设的活动、及时透明做好信息公开、多措并举抓好舆情管理，有效提升公众对核电的认知度和接受度，为核电发展保驾护航。主要做法如下：

（一）提高核电技术、管理水平，树立核电安全高效运行形象，打好公众沟通基础

中国核电积极贯彻“科技兴核、人才强企”的方针，充分发挥资源和技术优势，不断加大人员和资金投入，深化行业交流与合作，推进科技研发，经过几代核电人的艰苦奋斗，中国核电站建造运营技术已基本进入成熟阶段，尤其是自主研发的“华龙一号”核电技术，标志着我国成为独立拥有三代核电技术的国家。中国核电运营的秦山核电一期、二期、三期及一期扩建工程方家山核电、田湾核电、福清核电、海南核电等均保持着良好的运行业绩，有效树立核电安全高效运行的良好形象。

（二）明确公众沟通管理目标和管理理念

核电企业开展公众沟通管理的总体目标即通过统筹运作、有效沟通，提高公众对核电的认知度和接受度，为核电发展营造良好的舆论氛围和社会环境。经过多年公众沟通实践，中国核电确立“总部统筹、整合资源，项目牵引、突出重点，政企合作、协同互动”的公众沟通原则。总部统筹、整合资源是指中核集团及中国核电总部统筹，打破不同板块、不同成员单位之间的信息和资源壁垒，协调相关资源，建立统一的人才库、产品库，促进信息、经验共享与推广，增强合作交流，避免因资源不匹配而导致前期沟通错失良机，加强经验传承。项目牵引、突出重点是指以重大项目为牵引和支撑，与项目建设同谋划、同部署公众沟通相关工作。精准分析利益相关方的差异化需求，突出重点人群、重点内容，关注重点需求，针对重点宣传人群制定不同的宣传策略、采用不同的宣传方式，有针对性地解答公众关注的安全性、经济性、拆迁补偿和环境利益等重点问题。政企合作、协同互动是指加强与国家有关部门、项目所在地各级地方政府的合作，建立信息沟通渠道和工作协调机制，按照“中央督导、地方主导、企业配合、公众参与”的总体原则，推动地方政府重视、加强核电项目前期公众沟通工作，注重满足公众需求，注重与项目周边群众互动。

（三）参与一体化公众沟通工作网络

中国核电项目前期公众沟通工作按照“政府主导、合力施策，周密谋划、循序渐进，双管齐下、两手并重，预防为主、防控结合”的指导思想，由政府主导搭建由环境保护部（国家核安全局），项目所在地省、市各级政府，中核集团、中国核电及项目建设单位共同参与的一体化公众沟通工作模式，着力提升公众宣传效果，加强信息公开时效，健全公众参与机制，提高舆情应对能力。

中国核电前期项目公众沟通的组织机构包括领导小组和执行组。其中，领导小组由项目所在地省人

民政府组织省政法、宣传、公安、发改、通信等部门及市人民政府、中核集团、中国核电等单位和部门的相关人员组建而成。省人民政府为领导小组第一责任单位，安排一名副省级领导担任领导小组组长。领导小组负责领导核电项目公众沟通工作、统筹处理超出项目所在市的公众沟通工作及重大舆情和跨省、跨市舆情的指挥调度和信息发布。执行组由项目所在地市人民政府组织市政法、宣传、公安、发改、通信等相关职能部门和中核集团新闻宣传中心、中国核电、核电项目建设单位的相关人员组建而成。市人民政府为执行组第一责任单位，安排一名市党政机关负责同志担任执行组组长，一名分管副市长担任执行组常务副组长。执行组负责组织实施核电项目公众沟通工作、配合实施超出项目所在市的公众沟通工作、实施舆情监测，跟踪舆情进展，及时向领导小组和执行组内部通报舆情信息和处理进展、一般舆情事件的应对以及配合重大舆情和跨省、跨市舆情的处理。

（四）整合资源，强化公众宣传

1. 实施差异化传播，增强公众宣传针对性

一是细分受众，识别重点宣传对象。中国核电根据受众和利益诉求程度，将受众分为四个区域：影响力大、利益诉求强的核心区，主要包括三类人群：党政机关主要领导，尤其是项目所在地市委书记、市长及分管副市长，掌握决策权，是核电项目落地的重要前置条件；市人大代表、政协委员及省人大代表（视项目情况决定是否涉及），他们对重大项目建设具有社会导向作用，在领导的决策中具有参谋作用，主要关注项目的安全性；市委宣传部、网监部门、发改委、环保局、国土局、林业局、海洋局、交通局、教育局、城建局、核电办等部门，关系到各项具体工作的开展。影响力大、利益诉求弱的重点区，主要包括意见领袖，如媒体记者、医生、教师、知识分子、企业家等，是影响公众宣传效果的重要中间环节。影响力弱、利益诉求强的次重点区，主要包括厂址30公里内（尤其是5公里内）的普通居民及学生等，是数量最为庞大的公众宣传对象，这类人群主要关注切身利益是否得到满足，在满足利益诉求的基础上，其对核电的态度较为容易改变。此外，从近年来重大项目实施过程中遭遇民意反对的案例来看，对项目产生影响的还包括一些偏激的环保主义者、反核人士，他们对核电项目不论好坏，一概反对。

二是针对不同受众，采取差异化宣传方式。针对各类受众的特征，中国核电策划组织有针对性的公众宣传。例如，针对党政机关主要领导，主要采用主要领导拜访、会谈，请院士、专家在党委中心组学习活动中做科普讲座等方式。而针对媒体记者、医生、教师、知识分子、企业家等意见领袖，则采用发放专业科普材料，组织座谈会，参观运行电厂和媒体宣传等方式，宣传内容重点关注核电的基本原理和固有安全性，核电能源的优越性等。针对项目周边的普通居民及学生，则采用运行电厂参观，科普知识进社区、进学校，大篷车、电影下乡等特色活动、公益活动和媒体宣传等形式，宣传内容重点关注核电基础知识和相关利益诉求的解答。除此以外，针对新时期公众沟通的特点，中国核电及时传播中核好声音，同时也积极探索与网络大V、项目所在地意见领袖、新媒体运营者等的互动，采取“请进来”“走出去”等方式，引导认同。

2. 创新手段，提升公众宣传亲和力

中国核电致力于用“接地气”的形式进行“微笑科普”。一是结合新媒体特点，形成一系列易于为公众理解和接受的标准化宣传产品，如国内首部核电科普动画片《核电那些事》，采用动漫方式，实现流行元素普与核电科普知识的有效衔接，颇具观赏性和趣味性，赢得网友的一致好评。此外，《核我约会吧》漫画书、核电科普知识挂图、科普讲解PPT等宣传材料用通俗易懂的语言传播核电科普知识，在公众宣传中取得很好的传播效果。二是加强媒体合作，与人民日报、新华社、中央电视台等主流媒体建立起良好合作关系，注重打造类似于《解密中核》这样在中央电视台等主流媒体平台上传播有影响力的宣传文化精品，利用华龙一号示范工程建设、新机组并网发电等重大节点与主流媒体进行广泛合作和

大规模传播，全面介绍中国核电发展情况，提高公众对核电的关注度。三是加强创新新闻传播平台，用好“三微一端”（微博、微信、微视频和客户端），打造像《核电小苹果》这样的微文化精品，抢占新媒体阵地。

（五）配合政府积极吸收公众参与有关核电建设的活动

1. 明确知情、公开、平等、广泛、便利的公众参与原则

中国核电建立起常态化公众对话机制，依法合规开展公众参与工作，积极配合项目所在地市人民政府实施，为选址阶段的公众问卷调查、公众沟通座谈会等向项目所在地市人民政府提供必要的技术支持，并在意见反馈工作中提供必要的技术支持。具体实施过程中，主要确立五项原则。

一是知情原则。尤其是需要提前由所在市人大常务委员会审议的核电项目，注重提前沟通、增信释疑，避免出现审议不通过的情况。二是公开原则。在公众参与的全过程中，保证公众能够及时、全面并真实地了解建设项目的相关情况。三是平等原则。努力建立利害相关方之间的相互信任，不回避矛盾和冲突，平等交流，充分理解各种不同意见，避免主观和片面。四是广泛原则。设法使不同社会、文化背景的公众参与进来，在重点征求受建设项目直接影响公众意见的同时，保证其他公众有发表意见的机会，特别是保证持反对意见的公众和弱势群体有发表意见的机会，有针对性地寻找对方信任的代表进行专门沟通。五是便利原则。根据建设项目的性质以及所涉及区域公众的特点，选择公众易于获取的信息公开方式和便于公众参与的调查方式。

2. 拓宽渠道，提升公众参与互动性

一是因地制宜搭建对话平台。中国核电认真研究项目所在地经济社会环境、人文文化特点和民俗风情，因地制宜，采用当地群众喜闻乐见的方式开展公众对话交流。如在辽宁、湖南等地开展科普大篷车活动，增进公众对核电的了解和支持。二是打造品牌活动将公众“请进来”。巩固并持续提升“核你在一起”核科普公众开放周、“魅力之光”杯全国中学生核电科普知识竞赛暨夏令营等品牌活动的影响力，从2016年起启动“核＋X”高校大学生创意大赛，将各级政府、周边居民、学生、媒体、意见领袖等群体请进核电基地和周边社区参与活动，与核电企业现场对话。三是坚持科普先行。推进核电项目前期建设时坚持科普先行，注重将国家利益、企业利益与地方政府和公众利益紧密联系起来，提早释疑解惑。四是培育发展核科普旅游和展览。在项目所在地及附近城市建立核电科普展厅或附属设施。其中，秦山核电在浙江海盐县规划建设以科技设计、培训、旅游为一体的核电科技馆，实现核电旅游参与化、机制化。目前，中国核电已建立10余个核电科普展厅，多家成员公司被评为全国科普教育基地、工业旅游示范基地等，每年开展工业旅游项目，接待公众参观年均超过20万人。

（六）及时透明，做好信息公开

中国核电利用内外部媒体平台，及时公布企业基本情况、项目建设情况、机组运行情况、核电站放射性流出物排放量、核电站周围环境辐射监测情况、工作人员接受辐射剂量情况、应急计划区、应急方案、应急组织机构设置和运行事件等信息，对提高公众对核电的认知度、树立核电企业公开、透明、责任担当的企业形象发挥重要作用。中国核电在信息公开工作中总结出几点重要经验：一是要与所在地市人民政府就各自负责公开的内容、公开的时间点提前沟通，保持一致。二是对项目中与环评报告相关信息的公开，提前做好相应的舆情风险应对预案，并确保前期针对性宣传引导已开展到位。三是适时披露项目建设期间的进展情况，在官方网站建立专栏，并指定专门人员负责信息披露和更新。四是对核电站日常核与辐射安全运行信息的公开，核电站网站建立相应专栏，并对公开信息内容进行形式转化，以公众可以接受的可视化信息方式进行表现，提高信息的易懂性、易读性、易获性。

（七）多措并举抓好舆情管理

1. 建立一体化立体舆情管控网络

中国核电以板块为中心，按照“本部统筹、上下联动、专业支持”的思路，搭建起以中国核电和各成员公司为纵线、以各成员公司与地方网宣、网监部门为横线的立体舆情管控网络。一旦发生舆情事件，中国核电舆情应对办公室借助财经公关、中核集团新闻中心等专业机构进行研判和分级应对指导，成员公司借助地方宣传部门网宣办、公安部门网监办等资源进行具体舆情的处置与应对。

2. 制定舆情管理制度，明确舆情管理流程

中国核电制定健全舆情管理制度，对舆情进行分级研判，明确舆情管控权责界面和响应的层级要求，梳理舆情应对流程，形成上下联动的舆情处置机制。在新媒体时代，中国核电积极进行新媒体研判发掘，形成包括中央级和地方主流媒体、能源行业主流媒体、能源行业知名自媒体、地方大V及中国核电自有媒体在内的矩阵渠道，通过矩阵，在重要信息披露之前，投放相应素材广告，引导舆论走向。

3. 建立专业队伍，响应舆情引导

一是开展新闻发言人培训班，提升新闻发言人在全媒体时代进行舆情应对和公众沟通的能力。二是培养宣传专员为舆情应对的核心团队，提供相关支持和保障，发动宣传专员参加网络舆情分析师专业培训，提升宣传专员网络舆情应对能力。三是组建舆情引导员队伍，涵盖中国核电本部及各成员公司在安全、技术、运行、党群等各个领域的业务骨干，一旦发生网络舆情事件，可迅速有效地进行舆情引导。

三、“以提高核电接受度为目标”的公众沟通管理效果

（一）公众沟通活动有效提升公众对核电的认知度和接受度

有效的公众沟通工作为中国核电事业发展保驾护航，截至目前，未发生过与核电项目直接相关的公共群体性事件。以中国核电徐大堡项目为例，徐大堡核电以项目所在地市级政府为公众沟通的实施主体，分工合作，共同制订和实施公众沟通的方案，通过开展科普“十进”（进政府机关、进农村、进妇联、进团委、进科协、进教育系统、进媒体、进行业、进社区、进公益爱心）等活动，葫芦岛人民认识了解核电，公众接受率从全面开展沟通工作前2010年的60.9%上升到2013年的96.4%，地方人大高票一次性通过项目的建设提案，社会稳定风险评价报告一次性通过专家评审，徐大堡项目被环保部称赞为核电公众沟通的样板，环保部也以徐大堡项目为蓝本形成核电公众沟通指南。

（二）公众沟通活动获得业内及媒体、公众好评

2014年10月，世界核电运营者协会（WANO）组织世界各国近20名专家对中国核能电力股份有限公司进行为期12天的全方位评估，最终公众沟通被WANO列为行业标杆，向世界核电同行推广。

中国核电逐渐打造形成以“魅力之光”杯全国中学生核电科普知识竞赛暨科普夏令营活动为龙头的众多科普品牌，较好地分享传播核电科普知识，树立起核电企业的良好形象。“魅力之光”科普活动自2013年首次开展以来，覆盖参赛人群已超过75万人，在业界形成较好的规模效应和品牌效应，得到国家能源局、国家核安全局和中国核学会等主管单位的高度评价。除此之外，中国核电围绕“前期项目、在建工程、运行电站”三大领域，组织制作出一系列标准化的科普宣传产品，针对不同群体的科普讲解材料、科普宣传品手册等，新颖的科普内容频获公众点赞，较好地唱响核电好声音，有力提升中国核电的整体品牌形象。

（三）公众沟通机制运行顺畅，标准化公众沟通指南成效显著

中国核电坚持“总部统筹、整合资源，项目牵引、突出重点，政企合作、协同互动”的公众沟通指导原则，搭建起以政府为主体和指导、以中国核电和成员公司为主力、以传统媒体和新媒体为平台的公众沟通立体网络，各方相互配合、协同共进，共同推动核电公众沟通取得实效。中国核电制定发布《公众沟通指南》，在实践中取得较好的成效。一是促进公众沟通规范化管理。借用成熟的传播学模式，梳

理公众沟通的主要内容，制定开展工作的标准流程。二是实现资源共享，节约成本。通过统筹协调板块资源，集众家之智，形成公众沟通专业人才库和产品库，增强横向合作，为核电项目尤其是新建项目提供强大的资源保障，同时通过资源共享有效降低成本。三是提高公众沟通的质量和效率。通过优化流程、改进方法、完善产品，进一步提升和完善公众沟通工作的效率和质量。

（成果创造人：吴秀江、左　跃、陈　华、高　飞、叶小丹、汪志宇、罗路红、方路生、韩智文、赵武超）

军工基础元器件企业“三度一测”销售管理

中国电子科技集团公司第四十三研究所

中国电子科技集团公司第四十三研究所（以下简称43所）始建于1968年，是专业定位于混合微电子技术研究的国家一类军工研究所，致力于混合集成技术和系统小型化解决方案的研究，已形成以系统级封装（SIP）、高端混合电路、先进封装、电子材料和工艺装备为代表的五大业务领域，在以DC/DC电源产品为主导的功率电子高端电路领域和以金属外壳为主导的先进封装领域是国内军工市场的最大供应商，技术上引领行业发展。现有员工1400余人，其中技术人员与技能人员比例约1∶1。建所以来，荣获百余项省部级以上科技成果，部分达到国际先进水平，在混合微电子领域创造40多项国内第一。经几十年的积累，已形成从材料到电路产品完整的研发能力与生产体系，拥有多条具有国际先进水平的国军标认证生产线。产品广泛应用于航天、航空、兵器、船舶、电子等高可靠武器装备及工业领域，在“神舟”系列飞船、“天宫”飞行器、“探月工程”“北斗导航”等几百项国家重大和重点工程研制生产任务中发挥重要作用，为国防工业和国民经济发展做出重要贡献。

一、军工基础元器件企业“三度一测”销售管理背景

（一）军工科研院所的改制是大势所趋

43所既是国有企业，又是军工科研院所，要抓住这一历史机遇，勇于面对挑战，坚持以市场需求为导向，以市场规律为准绳，以市场机制为基础，在市场竞争中加速发展。销售作为企业经营活动中与市场接触最紧密的环节，如何在销售管理上攻坚克难，抓重点，上水平，是43所深化改革的核心工作。

（二）贯彻中国电子科技集团公司发展总体思路的要求

中国电子科技集团将“国内卓越、世界一流”作为发展的总目标，将国资委提出的世界一流企业的13个要素作为行动指南，不仅要求技术一流、产品一流，还要求管理水平是国内卓越的、世界一流的，也包括一流的销售管理水平。根据集团发展总体思路要求，43所立足国家和行业发展需要，重新思考和谋划自身发展，对标先进企业，提出“一五五三”战略发展思路，即：到2020年成为“国内第一、世界一流”的混合微电子企业这一个战略目标，提升“市场化运作、产业化发展、自主创新、信息化管理、企业文化引领”五种能力，做强“混合电路、先进封装、先进装备、电子材料、微系统集成”五大业务，实施“运营机制、分配制度、用人制度”三项改革。销售管理既是市场化运作的核心能力之一，又是运营机制、分配制度改革的重要组件。

（三）推进43所转型升级发展的需求

经过近50年的发展，43所已成为国内产品门类最齐全的混合集成电路专业研究所，要适应新形势下的企业化、市场化、现代化、国际化转型发展的要求，进一步推进43所转型升级发展。微笑曲线显示产业链中的高附加值更多的是体现在两端，即设计研发和市场开拓这两个环节。43所在逐年加大科技创新、保证研发投入的基础上，加大市场销售方面的管理、建设，为提高满足客户需求的能力和实现企业发展目标提供根本保证。

二、军工基础元器件企业“三度一测”销售管理内涵和主要做法

43所以“目标管理、流程再造、市场细分、绩效管理”等理论与方法为指导，以“规范化、精准化、数据化、科学化”等管理理念为引领，以IBM、华为等公司的经典销售方法与实践为借鉴，整合

军工基础元器件企业销售业务“广、多、散、细”特点，通过夯实“业绩管理、市场区隔、团队打造与能力提升”等管理基础，构建客户画像、客户覆盖模式、商机管理、销售管道分析等流程与工具，实现对商机“准确度、精细度及健康度”的全过程运营管控，实现业务的“预测性”管理目标，促使销售管理从被动响应到主动管理，从事后查漏补缺到事前、事中监控，销售管理人员从担任救火队员到担任战略实施者，提升销售管理效力与效率，进而通过“预测”指导科研生产计划与实施工作，带动整体运营效率的提升。主要做法如下：

（一）全面对接战略规划，夯实销售管理基础

1. 实施市场部与事业部的“双担双计双考”业绩管理

在《43所中长期发展规划（2012—2020年）》中，明确将提升“市场化运作能力”、推进“运营机制改革”作为战略重点任务。43所以“责权共担”为原则，基于绩效管理理论发布《市场部绩效考核办法》《销售业务绩效考核办法》，实施市场部与事业部“双担双计双考”的销售业绩管理机制。在制定年度销售业绩目标分解时，将43所的年度业务指标按客户与产品两个维度分解，其中，市场部以“客户”为业绩承载单元，事业部以“产品”为业绩考核单元的“业绩双担”机制；面向具体的销售商机，形成市场部与事业部相互支撑与协作的工作机制，在赢得业务后分别按“客户与产品”对合同额、销售收入、回款及“两新市场”等业绩指标实施“双计”并在年终时实施“双考”，以实现销售业绩的闭环管理。结合43所的业务运营实践，团队成员考核使用均值贡献与目标考核相结合的方法。具体到考核指标，将客户代表、区域经理、行业经理、产品销售经理等人员的考核指标分为两个类别，分别为业绩类指标与管理类指标。业绩类指标主要考核面向当前收益的产品销售、面向未来发展的产品开发与试用，以及面向持续运营的回款三类业务指标；同时依据工作价值与工作量分布，确定三类指标的权重分别为50%、30%与20%；管理类指标包括团队管理类与业务规范类，团队管理类主要考核对象为市场部管理人员，包括销售总监、区域经理等，考核重点在于人才培养与绩效管理等工作；规范类则是考核对43所各项管理规范的符合度。

2. 构建面向“片区＋行业”的市场区隔

43所将国内市场划分为“华北、华东、西南、西北与中原”五个区域，并依托全国十个中心城市、辐射全国，分派相应的区域经理、客户代表作为销售一线资源。鉴于军工系统“型号—系统—组件”的运作模式，为从源头管理销售过程，以行业整体布局为视角分析电源与基板等产品需求及协调销售工作，43所面向“航天、航空、电子、兵器、船舶”等行业配置销售资源，继而形成“片区＋行业”的一线销售阵地。

3. 打造“三位一体”工作体系与高效销售团队

作为军工行业基础元器件企业，43所的销售工作提出了“市场部为主导、事业部为主体、技术专家为主力”的“三位一体”工作体系，构建“区域经理、行业经理、客户代表、产品销售经理、技术专家”协同参与的跨部门与跨职能销售团队。

4. 提升员工的多维度销售能力

依据《顾客沟通与服务准则》，基于销售过程中的典型业务场景，43所通过开展高层管理人员拜访、解决方案销售、定型/新产品销售、案例演练等主题培训，引导客户代表、技术专家、区域经理等人员熟悉相关业务流程以及销售管理工具，指导客户代表主动发现与分析销售机会、技术专家与客户沟通等能力，进而提升销售过程的专业化、规范化及有效性。2014年起，43所已实施各类销售过程能力提升培训20场、产品技术培训30场，累计参与人次超过400人次，已发布实施《销售人员行为准则与规范》，为销售人员的业务能力和综合素质提升提供组织保障。

（二）深入研究客户，提升商机获取“准确度”

1. 绘制全景客户画像

客户画像是指通过对客户各类信息资料的整理与分析，构建客户的信息全貌，以用于指导对客户的了解、认知及管理。43 所构建的客户画像包含客户基础资料、客户交互资料、客户合同资料以及客户分析资料四个方面。建立并完善客户基础资料档案。系统组织市场调研、市场推广、客户沟通与服务等活动，以“客户需求访谈手册”等为载体，建立客户交互资料。需要特别说明的是，客户的投诉以及质量问题处理过程也包含在其中。利用信息化管理软件，实现客户合同资料的完整追溯。建立客户分析资料档案，并完成客户评定及客户信用评定体系的构建。由市场营销部门基于上述基础资料的分析形成客户分析资料档案，主要包括客户价值分析、客户市场份额分析、客户流失预测、客户信用信息等。将现有及潜在客户按“VIP 客户、重要客户及一般客户”进行分类定级，同时将客户市场份额和客户流失预测纳入分析体系。在客户信用评定体系中，主要通过对客户过去 5 年的应收账款、付款周期以及所处行业等确定客户的信用等级，共划分为 A、B、C、D、E 五个层级，并详细规定各等级信用可享受的赊销额度，较好地降低财务风险。

2. 构建多维度的行业与型号谱系

以“客户计划书”为载体，43 所扎实开展 15 次/年以上的混合集成电路市场专项和综合调研活动，采取专题宣讲、技术对接、业务走访等多种形式，全方位深入到客户单位，与客户方总师、主任设计师、产品使用人进行深度调研和实地考察，摸清五大区域内百余家重点客户的所有型号、系统、组件的分布图。特别是近年在片区管理基础上，狠抓“重点行业与重大工程”，关注“太空安全、海洋安全、电磁安全、战略预警”四大领域市场。特别是在空间市场重点跟踪“载人航天”“北斗组网”“探月工程”“运载火箭”、新型卫星等工程，横纵交差形成行业与型号谱系，聚零为整，系统掌握整机型号的分级配套脉络和各级关键客户群。

3. 打造差异化的客户覆盖模式

依据经济性与匹配性原则，面向行业与区域的不同类别客户构建“差异化”客户覆盖模式，使用不同资源为不同类别客户提供系统化服务的整合模型，采用灵活多变的服务方式，为客户提供细致、周到的全方位服务。针对 VIP 客户群体，由行业经理、客户代表重点为其提供“管家”式服务，促使高层间每年至少开展一次战略交流活动；针对重要客户，由区域经理形成面向区域的重要客户“主动式”覆盖方式，通过开展市场推广会、产品交流会，客户例行走访等活动，组织技术专家进行市场维护与开拓；其他客户则依赖代理商进行覆盖，并通过网站、微信服务号以及电话等电子渠道实现“响应式”覆盖。

4. 设计基于业务分析的商机获取过程

43 所作为军工基础元器件企业，通过对客户的业务分析也是获取商机的起点，构建客户画像、行业与型号谱系画像以及差异化的覆盖模式则为分析客户的业务奠定基础。43 所在持续订货以及新品等业务领域通过寻找潜在商业机会，了解竞争对手市场情况、竞争策略，大大提高商机发掘效率，对新产品、新市场的开拓力度，积极培育新的经济增长点有很好的促进效应。以 2015 年系列市场活动为例，全年共组织 23 次高层走访，举办百场产品推广会、专项对接会，顺利同 103 家客户单位、2173 名客户（96%以上为技术人员）实现接洽，收回调查问卷 2000 余份，争取到新品开发商机 243 个，成功立项 161 项。

（三）提升商机全过程管理的“精细度”

1. 创建“穿越型”销售业务流程

43 所设计不同的业务管理流程及阶段，下发《产品销售业务工作流程》《产品研发管理工作程序》

等文件，明确“客户代表、产品销售经理、技术专家”三类关键角色的定位以及产品销售的四个关键阶段（需求确认—拟订方案—获得认可—赢得业务）的工作流程、控制准则、异常处理规则。不同阶段的业务目标以及达成目标的关键里程碑事件作为商机推进的标志，实现销售过程规范化管理，穿越和协同多个部门和团队的目标。

2. 运用支撑多节点的销售工具

43 所设计一系列的销售工具，包括客户计划、商机计划、商机评估表、组织决策地图等。适时制订商机计划。由客户代表针对可能的客户购买行为制定有效、可行的工作计划，随着商机的逐步发展而内容逐步丰富，以提示销售人员注意每个阶段的关键领域、管理销售活动和进展，增加赢率。拟定竞争策略。深入分析商机中潜在的竞争对手，全方位了解竞争对手的工作进展，从技术、商务等方面进行优劣势比较分析，制订 43 所的竞争策略；在特定情境下，也可以考虑使用联合策略。定期开展商机评估。由客户代表组织填写商机评估表，从收入与风险两个维度对商机进行评估以回答是否真的是商机、43 所是否有能力参加竞争、是否能够赢得商机、商机是否值得赢等问题，为商机决策提供依据。除上述销售业务促进工具外，43 所还通过构建 IT 工具支撑相关业务流程的落地和工具的使用。

3. 构建重点商机管理机制

鉴于不同类型商机对于 43 所的价值存在差异化，依据商机的战略属性、示范效应、经济效益等维度对商机进行分类，确定一级重点商机、二级重点商机和普通商机，设计重点商机的资源保障及竞争策略，为重点商机的推进提供组织保证。为保证对商机的管理可控，高层管理人员直接参与重点商机的管理，同时对重点商机数量比例进行控制。

4. 规范商机终止管理要求

为有效地管理商机终止，43 所拟定由客户代表、市场部、事业部业务及技术负责人协同参与的商机终止决策流程。

（四）全方位监控与管理，提升销售管道“健康度”

1. 监控销售管道多维流量

目前，由市场部设置运营支撑人员每周开展销售管道流量监控，形成市场分析报告；由运营经理通过对目前正在推进商机的合同金额进行跟踪，依据对完整销售管道的不同阶段商机进行加权金额计算，对不同事业部、不同区域以及不同季度进行多维度分析，对比所设置的目标，确定当前管道与目标之间的差额及百分比，提示管理人员管道流量是否充足，并确定下一步的工作重点在于寻找新的商机或聚焦于当前管道的管理。

2. 分析销售商机阶段进展

采取报告评审制，决定销售商机是否推进以及商机推进所需资源、项目工作团队、工作节点及主要工作方案，对于一级重点商机按照“三重一大”制度的有关规定执行，确保市场反应速度短、平、快，通过高效率的协作和工作组织，赢得商机。

3. 实施三级例会管控机制

采取区域级、部门级以及所级的三级例会机制，确保健康度管理能有序落地推进。通过开展销售管理三级例会，实现销售例会从工作汇报向销售管理的转型；通过建立统一的周/月会议制度，客户代表、区域经理与行业经理可以实现信息共享，管理人员可从销售管道的整体视角分析问题，提升管理效率；多维流量及商机进展分析为销售管理提供更好的数据和洞察力，为 43 所业务管理改进提供支撑。

（五）整合数据分析，支撑相关业务“预测性”管理

1. 实施业绩目标的“预测性”管理，指导销售运作

近年来，43 所坚持“谋而定全局”的思路，在实现销售管理“精细度、准确度及健康度”的基础

上，加强市场分析与研判，针对不同市场、产品、客户群体进行细分和差异化比较，运用 SWOT 方法对市场趋势进行准确的定位，对销售过程推进与管控进行科学指导，对销售业绩实现有效地预测性管理。年度市场策划引领全年市场活动开展。由市场部紧密围绕年初既定工作目标认真策划全年工作，按照客户、行业、产品以及持续订货、竞标、新品开拓等不同维度精细划分，根据不同的情况，制订行之有效的对策和方案，明确重点工作。采取“周统计、月总结、季分析”工作机制，对销售活动进行有效控制。

2. 实施客户需求的“预测性”管理，指导科研运作

43 所较为系统地掌握了整机型号/项目需求，了解目标客户预研、在研、批产的重点整机型号/项目，获取客户不同阶段的明确需求信息；通过技术专家的推介交流掌握客户的潜在需求，丰富完善客户计划书和用户访谈手册，进而汇集形成不同系列产品的短期、中期及长期需求，以引领产品的技术发展趋势。针对不同类别的需求，分别实施 A、B、C 三级管理，特别是面向中长期重大需求，策划实施“十大工程”与“十大项目”，并启动电路设计共性技术平台、工艺设计共性技术平台以及研发产品测试验证平台等三大平台建设，更好地支撑产品路标规划，实现与整机研发的前期整合。

3. 实施产品订单的“预测性”管理，指导生产运作

基于市场的销售预测与分析，梳理出可供多家客户、持续中等批次订货、53 个品种的货架产品，实施按库存预生产模式；对单一客户、小批量分散订货的 116 个品种，实施经济批量生产模式；对状态明确、工程配套关系清晰的产品，梳理工程配套产品清单，实施工程预测生产管理；对零星订货的产品，根据订单的确定程度实施预先备料、预先生产管理。通过上述措施，为确保整体平稳交付、均衡生产奠定基础。鉴于产品品种与订单数量较多，43 所已部署生产管理系统支撑相关订单任务的预测、排产及过程管理工作。

三、军工基础元器件企业“三度一测”销售管理效果

（一）销售过程精细化，提升内部管理水平

实现客户全覆盖，客户分级管理切实有效。在客户覆盖模式上，以全国五大区域、十大中心城市辐射全国，实现军品客户的全覆盖。此外，43 所还重点从航天、航空、电子、兵器、船舶等主要行业系统中选取一百余家客户作为 VIP 客户群进行管理，目前客户分级呈阶梯状分布，VIP 客户、重要客户、一般客户分布合理，可进行递进式培养。在销售管理上，实现以“周”为单位，实行“周策划、周活动、周总结”活动机制，通过“月总结、季分析”，加强市场研究与细分，有效规避市场风险，引导销售工作高效开展，自上而下，形成统筹资源匹配业务发展的强能力，打造高速运转的运营支撑平台。实施“三度一测”销售管理以来，43 所根据市场预测生产的比例由 20%提升到 60%，生产计划完成率自 85%提升到 95%，合同平均交付周期由 94 天缩短到 76 天。

（二）有力支撑销售业绩目标的达成，经济效益显著增长

实施“三度一测”销售管理以来，43 所持续加强细分市场的运作，丰富市场调研措施、加强市场宣传，拓宽销售渠道，以市场带动技术和产品的发展，准确研判市场形势，以国家重点型号为行动基线，迎来市场高速增长的新时期，经济效益实现显著增长。相较于 2013 年的业绩，43 所 2014 年与 2015 年新签合同额、合同总额以及销售收入等相关业绩指标复合增速均在 30%以上，圆满完成集团公司下达的奋斗目标，先后荣获集团公司 2015 年度经营业绩考核 A 级、2013—2015 年度任期业绩考核优秀单位及集团公司迈进世界 500 强突出贡献单位、“十二五”财务管理先进单位等荣誉，并成为连续两个任期连续获得考核优秀的十家单位之一。

（三）企业竞争能力明显增强，社会效益显著

长期以来，43 所始终秉承“以客户为中心”的经营理念，兑现“24 小时到达现场”的服务承诺，

实现“客户零投诉”的售后服务目标，凭借优质产品与服务多次赢得顾客好评，历年来连续获得航天、电子、航空等各大军工集团优秀供方荣誉（如航天科工四院2015年优秀供应商、航天33所2014年度优选供方等），顾客满意度从2012年的90%提升到2015年的95%。43所已成为高端混合集成电路产品国内最大供应商，市场占有率始终保持行业首位，成为“国之重器”。43所以国家重点型号为行动基线，狠抓“大客户+大工程”，关注“四大领域”市场，力推“六类新品”，确保完成主要经济指标，成功实现关键元器件进口替代，填补国内空白，突破技术壁垒，取得显著社会效益。多次对接客户及所内研发资源，与相关方协同实现抗辐照宇航DC/DC及EMI滤波器的上市，标志着我国的高端抗辐照DC/DC电源步入国际先进行列，为国产元器件成功实现自主可控探索出一条新路，进一步奠定43所在国家军用高端电源领域引领行业发展的地位。“三度一测”销售管理模型具有较强的通用性。自实施以来，电科16所、电科8所等单位前来调研学习，具有一定的行业示范效应。此外，鉴于经济效益与社会效益显著，近年来，43所还先后荣获“全国五一劳动奖状”“全国模范职工之家”“全国工人先锋号”“全国五一巾帼标兵岗”“安徽省五一劳动奖状”等多项荣誉称号。

（成果创造人：吴向东、杜先进、吴　玉、李　健、范　昶、杨　扬、李圣斌、程　琨、黄　革、叶臻臻、韩　艳、梅　冰）

民族葡萄酒企业打造“中国味道”品牌的营销管理

通化通天酒业有限公司

通化通天酒业有限公司（以下简称通天酒业）创立于2001年，于2009年11月成功在香港联交所主板挂牌上市，是国内知名的专业葡萄酒生产企业。厂区占地面积约11公顷，拥有世界一流的菲美特葡萄酒生产线3条，年生产能力3.9万吨，2015年实际产量2万余吨。企业拥有葡萄种植基地4万余亩，原汁储藏能力3万余吨。现有员工300余人，截至2015年，通天酒业总资产已达6.6亿元，实现销售收入3.4亿元，实现利税9960万元，企业拥有“通天”及“通天红”两大品牌，已成功研发六大系列、八十多个葡萄酒品种，产品自投放市场以来深受广大消费者的认可和青睐，目前，通天酒业已成长为通化地区绿色产品开发的龙头企业、农业产业化国家重点龙头企业。

一、民族葡萄酒企业打造“中国味道”品牌的营销管理背景

（一）主动适应市场竞争、培育差异化市场的需要

近年来，国内葡萄酒市场竞争激烈。各类葡萄酒厂家已有千余家，但真正能被全国消费者认可和熟悉的仅有张裕、王朝、长城等几个品牌，其中张裕、王朝、长城三分天下，市场占有率合计已高达52%，销售收入更是占到全行业的56%。而绝大多数产品在激烈的品牌竞争中显得十分渺小，不少企业最后从葡萄酒生产销售转做葡萄酒代加工，逐渐失去自己的终端市场。因此，通天酒业的竞争不能再停留在价格战上，需要在品牌层面进行竞争。通天酒业作为一支新生力量，要想在激烈的市场竞争中求生存、谋发展，必须打造个性产品，开拓差异化市场。因此，通天酒业独辟蹊径，找准市场定位，根据中国消费者的口味需求推出甜型山葡萄酒系列产品，以个性化和差异化打造“中国味道”品牌，开展营销管理创新。

（二）满足消费者对高品质差异化品牌产品需求的需要

当今的时代已走入品牌时代，越来越多的消费者已经开始深化品牌认识，并倾向于购买有品牌的产品。一是品牌能反映消费者的生活理念。不同品牌的形象塑造，给人以完全不同的消费感受，产品个性化和市场差异化的出现，培养特定的消费群体，也彰显消费者的消费个性。二是品牌能节省消费者购买产品的时间和精力。消费者只有凭借过去的经验或别人的经验选择合适的品牌，这样能大大减少消费者购买商品耗费的心力。三是品牌能降低消费者的购买风险。品牌会使人产生信任与安全感，对于市场上所销售的各类产品，消费者更愿意选择的是有品牌且知名度较高的产品进行消费，降低购买的风险。在国内市场，大多数消费者不仅对品牌商品更加偏爱，还对纯天然、无污染的甜型野生山葡萄酒情有独钟。通天酒业研发以甜型山葡萄酒为核心的品牌系列，提出打造以“中国味道”品牌为核心的营销管理，并加大宣传推介力度，取得较好的效果。

（三）促进企业平稳健康发展的需要

树立企业品牌，重视品牌工作已经成为市场环境下企业发展制胜的关键环节，谁及早地树立良好的品牌形象，并通过制订相应的营销策略提升品牌的知名度，谁就掌握发展的先机与话语权。打造品牌和推动品牌营销可以增强企业的凝聚力。一个知名的品牌，需要企业全体员工共同努力，共同维护。同时，一个知名的品牌，也会使员工产生集体荣誉感，增强工作责任心。通天酒业一直非常重视品牌培育工作，通过一系列品牌营销方案的制定与实施，不仅提高企业对外影响力和知名度，也带动技术创新，优化内部管理，提高企业的凝聚力和向心力，打造“中国味道”的葡萄酒品牌已经成为全体员工共同的

价值追求和努力方向。

二、民族葡萄酒企业打造“中国味道”品牌的营销管理内涵和主要做法

“中国味道”品牌的打造，主要分为原料、口感、包装和品牌定位四个部分。打造“中国味道”品牌的营销管理，就是要以消费者需求为中心，将品牌塑造和营销管理贯穿到一切市场营销活动之中。企业采用自建葡萄种植基地的方式，提供全部生产所需的山葡萄原料，从而保证产品质量和品牌含金量。同时采用中国风的外观设计（如青花瓷瓶、国画酒标、书法酒标、中国红主题等），酸甜适中的口感以及“中国红、通天红”的品牌定位，全面提升品牌形象，真正做到“中国味道”品牌的打造，与市场营销有机结合，最终将“通天牌”打造成适合中国人口味的甜型山葡萄酒知名品牌。自2010年以来，打造“中国味道”品牌的营销管理被列为企业营销活动的重要任务。主要做法如下：

（一）开展国内葡萄酒行业和消费者调查分析

1. 分析国内葡萄酒行业状况

近年来，我国葡萄酒行业进入快速成长期。国内葡萄酒产量正以每年15%的速度增长，2015年葡萄酒总产量已经超过920425.05千升。葡萄酒结构中高、中、低档酒的比例分别为：50%、40%、10%。总体来说，国外品牌仍然占据高端市场，国内具有一定历史的葡萄酒企业占据中端市场，一些新进入者和杂牌主要在低端市场争夺。我国葡萄酒四大品牌张裕、长城、王朝、威龙的产量占全国葡萄酒总产量的51.49%。作为葡萄酒行业的新生力量，通天酒业要想在激烈的市场竞争中占有一席之地，必须找出与众不同的卖点，在品牌营销上下功夫、做文章。

2. 分析消费者的需求变化

市场调查显示，目前，我国葡萄酒的核心消费群体是收入较高的中产阶级，这一部分人对生活品质要求较高，在购买葡萄酒产品时比较注重健康、功效、品牌、口味，对价格因素的敏感度较低。月收入在1500元以下，年龄在45岁以上的中低收入消费群体在购买葡萄酒时更关注产品价格，品牌忠诚度不高。月收入在1500—5000元之间，年龄在25—45岁之间的中等收入群体，具有较高的品牌忠诚度。总体看来，消费者在发生购买行为时，对品牌的选择比例在44%，而口味、价格、原产地和包装分别占26%、18%、8%、4%。

（二）确定目标市场和品牌定位

通电酒业制订“中国味道”品牌的营销策略，以“原料地域化、产品个性化、市场差异化”为核心理念和宗旨，打造属于中国人自己的甜型山葡萄酒品牌。

1. 进行市场细分

所谓市场细分就是把市场分割成为具有不同需求、性格或行为的购买群体，并针对每个购买群体采取单独的产品或营销策略。根据地理因素，通天葡萄酒市场细分为华北区市场、华东区市场、华南区市场、西北区市场、东北区市场，也可以简单笼统地分为南方市场与北方市场；根据人文因素，细分为男性消费群体与女性消费群体，高收入消费群体与中低收入消费群体等；根据心理因素，细分为自主、享乐、注重价值消费群体与保守、节约、犹豫不定消费群体；根据行为因素，细分为经常购买消费群体、偶尔购买消费群体、潜在消费群体。

2. 确定目标市场

目标市场是企业决定作为服务对象的顾客群体。依据可识别性，把目标市场定为：追求高品质生活，乐于尝试新事物，以品质为首要考虑因素，并愿意花钱购买高品质产品的这一群体。根据可进入性，把目标市场定为：以东北三省的省会城市和北方地区的一线城市为主要目标。例如，北京、沈阳、大连、长春、哈尔滨等。之所以选择这些城市，是因为经济非常发达、城市规模较大、消费能力较强，同时通天酒业多年来在这些城市有稳定的市场网络。根据可盈利性，把目标市场定位为：月收入3500

元以下的中低收入群体。还有一部分是本身收入不高，平时很少饮用或者从不饮用葡萄酒，但是愿意花高价购买葡萄酒送礼的这一群体。通过以上分析，通天酒业最终确定企业的目标市场为：北方地区各大城市中，有能力购买并且愿意购买高品质山葡萄酒的这一消费群体。

3. 明确品牌定位

通天酒业一直致力于改变消费者对山葡萄的观念认知。酿制甜葡萄酒的山葡萄产于高寒地带，具备顽强生命力，营养价值远远高于普通酿酒葡萄。在顺应大多数中国人喜欢喝甜酒的趋势下，通天酒业独树一帜，将产品的发展向高端甜酒方面倾斜。在华东市场，尤其是上海市场，通天牌甜型葡萄酒已经逐渐被消费者所接受，低价位普通甜型酒、高价位冰葡萄酒都有自己忠实的消费群体。因此，通天酒业的品牌定位是：依托丰富的资源优势，不断挖掘山葡萄酒特色，走民族品牌路线，引导大众消费，打造属于中国人自己的甜型山葡萄酒。

（三）制订差异化的产品开发和定价策略

1. 不断开发差异化的特色产品

通天酒业充分利用长白山地区和集安鸭绿江河谷地区得天独厚的野生山葡萄资源，以独特的科学配方和国际上先进的酿酒技术相结合，走特色化发展之路，在以山葡萄酒为主打产品的基础上不断推出甜红葡萄酒、冰葡萄酒、野玫瑰葡萄酒等多个畅销新品。目前，企业共研发六大系列、八十多个品种的葡萄酒。其中：通天红葡萄酒、冰葡萄酒、通天野玫瑰葡萄酒、通天咖啡葡萄酒 4 个品种在 2001 年被中国食品工业协会评为“中国名优葡萄酒”；2004 年，“通天全汁葡萄酒、通天干红葡萄酒、通天冰葡萄酒、通天山葡萄酒、通天野生原汁山葡萄酒”被中国绿色食品发展中心认定为绿色食品；2006 年，通天葡萄酒系列产品被评为地理标志产品；2010 年，通天红冰酒荣获第四届克洛宾杯国际葡萄酒大赛金奖；2012 年，国信系列山葡萄酒被授予吉林省名牌产品荣誉称号；2015 年，通天“轩妮雅冰白葡萄酒”荣获 2015 年 DSW 中国精品葡萄酒挑战赛首奖；同年，葡香型白酒一雅罗白荣获布鲁塞尔国际烈性酒大赛金奖。随着产品研发力度不断加大和品牌培育层次不断深化，通天酒业甜红葡萄酒产量已经位居全国第一，成为中国葡萄酒行业十大品牌之一。

2. 制订间接降价策略

在制定具体的价格时，必须与企业的营销战略目标、整体目标市场、营销目标市场相结合，而不能孤立地制定。通天酒业的价格制定经过以下六个步骤：一是详细建立起营销的各种目标；二是确定需求表，以显示在可供选择的价格水平上每一时期可能的购买量；三是估计在不同的产量水平上以及生产经验积累的不同水平，成本是怎么变化的；四是考察竞争对手的各种价格，作为给自己价格定位的一个基础；五是在众多定价方法中选择一种方法，如成本加成定价法、认知价值定价法、通行价格定价法等；六是选定产品的最终价格。通天酒业在制订产品价格策略时，为尽量提高市场占有率，价格定位在中低收入消费群体。为扩大品牌影响力和占据更多的市场份额，企业选择间接降价策略。因为相比之下，间接降价策略在市场价格保持不变的情况下间接增加成本支出，虽然产品的实际单位价格是降低了，但增强了产品更多的竞争优势，为实现市场长期战略打下良好的基础。通天酒业在实行这些方式时均从不同程度上增加营销成本，相当于间接降价，但却提升品牌形象，刺激终端消费和终端经营积极性，实现销量的持续增长，市场效益不断提升。

（四）强化从葡萄种植到酿造全过程的产品质量控制

质量是通天酒业永恒的主题，是品牌的生命。卓越的产品质量，使消费者常有超值和满足的体验，形成良好的口碑传播，对产品的销售和品牌形象的提升起着直接的推动作用。

1. 建设标准化葡萄种植基地

通天酒业的原料基地位于吉林省集安市，这里的鸭绿江河谷野生山葡萄有别于世界其他葡萄品种，是中国主要三大酿酒葡萄产区之一，是中国农业标准化绿色食品示范区以及绿色食品原料标准化生产基地。通天酒业与该地区约 3500 户葡萄种植农户签订为期 20 年的供应合同，葡萄酒基地面积近 4 万亩。同时拥有具有丰富酿酒经验的葡萄园管理团队为签约园区提供全面技术指导和质量监控，以保证酿酒原料的最优品质。

2. 建设国际标准化葡萄酒生产基地

为保证原酒品质，通天酒业不惜巨资引进意大利原装设备进行生产经营活动，并投资建设各类不锈钢储酒罐 100 余台，在集安市建疆村和长川村兴建两处不锈钢罐群，为原酒加工和储存提供有利条件。同时通天酒业聘请具有三十余年葡萄酒管理经验的酿酒师担任主要技术负责人，并聘请行业专家作为企业的专家顾问团队，保证产品从原料采收、加工、灌装、出厂的每一道工序的严谨性，为向市场提供优质产品起到积极的推动作用。

3. 严格执行国家各项法律法规及相关政策

企业设立质保部，用以监督各项国家法律法规及相关政策的执行和落实情况。企业所生产的有机及绿色产品，全部经过国家有关部门对原料基地和生产环节的认证，并取得相应的认证证书，各类产品全部按照质监部门的有关规定进行自检、送检和抽检，并由企业单独留样以备市场反馈之用。企业全面按照 ISO9001 国际质量管理体系的要求进行生产和经营活动，从而保证产品质量的可靠性。从第一道工序开始，通天酒业的每颗葡萄都要经过人工采收的挑选和国家级酿酒师的专业指导，应用现代先进设备，通过清洗、除梗、破皮压榨、皮汁入罐、控温发酵、原酒陈酿、原酒调整、化验、杀菌、灌装、包装、成品等十余道工序的流程，专业酿造的每一滴酒液在视觉、嗅觉、味觉甚至营养学方面都达到理想境界。

（五）建立 O2O 有效结合的营销渠道和推广策略

1. 不断拓展营销渠道

通天酒业的产品渠道结构为金字塔形，通过“总经销商—二级经销商—零售商（终端）”这样层层的级数放大，将商品最终送到目标顾客手里。在建立销售渠道、开拓营销市场方面，通天酒业主要采取“四项措施”。一是采取突出重点、辐射周边、以点带面、全面推进的区域性开发战略；二是注重终端销售，采取铺市与宣传相结合、宣传与促销相结合的“两个结合”的基本营销策略；三是采取公司、经销商、消费者三者利益兼顾的营销条件和营销政策，不仅调动经销商销售积极性，也极大地刺激和调动广大消费者消费的积极性；四是制定包装一流、内在质量一流、营销措施一流、价格一流、服务一流的内控标准，创建营销环境，畅通营销渠道，扩大市场份额。目前，通天酒业所有产品经由 70 多个分销商组成的销售网络及分销渠道，以“通天”“通天红”两大品牌在全国 19 个省及 3 个直辖市销售。除此之外，通天酒业在发展过程中不断提升现有销售及分销网络，并在特定市场开设通天葡萄酒专卖店 30 余家，用于通天品牌产品的直接销售及市场推广。为适应现代市场经济的发展，充分利用互联网优势，通天酒业于 2014 年进军电商领域，当年与酒仙网签订战略合作协议，为其定制的以中国红为特色的山葡萄酒正式实现线上销售；2015 年，企业与 1919 酒类直供平台签订战略合作协议，企业所研发生产的甜型山葡萄酒继续向互联网销售领域进军；截至 2016 年，企业已经陆续和 5 家电商平台签订战略合作协议，为企业网络销售工作的开展奠定坚实的基础。

2. 着力打造“中国红，通天红”的品牌形象

通天酒业在加大人员促销的前提下，不断加大广告促销力度，并致力于培养一批高、精、尖的企业管理和市场营销人才。

一是在品牌形象定位方面找准卖点。通天酒业另辟蹊径，打出“中国红，通天红”的宣传旗号和品牌形象，从多角度影响消费者，让消费者在和产品不断的接触中意识到，通天葡萄酒就在身边，适合中

国人的口味，能为人们带来健康，留住美丽，一种良好的形象定位在消费者心中逐渐形成。

二是在广告宣传方面做足文章。企业在通化市及周边城市各大商场、宾馆、酒店、超市张贴广告宣传画，在主要公交站点和公交路线投放墙体广告和车身广告。同时，为提高品牌知名度，邀请知名明星为品牌做形象代言。从 2010 年 7 月份开始，一则简约、高雅的中国国画基调的广告——通天葡萄酒，在中央电视台多个频道和多个地方卫视等几十个电视台播出，彰显出通天葡萄酒的品牌文化魅力。全方位立体化的宣传推广，使得“通天牌”商标的知名度迅速提高，2014－2015 年，企业在广告宣传方面的投入费用高达 9800 万，力度之大前所未有。

三是在提高员工素质方面下大力气。通天酒业非常重视人力资源的开发，专门组建人力资源部，并下设一个培训中心。通天酒业制定不同层次的中、远期培训规划。总经理办公会成员要参加企业自办的工商管理研修班，学习 MBA 课程；机关管理人员、科研人员、销售人员分别进行专业知识的学习和培训；生产基地也要根据生产实际安排学习内容，以不断提高自身素质及专业水平。通过一整套培训体系的实施，企业造就一支专业性强、思路开阔、素质较高的生产经营和技术研发队伍，组建一支由 220 多人组成的营销队伍，遍布全国各个营销网络，为通天酒业的生产运营、品牌营销和营业推广增添重要的筹码，奠定人才基础。

三、民族葡萄酒业打造“中国味道”品牌的营销管理效果

（一）树立品牌形象，提高品牌知名度

通过开展系列营销活动，通天酒业的品牌知名度与美誉度不断提高，品牌形象逐步深入人心。消费者从尝试购买到主动购买有了一个质的飞跃。通天酒业不但利用各种传媒平台和消费者进行充分的多点接触，同时还以直营专卖店和电商平台的形式扩大品牌在目标人群中的影响力。经过几年的努力，通天葡萄酒已经由一个区域性品牌逐渐成长为全国性品牌，在市场上占有一席之地。目前，“通天”牌葡萄酒已经跻身中国葡萄酒行业十大品牌、中国品牌 500 强的行列，2013 年、2014 年、2015 年企业连续三年荣冠中国第一甜红葡萄酒生产商，并跻身全国葡萄酒企业前五名，成为中国最具成长性的葡萄酒生产企业和区域绿色产品开发龙头企业。

（二）开拓了市场，提高了市场占有率

通天酒业通过一系列品牌塑造和推广、营销策略的制定与实施，激活了山葡萄酒的销售渠道，吸引了更多的优秀经销商加盟。通天酒业生产开发的“通天”“通天红”等系列产品已销往全国二十多个省市，其中华东地区占 35%，华北地区占 20%，西南地区占 19%，产品销售形成庞大的网络。截至 2016 年 7 月，向通天酒业表达产品代理意向的全国各地经销商和电商平台已有 90 余家。通天酒业由原来全力开拓国内葡萄酒市场逐步转向海外市场的开拓，目前已有 3 家国外企业和 2 家港澳企业正在进行洽谈，为中国品牌走向世界提供助推力。通天酒业已由当初的一个名不见经传的小酒厂跻身行业领先地位，由一个占地不足 3000 平方米的小厂区发展成为拥有先进技术、品牌特色和高效管理的一家上市公司。2015 年葡萄酒总产能达到 39000 吨，相当于建厂初期的 10 余倍，实现利税近一亿元。

（三）带动提升了通化地区葡萄酒产业发展，助力当地农民和地方经济发展

通天酒业作为农业产业化国家重点龙头企业，与集安市当地 3500 户葡萄果农签订订单收购协议，为当地农民提供免费的技术指导、病虫害防治等服务，平均每年为当地每户签约农民增收约 5000 元，提高农民的生活水平。2016 年，通天酒业牵头成立通化市葡萄酒协会，通化市数十家葡萄酒企业齐聚一堂，为通化地区葡萄酒产业发展献计献策，此举为政府制定方针政策提供切实的参考。同时各企业在通天酒业及葡萄酒协会的带领下，重新规划发展路线，对当地经济建设发展起到积极的推动作用。

（成果创造人：王光远、张学鑫）

成品油销售企业个性化服务营销管理

中国石油天然气股份有限公司安徽销售分公司

中国石油天然气股份有限公司安徽销售分公司（以下简称中国石油安徽销售分公司）是中国石油天然气股份有限公司销售分公司的二级分公司，是在安徽省设立的省级成品油销售分支机构，负责安徽地区的加油站网络开发、成品油销售。公司下设13个分公司、12个专业处室、5个附属中心，现有员工4499名、运营加油站510座、在用油库14座、总库容24.54万方。中国石油安徽销售分公司是安徽地区第二大油品供应商，2002年至2015年，在皖累计完成投资50.81亿元，资产总额61.4亿元，累计销售成品油2210万吨，上缴税费15亿元。在2014年度集团公司企事业单位业绩考核中公司被评为A级企业。2015年，销售成品油241万吨；实现非油收入3.56亿元，非油利润0.41亿元；实现经营利润1.44亿元。

一、成品油销售企业个性化服务营销管理背景

（一）互联网时代石油销售行业深刻变革的需要

从2012年起，互联网逐渐影响成品油销售行业。客户更加专注于高效、便捷、实惠的消费体验，“坐商”的经营理念已经很难适应消费者需求的快速变化，毫无差异的服务方式和营销方式已经难以吸引客户。客户消费需求的深刻变化推动成品油销售行业快速更新服务方式和营销方式，创新商业模式。同时，基于互联网应用的信息技术的快速发展，为成品油销售行业的服务方式和营销方式革新提供了技术支撑。比如高清摄录系统、人脸识别系统等新技术的运用，为搜集、分析大数据提供了技术支撑，能够精准地掌握客户消费习惯，根据客户需求提供商品和服务，革新成品油零售商业模式。

（二）国内成品油市场激烈竞争的需要

成品油销售市场逐渐由“卖方”市场向“买方”市场转变。2015年以来，国家逐步放开原油进口权和使用权，先后批准13家民营企业的原油进口权和使用权资质，共获得进口原油配额5518.88万吨。其中9家民营地炼企业地处山东，紧邻安徽皖北市场。目前，安徽地区成品油市场有中石油、中石化、中海油、中化、山东地炼、大型民企等经营主体，区域内竞争主体大面积降价促销抢占市场。如何在激烈的市场竞争中保持竞争优势，稳定市场份额，提升公司经营利润是安徽销售分公司面临的新课题、新挑战。中国石油安徽销售分公司在行业内率先引入互联网，构建大数据平台，根据数据分析细分市场和消费属性，丰富加油站服务功能，打造“人·车·生活”综合服务平台，整合营销资源，为客户提供超值服务体验，通过延伸服务价值提升零售核心竞争力。

（三）破解公司自身发展瓶颈的需要

中国石油安徽销售分公司在皖耕耘15年，在业务实践中，发现零售管理存在五大亟待改善的问题。一是各层级营销权限划分、营销职责定位不够清晰，导致营销策略实施效率不高。二是对客户特征、消费类型细分不够，营销针对性不强，导致营销效果难以符合预期。三是营销信息传递速度较慢，难以跟上市场急剧变化的客观形势，导致营销策略与市场脱轨。四是单一的油品销售已经触及企业利润提升的天花板，需要通过营销体系的优化促进油卡非润的整体提升，突破发展瓶颈，为油品销售企业带来更大利润空间。五是对互联网的认识不够深入，在相对宽松的市场环境下，服务营销体系构建、商业模式革新等推进缓慢。当供需关系发生深刻变化时，中国石油安徽销售分公司零售管理存在的问题逐渐暴露，亟须通过引进新技术、新思维构建个性化的服务营销体系，提升营销效率，增强营销精准性，改变单一

的油品销售模式，推动加油站向“人·车·生活”综合服务平台转型，打造新的利润增长点，实现成品油销售业务的可持续发展。

二、成品油销售企业个性化服务营销管理内涵和主要做法

互联网时代下成品油销售行业个性化服务营销体系主要是立足于安徽市场实际，以市场为导向，以客户为中心，以效益为目标，围绕“人·车·生活”综合服务，依托省、市、站三级管理机构，建立职责清晰、定位明确的营销体系，通过引入互联网大数据，创新传统营销模式，实现营销职责分级化、零售管理精细化、服务客户精准化，促进企业降低营销成本，提升服务价值，最终实现加油站由单一的油品经销商向综合服务运营商转变。主要做法如下：

（一）做好顶层设计，围绕“人·车·生活”综合服务构建个性化服务营销体系

1. 确立个性化服务营销体系建设目标

中国石油安徽销售分公司构建个性化服务营销体系是为突出零售核心，通过将互联网大数据运用到个性化服务营销体系的构建中，实现对客户的精准定位、精准分析、精准营销、精准服务，打造“卖产品＋卖服务”的“人·车·生活”综合服务平台，提升平台创造价值的能力。

2. 运用互联网大数据延伸服务价值

在个性化服务营销体系构建中，将互联网和大数据作为重要发展战略，赋予传统服务营销体系新的服务功能。在互联网技术运用方面，建立省级大数据平台、微官网平台，为精准客户开发、精准客户营销提供数据支撑；在信息技术运用方面，依托加油站平台，引入人脸识别、特定客户进站提醒、高清摄录等十大信息系统和客户关系管理平台、加油站经理数据管理平台两个平台，为精准采集客户信息，精准服务客户需求提供技术支撑。通过加油站搜集数据信息，传输到大数据平台中心，大数据平台对所有信息进行分类处理，根据不同阶段营销策略的变化，筛选客户信息传递给地市公司，地市公司结合所属站点市场环境和客户需求情况，制订精准营销方案，加油站依托十大系统和两大平台精准推送营销信息，提供精准服务，满足客户消费和服务需求。

3. 明确省、市、站三级职能定位

在职能定位中，省公司负责大数据平台搭建、微官网平台运营，实现线上线下一体化服务的营销模式。地市公司负责整合行业关联资源，打造“中国石油＋”品牌异业联盟营销服务模式，深化跨界合作，为客户提供丰富价值体验，延伸中国石油品牌价值。加油站利用人脸识别、高清摄录等十大系统搜集客户信息，通过客户关系管理平台和加油站经理数据管理平台两大平台分析筛选数据，为客户量身订制服务营销方案；同时融合互联网大数据，结合打造综合服务平台，开启智慧加油时代，满足“人·车·生活”消费需求。通过数据的采集和分析，中国石油安徽销售分公司层面能够精准掌握全省不同区域、不同市场的客户消费属性，根据客户消费属性重新定位加油站，丰富服务功能，实现加油站从单一的油品经销商向综合性服务商转型。

（二）构建大数据平台，挖掘数据信息价值，精准开发客户

1. 搭建立体式数据采集系统

中国石油安徽销售分公司依托省、市、站三级管理机构，建立起三级数据搜集平台，形成点、线、面结合的全方位数据搜集系统。省公司层面建立微官网平台。2014 年年初，中国石油安徽销售公司建立安徽销售微信公众号平台。安徽销售微信公众号定位于车友服务平台，服务于中国石油客户群体。公司在全省加油站、车管所、4S 店等场所悬挂微信公众号二维码，配合大幅宣传海报和大力度营销活动，吸引客户关注微信二维码，短短一个月时间吸粉近 20 万人，积累了强大的客户数据链。

地市公司层面通过与区域内关联行业合作，将合作方数据库转换为公司客户数据库。13 家地市公司分别与当地人保财险、建设银行、交通银行、光大银行、安邦保险、携程旅游等二十余家关联行业的

知名企业，开展异业联盟，共享客户资源和营销渠道，进而新增客户数据信息3万余条。全省13家地市公司累计与144家大型企业合作，成功分享对方客户数据信息15万条，成为公司宝贵资源。

加油站层面立足510座加油站，形成覆盖全省的510个数据搜集点。2015年，安徽销售在全省加油站开设智能WIFI系统，能够准确搜集客户手机品牌、进站消费频次、停留时间等信息。开通微信支付系统，能够准确搜集客户手机号、微信open ID等信息。启用高清摄像采集系统，自动识别车辆信息，能够准确采集车辆型号、站前车流量、客户站内停留时间、客户进店消费、客户加油卡消费、便利店客户停留区域等信息。引入特定客户进站提醒系统，增强员工开口营销的针对性，能够自动识别客户车辆信息，提示客户消费习惯、加油品号、加油卡信息等。安装人脸识别系统，准确搜集客户年龄、性别、消费能力、消费喜好等信息。开通Q智付系统，实现消费自动支付，准确搜集客户消费频次、加油卡、消费习惯等信息。同时，将微官网、微商城积分系统衔接到站级平台，搜集客户数据信息。

2. 建立数据管理平台

在数据采集系统建立时，中国石油安徽销售分公司就围绕大数据的运用构建省级数据管理平台和加油站经理数据管理平台。数据管理平台设置车牌号、车主姓名、车辆型号、进站规律、消费喜好、消费频次、持卡情况等筛选项，管理人员能够根据需要筛选所需信息。省级数据管理平台主要掌控全省客户的持卡比例、客户结构、客户消费结构等信息，根据零售营销策略需要，制订全省的客户开发方案。加油站经理数据管理平台侧重对客户具体信息的筛选和分析。通过筛选客户进站规律掌握客户消费习惯，通过筛选客户消费频次掌握客户是否为固定客户，通过筛选客户持卡情况掌握客户是否持有中国石油加油卡。

3. 精准开发潜在客户

大数据平台建设完成后，关键在如何将数据信息转换为生产力。在省公司层面，利用微官网平台，在全省开展一系列网络营销活动。例如，开展推送5元电子加油券活动，凡是中国石油安徽销售微官网粉丝均可以获得5元电子加油券，在加油站加满200元即可抵扣，半个月时间总计5.5万名客户使用了电子抵扣券，带动汽油消费约1100万元，新增办卡5000张，新增客户866个。在地市公司层面，以合肥分公司为例，该公司与人保财险开展积分换油品活动，利用人保财险和中国石油安徽销售平台共同推送积分换油品的活动信息，一方面将对方客户吸引到加油站兑换油品，另一方面也吸引微官网平台粉丝参与活动，增强客户黏性。同时，该公司将所有人保财险的客户信息全部导入加油站数据管理平台，依托特定客户进站提醒系统提示员工针对此类客户开展开口营销，重点推介与交通银行开展的刷信用卡充值享受加油95折优惠活动，成功将325名客户转为持卡客户。

在加油站层面，加油站能够依托十大系统和两大平台为客户量身打造精准服务营销方案，精准开发客户。以合肥分公司南天加油站为例。该站对半个月进站三次及三次以上的客户进行筛选，对此类客户进站时间段、进站次数、是否有加油卡等信息进行汇总，准确掌握该站固定持卡客户和非持卡客户群体。通过微信支付，搜集加油卡用户2623人，有效手机号2212个，客户微信open ID7886个。微信支付为该站带来两个变化：一是客户通过微信支付可以累积积分，积分可以换购便利店商品，总积分达到一定额度后可以给予客户更大消费优惠；二是通过微信支付该站准确掌握了客户微信支付消费习惯，针对微信支付客户开展定向营销活动。该站针对300名微信支付忠诚客户发放10元券活动，130位客户兑换，头回客变成了回头客。依托智能WIFI系统，搜集到该站商圈中苹果、三星、华为手机终端占比分别为27.5%、20.2%、16.9%，中高端手机终端占比超过50%，潜在客户消费能力较强。通过对每天客户单次介入WIFI时长的分析，接入时长10分钟以内的顾客有13%，10—30分钟的有23%，这两类客户分别是进站加油后迅速离开和有短暂逗留的客户，如何将此类客户引导到便利店消费成为该站提升非油销售的重点。该站着重针对此类客户开展开口营销，推荐特定商品，引导此类客户进店消费非油商品。2015 年年底，该站日均纯枪销量增长到 52 吨，同比增长 37%，非油收入同比增长 95%，加油卡发行量提升 47%，周边市场占有率提升十个百分点。

（三）围绕客户需求，延伸服务价值，持续增强客户黏性

1. 精准分析客户需求

针对中国石油安徽销售分公司的固定客户，省公司层面每月开展一次品牌营销活动。省公司层面可以根据此类客户的需求，有针对性地开展加油卡积分兑换水果的活动，增强部分客户黏性。公司每年在节假日期间对频繁进入景区加油站加油的非当地汽油客户进行筛选，有针对性地开展汽油增值服务营销活动。加油站层面利用站经理管理平台能够准确筛选客户进站频次、停留等待时间、停留等待区域、支付方式等信息。根据不同客户的需求，细分消费属性，制订针对性服务营销方案。

2. 整合资源，满足客户增值服务需求

充分发挥中国石油平台优势，引入外部资源，为客户提供精准的增值服务。依托省、市、站三级数据资源及省公司、站经理数据管理平台形成一体化服务营销体系，针对某一特定营销节点形成省、市、站三级覆盖的多种增值服务。中国石油安徽销售分公司联合携程网，针对酷爱旅行的客户开展一次持卡消费享受全省景区门票 8 折优惠的活动。省公司数据管理平台筛选出频繁进入景区加油站的非当地汽油客户 152200 名，定向推送服务营销活动信息。地市公司根据省公司筛选的客户数据，对数据信息进行再分析，与人保财险、交通银行、农业银行等合作方数据库信息进行比对，针对信息重叠的客户联合合作方开展积分兑换油品活动。地市公司对同时拥有两种类型卡以上的客户进行筛选，选取其中一类兑换活动作为增值服务内容。数据筛选完成后，依托省公司微官网平台对不同客户定向推送积分换油品活动信息。加油站层面在站经理数据管理平台上，当客户进入加油站后，高清摄录系统能够捕捉客户进站信息，特定客户进站提醒系统提醒员工对此部分客户开展加油卡积分兑换纪念品活动推荐，同时推荐站内旅游产品。

3. 开辟新的业务增长点

在加油站层面，综合运用十大系统和两大平台，通过业务结构优化提升服务效率，优化销售结构。以合肥分公司北门加油站为例。该站启用高清摄录采集系统，监测到站外平均每天车流量 1.9 万辆，其中小车 1.8 万辆，占比 94%。说明该站汽油客户占比大。因此，该站取消柴油，增加高品质 98 汽油。在一个月时间内将 98 汽油提升到 3.4 吨/天，填补柴油销量，提升销售毛利。同时引入汽服业务，方便客户保养车辆。根据便利店视频监控客户进店停留区域，该站绘制顾客停留分布图，找到北门站便利店销售的“黄金区域”，将汽车用品陈列到客户停留密集区域，将儿童玩具调整到客户停留分散区域。调整后汽车用品销售额占比由 10%增长到 22%，月均增加收入 6 万元，增加毛利 2 万元。通过人脸识别系统，该站搜集到进店消费的客户男女性别比为 6∶4；根据客户性别和年龄构成，该站在便利店新增数码产品、家居用品；丰富汽车用品、进口商品和儿童玩具。

（四）丰富服务功能，开启智慧服务，满足个性化服务体验

1. 建立线上线下一体化服务营销模式

省公司不断丰富微官网平台，开通微信商城，实现在线交易功能。微信商城将便利店商品和加油卡整合到网络虚拟平台，通过微信支付积分网上兑换、加油卡消费积分网上兑换两种方式引导客户关注微商城，实现线上线下联动。客户通过微信支付积分，在微信商城兑换加油卡、电子产品、汽车用品等，微信支付完成订单 2.3 万笔，累计积分 420 万，完成 1600 余件积分商品兑换。通过开通加油卡网上充值功能，实现加油卡在线充值，卡积分兑换微信商城商品。卡积分沉淀 2600 万，换购微信商城商品 2400 余件。客户在积分商品兑换的同时，开展线上促销活动，引导客户线上消费、线下提货，实现 O2O 营销模式。

2. 增强“人·车·生活”服务功能

省公司层面通过对大数据筛选分析，将全省510座加油站重新细分为旗舰站、旅游站、社区站、物流站、乡村站、高速站。旗舰站，定位是“中国石油品牌展示和输出的窗口”，设在城市主城区、客流量大的国道、人流量大的景区，转型升级商品结构，营造全新消费体验，为客户提供全方位、高端化、一站式服务。社区站，定位是“24H全时段亲密邻里”，设在人群较为集中的居民区，具有客户稳定、消费潜力大、应急消费和重复性消费比例高等特点，主打生活必需商品，注重夜间12小时消费服务；乡村站，定位是“放心实惠的乡村时尚生活中心”，处在乡村周边，利用“农业、农村、农民”三种资源，服务三农，为村民提供实惠的日常用品和生活服务；旅游站，定位是“助力畅游的心情驿站”，设在景区或通向景区的主要道路上，具有客户流动性强、消费时节规律明显等特点，让加油站成为景区中的景区；物流站，定位是“拼搏路上的能量补给站”，设在国省道或城市物流园、区域物流集散地，客户主要是中长途物流车、大巴车和工程车。满足物流司机用餐、洗浴和休息需求；提供充气、换油、车辆保养等服务。高速站，定位是“奔波旅途的休憩趣味岛”，设在高速公路服务区内，客户主体是长途物流车、客运车和私家车，流动性强，客流量相对较大。提供汽车便捷工具包、检测设备、快速清洁服务等；建立休闲娱乐功能区，增设按摩座椅、氧吧等特色服务；为下游加油站进行客户导流。

3. 丰富加油站智慧服务体验

中国石油安徽销售分公司与光大银行合作，由其提供信息平台支持，整合其促销资源，实现私人订制服务。客户李某准备下班后前往加油站加油，并购买一袋大米回家。于是李某拿出手机登录安徽销售微官网，预定加油200元，购买大米一袋，并完成支付。当李某将车开进站时，高清摄录系统采集到李某进站信息，通过微官网定向推送加油枪号、验证码信息等，并提示员工将李某购买的大米放置于李某后备厢中，李某完成加油后即可离开加油站。微官网根据促销活动，随机向李某推送洗车服务信息，李某即可凭验证码到加油站享受免费洗车服务。李某可根据自身需要选择汽车保养服务，车辆保养完毕后微信自动提示车辆保养信息。智能系统能够准确记录李某车辆保养信息，在李某车辆达到保养时间后提示保养。以合肥分公司中庙加油站为例。该站围绕旅游客户开展智能精准营销。该站根据市场定位和客户需求制定景区站标准化、模块化建设方案，增设旅游产品、户外产品、水果销售、快餐冷饮、自助洗车、观光休闲等。增加停车服务、自行车租赁、酒店餐饮预定、景区门票预订等与景区配套的服务。将环巢湖旅游带景区资源整合到微官网平台，客户可以在微官网平台预订景区门票、餐饮住宿等，还可以通过积分互换享受加油优惠。依托六大系统，客户实现进站加油、购物、领取门票等全智能化服务。经过一年的实践，该站油品销量同比增长67％，非油收入同比增长100％，非油利润同比增长120％，人均劳效同比增长54％。

三、成品油销售企业个性化服务营销管理效果

（一）个性化服务营销体系基本健全

通过三年的探索与实践，中国石油安徽销售分公司基本建立起覆盖省、市、站三级的数据采集系统和省级、站级数据管理平台，为个性化服务营销体系的构建提供数据支撑。融合数据采集系统、数据管理平台、微官网营销平台，安徽销售公司形成“2＋1”的个性化服务营销体系管理平台。建成100个“人·车·生活”综合服务平台，作为个性化服务营销体系的终端平台，为客户提供“私人订制”服务。

（二）企业经济效益显著提升

近两年来，中国石油安徽销售分公司纯枪销量持续快速增长，纯枪平均增速3.2％，特别是汽油纯枪，平均增速达到15.9％。2015年四季度以来，纯枪销售迈上新台阶，日均销量突破5000吨，实现中国石油安徽销售分公司纯枪发展三年目标。中国石油安徽销售分公司营销费用大幅下降，2015年吨油促销费同比降低15.9％。经营质量显著提升。2014年，实现经营利润1.04亿元，同比增加1.66亿元，

预算完成率区外排名第一。2015 年，实现经营利润 1.44 亿元，区外盈利企业完成率排名第一。中国石油安徽销售分公司非油利润大幅增长，从 2013 年的 0.2 亿元增长到 2015 年的 0.41 亿元；非油利润率从 2013 年的 9.3%增长到 2015 年的 11.6%。

（三）给企业带来良好的社会效益

在 2014 年度中国石油天然气集团公司 153 家企事业单位业绩考核中，中国石油安徽销售分公司销售排名由第 147 名提升至第 31 名；在板块 37 家单位中，排名由第 34 名提升至第 12 名，连续实现从 C 级、B 级到 A 级的"三级跳"。中国石油在安徽地区的客户满意度始终保持在 95%以上的水平。中国石油安徽销售分公司微信官网粉丝量近 20 万人，汽油刷卡率从 14.37%到 16.24%，活跃卡数逐年上升。随着个性化服务营销体系的不断完善，销售精准营销服务能力越来越强，客户价值体验日趋丰富，自主选择服务项目的权利得到满足。品牌服务体系实现从被动选择到自我选择的转变，从同一模式服务到"私人订制"服务的转变。加油站成为"人·车·生活"的综合服务平台。

（成果创造人：肖宏伟、李向宇、王文伟、金水波、章　戈、
宋山苍、王　伟、张天文、李晓云、付亚永）

以构建加油站服务生态圈为目标的非油品营销管理

中国石化销售有限公司北京石油分公司

中国石化销售有限公司北京石油分公司（以下简称北京石油）是北京市最主要的成品油供应商，主营汽油、柴油、煤油、天然气、润滑油、燃料油和成品油销售以及除此之外的商品及服务（以下简称非油品业务）。北京石油前身是北京石油集团有限责任公司，成立于1950年4月，是北京市市属企业。1998年9月，根据国务院组建中国石化、中国石油两大集团公司的决定，北京石油建制划转中国石化集团。经过66年的发展，北京石油现有17个综合管理部门、5个专业中心和2个专业机构；拥有在营油库9座，加油站、橇装站、加气站、充电站等共计700余座；汽柴油管线、航煤管线共计256公里；用工总量4900余人。

2008年，北京石油正式开展非油品业务，即依托加油站便利店、互联网等平台开展的成品油之外的业务，并逐步将其作为构建加油站服务生态圈的重要举措与有力支撑，不断通过加强非油品营销管理，做大做强非油品业务。目前，北京石油经营非油品业务的加油站已达500座，占运营加油站总数的98%以上，2015年实现非油品销售收入10.75亿元。

一、以构建加油站服务生态圈为目标的非油品营销管理背景

（一）拓展企业发展空间的需要

受成品油销售市场环境复杂多变、竞争日益激烈的影响，石油销售企业面临着前所未有的发展压力，主要来自以下两个方面：一是市场供需关系日渐复杂。从供应侧看，随着国家放开原油进口以及成品油“地板价”等政策的实施，国内炼厂积极性高涨，加上进口资源增加，以及调和油、非标油等隐性资源的影响，供给过剩局面将进一步加剧。从需求侧看，预计“十三五”期间，成品油需求年均增长保持在2.2%的低水平，且天然气、电力等新能源消费将大幅增长，汽油消费增幅将持续放缓，柴油消费可能出现负增长。二是国家政策更加市场化。国家逐步放开原油进口市场，下一步将逐步放开成品油零售市场，预计2017年成品油价格也将全面放开。北京石油必须通过发展新型业务，构建加油站服务生态圈，拓展油品行业发展空间，实现可持续发展。

（二）构建加油站服务生态圈的需要

北京石油以客户需求为导向，结合油站业态特征以及油品客户特点，确定围绕“人、车、生活”构建加油站服务生态圈的思路，为北京石油客户提供全员、全渠道、全过程、全方位服务。而与加油站最为密切的便利店即非油品业务，自然而然地将承担起更多地为“人、车、生活”提供服务的职责。北京石油非油品业务自2008年开展以来，经过八年的发展，已成为新业务中初具经营规模和盈利水平的业务，并且具备进一步提质增效的基本条件。但北京石油现有业务结构与欧美石油公司相比，仍过度依靠成品油销售。相比于国外石油巨头，其非油品业务毛利可占整体毛利的40%左右，而北京石油非油品业务毛利仅占整体毛利的8%左右。北京石油在继续稳定传统油品业务经营的同时，必须不断做大、做强非油品业务。

（三）增强企业可持续发展能力的需要

自2008年始，依靠外延式扩张，即增店增量的方式，非油品业务得到快速发展。截至2014年，便利店年营业额已由0.37亿元快速增长至7.8亿元，但单店日均营业额（不含团购、服务类商品）仍不足2000元，与国内领先便利店6000元至8000元的单店日均营业额相比，存在较大差距。通过单纯依

赖外延式发展已不再是有效途径。非油品业务基本处于粗放式管理，在商品引进、采购、补货、陈列、营销、盘点等方面的专业化与信息化程度较低，导致便利店不“便利”，“一站式”服务功能不配套，制约非油品业务的健康可持续发展，使非油品业务发展快而不好、规模大而不强。因此，北京石油必须提升非油品业务的营销管理水平，真正做强非油品业务，支撑加油站服务生态圈的建设。

二、以构建加油站服务生态圈为目标的非油品营销管理内涵和主要做法

北京石油以客户需求为导向，为向客户提供更多特色、特价、特值、特便捷的商品与服务体验，加强非油品业务的专业化与信息化应用，提升非油品营销管理水平，做大、做强非油品业务，以支撑由“油品供应商”即基于加油站线下平台的油品销售战略，向“综合服务商”即构建加油站服务生态圈的战略转型，为满足客户“人、车、生活”方面的需求，提供全员、全渠道、全过程、全方位的服务。北京石油通过明确非油品业务定位，实施精益化采购、自动化补货、可视化陈列、规范化管理等举措，推进非油品业务专业化、信息化，开展非油品特色化促销三项举措，提升非油品营销管理水平，不断做大、做强非油品业务，以支撑上述目标即构建加油站服务生态圈的实现。主要做法如下：

（一）深刻认识构建加油站服务生态圈的重要作用，明确非油品业务的战略定位

北京石油确定“建设成为持续健康发展的综合服务型企业”的企业愿景，推动构建加油站服务生态圈战略的实施，由“油品供应商”向“综合服务商”转型。而非油品业务凭借其业务种类丰富、贴近客户生活、具备发展活力等特点，自然成为在加油站为燃油车提供油品加注服务的基础上，向整个汽车后市场、人的应急需求以及人的生活需求等方方面面服务进行延伸的重要着力点。构建加油站服务生态圈的目标，要求北京石油必须不断做大、做强非油品业务，同时也要求北京石油必须提升非油品营销管理水平。北京石油陆续实施精益化采购、自动化补货、可视化陈列、规范化管理四方面工作，并在此基础上开展特色化促销，不断向员工阐释、强化非油品业务的定位，加深员工的理解与认识，以指导经营实践，进一步推动非油品业务做大做强，丰富加油站可提供的服务项目，增加对油品客户尤其是对油品会员的黏性。通过用特色、特价、特值、特便捷的商品与服务体验来回馈客户，避免激烈的价格战，进一步提升北京石油的核心竞争力。

（二）采购以精益化为前提，推进业务高效发展

北京石油率先在中国石化销售企业内建立品类经理机制，即为每一个品类指定专职品类经理负责该品类的整体规划、商品引进、采购、供应商管理等经营管理工作，正式实施业界领先的品类管理，将商品管理模式由进、采、销“一把抓”的粗放式管理，转变为以品类为单位的精细化管理。

1. 围绕客户需求，精心设计品类组合

北京石油围绕构建加油站服务生态圈所需向客户提供“人、车、生活”服务的目标，先选定满足客户应急需要的食品、饮料类商品，后根据客户关于车及生活的需求又选定汽服、百货、酒类以及一卡通、ETC充值等增值服务类商品，并由专职品类经理负责品类整体规划、商品结构优化、价格策略制定、合同谈判、供应商管理、促销资源协调等工作，并对品类经理进行单独考核。目前，商品品类共分为烟草、食品、饮料、酒、百货、汽服及增值服务 7 个大类、43 个中类、101 个小类。商品数量由原先的 400 余种迅速增加到 2000 余种。

2. 提高经营质量，加强商品引进管理

北京石油于每月单周召开新品预审会，围绕市场需求、品类规划、商品结构、商品特点及价格、试销方案等方面对拟引进的新品进行预审。于每月双周召开新品评审会，由评审小组围绕价格、外包装、品牌知名度和口感等方面对新品进行打分、评审，新品得分在 60 分以上且不为同一种类新品中得分最低的视为通过。

3. 降低采购成本，加强商品采购管理

为使商品采购更加科学合理，北京石油正式启用 BW 系统对非油品业务经营数据进行分析。通过 BW 系统可实现分品类、分商品、分供应商、分时间、分区域、分门店地对非油品业务的进销存情况与排名情况进行报表查询与数据分析；开发“非油品品类分析与决策”模块，指导经营结构优化、商品采购策略、商品结构优化等工作，降低采购成本，提升满足客户需求的能力。北京石油根据商品历史销售数据以及同比、环比情况等因素，通过 BW 系统对商品预期销售情况进行研判，根据分析结果采取批量采购、调整账期等方式，降低商品采购成本。如在 2015 年，根据金龙鱼往年销售情况，对其于年底粮油销售旺季时的销量进行预判，然后通过批量采购、调整账期，一次性采购 2.5 万箱金龙鱼系列商品，在未增加期末库存的情况下，降低采购成本 27.2 万元。

4. 提升供给侧水平，加强供应商考核管理

北京石油于每季度初对上季度供应商的供应满足率、销售占比、退货满足率、合同执行情况、商品质量安全情况、推荐新品数量等指标进行考评，并将考评结果予以通报。对于考核不合格及符合制度中淘汰条件的供应商，将在致对方淘汰告知函并收取对方反馈后予以淘汰。

（三）实施自动化补货，确保门店合理要货

北京石油率先在中国石化销售企业内应用海信系统的门店自动化补货功能，并对每种商品的上下限进行设置。只要门店库存低于下限值就会自动触发自动补货条件，门店仅需通过点击海信系统前台的“智能要货”按钮，便可实现一键要货，有效解决门店要货不及时、不准确的问题。北京石油在新置换的可视化陈列系统中，集成门店看图订货、自动补货、数据分析等功能，为门店提供更加简洁、更加专业的系统支撑。

（四）依托可视化陈列，充分利用货架资源

商品陈列是促进顾客购买的主要途径，为规范、科学、合理地利用货架资源，北京石油率先在中国石化销售企业内应用可视化陈列系统。通过可视化陈列系统，可在系统内绘制便利店布局图、商品摆位图并进行商品版本配置，门店可直接按系统图与商品版本进行商品陈列。通过对商品陈列的可视化，北京石油对门店陈列的管理以及门店对商品陈列的执行，由纸面文字要求转变为电脑图画要求，显得更为直观、准确；同时也加强对门店货架资源的统筹规划，使商品陈列醒目、易取、美观且具有关联性，有效美化购物环境，方便顾客购买，刺激商品销售。

（五）规范化管理，做好业务运营保障

1. 规范物流管理，保障商品供应

北京石油始终将采购、配送等物流管理作为保障商品供应的重点。一是根据供应商单品数量及销售情况，将供应商分为 A、B、C、D 四类，实施供应商分级订货。其中 A 类为重点供应商，一周订货两次；B 类为普通供应商，一周订货一次；C 类为一般供应商，两周订货一次；D 类为统采、省市公司等特殊供应商，按需订货。二是建立商品销售数据共享机制，定期向供应商反馈商品销售数据，使供应商及时掌握商品销售情况，并根据订货周期提前做好备货。三是通过中央仓自动补货功能，科学合理地确定商品采购数量。四是根据订货周期固化供应商接单时间，并将采购订单改为电子邮件，避免因传递不准确导致供应商送货不及时。五是实行仓库收货预约管理。六是实施门店分级订货与配送，将便利店划分为 A 类、B 类、C 类、D 类四个配送等级，订货周期分别为每天要货、每周二四六要货、每周一五要货、每周三要货，配送周期分别为日配、一周三配、一周二配、一周一配。通过上述措施，北京石油成为中国石化销售企业内唯一实现便利店日配的省市公司，达到行业内除经营鲜食要求必须做到一日多配之外的最高配送水平。

2. 规范盘点管理，保障库存准确

北京石油率先在中国石化销售企业内建立专业盘点队，正式实施规范化现场盘点。现场盘点是由专业的盘点人员进行，通过引入新型盘点枪、笔记本电脑、无线网卡、数码相机、优盘等硬件设备，以及office软件、海信平台、VPN账户等软件系统，实现“无障碍盘点”。盘点人员使用盘点枪清点商品，盘点数据可自动导入系统，盘点时不停业，且盘点准确度、规范性、标准化程度较高。北京石油根据门店在营品数、库存金额将门店分为大、中、小三个级别，采取大店2人1天盘点1家、中店2人1天盘点2家、小店2人1天盘点4家的方式，以3个月为一个盘点周期对门店进行全覆盖盘点。

3. 规范会员管理，搭建会员平台

北京石油正式施行会员制，将会员卡与加油卡绑定，会员每加1元汽（柴）油可积1个会员积分。根据会员消费级别，将会员卡分为普通卡、银卡及金卡三个级别。会员持卡在线上、线下可参加油品及非油品业务的会员活动，如购买非油品享有会员价、油品积分换礼及增值服务等。并在中国石化销售企业内首家在全部加油站覆盖WIFI，首家开通微信支付，首家开通微商城，并打通实时库存流程，率先实现线上线下资源整合，为发展汽服、广告、金融等多种服务项目、提升会员价值、提供会员一体化服务等提供支撑。

（六）开展非油品特色化促销，做大做强非油品业务

北京石油不断丰富非油品促销形式，逐渐形成立体促销、陈列促销、交叉促销、主题促销四种具备加油站便利店特色的促销方式。

1. 围绕自有品牌商品，开展立体促销

2015年，北京石油围绕中国石化推出的“易捷卓玛泉”，确定品鉴团销、事件营销、站内直销、站外分销、水卡促销共五种方式，在全公司范围内开展立体促销活动。一是品鉴团销。2015年，北京石油在3个月时间内共开展13场品鉴会，且品鉴会的开展形式不再局限于传统固化操作模式，而是从单一商品到多种商品、从商品推介到访谈介绍、从才艺表演到竞赛互动、形式各异，充满活力。二是事件营销。以“易捷卓玛泉”成为第15届田径世锦赛官方唯一指定用水为契机，围绕这一热点事件主动走出去，在鸟巢赛场内精心布置三个售卖点，抽调98名各项素质过硬的员工成立志愿者队伍，采取“售卖点+小推车”“零售+团购”的“组合拳”模式，在鸟巢内开展组合销售。三是站内直销。利用自动化补货系统和可视化陈列系统，通过公司统一制图、门店按图执行的陈列管理模式，保证卓玛泉在每个便利店所有冷藏柜的第一个门第二至第三层的最黄金位置进行陈列，并在加油站销售最好的1号泵岛布置地堆，有效促进客户购买。在便利店先后组织开展“卓玛泉买五赠一”“加1元换购卓玛泉”“卓玛泉第二件半价”“购买卓玛泉，送世锦赛门票”“满额赠卓玛泉”“易捷专享卓玛泉五重奏”等促销活动。四是站外分销。充分发挥加油站网点优势，推动各加油站积极开发周边分销渠道，开展卓玛泉小额配送业务，对网点范围内2至3公里的需求进行有效覆盖，实现在众多零售经营场所均经销卓玛泉的良好局面。五是水卡促销。针对入秋后天气转凉，瓶装水市场渐淡的客观实际情况，及时调整经营策略，组织开展卓玛泉12升桶装水营销。客户可根据自身需求选择配送到店或配送到家。同时，制定买卡送饮水机的促销活动，以进一步做大卓玛泉桶装水的销售规模。

2. 围绕站内货架资源，开展陈列促销

一是采集基础数据。对全部在营便利店的销售数据进行分析整理，选取饮料销量大、销售占比高的便利店进行实地数据采集，绘制加油站平面布局图，确定地拍陈列位置及可陈列数量，并综合考虑加油机出库量、油品类型等因素，确定地拍陈列排位。二是陈列位置分组。每个版本根据陈列资源分别细分为不同功能类别的陈列组数。三是开展营销投标。编制陈列营销手册，让供应商通过手册清楚的了解整体活动内容，并组织投标，确认最终参与的供应商及陈列商品。四是活动效果监督。活动开展后，定期

组织内部人员检查陈列效果，并授权供应商进行不定期抽查。

3. 围绕油品会员资源，开展交叉促销

北京石油紧密围绕油品客户需求，统筹资源，丰富活动，通过“抓住痛点、形成焦点、产生卖点”，开展油与非、线上与线下、内部与外部的交叉促销。一是深入分析客户需求。随时随地收集客户的“有声需求”，深入分析挖掘客户的“沉默需求”，最终结合客户在“人、车、生活”等方面的需求，确定增加以汽车养护、金融、旅游、洗衣等方面为主的增值服务项目。二是充分整合营销资源。既充分考虑非油品经营需求，发挥油品资源的导流作用；同时也通过发挥非油品种类多、吸引力大等特点，增加客户黏性，促进油品业务发展。2015 年，陆续与汽车后市场、金融、旅游、生活等领域的 16 家商户达成合作，全年获取交叉营销资源 2 亿元。建立起以会员服务为中心的“人、车、生活”服务生态圈；实现双方营销资源的互换与整合。三是积极开展油非互动。在交叉营销获取的大量资源基础上，结合油品与非油品资源、线上与线下资源、公司与商户资源，积极策划活动方案，开展关注微信赠礼、线上充值抽奖、加油账单调研、线下公益活动、会员积分换礼等交叉营销活动。客户通过加油卡网上/掌上营业厅、微信服务号为加油卡充值，每满 1000 元获得砸金蛋机会 1 次，奖项由高到低分别为手机/相机、汽车保养套餐、保险/保养工时抵用券/电影票、非油品代金券。在有效促进客户线上充值与绑定微信服务号的同时，带动非油品销售增长。通过交叉营销，既通过油品业务带动非油品销售增长，又通过非油品业务促进油品发展。

4. 围绕时下热点因素，开展主题促销

一是制订方案。于每年年初，制订全年主题营销活动整体计划。二是组织实施。主题营销活动方案确定后，按营销活动方案做好相关宣传物料的设计、制作与下发，并做好活动商品铺货。在活动期间，由专人对便利店执行情况进行监督，确保主题营销活动效果。三是效果评估。主题营销活动结束后，对活动整体效果进行评估，包括整体效益情况、目标完成情况与活动执行情况等，对活动整体情况进行经验总结。同时，将评估结果及时进行通报。

三、以构建加油站服务生态圈为目标的非油品营销管理效果

（一）非油品业务快速增长，拓展企业发展空间

2012—2015 年，北京石油非油品业务营业额分别为 3.9 亿元、5.5 亿元、7.8 亿元、10 亿元，年均增速达到 36%（2011 年营业额为 2.9 亿元）。非油品业务营业利润分别为 0.18 亿元、0.25 亿元、0.33 亿元、0.4 亿元，年均增速达到 26%（2011 年营业利润为 0.16 亿元）。其中，在地拍陈列营销活动中，2012 年至 2015 年，累计收取渠道费约 1130 万元，为利润增长奠定坚实基础；2015 年围绕卓玛泉开展的立体营销，在百日内实现卓玛泉销售 910 万元，是 2014 年全年销售额的三倍多；2015 年全年实现卓玛泉销售 1528 万元。

（二）实现特色、特价、特值、特便捷，奠定转型发展基础

通过 BW 系统对品类经营进行分析决策，一是加强客户需求分析，以客户需求为导向，为客户提供特色商品。2015 年，全年引进 2037 种新品，创新性地引进福建枇杷、广东荔枝、北京平谷大桃及大兴西瓜等 8 个省市及地方的生鲜商品；并于 2016 年 4 月率先推出国内第一款易捷自有品牌有机大米，满足客户对特色商品的需求。二是降低商品采购成本，通过采取规模化采购等方式，2015 年全年实现采购创效 584.9 万元，相当于间接提升门店基础商品毛利率两个百分点，为向客户提供特价商品奠定基础。三是在特色、特价商品的基础上，通过开展形式多样、灵活且力度大的营销活动，向客户提供特值的购物体验。四是通过自动化补货、可视化陈列、微信支付等多种信息化手段的应用，商品变得充足、易见、易买，为客户提供“没有做不到、只有想不到”的便捷。

（三）提升经营管理水平，确保企业健康发展

非油品业务经营决策的科学性与前台操作精准性的提升，有效提升库存周转，降低商品损耗。北京石油商品库存周转由2012年的67天降低至2016年上半年的38天，在销售系统内排名第二。2015年，中央仓损耗59万元，同比下降27万元；全年门店损耗23万元，同比下降4万元。通过深化专业化管理与信息化应用对业务开展的服务支撑作用，形成非油品业务科学、高效、规范、有序的多渠道销售格局。北京石油客户进店消费率由2012年的4.7%提升至2016年上半年的14.5%，在销售系统内排名第二。同时，非油品业务进一步完善加油站整体功能，目前便利店提供自助充值、WIFI、拉卡拉、电话卡、电卡等多项线下便民服务，同时极大丰富会员线上服务项目，会员可以享受洗车、洗衣、约车等增值服务，增加油品客户的黏性。2015年新增加会员48万名，北京石油会员数已近300万人。

（成果创造人：陈立国、翁亮然、赵　亮、何红奎、高银舟、解光风、孙　豹、李林仙、冯　竹、樊俊杰、肖　肖、袁　博）

服务管理与社会责任

高科技企业煤化与石化产业融合联盟式服务管理

北京三聚环保新材料股份有限公司

北京三聚环保新材料股份有限公司（以下简称三聚环保）是一家为基础能源工业的产品清洁化、产品质量提升及生产过程的环境友好提供产品、技术及服务的综合性能源服务公司，是国家级高新技术企业，拥有员工1300余人，固定资产14.56亿元。2015年，实现营业总收入569811万元，较上年同期增长89%；净利润为82056万元，较上年同期增长104%。

一、煤化与石化产业融合联盟式服务管理的背景

（一）推动焦化、煤化工结构性调整的需要

煤炭是我国重要的生产资料和能源。其中，近80%煤炭以燃料形式被直接利用，钢铁用煤约15%，煤化工消耗约5%。随着国家钢铁行业去产能，钢铁产量持续下滑，传统焦化行业出现严重的产能过剩，独立焦化企业面临倒闭停产的威胁。2014年煤化工行业包括煤制甲醇、合成氨、燃料油装置能力约在1亿吨以上，但开工率不足70%。焦化、煤化工企业转型升级、延伸产业链的需求十分迫切。

（二）促进石油化工产业升级的需要

据统计，2015年中国原油对外依存度已达60%，预计2020年将达到68%，但进口原油中，俄罗斯、加拿大、委内瑞拉等地原油以重质高含硫原油为主，劣质重油将成为石油进口增长的最主要来源。在石油化工领域，我国加工的劣质、重质原油数量不断增长，传统手段加工的产品难以满足市场需求，也难以达到环保法规与质量标准要求，石油化工产业急需突破性的技术创新和产业升级。

（三）实现煤化与石化产业融合发展、互利双赢的需要

长期以来，我国以煤炭为原料的煤化工、现代煤化工产业与以石油为原料的石油炼制、石油化工产业自成体系，大量煤化工行业的氢气、甲烷、煤焦油和焦炭等产品没有得到合理、高附加值的利用，形成碳氢资源要素的互补。煤化工和石化产业深度融合发展，有利于碳氢资源要素优化，降低生产成本，提升经济效益。发展现代煤化工多产石油化工产品，是降低石油对外依存度、保障我国能源安全的重要途径。从市场需求看，现代煤化工产品尤其是煤制烯烃、煤制油、天然气、乙二醇、芳烃等与石化产品一样具有很大的消费需求，可降低我国经济发展对石油化工的依赖；煤化工富产的低成本氢气可以用到石油化工行业中生产清洁化汽柴油等产品，煤制氢技术在石油化工产业的应用可大幅度降低原料成本。石油化工中的先进技术如悬浮床加氢技术也可用于煤焦油等重劣质原料的深加工，生产清洁汽柴油，提高煤焦油的附加值。采用煤炭气化技术费托合成工艺生产的软蜡、硬蜡等产品，具有无硫无芳、结构规整的特性，是石油化工急需的生产高档润滑油等高附加值产品原料。

二、煤化与石化产业融合联盟式服务管理的内涵和主要做法

三聚环保突破传统煤化工、石油化工企业自成体系的发展路径，依托自身技术优势，推动建立涵盖煤化工、石油炼制、石油化工企业的产业联盟，通过多层次立体化的技术创新和服务模式创新，对联盟企业实施个性化定制服务，推动现代煤化工与石油化工融合发展，促进联盟内企业向低碳环保新能源转型，有力提升了联盟内企业的经济效益和竞争能力，持续提升了三聚环保的创新能力和服务能力。主要做法如下：

（一）明确煤化与石化产业融合联盟式服务的工作思路

为把握市场机会，开拓发展空间，推动传统焦化、煤化工、石油化工向低碳环保新能源转型，2012

年，三聚环保召开董事会进行战略研讨，提出突破传统煤化工、石油化工企业各自为主、自我封闭的发展路径，通过搭建多层次的资源共享平台，促进民营焦化、煤化工和石化企业的融合，推动传统煤化工、石油化工和天然气化工企业向低碳环保新能源的转型。为此，三聚环保于2015年与24家企业成立“中国环保化石新能源服务联盟”，确立以市场为先导、以技术为核心、以物流物联为手段的共赢共享发展理念和工作思路，通过对联盟企业实施个性化定制服务，推动现代煤化工、石油化工融合发展，促进企业向低碳环保新能源转型。主要思路为：一是以市场为先导。以客户已经形成的传统煤化工、石油化工、天然气化工等产业为基础，实践煤焦化、气化一体化，煤制油、清洁燃气、化学品、电热一体化、石油化工和煤化工融合发展，通过为客户提供净化剂、催化剂、工艺技术、工程项目建设支持、提高产品价值链等整体解决方案，推动传统能源化工等产业升级和结构转型。二是以技术为核心。三聚环保在能源净化、石油化工和煤化工融合、传统焦化和煤化工、环保净化新材料等领域拥有一系列关键技术和集成技术，可在民营焦化、煤化工和石化企业中通过定制服务推广这些单项核心技术、系统技术以及整体解决方案；在联盟企业内部定制上游企业的产品标准和下游企业的原料标准，引领联盟企业优化产业升级改造，降低整体生产成本，推动创新技术获取更大的市场价值。三是以物流物联为手段。民营焦化、煤化工和石化企业多为地方中小企业，遍布全国各地，产品单一，储运效率低下，生产成本高。为增强联盟企业间的资源配置效率，避免过远运输、迂回运输，三聚环保打造了现代化的物流物联管理网络，统筹定制原料和产品的配送，最大限度实现联盟企业内部互供，大幅度降低企业物流成本。

（二）以市场需求为导向加强技术创新

三聚环保注重多层次、立体式的技术研发布局，推出一大批在行业具有重大影响力、具有国际领先水平的技术创新成果。三聚环保先后建成1个国家工程中心、1个行业工程研究中心、1个北京市工程实验室和3个研发中心。由三聚环保控股的福建三聚福大化肥催化剂国家工程研究中心有限公司，通过多行业和多领域的技术整合，完成了传统化肥与相关产业的升级改造，使我国成为世界上第二个能自主研发、生产和应用氨合成催化剂的国家。北京、沈阳、福州3个各具特色的研发中心，集中开展脱硫净化材料、脱硫净化工艺、脱硫装备、加氢催化剂、化肥催化剂等方面的研究开发工作。北京研发中心侧重工程技术开发研究，沈阳研发中心侧重材料合成、放大工艺研究，福州研发中心侧重催化净化机理、前沿技术、工艺装备的开发研究，三个研发中心形成了信息共享、优势互补相互支撑的专业研发体系。与清华大学热能工程系签订了战略合作协议，共同进行脱硫机理研究工作；与中科院大连化物所开展战略合作，将合成气制合成油、合成气一步法生产乙醇技术在相关煤化工企业进行技术推广；与中石化抚顺石化研究院就油品深加工催化剂开展长期合作。此外，三聚环保还与美国西南研究院、法国石油研究院等建立了联合创新平台，极大地提升了公司的创新能力和科研成果转化的速度，取得了一批具有国际先进水平的创新成果。

一是超级悬浮床加氢工业示范项目开发。三聚环保与北京华石联合能源科技发展有限公司共同组建技术团队，围绕重质劣质原油、煤焦油等原料，系统开展基础理论研究、催化剂研发、反应器研发、关键单元技术开发，以及小试实验、中试验证，工业示范装置技术攻关，攻克一系列重大技术难题，通过5年多努力，最终形成具有多项自主知识产权的核心技术。在河南鹤壁建成15.8万吨/年工业示范装置，并于2016年2月一次开车成功，实现三个月的连续安全平稳运行，悬浮床单元总转化率达96％—99％，轻油收率达92％—95％。

二是低压钌基氨合成成套技术开发。三聚环保控股的福州大学化肥催化剂国家工程中心自主研发钌系氨合成催化剂，实现催化剂规模化生产和首次工业应用，通过配套使用专用、高效的合成设备，合成氨整体能耗下降30％以上，大幅提升合成氨产业的效益。

三是自主开发与外部合作相结合开发技术。三聚环保与中科院大连化物所等科研机构，合作开发低成本气化联产化学品技术、费托液体产品精细加工技术。由控股子公司武汉金中工程公司进行集成和创新，完成复杂气体中脱硫工艺包技术、高压变换工艺包技术、钴基固定床工艺包技术、低压钌系合成氨工艺包技术的开发。依托自身工程集成优势，开发出三聚特色的费托合成技术工艺包，支撑煤炭焦化企业转型升级发展，支持石油炼制企业拓展加工劣质原料和提升经济效益，支持天然气生产企业低成本脱硫，全面提升公司市场竞争力。

（三）通过技术与市场结合打造煤化与石化融合产业链

三聚环保突出能源清洁化、低碳能源转化和产业链增值服务三个主题，以煤焦化、煤化工、石油化工产业完善和升级为基础，针对产业链中的各个企业实施各具特色的技术改造和产业升级，为联盟企业提供系统的安全、环保、节能、降耗、减排和增值的技术解决方案，实施全面技术改造和原料、产品的定制服务，实现现代煤化工与石油化工产业的深度融合，提升企业市场竞争力和经济效益。

联盟成员的选择突出技术与市场结合、上下游产业链结合的原则。技术与市场结合，即企业在所在区域内有一定的市场优势，符合三聚环保的战略选择；同时能够充分与三聚环保的技术优势相嫁接，通过战略合作，能够迅速形成生产力和经济效益。如位于内蒙古乌海市联盟企业的内蒙古美方煤焦化有限公司，是蒙西地区唯一可生产一级焦、高硫高灰焦、高硫高热强度、矿热炉焦和气化焦等多样化发展的企业，原有产品市场占有率高，但由于近年来焦化企业整体效益下滑，企业面临亏损局面。三聚环保根据该企业的生产装备和原料、市场情况，为其提供关键技术和整体解决方案，获得系列高品质焦炭产品，在原料分级利用和洗选煤技术上采用分选精度高、泥化作用小、流程简单和灵活等工艺；生产过程中引进国际上先进的管理理念和控制技术；通过和日本等国内外知名技术工程公司的合作，在国际上率先推出并成功运行焦化烟气脱硫、脱硝、预热回收一体化工艺，排放达到重点地区控制指标，并开发运行低成本的高效污水处理装置。项目完成后，焦炉煤气利用率达到 100%，炼焦新鲜水消耗量降至“0.93 吨/吨焦”，水循环率 100%，达到了零排放的目标，与周边及全国同等规模焦化企业相对比，在优质炼焦煤配比方面，公司焦化厂平均降低 23%，污染物排放量仅为国家最严标准的 60%，污水水质达到国家一级排放标准。到 2015 年年底，该企业已经成为该地区产销实现 100%的企业，经济效益显著提高；2016 年取得了很好的经济效益。

上下游产业结合，即纳入服务联盟的企业必须在三聚环保的整个产业链上有一定的互补性，在区域内可形成上下游关系，以有效降低交易成本，提高联盟企业的整体效益。如联盟企业湖北钟祥市金鹰能源科技有限公司拥有 20 万吨传统工艺的合成氨装置，但由于采用传统工艺，生产能耗高，在国家取消电价和化肥运费补贴的情况下，面临着亏损倒闭的局面。而湖北荆门是我国磷矿资源丰富的地区，生产磷肥对合成氨有较大的需求，可与河南、山西等联盟企业形成水路物流、上下游互动、合成氨循环服务链，并与东北市场的合成氨尿素市场服务体系相协调呼应。三聚环保将该企业纳入服务联盟，并启动了“中小氮肥行业煤制合成氨升级改造示范”，新建 30 万吨合成氨装置，联合国家化肥催化剂工程中心，采用国内首次开发成功的新型固定床加压气化技术、浆态床湿法脱硫技术、低压合成氨技术等，以廉价的高硫无烟煤为原料，生产液氨产品，并建立生物质炭复合肥联合装置。项目发挥当地原料、水资源和市场的优势，成为国内煤化工企业的示范，推进煤化工与当地磷化工的融合发展。

三聚环保采用煤炭焦化新技术和现代煤化工新技术对黑龙江省七台河市年产 110 万吨的煤炭焦化企业实施全面改造升级，建成国内首个百万吨级煤炭焦化转型升级的示范企业。通过改造，该企业不再生产冶金焦，百分之百生产化工焦，收集和分离氢气、甲烷（LNG）、粗笨、煤焦油等轻产品；化工焦全部气化制备合成气，再以合成气为原料，采用费托合成技术，生产乙烯裂解料、高端溶剂油、三类润滑油基础油原料、液体石蜡、高熔点石蜡等费托液体产品；另一部分合成气采用低压钌基催化剂生产合成氨和尿素等产品，实现合成气的全部高效利用，完成煤炭焦化企业的转型升级。此外，该项目还建成万吨级焦化污水和化工污水熄焦工业示范装置，完成国内首次工业示范试验，降低污水排放量和熄焦过程中焦炭破碎损失，减少熄焦过程中有害气体的排放。在原有焦化装置节能改造的基础上，利用化工焦纯氧气化技术，建立20万吨钴基费托合成示范装置，生产高品质硬蜡产品，并利用费托合成的弛放气联产18万吨合成氨和30万吨尿素，极大地增强了企业市场竞争力，并实现了资源的循环利用。结合焦化产业污水处理的难题，开发了污水熄焦气化新工艺，在焦化行业内具有极强的环保示范效应。

山西孝义鹏飞集团500万吨煤炭焦化改造利用政府引导基金、社会产业基金等合作资金20余亿元，建成焦化新工艺深加工制甲醇、LNG、发电等项目，使得该焦化企业在目前市场不佳的环境下，得以满负荷生产并获得良性发展。2015年，三聚环保与山西孝义鹏飞在已有合作的基础上，完善500万吨焦化装置，实现转型和升级，建成副产品深加工120万吨/年清洁燃料和高附加值化学品示范项目，项目主要包括气化焦化废料，通过费托合成制取40万吨清洁燃料和高品质蜡等化学品，以及尾气综合利用生产合成氨、尿素。该项目充分发挥出山西孝义特有的煤炭资源优势，实现了分级、分质利用，最大限度地提高了资源利用效率，在充分释放冶金焦产能的基础上，在全国率先探索了新型煤化工及新型焦气化的技术发展路径。项目实施最严格的节能环保标准，实现了低能耗、低水耗、脱硫脱硝等三废超低排放、CO_2 排量控制等标准领先的产业示范，具有良好的社会效益。

（四）围绕联盟企业差异化发展需求创新多种商业模式

三聚环保根据煤化、石化企业现状和面临的市场形势，创新各种商业模式，通过实施一站式BT（建设—移交）、BTO（建设—移交—运营）、PPP（公私合营模式）等多种灵活商业模式，为联盟企业产业转型升级提供充裕的项目资金，促进传统能源企业向清洁能源企业升级。

一是BT模式和BTO模式。目前三聚环保和联盟企业开展了50余个技术改造BT服务项目，合同额约200亿元，取得了很好的效果。三聚环保创新延伸开展了BTO模式（建设—移交—运营），即建设移交后，继续接管生产运行和经营管理。山东桦超化工有限公司是一家以液化石油气深加工生产高品质油品组分的精细化工企业，20万吨/年异丁烷脱氢项目于2013年9月开始动土施工，产业链完整，项目先进，因资金短缺等原因生产陷入困难，项目于2014年12月份全面停工。2015年7月份三聚环保经过严格的技术论证和尽职调查，决定对其进行全面转型，并于2015年10月份项目复工。三聚环保先采取BT商业运行模式，投入约12亿元完成项目建设和开工投产；然后采取BTO模式，全面接管生产运营，使该企业当年获得效益达2亿元/年。2015年11月，山东桦超化工有限公司也成为天津股权交易所签署首批“中国低碳新能源板块”上市企业，使企业获得了资本市场的支持，为实现可持续发展奠定了基础。

二是PPP模式（公私合营模式即Public Private Partnership）。山西孝义鹏飞集团500万吨煤炭焦化转型升级项目利用政府引导基金、社会产业基金等合作资金30余亿元，采取PPP模式使用政府引导资金，用于建设发电等公用工程项目；采取BT模式，使用产业基金建设焦化新工艺制甲醇、LNG，以及煤基合成气费托合成高端蜡等项目，总投入约40亿元。项目建成后，将极大地提升了企业市场竞争力，企业快速得以满负荷生产并获得较好的经济效益。

（五）构建物流物联管理网络促进联盟企业资源共享

三聚环保深入研究区域资源优势、市场需求，对联盟企业实施量体裁衣，以打造多产高附加值产品的产业链为核心，推动煤、油、气、化、电多联产融合发展，构建现代化的物流物联管理网络，大幅度提升联盟企业的市场竞争能力。例如联盟企业黑龙江七台河勃盛清洁能源有限公司、安瑞佳石油化工有限公司、大庆联谊石油化工股份有限公司、黑龙江神龙集团四家企业产品具有较强互补性，为避免过远运输、迂回运输，提高资源配置效率，联盟成员之间以物联网优化手段，统筹原料和产品配送，上游企业将其生产的产品供给下游企业深加工，最大限度实现产品互供，降低物流成本30%以上，提高企业竞争力。此外，三聚环保以煤化工和石油化工分别设立两大销售管理平台，分别对联盟企业煤化工和石油化工产品统购统销，建立总部贸易集群，发挥“总部经济”效应，建成“集团化管控、板块化运作、专业线垂直管理的增值服务模式”。总部贸易平台统管各联盟企业间的产品互供服务业务，各区域结算平台归属总部平台项下管理。两大销售平台利用资金和规模优势，对联盟企业所需原料和产出产品统购统销，提高市场议价能力和综合盈利能力。通过联盟企业产供销一体化整合，结合资本化运作手段，逐步将联盟企业打造成资产优良、产品优质、竞争力强的市场主体；通过联盟资源的整合，进一步将三聚环保打造成具有一流技术服务和运营管理服务水平的集成化产业集团。

三、煤化与石化产业融合联盟式服务管理的效果

（一）促进了现代煤化工和与石化产业的深度融合

三聚环保通过跨区域、跨行业的整合，逐步走出一条技术与资本相结合的时代发展之路，联盟企业生存状况得到大幅改善，示范效应开始体现。目前，七台河隆鹏煤化工有限公司、双鸭山华本能源有限公司、山东宝舜化工科技有限公司、山西孝义鹏飞实业有限公司、鹤壁宝马科技集团有限公司、河南省顺成集团、钟祥市金鹰能源科技有限公司、河南宝舜科技股份有限公司、内蒙古美方煤焦化有限公司、黑龙江安瑞佳石油化工有限公司、山东桦超化工有限公司等 24 家传统能源企业陆续实现了向清洁能源产业的转型升级，实现了脱困。随着产品附加值的提高，企业陆续开始盈利，市场竞争力显著提高。

（二）进一步增强了三聚环保自身的竞争力

三聚环保顺应煤化、石化等能源企业去产能结构化调整，按照创新、协调、绿色、开放、共享的发展理念，通过现代煤化工和石化产业融合发展，实现了企业间协同增效，带动了三聚环保自身业绩稳步增长。三聚环保已有 9 项产品和技术获省部级科技成果鉴定，6 项获省部级科技进步奖和科技创新奖，2 项产品被国家科技部认定为“国家重点新产品”与“国家科技成果重点推广计划项目”。近五年来，营业收入和利润年实现了 80％以上增长，2015 年三聚环保实现营业总收入 569，811 万元，较上年同期 300，991 万元增长 89％；净利润为 82，056 万元，较上年同期 40，197 万元增长 104％。截至 2016 年三季度，实现销售收入 102.9 亿元，净利润 12.2 亿元，同比增长 168％、108％。

（三）通过技术创新打造新的商业模式得到社会广泛认可

三聚环保提出“传统煤化工产业转型升级、利用新型煤化工技术、服务于石油炼化”的发展理念，为以化石能源为原料的下游企业提供结构优化、节能、降耗、减排、增效的整体转型升级和产业延伸方案，打造集催化剂净化剂产品、工艺包、设计、采购、施工、调试、设备供货、技术服务和增值运营服务为一体的经营发展模式，得到社会的广泛认可。在 2016 年全国双创周北京会场活动中，得到党和国家有关领导高度肯定。国家发改委、科技部以及北京市、河南省、青海省等主要领导莅临三聚环保展台，高度评价了三聚环保的技术创新和商业模式创新以及取得的良好效果。2015 年，被中国石油与化学工业联合会评为“十二五”石化行业最具创新力十佳企业，2016 年被中国石油与化学工业联合会认定为中国石油与化工行业技术创新示范金会。2016 年，黑龙江七台河市、大庆市，吉林省通化市，内蒙古新安盟、通辽市、乌海市，河南省鹤壁市、新乡市、安阳市，山西省吕梁市，宁夏吴忠市，陕西省宝鸡市，新疆建设兵团四师、七师等来北京交流学习三聚环保的商业模式，组建了十余个产业联合基金，有力促进了当地经济的发展，助力当地企业的可持续发展。

（成果创造人：刘　雷、林　科、张淑荣、王庆明、任相坤、曹华峰、蒲延芳、袁　毅、王宁生、付兴国、孙艳红、赵正昌）

省级农村信用社以产品研发为核心的惠农金融服务管理

吉林省农村信用社联合社

吉林省农村信用社联合社（以下简称吉林省联社）成立于2004年5月20日，经吉林省政府授权，对吉林省农村信用社履行“服务、指导、协调和行业管理”职能。现辖30家农村商业银行、21家县联社，员工26743名，营业网点1631个，1655万户客户群体，是吉林省内网点最多、服务范围最广、支农力度最大的地方金融机构。

一、省级农村信用社以产品研发为核心的惠农金融服务管理背景

（一）落实国家政策要求，有效缓解“三农”融资难、融资贵、服务缺的需要

长期以来，农村金融服务明显落后于城市金融，金融抑制现象普遍存在。吉林省作为农业大省，99%的地域面积、45.2%的人口分布在农村，全省尚有8个国家级贫困县、200个贫困村镇、84万贫困人口。由于基础设施建设落后，配套政策不健全，在村屯设立银行机构网点，成本高、投入大、收益低、见效慢，银行业机构积极性不高，导致越是偏远地区，“一农”（农村信用社）支“三农”现象越明显，边远农村地区居民需要承担较高成本（往返交通成本和时间成本）才能获得基本的金融服务。加上农村要素市场未有效激活，农村林权、土地承包经营权、宅基地使用权等农民财产权抵押担保受限，农户贷款意愿无法从正规金融机构得到充分满足，只能依靠非正规渠道，导致民间借贷行为盛行，部分年利率高达20%—30%。吉林省联社作为以服务“三农”为使命的金融机构，有责任、有义务率先推进惠农金融服务创新，助力“三农”发展。

（二）有效应对农民迫切需求，服务农村广阔市场的需要

随着国家对农业政策支持力度的持续加大以及“四化”建设同步实施，我国农业进入了从传统农业向现代农业转型的新阶段，农业生产经营方式进入了由小农生产向社会化大生产转型的新进程，农业产业链向产前和产后延伸，分工分业更加明显，种养大户、家庭农场、农民专业合作社、农业产业化龙头企业等新型农业经营主体大量涌现，农业经营专业化、规模化、集约化程度加深。随着收入增加、职业和社会角色的转变，农民尤其是农民工的思维观念和生活工作方式不断趋向城市化、市场意识逐步提升，非食品类消费升级，部分需求尤其是现代金融需求得到释放，对消费信贷、支付结算、保险、投资理财、汇兑、金融租赁、证券、期货等金融服务的需求将快速增长。与此同时，随着城乡一体化和新型城镇化进程加快，农村公共服务和社会保障进一步健全，工商企业向农村转移速度加快，城乡边界变得模糊，城郊范围进一步扩大。“三农”金融需求的种类、额度、期限的多样化趋势愈发明显，农村乡镇金融市场的广度和深度不断拓展。

（三）巩固扩大自身优势，提升核心竞争力的需要

近年来，吉林省农村金融改革不断深化，农村金融机构不断健全，金融服务“三农”发展能力增强，商业性、政策性、合作性、普惠性金融机构体系基本形成，多层次、广覆盖的金融服务体系正在推进，农村地区基础金融服务便利性、获得性稳步提升，对农村金融不再是传统的“蓝海”，客户争夺也变得日趋激烈。面对“三农”变化新趋势以及“三农”金融新需求，吉林省联社必须按照市场经济原则，增强服务“三农”战略定力，巩固“三农”金融主力军作用，积极探索“三农”金融服务的可持续发展模式，强化惠农金融服务管理，打造助推地方经济社会发展的强劲“引擎”。

二、省级农村信用社以产品研发为核心的惠农金融服务管理内涵和主要做法

2010年以来，吉林省联社始终秉承“因农而生、随农而变、为农转型、助农富强”的企业使命，牢牢坚持“农民致富的银行、微企成长的银行、居民兴业的银行”市场定位，紧跟“三农”发展态势，坚持问题和效果导向，以体制机制建设为基础，夯实惠农金融服务管理根基；以产品创新为核心，构建和完善种类齐全、结构丰富的信贷产品体系；以网点转型和电子渠道建设为重点，搭建和拓展多层次、广覆盖、立体化的服务渠道体系，推进农村基础金融服务全覆盖，实现农业产业升级、农村经济转型、农民财产权改革协调并进，加快农业现代化、新型城镇化和城乡一体化进程。主要做法如下：

（一）明确基本原则，开展广泛合作

1. 充分调研论证，确定惠农金融服务基本原则

吉林省幅员辽阔，区域位置、经济特点、乡土人情有很大差别。为精准把握惠农金融服务的针对性和有效性，从吉林省联社到基层信用社，从高管到客户经理，层层召开座谈会、实地调研踏查，广泛收集“三农”金融需求，征求意见、建议。吉林省联社成立惠农服务管理领导小组，先后到中国银联、北京农信银、黑龙江、山东、山西、福建、广东、四川等合作单位考察，汲取成功经验。通过广泛论证，吉林省联社确定了惠农金融服务管理遵循的原则：一是坚持适应形势、转型发展原则。主动适应“三农”发展的新格局、新形势、新常态，寻求转型升级，实施创新突破，转变发展方式，谋划市场战略，保持稳中求进和协调发展。二是坚持科学规划、有序推进原则。突出和保持自身优势、特点，边探索边谋划、先成熟先实施，因地制宜、因地施策，先易后难、分类实施，有序推进。三是坚持突出重点、注重实效原则。有效发挥业务在农业、网点在农村、服务在农民的传统优势和基础优势，以满足普惠金融需求和农村金融市场多元化、升级化需求为重点，切实改革传统的管理模式、经营模式和服务模式。四是坚持统筹兼顾、均衡发展原则。运用底线思维和全盘思维，加强区域融合，兼顾市场导向，开发资源禀赋，实现优势互补和高效配置，完善金融服务功能和设施，打造基础金融、公共金融、可得金融，实现综合化、均等化发展。

2. 注重协调沟通，实现多方合作联动

解决农村金融问题需要多方合作。吉林省联社在日常惠农金融服务过程中，注重与社会各方的衔接沟通，协调联动，实现优势互补，发挥整体协同效应，增强汇聚服务“三农”的力量。

一是深化银政合作。全面开展与政府的战略合作，先后与省财政局、省发改委、省人社厅、省农委、省计生委、省妇联、省供销社、省运管局，全省9个市（州）政府、2个试点扩权县、44个县级政府，省物资储备管理局签署了战略合作协议。加强与社区、村委会合作，通过信息沟通与共享机制，不断延伸和拓宽服务范围，在基础信息收集、信用等级评定、金融业务推广以及基本业务受理等方面积极开展合作，充分体现农村基层组织在金融服务中的桥梁作用。二是深化银企合作。2012年与省工信厅合作启动“小巨人”培育工程，扶植优质中小企业。连续四年与省工信厅、省企联共同举办政银企对接会，共有2410户企业参加，现场与300户企业签署授信协议，授信总额度达124亿元。与各级政府联合召开支持民营经济座谈会，共商支持民营经济发展思路。多渠道构建银企对接平台，深入了解、及时满足企业融资需求。三是深化银银、银保合作。先后与兴业银行、南京银行、平安银行、省农发行等股份制和政策性银行开展合作，在资金、理财、科技、人才培养等方面开展广泛交流。积极引进管理规范、实力突出的担保公司和保险公司，吉林省联社与省级农业担保公司、安华保险，51家县级行社与126家担保公司签署合作协议，为缺少抵（质）押物的中小企业增信和担保。四是深化与中国银联和运营商合作。与中国银联公司合作，共同研发银联商户管理平台，银联支持增加助农服务、联银快付商户，通过银联网络存取款、汇款业务信用社和银联均不收取费用，使用银联网络专用线路租费，节省线路成本，使乡镇网点业务向村屯分流；加强与电信运营商的合作，使用电信运营商无线接入，统一谈判

优惠接入，降低商户成本。五是深化银校合作。与省内知名高校院所合作，加大人才培养力度。与吉林财经大学联合成立吉林农村金融研究中心，对全省农村金融领域历史、当前热点问题进行理论上的探索分析，对实际工作经验进行总结，为惠农金融服务管理发挥智库作用。与省干部管理学院联合委培边远农村贫困家庭子女 314 人，经过委托培养，已全部在当地乡镇信用社就业。

（二）改革内部体制机制，激发惠农服务活力

吉林省联社以现代银行作为愿景，将“社社变商行”作为阶段性目标，积极探索混合所有制，鼓励全员持股，让改革成果与员工共享，充分调动员工积极性。率先从内部发力，从改革体制机制着手，为惠农金融服务管理奠定坚实基础。

1. 调整吉林省联社组织架构、派出机构和工作流程，提升服务管理水平

吉林省联社推行机构扁平化、业务条线化管理，撤销市级联社及办事处，设立地区协调联络办公室，减少管理层级和环节，压降管理成本。全面下放固定资产审批、大额贷款发放、绩效薪酬分配、高管选拔推荐、员工招录等权限，调动基层行社经营管理积极性，激发市场活力。着力打造科技、清算、融资、培训、信息、产品、协调、法律服务等“八大服务平台”，提升吉林省联社服务能力；捋顺三农金融部、公司金融部、电子银行部等产品渠道部门职能，县级行社同步跟进，专业条线自上而下实行管理，市场需求、产品信息迅速传递。

2. 加大产权改革力度，革新运营体制

实施“产权突破”战略，坚持股份制和市场化改革方向，积极争取地方党政支持，主动引入战略投资者，全国率先实行“结对帮扶”“委托管理”和首创民营资本全资并购组建农商行模式，实现运营体制根本变革，彻底克服合作制弊端。以“结对帮扶”为例，系统内“富帮穷”，发展好农商行与落后联社结成帮扶对子，吉林省联社赋予帮扶行一定经营权和高管推荐权，通过理念、资源、人才、营销传输，带动被帮扶社改制。五年来成功组建 26 家农商行，改制进度居全国前列、东北地区首位。

3. 实行县级行社分类指导、差别管理，完善管理机制

首先，强化差异管理。对不同类别县级行社采取不同的考核评价体系和方式，在经营计划、信贷管理、财务管理、人力资源管理等方面差别授权、区别对待，并视县级行社经营管理水平变化动态调整。对好的农商行，综合考核以资本充足率、资产利润率等质量指标为主，突出质量约束，加快转换经营机制，加快监管升级和挂牌上市，向现代银行转型，发挥标杆引领和辐射带动作用。对发展较落后、“四自能力”不强的县联社注重风险管控，综合考核以不良贷款、经营成本等化险和效益指标为主，突出风险化解。其次，推进流程化管理。在完善规章制度、强化业务基础工作、增强员工合规意识的基础上，以信贷业务流程优化为切入点，建设流程银行，调整组织架构，强化流程管理和监督约束，切实提高了风险管控能力及核心竞争力。积极推广远程审查审批系统，突出前台营销，强化中台风险控制，确保后台保障服务，实现审贷分离，有效提升了业务管理水平，促进了发展方式和经营管理模式的转型。

（三）省县联动，积极开发适应“三农”发展需要的金融产品

吉林省联社紧跟“三农”发展需要，根据全省通用产品和县域特色产品分类管理原则，搭建金融产品定制平台，支持农贷产品创设创新。坚持省县两级联动，省联社积极支持县级行社完善特色产品制度，科学指导贷款要素搭配设置，构建和完善种类齐全、结构丰富的信贷和银行卡产品体系，共同推动惠农金融服务。目前共研发出 100 余款信贷产品，主要包括全省通用农户贷款产品 23 个、涉农企业贷款产品 37 个、数十款县域特色信贷产品，以及银行卡产品 87 个。

一是针对传统种养殖户有效财产少的特点，创新研发活用农民资产抵质押的信贷产品。随着农民财产权陆续被激活，吉林农信相继创新了“直补保”、土地收益保证、土地经营权抵押、农民住房财产权抵押等产品，基本满足了小额资金需求。如全国首创“直补保”小额贷款，依托财政部门粮食直补和农

资综合直补资金发放平台，以农户以后年度应获得的直补资金作为质押担保，根据还本付息率核定贷款额度，贷款对象主要是享受国家直补资金的农户，用于农户养殖业、种植业生产经营及日常生活消费等资金需求，利率优惠，较传统农户贷款利率低30%。截至2015年年末，吉林农信累计发放直补保贷款162亿元，贷款余额47亿，占全省各金融机构直补资金贷款的75%。

二是针对农村经纪人、种养大户、家庭农场资金需求量大的特点，创新研发中高端金融产品。2015年研发了农户循环额度贷款，以农户家庭所有财产、权利为担保条件，根据借款用途、还款意愿、持续经营获利能力以及担保财产、权利价格及变现难易程度等条件，吉林农信在一定期限内向农户核定授信额度，在授信额度和授信期限内可分次提款、循环使用。截至2015年年末，全省共有10家试点单位，累计授信7779万元，贷款余额6174万元。

三是针对农民专业合作社、产业化龙头企业资产结构特点，创新研发免担保及动产、权力质押产品。吉林农信在风险可控前提下，逐步将抵质押物范围扩展到存货、应收账款、商标等动产和权力，相继研发了“缴税贷”、电商贷、应收账款质押贷款、内部监管存货抵押贷款、第三方监管存货质押贷款等动产担保产品，降低了贷款准入条件。如“缴税贷”产品，主要面向地方特色产业、依法纳税、信用状况和发展前景良好，有3—5年纳税记录的中小微企业、专业合作社及个体工商户，以借款人一定期间内累计纳税额度为授信依据的信用贷款，无需担保，手续简便。依法纳税是企业诚信经营的重要标志，以累计纳税额度作为授信依据，可以有效降低道德风险。2014年在全省14家法人行社试点以来，累计向64户小微企业及个体工商户发放6586万元。

四是针对农民支付结算特点，不断丰富银行卡类金融产品。吉林农信银行卡——吉卡共研发子产品87个，主要包括：吉卡惠民卡、农民工卡、吉卡联名卡、社会保障卡等。截至2015年年末，共发行借记卡1269万张。

（四）积极拓展惠农服务渠道，提升服务效率和水平

在原有1631个实体网点的基础上，进一步下沉服务重心，增加服务节点，深耕农村金融服务“最后一公里”。

1. 设立助农服务点

鉴于设立实体网点专用房屋、安防设施、专线接入的高昂成本，2012年2月在金融空白村屯启动实施“四个一工程”项目，即一台POS机、一名信息员、一部电话、一个小卖店。在村屯中交通较为便利的小卖店布放银行卡受理终端，小卖店店主经过培训后，为持卡农户提供基础金融服务。截至2015年年末，共建设助农服务点5960个。项目初期，助农服务点只具备小额现金存取款、转账、查询、汇款等功能。经过12次升级改造，已拓展到直补款发放、低保发放、农保缴费、新农合报销，电视、农电、电话等公共事业缴费，开办代卖公路客运票等综合服务；同时覆盖全部银联卡业务，支持跨行、跨省支付，实现真正意义上的金融服务“村村通”。

2. 推动“物流电商”进村屯

第一，与吉林省农委电商平台开犁网、京东商城合作，部分县级行社负责运营管理，吸纳各类农业专业合作社、乡镇企业、农副产品加工企业和涉农电商加盟，搭建农资及工业品下行、当地农副产品上行的平台，畅通线上物流。第二，积极参与县域内特别是由县到乡、由乡到村的快递物流网建设，发挥区位优势，主动将助农服务点作为村屯物流节点，降低运营成本，畅通线下物流。现已依托助农服务点建成电商服务网点53个，物流网点164个。

3. 建设网上惠农商城

为加快农村商品流通，吉林省联社2013年开始筹建农村电商平台——网上惠农商城，并于2015年10月开通，惠农商城设置理财专区和网上营业厅，提供电子购物、积分兑换、商旅生活、本地O2O等

服务，兼具金融、生产、生活功能，重点支持农业生产合作社成为电商，线上销售新鲜绿色农副产品，线下配送，搭建从农地到城区餐桌的直销平台。

4. 积极借助互联网技术开发电子服务渠道

一是开创联银快付业务。针对大宗农副产品现金交易存在的风险，2014 年 4 月，与中国银联长春分公司共同开发、全国首创“联银快付”业务。通过 POS 设备，服务于农村畜禽、人参、果仁等农副产品买卖过程中大额资金汇划，实时到账、全天候交易，最大转账额度为 200 万元，弥补助农服务点转账额度小的不足。以伊通营城子镇为例，自 2014 年 11 月联银快付业务推广以来，截至 2015 年年末，累计布放联银快付机具 317 台，累计交易笔数 4.7 万笔，交易金额 30.6 亿元，其中粮食交易结算金额达到了 18 亿元，耕牛交易结算金额达到了 2 亿元，平均每笔交易金额达到 7 万元。联银快付带动吉卡开卡业务发展，上下游交易资金都能吸收，累计沉淀资金上亿元。二是开通电话银行 96888。通过拨打电话 96888，为客户提供账户查询、行内转账、卡折挂失、差错处理、结算及信贷登记咨询等基础金融服务。截至 2015 年年末，电话银行受理业务 1501 万笔，人工坐席接听 182 万次。三是接入网上银行业务。开发个人网银和企业网银两个版本，提供网上账户管理、转账汇款、手机充值、在线理财等服务。截至 2015 年年末，网上银行签约 59.89 万户，交易量 1302 万笔，交易金额 7248 亿元，农村居民交易占 33.35%。四是研发手机银行业务。将传统银行柜面业务植入客户手机，突破时间和空间限制，不断丰富银行服务的内涵。截至 2015 年年末，手机银行开户 154.74 万户，交易量 2934 万笔、交易金额 1702 亿元，农村居民交易量占 40.78%，极大方便边远山区客户。

（五）强化风险管控，有效防范惠农金融风险

吉林省联社在惠农服务过程中，时刻将管控风险放在首位，实行全面风险管理，不断完善风险管理政策、制度、流程和手段，确保惠农服务稳健规范，有保障、能持续。

1. 健全制度流程，完善保障

一是强化内控制度建设，杜绝人为干预，坚持用制度管人、管事，按流程操作。将国有商业银行、股份制银行制度建设情况与吉林农信现行 380 余项制度对照比较，借鉴先进经验，查找缺失与不足，及时修订完善，适应新时期业务发展需要。如严格落实贷款“三查”，做到“真人、真事、真信息”；建立独立审批人和授权审批制度，推行阳光办贷。二是重新调整职能管理条线和操作岗位设置，明确岗位职责，建立信贷营销、授信审批、放款操作、风险管理相互分离、相互制约的信贷组织体系和审贷分离的内控机制。

2. 加强系统建设，完善手段

充分发挥信贷远程审查审批系统职能，提高审查审批效率，在远程审查审批系统对话环节，对客户履行告知义务，防范道德风险；建设信贷管理系统，统一监测全系统业务风险，第一时间下发风险提示函，帮助县级行社增强业务风险识别与行业政策掌控能力；开发客户关系管理系统，利用大数据分析客户行为，对异常交易及时预警；推进稽核审计系统建设，运用计算机辅助系统提高稽核审计工作质效。

3. 加强督导检查，完善监督

创建省联社行业审计、县级行社内部审计、督导员、监事会、全体员工共同监督县级法人“三级联动、五线对一点”的审计监督体系。在监督时间上，采取日常监测与定期专项检查相结合，吉林省联社共组织经营成果真实性、到期未收回贷款、风险业务突击检查和后续稽核等各项检查 787 次。在监督范围上，以信贷业务为重点，对经营管理活动进行全方位覆盖，形成覆盖事前、事中、事后不同阶段的动态检查。在监督方式上，现场审计与非现场审计并重，创新推行移位稽核；同时引入外部审计，以独立身份查找深层次矛盾和问题，提出有效咨询建议。发现问题及风险隐患及时处置，严肃问责。

（六）实施人才兴社战略，打造惠农专业团队

一是严格客户经理准入。实行持证上岗，动态管理。每年组织一次资格考试，对于未取得客户经理资格的，严禁办理信贷业务。日常工作中，将客户经理等级评定与业务进展、市场维护、绩效考核等情况挂钩，奖励先进，约束后进。二是建立多层次培训体系。从普遍性要求和特殊需求出发，搭建全系统培训平台，吉林省联社突出抓好中高层管理人员、业务骨干、后备人员、专家型人员、基层师资力量的培训，指导县级行社对全辖客户经理进行再培训。线下面授与在线学习相结合，理论学习与实践交流相结合，提高客户经理专业素质和服务技能。三是组建专家团队。集中全省人才资源优势，在高级客户经理中选择业务素质高、德才兼备的人员建立信贷专家团队，将高级客户经理细分为评审专家、行业专家、营销专家和产品经理，建立网络群组，为全省信贷业务服务。四是储备后备人才。省县两级联动，分层次建立后备人才库，分别实施人才培养“千人工程”和“百人计划”。吉林省联社按照业务和管理条线已选拔后备人才 862 人，县级行社已公开选出近 4000 人。

三、省级农村信用社以产品研发为核心的惠农金融服务管理效果

（一）有效缓解了“三农”金融供求矛盾

通过开展普惠性金融服务，活化了农户资产，降低了交易成本，极大地缓解了全省农村特别是边远地区金融服务供求矛盾。五年累计发放涉农贷款 2946 亿元，其中农户类贷款 841 亿元，惠及农户 110 万户；农户贷款覆盖面达到 76%以上，户均贷款余额 2.2 万元。一定程度上抑制了民间“高利贷”增长，有效缓解了农村融资难、融资贵的难题。通过惠农服务，投资终端设备 7000 余台，覆盖村屯 5960 个，占全省村屯总数的 65%，将金融服务拓展到农村居民家门口，打通了农村金融“最后一公里”，极大降低了农村居民的交通和时间成本，便利了生产生活。总共为农村居民办理存取款业务 166 万笔，累计存取款金额 5.51 亿元。受理电力缴费 23.56 万笔，累计缴费金额 6402 万元。

（二）促进了企业平稳持续发展

连续五年“三农”贷款市场份额保持 70%以上。“直补保”贷款、土地收益保证贷款投放额占全省各金融机构份额分别达到 75%和 70%以上。2015 年年末，各项资产总额 4965 亿元，负债总额 4650 亿元，分别是 2010 年的 2.9 倍和 2.8 倍；各项存款 3145 亿元，各项贷款 1935 亿元，分别是 2010 年的 2.2 倍和 2.4 倍；存贷款市场份额分别为 18.2%、18%。五年来累计实现利润 237.2 亿元，上缴利税 85 亿元。2015 年当年利润总额 76.6 亿元，缴纳税金 25 亿元。资本充足率、拨备覆盖率、不良率等主要监管指标综合排序在全国农信系统中大幅跃升。资产总额、存款余额、贷款余额、利润总额、纳税总额连续四年名列全省存款类银行业机构之首。吉林省联社连续三年在吉林省银行业金融机构小微企业信贷政策导向效果评估中名列第一。

（三）有效推动了城乡一体化发展

五年多来，吉林省联社先后支持服务新型农业经营主体、农业工商业、农村经济组织等各类企业 8000 余户，累计给小微企业贷款 3254 亿元，年均增幅 39.8%，带动上万户农民就业创业，农业产业链条基本形成。联银快付业务在吉林省 46 个县市推广，共布放终端 5242 个，避免了携带大量现金的风险和不便。已受理业务 183 万笔，交易金额达 1467 亿元，按照电汇业务手续费每笔 20 元计算，为农副产品经纪人节省 3111 万元，加快了农村资金结算融通和商贸流通。手机银行、网上银行业务从 2011 年 8 月份系统上线以来，签约客户 154.74 万户，受理业务 4236 万笔，转账金额 8950 亿元，电子渠道替代率为 61.53%。

（成果创造人：唐忠民、李世杰、熊继洲、王艾君、张洪东、王长义、王亚清、王广平、孟　军、崔军扬）

以扶贫开发为抓手的水电站企地和谐共建管理

华能澜沧江水电股份有限公司小湾水电厂

华能澜沧江水电股份有限公司小湾水电厂（以下简称小湾水电站），位于云南省南涧县与凤庆县交界的澜沧江中游河段黑惠江汇入口下游1.5公里处。小湾水电站于1999年6月开始现场筹建，2002年1月20日正式开工，2009年9月25日首台机组投产，2010年8月22日最后一台机组投运，在十分艰难的建设条件下较计划工期提前整整2年。小湾水电站工程是国家实施西部大开发、“西电东送”战略的标志性工程，是世界最难水电工程之一。截至2016年7月1日，小湾水电站员工总数177人，累计发电量1127.6亿千瓦时，连续安全生产2491天。

一、以扶贫开发为抓手的水电站企地和谐共建管理背景

（一）构建和谐社会的需要

企业承担着物质财富创造和提供有效义务的责任，企业内部的和谐以及企业与利益相关者的和谐，是构建和谐社会的重要保证。华能集团公司有加快小湾水电站建设进度、确保为社会提供清洁能源、产生经济效益的需要；驻地政府有发展地方经济、发展民生的需要；驻地百姓有提升生活水平、实现脱贫致富的需要。因此，必须实施企地和谐共建工作，落实共享发展理念，形成与地方政府及驻地百姓和谐共赢的企地关系，以企地小和谐促进社会大和谐。

（二）营造安全电力生产运营环境的需要

小湾水电站所在地南涧彝族自治县小湾东镇岔江村共辖13个自然村，分布在电站及水库周边，农村区域面积49.53平方公里，农村人口580余户2318人，其中98%为彝族。小湾水电站开发建设前当地普遍存在饮水难、出行难、上学难、就医难、致富难、语言沟通难、法律意识淡薄等问题，小湾水电站建设前期，老百姓破坏电力安全设施、影响电站建设的事件时有发生，企地和谐稳定难度大、问题多、头绪繁杂。解决好与驻地百姓发展的难题，营造安全电力生产运营环境，是小湾水电站迫切需要思考和解决的问题。

（三）华能集团公司长远发展的需要

华能集团公司在不断提高经济效益、确保国有资产保值增值的同时，积极开展支持社会主义新农村建设“云南行动”，帮助和支持地方经济社会发展。小湾水电站是华能澜沧江水电股份有限公司（以下简称华能澜沧江公司）开发的第一个水电项目。如何破解和谐发展难题，营造安全电力生产运营环境，提供水电开发与地方经济社会可持续协调发展的模式，为华能集团公司、华能澜沧江公司开发水电项目提供有益经验，是小湾水电站建设过程中必须解决的重大课题。

二、以扶贫开发为抓手的水电站企地和谐共建管理内涵和主要做法

小湾水电站以“构建和谐电站，奉献绿色能源”为目标，坚持“建设一座电站、带动一方经济、保护一片环境、造福一方百姓、共建一方和谐”的和谐水电开发理念，通过加强领导，明确思路，建立健全企地和谐共建的组织保障机制；加强企地沟通交流，增进相互理解；建立结对帮扶机制，解决驻地百姓生产生活难题；精准选定共建项目，全力推进惠民工程，实现企地融合发展，促进了当地经济社会发展，为华能集团公司、华能澜沧江公司和谐水电建设提供了有益探索。主要做法如下：

（一）正视问题，明确扶贫开发和谐共建的思路

水电站建设的重点和难点之一就在于驻地百姓的和谐稳定。小湾水电站始终正视开发过程中遇到的

堵路、偷盗、破坏电力设施等问题，把企地和谐共建放在与工程建设、生产运营同等重要的位置，扎扎实实做好企地和谐共建工作。为此，小湾水电站将项目前期规划与当地经济发展规划相结合，选定企地和谐共建中需要解决的关键问题，将点、线、面结合，重点从“输血”和“造血”两个方面开展工作。一方面，小湾水电站将解决驻地百姓最直接、最迫切、最关心的问题，帮助改善驻地百姓的生产、生活、文化、医疗条件作为企地和谐共建的切入点。另一方面，在解决好驻地百姓生产、生活基本问题的基础上，小湾水电站将提升驻地百姓素质和发展意识作为企地和谐共建的关键点。通过建立结对帮扶机制，开展文化知识宣传、支持教育事业、推进精神文明建设、创办合作社及创造就业机会等多项举措，不断提高驻地百姓的思想认识、解决好驻地百姓发展意识不强、思想不解放等问题。

（二）加强领导，建立健全企地和谐共建的组织机构

小湾水电站成立企地和谐共建的组织机构，明确相关人员的分工及职责。其中，企地和谐共建工作领导小组负责组织企地和谐共建工作的策划和实施，小湾水电站主要领导任组长，亲自推动和参与相关工作，提出项目的主要思路及实施路径以及对重大问题的决策；企地和谐共建工作办公室由小湾水电站水库部和党建工作部组成，负责对企地和谐共建工作具体实施。水库部负责移民点的安置、帮扶项目的实施，党建工作部负责协调组织各党支部、各部（室）、团委、工会与驻地政府、驻地百姓开展共建交流。小湾水电站多次召开专题会议对企地和谐共建工作研究部署，在每月办公会、政工例会上对相关工作进行分解落实，形成完善的企地和谐共建组织机构。

（三）建立企地沟通交流机制，增进相互理解

小湾水电站认识到，必须通过加强与驻地政府、驻地百姓的沟通交流，最大限度地争取各方面对电站建设的理解、对水电开发的认同，才能有效缓解开发建设给驻地百姓的生产生活环境造成的影响，为推进企地和谐共建工作打下牢固基础。

1.“请进来”，了解电站建设

小湾水电站定期邀请驻地百姓、中小学生参观高坝、水库、厂房、设备等，使驻地百姓、中小学生亲身感受小湾水电站建设的成果与特殊地位，增强作为一个“小湾人”的自豪感和使命感。

2.“走进去”，了解百姓生活

开展驻地百姓生活状况调研，对驻地百姓的生产条件、交通设施、医疗卫生、子女教育等专题调研，深入了解驻地百姓的生活状况、实际困难和思想动态，为下一步选定帮扶项目，解决好企地和谐共建中的问题打下坚实基础。

3. 选派新农村指导员，发挥联系纽带作用

小湾水电站把选派新农村指导员作为加强驻地农村建设、推动企地和谐共建的重要举措。连续8年共派驻15名新农村建设指导员到凤庆县小湾镇和南涧县小湾东镇开展新农村建设工作，通过驻村发放调查问卷、召开座谈会、上门走访、个别谈心等方式，收集驻地百姓关注的热点、难点问题及建议，并将情况及时汇总上报，为小湾水电站各项决策提供依据。同时，积极协助村委会开展新农村建设的宣传引导，将新农村建设的长期目标、中期规划、短期要办的事项对百姓公开、公示，为驻地政府注入一股新的活力，成为小湾水电站联系地方政府和百姓的纽带，得到多方肯定。小湾水电站新农村指导员陈维东获得“云南省大理州优秀新农村指导员”称号，郑国梁活动“云南省第四批新农村建设优秀指导员”称号。

4. 活动联办，扩大情感交融

小湾水电站与驻地政府、学校共同开展体育比赛活动，共同举办联谊晚会、彝族打歌跳舞等文艺联欢活动。小小湾水电站书法协会每年为驻地百姓写春联、送春联，文学协会为驻地百姓选购书籍，摄影协会为驻地百姓拍照冲洗照片，普洱茶协会与驻地百姓交流茶叶采摘、制造工艺等，通过多种活动的开

展，不断扩大驻地百姓和小湾水电站员工的情感交融，促进相互理解、相互支持。

5. 尊重驻地风俗文化，推进精神文明建设

小湾水电站周边村镇的百姓主要为彝族，彝族文化底蕴丰富，有着特色的打歌、跳菜等民族文化活动。小湾水电站与当地民众共同挖掘本地彝族特色文化，帮助成立岔江村展览室、百姓艺术馆，并针对彝族当地民族、民俗文化特点，向民族文化专业人士咨询彝族文化内容，对岔江村“文艺队”打歌、跳菜、乐器等具体内容和文艺节目表现形式进行指导，打造岔江村精品节目。在推动岔江村精神文明建设的同时，为发展当地地区旅游业、呈现优秀旅游项目、增加当地村民收入打好基础。

（四）建立结对帮扶机制，实现企地融合发展

1. 与驻地政府结对

一是驻地政府支持，助力小湾水电站建设提前投产运营。驻地政府主动融入、搞好配套，凤庆县、南涧县政府分别成立“支援小湾水电站建设领导小组办公室”，制定工作联系制度及联席会议制度，土地、林业、矿管、移民、公安、银行、临时门诊等直接服务电站建设的单位和部门先后在现场驻地网状设点服务。南涧县设立“小湾公安分局”，凤庆县在治安值勤室，维护施工区治安秩序，优化社会治安环境。凤庆县投资 735 万元为小湾水电站完善供水系统，安装引水主管 10 公里，安装供水管网 7.5 公里，建成日处理 3000 立方米的净水厂一座，建设小湾山泉水厂。南涧县投资 1220 万元架设输电干线，建设变电站，协调征地 271 亩，帮助小湾水电站永久性营地建设，投资 350 万元修通全长 34 公里的“岔马”公路，方便小湾水电站施工运输。投资 830 万元建设小湾水电站施工区通信工程，开通 ETS 无线接入设备、ADSL 宽带业务等，使小湾水电站迅速提升了信息化水平。二是小湾水电站认真选定帮扶项目，有效解决民生重点问题。小湾水电站认识到，在共建项目的选择上，一定要做到惠民，要切实解决驻地百姓的生产、生活条件，让驻地百姓有获得感，而且能长期发挥作用，确保驻地百姓能持续发展。小湾水电站水库淹没涉及云南省大理州、临沧市、保山市共计 3 个州（市）、8 个县（区），移民人数 42547 人。小湾水电站把征地移民作为“头号工程”来抓，按照“移得出、稳得住、能发展”的目标，投入大量人力物力，与地方政府和有关部门一起，开展大量扎实深入的工作，不仅使移民搬进新居，也使各移民安置点的基础设施和生产生活条件较以前相比得到了普遍提高。在移民搬迁安置工作过程中，小湾水电站始终坚持凡是涉及水电移民的政策不折不扣贯彻执行；凡是涉及直接补偿移民的资金，尽量执行政策上限；凡是涉及移民搬迁安置资金，打足并及时足额拨付。在细化实物指标调查、充分征求移民意愿的基础上，大批移民从封闭落后的高山峡谷搬迁到交通便捷、经济活跃的平坝区进行安置，使移民告别库区低矮、潮湿、破烂的茅草房、土坯房、石棉瓦房，住进宽敞、明亮的砖混结构楼房，并在建成后的移民新村通路、通电、通水，还配备教育、卫生、文化设施。岔小公路是小湾水电站对外交通的生命线。在公路修建过程中，小湾水电站增加投资 1000 多万元，绕道 10 多公里穿过南涧县拥翠、碧溪等 5 个乡镇、112 个自然村，让周边数万群众摆脱崎岖山路的困扰；为改善沿江两岸交通条件，追加投资，将凤庆县鲁史镇水库淹没区的汽车轮渡方案调整为新建莽街渡大桥，造福周边 10 万群众，为百姓的生产、生活带来极大的便利。将库区轮歇地、山坡地、望天田变为“田成方、林成行、路成网”连片的好田。建设项目征地移民补偿水平在全国同类工程中居于前列，移民搬迁安置标准已达到或超过云南省新农村建设标准。

“百千万工程”和“新百千万工程”是华能集团公司支持社会主义新农村建设云南行动的重大举措。“百千万工程”云南行动计划开展以来，小湾水电站按照积极参与、量力而行、尽力而为、务求实效的原则，认真选定帮扶项目，深入推进实施“百千万”工程。小湾水电站帮助周边地区建设完善农村中小学项目 11 项、农村卫生室 6 个、农村文化室 9 个、整治村容村貌 17 项、新建人畜饮水工程和农田灌溉沟渠 13 条，资助库区周边 310 名乡村教师、100 名乡村医生开展业务知识培训、资助 4 万名百姓参加

新型农村合作医疗、资助7615人农村劳动力就业转移转业培训、资助250名初高中毕业生就读职业技术学校，惠及直接受益百姓已逾51000多人，将华能集团公司“百千万”工程落到实处。结合华能集团2012年新启动的“新百千万工程”计划，小湾水电站和南涧县、凤庆县和小湾东镇签订《支持参与新农村建设协议书》，在周边学校设立华能奖学金，修建教学楼和体育场等设施，为周边学校购置体育健身、军乐设备、教学设施等，积极落实“新百千万工程”，让群众真正得到实惠。

2. 水库党支部与岔江村党总支结对

在构建企地和谐关系长效机制过程中，小湾水电站开展与地方党组织的结对共建工作，由水库党支部与驻地岔江村党总支结对，发挥党组织在企地共建中的核心作用，提升思想认识和工作水平。邀请云南省委党校老师为两支部党员进行专题讲座，组织水库党支部与岔江村党总支全体党员共同学习党章，共过组织生活，共同开展“结对共创先进基层党组织座谈会”。同时，小湾水电站连续5年为岔江村党总支所属六个支部订阅人民日报、云南日报、大理日报等党报党刊，方便广大农村党员第一时间学习党的方针政策。

3. 党员与驻地困难党员家庭结对

小湾水电站为发挥党员在企地共建中的先锋模范带头作用，持续开展“一对一”结对帮扶活动。20名党员与驻地20户困难党员家庭结对，定期到困难家庭中走访慰问，帮助开展经济作物种植、家禽养殖等。在中秋节、春节等重大节日，深入大山和峡谷中为驻地困难家庭送去食用油、大米、牛奶、衣物等各种生活必需品和日用品，每次慰问的行程均逾200公里，赢得驻地广大党员群众的广泛赞誉。2012年3月，小湾水电站成立青年志愿者服务队和小湾水电站郭明义爱心团队，定期组织团员青年深入山区农村，慰问五保户、孤寡老人，为行动困难的老人打扫房间、修建通行便道、挑水捡柴等，切实用行动关爱困难群众。截至2016年，青年志愿者服务队走村串寨2000余公里，开展志愿服务活动100余次，帮助驻地困难家庭400余户1200多人次，以实实在在的行动诠释“帮助他人、快乐自己”的服务理念。

（五）创办合作社，大力发展地方经济

小湾水电站意识到，在当地现有资源紧缺的情况下，只有驻地百姓树立发展和创业意识、具备创业技能和创业环境，才能确保驻地产业发展，百姓能长久受益。小湾水电站认真落实精准扶贫、精准脱贫工作要求，因地制宜，创办合作社，推进驻地百姓的创业行动。通过与当地政府和群众代表的多次座谈和交流，在小湾水电站的大力扶持下，南涧县小湾东镇岔江村和凤庆县小湾镇小湾村分别成立群民农业开发专业合作社和杰鸿种植专业合作社，通过电站注资赠送股份、当地政府出资辅助合作社的硬件软件建设、村民入股参与分红的模式，帮助驻地百姓在家门口创业。合作社采用“企业—政府—驻地困难户”三方联动的方式，公司化经营管理。小湾水电站为合作社提供依托，经营经济林果种植、绿化种植与养护、公路保通与保洁、库区捞漂、零星土建、生态养殖等项目。小湾水电站积极为合作社发展提供技术支撑。在合作社的成立与发展过程中，积极发挥企业自身优势，采用“引进来”和“带出去”相结合的方式，努力从“软件”方面积极帮助合作社的高效运转。邀请云南农业大学农业专家进行现场考察和实地走访，组织村民代表外出玉溪、福建等地实地考察，吸取相关成功经验，探究经济作物与养殖业形成有机产业链的运作模式。组织财务技术人员为合作社的主要管理人员开展财务、税务知识讲座，帮助合作社提升财务工作运行水平。外聘专家到现场讲授架子工、电焊工、电工等职业技能知识并有针对性地开展多次取证技术培训，现在合作社已经有十多名专业技术人员，足够承担简单的土建及零星工程。2012年，小湾水电站购买南涧县群民农业开发专业合作社股份582份，无偿赠送岔江村村民每户一股，扶持岔江村集体经济的发展，惠及岔江村全体村民。2013年，小湾水电站帮助实施合作社生态养猪场的前期工作，包括场地协调、场地路面的硬化、水源和电源线路的建设。帮助合作社购买金银花苗，在岔江村子房社种植50亩金银花实验田。帮助合作社购买香蕉苗，种植50亩香蕉实验田；在工区

420 沟绿化恢复区域种植经济林木和苗木，在实现恢复工区绿化的同时也积极支持合作社参与工作。2014 年，种植 200 多亩枇杷、芒果。2015 年，种植 1500 亩油橄榄、野芭蕉、石榴，发展生态养殖场，主要养殖生态猪、生态鸡，每年出栏生态猪 250 头、生态鸡 5000 只。2011 年社员们每股分红 100 元，2012 年每股分红 200 元，2013 年每股分红 250 元，2014 年每股分红 500 元，2015 年每股分红达 900 元。

目前为止，两家合作社长期用工达到 270 人，2015 年一年解决当地百姓就业 80500 人次，不仅有效地缓解了"留守儿童"、"空巢老人"的现象，也为小湾水电站维持周边和谐稳定做出了巨大贡献，真正将"造福一方百姓、共建一方和谐"的理念落在实处，有效解决了驻地百姓的后续发展难题。

（六）实施生态保护工程，营造良好生态环境

小湾水电站按照华能澜沧江公司"生态环保优先、打造绿色水电、推动绿色发展"的总要求，以打造"绿色小湾"为目标，坚持"在开发中保护、在保护中开发"，把保护环境贯穿于流域水电规划、工程勘测设计、项目施工建设和电站运行管理中，通过工程环境监理、建立自然保护区、移栽珍稀植物、完善环境监测体系、实现"零排放"、推进绿化滴灌系统建设等六个方面实施生态保护工程，最大限度地减少水电开发对生态环境的影响，以文明的工程建设和优良的生态环境互动，构建绿色水电与和谐社会。小湾水电站累计完成水土保持总投资 1.97 亿元，共完成绿化近 160 万平方米，施工场地整治约 150 万平方米；对水库淹没区国家 II 级珍珍稀保护野生植物千果榄仁和红椿进行移栽；积极参与电站库区省级、州级、县级自然保护区建设，以减少对库区生物链的扰动，使珍稀野生动物栖息和植物生长环境得到进一步改善；作为全国 13 家实行环保监理试点单位之一，绿色施工措施完善，建立污水处理站，施工及生活污水实现 100％回收利用，生活垃圾 100％无害化处理，施工现场放置微生物水循环环保厕所，占地少，无废渣排放，研究解决硬质岩石边坡绿化难题等，有效保护了环境。

三、以扶贫开发为抓手的水电站企地和谐共建管理效果

（一）实现了企地和谐

小湾水电站为驻地百姓引水、修路、建设学校、帮助贫困学生、帮助提供就业机会、创办合作社等一系列的举措，有效化解了堵路、聚众闹事、破坏电力安全设施和偷盗电力物资等一些水电开发长期存在的矛盾，小湾水电站与驻地百姓的关系更加融洽，驻地百姓对小湾水电站建设更加理解、支持，从 2008 年开始至今，从未发生与小湾水电站建设、运营有关的群体性事件，驻地百姓越来越多地感受到了小湾水电站建设为他们带来的新变化、新机遇。"想不到电站职工也会到我们农村家里做客、拉家常，还为我们发展经济出谋划策，现在，群众明显感觉电站职工与我们老百姓联系更加紧密。"

（二）促进了当地经济社会发展

小湾水电站建设中及竣工后所缴纳的各类税费共计 76.28 亿元，成为地方经济发展的"助推剂"，极大地带动了地方经济发展。2015 年，驻地小湾东镇成为南涧县总收入最高的乡镇，驻地百姓人均纯收入从 2006 年的 2516 元到 2015 年的 7650 元，人均纯收入翻了 3 倍。驻地的教育水平不断提升，入学率 100％，教学质量由原来的中下水平，进入全县前 10 水平，学生普通高中升学率由原来的 50％，提高到 93.8％，受教育程度、文明程度得到较大提高。驻地基础设施逐步得到大幅改善、交通便利，镇村公路通达率 100％，农户通电率 100％，通水率 100％。优美的环境、特色的彝族文化、"高峡平湖"的壮观等，逐步形成了"花园式电站""茶王之祖"的古茶树、"打歌跳菜"等旅游项目，驻地百姓众切切实实地感受到了小湾水电站建设带来的实惠。2015 年，小湾镇箐中村被中央文明委授予第四届全国文明村镇荣誉称号。

（三）企地共建的做法获得有关方面肯定

针对目前水电站建设所面临的如何让搬迁的移民"搬得出、稳得住、能发展"的问题，小湾水电站

的一系列做法提供了企地和谐共建的新思路，得到了多方肯定。中央电视台、云南电视台先后对小湾水电站企地和谐共建工作进行宣传报道。《人民日报》在头版头条刊登了“小湾不小——科学发展成就辉煌”专题报道，《中国青年报》在报纸报眼位置对青年员工价值塑造和青年志愿者活动进行了宣传。《民族时报》《云南日报》《党的生活》都在显要位置对小湾水电站进行了宣传报道。小湾电厂还被《中国能源报》评为百家“中国美丽电厂”之一，向外界展现了小湾水电站在“美丽中国”精神指引下的和谐发展之美。小湾水电站和谐水电建设案例获得云南省国资委党委基层党建创新案例最佳案例、云南省电力行业协会管理成果创新三等奖、中央企业课题研究会优秀课题三等奖。云南省委把“小湾水电站企地和谐建设案例”作为全省重点案例进行打造，为华能集团公司、华能澜沧江公司提供了和谐发展的新思路，在行业和国有大型企业中产生了良好示范效应。

（成果创造人：鲁俊兵、张　俊、张洪涛、邱小弟、李子光、李　然、
陈维东、阮跃红、彭建新、熊孝中、伍学雷、赵斌斌）

供电企业面向金寨老区光伏扶贫的全程式服务管理

国网安徽省电力公司六安供电公司

国网安徽省电力公司六安供电公司（以下简称六安供电）是国家电网公司下属的市级供电企业，负责六安地区电网建设和运营业务，下辖金寨县供电公司（以下简称金寨供电）等6个县级供电企业。2015年，六安供电网最高负荷132.46万千瓦，全口径售电量56.28亿千瓦时，全社会用电量61.85亿千瓦时。六安供电曾获得全国“五一”劳动奖状、“全国创建文明行业工作先进单位”等荣誉称号，连续九年被评为“全国安康杯”优胜企业。

一、供电企业面向金寨老区光伏扶贫的全程式服务管理背景

（一）落实国家关于精准扶贫政策的需要

金寨县位于安徽六安西部大别山腹地、鄂豫皖三省七县结合部，总面积3814平方公里，常住人口52.5万，是安徽省面积最大、人口最多的山区库区县，是国家级重点贫困县和全国重要的生态功能区。截至2013年年底，金寨县共有重点贫困村71个，4.23万贫困户、13.01万贫困人口，贫困发生率24.78%。六安市、金寨县贯彻落实中央扶贫工作指示，积极探索光伏扶贫之策，制订“光伏扶贫惠千家”工程建设指导意见。面对新形势、新机遇和新挑战，六安供电科学制定“光伏扶贫惠千家”工程建设有效落地的工作方案，把分散于大别山区深山沟壑的贫困户（村）与光伏发电项目精准对接，保证光伏发电收益精准惠及千家，促进精准扶贫工作目标尽早实现。

（二）解决分散村户光伏发电“两头难”的需要

开展分散村户光伏发电存在两方面问题：一是光伏接入条件差。金寨县有4万多贫困户光伏电站需要接入并网，离散分布在3814平方公里范围之内，存在接入点地形复杂、贫困地区电网薄弱、现有技术标准不完善、又无现成经验可借鉴等诸多难题，分散贫困户光伏接入条件与政府和贫困户尽快脱贫的要求存在较大差距，是推进光伏扶贫方案实施的首道难题和“拦路石”。二是光伏收入兑现难。光伏电能电费结算由上网电价和政府补贴两部分构成，其中政府补贴不能按月结算、定期到户。缺乏统一结算机制，不能变分解兑现为“一笔清”，是推进光伏扶贫工程最终落地的障碍，亦是贫困村户对光伏扶贫工程实施成效的疑虑与隐忧。三是光伏并网服务难。服务分散式光伏并网需要面对报装方式调整、近万户信息校核、全额收购的硬性要求、量价费结算流程变更、点多面广的服务诉求，供电企业需要建立健全一套适应光伏并网服务需求的制度和流程。信息系统中的信息变更量将明显增大，员工对变更服务体系短期内存在认知和掌握的滞后性容易导致服务质量事故的发生。四是负荷消纳送出难。贫困地区用电负荷较低，大量分布式电源从低压电网接入，不能就地消纳，需要同步规划电网实现层层向上送出，各电网设备需要建设改造、网架结构需要适应性规划调整，完成这些任务涉及2个220千伏、4个110千伏、23个35千伏变电站和配套线路以及425个10千伏配电台区，共需投资4.6亿元。光伏发电装置建设工期短和电网建设改造周期长的矛盾使企业统筹解决存在较大难题。五是安全运行控制难。受电网结构、负荷特性等因素制约，要保证大规模、离散分布的光伏能源全部接入和安全运行存在较大的困难。电网由用电端转为发电端，局部电网存在孤岛运行的可能，给电网安全运行和用户安全用电带来新的挑战，电网运行方式安排、调峰措施、电压控制等问题更为复杂，实时监控及负荷预测难以掌握。

二、供电企业面向金寨老区光伏扶贫的全程式服务管理内涵和主要做法

六安供电立足服务“光伏扶贫惠千家”工程和供电企业实际，围绕“为规模化分布式光伏扶贫项目

提供全程式服务、全力助推精准扶贫”的目标，确定“主动作为、精心服务、安全可靠、精准扶贫”的指导思想，坚持“创新驱动、技术支撑、多方联动、效率优先”的工作原则，强化组织、规划、标准、配套、服务、运行等全程式服务管理，构筑金寨光伏扶贫绿色通道，实现了金寨老区脱贫目标如期实现。主要做法如下：

（一）制定整体实施方案，建立组织保障机制

1. 明确指导思想与整体实施方案

各级政府承担光伏扶贫工程的主导责任，在扶贫政策、工作目标及规划计划制订、实施方案可研论证等方面发挥主导作用。供电企业作为实施主体，要从源头参与相关政策、规划计划和实施方案的制订，要为工程实施的过程管理、运行维护、收益兑现等提供全程式服务保障。为此，六安供电研究制订了“光伏扶贫惠千家”工程整体实施方案，以保证工程有效落地。

2. 健全组织体系与协同工作机制

六安供电制定《关于全面加强精准脱贫攻坚组织保障体系建设的决定》，成立光伏扶贫工作领导小组，形成党委统一领导、党政工团齐抓共管、专业部门分工协作的工作格局。领导组下设立规划建设、配套工程、服务保障、电费结算、技术支撑五个工作组。建立健全市公司、部门、县公司、供电所“四层级联动”的光伏扶贫工作机制，合力推动光伏扶贫工程实施。定期召开市县公司联席会议，协调解决光伏并网中出现的难点和问题。供电所和乡镇政府联合组成工程现场进度质量督查组，实时跟踪光伏组件安装、现场验收、并网接电各关键环节进度。同时，金寨光伏扶贫专项办公室下设规划选址、信息核查、项目资金、建设安装、供电服务五个工作组，统筹推进工作有效开展。其中供电公司负责相关政策衔接、接入系统方案制订、电网改造、并网调试、电费结算及协助监理等工作。光伏电站并网后，及时跟踪用户发电情况，联合政府、施工单位开展“回头看”，分析查找个别电站发电量偏低的原因并予以及时整改。

（二）调整电网建设规划，保障光伏全额并网

六安供电创新电网规划方法，调整电网规划思路，将扶贫规划与电网规划有机结合，采取“精准规划、合理布点、分步解决”的方式，科学制订适应光伏扶贫电网规划，保障光伏扶贫电站有序建设、有序并网。

1. 逐线分析编制电网适应规划

安排专人对金寨电网实行逐乡、逐站、逐线分析，完成县域各电压等级电网研究论证，合理编制电网适应规划，在1600多个台区中筛选出电网条件、消纳能力相对较强的749个台区，并对照金寨首批23100个预选点进行筛选，从中优选出8700个备选地点作为首批接入点，保障首批2008户光伏扶贫电站顺利并网发电。

2. 逐项核对调整电网建改规划

对原有电网规划项目库逐项进行梳理，一一核对涉及光伏扶贫并网的项目。对已在库中的规划项目，安排分步有序实施；对库外的规划项目，提前进行前期可研工作，及时调整入库，确保2015年218个村级扶贫光伏电站和6733户用光伏扶贫电站的有效适时接入。

3. 专题研究引导能源开发规划

综合考虑地区已并网、已审查的电源项目，按照自下而上、地区统筹的方式，逐站、逐变、逐线计算电网可接纳容量。组织开展专题论证，主动调整电网计划，及时将研究成果反馈给金寨县县政府，引导政府对本县城内光伏等可再生能源进行合理规划、开发。

（三）制定并网技术规范，保证工程顺利实施

金寨实施光伏扶贫示范工程之初，六安供电从标准、制度创新入手，以安全可靠为目标、以有效实

施为要求，优化设计标准，统一并网技术标准、统一设备规范，制定规范的操作流程，健全光伏并网安全运行的技术标准体系。

1. 编制“标准化”设计方案模板

统一并网技术标准、统一设备规范，制定《光伏扶贫工程接网工程典型设计》《分布式电源接入系统典型设计》，首次针对光伏扶贫编制220/380伏、10千伏、35千伏等各电压等级光伏接入系统方案模板，快速合理编制设计方案8959个，保证光伏扶贫电站及时并网发电。

2. 制定并网服务工作标准规范

编写《分布式光伏并网服务实施细则》《光伏发电业务受理作业指导书》等13项工作制度，规范操作程序，统一操作标准，缩短并网时间，提高扶贫光伏电站发电建设的效率和效益；保障分布式光伏接入电网运行安全，促进分布式光伏发电与电网发展的和谐统一。

3. 创建光伏并网服务工作流程

六安供电提出“简化—精准—延伸”服务策略，遵循“内转不外转”的原则，梳理制定《分布式光伏扶贫用户结算流程》等7项业务流程，建立受理、勘察“一站式”服务机制、答复方案工单流转式评审机制、竣工验收综合查验机制，简化业务流程，缩短工作时限，提升服务效率。光伏并网时间较国网公司考核时限缩短了30%。2015年度金寨6733户光伏扶贫并网用时42个工作日，日均完成160户并网的速度和效率，在国内同行业同类项目服务中尚属领先。

（四）健全电网配套机制，保证光伏并网畅通

建设和改造适应大规模分散式光伏发电并网需求的各级电网，是保障光伏扶贫工程落地的基础和重要前提。根据规划，实施金寨光伏扶贫电网配套建设约需4.6亿元，对于资产负债率已超过风险警戒线的县级供电企业，如此大额度的资金需求和投入成为制约光伏扶贫电站项目如期接入的瓶颈。六安供电精心谋划，多措并举，加大电网建改资金投入力度，制定“三个优先保障”的实施策略，加速推进光伏并网配套项目建设，为实现精准脱贫目标提供资金和物质保障。

1. 企业自筹资金安排优先保障

六安供电及时开通光伏扶贫工程绿色通道，充分利用电网改造自筹资金，优先安排电站接入工程，加大光伏扶贫低压电网配套改造，2014年度共安排自筹资金1320.57万元，占当年度企业自筹资金总额57.4%，确保当年度完成2008个户用式光伏扶贫电站全额接入。

2. 农网改造升级项目优先保障

六安供电在编排优化金寨农村电网建设改造项目中，将光伏扶贫电站的接网工程优先纳入农网改造升级项目库，确保光伏扶贫工程早安排、早投产。2014年度安排1161.43万元，完成22个村集体60千瓦分布式光伏项目配套接入工程，将线路延伸架设到光伏电站，打通扶贫光伏并网的“最后一公里”，共新建改造低压线路107公里。2015年度投入3.2亿元用于金寨县农网改造升级，提升农网装备水平和电源接纳能力，确保6951座共33279千瓦光伏扶贫电站的顺利接入。

3. 主网建设改造投资优先保障

2014年以来，金寨县110千伏及以上电网总投资达2.9亿元，金寨骨干网架进一步得到完善和提升，为确保光伏扶贫电站和生态清洁能源电站接入以及大规模光伏扶贫电能的送出奠定坚实基础。2014、2015年分别消纳清洁电能2555、4701万千瓦时，分别送出清洁电能19573、21726万千瓦时，有力助推金寨精准脱贫和绿色振兴发展。

（五）完善精细延伸服务，提升全程服务品质

六安供电在开展光伏扶贫工程全程式服务中，坚持以服务贫困村、户电站客户为中心，一方面注重健全相应的制度、规定和流程，作为做好服务工作的制度性保障，同时更加注重员工服务行为规范化和

服务工作精细化，不断提升光伏扶贫工程服务品质和管理水平。

1. 上门开展光伏知识普及宣传

编印《分布式光伏发电十问十答》《分布式电源并网业务办理告知书》等宣传品20000多份，采取上门送达的方式发放到贫困户手中，帮助群众全面了解光伏扶贫政策和光伏电站并网相关知识，推动光伏扶贫工程顺利开展。

2. 确保客户基础信息精准建档

六安供电与当地政府密切配合，采取"集中梳理、分层受理、就地服务"的方式，分层、分级逐户核实核查，及时完成8959户资料的收集完善工作，为业务系统正确建档和电费顺利结算奠定坚实基础。

3. 确保客户电费核算精准建账

光伏扶贫结算区别于传统的用电业务，原有的电费核算方式不能满足实际需求。六安供电在电费结算系统中新增电费核算退补、表计定比电量等多项功能，使用户结算时间缩短40%，率先在国网系统内完成分布式光伏结算全流程，实现可再生能源系统内光伏购电费和补贴的快速结算。

4. 确保客户电费足额精准兑付

光伏电费结算对付除解决"二合一"电费即时结算外，还要从贫困户电费收入中扣除政府补贴外的电站建设还贷资金，因三项对冲时间不同期，且短期内难以足额、及时发放到户，这是光伏扶贫户电费兑付的一大难题。六安供电主动与扶贫办、财政局等政府部门会商，签订政府主管部门、供电企业、贫困村（户）三方"委托代建协议"，确立由供电企业总付、扶贫办转付到户的支付方式，确保扶贫户发电收益足额、及时发放，从而保证电费结算足额精准兑付，保障贫困群众及时获取发电收益，及时解决贫困群众的生活困难。

5. 健全光伏扶贫延伸服务机制

为确保每座光伏电站发电量稳定和最大化，让贫困户放心得到实惠，六安供电创新服务思路，提出"三延伸一拓展"服务模式，即延伸业务培训、延伸质量监督、延伸运行巡视，主动拓展服务内容，不断提高光伏扶贫工程实际效果。一是主动开展三类人员培训。针对参与光伏安装人员、供电管理人员和贫困户，分别制订培训实施方案，帮助施工企业编印光伏发电安装工艺、安装标准等相关资料，开展光伏业务培训，保证8959座光伏电站安装无质量事故，安装合格率100%。培训供电管理人员600多人次，为工程质量监管和并网运行提供了人才保障。举办6期光伏设备管养培训班，组织群众听课，教会并提高贫困农户和农村电工人员操作技能，保障相关设备故障能在第一时间排除。二是主动参与工程质量监督。超前介入分布式光伏发电接入电网系统设备选型，严把接入电网设备质量关。负责审核光伏安装企业施工资质，并编入六安供电备案。加大光伏电站安装质量监督，安排专人检查，对施工过程中和竣工验收时发现的问题，以纸质联系单告知政府部门和施工单位，督促其整改到位。三是主动运维实施定点帮扶。由客户经理专门负责所属线路的安全运行和维护工作，定期进行巡视，常态化监控分布式光伏电站发电量变化，现场排查问题，落实整改措施。建立特困户帮扶机制，帮助无劳动能力的贫困户检查维护光伏设备，对于集体式光伏电站，由共产党员服务队员"一对一"定点帮扶，定期提供红外测温、设备测试等技术支持，保证光伏电站平稳可靠运行。

（六）强化技术支持保障，确保并网安全运行

为确保光伏电站并网后安全可靠运行，六安供电开展科技创新和技术攻关，减少对电网运行带来的压力，有效确保电网的安全运行。

1. 研发实时监控技术支持系统

六安供电与安徽省电科院、中国电科院等联合开展"分布式可再生能源发电集群灵活并网集成关键技术及示范"课题攻关，应对集中型光伏电站在短期内超常规发展给电网带来的安全风险；开发基于以

大网络的分布式光伏区域监控系统，将并网电源实时数据通过无线采集技术采入智能调度技术支持系统，强化对分布式光伏电站的运行监控。

2. 完善合理运行控制调节手段

加强与气象等部门的联系，开展光伏功率预测技术研究，建成功率预测系统，完善运行控制手段，做好电网运行方式安排工作。充分利用各种调节手段及新能源互补等进行调峰管理，合理安排设备停电计划。针对检修方式或特殊气候方式做好事故预案，保证光伏扶贫电站送出全额消纳的需要。

3. 成立创新解难技术攻关小组

攻关小组研发《基于4G网络下分布式光伏配网监控系统》，实时监控各贫困户光伏电站的电流、电压运行情况，外出人员通过手机实时查看帮扶光伏电站的运行情况，在出现故障时能及时联系人员进行维修；针对用电信息采集系统中因光伏电站接入造成公用变台区线损率出现负值问题，及时调整发电表计的接线方式，为台区低压线损的准确计算提供真实、客观依据；为解决分布式光伏电站运行中出现的反孤岛问题，研发《区域光伏反孤岛系统》，实现对3千瓦光伏电站开关的远程控制，实现“孤岛”自判断、自切除。目前，已申请3项成果软件著作权和2项省级科技鉴定、1项成果获实用新型专利，1项发明专利已受理。

4. 规范安全运维检修作业流程

全面梳理分布式光伏电源并网后电网检修步骤，并编制《光伏电源并网检修操作业务流程》，规范、指导日常光伏电站设备的运维检修，确保运行检查人员在具体操作中的人身、电网、设备安全。

5. 研定可靠并网电压控制方式

大量光伏电源接入后，金寨电网由用电端逆转为发电端，局部电压过高影响到电网的安全稳定运行，部分光伏电站无法并网发电，传统的电容调压方式无法解决这一问题。六安供电对金寨电网结构、潮流分布、谐波注入量的分析、计算，研定在变电站加装定值的抵抗，将主网各母线节点电压控制在合格范围；针对同一配网台区多个分布式光伏电站接入同一相时引起电压超标问题，实行分相处理，确保光伏电站能可靠并网发电。

三、面向金寨老区光伏扶贫全程式服务管理的实施效果

（一）保障工程有序实施，扶贫目标初步实现

光伏扶贫全程式供电服务推动了政府光伏扶贫计划的有序实施，促进了光伏精准扶贫工程的快速落地。截至2015年年底，金寨实施的光伏扶贫工程在1423个台区共完成户用光伏电站8741户、村级集体光伏电站218座并网发电，支付结算电费和补助资金合计2013万元，实现了光伏发电贫困户家庭年均增收约3000元，贫困村集体年均增收6.5万元，解决了20.66%贫困家庭最基本生活问题和58%村集体经济薄弱问题，推进了近3万贫困人口的阶段脱贫进程。2014年至2016年6月间，金寨县贫困人口从13.01万人下降到8.43万人，其中受益于光伏发电直接脱贫4623户。

（二）率先实践精准扶贫，取得良好示范作用

2014年实施光伏扶贫工程以来，初具规模的光伏扶贫“金寨模式”为安徽乃至全国产业扶贫提供了可复制、可推广的样板。全国先后有20余省90多个县考察团到金寨观摩借鉴光伏扶贫的成功经验。党和国家领导人、中央有关部委、国家电网等多位领导先后10余批次到金寨现场调研光伏发电精准扶贫工作，对金寨光伏扶贫发展工作的创新实践给予充分肯定。国家能源局发文支持安徽省金寨县创建国家高比例可再生能源示范县。2016年4月24日，习近平总书记在考察金寨扶贫工作时，在花石乡大湾村听取了干部群众对实施光伏扶贫工程的真实感受，对省市县开展光伏扶贫工作好的做法和取得的成效给予了肯定和点赞。

（三）优化生态发展环境，社会效益明显

2014 年启动实施光伏扶贫以来，金寨光伏扶贫并网发电量 927.9 万千瓦时，光伏企业集中并网发电量 28326.3 万千瓦时，与相同发电量的火电厂相比，累计节约标煤 118186.96 吨，减少粉尘排放量 79560.41 吨、二氧化碳排放量 291631.30 吨、二氧化硫排放量 8751.70 吨、氮氧化物排放量 4358.93 吨。金寨县光伏并网发电对优化能源结构、推进大气污染治理发挥了积极的作用，同时有力促进了金寨绿色发展。“十二五”期间，金寨县以新能源为主体的战略性新兴产业年均增长 28.8%。其中，2014、2015 年新兴产业分别增长 17.3%、23.2%，金寨县生产总值分别增长 4.1%、7.7%，财政收入分别增长 29.5%、29.7%。

（成果创造人：潘　东、徐　斌、徐木桂、曹　俐、曾　光、
刘春阳、杨爱岭、陈　青、段　丽、马　骏）

适应多基地核电厂运营要求的技术服务能力优化升级管理

苏州热工研究院有限公司

苏州热工研究院有限公司（以下简称苏州院）成立于1978年，是国内最早横跨核电、火电行业的电力研究机构，是中国广核集团（简称中广核）全资二级子公司，员工1255名，2015年收入9.09亿元，业务辐射秦山、三门、福清、石岛湾等中广核外核电厂。苏州院牵头和参与多项国家重点研发计划，承担包括国家核安全法规在内的多项国家核电法规标准的制修订任务，在核电行业内具有较高知名度和影响力。

一、适应多基地核电厂运营要求的技术服务能力优化升级管理背景

（一）支撑中广核多基地核电厂发展要求的需要

2011年，大亚湾核电基地全面建成，宁德、阳江、台山、红沿河、防城港等核电基地将陆续建设和投运，中广核核电运营面临走出大亚湾、迎来多基地核电厂运营的新局面。中广核提出做优运营业绩的要求，明确“十二五”期间WANO业绩指标进入世界前十分之一、能力因子超过90%、年度换料大修工期不超过30天、零非计划停机停堆的战略目标。卓越的运营业绩需要以优秀的运营技术服务为支撑，多基地核电厂运营亟需一支专业化的技术服务队伍提供保障，在此背景下，苏州院成为承担多基地核电厂运营技术服务的唯一单位，实现核电运营技术服务的“专业化、标准化、集约化”。

（二）原有经营管理模式难以适应企业新的功能定位和发展要求

2011年以前，苏州院采用各业务部门单独核算的经营模式，将市场开拓、项目管理、人员招聘、质量管理等工作的管理权下放给业务部门。随着核电行业的快速发展，业务部门各自为阵的经营模式已不能完全适应中广核的要求主要表现在：技术研发方面不具备承担国家级科研项目的实力，科技规划缺乏系统性、前瞻性，没有与电厂的技术要求匹配；技术管理方面不具备内外部资源整合、协调及组织的能力；技术服务方面，专业协同性不高，缺乏数字化、智能化的技术服务工具。面对前景广阔的核电运营技术服务市场，苏州院亟待整合内部资源，拓展技术服务能力。

（三）构建我国自主核电技术服务能力的需要

经过二十多年的追赶，我国已进入核电大国行列，正在向核电强国迈进。目前，我国在运核电机组技术路线属于二代或二代改进型；AP1000、EPR、高温气冷堆等三代、四代堆型正在建设中，有望在2020年前投运；我国已研制出具有完全自主知识产权的“华龙一号”三代核电技术，并将其作为核电走向国际的主力机型。由此，相配套的核电运营技术服务能力也成为核电强国战略的重要组成部分。与二代及二代加技术相比，AP1000、EPR、华龙一号等先进核电技术对核电运营技术服务的安全性、经济性、先进性及保障能力的要求更高。苏州院必须引进、消化和吸收先进技术，实现技术自主化，做好与新核电技术发展相配套的技术服务能力储备。

二、适应多基地核电厂运营要求的技术服务能力优化升级管理内涵和主要做法

苏州院以实现机组安全运行保障的基础层次、关键领域性能提升的进阶层次、优势领域技术引领的尖端层次为目标，通过内部组织机构调整和管理机制转变，完善服务专业设置，整合内部资源，增强内在驱动力；通过多层次技术研发和核心能力建设增强技术服务的硬实力，多基地前后台业务接口、多基地技术资源协同、工作流程及人员嵌入三方面的管理协同增强技术服务的软实力；以多样化信息平台为手段，在多基地推行业务领域流程标准化，实现与电厂业务的深度融合，推行技术服务的智能化、数字

化；健全专业化人才培养体系、建立多元化考核激励制度，为技术服务能力优化升级管理提供保障。主要做法如下：

（一）理清思路，调整组织架构和管理模式

1. 理清能力优化升级思路

具备国际一流水平的多基地核电厂运营技术服务能力体现在以下三方面：一是专业配套齐全，能够保障在运核电机组安全运行，助力新建机组快速达到现有成熟机组的安全稳定运行业绩；二是全面承担各核电机组间的资源调配和专业化服务，降低核电厂运营成本，提升发电效能；三是拥有国际先进技术和科学化、规范化的管理经验，成为行业标杆。为此，苏州院对多基地核电厂运营技术服务能力进行逐层解析：一是基础层次，即实现机组安全运行保障，配合专业化运营的需要，打造配套的专业化技术服务体系；二是进阶层次，实现关键领域的性能提升，要求在现有技术和管理能力基础上进行核电厂技术升级改造、经济性提升；三是尖端层次，具备解决综合复杂问题、开展运营服务技术的前瞻性创新研究、行业内资源整合能力，所拥有的技术和管理理念达到国际一流水平。

2. 完善业务部门配置

2011 年，苏州院对照大亚湾核电厂的《电厂质量管理手册》中运营技术服务领域的要求、专业板块及电厂生产业务流程的设置，对现有业务进行整合、优化配置：撤销从事火电业务的热能动力技术研究中心，整合专业定位模糊的电站自动化技术研究中心、电气及信息技术研究中心，在中广核协调下将电厂运营方下属的设备管理、系统工程、技术支持、运行技术等业务划归苏州院，并成立相应的业务部门。

3. 强化职能统筹管理

2011—2012 年，苏州院改变业务部门各自为阵的松散结构，加强公司层面的统筹管理：增设计划经营部和安全质保部，在保留业务部门充分的业务自由度的同时，将部分下沉在业务部门的管理职能回收。强化后的职能部门发挥管理实效，围绕多基地核电厂技术服务战略目标，统筹管理人员招聘、市场开拓、安全质量管理、资质维护等工作，实现经营战略系统化、业务开展协同化、人员管理规范化、考核方式多样化、科研思维前瞻化。经过不断的管理改进提升，将管理经验固化为体系化的管理制度。

4. 改进经营管理机制

一是建立科学、立体化的战略制定机制。应用“7S”战略管理模型进行战略目标评估和分解，保证苏州院战略时间区间与中广核战略同步。在总战略下建立技术研发、技术管理和技术服务 3 个业务规划和市场营销、人力资源等 10 个职能规划。二是建立重大项目运作机制。对于战略专项任务，建立跨部门工作小组，促进组织内部合作，实现业务协同。给予小组成员相应的项目授权，以非正式的组织方式赋予其决策和采取行动的权限和责任。三是建立高管跟踪与决策机制。确保公司领导层及时掌握组织成就、绩效完成、长短期目标实现、管理有效性和应变能力等各方面情况，并协调统筹资源配置，解决部门间横向接口问题，调整年度计划，把握市场开发节奏，推进管理改进行动。四是建立丰富考核激励机制。将战略任务逐级分解，与年度经营计划和预算紧密衔接，在财务类指标外，增加重点项目推进类指标和学习发展类指标，确保年度重点战略任务的落实和长远发展目标的落地。在针对业务部门的考核之外，增设职能领域的改进考核。考核频度半年一次，通过与行业先进水平对标，实现考核推动到考核牵引的过渡。五是建立多层次、多样化的改进机制。各业务部门开展卓越绩效自评、经营绩效评价、对标挖潜，各职能部门开展管理评审、客户满意度测量、管理创新、重要行动督办、QC 活动，此外，还直接征求员工满意度评价。

（二）找准技术研发方向，加快推进运营服务的技术能力建设

1. 制订多层分解的科技规划

对基础层次的技术，梳理运行安全、设备管理、运行性能提升、监/检测技术研究、环境监测与评

价等八个核电运营专项技术领域内 100 多项技术子项；对进阶层次的技术，拟定核电厂运行许可证延续、十年定期安全审查两大核电运营专项科研任务；对尖端层次的技术，着力解决重大科研中的技术难点，开展锆合金事故工况下堆外性能评价测试技术研究、非能动安全系统概率安全分析（PSA）研究、重大设备状态监测与故障诊断新技术、机组瞬态分析技术等若干项关键技术预研，并开展 AP1000 和 EPR 技术转让的消化和吸收。

2. 布局核电运营共性技术研究

苏州院制定基础共性技术、关键共性技术和战略共性技术三种研发策略。基础共性技术采用最佳实践，在行业内推行标准化的策略。关键共性技术采用围绕中广核战略，自主研发为主的策略，加入中广核科技创新“引领计划”，将研发成果在中广核全面应用。战略共性技术配合国家战略，抢占研发先机。

3. 建设国家级研发中心

苏州院拥有国家核电厂安全及可靠性工程技术研究中心、国家能源核电站运营及寿命管理技术研发中心两个国家级研发中心。研发中心在运作过程中，根据研发项目的不同情况，分别采用自主攻关与开放协作两种研发方式：对需要掌握核心技术、获得自主知识产权的项目，主要依托自身研发力量进行封闭式研发，辅以校企联合等手段；对于已有阶段性研究成果或在其他行业得到成熟应用的可借鉴技术，联合高校、科研院所、供应商、核电厂等力量，采用人员流动、设施共享、成本分摊、风险共担、效益分享的开放式研发模式开展项目合作研发或成果的市场化应用推广。

4. 开展核心能力建设

2013 年年初，苏州院编制完成覆盖 8 大专业板块、32 个核心技术领域的核心能力谱，确定待建设能力项目。在每个待建项目的建设内容规划中，创新性的运用 FAST－C 管理方法：即将建设内容分为 F（设施——实验室、厂房等）、A（工艺——设计文件、流程、程序等）、S（技能——人才、资质等）和 T（工具——软件、计算方法等）四类，逐项按行动计划推进并通过实践检验（C），证明 FAST 的成果达到能力建设的要求。FAST－C 的应用，为核心能力建设找准了方向，建立明确的考核指标。

（三）探索多种技术服务模式，有效支撑多基地核电厂高效运行

1. 构建前后台矩阵式组织和基地技术分部模式

在各核电基地设置技术分部及相应的经理岗位，各基地技术分部由公司生产技术部统一管理。技术分部嵌入电厂流程，实现电厂技术服务的一站式管理：对外，与电厂运营方对接，通过参加生产周会、月会、与电厂相关技术科室一对一交流等方式，采集电厂需求；对内，将电厂需求反馈至相关业务部门，协调业务部门派驻在基地的技术人员赴现场处理问题、组织后台技术资源开展分析试验，将问题解决方案和结果及时反馈电厂并在现场应用。生产技术部定期收集各技术分部反馈的业务需求，对于重大技术问题、技术难题、共性技术问题，组织协调电厂、苏州院以及外部科研机构共同研究解决；定期收集各技术分部反馈的电厂问题及解决方案，形成经验反馈，在各技术分部间共享。

2. 实施多基地生产管控和技术支持协同模式

一些共性技术问题和技术难题采取多基地生产管控和技术支持协同模式。通过定期召开生产交流会，搜集核电厂生产管理难题，交由 PG 组讨论并提出解决方案。PG 组成员由各基地电厂、苏州院及其他服务方的技术专家构成。根据专业化分工，苏州院担任多基地设备管理、工程改造、技术管理等五个 PG 组的组长。根据 PG 组提出的解决方案，整合多方技术资源，组织联合研发。

3. 探索嵌入式技术支持模式

嵌入式技术支持模式是指以流程嵌入为核心、人员嵌入为切入点的在线技术服务模式。苏州院以大设备管理为主线，由设备管理部牵头，工程改造、寿命管理等多专业协同组建驻厂队。驻厂队的工作流程与电厂工作流程对接，电厂技术问题在电厂管理系统中直接流转至驻厂队负责人，由驻厂队完成部分

节点或流程段，或直接承担整个流程的工作。为了保证流程的顺畅运作以及相关责任的切实落实，驻厂人员获得厂方相应的管理职责并现场办公，实现人员嵌入。为保证嵌入式技术支持模式长期、有效的运作，实现责任共担、业绩共享，苏州院将技术支持服务内容打包为多基地核电厂标准化业务包，以“成本＋激励”为计费基础进行业务包价格测算，双方以此为基础签订合同。

（四）推进流程标准化和企业信息化，为技术服务提供数据支撑

1. 推行多基地核电厂业务流程标准化

一是核电厂生产流程标准化。以电厂最佳实践为标杆，对各核电厂业务流程进行标准化管理，并在多基地核电厂统一施行，实现在运核电厂生产管理的高标准实践，保证新建核电厂生产业务的快速部署。同时，苏州院的技术服务嵌入电厂流程，提升技术服务的效率和质量。二是数据标准化。数据作为业务流程的过程和结果记录，形成数据输入和输出标准规范，实现核电厂间数据的汇集、引用、传递以及经验和信息共享。三是搭建业务流程和数据标准化的信息化平台。通过信息化手段的应用，实现各电厂、各技术专业间的信息互联，同时引入大数据搜索、数据智能采集、数据智能分析、信息智能推送、3D镜像电厂等智能化技术，实现技术服务的集约化和数字化。

2. 开发核电厂设备管理平台

通过构建通用筛选标准准则平台，将供应商提交的设备原始参数导入专家系统，基于已经获得的训练样本展开智能识别，实现设备智能分类识别；通过对设备海量历史数据进行深度分析，建立数据驱动的设备状态规律模型，实时监测设备运行情况，尽早诊断设备运行情况与性能问题，实现设备海量数据状态监测；整合工作导则、大纲、规程、风险单、完工报告、经验反馈等设备全寿期的相关信息，通过工作清单管理、历史与图片的保存、性能故障知识的存储与快速查询等功能，实现设备数据集成；通过功能重组、过程重组、各节点无缝连接，实现生产运行与设备维修过程的智能协同；通过传感器、大数据、云计算等技术的运用，支撑设备维修优化决策能力提升，实现设备维修智能决策。

3. 开发多基地一体化事件信息平台

多基地一体化事件信息平台包括各运营核电厂经验反馈数据及网站信息，还将INPO、WANO、EDF等外部事件信息完全纳入平台并实现统一搜索，建立各级专题反馈模块和技术分析平台。对各电厂经验反馈相关政策、程序、流程等进行标准化，根据核电厂经验反馈结构和运作需求，编制、发布系列标准化程序，并对经验反馈常用方法做规范与统一。将这些标准化内容运用程序的形式进行规范，并在程序标准的基础上形成多基地一体化事件信息平台，统一事件分级及反馈模式，成为各电厂和外部重要运行经验反馈数据共享和分析平台。

4. 开发运营技术专业数据平台

运营技术专业数据平台（以下简称OEDC）重点考虑数据的整合和集中的设计思路，建设主数据管理和数据仓库，作为业务门户和工作中心的基础数据源，为苏州院的业务模块以及核电厂的技术工作提供数据支持；通过多个业务的集合，实现核电厂关键技术领域和设备管理的一站式技术信息服务；结合核电运营板块的备件数据、运行数据、维修数据和生产准备数据等共同形成大数据挖掘和分析的基本数据，发现数据潜在价值信息，为核电运营生产的安全可靠管理提供支持。

（五）加强人才培养和激励机制建设，为核电技术服务提供人才支撑

1. 健全专业化人才培养体系

苏州院建立了覆盖全员的“培训—考核—授权—上岗”培训制度。根据岗位培训大纲的要求，员工应完成拟聘岗位的“培训大纲”内容学习，确保具备与工作岗位相适应的知识和技能，并通过考核，取得岗位授权，作为获得岗位聘任的必要条件。同时，苏州院加强领军人才培养。制定《三年人才培养计划》，包括国务院津贴专家、省市地方领军人才、省企业博士集聚计划人才、苏州市重点产业紧缺人才、

深圳市高层次人才等。建立聘任评估指标体系，拟定领军人才岗位聘任标准。采用“外部引进＋内部培养”的策略招募同业企业、科研院所的学科领军人物；建立内部人才培养专家库，通过专家授课、项目指导、培训课程等形式对青年后备人才开展学科培养，筛选优秀青年后备人才主导或参与国家级、集团级重点项目等方式进行项目锻炼。根据领军人才评估体系对项目成果进行考核及验收，通过评估考核后给予相应的领军人才岗位聘任及薪酬专项激励。

2. 建立多元化考核与激励制度

苏州院建立以经营业绩考核为基础的多维度、多层次绩效考核方案。考核方案分为基本绩效考核、增项绩效考核及考核加分三部分。方案将中广核战略任务、苏州院战略任务、经营指标、科研任务、安质环等要求分解纳入各业务部门的基本绩效考核方案。为强化能力建设、科技研发、技术服务、中广核以外的市场开拓等工作的推进。在基本绩效考核方案之外，根据部门的实际情况灵活制定增项考核项及考核标准。员工薪酬主要分为基本工资、基本奖金、激励奖金三部分。基本工资根据员工的岗级确定；基本奖金与部门绩效完成情况绑定；激励奖金对照部门考核加分指标，根据个人的项目完成情况、科研成果、团队贡献、荣誉获得等分配各自的激励额度。多维度绩效激励自应用以来，在工资总额不变的基础上，拉大同岗级员工的收入差异，最大限度的激发员工积极性和责任感。

三、适应多基地核电厂运营要求的技术服务能力优化升级管理效果

（一）培育形成了多基地核电厂运营技术服务能力

目前，苏州院在国内核电运营技术服务领域占据了超过一半的市场份额，已经具备了同时服务于近20台CPR/EPR系列核电机组的能力，达到了中广核提出的“专业化、标准化、集约化”战略要求。2015年完成32项重大技术问题经验反馈及根本原因分析报告，提交23份重大设备分析报告，提出97条行动建议并被采纳执行；承担国内首个大型商用核电厂的许可证延续（延寿）论证工作，成为国内后续核电机组延寿的参照标杆；完成红沿河2号机组、宁德1号机组、阳江1号机组、大亚湾1号机组的在役检查工作，为大修关键路径累计节省超过85小时，刷新国内核电厂RPV检查时间纪录；解决了阳江核电厂机组出力低问题，将机组出力提升了近5MW。同时，承担中广核核电生产管理标准化体系建设，已完成设备管理、工程改造、老化与寿命等8个领域99份政策、标准的编制和发布。OEDC在国内首次实现了核电厂多技术领域智能化管理，成为“智慧电厂”的重要组成部分；完成16个环境监测国控点、省控点建设和改造以及中广核5个基地的核电厂环境辐射监督性监测系统建设；完成中广核所有成员单位的个人剂量数据联网管理和剂量优化以及现场剂量检测实验室建设。

（二）实现了核电技术服务自主化

苏州院通过自主创新实现了核电运营技术服务能力的全面提升，多项研发成果打破国外垄断，实现了技术和产品的自主化。在引进国外CPR1000机组核岛在役检查TIME机的基础上自主研发，开发出具有完全知识产权的国产化CIME1机，并实现批量化生产；在引进美国RCM维修优化先进方法基础上，开发出具有我国核电特色的RtCM维修优化方法；在引消吸基础上开展技术创新和自主研发，实现反应堆压力容器检查装备和技术的全系统国产化。成功将概率安全评价（PSA）发展成为国内模型最全面、应用最广泛的业务，目前PSA领域技术已达国际先进水平。2013—2015年，苏州院累计承担市级以上纵向科研项目70项，包括牵头国家科技支撑计划1项、重大专项3项、973计划1项、863计划1项、能源局高技术工程示范项目2项等。共有22项成果获得省部级以上科技奖励，62项科技成果通过行业鉴定达到国内领先或国际领先水平。申请专利271项，其中发明专利159项；139项专利获得授权，其中发明专利45项。

（三）促进了企业经营业绩和品牌价值的快速提升

目前，苏州院在核电行业内服务基地数量第一、业务范围覆盖最广，是国内唯一一家拥有多个国家级研发中心的核电运营技术服务企业。近年来，苏州院经营业绩快速增长，营业收入从 2011 年的 3.23 亿元发展到 2015 年超 9 亿元，营业收入增长率、净资产收益率等指标达到或优于国有科研设计企业的优秀水平。苏州院树立起了“专业、可靠、安全”的品牌形象，客户对苏州院的认可度、满意度、信赖度不断提升，成为我国核电“走出去”阵营中强有力的运营技术服务提供方。

（成果创造人：王　安、周毅文、朱成虎、琚存有、刘金宏、金心明、郭娟彦、舒　悦、万　田、张丽英、汪小龙）

供电企业基于“三本台账”的用户需求精准管理

国网四川省电力公司德阳供电公司

国网四川省电力公司德阳供电公司（以下简称德阳供电）成立于1984年，是隶属于国网四川省电力公司（以下简称四川电力）的国有特大一型企业，担负着德阳地区六县（市、区）5954平方公里的供电任务。2015年德阳供电完成并表口径售电量93.34亿千瓦时，全年营业收入44.26亿元，实现报表利润32.98亿元。

一、供电企业基于“三本台账”的用户需求精准管理背景

（一）提高企业形象，履行社会责任的需要

电力用户既是供电企业的直接客户，又是履行社会责任的重要对象。根据需求不同，用电客户具有政治性、社会性、经济性、安全性的“四性”特点。供电企业作为社会公共服务性企业，用户需求管理的水平与质量直接影响到人民群众生活、社会和谐稳定、安全可持续发展，也直接影响到供电企业的形象和声誉。因此必须把握“四性”特点，积极扩大主动服务范围，拓展服务深度，全面了解和解决用户的实际问题，才能树立供电企业服务新形象，履行应有的社会责任。

（二）提高管理效率，实现精准服务的需要

随经济社会发展和居民生活水平的不断提高，电力用户对供电服务质量的要求也逐渐变化，用电需求开始向自主性、个性化、多样化、互动性等方向发展。同时，电力用户地域覆盖面大，对象众多、情况复杂，用电需求往往零碎分散，企业难以准确获取和及时解决。其次，德阳供电囿于传统服务惯性，多年来由于服务沟通渠道较少、覆盖面小，导致用户需求信息获取不足，问题反映效率低下，供电服务针对性低，用户特定需求难以满足，极大地影响了用户的服务体验和企业的可持续发展。因此，德阳供电必须从内部进行管理提升，全面准确获取用户信息和用户差异化、个性化的用电需求，以实现精准服务。

（三）改进管理短板，全面提升服务水平的需要

通过多年发展，德阳供电在电网建设、创新服务上取得了长足进步，但在管理效率和服务水平上仍有较大提升空间：一是一直以来是依赖内部机制去发现、处理问题和风险，相对缺乏用户直接提供的风险信息，影响及时发现用户端的风险隐患，导致安全、稳定、服务等问题处理不全面、不及时。二是数据接口不统一，用户需求数据集中度不足，影响服务目标的针对性；三是缺乏从用户视角去挖掘用户问题需求，关联分析用户问题需求与业务管理的具体关系，影响服务措施的有效性；四是用户问题需求更多只能通过属地解决，各层级有效协同推进效率较低。

因此，从2013年开始，德阳供电积极探索，科学设计，将台账式工作方法与电力企业各环节高度融合，开始推行基于“三本台账”的用户需求精准管理，切实解决服务客户“最后一公里”问题。

二、供电企业基于“三本台账”的用户需求精准管理内涵和主要做法

德阳供电以加强电网服务建设、保障改善民生、保持社会和谐稳定为出发点，针对供电服务中需求信息零散、渠道混乱、效率低下等问题，将精准服务理念融入用电客户需求管理，利用现代信息技术和台账式工作方法，建立服务、安全、稳定“三本台账”管理平台，准确把握、量化传递用电需求，及时、精准处理用电问题，实现管理效率和服务水平的全面提升。主要做法如下：

（一）健全组织体系，明确用户需求精准管理思路

1. 建立“四层级”组织体系，实施分类专业管理

从组织上，德阳供电按照“收集层、执行层、控制层、领导层”四个层级开展用电需求管理，细化落实各个层级对应负责部门及其功能职责，以运营监控中心为枢纽，以县级供电公司及供电所为基本单元，实施权责分明的专业管理。领导层：成立由公司主要负责人任组长、班子其他成员任副组长，各专业部门负责人为成员的用户需求精准管理领导小组，从全局上对用户需求精准管理工作进行统筹和控制。控制层：运营监控（测）中心为控制层中核心部门，包括数据中心、指挥中心、监督中心，主要整合上报用户问题需求及内部业务数据，提出决策建议，并监督决策落实情况；其他专业部门提供数据、专业和决策响应等方面的支撑。执行层：包括各县级公司班组和本部各业务部门，作为解决处理用户问题需求的工作主体，按流程、制度解决呈现的问题需求。收集层：负责线下收集与线上收集用户问题需求。线下收集以供电所（班组）以及客户经理为主体，采用多级交叉走访方式开展全面收集；线上收集以业务管理人员为主采用业务系统转入方式收集。收集层通过“三本台账”管理信息系统，将收集的用户问题需求填报至执行层与控制层。

2. 明确用户需求精准管理总体思路

德阳供电以针对性满足用户问题需求为重点，以全面收集、集中与分析用户用电问题需求数据信息为基础，以三本台账信息为服务窗口、平台、纽带以及抓手，落实组织责任和保障机制实现长效运作。其中，借鉴DMAIC方法的定义、测量、分析、改进、控制五个环节，将用电问题需求处理过程划分为需求获取、度量、分析、满足与评估五个阶段。五阶段分别对应不同的业务层，从基础信息收集到评价反馈形成闭环管理，保障用电问题需求的及时、准确处理。

（二）建立“三本台账”信息平台，分类管理用户需求

1. 开发“三本台账”信息管理平台

以供电服务“四性”为指导，按“安全、服务、稳定”三大类，开发“三本台账”信息管理平台，对应问题处理发现收集、协调处置、评价监督过程，设计信息录入、信息公告、消息提示、用户管理、分类汇总、数据分析等功能，实现信息统一记录、过程跟踪、汇总分析。其中用户管理和数据分析是该系统核心部分，配备专业人员进行管理操作。信息平台为公司查找和解决在供电质量、客户服务、业务办理、电网投资、安全管理、员工队伍、机制建设等方面存在的问题，改善业务流程、优化管理制度、转化管理成果提供统一、便捷的入口和高效的通道。

2. 对用户需求进行分类

德阳供电通过对历史用户意见、投诉及业务信息等的统计分析，利用信息平台将“安全、服务、稳定”三本台账细化为6大分类、40项需求子类别。安全台账用户需求分类是以用户端与供电端的安全性为线索，分为设备安全、用电安全两大类；服务台账分类以供电服务过程中与用户的接触点为线索，分为供电质量、客户服务、业务办理等三大类；稳定台账则聚焦电网规划、建设、运行、检修、营销的业务中与用户的利益交叉点及可能带来的利益冲突。

3. 每位、每类用户分类动态建账

供电所、各县级供电公司以及机关部门安排专人及时对收集到的用户问题进行梳理，按照“谁收集、谁登记、谁建账”的原则，通过信息平台接口实时将数据录入系统，对每位用户、每类用户分类、动态建账，并实时更新数据。建账后由系统管理员进行归结管理，并生成地区分布、维度分析等报告。

4. 编制“三本台账”管理手册

“三本台账”用户需求精准管理涉及全企业各方面工作和员工服务的能力，德阳供电为固化工作流程，提升工作效率，实现规范化管理，以业务执行、管理操作以及信息数据为对象，以用电需求管理运

行过程为主线，按照流程梳理、制度编写、表单设计的过程，制作《三本台账管理手册》。该管理手册囊括“三本台账”管理体系、运行机制、管理文件、信息系统使用说明和典型案例等，详细阐述各层级、各部门对应的管理职能、权责义务，详细介绍用户需求收集、处理流程，明确考核检查机制，指导和规范相关业务部门的操作以及一线业务执行。

（三）收集分析用户需求信息

1. 多层次有针对性获取线下用户需求信息

线下需求收集以网格化工作方式为指导，结合“包片进村”活动，从供电所（班组）深入到每村每户到公司领导班子走访大客户，根据面向的客户群体、收集方式以及收集重点的不同，形成全员、全面、主动的“四层次”用户问题需求收集机制。规范用户需求征集，公司设计统一、标准化的用户需求信息收集本，对用户需求信息登记实行“一事一记一档”活页式管理，有利于基层一线人员方便、规范地主动上门收集、登记信息。

2. 全面整合线上群体用户需求

按照用户群体细分要素，整合与营销系统、配网系统、SCADA 等其他业务系统共享的线上用户群体需求数据源，通过梳理企业与用户密切相关的业务功能项，找出用户共同需求点，按照用户的基本属性、行为、价值、态度等四个维度，明确 20 个用户细分维度，在统一标准下，通过消息、数据映射等机制交换数据，保证用户问题数据实时、准确地传递到“三本台账”信息系统，从而获取特定用户问题。

3. 精确识别个性、共性用户需求

为准确把握用户需求，识别用电问题，以 5W1H 分析法为基础，细化个体用户需求度量维度与群体用户需求度量维度。个体用户需求度量通过对信息平台收集汇总的用户信息中度量项的分析，识别问题的偶发性与群发性、突发性与频发性等。群体需求度量针对用户持续关心的某一类问题，收集多个地区某一段时间用电问题的相关数据，分析用户问题频次、时间分布、地区分布等特点，并输出度量结果。

4. 深度分析需求根源

德阳供电以数据挖掘技术为驱动，以用户需求度量为基础，充分利用“三本台账”信息平台数据的规模性、多样性特征，按照逻辑化、模型化、工具化的要求挖掘影响用户需求的关键因素，判定问题根源，形成满足用户需求的决策组合和建议。用户需求数据挖掘分为分类、关联、预测三类，细分用户群体，挖掘用户价值，提出合理决策。在多维度进行用户信息分类分析后，信息系统会定期输出“三本台账”数据分析报告，报告包括基础分析、数量维度分析、效率维度分析、关联分析、结论建议等 5 个大项 30 余个小项，是德阳供电进行机制完善、决策制定、优化提升的重要支撑。

（四）优化服务流程，实现用户需求精准处理

1. 汇总归集，统筹协调

运营监控（测）中心作为用户需求管理的指挥中心，统筹问题处置过程，并通过每周例行工作会议以及月度部门联席会协同推进问题解决。对于一段时间内无法解决且具有普遍意义的问题，则由运营监测（控）中心汇总归集，提交给业务部门，建立以用户问题为导向的五大项目储备库（规划、建设、运维、检修、营销），针对性指导年度综合计划的编制。

2. 用户需求分级处置

在用户需求收集整理后，对应“四层级”组织体系，设立供电所（班组），县级供电公司（控股公司）、运监中心、领导小组“四级处置机制”，对问题进行逐层上报的分级处理。供电所（班组）：不能就地处理的，在五个工作日内召开专题会，研究措施，形成处理方案；重大问题或经研究不能妥善处理的，在五个工作日内呈报所在县级供电公司（控股公司）。县级供电公司（控股公司）：不能就地处理的

问题，在三个工作日内召开工作小组会认真分析整理，形成处理方案，在十个工作日内予以办理；对跨县的用户问题、重大问题、经研究不在权属范围内或不能妥善处理的，在五个工作日内呈报运监中心。运营监控中心中心：收到县级供电公司（控股公司）和机关各专业部门提交的用户问题，在两个工作日内完成审核，并将工作单派遣至机关相关部门或提交领导小组工作会研究处理。机关各部门对日常不能即时处理的问题，召开专题工作会，分析研究，在十个工作日内办理完毕：对跨部门的、超过职责范围的或重大问题，在五个工作日内填写处理意见将工作单提交运监中心。领导小组工作会：收到运监中心申报的用户问题后，在十五个工作日内协调相关部门召开领导小组工作会，认真研究，提出措施，统筹解决，确保用户所反映的问题得到满意的答复。

用户需求得以解决后，则进行办结。基于解决的层次不同，用户需求的满足主要有两种办结方式：一是针对就地解决的问题需求为实质性办结；二是上报上级解决且答复用户的问题需求为程序性办结。各级信息收集人员对办结的用户需求，要在两个工作日以内以口头、书面、电话等形式通知到该问题的反映人，并收集当事人的意见。

3. 运用信息平台，监控需求状态

利用“三本台账”信息系统记录用户需求信息以及处理过程，并利用数据立体化及可视化等功能处理海量数据，对用户反映的问题按照类别、时间等多维进行统计分析，以可视化图表呈现。按照区域形成地理分布图，实时监控用户需求管理状态。同时，设定每月固定日期为“三本台账”管理信息上报节点。按四级处理机制，逐级将每月需求管理所涉及的信息、处理、办结情况进行上报，在运监中心汇总，并在月底通过信息平台进行数据分析，形成当月“三本台账管理工作动态”。

4. 抓好总结提升，完善服务方式

德阳供电要求各级各部门在处理问题的过程中，对于形成的具有持续性效果的做法进行提炼总结，进一步完善、规范有效手段，优化处理方法，提高整体服务水平。同时，定期开展典型工作经验总结分享会，树立标杆和典范，传递优秀经验与工作方法；发挥新闻媒体的宣传、引导和推动作用，开辟专栏，开展访谈，以多种形式宣传落实工作中的好做法、好经验。

（五）加强员工培训，提升服务能力

配合“三本台账”用户需求精准管理全新模式，德阳供电针对不同层级的员工开展全方位培训。一是开展“三本台账”信息系统操作培训。对普通员工，要求其了解该系统运行模式，具备基本的解读相关数据的能力；对直接接触信息系统的员工，必须熟练掌握操作技能和数据分析能力。二是开展一线员工服务能力培训。在工作开始前，各县级供电公司对一线服务人员进行系统培训，培训内容包括基本服务要求、服务行为规范、现场用户问题需求收集、用户问题需求现场处置与反馈、现场应急服务、特殊时段服务等。工作开展过程中，各县级供电公司每个月对一线服务人员实际状况，结合当前阶段用户集中需求重点，进行针对性、改进性培训，同时夯实服务人员的服务意识。三是开展应急处理与快速响应培训。结合信息系统收集汇总和需求分析的相关资料，3D演示、现场模拟紧急情况场景，开展快速响应演练，提升员工应急处理能力。四是定期召开典型经验和先进事迹学习交流会议。发挥典型榜样的引领指导作用，通过实际案例与面对面交流实现技能获取。

（六）严格抽查评估，保证服务质量

1. 月度用户回访抽查机制

运营监（测）控中心通过信息平台、电话不定期回访、跟踪调查用户，对照“三本台账”信息系统数据，核实基层单位反映的用户情况是否属实，用电问题处理是否有效、及时等，实时监控基层单位用户需求问题解决过程。

2. 开展量化考核

根据用户需求管理工作内容、责任和权限，制定“数据属实性、处理及时性、用户回访情况”量化指标，对各级部门特别是县级供电公司用户需求精准管理工作开展严格的量化考核。考核综合指标按照“各单位工作综合完成情况＝数据属实率×0.4＋处理及时率×0.4＋回访率×0.2”的公式进行计算，得分直接计入年度绩效。此外，实施周督办、月通报、季评价，每周督办问题办结情况，每月抽查各部门、县级公司、供电所问题发现、属实、回复情况和走访工作质量，每季度开展评价排序，评价结果直接纳入营销、农电和党建工作考评和县公司对标评价。

3. 全过程监督

运营监控中心、纪检监察部、党群工作部对“三本台账”管理工作开展全过程监督，依托信息平台和定期走访，对用户反映的问题收录不及时、处理过程不妥当、处理结果不满意的涉及单位，提出限期整改要求，整改结果计入年度绩效考核指标。同时，公司领导小组和运营监控中心对“三本台账”管理工作不定期进行专项督查，一旦发现组织开展不得力、工作措施不到位、处理工作敷衍推诿、用户投诉多的情况和单位，立即进行通报批评。

三、供电企业基于“三本台账”的用户需求精准管理效果

（一）企业服务水平显著提升

通过“三本台账”用户需求精准管理，公司服务变“客户找”为“找客户”，从以前重点服务大企业、大客户到细心服务农村、城市每一位用户，延伸和拓展了供电服务内容，提高了服务的针对性、有效性。截至 2016 年 8 月，共收集问题 27100 条，其中城市客户问题共 1607 条、农村客户问题 25207 条、员工问题 286 条，共办结 26863 条、办结率为 99.13％、办结回复 26369 条、回复率 98.16％。客户报修话务量同比下降 23.3％，投诉同比下降 8.6％。解决农村低电压问题 3106 件，更换低压台区变压器 223 台，更换低压线路 64.51 公里，有效地解决了农村供电配电网络老旧，低压网络供电半径偏大，农村用户表计老化等“老、大、难”的问题，为广大农村用户带来了更好的用电体验。

（二）企业管理效率全面提升

通过“三本台账”信息平台的建立和用户需求管理机制的运行，德阳供电畅通了从最基层到管理层内部反映用户需求的渠道，深化应用了企业基础信息资源，使得孤立分散的各个业务系统实现了数据信息交换共享，深入整合了数据资源，有效发挥了数据价值，为公司重要决策决断提供了依据和支撑。强化了各部门协同解决问题能力，减少了部门间的管理壁垒，内部专业层级协同更加顺畅，缩短了跨部门、跨专业的处置时间，提升了内部服务改善的目标性与针对性，促使企业内部管理效率全面提升。通过有效总结和固化推广，2013 年至 2015 年德阳供电连续三年用户需求管理相关成果获奖数量位列全省前二，累计荣获地市级及以上管理创新奖 35 项、省级以上 8 项。

（三）彰显企业品牌形象

通过“三本台账”用户需求精准管理，企业辖区内的用户供用电环境得到明显改善，D 类电压合格率提升到 99.87％，安全缺陷及隐患发现率提高 24.3％，稳定风险发现率提升 6.8％。同时，通过严格的抽查回访和限时整改，及时纠正了公司管理人员在服务过程中的涉电乱收费、解决问题敷衍推诿等不规范行为，树立了供电企业做实事的服务形象。

（成果创造人：甘　涛、胡朝华、唐　勇、伍润泽、黄　丹、肖丹雄、汪春虎、戴海宁、刘　峰、张子啸、范雪芹、张羽歆）

基于智能化平台的“多表合一”水电气公用服务体系建设

国网福建省电力有限公司厦门供电公司

国网福建省电力有限公司厦门供电公司（以下简称厦门供电）成立于1979年，是国家电网公司辖区内唯一地处特区的大型供电企业，员工3211人，服务供电客户128.97万户，营业面积1699平方公里，2015年全年完成售电量202亿千瓦时，全市供电可靠率99.951%，城市综合电压合格率99.999%。厦门供电先后获得全国文明单位、全国“五一”劳动奖状、全国“安康杯”竞赛优胜单位等荣誉称号。

一、基于智能化平台的“多表合一”水电气公用服务体系建设的实施背景

（一）实施“互联网＋智慧能源”的需要

“多表合一”采集建设是国家电网公司贯彻国家能源发展理念的一次重要尝试，是将供电、供水、供热、燃气计量仪表数据利用目前国家电网公司已建成的用电信息采集数据平台，依托用电信息采集系统实现电、水、气、热表数据集中自动采集，实现终端用户水、电、气、热计量数据准确、高效、远程采集，实时获取用户综合用能数据，解决能源供应、服务群众“最后一公里”问题，提升终端用户“互联网＋”智能化、互动化、多样化的服务体验，并基于此开展大数据、智能化分析应用，成为建设坚强智能电网的重要物质基础。

（二）顺应城市提升公共服务水平的需要

随着居民生活水平的提高与社会发展的加快，人们不再单纯地满足于能源供应的安全与质量，而在综合能耗分析、查询缴费便利性、公共服务提供效率、节约社会运行成本等多方面提出更高要求。厦门作为“智慧城市”试点城市，为落实“便民、为民、惠民”服务举措，为居民生活创造优的环境和良好的条件，将“多表合一”公共服务体系建设作为智慧城市建设的重要内容，实现资源共享、业务互通，有效提升公共领域的整体服务能力。

（三）落实央企提质增效的具体体现

“多表合一”是建设跨行业能源运行数据集成平台的重要基础，实现电、水、气、热等多种表计数据的集中采集、归并和存储，实现能源基础设施与基础数据的共享复用，避免重复建设，大大降低费用，全面解放人工抄收压力，降低错误率，全面提升优质服务水平，带动通讯、表计、数据服务等相关产业发展，符合中央企业提质增效改革要求。

二、基于智能化平台的“多表合一”水电气公用服务体系建设内涵和主要做法

依托国家电网公司已建成的覆盖所有供电区域的用电信息自动采集系统，通过试点先行和政企协同，搭建“多表合一”公用服务体系合作新框架，建设“多表合一”智能化信息采集平台，制定“多表合一”公用服务体系建设标准，提升“多表合一”公用服务体系运维水平，拓宽“多表合一”公用服务新领域。主要做法如下：

（一）试点先行，明确“多表合一”公用服务体系建设思维

“多表合一”作为一个创新工程，验证建设思路的正确性、可发展性不仅仅需要理论的支撑，必要的实践也至关重要。为此，厦门供电按照国家电网公司统一部署，将“多表合一”建设工作分为探索试点、全面建设、系统融合、深化应用等四个阶段。

1. 达成共识

厦门供电首先与厦门水务集团高层接洽，以“跨行业协同发展、节约全社会资源”为切入点，向厦门水务集团展示公司已全面建成的用电信息采集系统，打消其对数据真实性、可靠性的顾虑，双方签署《厦门供电与厦门水务集团有限公司战略合作框架协议书》。

2. 先易后难

优先从新建居住区开展“多表合一”采集示范项目建设，以电、水表合一采集为重点试点内容，在总结示范项目建设及应用经验基础上不断加大应用规模。双方共同分析当前水表类型、区域特点、现场分布等现状，选取有代表性的五缘尚座和半山御景两个小区 1112 户开展水电数据集中自动采集试点工作。

3. 积累经验

通过试点，成功验证多表集中自动采集的技术可行性和应用有效性，并在现场终端、通信信道、主站软件、数据结构和通信协议等方面，研究形成统一的技术方案和标准化设计，为“多表合一”全面建设提供建设思路，积累管理和实践经验。

（二）政企协同，搭建“多表合一”公用服务体系合作新框架

电、水、气企业经营状况和利益诉求存在一定差异性，且三方现有采集水平参差不齐，必须充分依托政府统筹协调，实现参与各方合作共赢。

1. 成立相关方参加的组织机构，推动体系建设

厦门供电以国家三部委《关于推进“互联网+”智慧能源发展的指导意见》为契机，以建设智能小区为切入点，积极主动对接厦门市政府及其组成机构，向市政府、经信局、发改委、质监局等汇报“多表合一”工作，并提出具体实施方案，取得经信局等政府部门充分肯定，专题向市政府主要领导汇报并获认可。厦门市政府全力支持开展“多表合一”公共服务体系建设，由市政府牵头经信局、建设局、市政园林局、厦门供电、厦门水务集团、厦门华润燃气公司共同成立“多表合一”公用服务体系建设领导小组，统筹推进“多表合一”项目建设。领导小组在市经信局设立专项工作小组，由厦门供电负责联络厦门市水务集团、厦门华润燃气公司共同实施。

2. 明确各自分工，推动核心业务开展

在厦门市政府“多表合一”合作框架下，厦门市建设局、市政园林局、厦门供电、厦门市水务集团、厦门华润燃气公司等五家单位分别负责“多表合一”五个核心业务版块。市建设局牵头厦门供电、厦门市水务集团、厦门华润燃气公司将“三表合一”纳入居民小区配套工程整体布局，将水、电、气自动采集表的安装纳入新建小区和有条件的老旧小区改造的设计要求；市政园林局根据国家相关法律法规对“多表合一”项目建设、运维情况进行服务监督管控；厦门供电、厦门市水务集团、厦门华润燃气公司协同推进“多表合一”项目建设，包括现场施工、系统交互、运维管理、服务整合等；厦门供电、厦门市水务集团、厦门华润燃气公司负责各自表计和表计至采集设备的线路建设和运维；厦门供电负责采集设备与智能化信息平台的建设、运维以及采集数据综合分析与输出。

3. 建立协同机制，推动体系建设实施

厦门供电通过互通试点建设经验，优化合作策略，充分整合各合作单位的技术和管理需求，成立专项工作小组，统筹制订推进计划、严格把控实施进度、积极探索标准编制等工作。在内部业务流程开通“多表合一”公用服务体系建设的绿色通道，实现计划制订、设备储备、现场施工、运行维护、拓展服务的便捷、高效运作，形成“横纵贯通、上下齐动”的工作局面。

（三）比较分析，选型“多表合一”智能化信息采集平台

厦门供电与国网福建省电力有限公司电力科学研究院、厦门远通电子技术有限公司联合组成技术攻

关团队，负责“多表合一”通信互联，智能化平台升级，确保水、电、气数据实时交互等技术问题的快速解决。

1. 开展经济技术分析，确定“多表合一”本地通信方案

针对当前表计主要通信技术，厦门供电从布线施工可行性、双向通信可靠性和投资建设经济性三个维度，对比分析各种通信技术的优势和劣势，结合充分共享现有智能化信息平台设备和信道资源的设计原则和厦门水、气企业当前技术储备，最终选定 M－BUS 和微功率作为“多表合一”的通信方式。

2. 设计多种典型技术方案，满足各种场合“多表合一”实施需求

从保证技术方案的科学性、合理性、全面性，尽量降低平台建设、运行、维护成本的思路出发，根据现场不同施工条件和已有设备状况，提出四种典型通信技术方案：一是 Mbus 接口透明传输通信接口转换器，适用于水、气表采用 DL/T645 协议（智能电表通信协议），同时接口为 Mbus 的场合，为新建小区首推方案。二是微功率无线透明传输通信接口转换器，适用于水、气表采用 DL/T645 协议，同时接口为微功率无线，适用于水、气安装位置零散的场合。三是 Mbus 通信协议转换器，适用于水、气表采用标准 CJ/T188－2004 协议，同时接口为 Mbus，适用于已经具备通信功能的原智能水、气表。四是更换双模模块，适用于水气热表为微功率无线场景。

3. 升级采集主站功能，实现“多表合一”数据统一处理、互联互通

为原有用电信息采集系统能够顺利接收并处理电、水、气多表数据，确保平台时刻保持与各供能企业应用需求同步，厦门供电在试点筹备阶段联合福建省电力科学研究院计量中心及原平台设计公司共同开展智能化信息平台升级研究，从采集数据项扩展、数据库存储部署、数据接口转接、模拟演练、应用模块升级等 5 个阶段开展系统功能升级，在模拟运用中修正各类问题 32 项，实现智能化信息平台由单一行业向多元化运用的过渡。三方签署信息互联互通保密协议，根据各企业特点和要求明确信息传输、保密的方式和内容，对各类数据的格式进行统一规范；确定建立智能化信息平台与水务集团、华润燃气公司自身应用平台的连接专线，采用硬件加密、防火墙、前置机、网络入侵检测等技术措施，实现档案、数据的安全可靠交换；组成三方研讨小组共同实现平台间数据的无缝对接和传输，同时智能化平台实现与政府公共服务信息平台的数据传输。

（四）统一规范，制定“多表合一”公用服务体系建设标准

厦门供电积极配合标准制定相关方认真研究国内外现行相关的技术标准，根据用电信息采集系统建设现状，结合厦门地区水、电、气的实际应用情况，形成一套基于通信接口、智能表计与项目建设的管理与技术标准体系。

1. 统一通信接口标准

开展水、气表通信接口转换器标准工作。针对目前水、气表技术状况和采集系统数据处理机制，研究制定具备多种工作模式的通信接口转换器通信协议，同时试制具备可更换无线通信模块的通信接口转换器，为后续灵活统一的数据转换处理机制奠定基础。联合省质检部门、自来水公司、燃气公司及设备制造商，由国网福建省电力科学研究院计量中心起草《基于 DL/T645－2007 的水、气表通信协议标准》，由省电科院计量中心联合省质检部门、自来水公司、燃气公司及设备制造商进行全省推广。

2. 统一智能表计标准

通过分析厦门用户电、水、气表数据采集需求和技术特点，结合用电信息采集系统自身技术方案类型，国家电网公司制订的《电力用户用电信息采集系统通信接口转换器技术规范》，促成福建省住建厅、福建省计量院、国网福建省电力有限公司联合出台《福建省水电气表自动化采集建设技术方案》，对水务和燃气公司智能水、气表接入智能化信息平台提出标准要求，以满足不同接口的电、水、气表数据顺利接入用电信息采集系统的需求。

3. 统一项目建设标准

在项目建设过程中推行模板化管控举措，坚持“四严四统”，即严格里程碑计划、严格责任考评、严格层层交底、严格施工管理，从设备安装、现场施工、档案维护、竣工验收四大方面规范工程要求，按小区制订现场方案，确保计划实施统一、施工标准统一、功能实现统一、指标评价统一。对已实现采集的水、气表，增加 Mbus 通信协议转换器，分区域落实现场施工和调试工作；对传统机械表，协同水、气企业开展水、气表计轮换，同步开展安装调试工作。

（五）理顺职能，提升“多表合一”公用服务体系运维水平

为确保水电气公共服务体系长期高效运作，厦门供电协同厦门市水务集团、厦门华润燃气公司共同成立运维队伍，明确各方协同运维的标准化作业要求。

1. 划分设备维护界限，明确相关方运维责任

根据水、电、气表自动化采集建设方案中规定的通信接口转换器安装箱内配备有 Mbus 信号端子排的要求，以该端子排作为各方运维界面分界点，端子排上行通信及设备由供电公司负责，端子排下行通信及设备由相应水、气企业负责。

2. 理清故障处理流程，提高快速响应能力

对异常情况由供电公司的运维人员先行到现场排查确认责任部门，属供电公司问题由运维人员直接现场处理，属供水、供气企业问题将通知相应运维队伍进行消缺并明确消缺时间。制定运维指标，根据“多表合一”采集数据规模的不断增长，从初始阶段的 80％逐步过渡到 99％。

（六）创新服务，拓宽“多表合一”公用服务新领域

以“多表合一”集中采集平台为支撑，应用先进的互联网、大数据技术，能源企业通过对海量数据的集抄集采、分析监测，还能为客户提供一体化的能源供应解决方案，享受到统一的信息咨询、交费、账单、其他业务办理等延伸服务。

1. 拓宽用户缴费渠道

厦门供电、厦门水务集团、厦门华润燃气公司建成跨行业能源运行动态数据集成平台，提供水电气账单一体推送、缴费一键完成服务，实现水、电、气用户档案及用能数据的关联核对，支持共同催费、一卡通（公众通）代扣费业务，实现能源与信息基础设施共享复用。

2. 打造综合服务网点

通过整合电、水、气各企业服务营业厅资源，实现水、电、气一站式服务，进一步分流客户，有效缓解各供能企业营业厅服务压力。通过各服务网点覆盖区域形成“责任网格化、平台信息化、管理精细化、服务互动化”的新型“网格化”片区服务体系。

3. 提供增值降耗分析

通过“多表合一”共用服务体系为用户提供更细致的统计查询服务，将电、水、气数据从单一的月结电量拓展到全年、每季、每月、每天、每时的动态变化量及对比图，为客户提供一揽子用能情况查询分析、阶梯预警及用能最优规划安排。

4. 挖掘数据辅助决策

开发完成采集数据外网发布平台，实现水、电、气数据发布共享，完善水、电、气数据综合分析功能，实时监测客户用电、用水和用气量不匹配等异常情况，为各方违约用能的监测提供新的技术手段。

三、基于智能化平台的“多表合一”水电气公用服务体系建设的实施效果

（一）取得良好的经济效益

目前，厦门供电“多表合一”信息采集覆盖用户规模达 10200 户，覆盖全市 6 个行政区，其中老旧小区 8000 户，新建小区 2200 户。针对水、电、气三企来说，“多表合一”集约信息采集系统中集中器、

主站及之间的信息通道建设以及智能化服务平台建设，节约主站及之间的信息通道一次性建设约 1500 万元，每年降低运维及软件更新维护成本约 600 万元；节约集中器采购安装调试费用约 1900 万元，降低集中器运维费约 60 万元。同时，提供海量用能数据，正确、及时地进行社会用能分析，为社会能源基础建设提供数据支持。“多表合一”精简抄表、催费人员，集约核算人员，水、电、气供应商人力资源投入成本由原来的每年每万户 134 万元降至 25 万元，直接人力成本较集约前降低了 81.3%。“多表合一”减少了在运设备数量，培养了专业的运维队伍，有效降低了设备故障次数，加快了故障快速处理速度，减少了故障损失。2016 年上半年，已实现“多表合一”的小区采集设备平均故障次数下降 30%，故障损失减少 20%。

（二）提高了企业的管理效率

目前，厦门水务集团与厦门华润燃气公司实施的用户中，实现智能采集设备覆盖 100%、采集接入率及采集成功率超 99%，水、气费用核算率 100%、回收率及催费率超 99%，故障处理及时率超 95%。“多表合一”信息采集还为能源企业深化应用能源大数据提供可能。各家能源企业以集中采集所得数据为基础，辅以各类大数据分析工具和手段，通过信息支撑，提高企业管理水平，使企业决策更加合理。通过资源共享实现了智能采集系统由单一信息向多方用能信息采集的功能转变，扩大了采集市场份额，把控了售能侧客户资源，为后续主导智能用能和市政缴费业务奠定了良好的技术基础，为实现全行业信息互联互通、引领技术发展方向争取了主动权。“多表合一”推动水、气企业采集系统由人工化走向智能化，解决了人工作业带来的弊端，提升社会公共服务能力，提高客户满意度，树立品牌形象。

（三）获得了显著的社会效益

客户依据“多表合一”智能化平台提供的用能情况查询分析、用能最优规划策略等节能管理服务，合理安排用能类别和用能时间达到经济节能目的。厦门供电选取 5000 居民用户作为样本，统计 2016 年上半年的水、电、气用能情况以及消费情况。通过统计报告显示，居民用户用水、用电、用气量同比平均减低 10%，用水、用电、用气费用同比平均降低 13%，能源节约效果显著。同时打破了行业间的壁垒，为功能类似的管理架构作减法，以“合并同类项”的方式盘活宝贵的社会资源，有效整合社会资源及用能服务，实现社会服务集约化、便利化、高效化，为城市发展带来了很好的发展契机。

（成果创造人：丛　阳、许志永、童　刚、林炳东、杨志永、沈毅达、王来辉、刘　强、叶　强、沈晓秋、戴世峰、董　琳）

钢铁企业基于规模定制的服务化管理

南京钢铁股份有限公司

南京钢铁股份有限公司（以下简称南钢）始建于1958年，是国家特大型、江苏省重点钢铁企业，总资产411亿元，职工10772人，年产能1000万吨，已形成板材和长材两大生产体系。位列中国企业500强第223位，中国制造业500强第105位。南钢先后荣获“全国质量奖”“亚洲质量奖”“全国用户满意企业”“全国文明单位”“全国质量标杆”等荣誉。

一、钢铁企业基于规模定制的服务化管理背景

（一）适应“新常态”下经济发展转型升级的需要

国家“十二五”规划纲要中提出：加快发展生产性服务业深化专业化分工，加快服务产品和服务模式创新，促进生产性服务业与先进制造业融合，推动生产性服务业加速发展。钢铁产业产能过剩，发展面临着前所未有的困境，《钢铁工业“十二五”发展规划》提出要加强钢铁产业链延伸和协同，转变服务理念、增强服务意识，建立钢铁企业与下游用户战略合作机制，提升产品价值和企业服务功能，促进由钢铁生产商向服务商转变。“十二五”后期，我国经济发展进入新常态，制造业发展面临新挑战，资源和环境约束不断强化，劳动力等生产要素成本不断上升，主要依靠资源要素投入、规模扩张的粗放发展模式难以为继，调整结构、转型升级、提质增效刻不容缓。

（二）企业创新驱动和智能化发展的需要

随着劳动力、原材料和环境保护等成本持续上升，钢铁企业面临的能源和生态环境约束压力进一步加大，迫切需要依靠创新实现转型发展。以德国蒂森、日本新日铁、韩国浦项为代表的国外先进钢铁企业在智能工厂的研究和实践上走在前列，韩国浦项早在2010年左右就开始了对智能工厂的研究，德国工业协会对钢铁企业集成智慧制造进行了定义，钢铁企业的集成智慧制造是一种对包含所有工艺、制造过程、供应链进行集中监控和管理的、具有附加智慧的、先进的制造方式。

（三）满足用户个性化需求和企业战略变革的需要

金融危机以来，下游用户用钢需求已发生明显变化，普遍提出个性化要求，钢铁材料规模化定制时代正在来临。研究并推动传统钢铁生产方式向“大规模定制”转型极有意义，“大规模定制”不仅可满足下游用户个性化需求，还可实现集约化生产，使资源分配更合理、生产更高效，从而与下游用户分享供应链增值，突破规模化生产和个性化需求的矛盾，在钢铁企业抓牢下游用户的同时，创造新的利润增长点。为此，南钢在2011年全面启动转型升级战略，提出要从制造型企业向制造服务型企业全面转型，从满足用户多牌号、小批量、高标准的高端产品需求，逐步向满足用户规模化个性定制发展。

二、钢铁企业基于规模定制的服务化管理内涵和主要做法

南钢以满足船舶、风塔、钢结构等行业用户个性化定制需求为目标，以板材定制配送为抓手，运用互联网和移动信息技术，通过和用户之间的数据交互，实现先期介入、同步研发、同步设计、同步计划，采用智能化生产组织、组板生产、大数据质量预判和移动仓储管理等措施，打造生产的精益化、柔性化、智能化以及交付的敏捷化、准时化、配送化，形成南钢和用户之间效率最高、成本最优的产业链协同，促进南钢在规模化个性定制、生产组织、制造技术、质量管控、仓储管理、用户服务等方面水平的快速提升，建立服务型制造的领先优势。主要做法如下：

（一）明确指导思想，制定前瞻性目标

1. 明确指导思想

贯彻《国家“十二五”规划》《钢铁工业“十二五”规划》精神，坚持走中国特色新型工业化道路，满足下游用户需求和战略性新兴产业发展的要求，以转型升级、制造服务化为主攻方向，走差异化道路，以自主创新和技术改造为支撑，将新一代信息技术与制造业深度融合，将产销体系、供应链体系和上下游信息化体系充分对接，推动形成新的生产方式、商业模式和经济增长点，提升核心竞争力，实现可持续发展。

2. 制订发展目标

借助“互联网＋”、大数据、物联网等技术，推行基于规模定制的制造服务化管理，满足船舶、风塔、钢结构等行业用户个性化定制需求，建立适用于规模制造和定制服务相结合的钢铁全流程智能制造系统以及智能管控运营平台，实现南钢由制造型向制造服务型企业的转型升级。

3. 细分目标步骤

第一步，配送船板每月1万吨，实现整船接单，分段配送。第二步，配送船板每月2万吨以上，向5家以上的船厂进行分段配送，全规格、全品种配套。第三步，定制配送板材每月5万吨以上，实现与国际完全接轨的分段配送。第四步，至2020年，中厚板实现年定制配送能力250万吨。

（二）重组组织架构，实施无边界管理

复星集团和南钢董事会以板材定制配送为抓手，成立由董事长、总裁亲自挂帅，复星钢铁事业部为顾问，相应部门组成的板材定制配送项目组，制订工作方案，配套考核与相关制度，保证板材定制配送项目的高效运作。南钢统一将与“定制配送”相关的要素整合在一起，在统一的构架下运行，强调打破传统的部门分工界限，成为项目组。项目组下设综合组、生产组、仓储物流组、质量组和信息化组等五个专业小组，明确目标、统筹规划、整体协调、跟进考核。坚持周例会（周小结）、月领导小组会（月简报）等日常工作制度；坚持执行分级落实，达到“调研细致、设计精准、措施可行、效率最优”的效果；坚持沟通合作，完善项目组内部的沟通交流平台。领导小组每月听取一次工作汇报，检查具体实施进度及工作节点完成情况。同时注重与用户的协同，与扬州大洋船厂、上海外高桥船厂等用户成立联合工作组，促进配送衔接。

（三）再造生产流程，构建一体化平台

1. 推进运营管理一体化

南钢构建分段配送全流程一体化管理平台，按准时制要求，全面满足用户个性化需求。对船厂提出的分段配送订单，在签订合同和录入订单前，进行销售、生产、质量、仓储、信息全方位的需求匹配分析和合同评审，按交付时间倒排工序时间节点，形成配送合同执行方案。生产组织以订单为驱动，采用拉动式生产方式。物流仓储按用户的分段交付要求进行码堆、发运，最后按用户交付的时间节点和品质要求交付到用户的指定地点，整个过程中以高水平的质量跟踪管理和高度的信息化支持为支撑。以实现精益生产、增加整体效益为目标，围绕船板分段配送业务为核心，进行一体化营。在运行过程中，对生产、质量、仓储、信息化等各方面不断进行优化改进，实现整个运行过程的高效、集约、准时。

2. 变革生产组织

一是推进工序时间标准化，满足准时制生产交付要求。在板材定制配送环节通过对MES系统中的生产管理优化和设置跟踪看板，对各个工序的作业时间进行标准化设定，对比系统记录各个工序的实际进程时间，一旦超出标准作业时间，系统将自动提示；如果超出最晚完成时间，系统进行自动报警。二是智能排产，发挥最佳产能优势。通过优化内部生产流程、产线分工原则和排产模式，实现排产流程再造，充分发挥出南钢三条产线的最佳生产能力。在ERP系统中实现产线智能推荐功能，达到订单最优排产；在MES系统中增加零散订单确认功能，如果订单产生计划余材，则将此零散订单进行锁定，系统提供锁定订单统一排产功能，加大零散订单组板、组坯范围，从源头减少计划附带，提升生产效率。三是建立马赛克式组板，实现高效集约生产。南钢的规模化定制，通过智能组板实现规模化的个性定制生产。只要化学成分、钢板厚度要求相同，一组订单可以“拼图”成一张轧制大板，由一块定尺坯轧制而成；一系列的定尺坯可以“拼图”成一组倍尺坯，进而“拼凑”成若干炉次的炼钢计划，最后组成一个连铸生产计划，集约在一个“连连浇”中生产。此外，通过导航式组板功能，实现“多订单”“多排列”“马赛克”等不同组合设计系统自动完成，零散订单自动组合集中排产，建立合同自动投料跟踪系统，提升组板效率及成材率。智能组板替代人工组板设计，提高作业效率，一个组合由原来的人工设计1个小时减少到系统设计5分钟，设计成材率提高0.15%。

3. 建立移动仓储管理

一是移动PDA仓储管理系统。应用条码和自动识别技术，只需快速扫描条码，就能现场读取钢板信息，及时进行钢板的入库、出库、转库、盘点、倒垛等操作，批次管理、快速出入库和动态盘点，实现物流与信息流的同步，有效利用仓库存储空间，提高现场作业效率和准确率。二是可视化库图系统。实现仓库目视管理，直观反映仓库、物流情况，以模拟仿真地图的形式显示全厂板材仓库位置、库存量、库存状态等信息，提供2D仓库货位动态全景图，显示各货位位置、存量、状态等信息，提供可视化3D模拟货位存货图，显示板材尺寸、堆放的层次、对应的订单、船号、分段号、交付编号、交付日期、轧制号、生产日期等信息，可根据信息自动索引钢板位置。同时，用户可以输入订单号、船号。通过互联网实现远程实时查询库图。

（四）通过先期介入探索伙伴式创新

先期介入（EVI：Early Vendor Involvement）是指南钢以用户为主体和导向，全面介入用户从研发到量产的各个环节，充分了解用户对材料性能的要求，把用户需求及时、前瞻性地传导到南钢内部，促使南钢不断提升制造和服务能力，为用户提供更高性能的产品和个性化的服务。在定制配送项目中，南钢强化先期介入模式，瞄准用户个性化需求和行业方向，以品种开发前瞻化、产品系列化、质量精品化、交付准时化、效益最大化为重点，挖掘客户当前和潜在需求。制造服务化管理的重要内容之一就是与用户联合开发产品和技术，以用户的价值实现倒逼产品生产现场竞争力的提升。比如南钢与中石油共同研发世界最大的27万平方米LNG罐用9Ni钢，与中石化研发20万平方米的储油罐，特钢与“三一”重工合作研发工程机械用易切削钢、与江南船厂合作远望系列船舶用造船板等成功案例。

（五）严格质量管控，深化大数据管理

一是制定个性化的质量内控标准，包括《分段配送船板外形、公差等内控标准》《板坯内控标准》《分段配送船板检验规程》《分段配送船板标识规范》《分段配送钢板性能预检规程》等多个高于国标的标准化文件。二是运用大数据进行质量控制。利用工业大数据分析进行性能预判、工艺过程质量控制、质量风险管控。对生产过程中的工艺数据自动采集，实现生产信息的趋势图查询，生产信息的工艺路径和明细信息查询，关键工艺参数实时预警，提高生产过程质量、产品质量。三是建立船板电子质保书平台。南钢快速开发了DNV、GL、CCS船板电子质保书，与船级社的信息系统进行互联，实现船级社在线签发质保书。

（六）建设信息系统，实现全流程可视化

一是南钢构建以ERP、MES、EMS、协同办公、电子商务等为核心的整体信息化系统，对业务运作、经营管理等方面起到重要支撑作用。为更好的支撑定制配送的业务过程，南钢自主开发全流程全生命周期的可视化管理系统，分入单跟踪、进程跟踪、工序跟踪和仓储管理等4个功能模块，从订单录入开始至产品发运完毕的全流程进行跟踪指导，确保在敏捷交付过程中的受控。入单跟踪、进程跟踪、工序跟踪三个可视化看板实现在移动终端进行查询，仓储管理看板结合可视化库图功能，可指导仓库人员高效作业。二是开发移动终端看板。通过移动南钢App程序在手机、平板等移动终端上查询定制配送信息，可实时按客户、船号、交付期查询定制配送订单完成进度、排产、炼钢、轧钢、精整、综判、入库、待发等各工序进程量，看板带有报警提示功能，距离交付期不到7天未完成100%交付的将显示红色提醒，进行全流程计划管控、预警。三是开发仓储管理看板。在ERP系统中增加终端库配送看板管理功能，专门进行仓储数据跟踪，实现按船号、批次号、分段号等进行垛位信息查询。在配送库现场设置现场电子屏看板，指导现场进行仓储作业。

（七）做好资源融通，扩大开放式平台

南钢在制造服务化体系建设过程中，注重打造开放式研究平台，为超前研发、贴身服务起到重要支撑作用。坚持以市场和院所为两翼，进行开放式的“产学研”合作，建立用户、权威专家、用户研究院、科研院所、南钢五位一体的创新联盟，同时以“院士工作站”“博士后科研工作站”“专家咨询委员会”为平台，吸引院士和各专业领域领军人物进行学术交流和研究。借助南钢战略咨询委员会开展智能制造、新产业发展等方面的专业研究，邀请高校专家、钢铁行业专家、日本专家等进行现场交流，并多次参观考察船舶企业，了解用户对配送最严格要求，通过对用户需求的准确把握，对标日韩钢厂、船厂的供货情况，查找差距，制订整改提升方案。借力韩国浦项、台湾中钢等先进企业，开展深层次的信息化、智能化发展交流和对标活动，学习POSCO2.0和ERP深化应用中的先进理念和方法。

三、基于规模定制的钢铁企业制造服务化管理实施的效果

（一）全面提升了企业制造服务化水平

基于规模定制的制造服务化体系建设促进了南钢生产方式颠覆性变革，精益化生产全面提升。一是由以生产为中心转变为以用户为中心的拉动式生产，板材终端用户个性化需求的钢材品种、规格、数量实现了准时制生产、供货，提升了板材产品附加值。二是由大规模标准订单生产转变为基于用户全品种、规模化个性定制。定制配送项目订单的整票合同兑现率基本做到100%，每个交付批次都按用户的交期准时送达。板材产品整票合同兑现率稳步提高，2013年83.55%、2014年85.08%、2015年快速提升到92.85%。2015年，南钢板材产品原品种一次合格率96.48%，比2014年提高1.6%；性能一次合格率97.63%，比2014年提高1.02%。船板表面美观度大幅提高，水波纹控制能力持续改善，水波纹改判率由15%下降到4.75%，大幅提升了南钢品牌形象。

（二）取得了显著经济效益

通过转变营销模式，南钢和用户共同打造了响应最快、效率最高、成本最优的供应链，获得产品的价值增益。2014年6月—2015年12月份，定制配送业务量累计达61.6万吨，实现毛利5563万元，定制配送板材比常规销售规模式每吨增益107元，实现增益额6608万元。南钢与扬子江船厂、外高桥船厂、金陵船厂、韩国三星、天顺风能、青岛润正、中铁大桥局等10多家国内外船舶、风塔钢、结构钢和桥梁钢用户形成板材配送业务合作。通过定制配送服务，南钢获得了稳定的长期订单渠道，抗市场风险能力大幅提升。

（三）提高了全产业链的资源利用效率

定制配送实现了准时制生产模式。船厂可按设计的最终使用规格订货，满足精益造船需要，钢材利用率提高到95%以上。准时制配送，船厂可减少前道工序和相关人员，人工效率可提升30%以上，减少造船工时，降低人工成本。分批次交付，船厂库存由原来的2个月减少至7—10天，库存资金占用减少，分批次付款，付款压力减轻，运营费用降低。获得高质量、高精度的配送船板，合同按期兑现率100%，板材来了就能用，保证了船厂的制造周期。

（成果创造人：黄一新、祝瑞荣、姚永宽、费　焜、楚觉非、孙茂杰、
王　芳、周　林、陶立春、杜　轶、李小亮、马征宇）

供电企业服务于边疆生态建设的“电能替代”管理

国网吉林省电力有限公司延边供电公司

国网吉林省电力有限公司延边供电公司（以下简称延边供电）是吉林省电力有限公司所属的国家中型一类供电企业。延边供电以经营、管理、建设电网为主营业务，现有职工 1521 人，供电面积 4.27 万平方公里。

一、服务于边疆生态建设的“电能替代”管理背景

（一）落实国家电网公司“电能替代”战略的需要

有关数据显示，我国 GDP 对全球的贡献度仅有 10.48%，然而却消耗了世界近 60%的水泥、49%的钢铁和超过 20%的能源。随着国家对清洁能源的开发利用不断加大，水力、风能、太阳能等清洁能源发电发展迅猛，能源结构不断优化，清洁能源消纳需要“电能替代”。为此，国家电网公司于 2013 年启动“电能替代”战略，倡导" 以电代煤、以电代油、电从远方来" 的能源消费新模式。这既是对国务院《大气污染防治行动计划》、建设“美丽中国”使命任务的具体落实，又是电网公司的社会责任。

（二）建设生态延边，助力地方能源消费转型的需求

延边森林覆盖率高达 80.4%，良好的生态环境是延边的自然财富，也是延边最大的品牌和优势。2014 年，延边被列入全国首批生态文明先行示范区，延边州政府大力实施生态延边战略，将生态文明建设推向前所未有的高度。但由于延边地区每到冬季取暖期，煤烟污染较为严重，成为生态延边建设的最大“阻碍”。同时，随着光伏电站、生物质电站、水电站等清洁能源发电占比的逐年提高，延边地区富余清洁电能无处消纳的困境日益突显。“电能替代”战略的实施，将为促进延边生产生活方式“低碳转型”和清洁能源合理消纳，助力生态延边建设发挥重要作用。

（三）提高电力市场占有率，实现企业平稳发展的迫切需要

2014 年以来，随着高耗能产业逐步淘汰关停，电力需求进入中速发展期。延边供电售电量也出现了近十年来的首次负增长。作为一个以建设和运营电网为主营业务的国有企业，延边供电唯有创新管理模式，加强政企合作，大力推动“电能替代”战略实施，才能在有限的市场空间内发掘新的电量增长点，在助力“生态延边”建设的同时，实现企业的平稳发展。

二、服务于边疆生态建设的“电能替代”的内涵和主要做法

延边供电以“节能减排、提质增效”目标，围绕“生态延边建设”，将“电能替代”和清洁能源替代与政府战略高度融合，深入发掘“电能替代”在冬季采暖、工商业、农业生产等领域的增长点，实现从满足电力需求到引导电能消费的营销服务模式转变，推动边疆少数民族地区经济绿色、清洁、可持续发展，实现政府、企业、客户多方共赢。主要做法如下：

（一）明确“电能替代”的指导思想、目标和发展阶段

为确保“电能替代”战略有效推进，2013 年 9 月，延边供电印发“电能替代”实施方案，全面开展“电能替代”工作。

1. 制定总体思路

加强政企合作，促请地方政府出台鼓励“电能替代”的环保、补贴等支持性政策。以当前经济性好、应用便捷、社会易接受的替代技术为切入点，实施“电能替代”主题宣传与推广计划。

2. 部署推进计划

按照项目推进计划，延边供电将“电能替代”工作划分为三个阶段。前期准备阶段：在营业区内开展“电能替代”市场调查，研究分析终端用能领域“电能替代”形势和政策环境，制订“电能替代”实施方案，明确工作目标。示范引导阶段：开展“电能替代”主题宣传活动，引导社会电能消费理念，为项目推进营造舆论环境。试点电采暖、地源热泵、农村油改电、电炊具、电动汽车等“电能替代”项目。全面推广阶段：总结试点经验，加强鼓励政策落实和部门协同，分析并解决“电能替代”工作中的重点和难点问题，建立长效机制。

3. 科学分析项目实施难点

实施“电能替代”工作主要存在以下困难和问题：一是“电能替代”政策支持力度不够，缺乏地方政府部门的支持。在当前能源价格水平、政策条件下，“电能替代”各项技术或设备中仅有热泵、电动汽车等技术经济性较强，缺乏系统性、持续性的配套补贴和税收减免政策；二是由于“电能替代”前期改造费用高，导致其在整个社会认同度较低，推广难度较大；三是供电企业市场拓展人员专业素质有待提高；四是供电企业“电能替代”相关服务流程和各部门内部协同机制需进一步优化；五是“电能替代”技术水平和产品质量有待提高。

（二）配置项目资源，提供机制保障

1. 建立组织领导与考核机制

成立州、县两级公司参与的“电能替代”工作领导小组，加强该项工作的统一领导和组织协调。相关部门和单位均配置专人负责“电能替代”工作，确保责任到人。同时将“电能替代”指标完成情况纳入所属单位同业对标和企业负责人的绩效考核体系当中，建立“以效益为中心”的市场化治企模式，保证项目推进过程中的较强领导力。

2. 开展全面调研与技术经济分析

组织开展“电能替代”市场调查，对“电能替代”潜力和经济性进行全方位、全过程的诊断分析。一是对燃煤锅炉等大气污染源以及学校、办公楼、工厂等可间断用热客户和农业排灌、燃气火锅城等客户开展调查，掌握各类客户的“电能替代”潜力和替代方式；二是针对煤炭、石油、天然气中可实现“电能替代”的14种技术进行经济性对比分析，有针对性地推广“电能替代”技术，满足个性化需求；三是通过全面分析，在“六大领域”中筛选出重点“电能替代”技术及潜力客户，如电采暖、热泵、电动汽车、城市轨道交通、电窑炉等，均具备较强的可行性与经济性。

3. 完善推进实施与协同推进机制

每年组织制订实施方案，明确职责分工、目标任务、工作重点、方法步骤，将“电能替代”工作贯穿于专业工作中，贯穿于售前、售中、售后服务的全过程。同时，注重典型经验、创新措施、有效方法的宣传与推广，对“电能替代”工作效率高、推广效果好、服务质量优、提升幅度大，工作有亮点、有创新、有特色的单位给予奖励，从而形成了全员营销、协同共进的工作格局。

4. 明确优先规划与资金保障原则

延边供电充分认识实施“电能替代”的重要意义，将其作为转变电网发展方式的重要抓手。在安排电网建设和技改投资时，优先安排与“电能替代”相关电网建设和改造项目，保证示范项目资金投人。

5. 加强业务培训

采取集中培训与“走基层”培训相结合的方式，面向全体营销人员开展系统培训。培训内容涵盖“电能替代”概念、相关政策、主要技术、推广策略、重点推广领域、推广困难及解决办法、典型案例分析等。

（三）加强项目沟通和宣传推广

1. 加强沟通，争取政策支持

通过提交《延边地区电采暖发展现状及推广意义分析报告》、邀请政府相关人员实地参观“电能替代”示范项目等措施，反复阐述“电能替代”在助推“生态延边”建设中的优势，积极争取政策支持。一是完善电价政策。针对地源热泵项目，2015 年吉林省物价局在冬季取暖执行优惠电价的基础上，对其夏季制冷电量也执行居民非阶梯电价标准。针对电动汽车用电价格，对 10 千伏及以上的客户，执行大工业用电价格，且 2020 年前暂免收基本电费；二是推动政府出台电采暖试点项目奖补政策。2015 年，吉林省政府出台《吉林省电采暖试点工作方案》，明确指出要加快小锅炉撤并实施“煤改电”。2015—2019 年，省住房城乡建设厅负责协调地方政府每年向电采暖经营企业开放 100 万平方米以上的热网，优先选择燃煤小锅炉拆除区域或新建小区热网。同时对于纳入试点范围的电采暖项目按照总投资的 15％进行奖补；三是建议政府制定城市限制性环保政策，提高环保标准。推动政府出台《延边州大气污染防治行动计划实施方案》和《延边州以电代燃试点实施方案》，同时推动珲春、和龙等地区出台强制关停小型燃煤锅炉等环保政令，为“电能替代”技术的推广应用打开突破口。

2. 举办各类会议论坛，促进各界达成共识

2010 年 4 月，与州工业信息化局联合举办“低碳生活—电采暖产品推介会”，全方位展示“电”在推动节能减排中的重要作用与实施效果。2014 年 7 月，与州政府联合举办“生态延边・电能替代”论坛，运用多媒体播放专题片，现场与政府、企业、居民及“电能替代”设备生产厂家嘉宾互动访谈。2015 年，再次向政府主要部门及银行、学校等企事业单位邮寄《智能用电・生态延边——致全州机关企事业单位负责人的一封信》，宣传“以电代煤、以电代油”的能源消费新理念，详细阐述“电能替代”应用类型、相关政策及推广意义。

3. 加强合作，建立多方共赢模式

对内加强现有“电能替代”项目和相关政策研究分析，开展客户需求调研与典型项目效益分析，建立需求侧展示厅，利用宣传和经济手段吸引社会各界参与“电能替代”项目建设；对外引入合同能源管理，协调吉林省节能公司以合同能源管理等市场化方式为用户提供“电能替代”相关服务。在客户“零投资、零风险、零浪费、高效益”保证下，由节能公司开展节能项目，帮助客户解决用电能代替其他能源初期投资大、推广困难的问题，实现节能、增效双赢。

（四）开展“电能替代”技术攻关

地源热泵、光伏并网等技术，在东北极寒地区原本无成型经验可借鉴，延边供电积极探索管理经验，实施技术攻关，攻克了“四大技术难题”：一是开展高渗透率分布式光伏项目容量配置与布局研究，探索出光伏项目与电网建设协调发展的应用模式。结合延边电网能源资源分布、分布式光伏用地资源条件、电网接纳能力指标、电网接纳分布式光伏的经济成本指标，建立以经济成本和分布式光伏消纳率联合最优为目标的分布式光伏分层、多阶段优化配置模型，研究分布式光伏分层、分阶段配置计算方法，提出不同区域光伏发电项目适合接入电网电压等级和接入方式，实现光伏发电项目与电网配套工程建设协调发展。二是开展高渗透率分布式光伏对地区电网线损的影响分析，为光伏项目接入点、接入方式及容量等找到量化依据。针对接入电网位置、接入电压等级、接入容量等线损影响因素，开展不同情景下高渗透率分布式光伏接入延边电网线损理论计算分析，实现分布式光伏对地区电网线损影响的量化分析。三是开展户用光伏发电和电采暖联合运行对配电网电能质量的影响分析，并找到问题解决方案。有效解决分布式光伏发电及电采暖负荷接入薄弱电网导致电能质量下降等突出问题。四是开展电能替代可持续运营模式分析，从发电量收入、建设成本投资、电采暖费用、投资利润等方面对电能替代工程收益进行分析，对村级光伏电站、集中式电站的投资回报以及分布式电源不同投资应用主体适用接入、并网

方式等展开分析，为拓展“村级光伏电站与户用光伏联合发展模式”在延边的推广应用提供有益参考。

（五）完善“电能替代”流程和服务体系

1. 实施项目跟踪服务

在业务受理、用电检查等环节收集“电能替代”潜力项目信息，建立潜力项目库和联动机制。将“电能替代”潜在客户纳入VIP客户跟踪服务，主动向客户推介“电能替代”技术，为其提供技术咨询和效益分析服务；简化电采暖优惠电价审批流程，编制《国网延边供电公司“电能替代”项目管理办法》，明确和规范“电能替代”项目类型、优惠电价标准及审批流程、计量装置选型等内容，对符合条件的电采暖项目，在受理审批申请的次日完成现场勘查，并在3个工作日内完成优惠电价审批。

2. 精简办电工作流程

对电采暖用户实行重点管理，开辟绿色通道。按照“一口对外”和“内转外不转”的要求，组织开展现场勘查、供电方案制定、设计审核、工程验收等，缩短办电时间，实现“电能替代”工程从业扩报装到送电全过程“一站式”服务。

3. 实施替代优先原则

编制下发《国网延边供电公司关于规范客户业扩报装受限项目的通知》，明确各部门业扩受限项目工作职责，严格执行“电能替代”项目“先接入、后改造”原则，推进电网配套工程与客户受电工程同步建设，及时满足客户用电需求，实现“电能替代”项目无障碍受理。

（六）加强“电能替代”重点领域项目实施

1. 积极推动“以电代煤”

一是在民用建筑领域，针对大型住宅小区采暖，推荐地源热泵和蓄能电采暖等先进技术，充分发挥热泵热转换效率高和蓄能采暖谷段电价低等优势，吸引用户进行改造；二是在商场、办公楼等公用建筑领域。重点挖掘可间断供热、供暖温度要求低和远离集中供热区域的三大类用户，以运行费用优势吸引用户改造；三是在学校采暖领域，积极推动电采暖示范项目建设。

2. 积极推动“以电代油”

一是紧密跟踪电动汽车产业及市场发展趋势，加强与政府和公交公司沟通，积极推动电动汽车应用；二是全力服务吉图珲高铁建设。以安全快速的供电配套工程建设和高效优质的供电服务，确保“东北最美高铁”的顺利施工和安全运营；三是推进农业领域“油改电”工程，针对延边地区实际，重点在烤烟和农业灌溉实行“电能替代”示范推广。

3. 积极推进清洁能源替代

一是成立分布式电源领导小组，不断完善优化分布式电源并网和结算流程，认真落实政府光伏扶贫政策，优化网架结构，满足光伏发电等清洁能源的送出需求。二是把握机遇，争取吉林省首例分布式光伏发电项目落户延吉，发挥引领、示范和带动作用，促进分布式电源快速发展。2015年，延边州政府出台《以电代燃试点实施方案》，积极调整能源结构，发展光伏发电等新型能源产业，延边供电把握机遇，创新实施“光伏暖民”工程。2015年10月确定在延边州和龙市西城镇金达莱民俗村进行“光伏暖民”先期试点。采用在134户村民屋顶安装分布式光伏发电装置，同时屋内安装蓄热电锅炉进行冬季供暖的模式，户均光伏发电装机容量为5千瓦，所发电量全额上网。项目历时29天，于2015年12月7日正式并网通电，标志着“光伏暖民”试点工程取得成功。

三、供电企业服务于边疆生态建设的“电能替代”管理效果

（一）促进了地方能源结构优化，取得良好生态效益

2014年至2015年间，通过在冬季采暖、农业生产、工商业等领域实施电能替代，在终端用能环节每年减少直燃煤3.6万吨减少二氧化碳排放9.43万吨，减少二氧化硫排放306吨，减少氮氧化物排放

266吨，促进了延边地区光伏发电、水电等清洁能源的发展，清洁能源占比逐年提高。2015年，清洁能源装机容量达325兆瓦，占总发电装机容量的22%，较2013年提高6个百分点。截至2016年6月，延边供电分布式电源并网装机容量达10.99兆瓦，并网用户318户，累计完成发电量470万千瓦时，分布式电源并网数量位居吉林省第一位。

（二）电量增长明显，积累了“电能替代”项目实施的成功经验

2013年至2015年，延边供电累计新增电采暖项目近九百个，电采暖供暖面积达120余万平方米，累计增加售电量1.48亿千瓦时，完成了2013年设定的三年总体目标，扭转了2014年下半年以来出现的售电量下滑局面，实现公司售电总量在大环境下的逆势增长。

（三）得到了社会各界的高度肯定

延边供电以“电能替代”助推经济社会绿色发展的典型案例，得到了中央电视台、人民网、新华网吉林频道、国家电网报、吉林日报、吉林电力报等主流媒体的广泛关注。中央电视台分别于2016年1月6日、1月14日和2月7日连续三次进行报道；新华社通稿刊发了《吉林延边：推动“电能替代”打造生态城市样板》；《人民日报》发表《电采暖，能否有暖又有蓝（美丽中国．调查）》，以延边州电采暖发展的经济效益、社会效益和环保效益进行“举案说法”，阐述绿色采暖与保护蓝天碧水、建设美丽中国的密切关联，展现了国家电网公司卓越、负责的央企形象。2016年3月29日，中央领导人在吉林调研时来到金达莱村，现场了解光伏暖民项目运行情况，并对延边政企互动，合力实施“光伏暖民”“精准扶贫”的做法给予充分肯定。

（成果创造人：郭云峰、于　波、李青春、姚　强、宋京哲、宋春娟、陈永国、韩相武、孙伟崎、王　林、金成日、初晓光）

邮政企业面向农村的供应链服务平台建设与运营

中国邮政集团公司山东省分公司

中国邮政集团公司山东省分公司（以下简称山东邮政）下辖17个市分公司、112个县（市、区）分公司。2015年，山东邮政实现业务收入74.5亿元，完成集团预算102.83%，收入规模居全国第4位，同比增幅10.46%。供应链服务平台交易额突破亿元大关，成为全国邮政系统中农村电商的龙头企业。

一、邮政企业面向农村的供应链服务平台建设与运营背景

（一）充分利用邮政资源，推动邮政转型发展

随着社会发展，部分传统邮政产品需求日渐萎缩，部分资源利用率不高，邮政企业面临着较大的经营压力，急需转型，探索新出路。中国邮政集团公司提出"一体两翼"的经营战略，山东邮政围绕山东地域特点，加快对文化产业、旅游经济、校园经济、油田经济等特色市场的深度挖掘，重点在金融保险、电子商务、商品流通、文化服务、快递配送等方面寻找邮政业务发展的结合点和切入点。突出山东邮政的核心资源和比较优势，充分利用邮政现有网点资源、邮路仓储配送网络、投递人员，整合社会产业链，推动邮政战略转型。

（二）服务广大农村，提高农村商贸流通效率

农村商贸流通方面主要存在以下问题：一是农村快消商品流通的痛点突出。山东农村的零售商店一般通过传统车销方式进行订货，由县级代理商或二批商将多种快消商品装于一车，对区域内的零售商店进行上门推销，周期长、商品少、销售效率不高、订货频次少、风险大。二是上游厂商渠道下沉困难。部分厂商，尤其是二、三线品牌厂商及刚刚创业的中小企业缺乏完善的线下渠道，他们急需打开广阔的农村市场，需要一个更为低廉高效的平台，迅速拓展市场，提高销量。三是存在农产品销售难的问题。受需求信息不畅、销售渠道狭窄、物流成本居高等影响，经常出现农产品丰收了却销售不出去的现象。因而，急需拓展新的销售渠道，及时发布农产品销售信息，帮助农民将农产品销售出去。

（三）积极服务"三农"

2004年以来，中央一号文件持续关注三农、聚焦三农。2005年至2010年中央一号文件明确支持邮政在农村发展现代流通业、拓展为农服务领域。2012、2013年中央一号文件明确支持邮政开展农产品流通、仓储物流体系的建设经营。山东邮政积极响应中央号召，利用自身资源和便民服务站渠道，发挥仓储配送网络优势，面向农村提供丰富的商品供应、农产品销售与金融服务、信息服务、便民服务等综合服务，深入服务"三农"，推动精准扶贫。

二、邮政企业面向农村的供应链服务平台建设与运营内涵和主要做法

山东邮政整合邮政资源，建设三级服务体系，完善平台运营机制，加强农村商贸流通基础设施建设，打造仓储物流体系、共同配送体系，完善投融付一体化的普惠金融服务，利用信息技术和互联网技术，建成B2B+O2O供应链服务平台，构建工业品下乡和农产品进城新模式，深入服务"三农"，提升邮政发展竞争力。主要做法如下：

（一）确立供应链服务平台建设与运营的基本原则和总体思路

1. 基本原则

一是坚持服务"三农"的原则。贯彻落实多年来的中央一号文件精神，充分利用现有的农村网点、

仓储等基础设施，挖掘资源潜力，拓展服务项目，扎根农村，服务农村。二是坚持“社会化、平台化和开放化”的原则。积极拓展社会服务合作商，整合内外部社会资源，扩展供应链服务能力，增加邮政综合服务品类，增强邮政服务的深度和广度。三是坚持因地制宜的原则。根据地方经济条件、市场环境等综合因素，在平台招商、运营方式、配送模式等方面可采用不同方式，发挥当地地域优势，提高运营的灵活性和有效性。四是坚持可持续发展的原则。在供应链建设与运营中，以用户为中心，不断丰富服务品类，提升服务水平，利用新技术，不断迭代升级，提高平台生命力和竞争力。

2. 确立供应链服务平台建设与运营的总体思路

以互联网思维为引领，通过连接上游供应商和下游零售商的“B2B＋O2O”模式，实施招商、地推和配送等关键环节，以高频快消品切入带动基础流量，通过规模化的扩张和良好的用户体验奠定稳定、持续的平台运营基础。以 B2B 为基础，服务县级代理商和农村零售商，发挥邮政仓配网络优势，降低供应商车销成本，逐步取代各自为战的车销模式，形成统仓统配、集约配送，缩短零售商快消品等订单的到货时限，提高零售商销售能力。逐步向上游厂商延伸，实现渠道下沉，基于零售商向 C 端延伸，帮助零售商开展 O2O 线上线下耐用品代购、助农取款、便民服务等。利用邮政现有仓配网络，打通反向物流、依托供应链服务平台，对接农村异地零售商、社区零售商，实现农产品进城。将邮政电商服务、双向物流服务和金融服务充分融合，利用邮政传统的渠道资源，构建覆盖全省的线上线下、四流融合、运转高效、管理规范、城乡一体的开放化、社会化平台，逐步拓展上游厂商渠道下沉、农产品进城、开放县域网络、金融服务、数据服务及其他供应链增值服务，搭建连接城乡的基础设施，提供购物不出村、销售不出村、生活不出村、金融不出村、创业不出村、寄递不出村的“六不出村”综合服务，深度服务“三农”，促进城乡一体化和公共服务均等化。依托县镇村三级运营体系，推进现代农村流通体系建设，为农村社会经济发展提供新动力，全面带动邮政创新转型。

（二）加强组织、培训，完善平台基础管理

1. 明确平台组织机制

一是加强组织领导，明确项目组运营机制。省公司层面成立总经理任组长的领导小组，领导小组下设工作组，工作组下设综合支撑组、平台招商组、推广运营组、技术支持组四个项目组，负责供应链服务平台的总体建设与运营。各市分公司成立推进领导小组，成立由分管副总经理为组长的工作组，保障平台日常运营。在市分公司、县分公司分别成立专职项目组，按照地推、运营、商家维护等关键环节，组织平台日常运营工作，负责供应链服务平台的落地实施工作。加强省公司项目组的条块化管理，对市、县项目组直接予以指导、帮扶，帮助解决运营中的相关问题，提升项目组运营能力。二是建立三级服务体系，支撑供应链服务平台的有效运转。设立县级电子商务运营中心、镇级电子商务服务中心（可选）、村级电子商务服务站，社区设立服务中心，构建电子商务服务体系，成为区域性线上线下全渠道服务的枢纽。县级运营中心负责县域电子商务总体运营，设立镇仓，实现当天快速配送。村级服务站，主要是整合利用邮政平价超市、便民服务站、社会商超资源，安装供应链服务系统和便民站系统，提供商品经营、网上代买（消费品）、网上代卖（农产品）、生活服务、便民服务、快递收投、农村创业和金融服务。依托村级服务站，打造线下连锁经营体系和连锁品牌，为 O2O 服务积累运营资源、打造支撑网络。与精准扶贫相结合，打造村级服务站旗舰店，对接合作社，帮助贫困户开展农产品销售。利用邮政支局投递员、渠道经理开展站点推广工作，同时探索设立专业地推配送人员和电商客户经理方式，推动“访送升级”，实施专业化、精细化运营模式，有效拓展和维护村级服务站。

2. 加强培训，提升服务能力

加强项目组人员、投递人员等培训工作，建立允许犯错、不断试错的快速微创新机制，推动供应链服务平台快速迭代、不断完善。县分公司项目组负责组织厂商、经销商开展电商经营等方面的培训，引导实施电商化转型；联合政府相关部门，开展返乡大学生、创业青年的培训工作，营造创业环境；组织支局及地推人员、电商客户经理对便民服务站、零售商开展系统上线、订货、结算、店面管理等业务培训工作。

3. 完善平台基础管理

一是加强供应商引入管理。按照“边试点、边完善、边推广”的方式，不断推出平台招商方案、农产品进城项目方案，制定工作手册、招商手册和推广手册。从产品、商户、服务、版块和增值五个方面制定招商规则和标准，面向零售商户、种植户、合作社、加工厂、代理商、厂商等平台用户，向供应链多个环节进行延伸，构建层级制、直达式多种形式的合作关系，以快消品为基础，扩展农产品、粗加工产品、家电耐用品等商品品类，提供通用性或个性化的市场推广、数据服务、金融服务等服务项目，在供应链服务平台上展示商品及各类营销活动。基于B2B模式建立供应商与零售商的有效连接，实现消费品的向下流动。二是加强下游零售商的拓展和管理。按照邮政支局网点投递段道划分区域，由投递员、渠道经理开展网格化、精细化地推营销，拓展自身区域内的零售商，并形成对零售商的定期维护机制。帮助零售商安装系统及测试工作，指导零售商使用该平台，实时浏览平台商品，针对所需实时发起订货；定期上门宣传推介，或利用微信推送方式，向零售商介绍和推荐上市新品和各类营销活动，让零售商及时了解平台的最新信息；组织电商、商业方面的培训，提升零售商店面管理、销售能力；确保投递配送服务质量，在订单发起72小时内通过邮路车辆及投递员车辆配送至订货零售商，利用县、镇就近仓储周转备货，实施统仓统配、集约配送。

（三）开发平台系统，支撑供应链服务平台有效运转

山东邮政自主研发供应链平台系统，首期开展B2B模式。厂家、经销商按招商标准流程引入后，在平台自主开店、自主经营，以物流配送和金融支付为支撑，实现厂家、经销商到零售商的网上订货、交易、支付、结算、对账等综合服务功能。平台设立农产品全省异地联动销售的“优品惠”版块，由农村种植户、合作社、农产品加工厂开设店铺，或由农民委托零售商在平台开设店铺，基于邮政仓储配送网络，利用投递员车辆、邮路车辆返程空载之机，打通双向物流，拓展农特产品进城。向供应方延伸，平台设立“聚优惠”版块，面向渠道未下沉的上游厂商或经销商进行平台开店，向全省零售商发布商品信息；平台设立“订货惠”版块，面向县域本地经销商开展线上线下订货会，集中推介销售商品。向需求方延伸，平台设立“特惠超市”版块，通过合作企业向个人消费端提供订货服务；平台设立“惠村淘”版块，通过社会零售商向个人消费端提供代购服务。不断拓展平台功能，逐步推进B2B2C、C2B、F2C2F模式，并为对接第三方平台预留接口。

（四）整合自身及社会资源，完善仓储物流与配送服务

1. 实施统仓统配

山东邮政因地制宜，利用市、县分公司自有的邮件处理中心、仓储配送中心及社会资源，以场地复用、资源整合为原则，优化邮件处理、电商包裹场地布局，改造完善县仓、镇仓分级仓储，实施统仓统配，实现就近仓储、就近配送。

2. 开展共同配送

以“统一仓储、共同配送”为原则，依托县镇仓储，以邮政车辆为基础，整合供应商的闲置车辆、分散运营的社会车辆，通过物流配送信息系统，走社会化、集约化配送之路。以投递员带车加盟方式，实现县到镇、镇到村的接力配送模式，突出解决农村配送的“最后一公里”难题。通过共同配送体系，着重解决当前物流车辆效率低下、空驶率高、各自为战的散乱问题，实现通盘运作、利益共享的跨界整合模式，全面提升物流配送服务水平。

（五）延伸服务，拓展邮政传统业务

1. 利用供应链服务平台，开展多种金融服务

一是建立金融支付体系，打造投融付一体化金融服务。以供应链服务平台支付、结算为基础，提供面向供应商、零售商提供融资、投资、理财等投融付一体化的金融服务。依托平台交易数据，向零售商提供掌柜贷贷款服务。积极探索网上支付、供应链融资等互联网金融产品，并发挥便民服务站、助农取款点作用，不断解决农村取款难、融资难等问题。二是向供应商、零售商提供普惠金融服务。依托邮政平价超市、村级服务站开展持绿卡消费享受平价优惠活动，提高绿卡使用率，促进绿卡开卡量。金融网点利用平台开展面向金融会员的优惠购和积分换礼活动，有效维护 VIP 会员客户，提升邮政基础客户群规模。具备条件的供应商、零售商，开办助农取款服务。利用供应链服务平台提供理财、保险服务。中邮消费金融公司可向平台用户提供消费金融贷款服务。

2. 构建综合效应的 O2O 服务体系，拓展便民服务

围绕农村和社区居民需求，提供快消品销售以及农用品、耐用品等代购和网订店取、网订店送服务，积极对接第三方电商平台，面向生产商、批发商招商，扩大平台商品品类，叠加缴费服务、票务代售、信息服务、金融服务、快递包裹存取等服务。以智能手机为平台。主导推进社区生活的系统集成，打造覆盖 1 公里的商圈和生活圈，融合体验、社交、信息、教育、医疗、养老、旅游、购物、金融等功能，形成以社区为服务核心的“一站式”全新商业模式。

3. 开办报刊、集邮品等传统邮政服务

利用供应链服务平台入驻商家零售商，发挥其自身及转介优势，宣传和销售车险业务；利用零售商资源，开办报刊、刮刮卡、彩票、集邮品等销售业务。

4. 拓宽农产品、农资等销售渠道

山东邮政面向农村积极推广“鸿雁合作社＋邮政万亩示范田＋一体化服务”模式，开展“七统一”服务，联合社会合作社、种植场、农产品加工厂，在供应链服务平台开设店铺、发布农产品信息、开展农产品销售。通过投递员车辆和邮路车辆返程时带回县仓，进入交接运输配送环节。利用供应链服务平台，推动农产品跨地域、多平台同步联动运营。推进“一县一品”“一镇一品”项目开发，积极实施“农超对接”“农批对接”“农消对接”和优质农产品进社区活动，实现农产品的本地化端对端销售。将原有线下农资订购活动，迁到线上平台，实现线上实时订购、缺货订购，提高运作效率；同时利用便民服务站、零售店开展农资代购服务，进一步扩大服务范围和深度，提高农资订购量。

三、邮政企业面向农村的供应链服务平台建设与运营效果

（一）建成供应链服务平台，深入服务“三农”

供应链服务平台有效提升了运营效率，降低了运营成本，用户体验得到增强，扩充了服务项目，扩展了服务“三农”的广度和深度。末端站点不仅覆盖了邮政商超型便民服务站、三农服务站，还扩大到了非便民站的便利店、零售商。两年内从全省原有 6 万家商超型便民站的基础上扩展到 10 万家站点，站点规模在全国邮政系统中排名第一位，基本实现自然村全覆盖，从产品、商户、服务、版块和增值五个方面招商，面向零售商户、种植户、合作社、加工厂、代理商、厂商等平台用户，构建多种形式的合作关系，拓展信息服务、物流服务、金融服务，实现跨界整合，推进跨越式发展。通过平台提供质优价廉的商品达 33 万种，且通过运营管控机制，保障商品质量，满足站点及村民的消费需求，逐步解决农民购物难问题。开展的农产品进城，帮助农户销售农产品，拓宽了销售渠道，增加了农民收入。

（二）供应链服务平台快速发展，成为新的增长点

山东邮政供应链服务平台发展迅速，交易规模不断提升，为企业发展提供了新的经济增长点，并将培育成为企业新增长极。2015 年 9 月已覆盖全省所有区县。到 2015 年年底，全省发展各级供应商 5870

家，订单30万笔，交易额1.2亿元。进入2016年后，平台用户活跃度激增，平台交易量实现145万笔，交易额突破15亿元，达到去年总量的十二倍以上，平台批销交易规模在全国邮政系统中排名第一，山东邮政成为引领邮政系统农村电商发展的龙头企业。带动分销收入6.9亿元，连续两年余额新增排名全国第一，通过农产品进城项目直接带动5万个包裹。

（三）获得了政府和社会的充分认可

山东邮政建设供应链服务平台致力于服务“三农”、服务民生，得到了中央农村工作领导小组、省委省政府和集团公司的充分肯定以及地方政府和行业主管部门的认可，同时也获得了农户、农村零售商、广大供应商的广泛认可。2015年，中央农村工作领导小组领导在德州调研时，对山东邮政农村电商模式给予充分肯定，认为不仅没有挤压农村超市的生存空间，反而促进其经营管理规范和盈利能力的提升。

（成果创造人：马志民、徐光文、杨　煜、雷世波、纪　青、
贾德峰、张世栋、袁　波、王延飞、李京帅、隋瑞升）

电网企业重大活动供电保障体系建设

国网北京市电力公司怀柔供电公司

国网北京市电力公司怀柔供电公司（以下简称怀柔供电）是国网北京市电力公司（简称北京电力）的直属供电企业，负责怀柔地区电网规划、建设和运营，供电区域为2122.82平方公里，2015年全年实现售电量16.65亿千瓦时，营业收入12.2亿元。

一、电网企业重大活动供电保障体系建设背景

（一）怀柔区作为承办重大活动的重要地区对供电保障提出高标准要求

怀柔区作为北京“文化科技高端产业新区、国际会议新区”，在北京“四个中心”的核心功能定位中发挥着重要作用，每年承接多项重要国际性或全国性会议、活动任务。高水平的供电保障是各项重大政治、经济、文化活动开展的基础条件，对重大活动的顺利举办。在确保电网安全稳定运行和重要用户供电安全外，对于活动相关的重要场所和设备，必须确保“零闪动”的保障目标。

（二）高水平的供电保障体系建设是实现可靠供电的必要支撑

一是供电中需要物力、人力和信息等多方面资源的坚强支撑。物力资源方面，根据用户供电保障需求，优化网架结构，突出线路改造和设备选型，建设坚强、可靠电网；人力资源方面，需要合理进行人力资源规划与配置，解决结构性冗员与缺员问题，同时不断提升人员能力素质，通过优质服务彰显国网品牌；信息资源方面，需要有效整合各业务部门及各基层单位、用户间的信息系统体系，提高信息的沟通、共享程度及实时性。二是需要这些资源内部、资源之间实现有效协同，形成在重大活动供电全过程的无缝衔接。而怀柔公司现状无论是在资源内部建设，还是资源之间在重大活动供电全过程的协同方面，都存在不足，亟须建设系统、高水平的供电保障体系。为此，怀柔供电从2013年年底开始推进高水平的重大活动供电保障体系建设。

二、电网企业重大活动供电保障体系建设内涵和主要做法

怀柔供电结合地区发展战略，以满足资源配置要求为目标，以用户高质量用电需求为导向，以信息流转准确及时为重点，以业务流转高效顺畅为目的，根据用户供电保障需求配置相应资源，夯实供电保障的基础，加强各专业部门密切配合，提供多项用电服务，改造完善信息系统，确保供电保障体系高效运转。主要做法如下：

（一）开展用户分类分级，识别不同用户供电保障需要

根据用户在重大活动中承担的主要功能，将供电保障用户分为重要用户和普通用户。其中重要用户指与保电任务直接相关的用户以及重要活动引发的需在保电期间予以重点保障的城市运行用户；普通用户指除重要用户之外的其他用户。为保障重要用电负荷“零闪动”需求，将重要用户划分为特级保障用户、一级保障用户、二级保障用户，并对特级、一级和二级保障用户重点活动场所进行重要负荷明确与细分，并根据需要配置相应的物力、人力资源。特级保障用户在所有电源满足“N－1”双路供电需求的基础上，主配电室电源采用“N－2”三路供电，并另配发电车；在重大活动供电保障期间进行24小时值守、特巡；重点保障时段，直供电缆线路（含通道）进行不间断特巡、看护，电缆分界室安排人员进行值守；日常保障时段安排人员对重点电缆线路、分界室每日特巡不少于一次。照明系统、墙插负荷、同声传译系统、扶梯电源等重要负荷配置UPS不间断电源，保证零闪动；重点保障时段，安排用电检查人员协助用户对用户产权设备进行检查；在日常保障时段，每日采取电话问询或现场检查的服务

方式对用户和同线路用户进行一次检查，随时掌握安全用电情况。一级保障用户配电室电源采用“N－1”双路供电，重大活动供电保障期间安排人员对重点电缆线路、分界室每日特巡不少于一次。同声传译系统电源配置UPS不间断电源，保证零闪动；重大活动供电保障期间每日采取电话问询或现场检查的服务方式对用户和同线路用户进行一次检查，随时掌握安全用电情况。二级保障用户所有电源采用“N－1”双路供电，指挥大屏电源配置UPS不间断电源，保证零闪动。重大活动供电保障期间，主配电室和重要电源安排人员对重点电缆线路、分界室每日特巡不少于一次，其他电源每日采取电话问询或现场检查的服务方式对用户和同线路用户进行一次检查，随时掌握安全用电情况。普通保障用户，按照其所属的工业、商业和居民用户分类供电保障标准进行供电保障，确保为用户提供稳定可靠的高质量供电，并在电力接入、用电服务和应急抢修等方面提供快速便捷的服务。

（二）综合开展电网规划，保障基础电网坚强

1. 以怀柔区发展战略为指导，综合开展电网规划

通过新建、增容或切改，地区主网层面电力保障期间电源来自不同的110千伏变电站和220千伏变电站，同时再上一级的500千伏电源分别来自不同的500千伏变电站，确保电力供应安全稳定。

2. 根据重要用户用电属性与要求，制订配网改造方案

分区开展10千伏一次网架布局，针对性制订符合各地区用户特点和需求的配网方案。配网方案确定后，作为指导后续电网项目和重要用户用电项目建设工作的重要标准执行，统一地区网架结构标准，并为后续建设工作提供依据。

3. 建设新能源应用示范项目，助力绿色电网建设

在电网未覆盖的地区建设智能配电网，与新能源电站并网，采用以太阳能为燃料的光伏电站和以天然气为燃料的燃气轮机等冷、热、电三联供系统，在解决夏季供冷与冬季供热需要的同时提供一部分电力，对电网起到削峰填谷作用。同时，建立集成分布式能源及智能一体化电力能源控制技术，使光伏电站和燃气机组与公共电网之间建立双向互动关系，使其在一定条件支持下具有提高供电可靠性的能力，降低配网规划的复杂性，保证配网整体运行的安全性。

4. 推进“煤改电”重点工程，服务首都大气污染治理

怀柔供电加快实施配电自动化覆盖、供电可靠性提升等工程，合理增加主配网供电容量，优化网架结构，打造坚强智能电网，全力推进“煤改电”工作，在开展“煤改电”工程的电网改造的同时，进一步提高居民户均供电能力。

（三）提供多项用电服务，实现供电保障的服务优质

1. 以用户需求为导向，提升用户用电业扩报装优质服务水平

为所有用户提供接电服务新模式、配套建设新制度、流程规范新标准、业务协同新机制的“五新”服务，全力推进业扩报装工作“提质、增效”，全面提升公司营销服务新形象。建立重大项目领导负责制和客户经理制，为用户提供用电报装专人受理、用户服务专人负责、工程进度专人调度“三专人”服务。采取优先接收用户需求、优先制订工作计划、优先使用公司资源、优先办理相关手续、优先组织验收并装表送电的“五优先”措施。加强与用户的沟通，及时了解用户用电需求，积极与各级政府、北京电力营销部、供电服务中心联系沟通，建立三级联络体系，及时梳理、查找停滞流程的原因，分析问题，上报并与北京电力协调处理，确保工程配套用电项目按期送电。

2. 提前介入重要用户工程电气设计与隐患排查，确保工程安全质量

设计阶段，营销部参与审核用户电气工程设计方案，检查方案实施情况，对用户电气设备选型、安装按照国家标准从严进行验收，确保设备安装质量。建设阶段，对用户隐蔽工程进行全面隐患排查，并随时与用户沟通进行隐患整改。投产阶段，根据用户需求指导、辅导用户编制用户侧设备、重要负荷的

应急预案，参与用户应急预案编制讨论会，提出专业性建议，并督促用户落实，并对用户运维人员开展设备运行、维护、操作、巡视、故障处理培训，提高其对设备的熟悉程度和保障能力。

3. 建立重要用户供电保障全要素档案，提供“菜单式”服务

由营销部带头，发展建设部对用户概况、供电电源、重点站线清单、电源方式等内容建档；调控中心在试运行期间完成电网运行方式分析、重点设备运行情况建档；运检部完成保护自动设备情况、电路环境隐患情况建档；营销部负责用户安全评估、保障体系内容建档。用户供电保障全要素档案内容按照其可能达到的最高供电保障级别设计，特级保障用户设备分析到灯泡和重要插座，一级保障用户设备分析到末端控制箱或者 ATS 自投箱，二级保障用户设备分析到用户的楼层控制箱。

4. 运用“互联网+”技术，提供方便快捷的用户服务

开发掌上电力 App，为用户提供全流程线上服务。一是在线办电申请、预约验表、进度查询；二是用电查询，帮助用户分析每月用电情况、提示阶梯电价、提示电费缴纳；三是电费缴纳，帮助用户实现在线缴纳电费以及已购电费的记录与分析；四是在线报修，实现用电故障信息在线报送，提高报送速度与地理精准度；五是应急送电，对居民用户在忘缴电费停电情况下，为用户预支 30 元电费、恢复用电；六是增值服务，包含周边各种服务网点告知、用电知识普及、停电公告告知等功能。

5. 适应市场化发展，开展综合能源服务

在为重要用户和普通用户中的大型工业、商业用户等大客户提供精准服务的同时，以市场化发展为方向，开展一体化售前、售后服务，为大用户提供业务咨询、用能诊断、安全评估、应急服务、新能源接入等综合能源服务，全方位巩固电力市场。

（四）各专业部门密切配合，确保供电保障体系高效运转

1. 各专业部门整体联动，确保重要用户工程的进度和质量

怀柔供电建设部、运检部、调控中心、营销部、安监部形成整体联动，对在重大活动筹备阶段相关保电用户所有电网工程、用户工程进行全面梳理，建立重点任务工程库，并由怀柔供电统一开展全流程工程管控。一是建立工程全流程管控计划，制定里程碑计划时责任到人，实施增项销项制、定期集中调度制、重大事项专项协调制，严格管控临时性任务和非常规流程，确保各项工程依据时间节点顺利完成。二是每周调度，针对各类工程每周召开推进会，严格落实管理责任，把控节点，及时协调各类问题；在建设阶段后期先后启动工程日报、工程早会、日管控表等工作，确保各类问题“不隔夜”。

2. 开展电网侧隐患排查治理，确保电网设备安全

根据重大活动供电保障需求制订年度综合检修工作计划，由运检部牵头开展主网、配变、开闭站至用户表箱隐患排查治理工作，按照尽量开展母线检修和全站检修的原则，将重要用户相关设备检修、状态检测等工作与电网建设改造工程计划结合，提高检修效率。根据综合检修工作计划，每年共开展两轮次隐患排查治理工作。

3. 开展用户侧安全评估，指导用户做好保障准备

根据综合检修工作计划，在运检部开展第二轮次隐患排查治理同时，营销部在用户侧开展用户表箱至配电室、重点负荷的安全评估工作。成立专家团队，从运行管理及应急预案等方面，对重要用户用电情况进行排查，同时针对用户自备电源等方面存在的问题提出合理建议，形成评估报告后送达用户和地方政府部门，确保用户在保障工作开始前落实全部整改建议，并指导用户做好保障准备。

（五）改造完善信息系统，保证供电保障体系迅速响应

建立具备调度自动化、配电自动化、设备视频监控、视频会议、信息系统、多元通信等功能的技术支撑系统，实时共享重要数据信息，搭建迅速响应的技术支持平台。

1. 打通信息屏障，实现供电保障主网、用户调控一体化

一是开发重大活动供电监测系统，“全链条”监控电网运行状态，实现主网全部电源变电站、配电网以及用户内部供电情况的实时监测、事故报警、统计分析和信息发布等应用功能，依据站点地理分布、电网追溯、供电方式、重点站主变负载率集中监视、重要用户负载率、母线电压和重点低压负荷集中监测等多种形式，直观简明的呈现出各重要用户自低压380伏至高压500千伏“全链条式”电网的运行状态。二是加装视频装置，实现重要用户末端设备实时监控。

2. 构建多元化通信系统，确保各供电保障任务组通信实时畅通

利用多种通信手段搭建信息沟通平台，保障大型供电保障不同区域和不同保障任务组通信畅通。通过利用800M集群手台，搭建指挥体系群组、重点保障区域群组、核心区域群组、相关保障任务群组等和应急通信群组等，并开通集群电台的实时GIS定位功能，充分利用集群手台的广播通信功能，实现各任务群组内部通信，确保任务及时传达和现场保障情况实时反馈。建立有线电话通信的备用手段，重点在现场指挥部与核心保障团队间建立有线电话方式，保证在无线通信不畅的情况下实现通信畅通。充分利用3G单兵装备，将供电保障现场、输电走廊环境等画面实时回传至指挥部。

3. 充分发挥信息平台功能，实现供电保障信息快速传递

通过综合数据平台、配网抢修平台、电网地理信息系统（GIS）、生产管理系统（PMS）、雷电定位系统、营销业务应用系统等信息系统了解北京电网全部生产和用户服务情况。同时开通OA平台系统、指挥系统、配网应急抢修平台等信息系统，搭建完备的供电保障指挥平台，为城市供电保障指挥协调提供强有力的决策支持。

（六）完善相关支撑机制，支持供电保障体系持续改进

1. 积极促进政府用户双向沟通

怀柔供电对怀柔区内所有重大活动供电保障用户的建设工作进行统一管理、梳理问题、统一口径、一致对外，由怀柔供电作为用户代表与政府部门对话沟通，协调解决问题。以怀柔供电作为北京电力对外联络枢纽，建立与政府的定期汇报机制。建立重大活动供电周简报机制，开展重大活动供电问题专报通道，帮助政府全面、系统、及时地了解各项电力保证工作，获取政府信任与支持，强化政企联合作用，充分利用政府资源及时解决难点问题。

2. 保证重大活动供电保障工作规范

怀柔供电创新总结出供电保障“两案一标准一计划”（即保电工作方案、保电应急预案、保电工作标准、保电工作计划），将每项任务完成时间精确到日，截至计划规定完成日期必须结项。怀柔供电各专业根据北京电力指导意见，分别编写本专业“两案一标准一计划”，同时将“两案一标准一计划”编写工作延伸到用户，主动编写示范区供电运行保障方案、应急演练方案等专业化供电保障材料供示范区使用。此外，还为参与保障的13个专业分别印制《供电保障工作标准口袋书》，一线工人手一册，为标准化操作、突发事件处理等提供专业支持。

3. 严控重大活动供电保障工作风险

组织各部门完成《总体应急预案》等24项应急预案修编，下发《应急工作体系》等10项应急规定，并根据重大活动实际情况进行应用，通过开展全方位应急演练不断完善应急预案和处置方案，优化应急处置流程，严控重大活动供电保障工作风险。

4. 加强重大活动供电保障过程监督考核

建立会议督办与汇报机制。制定供电保障周例会制度，及时协调解决相关问题，加强统筹规划和整体协调。建立专项总结分析报告机制，针对各项重点工作分析问题、总结经验。建立定期汇报机制，定期向政府主要领导就主配网建设改造工程、重要用户工程、其他重要工程进展情况及存在问题进行汇

报。严格内外部考核。在公司内部施用户经理考核制，针对重要用户项目实行用户经理制，设置全过程经理和工程各环节经理，明确工作职责，强化责任管理，对各环节的完成时限进行指标考核。针对外部施工单位实行考核淘汰制，在基建工程中制定相应考核办法，由发展建设部对基建工程项目的安全情况进行巡回检查，对检查中发现的建设工程安全隐患及管理等问题，根据规定履行处罚职责。对发生重大及以上安全事故的参建施工单位进行不良行为记录，或取消入围承包商资格。

5. 开展重大活动供电保障人才培养

一是借助内训师队伍培养一批技术骨干。遴选一批一线专业技术水平高的技术骨干并培养成为公司内训师，一方面由内训师进行课题攻关，解决生产一线实际问题与难点；另一方面，通过内训师对专业技术与标准的讲解，提升一线员工技能水平。二是通过“师带徒”机制培养年轻员工。采用“一对一”的方式，理论结合实际，让青年员工们在现场工作环境中，在师傅的带领下进行学习培训，通过师傅的耐心讲解和答疑，为培养对象在提升业务水平和基础技能方面提供帮助和指导，不断提升员工的工作水平及个人素质。三是在开展重大活动供电保障体系建设过程中，公司各专业骨干员工不断以解决问题为导向，根据实际工作需要进行重点问题学习和研究，通过共同探讨优化制度标准，建立各项保障措施，指导用户开展相关工作，在工作中提高专业水平和管理水平。

三、电网企业重大活动供电保障体系建设效果

（一）重大活动供电保障体系有效运行，成功保障多项大型活动

2014 年 APEC 会议期间，电网运行平稳，供电安全可靠，实现“零闪动、零差错、零投诉”的目标。APEC 供电保障工作受到国家能源局、国家电网公司、北京市政府的充分肯定。2015 年顺利开展第五届北京国际电影节（2015）、2015 世界水电大会等活动供电保障，高质量完成供电保障目标。

（二）地区电网质量有效提升，电网精益运行管理水平大幅提高

怀柔供电通过开展电网侧隐患排查治理，完成 10 座重点站室、49 条输电线路、26 条配电线路、9 个重要用户隐患排查工作，共计排查隐患缺陷 1084 项，配网设备健康水平稳步提升，配网故障率较 2013 年下降 26.3%。雁栖湖核心岛、会展中心等特级供电保障区域实现不同方向的 500 千伏电源支撑，10 千伏配电网采用双环网供电方式，具备互为备用且可靠的第三电源，区域供电可靠率达到 99.999%，综合电压合格率达到 99.999%，用户年均停电时间不超过 5.3 分钟，比肩国际一流水平。2015 年与 2013 年同期相比，公司变电容量增至 1039 兆伏安，同比增加 50.8%；线路长度增至 104.472 千米，同比增加 61.27%；城市用户供电可靠率达到 99.9694%，同比增加 0.014%；农网用户供电可靠率达到 99.9256%，同比增加 0.006%；线损率下降 1.41%，电网运行管理水平大幅提升。

（三）内部协同及人员素质有效提升，企业管理水平进一步提高

促进了电网规划建设、调控信通、运维检修、营销服务等工作的全面协同开展，形成了一系列高效运转的管理制度和规范，提高了电网运营能力、风险管控能力和客户服务能力。通过全面深入开展规划建设、运维检修、营销服务和调控信通四大供电保障核心业务，初步培养出一批能够诊断分析故障、解决问题、“一锤定音”的专家型人才，评选出省、地市级专家 2 人，入选国网公司级专家后备 1 人，初步培养出一支具备提供高水平供电服务保障能力的高素质员工队伍。

（成果创造人：刘润生、郑广君、蔡小京、孙　白、刘　健、李自强、
李清涛、茹立鹏、赵新历、汪　洋、胡　刚、范　帅）

基于网络地理信息系统的养殖户个性化供电服务管理

国网浙江象山县供电公司

国网浙江象山县供电公司（以下简称象山供电）是浙江省供电公司下属的直供直管全资县级供电企业，成立于1984年，承担着象山18个镇乡（街道）的供电任务，供电面积1175平方公里，供电人口53万。2015年象山电网实现供电量19.54亿千瓦时，累计供电可靠率99.9259%，综合电压合格率99.711%。

一、基于网络地理信息系统的养殖户个性化供电服务管理背景

（一）象山养殖业的快速发展对供电服务提出了新的更高要求

象山海洋资源极其丰富，是浙江全省乃至全国少有的兼具山、海、港、滩、涂、岛资源的地区，海鲜驰名长三角，淡海水养殖比较发达。水产养殖是象山县的一大支柱产业，全县水产养殖面积20.5万亩，水产养殖产量19.5万吨，产值10.8亿元，水产品总产量居全国前列。2015年渔业用电量达1438万千瓦时，占农、林、牧、渔的28.5%。由于水产养殖对气候、气压、水温、饲料投放、水的排放等有着特殊的要求，对电力保障有着极高的依赖性，无论是台风、雷暴、高温、冰冻等极端气候造成的停电，还是线路突发故障、计划检修安排等原因的停电，对养殖户来说是一件极其担心和焦虑的事情。但除了正常性的电网计划性检修停电外，无论何种原因的停电，处置不当将会给养殖户带来极其惨重的损失，甚至是灾难性的打击。由此也将引发诉讼，给供电企业正常运行和信誉造成一定程度的影响。如何适应养殖业发展的要求，有效保障众多养殖户的用电需求和安全用电，是对供电企业的一大考验，也对供电企业的供电能力和服务水平提出了极高的要求。充分发挥网络地理信息系统（WEBGIS）资源作用，建设适应养殖业发展的个性化服务体系，开展养殖户个性化和精细化服务，提高供电企业服务的精准性、有效性和及时性，成为供电企业满足县域经济社会发展和产业经济发展的一个行之有效的手段。

（二）信息技术的广泛应用为企业增强供电服务能力提供了技术条件

如今，各行业都在寻找利用互联网思维改变传统行业的有效途径。"互联网+"的概念在电力行业可以理解为："互联网+电网""互联网+服务"等。积极拥抱互联网之后的供电公司一方面从企业内部来说，打造自动化的平台，采用机器人等工具实时巡视线路、采集数据，解决可靠用电的问题；另一方面，在"以用户为导向"的信念下，向社会开放服务，实现通过微信等平台查询、缴费等基本服务。更为重要的是供电企业掌握着区域内最全面的电力数据，依据数据资产这一最富的"矿"和"互联网"这一宽阔的"网"，为客户提供个性化服务，提升自身的服务能力和水平，成为供电企业"与'网'俱进"的必然趋势。

二、基于网络地理信息系统的养殖户个性化供电服务管理内涵和主要做法

象山供电吸收借鉴现代管理理论，结合信息化、互联网技术，以提升电网整体供电可靠性和拓展服务价值链为目标，通过建设网络地理信息系统（WEBGIS）养殖户个性化服务平台，将电力数据资源与电网、"互联网"安全有效地整合，建立全新的系统化、常态化的养殖户个性化服务管理机制，及时有效地与养殖户实现互动，发布供电与养殖相关的各类信息，指导养殖户科学合理用电，确保电力供应的安全、可靠和综合效益，为养殖产业和区域社会经济发展提供有力的保障。主要做法如下：

（一）深入调研分析，明确养殖用户个性化供电服务管理的思路和组织体系

1. 明确思路，建立组织体系

象山有着非常丰富的渔业资源，随着近几年对海洋捕捞业的限制，发展海水养殖已是当今海洋资源

开发利用与可持续发展的方向。针对象山特殊的产业结构，象山供电秉承“你用电、我用心”的服务理念，紧紧围绕象山县桥海兴县战略，立足“三农”，深入实施精细化供电服务，搭建网络地理信息系统（WEBGIS），开展个性化养殖户服务管理工作。

为保障养殖户供电服务管理，象山供电成立以总经理为组长，营销部、运检部、发展部、党群部以及各供电所负责人为成员的养殖户供电服务管理组织机构。深入了解养殖户的实际需求，提出“网络地理信息（WEBGIS）管理＋市场化服务”思路和行动路径，制订《象山供电养殖户供电服务管理实施方案》，建立基于网络地理信息（WEBGIS）的个性化养殖户管理平台，设立市场化表后服务机构，制定服务管理制度，规范经营管理活动。

2. 深入调研，了解需求

走访调研乡镇、水产养殖户，了解他们的用电需求。象山供电秉承“走进农村、服务三农”的宗旨，将扶持象山水产养殖业这一特色农业作为保民生的重要工作之一。公司全面走访渔业局、当地乡镇、村委会及养殖户，了解象山水产养殖业发展状况、趋势及用电需求，不仅为建立网络地理信息系统的养殖户个性化供电服务管理平台提供数据支撑，还为各地电网计划改造提供可靠依据。

通过及时了解辖区养殖户的用电设备、线路运行、应急措施等情况，实行信息实时、动态更新和分析处理，针对性地开展隐患排查和技术指导。公司专门设计养殖户信息普查表，内容主要包括基本信息、养殖特性、供电情况、主要用电设备、自备电源、表后情况及关联用户等七个部分，2014 年 10 月份下达《水产养殖户基础信息排查工作通知》，部署各单位对辖区养殖户开展现场排查，掌握第一手资料。通过近 30 天的排查，共收集到 612 户与公司直接建立供用电合同关系的养殖户户主以及 206 户非合同关系的从属养殖户的档案信息，并通过批量导入方式录入地理信息（WEBGIS）养殖户个性化管理平台进行系统数据初始化，为后续信息化管理奠定基础。对于单户发生信息变动的情况，该体系除了提供修改编辑功能外，还与营销系统对接，更新养殖户的相关信息，确保养殖户信息的准确性和实时性。

（二）科学设计和建设网络地理信息系统，奠定技术基础

根据基于网络地理信息（WEBGIS）系统的养殖户个性化供电服务管理的建设方案和要求，以“实效、实用”为导向，紧扣“提升服务管理水平”主题，科学设计和合理规划网络地理信息（WEBGIS）系统运行管理平台，开展系统的建设和应用工作。整个系统功能主要分为以下模块：养殖户信息管理、服务信息管理、养殖户地图应用管理、短信服务管理、检修停电研判管理。养殖户信息管理模块：主要应用场景为养殖户信息查询和维护，包括养殖户的基本信息情况，如养殖户户名、地址、户号、联系方式等；养殖户的养殖特性情况，如养殖类型、面积、方式等；养殖户的供电情况、相关用电设备、表后设施情况及相关现场照片。服务信息管理模块：主要应用场景为针对每个养殖户的相关服务记录，如服务人员、服务时间、服务地点及相关服务资料等。养殖户地图应用管理模块：主要应用场景为养殖户地理信息情况、灾害性天气情况。养殖户地理信息情况，如养殖户区域分布、养殖户位置定位，并支持地理图、导航图、影像图三种地图模式。灾害性天气情况，如通过气象信息，研判灾害性气候影响养殖户范围等。短信服务管理模块：主要应用场景为点对点方式对养殖户提供针对性信息发布，如停电信息、灾害性信息、突发性事件信息、用电注意事项及养殖知识普及等。检修停电研判管理模块：主要应用场景为对需要停电检修的台区进行研判，通过海量历史数据分析，建立数据分析模型，快速准确分析出最佳停电时间，对养殖户的停电影响降到最低。

（三）依靠网络地理信息系统，改进供电服务管理

1. 运用平台数据资源科学安排计划停电检修

网络地理信息系统的养殖户个性化供电服务管理平台充分运用用电信息采集系统数据，结合历史沉淀经验，以台区为对象，建立数据分析模型，对辖区养殖户的海量用电数据进行分析计算，快速准确地

分析出各台区、各时间区间的用电负荷情况，准确、分析、判断和合理安排各养殖区域检修停电的时间段，从而为合理安排线路改造、台区更换等工作引起的计划停电时间提供有效依据，将停电对养殖户的影响降到最低。

2. 利用信息平台增强运维服务快速响应能力

网络地理信息系统的养殖户个性化供电服务管理平台可以针对运维服务专业车辆进行全程监控，全盘掌握其全县的分布及使用情况，并对其进行有效的管控。通过运行管理体系，将相关业扩、维护、抢修等信息，及时发送给有关部门，为生产部门进行协调、决策提供可靠依据。运行管理系统还可依据系统数据分析养殖户对电力的依赖程度，针对可能出现的突发应急情况，且养殖户不具备发电机的，服务平台将会提示生产、运维部门是否为其提供移动式发电机服务，尽量为养殖户减少损失。

3. 建立缴费和欠费预警服务信息管理机制

网络地理信息系统的养殖户个性化供电服务管理平台通过养殖户的缴费习惯进行分析，充分发挥“互联网+”优势，利用现有的平台，如掌上电力 App、电 e 宝等应用软件，提醒和帮助其线上缴费及线上电子账单查询，方便养殖户缴费，减少养殖户路途奔波的时间成本，也避免应欠费造成停电的后果。同时，通过预警服务信息管理机制，对拖欠电费的用户进行缴费提示和限电预警提示，并根据实际情况系统将自动采取限电措施。

4. 通过平台服务功能及时快速发布相关信息

一是停电信息发布。通过 Webservice 接口的形式推送至网络地理信息系统养殖户个性化服务管理平台，系统获取数据后通过算法判断哪些是养殖户信息，然后将停电信息通过短信服务器发送给养殖户户主及其所属关联用户，提醒养殖户采取应对措施。二是气象信息发布。在灾害性气候发生前及时向分布在全县各村落塘间的众多养殖户发布停送电信息和防灾害信息等，有效地帮助养殖户避免或减少不必要的损失。对可能引起养殖户损失的各类天气进行统计，总结出重点影响养殖户的“灾害性”天气类型，结合浙江省气象台气象数据，对区域内养殖户点对点预警提醒。三是应急信息发布。由于象山地处沿海境内，易受台风、雷击等自然灾害侵袭，同时为确保电网安全稳定运行开展的计划性检修、外力破坏的故障抢修也不可避免的存在，这些情况都可能造成局部供电中断，给养殖户带来一定的影响或损失，为帮助养殖户有效规避风险，减少损失，公司专门编制《养殖用户用电告知书》，通过网络地理信息系统的个性化养殖户管理平台，送达各相关养殖户，并安排台区经理逐户上门检查落实，做到提前告知、提前防范。四是微信发布。为实现供用电信息快速传达以及面对面快速解答各类用电问题，服务平台将“微信”结合在一起，以供电所为单位，开通养殖户服务微信群，在供电所养殖户服务队的基础上，将辖区内渔政站技术员、镇农办技术员、各养殖户吸纳为成员，公司通过微信群及时发布供用电信息和政策，渔政和农办技术人员则会发布一些养殖方面的新技术、新品种、疫病防治、市场行情、产品供求等实用资讯信息，并可在微信群里反映用电问题或养殖技术问题，与其他养殖户交流心得等。

（四）基于网络地理信息系统延伸服务内容

1. 大力推动表后服务市场化

自 2013 年开始，象山公司遵循“走进农村、服务三农”的宗旨，结合国网公司以及省公司的相关精神，本着“政府主导、电力推动、社会响应”的原则，积极协助当地政府相关部门，以市场机制为基础，通过政府招投标体系，推动社会电力承装承修企业设立具有独立法人、自主经营、自负盈亏的表后服务机构，并按照电力管理要求，对其进行规范化管理。一是将这些服务机构纳入网络地理信息系统的个性化养殖户管理平台体系中，以合同关系为约束，通过在乡镇设立服务点向农村电力用户提供表后服务，解决“最后一米”问题。二是制定相关服务机构的服务标准。统一规定有关人员学历、技能等招聘要求，严把入口关，实现服务人员的市场化招聘；由人资部、营销部与安监部组成专家小组协助表后服务机构制订相应的岗位职责及安全管理、考核考勤、收费标准等相关规章制度，推进服务机构与员工签订劳动合同，建立相应的薪酬激励制度，促进员工队伍稳定；供电部门协同服务公司做好在职人员的培训工作，加强员工的培训和作业资格证书的获取，实现持证上岗率100％，对不具备资质的人员和工作范围，将进行调整。三是建立服务定价机制及服务价格公示制度，实现收费标准的“规范化”和“市场化”。综合考虑村民承受能力、原有村电工收费数据统计等关键因素，并征求当地政府及村的意见，科学制定统一收费标准。采用物价局报备的方式统一服务价格，实现价格透明化运作。四是积极通过网络地理信息系统的养殖户个性化供电服务管理平台与公共服务平台联动，为辖区用户提供便捷、优质的表后电力服务；同时充分利用公共服务平台和微信群的客户回访、互动功能，在服务结束之后由热线客服和微信群对表后服务水平进行实时回访，形成闭环管理，实现服务质量的持续改进，不断提高农村居民和养殖户的满意度。五是推进市场化表后服务模式填补了养殖户表后服务真空，同时也充分利用和发挥网络地理信息系统的养殖户个性化供电服务管理平台的功能作用，更是突破传统电力服务观念的约束，提升供电公司的服务管理水平和能力。

2. 延伸养殖户服务的价值链

通过养殖户个性化供电服务管理平台的大量数据，结合养殖产业链上下游企业特性，为养殖户提供评价得分较高的饲料生产厂家、养殖设备生产企业、水产加工企业等信息，供养殖户参考和选择，养殖户可以足不出户掌握相关上下游企业的情况，不仅满足养殖户的需求，同时也有力地推动本地区养殖产业链的发展。

3. 为养殖户搭建银企对接服务平台

象山供电根据养殖户个性化服务管理平台提示的拖欠电费用户，除进行警示提醒和采取限电措施外，针对养殖户可能出现的资金周转问题，电力企业还将在养殖户和银行之间牵线搭桥，办理用于专门缴纳电费的信用卡，实现资金托管业务。

（五）加强科学安全用电指导培训

象山供电根据网络地理信息的养殖户个性化管理平台中显示的数据，超前谋划，提前进入，以供电所为单位，成立养殖户服务队，主动和养殖户联系，开展安全用电专项培训班，就养殖过程中遇到的用电问题进行交流探讨，尤其是在水产养殖增氧用电负荷急剧增加的形势下水产养殖安全用电注意事项。同时，本着“用电有保障、养鱼就顺心”的服务理念，象山供电各单位将养殖户的用电检查工作作为头等大事来抓，在春季、迎峰度夏、秋冬季时节，依据网络地理信息的养殖户个性化管理平台反映的用电状态，指导各用电所，科学合理地安排力量，及时检查相关养殖塘的供电设备和线路运行情况，检测电压质量，清理线路通道，联系用户及时解决满载甚至过载变压器的更新事宜，同时帮助养殖户检查增氧机、电动机等用电设备的安全隐患，协助对漏电开关、发电机进行检查、测试。

三、基于网络地理信息系统的养殖户个性化供电服务管理效果

（一）提高了养殖户供电服务水平

网络地理信息系统的养殖户个性化服务管理一方面弥补了现有营销系统缺少养殖户的特性描述、关联用户、表后线路状况及服务记录保存等功能缺陷，将电子档案代替纸质档案，使档案信息得到及时动态更新及信息共享，便于统计分析及利用，并有针对性地开展服务，也为绩效考核提供充分依据。

（二）促进了养殖产业和区域经济的发展

养殖户供电服务管理推动了象山海洋经济的持续发展，近两年先后配合象山县政府发展设施渔业7495亩，完成标准化池塘改造4万余亩，建成15个生态健康养殖示范区、17个现代设施渔业基地，供电服务优先保障。2015年实现渔业产值84.81亿元，同比增长2.7％，当年实现渔业用电量1438万千万时，同比增长3.13％。

（三）提升了公司整体服务能力

专业化的表后服务满足了安全意识相对薄弱的养殖农户对养殖设备维护、新增、表后设施移位等电力需求服务，杜绝了私拉乱接现象，有效解决了养殖户用电安全隐患问题；同时方便了养殖户表后故障报修，得到及时修复。近两年未发生因外部线路故障导致养殖大面积受损的服务事件，未发生因服务不到位而引起的投诉事件。

（成果创造人：王伟福、周宏辉、夏泉海、王春娟、夏东晓、黄鸣俊、毛志超、吴胜连、黄文江、史焕弘、韩　翊、钱忠敏）

邮政企业基于三个紧密结合的农村电商综合服务体系建设

中国邮政集团公司浙江省分公司

中国邮政集团公司浙江省分公司（以下简称浙江邮政）是中国邮政集团公司的全资分公司，负责浙江省内邮政通信网的建设、运行、经营与管理，承担邮政普遍服务义务，主要经营邮政专营业务，受政府委托提供邮政特殊服务以及商业化竞争性邮政业务。浙江邮政下辖 11 个地市邮政分公司，62 个县（市）分公司、4 个二级邮区中心局和 8 个直属单位，全区邮政营业网点 1855 处，从业人员 3 万余人。2015 年营业收入 64.38 亿元，业务规模在全国各省市中位列第四位。

一、基于三个紧密结合的农村电商综合服务体系建设背景

（一）贯彻落实政府部署，服务“三农”发展的需要

党中央、国务院十分重视“三农问题”。中央一号文件《关于落实发展新理念加快农业现代化实现全面小康目标的若干意见》连续第 13 次聚焦“三农”，提出加强商贸流通、供销、邮政等系统物流服务网络和设施建设与衔接，加快完善县乡村物流体系；实施“快递下乡”工程；深入开展电子商务进农村综合示范。浙江省人民政府颁发的《浙江省电子商务产业“十二五”发展规划》在“主要任务及重点工程”中提出：“整合现有农产品网上交易平台相关资源，建设一个全省性农产品交易的综合性电子商务平台。”鼓励国有、民营等各类企业按照“企业主体、政府推动、市场运作、合作共赢”的原则，充分发挥电子商务优势，通过搭建浙江省农村电子商务服务平台、县级电商服务中心和村级电商服务点，突破信息和物流的瓶颈，从而实现“网货下乡”和“网货进城”的双向流通功能。党中央、国务院，各级党委政府殷切希望中国邮政在服务“三农”方面发挥积极、独特的作用。在此背景下，浙江邮政积极履行国企服务“三农”社会责任需要，结合自身优势，大胆创新，积极探索建立农村电商综合服务体系，为浙江“三农”发展贡献力量。

（二）抓住浙江农村电商需求快速增长，促进农村经济社会发展需要

据统计，2015 年浙江省全省网络零售额 7611 亿元，省内农产品网络零售额超过 150 亿元，其中农产品网络零售额居全国首位；农村网络购物方面，全省约有 40％的网络消费来自农村；县城和乡镇网络购物比重已经超过一、二线城市。农村居民的电子商务服务需求快速上升，特别是对改善电商消费服务、物流分销服务、快递包裹服务等方面的服务需求非常旺盛。邮政可以利用物流、资金流、信息流及线下支局网点优势，搭载农村电商地方经济发展“新引擎”，通过“政府＋企业＋邮掌柜”合作模式，助力地方农村社会经济取得新发展。

（三）充分发挥邮政企业优势抢抓农村电商市场机遇，实现企业转型发展需要

互联网已经颠覆传统企业的经营模式，传统电子商务企业通过跨界竞争已经改变了城市的百货销售、物流配送、金融支付等行业的生态利益格局。国内各大社会电商巨头纷纷试水农村电商市场，打算在农村地区通过完成定点布局实现金融、寄递业务发展。长期以来，农村地区也是中国邮政发展的重要根据地。邮政必须加紧布局农村电商，通过占领电商服务市场从而巩固整个农村市场根据地。浙江邮政拥有营业网点 1855 个，因此，发展农村电商可以发挥邮政“最后一公里”优势，紧密联系邮政三大板块（传统邮务、寄递业务、金融业务）。可以通过农村电子商务发展促进传统邮务转型升级；可以促进邮政寄递业务的快速发展，为邮政农村金融业务带来更多资金沉淀促进其他邮政平台经济的发展。

二、基于三个紧密结合的农村电商综合服务体系建设的内涵和主要做法

浙江邮政以“三个紧密结合”（农村电商与邮政业务紧密结合、工业品下乡与农产品进城紧密结合、线上与线下紧密结合）为路径，线上以“邮乐网·邮掌柜”系统为平台，线下以“村邮乐购”店为渠道，打造一个集“网络代购＋平台批销＋农产品进城＋公共服务＋普惠金融＋物流配送＋电商培训”为一体的邮政农村电子商务服务体系，初步形成一套适合邮政企业发展、可复制可盈利的农村电商运营模式。主要做法如下：

（一）明确农村电商发展基本思路，完善相关制度和团队建设

1. 基本思路

贯彻落实党中央、国务院农村电子商务战略部署，积极践行中国邮政集团公司“一体两翼”经营发展战略，在邮乐网平台下，以“邮掌柜系统推广、农村邮乐店建设”为抓手，整合邮政内外资源，强化邮政农村渠道优势，提高邮政农村物流配送和金融服务能力，使浙江邮政成为县及县以下农村电子商务服务的主要渠道，把浙江邮政打造成为“线上线下一体”、具有明显互联网特征的大型现代服务型企业。

2. 队伍建设

形成“省公司——市公司——县（市）公司——支局所——村邮乐购店”五级垂直管控体系，省公司层面成立省级农村电子商务发展工作组，由省公司总经理主要负责组建业务推进团队，负责全省农村电商业务日常管理和运营。市、县（市）公司相应由同级总经理主要负责，组建专门的农村电商运营团队，负责所辖地区支局网点及代理所农村电商业务日常管理和运营。农村支局网点及代理所负责所辖村邮乐购店选点、布点、筛选及日常维护工作。在选点、布点、筛选过程中，首先，选择交通位置方便的便民站叠加邮掌柜系统；其次，在当地选择经营规模较大的商超、便利店，推广邮掌柜系统，将其发展成村邮乐购店；最后，将中小规模的村级超市或城市的连锁超市作为推广网点的首选，要求有电脑设备、宽带接入，家庭式的商住一体的超市，有至少50平方米以上的营业场地，有至少2人以上的固定店内工作人员。

3. 制度建设

一是站点维护。村邮乐购店选点、布点、筛选及日常维护实施主体为农村支局网点及代理所，要求相关支局所推广建立“五个一”的联络员机制，即：建立一个联络员制度，邮掌柜联络员由当地支局所（金融从业）人员担任；建立一个考评制度，考核支局村邮乐购站（点）运营情况；每个支局建一个村邮乐购微信群，每天在群上公布运营情况等；每个支局所建一个农村电商支撑服务中心；每月召开一次村邮乐购站（点）人员会议，进行业务通报、业务培训及业务宣传等。二是形象标准。邮政为村邮乐购店提供并制作统一标准门头，墙体铭牌、侧招灯箱、背景墙，根据不同空间的规划，可同比例缩放，色彩按规定标准色，辅助色应用。三是陈列标准。包括：陈列商品要有价格标示，分门别类的摆放商品，保持货架饱满、清洁、整齐划一、美观鲜亮。充分利用门店有限空间和店面的形状，保证人员流动通畅。巧用货架黄金层（即第二层和第三层），陈列高利润、走货快的商品。购买频率较高的商品或客户容易冲动购买的商品应陈列在进口处。吸引顾客的中心不能太多，要有重点和层次。四是政策争取。省市县三级分公司明确职责，定期与当地政府，特别是商务厅、财政厅、农业厅（农委）等农村电子商务主管部门的沟通，在基础能力建设、运营能力提升和“最后一公里”服务等方面争取政策和资金支持，为邮政农村电子商务发展谋得良好外部环境。五是人才培养。充分利用本省邮政系统教育培训资源，加大对省内省市县三级企业农村电子商务人才的培养力度。同时适当引入社会电商人才，提升邮政农村电商队伍运营能力。市、县（市）分公司电商运营团队负责对所辖支局所及农村邮乐店店主，定期进行邮掌柜系统、业务帮扶、网络代购、农产品线上销售等方面的操作培训。

（二）建设线上“邮乐网·邮掌柜”平台和线下村邮乐购店，搭建农村电商综合交易平台

1. 建设“邮乐网·邮掌柜”线上电商平台

邮乐网是一家主要销售品牌服饰、箱包鞋帽、个人护理、居家生活、食品保健、母婴用品、数码家电等产品为主的 B2C 平台，目前共拥有 18 万种商品。“邮掌柜”是中国邮政旗下邮乐网开发的一款服务于商超型便民服务站、村邮站的农村电商应用管理软件，可以搭载多项业务功能，并以利于邮政切入方式进入农村电子商务市场，使之成为线上线下一体化的综合服务平台。“邮掌柜”可以叠加便民服务、商品代购、进货批发、进销存管理、会员管理等多项业务。

2. 发展完善村邮乐购店等线下渠道

浙江邮政在推进村邮乐购店线上渠道建设推广的基础上，利用全省邮政线下 73 个市、县（市）分公司及 1855 个营业网点做好线下渠道的选点拓展、日常维护和业务叠加。在选点拓展方面，以邮政农村支局所为力量，在一个村选择有一定营业面积的农村小商超进行推广。在线下日常维护方面做好村邮乐购店线下服务，包括站点日常巡视、维护、管理等工作。在线上活动组织方面，结合重要节假日开展各类促销活动，带动代购及批销业务快速发展。此外，结合支局所所属地区在村邮乐购店或周边开展邮政、商超会员、换购等活动，带动商超会员与金融会员双引流、双提升。

3. 改造农村小商店，提供“线上＋线下”“渠道＋平台”的综合服务

用“互联网＋”技术升级改造传统的农村小商店，使之成为全国统一品牌的、与互联网连接的、集“邮局＋银行＋便民服务＋超市＋网购”于一体的村邮乐购店实体店。这种新模式为农民提供“五个不出村”服务：一是“购物不出村”，实现“工业品下行”；二是“销售不出村”，实现“农产品上行”；三是“便民服务不出村”，农民在村邮乐购店能缴纳电费、水费等生活服务费；四是“金融服务不出村”，农民在村邮乐购店能办理存取款、转账、汇款、贷款等金融业务，掌柜能获得 10—20 万元的免抵押贷款。五是“创业不出村”，农民在家门口接受电商培训，帮助农民在家里就可以实现网络创业。此外，与浙江省农办签署新型农村综合服务中心试点建设合作框架协议，把“农村电商服务点”“村务办理中心”等服务功能叠加到“邮乐购”实体店，建立线上线下相结合、商业与村级便民服务相融合的新型农村综合服务中心，目前已在衢州试点。

（三）依托农村电商综合发展平台，实现邮政金融、寄递业务融合发展

把农村电商作为综合发展平台，线上线下互动，释放“一体”活力，支撑“两翼”发展。通过服务叠加、专业联动、业务协同，实现邮政金融、寄递业务融合发展。

1. 金融业务协同

将金融网点与“村邮乐购”店客户资源整合与共享，实现对农村“根据地”的深挖和对农村客群的零距离服务。一是基于农村商品批销流通的资金成为邮政农村金融业务的重要增长点，包括资金沉淀收益、结算手续费收益等；二是在村邮乐购店提供助农存（取）款、信用卡还款、网上支付、刷卡缴费、代理车险等金融业务，形成收入；三是借助“邮掌柜”系统交易平台，发放店主周转资金贷和农民消费贷，巩固并扩大邮政金融服务在农村市场的份额；四是依托农村电商平台渠道打造发展金融业务常态化模式，首先将村邮乐购店店主发展为邮政金融客户，为店主提供全面的金融产品服务，确保解决村邮乐购店店主的资金结算和便利的需求，“4＋2”标准动作确保达到 100％，即“一卡、一机、短信、电银”＋“中邮证券”＋“烟草代扣”。解决村邮乐购店店主的理财增值需求，重点做好自助理财的加办和保险理财等产品的推荐。其次，将村邮乐购店店主发展为邮政金融“获客”“获信”的联络人，鼓励村邮乐购店店主做好会员转介绍工作。最后，将村邮乐购店作为发展邮政金融的服务平台。

2. 寄递业务协同

一是以邮掌柜批销为切入点，进行快消品货物配送，衍生包裹快递寄递需求，完善农村仓储物流配

送体系。二是通过营销代购活动创造网购包裹需求。三是提供农产品进城、工业品下乡衍生快递包裹。四是将村邮乐购店打造成周边农村中小企业及居民快递包裹散件代收代投点，提供寄递业务分成使得邮政、企业、掌柜三方获利。此外，农村电商快速发展所带来的包裹增长以及批销业务上线后的配送需求的增加，有力推动农村投递网改革。

（四）挖掘城市与农村的差异化需求，协同推进工业品下乡与农产品进城

1. 充分应用信息网络技术抓住农村消费需求，开展“工业品下乡”

一是“微信营销”，以支局所为单位建立邮掌柜微信群，加强帮扶指导和日常联系，提前编辑好各种商品图片、文字、链接发送给掌柜，由他们分享至朋友群及朋友圈，以微营销的形式开展代购及营销工作。二是“活动营销”，通过制造各类活动，引导店主持续关注“邮掌柜”代购专区。三是“商品换购”，在邮乐网平台搭建金融客户“邮惠购”平台，组织挑选品质优良、有价格优势的产品和服务，为金融客户提供明显低于市场价换购的增值服务。同时，通过对“邮掌柜”进销存交易大数据分析，研究农村小超市真实需求，选择适合农村销售的分销渠道商品，探索向村邮乐购店提供商品批发服务。在模式规划方面，初步建立了“县级电商团队统筹、分局管理团队推进、支局地推人员落实”的三级运营管理体系。在商品引入方面，减少批发层级，直接对接生产商或一级批发商，使厂商增加利润、村邮乐购店进货成本降低。在仓储建设方面，省一市一县三级仓储管理体系已经实施运行，全省各地仓储等基础建筑面积已经达到1.4万平方米。在营销活动推进方面，采取邮政与供应商内外联动，线上活动和线下地推支撑相结合的方式，开展时节性和长期性的平台活动和激励政策引导。

2. 抓住城市居民差异化的农产品消费需求，推动特色“农产品进城”

一是常态化组织生鲜农品批量式进城，通过邮乐网、微平台实现规模化、标准化运作。在线上方面，各市、县（市）邮政分公司在邮乐网建立地方农产品特色馆或开设分公司微信公众号及微店，作为开放性独特分销线上平台进行销售。在线下方面，选择有资质、信用好、能力强的农业骨干企业或农村合作社进行合作，对上游货源进行统一整合并拟定采购标准，并由专业团队进行统一运营管理，按照统一包装、统一配送、统一售后等标准化操作执行。二是闲散农品整合式进城，助力“精准助农”及“创业致富”。在精准助农方面，由“村邮乐购”店收集低收入农户信息，帮助农村散户将自家农品上网销售。在创业致富方面，在全省范围挑选“农村致富带头人”，将村邮乐购店打造成闲散农品资源集散、农村包裹代收代寄的有效渠道，帮助农村散户自产农品上网销售，助推“大众创业、万众创新”。三是“农产品进城”与休闲农业和乡村旅游结合，打造具有特色“村邮乐购”功能站点。将村邮乐购店与其相结合，以农家乐、钓鱼、采摘等为特色，通过体验、购买、寄递带动站点农产品销售。此外，掌柜在邮乐平台上开设土特产专卖店，游客不仅可以在线下购买、随拿随走；也可以通过扫描产品和包装袋上的二维码线上下单、邮寄到家。

（五）改造升级农村邮政网络，建设农村电商和邮政物流综合配送体系

1. 组建投递中心支局，重构农村投递网络

浙江邮政打破乡镇区域界限，因地制宜的推行投递中心支局的组网模式。通过采取多种交通工具的组合、抛点甩片、调整转驳车转驳方式等来提升投递人员的投递能力与效率，助力包裹快递投递网效率与能力的整体提升，确保农村乡镇本街快递包裹当天进口当天投递，增强农村电商消费体验。

2. 强化交通工具配置，整合寄递终端网络

建设以农村邮政支局所为中心，以各类实体渠道为节点，通过汽车等投递交通工具有效衔接的新型农村电商寄递终端投递网络，做好“县到村”的商品配送工作，为推进农村电商物流“上行”“下行”做好支撑。

3. 稳步推进农村邮政物流和电商物流配送体系融合

在全省邮政投递网改造过程中统筹兼顾，试行运营中心、仓储中心、分拨中心、投递中心等多中心合一的模式，理顺电商物流配送信息化流程与投递流程的有机结合，在加强投递网改造的同时，稳步推进农村邮政物流和电商物流配送体系融合，为邮政企业推进农村电商发展夯实“最后一公里”物流力量。

4. 高效利用投递资源，提升农村邮路运行效率

根据投递距离的远近，整合利用现有的投递资源，将投递道路段分散或集中到不同的投递点进行出班，减少空跑里程。在投递工具配备时，采用“汽车、摩托车、电动三轮车”不同的交通工具组合来满足快递包裹的投递服务与时限要求，缩短内部处理时间，提升农村邮路的运行效率，提高农村电商快递包裹收寄体验。

三、基于三个紧密结合的农村电商综合服务体系建设的成效

（一）初步建成了兼容农村邮政的农村电商综合服务体系，交易量快速增长

自成果实施以来，全省共建成“村邮乐购”店1.16万个，“邮掌柜”日用品进销存7562.5万笔，交易金额40.4亿元；网络代购44.2万笔，交易金额2469.3万元；提供各类助农生活服务3004万笔，交易金额38亿元，优质站点推广数量、进销存笔数和代购笔数等主要指标暂名列全国邮政系统前列。通过电商平台新增金融有效客户21.71万户，实现金融资产101.18亿元。依托电商平台发展的“工业品下乡”和“农产品进城”产生大量的寄递包裹以及仓储、供应链金融等需求，不仅倒逼邮政优化农村投递网络，更为企业带动100万个包裹寄递订单，全省邮政批销模块交易额快速突破2500万元。

（二）有效满足了农民生产生活需要，探索出了一条服务“三农”的成功路径

“购物不出村”方面，已累计为农民提供网络代购44.2万笔，交易金额2469.3万元；“销售不出村”方面，已经配送缙云万斤美人茭、天目山万斤红提、舟山万斤梭子蟹、临安万斤春笋、磐安万斤小番薯等各类农产品240万斤。“便利生活不出村”方面，农民在“村邮乐购”店能办理电费、水费、话费等120多种便民缴费业务，提供各类助农生活服务3004万笔，交易金额38亿元；“金融服务不出村”方面，农民在“村邮乐购”店能办理助农存取款、跨行转账、刷卡缴费、邮政汇款、涉农贷款等金融业务，涉农贷款余额达到585亿元，累计提供助农存取款259.3万笔，金额15.5亿元。此外，还依托“村邮乐购”店积累的进销存大数据资源，试点推出互联网金融产品“掌柜贷”，已有109名“村邮乐购”店主完成授信，向他们发放贷款168万元；“创业不出村”方面，鼓励农民，特别是返乡农民和农村留守妇女等开展互联网上创业，开展相关培训覆盖2万人次。目前邮政农村电商的社会影响力不断扩大，成为浙江农村电商发展的中坚力量。自成果实施以来，全省共有27个县（市）政府给予邮政农村电商政策支持，补助资金达2470万元。

（成果创造人：陈　清、瞿雷达、严　明、吴　斌、
邢林杰、刘支宇、赵胜平、徐育麟、卢筱芳）

基于快速响应的农村供用电故障抢修服务管理

国网四川省电力公司遂宁供电公司

国网四川省电力公司遂宁供电公司（以下简称国网遂宁供电公司）成立于2005年8月，是国网四川省电力公司下属的国有特二型供电企业，主要负责遂宁电网的统一规划、建设、调度和遂宁地区的供用电服务，直接管理射洪、蓬溪、大英3个县级供电公司，供电面积5325平方公里，用工总量为2945人。“十二五”期间，完成农村电网投资92467万元，全面实施农村“户户通”工程，改造“卡脖子”线路，完成“低电压”治理和“村村有缴费点”工程，投入1.5亿元安装智能电表30万只，打造“农村40分钟抢修圈”。

一、基于快速响应的农村供用电故障抢修服务管理背景

（一）贯彻“决胜小康”战略、服务西部农村的需要

全面建设小康社会最艰巨的任务是在农村。遂宁市位于四川盆地中部，面积5325平方公里，为典型丘陵地带，下辖两区三县，112个乡镇、2050个行政村，总人口380万人，农村人口占比高达79%。然而，受丘陵地貌、农村聚居点分散、农村电网依然薄弱等客观因素影响，遂宁地区农村电网10千伏户均配变容量仅为0.72千伏安、户均停电时间达20小时，远高于国网系统13小时的平均值。随着扶贫攻坚任务的全面打响，城乡无差别保障服务需求强烈，农村供用电服务现状与其诉求差距矛盾逐步显现，成为经济社会发展着力解决的紧迫问题。

（二）落实“四个服务”宗旨、践行社会责任的需要

农村配电网与老百姓密切相关，是供上电、供好电的基础，是做好优质服务工作的前提，是提升客户满意度的保障。截至2015年，遂宁全市用电客户数130.38万户，其中农村居民客户数69.22万户，占比为53.09%；农村客户用电量3.5亿千瓦时，占总用电量36.896亿千瓦时的9.49%。农村客户群体大，辐射面积广，但电力电量消耗小，对供电企业来说是一对矛盾。近年来，虽然国网遂宁供电公司采取了强有力的措施，新增变电站布点，加快农网改造升级，缩短农村电网供电半径，提高户均配变容量，完善电网覆盖，滚动消除“低电压”等，但农村配电网发展中的问题仍然突出。如何保证电力安全平稳运行和可靠供电是公司安全生产的中心任务。因此，完善农村供用电故障抢修管理体系，优化客户体验，是公司服务好“三农”的艰巨任务。

（三）强化内部管理、提升供电服务水平的需要

农村供用电故障抢修管理历来为公司管理短板，主要表现在：农村客户基础数据收集管理不规范，故障研判质量不高，抢修费时费工；专业协同不畅，抢修资源分布不均，抢修响应能力不足，物资管理手段落后等。这些问题造成了农村配电网防灾、减灾实力较弱；农村客户投诉不畅，抢修服务闭环评价机制不健全，削弱了客户评价的真实性。

为此，2014年年底，国网遂宁供电公司开始建设快速响应系统信息平台，完善相应的管理机制，进而实现农村供用电故障的快速响应。

二、基于快速响应的农村供用电故障抢修服务管理内涵和主要做法

国网遂宁供电公司以客户需求为导向，以快速抢修复电为目标，以快速响应平台为基础，以信息化建设为支撑，打通流程和资源壁垒，通过组织扁平化、抢修组织精准化、人员组织弹性化、信息数据共享化、物资领用便捷化，逐年提升农村供用电管理能力、故障抢修复电能力，到达故障现场时间控制在

40 分钟以内，服务水平大幅提升。主要做法如下：

（一）整合抢修资源，创建快速响应中心

国网遂宁供电公司按照“遇到故障要报修，人到现场要处理，处理流程要顺畅、处理结果要满意”的“四要”抢修原则，结合农村配网实际，从“事故告知、诊断汇报、故障隔离、许可抢修、排查故障、抢修终结”六大环节进行剖析，穿透制度和部门的壁垒，重新规划运维检修、营销农电、调度运行、物资等管理体系职责，推进跨专业跨部门协同工作，优化业务流程，创建故障抢修快速响应中心，统筹资源使用，推动故障抢修一体化管理。

1. 压减管理层级，创建故障抢修快速响应中心

借鉴国内发达城市经验，结合自身特点，对市、县、供电所（班组）三级组织在抢修中的功能定位进行重新界定与明确，建立市级供电公司快速响应中心，县级供电公司、供电所（班组）抢修指挥业务由快响平台统一调度管理，新设抢修服务单元，缩减层级提高抢修效率。将传统的县公司级、班组级、台区级三级抢修管理调整为快响中心与抢修服务单元的二级抢修管理组织模式，在快响平台上建立指挥中心和供电所指挥终端，直接指挥抢修现场服务单元，并全程监控，扁平化管理。

2. 推行抢修管理一体化，提高资源整合效率

抢修管理一体化即抢修人员一体化、抢修指挥一体化、专业协同一体化。抢修人员一体化：农村供用电故障抢修分为供电故障抢修和户表（用电）故障抢修。未实施一体化运作以前，供电故障抢修由运检部门负责，户表故障由营销部门负责，营销班组抢修户表，户表前的接户线及以上部分则由配网班组负责，造成同一户故障需同时出动两支队伍前往抢修。为此，开展员工多岗位多技能培训，整合配网一体化抢修流程，实施大班组管理等，实现一户用户用电故障，一支队伍、一次抢修就可以完成。抢修指挥一体化：抢修指挥权限由县级向市级集约，由市级供电公司快速响应中心汇集信息、综合研判、科学调配、准确指挥，形成标准化、智能化的农村配网生产抢修指挥机制。专业协同一体化：开展农村供用电故障抢修流程精益化，从接收工单、确认工单、故障研判、下达抢修任务、前往抢修现场、回复配抢指挥班、现场勘查、现场处置、恢复送电、抢修回复、汇总上报、抢修回访等 12 个环节，明确运维检修、营销农电、电力调度、物资供应和安全监督等部门在抢修业务中的分工及协作关系，推动抢修业务从“分散型”向“集约型专业型”转变。

3. 优化管理机制和业务流程，提升服务效率

构建统一的配网故障抢修业务流程和制度标准，推动故障抢修业务由职能管理由流程管理转变。制定下发《国网遂宁供电公司关于推广运用农村供用电故障抢修管理实施意见的通知》，建立 12 个管理制度和标准流程，构建统一集约、高度协同、资源共享、信息交互的多专业、多管理要素协同机制。整合配网自动化、生产管理 PMS、营销管理 SG186、地理信息 GIS 等系统，为快速抢修提供信息支撑。以顾客满意为度量衡，构建抢修服务闭环评价体系，不断提升抢修服务的效率和服务水平。

（二）依托农村供用电故障抢修快速响应平台，实施精准抢修

1. 开发农村供用电故障抢修快速响应系统

国网遂宁供电公司通过外部合作，借助 GIS 平台，研发“农村供用电故障抢修快速响应系统”，该系统具有故障自动研判、电子工单派发、手机 App 接单、抢修流程节点时限告警管控、抢修物资在线管理、卫星实时定位、故障处理结果回复、电力安全服务巡诊、服务评价等模块，将抢修全流程各节点实时纳入系统记录，在线监控抢修状态。

2. App 智能派工，建立故障抢修指挥机制

农村供用电故障抢修快速响应系统的终端接口为智能手机 App。国网遂宁供电公司的农电抢修人员均配备一台安装该 App 的智能手机，作为抢修专用设备管理。快响指挥中心接到客户报修电话后，

立即启用农村供用电故障快速响应系统实时定位功能，查找故障区域现场服务人员，自动生成电子工单并派发至现场抢修服务单元人员手机终端；抢修人员在手机上接收电子工单、履行物资在线出库手续，抢修过程中通过手机对抢修前后照片进行拍摄上传，抢修完毕后使用手机客户端进行回复。农村供用电故障抢修快速响应系统全程记录抢修人员的行动轨迹和服务过程及节点时限，纳入数据库。

3. 多渠道完善用户信息，建立故障研判协同机制

一是开展营销管理系统 SG186 数据治理，完善高、低压客户档案，理清变电站、农村配网线路、变电台区、用电表箱与用电客户的拓扑结构关系，准确掌握客户用电基本情况。二是深化客户服务渠道信息化建设，加大掌上川电和 95598 电力服务热线应用推广，建立 12345 政府服务热线转交用电客户诉求快速通道，公布各级应急值班电话，多种途径补充客户基础信息。三是建立“农村用电基础信息收集”制度，制作便携式标准化的信息速录本，由工作人员定期上门收集客户基础信息、用电安全服务等方面的需求，形成实时更新的动态用户信息库。

市级供电公司快速响应中心在收到故障报修时，通过生产管理系统 PMS 获取设备台账、缺陷、检修等相关信息；通过营销管理系统 SG186 获取用户的详细信息，包括户名、地址、联系人、联系电话等信息；通过地理信息系统 GIS 确定故障影响范围、停电用户等信息；通过备品备件动态网格化管理库，查找故障所需物资；通过车辆管理系统，安排抢修车辆。在故障处理前，实现故障信息汇集，综合研判，抢修物资、人员及车辆的综合准备。

（三）科学规划抢修资源，实现抢修快速响应

1. 抢修单元网格化管理

根据实测各乡村的最优抢修路线和平均路径时间，因地制宜设置若干抢修圈，每个抢修圈服务面积为圆心半径 5 公里内，并由内向外设置三层限时到达区：第一层为 10 分钟内到达区域，第二层为 20 分钟内到达区域，第三层为 30 分钟内到达区域，并在抢修圈上重新审视、调整抢修物资临时仓储点，明确片区抢修服务负责人，并张榜公布。

2. 建设抢修队伍梯队

在农村供用电故障快速响应中心的统筹指挥下，融合三县 26 个农村供电所的所有抢修服务资源，将所有配网抢修队伍划分为四个层次的梯队，各层级梯队互为补充。抢修梯队人员统一着装上岗、挂牌服务、限时抢修，负责农村配网 10 千伏线路、农村低压电网、配电台区以及农村客户故障的抢修业务。第一梯队：由基层供电所（班组）组建，各供电所抢修人员 2 人一组，分配到各抢修圈，分级待命相互增援，负责供电所辖区内农村配网一般性故障抢修。第二梯队：各相邻供电所建立抢修互动机制，集合故障临近的 2—3 个供电所，基于基层供电所（班组）互助，负责供电所辖区内较大型应急类故障抢修任务。第三梯队：县供电公司集合县级公司资源，充分利用集体企业、社会力量组建故障抢修第三梯队，负责县辖区内农村配网较大型应急类故障抢修任务。第四梯队：市级供电公司调配各县级公司优势资源，整合检修分公司和集体企业队伍，组建故障抢修第四梯队，承担辖区内农村配网大型应急类故障抢修任务。各梯队按照快响指挥中心发出的抢修指令，执行各自职责范围内的抢修任务。

当接到故障报修任务时，农村供用电故障抢修快速响应系统自动搜索距离故障点最近的抢修人员，并向其发出抢修指令；到达现场的第一梯队的 2 名工作人员经过初步判断，对现有设备、力量进行评估，当预判无法按指挥中心要求安全、快速、及时处理故障时，立即向指挥中心发出互助请求，由快速响应中心按照统一调配、路径最近、资源调配最优原则及故障严重程度依次启用第二、三、四级梯队，快速增派抢修人员，开展抢修边界互助。

3. 抢修物资储备网格化管理

建立与抢修队伍相匹配的四级抢修备品备件及物资网格化管理调配平台，由市级供电公司快速响应中心根据故障地理位置信息，向抢修人员手机 App 提供故障点周围物资储备情况，指引抢修人员线上完成物资申请，就近领取物资，缩短物资准备时间。同时，实时监控各网格化储备点物资出入库情况和物资存量，发出物资存储临界报警，督促物资部门补充物资并按月开展账卡物一致性盘点。第一级：以配电台区为常用备品备件存储平台，将各台区常用备品备件配备到各抢修小组，确保常用备品备件随时到位。第二级：以供电所抢修点库房为常规抢修物资存储平台，对常规抢修物资进行配备，确保常规抢修物资到位。第三级：以县级供电公司物资库房为综合抢修物资存储平台，对综合抢修物资进行配备，确保抢修物资仓储到位。第四级：市级供电公司建立一体化库房，实现物资合理调拨和资源共享，深度挖掘供应链的抢修保障能力。

按照基层供电所互助管理办法，各相邻供电所建立抢修互助机制，集合故障临近的 2—3 个供电所，组建配抢第二梯队。

（四）加强队伍建设，建立回访评价机制

结合公司整体超员、局部缺员的现状，成立技能培训基地，专门建设配网抢修技能培训实训场，培育内训师师资队伍。根据故障类别编制十余项菜单式培训科目，分为专业和通用两个部分。按照“需要什么、培训什么”的原则，从实战出发，以实用为主，量身定制培训科目，不定期开展无脚本事故模拟演习，全面检验和提升配网抢修的处置能力。培训班还推出技术创新培训，两年来，参培人数 610 余人次，一次合格率为 98.36%；开展群创项目“头盔式操作巡视记录仪”等微课题 300 余项，其中绝缘子更换用辅助工具、电杆坑基开挖工具、线路防藤蔓攀爬装置等 9 项获国家知识产权局实用新型专利。

在农村供用电故障报修快速响应系统前端设计中，明确“服务回访评价”的重要性，并设计相应功能：一是投诉闭环处理功能。将投诉的受理、跟踪、告知、初审、调查、响应、决定、终止等全过程纳入信息化系统管理，增强投诉处理的透明性，引导优良的服务行为。二是内部服务评审及分析。在收集服务信息的基础上，开展投诉分析与评价、投诉处理过程的监视、审核和管理评审等工作，推动服务工作持续改进。三是顾客满意指数计算。在与顾客接触过程中开展顾客调查，收集顾客感知、顾客期望、顾客满意、顾客抱怨、顾客保持和感知价值等六类要素数据，并用顾客重要性权重加权平均值作为满意度指数。

在故障处理流程中，实施抢修服务过程全程监控，当电子工单执行到完成状态时，立即启动对报修客户的标准化问卷调查，其中包括抢修人员到达现场时间、服务质量、收费情况、客户满意度评价 4 项回访内容。回访员据实填写用户对此次报修工作的相关信息，录入系统。

市级供电公司快速响应中心梳理客户回访的意见和建议，定期推送培训需求至教培部门；推送员工评价至所在班组，按周纳入班组绩效工分，上榜公布。

三、基于快速响应的农村供用电故障抢修服务管理效果

（一）抢修质量效率大幅提升，客户与企业实现双赢

经过近 2 年的运行，国网遂宁供电公司农村供用电故障抢修效率大大提升，在派工效率、综合处置效率、到达现场时间、缩短停电时间等方面均取得长足进步。单件工单平均派单效率与 2014 年相比提升 75.47%；2016 年上半年已派发电子工单 1780 余笔，与 2015 年同期相比故障工单接单综合处置效率提升 15%；农村供用电故障抢修人员到达现场平均时间为 30.7 分钟，农村客户用电故障平均修复时间为 28 分钟。

（二）提高了客户服务满意度

2016年上半年，全川第三方客户服务满意度调查显示，遂宁农村供用电服务满意度达到99%，提升了近10个百分点。国网遂宁供电公司所辖明珠、蓬溪、大英公司连续三年在县域政风行风民主评议中荣获公共企事业单位第一名，明珠公司获“全国文明单位”称号，蓬溪公司获“国网公司文明单位”称号。

（成果创造人：何永祥、苏旭燕、向建兵、姚晓峰、曾俊杰、李　江、李忠林、王晓明、胡翠薇、余　东、赵　琼、刘治名）

通信运营商基于全生命周期的网络资源精准管控与开发

中国联合网络通信有限公司北京市分公司

中国联合网络通信有限公司北京市分公司（以下简称北京联通）隶属于中国联合网络通信集团有限公司，是一家拥有133年历史的全业务电信运营商，服务面积16800平方公里，服务人口2500多万人。近年来，北京联通积极响应中央提出的“创新、协调、绿色、开放、共享”发展理念，深化自身网络资源价值提升工作，努力开拓相关新产品、新业务，有效满足了首都通信市场普遍服务的需求，摸索出一条适应企业战略转型和促进企业创新之路。

一、通信运营商基于全生命周期的网络资源精准管控与开发背景

（一）贯彻落实企业创新战略，提升网络资源价值的需要

中国联通确定了成为“信息生活的创新服务领导者”的企业战略愿景，准确把握当前形势，提升基础业务价值，开拓发展空间。随着中国联通从传统基础网络运营商向现代综合信息服务提供商转变的过程中，网络资源的价值日益凸显，运营商越来越意识到网络资源是获得市场的基础所在，是企业核心竞争力的重要组成部分。为了提升企业综合竞争力，在“互联网＋”时代的背景下，北京联通将网络资源精细化管理视为重要战略机遇，充分发挥电信网络的整体效能，为精准的网络建设、资源优化提供有力支撑，增强企业对市场变化的敏感度和应变能力。

（二）主动响应客户需求变化，应对激烈市场竞争的新要求

随着广大用户对数据业务需求的不断增长，三大运营商之间在移动宽带业务上的竞争也日趋激烈。以首都市场为例，北京联通固定电话、宽带网络的覆盖率已超过90%，提供基础接入服务的市场增长空间十分狭小。多年来通信运营商所形成的“以我为主、行业主导”的习惯性思维，在新型互联网公司对传统通信业务逐步蚕食的背景下，成为通信运营商对客户需求反应迟钝、市场定位进退失据的最大原因。目前三大运营商均以“网络即服务”为重点，在网络提速、创新服务、规模发展等方面寻求突破，全面引发了行业竞争。

（三）有效借助新兴技术优势，提升网络资源管理水平的需要

运营商在向下一代网络转型的过程中，对网络资源价值的挖掘要求将不断提升，网络资源要形成全程全网的、端到端的管理。当前，多种先进技术已在通信网上得到广泛应用，传输网开始由传统SDH网络向UTN网络转变，OTN网络已经初具规模。服务于移动回传业务的IPRAN网络正在飞速建设。窄带、宽带、有线和无线等各种接入网技术进入了大范围推广使用阶段。5G移动通信技术、SDN、高速光通信、物联网、人工智能等新技术也开始成为通信网络的一部分。新技术的不断涌现，使得网络资源管理系统能够用统一的数据模型来满足现有或将来的网络架构成为可能。北京联通必须充分利用这些新兴技术，积极贯彻国家及北京市宽带和移动网络的建设要求，率先在同行业中探索出一条“互联网＋”时代通信企业如何挖掘网络资源价值、提升服务能力的新路。

二、通信运营商基于全生命周期的网络资源精准管控与开发内涵和主要做法

北京联通积极践行中国联通的战略部署，充分结合地域资源优势、网络承载优势及优质客户资源，以“闭环生态圈”理论为指导，形成以网络资源系统为核心的“市场—网络—服务”循环体系，在市场/服务领域，以多层次多元化的内外部需求为导向，构建多方共赢的管理模式，开拓新业务、新领域；在企业内部管理和支撑领域纵向压缩，聚合资源，推进IT和网络支撑的一体化，完善和优化激励保障

机制，构建高效、协同、一体化的资源管理体系，有效支撑北京联通新业务的拓展，取得了显著成效。主要做法如下：

（一）以“闭环生态圈”理论为指导，确定网络资源管理与开发的思路

北京联通拥有庞大的基础网络，业务发展、客户满意度的提升均依赖于准确的、相互关联的基础资源数据，然而原有的网络资源管理流程缺乏系统性，没有将业务发展、服务支撑与网络规划建设进行统一管理。北京联通通过网络/IT 的支撑、工单驱动流程再造等手段提升网络资源的承载能力和管理能力，形成以网络资源系统为核心的“市场—网络—服务”的网络资源管理闭环生态圈，将业务发展、服务支撑与网络规划建设有机结合，使网络资源繁衍生息。

（二）大力推进基础网络建设和新技术研发，构建高效一体化网络/IT 支撑体系

1. 加快实施光纤入户，逐步实现全光网络

目前，北京联通已全部完成 180 套传统语音交换系统的下电、3724 个模块局退网、完成 320.88 万铜缆单语音用户改造，拆除铜缆超过 240 万线对公里。“光改”推进使得北京市近 300 万宽带客户平均网速达到 50M 以上，超过 300 个小区具备“千兆网络”接入能力。通过引入物联网技术（智能 ODN），实现无源哑设备的统一管理，解决数据变更不及时、系统与现场数据不一致，光纤资源准确率低的问题，有效提升网络资源管理能力。

2. 研发建设云网平台，提升 IT 平台支撑能力

为打破网络资源系统烟囱式管理模式，北京联通将多套独立的资源支撑系统改为统一资源平台下的模块化管理，改变各专业资源独立管理的模式。一是化零为整搭建统一应用平台。通过搭建各模块共享资源池，实现跨网、跨层的资源优化组合，为不同业务需求的用户提供更高效的网络质量保障要求。网络资源管理支撑已经逐步从后端走向前端，这将极大地提升客户感知，创造更大的网络价值。二是完成云网平台的统一建设，实现集中化管理的“6＋1”功能体系。为提高资源利用效率，对网络资源管理系统运行机制和功能模块进行改造，形成具有北京联通特色的一体化、集中化“6＋1”功能管理体系，实现对所有资源生产全过程的质量管控，成功实现 IT 支撑重心由数据提供为主转向功能服务为主。

（三）以工单驱动流程再造，打造跨系统全生命周期的网络资源管理体系

1. 突破传统，实现全生命周期的网络资源管理体系

北京联通突破传统观念，将各个环节紧密关联互通，网络资源的数据管控形成有机的整体。全生命周期的网络资源管理模型，是通过对业务开通、网络运营生产、故障修复、设备更新、退网等过程的正确管理，来实现精准、全新的资源状态与业务实施（售中）、业务质量保障（售后）相关联。横向以资源动态更新、新技术新业务推动网络规划，实现资源的建设及扩容。纵向通过业务订单的驱动，自上而下完成业务实施，与资源信息形成强耦合关联，保证数据自动、及时更新；自下而上完成业务质量保障、资源数据纠错，保证数据的准确。

2. 精准规划网络资源建设，优化网络建设投资

为适应当前市场变化和战略需要，北京联通进一步优化网络资源投资配置模式，打破过去着重以网络侧视角进行投资规划的模式，强化以聚焦战略为指引，投资向重点区域、重点业务倾斜。目前北京联通网络资源投资配置模型所遵循的原则主要包括：一是承接全面预算对投资配置分区域要求；强化效益导向，将投资全部纳入资源配置模型。二是分区域对标改善，差异化配置资源，资源配置向重点区域、重点业务倾斜；对省分投资区域和专业结构提出刚性要求，确保重点区域、重点专业投资倾斜，实现精准投资。三是进一步优化网络架构，提出分区域的基础网络架构目标和技术方案；以项目为抓手，摸清家底，细分场景，盘活存量资产，提升投资效益。四是设置创新业务投资基金，集中使用，专款专用，支撑创新业务快速发展。

3. 开展网络建设全过程精细管理，提高网络资源利用效率

北京联通以单站点为颗粒度进行管理，实现资源利用率、覆盖质量的提升，从规划、立项、方案审核、建设进度和质量管理，到测试管理、文档管理、验收交维、合作单位和建设单位考核、报表统计及指标分析等功能都实现了单站点的全过程管理。为从建设源头加强网络资源准确性的把控，北京联通通过交维系统，将建设侧与维护侧有机结合，交维过程系统自动更新相关资源数据，以工单时限和建设质量为考核依据保证建设侧和维护侧的顺利交维，提高工作效率。

4. 不断优化网络资源的维护生产，提升网络集约化运行能力

一是基于标准地址统一网络资源的标识。北京联通通过各系统管理的交集进行模型关联和映射，生成跨部门、跨专业、跨地域的网络资源唯一标识，构成全生命周期、可持续发展的有机整体，梳理从物理网络到逻辑网络到采购链的完整资源视图。由韦恩视图确定出网络资源命名的“心形”模型，以标准地址为基础确定统一命名规则，并通过“公用语言”将所有网络资源的唯一标识生成二维码。二是打造跨部门生产流程。北京联通以“网络资源管理”为基础，将客户资源纳入资源全生命周期管理中，将业务开通、服务保障、工程建设和网络维护等流程全面贯穿，打破部门壁垒，建立快速响应的工作流程：以市场为导向的服务开通流程，建立整个企业对市场的联动配合、快速反应的运作机制；以客户为中心的服务保障流程，建立以客户为出发点的闭环流程模式，根据 SLA（服务水平协议）的承诺，可集中优势网络资源，保障高端客户的服务质量；强化成本意识和效益观念，使工程建设流程从投入驱动型向效益导向型转变，建立了网络资源成本和客户使用成本的核算体系，进行公司与客户的营利性分析；以运营为目标的网络维护流程，无论是光层还是数据层资源，都能实现资源的按需配置、灵活组合、弹性伸缩，从而达到资源利用效率的最大化。

（四）面向企业运营应用端深度能力开放，提升营销和客户响应能力

1. 面向企业内部，形成网络资源的使用优势

一是实施集中监控，强化资源管控。北京联通网络资源管理系统为实现移动宽带一体化监控，需要加强不同网络层级的关联，以集中化方式纵向关联、横向使用，真正做到精确派单到人，提升故障处理效率，改善客户感知。二是精确匹配，开展网络一键式管理。北京联通基于 SDN 技术，在业务层面上整合无线、传输侧资源数据，结合移动互联网技术，使用 Phonegap、AngularJS 等技术率先开发完成了无线业务开通系统手机 App 客户端，创新了 4G 回传网络的一键式管理应用。现场人员通过手机一键式处理，提交申请单，选择工程事项、信源设备、端口类型、传输设备、机房信息，实现基站回传业务一站式开通，达到缩短业务开通时限的目的。三是聚沙成塔，线上线下全覆盖。网络资源准确性的分析跟踪，将客户业务资源信息转化为可视化表达、及时纠错、定位网络资源变化情况，提升资源准确性。线上纠错：从前端入手，通过掌上运维 App 发起纠错工单到分公司属地维护部门进行修正，并增设纠错单处理及时率指标，纳入管控。线下优化：深入挖掘网络问题，设置资源优化纠错策略，触发优化纠错工单，通过工单闭环管理发现与聚焦问题，发挥网络鹰眼的作用、预警于决策层，督促于执行层，全面提升网络资源准确性。四是实施自我创新，开展资源产品化营销。一旦资源具备则可直接通过应用在客户现场进行下单，基于统一资源平台的自动调度系统直接完成电路调度、业务开通，直至业务完全生成。全过程极大地简化了现有流程，从发起需求至业务开通几乎避免了人工参与，缩短了客户等待时间。

2. 面向网络外部，推广网络资源的技术输出

一是实施闭环管理，开展资源反向式预警。北京联通利用大数据技术，对网络资源数据进行用户行为分析，挖掘客户深层需求，对资源信息进行反向预警，实现精准营销。对外向开发者、行业客户提供大数据开放能力，满足不同行业数据分析的闭环管理，增强市场竞争力。利用大数据存储资源维护管理

知识库，对资源问题的处理规则进行汇总、挖掘分析，建立自我学习的资源池，为网络运维中资源管理提供智能工具。利用大数据建立多层次、资源数据全集的GIS地图，以资源管理为中心，向各个网络支撑系统提供GIS地图服务。二是实施安全管控，实现自助式流量清洗。北京联通面向服务于客户需要，简化原有安全防护工作流程，实现固有业务模式从面向对内运维管理到对外客户自服务方向突破，实现从被动申告处理向主动推送处理转变。同时根据用户实际购买的业务次数、防护时长、清洗带宽等指标进行动态清洗资源管控和业务计费统计。2015年“自助流量清洗业务”带来的业务收入达2044万元。三是实施资源透明，实现客户自助升降速操作。北京联通采用SDN理念开发了客户自助服务产品，客户可以随时根据自身需求定制业务，灵活调整线路带宽，自主控制使用流量，实时查看专线流量、业务开通进度，按月查看网络运行情况报告等。自助升降速操作由现有流程的一周左右缩短为5分钟以内。四是树立标杆，实现端到端资源展示。以电商服务为标杆，借鉴工业4.0先进理念，面向客户提供高效交付、便捷服务、灵活定制能力。新需求自动核查、专线业务自动开通、用户侧设备上电自动激活（或简单配置）；以用户视角定义关键过程，提供客户自助办理、信息查询、一键报障、按需升档、在线评价等自助服务内容；将网络能力以API方式开放给内部和外部，提供灵活支撑能力。

（五）围绕网络资源能力价值提升，打造全方位管理配套机制

1. 优化企业内部网络资源管理组织机构

北京联通结合网络资源管理的流程优化工作，将流程中动作按照物理性和逻辑性归集成工位，把工位归集成岗位，由岗位确立机构，最终形成了“流程—工位—岗位—机构”的对应关系。通过机构调整，打破了网络资源管理部门间的协作壁垒，缩短冗余环节，提高客户响应速度。一是构建大客户服务支撑体系，实现基础通信需求快速响应。北京公司对大客户服务支撑体系进行优化调整，打造了“1名大客户经理＋1名大客户工程师＋N个后台支撑部门”的大客户服务支撑体系。在北京市国资委视频会议组网项目中，通过大客户服务支撑体系调度内部资源，仅用半年时间完成国资委、监事会及59家下属企业，共计62个会议室与市委市政府视频会议系统对接工作。近两年来北京联通在资源具备情况下，客户专线开通历时为4个工作日；在资源不具备情况下，建设与实施同步开展，实施时限为12.5个工作日；互联网及数据专线等基础通信产品年新增量超过3000条，收入同比增长达到18％。二是构建线路管理集约化机制，实现线路资源的精细化管理。北京联通对线路维护组织体系进行调整，实现管理上收、维护下沉的变革方式。机构调整后，线路维护（三级）单位由23个调整为13个。生产流程中缩短了故障处理历时，故障处理压缩派发及处理环节2个；施工审批由5个人工审批环节集约为3个电子审批环节。

2. 实现核心技能型和技术引领型人才高度自主化

北京联通以“优化人员配置、提升全员能力、强化人才使用、激发员工活力”为目标，通过网络结构的变化有序调整存量、定向人员新入这两条途径，实现网络资源管理等重点专业增员；通过构建能力培训体系，对重点专业及新进员工实施有针对性的培养，完善员工成长机制加速提升企业竞争力，逐步形成企业自有人员从事核心价值维护工作、从事引领技术发展方向的高端维护工作，同时优化外包内容，强化自主管理，逐步退出简单密集型工作。

3. 建立网络资源虚拟优化团队，实现量化计薪制度

北京联通成立专门的网络资源虚拟优化团队对全网资源进行数据分析，面向基础核心资源、客户业务、移动业务、局内中继业务分别进行资源优化工作。对于团队成员实施纵横考核关系，根据工作时长比例进行打分权重分配，考核应由团队组长和直线经理共同进行。将团队成员的工作折算为积分：团队成员积分＝团队承接工作的基础分×角色系数×团队工作评价系数×个人评价系数。每年度分专业线对所有参与虚拟团队成员进行积分排名：积分排名前20％的，专业线给予现金奖励；积分排名前10％的，

给予“+1”分薪档调整积分、纳入后备人才队伍进行培养；积分排名连续两年前10%的，职级晋升一级（职级带宽内）、可以根据空缺岗位情况，推荐晋升至管理序列岗位；积分排名后5%的，给予“－1”分薪档调整积分。其他方面：项目积分可应用于评先或单独应用于短期、一次性小型福利性激励，如培训机会、疗休养等。

4. 开展“共享改革红利”的专项奖励保障

一是支撑会战奖励。在专项会战中，销售线完成会战保底目标所获得的奖励，与网络支撑单位的直接支撑或间接支撑有关系的，网络侧支撑单位可以获得关联奖励。二是创新项目增收奖励。发挥积极主动性，创新行业应用方案，成功完成行业应用产品与项目的推介，并形成项目收入。奖励额度为项目年收入总额的5%。三是实施ICT项目提成奖励。通过前后端联动带来的收入，形成了增量工资与生产基层员工的收入考核指标的强关联。支撑完成大规模专项组网项目，形成项目收入的，按照专线发展规模，奖励收入1.5‰提成，每人次项目计收奖励金额最高不超过3万元。

三、通信运营商基于全生命周期的网络资源精准管控与开发效果

（一）构建了基于网络全生命周期的精准管控体系

北京联通使各类资源高度共享和动态关联，将网络资源至业务资源无缝衔接，用先进的生产流程、支撑系统将各部门工作进行串联打破原有壁垒，提高网络资源使用效率，同时将网络管理方式同网络资源变化状况结合在一起，完成网络资源的全生命周期精准管理，为全网业务做好支撑服务。干线、长长中继准确率已提升至99%，局间中继已提升至98%，接入主干已提升至92%，接入配线已提升至78%。在网络资源准确性不断提升的同时，2015年北京联通安全无误地完成各项重要通信保障工作564次，确保253家客户、5万余条电路、3亿多分钟重保时间万无一失。

（二）降低了网络建设、运维管理成本，经济效益显著

对北京联通网络的安全可靠运行提供更加强有力的保障，保证正常业务流量，节省了网络扩建投资和后期运维成本、为各类用户提供更安全的网络业务节省运维成本300多万元。2015年北京联通从水平专业线、大客户专业线、纵向优化、网络安全防护四个维度全面梳理网络资源存在的隐患1400多个、风险点531个、网络安全防护问题182个，对排查结果建立名单制管理档案，建立常态化隐患发现和处理机制。采用以“隐患排除监控策略”为核心、以工单为驱动的管控方式，组织制定各专业隐患排除监控策略共39项，并从公众客户、SP及电商等角度给出资源调整建议数十条。

（三）促进了市场开拓和竞争能力提升，提高了客户满意度

北京联通通过完成重点区域线路核查、巡防看护、地井封焊、私穿缆线治理等工作，最终协助市场前端实现客户反抢。同时，对大客户重点项目实施重点区域资源保护，通过加强资源盯防力度，阻止异网私穿事件的发生。2015年清理异网470处，缆线1273条，实现专线类反抢合同收入7330.81万元。通过异网清理，实现小区独家进入，支撑反抢小区67处。客户数量82054户，收入7397.95万元。通过清理机制，促进各运营商规范化管理缆线施工，达成管道租用协议，收回管线租用费用1.17亿 。使移动回传业务平均开通时间从40小时缩短至10分钟，极大地提高了回传业务的开通效率。客户满意度保持在98.67%。公众及商务客户日均投诉量平均值为91件。移动客户全年平均申告率0.74，同比2014年降幅27%。

（成果创造人：霍海峰、王传宝、杨力凡、赵静宜、邢志超、
范利群、杜宇玲、李　毅、张　扬、李　洋、齐海乐）

制药企业诚信文化管理体系的构建

湖南新汇制药股份有限公司

湖南新汇制药股份有限公司（以下简称新汇公司）系 2002 年 5 月收购原国有破产企业湖南省湘民制药厂成立的民营企业，2003 年投资近亿元在湖南长沙望城经济开发区实行了 GMP 异地改造，2011 年 9 月经股份制改造成立。新汇公司有 65 个国药准字号批文，其中 15 个国家基本药物，常年生产猴头健胃灵片（胶囊）、蛇胆川贝枇杷膏等 40 多个品种品规。建有前处理（含中药提取）、固体制剂、液体制剂、中药饮片四个车间和现代化综合科研大楼、医药公司、生物工程中心，建筑面积 3 万余平方米。配备国内先进的胶囊剂、颗粒剂、煎膏剂、糖浆剂、片剂、口服液六种剂型六条生产线和中药饮片生产加工设备，年制剂产能 10 亿元、饮片产能 10 亿元，系我国中南地区集新药研制、中药制剂、中药饮片和生物工程产品生产、销售为一体的现代化高科技医药企业。

一、制药企业诚信文化管理体系的构建背景

（一）诚信文化管理体系构建是践行社会主义核心价值观、构建社会诚信体系的需要

2006 年 10 月，中共十六届六中全会通过的《中共中央关于构建社会主义和谐社会若干重大问题的决定》提出“爱国、敬业、诚信、友善”等的社会主义核心价值体系。企业核心价值观是企业必须拥有的终极信念，是一整套企业经营的指导规律和永恒的指导原则，是企业对事业和目标的认同，是企业形成的一种共同境界。诚信制药正是制药企业践行社会主义核心价值观的重大社会责任。湖南省食药局为规范药品市场秩序，明文规定“要建立企业‘诚信档案’，其目的就是要把生产经营假劣药品的企业列入‘黑名单’，向社会公布，让它们无处遁形；要把守法经营的企业列入‘红名单’，给予各种便利”，并于 2008 年在全省药品生产企业中全面推行诚信构建工作。

（二）诚信文化管理体系构建是制药企业持续发展的需要

诚信是企业自身存在和发展的前提，直接影响企业可持续发展。部分员工只顾产品加工数量，加工质量马虎了事，侥幸过关；原药材采购验货不彻底，检验人员抽样粗放，造成其中的次品未能被检验出来，降低了产品质量。这些问题的出现，既有诚信缺失的因素，也有管理不到位的原因，如不彻底扭转，势必导致产品和企业信誉不好，产品市场就会陷入萧条，企业就会很难生存发展。

基于以上原因，新汇公司 2008 年起实施“制药企业诚信文化管理体系的构建”，把诚信文化理念融入企业的各项工作。

二、制药企业诚信文化管理体系的构建内涵和主要做法

新汇公司通过顶层设计具有自身特色的以“诚信制药、完善自我、追求卓越”为核心理念的企业诚信文化管理体系架构，结合企业的实际，培育和树立以人为本、“诚信第一，品格第一”的理念，实行管理者诚信文化素质的率先垂范，制定诚信岗位职责考核体系，建立履行职责监督机制、产品质量控制机制、奉献精神衡量机制、负面清单预警机制四个诚信保障机制，并将诚信文化理念融入制药生产经营全流程。主要做法如下：

（一）明确企业文化管理体系运行架构

1. 制订诚信文化愿景规划

新汇公司在建设“物质文化、制度文化、精神文化”的大框架下，突出企业诚信文化建设，制定以“诚信制药—完善自我—追求卓越”为核心理念的诚信文化建设体系，并把这一体系当作公司员工践行

社会主义核心价值观的重要标志。第一，“诚信制药”。其内容是“诚对员工、客户、社会三个双边关系”，以诚相待，诚实守信。一是建立新汇公司与员工之间的诚信双边关系。二是建立与客户之间的诚信双边关系，双方诚实守信，互惠互利。三是建立新汇公司与社会之间的诚信双边关系，新汇公司用诚对天下苍生的承诺，坚持生产良心药、放心药，赢得社会信誉和良好口碑，能使公司做强做大。第二，“完善自我”。新汇公司要与时俱进，不断进取，不断自省，努力完善企业的管理体系、产品结构、市场营销这三项基础保障，使企业不断增强市场竞争能力和抗风险能力。第三，“追求卓越”。即：创建卓越团队，创造卓越产品，创造卓越绩效，以实现“公司效益好；产品专利多，销售网络多；队伍素质高，产品附加值高，员工收入高”的“一好、二多、三高”的愿景目标。

2. 开展诚信理念专项培训

新汇公司充分认识到诚信构建的重要性，致力在员工中树立起以人为本、“诚信第一，品格第一”的理念。组织人力物力财力，编撰印制《诚信构建大全》，把上级的有关政策规定、诚信理论和理念、公司的具体做法、岗位职责和考核办法、诚信构建培训资料、GMP 有关知识以及相关知识分门别类汇集成书，使诚信构建工作有章可循。同时，采取多种形式对员工进行持之以恒的诚信理念形成教育，每年安排企业文化专干对全员进行诚信文化理论知识的系统培训。此外，各车间每月针对车间 GMP 管理过程中发现的缺陷进行专项培训。

3. 树立管理者诚信形象

一是严字当头，对中高层管理人员高标准严格要求。要求中高层管理人员“能吃苦、肯负责、会管理、要求严、标准高”，做到“执行制度比员工好，创造价值比员工多，责任性比员工强，工作能力比员工高”。因此，对中高层管理人员除每月按《责任合同书》规定，和员工一样进行相应的诚信岗位职责考核外，还特别进行月度、年度综合考核。二是讲求信用，敢于承担以契约为基础的诚信责任。新汇公司在物料购进、产品销售、资金信贷、技术合作等方面与其他企业、客户的交流过程中，合同金额大到成百上千万，小到几百几千元，坚持履行合同协约，从未发生公司失信纠纷，做到诚实守信，有诺必应，货真价实，互惠互利。三是身体力行，在实施过程中起诚信建设表率作用。2008 年省市两级诚信建设会议后，新汇公司成立由董事长负总责、总经理为组长的诚信构建领导小组，董事长向上级药监部门签订诚信构建承诺书，总经理具体安排诚信构建工作，成立各部门主要负责人牵头的诚信考核评定机构，使诚信建设真正成为“一把手”工程。同时，管理者们做到恪守自律，起到诚信建设的表率作用。

4. 规范诚信岗位职责考核

新汇公司对员工制定的“诚信岗位职责考核”（以下简称诚信考核）就是培养诚信文化最重要的机制体系。首先制订六有原则，即：“人人有岗位、岗位有职责、职责有考核、考核有结果、结果有公示、公示有兑现”，并制订相应的制度。通过制定的各项考核制度，对全体员工的岗位职责进行诚信考核，对各部门和全体员工所做的工作进行全面评价与核定，收到良好的管理效果。

新汇公司分门别类，按各部门工作职能职责，制定出全覆盖、定位准、做得到、能量化、可考核、能兑现的各类岗位的《诚信考核细则》，把各个岗位的职责用制度的形式固定起来进行诚信考核，并由被考核的员工对各自诚信考核细则中的重点工作实行自罚承诺。诚信岗位职责标准管理部门 87 类（个），生产部门 93 类（个），使在岗人员人人有鲜明的职责标准，人人有诚信“镜子”可照，有诚信“尺子”可量，并采用标准分 100 分计分制方法对每项职责考核打分，凭此打分作为发放工资等与员工待遇挂钩的依据。

新汇公司将诚信文化建设工作的考核工作确立了“四四三工程”考核制度，即“四个基本”“四个挂钩”“三个定位”。第一，考核内容涵盖“四个基本”。一要考核执行《新汇制药通用工作标准》的基本内容及实际效果；二要考核执行《药品生产质量管理规范》(GMP) 的基本内容及实际效果；三要考核执行本企业核定的关于降低生产成本费用的基本内容及实际效果；四要考核执行岗位职责的基本内容及实际效果。第二，考核结果用于“四个挂钩”。一是将考核结果与诚信构建等级评定挂钩：实行100分考核记分制，按规定分数段评出“ABCD”四个级别员工。其中60分以下（不含60分）为C级员工，C级员工连续三个月培训仍不能升级的直接辞退。二是将考核结果与工资挂钩：公司每月为每位员工注入诚信构建奖励工资100元，与工资合并计发；中层以上管理人员按“原工资总额÷100×考核分+100”的公式计发，其余员工每扣1分扣发20元。三是将考核结果与年终奖金挂钩：在全年诚信构建考核中累计三个月为C级员工的，取消年终奖金。四是将考核结果与评先创优挂钩：年终总结时，从员工全年诚信考核总分最高分往下录，录取公司员工总数的15%为公司年度优秀员工进行表彰。

（二）建立企业文化管理体系保障机制

1. 建立岗位职责监督机制

制药企业的信守诺言是以履行各个岗位职责为前提条件的。因此，新汇公司制定了符合自身特色的《内外零投诉规定》。该项规定分“内外投诉内容，内外投诉处理，内外投诉实施”三个部分共81条将服务销售、生产和产品质量、财务结算、生产计划衔接、原辅材料供应、基本职业道德、维护公司利益等工作过程中有可能发生的内外投诉的范畴和内容做出界定和规定。

2. 建立产品质量控制机制

对客户和消费者的诚信最重要的是保证药品质量。为此，新汇公司创新诚信构建产品质量控制机制，坚决执行药品生产GMP管理“一二三四”工程的管理方法。在实施国家药品生产GMP管理过程中，为使药品生产的各个环节都达到国家GMP标准，新汇制药创造性地研究制定符合自身特点的GMP管理“一二三四”工程，即以“一个一致、二个结合、三级检查、四个一”为基本框架的《GMP管理一二三四工程》。其中的“一个一致”：强调上下一致，高度统一，在GMP标准面前，没有原因讲，不姑息迁就，唯独只有标准；“二个结合”：执行GMP标准要结合工资，结合岗位责任，没有面子情分，没有资格可论，层层担责，株连纵横；“三级检查”：班组时时查，车间天天查，公司周周查，互相监督，及时整改，及时纠正风险偏差；“四个一”：一天一统计，一天一整理，一批一查物料平衡，一月一审计，高标准要求，责任明晰，环环紧扣，确保药品生产达到国家GMP标准。

3. 建立奉献精神衡量机制

新汇制药特别制定诚信积分管理机制，即用积分管理机制对员工的能力和综合表现进行全方位量化和考核，并用软件记录和永久性使用，以满足员工的精神需求。通过诚信积分管理，区分工作态度和工作质量的优劣，拉开精神、物质待遇的差距，解决分配上的“大锅饭”，形成“众人拾柴火焰高”的爱岗敬业氛围。新汇公司以“一统二评三结合”为诚信构建积分管理原则。即：运用《新汇员工通用工作标准》来统一员工日常言行举止；开展诚信构建岗位职责考核评定和诚信构建奉献精神评定；诚信积分管理与诚信构建岗位职责考核评定相结合，诚信积分管理与实施公司《员工通用工作标准》相结合，诚信积分管理与实施公司《内外“零投诉”规定》相结合。

4. 建立负面清单预警机制

新汇公司各分线高管针对自身所管理的工作，针对各个部门各个岗位的职能职责和承担的工作任务，以自查的方式，列出可能会出现阻碍完成各项目标任务的负面因素，并列出“负面清单”。通过总经理办公会议对各分线自查列出的《工作负面清单》反复进行讨论并固定，作为对各分线工作可能产生负面因素的事前提示，以未雨绸缪，督促各分线防患于未然，并组织评价各分线预防、规避、克服负面因素的实际效果，最终确保预期实现新汇公司战略目标。充分发挥诚信积分管理的奖、扣分激励机制作用，凡在年度内成功预防或排除预警负面清单中所列负面项目因素的单位或个人视情况给予诚信积分奖励，并作为年终评先创优的重要条件。

（三）把诚信文化融入制药价值链流程管理

新汇公司在企业诚信文化管理体系构建的实践过程中，狠抓制度建设，，建立涵盖公司《诚信制度建设和诚信考核》管理体系等的十大管理体系。在制定十大管理体系时，强化和细化了诚信制度建设以及诚信绩效考核的具体措施，把诚信文化理念融入药品生产经营管理工作全过程，起到良好的诚信理念管理效果。

1. 在药材采购方面

专门成立由公司总经理为组长的“原药材采购监控领导小组”；实施“货比三家”，在具有药材供应资质的供货商中选择诚信程度较高的、规模型的供应商作为公司药材采购的合作商家；无论是贵重药材、毒性药材、精神药品药材、麻醉药品药材，还是一般的原药材，不论包件多少，均逐件抽检。坚持“不合格原药材不入库”的“物料入库验收标准操作规程”，如有违反，无论主客观原因，将按新汇公司诚信考核规定，对相关岗位的员工及其直接领导进行诚信考核。

2. 在技术创新方面

坚持技术创新实施不断提升药品质量和降低成本的根本途径，为此，新汇公司在诚信考核中，对技术创新人员在诚信积分管理中赋予特殊的奖项：“凡提升标准被收载于《中国药典》的，凡获得新药临床批件、新药证书、新药批文的，主要负责人奖积分 1000 分，第二负责人按 60%奖积分，辅助和参与人员按 30%奖积分；新药临床批件主要负责人奖积分 600 分，第二负责人按 60%加积分，辅助和参与人员按 30%奖积分”。该奖励标准是公司对于其他或国家级奖项奖分的 3—10 倍，充分调动技术创新人员的积极性。

3. 在关爱员工方面

新汇公司在《企业诚信文化建设体系》中明确规定“公司与员工”之间的互为诚信承诺的关系，在《十大管理体系》中，专门单列《社会责任关爱残疾人管理体系》，把关爱残疾员工用制度的形式固定起来。新汇公司用自身的诚信行为落实对员工的承诺，把原厂的下岗职工（特别是 200 多名军残、社残员工）安置好、安排好，让他们工作好、生活好。为上班的员工上下班购置车辆接送，买足医保、社保等各种保险，定期发放劳保用品，设置了免费的午餐，按时发放员工工资，每年过年过节发放生活物资，每年年终发奖金，新汇公司自成立后已连续 14 年出资组织员工旅游。

4. 在降本增效方面

新汇公司专门制定“成本管理控制体系和措施”，纳入“诚信岗位职责考核”和“诚信积分管理办法”进行管理。一是设立“结算中心”制度，将销售、供应、生产、质量控制、设备环保、行政后勤等部门实施分类核定各种费用，一律使用内部厂币，统一到“结算中心”进行收支结算。二是制定“‘三项资金’核定制度”（库存原材料占用资金、生产系统半成品和库存产成品占用资金、应收账占用资金）。三是制定“销售应收账款上限额核定制度”。四是制定“内部贷款制度”。五是制定“内部计息制度”。六是明确责任主体承担相应责任。

5. 在服务市场方面

新汇公司内部有“一切服从销售，一切服务销售”的硬性规定，制定《新汇诚信销售服务“一二三准则”》并严格考核。核心内容包括：“一诚心、二创造、三及时”。“一诚心”是“诚心与客户合作，为客户服务”；“二创造”是“为消费者创造健康条件，为客户创造盈利空间”；“三及时”是“及时发（送）货不过夜，及时答复电话传真等信息不过时，及时处理问题不过周”。

三、制药企业诚信文化管理体系构建效果

（一）形成诚信文化管理新体系，诚信理念深入人心

新汇公司自2008年起，根据自身实际，实施制药企业诚信文化管理体系的构建，成为湖南省药监系统在全省药品生产企业开展诚信构建的标杆企业。8年来，新汇公司坚持以“生产放心药品，诚对天下苍生”的庄重承诺为精神支柱，狠抓企业诚信文化建设，已构建起企业诚信文化管理新体系。受到社会各界的认可和好评，得到了上级的肯定和鼓励，被湖南省委宣传部等4单位授予“湖南诚信企业”和“湖南诚信百强品牌企业”光荣称号。公司整体工作：在省级以上先后获得“中国诚信经营AAA级示范企业”“全国医药行业重合同守信用企业”等荣誉称号。

（二）确保了产品质量，经济效益显著

新汇公司开展企业诚信文化管理体系构建以来，产品质量的市场检测合格率一直保持着100%。诚信服务在广大新老客户中产生了深远的影响，销售网络不断拓宽。2015年，产品“九味肝泰胶囊”新开发了上海和江苏市场，启动了宁夏、山东、河北、辽宁、山西、天津等省份客户对接和招投标保标工作；产品“蛇胆川贝枇杷膏”OTC连锁开发成效显著，浙江、宁夏、湖北、江苏、福建、四川、重庆市场上量稳定增长。2015年新增客户171家。到目前为止，VIP客户已遍布全国30多个省（市、区）。2011年销售收入首次突破5000万元，2012年销售收入首次突破亿元大关，2015年制剂产品销售收入达到1.5218亿元（不含子公司新汇医药公司销售收入），同比增长43%。

（成果创造人：何述金、何承东、刘亦萍、周　准、杨志镍）

供电企业基于中心城市不停电的替换式作业管理

国网宁夏电力公司银川供电公司

国网宁夏电力公司银川供电公司（以下简称国网银川供电公司）是国家电网 31 家大型重点供电企业之一，供电营业面积 9170 平方公里，承担着银川市三区两县一市 128.75 万户用户的供电任务。企业总资产 416105.98 万元，截至 2015 年营业收入 600144.3 万元，现有职工 1410 人。近年来，国网银川供电公司积极探索提升城市供电可靠性的管理模式，经过多年管理实践，通过资源整合、优化管理，具备 110 千伏至 0.4 千伏不停电作业能力，为更好地服务经济社会发展，助推银川市打造沿黄经济区核心城市、宁夏内陆开放型经济实验区龙头和现代化区域中心城市，起到了非常重要的作用。国网银川供电公司先后荣获“中央精神文明建设全国文明单位”“西北区域电力行业安全生产先进单位”“中央企业先进集体”“国家电网公司先进集体”“自治区‘五一’劳动奖状”等荣誉称号。

一、供电企业基于中心城市不停电的替换式作业管理背景

（一）更好地满足经济社会发展与人民生产生活的需要

电网作为城市基础设施，在城市化发展过程中与国民经济和社会发展衔接协调越来越受到人们关注。随着市场在资源配置中的作用不断加强，经济社会的快速发展，人民生产生活的质量不断提高，企业对于快速接入负荷的期望愈来愈高，局部区域供电能力不足及中心城市高可靠性供电的问题日益突出，甚至已成为制约经济社会发展的瓶颈。供电企业虽然采取了“超前规划、提前布点”等措施，但受限于土地、通道及建设改造周期等因素，仍不能完全满足供电需求。

（二）实现企业发展战略与提升企业核心竞争力的需要

为用户提供持续可靠的电力供应是供电企业发展生存的基础，虽然供电企业已经将设备停电检修逐步调整为涵盖运维、基建、营销等多专业的综合停电检修，但仍无法彻底解决用户停电问题。

传统的停电检修模式已然不能适应电网企业发展的需要，此外供电企业在面对电力系统突发状况时，缺乏足够的应急保障能力，即使应急抢修员工反应迅速，但常规的应急抢修却无法迅速恢复供电，员工“心有余而力不足”，区域应急救援水平还需进一步提升。

（三）全面提升企业运营与管理效率的需要

国网银川供电公司于 2013 年在国内率先实践基于中心城市不停电的替换式作业管理。不停电作业的有效发展，需要在规划、设计、建设、运维等阶段密切协同和有效衔接，但在规划、设计等环节缺乏不停电作业的整体考虑，各环节仍立足于小框架，未统筹考虑新建线路路径选择是否适合开展不停电作业，重要用户是否预留不停电作业接口，新建变电站是否能够停放移动作业装备等，为后期不停电作业的开展带来不便。

在传统分散管理模式下作业人员、装备、物资分散配置，各自为战，由输、变、配电各扫门前雪，无统一调配管理，无法实现“集中力量干大事”的局面。同时，开展作业时，各专业交叉环节存在真空，管理分散、响应不同步、专业协同能力差的问题突出，在面对较为复杂的作业时，无法体现集团作战优势。

二、供电企业基于中心城市不停电的替换式作业管理内涵和主要做法

国网银川供电公司以中心城市不停电为目的，坚定“你用电，我用心”的企业信条，科学制订“提高供电可靠性和提高客户满意度”的战略目标，紧紧抓住管理创新和技术创新两条主线，以不停电作业

为中心、以替换式作业为手段，以人员、装备等统一调配管理为基础，以 110 千伏至 0.4 千伏城市电网骨干网架为覆盖范围，健全组织机构、构建作业体系、完善标准制度、协同作业方式、确立保障机制、推广应用范围，形成完备的基于中心城市不停电的替换式作业管理。通过 3 年的成功实践，国网银川供电公司探索出一整套具备移植性的供电企业中心城市不停电作业体系、管理体系，提升企业运营管理效率、提高企业核心竞争能力、更好地为经济社会发展服务。主要做法如下：

（一）确立指导思想，健全管理体系

国网银川供电公司不断积累不停电作业经验，在深入研究传统停电作业模式不足的基础上，围绕“提高用户可靠性、提高客户满意度”这一目标，坚持不停电作业的管理要求，明确应用替换式作业的方法保证城市供电可靠性，逐步确立“在优化配置替换式作业资源的基础上，利用高效的替换式作业运行管理体系，实现传统不停电作业模式向中心城市不停电作业模式转变”的实践方向。

通过健全组织管理机构、建立替换式作业体系、完善技术标准和管理制度、调整协同作业方式、确立运行保障机制、推广应用范围等途径，开展基于中心城市不停电的替换式作业管理，如图 1 所示。

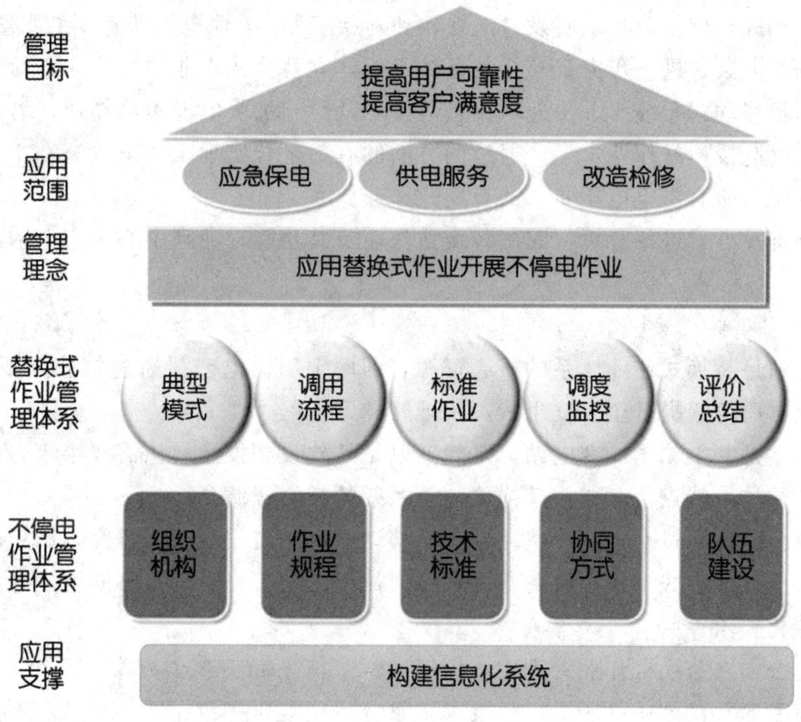

图 1　基于中心城市不停电的替换式作业管理体系示意图

1. 研究替换式作业模式

国网银川供电公司分析不停电作业理念，抓住不停电作业实质，提出利用替换式作业的方法拓展不停电作业的实践理论。“替换式作业”是电力系统的“器官移植手术”，利用多种不同功能的不停电作业设备，采用短时替换的方法，代替在运设备，实现供电系统持续运行的目的。

2. 建立两级管理组织体系

国网银川供电公司成立以总经理为组长、运维检修部为不停电作业支撑部门的管理机构，将安监、调度、营销、物资、基建等部门纳入机构，定期组织会议，及时协调不停电作业中出现的问题。

在具体实施层面，结合替换式作业“间歇性”的特点，以项目化管理为理念，成立面向任务的、跨部门、跨专业的虚拟管理小组，为各项工作的开展提供实施组织保障。各部门在项目中协调配合，人力资源配置得以优化，涉及各部门及专业间的业务关系由运维检修部统一管理、统一协调，实现专业化、垂直化统筹管理，提高工作效率。

3. 构建绩效考核体系

国网银川供电公司通过替换式作业月度通报机制和滚动发展管理机制，定期总结分析替换式作业开展情况；通过替换式作业工作计划考评会，统计分析当月替换式作业工作计划执行情况，分析现场安全隐患；通过营销部门客户回访机制，提前制定用电可靠性要求高、电能质量要求高的用户作业方案。按照边实践、边考评、边整改的方式，使替换式作业体系不断深入、不断发展、不断完善。

（二）统筹资源配置，建立作业体系

国网银川供电公司依托国家电网公司“三集五大”体系建设，统筹资源配置，整合作业资源，打破专业壁垒，建立替换式作业体系。

1. 建立替换式作业装备体系

国网银川供电公司提前规划重要不停电作业装备配置，逐步丰富作业装备；同时组织技术力量对各个装备间的连接技术进行创新，自主研发“电缆快速对接箱”“柔性电缆快速对接装置”等7项专利技术，形成局部的技术突破，进一步完善整个装备体系，建立替换式作业体系。一方面使用移动式环网柜车、移动式箱变车及移动式布缆车、快速对接箱等技术及设施加强电缆检修作业，另一方面使用移动变电站提升变电站的改造及检修作业水平，通过两方面的有效融合实现110千伏至0.4千伏涵盖变电站及电网线路在内覆盖城市所有供电电压要求的替换式作业体系。

通过对作业种类及方式进行分析，明确替换式作业及其功能，达到中心城市电网设备不停电作业全覆盖。

2. 打造替换式作业典型模块

车载移动变电站是替换式作业体系的核心资源，国网银川供电公司通过打造典型替换式作业模块，在国内率先将作业电压等级提升至110千伏，实现跨越式发展。

车载移动变电站是装上轮子的变电站，常规变电站从建设到投运最快需要半年，而移动变电站仅需要半天即可，这样的技术特点使其成为替换式作业系统的核心资源。

国网银川供电公司在通过对110千伏三卷车载移动变电站应用模式的研究，确定四种典型替换式作业模式，明确其替换接线方式、使用设备范围和作业流程，使其完全满足不同电压等级，不同应用场合替换式作业的差异化要求。

国网银川供电公司在替换式作业管理中，提出“一个体系涵盖多个方案、一个方案涵盖多个流程、一个流程涵盖所有专业”的“一揽子”工作要求，整合不同电压等级、不同类型、不同部门的替换式作业设备，将不停电作业从市、县、乡镇全部延伸到户表前，拓展不停电作业的范围，将原有的不停电作业范围扩展到110千伏至0.4千伏，实现专业垂直管理，全面满足城市电网供电需求。

（三）规范技术标准，强化制度流程

1. 深化技术规程

国网银川供电公司编制、修订《国网银川供电公司不停电作业技术规程》等技术文件，增加利用替换式作业方法，明确作业范围，建立安全保障机制。同时编制作业指导书、运行规程等现场作业文件，为不停电作业的发展打下坚实基础。

国网银川供电公司组织相关专家及技术人员在现有不停电作业规范基础上制定《宁夏电力公司移动变电站检修试验规范》《宁夏电力公司移动变电站管理规范》《宁夏电力公司110千伏移动变电站现场运行专用规程》等规程。

2016年，国网银川供电公司作为主要编写单位，与国内多家企业联合编写企业标准《车载移动式变电站运行导则》，形成两级标准体系，保证基于中心城市不停电的替换式作业体系的安全稳定运行。

2. 完善管理制度

为保证替换式作业运行，银川供电公司在执行国家电网公司通用管理制度的基础上，针对规划、设计、建设、营销、调用、运维等环节出台多项补充管理规定和实施细则，建立完善6大类13项管理制度，完善基于替换式作业标准化管理体系，从制度层面奠定替换式作业的开展基础，使替换式作业所涉及的各项工作都能够有章可循、有据可依。

同时提炼以移动变电站为主要典型模块，将此部分的管理工作进行总结，获得国家电网公司管理创新成果奖项1项，承担国家电网公司管理创新成果课题2项。

3. 优化作业流程

国网银川供电公司重新梳理现有流程，巧妙地采取“独立功能模块”嵌入的方式，减少流程变革的阵痛。在不改变流程基本结构的基础上，在判断选择任务中，嵌入具备独立功能的“替换式作业模块”，实现调整流程而不影响流程的目的。

项目实施全过程执行相关标准化作业指导书，同时细化各实施替换式不停电作业的项目流程，如车载式移动变电站应用的全过程流程，规范流程的作业主体、作业顺序、作业要求，实现作业规范化和标准化，确保过程可控。

（四）建立协同组织，实现区域调配

1. 构建协同联动体系，密切应用配合

为保障替换式作业体系能够顺利开展，以虚拟管理小组为依托，建立协同联动机制，在不同作业状态下，各单位、各部门协同，构建常态化的协同机制，提升工作效率。如移动变电站发生设备异常或事故时，由国网银川供电公司报请宁夏电力公司运检部，由宁夏电力科学研究院协助进行诊断性试验和故障原因分析，协同处理。

2. 构建应急协同联动，密切灾害救援

通过与自治区安全管理部门的联系，确立灾害救援应急响应协调机制，通过参与自治区举办的应急演习，形成西安供电公司、宁东供电公司、石嘴山供电公司地市公司的联合协同应急处置预案，促成以替换式作业为核心的地区间、网省间大纵深的应急支援联动。

3. 构建区域调配机制，提高协同效率

国网银川供电公司统筹考虑宁夏电网应对大型检修及突发状况处置的需求，构建省公司、使用单位、保管单位三方联动机制，根据“轻重缓急、高效利用”的原则对替换式作业装备进行统一调配，并制定替换式作业装备调用流程，高效完成交接运行，实现面向省内的复制性应用。

2015年8月，替换式作业装备在宁夏中卫地区应用于海原110千伏变电站改造及10千伏开关柜更换现场，作业过程高效、顺利，配套的运输监测、技术支持、应用指导等技术工作同时实施，实现高效协同。

（五）建立替换式作业系统保障体系

1. 构建量化评估体系，评价应用效果

国网银川供电公司根据实际情况制定完善的基于中心城市不停电的替换式作业量化评估指标体系，实现从定性分析到定量分析的转变，并在每次使用后进行总结分析，推动体系应用持续改进和提升。

2. 构建人才队伍体系，规范应用过程

为适应基于中心城市不停电的替换式作业体系内各种全新设备的作业要求，国网银川供电公司组织工作人员进行多种形式的学习，强化专项业务技能水平，将培训贯穿设备研发、交付、使用以及现场作业全过程。

为打造一支高素质的替换式作业队伍，国网银川供电公司以“人才强企”战略为基础，以体系建设发展需求为导向，以求实求效为出发点，严格培训管理。按照不同电压等级有针对性地对作业人员进行差别性安全和技术培训，主要采用作业模拟、专业研讨、现场实操等方式。

为适应全新设备的工作要求，国网银川供电公司适时组织作业人员集中学习，提高业务能力，并将替换式作业重点、难点操作拍摄成教学视频供本单位及同行参考学习。通过立足实际、拓宽内容、丰富形式，满足各电压等级的需求，打造出一流作业队伍。

3. 构建信息化体系，提供应用支撑

国网银川供电公司在替换式作业体系建设时统一考虑其信息化要求，装备均实现信息采集、传递功能；应用前将替换式作业装备全部列入调度控制中心管辖范围，接受统一规范的管理和调度，替换式作业设备接入系统前须编制接入方案，并由调控中心统一命名，遥信、遥测等状态信号全部由后台监测系统转发至调控一体化系统，达到实时监控的目的。

在替换式作业装备上安装大量的在线监控辅助仪器，监视装备运行数据实时回传，在收集大量数据后利用状态评价专家系统评价设备状态，为替换式作业装备作业提供科学评估。同时利用移动互联网技术，实现视频监控全覆盖，监测数据远程及时调取，满足特种作业条件下信息管理需求。

（六）延伸系统应用领域

1. 进行联合应急救援演练，延伸紧急状态应用

借鉴体系建设经验，创新以替换式作业装备为核心的联合应急救灾模式。国网银川供电公司基于中心城市不停电的替换式模式实施，形成多部门、多专业定期联合应急演练制度，将替换式作业装备、人员列入宁夏回族自治区应急救援支队。实现立足银川、覆盖全区、辐射西北的中心城市电网应急保障能力，最大限度地发挥替换式业体系在电力应急保障中的作用。

2. 提供临时供电方案，延伸用户需求应用

为满足用户在临时电源接取困难时的用电需求，贯彻落实国家电网公司服务社会的理念，国网银川供电公司依据《宁夏电力公司固定资产租赁管理办法》，制定《替换式作业装备作为用户临时电源接入补充管理规定》，着重考虑用户体验，减少审批环节，缩短审批时间，最大限度方便用户，明确替换式作业装备作为用户临时电源接入的调用流程，在业务流程精简顺畅的同时，严格管控安全风险，确保替换式作业装备安全运行，实现优质服务和安全管控的高度统一。

3. 扩展实践适用范围，延伸城市电网应用

鉴于该体系的可复制性，在相应的制度、流程完备的基础上，国网银川供电公司积极探索在其他地区的应用工作，并多次成功落地。该体系在园艺 110 千伏变电站 2 期扩建工程中，成功转移全站负荷，转带施工影响的灵武市城区 1/4 地域面积负荷，形成工程实施期间原变电站不失负荷的有力作业局面。

同时，在应邀参加在汉召开的移动变电站峰会上，国网银川供电公司作为全国首家现场应用移动变电站等多种替换式作业装备的单位，向全国多家省、自治区、直辖市公司专业代表介绍了应用方法，推广“基于中心城市不停电的替换式管理”经验，受到了其他与会代表的广泛好评和认同。

三、供电企业基于中心城市不停电的替换式作业管理效果

（一）提升服务水平，提高用户满意度

体系的建立从根本上提升了供电可靠性，减少了用户直接停电时间，一方面满足了电力客户连续用电需求，提高客户满意度；另一方面弥补了因电网建设改造周期长而带来的供电负荷损失，创造经济效益。

通过开展局部供电单元、供电功能模块替换作业节约大量电费损失及改造时间，以高新 4 号开闭所改造应用为例，采用电缆替换作业技术对老旧高压设备进行更换，节约 2/3 停电时间，节省电量损失 54 万度，仅一项作业创造效益 32.18 万元。

在国内首次使用替换式作业对城市核心电源点光华 110 千伏变电站进行改造，停电时间由 36 天缩减至 6 天，工期缩短 30 天，避免电量损失 1958.4 万度，一次节约电费损失 686.5 余万元。

在灵武市园艺 110 千伏变电站扩建工程中，应用该体系停电时间由 26 天缩短至 2 天，大幅减少了停电时间，可靠性提高 0.002%，实现 230 余万元收益。自体系应用以来，2014 年取得经济效益 89 万元，2015 年取得经济效益 978.5 万元，2016 年取得经济效益 431.5 万元。三年累计取得经济效益 1499 万元，年均经济效益 499.67 万元。

（二）提高工作效率，首创替换式作业体系

国网银川供电公司创制的基于中心城市不停电的替换式作业体系，科学、全面地变革了原有作业体系，通过流程的完善突破了企业内部各个部门间的管理壁垒，通过业务的创新打破了电网建设各个阶段间的业务隔阂，从实际应用出发，以管理的末端业务调整促进上游环节的变革，实现提升各业务运营效率，提高企业内生能力的效果。

通过电网规划前期的统一设计，为替换式作业留下接口，打下了电网建设投产基础；通过电网建设试运和投产期一体化方案，缩短改扩建工程的施工时间，为用户供电和后期运维打下基础；通过对于常规工作的优化，减少用户停电时长，为进一步提升优质服务打下基础；营销部门利用该作业方式减少用户负荷接入时限，为电网建设、维护等营造了良好的舆论环境。

同时灵活可控的作业时间也减少电力企业在传统停电检修模式下作业人员为了赶工期加班加点超负荷的疲劳作业，有效降低了作业人员的工作强度和安全风险，提高了工作效率。

（三）提升企业竞争力，社会效益显著

体系建设为助力地方发展，奠定了基础。银川市滨河如意服装有限公司智能化服装生产线总投资 22 亿元，是银川市政府主导的重点项目，整个项目建成后将吸纳 3.3 万人就业，对带动地方经济繁荣发展具有重要的意义。国网银川供电公司全力配合地方重点产业项目的实施落地，主动上门服务，利用替换式作业手段为银川市滨河恒天如意科技产业城项目建设提供快速有效的用电方案，全力解决客户的用电难题，保障了项目的顺利建设及投运，赢得了银川市政府的高度赞扬。

国网银川供电公司在体系建设过程充分利用替换式作业支撑，向社会承诺：民生工程报送低压申请 7 个工作日内送电，高压申请 10 个工作日内送电。通过开展延伸优质服务，无缝对接银川市社区菜篮子便利店、老年人日间照料中心、拆迁安置保障房等“十大民生工程”，为银川市的老百姓提供安全可靠的供电保障和优质的供电服务，国网银川供电公司连续多年在全市行风评议中名列前茅。

体系建设过程中整合了现有应急抢修资源，完善了应急预案和响应机制，在电网设备因自然灾害、不良工况、危急故障退出运行时，可以快速响应，为受灾区域提供大容量、多接口的应急电能保障，切实履行国有企业社会责任。完备的作业体系，弥补了传统电网设备故障或检修时设备停电处理方式的不足，使得快速隔离故障检修设备、还原电网拓扑结构、构架新的坚强网架成为了可能；通过管理制度的创新、流程的完善，形成了可复制、可移植的完整管理体系。中央电视台、新华社、经济日报、中央广播电台、宁夏日报、国家电网报等 17 家媒体记者对体系的实践进行了报道，极大提升了品牌效益，提升了企业影响。

通过体系建设管理实践，形成了覆盖 110 千伏至 0.4 千伏城市全电压的应急体系，创新了电网检修、应急抢修技术手段，有效减少了用户停电时间以及重要用户的单电源供电时间，降低了区域电网大面积停电的潜在风险，赢得了良好的社会声誉和口碑。特别是银川城市中心变电站老旧、重载设备改造工程，以及在中阿经贸论坛、中美旅游领导高峰会议等政治保电中，提供持续电力供应和应急保障，社会效益显著。

（成果创造人：赵　亮、房　喜、张小牧、杨　畅、宋永强、
薛　东、梅　华、杨熠鑫、金英杰、张　灏）

县级供电企业支撑世界级大会的多方协同长效供电服务管理

国网浙江省电力公司嘉兴供电公司

国网浙江省电力公司嘉兴供电公司（以下简称国网嘉兴供电公司）成立于1962年，是国网浙江省电力公司所辖的大型供电企业，员工2467人，供电客户193.09万户，下辖国网桐乡市供电公司等5家县级供电企业。截至2015年年底，嘉兴电网拥有110千伏及以上系统变电所157座、变电容量3623万千伏安，110千伏及以上输电线路4780.6千米。近年来，国网嘉兴供电公司先后获得全国文明单位、全国五一劳动奖状、全国供电可靠性金牌企业（A级）、全国质量奖鼓励奖、全国电力行业质量特别奖、中央企业先进集体、国家电网公司先进集体、浙江省企业文化优秀单位、浙江省卓越经营奖、国网浙江省电力公司精神文明建设先进单位等荣誉称号。

一、县级供电企业支撑世界级大会的多方协同长效供电服务管理背景

（一）有效支撑世界互联网大会成功举办的政治需要

世界互联网大会（World Internet Conference）是由我国倡导并举办的世界级互联网盛会，这是为数不多的由我国永久举办的世界级大会之一，截至2015年年底大会已经召开两次，桐乡乌镇也被认定为世界互联网大会永久会址，以后每年都将会在乌镇召开一次。乌镇地处杭嘉湖平原腹地，为二省三市交界之处，作为典型的中国江南水乡特色小镇，承办安保级别为“国家一级加强”的世界互联网大会尚属首例，而且还将永久承办，这对桐乡市政府提出了更高的保障要求。供电保障是大会服务保障中最重要的一项工作之一，因此确保大会供电保障万无一失，对于国网嘉兴供电公司而言责无旁贷。

（二）提供保电服务的企业面临诸多外部问题

世界互联网大会的承办场馆由传统的政府主办场馆转变为多种产权所有的场馆，会议服务由传统的政府化服务转变为新型的社会化民间服务。这就意味着多种产权下的电力保障需要适应供用电多方产权所有者的各方需求。多方协同解决各方职责边界、场馆设施出资、效益最大化的配合协作等问题，提升产权多元化形势下的电力保障能力，确保用户安全可靠用电，不仅是供电企业亟须面对的新问题，更是供电企业适应经济新时期、多元化产权模式下供电服务管理新常态的需要。妥善有效地解决“小镇办大会”中资源与要求不对等、设施与期望不匹配等一系列问题，建立小镇永久会址多方协同的长效供电优质服务管理，成为确保“小镇办大会”电力供应必不可少的主体要件。

（三）提供保电服务的企业面临诸多内部问题

乌镇是一个镇级城市，相较于一线城市和中心市区来说，可利用资源相对较少，承办国际大型会议面临更多的困难。一是电网薄弱，供电可靠性低。二是永久会址，供电需求长久。世界互联网大会永久落户乌镇并每年举办一次，乌镇区域电网不仅需要解决短时电力保障问题，更要从长期性上提升整个电网的供电可靠性。三是意识薄弱，工作推进难度大。乌镇景区由第三方上市公司管理，居民众多，对所辖电力设备补强需兼顾投资的经济性与回报性，投资意愿不强烈。多种因素造成供电服务能力不适应的瓶颈。因此，科学规划，构建支撑世界级大会的长效供电服务管理是对供电企业的严峻考验，也将极大地提升供电企业的服务能力。

二、县级供电企业支撑世界级大会的多方协同长效供电服务管理内涵和主要做法

国网嘉兴供电公司以满足“政府、客户、企业”多方利益诉求为着力点，以“政府主导、客户主管、电力主动”为原则，按照日常供电—重大活动保电—日常供电为时序，高效协调政府、用户、企业

多方资源和需求，明确需求分析、资源调动、持续完善的工作流程，构建明确政府、用户和供电企业三方责任，建立“平战结合”的组织机构和工作机制，调整“平战结合”的服务流程和制度，实施配网改造和新技术应用，建立政府、企业、用户和外援有效协同的供电保障体系，固化“战时”演练应急预警模式的“六位一体”多方协同长效供电服务管理。既满足平时电网安全可靠运行要求，又实现重大活动期间“电网设备零故障、用电客户零闪动、保障工作零差错，客户服务零投诉”的“四个零”的供电目标。主要做法如下：

（一）理清思路，明确政府、用户和供电企业三方责任

1. 理清工作思路，明确工作机制

建立“平战结合、六位一体”合作共赢供电服务新模式框架理清工作思路，如图 1 所示。通过多方充分沟通，把握政府、用户需求，进一步明确各方责任边界，采用市场化运作方式，借助政府的支持和最大限度地取得用户的配合，解决供电设施费用落实难等关键问题，维护多方利益，最终达到多方共赢的目的，确保供电服务各项措施落实程度最大化。

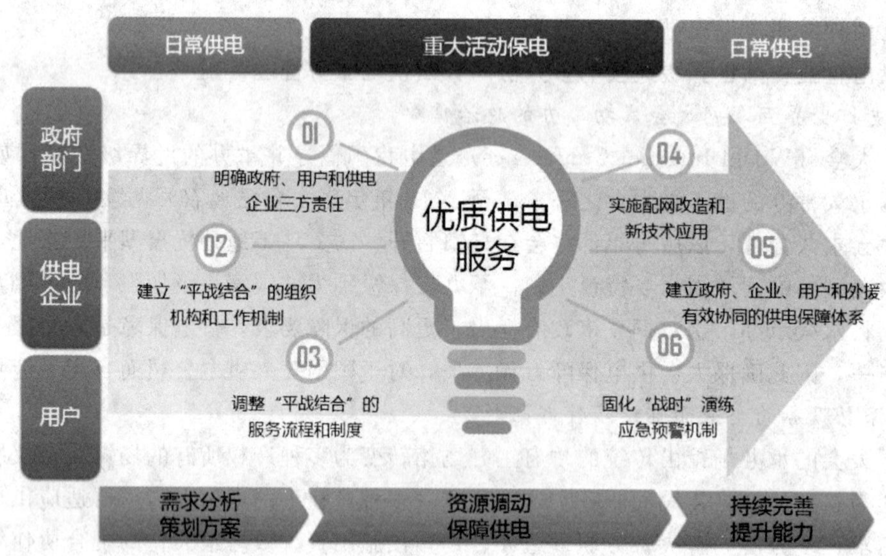

图 1 “平战结合、六位一体”合作共赢供电服务新模式

2. 明确三方责任，划清产权界线

国网嘉兴供电公司多次与客户深入沟通交流，收集其意见与建议，斟酌用户设备实际情况，协助政府编写《乌镇峰会供电单位内部供配电系统现场查验规范》和《乌镇峰会重大活动场所用电设施配置与管理导则》，使供电服务工作在与客户沟通时更加有法、有理可依，并让利益相关方各自的责任边界得以明确。

由政府协商，共同商定供电设施出资模式。供电企业负责外围配电网建设项目投资建设，政府负责会议新场馆电源接入相关土建项目及超出常规供电要求项目的投资，客户负责会议新场馆配电房用电设施及电源接入最后 100 米的投资，存在争议的部分由政府垫资，政府和客户最终根据经济效益等因素协商确定。

3. 完善协调方式，实现多方共赢

供电服务工作涉及方方面面，高效整合各方资源，是确保供电服务工作的基础。

一是借力政府督导，做好专业支撑。根据世界互联网大会供电服务需要，由政府部门牵头，成立承办工作领导小组，国网嘉兴供电公司下辖的国网桐乡市供电公司作为环保监管与基础保障组成员单位，

专门负责大会供电保障，与政府建立联系对接渠道。由政府定期召开协调会议，并建立督办机制，供电企业加强专业支撑，确保各项工作落到实处，做到政府人员在与不在都能高效解决各项问题。

二是创新租赁模式，实现供需共赢。针对乌镇配电网涉及多种产权的大量用电设备情况，供电企业从用户需求角度入手，通过搭建供电设备租赁平台、引导客户投资提升供电设备、共同培育设备运维人员水平等方式，拓展供电服务合作共赢模式，改变以往“由政府下任务要求，供电企业配置资源主导落实”的方式，着眼于用户资产增值，以利于供电企业与用户协同发展、符合政府供电要求、便于供电企业落实的多方合作共赢方式，着眼于未来发展，探索可持续发展的供电服务模式，大大降低其资金投入，解决用户兼顾投资的经济性与回报性难题。

三是提升企业效率，内部高效协同。建立“规划、建设、运行、检修、营销”五大专业协同运作的服务新机制，实现流程通畅、信息共享、过程可控、响应快速、服务优质，明确供电服务用户接入责任清晰，协同到位。根据客户业扩报装用电地址，利用GIS系统地理接线图等资源信息，搜索周边电源情况，协助用户核算世界互联大会期间各个会议场馆、供电点的用电负荷及负荷特性，针对性地编制UPS、EPS或发电车电源接入方案，辅助制定电源接入方案。客户经理主动与客户沟通对接协助指导其改造，在用户总配电房建设、主会场双电源改造、新会址电源接入等工程全过程给予技术指导。

（二）建立健全组织机构和工作机制，实现“战时”与“平时”供电组织体系有机结合

1. 建立“平时”组织机构，完善工作机制

在省市县三级分别成立重大活动电力保障领导小组基础上，同时成立省市县合署的保电专项办公室，实现多级多专业协调和管控。建立领导小组月度例会、工作小组周例会、工作周报、督办单、工作联系单、议事规则、资料上墙等推进保障制度，全面统筹推进供电服务工作。保电专项办公室常驻桐乡公司，调配省公司、嘉兴公司、桐乡公司专业人员现场办公，负责做好信息报送和保电日常管理，制定工作规程及专项工作联系单处理流程、项目实施进度计划表、保电重要用户清单和主配网及特级保电用户接线图等并上墙展示。编制省市县三级保供电方案，包含1个总体方案和9个专项子方案（电网运行、设备运维、服务保障、信通保障、后勤保障、外联品牌、保密、安保反恐和现场保障），同时报送上级政府部门备案，明确工作职责，指导各专业有序开展专业保电工作。

2. 做好“战时”应对准备，健全指挥体系

一是建立“两横两纵”指挥体系。“两横”是供电企业内部和用户现场各设立供电指挥协调机构，设立供电企业供电专项办公室。在常规部门序列机构外单独设立供电服务专项工作办公室，配备部门负责人和专职工作人员，专门负责供电服务相关工作。设立用户供电指挥组，在重要用户供电场所，面向用户服务设置指挥协调组，无缝衔接，实现用户内部、客户经理和现场负责人之间信息沟通和协调机制。“两纵”是供电企业纵向和政企联合纵向设立指挥体系。设立供电企业省地县一体化前线指挥部，在桐乡乌镇供电所启用前线指挥部，专业保障组指挥中心待命，辅助指挥决策。加强政企指挥联络沟通，供电企业指挥部纳入政府指挥体系，共享供电信息，协调政企供电相互配合工作，相辅相成，确保供电服务应急联动高效。

二是编制“一处一册”预案应对。国网嘉兴供电公司根据供电场所和设备情况，编制变电站供电“一站一册”、输配电线路“一线一册”、开闭所“一馆一册”、供电卡、“口袋书”，细化应急处理要求和工作流程，指导应急人员规范、有序、高效开展应急处置工作。同时，编制突发事件舆情管理应急操作手册、突发事件新闻处置应急处置卡，编制典型模拟案例。

（三）调整优化供电服务流程和制度，实现“战时”与“平时”供电服务有机结合

1. 规范供电服务流程，实现精益管控

针对特级、一级、二级供电用户，根据《国网浙江省电力公司供电服务管理办法》，确定系统侧供

电要求和实施方案，明确重大活动电力保障工作分为供电任务接收、任务下达、前期准备、临战准备、供电实战和供电总结等六个阶段，实施差异化管理。“平时”做好电网、设备的运行维护和缺陷整治任务，“战时”迅速切换到实战模式，对突发事件建立应急响应机制，确保供电服务全方位无死角。

2. 实施“五型十化”，实现项目量化管控

创新开展“五型十化”配网项目管控模式，落实配网建设和应急能力提升。加大配网项目管理量化管控，“五型十化”包括配网制度成果型、配网管理示范型、配网设计创优型、配网建设智能型、配网团队学习型；项目管理流程化、前期管理深度化、招标管理市场化、技经管理管控化、合同管理依法化、计划管理节点化、物资管理集约化、安全管理现场化、质量管理工序化、档案管理责任化，实现电力保障配电网建设精确管控。

3. 开展现状能力评估，形成长效模式

长期性是乌镇供电服务的重要特点，此外，国网嘉兴供电公司不仅要面对每年举办一次的互联网大会，国际互联网医疗大会、乌镇戏剧节等相关会议活动也在乌镇多次召开。面对长期的、多层次、多场所的各种会议，供电企业开展现状评估，着眼于优化提升“平时”供电服务能力，从观念上“去供电化”，让供电常态化，形成供电服务联动长效模式。

4. 采取销号闭环管理，持续提升改进

定期梳理汇总供电服务中各项资料，进行工作总结和数据统计分析，召开供电工作总结会，梳理存在的问题和提升措施，编制总结报告和后续问题提升建议表，分省地县三级落实责任部门，限定整改时限，实行“销号管理”，一问题一档案，跟踪落实，限时销号。

（四）实施配网改造和新技术应用，提升供电持续服务能力

1. 实施配网改造，实现企业降本增效

乌镇地处桐乡北部边缘，整个区域为10千伏供电网络，与周边其他20千伏变电所之间难以形成联络，国网嘉兴供电公司着眼于提升长期供电保障能力，主动与桐乡市政府及乌镇镇政府沟通协商，共同签订《推进乌镇区域配电网提升工程框架合作协议》，按照“景区一年建成、镇区两年提升、全区三年完善”的思路制定《桐乡市“十三五”配电网规划》和《乌镇配网提升方案》，对乌镇配电网进行改造升级，提升乌镇区域供电能力。

以可持续供电优质服务为立足点，制定乌镇区域三年配网提升方案，并列入国网浙江省电力公司“配网建设示范区”，预计乌镇峰会会址供电可靠率达到99.999%（达到城市电网A＋类供电区域供电可靠性要求），实现不同变电所电源同时互供，特级供电用户实现“双电源、双线路、双接入”。乌镇环网化率达100%，10千伏线路N－1通过率100%，其余乌镇镇区达到A类供电可靠性要求，乌镇外围区域达到B类供电可靠性要求。配网水平满足大会要求，适应乌镇永久承办大会可持续供电服务的需要。

2. 应用“两遥可视”技术，实现精准系统指挥

国网嘉兴供电公司应用两遥、信息集成等新技术手段，强化供电服务技术保障措施。依靠政府支持，特级供电场所用户设备新建或加装“两遥”采集装置，用户设备自动化信息接入调度自动化系统，构建特级供电用户从500千伏至380伏输变配和用户设备一体化监控网络，实现设备状态、电网潮流、故障及异常告警远程一体化监控。实现供电资源可视化，输变配设备、车辆管理系统工程车和应急车辆、移动作业终端供电人员位置信息，采集应急物资仓库定位信息，在高分辨地图上实现供电资源可视化展示；实现供电精准指挥，区分正常态和异常态并推送预警和告警信息，及时触发指挥中心启动应急处置流程，结合供电进程和重大活动节点，迅速、准确就近部署故障巡检和故障抢修力量，科学、有序、高效完成应急处置指挥工作。

(五)建立政府、企业、用户和外援有效协同的供电保障体系,提升系统供电保障能力

1. 巩固人技结合,提高配套保障措施

加强人防和技防配套措施,为供电服务提供协同安全保障,制定大会期间重要场所安保执勤方案,增强人防配备,落实安保力量。补强技防设备,对所有场所保安配备保安员装备。对特级、重要安保场所在原有技防措施基础上安装视频监控系统、一键报警系统(110 联动)、电子围栏(110 联动)、围墙振动系统(110 联动)、火灾报警系统。

2. 推广外援模式,实施三级联合保障

国网嘉兴供电公司按照“先属地、后外援”的原则,经内部整合后提请国网浙江省电力公司专项协调办在全省范围调配人员、装备和车辆等供电资源。根据分区分段供电原则,国网嘉兴供电公司内部调剂市本级和县公司输、变、配人员、装备,承担区段巡视单元供电任务,调剂六家单位移动发电车赴乌镇景区供电服务,在公司运检部协调下,借用周边地市公司大容量发电车,实现景区供电应急电源“8+2”配置。

3. 实施网格管理,提升“区域供电”服务响应

国网嘉兴供电公司结合现场供电情况形成网格化管理模式,划分 13 个巡视区域,49 个巡视组,25 个巡视单元,按照分区分段原则落实供电责任单位,明确外援队伍的供电责任,对重点线路杆塔、防鸟害危险区域专人蹲守,提高供电工作质量。主网和配网抢修人员就近部署在供电区域,缩短响应距离和时间,大幅提升应急处置效率。

(六)固化“战时”演练应急预警模式,确保持续供电安全

1. 固化模拟演练,促进“战时”应急服务衔接

国网嘉兴供电公司与用户联动开展应急演练,联合并督促客户对大会供电服务涉及的重要供电点进行专项排查行动,按照出台的地方政府规章,对相关隐患出具整改通知单,督促客户整改到位,及时消缺。针对客户自身的设备运维人员专业技能低等问题,供电企业主动上门举办专业培训班,为客户开展电工培训,提升客户电工操作水平及应对突发停电事故的能力。

2. 巩固“1+1”模式,提升用户安全

针对客户运维人员专业技能不高的现状,在供电现场采用一名用户人员+一名供电企业人员的“1+1”值守模式,联动互补,应对处置现场紧急情况。根据政府行文确定的供电用户名单及供电等级,定期主动联络协调,在用户供电方案编制、供电技术培训、隐患排查、应急演练等环节采用“1+1”的模式双方一同参与、相互搭配,修订完善供电服务用户《一馆一册》《口袋书》《供电卡》和《西栅景区电力保障力量部署图》。持续开展供电用户现场受电设备信息的排查收集,完善供电点影像资料,指导用户有计划地开展设备预防性试验、规划配置自备应急电源。

3. 落实应急措施,提升应急响应能力

临近大会,国网嘉兴供电公司组织编制临战工作计划表,与用户签订《重大活动供用电安全责任书》、落实应急装备,确保人员、设备和配套资源现场就位,并组织支援队伍现场交底,启动试运行供电现场指挥中心。组织支援队伍管理人员开展现场踏勘和技术交底,熟悉供电场所和现场设备。供电前完成支援队伍人员和车辆通行证办理工作,并提前发放到外援单位。召集外援队伍参加动员誓师大会,鼓舞士气。提前组织外援应急电源车发电车就位和接入、完成大负荷测试。组织外援队伍参加省市县三级联动综合演练和专项应急演练,提高应急处置能力。

4. 延伸末端服务,确保全面用电可靠

将供电保障服务由系统侧电网延伸至用户插头、灯头,利用技术手段,消除监视盲区。通过人防和技防结合、供电与用户配合等措施,保障“最后一米”用电安全,杜绝供电设备不在控状态。实现从

500千伏至380伏各个环节设备运行信息全掌握，基本消除客户侧用电安全及设备状态“盲区”。

三、县级供电企业支撑世界级大会的多方协同长效供电服务管理效果

（一）成功确保了世界互联网大会的顺利召开

2015年12月18日下午，历时三天的第二届世界互联网大会·乌镇峰会正式落下帷幕，国网浙江省电力公司省市县三级联动，圆满完成大会供电服务工作。国网嘉兴供电公司荣获嘉兴市委市政府第二届世界互联网大会·乌镇峰会保障服务工作先进集体，驻嘉省部属单位网嘉兴供电公司名列第1位，国网嘉兴供电公司、国网桐乡市供电公司被省公司和工会授予世界互联网大会供电立功竞赛“一等功臣集体”。

（二）探索建立了“小镇大会”的持续供电服务管理

国网嘉兴供电公司和国网桐乡市供电公司圆满完成乌镇峰会供电服务任务，创立了多元私有产权模式下多方协作的可持续重大活动供电服务新模式，理顺了政府、供电企业、电力用户三个层面的矛盾与分歧，使得三方形成合力共同推动大会电力保障顺利进行。乌镇峰会供电结束后，承担G20峰会的杭州公司和丝绸之路国际博览会的嘉峪关酒泉公司纷纷来国网嘉兴供电公司、国网桐乡市供电公司调研学习，将“乌镇模式”供电经验运用本单位供电实际工作中。新模式下多方协作的“小镇大会”供电服务模式将为供电企业后续承担重大活动供电服务单位提供宝贵的经验和借鉴价值。

（三）有效提升了企业供电服务能力，促进地方经济发展

随着2015年乌镇配网提升工作的按期投运，世界互联网大会供电服务的成功，推动乌镇区域“一业一网”蓬勃发展，实现供电服务从500千伏至主会场0.4千伏双电源、双线路、双接入，基本满足乌镇持续发展的供电服务要求。有效带动当地用电量增长，互联网大会永久落户红利效果显著，据悉2015—2017年乌镇将投资60亿用于互联网创客空间、吴越文化创意园、互联网创业街区和创客村等一批互联网项目的引进落户，同时随着江南水乡特色的旅游小镇的建成，预计到2017年乌镇年接待游客可达850万人次，年旅游总收入38亿元，新集聚企业45家，为乌镇区域地方经济的持续增长打下了良好的基础。

（成果创造人：阙　波、王　炜、韩志军、王坚敏、张祖光、高小飞、冯　华、俞成彪、吴志敏、潘　杰、金国忠、吴志慧）

居家大件一体化物流服务平台建设

青岛日日顺物流有限公司

青岛日日顺物流有限公司（以下简称日日顺物流）成立于1999年，注册资本6343.9392万美元，2010年纳入在香港上市的海尔电器（HK：01169）。日日顺物流致力于搭建共创共赢的物流平台生态圈，为居家大件（家电、家居、健康器材、出行产品等生活所需的大件商品）提供供应链一体化解决方案。日日顺物流具备覆盖到村仓储网、即需即送配送网、最后1KM送装一体服务网的超强服务能力，建立起了辐射全国的分布式三级云仓网络，全国100个物流中心，总仓储面积500万平方米以上；基于15大发运基地，搭建覆盖全国的干线网络、全国规划3300多条班车循环专线，9万辆车小微，为客户和用户提供到村、入户送装服务；全国建立了6000多家服务网点，构建起从用户需求出发到用户满意的全流程、多元化物流服务，提升最后1KM解决方案竞争力。日日顺物流拥有大件物流行业能够全网覆盖、到村入户的服务网络，成为国内最大的居家大件物流龙头企业之一。日日顺物流为国家5A级物流企业，先后荣获“国家物流示范基地”“国家级服务业标准化示范单位”等荣誉称号。

一、居家大件一体化物流服务平台建设背景

（一）大件物流用户体验差，成本居高不下

家具、大家电等大件商品的物流问题一直饱受诟病，存在配送成本高、配送和服务不同步、破损严重、配送服务用户体验差等诸多问题，严重影响了用户体验。

传统物流模式资源分散、中转环节多、产品库存高。分散是指物流各环节主要由分销商操作，系统及流程不统一，物流资源不能共享，造成物流资源浪费，在三、四级市场尤为严重；中间环节多主要首先是指多级经销商层层分拨，一件产品从工厂到用户要多次的装卸作业，不仅浪费成本，货物安全也难以保障，尤其是到农村市场，大件产品送到农村市场较慢，但在少批量多批次的情况下物流能力很难满足需求。这种服务模式也造成企业的物流成本居高不下。

（二）乡镇大件物流网络存在空白，农村大件网购待开发

中国的县域及农村市场，是一个互联网网购人群的最大潜力市场，中国14亿人口，县域及农村9.5亿人。互联网的发展改变了用户的消费习惯，40%增长的互联网经济中，区县一级和三四级市场的消费达到了60%，也就是新增的40%来自于区县级的城市，这种变化导致了客户对县乡一级的网络覆盖程度提出了新的要求，而乡镇大件物流网络还存在空白。

大件的特点在于货值高、易破损、需要专业的搬运技能，不仅要送货，还要安装、维修以及逆向物流等，这些都对物流网络提出了专业化的要求。

（三）大件物流服务标准缺失，服务难以标准化、规范化

用户体验差主要是大件物流标准缺失造成的。而在提供安装服务过程中，不同供应商有着不同的服务标准，在送装一体化过程中，由于没有相对统一的服务标准，极大影响客户的服务体验，甚至招致客户的投诉。

互联网时代“物流+服务”的一体化，使得传统的销售模式被颠覆，线上的销售模式对物流的要求是从工厂直达用户。目前占据国内物流市场90%份额的是中小型物流企业，小、散、乱的行业特征很难满足高速发展的电商行业对物流配送服务大规模、专业化的要求。

时代需求对物流企业提出了更高的要求，需要网络化的统一配送，物流资源由分散到整合，企业需

要具备分布式仓储网络、覆盖到三级和四级市场的分拨网络、及时交互的信息系统，满足对供应链需求的快速响应。在互联网时代，只有标准化、网络化、智能化、可视化和有基础运营体系的大件物流企业才能发展下去，未来一定是物流与服务的一体化。

二、居家大件一体化物流服务平台建设内涵和主要做法

日日顺物流创新的总体思路以四网融合为基础，打造居家大件物流一体化解决方案平台。日日顺物流创新整合海尔集团专卖店的营销网、物流网、服务网以及信息网，其中营销网目前已经建成 3 万家海尔专卖店，服务网已建成的 6000 多个服务网点和 1.7 万个社区服务中心，物流网是现在全国有 100 个 DC 库、2000 多个 HUB 分拨站；IT 系统从开始到现在累计的投入已达近 700 亿元，这就是日日顺物流平台的根基。这样整个日日顺物流平台就建立起开放的大件物流价值交互生态圈，以用户的全流程最佳体验为核心，一端互联着一流的客户资源（包括家电、家居、卫浴、健康器材、电动车等大件品牌客户，快消品、部分工业品等中件客户，以及跨境、冷链等），一端互通着一流的物流资源（包括仓储合作伙伴：物流地产商、仓储管理合作商、扫描设备商、机械化作业设备商、仓储自动化设备商、IT 公司以及仓的建设商等；整车干线运输商、零担干线运输商；区域配送商、加盟车主、最后 1KM 服务商；保险公司、金融业的投资方等，以及行业协会、物流媒体、大学物流学院专家等）。主要做法如下：

（一）建设智慧物流交互平台

日日顺物流以统一入口、统一平台、统一数据作为平台规划的总体原则，打造开放的智慧物流交互平台。

统一入口。为用户、货主、车主、服务兵、服务网点打造包括 App、pc、微信等多端的信息交互入口，并实现各入口数据同步。

统一平台。搭建开放的接口系统，实现外部订单的自动接入及多种订单接入方式，柔性化系统缩短系统对接时间，能够实现来自不同客户、不同业务类型、不同标准的订单自动优化，实现订单合并、分拆、配送优先级等的自动选择等功能；打造核心业务管理系统，包括仓储管理系统（智能云仓）、运输调度系统（可视化配车、配送路径优化）、送装体验系统（送装管理、HUB 仓管理）；公共组件包含统一地址库、GIS 服务、结算平台、成本核算等为平台业务系统提供统一支持。

统一数据。搭建平台数据仓库，实现数据统一存储、对数据进行分类整理，通过开发多种业务报表实现对日常业务智能管理和监控，并通过对海量大数据分析，实现用户配送服务升级和用户体验优化，同时为下一步场景商务、精准营销奠定基础。

（二）实施居家大件物流供应链一体化解决方案

日日顺物流通过布局全国的三级云仓网络、全覆盖的配送网络，以及全流程可视化的智慧物流系统等核心能力建设，打造与用户零距离、以用户评价驱动全流程的供应链一体化的定制解决方案，为用户提供诚信的一站式最佳服务体验。

日日顺物流建立的与用户零距离、即需即送物流网是在纵深发展，其目的在于追求整个系统的效率及成本的有效性，就要以客户需求为中心，站在端到端供应链全流程的视角上来挖掘利润空间，日日顺物流注重整个物流供应链全流程最优与同步工程，不断消除企业内部与外部环节的重复、无效的劳动，让资源在每一个过程中流动时都实现增值，为订单信息流提速。

三、四级农村用户市场的发展所带来的渠道下沉，使得企业直配到镇、直配到村的发展战略成为必然，但同时也使得物流业面临资源小而散、专业化服务供需不足的瓶颈，日日顺物流唯有不断创新物流服务方式，积极推进物流服务信息化来提升服务水平；日日顺物流建立信息化服务平台，实现与用户零距离、物流服务到村、即需即送的全流程体验。

1. 实施智能多级云仓方案

日日顺物流的分布式仓储网络目前是10个前置揽货仓、5－8个CDC、31个RDC、100个过站式TC（辐射范围150－200KM），总面积达500万平方米，6000多个大件送装网点、2000多个直配HUB，覆盖全国除西藏、新疆部分的39个区县外的2915个区县。

通过大数据预测，建立线上、线下库存共享的分布式三级云仓网络，通过库存预测和合理分仓部署实现拉动式补货，以少量的仓、合理的库存量实现全网覆盖、按需送达，降低品牌客户的库存资金压力；同时根据大数据科学预测，将合理的库存放在离用户最近的地方，缩短配送周期、提升用户体验；用户下单后，系统自动搜寻有货的云仓，再根据GIS自动解析匹配，从中选择离用户收货地点最近的云仓进行订单抢单和发货，节省物流成本。

三级云仓的运营可以为客户提供多种定制化的解决方案，按照区域节点做大、前置仓做小的分布式仓储布局，可根据不同产品的销售情况定制不同的仓储解决方案。在三、四级市场，以覆盖全国的100TC和6000服务网点为基础，通过与B2B的订单同车配载，既解决距离远集配时间长、送达慢的问题，又解决中转混装大件易破损的痛点，满足不同地区的用户需求。

智能化的仓储管理系统为客户提供仓储供应链管理、标准化库位管理、标准机械化作业、实时互联交互、大数据库存共享、峰值解决方案六大服务产品，码头预约、自动上架、RF盘点、效率管理、库位健康度、冷热区管理、SN增值管理、提单提示库位、拣货路径优化、FIFO管理10大管理功能，实现仓储作业绩效全部透明可视，帮助客户解决收货管理、在库管理、出库管理的一系列问题。

2. 建设干线集配平台

整车干线网。全国建立起15个发运基地，整合车辆2.2万辆，年发运量4000万方，平均每车运输大家电的体积在260—270立方米，降低整车干线运输的成本。通过日日顺干线信息系统实现智能化管车、可视化管货、集配提效、与客户共赢增值。日日顺物流的采用按线抢单模式，只要是资质达标的干线运输商均可进入漏斗，日日顺物流将每条干线的年预计运输方量提前2—3个月发布在网上，于每年的6—7月份分基地在网上公开抢单，做到全程公开、透明，以确保干线运输成本的竞争力。

零担干线网。建立180个城市中转场，在线车辆0.5万辆，年发运量1500万方，通过精准直通车的产品为客户提供一站式的增值服务。通过整车与零担资源互补，实现干线3—4日达98%，年发运量4000万方，大大降低了整车干线运输的成本。

3. 实施区配可视化配送方案

通过预约管理、智慧物流TMS、配送协同平台、轨迹可视平台及一路顺智能管车平台的五大系统平台，实现五大管理功能，创造五大价值：速度快（24小时按约送达、超时免单区县1800个）、网络深（全覆盖2915个区县，实现进村入户）、体验好（送装同步、一次就好）、成本优（智能调度、自动配车、线路排程、配载优化，提升车辆配载率6%、周转率10%）、资产轻（App智能管车工具在线管理区配车辆1.2万辆）。通过订单接入平台、短信电话预约平台、智慧配车管理系统、App自动推送自助抢单、自动化仓储智能出库、HUB分拨转运、配送可视、App签收八大系统管理功能，实现供应链全流程的可视化管理。在用户交互方面，通过六大节点（用户下单、电话预约、仓库出库、HUB改派、送装在途、送货入户）与用户零距离交互，实现配送全流程可视。同时，从用户下单到送货入户6大关键节点，通过2次电话、3次短信提醒、移动端/PC端等多渠道与用户零距离交互，打造用户完美体验。

4. 实施最后1KM车小微送装平台

日日顺物流颠覆传统车的单一配送功能，搭建车小微平台，将“车”变成“送装一体化用户服务云终端”，以差异化的模式和机制吸引海量车辆资源的加盟，实现车辆资源自进入、自运营、自交互、自优化。车小微不但是一个运营平台，更是一个开放的大众创业、创新平台，这一切的背后主要是用户付薪机制及大众创新、创业的机制驱动。

平台可为司机提供订单、结算、可视化流程和用户付薪驱动机制，吸引车主主动带车加盟平台。对司机来说，平台具有稳定的订单资源，公正透明的订单、结算和驱动机制，愿意主动加入平台，收入可提高 30%，并且平台鼓励每一位车小微围绕用户需求进行服务创新，真正成为自主创业者。

日日顺快线既可以为电商平台、品牌企业提供一仓及多仓发全国的全流程个性化解决方案，又可以快速响应小批量、多批次的服务需求，为干线物流公司解决最后 1KM 难题，也可以为商贸企业和个人提供快捷、实惠、标准、诚实可信的大件货品仓配一体、送装同步的服务。这是日日顺物流颠覆大件物流行业的创新模式之一，也是日日顺物流的核心竞争力。

5. 实施价值交互增值方案

搭建社群服务体系，利用送货上门的机会，与用户进行全方位交互，实现销售引流，创造增值收入。同时，为下游供应商提供统一的保险、金融、团购等增值服务，互联互通物流生态圈的各个要素，包括日日顺物流平台、品牌客户、用户、资源方，实现共创共赢。

依托仓、干、配、最后 1KM 的平台能力，为家电、家居、健康器材、骑行器材、3C 电子、快消品等行业提供线上（电商）、线下（品牌商及渠道商）的全流程解决方案。同时在零担、跨境、VMI、冷链物流平台的支持下，为客户及用户提供全方位定制的个性化解决方案。

（三）搭建大件物流服务标准体系

日日顺物流一直在不断地探索并建立一套贯穿物流链各环节的标准化体系，成为率先通过国家标准管理委员会验收的企业，被授予“国家服务标准化示范企业”。

日日顺物流的标准化体系是以满足客户需求为导向，共梳理标准 371 项（其中，物流服务基础标准 32 项，物流服务管理标准 40 项，物流服务技术标准 187 项，物流服务质量标准 112 项）。建立以“服务质量标准、服务管理标准、服务工作标准”的居家大件物流一体化体系框架，形成自己的特色：以客户及用户需求为中心，提供从用户需求出发到用户满意的全过程完美服务体验；制造业与物流联动发展，贯穿整条供应链一体化集成服务标准化平台；关注于社会化物流总成本降低，而不是局部环节（仓储或运输等）的服务资源、效率、成本及库存水平的优化；开放创新的标准化体系，不断跟踪国际标准和国外先进标准，研用国际物流先进管理理念，持续创新、优化企业标准；建立社会化物流服务可推广标准化平台，形成跨行业、跨区域、多渠道互动推广平台。

物联网时代下，随着消费者购买需求的多样化，日日顺物流已经建立起满足门店销售、网络订单、电视购物、电话营销、社区营销等多元化渠道需求的服务能力，并创新建立“五定配送”标准化模式，实施定线：按客户预约设计配送路线车；定点：定专线覆盖客户；定人：专人一票到底服务；定车：按线路对应到车；定时：按客户预约时间送达。

另外，日日顺物流作为中国物流示范基地，在持续创新发展同时，为其他企业提供物流样板工程，为后备物流人才提供学习的基地与教材。

（四）创新组织

日日顺物流在推进人单合一双赢模式过程中，把组织扁平化，变成动态的网状组织，形成平台型的组织。平台型组织体现为资源的按单聚散。按单聚散以后，员工分为在册员工和在线员工。过去员工听上级领导的指令，是接受指令者，现在变成资源接口人。也就是说，有很多人不是公司的在册员工，而是在线可以整合的员工，将来的发展方向是创建小微公司，可以独立创业。

（五）支撑保障

1. 实施用户付薪机制

所谓用户付薪就是始终以用户需求为中心，以用户评价作为唯一的考核标准。例如，建立与用户零距离的点赞和差评体系，用户签收后对车辆进行评价，按照用户评价对司机实时分类分级，并与司机的挣酬和抢单权限挂定，实现车辆资源的动态优化。

2. 实施人人创客机制

聚焦内部平台转型，小微公司借力平台资源承接目标。

员工抢入小微后会有更多提升个人能力的机会，有平台的资源支持，创业比外面容易；平台为小微提供创业指导及帮助小微快速建立运营风控体系，并对分享小微收益。小微成立后，以创最佳用户体验为核心，打造物流一站式/集配/全流程可视服务平台，市场化结算，实现自挣自花、股权激励。

3. 开放资源生态圈

日日顺车小微平台拥有全流程创客孵化平台（基础服务培训、岗位技能培训、标准礼仪培训）和司机关怀平台（司机俱乐部与司机之家），司机创客零门槛、零费用可带车加盟，自进入、自抢单、自交互、自优化的四自机制驱动，平台为创客提供统一的信息化系统平台（统一的用户圈、系统、支付、运营模式）＋直营和网络推广、订单运营、平台推广。平台上的每一个司机每一辆车都是一个独立核算的小微公司，实现平台、客户、用户多方共赢，实现配送收入、安装服务及增值收入。

建立标准化运力培训体系，做货车司机的创业平台，通过标准化运力的升级，通过搭建司机带车加盟的自进入体系和育成体系，截至目前已有 9 万名标准车小微在平台创业。

建立家电、家具安装培训体系，平台输出标准化家电、家具安装培训体系，现有平台所有车小微均可报名参加，通过培训、考试合格后颁发认证上岗证，进而可通过 App 抢对应技能的订单，为所有车小微提供了提升自身能力及增加收入的便捷途径。

建立仓储管理体系，通过制定三级云仓标准化，仓库管理系统上线、库位管理、出入库管理、扫描盘点管理、货损货差管理等管理体系输出，帮助物流企业提升物流仓储效率，降低物流仓储成本。

通过加盟城市站体系，改变现有最后 1KM 物流市场小、散、乱的现状，整合 2 千多个区县的标准化物流服务市场，加盟城市站模式带动 3 万多个乡镇物流服务点加入平台，打通农村到城市的物流通道，带动农民创业，促进农村网购、农资下行及农特产的上行，促进农村电商发展。

2016 年 5 月 6 日，日日顺物流携手中国物流采购联合会，发起“创客训练营”活动，围绕时代主题，以激发创新思维、激励创业行动、激活创客梦想为宗旨。创客训练营搭建“四大平台”：“物流创客大赛”用以输出双创型的物流人才；“创业导师培训”可以输出前瞻性的一些物流技术；“创业实践基地”可以孵化出一些明星型的创业的公司；“创业项目孵化”则可以输出实践型的一些创业的案例。日日顺物流创客训练营的创业项目成果和创客人才将用于解决行业难题，在智能化、可视化、自动化、集成化等方面为物流用户创造最佳体验，为企业和物流行业注入活力，积极有效地促进中国物流产业的更大发展。

三、居家大件一体化物流服务平台建设效果

（一）取得了良好的经济效益

从平台能力上看，日日顺物流供应链一体化解决方案平台，聚集 9 万辆车，仓储资源 500 万平方米，建立起能够支撑全年服务 8000 万件 B 端客户，6000 万单 C 端客户配送能力。平台上每年的吞吐量 1.1 亿立方米。日日顺大件物流现有的日峰值能力 90 万单，连续 7 天的日作业能力 50 万单，日常备能力 25 万单，较第二名高出一倍多。

从用户量来看，2014—2015 年，日日顺物流一体化用户数量实现了 121％的增长，送装一体成为新常态。

从物流网点效率看，2014—2015 年，配送网点平均车辆配置由原来的 3.5 辆变为 5 辆，同时，车均订单也由原来的月均 29 单上升到 40 单。

从物流网络覆盖区域看，三四线城市成为消费爆点。日日顺物流体系的完善及进一步下沉，实现全国 1915 个区县无盲区覆盖。

（二）提升了企业的社会效益

日日顺物流差异化的服务模式，打破大件物流最后 1KM 瓶颈，解决了用户网购大件的痛点，突破了用户网购大件的地理限制，让用户能够在第一时间就享受到网购的乐趣。丰富的货源和高效的运营体系吸引了全国 9 万辆车小微加盟到平台创业，带动创业人数超过 18 万人。

日日顺物流建立大件物流供应链一体化服务平台，为大件物流树立了一个新标准，并牵头制定了《家用电器最后 1KM 物流服务规范》行业标准［CAS 230－2013（C）］，对行业标准化具有一定的推动作用。日日顺物流创客训练营的创业项目成果和创客人才将用于解决行业难题，在智能化、可视化、自动化、集成化等方面为物流用户创造最佳体验，为企业和物流行业注入活力，积极有效地促进中国物流产业的更大发展。

日日顺物流平台从单一的家电类客户，通过差异化的服务能力吸引了家居、健康器材、骑行工具、快消品、3C 等行业的优质客户进入到平台上来，共同创业，为用户提供最佳的服务体验。

（三）获得了显著的生态效益

“按约送达、送装同步”的服务模式，减少车辆为上门送货的行驶次数，智能配车系统匹配最优行驶路线，同时也提高了车辆的装载率和配送效率，提高资源利用率，大大降低了碳排放，减少环境污染。

（成果创造人：周云杰、冯贞远、王正刚、于贞超、任贤存、袁　舰、蔡国良、赵建华、郑子辉、姚丙路）

基于营配调融合的供电服务集约管理

国网江西省电力公司

国网江西省电力公司（以下简称江西电力）是国家电网公司的全资子公司，是以电网建设、管理、运营为核心业务的国有特大型能源供应企业，承担着为江西省经济社会发展和人民生产生活提供电力供应与服务的重要使命。江西电力经营区域覆盖全省，供电客户 1737 万户，供电人口 4504 万人。2015 年，江西全社会用电量 1087.26 亿千瓦时，售电量 862.66 亿千瓦时。截至 2015 年年底，江西电力拥有 110 千伏及以上变电站 607 座、变电容量 8889 万千伏安，其中 500 千伏变电站 19 座、变电容量 2400 万千伏安；220 千伏变电站 138 座、变电容量 3600 万千伏安；110 千伏变电站为 450 座、变电容量 2889 万千伏安。110 千伏及以上输电线路 1418 条、长度 29245 公里，其中 500 千伏线路 47 条、长度 3757 公里；220 千伏线路 448 条，长度 11499 公里。江西电网 500 千伏“两纵四横”网架基本建成，通过 3 回 500 千伏线路与华中电网联网，所有县域电网实现 110 千伏线路双电源供电。

一、基于营配调融合的供电服务集约管理背景

（一）适应电力市场和客户需求变化的必要途径

随着我国电力市场体系的不断完善，电力改革发展进入新的阶段，电力市场和广大客户对于供电企业的优质服务提出了新的要求。一方面国家电力体制改革的稳步推进，尤其是售电侧市场的放开，至 2016 年 9 月份全国已注册成立近 1000 家售电公司。同时，其他可代替能源、地方电厂、客户自备电厂、大用户直购电等与供电企业的竞争日益加剧；另一方面经济转型升级、民生持续改善，客户的用电需求从“有电用”向“电好用”转变。这些对电网企业供电服务竞争力提出严峻考验，电网企业供电服务管理水平亟待提升。

（二）打破现有供电服务管理局限性的工作需求

近年来，国家电网公司通过“三集五大”管理体系建设与深化，营销服务、运维检修、电力调控、电网建设等各部门实现了高度专业化、信息化的集中管理，管理水平明显提升。供电服务是电网企业面对客户的最末端业务，它需要前后台各个部门的协同。各专业间职责泾渭分明的现状，不可避免地带来一定的局限性，制约供电服务水平的进一步提升。因此，有必要在供电服务方面打破条块分割局限，加快营配调信息贯通和业务融合，实现各专业数据贯通和业务融合。

（三）解决江西供电服务问题的现实需要

江西作为发展中省份，2016 年上半年 GDP 增速达 9.1%，预计“十三五”时期经济仍将保持中高速发展。而江西电力因县级公司上划时间短，对电网建设改造的投入历史欠账多，县域电网总体薄弱。相对较差的供电服务硬件基础，在日益增长的供电需求面前捉襟见肘，2013 年、2014 年供电服务指标在国网公司系统排名靠后。具体的管理问题主要表现在三个方面，一是与客户服务相关的数据分散在各专业系统，前台客户需求向后台支撑业务传递的及时性、准确性需进一步提高；二是供电服务信息流纵向有国网—省—市—县—班组五级，链条长、效率低，服务信息流的中间环节需进一步集约精简；三是业务流程多在各专业内部流转，各自为政现象严重，服务过程管控和监督考核力度需进一步加强。

二、基于营配调融合的供电服务集约管理内涵和主要做法

基于营配调融合的供电服务集约管理，是综合运用大数据分析与应用技术，通过建立供电服务指挥中心这一机构，从变革组织架构、统一信息平台、专业横向协同、市县纵向集约、支撑长效运作五个方

面，建立营配调专业融合、信息融合、业务融合的横向协同工作机制和纵向集约管控机制，破解供电服务现实难题，促进“事件预警、全程管控、快速响应和资源统筹”四种能力总体提升，达到对供电服务全业务覆盖、全流程指挥的集约化管理，从而实现营配调相关专业管理精益化发展和供电服务水平的有效提高。主要做法如下：

（一）明确基于营配调融合的供电服务集约管理总体思路

江西电力明确基于营配调融合的供电服务集约管理的总体思路为：以实现供电服务“两个转变”（专业管理向客户导向转变、被动服务向主动服务转变）为目标，以“供电服务指挥中心”建设和“供电服务一体化平台”建设为抓手，着力推进“三个融合”（营配调专业融合、信息融合和业务融合），建立“三项机制”（横向协同机制、纵向集约机制和全过程考核机制），形成“四统一”（对外服务、对内指挥、工作平台、职责流程统一）供电服务新模式。

（二）变革组织架构，建立营配调专业融合的供电服务指挥中心

江西电力组建地市级供电服务指挥中心（以下简称指挥中心），将省、市、县三个不同层级的供电服务指挥业务统一到地市级指挥中心，实施集约化管控。指挥中心下设远程工作站、配网抢修指挥班、配网调控班三个班组，由地市公司原属营销部的远程工作站、原属调控中心的配网抢修指挥班和配网调控班人员集中办公，其中配网抢修指挥班从运检部门和县公司择优补充部分人员，保证各班组7×24小时运行。指挥中心全天候实施供电服务指挥，主要承担配网运行、供电服务风险在线监控预警，服务诉求的承接、研判及派发，处理过程的跟踪督办及处理质量的评价考核，服务信息收集及发布四个方面职能，形成对外服务事件统一受理和对内服务管理统一指挥的架构。具体工作职责包括以下四方面：一是负责供电服务风险的在线监控预警。二是负责服务诉求的承接、研判及派发指挥。统一接收国网95598热线、各级政府部门、各种媒体、营业窗口、行政值班等多渠道转办的客户诉求和服务事件，经过业务研判后，以工单形式进行派发指挥。将故障报修的5级（国网一省一市一县一班组）流转压缩至3级（国网一市一班组）。三是负责供电服务过程跟踪督办及质量的评价考核。四是负责供电服务信息的汇总及发布。

指挥中心的组建重点在于将分散在调控、运检、营销三大专业的供电服务相关人员集中办公，将分散在各专业、各层级的客户诉求受理和内部处理过程管控的职能调整归并，并按照“五位一体”端到端协同一致要求，制定《供电服务指挥中心运作管理办法》《地市公司供电服务指挥中心评价指标体系》等文件，规范指挥中心与其他部门的职责界面，围绕跨专业争议工单、资源协调和紧急事件处置等关键环节，调整高压抢修、低压抢修、欠费复电业务和投诉等业务流程19个，实现“业务在线全管控、服务处置快响应”的高效协同运作机制，解决服务过程中协同指挥能力弱，服务集约程度低的问题。

（三）应用大数据，建立营配调信息融合的供电服务指挥平台

1. 整合业务数据需求，统一配电网信息交互标准

一是集成多专业系统，实现数据共享。江西电力建设供电服务一体化信息平台，打通SG186（营销管理）、OMS（调度管理）、PMS（生产管理）、EMS（调度自动化）、DMS（配电自动化）、用电信息采集（营销）、生产实时管控（生产管理）、GIS（地理信息系统）、故障指示器系统等3大专业的9个系统17个接口，应用大数据分析技术，充分融合“以客户为中心”的相关数据信息，强化供电服务一体化信息支撑。

二是统一数据接口标准，提升数据实时性。江西电力配电自动化建设正在加速推进中，但目前全省建成的配电自动化仅局限于南昌、九江城区及井冈山茨坪、共青城区范围，覆盖率不到10%。江西电力将原有系统间的中间库数据定期推送读取模式改为XML和E语言接口交互模式，并统一制定系统间XML和E语言接口标准，提升系统间信息交互速度，实现配电线路跳闸、配电变压器停运等事件推送

时间少于 3 分钟，设备重过载、低电压等异常事件推送时间少于 15 分钟，有效支撑主动抢修、主动检修服务。融合配网自动化的故障处理信息，判断配电自动化区域主线、支线的停电故障信息；融合调度自动化的开关、保护信息和电流突变数据，判断非配电自动化区域主线、支线故障信息；融合故障指示器信息，判断非配电自动化区域支线短路、接地故障信息；融合用电信息采集系统的配变停运事件信息，判断配变停运故障信息。指挥平台综合以上实时系统的故障信息，创新多系统数据相互验证规则，进行故障数据相互验证，精确定位故障设备和故障范围，提升故障信息自动推送的准确性和及时性。

2. 开展大数据挖掘分析，实施客户分级精准服务

一是提升营配调基础数据质量，发挥系统集成应用成效。设计开发营配调融合辅助工具，在基础设备层面实现 PMS、OMS、EMS、DMS、用电采集系统、ERP 等系统间设备数据的对应一致。应用数据异常分析功能，数据互相校验，发现问题及时提交对应专业部门进行核查，完成数据闭环治理。目前全省变电站、线路、配变的对应率均达到 99.5%以上，有效支撑营配调信息融合。

二是通过集成各方系统的客户负荷性质、用电地址、供电设备台账、设备健康状况等静态数据，以及相关的用电量、电压质量、负载、供电设备故障、缺陷等动态数据，以“标签库”的形式搭建大数据模型，建立客户的基本属性、用电行为、重要程度、服务敏感度等系列标签，形成客户画像。

扩展工业园区和新能源客户监测模块。主动对接“一带一路”战略实施方案，在指挥平台针对性开发工业园区及新能源客户监测模块，实现百家工业园区及近千家新能源发电客户上网电量、用电量以及电能质量、停电事件的实时监测，为工业客户和新能源接入提供更加及时、有效的服务。

（四）建立对外业务融合的供电服务横向协同机制

1. 整合客户服务诉求及信息，实施主动服务

一是拓宽客户诉求获取渠道，打造一条前端触角敏锐、后端高度协同的服务链，实现客户需求与企业资源的快速匹配。指挥中心除接收国网客服中心 95598 工单外，还收集地方政府热线、营业窗口、行政值班、媒体等渠道转来的客户诉求；采用网站、微博、微信、App 等电子渠道，快速准确获取客户智能用电和多元化需求。将指挥平台监测的可能造成客户诉求的配网运行异常，包括 4 类主动抢修事件和 6 类设备预警事件，纳入供电服务事件范畴，自动推送主动抢修工单和预警工单。这 4 个渠道获取的需要后端业务部门处理的客户诉求，统一由指挥中心进行业务研判后，形成服务工单，分类派发至相应部门（班组）人员，通过短信、App、微博、微信及现场服务等多样性服务方式协同为客户提供精准服务。

二是融合多途径的停电相关信息，辅助业务研判和合单。依托电网站－线－变－户的拓扑关系，结合计划停电和临时停电信息、用户欠费信息、用户报修信息以及线路故障、配变停电事件、电气量召测等信息，指挥平台故障自动研判模块根据客户编号、客户地址模糊匹配客户台区，结合当前电网运行及客户缴费情况，判断故障类型、区分欠费停电，避免抢修资源浪费，提高现场复电效率。

三是指挥中心统一发布对外服务信息，建立指挥中心—客户经理—客户的双向沟通渠道。在计划停电、临时停电、限电、故障停电时，由指挥中心归口汇总上报国网，并统一对外发布停电范围、原因、抢修安排与进度等相关信息，通过短信平台自动发送给客户经理与敏感客户，通过电视台、电台、报纸以及网站、微博、微信等方式对外公告，实现主动服务。

主动服务由 4 类主动抢修工单和 6 类预警工单发起。江西电力实施基于营配调融合的供电服务集约管理以来，指挥中心累计下派主动抢修工单和预警工单共 168031 张。

2. 融合营配抢修末端业务，实现一体化抢修

近年来，江西电力随着低压配电网设备信息化、集成化程度逐步提高，以“一个区域、一张工单、一支队伍、一次性解决”为原则，将营销与运检抢修的人员、装备等业务资源进行整合，合理调配至供

电所（抢修班），对低压抢修业务（包括计量故障、欠费复电等），实施低压营配抢修运维一体化工作模式，打破供电服务末端营配专业间屏障，形成岗位融合、责任落实的基础执行层，解决以往低压抢修因故障设备不明造成的二次抢修、重复派工、效率不高的问题。

3. 实施服务处置协同联动，改善客户感知

以故障抢修为例，指挥中心通过对停电故障的研判，按照其停电时长、涉及范围、影响程度、影响客户重要等级等因素，分为4类协同方式：

一是针对一般性停电故障：指挥中心通知运检抢修人员开展抢修，同时运用指挥平台的自动短信通知营销客户经理，协同第一时间通过短信、微信、电话与客户沟通，做好在线答疑及解释工作。

二是针对抢修时间较长的故障：指挥中心发布停电信息，通知调控、运检组织抢修，同时运用指挥平台的自动短信通知营销片区主任、办公室、新闻中心等，营销人员负责与现场客户的沟通解释，与政府、媒体等沟通，密切关注舆论导向，缓解客户因停电引发不良情绪，为现场抢修人员营造良好抢修氛围。

三是针对大面积停电故障：指挥中心发布停电信息，运用指挥平台启动多专业协同，组织调控、运检人员开展抢修；通知安监部门启动应急机制；通知办公室和新闻中心联系新闻媒体，编发通稿形式，做统一发布；营销客户经理第一时间通过多种方式与客户沟通，做好在线答疑及解释。

四是针对欠费停电：营销部每日上报欠费停电计划至指挥中心，平台自动研判欠费停电工单，实现工单精准派发。

（五）建立对内统一指挥的供电服务纵向集约机制

1. 统一调配业务资源，提高营配调服务协同力

一是指挥中心实施跨专业资源调配。指挥中心强化营销接单与抢修接单业务融合，提高工单研判准确性，并根据实际需要动态调整内部分工，班组人员实行组合，提高工单处置效率。

二是指挥中心实施跨片区资源调配。实施片区抢修相互支援，如遇恶劣天气或突发情况导致某片区抢修人员或车辆不足，指挥中心调配附近片区抢修班组进行人员和车辆支援，最大程度确保抢修工作正常运转。

三是指挥中心实施跨市县资源调配。实施县区配网抢修、服务工单指挥集约化管理。目前，江西电力所辖市县公司营销类工单业务和配网抢修指挥业务均实现市县一体化运作，由市公司指挥中心统一承担所辖县公司的抢修工单派发、回复和全过程督办等职责，抢修工单直派班组或供电所。市、县配网抢修指挥员互为备用值班员，在灾害天气抢修或重大保电任务情况下，由指挥中心统一调配，跨市县进行人员、装备、车辆和物资的相互支援。

2. 集约管控配网状态，掌控运行和停电主动权

一是实施配网停电的集约管控，杜绝因停电计划安排不当造成的频繁停电。将县公司的配网线路停电计划上收至市公司审核、批复；按客户感知审核停电计划。执行检修停电“三不准”制度，即施工方案未编制不列入月度计划，施工方案未审查不列入周计划，施工方案未批准不列入日计划。

二是推行综合检修管理理念。明确县公司涉及35千伏变电站全站停电和10千伏及以上线路单次停电超过30小时的综合检修方案须市公司运检部审查。建立综合检修协作机制，2个作业点以上的线路综合检修跨片区调动人员完成，2个站以上的综合检修跨县调动人员完成。全省重复停运线路（3次及以上）326条，同比下降35.6%。

三是深入开展全口径配网运行和供电服务情况分析。每月对市县全口径的配网运行异常开展分析，分地域、运维单位、产生原因、发生频度等多维度进行深入分析，对于故障报修工单集中地区，深入分析停电原因，下发督办单要求制定针对性中低压改造计划。

3. 实施网格抢修布点，打造市县城区一刻钟抢修圈

为保证城区故障抢修快速完成，集约市县资源打造城区“一刻钟抢修圈”。

一是推行网格化抢修布点。结合各地区配网结构、设置 212 个一体化抢修点，形成一刻钟抢修圈，实现故障抢修“5 个一”（一起故障、一张工单、一支队伍、一次到达、一次修复）。

二是进行标准化抢修装备配置。全省统一配备电力抢修综合车，安装车载视频、GPS 和抢修准备，能及时将车辆位置、现场抢修工作的情况实时传送给配抢指挥中心，指挥中心根据传回的视频、图像、文字等信息对抢修进行远程指挥。

三是建立抢修材料配备、物资储备制度，完善抢修用备品备件管理标准，降低抢修物资取用等消耗时间对整个故障处理流程的影响，加快修复速度，提升供电服务质量。

（六）建立长效运作的全过程评价考核机制

1. 执行工单督办和定位监控，实现诉求处理“三在线”

一是实施工单“三级督办”闭环管理。指挥平台自动进行三级催督办闭环管理，重点对欠费停复电、故障报修等投诉高风险工单加强过程管控，及时掌握工单流转状态，确保客户诉求处理按时按质闭环完成。

二是实施一线服务全程监督。借助营业厅视频系统、变电所图像监控系统、车辆 GPS 定位和 4G 移动视频技术，实施抢修过程和营业窗口服务的视频监控。通过实时查看、指挥现场抢修，对抢修作业及时性、规范性、工作质量等进行实时监控，实现指挥中心“抢修管理三在线（即故障原因在线研判、作业车辆在线定位、故障处理在线可视）、服务过程全监督”。

2. 运用日跟踪、周通报、月考核，形成“四全”追责机制

指挥中心采取日跟踪、周通报、月考核的管控手段，建立覆盖供电服务“全业务、全环节、全岗位、全专业”的考核追责机制。每日对受理的各类工单进行跟踪督办；每周针对服务事件的多发类型和客户反映强烈的问题进行汇总和深入分析，在周例会上全面通报；针对每类事件均制定详细的触发考核的条件，明确责任部门、关联部门和当事人、联责人、管理人的考核责任，根据服务事件暴露问题的严重程度进行不同等级的考核，特别加重因管理责任造成的服务事件的考核力度，并将涉及电网建设的发展部、建设部也纳入到考核范畴，实现供电服务考核的全专业覆盖。指挥中心按照同业对标考核体系、企业负责人考核体系“双轮驱动”的管理理念，针对供电服务关键指标，以月为频度统一发布市县公司供电服务事件的考核意见，并监督执行。

依托指挥中心对供电服务业务质量的评价考核职能，通过“循环评价、持续改进”，有效解决监控评价缺位、提升督导乏力的问题，保障指挥中心的长效运作。

三、基于营配调融合的供电服务集约管理效果

（一）服务能力增强，业务指标全面提升

江西电力供电服务各项指标明显提升，在国家电网公司系统的排名大幅上升，实现了“事件预警能力、服务管控能力、资源统筹能力、快速响应能力”四种能力的全面提升。

提升了事件预警能力。2016 年上半年与 2014 年同期相比（以下同），重过载率降低 37.6%，配变出口电压合格率提升 12 个百分点，10 千伏线路跳闸率降低 37.8%，故障停运率降低 55%。

提升了服务管控能力。通过实施服务过程的全程管控，处理超时限工单数减少 72%，客户催督办数量减少 65%，业务咨询办结时间减少 56%，服务申请办结时间减少 55%。

提升了资源统筹能力。整合服务需求、人力、技术、装备、物资、信息，实施配抢指挥地县一体化管理，通过营配末端融合，故障精准研判，全省配抢指挥人员精简率为 19.5 %。

提升了快速响应能力。全省抢修到达现场时限平均降到 12 分钟，平均故障修复时长降低 56%，工

单平均处理时长降低 65%；抢修工单接派单及时率、工单处理按时完成率、国网退单率、停电信息录入及时率等指标，自 2015 年 7 月起持续排在国网系统前列。

（二）经济效益显著，供售电量持续增效

2016 年上半年全省线路可用系数为 99.84%，平均每条 10 千伏线路停电时长比 2014 年缩短 17.45 小时，按每条 10 千伏线路平均用电负荷为 1000 千瓦，平均电价为 0.644 元/度，为公司增加经济效益 12249.2 万元/年（年增加电费收入＝线路条数×平均缩短停电时间×平均用电负荷×平均电价＝10900×17.45×1000×0.644＝12249.202 万元）。节约了人力资源，实现管理成本的下降。通过集约化供电服务指挥中心的建设，实施配抢指挥市县一体化末端融合、专业协同管理，全省配抢指挥和远程工作站人员共减少 82 人，按照每人 15 万元的人工成本，减少的人力成本费用为 1230 万元。江西电力推行基于营配调融合的供电服务集约管理以来，已累计取得 13479.2 万元的经济效益。

（三）品牌形象彰显，客户满意度显著提升

江西电力供电服务集约化管理的成功经验和先进做法，得到国网公司总部的充分肯定和兄弟省公司的一致认可，2015 年、2016 年连续两年在全国"配电自动化论坛"和国网公司配电管理年度工作会议上作交流发言，具有较强的借鉴性和推广性。

客户满意度持续提升。2016 年上半年，国网江西省电力公司客户投诉量比 2014 年同期下降 47.3%，投诉指标排名跃居国网系统第 2 位，比 2014 年进步 16 位。客户满意率为 99.48%，比 2014 年提升 1.8 个百分点。"一刻钟电力抢修圈"获得"老百姓最满意十大民生工程"荣誉称号，彰显了良好的国家电网公司品牌形象。

（成果创造人：于金镒、杨又华、王志伟、叶爱民、余仁山、陈　霖、伍小生、毛　鹏、胡韶林、易文韬、李　霞、朱志杰）

全面节能管理的构建与实施

中国海洋石油总公司

中国海洋石油总公司（以下简称中国海油）是中国最大的海上油气生产商之一。自 1982 年成立以来，通过成功实施改革重组、资本运营、上下游一体化等重大举措，由一家单纯从事油气开采的上游公司，发展成为包括油气勘探开发、炼化销售及化肥、天然气及发电、专业技术服务等六大业务板块的国际能源公司。2015 年，中国海油生产原油 7970 万吨，天然气 250 亿立方米，汽油 80 万吨、柴油 469 万吨，发电 222 亿千瓦时，实现营业收入 4260.79 亿元，利润总额 450.73 亿元，消耗煤炭 272 万吨，原油 31 万吨，天然气 68 亿立方米，柴油 33 万吨，电力 46 亿千瓦时，综合能源消耗量为 1362 万吨标准煤，给社会提供能源的同时，也耗费了大量的能源。在节能已成为我国的基本国策和长远发展战略的形势下，中国海油努力探索节能管理新思路、创新节能管理新模式，构建和实施全面节能管理，为实现可持续发展、降本增效、打造绿色低碳企业奠定坚实的基础。

一、全面节能管理的构建与实施背景

（一）落实国家政策、完成节能指标的要求

根据国资委对中央企业分类管理原则，中国海油被纳入第一类重点关注耗能单位。2011 年 12 月，国家发改委等 12 部委联合下发《关于印发万家企业节能低碳行动实施方案的通知》，重点加强对年能源消费量 1 万吨标准煤以上企业的节能管理。中国海油有 30 家企业被列入，若出现未完成节能约束性指标情况，将影响集团总的考核成绩。2014 年 6 月，国务院办公厅印发《关于印发能源发展战略行动计划（2014—2020 年）的通知》，提出加快构建清洁、高效、安全、可持续的现代能源体系。如何紧跟国家政策导向，结合企业实际，及时制定应对策略，完成节能指标要求，是中国海油节能管理面临的首要问题。

（二）发展企业产业、改变能源结构的根本需要

“十一五”末期，中国海油上游油气产量实现跳跃式提升，惠州炼化、海南甲醇（二期）、莆田电厂、山东海化、中捷石化、深圳 LNG 等中下游重点用能单位相继投产和并入，使总体生产经营规模、产业结构、能源消费结构、能源消费总量均发生了大幅变化。炼油石化行业的综合能耗比重由 2005 年的 11%，提升至 2010 年的 20%，到 2015 年达到 34%。中国海油 2010 年的综合能耗比 2005 年上升了 62%，2015 年在 2010 年的基础上又增加了 91%。能源消耗结构不断变化，总量持续增长，节能管理压力陡然倍增。

（三）建设有中国特色国际一流能源公司的需要

中国海油把“协调发展、科技驱动、人才兴企、成本领先、绿色低碳”作为核心发展战略。如何在节能工作中更好地践行核心战略，将节约能源、水资源和生产低碳产品作为经营管理的内在要素，实现经济活动过程和结果的“绿色化”，是需要思考的问题。

如何在节能空间缩小、难度加大的严峻形势下，打破僵局，开拓节能管理新模式，推进节能工作持续、深入开展，是中国海油亟待突破的课题。

二、全面节能管理的构建与实施内涵和主要做法

中国海油以绿色发展理念为导向，以实现节能目标为前提，以建立和完善管理体系为基础，以先进节能技术应用为抓手，以创新节能管理方式为突破，实施全员、全过程的节能管理，建立节能工作长效

机制。全面节能管理的主体框架可概括为“以四大体系为基础，以三维驱动为纽带，以十二项工作要点为支撑”。“四大体系”指节能组织保证体系、制度标准体系、监测审计体系和考核奖惩体系。“三维驱动”指理念驱动、技术驱动和机制驱动。“十二项工作要点”是对节能组织保证、制度标准、监测审计和考核奖惩四大体系具体工作内容的展开，包括：组织机构、管理人员、专业机构、管理制度、标准体系、能源计量、能源统计、节能监测、能源审计、节能评估、责任考核、评比奖励。主要做法如下：

（一）建立组织保证体系

组织保证体系的建设包括建立健全节能管理组织机构、加强节能队伍建设和专业节能监测机构建设三方面。

1. 建立健全节能管理组织机构

中国海油成立以董事长为组长的节能减排领导小组，设立节能减排办公室作为节能工作的日常管理机构，要求凡是年综合能源消费量 1 万吨标准煤以上的用能单位须按规定设置专职节能管理人员。各所属单位建立从公司到班组的节能三级网络，形成纵向到底、横向到边、上下联动的节能管理体制。

2. 加强节能队伍建设

中国海油一方面要求各所属单位将优秀的管理和技术人才充实到节能管理岗位，并建立节能义务监督员机制，让节能工作接受全员监督；另一方面，加强对节能管理人员的专业培训。“十二五”期间，中国海油组织节能管理人员、技术人员、义务监督员培训总计 8 次，共计 720 余人次参加，建设一支作风好、技术优、能力强的节能人才队伍。

3. 加强专业节能监测机构建设

中国海油 2007 年成立总公司节能减排监测中心，专门从事海上油气田、炼油、化工企业及其相关领域的节能减排监督监测、审计及节能减排管理与技术咨询工作。目前共有员工 62 人，本科以上文化程度人员占总人数 86%以上。配置红外热成像仪、超声波流量计、烟气分析仪等总计 130 多台专业检测设备，先后取得国家认监会、国家认可会等单位颁发的计量认证证书、实验室国家认可证书，圆满地完成各项审计监督监测任务。

（二）加强节能制度和标准体系建设，实现节能管理规范化

1. 建立和完善节能管理制度

2011 年，中国海油对原有的节能管理暂行办法、暂行规定进行梳理、整合，形成 1 个制度、4 个办法、4 个细则。2013 年，根据业务需求，又制定 2 个办法，新增项目评估和信息化方面的内容；2015 年进行全面修订，管理制度结构更加清晰，内容更加完善，突出节能增效、精细化管理、技术创新与应用、全员参与程度等指标，进一步发挥节能作为转变经济发展方式、实现转型升级、提升质量效益的重要推动作用。

2. 建立节能标准体系

中国海油建立节能标准体系结构。“十二五”期间累计修订《炼油企业能源审计规范》《海上油气田能源计量器具配备实施要求》《石油化工管式加热炉节能监测规范》等 24 项企业标准；参与《炼油单位产品能源消耗限额》《乙烯单位产品能源消耗限额》《企业节能量计算》等 6 项国家、行业标准的制订工作。这些标准的制定和发布实施规范中国海油的节能工作，为各单位的节能工作提供重要依据和指导。

（三）加强监测审计体系建设，全面深化监督管理

1. 加强能源计量和统计，完善节能技术基础

中国海油高度重视对各用能单位能源计量和统计工作的监管，要求各用能单位按照国家有关技术标准要求，完善能源计量器具、原始记录、基础台账，加强用能计量和检测，做好能源计量及能源统计资料记录及积累和分析等工作。

2. 开展节能监测和能源审计，提升管理水平

中国海油每年以文件形式下发《节能减排监督监测和能源审计计划》，组织对有关企业进行审计、监测和节能诊断，帮助企业挖掘节能潜力提高节能管理能力。“十二五”期间，共对所属企业进行能源审计、节能监测和诊断181次，发现问题1219个，提出节能方案452项，有力的推动有关企业提升节能管理水平。

3. 开展固定资产投资项目节能评估与审查工作，加强项目源头节能管理

为进一步强化在项目可研和设计阶段对节能技术应用和能耗状况的审查，将节能管理“关口前移”，“十二五”期间中国海油先后完成对惠州炼化二期、大同煤制气、鄂尔多斯煤制气、海南LNG、天津LNG、漳州LNG、文昌9－2/9－3/10－3气田群开发项目、平北黄岩油气田群（二期）开发项目、旅大10－1油田综合调整项目、涠洲12－2油田群及涠洲11－4N油田二期开发项目、流花19－5气田开发项目、蓬莱19－9油田综合调整开发项目、恩平23－1油田群总体开发等30多项重大建设项目节能评估报告的审查工作，共提出修订意见576项，节能措施215项，发现节能量47万吨标煤。

4. 建立节能管理信息平台，确保信息完整和可追溯

中国海油建立涵盖数据直报管理、节能查询统计、节能数据分析、节能审计监测、固定资产能评等11个模块的节能管理信息平台，并加强系统的使用与管理力度，实现节能信息的科学性、完整性、可追溯性。

（四）完善考核奖惩体系建设，建立节能激励约束机制

1. 组织开展年度节能目标责任评价考核

中国海油将节能计划、节能减排投资计划纳入年度生产计划和预算体系，将节能目标作为约束性指标层层分解到各单位。每年组织专家对所属单位上一年度节能计划完成情况、节能工作开展情况进行评价考核。评价考核结束后，对所属单位的考核结果进行通报，对未完成目标任务的单位，严格实行“一票否决”制度。

2. 开展节能先进的评选

“十二五”期间，中国海油组织开展三次节能先进单位、先进个人和优秀节能项目评选活动，共有11家单位荣获“总公司节能先进单位”，30个项目荣获“总公司节能优秀项目”，128名同志荣获“总公司节能先进个人”，67名同志荣获“总公司优秀节能义务监督员”。在海油系统表彰节能先进典型，营造“学先进、超先进”的节能氛围，重视节能宣传培训，进一步提高全员参与节能的积极性。

（五）实施闭环管理，提升节能项目质量

“十二五”期间，中国海油组织对湛江分公司涠洲终端余热利用、深圳分公司番禺油田油轮余热回收II技改项目、天津分公司渤中26－3油田新增透平机组等21个重点节能技改项目开展节能预评估、节能量审核等工作，通过项目实施前的源头管控、实施过程的监督管理和投用后的量化审核，建立全过程的闭环管理模式。

（六）加大节能技改力度，确保节能目标实现

中国海油加大节能技术改造力度，充分依靠节能技改项目来挖掘节能减排潜力。节能项目的实施为实现“十二五”节能目标提供重要保障。

（七）加强节能科研攻关，推广应用节能技术

中国海油结合公司产业特点，有针对性地组织开展油气开发伴生气资源和余热余压资源回收利用、海上浮式储油轮发电机烟气余热回收替代热介质锅炉、发电机组能效提升、中海化学富岛二期和有限湛江东方终端能量系统优化等研究性项目，形成多项技术成果。以科研项目为基础，督促各所属单位论证和提出现场实施方案，提出节能改造计划。项目实施后，进行节能后评价总结，实现“科研为了应用”

的原则。

此外，中国海油还组织开展先进节能技术及实践案例的收集与技术推广，编制完成包括5大类87项技术的《节能节水先进适用技术汇编》，推广到各单位学习和应用。

（八）创建能源管理中心，实现高复杂流程下的节能优化

“十二五”期间，中国海油在中捷石化、广东沥青、惠州炼化、有限湛江涠西南油田等单位开展能源管理中心的创建工作。

1. 创建惠州炼化能源管理中心

惠州炼化能源管理中心于2014年5月筹建，2014年11月竣工。主要包括综合能耗监控、公用工程消耗监控、设备能效监控等功能模块。可实现全厂能耗、装置能耗、公用工程能耗的汇总、实时报表及消耗趋势分析；全厂各种能源平衡分析；加热炉等主要耗能设备的运行参数监控及排烟温度、氧含量、热效率各项节能评价指标的监测、计算、分析；分馏塔的工艺参数监控等。

通过能源管理中心的运行，用能单位及时掌控全厂和各装置能耗变化及主要耗能设备的能效水平，为制定改进措施提供科学依据；同时，在各装置同台竞技的基础上，惠州炼化采取定期通报、组织研讨相结合的措施，营造“比、学、赶、帮、超”的节能工作氛围。根据测算，惠州炼化通过建设能源管理中心，单位产品综合能耗下降了0.9%，年收益可达1800万元。

2. 形成软硬件接口标准和项目建设原则

中国海油根据试点企业能管中心的创建情况，结合所属单位现状，将能源管理信息化水平分为三类——MES系统、DCS系统、未建立控制系统仅配备机械计量仪表，分别通过标准数据交换协议、OPC连接方式、ModBus标准协议或RS485接口标准实现数据采集，形成接口标准。在能源管理中心建设中，遵守四原则：一是能源管控模式，对传统能源系统管理模式进行优化再造，推动条块分割式的能源监控调度向集中监控调度转变，推动分散能源管理向集中一贯制的扁平化能源管理转变；二是信息系统，构建具有完整能源监控、管理、分析和优化功能的管控一体化计算机系统；三是总体环境，要协同企业与能源相关的设备、生产、运行、管理等；四是经济性，应追求最佳性价比，并充分利用已建、在建和后续建设的系统成果，避免重复建设。

（九）应用合同能源管理模式，破解资金、技术、管理难题

合同能源管理是以减少的能源费用来支付节能项目全部成本的节能业务方式，能够有效规避用能单位技术应用风险，提升节能项目效果，推动节能项目实施。

中国海油针对部分企业遇到的节能项目“资金、技术、管理”风险问题，在系统内以试点单位为平台，引进第三方服务公司，进行合同能源管理方式运作，帮助所属单位实施节能技术改造项目，在取得良好的节能效果的同时，实现管理、技术、资金的“零风险”。

1. 实施山东海化应用合同能源管理

山东海化是典型的高耗能工业企业，但是由于历史的原因，节能改造面临资金、技术、管理等多方面的难题。合同能源管理模式推出后，这一新的节能机制为山东海化的节能减排工作注入源源不断的活力。“十二五”期间，山东海化以合同能源管理模式开展七项节能项目，累计实现节约标煤18468吨，CO_2减排48387吨，节约生产成本2349万元/年，按合同期五年计算，累计节约生产成本约11743万元。

2. 探索出可供复制的创建路径和管理模板

通过项目实践验证，合同能源管理模式在节能项目实施过程具有较强的模式优势，但该模式涉及对以往投资计划、工程建设、财务核算等方面的流程再造，需要打破原有的固定思维和管理习惯。因此，中国海油对应用合同能源管理模式试点的经验和不足进行总结，形成《合同能源管理实施指南》，从实施合同能源管理的术语和定义、管理方式、技术要素、项目合同、项目实施及管理、项目融资、项目初

始投资归集及资产财务处理、项目风险控制和工作流程的要求九个方面对合同能源管理项目进行规范，探索出可供复制的创建路径和管理模板，使合同能源管理模式在海油系统内迅速得到推广应用，实现企业和供应方合作双赢。

3. 打造节能环保形成新的产业和经济增长点

中国海油还通过试点企业，摸清合同能源管理的流程，在2012年扶持所属海油发展公司成立全资子公司——中海油节能环保服务公司，这是中国海洋石油总公司唯一一家以合同能源管理模式为主要商务模式的专业节能环保服务公司。经过不断加强经营管理，2013—2015年连续3年产值过亿元，利润过千万，为将节能环保打造成一个新的产业和经济增长点打下坚实的基础。

（十）培育绿色工厂，践行公司绿色低碳理念

中国海油以降低能源消耗、减少废物排放和提高能源利用效率为目标，践行绿色低碳的发展理念，创建中海沥青、中海化学公司等绿色工厂试点，并建立可操作性的推广实施方案。

1. 创建中海沥青公司绿色工厂

根据总公司绿色工厂创建试点工作安排，在不扩大规模的前提下，采取等量替代的方式，对现有的常I、II、IV装置进行优化整合和技术改造，建设沥青生产能力为120万吨/年的沥青装置，实现原油集中加工，减少装置的数量，降低沥青生产能耗，同时减少原料及产品的储存和运输环节，降低油品损耗、生产成本和管理费用。在新装置设计中应用“夹点”技术优化换热网络，采用高效强化传热设备，设置蒸汽发生器回收装置低温余热，充分利用传热温差，减少散热损失，提高效率。该装置2013年改造完成后，装置综合能耗稳定在8.7千克标油/吨左右，在国内同等规模装置中处于先进水平，可实现节能量7236吨标油/年，SO_2排放总量减少51.76吨。

同时，中海沥青公司在绿色工厂创建试点过程中，2012年、2013年分别成功研发温拌沥青、喷涂速凝橡胶沥青防水涂料等新一代绿色低碳产品，在整个路面沥青施工工程中，无须加热，常温施工，无明火，申报《喷涂速凝橡胶沥青防水涂料主用乳化沥青》《一种自愈合型防腐防水涂料》两项专利。

中海沥青公司以创建绿色工厂为切入点，“十二五”期间公司累计完成节能量17416吨标煤，完成计划进度的102%，在政府考核评定中，连年荣获“超额完成”荣誉。

2. 建立可操作性的绿色工厂推广实施方案

中国海油在中海沥青、中海化学公司成功创建“绿色工厂”的基础上，制定绿色工厂评价的指标体系及要求，具体包括基本要求、基础设施要求、管理体系要求、能源与资源投入、产品要求、环境评价要求六方面。

系统全面地建立“绿色工厂”评价要求，受到国家相关部委的肯定，2016年被工信部指定为“绿色工厂”行业标准起草单位。

三、全面节能管理的构建与实施效果

（一）节能指标任务超额完成

一是“十二五”期间通过全面节能管理，实现节能量189万吨标准煤，完成国资委下达给总公司“十二五”节能目标的504%；其中，2013—2015年，实现节能量80万吨，完成国资委“第四任期节能指标”的161%。

二是所属30家“万家企业”均完成发改委及当地政府下达的节能目标。其中，湛江分公司完成“十二五”目标节能量529%，2014、2015年连续两年考核得分均突破“百分关”。

（二）节能项目投资收益明显

“十二五”期间中国海油通过构建和实施全面节能管理，开展了650个节能技改项目，累计投入17.53亿元，包含油气田伴生气回收、余热余压利用、电力组网、变频改造、加热炉效率提升、能量优

化等，年收益 9.74 亿元，平均投资回收期仅 1.8 年，经济效益明显。

（三）所属企业成效显著

通过构建和实施全面节能管理，提升节能管理现代化水平，深入挖掘节能潜力，成效显著。

中海石油（中国）有限公司天津分公司是中国海油所属的最大油气开采企业。“十二五”期间，共投资 6.26 亿元实施了节能改造，累计回收天然气 5.44 亿方，节约原油、柴油分别为 5.64 万吨、3.57 万吨，收益达 8.08 亿元，节能增效收益明显。

中海石油（中国）有限公司湛江分公司在中国海油的南海油气开发战略布局中占有重要地位。“十二五”期间，共投资 1.82 亿元实施节能改造，累计回收天然气 4.2 亿方，节电 1902 万度，收益达 4.36 亿元，因节能工作突出，多次荣获政府表彰。

中海炼化惠州炼化分公司是中国海洋石油总公司独资兴建的第一个世界级高水平大型炼厂，“十二五”期间，通过开展能量系统优化、加热炉改造、推进能源管控中心建设等措施，逐步提升能效水平，2015 年已降至 58 千克标油/吨（刨除汽油改质影响），每吨降低 7 个标油。以年加工 1200 万吨计算，节约燃料油 8.4 万吨/年，按出厂价每吨 2500 元（不含税，且价格为近年低点）测算，年节约 2.1 亿元，这在 2015 年全厂利润 6.3 亿元的情况下，可谓举足轻重。

中海炼化中捷石化是中国海油收购的一家以石油加工和精细化工为主的地方企业。“十二五”期间通过实施瓦斯回收增效、常减压炉改造、节能水泵应用等节能项目，加热炉热效率由 84.6%提高到 92.9%，全厂单耗 2015 年降至 62 千克标油/吨，每吨降低 18 个千克标油。以年加工 220 万吨原油计算，节约燃料油 4 万吨/年，年节约 1 亿元。

山东海化是中国海油并购的一家大型地方化工企业，“十二五”期间，山东海化一方面强化节能管理，优化公用系统运行，另一方面积极采用合同能源管理模式，实施节能技改项目。2015 年比 2010 年，轻质纯碱单位产品综合能耗由 381.7 千克标煤/吨降至 340.7 千克标煤/吨，下降 11%。2015 年，山东海化水、电、汽、煤指标同比 2014 年实现降耗节支约 1.1 亿元，约占 2015 年公司利润的 61%，节能增效作用显著。

（四）获得多项国家及行业荣誉称号

中国海油获得国资委授予的第 4 任期“节能减排优秀企业”荣誉称号，2016 年国资委组织 9 家中央企业对中国海油节能减排工作进行现场观摩和学习交流，充分肯定了中国海油构建和实施的全面节能管理并表示将推广应用到其他中央企业，以助力央企整体能源管理水平的提升。

中国海油被工信部指定为“绿色制造 2025”行业标准起草单位；中海建滔、中海化学、惠州炼化、湖北大峪口分别荣获了国家发改委、中国石油和化学工业联合会颁发的甲醇、合成氨、原油加工和磷酸二铵“能效领跑者标杆企业”称号；有限公司湛江分公司等三家企业因节能工作突出分别获得全国总工会“全国五一劳动奖章”“工人先锋号”等荣誉称号。

（成果创造人：宋立崧、张俊峰、杨　勇、李　波、
刘英凡、张亚西、刘艳武、张海滨、卢　迪）

供电企业基于标准化规范化的电动汽车服务管理

国网湖南省电力公司长沙供电分公司

国网湖南省电力公司长沙供电分公司（以下简称长沙公司）成立于1978年，是国家电网公司大型重点供电企业、国网湖南省电力公司直属企业。公司设11个机关部室，11个基层单位，主业在职员工2529名。全公司供电范围覆盖长沙六区三县，供电面积1.19万平方公里、人口714万。截至2015年年底，长沙公司拥有35千伏及以上变电站156座，主变压器容量1620.695万千伏安；35—220千伏输电线路281条，总长3800.702千米；10千伏公用配电主干线路1983条，总长21806千米，10千伏公用配电变压器24909台，总容量857.5万千伏安。长沙电网最高负荷5274兆瓦，公司累计售电量达到204.71亿千瓦时，实现利税27.62亿元；城市综合电压合格率99.999％，供电可靠率99.972％；农村综合电压合格率99.906％，供电可靠率99.8828％。以建设和运营电网为核心业务，担负着为长沙经济社会发展提供安全、经济、清洁、可持续的电力供应的重大责任。

一、供电企业基于标准化规范化的电动汽车服务管理背景

（一）促进长沙地区电动汽车产业发展的需要

湖南省2014年印发了《湖南省新能源汽车推广应用的实施意见》明确了长沙是国家批复的新能源汽车推广应用示范区域。湖南省2015年印发《湖南省电动汽车充电基础设施专项规划（2015—2020年）》，到2020年，预计全省将新增集中式充换电站415座，分散式充电桩20万个，同时规定所有新建住宅配建停车场应100％建设充电基础设施或预留建设安装条件。2015年8月，《湖南省电动汽车充电基础设施建设与运营管理暂行办法》发布，要求党政机关及其他公共机构办公场所停车场按照不低于车位数量20％的比例配建充电设施或预留建设安装条件；单位停车场以及规模达到100个（含100个）以上车位的商业性停车场，按照不低于车位数量10％的比例配建充电设施。

长沙公司积极开展构建专业机制、规范运行操作、强化安全管理、建立服务流程等方面工作。按照“主导快充、兼顾慢充、引导换电、经济实用”的原则，本着“适度超前、合理布局”理念，积极抢占社会停车资源，加快推进公共充电服务网络规划布局和项目建设，打造智能化充电服务网络，不断丰富用户充电体验，提升电动汽车服务管理水平，充分满足长沙地区电动汽车用户的充电需求，促进长沙地区电动汽车产业持续健康发展。

（二）改善长沙地区生态环境的需要

长沙公司认真践行国家电网公司关于大气污染防治的相关部署，科学谋划电能替代工作布局；积极贯彻执行湖南省节能减排要求。以提高电能在终端能源消费占比，降低环境污染为导向；大力推进电动汽车充换电站建设，大幅提升充换电服务管理水平，满足电动汽车日益增长的需要；将努力实现充换电设施规范化高效运行，实现区域内电动汽车用户以及跨区域全覆盖的标准化服务，实现智能充换电服务网络的规范化运营。力争为改善长沙地区生态环境，助推生态社会向绿色清洁方向发展做出应有的贡献。

（三）拓展供电企业电力市场的需要

电动汽车充电站是利用低谷充电，能有效改善负荷曲线形状，提高电网负荷率，化解电力供应的瓶颈制约，大幅提升全社会电能利用效率，有效减少资源、环境、资金的浪费，实现供需资源的协同优化整合。供电企业大规模推广应用电动汽车可有效拓展新型市场业务，大幅提升电能在终端消费比重，形

成供电企业新的经济增长点，为供电企业拓展电力市场提供了有效途径。

二、供电企业基于标准化规范化的电动汽车服务管理内涵和主要做法

长沙公司通过建立一体化运维组织体系，明确运维管理目标和思路；新建运维管理制度，优化工作流程；推进充电设备标准化规范化管理；创新服务手段，实行差异化精准服务；建立督查考核保障体系，促进电动汽车服务公司持续健康发展等做法，从而形成电动汽车充电站运维及服务管理新的方式方法，达到提高充电站运维效率，促进企业可持续发展，推动电动汽车产业发展的目的。主要做法如下：

（一）明确充电站运维管理的目标和思路

为了改变以往电动汽车充电站运维分离式管理弊端，电动汽车充电站实行运维一体化管理，即将充电站在人员配置上进行重组优化，在技术管理上进行整合，在管理模式上进行调整。通过运维一体化管理，使运行人员既能完成全天候充电服务，也能胜任充电站运行的设备巡检和故障处理工作，甚至能够承担和参与充电设施的常规巡视和检修消缺，实现充电站每位员工都成为“一专多能”的复合型人才，达到运维工作效率的最大化，通过自主维护检修有效降低生产成本，提高服务水平和质量。

（二）建立一体化的运维体系

2013 年长沙公司从变电运维、变电检修、配网运检、客户服务、计量表计等部门抽调各专业骨干力量组建电动汽车服务公司，各部门及各专业涉及电动汽车的相关业务全部划到电动汽车服务公司，由电动汽车服务公司负责电动汽车运营服务整体业务。通过电动汽车服务公司的成立，建立充电站一体化运维组织体系。

1. 营造和谐的外部环境

开展充换电业务市场拓展和电动汽车充换电服务网络建设运营的宣传、推广活动、统计上报各种建设运行数据等；争取电动汽车充换电服务网络建设工作的政府支持和优惠政策；开展技术交流和接待工作，为电动汽车服务公司发展营造良好的外部环境。

2. 提供专门的技术支撑

开展电动汽车充换电服务网络规划建设、物资、材料管理；为长沙市范围内电动汽车充换电服务网络、电动汽车运行监控和数据分析提供技术支撑；开展电动汽车充换电项目管理、工程进度和质量管理等工作；在工程技术经济分析，工程概预算、决算、审计管理等提供支持。在技术资料管理、技术方案确定和技术攻关提供技术支撑；负责设备验收、调试、运行、维护管理；负责技术管理工作。

3. 提供优质服务

建立服务管理体系，健全服务运营机制，提高服务能力，完善服务保障及监督体系；开展电动汽车充换电服务、电池配送服务、应急抢修救援服务；为客户电动汽车的设备设施和电池提供维护、检查、检测、检修及故障应急抢修救援。为充换电车辆实施统一调度，提供快速更换电池服务。实现服务形象品牌化、服务作业标准化、服务行为规范化、服务管理精益化。

4. 管控充换电站日常运维

借鉴在变电站运行管理方面的经验，充换电站的站点管理采用站长负责制，每站设值长数名（按照排班安排），负责当值运行、维护管理。管控站内运行设备的小修及日常维护；监控运行车辆行驶里程、行驶电量、电池信息、极柱温度等；开展日常运维、巡视、检测和故障处理工作。同时，制定详细的工作标准、考核细则和奖惩措施，提高运行维护的专业性和工作效率。

（三）新建运维管理制度，优化工作流程

1. 建立健全管理制度，实现制度化运行

长沙公司制定《电动汽车充换电设施建设管理办法》，鼓励积极利用城市现有场地和设施建设充电设施，并适度超前建设专用和公用充换电设施；鼓励和支持社会投资主体，投资建设和运营充换电设

施。组织编写《电动汽车充换电站安全操作规范》《电动汽车智能充换电网络运营管理办法》《设备巡视制度》等运营管理规章制度，规范设备检修、运行维护、营业收费、设备巡视检测等工作。全面掌握设备运行健康状况，及时发现设备缺陷，尽快根除隐患。

根据充换电站生产运营实际，针对电动汽车、动力电池及其管理系统的运行特点，制定总体应急预案，编制出《电动汽车充换电设备事故（故障）处理及应急抢修办法》。所有事故处理单必须录入运营管理系统，并定期开展故障分析，制定预防措施，大幅减少故障次数及因此带来的客户投诉、负面舆情等风险。

2. 设计优化工作流程，规范充电作业

在充换电站运行管理中，通过联合调度，加强管理，提升车辆（配备 GPS）充换电服务水平。如对公交早、晚高峰的班次安排情况，提出避开高峰充换电的方法。根据充换电的峰谷时段数据统计和实时信息，充电站人员根据车辆的电量、车况、位置信息进行统筹，安排电动公交车进站充换电，不仅提高换电操作的安全性，缩短换电操作的时间，同时也大大简化充换电服务流程，提高充换电站的服务质量。

为了提高充换电服务水平，通过在实际过程中的探索总结，针对公交车、乘用车等不同车型，及整车充电、公交车换电、乘用车充换电、交流充电桩充电等不同充换电模式，设计出一系列标准充电操作流程，规范充电作业，用于指导充换电服务的全过程，大幅提高充换电设备操作的规范性和设备运行效率。

信息的统计、发布等相关工作，按照内部工作要求，在运行记录内，全面、准确地登记、记载当日充电情况，遇有需立即处理的二类及以上的业务问题，需立即汇报至上一级业务管控人员。

（四）推进充电设备标准化规范化

1. 统一充换电设备参数，实行设备采购选型标准化

长沙公司充分发挥桥梁作用，与各厂家技术人员建立良好沟通机制，并督促设备厂家对运营管理系统的业务进行标准化典型设计。充换电网络服务运营系统兼容包括：客户服务、计量计费、收费账务、清分结算、资产管理、配送管理、检修管理、集中监测、综合统计分析 9 大业务域等相关设备。对 9 大业务域进行分类及编号，统一网络接口、业务模型、需求规格、功能精化、数据模型等功能，并逐一阐述相应的对照关系，为充电设备及相关通信设备采购和选型提供标准化的设备物料选择。为全国充换电网络服务运营系统兼容奠定坚实基础。

在充换电网络服务运营系统典型设计方案编制过程中，统一设备选型，明确技术要求和技术参数，将典型设计方案中明确的一二次接口原则、布置方式、设备尺寸、组部件配置等标准化要求在固化技术规范中逐一落实；实现典型设计的最新成果在采购环节的同步应用，将标准物料编码直接嵌入通用设计图纸和设备材料表中，建立“标准物料”与“典型设计”的联动机制，即调整“标准物料”须同步调整“典型设计”，修订“典型设计”须同步更新“标准物料”，助推设备采购标准化。

针对部分车型存在充电接口区别，主动对比亚迪、启晨、北汽等车辆充电接口、设备参数进行研究；开展实车充电测试，全面调试电压、电流、通信及控制参数，掌握第一手资料；并邀请车辆生产厂家的专家进行协商，统一设备型号及技术参数，确保充电机与各型号车辆参数完全匹配，并制定《电动汽车充换设备采购及选型标准化物料手册》，为充换电设备采购及选型标准化提供依据。

2. 实施设备巡检规范化

充电站的设备巡检是鉴定和掌握设备基本状况的重要手段，是实现电动汽车充换电服务的重要途径。对现场内运行及备用设备进行定期、日常、例行、特殊巡视，全面掌握设备健康状况，及时发现设备缺陷，尽快根除隐患，是关系到充电服务工作高质量完成的关键。因此，长沙公司不仅制定定期对设

备进行巡检的制度，还规范典型巡检路线图。

3. 实施设备检修流程化

设备检修管理采用计划性检修和状态评估检修相结合的检修体制，制定设备三级检修保养制度，对设备的日常维护、小修和大修进行流程规范管理。对关键及重要设备实行上牌管理制度，并对关键部件建立检查更换登记制度，设置检查记录。

根据巡视和检修中出现设备的问题，进行分类整理，系统分析造成各类问题的原因和潜在危险，并提出改进建议，在此基础上编制出《电动汽车智能充换电设备典型问题汇编》。汇编材料总结分析充电机、充电桩、充电连接装置、有源电力滤波装置、电池更换系统、放电装置、动力电池、监控系统、消防等电动汽车智能充换电服务网络设备、设施及运行管理方面的 70 个案例，并对每个案例都从问题描述、潜在危险、原因分析、整改建议 4 个方面进行阐述，为提高充换电站运行管理及服务水平奠定坚实基础。

（五）创新服务手段，实行差异化精准服务

1. 细分客服市场，划分客户服务类型

细分客户市场是实行差异化精准服务的前提。从电动汽车用户角度出发，遵循适度超前原则，科学划分客户类型，针对电动公交车、环卫车、出租车、乘用车等不同车型的运行特点，研究分析电能补给方式，提供个性化、差异化的精准充换电服务。

2. 建立车联网服务网络

积极参与车联网服务建设，将全部公共快充桩接入车联网，依托“e 充电”手机 App，有效提升服务质量，利用“互联网＋”技术，开展站级监控系统升级改造，增加充电站站内导航、预约充电、远程识别等智能化充电服务，提升客户充电服务体验。为满足客户随身、随时的全天候服务需求，实现一键呼叫功能；系统依托虚拟网上营业厅应用功能，为客户提供线上双向互动业务服务。

长沙公司构建车联网服务平台，通过车联网服务平台实现客户端的在线应用。向个人、机关部门、企事业单位等提供客户个性化服务，如实行以充电信息为核心的基本充电服务、驾驶导航、交易结算、统计分析等服务；对内向运营管理人员等提供充换电设施运行监控、交易结算、清分结算、运营统计分析及专业管控等管理功能。在车联网服务平台基础上集成双向客户服务支撑系统，采用智能互动、场景体验的全业务办理服务方式，为客户提供线上双向互动业务办理，包括支付服务、支付结算服务、客户服务等功能，实现实时、便捷、智能的在线充电服务。

3. 提供个性化差异化精准服务

完善充电站停车设施服务能力，实现充电车辆一次性停到位。实现自动导引功能，通过限位、导引等手段，帮助司机将充换电车辆快速准确地停放在合适的位置。首先，在车道地面安装刹车板，驾驶员在停靠时感受经过刹车板时车辆震动即可停靠到位。其次，车辆停靠区域两侧标出黄线，引导司机停靠。最后，组织车辆厂商、电池厂商、车载设备厂商技术人员对驾驶员进行技术培训，提高司机对电池能力的判断能力，避免因司机对剩余电量误判造成的在剩余电量较高时候充换电等情况，有效提高单次充换电平均行驶里程。

提供快速更换电池服务。为使电池更换更加快捷，电动汽车进入充电站前提出电池更换请求，工作人员将仔细检查车载监控记录，查看电池在使用过程中是否故障。如有故障，则将故障信息记录后清除。更换时，首先断开电源，卸载电池，将准备好的电池装车，接通电源，再进行故障诊断，确保正常后完成更换。

通过专用的 GIS 数据采集终端，对充换电站、自助服务充电桩等各类充换电服务站点的地理位置和数据信息进行采集。通过“互联网＋”和手机 App 客户端，用户可以搜索任意区域或者所在地周围的所有站点，点击站点可以查看站点提供的服务详情，并提供实体照片。在站内设置用电业务办理服务窗口，充电用户可同时办理日常简单的用电业务，如电费的缴存及相关业务的咨询等。同时提供配套服务，如车辆救援、清洗、检测及维护等服务项目，满足不同用户的需求，提供个性化、差异化精准服务。

4. 建立客户动态机制，实行车辆及时救援

一是合理选址定容，优化车辆调度。在充换电站规划阶段，长沙公司与用户共同探讨线路规划，合理选址定容，实现公交车充换电站与公交枢纽站一体化建设，最大程度缩短车辆空驶里程；与用户确立动态联系机制和联合调度机制，安装车辆监控系统，统筹调度，优化车辆充换电行为。

二是建立救援服务体系。为使电动汽车充换电服务体系更好地发挥支撑作用，建立电动汽车应急服务保障体系。客户可通过个人手机查看到救援人员姓名、照片、联系电话、地理位置、预估到达时间及人员行动路线，实现客户与具体救援人员的互动。

三是建立动态应急服务保障体系。提供应急移动式充电车，在 400 千瓦发电车上设置交直流充电设施，在充电站出现停电事故或无电源、无充电站区域，可快速应急、满足车辆充电需求，可同时对 4 辆车进行直流充电、对 10 辆车进行交流充电。

（六）建立督查考核保障体系，促进电动汽车服务公司服务持续提升

长沙公司制定《国网长沙供电公司电动汽车充电站设备维护及服务质量考核实施办法》和《国网长沙供电公司充电站设备监察性督查工作方案》。监督考核部门由长沙公司监察部和电动汽车服务公司技术服务部组成，监察部是考核归口管理部门。技术服务部是监察性督查归口管理部门，负责建立监察性督查工作机制，组织管理人员开展监察性督查工作；负责通报监察性督查情况，对监察性督查中发现的问题进行督办整改，提出考核意见；由监察部进行考核及通报。

1. 实施监察性督查周期

监察性督查每周至少开展一次。督查可结合日常工作计划、重点工作检查、现场把关、集中巡视等方式开展。监察性督查每次不少于五处隐患点。

2. 实施监察性督查内容

监察性督查内容主要包括：督查巡视质量，督查维护质量，督查检修质量，督查服务质量。

3. 实施监察性督查考核

对监察性督查中发现的问题整改不及时、不到位，同处地点同类问题重复出现或存在重大安全隐患的问题，严格事件调查和责任追究，并要求立即整改到位；同时纳入到月度绩效考核，作为季度和年度绩效考评的重要依据。

三、供电企业基于标准化规范化的电动汽车服务管理效果

（一）拓展了公司电力市场，拓宽了公司发展渠道

在 2 年的实践过程中，探索了运维、检修、服务等管理体系，率先在国家电网公司系统和湖南地区完成了供电企业基于标准化规范化的电动汽车服务管理的构建，得到国家电网公司认可并在系统内及湖南地区推广。2015 年长沙公司拥有电动汽车充电站 6 座，充电桩 124 个，2014—2015 年累计向长沙地区电动汽车充电 3208.3 万千瓦时，实现利润 2495.379 万元；预计到 2017 年累计充电站 15 座，充电桩 290 个，充电 13357.4 万千瓦时，实现利润 9891.152 万元；为长沙公司拓展了新型电力市场。充电设施顺利接入车联网服务平台，并积极推动“都市公共交通电气化”进程，促成长沙地区电动汽车充换电规范、政策落地，为长沙公司发展拓宽了新的发展渠道。

（二）提高了运维效率效益，提升了电动汽车服务能力

创建了充电站的运维管理新方式，实现了对充电设备维护检修的“属地化管理”，提高了运维效率，

提升了电动汽车服务能力。服务管理新模式构建前：设备维护一次需 3 天，设备检修一次需 5 天，设备应急处理需 2 天；服务管理新模式构建后：设备维护一次仅需 2 小时，设备检修一次仅需 6 小时，设备应急处理仅需 4 小时。

实施服务管理新模式，将一部分维护工作划归到充电站自行维护，不必再委托其他专业公司，既提高了维护效率，又节省了生产维护费用。新模式实施后，运维人员自行对设备进行维护，几乎能够杜绝由于疏于维护造成的设备损坏情况，还减少重复检修工作，有效降低检修材料人工费和生产维护费用，运营成本大幅降低。按照量化指标和运维有关标准核算运维费用，公交车换电单工位年运维费已降至 145 万元，同比降低 48.89%；充电设备检修年费用降至 48 万元，同比降低 51.32%；设备应急年费用降至 29 万元，同比降低 61.58%。

确保了设备检修中的问题及时发现及时解决，大大提高了应急处理的速度，有效降低设备故障率，缩短设备缺陷处置时间，提高了管理能力。巡视质量得到大幅提升。2015 年巡视检查中，检查项目包括 10 大类 43 大项共计 188 小项；检查项目同比增加 24.1%，比 2013 年增加 50.3%。共检测分箱充电机 44 台、整车充电机 70 套，直流充电桩 45 台，交流充电桩 79 台，放电装置 28 台，换电设备 22 套，有源电力滤波装置 28 套，电池系统 21 套，监控系统 15 套，消防系统 13 套，共发现各类问题 21 类 93 项，通过检修有效消除了安全隐患，保障了人身、车辆和设备安全。

构建了电动汽车服务管理新模式，服务意识得到明显增强。着力打造全方位服务体系，使每次充电时长缩短 10 分钟，应急救援及时、准时，2014—2015 年累计为用户提供抢修救援 268 次，并向广大用户兑现了“零缺陷”“零超时”“零差错”的服务承诺，真正让客户感到服务管理新模式构建后的“放心、省心、暖心、舒心”的全方位服务体验。

（三）助推了长沙地区电动汽车产业的发展

通过供电企业基于标准化规范化的电动汽车服务管理构建，直接推动了长沙地区新能源电动汽车产业的发展和完善。从电动汽车数据来看，2015 年长沙地区使用新能源汽车 720 辆，同比增长近 3 倍。其中，纯电动乘用车 290 辆，同比增长 4 倍；插电式混合动力乘用车 240 辆，同比增长 4 倍；纯电动商用车 190 辆，同比增长近 3 倍；行业的火爆程度由此可见一斑。长沙电动汽车充电站 2014—2015 年累计向长沙地区电动汽车提供充换电服务 21.2 万次，充电量 3208.3 万千瓦时，服务行驶里程 5063.21 万公里，实现 CO_2 终端减排 2.11 万吨，在推动电动汽车产业发展的同时，又为生态环境建设做出了贡献。

（成果创造人：张孝军 、车红卫、陈润颖、周　宁、秦筱瑶、刘浩梁、吴东朔、李　勇）

民营企业基于绿色发展理念的大数据存储与云服务管理

哈尔滨国裕数据技术服务有限公司

哈尔滨国裕数据技术服务有限公司（以下简称国裕数据），创立于1996年，运营总部位于哈尔滨经济技术开发区"中国云谷"，营销及研发总部位于北京市清华科技园，是专业从事云存储、智慧城市、健康管理、环保及基金业务的高新技术企业集团。国裕数据有员工120人，资产总额25055万元，截至2016年6月，累计销售收入超过1.6亿元，缴税上千万元。国裕数据立足于黑龙江省互联网经济和信息服务产业，依托5000PB级存储能力的云存储基地，积极探索"互联网＋"重点产业领域的跨界融合发展。

一、民营企业基于绿色发展理念的大数据存储与云服务管理背景

（一）黑龙江为云计算产业规划发展提供了政策支持

2010年10月10日，国务院颁布的《国务院关于加快培育和发展战略性新兴产业的决定》文件中正式提出七大战略性新兴产业，黑龙江省云计算数据中心建设项目符合国家产业政策。黑龙江省政府紧紧抓住这一历史机遇，加快制定产业发展规划和政策，将云计算作为发展战略性新兴产业的首要突破口，以政府引导、政策扶持、园区支撑为主要推进手段，以招商引资、示范工程和市场培育为主要发展途径，推动实施一批云计算示范应用项目，加快打造以绿色节能为主的"中国云谷"，促进政策、资金、技术、人才等资源要素向云计算产业快速集聚，努力把黑龙江建设成为国家级云计算产业基地之一。国裕数据抓住政府政策机遇开展基于绿色发展理念的大数据存储与云服务管理。

（二）黑龙江独特的地理环境为企业发展大数据与云计算业务提供了区位优势

按照全球数据中心的选址标准，数据中心外包必须考虑地理位置、年平均气温、电力供给、互联网接入能力、冷却系统、人才资源和政策环境等条件。哈尔滨独具数据中心建设的区域优势，地处平原地带，年平均气温3.5℃，可以大幅降低云计算中心散热降温成本，利于节能减排；水资源丰富、电力供应充足，黑龙江省电网每年发电能力约1000亿度；带宽资源充足，扩展空间广阔，建设的第三条中俄跨境国际陆地光缆和链接欧亚大陆的北冰洋海底光缆（北极网），将使哈尔滨成为欧亚通信网络的重要枢纽；科技实力较强，拥有哈工大、哈工程、哈理工等高等院校49所，人才优势明显。有利于国裕数据开展大数据存储与云服务管理。

（三）企业早期探索为发展大数据与云计算业务积累丰富的经验

2010年，国裕数据基于前期大量调研论证，以及对黑龙江省服务外包产业的研究摸索，编制了《黑龙江省生产性服务外包现状与趋势研究》《在新形势下发展中国现代装备制造业服务外包的研究报告》等重要材料，为黑龙江的建设献计献策。国裕数据还积极围绕绿色数据中心节能试点的先进技术应用、产品和运维管理实践、数据中心建设指南等方向，深入挖掘北方数据中心技术推广和差异化发展优势。经过前期充分筹备，国裕数据"绿色海量云存储基地"建设所需的项目团队、建设资金、基础配套、客户意向协议、产业政策支持环境等条件和资源全部落实，为国裕发展大数据与云计算业务积累了充分的经验。

二、民营企业基于绿色发展理念的大数据存储与云服务管理内涵和主要做法

2010年以来，国裕数据紧跟现代信息服务业前沿，全面了解国内、国外云计算、大数据服务的核心技术、发展趋势和特点，客观分析数据中心建设的节能减排优势，从区域条件等综合优势分析，将黑

龙江哈尔滨作为全国数据中心布局的生产基地。以绿色发展理念为指导，以“数据创造价值”为战略目标，通过科学制定“十百千万亿”的三年市场计划，紧紧抓住技术创新、管理创新两条主线，以打造大数据存储和云服务管理的核心竞争力为中心、以改革和创新为动力，有效促进黑龙江的大数据存储与云服务业务，取得显著成效。主要做法如下：

（一）科学制定战略目标，引领大数据存储与云服务业务有序发展

国裕数据制定企业“十、百、千、万、亿”的三年发展战略和目标，即引进十个国家级单位、百个金融机构、千个医院和文化新媒体、万个企业应用后台，为龙江千亿斤粮食发放身份证明。首先，集中资源和能力推进具有竞争优势的“绿色海量云存储基地、零雲云资源服务”业务发展。其次，在核心业务基础上，深入挖掘客户需求，提供数据中心安全、运维服务及灾备演练、数据中心节能管理、咨询、集成等服务，实现管理和服务的提升和产业升级。最后，以自主创新为主，同时联合国内外先进技术和优秀合作伙伴，实现技术领先，凭借精细化管理、品牌差异化优势，大力拓展云应用服务，向相关产业延伸。

国裕数据依托自身在绿色海量云存储中心的云计算、云存储的资源优势，加上大数据中心（IaaS 基础设施即服务）基础上云平台服务（PaaS 平台即服务）项目的规划，结合市场和战略，创新发展模式，利用云计算松耦合的技术优势，联合国内外先进的企业技术，共同构建云计算的生态系统，在云端提供先进的应用服务，以资源整合打包服务的模式为用户提供定制化解决方案。

（二）高标准建造安全高性能“绿色海量云存储基地”

国裕数据在项目设计方面邀请全球设计数据中心排名第一的惠普公司进行合作，按照国际 T3，国内 A 级机房标准建设，由国内数据中心建设领域多名知名专家组成专家团队，对数据中心建设进行全程指导；数据中心所用设备全部采取国际招标，中标企业所产设备在同类产品中排名前三名。项目采用一系列先进的绿色节能技术，总制冷能耗比采用标准 ARI 工况恒定制冷量压缩机降低 40%，降低 PUE（用电效率比）值，实现节能降耗，确保可扩展性，设计兼顾美国 LEED 标准认证及中国住房与城乡建设部颁发绿色建筑标准认证。

国裕数据采用专业化精细化管理方式，从北京、上海相关企业高薪聘请多位在数据中心建设和运维方面具有丰富经验的职业经理人，建立建设、运营、营销三支专业的管理团队，由项目总负责人统一协调，每一部分都做到专业化和标准化。

传统的局部、粗放、碎片化的 IT 运维管理模式已经无法满足安全生产的实际需要，国裕数据 IT 运维管理通过全局化、流程化模式，实现全方位的 IT 运维一体化管理，围绕绿色高效节能安全数据中心，最大程度满足用户需要。鼓励员工创新，在项目运维管理过程中，不断改造升级原有技术应用，形成项目的自主知识产权，实现节能减排技术的应用。其中，蓄冷罐的“自然冷却器＋机械制冷联合制冷技术”及冷源自控系统的综合利用，成为数据中心运营成本和能耗降低的典型应用之一。

（三）开发节能装备和技术，建立安全运维管理体系

1. 建立运维管理的组织机构

运维管理主要包括电气系统、空调系统、消防系统、弱电综合系统、网络运维系统、云服务及信息安全系统。通过全面的安保系统来保障数据中心的稳定运行；电气系统保证供应的持续性；空调系统保证温度、湿度的稳定性；弱电综合系统保障物理安全、防止周界入侵；消防服务保障机房消防安全，网络运维防止网络系统中断、保障业务连续性；信息安全管理防止涉密信息的丢失及损坏，保证信息的完整性、保密性、可用性；云服务的弹性计算、高速磁盘功能，实施全面监控、保障高安全性。

同时，国裕数据整体管理框架还包括审计管理、安全管理、资源管理、服务交付管理、日常运维管理、资源操作管理、规划管理 7 大安全管理项。

2. 制定运维管理标准和制度

自2011年数据中心运行以来，根据3382个国家标准及行业法规、供应商维护建议，以及结合项目实践经验，国裕数据形成完备的管理标准和制定，包括37个系统大类和57个系统子类，内容涵盖电气各系统、空调各系统、弱电各系统、建筑智能、安防系统、消防系统等内容。目前，国裕V1.1版本运维标准已经完成，2016年全面完成53个标准化视频的录制工作。其他标准化工作进展如下：

数据中心内设备标签、线签、位置签等共计3024个已完成，有效地保证故障处理的及时性和准确性；每年第三季度进行设备的“秋鉴”工作，对运行情况进行鉴定、检查，根据设备存在的问题及隐患，形成整改措施报厂家处理或联系相关部门检测维护，2014年“秋鉴”进行2884项，2015年“秋鉴”进行5014项；数据中心所有设备均对应编制处理流程，所有可预知风险均对应编制判断流程，完善后的故障判断流程40个、故障处理流程111个，共计151个。

同时，国裕数据关注信息安全和灾备的必要性，每年举行业务连续性大型演练和年度测试演练，践行“高安全、零中断”的服务保障宣言。

3. 实施高标准军事化的运维安全管理

国裕数据秉承“检修工作标准化、运维管理精细化、技术手段现代化、团队作风军事化”的工作精神，围绕“安全、效率、成本、节能、弹性、人性化”等多角度而提供全面管理体系，以实现数据中心“管理可靠、运营快速、运维安全、优化能效”的管理目标。

国裕数据拥有成熟的服务体系、规范的管理流程、丰富的运维经验，建立以流程、制度、管理办法组成的运维管理细则，并在实施过程中不断优化完善。国裕数据聘请国内专家、整合本地高校资源、吸收本地工业企业优秀技术人才等方式，打造一支高标准作风军事化的高端技术服务运维团队。

2016年，数据中心运维部计划性工作任务有3026项，其中包括常规测试228项，演练198项。在演练中，“无计划、无脚本”演练（简称“两无”演练）192次项，除了计划性的测试与演练外，运维团队每天每小时还进行专业的巡检，真正做到7×24小时的安全。截至目前，数据中心已经安全运行2000多天，保证数据零中断、客户零投诉。

4. 开展运维延伸服务高标准

为了满足不同的客户服务需求，运维中心制定“一个运维团队，多个运维服务站；一个调度中心，统一运维管控；一个监控中心，集中接入监管”的统一服务策略，对同城与异地的政府、金融、企事业客户提供有效、安全、标准、统一的运维延伸高标准服务。

国裕数据运维团队由基础运维部与IT运维部组成，根据不同职责分为技术专业组与综合管理组，运维中心负责全年的工作目标的制定，各技术专业组负责具体的组织落实，综合管理组负责工作的督办和收尾。运维工作的实施结合ISO管理体系的管理经验，有序的管控运维工作的计划、组织落实、监督反馈、评价调整等各个过程，形成国裕数据中心运维的最佳管理实践。

（四）自主研发“零雲”云资源服务平台，开拓政府云服务业务

国裕数据在云存储的基础上，研发自主品牌“零雲”云资源服务平台提供云应用服务。“零雲”云资源服务平台为用户提供按需使用、弹性扩展的计算、存储、网络、安全等云服务，可以大大节省用户软硬件设备购买和运行维护成本。国裕数据作为黑龙江省政务信息系统云迁移试点工作的承接单位，与哈尔滨市工商局签约“哈尔滨市工商局基于云计算信息化建设”项目，标志以“政府购买服务”形式进行政务云建设的科学性与可行性，作为全市率先政务云迁移项目，该项目的顺利推进为全市、全省乃至全国的政务云建设起到示范作用。基于云服务模式的电子政务数据存储与灾备服务体系建设，是电子政务建设的创新方式，有利于促进电子政务建设运行走市场化、专业化道路，符合哈尔滨市电子政务产业的总体发展方向，对全市、全省的政务信息化建设具有重要意义。同时，为哈尔滨市争取国家级电子政

务云灾备基地奠定了坚实基础。

（五）打造行业级云服务平台，开拓行业大数据服务业务

国裕数据不断推进改革创新和战略统筹，依托国裕与哈工大联合建立的大数据商务智能联合实验室，为各行业用户提供大数据云应用服务，包括“工业云、企业云、农业云、医疗云”等项目。

1. 工业云服务平台

国裕数据与哈工大深圳研究生院、北京数码大方、齐齐哈尔齐重数控等达成战略合作，通过线上搭建黑龙江工业云服务平台，线下建立黑龙江工业云产业联盟的方式，推动云计算、大数据在研发设计、生产制造、经营管理、市场营销、售后服务等产业链各环节的应用。建设“互联网+”工业创新平台，打造工业云服务中心、示范应用中心、体验中心、创业中心等服务版块。该创新平台旨在提升工业企业创新能力，为其提供CAD软件服务、工业设计、工程分析计算、标准资源、数据管理、数据存储、协同营销、工业市场监测、设计研发、营销推广等人才支撑、设备支撑、技术支撑。目前已经完成工业电商交易平台、信息化云应用超市、供求信息对接平台、新闻资讯平台及云资源服务的建设，注册企业用户数400多家。

2. 农业云服务平台

利用物联网、云计算、大数据等技术建立“农业大数据共享交换平台”，运用物联网、大数据等信息化手段，将全省农业土肥、植保、气象、测绘、遥感、农情监测等数据进行集中存储与管理，为农业生产、加工、销售等环节提供溯源信息和数据支撑，实现从“田间”到“舌尖”全程溯源和信誉保证，实现“产品增信、农民增收、用户增寿、政府增税”的目标。

目前，已在齐齐哈尔泰来、佳木斯富锦等多个县市开展试点示范工程，完成两万余亩的智慧农业项目建设，取得良好效果。同时，国裕数据于哈洽会期间组建500人农业专家团队，成立面向全国的“智慧农业云产业联盟”，建立完善农业云产业体系发展的标准与规范，建设开放、共赢的平台，探索中国农业生态链健康、可持续发展的新模式。

3. 医疗云服务平台

国裕数据打造远程医疗云技术与脊柱软伤诊疗咨询管理相结合的业务系统。系统通过美国FDA认证，可实现远程实时会诊和区域医疗影像云存储，目前与中国人民解放军总医院开展合作，通过远程医疗会诊云计算技术，打造面向全球O2O脊柱软伤保健、康复、治疗平台，为患者与机构提供专业的医疗健康管理技术、产品和咨询服务，延伸脊柱软伤诊疗产业链，此项目可以优化整体医疗资源配置、改善患者体验、提高医生的工作效率等，是传统医疗行业践行“互联网+”的良好补充。

2015年12月，国裕数据与中国儿童少年基金会等单位共同启动“脊梁工程专项基金”活动，成立脊柱健康联盟，关注青少年脊柱疾病。2016年“脊梁工程”项目将率先完成黑龙江省各地的脊柱筛查、治疗试点建立工作，以黑龙江为先行省份逐步在全国推广，以“脊梁工程”为先导，通过“互联网+脊柱医疗”大力推进我国脊柱健康管理及医疗云综合应用服务的新业态发展。

（六）以安全生产为核心，强化信息安全管理

1. 建立全面的信息安全管理办法

国裕数据根据《信息管理办法》要求，在运维中心建立信息管理中心，对信息生成、采集、存储、使用、更新、销毁全生命周期进行管理。数据中心主要信息分为13大类，各层级人员根据权限进行上传、查阅和更改，运维中心产生的所有信息均上传至运维部自建的信息管理平台中，并由专人进行定期维护，保证信息的安全、完整、可用，提高国裕数据信息安全管理水平

国裕数据运维中心各专业组所涉及的工作记录表单共51个，包含专业组重项工作的变更管理、检修作业及报告、问题督办、测试申请及记录等内容，各表单由各专业组发起，经审批后执行，由调度组

进行督办，并最终由资料组审核备档，形成组织过程资产。

2. 加强运维数据监控分析管理

数据中心运行过程中产生大量的数据信息，这些运行数据在指导实际运维工作、预警、成本控制、数据中心节能等方面有重要意义。为实现运行数据最大限度的开发利用，国裕数据将电力监控系统、冷源自控系统、环境监控系统三大系统数据进行整合，开发云能效管理平台。通过云能效分析系统，对以上三个系统的数据进行集中处理和分析；根据预定分析的方向及项目进展完成分析报表；根据报表和分析数据调整设备运行状态或系统运行方式，以保证设备或系统的节能有效运行。

根据数据的分析结果，查找判断运行故障等问题产生原因，集中进行现场排查，使分析的数据结果最终体现在实际运维过程中，保障分析的可用性和指导性。

（七）强化研发管理和人才激励

1. 组织开展合作研发

国裕数据注重研发能力的提高和产品市场的培育，2013 年与哈尔滨工业大学深圳研究生院共同组建“大数据商务智能联合实验室”，拥有多项专利。与省科学院、哈工大、哈商大、齐重数控、中软国际、启明星辰、施耐德、清华同方、中国移动等诸多伙伴开展战略合作，共同推进云技术研究及产业化。

2. 创建研发管理机制

成立项目小组，每个业务和研究方向设负责人，有明确的岗位职责和研究方向，需定期报告工作进展情况。项目小组由国裕数据、合作单位、高校专家组成，采取开放式运行模式，吸收优秀人才。研究中心分为管理委员会和技术委员会。管理委员会负责制定管理制度、工作计划，推进产学研用，对研究中心建设和运行进行领导、监督；技术委员会按研究方向进行项目管理与研究。中心财务组由国裕数据财务部人员组成，负责经费管理及核算。国裕数据发挥利用已有的数据中心和云计算技术优势，以及对中小企业客户需求的深入了解，负责基础设施建设、云平台支撑搭建，以及平台的市场推广和后续运营。哈工大深圳研究生院将发挥大数据挖掘分析、企业智能应用优势，把已有相关成果进行技术转化，以云计算为基础，开发满足企业需求的软件应用，以及对平台的数据进行智能分析。

3. 加大人才培养与激励

为规范研发项目管理工作，充分调动研发和技术人员的工作积极性，最大限度地推进新产品研发项目和现有产品技术改进、工艺优化项目的进展，国裕数据制定全面的科研项目管理办法、人才激励机制政策。包括根据项目的可行性研究报告和项目立项批复、项目的重要程度、周期及可提供的各项条件，确定项目的档次；根据项目组人员的实际配置情况等确定项目负责人提取奖金的比例等，有效地推动了国裕数据各项研发项目的建设和业务的发展。

三、民营企业基于绿色发展理念的大数据存储与云服务管理效果

（一）高质量完成“绿色海量云存储基地”的建设

国裕数据自 2010 年起建设“绿色海量云存储基地”，项目总建筑面积 12.8 万平方米，已经完成绿色海量云存储基地首期金融行业数据中心的建设，产出机房面积 4320 平方米，满载机柜可达 1888 个，整体设计完全满足 TIA－942（数据中心电信基础设施标准）Tier3 标准，机房布线及动力部分满足 Tier4 要求，达到国际先进水平；满足国内建设部颁布的电子信息系统机房设计规范《GB50174－2008》A 级标准，达到国内领先水平并获得认证；满足信息安全技术信息系统灾难恢复规范《GB/T20988－2007》的标准。2013 年 5 月与华为、阿里云同步获得全国首批“IDC、ICP、ISP”运营全牌照，具备了向全国提供云服务的准入资质。2011—2013 年连续 3 年获批黑龙江省产业结构调整重点专项，获得工信部工业云试点、电子政务云迁移试点、国家发改委云安全示范项目，以及国家绿色数据中心节能试点单位，配合哈尔滨市政府获得云计算试点城市。

（二）有效开拓政务和行业云存储和大数据服务业务

通过近 6 年的成功实践，国裕数据得到了国家部委及业内专家等多方考察论证和肯定，已成为全国知名的云计算产业基地，发展成为哈尔滨云计算领域的领先企业。截至目前，龙江银行、哈尔滨银行、浦发银行、省教育局、市工商局、省社保、哈医大一院、新华社、敦煌网、东方众和、北金所、大通期货、圣亚科技、文旅集团等金融、政务和企业级用户进驻并平稳运行，实现用户零投诉、业务零中断。其中，2014 年 2 月 25 日与哈尔滨市工商局签约“哈尔滨市工商局基于云计算信息化建设”，为全市建设企业基础信息共享系统和实现“企业注册一表制”创造条件。通过云资源方式大大降低了工商局软硬件采购、IT 建设及维护成本。

（三）促进地方经济发展

绿色数据中心运维一体化管理已经成为运维管理发展的必然趋势，它所发挥的作用和带来的经济效益、社会效益将日益显著。运维通过构建 IT 运维一体化管理体系，节能减排技术的应用，全面提升了生产运行统一管理、高效运转的能力，有效降低了数据中心运行的能耗，使数据中心 PUE 值达到 1.5 左右，相对于华南、东南地区每年节约用电 40%以上，从而推进行业企业信息化的快速、协调、可持续发展。

（成果创造人：檀丽艳、齐跃亭、刘晓慧、高晓超、周　瑞、许子孟、赵文竹）

地方银行培育竞争优势的服务能力建设

延边农村商业银行股份有限公司

延边农村商业银行股份有限公司（以下简称延边农商银行）成立于2011年11月，是在原延边农村合作银行基础上，引入新的发起人设立的地方性商业银行，员工总数1194人，注册资本16.35亿元。截至2016年12月末，延边农商银行资产总额达到433.19亿元，负债总额395.03亿元，其中各项存款余额203.23亿元；2016年年末拨备前利润达到7.83亿元，是延边地区机构最多、服务面最广、经营规模最大、利润最高的金融机构之一。

一、地方银行培育竞争优势的服务能力建设背景

（一）深化农村信用社改革的需要

2000年8月，延边州农村信用联社成立时，全州106个独立核算单位，260个营业网点，316个信用站，2400多名员工，机构臃肿，队伍庞杂，效率低下，还存在保付难、亏损严重、不良资产居高不下等一系列风险问题。为了企业长远的发展，企业管理层以改革为动力，恰当运用末位淘汰制、黄牌警示制、督办制等约束性措施，解决了许多难题。2003年10月，国务院印发《关于深化农村信用社改革试点方案》，在央行专项票据置换、专项借款、税收减免、财政贴息和利率指导等一系列优惠政策支持下，农村信用社改革释放了发展红利，产权改革快速推进，法人治理得到完善，经营机制明显改善。农村商业银行脱胎于农村信用社，与建设现代金融企业的要求相比，迫切需要在公司治理、客户服务、经营机制和风险控制等方面转型升级，延边农商银行将提升金融服务能力纳入重点工作。

（二）应对同业市场竞争形势的需要

自2003年至今，延边各县市的农商行（农联社）存贷款市场份额始终高居辖内银行业金融机构之首。但是自2011年以来，随着农行、邮储、农发行服务“三农”重心下沉，股份制商业银行辐射延伸，村镇银行全面布设，地区中心城市形成了银行机构抢滩进驻的局面。到2016年6月末，延边地区银行业金融机构已达20家。P2P、O2O、众筹等新型互联网融资模式日渐兴起，第三方支付、电子商务、大数据平台快速发展，给地方银行的传统金融模式带来挑战。为应对市场竞争新形势，延边农商银行需要从服务、技术、产品和客户等多维度推进管理创新。

（三）提高三农金融服务水平的需要

当前金融同质化竞争加剧、金融消费层次逐步升级，地方银行服务质量的好坏、服务水平的高低，既涉及广大客户的切身利益，也涉及自身生存和未来发展。不断提高三农金融服务能力是地方银行发展主旨，也是践行普惠金融服务的基本要求。

二、地方银行培育竞争优势的服务能力建设内涵和主要做法

延边农商银行始终坚持“农民致富的银行、居民兴业的银行、微企成长的银行”的市场地位，不断健全现代商业银行经营管理机制，完善内控和风险管理体系，大力推进管理创新、服务创新，积极履行地方银行的社会责任，致力于成为农村金融主力军。延边农商银行依托政策、资源和政府支持等优势，以完善的公司治理为基础，以稳健的风险控制为核心，走出一条“定位准、服务好、效率高、流程优、手续简”的创新路。主要做法如下：

（一）贯彻现代银行服务理念，提高金融服务能力

1. 合理让利，积极践行普惠金融理念

延边农商银行发挥自身优势，大力支持实体经济降成本。一是做“减法”，降低客户资金成本。结合客户综合贡献度推行灵活的贷款利率定价机制，对综合贡献度高的客户主动降低利率上浮比例，并实行免评估、免保险优惠政策。2015 年，该行对小微企业直接和间接让利 800 多万元。二是做“加法”，积极扩展电子渠道。目前已累计发行银行卡 54.62 万张，布设 ATM 机 92 台，网银、移动支付累计签约 15.79 万户，短信银行、电话银行累计签约 33.61 万户。农村用卡环境和支付环境明显改善。

2. 因势利导，经济下行期与企业共渡难关

在符合监管的要求条件下，延边农商银行适时推出小微企业续贷及转贷通业务。转贷通业务专指用于小微企业流动资金贷款转贷时的融资服务，小微企业出具无第二顺位人的抵押物，从而使企业迅速获得低于民间融资成本的周转资金，缓解资金压力。实施一年来有 30 户企业受益，为企业节省资金 1200 多万元。

3. 协调各方，有效增加金融供给

近三年，延边农商银行主办召开政银企对接会 11 次，参会企业、部门 431 户，累计授信 25 亿元；协调民委和人民银行落实民族贸易贴息政策，组织实施对民贸民品企业贷款贴息 1436 万元，减轻部分企业的财务成本。在落实精准扶贫要求方面，延边农商银行以国家级贫困县——龙井市为重点，扩大农户贷款覆盖面，降低贷款上浮比例。定向结对帮扶和龙市海兰村，帮助包扶 21 家贫困户制定脱贫规划，落实创业项目，关爱老弱病残贫困户生活。

4. 支小扶微，把服务民营经济落到实处

针对小微客户无抵质押品、无正规财务报表、资金需求“短小频急”的特点，延边农商银行专门设计推出的产品目标客户以小微经济为主，包括小微企业、个体户以及家庭小作坊等。这类贷款需求使用 200 万元以下的借款人：一是无须抵押。凡客户经营 3 个月以上，只需一个有稳定收入的保证人，即可申请。二是手续简便快捷。客户填写申请后一般 3 个工作日内即给予答复，只需到银行两次即可放款。三是还款方式灵活。根据客户现金流情况及淡旺季特点，灵活制定还款方式。四是无任何手续费。不与任何中介机构合作，让客户无须任何其他费用即可获得贷款。同时，延边农商银行针对小微客户“小而散”的营销定位，把“扫街”作为小微信贷经理的常态工作，要求信贷经理主动到集中商圈或者沿街门店介绍贷款业务，分区域、分步骤、持续不懈地进行“扫街”营销。

5. 助农转型，推进农村土地流转金融服务

2016 年以来，延边农商银行抢抓龙井市被列入国家级农村金融综合改革试验区的良好发展机遇，以土地流转作为农村供给侧改革的着力点，借助联手龙井市政府搭建的农村土地融资担保平台，由延边农商银行龙井支行为农村土地收益保证贷款提供强有力的资金支持，持续为龙井市专业农场等新型农村经营主体发放土地收益保证贷款，不仅有效破解农民贷款难、贷款贵的难题，还逐步探索出一条金融支撑现代农业的转型之路。截至 2016 年 6 月末，延边农商银行土地收益保证贷款已帮助龙井市 197 家农场逐渐形成规模，发放贷款金额达 5800 余万元。

（二）满足客户金融服务需求，提高产品创新能力。

1. 贷款产品贴近客户需求

根据区域经济特点和信贷服务实践，延边农商银行相继推出“微捷贷”“微速贷”、土地收益保证贷款等十余项信贷服务产品，适应客户需求的贷款产品已达 42 个。“微捷贷”主要为中小企业、个体工商户、家庭作坊等小微客户提供抵押类经营性贷款，还款方式灵活、办理快、免评估、免保险，现已发放 4079 万元；“微速贷”则是为上述客户定制的无抵押经营性贷款，利率优惠，现已发放贷款 2906 万元。

2. 开发供应链金融服务

延边农商银行引领区域农产品价值链、供应链金融服务导向，以“公司＋农户”“家庭农场＋农户”“担保公司＋专业合作社＋农户”等形式，支持延边大米、延边黄牛、明太鱼、食用菌、苹果梨等特色产业做大做强。延边农商银行支持的延边宇星无公害农产品有限公司，已逐渐发展成为生产、销售、加工为一体化的综合性民营企业，带动农户4811户，发展无公害大米、蔬菜订单种植面积6480公顷。2015年延边宇星无公害农产品有限公司牵头带动46家专业合作社组成海兰江农工贸联合体，年产值达到1.6亿元。

3. 加快电子渠道建设

延边农商银行加快网上银行、手机银行、自助设备等电子银行产品推广，积极扩展银行卡服务功能，在做好代理医保、低保、社保等社会化服务基础上，协调省、州人社部门在社会保障卡上加载延边农商银行借记卡芯片，有效满足延边地区社保持卡人的资金结算需要。该行与延边大学附属医院签署全面战略合作协议，推行“银医一卡通”，率先在延边州创建银行卡就医系统，为客户提供全天候、零距离的金融服务。截至2016年12月末，全行电子渠道替代率达到62%，比上年同期增加8个百分点。

（三）优化内部管理服务流程，提高核心竞争能力。

1. 开创公司治理新局面

延边农商银行以完善法人治理结构为目标，加强顶层设计，形成职责明确、分工有序、运转协调、相互制衡的法人治理架构。经营层设立7个专门委员会，内容涵盖资金管理、财务管理、贷款审查审批、风险资产管理、招标采购、利率定价、理财审批等方面。董事会加强战略管理，应对近年来宏观政策密集调整、利率市场化、地方经济增速放缓和同业竞争日趋激烈的新形势，在市场营销、投资运营、队伍建设等方面精心部署，充分发挥决策和领导作用。监事会完善基础性规章制度，规范提案、风险提示和工作调研等信息资料文本，强化内控制度建设，特别是对贷款审批、基建工程、集中采购、财务支出等方面制度执行情况，建立全程参与和定期评估的办法，从监督角度找到履行职责、对股东大会负责的工作方式。

2. 落实业务管理新策略

延边农商银行调整客户结构，以服务地方中小微企业和零售业务客户为主要目标，逐渐形成稳定充足的目标客户群体和稳定的重复性收入来源；调整收益结构，利用政策条件开办同业、资管、理财、票据、债券等业务，创新业务组合工具，面向全国大市场寻觅商机；调整信贷结构，准确计量与银行信用相适应的市场融资能力和成本，创造具有特色的盈利模式和平衡的业务组合，为客户提供高价值服务。

3. 奏响政治生态主旋律

一是不断强化党建基础工作。延边农商银行党委以制度健全、氛围浓厚、档案完整、载体丰富、场所适用、效果明显、亮点突出、群众满意等“八有”标准，全面强化基础工作。从民主评议党员入手，认真组织对每个党员进行实事求是的评价，对不合格党员妥善处置，达到激励先进，纯洁组织的目的；从党建工作制度建设入手，先后制定实行规范“三会一课”、民主生活会、党建工作档案管理等基础性制度共18项，使基层党务干部和党员有所遵循，并落实组织生活常态化要求；从完善组织管理运行体系入手，把党小组建到一线网点和科室。二是组织党建工作创新。该行党委通过摸索，基本建立以党员目标管理为主线，以帮扶联系责任区建设和先锋工程创建为载体的党建创新工作模式。对党员自评、组织审评、群众测评三个方面按照权重实行百分制确定党员每季度量化考核结果，形成综合考核报告，在党员大会上公布，并作为年度民主评议党员的主要依据。

4. 占领人才管理制高点

一是全面启动培养青年的“精英计划”。精英培养计划是建立35岁以下优秀青年员工培养成才的管理机制，采取“择优选拔、梯次培养、合理使用、跟踪管理”的方式统筹落实。通过任职挂职、异地交流、岗位轮换、参与重点工作项目等多种形式，提高青年英才的实际工作能力。同时，建立任用反馈动态管理机制，不断改进青年人才队伍建设。二是稳步实施后备管理“百人计划”。延边农商银行在完善人才招聘、培养、评估、激励和使用方面，已形成灵活高效的科学机制。目前后备人才库充实到120余人。总行适时组织各类后备人才到外行考察、学习，开阔视野，增长才能。各分支行、总部各部门每年都制定年度培训计划，按需求差异加大员工综合培养、技能培训和岗位轮训力度，并将专业辅导、执业准入和人才库建设有机结合，积极建立吸引人才、留住人才、培养人才的环境。

（四）推进服务管理手段创新，提高客户服务能力

1. 推进网点建设转型

一是调整网点结构和定位。延边农商银行建立起前、中、后台相互分离的组织架构，重点将有“潜力”的支行网点改造成利润和营销中心，并积极着手建设适应市场竞争的二级支行，通过差别管理、授权经营和竞聘承包等方式，引进优秀管理和营销人才，激发优秀网点创造能量。二是跟进现代银行网点建设趋势。延边农商银行新建或改造的网点，均在市场调研基础上，落实功能分区、客户分层、业务分流、产品分销。2016年5月正式开业的松原分行，对功能分区进行细化，增加开放式窗口、VIP通道、客户休息区等特色分区。三是打造精品网点。2015年，延边农商银行以创建全国、省及省联社级文明规范网点为目标，在网点选址、设计方案、招标施工、设施完善等方面进行系统性规范，将低柜和适应性理财业务从现金窗口分离出来，在各分支行本部和精品网点实行大堂经理和理财经理双配，厅堂服务实现动态管理。

2. 推进服务管理培训

延边农商银行2016年投入30多万元，组织国内高端师资进行专业化的培训，在团队领导力、小额信贷营销、综合营销和体验式营销等方面强化学习，收效显著。同时，通过组织全员集中培训，开展服务技能大赛、厅堂服务比赛和网点服务效能监测活动，推动全行服务营销提质增效。

3. 推进特殊群体延伸服务

一是主动延伸服务。延边农商银行针对特殊人群推出业务预约办理服务，避免其业务高峰期的长时间等待；对支取大额现金的特殊人群进行安全提示，坚持厅堂全流程看护护送；对有重度肢体障碍、不能亲临柜台、又有急需的客户，在有效防范风险的情况下，提供上门服务。二是自主强化培训。组织相关专业人员利用班后时间开展银行常用手语培训，以满足特殊人群的需求。三是完善服务设施。全行所辖营业网点都已具备完善的无障碍通道，在明显位置张贴无障碍标识；营业柜台设立“老年人、残障人士优先窗口”，并配备老花镜、轮椅、婴儿车、雨伞、计算器、日用药品等便民设施；营业大厅内提供电子显示屏与语音叫号服务，设置“爱心专座”，营造温馨、舒适、人性化的服务氛围。龙井支行与龙井市民政部门协作，将“重度残疾人护理补贴”以银行卡方式代发，并指定客户按照其户籍属地范围内的5个营业网点设立特定窗口办理相关业务，龙井市2555人就此享受这一用“芯”服务。

（五）建立全面风险管理体系，提高风险防控能力

1. 建立全面风险管理组织体系

延边农商银行在决策、执行和监督三个层面，整合、加强风险管理涉及的关键风险领域的管理职能。完善信贷和非信贷产品的风险管理框架体系，建立市场风险管理体系，已在主要产品领域实现对市场风险的有效控制。

2. 加快建立操作风险管理体系

延边农商银行通过行业集中度、产品集中度和风险调整后的资本回报目标，确定预期损失风险暴露目标，制定信贷投向政策、业务准入标准、资产组合限额以及细分战略。通过不断对各业务线和管理部

门的业务流程进行规范和监测，确保业务和管理流程全过程风险得到有效控制。

3. 建立风险预案管理机制

延边农商银行专门细分科学、合理、敏感反应业务风险等级划分标准，确保客户层面能在第一时间发现风险，并在最短的时间内预警和处置。相关业务部门通过规范的风险检查流程，对制度、流程以及贷款质量实施独立、客观、持续、有效地监督检查，做到及早识别风险点、发现风险隐患。同时，还建立不良贷款快速反应和处置机制，扩大资产保全工作互动范围，确保全辖资产安全。

4. 强化稽核监督检查

延边农商银行配齐15名稽核员，采用举办培训班、外出检查交流学习、现场操作演练、案例教育等多种方式，提升稽核人员的业务技能和实战能力。通过开展到期贷款、财务管理、移位稽核、离任稽核、突击检查、内控制度、村镇银行、岗位交流、强制休假、后续稽核和案防督导检查等计20项稽核监督检查，实现对所辖重点机构、重点业务领域和重点岗位人员的前沿覆盖风险排查。

（六）锤炼员工团队业务素养，提高规范服务能力

1. 推进服务质量管理

延边农商银行制定实施窗口人员形象服务浮动工资奖励和全员业务技能等级考评办法，并实施动态管理。在服务考评上，设立每月650元浮动奖励工资，按照文明规范服务标准，以员工自主申报、基层审核、总行审定为主要形式，坚持常态化监控检查和考评，确保享受浮动工资人员长期达到规范要求；在业务技能等级考核方面，设置5个等级浮动工资，按照其业务理论、上机操作和工作量的不同权重考核，评定其相应业务等级，并在年度集中考核时申请升级。

2. 推进客户服务管理

延边农商银行通过组织本行客户服务中心相关人员对历年百姓热线、96888客服平台受理投诉等情况进行分析，从典型案例中梳理出服务要点和风险点，积极查找存在的问题，从制度层面建立健全客户投诉处理管理办法。同时，在实际工作中，积极开展员工职业道德教育、操作技能培训，避免由于柜员态度不端、业务不熟导致客户投诉。

（七）打造先进金融企业文化，提高形象塑造能力

1. 重德行，强化忠诚感恩，把奉献融入员工思想

延边农商银行始终将员工的品德培育放在管理的首位，借助多种多样的体验式活动形式，提升员工的道德品质和职业素养。通过组织员工到农村田间劳作，到加工企业观摩，用鲜明的行业对比体验提升员工的忠诚度和荣誉感。通过组织柜员到商场体会站立营销微笑服务，以直观感受查找自身服务的不足，促使服务形象不断提升。通过思想教育活动，该行员工能够爱行如家，自觉维护农商行利益和形象。

2. 重和谐，强化激励关爱，把温暖送到员工身旁

边农商银行一直将关爱员工作为管理重心，始终致力于改善工作环境，打造温馨家园，为员工减压。第一，工作上关心，持续开展“四个一”工程，即：高管层每月到基层网点进行一次调研、一次坐班，每年与所有员工谈一次心、请员工吃一顿。第二，福利上给力。针对普通员工，除了连年增加薪酬外，力求形成衣、食、住、行等全方位的企业福利体系，款式多样的男女工装，明亮洁净的用餐环境，舒适美化的住宅小区，温馨派送的茶点水果，重新布设的网点休息区，让员工看在眼里、笑在脸上。第三，精神上关怀。延边农商银行为员工搭建施展才华的平台，成立读书、摄影、书画、时尚健康四大协会，并不断完善协会活动的组织和运行方式，使得活动丰富多彩。

3. 重团队，强化以人为本，把能力交到员工手上

一是向军队学管理。延边农商银行将军事化管理思想移植到企业中，每年对全员实行军事化训练，

时间达30个小时，覆盖面达到90%以上。通过准军事化管理的多年打磨，延边农商银行逐渐形成善于执行、甘于奉献、勇于拼搏的“家风”。二是向人才要发展。延边农商银行通过综合培养和政策激励，打造人才均衡流动、梯次接续、竞相涌现的生动局面。为给青年后备人才实践锻炼机会，通过加长“板凳”，在支行设立行长助理，在中层部门设置副职级岗位，所有职位晋升人员都从青年后备人才库中选拔，在实践中充分发挥他们的组织协调能力和解决问题能力。

4. 重规矩，强化责任担当，把约束立在员工心中

为解决工作效率低的问题，延边农商银行自我把脉，找准问题，持续推进细节化管理、客户认领制、终身雇员制等制度。通过大刀阔斧实施清理整顿、撤并机构、精减人员等一系列的内部治理手段，机构减少了40%，撤换高管人员51名，累计减员1500多人，消除了机构和人员臃肿低效现象，降低经营成本，提高工作效率。

三、地方银行培育竞争优势的服务能力建设效果

（一）综合实力显著跃升

截至2016年12月末，延边农商银行资产总额433.19亿元，净利润6.07亿元；存贷款市场份额分别达到24.50%、22.99%。上述指标均列全地区银行业金融机构第一位。2016年该行税收贡献1.8亿元，已成为地区纳税大户。

截至2016年12月末，延边农商银行资本充足率为13.66%，不良贷款率1.67%，贷款损失准备充足率661.07%，拨备覆盖率337.75%，资产利润率1.74%，成本收入比34.63%，主要监管指标持续优化，监管评级达到二级，获得人民银行审慎评估基础会员行资格，主体信用评级上升到AA－。

（二）产权改革重大突破

延边农商银行成立以来通过实施股权投资和集团化发展战略，先后重组4家农商行、发起设立29家村镇银行，并购重组延河信用社，同步组建吉林龙井农商行，通过产权改革累计吸收溢价资金17亿元，原有经营风险和历史包袱得到根本化解。

（三）支农扶微成效卓著

延边农商银行过去五年累计发放涉农贷款126亿元，年均增幅14.7%，占全部贷款比重始终保持在80%以上。连续3年组织召开银政企对接会，服务各类企业300余户，累计发放小微企业贷款98亿元，年均增幅19.85%。

（四）社会贡献日益突出

延边农商银行积极履行社会责任，公益捐赠、助残助学、志愿服务，地方银行公益行动有力；信贷让利、助农惠农、阳光服务，地方银行与客户休戚与共，延边农商银行的社会影响力和美誉度显著提升。

（成果创造人：孙庆良、李小明、崔慧艳、金　哲、齐　波、马春梅、王志国、韩立东、肖博兴、顾建军、姜春华）

经营性高速公路企业基于客户满意度的服务供给能力建设

山西中交翼侯高速公路有限公司

山西中交翼侯高速公路有限公司（以下简称翼侯高速），隶属于中国交通建设集团，所负责的 S80 高速公路翼城至侯马段是山西省和中国交建的首个 BOT 项目，全长 66.79 公里，设有 1 个管理中心、4 个收费站、1 个服务区、1 个养护工区和 1 个路政大队，现有员工 216 人。翼侯高速自 2007 年 11 月通车运营以来，以“树中交 BOT 典范，创山西高速品牌”为企业愿景，始终坚持“畅通主导、安全至上、服务为本、创新引领”的方针，努力实现社会效益与经济效益并重、创新管理与提升服务并重，在山西省经营性高速公路运营单位中名列前茅，连续多年在全省高速公路行业考核中位居前列，2015 年第三方客户满意度测评位列山西高速公路第 4 名、经营性高速公路企业第 1 名。

一、经营性高速公路企业基于客户满意度的服务供给能力建设背景

（一）满足高速公路服务提质的需要

交通运输的本质属性是为客货的空间移动提供服务。翼侯高速公路作为畅通凝聚汇集人流物流信息流的主要载体和区域通道，存在着服务供给质量与社会公众出行服务品质需求升级不适应的问题，突出体现在：服务质量优劣不均、服务供给能力不强、管理水准参差不齐，与“便民服务无缝隙、救援服务无盲点、信息服务无障碍”的目标还有差距，如服务热线接不通、服务投诉反馈不及时、信息发布单一；道路救援速度慢、执法不够规范严谨；服务质量不均、放行速度慢；标识指示不清晰，造成公众走错路；便民服务内容少、不能满足公众的多样需求，这些因素都是造成社会满意度低的根本原因。如何通过建立客户满意度评价改进和服务供给能力建设互为促进、持续提升的管理体系，有效解决这些问题，是翼侯高速面临的一项艰巨的任务和巨大的挑战。

（二）推进高速公路经营企业管理转型的需要

在运营期间，翼侯高速面临一些亟待解决的问题，如：企业由建设向管理、管理向服务转型不到位，人员服务意识不强、服务能力不高，与建设现代服务型企业的要求不适应；管理服务的各项制度不完善，工作执行不到位，存在管理服务粗放、安全保畅能力和便民惠民能力不强等问题；人员队伍素质不能适应高速公路管理服务需求，责任意识和服务意识不强，成为了制约企业转型发展的瓶颈。尤其是通过第三方客户满意度测评所反映出的服务意识淡薄、便民设施不全、信息服务滞后、执法规范化程度不高、标志标识不准确等问题比较突出，这些与翼侯高速所担负的使命和任务不相匹配。

（三）实现高速公路经营企业协调发展的需要

翼侯高速作为中国交建旗下的第一条按 BOT 模式运作的高速公路项目和山西省引资建设的第一条 BOT 高速公路，始终把社会效益和经济效益放在同等重要的位置。作为经营性高速公路企业，要对投资方负责，追求合理的经济效益和利润回报，但是高速公路特殊的行业其收费标准受政府物价部门严格管控，不能随意调整。这就决定了翼侯高速必须在提高服务能力和水平上下功夫，提供多样化的服务和舒适的行车环境，吸引巩固车流客流，实现企业经济效益和社会效益互为促进、协调发展。

二、经营性高速公路企业基于客户满意度的服务供给能力建设内涵和主要做法

翼侯高速运营管理中，根据企业不同阶段的发展实际和社会公众需求，以年度第三方客户满意度测评指数的变化为牵引，建立富有特色的客户满意度评价分析改进体系和公共服务体系，重点围绕养护、路政、收费站、服务区和综合信息服务五大业务板块，着力提升公共服务的水平和供给能力。主要做法

如下：

（一）部署基于客户满意度的服务供给能力建设工作

1. 明确总体思路和目标

翼侯高速基于客户满意度的服务供给能力建设，总体思路和目标是：围绕满意测评、精准把握方向，聚焦问题发力、实现持续提升，加强能力建设、构建服务体系，最终实现“道路更加安全畅通、通行更加便民节能、清障更加快速有力、环境更加整洁优美、信息更加及时有效、服务更加利民务实”的目标。

2. 确立基本原则

一是理念先行、统筹规划。把“用心经营您的满意”的服务理念和要求全面融入企业发展战略、运营管理和企业文化建设中，确立“以满意为目标、以问题为导向、以能力为抓手、以体系为保障”的服务供给能力建设发展战略，按步骤、分阶段有序推进。

二是顾客至上、服务为本。结合高速公路行业实际，把加强服务供给能力建设放在企业管理最突出位置，高度关注客户对高速公路管理和服务的诉求。

三是符合实际、具有特色。翼侯高速公共服务体系建设，以客户满意度测评结果为基础，以满意度评价报告中的突出问题为导向，充分结合服务管理的现状和社会公众的需求，有机地把满意度测评分析改进体系、公共服务体系结合起来，切实在提高服务能力、提升服务品质中树立良好的企业形象。

（二）构建富有特色的高速公路客户满意度测评分析改进体系

翼侯高速在推进客户满意度测评分析改进体系建设过程中，始终把追求客观性、真实性、及时性、权威性放在首要位置，在工作方式、模型构建、体系设计、组织实施、成果应用上时时处处体现“专业、先进、务实、求新、高效”的理念，经过历时 8 年的实践和探索，基本形成独具特色的客户满意度测评分析改进体系，为服务供给能力建设奠定基础。

1. 工作方式：突出权威性、专业性

鉴于之前高速公路运营企业自行组织客户满意度测评客观性、真实性不够，不能准确反映本路段客户满意度实际的情况，翼侯高速坚持让专业的机构做专业的事，从 2008 年开始委托专业机构——山西省社情民意调查中心对所辖路段进行客户满意度调查，充分发挥其在人员、系统、方法上的专业优势。该机构建有国际先进的计算机辅助电话访问系统（CATI），调查对象可覆盖拥有电话的所有地域、单位和居民，调查结果真实度高，覆盖范围广，周期短，样本量大，数据处理灵活方便；此外在高速公路的客户满意度测评中，采用观察法、实验法、谈话法、问卷法、数据挖掘法等多种方法获得数据信息，受到各级用户的高度评价。

2. 模型构建：促进先进理论与企业实际深度结合

翼侯高速应用满意度测评模型［客户满意度指数（CSI）］，结合客户满意度在公共服务行业满意度的研究成果，翼侯高速公路客户满意度从人员服务、便利性、可靠性三个方面进行综合评价。运用结构方程建模法，以服务为核心，围绕满意度影响因素（人员服务、服务的便利性、服务的可靠性）构建高速公路客户满意度模型。

3. 体系设计：突出业务特点、体现客观真实

针对翼侯高速公路养护、路政、收费站、服务区、综合信息五大板块业务服务特点，通过研究分析高速公路用户期望、感知质量、感知价值、用户满意、行业形象与用户信任等指标的内涵及其之间的相互关系，结合客户满意度模型影响因素，设计 15 个二级评价指标，70 多个三级评价指标，形成翼侯高速公路客户满意度测评指标体系，如图 1 所示。翼侯高速公路客户满意度评价模型中指标权重，运用层次分析法和因子分析法确定。

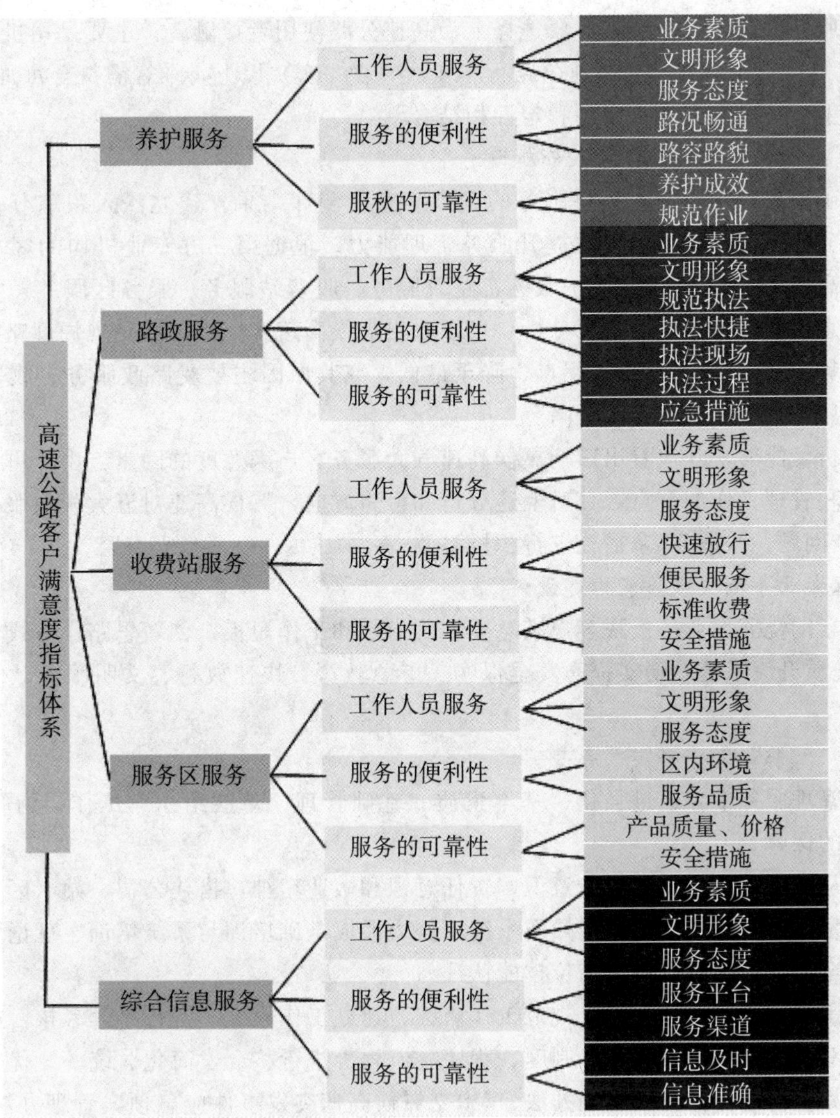

图 1　翼侯高速公路客户满意度测评指标体系图

翼侯高速公路客户满意度评价模型中养护、路政、收费站、服务区、综合信息服务五大业务板块，对二、三级指标及因子荷载值及变化情况进行分析。根据翼侯高速公路客户满意度测评指标体系，相应的客户满意度评价可通过数据模型计算，具体如下：

$CSI=\sum_{i=1}^{n}\alpha_i CSI_i$（i=1，2，3，…，n）

其中 CSI 为客户满意度指数，α_i 为第 i 个评价维度的权重系数，CSI_i 为第 i 个评价维度的指数。

$CSI=\sum_{i=1}^{m}\beta_{ij} CSI_{ij}$

β_{ij} 为第 i 个评价维度下的第 j 个评价指标的权重系数，CSI_{ij} 为第 i 个评价维度下第 j 个评价指标的评价值。客户满意度指数用百分制，最低为 0，最高为 100。

4. 组织实施：实现开展有序、结果有据

每年定期由第三方专业机构组织专业人员，运用专业方法对高速公路客户满意度情况进行调查。重点测试被访者对高速公路养护、路政、收费站、服务区和综合信息五大板块服务的认识，了解其对提升高速公路管理和服务的建议。在调查对象选择上为高速公路使用者接触者，主要是司机、乘客，比例设计为8∶2。司机需符合每月驾车在高速公路行车4次（含4次）以上，乘客需符合每月乘坐车辆通行2次（含2次）以上。在调查方法上定量和定性相结合。

5. 成果应用：精准对焦短板、深入分析改进

翼侯高速精确聚焦，锁定五大板块服务的客户满意度测评结果，建立深入跟踪分析、持续改进管理、不断优化服务的工作机制，极大地提升服务管理能力。根据第三方专业机构的客户满意度测评报告，通过对翼侯高速2008—2015年养护服务、路政服务、收费站服务、服务区服务、综合信息服务五个板块的客户满意度测评指数进行汇总分析，可以看出翼侯高速客户满意度呈现局部略有波动起伏、总体持续上升的趋势，其中2010年出现拐点、降至最低，究其原因主要受路政服务、收费站服务指数下降拉低所致，其后又平缓上升、逐年提高。

通过象限分析，能够直观地看出影响翼侯高速五大服务客户满意度的因素，由此可以有针对性地确定高速公路服务和管理工作的重点。针对上述分析和努力方向，翼侯高速对五大板块服务满意度测评中所反映出的66个问题、采取69条措施进行积极整改。

（三）加强五大业务板块服务能力建设

翼侯高速紧紧围绕五大业务板块客户满意度评价指数和工作短板，创新思路、方式和载体，通过构建“356”服务提质升级系统，切实提高安全保畅、应急救援、快速放行、文明服务、便民利民和快捷出行的能力。

1. “3”：以“三基”工作夯实服务基础

翼侯高速在管理服务中，通过强化“基本素质、基础管理、基层组织”工作，为管理服务提供智力、制度和落实的保障。

基本素质。从大力增强员工的服务意识、责任意识和敬业精神，搭建公司、站（区、队）的学习培训室、模拟演练室，开发收费软件模拟操作系统，努力形成基础培训与系统培训、理论培训与技能培训相结合的局面；全面开展职业资格和岗位技能认证。

基础管理。围绕“厘清管理职责、规范工作流程、建立工作标准、实行科学考核”四个要求，利用标准原理和手段对高速管理服务要素、制度、程序、流程等进行整合、简化、统一、优化，实行流程再造，制定完善《翼侯高速养护计划管理办法》《中交翼侯高速突发事件应急预案管理办法》等8大类72项管理制度办法。

基层组织。翼侯高速以“落实、创新、创效、创优”为主题，基于五大业务服务板块在全路段开展班组建设活动，解决高速公路管理服务中“最后一公里”的问题。

2. “5”：以“五大工程”建设推动服务升级

翼侯高速运营以来，对应养护、收费、路政、服务区、信息五大业务服务板块，持续实施畅通、形象、阳光、温馨、便民五大工程建设，打造翼侯高速管理服务升级版。

畅通工程。在养护服务管理中，坚持“决策科学、技术先进、管理规范、处置快速”的原则，按照“畅通安全、舒适美观、绿色环保、设施齐全”的标准开展工作。

形象工程。在收费服务管理中，坚持“严格规范、精细高效、环境优美、团队一流”的原则，按照“快速放行、优质服务、窗口亮丽、方便司乘”的标准开展工作。

阳光工程。在路政服务管理中，坚持“作风优良、业务精通、标准管理、工作高效”的原则，按照“公开透明、秉公执法、杜绝三乱、服务至上”的标准开展工作。

温馨工程。在服务区服务管理中，坚持“洁净整齐、热情周到、价平质好、精细规范”的原则，按照“环境优美、秩序优良、功能优越、服务优质”的标准开展工作。

畅享工程。在信息服务管理中，坚持“三基规范、网络畅通、业务娴熟、协调联动”的原则，按照“服务周到、反应快捷、信息及时、处置有力”的标准开展工作。

3.“6”：以“六比六看、服务创优”立功竞赛提升服务品质

翼侯高速通过持续开展“六比六看、服务创优”立功竞赛活动，围绕“关注顾客体验、营造顾客享受”，调动激发全员立足本职、学赶先进、为民服务、争创一流的积极性、主动性、创造性，切实在提高服务能力、提升服务品质中树立新形象、创造新业绩。

翼侯高速“六比六看、服务创优”立功竞赛活动具体内容为：养护管理比技能、看畅通能力，收费管理比放行、看窗口建设，路政管理比规范、看执法效能，服务区管理比温馨、看服务质量，信息监控比快捷、看协同应变，便民服务比措施、看群众满意。六个方面的“比”“看”，涵盖高速公路运营管理服务的各个方面。前五个“比”“看”分别对应养护、收费、路政、服务区、信息服务五大业务板块；第六个“比”“看”主要体现的是社会公众对前五个“比”“看”的满意程度和评价，是总体服务水准的评判标杆。

（四）建立高速公路公共服务管理长效机制

1. 推进服务的规范化、标准化建设

通过制度来规范高速公路的各项管理服务工作，制定《翼侯高速公路规范化服务标准》。其中：一是出行信息服务方面，规定服务信息发布的范围、来源及收集渠道、发布手段、发布流程和为公众信息服务的具体标准；二是紧急救援服务方面，制定服务规则，从一般性救援、特殊情况救援、灾难事故救援、自然灾害救援、公共卫生救援五个方面确定救援服务的范围，划分服务区在应急救援中的功能，建立路警、路地、路医、路消等应急联动机制，以及路段、区域之间的协作机制，确保迅速高效有序科学的处置突发事件；三是综合便民服务方面，从建设“救助站、信息站、服务站、咨询站”四个方面丰富收费站的便民服务功能，具体确定收费站便民服务的内容和范围，重点规定服务区的场区标准、公厕标准等公共设施场所便民服务标准，以及餐厅、超市、客房、修理厂、加油站等经营场所的惠民服务标准，并对除雪防滑、交通安全设施、道路施工作业、路赔案件办理等工作也制定详细的服务标准和服务流程。

2. 提高服务的智能化、信息化水平

以信息化的技术应用为基础支撑，以智能化的理念方法和标准规范为基本路径，建立翼侯高速公众出行信息发布平台，重点通过网站、短信、微信、电子信箱、自动声讯电话、人工客服电话、服务区触摸屏终端、收费站或立交区显示屏、服务区内显示屏、车辆智能交互显示终端、广播电台等渠道，为公众提供全方位的信息服务。

翼侯高速应急救援指挥调度平台，以突发事件为中心，构成信息互动、应急联动、业务功能三维立体的突发事件应急救援处置框架，提高突发公共事件快速反应和救援能力。

收费站物流公共信息服务平台，让运输车辆找发货企业、物流企业更方便、更快捷，降低车辆空驶率更轻松、更赚钱。

建立服务区综合便民服务平台和服务监督体系，通过智能化设施将互联网信息查询、手机充电、应急投币电话、擦鞋等一系列便民需求有机集为一体；通过 PDCH 自动巡检子系统、视频监控子系统、卡口子系统和管理数据的集成应用，实时跟踪和更新超市、餐厅、修理厂、加油站等提供的产品和服务，并通过可变情报板、传媒触摸屏、广播等信息发布方式来及时告知顾客服务内容。

3. 满足服务的差异化、多样化需求

适应公众对高速公路服务需求升级的新趋势，围绕基本服务、精准服务、增值服务，切实满足公众服务的多样化、差异性需求。

满足基本服务。快速放行、安全通行、便捷出行是公众对高速公路管理服务最基本的要求。翼侯高速重点依托提高业务能力和应用系统平台等，满足顾客群体的快捷安全通行需求。如：通过车辆平均放行速度和发卡差错竞赛和考核，提高收费人员放行速度；通过养护管理系统，着重对发生交通安全事故路段的次数、频率进行综合分析，总结道路、桥梁、隧道发生事故的规律，对排查发现的396处隐患进行处置，重点抓好路基沉陷、特大桥梁维修加固及隧道衬砌裂缝维修处治，在翼城东匝道、K166+600M增设2处避险车道，避免6起重大交通事故；针对微信产品的升级和微信用户的增加，对翼侯高速微信公众服务平台进行升级，使其在功能上更方便公众便捷出行。

实施精准服务。加强与地方政府、高速交警及公司信息中心突发状况信息交流和联动，全面掌控道路运行状况，打造“无障碍信息服务”品牌。

实现增值服务。通过对翼侯高速通行费的费源、高频次车辆、通行费贡献等分析功能，追溯单车出入站的次数、缴纳通行费的数量，适时掌握影响本路段或收费站费源的相关路段、站点，以及客货车型结构、车辆常态化行驶路径等信息，根据运输货物在运城区域的物流走向和种类特点，并通过互联网与专业物流公司进行上述信息的互通共享，由专业物流公司根据车辆行驶路径区域信息，为过往高速公路的签约客户及时提供周边区域性物流信息，实现一对一个性化服务，为顾客提供增值服务。

（五）加强队伍建设、营造服务氛围

1. 加强“三支”队伍建设

翼侯高速坚持人才优先发展战略，以敬业、职业和专业为标准，努力推进管理服务、专业技术和基层一线“三支队伍”建设，为提高高速公路公共服务能力提供智力支持。一是加强职业道德建设，依托中国交建党校、管理学院、培训中心和地方交通院校，不断增强员工的服务意识、敬业精神、履职能力，着力打造“靠得住、能干事、在状态、善合作”的干部职工队伍；二是加强职业技能培训，建立行业培训、技能考核、持证上岗“三位一体”的教育培训体系，统筹教育培训和技能比武的有机结合，通过脱产培训、课题研究、项目实施等形式，全方位提升队伍整体素质；三是加强考核成果应用，倡导发挥聪明才智、崇尚价值创造、注重工作实效的用人文化，实施岗位对标管理和KPI关键绩效指标考核。

2. 营造良好企业文化氛围

翼侯高速确立“服务为本、效益为先、发展企业、成就员工”的企业核心价值和“用心经营您的满意”的服务理念，开展“和畅翼侯”文化品牌建设，发扬“敬业、务实、创新、高效”的企业精神，用企业文化的力量营造工作氛围，吸引凝聚人心，激发团队潜能，引导员工的行为。

3. 打造凝心聚力的团队

团队的精神风貌影响着企业的整体形象，翼侯高速实行典型示范引领，从制度上增强团队建设的荣誉感和凝聚力。翼侯高速员工都非常珍惜所在团队取得的每一项成绩和荣誉，相互之间不甘落后，以“翼心一意、追求卓越”“全心全意为企业、爱岗敬业守职责”“服务没有终点，满意只是起点”等为座右铭，团结一致、密切协作，不断提升整体业务能力、服务能力，为团队奋勇争先、为企业增光添彩。

三、经营性高速公路企业基于客户满意度的服务供给能力建设效果

（一）高速公路服务供给能力进一步增强

翼侯高速8年来持续践行“用心经营您的满意”服务理念，全面提升高速公路公共服务能力，2008—2016年6月，翼侯高速共为2099.89万辆次车辆提供通行服务，其中客车1229.3万辆次、货车870.58万辆次；服务区共服务司乘98.83万人、60.21万车次；共实施道路清障救援1307次、道路安全巡查15478次、为403万辆次货车提供了超限检测服务；共提供信息咨询服务3.49万次、发布出行信息562条、发布紧急救援指令288次；共开展了道路抢险工程76次、道路设施修复413次，累计检测桥梁537次。

（二）具有特色的高速公路公共服务体系初步形成

8年来，翼侯高速共针对客户满意度测评报告中发现的五大类67个问题，累计投入资金3535.6万元，制定了135项详细的改进措施并予以实施，翼侯高速总体满意度指数从2008年的85.03提高到了2015年的89.54，列山西高速运营单位第4名、经营性高速公路企业第1名，其中养护服务、路政服务、收费站服务分别进入全省的第2、1、3名。尤其是路政服务客户满意度指数在2010年下降至全省最低后奋起直追，到2015年又进入第1名行列。翼侯高速在山西高速全省目标责任制考核中被评为“优秀单位”。

（三）推动了企业的可持续发展

翼侯高速把提高服务供给能力、提升管理服务水平作为适应经济发展新常态、实现提质增效升级和提升核心竞争力的重要途径，截至2016年6月底，累计减免“鲜活农产品绿色通道”通行费1353.3万元、12.2万辆次，累计减免重大节假日小型客车通行费1377.8万元、84.3万辆次，累计减免抢险救灾、特殊勤务、农机作业、防火防汛等车辆通行费651.4万元、14万辆次。同时经济和环境价值创造能力也得到增强，翼侯高速不断克服运营初期断头路通行少车辆和近年来经济下行通行量锐减的困难，积极开展营销活动，客车通行量保持7%的增长，营业收入共实现63759.6万元；不断加大“四新”技术应用、节能减排投入力度，共节约支出120余万元，减少二氧化碳排放量近50万吨。

企业核心竞争能力得到了增强，积累了BOT模式下高速公路服务管理工作的丰富经验，培养了一批服务管理和技术人才，并向中国交建国内外的18个高速公路项目输送了25名骨干，将翼侯高速的服务理念、服务品牌、企业文化、管理服务模式和经验传输到了所在地，树立了中交高速行业的服务标杆形象。

（成果创造人：姜中石、刘学文、王兴国、石建刚、卫克艳、申红军、
薛瑞华、王庆晖、王　震、杨　伟、白富强、栗海江）

电网企业以“三项清单”为核心的办电服务管理

国网黑龙江省电力有限公司哈尔滨供电公司

国网黑龙江省电力有限公司哈尔滨供电公司（以下简称哈尔滨供电公司）是国家大型一类供电企业，始建于1946年，担负着哈尔滨市及宾县、尚志、五常、延寿、肇东5个县（市）的供电任务。供电面积3.9万平方公里，用电户数413.04万户，2015年售电量166.34亿千瓦时。公司直管县级供电公司1个，代管县级农电单位15个，全民职工4997人。拥有220千伏变电站24座，66千伏变电站77座，220千伏输电线路77条，66千伏输电线路151条。近年来，哈尔滨供电公司连续荣获国家电网公司先进集体、全国职工职业道德建设先进单位等荣誉称号。

一、电网企业以“三项清单”为核心的办电服务管理背景

（一）有效满足地方经济社会发展产生的用电需求快速增长的需要

2015年哈尔滨市地区生产总值突破5000亿元，开工建设2000万元以上产业项目2671个，建成投产1744个，华南城、万达文旅城等百亿元项目达到10个，凯斯纽荷兰、百事可乐等落户哈尔滨市的世界500强企业已达38户。随着哈尔滨市经济持续增长及城市基础建设加速，哈尔滨供电公司供电负荷不断扩大，电量高速增长，2015年公司新增用电负荷238.35万千伏安，公司售电量166.34亿千瓦时，同比增加2.5亿千瓦时。国家电网始终承担着“经济要发展、电力要先行”的重任，因此，哈尔滨供电公司必须统筹协调，超前谋划，加快电网建设步伐；必须通过流程融合、环节处理“串改并”的方式，缩短报装时间，提高办电效率，以“大服务”格局适应经济发展新常态，满足不断增长的用电需求。

（二）积极响应政府工作部署、优化地方经济发展软环境的需要

2015年年初，黑龙江省政府开始整治制约经济发展软环境突出问题，哈尔滨供电公司办电公允性差、时限长、“三指定”等问题，得到上级领导的高度关注。哈尔滨市政府针对改革审批和核准制度、治理经济发展软环境等方面，启动了专项整治行动。哈尔滨供电公司立即开展专项治理工作，将深化办电服务提到公司工作的首要位置，务求公司上下形成支撑大项目和产业转型升级，进一步优化发展环境的新机制、新氛围，将优化办电流程、提高办电效率、规范市场行为，把优化发展环境、提升供电服务作为一项重要的政治任务，为经济社会发展提供坚强有力的保障。

（三）进一步优化内部管理流程与机制的需要

2012年8月哈尔滨供电公司第7次修订了《业扩报装工作管理办法（试行）》，并印发了业扩报装流程图。当时，流程图共分10千伏新出线客户、10千伏非专线客户、10千伏新出线小区住宅、10千伏非专线小区住宅和低压客户5个子类，但并未在申报等级、容量和居民、非居民等方面有所区分；虽对内部各业务节点流转时限加以要求，但对客户有权决定的多个环节时限上，未能进行明确；虽将各流程环节与新机构名称一一匹配，却未标明各节点对应的岗位名称和岗位责任。五大体系建设完成后，主多分离，营配分开，办电服务涉及跨专业、跨部门协同问题较多，营销部门作为一口对外服务单位，赋予客户经理全过程协调沟通职责，但是由于权力有限，协调能力不强，有些问题无法协调解决，遇到跨专业问题时，需向各专业逐级汇报至主管领导。专业衔接协同不畅的问题随着时间的推移逐渐凸显，方案变更、重复验收的问题也不时发生，部分工程出现超期现象。2014年8月，哈尔滨供电公司制定出台了《业扩报装专业协同工作职责》，以求加强业扩报装跨部门、跨层级流程贯通，最大限度地实现业扩报装服务便捷高效。客户工程平均报装接电时间较2013年同期缩短了近50%，但流程分类不够细

化、责任分工不够明确、超时考核缺少依据等问题并未从根本上解决。

二、电网企业以“三项清单”为核心的办电服务管理内涵和主要做法

哈尔滨供电公司深入研讨影响办电质量的深层次矛盾，全面梳理制约办电效率的体制机制问题，制定出台“权力清单、责任清单、负面清单”三项清单，优化调整办电运转流程，精简办电手续，推进信息公开、完善服务机制，转变工作作风，全力、全过程、全环节打造业扩报装服务的新机制，最大限度地实现了供电服务便民、为民、利民，切实大力提升办电效率，全力支撑地方经济发展，得到社会各界好评。主要做法如下：

（一）深入调研讨论，明确优化管理、提升办电服务效率的思路

从2014年年底开始，哈尔滨供电公司管理层带队带着问题深入管理部门、基层单位开展用电市场整治专项调研，及时了解有关情况，充分吸纳各方意见。与一线员工充分交流，收集到一些深层次矛盾和问题，掌握了一些富有价值的信息。2015年2月25日—2015年3月31日组织十多场专题讨论会，将先行掌握的问题分门别类，交由不同专业部门专项研究，细致梳理对照每一个流程的每一个节点，务求手续最简、流程最优、权力最明、职责最清，精益求精；2015年3月初哈尔滨供电公司安排多个调研组分赴辖区4个国家级经济技术开发区及省、市工业园区500多家企业，对接用电事宜，及时倾听客户诉求，了解客户需求，进一步明确办电服务新思路；2015年3月9日哈尔滨供电公司召开“深化为民服务 提升办电效率”大会，宣贯新思路、新规定，对进一步加强作风建设，创新工作机制，切实提高办电效率提出总体要求；2015年3月13日成立6个专业组，在全公司范围内的开启为期2个月的“解放思想、提升办电效率大讨论活动”。2015年3月，哈尔滨供电公司设立“权利清单、责任清单和负面清单”，将提升办电效率工作从思想上、口头上真真正正落实到纸面上、行动中。

（二）整合内部机构，实现办电服务“一口对外”

2015年7月1日，哈尔滨供电公司印发《国网哈尔滨供电公司专项服务大项目工作方案》，正式实现大项目服务实体化运作。打破专业壁垒，实现办电服务末端融合，整合生产、营销、物资、农电等专业集中办公，由多部门变为一个机构专项开展办电服务，实行办电服务“一口对外”助力用电项目建设，最大限度满足客户用电需求。大项目办设立两级机构，分别为市级大项目办1个和按行政区域设立的17个区级大项目办。市级大项目办负责省市重点大项目、合计容量1000千伏安及以上客户正式用电及临时用电业扩报装工程的全过程跟踪、推进、协调、管理。区级大项目办负责新建住宅、合计容量1000千伏安以下客户正式用电及临时用电业扩报装工程的全过程跟踪、推进、协调、管理。针对不同的项目分别量身定制服务方案，对各大项目用电工程实行逐一包保负责制，从“一站式办理”到“交钥匙工程”的每个环节，大项目办提前介入，并采取全过程跟踪服务，精心选派技术人员到现场办公，随时解决客户用电难题，组织人员定期回访重点工程项目，确保客户用电无忧。

（三）设计建立“三项清单”，为调整优化办电服务新流程提供有效抓手

1. 设计权力清单，明确办电服务执行准则

“权力清单”针对每类客户制定业扩报装管理岗位权力清单，明确办电服务涉及各岗位、环节的业务权限和办理时限，建立办电服务执行准则。权力清单作为新出台的业扩报装管理流程的配套办法和执行准则，是业扩报装管理的标准，规定每一个参与业扩报装流程的单位和个人应该做什么，并对内对外公布出来，让其手中的权力晒在阳光下，就是要做到“法无授权不可为”。权力清单将客户按照电压等级、用电容量进行业扩报装客户细分，对每类客户制定业扩报装管理岗位权力清单，明确业扩报装涉及各岗位、环节的业务权限和办理时限。比如在现场勘查环节，由于新版流程体系对高压客户和低压客户区分对待，分别实行“联合勘察、一次办结”制和勘察装表“一岗制”作业，时限严格控制在1—2天之内，较以往因个别专业因故延迟勘察使时限拖长进而导致重复勘察的现象有明显改观。

2. 设计责任清单，明确办电服务操作规则

哈尔滨供电公司将业扩报装接电的各节点流程进行优化整合，形成受理勘察、供电方案确定、工程服务平台、竣检送电四大节点，针对四大节点出台操作规则作为责任清单，细化关键环节工作内容，明确客户咨询答复事项、各专业勘查要点、方案涵盖内容等细节。责任清单明确各环节所参与部门和岗位的具体职责责任，按照工作流程，明确每一步工作操作细则，让其知道应该怎么做、做成什么样，建立统一的作业服务标准。比如取消普通客户设计审查和中间检查，实行合并报验；重要或特殊客户减少其内部土建工程、非涉网设备等检查项目。责任清单使各部门在业扩报装各环节的职责责任得以确认，工作任务明晰，有效解决内部“协而不调”“协而不动、放任自调”的问题。

3. 设计负面清单，明确办电服务考核依据

在供电企业内部，由于业扩报装管理涉及的部门多、岗位多，且工作主要面向客户，在审批、验收、送电等某些环节兴许“有利可图”，个别人会因觉悟不高、自律不严而抱有侥幸心理钻空子。哈尔滨供电公司对此坚持“零容忍”“不随性”，设计出台负面清单，涉及办电服务全环节，列举典型违规、失职行为，包括《业扩报装十条禁令》《报装接电十不准》。负面清单作为考核依据，由第三方跟踪监督、考核评价，实现全过程管控，用“家法”约束关键岗位人员的行为操守。

（四）优化办电流程，构建以客户为导向的业扩报装服务新机制

哈尔滨供电公司经过精心拟定、修编，新版业扩报装管理流程于2015年7月13日全面启动实施。新流程以客户为导向，突出七个方面的主要内容：一是开展“节点式”管理，将办电流程进行全面整合，形成受理勘察、供电方案确定、工程服务平台、竣检送电四大节点，由主管部门负责对相应节点进行专业管理。二是细化子流程，以电压等级、报装容量等为基础，设置6个子流程，包括66千伏客户、国网10千伏315千伏安及以上客户、农网10千伏315千伏安以上客户等。三是实行“一证式”受理，简化办电要件，高压客户要件从13种减少到1种，低压非居民客户由6种减少到1种。实行营业厅“一证受理”，在收到客户用电主体资格证明，并签署“承诺书”后，正式受理用电申请，现场勘查时收资。根据预约时间完成现场勘查并收资。四是开展“一站式”勘察，低压客户实行勘查装表“一岗制”作业，具备直接装表条件的，勘查确定供电方案后当场装表接电；不具备直接装表条件的，现场勘查时答复供电方案，由勘查人员同步提供设计简图和施工要求，根据与客户约定时间或电网配套工程竣工当日装表接电。高压客户实行“联合勘察、一次办结”制，由营销部门负责组织相关专业共同完成现场勘查，参加勘查单位在现场初步确定供电方案。五是开展办电服务“三定式”运作，即现场勘查“定时间”，制定方案“定标准”，方案审核“定周期”。六是简化查验，取消普通客户设计审查和中间检查，实行设计单位资质、施工图纸与竣工资料合并报验。七是搭建工程服务平台。认真吸纳客户提出的诉求，建立规范的招投标服务平台。客户拥有自主选择权，可以直接委托也可以选择通过招投标服务平台来确定设计、设备、施工、监理企业，任何人不得主导窗口人员推荐关联单位。该平台以市场化运营为前提，以“公开、公平、公正、透明”为原则，全社会参与，所有设计、设备、施工单位以市场化竞价参与投标，招标信息在中国采购与招标网进行公示。

（五）全面推广应用，全力投身于优化地区经济发展环境

一是开展两项解放思想主题活动。启动为期8个月的“转作风、树形象、促经济、优环境”大讨论活动，进一步统一思想，凝聚共识，已组织讨论14次，下发讨论议题41项，1200人次参加。2015年5月份起开展“铲除腐败‘亚文化’，重塑规则信仰”主题教育活动，检验“三项清单”落实成效，把规则学明白。二是努力为园区发展保驾护航。开展“服务大项目、助力大发展、实现零距离”行动，主动走访、对接哈尔滨市年产值5亿元以上的140个企业及100个工业项目，现场为客户提供信息沟通、政策引导、解决问题等服务，累计问题解决率达88.9%。实行领导班子包保制度，确保各大项目顺利

推进。2016 年先后与哈尔滨市平房区经济技术开发区、松北区高科技开发区、宾县宾西开发区、呼兰区利民开发区等 4 个国家级开发区签订战略合作协议，为招商引资项目提供最短的报装时限，最佳的供电方案和最优的工程服务。三是实现业扩报装服务末端融合。在成立市级、区级大项目办的基础上，整合各专业合署办公，按行政区域集中开展业扩报装服务，做实两级大项目办。省市重点项目由市级大项目办管理，将 1000 千伏安以下项目审批权限下放至区级大项目办。同时，针对性出台 6 大提速举措，使公司内部资源形成合力，做到大项目办电“一口对外”“一站式服务”。仅 2016 年上半年，累计送电可口可乐公司异地搬迁扩建、哈尔滨万达城等大项目，送电容量同比增长 250%。四是成立客户服务平台。搭建客户服务平台，为高供高计客户提供咨询解答、设备维护、试验消缺、应急保电等有偿服务，明确 5 大工作流程，以及到达现场的时限和施工工艺、质量标准等，确保服务更规范、更专业、更高效。

（六）强化监督考核，实现办电服务全过程管理

1. 强化外部监督

哈尔滨供电公司统一印制《办电服务“三项清单”手册》和《办电服务指南》，在办电窗口放置，并报备哈尔滨市工信委，方便政府与客户对供电企业办电服务环节的监督。公布监督举报电话，设专人负责受理客户投诉、举报，听取意见和建议，分别在受理和送电环节开展回访，核查各环节实际完成时间、“三指定”及收费情况，调查客户满意度，开展办电服务质量评价。扩充社会兼职监督员队伍，开展办电服务第三方审计和第三方满意度调查。

2. 强化内部监督

运监中心负责对业扩报装专业协同进行全过程监督，定期发布监测报告，专业协同监测重点包括供电方案确定，停（送）电计划编制，电网配套工程建设，业务办理进程等部门协同情况。加大办电新体系落实情况监测，营销部定期组织开展制度执行情况大检查，开展专项明察暗访活动。组织监察、营销、运检、农电、建设等相关部门常态开展明察暗访，加大明察暗访频次和深度，强化供电服务问题协同闭环管理，保持办电服务管理高压态势。2015 年 8 月初开展窗口明察暗访，对哈尔滨市区、呼兰、阿城、双城、宾县、五常、尚志、延寿等地区的 40 余个营业厅和供电所进行检查，对检查出来的工作人员态度懒散、未对客户问题正确解答的不足问题进行现场督导，责令整改。

3. 强化考核问责

业扩报装工作是为民服务的前线、阵地，受到政府、社会关注，侥幸钻空子问题一旦存在，就会发酵成更为严重的社会问题。哈尔滨供电公司出台“三项清单”，就是重申关键岗位人员的行为准则。哈尔滨供电公司纪检部门对客户反映强烈的工程开展效能监察，严肃查处违规办电供电服务责任落实不到位、制度执行不到位，特别是“破坏发展环境”的负面服务事件，哈尔滨供电公司对相关领导和责任人层层问责、追责到人、绝不姑息。2016 年上半年，哈尔滨供电公司办结信访件 13 件，给予 6 人免职、停职处理，6 人警告，4 人通报批评，4 人诫勉、提醒谈话，12 人扣发绩效薪金，对一起私自接电事件移交公安机关立案调查并对当事人进行逮捕。

（七）加强培训和教育，切实提高员工服务意识和服务技能

一是开展“三严三实”主题教育、微型党课和“我是党员我承诺”“三亮三比”（亮身份、亮职责、亮承诺、比作风、比技能、比业绩）主题活动，组织窗口各单位党员开展“亮身份”活动，741 个党员在工作中佩戴“优化经济发展环境”党员电力先锋卡，在 22 个营业厅内悬挂优化发展环境，提升办电效率宣传海报。二是组织开展“龙江供电服务风采大赛”活动，打造乐于服务、精于服务、高效服务的一流办电服务队伍，增强服务人员的业务能力、沟通能力、协作能力、执行能力，形成“我服务，我快乐，我工作，我成长”的工作氛围。三是开展“助力地方经济发展，提升办电服务品质”主题日宣传活动，现场受理、解答客户咨询，宣传办电新流程。四是启动“铲除腐败‘亚文化’，重塑规则信仰”主

题教育实践活动。五是印制《13起系统内问责典型案件手册》，发放给党员干部学习参考，要求坚决吸取经验教训，把规则学明白。并运用多种手段全面检查在办电服务过程中存在着的态度不端正、要求不严谨、流程不明确、收费不合理等问题。六是开展业扩报装管理各环节人员培训，培训率达100%。通过以上活动的开展，广大干部员工在工作作风和服务态度上发生着积极的变化，全面提升"四个服务"意识，思想和行动实现统一，确保机制创新、流程优化的办电服务改革有效推进。

（八）加强组织保障，确保"三项清单"落地执行

一是按照国家电网公司安排的进程完成运监支撑系统接口任务，及时开展数据梳理及验证工作。对公司供电方案确定、电网受限资源整改、停（送）电计划编制、电网配套工程建设等工作跨部门协同情况跟踪评价，定期发布协同工作评价报告。二是成立公司"提升供电服务品质助力地方经济发展"领导小组，由主要负责人任组长，定期会商和部署服务省、市大项目工作。三是不定期开展明察暗访，对服务品质低、意识差的单位通报批评，对发生破坏发展环境事件的单位，追究直接责任人和相关领导责任。四是开展第三方满意度测评，委托山东大明经济发展研究中心，开展哈尔滨供电公司供电服务满意度测评，发放问卷5000份，公司客户整体满意度得分为82.04分，高于全国平均水平。五是召开公司"提升供电服务品质助力地方经济发展"新闻发布会，主动向社会媒体公开办电业务流程，发布公司积极服务政府大项目用电的具体举措，营造良好的社会舆论氛围。

三、电网企业以"三项清单"为核心的办电服务管理效果

（一）大幅提升了办电效率

以"三项清单"为核心的办电管理新机制实施以来，哈尔滨供电公司专业职责明晰、协同服务顺畅、办电效率大幅提升，实现了一次告知、手续最简、流程最优，精简申请资料，优化现场勘查模式，简化竣工检验内容，最大限度地减少了客户临柜的次数。不断健全了跨部门的协同机制，深化了系统集成应用，实现了协同运作、流程融合、信息共享和"一口对外、内转外不转"。业扩报装实现全环节量化、全过程管控，明确了所有环节办理时限和质量要求，健全了服务质量监测评价体系，实行全过程信息公示，主动接受政府监管和社会监督。2015年，新的办电流程在环节上较以前相比减少7个，客户平均接电时间同比下降35个工作日，降幅30%。以10千伏双电源普通客户为例，2015年新流程总体时限减少47个工作日，压缩率达55.3%。2016年1—8月份，平均办电时间又同比减少26个工作日。

（二）切实转变了工作作风，获得了社会各界好评

通过"三项清单"为核心的办电管理新机制，切实转变了公司干部员工工作作风，使得运营监测（控）部门在"阳光"下监控流程运转，解除了设卡风险；使得"流程总监"部门发挥好职责，行使好权力，全过程监督管理客户受电工程；使得纪检监察部门依法依规问责惩处搞特权、谋私权的责任部门和责任人。在办电服务工作上，特别是在涉及办电环节人员的心里，"三项清单"发挥了较大效能。哈尔滨供电公司树立了良好企业形象。

（三）全力支撑了地方经济发展

得益于"三项清单"的颁布实施，哈尔滨供电公司上下齐心协力推进省、市重点项目建设，助力地方经济发展，实现了江北万达城、松北奥特莱斯、航天海鹰等一批大项目提前送电，其中航天海鹰项目，公司充分考虑客户需求，特事特办调整供电方案，为客户节省了多达6000余万元建设资金，并冒雨完成送电，赢得了客户的高度赞誉。针对存在问题的客户，公司组织开展专项协调会议，现场办公31次，解决疑难问题数十件，确保了永泰城、华南城、二一一医院、中飞新科技等项目如期送电。

（成果创造人：朱玉库、汪卫东、杨晓宁、王泓泉、邹　毅、王国良、王　砚、曲　亮、熊家岩、陈劲松、张婉琳、刘冰岩）

编辑说明

一、本书是根据第二十三届国家级企业管理现代化创新成果创造单位报送的资料编辑而成的。由于篇幅限制，我们在编辑过程中对各成果资料进行了相应压缩。如需详细成果材料，可与编辑部联系。

二、全国企业管理现代化创新成果审定委员会文件《关于发布和推广第二十三届国家级企业管理现代化创新成果的通知》中成果按等级列出名单，本书收录时未再分等级排序。

三、为了便于阅读，本书编排时按成果主要内容涉及的企业管理类别分成9篇，包括：战略转型与商业模式创新、管理提升与降本增效、自主创新与协同管理、财务管理与风险控制、两化融合与智能制造、生产运营管理与项目管理、人力资源开发与激励机制创新、国际化经营与营销管理、服务管理与社会责任。

四、本书由中国企业联合会管理现代化工作委员会组织编写。参加编辑组织工作的有程多生、张文彬、周蕊、常杉、张倩、杜巧男、李宇、杨润、张炬、王丹妮、朱琳琳等同志。

五、由于时间仓促，加之编辑水平有限，难免有疏漏和不当之处，欢迎读者指正。

编辑部

二〇一七年三月